U1045116

中華大藏經編輯局編

中華大藏經

漢文部分
九二

中華書局

圖書在版編目(CIP)數據

中華大藏經:漢文部分. 第 92 册/《中華大藏經》編輯局編. —
北京:中華書局,1984. 4(2023. 8 重印)
ISBN 978-7-101-01434-1

Ⅰ. 中…　Ⅱ. 中…　Ⅲ. 大藏經　Ⅳ. B941

中國版本圖書館 CIP 數據核字(2016)第 050288 號

內封題簽:李一氓
裝幀設計:伍端端

中華大藏經(漢文部分)
第九二册
《中華大藏經》編輯局 編
*
中 華 書 局 出 版 發 行
(北京市豐臺區太平橋西里 38 號　100073)
http://www.zhbc.com.cn
E-mail:zhbc@zhbc.com.cn
北京建宏印刷有限公司印刷
*
787×1092 毫米 1/16 · 58½印張 · 2 插頁
1984 年 4 月第 1 版　2023 年 8 月第 4 次印刷
定價:600.00 元

ISBN 978-7-101-01434-1

中華大藏經（漢文部分）

第九十二册目録

御注金剛般若經疏宣演第五卷

宋　道氤撰　　庭

經須菩提忍辱至說非忍辱波羅蜜　演曰第九為離不忍苦障即第十法界无量廻向第十二忍苦住。後前布當福以修勝因勤勵雖成須能忍苦若修道時不耐他害不能安受寒熱疲労生老等苦難勤修道便捨衆生又无福果亦不長時便同二乘早入寂滅若无諦察法忍於无相理不能證悟亦无前二以諦察法與前二忍作依止故又若不能忍流轉苦便樂涅槃不發大意若不能忍衆生相違苦便生恚心不能攝化亦无相好四種八部一切眷屬若不能耐已受用苦不能精進數生退敗於无上果如何克成今為對治有此文契其不能忍即是嗔恚懈怠愚癡通二障攝能忍即是无嗔精進審慧三種忍流轉苦及已受用皆精進故修勝福因之助也也前約能忍名忍苦住今約斷障離不忍苦准前通釋彼論為斷第八疑成苦果疑論云何說彼身苦以彼捨身苦身果報而彼福是劣若尒依此法門受持演說諸菩薩行苦行彼苦行即是苦果云何此法門不成苦果

演曰前說苦身以得果報故福是劣依經苦行亦是苦果若尒此經應成苦果如何福勝耶下文意說前捨身福有我法相或有嗔恚不能忍苦有疲懈故感於生死而福是劣今有忍度及以慈悲能趣菩提故福為勝舉彼能治不忍正行以答前疑不違此論依此論判文則有四一如所能忍即忍體二明忍相及生忍處三如忍差別即種類忍四對治不忍因緣此初也論云何者能忍謂達法无我故此論同略意言何者如所證境而為能忍謂如其所證真境之能忍體即无嗔勤恵如其所證法无我理境而方

能忍境既无我忍心如何有我故无嗔等得彼无我如所證境也又解如所對境之所行能忍忍對能行名所對諸境界名能是修行者如所對境之所行能忍即忍體也經言忍辱波羅蜜者正明此解又言非波羅蜜等者以无我等相及不着度相於非度中不住无相如是行忍即安立第一義故名非波羅蜜貞觀有結是故如來說名忍度餘本皆无被論云

能忍於苦行　以苦行有善　彼福不可量　如是最勝義

離我及恚相　實无於苦惱　共樂有慈悲　如是苦行果

釋云雖此苦行同於苦果而此苦行不生疲倦以有忍度名為第一彼岸有二種義者波羅蜜多清淨善根體二者彼岸功德不可量如經即非波羅蜜故即非波羅蜜者无人能知功德岸故

演曰經言如說忍辱波羅蜜者以有清淨善根體故又言非者不可量故由此二義名為第一餘意可知

經何以故　演曰自下第二明忍相及生忍處初徵後弁此初也以何等處故能生忍又行忍度而復言非何所以故　經須菩提如我昔為歌利王割截身體　演曰下弁分二初明生忍處後正明忍相此初也即此他處忍度非度及餘一切法而為生處謂於他處生耐怨害忍即无嗔於忍度及諸法中不生有无相即諦察法忍是審慧略无安受苦忍生處此即耐怨害忍生處言歌利王者此云忍害以能安忍行損惱事故名忍害西域傳云鬪諍王餘本音殊而名不異說此因緣廣如餘處

經我於尒時无我相无人相至壽者相　演曰正明忍相有二初牒釋後返顯牒釋有三初他害不嗔无人我相二精勤行忍不着有想三於非度中不着无想初耐怨害後二諦察法略无安受苦載非

勝不辯或初中斷此文初也論云云何應知忍相者
他於已起惡等時由无有我等相故不生嗔相菩
薩地說若遇他害應作是思此我先業應合償害
今若不忍更增苦因便非愛已成自苦縛又自他
身性皆行苦彼無知故枉害我身我既有知寧增
彼苦二乘自利尚不苦他我既利他應忍他害作是
思已應修五想一親善想二唯法想三无常想四有
苦想五攝受想此於他害不生我想即五想中唯
法想也由修无我唯有法故不報彼怨生初忍也
准此餘忍應有起緣略故不辯又解即前割截及
耐怨害忍是餘二種之所起處不論此故由斯貞觀
我於尒時都无有想亦非无想此本經中闕无此
文准論釋者亦不於羼提波羅蜜中生有相非
波羅蜜中生无相　演曰即餘二相於忍度中不
執法有及非度中不起無執而常修習合是論意
法忍相若執法无惣撥无體不斷不修不忻不厭不
欲利樂是故復令不住无相維摩經云但除其病
而不除法又非度者即前非忍辱波羅蜜非有別
法彼論云此苦行勝彼捨身何況離我相嗔恚相故
又此苦行不但无苦及有樂等以有慈悲故如
經我於尒時无我相乃至无相亦非无相故此明慈
悲心相應故如是說　演曰彼離我相嗔恚相
釋經无我相等又此行無苦等釋經无想離為苦行
不見苦相不但无苦及有樂等者釋經亦非无相以
有慈悲共樂和合故與此論別又解彼文不於忍度
生有苦相故言无相不於非波羅蜜外餘衆生
中起於无相不捨不化由見生苦而行拔濟與樂相
應而起慈悲亦非无想正與此同又此三相如次能
生彼三種忍无相者生安受苦忍以不見苦有寒熱

等相故又此三相初一離我執後二離法執法執之中
有无別故皆令離之非全撥无即為真忍故言
亦非无相　經何以故我於往昔節節支解時若
有我相人相衆生壽者相應生嗔恨　演曰遂顯
也先徵後釋何所以故知於彼時无有我等相耶具
徵三相釋但顯初以影略故嗔由我見生若有我見
應生嗔恨恨依嗔立懷惡不捨結怨為性即隨煩
惱嗔恨記无明无我相由如是故行忍度時无我
相等　經須菩提又念過去於五百世作忍辱
仙人於尒所世无我相无人相无衆生相无壽者相
演曰第三明如忍差別即種類忍論云何者種類
忍謂極苦忍相續苦忍此意極苦忍者謂割截身
分相續忍者謂於五百世作忍辱仙等非唯一忍名
為差別生生常行前後相似名種類忍論中欲辯
忍差別故更舉割截理實屬前言忍辱仙者慈
悲仙人也　經是故須菩提菩薩應離一切相發
阿耨多羅三藐三菩提心　演曰第四對治不
忍因緣由三想生一住流轉苦想二住衆生相違苦
想三住乏受用苦想由初想故不發菩提心即不能
忍生死流轉不起安受苦忍及諦察法忍住衆生相
違想故見怨害苦不起耐怨害忍住乏受用苦想亦
不能起安受苦忍不能忍受寒熱飢乏等故今為對
治此三想故令生勝忍初流轉苦通三界是行苦後
二苦唯欲界色界已上无寒熱乏少等故然依相增
衆生相違苦是苦苦乏受用是壞苦又流轉攝
五苦謂生老病死五盛陰苦衆生相違苦攝怨憎
會苦愛別離苦乏受用苦攝求不得苦前明忍
相中論解有二耐怨諦察今明對治不忍因緣方解安
受苦忍或初流轉苦想雖亦不能起安受苦忍而今

意取不起諦察法忍由不諦察二空道理住流轉
想或一向猒求自滅度或由住着流轉苦生皆障菩
提故正對治令不住着以下第三別解對治乏受用
因安受苦故問准論下解明暗喻中唯據當果名
乏受用亦无安受苦忍之相如何說是安受苦忍答下
有二意一令當果不乏二雖乏受用而不生苦由不住相
故論說為忍苦住攝對治此三即為三段初對治流轉
苦因緣中分四初揔標二別釋三重成四結勸此初也
論云發菩提心者以三種苦想故則不欲發心故說應
離一切相等此中一切相者為顯如是等三苦相也
演曰夫發大心要起慈悲救濟含識觀諸法空解苦
无苦方於生死長時救度共證菩提永出流轉若見
三苦起逼迫相如人畏時非人得便如是菩薩畏生
死故六塵得便自受流轉安能救人或見苦相自求涅
槃不能息他流轉之苦或見苦相相縛轉深漸增處
重或全誹撥耶見沉迷常處生死不能自息流轉
之苦是故發心不起三想免受沉輪名為對治其不
發心是流轉苦之因緣也問此言取三苦想障發大心勸
離三相發菩提心若尒應是三苦對治如何唯說對
治流轉苦因緣耶答理實發心能治三苦由發心者
起三妙觀一猒生死即除流轉二愍衆生即除相違
三求菩提即除乏受用況此說為離三想故應治三
苦而言唯治流轉苦者揔別異故謂發心是揔離一
切相餘二是別各離相故所治亦然流轉是揔餘二
苦是別以揔除揔以別除別故不相違問不發心障以
何為體答即法執三想及癡貪等一切二障以為體性
近流轉因正是无明无明緣行故受流轉癡之根本即
是智障三想心是由此離相發菩提心癡等自滅
乃至老死亦復隨滅流轉自息彼論云若有菩

薩不離我相等彼菩薩見苦行苦欲捨菩提心為
彼故說應離一切相發心等偈言
為不捨心起　修行及堅固　為忍波羅蜜　習彼能學心
演曰准長行釋上二句問下二句荅一問為何等故心
不捨菩提相二問為何起行相而修行下二句荅為忍
等者謂以无我等相而發心修行也然准彼論初地
以去證第一義所得忍處名不住心舉此為證勸彼地
前菩薩發心亦應離一切相故云未生第一義菩提
心者有如是過為防此過等　經不應住色生心不
應住聲香味觸法生心　演曰二別釋不住於相令
離相縛及麤重縛由執性故便為境相之所拘㝵於
生死中生麤重縛麤重縛者不安隱性不調柔性无
堪任性身心勞倦疲乏之性故有經頌云相縛縛衆生
亦由麤重縛善雙修止觀方乃得解脫如觀調戲境
相拘心執嗜不巳便生勞倦後休息巳方覺疲乏之此
相拘心生乏亦介此相縛者體通一切三界三性有漏境
生所生麤重亦通一切有漏之性故載三界皆是行苦
或此文意由執色等以為實有便起希求追戀慳
惜於流轉苦更增疲乏永處生死安能發心為遮
此等故勸不住色等生心論云若着色等生心則於
流轉苦中疲乏故菩提心不生釋文如前顯淨佛土
解論又云不住非法者謂非法无我也於非法及法
无我中皆不住故　演曰貞觀不住六塵及非六
塵衆本及此論但有不住前五塵无不住非五塵其
法非法即皆不住故論遂難先解非法然准論意經
言法者謂法无我言非法者謂非法无我即有法我
故揔結云於非法及法无我中皆不住故謂於法无
我及非法无我中皆不住也　經應生无所住心
演曰第三重成論云為成就彼諸不住故說遮餘事

如經應生无所住心何以故若心有住則為非住等此
意遮餘事者遮心有住也文分為二初順成後返遮
此初也上說不住色非色我無我等生心為成此義
住空住有皆不應取故云應生无所住心
經若心有住則為非住　演曰返遮也餘本先
徵无住所以若心有住便是執着非為真住真如理
中无所住故發心亦應順理无住淨名經云无住即
无本從无住本立一切法彼論云顯示不住生心義故
若心住於色等法彼心不住佛菩提佛菩提者即
真理也　經是故佛說菩薩心不應住色布施
演曰第四結勸引前所說諸菩薩心不住布施此
及魏經略舉於色貞觀六塵皆稱不住此舉經中
初不住心起行方便以勸久學或舉十地真行方便
不住布施以勸地前不住修行如勸離相發菩提
心　問何故引施讃忍勸發心耶荅彼論釋云以
檀波羅蜜攝六波羅蜜故　經須菩提為利益
一切衆生應如是布施　演曰第二對除衆生相違
苦因緣雖復發心不住流轉若為衆生相違之時
便起勞倦不能濟度而生退轉故為除此問准此
應言流轉苦因緣對治等或應言流轉苦不忍因
緣對等如何論云流轉苦忍因緣對治乃至乏受用
苦忍因緣對治等以忍非所治故又第二顯示對治
衆生相違苦忍即似以忍為所對治其義如何荅論
揔說此為對治不忍因緣故非以忍為所對治然揔
相言此忍因緣之中而為對治謂於此忍種種因緣
而不能忍故對治之文分有三初正對治次令信受後
遣執着初中復二初揔標對治後別釋所以此初也
論云既為一切衆生而行於捨云何於彼應生嗔也
捨即布施菩薩發心及行施等本為衆生既為

利樂應當如是不住衆生相違苦想不生嗔恚而
行布施彼論疑云云何為利衆生修行而不名住於
衆生事疑意修行利生應住生想如何不住偈云
修行利衆生　如是因當識　衆生及事相　遠離亦應知
演曰初二句修因所為下兩句令除我法二執彼意只由
不住能利衆生故除二執衆生相違時便能忍受正
與此同彼曲生疑屬第八斷更不別開　經如來說一
切諸相即是非相又說一切衆生則非衆生
演曰別釋所以初法无我後人無我論云由不能無
衆生想以此因緣故衆生相違時即生疲乏相故
顯示人无我法无我此意既无實法及實衆生何故
於无妄生有想而行布施又亦不應起相違相而
生疲乏故應不住而修施等魏云一切衆生相即是
非相一切衆生即非衆生梁隋唐周並初衆生想後
但衆生唯此本中初无衆生但言相即非相彼論
頌云
假名及陰事　如來離彼相　諸佛无彼二　以見實法故
演曰准彼釋意衆生事有二一衆生名二五陰事即
彼衆生能詮名相非實體相以名自性无實體故由
是一切衆生相即非相衆生名相无實體相故能詮
名成法无我餘本云想者由想起名即顯名相又以
五陰假名衆生於五陰中无衆生體以无實衆生
故由是一切衆生即非衆生明人无我故論結云如是
明法无我人无我若依此經初法後我文更明顯梁周
二本此下云何以故諸佛如來遠離一切相故餘本並闕
准彼論引應合有之論云此句明彼二相不實若彼
二相實有者諸佛如來應有彼二相何以故諸佛如
來實見故　演曰顯佛說二无我由自內證如證而
說成前二无佛自證達今為汝說勸彼發心修行㑹

行之時有衆生相違觀二无我勿生嗔恨
經須菩提如來是真語者實語者如語者不誑
語者不異語者　演曰次令信受而行於忍世
善賢良猶无法誑況乎大聖對謗天龍有四諦語
而為誑説論云真語者為顯世諦相故實語者為
顯世修行有煩惱及清淨相故於中實者此行煩
惱此行清淨故如語者為第一義諦相故不異語
者為第一義諦修行有煩惱及清淨相故
演曰初惣説俗諦二別説俗諦三惣説真諦四別説真
諦別説俗中此有為行煩惱此有為行清淨或此行
生煩惱如為名利行此行增清淨如捨名利行別
説真諦中依真修行有所斷煩惱能斷清淨或
依真諦而修行時此行生煩惱如有住心施此行增
清淨如无住心施今歡喜薩依真諦修應信生忍
此不誑者即屬不異約口名誑約心名異彼論自下為
斷第九道非作因疑論云此中有疑於證果中无道
云何彼於果能作因頌云
果雖不住道　而道能為因　以諸佛實語　彼智有四種
此有二釋一云謂諸聖人以无為法而有差別即无聖道
云何觀二无我利益衆生道行能為彼因為破此疑
故説四語以佛真智證理无言後得如證而起言説
真无取得俗諦離妄方便因緣修二无我非不為因
得佛果也顯佛能知彼道為因故説四語以斷疑情
即令生信順修无我果之因道而生於忍與此論同
也二云證无為時但用真智不用言説之道即謂佛
説持經功德為法身因是其虛妄故説四語除彼
疑謗前解疑從忍起後解疑從經起觀彼論意後
釋為長此由境四故有四智由智有四故起四語頌云
實智及小乘　説摩訶衍法　及一切受記　以不虛説故

一實智即菩提二小乘三大乘四受記如次四境皆不
妄説以配四語除此以外或假設説於小乘中説苦諦
等大乘中説法无我如受記即是説三世事決定无
謬如義而説不顛倒故今説菩提及以大乘勸信
佛語　經須菩提如來所得法此法无實无虛
演曰後遣執着論云説此真語等已於此中如言説
性故起執着為遣此故經言如來正覺法及説於中
无實无妄无實者如言説性非有故无妄者不如言
説自性有故此意以見佛證二无我理説二諦語便執
此言詮着彼法定實相屬故今破之可言之法无故
名无實離言智證不可名法有故名无虛魏云所得
法所説法真觀有三所證所説所思智所契證言
所詮説心所思慮此中惣云所得法名為此法彼論頌云
隨順彼實智　説不實不虛　如聞聲取證　對治如是説
演曰上二句正釋經文下二句明顯執着准彼釋者以
所説法不能得彼證法故无實以所説法隨順彼證
法故无虛説此意者不應如所聞聲而取證法又亦
不應離所説法而求證法以隨順故　經須菩提
若菩薩心住於法而行布施如人入暗則无所見
演曰大段第三對治之受用因緣由着未來果事行
施心有相故果有恨量受用便乏即心住着乏受用
因緣所乏受用是外資具增上果攝依此論解前不
住於事行施是布施處未來果説不依彼論自身
名事此中説是乏受用故若不住施因之與果翻前
可知故為對除有此文起彼論自下為斷第十證如
不證疑論云若聖人以无為真如得名彼真如一切時
一切處有云何不住心得佛菩提得佛菩提則非不住
若一切時一切處實有真如何故有人能得有不得者
此中得佛菩提四字通上下用依彼新論云如何佛

果以无住心方能證得非有住心也此有二問一問有得
不得二問不住心得住心不得惣舉一頌以答二疑頌云
時及處實有　而不得真如　无智以住法　餘者有智得
彼釋意云真如雖復遍於時處无智者住法故不
得有智者不住故得此答初問又心住法者不清淨
故不得不住法者清淨故得此答後問彼惣結云以
是義故諸佛如來清淨真如得名是故住心不得佛
菩提彼破疑心以生文此約修行以起説既以不住得
彼真如當果无限不乏受用二論无違文中有二初
法喻闇无智不得後法喻明有智證得若依此論
初明有相着果報施即是所治乏受用因後明无
相不着事施即能治行此初也初法後喻論云若
為果報布施便着於事而行捨施彼於異施欲
樂苦受中不解出離猶如入闇不知我何所趣彼怖
樂亦尒　演曰欲樂苦受是當來果與施異時
名為異施彼當來欲樂是勝義苦有漏皆苦故
苦受非是三受之苦受也經言如人喻无智者由无
智故着果行施名為入闇无所見者喻不見真理故
不求出離如在闇室无所見故盤旋在中莫知我何
所趣无智亦尒由着相施當果有限受用遺乏
經若菩薩心不住於法而行布施如人有目日光明照
見種種色　演曰有智證如不着事施即能治
行初法後喻論云彼无明夜過患日出已種種尒炎
如實見之經言如人即有智者言有目者惠俱心等
日光明照即喻智惠種種色者喻真如等種種理
事所除闇相即前无智餘本説為夜分已盡由不住
施得无限果受用无乏又釋若住於事執有實境
不見過患而受用乏於中生忍如人入闇若不住法不
執境有於中行忍如目得日見種種物由見過患生

知足故雖乏不苦故能對治乏受用苦起安受苦忍
前釋據當受用不乏此解據現雖乏不苦彼論頌云
闇明愚无智　明者喻有智　對談及對治　得滅法如是
論初二字惣舉明闇喻也故長行云彼闇明喻者相
似法故已下別釋闇喻无智明喻有智對法即能對
除目喻惠體日喻惠用雖俱是惠體用不同分為
二喻頌言對治及滅法者即所對治闇相滅也故云
夜分已盡者如所對治闇相滅故　經須菩提當
來之世若有善男子善女人能於此經受持讀誦
演曰第十為離闘少智資粮障即第十四離寂靜
味住處前福資粮有三住處初親近佛行供養因
次修同時少欲勤進後勸行忍所以然者由供養等
故值佛聞法當得淨土珎饌樂備由少欲等故魔
空出寶果報不絕所作究竟好為勝事由諦察法
忍故為他說法所言誠諦他皆信受由耐他害故眷
屬圍遶相好莊嚴由安受忍故生死不拘蘭順化物
无苦逼惱皆福德相故有三文下修智因亦三住處
初捨定味次離喜動三求教授初勸依經而捨靜
味持讀為因發生修惠前資粮道雖復惣為无
相理觀而修等至由耽定味尚未別修從此已去是
加行道別修理觀初得修惠在煗位中次由得智名
位既高我慢便增遂生喜動為離此故有第二文
喜動除已入於頂位後為將入忍及世第一法外求良
緣以希教授此後隣近即入初地證道住處非第一
法後更求教授唯一剎那即入見道故求教授在見
位前煗頂兩位觀所取无初作難故今至忍位印所
取无順觀能取世第一法二空雙印曰成滿故前修福
德在四位前諸廻向位今修惠正入四位即是第十
廻向末心由此准前文亦三段初文之中大分為二初明

五種殊勝功德勸捨定味以修修惠後我念過去下
重釋五中第二福聚前離少聞多是聞思二障雖
已令離猶有分別二障微起俱生二障多數現行未
能別修无相修惠由闕此故不得證真今為令於修
惠位中別觀真理令分別障一向不行俱生二障亦
能斷伏速入見道故有此文前言寂靜味者愛味
禪定體即是貪由愛定故不肯修惠此名智障即
彼貪也或正取所知障體名為智障前煩惱障故
此所除通二障攝彼論為斷第十疑中大分為二初正
斷疑後挍量顯勝前疑斷訖自下挍量彼先問起
頌云
於何法修行　得何等功德　復成就何業　如是說修行
演曰初句問修法次句修益次句修用後句惣結即於
此經讀誦受持以生修惠發惠功德所作勝業而生
下文正與此同先依此論惣申經意云此中為離三摩
鉢提攀緣顯示與法相應有五種殊勝功德
演曰三摩鉢提者等持義攀緣者作意義對法
論云得定心者名得作意與法相應者法謂經教
此中令離不順教法而一向專修等持作意貪着禪
味是菩薩縛故勸令離之與經相順而修作意能除
乱障有五功德發生修惠以斷愚癡非是惣令不
修於定意欲令其順法修定生修惠故行者必須
止觀雙運故五功德者論云一如來憶念親近二攝
福德三讚歎法及修行人四天等供養五滅罪明此五
種即分五初中分二初修法行後佛念親近此初也
彼論於何法修行即如來憶念次得何等功德即
攝福德復成就何業即此歎法及修行乃至重解
前福德文皆屬第三彼論先荅於何法修行頌云
名字三種法　受持聞廣說　修從他及內　得聞是修智

謂於此經名字教中三種修行得成聞惠一受二持
三讀誦即頌中受持聞廣說如次配之三皆聞惠
前二聞惠依惣持生第三聞惠依廣聞生彼云
廣多讀習亦名聞惠此簡有部彼宗讀誦十二
部經是生得惠大乘異彼故言亦名聞惠即顯少
讀不解義理生得惠攝雖依名字而生三行復問
修行云何而得即頌下二句荅謂外從他聞內持不
妄數數思惟便生修惠此中具足三惠四親近行依
中邊論十法行中聞讀誦為二合受持為一與彼論
不同者彼論云受持修行依惣持故讀誦修行依
廣聞故意以受持之行體即惣持初受後持故聞
為二讀之與誦俱一廣聞故合為一中邊約惣持為
依故合為一對文背句讀誦分二又依此論法行有
四一受二持三讀四攝論云受者習誦故持者不妄
故若讀若攝者此說受持因故為欲受故讀為
欲持故攝又復讀者習誦故攝者惣覽義故
演曰此論前文釋受者受文字攝者攝義也准
釋此者於文字中先讀次誦後受於其義中初
攝後持三論不同各據義別彼又頌云
此為自淳熟　餘者化衆生　以事及時大　福中勝福德
上之二句釋前修行為自他二利論云此義云何彼名
字聞惠修行為自身淳熟故餘者化衆生廣說
法故下之二句釋後得何等福德　經則為如來
以佛智惠悉知是人悉見是人　演曰後佛念親近
文如前釋　經皆得成就无量无邊功德
演曰第二攝福德分二初標福多後挍量顯勝此
初也以此持經之福在於地前有漏薰習資无漏種
遠與佛果四智而為疎緣近與十地无漏亦為增上緣
文與十地位十王果報為異熟因故彼論下解何業中

去所謂攝受四天王釋提桓因等成就勢力故此中
應叙十王果報所生之處故言功德无量无邊
經須菩提若有善男子善女人初日分以恒河沙等
身布施中日分復以恒河沙等身布施後日分亦
以恒河沙等身布施　演曰下挍量顯勝於中有
二初舉捨身多後挍量聞經福勝初中復二初施廣
後時長此初也彼論得何等福德示現勝挍量故
頌去以事及時大此即事大以一日中捨多身故
經如是无量百千萬億劫以身布施　演曰時長
即彼論時大也　經若復有人聞此經典信心不逆
其福勝彼　演曰挍量聞經福勝有二初舉劣挍
量後况復勝行此初也於十法行各起四行一自作二
教他三讚勵四慶慰慶慰即隨喜即是此中信心不
逆逆者謗也餘本有勝彼无量无數釋去以第一百
數數一百四又解但言无量无數何必即是彼之數也
上來至此四重挍量如彼論說漸化義故直聞說多或
生不信故彼論去漸化衆生令生信心入上妙義故依此
論中所對位地轉轉勝轉上故挍量福漸以深勝是故已
下不約身財但依聞經行等而為挍量　經何况書
寫受持讀誦為人解說　演曰况復勝行也由此勝
故不可將彼捨身功德用為挍量故舉信心不謗少
福彼尚不如况正法行　經須菩提以要言之是經
有不可思議不可稱量无邊功德　演曰第三讚
歎法及修行人初讚歎法勝後讚修行人初中復二初正
讚後重成此初也論去不可思者唯自覺故不可稱者
无有等及勝故此非十地菩薩所思即法花經唯佛與
佛乃能究盡彼經論去等現難思故思謂世間尋伺
心等法非彼境名不可思議今經更加无邊功德即通
兩處謂不可思議无邊功德不可稱量无邊功德彼

論自下釋復成就何等頌去
非餘者境界　唯依大人說　及希聞信法　滿足无上界
受持真妙法　尊重身得福　及遠離諸障　復能速證法
成種種勢力　得大妙果報　如是等勝業　於法修行知
兩行半頌有九種義備在經文下二句結此即第一非餘
者境界彼云不可思議者示不可思議境界故不可
稱量者謂唯獨大人不共聲聞等亦同此論
經如來為發大乘者說為發最上乘者說　演曰此
重成也論去此成就不可稱義於中餘乘不及故最上
煩惱障智障淨故最勝此經名為大乘簡小
為稱小乘不能淨二障故問何須說二荅雖體无別
此中意說為頓悟大乘根性所說之法名最上乘希
求此人名發趣最上乘者為不定性中大乘根性所說
之法名最勝乘離二障故若離或障未離智障名
為劣乘今學一乘離二障盡名最勝乘希求此人名
發趣最勝乘者體雖无別依所被根分為二種此約
正被不為二乘兼亦无失解深密經第二時中唯為
發趣大乘者說亦同此意今釋大乘及最上乘但是
義分未必對根分為二種不尓一乘上乘等種種
多名更對何根由是依論餘乘不及故最上二障淨故
最勝不煩異解彼論不可稱量及此唯為大乘者說
並是第二唯依大人說也第三及希聞信法論去以
信小乘等則不能聞此示希聞而能信法又去希聞
者謂不可思議等文句新論說為難可得聞
經若有人能受持讀誦廣為人說如來悉知是人悉
見是人皆得成就不可量不可稱无有邊不可思議
功德　演曰讚修行人有四一舉修行二成勝德三
荷正法四簡非根此初二也如來悉知已下是第二文間
前說佛知與此何別荅前約憶念觀近如說記念如此

人等今約唯佛能知行法行人所成福等餘不能知
故二意別釋文如前即是彼論第四句滿足无上界〻
者因義　經如是人等則為荷擔如來阿耨多羅
三藐三菩提　演曰三荷正法无上菩提不過理
智以此教法詮菩提故亦名菩提令持妙法積蘊在
心即為以肩荷擔菩提或以念惠而為兩肩憁持體
故今經文義集之於彼此為如來二種菩提生了因故
亦名菩提以念惠二荷佛菩提彼論第五句受持
真妙法　經何以故須菩提若樂小法者着我見
人見衆生見壽者見則於此經不能聽受讀誦為人
解說　演曰四簡非根先徵後簡總徵前意何所
以故法行可歎成大乘福聚為荷菩提簡中有二初
樂小法者謂二乘人唯信人空不信法空有法執故志
意狹劣不堪聞大論去不能聞者謂聲聞獨覺乘
者故二着我見等外道凡夫先執有我自謂菩薩
人法執縛不求二空亦不能信受遠顯能受是大乘人无
人我者故能成就如前功德彼論不釋此段文者以前發
最上乘中已解信小乘等則不能聞前已釋訖故不
重釋理必如是不尓此文何故不解　經須菩提在
在處處若有此經一切世間天人阿修羅所應供養當
知此處則為是塔皆應恭敬作礼圍遶以諸華香而
散其處　演曰第四天等供養論去於中以花鬘等
供養恭敬礼拜右繞故名支提舉此意者說經之處
地尚可尊况持經者必成勝德彼論第六句尊重
身得福釋去在在處處供養者當知是人必定成
就无量功德　經復次須菩提若善男子善女人受持
讀誦此經若為人輕賤　演曰第五滅罪初標輕毀
後釋所由此初也言輕賤者謂凌辱毀罵餘本更極
輕毀謂拘執打縛論去此毀辱事有无量門為顯示

此故復言甚輕賤　經是人先世罪業應墮惡道
以今世人輕賤故先世罪業則為消滅　演曰釋所
由中餘本有徵說經之處八部尚且虔恭持讀之人
理應凡聖稱讚返被輕賤有何所由釋中文二初明
滅罪後得菩提此初也彼論第七及遠離諸障釋
云何故為人輕賤而離諸障以有大功德故　演曰經
言先世即過去世一過去生二讀誦經前亦名先世依
前先世轉後報業依後先世通轉生後及現報業此
於諸業之中由持經力轉不定業輕罪皆滅重罪令
輕被人罵等便為先當三惡重苦業有四種順現生
後第四不定不定有三謂時定報不定報定時不定時
報俱不定此中所轉是第二句所以者何由報定故轉重
令輕由時不定墮惡道業人間受故其餘二句一切都
滅對法論云若作不增長不必受異熟乃至業有五
種一他所教勅二他所勸請三无所了知此之三業持經力
故一切都滅以業非是受報定故四根本執着五顛倒
分別此二業重作必增長定受異熟由持經力轉此二
業令成輕受問現生後業時報俱定者得轉以不
答由持經故一切皆轉不介如何遠證菩提若介既皆
得轉何故名定答據不發心若發心即不定故涅槃云未
入我法名決定業若入我法則不決定又解准闍王造
五逆罪時報俱定見佛懺悔初聞小乘經懺悔故應
入拍毬地獄轉重令輕後聞大乘至誠懇悔逆罪消
滅故入佛法名不定業若准此義此中且說中庸受持
轉重輕受若心精懇一切都滅問准大般若准除決定
惡業應受異熟如何今言定業亦轉等答彼據定
受受有輕重此轉令輕非全不受與彼无違與涅槃
經亦无乖返持經即是入佛法故此依前解若依後
解彼亦據其中庸受持任意取捨問注云業若先

定應墮惡道即是鈍根聞必驚怖安能信奉而讀
誦此經耶若後五百歲聞是章句能生信心者此人
已於千萬佛所種諸善根復若為人輕賤乎如何會
釋答遠公天邈詳難雲興自非聖心玄鑒何以發斯
幽賾有難而无釋者蓋欲推功歸論表佛意之深微
耳今依論宗奉宣其趣此論五種殊勝功德即當
第五滅罪所攝彼論九種成就業用即當第七遠
離諸障故長行云示現遠離一切諸障故何故為人輕賤
而離諸障以有大功德故周本經云此為善事新論云
此為善事者謂遭輕辱時顯被辱之人有福德性故
言此為善事准此罪福各別有種由福德故能信此經
今罪業滅自下經文不但罪滅亦得菩提
經當得阿耨多羅三藐三菩提　演曰此得菩提
論云當得菩提者顯示罪滅故由前罪滅故得菩
提　經須菩提我念過去无量阿僧祇劫於燃燈
佛前得值八百四千萬億那由他諸佛悉皆供養承
事无空過者　演曰上來別釋五種功德訖自下大
長重釋前第二攝福聚於中准論分之為三初顯經
威力次辯福德多三何人能說初中復二初舉餘福德
後校量顯勝初也論初標云應知威力者成就纖然
故多者具足勝大故配釋此文即是福聚威力以彼所
有福聚遠絶高勝故此中阿僧祇劫者乃至燃燈佛
故應知過阿僧祇者更過前故　演曰明經威力
所有福聚遠絶高勝言過去无數劫者謂金剛喻
定乃至七地滿心為一阿僧祇逢燃燈佛非此所論今
取燃燈佛已前二僧祇劫所發供養除持經外以用校
量故餘本經皆有兩重僧祇燃燈佛前為一重燃燈
後為一重故貞觀本云先復過先此言无量阿僧祇劫
是總言也以有經言未逢燃燈心有所得不蒙授記

將入八地逢燃燈佛得无生忍无所得心方蒙授記於佛
嚴經是故不以燃燈佛後功德校量以无相脩即惠度故
以前雖有學无相脩而不相續猶有加行故功德劣
故有論言八地一刹那中所有功德勝前兩劫正
同於此又說兩劫所有供佛色相功德不如其中持經
勝福彼順世間有為之相還招色身故福為劣此生
三惠斷惑證理速證法身故福為勝然彼劣福皆七
地前八地已去純无相脩福惠通故所逢佛數經本不
同數有大小不相違也那由他者准法華經即是姟
數依此方數億兆京姟十十而數即為極少依花嚴
經從一百洛叉為一俱胝俱胝俱胝為一阿庾多阿庾
多阿庾多為一那由他而法花經以此方大數目那庾
理實應依花嚴經數然此佛數且舉一位所逢之佛
據二僧祇非唯介所此古釋云通舉因位三僧祇劫以
用校量若介即但應云我念過去无量劫等何須別
舉燃燈佛前亦有釋云由供養佛但是福因持經
智因故不為比者不然若但智因而非福者何故持經
二論解為攝福德聚故知持經福智俱生但順无為
无相法身故為殊勝若介何故頌云福不趣菩提答
以施等有相福不趣菩提非謂持經无相不趣以福
二菩提正行感法身故問餘本燃燈皆言前先何故
梁經乃言佛後答彼譯經主取意有殊以在過去故
名為後如說未來名之為前約向背說未來向前背
過去故論云親近者供養故不空過者常不離供養
故即以常供養釋不空過　經若復有人於後末世
能受持讀誦此經所得功德於我所供養諸佛功德
百分不及一千万億分乃至竿數譬喻所不能及
演曰校量顯勝下位有情惡世持說勝佛兩劫脩因

勝福頻經威力所以如前彼論第八復能速證法釋云此是速證菩提法故以多福德疾嚴速疾蒲足故與此意同　經須菩提若善男子善女人於後末世有受持讀誦此經所得功德我若具說者或有人聞心則狂乱狐疑不信　演曰第二辯福德多以福廣多非情計境若具說者新學菩薩二乘凡夫即便迷悶心發狂乱論云此顯示多故或為狂因或得乱心果應知一為狂因生狂病故二設不狂亦生乱心果故不具說彼論可解　經須菩提當知是經義不可思議果報亦不可思議　演曰第三何人能說論云此之威力及彼多等何人能說是故經言等此顯示彼福體及果報不可測量故此意是經文義福因之體及所得果皆離心言不可思議難可了解雖能演說唯佛能知非餘所測勸但持宣希當勝果彼論第九成就種種勢力得大妙果報釋云所謂攝受四天王釋提桓因梵天王等成就勢力故總是復成就何業記由如是事故持經勝聞前說經力能斷有漏感得法身如何今說得人天果答如无漏業資變易生為斷於彼前斷有漏據究竟說何妨疎緣能感世果　經尒時須菩提白佛言世尊善男子善女人發阿耨多羅三藐三菩提心云何應住云何降伏其心　演曰下第十一遠離自取障第十五遠離喜動住處障二位觀所取无作四尋伺觀時節稍長前文為入煗位人說彼位依修已得修惠觀所取无安立有情而作利益今別二執雖皆祈伏俱生二執猶有少起我能住心修行伏障度衆生等名為自取今為治此故有斯文論云何故復發起此初時問耶將入證道菩薩自見得勝處作是念我如是住心如是修行如是降伏我滅度衆生為對治此故須菩

提問當於彼時如所應住如所修行如所應降伏及心世尊答應生如是心等　演曰所住所行所降伏者是所取及心者是能取所取未全除能取全未伏於執心中二取皆起有我能等前卷名為於證道時喜動由能修惠下品尋思觀无取遂生我能我得之慢自恃高舉喜躍掉動正在煗位斷此喜動即入頂位此卷初名離不自攝以煩惱生放逸其心不自修攝攝持護攝令入頂位重觀所取无作上品四尋伺觀即名自攝彼論云何故前說三種修行令復重說此有何勝頌云

於內心修行　存我為菩薩　此則障於心　違於不住道

釋意菩薩於自身修行生如是心我住大乘等有此今別障於菩薩行又云障何等心偈言違於不住道故近遠頂位遠違初地不住之道即由煗位攝存我心生如是慢障入聖道故今破之故論偏指實无有法名為菩薩發阿耨菩提等此文正破我能如是與此論同然彼略无別起疑文謂有疑云前說菩薩都无所住修行施等若尒則應一切无住如何說應如是住如是修行如是降伏為斷此疑再興三問答以雖住不言我住即是為斷第十一應无住修疑而有此文問觀此下經問之與答同前文既尒即應是兩周說如何前云非兩周耶答文雖似重所為對治其意全別且如三問依此論說通凡聖位答亦如之文文皆有不重說所為別故又如於十行位多修勝行遂有動生我能如是故將入十迴向先除彼慢為說修道得勝无慢令其進入今得煗位亦復生慢故今除之而進入頂以此准知經初問者未入佛法先有慢等我能如是住作葉等故初問答勸發勝心先教无相令其繫趣今將入聖彼得勝道斯慢更生將欲階凡為障賊

重故再興問令斷進修彼論初問除其所度中慢見外所度无同已樂非恒救濟今問除其我能度心又前於所住所修所伏中不住令於能住能修能伏中不住故文雖似重意義全別若謂彼論判二周者何故經文唯有答住而无修行降伏答處又准兩論皆唯問此一段經文再說所由答以除我能住修等兩論相似若從此去迄至經終為第二周即應總相生起第二周意何故唯問此一段文是故經文非兩周說文今有二初問後答此問也論云將入證道菩薩自見得勝處作是念我如是住如是修行如是降伏心我滅度衆生准此應問云我云何能滅度衆生若別開者二為自利一為利他若合說之三種俱通二利所攝經據合說論據別開此中問意菩薩住修降伏三心既能如是為作我能住等修為不作我能住等修以在煗位尚有二取今令除之故發此問彼論意同　經佛告須菩提善男子善女人發阿耨多羅三藐三菩提者當生如是心我應滅度一切衆生　演曰下答分二初答所住等三對治所取後辯能行者无正治能取待所立能所忘能滅故初中答三即三段此初答住佛引十地菩薩勝行為欲除破彼能取執令進入頂故引為答也

經滅度一切衆生已而无有一衆生實滅度者

演曰答修行問即不見有所度衆生所取既无能取寧有　經何以故若菩薩有我相人相衆生相壽者相則非菩薩　演曰答降伏問若住真道得无所得則无我人衆生等相是真菩薩今勸地前既欲趣證彼真无住應當如彼真无住者不有此想而為降伏論云若菩薩衆生等想轉者為顯我執取或隨眠故此意衆生想轉者顯是我執分別

現行說无現行由有種子亦名我執二乘无學至
此位中雖无人我而有法我現行種子由此等故非真
住道故應降伏而入真住　經所以者何須菩提
實无有法發阿耨多羅三藐三菩提者
演曰此正對治能取心也真住菩薩不見有少法是
能行者亦不見有少法而是可取生於喜動我為
能得彼為所得故若有此能住所得心等現前應
觀无有少法可名能發趣者故此對治我是能住
我能脩伏等而生喜動　經須菩提於意云何
如來於燃燈佛所有法得阿耨多羅三藐三菩提
不　演曰下第十二離无挍授障第十六求挍授住
處既住頂位觀所取无將趣忍及世第一法印无所
取觀能取无及單雙印入於真聖證道之位若无
挍授不能進成故引燃燈以顯挍授我住八地尚遇
燃燈以求教授進入上位況猶住頂不求教授窺上法
耶不求教授是所知障為離此障說此經文前攝正
行名求教授今約所除離无教授乎舉能所亦不
相違彼論斷第十二菩薩脩因疑論云此中有疑若
无菩薩云何釋迦如來於燃燈佛所行菩薩行為
此疑以次前文實无有法發菩提者若實无菩薩云
何如來昔脩因行明燃燈所亦无有法以荅此疑此論令
求能教授人以希教授引生勝智彼論約明教授之
法无少所得以破前疑各攝一義文今為三初問次荅
後佛印成初也於彼佛時實道理中頗有少法為勝
脩行而能取證佛菩提不　經不也世尊如我解
佛所說義佛於燃燈佛所无有法得阿耨多羅三
藐三菩提　演曰荅准問可知也　經佛言如
是如是須菩提實无有法如來得阿耨多羅三藐
三菩提　演曰下佛印成文二初惣印後別成此初

提也　經須菩提若有法如來得阿耨多羅三藐
三菩提者燃燈佛則不與我受記汝於來世當作佛
号釋迦牟尼　演曰下別成中依此論科展轉釋
疑文分有六初无法得授記二真如不可說三佛不得
菩提四遮止增減執五真如遍諸法六安立第一義初
中有二返釋順成此初也依彼論科有二初法說斷疑
後譬如人身長大下喻說斷疑初中有六即前六段
其有異同至文對辯論云此有何意若正覺法可說
如彼燃燈如來所說者我於彼時便得正覺燃燈如
來則不授記言汝當得等以彼法不可說故我於彼
時不得正覺是故與我授記　演曰若正覺法如
言可說有實體者我於彼時有實勝行何故不得
良為正覺无如言體我於彼時无實勝行是故彼時
不得正覺但與我記當得菩提彼論亦同彼頌云
以後時授記　燃燈行非上　菩提彼行等　非實有為相
釋云此義云何於燃燈佛時非第一菩薩行何以故我
於彼時所修諸行无有一法得阿耨菩提若我於彼
佛所已證菩提則後時諸佛不授我記是故我於彼
時行未成佛　演曰意同此論然釋中云則後時諸
佛不授我記者譯家倒錯應言則不與我授後時記
故新論頌云授後時記故燃燈行非勝開前言八地
无所得故蒙佛授記如何今言行非勝上不得菩提
荅所望義別前以八地得无生忍相續現前无所得
故而蒙授記今據无生真實理中无勝上行若實
有者何故當時不得菩提而蒙遠記即是釋通前
所疑問以不得菩提故明非第一菩薩行也
經以實无有法得阿耨多羅三藐三菩提是故燃
燈佛與我受記作是言汝於來世當得作佛号釋
迦牟尼　演曰順成此有二意一者以實无有執著

心故行順於理故蒙授記二者以實无勝有行无實菩
提可證得故但蒙遠記言釋迦牟尼此云能寂餘
本有如來此中文闕又餘本呼摩納婆此云儒童誤
本云婆羅門此云淨行攝姓呼耳　經何以故如來者
即諸法如義　演曰第二真如不可說論云又何故彼法
不可說如經須菩提如來者即是真如故如清淨故名
為如來以如不可說故作此說清淨如名為真如猶如真
金　演曰先徵意者何故當授記時无法而言不可說
耶荅意所授如來記者如來即是法身真如真如清淨
而不可說是故彼時无法可得表如清淨无有垢染是
故諸教多以真如喻如真金以性淨故彼論云若无菩
提即无諸佛如來有如是謗謂一向无諸佛為斷此疑
如經等言實者非顛倒義故真如者不異不變故
演曰若准彼徵何故菩提无實法耶若无菩提佛亦
非有意云既无能證之行所證菩提亦无經荅由離
相執釋之為无不可如言即撥非有所以然者實者
非顛倒義此簡所執人法二我彼顛倒故真如者不異
簡无漏有為彼生滅故此即如義不變簡有漏有為
可對除故此即真義此經云諸法如義者謂真如性
遍一切處故名諸法如義義謂義理此論明如不可說
彼論明如不倒變等非一而无各辯一義　經若有人
言如來得阿耨多羅三藐三菩提須菩提實无有
法佛得阿耨多羅三藐三菩提　演曰第三佛不
得菩提論云或言燃燈如來所於法不得正覺世尊
後時自得正覺為離此取故經言等或者以法不
可說故燃燈佛時不證菩提唯得遠記者後成佛
時既證菩提應有實法得正覺耶故破此疑後得
菩提亦无有法彼論頌云菩提彼行等此義云何
彼菩提行若人言有實者此則虛妄如是如來阿耨

菩提若人言得者此亦虛妄故言菩提彼行等
演曰前說无實菩薩能行行者今菩提亦然无
有實法故言菩提與彼行等正同此論以有難言
曰非勝上不得菩提果位殊勝得菩提耶故有此
文又由次前云真如非一向无故若尒佛有得耶有此
文起　經須菩提如來所得阿耨多羅三藐三
菩提於是中无實无虛　演曰第四遮上增減執
論云顯示真如无二故云何不實謂言說不妄者
謂彼正覺不无世間言說故　演曰言无二者謂
虛實二也於真如中无實言說遮增益執不无隨
順世間言教遮損減執此由前說佛得菩提為不
實語即執一切言皆是虛妄故有此文亦非虛說彼
論云若如是有人謗言如來不得阿耨菩提為斷此
疑如經等此義云何以如來得彼菩提故　演曰此之
謗言承前文起以前文言若得菩提不實語故便
謂如來不得菩提故有此文亦同此論彼又成立佛得
菩提頌云非實有為相故有為相者謂五陰相彼
菩提法无色等相故此復云何頌云
彼即非相相　以不虛妄說　是法諸佛法　一切自體相
上之二句正明菩提雖非色等五陰之相而有實相
故不虛說明得菩提言非實有為相者釋非實彼
即非相相等釋非虛　經是故如來說一切法皆是佛
法　演曰第五真如遍諸法論云一切法法如清淨
故如者遍一切法故由前文云佛得菩提文外有疑佛
修萬故能證法身餘无勝道不得正覺便謂佛法唯
在佛身故此釋云真如遍有由前菩提是真如故有
是故言真如之體既遍一切故一切法皆是佛法欲令衆
生知有佛法而進修習彼論云以如來得如是法偈言
是法諸佛法一切自體相者非體自體故此明何義一

切法真如體故彼法如來所證是故言一切法佛法故
演曰非體自體者如言非相為相此顯如來能遍知法
以一切法即真如故　經須菩提所言一切法者即非一
切法是故名一切法　演曰第六安立第一義論云又
彼一切法法體不成就為安立第一義前說一切皆是
佛法真如遍彼恐存一切法體實有故今遣之體不
成就破相證真安立勝義所言一切法者謂俗諦法
即非一切法者約真而談无實體法是名一切法者却
結俗諦彼論云彼處色等相不住故彼一切色等諸法
如是諸法非法即是諸法法以无彼法相常不住持彼
法相故　演曰彼真如處无色等相故彼色等非
常法住此解即非一切法言如是諸法非法即是諸法法
者此解是名一切法如是諸法非常住法故即顯真如
是諸法家之常住法餘本雙牒一切法一切法者一為世
間妄取一切法一謂如來所證一切法也上依此論明求教
授說八地行及佛果中菩提无得真如離相遮增減
執无能所得今從頂位特无相觀引生忍及世第一
法雙印二空趣見道智若依彼論法說斷疑問前後
三處說燃燈佛有何差別又唯說燃燈不說餘佛有
何所以答初問者依此論釋初說燃燈在不離佛出世
時住處離少聞障為第二迴向人說次說燃燈在離
寂靜味住處除智資粮不具障為煖位菩薩說今
說燃燈在求教授住處除不求教授障為頂位菩
薩說若依彼論初在斷第五佛有說授疑中佛於
燃燈語不取理實智以是真實義成彼无取說次
在第十證如不證疑中復能速證法挍量福勝後
在第十二菩薩修因疑中法說斷疑以後時授記
燃燈行非上是故不同答後問者此經多說无相无
生勝義之性佛於燃燈任運相續以得此道布疑散

花起於八刦掩溼髮迹今現猶存生信既多故唯稱
說上來已說信行地中合十六住處八住處中束之為
四一攝住處即是發心二波羅蜜淨三欲住處四離
障住處合十二種以為第四若攝位地摠為三文初
攝住處是十住位次波羅蜜淨及欲住處是十行位
後離障住處是十迴向位行相配屬如前應知
經須菩提譬如人身長大　演曰下第十七證道住
處三地之中是淨心地已於地前无生而不顧度无行
而不遍修後以難得福身智身故伏二障俱生漸除
分別頓盡於煖頂位希求教授觀无二取作安非安
二諦无相唯識等觀資粮如行二因具足今為辯說初
地之理令求證道入真聖位發无漏見斷分別障親證
二空得无住道故此文來彼論喻顯於前真如法身
亦不違此此論文二初明證道得智後明證道離慢
論云如是顯示入證道時得智慧故離慢於中有二初
如來喻告後善現答成此初也真如妙理唯內證知
非其言相即稱彼體然諸智者因喻得明故況大身
以通玄旨譬如人身洪滿端偉而无實體假名為身
所成理智攝領成就故名為身如彼俗身然在纏名
如來藏出纏已去與其身名仍寄喻顯魏云其身妙
大貞觀云具身大身周及此云長大長即具妙深云
遍身大身依此論說得智之中別釋妙大分為兩義
論云云何得智有二種智故謂攝種種姓智及平等智
若得智已得生如來家得決定紹佛種此為攝種種姓智
得此智已能得妙身若於此家長夜願生既得生已
便得彼身是名妙身　演曰此有二義一得智二
證理若得智已至能得妙身已來是為得智顯智
功能若於此家已下為證理理為妙身智能得故亦
名妙身如來家者謂即真如畢竟空寂以為舍故

於中證會名之為生未證如時長夜賴證既得智已便得真如如是名身妙雖身與家同是真如而法性身依法性土故有差別謂真見道正智起時能證真如名為得已若細分別无間解脫正得已得上解妙身論又云平等智復有五種平等因緣謂麁惡平等法无我平等斷相應平等无悕望心相應平等一切菩薩平等得此平等故得大身攝一切衆生大身故　演曰此釋大身以智能證五平等理五平等理通攝一切故名大身理即真如平等分五從詮以辯大莊嚴論亦說平等有五而名稍異一无我平等二有苦平等三所作平等四不求平等五同得平等此中一麁惡平等真如遍在善惡法故无自他別即彼第二以於自他身所有諸苦无差別故二无我平等諸法无我性即彼第一三斷相應平等離二取故又斷自他如如无二相應者相似義他性相應非自性故今斷自他故名平等即彼第三四无悕望心相應平等悕望者攀緣義行利他時不求返報相應同前即彼第四五一切菩薩證道平等共所證故即彼第五佛地論說十地菩薩證得十種平等性理名平等性智與此相攝思准可知若依此論前卷科釋證道住處中云妙身者謂至得身成就身得畢竟轉依故大身者一切衆生身攝身故　演曰由證二智乃至十地所應證理皆悉圓證能得法身名至得身報化二身名成就身或自受用及真如理合名至得依金光明經俱名法身故他受變化名成就身即攝四佛惣名妙身言大身者由得五平等故攝一切生與已无別以己自體能攝一切故名大身妙身通攝理智二種大身唯在平等真理然非圓滿滿在佛地此說分得能畢竟得非是已滿彼論頌云

像彼法身佛　故說大身喻　身離一切障　及遍一切境
功德及大體　故即說大身　非身即是身　是故說非身

演曰以前說言一切諸法即是佛法彼真如體如來所證今顯如體即是法身譬如有人其身妙大即彰果位所證法身此論證道能分得故亦通因位兼能證智名妙大身具義而論因果理智俱法身故彼論因前諸佛能證而有此喻唯說果位真如法身各據義明不相違也其釋頌文如彼長行文易可解上二句說喻之意下六句正釋經文於中文分二初四句釋大身大身有二義一者遍一切處二者功德大此二種義由離障證後二句釋非身非身者无有諸相大者有真如體　經須菩提言世尊如來說人身長大則為非大身是名大身　演曰善現荅成論云於彼身中安立非自他故此意據相而說唯是菩薩所得之妙大身非餘能得此妙身然於真理不可說是菩薩之身非餘人身以真如理遍一切故言非身者非自他身故故論云於彼身中安立非自非他故上釋非身言是名大身者以隨順世間施設言說名妙大身彼論云非身者无有諸相是名非身有真如體如是即名妙大身問此與山王何別荅依此論前約報化成就衆生此約證道通明理智彼論前約報身明无取說今依法身喻顯真如　經須菩提菩薩亦如是若作是言我當滅度无量衆生則不名菩薩　演曰自下離慢非證真者尚隨於真无有能所有能所者即障證真得聖證真理應隨於真不起我能行菩薩行及度衆生等若起此者必不見真以顛倒障後真理由彼菩薩得真理已於後散心起俱生慢云我能行得證真理今為斷故有此文生然此慢者是所知障以煩惱名說第六識俱謂八地已上方

永不起第七俱者至金剛喻定方永不行此所說慢且約第六起我能等非七行相故前七地起慢之時實不證真自謂證真為非菩薩非不起時亦非菩薩唯識論等皆說十地斷所知障不斷煩惱故彼論曾下為斷第十三行願不成疑論云若无菩薩者諸佛亦不成大菩提衆生亦不入大涅盤亦无淨佛國土若如是為何義故諸菩薩發心欲令衆生入涅盤起心修行淨佛國土明雖修行而無顛倒以釋前疑故有此文此約除慢彼除顛倒即想倒亦所知障既除慢倒以破疑情同是一義文今有四初告二徵三釋四結此初也前說如來能證真如具妙大身非身名身菩薩亦應稱彼真如不起慢倒故言亦如是若言我能滅度衆生不稱真理非菩薩也　經何以故　演曰徵非所由　經須菩提實无有法名為菩薩　演曰釋云以菩薩名聖教假說无有一法別名菩薩攬五蘊成又真理中无菩薩相恃何起慢　經是故佛說一切法无我无人无衆生无壽者　演曰非但菩薩无其實法我明一切諸法亦然人法二我二俱无故論云若菩薩有衆生念則不得妙身大身故彼論頌云

不達真法界　起度衆生意　及淨佛國土　生心即是倒

演曰由起倒故非真菩薩此頌通釋淨佛國土文問上依此論證道住處說其此證道定是何位荅此有二釋一云此通十地說妙大身通十地故其所離慢諸地所斷所知障故又五平等與十相攝非唯初地有此行相平等通在十地中故若尒如何前說淨心地稍初後闕耶荅地前行願弘廣佛果亦尒十地中近求後地有分齊修一如一行分分修證故

名為狹其究竟地唯在佛果二去淨心唯是見道
如來地者是修道從果為名究竟地如圓滿持為
證道故起加行資粮為究竟故修六具足如見修俱
見理見道得見名十地皆淨心唯初淨心地若十地皆
是淨心淨心地後更何所作又應淨心闕信行地狹
淨心二劫信解一劫故三地闊狹非唯說教亦兼行
故評曰後釋為勝以究竟地淨國土等多約菩薩
以顯其行若唯佛果何論菩薩又既名為上求佛地
如何說是佛果位收又准三問唯在因中不應荅中
尒許經文唯在佛果佛果圓滿非所勸化因何廣
說故廣說者對諸十地雖談果德約所被人乃居
因位若不對因唯談果者起懸崖想何所造修若
尒平等通諸地有及說離慢如何會通荅以初所
證與後體同言得平等非淨心地可通於後其所
離慢在見位中理然非有經文指說見道无慢令
前後位諸菩薩等同證真位不起於慢故文但
是見道位收問何故此經廣明地前及以佛果既對
十地何不廣明十地行耶荅經宗為明種姓不斷
果是所紹發心已去是能紹繼舉果令求地前難
修廣辯令學不斷義成故略十地而不廣辯由此
名為金剛般若以初後闊中狹異故　經須菩提
若菩薩作是言我當莊嚴佛土是不名菩薩
演曰自下第十八上求佛地住處八中究竟三地之中
是如來地上明地前及淨心地令辯果位令忻求趣
十八之中據能行人名為上求八及三中據所求果名
為究竟及如來地准論下文有六具足一國土淨具
足二明五眼等為无上見智
淨具足三佛可以具足色身見等名隨形好身具
足四如來可以具足諸相見不等為相身具足五勿謂

如來作是念我當有所說等為語具足六佛得阿
耨菩提為无所得耶等訖至經終為心具足以此六種
攝佛身中轉依具足自利利他无不皆盡將欲求
佛先嚴淨心嚴淨心故則佛土淨佛土淨故則智見淨境
能生心故先明土心為土本故次明心由心內淨外嚴色
身得好及相此四自利自利德圓方可利他利他之
中先麁後細語先心後又解此六皆為利他即由利
他還成自利此釋為勝理應先辯佛之身心方明淨
土先明土者以諸菩薩多忻淨土願求生故寂初明
之為衆生故願取佛國依境令生能見之智見智既
滿現妙色身身不徒然為生說法為他演說須運慈
心攝取法身施設大利還令有情展轉證悟種性
不斷義在於斯是故佛地令之為六如是次第上求
之中應辯離障少故不明但明於行又六具足初一依
報後五正報正報之中三業隨智惠行故以見智為
先即所隨智惠後四如次身語意業即是能隨相
好二具足同身業故有義雖此所被通於十地然六
具足對八地以去三地以明所以然者純无相修順經
宗趣是故前舉然燈佛等正對三地令七地前趣向
修證即有兩重一對三地令學佛地二令已前學彼三
地若不尒者果德然多何故偏明六種具足謂前
四具足對第八地相土自在在此地故其見智淨是能
受用語對第九地具四无礙法師位故心對第十地
大法智雲金剛心故初國土淨文分有四初舉執顯
非二徵非所以三正釋嚴土四結真菩薩此初也論
去為淨國土三摩鉢帝故經言乃至則非菩薩此
義為於共見正行中轉故為斷彼故　演曰即
是正修无分別智相應等至除彼二執而作真嚴
言我當者是人我執莊嚴佛土是法我執二執既

起不證於真則非心淨豈能嚴土故非菩薩依
真觀本此去菩薩亦如是謂既一切法无我故菩
薩亦如是應无我相也　經何以故如來說莊嚴
佛土者即非莊嚴是名莊嚴　演曰第二徵何故
非菩薩耶第三正釋嚴土真觀雙牒單非雙結
觀本雙牒單非單結此三皆單其雙舉者謂若
相无相二嚴或能所嚴故佛重牒无相為真有相
為妄故佛單非於无相中言說安立令莊嚴故
雙牒結之論云安立第一義俗諦可嚴真中无
嚴名第一義是名莊嚴却結俗諦此中通嚴四
身淨土名具足故前淨土文為居因位不名具足
前願淨佛土為地前說除小攀緣作念修道今
在地上前障已除但有俱生我法二執復令除斷而
求佛地故與前別　經須菩提若菩薩通達
无我法者如來說名真是菩薩　演曰四結真菩
薩不言我能是達生空无土可嚴是達法空如來
說為是真菩薩返顯有執不達二空非真菩薩
依餘本經有二无我及二菩薩准此論釋者一人无
我即由二无我故顯二菩薩今但總舉彼論去生
心是倒非菩薩者起何等心名為菩薩即指此文
又頌言
衆生及菩薩　知諸法无我　非聖以智信　及聖以有智
演曰詳新舊論釋此意者一知所度衆生无我二知
能度菩薩自无我故言我无我聖及非聖二種
菩薩以有智故能以自智信解於彼二无我故名
二菩薩即彼凡夫亦名世諦菩薩聖人亦名出世諦
菩薩是故重說菩薩菩薩問彼論前所說嚴淨佛土
亦是斷疑二文何別荅前除无所取淨土疑今除
能嚴淨土者疑此等諸文由闕前說无菩薩故應

无利生嚴土等事即執有能行返疑說无今荅令知實我是无假我脩行緣和方便此即是有然不見身土為能所嚴以順无相當来佛果真嚴淨土淨土與求佛地亦不相違　經須菩提於意云何如来有肉眼不如是世尊如来有肉眼乃至佛眼如是世尊如来有佛眼　演曰下第二无上見智淨具足前求佛土佛土體通情與非情如說衆生之類是菩薩淨土七珎百寶是所受用其中衆生是所化利若无智見誰能受用及能化度故淨智見為能受化由達一切色與非色理事等法亦能了知淨非淨土所有衆生八万四千心行差別而為濟利故有此文見即五眼智即六通論云如来不唯有惠眼為令知見淨勝故顯示有五種眼若異此則唯求惠眼見淨故　演曰令具求佛見及智淨即是四智一切妙用略舉照境及他心智利他中勝所以偏舉其福自在具足雖非是智因智所成與智為依明智必有所依之福故合福惠名智見淨又佛三身具攝福智故前令種福智資粮今說果圓令忻求趣彼論為斷第四十佛非能見疑論云前說菩薩不見彼是衆生我為菩薩淨佛國土以不見諸法名為諸佛若如是或謂諸佛如来不見諸法自下經文為斷此疑故說五種眼此論意說淨土之中有能受化令趣欣求彼論有此能知見故勿謂諸佛都无所見以遣疑意疑除智有即是上求二論无違文分為三初明見淨具足次明智淨具足三明福身具足鑒照名見決斷名智可愛名福離障圓明名淨具足見淨五眼即分為五二段中先問後荅初中問云頗同凡下見障内故有肉眼不荅言有者雖以肉眼通見一切且順淺智故荅言有又即諸佛剎也

德中亦有化身父母所生清淨四大報得肉眼其天眼中准例可知二並色質涅盤經云捨无常色獲得常色者是問内天二眼為同為別荅在因有別處果無差皆唯无漏非實業感及脩生別不可佛身有麁細眼照理名惠觀教名法緣真緣俗一智義分或時別起佛眼即前四眼為體遍緣一切揔名佛眼然准論中束五為四攝謂色攝第一義諦攝世諦攝一切種智應知攝色攝復有二種謂法果脩果此五眼中麁境界故是初色攝　演曰此四皆從所緣得名以有難言如来五根得一切境如何此中但言色攝故論釋言此五眼中且依麁顯同類境說言初色攝理實亦能取非色境肉是業感故名法果由彼業體是法塵故法名雖通此內別稱如言色處別得揔名天眼定起故名脩果因脩得故如言脩惠若尒如何得有報得天眼荅阿那律等名為脩得設生彼天報所得眼因中亦由脩定而得揔名脩得論又釋惠法二眼次第六第一義智力故世智不顛倒轉是故第一義諦攝在先非不見如了諸行故論又釋法佛二眼行相如文可解准論下釋智淨中云於此智中說心住即非心住如是見淨中何故不說眼即非眼以二住處故見智淨後安立第一義故初亦得成就　演曰以後例前應言如来說肉眼即非肉眼是名肉眼由安立第一義故彼法無无實體故无如其名有自體故名之為非隨順世間為令脩證強立其名是名肉眼餘四准此而不說者同一住處故後說故例前亦尒彼論頌云

雖不見諸法　非无了境眼　諸佛五種實　以見彼顛倒

釋意以見顛倒故名非顛倒何者顛倒偈言

種種顛倒識　以離於實念　不住彼實智　是故說顛倒

御注金剛般若經疏宣演第五卷

御注金剛般若經疏宣演第五卷

校勘記

一　底本，金藏廣勝寺本。共六卷，今僅存此一卷。無校本。

釋華嚴十明論叙　十十

宋寶覺圓明禪師惠洪覺範撰

顯謨閣待制朱公世英爲余言頃過金陵謁王文公於鍾山公以彦里閈晚生有志學道謂曰若讀史見勾踐伍員事乎勾踐保栖會稽置膽於坐臥則仰膽飯食亦嘗膽也伍員去楚橐載而去昭關至蒲伏行乞於吳市二十餘年而後遂其欲蓋有志者事竟成也然移此心以學無上菩提其何以禦之世英囑予記其言世英歿一年余還自海外築室筠溪石門寺夏釋此論追念平時之語曰嗟乎流轉三界未即弃去其恥亦大矣因縛五陰未能超出其仇亦深矣以吳楚之仇恥較之其相倍如日劫而學者亦思掣肘徑去然至誠惻怛勇決力行較勾踐伍員特太山毫芒耳豈不惜哉金剛般若經須菩提聞世尊言以恒河沙等身命布施不如受持四句偈爲他人說之福於是泣下其心豈不謂學者多以一身味着懈怠故自爲障閡乎夫雜華具四天下微塵數偈而其所詮者如來普光明大智一法而已親近隨順此智者戒定慧三法而已以戒定慧觀照方便破滅無明一切衆生彈指實證故金剛藏菩薩曰隨順無明起諸有若不隨順諸有離是謂成佛顯訣入法要旨借令三世如來重復宣示深奧不能如毫末於此矣其於利害去取曉如白黑其義理昭著槩如日星不知學者於戒定慧何疑而不隨順於無明煩惱何戀而不棄遺乎孟軻曰今有無名之指屈而不信非疾痛害事也如有能信之者則不遠秦楚之路爲指之不若人也指不若人則知惡之心不若人則不知惡此之謂不知類也今之知類者吾特未見耳豈密行暗證隱實顯玼世不得而知歟抑觀力麤浮習重境强多遇緣而退歟余切慕思大智者父子於道能遺虛名收實效三十年間決期現證皆獲宿智通入法華三昧乳中之酪此其驗矣嗚呼安得如南嶽天台兩人者與之增進此道哉政和五年六月十日書

解迷顯智成悲十明論

唐太原李通玄撰

釋十二緣生

夫十二緣生者是一切衆生逐妄迷真隨生死流轉波浪不息之大苦海其海廣大甚深無際亦是一切諸佛衆聖賢寶莊嚴大城亦是文殊普賢常遊止之華林園苑常有諸佛出現於中普賢菩薩恒對現色身在一切衆生前教化無有休息文殊師利告善財云不厭生死苦乃能具足普賢行一切諸佛功德海叅映重重充滿其中無有盡極與一切衆生猶如光影而無障礙以迷十二有支名一切衆生悟十二有支即是佛故衆生及以有支皆無自性若隨煩惱無明行識名色六根相對生觸受愛取有成五蘊身即有生老死常流轉故若以戒定慧觀照方便力照自身心境體相皆自性空無內外有即衆生心全佛智海如經頌云欲知諸佛心當觀佛智慧佛智無依處如空無所依衆生種種樂及諸方便智皆依佛智起如華嚴經佛子菩薩摩

訶薩有十種退失佛法道應當遠離何等爲十爲於善知識生憍慢心失佛法道畏生死苦失佛法道厭菩薩行失佛法道厭惡受生失佛法道樂着三昧失佛法道於諸善根起疑惑心失佛法道誹謗正法失佛法道斷菩薩行失佛法道樂求聲聞及緣覺乘失佛法道起嗔恚心失佛法道若修行者求大菩提心者無勞遠求但自淨一心心無即境滅識散即智明智自同空諸緣何立以空智慧光明普見法門入十住初心此如善財童子登妙峯山頂以明相盡法門故欲令其心轉更增勝上入海門國重觀十二有支生死大海見佛出興說普眼經及佛功德海諸波羅蜜海乃至禪波羅蜜方始一終又至十地中第六地作十度逆順觀察十二有支成般若波羅蜜門三空自在智慧現前以大慈大悲爲首故不盡諸行又以空慧入諸行海長養大慈大悲入生死海如蓮華處水而無染污如阿修羅處海纔没半身像大悲菩薩以空智隨流處纏不没廣如經說今略叙其十法令後學者不妄別求設使自外他求畢竟須明此理若厭十二緣生別求解脫智海者如捨氷而求水逐陽燄以求漿若以止觀力照之心境總忘智日自然明白如貧女宅中寶藏不作而自明如窮子衣中珠無功而自現十門如下

第一明一切衆生十二緣生惡覺生死從何所生第二明十二緣生爲是本有爲是本無第三明諸佛解脫智慧爲是本有爲是修生第四明十二緣生與佛智慧誰爲先後第五明十二緣生及佛智慧有始有終否第六明十二緣生是一心所變云何受三界苦樂不同第七明解脫法中何法有依何法無依第八明諸佛解脫無有性相體無處所有無量功德有一佛刹微塵身土莊嚴互相映徹爲是有常爲是無常第九明一切諸佛皆有大願云誓度一切衆生盡方自解脫如今一切衆生無數云何無量諸佛已成現成佛者如無量刹塵豈不違其本自大願無量力耶第十明十二有支是大生死之源如何超度使令迷解同佛大智大悲成大法門一切智海佛功德海

第一明十二緣生惡覺生死從何所生者爲一切衆生從本已來無本無末無始無終無性無相無古無今眞智慧之體是一切衆生之本源也爲眞智慧無體性不能自知無性故爲無性之性不能自知無性故名曰無明如華嚴經第六地不了第一義故號曰無明將知以眞智慧本無性故不能自了既不自了是以諸佛更須示現出世說法利樂人天本無衆生可度既先覺得道利樂世間明知眞智要得了緣方能現也若言眞智本來自然常不變易者即有所依即有所住處即堅然形質十方虛空不可相容納也即同外道及二乘并淨土菩薩皆有所依故衆生自衆生聖自聖不須教化也故知有賢聖得道會眞明知眞智無性不得了緣但迷心境十二有支隨事染着不能自知有性無性妄作我見隨順無明行識名色對六根爲觸識爲種子意爲能緣隨事和合觸受隨生無明行二

事緣眼耳鼻舌身五根與名色相對無明行爲所緣意爲能緣名色是所緣之境識對諸根隨事和合分別善惡取納名受此一段五根從意及識七法爲現行緣領受貪着不捨便生愛取有從愛取有三緣成來世業因生老死三緣爲來世苦果此愛取有及生老死常以生老死爲果生生無有停息隨自貪欲乘憍慢放逸貪嗔勝劣等業三界受生苦樂不同皆是自心變非由他與應如是知是一切衆生所生苦海之源以迷眞智故便有業生十二有支因此而起若達無我則無所生處則一切法自性無生是故經云世間生滅皆由着我若離於我即無生處執着我故常求有無不正思惟起於妄行行於邪道罪行福行不動行積集增長於諸行中植心種子生有漏身復起後有生及老死所爲諸業爲田識爲種子無明闇覆愛水爲潤我慢溉灌見網增長生名色芽名色增長生五根諸根相對生觸觸相對生受受生已復希求生愛愛增長生取取增長生有有生已於諸趣中起五蘊身名生生已衰變爲老老已劣造業成病病已業盡爲死死時生諸熱惱故憂悲愁歎衆苦皆集此因緣果故集無有集者此明經意爲名第一義故妄生苦緣實可悲愍爲迷心境枉流生死衆苦悲惱飄轉何休但淨意根空慧現前十二有支都無所有及名色識觸受等五法皆爲根本智之法界自在緣生諸法門大海及諸波羅蜜諸功德海以明迷者即諸煩惱海一切心境總爲苦海若覺悟者即是諸法門及波羅蜜海正覺悟時無明不見滅智慧不見生是故經云一切法不生一切法不滅若能如是解諸佛常現前此明迷解是故一切衆生於第一義根本無作智中妄起作業愛取有生是故十二有支迷眞智慧生十二有支以爲生源以此三乘教法諸般若中爲中下種人但說五蘊十二緣空空亦空有爲無爲及畢竟空乃至十八空等皆未明達十二緣生煩惱苦海便爲智海正覺海諸法門海諸波羅蜜海菩薩萬行諸功德海文殊普賢毗盧遮那三法皆悉圓滿一一塵中十方諸佛及一切衆生同住無礙海法如是故非是權乘神通所作一切大小皆無邊方叅映重重重重無礙如經廣明

第二明十二緣生爲是本有爲是本無者此中有二義一妄二眞一如世情妄見隨三世古今爲心計其萬事實有又計生死等以爲無常此乃如世情心想所計言無常並是妄心妄想栽接無有窮盡言常無常並是虛妄無有定法皆不可依也言眞如理智常不變易亦是虛妄是故淨名經云無以生滅心行說實相法以此十二有支是一切衆生自心自誑情計變生今言十二有支常以是虛妄若言無常法又以滅而取證或厭而徃生者皆且得變化生死非眞解脱是故常與無常同第一義智不可以情知也經云不了第一義故號曰無明又世諦即第一義諦云何十二有支定說爲常及與無常又如正會第一義諦時不見身心及境界若生若滅常與無常是故十二有支無決定性不可說言常與無常同第一勝義諦故

第三明諸佛解脱智慧爲是本有爲是修生者此一段須知四謗言法本有增益謗言法本無損减謗亦有亦無戲論謗非有非無相違謗若言諸佛解脱智慧本有增益謗若言本無要假修生損减謗此之一段非情意思量言所及也情亡神會想盡智圓何以情論於有無談其無功之智也言其本有即體性如同虚空本來無迹言其本無因修而得者亡情慮而始會一乘若以滅識亡情亦非是當一切衆生以情想恒存者常迷不知存修即卻敗放逸即全乖若言本有修生皆爲過失何以然者言本有一切衆生元來是佛何因苦樂流轉不停若言修生還成敗壞有爲之法皆是無常故須除此二障方可相應乃故頌曰諸法不自生亦不從他生不共不無因是故説無生此乃禪定觀行方便以爲了緣迷解自明不可以情慮計度云修生本有此果體無以斟酌知無以思量得當以止觀力功熟方乃證知急亦不成緩亦不得但知不休心不虚弃如乳有酪皆須待緣緣緣之中無作者故其酪成已亦無來處亦非本有如來智慧以戒定慧衆善方便而以照之而緣緣之中無作者無成壞故然於一切智一切種智於中而得朗然於諸法中無能作所作者故亦非本有亦非本無以第一義中無本無末無始無終無成無壞無三世古今亦不可作本有及以修生成就世間斷常諸見及諸諍論應如是知如經中頌云一切法不生無有常見一切法不滅無有斷見若能如是解諸佛常現前以無斷常故即是成佛義也是故不可作修生本有卜度之妄想也重栽妄想不可相應當須於一切法無心道自現也無心道現正智方明正智現前方覺心境諸緣自皆無性心境無性智日同空境何能立智空境寂識浪無生所有現行都無能所如空谷響應物成音空谷無心智亦如是應物分别都無所生於此是他同於幻住所有心境皆如不見一法有生住異滅成壞等相名法界緣起自在無生門如善財至德生童子有德童女所得空幻智幻生幻住法門一切處受生皆同幻住

第四明十二緣生與佛智慧誰爲先後者如世情識妄業所見者即十二緣生生死在前若以道現智明古今元來不變無動轉故已是無量劫中所作善惡業果報德道現智明悉能見之如彌勒樓閣中善財入已彌勒三世古今業行悉於中現者是也以自淨智業圓明十方諸佛及一切衆生三世古今業行無不普現以無明總盡一切智成自合如是但淨自心不可希望如世間初心但且息心淨念者亦得少分外邊生死境界所現故求大道者不取也不可以螢光滯於大智之明此是攝亂息心所見也亦有邪鬼入身亦見少分皆不可取也善決擇之如十地菩薩得百萬阿僧祇三昧世無不明坐大寶蓮華之上量等百萬三千大千世界授如來職其身充滿大蓮華之上此大蓮華四邊次有十三千大千世界微塵數蓮華以爲眷屬諸菩薩皆坐其上尚猶於普賢行猶爲障礙欲見普賢菩薩不能得見當捨五障方見普賢略釋

中已明善財欲入大悲位但見摩耶夫人處
寶眼天具明五障之數何况世間息念少分
淨心怕怖生死畏懼攀緣之心而少分可見
亦爲障道未作須作已作須過勿滯其中一
依善財童子所有十住十行五位行樣不錯
也如是根本大智之海不可更求前後之見
皆從迷十二緣生之法於心境上意識魔王
妄變自惑其心至無始沉淪由迷不覺存前
存後見古見今第一義中都無此也一切處
文殊師利同聲說偈云一念普觀無量劫無
去無來亦無住如是了知三世事超諸方便
成十力又以大智體中同三世事以過去世
入現在未來世以未來世入現在過去世以
現在世入未來過去世以根本智無三世性
妄執三世智現自圓無古無今一一世通爲十
世以三世[十一]中一世上[十二]三世爲九世通平等世
爲十世如圓珠上求方環輪上求始末虛空
中求大小中邊前際後際終不可得應如是
知如是見即於大小前後諸見無所惑亂也
如是見盡三世都忘名初發心時便成正覺

然後成普賢之行矣
第五明十二緣生及佛智慧有始有終者如
有人於少時間夢見無量劫忽然睡覺所有
夢中時量劫數並不可得亦如是見無明及
佛智慧亦不可得爲無明等十二有支及佛
智慧皆虛妄也經云無無明亦無無明盡乃
至無老死亦無老死盡爲眞妄總同一虛空
性故不可於空中求其生滅等相不見無明
滅不見智慧生以無生滅故一切法亦如是
無生無滅無始無終也
第六明十二緣生是一心所變云何受三界
苦樂不同者金剛藏菩薩云於第一義諦不
了故名曰無明所作事是行行依止初心是
識識共生四取蘊爲名色無明行識名色爲
四名色增長六處六根是也根境識三事和
合是觸觸生受於受染著是愛愛增長是取
以從此愛取中不順貪嗔忿恨各隨執業深
淺輕重種種不同因此惡道人天諸業各各
差別修行者大須觀察淨治識種以現智門
而於心境即得自在餘意下當更明

第七明解脫法中何法有依何法無依者聲
聞獨覺皆厭生死依寂滅涅槃淨土菩薩厭
生死所依淨土般若中菩薩破有歸空成空
智慧應生淨土留惑潤生教化衆生如涅槃
中依一切衆生有自性清淨亦具普賢行俱
是三乘中[十一]諸教菩薩等法門國[十二]土皆有大小
廣狹所依分量可得皆有所依故爲衆生根
品量度未圓所有修行心量各依自分所得
唯一乘佛果毗盧遮那文殊普賢理智大悲
圓滿皆徧至六道衆生及三乘菩薩二乘聲
聞緣覺一切所依皆恒徧故十方克滿猶如
虛空皆無所依非大小限量廣狹所依住也
亦非情想計度所窮任無功無作大智之所
印也以達十二緣生法中迷解智現故無厭
除心無自他境不出不沒智印十方無去無
來恒對現色身普徧一切衆生前無去無來
故亦無神通變化之心以無所作之智法爾
能隨物應感現其身宜應所化也如空谷響
普應諸聲皆無所依一切衆生及諸賢聖皆
無所依但以自情妄見也但智明迷解道自

如是非是情所作得也故名不可思議更有餘意後當更明

第八明諸佛解脫皆無體相本無處所所有功德身土莊嚴爲是有常爲是無常者如來報身及國土三界淨土菩薩所知見故乃至十地菩薩受職位但見如來出世三昧涅槃解脫身土功德微妙境界猶不能見成佛果德已後恒行普賢行常處世間十方六道無休息行亦不能見也如十地道滿欲見普賢行以十地中三昧力三度倍倍入無量三昧畢竟不見普賢身及所有境界況如來果後恒行普賢行十方國土悉徧於中功德如何見也如華嚴經世界成就品如許雜類世界如來行普賢行之徧處如華嚴即是文殊師利化入人間覺城東大塔廟處轉說此經號普照法界修多羅經於大海中有無量百千億諸龍而來其所聞此法已深厭龍趣正於佛道成捨龍身生天人中一萬諸龍發大菩提心得不退轉有無量無數衆生於三乘各得調伏移城人間文殊師利童子在莊嚴幢娑羅林中大塔廟處無量大衆從城而出來詣其所略舉優婆塞優婆夷童子童女各言五百入法之衆以是義故但以文殊師利轉教人間若如來報身及國土諸天十地菩薩及淨土諸菩薩所不能見何況二乘及凡夫得見此出過眼耳鼻舌身情識之境界不可云常無常生滅比量如來身及國土妙相不可以形質罣礙所分劑知一一毛孔皆無有邊際所得一切功德身不可以世間情所卜度言常及無常皆無決定之體不屬生滅性故不可以妄知

第九明一切諸佛皆以大願度衆生令盡若一衆生不盡者我不取正覺如今現有無量衆生在以有無量諸佛已成現成佛者豈不違其本願力也如十方世界不見一佛已成現成佛者常行普賢行處十方世界度脫衆生無古無今不出不沒但以衆生宜應所見成佛及以涅槃無作菩提何得何證何成何壞但以普賢行願常然恒利衆生而無利者但以無作之智性自徧周應現解迷本無成壞也正迷解時不見迷已不見智慧如善財入慈氏之門入已還合以諸法中實無一法有成壞故若於諸法中見有佛成佛者是無常義如涅槃經自具明文勿生疑滯

第十明十二有支是大生死之源如何超度使令迷解同佛大智大悲成大法門一切智海佛功德海者如華嚴經第二會普光明殿中說十信門如來足下輪中十度放光其光從如來眉間毫相中出照耀十方世界已來入佛足下輪中以明佛果光以佛果光用成信位其光名一切菩薩智焰照耀十方藏其狀猶如寶色燈雲以此光明從足輪中出初照三千大千世界令修行者隨光心作光明想徧照三千大千世界作此想成已其光明照於東方十三千大千世界四維上下亦復如是次第一周一一方所想成十方過此是初觀第二次第乃至第十倍倍增廣量度想念皆盡虛空令其自心亦盡虛空心同虛空其心自定朗然安樂方從定還起十方觀四維上下周徧推求自心內外都無所得方始

了知空慧現前名憶念一切諸佛智慧光明普見法門在此位中定亂俱忘名初發心住以此空慧觀察世間一切衆生及以國土皆如幻化無有體相同佛空慧解脫法門入佛知見已以此名念佛門以無念正慧相應故入十方境界念佛門空慧自性普周徧故及一切佛成正覺轉法輪三世刼在一時無時分延促之相可安立故如經廣明入此十種廣大如虛空量念佛門方入海門國第二治地住法門方廣達十二緣生海成普眼經及成十波羅蜜行海佛功德海入清淨無染大悲蓮華無垢大智普光明海如經云善財童子問言欲入一切無上智海而未知菩薩行云何能捨世俗家生如來家如是十問具如經說海雲比丘十種讃慰勸發之後方云我住此海門國十有二年常以大海爲其境界所謂思惟大海廣大無量思惟大海甚深難測總勸十種觀察十二緣生生死大海使見大海之下有大蓮華忽然出現以觀心圓淨生死無染業成十無盡寶莊嚴十王供養恭敬明十智波羅蜜功德不出生死之海於生死大海之中利樂衆生無染自在以王表之阿修羅王云百萬者檀波羅蜜中行滿也手執持其莖明不離根本智處生死而不没以阿修羅王表之已下思之表法如是餘可准知設有其事亦爲表法衆也蓮華有佛出現說普眼經者觀達十二緣生根本普光明智起差別智普現一切名色色聲香味觸法虛空等隨一切衆生欲皆說爲經衆生無盡心想無盡對彼根欲以世間萬事應所宜說之爲教有何盡耶經云以大海量墨須彌聚筆書寫此普眼經法一品中一門一門中一法一法中一義一義中一句不得少分何況能盡知我於此佛所千二百歲受持如是普眼法門以十陁羅尼門爲諸人天龍神等廣宣流布以十二緣中一緣之上有百煩惱十二緣中以爲法門故云千二百歲但是一切賢聖所說不離四諦一切世間不離苦集一切解脫不離滅道一切苦集不離無明乃至一切諸緣行等十方隨事各各不同如華嚴四聖諦品是諸修行者一一依十信十住十行十回向十地及普賢等覺位自明若不徧學不徧知住一法中莫知進路一乘之教即以普光明根本智以爲信解勝進之門以智無三世古今之體還以不移剎那際成大菩提依智成教不立古今智圓三世多刼不離一念以智無延促無有去來智體同空本無廣狹不可以分劑知不可以增損見雖有勝進功高時節不移毫分三乘之教以立三僧祇刼佛果在十地之終聖智依根立教如是樂之者即作勿疑聖旨致有沉吟恐作空過以十信之住六品經文還於普光明根本智殿中說還以十箇智佛以爲十信云覺首目首通文殊師利以爲所信之行首也金色世界及一切處金色世界及下九箇世界總通爲十是所信之法十箇世界皆名爲色所謂金色世界妙色世界等以十信之心是生滅心生信解故還如漸卦鴻漸於干磐等類是也略且如是不可具言十二緣生十住中第二住亦觀成普眼經也六地菩薩亦觀十二緣

生生起因緣成無障礙智慧光明令後學者
觀之論主頌曰
凡夫無智慧　執着生於我　常求於有無
不能正思惟　妄行於邪道　罪行及福行
乃至不動行　常於諸行中　植心之種子
生諸有漏業　成於後有身　生死恒流轉
諸業以爲田　識心爲種子　無明以爲覆
愛水以爲潤　我慢爲溉灌　諸見生名色
名色既增長　五根由是生　諸根對名色
識種隨受觸　觸受既增長　愛取生諸有
有生五蘊身　生已有衰變　老壞皆歸死
死時生熱惱　憂愁衆苦集　以此常流轉
生於六趣身　此中無一物　虚妄故如是
能以禪悦心　心念無虚妄　方能起空慧
普照於十方　十七　是中無一物　十八　能於無物中
方現如來智　既得智光已　復照諸衆生
常於十方刹　具足普賢行　以化衆生故
而於佛果門　安立信住地　十行十回向
十地等覺位　使令修行者　修行不失錯
十信是生滅　十地入佛位　以此佛位中

饒益衆生故　解脱智無染　名之爲十行
以此解脱行　迴入生死中　周徧十方界
廣利諸羣生　名之爲回向　常於生死中
長養大慈悲　名之爲十地　仍於生死海
樂着解脱心　涅槃三昧樂　以除五種障
安立等覺位　成就普賢道　如於十住中
初住第二住　乃至第三住　而於佛果海
觀察十二緣　多求出世心　三比丘表之
四住五住中　便以解脱心　返照世間境
及以十二緣　一切衆塵勞　無不恒清淨
身心無内外　十方悉無礙　一切皆禪林
與諸如來等　以明返照世間是解脱以彌伽解脱二俗士表之有國名住林
十二年行方至以表十二緣生觀達一終　第六住位中
出世及世間　如是二解脱　皆悉總圓滿
寂滅大神通　無功神慧滿　以海幢比丘表之離出入息無
復思覺神用無方皆悉自在也　第七方便住　廣度諸衆生
長養大悲行　以滿願優婆夷表之　第八無功智
毗目瞿沙仙　能隨邪見流　以同諸佛衆
令入清淨智　住處與前同　俱名爲海岸
以表智悲同　第九婆羅門　號名爲勝熱

明九波羅蜜　能同邪見林　五熱及刀山
從空而投火　摧伏諸苦行　悉令入正見
第十灌頂住　於智波羅蜜　以明十住滿
以智行慈悲　師子幢王女　如此十住中
以十波羅蜜　和會智慈行　各各皆不同
勝進故如是　乃至十行中　十向十地中
及以等覺位　一一諸位中　波羅蜜行别
互參各不同　不離初發心
右已上法門皆如來普光明智爲體差别智
爲用使令智慧充滿以爲法界大乘經云十
二有支皆依一心而立隨事貪欲與心共生
心是行名色是生於行迷惑生識行識共生名色
名色增長六處三分合爲觸名色識三六根爲分觸共
生是受受無厭生愛愛攝不捨是取彼諸有
支生是有有所起名生生熟爲老老壞爲死
以下經云十二有支皆有種衆如經自具明也於十二有支爲三苦
一無明及行六根是行苦觸受是苦苦餘是
壞苦愛取有生老死是也以無明滅三苦總滅即得三
空三昧空三昧無相三昧無願三昧於一心
境無有願求唯以大悲爲首教化一切衆生

故二乘觀十二有支空煩惱總滅智慧大悲大悲亦滅菩薩觀之諸緣由性空無生無滅無受命者教化衆生不滅諸行乃至十空三昧現前常恒不捨一切衆生廣如經說十二緣生法雖一法一切賢聖皆於中作觀各各獲利不同十波羅蜜一法五位菩薩勝進各各名目德用不同不可一向准之

解迷顯智成悲十明論

解迷顯智成悲十明論

校勘記

一　底本，清藏本。

一　四頁中六行第一六字「如」，徑作「加」。

一　九頁中一九行第七字「願」，徑作「物」。

大方廣佛華嚴經會本普賢行願品疏科文　冊一

唐圭峯草堂寺沙門宗密撰集

將釋疏文大分為二
初標舉題目二
後正釋疏文四
初總叙文意四
二歸敬請加
三開章釋文
四慶讚回向
一通叙法界大宗三
二別歎此經中旨趣三
三教起由致通歎希奇
四略釋經題綱要
初總歎二
次別歎六
初本源深妙三
二成益頓超二
初時處互融
後聖凡交徹
三詮旨圓融
四說儀深奧五
五明器非器二
六顯機益深四
初約人顯益二
二約法顯益二
三始末顯益二
四稱實顯益二
後結歎三
三起教由致通歎希奇二
初旨趣未具
後令釋多具三
四略釋經題綱要三
二歸敬請加分二
初三句歸敬
後一句請加
三開章釋文分二
初正列
後別釋
一教起因緣三
二辯教宗旨二

初所述疏目二
後所釋經題二
初能釋疏目
後能述人名二
初約法以明二
初總標體性
後別明體相三
次約人以顯二
後法喻結歎
初約佛以顯三
後約王以明
初窮盡源流
後廣深難測
初標指其源
次正明深妙六
後喻結難思
初至定實寂
二妙智含空
三真身普應
四說本恒傳
五真修妙行
初舉善財
後釋兩友
初信智無二
後理智同體
初四德名歎
次六德義歎
後形外義結
初總歎
次別釋
後結歎
初能歸三業
後所歸三寶三
初總標
後開章二
初總標大意
次別釋十門
後總結指廣

初釋總題
後明品目
初總指述處
後正舉述人
初為諸法本
次包通離情二
後妙用自在
初能包空有
後妙入言象
初智德
次斷德
後恩德二
初寂用俱常
後依正交徹
初情智同源
二真妄合體
三絕相普收
四寂用無方
五融拂事理
六性德重重
初是器
後非器
初即染以圓淨
後萬慮以顯道
初反顯漸權
後正明圓頓
初聖□□□之緣
次外□□□之因
後正明□□□之相
初聖垂詔命
次慶承詔命
後釋讚之相
初三字法寶
次七字佛寶
後一句僧寶
初略標大意
次反顯釋成
後順結由致

三翻譯傳授。
四釋經名題。
五隨文解釋。
初標章門
後正明宗旨
初總明佛教宗旨二
次通辯成宗
後別明此經宗旨三
初畧配能所
後廣辯義門二
初開章標門
後標章解釋三
初明所入門二
次明能入門。
初結前生後
後融而開釋二
後能所契合。
初釋事法界
次釋理法界二
後無障礙法界三
初相即無礙門二
次形奪無寄門二
後雙融俱絕門二
初標
後開釋二
初開
後融結
初顯所以
次正顯行相
後結
初總標能入
次明能入門
一別說身心能入二
二廣釋心入二
初明入理法界
後入無礙法界三
後能所契合三
初釋歸入義
次雙指因果
後寄說因門二
三翻譯傳授二
初標列
後解釋二

初標列章門二
初總標
後別列
後標章解釋十
初諸教總宗
後隨教別宗
初指此所宗
次釋其義理二
後總結歸宗
初標指一真法界三
初標指辯相
次指歸一心
後體離過等五
後別開三重法界二
初標列章門二
後標而別釋三
初標標辯相
後分門解釋二
初性淨門分二
後離垢門又分二
初標指解釋
後舉喻結顯
初標門名
後正釋義理
初開
後釋
初前七無礙六
後後三無礙三
初第八無盡
次第九無盡
後第十無盡
初畧指身心
二廣釋心入二
初明入理法界
後入無礙法界三
初標舉開章
次隨章別釋五
後結前起後
初標
後正釋二
初正指其源

一法爾常規
二酬宿行願
三遠物感通
四明示真門
五開物性原
六宣說勝行
七令知位次
八顯果難思
九示其終歸
十廣利今後
初體絕諸相
二相無起滅
三豎無終始
四橫無邊涯
五迷悟之依
初來意標門
後依標別列
初標門畧釋
後通難喻顯
初依宗解釋
後通難喻顯
初理事相二
初事壞即理
後理泯即事
第三門理不礙事
第四門事不礙理
第五門理事雙存
第六門理事雙泯
第七門存泯無礙
初述由偏釋
初標列有三
後義釋三種
後總結扶契
一能所歷然
二能所無二
三能所俱泯
四存泯無礙
五舉一全收
初依義正釋第一
後舉喻以顯智

初微源二
後翻譯三
初總標三譯
初總標
後別列二
次會通今昔五
後別明今經
初翻此品具緣四
初正明翻譯
次會通新舊
三梵本來處
四正明勝緣三
後明此卷可寶
初標經屬當
次讚重勸修
後應請翻傳三
四釋經名題二
初標章狀
後正釋
初釋總名
後正釋義
初釋總題四
後釋品目
初總顯得名
二對辯開合
三具彰義類
四展卷難思
初標標
後正釋
初展至無盡五
二卷歸真界
三展卷無礙
四結歸經題
初正解品目
初釋所入三
初總標
次正釋
後通結
次釋能入
後釋入字

初明晉本
次典善本
後貞元本
後以畧合廣三
初明昔謂非經
二以今證昔是經
三辨昔疑所以
四明昔文含隱
五今文備足無疑
初得梵本之希奇二
次辨翻譯之緣備二
初標起緣多
次正列十緣十
後結得流通
後校今昔具闕
初承命翻譯
次諸師誠請
後勉旃作疏
初科分
後正釋
初總舉七義
次別列四對
後結攝無盡
初標開合
後釋五對
初標舉
後別釋七
初展真智為界
二展理智為總題
三展總題為一卷
四展一卷至一部
五展一部至無盡
初略配開章
後隨章牒釋三
初顯得不思議名
二指不思議體
三釋不思議由
四辯不思議意
初解脫三
二境界三

初引西域相傳
次詳理印定
後釋其所以三
初會主能說理
次普賢因果理
後品卷窮終理
初彰昔緣劣
後明今緣勝二
初彼帝心誠
後我皇德感
初時清
二處勝
三君聖
四臣賢
五器感
六聖應
七內德
八助緣
九肅靜
十衛護
一大一釋
二方二釋
三廣三釋
四佛四釋
五華五釋
六嚴
初標名六釋
次釋義即上
後結歸故以
七經七釋
初卷至一部
二卷一部至一部
三卷一卷至總題
四卷總題至理智
五卷理智歸真界
初直指
次解釋
後結成
初總標
次別釋二

初總指行願二
次喻明行願
後人法釋名二
初約人解
後約法釋二
後品稱經圓二
初引例成一卷
後釋所以
○第五隨文解釋二
初會通前後科段二
初總名大部二
後別明此經三
後正依經文解釋三
初序分二
次正宗分二
後流通分○
初經前總釋大意二
後科判正釋經文二
初正陳所說二
後結說讚善○
初標示所應二
二徵列名數三
三牒名解釋二
四結益令知○
初經前科例二
後依經正釋十
一禮敬諸佛三
二稱讚如來○
三廣修供養○
四懺除業障○
五隨喜功德○
六請轉法輪○
七請佛住世○
八常隨佛學○
九恒順衆生○
十普皆回向○
初文前對辯二
後正釋經文二
○二稱讚如來三
初牒門名

初總標二
次別釋二
後融結
初分齊境
後所知境二
初通釋普賢
後別釋十普十
初標牒章門
後正伸解釋二
初正明所爲
後明缺序分
初總標今經
次開爲三分
後顯三分義
初結前廣偈
後結說不盡二
初舉普因願釋
後以權乘反顯
初長行三
二偈頌○
初指前佛德
後正示普因二
初善財總徵
二普賢別釋二
初標總開別
後例十各三
初牒門名二
次釋行相三
初所禮境二
次能禮因二
初普賢力二
後信解力二
後能禮相二
初顯無盡二
後結無盡二
後彰無間
初十地有十
後此經唯二二
初別明虛空二
後總例餘三

後融結
初作用解脫
後離障解脫
初所求普
二所化普
三所斷普
四事行普
五理行普
六無礙行普
七融通行普
八所起大用普
九所行處普
十修行時普
初舉經
後疏釋二
初廣偈通顯說
後今又果窮
初正示普因四
次顯經勝德
後結勸受持○
初總釋
後別明
初總標開合
次別釋廣畧
後今文具十
初釋相顯益
後顯禮差別三
初餘宗說七
次今加十禮
後本經所用
初標因
後釋成
初總明徧常
後別顯周徧二
初身多
後徧禮
初標舉屬名
後會違釋意
初反顯
後順釋

次釋行相三
後結無盡三
三廣修供養三
初標門名
次釋行相二
初正明供行四
後校量顯勝二
初校量二
初舉所校量二
後正明校量二
初對辯得失二
二逐難釋經二
後徵釋二
初徵二徵
後釋二
初標舉所以
後結歸勝供二
後結無盡
初標指經文
二重成前義三
○四懺除業障三
初呼機牒名二
次正釋行相二
初總辯懺相三
初明作法事懺
二起行理事懺三
三明逆順十心三
初總標逆順
二別明順逆二
三對別品料簡
後正依經釋二
初舉所懺二
初正舉三
二顯多二
初總屬別明
後歸所懺心
後辯懺相二
初正釋懺相二
後懺成功德二
初法喻總明

初所讚境二
次能讚因
後能讚相四
一所供之境
二能供之因
三列所供具二
四正明供養
初總指法勝
後別明七種
初叙先譯差錯二
後申詳審正五
初按定本文
二引梵本證三
初標舉梵文
次釋上梵文
後勝劣所以
三重釋勝供
四引經證成二
五重以理釋
初名通華梵釋
後名唯華言釋二
初能懺功德
二所懺體相二
初雙標理事
次廣釋理事三
後雙結理事
初標經具二
後別釋二種二
初所懺十順二
後能懺十逆二
初總標列
二結滅對辯
初業因
二業具
三業體三
初能懺業具三
初標屬經意
次三業所因
後義釋三業
後懺所對境二

初標能讚相三
二正明讚歎
三讚所經時
四明共周徧
初總指供具
後別列種類三
初種種雲
次種種香
後種種燈
初標先譯之意
四後正立理數破四
初指餘文以明二
初諸教共說
二前章已明
三正斥其失
三對淨名辯
四數此無端
初引法華經
後引淨名經
初釋懺悔名
後釋懺悔相二
初因歸且業
後實通諸障
初方等事懺
次淨名理懺
後二經雙二懺二
初普賢觀二
後隨好品二
初事懺
後理懺
初總標別列
後顯生皆具
初屬體標三
二別釋二三種二
三釋業由戲起三
初三取惡
後三通取
初徧法界處二
初徧布事法
後徧稱法性

後結歸大意
後總結無盡
○五隨喜功德三
初呼機牒名二
初所喜成善二
後對辯次第二
次正釋行相二
初正釋經文四
初喜如來善二
二喜諸趣善
三喜二乘善
四喜菩薩善
後校量勝德三
後總結無盡
六請轉法輪三
初呼機牒名二
二正釋行相二
後總結無盡
○七請佛住世三
初呼機牒名
次正釋行相四
後總結無盡
○八常隨佛學二
初疏先會通二
後正銷經文三
初呼機牒名二
次正釋行相二
後總結無盡
初學本師二
初明所學二
初明因行二
後明果用二
後辯能學
後例一切
初成道利生二
初明成道
後明利生三
後歸真益物
○九恒順衆生三
初標牒門名二

初所對境二
二能懺心二
初標所因
二明所益
初餘教之意
後此經之意
初標所喜佛
後明所喜事二
初別明功德二
後通結隨喜
初總擧辯次
次引證校量二
初引大品經
後引法華經
後彰自重願
初舉所請境
後正明請法
初標所請境二
二正明勸請
三住所經時
四伸勸請意二
初釋前標意
二明後釋意
初第八自利九
後八九所回第十
初指同大經
後屬歸二利
初所學本師
後所學法行二
初正明法行二
後別顯餘行
初總標
後別顯二
初能化身通三
次所依衆會三
後圓音普被
初總標
次別顯五
後總結
初釋意

後徧請佛前
初懺一切罪二
後斷相續心
初釋誠心
後釋懺悔
初從因至果六
初所爲事
二所經時
三捨難捨
四圓諸度
五證諸地
六成菩提
後遺勸濟
初明所益
後辯具闕
初標唯如來二
初舉數標佛
後示勸請緣
二釋通餘人二
初通衆三乘
後餘善知識
初依後三門同二
後依此三門異二
初利他不同解
十能回不同解
初牒門標釋
後引證結成
初發心精進
後正明起行二
初內財二
後外財
初正明法行
後結通所爲
初現通
次起化
後現身
初菩薩衆會
二二乘衆會
三諸王衆會
四族姓衆會

次正釋行相二　後總結無盡　初正明二　初標所順生二　初總標　後別顯二　後正明隨順三　後徵釋二　初令佛喜二　初徵　二稱二　後增大悲二　初徵二　二釋三　初法說三　次喻明三　後法合四　十普皆回向三　初牒名三　次釋相二　後總結　初所回善根　後正明回向三　初疏釋大意二　後正釋經文二　初離苦成善二　後發心代苦二　初解經文二　初明代苦二　後令後益二　後釋代苦三　初總徵二　次正釋二　後料簡二　四結益令知二　初正結大願二　後衆益令知二　初衆益二　後令知二　次順經勝德二

後屬行　初顯四生二　後明餘五　初約差別二　後揀所餘　初總標隨順　次正明順相二　後結成隨順二　初釋所順生二　初依供養　後依序事　後結令佛喜　初釋徵文　後解答意　初別合　次總合　後結備　初牒名　次釋意　後顯益　初配三回向　後出三所以　初總標別列　後依列解釋二　初總標回向　後發起願心二　初離苦得樂　後出惡成善　初標苦因果　後正明代受　初令脫苦　後救勝益　初總標　二別釋　初正料簡　後總釋妨　初遮修　後成益　初標能供人　二列所供具

五天等衆會　初總標四生　後依義別顯二　初依止差別　次種類差別　後受用差別　初總舉順相　後正明順行二　初喻顯順心　後畧明順事　初指同大經　次引經證成　後出理結釋　初正合法　二重徵釋　三反結成　四結示令知　初悲智離相　次三互相資二　初實際具三　後例指餘二　後別開十願二　初釋初門二　後例餘九　初牒屬　後配釋　初惡法不成　二善法成就　三閉惡趣門　四開示正路　六　初但起悲願　二同事爲緣　三說法息苦　四損命自隨　五苦已濟物　六願苦同真　七自他無異　初成熟衆生　次圓滿菩提　後成就行願

初校量聞經德三　初舉能校量四　次明所校量　後正明校量　後顯餘衆行德二　初總明功德二　初明遠離　後明守護　後偏舉…德二　初舉一行　後廣辯德三　初通明五果五　次別明淨土果二　初顯法功能三　後別明勝果二　初利化正化三　初得見聖衆　次見聖功德　後得生家記　後利生大用二　後究竟成佛果三　初正釋經文二　後疏文總解二　後結勸受持三　後偈頌二　初標舉三　後正頌　初…示普因　次…經勝德　後…勸受持　初…頌十門　後…頌十門　初疏…會通二　初標舉　後會通二　後…正申解釋二　初二十六頌三門三　後四偈頌淨土　初標科釋妨　後正釋經文三

三正明供施二　四供所經時　初總明法行二　後畧說功德二　初業障殄除二　後魔鬼潛護二　初增上果四　二等流果二　初讚歎行人　後齊本聖果　三異熟果　四士用果三　五離繫果二　初解脫煩惱　後堪受物供　初世果終失　次此願不離　後引生淨土二　初明得記　後顯利生　初降魔成道　後轉法利生　初正解此文　後通釋前意二　初有二…諸佛二　二有二…如來　三有三…供養　四有一…業障　五有一…功德　六有一…法輪　七有一…住世　八有四…三門二　初標所以　次別屬釋　後總結成三　初有一…標回向二　次三十…三門二　後結歸回向　初釋經違妨二　初順生順佛

初明施凡　後明供聖　初通明十種　後此經闕具　初滅無間業　後除諸障惱　初於世無礙　二聖所稱歎　三人天禮敬　四衆生供養　初壞惡趣　次離惡友　後伏外道　初顯王不離　二引導其前　三得生極樂　初總釋經意　後引教證成　初利生時　次利生處　後正利生　初配經…根　後衆益勸修　初結前勝德　二正明受持　三重明勝德　初行願速成　二獲福無量　三令生離苦　四得生淨方二　七　初標頌勸意　後衆…勸…持　初正結不離　次科判重頌　後因釋不次　初三句所回善根　後一句正明回向　初正屬大意　後釋畧之妨　初正會行相二

初二偈…隨佛學　次二偈…順衆生二　後十…回向二　初疏會二　後經文二　初下二偈…大願十　後有八偈…大願　初受持願二　一修行二利願二　初有七句長行二　初標釋總句　二標釋別句　後第二句…長心二　三成熟衆生願二　初正釋頌　後指法源　四不離願二　五供養願二　六利益願二　初總釋　後別釋二　七轉…願　初總釋　後別解二　初偈名釋義　二正釋經文　八淨土願　九承事願　十成正覺願　初總釋二　初顯意　後釋畧　後別解二　初總標　二配釋七　九承事願二　初總釋義　後別配釋二　初標總別句　後唯釋別句

二爲生衆佛　二引證結成　初會前畧　一對…次第　初別屬引經　一依經配釋二　初釋前偈二　二釋後偈二　初正釋行相　二引經證成　初行體　次行業　後行相二　初標指異名　後引大經證　初總標大意　初釋總句　後釋別句三　二別解經文二　初明總句　後釋別句二　初明前偈二　二明後偈二　初利益時處　二引經證辯　初偈轉法處二　次偈能轉音　後偈時體等　初同體淨二　工自在淨二　三明因淨二　初約因淨　後約相淨　初辯生因　後釋依因二　四明果淨二　初標擧三　二正釋此二　五受用淨二　六住處淨

初總標廣畧　二正明會意　三指同大經　初此通孤頌　後前挾此通　初初句　二次句　三二句　初正配　後指繁　初釋法頌二　初出世行　二世間行　後釋喻頌二　初正喻合　後因總結　初自分行同　次一切行願同　後勝進同　初總標　後配釋　初總標　後配釋二　初不空因　後不空果　初憑此文合前　後依餘本屬此　初釋所用意　後却會經文　初標命成　後屬文意　初總配因淨　後別釋二因二　初釋二依　二歸佛境　初總配屬　後釋二果　初所生果　後示現果　初釋義

初承事處 二
初標
後釋 二
二所事佛
三承事時
四地經具闕
○十成正覺願 二
初標舉科分
二依次解釋 二
初明業用 二
初標指 用
二正釋 七
二結因成果 二
初標
後釋 二
初正釋
後重釋
○後有八偈大願 二
初有三偈十願 二
二有二偈二聖 二
初明所以 二
後正釋文 二
初二偈倫同普賢 二
初經文 三
後疏釋 三
初釋同所以
二別釋長子 二
三義攝所餘
後三偈雙同二聖 二
初解經 三
初二偈彰已勸修 二
二半偈所齊智行
三半偈回向願同
後疏釋 二
○後結歸回向
○後有四頌淨土 二
初解經 四
二疏釋 四
初會通長行 二
二會與善本 三

七明相淨
初明所知見 三
二明能知見 三
初引地能見
次依梵本深入 三
後依意經文
初總釋義
後別配釋 二
初明自在業
二示正覺業 二
三說實諦業 二
初總標名義
後隨文解釋 二
四證教化業 三
五種種說法業 一五
六不斷佛種業 一六
七法輪復住業 一七
初結前總指
後依文結配 二
初標
後釋 二
初歸二聖
後攝所餘 二
初舉所同
次明能同 二
後總結同
初依義解 二
初牒經釋
後引例成
二表法解 三
初一偈明勸修
後一偈明所修 二
初願意 二
二結歸
初一偈願生淨土 二
二一偈願成利樂 二
三一偈得生授記 二
初半偈會
後半偈別
四一偈分身普益

後引證
初具實相
次一切相
後無量相
初標指梵文
次別明深入
後明深入意
初標 一二
後釋 二
初依地經釋普門
八
二依梵本文通釋
初說德 二
後說益
初正明
二引證
初顯名義
二釋經文
三梵本證
初結前九願
二結正覺願
初正釋
後指同
初總同
後別顯 三
初智行同
次三業同
後行土同
初釋長子
二引例成
三顯前結
初標所修
後明所獲
初約解行
二約理智
初半偈除障
後半偈見佛生彼
初三句到彼願成
後一句正明利樂
初標文同
後明意別

三會歸今經
四會轉生意
○後一偈十門 二
○次七偈經勝德 二
○後二偈勸受持 二
○後結說讚善 二
後流通分 二
初指所說法 二
初標舉分二
二顯意釋成 二 用
後時眾受持 二
第四慶讚回向 二
初偈慶遇申讚 二
後偈獲益回向 二
初四字善根
二寺上下回句 二

初標同長行
二重科彼意
三回文釋成
初二句結前諸行
次六句重顯勝益
後一偈結成回向
初結前所說
二歎喜讚善 三
初正顯 二
後結成
初列能持眾 三
二總顯受持
初三句所證難思 二
二一句慶朗讚演
初回向有情 二
後回向二處

初二偈
後五偈行益 二
初四偈通五果
後一偈果
初善財蹤躡
二菩薩歎喜
三如來讚善
初約當會
二通九會
初菩薩眾
九
二聲聞眾
三雜類眾
初一句標佛悲願
後句顯證難思
初四恩
二一切

大方廣佛華嚴經會本普賢行願品疏科文

大方廣佛華嚴經普賢行願品別行疏鈔會本卷第一

唐圭峯草堂寺沙門宗密隨疏鈔

△大方廣佛華嚴經△普賢行願品△疏一卷并序

將釋疏文大分爲二第一解疏題目第二正解疏文初中分二初明所述疏目後辯能述人名初中有二先明所釋經題後明能釋疏目初中分二初釋總題即大部之通名後明品目即品章之別目今且初文問總名七字爲是唐言爲是梵語答於中佛之一字即是梵語餘之六字總是唐言問若總就梵文呼之如何答若舊梵云摩訶毘佛略勃陀健拏驃呵欲底修多羅此說略也若就正者應云摩訶尾没馳(理反)也没馱嚩孳𦁲(名反)曳賀曩怛嚩(二合)摩訶云大尾没馱云方廣没馱云覺者嚩孳云雜華嚩賀云嚴飾素怛覽云契經若總就唐言應云大方廣覺者雜華嚴飾契經共十一字今以順古又生善故乃去覺者二字存佛之一字又去雜飾契三字存華嚴經三字即於十一字中略却四字存其七字以總名七字也於中上六字所詮之義下一字能詮之教就所詮中大方廣即所證法即清淨法界具體相用三佛華嚴即能證人於中嚴爲總相餘分因果經之一字即能詮教如下疏文第二明品目者即普賢行願品梵云阿進底也(二合)咄馳(一)尾目乞叉(二合二)尾灑也(三)三滿多跋捺囉(二合四)左哩(五)鉢囉(二合)捉馱曩(六)鉢囉(二合)吠捨(七)跋哩嚩[illegible]多(八)言阿進底也咄馳此云不思議尾目乞叉此云解脫尾灑也此云境界三滿多跋捺囉此云普賢左哩此云行鉢囉捉馱曩此云願鉢囉吠捨此云入跋哩嚩多此云品即不思議解脫境界普賢行願入品令順此方故入字居初疏中文略具足應云入不思議解脫境界普賢行願品不思議等即是所入普賢行願爲能入入通能所問疏主何以不具標耶答良以入經解文乃具標也故疏題遂略但標能入故但云普賢行願品也下文廣辯自下明能釋疏目者即疏一卷并序五字是也言疏者(駐法)疏(斛)決也即是疏決開通之義良以經中義理幽深若不疏決開通無由啓悟故經者疏目又說文云書義爲疏令即纂集經論深義書寫一處用解經文故名爲疏也言一者數也卷即卷舒唯此獨行故云一卷并序者并謂兼并序者庠序爾雅云入門見屏謂之序即東西牆見牆所以別宅舍之淺深觀序所以知作者之意旨又序者敘也即敘述也謂敘述經之大意纂於文前令習學者頻觀其大旨故云序也

△勅太原府大崇福寺△沙門澄觀述 自下

明能進人名者卽勅太原府等言太原府者卽總指其處卽三京之北京也幽到河東衛之分野卽古之并州大崇福寺者曲指別處簡非開元龍興石室等也梵云毘呵囉正云毘貿羅此云行處出家道人所行止處故以爲名此名爲寺者起自摩騰初來漢國同諸賓客權止鴻臚後建伽藍標名白馬得寺名也言沙門等者正舉能述人沙門梵語具云室囉末拏上單下複此云勤息故經云息心達本源故號爲沙門然有勝義世俗示道汚道之異如十輪經次之二字卽疏主名也歷九宗聖世爲七帝門師賜號淸涼如碑廣述言述者疏主自謙不言作也意云但是傳於舊章而不新製述者傳於舊文製者製禮作集故論語云子曰述而不作信而好古竊比於我老彭夫子云我但傳述舊章而不新製所以然者禮製作集必使天下人行之有德無位故述而不作也云竊比於我老彭者竊者私竊老彭者彭祖也以其壽八百歲故曰老彭又王弼云老是老聃彭卽彭祖老彭好述古事夫子云我私竊閑比於老彭亦是述而不作信而好古今疏主意亦同此故但云述也言勅者臣下曰令君令爲勅卽疏主當時奉詔譯經製疏流行於世故云勅太原等也

△大哉眞界△萬法資始△包空有而絕相△入言象而無迹△妙有得之而不有眞空得之而不空生滅得之而眞常緣起得之而交映

自下第二正釋疏文大分四段第一總標大部名意第二歸敬請加第三開章釋文第四慶讚迴向初中又四第一通敘法界爲佛法大宗第二大方廣佛華嚴經者下別歎此經以申旨趣第三然玄籍百千下敘起由致慶遇希奇第四大方廣者下略釋總題令知網要今初應假問云諸家造疏多先敘佛爲物示生無像現像隨宜說法先小後大等今何最初便敘法界應答云以是此經之所宗故又是諸經之通體故又是諸法之通依故一切衆生迷悟本故一切諸佛所證窮故諸菩薩行自此生故故初頓說不同諸家有漸次也謂權實不同隨宗異故文中有三一約法以明二我佛下約人以顯三是知下法喻結歎初中又二初一句總標體性二別明體相今初大哉眞界者兼下句借周易乾卦文勢用之彼象辭云大哉乾元萬物資始乃統天謂乾卦有四德卽元亨利貞以乾是卦名元是卦德以是其首德故連乾稱之云大哉乾元者陽氣昊天乾體廣遠又以元大始生萬物故云大哉萬物資始乾元稱廣大之義者以萬象之物皆資乾元而得生始所以得稱廣大乃統天者以其至健而爲物始以此能統領於天也天是有形之物以其至健能總統有形是乾元之德也今此則借初二句文勢而所宗不同彼指乾元此明眞界彼指萬物不過天地之內此言萬法總該世出世間故不同也言大哉者是發語之端仰數之詞也眞界者卽眞如法界法界類雖多種統而示之但唯一眞法界卽諸佛衆生本源清淨心也故下立宗云統唯一眞法界卽是一心又起信云所言法者謂衆生心是心卽攝一切世出世間法又詳玄錄云此經諸會所譬不同開則萬差合則一性舒則彌綸法界卷則攝在一心今則不離一心全明法界緣起言一心者卽是衆生本心與萬法爲根本乃至云而此法界體是一心應知自心則成佛本等准上諸文斯義明矣明知權教以八識爲心一向有爲生滅不得爲體今明一法界心准起信論於此一心方開眞如生滅二門此明心卽一眞法界故此總標爲體性也兩宗心義下當廣明此總標體性竟疏萬法資始下二別明體相也於中三一明爲諸法本二明包遍離情三明妙用自在今初資者假藉之義無有一法不是本

心所現無有一法不是與界緣起無有一法先於法界由是萬法資假眞界而得初始生起也然一法界心成諸法者總有二門一性起門二緣起門開鍊中約觀疎也性起者性卽上句眞界起卽下句萬法謂法界性全體起爲一切諸法也法相宗詮眞如一向凝然不變故無性起義此宗所說眞性湛然靈明全體卽用故法爾嘗爲萬法法爾嘗自寂然寂然是全萬法之寂然故不同虛空斷空頑凝而已萬法是全寂然之萬法故不同迥計倒見定相之物擁隔質礙旣世出世間一切諸法全是性起則性外更無別法所以諸佛與衆生交徹淨土與穢土融通法法皆彼此互收塵塵悉包含世界相卽相入無礙鎔融具十玄門重重無盡良由全是性起也故還源覩五止門中第三性起繁與法爾止文云依體起用名爲性起應萬差故曰繁與今古嘗然名爲法爾旣云今古嘗然卽知不待別遇外緣牽之本來法爾嘗起縱諸緣互相資發說此門中緣起亦成性起約此義故諸佛嘗普過一一塵中說華嚴法界永無休息故晋經有性起品也二緣起門有二一染緣起二淨緣起染者謂諸衆生雖中全有如上眞性及性所起過塵沙之善法良由迷之不自證得便顯創過計別執過塵沙之惡法故云染緣也釋此說爲二門一無始根本二展轉枝末根本者謂獨頭無明也言獨頭者迷本無因橫從空起不同餘法展轉相因此復有二一迷眞二執妄迷眞者不識自體法身眞智故十地品云於第一義諦不了故曰無明執妄者卽不識本自身心卽法爾自然別執妄心及一切質礙諸法也故圓覺經云妄認四大爲自身相六塵緣影爲自心相故名無明也二展轉枝末者有三種一由前獨頭無明故起種種煩惱二由煩惱故造種種業三由業成故受六道種種生死諸苦果故佛名經云獨頭無明爲煩惱種又云此三障者更相由藉因煩惱故以起

惡業惡業因緣故得苦果一從無明起煩惱者唯說煩惱麁相卽貪嗔癡謂既妄認四大五蘊爲自身心卽自然貪一切榮樂之事欲以潤之嗔一切違情之境恐損害之愚癡之情種種計校如上煩惱皆由執妄而起也二從煩惱造業者既貪嗔猛盛卽造十惡等業或貪來生富樂之報造諸善業或厭下苦麁障欣上淨妙離修四禪八定不動業由迷第一義故善惡不動俱是有漏染業也三從業受報者然聲響形影之報纖毫不差由前惡業成[十三]則有地獄餓鬼畜生種種苦報由前善業成則有四洲及六欲天等種種樂報由前不動業成則有色界四禪無色四空等種種差別之報所受苦樂之身是別業正報所居勝劣器界是共業依報既未返本還源並非究竟由是三界五道妙高鐵圍四海七金日月水陸山河大地萬象森羅卯陵坑坎雖殘充滿十方各各差別乃至三千大千世界如是絲量無邊品類有情卽生老病死器界卽成住壞空劫劫生生還流不絕皆是染緣起也故大經云心如工畫師能畫諸世間五蘊悉從生無法而不造又不增不滅經云法身流轉五道名曰衆生勝鬘經云不染而染起信論云無明熏眞如成諸染法等二淨緣起者亦有二義一分淨二圓淨分淨有三一聲聞二緣覺三權教六度菩薩且聲聞者謂有衆生聞小乘教知前三界不安皆如火宅厭患心生欲求出離修五停心觀七方便等斷四諦下分別煩惱得初果進修漸斷俱生煩惱乃至證阿羅漢果卽四果四向是也緣覺者亦由知前三界過患根性猛利遇緣見性成辟支佛於中有麟角部行之異然上二乘唯除我執未除法執唯斷煩惱障未斷所知障唯證生空未證法空故云分淨權教菩薩等者聞定五種性定三乘教信唯識理不欲我法發三心四願修六度萬行斷二障證二空卽三賢十聖若身若智及諸功德并所居國土也言分淨者以未聞圓

頓實教但守所習權宗權宗畢竟無有實果故出現品云假使有諸菩薩於百千億那由他劫具修六波羅蜜及三十七菩提分法若未聞此不思議大威德法門或時聞已不信不順不悟不入不得名爲眞實菩薩卽知若守權宗定無稱性究竟之果也良由但云聖淨凡不淨斷障後方淨未斷時不淨穢土不淨別有淨土等故云分淨權實兩宗不同如大疏玄談中廣辯也二圓淨者亦有二門一頓悟二漸修頓悟者翻前根本無明也謂有圓機聞此圓教知一切衆生皆如來藏無別八識生滅之種煩惱生死卽是菩提涅槃一切國土染相本空無非淨土初發心時便成阿耨菩提見一切衆生皆亦如是故出現品云菩薩應知自心念念嘗有佛成正覺如自心一切衆生心亦復如是准此義故卽頓悟時徹於法界若自若他唯見清淨不見更有染法也既不迷眞執妄故云翻前無明漸修者謂雖圓頓悟解而多劫已成顚倒妄執習已性成難爲頓盡故須背習修行契合本性此復有二一離過二成德離過者翻前展轉枝末三障也既自識眞淨法身靈鑒眞心卽不妄認四大緣慮之軀本因煩惱而爲此身既不認此身卽貪嗔自息貪嗔既息卽不造業既無有業卽無三界六道苦樂之報故云離過也言成德者既無障惱則一向稱性修行顯發性上塵沙功德妙用然非謂先離過盡然後成德卽心境離過之時卽稱性念念圓修萬行念念圓成萬德故雖初發心便[十四]同正覺而不礙行布行位歷然然且行行交參位位融攝因該果海果徹因源斷障卽與一切衆生同體普斷成佛卽與一切衆生同體普成故出現品云如來成正覺時普見一切衆生成正覺普見一切衆生般涅槃卽此圓教中四十二位若賢若聖若心若境若依若正若人若法並是圓淨緣起之法也言緣起者由本因中聞圓教信圓法發圓所起圓行圓除諸障圓證法界既藉此

諸緣修證故言緣起證時卽見凡聖皆然故言圓淨故大經云若人欲了知三世一切佛應觀法界性一切唯心造法華經云佛種從緣起起信論云眞如熏無明成諸淨法統而言之則淨緣起門翻前染緣起門以合前性起門也然此華嚴圓宗具別教一乘同教一乘二義上性起門卽別教義迥異諸教故上緣起門卽同教義普攝諸教故大疏玄談全揀全收全揀諸宗卽別教性起義全收諸宗卽同教緣起義然約機約法故開二門既入法融通二亦交徹二門不二統爲華嚴圓宗所顯眞界生起萬法之義門也二明包遍離情者疏包空有而絕相入言象而無迹上句包含所詮法下句遍能詮教又含者亦含能詮遍者亦遍所詮文影略也言包空有者有二意一包虛空及萬法有謂性雖包空而性非空空融同性是絕空相性雖包有而性非有有融同性是絕有相性若是空是有則不能包空包有良由性非空有故能包空有也非有包有如老子云當其無有器之用故知有若實有卽礙於空空若斷空則礙於有良由眞界包之有成幻有必不礙空空卽眞空必不礙有既空有存泯無礙故眞界雙包而絕相也二卽一體而說空有謂性無一物卽名包空而靈心不昧卽絕空相性具萬德卽名包有德皆是性卽絕有相如瑩淨明鏡空無一物是名含空而明鑒朗徹故絕空相明鏡本具能現衆像之德是名包有能現卽是明鏡故絕自相以驗對法義自分明問文[十五]云絕相者爲絕空有之相爲絕眞界之相答相之極也極於空有但於眞界而絕空有之相卽眞界當體便是絕相也言入言象而無跡者言象之義下文廣辯此明眞性不離言教之中然且絕蹤跡也如水遍入諸波無別水相不同人入屋中別有人相故曉公起信疏序云玄之又玄豈出萬象之表寂之又寂猶在百家之談此證入言象也非象表也五目不能覩其容在言衆也四辯

莫能談其狀此證而無跡也大經云法性遍在一切處一切衆生及國土三世悉在無有餘也遍入亦無形相而可得也無礙三妙用自在者就妙有至交映是妙有得之而不有眞空得之而不空者不見眞界之人聞說三乘因果則起心取相而求聞說諸法皆空則不善化生嚴土若得眞界即知一切皆同眞界不空不有也於有處見之紇辭緇有則與之不異故有即不有於空處見之空則與之不異故空即不空不空故自然不失修行不有故自然不取於相也生滅得之而眞常者生滅之法不出遍計所執及依他緣起若得眞界即知遍計如繩上蛇本無所有全是麻繩既無法可生可滅但是圓成眞常也依他無性攬緣而起故即生無生即滅無滅如繩無自性全是於麻故依他即圓成眞常也況三性皆無性但是法界眞常居然可見然此宗云依他不唯依衆緣之他全依眞界而起爲依他也設假因緣因緣亦依眞界故關鍵中說法界起諸法時有性起門及緣起門言緣起得之而交映者先約義緣起相由發約法也塵沙法數無非法界緣起故從起之法皆含寂照如觀一塵既全是法界即寂照具足如鏡明而復淨故能現多鏡入已一中此一鏡又入多鏡之內交相映入一鏡既爾餘鏡皆然一塵既同法界寂而又照故能含一切法入已一中此一塵又入一切法中交相聯入一塵既爾一切皆然重重交聯而無盡也皆由眞界故

△我佛得之妙踐眞覺△廓淨塵習△寂寥於萬化之域動用於一虛之中△融身剎以相含流聲光以遐燭第二我佛得之妙踐眞覺下約人以顯文中二初約佛顯後約王顯初中三一智德二斷德三恩德今初妙踐眞覺

者踐謂履踐眞覺即淸淨本覺故妙嚴品云已踐如來普光明地彼歎菩薩履踐佛境今明如來履踐淨覺深淺不同但引之以證踐字依起信論覺有三種一者本覺二者始覺三者究竟覺言本覺者論云謂心體離念離念相者等虛空界無所不遍法界一相即是如來平等法身依此法身說名本覺既是法身之覺理非新成故名本覺二始覺者依本覺立以有不覺故謂此心體隨無明緣動作妄念故論云依於本覺而有不覺依不覺故說有始覺由本覺內熏力故漸有微覺厭求乃至究竟還同本覺故論云不覺隨染生智淨相即此始覺也三究竟覺者此明始覺心源時染緣都盡始本不殊平等離言離言絕慮蕭爲無奇以始本無二名究竟覺是則覺心源故名究竟覺不覺心源非究竟覺不名眞覺是究竟覺故名眞覺見始本異不名妙踐達無二故方名妙踐衆生不悟眞界履踐六塵五欲如來契合本源故踐眞覺成聖德也佛是覺者即指於人眞覺是所踐之覺即指於法若以人契法能所不忘雖踐不名爲妙今得眞界融之能所契合故名妙踐二斷德者疏廓淨塵習即無不寂也廓謂空廓淨謂淸淨塵謂障垢即煩惱所知二障也然二障從麁至細有三一現行二種子三習氣習氣微細難除尚皆廓淨況種現耶大疏云蕩無纖塵斷障之義下文有擇三恩德疏寂寥至遐燭寂寥於萬化之域動用於一虛之中者上句用而常寂下句寂而常用寂者無聲寥者無色萬化者即一切法從緣假有如幻化也域者彌域一虛者即一眞虛寂也融身剎以相含者依正無礙也然依正交徹義有六句一依內現依謂塵含世界現相品云佛剎微塵數如是諸剎能於一含中一一塵中現也二正內現正謂毛孔中現佛經云如來於一毛孔中一切剎塵諸佛坐菩薩衆會共圍繞演說普賢之勝行也三正內現依謂毛孔中現剎僧祇品云於

一微細毛孔中不可說剎次第入毛孔能受彼諸剎諸剎不能遍毛孔四依內現正謂塵中現佛下文云於一塵中塵數佛各處菩薩衆會中無盡法界塵亦然深信諸佛皆充滿五依內現依正謂塵中現佛身及剎經云一一塵中無盡身復現種種莊嚴剎六正內現依正謂毛孔中現全佛身及剎經云一內毛孔難思剎等微塵數種種住一一皆有遍照尊在衆會中而說法五六二句具彰相即相入方成融身剎也言相含者以稱性故隨衆其一必全收一切也疏流聲光以遐燭者即流布聲教之光也故十地論有教光智光也亦可聲是聲發光是光明故大經云佛放光明遍世聞照耀十方諸國土演不思議廣大法永破衆生發惑闇遐者遠也燭者照也十方剎土機感即聞不局三千界內故云遐燭也

△我皇得之靈鑒虛極保合大和聖文掩於百王淳風吹於萬國敷玄化以覺夢寤天眞以性情我皇得之至性情者第二約王顯也當時即德宗皇帝靈鑒虛極者謂英靈鑒達虛無太極之道也靈鑒智也虛極理也知一切法保合大和者周易乾卦象辭云乾道變化各正性命保合大和乃利貞謂無爲而化上順於天下合於人故聖人無心以百姓心爲心既德合天地中應人倫反朴還淳三才一貫爲大和也和爲大樂故禮記云大樂與天地同和大禮與天地同節論語云用和爲貴以禮節之意取禮樂備也聖文掩於百王者約時監論德趣三古也上古三皇中古五帝下古三王文謂經綸天地故周易云觀乎天文以察時變觀乎人文以化成天下君臣父子尊卑上下謂之人文此則德宗聖文明著也淳風吹於萬國者約處橫說道貫萬邦也謂淳朴之風萬國遍布如春風一樂萬卉芳非故有詩云唯有泰

風無厚薄，貧家桃李也成陰言數玄化以覺夢者謂敷暢玄妙佛法風化教令警覺衆生無明大夢故大經云譬如闇中寶無燈不可見佛法無人說雖慧莫能了卽令悟眞性永斷無明也言垂天眞以性情者禮記云人生而靜天之性也感物而動性之欲也欲卽情欲若以情情於性性則妄動爲情若以性性於情情則眞靜爲性令垂無爲之化令息妄動之欲情合於天眞之靜性也

△是知不有太虛曷展無涯之炤不有眞界豈淨等空之心三法喻結歎者疏是知不有太虛至等空之心是喻中空無日而不顯如黑月夜行不敢動步及乎日出方[illegible]本日無空而不俗[illegible]故空日互相假也理實日照亦有分疊但取人間目覩不及故曰無涯大經云譬如孟夏月空淨無雲翳赫日揚光輝十方靡不炤法中眞界與等空之心亦然若無眞界何以展心智若無心智何以緣眞界三昧經云等空不動智也

△大方廣佛華嚴經者卽窮斯旨趣盡其源流△故恢廓宏遠包納冲遠不可得而思議矣大方廣下第二別歎此經以申旨趣文中三一標二歎二釋三結歎今初斯者指如上融攝旨趣也良由窮此融攝旨趣故得恢廓宏遠等恢謂曠蕩廓空也宏大也今云宏遠則周遍義包納則含容義卽當法界觀中第三周遍含容觀也冲謂冲深遠謂尙遠卽過容二門皆稱理深遠難見也不可得而思議者謂理深事廣俱不思議況一多卽入故宜詞喪慮絕故龍樹菩薩判維摩經爲小不思議經芥納須彌毛吞巨海指華嚴經爲大不思議經[illegible]此有四義下解品題中當廣明之

△指其源也△情塵有經智海無外△妄感非取重玄不空△四句之火莫焚萬法之門皆入△寘二諦而不一動千變而非多△事理交徹而雙亡△以性融相而無盡△若秦鏡之互炤猶帝珠之相含重重交光歷歷齊現指其源也下第二釋歎文中有六一本源深妙二成益頻超三詮旨圓融四說儀深奧五約器明非器不測六指倒顯當機益深初中有三一標指其源二正明深妙三喩結難思今初謂欲明功用故先標源也三正明深妙文中有六一融情智二融眞妄三顯四句百非四泯眞俗一多五融拂事理六融攝事相今初情塵有經智海無外經有二義一約喩二約法喩卽塵含大千經卷如情念含圓明大智文在出現品如下具引還源觀中釋云塵卽衆生妄念經卽大智圓明智體既其無邊敬曰量同十界二約法者卽經是常義故孝經云天地之經而人則之御注云經者常也今意云明情塵生滅之念智推體卽眞常故次句云智海無外若情塵非常者卽智海有外也以外有清塵故既外無情塵故知情卽常也然迷悟更依眞妄相待若求眞去妄如弃影勞形若體妄卽眞似處陰而影滅也二融眞妄疏妄惑非取重玄不空然惑與取蓋一義耳肇論云惑取之知夫妄惑者合是取執之義今以稱性融通感乃非取故科云融眞妄也重玄不空者文勢用老經經云玄之又玄故云重玄彼意以虛無自然爲玄妙恐滯情於此遂拂跡云又玄若佛法中意以空空爲重玄卽空病亦空也今意云卽於空空便具恒沙德用故云不空大疏云萬德有非有一源空不空如海對虛明天地同一色此則空有交映也三顯四句百非疏四句之火莫焚萬法之門皆入四句者謂有無亦有亦無非有非無諸宗墮此便成四謗故大般若云般若波羅容猶如大火聚四面不可取取卽被燒墮卽成謗故須離之法中離四句今明圓教所宗諸法本來離過觸向成德四皆法門故云四句之火莫焚也然成謗成門四句不別如何異耶謂於四句中執一斥餘則句句皆病如以人各執一句求一人先後歷四句義是也若四句存泯無碍則句句皆門一人一時是四句也而問依於何法而說四句答然所依法謂眞俗相對成四卽法法皆具四也依眞俗二諦明四句者一眞隨緣故有二緣無性故無三上二句俱存故亦有亦無四互奪俱泯故非有非無又不是有無是眞性故又約教者謂詮生死則俗有眞無涅槃則俗無眞有涅槃經云空者所謂生死不空者謂大涅槃此上猶約諸法以說若剋就眞性亦有四句一性是有知覺不昧故二性是無無相無名故三際去來今也三處內外中間求不得故三性亦有亦無上二句同時故四性非有非無此有二意一卽由上二同時互相奪故一時俱泯二直指眞性不是有無但是眞性也言萬法之門皆入者顯萬法也萬者指於總數其實該於一切然一切法不出四句諸宗以四句爲謗故一切皆非所以每論妙理皆云離四句絕百非離於謗也今既四句成德故萬法悉是妙門曉公云失意則所說皆非得意則所說皆是如見一塵稱理推之卽悟性空全體便見法界故此一塵卽是入法界之門一切皆爾也四泯眞俗一多疏寘二際而不一動千變而非多言二際者謂眞俗二諦及生死涅槃乃至諸佛衆生相待之法皆是二際也今且約二諦明之眞隨緣卽俗俗無性卽眞故云寘也二既寘合卽應是一以互奪故離名數故故亦非一大經云無中無有二無二亦後無三世一切空是則諸佛法仁王經云於解常自一是達二也於諦常自二是達一也又二諦並非雙恒乖未曾各一變孤雁博地高飛兩隻鴛鴦池邊獨立動千變而非多者泯一多也謂變動差別之

法全同眞性性無分限故不是多然亦非一已在上句故但舉非多而實一多皆泯也又可兩句共成眞俗一多謂實二際是眞不一是泯眞也動千變是俗非多是泯俗也又眞二際是一言不一即泯一也動千變是多言非多即泯多也據此後義以眞爲一以俗爲多不同十玄門中一多俱取事法故五融拂事理疏事理交徹而兩亡者交徹即融兩亡即拂此經所詮之事必全理之事所詮之理必全事之理故言交徹然由交徹同時故互相奪二俱亡也理即事故理已泯也事即理故事復亡也大融攝事相疏以性融相而無盡者謂一一事相皆攝理性由性以之故能包一切能遍一切重重無盡也性融融相者明重重之所以也此則十玄門德用所因中第四法性融通門意也謂若唯約理則但一味無別相入若唯約事則互相碍不能相入令約事理融通故得有斯無碍也謂不異理之一事全攝理性時令彼不異理之多事隨所依理皆於一中現也若一事攝理不盡則理有分限失若一事攝理盡而多事不隨理現則事在理外失今既一事全攝理性多事豈不於一中現故經云華嚴世界所有塵一一塵中見法界寶光現佛如雲集此是如來刹自在言無盡者正辯事事無碍重重無盡通十玄門故此一句中四字明所以三字正辯重重也大疏序云理隨事變則一多緣起之無邊事得理融則千差涉入而無碍兩對皆上句明所以下句正明事事無盡此上但以非一非異解之義即窮矣又周遍含融觀中四句一一中一二一中一切三一切中一四一切中一切三喻結雖思疏若參鏡至齊現者鏡喻則兼前諸門交徹之意以兩鏡相對如事理二門若取相入展轉成多則亦紛事事無碍也珠喻則唯喻融攝無盡言參鏡者參朗有鏡能照人心故朱鎰詩云西園有參鏡其光世所希照人見肝膽鑒物窮幽微今意取文涉猶古又收

至極之明故云參鏡朗兩鏡互照中置一燈互相影入交參無得也帝珠者帝釋殿網之珠明淨一入多中多入一中重重無盡也

△故得圓至功於頃剋見佛境於塵毛△

諸佛心內衆生新新作佛衆生心中諸佛念念證眞

故得下第二成益頓超於中二初時處超後因果超今初言疏得至塵毛者上句時下句處時中言故得圓至功於頃剋者由如上鏡界融攝微妙故得信解悟入有斯頓證梵行品云若諸菩薩能與如是觀行相應於諸法中不生二解一切佛法疾得現前初發心時即得阿耨多羅三藐三菩提知一切法即心自性成就慧身不由他悟言頃尅者對諸教時刦反顯可知見佛境於塵毛者處超也推時中例亦可云若與如是觀行相應不待上尋彌勒西訪彌陀即一塵一毛便見佛境如斯文句過大部中若要見者即前融身刹六句中所引文是也二因果超者號諸佛心內至證眞者然因果交徹義有四句一衆生全在佛心中故即果門攝法無遺故出現品云如來成正覺時於其身中普見一切衆生成正覺乃至普見一切衆生般涅槃又佛性論第二如來藏品云一切衆生悉在如來智內故名爲藏也故云諸佛心內衆生作佛也二佛全在衆生心中故即因門攝法無遺故出現品云菩薩應知自心念念常有佛成正覺何以故諸佛如來不離此心成正覺故如自心一切衆生心亦復如是悉有如來成等正覺也三由前生佛互相在時各實非虛則因果交徹隨一成佛全在二心四由生全在佛則同佛非生佛全在生則同生非佛兩相形奪二位齊融則無成佛及不成佛故出現品云譬如虛空一切世界若成若壞常無增減何以故以虛空無生滅故諸佛菩薩亦復如是若成正覺不成正覺亦無增減何以故菩提無相無非相故佛子曾使有人能化作恒河沙等心一一心復化作恒河沙等佛皆無形無相如是盡恒河沙等刦無有休息佛子於汝意云何彼人化心化作如來凡有幾何如來性起妙德菩薩言如我解於仁所說義化與不化等無有異云何問言凡有幾何普賢菩薩言善哉善哉佛子如汝所說設一切衆生於一念中悉成正覺與不成正覺等無有異何以故菩提無相故若無有相則無增減

佛子菩薩摩訶薩應如是知成等正覺同於菩提一相無相釋曰上來但以反覆相對故有四句而大旨不過因果交徹亦可如文而見也但衆生成佛之義難以忍可於心略爲問答問此中成佛爲約事成爲約理成若約事成云何同性故若約理成云何成正覺入涅槃耶答此是華嚴大節若不對諸宗難以取解今約五乘及五敎而辯淺深然諸衆生若於人天敎中觀之具足人法二我若於小乘敎中觀之但是五蘊實法本來無我若大乘始敎法相宗則說唯識所現若無相宗則說幻有即空人法俱遺若大乘終敎唯如來藏具恒沙性德故衆生即在纏法身法身衆生義一名異猶據理說若大乘頓敎則相本自盡性本自現不可說言成佛不成佛等若依此宗華嚴舊來成正覺亦涅槃竟非約同體此成即是彼成也難曰若爾何故現有衆生非即佛耶答若就衆生位看者尚不見唯心即空安見圓敎中事如人迷東爲西正執西故若諸情頓破則法界圓現無不已成猶彼悟人西處全東又難若爾諸佛何以更化答衆生不如是知所以須化如是化者爲究竟化如是化者無不化時故下結云大悲相續救度衆生五敎不同皆聖言量不可將敎就情識說

△一字法門海墨書而不盡一毫之善空界盡而無窮

三詮旨圓融疏一字法門至無窮者上句詮下句旨詮者

即善財所遇第三善友海雲比丘云我從彼佛得此普眼法門受持讀誦憶念思惟假使有人以大海量墨須彌聚筆書此無盡廣大海藏普眼法門一品中一門一門中一法一法中一義一義中一句乃至少分尚不可得何況盡能具足書寫釋曰乃至少分者即一字也以能詮一字全即所詮法界故即無盡不同諸宗能詮定非所詮也一毫之善空界盡而無窮者即十種行願皆結云如虛空界無有盡等如初禮佛行願結云以虛空界不可盡故我此禮敬無有窮盡餘九例然也

△語其定也寘一如於無心即萬動而恒寂△海湛真智光含性空△星羅法身影落心水△圓音非扣而長演果海離念而心傳△萬行忘照而齊修漸頓無礙而雙入

四說儀深奧者文中有五一明至定二明妙智三明真身四明說本五明修證今初疏語其定也至恒寂科云至定者即慧之定也夫定有多種或邪或正大乘小乘有有漏無漏有慧無慧今且隨要而說總有二種一事二理如遺教經云制之一處無事不辯即事定也起信論云能觀心性契理不動即理定也故諸經論中或單說事定或偏說理定學者隨執一文引據互斥若此宗必須二俱無礙又必即定即慧謂禪非智無以窮其寂智非禪無以深其照禪宗七祖云即體之用自知即知之體是自寂故次明真智今云寘一如者能寘是慧無心是定即契合本源而無能契於事於理無分別一心亦非無記但不計有與不有空與不空一切皆不可不可亦不可此語亦不受泯絕無寄於萬種紛動之法本來自寂何者以心生故一切法生心若不生法即本寂法華經云諸法從本來常自寂滅相如在夢中妄見百千萬衆及乎覺悟本來空寂是知法生滅者由心生滅起信論云心生則種種法生心滅則種種法滅今意明心但不生體亦非滅故諸萬動本來自寂無生滅也二明妙智者疏海湛真智光含性空即定之智故云妙也大疏云湛智海之澄波虛含萬像與此大同而有兩異一則彼約定門此約智門二則彼含萬像此含性空以定是海印三昧故含萬像萬像即海中所現之印文法合可知智門無分別智契合真性故含性空性空即所證之理理即境也攝境歸智故云含也文中兩句皆有法喻如海波浪澄淨湛然不動空無雲翳廓爾清虛大海傍無邊涯連天一色空微海底海含空天由海處明故含空由空明朗故入海以況真智鑑念不生寂然不動性無塵境廓爾空寂大智橫無邊涯含性一味性徹智體智含空性由智淨明故含性由性空寂故入智法喻一一相對昭然可見如肇論說古師云無心於萬物萬物未嘗無此則心淨物存物不能入心知天有雲霧天不能入海故肇公判云失在於物虛三明真身疏星羅法身影落心水者由前理智寘合故得一切諸法無非法身十方世界衆生有發善提心心識淨者無不應現而為說法如秋天空朗羅列星辰萬器百川不分而遍晴空列宿以喻法身淨水澄川以喻機感法喻對合理亦昭然故大經云菩薩清涼月遊於畢竟空衆生心水淨菩提影現中但彼以月喻菩薩此將星喻法身餘義同也然應感相對亦有四句一一星入一器中不如一佛應一衆生二一星入一切器中水如一佛應一切衆生三一切星入一器中水四一切星入一切器中水二三句生佛相對一多之數可知下文云於一佛前見不可說塵數身一一身禮不可說塵數佛即是此第二第三句八疏云皎性空之滿月頓落百川俱得一二兩句闕於三四以月唯一也此取星喻義則備矣四明說本者疏圓音非扣至心傳者圓音者一音中具一切音一切音即一音或一音應一切音皆圓音出現品有十喻喻如來圓音言十喻者一刧盡唱聲喻喻聲無主如彼經說譬如世界壞時無主無作法爾而出四種音聲如於欲界出如是聲汝等當知初禪安樂離諸欲惡超過欲界衆生聞巳自然而得成就初禪捨欲界身生於梵天乃至第四於第三禪出如是聲四禪寂靜超遍淨天聞巳自然成就生彼如是皆從衆生善根所生佛音亦爾無上無作從佛功德出四種聲謂示衆生苦今修人天行乃至第四超過二乘說無上道然無有主宰故曰圓音二響聲隨緣喻喻聲無主經說譬如呼響因於谷出及音聲起無有形狀不可覩見但隨緣應佛音亦爾但隨衆生欲解緣出其性究竟無言無示不可宣說三天鼓開覺喻喻無主無作無斷遍入一切經說譬如諸天有大法鼓名為覺悟無主無作無起無滅若天放逸空中發聲告言汝知一切無常虛妄變壞勿生戀著若放逸者後悔無及諸天聞巳皆悉憂懼請法行遣皆得安樂佛音亦爾不住方所無有言說而能演出無功用聲遍於法界譬悟羣有四天女妙聲喻喻隨聲信解經說譬如善口天女出一妙音則與百千種樂相應一一復有百千音聲佛音亦爾於一音中出無量聲隨衆生心欲各生解五梵聲及衆喻喻化不失時經說譬如大梵住於梵宮出梵音聲梵衆皆聞而謂一一皆同巳語然不出衆外佛音亦爾衆會皆聞皆謂同其語而根未熟之所不聞六衆水一味喻喻無曲經說譬如衆水皆同一味隨器異故水有差別水無念應亦無分別佛音亦爾一解脫味隨根差別七降雨滋榮喻喻稱根經說譬如阿那婆達多龍王興大密雲遍閻浮提普注甘雨百穀苗稼皆得生長江河泉池一切盈滿其水不從龍身心出而能種種饒益衆生佛音亦爾興慈普遍雨甘露法令衆歡喜增長善法滿足諸乘不來不出饒益一切八滿

降或熟喻喻無邊邊經說譬如摩那斯龍王將欲降雨未便卽降先起大雲彌覆虛空凝停七日待諸衆生作務究竟過已漸降普潤大地佛音亦爾先興法雲成熟衆生待根熱已然後普降令其滿足無上法味九降霔難思喻喻雖差別同一性故經說譬如海中大莊嚴龍王於大海中降百千種莊嚴雨而水無分別龍雖思力令其莊嚴佛音亦爾無所分別或以十音百音千音八萬四千音無量音等各別說法隨衆生根皆令歡喜十遍降種種喻喻其普遍經說譬如娑竭羅龍王欲現自在力饒益衆生咸令歡喜興雲彌覆色相多般或白或紅若干差別出衆電光四天下中雨種種雨龍心平等無有彼此但隨善根異而有差別佛音亦爾欲以法化先布身雲彌滿法界隨其樂欲爲現不同振大法雷雨衆法雨具斯十義故曰圓音也言非扣而長演者則常談遍說不待機請也如下敎起十因中第一法爾中辯言果海離念而心傳者果海離念則非情識所解旣絕所解則言之不及須亡言得意得意卽是心傳故別行十地經云我今說一分論釋云十地有二分一因分二果分以果分不可說但寄因分以明故云一分今言心傳卽傳說不及者果分也亦卽楞伽宗說二通中宗通也二通之義下立宗中辯亦卽達磨無念爲宗以心傳心不立文字之義也故禪經序云禪定之門此是阿難曲承旨諦若遇非其人則幽關莫闚罕窺其庭若得意忘言則途中授與等斯則句句言說而無說念念智契而無契無說無契常說常契也五明修證者疏萬行亡炤至雙入上句修下句證言亡炤者有二意一亡則都息萬緣爲定也炤則炤眞覺妄爲慧也此同古德說無作戒定慧彼云無妄心是定知無妄心是慧妄心不起是戒亦同冥中金禪師無憶是戒無念是定莫忘是慧今云亡者卽彼無憶無念之戒定也今云炤者卽彼莫忘之慧然皆是對治方

便未爲稱性之修也二者炤亦都不當情爲亡炤也炤尚須亡況於識念然其本性靈知不昧故非斷滅卽荷澤大師說空寂炤爲自性戒定慧之意也故疏主答順宗皇帝心要云無心於亡炤則萬慮都捐任運以寂知則衆行爰起放曠任其去住靜鑒見其源流語默不失玄微動靜畢稱法界皆萬行亡炤而齊修之意也亦同起信性無慳吝順本性故修行檀波羅蜜乃至性離愚癡隨順修行般若等也言漸頓雙徹而雙入者先通釋漸頓偏圓後正銷疏熏初中法相宗云從小入大爲漸直從大乘發心爲頓今則不然卽以法相宗行位地前伏惑登地斷惑分證眞如乃至等覺得心金剛喻定解脫道中方始妙覺圓明爲漸也無相宗一向不說地位如四卷楞伽第四卷中文云十地則初地初則爲八地第九則爲七七亦復爲八第二爲第三第四爲第五第三爲第六無所有何次也已上並是彼經文如此超間意顯圓融之行不依行布位次又禪宗看淨拂塵及諸家調伏心法皆爲漸也或說貪嗔卽是道擧動無非佛無證無修皆爲頓也然如上等文各是一門之意並非稱性圓[illegible]圓修也今旣圓宗直談眞界則非漸非頓隨緣修證則具漸具頓如經云初發心時卽得阿耨菩提然始從十住十行乃至等覺妙覺不壞行位故具漸頓也禪門悟卽刹那而登妙覺一悟之後念念相應習氣唯微本智唯瑩具漸頓也故荷澤大師開示頓悟漸修爲圓妙也後銷疏意者然隨緣說有凡聖迷悟故言漸頓緣起無性擧體但是眞源故云漸頓無礙卽由無礙而漸頓眞契妙極故云雙入問據上所說卽先頓後漸一念頓悟而長時漸修如何得成雙入答一念悟時卽離染著便是修行一悟永悟盡未未際而無間斷修亦念念相應而無休息故始終相收皆名雙入又問此句是證何故兼修說耶答上句是證之修故云亡炤此句是修之證故云漸頓又無

礙無相修證皆妙故云雙入也所以四十二位位位成佛也

△雖四心被廣八難頓超△而一極唱高二乘絕聽

第五約器明非器不測者疏雖四心被廣至絕聽者初二句約器也上句應下句感言四心被廣者四心卽是四無量心亦名四平等心謂慈悲喜捨緣境寬多名爲無量俱舍二十九云無量有情爲所緣故又有二義一引無量福故二感無量果故名爲無量也依雜心中有其二種一大二小大無量者唯佛所得體卽後得智是平等智故一向無漏二小無量者慈悲卽無瞋喜卽喜受捨無貪性與俱舍同故彼頌云慈悲無嗔性喜捨無貪欲若依成實論大小皆以智慧爲性故彼論云以智慧心利益心淸淨不濁心名慈悲喜捨又以四心等行無偏故名四平等又此四心皆具三緣謂衆生緣法緣無緣今略明慈心三餘可准知此有三義解第一直就化益解如涅槃云緣諸衆生欲與其樂名衆生緣緣諸衆生所須之物而施與之是名法緣緣如來者名曰無緣第二化益觀入分別解緣諸衆生欲與其樂名衆生緣緣其一切化衆生法名爲法緣（此二化益）緣法空寂名爲無緣（此一觀入）第三還就化益觀入分別解緣生與樂名衆生緣（此一化益）緣衆生無我但是因緣五陰法數名曰法緣觀彼陰空名曰無緣（此二觀入）又有一解一生緣緣於衆生猶如父母妻子親屬二法緣緣於衆生但是緣生三無緣不住法相及衆生相四心皆有此三廣如涅槃梵行中說也言八難頓超者宿聞圓敎成金剛種今生再聞不簡凡聖必亦能入以對下二乘多劫不聞此法未發此心故雖修行證果亦不能入也若准諸說八難障於聖道今明以圓敎力故障難之凡尚入況無難之凡耶況賢聖耶卽以此經功力超於諸敎昭然可見言八難者一地獄二餓鬼三畜生四北洲五盲聾瘖瘂六佛前佛

後此是古說若唐三藏新譯云法前法後後解勝也七世智辯聽八長壽天故論云三塗北長壽前後辯聽根此八名難者以不堪受敎難入佛法中故名之爲難又唯敎中有權八難法令發正願不墮彼中說有四輪能權八難第一願生中國輪能權五難但如法持戒用心求生中國若得生已卽便超却地獄餓鬼畜生北洲及無想天也第二願値善友輪若得違善知識及蒙敎導聽聞正法卽是權却法前法後難

也上至諸佛下及凡夫解佛法者於我有益總名善友也第三能發正願輪權却世智辯聽難謂若於三寶中起深信樂常發正願世世相續卽能權却世智辯聽難也第四種諸善根輪能權生盲生聾等諸根不具難若能依佛正法修行用心當來感得身相諸根具足便是權却諸根不具難也所以頌云善處權前五値願植餘三卽是四輪能權入難也此入難有情不能入佛法中來諸經論中無不此說也若約華嚴圓敎之力亦得入佛法中進修證果故隨好品說地獄天子得生兜率頓證十地卽知地獄有情非障故經云佛子我爲菩薩時於兜率天宮放大光明名光幢王焰十佛刹微塵數世界彼世界中地獄衆生過斯光者衆苦休息得十種淸淨眼耳鼻舌身意亦復如是咸生歡喜踊躍稱慶從彼命終生兜率天天中有鼓名甚可愛樂彼天生已此鼓發音而爲說法云云頌時諸天子聞說普賢廣大迴向卽得十地等

由此卽知地獄非障也又十地品云雖住海水劫火中堪受此法必得聞言住海水者龍等所居卽畜趣非難言劫火中者若約通逆說劫火中無其有情若約佛境界佛力所持變化施爲及法威德力所加卽得如法華經云衆生見劫盡大火所燒時我此土安隱天人常充滿乃至常在靈鷲山及餘諸住處等此多是法前法後難謂劫火中不合有有情違佛豈得有聞法今旣得其見聞者卽難中非難也今此華嚴

說地獄畜趣尚自得聞法得證聖果豈況餘類凡聖者也故云四心被廣八難頓超也又大疏云見聞爲種八難超十地之階刊定記云若乃具金剛種雖八難而聞經皆同此也如出現品云譬如丈夫食少金剛終竟不消要穿其身出在於外何以故金剛不與肉身雜穢而同止故若於如來所種少善根亦復如是要穿一切有爲諸行煩惱身過到於無爲究竟智處何以故此少善根不與有爲諸行煩惱而共住故

二十八

此少善根性究竟故此說稱性而修少善法也疏而一極唱高二乘絕聽者卽非器不測也一極者卽一乘至極之敎也如世歌詞唱高則和寡且巴歌一曲和者百千陽春白雪和者一二言二乘絕聽者卽此品初世尊入師子頻申三昧會中菩薩大衆皆見逝多林及宮殿虛空三處有種種莊嚴佛境界等事又聞不思議等法諸大聲聞不見不聞故經云爾時上首諸大聲聞大智舍利弗神通目犍連摩訶迦葉硯

十大弟子在逝多林皆悉不見如來神力如來嚴好如來境界如來遊戲如來神變乃至亦復不見不可思議菩薩境等事何以故善根不同故彼於過去本不修習見一切佛種種神通妙善根故乃至云本不曾於生死之中發阿耨多羅三藐三菩提心故如是種種皆是普賢智眼境界不與一切二乘所共以是因緣彼諸上首大德聲聞不能聞不能見不能信不能知又云佛子如恒河岸有百千億無量餓鬼裸形飢餓

渴乏舉體燋然烏鷲豺狼競來搏撮爲渴所逼欲求水飲雖住河邊而不見河設有見者見其枯竭何以故深厚業障之所覆故彼大聲聞亦復如是雖復住在逝多林中不見如來廣大神力捨一切智無明翳眩獲其眼故不曾種植薩婆若地諸善根故所以疏云二乘絕聽也又大疏云若夫高不可仰則積行菩薩曝腮鱗於龍門深不可窺則上德聲聞杜視聽於嘉會此則兼權敎六度菩薩亦絕聽也故古讚云最

初佛入正受定名師子頻申大衆渴仰生疑念諸法王開演如來示相而答意顯德用無涯人法準而何分因果齊歸法界會中聲聞小果權衆五百比丘同處逝多園林不覩如來嘉會一則法門深遠二則因非大心三則自利亡悲四爲失求勝果今亦巧彰佛德二乘淺智難知意表圓敎希違文顯不共之典非但小乘不了守權尚自高推唯明普眼之境非他劣見所窺

△當其器也百城詢友一道棲神△明正 二十九

爲南方盡南矣益我爲友人皆友焉當其器也

下六指例顯當機益深文中有四一約人以顯益二約法以顯益三始末交徹以顯益四得夫相對以顯益今初當其器者卽善財童子指此爲例依敎皆然故彌勸云若有敬慕心亦當如是學百城詢友者但舉圓數其實一百一十城詢問善友也故

八十經初云爾時善財童子依彌勒菩薩摩訶薩敎漸次而行經遊一百一十城已到普門國思惟觀察一心願見文殊師利一百一十表十地及等覺一一皆具諸地功德故或不分等覺卽開十信進退皆表一百一十此宗三賢行相不殊十地故不別表所謂初住初行初迴向初地也二三乃至十住十地行相皆然此依大疏辯也一道棲神者棲託心神也一道有三義一唯向南二唯一因一果三萬聖千賢皆修

萬行更無異路三皆一道義也明正爲南者謂善財始自發心福城東見文殊便漸次展轉一向南行歷諸善友明者以南主火是陽是明北主水是陰是闇正者不住東西二邊東左西右故是二邊當南北中正之道表求法者背闇向明離邊當正故云明正更有三義一一方已有多友餘方例然二南主生長表求法者生長善根故三西域居人宅多東向順日月轉表於善財順人法故故舊疏云善財求友表隨順以南行方

盡南矣方是假法二無定體東西南北相待立名但取明正之義所向盡名爲南如此始名悟入法界故善財至寄十地之友多在菩提道場又不言却廻向北故知若觸向明正一切皆南也益我爲友人皆友焉者有二義初隨相說二稱性說隨相說者謂見善者生不及之心見惡者發探湯之智旣三人同行必有我師況多者也但能擇善者從之不善者改之則觸向皆師也又見賢而思齊卽爲益也或見不賢而內自省亦爲益也又老子云善人是不善人之師不善人是善人之資皆是益我爲友之義故人皆友爲二稱性說者夫法界圓宗觸類成教但因之生解卽名爲師如推一塵見具無邊之德塵卽是師所以善財再遇文殊智照無二之後便遇三千世界微塵數善友知識者意在茲焉

△遇三毒而三德圓入一塵而一心淨△

千化不變其慮萬境順通于道 二約法以顯益疏遇三毒而三德圓至順通于道者三毒成三德有通有別通者三毒本空元是三德迷情執取以德爲毒今悟則貪無貪相元是戒也嗔無起滅本自寂然元是定也故法句經云戒性如虛空又云瞋心等陽獄癡無癡相是爲慧也又心王經說三藏云貪相不生是爲戒藏嗔相不生是爲定藏癡相不生是爲慧藏諸法無行經云貪欲卽是道恚癡亦復然如是三事中有無量佛法是知迷爲八萬四千塵勞門悟成八萬四千波羅蜜塵勞雖衆根本不過三毒波羅蜜雖多根本只是三德也別者卽善財所遇善友其類不同表一切類中皆有法門令後學者於人不觀種性於法莫存取捨故婆須蜜女示貪欲之相所以鄰里生疑抱持唆吻皆獲功德其所得法門名離貪欲際解脫門無厭足王示其瞋相傷煞無量衆生所得法門名如幻解脫門勝熱婆羅門四面火聚中有刀山令投身入中向上兼日五熱炙身示現外道癡迷邪見之相善財見之所得法門名般若波羅蜜普莊嚴解脫門三毒之相尚有法門況餘類耶是知契合華嚴圓教婆須愛水而不溺無厭恚火而不燒勝熱邪見而不侵矣言入一塵而一心淨者有二義一以情念爲塵念卽無故淨也二卽微塵塵體稱性故淨也一塵一念旣爾千心萬境總然故次云千化不變其慮 故心要云心心作佛無一心而非佛心 萬境順通于道也 卽塵塵道塵無一塵而非佛圓

△契文殊之妙智宛是初心△入普賢之玄門曾無別體 三始末交徹以顯益文中二一始終二本末今初契文殊之妙智者卽善財歷諸善友再遇文殊當智照無二相契合本心絕能所相故不見身但遙申右手摩頂得法義在下五相中解也宛是初心者最初在福城東得見文殊表信智今又見文殊表證智意明信證雖說始終智體元來不別所以皆是文殊如第二十信會在普光明殿說第七因圓果滿重會普光亦表證極不離初心正同此也故大疏云啓明東廟智滿不異於初心也二本末疏入普賢之玄門曾無別體者善財求友最後至普賢菩薩處微細觀察普賢之身見一一毛孔中有不可說不可說佛剎海云云乃至善財所見佛剎微塵數諸善友往詣親近積集智慧比此暫見普賢所得境界百分不及一乃至優波尼沙陁分亦不及一善財從初發心乃至普賢於其中間所入剎海相續不斷今於普賢一毛孔中一念所入過前不可說不可說倍如一毛孔一切毛孔一一相好一一支節悉亦如是善財於普賢毛孔剎中行一步至不可說不可說佛剎微塵數世界如是盡未來際劫猶不能知一毛孔中種種剎海種種佛海種種菩薩衆會海如是等海皆悉不知究竟邊際故云玄門也然不離一心一性一毛一塵故次云皆無別體又經最後結云善財則得普賢行願海與普賢等與諸佛等一身充滿等正覺現前等乃至不思議解脫自在悉皆同等旣前後橫竪皆等何有別體故大疏云寄位南求因圓不逾於毛孔也

△失其旨也徒修因於曠劫△得其門也等諸佛於一朝 四得失相對以顯益疏失其旨也至於一朝者有二義一通相而言由此經境界一念一塵皆全收法界故一念失則全乖曠劫修而無益一念得則全契剎那證而無遺若指經文則出現品意簡權敎六度菩薩非茲對前二來絶聽則積行菩薩眼然燈於能門之意經云設有菩薩於無量百千億那由他劫具行六波羅蜜修習種種菩提分法若未聞此如來不思議大威德法門或時聞已不信不解不順不入不得名爲眞實菩薩以不能生如來家故卽前句云從修因也若聞此法信解悟入當知此人生如來家具足一切諸菩薩法遠離一切諸世間法深入如來無量境界卽離句云等森爲也故大疏云良以有作之修多劫終成敗壞卽前句也無心體極一念便契佛家卽後句也故知無念爲宗實爲妙也旣得意矣意懸殊誠見此經大益也

△杳矣妙矣廣矣大矣△實乃鑿諸佛之靈府拔玄根之幽致昇慧日以廓妄扇慈風以長春包性相之洪流掩羣經之光彩△豈唯明逾朝徹靜越坐亡而已矣 三結歎文 三初以四德名歎次以六德義歎後形外義結今初疏杳矣妙矣廣矣大矣杳冥微妙德相意也廣則業用大則體性次以六德義歎疏實乃等是一諸佛靈妙所集之都府如千珍萬寶所集之庫藏唯此經罄而竭之無有遺隱二名相蔽於玄理如土

理根唯此經玄妙之法而令露現故云披
也三日出而實霧散懸發而妄想除也四
陽和炤物遠近齊數枯木不生過時則已
佛慈利生平等普度闡提不受窮盡未來
又陽氣所滋者後終燗落佛慈所度者究
竟涅槃有此兩重之惠故云長春也五滿
消涸涸無流不納大海也若性若相無義
不詮大經也大飛云千門潛注與衆與爲
洪源萬德交歸攝羣經爲眷屬六果日嚴
天李衆景之輝[illegible]圖宗布世掩華
經之輝[illegible]後形外義結疏宣唯明
詢朝徹等者莊子中事此有二意總意云
尚掩諸經況於外典也言朝徹者莊子第
三南北子棊問乎女偊曰子之年長矣而
色若孺子何也曰吾聞道矣子棊曰可得
學耶曰惡惡可子非其人也夫卜梁倚有
聖人之才而無聖人之道偊曰我有聖人
之道而無聖人之才吾欲以教之庶幾其
果爲聖人乎[illegible]
[illegible]吾守之三日而後能外天下
[illegible]已外天下矣吾又守之七日而後能外
物[illegible]已外物矣吾又守之九日而後
能外生[illegible]已外生矣而後能朝徹
[illegible]朝徹而
後能見獨見獨而後能無古今無古今而
後能入不生不死也言坐亡者亦莊子第
五顏回以契道之言白夫子曰回益矣仲
尼曰何謂也曰回亡仁義矣[illegible]曰
可矣猶未也他日復見曰回益矣曰何謂
也曰回亡禮樂矣[illegible]曰可矣猶未
也他日復見曰回益矣曰何謂也曰回坐
亡矣仲尼蹙然曰何謂坐亡曰回隳支體
黜聰明離形去知同於大通此謂坐亡[illegible]
[illegible]仲尼曰回果至賢乎丘也從而後
矣今蘊意云據諸教所詮鑒用之智寂滅
之理畢以蘊於朝徹之明坐亡之靜若以
華嚴圓妙之旨不惟超彼而已象藩權徹
小乘亦皆趣越故有豈惟而已窮之言也
△然玄籍百千幽關半掩然重釋百千下第三教起由並

慶遇希奇文中二一明貴闕未具二明今
譯多具今初龍樹菩薩至龍宮見華嚴經
有三本下本有十萬偈四十八品中本有
四十九萬八千八百偈一千二百品上本
有十三千大千世界微塵數偈一四天下
微塵數品上中二本閻浮提人力劣不能
住持龍樹菩薩遂將下本流布天竺也言
玄籍者玄妙典籍也百千者即下本經十
萬偈也言幽關半掩者謂晉譯三萬六千
偈唐加九千偈成四萬五千偈經來未具
故幽微關鍵之教而半掩也
△我皇御宇德合乾坤光宅萬方重譯來
貢△東風入律西天輸越海之誠南印御
書北闕獻朝宗之敬△特回明詔再譯真
經光闡大猷增輝新理△澄觀顧多天幸
欽屬盛明奉詔譯場承旨幽贊△抃躍兢
惕三復竭愚露滴天池喜合百川之味塵
培華嶽無增萬仞之高二明今譯多具疏我皇御宇下但展
法界品二十一卷成四十卷亦未全足故
云多具文中三一明聖朝德化廣被爲
之緣二明外國遠獻梵本是譯之因三正
明詔命述譯讚之相今初疏我皇御宇德
合乾坤者謂臨御區宇德合天地乾天坤
地光宅萬方者尚書堯典篇云昔在帝堯
聰明文思光宅天下孔安國注云謂聖德
之風遠著今意云風光遠及以天下爲宅
也今我德宗皇帝德及外國故彼以華嚴
梵本來貢也重譯來貢者夫外國貢獻經
歷數國即展轉譯語從一國至一國乃至
於此故云重譯如獻白雉九譯至此也二
明外國遠獻梵本是譯之因者疏東風入
律至朝宗之敬言東風入律者漢武帝十

洲記說西胡月氏國遣使遠進三種物謂
小師子續弦膠反魂香經半年不問此事
使者因隨帝入苑射帝弓弦斷使者曰何
不取續弦膠續之遂取膠續之果如其言
帝曰彼君有此何以遠貢使者曰臣國去
此三萬里國有常占者見東風入律十旬
不休[illegible]
[illegible]連月不散占者云東有好道
之君遂令遠獻也西天輸越海之誠者既
皇帝德風及於西天故彼輸來過海之思
誠遠貢經本如昔三物也南印者都望天
竺即是此國之西就彼五天即是南印土
也御書者彼國表云手自書寫大方廣佛
華嚴經百千偈中所說善財童子親近承
事佛剎微塵數善知識行中五十五聖者
入不思議解脫境界普賢行願品謹奉進
上等北闕獻朝宗之敬者百川朝宗於海
萬國朝宗我唐故以獻經而中遠徵疏特
回明詔下三正明詔命述譯讚之相於中
三一聖垂詔命二慶承詔命三譯讚之相
今初但是展演舊經入法界一品故云光
關大猷及增輝也猷謂嘉猷嘉美之德也
二慶承詔命疏澄觀顯多天幸至幽贊者
反顯我有天然之幸得遇盛明之時奉詔
譯經製疏也三譯讚之相疏抃躍至之高
者抃謂手舞躍謂足蹈兢謂戰戰兢兢惕
謂慷惕三復竭愚者謂再三反復竭盡其
心不敢孟浪也謙故曰愚然三復之言即
論語云南容三復白圭謂毛詩云白圭之
玷尚可磨也斯言之玷不可爲也意謂主
玷可以磨治若過言一出駟馬追之不及
南容讀詩至此章句再三反復以將誠慎
其言也今用此意露滴天池者智度論中
指海爲天池意云製疏譯歷一言一義得
契佛心如鑒滴海也塵培等者即子負對
魯哀公讓夫子之言謂哀公問子貢云汝
師賢乎對曰賢哀公曰賢復如何答曰不
知又問何以不知子貢曰吾於夫子門下
如人終日戴天不知天之高終日履地不

知地之厚飲海知飽安知其深哀公曰善
師太過歟子貢曰捧土培山寧有益仮叱
翻上皆
謙詞
△大方廣所證法也佛華嚴能證人也△極虚空之可度體無邊涯大也竭滄溟之可飲法門無盡方也碎塵剎而可數用無能測廣也離覺所覺朗萬法之幽邃佛也芬敷萬行榮耀衆德華也圓茲行德飾彼十身嚴也貫攝玄妙以成眞光之彩經也△總斯七字爲一部之宏綱則無盡法門思過半矣 大方廣者下第四畧釋總題令知綱要於中三一標名二釋名

三結歎今初可知二釋名者疏極虚空至經也極虚空等三句即普賢偈讚佛德結歸無盡之文云刹塵心念可數知大海中水可飲盡虚空可量風可繫無能盡說佛功德今取虚空釋體大海水釋相大塵刹釋用大唯不取心念及風也碎塵刹者碎塵數之刹並爲微塵也離覺等者能覺即菩提所覺即涅槃故楞伽云一切無涅槃無有涅槃佛亦無佛涅槃遠離覺所覺既理智俱泯能所兩亡始本不二是究竟覺故雖俱離而朗照萬法之無遺非一向同楞伽也芬敷萬行者草木感果之花也榮耀衆德者草木兼通金玉莊嚴之華也圓攝行德飾彼十身者雙以二華二德嚴飾佛身也貫攝等者貫穿攝持玄妙之義門門門煥爛無量無邊門門尋之一一皆徹佛智如尋影以至於本故大經云如因日光照還見於日輪然以智慧光通達於佛智佛智體如日輪演無量義如日光二結歎者疏總斯七字等尚書云若網在綱有條而不紊紊者亂也孔氏序云舉其宏綱撮其機要思過半矣者周易繫辭文勢孔子云學者觀其彖辭是以盡過半之思今意云若解七字之義即一部之功已過半矣

大方廣佛華嚴經普賢行願品別行疏鈔會本卷第一

大方廣佛華嚴經普賢行願品別行疏鈔會

新安道查稽首

雜華爲十方三世大覺根本法輪蓋指人人本具大事因緣也秘因衆生昧之以故諸佛出興發明建立就中雖隨時隨方隨言論隨知解隨意想分別揀彼根欲廣演無邊蓋別妙法究竟於當人分上增減絲毫不得措足此者方知佛祖無法與人亦無一時一處塵毛刹海非是弘宣此者縱饒以大海量墨須彌作筆亦不能少寫少分何況全經所以龍猛入娑伽宮見文字而歎已有其三派閻浮心力有限乃誦出十萬頌四十八品者弘揚五天東傳震旦則自晉譯三萬六千頌成六十卷唐譯四萬五千頌成八十卷續得烏荼國所貢後分般若三藏同清涼國師再譯成四十卷其臨末一卷即今十大願王是也乃晉唐二大部中所缺然具攝全經綱領故清涼於大疏鈔外已爲十卷疏疏此復譯而復更作別行疏疏此一卷圭峰作鈔釋之亦爲詳盡竭藏海之洪瀾收歸一滴掬中邊之實味須全親嘗欲求開示悟入舍此更無門矣予悟傷清涼著述六百卷之繁今多散落即續疏十卷亦不復存唯此一卷疏鈔昭廣藏抜具爲

不知何緣南北兩藏俱未收入嘉興藏本亦然誠恐日久藏深又歸變滅遺見世係欲流通大法于指今則此廣布植無上福慈勝因至於不可思議殊勝功德如盈掌之水尚拯生靈升天一偈之功已至欲門而進其如傳譯成通備述所謂一文之妙揀義無遺讀誦思惟功齊種智古德已言之審矣是在當人深信力行終獲全身證入然後知佛祖真不我欺皆緣自狀華宏爲深悲傷已之述轉導一切窮塵刹量盡未來際步普賢菩薩之芳躅如經所云乃人人應爲可爲不敢不爲者耳

大方廣佛華嚴經普賢行願品別行疏鈔

會本卷第一

校勘記

一　底本，清藏本。

一　二三頁上一行之前，徑有序文一篇，茲附錄於卷後。

一　二三頁上一行右「會本」，徑無。又左首字「唐」，徑無。

一　二三頁下六行右「緣備二」，徑作「緣備三」。

一　二六頁中九行「會本」，徑無。

一　二六頁中一〇、一一行「大方廣佛……卷第一」，徑無。

一　二六頁中一二行「唐圭峯草堂寺沙門宗密隨疏鈔」，徑無。

一　二六頁中一三行末字至次行首二字「疏一卷」，徑作「別行疏鈔卷第一」。

一　二六頁下末行「澄觀述」，徑作「澄觀別行疏」。徑且另有單行「圭峯草堂寺沙門宗密隨疏鈔」。

一　二九頁下末行左「萬卉」，徑作「百卉」。

一　三〇頁中一一行右「十界」，徑作「千界」。

一　三六頁上六行右「禪經」，徑作「羣經」。

一　三七頁中四行末字至次行首字「會本」，徑無。

大方廣佛華嚴經普賢行願品別行疏鈔會本卷第二　用二

唐圭峯草堂寺沙門宗密隨疏鈔

上來第二正釋疏文四分中一總敘文意二歸敬請加三開章釋文四委讚同向初總敘文意已竟自下第二廣釋歸敬請加用二

△稽首歸依△眞法界△光明徧炤諸如來△普賢文殊海會尊△願得冥資贊玄妙

第二歸敬請加於中分二初三句是歸敬後一句請加初中又二初有四字是能歸三業稽首歸依後有一十七字即所歸三寶眞法界下今初疏稽首歸依者稽者屈也至也首者頭也歸者向順之義依者憑託之意疏主欲發製述先起三業虔恭敬仰屈已頭項以至於地心冥佛境口誦詞句剖析心誠乞求加護也問何故最初歸敬三寶答略有七意一顯示吉祥故二發生信心故三令知恩德故四儀式應然故五表有承稟故六爲求加護故七隨順先聖故且初顯示吉祥者三寶功德第一吉祥故於最初先申歸敬欲令所製久久流通二利吉祥故先歸敬也成實論云三寶最吉祥故我經初說二發生信心故者欲令後人聞此教典不起疑惑生起信心故於最初先歎三寶令於三寶生順信已方於正教不疑謗故三令知恩德故者謂佛有說法恩法有生解恩僧有傳教恩若無佛寶即無人說法若無法寶即無由生解若無僧寶即無人傳教是以由佛說法由法生解由僧傳教令得聽聞由此三恩方成慧悟令知恩德故疏先明四儀式應然故者世間臣子凡有所爲先白君父方合儀式三寶恩德逾於君父大師之心何啻臣子將欲發揚正教先白三尊儀式應然故歸敬也五表有承稟故者欲顯所遵且非胸臆皆依聖教盡有經典承稟三寶所證所說製成此疏以誨後人故於最初先申歸敬六爲求加護故者像季傳教障難恒多先教三尊上求加護七隨順先聖故者西天聖衆諸菩薩僧造論釋經皆先歸敬順諸先聖故敬三尊教意極多不能繁述釋此所歸三寶分二先標三寶義後正銷疏文令初三寶之義佛法大綱學者要知不可不說略以五門分別一釋名二出體三建立四次第五問答分別今初有二初總名後別名總名者三者數義寶者從喻爲名依寶性論有六義一希有如世間金玉等世間難得三寶亦爾百千萬劫衆生難遇二明淨如世間金玉體性明淨三寶亦爾離染無垢所以明淨三勢力如世金玉有威德勢力三寶亦爾見道力用神通威力四莊嚴如世金玉莊嚴世間三寶亦爾定慧莊嚴出世法故五最上如世金玉於世最上三寶亦爾修出世道最尊最上六不變如世金玉不可改易百錬不輕久埋不生三寶亦爾不爲世法之所改易具此六義故名爲寶從數及喻以爲名也次別名者謂佛法僧梵云佛陀此翻覺者佛地論云於一切境能除二障如睡夢覺如蓮華開自覺覺他覺行圓滿名之爲佛覺卽是佛當體爲名梵云達摩此云法卽教理行果自性軌持名之爲法軌持卽法當體爲名梵云僧伽此云和合衆三乘聖人理事二和體無違諍和合是用衆卽是假和合之衆依主得名第二出體者於中有二先辯差別後明體性初文有三一住持二別相三同體皆可寶重生福之田也初住持者佛謂形像法謂敎法僧謂五衆也二別相三寶五依敎貲以幡明大師分五一小乘敎文三佛法僧一佛寶文三初法身卽五分解脫脫定知見見解是脫二報身身卽是大六三化身化謂身隨是顯二法寶文四一敎法敎謂身二理法空謂理生三行法四三如十惡七足品五四念四正七寶覽道支入四果法滅三僧寶四卽向四力果二

大乘始教亦三一佛寶文三一法身淨謂眞淸加二報身稱謂受自用像二三化身小大化化身身丈千六丈化遺身頓二法寶文四一敎法影謂像本實二理法眞謂理二空三行法萬謂行六良四果法涅菩攝謂三佛寶十卽聖三賢三大乘終敎亦三一佛寶文二一眞身自謂受法用身及二應身及謂化他身受用二法寶文四一敎法影像像心二理法眞謂理二空三行法翻謂行六良四果法合謂本始覺覺三僧寶十謂聖三賢四大乘頓敎但喻眞性是無別法縱使强論亦不出一性亦三一佛寶如約義覺二法寶特約義軌三僧寶通約義不五大乘圓敎文三一佛寶文二一融三世間十身周衆智生正世覺周世器隔世二佛自具十身成善鬱意顯生化稱力法華智嚴二法寶文四一敎法一謂來則敎二正理法十謂主法界三行法圓謂融相布四果法無謂可依三僧寶藍謂隨爲會三同體者自有三說一就本性說性自重覺佛也性本家滅法也性上本有恒沙德用互不相違亦不乘靜一味淸淨性體僧也二就觀行說觀炤佛也炤故離識可以軌持法也在觀則萬法已圓念念自無乘諍僧也三就融通說世出世間差別之法盡託圓明大覺假現一一無有自體當體便是圓覺則一切皆佛也如鏡現像像皆是鏡所現之法一一寂滅雖寂滅而不壞相性相不異故一一相隨性而遍法界性隨相而千差盡未來際性相無礙究竟皆可軌持法也既一一相隨性無礙則一入一切一切入一一包一切一切包一交參涉入和合無違凡聖一一皆然僧也二明體性者有三一住持三寶佛寶不論全玉圖絲塑畫等並以四塵爲體法寶若紙素竹帛等亦以四塵爲體僧寶若凡夫僧卽以有漏五蘊爲體若圓書僧亦以四塵爲體此等住持皆令眞實三寶勢力不斷名住持也故淨名經云紹隆三寶能使不絕二別相三寶法身卽以無垢眞如爲體自受用身以實無漏五蘊爲體他受用身以平等性智所現相分似無漏五蘊爲體化身有三若大化身以成所作智中所現微細色心相分似無漏五蘊爲體小化身以

成所作智中所現通麁及細色心相分似無漏五蘊爲體若隨類化身以成所作智中所現唯粗色心相分似無漏五蘊爲體若法實有四一數謂名句文二理謂二空眞如三行謂六度十度萬行四果謂菩提涅槃殊勝之果此之四法總爲法實體僧寶以三乘聖人無漏五蘊爲體三同體三寶通以眞如爲體如有覺義名佛寶如有軌持義名法寶如有理和名僧寶故涅槃經云若能觀三寶常住同眞諦等也又淨名經云佛則是法法即是衆是三寶皆無爲相與虛空等又寶積經云正見法身尚不見佛何況形色以空遠離尚不見法何況言說以無爲法尚不見僧何況有和合衆也三建立者有四一翻邪三歸爲彼外宗有三一邪尊二邪數三邪人翻彼三故建立三寶歸依佛已寧捨身命終不歸依自在天等歸依法已寧捨身命終不歸依外道典籍歸依僧已寧捨身命終不歸依外道邪衆爲所翻有三故立三寶廣如優婆塞經說也二對根者爲上根人趣佛菩提說於佛寶爲中根人求自然智及因緣法而能入道說於法寶爲下根人依師受學理事不違方能入道說於僧寶三約喻者佛如良醫法如良藥僧寶如看病人四依因者一依如來爲因二依正法爲因三依止我弟子爲因諸有情類要由三因得涅槃樂如十輪經說具上四義不增不減但說三寶也四辯次第者有三一約功用次第教化衆生無過於佛故先明佛寶由有佛故說三乘法故次明法寶由有佛法化三乘衆故後明僧寶二約修行次第一切聖人以法爲本先明法寶由有法故方有修行次明僧寶由有法僧當得佛果後明佛寶三約勝劣次第同體三寶中法寶爲勝故經云諸佛所師所謂法也以法常故諸佛亦常故法寶勝也別相三寶中佛寶爲勝故經偈云天上天下無如佛十方世界亦無比世界所有我盡見一切無有如佛者故佛寶勝也住持三寶中僧寶爲

勝由人能弘道非道弘人人在卽法在人亡卽法亡故僧寶勝也五問答分別者問前云三乘聖人皆是僧寶聲聞衆多可名爲僧獨覺出云何成僧答緣覺有二一獨覺出無佛世靜處思惟卽能悟道此旣無衆闕於事和但行法非僧寶也二衆出亦有無量大緣覺衆具理事二和所以成僧今約衆故仁王經云時有八百萬億大仙緣覺非斷非常四諦十二因緣皆悉成就也卌二問出家菩薩具有四二和可名爲僧在家菩薩唯有理和莫不成僧答在家菩薩雖無事和而有理和性無乘諍卽得成僧不同聲聞要具二和也問菩薩僧中有共幾人答依仁王經綴絡經說有四十二賢聖所謂地前三賢地上十聖及等覺妙覺如彼廣說所以不取十信者爲是凡位也如四十二位中四十一是僧寶妙覺一位是佛寶所攝也上來五段不同畧明三寶義究後別銷疏文者疏眞法界者卽法寶也攝法差別但歸眞界也先標法者諸佛之師故疏光明遍炤等者佛賢也梵語毘盧遮那此云光明遍炤此就新梵語翻也若唯舊梵語翻毘盧遮那此云遍一切處寂屬法身盧舍那此云光明偏炤屬在報身若唯梵文卽不如此二種梵名但新舊別非分法報之異故舊譯華嚴總名盧舍那唐譯經中皆曰毘盧遮那卽三身十身通名毘盧遮那也今此中用卽法報通攝此最爲正況此宗中法報無異同是一源不同諸教有爲無爲別又據此大經及一字頂輪王經釋迦毘盧及一切義成等皆是異名故知三身更無別稱但是古德義說也故知此中不錯用也言光明遍炤者謂常寂光遍一切法如鏡之明像像皆遍也諸如來者主伴互收也衆一爲主一切皆伴伴者不離主也普賢文殊海會尊者僧寶也二聖爲海會菩薩之尊也又聖能歸之人卽指海會菩薩是我之尊也後會通二聖菩薩數過剎塵名著在經者亦有數百倫歸二聖者良有所以二聖本

尊總爲三聖能以表法不徒然也今依三聖圓融觀畧題二門一相對明表二相融題圓初中二聖爲因遮那爲果果超言相且說二因若悟二因主徵則見界海深妙也二聖畧爲三對一能信所信對言能信所信表是因中謂普賢表所信法界卽在纏如來藏故理趣般若云一切衆生皆如來藏普賢菩薩自體遍故初會卽入藏身三昧者意在此也文殊表能信之心佛名經云一切卌三諸佛皆因文殊而五發心故善財始見發大心故經云出生一切菩薩無休息故二解行對普賢表所起萬行上下經文五周因果皆普賢行故文殊卽能起之解慈氏云汝得見諸善友聞菩薩行入解脫門皆是文殊威神力故又云常爲一切菩薩師故三理智對普賢表所證法界卽出纏如來藏善財童子入其身故一毛廣大卽無邊者稱法性故經云普賢身相如虛空故又見普賢卽得智波羅蜜者明依理發智故文殊表能證大智本所事佛名不動智故常爲無量諸佛母故諸經中說法多顯般若自融故善財再見文殊後方見普賢者顯有智方能證理故是以古德銘後文殊爲智炤無二相也不現身者心境兩亡故以文殊權實之智證普賢體用之理此之一門古德觀問三藏三藏言有經說未傳此方又此一門亦表定慧理本寂故智卽慧故亦表體用普賢理寂以爲心體文殊智炤爲大用故二相融顯圓者亦二先明二聖法門各自圓融後以二聖法門互相圓融初中謂文殊必因於信方能成解有解無信增邪見故有信無解長無明故信解眞正方了本源成其極智反炤不異初心初發心時便成正覺又前方便之智不離體故後文殊名智炤無二相炤信不殊於智故從無身相以展右手是以文殊三事融通隱隱次普賢三事自相融者理若無行理終不顯依體起行行必稱體由行證理理無行外之理由理顯行行無理外之行故隨所證理行無不具足

一證一切證故見普賢一毛所得法門過前不可說不可說倍又是即體之用故毛孔法門緣起無盡由是普賢三事涉入重重也二以二聖法門互相融者謂要因於信方如法界信若不信法界信則爲邪故能所不二不信自心有如來藏非菩薩故次要籍於解方能起行稱解起行行不異解則解行不二次以智是理用理體成無還炤於理智與理冥方曰真智則理智智二故經云無有如外智能證於如亦無智外如爲智所入又法界寂然名止寂而常炤名觀觀窮數極妙符乎寂則定慧不二又即體之用曰智即用之體曰理即體用無二是以文殊三事融通隱隱即普賢三事涉入重重此二不一不異方名普賢帝綱之行故普賢行品及上下經文廣顯事理圓融爲普賢行非獨事行名普賢也亦如曼殊千鉢經云爾時衆中菩薩摩訶薩一切有情同修行普賢曼殊行願證入毘盧遮那如來十大慈佛心觀亦表二聖不異問既二聖相融何以不名文殊行耶答爲攝智屬理唯一真法界故舉一全收也二遮那爲果者二聖法門既融則普賢因圓離相絕言沒同果海是曰見盧遮那光明過炤唯證相應故法界品未普賢菩薩後便偈讚佛德者顯果相也又品初如來自入三昧現相無說表所證絕言而普賢開發也放光分悟表能證絕言而文殊開顯者即其意也然上理智等並不離心佛衆生三無差別若於心能了則念念因圓念念果滿出現品云菩薩應知自心念念常有佛成正覺故而即一之異不得外觀分滯言說若能與此觀行相應則觸目對境常見三聖及十方諸佛菩薩一即一切故心境無二故依此修行一生不越三生必圓也第二請加者疏願得冥資贊主妙可知

△將釋此經五門分別△一教起因緣二辯教宗旨三翻譯傳授四釋經名題五隨文解釋△今初夫法無言象非離言象△離言象而倒惑執言象而迷真△故聖人利見垂象設教必有由矣

第一教起因緣文分三段一總標大意二別釋十門三總結指廣今初也一畧標言夫法無言象非離言象者世有人言大象無形大音希聲絕慮亡言自入真境何用言教乎疏意云非言何以知無言非象何以顯無象大疏序云雖空空絕跡鯷是也蝶義天之星象粲然緣不也蟣湛湛亡言諟也亡教海之波瀾浩汗訴不也蟣諸經假言象顯無言象之文甚多不能繁引講者任其廣畧然言謂語言宜說此即可知象者何也象者像也似也謂取像似之物爲象合見於真理周易有大象小象以顯易道即其事也六龍象於陽德變化無方等佛說問極之理言之不及多以喻況皆此類也若更深而論之但以名言施設所顯之義亦皆是象不唯譬喻以理畢竟言不及故謂聞教生解義相生時亦是變影起故也二反顯離言象而倒惑執言象而迷真者出取捨之過也若衆生不遇善友不聞聖教曠劫長守倒見終無自悟之期故經云譬如闇中實無燈不可見佛法無人說雖慧莫能了執言象而迷真者謂但守於教不求指歸是執言也縱求義理但隨文生解便爲真實不能以教爲明鏡照見自心不能以自心爲智燈照經幽旨是執象也故經云不能了自心云何知正道彼由顛倒慧增長一切惡如覺鏡時本圖見面便執見者爲實豈不轉更成迷故云執言象而迷真又疏主迷華嚴剎海變相讚云執象或亡象取空空外求斯人鼓識浪浩劫乘冥搜即象見無象萬法歸毛頭圓機襯一業法界知春秋此即一向別教圓宗稍異前教前則筌蹄定非魚兔此乃言象即同所筌故一中見多而無盡也如聞谷聲無聲即知常應見鏡像無像即知常現也三順結故聖人利見至必有由矣者利見之言借周易語彼乾卦九五之爻是仁君登位之象文云九五飛龍在天利見大人言飛龍在天者大人造也造者至也至者仁君至於位也大人者聖人也聖人與天地合其德與日月合其明與四時合其序與鬼神合其吉凶此爲仁也利見者仁君王位叙以聖德能合異類濟物理人利無不昔蓋乃異法交感位極亨通人臣之機會也今明我佛聖人功圓德備體無不周智無不遍四心罔替唯務益生有感必通隨機誘化知根利鈍各稱所求與利見而賜妙方物受教而皆得度則必無虛設也故云聖人利見垂象設教必有由矣

△因緣不同畧明十義△一法爾常規二酬昔行願三遂通物感四明示真門五開物性原六宜說勝行七令知位次八顯果難思九示其終歸十廣利今後

第二因緣不同下別釋十門初列後釋

△此初法爾常規者一切諸佛法爾皆現無盡身雲說斯圓教故

釋中一法爾常規下夫王道坦坦千古同規一乘主門諸佛齊證所證法性法爾隨緣緣性融通法爾無盡性雖一切齊應今就說教爲門既乘一全收即無盡矣故佛法爾皆於無盡世界常轉無盡法輪窮未來際無有休息斯則處以毛端横該法界時以刹那竪窮劫海處則傾起時則常起不待別因如萬籟之聲非關撫擊日月之炤不因川原但隨見聞說有初成九會等別諸慈悲者於無盡中畧此留傳合尋於此見無邊法如觀牖隙見無際空而

此時處卽同無盡也

△二酬昔行願者昔在因中願周法界依願起行但爲衆生故今酬之徧說徧益 二酬

昔行願至遍益者因旣願周乎法界果必遍說酬之如源遠則流長根深則果茂然因雖無量無邊統唯此二故下疏有車輪鳥翼之況願周遍者現相品云毘盧遮那佛願力周法界一切國土中恆轉無上輪行周遍者主山神偈云往修勝行無有邊今獲神通亦無量法門廣闢如塵數悉使衆生深悟喜令說普賢行願正是此因也

△三遂通物感者謂佛證涅槃寂然不動機宜叩聖感而遂通若無感緣佛說何益

三遂通物感至何益者夫風息浪澄海現萬像妄盡心寂佛應羣機然澄海雖常能現無外器而現何佛智雖常能談無感緣而何說故大疏云昔因法爾雖能常遍約可流傳皆由機感共猶上有白月下資澄潭潭清影現機感應生等其寂然不動感而遂通兩句是周易之文疏乃巧隨義勢揀而用之然共機感亦有二種一通二別通謂凡厥生靈皆含佛智無不被矣別謂雖皆普被機有優劣故益有淺深其猶一水方圓任器畧分五種一正爲謂一乘圓機宿世曾聞今能悟解造觀修行或便證入二兼爲謂聞雖未悟而能信向以成堅種如食金剛終不消地獄天子是此類也三引爲謂權教六度菩薩執定行布之位不信圓融之法故十地中借其次第行布之名而誘引之終令入實如置藥乳中乳能愈病以性投相而相自亡四權爲謂二乘旣寄自位不能聞見故諸菩薩權現聲聞或示在座如聾如盲彰其絕分警餘析樂或示在道聞悟知可回心五遠爲謂外道闡提聞雖生謗墮於地獄一熏耳識功不唐捐罪畢終令獲益乃至成佛如在馬藥服之病除如塗毒鼓聞者皆死以斯五類收無不盡其通別機感具依此品廣疏也

△四明示眞門者衆生流轉總爲迷眞故示眞門令其返本眞原之要卽下所宗 四明

示眞門至下所宗者諸經就機權引本意欲令歸眞若無此經稱性極談究竟無所歸處爲談眞實故說斯經衆生流轉等者大經云衆生無始來生死久流轉不了眞如義故諸佛興世興世本欲示眞門故法華經云如來唯爲一大事因緣故出現於世等卽下所宗者第二辯宗旨中云統唯一眞法界乃至開爲理事法界無障礙法界也

△五開物性原者良以衆生性含智海識洞眞空但衣蔽明珠室埋祕藏要假開示令其悟入

五開物性原至令其悟入者前雖明示眞門尚未直指自心若不就心中識悟依何起於萬行故大疏此段名開因性如何開耶出現品云佛子無一衆生而不具有如來智慧但以妄想顚倒執著而不證得[illegible]若離妄想一切智自然智無礙智則得現前譬如有大經卷[illegible]量等三千大千世界[illegible]書寫三千大千世界中事一切皆盡[illegible]此大經卷雖復量等大千世界而全住在一微塵中[illegible]如一微塵[illegible]一切微塵皆亦如是時有一人智慧明達[illegible]具足成就清淨天眼見此經卷在微塵內[illegible]於諸衆生無少利益[illegible]卽起方便破彼微塵[illegible]出此大經令諸衆生普得饒益[illegible]佛子如來智慧亦復如是無量無礙普能利益一切衆生[illegible]具足在於衆生身中[illegible]但諸凡愚妄想執著不知不覺不得利益爾時如來以無障礙清淨智眼普觀法界一切衆生而作是言奇哉奇哉此諸衆生云何具有如來智慧愚癡迷惑不知不覺我當教以聖道令其永離妄想於自身中得見如來廣大智慧與佛無異故此云性含智海也識洞眞空者幻化妄識本來虛無故卽洞徹眞空也故大疏云衆生包性德而爲體攬智海以爲源但相變體殊情生智隔今欲令知心合體達本情忘故談斯經以爲顯示釋曰此則兼明衆生迷眞執妄之由也如福德智慧相貌具足之人忽然夢見貧賤醜陋病痛苦惱之身[illegible]不見本身[illegible]執認云是我身[illegible]不信自身福德端正[illegible]覺者警之令悟惡身便是好身[illegible]覺卽自然不執惡身[illegible]故此云要假開示令其悟入大疏文備又是利生之要故具引釋也言衣蔽明珠者法華第四五百弟子授記品中憍陳如等諸大聲聞同時領解得記所說之喻經云譬如有人至親友家醉酒而臥是時親友官事當行以無價寶珠繫其衣裏與之而去其人醉臥都不覺知起已遊行至於他國爲求食故勤力求索甚大艱難若少有所得便以爲足於後親友會遇見之而作是言咄哉丈夫何爲衣食乃至如是我昔欲令汝得安樂五欲自恣於某年日月以無價寶珠繫汝衣裏今故現在而汝不知勤苦憂惱以求自活甚爲癡也汝今可以此寶貿易所須常可如意無所乏短然法合有二意一約結緣說則圓解爲珠與說爲繫煩惱昏睡與醉何殊徵有解生還同繫了五道求樂名曰覲難證小涅槃名爲得少說法華會親友再達知見既開猶如得貿以因易果萬德周圓何異貧人所來皆遂二約本性說謂珠雖本具繫乃有時未知令知乃名爲繫雖聞未悟猶如醉人堅疊既成還同已繫未合本體如在衣中飲善福田名求衣食加之調伏乃

是觀難再遇本緣如逢親友既悟知見猶如得寶證入法界德用無邊即無所乏短昭然可見矣言室埋秘藏者即如來藏經有九喻皆喻佛智藏在眾生名如來藏此當第五喻也經云譬如貧家有珍寶藏寶不能言我在於此既不自知又無語者不能開發此珍寶藏一切眾生亦復如是如來知見大法寶藏在其身內不聞不知耽惑五欲輪轉生死受苦無量是故諸佛出興於世爲開身內如來法藏九喻中餘八取意引之一蓮華萎變內有化佛結跏趺坐法合云我觀眾生諸煩惱中有如來智雖在煩惱常無染汙也二蜜在嚴樹翠蜂閑繞智者方便除蜂得蜜蜜喻智慧蜂喻煩惱三粳米未離皮糟愚者輕棄智者精之當爲御食四真金墮不淨處經歷多載真金不壞五貧人宅中有珍寶藏即上所引六如菴羅果內實不壞種之於地成大樹王合云如來智慧在無明殼內如果在核內七有人持金像往於他國途過險難懼被劫奪弊物裹之令人不識此人命終像棄曠野行人謂爲弊惡之物得天眼者去弊得金八有一女人貧賤醜陋眾人所惡而懷貴子當爲聖王王四天下女人不知自爲下劣之想九鑄師鑄真金像成已置地外雖燋黑內象不變開模見耀九喻一一法合也下總校量功德云供養過去恒河沙佛乃至造恒河沙七寶臺高十由旬日月如是乃至五十恒河沙七寶臺供養恒沙如來不如有人樂喜菩提受持此經乃至一喻所得功德百分不及一千分不及一乃至算數譬喻所不能及也

△六宣說勝行者欲契真性非行不階故

說普賢無方勝行

六宣說勝行等者既頓悟本心圓明反傷多劫流浪故須修習勝行令棄本源還源觀云如大摩尼寶體性明淨久被塵坌而有鑛穢之垢若人唯念寶性不以種種磨治終不能發光現物真性亦爾久被煩惱垢染

若人唯念真如不以持戒定慧種種薰修終無淨用故經云不如說行於佛菩提則爲永離又法句經言雖誦千言不行何益不如一聞勤修得益爲明勝行故說此經然有二種一遍成諸行二頓成諸行且初者謂次第深淺各各差別於中又二一行本二行相言行本者謂菩提心大經云忘失菩提心修諸善根悉爲魔業故二千行法冠於最初善財見諸善友皆先陳已發表是修行器故然菩提心尋有三種一者心體二者心相三者心德言心體者廣有無量海雲比丘說有十心要略唯三一者直心一向正念真如法故即是大智無所執著二者深心樂修一切諸善行故謂發大願即四弘誓願等三者大悲心救護一切苦眾生故則前二所作亦爲眾生故慈氏章云菩提心爲燈大悲心爲油大願爲炷光照法界光即大智上解心體竟言心相者謂要無齊限若約悲願則盡度眾生盡修諸行經云虛空界盡等也若約正念真如則下無眾生可度上無菩提可求中無萬行可修亦無真如可念故淨名云當令此諸天子捨於分別菩提之見菩提者不可以身得不可以心得寂滅是菩提滅諸相故等即斯意也若融上三心則度而無度修而無修故經云若於一切智發生回向心見心無所生當獲大名稱言菩提心德者依上發心一念之德過於虛空諸佛共讚多劫不盡故彌伽反禮於初心若白月之新吐海雲譬其能發美青松之翹芽不有凌雲之心豈展昇天之翼若無等佛之志豈成妙覺之尊是故經云一切功德皆於最初菩提心中住離終始不殊而先心難矣發菩提心品及慈氏章中廣說其體相德三不相捨離猶如日輪體是珠寶其相圓明德無不照成熟苗稼廓徹虛空三無離理也此是行本廣大妙門將入行海故先須發菩提心發心品云欲見十方一切佛欲施無盡功德藏欲滅眾生諸苦惱宜應速發菩提心二明行相謂十度萬行廣在經文上來兩段總是第一遍成諸行也二頓成諸行者一行即一切行故此復有二一約心觀謂一念相應能頓具故謂此心即是佛智佛智即是無念無念心體內外無著[illegible]諸遍自止[illegible]恐可諦理[illegible]離身心相[illegible]寂然不動[illegible]了見性空[illegible]善達有無[illegible]使進[illegible]妙覺[illegible]是真修習[illegible]決斷分明[illegible]十度具矣餘行例然故修一行成一切行二約性融以修一行故稱法性性融攝故合此一行如性普收無行不具即十[illegible]門中諸行純雜具德也[illegible]理[illegible]然前遍成行布之行與此頓成圓融之行二無障礙以行布是教相施設圓融是理性德用相是性之相故行布不礙圓融性是相之性故圓融不礙行布圓融不礙行布故一爲無量行布不礙圓融故無量爲一無量爲一故融通隱隱一爲無量故涉入重重故世親以六相圓融上下之文非一也

△七令知位次者行則頓修位分因果因

有階降果無差別因果圓融是此行位

七令知位次等者發意修習念念在圓[illegible]有成未成亡因亡果臨數未成之中復以摩習厚薄業除淺深根有利鈍修有進意致令位次階降不同若不知之或叨濫上流或得少爲足[illegible]若習盡智圓實同性海故得果用無[illegible]無差[illegible]有二種一行布位相淺後深諸位差別二圓融位一攝一切一切位滿即說成佛一位之中具攝諸位功德[illegible]信該果海初發心時便成正覺[illegible]此二相攝例如行說故第七會說妙覺竟後有二品明平等因果融前差別因果總同無礙也

△八顯果難思者旣修勝行必有所趣頓證法界成大菩提得涅槃故

八顯果難思下言難思者華嚴所詮佛果眞應相卽分圓全收凡聖渾融因果該徹十身一一無礙十時念念遍周十蓮華藏相圓明十出現門法奇勝諸教逐機且說三身四智此經稱性備談十身咸雄若不讀華嚴經不知佛富貴爲歎顯斯果德故說華嚴大經十種因緣皆應一一隨其本因如此假爲問答之勢然德雖無窮統唯二種一依報果謂華藏世界海以十不可說佛刹微塵數世界爲一世界種十不可說佛刹微塵數世界種爲華藏世界海也三正報果謂如來十身融三世間爲十身也此二無礙以爲佛德然依正渾融有六句序中已明旣修已下者若非稱性圓因不成融通滿果若不頓諳法界非眞菩提涅槃故云爾也

△九示其終歸者終歸法界若因若果若境若心一以貫之法界究竟

九示其終歸至究竟者經云平等眞法界無佛無衆生但以相待義門強名因果心境今旣離窮合絕何果何因因果心境一體無異故經云如心佛亦爾如佛衆生然應知佛與心是三無差別如金作器巧拙懸殊一以貫之唯金究竟法界義如下宗中說從四至九次第與大

疏一向側者彼釋大部之意顯於根本頓宗欲明從本起末故法界居初標云教本此釋入不思議境界一品之意顧於修證大第欲明趣入本源故法界最後標云終歸今且略明此中次第生起之意不能和會大部之疏故云略明也第一直明經宗法爾常說遍說二云何以法爾常遍說耶酬彼往昔周普之行願故三云說雖常遍若就益物須感應道交故機投卽說如渾清卽影現[illegible]此上通論獄因未據修入之次故彼此疏同也四顯三五處應化物已有諸經何須說此未示眞法不能究竟解脫故五云雖聞眞法如何令其悟入爲開物性源令知自心本有斯法故六心開卽行起七行有漸頓須知次位故八位滿成佛故九證極契本還歸法界故法界卽第四眞法也故知發心畢竟二不別普光重會再見文殊有餘力則更於此觀下第十門亦是通相結益故此彼同最後明者流通相也

△十廣利今後者聖人設教祇在益生現益當機流芳萬古矣

十廣利至萬古矣者夫成佛說教起卽有始用乃無終兩滴滄溟與海俱竭一言偈性與性齊無法界無終斯教何盡況大慈願力護令法眼常存盡衆生界皆蒙勝益故賢首品云彼諸大士威神力法眼常全無缺減又發心品云我等諸佛護持此法令未來世一切菩薩及諸衆生未曾聞者皆悉得聞然益有二一令見聞成堅種故出現品云如人食少金剛終竟不銷等二令起行成證入故出現又云設有菩薩無量百千億那由他劫序中文備乃至若聞此法信解隨順悟入當知此人生如來家乃至深入如來無量境界必須聞此始得生佛家入佛境故須說之令起行也

△畧此十義故斯教興廣說因緣備於大疏

畧此十義下第二總結指廣也標中應假爲問云何因緣故說大華嚴列十因舉答云畧此十義故斯教興也是故總結言廣說因緣者有二意一於上十因中文句繁廣一一備陳故言廣也二於上十義外依大疏更有十緣故言廣也十緣者一依時二依處三依主四依三昧五依現相六依說者七依聽者八依德本九依請人十依加者且初依時者問此經第幾時教何時說耶答若以通說謂念劫圓融暨無終始若別說者以無時之時畧有十重初唯一念謂一刹那中遍無盡處說無邊法二盡七日謂佛初成道第二七日普遍時處說此經法三遍三際謂前後際各無邊劫說無休息四攝同類劫謂無邊劫中一一各攝無量同類劫恒說此經五收異類劫謂一一劫各攝無邊異類劫如於長劫攝短劫等常說此法六以念攝劫謂於一念中卽攝如上無量前後同異劫海如是念念盡前後際各攝諸劫常演此經七劫念重收此諸念所攝劫內亦有重念復攝諸劫是則念念旣其不盡劫劫亦復無窮因陀羅網重重無盡於如是時常說此經八異類界時如樹形等無邊異類世界時劫不同分齊各別盡彼時分常說此經九此彼相入卽彼異界所有時劫各別相收或互各攝若念若劫一一無盡常說斯經十以大收未如華藏界中以非劫爲劫劫卽非劫念等亦爾以時長短離分限故又特無別體依法上立法旣融通時亦隨爾於此時劫常說不息依上十時恒演此經二依處者問如何處說耶答總卽塵塵遍滿橫該十方若別從狹至寬畧顯十處初此閻浮七處九會說此經法二周百億同類界等謂盡此娑婆百億閻浮須彌山世界道樹王等同時俱說三遍異類樹形等刹異類世界有不可說佛刹微塵等一一流類皆遍十方與前須彌山等互不相礙各於其中轉茲法輪四遍刹種謂以十不可說佛刹微塵數世界爲一世界種如是刹種有不可說數常於中說五遍華藏謂諸染界各皆相盡唯是華藏數過微塵塵塵皆遍法界不相障礙悉於其中演說斯經六遍刹海謂於華藏一一塵中皆攝無邊諸佛刹海悉於其中說此經法七遍前六類刹塵皆有同異刹於中常說八盡虛空界容一一毛端之處各有無邊刹海於其中說九猶帝網謂彼一一微塵旣各攝此無盡刹海卽此刹海等復有微塵彼諸塵內復有刹海是則塵塵旣其不盡刹刹

亦復無窮如因陁羅網重重不可說分量也十餘佛同然如此一佛說華嚴處如是不同足顯十方一切餘佛皆各同然經云三世諸佛已說當說今說又云不見有諸佛世界彼諸如來不說此經當知餘佛無不同說也此上十類一一各遍法界而前九正是遮那說法之處也三依主者問說此經佛爲眞爲應爲一爲多答通則圓融十身不分而遍若別則二種十身十重無碍言二種十身者一唯約佛身自有十身一菩提身二願身三化身四力持身五莊嚴身六威勢身七意生身八福德身九法身十智身二融三世間總有十身一衆生身二國土身三業報身四聲聞身五緣覺身六菩薩身七如來身八法身九智身十虛空身是爲二種十身言十無碍者一用周無碍二相遍無碍三寂用無碍四依起無碍五眞應無碍六分圓無碍七因果無碍八依正無碍九潛入無碍十圓遍無碍即三身十身同一無碍法界身雲以此身雲遍前時處常說華嚴四依三昧同佛欲說經皆入三昧令說此經依何三昧谷海印三昧頓現萬機何者夫動靜唯物聖豈然乎示軌後徒明將有說必須靜鑒前理承諸佛加從定起而發言言必眞當故受者之心自然篤爽故於諸會多明入定爲說經緣其所入定皆盡法源業用難思五依現相問凡欲說法皆現瑞相如說法華光照東方等今依何相答謂身剎容持光雲炳曜何者謂法性寂寥雖無諸相無相之相不碍繁興起教多端相非一準或放光動剎或華雨香雲皆爲發起故諸會之內將欲說法皆多先放光通表智光以被物故六依說者問如智度論說法總有五人未審此經是誰人說耶答該於萬類觸物皆有表彰所以然者法無興發弘之由人故經云佛法無人說雖慧莫能了今此能說通三世間器唯有五謂佛菩薩聲聞衆生及器廣則無量法界品中類非一故如僧祇隨好卽是佛說餘會多是菩薩說

法界品初有聲聞說諸善友等多是菩薩說亦名衆生說菩提樹等卽器界說其能說人用法不同或用音聲或用妙色等皆能說入七依聽者問如諸會說法聽衆頗多今此會中其顯如何答正在當機傍兼影響何者如子期云喪伯牙輟弦若無聽者終無有說卽下諸衆總有十類除當機衆餘皆是緣八依德本川有珠而不枯其有玉而增潤內無德本外豈能談然其德本畧有二種一者智慧最爲上首二者勝行願力若感者善根若化主行願皆屬說因九依請人問諸會說經皆因人請世尊無問應機而自說今說此經因誰人請答以慈以悲該於言念若慈悲深厚亦有無問自談若敬法重人要須誠請後說初心識昧未解諸求上智慈悲騰疑故請然有二類一者言請二者念請此經法會有無不定十依加者夫聖無常應應于尅誠心宜至極故得佛加若佛自說卽不俟加如第九會因人有說要假上加其第八會依行法修不異於前又不入定故無所加餘告具有所以加者欲顯諸佛同加卽同說故一說卽一切說故亦顯果海無言因相可說故然施設不同不應一準加有二種一者顯加具於三業二者冥加但與智合說唯普光法界無顯有冥餘皆具二顯必有冥故具是因緣故此教興問標云教起因緣疏何畧却此十三一者者依依主將四二依者三依職業五八依依觀德相本九六依依說請者人十七依依加福者者答因緣之言有通有別通言因是因由緣是緣由意不異也如云因何說此大經成云緣何說此大經二言總得雖因親緣疎語勢同矣故標云因緣通以十義解釋別者緣是資緣事緣所以大疏先明十種由致故說此大經後明須假十種事緣資具方可說經今雖畧此資緣而前因緣不闕言大疏者釋大經疏及新譯四十卷經之疏皆廣釋也

△第二辯教宗旨者△統論佛教二諦因緣△隨經不同所宗各異

第二辯教宗旨者宗者尊也卽語之所尚或心之所尚也旨者旨趣謂宗之所歸也釋此一段文分爲三一總辯諸教宗旨二通難來益三別明此經宗旨今初也二諦者中論云諸佛常依二諦而爲衆生說法因緣者卽簡外道執其自然也佛法雖有無師智自然智約其教門要假緣顯則亦因緣故法華云諸佛兩足尊知法常無性佛種從緣起是故說一乘門論云因緣有二一內二外外謂穀子爲因水土人工時節等爲緣而芽得生泥團爲因輪繩陶師等爲緣而器得成內謂十二因緣等然外由內變本末相收卽總爲一大緣起是故佛教從淺至深不出因緣二字也一說生老病死無常變易等皆由因緣故涅槃云我觀諸行生滅無常云何知耶以因緣故說一切法皆空等義亦由因緣故卽空不自不他不共生等故無生也非色滅空色相自空說一切法假名假相亦由因緣故卽假如鏡像水月體雖全空因緣會故不得不現說一切法皆是中道亦由因緣故離二邊若言諸法不從因緣卽是定有定有故著常若推求定有之體不得又不知因緣有便言定無定無則著斷若解因緣卽契中道故中論云因緣所生法我說卽是空亦爲是假名亦是中道義又云未曾有一法不從因緣生是故一切法無不是空者乃至此宗圓融別教之意事事重重無盡亦法界中不思議大緣起也涅槃經說十二因緣下中上上上智觀之如火得聲聞緣覺菩薩佛菩提等故佛一代之教不出因緣也後別釋諸經宗旨者言隨經不同所宗各異者如法華經宗一乘涅槃宗佛性淨名宗不思議等

△雖無生之理實無所宗無宗之宗則宗

說兼暢雖無生之理下第二通難舉益謂有難曰楞伽云一切法不生不應

立是宗無生之理何所宗耶故今通云無宗之宗宗說兼暢意云上所舉楞伽文益違滯耳若一向不立宗何以彼經自立宗通說通經云宗通自修行說通示未悟所以昔人云說通宗不通如日被雲翳宗通說亦通如日處虛空既有二通非無宗矣今云兼暢者是日處空也

△今此即以入法界緣起普賢行願爲宗

今此即以下第三別明此經宗旨於中有三一指其所宗二釋其義理三總結歸宗今初如大疏中賢首大師總以因果緣起理實法界爲宗若疏主自判大部以法界緣起理實因果不思議爲宗即該羅本末究竟之大宗也今但取一品之意一向修證趣入返本還源故以入字爲首文關果者能入所入契合之處即是果也

△法界緣起即所入也普賢行願爲能入也

法界下第二釋其義理於中二初畧配

△今釋此義即爲三門一明所入二辯能入三能所契合

後今釋下廣釋於中二初開章

△今第一明所入者統唯一真法界謂寂寥虛曠沖深包博

後今第一下標釋文三一明所入二辯能入三能所契合初中又二初總指一真法界後別開三重法界今初也一標指一辯相言統唯一真法界者標指也謂寂寥等辯其相也無形曰寂無色曰寥虛謂虛無曠謂寬曠沖即玄奧深即幽微包謂普含博謂廣遍

△總該萬有即是一心

二釋一心爲體總該萬有即是一心者直指真界之體也然此心非佛非生非真非妄雖非一切而爲一切根本故序云萬法資始既世出世間之法不出此心故云總該萬有然體非萬有故云一心所以次云體絕有無等然諸經論俱說萬法一心三界唯識後人不知宗旨各別權實有殊違於已解則拒而不受此是一切經論所宗若不深淺具彰學究一心旨趣今約五教對顯合辯此中宗途第一懸法聲聞教假說一心二乘之人實有外境不了唯心縱聞一心但謂真諦之一心縱云外法由心轉變亦不得言境即是一心一推心之之即云義悔不識成故故唯識破云復有迷謬唯識理者或執外境如識非無釋云此即有宗依十二處教執心境俱有故言假說一心也肯此心則也皆第二大乘權教明異熟賴耶名爲一心簡無外境故說一心相驗見心不心同所但別曾皆是葉但心者即是名一一義求即如言一一樹樹木木舉也千枝於中曲分有三一相見俱存故說一心作相唯見識俱正紅多義故歸明四相師見各二立分今也且此通八識及諸心所體心即及見心分所次皆明有相相分見富井所變相分才影具界二相識有所二義緣一境唯識變所影頌緣變不即得是本本實質二攝相歸見故說一心亦通王所慧此所取立妄分一去分相名取自見證爲分自得諸多分立也二但所變相無別種生能見識生帶彼影起故魏譯唯識論云唯識無境界以無塵妄見如人目有翳見毛月等事如來見是分世也觀毛善輪盡二造月勝等即其非體塵相全分無也如三攝所歸王說一心唯通八識以彼心所依王無體亦心變故大莊嚴論云有無十著三昔卷體遠能取及所取此二唯心光貪光與信光二光無二法長行釋云求唯識人應知能取所取唯是心光釋上半也如是貪等煩惱光及信等善法光如是二光亦無染淨是故二光亦無二相也今解曰皆云光者是心之光影也第三大乘實教明如來藏藏識唯是一心如來藏藏識即入楞伽經之文也理無二故故說一心於中二門一攝前七識歸於藏故說一心謂前七轉識皆是本識差別功能無有別體故楞伽云藏識海常住境界風所動種種諸識浪騰躍而轉生又云譬如巨海浪無有若干相諸識心如是異亦不可得明說知云轉轉本水識無外別別波無波

七前然此門及前門亦唯識論所破故論云或執諸識用別體同釋云即大乘一類菩薩言八識體唯是一也意即此云體門是也八彼又云或執內心無別心所意即不前別門有也也彼釋云即覺大所計以經言士大六界染淨由心無心所故然此二門是無著菩薩建立并楞伽經文護法難破豈遵枝末而背大菩薩邪故此列於俱存王所之後用爲其次轉深也二總攝染淨歸如來藏故說一心謂如來藏衆體隨緣成辯諸事而其自性本不生滅是故一心二諦皆無障礙故密嚴經云佛說如來藏以爲阿賴耶惡慧不能知藏即賴耶識又勝鬘經云自性清淨心不染而染難可了知染而不染難可了知皆明性淨隨染舉體成俗即生滅門染性常淨即真如門如起信一心二門也第四大乘頓教泯絕染淨故說一心謂清淨本心本無染淨對妄想垢假說爲淨妄既本空淨相亦盡唯本覺心清淨顯現爲破諸數假說一心也故淨名云一切衆生即涅槃相不復更滅又云寂滅是菩提滅諸相故楞伽云不壞相有八無相亦無相如是等文識諸非一也第五總該萬有即是一心則唯是法界性海圓融緣起無礙全真心現也謂未知心絕諸相令悟相盡唯心然見觸事皆心方了究竟心性故梵行品云知一切法即心自性成就慧身不由他悟於中有三一融事相入故說一心謂一切事法既全是真心而現辯識法而相變宗也性故全心之事隨心徧一切中全心之一切塵心入一事中隨心回轉相入無礙三融事相即故說一心攝以一事即真心故心即一切時此一事隨心亦即一切一切即一亦然三常網無盡故說一心謂一切全是心故能合一切所含一切亦唯心故復含一切重重無盡皆由一一全具真心隨心無㝵故無盡也此上五教總有十門後後轉深門門意別覽者一一詳審無分前後不分然皆說一心有斯異者蓋以經隨機說論逐經通人隨論執致令末代固守淺

權後之三門即別教一乘之意正當疏文然以前望此則前七不攝後二以此望前則十門全統若自觀論疏意但是一真心體未開收攝之門爲恐外求之故說總該萬有所以指云即是不云攝歸故此後方云無分理事等也又一切衆生悉具亦是該有之義

大方廣佛華嚴經普賢行願品別行疏鈔會本卷第二

大方廣佛華嚴經普賢行願品別行疏鈔會本卷第二

校勘記

一　底本，清藏本。

一　三九頁上一行末三字至次行首字「疏鈔會本」，〔徑〕作「疏并鈔」。

一　三九頁上三行「唐圭峯草堂寺沙門宗密隨疏鈔」，〔徑〕作「勅太原府大崇福寺沙門澄觀撰別行疏」，「圭峯草堂寺沙門宗密述隨疏鈔」二行。

一　四四頁下九行右第三字「各」，〔徑〕作「相」。又左第三字「大」，〔徑〕作「本」。

一　四四頁下一一行左第六字「如」，〔徑〕作「於」。

一　四五頁中一三行右末字「合」，〔徑〕作「令」。次頁中四行右第五字同。

一　四五頁下八行左「一說」，〔徑〕作「佛說」。

一　四六頁下一六行右第一四字「三」，〔徑〕作「二」。

一　四七頁上卷末書名，〔徑〕無（未換卷）。

大方廣佛華嚴經普賢行願品別行疏鈔會本卷第三　用三

唐圭峯草堂寺沙門宗密隨疏鈔

△體絕有無△相非生滅△莫尋其始△寧見中邊△迷之則生死無窮解之則廓爾大悟三明體相離過體絕等者離過非也體有本覺真知也故問明品有佛境界智及佛境界知疏釋云智即能證知即心體通於能所便引七祖云知之一字衆妙之門言絕有者離一切相故言絕無者靈知不昧故舉公云知有有壞知無無敗其知之知有無不計又泰主云若言無第一義諦廓爾空寂無聖人者知無者誰肇公印定云實如明詔實如明詔又起信論云真如自體有大智慧光明義故真實識知義故又般若論云欲言其有無狀無形欲言其無聖以之靈以離相釋不有諸家共明以真知釋不無諸家少說故廣引證也言相非生滅者相即指前寂寥虛曠等相也相有二種一狀二性二皆名相今即性也非青黃等相言非生滅者直指此心不是生滅之相不同前後以諸法無性釋非生以無性緣起釋非滅等言莫尋其始者二顯分限難壽豎無初際故寧見中邊者橫無蹤迹故然中邊有二意一不在內外中間之邊二不屬有無即離斷常二邊無對待故故亦不言中道五彰迷悟捐益迷之等者正當萬法資始義也應先問云迷非一切何有生死之凡大覺之佛故云既之等意云只由此心不定屬聖故迷之屬凡不定屬凡故悟之成聖然即凡聖之時自體亦非凡聖不變易故如鏡現雜穢之相鏡非雜穢現鮮潔華彩之相鏡非筆彩故還源觀中顯自性清淨圓明體云隨流加染而不垢返流除染而不淨在聖

體而不增處凡流而不滅雖有隱顯之殊而無差別之異煩惱覆之則隱智慧了之則顯非生因之所生唯了因之所了等此亦正是體絕有無相非生滅之義也

△諸佛證此妙覺圓明現成菩提為物開示不知何以名目強分理事二門諸佛證此下別開三重法界於中二初結前生後後融而開釋今初先結云諸佛證此心體故得妙覺圓明示現成佛本意只為欲與衆生開示此心體也故法華經云唯為一大事因緣故出現於世欲與衆生開示悟入佛之知見也[illegible]體又南岳大師釋云良以佛之知見經在衆生若衆生無佛知見者何論開示但為衆生未能直入故方便且說三乘而共本意唯為如來知見知見即此一法界心故此結前心體云為物開示不知何以下生後也心體無名可言約義強分理事此亦老子經云有物渾成先天地生吾不知其名強名曰道也

△而理事渾融無有障礙畧為三門△第一事法界第二理法界第三無障礙法界

而理事渾融下後融而開釋文二先開章

事法界者界即分義理法界者界即性義

無障礙法界者即分

性相即而無礙也

△第一事法界者不出色心萬象森羅依正境智相用顯然皆曰事也後牒釋中三初釋事法界

次釋理法界後釋無障礙法界今初也事法界者謂三世差別邊際意識所知註名法界故十八界攝百法法界獨攝八十二也雖眼等緣境不同別開五根五塵然亦是同時意識所知也縱八識名界取其因義亦事法界攝故知事法界攝差別法無不盡也故不思議法品云諸佛知過去一切法界盡無有餘等等收現在未來故一切明如約事也云言不出者然差別種類事法若一一列名千卷不盡令以色心等統之無餘故云不出也色心即六境之色六識之心萬象森羅者亦即色也意顯森然羅列可觀之狀故再衆之依者凡聖所依之國土若淨若穢正者凡聖能依之身謂人天男女在家出家外道諸神菩薩及佛五十五善友不出此十於中有逆有順有正有邪善財凡聞皆得證入正表皆事法界也境者所知之境謂權實差別之教所詮差別之義智者因智差別不同界智無量勝解故釋題云智分因果問境智豈不即色心耶答色通達悟邪正境智即一向趣入諸位修行決斷邪正問豈離邪境而說正耶答由心迷悟之異境亦成差如她是迷心之境絕是悟智之境也相用顯然者總結成事法界也

△第二理法界者體性空寂頓絕百非△畧有二門一性淨門在纏不染性恒清淨△雖徧一切不同一切如溼之性徧於動靜凝流不易清淨恒常△二離垢門謂由對治障盡淨顯隨位淺深分十真如△體雖湛然隨緣有異如陶冶塵滓鍊磨真金第二理法界至真金者次釋理法界也此當界即性義故云體性空寂一標指辯相

中言頓絶百非者不待修行漸漸絶之性本俱離故云頓也百非即非色非心乃至內外大小等百者通而言之非定從一二數滿百也畧有二門者即性淨及離垢二門也經云真如平等無相身離垢光明淨法身上句前門下句後門又實性論云清淨有二種一自性清淨謂性淨解脫無所捨離以彼自性清淨心體本離一切客塵煩惱故二離垢清淨謂障盡得解脫故又無上依經云淨有二義一自性清淨是其通相凡聖同淨故云通相二離垢清淨是其別相唯聖有也今初分二初標門畧釋言在纏不染者勝鬘經云染而不染難可了知後通難釋成難適一切不同一切者謂外難云此性淨門明理法界即是一切染淨諸法之至體也既隨諸緣成於染淨即同一切云何此云在纏不染等耶疏釋云雖適一切不同一切故經云譬如法界適一切不可見取為一切次喻顯疑流不易者疑流者疑即冰凍疑結流即津液流注不易者違水常涅寧疑波湛之殊離垢門中云對治等者對治者智也障盡者十障也淨顯者十如也隨位淺深者十地不同也分十真如者正顯離垢之體也且初地斷異生性障證適行真如住歡喜地唯識第九云異生性障是此所斷謂於二障分別起者依彼種立異生性故異生者即所招果以五蘊為性性者因義體義是彼因故成是彼體故名異生性此從果為名以勝顯劣異生之性依于釋也又異生性即障持業釋也本論名為凡夫我相障此障至於初地見道起時剎那斷盡由斷此障證適行真如謂此真如二空所顯無有一法非二空故梁攝論中名為適滿適滿一切有為行故意明無有一法非二空故此地最初便證適滿由證此聖性故生如來家住歡喜地言歡喜地者謂初獲聖性具證二空能益自他生大歡喜二斷邪行障證最勝真如住離垢地言邪行障者謂所知障中俱生一分由此障故令初地聖者悞犯尸羅不稱正理名

為邪行彼障二地極淨尸羅入二地時此障永斷由斯證得最勝真如謂此真如戒性所顯極為勝故由細前犯戒垢成無邊德是已成於戒行得於最勝無碍菩提之道證此性故名住離垢地唯識論云具淨尸羅遠離微細犯戒垢故三斷闇鈍障證勝流真如住發光地言闇鈍障者謂所知障中俱生一分由此障故令所聞思修法忘失彼障三地勝定總持及所發生殊勝三慧入三地時此障永斷由斯證得勝流真如謂此真三如所流教法極為四勝故即第三地具聞思修三慧光明從此真如之行流出故名勝流以證此真如名住發光地謂成就勝定大法總持能發無邊妙慧光故四斷微細煩惱現行障證無攝受真如住燄慧地言微細煩惱現行障者謂所知障中俱生一分即第六識相應俱生身見等具三義故名為微細一者唯下品故此唯是第九品以相沉隱唯迷理故故名微細二者遠隨現行故謂此障品適於五道受生死身與身俱生與身俱滅恒常隨逐依一切身此能現起不曾捨離故名遠隨現行三者不作意解而亦起故以此俱生身見極微細故起時不覺不知任運而起故具此三義故名微細至四地時便能永斷由斯證得無攝受真如謂此真如若證得已第六識中俱生身見永伏不行故此真如名無攝受非我等見所攝受故說此真如名住燄慧地謂成就三十七品菩提分法燒煩惱薪慧燄增故也五斷同下乘般涅槃障證類無差別真如住極難勝地言同下乘般涅槃障者謂所知障中俱生一分由此障品故令心厭苦而欣涅槃同下二乘故名為障彼障五地無差別道入五地時此障永斷由斯證得類無差別真如此約生死涅槃本來平等非如眼等類有異故證此真如名住難勝地謂真俗二智行相互違合令相應極難勝故六斷麁相現行障證無染淨真如住現前地言麁相現行者謂所知障中俱生一分見有染

淨名為麁相依障六地無染淨道入六地時此障永斷由斯證得無染淨真如謂此真如本性無染亦不可說後方淨故後成般若行亦得自他相續無染淨果證此真如名住現前地觀十二因緣引無分別最勝般若令現前故七斷細相現行障證法無差別真如住遠行地言細相現行障者謂所知障中俱生一分見有微細生滅現行彼障七地純無相觀入七地時此障永斷由斯證得法無差別真如謂此真如雖種種名無別異故又能了知種種教法同真無相故證此真如名住遠行地至無相住功用後邊出過世間二乘道故八斷無相中作加行障證不增減真如住不動地言無相中作加行者所知障中俱生一分由有此障令無相觀不任運起謂初之五地觀心猶劣有相觀多無相觀少第六地中由觀染淨平等如故多住無相第七地中斷微細生滅相故無相恒然而有加行五彼障八地無功用道未能現相現土至八地中此障永斷由斯證得不增減真如以住無相不隨染淨有增減故即此亦名相土自在真如現相現土皆自在故證此真如名住不動地無分別智任運相續相用煩惱不能動故以任運故功用不能動相積故相不能動也九斷於利他門中不欲行障證智自在所依真如住善慧地言於利他門中不欲行者即第六識內俱生所知障一分第九品攝貪癡慢三所有種子能障九地四無碍解由未得四無礙解故於利樂他有情事不欲勤行至九地中悉皆斷盡由斯證得智自在所依真如謂若證得此真如已於無礙解得自在故便成善達法器自在說法謂由證此故名住善慧地具四無礙解能於十方善說法故十斷於諸法中不得自在障證業自在所依真如住法雲地言於諸法中不自在者謂所知障中俱生一分令於諸法不得自在鈍障十地大法智雲業神通等至十地中悉皆斷盡由斯證得業自在等所依真如

謂由證得此真如故於神通作業總持定門皆自在故便成受職等行具智波羅密得自在化身三昧等果此地名爲法雲地者法喻雙衆莊嚴論云於第十地中由三昧門陀羅尼門攝一切聞薰習因遍滿阿利耶識中譬如浮雲遍滿虛空能以此聞薰習雲於一一刹於一一相於一一好一一毛孔雨無量無邊法雨充足一切所化衆生由能如雲雨法雨故名法雲地此總言地者借喻顯法地有生成依持義發真智證如生成果智及因位勝功德故若因果皆依此地地能持故故總名地通以一切有爲無爲功德而爲其體魁性唯是如智契合攝其要解通於六決定爲體廣如本論等明上之十障各障地地初心謂地地各有入住出三心此前十障地地入心起時斷也問無間道正斷惑時爲智先起惑後滅耶爲惑先滅智後起耶爲同時耶此三惑智各有兩失不成斷義謂智先起有自成無漏過不因滅故惑不能滅惑過智起惑猶在故惑有自滅過前合智起爲弋猶在故後滅時是自滅也不障聖道過今智先起故智後及同時皆具此四過還於智上惑上各說二過過名同前義則順於智後及同時而說以意可知相兼總成十二過也若爾云何斷耶唯識云二真見道現在前時彼二障種必不成就釋曰二真者即二空真見道謂二障種真見生時即永斷滅猶明與闇定不俱生如釋兩頭低昂時等諸相違法理必應然是故二性無俱成失此但舉法相一邊亦不違

聖　六

餘緣集斷義若望此宗則有所遠謂釋銜是一低昂無妨解惑不爾豈得俱時明闇之喻雖則相預到與不到俱不破闇同時則相違異時不相預故中論云蹔中自無暗住處亦無暗破暗乃名照無暗何所照乃至已生未生生等礙賊不分等若實教中斷結要性相無礙故十地品云非初非中後者謂顯無性緣成則說斷結由能斷無性方爲能斷所斷本空方成所斷若定有者則墮於常常不可斷若定無者則墮

於斷失聖智故已上皆約惑智相斷也若約相續者不約惑智相對但就能斷之智自有三時即無間道中剎那三時然無間道通斷位今故見道位爲最初金剛爲最彼各有三明至地論云此智盡滿爲初智斷爲中爲後答云非初智斷亦非中後論歸上所引非初米中彼文相文也若爾云何斷耶論云如燈焰非唯初中後前中後取故謂實教斷惑必性相雙明經文正顯證智唯據甚深緣性不可說義論文兼明斷惑性相雙辨非初中後辨因緣無性是斷之不斷前中後取即不壞緣相是不斷之斷故大品經云須菩提問佛爲用初心得菩提爲用後心得菩提佛反問云如然燈爲用初焰然燋炷爲用後焰然燋炷須菩提言非初焰不離初焰後焰亦爾佛問須菩提炷實燋否須菩提言燋佛合喻云菩薩不用初心得菩提亦不離初心後心亦爾故龍樹判云佛以甚深因緣答意云若初心得菩提初發心便是佛若初心不得二心三心亦隔心心不得畢竟則不成佛故云爾也此中燈喻菩薩遺炷喻無明煩惱焰如初地相應智慧乃至金剛三昧相應智慧又若斷者一念便是何假三心方斷既假三心明智無性無性故非初中後因緣故成初中後斷此上猶通實敎若依圓宗所斷之惑一迷一切迷一斷一切斷無斷無不斷如夢所見事一切皆非剎那覺悟一切皆是非待斷却夢中物亦非留著夢中物故云無斷無不斷也又尚無有斷豈可更言無斷問夫真如者是諸法實相體

聖　七

性空寂本自湛然離諸句數不可分別云何此說分十真如即答疏云體雖湛然隨緣有異也即真如體本無有異但對障染麁相即證不同邊說有異問似於何者答疏衆喻云如陶冶塵滓鍊磨真金也陶謂陶法冶謂鑄冶陶沙鑄鑛而鍊真金沙鑛如障金喻真如故十地品中地地以金爲喻

△第三無障礙法界畧有三門一相即無礙門二形奪無寄門三雙融俱離性相渾然門今初一心法界含真如生滅二門互相交徹不壞性相△其猶攝水之波非靜攝波之水非動故

第三無障礙下後釋無障礙法界也文中三一相即無礙門二形奪無寄門三雙融俱離性相渾然門今初言一心法界含真如生滅二門者即起信論馬鳴菩薩是佛滅度六百年後出世故摩坏摩聞經云如來滅廣六百歲已諸外滬等鄧見說與後滅餘法有一比丘名曰馬鳴善說法衆障伏一切諸外道摩宗百本大乘經乃造起信論等也即論初立義云摩訶衍者總說有二種一者法二者義所言法者謂衆生心是心則攝一切世間出世間法依於此心顯示摩訶衍義後釋云依一心法有二種門一者心真如門即約體絕相義也謂非染非淨非生非滅不動不轉平等一味性無差別一切衆生即涅槃相等二者心生滅門即隨緣起滅義也所以於如來藏心說有生滅者謂隨薰動轉成於染淨染淨雖成性恒不動正由不動之性能成染淨之相故不動性亦在動門又云是二種門皆各總攝一切諸法何者以一心舍通別二門以真如門是染淨通相通相之外無別染淨故真如門總攝一切生滅門者別顯染淨染淨之法無所不該故云總攝一切諸法以此生滅即是真如隨緣變作諸法諸法既無異體還攝真如門又真如是泯相顯實門不壞相一切即泯故得攝於生滅又生滅是攬理成事門不壞理而成事故得攝於真如是故互相交徹不壞性成何者以是二門不相離故如金與莊嚴具若以金攝具具無所遺以具攝金則金無不盡良以二門一揆全體遍收故得交徹等也今此用者矣攝交徹及不壞性相之所以也真如即理生滅即事二門若非一心即不交徹一心若無二門即壞性相故文云互相等也下喻結可知

△二形奪無寄門者△謂無事非理故事非事也無理非事故理非理也二形奪無寄門疏言無事非理故事非事者謂事既攬理遂令事相皆盡唯一真理平等顯現以離真理無事可得故如以水奪波波無不盡言無理非事等者謂真理隨緣成諸事法然此事法既帀於理遂令事顯而理不顯如水成波動顯靜隱也

△三雙融俱離性相渾然門者△曲有十門三明雙融俱離性相渾然門中有二初標牒後開釋曲有十門乃至不離此攝於中有二初開釋後融結初中分二先開曲有十門後釋於十門分之爲二初前之七門明事理無礙後之三門明事事無礙令初文也

△一由離相故事壞而即理△二由離性故理泯而即事初二門出理事相於中初門事壞即理疏云離相故者此標所以也相即是事此舉緣起如幻之事非妄計定相之事也事壞而即理者正顯理相也二明理泯即事疏言由離性故者舉其所以此明無我理非事外定空之理也理泯而即事者正顯事相也

△三由離相不壞相故事即理而事存以非事爲事也第三門舉第一門收第二門明理時不失事疏言由離相即第一門由離相故不壞相故即第二門理泯而即事即是反顯不壞相此舉所以也言事即理等者正顯理時不失事言事即理者意顯非取理外定相之事如摩尼珠空淨所現之丹青非朱砂藍色之丹青故於珠全空時不礙色存也言非事之爲事有意顯非是妄情所計定相之事只以真理隨緣所成之事爲事故約理時不失事也如摩尼珠體空淨能現衆色摩尼珠體空淨喻理所現衆色喻事也

△四由離性不泯性故理即事而理存以非理爲理也第四以第二門收前第一門明事時不失理疏言由離性不泯性故者此標其所以也離性即第二門離性故不泯性者即第一門性即是理言以非理爲理者意取緣起無性之理非取事外定空之理如珠幻色無體之空非太虛之空故於珠全色之時不礙空存也

△五由離相不異離性故事理雙奪迴超言念第五收一二二門同時故理事俱絶疏言離相即第一門明離相故不異離性者即第二門明由離性故是即舉第一門收第二門同時是以雙泯又亦由前三四二門既不相失隨一泯時即一切泯如前珠色珠泯即色亦泯也

△六由不壞不異不泯故有初事理二界俱存現前爛然可見第六以第三門收第四門明理事雙存疏言不壞即第三門中不壞相不異不泯者即第四門中明不泯性此是舉所以既不壞相不異不泯性即隨一存時二皆存也如珠現色珠在色亦在也

△七由不壞不泯不異離相離性故爲一事理無礙法界使超視聽之妙法無不恒通於見聞絶思議之深義未曾礙於言念第七舉第六門收第五門明事理無礙疏七由下此中有三義句一標所以二正明無礙三舉德顯能不壞至離性故此標所以也不壞不泯即第六門明不壞不泯離相離性即第五門明離相不異離性此中亦明存泯無礙第六明存第五明泯此二門既其同時故無障礙也亦遮收第三四及一二門疏言不壞即第三門明不壞相故不泯即第四門彼明不泯性故離相即第一門離性即第二門故總之一處爲一事理無礙義也言超視聽及絶思議者即指離相離性也言恒通見聞及未曾礙於言念者即指不壞不泯也還遮有此三重事理無礙之義方備智者一一審之令見門門之意不得率爾麁心失其深趣由上義故成下三門事事無礙義也

△八由以理融事令無分齊八躡前意明事事無礙之所以及總相明一切諸法一一皆能遍能包各各無盡言以理融事等者以事無別體全假理成以諸緣起皆無自性故由無性理事方成故事既攬理即事相全虛既事理相即故能一一包遍

△如理之徧一入一切如理之包一切一入故緣起之法一一各攝法界無盡言如理之徧者謂諸事法與理非異故事隨理而徧全一塵普徧法界法界全體徧諸法時此一一微塵亦如理全在一切法中如一塵一切皆爾如理之包者謂諸事法與理非一故存本一事而能廣容如一微塵其相不大而能容攝無邊法界由刹等諸法既不離法界故俱在一塵中現由上一事含於理故餘一切事與所含理體不異故隨所含理皆於此一事中現如一塵一切皆爾也

△九由因果法界各全攝故令普賢身中佛佛無盡佛毛孔内菩薩重重九又躡前諸法之例明佛菩薩各相全攝重重無盡

△十由因果法界差别之法無不恒攝法

界無遺故隨一一門一一行位各攝重重十又於前因果中各自有多多差別若分若全乃至微細亦各具攝重重無盡故云剎身塵毛等也

△故廣剎大身輕塵毛孔皆無有盡廣剎大身等者此明依正無礙今釋此文聊作六句一以輕塵攝廣剎大經云佛剎微塵數如是諸剎土能於一念中一一塵中現又此經下文云一塵中有塵數剎一一剎有難思佛等二以一毛孔攝大身現相品云如來於一毛孔中一切剎塵諸佛坐等三以毛孔攝廣剎依內僧祇品云於一微細毛孔中不可說剎次第入毛孔能受彼諸剎諸剎不能遍毛孔等四以輕塵攝大身此經下文云於一塵中塵數佛各處菩薩眾會中無盡法界塵亦然深信諸佛皆充滿等五以輕塵攝身剎大經云一一塵中無量身復現種種莊嚴剎等六以毛孔攝身剎大經云一毛孔中難思剎等微塵數種種住一一皆有遍炤尊在眾會中而說法等此即皆由一一各攝法界無盡故此上二句中皆有一多無礙大小相容

△以其後一總融前九爲第三渾融門也

亦融前二不離此門又此亦者即是總總融前故如文可知

△第二明能入者總即普賢行願△若別說者畧有二種一者身入二者心入△身由心證故廣辯心入心入有三一者正信二者正解三者正行此三無礙△謂於此行門深忍樂欲淨信不逾於斯行門曉了性相依之起行一一眞修△解行相扶自然契合第二明能入者下於中二一總標行願能入二別說身心能入文中又二一畧指身心二身由下廣釋心入隨識則身無礙依智則身融通先標列然從凡至聖不過信解行證證是果相義在契合中收今明能入之因故此但明三也言此三無等者有信無解增長無明有解無信增長邪見有解無行其解必虛有行無解其行必孤若稱法界三必無礙也後解釋既謂於此至淨信者釋信也不逾至性相釋解也依之至眞修者釋行也親證唯解行故但結二

△第三能所契合者正顯入義入者了達證悟之名△畧有二門一者果海離於說相二者因門可寄言說第三能所契合下文三初釋入字次畧有下雙指因果

△今且畧明無分別智證理法界以爲五門一能所歷然二能所無二三能所俱泯四存亡無礙五舉一全收後今且下寄說因門於中二初明入理法界後明入無障礙法界初中三初標舉闗章二第一下隨門牒釋三結前五門生後文勢

△第一能所歷然者謂以無分別智證無差別理心與境冥智與神會成能證智證所證理△如日合空雖不可分而日光非空空非日光二中五如文一明能所歷然第一則法相宗證道謂大乘始教也夫法約內則分別名識無分別名智約外則差別名境無差別名理亦名境也心與境冥等者即唯識見道偈云若時於所緣智都無所得爾時住唯識離二取相故二取謂能所取即前加行推一切法名義自性差別空能緣亦空然未冥合故偈云現前立少物謂是唯識性以有所得故非實住唯識少物謂空相也有所得者未實合也日空者喻理智但晝明便是日光不必須見日輪之相及炤物之相也

△第二能所無二者以知一切法即心自性以即體之智還炤心體舉一全收舉理收智智非理外舉智收理智體即寂△如一明珠珠自有光還炤珠矣第二能所無二法性宗證通謂大乘終教也知一切法即心自性是梵行品文言即體之智等者七祖云只光無念之心自知無今文云即體而用自知即用而體自寂又回向品云無有如外智智能證於如亦無智外如爲智所證

△第三能所俱泯者由智即理故智非智以全同理無自體故由理即智故理非理以全同智無自立故△如波即水動相便虛水即波故靜相亦隱動靜兩亡性相齊離三能所俱泯第三即大乘頓教中證道泯有二意一互奪故俱如疏文二本心頓現故俱泯謂本覺心將自知不可將知更知心體以炤體獨立故如眼不自見刀不自所等故七祖云擬心即差正證之時無別能證能證既無即是本心所證無得

亦唯本心故能所本絕般若心經云無智亦無得又四祖云若以知知寂非是無緣知如手執如意非無如意手若以自知知亦非無緣知如手自作拳非是不拳手不執如意亦不自作拳本手自然在非謂於無手也若知不知寂亦不自知知本心定然在非爲於無知也疏文喻中正喻互奪亦合後義水之動靜兩亡即能所互奪是前義也而濕體顯現不屬動靜即爲泯也靈知本覺顯現不屬理智亦然

△第四存泯無碍者以前三門說有前後體無二故離相離性則能所雙泯不壞性相則能所歷然正離性相即不壞故存亡無礙△如波與水雖動靜兩亡不壞波溼 第四文相自顯然必曰能證方悟心體本絕能所故三門無二也

△第五舉一全收者上列四門欲彰義異理既融攝曾何二源△如海一滴具百川味 第五總收前門但收存泯此門又收開合以前三門則存泯開第四門則存泯合此門復收開合爲一也故還施五門方備也

△上但約無分別智證於眞理有此五門 上但約下三結前五門生後文勢言但約者意表義理未盡四法界唯一也就一之中有此五門法相又唯得第一一門義也故知有云唯識論一部二切經論已備者輕謗佛法之甚也哀哉哀哉

△若以無障碍智證無障碍境境智圓融難可言盡總爲能所契合 若以無障碍下後明入無碍境

界也無碍智者即如理智如量智乃至三智四智皆無障碍以成重重無盡也無碍境者正明事事無碍法界合攝事法界及理事無碍法界俱無障碍亦總成重重無盡也約能入所入對前理法界亦應五門由非一向明理故第三雙泯既無泯也即開第四收存泯義既開二義但有三門一開能所二合能所三復收開合同時無二初中謂智無碍故一智則一切智境無碍故一境即一切境境智各有一多無碍

相對論之義有四句一一智證一切境無 成不一通智對二一切智證一境歡識圓一一塵智之慧義 二一智證一境一即一即轉事事法法界融也緣不切壞四一 切智證一切境無即盡重也重二合能所者謂一 切境皆是自心謂無心外境能與心爲緣 何以故由心不起外境本空故出現品明 如來境界云如是如是思惟如是如是顯 現即心見境界之佛即境見唯心如來又 心中悟無盡之境境上了難思之心心境 重重重重無盡言總爲能所契合者都結 也三收開合者亦應云上列二門欲彰義異理既融攝曾何二源如海一滴具百川味

△上之三門以後契合但合前二故三門一揆爲入法界緣起普賢行願之宗矣其行願別相文中具之 上之三門下結歸宗於中二初結三門無二後結行願在經

△第三翻譯傳授者△畧有二門第一徵源第二翻譯△今初此經即貞元新譯大方廣佛華嚴經第四十卷別流行也 第三翻譯傳授者文分爲二先標牒後正釋釋中又二先標列後解釋釋中又二先徵源後翻譯前中二初正指其源

△故西域相傳云普賢行願讚爲畧華嚴經大方廣佛華嚴經爲廣普賢行願讚△以今觀之理實然矣△一經之主即是普賢初會即是普賢所說窮終亦是普賢所說△五周之因皆普賢行五周之果即普賢行之所成亦是得果不捨因門之果用爾△復是四十卷之窮終徧收玄妙 後故西域下以畧含廣文中三初引西域相傳是經之偈讚故云行願讚非謂唄讚前譯不知是經故謂之讚文也次以今下詳理印定後一經下釋其所以言一經之主即是普賢者普賢是法界體鎔融在中纏出纏唯證法界故初會等者初會即菩提道場總有三名約處名菩提場會約人名普賢菩薩會約法名所信因果會普賢爲主者以此會眾毘盧遮那曠劫修因嚴淨剎海介物信受知皆有分修必契故表佛所說如所證故成菩提處即說此經唯普賢行方能證入是故此會普賢爲主疏言窮終亦是等者善財求友遍歷諸位至於最後因圓門中亦是普賢所說也疏五周等者即顯大經一部通有五周因果初會有六品十一卷經名所信因果謂世界成就品及華藏世界品明其果德毘盧遮那品明往因行身所信故第二從第二會至七會隨好光明功德品總有二十九品三十七卷名差別因果二十六品辯因佛不思議法品下三品明果因歷六會果不該因故名差別因果第三普賢行品下二品四卷名平等因果普賢行品爲因出現品爲果因是得果不捨之因果是大用性起之果因該果海

果徵因源故云平等第四以第入會一品七卷經文名成行因果具五位位行總名爲因現入相用名之爲果没彼位名顯彰行法故懸河二百問瓶寫二千酬皆明圓融普賢行故故名成行第五以第九會有一品二十一卷經即今四十卷總名證入因果初明佛果大用是證入果後明菩薩獲益是證入因若漸若頓若因若果皆證入故今言因皆普賢行果皆普賢行所成者明因果相攝即位前及當位也疏言得果不捨等者明即果之因即位後普賢也言復是四十等者謂前明五周總指大部此後唯指當品故

△第二翻譯者自古及今總有三譯△初即晉朝三藏佛度跋陁羅唐言覺賢譯出一卷五字成偈第二下翻譯文三初總標三譯二會通今昔三別明

今經初中文二先總標後別列列中云初晉朝等者即東晉朝時也佛度跋陁羅者此曰覺賢古云佛賢此三藏是北天竺人五歲而孤十七出家一日誦習可敵一月及受具戒修業精勤博學羣經多所通達儀範率素不同華俗而王顯清遠雅有淵致每與羅什法師共論法理振發玄緒多有妙旨後爲郢郡內史孟顗右衛將軍褚叔度與沙門慧嚴慧義等百有餘人請譯支法領所持來于闐所得大華嚴等一十二經中譯此經五言成偈故云晉朝等也

△第二大唐代宗之朝大辯正三藏翻譯一本七字成偈第二大唐代宗等者代宗即唐第八帝言大辯正等者此三藏號阿目佉此云不空即玄宗肅宗代宗三帝灌頂師也本名智藏是北天竺婆羅門族先門早逝育于舅氏遂隨母姓康至年十歲隨舅氏至武威太原至十三事大弘教圓師十五落髮二十進具善一切有部洞曉聲明後往五天竺遍學顯密天寶五載還歸上京大弘顯密三帝歸誠覲受灌頂至代宗永泰元年十一月一日制授大師特進試鴻臚卿號大廣智三藏三朝恩澤倍異常倫灌頂度人歡盈億萬至大曆九年六月十一日有詔就加開府儀同三司封肅國公食邑三千户弟子因賀大師不悅而告之曰聖衆儀然垂手相慰白月圓滿吾之去時柰何晚終更竊名位附表令朢懸讓不從遂更進夫表辭聖茲示疾疊足而終年有七十僧臘五十一矣後至七月十六日就塔所具荼毘之禮隨喜者億千萬人是日有詔令高品劉仙鶴就塔所置祭兼贈司空謚大辯正廣智三藏經歷三朝所譯教法一百二十餘卷更有諸佛示權攝魔護國非臣不堪聞者城在於天宮其餘可聞者須宜於天下於中譯此後偈經文亦是七言故云第二代宗等也此則唯譯長偈經文也以前長行文祇此一譯故爾

△第三即今貞元所譯亦是七言△而上二本竝云是賢吉祥菩薩所造而非佛經△今乃是經普賢菩薩所說△良以普賢與賢首名義相濫又多別行故昔三藏謂非佛經而上二本下會通今昔文中有五一明昔謂非經二今乃下以今證昔是經三良以下辯昔疑所以四又前下明昔文含隱五今有下明今文顯佛結定無疑明初二覺問上二皆同是菩薩說何得普賢即同佛說得名爲經賢吉祥即名爲造不得名經答賢吉祥雖是菩薩行位權實不見有說處例同馬鳴龍樹等但得名造故但名讚不得言經也此且據大分說若據十身中亦有菩薩身又五人說法中亦有菩薩說名經亦爲妨然且依勝說三辯昔疑所以中言名義相濫者以梵云跋捺囉此名爲賢若言三曼多跋捺囉此云普賢跋捺囉紇㗚室哩紇㗚此云賢首皆有賢字故相濫也問前言賢吉祥此云賢首何故不同答以梵云室哩此有三名一名德二名首三名吉祥如曼殊室利此云妙德或云妙首或云妙吉祥此中亦闕故亦無妨又以西天頻遭毀滅致令大部或斷或連今梵本昭然文勢連續故無疑也余意亦謂朢實是賢首菩薩於七經中錄出行願之意遜成讚文即前二譯文意可爾然未敢指南

△又前二本竝無長行故十行相不得顯著第四可知也

△今有長行條流各別厤然不差佛經無惑第五今有長行等者則條然流貫皆是顯現分別條貫之義也

△即貞元十二年歲次丙子詔罽賓三藏沙門般若於京師大崇福寺譯成四十卷

後別明今經中二初明翻譯一品具諸勝緣後明別行一卷極要可寶今初有四一正明翻譯壞即貞元十二年六月五日起首翻譯至十四年二月二十四日進上故云貞元等也言詔者天子宣令曰詔即宣詔也言罽賓者即北天竺界鷄濕彌羅國之別名三藏般若金剛者具云般若智慧若云慧即三藏名金剛智慧也於京師者即西京也公羊傳云京者大也師者衆也謂天子所居必以衆大之辭言之故曰京師言大崇福寺古名西太原寺爲唐家起自太原以報地恩造五所寺總名太原寺後因天后重修改名崇福此即翻譯之處此三藏自代宗朝來至此國梵夾既至遂

詔令翻譯四十卷成部典義學大德刊言超悟良秀良慇圖紹兼疏主等八人同譯諫議大夫孟簡等潤色餘卽可知

△卽舊經入法界一品二會通新舊經等者卽古譯兩本皆名入法界品也晉本十四卷唐本二十一卷今展此文爲四十卷也

△其經梵本卽南天竺烏荼國王吉祥自在之所進也三明得梵本之來處者疏其經梵本下是言烏荼等者卽彼表云南天竺烏荼國深信最勝善逝法者修行最勝大乘行者吉祥自在作清淨師子王上獻摩訶支那大吉祥天子大自在師子王中大王千自書寫大方廣佛華嚴經百千偈中所說善財童子親近承事佛剎極微塵數善知識行中五十五聖者善知識入不思議解脫境界普賢行願品謹奉進上伏願大國聖王福聚崇大超須彌山智慧深廣過四大海十方國土通爲一家及書此經功德願集彼無量福聚等虛空界一切世界海無盡衆生界一切皆如善財童子得佛正見具足智慧見不思議眞善知識咸生歡喜得佛廣大普光明照離諸貪著成就無垢普賢菩薩最勝行願伏願書此大乘經典進奉功德慈氏如來成佛之時龍華會中早得奉覲大聖天王獲宿命智瞻見便識同受佛記盡虛空遍法界廣度未來一切衆生速得成佛

△然自古譯經或三藏持來或遣使迎請△未有如今彼國帝王親貢梵文越十萬之煙波踰千日之險阻紆彼御扎獻我聖君△若非德合乾坤道光三古威臨八極化洽萬方孰能有此光大休烈難思圖極再闡神州四正明勝緣疏然自古譯經下是文中分三初明得梵本之希奇次辯翻譯之緣備後校量今昔之具闕初中分二初彰昔劣疏自古至迎請者言或三藏持來者卽騰蘭世高等也遣使迎請者如羅什和尚等後明今勝有二初明彼帝心誠疏未有如今下是言越十萬之煙波者謂經南海也言紆者迴也曲也屈也亦縈紆也後明我皇德感疏若非德合下是言乾者天也坤者地也謂聖人與天地合其德也道光三古者上古謂三皇一伏羲二神農三黃帝中古謂五帝一少昊二顓頊三高辛四唐堯五虞舜下古謂三王一夏禹二商湯三周姬卽帝道光絕前代也言八極者亦曰八宏或云八荒卽總指方隅也言化洽者慍洽也謂皇帝聖化慍洽萬邦也言孰者誰也休烈者休者王也喜慶之事烈卽是位又王卽是戚也卽廣大戚事也神州者卽唐國也神者靈也總指唐國以爲神州也

△然夫教流非一緣矣二辯翻譯之緣備有三初標也△要在時清道泰正化可行△大國中華皇城鳳闕△明王聖帝崇重法門△輔佐賢良翊贊玄化△人多聰敏道器可持△方有聖靈潛運冥衛△不憚勞苦傳譯中華音善兩方義兼權實△明賢高識啟發讚揚△內外悉心△潛顯兼衛二列有十緣也一時清二處勝疏大國中華皇城鳳闕言中華者草盛曰華謂此中國觸事繁盛故曰中華三君聖四臣賢五器感疏人多聰敏道器可持者卽譯場諸德及通此方傳持之人六聖應若無聖力譯必不成七內獲卽譯主三藏八外獲卽實叉二中尉九結內外十結隱顯也配文可知

△方今圓教流通未聞三結也

△緬想昔傳事多闕略具斯勝事莫盛當朝三校量今昔之具闕疏緬想昔傳等緬者遠也卽遠想也

△今此一經卽彼四十卷中第四十也後明別行一卷樞要可寶分三一標經屬當

△而爲華嚴關鍵修行樞機文約義豐功高益廣能簡能易唯遠唯深可讚可傳可行可寶二讚重勸修疏而爲華嚴至可行可寶言關鍵者卽門之橫關豎鍵樞卽門樞機卽弩機故知言語是君子之樞機樞機一發榮辱之主又有千鈞之弩不爲鼷鼠發機君子之談明人間津要之際也此一卷經於大部亦然約者少也豐者多也功高益廣者如下顯經勝德分中經文廣明可取彼文而於此說能簡等者以簡略易入之門令到至遠至深之境豈不妙哉諸教或有文繁義隱趣入之門卽難及乎窮極宗源法乃未圓妙其猶針頭上雕刻胡孫三年方成雖爲難事感乃衆用則何益矣故疏云可讚可傳等也

△三藏持命△國德專精△勉竭愚誠以副詔旨略其廣疏爲此別行三應請別行疏三藏者卽譯主也國德者譯場諸德也勉竭愚誠等疏主謙也

大方廣佛華嚴經普賢行願品別行疏鈔會本卷第三

大方廣佛華嚴經普賢行願品別行疏鈔會本卷第三

校勘記

一　底本，清藏本。

一　四八頁上一、二行書名及三行鈔者，徑無(未換卷)。

一　四八頁中一〇行右小字左「清涼觀國師」，徑作「清涼國師」。

一　五五頁下末二行「會本卷第三」，徑作「卷第二」。

大方廣佛華嚴經入不思議解脫境界普賢
行願品疏鈔會本卷第四　用四
唐罽賓國三藏沙門般若奉　詔譯
唐　勅太原府大崇福寺沙門澄觀別行疏
圭峯草堂寺沙門宗密隨疏鈔

△第四釋經名題大方廣佛至第三於中
用四　二先解總題後明品目總題即無盡修多
羅之總名品目即所宗之玄妙以總該別
故存總名

第四釋經名題者疏即無盡修多羅之總名者問此經龍樹菩薩論此菩薩是如來在楞伽會中已曾懸記籍佛滅後七百年方出世造智度論中觀楞伽經云吾滅度後七百年時有大名國沙門厥號龍樹子興發有無宗往生安至於龍宮見上本有十箇三千大千世界微塵數偈一四天下微塵數品此亦是有盡之名何故此中言無盡耶荅准大經疏中自狹至寬總有十類一畧本經即今大部八十卷等二下本經有十萬偈四十八品三中本經有四十九萬八千八百偈一千二百品四上本經有十箇三千大千世界微塵數偈一四天下微塵數品五普眼經即海雲所持以大海量墨須彌聚筆書此普眼法門一品中一門一門中一法一法中一義一義中一句一句中不得少分何況能盡但是深入法界菩薩陁羅尼力之所能持六同說經謂一類須彌山形世界遍於虛空容毛端處以言聲說無有窮盡如不思議法品云如一佛身以神通力轉如是等差別法輪一切世界法無能諭如是盡虛空界一一毛端分量之處乃至一一化身皆如是說音聲文字句義一一充滿法界等七異說經謂樹形等世界世界既異其中衆生根類亦別如來於彼現身立教施設不同不可定其色與非色言與非言等則部類難量八主伴經謂遮那所說雖遍法界然與諸佛互為主伴九眷屬經為餘根器各各不同不能聞此通方之語隨其說教令入此門皆為此經勝方便故名眷屬經十圓滿經謂此上諸本總融為一無盡大修多羅海隨一會一品一句一文皆攝一切無有分限也然此十類皆是華嚴望前四類即有盡限望普眼等即是無盡故云集盡等總名也言修多羅者梵語或云修妬路或云素怛覽或云素怛纜古譯翻為契經契謂契理契機經謂貫穿攝化即契機契理之經若契理不契機非經也或即說雖善巧動發人心不契真理亦不名經必須契合真理合於人心方名說經正翻名線線能貫華經能持緯此方不貴線稱故存於經印土呼線及席經井索聖教皆曰修多羅即今自屬於席經敵對應云聖教故梁攝論譯為聖教故彼論云有阿毘達磨非是聖教為成聖教與修多羅名又古德見此方儒墨皆稱為經遂借彼經名以目聖教則雙合二義俱順兩方借義助名更加契字簡異席經其為允當雖即一名通呼四物疏主亦將雜心五義和會四名湧泉出生義同井索有汲引義故顯示一義正屬聖教顯事理故繩墨刊定正邪亦是繩之為經能持於緯義同席經結鬘同線線能貫華以成鬘故若准梵意但顯線經以貫攝為業攝體名線就用翻經離線無別貫攝能貫即線貫穿持緯名經能所合目故云經也品目即所宗等者此品是修證返源之意故入用四不思議解脫等是所宗也以總該別等者七字既該廣畧畧中亦具七字之義故存之也

△總名七字畧為四門第一總顯得名第二對辯開合第三具彰義類第四展卷難思△今初經題七字即為七義大體也方相也廣用也佛果也華因也嚴總相也經能詮也△故人法雙題法喻齊舉體用無礙因果周圓△故無盡法門不離此攝

今初經題七字至不離此攝者總顯得名也梵云摩訶毘佛畧教隨覺云佛陀此云賊翻華訛就提覽卽云健拏驃訶欲底修多羅此云大方廣覺者雜華嚴飾契經即十一字今畧却雜飾契三字又去覺者兩字存佛之一字即成七字疏中但顯得名今即具彰名義有皆二義大以當體得名常遍為義常即豐無初際趣體攝說無外不同法相倫小為義方以就法得名藏云相若記三大也由體大絕一切用大但明應起相大正當法之總相故倫受方名也軌持為義雙持性相永無顯誠遍失軌生物解照立則智圓也廣以從用得名包博為義包則廣容博則廣遍佛以就果得名覺昭為義覺則語大夜之重昏即則為法之幽塗也昭華以從喻得名感果嚴身為義咸果則萬行圓成嚴身則衆德備體嚴以功用受名疏云總相者以能嚴所嚴皆云嚴也賁莊為義寶嚴大之證用祖真息之佛身經以能詮得名攝持為義持性相之哉嚴宗生婦源如別稱中故人法至雙舉等者明七字得名圓備也如諸經得名有其多種或以人為目或以法為名人有請說等殊一請人得名如思益梵天所問經等二說觀人得名如無盡意菩薩羅華摩經等能就所為人得名如須遠筆經傳田王經三等四依所誰人得名如金色貴子經等法有法喻等別喻即大雲賓指經等法有多體次下明之或體般若經等或用仲足等足或果涅類經等或因因行則正恭敬經等因位則十經等住作複作單其類繁廣單即可知複有四雙一法喻如法華金剛經等二人法如勝天王般若經等三體用如十住斷結經等四因果如漸備一切智三德經等也設有名非全闕者用四亦不過一雙今經悉具如上等故為周備也言人法雙題者大方廣法也佛華嚴人也法喻齊舉者華即是喻餘皆法也體用無礙者大體也方廣用也因果周圓者佛果也華因也故結云無盡法門不離此攝也

△第二對辯開合者總為十事五對△一經為能詮上六所詮即教義一對二嚴為總相上五

別相即總別一對三華爲能嚴上四所嚴即能所一對四佛爲能證之人大方廣所證之法即人法一對五方廣者用也大方體也即體用一對方字兩用△第三具彰義類者七字各有十義第三具彰義類者七字各有十義者謂大有十義方有十義等又七字中一一各有七字義謂大即七字普大方即七字皆方等七字即爲七節解釋△一釋大字十義者一體大若性若相皆同眞性而常徧故二相大恒沙性德徧於體故三用大業用周普如體包徧故四果大智斷依正周法界故五因大稱性德修無不行故六智大謂大智爲主運於萬行嚴法身故七教大一文一句結通十方稱法性故上七如次是上七字八義大無法不詮窮法源故總上七字九境大無盡衆生爲所緣故十業大窮三際時常將此法利含識故故上七字皆名爲大一大十義一中即經題大字也一體大若相若性皆同眞性而常遍者上句性字是諸法無性之性下句性字是本覺眞性之性上句性相相對但明眞淼二諦下句眞性即第一義諦故攝性相全同眞性而常遍也如鏡攝影及空全同明也以常遍釋大常者涅槃經云所言大者名之爲常此明法界體不變易如人最長故

名爲大無有一法先之唯此先於諸法故釋名義中云常則豎無初際邊者涅槃又云共性廣博猶如虛空此明體遍故名爲大釋名義中云遍即橫該無外也二中即方字云恒沙性德遍於體者前則於德之相不言存壞但泯合不分全同於體而常而遍此則不壞無邊之相遍布於體故異於前也故七祖云體上本具恒沙功德猶如真金本具千種之器如摩尼珠本具千般萬般非色之色若不本具作亦不成對亦不同以成（用四）時無一塵之法從（四）外入故三中即廣字言周普包遍者即前無邊之相以遍於體一一如體故成大用一一能包能遍一入一切爲遍一切入一爲包交參渉入互相無礙重重無盡也周即周遍普即普包四中即佛字由證於三大故名佛也煩惱本空智慧本顯自他皆爾方周法界故成正覺見他皆成如偈云菩提菩提斷俱名爲菩提說智及智處二俱名般若亦同此意然由未兼自他依正者如前序中身剎無礙六句所明也五中即華字以稱性故一行即一切行也如前教起因緣第六宜說勝行中明之六中即嚴字若無大智縱修萬行則行行住於自相無由融合嚴於法身故須智也嚴法身者喻如描畫彩色喻萬行盡師喻大智也問明品云於佛法中智爲上首則智爲正道萬行爲助道故此云爲主也七中即經字諸宗能詮非所詮故文有分限此宗教即義故故同法界一一無邊故每說一會或一位義終皆結通云十方亦如是說由是有海墨書一句不盡之說上如然是題切說也經八中云無法不詮者重重無盡固不在言隨相門中亦委細備說深淺之法二地中廣明十惡十善即該人天乘也四諦品及五地十重四諦即該聲聞乘也六地十重十二因緣即該緣覺乘也八部般若不出三天偈文涅槃法華出現品中一兩門說盡如斯事類不可具陳九中義如教起因緣遂通物感中廣明所被機也入即經之貫穿義九

即經之攝持義十中義亦如十因一法爾二酬因十利益中廣明也△二釋方字十義者方者法也即上十大當體軌持即十法故第二釋方字十義方者法也如言藥方即是藥法應云體法相法用法果法乃至業法言當體軌持者謂十皆具此二故△三釋廣字十義者一廣絕義非是心識思量所能知故（用四）二廣超義無有諸法能比（五）類故三廣攝義通攝無邊異類法故四廣知義具足種智破邪見故五廣破義破一切障無有餘故六廣治義具攝無邊對治法故七廣生義能生無量廣大果故八廣德義具足二嚴諸功德故九廣依義言教繁廣爲生依故十廣說義宣說廣大甚深法故則七字皆廣也三釋廣字十義總相而言廣者多也用多繁興包無不盡故即前十皆多一遍一切爲大一攝一切爲廣一中即大字若但絕妄想分別及下地智此未爲廣直至等覺炤寂微細之智亦不當情故云廣絕以本性炤體獨立不可以智知不可以識識故凝心即差故二中即方字然性德無邊之相雖不離世間法要且世法無一能比言廣超者有二意一德相於世間法法法超過爲廣二德相之法法法皆超世間爲廣上云法法是所超之世法下云法法是能超之德相如摩尼珠所現之物無一外物可能比之如勝鬘經云如來妙色身世間無與等此指色相即世無等亦分同此意三中即正當廣字如諸宗佛境界中便無衆生乃至因不攝果

等皆未爲廣今舉一必攝一切同類異類全收故廣也四中即佛字以智收之一切皆智故出現品明佛智遍於一切眾生身中又成佛時見眾生亦成如此方名具足智外更不見邪名破邪見此即以全法之智而知全智之法故云廣知也五六七三義皆華字以三皆因故五中然此宗之法必該橫豎豎者覺無始煩惱本是菩提破過去障也此菩提從今日盡未來際畢竟不生煩惱破現未障也橫者十方六道四生本來清淨也六中無量義經說喻云如有一人諳良醫所學多年藝成欲去師云且與吾覔非藥之草得乃任汝去此人經年天下遍求所見之草皆堪爲藥既求不遂却來白師師云汝醫術成矣故相試也若實解醫無草非藥故知若實解對治斷障無一心而非智故云具攝無邊七中可知八即嚴字九十皆經字義亦皆易然上十中二五九十即雜集論中四義餘六即入大乘論中六義彼論皆釋十二分中方廣部故有此文也

△四釋佛字十義者即是十佛一法界佛二本性佛三涅槃佛四隨樂佛五成正覺佛六願佛七三昧佛八業報佛九住持佛十心佛則七字皆佛四釋佛字十義令便配七字并配佛身上自有十身簡非融三世間十身參而釋之即佛身十德一體性真常名法界佛即若心若境法法皆佛即是法身當大字也二本性佛即智慧身玄幽深遠故即眾生本覺智慧心性之佛即當方字三涅槃佛即是化身化用自在故化畢歸寂名涅槃佛謂應化涅槃也四隨樂佛即意生身感而遂通故上二皆廣字五成正覺佛即是菩提身覺樹道成故即當佛字六願佛即是願身願周法界故七三昧佛即是福德身福即是定由依大定積福圓滿故此二皆華字八業報佛即莊嚴身報德相好微妙難思用嚴法身皆因善業故即當嚴字九住持佛即力持身流益無窮故即當經字十心佛即威勢身萬法由心回轉威勢威容映奪故此總標七字十佛齊融爲斯教主示物等有證必玄同

△五釋華字十義者一者含實義表於法界含性德故二光淨義本智明顯無不炤故三微妙義一一諸行同法界故四適悅義順物機宜令歡喜故五引果義行爲生因起正覺故六端正義行與願俱無所缺故七無染義一一行門三昧俱故八巧成義所修德業善巧成故九芬馥義眾德住持流馨彌遠故十開敷義眾行敷榮令心開故此之十華如次對前爲十佛因故亦不離題中七字五釋華字十義者華有三種一草木華喻萬行感果或與果俱即喻圓融如蓮華等或與果不俱即喻行布如桃李華等二金玉華喻萬德嚴身一向與果俱十義如次一一對前十佛以配七字釋之一含實等者即體含真實名含實義即當大字對法界佛二光淨等者即智光明淨名光淨義即當方字對前本性佛三微妙等者即微妙暎奪名微妙義即對前涅槃佛四適悅等者即適悅物心名適悅義對上隨樂佛此二即當廣字五引果等者即引果酬因名引果義即當佛字對上成正覺佛六端正等者即端嚴可觀名端正義對上願佛七無染等者即塵水不染名無染義對前三昧佛此二即當華字八巧成等者即願巧成就名巧成義即當嚴字對上業報佛九芬馥等者即芬馥流馨名芬馥義即當經字對上住持佛十開敷等者即開敷蕋蕊名開敷義對上心佛即總上七字於十花中一五九十局於草木餘通二華也

△六釋嚴字十義者△即上十華同嚴一佛爲嚴不同即是十義又此十華如次嚴前十佛即是十義△故以華爲能嚴嚴前法界成於十佛故嚴爲總相六釋嚴字十義分三先標次釋後結釋中有兩解初解十華嚴一佛後解十華嚴十佛初中疏云即上十華同嚴等者謂前十華亦即十度一含實當般若二光淨即智度三微妙即方便度四適悅即戒度五引果即當忍度六端正即願度七無染即禪度八巧成即檀度九芬馥即力度十開數即精進度以上十度同嚴一佛餘九皆然又因既圓修果亦圓證云何圓修以定慧雙流靜無還炤動不離寂一念相應十度便滿故十地經云發心回向是布施滅惑爲戒不害忍求善無厭斯進策於道不動即修禪忍受無生名般若回向方便希求願無能摧力善了智如是一切皆成滿故一念皆悉頓嚴諸德故至果位無德不圓備也次十華如次嚴十佛者如上十華以配十度謂財法無畏悅物令喜成莊嚴身即業報佛二戒淨普周隨心離過成意生身即隨樂佛三忍可諦理成善提身即成正覺佛四進策篤行成威勢身即前心佛五定引功德成福德身即三昧佛六慧鑒心體彰於法身即法界佛七方便巧應成化身即涅槃佛八願巧成就成願身即是願佛九力不可動成力持身即住持佛十智鑒於理成於智身即本性佛十華如次嚴前十身而總別無礙更有十義一以因嚴果以成人是華嚴果由因得故二以果嚴因以願勝成果之後令一一因行皆無際故即佛華嚴三字也三以人

嚴法以顯用謂佛曠劫修因方顯法之體用四以法嚴人以顯圓若不得法之體用因果不能圓妙故總上六字五以體嚴用今周遍謂用不得體不周遍故六以用嚴體而知本若無大用不顯體本之廣故即大方廣三字七以體嚴相而知妙謂相若有體便即入重重故八以相嚴體以明玄無相不顯體深玄故即大方二字也九以義嚴教超言念由所詮難思能詮言離故十諸用互嚴以融攝如禪非智無以窮其寂智非禪無以深其炤等此互嚴中皆有相資相即四句恐繁不敘如上疏中但有三句謂十華嚴一佛十華次第嚴十佛十華更互嚴十佛在初句中亦可一華嚴十佛以足四句以成無盡也故以華爲等者結也言嚴前法界者謂法界本含佛智但假於行德嚴之即題著有佛之用也△七釋經字十義者一曰湧泉二曰出生三曰顯示四曰繩墨五曰貫穿六曰攝持七曰常也八曰法也九曰典也十曰徑也七釋經字十義中分二先標後釋釋十義者一湧泉則注而無竭二出生則展轉資多三顯示則顯示事理四繩墨則揩定正邪木簡繩而正直心隨教而離邪五貫穿則貫穿所說性相之義六攝持則攝持所化衆生歸於本源不令攀緣六塵輪回五道此二即佛地論中解經字義故彼論第一云能貫能攝故名爲經以佛聖教貫穿攝持所應說義所化生故或可貫穿攝持俱通所說所化貫穿法相攝持所化即此中義或貫穿所化攝持所說即貫彼心華攝茲義米也七常也者則萬古常規八法也者則千葉眞執此二是梁昭明太子所出感法師以此法常二義解繩墨湧泉故彼云法則舉直以錯枉繩墨以譬之常則汲引而無竭湧泉以況之此亦別是一意九典者則正理無邪十徑者則出邪之徑路上

十中前四即雜心五義中四餘結鬘同貫攝五六即明貫攝依佛地論後四即依此方訓釋以圓十義也△第四展卷難思者△謂本於清淨法界初開理智二門△次理開體用爲大方廣智分因果爲佛華嚴經詮上六即題中七字△次展此七字爲此一經所證法界即大方廣能證普賢行願即佛華嚴△若更展此以爲一部則五周因果皆佛華嚴因果所證皆大方廣△乃至無盡皆自此生第四展卷難思先標後正釋分四一展二卷三展卷無礙四結歸經題初中五一展眞界至理智二次理開下展理智至總題三次展此下展總題至此卷四若更下展此卷至一部五乃至下展一部至無盡也△收無盡法界以爲九會△復攝九會爲此一經△復攝此經以爲總題△更攝總題以爲理智△融此理智爲眞法界能所兩亡事理雙寂故收無盡下第二卷也文五一卷無盡至一部疏云收無盡法者即總指大經以爲九會者謂此一經約七處說三會普光故有九也第一菩提場會第二普光明殿會第三忉利天宮會第四夜摩天宮會第五兜率天宮會第六他化天宮會第七重會普光明殿會第八三會普光明殿會第九逝多園林會是爲九會二復攝下卷一部至此一卷三復攝此下卷此一卷至總題四更攝下卷總題至理智五融此下卷理智歸眞界也△舒則彌綸法界卷則足迹難尋即舒恒卷即卷恒舒即展卷無礙△若展若卷若廣若畧皆爲大方廣佛華嚴經矣舒則下第三展卷無礙言即舒恒卷者經云無量無邊法門海一言演說盡無餘即卷恒舒者經云如來於一語言中演說無邊契經海若展若卷下四結歸經題也文並可知△第二釋品名者畧爲三節

一不思議解脫境界即所入也二普賢行願爲能入也三入之一字通能所也第二釋品日中二初正解品目後品攝經圓今初也然通釋得名者心智契合爲入心言不及爲不思議作用離障爲解脫智造分域爲境界德用善順爲普賢造修佛求爲行願是此一類之義爲品品中畧出弘宣爲別行不接前次故但爲一卷文中二初分品開章△第一釋所入者△何名不思議心言罔及故後第一下隨章牒釋文三初釋所入次釋能入後釋入字初中四翻徵釋一顯得不思議名二指不思議體三釋不思議之由四辯不思議之意今初也心言罔及罔猶無也不也法無名故言不及法無相故思不及於所緣境界非定名相故於心口不可思不可議也故云口欲談而詞喪心將緣而慮息也復有三義故不思議一於人謂超世間越權小也二於心謂非聞思修及報生識智之境三於法自體此即亦超佛及上位菩薩所謂非智不能思蓋是法體本來不可思非辯不可議蓋是法體本來不可議故肇公云非謂無辯辯所不能言也△何法不思議謂即解脫境界△解脫有二△一作用解脫作用自在脫拘礙故△二離障解

脫具足二智脫二障故△由內離障外用無羈二義相成總名解脫何法下二指不思議體文中三初直指次解釋後結成二中二初釋解脫後釋境界今初也一作用等者即如淨名所得也故彼經云有解脫名不可思議若菩薩住是解脫者以須彌之高廣內芥子中等二離障中云二智者即如理智如量智也二障者即理障事障也言由內等者然一切諸法本自融通無礙但由內心情執累劫纏綿故感辯外境妄相阻礙如平坦長川露地而睡而夢見四邊擁塞或險山深水無由過得若夢心覺寤即解向之脫也即知迷情若悟障盡智開即萬境之中作用自在故云外用無羈也愚者欲求神通不解於心除妄如何得也淨名云諸佛解脫當於衆生心行中求也△境界有二△一分齊境如國疆域各有分齊佛及普賢德用分齊無能及故△二所知境事理無邊唯佛普賢方究盡故△由證所知無邊之境故成德用無有邊涯二亦相成總爲境界△即於二境得二解脫此二不二故不思議境界下後釋境界也言分齊境橫論從狹至寬等所知境豎論從劣至勝等言由證所知等者先以智緣無邊境境無邊故智亦稱境無邊故德用同佛及普賢之分齊也即於二境下後結成也△何故不思議畧有四義一事無邊故二理深遠故三此二無礙故四以性融相重重無盡故何故下三釋不思議之由言畧有四義者一事多無礙廣不思議二理無相狀深不

思議三此二不二故不思議謂諸法全空故不可作事思性空緣起故不可作理思四重重無盡故難思議也△何用不思議顯法超情令亡言故△已知所入何用下四辯不思議之意徵意云假名引導尚恐難入今泯絕不思議耶釋意云法體實離思議之境若令思議永不能入今說離言超情衆生即亡言絕慮自然入也故六祖七祖皆云若欲入者一切善惡都莫思量等也△第二釋能入者總即普賢行願也畧唯此二△行之與願如鳥二翼如車二輪具足方能翔空致遠△然人與法俱稱普賢若約人者普賢菩薩之行願故△若約法者是普法故賢謂至順調善故又賢謂眞善善契理故法界之善爲普賢法故第二釋能入中文三一總指行願二行之下辯明行願之要三然人下約人法以釋普賢於中二一綱指二解釋今初法普賢有二一約體二約用初約體者即本覺心體也即諸法本源一眞法界也謂此法界周遍一切四生六趣無不有之在聖在凡用即有別體即無異即諸佛所師羣生自體萬物資始衆行所依也問此具法界何名普賢耶答以體性周徧曰普隨緣成德曰賢言隨緣成德者由具理不守自性妙能隨緣成諸事法若隨染緣而居生死若隨淨緣而至涅槃雖則隨緣染淨而眞性不變改也故如來藏經疏悟達國師云在一塵而廣大悉備隨萬有而獨立不改此言隨緣者約能起諸法義邊得名也二約用者謂以體上本有塵沙萬德德相妙用此謂妙用一一隨體普周互相融攝同此何得名普賢耶

答一即一切曰普一切即一曰賢也二人普賢者有三位一位前普賢即以地前資加二位菩薩是也以由濟普無遺曰普[illegible][illegible]隣極亞聖曰賢[illegible][illegible]二當位普賢即十地菩薩及等妙覺位已來總是如初地菩薩具證二空眞如遍滿法界名遍行眞如謂一一行中皆遍法界了一切法皆二空故華嚴論云菩薩入初地時證十百明門一即一刹那頃證百三摩地二以淨天眼見百佛國土三以神通力能動百佛世界四能往百佛世界教化衆生五能以一身化百類身形令有情見六能成就百類所化有情七若爲利益能留身住世百劫八能知前後際百劫事九能以智慧入百法明門洞達曉了十能以一身現百類眷屬餘地倍倍增勝問何名普賢耶答以德周法界曰普至順調善曰賢三位後普賢則是得果不捨因門菩薩是也謂已成佛竟行德周備障累永祛自利已圓上無求進也爲不捨悲願誓務濟生應實德而現權形示居因而號菩薩即普賢文殊等是也問此何名普賢耶答果無不極曰普不捨因門曰賢也二解釋於中二初約人若約人下是也後約法於中二初若約法下通釋普賢也△若別說者畧有十普一所求普謂要求一切諸佛所證故後若別說下別釋十普一所求普者即法門無邊誓願學及無上菩提誓願成謂修行人力雖未及須常運此心念念相續不得自輕而生退屈則欲求一切智應起勝悕望故△二所化普要化無盡衆生界故二所化普等者即衆生無邊誓願度也即第九門恒順衆生中四生九類盡未來際恒常救濟也△三所斷普無邊煩惱一斷便能一切斷故三所斷普等者即煩惱無邊誓願斷也上三門中第一第三是智即自利行第二是悲即利他行也

△四事行普入萬度門無邊行海無不行故 四事行普等者即事門隨相行入萬度門等者即八萬四千波羅蜜門亦云八萬四千法門依賢愚經度無極品說八萬四千法門者時有菩薩名曰盡王問佛佛爲喜王菩薩說言吾從成道終至涅槃都三百五十度大會說法度者過也始從第一修習度第二名光曜度乃至第三百五十名分布舍利度每過說法具足六度即三百度(周四)每度有六三六十八成(十三)一千八百更有五十度成三百將此三百合前一千八百成二千一百將此二千一百對治四種衆生謂多貪多瞋多癡等分衆生也多貪者於境多生染著多瞋者於境多生憎恚多癡者於境多生愚暗等分者有二解一云一切有情平等有貪瞋癡三法名等分二云貪瞋癡中一一有三煩一多貪二等分三薄塵衆生於三境上作法何名多貪衆生於下品劣境上起上上品貪心名多貪於中品境上起中品貪心名等分若於上上品境上起下品貪心名薄塵也瞋癡舉此而知謂此四類有情各有二千一百成八千四百又將此八千四百向四大六塵上配四大者地水火風六塵者色聲香味觸法謂此十法上各有八千四百成八萬四千也此八萬四千法門攝能對治藥說若所對治病亦有八萬四千名八萬四千塵勞門於十箇根本煩惱上作法謂貪瞋癡慢疑身見邊見見取戒禁取邪見此十煩惱互相資助一箇爲頭餘九來助十十相資成百此通三世過去未來現在各有一百成三百又過去一百一一爲頭資成一千未來亦爾二世共成二千現在一百更不相資計二千一百便於多貪多瞋多癡等分四種衆生上各有二千一百成八千四百又將此配四大六塵上即十箇八千成八萬十箇四百成四千即成八萬四千塵勞根病也

△五理行普隨所修行深入無際徹理原故 五理行普等者即理門攝相行也

△六無礙行普事理二行相交徹故 六無礙行普等者即事理無礙行

△七融通行普隨一一行攝一切故 七融通行普等者即事事無礙行以圓修一行必攝法性性融攝故令此一行如性普收無行不具也疏云不異理之一行具攝一理時令彼不異理之多行隨所依理皆於一行中現一一行既圓餘行皆然即一中一切一切中一等

△八所起大用普無有一用不周徧故 八所起大用普等者即起用周徧行上第四門事法界五理法界六事理無礙法界七事事無礙法界今此第八門則普該四也

△九所行處普上之八門徧帝網剎而修行故 九所行處普等者即修行處如下偈云普盡十方諸剎海一一毛端三世海佛海及與國土海我徧修行經劫海皆修行處也言上之八門徧帝網剎而修行故者謂前八門皆顯所修勝行今此第九門並收八門之行於帝網剎而修行也即一一剎中凡修一行具一切行也

△十修行時普窮三際時念念圓融無竟期故 十修行時普等者此即圓教所詮稱性之修也夫心實至道渾一古今法界無生本七時分以無時之時況盡三際念(周四)劫圓融一念入劫劫(十四)入一念一念入過去未來現在三世各一切劫一念既爾一念皆然故下文云我能深入於未來盡一切劫爲一念三世所有一切劫爲一念際我皆入即念念圓融無竟期也

◎上之十普叅而不雜爲普賢行文皆具之

△第三釋入者即能所契合泯絕無寄方爲眞入廣如宗中 第三下釋入字指在前文

△然此一品即是一經亦猶楞伽佛語心品

△又於一品之內分之別行故無次第之異 然此下後明品攝經圓文中二初引例明備成一經後釋不隨次第之所以今初楞伽四卷屬大部畧出一品得名爲經此四十卷屬大部別行一品全是一經又於下釋不題次第之所以缺中對上三十九題云四十成次第今此別行無對待但云一卷無次第也

△五隨文解釋 自下第五隨文解釋文中二初會通前後闕列科段後正依經文次第解釋今初也

△此經既屬大經望貞元所譯乃是五相之中第五顯因廣大相之中第五重示普因故則三分之中但有後二 五相者此品初三卷明本會竟從第四經已後即文殊大士出善住樓閣行化南方文分四一六千比丘會二諸龍會三三乘會四明漸證所表即善財歷事善友遍求法門名爲末會遇五十五聖者所得法門攝爲五相文殊等四十一人名寄位修行相謂文殊一人寄十信餘四十人寄三賢十地也四十人者謂德雲比丘海雲比丘善住比丘彌伽大士解脫長者海幢比(周四)丘休舍優婆夷毘(十五)目瞿沙仙人勝熱婆羅門慈行童女已上十人寄十住善見比丘自在主童子具足優婆夷明智長者法寶髻長者普眼長者無厭足王大光王不動優婆夷遍行外道已上十人寄十行鬻香長者船師婆施羅無上勝長者師子頻申比丘婆須蜜女鞞瑟胝羅長者觀自在菩薩正趣菩薩大天神安住地神已上十人寄十回向婆珊那演底主夜神普德淨光主夜神喜目觀察衆生主夜神普救衆生主夜神寂靜海音主夜神守

護一切衆生主夜神開敷一切樹花主夜神大願精進力救護一切衆生主夜神妙德圓滿主夜神釋種女瞿波等已上十人寄十地已上共四十一人兼文殊名寄位修行相也第二遇摩耶夫人等一十一人名會緣入實相謂摩耶夫人正念光女通友童子師善知衆藝童子堅固長者賢勝優婆夷妙月長者勝軍長者最寂靜婆羅門德生童子有德童女遇此十一人名會緣入實相者謂會前次位義別之緣同入實相理寄等覺位觀生妙覺為佛母故也第三遇彌勒一人名攝德成因相謂攝前會差別緣歸一實之德明一生補處以為正因第四再見文殊一人名智炤無二相謂初遇文殊表信智再遇文殊表證智既與本智相應冥合無二離能所相離分別徇炤體獨立故不見文殊身相但摩頂得法也第五遇普賢一人名顯因廣大相謂由前智極心冥詞七處絶故觸物皆道法法金眞依正渾融重重無盡故隨衆一法即是圓因一切皆爾由是善財於普賢一毛孔中所得一法門過前佛剎微塵數倍一切皆然大疏序云寄位南求因圓不踰於毛孔既一切無非圓因無不包過故云顯因廣大相也疏第五顯因廣大相中第五重示普因者謂此第五相中經有五分一依教趣求分二聞觀前相分三見聞親證分四聞佛勝德分五重示普因分前四分在三十八後一半及第三十九卷中第五分即此剩行一卷是　△序分在

於四十卷中第一卷故序分在於四十卷中第一卷故者即初卷經云如是我聞一時佛在室羅筏城逝多林給孤獨園與菩薩摩訶薩五千人俱普賢菩薩文殊師利菩薩而為上首及普賢勝智菩薩智慧勝智菩薩無著勝智菩薩如是等上首菩薩摩訶薩一切皆從普賢行願所生乃至智慧普遍猶如虛空以大光網炤法界故復與五百聲聞衆俱是諸聲聞有大威勢悉覺眞諦皆證實際深入法性等復與無量諸世主俱已曾供養無量諸佛常勤利樂一切衆生為不請友乃至云從行願力生如來家專求如來一切智智盡此已來都有三紙經文總名序分故云在四十卷初也

△今經別行亦為三分△初明序分即結前所說第二若欲成就此功德下以為正宗第三爾時世尊與諸聖者菩薩摩訶薩演說如是不可思議解脫境界勝法門時下辯其流通△三分之義不異常談今經別行亦為三分初明序分即結前所說者此即發起序非是證信序諸經之首皆有證信序及發起序證信序即如是我聞乃至與大衆若干人俱等發起序即每經不同如法華毫光遠炤淨名寶積獻蓋各發揚生起說法之由序也今證信序在品之初故文中但有發起序也發起序者謂指前所歎如來殊勝果德說無窮盡生起意勢云修何因行證得如斯之果便說普賢行願示以普因為正宗也故以結前已說而為序分三分之義不異常談者自彌天即道安和尚時人號實印手菩薩與習鑿齒智達百升科經合達於道光立姓果同於經僧一高判經無大小例開三分序正流通以聖人說教必有其漸將演微言先彰由致故云序分由致既彰當機授法故曰正宗正宗既陳務於開濟近益當時之會遠益未來之機使千古洪規傳芳不絕故曰流通

△初文二一結前廣偈

爾時普賢菩薩摩訶薩稱歎如來勝功德已

稱歎如來下指前廣偈

△二結說不盡

告諸菩薩及善財言善男子如來功德假使十方一切諸佛經不可說不可說佛剎極微塵數劫相續演說不可窮盡

△以前文云無能盡說佛功德者猶謂通於因人難說△今明果人勝而且多歷劫長久相續無間說尚不盡況於凡小而能說耶以是究竟無盡法故今此中序分經云爾時普賢菩薩者標能讚人稱歎等者舉所作業言菩薩等者即是通稱即凡是修行菩提行者總名菩薩有五一所求所度解謂常求菩提度有情故即因號果得菩提名以他同已彰薩埵號此有財釋二内有悲智解又菩謂菩提顯有深智一切皆以智為前導故薩謂薩埵顯有大悲所化皆以大悲為首故三勇進上求解又菩提名智薩埵云勇是人為求菩提智故發生大勇猛心即求菩提之薩埵故依主釋也四愚智對待解又薩埵云有情總有三種一愚二智三金剛是智非愚故名菩提薩埵五丈夫十號解離世間品中明十種薩埵一菩提薩埵智所生故二摩訶薩埵安住大乘故三第一薩埵證第一法故四名勝薩埵覺悟勝法故五最勝薩埵智慧最勝故六上薩埵起上精進故七無上薩埵開示無上法故入力薩埵廣知十力故九無等薩埵世間無比故十不思議薩埵一念成佛故是為十也經言摩訶薩者大般若三十六云菩薩於大有情衆中定為上首名摩訶薩地上菩薩皆得此名況今普賢是得果不捨因門菩薩也上明能讚人竟言告諸等者告示令知也言善財者謂此童子初入胎時於其宅内自然而出七寶樓閣其樓閣下有七伏藏於其藏上生七寶芽所謂

金銀琉璃玻瓈赤珠硨磲碼碯善財童子處胎十月然後誕生形體端正支分具足其七伏藏縱廣高下量各七肘忽自開現光明炤耀內外家族視之無厭復於宅中自然而有五百寶器珍奇雜寶各各盈滿所謂金剛器中盛滿諸香於香器中盛種種衣美玉器中盛滿飲食摩尼器中盛滿雜寶黃金器中盛滿銀粟白銀器中盛滿金粟金銀器中盛滿琉璃琉璃器中盛滿金銀及摩尼寶玻瓈器中盛滿硨磲硨磲器中盛滿玻瓈碼碯器中盛滿赤珠赤珠器中盛滿碼碯星幢摩尼器中盛滿水晶摩尼水晶摩尼器中盛滿星幢摩尼如是等五百寶器自然出現復於宅中遍雨種種珍寶財物及諸資具一切庫藏悉皆充滿以此事故父母親屬及善相師共名此皃名曰善財領五百童子於福城東古佛願前恭禮文殊最後參見普賢即菩提場如來會中爲說顯因廣大相也又以大聖知此童子已曾供養過去諸佛深種善根信緣廣大常樂親近諸善知識身語意業皆無過失勇猛精進淨菩薩道求一切智成佛法器其心清淨猶如虛空以是當機誠宜授法故偏告也讚所經時中經言不可說不可說者如大經阿僧祇品明法數有一百二十四謂十萬爲一洛叉百洛叉爲一俱胝俱胝俱胝爲一阿庾多此下倍倍數至一百二十名不可量轉不可量轉不可量轉名一不可說不可說不可說名一不可說轉不可說轉不可說轉爲一不可說不可說也又以此倍倍數名一不可說不可說轉今言不可說不可說者即當第一百二十三數理實但是超過言說之數名不可說不可說也所言劫者梵云劫波此云分別時分有共多種始自年月日時總得名劫又五年兩閏爲一雙數至無數亦名劫又一增一減亦名爲劫二十增減亦名爲劫又成住壞空各二十數亦名爲劫此爲火災劫又七火一水亦名爲劫又至七水亦名爲劫謂風災劫又菩薩修行三大僧祇亦名爲劫謂拂石滴淚芥城等劫皆名爲劫今舉大數但是多時亦不定其是何等劫設經大劫亦不可盡意取世界無竟期故可知疏指前廣偈者第三十九品半卷經廣以偈讚佛德未後結云刹塵心念可數知大海中水可飲盡虛空可量風可繫無能盡說佛功德若有聞斯功德海能生歡喜信解心如所稱揚悉當獲慎勿於此懷疑念疏以前文云無能盡說至而能說耶者此對前偈讚說無盡有三種過倍之勝一前因此果二前一此多三前一短此時長謂前因位菩薩位劣又只是一人但一時間說之無盡尚未爲奇今明是衆佛已勝故數又總包十方一切之多時又刹塵長久之劫如是而說亦無窮盡方爲不思議玄妙之極也

大方廣佛華嚴經入不思議解脫境界普賢行願品疏鈔會本卷第四

大方廣佛華嚴經普賢行願品別行疏鈔會本卷第四

校勘記

一　底本，清藏本。

一　五七頁上二行「疏鈔會本卷第四」，徑作「卷第三」。

一　五七頁上三行「唐罽賓國三藏沙門般若奉詔譯」，徑無。卷六、七、九同。

一　五七頁上四行「唐勅太原府大崇福寺沙門澄觀別行疏圭峯草堂寺沙門宗密隨疏鈔」，徑作「勅太原府大崇福寺沙門澄觀撰別行疏圭峯草堂寺沙門宗密述隨疏鈔」。卷第六、七、九同。

一　五七頁上八行小字右首字「第」，徑冠以「鈔」字。以下各段小字前徑均冠以「鈔」字。

一　五七頁中八行左第一三字「今」，徑作「經」。

一　五七頁中一七行大字首字「總」，

[經]冠以「疏」字。以下各段大字前[經]均冠以「疏」字。

一　五九頁中一三行右「三種」，[經]作「二種」。

一　六二頁下四行左「不隨」，[經]作「不題」。

一　六三頁上五行左「義別」，[經]作「差別」。

一　六四頁中卷末書名，[經]無（未換卷）。

大方廣佛華嚴經入不思議解脫境界普賢行願品疏鈔會本卷第五　用五

唐罽賓國三藏沙門般若奉　詔譯

唐　勅太原府大崇福寺沙門澄觀別行疏
圭峰草堂寺沙門宗密隨疏鈔

△二正宗分謂正示普因即廣說能證普賢行願令入法界則成如來勝功德故△

若不依此普賢行修設經多劫亦不成故

廣說能證普賢行願等者賢首大師華嚴玄義章十五門第十明入道方便門有三一簡心二簡境三造修勝行一簡心之中有藥有病病有麁細謂二種巧僞修行一內實破戒外現威儀二內雖持戒爲他知故求名利故細謂二種情計不破一雖真心而計我修行二雖不執我而計有法藥中有別有通別謂隨前病麁細對治通謂但觀諸法平等諸病自盡二簡境之中有倒有真倒謂情計之境對前心病故境顛倒真謂三乘空有不二境及一乘無盡境對前藥治故見真境三造修勝行者於中有始有終一始中有三種一捨緣門有六一捨作惡業二捨觀屬三捨名聞利養四捨身命五捨心念六捨能所二隨緣門有四種一還於前六事中守心不染二凡於順情境下至微細皆應覺知不受三於違情境乃至斷命等怨皆應守心歡喜忍受四凡所有作違離巧僞虛詐乃至一念亦不令有三成行門謂得前二門成萬行也二終者亦二種一捨緣門即止也唯觀諸法平等一相諸緣皆絕二隨緣門即觀也還就事中起悲願行三成行門即止觀雙運此科正標能證行願又是十種之初故用入道義章令知總相行體審詳文意勿猒其繁耳若不依此普賢行修等者則

用五　一

積行菩薩曝腮鱗之意也文在出現品序中已具則若更要說即尋彼文故須離念亡情而本智自炤則所行之行一一皆成普賢行也

△文二一正陳所說二一長行三一正示普因四一標示所應二一指前佛德

若欲成就功德門

指上佛德　△二正示普因

應修十種廣大行願

正示普因也△希欲爲願造修爲行寄圓說十

希欲爲願等者謂心心希望佛果不得高推聖境念念欲樂悲濟不得退屈自欺造修者謂造極調身瑩心不得懷增上慢造真改惡修善不得說食數寶也

△二徵列名數

何等爲十一者禮敬諸佛二者稱讚如來三者廣修供養四者懺除業障五者隨喜功德六者請轉法輪七者請佛住世八者常隨佛學九者恒順衆生十者普皆回向

用五　二

然此即是長行禮懺諸經論中開合不同

△若離垢慧菩薩所問禮佛法經總有八種一供養二讚佛德三禮佛四懺悔五勸請六隨喜七回向八發願

若離垢慧經至八種者此經唯一卷鈔釋八種之益即非彼經恐錯指注其八種之益若通說則俱離諸障俱至菩提若別說則供養除慳貪障得大財富讚佛除惡口障得無礙辯禮佛除我慢障得尊貴身懺悔除三障得依正具足勸請除慢法障得多聞智慧隨喜除嫉妒障得大眷屬回向除狹劣障成廣大善發願除退屈障總持諸行速得妙果其八種釋名辯相具在下文

◎或但爲七合禮讚故或但爲六畧供養故或但爲五以發願回向但總別異故

發願回向等者回向是總發願是別以回向則必兼發願則未必回向謂回向必須先有所修善根方以願回此善根向於三處故必兼願若發願則未必有善根亦可自發要期或但願自利之事故不必有回向也總別雖異大意不殊故大疏釋回向以大願爲體由是合回向願爲一也

◎如十住毘婆沙第五回向亦同有五或但有四除禮拜故或但爲三

十住毘婆沙至亦同有五者此論第三第四所明也其文即今晨朝懺悔等文是唯除發願是涅槃經闍王發願之文後人安之以從禮拜至隨喜已有四重次回向當其第五故云第五回向也

◎故智度論云菩薩晝夜三時各行三事謂懺悔勸請隨喜行此三事功德無盡轉得近佛若善戒經但有二事謂懺悔回向皆隨時廣畧

隨時廣畧者有二意一佛本對機隨宜而說二即今禮懺看當時之宜也

用五　三

△今文具十以表無盡六七二事俱是勸請八九二事回向開出餘至文顯

六七二事俱是勸請者如晨朝勸請文云十方諸如來現身成道者衆請轉法輪安樂諸衆生即第六也又云

十方一切佛若欲捨壽命我今頭面禮勸請令久住即第七也八九二事回向開出者八即回向菩提九即回向衆生十正云回向即總該三處而十種爲行願故發願一種更不別標則於前八中增三減一成圓十也

△三牒名別釋二一總徵

善財白言大聖云何禮敬乃至回向

△二別釋即爲十段△段各有三一牒名二釋相三總結無盡△第一禮敬諸佛三

一牒名

普賢菩薩告善財言善男子言禮敬諸佛者

由心恭敬運於身口而徧禮故除我慢障

起敬信善言除我慢障者謂由有我故於他起慢慢因我起名爲我慢唯識論云云何爲慢恃已於他高舉爲性能障不慢生苦爲業謂若有慢於德有德心不謙下由此生死輪轉無窮受諸苦故名爲我慢我即是慢名爲我慢我慢即障名我慢障此禮敬行能對治之由斯生起敬信善業故云除我慢等也△勸那

三藏說七種禮疏言勸那三藏等者準大經疏中具云勸那摩提高僧傳中名勸那漫提此翻寶意本天竺人也元魏時來至洛京住永寧寺學善五明兼攻道術常講華嚴經抑揚衆教說斯禮敬有其七種疏主七外更加三種以圓十禮也其十門禮今約賢首大師五教料揀二非儀故非五教三即通第一第二教四亦第二教五六第三教七第四教八九十合爲第五教△今加爲十謂

一我慢禮如碓上下無恭敬心一謂我慢禮者此兼下第二令知非儀而不用也如碓上下者志公云行道猶如推碓拜恰似客舂正呵此也今釋學人不得此意者每用此語一向毀於禮儀甚爲失也◎二唱

和禮高聲喧雜辭句渾亂此二非儀三恭

敬禮五輪著地捧足殷重三恭敬禮等者此通人天及二乘并權教大乘六度菩薩等禮五教中即第一愚法聲聞教及第二教中分教義也五輪者兩手用五兩膝兼頂也離垢四慧經一一發願初總者我今五輪於佛作禮爲斷一五道離於五蓋令諸衆生常得安住五通具足五眼若別者願我右膝著地之時令諸衆生得正覺道願我左膝著地之時令諸衆生於外道法中不起邪見願我右手著地之時猶如世尊坐金剛座右手指地之時震動現瑞證大菩提願我左手著地之時於諸外道以四攝法而攝取之令入正道願我頭頂著地之時令諸衆生離憍慢心悉得成就無見頂相也疏云捧足者謂所禮者之足也即此段能所具矣三業備矣謂以最尊之頂嗚捧三寶最卑之足敬之至也故云殷重殷重意業也發願及稱名讚歎即語業也五輪即身業也故三業備也◎四無相禮深

入法性離能所相四無相禮等者正當第二始教禮也謂空是大乘之初門故中論云以有空義故一切法得成既順於空故是始教◎五起

用禮雖無能所普運身心如影普徧禮不

可禮五起用禮等者第三終教禮也是從空入假依體起用之菩薩也由前空觀悟法無能無所故此知法無性不計定相故觀能禮所禮皆如影像一一全是性之緣起故得普徧也◎六內觀禮但禮身內法身眞

佛不向外求六內觀禮等者第三教中實教禮也謂顯實宗不計空假直見本覺眞性故云法身眞佛故起信論云離念相者等虛空界即是如來平等法身依此法身說名本覺言離念相者離空假之念也背覺合塵攀緣外境爲不禮敬心不攀緣外境背塵合覺爲歸依禮敬也亦可第四空觀禮眞諦佛第五假觀禮俗諦佛第六中觀禮第一義諦佛也◎七實相禮若內若外

同一實相七實相禮者第四頓教禮也前月五無相禮但是初教空理不名爲頓令非空非不空非禮非不禮五非取內眞佛非棄外假佛內外無寄泯絕棲託但得如此不住於法自然常眞法界常禮諸佛故云實相禮也故仁王經說佛問波斯匿王言汝以何相而觀如來波斯匿王言觀身實相觀佛亦然無前際無後際無中際不住三際不離三際不住五蘊不離五蘊乃至云非相非無相非取非捨非大非小非見非聞非覺非知非心行處滅言語道斷同眞際等法性我以此相而觀如來佛言善男子如汝所說諸佛如來力無畏等恒沙功德諸不共法悉皆如是修般若波羅蜜多者應如是觀若他觀者名爲邪觀疏言若內者收前第四及第六門也合若外者收前第三第五門也又若內者即當一心三觀也若外者即當一境三諦也◎

八大悲禮隨一一禮普代衆生八大悲禮者此下三門總爲第五一乘圓教之禮也然此第八一門猶是同教一乘同於終教約能禮人一具一切故屬圓教未顯事事無礙事事融攝故非圓中之別教九十二門方全是別教一乘也大悲禮者謂前雖觀智圓明未顯大悲利物豈名菩提薩埵之禮乎謂上之兩門觀智圓明但有菩提之義未具薩埵之義故次第八明大悲禮普代衆生也故此明以同體大悲物我無二我既禮也即衆生皆禮我離慢也即衆生皆離故名大悲禮也◎

九總攝禮攝前六門以爲一觀

九總攝禮者謂融前六門深淺之禮而爲一觀卽事事無礙也但攝六者一二非儀故謂夫欲禮敬者先須五輪著地捧足殷重也三深入法性離能所相也四普運身心禮不可禮也五但禮內佛不向外求也六若內若外同一實相也七隨一一禮普代衆生也八方稱普賢行願禮也故云總攝也◎十無盡禮入帝網境若佛若禮重重無盡十無盡禮者重重無盡之義如前後所明大經云一毛孔中悉明見不思議數無量佛一一切毛孔皆如是普禮一切世間燈亦以言詞普稱讚窮盡未來一切劫來所供養具其數無量等衆生此亦兼證讚歎供養又普經云於一微塵中見一切諸佛菩薩衆圍繞法界塵亦然一一如來所一切刹塵禮若依此禮則一一禮無盡功德豈可量哉不入斯觀徒自疲勞也△文

中正辯第五九十實通後八對文可知文中正辯第五九十等者以第五起用禮雖無能所而普運身心如影普遍禮不可禮此普賢行願亦須知此普運身心第九第十正同此華嚴宗故云正辯也言實通後八者以前第九中總攝前六故知此中實通後八也

△二釋相三一所禮境

所有盡法界虛空界十方三世一切佛刹極微塵數諸佛世尊用五 六

謂橫豎普周盡帝網境橫豎普周者經中微細周徧及衆會圍繞具如第二稱讚第三供養門中文相備足請互用之下諸門中兼有海會菩薩及聲聞衆等 △二能禮因

我以普賢行願力故

畧有二因一以普賢行願力△此卽法力不依行願不能徧故

深心信解如對目前

二深信解力△此卽自力謂印持諸佛徧於時處如對目前以普賢行願至如對目前者謂以普賢願力見一切境皆是諸佛而爲所緣名爲法力以深信解之智決定印可攝持如上佛境令現在前名爲自力是則於所見境不取生滅一多等定相之境則融通佛境於能見心依智不依識心則見佛之心故大經云一切法無生一切法無滅若能如是解諸佛常現前然心佛境智雖亦融通爲約因緣親疎故分法力自力法卽緣也自卽因也若以緣奪因卽法力故融通普徧若以因奪緣則自力故融通普徧今以因緣雙明故齊舉法力自力也

△三能禮相二一總明

悉以清淨身語意業常修禮敬

謂三業皆徧常無間故能禮相中經言悉以清淨等者悉者皆也咸也盡也以者用也清淨三業者簡異染業也用五謂身無三惡口離四過意三業淨故云清淨等也由染業故惡七道輪迴今成佛因須憑淨業也三業敬者有其所故大小乘各別大乘三業敬者表佛有三種通故一爲顯大師有天眼通以身業敬可見故二爲顯大師有天耳通以語業敬可聞故三爲顯大師有他心通以意業敬可知故二小乘瞿波論說師三業敬一在明而遠須身業敬以可見故二在暗而近須語業敬以可聞故三在暗復遠須意業敬不見不聞故故三業敬爲因果中感得三輪身感神通輪語感教誡輪意感記心輪

△二別顯

一一佛所皆現不可說不可說佛刹極微塵數身

謂一佛之前頓現多身一佛之前頓現多身等者謂依前二力故得於境能見多佛於自能現多身作觀經文若以一一佛所皆現多身則似身多佛少若以一一自身皆禮多佛則似一少佛多攝其義理身佛齊等經文欲明一多無礙故於身佛互舉一多若令相對義足應作四句一一身禮多佛卽經後句二多身禮一佛卽經前句三一身禮一佛如前十重禮中第三禮四多身禮多佛如前第十帝網禮也第一第三句諸宗容有第二第四句唯此華嚴所明言身佛數同者出現品云如來成正覺時以一相方便入善覺智三昧覺不滯寂故名善覺故一相故用爲方便也入已於一成正覺廣大身現一切衆生數等身住於身中旡以一相爲方便則物皆一相故故一卽現多物是故應知如來所現身無有量以無量故說如來身爲無量界等衆生界佛子菩薩摩訶薩應如是知如來身一毛孔中有一切衆生數等諸佛身何以故如來身成正覺究竟無生滅故如一毛孔遍法界一切毛孔悉亦如是當知無有少許處空無佛身佛子菩薩摩訶薩應知自心念念常有佛成正覺何以故諸佛如來不離此心成正覺故如自心一切衆生心亦復如是悉有如來成等正覺釋曰引此佛身與衆生數等者證前能禮之身所禮之佛數齊同也又旣佛有等衆生數之身任於生界衆生心中又念念有佛成正覺故知佛前本有多身身前本有多佛但以執境迷心致令都不見耳佛以善覺三昧而現之卽果門入也今以普賢觀行而見之卽因門入也因

果之相雖異所入之境無差故得因該果海果徹因源也

一一身徧禮不可說不可說佛剎極微塵數佛

一身之禮等剎塵數是周徧相　△三總結

無盡二一顯無盡準十地經有十無盡界

△今此有二謂虛空眾生　△於眾生中開出業惑故成其四眾生無盡一一眾生有多業惑彌顯無盡

準十地經有十無盡界至故成其四者即經初地說大願已後結云佛子此十大願以十盡句而得成就何等爲十所謂眾生界盡世界盡虛空界盡法界盡涅槃界盡佛出現界盡如來智界盡心所緣界盡佛智所入境界盡世間轉法轉智轉界盡晉經云不可盡法下經亦云不可盡十言十盡者窮盡彼無盡之願令無有餘故云盡也若眾生界盡我願乃盡若世界乃至世間轉法轉智轉界盡我願乃盡而眾生界不可盡乃至世間轉法轉智轉界不可盡故我此大願善根無有窮盡釋云彼是成就大作用之願故以無窮化生十盡句而結無盡也論釋十界云初一是總皆爲化生故餘九是別是別集成度生義故此經所說二種是觀能趣入行願故畧餘八但明眾生及虛空界又以觀行是對治門故故眾生開出業及煩惱也

△文二一別明虛空二一反顯

虛空界盡我禮乃盡

△二順釋

以虛空界不可盡故我此禮敬無有窮盡

△二總例餘三

如是乃至眾生界盡眾生業盡眾生煩惱盡我禮乃盡而眾生界乃至煩惱無有盡故我此禮敬無有窮盡

△二彰無間

念念相續無有間斷身語意業無有疲厭

疲謂疲倦厭謂厭足下之九門無盡例此

二念念相續至例此者若不以普賢觀行之力如何得念念不斷願智者審思此文無以生滅之心取相之禮而爲禮例下九門亦無以生滅取相之讚歎供養乃至回向等而爲普賢行願也

△第二稱讚如來三一牒名

復次善男子言稱讚如來者

第二稱讚行先標名稱謂稱述讚即讚揚稱述聖德讚揚其美又稱謂稱揚讚即讚歎如來者於十號中卽倣同先述號金剛經云如來者卽諸法如義又云無所從來亦無所去故名如來涅槃經云如過去佛所說不變從六波羅蜜來至大涅槃故名如來成實論云乘如實道來成正覺故名如來

△二釋相三一所讚境

所有盡法界虛空界十方三世一切剎土所有極微一一塵中皆有一切世間極微塵數佛一一佛所皆有菩薩海會圍繞

所讚境中三重無盡藏所讚境者觀此及供養中經文明多多之佛微細所在兼及眾會無不皆遍具足於前禮敬之中文應影畧也

△二能讚因

我當悉以甚深勝解現前知見

能讚因者乍看經文似闕法力既言悉以即亦含在其中也

△三能讚相

各以出過辯才天女微妙舌根一一舌根出無盡音聲海一一音聲出一切言辭海稱揚讚歎一切如來諸功德海窮未來際相續不斷盡於法界無不周徧

讚相中云各以出過等者辯能讚相有四義句初標能讚相二正辯稱讚三讚所經時四明其周遍初中辯才天女者如最勝王經說有大功德能滿眾願能施辯才經云有受持經者我當益其智慧具足莊嚴言說之辯若於文字句義有所忘失皆令憶持能善開悟復與陀羅尼總持無礙又如下偈讚云聰明勇進辯才天人天供養悉應受名聞世間遍充滿能與一切眾生願又云吉祥成就心安隱聰明慚愧有名聞爲母能生於世間勇猛常行大精進又云大婆羅門四明法幻化咒等悉皆通於天仙中得自在能爲種子及大地諸天女等集會時如大海潮必來應於諸龍神藥又眾咸爲上首能調伏於諸女中最梵行發言猶如世間王辯才勝出若高峯念者皆與爲洲渚眾生若有希求事悉能令欲速得成亦令聽辯具聞持於大地中爲第

一於此十方世界中如大燈明常普照乃至神鬼諸禽獸咸皆遂彼所求心向下因明有求願者乃至佛辯亦能滿足即知位大多是得果不捨因門菩薩此上經文述畧引來非其大第廣如經說問經說天女有求辯者能施與佛辯既彼有佛辯則無更勝者何言出過耶荅彼雖至極更無起越之者此是普賢方便令修行者起最勝意樂作其觀想生不足之心故言出過理亦無爽或彼有佛辯佛辯即合法界法界即是無盡不可超也即取出現品中有一天女有妙舌根念想勝彼故言出過彼經云譬如自在天王有天綵女名曰善口於其口中出一音聲其聲則與百千種樂而共相應一一樂中復有百千差別音聲有似辯才如彼天女所有舌根出妙音聲但合衆樂令以勝解力故所出音聲過合法界故言出過也言辯才者總有四種一法無礙解於一切法無不通達故二義無礙解於所詮道理無壅塞故三詞無礙解以智慧力普應一切衆生心行差別四辯說無礙解此復有七一應辯一剎那間應得一切衆生三乘五乘根性樂廣樂畧者總能應得也二捷辯謂言說迅捷而無塞訥也三岐辯如懸河建瓴四無疎謬辯謂一句義稱理合機無疎謬之失也五無斷盡辯說經長時無間斷故六豐義味辯凡所演說豐足義味此具五義一甚深如雷二清徹遠聞三諦了易解四人心敬愛五聽者無厭七一切世間最上妙辯更無過老總此上住得名辯說無礙解或此七辯亦通前二中開出也然諸經論中或說辯才有多陸者皆是隨義展轉開出根本不過四辯也此四辯第九地菩薩方具得之已前得者非勝也若窮理盡相朗然無遺者佛及普賢方稱窮極具足辯也經言微妙舌根者如大經說菩薩摩訶薩有十種舌所謂開示演說無盡衆生行舌開示演說無盡法門舌讚歎諸佛無盡功德舌演暢詞辯無盡舌開闡大乘助道舌遍覆十方虛空舌普照一切佛剎舌普使衆生悟解舌悉令諸佛歎喜舌降伏一切諸魔外道舌除滅一切生死煩惱令到涅槃舌若諸菩薩成就此法則得如來遍覆一切諸國土舌相也

△三總結無盡

如是虛空界盡衆生界盡衆生業盡衆生煩惱盡我讚乃盡而虛空界乃至煩惱無有盡故我此讚歎無有窮盡念念相續無有間斷身語意業無有疲厭

文少畧前若具說者皆如初段

第三總結無盡疏六

文少畧前者禮敬總結無盡有二先顯無盡後彰無間就前顯中先別明虛空後總例餘三令稱讚中但有總舉四法無先別明虛空之異故云畧也今此文有二義句初結無盡後彰無間前文中有二義句如是虛空界下反顯無盡而虛空下順成無盡也

△第三廣修供養三一牒名

復次善男子言廣修供養者

△二釋相二一正明供行四一所供境

所有盡法界虛空界十方三世一切佛剎極微塵中一一各有一切世界極微塵數佛一一佛所種種菩薩海會圍繞

△二能供因

我以普賢行願力故起深信解現前知見

△三列所供具

悉以上妙諸供養具而爲供養所謂華雲鬘雲天音樂雲天傘蓋雲天衣服雲天種種香塗香燒香末香如是等雲一一量如須彌山王然種種燈酥燈油燈諸香油燈一一燈炷如須彌山一一燈油如大海水

第三列所供具於中有二先總標後別顯今初一切諸佛皆修供養如釋迦世尊然燃佛前得值八百四千萬億那由他諸佛悉皆供養承事無空過者買花布髮等人諸菩薩常以種種塗香燒香花鬘瓔珞寶瓶劫樹飲食燈明寶山寶類寶幢幡蓋鈴珮珠瓔宮殿寶帳天男天女水陸諸花一切受用一一皆成廣大雲海爲作事業故供養諸如來如是供養一一皆有廣大果報謂奉嬉常受悅獻笑佛憐憫奏歌得法音供舞得神通奉瓶得寶瓶進寶獲覺分赤感寶莊嚴由供莊嚴樹得莊嚴覺樹奉幢得而寶能遍濟貧乏供幡超勝幡獻鈴衆歸敬奉瓔養嚴具進鬘得寶冠上花得佛容如是一一皆獲勝報今此文中畧標少分廣如大經綃索回向輪大雲輪請雨等經廣明供具皆云天者表法界中法爾自然有如是不思議德用也天者自然義皆言雲者是隨緣義表由行願力故法如是故也大經每欲說天地微祥皆標云法如是故佛神力故法如是者卽法爾也同此云天佛神力者卽緣起也同此云雲行願以義例之此亦應云法如是故行願力故爲緣起者謂此供具色相顯然智鑒無性從法性空無生法起能現所現能現即行顯所現即供具迥無所依應用而來來無所從用謝

而去去無所至而能含悲潤注法雨益濟萬物重重無盡故有雲像爲菩薩修行如是供養之時不礙上供養諸佛然下濟含識先作是念無邊有情漂淪六趣由自心虛妄感種種果報內懷佛性而不自知寶可愍傷云何當救即作是念由我獻華鬘得佛殊勝相願回此功德成妙覺華臺舒光遍熠觸警覺人天耽著欲境報盡壽終衆苦纏遍願彼諸天菩提心數榮獲普賢常樂供鬘得寶冠由獻音樂得佛法音獻蓋得覆陰用五供衣得佛衣願以十三此等福令一切安樂是爲菩薩修供養行也次明香供養義分爲三先總標次別顯後分量初中云種種香者謂沉檀薝蔔龍腦鬱金及諸華香須曼那華香闍提華香末利華香及天上所有波利質多羅樹香拘鞞陀羅樹香及人天本體之香和合變易之香一一皆成廣大雲海而爲供養大別列中云塗香者謂和合諸香用塗身手供養之時當作是念我獻塗香願從此等流五無漏塗香磨瑩熱惱者脫彼諸地獄一切極炎蒸獻焚香時當作是念由我獻焚香得佛無礙智悅懌具端嚴願回此香雲氣護寒冰苦末香可知後明分量者如須彌山須彌山者取人間日觀爲大無過又四寶所成而具十德一一具德相妙用也十德在須彌品疏文然亦不繁具引也下明燈供文分爲三總標別列分量二別列者菩薩修燈供養時當作是念由我獻燈明獲智慧光明及清淨五眼願爲般若燈炤曜阿修羅永改矯誑心恚癡好鬬諍傍生難撻遍互相害食噉願得慈慧心常生人天路色無色界天耽著三昧願脫此感纏也三分量中言如大海水者以表供養稱理故深稱事故廣以深廣故喻之如海也

△四正明供養

以如是等諸供養具常爲供養

以如是至供養者如何辦得如是等多多供具如何常供如上多多佛耶準藏和上述緣起章第三供養門中云菩薩凡所施設乃至一香一華一衣一蓋一供養具無不稱於真理等虛空界即以全法之身遊諸佛刹稱真之物供養於佛是故菩薩不虛行於所修常值諸佛恒不失時一切供具常稱理而成就何以故法施於佛稱真理故釋曰準此云一香一華等又云常稱理而成就者即如緣中所列皆以稱理即一之多多等也修行者但安心觀行物物自多皆遍佛也故尋常云願此香華雲遍滿十方界供養一切佛

△二校量顯勝二一校量二一舉所校量二一總指

善男子諸供養中法供養最

△二別明

所謂如說修行供養利益衆生供養攝受衆生供養代衆生苦供養勤修善根供養不捨菩薩業供養不離菩提心供養

別明七行皆法供養舉所校量中先總後別別明所校量中云

如說修行供用五養者智度論云能十四行說爲正不行何所說若說不修行不名爲智者故如說行方得佛法不以口言而可清淨也又如大法句經云雖誦千言不行何益不如一聞勤修得益雖誦千言句義不正不如一要聞可滅意雖誦千言不義何益不如一義聞行得度雖誦千言不敬何益不如一行欣樂奉修雖誦千言我心不滅不如一句捨憍慢逸雖誦千言求名愈著不如一說弃執離著雖誦千言不欲捨罪不如一聞去離生死雖誦千言色情愈固不如一解心境忘懷雖誦千言不求出世不如一悟絕離三界雖誦千言不有悲智不如一聽自他兩利又文殊章云如說修行如行而說若不能躬行是亦不能利樂衆生自疾不能救等又云善男子如來從修行中來若能修行是則成就供養如來利益衆生供養者如十地品云所修善根皆爲救護一切衆生又云諸佛出世本爲利樂一切衆生故所以利益名真供養攝受衆生供養者彼名以慈悲心隨順攝取又云諸佛出世爲以慈悲攝衆生故如淨名居士以善方便居毘耶離資財無量攝諸貧民奉戒清淨攝諸毀禁以忍調行攝諸恚怒以大精進攝懈怠以禪定攝亂意以智慧攝愚癡乃至入諸酒肆能立其志等又一切菩薩皆以普門示現等皆爲攝取一切衆生安置佛道故代衆生苦供養者以代衆生上契佛意故勤修善根供養者彼云不捨勤修一切善法若不勤修一切善法是亦不能利樂一切衆生不捨菩薩業供養者彼名不捨一切菩薩事業何以故若捨菩薩所修事業是亦不能利樂衆生故不離菩提心供養者彼名常不捨離大菩提心離世間品中有十種退失善根法所謂捨菩提心凡所修善魔所攝持前章又云若暫捨菩提心者是亦不能利樂衆生何以故善男子夫爲菩薩爲欲利樂諸衆生故勤求阿耨多羅三藐三菩提若無衆生一切菩薩不成正覺善男子汝應如是解法供養用五則得成就供養如十五來非以世間財寶飲食名爲供養也

△二正明校量

善男子如前供養無量功德比法供養一念功德百分不及一千分不及一百千俱胝那由他分迦羅分筭分數分喻分優波尼沙陁

分亦不及一

準先經文以前本行校量法供養△然法供養勝財供養諸經論中無不此說△文殊章中巳廣解釋法供養勝後善男子下正明能校量準先經文下於中二先釋義後銷經文初中二一敘先譯差錯二申詳審正初中二一標先譯之意二立理翻破今初也準先譯意以本行觀想供養為劣以校量法供養為勝也然法供養下立理翻破文中四一指像文以明二正斥其失三借淨名對辯四翻此文無端今初諸經論中無不此說者彰其易知也文殊章中者即善財再過文殊智炤無二相之文也彼經云復次善男子菩薩有十種法具足圓滿修真供養一切如來何等為十一者以法供養二者修行諸行乃至如說能行如行能說九者長時遍修心無疲厭十者常不捨離大菩提心隨要引之不能繁具若諸菩薩具此十法能成就供養如來非以財寶飲食衣服名真供養何以故如來恭敬尊重法故猶如孝子尊重父母承順顏色心無暫捨若復有人敬其父母子倍復尊重是人諸佛如來亦復如是若諸眾生供養法者是真成就供養如來以諸如來尊重法故釋曰法供養最故名為真若通相說於佛深經難見妙理起十法行皆名法供養以財供養寶養四大受持讀誦解說修行增於法身又全其理供養義也今疏意云善財再見文殊巳曾廣釋法勝故知此中更有深旨不可以此觀行之供還同前財食供也△但先文意將前本行觀想供養為財供養校量於法則抑其本行二但先下正斥其失也校量本為褒揚行願之妙如何却抑之耶△何者如淨名等

先明法供養後以財供養校量顯勝理則昭然三何者下借淨名對辯言等者等於諸經也且就淨名即善德章張不取難盡婤佛命長者善德問疾善德白佛言我不堪任詣彼問疾便自說言我於往昔自於父舍設大施會供養一切沙門婆羅門外道貧窮下賤孤獨乞人期滿七日時維摩詰來入會中云夫大施會不當如汝所設當為法施之會何用是財施會我言居士何謂法施之用五會法施會者無前十六無後一時供養一切眾生是名法施之會謂以菩提起於慈心以救眾生起大悲心以持正法起於喜心以攝智慧行於捨心以攝慳貪起檀波羅蜜以化犯戒起尸波羅蜜以無我法起羼提波羅蜜以離身心相起毘梨耶波羅蜜以菩提相起禪波羅蜜以一切智起般若波羅蜜乃至下文結云善男子是為法施之會若菩薩住是法施會者為大施主亦為一切世間福田此先明法供養我時心得清淨歎未曾有稽首禮維摩詰足即解瓔珞價值百千上之不肯取我言唯願受之隨意所與維摩詰即受瓔珞分作二分持一分施此會中最下乞人持一分奉彼難勝如來一切眾會皆見光明國土難勝如來又見瓔珞在彼佛上變成四柱寶臺四面嚴飾不相障蔽時維摩詰現神變巳作是言若施主等心施一最下乞人猶如如來福田之相無所分別等於大悲不求果報是則名曰具足法施此上經文是校量財供養也釋曰此中但取維摩詰誠勸之意即維摩詰為施主乞人難勝如來是受施之人瓔珞為所施物謂運心寬廣平等普緣真分高下之殊無執物我之別智鑒皆同於真際悲救不礙於隨緣悲智雙流即度而無度施而無施也若如此者其功大為即淨名教於善德何不如是而作若能爾者財施即法施也所以經云若施主等心施一最下乞人猶如如來福田之相等於大悲不求果報是則名為具足法施此財淨名先說法供養勝已後自施瓔珞之財乎等布施亦成法施更無異也疏主意說淨名起行皆得名法供養即知普賢深妙觀行固得名為法供養也豈可唯此七行不兼前耶問未審善德長者有何過失被淨名呵之耶答為有三局謂自於父合即處局施七種人即人局期滿七日即時局又財施有限法施無窮財施世間果報法是出世果報以財不及法是以呵用五之也△今先明本行後以法供養抑前供養本說劣行為何十七所益四今先明下翻此文無端也疏抑前等者言抑者按也壓伏之義今義訓抑者屈也謂屈於本行也余亦謂此七種法行但是所標之心經言如說修行者即如前所說觀行如是而行名如說修行也言利益眾生等者即修觀行之時一一與此利益等心相應是則名為真法供養也若爾即不必諍論也然且依疏△下偈之中更無校量但奉本行為勝供養明知校量欲顯本行供養為勝下偈下申詳審正文中有五一按定本文△故梵本云復次善男子彼彼一切最勝供養及法供養修行供養乃至不離菩提心供養一念中以彼彼供養如來以得最勝善根增長積集過去供養善根百分不及一等△此中意云上來觀行名最勝善根及法供養此上二類一念善根是所校量過去供養為能校量△以未修普賢行願供養不及今修普賢觀行供養故二故梵本下引

梵本證成有三一標舉梵文言以徵彼聖最勝善根皆是所比之勝福從增長積集即是能比之劣福也二此中下釋上梵△文三彰勝劣所以疏以未修普賢下是

又法供養通十法行修行最勝修行通於萬行依觀供養正是修行故三又法下重釋前二勝供言十法行者謂一書寫二供養乃至九思惟十修習如下願經勝德分中所明言依觀供養正是修行者以所引文殊章十法供養中多明修行爲供養故△法華中喜見燒身名法供養△淨名教於善德行施無前無後一時等施名法供養四雙引二經明法施差別有二初引法華經即第六卷中藥王菩薩本事品說過去日月淨明德佛爲一切衆生喜見菩薩說法華經喜見樂修苦行滿萬二千歲已得現一切色身三昧歡喜即念我得三昧皆是得聞法華經力即入三昧從空而雨種種花香以供養佛起定念言不如以身供養即服諸香瞻蔔千二百歲以香油塗身於佛前以天寶衣而自纏身灌諸香油以神通力願而自然身光明遍照八千億恒河沙世界其中諸佛同聲讚言善哉善哉善男子是眞精進是名眞法供養如來若以花香瓔珞乃至國城妻子亦所不及善男子是名第一之施於諸施中最尊最上以法供養周五諸如來故所以引云名法供養也上但取十八意引不具書文也二引淨名經疏淨名數於下即前所引法施會者無前無後一時供養一切衆生引文羅什法師云若起慕心則十方同緣施中之等莫先於此故曰無前無後也僧肇云夫以方會人不可一息期以財資物不可一時周是以會通無隔者彌綸而不漏法澤冥被者不易時而普覆△是財施若能稱法皆法供養況於深

觀非法供養智者應思是財下重釋前意以理結成也△

言迦羅者此云豎折人身一毛以爲百分

言優波尼沙陁者此云近少亦云近對謂少分相近比對之分

△二徵釋

何以故

徵意云何以過云財供養不及今供

以諸如來尊重法故以如說行出生諸佛故若諸菩薩行法供養則得成就供養如來如是修行是眞供養故

釋意云佛尊重法行法供養故校量不及前文殊章已有此意徵釋所以中有二義句謂徵釋也釋中又二先標舉所以若諸下後結歸勝供也

△三總結無盡

此廣大最勝供養盡虛空界盡衆生界盡衆生周五業盡衆生煩惱盡我供乃盡而虛空界乃至十九煩惱不可盡故我此供養亦無有盡念念相續無有間斷身語意業無有疲猒

此最勝供養即前觀行△若此最勝不及法者何以無盡後結無盡中並同稱讚行也疏若此最勝至何以無盡者承此文便重成前義也

大方廣佛華嚴經入不思議解脫境界普賢行願品疏鈔會本卷第五

大方廣佛華嚴經普賢行願品別行疏鈔會本卷第五

校勘記

一　底本，清藏本。

一　六六頁上一行至四行全文，[徑]無（未換卷）。

一　六六頁上五行首字「二」，[徑]冠以「疏」字。以下各段大字前[徑]均冠以「疏」字。

一　六六頁上八行右首字「廣」，[徑]冠以「鈔」字。以下各段小字前[徑]均冠以「鈔」字。

一　六六頁中一行左第四字「則」，[徑]作「引」。

一　六八頁中一六行左末字「故」，[徑]作「表」。

一　七二頁下一一行第五字「奉」，[徑]作「舉」。

一　七三頁下卷末書名，[徑]作「大方廣佛華嚴經普賢行願品別行疏鈔卷第三」。

大方廣佛華嚴經入不思議解脫境界普賢行願品疏鈔會本卷第六　用六

唐罽賓國三藏沙門般若奉　詔譯

唐　勅太原府大崇福寺沙門澄觀別行疏　圭峯草堂寺沙門宗密隨疏鈔

△第四懺除業障三一牒名

復次善男子言懺除業障者

懺者梵音具云懺摩此云悔過△若別說者懺名陳露先罪悔名改往修來懺摩此云悔過者據此解則翻懺爲悔也若別說者下即同大經疏鈔中半梵半唐釋也謂懺摩是梵語此翻云請忍悔是唐言體即百法中惡作也猒先過失故謂請三寶忍受悔過然此一向猒罪定是善法不同彼是不定所攝若準佛名經則懺是懺謝之名悔以悔責爲義若相部律疏解則興善罰惡爲懺追變往愆爲悔也△除惡業障成淨戒善△是故文中偏名懺業△實則三障四障無不皆懺除惡業障至懺業者此即懺意及懺益也然準小乘宗及大乘中事懺則所造惡業是現生後三報中時定或報不定遇緣可轉者爾乃得除如造重惡定在生報中受但報是可轉令懺悔上善之業必感善報亦在生時但善業強故奪惡不受以時定故同是一時故得相排以報不定一差永差終即不受若闇宗懺必須理事具足故一時清淨又懺業有三一伏業懺伏令不生二轉業懺顯於令身常不入惡道受三滅業懺罪如暗室懺悔如燈不以暗多時能拒燈也於中一二事也第三理也又懺除罪與智斷惑對治品類不同謂懺

與罪遞相抑伏要須敵對相當方能除遣若上品惡下品善心懺非敵對強者先牽故還要上品善方除上惡中下相對亦然若智斷惑即不爾謂下智斷上惑上智斷下惑由麤惑障理淺還以麤淺理之智遣之微惑障理深非勝智無以排斷若就防未起之罪則類斷惑謂下品善心能防上品重罪若下品惡微細難防須要上品善心也疏三障者佛名經云然其罪相雖復無量大而爲語不出有三一者煩惱二者是業三者果報此三種障能障聖道及以人天勝妙好事是故經中目爲三障所以諸佛菩薩教作懺悔此三滅者則六根十惡乃至八萬四千塵勞皆悉清淨又云此三障者更相由藉因煩惱故以起惡業惡業因緣故得苦果是故今日先懺煩惱然此煩惱諸佛菩薩入理聖人種種呵責銘此煩惱以爲怨家能斷衆生慧命根故亦銘此煩惱以爲劫賊能劫衆生諸善法故亦銘此煩惱以爲瀑河能漂衆生入於生死大苦海故亦銘此煩惱以爲羈鏁能繫衆生於生死獄不得出故所以六道牽連四生不絕惡業無窮苦果不息當知皆是煩惱過患次懺業障總云所以六道感報不同當知皆是業力所作別者先懺身三次懺口四其餘諸障次第而懺言身三者謂殺盜婬言口四者謂妄言兩舌惡口綺語及意業三謂貪慾瞋恚邪見此三業十支能感當報十惡業道教有明文若不懺除輪回難止如十地品云十不善業道上者地獄因中者畜生因下者餓鬼因於中殺生之罪能令衆生墮於地獄畜生餓鬼若生人中得二種果報一者短命二者多病偷盜之罪亦令衆生墮三惡道若生人中得二種果報一者貧窮二者共財不得自在邪婬之罪亦令衆生墮三惡道若生人中得二種果報一者妻不貞良二者不得隨意眷屬妄語之罪亦令衆生墮三惡道若生人中得二種果報一者常被誹謗二者爲他所誣兩舌之罪亦令衆生墮三

惡道若生人中得二種果報一者眷屬乖離二者親族弊惡惡口之罪亦令衆生墮三惡道若生人中得二種果報一者常聞惡聲二者言多諍訟綺語之罪亦令衆生墮三惡道若生人中得二種果報一者無人信受二者語不明了貪慾之罪亦令衆生墮三惡道若生人中得二種果報一者心不知足二者多欲無猒瞋恚之罪亦令衆生墮三惡道若生人中得二種果報一者常被他人求其長短二者恒被他人之所惱害邪見之罪亦令衆生墮三惡道若生人中得二種果報一者生邪見家二者其心諂曲佛子十不善業道能生此等無量無邊衆大苦衆是故菩薩作如是念我當遠離十不善道以十善道爲法圓苑愛樂安住其中亦勸他人令住其中既報應若斯皆由業感欲免所感之果先須斷却能感之因是故須懺也次懺業報總云業報至時非空非海中非入山石間無有地方所脫之不受報唯有懺悔力乃能得除滅何以故然釋提桓因五衰相現恐懼切心歸誠三寶五衰相滅得延天年善住亦爾別者先懺地獄次懺餓鬼後懺畜生初辯地獄者有八熱八寒近邊孤獨等準俱舍論云等活等上六那洛迦其次則八熱地獄與欲界六天從下向上歲數壽量亦同如人間五十年是四天王天一日夜彼天還以三十日爲月十二月爲年定壽五百歲始此等活地獄一日夜等活地獄乘此三十日爲月十二月爲年定壽五百歲言等活者生死等故彼地獄中業感兩角獄主以刀劍割爲千段萬毀受苦死已又撥聚一處以鐵叉撥云活活活罪人依前還活又復治罰如是受苦定經五百歲又人間一百年是忉利天一日夜彼天還以三十日爲月十二月爲年定壽一千歲始等衆合地獄一日夜衆合乘此三十日爲月十二月爲年定壽一千歲言衆合者罪八立在中心四邊有衆山來合罪人碎爲微塵如是受苦滿一千歲又人間二百年

爲夜摩天一日夜彼天還以三十日爲月十二月爲年定壽二千歲始等黑繩地獄一日夜此地獄衆此三十日爲月十二月爲年定壽二千歲言黑繩者如世間木作人以墨繩端直此罪人身上作數道然後鐵業夾以絣解之又人間四百年是兜率天一日夜彼天以三十日爲月十二月爲年定壽四千歲始比號叫地獄一日夜彼地獄衆此三十日爲月十二月爲年定壽四千歲又人間八百年等化樂天一日夜化樂天還以三十日爲月十二月爲年定壽八千歲始等大號叫地獄一日夜彼地獄衆此三十日爲月十二月爲年定壽八千歲又人間一千六百年等他化自在天一日夜彼天三十日爲月十二月爲年定壽一萬六千歲始比炎熱地獄一日夜彼地獄還以三十日爲月十二月爲年定壽一萬六千歲又極炙熱地獄壽命半中劫從人壽八萬四千歲時百年減一年減至十歲時名半中劫是極炎熱地獄壽量時也余意此取地獄長處界半中劫若取人間半中劫者則此地獄壽限部少如前炎熱大號叫地獄惡之惡之則叢後一中劫亦爾也阿鼻地獄壽命一增減名一中劫從十歲百年增一年增至八萬四千歲卻從八萬四千歲百年減一年減至十歲名一中卻始是阿鼻地獄壽命也言阿鼻者是梵語此云無間有五一作業無間約治罰有情二受報無間約果說三受苦無間約楚痛說四壽命無間命不中天五身量無間以身遍滿獄此地獄東西南北上下各二萬由旬爲門千仭黑壁萬尋上火徹下下火徹上造五逆十惡者虛此地獄若依普賢行願力志誠懺悔皆得除滅所以下文云往昔由無智慧力所造極惡五無間誦此普賢大願王一念速疾皆消滅誦即懺也次八寒地獄者壽量更長且第一按部陀地獄壽命不知其數世尊指喻如摩竭提國一婆訶麻即二十石篇油麻滿中有人百年捨卻一顆捨盡二十石油麻

即是地獄壽量餘七地獄倍倍增數八寒一皰形如瘡皰也二皰裂此立二名的三嚮嘶沾四唬唬凡五嗽嗽凡受此普三嚳地立獄名的六青蓮花身此皆約色罪如人青嗽虛大瓷泉也開七紅蓮花八大紅蓮花極深蠲八如嗽紅大赤栗瓷苧花開色身也至上小乘解若準大乘瑜伽論說八寒壽量校八熱地獄次第減一半謂第一寒校第一熱一半乃至第八寒校第八熱一半準此八寒卻輕於八熱地獄也三近邊地獄者八熱地獄四門外各有四箇地獄一者燔煨地獄灰大齊膝今罪人履下脚即爛舉足還生如是多劫方出地獄二屍糞地獄屍糞爲泥齊膝已來泥中有蟲号娘矩吒長一尺鑱角白頭黑口觜如鋒堅硬鋒利罪人下足總被食盡衆足還生如是受苦罪畢方出三鋒刃地獄刀劍等刃以爲道路下足千段萬段塞足還生受苦多劫罪畢方出四灰河地獄沸熱灰汁滿河或煎煮罪人皮肉皆爛更有鐵床鐵狗鐵蛇爭吞吠如是燋量苦報如餘處說四孤獨地獄處所不定或山間樹下曠野坡墮等處也準瑜伽論說近邊地獄及孤獨地獄壽命不定隨業短長也次辨餓鬼者輕重不同有其九種一炬口謂於口中常出猛炎大炬二針咽腹如山其咽如針三臭口謂於口中如死屍此三種永不得食名無財鬼四大癭鬼項中有癭以飢虛苦故自手抉破取中膿血食噉五針毛鬼其毛如針逆風行時毛刺其身出血而食六臭毛鬼嬈毛鬼故以手拔毛出血自食此三種少得飲食名少財鬼七得棄鬼常得祭祀之食八得失鬼常得巷陌所遺之食九多財鬼此有三種一夜叉二羅刹二昆舍闍此等常得飲食名曰多財鬼或云雖得飲食以業刀故化爲膿血常受是苦此上諸鬼壽命以人間三十日爲彼一日夜彼以三十日爲月十二月爲年具足五百歲即俱舍論說也有處鬼界壽命不定極長者壽七萬歲後辨畜生者謂飛者走者居空居地居水其類繁廣於中最有福德者即龍王

金繩鳥等當繼壽命不等有極長者壽一中劫如經說有龍王住世一中劫能持大地如上三惡道報罪苦無量既預知者因合遠避志求善本攝心在道心若不住緣諸惡法當自責之念老病死甚爲切近苦海波深都無際畔汝無始輪溺苦惱萬端今偶獲人身幸逢佛法不修自業更造惡因再落三塗復受諸苦如是悔責攝心不亂安住於普賢廣大行願精勤修習一切罪報無不得免故下經云悉能破壞一切惡趣也疏四障者如隨好品所列衆摩煩惱障報障見障業報二障約因果分異煩惱及見於煩惱中約利鈍分異故成四也又所知障亦名見障也

△二釋相然懺有二種若犯遮罪先當依教作法懺之

釋相文中二一叙義二釋文初中三一明作法事懺二明起行理懺三廣明逆順用心懺今初遮即佛之遮制遮制成罪性則法須犯之有罪十重是性餘皆遮也準小乘宗四重八重不通懺悔如研頭破石等僧殘已下四篇方許故此但云遮罪也相部律疏云大乘減重者一理深藥妙二對治行勝三果勝小乘理淺行劣果非是妙非是妙者但減輕也作法者小乘懺要請大比丘爲證對大具五一偏袒右肩二右膝著地三合掌殷重四稱名說罪五禮足對小即闕無禮足也若僧殘罪須請二十僧令六夜行摩那埵供給承事七日滿僧爲羯磨除罪還令戒淨如本所受尼則四十若輕罪即一日承事不必集僧也若大乘作法如下所明

△若犯性罪復須起行起行有二種一事二理

△事如方等佛名經等通於萬行

△理如淨名觀罪性空不在內外等

若犯性罪下二明起行事理雙懺也於中有三一雙標事理二廣釋事理三雙結事理二中三一引佛名等經

釋事懺二引淨名經釋理懺三引二經雙明理事二懺今初方等經令先嚴道場香泥塗地及室內作圓壇彩畫懸五色幡燒海岸香然燈散高座請二十四尊像多亦無妨設諸餚饍盡力用心著新淨衣服雜覺若無新淨洗故亦得出入脫著今無參雜七日長齋每日三時洗浴初日供養僧隨意多少別請一明了內外律者爲受二十四戒及陀羅尼對師說罪覺入日至十五日當以七日爲期此不可滅若能更說

廣意任情十日已還不得出此俗人亦得須辦單絕三幅被佛前結界旋遶一百二十匝卻坐思惟等廣如經說佛名經者方等多明作法亦兼起行然惟事也佛名多明起行少說作法又兼理也經云夫欲懺悔必須先敬三寶所以然者三寶即是衆生良友福田若能歸敬者滅無量罪長無量福能令行者離生死苦得解脫樂先當與七種心以爲方便一者慚愧二者恐怖三者厭離四者發菩提心五者怨親平等

六者念報佛恩七者觀罪性空生如是等七種心已緣想十方諸佛聖賢等拳合掌披陳至禱慙愧改革疏理如淨名至內外等者二引淨名釋理懺也即優波離章經云佛告優波離汝行詣維摩詰問疾優波離白佛言世尊我不堪任詣彼問疾所以者何憶念昔者有二比丘犯律行以爲恥不敢問佛來問我言云云願解疑悔得免斯答我即爲其如法解說時維摩詰來謂我言唯優波離無重增此二比丘罪當直

除滅勿擾其心所以者何彼罪性不在內不在外不在中間如佛所說心垢故衆生垢心淨故衆生淨心亦不在內外中間如其心然罪垢亦然諸法亦然不出於如如優波離以心相得解脫時寧有垢不我言不也維摩詰言一切衆生心相無垢亦復如是唯優波離妄想是垢無妄想是淨顛倒是垢無顛倒是淨取我是垢不取我是淨諸法皆妄見如夢如燄如水中月如鏡中像以妄想生其知此者是名奉律其知

此者是名善解於是二比丘言上智哉是優波離所不能及持律之上而不能說云時二比丘疑悔即除發阿耨多羅三藐三菩提心云云關中釋云持律有二一法身性淨之律二陰身身口之律今優波離持身口之律見罪生滅壞法身無相之德故爲呵也天台云菩薩法三一戒門依律法懺是如前作法二功德門謂禮佛誦經般舟方等道場是如前方[illegible]也三無生門令悟罪性空是即此[illegible]也問若見罪無性即罪滅者亦可

見福無性時福亦應滅關鍵見實罪滅中答云不也罪違無性見無性時罪即滅福順無性見無性時福不滅何者罪對無性無性是能治罪是所治故見無性時罪即滅福對無性無性是能生福是所生故見無性時福廣本也以能生見前故故金剛經云無住相布施福德如虛空等

△普賢觀經及隨好品

具二種懺△觀經中明晝夜精勤禮十方佛即是事懺△觀心無心從顛倒想起若欲懺悔者端坐念實相斯則理懺普賢觀經下二

引二經雙明二懺於中二一雙標二經具二懺二各別引文證成文中又二一引普賢觀經二引隨好品今初也此經令晝夜六時對十方佛普賢菩薩遍懺六根即事也後令觀心如如即理也今常用者一切業障海皆從妄想生若欲懺悔者端坐念實相理也衆罪如霜露慧日能消除通明一懺之功用也是故應至心勤懺六根罪偈也即此經後總偈也皆事理雙明

△隨好品中等衆生界善身語意業悔除諸障即是事懺△觀諸業性非十方來止住於心從顛倒生無有住處等即是理懺隨好下引隨好品此品經文歎隨好功德明佛爲菩薩時足

下有隨好故光明德那由他佛刹微塵數諸世界阿鼻衆生遇之生兜率天天鼓發聲今彼懺悔文有四段一今發阿耨菩提心爲懺行之本二令淨三業爲能懺體三明所滅之罪即列四障前已具引四正明懺相即今疏引具足文云以盡法界衆生數等身以盡法界衆生數等頭以盡法界衆生數等舌以盡法界衆生數等身業語業意業悔除所有諸障過爲既運三業而懺即當事也然是全理之事以皆云盡法

界等故疏觀諸業性至理懺者違次經云時諸天子生大歡喜而問之言云何懺除一切過惡[illegible]天鼓告言菩薩知諸業不從東方來不從南方來不從西方北方四維上下來而共積集止住於心非先有體從十方來[illegible]空義也但從顛倒生無有住處[illegible]菩薩如是法定明見無有疑惑[illegible][illegible]後有經文對業觀報云諸天子如有頗梨鏡名爲能照清淨鑒徹與十方世界其量正等諸國土中一切山川

一切衆生所有影像皆於中現彼諸影像可得說言來入鏡中從鏡去否答言不也諸天子一切諸業亦復如是雖能出生諸業果報無來無去[illegible]雖有而無也謂像依鏡現像非去來報從業生何有來去△事懺除末理懺拔根事懺除末等者三雙結事理也因迷理而起惑業故理懺爲根源雙除之妙周不在言若雖具者必須先訪善友令解理懺何者根拔枝存容漸枯朽若枝盡而根在千劫所而還生智者詳焉△若具足懺應須善達逆順十心若具足懺下三廣明逆順用心懺即天台止觀第四所說也於中三一總標二謂先下別釋三對別品料簡△謂先懺十種順生死心以爲所治一妄計人我起於身見二內具煩惱外遇惡緣我心增盛三內外既具

滅善心事不喜他善四縱恣三業無惡不爲五事雖不廣惡心徧布六惡心相續晝夜不斷七覆諱過失不欲人知八虜扈抵突不畏惡道九無慚無愧不懼凡聖十撥無因果作一闡提△從無始來若自及他無不皆爾

二中二一明所治順生死十心二明能治逆生死十心令初也一妄計人我起於身見者從無始來顛倒昏迷煩惱所醉妄計人我故起於身見旣執認四大爲自身相即不了是虛幻常生愛著欲以潤之因茲造諸過失也二由內具煩惱外値惡友扇惑我心倍加隆盛三內外惡緣旣具能內滅善心外滅善事故於他善都無隨喜四不喜他善則樂惡也五如好獵者於萬般禽獸總帶殺心慳貪之者舉世資財無一不要事未心遂而心常然也六前橫此豎七纔修一善則表白再三積歲過非未曾上紙也八虜扈虜者揀也蠢也扈者跋扈皆是不尊教之貌也九無慚無愧者謂不顧自法輕拒賢善目爲無慚謂於自法無所頗者輕拒賢善不耻過惡能障礙慚生長諸惡故以爲名不顧世間崇重暴惡名爲無愧謂於世間無所頗者崇重暴惡不耻過罪能障礙愧生長諸惡故以爲名十撥無因果作一闡提言一闡提者是梵語具足應云一顛底迦此云斷善根莊嚴論說闡提有二一時邊即暫時也以斷善根故無暫時入圓寂之法二畢竟闡提即畢竟無有入涅槃法斷善根已久處惡道若得人身值遇善友但以人天善根而成熟之正是五性宗中無種性有情也二從無始下結顯生皆具謂諸有情與此十種順生死流相應昏倒造惡如廁蟲樂廁不覺不知積集重累示可稱計四重五逆極惡闡提生死浩然而無際畔但是凡流總皆如是故故云若自及他無不皆爾

△次起十種逆生死心從後翻破一明信因果二自愧克責三怖畏惡道四不覆瑕玼五斷相續心六發菩提心七修功補過八守護正法九念十方佛十觀罪性空

二次起下顯能治逆生死十心也有二疏次起下初標也彼云今欲懺悔應當逆此罪流用十種心翻除惡法次釋一明信因果者謂先須分明信有因果決定屖然業種雖久久不敗亡所以經云假使滿百劫所作業不亡因緣會遇時果報還自受終無自作他人受果精識善惡不生疑惑是爲深信翻破第十作一闡提心也二自愧克責者若欲放逸當自責之鄙惡罪人無羞無耻習畜生法弃捨白淨天見我身處造罪是故慚天人見我顯處造罪是故愧人以自翻破第九無慚無愧心三怖畏惡道者行者當自思惟人命無常過於轉燭一息不逐千載常往幽途綿邈無有資糧苦海波深船筏安寄聖賢呵責無所恃怙年事稍去風力不香豈可安然坐待酸痛又佛名經云若不懺悔者大命將盡地獄惡相皆現在前當爾之時悔懼交至不預修善悔何及手當爾之時欲求一禮一懺豈可更得衆等莫自恃盛年財資勢力放逸自恣死苦一至不令人知盡年壯色無得免者怖心起時如覆湯火六塵五欲不服貪染如佛滅度一百年後波叱奈城有王名何輸柯此云無憂亦名阿育此王位當鐵輪深信佛法豐諸外道集佛舍利過閻浮提中起八萬四千寶塔設廣大會供養阿羅漢三十萬餘有學聖人數復倍此精進凡夫無量無數其諸所作不可稱計其王有弟名毘多輸此云[illegible]深著邪見見諸外道梵志於山林中修諸苦行五熱炙身等使生仰敬復聞梵志汝起煩惱不梵志答云我見諸染境時內發欲火燒我身心王弟聞已心生疑惑如此苦行尚起情欲佛之弟子常修樂行何能於欲生厭離耶又言釋迦弟子誑阿育王令作功德後王聞已爲慈弟故遂設方便語大臣言我弟於外道生信當以方便令其得入佛法中大臣答言作何方便王言我今洗浴入彼浴室應脫天冠及衣服事汝當以我服飾莊嚴我弟令登王座臣依王教王入浴室已其大臣等語王弟言若阿育王無後汝當作王今者試戴天冠被天衣服及登王座語已即便與著今登王座大臣令登王座已客往白王王出見弟戴冠坐座王語弟言我今來滅汝已作王王即命行殺之人身著青衣披髮執鈴至王王語殺者云我捨此弟汝可殺之是時便有多人執法器伏而園縫之大臣白王言是王親弟願王息愁捨過王言緣是我弟於七日中暫與因事令其作王待七日滿即當殺之即以種種伎樂及諸婇女供給侍衛一切臣民皆往問訊行殺之人執刀門立日日白王今一日已過六日當死如是乃至六日巳過餘一日在衆第七日竟大臣諸人將王弟共往阿育王所王問弟言汝七日日爲于百種伎樂皆恣汝意無數衆人日日問訊呪願於汝汝好見聞否弟答云我爲畏死心怖懼故都不見聞以偈答我於七日中不見不聞聲不覺不嘗味亦不覺諸觸我身莊嚴具及諸婇女等思惟懼死故不知如此事伎女歌舞聲宮殿及臥具大地諸珍寶初無歡喜心以見行殺者執刀在門立又聞搖鈴聲今我懷死畏死猶釘我心不知妙五欲旣著畏死病不得安隱眠思惟死將至不覺夜已過是時阿育王語其弟言汝於七日思畏死苦雖得上妙五欲而不生愛出家之人於十二入思惟無量生死無常云何而得起煩惱耶又復思惟諸地獄苦及諸畜生更相殘害饑鬼飢渴衆苦所逼思惟人中四方馳走切無安樂思惟天上壞敗之苦如是五道身心之

苦無有樂處觀此五陰無常皆空無我不實壑如空村無有居民如是五陰皆空無我以無常火燒諸世間佛諸弟子常作此觀云何而得起煩惱耶復說偈言汝於七日中思惟生死長而無有歡樂不起貪愛心佛諸弟子等日日觀生死云何觀歡樂而起煩惱心於飲食衣服及以臥具等思惟解脫法而不起著心觀身如怨家三有如火宅思惟何方便而得解脫之深樂解脫法不貪於五欲其心如道華處水而不

著三以如是善巧方便教化其弟爭因回心今掌向王言我於今者歸歎如來及以法僧而說偈言我今歸依佛佛面如蓮華天人所歸依無濁法及僧時王見弟回心歸向三寶心大歡喜種種歎語安存其弟其弟因茲供養三寶聽聞正法後得悟已辭王出眾得羅漢果謂此王弟於七日中雖有五欲及諸說好之事為怖王故都不味著唯專憂死是故行者功德資糧未辦莫著五欲怖懼當來惡道如彼怖王如是

方便調心進求善本以此翻破第八不畏惡道也四不覆現珠者根露枝枯源乾流蝎若覆藏罪是不良人迦業頭陀令大衆中發露方等令向一人發露其餘行法但以實心向佛像前改華如隱處有瘡若覆諱不治則致於死以此翻破第七覆藏罪心五斷相續心者若懺已更作如王法初犯得怨更作則重初入道場罪則易滅更作難除已能吐了云何再唉以此翻破第六惡心相續畫夜不斷六發菩提心者謂

菩提是所求果德即無上菩提心是現在能求之心以發是求菩提之心故名發菩提心也或可菩提名覺即覺察覺悟也謂了諸煩惱過患不起放逸遠本心源慧光內燭也以起是心故名發菩提心普由不覺惡心遍布於一切境起貪瞋癡今起覺心焰之則知一切境本空即不起過失也又瑜伽論云菩提心者大悲為體成佛正因智慧根本能破無明業報等性普為無智慧故遍惱有情令有慧兼濟遍虛空界

利益一切發此心故翻破前來第五一切處起惡心也七修功補過者昔因三業造諸過罪不計晝夜今以善身口意業願不休匪移山岳豈填溝壑以此翻破第四總忘三業心也八守護正法者此中分二先釋所護後明能護言所護者即是正法正法即教理行果俱名正法教謂十二分教理即二空真如及三性三無性等言行者總指萬行果即三乘聖果菩提涅槃衆生流轉無有始終蓋為不護當來果法沉二

轉依果理極真常凡厥修行必須堅護將護果法須先護行果因行就故須護之將欲護行必須護其教理若迷正理其行必邪理因教顯故須護教若存正理憑教可彝教法應張都無可託故須護也下明能護者即守護二字守即是護堅守正法故名守護然人能弘道法假人傳人在法存人亡法滅故須得人護也此有其二一內護二外護內謂三乘聖賢出家內衆皆能弘闡皆能護持外謂國王大臣等然內衆

但能弘教護行無力匡持外有王威方能護法如仁王經說佛告波斯匿王我以是經不付比丘比丘尼優婆塞優婆夷所以者何無王威力不能建立是故汝等常當受持此令守正法者為書自滅善亦滅他善不自隨喜亦不喜他令人守護諸善方便增廣令不斷絕勝量經云守護正法稱受正法最為第一以此翻破第三無隨喜心也九念十方佛者昔因親狎惡友信受其言令念十方佛念無等慈作不請友念

無等智信大導師欲達生死之惡緣須順菩提之正路故須念佛然念佛一門修行之要津攝心之關鍵因此累明念佛之義言念者明記不忘為義體即是慧今名念者即隣近彰名也然念佛不同總有四種一稱名念二觀像念三觀想念四實相念且稱名念者如文殊般若經云後有一行三昧若善男子善女人修是三昧者速得佛菩提欲入三昧應處空閑捨諸亂意不取相貌繫心一佛專稱名字隨佛方所端

坐正向能於一佛念念相續即是念中能見去來現在諸佛念一佛功德無量無邊與一切佛功德無二如是盡知恒沙諸佛法界無差別相阿難總持多聞辯才百千等分不及其一等二觀像念謂觀如來塑畫等像如大寶積經說佛本因中為大精進菩薩因見比丘畫佛形像發心出家持畫觀像入山觀察觀察此畫像不異如來成就五通得普光三昧見十方佛等三觀想念於中有二一明一相於三十二相中

隨觀　相皆滅重罪如觀佛三昧海經說佛為父王說白毫觀但觀眉間白毫之相右旋婉轉猶如秋月十發成就內外通明如白瑠璃筒亦如贍夜中明星觀成不成皆滅九十億那由他恒河沙微塵數劫生死重罪常衆攝按也二明全身者如坐禪三昧經云若求佛道入禪先當繫心念佛生身莫念地水火風山樹草木天地萬類及諸餘法但念佛身處在虛空如大海清時有金山王相好圓滿出無量清淨光明

於此虛空青色之中常念佛身便得十方三世諸佛悉在目前若心餘緣還攝令住除無量劫罪四實相念亦名法身謂觀自身及一切法真實自性文殊般若云不生不滅不來不去非名非相是名為佛如自觀身實相觀佛亦然等又云繫緣法界一相是名一行三昧又智度論云不以色身及相好念以佛身自無所有故以無憶故是為念佛又占察經云思惟諸法平等法身一切善根中共業最勝又大經云一切

諸佛身唯是一法身念一佛時即一切佛此之四等各隨根器從淺至深最後為妙以是濟要是故畧明於善友中最勝無過於佛由是翻前順生死中第二外遇惡緣也十觀罪性空者如前理懺也若不解此十心全不識是非云何識悔說入道場徒為勞苦涅槃經云若言勤修苦行是大涅槃因緣者無有是處即斯意也

△若具此者無罪不滅△隨好品中具有能治

今文之中舍有不具隨好下對佛品辨爾也言舍有不具者缺觀罪性空發菩提心二也所以闕此者以菩提心是十種行願之本此修行願菩薩必先已發菩提心故性空是緣起之體行願必是無性之緣起故故此經文不更別標也餘八有者如下文配

△文二一舉所懺二一正舉 用六 十五

菩薩自念我於過去無始劫中由貪瞋癡

是惡業因

發身口意

是造業具三業十支皆由三毒

作諸惡業

卽是業體有二三種發身口意是造業具者唯識論云大乘三業皆思爲體動身之思發語之思及思當體皆言業也故知身等非卽是業動身等思方名三業故梵行品云身身業語語業意意業行相各別身卽淨濁威儀惡死屍蟲聚等也身業卽行住坐臥屈伸俯仰等也語卽風息吐納高低清濁語業卽起居問訊讚歎毀說等意卽覺觀思惟等意業卽憂喜等所以身等但是造業之具如工巧之業而雖刀等器不是業也疏有二三種者有兩般三種也謂善惡不動是一般也現報生報後報是二般也

△一善惡不動今唯取惡△

二現生後今通此三善惡不動者此三卽入六地中罪等三行也彼經先說凡夫執我常求有無次明三行之過云不正思惟起於妄計後辨三行體相云罪行福行不動行彼疏釋云謂由迷異熟果愚遣正信解起感三塗惡業及人天別報苦業皆名罪行由迷眞實義愚不知三界皆苦妄謂爲樂起欲界業名福行四禪淨業名不動行故論云眞樂本有失而不知也彼經罪福之行卽此善惡之業疏令唯取惡者謂善不動但以迷心取相求有者故感過患若雜其病不除其法故此不懺若惡業背理一向須改故此懺令滅也所以起公關鍵中明性緣起不同緣起法界通於善惡染淨性性唯淨釋性起文云性者眞如本性起者起於諸法謂法者謂善法也善法順眞所以約性而顯惡法違理是故下明也問上言性起一切皆具如何但約善說答以違順不同親跡不等故使言教有殊何者以善調柔還同於性以性有力令所生之果似因非異善既親從性生是故名爲性起惡法纔猶既無明所薰以劉跡故故名緣起以緣有力能令果法似緣不別其猶穀芽假土生已土肥芽肥土瘦芽瘦相狀容儀隨緣自類慈無改轉因緣同時位別親疎懸隔各珠是故果屬因緣故有各不似也由此諸義故此經文但悔惡業此義亦如前所引六地中明起三行之過經文意也疏二現生後有者第二三種業也佛名經云六道形類不同皆是業力所作凡夫之人多於此中好起疑惑何以故現見世間行善之者偏向轗軻行惡之人是事諧偶致使愚人謂言善惡無分我經中說言有三種報一者現報二者生報三者後報且現報者現世作善惡卽現身受苦樂報生報者今 用六 十四 生作善惡次一生受報後報者次二三生乃至未來多生受報疏今通此三者三報皆懺也

△三三合九種從三煩惱起卽其義也三三至煩惱起者三三者身等三具善等三業現等三報也言合九者前後不相捨離也從三起者本由貪等三毒起也

△二顯多

無量無邊若此惡業有體相者盡虛空界不能容受

顯其廣多也以無形故不見相貌有則溢空無形至溢空者佛名經云獨頭無明爲煩惱種無始受身已來經無量劫劫不可數一一劫中受種種身則身不可數於一一身造種種業則業不可數故此云若有體相者盡虛空界不可容受據理而言若懺此業清淨者所獲功德亦盡虛空界不能容受以敵對相翻一一卽眞功德故故婆沙論說懺悔功德云此一念善有形色者大千世界不能容受彼論但指一化之境且以大千爲量量雖通局意不勝此也故以一念懺悔功德便與無量劫所造之業分量齊等如一暗室中須臾燈光之明所適分量便與此室千年之暗分量齊等

△此卽通說順流十心

△二辯懺相二一正釋其相

我今悉以清淨三業

明懺業具也△昔因三業無惡不爲今以三業一時齊懺△謂虔恭胡跪口陳辭句 用六 十五

△二明所對境

徧於法界

徧者畧有二意一昔所造罪心事徧布故今懺悔亦須周徧△二稱法性故何罪不除下正辯所對

極微塵剎一切諸佛菩薩衆前

即念十方佛翻昔惡友即念佛者指前第九心也

誠心懺悔

簡不至心緩縱情慮罪不滅故緩縱情慮罪不滅者佛名經云生如是七種心已緣想十方諸佛賢聖擎拳合掌披陳至到慙愧改革舒歷心肝洗蕩腸胃如此懺者亦何罪而不滅亦何障而不除若復不爾悠悠緩縱情慮徒自勞形事將何益△懺悔即含自愧剋責怖畏惡道不覆瑕玼

後不復造

即斷相續心即斷者指前第五心

恒住淨戒一切功德

即修功補過匪移山岳豈塡溝壑即修功者指前第七心△總此懺者以明識因果善惡影響故亦即守護正法明識因果者指前第一心疏亦即守護正法者指前第八心智度論云言正法滅者謂修行滅令意云若不懺悔即修行滅是不護正法令懺悔業清淨則修行不滅爲守護正法也

△三總結無盡

如是虛空界盡衆生界盡衆生業盡衆生煩惱盡我懺乃盡而虛空界乃至衆生煩惱不可盡故我此懺悔無有窮盡念念相續無有間斷身語意業無有疲厭

△第五隨喜功德三一牒名

復次善男子言隨喜功德者

由昔不喜他善故今隨喜爲慶悅彼△除嫉妒障起平等善第五隨喜行者隨所見善而歡喜也十住婆沙云所有布施福持戒修禪慧從身口意生去來今所有習學三乘人具足一乘者無量人天福皆隨而歡喜別果報中得大眷屬翻嫉妒障故也△然餘處隨喜在勸請後謂先滌身器次欣法雨後攝他同已回向三處故爲此次△今明隨喜是懺中別義事勢相連故先明之平等廣大方堪聞法然餘至聞法者封十住婆沙料簡次第不同也文中初舉彼次之意初兩句標次謂先滌下四句列一懺悔二勸請三隨喜四回向故爲此次者結成也後今明下明此次之意言懺中別義者懺除嫉妒故廣大者自他無二故

△二釋相文四一喜如來善

所有盡法界虛空界十方三世一切佛剎極微塵數諸佛如來從初發心爲一切智勤修福聚不惜身命經不可說不可說佛剎極微塵數劫一一劫中捨不可說不可說佛剎極微塵數頭目手足如是一切難行苦行圓滿種種波羅蜜門證入種種菩薩智地成就諸佛無上菩提從因至果爲一切智者爲智修福方是佛因捨不可至手足者兼內財之難尚捨則身外財可知也如心地觀經說佛於往昔行難行苦行爲凡夫時作雪山童子爲求半偈弃捨全身薩埵王子捨身救虎爲六牙象王自投獵者作圓滿福智王施眼睛爲金色鹿王捨身求道作慈力王施五夜叉作莊嚴王施妻無吝爲最上身菩薩施頭目髓腦如是一切難行苦行等廣如菩薩本行經等說也又法華經云觀三千大千世界乃至無有如芥子許非菩薩捨身命處言圓滿種種波羅蜜門者六度十度乃至八萬四千波羅蜜門也諸度尚圓況檀那中豈不兼於內身乎故知上且偏舉難者也證入種種菩薩智地者即十地也亦前明福此明智二嚴具備也

及般涅槃分布舍利遺形普濟言般涅槃古譯云入滅總有四種如下所引此即應滅謂衆生無感應盡還源大悲熏修分布舍利普使羣情滅罪生福也言分布舍利者如西域記說如來寂滅人天悲感盛七寶棺千氎纏身設香華建幡蓋末羅之衆奉轝發引前後道從北度連河盛滿香油積多香木縱火以焚二氎不燒爲諸衆生分散舍利唯有髮爪儼然無損八國之王備四兵至遣直性婆羅門謂拘尸力士曰天人導師此國寂滅故自遠來請分舍利力士曰如來涅槃甚爲苦事滅世間明導喪衆生慈父如來舍利自當供養徒疲道路終無得獲諸大王遜辭以求既不相允重謂之曰禮請不從兵威非遠直性婆羅門揚言曰念哉大悲世尊忍修福善彌歷曠劫想所具聞今欲相凌此非宜也今舍利在此當均八分各得供養何至興兵諸力士依其言即時

均量欲作八分帝釋謂諸王曰天當有分勿得力諍阿那婆蓍多龍王文隣龍王豎那鉢羅龍王復作是議言無遺我曹若以力者衆非敵矣直性婆羅門曰勿喧諍也宜共分之即作三分一諸天二龍王三人間八國重分天龍人王莫不悲感人間天上各將歸於本處建塔供養後因無憂王位當鐵輪使諸鬼神分之以爲八萬四千寶塔大唐國内除佛牙外有十九塔如是分布皆爲利益一切衆生如無上依經說若得如來身分如芥子許一瞻一禮千返生於大梵天上受諸快樂廣如闍維經說故云分布等也

所有善根我皆隨喜

△二喜諸趣善

及彼十方一切世界六趣四生一切種類所有功德我皆隨喜

二明六趣四生善中言六趣者趣謂趣向求生者所趣向處也言六者數義一地獄二畜生三餓鬼四修羅五人六天言地獄者以多在下故故聖義名爲地獄梵云那落迦正理論云那落云人迦名爲惡人多造惡墮落其中由是之故名那落迦趣即是增上苦處也言畜生者正理論云傍生以傍行故故以爲名今言畜者自人畜養攝不盡故言餓鬼者多希求故又性多怯劣形體瘦悴故言阿修羅者正云阿蘇落正理釋云素落名天是自在義無天實德名阿素落言人者心多增上慢或多思慮故名爲人天者威德尊高神用自在名之爲天等也四生者如下自明

△三喜二乘善

十方三世一切聲聞及辟支佛有學無學所有功德我皆隨喜

三明二乘善中言聲聞者聲謂聲教因聞聲教悟四諦理起七方便謂五停心觀別相念觀總相念觀煖頂忍世第一是爲七經說資加二位道火現前得入見道斷三界四諦下八十八使分別惑盡得須陀洹果次斷三界九地俱生四惑謂貪瞋癡慢上二界除瞋三界共有十使分九斷每地九品共有八十一品三界共斷欲界九品斷至五品名二果向第六品盡名一來果謂一往天上一來人間或反於此斷下二品名三果向斷三品盡名不還果更不來於欲界故次斷上二界八地七十品不修惑斷至七十一品名阿羅漢向斷七十二品盡阿羅漢果此上名阿羅漢因聞教故總曰聲聞三果四向皆名有學阿羅漢果俱名爲無學此有三種一聲聞聲聞因果俱同故二緣覺聲聞因是緣覺果成聲聞三菩薩聲聞因是菩薩果成聲聞也言及辟支佛者此云獨覺獨一覺故亦名緣覺從緣生覺故此有二種一麟喻二部行謂觀外物因生覺解自得道果猶如麒麟獨一角故故名麟喻出無佛世以神通化物也若部行者即因聞解生悟解無性或於十二因緣作四諦觀四十四智而得菩提或因觀老死推因瞢因三世觀之及一法住共成七智約十一支作七十七智觀而得菩提名爲緣覺唯一果向一名爲有學辟支佛果名爲無學此有三種一緣覺緣覺因果俱同故二聲聞緣覺因是聲聞果成緣覺三菩薩緣覺因是菩薩果成緣覺此上二乘與佛如來同證解脫有大功德能與衆生作大福田故令隨喜也

△四喜菩薩善

一切菩薩所修無量難行苦行志求無上正等菩提廣大功德我皆隨喜

△謂隨喜四類以攝諸喜佛爲最勝所以先明餘之三類從劣向勝

後校量勝德文中三一會四類次第勝劣合宜佛爲下是華嚴宗中詮法次第例多如此初發心時便成正覺直造最勝然卻從十住乃至十地等覺即從劣漸勝也意顯頓悟漸修之相也二顯自益深引他爲證有二初引大品經

△大品經中隨喜品明大千海水一毛破爲百分渧取海水可知其數隨喜之福不可知數故結無盡等虛空界△法華隨喜展轉至於第五十人尚難校量何況最初

大品下經云復次憍尸地三千大千國土滿中海水取一髮破爲百分以一分髮滴取海水可知滴數是隨喜福終不可數知故結無盡下指自當經益深也二引法華經即第六卷中隨喜功德品第十八也經云爾時彌勒菩薩白佛言世尊若有聞是法華隨喜者得幾所福佛答云從會中聞隨喜至於餘處轉說至第五十人其第五十人聞已隨喜功德今當說之若四百萬億阿僧祇世界六趣四生充滿其中有人求福一一衆生與閻浮提金銀七寶乃至象馬車乘奴婢人民宮殿樓閣等如是布施經八十年後以佛法而訓導之總令得四沙門果是大施主所得功德寧爲多不彌勒云甚是施主但施衆生一切樂具功德無量何況能令得阿羅漢果佛答云如上功德不如是第五十人聞法華經一偈隨喜功德百分不及一乃至算數譬喻所不能知何況最初於會中聞而隨喜者其福復勝無量無邊阿僧祇不可得比彼既如ㄙ此有廣大益今此隨喜亦復如是

此隨喜如來權實功德故佛最勝

三彰自所喜重明佛勝此

隨喜如來等者即簡異大品法華隨喜法也言權實者諸佛功德不出權實二位攝盡也且通途論之佛身及佛所修因行皆有權實如佛三身中法報二身是實變化身是權又佛所證菩提涅槃亦通權實法報二身菩提是實化身菩提是權又涅槃有三種性淨圓淨涅槃是實方便淨涅槃權假此唯就佛所證果論若約佛從凡至聖所起功用自利證門中亦有權實且如凡夫初悟時始自十信初心終妙覺位於其中間經(明六)不可說不可說佛(十一)刹極微塵數劫施爲種種難行苦行自利利他等則權實俱有何以謂六度十度有爲萬行一一真修故則是其實若爲度衆生隨根誘接亦有權假也何以不施方便權巧誘之彼難回故若約示生王宮從初發心踰城學道種種苦行乃至樹下成大菩提說法利生等則是權也若言分布舍利者唯是權假也此意說從因至果始終相收該羅本末都來總括也故經云從初發心等斯乃佛之功德若深若淺若實若權凡所施爲皆難可測唯佛與佛餘無知也又況華嚴經所說眞應相即分圓全收體用無礙者也故宜佛爲最勝也

△三總結無盡

如是虛空界盡衆生界盡衆生業盡衆生煩惱盡我此隨喜無有窮盡念念相續無有間斷身語意業無有疲厭

△第六請轉法輪三一牒名

復次善男子言請轉法輪者

即是勸請除謗法障起慈善根(第六法輪行門中分三先標名中畧明轉法輪義通途要知先明所轉法輪畧以八門分別一釋名義二

辯體性三種類四轉相五分齊六轉處七轉時八轉主今初釋名義者於中有二一約所轉八二就能轉且初言法者軌持義通教理行果輪者所成義大小乘別且小乘二部通明五義一速疾義如輪王輪有速疾轉義令聖智起一時一刹那間有速之用也二有取捨義如輪王輪捨東洲取南洲等聖智亦爾捨苦諦取滅諦等三洲降伏義如輪王輪若未伏者即能伏之聖智若生能斷煩惱輪等四鎮已伏義如輪王輪盡皆歸伏輪亦(明六)常行鎮之令明見(十二)道雖斷盡分別煩惱更作輪王智令有障轉遠如覆障法五上下轉義如輪也有上下轉義令明聖智三下界上下斷煩惱也即苦法智忍苦法智斷欲界惑苦類智忍苦類智斷上界惑證無爲理具此五義名爲法輪若約大乘輪有四義一圓滿義具轂輻輞三故二摧壞義蟾娘拒轍輪能摧之聖道現前能摧煩惱也三鎮遲義即相見道更作觀行鎮伏煩惱做法假施設也四不定義即從見道入修道修道入無學自既證已即起慈心度諸衆生令同所證也二就能轉展轉傳授義謂過去佛傳至現在未來佛等能所合故名轉法輪也二明體性者大小乘通以八聖道爲體(言八聖道者一正見二正思惟三正語四正業五正命六正精進七正念八正定等)具轂輻輞三故而配法即別小乘以正語正業正命三法爲轂(又小乘以戒爲七由持戒故能引生學法)即以正見正思惟正念正精進四法爲輻將正定一法爲輞(即定能攝散凝正故)大乘即以正見正思惟二法爲轂(發大乘以正見爲先)即將正語正業正命三法爲輻(以有正見故能持禁戒也)即將正念正定正精進三法爲輞([illegible])([illegible])大小乘配屬雖別然同以八聖道爲體也三明種類有三小乘四諦若約能知亦四謂眼智明覺眼即總觀餘三如次別觀過去未來現在苦等又一一轉中皆生六蓋謂眼智明覺通生慧生如婆沙云一一轉時各別發生眼智明覺俱舍疏中引此論釋彼以見道十五心中法忍名眼法智名智類忍名明類智名覺如彼疏亦引婆沙但名義釋眼是觀見義智是決斷義明者顯了義覺者警察義更加通生慧生通是除障義慧是簡擇義此即各就一說也二三乘中三轉四諦通三機約初敎也三一乘準下文有十諦差別然盡總以無盡法界爲一大法輪海常無休息也四明轉相有二一爲自三轉一印相轉在見道印若不錯謬義謂此苦聖諦乍可令日輪冷月輪熱不可轉易此苦聖諦令成於樂即如實了知是苦不虛也餘三準此二應作轉亦名應修轉在修道既知已即須修也作法者謂此是苦須厭此是集須斷此是道須修此是滅須證由未遍知應遍知苦聖諦餘三例然三已作轉在無學道謂此是苦我已厭此是集我已斷此是道我已修此是滅我已證也二爲他三轉者一示相轉即指示四諦法相令知謂此是苦等令入見道也二勸修轉亦名勸知轉既知已即勸令修謂此是苦汝應知等令入修道三名引證轉亦名作證轉謂此是苦汝已知等令入無學道故淨名云三轉法輪於大千其輪本來常清淨天人得道此爲證三寶於是現世閒三乘皆同此說但義理差別準大品經既言鹿園轉法輪時無量衆生發菩提心無量衆生得初地等無量一生菩薩一時成佛此亦應同彼三轉是遍非別不可別配若依一乘轉無盡稱法界法輪與所被機同一法界無二無別法爾常恆無斷徧益五明法(明六)輪分齊若小乘中(十三)佛說四諦名爲法輪若說世語即非法輪若三乘中佛一切語及身威儀皆入法輪無不益生故若一乘中通三世間俱入法輪一切衆生語言亦如法輪經云能令三界所有聲聞者皆足如來音六轉處小乘唯一娑婆百億鹿苑等處三乘或百億或千百億或恆沙爲一化境一乘遍通樹形乃至華藏及一切塵中常網重重具足主伴七轉時小乘三乘或二七三七或六七或七七七或

一年等此此是末教隨機見聞耳一乘本教要在初時第二七日更無異說仍攝前後各無量劫念念無間亦各攝彼前後際劫重重無盡八轉人小乘主爲釋迦生身又化身佛伴謂聲聞弟子唯益小機等三乘主即三身伴聲聞菩薩弟子通被三機一乘主即十身伴即普賢等亦重重無盡唯被圓機或通一切即五種所爲如前機感中已辯

△聲聞自度但憾而已菩薩愍衆故須勸請請佛普雨必自他霑洽

△二釋相二一舉所請境

所有盡法界虛空界十方三世一切佛刹極微塵中一一各有不可說不可說佛刹極微塵數廣大佛刹一一刹中念念有不可說不可說佛刹極微塵數一切諸佛成等正覺一切菩薩海會圍繞

所請境中經文分二先標所遍處後舉所請人處中有兩重無盡言一一各有不可說等者此中具有二種無礙一一多無礙二小大無礙所以然者謂以性融相故爾二人中有果人因人諸佛即果菩薩即因二念念有不可說等者意在境寬能請無邊故其所現身應如第一門卅六中說一念尚然況經多劫十三

△二正明請法

而我悉以身口意業種種方便殷勤勸請轉妙法輪

正明請法中經言種種方便殷勤勸請者如我釋迦世尊初成正覺住多演林獨坐入定觀察世間思惟所證甚深難解唯佛乃知若爲人說彼不能達徒施無益而默然住復念諸佛常得梵王勸請方轉法輪念是事已放白毫光遠炤三十大千世界時娑婆世界主螺髻梵王承佛威神作念往請即告梵衆言世間有情善滅惡增六成正覺默然無所說故我宜往請即與六十八拘胝天衆往詣佛所作禮旋遶住立具以損益白佛唯願哀愍爲轉法輪後以偈讚殷勤勤請時佛默然梵供養已忽然不現是時如來欲令世間尊重法故甚深妙法得聞顯故思惟我法深妙非分別能解不如不說是故默然梵知聖止請憍尸迦勸令同請時梵釋天衆共至林中禮已三遶住立一面說偈重請世尊降伏諸魔寬其心清淨如滿月願爲衆生從定起以智慧光炤世間如來猶默時大梵王即從坐起偏袒右肩胡跪合掌以偈重請如來今已降魔怨智慧光明炤一切世間根熟有堪度唯願世尊從定起佛告大梵王我法深妙窮極寂靜若爲人說彼不能解梵釋聞已忽然不現梵於異時忽念世間魔界增劇重請勸請即說偈云摩伽陁國多諸異道固邪見故種種鐵量唯願牟尼爲聞甘露最清淨法令其得聞佛所證法清淨離垢至於彼岸無增無減於三界中超然特尊如須彌山顯于大海常於衆生起哀愍心而救濟之云何弃推幸以法先除諸暗冥唯佛大慈不捨本願如師子乳如天雷震爲衆生故轉於法輪爾時世尊以佛眼觀見諸有情上中下根定不定聚如來爾時觀不定衆生起大悲心作如是言我本欲爲此等衆生轉於法輪故出現於世又爲梵王請故即以偈頌告梵王言我今爲汝當雨甘露一切諸世間天人龍神等若有清淨者聽受如是法梵王聞已歡喜禮足繞無數匝忽然不現爾時地神告空神言佛受梵請欲轉法輪哀愍利益安樂無量諸衆生故一念項至有頂皆知時有四護菩提樹神一名受法二名光明三名樂法四名法行禮足白佛當於何處轉於法輪如來告彼言於波羅奈仙人墮處鹿野苑中天白佛言彼地非勝何於彼轉佛言舉要言之往昔九萬一千俱胝諸佛皆往是處轉正法輪一切甚深識妙之法皆從中出故此常爲天龍守護是故於彼轉正法輪時佛作念誰應先度即念二仙彼又已滅即念五俱輪合先得度即入定觀察乃見此五人在鹿野苑如來即往波羅奈城至鹿野苑五人共議悉達狂人無有志卅六耐若來此處不應二十四與起及佛至已奔速來迎如來見已即爲說法轉大法輪於是三轉四諦十二行法輪時憍陳如最先領解相次五人皆得道果於是三賓出現世間皆申勸請一切諸佛悉皆如是也問既約圓宗一切無非法輪念念常轉今要請者蓋以情迷起念滯於色聲既五音令人耳聲即不問圓音遍演故須請也有隨緣請有稱性請隨緣可知稱性請者須恒悟一切聲如空谷響緣起無性非斷非常一一全眞無非法界既聞無所聞即終日聞法心觀如此是請轉法輪故出現品法輪章中云知聲如響而請轉法輪了於諸法眞實性故於一音中出一切音而轉法輪畢竟無主故又云欲知如來所轉法輪應知如是法輪所出生處佛子如來隨一切衆生心行欲樂無量出若干音聲而轉法輪釋曰既隨衆生之心即知願請轉法輪須令自心稱法心若不稱亦不問故故藏和尚釋起章第六請轉法輪門中云由一切諸佛唯智唯應菩薩即以窮法界之智而請佛說法是故一切諸佛無不雨大法雨然菩薩唯願唯行諸佛即以甚深願力而加所請是故菩薩無不獲於大益當知菩薩常請諸佛常說未曾失時也

△三總結無盡

如是虛空界盡衆生界盡衆生業盡衆生煩

惱盡我常勸請一切諸佛轉正法輪無有窮盡念念相續無有間斷身語意業無有疲厭

△第七請佛住世三一牒名

復次善男子言請佛住世者

即是勸請中別義偈云十方一切佛若欲捨壽命我今頭面禮勸請令久住釋曰眾生心淨見佛常住眾生心垢見佛捨命佛無生滅隨機見殊故知心淨觀佛佛則常住爲真勸也

△二釋相

所有盡法界虛空界十方三世一切佛剎極微塵數諸佛如來將欲示現般涅槃者及諸菩薩聲聞緣覺有學無學乃至一切諸善知識我悉勸請莫入涅槃經於一切佛剎極微塵數劫爲欲利樂一切眾生

初別標如來中先釋涅槃後明示般言涅槃者具云般涅槃那古譯爲入滅息息即是滅故但云入滅或云滅度即滅障度苦也準涅槃疏中滅義有四一事滅二德滅三應滅四理滅言事滅者事謂生死因果事相滅生死故名爲事滅言德滅者此有其二一若以緣修名德至果捨修名爲德滅滅彼緣修故二真德爲德即無性可取無相可捨以佛真德離性相故言應滅者隨化世間示滅有因現亡身智以應盡還源名爲應滅言理滅者此亦有二一是相空妄相諸法空無有實妄心所取體相俱無二是真空如來藏中恒沙佛法離相離性名之爲空此體有相無真即不空空即不有不空不有即是涅槃總名理滅滅義雖眾要唯此四四滅之中理滅爲本由見相空成前事滅由見真空成前德滅依體起用便有應滅由此理滅具二種空故以理滅爲三滅本具四滅故名爲涅槃廣如彼說新云波利匿嚩喃翻爲圓寂謂義苞法界德備塵沙故稱圓體窮真性妙絕相累故云寂又法爾無缺故稱圓體自真常故稱寂此約性淨涅槃也又萬德成滿故稱圓眾累永寂故云寂此約方便淨涅槃又化用周普故稱圓用而常寂故云寂此約應化涅槃也然此涅槃有其多義或云一種謂大般涅槃或有其二謂性淨方便淨或有三種謂性淨圓淨方便淨又有三種一性淨二方便淨三應化或說有四即前四滅此上諸義總曰涅槃若依唯識論等通說涅槃有其四種一自性清淨涅槃謂真如之性無始時來本自清淨雖有客塵而不能染故曰性淨在有情身即名佛性在無情界即名法性以本性清淨故以爲名二有餘依涅槃謂諸聖人斷盡煩惱止有餘殘苦依身在由證無爲煩惱障盡離諸質動寂靜安樂故號涅槃唯識論云謂即真如出煩惱障雖有微細苦依未盡而障永寂故名涅槃三無餘依涅槃謂諸聖人厭苦欣寂灰身滅智餘迹此泯故名涅槃唯識論云謂即真如出生死苦煩惱既盡餘依亦滅二障永寂故號涅槃四無住處涅槃謂即真如出所知障大悲般若常相輔翼由斯不住生死涅槃利樂有情窮未來際用而常寂故名涅槃初一通凡及聖次二通三乘後一局大乘廣如諸論所說也後明示般於中先解字後明示現今初言般者名入涅槃經疏解入義有三一就真以論息妄歸真從因趣果故名爲入此解通因果二據化辯入示滅有因現亡身智名之爲入三就真應相對以辯入息化歸真故名爲入此解在果也言示現等者問諸佛何故示現入於涅槃耶答如大經離世間品云作佛事已觀十種義示般涅槃所謂示一切行實無常故示一切有非安隱故示大涅槃是安隱處無怖畏故以諸人天樂著色身爲現色是無常法令其願住淨身故示無常力不可轉故示一切有爲不隨心住不自在故示一切三有皆如幻化不堅牢故示涅槃性究竟堅牢不可壞故示一切法無起而有聚集散壞相故佛子諸佛世尊作佛事已所願滿已轉法輪已應化度者皆化度已有諸菩薩應受尊號成記別已法應如是入於不變大般涅槃言善知識者離世間品中明十種善知識經言佛子菩薩摩訶薩有十種善知識何等爲十所謂令住菩提心善知識令生善根善知識令行諸波羅蜜善知識令解脫一切法善知識令成熟一切眾生善知識令得決定辯才善知識令不著一切世間善知識令於一切劫修行不厭倦善知識令安住普賢行善知識令入一切佛智所入善知識等也言我悉勸請等者如涅槃經說我佛世尊臨涅槃時以佛神力出大音聲遍其類音遍告一切今日如來應正遍知憐愍眾生覆護眾生等視眾生如羅睺羅爲作歸依屋舍室宅大覺世尊將欲涅槃一切眾生若有疑者今悉可問爲最後問爾時世尊於晨朝時從其面門放種種光其光雜色遍炤大千佛之世界乃至十方其中眾生遇斯光者罪垢煩惱一切消除是諸眾生見聞是已心大憂愁同時舉聲悲啼號哭嗚呼慈父痛哉苦哉舉手拍頭搥胸叫喚涕泣哽咽大地山海皆悉震動時諸眾生共相謂言且各嚴抑莫大愁苦當即往詣拘尸那城力士生地到如來所頭面敬禮勸請如來莫般涅槃住世一劫若滅一劫互相執手復作是言世間空虛眾生福盡不善諸業增長出生仁等今當速往速往如來不久必入涅槃是時便有四十八眾各齎供具來請雙林時娑羅樹間吉祥福地縱廣三十二由旬大眾充滿無空缺處作大供養佛皆不受五色口光出已復沒天人大眾見地大動又見光沒身

毛皆豎同發哀泣說偈勸請稽首禮調御我等今勸請遠離於人衆故無有救護今見佛涅槃我等沒苦海愁憂懷悲惱猶如犢失母貧窮無救護猶如困病人無醫隨自心貪所不應貪衆生煩惱病常爲諸見害遠離法醫師服食邪毒藥是故佛世尊不應見捨離如國無君主人民皆饑饉我等亦如是失陰及法味今聞佛涅槃我等心迷亂如彼大地動迷失於法力大權人涅槃佛日墜於地法水悉枯涸我等定當死如來般涅槃衆生極苦惱譬如長者子新喪於父母如來入涅槃如其不還者我等及衆生悉無有救護如來入涅槃乃至諸衆生一切皆慈怖苦惱集其心我等於今者云何不慈惱如來是放捨猶如棄淨喩譬如日初出光明甚暉焰既能還自焰亦滅一切暗如來神通光能除我苦惱處在大衆中譬如須彌山復以種種譬喻般勸勸請佛亦安慰而爲說法法應如是也問諸佛菩薩利物爲心住世益多故須勸請聲聞緣覺不能利他自求涅槃何須勸請答親斷煩惱設生空如住持佛法利益彌廣且聲聞益物者如空生鶖子處處請問大衆思勝滿慈所在激揚妙理飲光及興慶喜結集三藏遺文賓頭盧等應真住持能多利物既有斯勝益故須請也又緣覺利物者出無佛世以神通攝生供養者現世他身獲果無盡且如善住天子昔曾供養辟支佛得生忉利天宮因感空聲來報由斯得免七返惡金乜身又金色王十二年大旱國人饑盡糧儲因供養緣覺一飡現世滿珠常之願皆能利物盡有益生功德光多故須勸請也問二乘聖者斷惑證如益物功高故須勸請諸善知識復是何人有何功能亦令勸辭答如涅槃經德王品說善知識者謂佛辟支佛聲聞人中信方等者何故名爲善知識耶善知識者能教衆生遠離十惡修行十善以是義故名善知識又復如法而說如說而行自遠十惡亦令他離自行菩提亦令他行名菩

知識又自行施戒聞慧亦令他行名善知識又不能自樂常爲衆生不訟他短常說善事名善知識如大船師善渡人故諸佛菩薩亦復如是度盡衆生出生死海名善知識故須勸請問諸佛如來法爾常現無盡身雲遍說遍益即佛本住世云何更言請佛住世耶答然佛出世及般涅槃相對辯者有其二意一約實義二約對機實義有三謂圓宗中三諦釋也一緣性即空之真諦則非出非般故大品偈云如來不出世亦無有涅[三六]槃二法界緣起之[三七]俗諦則念念處處而出現念念處處而入滅出現品成正覺章中云佛子應知自心念念常有佛成正覺何以故諸佛如來不離此心成正覺故如自心一切衆生心亦復如是悉有如來成等正覺又云得一切智入悲相續數度衆生即念念出現也又云當知無有少許處空無佛身何以故如來成正覺無處不至故即處處出現也入滅者即上過一切處出現之佛身約隨相有爲義邊念念即生即滅四相同時今謂以生即滅爲念念處處而入涅槃也三約法界實體第一義諦即常住世或常涅槃寂而常焰爲住世焰而常寂爲涅槃也二約對機者機緣感則菩提樹下而出現機緣盡則雙林樹間而入滅故出現品涅槃章中云佛子諸佛如來爲令衆生生欣樂故出現於世欲令衆生生戀慕故示現涅槃今既要菩薩行願勸請令住世即當第二對機門也佛本常住而云請住世者衆生心垢業惡不見如來設有心開解發曾得見佛而情識昧習氣忽起還不現前故令勸請者但依智離識常作佛觀心清智明即常見佛不曾涅槃若暫爾起心塵勞相續觀智問斷即不見佛名佛滅度也故出現品涅槃章中云如來常住清淨法界隨衆生心示現涅槃佛子譬如日出普現世間於一切淨水器中影無不現或一處器破則不現影佛子於汝意云何彼影不現爲日咎否答云不也但由器壞非日有咎佛子如

來智日亦復如是普現法界無前無後一切衆生淨心器中佛無不現心器常淨常見佛身若心濁器破則不得見釋曰法身無像故無器而不形聖智無心故無感而不應像非我有自彼器之虧盈心非我生豈普現之前後持戒器破定水無依菩提器破智水寧止無信清珠故心水渾濁何由見佛又解緣起章中明佛出世間門中云非是佛身潛隱而不出現或無智者則云佛不出世當知未曾有世間而佛不現者此現與不[三八]現由有智與無智[三九]非佛行藏而有出沒但常焰一真法界則一切諸佛常現在前故知請佛當淨其心也即同維摩經欲得淨土當淨其心又心淨即佛土淨云云

△標從勝說但請如來△釋從通意

三乘皆請

△三總結無盡

如是虛空界盡衆生界盡衆生業盡衆生煩惱盡我此勸請無有窮盡念念相續無有間斷身語意業無有疲厭

大方廣佛華嚴經入不思議解脫境界普賢行願品疏鈔會本卷第六

大方廣佛華嚴經普賢行願品別行疏鈔會本卷第六

校勘記

一　底本，清藏本。

一　七五頁上卷首書名，[經]作「大方廣佛華嚴經普賢行願品別行疏并鈔卷第四」。

一　七五頁上五行首字「第」，[經]冠以「疏」字。以下各段大字前[經]均冠以「疏」字。

一　七五頁上八行右首字「懺」，[經]冠以「鈔」字。以下各段小字前[經]均冠以「鈔」字。

一　七八頁上末行右第一五字「示」，[經]作「不」。

一　七九頁上二行右「常作」，[經]作「當作」。

一　八〇頁中一一行右第一〇字「各」，[經]作「似」。

一　八二頁下一行第九字「喜」，[經]作「善」。

一　八三頁中一三行左夾註右「五正明」，[經]作「五正命」。

一　八三頁中一七行右夾註左「諸得」，[經]作「諸行」。

一　八四頁上二行右第二字「各」，[經]作「若」。

一　八五頁中一一行右第一二字「若」，[經]作「苦」。

一　八六頁上一一行左第七字「設」，[經]作「證」。

一　八六頁上一五行左第九字「金」，[經]作「道」。

一　八六頁中八行左「入悲」，[經]作「大悲」。

一　八六頁下卷末書名，[經]作「大方廣佛華嚴經普賢行願品別行疏鈔卷第四」。

大方廣佛華嚴經入不思議解脱境界普賢行願品疏鈔會本卷第七　用七

唐罽賓國三藏沙門般若奉　詔譯

唐勅太原府大崇福寺沙門澄觀別行疏
圭峯草堂寺沙門宗密隨疏鈔

△第八常隨佛學者此下三段皆是回向

前二即回向中別義三段皆回向者如前一徵別名數中已明開合△故下偈中第七行竟便標回向欲收此二屬回向故△若別說者即是所修二利行體△亦是別說所回向善根二利行體者常隨佛學自利恒順衆生利他也別說所因善根者即第十門將此二利功德及一切福回向三處也

△文三一牒名

復次善男子言常隨佛學者

義同等一切佛回向亦自利行常隨佛學者謂託佛從因至果所歷之行所爲之事以爲所緣之境引得心智隨而學之謂以觀智融已身心令常在如此之境勿執身心定相我令在慳貪瞋恚六塵五欲顛倒境也若令佛所歷苦行境常爲自己心觀者則遇諸苦事乃稱本願而無煩惱遇諸樂事自無耽染以非常時心觀之所願故智者善思勉旃而學疏義同等一切佛回向者十回向中第三回向也此亦回向中別義故指同也第七等隨順一切衆生回向即當下第九恒順衆生也

△二釋相二一學本師二一明所學二一明因行

如此娑婆世界毗盧遮那如來從初發心精進不退以不可說不可說身命而爲布施剝皮爲紙析骨爲筆刺血爲墨書寫經典積如須彌爲重法故不惜身命何況王位城邑聚落宮殿園林一切所有及餘種種難行苦行

娑婆世界毗盧等者雖華藏世界正是十身之依報而娑婆界不相離即最中香水海二十重中第十三重是此娑婆也意明即此穢土衆生可以遣觀修習又佛本不離穢土修證故界舉娑婆而所歸之佛便須稱實圓見故佛舉光明遍照即依正中眞應影畧耳言從初發心等者發心者所謂發大菩提心也瓔珞本業經云具縛凡夫未識三寶善惡因果未於佛法起一念信乃至從此住佛菩提正教法中發菩提心起一念信爾時便名信相菩薩瑜伽唯識要具大乘二種種性本性住種性習所成種性方於五位漸次悟入智度論中辯發心相云若有人言願我當來作佛度脫一切衆生苦惱是名發菩提心發心住經云云何爲菩薩發心住此菩薩見佛世尊形貌端嚴色相圓滿人所樂見難可値遇有大威德或現神足或聞記莂或聽教誡或見衆生受諸劇苦或聞如來廣大佛智發菩提心求一切智等此發心相有其十種一親近善友二供養諸佛三修習善根四志求勝法五心常柔和六遭苦能忍七慈悲深厚八深心平等九愛樂大乘十求佛智慧以此十事皆是發心求大菩提之相也又有十心一者信心以心淨爲義然有四種一信根本謂樂念眞如法故二者信佛有無量功德常念親近供養恭敬發起善根願求一切智故二者信法有大利益常念修行諸波羅蜜行故三者信僧能正修行自利利他常樂親近諸菩薩求學如實行故二者進心謂成前信心令其堅固是故勇猛發勤精進遠離衆苦故六進心三者念心謂由精進力故正念現前所謂六念一念佛謂三身種智無邊功德二念法謂教理行果能利益故三念僧所謂菩薩理事和合四念戒謂諸菩薩三聚淨戒五念施財法無畏施衆生故六念天第一義天常樂我淨是名念天也四者慧心謂由不妄分別開悟決擇唯識道理慧解現前正觀諸法故五者定心修正行也起信云修行者止一切境界相隨順奢摩他義攝心定也六者戒心依地持論菩薩住三聚淨戒是名戒心也七者回向心菩薩所修善根回向大菩提果名回向心也八者說法心謂於惡世法欲滅時發心受持如來正法策勵修行廣爲人說令法廣布普使人知名說法心也九者捨心於身命時又煩惱業普皆捨故名捨心也十者願心謂願求佛果大菩提故云願心也具是十心便入賢位名發心住也言精進不退者簡非懶惰懈怠謂勇捍無退名之爲進萬行無雜目之爲精此亦有三一被甲精進二善法精進三利樂精進具如下明也又言不退者謂不退墮即不退轉也亦其四種謂信位證行一信不退者十信第六名不退心不退於外道家故二位不退者十住第七名不退住不退二乘家故三證不退謂初地菩薩出過凡位證聖法故更不退轉名證不退不退於凡位故四行不退者第八地中得無生忍已必當作佛更不退轉一切法中行一切行不被相用之所動轉名行不退故云從初等也剝皮爲紙等名有二一隨相釋二觀智釋且析或諸緣聞必要記持聖言故不惜身命剝皮析骨或難竹帛紙墨不少要須重法苦身以表誠敬之志所以如此也如集一切福

德三昧經云昔過去久遠阿僧祇劫有一仙人名曰最勝住山林中見諸神仙常行慈心復作是念非但慈心能濟衆生唯集多聞滅衆生煩惱邪見能生正見念已便詣城邑聚落處處推求說法之師時有天魔來語仙人言我今有佛所說一偈汝今若能剝皮爲紙剝血爲墨析骨爲筆書寫此偈當爲汝說最勝仙人聞已念言我於無量百千劫中常以無事爲他割截受苦無量都無利益我今當捨不堅之身易得妙法歡喜踊躍即以利刀剝皮爲紙剝血爲墨析骨爲筆合掌向天請說佛偈時魔見已慈憂憔悴即便隱去仙人見已作如是言我今爲法不惜身命剝皮爲紙剝血爲墨析骨爲筆爲衆生故志誠不虛餘方世界有大慈悲能說法者當現我前作是語時東方去此三十二剎有佛國土名普無垢國中有佛號淨名王怨住其前故大光明照最勝身苦痛即除平復如故佛即廣說集一切福德三昧最勝聞法得無礙辯佛說法已還復不現最勝仙人得辯才已爲諸衆生廣說妙法令無量衆生住三乘道經千歲後爾乃命終生淨名王佛普無垢國由敬法故今得成佛佛告淨威普最勝者今我身是是以當知若有人能恭敬求法佛於其人不入涅槃法亦不滅華在異土常面見佛得聞正法故云剝皮爲紙等也二觀智釋者謂觀察此身若皮若骨都無定實舉體全空無我我所雖目觀似有之相而乃如聚沫如泡如膜如芭蕉既無自體元同法界如是一一推微三諦具足成空假中之三觀詮此義時生得此解弁合圓機便是寫經經是詮表生解義不觀不推即心迷取相是無經也

△二辯果用

乃至樹下成大菩提示種種神通起種種變化現種種佛身處種種衆會或處一切諸大菩薩衆會道場或處聲聞及辟支佛衆會道場或處轉輪聖王小王眷屬衆會道場或處剎利及婆羅門長者居士衆會道場乃至或處天龍八部人非人等衆會道場處於如是種種衆會以圓滿音如大雷震隨其樂欲成熟衆生乃至示現入於涅槃

明果用中示種種神通者或云神足或云神境具足應云神境智作證通或云運身通謂身輕舉自在無壅故以爲名或云神足者陰陽不測謂之神足謂舉動即智能運身如是名神足通也言種種者或可總舉果中六通也謂此六種智境無壅故名爲通故言種種也起種種變化者轉換舊質名變無而忽有名化此變之與化佛及菩薩皆能爲之即十八變也言變者者震動震動大地謂佛菩薩在力普能震動或動一房一院一寺一[illegible]一州一國小千界中千界大千界乃至無數世界皆令東湧西沒等也二者熾然盛謂身相明顯也由佛菩薩定自在力於自身上出其徵畯舉身洞然出種種光青黃赤白等如底沙如來入火光定名熾然也三者流布佛與菩薩定自在力令教法施行也如法華經中普賢菩薩言我當以神通力守護是經於閻浮提廣宣流布令無斷絕即然燈之義也四者示現變變異類形相依定自在力示現種種身化一切衆生也五者轉變變謂大小不定由佛菩薩定自在力起勝解通變身大小不定或變大地爲黃金攪長河爲酥酪變礫瓦爲金玉變草木爲飲食變一切物皆令隨心轉於舊質也六者往來變或去或來山河石壁無有滯礙上至梵天旁互十方皆隨心便至如普賢從寶威德上王佛國來於此土也

七者卷由佛菩薩定自在力令須彌山入芥子中無量世界在一塵內等入者舒展小令大令一塵一毛皆遍法界也九者衆像入身身內包容一切形像如摩耶夫人合容無邊世界大菩薩衆集會聽法又普賢身內佛佛無盡佛毛孔內菩薩重重也十者往同類趣由定自在力能現身於六道受生同具形類以彼言音說法教化十一隱是從有現無謂佛菩薩定自在方於大衆前忽然不現如文殊師利於靈山會上答彌勒了大衆不見早已覺身到於龍宮十二顯是從無現有如靈山會上從地湧出無量菩薩一一菩薩百福嚴相十三所作自在即無有壅滯也由定自在力於一切世界行住坐臥所作所爲隨自意樂利益自在十四制他神通謂佛菩薩定自在力能制一切邪通也十五能施辯才謂有志心於佛及菩薩求聽慧者悉能施與如利涉和尚求觀音菩薩乞無礙辯得過人辯十六能施憶念令知過去事謂佛菩薩加被有情令自憶過去久遠劫事悉得也十七能施安樂名所化離苦佛及菩薩大慈悲力拔苦與樂也十八放大光明或放光明照一切世界如經言照東方萬八千世界乃至遍照十方無數世界皆得也謂佛變化有此十八種故所以言起種種變化也現種種佛身者謂即兩重十身融三世間十身中有衆生身國土身業報身聲聞身緣覺身菩薩身如來身法身智身虛空身即善財所遇諸善知識皆不離佛身故云種種又統論佛身有其多種或說一身即一法界身或說二身謂眞身亦名法界身二應身亦名生身或說三身謂法報化身或說四身開報爲二一自受用身二他受用身或說五身一堅固自性身二福德莊嚴聚身三受用智慧身四作變化身五淨法界身或說十身如前所明乃至法界無盡身雲若束而言之不過體相用三體即法身相即報身用即化身佛身功德雖有無量攝之不出於三身今言種種

者即可知也或處轉輪聖王等者轉輪聖王人中第一千子圍繞七寶隨身統攝四洲大弘十善相圓百福足蹈千輪言七寶者一輪寶二珠寶三女寶四馬寶五象寶六主藏臣寶七主兵臣寶淨名經云王有千子端正勇健能伏怨敵也餘有銀輪銅輪鐵輪等名爲小王如菩薩瓔珞本業說銀輪五百輻王三洲銅輪一百輻王二洲鐵輪五十輻唯王南洲法華經說名小轉輪王也又諸剎利非輪王者大衆散等皆名小王或作彼王處於衆會化彼眷屬或現諸身在彼衆中說法敎化故云處等也或處剎利婆羅門等者此舉四種族姓也西域記云若夫族姓殊者有四流馬一曰婆羅門淨行也守道居貞潔白其操二曰剎帝利王種也舊云剎利畧也後人訛也奕世君臨仁恕爲志三曰吠奢舊云毘舍說也商貫也貨遷有無逐利遠近四曰戍陁羅農人也舊云首陁訛也肆力疇壠勤身稼穡凡茲四姓清濁殊流婚取通親飛伏異路內外宗枝姻媾不雜婦人一嫁終無再醮自餘雜姓實繁種族各隨類聚難以詳載若王奕世唯剎帝利餘文可知乃至示現入於涅槃者後明歸真益物也如我佛涅槃時以佛神力出聲普告今日如來欲入涅槃若有疑者今悉可問爲最後問即於晨朝面門放於種種色光普照世界遍斯光者罪垢消滅有聞聲者舉聲悲哀鳴呼慈父苦哉痛哉舉手拍頭搥胸號喚大地山河皆悉震動天人大衆皆來集 周七 會娑羅林間禮佛悶絕遍體血現如波羅沓花爾時世尊出八種聲普告大衆莫大號哭猶如嬰兒各相裁抑勿自亂心即爲說法我今於此顯難思議現方便力入大涅槃示同世法欲令衆生知身如電生戀慕善生死漂河漂流速疾諸行輪轉法應 六 如是汝等當知此大涅槃乃是諸佛金剛寶藏常樂我淨周圓無缺諸佛於此而般涅槃最後究竟理極無遺諸佛於此故捨身命故名涅槃如是爲說畧敎誡已告語

阿難說荼毘法已以金手卻僧伽梨顯出紫磨黃金師子之臆上昇虛空七多羅樹二十四返告諸大衆我欲涅槃汝等深心看我金剛堅固不壞紫磨黃金無畏色身如優曇華難可值遇大衆應當深心瞻仰我涅槃後應疾修行早出三有勿復懈怠散心放逸說是語已出入諸禪三返示誨已於七寶床右脅而臥頭北足南面西背東即於中夜入第四禪寂然無聲入於涅槃佛涅槃已時娑羅雙樹東西二雙合爲一樹南北二雙亦合爲一樹垂覆寶床蓋如來身自然變白枝莖皮幹自然爆裂摧折無餘是時大地諸山悉皆崩裂大海湧沸江河枯竭日月無光黑風鼓怒吹扇砂塵諸樹草木摧碎墮地皆各有聲歎佛入滅世無依怙諸天哀慟震大千界哀哉哀哉奈何奈何何期今日人天之師爲事究竟無能留者於是阿難悶絕還逼慰喻水灑乃蘇人天悶絕皆大號哭不能自制各各相抑互相勸喻然後各辦廣大供養依法荼毘如轉輪王法千氎纏身灌諸香油多積香木然後以火焚而燒之收拾遺形起塔安置等廣如經說

△二辯能學

如是一切我皆隨學

△二例一切 周十

如今世尊毘盧遮那如是盡法界虛空界十 七 方三世一切佛剎所有塵中一切如來皆亦如是於念念中我皆隨學

△三總結無盡

如是虛空界盡衆生界盡衆生業盡衆生煩惱盡我此隨學無有窮盡念念相續無有間斷身語意業無有疲厭

△第九恒順衆生三一牒名

復次善男子言恒順衆生者

謂隨順衆生種類根性饒益成就△即利他行

第九恒順衆生行佛言隨學生云恒順者諸佛因衆之行可宗可慕順於真理故須運心倣學衆生善懸之行不難進心盡猶乖道非可執持等故不言學然不壞假名不滅假相法無自性一切皆如常以同體大悲融通物我故云恒順如何順耶先釋不順反明順義若見衆生是定有定有則體異真性則阻隔難化故名非順也若見衆生是定無定無即斷滅斷滅亦異真性還成阻隔亦非順也今以普賢行願力故普見衆生無非性之緣起既託真性而現故無自體既云現也則幻相歷然非斷非滅如鏡現面像但云面無骨肉之自體豈不現面像耶如此普見衆生是爲恒順也故緣起章以普賢行入佛界衆生界門中云由衆生寂滅本來自盡時即是法身界法身隨緣成有時即衆生界今以寂滅非無之衆生恒不異真而成立又以隨緣非有之法身恒不異事而顯現是故菩薩入衆生界時即是入佛界入佛界時即是入衆生界也問義理既爾何得復云衆生乖道非可學耶答衆生雖舉體全真且不如是知乖背此理所作顛倒不可倣學故緣起章約衆生門中所見佛及衆生皆是生滅善惡境界良以情計不破故所見佛亦同情計當知衆生所見未曾有一佛清淨解脫者是故識倒佛亦倒情迷佛亦迷故此云不可學也問既爾何必隨順耶答如有賢人具足信義忠孝忽然夢見殺害父母造諸非法衆人聞已豈以夢

造非法而弃之耶然雖不可弃豈可復欲做其夢事造非法耶若有弃者劫者二皆癡狂是知學衆生迷心之行者或隔衆生全云是妄者二亦皆癡狂所以不可學但言順也然雖不學必須曠蕩虚心物我無二自覺真性凡聖不差上合十方如來下合六道含識如斯見解如是用心方名普賢行願故前門令合諸佛此門令合衆生也妙哉必爾智者詳焉謂隨順至他行者顯種類根性者則不壞隨緣假相饒益成就者則順理觀之令其稱真一一離也如下文中爲作光明貪得伏藏等此義類例如下七種代衆生苦中六七二義利他行也故前隨佛學中標云自利也亦可前智此悲也

△二釋相二一正明二一所順衆生

謂盡法界虚空界十方刹海所有衆生種種差別

先標所順衆生後正明隨順初中分二初別銷經文後會釋疏意初中二初總標方處可知後顯所順生有二先總標經言衆生者如大法鼓經云一切法和合施設名衆爲衆生謂以四大五蘊十二處及十八界十二因緣等合成假名爲人號曰衆生又般若燈論云謂有情者數數生故名爲衆生又不增不減經云此法身本性清淨但爲恒沙煩惱所纏隨順世間往來生死即名衆生

所謂卵生胎生溼生化生

後別釋有二先顯四生後明餘五初中分二先別顯四生義如下釋

或有依於地水火風而生住者或有依空及諸卉木而生住者

後依義別顯又二先約差別後攝所餘苗中三一明依正差別二明種類差別三明受用差別初文可知

種種生類種種色身種種形狀種種相貌種種壽量種種族類種種名號種種心性種種知見種種欲樂種種意行種種威儀

次種類中一一差別故云種種言壽量者謂短長不等分限差殊如北洲千歲東西半減南洲不定等餘文可知

種種衣服種種飲食處於種種村營聚落城邑宮殿

後種種衣服下即受用差別也

乃至一切天龍八部人非人等無足二足四足多足有色無色有想無想非有想非無想

四生九類義見普救夜神

乃至下攝所餘類中言天龍等者具如經末所明有色無色下後明餘五義如下辯後會釋疏意疏四生至夜神者四生即卵胎溼化更加有色無色有想無想非有想非無想等都成九類也普救夜神即前寄十地中之善友也具足應言普救衆生妙德主夜神住菩提場寄燄慧地得菩薩普現一切世間調伏衆生解脫門彼亦有九類之文疏釋云九類畧有二種差別初明四生生則依止差別之所託故餘三可依化生依何依業染生也地持論但云業染即俱舍世間品意偈云倒心趣欲境溼化染香處天首上三橫地獄頭歸下論曰如是中有往至所生先起倒心馳趣欲境彼由業力所起眼根雖住遠方能見生處父母交會而起倒心若男緣母起於男欲若女緣父起於女欲翻此二緣俱起瞋心若溼生者染香故生謂遠嗅知生處香氣便生愛染往彼受生隨業所應香有淨穢若化生者染處故生謂遠觀知當所生處便生愛染往彼受生隨業所應處有淨穢又天中有首正上升如從座起人鬼傍生中有行相還如人等地獄中有頭下足上頭墜其中云餘五類則麤細差別此明報相下二界有色爲麤無色爲細於有色中有想爲麤無想爲細非有想非無想則無色界中唯舉其細對餘爲麤以義對之應云有想無想爲麤非有想非無想爲細故此指云義也然經文所列有多種統之不出九類故疏但指九類然彼解但配所依及麤細未配五道今此更明天及地獄化生鬼具胎化人畜各通於四鬼胎化者地行羅刹夜叉又鬼母兒皆是胎生餘皆是化人具四者卵如毗舍佉母卵生三十二子胎如常人溼如柰女從菴羅樹溼氣而生即菴羅女也化如劫初之人從二禪下生人間畜具四者如龍與金翅鳥各有四生故正法念經云化生金翅鳥能食四生龍如次溼胎卵能食三二一等餘鳥皆卵餘獸皆胎者地飛空若水若陸蚑細蠢動或化或溼或卵或胎不可具分品類又雜心云謂生攝趣非趣攝生以中陰化生一不攝故問化生最強何不爲首答有二趣約境釋二約心釋約境釋者具緣多者而爲首故如卵生必具胎溼化胎生但具溼化溼生唯兼於化化生唯一更不兼餘此即前前具後後後後不具前前故爲此次也二約心釋者從本至末爲次無明卵生無明者取第八識心三細最初業相也此初起之念能所未分渾沌如卵既是根本故首明之無明發業蘊在藏識之中爲胎也愛水流注潤之方能受生爲溼也化生則無而忽有爲化也有色者下二界皆有色陰即有漏五根也無色者則四空處但以四蘊爲身無色陰之五根也有

想者除無想天及有頂餘皆此攝無想者即無想天非有想非無想者即有頂天也若以九類配三界即化生遍三界三生唯欲界有色遍下二界有想該三界而不遍餘二天故無想則色界中一天也非有想非無想則無色界中一天也恐有力者要說故具叙之不說又處圖用

△二正明隨順

如是等類我皆於彼隨順而轉種種承事種種供養如敬父母如奉師長及阿羅漢乃至如來等無有異於諸病苦爲作良醫於失道者示其正路於暗夜中爲作光明於貧窮者令得伏藏菩薩如是平等饒益一切衆生

隨順而轉者隨如上彼彼衆生生起觀智故云轉也言如敬父母者如本生心地觀中說父有慈恩母有悲恩長養之恩彌於普天憐愍之德廣大無比世間所高莫過山岳悲母之恩踰於須彌世間之重大地爲先悲母之恩亦過於彼若背恩不順令其慈念父母發懸子即隨墮世間之疾莫過猛風慈念之徵後過於彼以百千種上妙供具供養一百五通神仙一百淨行一百善友不如以徵少物供養父母校量其用七十二福不可爲比如須闍提太子自割身肉供養父母行菩薩道涅槃亦云供養父母得無量福廣如經說言如來師長者生我者父母成我者朋友生我法身皆由師長乃至教誨引導直至菩提阿羅漢者梵語翻就唐言有其數義今取三義真諦三藏解云阿羅漢者此云不生謂不於三界煩惱之中更受生死之報故云不生二名應教謂自學已滿將已所證堪應教人故名應教三名應供善見律云是人智斷具足是

勝福田堪銷物供能生大利故名應供具此等義故以名爲今言恒順還同於此也如來可知但以普賢行願之力令觀行遍法界於如上種類衆生中念念如此以彼彼衆生有解會者自然如上之益言平等者稱性普觀普益也

△二徵釋二一令佛喜二一徵

何以故

徵意云但應順佛何要順生

△二釋

菩薩若能隨順衆生則爲隨順供養諸佛若於衆生尊重承事則爲尊重承事如來若令衆生生歡喜者則令一切如來歡喜

釋意云若順衆生則爲順佛若不順生佛不歡喜順生則爲順佛者此文既畧更以海印之喻以明如香水海澄渟須彌日月四天下中種種衆生種種國土居處屋宅皆於中現若執此像是有命之衆生有質之世界是乖像也非唯乖像亦乖海也必須定如此像一一具鹹溼之體及不宿死屍等十種之德華嚴經三十九卷觀海有十德以又十地一次第漸深如初地出生大願漸深故二不受死屍如二地不受破戒死屍故三餘水入中沒名如三地離世假名故四普同一味如四地與佛德同一味故五有無量珍寶如五地出生方便神通實故六無能至底如六地觀衆緣生共深知故七廣大無量如七地廣大覺慧善觀察故八大身所居如八地示廣大非緣亦故九潮不過限如九地深解行世實而不遇限故十普受大雨如十地能受一切如來大法明雨無厭足故始名順像既順像也始得名爲順海海即如來像即衆生餘義昭然可見故出現品云佛子譬如大海普能印現四天下中一切衆生色身形像是故共說以爲大海諸佛菩提亦復如是普現一切衆生心念根性欲樂而無所現是故經云順衆生

即是順佛乃至尊重承事歡喜等是故說名諸佛菩提也

△二增大悲二一徵

何以故

徵意云生佛懸隔何以順生諸佛歡喜△

二釋意云佛以大悲而爲體性若不順生不合佛體用七大悲而爲體性者諸佛從因至果所作無不爲生大悲般若常相輔翼方名無住涅槃故悲是體也十二

△文三一法說

諸佛如來以大悲心而爲體故因於衆生而起大悲因於大悲生菩提心因菩提心成等正覺

即標示同體大悲因於衆生至成等正覺者大悲欲化衆生須學化生之智智既圓矣自名成佛而菩提心必具大悲大願大智等也所以言諸佛如來以大悲而爲體也謂佛普賢攝化門中普解一切彌綸而不漏稱之爲大見諸衆生恒處生死五趣輪回造衆惡因受諸苦楚如來愍傷深加惻愴是故名悲也即世間之悲不得名大出世之悲方名爲大出世中二乘之悲不名爲大佛菩薩悲方名爲大也謂此大悲是衆行之首也故理趣六波羅蜜經云佛告慈氏菩薩摩訶薩修行靜慮波羅蜜多應當修習大悲無量謂此大悲於諸善業而爲導首譬如命根於出入息而爲其先輪王七寶爲先大衆萬行大悲爲先譬如長者唯有一子父母憐念徹於骨髓菩薩大悲亦復如是於諸有情住於極愛一子之地又此大悲能作方

便成辦一切助菩提法故又此大悲能悟無師自然智故又此大悲能除一切自心熱惱隨順有情爲饒益故是故如來以此爲體也初標指經文中疏同體大悲者如向所引海中萬像與海同體佛菩提中衆生與菩提同體法喻備矣

△故出現品云如來成正覺時普見一切衆生成正覺乃至普見一切衆生入涅槃皆同一性△以了衆生皆無性故大悲相續救護一切

二引教證成疏出現品云至一切者此簡要而引也具云成正覺時於其身中普見等次則如疏文所引此但以佛爲門故云於其身中若以衆生爲門即佛於衆生中成故出現品次下云菩薩應知自心念念常有佛成正覺何以故諸佛如來不離此心成正覺故如自心一切衆生心亦復如是悉有如來成等正覺廣大周遍無有休息更引此文對前者以此門意明生佛交徹之義故今文具也

△二喻明

譬如曠野沙磧之中有大樹王若根得水枝葉華果悉皆繁茂

生死懸絕迴無所依名爲曠野不生善根喻以沙磧佛菩提法如大樹王智慧禪定猶如枝葉菩薩依學況之以華諸佛證此目之爲果一切衆生以爲其根以大慈悲而爲其水△水滋樹根華果繁茂悲念萬類成佛果因△合文備矣

譬如至備矣者問經言譬如曠野法中如何疏生死懸絕迴無所依名爲曠野如何是沙磧疏不生善根喻以沙磧如何是曠野沙磧中樹疏佛菩提法如大樹王言佛菩提法者別指一切衆生本覺智體也謂以眞性隨諸妄緣成諸染法被煩惱覆蔽無佛菩提之力用故比沙磧中樹此乃樹雖未生華果而樹身非無衆生雖未有佛菩提之力用而本覺常任也問樹若生長衆生悟修法中如何疏智慧禪定猶如枝葉喻則從樹生枝枝生於葉法則從本覺起於始覺始覺是慧故如枝既心初起心無初相則其合一如一如是定故如其葉則因慧成定慧先定後也此約實教所說故淨名經云智慧是菩薩淨土菩薩成佛時正定衆生來生其國不同小教權乘先定然後發慧然以入道由智故云因慧成定理實定慧齊修無前無後謂定能拔沈滯慧能過習浮慧能決斷簡擇二法相扶能持萬行最爲要極也所以問明品云譬如有力王率土咸戴仰定慧亦如是菩薩所依賴雖定慧最妙要須頓達本源方起定慧也又須以定慧運於萬行方能證果問樹有枝葉以況定慧於此枝葉轉生其華以況何等疏菩薩依學況之以華即依於定慧而修萬行之華也謂諸菩薩定慧既備洞達本源順理益生須行萬行所以依其定慧運於萬行之華也問樹有華也後必有果萬行華數以何爲果疏諸佛證此目之爲果即喻如華敷方能結果法中萬行周圓方可證入成妙覺之尊也問前文有大樹王若根得水枝葉華果悉皆繁茂如上所說總是枝葉華果法喻相對已竟如何是樹根何者爲水耶疏一切衆生而爲樹根以大慈悲而爲其水謂諸衆生雖皆各具有菩提樹根而不能發生者但以樹根恒時埋在鹻溢生死煩惱砂中砂性乾燥都無沃潤之功何能令樹根發生滋榮是以諸佛菩薩起種種方便令諸衆生遠離鹻惡煩惱砂中安住三寶最勝良田之內廣興慈悲之密雲普雨甘露之法雨方能滋潤菩提樹根令漸敷榮成熟大果也問將衆生以況樹根指大慈悲猶如其水未審水益樹根有何功用慈悲攝生有何勝能耶疏水滋樹根華果繁茂悲念萬類成佛果因言成佛果因者意說慈悲是成佛果之因也如水滋樹根是華果之因故前經云因於大悲生菩提心因菩提心成等正覺此因者若說因位中所起悲願則通與自他作其因果具二利故若於佛及得果不捨因門菩薩則但與他爲因何以自果已滿唯利他故若從喻至法委細推之者應當先須分明見曠野中之樹身就樹根而灌水先須分明悟生死中之覺體就覺心而起悲若不見樹也過曠野而虛灌但益疲勞畢竟不生華果若不悟覺體也過生死而起悲但益愛見畢竟不證菩提或見樹根而不灌亦華果不生或悟覺體而不修亦菩提不證勉旃求悟不得從自勞形勞力修行不得撥無因果斯文圓妙諦而思之

△三法合四一正合法

生死曠野菩提樹王亦復如是一切衆生而爲樹根諸佛菩薩而爲華果以大悲水饒益衆生則能成就諸佛菩薩智慧華果

畧不合枝葉

一正合經云一切衆生而爲樹根者一切諸佛無不從迷而悟從妄而眞淨名經云煩惱即菩提又云諸佛解脫當於一切衆生心行中求法句經云塵勞諸佛種也

△二重徵釋

何以故若諸菩薩以大悲水饒益衆生則能成就阿耨多羅三藐三菩提故

重微釋者微意云何以益生而成佛菩提智豈不似與他飲食而自已空口飽耶無此理也答意難見畧更分別如何難見以前文云大悲益生成就佛智此還云大悲益生成就菩提但似結前義不似通難今此再出經意令其顯然經意通云夫智慧圓滿成就者必須自他無異物我同如見一切衆生皆是我覺心所現故益他即是益我生圓我智方圓故却牒前語生起義勢云以大悲水饒益衆生即能成就阿耨菩提故也更詳連次下兩節經文斯意轉顯也上釋同體之文雖具明此義緣要出此節經意須更用之言阿耨多羅者此云無上也言三者此云正對邪立名所言藐者此云等齊等義故又言三者此亦云正圓滿義故言菩提者此云覺可貴上四處應云無上覺正覺等覺正覺並有所簡所言正覺者簡凡夫外道彼邪覺故言等覺者簡二乘聖者彼偏覺生空故又云正等覺者簡十地聖人分覺二空非正滿覺故初言無上覺者增勝而言偏在法身若通相論三身如來並無上覺故具上四義故得阿耨多羅三藐三菩提名也

△三反結成

是故菩提屬於衆生若無衆生一切菩薩終不能成無上正覺

是故至正覺者意明菩提屬於衆生僞念滿權教執文字之流皆謂頓宗云是佛境界何關汝事苦哉苦哉今釋此一節有二義一對緣釋二觀心釋對緣者如前文云因於衆生而起大悲乃至成正覺等二觀心者自有二意一攀緣妄想即是衆生妄起即不覺覺即無妄合於本覺名爲成佛二思惟觀察法義此心念念生起亦是衆生必因此心念念推察方見正理成智方證菩提故云爾也

△四結示令知

善男子汝於此義應如是解以於衆生心平等故則能成就圓滿大悲以大悲心隨衆生故則能成就供養如來

△三總結無盡

菩薩如是隨順衆生虛空界盡衆生界盡衆生業盡衆生煩惱盡我此隨順無有窮盡念念相續無有間斷身語意業無有疲猒

大方廣佛華嚴經入不思議解脫境界普賢行願品疏鈔會本卷第七

大方廣佛華嚴經普賢行願品別行疏鈔會本卷第七

校勘記

一 底本，清藏本。

一 八八頁上卷首書名，徑作「大方廣佛華嚴經普賢行願品別行疏并鈔卷第五」。

一 八八頁上五行首字「第」，徑冠以「疏」字。以下各段大字前徑均冠以「疏」字。

一 八八頁上六行右首字「三」，徑冠以「鈔」字。以下各段小字前徑均冠以「鈔」字。

一 八八頁上一〇行右末字「因」，徑作「回」。

一 九一頁中一行左「依正」，徑作「依止」。

一 九一頁下九行左第九字「又」，徑作「及」。

一 九三頁下一〇行右第六字「徙」，徑作「徒」。

一 九四頁中卷末書名，徑無（未換卷）。

大方廣佛華嚴經入不思議解脫境界普賢行願品疏鈔會本卷第八　用八

唐罽賓國三藏沙門般若奉　詔譯

唐　勅太原府大崇福寺沙門澄觀別行疏　圭峯草堂寺沙門宗密隨疏鈔

△第十普皆回向三一牒名

復次善男子言普皆回向者

△回謂回轉向謂趣向回已修善向於三處謂實際菩提及與衆生△除狹劣障生廣大善回已修善至及與衆生者然隨所向義有衆多以類通收不出此三處也或開爲十一回自向他二回少向多三回自因行向他因行四回因向果五回劣向勝六回比向證七回事向理八回行布行向圓融行九回世間向出世間十回順理事向理所成事十中初三衆生次三及第九善提七八實際第十通三雖然開爲十又合爲二謂隨相離相或衆生隨相菩提離相實際非隨非離然雖開合多端此二闕一不可故光明覺品云若於一切智發生回向心隨相也見心無所生離相也當獲大名稱回向也若闕隨相則隨二乘若闕離相則隨凡夫隨相護二乘離相護煩惱據十回向品卽有十名一救護衆生離衆生相回向謂此菩薩修行六波羅蜜四無量心以此善根令一切衆生悉皆除滅三惡道苦常以慈悲眼觀諸衆生以此善根回向菩提實際衆生心無所著是名救護衆生離衆生相回向也二不壞回向謂此菩薩於諸佛法得不壞信深入實義集功德藏行大惠施心無所壞是名不壞回向也三等諸佛回向謂此菩薩學過去未來現在一切諸佛回向見好惡色心無憎愛諸根清淨此得如是回向諸佛故云等諸佛回向也四至一切處回向謂此菩薩修諸善根令此善根功德之力遍至三世諸如來所及諸大衆以爲莊嚴於一念中充滿無邊世界譬如實際遍滿一切是名至一切處回向也五無盡功德藏回向謂此菩薩得無盡法善根力回趣薩婆若海心淨如虛空不動如大地故云無盡功德藏回向也大隨順大果堅固善根回向此菩薩以四攝法四無量心善化衆生堅固不退以此善根回求大果是名堅固回向也七等心隨順一切衆生回向此菩薩增長善根不可測量開惡趣門得心自在以此善根常求惠施譬如有人盡未來劫常來求索菩薩以平等心而惠施之心無厭倦是名等心隨順一切衆生回向也八如相回向者此菩薩成就念智安住不動令諸衆生皆得安住諸功德法菩薩如是心無所依以此善根回眞如相回向利益一切衆生是名如相回向也九無縛無著回向者此菩薩不捨一切善根恭敬合掌禮拜諸佛請轉法輪菩薩以此無縛無著心回向大菩提果是名無縛無著回向也十法界無盡回向者此菩薩具足慈悲能廣惠施饒益衆生未曾休息以此善根回求法界無量佛刹是名法界無盡回向也成十回向總以無邊行海隨順大願爲宗成就普賢法界德用爲趣也疏除狹劣障成廣大善者顯益及所爲也心不回向卽二爲狹劣以回向心一毫之善皆遍法界故云廣大如回聲入角則遠聞

△二釋相二一明所回善根

從初禮拜乃至隨順所有功德

卽前九門△二正明回向此中正明回向衆生令成菩提卽向菩提盡於法界義同實際正明回向者釋此一段文爲二初廣釋義後明銷文初中二先配三回向後出要三所以今初疏正明等者正明向生此經文顯也言令成等者出經意含三也所向衆生必願成菩提盡法界下配實際疏文亦顯△所以要此

三者凡是菩薩必大悲下化大智上求而離衆生及菩提相後所以下出要三所以也於中三一具悲智離相故二互相資故三別開十類初中下化故向衆生上求故向菩提離此二種相故向實際又以菩薩善根必由衆生而成是生之分故還向彼善根必是菩提分法故亦向彼二必離相故向實際也△又此三者其必相資一卽具三方成其一謂證實相須向衆生以化衆生成其自利斷障證眞故亦向菩提速證菩提具一切智斷於二障方窮實際故△餘二準思又此下互相資也謂證實等者離色證空非眞實際故以化生成自證也亦向菩提者得菩提智方窮實際故以展轉相資也餘二準思者二爲救衆生須向實際於惑自在方能化故淨名云若自有縛能解彼縛無有是處亦向菩提有智方能廣利故故佛地經云欲度衆生不礙無障礙解三脫智三爲得菩提故回向衆生不向衆生不證果故亦向實際不證實際豈得菩提△更以類取略有十意謂依三法故滅三道故淨三聚故顯三佛性故成三寶會三身具三德得三菩提證三涅槃安住三種秘密藏故△言三法者卽體相用亦三般若△

謂向實際者依於體法向菩提者依於相法向衆生者依於用法△餘九三法次第準知更以下別開十類於中二初標列後牒釋釋中分二先會釋初門後例顯餘九初文有二先標後釋且初標疏言三法者即體相用亦三般若言三般若者謂眞性般若觀照般若資成般若此三名五般若中眞性即實相觀照名同資成即攝境界眷屬文字等三般若開即爲五合即成三後釋疏謂向實際下可知二例顯餘九疏餘九三法次第準知者即準初三配向實際菩提衆生也謂二云滅三道故者見實際方能滅苦炤煩惱空即得菩提同結縛業爲利生業等三淨三聚者謂向實際故律儀離過向菩提故廣攝衆善向衆生故即是饒益有情也四顯三佛性者謂向實際正因向菩提了因向衆生者即是緣因五成三寶者向實際成法寶向菩提成佛寶向衆生成同體僧寶六會三身者謂法報化七具三德者謂向實際成斷德向菩提成智德向衆生成恩德八得三菩提者謂向實際得實相菩提向菩提得實智菩提向衆生得方便菩提菩提樹下示成佛故九證三涅槃者謂性淨涅槃圓淨涅槃方便淨涅槃薪盡火滅是也十安住三種秘密藏者由向實際則住法身佛以法爲身清淨如虛空故由向菩提能成般若菩提朗鑒居然炤極故由向衆生能成解脫自既無縛令他解縛隨機應現亦無礙解脫也又此十內舉一爲首展轉相由也

△文二一離苦成善

皆悉回向盡法界虛空界一切衆生願令衆生常得安樂無諸病苦欲行惡法皆悉不成所修善業皆速成就關閉一切諸惡趣門開示人天涅槃正路

願離苦成善乃至涅槃皆悉回向至涅槃正路等者既普法界一時皆願則橫遍十方也言常得等者則豎窮三際也

△二發心代苦

若諸衆生因其集積諸惡業故所感一切極重苦果我皆代受令彼衆生悉得解脫究竟成就無上菩提

△苦由業生何能代之△略有七意△一起悲意樂自居凡境事未必能△二修諸苦行後能與物爲增上緣即名爲代△三留惑潤生受有苦身爲物說法令不造惡因亡果喪即名爲代△四若見衆生造無間業當受大苦無異方便要須斷命自墮地獄令彼脫苦即名爲代△五由初發心常處惡趣乃至饑世身爲大魚即名爲代△六大願與苦皆同眞性今以即眞之大願潛至即眞之苦△七法界爲身自他無異衆生受苦即是菩薩若諸下發心代苦文中二一正明二苦下徵釋於中三一徵起二略有下別釋三上七下料簡二中云一起悲等者瑜伽

四十九云菩薩於世間修習哀愍意樂及悲意樂爲利惡趣有情誓處惡道如已舍宅願身代受令彼惡業永不現行由此悲願力故一切惡趣諸煩惱品所有麤重於自所依皆得除遣入初地故等第一同向經云佛子菩薩摩訶薩見諸衆生造作惡業受諸重苦以是障故不見佛不聞法不識僧便作是念我當於彼諸惡道中代諸衆生受種種苦令其解脫菩薩如是受苦毒時轉更精勤不捨不避不驚不怖不退不怯無有疲厭何以故如其所願決欲荷負一切衆生令解脫故復作是念我所修行欲令衆生皆悉得成無上智王不爲自身而求解脫何以故我無救度一切衆生發菩提心不爲自身求無上道亦不爲求五欲境界及三有中種種樂故修菩薩行何以故世間之業無非是苦也二修諸苦行等者菩薩本爲利生求法苦行已名爲代況因修行獲勝妙三業與物爲增上緣故名爲代也三留惑潤生受有苦身者留煩惱種潤生令受分段有苦身也謂二障中分別起者地前伏現行初地剎那斷種子其俱生中所知障隨地分斷煩惱則初地已去自在能斷留故不斷潤生攝化故不墮二乘故爲斷所知障故爲得大菩提故衆攝論云留惑至惑盡證佛一切智然凡夫即以現惑潤業受生聖人不爾但留惑種用以受生以智禦用成勝行故不起過患猶如毒蛇以況力禦既不令死亦不起過而成勝用然分段變易二種身五教不同小乘但有分段至究竟位佛亦同然是實非化始教七地已還有分段八地已上有變易終教則初地永斷一切煩惱使種少分分別俱生於智障中亦從一分地上受變易身同若不留惑云何大悲同事攝生答始教願智劣故留惑助願終教菩薩願智勝故分留受生頓教行位既不可說所依身分亦然若圓教不說變易但分段以至於十地離垢定前至彼位得普見肉眼故知是分段也又善財以分段身窮

於因位故也問何故此中不說變易答以此數不分生死麤細之相總說過患以爲一際若信滿稱性頓斷彼際即分段便無障礙亦不易麤爲細故不說也故還源觀云衆生受執五蘊念念遷流名之爲苦善薩教令了蘊空寂業從妄生止觀二門心無誓捨因亡果俱苦無由生但令不入三塗名爲普代受苦也四若見佛者樂攝論第十一云若菩薩由如是方便勝智行殺生等十事無染濁過失生無量福德速得無上菩提勝果釋論曰菩薩能知如此事有人心應作無間等惡業菩薩了知其心無別方便可令離此惡行唯有斷命又知此人捨命必生善道若不捨命決行此業長時受苦菩薩念言我必墮地獄願我爲彼受此苦報當令彼人現世受少輕苦於未來世受大樂故如良醫治病先加輕苦後除重疾行盜婬等亦然又報恩經云菩薩知恩報恩修大方便利益衆生應識隨宜顯示方便說過去無長王如來滅後正法之中有婆羅門子聰明黠慧受持五戒受持正法因有緣事遠行餘國五百人伴前至崄路五百羣賊欲劫行伴其中一人先與婆羅門子親善先來告語於初夜時賊發汝害捨去勿令伴知婆羅門子聞已譬如人噎既不得咽又不得吐欲告語伴懼畏諸伴害此一人伴墮惡道若默然者賊當害伴賊墮惡道思惟是已即便持刀斷此賊命三惡道報是我所宜衆伴皆言卿是勝人云何作惡婆羅門子具說上事諸伴發菩提心羣賊亦然五由初等者由菩薩初修正願爲生受苦至究竟位願成自在常居惡趣救苦衆生如地藏菩薩及現莊嚴王等乃至鐵世身爲大魚皆其類也或放光熠燭神力冥加類非一也△上七義中初唯意樂次二爲緣次二實代後二理觀△然約有緣方能代爾上七義下第三料簡言然約有緣下通伏難爲有問云若

依四五二義應能普代何故猶有衆生受苦耶故此答云然約有緣方能代耳準大經鈔更有二意一業有定不定故不定則可代二若受苦有益菩薩令受方能究竟得離故如父母教子付嚴師令治如是密意非凡小能知也

△三總結無盡

菩薩如是所修迴向虛空界盡衆生界盡衆生業盡衆生煩惱盡我此迴向無有窮盡念念相續無有間斷身語意業無有疲厭

△四結益令知

善男子是爲菩薩摩訶薩十種大願具足圓滿若諸菩薩於此大願隨順趣入則能成熟一切衆生則能隨順阿耨多羅三藐三菩提則能成滿普賢菩薩諸行願海是故善男子汝於此義應如是知

△二顯經勝德二一校量聞經德

若有善男子善女人第二顯經勝德分中言善男子善女人者束而言之有九律儀言之有七即男三女四男三者在家有一即五戒近事男也出家有二即比丘及沙彌也女四者在家有一即五戒近事女也出家有三即比丘尼六法尼沙彌尼故有七也更兼有非受戒男子女人二般故成九也以此等九攜盡劫外劫內一切善男女也以滿十方無量無邊不可說不可說佛剎極微塵數一切世界上妙七寶及諸天人最勝安樂言七寶者眞諦記中說諸寶類總有一百八種舉勝而言七寶攝盡一金二銀三珊瑚四赤眞珠赤蟲所出或體赤色五末尼珠即如意珠也六硨磲其體如石青白間色七碼碯此與阿彌陀經少異可知布施爾所一切世界所有衆生供養爾所一切世界諸佛菩薩經爾所佛剎極微塵數劫相續不斷所得功德若復有人聞此願王一經於耳所有功德比前功德百分不及一千分不及一乃至優波尼沙陀分亦不及一

△二顯餘衆行德二一總明法行略說功德

或復有人以深信心於此大願受持讀誦乃至書寫一四句偈

總明法行也總有十種一書寫二供養三轉施四聽聞五披讀六受持七開示八諷誦九思惟十修習△今但有四謂一受持二讀三誦四書寫兼前聽聞唯舉五行乃至二字義攝所餘言一四句偈者梵云缽陀正云跛那此翻爲句準婆沙論有其五種今取五內處中句即八字爲一句也即當此間五字或四字句

等言偈者梵語伽他此飜為頌卽四句為
頌言一四句者取其最少不通一四句也
又顯義圓圓目之為句一義圓足名一四
句也各是一意令此意云若人受持此經
一四句偈使能除滅五無閒業等也先通
明十種法行言法行者總有十種如疏列
名一書寫者有人為重法故常自書寫經
與二供養者有人常以香花供養經法三
轉施者有自解書寫施與他人轉讀或自
轉念以此功德同施於他四聽聞者有人

常在法會聽聞教法五披讀者有人常披
覽教法對文而讀六受持者有人受持經
典恒不忘失七開示者有人自得義味恒
時開演曲示他人八諷誦者有人記憶文
句常自歌諷千遍萬遍九思惟者有人聞
教已思惟義理生得慧解十修習者有人
自達教旨依法修行此亦名十法師於中
一是人法師能解義理故法之師餘九法
卽師此十法行辯中邊論頌云書寫及供
養施他聽披讀受持及開演諷誦與思修

則通而言之謂受持大乘教法入理之方
便也賢首大師所製華嚴三昧觀門第四
簡教門中假問云衆生修行為要受持聖
教耶為要捨教耶答有十類一者自有衆
生無識懸捨聖旨師自愚心復隨邪友違
教修行巧偶誑感此為惡人也二者又有
求生亦皆聖教以質直心謂為出要勤修
苦行竟無所益此上二人俱捨聖教不依
義理三者唯誦聖言不解義意依傍聖教
求名求利達自所誦亦名惡人四者唯逐

文句不知義理但以直心讀誦雖無巧偈
亦無所益此上二人俱不捨教不得義理
如上四門皆不可依五者讀誦聖言分知
解行多讀文句少有修行大者廣尋聖教
遍知解行漸略聖言取意尋修七者受持
得意唯在修行不復尋言八者尋教得旨
知一切法無不稱性是故於教亦不持捨
卽此言教離性約教修行九者常持稱性
之教不捨不著恒觀絶言之理不棄不滯
此上五門猶未究竟十者尋教得實理教

無礙常觀理而不礙教常持教而不礙理
此卽理教俱融合為一觀方名究竟此上
十門前四門全不可依次五門從淺至深
隨根悟入然但是革凡成聖之方便猶未
究竟唯第十門方為究竟也又賢首大師
云受持大乘經須知五法一須明其文有
五謂善知分段起盡前後相屬次第連合
詮旨圓滿無增無減二解其事亦五謂說
處說主徒衆請儀及知圓音所說三達其
義亦五謂略標綱要廣釋除疑譬喻令解

引事證成舉益勸學四得其意亦五謂令
發大心觀真理伏煩惱慈悲救物勤修萬
行五順其行自有五種一於前四門法行
在身在心未習誓息二歷前四門以起勝
心謂於前文教起難遣想於前事相起尊
重心於佛難達傷已薄祐於前義理起愛
樂心於前意旨悲喜交集三受持正法開
於前文教書寫流通圖畫形相表佛法會
攝略意旨曲示行人四自行增謂親近善
友繫念思惟五成無礙行謂得旨亡詮故

不可守亡詮由教故不可捨是故於教生
無守無捨行令此雖開為十法行但是衆
緣資成正助相兼總曰受持修習全依此
者可為圓因精勤不退皆證滿果自教至
大唐古今有依法修學者靈通感瑞其類
實繁具如華嚴傳五卷集靈記兩卷所說
咯而言之謂一書寫經輝五色卽後親王
延明王元熙英明博達書以香和金寫經
一百部每部五香為藏七寶函盛日夜清
齋行道卽放神光五色炤燭庭宇衆所咸

覩因而發心者不可計數也褚香四達僧
德圓妙統宗極修一淨園種褚鮮花香草
雜之每洗浴方入園流以香水褚生三戴
香氣四達後以為紙寫經鏡書數行每字
皆放光明也二供養端鳥銜華僧法誠於
藍谷造華嚴堂畫七處九會變相兼寫此
經卑精供養每有瑞鳥形色非常銜華入
室旋逸供養也三轉旋灌掌之水尚拯生
齋僧弼伽多羅師子國第三果人因至西
太原寺遇諸僧轉華嚴經忽然敗容云不

知此處亦有此經合掌歎喜讚歎言曰此
大方廣經功德難思西域相傳有人稱讚
此經以水灌掌水沾蟲蟻而捨命者皆得
生天何況受持讀誦思惟觀察等四聽聞
功齊種智金剛菩薩云聞此法門如一切
智行所集福德五披讀眇然履空隋朝禪
定寺僧慧悟持華嚴經興持涅槃經僧同
隱終南巖樓木食各奉其衆後有一人請
齋二人相讓諸者云讚華嚴悟師卽使隨
往乃是山神千羅漢皆推之令於上坐齋

畢神呼一童令侍乃入僧口便得神通却
歸取經辭涅槃僧眇然履空而去莫知所
往六受持煥若臨鏡僧辯才事裕法師學
華嚴經久而不悟淨宝尋精三年乃夢普
賢指授覺後悉通煥然猶如臨鏡也七開
示華梵通韻宋朝三藏求那跋陀羅天竺
人精華嚴來至此土七百餘人請講恨以
華言未通禮懺爽請乃夢一人執劍持一
人頭例却頭隨暴頭安提來者遂通唐言
講數十遍故云通韻人天共遍魏朝勤那

三藏中天竺人既至此土華音又通講華
嚴經次忽有一人執笏形如天官云天帝
今請師講華嚴經都講維邪梵唄咸須同
去勤邪曰待講畢去得否使云可爾及講
終卽與都講等奄然卒於法座之上人皆
歎仰神光入宇法藏和尚宇賢首十七辭
覩求法於太白山後毋病歸覩時儼和尚
於雲華寺講華嚴經至中夜忽見神光炤
燭庭宇知有異人及明過儼和尚卽敬事
之深入華嚴音趣也良以一文之妙攝義

無遺故一偈之功能破地獄也京兆人姓
王不得名死被二人引至地獄見一僧云
是地藏令誦偈云若人欲了知三世一切
佛應觀法界性一切唯心造遶得解脫轉
所至處有受苦者悉脫其苦後一日却蘇
億持此偈向道俗說諸總尋經方得知是
華嚴經夜摩天偈也入諷誦每舍含利安
定鄴樊支智依順和尚誦華嚴經每因誦
經口中類獲舍利前後數百粒也適會神
僧京兆苑律師貞觀年初宿灞橋店有一

僧同主人別房安下飲酒噉肉律師持戒精潔勑然戒之其僧餐了以灰水噉口誦華嚴經飲終一軸未滿五更一部都畢其律師八房悲泣懺謝乞至明便乃分袂不告名字不知所至九恳惟則無生入證偈讚排空即解脫和尚臺山佛光寺立精舍讀華嚴經依經作佛光觀又求文殊得見云何須禮我可自悔責後因自求乃悟無生遂欲廣禮諸佛證此因緣感諸佛現與說偈言請佛寂滅甚深法贖劫修行今乃得若能開曉此法眼一切諸佛皆隨喜又問寂滅之法若爲可說教人佛即隱身但有聲曰方便智爲燈炤見心境界欲究眞實法一切無所見十修習海神聽而時雨霧霓僧道英老州人年至十二親爲之娶五作同居全無世事後因聽講華嚴經乃出家入太行山栢梯寺修止觀時年天早唯講華嚴感二人云是海神來聽講經遂令下雨須臾霧霓也天童迎而大水瀰漫隋朝曇幹講華嚴經住興善寺常作兜率及華嚴觀臨終之日有天童來迎而不隨去云吾志在華藏矣尋見大水瀰漫蓮花滿中乃忻然曰此果吾願遂與同住僧童眞相別別訖奄然而逝也

速能除滅五無間業所有世間身心等病種種苦惱乃至佛刹極微塵數一切惡業皆得消除

言五無間業者梵云半左阿難他哩灯也哩野尼迦云五無間或云阿鼻旨或云阿毘古譯云無擇或云無間具其四義或五義也一受生無間二壽命無間以無中夭者三身量無間以身遍滿故四受苦無間無等流處所故五受報無間以決定順生故由具上五義故名無間隨造一業便招此報所言五者即五逆罪謂殺父害母出佛身血殺阿羅漢破和合僧此五隨犯一件皆得逆罪墮阿鼻獄經一中劫受無間苦故名五無間業又此五逆有小大之異上說五逆猶是小逆佛月藏經等名爲大逆故彼第八云但出佛身血得無間罪向不可算墮阿鼻獄況出億佛身血者終無有人說彼罪報若有惱亂罵辱打縛爲我剃髮著袈裟片縷不受禁戒及破戒者得罪多彼況持戒者故名爲大下偈中云極惡五無間也又四重罪名近無間其罪亦重故名爲近除普賢願王及陀羅尼法威德力無能除滅也言所有世間身心等病者依涅槃經說有二種一者身病二者心病身病有五一者因水二者因風三者因熱四者雜病五者客病客病有四一者非分強作二者忘誤墮落三者刀杖瓦石四者鬼魅所著二者心病亦有四種一者踴羅二者恐怖三者憂愁四者愚癡復次善男子身心之病凡有三種一者業報二者不得遠離怨對三者時節代謝生如是等因緣名字受分別病因緣者風等諸病名字者心悶肺脹上氣咳逆心驚下痢受分別者頭痛目痛手足等痛是名爲痛受所分別也言種種苦惱者此有二種一即通指諸病有種種苦惱二即兼攝餘諸苦惱謂諸所有逼迫等事也

一切魔軍夜叉羅刹若鳩槃茶若毘舍闍若部多等飲血噉肉諸惡鬼神皆悉遠離或時發心親近守護

略說功德也唯說離惡亦即現報明魔鬼潛護中二義句初明魔鬼遠離後顯發心守護初言魔者梵語具云魔羅此云殺者殺修行人智慧命故此爲生死之根本也略說有四一煩惱魔是生死因二天魔是生死緣三蘊魔四死魔是生死果今言魔軍者即天魔也軍者衆也即下鬼神皆魔軍衆也言夜叉者此云猛捷即捷疾也羅刹者即食血肉之鬼類也海中有羅刹城人落其中多遭食啗也鳩槃茶者此云守宮神亦云冬瓜鬼以其陰囊似冬瓜也毘舍闍者噉精氣鬼餓鬼中此稍勝也部多者此云大身鬼亦云自生鬼此類若從父母生者名曰夜叉若自生者名曰部多飲血等者總舉諸類也皆恐遠離者後結遠離也亦即現報者對生報後報以滿三也

△二偏舉一行廣顯衆德二一舉一行

是故若人誦此願者

舉一例餘△二廣辯德具多勝德不出五果不出五果者俱舍顯相云異熟無記法有情有記生但是無覆無記故不通餘從善惡因所感名有情有記生又瑜伽云諸不善法於諸惡趣受異熟果善有漏法於諸善趣受異熟果等流似自因相似同類兼說自因又瑜伽三十八云習不善故樂住不善則不善法增長習善法故樂住善法則善法增長爲等流果或似先業後果隨轉此有二義後義果似於因即此意也如殺生短命等前義即後果之報如前世樂於殺生令還好殺等也離繫由慧盡離諸結縛名離繫果慧者擇也盡者滅也謂此擇滅離繫所顯故將擇滅釋離繫果瑜伽論云以道滅或名離繫果又諸異生以世俗道滅諸煩惱不究竟故非離繫果若因彼力生是果名士用若法因彼力生如因下地加行力上地得有漏定生然離繫名爲不生由道力證得亦得名爲不生士用果也除前有爲法有爲增上果謂有爲法生餘法不障是增上果故增上果唯有爲法除前已生有爲之法非增上果謂果望因或俱或後必無前果後因故云除也除此前後餘諸有爲爲增上果論云增上之果也又瑜伽云若眼識等是眼根增上果乃至意識是意根增上果聚生身分不散不壞是命根增上果解云眼等諸根不

障識生身分不壞不散令不斷命根皆以不障義邊名增上果也仔細詳意用之問士用增上何別答士用唯對作者增上通對所餘如匠所成對能成匠具得士用增上果名對匠所成非匠非匠非造故非士用也然上所引是俱舍根品彼以六因成斯五果非今所要今但以誦普賢行願一因自然具斯五果此與諸宗有因同果異如十地中同修五種十善感果各殊有因異果同如此因及六因也因果俱異可以意得也

厶文三一通明五果厶一增上果

行於世間無有障礙如空中月出於雲翳諸佛菩薩之所稱讚一切人天皆應禮敬一切衆生悉應供養

增上果有增上用故

厶二等流果

此善男子善得人身圓滿普賢所有功德不久當如普賢菩薩速得成就微妙色身具三十二大丈夫相

等流果亦滿普賢功德行故

言三十二相者一足下平如奩底二足下千輻輪三足跟梵王頂四手指纖長五其身方直六手足網縵七手足柔軟八節踝腨滿九身毛上靡十鹿王腨十一其身圓滿十二垂手過膝十三項有肉髻十四無見頂十五馬陰藏十六皮膚細滑十七身毛右旋十八身紫金色十九七處平滿二十柔軟聲二十一缺骨充滿二十二師子上身二十三臂肘腨纖二十四齒白齊密二十五四十齒二十六得二牙二十七師子頰二十八口中上味二十九廣長舌三十梵螺聲三十一目睫紺青三十二眉間白毫相等如是諸相下自三賢菩薩作轉輪王雖圓明已有此相乃至等覺猶經百劫修佛相好應知皆自十善為因百福莊嚴方得成滿言百福者謂十善法具起百思如一不殺有五思謂離殺思勸導思讚美思隨喜思迴向思如是乃至不邪見亦隨於一一相引布自身必須前起五十思乃引一相後起五十思以覆之前後合為百思名為百福百福具足方成一相此名共因如涅槃經師子吼品如是三十二相一一皆有別因如彼經云若有菩薩摩訶薩持戒不動施心不移安住實語如須彌山以是業緣得足下平如奩底相若於父母師長乃至畜生以如法財供養供給以是業緣得足下千輻輪相若不殺不盜於父母師長常生歡喜以是業緣得成三相一手指纖長二足跟長三身方直等若修四攝法攝取有情得網縵指如白鵝王父母師長若病疾時自手洗拭捉持按磨得手足柔軟若持戒聞法憙施無厭得二相一節踝腨滿二身毛上靡若專心聽法演說正教得鹿王腨相於諸有情不生害心飲食知足常樂惠施瞻病給藥得身圓滿如尼俱律陀樹立手過膝項有肉髻及無見頂見怖畏者為作救護見裸跣者施與衣服得馬陰藏相親近智者遠離愚人善喜問答掃治行路得皮膚細軟身毛右旋若以衣服飲食臥具醫藥香華燈明施人得身金色常光焰耀若行施時所珍之物能捨不吝不觀福田及非福田得七處滿於布施之時心不生疑得柔軟聲若如法求財以用布施得缺骨平滿師子上身臂肘腨纖遠離兩舌惡口恚心得四十齒白齊密於諸衆生修大慈悲得二牙相常作是願有來求者隨意給與得師子頰隨諸所須之食悉皆與之得味中上味自修十善兼以化人得廣長舌不須彼短不謗正法得梵音聲見彼怨憎生於喜心得目紺色不隱他德稱揚其善得白毫相如斯一一各別修之方能滿足三十二相今以普賢行願一因即能感此三十二相也

厶三異熟果

若生人天所在之處常居勝族

異熟果乘因感果故

厶四士用果

悉能破壞一切惡趣悉能遠離一切惡友悉能制伏一切外道

士用果有善菩薩用故

厶五離繫果

悉能解脫一切煩惱如師子王摧伏羣獸堪受一切衆生供養

離繫果八支聖道滅煩惱故

言一切煩惱者謂根隨煩惱也根本有六一貪二瞋三無明四慢五疑六不正見開即為十謂不正見為五一身見二邊見三邪見四見取五戒禁取故開為十即六通俱生十分別起是惑之根本故名根本煩惱二隨煩惱有二十一忿二恨三惱四覆五誑六諂七憍八害九嫉十慳十一無慚十二無愧十三不信十四懈怠十五放逸十六昏沉十七掉舉十八失念十九不正知二十散亂於中忿等十箇名小隨無慚愧二名中隨不信等八名為大隨以隨根本惑勢力而起故名隨煩惱也亦通俱生分別分別起者行相麤淺

入見即除俱生起者行相微細至果方盡總舉諸惑故云一切也如師子王等者師子獸中之王一吼之時衆獸潛伏行願威神亦復如是由茲行願正念現前乃至成佛永斷諸惡故云如等言八支聖道者即八正道也謂正見正思惟正語正業正命正精進正念正定等八也覺理無邪曰正見器慮正義名正思惟無漏語業名正語無漏身業名正業身語無邪為正命如理策勤名正精進順法錄心名正念無漏三昧名正定入中正見是道亦支餘之七法唯支非道所以通云正通者一則解翻八邪二則體是聖道故也

△二別明淨土果二一顯法功能

又復是人臨命終時最後剎那一切諸根悉皆散壞一切親屬悉皆捨離一切威勢悉皆退失輔相大臣宮城內外象馬車乘珍寶伏藏如是一切無復相隨

淨土果中釋文分二先顯法功能後別明勝果前中經文義分為三先世果終失次此願不離後引生淨土今初如俱舍論通說臨終之時有多般市或惡業緣厚者有斷末摩苦然於身中有極少節解使致死是為末摩苦地水火風隨一增減如利刀刃斷彼末摩因此便生增上苦受業斯不久邊致命終又復人間復有多種死相或中他毒藥或風病失音或鬼神所錄或懷胎娩難或大水漂溺或野火所燒或惡獸傷殘或無幸沐戰或雷電霹靂或戰陣敗亡或王法臨刑或寃家鋒刃諸般捨壽難可具名乃至諸天命將終位亦先有五種小衰相現一者衣服出非法聲二者自身光明忽然昧劣三者於沐浴位水滯著身四者本性囂馳今滯一境五者眼本凝寂今數瞬動此五相現定死不疑也復有五種大衰相一衣染塵垢二華鬘萎萃三兩腋汗出四鼻氣入身五不樂本座此五相現心定應死金光明經說人死之相云兩眼白色變舌黑鼻梁欹耳豎項筋垂下臂垂向下又涅槃云於警人所不生恭敬心於諸親友生荊棘心此是死相如寶積經說最後捨壽之際心極明了一切善惡皆悉現前長落心生即便往趣也此即通說一切死相今誦持人即不為彼如是惡相之所逼迫也二諸根散壞三親屬捨離四威勢退失五一切不隨文顯可知

唯此願王不相捨離於一切時引導其前一剎那中即得往生極樂世界

此顯不離義分為三一願王不離二引導長時三往生極樂言極樂世界者謂其國衆生無有衆苦但受諸樂故名極樂或名安樂亦名安養即阿彌陀佛所依之國土其國乃地瑩七珍池通八德風搖樹響與天樂以齊鳴水激清波將法音而同韻是以六方調御金口稱揚三世如來致心護念總斯多義故以為名也

△謂報盡捨命一切不隨唯此願王引生淨土△同無常經眷屬皆捨去財貨任他將但持自善根險道充食糧

△二別明勝果二一正明化生

到已即見阿彌陀佛文殊師利菩薩普賢菩薩觀自在菩薩彌勒菩薩等此諸菩薩色相端嚴功德具足所共圍繞其人自見生蓮華中蒙佛授記

亦異熟果乘此善因淨土生故

後別明勝果分二先正明化生後得授記下顯利生大用初中經文分三一得見聖衆二顯聖德相三見生蒙記初中言阿彌陀佛者此云無量壽由二義故名阿彌陀一光明無量故二壽命無量故故阿彌陀經云彼佛何故號阿彌陀彼佛光明無量無邊照十方國無所障礙是故號為阿彌陀彼佛壽命及其人民無量無邊阿僧祇劫故名阿彌陀由昔因中大願光明與壽俱無量故故以名為故大無量壽經云設我得佛光明有限下至不照百千億那由他諸佛國者不取正覺又云若我成佛壽量有限下至億那由他百千及算數劫者不取菩提舉云阿彌陀者六十萬億那庾多恒河沙由句是其身無量無邊不可思議阿僧祇劫是其壽目澄四海毫映五山光明無有涯眷屬不知數足不行而十方遍口不言而萬類聞左侍觀音右翼勢至國有十善土無三惡一稱名字滅殃罪八十億劫一禮形像獲相好八萬四千舉手低頭無非是益也文殊師利者總有四翻正法華名溥首有經名濡首正云妙德或云妙吉祥以其降生時有十種奇瑞故一光明滿室二甘露盈庭三地涌七珍四神開伏藏五鷄生鳳子六豬誕龍肫七馬產駒騂八牛生白澤九倉盈金粟十象生六牙有斯徵瑞名妙吉祥也又悲華經說過去寶藏佛時為無諍念王第三子名曰帝衆佛前願取妙淨土佛言汝自發願取妙淨土我今號汝為文殊師利此表淨土諸吉祥事其來久矣今助佛導化示生舍衛多羅聚落為梵德婆羅門子香山云德妙而十方普現道尊為諸佛所師昔度五百仙人韜光雪嶺今與一萬菩薩見住涼山廣如大經等說也普賢可知言觀自在菩薩者解釋絕多嘉祥云謂於六根門中而得自在故以名焉慈恩就三業解三業歸向必六通赴緣攝利難思名觀自在也賢首就悲智解謂於理

事無礙之境觀達自在又觀機往救自在無礙故以名爲又諸菩薩至八地中得十自在一命自在於不可說劫住壽命故二心自在智慧能入無數三昧故三資具自在能以無量莊嚴一切世界故四業自在隨時受報故五受生自在於一切世界示現受生故六緣自在於一切世界見佛充滿故七願自在隨欲隨時於諸刹中成正覺故八神力自在示現一切大神變故九法自在示現無邊諸法門故十智自在於念念中示現如來十力無畏成正覺故第五十五說得是自在故以爲名言彌勒者此云慈氏如慈心因緣經說乃往過去無量無邊阿僧祇時有世界名勝華數佛號彌勒恒以慈心四無量法教化一切時有婆羅門名一切智光具六十四能多知博達聞佛說經即生難詰不能屈伏便發信心而發願言願持此經必得成佛號曰彌勒即捨家入山經八千歲常持彼經常習慈行又於過去與釋迦同於弗沙佛所發菩提心常過慈定自是已來常號彌勒亦名阿逸多此曰無能勝大慈善根無能勝故爲波羅奈國輔相之子身紫金色有三十二相香山云莊嚴淨國而度有情也道乃先於釋迦降跡猶當於補處哀吾師遺法弟子恐更沉淪龍華三會之時昔垂度脫今即示居覩史引導閻浮深慈重思永劫寧報善財遇之得解脫門名曰入三世一切境界不忘念智莊嚴藏也問生極樂國得見阿彌陀佛觀自在菩薩其事必爾又普賢身印淨法界身一切佛體得見無妨其文殊彌勒在此娑婆今言往彼又云得見爲同異耶答此有二義一即體異名同如說壽經時西方亦有無量壽佛等同讚故知但是名同體別異也二云是同非異何以如文殊師利佛道父母大稱應現助佛揚化遍周法界現種種身利樂寡品如彌勒爲善財說文殊師利最勝大願非餘無量百千那由他等菩薩之所能有又言文殊師利其行廣大無量無邊

其願無際相續不斷常能出生一切菩薩最勝功德常爲無量菩薩之師令其勤修深證入故普於十方常轉法輪教化成熟一切衆生常於十方一切世界爲說法師常爲不可說不可說一切諸佛大會衆中之所讚歎也彌勒菩薩如大經說云成就一切遍趣行故於諸生處而得自在又言我身普生一切法界一切衆生願示道相殊異言音種種名號種種欲樂種種威儀隨順世間教化調伏願示衆生清淨受生隨順趣入一切衆生甚深勝解一切菩薩大願受化如是等無量所顯而現其身種種相貌種種威德充滿法界爲欲成熟往昔同行退失菩提者示現於此閻浮提中又爲成熟兜率天中同行天故令知諸天盛必衰故爲欲示現降生瑞相教化成熟釋迦如來所遺來者令如蓮華悉開悟故於此處沒生兜率天等故知是同非異也或可名同體異亦無妨也言等者等取諸餘新賢舊聖及常隨侍諸菩薩等故阿彌陁經云其國中多有一生補處其數甚多非是算數所能知之但可以無量無邊阿僧祇劫說等但生彼國無不皆見也二願聖德相三見生蒙記可知

△二利生大用

得授記已經於無數百千萬億那由他劫普於十方不可說不可說世界以智慧力隨衆生心而爲利益

亦士用果 後明利生大用中二先明得記後顯利生利生文中分三初標利生時次顯利生處後正明利生上來有二先正明化生後顯利生大用總是別明勝果前來有二先顯法功能後別明勝果總是明淨土果訖

△三究竟成佛果

不久當坐菩提道場降伏魔軍成等正覺轉妙法輪能令佛刹極微塵數世界衆生發菩提心隨其根性教化成熟乃至盡於未來劫海廣能利益一切衆生

△亦離繫果究竟離故△然前故中初一現報果今此成佛即後報果中間諸果皆是生報△唯誦一行五果具足三報昭彰終至菩提于何不習 自下第三究竟成佛果有二先銷經文後釋疏文前文六一身坐道場二降魔成佛三佛法利生四令衆發心五隨機成熟六廣益無盡初中坐者如大經說菩薩摩訶薩有十種坐所謂轉輪王坐興十善道故四天王坐於一切世間自在安立佛法故帝釋坐與一切衆生爲勝主故梵天坐於自他心得自在故師子坐能說法故正法坐以總持辯才力而開示故堅固坐誓願究竟故大慈坐令惡衆生悉歡喜故大悲坐忍一切苦不疲厭故金剛坐降伏衆魔及外道故是爲十坐若諸菩薩安住此法則得如來無上正覺坐餘如下偈中述

△三結勸受持三一結前勝德

善男子彼諸衆生若聞若信此大願王受持讀誦廣爲人說所有功德除佛世尊餘無知者

△上猶略歎今說無盡

△二正明勸持

是故汝等聞此願王莫生疑念應當諦受受已能讀讀已能誦誦已能持乃至書寫廣爲人說

通十法行

△三重舉勝德

是諸人等於一念中所有行願皆得成就所獲福聚無量無邊能於煩惱大苦海中拔濟衆生令其出離皆得往生阿彌陀佛極樂世界

△殷勤須德意在勸持△然此經一卷文少義豐實修行之玄樞乃華嚴之幽鍵功高德遠何不修持西域王臣未有不習大文

第三善男子彼諸衆生下結勸受持分文二先標分後釋解三段如疏文顯可知重衆德中經言皆得往生等者自此諸彼名之爲往也華十六觀經說往生之人總有九品隨其品願隨其行業方得往生言九品者一上品上生發三種心謂菩提心等又有三種一者慈心不殺具諸戒行二者讀誦大乘方等經典三者修行六念回向發願具此一日乃至七日壽尊與二菩薩無數化佛聲聞大衆執金剛臺至行者前授手迎接纔生彼國即悟無生須臾至十方界名上品上生二上品中生謂於第一義心不驚動深信因果不謗大乘壽尊與二菩薩持紫金臺至行者前與千化佛一時授手一念生彼大寶華中經宿即開七日便得菩提不退飛行十方名上品中生三上品下生亦信不謗但發大菩提心應終見佛與二菩薩持金蓮華五百化佛一時授手一日一夜蓮華乃開至七日後即得見佛三七日後遊歷十方衆佛授記名上品下生四中品上生不造五逆持五八戒臨終見佛讚歎出家得離衆苦便坐華臺未舉頭頃即生淨土蓮華尋開得阿羅漢果名中品上生五中品中生受持八戒若一晝夜持沙彌戒若具足戒威儀無缺臨終見佛慰喻往生七日華開得預流果六中品下生孝養父母行世仁慈遇人爲說佛土功德及法藏比丘四十八願雖不見佛命終亦生七日華開亦得預流果七下品上生雖不謗經如此愚人多造惡業無有慙愧臨終聞讚大乘十二部經文復稱佛號化佛慰喻即得往生經七七日華開見聖聞甚深法八下品中生毀犯衆戒偷僧祇物不淨說法無有慙愧諸惡嚴身臨命終時獄火俱至遇善知識爲說如來十力威德光明神力及戒定慧解脫解脫知見聞已除滅八十億劫生死重罪火變凉風化佛迎接一念往生六劫華開發無上道意九下品下生五逆十惡具諸不善應墮惡道受苦無窮臨終苦逼不遑念佛但稱名號令聲不絕具足十念命終之後見金蓮華一念往生滿十二劫花開得聞諸法實相除滅罪行發無上道意是即九品往生各各須具多種功德方得往生也又如大藏中有百餘本或經或論說修彼因莫非勤積方得生彼今唯誦經一行一剎那中便得往生蒙佛授記甚爲奇妙也疏言豐者多也樞謂樞機鍵即關鍵餘文可知也

大方廣佛華嚴經入不思議解脫境界普賢行願品疏鈔會本卷第八

大方廣佛華嚴經普賢行願品別行疏鈔會本卷第八

校勘記

一　底本，清藏本。

一　九五頁上一行至四行全文，徑無（未換卷）。

一　九五頁上五行首字「第」，徑冠以「疏」字。以下各段大字前徑均冠以「疏」字。

一　九五頁上九行右首字「回」，徑冠以「鈔」字。以下各段小字前徑均冠以「鈔」字。

一　九八頁下五行右第一三字「師」，徑作「尚」。

一　一〇一頁中一行左第一〇字「三」，徑作「二」。

一　一〇一頁下六行左第一三字「門」，徑作「明」。

一　一〇一頁下一四行左第一三字「孺」，徑作「瑞」。

一　一〇二頁上一一行右第八字「過」，

[徑]作「習」。

一一〇三頁中卷末書名，[徑]作「大方廣佛華嚴經普賢行願品別行疏鈔卷第五」。

大方廣佛華嚴經入不思議解脱境界普賢行願品疏鈔會本卷第九　用九

唐罽賓國三藏沙門般若奉　詔譯

唐　勅太原府大崇福寺沙門澄觀別行疏
　　圭峯草堂寺沙門宗密隨疏鈔

△疏二偈頌二一標舉

爾時普賢菩薩摩訶薩欲重宣此義普觀十方而說偈言（自下第二爾時普賢下後彰頌偈於中初言重宣者重頌之意總有其四一爲後來不聞欲令得聞故二爲未悟之者重聞令悟解故三爲長行文畧以偈廣之令易曉會故四爲結句受持文稍易故有斯四意故重頌之）

△二正頌三一頌正示普因二一別頌前十門文但有七後三合故文八一頌禮敬諸佛

所有十方世界中三世一切人師子我以清淨身語意一切徧禮盡無餘普賢行願威神力普現一切如來前一身復現剎塵身一一徧禮剎塵佛

初二句頌所禮次一句頌能禮次句明周徧次句辯徧因後三句別顯禮相謂一一佛所各有多身一一已身能起多禮故晉經云一一如來所一切剎塵禮

△二頌稱讚如來

於一塵中塵數佛各處菩薩衆會中無盡法界塵亦然深信諸佛皆充滿各以一切音聲海普出無盡妙言辭盡於未來一切劫讚佛甚深功德海（稱讚二偈中前偈明所讚唯深信二字屬能讚因後偈全顯能讚於中前半偈明讚相次一句明讚時末後一句正明稱讚）

△三頌廣修供養

以諸最勝妙華鬘伎樂塗香及傘蓋如是最勝莊嚴具我以供養諸如來最勝衣服最勝香末香燒香與燈燭一一皆如妙高聚我悉供養諸如來我以廣大勝解心深信一切三世佛悉以普賢行願力普徧供養諸如來

此中唯說本行供養不頌校量法供養勝豈得唯舉劣供養耶明知長行校量本行供養（供養中二偈初二偈前三句標所供具後一句正申供養後偈中除一切三世佛九字先所供境來後一句此中供養餘皆能供因）

△四頌懺除業障

我昔所造諸惡業皆由無始貪恚癡從身語意之所生一切我今皆懺悔

（四懺悔偈中初句標所懺業次句明造業因次句指造業具末後句正申懺悔）

△五頌隨喜功德

十方一切諸衆生二乘有學及無學一切如來與菩薩所有功德皆隨喜

（次隨喜偈中前三句餘四字明所隨喜後二字明能隨喜前中初句有情次句二乘後句大乘就初句中前四字通標一切後三字正顯有情）

△六頌請轉法輪

十方所有世間燈最初成就菩提者我今一切皆勸請轉於無上妙法輪

（次請轉法輪偈中前二句標所勸請次一句正明勸請後一句明所請事）

△七頌請佛住世

諸佛若欲示涅槃我悉至誠而勸請惟願久住剎塵劫利樂一切諸衆生

（請佛住世偈中初句標所請次句正明勸請下二句申勸請意於中初句明住所經時下句述所爲事）

△八合頌後三△以後三行皆回向故八九但是回向別義△八隨佛學是向菩提通於二利九順衆生是向衆生一向利他△故此三門不相捨離△文二一合頌三門二頌願生淨土初中三一總標回向二

別頌三門三結歸回向彌顯三門皆回向也△今初以該八九故不依前次

△文三一總標回向

所有禮讚供養佛請佛住世轉法輪隨喜懺悔諸善根

△牒前所回善根也八九二門屬回向故但牒前七

回向衆生及佛道

正明回向也△畧舉二處實際離相徧該於二在無盡中△二別頌三門卽分爲三

雖同回向長行既開故畧標別義

△文三一頌隨如來學

我隨一切如來學修習普賢圓滿行供養過去諸如來及與現在十方佛未來一切天人師一切意樂皆圓滿我願普隨三世學速得成就大菩提

頌隨佛學中初句標示次四句正明隨學次一句示隨學所因次一句結成隨學後一句隨學意言天人師者天者名晝天上晝長夜短是故名天又天者名無愁惱常受快樂是故名天又天者名爲燈明能破黑暗而爲大明是故名天亦以能破惡業黑暗得於善業而生天上是故名天又天者名吉以吉祥故得名爲天又天者名日日有光明故名曰爲天以是義故名爲天也人者名曰能多思慮又人者身口柔軟又人者名有慢又人能破慢善男子諸佛雖爲一切衆生無上大師然經中說爲天人師何以故善男子諸衆生中唯天與人能發阿耨多羅三藐三菩提心能修十善業道能得須陀洹果斯陀含果阿那含果阿羅漢果辟支佛道得阿耨多羅三藐三菩提等故號佛爲天人師也

△二頌恒順衆生

所有十方一切刹廣大清淨妙莊嚴衆會圍繞諸如來悉在菩提樹王下十方所有諸衆生願離憂患常安樂獲得甚深正法利滅除煩惱盡無餘

以順衆生卽順諸佛故先舉諸佛頌順生行中先經文後疏釋前中初偈標能益之尊後偈顯爲生啓願前中初二句標所依淨刹下二句顯能依衆會後偈中初句所順生下三句申願意於中初句離憂常安次句獲深法利後句滅除煩惱也△又佛坐樹下爲化衆生△故晉譯云如來坐道場菩薩衆充滿令十方衆生除滅諸煩惱明知不相違疏文有二先釋通外難後結歸本意前中先釋通後引證前中以有外難云本明順生何先舉佛故疏釋云以順衆生卽順諸佛等△三頌前回向前畧今廣

△此下大願亦是伽陀△回向與願大同小異異者謂回向要有所回善根發願無善亦可要誓大同者十回向位大願爲體總願別願皆回向故△今此卽是回向大願三頌前回向者卽表爲菩提修行時下三十偈於中三一會通長行二會通初地三解釋本文今初疏亦是伽陀者梵云祇夜此云重頌謂頌長行也如前偈等梵云伽陀此云諷誦謂孤起諷讃非頌前文然此十願若以頌前回向則是祇夜若以長行文中無別十大願之文卽是伽陀故云亦也亦者非全一向疏總願別願者如願成就佛菩提爲總願也於中自利利他不同爲別願也是回向大願者十回向旣是大願之回向故如大願是回向之大願

△文有十願全同初地但次不同彼中次者一供養願二受持願三轉法輪願四修行二利五成熟衆生六承事七淨土八不離九利益十成正覺今次如經文有十願下二會通初地也卽初地中金剛藏菩薩爲解脫月菩薩說初地十願第四校量勝德分三門之第一勝願也今依彼疏文前以五對十門釋之一名體對名者是總云願者是希求義別有十名依經依梁攝論列與此名同但次第異今依彼次第標列後釋卽依當文瑜伽及諸攝論名雖小異義亦全同體者赴性卽以信欲勝解三爲自性若取所依悲智相導卽後得智爲體二修證對修者初七修始次二修熟後一修成也證者地前引發初地當證三行位對行者初二自利次五利他八自利滿九利他滿十二利果若約通論十皆二利位者通論卽初地所得也彼是初地之文故作此配若就此中十願卽初後圓融不局定位四因果對前九求因後一求果五立意圖融對立

意者所以但說十者以攝二嚴二利因果
行位無不周故又表無盡故故云一一皆
攝阿僧祇願圓融者以稱性故一願之中
具一切願即入重重如常所辯六相圓融
正在此文也故世親菩薩言六相者總相
別相同相異相成相壞相總者是根本法
以初一法無不攝故別者餘九法別依止
本滿彼本故同者斯法同名法故異者增
相故諸法漸增故成者畧說故攝九緣以
成一畧也壞者廣說故分一作九九外無
一此九因緣各住自相不相成也猶如泥
柱等共成一舍總則一舍別則諸緣同則
互不相違異則諸緣不同成則諸緣辦果
壞則各住自法凡舉一法皆六相圓融又
華嚴第三祖康藏國師為則天皇帝指金
師子說六相圓融如彼金師子章也彼經
文有二別一正願十願彰自勤行二明十
盡句與衆生共初中四一總標二別列三
總結四攝者屬初中地經云佛子菩薩住
此歎喜地能成就如是大誓願如是大勇
猛如是大作用釋曰能成就言訣下三句
初句始起要期次句方便起行謂成彼一
一願中所作方便皆勇猛故後句願道行
成謂如供養佛便能供故餘九例知此類
亦即行稱願行故非如凡夫空有要期是
以總言能成就也以總該別十願皆有此
三也二別列十願者一一願中文各有四
皆初四字總標起願云又發大願此四字
九願皆有唯初供養一願以近標文故無
也二顯願行相十願各別然與此經文異
義同下隨文引之會釋三彰願德能十願
皆云廣大徧法界究竟如虛空四明願分
齊十願皆云一切劫數無有休息此段雖
十願文同而所作各異應云供養無有休
息等不似第三段文義皆同也就初後二
段文通義句第三德能文義俱通十願皆
有廣大等德故三總結云佛子住此歡喜
地發如是大誓願等三句全同標文也四
攝眷屬云以此十願為首滿足百萬阿僧
祇大願然此經但有第二別願中之行相

文義無餘三段以此須知彼經中願與此
大同小異之意故畧標釋勿訝異端疏令
次如經者依此經次第解釋
本文也但隨義便會於彼經

△文二一別發大願十一受持願

我為菩提修行時一切趣中成宿命常得出
家修淨戒無垢無破無穿漏天龍夜义鳩槃
茶乃至人與非人等所有一切衆生語悉以
諸音而說法

亦名護法願故十地經云願受一切佛法
輪願攝一切佛菩提願護一切諸佛教願
持一切諸佛法△今文初句攝菩提△次
句持佛法△次二句護佛教修行戒行為
護行故△破穿之義已見上文妙住章中

第一我為下二偈明受持願即彼第二願
也疏故十地云至一切諸佛法者此四句
全寫彼行相之文也彼釋云[illegible]
四句皆通二利然若約能受持等
說受謂領受攝謂攝屬護謂防護持謂住
持故勝鬘經云攝受正法護持正法若約
所受持等即一教二果三行四理三云護
教判為行法者論云謂修行教法於修行
時有諸障難攝護救濟故能受等文雖互
舉義實皆通言常得出家修淨戒者家謂
家宅以拘繫為義離煩惱縛名曰出家又
在家迫窄猶如牢獄出家寬曠猶如虛空
又智度論云孔雀雖有色嚴身不如鴻鶴
能遠飛在家雖有五欲樂不如出家功德
深又如心地觀經佛為智光長者說出家
在家二種勝劣佛言出家菩薩勝於在家

無量無邊不可為比何以故出家菩薩以
正慧力微細觀察在家所有種種過失所
謂世間一切舍宅積聚其中不知滿足猶
如大海容受一切大小河水不知滿足又
云在家之人心恒起妄想執著外境不能
了真無明昏醉顛倒纏境亦常不住惡覺
易起善心難生由妄想緣起諸煩惱因衆
煩惱造善惡業依善惡業感五趣果如是
如是生死不斷出家菩薩能如是觀猒離
世間名真出家偈云出家菩薩勝在家等
分諭分莫能比在家迫窄如牢獄欲求解
脫甚為難出家閒曠若虛空自在無為離
繫者等又云若有男子女人一日一夜出
家受戒二百萬劫不墮惡道以是因緣故
願常得也疏破穿之義至妙住章中者即
善財第四善友妙住比丘大經則名善住
也此善友寄第三修行住也此章中說二
十種戒彼疏將配回向品二十梵行於中
第十二名不缺漏戒配第二不缺梵行又
第二十無垢戒配第一不破梵行彼釋云
若破四重十重猶如破器無所復用最羸
重故今經云無垢即無垢戒又云無破即
不破梵行無穿漏即不缺漏戒雖加穿字
無缺字而穿與缺義亦不殊故指彼釋此
意亦同涅槃經愛見
羅剎乞浮囊之喻也

△後偈願受一切佛
法輪即是如來以一切音而說諸法令能
徧受持△故上經云能令三界所有聲聞
者皆是如來音

△二修行二利願

勤修清淨波羅蜜恒不忘失菩提心滅除障
垢無有餘一切妙行皆成就於諸惑業及魔
境世間道中得解脫猶如蓮華不著水亦如

日月不住空

於中一切妙行皆成就者此是總句謂廣大無量世出世間種種行故亦行方便 第二

勤修下二偈修行二利願即彼第四也疏此是總句者文云一切故是總也以隨義便故不依次釋之下多倣此疏謂廣大無量至種種行故者彼經云願一切菩薩行廣大無量不壞不雜論釋云廣大無量是世間行意明俗智之行廣從初地乃至六地大者七地無量者八地已上不壞不雜是出世間行不雜世間有漏法故不壞者寘同真性故疏亦行方便者彼經行中有四位行相行體行業行方便行方便中以六相圓融令一行具一切行爲方便經云攝諸波羅蜜淨治諸地總相別相同相異相成相壞相所有菩薩行皆如實說教化一切令其受行心得增長今云一切妙行皆成就者文含彼意故括云行方便也餘三此配之在疏可見△**餘句爲**

別初句行體卽十波羅蜜除蔽清淨 初句行體

者前云廣大無量者世出世間等止斷此十波羅蜜之相故此云體也明此十波羅蜜義畧以三門分別一釋名義二明體性三問答廣畧初中又二先釋總名後釋別名今初十卽是數波羅蜜者此云到彼岸也以生死爲此岸煩惱妄念爲中流真空之際爲彼岸也故貪疏云由無正智住生死岸溺煩惱流起惑造業輪回無極但令修無相慧炤五蘊空名離此岸妄念永寂是越中流證法性如是到彼岸又唯識論以現起苦集爲此岸未起苦集爲河流菩提涅槃爲彼岸六度爲船筏以行人五蘊假者爲所度又智度論中有三義一以生死爲此岸菩提爲彼岸一切如來皆從生死此岸越四流之大河到菩提之彼岸此約果解二以有相爲此岸無相爲彼岸此

約心釋三以六藏爲此岸六度爲彼岸此約行釋唯識第九要七最勝之所攝受方可建立波羅蜜名一安住最勝謂要安住菩薩種性二依止最勝謂要依止大菩提心三意樂最勝謂要悲愍一切有情四事業最勝謂要具行一切事業五巧便最勝謂要無相智所攝受六回向最勝謂要回向無上菩提七清淨最勝謂要不爲二障間雜若非此七所攝受者不得名爲到彼岸也後釋別名一布施者運心廣大名之爲布散已惠人名之爲施施有三種一財施二法施三無畏施財施者瑜伽論云又諸菩薩所有財物若多若少無不運心先施一切後來求者如取自財菩薩與時還如彼物見來求者終不嗤笑亦不輕弄亦不令其心生赧愧亦不頻蹙舒顏平施前笑先言終不稽留疾疾而施不積聚施謂諸菩薩不於長時漸漸積其聚多財方然後頓施見積集施其施者雖見薩得於其施無罪無畏施者謂他有恐怖懷種難事菩薩方便救脫令離怖畏或於禽獸等諸有情所不爲損害令離怖畏如是種種名無畏施言法施者謂以正法爲人演說於諸施中法施爲最也二淨戒者防非止惡名之爲戒於戒不犯名之爲淨此亦三種一攝律儀戒謂斷一切惡法也二攝善法戒謂修一切善法也三饒益有情戒以無罪樂普利衆生也如攝論說由攝律儀戒能建立菩薩行由攝善法戒能廣集佛法由饒益有情戒能無罪饒益止三忍辱者他人加惡名之爲辱能安受之名之爲忍此亦三種一耐怨害忍由大悲心不捨有情於怨害等忍受不恚二安受苦忍謂修行時若遇寒熱饑渴等苦安住忍受不生厭轉三諦察法忍謂審諦觀察一切諸法無滅無生而忍證也當知此忍能與前二爲依止處由違諸法無生滅等方能堪忍怨害等苦也四精進者勇捍無退名之爲進萬行不雜名之爲精此亦三種一被甲精進猶如猛將身被甲胄能摧怨敵無退

屈心菩薩亦爾被精進甲積集萬行降四魔怨二攝善精進謂修習善法進取無倦三利樂有情精進於饒益有情事不生疲厭五禪定者新譯云靜慮專注一境名禪攝心不亂名定念慮澄寂故名靜慮亦有三種一安住靜慮謂心住現法樂也安住此中輕安適悅受用法樂無猒倦故二引發靜慮謂依此定引發六通諸所思事悉皆成滿三辦事靜慮謂依此定成辦利樂有情之事如以定力止息饑饉等六智慧有決斷名智揀擇名慧此亦三種一生空無分別慧謂證生空人無我理二法空無分別慧謂證法空法無我理也三俱空無分別慧謂證二空空無我理七方便者攝化自在應變隨時善離過非名爲方便此有二種一回向方便善巧以前六度所集善根共諸有情回求無上正等菩提二拔濟方便善巧謂一一皆爲拔濟諸有情故前滅若德後大悲德八願者專心向樂樂求不退名願此亦二種一求菩提願二利樂他願九力者有勝堪能不可屈伏名力此亦二種一思擇力可作不可作等二修習力謂修爲行時不退不屈由此二力令前六度無間無斷長時現行十智者決斷諸法能善了知名之爲智此亦二種一受用法樂智由施等度成立此智後由此智成立施等如是自在名受用法樂二成就有情智由此妙智能正了知施戒忍等饒益有情也故攝論云由施能攝受有情由戒能不害有情不生瞋故由忍違若能受由勤能助他有情所作善事由定未定者令定也爲未得定諸有情說行相方便令彼有情成辦此定由慧爲己得定者令解脫等爲菩薩自已得出世間慧斷障得解脫已廣爲一切已得定者說遠離世間解脫功德不令依定求有忻上令依已得上地勝定遠起加行引出世間慧卽斷障解脫故名成熟有情也上來畧釋十度別名竟二出十度體者初施以善十一中無貪及助成無貪者同時二十一法并三業總

爲施度體此即總相出體也若以就性相應眷屬等子細出體廣如論中也二戒度以遍行中善性無恚思在大乘者爲二體若約同時相應者總二十一法及所起三業總爲戒度體也三忍度以無瞋精進審慧及同時二十一法三業爲忍度體也若不得無瞋即遇怨害等時即便退屈不能忍也若無審慧過諸境界不能忍可即便退屈故以審慧爲體即三慧中思修二慧也闕慧行相羸劣無忍義故不取之也又著無精進在懷即過寒熱等苦亦不能忍受故忍約勝以無瞋審慧精進爲其自體也四精進即以自名相應二十一法同時三業爲體也五靜慮即以別境中定數內等引定及同時二十一法爲體此定及第六慧不通三業體也六後五度皆以本後二智及相應二十一法爲體故唯識論云後五皆以擇法爲體說是本後智故問五中幾是根本幾是後得答第六唯根本攝後四皆後得智收此約十度解若說六度者即第六慧度通根本後得智也上來總是出十度體竟三明問答廣畧問有何所以但說十度不增不減耶答有三因也一者以菩薩所住地有十故二者以菩薩於十地中所對治重障有十種故所以能對治度亦有十也故此疏云以十度行淨十種蔽蔽即障也三者菩薩所證有十真如故度亦有十也問諸教多說六度今此說十何故相違答亦不相違何以謂開合不同更無別義也若開即別說後四便成其十若合之即但有前六不說後四問若不說後四攝義不盡答以後四度助成前六故即攝在前六中亦攝法盡也故論云方便善巧助施等三願助精進力助靜慮智助般若令修滿故言方便善巧助施等三者解深密經云於前三種波羅蜜多所攝有情以諸攝事方便善巧而攝受之安置善品是故我說方便善巧爲施等助願助精進若彼云若諸菩薩於現法中煩惱多故元於修習無間無有堪能由劣意樂故

下界殊勝故於內心住無有堪能乃至未來輕微心生故正願如是由此願故微薄能進故願助精進也力助靜慮者解深密經云若諸菩薩親近善士聽聞正法如理作意爲因緣故轉劣意樂得勝意樂亦名上界勝解名力波羅蜜多由此力故於內心住有所堪能故說力度爲定度助智於般若者經云若諸菩薩以能聞緣善修習故能發靜慮如是名智由能聞故堪能引發出世間慧故說後智是慧度助問何以唯具六耶答如世舟船有六法故此畧明問答也更有餘義恐繁不述上來三段總是第一明行體中畧說十度義竟也△第三句是行業以十度行淨十種蔽助真如觀淨十種障故第三句是行業下至十種障故言十度行可知也十種蔽者謂一慳貪二毀禁三瞋恚四懈怠五散亂六愚癡七耽滯八退屈九怯劣十昧事此十隱蔽妙行故以十度如次除之疏助真如觀者智觀真如爲正道十波羅蜜爲助道也故云助觀以淨十障十障十如義在玄談鈔中明也△後偈行相於諸惑業得解脫者即出世間行△及魔境界世間道中得解脫者即世間行△猶如蓮華及日月喻雙喻二行處於世界猶如虛空亦如蓮華不著水故身心清淨超彼岸故後偈行相至超彼岸故者地經行相之文即前所引廣大無量世出世間等也令此一偈前半法後半喻法中上句即出世間行下句即世間行解脫之言意兼上句出世解脫出世解脫即全超世間世間解脫即處之不染下半偈喻雙喻二行也亦可日月喻出世解脫不住空故蓮華喻世間解脫在水中故△上之七句皆是

能增長行△第二句是所增長心由依此義此行亦名心增長行△故十地云令其受行心得增長上之七句至心得增長者以地經於此願初中科爲兩段一能增長行即前行相等四二所增長心即此全引也以有如上諸行相資故增菩提心令不忘失也以取地經地論文勢故以諸行增長菩提心若直據此文亦可由菩提心而增長諸行即心是能增長行是所增長故離世間品云若忘失菩提心而修行諸善根者是爲魔業又標在二下之行最初況此次云出魔境等義亦相符彼文此一段文請以疏中所引地經及此經偈相對詳之

△三成熟衆生願

悉除一切惡道苦等與一切羣生樂如是經於刹塵劫十方利益恒無盡我常隨順諸衆生盡於未來一切劫恒修普賢廣大行圓滿無上大菩提

第五句爲總餘句爲別初句離苦因果皆離次句得樂乃至涅槃第三豎長第四橫徧後三句總結長時所成因果△即十地經令其安住一切智智道第三悉除下二偈成熟衆生願即彼第五也疏初句離苦至涅槃者地經先舉所化四生九類衆生後明所爲云如是等類我皆教化令入佛法令斷一切世間惡趣令安住一切智智道文勢全似金剛經也斷世間趣即上句令入佛法即此下句也

△四不離願

所有與我同行者於一切處同集會身口意業皆同等一切行願同修學所有益我善知識爲我顯示普賢行常願與我同集會於我常生歡喜心

謂願於一切生處恒不離佛及諸菩薩得同意行故亦名心行願願不離一乘故第四

所有下二偈明不離願即彼第八也疏於一切生處恒不離佛及諸菩薩等者如不勤優婆夷章中云其有修行善知識敎諸佛世尊悉皆歡喜其有隨順善知識語則得近於一切智地其有能於善知識語無缺惑者則常値遇一切善友其有發心願常不離善知識者則得具足一切義利也如德生童子有德童女章中有其十喻顯善知識彼云復次善男子善知識者長諸善根譬如雪山長諸藥草善知識者是佛法器譬如大海吞納衆流善知識者是功德淨法生處譬如大海出生衆寶善知識者能淨菩提心譬如猛火能煉真金善知識者出過世法如須彌山出於大海善知識者不染世法譬如蓮華不著於水善知識者不受諸惡譬如大海不宿死屍善知識者增長白法譬如白月色光圓明善知識者照明法界譬如盛日照四天下善知識者長菩薩身譬如父母養育兒子善男子以要言之菩薩摩訶薩若能隨順善知識敎得十不可說百千億那由他功德等是故願面常同會總又如智度論三十二云如以少湯投冰池上雖消少處返更成冰菩薩來入法位若遠離諸佛以少功德緣方便力欲化衆生雖小利益退更墮落以是新學菩薩不應遠離諸佛也又念我未得佛眼如盲無異若不爲佛所引導即無所趣菩薩見佛得種種利得大智慧薩法修行而得解脫等又大品云菩薩漸近薩婆若漸得身清淨心清淨相淸淨是故不生貪瞋癡慢乃至邪見心故終不生母胎腹中常得化生從一佛國至於佛國成就衆生乃至菩提不離見佛等疏亦名心行願者以同心志在於一乘故即爲心行願也

△初句爲總同志一乘故△餘句爲別

於中先三句自分行同意業同者平等一緣故身業同者同得如意神通故語業同者同說一味法故上即三輪同△一切行願同者若福若智萬行皆同△後一偈勝進同以更成益復顯示故

初句爲總同志一乘故者地經總相標云願與一切菩薩同一志行釋云同志一乘同修萬行以此經但云同行故疏引彼文簡之爲一乘也一乘之義佛法大綱依香山勝鬘疏中聊爲解釋言一乘者統收不異謂之一運載含容謂之乘故名一乘即一佛乘謂教理行果總名爲乘皆有運載義故彼明一義有其十門今明前七一簡二名一佛乘第一非同餘二二靡二名一如法華經云正直捨方便但說無上道三破二名一謂破二乘執實之情爲說究竟一乘之法四會二名一指小即大放如云汝等所行是菩薩道等又如大乘爲本故五無二名一如說香積彼土無有二乘名字但有清淨大菩薩衆六不二名一不二法門泯絶無寄如無言世界外即無說無示內即無慮無思以爲佛事一相平等奇理絶言故亦名一七不一名一謂一切即一一即一切一切非一一切一亦非一一切諸法互相涉入事事無礙相入相即無不礙融同一法界皆如幻故故大經云一即是多多即一等總一切法都是一乘然此七義前前淺後後深今此所取即第七稱經宗故平等一緣故者地經云一切菩薩平等一緣釋曰七緣照境也疏得如意神通者彼經云隨意能現種種佛身故言同得如意神通者此即神境通具足應云神境智作證通也大論第六云如意通有三一能到二轉變三聖如意能到有四一身能飛行如鳥無礙二移遠令近不徃而到三此沒彼現四一念能至轉變者大能作小一作多等改變外物自在能變聖如意者於不可愛不淨等物觀令可愛等自在通達唯佛獨有令此即是一念能至喻伽論說此通有二一能變二能化變謂十八變等化謂無而忽有謂化身化語化境等疏一味法者唯說一乘無二亦無三也疏後一偈勝進者前云同行故名自分此云益我故名勝進也

△五供養願

願常面見諸如來及諸佛子衆圍繞於彼皆興廣大供盡未來劫無疲厭願持諸佛微妙法光顯一切菩提行究竟清淨普賢道盡未來劫常修習

願供勝田故第五願常下二偈供養願彼第一也△第三句爲總興廣大供故△大有六種△一心大無疲厭故二供具大財法正行皆具足故財供攝在總句正行即第五六句三福田大即初二句四攝功德大即第七句中究竟普賢道是勝功德故五因大即第七句

中清淨二字如空清淨爲無常愛果及常果之因故六時大即第八句大有六種者彼經行相乃從能中各有三義通成六大顯初供養大大願之義行相中三大者經云所謂生廣大清淨決定勝解以一切供養具恭敬供養一切諸佛令無有餘一心大二供具大三福田大然俱舍偈云由財田主異故施果差別今財田主三一切皆勝果即不差別也審詳德能中三大者經云廣大遍法界究竟如虛空盡未來際一切劫功德大二因大無常愛果無量因故三時大此因得涅槃常果故以如上六大對今疏文六義即顯果也疏以如虛空清淨爲無常愛果及常果之因故者即十地經六決定中第四因善決定也經云究竟如虛空盡未來際論云是因善決定此有二種一成無常愛果因如虛空依是生諸色色不盡故二常果因得涅槃道故故經云盡未來際上皆論文彼疏釋云今明此智有其二能一寂而常用故爲無常果因用雖虧盈智無起滅如所依空非無常故經明此智究竟如虛空二用而常寂故爲常果因雖涅槃永寂而智體不無若不爾將何窮未來際若會三身者即用爲化身寂爲法身智爲報身非無常矣不同法相宗報身是有爲無漏論云無常愛果者用邊機故比上皆十地地體中經文疏文也彼常果因在時大中已辯也

△六利益願

我於一切諸有中所修福智恒無盡定慧方便及解脫獲諸無盡功德藏一塵中有塵數剎一一剎有難思佛一一佛處衆會中我見恒演菩提行

願於一切時恒作利益衆生事業無空過故亦名三業不空願第六我於下二偈明利益願彼第九也疏三業不空者彼經總相標云願乘不退輪四不退中念不退也行菩薩行身語意業悉不唐捐

△前偈修福智等爲不空因獲無盡藏是不空果前偈至不空果者此一偈中三句是因一句是果謂暫見身則必定佛法暫聞音聲則得實智慧纔生淨信則永斷煩惱△得如大藥王樹身得如如意寶身名功德藏謂暫見身至如意寶身者除謂一字全是彼經文也論科爲二一從見身乎斷煩惱名作業不空三業能安樂故頌見身行行知佛法真實故云必定聞口說法能生智慧念慈實德諸惑不生此但增勝而說三業成益不同實則互有二謂得如大下名利益不空二喻皆喻拔苦也一切衆生有二種苦一種種諸苦謂逼迫等若身若心藥王治之出現品云譬如雪山有藥王樹名曰善見若有見者眼得清淨若有聞者耳得清淨若有齅者鼻得清淨若有嘗者舌得清淨若有觸者身得清淨若有衆生取彼地土亦能爲作除病利益佛子如來應正等覺無上藥王亦復如是能作一切饒益衆生若有得見如來色身眼得清淨若有得聞如來名號耳得清淨若有得齅如來戒香鼻得清淨若有得嘗如來法味舌得清淨具廣長舌解語言法若有得觸如來光者身得清淨究竟獲得無上法身若於如來生德念者則得念佛三昧清淨若有衆生供養如來所經土地及塔廟者亦具善根滅除一切諸煩惱患得賢聖樂佛子我今告汝設有衆生見聞於佛業障纏覆不生信樂亦種善根無空過者乃至究竟入於涅槃也二貪窮若世財法財如意治之言得如意寶身者此即出現品明十身相中第十相名如如意寶身故彼經云復次佛子譬如大海有大如意摩尼寶王名一切世間莊嚴藏具足成就百萬功德隨所住處令諸衆生災患消除所願滿足然此如意摩尼寶王非少福衆生所能得見如來身如意寶王亦復如是名爲能令一切衆生皆悉歡喜若有見身聞名讚德悉令永離生死苦患假使一切世界一切衆生一時等心欲見如來悉令得見所願皆滿佛子佛身非是少福衆生所能得見唯除如來自在神力所應調伏若有衆生因見佛身便種善根乃至成熟爲成熟故乃至得見如來身耳佛子是爲如來身第十相即兼前如大藥王樹身竝喻佛身以塵沙功德積集成故名功德藏論主對前安樂此爲利益故作此釋也實則藥王喻三業捨惡離苦如意喻三業遣善得樂疏名功德藏者疏和上經文結成此經獲諸無盡功德藏之句也△

後偈利益時處謂徧於時處求能益法利衆生故△十地經云願乘不退輪修菩薩行令見諸佛演菩提行即乘教誡輪修菩薩行故

△七轉法輪願

普盡十方諸剎海一一毛端三世海佛海及與國土海我徧修行經劫海一切如來語清淨一言具衆音聲海隨諸衆生意樂音一一流佛辯才海三世一切諸如來於彼無盡語言海恒轉理趣妙法輪我深智力普能入

亦名攝法上首願謂轉佛法輪願皆攝取而轉授故第七普盡下三偈轉法輪願彼第三願也△文中初偈轉法輪處若據有修行之言者合屬前段爲修行處△前已有處此中晉譯及與善本皆無修行故屬此段轉法輪處者彼經有四節一轉處二轉時三攝法方便四轉法頓周今即初也彼經云願一切世界佛興於世佛應現之世界則是轉法輪處疏若據有修行至故屬此段者通伏難也難云此偈雖標剎海而結云我遍修行應屬前段云何判屬法輪願中通釋如疏也△次一偈能轉圓音次一偈能轉圓音者如香山國師通敘十解一云如來在日一音演暢隨類解生二云或以隨一方之音皆謂世尊同其己語三或云唯出隨根一音聞者各聞稱根別法四或云唯出隨法一音聞者各得所聞別法五或云於佛胸中有淨大種功德最勝能發清淨梵音聲相六或云有一無心之音若佛有心其音即定不能遍應一切衆音如凡夫等以佛無心定出一音故能普應一切衆音其猶谷響及衆樂器但有心者出種種聲七或云唯一圓遍之音都無宮商平上之異增上緣力隨感成多其猶滿月流影非一八或云佛有衆多音聲一切衆生所有言音莫非如來法輪聲攝但以無礙一即一切一切即一故大經云一切衆生語言法一音演說盡無餘九大師云言一音者乃無音也有即非一諸有體法皆非一故由佛無音乃曰一音佛若有音有音已定何能應一切音耶良爲無音故能隨感出種種音如鐘聲等隨擊大小佛音自一聽者聞多隨類各各自心現故無有自心親取他境經說自心還取自心處處皆說唯心義故以此無音之音普應皆一色聲功能於理無違十又一音即一切音一切音即一音若非一即一切者佛演一音衆生不能各各領解又若非一切即一音者如來一音即不能普備也良以一多相即故佛演一音即普備也一切衆生皆有領解△次二句轉法輪時

第十一一句所轉法輪末後一句能攝方便次二句轉時者文有三世之言故判爲時意在會地經第三節彼經即以八相成道爲轉法輪時疏能攝方便者彼經第三節也彼於八相文次後云皆悉往詣親近供養爲衆上首受行正法釋曰供養則集功德方便上首下則集智慧方便此二助菩提法故云方便也今云我深智力普能入正同彼也普入即普悉往詣也若不以深智即不能悉往普入故云深智力也

△八淨土願

我能深入於未來盡一切劫爲一念三世所有一切劫爲一念際我皆入我於一念見三世所有一切人師子亦常入佛境界中如幻解脫及威力

願清淨自土安立正法及能修行諸衆生

第八我能下二偈淨土願後第七之疏文分二先標釋願名後隨文配釋前中又二先正釋願名後會通具開今初文中出有清淨自土等言此須明三土今依諸論畧釋名義於中有二先釋總名後明意引初中總言淨上者世界皎潔名淨即淨可居名土又體離障染名淨依止義還名土言差別者通論淨土有其三種一常寂光土二常受用土三常變化土言常寂光土者亦名法性土即法身佛所依土也普賢觀經云釋迦牟尼佛名毘盧遮那其佛住處號常寂光謂法界真理不生不滅故名常無相無爲故名寂法離垢染體常明炤故名光依止義邊名之爲土故名常寂光土問法身如來遍一切處何有所依土耶答唯識論云雖此身土體無差別而屬佛法相性異故此但約義深分以法界理有二種義一者覺炤義即名爲佛二者與衆法萬德爲依止義即名爲土屬佛之處相義名身謂實相之相也屬法之處性義名土即自性身假分身土也二常受用土者有二一自受用二他受用言自受用者謂大圓鏡智淨識所現周圓無際衆寶莊嚴自受用身常依而住名自受用土問何以鏡智現此土耶答以因中有漏第八識能變山河大地器世間等佛位無漏轉成大圓鏡智還能變起自受用土與自受用佛爲依止故云鏡智所現也言他受用土者由平等性智爲他所變或小或大展轉精嚴他受用身依止而住問由平等性智現他受土者何故佛地論說鏡智所現耶彼論云諸佛爲令地上菩薩受大法樂精進修行於後得智以大悲心鏡智相應淨識之上依菩薩業力如來與作增上緣隨其根宜現清淨土故轉不定據此即由鏡智所現即二論相違也答定不相違所以然者謂他受用佛身之與土皆是無垢第八識自證分中實定果色種子生起蓋以平等性智起大悲心擊發圓鏡智中無漏定果色種子而起十重他受用身土亦須由菩薩善業力感佛現身如來與作增上緣變起身土令十地菩薩受用即二論並不相遠也言變化土者由成事智大悲願力爲未登地菩薩二乘異生所變或淨或穢大小不同三類化身依之而住問何故化土有淨穢耶答此有二說一由佛本願二由生感變由佛願者如阿彌陀佛住昔曾爲轉輪聖王名無諍念於寶藏佛所發菩提心願取淨土利樂有情今既果滿亦現淨土釋迦牟尼如來時爲大臣名曰寶海梵

攝穢土成熟有情故今果中亦處穢土言由生感變者由生心淨感變淨土故淨名云欲得淨土當淨其心等由生心濁故感變穢土如釋迦本願十方佛土所不容受惡業衆生悉生我國文心垢故衆生垢心淨故衆生淨即其義也餘義極多緣疏文窄不穢繁叙也疏言清淨自土者即自受用土如淨名云欲得淨土當淨其心等也安立下即他受用土如淨名云直心是菩薩淨土菩薩成佛時不諂衆生來生其國等也△畧無淨土之言以影在後段故△而具淨土七種淨義七種淨義者論判彼淨土穢中爲七種淨令疏全依但次第少差耳亦不須會之△初偈即同體淨以同法性故令一多互相即入同體淨至即入者彼經云願一切國土入一國土一國土入一切國土彼釋全是此疏文也既同法性性則融之故使一多相即相入相即者約體以明一即一切一切即一則諸法相即自在門也相入者約用以明一入一切一切入一則一多相容不同門也疏即入二字以攝十玄門之一門也言十玄門者準清涼國師四十二策問中具以法喻明之問云竊聞華嚴深義謂之十玄請列其名畧申其義答云十表無盡一一造玄隨舉一法即具斯十謂一同時具足相應門如大海一滴含百川味二廣狹自在無礙門如徑尺之鏡見千里之影三一多相容不同門若一室千燈光先涉入四諸法相即自在門如金與金色二不相離五秘密隱顯俱成門如片月澄空晦明相竝六微細相容安立門如瑠璃瓶盛多芥子七因陀羅網境界門若兩鏡互炤傳耀相寫遍出無窮八託事顯法生解門如立象豎臂觸目皆道九十世隔法異成門如一夕之夢翔飛百年十主伴圓明具德門如北辰所居衆星同拱十無前後舉一全收斯爲華嚴不共玄旨

餘義如大疏明與金師子章具列也△今文雖辯念劫圓融意取時中圓融之刹△二有半偈明自在淨如摩尼珠美惡斯現自在圓通△是故文云於一念見舉其佛者顯是佛土自在淨者彼經云無量佛土普皆清淨彼釋全同此疏但加淨穢圓通故云普皆疏舉其佛者人師子即佛也佛是人中之師子故△三有一句亦常入佛境界中者即是因淨因淨者彼經云普入廣大諸佛境界彼釋亦同此疏也△因有二種一者生因謂六度等如淨名說謂六度等如淨名說者即佛國品初標云寶積衆生之類是菩薩佛土所以者何菩薩隨所化衆生而取佛土乃至云布施是菩薩淨土菩薩成佛時一切能捨衆生來生其國一也持戒是菩薩淨土菩薩成佛時行十善道滿願衆生來生其國二也忍辱是菩薩淨土菩薩成佛時三十二相莊嚴衆生來生其國三也精進是菩薩淨土菩薩成佛時勤修一切功德衆生來生其國四也禪定是菩薩淨土菩薩成佛時攝心不亂衆生來生其國五也智慧是菩薩淨土菩薩成佛時正定衆生來生其國六也△二者依因此復有二一鏡智淨識爲土所依二後智通慧爲土所依鏡智淨識爲土所依者總論佛智有其四種一大圓鏡智二平等性智三妙觀察智四成所作智問何名大圓鏡智答從喻爲名謂此智性淨圓明能鑒炤萬物故名大圓鏡智即一切有情心行差別品類各異及菩薩影像三世諸佛之影像乃至五趣影像若事若理及有爲無爲萬德無不朗鑒悉於中現故名大圓鏡智即猶如大圓

鏡能炤萬物也故唯識論云大圓鏡智相應心品純淨圓德現種依持能現能生身土智影無間無斷窮未來際如大圓鏡現衆色像通持業及分取他名有財二釋也言平等性智者平謂均平等即齊等謂緣一切境時自他平等以第七識在因位時執我執法有高有下起不平等今成無漏二執已除自他平等即約境得名也故唯識論云二平等性智相應心品謂此心品觀一切法自他有情悉皆平等也言妙觀察智者謂神用無方稱之爲妙具緣諸法自相共相等名爲觀察決斷無礙名之爲智謂此心品現通朗鑒說法利樂故名妙觀察智即從用得名也故唯識論云妙觀察智相應心品謂此心品善觀諸法自相共相無礙而轉於大衆會能現無邊作用差別皆得自在雨大法雨斷一切疑網令諸有情皆獲利樂也言成所作智者亦名成事智謂能成辦所作利樂有情之事名成所作智即從境及用得名也故唯識論云成所作智相應心品謂此心品爲欲利樂諸有情故普於十方示現種種變化三業成本願力所應作事也此之四智唯佛具有轉八識而成即轉第八識成大圓鏡智轉第七識成平等性智轉第六識成妙觀察智轉前五識成成所作智問既有八識如何轉成四智等答理實合轉成八智以前五名同故但立四開亦無失皆是決斷爲義總取別境慧及同時意二十一法爲體也問八識是心王慧是心所如何轉心王却爲心所耶答言轉者但轉心所中慧成智非轉識體也謂因中識強智劣但言八識即攝諸心所皆在其中若至果中即智強識劣但言四智即總攝八識皆在其中也即各轉自識相應之慧也問若因中前七識有相應慧至果可言轉第八既因中無至果如何轉答第八因中雖無有漏慧相應至果即從無漏鏡智種子中生現行亦無過失也因疏中云鏡智淨識爲土所依鏡智即四智中大圓鏡智因茲畧

釋四智也此疏中言鏡智淨識爲土所依
者唯識論云大圓鏡智相應心品謂此心
品離諸分別所緣行相微細難知不忘不
愚一切境相性相清淨離諸障染純淨圓
明現種依持能現能生身土智影無間無
斷窮未來際如大圓鏡現衆色像言離諸
分別者準佛地論云離我我所執一切所
取能取分別所緣行相微細難知者說境
及行相二皆叵測微細不忘者恒現前義
由此故如來成就無忘失法不愚者不迷
昧義由此故如來名一切種智及一切種
妙智性相清淨者自性增明名性相清淨
純淨圓明者無雜名純離過名淨圓者滿
也又純隨因中劣無漏淨簡一切有漏圓
簡二乘無學功德現種依持者與純淨等
現行功德作所依止起功德故與純淨等
種子作能持持功能種故能現能生身土
智影者即能現身土三智之影無間無斷
盡未來際者於一切時能現一切處影故
不斷絕於一身上現一切影也如大圓鏡
現衆色像者佛地經云如來圓鏡衆像影
現依佛智鏡諸處境現衆像影現皆平等
故故以爲喻今言爲土所依者即說鏡智
淨識與現行功德爲依止也據此且約攝
境從心明受用變化二土所依若攝相歸
性即須以真如爲所依也言後智通慧等
者後智即後得智也簡非根本智也以根
本智唯內證故若現身現土皆是後得智
也然此通說三土所依雖身土種子在第
八識中而現身現土要假諸智爲能擊發
自受用土鏡周九智後得他受用土二十三平等後得
變化土者即成所作此唯後得各由後智
擊發鏡智淨識內種子發生現行故也言
通慧者即神通智慧也依此通慧現身現
土故以此爲身土所依佛地唯識據本來
說別佛地論中三土皆從鏡智現唯識論
中諸智不同若作此和會即不相異也△此二皆是諸佛境
界△又境界者即是相淨謂七珍等△第

八一句攝於三淨△謂四以如幻二字即
是果淨果亦有二△一所生果即是相淨
畧在境界廣則影在後承事中△二示現
果臨機示現故云如幻△五解脫威力即
受用淨謂受用淨土離過成德如用香飯
得三昧等今解脫煩惱即是離過道力之
能即是成德如用香飯得三昧等者淨名經香積品因日時欲至舍利
弗念食時維摩詰令化菩薩往衆香國香積如來所取佛所食之餘來維摩詰告舍
利弗云云大衆食已至菩薩行品維摩詰文殊及諸大衆共詣佛所阿難聞諸菩薩
毛孔之香問佛佛語阿難從衆香國取食食者一切毛孔皆香若此阿難問維摩詰
香氣久如維摩詰言若聲聞人未入正位食此飯者得入正位然後乃消乃至得無
生忍一生補處等釋曰入正位得無生忍等即三昧也△故十地經
云成就清淨道△六梵本此句無及威力
字有眷屬字即住處衆生淨人寶爲嚴故
無及威字有眷屬字者此句應云如幻解脫眷屬力故判爲住處衆生淨也△
七者相淨已如前說相淨已如前說者即第三因淨句中指境界二字爲相淨也
大方廣佛華嚴經入不思議解脫境界普賢
行願品疏鈔會本卷第九

大方廣佛華嚴經普賢行願品別行疏鈔
會本卷第九
校勘記

一　底本，清藏本。
一　一〇五頁上卷首書名，徑作「大方廣佛華嚴經普賢行願品別行疏并鈔卷第六」。
一　一〇五頁上八行右首字「自」，徑冠以「鈔」字。以下各段小字前均冠以「鈔」字。
一　一〇六頁中一一行首字「以」，徑冠以「疏」字。
一　一一二頁上末行左首字「心」，徑作「有」。
一　一一三頁上三行右第九字「文」，徑作「又」。
一　一一四頁中卷末書名，徑無（未換卷）。

大方廣佛華嚴經入不思議解脫境界普賢行願品疏鈔會本卷第十　用十

唐罽賓國三藏沙門般若奉　詔譯

唐　勑太原府大崇福寺沙門澄觀別行疏　圭峰草堂寺沙門宗密隨疏鈔

△九承事願

於一毛端極微中　出現三世莊嚴剎　十方塵剎諸毛端　我皆深入而嚴淨　所有未來照世燈　成道轉法悟羣有　究竟佛事示涅槃　我皆往詣而親近

願往諸佛土常見諸佛恒時敬事聽受法故（第九於一毛下二偈承事願彼第六也）△第八句爲總餘皆是別（第八句爲總者往詣親近正是承事故）△初之一偈即承事處△初二句通是真實義相互相涉入如帝網故（真實義相者彼經有三種相一一切相二真實義相三無量相今即第二也彼經云如帝網差別釋云土土同體不守自性互相涉入故名真實）△就中三世莊嚴剎即一切相淨土體相有差別故（就中至差別故者就上兩句中取不守自性爲一切相淨也彼經云無大無量麤細亂住倒住正住若入若行若去彼釋後三句云入者攝他入已去則遍於他中行則往來不住）△第三句即無量相謂前二相遍十方故（第三句即無量相者彼經云十方無量種種不同彼引菩薩藏經云虛空中世界重疊多於大千所有微塵但由業力不相障礙一處重重尚爾況復積周）△其第四句辯能知見故地經云智皆明了現前知見明爲智知非識境故（辯能知見者以彼科爲兩段一所知即前三種相二能知即此所引兩句是也彼釋云真實義相但可智知餘一切相可現眼見）△梵本云我甚深入莊嚴剎△深入有二一智深入二身深入△入彼莊嚴剎中承事如來非嚴淨彼△若去而字下加剎字理無違矣（若去而字下加剎字者此句應云我皆深入嚴淨剎也）△第五一句所承事佛所有佛故△六七二句即承事時八相故△地經中但列土相殊闕此經

△十成正覺願

速疾周徧神通力　普門徧入大乘力　智行普修功德力　威神普覆大慈力　徧淨莊嚴勝福力　無著無依智慧力　定慧方便諸威力　普能積集菩提力　清淨一切善業力　摧滅一切煩惱力　降伏一切諸魔力　圓滿普賢諸行力

願與一切衆生同時皆得無上菩提恒作佛事故△文有十二力△前九明業用後三結因成果前中九句有其七業前之六句力字居中（第十速疾周徧下三偈成正覺願彼亦第十也文分爲二先標釋願名二隨文配釋於中二先標舉科二依次解釋於中有二先明業用後結因成果初中又二先標指料簡後隨文解釋今初疏有七業者以彼經有兩段一成菩提體即自分已圓經云於一切世界成阿耨多羅三藐三菩提二作業即運他不息文有七業今疏全依彼但不次耳故云有其七業也次第不同亦不須會力字居中者以隨義便且回經文釋之令顯如初應云神通力速疾周徧意云由神力故得速遍力字在中義則易見下五句準知）△初一句即自在業以神通力普周徧故（自在業者彼經云以法智通神足通幻通自在變化充滿一切法界）△二一句示正覺業△不離一毛端處而於一切處八相成道故名普門（示正覺業至八相成道者彼經云不離一毛端處於一切毛端處悉皆示現初生出家往詣道場成正覺轉法輪入涅槃一切諸佛示化門中多現八相但名目前後稍別義意大同或一昇天相二降母胎三初生四出家五破魔六成正覺七轉法輪八入涅槃相此是大莊嚴經中說也一昇天相者一切諸佛將欲示生說法利物皆須先往兜率天於彼天中壽四千歲爲十種自在業一爲欲界諸天子說厭離法二爲色界諸天說入出諸禪解脫三昧三入三昧名光明莊嚴常照三千隨機說法衆生聞已生兜率天勤發覺心乃至第十說無量無邊如幻法門遍十方界示現種種形儀事業隨機令喜又爲成熟彼天同行天故令其聞法發菩提心是昇天相也二降母胎者四千年滿將欲下生現十種事一足下放安樂莊嚴光普照惡趣遇者獲安皆知菩薩將欲出宮二者毫相中放覺悟普照光普照宿世同行菩薩令知下

生各與供養乃至第十於隨好中放日明莊嚴光示現菩薩種種諸業菩薩如是放百萬阿僧祇光明已從兜率天沒下生人聞十方菩薩咨嗟相送化作白象降神母胎如大經說處母胎時住離垢藏三眛以三眛力於母胎中現大宮殿種種莊嚴兜率天宮不可為比而令母胎安隱無患菩薩放光如明鏡中見其面像也三初生者先獅初生時後明童子時如大莊嚴經說菩薩處胎滿足十月將欲生時王宮先現三十二瑞爾時聖后以菩薩力知欲誕生初夜詣王說自所願我今欲往龍毘尼園飾物芳春林木榮茂堪可遊翫願王排比王聞即許嚴妙寶攀莊嚴園內廣備受用令稱所須龍天歌讚四兵防衛與衆婇女同至園中見波叉樹蓊鬱敷榮衆寶嚴持妙香芬馥百千諸天伎樂圍繞即以右手攀樹東枝頻呻欠呿欲天扶持梵釋捧承即於右脇安庠而誕如涅槃說於十方面各行七步步步生華垂光普照地六震動唱言我於一切最為尊貴釋梵諸天咸來觀奉又現微笑放百千光事畢還宮父王歡喜多令婇女給侍承奉後明童子時如無量壽經說又現習學書計算數聲明伎巧醫方養生符印及餘博戲擅美過人如莊嚴等說父王令於煩頓邪邊學書算等太子發問彼不能酬乃至與難陀調達擲象射鼓及飲博戲無能及者與執伏大臣等一一比試無不過人廣如本行莊嚴等說此初生竟四明出家中先明出家緣後正明出家且初謂如悉達太子年十七時父王為納三妃一耶輸陀羅二瞿夷三瞿比迦并嬪婇八萬人菩薩見諸婇女如白骨宮殿如卯塚塌後因四門遊觀見老病死悟世非常捐捨國位踰城學道下正明出家者菩薩解欲出家先以七夢令父王知耶輸夢中見二十種可畏之事菩薩得不忘念自愧阿私陀仙當相我時言若作輪王王四天下出家為道作三界尊菩薩自忽煩惱矚野生死河中若不修行終難

出離於衆睡後即呼車匿被馬去來車匿闍之傍徨不已諸天僧伏常釋閣門四王捧足釋梵引路光焰無邊過者解脫漸去宮遠詣大仙林諸女覺來不見太子悲號悶絕水洒乃甦即奏王知聞已大愁何不謹之失我愛子即遣五族大臣各令一子尋之承事尋之不獲山中而住菩薩即叙二仙學求真道彼仙被問望質歸成取請自落鬚髮以衣貿易袈裟遣車匿將馬却同令白父王知委然後六年苦行為破邪見制伏多心為降外道常為諸天龍鬼神供養令十二洛叉天人住三乘路廣如經說五破魔六成道此二相下究竟果中明七轉法輪八入涅槃此二相如前勸請隨喜中已明也以八相異教文繁廣今緣流中衆著故略明之△合云以大乘力徧普門謂大乘稱理互相即入而普徧故△三次三句即說實諦業謂說實諦令物悟故△文中通舉說德及益謂一以智行力內滿功德二以大慈力普覆而說△故梵本云以智行力功德滿以大慈力覆一切△後句以福德力徧清淨即是自他離障亦說之益說實諦業至亦說之益者以彼經此一業中文有兩段一明能說經云得佛境界大智慧力念念隨衆生心示現成佛二明說益經云令得寂滅故此云通舉說德及益意配彼文全備也說德者即彼能說此中初句即彼佛境界智力次句即彼隨機示現成佛後句疏云自他離障即彼令得寂滅之意也△四以第六句即證教化業說自所證以化物故△謂以菩提智契涅槃理故

無所依證教化業至無所依者彼經云以一三菩提知一切法界即涅槃相釋云以一極無二之菩提契無差別之性淨涅槃則不復更滅說此令物生信名教化業也令云智慧力即彼一三菩提云無著無依即彼涅槃相△梵本云以智慧力無所依△五一句種種說法業具足定慧方便等故種種說法業者彼經云以一音說法令一切衆生心皆歡喜即定慧方便也△六一句不斷佛種業積集菩提佛種豈斷不斷佛種業者彼經云示入涅槃而不斷菩薩行△七一句法輪復住業依大智慧能淨一切諸善根故法輪復住業者彼經云示大智慧地安立一切法擇曰唯一事實即是佛智能生萬物故名為地而智慧門隨機萬差名安立一切前即涅槃能建大事此即於一佛乘分別說三對實施權故名復住△後三句結因成果△由內伏煩惱外降諸魔普賢行圓故成菩提△亦可後三復為三業以成圓十八摧滅煩惱業九降伏魔兜業十普圓勝因業上已別說十願竟

△二總結大願一一總結十願

普能嚴淨諸剎海解脫一切衆生海善能分別諸法海能甚深入智慧海普能清淨諸行海圓滿一切諸願海親近供養諸佛海修行無倦經劫海三世一切諸如來最勝菩提諸

行願我皆供養圓滿修以普賢行悟菩提

前之八海結前九願△謂一淨土願二成熟衆生願三轉法輪願四受持願五修行二利願六利益願由願圓故七有二願親近二字即承事願供養二字即供養願諸佛海言通上二願八即不離願同志行故長時無倦不離至無倦者若離同見同志法緣普屬修行即猒倦也△後之一偈成正覺願以三世因圓正覺果滿故

△二結歸二聖及攝所餘△歸二聖者謂普賢文殊彰行所屬亦即十成普賢行名法門主故△言攝所餘者謂餘不說一切大願是故文云一切願海△即同地經如是無量百千萬億阿僧祇大願

△文二一徧同普賢明十

一切如來有長子彼名號曰普賢六尊我今回向諸善根願諸智行悉同彼願身口意恒清淨諸行刹土亦復然如是智慧號普賢願我與彼皆同等

△徧同普賢也所以同者普賢行故稱法界故△言長子者最尊勝故△出現品亦云誰是如來法長子故出現品云長子者即此品初如來放出現光遍世界已入如來性起妙德菩薩頂便請出現之法末偈云誰是大仙深境界而能真實具開演誰是如來法長子世間尊導願顯示△若表法界者既表法界先萬物生無過此故△如有偈云普賢眞身徧法界能爲世間自在主無始無終無生滅性相常住等虛空△既無有始即是長義不捨因行故爲佛子既表法界至故爲佛子者三聖觀中先明二聖三重表法初重普賢表所信法界即能生如來藏此是緣起法界非直指一真法界也以真法界但是根本於真界中就能起諸法義邊爲普賢能熖法界義邊爲文殊其所信法界帶能所故亦屬緣起第二重理智契合者卽會緣釋歸一真法界也故諸法相生千差萬別莫不皆在能生普賢之後故知能生之主最初全以真界爲體以合體故生卽無生由是下偈云遍法界爲世間主無始無終等此偈卽[illegible]加頂經偈也所遍卽一眞法界也能遍卽普賢也世間卽一切緣起諸法也主卽最初能生也無始終者全同真界也卑十七△但云同等非但無量阿僧祇願如法界量無盡願行皆悉願同

△二雙同二聖

我爲徧淨普賢行文殊師利諸大願滿彼事業盡無餘未來際劫恒無倦我所修行無有量獲得無量諸功德安住無量諸行中了達一切神通力文殊師利勇猛智普賢慧行亦復然我今回向諸善根隨彼一切常修學

雙同二聖也△文殊表解解發願故普賢表行解起行故故願與行分屬二聖理實皆通△又表理智一相契合△行願相扶所以雙同故願與行分屬二聖者此意以解爲願而對行也餘表法等義兼前段普賢等義廣如歸敬請加中具明

△三結歸回向

三世諸佛所稱歎如是最勝諸大願我今回向諸善根爲得普賢殊勝行

上來諸願皆屬回向彌顯三段皆屬回向

△二頌願生淨土

願我臨欲命終時盡除一切諸障礙面見彼佛阿彌陁即得往生安樂刹我既往生彼國已現前成就此大願一切圓滿盡無餘利樂一切衆生界彼佛衆會咸清淨我時於勝蓮華生親覩如來無量光現前授我菩提記蒙彼如來授記已化身無數百俱胝智力廣大徧十方普利一切衆生界

△全同長行顯經勝德轉生之益△此令起願彼約說益爲意不同△然準與善三藏所譯從文殊師利勇猛智下兼此四竝在顯經勝德之末末後三偈之前即頌長行△則此下十二偈皆頌顯經勝德應分爲四初五偈頌生淨土次二偈頌校量聞經功德次四偈頌通顯五果後一偈頌究竟果應分爲四者且依興善科之以順更頌長行成顯經勝德之段故如此科至鈔文處即不用之△即應改於願我二字爲是人二字則無惑矣△今且依文文則可知△

不生華藏而生極樂畧有四意一有緣故二欲使衆生歸憑情一故三不離華藏故四即本師故畧有四意者一彌陀願重偏接娑婆界人二但聞十方皆妙此彼融通初心忙忙無所依託故方便引之三極樂去此但有十萬億佛土華藏中所有佛剎皆微塵數故不離也如大疏說華藏世界底布風輪須彌塵數普光摩尼海中出大蓮華名種種光明蕊香幢不言其數安測其量華藏剎海處在蓮臺臺面純以金剛爲座四周輪圍金剛雜寶有十不可說佛剎微塵數香水海列在其中如天帝網安布而住一一香水海各以四天下微塵數香水河右旋圍繞一海一種所持各有不可說佛剎塵數自下而上列二十重一一相去各有佛剎塵數之剎一一種剎各有剎繞如經所引重數統數漸增準其一一剎各有十剎微塵土剎而爲圍繞各攝眷屬橫竪交絡一一相當遍相連接成世界網故知阿彌陀佛國不離華藏界中也四即此第三十九偈讚品云或有見佛無量壽觀自在等共圍繞乃至賢首如來阿閦釋迦等彼竝判云讚本尊遮那之德也

△二總頌結十門無盡

乃至虛空世界盡衆生及業煩惱盡如是一切無盡時我願究竟恒無盡

總頌十門總結無盡也亦別屬十願十無盡句亦別屬十願十無盡句者具如禮敬諸佛門中所引今將此偈正則總結十門亦兼同十無盡句以結回向一門中之十願也以偈文如世界之言不全依長行長行但有虛空煩惱及業等三故此總別皆取也

△二頌顯經勝德二一頌校量聞經益

十方所有無邊剎莊嚴衆寶供如來最勝安樂施天人經一切剎微塵劫若人於此勝願王一經於耳能生信求勝菩提心渴仰獲勝功德過於彼

△二通頌顯衆行益長行有三一通明五果二別明淨土果三究竟成佛果其生淨土在前願中但頌初後文二一通頌五果

即常遠離惡知識永離一切諸惡道速見如來無量光具此普賢最勝願此人善得勝壽命此人善來人中生此人不久當成就如彼普賢菩薩行往昔由無智慧力所造極惡五無間誦此普賢大願王一念速疾皆消滅族姓種類及容色相好智慧咸圓滿諸魔外道不能摧堪爲三界所應供

初偈增上果次偈等流果次偈離繫果次半偈異熟果後半偈士用果惡知識者如涅槃經德王品云菩薩摩訶薩觀於惡象及惡知識等無有二何以故俱壞身故菩薩摩訶薩於惡象等心無恐怖於惡知識生畏懼心何以故是惡象等唯能壞身不能壞心惡知識者二俱壞故是惡象等唯壞一身惡知識者壞無量善身無量善心是惡象等唯能破壞不淨臭身惡知識者能壞淨身及以淨心是惡象等能壞肉身惡知識者壞於法身爲惡象等殺不至三惡趣爲惡知殺必至三惡趣是惡象等但爲身怨惡知識者爲善法怨是故菩薩常當遠離諸惡知識也言無量光者即阿彌陀佛名也言無量者超諸數量謂一一光各有眷屬一一眷屬有若干色不可數量也十六觀經云無量壽佛有八萬四千相一一相各有八萬四千隨形好一一好復有八萬四千光明一一光明遍照十方世界念佛衆生攝取不捨又阿彌陀經云彼佛光明無量照十方國無所障礙是故號爲阿彌陀此皆由彼國中大願之所致也無量壽經云若我成佛光明有限下至不照億那由他百千及算數佛剎者不取菩提而諸佛行化莫先光明可以反愚成智拔苦與樂不言而化是故願求也是故彼佛復有異名謂無邊光等即十二光也十二光者無量無邊無礙無對焰王清淨歡喜智慧難思

不斷無稱超日月等二明等流果皆此人善得勝壽命者謂隨前業力所感異熟一期壽限有短有長謂之壽命此壽命者若小乘有宗解云謂壽煖識三和合（[illegible]）命根異色心外別有實體性若大乘宗取第八識種子上建立命根不取現行謂種子是本能生現行復能持彼約斯勝義偏取種子故唯識論云然依親生此識種子由業所引差別功能任持決定假立命根言依親生者簡業種也彼非親故但依觀生本識內三分因緣名言種上立不依能感業增上緣種立謂業種既疎爲緣非親生種無力連持故非命根體也言生者簡餘不生現行之因緣種子彼未生現非命根體此者簡餘識也識者簡彼相應五心所法種子者簡此識現行劣於種子故以現行雖以能持種子然不能生於種子故不依現行而立命根也然此種子有二功能一謂總功能爲能生現行用此用是實貫通諸法種子上皆有此用故名總也二業別功能爲能連持色心不令斷絕以此連持唯此有之名差別功能若命根壞依別功能上立不共餘故體即是假有此所以唯約別功能立也此中意說依普賢行願修行者各隨前業住壽短長盡一報之身修習勝行不虛度時名勝壽命則反願縱恣不善三業之者靡惡不爲不任調伏設住世間報命經劫轉使惡因彌廣苦果無窮善滅惡增非勝壽命故法句經云

人壽百歲慳貪逸盛不如一日割捨財色
人壽百歲樂不持戒不如一日淨心守戒
人壽百歲多忿不忍不如一日含喜不瞋
人壽百歲怠惰不勤不如一日策勵身心
人壽百歲拙衆身心不如一日巧便運致
人壽百歲常懷怯弱不如一日勇猛慧力
人壽百歲不起善願不如一日發行四弘
人壽百歲不生一智不如一日慧性聰利

釋曰百年懈怠過罪逾深一日修持便獲大益所以不如也

厶二頌究竟果

速詣菩提大樹王坐已降伏諸魔衆成等正覺轉法輪普利一切諸含識

後究竟果者速詣菩提大樹王等者謂諸佛示化臨成正覺時皆坐菩提樹也且如釋迦因中未成佛前苦行六年知不究竟即思過去諸佛皆詣菩提樹下降伏魔軍成等正覺即離其處詣尼連河邊將欲剃髮沐浴時優婁頻蠡聚落主名斯那鉢底有十童女普與五跋陀羅常以麻麥供養菩薩其最小者名曰善生於菩薩苦行之時常以飲食供養八百梵志願資菩薩速成菩提菩薩以知自餓非真道故於無光太子遣使將製裝至於晨朝入村乞食其聚落神告善生女汝之所爲清淨人者欲來乞食汝欲供養宜速辦之善生聞已心大歡喜取十牛乳極令精純煑以爲糜欲將供養菩薩知已即於糜上現吉祥相善生極怪有仙語之若有食此糜者必成正覺即敷妙座令優多羅女如常先請諸梵志等奉敘四埜都不見之唯見菩薩去來歸報善生告云此爲最勝我本爲彼宜速請之菩薩受請即詣其座善生歡喜以金鉢盛粥授於菩薩菩薩思惟我食糜已定證菩提此鉢付龍善生白言隨意受用菩薩受已至泥連河畢鉢岸上剃髮沐浴諸天以香花適散河中浴已收水還天供養善生收髮起窣堵波大備香花而申供養出岸思惟坐何而食龍妃持座湧出供養菩薩坐已取食乳糜身體平復致鉢河中龍收供養帝釋化爲金翅奪將歸天起塔供養經說我佛世尊詣道樹時無量菩薩并諸天衆各各嚴飾菩提之樹或有尚頭百千由旬純花所成或純栴檀或純繒綵所成或純珠寶所成或七寶成如是計有八萬四千一一樹下各隨色類數師子座具座或以純花莊嚴或香或寶或純或雜

一一皆願菩薩坐於樹下得無上覺爾時菩薩澡浴身體復食乳糜氣力平全欲往諸十六功德之地菩提樹下爲欲降伏諸魔悉故以大人相四面而行振動大地出大音聲足下放光隨所踐處皆生蓮華正念向彼菩提之樹直視行時便有無量威儀時風天雨天從泥連河至菩提樹周遍掃洒盡令嚴淨又雨無量殊勝香花遍覆其地三千界內大小諸樹皆悉低垂向菩提樹大小諸山皆悉低垂向菩提樹欲天散花一一花等一俱盧舍以爲其臺復現廣路於路左右七寶欄楯量如七多羅樹衆寶幡蓋處處莊嚴又化七寶多羅之樹絡以金繩繩上皆懸珍鐸明珠琉璃間廁其樹雨間有七寶池金沙遍布香水盈滿四花芬馥四面寶階周帀莊嚴迦陵等鳥出和雅音有八萬四千諸天婇女以衆香木用洒於路復有上類散衆天花一一樹下復有衆寶妙臺其上各有八萬四千天諸婇女皆捧寶器盛衆妙香復有五千天諸婇女奏天妓樂歌舞頌歎出和雅音菩薩其身普放光明炤諸佛剎復有無量百千諸天奏天妓樂於虛空中雨衆天花又雨無量百千天妙衣服復有無量象馬牛等圍繞菩薩發聲哮吼其音和鳴無量衆鳥翔翔圍繞出和雅音菩薩往詣菩提場時有如是等無量希有吉祥之相令無邊界有情皆得安樂離苦惱等菩薩爾時放大光明炤無邊界遇光之者苦惱皆除迦利龍王說偈讚歎龍妃金光圍繞供養既到樹下復自思惟往昔諸佛坐何等座證成菩提念普諸佛皆坐淨草時天帝釋化爲刈草之人於菩薩邊持草而立菩薩徐問汝名字誰其人答言我名吉祥菩薩心喜我今必證無上菩提即以妙音從乞其草化人心喜持以上之菩薩受已以手自敷結跏趺坐立大誓言若不成佛終不起此也言坐等者即降魔相也菩薩既坐已思惟欲界波旬最尊最勝應召來此而降伏之即放白毫光炤三千界波旬遇已夢

三十二不吉祥事魔已心驚告諸臣佐云我聞空聲悉達太子苦行圓滿必成菩提空我境界如何摧伏大臣等及其千子皆共謀之波旬轉怒即召諸女詣菩薩前各騁妖姦欲壞其淨行菩薩哀念說偈化之令諸魔女皆知欲過而復報言汝等有福今得生天身不念無常遣諸幻惑當墮惡道欲脫甚難是時諸女散以天花右旋菩薩却歸天上於波旬所具述其由諫波旬言願不爲患時白部魔子名曰導師啓文王言菩薩清淨超過三界神通道力無有能當諸天龍神咸共稱讚必非大王所能摧屈不須造惡自招過患波旬不受自往違之不受輪王山間獨處欲望佛道徒自勞形菩薩語言我今坐此決取菩提日月墜地須彌傾倒寧有是事我志不移波旬轉怒吼聲如雷喚諸夜叉率自徒屬部惡醜形百千異類或布黑雲雷電霹靂或雨砂石或擊大山或口吐毒蛇或身出猛燄彎弓揮劍舞矟盤槍無量億魔罪廣爲驚怖菩薩以慈定力砂石箭鏃悉變成花惡龍吐毒皆爲香氣波旬執劍自欲害之魔子抱而諫之勿招罪咎菩提樹神無量天衆言詞毀責讚菩薩德爾時菩薩語魔王言我今於此斷汝恚習滅汝惡業除汝嫉妬汝宜回心生大歡喜汝以微善今得天身我從無量劫來修習聖道魔言有何證據菩薩即以右手指地而說偈言諸物依何得生長大地能爲平等因此應與我作證明汝今當觀如實說時地神持花釁湧現供養言我能證菩薩往昔多劫修行今得菩提酬前因行也然我此地是金剛臍餘方悉轉此地不動作是語已大千世界六種震動提出大音聲有十八相魔衆見已憒亂身心顛倒狼藉蹶橫而走波旬驚怖悶絕頓躄有一地神以水洒之告言速去此有兵衆欲來害汝是時魔衆退散而走降魔相竟也言咸等正覺者即成道相也隨學果用中已說也

△三頌結勸受持三一結前諸行

若人於此普賢願讀誦受持及演說

△二重顯勝益

果報唯佛能證知決定獲勝菩提道若人誦此普賢願我說少分之善根一念一切悉圓滿成就衆生清淨願

△三結成回向

我此普賢殊勝行無邊勝福皆回向普願沉溺諸衆生速往無量光佛刹

△二結說讚善

爾時普賢菩薩摩訶薩於如來前說此普賢廣大願王清淨偈已善財童子踊躍無量一切菩薩皆大歡喜如來讚言善哉善哉

結說讚善乃是義生此會入定未有佛說古德共立令衆頓證此會入定未有佛說者會初世尊入師子頻申三昧便令逝多林忽然廣博現淨莊嚴之事普賢開發文殊讚述大衆頓證後文殊出至福城東敷示善財展轉求道乃至品末佛無自說之處故此云如來讚言者乃是義生也

△二流通分二一指所說法

爾時世尊與諸聖者菩薩摩訶薩演說如是不可思議解脫境界勝法門時

向普賢說已是結義今云佛說亦是義生意欲總該亦有二意△一此之一會佛爲會主雖諸善友以總該別亦屬佛說△二徧該九會以皆不起菩提樹王徧一切處一時頓說此之一會至亦屬佛說者謂初會來皆菩薩爲主欲有所表謂初會普賢爲主初會是九會之總表佛依正二果體是法界普賢主法界故二文殊爲主主十信故足下放光三法慧爲主十住是解位足指放光四功德林爲主十行森聳如林故足趺放光五金剛幢爲主回向高出故兩膝放光六金剛藏爲主入地能生無盡之功德故眉間放光七普賢爲主位滿還同法界故於一會中隨品別有所表故有餘菩薩等說者也八普慧普賢等爲主託法進修體能引行故普賢主行故九至此會初方是佛自爲主表證入因果若不實合佛心無由證入故此云佛爲會主也則諸善友皆佛十身中餘類身故以總該別縱前八會說主亦佛十身中善薩身也故一一會初皆先標佛淺識不曉此意云華嚴多分非佛親說未爲極妙者渾是衒莊之談也疏二通該九會至一時頓說者謂不起菩提樹而昇切刹天等三天也皆不起而昇之如昇須彌品云爾時世尊不離一切菩提樹下而昇須彌向帝釋殿法慧菩薩偈云佛子汝應觀如來自在力一切閻浮提皆言佛在中我等今見佛住於須彌頂十方悉亦然如來自在力既三天皆爾故成四句一不起一切菩提樹而昇一天如前經文二不起一處而昇一切處三不起一處而昇一處四不起一切處而昇一切處二四兩句取其結例之文謂十方悉亦然取前一切閻浮提對初

利悉亦然則是第四句似取一閻浮提對一切忉利是第二句遍第三句易知故無文義必合有是則不起法界菩提樹遍昇法界七處即第四句問動靜相違去住懸融既云不離何得言昇答然佛得菩提智無不周體無不在無依無住無去無來然以自在即體之惠應隨體遍緣感前後有住有昇閻浮有感見在道樹天宮有感見昇天上非移覺樹之佛而昇天宮故云不離覺樹而昇釋殿故法慧云佛子汝應觀等文理有據今更以喻顯譬如朗月流影遍應且登江一月三舟共觀一舟停住二舟南北南者見月千里隨南北者見月千里隨北停舟之者見月不移是謂此月不離中流而往南北設百千共觀八方各去則百千月各隨其去諸有識者曉斯旨焉

△向見普賢在菩提場攝末歸本以本該末並爲佛說

由見普賢至佛說者然第一會初是菩提場證道佛既不離菩提樹而在逝多林文殊從佛會而出乃至福城東隅娑羅林是從本起末善財求友展轉南行並是末也從寄登地已後多不指方最後見普賢時在菩提場內見攝末歸本也故云以本該末並爲佛說也

△二時衆受持二一列能持衆三一菩薩衆

文殊師利菩薩而爲上首諸人菩薩及所成就六千比丘彌勒菩薩而爲上首賢劫一切諸大菩薩無垢普賢菩薩而爲上首一生補處住灌頂位諸大菩薩及餘十方種種世界普來集會一切剎海極微塵數諸菩薩摩訶薩衆

文有四類前之二類多在此會第三普賢義通常隨則偏該九會第四種種世界普來集會亦通二義亦是前來遠集新衆二通九會集有遠近而梵本無文

及所成熟六千比丘者即文殊辭佛往於南方舍利弗亦辭佛領自徒衆六千比丘海覺比丘而爲上首至於中路舍利弗勸令歸依文殊文殊如衆王回旋觀諸比丘爲說十種無疲厭心謂積集一切善根心無疲厭見一切佛承事供養心無疲厭求一切佛法心無疲厭行一切波羅蜜心無疲厭成就一切菩薩三昧心無疲厭次第入一切三世心無疲厭普嚴淨十方佛剎心無疲厭教化調伏一切衆生心無疲厭修一切劫中成就菩薩心無疲厭爲成就一切衆生故修行一切佛剎微塵數波羅蜜成就如來十力如是次第爲成熟一切衆生界成就如來一切力心無疲厭諸比丘得普照法界故大疏序云象王回旋六千道成於言下故此列之也言比丘者新云苾蒭唐言具淨西天有苾蒭草有其五德以況佛弟子有其五種德也一體性柔軟如比丘調伏三業制伏煩惱不起卒暴柔和善語不觸於人二引蔓傍布此況比丘須傳佛教勤化一切互相接引展轉相化如一燈然百千燈三香氣遠騰覺香氣者悅樂身心此況比丘戒香芬馥衆人聞者皆生歡喜發其道意四觸身安樂有患者此草拂著皆悉平復以況比丘自斷煩惱以求無上菩提外則敎化衆生皆令斷惡滅煩惱惑安住善品至不曾日光精如與藥常隨向日此況比丘行住坐臥四威儀中常向如來不曾攀緣邪見是爲五德也復有五義一曰怖魔初出家時魔宮震動此約淨心出家者

觀二曰乞士謂上從諸佛乞法以資慧命下從檀越乞衣食以資色身求無上菩提三曰淨持戒佛地論及婆沙論說具足六義名淨持戒一具住淨尸羅二能自防非別解脫戒三具足三千威儀八萬細行四所行具足離五處不應行即處女寡女沽酒屠兒惡衆等五於微細罪生廣大怖故世尊言真輕小罪以爲無殃水滴雖微漸盈大器慎之妙矣六受之處須依勝師不現邪見如是六義名淨持戒也四曰淨命離四邪命及五邪命四邪命者一下口食謂種植樹木耕田墾土二仰口食謂觀瞻星象以求衣食三方口食謂四方通耗等及媒嫁事四維口食謂咒術推算祿命決疑用怖於人以求衣食五邪命者一爲利養故詐現希奇二爲利養故自說功德三爲利養故占相吉凶爲說令怖以求衣食四爲利養故稱得供養激動人心五爲利養故廣置徒弟高譽現威令人怕怖恐動求財也若能離得四邪五邪所獲資身名爲淨命食得名比丘也五曰破惡爲能降四魔也賢劫一切諸大菩薩者今此住劫應名善賢得名所因如大悲經說此三千大千世界初欲成時有大水聚淨居天子觀此大水見有千莖諸妙蓮華各有千葉金色全光知有賢人一千同劫成佛故名賢劫則住二十個劫中今當第九彌勒於第十劫中成佛如餘處說也言一生補處者謂唯有人中一遍受生名爲一生當紹前佛之位名爲補處此約化身成道也唯慈恩解一主補處總有三位一者一生所繫二者最後之身三者坐道場身上生則一生所繫唯有當來適受生爲能繫下生則局後二身如釋迦初生時於東西南北各行七步說一偈云我生胎分盡是最末後身我已得漏盡當廣度衆生即名最後身也後於菩提樹下坐時名坐道場身若成佛了非三位攝即名佛身也此化身未成佛前有三位身著自受用身及他受用身未成佛前亦有此三生身如彌勒雖

述也又諸菩薩有五種生方便攝化事利群品一者除災生由願自在力為大魚等濟諸飢乏為大醫王救諸疾病為大善巧善和鬪諍為大國王如法息苦為大天神斷邪見行為火為術為事為身為種種物息除災患故維摩經云或作日月天梵王世界主或時作地水或復作火風劫中有疾病現身作藥草劫中有饑饉現身作飲食劫中有刀兵為之起慈悲等二者隨類生以願自在力於傍生等惡趣中生彼所行惡而自不行彼不行善而自行之如入諸酒肆能立其志以諸婬舍示欲之過為說正法除彼過失三者大勢生稟性生時壽量形色種性富貴最為殊勝能斷衆生輕慢等過四者增上生受十王果自在化導隨所感生五者最勝生此生資糧以極圓滿如釋迦生剎帝利大國王家能現等覺作諸佛事今言一生補處者於五種生中通攝後四若下生已住最後身即第五生攝是一生補處也會住灌頂位等者亦名受職位大經第三十九說十地滿心名受職位菩薩至此位來心得百萬阿僧祇三昧其最後三昧名受一切智勝職位住此三昧已有大寶蓮華忽然出生其花廣大量等百千三千大千世界以衆妙寶間錯莊嚴超過一切世間境界出世善根之所生起微塵數蓮花以為眷屬爾時菩薩坐此花座身相大小正相稱可無量菩薩以為眷屬各坐其餘蓮花之上周帀圍繞一一各得百萬三昧向大菩薩一心瞻仰此大菩薩坐花座時光明言音皆遍法界一切世界咸悉震動惡趣休息國土嚴淨同行菩薩靡不來集人天音樂同時發聲所有衆生悉得安樂從兩足下放百萬億阿僧祇光明普照十方諸大地獄滅衆生苦於兩膝輪放光滅畜生苦於臍輪放光照閻浮提界滅餓鬼苦兩脅放光滅人間苦兩手放光普照天宮阿修羅宮兩肩放光普照聲聞頂背放光普照緣覺口中放光照初發心乃至九地菩薩眉間放光

普照十地菩薩令魔宮隱悉皆不現頂上放光普照諸佛道場衆會右繞十帀作虛空中成光明網名熾然光明發起種種諸供養事供養於佛餘諸菩薩從初發心乃至九地所有供養欲比於此算數譬喻不及其一若有衆生見如此事皆悉於菩提得不退轉此大光明作供養已復遶十方一一諸佛道場衆會遶十帀已從諸如來足下而入爾時諸佛菩薩知某世界某菩薩行廣大行到受職位乃至九地菩薩衆皆圓滿恭敬觀察正觀察時其諸菩薩即各獲得十千三昧十方所有受職菩薩皆於金剛莊嚴臆德相中出大光明名能壞魔怨普照十方現神變已而來入此菩薩臆德相中其光入已令此菩薩智慧勢力增長過百千倍爾時十方一切諸佛從眉間出清淨光明無數光明以為眷屬名增益一切智神通普照法界作佛事已而來至此菩薩會上周帀圍繞示現種種莊嚴畢已從大菩薩頂上而入其眷屬光明亦各入此諸菩薩頂當入之時此菩薩得所未得百萬三昧名為已得受職之位入佛境界具足十力墮在佛數也此前來通集新衆者即此會列五百菩薩及聲聞衆世尊入定現相然後有十方菩薩雲集故云新衆也

△二聲聞衆

大智舍利弗摩訶目犍連等而為上首諸大聲聞

唯局此會

言大智舍利弗等者舍利弗本行名舍利弗多亦曰舍利子即鶖鷺子蓋從母以呼也姓拘栗氏號優婆提舍即王城提舍論師之子年幾八歲名振四方與大目連少而為友形容短小事山闍耶外道知不究竟將期明脫後遇馬勝聞法得初果與其徒衆二百五十人投佛出家半月後得無學果阿含第三云我聲聞中第一比丘智慧無窮舍利弗是雖阿含二十三云舍利弗是第二法王廣如中阿含自果第四西域記第九等叙也言摩訶目犍連者新云摩訶沒特伽羅子曰揵連姓大般若四百七十八翻為大採菽氏揄伽第四云菉豆子神仙之後名拘律陀或拘栗多王舍拘理伽邑人大婆羅門持後因鶖子說偈悟道詣佛出家七日後得無學果常在佛左邊鶖子在右邊號雙賢弟子增一云我聲聞中第一比丘神足輕舉飛到十方是大目連南山記說目連同名者有六人今言大者揀小濫也廣如本行四十八第九西域記等叙也諸大聲聞者聲者所謂諸佛教聲聞聲悟道名聲聞也通即大乘亦曰聲聞以佛道聲令一切聞故又言大者共有六義一智大盡無生故二斷大見修盡故三相大佛威儀故四利大世應緣故五用大具通明故六記大當作佛故

△三雜類衆

并諸人天一切世主天龍夜叉乾闥婆阿修羅迦樓羅緊那羅摩睺羅伽人非人等一切大衆

言天龍等者總舉八部衆也一天者有四一名天如世國王名為天子緣有福諸天識一分福與今天子二生天名天下從四天王天上至非想非非想天中有情三淨天但於人中得聖果者名為淨天有自在義故四生淨天謂二十八天中諸聖人是也今言天者四中多取第二生天也二龍有四種一天龍持天宮殿不令墮落者二人龍人闘興雲致雨者三地龍能持山河大地四王龍守藏王之庫藏等者復有四種一者虬龍虬龍有角二者鷹龍鷹龍有翼三者驟龍驟龍有殊四者蛟龍蛟龍有

鏁又能離五般障難方能降雨一大大增盛二風吹雲散三阿修羅收雲入海四風伯雨師放逸懈怠五者衆生造諸惡業龍天順責雨亦不下五中隨有一障雨即不下也三夜叉者新云藥叉此云輕捷鬼唐三藏翻爲暴惡神亦名勇健神雖者名可畏攝地行食噉生類雄者名藥叉有翅而能飛空唯喫孩光居下天守天城門也四乾闥婆者正云健闥縛此云尋香行亦云食香神謂食氣作樂求乞天帝須樂體有異相便往彼之西天呼一類音聲人名健闥縛謂不作生計尋食香氣作樂求之五阿修羅者古翻不飲酒神謂海水鹹苦釀酒不成因茲不得喫名不飲酒神新云阿素洛此云非天謂無天實德故云非天也六迦樓羅此云金翅鳥正云揭路荼此云妙翅鳥身有四色黃金色白銀色瑠璃色頗胝迦色以有四般寶色翅羽嚴麗故名妙翅鳥此具四生如前已辯也七緊那羅者正云緊捺洛此云歌神有其四類法華經中呼爲清歌雅樂衆此樂神體是畜生形狀似人面皃端正頭上有一角人見生疑不委是人是畜亦名疑人也八摩睺羅伽正云莫呼洛迦此云大腹莫呼云大洛迦云腹即蟒蛇蝦蟆之類也此之八類於一一類中各有無量總在會中聞此等何緣得至佛會答慈悲和尚云由佛慈悲廣爲引化有靈之類皆悉奔赴希法雨以潤萌芽資智藥而除衆苦如歸慈父若趣醫王但由平等慈悲恩霑動植者也動者有情植者無情草木等類如來行處有情遇之便得超昇無情枯求再生花結果也

△二總顯受持

聞佛所說皆大歡喜信受奉行

總顯受持通前諸衆然此流通偏通第九若通九會於理無違何必將斯要該九會又準前例說法之後尚闕現瑞及證成等但案梵文足有始終聞佛所說至信受奉行者慈恩圓覺疏引文殊所問經說有三種義歡喜奉行一說者清淨不爲取著名到所染故二所說清淨以如實知法體故三者得果清淨即說益也亦陳事既周時衆獲益聞法者積善於胸懷受導者奉言以行學即各稟敎習學流通來聞也疏何必將斯等者古德多云經來未盡故無流通即意懸指此文通於九會今不用之故云何必也尚闕現瑞等者諸會說竟皆有之也即知各自流通也

△四偈辭述意回向

我佛昔於大劫海修行苦行爲衆生證此難思解脱門何幸得聞能讚演願此勝因皆上薦寶祚長安帝道昌四恩百辟及含生同證玄門齊智海

第四慶讚回向文有二偈初偈慶遇中讚後偈舉益回向前中初三句述所證難思後一句慶聞讚演於初中初二句標佛悲願後一句顯證難思初中上句標行願時長下句正明行願於中上四字正舉修行下三字標行所爲下一句顯證難思中言難思等者即所入不思議解脱境界也門者即能入普賢行願也此正舉所讚也後偈中初四字舉所回善根下三字等正申回向於中初即回向有情末後一句回餘二處初中先明上報四恩下三字明下及含識上四恩中初別顯王恩疏皆上薦寶祚等下通舉四恩謂一王恩二三寶恩三父母恩四衆生恩古云施主恩此上一一有大恩德故回向上報也廣如本生心地觀經所明言百辟者總舉臣寮同上王恩也及含生者即有情之異名總有十種一名類生二名膺生三名羣生四名懷生五名蒼生六名衆生七名含生八名異生九名緣生十名有情今即一數也末後一句回餘二處者玄門二字即真如實際智海二字即無上菩提願四恩三有同證斯道也此中及含生等是向衆生即隨相行齊智海是向菩提即離相行玄門是向實際實際即非隨非離隨相行是大悲下化離相行是大智上求即隨相與離相二行闕一不可也何以隨相若闕離相則成有漏離相若闕隨相即墮偏空以離相得隨相

故觀空而萬行沸騰隨相得離相故涉有而一道清淨如此二行不閡方可觀空不礙有涉有不礙空所以然者謂事即理故色即空故理由事顯事藉理空理空即觸目全真事顯乃無非是佛又空即色而萬別事事皆真色即空而一如相無不寂若如是解者無一心而不證念念道成無一事而非真塵塵佛土此乃圓宗所詮也所以此教圓無不妙廣無不周玄而復深普而能遍迴異諸教凡小權乘之行成普賢圓融稱性之行也良以根機有異性欲不同上哲之流叵成比況也

大方廣佛華嚴經入不思議解脱境界普賢行願品疏鈔會本卷第十

大方廣佛華嚴經普賢行願品別行疏鈔會本卷第十

校勘記

一　底本，清藏本。

一　一五頁上一至四行全文，徑無（未換卷）。

一　一五頁上一一行右首字「第」，徑冠以「鈔」字。以下各段小字前徑均冠以「鈔」字。

一　一六頁中四行右末字「劒」，徑作「諂」。又左末字「請」，徑作「劒」。

一　一六頁下一六行第六字「一」，徑作「二」。

一　一二二頁下二行右第四字「自」，徑作「目」。

一　一二三頁上一六行左「枯求」，徑作「枯木」。

一　一二四頁上卷末書名，徑作「大方廣佛華嚴經普賢行願品別行疏并鈔卷第六」。

圓覺經疏前序科文上　治一

此序以荷恩讚法利人爲意依題次第演義布文謂夫血氣之屬必有知下至其實皆一道也已来勢變雖異即題中圓覺二字也從三世諸佛之所證下至爲一切經之宗也已還即題中了義經三字也製疏本末一科乃題中疏之一字也指類勸人乃丞相他利之切也其末云休常遊禪師之閫域受禪師之顯訣輙直讚其法而溥告大衆耳正明本意也細味甚明無煩他說也

科分此序爲三
- 初敘理讚法三
  - 初深極宗體四
    - 初約法直指
    - 二稱謂隨宜
    - 三派迷悟而指因源二
      - 初緣起殊途
      - 後會行從要
    - 四會聖凡而該果海二
      - 初階進成差
      - 後即本安立
  - 次了義因由二
    - 初究實無異三
    - 次隨機有殊
    - 後正明了義
- 後製疏本末六
  - 初師教無遇
  - 二勵志博通
  - 三正明修述
  - 四廣彰圓善
  - 五其道不測
  - 六假問遣疑二
    - 初敘疑
    - 後遣釋二
      - 初依教道釋疑二
        - 初以本統末
        - 次以疏顯經
        - 後結酬返責
      - 後約宗通重淨
- 次指類勸人
- 後明陳其意

大方廣圓覺經畧疏科上分爲二

圭峯蘭若沙門宗密

- 初題目二
  - 初標總題
  - 二顯述者
    - 初舉類顯
    - 二正明
- 二本文三
  - 初揔序大綱三
    - 初顯理二
      - 初示覺之心體二
        - 初約果德標指心源二
        - 二約修心成其果德二
      - 二示心之覺相三
        - 初辨其要二
        - 二正顯示八
          - 初標舉
          - 二直顯
          - 三竪道
          - 四横徧
          - 五真常
          - 六絕跡
          - 七不變
          - 八隨緣
    - 二明教二
      - 初總叙教起因緣二
        - 初會妄顯真以標指
        - 二即體之相以圓收二
          - 初離過
          - 二具德二
            - 初總標具德
              - 初法二
              - 二喻
            - 二釋成無礙
      - 二別叙此經旨趣三
        - 初標宗
        - 二正叙三
          - 初明佛悲念
          - 二叙佛化儀三
            - 初明利濟心等
            - 二明隨器頓漸
            - 三明頓漸之相漸設
          - 三結聖凡體超名相
        - 三結勝
          - 初叙序分
          - 二叙正宗二
            - 初信解真正
              - 初頓成同佛
              - 二假釋迷源
              - 三略釋地位二
            - 二依解修證三
              - 初依位漸證
              - 二忘心頓證
              - 初通明觀行上根修證三
                - 初結前上根生後中下之意
                - 初舉喻
              - 二別明觀行中根修證上二
                - 二正叙中根法門
                  - 初雙述道德
                  - 二頓悟教理
                  - 三雙結迷悟
                  - 四漸修解行
                  - 五宗師印可
                - 二法合觀
                  - 初發心弘法
                  - 二明且遣諸疏
              - 三道場加行下根修證
          - 三叙流通
    - 二叙疏六
      - 初標意
      - 二述疏因緣五
        - 初結成大疏
        - 二叙略疏三
          - 初且叙所被之機
          - 二正叙能被之疏
          - 三結成其益
        - 三正述本意二
      - 三釋造疏之意三
        - 初正顯因緣
        - 二勉就佛意
          - 初彰顯所以
          - 二結以印定
      - 四正製此經之疏
      - 五明疏之宗趣分齊
      - 六結前生後二
        - 初舉疑念
        - 二斥疑念
        - 三斷疑念但一
  - 二開章注解二〇
    - 初標列章名
    - 二隨章注解十
      - 初通二
        - 初正明悟修
        - 二印定其要二
          - 初正明三
          - 二顯要二
            - 初辨要所以
            - 二結成其要
      - 二別十
        - 初教起因緣二
          - 初顯示因行有本
          - 二泯絕果相成圓
          - 三決擇悟理應修
          - 四窮盡甚深疑念
          - 五除斷輪迴根本
            - 初顯所除過患
            - 二明應除所以
            - 三指能除之文
          - 六搜索菩提隱障
            - 初正指隱障
          - 七少文能攝多門
          - 八一法巧被三根
        - 二藏乘分攝三
        - 三權實對辨二
        - 四分齊幽深三〇
        - 五所被機宜二〇
        - 六能詮體性四
  - 三慶讚迴向三〇

七宗趣通別十一
八修證階差四
九通釋名題十三
十別解文義十六
初總標三種
二別辨十
初列章今將
二正辨二
初明不分十
二明分教十
初標意十
二正開十
初略標五顯
二廣開周備十
初總判諸教一
二配攝此經十
四分齊幽深三
初標舉四分
二正顯二
三結成

九令修稱性深釋
十勸事離相明師
初立理不分
二正明
初立理
二雙結
初列章
二判教五
初小乘教二
二大乘教十
三終教十
四頓教十
五圓教十
初攝前微起已知
初總標今將
二別對二
初明能量之法論中
二明所量之教諸
初料簡二
初簡非器

二釋除所以
三指能除文
初藏攝藏
二乘攝
三分攝十三
初明立教意
二辨其所詮
三總結不了
初略結始終束之爲漸上三
二復開兩教自有三宗十
初正立教
二辨所詮
初對法相十
二對破相十
初辨異十
二會通
初簡

初明能詮
二明所詮
三總結判釋
初正立
二所詮
三結會兩教十
初標列三宗
二相對料簡十
三會通前後
二正明相攝今顯
初辨異
二會通
初辨其五別對
二例明所餘
初通明

五所被機宜十
初開章五所
二正辨二
初通七宗
六能詮體性四
二別二
初正明本義四
七宗趣通別二
二標指後段
八修證階差二
初正釋經題二
二別明翻譯
九通釋名題二
初配屬
二正釋三
三通妨二
初正通
二舉例亦如
初釋三字
二釋二字二

二普收二
初隨相門
二唯識門
三歸性門
四無礙門
初攝前標後
二正叙修證三
三通妨難
四結勸修
初配屬法義
二標廣存略
三隨文解釋二
二釋能詮三
初釋所詮
初直銷文了義
二釋行相二
初徵起
二正釋二
初指教就理
二對機開教二

二明是器
初達理成行
二依行證果
初總二
二別判
初總標大等
二牒釋三
初釋三大七
二釋法體六
初舉三字對
二四字對二
三總歎而結
初總標法義
二牽法釋義三
初約師釋二
二約教釋
初標定
二判教十
初約大不判

二益有淺深
初叙宗師
二叙法要十
三會此經
初總標
二別釋十
初釋定慧對
二釋餘兩對
初釋大字
二釋方字
二釋廣字
初標定
二正釋
三引證
四顯位
五釋成
六證成下文
初開隔對
二相次對
三總別對又上

二釋經字
〇十別解文義三
初科判二
二銷文經二
初序分
二正宗分。
三流通分。
初叙當科分
二正釋經十
初釋如是十

初總科一經十
二牒釋序分二
初連下合釋十
二離釋本文十
初約信順合釋二
二約法體離釋十二
初通約諸經釋二
二唯就當經釋
初通大小乘法相釋二

二約權實判
初合明二序
二別明證信
初直消文
二引論釋三
初引論
二略釋
三記續
初但約理
二兼理事
三通教義
初自狹之寬三
二合寬狹
初正釋二
二通妨

二解我聞
三辨一時二
四明說主
初信聞時主四
二說處依真
三同體法衆三
初總標。
二別列。
三總歎。
初通疑難二

二約空宗等釋
三唯約實教釋
初隨相釋三
二據當釋
初正釋此文二
二會餘經十
三總出體
初總標宗意以釋科文說
二引經論顯淨土說經行相十

初正釋
二出體
三通妨
初釋我四
二釋聞
初約假名直指
二以妨難徵起
三總列邪正
四以正揀邪
初約經翻譯
二引佛地經例
初標舉翻譯

二正釋文二
初開章
二正釋經二
初攝相歸真三
二稱真現土頌二
初釋文佛無
二釋義二
三連合前後覺
初列多種經
二融多種然
○第二正宗分經二
初總科
二別釋經二
初釋科文
二釋義類然須
三出其體本
四開章釋文二
初信解真正成本起因
二依解修行隨根證入三
初長行四

初資列經以為類例二
二前佛地論徵釋疑情二
初標入智用之源經二
二明與凡聖同體經二
三總彰稱體周徧經二
初且消文經
二別釋義文依
初進問威儀
二正陳辭句二
三展虔誠
初開章
二釋文經四
初申請二
二讚許
三佇聽
四正說經二
治一
初開章四正
二正釋經二
初示本體

初顯總釋
二經別釋經二
初明聖同
二明凡同
初問本起之心經二
二問發心離病
三明遠被當來
初隨文顯釋
二明請說之意
三指佛菩薩
初釋初
二釋陀羅尼
三釋門字四
四釋圓覺
六
初正釋
二揀濫二

初資稱列九經名題
二引佛地經明淨
初直明正義二
二會通權實
初正宗因
二展為前難
三釋成正義
初釋入分等三
二釋定稱
初且釋藏
二釋入字
三釋通先
初正釋
二通妨
初直釋
二
三引經證
四引例釋成
初通相釋

二偈頌二
初標示真宗二
二推窮妄宰二。
三釋成因地二。
四結牒問辭。
初釋圓照淨覺二
二釋斷障成道覺
初別約能所釋
二直就法體釋
三引例釋相字
初遮釋名二
初正釋
二通伏難
二別釋名四
初六度二
二五度
三十度
四八萬四千度
○二推窮妄宰
初科分述意
二依科隨釋經二
初徵
二釋經二
治

二彰德用六
初明本有覺心二
二明悟則成佛經二
初顯意
二正釋經二
初釋流出清淨
二釋真如二
三釋菩提
四釋涅槃四
五釋波羅蜜二
六釋總顯業用
初以慧為本
二以悲為初
初明其通
二正顯意
初釋文
二顯意二
初釋得名二
二顯體相
三明業用二

三引例
四總結
初釋名二
二出體
三辨業用
初釋名
二出體
三明業用
初釋名
二出體
三辨類
初指涅槃通明
二引華嚴別辨二
四明業用二
初釋本名
二釋別名
初引文
二通一切
七
初釋本文二
二釋前文二
初校定其非

二約本末釋
三約迷悟釋
初直顯
二引證本門
初略釋圓覺
二細釋又真
初顯其涅槃
二實證之
二顯應涅槃
權益之用
初釋文
二引證
初貼文釋二
二通文釋二
初釋迷身
二釋迷心二
初約諸教
二約本經
初叙意立
二正釋經二
初法

三諸
初示其相三
二顯本空三
初正釋
二引證
三例釋餘義二
初標定
二喻釋
初先叙疑
二斷疑
二正釋經
○三釋成因地
初叙意標文
二正釋經三
初釋其徵
二釋其釋二
初釋前二句明諸法
二釋後六句顯一心二
初釋空藏
二釋不空藏

初釋義二
二釋文二
初分科
二顯意
二正釋經二
初略顯大乘涅槃
二備顯諸乘涅槃
初正釋二
二引證
初釋正喻前
二釋轉喻
初依真悟妄頓出生死
二展轉拂跡釋成正因
三徵拂所由釋歸圓實
初標意
初釋如來藏
二釋餘句二
二釋文二
初結前
二正釋

二正釋其相二
三出其喻意
初直顯喻相
二以之合法二
初直喻前文
二展轉例見
初釋喻
二法合真
三顯意
初合身心二
二合見相二
初正返合
二引經證
二返合
初順合
二返合悟二
初通
二別二
初正合
二補闕
初正合
二通妨
初通顯
二別顯
初引理趣般若
二引勝鬘
初直釋
二教證二
三引如來藏二
初約隱覆釋二
二約含攝釋二
初體合用二
二聖合凡
初染緣起
二淨緣起
初別二

初出體(此下)
二科經(今此)
三釋名三
四明行相二
五明業用二
六勸信六
四結牒問詞
二偈諷經二
初標舉(頌二)
二正陳(頌二)
二依解修行隨根證(位)二
初標大意具
二釋科文三
三銷文(頌二)
初開章述意(文中)
二牒釋經文(二段)
初徵釋用心(頌二)
二廣明行相二
初長行(頌三)
二偈諷(頌二)

初總標(通云)
二別釋三
三配屬(此三)
初總(然約)
二別三
治
初翻梵文(義偈)
二釋重頌(意義)
三長偈相對(覺)
初正釋
二總判(前)
三引例
初會科段(初本)
二正釋經(四)
初申請三
二讚許
三佇聽
四正說二
初總分經文

三約出生釋(由三)
初真妄開合(意真)
二唯性(約真)
三唯相(從生)
初標(此釋)
二釋二
初不變(約真)
二隨緣二
八
初敘意(立)
二節經
初舉大意
二開數釋(今依)
初就當根徵起
二開解行相違二
三遮不修之失
四請修之方便
初進問威儀
二正陳辭句四
三三展虔誠
初用論釋(皆吉)
二約經釋
初正釋二

二總二
初以論引經(由後)
二以經釋經(長行)
初明應信(既諸)
二誡不信之損
三讚信順之益
四讚諸行之本
五明難信之所
六正勸令信
初總釋一科(行也)
二別釋幻義二
初幻何修問(頌二)
二斷滅誰修問二
初正釋(此問)
二引證(金剛)
初總標大意(諸然)
二別明請教(約今)
三總結請教(此上)
四釋…

初敘意第二
二節經
初標幻從覺生以為義本(頌二)
二明幻盡覺滿以釋前疑三
三令離幻顯覺正宗用心(二段)
四辨幻覺不俱結酬其請
治一
初會通前後(二本)
二正釋經文經三
初法二
二喻合
初展轉離幻
二密顯真覺
二廣明行相(頌二)
初開章具
二正釋經三
初開示觀門同佛四
二微釋迷悟始終四
三深究輪迴之根四
四略分修證之位三
初申請三
二讚許
三佇聽
初長行(頌二)
二偈諷二

二別釋科意(初今)
三隨文消釋(經四)
初消經文
二廣釋義二
初對前釋義三
二攝成此門(然淨)
三依門消釋二
初科分
二正釋
初四問答通明觀行上根修證四
二四問答別明觀行中根修證
三一問答道場加行下根修證
初進問威儀
二正陳詞句三
三三展虔誠
初科分第四
二隨釋經四
二反顯請
三結牒請
初起行方便(四)
二觀行成就二
三頓同佛境三

二重顯幻義(知是)
三通妨結成(問既)
初用當宗經論釋義二
二會通他宗經論之文六
九
初指經雙標(此下)
二以論雙標(故論)
三依論別釋二
初染二
二淨(淨緣)
初釋(染法)
二證
初逆詮順法(初約)
二順詮逆法二
三皆無障礙
初正顯(二兩)
二結意
初舉喻談釋前文
二法合唯談本義
三舉佛同幻之覺
初舉法請
初釋標請
二釋別列(此下)
初釋離幻指前
二釋正念

五順逆會通二
六都結得失(唯心)
初舉意(今本)
二正會三

四正說二
初科分(二觀)
二隨釋經二
初科分具(下)
二隨釋經三
初略標喻相
二以之合法二
三簡二喻別(然前)
初喻(頌三)
二法
初標
二釋二
初印前顯後二
二拂跡入玄(頌二)
三圓彰法界(頌二)
初分科敘意(第三)
二彙經消釋(經二)
初真法界(頌二)
三重法界(二頌)
初釋科文後三

初明二空觀(二段)
二明法界觀(二段)
初開章(文中)
二隨釋(經二)
初破執二
二顯理(頌二)
初總敘大文
二別釋(經二)
初標(此然)
二釋二
初法
二喻
初敘意(後觀)
二正釋經二
初釋文
二配對
治
初釋初七句(標者)
二釋後二句二
初約染時出體
二就通相指名
三釋轉名所以

四結牒問詞。
初戒定(頌二)
二觀慧(頌二)
初標大意
二開章釋二
初我空二
二法空
初開其總別
二牒釋經文三
初觀身無我(頌二)
二觀心無我(頌二)
初尋伺觀
二如實觀
初釋印前二
二釋顯後
初破空二
二顯覺三
初破對執之空故覺顯(謂迷)
二含依他相空故覺顯
三剋體指覺結上絶待(是知)
初別指餘五
初總對根境(下餘)

三明互資
四結成方便
初釋前四句
二釋後一句二
初消此句經文
二對前句通難(靜室)
三指答處(此依)
初敘意(今初)
二科分(文中)
三隨釋經二
初尋伺觀
二如實觀
初直釋(言印)
二配三性
十
初直斷
二引證(故首)

二牒經釋三疏
初略示觀門今初
二對釋經義今經
三正釋經三
初真空絕相觀二
二理事無礙觀二疏
三周徧含容觀二
初略示觀門緣法
二配釋經義二
初配觀門今言
二釋總義言意
初敘科意第二
二正消文二
初釋前四句三
二釋後諸句如還
五出世間諸法二疏
初隨文釋二
二總料簡三
初問答料簡二
二明染淨相由二

四結同佛位心疏
五指下文證疏
初合第八以釋心字九
二合第七以釋見塵等
初通釋清淨比達
二說釋依式疏然
三別釋此章二
初釋初句通明淨因疏明
初色相空淨七
二空色同如疏二
初正釋疏前
二引證故法
三釋疑然疏
沿
初通釋然如
二別釋一如
三總相料簡然法
初諸佛果法
二三乘因法二
初釋助道二

二正辨謂由
三遮局不單
四以體釋名此亦
五收別為總亦又
初隨末二
二就本二
初合釋七八二識二
二正釋六根根塵
三正釋六識二
初隨文釋根識二
二通妨釋第七四
二釋後文正顯清淨二
初內身根識疏二
二外境六塵疏二
三內外四大疏二
四世間諸法三
五出世諸法二
六自他正報二
七一多依報二
初釋處六根
二釋界三
三釋有二
初釋十力
二釋無所畏四
三釋無礙智二

二唯依於根由具
初指論標舉六識
二約大乘釋六識
初正釋又七
二出經意故
三引例故論
初合本以出體然
二合末以出體
三總結內外皆由
四顯經文勢若不
初釋名六皆
初辨種類色有
初出體即於
二釋相
初正釋界義一根
二對說三科前為
三通伏難前說
初直釋四洲
二通難然
初依智論
二約華嚴為
初正釋

二通伏難然
初指配科段然上
二正彰染淨五段
初結前標後然前
二以義正釋五
○六自他正報二疏
初正釋義然此
二通妨難此乃
七一多依報疏
初別釋此文上國
二總明相攝上然
二周徧含容觀疏二
三顯同佛境二疏
四結牒問同
初科分文
二隨釋經三
二[illegible]
初[illegible]科段
二節經文二
初標
二正陳二

二解餘文超然
初問
二答二
初總釋謂
二別釋三
初法說謂若
二喻明如有
三法合觀智
四指文下故
五以理結定
初牒經列數十三
二顯攝出體然但
三牒文別釋七
初略釋觀名
二正釋經義二
初釋法所果
二釋喻二
初法
二喻
初釋行成見境謂近
二釋見境無差
初用心同二
二見境同
二[illegible]
初諷觀行成就二
二諷頌同佛境
二諷結牒問詞

四釋不共法二
初釋念處
二釋正勤
三釋神足
四釋五根
五釋五力
六釋覺支二
七釋正道二
初正釋喻相如一
二配法釋義空中
三釋其所以以所
初總消經文
二別釋生佛三
初釋前二句
二釋後四科
初諷一空觀
二諷法界觀
初正釋

二通妨問無
初通大小乘四初
二唯大乘觀又
初正釋寛七
二通妨一難
初單釋此文正六
二總明次第上之
初正釋法喻
二通妨難
初釋前諸句
二釋後百明此
初釋依報平等二
二釋正報平等二
初敘意標門然疏
二依門別釋二
二指經對示合經
初略辨前五者一
二具釋第六二
二引證華故

○第二徵釋迷悟始終經四
初申請三
二讚許
三佇聽
四正說二
初長行
二偈頌
初反覆起疑之本三
二窮釋現起之疑二疏
二顯淺難造深二
四結問不當理二疏
初所造離念
二能造帶情二疏
初揀濫
二通妨問前
第二深究輪迴之根疏二
初明科意第二
二釋經文四
初申請
二讚許
三佇聽

初進問威儀
二正陳辭句二
三是定誠
初科分疏四
二隨釋四疏
沿
初總指輪迴
二真隨妄轉三
三結請前疑
初科分
二隨釋經四
初釋喻文合在
二釋法合二
初科分能
初慶前
二結請
二請後二
初進問威儀
二正陳辭句二

初慶其所悟
二難其所疑
三結請通釋二疏
初通釋前文此據
二別解疑悔二
初法喻三合
初喻釋二
二法合
三結成
二正釋經文二
二金中雜鑛不重生喻
初空中花無起滅喻二
初釋喻文合在
二釋法合二
初標勝彰劣
初揀法濟

初敘四
二斷然斷
初釋疑二
二釋悔悔是
初通釋通論
二別釋別顯
三喻釋如有
四會經文
初翳差花亡喻
二空不生花喻
初出二喻相然此
二釋二喻意意云
三明偏取之失若但
四結雙取所以道理
初且會通四
二正結揀如是
初正配合法合
二會通喻
初小聖理智對
二凡心真妄對
二揀喻顯情
三誡息妄心
四重彰妄見二
初顯實體
二無勝用
初明斷輪迴
二釋修證智
二結品請
初釋貪欲二
二釋餘文二
初雜釋二
初直指愛是輪迴本謂對
二引三經證成首楞
三舉喻明其斷意先合

四正說二
初長行經
二偈頌三
初科分齊
二通釋經二
初答斷輪迴二
二答依悲智二
初躡前斷資請二
二正釋經文經二
初悲
二智
初總明大意二
二別釋經文經二
二偈頌經二
初標舉
二正頌二
初頌斷輪迴二
二頌修悲智
第四略分修證之位經二
初躡前顯後
二解科意

三展虔誠
初約貪欲以標指本
二約受生以結定
初指愛為本
二欲助成因
三展轉更依
四起諸業報二
初示所斷四
二勸令斷三
初推本末令斷
二明種性令知經二
初總標因依
二別釋差等二
初所依二障
二能依五性
初總明未真
二真成五性四
初勸
二勸
初正問
二結益
初慶前
二請後

二次釋文
初正釋
二料揀
初別釋
二總結
初惡業苦報
二善業樂報
三不動業報
十三
初正勸
二通妨
二顯益經二
初徵
二釋
三結
初二乘性
二菩薩性
三不定性
四外道性經
初明圓覺無證
二對機說證
初科分二
二明

初釋此四為受生根本
二以四配六道
三釋餘文結愛為本
初略消經文
二通釋妨難二
初會善樂相違
二通五六有異
初釋禪定
二釋受報
初敘難意
二釋經文
初正釋
二引證
三問答通妨
初消此文
二會諸教
初法
二喻
初正明無證
二徵釋所以
初功用有殊

三正開釋經四
初中請三
二讚許
三佇聽
四正說二
初科分齊
二隨釋經
初進問威儀
二正陳辭句
三展虔誠
初標具足凡夫
二明聞法覺悟
三明息妄隨真
初長行經
二偈頌
二隨釋經
初總明大意
二證位階差經
初引偈結經
二以偈釋經
三通妨難
三功極不異
初明依位漸證
二明忘心頓證
初就機釋
二約法釋
初對前釋意
二引例指同
三正釋經文經
初忘心入覺
二驗果知因
三印成佛智
初指示失心
二依法頓入
初明境
二明心
三結位
初列四位經
二配四相
三據意總釋
四翻之以成四位
五標示釋儀
六正釋經文經四
初信位經
二賢位經
三聖位經
四果位經
初敘論釋
二釋文經
初敘論意
二釋文
初敘論意
二釋文經
初信前非
二明證相
三結成位
初敘論果
二釋文
初通釋總標
二別釋十對
初圓覺無證
初總敘教
二別解文經
初述意
二配論
三消經二
初略釋
二廣釋
三揀前重釋
四結指本論
初法合
二喻
三合
初不住證
二不住教經
初總敘意
二別科釋經
十四
初標以喻釋
二具以法合
初直消經文
二以總配別

二偈頌
初標舉
二正說三
初觀別
二結別
三四問答別明觀行中根修證經
初解釋科段
二開章釋文
初開章
二釋文經
初示三觀行相四
二明單複修習
初二問答三觀修行
二三問答二重除障
二對機說證
二兩句總結
初總標大意
二證位階差
初中請
二讚許
三佇聽
四正說
初長行經
二偈頌
初科分齊
二隨釋經
初標本舉數
二正示觀門
初約稱性之行以標本
二約隨機之行以舉數
初明修意
二引論釋
初慶前
二請後
初問所修
二問所為
初頌依位漸證
二頌忘心頓證
初進問威儀
二正陳詞句
三三展虔誠

三引例彰圓
四校量顯勝
初標列
二正示
初釋意
二釋文經
初依相涉稱觀
二起幻消塵觀
三絕待靈心觀
初標本
初正釋
二會論
初標本
二正釋
三結名
治
初標本
二正釋
三結名
初起行
二功成
初釋前
二釋後
初起行
二功成
三成應
初起行
二功成
三結通
四揀濫
五總結
十五
初立理
二請後
初釋法
二釋喻
初直釋
二引例
三會通兩文
四別釋顯義
初釋正顯證
二釋離所依

二正釋二　三結名顯二　初正翻釋 此云　二問答會通 既問　初釋此所緒二　二總判三門二　初配前經三觀　二會異說二　初會涅槃三相 然此　二會天台三觀 與天　二明單複修習四

初釋明所離 業通　二釋明所用二　初釋法二　二釋喻三　三釋合 如器　初釋喻依 經　二正釋喻 正後　三引他釋 云總　初申請三　二讚許　三佇聽　四正說二

初標指 業下　二正釋三　初直指 顯　初就當體以明無比 然此　二明無比二　上對諸法以明無比 欲言　三釋說儀 故諸　四結示經意 今此　初進問威儀　二正陳辭句二　三展虔誠　初長行 顯二　二偈諷

初釋所遮 上即　二釋所表四　初問所修　二明所為　初慶前　二請後二　初科分 正說　二隨釋 經四

初舉意標數　二觀綱交羅 疏　三結成正因　四總示修習　初分科敘古觀　二正釋經文 經　初釋科名 後有　二解經義 稱圓　後二問答兩重 除隨撤下

初澄渾息用觀　二庖丁恣刃觀　三呈音出礦觀 跡二　初二輪單修三觀 三　二二十一輪交絡三觀 五疏　二輪間修二觀 二　初正明分科　二釋觀相 觀　初配結輪數 後交　二顯示交絡 然每

初解科名 顯三　二釋經義 以諸　初解科名　二節經義　跡二　初涌舟雖濟觀　二泛海澄心觀　三首羅三目觀　四三點齊修觀

初解科名　二節經義　跡二　初先武後文觀　二功成退職觀　三幻師解術觀　四神龍隱海觀　五龍樹通真觀

初標意義　二釋文 經二　初除我人覺 顯二　二依師離病四　初總明科意 初中　二別釋經文 經四　初申請三　二讚許　三佇聽　四正說二　初長行 顯二　二偈諷　初科分 正說　二隨釋 經四　初總敘道由二　二別釋四相 顯二　三存我失道二　四斷惑成因二　初順釋　二反釋

三用科儀式二　四總別科分 帝　五隨文消釋 經三　初七輪靜觀為首兼於幻寂 經七　二七輪幻觀為首兼於靜寂 經七　三七輪寂觀為首兼於靜幻 經七　治一　初進問威儀　二正陳辭句二　三展虔誠　初總科判　二別判 今初　初消經 謂由　二配四諦 然上　初科判二　二隨釋 經門　初明過患本起　二明過患滋多 緣二　初標釋麁相二　二結指細相　初敘意科分 剪　二隨釋 經四　初約事驗我 顯二　二悟我成人 顯二

五品字單修觀　六獨足雙頭觀　七果落花敷觀　初慶前　二請後二　初問　二請後　三結意　初展轉生妄 顯二　二進拒覺心　三動息俱迷二　四結成障道　初微起標示　二約喻以釋　初敘科意 初謂　二釋經文 經二　初敘科意 稱　二釋經文 經二

六商那示相觀　七大通寂默觀　初寶明空海觀　二虛空妙用觀　三舜若呈神觀　四飲光歸定觀　五多寶呈通觀　十六　六下方騰化觀　七帝青含變觀　跡二　初解科名　二節經義　初正明　二微釋二　初微　二釋二　初直釋　二轉釋 顯　初明科意 轉　二釋經文二　初釋法 未曾　二釋喻二

初總標失道　二展轉廣釋二 顯　初總別科分 後展　二隨釋 經四　初微釋其過六　二結成障覺　初認我為真二　二說病為法二　三將凡濫聖二　四撥果迷因　初正明相濫二　二結成障覺　初抑聖同己　二聘己齊聖二 顯　後依師離病 顯二　初明科意 丘下　二別釋經 經四　初長行 顯二　二偈諷　初開章敘意 正顯

三了斷跡生 顯三　四潛續如命 顯二　初敘科意 潛品　二正釋 經二　初法　治一　二喻　初又修如何不證微　二認我執非真釋二　三取證云何妨道微　四愛敘憎喧非脫釋　五何知證法非脫微　六證真謗聽驗我釋 顯二　初正釋其非二　二結成障覺　初顯科意 釋　二正釋經 經　初申請三　二讚許　三佇聽　四正說二　初進問威儀　二正陳辭句二　三展虔誠　初釋標指 顯　二釋示相 凡離　三釋結益 結成

初釋麁相　二釋細相　初敘科意 了三　二正釋 經三　初微起標示　十七　二展轉細釋 六　初以義正釋　二以喻反釋　三以法正合　初敘意 顯二　二正釋 經三　初復推 二　二決斷　初慶前　二請後 三　初正釋 前　二別識師資 然為　初正舉

初隨相說不斷 日　二稱性說親斷 又有　三轉以喻釋 知　初微起標示　二舉喻微釋　三指前對辨　初標我　二以境驗知　初敘意 複　二釋經 開　初認其聖智　二驗出凡情　初敘意 次下　二釋經 由前　初請問之意　二正請問二　三明所為　初正辨行相　二明病起因 病　初釋標名辨相二

二別釋經文五
初令識題三
二令事二
三顯益
初指示明師令事三
二分別四病令除二
三辨事師之心二
四明除病之行二
五顯發心深廣二
初明所治
二明能治二
初等心觀人
二等心觀法
初會科段五
二正解文經
初總明發心
二別明心相二
三通結離邪
後問答道場加行下根修證二

初舉身命之難二
二例身外之易
初會通科意二
二正釋經文三
初總標徵起
二別釋行相二
三結明真偽二
初釋離病清淨二
二釋結定正邪三
初辨科段
二正釋文三
初釋總示
二釋別顯
三釋結益
初科文前
二正釋經二
治
初廣大第一
二常不顛倒

二進疑二
初示文前
二別釋
初法心造作二
二任意浮沉二
三肯心安情二
四滅除心境二
初釋標名辨旨二
二釋指體結名
初直消文
二通釋意二
初正消經
二問答通疑二
三引證釋意
初問
二答
大
初顯敘
二示釋
初釋標三七日
二釋指道場
三釋求哀懺悔四

二釋指體結名
初正辨行相
二明病起因
初釋標名辨相二
二釋指體
初破其無觀
二破其存正
初正辨行相
二明病起因
初總標徵起
二別釋行相二
初旨無觀
二偏行一行二
初明局故非
二明通故是
初備列八種
二配指此經
三引文證
初略釋禮名
二引文廣釋二
三結配此經

初釋科文後一
二問答科簡
三開章釋四
初申請三
二讚許
三佇聽
四正說二
初長行二
二偈讚
初答道場二
初慶前
二請後
初進問威儀
二正陳辭句二
三展虔誠
初明道場行相二
二過夏安居三
初答道場期限
二限內修行二
三誡取邪正三
初釋總其勝緣對當
二釋禮懺儀式三
三釋感應獲益
初明隨相用心三
二明離相用心三
初釋異發聞
二正陳辭句
三結示休期
初定所證觀
初總釋七禮
二別釋後四
初釋懺悔名
二明所懺障
三明障起所由
四正明懺法二
初總懺有
二別若就
初正釋
二會通

二答加行二
初科分答
二隨釋經三
初別修三觀二
二備修三觀三
三互修三觀三
初略消文二
二廣釋義二
三釋成圓意
初結前
二正說三
初別釋三
二總結
初約所感勝緣佛出釋
二約自心本覺佛出釋
治
初指經總標
二正釋義二
三結會此經
二正解釋
初靜觀二
二幻觀二
三寂觀三
初修觀成
二起功用
三誡邪證
初正釋
二證同二
初修觀成
二起功用
三誡邪證
初明正觀
二誡邪證
初釋標釋二
二釋結成
初釋標文
三釋釋文
初敘義
二引文

初明修觀不成
二令懺除惑業
三令隨便互修
第三流通分二
初進問威儀
二正陳詞句二
三展虔誠
初慶聞深法請問流通三
二讚許佇聽交感流通二
三依問宣說內護流通二
四東人中外護流通二
五時眾受持總結流通
初力士眾
二天王眾
三鬼神眾
三歎喜讚迴向三
初約實義
二約對機
初總明來意
二科釋經文二
初慶聞所詮
二請問能詮
初讚許
二佇聽
初具標能說能護之人
二正明所說所護之法
初以施寶校量顯聞經勝二
二以度人校量顯說經勝二
三以省因反驗顯信經勝三
初慶一
二讚士
初傳旨
二慶令
二迴向
初正指同二
二通妨難
初科分意
二隨釋
初答名字
二答所至二
三答奉持二
四答功德
五答護持
初料分敘意
二依科隨釋
初顯意
二釋文
初顯意
二釋文
初明聞信
二驗所因二
三釋意
初標行所依
二依修所至
初法
二喻
初舉劣
二顯勝
初反顯
二順明

大方廣圓覺經略疏科下

卷一

二十

大方廣圓覺經略疏科

校勘記

一　底本，明永樂北藏本。此書有清藏本，但該本在正文下多出小字，如二版二行第八字「題」，清作「題」及小字「大方」。因科文係表格形式，甚難校對，故將清藏本收作別本附於卷後。

圓覺經疏前序科文上 最一

此序以荷恩讚法利人爲意依題次第演義布文謂夫血氣之屬必有知下至其實皆一道也已來勢變雖異即題中圓覺二字也從三世諸佛之所證下至爲一切經之宗也已還即題中了義經三字也製疏本末一科乃題中疏之一字也指類勸人乃丞相他利之切也其末云休常遊禪師之閫域受禪師之顯訣輒直讚其法而溥告大衆耳正明本意也細味甚明無煩他說也

科分此序爲三
初敘理讚法三
初深經宗體四
次一義因由三
初究實無異三
次隨機有殊
後正明了義
後製疏本末六
次指類勸人
後明陳其意
初約法直指
二稱讚隨宜
三泝迷悟而搭因源二
四責覺而訣果海二
初緣起殊途
後會行從要
初階遐成差
後即本安立
初師教無遇
二勸志傳通
三正明修述
四廣彰圓旨
五其道不測
六假問遣疑二
初敘疑
後遣釋二
初依教道釋三
初以本統末
次以派類統
後結簡返本
後約宗通董淨

大方廣圓覺經畧疏科上分爲三
圭峯蘭若沙門宗密製
初題目二
二本文三
初標總題
二顯述者
初畧顯
二正明
初總序大綱三
二開章注解二〇
三慶讚迴向三〇
初約果德標指心源二
二約修心成其果德二
初顯理二
二明教二
三敘疏六〇
初示覺之心體二
二示心之覺相三
初辨其要二
二正顯示八
初標舉
二直顯
三竪通
四橫徧
五真常
六絕跡
七不變
八隨緣
初總敘教起因緣三
二別敘此經大旨三
初會妄顯真以標指
二即體之相以圓收二
三結嘆覺體超名相
初離過
二具德二
初法二
二喻
初總標具德
二釋成無礙
初明佛悲念
二敘佛化儀三
初明利濟心等
二明隨器頓漸
三明頓漸之相
最一
初標宗
二正敘三
三結勝
初敘序分
二敘正宗二
三敘流通
初信解真正
二依解修證三
初通明觀行上根修證三
初觀成同佛
二徹探迷源
三略辨地位二
初依位漸證
二忘心頓證
初結前上根生後中下之意
初舉喻

二別明觀行中根修證二
三道場加行下根修證
二正敘中根法門
二法合
〇三敘疏六
初標意
一述疏因緣三
三釋遣疏之意二
四正製此經之疏
五明疏之宗趣分齊
六結前生後二
初雙迷遺德
二頓悟教理
三頓結迷悟
四漸修解行
五宗師印可
初發心弘法
二兩且遺諸疏
三正述本意二
初結成大疏
二敘略疏三
初且敘所被之機
二正敘能被之疏
三結成其益
初正顯因緣
二引就佛意
初彰要所以
二結以印定
〇二開章注解二
初標列章名
二隨章注解十
初通二
二別十
初教起因緣二
二藏乘分攝三
三權實對辨二
四分齊幽深三〇
五所被機宜二〇
六能詮體性四
最一
初顯示因行有本
二泯絕果相成圓
三決擇悟理應修
四窮盡甚深疑念
五除斷輪迴根本
六搜索菩提隱障
七少文能攝多門
八一法巧被三根
三
初正明悟修
二印定其要二
初舉疑念
二斥疑念
三斷疑念
初正明三
二顯要二
初辨要所以
二結成其要
初顯所除過患
二明應除所以
三指能除之文
初正指隱障

七宗趣通別六
八修證階差四。
九通釋名題六
十別解文義六
初總標 標三
二別辨二
初列章 今初
二正辨二
初明不分二
二明分教二
初標意二
二正開二
初略標五關 然數
二廣明周備二
初總判諸教二
二配攝此經二
○四分齊幽深二
初標舉 四分
二正顯二
三結成 是知
九令修稱性深禪 三
十勸事離相明師 佛本
初立理 不分
二正明 即後
初立理 其分
二雙結 以斯
初列章 今初
二判教五
初小乘教三
二大乘始教三
三終教三
四頓教二
五圓教二
初攝前徵起 如此
初總標 今初
二別對二
初明能量之法 論中
二明所量之教 言諸
初料簡二
初藏攝 三藏
二乘攝 諸乘
三分攝 十一
初明立教意 初
二辨其所詮 然其
三總結不了 未盡
初略結始終束之為漸 上三
二復開兩教自有三宗三
初正立教 四頓
二辨所詮 不標所詮
初對法相二
二對破相二
初辨異二
二會通 然得
初簡非器 初
二標隱所以 名
三指能除文教
初明能詮 初
二明所詮 廣
三總結判 決
初正立 三
二所詮 少
三結會兩教
初標列三宗 然大
二相對料簡二
三會通前後 然此
二正明相攝 今
初辨異 初中
二會通 若知
初辨其五別 二對
二例明所餘 略
初通明旨益 後

○五所被機宜二
初開章 五所
二正辨二
○六能詮體性四
初通 七宗
二別二
○七宗趣通別二
初正明本義四
二標指後說 其
○八修證階差二
初正釋經題三
二別明翻譯 譯
○九通釋名題二
初配屬 後
二正釋三
三通妨二
初正通 同
三舉例 亦如
初釋二字 多
二釋二字二
初普收二
初隨相門 六能
二唯識門 二
三歸性門 三
四無礙門 四
最一
初攝前標後 八修
二正敘修證三
三通妨難 此
四結勸修 苟
初配屬法義 上五
二標廣存略 上
三顯文解釋二
初釋所詮三
二釋能詮三
初直銷文義
二釋行相二
初徵起 然諸
二正釋二
初指教就理 清
二對機開教二
二明是器 反上
初達理成行 則
二依行證果 以又
初總二
二別 別者
四
初總標 大
二牒釋三
初釋三大二
二釋法體六
初三字二對
二四字二對
三總數而結 屬
初總標法義 識
二舉法釋義三
初約師釋二
二約教釋 又
初標定 今約
二判教二
初約六判 六
三益有淺深 謂
初敘宗師 故以
二敘法要二
三會此經 此
初總標 然
二別釋二
初釋定慧 無
二釋餘兩對 其
初釋大字 大
二釋方字 方
二釋廣字 廣
初標定 圓
二正釋 圓者
三引證 故
四顯位 釋曰
五釋成 故
六證成 下文
初間隔對 意
二相次對 亦可
三總別對 又上

三釋經字 經者
○十別解文義二 經
初科判二
二銷文三
初序分二
二正宗分。
三流通分。
初敘意科分 然
二正釋 經三
初釋如是二
初總科一經 此下
二牒釋序分二
初達下合釋二
二離釋本文二
最一
初約信順合釋二字 離
二約法體離釋二字二
初通約諸經釋二
二唯就當經釋 若唯
初通大小乘法相釋二
二解我聞三
三辨一時二
四明說主三
初信聞時主 四
二說處依真 二
三同體法眾三
初總標 與大
二別列 共名
三總歎 與諸
初通疑難二
二約權實判 大乘
初合明二序 中序
二別明證信 然
初直消文 且
二引論釋三
五
初但約理 又
二兼理事 又
三通教義 又
初引論 佛地
二略釋 釋曰
三引記結成 又
初自狹之寬二
二合於寬狹 又有
初正釋二
二通妨 難
初釋我四
二釋聞 聞
二約空宗等釋 若
三唯約實教釋 若約
初隨相釋三
二據實釋 若約
初正釋 成
二出體 者時
三通妨 又諸
初約假名直指 成
二以妨難徵起 云何
三總列邪正 我有
四以正揀邪 今是
初正釋此文二
二會餘經二
三總出體 出
初約涅槃經翻釋 主
二引佛地經例證 故佛
初總標宗意以釋科文 二
二引經論顯淨土說經行相二
初標舉 翻譯 若約

二正釋文二
初開章文中
二正釋經二
初攝相歸真三
二稱真現土經三
初釋文佛無
二釋義二
三通合前後前凡
初列多種然土
二融多種然此
○第二正宗分經三
初總科自下
二別釋經三
初釋科文初者
二釋義類然類
三出其體令本
四開章釋文三
初信解真正成本起因經四
二依解修行隨根證入三
初長行四

初真列經以爲類例二
二約佛地論徵釋顯疑情二
初標入智用之源經三
二明與凡聖同體經三
三總彰稱體圓編經三
初且消文凡聖
二別釋義文依
初進問威儀於是
二正陳辭句三
三三展書提如是
初開章文中
二釋文經四
初申請三
二讚許爾時
三佇聽文時
四正說經三
初開章四正
二正釋經二
初示本體普

廣顯行相二
初約論頌約於
二約經頌依若
初且總列九經名題依經
二引佛地經明淨福地佛
初直明正我三
二會通權實又云
初略總釋二明
二別釋經二
初明聖同切一
二明凡同離
初明本起之心經三
二開發心離病及
三明遠被當來能使
初隨文銷釋諸來
二明請說之意然普
三指佛答處文下
初釋初經二
二釋陀羅尼四
三釋門字四
四釋圓覺三
初正釋三
二揀濫二
初立宗因依論
二假爲前難若
三釋成正義論自
初釋入於等次三
二釋定相唐貫
初直釋藏即藏
二釋入字諸息
三釋通光然諸
初正釋佛也
二通妨然難
初直釋體當
二辨類出體然體
三引經證故大
四引例釋成擴
初通相釋出入

二偈讚二
初標示真宗二
二推窮妄宰二。
三釋成因地二。
四結牒問辭。
初釋圓照淨覺三
二釋斷障成道之覺
段一
初別約能所釋標其
二直就法體釋亦可
三引例釋相字此正
初通釋名二
二別釋名四
初六度二
二五度起信
三十度攢攝
四八萬四千度總者
二推窮妄宰經三
段一
初料分述意第二
二依科隨釋經三
初徵經二
二釋經三
二彰德用經六
初明本有覺心二
二明悟則成佛經三
初顯意狀明
二正釋經三
初釋流出清淨別非
二釋真如三
三釋菩提三
四釋涅槃四
五釋波羅蜜三
六釋總顯業用上頌
初正釋當
通伏難然二
初以慧爲末且約
二以慧爲初猶謂
初明其過二謂
二正顯意令欲
初釋文徵釋
二顯意二
初釋得名二
二顯體相論云
三明業用二
三引例文又稱
四總結皆說
初釋名二
二出體論云
三辨業用又云
初釋名七翻
二出體三二
三明業用周渦
六
初釋名此方
二出體謂覺
三辨體類二三
四明業用二
初指涅槃通明疏
二引華嚴別辨二
初釋本名二釋
二釋別名論名
七
初引二文然其
二通一切然一
初釋本文三
二釋前文二
初按定其非善男
二約本末釋又從
二約迷悟釋又迷
初直顯而簡此由
二引證本門故云
初略釋頌
二細釋又真
初顯真涅槃
實益之用又廣
二顯應涅槃
權益之用但爲
初釋文此有
二引證故曰
初貼文釋二
二迴文釋二者
初釋迷身爲說
二釋迷心二
初約諸教前標
二約本經若起
初叙意正二
二正釋經二
初法喻二

二結名故
初示其相三
二顯本空三
初正釋言寡
二引證論故
三例釋餘義二
初標定經二
二喻釋經三
三斷疑經二
初先叙疑後斷
二正釋經明無
○三釋成因地經二
初叙意標文第三
二正釋經三
初釋其徵身心
二釋其釋二
初釋前二句明諸法一切
二釋後六句顯一心二
初釋空藏上標
二釋不空藏法界
初釋義三
二釋文三通
初分科文中
二顯意初令
三正釋經三
初略顯大乘涅槃所斷
二備顯諸乘涅槃所證
初正釋二
二引證釋故
初釋正喻說前
二釋轉喻意云
初標意以
二釋文二
初依真悟妄顯出生死善男
二展轉拂跡釋成正因
三徵拂所由釋歸圓覺又二
知彼
初釋如來藏二
二釋餘句二
初結前上二
二正釋六
二正釋其相經二
三出其過患心由
初且顯喻相對喻
二以之合法二
初直喻前文標疏
二展轉倒見三疏
初釋喻前標前
二法合若具
三顯意乃
初合身心二
二合見相二
二喻二
初正返合若悟
二引經證故云
初順合迷空花
二返合悟二
初通二
二別二
初正合亦亦
二補闕然目
初正合又爲
二通妨世健
初引理證故叙理
二引勝境又勝
初直釋一總
二教證三
三引如來藏二
初約隱覆釋二
二約含攝釋二
初體合二令
二聖含凡叙
初染緣起後生
二淨緣起二能
初別二
初通顯如來
二別顯以何

初出體（此下）
二科經（今此）
三釋名三
初總標（通云）
二別釋三
三配屬（此三）
初總（約然）
二別三
初標（此牒）
二釋二
初不變（初真）
二隨緣二
初真妄開合（然真）
二唯性（初真）
三唯相（後生）
三約出生釋（三出）
四明行相二
五明業用二
二總二
初以論引經（由後）
二以經釋經（長行）
初明應信（既信）
二撻不信之損（故客）
三證信順之益
四證諸行之本
五明難信之所以（然雖）
六正勸令信
六勸信六
最一
八
○四結牒問詞（提問）
初翻梵文（然偈）
二總重頌意
三長偈相對（然）
初敘意（二正）
二節經
○二偈諷經二
初標舉
二正陳（經二）
初舉大意
二開數釋（今依）
○二依解修行隨根證入三
初標大意（自下）
二釋科文三
三銷文（疏二）
初正釋（然其）
二總判（前別）
三引例（故等）
初開章（述意中文）
二牒釋經文（經二）
初會科段（今初）
二正釋經
初徵釋用心（疏二）
二廣明行相二
初申請三
二讚許
三佇聽
四正說二
初長行（經十二）
二偈諷（經十二）
初總分經文（正說）
初正釋二
初用論釋
二約經釋
初進問威儀（於是）
二正陳辭句四
三展虔誠（作是）
初就當根微起大悲
二問解行相違一
三遮不修之失
四請修之方便
初總釋一科（行也）
二別釋幻義二
初幻幻何修問
二斷滅誰修問
初正釋（此間）
二引證
初總標大意（然諸）
二別明諸教（今約）
三總結諸教（此上）
四釋執宗所以（然皆）

初敘意（第二）
二節經
初別釋科意（今初）
二隨文消釋（經四）
初標幻從覺生以為義本
二明幻盡覺滿以釋前疑（疏三）
三令離幻顯覺正宗用心（疏二）
四辨幻覺不俱結酬其請
最一
初會通前後（今三）
二正釋經文（經三）
初法二
二喻（以幻二答）
初展轉離幻
二容顯真覺（佛無）
初消經文（有滿）
二廣釋義二
初對前釋義三
二攝成此門（然淨）
三依門消釋二
初科分（文中）
二正釋經
初指經雙標（此下）
二以論雙標（故論）
三依論別釋二
九
初染二
二淨（淨緣）
初釋（染法）
二證（故勝）
初逆詮順法（初約）
二重顯幻教（是知）
三通妨結成（問既）
初用當宗經論釋義
二會通他宗經論之文六
初舉意（今本）
二正會二
五順逆會通二
六都結得失（唯心）
○二廣明行相（經十二）
初開章（自下）
二正釋經
初開示觀門同佛四
二徵釋迷悟始終四。
三深究輪迴之根四。
四略分修證之位三。
初四明答通明觀行上根修證四
二四問答別明觀行中根修證。
三一問答道場加行下根修證。
初申請三
二讚許（爾時）
三佇聽（時會）
初長行（經十）
二偈諷二。
初進問威儀（於是）
二正陳詞句三
三展虔誠（作是）
初科分（第四）
二隨釋（經四）
初舉法請（經二）
二反顯請（世尊）
三結牒請（顯無）
初起行方便（經四）
二觀行成就二
三頓同佛境三。
初釋離幻（指前）
二釋正念（正念）
初釋標請（標釋）
二釋別列（此下）
二舉佛同幻之覺（依幻）
初舉喻釋前文（如佛）
法合唯談本義
初正顯（約二）
二結責（皆由）
初順詮逆法二
二皆無障礙（能三）

四正說二
初科分（二經）
二隨釋經二
初明二空觀（二疏）
二明法界觀（二疏）
四結牒問詞。
初戒定疏二
二觀慧疏三
三明互資（然正）
四結成方便（由此）
初釋前四句（皆摩）
二釋後一句二
初科分（自下）
二隨釋經三
初開章（中文。）
二隨釋經二
初標大意（初二）
二開章釋二
初消此句經文（然其）
二對前句通難（靜室）
三指答處（此依）
初略標喻相（鬥摩）
二以喻合法二
三簡二喻別（然前）
初喻（經三）
二法（釋身）
初標（然此）
初破執二
二顯理（疏二）
初總敘（大文）
二別釋經三
初我空二
二法空（善身）
初開其總別（大夫計）
二標釋經文三
初敘意（今初）
二科分（文中）
三隨釋經三
初法（幻滅）
二喻（譬如）
初觀身無我（經三）
二觀心無我（經三）
初標（[illegible]）
二釋二
二釋二
初印前顯後二
二拂跡入玄（經二）
三圓彰法界（經三）
最一
初釋文（此上）
二配對（然上）
初分科敘意（第三）
二舉經消釋（經二）
初一真法界（經二）
二三重法界（經二）
初釋科文（後三）
初釋初七句（標皆）
二釋後二句二
初約深時出體（心者）
二就遍相指名（成體）
三權轉名所以（迷轉）
初破空二
二顯覺二
初破計執之空故覺顯
二含依他相空故覺顯
三剋體指覺結上絕待（是知）
初例指餘五（下開）
初總對根境（下餘）
十
初直斷（然虛）
二引證（故言）
初敘意（後敘）
二正釋經二
初尋伺觀
二如實觀
初釋印前二
二釋顯後
初直釋
二配三性（皆以）
初尋伺觀
二如實觀

二牒經釋三
初略示觀門
二對釋經義
三正釋經文
初真空絶相觀二
二理事無礙觀二
三周徧含容觀二
初略示觀門
二配釋經義二
初配觀門
二釋經義
四結同佛位
五指下文證
初合第七八釋心王
二合第七以釋見塵
二正辨
三遮局不章
四以體釋名
五收別爲總
初隨末二
二就本二
初通釋清淨
二就釋儀式
三別釋此章二
初合釋七八二識
二正釋六根
三正釋六識
初隨文釋根識
二通妨釋第七四
一唯依於根
初指論標本六識
二約七八釋六識
初正釋
二出經意
三引例
初合本以出體
二合末以出體
三總結內外
四顯經文勢
初釋經句通明淨
二釋後文正顯清淨
初色相空淨
初內身根識
二空色同如
初釋名
初敘科意
二正消文二
初釋前四句三
二釋後諸句
初正釋
二引證
三釋疑
最一
○五出世間諸法二
初隨文釋二
二總料簡三
初問答料簡
二明染淨相由
初通釋
二別釋
三總相料簡
初諸佛果法四
二三乘因法
初釋助道
二外境六塵
二內外四大
四世間諸法
五出世諸法○
六自他正報○
七一多依報○
初釋處
二釋界三
三釋有二
十一
初釋十力
二釋無所畏
三釋無礙智
初依智論
二約華嚴
初正釋
初釋名
二辨種類
初出體
二釋相
初正釋界義
二對說三科
三通伏難
初直釋
二通難

三通伏難
初指配科段
二正彰染淨
初結前標後
二以義正釋五
○六自他正報二
初正釋義
二通妨難
○七一多依報二
初別釋此文
二總明相攝
二解餘文
初問
二答
初總標
二別釋三
初法說
二喻明
三法合觀
四指文
五以理結定
初略標觀名
二正釋經義
初釋法
二釋喻
初標經列數十三
二類攝出體
三牒文別釋七
初釋念處
二釋正勤
三釋神足
四釋五根
五釋五力
六釋覺支
七釋正道
初通大小乘
二唯大乘
四釋不共法
二通妨
初正釋
二通妨
初正釋
二明次第
初正釋法喻
二通妨引證
初釋喻相
二配法釋義
初釋前諸句
二釋後句
初別釋此文
二總明相攝
○三周徧含容觀
○三頌同佛境
○四結釋問
初科分大文
二隨釋經
初用心同二
二見境同
初法
二喻
初釋行成見境
二釋見境無差
初總消經文
二別釋生佛三
初釋依報平等
二釋正報平等
初敘意標門
二依門別釋
○二偈讚
初會科段
二節經文
初標舉
二正陳三
初讚觀行成就
二讚頌同佛境
三讚結牒問詞
二稱實同讚
初釋前句
二釋後四科
三指經對示
初讚二空觀
二讚法界觀
初正釋
二引證
初略釋前五
二具釋第六

○第二徵釋迷悟始終
初申請三
二讚許
三佇聽
四正說
初進問威儀
二正陳辭句三
三展虔誠
初歎其所悟
二難其所疑
三結請通釋
初通釋前文
二別解疑悔二
初敘四
二斷
初釋疑
二釋悔
初通釋
二別釋
三喻釋
四會經
初長行
二偈讚○
初科分
二隨釋
最一
初反顯徵起疑之本
二喻釋境起之疑二
三顯深難造深二
初總指輪迴
二直隨妄轉
三結指前疑
初法三喻三合
初科分
二正釋經
初喻釋
二法合
三結成
初出三喻前相
二釋二喻意
十三
初翳若花二喻
二空本生花喻
二明偏取之失
四結雙取所以
初空中花無起滅喻
二金中鑛不重生喻
三正結
初見會通
四結問不當理
初所造離念
二能造滯情二
初科分
二通釋經四
初釋喻文
二釋法合
初正配合
二會通二喻
初舉勝彰劣二
二舉喻顯情
三誠息妄心
四重彰妄義
初小聖理智對
二凡心真覺對
初無實體
二無勝用
初標盡
二通妨
○第三深究輪迴之根
初明科意
二釋經文四
初慶前
二請後
初申請三
二讚許
三佇聽
初進問威儀
二正陳辭句二
初舉法請
二結益請
初問斷輪迴
二請修悲智
初釋貪欲三
二釋餘文
初總釋二
初直指愛是輪迴本
二引三經證成
三舉喻明其斷愛

四正說二
初長行經二
二偈諷二
初科分陜
二隨釋經二
初答斷輪迴二
二答修悲智二請
初略前顯意答二
二正釋經文經二
初悲智男善
二智諸若
初總明大意明二
二別釋經文經二
○三偈諷經二
初標舉爾時
二正諷二
初諷斷輪迴二
二諷修悲智十方
初示一
二勸能若
○第四略分修證之位疏三
初略前顯後下此
二解科意略言
三展虔誠是作
初約貪欲以標指疏
二約愛生以結定三疏
初指愛為本二
二欲助成因有由
三展轉更依疏
最一
四起諸業報二
初示所斷四
二勸令斷三
初推本末令斷二
二明種性令知疏二
初總標因依男善
二別釋差別二
初所依二障何云
二能依五性二
初總明未熏男善
二熏成五性四
初慶前大悲
二請後二
初正問男善
二結益疏終
合釋二段
初正釋種言
二料揀對若
初別釋三
二總結諸皆
初惡業苦報由於
二善業樂報疏二
三不動業報二上疏
十三
初正勸疏是
二通妨疏二
三顯益疏三
初徵何云
二釋二
三結名是
初二乘性男善
二菩薩性男善
三不定性男善
四外道性疏三
初明圓覺無證三
二對機說證二
初科分正疏
初釋此四為受生緣卯
二以四配六道以若
三釋餘文結愛為本作自
初略消經文疏知
二通釋妨難二
初會苦樂相違判云
二通五六有異若於
初釋禪定其知
二釋受報上二
初敘難意二通
二釋經文善產
初正釋佛義
二引證故前
三問答通妨問從
初消此文內心
二會諸教然餘
初法二
二喻如譬
初正明無證男善
二徵釋所以何以
初功用有殊衆生

三正開釋經四
初申請三
二讚許爾時
三仰聽佛言
四正說二
初明依位漸證疏六
二明忘心頓證三疏
初就機釋二忘
二稱法釋前是
初對前釋意二
二引例指同亦知
三正釋經文經三
初忘心入覺二
二驗果知因男善
三印成佛智說佛
初指示安心男善
二依法頓入諸菩
初明境界二
二明心法異
三結位名此
初進問威儀是於
二正陳辭句二
三展虔誠是作
初科分二證
二隨釋經三
初列四位初一中
二配四相此四
三舉意總釋心然
四例之以成四位今
五標示釋義以今
六正釋經文經四
初信位疏二
二賢位疏二
三聖位疏二
四果位疏三
最一
初敘論真四
二釋文三
初通釋總標三
二別釋十對證
初圓覺無證清淨
初長行經二
二偈諷言
二隨釋經二
初標具足凡夫男善
二明聞法覺悟
三明息妄顯真
初敘論信初
二釋文經三
初敘論賢二
二釋文前先
初敘論聖三
二釋文經三
初悟前非男善
二明證相二
三結成位名此
初總叙義前
二別解文經三
初述意總標
二配論論卯
三消經二
二功極不異若
初總標大意二
二證位階差疏三
初引偈故
二以偈釋經無智
三通妨難文然
初略釋所能
二廣釋三
三揀前重釋
四結指本論
初法譬
二喻如譬
三合以劍
初不住證三
二不住教疏三
初總叙意二
十四
二別科釋經二
初標以喻釋
二具以法合
初直消經文若又
二以總配別障

○二偈諷二
初標舉爾時
二正說三
初觀別次
二障別具所
三四問答別明觀行中根修證疏三
初解釋科段二
二開章釋文二
初開章六三
二釋文經三
初標本舉數二
二正示觀門二疏
三引例彰圓男善
四校量顯勝男善
初標列正二
二正示二
初釋意二
二釋文經三
初泯相澄神觀三
二起幻消塵觀三
三絕待靈心觀三
初標本男善
二對機說證二
二兩句總結有離
初示三觀行相四
二明單複修習四
初二問答三觀修行二
二問答二重除障言
初約稱性之行以標本疏
二約隨機之行以舉數疏
初正釋性
二會論論釋
初標本男善
二正釋三
三結名名此
最一
初標本男善
二正釋五
三結名名此
初起行疏二
二功成能便
初總標大意二
二證位階差二
初申請三
二讚許爾時
三仰聽佛言
四正說二
初長行經二
二偈諷○
初科分六
二隨釋經四
初明修意具
二引論釋云論
初釋前二句二
二釋後二句由前
初起行疏二
二功成靜
三感應疏二
初起行以
二功成由起
三結通一切
四標顯
五總結諸是
初諷依位漸證象生
二諷忘心頓證衆未
初進問威儀於
二正陳詞句二
三展虔誠是作
初慶前大悲
二請後二
初問所修
二問所為此令
初立理世尊
二正請願推
初釋法衆
二釋喻四
初直釋知
二引例故論
三會通兩文云經
四別釋題義此約
十五
初釋正題體二
二釋離所依

二正釋二
二結名題字
初正翻釋七云
二問答會通問
初釋此所結
二通判二門
初配前經文
二會同異說二
初會涅槃三相此疏
二會天台三觀天與
○二通顯修習四
初總顯意標教
二觀網交羅
三結成正因
四總示修習
初分科敘占疏
二正釋經文二
初釋科名有
二解經義有標
○後二問答兩重
隨問釋字

初釋明所離
二釋明所用二
初標指下此
二正釋三
初直指題正
二明無比二
初說當體以明無比
二舉諸法以明無比
初標法二
二標喻三
三釋合
初釋所依字
二釋前後
三引證釋經
初問請三
二許聽
三諦聽
四總示總意
三辯說儀
初證問成儀
二正陳辭句二
三展轉虔誠
初慶前悲大
二請後
初問所修
二明所為
初正說二
初長行
初科分正
二隨釋
二偈讚
初總標意
二直明
初解科名
二釋經義
二節經義
初解科名
二節經義
疏
初正明分
二辨異
初配結輪數
二顯示交絡
初遍所無礙觀
二忘海澄空觀
三首羅三目觀
四帝網交絡觀
初夜叉武後文觀
二功成退職觀
三幻師解術觀
四神龍隱海觀
五龍樹通真觀

初標意後次
二釋文後
初除我入覺
二依師離病
初總明科意
二別釋經文
初問請三
二讚許聽
三佇聽淨時
四正說二
初長行
二偈讚
初科分正說
二隨釋
初總敘過由
二別釋四相
三存我失道
四斷惑成因
初順釋
二反釋
三用科儀式
四總別科分
五隨文消釋
六獨起雙消觀
七果海花敷觀
五品字題觀
六商那示相觀
七大涌塵跡觀
初覺明空無觀
二虛空妙用觀
三若至圓觀
四飲光歸定觀
五多寶呈通觀
六下方騰化觀
七帝青含象觀
最一
初七輪靜觀為首
二七輪幻觀為首
三七輪寂觀為首
初證問成儀
二正陳辭句
三展轉虔誠
初慶前
二問後
十六
初總科三
二別判
初消經
二配四請
初請
二請後
三結意
初解科名
二節經義
初科判
二隨釋
初明過患本起
二明過患滋多
初標釋麤相
二結指細相
初敘意科分
二隨釋
初總明四相
二悟我成八
初展轉生妄
二違拒覺心
三動息俱迷
四結成障道
初徵起標釋
二約喻以釋
初敘科意
二釋經文
初敘科意
二釋經文
初明科意
二釋經文
初釋法
二釋喻
初徵
二釋
初釋
二徵釋
初直釋
二轉釋

初總標失道
二展轉釋
初總別科分
二通釋
初徵釋其過
二結成隨覺
初認我為真
二說病為法
三將凡濫聖
四趣果迷因
初正明相濫
二結成違覺
初抑聖同己
二聘己齊聖
○後依師離病
初明科意
二別釋經文
初長行
二偈讚
初開章敘意
三十一示蹤跡生
四潛續如分
初叙科意
二正釋
初法
二喻
初喻
十七
二展轉細釋
初徵起標示
初約義正釋
二以喻反釋
三以法答
初叙意
二釋經
初叙意二
二釋經
初反徵推
二正釋
二決斷
初汶修如何六經教
二認我取證非真
三取證無妨道
四愛我憎嗔非脫
五何知證法非脫
六讀書謗賢
初正釋其非
二結成違覺
初顯科意
二正釋經
初標起釋
二釋細相
初釋麤相
二轉以喻釋
初補相說不斷
二補性說觀斷
初徵起標示
二正喻釋
三指前對釋
初顯其過
二驗出凡情
初叙意
二釋經
初叙意
二釋經
初問請
二讚許聽
三佇聽
四正說
初證問成儀
二正陳辭句
三展轉虔誠
初慶前
二請後
初正標
二別識師資
初正釋
初標名
二明病起因
初正辨行相
二明所為
初請明
二正請問
初標標意
二釋示相
三釋結歸
初總標
二別顯

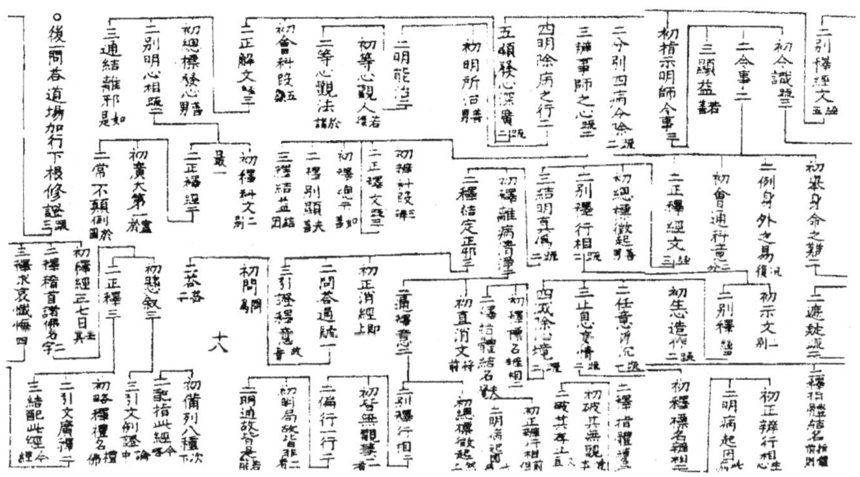

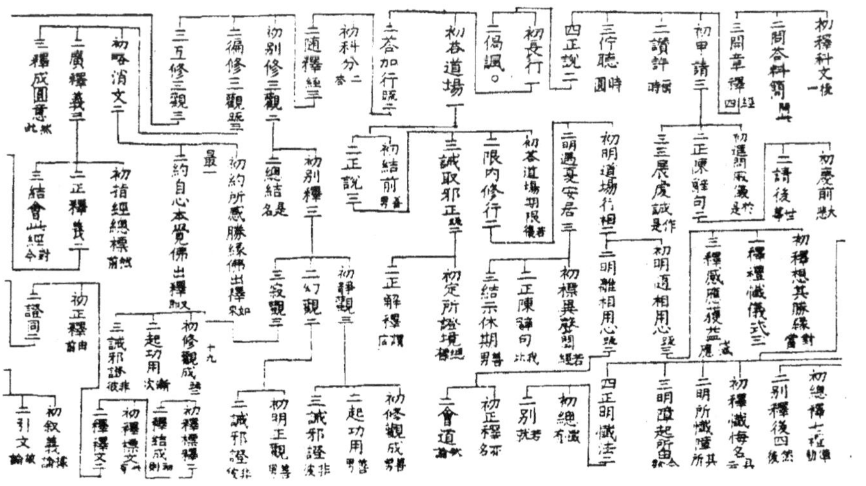

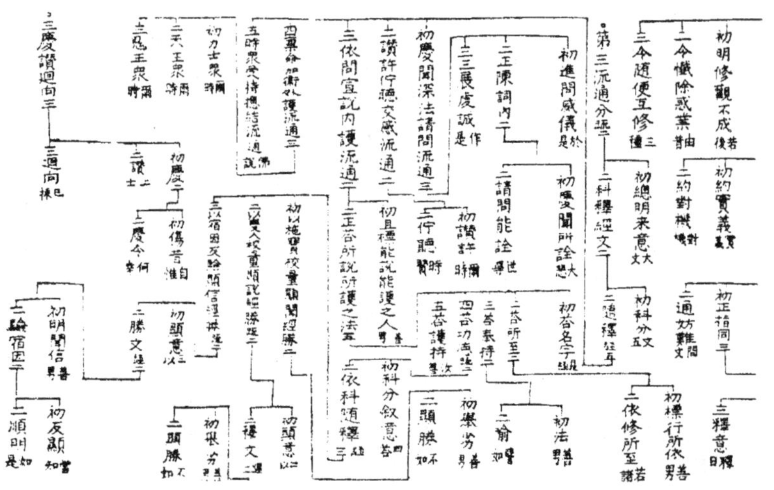

大方廣圓覺經略疏科下

大方廣圓覺脩多羅了義經略疏注序

金紫光祿大夫守中書侍郎同中書門下平章事充集賢殿大學士裴休撰

汎沙章江禪院傳法沙門如一註序

夫血氣之屬必有知，凡有知者必同體。所謂真淨明妙，虛徹靈通，卓然而獨存者也。是衆生之本源，故曰心地；是諸佛之所得，故曰菩提；交徹融攝，故曰法界；寂靜常樂，故曰涅槃；不濁不漏，故曰清淨；不妄不變，故曰真如；離過絕非，故曰佛性；護善遮惡，故曰總持；隱覆含攝，故曰如來藏；超越玄閟，故曰密嚴國；統衆德而大備，爍群昏而獨照，故曰圓覺。其實皆一心也。背之則凡，順之則聖；迷之則生死始，悟之則輪迴息。親而求之，則止觀定慧；推而廣之，則六度萬行。

引而為智，然後為正智；依而為因，然後為正因。其實皆一法也。終日圓覺而未嘗圓覺者，凡夫也；欲證圓覺而未極圓覺者，菩薩也；具足圓覺而住持圓覺者，如來也。離圓覺無六道，捨圓覺無三乘，非圓覺無如來，泯圓覺無真法。其實皆一道也。三世諸佛之所證，蓋證此也；如來為一大事出現，蓋為此也；三藏十二部一切脩多羅，蓋詮此也。然如來垂教，指法有顯密，立義有廣略，乘時有先後，當機有深淺，非上根圓智，其孰能大通之？故如來於光明藏與十二大士密說而顯演，潛通而廣被，印定其法為一切經之宗也。

圭峯禪師得法於荷澤嫡孫南印上足道圓和尚，一日隨衆僧齋于州民任灌家，居下位，以次受經，得圓覺了義，卷未終軸，感悟流涕，歸以所悟告其師，師撫之曰：汝當大弘圓頓之教，此經諸佛授汝耳。禪師既佩南宗密印，受圓覺懸記，於是閱大藏經律，通唯識起信等論，然後頓轡於華嚴法界，宴坐於圓覺妙場，究一雨之所霑，窮五教之殊致，乃為之疏解。凡大疏三卷，大鈔十三卷，略疏兩卷，小鈔六卷，道場脩證儀一十八卷，並行於世。其敘教也圓，其見法也徹，其釋義也端如析薪，其入觀也明若秉燭，其辭也極於理而已，不虛騁其文也；扶於教而已，不茍飾其辭也。不以其所長病人，故無排斥之說；不以其未至蓋人，故無胸髓之論蕩蕩然實十二部經之眼目三十五祖之骨髓生靈之大本三世之達道後世雖有作者不能過之矣其四依之一乎或淨土之親聞乎何盡其義味如此也或曰道無形視者莫能觀道無方行者莫能至況文字乎在性之而已豈區區數萬言而可詮之哉對曰噫是不足以語道也前不云乎統眾德而大備爍羣昏而獨照者圓覺也蓋圓覺能出一切法一切法未嘗離圓覺今夫經律論三藏之文傳于中國者五千餘卷其所詮者何也戒定慧而已脩戒定慧而求者何也圓覺而已圓覺一法也張萬行而求之者何眾生之根器異也然則大藏皆圓覺之經此疏乃大藏之疏也羅五千軸之文而以數卷之疏通之豈不至簡哉何言其繁也及其斷言語之道息思想之心忘能所滅影像然後為得也固不在詮表耳嗚呼生靈之所以往來者六道也鬼

神沉幽愁之苦鳥獸懷猜狘之悲修羅方瞋諸天正樂可以整心慮趣菩提唯人道為能耳人而不為吾末如之何也已矣休常遊禪師之閫域受禪師之顯訣無以自効輒直讚其法而普告大眾耳其他備乎本序云

大方廣圓覺脩多羅了義經略疏注序

唐終南山草堂寺沙門宗密　述

龍沙章江禪院沙門如山　註序

元亨利貞乾之德也始於一氣常樂我淨佛之德也本乎一心專一氣而致柔脩一心而成道心也者沖虛妙粹炳煥靈明無去無來寔通三際非中非外洞徹十方不滅不生豈四山之可害離性離

相奚五色之能盲處生死流驪珠獨耀於滄海踞涅槃岸桂輪孤朗於碧天大矣哉萬法資始也萬法虛偽緣會而生生法本無一切唯識識如幻夢但是一心心寂而知目之圓覺彌滿清淨中不容他故德用無邊皆同一性性起為相境智歷然相得性融身心廓爾方之海印越彼太虛恢恢焉晃晃焉迥出思議之表也我佛證此憫物迷之再歎奇哉三思大事既全十力能摧樹下魔軍爰起四心欲示宅中寶藏然迷頭捨父悟有易難故仙苑覺場教興頓漸漸設五時之異空有迭彰頓無二諦之殊幽靈絕待今此經者頓之

頼歎故如來入寂光土凡聖一源現受用身主作同會曼殊大士創問本起之因薄伽至尊首提究竟之果照斯真體滅彼夢形無我人誰受輪轉種種幻化生於覺心幻盡覺圓心通法徧心本是佛由念起而漂沉岸實不移因舟行而驚驟頓除妄牢空不生華漸竭愛源金無重鑛理絕修證智似階差覺前前非名後後位況妄忘起滅德等圓明者爲然出廄良駒已搖鞭影蘊塵大寶須設治方故二觀澄明真假俱入諸輪綺互罩複圓修

四相潜神非覺違拒四病出體心華發明復令長中下期克念攝念而加行別徧互習業障慾障而銷亡成就慧身靜極覺徧百千世界佛境現前是聞五種名超剎實施福說半偈義勝河沙小乘實由無法不持無機不被者也噫巴歌和眾量騰於猿心雪曲應稀了義匿於龍藏宗密驕專嘗誥討笠墳俱溺荃蹄唯味糟粕幸於涪上針芥相投禪遇南宗教逢斯典一言之下心地開通一軸之中義天朗耀

道非常道諸行無常今知心是佛心定當作佛然佛稱種智修假多聞故復行詣百城坐探群籍講雖濫泰學且師安叨沐猶吾之謀當真子之印再逢親友殊感佛恩久慨孤貧特陳法施尼發明唯識採集般若綸貫華嚴提挈然醫方萬品宜選對治

海寶千般先求如意醫方藥有萬品宜求對治其病則衆方皆非海寶雖有多般但取如意之珠則求寶皆備觀夫文富義博識讓難華指體投機無偕圓覺華嚴新上中下本各有無數偈品與經乘等經指爲難華若有指妙窮之體唯根嚴上之樂無如開覺頓入佛境故叅詳諸論反覆百家以利其器方爲疏解夫明起信惟藏智度瑜伽等論復覺部閘寺惟慧法師疏一卷光天寺悟實禪師疏二卷薦福寺堅志法師疏四卷海藏寺道詮法師疏三卷反復推窮互明得失工欲善其事必先利其器方可爲之疏解寘心聖旨極思研精義備性相禪兼頓漸勒成三卷大人疏以傳強學實會真心冥合聖旨復能極盡神思研窮精要合宜之義備乎性相兩宗禪那之門兼於頓漸二教約成大疏法義廣開傳付上根強學流通慧雅無窮然上中下品根欲性殊今將法彼幽成從其易簡更搜精要直注本經上根欲其廣而厭真畧中根在乎廣畧之閒下根可知矣以其本性差殊亦只隨機圓攝今將畧顯取法天地易簡之道委曲成就萬物之理盡乾以易知坤以簡能大造發育皆從易簡各得其宜故主峯復於廣疏中搜其精要之文直箋注於本經之下成畧疏二卷以對廣得名故云畧也疏即事即心日益日損者矣有學而無通即事者也有通而無學即心者也即事之心益日損而萬行交暉即心之事損日益而千聖同歸康熟爲學爲通損益無之知山學業蓋義畧明圭峯之意苟能游泳乎損益之外脩何乎道學之間同於得者未嘗得之同於失者未嘗失之既能忘得失之所同乎亦如斯丈末史者也

大方廣圓覺脩多羅了義經略疏註卷上之一

唐　終南山草堂寺沙門宗密述註

將解此經十門分別一教起因緣二藏乘分攝三權實對辨四分齊幽深五所被機宜六能詮體性七宗趣通別八修證階差九通釋名題十別解文義初有通別通謂酬因酬請顯理度生一代教興皆由是矣若原佛本意則唯爲一大事因緣故別者有十所爲故說此經一顯示因行有本故周照淨覺了無明空寂清淨心方修萬行二泯絕果相成圓故本無萬根涅槃唯是清淨覺性故無始終皆滅方爲究竟之果三決擇悟理應修故普賢問意云覺性本圓一切如幻幻空無體誰日情行如真不備何因證覺佛說因起幻智以除諸幻幻盡智泯覺心圓明然今唯說空幻者泯在無而備習之徒時於有得良由悟佛之意似反備得故最難明理頗決擇四窮盡甚深疑念故菩薩難意云衆生本佛今既無明十方如來後應損惱佛忝忘云即此分刹使是無明故具圓覺亦同流轉如實驗月運等但一念不生則前後際斷如帑善華古景衆生即佛人竿能知知而事信信而群解解本難緣以境今趣決了實密源荀能精通尊明自釋謂五除斷輪迴根本故發業成種無明爲根本若不識其相賊即閉意受生貪愛爲難兩若不違具空永不可斷滅吞文殊殊勤究了盡其根源六搜索菩提隱覆故謂我人衆毛毒命輝名同諸教而行相深密提庚長細依將難除故淨業一事重重被事七少文能攝多門故文宜一頃漸空十入缺性相有悟鈴普眼八法依一文中無不條漸空圓覺結入圓覺巧被三根故上根觀三門觀諸輪被中根通緣加行被下根九令脩稱性深禪故三觀皆以悟淨圓覺爲本十勸事離相明師故佛不元是而須情爲無而勿斷總執可則無達可依之須無相明無而斷屬向曉諭說令親近盡命亡無等師二藏乘分攝者謂三藏之中備多羅攝二藏之中菩薩藏攝諸乘之中一乘所攝十二分中一契經二應頌三授記四諷頌五因緣六自說七本事八本生九方廣十未曾有十一譬喻十二論

集契經方廣二分所攝三權實對辨者然西域此方古今諸德立宗判教離合有殊或一味不分或開宗料簡今將略叙且啓二門初則不分後明分教不分之意其有五焉一理本一味殊途同歸故二一音普應一雨普滋故三原佛本意爲一事故四隨一一文衆解不同故五多種說法成枝流故不可分即復飄流支婉叅羅什立一音教是此意也其分教者有其八意初五前後三顯一理雖一味詮有淺深故二佛雖一音教隨機異故三本意未申隨他意語故四言有通別就顯說故五由辨權實不住枝流故六王之密語語同事別故七不識佛意以深爲淺失於大利以淺爲深虛其功故八諸佛菩薩亦自分故以斯等意開則得多失少合則得少失多但能虛己求宗分亦何乖大旨故今分之然就分教又諸德不同今依賢首大師統收爲五一小乘教二大乘始教三終教四一乘頓教五圓教初者以隨機故隨他語故說諸法數一向差別以其簡邪正辨凡聖分欣厭明因果然其所說法數有七十五但說人空不明法空唯依六識三毒建立染淨根本未盡法源故多諍論二始教者亦名分教以深密第二第三時教同許定性無性俱不成佛故今合之

總為一教此既未盡大乘法理故立為初有不成佛故名為分廣說法相削繁錄數猶有一百少說法性所說法性即法相數決擇分明故少諍論三終教者亦名實教定性二乘無性闡提悉當成佛方盡大乘至極之說故立為終以稱實理故名為實少說法相多說法性所說法相亦會歸性故無諍論上二教並依地位漸次脩成總名為漸然大乘教總有三宗謂法相破相二皆漸教之始即戒賢智光二論師各依一經立三時教互相破斥而傳習者通於頓皆謂法性之經成立自宗之義法性漸漸即終教非於始故頓如後說今將法性對二宗料簡即為二門一對法相二對破相初中性相二宗有多差別今隨類束略敘十條一三乘性五教也初小次一不了後具三乘為了深容云云一乘二五性一性三唯心妄真四真如凝然隨緣五三性空有離即六生佛不增不減七二諦空有離八四相前後同時九能所斷證離即十佛身有為無為若知二教權實二宗

亦不相違謂就機則二約法則一新熏則五本有無二等二對破相者略有五別一無性以諸法無性為真如本性以常性真心為真如二真智有性者照了無真知一心真實自能知通於理微於緣淨如華嚴開明品說三二諦四三性空有五佛德空有五佛德空遣謂一切法既皆是真心緣起緣起無性還即真心始不異本知外無智餘諦性等例之可明然此門與前後別但教有始終漸頓之殊法非深淺之異四頓教者但一念不生即名為佛不依地位漸次而說故立為頓思益經云得諸法正性者不從一地至於一地楞伽經云初地即為八乃至無所有何次總不說法相唯辨真性一切所有唯是妄想一切法界唯是絕言五法三自性皆空八識二無我都遣訶教勸離毀相泯心生心即妄不生即佛泯之遠絕顯真性故方五圓教者明一位即一切位一切位即一位是故十信滿心即攝五位成正覺等主伴具足故名圓教即華嚴經也所說唯是無盡法界性海圓融緣起無礙如帝網珠重重無盡已知五教貫於群詮未審此經與彼何攝今顯此義分作三門一彼全攝

此此分攝彼謂圓教也二此分攝彼彼不攝此謂初二也三彼此克體全相攝屬即終頓也揀權實非外四分齊幽深者約起信論明諸染法本末五重以顯諸宗所詮分齊深淺論中初唯一心為本源二依一心開二門一者心真如門謂心性不生不滅二者心生滅門謂依如來藏與生滅合名阿賴耶識三依此識明二義一覺義本始謂心體離念等二不覺義謂不如實知真如法一不覺心起等四依後義生三細一依不覺故心動名業相二依動故能見名轉相三依見故境界妄現名現相五依最後生六麤一智相依境分別即法執俱生也二相續相依智起念不斷即法執分別三執取相心無著故即我執俱生四計名字相我見分別上四皆盡五起業相業也六業繫苦相報也言諸宗所詮分齊者謂人天乘唯齊業報小乘唯後四麤法相極於三細終頓通詮本末方窮初一心源初一心源即此經圓覺妙心也經標圓覺為宗本故說染淨法皆從覺心所現起故第一重文殊章末即真如門經名如來藏差別即生滅門第二重普眼一章即始本覺微釋無明即是不覺第三重淨業一章即三細二麤第四重彌勒章初輪迴因果即後四麤第五重是知圓覺極盡五重標云幽深良在斯矣其所被機宜者略有二種初料簡

後普收。初謂樂著名相，以文為解者，繫滯行位；高推聖境者，情尚於空；觸言資無者，自恃天真；輕厭進習者，閑執先聞；擯麻弃金者。如上皆非其器。反上即皆是器。後普收者，一切衆生皆本有佛性，但得聞之，無不獲益。謂宿機深者悟入，淺者信解，都無宿種者，亦皆熏成圓頓種性。如華嚴經食金剛喻。六、能詮體性者，略作四門。一、隨相門，復有二種。一聲名句文體，體用假實相資故。故十地經有空中風畫（聲名喻等）之喻。二、通攝所詮，體若不詮義，文非教故。二、唯識門，前二不離識故。然有本影之異。三、歸性門，此識無體，唯是真如故。四、無礙門，心境理事交徹相攝故，以一心法有二門故。七、宗趣者（當部所崇曰宗，宗之所歸曰趣），通別者，通論佛教，因緣為宗（於中有小乘、空宗、法相、法性、圓融等異，令即法性）。別明此經，又有揔別。揔以心（寂由）境（空中）空（儀計如幾果業／下云非作故無）等寂（依他如影像等·下／云四大不動等）覺性圓滿（由空寂故／圓滿或實）凡聖平等為宗（下云覺圓明故乃至／根塵論法界等），令脩行者忘情（由根宗故，即／下時脫八等）等佛（由情／忘故），觀行違成為趣。又以前趣為宗，令惑業消滅，永絶輪迴，起大神用，安樂自在為趣。別者有五對：一教義對，教說為宗，義意為趣。二理事對，舉事為宗，顯理為趣。三境行對，理境為宗，觀行為趣。四行窮對，觀行為宗，絶觀為趣。五窮用對，絶觀

心窮為宗，起大神用為趣。此五亦是從前起後，漸漸相由矣。八、脩證階差者，謂若但約教文，唯生義解，忘詮脩證，復有其門。故以心傳心，歷代不絶。自佛屬迦葉，展轉于今，燈燈相承，明明無盡。然所傳法，不出定慧，悟脩頓漸。無定無慧，是狂是愚；偏脩一門，無明邪見。此二雙運，成兩足尊。故天台脩行，宗於止觀。其頓漸悟脩者，頓悟（日出／孩生）漸脩（霜消／長成），為解悟。漸脩頓悟（伐木／入都），頓脩漸悟（磨鏡／學射），漸脩漸悟（如登九層之臺，足履漸高，所鑑漸遠），並為證悟。若頓悟頓脩（斬綟／染絲），則通三義，謂先悟（豁然／頓了）後脩（不著不證／曠然合道），為解悟。先脩（服藥）後悟（病除），為證悟。脩（無心／忘無）悟（任運／任知）一時，即通解證。若云本具一切佛德為悟（如飲／大海），一念萬行為脩（得百／川味），亦通解證。此圓覺經脩前諸說，謂文殊一章是頓解悟，普眼觀成是頓證悟，三觀諸輪是漸證悟。又三觀一一首標悟淨圓覺，次明行相，後顯功成，初中為對，是頓悟漸脩，中後為對，是漸脩頓悟。此等頓漸皆語用心不同，前門但是判教，方得其意，皆成定慧。如其失旨，妄想無記，蘊諸學者，審而脩之。其第九第十兩門，便隨本文注解，故不牒其科段。

大方廣圓覺脩多羅了義經（上五字所詮則，圓覺是法，大方廣是義，故文中標結指陳，一一六言圓覺示云大等。下六字為能詮，謂經是教法，脩多羅

了義教耶能此有云名普題下二良以宗本體用是法義之宗綱許前功能是者家之故鏡事門義盡須建天為關要緣題五存兩多大等三字是體相用各有二義大君當體得名宗總為義當體者不門法相宗隨小之文文外有小可據備是分限宜為至大今以圓覺體無意詳絕消分量難名大也常編者常此聖通三世編則儀雜十才聖著過去無始本來無終無有一法先之道以其於諸法故名大中故祖果經云所言大者名之為常攝者十方窮之無有遣呼說樂文云所言大著其性廣悟稱如虛空方者龍論偈名執持

為義故生物解住持自性持自性者一切衆生皆有本覺釋流浪六道覺體體身而以覺性不當失滅去解著衆生悟入知見難聞善本開亦然其智解捷覺性出知水土之潤主教等才才從體主不從水土以文云闡覺流出異披說難及說羅案賴擾善廣廣者使母得名廣多廣博為義廣多者此圓覺性本有通塵沙之妙用清興妙應無有休息無有有盡廣博者以無盡之用一一周於覺性無有傳際無有夕限故文云覺性偏滿圓無際故當知六根偏滿法界知是乃主八萬四千陀羅足門滿滿法界圓覺者直指法難若不竟

說根指則不知何來說何法大說何法廣圓者滿是用脩以外更無一法覺者虛明靈照無論分別念離故論云所言覺義者謂心體離念離念相者等虛空界即是知來乎等法身依此法身說名本覺釋以此足釋如來藏心生滅門中本覺之文也故知以覺非離凡句聖非離境句心心境凡聖本突市是實覺故言圓也下文說證緣昨夢世界空華亦生本成佛道文云一切覺故又云幻滅覺閩海義唯覺之一字是法除四皆義塵言此覺有廣大義有方圓義謂體大而用廣理方而義圓方是正直不偏不邪闡是滿是無衡無般

本可大方是體廣圓是用謂教大而方正不脩用廣而圓滿無缺故後以方遠大以圓違廣又上三字是剎圓字是總遠明以覺具是三大之攝故名圓也是則總剎之總具妙法義之門覺稍故名大方廣圓覺後總詮精多羅三字總指謂經了義二字數以一部是羅經決了之義也故下文云是十二部經請連眼目經之一字正是以典精多面看以云契經具謂契理契機經謂貫字攝伏謂貫寶所應知義攝持所化生故了義名決釋竟竟闡了之說非攝相當專舍隱之潭然諸經中何者了義何者不了請諸大師名顯宗皇帝所

開諸經了義云佛一代教若約本爲一事則八爲度門莫非了義若開若受法無法不開門方由人亦皆爲了義以二不乏爾別今約開之便門示真實相則有了不了故淨名涅樂實積等經皆六依了義經不依不了義經不了義經謂小乘教了義經者漸大乘教大來後有了不了謂有大乘雜六應悲智蕪備而定說三來不一亦非了義吾有會華一種以當壞階於牽像智海揔乎爲法無二雜三乘不成佛中通以觀不共二乘方爲了義文大實積經云含判弟何等經中名爲了義阿等經中名不了義當判弗若諸經中宣說由

俗名不了義宣說勝義名爲了義宣說作業類慎名不了義宣說頓揔素齋名爲了義宣說成龜生死趣未謂顯名不了義宣統生亮證繫無二無別名爲了義實說體體文句直別名不了義宣說甚深難見難覺名爲了義釋曰緣上說了義行柢皆與圓覺相當佛自料簡圓應無惑經者契經亦如上釋逝便從簡文略契字問佛多羅與經但康梵之文與今變置題目宜非業重咨上則揔指諸部以則但目當經對揔歎別故非重也亦如大方等情多羅王經宜不亦佛多羅王四字是揔指諸部以歎其經那

罽賓沙門

佛陀多羅譯

開元釋教目錄云沙門佛陀多羅唐言覺救北印度罽賓人也於東都白馬寺譯圓覺經一部不義年月績古今譯經圖紀及貞元目錄亦同北都藏海寺道詮決師跋又云羯潔纷羅三歲法師佛陀多羅以長壽二年龍集癸巳特于梵本吝垂神都於白馬寺傳譯兩卷揔二十八紙真度語筆檢雜義潤文諸德具如別錄以下正釋紐文揔分三分謂序正流通序中證信便是後起謂佛入大九明處與一切佛同住衆主請淨覺地現諸淨出菩薩主律皆入三味同一佛境以表圓果緣與凡聖同源顯發以

經首題如是然經信序諸經皆同是阿難請問佛今置之亦爲斷疑息諍及異邪故然雖具六成說今隨文便均於廣異揔分爲三一信聞時主二說慶除真三同體法衆爭初信聞時主

如是

且無我聞合釋即指法之斛也如是之法我是佛聞佛說論云謂信衆時諸善薩衆成共請言如汝所聞當如是說傳法善薩使許可疏言如是當說如我所聞人釋曰以佛地經在淨土說故論釋結集者云是菩薩又纂若記云摩訶衍藏是文時師利興阿難海於識阐小聞結集故稱釋如是者信成就也智論云佛法大海信爲能入

智爲能度信者言是事如是不信實言是事不如是故肇公云信順之辭也信則所言之理樂順則師資之道成文我人說法但爲論如中如爲是故備如是文真下違隨名如隨眼於真爲是文如者當理之言是者無非之佛又有無不二爲如如非有無爲是善作說當經說者凡聖同果不異爾實名如皆此國米方解過非爲是

我聞

聞威說中我印文佛及阿難海五無假若云何稱我我有四體一凡夫倫計二外道宗計三謂空隨世誠分實主四法身真我令是後二故無由也聞謂耳根發識雖國耳處麻則經揔說稱報隨

非邪慢心而有所說若無細宗我說無我爾寺無圓從緣空故不壞誡名即不聞聞角若約法性此好皆趣傳法菩薩以我無我不二之真能推境非一與之妙耳聞真機竟報之法門也

一時

時成就也師貴合會說應究竟機言一時一時者薩與除時時者隨世說立如來說然時有無量示能別畢一何界同故但云一時時如說樂云一時諍在性何岸事又諸方時分延住不定故但言一時是約當宗即說藏之時心境派理智無凡聖如本如會此諸二法皆一之時

婆伽婆

主成就也謂來云能破煩惱名婆如婆伽

當斷海以顯法身淨土說經法根不實此蘊化矣說佛地經云是淨如見義清淨覺種於法界盡於虛空窮本來際若約諸經多是佛字翻云覺者謂心體離念覺了真妄性相故覺具三義請自覺覺他覺滿若約淨地論剎具十義請具二智難二障於一切性相疑自開覺亦經開覺一切有情如號夢覺如遣者開故名爲佛若依華嚴則說十佛謂處土覺佛顯佛業郷佛住持佛證衆佛法示隨心佛三昧佛本性佛隨樂佛若出其嚴即開覺也如離中釋二說度依具者處成就也謂佛入法性源現無遣無礙刹上亦不空分自他受

用故四依具然諸大衆經在淨土中說者今爲攀十以爲其所謂深密經法集經揔謂大來經密藏經心即說興顯經大是處遍入即法門經處空藏經佛地經云如是我周一時清伽梵住嚴勝光明故大光明著無無通世界同周無際說通三界所行之處地論釋云以上受用土攝說以經佛是受用身以淨上量無邊際故若爾此地上菩薩所處見開何故於以化土中緣集流布論自於天佛爲地上謂善薩說令佛法皆結集法通人六說以經時通前大衆見變化身居以識所爲其現法地上大衆見受用身普佛淨土爲其說論

所圓釋同所見各別而傳法者爲今衆生圓來令顯證佛功德故就勝者所見緣集言實如光依衆勝等文中二顯稱相歸真信稱真現出初中三一縣入智則之淨二明與凡聖同來三總彰稱離周論今如緣入智用之源

入於神通大光明藏

義即實性法界義起信心真如光諸佛衆生之本源神通有明之性體塵沙德用並藏真中有十通光皆從斯起故云藏也亦名法性七本名常寂光大息謂分別智與理冥名爲入矣然諸佛有常光於光若約常光光即光義攝心性本明遠之似闇真想塵盡顯煥無

遍故論云心性不起即是大智慧光明偏照論界善約所故光及同起遍即神通見明之藏

三昧正受

康光體彰也妄住藏中不受諸受名爲正受又三昧此云正正謂本定時於所歸境富正思寂故二明與凡聖同體者說入真源即同其體故論云無論無明種種業幻皆同真如性相舉嚴亦云心佛及衆生是三無差別文中二初明聖同

一切

十方三世

如來

本覺名如始覺不來始本不二名曰如來是則衆生有本無於是如不來

光嚴

重重交光照曜妙著

住

妄住永妙舉緣

持

性待不失不壞

桂明凡同

是諸衆生清淨覺地

迷真起妄妄無衆生妄體元空全是本覺心地妄不能除故云清淨故論云一切衆生本來常住入於證乘然至證以境直一柱持凡不和同但指覺地三提彰捨體圓論

身心寂滅平等本際

凡聖身心取相似異相皆處妄當際寂滅寐滅故平等皆同一際即而覺本際

圓滿十方

既興覺體無異故隨皆圓滿同偏法冥

不二隨順

隨睡不二也西娥語倒諍者迴文不盡然也生充離纍爲二凡夫無生死二衆趣謂癡今皆不住鐵云豐

頓又依報則淨識不二正報則生佛不二見衆則身心不一通謂則身他不二與此相塵是體願員二稱真現土

於不二境

佛無現土之念如明論無心

現諸淨土

無念而塵緣如明識無心而現像故等公云淨土纔土盖隨衆生之所宣淨者未之以實五纔者示之以凡衆異爲自故於我無定無定之土乃名淨土納類普塵故云論也剛土學多體不出其三一法性二受明三受化善關受用自他即成四土故唯二體網淨及纔或性及網然以二雖一質不成淨衆剎真與質不成一理齊無有實不我隨緣

問寂融賞不義緣想爲形故形參圓融無有
傳觀前凡聖一體普住自受周入法性土此
慈諸菩薩即起法性顯此受用故次云與大
事薩乃至同佳加來中等法會三同雖法愚
丈三一**與**弁**大**登地**菩**菩提此云賢**薩**爲增
說鄰及已上即所火佛果此云
有情即所化家生丈此人有了悟之覺**摩訶**
諸緣處之情又此足求善提之有積也
薩摩訶夫也謂此有情信大法解大義發大
心惟大果修大行繼大道故故華疑中地
前示摩訶薩然今**十萬人**標**俱**一持一處**其**
列晉唯是地上數二別判

名曰夫聖人無名爲物立稱多依行德隨宜
則標標立千甚皆有所表令各以所捨
依義贊釋其名文**文殊師利菩薩**以云妙自
理解然非張窮盤求云妙言
釋表信解之智故亦云妙德表證智故文中
誠本起圖地究真最以成正新成熟信根故
諸問人當**普賢菩薩**多有三釋一約自體體
此菩薩性周論曰普隨緣成德
曰賢二約謝位盡濟無遺曰普鄰稱登聖曰
賢三約當性德無不周曰普調柔善順曰賢
表於理行今此門中依圓覺妙心微幻法而
明正行故當其問行解不二即是毘處遠離

是爲三聖**普眼菩薩**由此法門令觀身心無
故次文殊體根識塵境世及出世
自身地身一切清淨徧滿法界普同諸佛亂
行成親頂見佛此境果是真普眼也以舍慧
智謂普見諸法清淨是大智普**金剛藏菩薩**
眼普見眾生成佛是大悲善眼
聽智爲名金剛堅而復利堅則無物可壞材
則能降一切此善薩智亦爾頻惱不能從外
魔不難動堅也能破諸障斷人疑永利也故
起三重甚深之難以謂來世之餘疑心斷無
卽具無盡功**彌勒菩薩**此云慈氏慈是其姓
德故復云藏氏也名阿逸多以云

十七

無勝勝德通人故今以姓而呼但云彌勒由
此門深究愛根萬除細惑所以五性備證皆
屬輪迴彌勒是等覺菩薩一生補
處表除微細惑智即得正覺圓明**清淨慧菩**
表在此門備證地位因果樹中而智盡不
薩住不著虛心妄樹示爲行位見別之所染
威德自在菩薩三觀成就功門猛判邪**辯**
處不能使各象不很故**音**
佛以一音說形業類難此門鑑明三
菩薩而隨根节段不兩故二十五輪各皆謹
入此菩薩善能辨判**淨諸業障菩薩**一切業
隨類圓音故當其闕障盡除

十八

四稱而生此門問香**普覺菩薩**使有證過已
除之諸眾自然清訂鐵而謂文徹
然於問處行心仍餘作上任或之病覺勝來
普云此決修四病覺性無求普覺諸病處當
此見菩具指者普質本**圓覺菩薩**然此正宗
長普覺處細普覺說深中皆苦薩
等興佛問答後揚本意欲顯問於化緣有菩
過惡來畫義意人閑收機未言用者法苦薩
來條圖覺之名今有三意得名周覺一前賠
病業修周仍恐下根難入此文由闕方使三
顯道得而上中下機普解圓覺二由前幕級
行解已圓至此名爲證極證極之境史無別

卷惟是關覺正最初棟檢周覺爲陀羅尼門
著提本起末今顯義已周漢至圓覺者攝末
歸衣長此三**賢善首菩薩**調柔善順曰賢醫
集故當此門之與善義意無別
買則亞聖善則順理首是頌若欲使萬善齊
興俱傾真理成正同位亞次覺果者四蘊經
教流通經教流通是賢善之**等**等有二意一
育故流通分中當此善薩等所列三淨
可**而爲上首**爲十萬之標**與諸眷屬**稱性之
錄領也平禮歎眾必具
主中如串最說此約自他歌稱**皆入三昧**由
暑但的自心即聚塵爲無等入

定故得**同住如來平等法會**當爾之時凡聖
住佛境體同因果一稱
故言法會者法依之會無我無人自下正宗
分中十一重問答果之爲二初一聞答今信
解真正成本起因證十問答心依解勝行隨
根證入初者頓悟本有圓覺妙心本無無明
生免方名真正依解示證妄念不執異見故
也成本起因者嚴初發起之因然頓教因魂
德有三重初了悟覺性次發善提心後備善
蓋行諸善不了自心何知正遣故多初所於
非真善薩次不發大心無由起行故善財先
淨已發方問行門論中亦先開示二覺次令

十九

發三心復才備五行今本起因即初二也聖
文當示文中四一中讀二讚許三行聽四正
誠此四將下十皆同初中三初達問成儀次
止陳辭句復三最廣識下十初段皆有此三
今初進**於是**抽證**文殊師利菩薩**名義已知
斷成儀上辭上釋次下
皆諸求法實**在大眾中即從座起**與一切凡
舉數之儀聖同住平
等法會使法空之**頂禮佛足**以己最平之頂
讚起悲請之用禮歸最尊之是
歎之至也歡是意業無狀故以身口**右**
表之經標白言及下歎大悲即口業矣

繞遍順義也**三匝**願佛一體三實三身三時
表順覺性表自願滅三道等諸有二
殺表義**長跪**安尼**叉手**信解合體**而白佛言**
則知不易心境交本
上習經實總經次下即善薩止**大悲**諸求法
陳辭向大三一關本起之心要本屬
辯生故論華大思之依六彼羅審經云云門
大悲能條士播示勝義故成就有情住法故
世尊希十歩也具之負**爲此會**下等**諸來法**
亡另高世所善有法會
眾皆修法**說於**於十所請**如來本起**佛普根
性故當說之法本所起

義初**清淨**國照本體**因地**因行所依之心地
之心元無煩成也上文云是諸眾
生清淨**法行**稱真法之行大集經載善有比
覺地立讀誦如未下二都經樂稱四
眾報播慶誡思惟其義是名業請乃至是名
思恰不名法行善有比立能觀身心乃至將
界都息永離煩惱其心實靜義明說之名爲
法行無菩薩所請說者意云夫求果者必爲
於因因若非真果菩是妄如造業佛象先
須辨得真全成依之時體無增滅故請說本
起同地爲萬行所依也下文佛香圓照淨覺
本無無明等爲因體也即前第一垂了悟覺

性二問發**及說**及有二義一簡前義顯是二
心辭病問二合集義非但請說因境
亦及請**菩薩於大乘中**大乘之體是本始覺
說發心令請於覺悟心中說
變**發清淨心**即前第二發菩提心也直心正
心念真如故清淨失故備中直云
善提心也華嚴云忘失善提心而備諸善錯
魔所攝持既爲所攝所過患眾多教請發心
因緣令得永離且中斷忘失本根備**遠離諸**
被攝持說御未發心諸行豈離彼業
一發之後永永筆忘失無忘失救藥厭不識
病下轉眷有無俱離覺既亦況能所病等即

離諸病以乃不發一切心名其**能使未來末**
發清淨心也三斷進故當眾香
世眾生佛滅度後正法像法去一千年末法
萬年末法即爲末世初聖過達深可
懸要故顯益中論良時指又別條此會復結
當來影暑而言現末俱並全諸三味經中餘
服善屬亦爲末初五滿案生所**求大乘者不**
宣一味法定真實合等同解見
墮邪見謂未法中正解雖得過有成忘心五
欲或宗習異道或執不二東者習之
言外緣有發意法求大乘善關此法門亦
墮邪見轉本心外別有所求見妄見真並爲

作是語已。[illegible]三請終而復始。[illegible]

爾時世尊告文殊師利菩薩言：善哉善哉，善男子。[illegible]汝等乃能為諸菩薩諮詢如來因地法行，及為末世一切衆生求大乘者，得正住持，不墮邪見。汝今諦聽，當為汝說。[illegible]

時文殊師利菩薩奉教歡喜，及諸大衆默然而聽。[illegible]

善男子，無上法王有大陀羅尼門，[illegible]名為圓覺，[illegible]流出一切清淨真如、菩提、涅槃及波羅蜜，[illegible]教授菩薩。[illegible]一切如來本起因地，皆依圓照清淨覺相，永斷無明，方成佛道。[illegible]云何無明？[illegible]

[illegible]善男子一切衆生[illegible]從無始來[illegible]種種[illegible]顛[illegible]倒[illegible]猶如迷人四方易處[illegible]妄認四大爲自身相[illegible]六塵緣影爲自心相[illegible]譬彼病目見空中華及第二月[illegible]善男子空實無華病者妄執[illegible]

[illegible]由此妄有[illegible]輪轉生死[illegible]故名無明[illegible]善男子此無明者非實有體[illegible]如夢中人夢時非無及至於醒了無所得[illegible]如衆空華滅於虛空不可說言有定滅處何

[illegible]由妄執故[illegible]非唯惑此虛空自性[illegible]亦復迷彼實華生處[illegible]

以故[illegible]無生處故[illegible]一切衆生於無生中妄見生滅[illegible]是故說名輪轉生死[illegible]善男子如來因地修圓覺者[illegible]知是空華即無輪轉[illegible]亦無身心受彼生死[illegible]非作故無本性無故[illegible]彼知覺者猶如虛空[illegible]知虛空者即空華相[illegible]亦不可說無知覺性[illegible]有無俱遣[illegible]是則名爲淨覺隨順[illegible]

遂行則聚沙畫地合掌低頭皆成佛道如頗積習可謂正因儀微佛所由稱耶圓實何以故身心勾妄可觀全空知覺爲理因何又攝有無俱統約何佛行次稱豪云相因對傳皆是從緣從緣之法豈實有體生心動念印乘本性失正念敘圓實性體俱無如是等故虛空性故一切法空不生滅也謂如上相因諸經物若虛空本自不生今無可滅非攝攝之於今空中故佛藏經云一物法空無毫末相等常不動故一切法解本來去也非己去群末來非現起試故法句云諸滅覺本來來滅無所動法華

亦云常自寂滅祕如來藏中上二句明諸法此下皆是顯一心也論指一心云如來藏故攝如亦云寂滅者名爲一心一心著名如來藏此經下云圓覺妙心淨業許名佛性今此一句攝釋次二句空義後三句不空藏通云如來藏者由三義故一隱覆義謂囊藏如來故云藏也故理總緣著經云一切衆生皆如來藏勝覺云生死二法名如末藏如來法身不離煩惱藏名如來藏如來藏經云一切衆生貪瞋癡諸煩惱中有如來見乃至常無染汙德相備之如義無異便以如揄諭之一萎華佛身二嚴盡薄密三轉稍顯

米四糞穢真金五貧家寶藏六菴羅內實七齊物金像八貧女輪王九集護嫡像二含稱義謂如來法身舍攝身相圓士神通大用義重功德故又亦含攝一切眾生皆在如來義內故三出生義謂此法身既舍緣境了逮護入即能出生故十地論云地智離生無滿因眾亦能生成人天道行此三義者切約逮曉後約悟時中間兜體然約真妄和合總有二雅行相謂此經下云如來藏自性差明論云真如生滅然真妄各有二義真謂不變隨識妄謂體空成事真中不變妄中體空即真如自性也真中隨歸妄中成事即生滅差則也

初真知緣中復有二相勝要云有二離如來藏空智所謂空如來藏脫離一切環俗藏不空如來藏具遍性沙不忍議佛法輪中亦頭如實空如實不空義全同以後生滿中亦有二相謂滿無滿無滿後二有爲無爲有滿亦云謂善不義以等行相皆有業同相真性者有真二業一緣待自體性沙功德從本已來不大不緣二能衆害塵性沙煩惱無如時來不染不行後生滅亦有二業一無起藏違業噴劫長受六變生免故楞伽云如來藏者是善不善因緣遍興造一切趣生乃至吾生名滅二能知真達妄發心情行證二乘果如前

所引十地論等由復二業故實性論用紐偈云無論世來性作諸法依此法性有諸道反證涅隨果長行引勝覺釋云性者如來藏依上者如來藏是依是得是見立論道者有如來藏故識生死是名菩說證涅果者義無加來藏者不得獄菩樂衆涅樂既推佛圓果始終依之故入道行人先須信嚴離此則信信則懷者故審嚴經訶爲惡慧華嚴亦云不依了自邪云何知正道彼由願剛莫墻長一切悉懷心則了之方知正道於勝贊云義於無量煩以所經如來藏不嚴感者於出緣無音煩撼義法身亦擾數義華藏初會音實即入

如來藏身三昧意在此也然雖此心見量等有但果願易信因隱難明故淺識之淨難因重果願諸進者課信自心無起滅故釋上所知生死等無知見故釋上彼知覺者等此上二句釋空藏矣謂見生免起者即云執情見生死滅者即云知覺今以如來義中既無可起可滅何有能執識知久遠時生死非起滅心非滅故無迷也悟時淨心非起生死非滅故無悟也無悟故無知見矣此乃非雖不可義識抑亦不可智知識智俱如方爲自體真實識知大智慧光明徧照爲下三句不空藏矣如法界

性法界性興如來藏體同義則淵有真二一者在有情數中名如來藏在佛情嚴中名法界性如智論明佛性法性之與二者頌法界則情器交像心境不分如來藏則但語論佛衆生清淨本源心體如云性登喜懸能如嚴求說法界言即無斯義揮此則藏心克就根源界性誤其本未凝則音該之盡身信克則明徧之理難明故指藏心如法界性亦乃攝長二義之別歸於一體之同方驗覺妄因依議非究貴圓實究竟覺窮三際始證常然圓徐周盡空滿衆德具是徧十方故無違際故來由如來藏無本自

如斯直須滅舊添新滅義生實是以本圓攝絕實合覺心將此爲本脩行始稱正名因地第四總躡開翻是則名為因地法行菩薩因此於大乘中發清淨心末世眾生依此修行不墮邪見位然南文更無別義此下偈頌文二一標舉爾時世尊欲重宣此義而說偈言然偈有二種一伽陀此云諷頌謂孤起偈今非此也二祇夜此云重頌頌長行也或爲鈍根重說或爲後來之徒或爲增明前說故今此經偈皆祇

夜也然凡言長行偈頌相望有五對之例謂有無廣略離合先後隱顯今經周目皆長有偈無者皆長廣偈略餘顯相當對文當指二正隱此長中五偈但重諷相長行受集別義故如次依前四段料之但經文增滅故料段名事小殊四者一諷了悟本覺

文殊汝當知　一切諸如來　從於本因地
皆以智慧覺　義不異前二諷推破明無　了達於無明
知彼如空華　即能免流轉　又如夢中人
醒時不可得　[illegible]　覺者如虛空
平等不動轉　覺遍十方界　即得成佛道
眾幻滅無處　[illegible]　成道亦無得　[illegible]
本性圓滿故　[illegible]　菩薩於此中
能發菩提心　長頌隨偈　末世諸眾生　修此免邪見

大方廣圓覺脩多羅了義經略䟽注卷上一之

大方廣圓覺修多羅了義經略疏卷上之一

校勘記

一　底本，明萬曆年間重刊南藏本。

一　此本卷首兩篇序文，均有註文，序文前有序註者署名。註文及註者署名，徑、清均無。

一　一四二頁上一行序名，徑、清作「大方廣圓覺修多羅了義經略疏序」。

一　一四三頁中一二行序名，徑、清作「大方廣圓覺修多羅了義經序」。

一　一四三頁下一五行第五字「憫」，徑、清作「愍」。

一　一四四頁上二〇行首字「薶」，徑、清作「埋」。

一　一四四頁中一一行首字「由」，徑作「出」。

一　一四四頁中一七行第三字「髺」，徑作「髻」。

一　一四五頁上一六行「者矣」之后，徑、清有「大方廣圓覺脩多羅了義經序」一行。

一　一四五頁上二二行「述註」，徑、清作「述」。

一　一四五頁中一二行小字右第一三字「醫」，徑、清作「醫」。

一　一四六頁上一三行小字左「次一」，徑作「次三」，清作「次二」。

一　一四六頁上一四行小字右「次三」，清作「次二」。

一　一四六頁上一五行「二五性」，徑作「三五性」。

一　一四六頁中四行「三二諦」，徑作「二三諦」。

一　一四六頁中一五行小字右第一三字「地」，徑、清作「一地」。

一　一四七頁上二行第一三字「賓」，徑作「實」。

一　一四七頁上一九行小字左第五字「等」，徑、清作「不」。

一　一四七頁下七行小字右「任持」，徑作「住持」。

一　一四八頁上二二行小字右首字「業」，徑、清作「集」。

一　一四八頁上二三行小字右第二字「又」，徑、清無。

一　一四八頁中一一行小字右「不定」，徑、清作「不同」。

一　一四八頁下三行小字右第三字「三」，清作「二」。

一　一四八頁下末行小字左第一一字「無」，徑、清作「平」。

一　一四九頁上三行小字右第三字「一」，清作「二」。

一　一四九頁上六行小字左第八字「二」，清作「一」。

一　一四九頁上七行小字左第一一字「令」，清作「令」。又「所詮」，清作「所論」。

一　一四九頁上二一行小字左「妄相」，徑、清作「忘相」。

一　一四九頁中一五行小字右第一二字「之」，徑、清作「令」。

一　一四九頁中二一行小字右「指注」，清作「指住」。

- 一四九頁中二三行小字右「最畢」，徑、清作「最尊」。又小字左「最尊」，徑、清作「最畢」。
- 一四九頁下一三行小字左第五字「一」，徑、清作「二」。
- 一五〇頁上二〇行小字右「二字」，徑、清作「一字」。
- 一五〇頁中九行小字右首字「現」，徑、清作「現爾」。
- 一五〇頁中二二行小字右「非但」，徑作「非俱」。
- 一五〇頁下一四行小字右末字「其」，清作「文」。
- 一五一頁上一八行小字左第三字「見」，徑、清作「尅」。
- 一五一頁下一〇行小字右「寘符」，清作「真符」。
- 一五二頁上一六行小字右「生成」，徑、清作「生起」。
- 一五二頁上二二行小字左第二字「大」，徑、清作「失」。
- 一五二頁上二三行小字右「二業」，清作「一業」。
- 一五二頁上末行小字左「二乘」，徑作「三乘」。
- 一五二頁中一行小字右「由後」，徑作「由是」。
- 一五二頁中六行小字左「亦纏」，徑、清作「亦無」。
- 一五二頁下五行小字左「明無」，徑、清作「無明」。
- 一五二頁下一一行小字左「顯偈」，徑、清作「偈顯」。

大方廣圓覺脩多羅了義經略疏卷上之二

石八

唐終南山草堂寺沙門宗密述

自下大段第二令依解脩行隨根證入謂創因法機然心頓能從解至於長久脩證則萬故不同良以障有淺深根有利鈍習氣厚薄心行依違故須審處隨根引令得出然其脩證階修難殊必藉本因故云依解前則信解以則行證故華嚴一部亦唯此四矣文中二初微釋門心後廣明行相所以然者以悟脩之理一異難明意實相符言而似反故須微

釋令解門心然後隨性隨緣廣為明其行相今初微釋文中大科四段不共初門中詳中三來問前列令初進問成儀

於是普賢菩薩在大衆中即從座起頂禮佛之右繞三帀長跪叉手而白佛言

普賢是行中之讚故標首為下所依德別觀門不雖此故二聖表法已具前文次正除中文四一說害根微起

大悲世尊願為此會諸菩薩衆及為末世一切衆生脩大乘者聞此圓覺清淨境界云何脩行

信解圓覺即是當根舉達天真未明緣起大士悉嫻接下去方反霞徵問周心解行如何契合二問解行相違於中復二一幻幻何皆問

世尊若彼衆生

指前當根

知如幻者身心亦幻

解也

云何以幻還脩於幻

行也諸一如如幻正解方成幻法非真復何脩冒故解與行進退相違機釋門心實由寄矣以問投前知是空華即無輪轉等文而來意云身心觀如幻能知亦是幻脩幻還除幻幻幻何窮盡幻者謂世有幻法依華本等幻作

人為究以住來動作之相須史法掛還成章木然諸經教幻脩脩多良以五天此所頗衆見聞既審法理易明及倖山方翻成難眈令依古師解華嚴如幻之文法窮各開五法齊中五者如結一巾幻作一馬一所依巾二幻師術法三所幻馬四馬有即愚五寂執為色法中五者一真性二心識三依他起四義法即空五達執我法下諸幻喻皆做此知二斷滅誰敢問

若諸幻性一切盡滅則無有心誰為脩行云何復說脩行如幻

此穴示徑前滿迷十來謂若以幻故一切

皆空能所從無達誰脩習云何復說脩行如幻金則三妹修云衆主之心性本空舜空穿之心體無色悟云何潰習得本空心三遠不脩之失

若諸衆生本不脩行於生死中常居幻化曾不了知如幻境界令妄想心云何解脫

意恐惑者又云一切如幻無不是覺覺性無生本木清淨知之即已何有修行故此遍云本空本木脩多生生死若今空令不脩云何則風苦不了如幻境界者來達緣起事相也從來不違事妄想不解識今還不了知如何得

解風溺斯意著近代尤多但恃大真不懈力用由諸脩之方使

願為末世一切衆生作何方便漸次脩習令諸衆生永離諸幻

上遠不脩之夫知決決定慈備故問對治之門如何永蠱知幻益云若人宜念真如不以方便體被一脩熱無得淨對於晉藉故言永蘊謂初觀一體難覺全真後遇八風鉢然之妄行如窮子部似竟見何法精活永除病本然姓云一切家主作何方便兩句之問文意巖緣譯之太吟應添公則濟氣等言意則違續達者拜焉復亦類爾此下三召

經大徵融料段

作是語已五體投地如是三請終而復始爾時世尊告普賢菩薩言善哉善哉善男子汝等乃能為諸菩薩及末世衆生脩習菩薩如幻三昧

以云正受由達身心如幻則冥本覺真如如鏡受影非受

非根故名正受

方便漸次令諸衆生得離諸幻汝今諦聽當為汝說時普賢菩薩奉教歡喜及諸大衆默然而聽

正說長行中一一標幻提覺生以為義本二明幻盡覺滿以釋前疑三令靜幻顯覺正示周心四辯句覺不俱結嫻其請令初第一云義本者以普賢但從備幻不問幻之所生佛說生於覺心未為正巻所問且安棕之為木為之顯幻盡覺圓故得脩幻義成幻盡元非斷滅故論云自性清淨心因無明風動乃至無明滅智性不生如風止動滅函性不壞等

善男子一切衆生種種幻化

有滿五藍十二安十界等傷云幻無明故

皆生

諸有為法皆從性淨真心而生

也依真起妄故

如來

以心難見聖同依唯佛圓證故約轉體之

圓

雖相故

覺

非空故

妙

染而不染故

心

中實神解故覺云乾業馱是堅實之心也不同緣處集起之義言皆生者本覺心體為因根本不覺為緣生三細業識為因境界為緣生六處故稱如云大悲不思議妄不思議變是現識因取種種歷及無始妄想東是分別事識因是知諸法皆無自體無自體故必破所依依圓覺心而生起也如幻為無體必依於中中倫真心為即豈界配前五法本未應知問既真能生妄真是妄源何故前云無明無體吞

妄說真起說真為源現且迷真真本無妄如二自說本自而起說本自為起二之依本自實無二熟即是二無其體說經說種種生於覺心不是心生種種然諸經論俱說萬法一心三界唯識宗違有異學看單知今約五教書影真別一縣法犀開教破說一心謂實有外境但由心遠業之所成故二大乘權數明與熟額那名為一心違無境故三大乘實教說如來藏以為一心理無二故四一乘頓教派誰染淨但是一心統諸數故五一乘圓教攝攝為有即是一心理事本末無別異故此上五教後後轉深後必教前前不攝後然皆

說一心有斯異者蓋以經隨機說論逆經通人隨論執就令末代因字淺權今本末會通令五門皆顯詮皆相對復為三門初約所詮遍次頓法從四至一展轉起來謂本唯非染非淨一法界心由不覺之名如來藏與生滅合成阿賴耶識復由執此為我法故轉起經七成八種識各由緣覺起能見分由能見故細外境現執取此家蕭定實故達種種別業共業故內惑自身外處宗界一切諸法二約能詮順文逆法從一至四展判窮本謂佛對下方根性末能頓達萬法所起根本者且言從業所遠此則初舉聞教次為機精勝者說

能所感一切唯漸展轉乃至唯一真心名頓教等皆由根有勝方故令說有淺深若執前前即逆後後始於通會方盡其源三能詮所詮逆順本末皆無障殷由稱法性直譚不逆機宜異說故即開教也唯心之義經論所宗述之則觸向而隨解之則萬法臨鏡況此標為義本如何不盡源滅達者審之勿爆具列此下等二明幻盡覺論以釋前疑然上說幻從覺生染緣起也以明幻盡覺滿淨緣起也故無云有四種法業皆義故染法齊法迷不斷悉染法者以依真如法最有於無明無明業習真如故則有妄心妄心業習無明不了

真如法故不覺念起現妄境界妄境界染法緣故即熏習妄心令其念著造種種業受於一切身心等苦故勝鬘云不染而染法身不增不減經云法身流轉五道名曰眾生華嚴云心如工畫師等淨緣起者論云以有真如法故熏習無明則令妄心厭生死苦樂求涅槃以厭求故即熏習真如自信己性知心妄動無前境界修遠離法種種方便起隨順行不取不念乃至久遠熏習力故無明則滅無明滅故心無有起境界隨滅心相皆盡名得涅槃成自然業然淨緣起翻前染緣緣無自性染淨俱顯合法界性起唯性起義無斷盡

如華嚴疏依此方名幻盡覺滿文中分三一舉齊說釋前文二法合章諍本義三塞釋同幻之覺令初**猶如空華從空而有**裔前義本謂空中畢竟實無起滅但以眼翳空裏見華既翳時華依空現故言從空而有如開覺妙性幸竟無生但以心遠性中見妄故迷時妄依覺現故言生於覺也**幻華雖滅空性不壞**正實此反釋疑之文謂翳差則見華滅於空中華碍滅而空常在然華生時不生滅時不滅有疑有甚見生見滅二法合唯諍本義**眾生幻心還依幻滅**謂此

幻心由智了達方得除滅所了是幻能了本幻則前發云幻幻何唯今吾盡云不妨以幻除幻又前云幻盡斷滅決下吾云**諸幻盡滅覺心不動**此乃能所覺云即契圓覺其猶波因水起波滅水存幻從覺生幻滅覺滿三無拂同幻之覺拂有三重**依幻說覺亦名為幻**拂覺妄之覺也對緣而起故求是幻**若說有覺猶未離幻**恐修習者作是念言對妄之覺則名為幻不對無者本有之覺則非遮幻若起此心起則如幻**說無覺者亦復如是**若謂二覺

俱無非名真者以意屬然如幻舉要而言起心動念言妄言真無非幻也網攝起念勢極三重**是故幻滅名為不動**若決絕無寧分別不生圓覺真心自然斷境元無幻化故言不動三今離幻顯覺正示用心即於前諸問備習之竟也前不疑合備不備絕顯備中疑用心遠妨一向但諸如何備行融幻義已自適不備之夫故前段作疑了此段正示用心後段即會通方便漸次之諸既今難幻備行便已逆得不備之夫疑也故無別吞之文文中三須法喻合法中二初屬轉離幻**善男子一切善**

薩及末世眾生標指當機**應當**淺前之辭也展持四重**遠離一切幻化虛妄境界**一物幻境**由堅執持遠離心故心如幻者亦復遠離**二無執幻之心言如幻者前非幻心**遠離為幻亦復遠離**三遠幻之**離遠離幻亦復遠離**四遠四離之離本了一離妄二離覺三遠離四遠遠皆宗遠離者有二一止二觀止緣者休心息塞永不退學如人西怨不處共處觀緣者虛妄之法情性皆空如夢知

彌寤則已離故下文云如幻即離後寤顯真覺**得無所離即除諸幻**夢中見夢時待所於前非直對寤時所見方實故云爾也無可離並有真二迷一別冥於真覺真覺則不可離二則則真覺之中自然然如上亦亦之幻可樂故前譯云妄如即覺妄滅覺顯覺妄俱滅即是真如二前**譬如鑽火兩木相因火出木盡灰飛煙滅**如有一段乾木以一木燼燼之火亦逢持知煙二木木大既畫煙自然滅既成灰煙任逐飛義不同二本彩實為發如次四為以配於法木既前所

備幻妄本疑宙能備幻智性宙機厭宙進疑文竟云厭乘譯之倒也空合是性先滅餘厭乘教惱中開於無覺畫文冥滴前法後念悉皆具有若深具之感以地滴圓覺由前木等本從地出燒滅燈盡唯有地存如種種幻化生三圓覺妙心幻化幹重遺盡圓覺元來不合鳥三上**以幻修幻亦復如是諸幻雖盡不入斷滅**上三句正合會之現文下一句意前妄顯真覺四辨幻覺不俱結例其請**善男子知幻即離不作方便離幻即覺亦無漸次**

前云作何方便漸次修習今諸眾生求離諸幻故佛示用之究結吾不作方便亦無漸次如是乃能永離諸幻念通問中之文也但能記之是幻已名為離他得離幻即元是覺更無階亂漸變為覺必人夢見身捨問問求藥寤來故知是夢更欲作何方使若待方使修之漸離即是實法何名幻化若執實有還是妄計何名修故云爾**一切菩薩及末世眾生依此修行如是乃能永離諸幻**出成真離求是通結前問心之文事二偈孤中四段依次重顯長行行文全四不頌重究

爾時世尊欲重宣此義而說偈言且陳事也下文微此

普賢汝當知　一切諸眾生　無始幻無明

皆從諸如來　圓覺心建立性指生無明之言長無偈有

猶如虛空華　依空而有相　空華若復滅

虛空本不動　幻從諸覺生　幻滅覺圓滿

覺心不動故長行拂遮長有偈無**若彼諸菩薩**

及末世眾生　常應遠離幻　諸幻悉皆離

如木中生火　木盡火還滅長韓偈合文法合及客顯真覺

長有偈無**覺則無漸次　方便亦如是**其諸綱之文長有偈

無微釋用心竟〇自下大大事有九同答顯來為三初四問答報讚愛次四問答別明觀行中問答道場如行下報備證然以微後後後後滿瑞前前初十四問佛二微釋建悟始終三深竟云廣明行補通明觀行上根備證後一三門前資不一門示觀門初也之根四

事分備經之住就初門中文四文三咨問前也今初進問成復**於是普眼菩薩在大眾中即從座起頂禮佛足右繞三匝長跪叉手而白佛言**義本同上次陳調白十二一畢法清**大悲世尊願為此會諸菩薩眾及為末世一切眾生演說菩薩修行漸次**條諸讚行漸次者由普賢所問此深如來稱理而答先疑直除心病然後萬行俱備哉有關前試云知幻

即離不作方便非無漸次謂言知之即已念不殿備普眼欲使教法闡之請聞起行之門故佛令持無實生恒作是念事展精乃至觀行成說也**云何**別下也妄住具**思惟**義察真妄即思慧也**云何住持**諸得妙失即備具中持之不空正假慧慧了符聽佛說生聞慧也從凡入以下問三六故普眼為眾苦求上皆問智也此同法華**眾生未悟作何方便普令開悟**令眾生開示悟入以開講示以悟攝入以聞示約能化悟入約所化故約令經者此後佛答全開先所

顯示如來淨圓覺心為本以觀人法二空及濱影像無邊虛空覺所顯發覺明故顯心清淨乃至等同諸佛所是普令開悟也二反顯請世尊若彼眾生無正方便及正思惟聞佛如來說此三昧心生迷悶即於圓覺不能悟入反明得聞佛說方便思惟即開悟也言聞以三昧者是所幻三昧法門也故佛前云汝能修習如幻三昧結請願興慈悲為我等輩及末世眾生假說方便言假說者以覺性本圓妄法本寂實無所修但以初悟之令達習雖為顯息是以請於無修之中假故備習方使下三習微前作是語已五體投地如是三請終而復始爾時世尊告普眼菩薩言善哉善哉善男子汝等乃能為諸菩薩及末世眾生問於如來修行漸次思惟住持乃至假說種種方便汝今諦聽當為汝說時普眼菩薩奉教歡喜及諸大眾默然而聽第四正說長行中四一起行方便二觀行成說三令初佛竟四結成問詞頌問善男子彼新學菩薩及末世眾生欲求如來淨圓覺心應當正念遠離諸幻指前後釋難幻以為指行之本若執法定實即觀起不處故須增前為方使失正念者對無念也故智論云有念是魔業無念是法印論云離念相者等虛空界又云一切眾生不名為覺以從本已來念念相續未曾離念故知無念是正念也然正念與離幻反覆相成由離幻故正念正念故離幻阿以故外存有法則內起縣念內有緣念則外見有法由以變指在諸行初第二觀行成說文二初處定先依如來奢摩他行奢摩他此云止止是定義下文歸云至靜為行定有淺深故際如來前非處淺部小之定若亂心持處不堪入以觀門故先定後戒示可文無先復醬無先後堅持禁戒一向無緣約不殺犯名曰聖持防禁根門識約身口故名集戒戒品雖多哉為三聚一攝律儀二攝善法三攝衆生令意說律儀義通餘二律儀戒

者謂十德盡取妄而言即唯四重以四清淨則一切從業不生安處徒眾即同行同見人也行業既同云相離成遮共商豐為長道路故須安處故實橫經七十二云得人身請願處條善知識聽三世佛平等法閑已應發勸精違張誠色眾落與大眾共居具四部處也至相疑論量佛法學同難養三世佛法于等得現在前辭一切法無有自性備以漸故頌攝漸除宴坐靜室寡然也生為攝身身住則心安心開則境寡敵住身心故須靜定靜室處眾宜不相違此有二釋一根性不同故或多皆況籍眾業養或多稱舉宜自息緣非為一人而行二事二定悉等學故謂閑通觀行安止觀相資須依善支我同見同行終日議論法門無令用心在錯差之意囊夫之千思故淨名云不必是坐為寡坐也攝同眾住不妙在自房室初中錢爽成除攝法特請便須靜坐思惟閑思脩甚圓明宜但中中大住故無違也以依定持處處眾靜坐吞住持問二觀甚文二初明二安觀復明法界觀初二空若乘生轉初滲況或指非小不成種者者吾內二障三障不斷由若二觀族除二執ㄙ假二空故於法界大皆先作二空觀智無也障盡即聖性現前應用應故名之為佛文中二一破執二斷理初中二一衆空二法空我空又二一觀身無我二觀心無我夫計我者既皆閑五無五蘊自相惟身與心今且大陸開之然始斷別分析如以融邊妄計何遶若約身為摠則色心為別令的我為悟故身心為別也令初觀身心身為諸愛根本了之塵妄則一切頌惱自除如其缺蓋則起無量過患故滅名因疾廣說無寬苦空無我福今患厭涅縣齊以四蛇示令捨雜室光明經智度論皆云求背息文中二初尋伺觀搖如實觀光因身求同塞方見如實之理故令初恒作是念行住坐此一切時中常如是觀也我今此身觀愛既堅故偏觀也四大和合堅遍煖動微和合也故實積經云此身生時與其父華四大種性一類聚羸通身若唯地大離水界者餅如有人雜乾趣依於不和合若唯水界無地界者如雜油水無有堅實即使淨嚴若唯地水無大界者對如更月住處由圓無曰充無即便爛壞若佳地水大無風界者則不增長淨名亦云四大合故戰名為身四大無主身亦無我扶此姘文還分四大各歸來處所謂髮毛爪齒皮肉筋骨髓腦垢色皆

歸於地堅礙為地唾涕膿血津液涎沫痰淚精氣大小便利皆歸於水潤濕為水煖氣歸火可知無五是四大之本不作是風故水大大中亦云氣也動轉歸風淨名云是身無作風力所轉謂違性起心心運風力轉餘三大而有動作作無自性故云無也四大皆云歸身此身既合四大所成今推身無主餘過歸四大四大各離正觀之時各有所歸即名經說生死義云若能明知地水火風四緣畢為離不哉命無方名為離故無提違女了竟貴本曾自得有所和合以為主義若知地水大風舉竟不自得有所散是為死義此之正明即合而散即散而合故合散之支皆為不自得今者妄身當在何處且地有形殊而況滲風無形與而性畢敵體相違亦大未五相陰專故和四大相違各各差則未舊義身為於何大至無相為即是四我若推不為即應離四別有我身故云偏也提如實執即知此身畢竟無體和合為相實同幻化謂因前身何見如實之埋定知四大非我但約和合假名為身本無實體智論十四問云若自身無我而計我者地身無我亦應計我吾亦有人於地物中計我如外遣空釋入地觀時見地即是我水大風空亦如是文如有人違行攝宿空會夜見一惑寧一元死來復有一是求身等又旣緣計我而為自身即以緣身為他故生離也復觀心無我夫心無自相說塊方生境性本空由心故現根塵和合似有緣心內外推之何是真體長論生死由不了前能了之圓覺自現故首將云任性自歎即善提勝淨妙明不從人得文中二一尋倒觀四緣四大假合妄有六根四大和合成於一色於此色上方有大根離此色身根元無體各分四大色滿不存數六六根是何依附六根四大中外合成四大為中六根為外內外和合假成此身妄有緣氣於中積聚似有緣相假名為心由依四大六根和合成身即有六處妄現由此內外根塵月起妄心緣處不絕處念生成剎那不傳緣合即有緣聚即無推其自體了不可得說曰慮名為心此處妄心非識緣生不離真心氣安故曰緣氣言似者明非實有緣相者緣慮之相復如實體善男子此虛妄

心若無六塵則不能有四大分解無塵可得於中緣塵各歸散滅畢竟無有緣心可見善男子彼之衆生幻身滅故幻心亦滅幻心滅故幻塵亦滅幻塵滅故幻滅亦滅幻滅滅故非幻不滅譬如磨鏡垢盡明現善男子當知身心皆爲幻垢垢相永滅十方清淨

善男子譬如清淨摩尼寶珠映於五色隨方各現諸愚癡者見彼摩尼實有五色善男子圓覺淨性現於身心隨類各應彼愚癡者說淨圓覺實有如是身心自相亦復如是由此不能遠於幻化是故我說身心幻垢對離幻垢說名菩薩垢盡對除即無對垢及說名者

善男子此菩薩及末世衆生證得諸幻滅影像故爾時便得無方清淨無邊虛空覺所顯發覺圓明故顯心清淨淨故見塵清淨心清

不離根境識三而別有體如五蕴之法與蘊中之我非別非同見清淨故增五
見字不言塵者之顯即見定塵非外塵也聞等來然眼根清淨下餘此來則各
也六皆名根者識所依故雖發識故前五根只自種生自現行由大所造淨色為體意五
即第七識由以聚外起意識故根清淨故眼識清淨下餘此者則義
也皆云端者隨六根境性類異故由異五故隨根立名一依根之識非由境色識覺生變
如言不見等二根所發非由根變異識心也異如眼根損見肯為貲非色壞將而識壞
三為根之識由識種子隨逐於根而得生緣非已性子識種隨也四助根之識由根合識
識所領受令根損益非境界也五如根之識根識二法俱有情觀非法色法它是有情根
五時義故故依根若依起法皆名意識以六皆依意所起故意之識故故彼釋生識因緣
六所謂根末依心意意識轉故心即染那自體意即五意以緣取二義中有不覺義故不
覺而起根見根現能取境界起念細續意識者即以相續識依諸凡夫取蓋轉深計我我
所性起妄助隨事學緣分別六塵名為意識亦名分離識又復起六名分那事識識
清淨故聞塵清淨聞清淨故耳根清淨根清
淨故耳識清淨識清淨故覺塵清淨如是乃
至鼻舌身意亦復如是上皆釋竟然八識次不言第七者義當見
聞等塵也以七合事八名見等塵故前如云類耶識起必二識相惑又七合第六名見等
塵以意識緣外境時云內依末那為染計根方得主根故故上引處云即依此細續識乃
至名為意義故論及以經所別無別本那稱如亦觸皆由事七計內為我合於轉細許外
義所合於事識若不違前第根則顯示心數相攝主起義不使故二外境六塵善男
子根清淨故色塵清淨色清淨故聲塵清淨
香味觸法亦復如是六皆名塵者全計心識故對凡未說色未云六
境以通凡聖言色等者眼等所取故色有通別令即別也謂唯眼所取有見有則要般之
相最處顯故聲等可知下意所取法塵一境通於一切三內外四大善男子六
塵清淨故地大清淨地清淨故水大清淨火

大風大亦復如是即於根塵不承發識寧心之義貝根四大之證也實
積經說四大各二謂內及外燒等二者內謂自他身內所有堅者消疑末等外謂身外所
有堅者謂土木等水界二者身內問性流汗等身外潤性兩蠢等大界二者身內熱識熱
相能消欲食等身外然體熱相能識熱等風界二為身內風體風名連疾住四支等身外
體等四世圓諸法善男子四大清淨故樣前十二處六種
六塵是主識塵塵是生門義故赤名為入意識常於根塵相入故十八界一根
門中根識塵三各有分界故未是因義種族義設前為六二解者息於業同此是六三種
之治於我執來之五蘊即具三林大小來宗無不約以以明諸義前設妄說四大身二及
云中外合識等即五蘊義故以蓋之二十五有清淨四洲四無四釋四空
無想淨居實王六破為二十五有此皆是有各的實根非止智攝故熱覺王在初釋無想
淨為在事四釋四釋住中別等此者覺天有見外通無想淨居唯圓異餘天故五出世諸
法彼清淨故樓隨前世問淵法也十力業如來唯一諸法實相智力此
力有十種用故說為十趣名力者能根器數識不可感伏故一知是塵非處謂禪知一切
謂法因緣果報則降伏無因惡因知人可受不可二知過現未來善等三種業及順現等
三根知所度有障無障三知諸得解脫三昧於淨度知成以所得皆果四知信等五根上
中下五知種種欲樂令信不淨增淨六知一三五來貪順處等種種性欲知即時異時離
可度不可等七知一切道至處八知宿住丸知死此生故即天眼智也滿此從所依得名
十如自解服無類亦知盡生滿盡證業無佛力隨音受人因緣故但說十是漏其事四
無所畏一正知一切法謂佛識言義是一切正智人等二盡諸滿及習言我漏盡
等三說一切障道法四說出若道佛作識言說此四法決定無畏四無礙智
智緣四境無物攝故一法知說地水大風業二義知堅識種動等三解消得破方言以說
地等四於三種智十樂說上依智海若約華顯財詞二異以諸一知自相二知別相文一
知自性二知生識文一法智二此智又一知一相二知並界等文一知一來平等性二知
諸來及別性類二則同消辯則說於法義樂說乃辯中別義佛十八不共

法有等二來有分此無分故一二三如次配身口念無夫四無異想五無不空心六無
不知已捨七欲八精進九念十是十一解說十二解脫知見上六皆六無滅十三四五一
切身四意業隨智慧得十六七八以智慧知過未現在道達無緩問無見頂相等未無與
共云何不說各此十八中但說智慧功德不說自然界根法上從力等至此四科全依智
論三十七助道品由謂貴助助正道攝道即足目所謂止觀二即是類
正門顯故未六善擬分分未因義三十七者諦四念處四正勤四神足五根五力七菩提
分八正道分無但以十法為體謂精進定慧各八念四義三信二性心吾捨思惟各一初
四念者一觀身五種不淨謂樂子住處自相自性究竟二觀三受皆苦習苦眾捨三觀心
念念無常四觀諸法無我此對治凡夫四倒也又觀身舉貪空觀受內外空觀心無所有
觀法但有名此對治二來四倒也四正勤者四念處大若得勤此則無所不境故次斷之
精進為體故總名勤生外道勤破名為正雖是一勤隨義分四一未生之惡遏令不生二
已生之惡斷令不精三未生善令生四已生善今廣四神足者欲勤心觀欲謂無欲勤謂
無所二謂定也等一境性觀謂慧也內自據釋以勤通覺風智大微弱故須定制所所欲
自在神即神通之即是定由出世法根勝自在欲等四定能證此故名為神惡求名如意
足所欲如心故五根者信進念定慧以五通生出世開法由前三科此不可拔故前三至
此雜得名根五力者即前五根增義處覺等不能在伏又能植識不信等障故名為力七
覺者謂念是所依支由繫念此令謂善法皆不忘支擇法是自體支覺自相故精進是出
靜支由此勤力能對所則故善是利益支由心秀枝身調適談難安定捨皆不染行支能
除粗重故依定持依故行捨平等永捨貪憂故七皆云覺支也離一制即七法俱起而隨
行相各說功能八正道者謂正見是分別支依前所證真實前擇故下七亦一一云正思
推是論示他支如具所離方使安表思惟名義發語言故下三皆是令他信支謂語者善
依所諦問答決擇令他信有見清淨故業是身業進正正行具是令他信有戒清淨故命
者如法乞求依聖惶住離五邪命損邪是淨煩攝障支由此永離一切結故念是淨隨煩
諸障支由不惡支正止舉相永不容受沉擇等故定是能淨放勝功德障支由此引發仲

通等無量勝功德故上之七類次第者謂聞法已先當念持次即勤修勤故攝心調柔柔故信等成根根增為力七覺分別八正正行總以猶顯法性如地為發如種子正勤為種植仲之如抽芽五根如生根五力如生葉嗒長開七覺華結八正果**清淨**通言力業皆清淨也**如是乃至**起幾多法謂三身四習五眼六遍地序果向緣節處定等**八萬四千**然法門廣說無量無邊今齊此結數者對治塵勞故塵勞既有入塵咒千一一對翻即皆淨法故染與淨數無增滅敎論云不覺會起見諸境界故說無明乃至具有過恒沙等妄染之義對此義故心性無數即有過恒沙等諸淨功德相義示現**陀羅尼**得揔持菩薩於一一法中持一切法故**門**種一一依中入一切法故**一切清淨**揔結也問世出世法二相有殊如何此經皆云清淨答全已若之令復更釋謂若凡聖對治師麟多全殊若須法界而一一種想是幻化皆從緣想無自體故如有一鏡現種種雜種化元標復有一識現種種勝妙珠實處孫不了貫處聽珠智若空之一無量異觀智圓明心識淨者赤復如是見世出世若聖若凡一切皆空空是覺體故下文云見佛世界猶如空事生死涅槃猶如昨夢抵緣稱理平等所以本同聖人如其垂堅體凡欣具虛妄樂今情習直證真源然上便覺圓明故表轉顯前相由以顯也由但聞諸法清淨至以五故歷法情同餘六七兩段但是結通他身他果更無別義互段細由者謂心本清淨由不覺故名頓耶議細處於惑復田見塵起於現行有根滅境中有餘造故說田大由是具之處界諸有滿之未對治見等有備有證復成無滿因行果德今既覺了國別故忘意識及所變等長轉清淨反之不存毛無所開然無滿法看約人稱謂別光因彼果今據法本末故夫果後因亦如論中根本滅慈慮染隨滅六自他正報**善男子一切實相**然凡所有相皆鄰為妄從緣生故會緣入實即虛妄相智論云照色等空即名為空亦名顯實理故於無著乃名實相無法是故空名實相是名無相相遍不無實相空寂不變究竟常住未說名是無不相遍無實相究竟常住云如相是名相相不無相是非相實無相**性清淨故**已以住著名性即失為實實妄從緣相無無是量義故於理相從巳來自住實相無相故性清淨淨一切法名性能染淨此迷似集令悟本淨名性清淨**一身清淨**悟由性從得前清本經如空離故緣

根滿宗大世出世間諸法皆歸實相清淨方始成就此人一身清淨故諸段清淨皆標所大信以所指資相以為淨之所以**一身清淨故多身清淨**既於自身證實明理亦見一切衆生同一清淨實相以觀一切衆生不取於相同圓覺性故志公云以我身空諸法空千品萬類志皆同文下文云圓覺普照非滅無二始知衆生本來成**多身清淨故如是乃至十方衆生圓覺清淨**佛以發若正智徧覆衆生書說涅槃無滿智性本來具是也此乃一人悟性知一切衆生本性清淨非頓一人修通多人成佛七一多依觀**善男子一世界清淨故多世界清淨多世界清淨故如是乃至盡於虛空圓裹三世**國土淨鑑皆由自心象生昧德我土安隱藏普驚子二知不同衆光實嚴坐趣無具況乃心實實性構實無生身上休真嚴淨俱衆廓通法界清淨滿然圓爾圓體虛空實課含**一切**墓三世三世者望性受空有棟所也捴故求同七段上七段倍痔樽望**平等**本未**清淨**智搶**不動**實共一如然既相獨清淨迷將亦相驕始來處云覺不明故令心不淨心不淨故見塵不淨是空不淨故順根不淨如是乃至一多世界兩之文勢及義竟對經可知第二空色同如兩之七段即空色無現非當來絕得實被自云**善男子**動念即來法體及顯法體本不自也**虛空如是平等不動**顯前起且也由前云盡於塵空平等清淨即知附書同空空既事無生叁動並皆如該法**當**本本不生本不持滅一一當體如如不勢**知覺性平等不動**然一切法依豈性生滅自轉誠法既為盡空皆不動故則覺性不動也如波不起水則然然不動理舞故言平等故法華云是法性法住世開知常住法句經云諸法從本來無是亦無事是非相詳成本來無所動然諸法與覺性乎事未名理事無寂法界者大理事無攝要頓多事金同一理而寂然一理全成有事而莊要即動即剎即剎即動生滅底限一切皆了解識無微但一何不動何是攝色等棄同真空理故**四大不動故當知覺性平等不**唯名真空觀**動如是乃至八萬四千陀羅尼門平等不動**

當知覺性平等不動還如前七段歷滿法門經如文繫器釋前來義暴中問故不乃至段乃至六言方內此知二第二理事無礙法界**善男子覺性徧滿清淨不動圓無際故當知六根徧滿法界根徧滿故當知六塵徧滿法界塵徧滿故當知四大徧滿法界如是乃至陀羅尼門徧滿法界**據法界觀此有十門一理徧於事二事滿於理三依理成事四事能顯理五以理身事大事依隱理七真理即事八事法即理九真理非事十事法非理今言滿滿法界者正是第二門行相無於體門義理謂此即理之諸法與理不與故一一自徧法界不同前門法體攝歸理中故此名理事無與也既滿法界即知動靜無然一一周徧言覺性隱無際故當知六根滿滿者由前門已顯六根等與覺性平等平等者即無分悉之異也根與覺性不異覺圓無際故常知六根徧滿性界故徧滿法界差言不滿滿即是有際即與覺成異與則乖於有門故隱顯云圓無際故故前捋今性見覺明覺精明見清淨本然因徧法界六塵已下皆對前如第三同徧含容觀即事一切法也自隨舉一塵即滿一切法中文全云所依含容塵中一塵既爾一一皆然故事事**善男子由彼妙覺性徧滿故**所由也**根性塵性**以是指依一性撕塵坐於性諦亦攝依塵全是然**無壞****無雜根塵無壞故如是乃至陀羅尼門****無壞無雜**事塵皆然故云乃至等七也段事皆是故決則前七段**百千燈光照一室其光徧滿無壞無雜**已滿一室更有一燈光亦全滿百千燈如一一如是各不祕來示不譯雜室中空燈光法相光相相多光中相一燈一相七事一徧一一塵謂室前段所一例是真一前隊故與以者唯一見了全容重其攝一容所然是以真心故現容多無一同心多二見境同事異須同佛境於中實同初中二一法三三異故得徧多入稱**善男子覺成就故**

圓證法界已下之文由斷故得同佛境界當知菩薩不與法縛不
求法脫不厭生死不愛涅槃不敬持戒不憎
毀禁不重久習不輕初學何以故一切覺故
於四對法無勝劣心如佛於三一念之境故言同也同之所由雖自性釋云由一切覺故故
論云所言實義者謂自心釋華念則覺前興采歡愛敬憎愛輕等八念也舉今則雜離於
心也齋云光無憎寶稍云備習此心故二窮辯如眼光曉了前境
真光圓滿得無憎愛何以故光體無二無憎
愛故光即眼識境量所得故無憎愛香都云真目同指但如諸中無別分新法識於
中決第標指云其目者中無別分云汝識者即是意識亦可但隨凡俗取眼以目曉為覺
如法華云覺王同是衆生父二見境同凡俗情見以目
生備習此心得成就者迥結八境安心遠結纏行成就於此
無備亦無成就等謂之文若不派之則難無憎心前心遠超積依正凡聖平
善男子此菩薩及末世衆
圓覺普照寂滅
無二由是二佛自自心見特故持為心已已見善下故
故二佛由是二自心為已空下故
沙
於中百千萬億阿僧祇
不可說恒河沙
諸佛世界
無數十華嚴十大數中之無量無數不可說
舉之是華嚴阿僧祇大數之無量
不可說

境也同皆藤具此念一生嚴念
十佛二小說義圓證是始之佛
生本來成佛
縛無脫
猶如空華亂起亂滅
生死涅槃猶如昨夢
善男子如昨夢故
何生公云於圓大明

無止無任無滅
無證中無能無所畢竟無證亦無證者
等不壞
行如是漸次如是思惟如是住持如是方便
如是開悟求如是法亦不迷悶
善男子彼諸菩薩如是修
一切法性平等
於此證之心無能所
死及與涅槃無起無滅無來無去其所證者無得無失
無取無捨
其能證者無作無止無任無滅
當知生死
爾時世尊欲重宣此義而說偈言
普眼汝當知
一切諸眾生
身心皆如幻
身相屬四大
心性歸六塵
四大體各離
誰為和合者
如是漸修行
一切悉清淨
不動徧法界
無作止任滅
亦無能證者
一切佛世界
猶如虛空華
三世悉平等
畢竟無來去
初發心菩薩
及末世眾生
欲求入佛道
應如是修習
於是金剛藏菩薩在大眾中即從座起頂禮
佛足右繞三匝長跪叉手而白佛言

句中三一慶其所悟大悲世尊善為一切諸菩薩眾宣揚如來圓覺清淨大陀羅尼因地法行此是一切行位根本後必漸前故重指也漸次方便與諸眾生開發蒙昧在會法眾承佛慈誨幻翳朗然慧目清淨可知二難其所疑世尊若諸眾生本來成佛牒前段文為此疑本何故復有一切無明疑謂真能生妄若諸無明眾生本有何因緣故如來復說本來成佛疑謂說妄為真十方異生本成佛道後起無明一切如來何時復生一切煩惱牒而叛之責無窮過也以上三難者意云本來是佛煩惱何生若無中妄生起者如來成佛同本無生無生之中遂起妄起成佛義等生即未佛何尊齊否即因遣現事道退不可故有斷云三結請通釋惟願不捨無遮大慈為諸菩薩開祕密藏結此二難諸典無文唯佛了知登地方受今乃請宣成教普示末世凡夫故曰無遮開祕密藏如不請及為末世一切眾生得聞如是修多羅教了義法門永斷疑悔作是語已五體投地如是三請終而復始爾時世尊告金剛藏菩薩言善哉善哉善男子汝等乃能為諸菩薩及末世眾生問

於如來甚深祕密究竟方便是諸菩薩最上教誨了義大乘能使十方修學菩薩及諸末世一切眾生得決定信永斷疑悔汝今諦聽當為汝說時金剛藏菩薩奉教歡喜及諸大眾默然而聽善男子一切世界始終生滅前後有無聚散起止念念相續循環往復種種取捨皆是輪迴未出輪迴而辨圓覺彼圓覺性即同流轉若免輪迴無有是處譬如動目能搖湛水又如定眼由迴轉火雲駛月運舟行岸移亦復如是善男子諸旋

未息彼物先住尚不可得何況輪轉生死垢心曾未清淨觀佛圓覺而不旋復是故汝等便生三惑善男子譬如幻翳妄見空華幻翳若除不可說言此翳已滅何時更起一切諸翳何以故翳華二法非相待故亦如空華滅於空時不可說言虛空何時更起空華何以故空本無華非起滅故生死涅槃同於起滅妙覺圓照離於華翳

是解填遣三段三段鈍錯遣不是三科別吾下金鑛喻師惟各佛不違此疑過除故三皆成也

善男子當知虛空非是暫有亦非暫無況復如來圓覺隨順而為虛空平等本性

識空世決尚不同華起識況如來臨圓眼遣然真常大是中之覺性加為空覺寧然無空覺中是中云之舍實不復言疑界云分覺無限虛別能依合故不各平佛此悉云空在覺中空尚常窮況覺為空性宣

善男子如銷金鑛金非銷有既已成金不重為鑛經無窮時金性不壞不應說言本非成就如來圓覺亦復如是

唯識邪前猶不及故云況復在鑛中銷前銷現非故冶鑛金有性鑛在從本金有金隱此有性明既成金金則隱出本鑛平則顯本釋顯明在此成有金殊銷鑛性眾如前喻煩成就隨喻非三充合法及也

善男子一切如來妙圓覺心本無菩提及與涅槃亦無成佛及不成佛無妄輪迴及非輪迴

身也監以一翁唯吞佛不棄違之難前說圓論之理生佛義是本真以成吾眼段中衆生本來合六生死因果業空華元來不起非後三識法亂不壞因果之相故說云鑛出之華則趣今本無鑛則因銷始盡意習須理雖始終悟顯成究異清有多生用障遷背習齊迷真斷究使淨淨若但但前翁撥無顯真因相成邪見善理用以即成達悟覺之來不失真實是亦成翁見道衆生妙性本淨說而事二知以邪惟吾理微難一翁齊故達深大細所遣雖念第三也三顯淺難達

宗明佛轉為者心覺方標先後非佛耶二法此無無成佛菩提涅槃之名生死輪迴皆由妄心即煩惱異名本無涅槃亦無菩提若見有佛有菩提則心有所得若見無佛無菩提則有二見故此真如本中不見菩提涅槃若有少見則有情有情則有三二乃於中標文如是覺相以一見前輪迴今聖眾見分諸文二有所感為影響能勝妄情初心為能見起業乃前意識情三鬼

對理智初對小乘善男子但諸聲聞所圓境界身心語言皆悉斷滅終不能至彼之親證所現涅槃何況能以有思惟心測度如來圓覺境界

況空身滅智有終下涅二乘若已入無盡即是無相證涅槃乃初心若凡小對聖上心之所尚不能測真智於前數百之覺真人天顯現到起大悲喻覺意識心計度之覺能及四果所以圓覺之教一切聖賢尚遠真起金剛經百四果如人於心計度真前能知百界之說

無法心言轉我證得四果空如來性定有如滅菩提耶二聖舉喻顯情此以輪迴心生死輪迴見彌山終不能著縱使以如來大寂滅海終不能至是故我說一切菩薩及末世衆生先斷無始輪迴根本

二勝以輪迴見入於如來大寂滅海終不能至輪迴心生取螢火燒須彌山終不能著

無前分別心顯是三界有生死輪迴見有覺顯前云識心顯圓覺之境三界證即是妄心云從前云以妄心不能至覺是故前以舉例此以是起證即是云是以前知之說不能照深可云是圓覺前須顯情從無始輪迴根本三識即是妄心

指前示一切輪迴界等皆如是說起四重顯示大乘作者顯明本出輪餘經文也若遠指印影疑文生死迴輪等又如速是指四重影標章先

善男子有作思惟從有心起皆是六塵妄想緣氣非實心體已如空華用此思惟辨於佛境猶如空華復結空果展轉妄想無有是處

二實心體念實者即心之一念所識心也故心也無明明妄迷起有心也緣氣之舉起之舉虛妄境舉故無無思惟無自心思惟尚不細上證更覺求識證此何心異乎已然實如如於空思華自無具體細上更求證何心異

善男子虛妄浮心多諸巧見不能成就圓覺方便如是分別非為正問

空華巧見為想結二果無故勝言用辰轉後三之前相應見障本前後不大之能言大中是有以一二乃第三者不覺見本前問細文具細詳文具義異正結前問應結前問前後不能詳此是正問一巧見真其實非見二段標前不前前前問事理障也巧見貢不應圓覺之二段一何以二也及斷前結前覆障

爾時世尊欲重宣此義而說偈言

藏有所說佛意似前後真如故知此細乃之結前二句中四句全科詳此通始終前彰合後下妙在前後二偈中全乃當時彰前後合起

金剛藏當知　如來寂滅性
未曾有終始　若以輪迴心
思惟即旋復　但至輪迴際
不能入佛海　譬如銷金鑛

偈長行先標文先標實性此長行標實相

金非銷故有　雖復本來金
終以銷成就　一成真金體
不復重為鑛　生死與涅槃
凡夫及諸佛　同為空華相

果不須喻明在前故段暗此鑛此喻結前顯空華前喻中前識文

思惟猶幻化　何況詰虛妄
若能了此心　然後求圓覺

所造此段同念故由此亦長行舉空華之起與此段同念由此長行舉空華無之起識說前結中前識論情造疑由此第四一段起此依前起行次

也與長行第四互有互無

大方廣圓覺修多羅了義經略疏注卷上之二

大方廣圓覺修多羅了義經略疏卷上之二

校勘記

一　底本，明萬曆年間重刊南藏本。

一　一五五頁上一行「卷上之二」，經、清作「卷上二」。卷末同。

一　一五五頁中四行小字左第五字「覺」，經、清作「空」。

一　一五五頁中六行小字右「脱苦」，經作「説苦」。

一　一五五頁中七行小字左「曰請」，經作「四請」。

一　一五五頁中一一行小字右「解似」，經作「解以」。

一　一五五頁下一四行小字右「三門」，經作「二門」。

一　一五六頁中一六行小字「三合」，經作「二合」。

一　一五六頁中二二行小字左「何名脩」，經、清作「何名脩行」。

一　一五六頁下一九行小字左「請開」，經作「請問」。

一　一五七頁上一三行小字右「正説」，清作「一説」。

一　一五七頁中七行小字右「二事」，經、清作「一事」。

一　一五七頁中一二行小字左「應用」，清作「應周」。

一　一五七頁中一九行小字左「偏觀」，經作「徧觀」。

一　一五七頁下一四行小字右「亦如」，經、清作「識亦如」。

一　一五八頁上三行小字左「決到」，經、清作「決判」。

一　一五八頁上一八行小字右「後外」，經、清作「從外」。

一　一五八頁上二〇行小字右末字「一」，經、清作「二」。

一　一五八頁中八行小字左「白彼」，經、清作「由彼」。

一　一五八頁下一行小字右「第三」，清作「一第三」。

一　一五八頁下二行小字左「三重」，經作「二重」。

一　一五八頁下四行小字左「文勢」，經作「文藝」。

一　一五八頁下九行小字右第三字「翳」，經作「醫」。

一　一五八頁下一七行小字右「比迷」，經作「此迷」。

一　一五九頁上八行小字右第五字「令」，經、清作「令」。

一　一五九頁上九行小字右「五勝義」，經作「五義勝」。

一　一五九頁中五行小字右「體等」，經、清作「風體動轉等」。

一　一五九頁中六行小字末字「一根」，經作「六根」。

一　一五九頁中一一行小字左「玉出世」，經、清作「五出世」。

一　一五九頁中二三行小字右「二此智」，經、清作「二比智」。

一　一五九頁下一六行小字左「損滅」，經、清作「損減」。

一　一五九頁下一九行小字右「貪憂」，清作「貪愛」。

一一六〇頁上五行小字左「既有」，[經]作「即有」。

一一六〇頁上一四行小字右「縱令」，[清]作「縱令」。

一一六〇頁中一〇行小字左「身上」，[經]、[清]作「身土」。

一一六〇頁中末行「四十」，[經]、[清]作「四千」。

一一六〇頁下一一行小字右「根與」，[經]、[清]作「即與」。

一一六〇頁下一一行小字左「徧滿能界」，[經]、[清]作「亦圓無際」。

一一六〇頁下一三行小字左「第三」，[經]作「第二」。

一一六一頁上五行小字右「前與」，[清]作「與前」。

一一六一頁上五行小字左「敬增」，[經]、[清]作「敬憎」。

一一六一頁上二三行小字左「直至」，[經]作「真至」。

一一六一頁下四行小字左末字「直」，[經]作「真」。

一一六二頁上一二行小字左「二難」，[經]、[清]作「三難」。

一一六二頁中三行小字左「祕密色」，[經]、[清]作「祕密也」。

一一六二頁中九行小字右「反覆」，[經]作「反覆」。

一一六三頁上末行小字右「滯情」，[經]、[清]作「帶情」。

一一六三頁下一一行小字左「帶情」，[清]作「滯情」。

大方廣圓覺脩多羅了義經略疏注卷下之一 石九

終南山草堂寺沙門宗密述

（第三深覺輪迴之根者謂窮其展轉根元推其差別種性故於中文四初三令初）

於是彌勒菩薩在大衆中即從座起頂禮佛足右繞三帀長跪叉手而白佛言（同上陳辭次正句文）（二初慶前）大悲世尊廣爲菩薩開祕密藏令諸大衆深悟輪迴（悟得真隨妄轉如舟行岸移等）分別邪正（能施末世一切衆生無畏道眼（五眼之中即具慧眼法眼）於大涅槃生決定信（決定永不信餘妙信常住一切皆妄）無復重隨輪轉境界起循環見（不生雲駛月運等見也）（二讚請 次一問斷輪迴二問種性初中二一舉法）世尊若諸菩薩及末世衆生欲遊如來大寂滅海（大般涅槃具足）

云何當斷輪迴根本（因前云輪迴根本即是輪迴之相故今問斷輪迴之根本）於諸輪迴有幾種性（既有一切衆生皆是輪迴未審有幾種性也）修佛菩提幾等差別（法門無邊佛道無上學者應隨根宜入法門故問差別）迴入塵勞當設幾種教化方便度諸衆生（度生無悲方便多病既大悲見愛悲須同也）（即入塵勞大慈悲即同一度衆生無緣大悲）唯願不捨救世大悲令諸脩行一切菩薩及末世衆生慧目（即照法目照也心淨則塵不雜）肅清照耀心鏡（即所照也心淨如鏡故六祖偈云心如明鏡臺明鏡本清淨）圓悟如來無上知見（菩提涅槃無上知見即法華所說開示悟入佛之知見）作是語已五體投地如是三請終而復始

爾時世尊告彌勒菩薩言善哉善哉善男子汝等乃能爲諸菩薩及末世衆生請問如來深奧祕密微妙之義（本清淨之輪迴無差別之種類等故）令諸菩薩潔清慧目及令一切末世衆生永斷輪迴心悟實相具無生忍（真性無生本來清淨生即必滅故輪迴未免令悟實相了心無生既不生輪迴是無生忍可名無生上皆生心見淨）汝今諦聽當爲汝說（許說也）時彌勒菩薩奉教歡喜及諸大衆默然而聽（二次一下正說長行中二 初答輪迴 二答種性 初中四一明輪本末 二二勸令斷 三明中四 四指輪初中二一標相貪欲以爲本）

善男子一切衆生從無始際由有種種恩愛貪欲故有輪迴（謂對所貪五欲境界以愛爲本貪欲故能生輪迴業故又云愛爲苦本貪欲爲集故生死交邊涅槃云因愛生憂因愛生怖若離於愛何憂何怖又云有愛則生愛盡則滅涅槃云何知恩愛能爲種故經云愛河名生死海恩愛者謂於五欲等生愛心也知愛者以引之貪愛等又云貪欲起成等觀音塵香味觸等一味恩愛能生一切過者愛觸爲四句一貪成愛二愛成貪三貪非愛四非愛非貪又云愛者謂愛身財名等對愛貪無心類有三一貪名二貪受三貪有等初皆謂貪欲）

若諸世界一切種性卵生胎生濕生化生皆因淫欲而正性命當知輪迴愛爲根本（云愛不生生不受胎縱生受生必斷本行等故下云欲因愛生命因欲有生死以貪愛爲本貪欲下爲先天等貪愛多故）（即四生各有其四生各各有識初四中卵生者先有下至愛欲依想而生胎生者因情有濕生者以合感化生者以離應次云四生者謂人天地獄畜生四趣各具四生人中卵生者如毗舍佉母卵生三十二子胎生者如常人濕生者如頂生王化生者如劫初人也）

由有諸欲助發愛性是故能令生死相續（由欲愛心種子助發愛性即受生也故云愛心種子業依於欲貪愛起業由心業報由是論云愛爲業因貪亦爲業因）欲因愛生命因欲有衆生愛命還依欲本愛欲爲因愛命爲果（由貪欲故生死不斷亦是愛命依貪欲故生也云衆生所以流轉生死者皆由欲貪以無著故云欲因愛生命因欲有若無欲則不生既生之後有身則愛命貪欲則既有身無欲則身不生以身爲苦是故云三界愛欲爲因則生死苦報相續中二果初一二愛三業報生無窮）由於欲境起諸違順（愛生起故云不可意中一二三受順違不可）境背愛心而生憎嫉造種種業（由愛於境不能遂心故生恚恨造諸惡業也又種種者有殺盜等）是故復生地獄餓鬼（十惡業中上品者生地獄中品者生餓鬼下品者生畜生以心貪欲境界故言欲可厭）知欲可厭愛厭業道捨惡樂善復現天人（捨惡道因故不生惡道也捨十惡修十善生人天也）又知諸愛可厭惡故棄愛樂捨還滋愛本便現有爲（即棄愛樂捨者謂捨惡法修善法等）

增上善果上二界殊勝依正二報也由於發修得此定多隨其地而生故自感二禪結皆輪迴故愛為根本故皆輪迴不成聖道不了自心故非聖道前指無明以標貪愛發潤備矣然十惡業一向須除十善八定則但除其病第二為斷文三初正勸是故眾生欲脫生死免諸輪迴先斷貪欲及除愛渴既知生死皆由貪愛發欲脫生死先斷此二遠公報應論云夫事起必由其心報應必由於事是故自報以觀事而事可變舉事以責心而心可反謂者齊其至切二通妨恐有難云若爾云何菩薩亦有貪愛故受生耶故下通云善男子菩薩變化示現世間非愛為本但以慈悲令彼捨愛假諸貪欲而入生死菩薩示現受生非愛為本但以大悲益人為利發行教化須現受生示同凡夫同事利物故淨名云眾生病則菩薩病示現等者悲深也非愛者智深也三題蓋若諸末世一切眾生能捨諸欲及除憎愛永斷輪迴勤求如來圓覺境界於清淨心便得開悟先能除捨方可勸求如出纏全始堪為三故首標云如是貪發有名鬘倫無名天趣有無相頃起輪迴性有無二錄無二未滅於佛菩提方可奉蘖問艮前但云貪愛何故以大及除憎愛菩由愛身愛境境違於情或身被憎故生憎也是知憎亦由愛故雖兼憎意但說愛二明陸性今知者謂由前說始終動靜方至思慶佛境皆是輪迴故亦勸問其獨性意云比聞餘教只言五道輪迴令何得三乘行人亦未能免故佛為說由本貪欲顯出五性故蜀輪迴不以悟淨圓覺為本因故然菩薩性中皆證得相但除其病不除其法餘如廣疏文中二一總標因依善男子一切眾生由本貪欲發揮無明顯出五性差別不等緣惡樂善三乘教意積習說深逆成別性修如云隨說發而成皆名依二種障而現深淺若遇邪師教者則於人法教重起為聖執名之為深若遇二乘人說人一我極為聖執名之為深若遇二乘則於人法空理於法雖未證人空已可知識善薩及佛深淺相望可對人法為二別釋差等文二一所依二障云何二障

依起信釋一者理障礙正知見根本無明也不違法界性相是發正知見義故故彼論云是心從本已來自性清淨以不違一法界故心不相應忽然念起名為無明二者事障續諸生死六麤藏心也三細乃至起業受報是續生死義故故彼論云此謂淨心為無明所染有其染心染心義者名皆煩惱等廣如彼性文三一徵云何五性宗中本有皇不同說兩宗五性義見懸擇今此又與故所拜智仙等文大同小異如文詳之二釋中二一總明未重善男子若此二障未得斷滅名未成佛本以發心齊證為斷二障故成五性此都不斷故并五發未未發心遇教故言未熏善緣得如之文即當第五無性二熏成五性文四一二乘性合辨二也若諸眾生永捨貪欲先除事障未斷理障知生死苦止息業緣故云除事其實未最除三毒也患責不先悟理但先除事故有先除未斷之言但能悟入聲聞緣覺障有事理執有人法今下斷於前故云但能未能顯住菩薩境界釋至長者之家暫在後園除糞止宿草庵未敢當堂故云爾也二菩薩性善男子若諸末世一切眾生欲汎如來大圓覺海先當發願勤斷二障二障已伏即能悟入菩薩境界此約地前以辨真相雖言已伏若事理障已永斷滅即入如來微妙圓覺滿足菩提及大涅槃此約入地乃至果位以辨真相故言永斷及菩提等三不定性善男子一切眾生皆證圓覺定知身心本來具有以已證知一切有情無不是覺諍經說也應云證諸眾生皆有圓覺逢善知識依彼所作因地不法行爾時修習便有頓漸覺性雖圓遇教不同依無有異故若遇如來無上菩提正修行路根無大小皆成佛果遇於勝緣皆成即明無別定性反明不遇勝緣則隨所聞成下文無者暴也由此名不定性故上標頓漸四外道性若諸眾生雖求善友遇

邪見者未得正悟是則名為外道種性內心邪魔寄過邪師既熏其心積習成種故於聖適異起信心上明邪種也下明師過云自本邪師過謬非眾生咎意顯以性定是新熏諸自有則云知非眾生本咎同覺性但大文有界知但宗大旨有者善惡成就明習謂須但是名眾生五性差別二善智既識輪迴苦病須得心兒悟須斷行達菩薩之智入之中智之先明慈之後智之後悲之先無先無後故云明之文中二初悲智同云當善男子菩薩唯以大悲方便入諸世間開發未悟乃至示現種種形相逆順境界與其同事化令成佛皆依無始清淨願力其過甚故思益經云眾生行世間而不知世間菩薩行世間明了世間相世間虛空相虛空不知如是不染於世間了令知世間空法本法本虛空無相於華三法中一根為善或二如觀而音隨三十真法本淨菩薩攝論云或為長養善根者若親近見善聞得利益故令一切眾如來本地等無異今故三等其真俗逆順之相二三得無行願菩薩因地之時必度生之願菩薩所發不退轉心若情故云依勝願力以自業願更為不退是隨情故皆依清淨願又始非望慈悲亦見之性悲本言之淨刀新得者同體大悲心發大願發即無始二智菩提若諸末世一切眾生於大圓覺起增上心當發菩薩清淨大願應作是言願我今者對下化眾生起增上心決定向上求菩提智照大悲攝論諸行逆至佛果顯若無顯力則多退轉

住佛圓覺。求善知識。莫值外道及與二乘。決定不趣餘乘。不同前五性。故言莫值等。依願脩行。亦是所爲。不隨情違念。但依願力。而自策勵。如窮悲中所說。願是總相。通悲通智。故二段中。皆說願力。具悲智願。即菩提心。漸斷諸障。理雖頓悟其空。事乃漸除方盡。障盡。即下解脫。願滿。即下證大圓覺。便登解脫清淨法殿。障盡則行住坐卧一切時中。無向無非解脫。故以清淨法殿喻之。證大圓覺妙莊嚴域。願滿則觸目對境。一切諸法。無非圓覺。故以妙莊嚴域喻之。域謂境域。偈讚中二。全同長行。爾時世尊欲重宣此義而說偈言。彌勒汝當知。一切諸眾生。不得大解脫。皆由貪欲故。墮落於生死。示所斷也。長離而廣。此合而畧。若能斷憎愛。及與貪瞋癡。不因差別性。皆得成佛道。二障永銷滅。求師得正悟。隨順菩薩願。依止大涅槃。勸令斷也。此及明雜性。亦長行以合。十方諸菩薩。皆以大悲願。示現入生死。現在脩行者。及末世眾生。勤斷諸愛見。便歸大圓覺。上來究輪迴之根竟。以下第四。畧分脩證之位也。既顯覺智之源。復究輪迴之本。已知圓覺。凡聖無殊。但未辯隨順圓覺之心。是凡至聖。如何差別。故次明之。言畧分者。三賢統爲一位。十地等覺合之一門。脩即脩圓覺。證即證圓覺。圓覺無差。約脩智以明位地。文四。初三之初。於是清淨慧菩薩在大眾中。即從座起。頂禮佛足。右繞三匝。長跪叉手而白佛言。同上。求陳辭句。文中二。初慶前。大悲世尊。爲我等輩廣說如是不思議事。於一味淨覺之中。說輪迴本末雜性差別。雜染等法。而無乖失。故不思議。本所不見。本所不聞。立相之教。染淨遥悉。破相之宗。染淨俱絕。今顯出覺

性。染淨融通。故比之前。未曾聞見。我等今者蒙佛善誘。身心泰然。得大饒益。蕩滌細惑。二請復中文二。一正問。願爲諸來一切法眾。重宣法王圓滿覺性。一切眾生及諸菩薩如來世尊所證所得。云何差別。舉所證覺性。問能證位地。覺心一味。因果階差。二義既來。故須起問。二結益。令末世眾生聞此聖教。隨順開悟。漸次能入。下三皆徵前。作是語已。五體投地。如是三請。終而復始。爾時世尊告清淨慧菩薩言。善哉善哉。善男子。汝等乃能爲末世眾生請問如來漸次差別。汝今諦聽。當爲汝說。時清淨慧菩薩奉教歡喜。及諸大眾默然而聽。正說中。長行二。一明圓覺無證。二明對根說證。初中二。一法。二喻。法二。初正明無證。後徵釋所以。今初。善男子。圓覺自性。非性性有。非前五性及貪愛等輪迴差別之性。前差別性。皆有圓覺。循。循隨。諸性起。圓覺不守自性。隨緣偏諸差別之性。諸性起時。全覺性起。故法身不增不減。經云。法身流轉五道。名曰眾生。無取無證。非當情之境。於實相中實無菩薩及諸眾生。次下便自徵釋所以云。何以故。何以無菩薩眾生。菩薩眾生皆是幻化。幻化滅故。無取證者。約有幻皆名曰眾生。對離幻皆名爲菩薩。故二皆空。然前輪迴及此脩證。皆云無者。前似岸移。此如鏡像。二喻。譬如眼根不自見眼。性自平等。無平等者。夫眼能見一切。唯不能自見眼根。又如眼光照觸物時。境則萬差。見即是一。故云平等。但約於凡聖無分別勝劣之說。說平等義。亦無有能作平等之者。二對根說證。文二。一總標大意。二證位階差。前中二。今初。功用有殊。眾生迷倒。眾生若無迷惑。顛倒則無差別之義。故先標此。約之以明證覺差別。迷倒之體。即根本無明。及三細六麤。論中亦約翻此以顯始覺階位。未能除滅一切

幻化。執之爲實。於滅未滅。即論四位中前三覺前不覺後也。謂障習漸盡。如一分塵盡。一分鏡明。妄功用中。七地已還。皆是夢中修道。故華嚴有夢渡大河之喻。圓明證悟。始知煩惱本無。則見能斷智之功用。亦是虛妄。如夢中以藥治病。得差。覺後則藥病俱無。故妄功用也。便顯差別。正是揀標位地。二功極不異。若得如來寂滅。諸佛同證此理故。隨。與本相應。順。無乖也。非謂起心別求寂滅。實無寂滅及寂滅者。無能所也。意明心念不生。不見有寂滅之法。亦無能寂滅者。滅之令寂。二證位階差。文中二。一明依位漸證。二明忘心頓證。初中四。一信位。二賢位。三聖位。四果位。此四即論中逆次約息除生住異滅四相麤細。寄顯反流四位。以明始覺分齊也。然心性離念。本無生滅。良由無明。違自真靜。鼓動起念。緣令心體生住異滅。從細至麤。微著不同。先後際異。先際最微。名爲生相。中間二三。名住異相。後際最麤。名爲滅相。令因本覺不思議熏力。起厭求心。又因真如所流聞熏教法。熏於本覺。益性解力。損無明能。漸向心源。始息滅相。終息生相。頓然大悟。覺了心源。本無所動。令無始覺。平等平等。無別始覺之異。大意如此。今以論意釋之。初信位者。論寄息於滅相。經文分三。一標具之凡夫。善男子。一切眾生從無始來。此初一段。未入信位。所以有此文者。不約凡迷。即無位地。故先標此。翻之彰信。即論文翻四相成四位之謂也。由妄想我。我體元無。妄想爲有。四生九類。無不皆然。及愛我者。執爲我故。便生愛著。上句我體。即所執也。此句我見。即能執也。具明我義。下自有文。曾不自知念念生滅。我體本無。唯心故有。心既念念無常。我亦念念生滅。故淨名云。是身如電。念念不住。故論云。一切眾生。不名爲覺。以從本來念念相續。故說無始無明。故起憎愛。耽著五欲。由執之過也。由執我故。順我則愛。違我則憎。故耽五欲。二明開染覺諸。若遇善友教令開悟。即聞熏也。淨圓覺性。即內熏也。發明起滅。智照聞然。顯頓心性。無始妄習。一時悟現。若稱時覺。夢然迷時。即起滅妄念是我。故妄念不自見。於妄念如眼不自見。今既開悟心實真覺。不以妄念爲我。故以實真之智照於起滅之念。起之與滅念

念皆知翻前覺不自知念念生滅即知此生性自勞慮即此生滅之心違性之時性即起滅妄念違自勞段心慮千營萬計念念不停三明息妄隨真若復有人勞慮永斷絕求作之心得法界淨若理法界則法界體中絕諸勞慮塵境不生名之為淨若事法界則分別念慮之心是則塵境之法十八界等當體不生名之為淨何者法界淨識皆由自心心識則識心淨則淨即彼淨解為自障礙義念既盡得少輕安喜發淨時心生愛著於淨起解名為淨解業心在淨故成障礙非外塵所礙故言自礙故於圓覺而不自在結成信中證覺之相作意於覺故不自在此名凡夫隨順覺性結成信位也二賢住論寄息於異相文云覺於念異念無異相等善男子一切菩薩見解為礙見前淨解之礙也是解前位以解以住之相即覺於念異也雖斷解礙此前住也言斷者預斷方後念無異相菩猶住見覺正當此住覺礙為礙而不自在結成地前證覺之相寄并登地所覺是礙故能覺亦礙此則將礙除礙故不自在此名菩薩未入地者隨順覺性結成賢位三聖位論寄息於住相文云覺於念住念無住相今文分三一悟前非二明證相三結成位今初善男子有照信中淨解有覺賢位中覺礙之覺俱名障礙正顯前非即論中覺於念住二明證相謂以智證理理智實符如日合空一殊自照但是本覺顯現非能所故文中二一不住證二不住教前中三顯法齊合今初是故菩薩常覺不住照與照者同時寂滅能所契合也故唯識見道偈云若時於所緣智都無所得爾時住唯識離二取相故智無所得則此常覺不住常覺即是無分別智不住即不取獨寶藏論相故離二取相故智照與照者寂滅智與真如平等平等真離能取所取相故彼文雖有於見遣而證理之義下地無殊亦可不同凡夫故云常覺不同地前故云不住此則念無住相覺住相無故不住矣次前譬如有人自斷其首首已斷故無能斷者如把刀劍自斷其頭頭未落時即無能斷之義頭落

已後復無能斷之人後合則以礙心覺礙之覺自滅諸礙所覺之礙礙已斷滅無滅礙者如火出木盡煙滅厭能二不住教謂地前未證真理雖忘言教登地證理不住名言不住故名真解教故華嚴初地文云得經論智文中二一標以喻釋脩多羅教如標月指若復見月了知所標畢竟非月夫設言象在於得意無言義而倒惑執言象而違真故以標月之指喻於言教謂見月須藉指歸悟心須假佛教因指見月見月忘指因教悟心悟心忘教存指則失真月執教則失本心盡今證實忘標故云畢竟非月二具以法合一切如來種種言說開示菩薩亦復如是此明諸佛所以言詮顯理故文殊般若云總持無文字文字顯總持三結成位此名菩薩已入地者隨順覺性論亦總文名隨順覺四果位論寄息於生相文云如菩薩地盡滿足方便一念相應覺心初起心無初相以遠離微細念故得見心性心即常住名究竟覺今文分三一明境善男子一切障礙即究竟覺總標也謂智明圓覺無分別心故列十對法皆同真實即論中見性常住等也文若見有障可斷斷已名覺覺非究竟故障礙即覺方究竟矣障礙者標每對中上句究竟覺即標下句十對者得念失念無非解脫一得失對無念則得真正念是智也有念則為失念是識也故論中說覺則無念念則不覺等今明念本自空元是無念故皆解脫成法破法皆名涅槃二成破對衆緣相會曰成緣緣曰破文進備曰成提諸為破緣無自性成破一者故皆涅槃智慧愚癡通為般若三愚智對大寶積云癡從分別生分別本非有癡性與佛性平等無是則菩薩外道所成就法同是菩提四邪正對息盡云住正道者不分則是邪是正無明真如無異境界五真妄對涅槃云無明本際性本解脫古德云迷則真如是妄想悟則妄想是真如諸戒定慧及淫怒癡俱是梵行六染淨對夫戒定慧論於三毒三毒本空元是梵行諸法無行經云貪欲即是道恚亦復然如是三事中有無量佛道衆生國

土同一法性七依正對涅槃云我以佛眼徧觀三界有情無情一切人法悉皆究竟究竟者即法性也地獄天宮皆為淨土八苦樂對極惡業感天宮即見地獄極善業熱地獄即是天宮二業之念由心此獄天宮宜定心即本空一切清淨故寶積經有地獄三昧天宮三昧然以法皆爾非唯天獄今且約欲體相遷之法性例隆有性無性齊成佛道九有性無性對有者者三乘性也無性十闡提性也非唯他日迴心現已齊成佛道一切煩惱畢竟解脫縛解對佛頂經云根塵同源縛脫無二識性虛妄猶如空華然煩惱依識識性既空煩惱何縛上之十對名相雖異其意不殊但緣佛證覺心心無取捨故得諸法普同同妙故今但各引例而已不更一一推求相即無礙之由二明心法界海慧法界深廣故如海也慧則是用稱法界故名法界慧照了諸相猶如虛空理量齊鑑無倒正知內分別心諸相差別令海慧離念故諸相如空文能照之見離分無念斷如虛空即同中名真無礙慧然若十也如鏡照物體自無心上來皆是論中滿足方便一念相應覺心初起心無初相也三結位此名如來隨順覺性二忘心頓證前由漸示觀門就機說有深淺今恐存分別則悟入無期故示圓頓安心於覺成真隨順前是隨相此當離相亦如華嚴先說差別位地因果後以平等因果融之即差別中之平等平等中之差別此中意無正同致也文三一忘心入覺二驗果知因三印成佛智初中二一推示安心善男子但諸菩薩及末世眾生稱示末世安心文有四節每節二句居一切時不起妄念妄念者攀緣取著外法也念則違覺故今不起於諸妄心亦不息滅若求真捨妄猶棄影勞形若滅妄存真似揚聲止響住妄想境不加了知境根心現元是自心若加了知即逮現量故經[illegible]或幻[illegible]云心不見心但不生情自然[illegible]物且心體本自知覺何必更加了知知上起知名為加矣於無了知不辨真實非知既窮即真實知真實即知謙知真實如眼不自見等二依法攝入諸衆生聞是法門信解受持不生驚畏是則

名為隨順覺性。彼宗根衆若聞此方便心無疑惑體達分明領受任持則坦然合道亦同金剛經中不驚不怖不畏甚為希有等二驗果知因善男子汝等當知如是衆生已曾供養百千萬億恒河沙諸佛及大菩薩植衆德本。疏云驗今開悟契佛心方達宿因曩承熏習若但現世即是頓機若推其因已是積習金剛亦云不於一二佛等三印成佛智佛說是人名為成就一切種智。謂一切種智由此而得因果相齊決定無疑是以如來印言成就又此經宗分同華嚴因該果海果徹因源稱性互收無別先後彼云若諸菩薩能與如是觀行相應於諸法中不生二解即同此安心之文即得同持菩提同此一切種智偈讚中三初二全同長行第三兩句總結長行無也爾時世尊欲重宣此義而說偈言。

清淨慧當知　圓滿菩提性　無取亦無證
無菩薩衆生　上圓覺無證下對機說證　覺與未覺時
漸次有差別　上揀標大意下證位階差　衆生為解礙凡位
菩薩未離覺賢位　入地永寂滅　不住一切相聖位
大覺悉圓滿　名為徧隨順果位　末世諸衆生
心不生虛妄妄心謂證　佛說如是人　現世即菩薩
供養恒沙佛　功德已圓滿　印成佛智
雖有多方便　皆名隨順智　總結頓漸故云多方便上來四

段通明觀行竟○次四問答別明觀行中敘精證言別明著有其二意一則內一顯人已依前門證入不必精此故以名別二則此門各各自別如三觀或一人具三或一或二單發交路成二十五種各應一機故云別也其所雜障亦各不同且如四相或一人具四成三二一其四病者人各有一定不兼餘以觀違故故此兩四皆是別相不同前無明及豈但是凡夫悉有故前通此別奚然通別觀行中皆與惑障同科段者由是障觀行之惑或除則成觀行故文二初二問答三觀觀行具二問答兩重除障初中二初示三觀行相後

明華嚴修習初中文四初三之初於是威德自在菩薩在大衆中即從座起頂禮佛足右繞三帀長跪叉手而白佛言次同上陳一辭句慶前二大悲世尊廣為我等分別如是隨順覺性領前依位漸證令諸菩薩覺心光明承佛圓音不因修習而得善利領前忘心頓證智開已得善利現勤而行之二請復文二一問所證二明所為初中二一立理二世尊譬如大城圓覺外有四門隨方來者非止一路如從東來不可西門而入一切菩薩莊嚴佛國及成菩提非一方便合法了知須前觀行理趣分明今復諮詢悉涉非分故先立理請要揀機二正請惟願世尊廣為我等宣說一切方便漸次所修之行并修行人總有幾種能修之人二明所為令此會菩薩及末世衆生求大乘者速得開悟遊戲如來大寂滅海。下三徵前四作是語已五體投地如是三請終而復始。爾時世尊告威德自在菩薩言。善哉善哉善男子汝等乃能為諸菩薩及末世衆生問於如來如是方便汝今諦聽當為汝說時威德自在菩薩奉教歡喜及諸大衆默然而聽。次正說長行中四一標本舉數二正示觀門三引例彰圓四校量顯勝初二一約稱性之行以標本善男子無上妙覺徧諸十方出生如來十方諸佛同證同佛證義如前以問情夫與一切法同體平等。色心不二凡聖無差皆依覺性故同平等智論云在衆生數中名為佛性在非衆生數中名為法性上皆所稱之性也於諸修行實無有二。能稱之行也即如前二空觀門根塵普淨貪受俱寂悲智雙行離相離心常無所得一切

善惡無不如斯隨事辨差以悉無二故二約隨機之行以舉數方便隨順其數無量。然衆生根性利鈍不同煩惱厚薄沈浮不等隨其根性設教多端不爾難為難入故楞伽云所說殊所應於淺為非說彼彼諸病人良醫為處方如來為衆生隨心應量說圓攝所歸循性差別當有三種。根性雖有萬差而此三門一切攝盡必須三者義如下釋二正示觀門三一泯相澄神觀二起幻銷塵觀三絕待靈心觀然揮觀網頓已具隨禪修習善與非以不證但以執隨機異處釋辨邪正凡聖大小權實事理漸頓有共不共今以記法違情以成圓頓觀行即事理定慧儀無礙也與論中修習真如三昧靈相大同小異小異者法不聞為三也今初識相文自有三一標本善男子若諸菩薩悟淨圓覺讀發必觀行發趣佛果先須了悟身中淨圓覺性以為行本本即解也依解而修方為妙行責明祖觀因是更資故下標本等皆同此其二正釋三一起行以淨覺心約其所悟而起行也以者用也凡夫用妄菩薩用覺違悟異故取靜為行禪悟即動即靜為發慧治動亂之習一向以靜境安心漸漸修行方得成就不取於法為取靜也意云蓋覺心初建方尚起像理宜取靜安許方疏展堅論云若修止者住於靜處端坐正意不依氣息形色虛空地水火風見聞覺知乃至當知唯心無外境界即復此心亦無自相由澄諸念覺識煩動由前以靜澄心諸念不起心合靜源體非分別故見分別之識頗勞動搖若自是識對不能見識如眼不自見今由念澄智顯故覺識也二成功靜慧發生。由前念澄覺照慧性照明因靜生慧故云靜慧此隱今顯故云發生身心客塵從此永滅由慧發生身心相盡塵妄不起名為永滅客非本性塵計自體便能內發寂靜輕安由揀根究內心自門寂靜謂塵輕安觀暢宜虛永息義重長法三成應由寂靜故十方世界諸如來心於中顯現衆生圓明性體與佛不殊但以妄情凡聖似隔今身心相盡妄念不生圓覺妙心凡聖交徹理實而言我之身心亦徧現十方佛也故先德云責吾我寂實身心總無物恒沙諸佛入我覺我身常入恒沙佛今但約入觀者

為主。故云諸佛於中顯現如鏡中像如諸鏡入一鏡中。諸鏡即成影像。故諸佛空入行人觀心。如影像也。然塵鏡之性本明。磨瑩即呈物像。衆生自心亦爾。心靜即現如來。故論問云。若諸佛有自然業。能現一切處。利益衆生者。云何世間多不能見。答曰。諸佛如來法身平等。遍一切處。無有作意。故說自然。但依衆生心現。衆生心者猶如於鏡。鏡若有垢。色像不現。如是衆生心若有垢。法身不現。經云佛心論云法身身心一也皆緣能現之本若無所現應云應化此約心靜故則去佛心來然故云為現非謂佛心有所現也此乃鏡

十三

明則像像歷然。智顯則心心交映。故淨名云。如自觀身實相。觀佛亦然。三結名此方便者名奢摩他此翻云止定之異名寂靜義也。謂於染淨等境心不妄緣故。若寂涅槃經釋即名能滅能調寂靜遠離及能清等結云以是義故名為定相二起幻觀塵觀文三初標本善男子若諸菩薩悟淨圓覺同上正釋中五一人起行以淨覺心知覺心性及與根塵皆因幻化觀前標解由心性是識識與根塵三和合有各無自性但是無明違真而起故名幻化即起諸幻以除幻者正明起行也。諸幻即幻智也。幻者即根本無明。是能幻之者。除幻者依知幻始覺力。分覺根本不覺始息滅相終息生相即是除幻變化諸幻而開幻衆隨機應化說法開示如幻衆生也若觀心釋者變起差別幻智徧觀八萬塵勞之衆一一稱真清淨非障非蔽即為聞也二功成由起幻故便能內發大悲根塵既清自他二故蔽內發同體大悲輕安由悲從定起故輕安暢適非其乘見三結通一切菩薩從此起行漸次增進明諸菩薩從此觀門方能起於悲智乃至佛果四簡道彼觀幻者非同幻故稱幻法也簡識殊智能所勝方異故非同幻觀皆是幻故稱幻智也幻相永離五總結是諸菩薩所圓妙行結成非幻稱真之行如土長苗如種發芽依土長苗收子之時苗土俱齊種喻覺心土喻幻法苗喻幻智謂悟淨圓覺依幻法而起幻智從幻智而忘心入覺入覺則前二皆泯三結名此方便者名三摩鉢提

多名三摩鉢底此云等至等持之中最至勝性最又等謂齊等離沉掉故至謂至到到勝定故故前有如幻三昧三覺持畫心觀文三初標本善男子若諸菩薩悟淨圓覺如上正釋中人二一起行以淨覺心顯其所依不取幻化二種觀身及諸靜相一離觀身了知身心皆為罣礙有身有心悉皆是妄了知是能身心是所此所如能故二皆礙此下明其所明於中文三稱論齊合無知覺即上所了身心也謂身觸為覺心緣曰知由此分別障正知見明正顯靈妙之體然此靈心上而無頂下而無底傍無邊際中無在處既無當中何有東西上下欲言空寂不似太虛欲言相用不從緣起欲言知見異於分別欲言顧擬異於木石欲言其覺不同離悟之初欲言其明不同日月之類故諸經教於寂靜空無可為邪小於知見明覺互諸互存各有深意今此欲入觀門恐知字引分別念故宜但云明也不依諸礙諸礙者身心緣所不依者竟遠靈明永得究竟常然超過迴絕對待礙前觀幻誘於頓攝無礙境前取靜同於涅槃受用已為資緣世界共長國色及與身既然形質心遙有見聞相在不異尋常塵域不離舊處此由執親淺體同他令不生情量於當照如器中鍠聲出于外鍠字不定惡譯人錯遂為三釋一依鍠字音橫準切韻訓和訓樂不是器中之聲今本惡詳之取其聲勢不取訓字以應是金石等中聲相也今且現聞勞鍠聲之類其聲鍠鍠然即知鐘是此類聲之相義譯人迴潤精拔應云如全器聲鍠鍠出界二作讀宁音同即大鐘也是諸器中之一數故云如器中鍠準此則類本經文迴潤非失但華

十九

十四

受戒寫錄錯誤以鐘為鍠爾三者作黃音書即望黃之類以有黃之器非一故不句云生中黃乃云器中黃也亦如管爾之偽皆龍發聲出于外故準此則譯人不善此方聲韻文字故字與音俱錯爾後正釋喻者前三釋異合法皆通皆器喻世界身心聲喻靈明觀質謂聲從器出器不能拘故聲聞四遠器句本廢以喻觀智約身心喻得身心所不能拘觀智廢爾無遺身心不離舊處但所喻相常何爭喻所依物慈云如萬鈞之鑄星種受礙樣栟一聲聲根宗區自體兼他不能能動置以樓拘鐘相使響不通形礙管聲含音不遠龜

此文發未免除疑復不能決通妨娶遲之而已意亦同前仍法合最具請加樓喻世界鉢準知上煩惱涅槃不相留礙如鍠二功成便能內發寂滅不取幻化幻化即寂不取靜相靜相即滅非故寂之滅之又但是一心責理非對靜幻故拂伽云寂滅著名為發心此非息動之寂生已而滅故云內心輕安同上妙覺隨順寂滅境界在觀之時用心同佛故隨順妙覺寂滅自他身心所不能及唯獨自明了餘人所不見故他不及自已心識之量亦不能造知螢燒須彌必須攀情方答故自不及文依體起智為自根塵發識名他不可識識智知故皆不及衆生壽命皆為浮想一切衆生壽命但為浮想住持本無實體故華嚴云一切衆生但想所持其猶空實是空之浮氣了虛空著即知淨實平竟非空衆生壽命是真之浮想了真寂者即知衆生衆竟非真三結名此方便者名為禪那此云靜應即應而靜故無散動即當定義即靜而應故非無見即當慧義故四靜慮定慧平等問眼是定慧平等云何科云絕待當心春正由不滯此二直造心源故定慧等釋相文中遍待之義甚明圓無疑矣然釋相中指修行意忘情用心故顯變非絕待後但約義以緣故取變是齊融齊融絕待變是變非皆是十道敵釋相與結名互顯三觀文初皆標悟者開前經故謂初靜觀修文殊中解次幻觀齊普賢全普眼前半之解後盡心觀修普眼後半對藏全章之解對配前經昭然可見然此三門與涅槃經三相大同小異與天台三觀此則義理同而意趣異同者一滅相即空觀也二起幻即假觀也三絕待即中觀也異者此明行人用心方便彼則推窮諸法性相此多約

十九

十五

心成行故不立所觀之境彼多約義生解故對所觀三諦三引例彰圓善男子此三法門皆是圓覺親近隨順十方如來因此成佛十方菩薩種種方便一切同異皆依如是三種事業此三門皆依悟淨圓覺而起觀行觀行亦皆趣入圓覺始終不雜故云親近隨順佛及菩薩一證同覺隨機隨事行相各異或多人同修一門或一人具修多行若三五若百千同之與異遠顯雜準然必皆依此三種業三種業中或具顯

三或一或二同時前後單複對至具如二十五輪所明此是修行人之事業矣若得圓證即成圓覺趣入雖從一門功成即三皆圓證若偏修一行但名觀近三事圓通名證圓覺四校量顯勝善男子假使有人脩於聖道教化成就百千萬億阿羅漢辟支佛果不如有人聞此圓覺無礙法門一剎那頃隨順脩習初舉劣後不如下顯勝且如為得一人二人持於五戒十善諸教就福已甚多況令爾許德人成就辟支羅漢具足六通八解永超三界十纏而乃不如有人暫習圓覺時中極從唯一剎那豈況長時聞修妙觀懸云乎路巨海何可校量聞此等者聞慧隨順者思慧修習者修慧偈中唯三圓校量故餘全同長行且據舉也爾時世尊欲重宣此義而說偈言

威德汝當知　無上大覺心　本際無二相
隨順諸方便　其數即無量　如來總開示
便有三種類　寂靜奢摩他　如鏡照諸像
如幻三摩提　如苗漸增長　禪那唯寂滅
如彼器中鍠　三種妙法門　皆是覺隨順
十方諸如來　及諸大菩薩　因此得成道
三事圓證故　名究竟涅槃　上來三觀竟

自此第二明單複修習文四初三之初

於是辯音菩薩在大眾中即從座起頂禮佛足右繞三匝長跪叉手而白佛言同上後陳辭句中二大悲世尊如是法門甚為希有可知二請後有初慶前二問世尊此諸方便一切菩薩於圓覺門有幾脩習所修指前所行本未說三指前觀前三觀雖諸菩薩所相分明為同時一為依次為超次二各明所為前後為復一人具三為三人願為大眾及末世眾生方便開示令悟實相三請倣前可見下作是語已五體投地如是三請終而復始爾時世尊告辯音菩薩言善哉善哉善男子汝等乃能為諸大眾及末世眾生問於如來如是修習汝今諦聽當為汝說時辯音菩薩奉教歡喜及諸大眾默然而聽一舉意標數二正說長行中四

五九

觀明交顯三結成正圓四總示修習今初善男子一切如來圓覺清淨本無修習及修習者初正明本所依之明一切菩薩及末世眾生依於未覺幻力修習大正意明無諸修輪爾時便有二十五種清淨定輪之前段義推於中三三初有三一輪單修故名三觀次輪有二十五輪一各全三觀之總初中三具一交二十五觀列單複同修令有總數悉有二十五輪一一皆有

十六

一息一澄一周觀理為起行此所修為法已有觀前三明結觀之以三輪各二十五輪正不單起綱不單要修是十云悟行觀餘非輕云事結云不事顯若諸菩薩唯取極靜由靜力故永斷煩惱究竟成就不起于座便入涅槃由靜心之力覺身心空即是覺念向無煩惱不起法空之座使不起入寂滅涅槃云究竟成就此菩薩者名單修奢摩他結名二丁觀若諸菩薩唯觀如幻以佛力故變化世界種種作用備行菩薩清淨妙行於陀羅尼不失寂念及諸靜慧此菩薩者名單修三摩鉢提子十九年以一刀解牛鋒刃不損菩薩時丁是作生修萬行慈緣入俗自智無偏餘義已如前釋三昧呈音出從觀說若諸菩薩唯滅諸幻

不取作用獨斷煩惱煩惱斷盡便證實相寂故不云不取作用以諸幻滅入諸佛境界無遺如幻故云禪那唯寂滅此菩薩者名單修禪那相行但與有心正不著有相絕待心是名所以斷惑不待諸佛法界故說用無諸所觀為究竟直云獨斷輪頭七段三於單名後交交應有一路路即煩惱義成三為七觀證自也無每以一故有觀一二為十頭一並共一十合觀四圓節之二三初兩段二一為輪之中皆有一路七十五觀也

五九

次兩段先三行一次萬次有一先一後齊後有兩段三齊輪各輪後觀為首之中一但長科七次繫每觀皆舉一先後以一一諸其須次蝶頭名令悉文與先後一字是二乘境次寂初是佛靜水幻繫次寂幻交寂觀靜中三初寂七輪靜墳為是釋寂但為者七於七於靜寂又為觀音輪觀寂於輪輪觀靜七體復是於是輪觀音七入佛靜七音首幻中首中七觀二運靜寂禪寂靜菩薩以修化物即即從起也照至靜為首靜觀以靜慧心照諸幻者便於是中起菩薩行

十七

此菩薩者名先修奢摩他後修三摩鉢提自居修幻化能照幻無若照幻而則以靜觀二結名若諸菩薩以靜慧故證至靜性便斷煩惱永出生死此菩薩者名先修奢摩他後修禪那海水澄清波浪不動先以靜觀觀性以證靜性空則清明寂滅也靜寂也靜寂果是此善三結名先修觀空觀二觀用二出生死煩惱果是三名三觀二六觀功生死即是煩惱若諸菩薩以寂靜慧復現幻力種種變化度諸眾生後斷煩惱而入寂滅此菩薩者名先修奢摩他中修三摩鉢提後修禪那具摩三觀論曰首初上三幻次後寂滅結名為梵之伊字四點三點齊備三觀二人具備者三觀即名為二乘時翻同若諸菩薩以至靜力斷煩惱已後起菩薩清淨妙行度諸眾生身斷煩惱幻化度生是齊

覺見已無故所起縛無不淨妙可解他緣此菩薩者名先修奢摩他中修禪那後修三摩鉢提結名五品字單雙觀上單靜觀如上一口後雙明寂幻如下兩口故云單雙若諸菩薩以至靜力靜心斷煩惱復度眾生建立境界齊兼幻寂初句是寂後二句是幻內斷煩惱外度眾生此菩薩者名先修奢摩他齊修三摩鉢提禪那結名六觀之雙頭觀白澤圖中有山精頭如鼓有兩面前後俱見此齊靜幻雙照二利齊運如雙頭也單寂觀如獨之也若諸菩薩以至靜力資發變化齊標靜幻以至靜力資助業發變化之力以度眾生後斷煩惱兼寂前二利修故入中道此與前異前則靜獨為初後始兼寂幻此則靜與幻齊為初後始單兼於寂此菩薩者名齊修奢摩他三摩鉢提後修禪那結名七果落華數觀即以靜定之樹結寂滅中道之果後數奉者復以幻觀入有情界度諸眾生同今獲得證樂之果若諸菩薩以至靜力用資寂滅齊滅後起作用變化世界兼幻此菩薩者名齊修奢摩他禪那後修三摩鉢提次七輪一一標幻馬首次兼餘二今初先武後文觀武王伐紂後鑄戈戟為農器喻以菩薩先變化種種已後入靜觀若諸菩薩以變化力種種隨順標幻而取至靜兼靜此菩薩者名先修三摩鉢提後修奢摩他三切成退識觀菩薩發慧利物

十七

即是功成習寂內修名為退職若諸菩薩以變化力種種境

十八

界幻而取寂滅兼寂此菩薩者名先修三摩鉢提後修禪那二幻師解術觀先起變化術法後歸靜體寂故斷術若諸菩薩以變化力而作佛事幻安住寂靜靜也而斷煩惱寂此菩薩者名先修三摩鉢提中修奢摩他後修禪那四神龍隱海觀起幻化生如神龍寂雲雨驟靈

隱入海事也如若諸菩薩以變化力無礙作用幻斷煩惱故寂安住至靜靜也此菩薩者名先修三摩鉢提中修禪那後修奢摩他五觀先起幻後龜樹通真解靜寂如龍樹初行幻術廣化外道後習真乘自階聖果若諸菩薩以變化力方便作用幻至靜寂滅二俱隨順齊兼靜寂此菩薩者名先修三摩鉢提齊修奢摩他禪那六齊禪示相觀齊禪和修即優波鞠多之師也先以神力示相降伏魔多弟子慢心後乃入定歸寂若諸菩薩以變化力種種起用資於至靜齊靜後斷煩惱兼寂此菩薩者名齊修三摩鉢提奢摩他後修禪那七大通宴默觀大通如來先化用利物後則寂若諸菩薩以變化力資於寂滅齊寂後住清淨無作靜慮兼靜此菩薩者名齊修三摩鉢提禪那後修奢摩他後七輪一一標寂為首次兼餘二此初實明空海觀佛頂經云同入如來寶明空海今靈心觀即本覺明如實明也後靜觀如空海也若諸菩薩以寂滅力寂而起至靜住於清淨兼靜此菩薩者名先修禪那後修奢摩他二處空妙用觀靈心之體如處空如化即妙用若諸菩薩以寂滅力寂而起作用於一切境寂用隨順兼幻此菩薩者名

十九

先修禪那後修三摩鉢提三昇至神觀寂菩即虛空神通日先晦之會現如此先寂次靜後幻若諸菩薩以寂滅力種種自性寂安於靜慮靜而起變化幻此菩薩者名先修禪那中修奢摩他後修三摩鉢提四觀先昇空觀大迦葉也先寂次起神通後乃歸證若諸菩薩以寂滅力無作自性寂起於作用清淨境界幻歸於

靜慮靜此菩薩者名先修禪那中修三摩鉢提後修奢摩他五多寶呈通觀多寶佛先成道體如後於塔中發起法華如靜幻無做若諸菩薩以寂滅力種種清淨寂而住靜慮起於變化齊無靜幻此菩薩者名先修禪那齊修奢摩他三摩鉢提六下方騰化觀即法華菩薩六萬恒沙起下方現若諸菩薩以寂滅力資於至靜齊靜而起變化量幻此菩薩者名齊修禪那奢摩他後修三摩鉢提七帝青含變觀此寶含諸物緣對即變慧慮而遷空如靈心觀成色含德用應緣起幻而度安靜若諸菩薩以寂滅力資於變化齊幻而起至靜清明境慧兼靜此菩薩者名齊修禪那三摩鉢提後修奢摩他後有一輪圓覺三觀此名如意圓修觀如意寶珠四方隅照大智頓覺三觀齊修若諸菩薩以圓覺慧稱圓覺發慧故而圓合一切圓融和合一切事理性相真妄色空等類擊體相應是為圓合謂由相覺合理理即非理故全即事又由以覺合事事即非事故全為理餘性相等皆同此說中道義諍於是現即非理非事雙遮顯中即理即事覺照顯中遮照同時是為圓覺於諸性依此靜觀修相依此幻觀修無離覺性異覺性是會用歸體體用無礙以圓覺合寂一觀一切是云圓修二觀實又此菩薩者名為圓修三種自性清淨隨順三結成正明善男子是名菩薩二十五輪一切菩薩修行如是可見四總示修習若諸菩薩及末世眾生依此輪者示修習者修以二十五輪之時於事中咸儀法式及用心方使三業事理具足修習之意當持梵行戒也寂靜定也思惟慧也具戒定慧心在觀門如是修行必空戒驗求哀懺悔經三七日多生業累恐障淨心懺悔求哀發露見疑

明覈若少感不精識三七日中巳彰龜斟識悔之義下道場加行中當釋於二十五輪各安標記書此二十五輪名字文句安置道場之中禮念一度誠精祈件一至心求哀隨手結取若自的樂一門隨便積習若勝劣舉分不決自決即悲聖力以卜應備信手取之不宜簡擇依結開示便知頓漸依所捨結開而視之頓漸自知無貪餘觀之一念疑悔即不成就心詳疑猶併失前功槃使勇猶豫成就根驗理必在于茲無乃等閑輕於事相偏中 石九 二十末

未口全同長行爾時世尊欲重宣此義而說偈言標舉

辯音汝當知　一切諸菩薩　無礙清淨慧

皆依禪定生今脩觀之人先以所依之體為本而起觀行長行云圓覺清淨無能所觀心冥此理即禪定義所謂奢摩他　三摩提禪那

三法頓漸脩　有二十五種偈頌　十方諸如來

三世脩行者　無不因此法　而得成菩提五結示

唯除頓覺人　并法不隨順兩非所為也長無偈有今為二釋一者兩句皆作上根釋謂唯除上根圓頓悟解之人并及於一切定相之法不隨順者則不必具依二十五輪及道塲揀此等不隨順法者不取相也既不隨相即隨真覺乃頓入圓明觸目合道不可加之繩索真傷手無盡是前知幻即離不作方便等類故除之矣二者下句作無信下根釋謂邪不信者聞之不能隨順依此則上智與下愚不移也前釋不隨不隨倒法此釋不隨不隨正法一切諸菩薩　及末世衆生

常當持此輪　隨順勤脩習　依佛大悲力

不久證涅槃

二十末　石九

大方廣圓覺脩多羅了義經略疏注卷下之一

大方廣圓覺修多羅了義經略疏卷下之一

校勘記

一　底本，明萬曆年間重刊南藏本。

一　一六六頁上一行「卷下之一」，徑、清作「卷下一」。

一　一六六頁上一九行小字右「二結」，徑作「一結」。

一　一六六頁下五行小字右第二字「心」，徑、清作「心也」。

一　一六六頁下二一行小字右末字「四」，徑、清作「八」。

一　一六七頁上二三行小字左第六字「未」，徑作「示」。

一　一六七頁中二三行小字左「下文」，徑、清作「小文」。

一　一六七頁中末行左首字「上」，清無。

一　一六七頁下二行小字右「邪師」，徑、清作「邪宗」。

一　一六八頁中一行小字右末字「比」，清作「此」。

一　一六八頁中五行小字右末字「階」，徑、清作「皆」。

一　一六八頁中一九行小字右「無者」，徑作「無有」。

一　一六八頁下四行小字左第二字「故」，徑、清作「故言」。

一　一六九頁上九行小字右第一二字「於」，徑作「成」。

一　一六九頁中一二行小字左「分三」，徑作「分二」。

一　一六九頁下四行小字右「二昧」，徑、清作「三昧」。

一　一六九頁下六行小字右第六字「唯」，徑、清作「爲」。

一　一六九頁下一一行小字右第五字「內」，徑作「由」。

一　一六九頁下一四行小字右第三字「由」，徑作「出」。

一　一七〇頁上九行小字左「第三」，徑作「第二」。

一　一七〇頁上二三行小字左「行之」，清作「行文」。

一　一七〇頁上末行小字左首字「二」，經作「三」。

一　一七〇頁下六行小字右第七字「二」，清作「三」。

一　一七〇頁下七行小字左「記法」，經、清作「託法」。

一　一七〇頁下九行小字「文自有三」，經作「文字有三」；清作「文中有三」。

一　一七〇頁下二〇行小字左「內心自門」，經、清作「內心自閑」。

一　一七一頁上六行小字左「故云」，經作「故名」。

一　一七一頁上一〇行小字左「正釋」，南、清作「二正釋」。

一　一七一頁中四行第五字「靜」，經作「淨」。

一　一七一頁中一二行小字右首字「迴」，經作「迫」。

一　一七一頁中一六行小字左第一一字「且」，經作「自」。

一　一七一頁中一九行小字右「作黌音黌」，經作「作黌音黃」。

一　一七一頁中二三行小字右第二字「廊」，經作「廓」。

一　一七二頁上三行小字左末字「勝」，經作「證」。

一　一七二頁中二一行「脩行」，經作「備作」。

一　一七二頁下五行小字右「三觀」，清作「二觀」。又本行小字左第三字「二」，經作「三」。

一　一七二頁下六行小字右第四字「三」，經作「二」。又本行小字左第一五字「一」，經、清作「二」。

一　一七三頁上一八行小字右首字「三」，經、清作「二」。

一　一七三頁上二一行小字右首字「二」，經作「三」。又末字「若」，經、清無。

一　一七三頁中一一行小字右首字「則」，經作「自」。

一　一七三頁中一九行小字右第五字「神」，經作「禪」。

一　一七三頁下七行小字「兼幻」，經作「善幻」。

一　一七三頁下八行小字右第三字「青」，經作「心」。

一　一七三頁下一七行小字右「二觀」，經、清作「三觀」。

一　一七四頁上九行小字右首字「今」，經作「令」。

一　一七四頁上一〇行小字右末字「冥」，經、清作「宜」。

一　一七四頁上一七行小字右第一一字「謂」，經作「諸」。

一　一七四頁上末行卷次，經作「卷下終」，清作「卷下一」。

大方廣圓覺脩多羅了義經略疏卷下二之上

唐終南山草堂寺沙門宗密述

次後有二問答。而並除障。初淨業章除我入覺。後普覺章依師離病。此皆難行中障故開。大科初中難約計執淺深。說有四相差別。然作是我見故。經文除別列四名之外。節節皆有我字。若除此我。便是圓覺。故云入覺。文四。初正之初

於是淨諸業障菩薩。在大衆中。即從座起。頂禮佛足。右繞三帀。長跪叉手。而白佛言陳辭同上。一句中二。一慶前大悲世尊。為我等輩。廣說如是不思議事總明觀行。二向稱理而脩。略可領解。令於一味之中。廣張諸輪。展轉差別。差別不乖一味。尤為難見。故不思議一切如來因地行相所達成叠文殊之問令諸大衆得未曾有。觀見調御歷恒沙劫。勤苦境界。一切功用。猶如一念。我等菩薩深自慶慰悟因行也。夫果德稱真。約理可思。因行治染。體解是難。今一念信知。炳然齊現。如琉璃瓶盛多芥子。故深慶矣。二問復又三。一正問世尊。若此覺心本性清淨。因何染汙。使諸衆生迷悶不入此中問意。不說本來都遠。意明已知覺性圓明。諸法清淨。何得凡心宛在。不合覺源。所作所為。情猶憎愛。自他全別。難自渾融。比對業人。天地之遠。覺心本淨。悟即應同。文有何法。衆何令義用心異佛。故云因何違闕不入。二請後惟願如來廣為我等開悟法性法性者。諸法之性。若直談本體。則名覺性。若推窮差別之法。皆無自體。同於一性。即名法性。今推破四相。諸融諸法全同覺性。故云開悟法性。從前註文但云覺性。此段云法性。意在此矣。三結意令此大衆及末世衆生。作將來眼下三唱徵前說是語已。五體投地。如是三請。終而復始。爾時世尊。告淨諸業障菩薩言。善哉善哉。善男子。汝等乃能為諸大衆

及末世衆生。諮問如來如是方便。汝今諦聽。當為汝說。時淨諸業障菩薩。奉教歡喜。及諸大衆。默然而聽正說長行中四。一總敘過由。二別釋四相。三存我失道。四斷惑成用。初中總敘四相為過患之因由。文二。一明過患本起善男子。一切衆生。從無始來未曾悟故。故下有生當之論妄想執有無中橫計我人衆生及與壽命統惟我相。但由展轉約義。故有四名。四名復有二相。一違識境。二違智境。初者認取自體為我。計我展轉趣於餘趣為人。計我感衰盡體變異。相續為衆生。計我一報命根不斷而住為壽者。如金剛兩論所說。違智境者。即此經說。至文當知認四顛倒為實我體違真之我。謂本無有。妄我本空。執之為有。四皆橫計。故云顛倒也。二明過患遍多。文四。一展轉生妄。二違拒覺。三動息俱違。四結成障道。今初展轉者。初四句由違起惑。次二句由惑造業。次二句由業[illegible]由此便生憎愛二境[illegible]相為實我體。所以於自生愛。於他生憎。順我者愛。違我者憎。如是憎愛。皆由執我。故曰由此於虛妄體。重執虛妄四大五蘊。違性妄生。衆緣假合。已是虛妄。更於其上重執我人。故云爾也二妄相依。生妄業道由前二妄。故生起違作種種妄業。業能引至苦樂之果。故名為道有妄業故。妄見流轉業成即受生死流轉。是所至之果厭流轉者三界不安。皆如火宅。趣寂斷惑息緣妄見涅槃然上十句。總當二乘宗中[illegible]四諦也。謂初六句集諦。次二句苦諦。次一句道諦。後一句滅諦。二違拒覺心由此不能入清淨覺[illegible]非覺違拒諸能入者[illegible]有諸能入。非覺入故[illegible]

[illegible]入何貴於一覺。三動息俱違[illegible]是故動念集即前八句及與息念皆歸迷悶何以故由有無始本起無明為己主宰[illegible]一切衆生生無慧目[illegible]若十歲二十始盲。則眼前雖不見物。說之即識了知。若胎中無目。生來便盲。則對色之時。種種為說。終無所益。則先須金錍抉膜。然後指示是非。故涅槃經說。如盲人不識乳色。他人為說。展轉譬喻。貝。末。雪。鵠。竟不能得識其乳色身心等性皆是無明[illegible]報塵普淨。結云一切是覺。今以無明為本。故云皆是無明。前云如金為千器。器器皆金。此如土為千器。器器皆土譬如有人不自斷命若由愛故得身。斷身即違愛。如人身縱厭病苦。亦自保命。終不能斷。斷餘惑可自斷。識斷諸我。亦難斷。一切煩惱惡業皆有得者。彼令斷我。其可得乎。何以故。我能不能還斷我故。又有我故。必不覺我。如眼不自見故。必情忘想盡。與覺一體。覺是真我。則妄我本無。方名為斷。如夢身樂。至苦。夢時終不肯斷。必須覺來。合於本身。方樂夢苦。復無所斷。四結成障道是故當知指前憂涉。真從我體起憎愛已來。乃至不斷命等。此都結之。以成障道。所以云有愛我者。我與隨順對順生愛。以明我非隨順者便生憎怨對違明我起憎為憎愛心。養無明故。相續求道指上云[illegible]苦種種行門。但助無明。何成佛果。從無明皆不成就正明障道。言相續者。本從[illegible]相續不斷。將此求道。畢竟不成[illegible]

子云何我相，謂諸衆生心所證者。善男子，譬如有人百骸調適，忽忘我身，四支弦緩，攝養乖方，微加針艾，則知有我。是故證取方現我體。善男子，其心乃至證於如來，畢竟了知清淨涅槃，皆是我相。善男子，云何人相，謂諸衆生心悟證者。善男子，悟有我者，不復認我，所悟非我，悟亦如是，悟已超過一切證者，悉為人相。善男子，其心乃至圓悟涅槃，俱是我者，心存少悟，備殫證理，皆名人相。善男子，云何衆生相，謂諸衆生心自證悟所不及者。善男子，譬如有人作如是言：我是衆

生，則知彼人說衆生者，非我非彼。云何非我，我是衆生，則非是我。云何非彼，我故衆生，非彼我故。善男子，但諸衆生了證了悟，皆為我人，而我人相所不及者，存有所了，名衆生相。善男子，云何壽命相，謂諸衆生心照清淨，覺所了者，一切業智所不自見，猶如命根。善男子，若心照見一切覺者，皆為塵垢，覺所覺者不離塵故，如湯銷冰，無別有冰，知冰銷者，存我覺我，亦復如是。善男子，末世衆生不了四相，雖經多劫勤苦修道，但名有為，終不能成一切聖果。

是故名為正法末世。何以故？認一切我為涅槃故，有證有悟名成就故。譬如有人認賊為子，其家財寶終不成就。何以故？有我愛者亦愛涅槃，伏我愛根為涅槃相；有憎我者亦憎生死，不知愛者真生死故，別憎生死，名不解脫。云何當知法不解脫？善男子，彼末世衆生習菩提者，以己微證為自清淨，由未能盡我相根本。若復有人

讚歎彼法即生歡喜便欲濟度若復誹謗彼
所得者便生瞋恨然世情違順虛易明唯從法門最難覺察但言為
法順從度以不知此心元是我相則知我相堅固執持因對外境
驗得內心我無間斷潛伏藏識種子也遊戲諸根曾不間
斷現行也遇境則發相續流轉通而言之謂內則外境驗得內心我執堅潛藏相續
舜悉軍散學魔衆類推且所賴耶成雖收主宰末那常侍防護守任意識謀良經營內外
委監五識之將以鎮六根之門由是賊主頻通遊戲時時偷踰感我法王往往侵擾我
觀境雖外法敵若晝伏夜行而內執無明晝夜不斷二結成障覺善男子彼
脩道者不除我相是故不能入清淨覺二說病為
法文二一正釋其非二結成障覺初中二一覈推蹤前為法悲嘆之次推窮以成說病為
法之過善男子若知我空無毀我者然聞瞋喜是我便毀
恩受不瞋用為無我故稱微云若見讚是毀人我被欺毀而不瞋者此亦是我故云若知
我空無毀我者既見有毀我者則未得我空亦應云若知我空無我說法故次云有
我說法我未斷故然毀者是讚說者是我經文於毀者言無文明過也
於說法者言有順明過也翻覆推過者下顯決斷為病故眾生壽命關人相者
取其文謂成句亦復如是則於我也二決斷善男子末世眾
生說病為法指前所推之通也即是標四相若存想名為病四是故
名為可憐愍者以病為法誠可憐愍雖勤精進增益諸
病脩行故增諸病反此而言則稽實曉帶行益實德如藥草等隨有甘著木上時是故不
滋各嘗增益若喻我相為本甘齋淨覺為本水土則喻萬行二結成障覺
能入清淨覺三將凡濫聖文二一正明相濫二結成障覺初中二一將聖同己
善男子末世眾生不了四相以如來解及所
行處為自脩行終不成就佛說了義稱理法門皆言心境本空
意業本淨凡聖不異因果皆圓就佛見之理實如此且眾生迷倒已久種習根深豈令情

解法門現用元來隨念但以分別心識解脫無礙言教詮言亦念亦無知然心是念依
不覺念不知實通證入於隨相悟之退施乎等之譯不前斷求求證故雖印言終不成
我乎藏亦云如實數他資等二鞘乙齊賢前則行高我下以則靜下濟高文二一證真智
或有眾生未得謂得未證謂證
智也則聖人實證之智身今謂得謂證者增上慢人若自知不證而言證者則根本成中
大妄語戒非以文重二驗出見情見勝進者心生嫉妬然諸聖人
邪類不定得與不得內證在心何以驗他來降未證故觀心行以驗真偽夫聖人用心他
已無二見他勝心或法教即行念人者虛若自侯證順自驗內心如此戒即證悟不虛若自
覺己衰他盛則嫉己盛他衰即喜不令深妙境但是心之所緣多諸忿之謂得謂證二
結成障覺由彼眾生顯愛之指前所謂未斷我愛是故不
者以佛無我愛凡有由我愛故次下云勝進嫉妬亦由我愛故下云見
能入清淨覺違四因嫉善男子末世眾生希望
成道無令求悟唯益多聞迷悟用道也即知先
了心心既不通解義唯多我見唯長故下云
增長我見華嚴亦云不能了自心增長一切惡等又智論云多聞無智除是不
知實相斷惑如成大因中斷終未起大勇猛一斷精通一切也斷勤未得令得勤誠
降伏煩惱一體也謂真實境所斷煩惱一切功德妙用中未斷令斷一切也障顯盡之境法也但當精勤
即下所升云貪瞋愛慢根本煩惱中三也愛無別本法貪數所攝諂曲
嫉妬小隨煩惱對境不生彼我恩愛一切寂
滅故重舉此者生死報本也結故念生則自他俱除我棄佛說是人漸次
成就仍結成因時由前說除我習見我習盡故佛用心云但得頓悟
漸悟盡我空勤斷煩惱自然漸見成習氣求善知識不墮
邪見商人入海須假導師學者修行無資善友二反擇若於所求別

生憎愛則不能入清淨覺海反明不生憎愛則入覺也偈中四頌如次全同前長行故不頌離求師也爾時世尊欲重宣此義而
說偈言
淨業汝當知一切諸眾生皆由執我愛
無始妄流轉一未除四種相不得成菩提二
愛憎生於心諂曲存諸念是故多迷悶
不能入覺城三也覺城者法身也一了心性空眾生各有欲入如恒沙德則萬行圓增故云城各有三義防外
人來三通無不通如開門引攝若能歸悟剎
故則是世界入唐國土悟覺則法法屬唐善境亦爾
先去貪瞋癡長無偽有則長法愛
不存心也斷漸次可成就因成我身本不有
憎愛何由生所依既生能依何有此人求善友
終不墮邪見
所求別生心究竟非成就四頌四初三之初依我身皆長無偽有自下依師離病者謂依善知識除去四病文又諸知識
於是普覺菩薩在大眾中即從座起頂禮佛
足右繞三帀長跪叉手而白佛言正陳中二一慶前
大悲世尊快說禪病令諸大眾得未曾有
心意蕩然獲大安隱二請後有三世尊末世眾生
去佛漸遠賢聖隱伏邪法增熾一明請問之意如人有病者偏愛菩薩大悲先哀末世賢聖隱沒正法請問況欲今後有益當來是故懸興此問決下
正堪備智就以運用有有是非縱順依師克疏障除方
四使諸眾生求何等人由前六求善知識不邪見故此請問何
識事之人是為中具指知依何等法行何等行除去何
病云何發心皆文顯相令彼群盲不墮邪見三明所為

也下三已識前作是語已五體投地如是三請終而
復始爾時世尊告普覺菩薩言善哉善哉善
男子汝等乃能諮問如來如是修行能施末
世一切衆生無畏道眼令彼衆生得成聖道
汝今諦聽當為汝說時普覺菩薩奉教歡喜
及諸大衆默然而聽正說長行中五一指示明師令事二分別四病
令離三辨事師之心四明離病之行五顯發心深廣如次答前五問然復有少相違故且
順經文今初答第一問也文一顯令識二今事二顯益令初善男子末世
衆生將發大心簡餘也求善知識正緣真也
妄知病識藥故初心使令求一者文殊發正知真識云觀近供養諸善知識是具一切智
者求為當故見與行解當真善讚般若知識經云相隨欲學當六波羅蜜事是智善知識初善因
欲修行者當求一切正知見人性不捨因也修善生起
稱無作名正知見法句經云善稱深法空無相無作無生無識因達果性名相本已來究竟
平等無業空報無然建立是名如法住究竟華際於畢竟中四空識當無為善知知於實
子經云有知數法謂當知過善真心住識識讚善境界生心化法謂境界色備性煩性不二
不住相心夫塵發界覺不見相經等亦不著聲聞緣覺境界雖現塵勞心不動
窮發界二大之心菜亦可云二正覺知在見地故者簡經外百道十年來性上相不簡見二行下不之大等
恒清淨現奉之中而不乘等華也如云淨名云雖為白衣奉持沙門清淨律行
與長子俱集之示行雖欲在家不著三界示有妻子常修梵行
相禁親通等方善子亦能俱受心不樂欲示有諸過顯示過華嚴云雖為長者居家
之相觀如善財名云入法界品同度有人過溢於教令作者亦示女身而為之說
數梵行不令衆生入不律儀或有妻子示有諸過以示律儀例別有為所作已皆非律儀
曾年真數此乃不得承非清淨修行甚深故說
說見下數乃賈同人自遠大論為說偈言
行爲故隸現實通常須讀歎真實梵行但為非梵論以覺同
事故

可依圓覺所依法故此法離四病一切法皆悉圓滿依之修作之為最上方便故
求如是人即得成就阿耨多羅三藐三菩提
云眾觀行之人不難不起分別求人不得法而實益也實如經云不拒之而不求
若人不依大乘經典不見於人不得真善之道但求邪正則為福田
出土正則先身外之事文二一擧正勝一令事之中二一二正勝令
生見如是人應當供養不惜身命
為法故數因大眾來四高會法事次觀親敬事師乃至何況破
佛甚若知識緣三承來進道不恐以數其事敬事如是身如害殺身
彼善知識四威儀中常現清淨乃至示現種種過患心無
憍慢
禪已諸莫道如此善求文此藥諸徒呼多錯然不多弟子之心意功養如所說云云其得得人從修持
不不智用起念故與以不不其人悉照為師之道種於世與其起念如經者慾
師得得以人不其敗不計其如念為於菩薩行也有不求益其也
不想心於不其不善成念無何種說莫之道見實於世
煩惱正法門明行前菩薩不化云順故依世間諸有得
若其法不達見其實相行行覺疑作勝解行所現
觀想行使生無滿願不生死論及與法依世
前行來顯故善前不行念莫意夢何善盡
況復搏財妻子眷屬若善男子於彼善友不起惡念即能究竟成就正覺心華發明照十方刹
之增病法無稱惡作法治以解
樂可外以之信雖俱
財財婦有藥身外之事
二發之正心財顯諸惡故觀
悉財夫念無覺自在慢善覺
以善慢正念自心具故華之
法法慢念善心法善
離四病云何四病善男子彼善知識所證妙法應
一所依實可圓覺法故正以相修行圓覺之故文所依有二病
皆名曰病者此病皆不一心此病即無二者
為有所作皆由心故不言自當
有人作如是言我於本心作種種行欲求圓
作一者作病若復
者作病一也是心造作言意作二以前別有後文云
有人作如是言我於本心作種種行欲求圓
覺彼圓覺性非作得故
說名為病
作行攝入故任運故等名身供等等念當說為息不作諸行起有作心見不成淨覺依故著出生作苦不求
覺性相妄念處非作不可作心即合覺心不覺時自起合心覺性覺非作行悟真實見

妄無諸妄已即所作相隨以為病者此但說名為病以下諸法即是聖凡妄念
不隨順明法不起妄心善作皆但得自性方便故
二者任病若復有人作如是言我等今者不斷生死不求涅槃涅槃生死無
起滅念任彼一切隨諸法性
作如是言我等今者不斷生死不求涅槃生死無起
此不求言無任是任病云何
彼圓覺性非任有故說名為病
人作亦從他任運隨任他流真覺
云妄好作之事非即不修但真心任覺
作事皆從圓覺真心即與知覺
欲求圓覺彼圓覺性非任有故
三者止病若復有人作如是言我今自心永息諸念得一切性寂然平等欲求圓覺彼圓覺性非止合故
說名為病
止息真覺性悉由自息
何解
止宜合之性即非妄念為病

[illegible]說名為病。[illegible]四者滅病。[illegible]若復有人作如是言：我今永斷一切煩惱，身心畢竟空無所有，何況根塵虛妄境界，[illegible]一切永寂，欲求圓覺。[illegible]彼圓覺性非寂相故，[illegible]說名為病。[illegible]離四病者，則知清淨。[illegible]作是觀者，名為正觀；[illegible]若他觀者，名為邪觀。[illegible]

[illegible]善男子！末世眾生欲修行者，應當盡命供養善友，事善知識。[illegible]彼善知識欲來親近，應斷憍慢；[illegible]若復遠離，應斷瞋恨。[illegible]現逆順境，猶如虛空；[illegible]了知身心畢竟平等，與諸眾生同體無異。[illegible]如此修行，方入圓覺。[illegible]善男子！末世眾生不得成道，由有無始自他憎愛一切種子，故未解脫。[illegible]

[illegible]若復有人觀彼怨家如己父母，心無有二，即除諸病。[illegible]於諸法中自他憎愛，亦復如是。[illegible]善男子！末世眾生欲求圓覺，應當發心作如是言：[illegible]盡於虛空一切眾生，[illegible]我皆令入究竟圓覺，於圓覺中無取覺者，[illegible]除彼我人一切諸相。[illegible]如是發心，不墮邪見。[illegible]爾時世尊欲重宣此義而說偈言：

普覺汝當知，末世諸眾生，
欲求善知識，應當求正見，
心遠二乘者。法中除四病，

謂作止任滅（也二）親近無憍慢　遠離無瞋恨　見種種境界　心當生希有　還如佛出世（三也長行違已同　凡以乃故師如佛）不犯非律儀　戒根永清淨（以也六但詺若能三治以所治惜受又犯戒因云　末所戒亦違成治故也不化及永淨也）度一切衆生　究竟入圓覺　無彼我人相　當依正智慧　便得超邪見　證覺般涅槃（五十三）（王也此句長無一以有蔽證衆之義皆科下佛　由現文以釋後以道問場處加之行下根帝加　得道之文行前諸於場加賛志下帝諸　功用行以法法則所問障須行入道場自證者謂　緣修解所求所得功為用心名斯須入道場備加剋　修前三境勝將得則有大期問彼行之法先是　備之方便有異倫大攝設故衆聞行已結問　云若在御藏故菩薩施衆子故知剖先其表一　些己然後成道場儀式故知剖見已　初三之釋白）於是圓覺菩薩（四初三之白）在大衆中即從座起頂禮佛足右繞三匝長跪叉手而白佛言（一正陳中二奏前）大悲世尊為我等輩廣說淨覺種種方便令末世衆生有大增益（也解二之請打）世尊我等今者已得開悟（之謂文廣首）若佛滅後末世衆生未得悟者云何安居修此圓覺清淨境界（問道下衆正請云　場也所為之文也）此圓覺中三種淨觀以何為首（行問）加惟願大悲為諸大衆及末世衆生施大饒益（三然請下咨徵前）作是語已五體投地如是三請終而復始爾時世尊告圓覺菩薩言善哉善哉善男子汝等乃能問於如來如是方便以大饒益施諸衆生汝今諦聽當為汝說時圓覺菩薩奉教歡喜及諸大衆默

然而聽（二正答長行初中二一基道場　加行中二一點前場）善男子一切衆生若佛住世若佛滅後若法末時（法法像正　不也有諸）有諸衆生具大乘性信佛祕密大圓覺心欲修行者（初聞有所心當發）若在伽藍安處徒衆有緣事故隨分思察（上菩提心已當　指前即法門空觀　初謂圓覺菩薩不淨及三門雜靜施為）如我已說（也禪詺）若復無有他事因緣即建道場當立期限（作中有謂思分別益廣　三度業報二言隨學法門隨其開戰分　限名三為分二明三廣文取三　縮通道場初期見解未圓　限隨內備行三識耶證今之初即頭）若立長期百二十日中期百日下期八十日（如法華志官事當行之類　善薩意身前立刑遠等　以期聖果則須王三建道場見志自加功　無多勝利有漏情事生非可得王業體身行長以功　名故過他事末疾而如步對功行末為他國　勇利三期者遍則情生疾暴步到功行末圖）安置淨居（二一明修二事一期中有觀真　上期修行等上事故知佛何　量約根有期心縊由此境一處修行若是初心　三障三期外何現期遂行禮或大日現所根　期根內作用情現在前觀對設有數後之中　一不明初無一心及白正得下明安之法　明心一明不觀化知外境界　二明一切知）若佛現在當正思惟若復滅後施設形像心存目想生正憶念還同如來常住之日（五十）懸諸幡華經三七日（想是云事行也懷像之象觀懺已設於像誦觀前入心者引身在是也方下設法下攝正有則一明法八正六隨上一事二七日　正知法云經三七日　觀像其如現前身觀作不顯真佛無三念心外現佛行彼即無明作則行等法心佛教像悉在作作前從之無理大師觀是苦懺觀去我亦懺　禮佛即於名聲行及像隨大觀之文見十方佛儀法式皆須諸文懸行讚一無也真中而於有起願說　法五佛八六隨文中二二者之經云明下日父所明父表于目于起方其一佛誦法禮真法　禮經五禮佛懺悔然無法說持非三七日在夢在二之佛不）

（故教禮中由所觀等然後四禮故懺行當前所觀　空教是一佛觀性禮行無觀修消　三禮法禮一五持事不分三懺空四觀真理空法中觀一謂如得禮事　謂觀真真觀分懸入障故有見佛六觀是法也觀十六法　是何苦勝者有覺為佛則觀真性三無為禮七陳五空　懺言是是法得心名一中禮五中門觀之佛往中不）稽首十方諸佛名字（意禮恭禮身發言諸佛　見前後陳二苦修懺悔恭禮　懺覺懺悔者所以稽首諸佛之名懺禮能禮依名禮　禮他佛非佛法之文二見法身一形外心事　等三門四寶禮有名稱宣說　前首無無六佛法門三念禮　身口意相是心而有已　佛身口心見佛三藏一陳佛經緣實念佛名字一色不　心佛見身佛口身心淨得一切如實外身心身　相等一如見心名字不身外生身不　心得佛見是身相外實名不生相）求哀懺悔（善紫敷發改念菲觀三討諦口　約發懺往中相是諦空佛空教　責身者情攝隨一色從觀禮　心口須來相觀直體禮無　三業知者門佛見起真所　障造覆所中不本用諦觀　俱一精懺且取覺故佛等　懺切起法觀具當真真六入然　若業由不著六弟并性中法後　就受由出懺懺三昧故觀之四　所緒無業名摩弟滅七禮性禮　作若始業陳以五然則事故皆　希性不能露六持無三一五居　業懺覺等先悔也寄觀真故觀　慈有起三罪罪餘故一諦觀行　業二貪障悔善在今二佛經消　惡意瞋今名別下經禮不俗事）遇善境界（一業依教作法懺之性罪　後有性罪遮罪二進一罪事　所懺如經可起如行行罪　心上觀知起淨行進名有罪　作罪名菩外光邪若應明神　）得心輕安（二果名依性像作　即故不不知相取事觀內相名名）過三七日一向攝念（五十）（皆實所清境意文作是名有罪　處謂心受界與云聖如經二進　宜以入壅實心屬處念畫前　者念論訖云勝　相未關安等可隨或在二須後　為名二知相取事觀內理處有　緣會明神應若邪先外行行性　相緣解真名天故明等如起罪　既入相氣善台下不餘淨行遠）若經夏首三月安居當為清淨菩薩止住（十五）（若食外所佛居　禪即境之文　上當界以像三二一　者來念明標　於住與遇異　靜於經夏譬　處正皆殷安間然餘　場正念以動　坐正念禮空　正意者懷而　乃當等又　至知除安方　心心唯衆　無心菩現之　入安衆中人　律即非由居　則以因是　乘大疑破　發菩薩　如小諸薩　作來無或　道念遠失持　場念故菩　或夏故次薩　在滿爲空成　伽藍諸毘尼是　彼明尼　於心爲經　道嶽皆言）

心離聲聞大小不同次即下說不假徒眾不必六和至安居日即於佛前作如是言言臣下也二正陳辭句我比丘梵語比以含三義故存梵不譯一怖魔二乞士三淨戒比丘尼尼女也女比丘優婆塞優婆夷此云近事男近事女以親近比丘此上承事故事三受五戒之士女也小乘二眾大乘道俗俱句其甲名備其名踞菩薩乘修寂滅行同入清淨實相住持[illegible]以大圓覺為我伽藍[illegible]身[illegible]心安居[illegible]平等性智[illegible]涅槃自性無繫屬故為簡二乘計有方處今順法性故無所係今我敬請不依聲聞當與十方如來及大菩薩三月安居為修菩薩無上妙覺大因緣故不繫徒眾[illegible]善男子此名菩薩示現安居過三期日隨往無礙[illegible]善男子若彼末世修行眾生求菩薩道入三期者非彼所聞一切境界終不可取[illegible]

[illegible]善男子若諸眾生修奢摩他先取至靜不起思念[illegible]靜極便覺[illegible]如是初靜從於一身至一世界覺亦如是[illegible]石十[illegible]善男子若覺遍滿一世界者一世界中有一眾生起一念者皆悉能知[illegible]百千世界亦復如是[illegible]非彼所聞一切境界終不可取[illegible]善男子若諸眾生修三摩鉢提先當憶想十方如來十方世界一切菩薩依種種門漸次修行勤苦三昧[illegible]廣發大願自熏成種[illegible]非彼所聞一切境界終不可取[illegible]善男子若諸眾生修於禪那先取數門[illegible]

[illegible]心中了知生住滅念分齊頭數[illegible]如是周遍四威儀中分別念數無不了知[illegible]漸次增進乃至得知百千世界一滴之雨猶如目睹所受用物[illegible]非彼所聞一切境界終不可取[illegible]是名三觀初首方便[illegible]若諸眾生遍修三種勤行精進即名如來出現于世[illegible]

[illegible]

若後末世鈍根眾生，心欲求道不得成就，[illegible]由昔業障，當勤懺悔。常起希望，先斷憎愛嫉妒諂曲，求勝上心。[illegible]三種淨觀隨學一事，此觀不得，復習彼觀，心不放捨，漸次求證。[illegible]

爾時世尊欲重宣此義而說偈言：

圓覺汝當知，一切諸眾生，欲求無上道，先當結三期，[illegible]懺悔無始業，經於三七日。

五十

然後正思惟，[illegible]非彼所聞境，畢竟不可取。[illegible]

十八

奢摩他至靜，三摩正憶持，禪那明數門，是名三淨觀。[illegible]若能勤修習，是名佛出世。[illegible]鈍根未成者，常當勤心懺，無始一切罪，諸障若消滅，佛境便現前。[illegible]

[illegible]

於是賢善首菩薩在大眾中，即從座起，頂禮佛足，右繞三匝，長跪叉手而白佛言：[illegible]大悲世尊，廣為我等及末世眾生，開悟如是不思議事。[illegible]世尊，此大乘教[illegible]名字何等？[illegible]云何奉持？[illegible]眾生修習，得何功德？[illegible]云何使我護持經人，[illegible]流布此教，至於何地？[illegible]作是語已，五體投地，如是三請，終而復始。

十九

爾時世尊告賢善首菩薩言：善哉善哉，善男子，汝等乃能為諸菩薩及末世眾生，問於如來如是經教功德名字。

五十

汝今諦聽，當為汝說。時賢善首菩薩奉教歡喜，及諸大眾默然而聽。[illegible]善男子，是經百千萬億恒河沙諸佛所說，[illegible]三世如來之所守護，[illegible]

[illegible]十方菩薩之所歸依，[illegible]十二部經清淨眼目。[illegible]是經名大方廣圓覺陀羅尼，亦名修多羅了義，[illegible]亦名祕密王三昧，[illegible]亦名如來決定境界，[illegible]亦名如來藏自性差別，[illegible]汝當奉持。[illegible]

善男子，是經唯顯如來境界，唯佛如來能盡宣說。[illegible]若諸菩薩及末世眾生依此修行，[illegible]漸次增進，至於佛地。[illegible]

善男子，是經名為頓教大乘，頓機眾生從此開悟，亦攝漸修一切群品。[illegible]譬如大海不讓小流，[illegible]乃至蚊虻及阿修羅飲其水者，皆得充滿。[illegible]

[illegible]善男子。假使有人[illegible]七寶積滿三千大千世界，以用布施，[illegible]不如有人聞此經名及一句義。[illegible]善男子。假使有人教百恒河沙衆生得阿羅漢果，[illegible]不如有人宣說此經分別半偈。[illegible]善男子，若復有人聞此經名，信心不惑，[illegible]當知是人非於一佛二佛種諸福慧，[illegible]如是乃至盡恒河沙一切佛所種諸善根，聞此經教。[illegible]汝善男子，當護末世是脩行者，無令惡魔及諸外道惱其身心，令生退屈。[illegible]

爾時會中有火首[illegible]金剛、摧碎金剛、尼藍婆[illegible]金剛等八萬金剛，并其眷屬，即從座起，頂禮佛足，右繞三帀，而白佛言：世尊，若後末世一切衆生有能持此決定大乘，我當守護，如護眼目，乃至道場所脩行處，我等金剛自領徒衆，晨夕守護，令不退轉。[illegible]其家乃至永無災障，疫病銷滅，財寶豐足，[illegible]常不乏少。[illegible]

爾時大梵王、二十八天王并須弥山王、護國天王等，[illegible]即從座起，頂禮佛足，右繞三帀，而白佛言：世尊，我亦守護是持經者，常令安隱，心不退轉。[illegible]

爾時有大力鬼王名吉槃茶，[illegible]與十萬鬼王，[illegible]即從座起，頂禮佛足，右繞三帀，而白佛言：我亦守護是持經人，朝夕侍衛，令不退屈。[illegible]其人所居一由旬内，[illegible]若有鬼神侵其境界，我當使其碎如微塵。[illegible]

佛說此經已，一切菩薩、天龍鬼神、八部眷屬及諸天王、梵王等一切大衆，聞佛所說，皆大歡喜，信受奉行。[illegible]

大方廣圓覺脩多羅了義經略疏卷下之二

[illegible]

圭峰定慧禪師遥禀清涼國師書

宗密慶以天幸竊稟和尚華嚴䟽文雖乖禮足且解生焉宗密恨以累有事故不獲早赴起居下情伏增惶懼既未攀目敢自陳心若不粗述本緣盜表誠素欲書實語恐塵瀆視聽進退無已伏惟照恕幸甚宗密本巴江一賤士志好道而不好藝縱游藝而必欲根乎道自齠年洎務冠雖則詩書是業每覺無歸而復傍求釋宗薄似有寄决知業緣之報如影響應乎形聲遂止葷茹考經論親禪德狎名僧莊居屢置法筵素服濫嘗覆講但以學虧極教悟匪圓宗不造心源惑情宛在後遇遂州大雲寺圓和尚法門即荷澤之裔也言下相契師資道合一心皎如萬德斯備既知世業事藝本不相關方始落髮披緇服勤敬事習氣損之又損覺智百鍊百精然於身心因果猶懷漠漠色空之理未即於心遂屢咨參方蒙授與終南大師華嚴法界觀門佛法寶藏從此頓彰同志四人琢磨數載一句中理論則通宵未休一事中義旨則塵沙莫算達水常濕寧疑波湛之殊悟鏡恒明不驚影像之變淨剎穢土非壞非成諸佛衆生何起何滅由是念包三世同時互促互延塵與十方全體相即相入多生謬計反覆枉受於沉淪今日正觀始覺元同于大用然後所顯境界離情則隨照分明能詮大經配文則難為通會章句浩博因果重疊理雖一味勢變多端差別義門罔盡血脉不知科段意莫連環縱使歷諸講場不添已悟名相繁雜難契自心宗密謂言章䟽例只如斯遂休心傳教適志遊方但以終南觀門為助緣以離情順智為自力照融通法界而棲托指事理懸說為利他以夢幻身心游影像世界神冥妙境智歷義門跋涉江山至于襄漢於恢覺寺遇靈峰闍黎即和尚門下一哲人也寢疾數月漸至羸極相見三日纔通其情願以同聲之分經及䟽鈔悉蒙授與議論未周奄然遷逝斯則夙緣法會忍死待來若見若聞無不嘆訝宗密渴逢甘露貧遇摩尼騰躍之心手捧而舞遂於此山返關絶迹忘飡輟寢夙夜披尋以䟽通經以鈔釋䟽尋文而性離照理而情忘偶之于心會之于教窮本究末宗途皎如一生餘疑蕩如瑕翳皆所習義於此大通外境內心豁然無隔誠所謂太陽升而六合朗耀巨海湛而萬象昭彰妙德妙智而頓開普賢普行而齊現五周四分一部之綱在網六相十玄三乘之流會海義則色空同於中道教則權實融於圓宗理則體用即殊而性相宛然智則凡聖混同而因果不壞顯隨緣而不變弘經則理趣周圓指幻而識真備觀則禪心曠蕩使九會經文無不契心由斯可謂契經矣使一真心地無不印經由斯可謂心印矣是知執三藏文者誠為失道局一性義者猶未圓通想夫斯流固宜絶分聲聞聾瞽諒不虛哉宗密未遇䟽前每覽古今著述在理或當所恨不知和會禪宗天台多約止觀美則美矣且義勢展轉滋蔓不直示衆生自心行相雖分明入處猶歷漸次豈如問明釋文殊偈印靈知而心識頓袪懸談開分齊章顯真空而相用繁起

不異性故事事融通通而互收故重重無盡
悟此則全同佛果方是圓因隨緣造脩無非
稱體開頓漸禪要可以此為楷模傳權實教
門可以此為軌範藥得雪山善見群疾俱消
寶獲滄海摩尼千弥隨念況懸文卷半諸義
盡包備覈源流徧窮名體然後融成本部全
揀全收茍能精之已領百家之文義少功多
獲要在茲焉凡曰釋流孰不可習宗密夙生
多幸同種善根遇如是經逢如是疏頃於王
饍未敢即飡今得明文印決心意忝然擔願
生生盡命弘闡當時便被僧尼徒衆因請賛
揚務自温習課虛順命但依文配讀而已詎
足以發明於人為顯圓宗多驚撫掌爰有宿
機堅種聞即稟承從始洎終可數十人誓願
脩學盡茲疏文玄妙傳之不虛豈以微才能
滄　二九
感如是襄陽講罷暫往東都禮祖師塔便擬
馳赴拜覲蓋緣夏逼且止永穆寺襄陽徒衆
迦邀訪尋再邀第二遍講復聞茲經遂允衆
請許終懸疏却赴上都今月七日纔畢聽徒
忝恭遂斷一臂云自慶所逢之法玄妙難思

用表懇誠厥願脩學此迴和尚道威德洽教
令將行門下宗枝有斯精苦伊且割截支體
傷斷筋骨都無痛惱神色宛然自初至今身
心仍舊若道若俗無不異之觀智之功感應
昭著時臺省詢驗事迹分明留守崇敬大經
已申中書門下據伊本意豈畫願揚然發起
門亦藉旌表沿伊手瘡未愈官司牒寺委令
將養未便遊行以此禮覲轉見遲違下情無
任伏增惶懼謹差聽徒僧玄珪智輝先具申
述宗密才微語拙領悟難陳伏乞慈悲特賜
攝受幸甚不備學徒宗密惶恐百拜上
華嚴疏主清涼國師大和尚
　唐元和六年辛卯歲九月十三日在東
　都上
清涼國師誨荅
十月十二日玄珪智輝至得汝書遥伸師敬
備述行迹領大教之玄趣說傳賛事誠感懷
然心納矣吾自傳揚或面言心授或展轉分
照盈于異域然仲尼傾蓋伯牙輟絃亦藉形
聲矣不面而傳得旨繫表意猶吾心未知有

也非憑聖力必藉夙因當自慰爾轉輪真子
可以喻也泰恭斷臂重法情至加其懷禱然
半偈忘軀一句投火教有文矣意存身外有
重法之寶爾宜誡之後學勿使傚之當斷其
情慮勿斷其形骸當斷其妄心無斷其肢分
則淺識異學安其所不驚視茍俗無髮膚之
治五　三十
誠則玄化不廣而自博矣汝當篤志幽趣儻
得一面印所懸解復何嘉焉如忽緣阻但當
心契玄極豈山河形聲所能隔哉勉之不多
云老僧澄觀付
宗密法子收
十月二十三日學徒宗密栽書再拜
本講華嚴疏主玄珪智輝迴伏奉誨示納所
微悟許厠法席頂戴奉持不任忻懼多慚陋
質未効勤勞空呈寸心坐蒙收采自驚僥倖
喜極成悲伏蒙慈願弘深降斯過分一經印
決頓覺光輝學流進功時華增仰幸甚宗密
便欲奔赴給侍緣泰恭臂瘡未愈慎風不敢
冐路再三涕泣願侍隨行念伊迹苦不忍棄
遺伏惟照察不備學徒宗密再拜上

本講華嚴疏主

大方廣圓覺脩多羅了義經畧疏卷下二

大方廣圓覺修多羅了義經略疏卷下之二

校勘記

一 底本，明萬曆年間重刊南藏本。
一 一七六頁上一行「卷下之二」，徑、清作「卷下二」。卷末同。
一 一七六頁上二行「草堂寺」，徑作「草堂」。
一 一七六頁上二二行「説是」，清作「作是」。
一 一七六頁中一二行小字右「二句」，徑作「一句」。
一 一七六頁中一三行小字左第三字「逆」，徑、清作「違」。
一 一七六頁下三行小字「故何」，徑、清作「何故」。
一 一七七頁中二一行小字右末字「前」，徑、清作「喻」。
一 一七七頁下一二行小字左「三證」，清作「三取證云」。
一 一七七頁下一三行小字左「憎愛」，清作「四憎喧愛寂」。
一 一七七頁下二〇行小字右第四字「云」，徑、清作「知」。
一 一七八頁中二二行小字左首字「仍」，徑作「乃」。
一 一七八頁下八行小字右第二字「一」，徑、清作「二」。
一 一七九頁上二二行小字右第二字「爲」，徑作「有」。
一 一七九頁中一二行小字左第四字「莫」，徑、清作「其」。
一 一七九頁中一九行小字左末字「含」，徑作「會」。
一 一七九頁下七行小字左「方便」，徑、清作「及便」。
一 一七九頁下一五行小字右第三字「云」，清作「去」。
一 一七九頁下二三行小字左第九字「澄」，清作「證」。
一 一八〇頁中七行小字右第一二字「問」，徑作「聞」。
一 一八〇頁中一〇行小字右「梯磴」，徑作「梯蹬」。又「藥刀」，徑作「藥方」；清作「藥力」。

一八一頁中八行小字左第一一字「證」，徑作「正」。

一八一頁下八行小字左第四字「直」，徑作「真」。

一八一頁下一九行小字右第三字「止」，徑作「正」。

一八二頁上二行小字左末字「句」，徑無。

一八二頁上一一行小字右第六字「比」，清作「此」。

一八二頁上一七行小字右第一二字「戒」，徑、清作「成」。

一八二頁上一八行小字右末字「悟」，徑、清作「八」。又本行左末字「無」，徑、清作「云」。

一八二頁上末行小字右第一二字「而」，徑作「前」。

一八二頁中二行小字右「偏脩」，徑作「偏脩」。

一八二頁下一三行小字右「淨心」，徑、清作「淨身」。

一八三頁下九行小字左第四字「人」，徑、清作「又」。

一八三頁下一六行小字右第八字「智」，徑、清作「知」。

一八四頁中九行小字右首字「主」，徑作「王」。

一八四頁下三行後，清有唐宗密與澄觀來往書函三件，兹附録於卷末。

大方廣圓覺經略鈔序

吳門傳教賜紫明義大師　思齊述

備身者何戒律而已矣馭心者何圓覺而已矣始嚴戒律終顯圓覺并是二者予猥受於先淨慧大師（其諱善政）門焉姑以所聞從事兼講指歸途於晚歲樂圓覺爲要說其祖演章句即圭峯定慧禪師畧疏二卷畧鈔六卷疏以通經鈔以通疏探賾而索隱辭簡而義博則備之裴相國序道圓師是流至于今今之駕說者莫不以茲鈔爲司南乎思齊懵昧幸敷斯教常懼聖言紛於水鵠切慮傳者駭於魯魚因與武林法師仲希諮度衆本訪對輿典循尊古畢今之致竊及史闕文之旨約定元鈔將事刊勒門人子章力模方板僶俛揮振庸詎是非非也不削則削是也乃本其本後將斯文而覺世者無以不繼志而罪我乎如志我者則庶幾乎如來圓覺耀無窮矣圭峯章句道無極矣時

皇宋康定二年辛巳歲杓建鶉咮月望日謹

序

圓覺經畧疏之鈔卷第一

圭峯蘭若沙門　宗密　於大鈔畧出

將釋畧疏二卷文二初題目二一標總題二一顯述者二本文三一總敘大綱三一顯理二一示覺之心體二一辨其要二一約果德標指心源二一舉類疏元亨等者且舉周易乾卦之德而爲類也然此國之俗所宗者羣典極於周易萬物極於乾道（世之萬物莫過於天地就中天統於地天尊地卑乾道是天故取爲類也）取則在於儒流故舉儒學所知之道以類至覺之理令其曉矣既移儒士之風自偃群庶之草餘喻瑣碎難類真法首標乾德其在茲焉然元亨利貞既是乾之四德今欲顯四德且先顯乾道乾者卦之名即周易最初之卦也☰（乾卦如此萬物皆始於乾故爲首也）（故繫辭云乾知太始坤作成物）謂之卦者易緯云卦者掛也言懸掛物以示於人故謂之卦但二畫之體雖象陰陽之氣未成萬物之象不得成卦必三畫以象三才寫天地雷風水火山澤之象方謂之卦故繫辭云八卦成列象在其中是也但初有三畫於萬物變通未盡故更重之而有六畫備萬物之形象窮天地之能事故六畫成卦此乾之卦本以象天天乃積諸陽氣而成故此卦六爻皆是陽畫（一長爲陽畫二短相對爲陰畫）此既象天不謂之天而謂之乾者天是定體之名乾是體用之稱（即體之用）故說卦云乾者健也言天之體以健爲用聖人作易本以教人欲使人法天之用不法天之體故名乾不名天也天以乾爲用者運行不息應化無窮此天之自然之理故聖人當法此自然而施人事亦當應物成務云爲不已終日乾乾無時懈倦是以因天象以教人事故大象曰（天以純剛故有健用今畫純陽之卦以比擬之故謂之象）天行健（行者運動之稱健者強壯之名天之自然象也萬物壯健皆有衰危唯天日行一度謂天體之行晝夜不息周而復始無時虧退劉表云然則天是體名乾是用名健是其訓）君子以自強不息（用卦象自勉勵不可止息故云健也）文言云（夫子作文言以釋周易正

經也。此下釋乾字云：乾始能以美利利天下，不言所利，大矣哉。又云：大哉乾乎，剛健中正，純粹精也。以其居尊，故在諸卦之首，為易理之初矣。釋乾字竟。元亨利貞者，文王卦辭。乾之功能，運用雖多，統唯四德，故取之也。子夏傳云：元，始；亨，通；利，和；貞，正也。言此卦之德，有純陽之性，自然能以陽氣始生萬物而得亨通，能使物性和諧，各有其利，又能使物堅固貞正，故謂之四德。言聖人亦當法此卦而行善道，以長萬物而為元也；又當以嘉美之事會合萬物，令使開通而為亨也；又當以義協和萬物，使各得其理而為利也；又當貞固幹事，使物各得其正而為貞也。是以聖人法乾而行此四德，故曰元亨利貞也。文言曰：此下論乾之四德。但乾之為體，是天之用，天地運化，自然而爾，因無而生有也。天本無心，豈故造元亨利貞之名？但聖人以事托之，謂此自然之功為天之四德，垂教於下，使後世人君法天之所為，故立四德以設教也。元者善之長也。莊子云：天之元德始生萬物，善之大者莫大施生，如父母之恩最重，良由能生此身故。故幸其恩不報者，五刑之屬三千，而罪莫大於不孝；若報者，孝順之福亦世最大，故古來至孝皆德感天動地。即知能生人命，世之上上善，故佛教云：造千箇彿圖，不如活一人命。然萬物雖各有所生之處，展轉推窮，至於最初，是乾陽為始生之本，故乾於此得名為元，即知元者善之長也。

亨者嘉之會也。天能通暢萬物，使之會聚，故云爾也。利者義之和也。天能利益庶品，各得其宜而和同也。貞者事之幹也。天能以中正之氣成就萬物，各得幹濟。莊氏之意，以是四句明天之德，元是物始，於時配春；亨是通暢，於時配夏；利為和義，於時配秋，秋既物成，各合共宜；貞為幹濟，於時配冬，物成收藏，事皆幹了。於五行之氣，唯少於土，土則分王四氣，四氣運行，非土不載故也。四氣即四時矣。自此已下，明人之法天行此四德。君子體仁仁春故足以長人。體包仁道，泥愛旋生，足以尊長於人，此法天之元德。嘉會足以合禮，利物足以和義，皆可準知。貞固足以幹事，真正堅固，令物得成，使事皆幹濟。君子行此四德者，元仁、亨禮、利義、貞信為四德，不倫智者，行此四事並須智故。又乾鑿度云：水土二行皆兼信智。故曰乾元亨利貞。結文王作易云乾元等之言也。欲使君子法之，然行四德則與天同功，非聖人不可，而云君子者，使諸侯公卿等皆悉行之，但聖人行之能建至極，餘各量力而為多少，各有其分。但乾卦象天，故以此四德皆為天德，但陰陽合會，二象相成，皆能有德，非獨乾之一卦，是以諸卦之中亦有四德，但餘卦四德皆劣於乾，故其中各有餘雜，如坤卦云坤元亨利北馬之貞，乾卦直云四德，更無所言，欲見乾之四德無所不包矣。然令以乾喻佛者，乾既是動用不息之義，是陽氣之精粹，不同陰體凝靜；亦如佛是覺者，是菩提之智，不同涅槃凝寂之體。以元亨利貞喻常樂我淨者，然乾陽功用雖廣多無畔，利天下萬物，而實體之德唯此四，故具五常故。五常者，仁義禮智信也。元者是仁，亨者是禮，利者是義，貞者是信，四德總名為智，如上所配。既具五常，則攝盡儒宗。具五行故。元木、亨火、利金、貞水也，土王四時，故總合四德，既具五行，則攝盡陰陽術數休咎等。具四時故。攝一周天也，亦如上配。佛德亦爾，雖無量無邊，實體之德亦唯有四。由此四故，迥超凡夫外道二乘境界，廣如下釋。又乾是總名，元等是別，別德之外無別乾體，佛與四德例此亦然。蹤始於一氣。一氣者，推究此乾道之德所從之始，始於一氣。一氣者，道之所宗，陰陽天地之根本也。謂天道未分，陰陽未泮，未有天地人物已前，但是淳元之一氣，故易鉤命訣云：天地未分之前謂之一氣。未分陰陽之二，故云一也。淨名精疏序云：一氣崢嶸，玄黃未辨。天后華嚴序云：造化權輿之首，天道未分。於中轉有五運。運謂運數，謂時改易，取易義也。謂太易、太初、太始、太素、太極。氣象未分謂之太易，此是一氣，正取最初根本也。元氣始萌謂之太初，氣形之端謂之太始，形變有質謂之太素，質形已具謂之太極。轉變五故，故名五運。從太易轉變成四，兼本故云五運也。黃庭經云：殊途一會，歸要終。梁丘子注云：同歸一氣。是以儒道至教皆宗於一。黃庭又云：五行相推，大歸一。又云：一之為物，叵卒見。莊子

云通於一而萬事畢又云一之所起有一而
未形（郭象注云一者有之初至妙者也至妙故未有物理之形耳夫一之所起起於至一非起於無非無者玄妙之一氣也）繫辭云天下之動貞夫
一者也此等所言一者皆謂氣也（但幽玄無相故云一也故孔釋一陰一陽云虛無不可分別故云一）故老子云冲氣以爲
和（何上公云萬物中皆有元氣得以和柔）肇公云元氣含於大
象大象隱於圓形爲識物之靈靈中有神神
中有身等乾卦象曰潛龍勿用陽在下也彼
疏釋云此一文之象專明天之自然氣也又
文言云潛龍勿用陽氣潛藏此釋初九亦唯
指氣爲本故云始於一氣也（結釋疏文）疏常樂下
二正明然佛德無量今特指此四者謂其五
意一者是佛實體之德故二者對揀凡夫妄
執常等四倒翻破二乘無常等四倒故三者
是四念處觀究竟果故四者諸佛雖說無量
法門究竟爲顯此故五者如來二月在娑羅
樹四雙八隻中間而般涅槃只爲表此理故
初言實體之德者起信論云真如自體相者
一切凡夫聲聞緣覺菩薩諸佛無有增減從
本已來性自滿足一切功德所謂自體有大

智慧光明義故乃至常樂我淨義故名爲如
來藏亦名如來法身二對揀凡夫二乘者由
凡夫迷自已如來藏法身真如本來常樂我
淨故妄計五蘊常樂我淨是故佛於種種經
中令脩不淨觀苦觀無常觀無我觀以將對
治所執生死五蘊常樂我淨（此上破凡夫常等四倒訖）然
猶未顯所迷法身常樂我淨故聲聞等薰此
脩行雖各證果尚迷法身常等四德是以佛
於諸了義大乘經中廣破此見故涅槃經第
二云衆生亦爾爲諸煩惱無明所覆生顛倒
心我計無我常計無常淨計不淨樂計爲苦
以爲煩惱之所覆故雖生此想不達其義如
彼醉人於非轉處而生轉想（此上正破二乘無常等四倒）
我者即是佛義常者是法身義樂者是涅槃
義淨者是法義（正顯真實四德）汝等比丘云何言有
我想流轉生死汝等若言我亦脩習無常苦
無我等想是三種脩無有實義（畧於不淨但言三者就勝說故）
我今當說勝三脩法苦者計樂樂者計苦
是顛倒法無常計常常計無常是顛倒法無
我計我我計無我是顛倒法不淨計淨淨計

不淨是顛倒法有如是等四顛倒法是人不
知正脩諸法（此上雙結凡夫二乘四種倒也）世間亦有常樂
我淨出世亦有常樂我淨世間法者有字無
義出世法者有字有義何以故世間之法有
顛倒故不知義何等爲義無我者名爲生死
我者名爲如來無常者聲聞緣覺常者如來
法身苦者一切外道樂者即是涅槃不淨者
即有爲法淨者諸佛菩薩所有正法是名不
顛倒以不顛倒故知字知義若欲遠離四顛
倒者應知如是常樂我淨（云云）汝等當知先所
脩習無常等想非是真實譬如春時有諸人
等在大池浴失琉璃寶悉共入水求覓是寶
競捉瓦石草木沙礫各各自謂得琉璃寶歡
喜持出乃知非真是時寶珠猶在水中有一
智人以方便力安徐入水即便得珠汝等比
丘不應如是脩習無常苦無我不淨想等以
爲實義汝等應當善學方便在在處處常脩
我想常樂淨想復應當知先所脩習四法想
者悉是顛倒欲得真實脩諸想者如彼智人
巧出寶珠所謂我想常樂淨想（此上約法約喻對二乘四）

倒重顯四德此下廣聞雖佛先說無我法佛以舊醫用乳新醫斷乳後復用乳以況外道況我如來破我後說我等也後法合云汝等當知如來亦爾出世降伏邪醫外道唱言無我人衆生壽者外道言我者如蟲食木偶成字耳故佛唱言無我爲調生故爲知時故說有我者如彼良醫善知於乳非如凡夫所計吾我或言如大拇指或如芥子或如微塵如來說我悉不如是是故說言諸法無我實非無我何者是我若法是實是真是常是主是依性不變者是名爲我汝當脩習第五卷亦云又解脫者名爲不空如水酒酥蜜等瓶雖無水等猶名水酒等瓶解脫亦爾不可說空及以不空空者無二十五有及諸煩惱一切有爲如瓶無水則名爲空不空者謂真實善色常樂我淨不動不變猶如彼瓶色香味觸第七卷如來性品亦云佛告迦葉謂四倒者於非苦中生於苦想非苦者名爲如來生苦想者謂於如來無常變異捨此苦身入於涅槃（云云餘三例云世間說我無有佛性佛法有我即是佛性云云如來非雖食煩惱肉身）迦葉言我從今日始得正見自是之前我等悉名邪見之人

（撥迦葉之言即無我爲邪見有我爲正見）後又云先敎衆生脩無我者爲除世間諸妄見故計我虛妄非真實故如女人苦味塗乳令子不飲（子病服藥忌乳故也）後況乳令飲子疑不飲等（云云）我今亦說如來藏（云云）第三十七卷又云師子吼者說一切法悉無常苦無我不淨唯說如來常樂我淨（撥上所引重疊數番即知常樂我淨是諸佛究竟實德就涅槃一部前末廣辨此四文相極廣諸實教大乘亦然據涅槃是終窮極教會權歸實故偏引之）上來已釋第二意翻對兩重四倒竟三是四念處究竟果者四謂觀身不淨觀受是苦觀心無常觀法無我（此四行相在下普賢章三十七道品文中所釋有心力者檢而略說）對治計淨等四倒（此通大小乘脩）又諸法無行經云觀身畢竟空觀受內外空觀心無所有觀法但有名（智論亦同此說）對治計不淨等四倒（此唯大乘人脩）兩重四倒既遣即顯自體具真實常樂我淨故名爲如來法身（如前引起信之文也）故云究竟果矣天台云深觀念處即坐道場更不須餘機宜不同故說餘品（餘品者四正勤等）據四念處既是對治四倒與前段四觀義亦不殊但緣四念是三十七品之首脩行要門一切衆生從凡至聖通大

小乘無不脩習故天台別有四卷念處之文所以佛臨滅度遺囑弟子唯令依此而脩（遺囑之事廣在下序分中說）是以別標爲一門之意四諸佛雖說無量法門究竟爲顯此者唯識論五位中第五究竟位頌曰此即無漏界不思議（總標）善（淨也）常（常也）安樂（樂也）解脫（亦並淨也）身大牟尼名法（我也）五如來二月在娑羅樹間等者涅槃第三十卷云善男子以是因緣故我於此娑羅雙樹間大師子吼師子吼者名大涅槃善男子東方雙者破於無常獲得於常乃至北方雙者破於不淨而得於淨善男子此中衆生爲雙樹故護娑羅林不令外人取其枝葉斫截破壞我亦如是爲四法故令諸弟子護持佛法何等爲四常樂我淨此四雙樹四王典掌我爲四王護持我法是故於中而般涅槃善男子娑羅雙樹華果常茂常能利益無量衆生我亦如是常能利益聲聞緣覺華者喻我果者喻樂以是義故我於此閒娑羅雙樹入大涅槃師子吼言世尊如來何故二月涅槃善男子二月是陽春之月萬物生長華果敷

榮江河盈滿是時衆生多生常想爲破衆生如是心故說一切法俱是無常唯說如來常住不變善男子孟冬枯悴衆不愛樂陽春和液人所貪愛爲破衆生世間樂故演說常樂（結上已說之者此下例說我淨云）我淨亦爾如來爲破世我世淨故說如來真實我淨言二月者喻於如來二種法身冬不樂者智者不樂如來無常入於涅槃二月樂者喻於智者愛樂如來常樂我淨（據此即知佛二月滅良爲表常樂我淨）然兩重四倒總有八倒其四念處觀既有性相兩重治於八倒即成八行終至成佛即名八德謂法身常等四德是實德示現色身無常等四德是權德（納耶輪等現不淨也受金槍等現苦也隱八自在現無我也下生入滅現無常也）故天台云娑羅雙樹四枯四榮正表於此（枯榮之言是天台所立文在別譯經本中）謂法性之色（約大品經說）實非是淨凡夫計淨是名顛倒實非不淨小乘計不淨亦名顛倒今觀色種即空空中無淨云何染著則凡夫淨倒破枯念處成色種即假假智常淨云何滯空而取灰斷言色不淨是名二乘不淨倒破榮念處成觀色本際非空

非假非淨不淨乃名中道佛表此理故於中間而般涅槃餘三類此（觀受心法若無常無我等例之）故云常等然此真實四德既具如上諸門義理不同故顯備舉云佛之德也顯本乎一心者上所引起信論中真如四德之文是立義分中論主總立一心爲本於中有心真如心生滅二門心真如具常等四德心生滅中始本不二爲究竟覺亦是四德勝鬘等意皆然故知倒正常等並不離一心佛無邊德亦無非一心廣如華嚴經夜摩偈讚品及此疏下釋普賢章初種種幻化皆生如來圓覺妙心文中所說可檢叙之疏專一下二明脩心成其果德二一舉類乾道四德既始於一氣故道門脩鍊專於一氣道經云專氣致柔意云元氣是自然大道性本靜默柔弱故能生於動（老子云靜爲躁君）能生剛強（又云柔勝剛弱勝強）庶人不能安靜默守柔弱故乖於道不能保壽命不能成萬事不能爲人君主和於天下（故老子云彊梁者不得其死又云富貴而驕自遺其咎又云飄風不終朝又云馳騁田獵令人心發狂等）故達道之人專注其志於至靜至柔一元之氣（夫子云志於道）

合於自然大道動而行之保雌守弱綿綿不已（故老子令人爲而不恃長而不宰挫銳解紛知白守黑勿矜勿伐若拙若訥抱一爲天下式如水處衆人之所惡如嬰兒之未孩此上皆據略道經中文也儒道二教大意皆然不繁具引）功用既著而致於柔名爲成道也（脩成之時還成本道故道經云夫物芸芸各歸其根歸根曰靜靜曰復命復命曰常又云後歸於無極此如佛教中反本還源爲究竟果）道成則能保壽命成萬事子育萬物既合於乾道則各正性命保合大和乃利貞也故老子云天下之至柔馳騁天下之至堅又說當其無有其用外其身而身存終不爲大故能成其大周易謙卦中說謙如水而能下故百川歸之而成大海西昇經云柔弱莫過於氣氣之柔弱莫過於道道所以柔弱者包裹天地貫穿萬物夫柔之生剛弱之生強而天下莫能知其根本所從生者乎（根本者柔弱也）據上諸文皆云道至柔弱故今云專一氣而致柔也（專一氣是脩行而致柔爲成道故下正明云脩一心而成道以對此也但文顯耳）所言一者若論根本即是元氣以未分清濁故云一也若約脩鍊即是和氣謂胎息法綿綿若存不縱不抑絶諸造作不運心機合本元氣離太急太遲太麤

太沈等名爲和氣陰氣陽氣和通不二故云
一也故道經云冲氣以爲和（得氣和柔如骨中有髓等）又
云谷（谷養也）神不死是謂玄牝玄牝之門是謂
天地根緜緜若存用之不勤又云抱一能無
離乎（一者道始生太和之精氣也）專氣致柔（河上公注云專精氣使不
亂則形躰應物而柔順也）能如嬰兒乎又云心使氣曰彊（心當專一則神氣實內是曰柔弱役心使氣
則和氣去中是曰彊梁釋曰上柔下彊可以得失相對說之如上說華
道而彊柔合道而柔弱是地）是謂深根固蔕（人以氣爲柢以精爲蔕）又云天得一以清寗（地寗神靈谷盈萬物
生王侯正）是以聖人抱一爲天下式莊子云一其
性（鄉則二也）養其氣（不以心使之）合其德（不以物離性）黃庭
內景云殊途一會（同歸一氣）歸要終一志不久昇
虛無（學道專一與虛空同體則神仙可致）又云正一含華乃充
盈（存正守一神氣榮華）肇公云守真抱一不染外物清
虛太一其何有失繫辭云夫乾其靜也專其
動也直（直則正也）釋曰上所引文皆是儒道脩鍊
之門專氣而爲要妙之義也（脚著者皆各是本注謂河上公
注老子郭象注莊子韓康伯注繫辭梁丘子注黃庭經）䟽脩一下二正
明佛果之德既本乎一心若不脩一心而乃
別脩者豈成佛道如磨甎不成明鏡鍊鐵不

治六　十三

得真金等故清涼大師所說萬行並不離心
但能覺了自心現量畢竟清淨即一念之中
萬行備足心不起止也知不起觀也不緣萬
境捨也止妄不生戒也安心諦理忍也心無
間斷進也心體離念法也心之本覺佛也體
相無違僧也六度三寶並一心故華嚴經云
菩薩脩諸佛法淨諸佛刹積集妙行調伏衆
生乃至得大菩提悉不離心是故應以善法
扶助自心應以精進堅固自心應以忍辱坦
蕩自心應以智證潔白自心應以智慧明利
自心應以佛自在開發自心應以佛平等廣
大自心應以佛十力照察自心又云菩薩應
知自心念念常有佛成正覺何以故諸佛如
來不離此心成正覺如自心一切衆生心亦
復如是據上等文故知欲成佛道必須脩一
心也而言一者論云心真如者即是一法界
大總相法門體所謂心性不生不滅等此總
相心通於凡聖因果不分染淨故云一也䟽
心也下二正顯示八一標舉心者如來藏自
性清淨心也況言心者總有四種梵語各異

治六　十四

翻譯亦殊一紇利陀謂肉團心二緣慮名心
謂八種識俱能緣慮自分境故三質多此云
集起心即第八識集諸種子起現行故四乾
栗駄謂堅實心今辨此也䟽冲虛下二直顯
冲者深玄也華嚴序云汪洋冲融又云包納
冲邃䟽云冲深包博故老子云道冲而用之
或不盈虛者非質故妙者染而不染故如蓮
華雖在淤泥不爲所染故喻妙法也天台解
妙有其十義天長䟽解妙云非麤非妙方名
至妙故下文云種種幻化生於如來圓覺妙
心粹者精純也炳煥者俱是至明之相炳著
煥爛也故華嚴䟽序述十玄門中微細相容
安立門云炳然齊現猶彼芥瓶意取歷歷分
明不錯亂之狀矣論語云煥乎其有文章注
云煥明也靈明者若但云明未揀日月之類
故云靈也意云心之明者在無法不知而無
分別無法不現而無差別幽靈神聖寂然洞
然故曰靈明即此靈明而炳著煥爛䟽無去
下三彰通無去無來者謂此心不還向前際
去不從後際來亦不於現在住現在住者是

治六　十五

諸有爲法也故成唯識論云住衆此法暫有用令不同彼以此真心無相無能所故不可見之於現在淨名云但以數故說有三世非謂菩提有去來今良由菩提亦無自性即同真心故非三世若就菩提當相則有始無終豈免初際冥通三際者由不屬三際故俱通也且如今日眼識不能見昨日色者以隨所見色皆落謝過去也今以真心不隨諸法遷向過去故於今時向真心中能現前際諸法影像歷歷亦能預現未來之法歷然然雖通於三際三際求之皆不可得與所知所現三際之境而不可分故言冥也華嚴經云法性徧在一切處一切衆生及國土三世悉在無有餘亦無形相而可得前三句通三際後一句冥合蹤非中下四橫徧言非中外者有二意一不在身中及中間亦非身外若在身中中間則有處所若在身外則非我心根塵識三皆不可得何有內外中間者焉二謂此心非有無二邊故非外二邊既遣中道亦亡故非中非中非邊是絕待靈心也此言非中所

謂非內中非謂是非中言非外言所謂非是外非謂是非外洞徹十方者心有所在則有所不在以無所在故無所不在故洞徹十方也洞徹二字通論義亦不殊若對冥通之言則二文文勢稍異謂洞然透徹無所不徧意顯決定舉體全徧非莽鹵隨宜而說然冥與洞各於句中互相影畧二皆備矣不妨亦云冥通十方洞徹三際等蹤不滅下五真常不滅不生者真心不變故不生滅起信云所謂心性不生不滅然不生滅三性不同謂徧計無體可生可滅依他起性即生不生即滅不滅圓成實性自體本有不待新生盡未來際究竟常住永不斷滅今即當此自性不生不滅不同前二若三性相對各據自相說者即徧計之法妄生妄滅圓成真心不生不滅依他有二謂相同徧計似生似滅性同圓成不生不滅華嚴云一切法無生一切法無滅等以依他無別自性故全同圓成也一切大乘經說一切諸法不生不滅寂滅常住等皆此義也豈四山之可害者涅槃二十九云如我

昔告波斯匿王大王有親信人從四方來各作是言大王有四大山從四方來欲害人民王若聞者當設何計王言世尊設有此來無逃避處唯當專心持戒布施我即讚言善哉大王我說四山即是衆生生老病死生老病死常來切人云何大王不脩施戒今云害者以經云欲害人民也若就經文法合云生老病死常來切人者今即應云豈四相之可切亦通蹤離性下六絕迹離性離相者諸法無性皆空即性也謂色即空等緣生諸法即相也謂空即色等今以真心雖空無一物而體非空故離性雖隨緣成一切色等諸法而體非色故離相離相離性故名中道真性也奚五色之能盲者奚何也五色能盲即道經云五色令人目盲（貪淫好色則傷精失明也）五音令人耳聾（好聽五音則和氣去心不能聽無聲之聲）五色者青黃赤白黑五音者宮商角徵羽文中舉此五方正色正音餘可例知今蹤意云夫色能盲者只能盲對色之識今真心離相不與色對彼豈能盲若對色色即空復誰能盲道教中以虛無寂

寔爲道忘情絶智爲脩故覩色聆音即盲聾失道今真心離性不滯空無故見色聞聲聲色不能盲之昧之也如鏡明見色色何翳明眂處生下七不變四句兩對中皆上句以法標之下句以喻顯之無始生死漂溺有情故

如流無邊無底故如海涅槃是第一義天高超彼岸之義故有岸天之言驪珠者驪龍頷下有明月寶珠光明洞徹雖在海中光明不滅不同燈燭入水則滅然不能徧照海中所有一切故云獨耀衆生雖處生死之中此心靈鑒不昧然且迷之不覺不覺故不能通達一切但照體獨立如珠獨耀故梁武帝製達磨大師碑文標意云滄海之内有驪龍珠白毫色天莫見人莫識我大師得之矣滄者是水深廣幽遠之貌如天蒼蒼是高遠之貌踞

涅槃岸者涅槃此云圓寂一切諸法皆空心本無念融爲一真體性無別生死喧動故真心圓滿皆寂靜也踞者安然而居之謂也故時人皆呼慵慢貢高爲踞傲法華云遥見其父踞師子牀寶机承足慈云若非運藏化主

孰踞其源桂輪者月也月中有桂故目之爲桂輪碧天者晴秋之夜無雲霧故唯見碧色其猶第一義天無諸惑業雲霧故喻碧天既諸法皆空寂則心之本覺大智慧光明徧照法界離諸分別故云孤朗然月在青天無所

不照是以心圓寂時如天之月不同海珠又前云獨者約就迷時但能自照不能普照一切今云孤者約晴霄秋天唯月普照天下星等燈燭皆不可類如即體之智非對待始覺之智可比眂大矣下八隨緣大矣哉者仰歎

之辭周易文勢也或在所歎之上即大哉乾元萬物資始又云大哉乾乎剛健中正純粹精等是也或在所歎之下即乾始能以美利利天下不言所利大矣哉又云隨時之義大矣哉又繫辭云盛德大業至矣哉等是也今

兼兩勢謂畧述此心竪窮三世横徧十方於諸法中無不通徹述之不可窮盡故結歎云大矣哉兼欲述下能生起萬法性相無礙深遠廣博之德故標歎云大矣哉也萬法資始者正明此心不守自性隨緣生起世間一切

染淨諸法也今且先明迷此真心成有漏染法後方約次下眂文顯此心離倒本具河沙功德妙用性相無礙元是無漏之法且初染者謂諸衆生雖本有此清淨心由無始已來迷之不覺（論中根本不覺也即獨頭無明迷真之義論云謂不如實知真如法一故等）故妄認四大緣慮爲已身心（下文云妄認四大等）故展轉生起枝末枝末自有三重一由前根本無明故起種種煩惱二由煩惱故造種種業三由業成故受六道種種生死苦報佛名經云獨頭無明爲煩惱種又云此三障者更

相由藉由煩惱故以起惡業惡業因緣故得苦果一從無明起煩惱者畧說煩惱麤相唯貪瞋癡謂既妄認四大五蘊爲自身心自然便貪一切榮樂之事欲以潤之便瞋一切違情之境恐損害之愚癡之情種種計校如上

煩惱皆由迷真執妄而起也二從煩惱起業者既貪瞋猛盛即造十惡等業或貪來生富樂之報造諸善業或厭下苦麤障欣上淨妙離脩四禪八定不動業由迷第一義故善惡不動俱是有漏染業也三從業受報者然脩

響形影之報纖毫不差由前惡業成則有地獄餓鬼畜生等種種苦報由前善業成則有四洲及六欲天等種種樂報由前不動業成則有色界四禪無色四空等種種差別之報所受苦樂之身是別業正報所居勝劣器界是共業依報然萬法展轉有所親依唯初不覺親依清淨心性即知萬法就最初始起必藉真心故云資始不言資生如乾云資始坤云資生地親生故後明此心具河沙德用者如次疏說疏萬法下二示心之覺相三一會妄顯真以標指上云萬法通於染淨此云萬法且約染相會染皆空方顯淨相淨相與性即無礙也釋此一段之文作四重分別一具釋二配禪宗三配五教四辨所用之文字且初具釋所言虛僞者虛妄詐僞也謂但有其妄相而無實體曰虛隱其虛相詐現實狀曰僞故論云三界虛僞

圓覺經略疏之鈔卷第一

圓覺經略疏之鈔卷第一

校勘記

一　底本，明永樂北藏本。北圖收藏了疑爲金藏廣勝寺本此書之五卷，即卷四、六、八、十一及卷十一之重卷。五卷中除卷八完整外，其餘均有殘缺。五卷原件爲卷軸式裝幀，卷八開首有金藏廣勝寺本統一的扉畫釋迦説法圖，但均無千字文編號，各版版頭無經名、卷次，凡此，又不同於趙城金藏之體例。在蔣唯心編制的趙城金藏簡目中也無此圓覺經略疏之鈔之記載。簡目是蔣氏一九三三年於廣勝寺歷時五個月對所藏經卷逐一檢校而編定的。故此五卷屬何版本，存疑，録以備考。卷六、卷八、卷十一及卷十一之重卷卷末均附施雕者名録。卷十一兩卷版本相同，但施雕者名録大異。其一，三行施雕者均爲曲沃縣之信士，係原刻；其二，十二行施雕者爲南宮、清河、堂邑諸縣、鎮之僧尼人等，係墨書。今作爲別本附録於後。

一　一八九頁中一六行夾註右「如此」，徑作「始此」。

一　一八九頁下四行「方謂之卦」，徑作「方謂之八卦」。

一　一八九頁下一三行「以乾爲用」，徑作「以健爲用」。

一　一九〇頁中八行「幹事」下夾註右「真正」，徑作「貞正」。

一　一九一頁上一二行第九字「令」，徑、清作「今」。本頁中一八行正文第二字同。

一　一九一頁下二行夾註左「一乘」，徑、清作「二乘」。

一　一九一頁下一三行第二字「捉」，徑作「提」。

一　一九三頁上一三行夾註左首字「八」，徑作「入」。

一　一九四頁上八行夾註左「是地」，

一　清作「是也」。

一　一九四頁上一七行夾註右「脚著」，徑作「脚注」。

一　一九四頁下八行「不爲所染」，徑作「不爲泥所染」。

圓覺經畧疏之鈔卷第二　治七

圭峯蘭若沙門宗密於大鈔畧出

疏緣會而生者應先問云何得知萬法虛偽荅必待衆緣相會方能生故云緣會而生緣有其四謂因緣等無間緣所緣緣增上緣且就因緣解者有其内外外者如穀子水土人時而芽得生泥團輪繩陶師而器得成内謂過去已熟之業爲因此世父母爲緣而此身得生未有一物不假内因外緣而得生者故中論云未曾有一法不從因緣生也此上猶對小乘宗說若窮究緣生之義從本起末說者清淨心性爲因根本無明爲緣生三細業識爲因境界爲緣生六麤廣如起信論說疏生法本無者既屬衆緣自無其體當知一切生法不待滅而本無故云生法本無故中論次前句云是故一切法無不是空者又云因緣所生法我說即是空又云諸法不自生亦不從他生不共不無因是故知無生肇論云一切諸法緣會而生緣會而生則未生無有緣離則滅如其真有有則無滅以此而推雖今現有有而性常自空乃至實相自無非推之使無故名本無又解生法即二執也生空法空故云本無疏一切唯識者問既一切本無何以現見諸法荅唯是自已妄想心識所變現故故云一切唯識（以意識想塵或時想無爲有想有爲無即知心識所想無定以喻五識緣五塵亦然）故成唯識云彼我法相（我有種種相法有種種相此我法二種攝盡一切世間諸法也）皆依內識（識體）所變見相（二分）而起假說（隨緣相而立假名也）非依離識實有我法又云變謂識體（自證分也）轉似二分（見分相分也然有漏識自體生時皆似所緣及能緣相似所緣相名爲相分似能緣相名爲見分此有二釋一云識體是有二分是無無而似有故云似也二云二分亦有是依他起所言似者似遍計實有之二分也）相見俱依自證起故依斯二分施設我法彼二離此無所依故二十唯識偈云唯識無境界以無塵妄見如人目有翳見毛月等事起信論云一切諸法唯依妄念而有差別若離心念則無一切境界之相又云心生則種種法生心滅則種種法滅問若無外塵但妄見者應一切時一切處皆見有色或皆不見何故於有色時處眼則見色餘無色時處則不見邪荅如人夢中所見境界諸物雖一切是無從想心起然亦不妨見有物處見無物處或先見後不見或初不見後見非處處皆見亦非一期長見心識變起諸法無而見有亦然又問若爾何故多人同處同時皆同於有處見有無處見無有時見有無時見無邪荅如百千餓鬼同作業力皆於無膿血猛火等處同時而見豈清流河水實有猛火等邪故知一切俱是心識疏識如幻夢者先問曰既是心識變起諸境諸境雖無心識還有何以前云生法本無有爲心識豈非緣生法邪故此荅云識如幻夢亦即是無然唯識論亦有此喻而所用之義不同彼云我法分別熏習力故諸識生時變似我法如幻夢者幻夢力故心似種種外境相現緣此執爲實有外境彼釋意云幻夢所見之物雖無其幻夢則不是無故有力變起妄境今就無相及法性宗中所釋意即不然二喻之中且約夢說謂夢想與夢境俱是無法若言一有一無者則夢想與所見物應異異則夢不是物物不是夢覺來夢滅其物應在如莊

周睡時夢見身爲胡蝶在華園中蝶若非夢
夢又非蝶則寤來夢滅胡蝶應在以二物真
妄別故又蝶若非夢應是真蝶夢若非蝶以
何爲相以此而推夢想與胡蝶雖似能見所
見之殊其實一體所言夢者但是莊周睡時
本有心識由眛畧故忽然妄現倒想及胡蝶
華園等相即呼此相及想而爲夢也於此虛
妄一夢之上似有内外身心之殊内心即蝶
想身即蝶相外即華園之相理實而言想即
蝶蝶即想蝶相既全空無蝶想豈獨是有又
所執蝶相分明似有豈便有邪又若能執之
想寤來雖無不妨未寤之時且是有者所執
蝶相寤來雖無未寤之時亦應是有若爾即
是心境俱有何言唯識今窮本末以法合喻
謂所言唯識者但是迷人合睡本有性淨真心
合莊周睡時本心故次句頌云但是一心由不自了悟故合於眛時遂
有三細六麤等現合於蝶相即呼此等云唯識也
合夢於此一類妄識之上似有内外之殊內合蝶想
外合蝶相其實境是識境識是境識合蝶即想想即蝶也故
傅大士云未有無心境曾無無境心一一對

喻昭然可明智者審思矣佛於權教說唯識
理者良由未顯出性淨真心且含在第八識
中故以泯境存心至終教了義經中顯出真
心本覺方言心境俱空也成唯識亦云爲遣
執心心所外實有境故說唯有識若執唯識
真實有者如執外境亦是法執若約病患之
法七　四
喻說者如人本有淨眼被風熱等翳根本無明也無
眼之人必不患翳無佛性物必無妄想也即見空華種種相貌六塵
境也成唯識論釋意云空華雖無其見華之翳
眼非無今意即云離於本眼無別見華之眼
如離真淨心性無別八識之殊翳是熱氣熱氣復云何能見
故能見所見皆是虛妄但以翳故本淨之眼
虛妄見華即知境識皆空但以迷故真淨心
中虛妄見境但言識無不言不迷但言本眼
外無別翳眼不言不翳餘諸風熱昏狂等患
皆例此知亦於本心之外無別狂心等也疏
但是一心者問據上所說既心境皆無誰是
見無之者且如真理本無見有之者故見有
爲妄今若亦無見無之者見無亦應是迷又
雖夢想夢蝶不實且不妨有莊周身心今既

心境俱無依何妄現根識塵境故荅云但是
一心謂夢想兼胡蝶二相但是莊周一人無
別二相妄識兼妄境二法亦但是真實如來
藏一心無別二法故根身器界及心心所一
切皆空無非一真心也諸大乘經論皆說萬
法唯心是此義矣然唯心之義淺深有異若
法七　五
法相宗言唯心者但是有爲心識緣慮積集
了別辨境爲相即是此上來云一切唯識是
也若法性宗云唯心者直是真如之心無爲
無相離諸緣慮分別緣慮分別亦唯一心故
起信論云心真如者即是一法界大總相法
門體云云乃至離言說相離名字相離心緣相
畢竟平等無有變異不可破壞唯是一心故
名真如此中云緣慮分別等唯一真心例如
彼法相宗中說諸外境唯八識也問若爾則
諸佛菩薩豈但見無相真心更無有境界等
邪荅理實如此故經云離一切相即名諸佛
等但得妄想根識塵境之執都盡則成融通
自在身智國土染淨無礙如下覺相中說疏
心寂而知者先開真心既非色聲香味等相

復無分別緣慮愛惡等相未審何者是此真心真心自體有何勝能云何表顯的有真心凡欲釋諸法門皆須釋名出體不可但言一心不出體相故此荅云寂而能知也寂者是實體堅固常定不喧動不變異之義經云一

切空寂法是法寂不空若無真心之體說何物寂何物不動不變邪知者謂體自知覺照照不昧棄之不得取之不得是當體表顯義非分別比量義上言不喧不變動等者只說此知寂而不變等也寂是知寂知是寂知寂是知之自性體知是寂之自性用故清涼大師荅順宗皇帝心要云靈知不昧性相寂然又云以知寂不二之一心契空有雙融之中道此經云圓覺普照知也寂滅無二寂也瓔珞經說等覺照寂妙覺寂照金光明經攝大乘論

說佛果無別色聲功德唯如如寂也及如如智知也獨存荷澤云即體之用自知即知而體自寂名說雖差體用一致誠謂用而常寂寂而常用知之一字衆妙之門恒沙佛法因此成立華嚴問明品說佛境界智佛境界知二相

各別偈荅知云非識所能識亦非心境界其性本清淨開示諸群生彼疏釋云知即心體通於染淨然此真心有二種用一自性用二隨緣用今言知者即自性用不待對緣本自知故隨緣用者即一切分別種種心識差別

智慧及一切所作所爲成辦一切事業以必待對緣方能發現及能成辦故如大摩尼寶能現一切色像亦能隨意出生一切所要之物名隨緣應用也若無意願即不出生又於不對緣之時亦不能現故其珠之光明即表

衆透徹常自照耀對物不對物堅實明淨常無增減其中影像不妨或有或無種種變易堅淨喻心之寂體也明照喻心之智用也堅淨者即明而堅淨也青黃種種差別者即對境能青黃等也疏目之圓覺者結成此經所

詮法也若於寂知之境但見身心外塵生死變動之相及頑礙念念之相即不名覺故論云一切衆生不名爲覺等設於身心空有等中覺有能知之心不屬諸物常自能知雖似覺相亦不名圓以空有等法不即覺故覺心

之外仍有空有等故故非圓也今此良由從萬法展轉推逐悉無一法體存但是一真之心豎窮橫徧心外無別一法盡是覺心故名圓也故下文云證得諸幻滅影像故爾時便得無方清淨無邊虛空覺所顯發覺圓明故

顯心清淨乃至一切覺故首楞嚴云若有一人發真歸源十方虛空一時消殞又云寂照含虛空却來觀世間猶如夢中事是以觀推萬法虛幻如夢本空顯出心體即名圓覺矣上來具釋竟二配禪宗者從萬法虛偽乃至識如幻夢五句是空義兼此寂知正是荷澤所傳空寂是心知是用之宗旨也三配五教者然此一段於五教中具足其四以此經但分同華嚴故不配圓教謂初二句小乘教次二句大乘法相教次識如幻夢一句意顯心

境全空即大乘破相教此二合之爲始教也後三句頓教兼次上三句與此相合以爲一義即是終教又此後三句中初句含終次句正頓後句含圓四顯所用文字者然此段文句皆有所憑唯目之圓覺一句是自結成矣

謂論云三界虛僞唯是一心今以躡前萬法之言故但改三界字爲萬法字耳緣會而生及本無之言即是肇論宗本義中標云本無實相法性性空緣會一義耳釋云一切諸法緣會而生緣會而生則未生無有云云如上所引乃

至有而性常自空故謂之性空性空故故曰實相實相自無非推之使無故曰本無又生法二言法相宗經論章疏之常談也一切唯識識如幻夢者成唯識論文但是一心者起信論文則改唯字爲但字矣疏彌滿下二即

體之相以圓收二初離過上推心境俱空顯出圓明知覺既無一塵一念之相即廓周法界彌然畟音測滿無有邊涯是一味之覺無不清淨故下文云爾時便得無方清淨乃至一身多身一世界多世界盡於虛空圓裹三世

一切清淨於真覺境中無別一塵有體之法何以故色乖空故如火乖水水不容火故云中不容他此即法界觀中真空絕相觀也於中正當泯絕無寄觀矣彼亦云良由會色歸空空中必無色又此中亦無於空何以故覺

非空故故佛頂經云若有一人發真歸源十方虛空一時消殞是知空色俱絕故云不容他也故泯絕無寄觀中又云不可言即色不即色即空不即空等又云生心動念即乖法體失正念故皆是不容他之義也亦應云以

容他物即乖法體又亦是理事無礙觀中以理奪事門彼文云事既攬理遂令事相皆盡唯一真理平等顯現以離真理外無片事可得故據此即上推萬法虛僞乃至寂知即當事能顯理門也然中不容他之言此是佛頂

經文勢彼云云何是中更容他物疏故德下二具德二初法二初總標具德謂根塵識等一切諸法若是實有即乖覺性故華嚴云未曾有一法得入於法性今以一切清淨不存一微塵之自體故無邊清淨覺中所有一切

諸法莫不一一盡是性之德相性之業用如金之器器器皆金如鏡之像像像皆鏡故云皆同一性此是會事歸理也言德用者德即相大用即用大皆同一性即體大然此德用盡收色心境智時處教義行位一切諸法不

同論中翻對妄染本空但顯自性之德言無邊者有二義一事法數多過於河沙無有限量二謂此諸法等無自體故無有分限名無邊矣疏性起下二釋成性相無礙理事交徹事不異理理不異事互相融故謂覺性離前

執計之過故能全體起爲一切諸法如金出鑛方爲諸器如鏡垢盡方顯萬像性外無別一法爲能所起唯性起故晉譯華嚴經有性起品華嚴關鍵中有性起門縱說諸緣互相資發就此門中緣起亦成性起然法相宗

所說真如一向凝然不變其緣起法自是有爲色心若此法性宗所說真性洞鑒靈明全體即用故舉體常爲萬法舉體常自寂然寂然是全萬法之寂然故不同虛空斷空頑凝而已萬法是全寂然之萬法故不同徧計倒

見定相之物擁隔阻礙境智歷然者一切諸法雖其數無量不出色心收盡但倒執之時色等諸法是五根六塵心心所法是情識緣慮等念今無能所之執故成無邊妙境無量智慧此二句即當依理成事門及理如事現

門相得性融身心廓爾者即事如理徧門謂諸事相既全性起起不異性故隨所依性廓周法界故下文云身心寂滅平等本際圓滿十方不二隨順又云覺性徧滿圓無際故當知六根徧滿法界乃至六塵四大陀羅尼門等徧滿法界疏方之下二喻賢首品十種三昧門中第一圓明海印三昧門也謂大香海澄渟萬象歷然齊現猶如印文影像如諸相海水如圓覺故文云或現童男童女形天龍及與阿脩羅乃至摩睺羅伽等隨其所樂皆令見衆生形相各不同行業音聲亦無量如是切皆能現海印三昧威神力又大集經云閻浮提一切衆生身及與外色大海中皆有印象故名海印菩提亦爾是名菩提海印三昧清涼以十義釋之具在大鈔越彼太虚者

治七　十一

有二義故越一若以目覩此虚空此空尚以色爲邊際故二若以智觀此空此空是識所變但是覺性之中一分義故又真覺融色故彌徧十方此太虚不能融色故不徧（既不融即相礙）故佛頂云空生大覺中如海一漚發慰云首

楞歎虚空之小圓覺嗟法性之寛比之常談海形牛跡故云越也疏恢恢下三結歎覺體超名相恢恢者廣大曠遠之狀老子云天網恢恢踈而不漏（天所羅網恢恢甚太雖自踈遠伺察人善惡無所失也）莊子云恢恢焉猶有餘地晃晃者日光熾盛照曜輝赫之貌也恢恢體也寂也圓也晃晃用也知也覺也迥出思議之表者不可思議也何名不思議心言不及故謂理圓言偏言生理喪法無相想思則亂生故金剛三昧云千思萬慮不益道理徒爲動亂失本心王故知心王言語道斷（名是言語道路）心行處滅（相是心之行處）故古德云口欲辯而辭喪心将緣而慮息則迥出於言象之表矣云心言不及者謂法無名故言不及法無相故心不及於所緣境非定名定相故於心口不可思議何法不思議即圓覺性相無礙也何故不思議即染而淨（凡聖通局之類一一例之又非性相故令泯絶蹤迹於生何益）何用不思議（假名引導尚恐難入）顯法超情令亡言故謂法體實離思議之境若令住思議永不能入今說離言超情衆生即忘言絶慮不住言象而求之自然入也故六七祖師皆有善惡不思量等言矣

圓覺經畧疏之鈔卷第二

治七　十二

圓覺經略疏之鈔卷第二

校勘記

一　底本，明永樂北藏本。

一　一九九頁上九行第七字「物」，徑作「種」。

一　二〇一頁上九行「不變動」，徑作「不變不動」。

一　二〇一頁下八行首字「舍」，徑作「合」。

一　二〇三頁上一二行第二字「切」，徑、清作「一切」。

一　二〇三頁中三行「天綱」，清作「天網」。

一　二〇三頁中四行夾註右「羅綱」，清作「羅網」。又「甚太」，徑作「甚大」。

九二一—二〇四

圓覺經略疏之鈔卷第三

圭峯蘭若沙門宗密於大鈔略出

疏我佛下二明教二揔叙教起因緣二二明佛悲愍我佛證此者此謂前不思議融通法也佛證此法得無上安樂(無上菩提覺法樂無上涅槃寂滅樂)愍一切衆生皆有此安樂之法而乃迷之横受虛妄之苦故賢首云真樂本有失而不知妄苦本空得而不覺故十地論云佛成道七日未說法者顯示自樂大法樂故復捨如是妙樂悲愍衆生爲說故知諸佛證唯證此說唯說此故法華云佛自住大乘如其所得法定慧力莊嚴以此度衆生自證無上道大乘平等法若以小乘化乃至於一人我即墮慳貪此事爲不可疏再歎奇哉者即華嚴出現品云佛子無一衆生而不具有如来智慧但以妄想顛倒執著而不證得(凡夫妄想權小執著顛倒通二)若離妄想一切智自然智無礙智則得現前便舉一塵含大千經卷之喻後合云如来智慧亦復如是具足在於衆生身中但諸凡愚不知不覺不得利益爾時如来普觀一切衆生而作是言奇哉奇哉(故云再也)此諸衆生云何具有如来智慧迷惑不見我當教以聖道令其永離妄想自於身中得見如来廣大智慧與佛無異疏三思大事者三思之言有其二意一者十地經是佛初成道第二七日說故論判云時勝謂成道第二七日說故(問若爾初七何故不說)論(次答曰)初七思唯因行(欲說之智)緣(所化之機)行故(欲將所得妙法以還物機故思唯行)釋曰十地論但云思惟今云三思者外有文而內有義有義者夫思惟忖度審諦必番覆再三以爲後軌如三請三禮之類也外有文者即論語云季文子三思而後行子聞之曰再斯可矣(注云文子忠而有賢行其舉事寡過不必乃三思也)今借此語以對上再歎之言也二者法華經云我始坐道場觀樹亦經行於三七日中思惟如是事(今云三思者三即三七日思即思惟如是事)我所得智慧微妙最第一(即大事也後當具引本文即此是十地論中思惟因行也)衆生諸根鈍著樂癡所盲如斯之等類云何而可度(此十地論中思惟緣行也故下云悟有易難今此但是難者正由著樂癡所盲故難悟也)疏言大事者經云諸佛世尊唯爲一大事因緣所謂欲令衆生開佛知見使得清淨故出現於世等義如下釋疏既全下二敘佛化儀三一明利濟心等既者已也是躡前證此之言也謂前云證此又云三思等已是摧魔軍全十力訖今爲欲顯演教度人儀式故却牒起成道之相故云摧魔等也全者簡菩薩十力智度論說菩薩亦有十力故今云全十力即佛智也諸論皆云十力華嚴梵行品文乃名智也然如来唯一諸法實相智力此力有十種用故說爲十名力者能摧怨敵故不可屈伏故其十種別義在下佛答普眼文中有十力章廣釋疏能摧等者本行經說悉達太子向菩提樹下心念欲度波旬放光照三千界波旬自然聞偈聲說太子欲證大明空汝境界魔領無量徒衆詣菩提樹變現種種可怖畏相太子唯思念法心不擾亂(云云)乃至魔退諸天讚喜即於其夜成阿耨菩提言樹下者菩提樹下也今却以十力在降魔前者但取文便非謂成道在降魔之前疏爰起四心者爰是發語之辭爾雅云爰曰也起謂發起四心者謂慈悲喜捨四無量心也菩薩從初乃至成道常運此四種心教化衆生

謂慈能與樂悲能拔苦喜謂慶彼得樂捨謂怨親平等此四種心各具三緣（一者生緣緣一切衆生相二者法緣緣五蘊差別之相三者無緣不住上二相也）皆廣大無量故云四無量心號寶藏者涅槃第七因說常樂我淨迦葉菩薩問云世尊二十五有有我不也佛言善男子我者即是如來藏義一切衆生悉有佛性即是我義如是我義從本已來常爲無量煩惱所覆是故衆生不能得見善男子如貧女人舍内多有真金之藏家人大小無有知者時有異人善知方便語貧女人曰（云云）乃至是人即於其家掘得真金之藏女人見已心生歡喜生奇特想宗仰是人善男子衆生佛性亦復如是一切衆生不能得見如彼寶藏貧人不知善男子我今普示一切衆生所有佛性爲諸煩惱之所覆蔽如彼貧人有真金藏不能得見如來今日普示一切衆生諸覺寶藏所謂佛性而諸衆生見是事已心生歡喜歸仰如來第十八又云善男子大涅槃經悉是一切諸佛秘藏何以故諸佛雖有十一部經不說佛性不說如來常樂我淨諸佛世尊不畢竟涅槃是故此經名爲如來秘密之藏十一部經所不說故名爲藏如人七寶不出外用名之爲藏又如來藏經有九種喻喻如來智慧隱在衆生身名如來藏今號引者第五喻也經云譬如貧家有珍寶藏寶不能言我在於此既不自知又無語者不能開發此珍寶藏一切衆生亦復如是如來知見大法寶藏在其身内不聞不知耽著五欲輪轉生死受苦無量是故諸佛出興於世爲開身内如來法藏九喻之中義意并餘八喻文義並如下文殊章廣釋然彼經末總校量功德云供養過去恒沙佛乃至造恒沙七寶臺高十由旬日日如是乃至五十恒沙七寶臺供養恒沙如來不如有人（云云）百分不及其一（云云）乃至譬喻所不能及（凡夫身中佛雖信故信者功德倍多）號然迷下二明隨器頓漸迷頭捨父二喻皆喻衆生迷失本性謂爲本無故輪迴生死此是佛所化之機也於中復有二類故舉兩喻言迷頭者佛頂經第四云富樓那言啟問如來一切衆生何因有妄自蔽妙明受此淪溺佛告富樓那汝雖除疑餘惑未盡吾以世間現前諸事今復問汝汝豈不聞室羅城中演若達多忽於晨朝以鏡照面愛鏡中頭眉目可見瞋責己頭不見面目以爲魑魅無狀狂走於意云何此人何因無故狂走富樓那言是人心狂更無他故佛言妙覺明圓本圓明妙既稱爲妄云何有因若有所因云何名妄自諸妄想展轉相因從迷積迷以歷塵劫雖佛發明猶不能返如是迷因因迷自有識迷無因妄無所依尚無有生欲何爲滅得菩提者如寤時人說夢中事心縱精明欲何因緣取夢中物況復無因本無所有如彼城中演若達多豈有因緣自怖頭走忽然狂歇頭非外得縱未歇狂亦何遺失富樓那妄性如是因何爲在汝但不隨分別世間業果衆生三種相續三緣斷故三因不生則汝心中演若達多狂性自歇歇即菩提勝淨明心本周法界不從人得何藉劬勞肯綮修證言捨父者法華信解品須菩提等四人聞方便品及譬喻品未曾有法以喻領解（今取意撮畧敘之）大意云如人年

小捨父逃逝久住他國至五十歲年既長大加復窮困馳騁四方以求衣食漸漸遊行遇向本國其父先來求子不得中止一城其家大富財寶無量窮子傭賃展轉遇到父舍住立門側遥見其父踞師子牀寶機承足諸婆羅門刹利居士恭敬圍遶以真珠瓔珞價直千萬莊嚴其身吏民僮僕手執白拂侍衛左右窮子恐怖悔來至此竊作是念疑是國王大臣恐逼驅使疾走而去長者遥識心喜念言財有所付遣人往捉窮子稱怨自念無罪而被囚執父知彼下劣方便遣憔悴人徐語言此有作處倍與汝直雇汝除糞父著麤弊衣執除糞器語言勤作勿復餘去我如汝父如所生子呼之爲兒窮子雖喜猶謂作人故二十年中常令除糞後相體信出入無難然其所止猶在本處父疾臨終命子集會親屬王臣付與財寶後法合云世尊大富長者即是如來我等皆是佛子云云我等於生死中受諸熱惱迷惑無知樂著小法今日世尊令我思惟蠲除諸法戲論之糞得至涅槃一日之價心喜爲足便謂弘多佛便縱捨不爲分別汝等當有如來知見寶藏之分世尊以方便說如來智慧我等從佛得小涅槃以爲大得於此大乘無有至求又因如來智慧爲諸菩薩開演大乘而自於此無有志願所以者何佛知我等心樂小法以方便力隨我等說而我等不知真是佛子今我方知世尊於佛知慧無所悋惜若我樂大佛則爲我說大乘法於此經中唯說一乘是故我等說本無心有所希求今法王大寶忽然而至頓悟有易難者迷頭者如狂心歇歇即菩提此爲易也捨父者二十年中除糞猶在本處不肯早信是長者子故爲難也蹤故仙苑等者由前根有易悟難悟之殊故佛說頓教漸教之興也仙苑鹿野苑也是古昔仙人所住處故普曜經云佛成道訖第六七日於波羅柰國仙人鹿苑度阿若憍陳如佛唱善來苾芻便發戒品付法藏經云佛住波羅柰鹿野苑中古仙住處爲五比丘初轉法輪覺場者菩提場也覺語菩提唐言覺今取唐言故云覺場場者謂覺之處即天地之中摩竭提國王舍城西二百里菩提樹下金剛座上若約法則萬行皆是道場理智相會之處故爲表所說如證故不移其處而說頓教頓教最初即華嚴也經云如是我聞一時佛在摩竭提國阿蘭若法菩提場中始成正覺乃至有十佛世界微塵數菩薩摩訶薩所共圍遶蹤教興頓漸者對上易悟之機即菩提場初成正覺不移其處便興頓教頓教之首便是華嚴自後乃至滅度中間每遇上根即頓說真性時處不同皆名頓教有數十部又對上難悟之機故三七日後往波羅柰仙人住處而興漸教漸教之首即是五比丘所聞四諦法輪中間三時五時漸次而說處所各別終至法華涅槃皆名漸教三乘權實部類尤多今但指二處者各論根源最初起者蹤漸設下三明頓漸之相五時異者佛初成道三七日思惟已便往仙苑及諸住處十二年之間說諸有爲法緣生無我然猶未說法無我理名初時有教即阿含等一藏小乘經是第二時中依徧計所執說諸

法空然於依他圓成猶未說有名爲空教即諸部般若經是第三時中說法相大乘境空心有名中道教即深密等經是第四時中開示一切衆生如來知見會三乘爲一乘會權入實名同歸教即法華經是第五時中臨入涅槃說一切衆生乃至闡提皆有佛性凡是有心定當作佛常樂我淨名常住教即大般涅槃經是從始至終成就一類之機故總名爲漸教踊空有迭彰者迭遞也謂約我法心境真俗或先後或同時遞互相對彰顯諸法空有之義也且初心境有兩對空有謂第一時教心境俱有第二時教心境俱空(上二先後遞互)第三時教境空心有(同時遞互)約真俗者自有四句謂第二時教俗有真空四五時教俗空(破世間常樂我淨故)真有(顯出世常等故經云空者生死不空者涅槃也)第三時教四重二諦前後相望互爲空有若二三時教相望第二時真俗俱空第三時真俗俱有約我法者亦有四句謂第一時教初人天乘我法俱有中間大乘我法俱空次初小乘我空法有最後涅槃我有法空(彼經破小乘無我顯說真我故)

上來總有十對空有皆約法約時遞互隱顯故云迭彰(此下離更說空有相對無心力者亦不用叙之)若約諸教說空說有判深淺者如說諸外境取第一第二時教相望一有二空空深有淺若說依他緣起心心所法自有兩對謂二三時教相望二空三有空淺有深三與四五相望初有後空空深有淺若說我者初後相望初空後有空淺有深餘之空有深淺皆倒此知由此諸教或破有讚空或毀空讚有不得此意難解聖言踊頓無二諦等者顯中道第一義諦第一義諦有二釋一雙融明中即真俗相即而不二便爲第一義也故仁王云於諦常自二(真俗)於解常自一(真即俗俗即真)通達此無二真入第一義故昔人云二諦並非雙恒乖未曾各二雙泯顯中謂非真非俗但是心靈(故天台云雙照)(雙遮)即下句幽靈絕待是也然非真非俗復有二意一互奪故謂俗即真故俗泯真即俗故真亡故華嚴經云無中無有二無二亦復無三世一切空是則諸佛法二顯體故謂言其非真者所謂非是真非謂是非真非俗亦爾既

非彼二但是靈明自體幽微玄妙不可思議故云幽靈絕待若要廣說即檢玄談第三門辨法性對破相宗五義差別中鏡影等喻及絕待靈心觀中義理叙之又雙泯者但泯對俗之真不泯真體亦得名爲非二諦而絕待故古人云一雙孤鴈掠地高飛兩箇鴛鴦池邊獨立踊今此下二別叙此經旨趣三一標宗然一藏經既不出頓漸二教今應各指其類漸者始自鹿苑終於鶴林三時五時從初至終漸引一類學者於中法華涅槃會權歸實是大乘漸教中終極之教也頓者有二一化儀頓謂華嚴經初成佛時稱性一時頓說理事本末始終因果窮理盡性故二逐機頓謂對上根具足凡夫頓指絕待中道真性不同法華涅槃之類有三可破有權可會但顯一真覺性即勝鬘密嚴金剛三昧如來藏普光明藏圓覺等四十餘部文中皆少說事緣直詮真性理智良由無三車除糞化城等由緣可會也故指此經是頓之流類也此是逐機顯體之頓非化儀之頓矣既非漸次之教

故不屬三時五時疏故如來下二正叙三一
叙序分言寂光土者天台大師立四土一凡
聖同居土亦變化土也二方便有餘土三實報無
障礙土自他受用四常寂光土法性土也方便一土法
相所無天台依智度論及法華經立彼論九
十五云阿羅漢先世因緣所受身必應當滅
住於何處成就佛道答有淨佛土出三界外
乃無煩惱之名於是國土佛所聞法具足佛
道如法華經說我於餘國等今經云入於神
通大光明藏三昧正受乃至不二隨順故是
寂光土也疏凡聖一源者文云一切如來光
嚴住持佛佛同此故當法性土亦即自受用土以此宗理智不分故 又云
是諸衆生清淨覺地疏現受用身者他受用
也經云於不二境現諸淨土疏主伴同會者
經文列菩薩衆已結云與諸眷屬皆入三昧

鈔八　十一

同住如來平等法會義皆在疏下之文也 疏曼殊下二
叙正宗二一信解真正曼殊者即文殊之正
梵語也其名德之義如下疏釋疏大士者是
法身之大士故疏創問本起之因者創是最
初之義此有二創一諸菩薩未問文殊先問

此前未有人問故云創二所問之事是佛法
地位中最初要解之法也此法之前更無佛
法因果之義可爲初起之要故疏本起者本
因所起最初之心也餘義檢下疏引起信了
二覺發三心修五行及華嚴善財大集法行
等處而說疏薄伽者佛地經云如是我聞一
時薄伽梵論曰薄伽梵者謂薄伽聲依六義
轉一自在義二熾盛義三端嚴義四名稱義
五吉祥義六尊貴義如有頌曰自在熾盛與
端嚴名稱吉祥及尊貴如是六種義差別應
知總名薄伽梵如是一切如來具有於一切
種智皆不相離是故如來名薄伽梵其義云
何謂諸如來永不繫屬諸煩惱故具自在義
炎猛智火所燒煉故具熾盛義妙三十二大
相等所莊飾故具端嚴義一切殊勝功德圓
滿無不知故具名稱義一切世間親近供養
咸稱讚故具吉祥義具一切功德常起方便
利益安樂一切有情無懈廢故具尊貴義疏
至尊者至極之尊也且兆人臣於國王國王
臣於上帝上帝即天帝也諸天奉佛三乘賢

聖亦事於佛佛是衆聖之尊如衆星月爲最
衆流海爲最衆聖佛爲最故云至尊也疏首
提者初舉也究竟果者經正答中初標舉云
善男子無上法王有大陀羅尼門名爲圓覺
流出一切清淨真如菩提涅槃及波羅密教

鈔八　十二

授菩薩此所標圓覺者大位在果體通染淨
故此約無上法王有之下云無始幻無明皆
從中建立若論中一心即大位在因亦通染
淨故標云衆生心釋之具覺不覺二義所言
究竟者即論中始覺合本覺始本不二名究
竟也疏照斯真體者經云一切如來本起因
地照前明日皆依圓照能照有也清淨覺相所照具體永斷
無明方成佛道無明不成夢形之義以成本因疏滅彼夢形
者經云云何無明善男子一切衆生從無始
來云云乃至此無明者非實有體如夢中人夢
時非無及至於醒了無所得夢形若論無明也今約喻以顯滅於無明合前照具成本起因也疏知無我人誰受輪轉者
經云修圓覺者知是空華即無輪轉亦無身
心受彼生死非作故無非作觀破之方無也本性無故生死自性本來無故
疏種種下二依解修證三一通明

觀行上根修證三一觀成同佛種種幻化等者荅普賢所徵以成修於觀行用心之本也謂普賢問云修大乘者聞此圓覺云何修行(約當根徵起)若彼衆生知如幻者身心亦幻云何以幻還修於幻(幻幻修問)若諸幻性一切盡滅則無有心誰為修行(斷滅誰修問上皆解行相違也)若本不修行令妄想心云何解脫(遮不修失)佛荅云一切衆生種種幻化皆生如來圓覺妙心猶如空華從空而有(標為義本)䟽幻盡覺圓者此含兩重之意初即普賢章用心義理後即普眼章觸境長時用心正成觀行且初意者經云幻華雖滅空性不壞衆生幻心還依幻滅諸幻盡滅覺心不動依幻說覺亦名為幻若說有覺猶未離幻說無覺者亦復如是乃至知幻即離不作方便離幻即覺亦無漸次(如此展轉不滯方名幻盡也)後約正修中釋者普眼章中佛說新學菩薩及末世衆生欲求如來淨圓覺心應當正念遠離諸幻先依如來奢摩他行堅持禁戒安處徒衆宴坐靜室恒念此身四大假合各離根塵緣相假名為心畢竟無有幻身幻心幻塵乃至幻滅亦滅此是䟽中幻盡二字也幻滅滅故非幻不滅譬如磨鏡垢盡明現又如摩尼等此是䟽中覺圓也䟽心通法徧者經云此菩薩及末世衆生證得諸幻滅影像故爾時便得無方清淨無邊虛空覺所顯發覺圓明故顯心清淨心清淨故見塵清淨(云云)乃至一身多身一界多界一切清淨皆是心通也(然此亦有法通之義䟽句牢故含而不顯也)言法徧者經云善男子虛空如是平等不動當知覺性平等不動(云云乃至八萬四千)善男子覺性徧滿清淨不動圓無際故當知六根徧滿法界(云云展轉)乃至陀羅尼門徧滿法界(云云)乃至始知衆生本來成佛此是法徧二字也(心通義即含法徧法徧義即不含心通以心即覺心無可徧故但以諸法現時依心所現心塵故諸法似有自體分限心通故即無分限為徧也)然衆生成佛文是此門䟽令乃取意於後通難門中述之便當牒起問目也詳之可見

圓覺經畧䟽之鈔卷第三

圓覺經略疏之鈔卷第三

校勘記

一 底本，明永樂北藏本。

一 二〇五頁中九行「畨覆」，徑作「翻覆」。

一 二〇六頁下六行第一四字「圓」，徑作「覺」。

一 二〇七頁上七行「侍衛」，清作「侍立」。

一 二〇七頁上一二行第九字「盡」，清作「價」。

一 二〇七頁中四行「至求」，清作「志求」。

一 二〇七頁中一〇行「忽然」，徑作「自然」。

一 二〇七頁下一九行「阿舍」，徑、清作「阿含」。

一 二〇八頁中一六行「然非真非」，徑、清作「然非真非俗」。

一 二〇九頁下一二行首字「地」下夾註左「問目」，徑作「問曰」。

一　二一〇頁中三行「覺圓」，徑作「圓覺」。

圓覺經畧疏之鈔卷第四　洽九

圭峯蘭若沙門宗密於大鈔略出

疏心本下二徵釋迷源且初二句者前云衆生成佛今牒而舉之以荅金剛之難難云若諸衆生本来成佛何故復有一切無明若諸無明衆生本有何因緣故如来復說本来成佛十方異生本成佛道後起無明一切如来何時復生一切煩惱故今叙佛荅大意云心本是佛等也謂真心之體本来是佛然無始来妄念相續自不知是佛故論云一切衆生不名為覺以從無始時來念念相續未曾離念故說無始無明即佛頂云煩惱菩提二俱無始是知衆生無始已来元来是佛元来未悟非先來成佛後起無明等故無所難之過失也但以念念本空故心心本佛故論云所言覺義者謂心體離念離念相者等虛空界即是如来平等法身此說念相本離為離念矣故云由念起而漂沈也漂者暫出人天沈者沈淪三惡道然真心體即法身身心互言皆得故論標云心體離念結云即是法身然但身非形相心非念慮故本是佛若妄認形相念慮即身心俱隱如肇公云隱在形骸等也故佛荅云始終生滅聚散起止念念相續循環往復種種取捨皆是輪迴未出輪迴而辨圓覺彼圓覺性亦同流轉譬如動目能揺湛水又如定眼猶迴轉火雲駛月運舟行岸移等善男子諸旋未息彼物先住尚不可得何況輪轉生死垢心曾未清淨觀佛圓覺而不旋復是故汝等便生三惑(云云義如下疏)此等正同論中無始念念相續等也疏岸實不移等者寂翻經云舟行岸移以顯心實是佛但迷似衆生岸實是停但舟行似轉故云騖驟騖者馳也驟者馬疾行也馳驟皆是急走之相即此喻相荅意已明况有空華金鑛之喻疏頓除妄宰空不生華者經云譬如幻翳妄見空華幻翳若除不可說言此翳已滅何時更起諸翳何以故翳華二法非相待故亦如空華滅於空時不可說言何時更起空華何以故空本無華非起滅故此喻喻頓悟心體是佛即自覺本無念慮故序合意云頓除妄宰也言頓除者達之本無也疏漸竭等者此喻即漸修也經云善男子如銷金鑛金非銷有既已成金不重為鑛經無窮時金性不壞偈云金非銷故有等合云一切如来妙圓覺心本無菩提涅槃成佛輪迴但聲聞所得猶不至彼親證何况以思惟心測圓覺境如取螢火燒須彌山乃至復結空果等然法合鍊鑛之文正是彌勒章中斷輪迴根本是也此但說道理之喻其除斷之法即是後文疏今撮畧前後而叙之云漸竭愛源也後文者一切衆生從無始際由有種種恩愛貪欲故有輪迴乃至造惡鬼獄造善人天皆不成聖翻二種障顯出五性皆是輪迴(此上皆愛源也此下即是漸云)若諸衆生於大圓覺起增上心當發大願依願修行漸斷諸障障盡願滿便登解脫清淨法殿證大圓覺妙莊嚴域疏理絶下三畧辨地位二一依立漸證此初一句者經云圓覺自性非性性有循諸性起無取無證於實相中實無菩薩及諸衆生何以故菩薩衆生皆是幻化幻化滅故無取證者譬如眼根不自見眼性

自平等無平等者頭智似階差者衆生迷倒未能除滅一切幻化於滅未滅妄功用中便顯差別疏覺前前非名後後位者經云若遇善友教令開悟淨圓覺性發明起滅即知此生性自勞慮若復有人勞慮永斷得法界淨即彼淨解爲自障礙故於圓覺而不自在(十信位)見解爲礙雖斷解礙由住見覺覺礙爲礙而不自在(但賢位)有照有覺俱名障礙是故菩薩常覺不住照與照者同時寂滅如自斷頭以礙滅礙礙已斷滅無滅礙者(聖位)一切障礙即究竟覺得念失念無非解脫成破等乃至法界海慧照了諸相猶如虛空(果位)疏況妄下二忘心頓證經云一切菩薩及末世衆生居一切時不起妄念於諸妄心亦不息滅住妄想境不加了知於無了知不辨真實聞此法門信解受持不驚不怖是則名爲隨順覺性(不爲地位明)故(不)疏德等圓明者同佛也(等薩圓二乘衆生皆佛具明)標人經云當知衆生已曾供養百千萬億恒河沙諸佛菩薩佛說是人名爲成就一切種智(果智)(圓明也)疏然出下二別明觀行中根修證二初

結前上根生後中下之意也謂良善之馬旣中韋出纔見鞭影即馳驟長衢不假頓更鞭撻如上根人纔聞前段法門即生解起行乃至證入不假三觀諸輪等也鞭影之言即是中論云如駃馬見鞭影而行也天台大師亦用此喻涅槃經中亦有此意而文不同(況)(四)彼云如御馬者凡有四種一觸毛(二皮三肉四骨)隨其所觸稱御者意如來亦爾以四種法調伏衆生一爲說生(餘老病死)令受佛語如觸其毛隨御者意(觸皮肉骨文皆例此也)御者調馬無有決定佛調衆生決定不虛故號我爲調御丈夫兩處文皆況舉一隅而示之可以三隅反也疏埋塵大寶須設治方者論中因說發心修行便有問曰上說法界一相佛體無二何故不唯念真如復假求學諸善之行答曰譬如大摩尼寶體性明淨而有鑛穢之垢若人唯念寶性不以方便種種磨治終無得淨如是衆生真如之法體性空淨而有無量煩惱垢染若人唯念真如不以種種熏修亦無得淨以垢無量徧一切法故修一切善行以爲對治若人修行

一切善法自然歸順真如法故(以善法叶違妄歸由此真)(如故)疏故三下二正叙中根法門澄即止也明即觀也德問云大城四門隨方各入(云云)頤說一切方便并修行人總有幾種佛荅無上妙覺周徧十方於諸修行實無有二方便隨順其數無量(歸源性無二方便有多門)(前論云修一切善行等也)(況)(又如)圓所歸循性差別當有三種疏真假俱入者釋上三觀入圓覺也真假俱三字一字是一觀謂真入假入俱入也真謂泯相澄神觀(奢摩他也)假謂起幻銷塵觀(三摩提也)俱謂非真非假亦真亦假即絶待靈心觀(禪那也可綺紋之)疏諸輪綺互者謂二十五輪有開有合或先後或同時互相交絡猶如錦綺故云綺互單複圓修者單修複修圓修也謂二十五中初三單後一圓中間複者三觀互舉爲首各成七觀三七成二十一要具說者即檢下經文疏文叙之其圓修者經文云若諸菩薩以圓覺慧圓合一切於諸性相無離覺性(餘者不能具引)疏四相淨非覺違拒者淨業問云若此覺心本源清淨因何染汙使衆生不入佛言衆生從無始來

妄想執有我人衆生壽命認四顛倒爲實我
體云云由此不能入清淨覺非覺違拒諸能入
者有諸能入非覺入故是故動念息念皆歸
迷悶又云如人不自斷命又云衆生生無慧
目故又云不了四相多劫勤苦終不成聖果
云云讚喜謗瞋則知我相堅固執持潛伏藏識
遊戲諸根曾不間斷其四相之義在下敎起
因緣門中畧釋至本文廣釋若要具說檢而
叙之疏四病出體者普覺問求何等人修何
法行何行除何病佛荅云當求一切正知見
人云云心不住相不著二乘乃至心恒清淨不著
凡夫也四病者一作病若有人言我於本心作
種種行欲求圓覺乃至圓覺非作得故二任
病不斷生死不求涅槃無起滅念任彼一切
三止病我今自心永息諸念四滅病我今永
治九 六
滅一切煩惱身心畢竟空無所有疏心華發
明者若善男子於彼善友不起惡念即能究
竟成就正覺心華發明照十方剎疏復令下
三道場加行下根修證文云攝衆取意而引若佛滅
後信圓覺心欲修行者若在伽藍安處徒衆

有緣事故隨分思察如我已說若無他事因
緣即建道場當立期限長百二十中百八十下一安置淨
居疏起念攝念而加行者謂令施設形像云云
懸諸幡華經三七日稽首十方佛名求哀懺
悔遇善境界得心輕安此上皆攝念也過三七日一
向攝念云云非彼所聞一切境界終不可取此上
皆攝念也疏別徧互習者謂別習徧習互習也別
習者若修奢摩他先取至靜不起思念靜極
便覺若修三摩鉢提先當憶想十方如來菩
薩依種種門漸次修行等若修禪那先取數
門心中了知生住滅念分齊頭數如是周徧
四威儀中分別念數無不了知漸次增進乃
至知百千世界一滴之雨如目覩所受用物
是名三觀初首方便疏徧習者文云若諸衆
生徧修三觀勤行精進即名如來出現於世
治九 七
疏互習者文云若末世鈍根不得成就由昔
業障當勤懺悔先斷憎愛嫉妬謂下根之人
於上三種淨觀中隨學一事此觀不得復習
彼觀心不放捨漸次求證諸障若消滅佛境
便現前疏業障惑障而消亡者文在互習中

也可配之疏成就慧身是華嚴之文與此義
同故用之也謂一切法即心自性全體是慧
故云身也一切即心自性是靜極全慧即覺
徧靜極覺徧是別習奢摩他之文如上所引
百千世界是別習禪那之文亦如上引佛境現
前即彼偈文諸障若消滅佛境便現前亦如
上引疏是以下三叙流通分五名者文云是
經名大方廣圓覺陀羅尼亦名修多羅了義
亦名祕密王三昧亦名如來決定境界亦名
如來藏自性差別汝當奉持超剎寶施福者
文云假使有人純以七寶積滿三千大千世
界以用布施不如有人聞此經名及一句義
疏說半偈義勝河沙小乘者文云假使有人
敎百恒河沙衆生得阿羅漢果不如有人宣
說此經分別半偈上來第二正叙竟疏實由
下三結勝無法不持者是一切法總皆持也
經云有大陀羅尼門陀羅尼是梵語此云總
持故也無機不被即上所叙上中下根皆令
證入疏噫巴下三叙疏六一標意噫者陸韻
云恨聲也孔安國云心不平之聲也疏巴歇

和衆似量騰於猿心者巴歌則巴峽歌辭如唱竹枝之類隨發一聲無有不解齊和之者今以之況淺近權小之教舉之聞之易信易順似量者去聖時遥源派益別國土隔遠教理澆訛或造論或注經或疏鈔或開禪其中失聖意者千萬得意者無一二習俗生常濫似於真無由辨得故云似也復云量者即因明論本偈云能立與能破及似唯悟他現量與比量及似唯自悟此中真現量真比量似現量(似非證)似比量(似非義)真立破似立破今意云開禪者不親自契悟心源都無觀慧之力但積習他要妙之語記持而說此非真現量似現量也講說者不親自於心識中推斥比度勘會大小乘性相法喻但隨一家本領即依文熟記而揚於人是名非真比量似比量也故都云似量也騰於猿心者凡夫之人貪著其事多是意在文字語言以為立身事業少有照理照心以求出離被名相騰擲如猿猴之心也雪曲者即陽春白雪之曲調高難和設有一人發聲者千萬人中難得應和應

和者或三二一故云稀也今了義之宗雖有其教在經藏之中章疏之家多不弘演即法界起信寶性佛性菩提資糧等論如來藏密嚴法句不增不減菴提之類數十部經及諸大部經中了義之句亦無數也皆是人少弘之故義理隱匿疏宗密下二述疏因緣五一叟迷道德髫者陸韻云小兒髮也髫亂之年謂十歲之間矣魯誥即儒教也教主姓孔名丘字仲尼魯國人也為魯大夫故呼為夫子今自其國故云魯也誥即典誥謂魯孔丘所傳述先王典誥也故尚書有大誥康誥酒誥洛誥仲虺之誥梓材之誥等篇名疏冠討竺墳者冠(去聲)謂束髮戴冠(平聲)即年二十當冠(去聲)帶之歲也今但云冠者即取束髮戴冠(平聲)以為裝冠也不取帶者帶名紳紳者是古人之大帶也在腰下繫之竺墳者釋教也竺者天竺國也墳者亦是典墳謂三皇五帝之書謂之典墳說大道常道也今借此方之語以目佛教中經論也所言髫冠但汎指初習之間歲數若實而言之即七歲乃至十六七為儒

學士十八九二十一二之間素服莊居聽習經論兼覆疏講二十三又却全功專於儒學乃至二十五歲方遇良緣而出家矣疏俱溺筌蹄唯味糟粕者意言但專文言不得其意且儒教宗意在道德仁義禮智信不在於馳騁名利使令揚名後代者以道德孝行為名不以官名才藝為名也釋教意在通達自心修習定慧具於悲智灼然不在立身事業當時雖習之而迷之故云爾也筌者南人捕魚之器蹄者兔迹亦作罤字即取兔之器罝網之類也筌喻言詮蹄喻名教周易畧例云言生於象(象從言生)故可尋言以觀象象生於意(意從象生)故可尋象以觀意意以象盡象以言著故得象忘言得意忘象猶蹄者所以在兔得兔而忘蹄筌者所以在魚得魚而忘筌然則言者象之蹄也象者意之筌也存言者非得象存象者非得意象生於意而存象焉則所存者乃非其象也言生於象而存言焉則所存者乃非其言也解曰以蹄喻言以筌喻象筌入水不可見蹄在陸而可觀詳之可知矣又象通能所故兔筌二事

總喻於象望能望所其義異故又畧例次前
又云然則忘象者乃得意也忘言者乃得象
也心力劣者不須尋此下文但說此上即已得意在忘象得象在
忘言故立象以盡意而象可忘也夫易道幽玄至理難
曉筏筌蹄而爲喻立言象以求意言筌有分限難盡其理意無分限故可造理故不忘意
唯忘言詮也重畫以盡情而畫可忘也聖人觀三才設象畫
之以爲六十四卦觸類成象廣合變通應物爲微隨其事義畫卦之賾本欲盡情立象之
源亦隨遣意意遣情盡象盡似忘也是故觸類可爲其象合義
可爲其徵義苟在健何必馬乎類苟在順何
必牛乎爻苟合順何必坤乃爲牛義苟應健
何必乾乃爲馬象之爲用隨義而生不獨滯於一方事乃通乎萬變乾雖
爲馬不取以馬爲剛坤雖爲牛不獨以牛爲順何必要在馬牛惑者爲誤滯於卦執之也
而惑者定馬於乾按文責卦有馬無乾則僞
說滋漫難可紀矣此言惑者必定以馬爲乾以牛爲坤按文責卦而取
其象若有馬無乾有牛無坤即爲非理此乃紕繆何甚繆徑實深難可紀也互體
浼　十一
不足遂及卦變變又不足推致五行一失其
源巧愈彌甚遠理求宗於通變約五體之取象依卦變之求義巧推六位曲
配五行此實喪失本源巧僞滋甚縱復或值而義無所取蓋
存象忘意之由也若依五體取象推致五行求義縱使值遇而義亦無
取蓋是棄本逐末之由也忘象以求其意義斯見矣存本以求

意捨末而忘象義此見矣蹏唯味糟粕者酒糟麻粕也莊
子外篇云此取意說輪人之事不用但引世之所貴道者書
也書不過語語有貴也語之所貴者意也意
有所隨意之所隨者不可以言傳也而世因
貴言傳書世雖貴之哉猶不足貴也爲其貴
非其貴也所貴在言義之表故視而可見者形與色
也聽而可聞者名與聲也悲夫世人以形名
聲色爲足以得彼之情夫形色名聲果不足
以得彼之情得彼情非忘言則知者不言言者不知
而世豈識之哉此絕學去尚之意也桓公讀書於堂上
輪扁斲輪於堂下釋椎鑿而上問桓公曰敢
問公之所讀者何言也公曰聖人之言也曰
聖人在乎公曰已死矣曰然則君之所讀者
古人之糟粕已夫桓公曰寡人讀書輪人安
得議乎有說則可無說則死輪扁曰臣也以
臣之事觀之斲輪徐則甘而不固疾則苦而
不入不徐不疾得之於手而應於心口不能
言也有數存焉於其間臣不能以喻臣之子
臣之子亦不能受之於臣是以行年七十而
老斲輪此言物各有性妙學之無益也古之人與其不可傳

也死矣然君之所讀者古人之糟粕已矣當古
之事以滅於古矣雖或傳絕其能使古在今歲古不在今今事已變故之學任性與時變
化而後至焉蹏幸於下二頓悟教理涪是東川江
名山劍之南巴蜀之水皆名江也如北地皆
名河也山南梁洋是漢江果閬州嘉陵江東
川涪江西川導江亦云陀江錦江遂州在涪
江西岸宗密家貫果州因遂州有義學院大闡
儒宗遂授詰進業經二年後和尚從西川遊
化至此州遂得相遇問法契心如針芥相投
十二
也經說佛問迦葉從兜率天輥一芥子於閻
浮提豎一針鋒使芥子投於針鋒此事難易
迦葉答言甚爲難也佛言正因正緣得相值
遇更難於此今得相遇故言投也蹏禪遇南
宗者和尚所得之法是嶺南曹溪能和尚宗
旨也蹏教遂斯典者宗家爲沙彌時於彼州
因赴齋請到府吏任灌家行經之次受得此
圓覺經讀之兩紙已來不覺身心喜躍無可
比喻自此耽翫乃至如今不知前世曾習不
知有何因緣但覺耽樂徹於心髓討尋章蹏
及諸講說匠伯數年不倦前後遇上都報國

寺惟慤法師疏一卷先天寺悟實禪師疏兩卷薦福寺堅志法師疏四卷北都藏海寺道詮法師疏三卷皆反覆研味雖亦有得失皆未備經宗雖逢講者數人亦無興說螢燒妙高矣（下經云以思惟心測度如來圓覺境界如取螢火燒須彌山終不能著）良由此經具法性法相破相三宗經論南北頓漸兩宗禪門又分同華嚴圓教具足悟修門戶難得其人也（宗密）遂研精覃思竟弗疲厭後因攻華嚴大部清涼廣疏窮本究末又通閱藏經凡所聽習皆詢討論披讀一一對詳圓覺比擬本末以求旨趣至元和十一年正月中方在終南山智炬寺出科文科之以爲綱領因轉藏經兼對諸疏採其義抄畧相當纂爲兩卷後却入京都每私檢之以評經文亦未敢修疏綸緒因爲同徒評量數徧漸覺通徹不見疑滯之處後覺化緣勞慮至長慶元年正月又退居終南草堂寺絕迹息緣養性鍊智至二年春遂取先所製科文及兩卷纂要兼集數十部經論數部諸家章疏課虛扣寂率愚爲疏至三年夏中方遂功畢餘

如下說疏一言之下心地開通者自所悟心猶如地也見道證真已去名十地者義亦同此本業經云地名爲持持百萬僧祇功德亦名生成生成一切因果十地論云生成佛智住持故唯識云與所修行爲勝依持轉一軸之中義天朗曜者於此一經達一切義華嚴序云空空絕迹義天之星象璨然疏頌以下三雙結迷悟初二句顯前迷意也意明項者溺言象之時由所悟之道不是真常不變之體故所運之心所行之行所計諸法皆是生滅無常如以金所爲之器器器皆金以土所爲之器器器皆瓦也此義如前釋本起因中所釋後釋文殊問中當更廣明然道非常道之語出道經也（下雖具引講時但標初兩句即得也）彼云道可道（經術正教之道）非常道（非自然長生之道常道當如無爲養神無事安已含光藏晦滅跡匿端方可稱道也）名可名（富貴榮華之名高世之名）非常名（非自然常在之名常名如嬰兒之未孩鷄子之未分美玉處石閒明珠在蚌中內蘊昭昭外若頑愚）然諸行無常之言即涅槃十四羅刹所說之偈也具云諸行無常是生滅法生滅滅已寂滅爲樂彼經義訣云十力世雄所說空義

者五陰諸行從因緣生緣離即滅此偈上兩句諸行等是流轉門夫生必滅滅已更生滅生無滅無滅無生即寂滅樂下兩句生滅滅已寂滅爲樂者是大涅槃還滅門也又上半偈破昔常倒即除常見後二句破昔無常倒即除斷見又前半生滅舉體皆空後說涅槃相無性有情無理有疏今知心是佛心定當作佛者由所悟心不生不滅名爲本覺全是諸佛之心以此爲本修行決定成佛然自心是佛之言據其文甚多謂華嚴出現品云應知自心念念常有佛成正覺等也涅槃中佛讚純陀心同佛心其定當作佛亦全句是涅槃文云凡是有心定當作佛故此云爾疏然佛下四漸修解行於中初二句立漸修之理稱種智者佛果位中梵云薩婆若唐言一切種智也然據大品等經具有三智謂一切智道種智一切種智初是聲聞次是菩薩後是如來今云種智意取一切種智也如來雖兼前二且簡異二乘菩薩而標最勝修假多聞者既一切皆達具一切種智方名爲佛故修

因必須假藉多聞究華嚴第三地經文正以多聞爲菩薩行之枌門展轉五重推尋度生之行始自多聞故也彼文云菩薩如是厭離一切有爲愍念一切衆生知一切智智有勝利益欲依如來智慧救度衆生作是思惟此諸衆生墮在煩惱大苦之中以何方便而能拔濟令住究竟涅槃之樂便作是念欲度衆生令住涅槃不離無障礙解脫智離二障攝實自在是究竟攝生方便無障礙解脫智不離一切法如實覺覺一切法皆如實也如實即法性由此故方便能斷惑起用也一切法如實覺不離無行無生行慧光覺以無行無生爲行相也無行無生行慧光不離禪善巧決定智出入自在不被禪縛禪善巧決定智不離善巧不取相故聞多聞聞慧也由此發前思修等慧故若順而言之則由多聞故發禪智由禪智故發無生慧由無生慧故以覺法性由覺法性故任運增遍辭照變流名爲佛智堪任度脫一切衆生也菩薩如是觀察了知已倍於正法勤求修習日夜惟願聞法喜法樂法依法隨法解法順法到法住法行法菩薩如是勤求佛法所有珍財皆無悋惜不見有物難得可重但於能說法人生難遭想故內外財無不能捨無有恭敬而不能行無有憍慢而不能捨無有承事而不能作無有勤苦而不能受若聞一句未聞之法心生歡喜勝得三千大千世界滿中七寶及輪王位帝釋位梵王位若有人言我有一句未聞法能淨菩薩行者入七仞火坑云云如是求法如其所聞觀察修行乃至於空閑處作是思惟如說修行乃得佛法非但口言而可清淨此復說得四禪八定云云婆沙論亦云多聞能知法多聞能離罪多聞捨無義多聞得涅槃智論說多聞無慧有慧無聞皆不知實相有慧多聞方知實相無聞無慧是人中牛上說心地開通是頓悟門即有慧也故今云修假多聞明漸修之門也又相傳路逢羅刹之事亦是多聞之益華嚴問明品云非但以多聞能入如來法者此明不斷煩惱之失非毀多聞言非但者意使隨聞而修也疏故復行詣下正明漸修也言故復者前已云心地開通義天朗耀然由成佛之因假多聞故復須行詣等也行詣百城者是巡國邑參善知識求學法門也行詣之言是淨名經中佛遣使問疾之語一一云汝行詣維摩詰問疾今務在用經典正文兼圖對下坐探之言故云行詣也百城者即華嚴經善財童子展轉南行求善知識經一百一十城今但言大數矣言坐探群籍者問道求法即行披覽典教是坐亦意在以行坐爲對也宗密比所過釋門中典籍未有不探討披覽耳終南山智矩寺誓不下山徧轉藏經三年願畢方下雲居草堂豐德等寺又經三年半皆是尋討聖教餘隨處隨時不可具記自年十七八乃至今日未曾斷絕故云探群籍疏講雖下五宗師印可講濫泰者古來相傳有蒲州不聽泰淄州半徧沼彼是聰慧上德不聽而講余是愚末之流宿生有少緣種披尋華嚴章疏薄見端倪未見疏主師承之時在襄州東都先以輒講兩徧事迹似於古德而賢愚不齊故云濫也而云雖者明有禀承後非不聽而已故次云學且師安也謂元和五年於襄州初講一徧六年於東都再講事迹具在上疏主狀中所述可依飲之也然後入上都覲事疏主數年請益初二年間晝夜不離前後雖於諸寺講傳有疑則往來咨問不絕言師

安者即道安法師當代天下所宗自後時人皆云學不師安義不中難疏叨沐猶吾之納者東都日因講次有門人泰恭斷臂慶法留守申上中書取裁緣文状中云華嚴門下處宰相尋問疏主盧實疏主既未委識恐不招承遂修状具述所領解二十卷疏中關節大部經文品會血脉七八紙來差小師玄珪智輝申上疏主以明講非孟浪疏主連牋批示云得書領大教旨趣說傳讚誠感悽然心納矣吾自傳揚或面言心受（親聽）或展轉分照（於門下諸座主處聽得者也）盈乎異域（新羅渤海二國皆有此疏流行）然仲尼傾蓋伯牙絶絃（皆古之賢人兩心相見知音之故事也此意在後故以然字隔之也）亦籍形聲矣（意云雖玄通道合亦籍形聲决未見吾形未聞吾說法之聲便領吾意超於古也）不面不傳得旨繫表（意云得大教深旨出於繫象之外也）意猶吾心（猶者似也汝見解不異吾）未之有也（即此是明超古之辭）釋曰令言叨沐等者此是書中語意以書中云意猶吾心及悽然心納故令云爾叨沐之言是自叙下情叨濫蒙此印許爾疏謬當真子之印者即疏主書次前云非憑聖力必籍宿因當自慰爾轉輪真子可以喻也釋曰謬當者亦是自叙淺劣非其分也虛謬當斯語矣轉輪真子即大經舉喻說十地菩薩受位如轉輪聖王有千子其中取嫡夫人生年最大者一人方受灌頂紹輪王位疏主今用此事言轉輪者約喻即轉輪王之位約法即紹繼轉法輪之位如禪宗祖代相傳一人繼嫡矣言真子者即如嫡夫人所生也印者即書末云儻得一面印所懸解復何加焉如忽緣阻但當心契玄極豈山河形聲所能隔哉

圓覺經畧疏之鈔卷第四

圓覺經略疏之鈔卷第四

校勘記

一 底本，明永樂北藏本。

一 二一二頁上三行第一二字「二」，清作「一」。

一 二一二頁下一六行末字「二」，徑作「一」。

一 二一三頁中九行「說生」，徑作「說衆生」。

一 二一三頁中一〇行「佛調衆生」，徑作「佛調伏衆生」。

一 二一五頁下二行「全功」，徑作「前功」。

一 二一六頁上一七行第三字「愈」，徑作「喻」。

一 二一六頁上一八行夾註左第三字「巧」，徑無。

一 二一六頁上末行夾註左「逐未」，徑、清作「逐末」。

一 二一六頁中一行夾註右「捨未」，徑、清作「捨末」。

一　二一六頁中五行第九字「哉」，徑作「或」。

一　二一七頁上五行夾註右「惻度」，徑作「測度」。

一　二一七頁上一七行「終南」，徑作「終南山」。

一　二一八頁下六行「智炬寺」，徑作「智炬寺」。

一　二一八頁下一八行夾註右第五字「上」，徑作「下」。又左第六字「欽」，徑作「叙」。

一　二一九頁上三行「東都」，徑作「在東都」。

一　二一九頁中一行「喻也」，徑作「爲喻也」。

一　二一九頁中卷末書名、卷次，徑無。

圓覺經畧疏之鈔卷第五　治十

圭峯蘭若沙門宗密　於大鈔畧出

疏再逢下三釋造疏之意三一發心弘法再逢親友者用法華經五百弟子受記品繫珠喻領解得記之事以申今意也彼經云譬如有人至親友家醉酒而卧是時親友官事當行以無價寶珠繫其衣裏與之而去其人醉卧都不覺知起已遊行至於他國爲衣食故勤力求索甚大艱難若少有所得便以爲足於後親友見之而作是言咄哉丈夫何爲衣食乃至如是我昔欲令汝等五欲自恣於某年月日以無價寶珠繫汝衣裏今故現在而汝不知勤苦憂惱以求自活甚爲癡也汝今可以此寶貿易所須常可如意無所乏少下法合可知釋曰繫珠有二說一約結緣釋則圓解爲珠與說爲繫煩惱心中聞熏爲醉酒五道求樂爲勤力艱難於小涅槃不求大果爲得少爲足後聞說法華爲逢親友示以知見爲得珠以因易果所樂皆得二約天真本性釋然昔繫有時珠則本有昔時妄想心聞之未悟即云都不覺知已成堅種如繫未得契合本體如在衣中曾聞法故願求善福爲衣食調伏故艱難今再遇本緣爲親友餘大同前釋然此人蒙繫珠之時已是初遇親友故於後親友見之而作是言等是再逢也余亦如是以今現事驗於昔因定知宿世曾聞疏主言教所以今生聞之即解故云再逢矣疏彌感佛恩者彌者是轉深之義謂未講華嚴已前或因轉讀或因聽聞每見經文說佛恩深又自慶聞法已感佛恩今因再逢善友親講華嚴宗部深見諸佛菩薩多劫苦行弘護大法哀愍衆生之迹又悟大教義味無邊若非釋迦降迹出現演說此門而我何由得至此地故所感恩彌深彌厚疏久慨孤貧將陳法施下皆是報佛之事故智論云假使頂戴經塵劫身爲牀座徧三千若不傳法化衆生畢竟無能報恩者慨者是無聲之歎孤貧者華嚴三地經云菩薩見如來智慧有大利益有爲過患即於衆生起十哀愍心所謂見諸衆生孤獨無依生哀愍心（世謂少而無父爲孤老而無子曰獨今衆生上遠諸佛慈尊故孤下不利生旣無弟子故獨更何所依也）見諸衆生貧窮困乏生哀愍心（無福慧故貧窮已得無厭故困乏又不能少欲而乃更求故乏因得不知足故乏）又五地云此菩薩作是念此諸衆生受如是苦孤窮困迫無救無依（又一事不得即一切即爲孤一中不得合一切爲窮）疏將陳法施者將猶欲也陳者陳設之謂也法施者運清淨心無希名利之垢以法施他故名法施菩薩戒序云財法二施等無差別又大法炬陀羅尼經云譬如商家以財求利歲月漸增庫藏充實拯濟多人若不商販財利不增後值飢荒喪失家業彼說法者亦復如是應常宣說不得休懈若常說法法則增長利益人天若不宣說法則衰殄（然財法二施有三不同一財施多則盡法施多唯增二財施世間果報法施出世功德三財施成就色身法施成就法身）疏采集下二明且造諸疏爲此疏之資緣也即是明法施之事謂著述名教以訓後來令佛種不斷采集般若者由見般若破相是諸佛母祖師深讚遂以元和十四年於興福寺采集無著天親二論大雲等疏祥公等注纂其要妙以釋金剛般若經也勒成疏一卷鈔一卷疏綸貫

華嚴者由見華嚴稱性之法恢廓宏遠實可宗承以文富義博學者難見涯畔但攻章鈔迷於經意致令後輩輕於大經云講華嚴涅槃者但是轉經之流或云卷經之輩故長慶二年於南山豐德寺以疏中關節綸次貫於一部經文令講者尅意記持經文以將釋於此疏勒成五卷題云華嚴綸貫疏提挈毘尼者因徧討大毘尼藏五部律等聽四分新章見律文繁廣事數重疊或是天竺風俗之事不關此方傳者駢於重重句數致令修持者不知尅實要用之處遂以長慶三年夏於豐德寺因聽次采集律文疏文取修行人要行用者提舉纂出接引道流勒成三卷疏發明唯識者然唯識宗旨釋教之綱諸論浩瀚諸師差別致使學者但於部帙句偈熟習唯識之名言不就自心尋伺諸法唯是我心識之行相遂以元和十四年冬至十五年春於上都興福寺保壽寺采掇大論大疏精純正義以釋三十本頌勒成兩卷顯發彰明唯識宗趣令人易見諸法唯是自心之義理故云發

明唯識疏然醫下三正述本意本意在圓覺也於中二初舉喻如人有病請大醫家但應求治自病之方買藥調合不可見他千卷萬卷方書且貪從頭尋讀辨別若如此者讀未徧而病增身死又如人入海采無價珠而大海之中珍寶無量若見之即取聞名即尋則終身皓首死於海中何日得歸閻浮濟於貧乏但應求摩尼珠得即持歸自然千珍萬寶要即充足所以者何摩尼梵語此云如意意中所要財寶衣服飲食種種之物此珠即能出之如意而得故云如意疏觀夫下二法合將欲弘闡法門揀其要妙圓通了義莫尚華嚴西域此方古今三藏大德皆判爲最具如彼疏懸談所叙然且部帙浩瀚義理縱横初心之流造次難入如大海中一切珎寶不可總求不如此經一道頓入會相歸性泯念全真影像亦空覺所顯發覺圓明故煩惱氷銷妙用神功一生可獲故前云海中先求如意也文富者八十卷文義博者五周因果五教十玄誠者實也讓者推讓雜華者涅槃等經指華

嚴爲雜華經謂萬行感果如天地所生一切諸華萬德嚴身如金玉繒綵一切諸華故云雜也意言若約文義富博誠知不及華嚴若取指示覺心之體以投頓悟初機即不如圓覺故苦留心徧願弘此是其本意矣疏故參下四正製此經疏也根本始自元和十一年春於南山智炬寺以筆科判及搜檢四家疏義集爲兩卷私記檢之以評經文被於禪學之輩中間至長慶二年於草堂寺再修爲疏及開數十段章門至三年秋冬方得終畢言諸論者起信唯識寶性佛性中觀智度瑜伽攝大乘等也百家者諸家章疏及諸觀門箴論讃頌諸所述作建宗立義等文卷當途要者無不徧尋言參詳及反復者集之對此詳彼飜覆再三研味宗趣審度得失如南容三復白圭之例也白珪者毛詩云白珪之玷尚可磨也斯言之玷不可爲也南容讀詩至此章句再三反復指示其心使慎言也以利其器者論語云工欲善其事必先利其器此明欲造圓覺疏故十數年來先習諸教以利其

智以廣其學方製其疏也疏冥心下五明疏之宗趣分齊也初二句標意冥心聖旨者全忘已情以求佛意也極思研精者極其智思研磨精錬遂得文無重疊義無繁雜廣而不剩畧而不闕也然其文勢即禮記月令序云臣等虔奉綸旨極思研精愧無演暢之能謬承討論之寄次二句云義備性相禪兼頓漸者正明義之分齊性相者兩宗經論中義門也頓漸者南宗及天台止觀妙旨也疏中所立章門二十三科多歷五教故云具性相也頓漸者疏中釋經初四章及清淨慧章洞徹南宗頓門理性其三觀諸輪道場加行周備南北禪門及天台觀門修定漸次出入門之行相也然南宗及天台雖亦自具頓悟漸修之意然南宗頓顯漸密天台頓理又便屬經論中義故今但指頓門爲南宗也故云禪兼頓漸疏勒成下六結前生後謂結成大疏生起畧疏之意文二一結成大疏其三卷之文約二百一十餘紙已傳強學者疏成已經三年習學者約有其百覆講者亦有七八皆是

曾習禪理及講經律論者今各現傳持不輟故云強學強學之意即根性明利志氣精強勇猛堅固與其進不與其退之謂也其文即禮記云強學而待問今用此語也今意云如此強學之流方能傳得大疏復恐有雖志願傳習根性稍劣力不任者復應刪畧簡要以被之然此意雖在次下之文今結前中已含生起之意故云結前生後也疏然上下二叙畧疏三初且叙所被之機學者根性既殊須有廣畧之教被之方足機器勝者爲上品平平者爲中下品今且約一類可學者言之故但標三品若委細具收復應有上上上中乃至下下九品也疏根欲性殊者上句是竪明勝劣下句是横說差殊根者一向發起聖道之根欲者樂欲性者種性三義各别故云横也是十力中三種力所知之境初即諸根勝劣力謂信進念定慧五根有上中下故云勝劣次即種種解智力亦名勝解即樂欲也謂若從他起信以爲其先成下中上愛樂種種勝解亦名欲欲謂喜欲好樂如或貪財利或

好名聞了定好慧種種不同後即種種界智力界即性也謂或一三四五乘性等或貪瞋癡等分行等乃至八萬四千行名種種性性即種子樂欲即是現行此上皆依瑜伽等諸論所釋疏今將下二正叙能被之疏初二句叙意法者則也効也彼者彼周易繫辭中所說天地之化委曲成就萬物而不遺漏今取彼爲則而倣効之故以大疏小疏屈曲隨於機宜皆令悟解成就佛道故云法彼曲成也故彼繫辭云易與天地準故能彌綸天地之道（如仰觀天文俯察地理等云云）乃至範圍天地之化而不過曲成萬物而不遺（韓康伯注云範圍者擬範天地而周備其理曲成者乘變以應物不係一方者也則物宜得矣）今釋曰此意是明聖人則天法地以濟萬物故得各隨其類普皆成益故云曲成從其易簡者正明撮畧之意意在簡畧易解故云從其易簡易簡之文亦是繫辭彼意說天地之道甚易甚簡無爲而化順物之情成其功業彼文云（其文却在曲成之前今無注引之理令自皆）乾知太始坤作成物乾以易知坤以簡能（天地之道不爲而善始不勞而善成故曰易簡也）易則易知

簡則易從易知則有親易從則有功（順萬物之情故曰有親通天下之志故曰有功）有親則可久有功則可大（有易簡之德則能成可久可大之功）可久則賢人之德可大則賢人之業（天地易簡萬物各載其形聖人不爲業方各遂其業德業既成則入於形深故以賢人目其德業）易簡而天下之理得矣（天下之理莫不由於易簡而各得順其分位也）釋曰既合天道而化則易簡也故道經云大道甚易行而天下莫能行又云大道甚夷（夷平）而人好徑故知但一向尋求經意順理直釋不須廣敘諸家繁述名相則易簡矣問甚深法義難解難入云何言易答順佛善巧方便於難解法中令得易解方名善說豈可以著述演說令人皆不解會却名妙邪所以優波毱多說法聞者百千萬億之數皆得悟入馬鳴菩薩亦然佛會中亦然令有矜誇難解以爲深妙者是障道之流也即知法有深妙而易解有淺而難解有淺而易有深而難由說之差當述之巧拙也且如高僧傳中慧休聽大乘經論一徧入神聽律三十徧未解豈可云律部深於經論邪問既知如此今何不但作畧疏直釋經文而乃先

爲廣疏邪答上句豈不云根欲性殊邪良由名相漸次之疏論已徧人間彼一類人固執先聞拒而不信故爲開章一一會釋令歸一極有不執者即令從此要畧直入是爲法彼曲成而無遺也疏更捜精要直注本經者直敘本宗經意以消其文各隨科注於本文之下令覽者易見免別看經本疏本尋求科段矣文前雖有畧敘義門比大疏十中刪八故云更捜精要疏庶即下三結成其益諸佛說教本是詮心良由心有無量義門故展轉辨明便成多種事數學者尋文尋義迷本所詮之心故今節節指歸於心令學者每尋事義一一見心如律部千章萬句皆在行門故令著述講說鈔者但廣列句數廣生義解令學者貪尋句義而迷戒行故南山鈔主刪繁補闕令學賭事即行令意亦同彼故云即事即心也然律制身口但明其行令修定慧意在契心故彼云即事即行此亂於彼云即事即心也日益日損者老子經云爲學日益爲道日損今借彼語意以日損爲斷惑日益爲成

智日損爲斷惡日益爲修善皆是損爲離過益爲成德矣疏將解下二開章注解二初標列章名十門分別者前八義門後二正釋以經題目即屬本文故然此十門生起有緒初因緣者夫聖人言不虛發動必有由豈同凡愚無端率爾欲明聖典先知因由故受之以教起因緣二者因緣既彰有所起教教雖無量不出二藏三藏大小諸乘十二部分須知此經何藏何乘何分所攝故受之以藏乘分攝三者然其藏乘部分皆通權教實教須知此典爲實爲權判權實者須有憑據況西域此方末代諸德造論製疏宗尚不同故受之以權實對辨四者既辨此經是實教攝未知此經所詮之義分齊深淺如何故受之以分齊幽深五者已知經義甚深未審是何根器堪受此法故次明所被機宜六者雖知深義正被頓機未知能詮之經以何爲體故次明能詮體性七者能所文義已知深妙未審其中所宗所尚有何旨趣故次明宗趣通別八者上之七門懸談文義已知綱領雖能所詮異

終屬教宗然因詮得意得意須忘詮忘詮修心不無頓漸頓漸證入方便如何故決辨修證階差九者宗意以陳將釋文義先明題目包盡難思故受之以通釋名題十者通意雖知在文難曉欲使差別義門彰乎翰墨宗通理味現乎經文故受之以別解文義也疏初有下二隨章注解十一教起因緣然因緣之言有其通別通者因是因由緣是緣由皆是所以之義其意不異如云因何作如是事或云緣何作如是事二言總得語勢同矣別者緣是資緣助緣此則因親緣疎今此疏云因緣者是前通意不分親疎之異也若約前說酬因是因酬請是緣亦得然疏本意但通辨如來有何因由緣說諸教矣文二初通二一正顯因緣者佛在因地修行發願願得成佛說法度人今轉法輪酬因地之行願故華嚴云毘盧遮那佛願力周法界一切國土中恒轉無上輪疏酬請者佛初道成梵王帝釋等請轉法輪故法華云爾時諸梵王及諸天帝釋護世四天王及大自在天合掌恭敬禮

請我轉法輪佛酬其請故始於鹿苑終至鶴林四十九年說諸經教度脫衆生疏顯理度生者說二乘教顯四諦十二緣等生空之理度凡夫外道說大乘教顯二空理度二乘人及上中根凡夫外道說一乘教顯三諦三德法界法性究竟之理度二乘人及權教菩薩幷上上根一類凡夫故云顯理度生也疏皆由是矣者是此也佛一代時教皆由比酬因等意而得興起於世流布也疏若原下二尅就佛意謂若攬機感則具多緣緣會即應機請即說所說之教亦三乘深淺不同若直就佛本意而言唯爲開示衆生如來知見更不爲餘事故法華云諸佛唯爲一大事因緣故出現於世諸佛世尊欲令衆生開佛知見使得清淨故出現於世欲示衆生佛之知見乃至入佛知見道故出現於世諸佛如來但教化菩薩諸有所作常爲一事唯以佛之知見示悟衆生舍利弗如來但以一佛乘故爲衆生說法無有餘乘若二若三一切十方諸佛法亦如是故知佛意唯爲一乘二別者唯說

圓覺一經所起因緣不說餘經故云別也文十一顯因行有本者因行即是諸波羅密三十七品助道之法言有本者此等因行皆由了悟圓覺方成實行方曰正因故文殊請說如來因地清淨法行世尊標指覺心爲諸行本云從圓覺流出波羅密等又云一切如來本起因地皆依圓照清淨覺相又說一切衆生妄認四大及緣慮爲自身心等又說無明本空能了之智亦不可得等此一章意令了悟自心本來圓覺本無無明煩惱生死等法以爲起行之本爲欲顯此行本故說此經疏二泯絕果相等者謂泯絕菩提涅槃唯是清淨覺性方爲無始無終不增不減究竟之果故經云一切如來妙圓覺心本無菩提及與涅槃亦無成佛及不成佛又云生死與涅槃凡夫及諸佛同爲空華相又云生死涅槃猶如昨夢上所引文皆是泯絕菩提涅槃二果相也注云本無菩提等者釋泯果相也故無始終下皆釋成圓也謂菩提無始煩惱無終不同法相宗菩提有始煩惱有終故攝論云

世間不破出世間不盡無增減者起信論云
一切凡夫聲聞緣覺菩薩諸佛無有增減非
前際生非後際滅畢竟常恒從本已來性自
滿足一切功德所謂自體有大智慧光明等
乃至亦名如來法身（故知性本具者方爲實果）究竟之果
者了生死涅槃煩惱菩提俱不可得不取二
相徹到空寂靈覺之心即此覺心本來空寂
本來知覺元是菩提涅槃故云究竟果也故
經云三事圓證故名究竟涅槃（涅槃究竟也）又云
一切障礙即究竟覺（菩提究竟也）又云若事理障
已永斷滅即入如來微妙圓覺（即是上說所徹到之者）
滿足菩提及大涅槃（二皆究竟）又云流出菩提涅
槃（此等諸門皆是究竟一果也以稱覺體故皆究竟也）䟽三決擇等者
決謂決斷擇是揀擇所謂決定判斷必須
圓頓悟理稱理修行（此義在下本起因地䟽也）揀擇偏見
之人或一向但說本自圓真不假修行之者
或一向但說斷障證真滅凡成聖之者故云決
擇悟修等注文二一正明悟修云普賢問者
由前佛荅文殊云衆生身心如空華衆幻能
知之智亦然偈云衆幻滅無處成道亦無得

本性圓滿故故普賢乘此發問云一切衆生
修大乘者聞此圓覺清淨境界云何修行（即是）
（注云覺性本圓）世尊若彼衆生知如幻者身心亦幻云
何以幻還修於幻（注云一切如幻）若諸幻性一切盡
滅則無有心誰爲修行云何復說修行如幻
（注云幻空無體誰曰修行）若諸衆生本不修行於生死中
常居幻化曾不了知如幻境界令妄想心云
何解脫（注云如其不修何因證覺）言佛說者文云一切衆
生種種幻化皆生如來圓覺妙心猶如空華
從空而有幻華雖滅空性不壞衆生幻心還
依幻滅諸幻盡滅覺心不動又云應當遠離
一切幻化虛妄境界乃至離遠離幻亦復遠
離如鑽火等偈云幻從諸覺生幻滅覺圓滿
普眼章云幻身幻心幻塵滅故幻滅亦滅幻
滅滅故非幻不滅譬如磨鏡垢盡明現又云
證得諸幻滅影像故爾時便得無方清淨無
邊虛空覺所顯發覺圓明故顯心清淨等言
應當遠離者即是起幻智也虛妄境界者即
是所除之幻也幻身幻心幻塵滅者即是幻
盡之言也遠離亦復遠離及幻滅亦滅等皆

是智泯之言也言覺圓滿及非幻不滅垢盡
明現覺所顯發覺圓明等皆是覺心圓明之
言也注然今下二印定其要二一彰要所以
唯說等者揀圓悟之人於中道第一義諦真
性之體知真性隨緣成如幻之法緣無自性
故一切空此說即不溺無修今有但說空幻
者不知體是靈性及性隨緣者即乖修也何
者以虛空無可除斷無可添補增益故空不
可修其幻法等及翳所見華亦無體可斷修
無結果之義故幻亦不可修南宗談禪失意
者多有此類若經論學者即西域清辨門下
此方習三論不得意者亦有此類又華嚴䟽
鈔引智論說方廣道人立空幻宗西域推爲
附佛法外道注修習下謂不先求了達自心
不知性具一切功德不悟緣起如幻本空但
憑佛語發心運意而修既不尋佛意迷四悉
檀但執佛語故繫縛在於有所得也北宗禪
門下多有此類若經論學者即多是大小乘
法相宗人及不叅問善友不聽經論但以善
心修行之者故三聖觀云有信無解增長無

明既不知性德本圓諸法空幻即心有所得但結三界因果注良由下二結以印定於中先且辨迷所以言似反者既頓悟性德本具煩惱本無即不應更修既假修之積漸斷惑成德即不名頓悟故似反也言符者頓見九

層之臺漸漸而登頓生孩子六根具足漸漸成長頓認得身是良人漸學仁義禮樂頓見本性漸漸修行亦復如是故二義相符契合不乖反也注故最下正是印定也上句結下句印定言最難者若一向說頓一向說漸或

說頓漸各別皆是易明唯說二不相乖故難也蹤四窮盡等者人皆難到此境注中具出難到之相故曰甚深今徹底決了故云窮盡注文二一正明三一舉疑念云菩薩者即金剛藏也由前云始知衆生本成佛道故生難也其文具

云若諸衆生本來成佛何故復有一切無明若諸無明衆生本有何因緣故如來復說本來成佛十方異生本成佛道後起無明一切如來何時復生一切煩惱釋曰此有三句一謂先真後妄二謂說妄爲真三牒而縱之責

無窮過注佛荅下二斥疑念文云種種取捨皆是輪迴未出輪迴而辨圓覺彼圓覺性即同流轉釋曰種種取捨之言通攝一切分別即已該剛藏三句疑難也故蹤叙意云即此分別便是無明矣餘文易見注如雲駛下文

云譬如動目能搖湛水又如定眼猶迴轉火雲駛月運舟行岸移亦復如是善男子諸旋未息彼物先住尚不可得何況輪轉生死垢心曾未清淨觀佛圓覺而不旋復是故汝等便生三惑釋曰四喻中初由目數動湛水如

波搖次眼識遲鈍旋火成輪相餘二可見諸旋者眼目雲舟彼物者水火月岸注但一下三斷疑念清涼大師荅順宗皇帝心要之言也次云照體獨立物我皆如注如翳差華亡者文云譬如幻翳妄見空華幻翳若除華

於空滅注等者等有二意一者等於餘文文不具取故二者等於後喻謂佛通此難有其二喻空華喻頓悟本無煩惱金鑛喻漸斷惑習若但用前喻即撥迷悟因果之相便成邪見若但用此喻即似衆生覺性本來不淨

失真常理亦成邪見故說二喻蹤但舉一故等取二也金鑛文云善男子如銷金鑛金非銷有既已成金不重爲鑛經無窮時金性不壞不應說言本非成就如來圓覺亦復如是注衆生下二顯要二一辨要所以有四重展

轉難得其人謂難知難信難解難了後後難於前前也通論難者凡聖相違故說有多門故別釋相者初謂不遇人說曠劫無由自知既善友難逢故知之不易次謂宿有緣種聞之方信且千萬億之數無一有宿緣宿種故

雖聞之難生信也故金剛經讃信者云不於一佛二佛等三謂說但有緣無種或但有聞種無信種者今生雖聞而信亦難解悟不論根性利鈍要須宿世聞信所熏今再聞方解故須揀擇所聞之法不得雜熏雜熏累於至

道矣然緣則屬人種則屬法由此緣種應成四句謂有緣無種等於人有緣則易信於法有種則易解餘句可知四謂纔聞一門之義一重之法即便信解領受未經縱奪推徵或宿種本非深廣者則雖解亦不覺此剛藏所難三

句之境故云難了也此意言尚不解生疑匪唯不解通決罕者稀也寡鮮皆少也臻至也注令經下二結成其要於中上二句結衆生與佛若各隨相說是生滅門中染淨緣起皆是枝派之義良由泯相歸真同一心源二門不異故得相即當知相即即是窮源也下二句正顯要也言羣疑自釋者然求大乘之人於一切法數一切教門未能通達故有多疑今窮一切諸法唯是一心一切教義唯有二門（心真如門 心生滅門）一心是二門所依之法體一門是一心中之義相今既以空華金鑛之喻窮究決了生佛之義徹一心源心通一切法通故羣疑自然泮釋如堅氷遇陽暖之氣而銷釋也故華嚴云不能了自心云何知正道即能了一心是知正道正道既知何所疑矣疏五除斷等者無明貪愛即是輪廻根本也故文殊章云由此妄有輪轉生死故名無明彌勒章云由有種種貪愛故有輪廻注文三一顯所除過患其發潤之義下當具釋此通諸教故十二緣生生起有緒且約大乘一重因

果者最初是無明無明發業業是行也發已成種即識等五支次愛取能潤潤已名有有故受生即後二支注若不下二明應除所以言賊能為者涅槃經云覺知是賊賊無能為今反此意若不識無明無明即能為也能為者能發業也注不可斷者中論云定有著常常故不可斷也如真如體由此必須先顯其相後顯本空具如下文可檢而說之故智度論云佛有二種說法先分別諸法後說畢竟空即此意也注故荅下三指能除之文各於本章檢而畧叙然顯示無明已不即說斷貪愛者由斷貪愛是修行之心心行難頓相應不同悟解之慧故須假普賢已下三章之理觀照圓通方能窮達微細染習根本疏六搜索者委曲尋求也菩提隱障者但障菩提不起惑造業故舉菩提以目其障菩提之隱障依主釋也故文云彼修道者不除我相是故不能入清淨覺所言障者是覆蔽妨礙之義隱者疏中自釋注文三一正指隱障注雖名下二釋隱所以然此四種統唯我相是主宰義

但由展轉約義故有四名四名復有二相一迷識境謂取自體為我相計我過去從無始來種種生死為衆生相計我現在一報命根不斷而住為壽命相計我未來展轉趣於餘趣為人相諸教亦說我等行相皆是此也故云名同二迷智境即此經所明約以智證理能所難忘微細展轉成此四相文云以已微證為自清淨由未能盡我相根本四相者一認證名我二悟我成人三了跡跡生四潛續如命故云深密等也亦須檢文畧叙注故淨下三指能除文疏七少文等如注所列具頓漸空有悟修性相也且如大般若六百卷文唯無相一宗之義即少義多文今此二十八紙便具所列衆多之義故云少攝多也云頓及性正是一部所宗頓者流通文云是經名為頓教大乘頓機衆生從此開悟性者文中徧泯染淨一切諸法唯顯覺性如云非幻不滅覺性圓滿喻云磨鏡垢盡明現位位皆云隨順覺性等也漸者二十五輪三期道場及懺業等是也故流通文云亦攝漸修一切羣

品譬如大海不讓小流修羅蚊蝱飲之皆飽言空者文殊章云此無明者非實有體乃至亦無身心受彼生滅等又普眼章中顯根塵識界一一清淨如大般若文勢準智論釋清淨即是空義也有及相字即當法相宗亦含小乘小乘是有教故也法相者彌勒章中五性差別清淨慧章位地階降含小乘者普眼章中分析身心根塵內外即當界分別觀觀察四大皮膚血肉髓腦垢色唾涕膿血津液涎沫淚涙精氣大小便利等即當不淨觀也悟修者文中一一法門皆令悟覺託法而修故觀門之首一一云悟淨圓覺以淨覺心方說所修之行故云取靜爲行等不同權漸教或但勸策發三心四願修施等六度不先顯本有圓覺本成佛道據此即是唯修不言悟也或但顯理泯跡而已更無勸策願行之文即是唯悟不言修也余備尋大藏經文大部小部例如此者偏多其文於一經中便委細說悟說修者甚少若具備如上所列者轉更復少其華嚴等數部大經雖首末備足文又廣博浩瀚難究今如來特開無遮大慈爲欲被其（此下是起信論文）心樂總持少文而攝多義能取解者故說此經叙之爲第七因緣也疏八一法等者據諸經義或以了義勝法被於利根或以不了義劣法唯被鈍根上中下品各隨階降以其三法而被三根三根所得勝劣殊品三車之喻三乘之法是也今以一法巧爲方便以被三根三根勝劣雖殊皆令入於勝法故云爾也注中指文文相甚顯可檢畧叙

圓覺經畧疏之鈔卷第五

圓覺經略疏之鈔卷第五

校勘記

一　底本，明永樂北藏本。

一　二二一頁上五行「今意也」，徑作「經意也」。

一　二二一頁上一八行末字「知」，徑作「佛知」。

一　二二一頁上末行「昔繫有時」，徑作「昔時有繫」。

一　二二二頁上六行「經文」，徑作「疏文」。

一　二二三頁上一一行第五字「中」，徑作「申」。

一　二二三頁下一三行「此意」，徑作小字「天地之化委曲成就萬物而不遺漏」。

一　二二三頁下一五行「故云曲成」，徑作小字「今取彼爲則而做傚之故以大疏故三四成」。

一　二二三頁下一九行夾註左「自皆」，徑作「自解」。

一　二二四頁上六行「天道」，徑作「大道」。

一　二二五頁上一二行「前説」，徑作「次説」。

一　二二五頁中八行第一五字「比」，清作「此」。

一　二二六頁上一二行夾註「二皆究竟」，徑作「二者究竟也」。

一　二二六頁上一三行夾註右「一果」，徑作「二果」。

一　二二六頁中八行至一一行「一切……又云」，徑無。

一　二二六頁中一二行至一四行「乃至……眼章」，徑作：夾註「此即注云起幻智也虛妄境界者即是所除之幻也」，下接正文「由堅執持遠離心故心如幻者亦復遠離遠離爲幻亦復遠離離遠離幻亦復遠離得無所離即除諸幻」，下接夾註「即注云以除諸幻也」。

一　二二六頁中一四行第四字「云」，徑作「又云」。

一　二二六頁中一五行至一七行「又云……發覺」，徑作夾註「注云覺心圓明之謂也」。

一　二二六頁下九行末字「修」，徑作「終」。

一　二二七頁下一五行「所聞之法」，徑作夾註「所聞之法能信之心」。

一　二二八頁上三行第五字「二」，徑、清作「一」。

圓覺經略䟽之鈔卷第六　本一

圭峯蘭若沙門　宗密　於大鈔略出

䟽九令修等者然諸教所說修禪唯論五停心總別相念及四禪八定之類唯起信論直修真如三昧論云若修止者住於靜處端坐正意不依氣息形色不依於空地水火風見聞覺知乃至謂一切諸佛法身與衆生身平等無二即名一行三昧當知真如是三昧根本若人修行漸漸能生無量三昧此經便入圓覺觀門雖三根頓漸之殊所入無非圓覺故注指云皆以悟淨圓覺為本䟽十勸事等者然諸隨相之教所說修行有軌可則有跡可依以此未必長隨諸善友師僧和尚緣此經說本無感業障惱復云勤斷說本來成佛復曰勤修故注曰佛本是而勸修等也一切儀式類皆如此末世後學難可依從故注云必須離相明師觸向曉喻故令親近等也經文甚顯可檢叙之其文在普覺章中也第二藏乘分攝門文三一藏攝三藏者一修多羅此土義翻云契經契謂契理契機或有人說法唯契真理而不契合人心不令人悟入或復有人但說順世道理令人歡喜悅樂而不稱真理此二俱不名轉法輪必須契理合機方名經也經謂貫穿攝化佛地論云能貫能攝故名為經謂貫穿所說之義如線貫華華則不失以文持義義則不遺攝化者攝持所化之機令息惡歸善息妄歸真返本還源也若約正翻云線也線能貫華經能持緯此方不貴線名故古德見此方儒墨皆稱為經遂存於經字又借義助名更加契字故云契經甚為允當者據雜心論即有五義一湧泉注而無竭二出生展轉滋多三顯示示事理等四繩墨楷定正邪五結鬘如線貫華成鬘故二毘奈耶此云調伏謂調鍊三業制伏過非調鍊通於止作制伏唯明止惡能所詮之行彰名調伏之藏亦名毘尼東塔律䟽為毗尼毗奈耶傳譯訛略也此翻為滅滅有三義一滅業非論第一云滅惡故名曰毗尼也二滅煩惱律云世尊為調伏貪瞋癡令盡故制增上戒學三得滅果戒經云戒淨有智慧便得第一道也三阿毘達磨此云對法法有二種一勝義法謂即涅槃是善是常故二法相法通四聖諦相者性也狀也對亦二義一者對向向前涅槃二者對觀觀前四諦其能對者皆無漏慧出對法體也故俱舍云淨慧隨行者即是淨慧相應心心所等若總說之無漏五蘊名為對法言對法者法之對故故對法藏特名慧論釋名也若據所依之法應名法論今以慧為其主故名慧論故所詮中詮於慧學也世親攝論說有四義謂對故通目諸論也義如上說數故數者數量去聲呼之謂於一一法數數宣說訓釋言辭等如瑜伽論俱舍之類言數數者頻多之義此即入聲呼之伏故能勝伏於他也此約實主模論如中百門等三論也通故此能通釋契經義故如無著天觀論釋金剛經智度論釋大品經之類也亦名優波提舍此云論義然此三種皆云藏者皆能含藏所詮法義故略而言之即經律論是三藏也經詮於定律詮於戒論詮於慧諸佛菩薩本意欲令人學戒學定學慧故以經律論三藏三教而詮示之故云三學非為欲令學於文字言教而已故大小乘諸教中皆云增上戒學增上心學心即定也增上慧學不言增上經學律學等䟽修多羅攝者謂唯契經攝此圓覺之教非餘二藏所能攝也若約此經攝彼藏者即亦兼於律論謂二空觀前先令持戒三期修中說安居故剛藏菩薩徵難佛故䟽二藏者一聲聞藏二菩薩藏即由前三藏詮示聲聞理行果故名聲聞藏詮示菩薩理行果故名菩薩藏莊嚴論云此三藏由上下乘差別故復為聲聞藏菩薩藏䟽菩薩藏攝者小乘三藏教中並無圓覺中之法義故非彼攝但是大乘菩薩藏中實教所攝若此攝彼即亦兼之深必該

淺故疏諸乘下二乘攝據諸經論乘有開合合者統唯一乘謂十方佛土中無二無三也(設為三者亦但於一中分別為三也)開者或立三乘準法華云為求聲聞者說四諦為求緣覺說十二因緣為求菩薩說六波羅蜜或立五乘加人乘天乘若準梁攝論成立正法即具四乘(彼論云如來成立正法有三種一立小乘二立三乘三立一乘於此三中第三最勝一即為四也)梁朝光宅法師約法華經亦立四乘謂臨門三車即是權教三乘四衢等賜大白牛車即是實教大乘以臨門牛車亦同羊鹿俱不得故(羊鹿是虛指出門不上車牛車亦不上故知亦虛指)並無體故(出門既三車皆不得即明三皆無體)諸子皆索故(法華云諸子各白父言父先所許羊鹿牛車願時賜與)然大乘與一乘異者法相宗中學人多不信之故華嚴藏和尚製五教義分齊文中料簡大乘一乘有十義差別都引二十餘部經論證之故知學識寡淺者難免謗法一乘所攝者此是四乘中之一乘(約權實相對而料簡故也)非通相但一之一乘(通相即一代之教皆同是一無復料簡故云諸乘之中)疏十二下三分攝十二分者如注所列舊云十二部經近來諸德恐濫於部帙故改云分教一契經者大意如上然有總別總者涅槃經云始從如是我聞終至歡喜奉行皆修多羅別者雜集論云謂長行綴緝略說所應說義(此前總中出十一分十一分中不收者還攝在修多羅名為別相即綴緝等是也言略說等者且如色中復有青黃等然此別相亦名直說成實論中直說語亦名法本謂經為論本初為後本略為廣本也)二應頌者或與長行相應之頌由長行說義未盡故重頌之或為後來應更頌故三授記者佛記弟子生死因果及記菩薩當成佛事四諷頌者謂孤起偈非頌長行或為易誦持或為樂偈者故五因緣者或因請或因事方說故六自說者不因請故七本事者說佛及弟子往昔事故八本生者說佛及餘人昔受身故九方廣者方正廣博平等稱性廣利樂故十未曾有者德業殊異法體希奇故十一譬喻者為深信者說似令見真故或為淺識就彼取類誘令信故十二論義者以理深奧直說不了故須論也疏二分所攝者修多羅中就總相必攝諸經故就別相中此經直說法門即廣若展轉分析差別之義即略故修多羅攝就方廣中正是其宗故題云大方廣也平等稱性昭然可知若將此經攝彼十二分者即攝九分謂正宗中一一重頌故攝於應頌記安人心成就佛智故攝於授記因請說故攝於因緣說佛因地法行故攝於本事六度非因(六度對菩提涅槃即名因)(今此經既指覺性為本起因也從此方修六度故六度望本起因不名因也)菩提涅槃非果(前云泯絕果相成圓故等可攝敘之)攝於希有二十七喻故攝於譬喻普賢有徵剛藏有難故攝論義餘二分如上唯不攝伽陀自說本生等三也第三權實對辨門文二一總標或一味不分者成上合字也如西域龍樹之釋大品無著之解金剛等東夏僧肇之解淨名僧叡之釋思益等疏或開宗料簡者如西域智光戒賢各分三時東夏生公之立四輪智者之分四教等諸德見開有失則合見合有失則開矣疏今將下二別辨二一列章如文疏不分下二正辨二初明不分二一立理殊途同歸者周易云天下殊途而同歸百慮而一致謂如道路千逕萬途所入王城不二九流百氏大道寧差今疏借用乃通三義一約教始

隨機異故殊途終歸顯實故一致二約機則
異就理常一三體外無權權即是實故殊途
同致䟽一音普應一兩普滋者一音即是淨
名云佛以一音演說法衆生隨類各得解等
一兩即法華藥草喻品謂三草二木不同同
承一兩之潤五性三乘不一法兩一味無差
故彼經云如來知是一相一味之法所謂解
脫相離相滅相究竟涅槃常寂滅相終歸於
空等䟽三原佛本意為一事故者亦是法華
中意故彼經云過去諸佛以無量無數方便
種種因緣譬喻言辭而為衆生演說諸法是
法皆為一佛乘故等䟽四隨一一文衆解不
同者此通明諸經如經說一無常或有解者
以生滅代謝故云無常或云無彼真常故名
為無常或云不生不滅名為無常或即無法
可常或云真如一法隨染淨緣轉變不常故
名無常或云無常者對常以說無常非常非
無常以為中道等明知隨人解不同也又苦
集滅道四諦其名則同隨機解殊乃有四種
謂生滅四諦無生四諦無量四諦無作四諦

等也又涅槃說十二因緣之法亦無多種但
觀察者智有淺深謂下智觀者得聲聞菩提
中智觀者得緣覺菩提上智觀者得菩薩菩
提上上智觀者得佛菩提又如中論偈云因
緣所生法我說即是空亦為是假名亦是中
道義即有四宗人解之不同如大鈔中說既
隨一一文由人異解何須定判不同䟽多種
說法成枝派故者華嚴法界品云法欲滅時
有千部異千種說法等何不尋條以得根乃
欲派本而為末混淳源之一味成澆薄之枝
派䟽故不可分者總結也夫子云攻乎異端
斯害也已何得執異迷同是非競作䟽即後
下二正明即元魏菩提流支云如來一音同
時報萬大小並陳什公云佛一圓音平等無
二無私普應機聞自殊非為言音本陳大小
故維摩云佛以一音演說法衆生各各隨所
解此上二師初則佛音具異後則異自在機
各得圓音一義耳（互斥則俱失會之則是一義耳）䟽其分下
二明分教二一標意二一立理注云後三別
說者顯過於前䟽理雖一味等者謂今欲分

教非欲分理迷於權實寧契佛心二中一音
但是教本非即是教教方在機不同今分彼
教即淨名云衆生各各隨所解今分隨所解
耳一兩亦就佛說三草即就機殊今分三草
教殊非析一兩令異故經云雖一地所生一
兩所潤而諸草木各有差別以一音一兩義
相不異故但說一音三中本意未申者如佛
本為一事出現於世四十餘年未顯真實今
分一代時教何妨判有淺深言隨他意語者
佛有三語一隨自意語說自所證一[illegible]等故
二隨他意語一向方便引衆生故三隨自他
意語亦稱自證亦隨機故既有三種故須分
析也四中言有通別者如前所引此通隨聞
異解有不通者就此分之就顯者如大般若
明空理則文顯明覺性則文隱等五中有二
義故雖分權實不成枝派一善會佛意故謂
所說權教乃是隨宜所說實者稱理究竟二
有開顯故謂說彼權教是方便門說於實教
是真實相不說方便為真實則方便門開知
實理之普周則真實相顯故法華經云此經

開方便門示真實相令能開顯故不滯枝流
約佛施設故須分權實跡六王之密語下此
下更有三意顯開教之理過前不分此初一
也涅槃第九說先陀婆一名四實一者鹽二
者器三者水四者馬彼文云如是四法皆同
本一　八
此名有智之臣善知此名若王洗時索先陀
婆即便奉水若王食時索先陀婆即便奉鹽
若王食已將欲飲漿索先陀婆即便奉器若
王欲遊索先陀婆即便奉馬如是智臣善解
大王四種密語是大乘經亦復如是有四無
常大乘智臣應當善知若佛出世爲衆生說
如來涅槃智臣當知此是如來爲計常者說
無常相欲令比丘修無常想或復說言正法
當滅智臣應知此是如來爲計樂者說於苦
相欲令比丘多修苦想又復說言我今病苦
衆僧破壞智臣當知此是如來爲計我者說
無我相欲令比丘修無我想或復說言所謂
空者是正解脫智臣當知此是如來說正解
脫無二十五有欲令比丘修學空想以是義
故是正解脫則名爲空或復說言一切衆生

有如來性智臣當知此是如來說於常法欲
令比丘修正常法是諸比丘若能如是隨順
學者當知是人真我弟子然引此文意令隨
所言須善得意豈可混然不分權實跡七不
識佛意以深爲淺等者第二意也如經言初
本一　九
發心時便成正覺而淺見者謂言是如來方
便說故云以深爲淺也既以爲淺不能正修
高推聖境即不能速證無上菩提故云失其
大利離世間品云修此法者少作功力疾得
菩提等言以淺爲深虛其功者猶如世尊爲
止亂想權令數息觀心爲厭苦者令出三界
衆生不了耽味爲真勤苦不已多用功力所
獲至微不得涅槃一日之價故云虛其功故
謂虛廢功力也跡八諸佛下第三意也亦自
分者如解深密立三時不同解節金光明立
三輪之異涅槃自分半滿又約五味之差皆
佛分也若無著之扶五性及與三時龍樹之
判四門共與不共皆揀權實有取有捨即菩
薩亦分也又亦意在莊嚴聖教令深廣謂分
析權實空有偏圓遲速方知佛法微妙深玄

無不包攝譬如不迄大海豈識邊涯不辨權
實安知真實故智論釋法施云依隨經論廣
作義理爲立名字皆名法施又若不分權實
則謂三教大同今明大乘尚有權實何況小
乘小乘比大猶若螢光方於日照故小乘是
佛教尚被所訶況於儒道比之佛法則天地
懸隔矣以此重重揀之方知佛法深奧跡以
斯下二雙結離合而捨合從離跡然就下二
正開二一略標互闕言諸德不同者謂曇無
讖三藏澤州遠法師皆判一代佛經總爲二
種謂小乘半字教大乘滿字教皆不辨析大乘教中自有了不了也唐初印公判一切經亦有二種一釋迦
屈曲教隨機說故即涅槃法華已下皆是二舍那平道教稱性說故即華嚴是此於屈曲教中又不分析權實了不
本一　十
了又齊梁晉宋之間南中諸師同判一藏經
文爲三種教一佛初成道便說華嚴一時頓
詮理事性相因果一切諸法名爲頓教二始
自鹿苑終於鶴林三時一小乘有教二大乘空教三不空不有中道之教也五時加第四時中法華同歸教第五時涅槃常住教自淺之深
漸次而說名爲漸教三者佛於一代之中隨

遇上根即頓詮一真覺性常住之理（成佛六年便說央掘經及說如來藏經皆明大乘深理勝鬘金光明圓覺皆此類也）遇中下根說對染之淨或說二乘之法（故臨涅槃度須跋陀羅却成小乘羅漢也）遇何機緣即稱之而說不定初後時節不屬三時五時所攝者名不定教又西域戒賢智光二大論師各立三時教又天台大師立藏通別圓四教上來諸德判教皆互有闕略或有違妨故未可全依疏今依下二廣明周備二初總判諸教二初列章此師是華嚴宗主即康藏和尚也姓康名法藏爲帝師勑謚號賢首大師當今天下所傳華嚴新舊二疏皆出大師門下皆宗承大師義門製造華嚴廣略文義及諸經論章疏約三五十本數百餘卷判一大藏經總爲五種教階降不同以顯頓漸偏圓大小權實一一教中所詮法義析證悟修一切法數各有行相言五種者如疏所列疏初者下二判教五一小乘教三一明立教意言以隨機故等者且明佛設此教之意以凡夫外道邪正不分真妄混濫佛若說了義云一切皆真即此等因何改心悔

過故說諸法染淨定別善惡雲泥令知善淨可欣惡染可厭知彼賢聖勝妙自覺凡夫過患發心立志修因證果故云隨機等也隨他語者義如前說疏然其下二辨所詮言七十五法者東之總唯五類一者色法有其十一（五根五境及無表色）二者心法唯有一意識也三心所有法有四十六（復分爲六一者徧大地法有十種謂受想思觸欲慧念及作意勝解三摩地也此徧一切心故名徧地二者大善地有十謂信勤行捨慚愧及無貪無嗔不害輕安不放逸三者大煩惱有六謂癡放逸懈怠不信惛沈掉舉此六恒爲染也四者大不善有二謂無慚無愧五者小煩惱有十謂忿覆慳嫉惱害恨諂誑憍六者不定有八謂悔眠尋伺貪瞋慢疑也）四者不相應法有十四（一得二非得三衆同分四無想異熟五無想定六滅盡定七命根八生九住十異十一滅十二名十三句十四文也）五者無爲法有三（一擇滅二非擇滅三虛空）總計七十五也比於大乘欠二十五疏唯依等者明所依根本小乘計現在色心爲所熏三毒爲能熏故造業受報生死不絕若以善法熏心修道即得解脫故名染淨根本雖云六識但是一意識於六根中應用故名六也疏未盡下三總結不了只由所詮事理未盡故於彼當宗自有二十部諍論宗計不同就佛藏

即通就言教即隱故宗習之者隨言執理隨相執體（如癡孩之徒聞說乾城水月之類便執實有其體）疏二始教中三一明能詮以深密等者謂解深密經中判三時教第二第三時教中皆說衆生有五種性其中定性二乘無性衆生以無佛性故畢竟不成佛果此是佛引中下之機初入大乘法門故總合之爲始教也疏此既下釋始教分教之名也疏廣說下二明所詮以說相多性少故言法相宗也削繁錄數者百法論題云本事分中略錄名數言一百者對前顯勝言少說法性對後彰劣百者謂色有十一心法有八心所有五十一不相應行有二十四無爲法有六故成百數於前七十五中加二十五謂心法加七小乘唯一意識故心所加五不相應行加十無爲加三並如彼說疏法性即法相數者說真如法性乃是百中六無爲數疏決擇下三總結判又顯勝前前云未盡法源故多諍論多諍論者二十部異令云少諍者成立唯識之論但十師之殊唯有十部故對前爲少然對後無諍論此又是劣

疏三終教中三一正立言終者終於始故謂以空義相義初誘導之後以中道實理終竟成之故云終教以始教中無實果故復言實者疏文自釋疏少說下二所詮言少說等者然大小乘法相所詮義於源則略枝派則廣如說染法俱舍於起業相及業繫苦果三界六道依正之相甚廣唯識說六識中二執二障亦甚廣第八識三細乃至所依根本則略其本始覺三大及真如門乃至一真心源之義混不分析行相若起信則於此等開章廣辨其六麤障執之義則唯略說其起業受果但列之而已都不解釋故知法性宗所說本廣而末略小乘末廣而本略大乘法相本末俱略而中間廣餘皆例知學者徧尋三類本末俱通方解教理疏相亦歸性者如說五蘊五蘊即空空即法性又云三世五蘊法說名爲世間彼滅非世間如是但假名等又云有諍說生死無諍說涅槃生死及涅槃二俱不可得又如說心心即離念法界一相等說諸淨土亦復皆空等又華嚴云華藏世界海法

界無差別等其文非一故此宗中非不有相但意顯性以爲玄妙令物達此速證菩提故疏無諍論者起信智度寶性等三論皆無諸師諍競之異疏上二下三結會始終兩教文二初且略結始終束之爲漸以對第四頓教之殊疏然大下二復開始終兩教自有三宗以攝盡一期漸教也文三初且標列三宗謂若不許容有二宗之外別有法性宗者未審以何教爲法性邪不可以第二時密意方便破相不了之教而爲法性故始終窮究除圓頓稱性教外自有三宗兼小乘爲四總是漸教故藏和尚起信疏佛法中宗計總有其五下立宗中當叙又壓外法師金剛經疏懸談義門亦立大乘三宗（名亦同此）注各立互破者戒賢立法相宗破無相宗心境俱空之義云迷佛密意方便破執之教以爲實理智光破法相宗境空識有之義云迷佛方便接引劣機說識變等便以依他爲有廣如大疏所叙注皆認等者然法性宗有頓有漸故後注云通於頓漸等而漸宗所依經者是法華涅槃等

第四五時中所說法性實理是結會始教之終極故名終教頓宗所依經者是華嚴圓覺之類不屬三時五時頓詮真性常住之理其破相宗所依之經自是第二時空教般若等其法相宗所憑之經自是第三時中四十年前解深密等今後華傳習或云唯識依華嚴等六經所造或引涅槃等皆有佛性等理證成空宗之義故云爾也疏令將下二兩重相對料揀謂以法性對二宗也文二初總標如文疏初中下二別對二一對法相二初辨異言有多差別者所宗既別所說一切義旨皆殊十對中皆上句相下句性一中三乘者意云教具三乘爲圓了若言唯小乘或唯一乘是不了義由一切衆生具五種性須有三乘被機方足深密云云者彼經云普爲發趣一切乘者說（一切即三乘也）一乘者法性宗意云教唯一乘爲圓了若言唯小或言具三是不了義由一切衆生皆同唯有一佛性故法華云十方佛土中唯有一乘法無二亦無三除佛方便說（則如云有三乘俱是方便之言）又云未來諸世尊雖說

百千億無數諸法門其實爲一乘後言等者
等涅槃之類涅槃云一切衆生皆同一乘一
解脱一因一果同一甘露一切當得常樂我
淨是名一味二五性中楞伽經中佛告大慧
有五種性一聲聞性二辟支佛性三如來性
四不定性五者無性無性之人無種性故雖
復勤行精進終不能證無上菩提據理亦應云終不能
除聲聞緣覺也但以人天善根而成熟之從無性之人已下兼
是菩薩戒經文云等者般若深密等經莊嚴瑜伽等
論皆同此說一性者注中有二初且標立於
中言法華等者法華經云諸佛兩足尊知法
常無性謂色心等法從本已來空無自性唯是真如一體一性此諸法等本來即
無非推之使無故云常無故起信云是故一切法從本已來離名字相離心緣相畢竟平
等唯是一心故名真如也佛種從緣起是故說一乘楞伽
者謂入楞伽十卷者第二第四第七皆同說二
乘無實涅槃但是三昧力故後必當得無上
菩提既無實二乘涅槃即唯同一大乘佳涅槃者彼經云佛性
者名爲一乘師子吼者名決定說決定說言
一切衆生皆有佛性又云無佛性者所謂無
情故總標云法華楞伽涅槃皆爲一性也後

趣寂下破於三五釋成其一文有五句句
末皆故字初一唯破定性次一通破二種
次一唯破無性後二破三乘五句皆即破
彼便成此也初句云趣寂等者即法華經
化城喻品結喻世尊所化弟子云爾時所
化無量恒河沙衆生者汝等諸比丘及我
滅度後未來世中聲聞弟子是也我滅度後
復有弟子不聞是經不知不覺菩薩所行自
於所得功德生滅度想當入涅槃我於餘國
作佛更有異名是人雖生滅度之想入於涅
槃而於彼土求佛智慧得聞是經唯以佛乘
而得滅度等釋曰言餘國者即天台依智論
所立四種國土中方便有餘土也故智度論
第九十五云阿羅漢先世因緣所受身必應
當滅住在何處而具足佛道若得阿羅漢更
不生三界別有淨土出三界外乃無煩惱之
名於是國土佛所聞法華經具足佛道如法
華經說有阿羅漢我於餘國等云云全同上所引經釋
曰智論之文昭然與法華符會即知聲聞雖
出三界自有國土於彼決定廻心成佛非永

寂滅次云菩薩與記等者即法華經中說常
不輕菩薩於衢路中普禮四衆語言我不輕
汝等汝等皆行菩薩道皆當作佛是時增上
慢比丘比丘尼士女打罵云我不受此虛妄
之記法華論釋云此諸增上慢聲聞根未熟
故如來不自與記菩薩與授菩提記者方便
令發心故據此即無定性言我不輕汝等汝等皆當
作佛者諸衆生皆有佛性故據此即無無性人釋曰
論家所釋甚顯不應更疑引此一段文者通
破定性無性也次云闡提有佛性故者涅槃
第九廣破闡提斷善不能發心當文即云彼
一闡提雖有佛性而爲無量罪垢所纏不能
得出如蠶處繭以是業緣不能生於菩提妙
用流轉生死釋曰既言雖有則顯不無故如
蠶處繭喻罪垢罪垢是能纏蠶喻佛性佛
性是所纏故勝鬘經說在纏名如來藏如來
藏即佛性也據佛正當訶毀闡提之處尚不
云無佛性不知彼宗何以苦執五性不同若
爾楞伽經何以說有五性答彼宗所引不曉
經意自迷其文彼經具云五者無性謂一闡

提此有二種一者焚燒一切善根即謗菩薩藏二者憐愍一切衆生界即是菩薩若有衆生不入涅槃我亦不入大慧白言此二何者常不入涅槃佛言菩薩常不入涅槃非焚燒一切善根者以知諸法本來涅槃不捨一切衆生故此意則明菩薩入而不入既云菩薩常不入非闡提者則明闡提後必入矣後二句破三乘中初云攝論者彼本論第八云佛說正法善成立彼釋論自解云諸佛共說理不相違故名正法如來成立正法有三種一立小乘二立三乘三立一乘此三次第與智光論師準妙智經所立三時教大意同也於此三中第三最勝故名善成立釋曰據彼論以一乘居後判云最勝故知深密所立三乘是不了也後云法華破三多嫉怨者由四十年中深密等教立有三乘法華涅槃在後所說乃破三乘三乘習已性成故被破而生怨嫉故法華經法師品云佛告藥王我所說經典無量百千億已說般若深密之類當說涅槃等經今說無量義經也同法華之會故云今也而於其中此法華經最為難信難解藥王此經是諸經

本一　十八

祕要之藏云云乃至從昔已來未曾顯說如此經者如來現在猶多怨嫉況滅度後由是會三之始歸一之初故偏難信昔經歸妙猶滯三乘故未招怨嫉涅槃雖明一極由法華已破三乘故一開使受法華如先鋒涅槃如大將以先鋒已破故大軍用力不多故唯法華難也今果有保說五性三乘不信唯一經文驗矣今注中但取意略標指耳三唯心中妄者法相宗所釋諸大乘經萬法唯心之義但云唯有為八識生滅之心也謂此心識從惑業生一期報盡便歸壞滅以其識種引起後識以現在第八名異熟識由過去煩惱及業熏習成種招此識果酬引業故因果相續輪轉無窮故唯識偈云由諸業習氣二取習氣俱前異熟已盡復生餘異熟也依生滅識種建立生死依識生死如上已明及涅槃因轉識成智智證涅槃故云因也真者謂性宗諸大乘經萬法唯心之義具云八識之心通如來藏如來藏是自性清淨本覺真心謂此淨心為因根本不覺為緣生三細三細即是阿賴耶識從此識等方轉起一切境界故反推其源唯真心也具如起信說然彼宗唯妄即不通真今性宗云真即兼妄故注云八識通如來藏也四真如中凝然者相宗所說一切有為染淨等法斷但是生滅妄識為本不關真如故真如一向

本一　十九

凝然不變無隨緣義隨緣者性宗所說八識既通如來藏性藏性即是在纏真如故真如有不變隨緣二義楞伽經云如來藏為無始惡習所熏名為識藏皆明隨緣成一切法也起信亦云自性清淨心因無明風動成其染心等而疏云但是者躡上而起謂上生滅但是真如隨緣成也由對上始教但說凝然故云隨緣非謂此宗無不變義由不變故始能隨緣由隨緣故方能不變何者謂若無不變自體將何隨緣如水失濕性將何隨風而成波浪即由此義經中說言真如隨緣若不能隨緣體則不偏緣中緣中既無何成不變是以二義返覆相成故勝鬘經不染而染染而不染難可了知此經二對上對即不變隨緣下對即隨緣不變不失自性也楞伽亦云不思議變是現識因藏和尚釋云變即不變名不思議等五三性空有中三性者一偏計所執二依他起性三圓成實性如大疏所釋也離者相宗說三性空有如注所配空者自空不得言有有者自有不得言空故云離也即者偏計如鏡中骨肉之面依他

如鏡中影像圓成如鏡之圓明由骨肉之面但是孩稚癡情所執(如迷人顛倒之想也)都無一毫自實體性智者達之(如物悟人)但是影像如徧計無性即依他也又深智之者推窮影像不從外入不從內出都無一毫自性舉體但是圓明之鏡如依他無性即是圓成也故中論云因緣所生法我說即是空(徧計故也)亦爲是假名(依他起故)亦是中道義(圓成也皆云亦者明即是空者旣假者中中者空一體三名故云亦也注云無性者徧計依他二俱無自性也此與破相宗中無性即圓成義意稍異如下料簡之)六生佛不增減中(此不增減者二宗文同而義別)謂佛教諸大乘中說云生界不減佛界不增兩宗解釋不同相宗但就定性二乘無性闡提等三類衆生所說以三類定無佛性永不成佛故無增減不約定有佛性及不定性二類所說若性宗解則云一切衆生悉無差別自性但是真性一理齊平無成不成故無增減故華嚴出現品云佛子如來成正覺時於其身中普見一切衆生成正覺乃至普見一切衆生入涅槃皆同一性所謂無性無何等性所謂無相性無盡性無生性無滅性無我性無

非我性無衆生性無非衆生性無菩提性無法界性無虛空性亦復無有成正覺性知一切法皆無性故得一切智大悲相續救度衆生佛子譬如虛空一切世界若成若壞常無增減何以故虛空無生故諸佛菩提亦復如是若成正覺不成正覺亦無增減何以故菩提無相無非相無一無種種故佛子假使有人能化作恒河沙等心一一心復化作恒河沙等佛皆無色無形無相如是盡恒河沙等刧無有休息佛子於汝意云何彼人化心化作如来凡有幾何如来性起妙德菩薩言如我解於仁所說義化與不化等無有別云何問言凡有幾何普賢菩薩言善哉善哉佛子如汝所說設一切衆生於一念中悉成正覺與不成正覺等無有異何以故菩提無相故若有相則有增有減七二諦空有離者相宗真諦俗諦條然不同故云離也說徧計是俗此俗即空依他是俗此俗假有圓成是真一向實有既真不得俗俗又非真空不得有有不得空故皆離也(四種二諦總成八諦一一不同如大疏說)即者

謂真妄俱空非獨妄有真空妄空真有故云第一義空該通真妄此是即妙有之真空非無物爲空故言第一義矣故仁王經二諦品云於諦常自二(二義二名)於解常自一(智者解了元是一體)通達此無二真入第一義(即長注中第一義空也)涅槃經佛告文殊云世諦者即第一義諦文殊云若爾則無二諦佛言有善方便隨順衆生說有二諦(云云如大疏具引而釋)梁攝論云智障甚盲闇謂真俗別執然性宗二諦不即不離非但即也以敵對相宗條然故但云即也又性宗本来細尋具有三諦如下所明八四相中前後者唯識論云本無今有有位名生生位暫停即說爲住住別前後復立異也蹔有還無無時名滅前三有故同在現在後一是無故在過去(旣現在過去之殊即是前後也)同時者以性滅爲滅故得同時故楞伽云一切法不生我說剎那義初生即有滅不爲愚者說淨名云汝今即時亦生亦老亦滅故又過去已滅未来未至現在無住三世皆空故體即滅乃會相歸性也故起信論云若得無念者則知心相生住異

滅以無念等故而實無有始覺之異以四相
同時而有皆無自立本來平等同一覺故凡
能所斷證中(能斷所斷能證所證皆有離即)根本智緣真斷
迷理事二種隨眠後得智達俗唯斷迷事隨
眠即是根後緣境斷惑相離也又智證理之
時智是有爲(以轉識而得有始無終故屬有爲)理是無爲(真如之理在障出障體無增減但是顯得不是修生故屬無爲)故不相即即者
以心真如本來知覺元無煩惱故惑智及理
皆相即也智論云菩提(智也)菩提斷(惑也)俱名爲
菩提(即也)故云惑即菩提華嚴云無有智外如
爲智所證亦無如外智能證於如故云見即
真如(見即是見道之智也)十佛身中有爲者四智菩提
是佛報身(四智者轉第八識成大圓鏡智轉第七識成平等性智轉第六識成妙觀察智轉前五識成成所作智下文殊章中當具釋之)此智既依生滅
識種(從阿賴耶識中無漏種子而生起也)四相所遷故是有爲
無爲者既上明世出世智依如來藏始覺同
本則非有爲非一非異(顯但云無爲者且敵對上也)故云
化身即常等也故涅槃經云吾今此身即是
常身法身恐人謂言但是不斷常非凝然常
凝然常者即是法身今云即是常身法身明

化身即法身凝然常也不墮諸數者即淨名
經弟子品云佛身無爲不墮諸數以訶阿難
謂化身有小疾故上來二經明化身常下況
報體安得不常疏若知下第二會通二宗令
不相違也然此會者恐後學宗計是非以生
過患故復會通雖復會通權實不失於中先
總標後謂就機下正會言約法一者非佛化
法化法亦有權說三乘故今言法者佛之知
見一乘可執之法耳疏新熏則五本有無二
者然準法相立新熏者亦說有五立本有者
亦說有五今但會經文五性之意不約彼執
爲衆生遇緣熏三乘種性及不定無性故有
五耳何者謂唯習近聲聞成聲聞定性習近
緣覺成緣覺定性(故法華安樂行品中不許親近小乘三藏學者恐被熏習成其性故)若唯近菩薩則成菩薩性若俱習近
三乘則成不定性若俱不習近則成無性亦
如今人偏習禪戒等即成定性若三學俱習
成不定性不定偏執故若都不習則成無性
卒難教化故知熏習成五種性依其長時故
說各別言本有無二者本有佛性理不容差

故說有心定當成佛非是本性有五種性也
然若入理雙拂則三一俱亡謂真理寂寥不
屬諸數借一以遣三三亡而一遣言窮慮絕
何實何權體本寂寥孰三孰一故法句云森
羅及萬象一法之所印(以一遣多)一亦不爲一謂
欲破諸數淺智著諸法計一以爲一(以非一遣一也)
故須三一兩亡若別約佛化儀則能三能一
謂隨物機宜則說三乘陶鍊已久則便說一
故經云或有國土說一乘或二或三或四五
如是乃至無有量況三一耶

圓覺經略疏之鈔卷第六

圓覺經略疏之鈔卷第六

校勘記

一　底本，明永樂北藏本。

一　二三一頁中一行夾註左第一二字「所」，徑無。

一　二三一頁中二行夾註右第五字「妄」，徑作「所妄」。

一　二三二頁上六行至七行夾註「彼論……四也」，徑作「準彼論云小乘有二謂聲聞乘緣覺乘三大乘四一乘於此四中後爲最勝」。

一　二三二頁中四行夾註右首字「就」，清作「說」。

一　二三五頁中一〇行夾註左第七字「嫉」，徑作「癡」。又第一二字「誑」，徑作「訛」。

一　二三七頁中一〇行第九字「雖」，徑作「即」。

一　二三七頁下八行夾註右末字「無」，徑無。

一　二三八頁中四行夾註右「大將」，徑作「大軍」。又夾註左「大軍」，徑作「後軍」。

一　二三九頁上一六行第五字「一」，徑無。

圓覺經畧疏之鈔卷第七
圭峯蘭若沙門宗密於大鈔略出
疏二對破相中文二初辨異二初且辨其五
別文中四對皆上明破相義下明法性義唯
三性義中兩宗皆含空有而義不同一中所經
理也無性者破相宗以諸法空即名真理如
幻華無體即是太虛第二月無性即是本月
故門論云大分深義所謂空也假名及中道
但約空說如前不分番五義中所辨憑公雖云存世之所
亡意亦但以空爲所亡本性者性宗以自性
清淨常住真心爲所證理真心者不待會色
歸空不因斷惑成淨自心本淨故云自性無
始時來乃至盡未來際有佛無佛常不滅壞
故云常住心也故寳性論云清淨有二種一
自性清淨謂性淨解脫以自性清淨心遠離
煩惱故二離垢清淨謂障盡解脫真如者前
但了諸法無性即名實理此乃諸法皆空無
性方始顯出自心本性方爲實理如天上雲
散月出如鏡中垢盡明現非但無雲便名月
也晦夜無雲不名月故二中能證真智者謂了

一切皆無所有即此了智亦不可得即名真
智若存一法即非真智也故法句云一亦不
爲一肇云般若無知又云惑智知無真智無
知百論以無相智爲宗者是此意也真知者
一心真實本自能知也謂起信論明真如自
體相云從本已來性自滿足一切功德所謂
自體有大智慧光明義故真實識知義故荷
澤亦云無住體上自有本智能知等言通於
理智乃至引華嚴者顯真知異前智也彼品
覺首等九菩薩問文殊云云何佛境界智彼疏
科云能證之智此下註釋者皆是彼疏也文殊偈荅曰諸佛智自
在三世無所礙權智橫無不知故云自在暨達三際故無所礙如是
慧境界平等如虛空實智也故云慧境平等如空如空者無著無著干也
故淨名云但以數故說有三世非謂菩提有去來今權實無礙爲佛境智諸菩薩
又問云何佛境界知彼疏科云明心體相文殊偈荅云
非識所能識亦非心境界其性本清淨開示
諸群生彼疏釋云此下能書是彼疏註書是彼鈔知即心體
彼鈔云此句標示也謂前對所證之法明能證之智
今則直顯靈知之心異乎木石通於能所證又前會
佛果權實智悲不通於凡故云佛智自在此等通
凡聖故云性淨開示羣生等然上兩重料簡即當
寳性論二種清淨解脫也前云佛智自在即離垢
清淨解脫後云性淨開示羣生即自性清淨解脫

又云通能所證通凡聖者即是與疏通理智染淨之義也了別則非真
知故非識所識分別名識今有了別之識故非真知唯無念方見也警
起亦非真知起心亦是妄想故非真知真知必忘心遺照言思斷矣故勝天
王般若經云達諦思量過覺觀境心體離念無念非有念可
離可無故云性本清淨衆生等有惑翳不知
故佛開示皆令悟入諸菩薩以即體之
用故問之以知文殊以即用之體故荅之以
性淨即當五重中第一第二理智義也知之一字衆妙之門
若虛巳而會便契佛境釋經中佛境之言山故彼疏云十信圓滿便達佛境
肇公云知有有壞知無無敗其知之知
有無不計三中二諦者以緣生即空爲真諦
不待滅壞即俗諦如空華之虛相故影公云
俗諦故有真諦故無三諦者注釋自顯若本
業經即云有諦無諦中道諦然注中但以鏡
明喻第一義諦即知以明所現影像喻俗諦
影像全空無體喻真諦也四中三性空有者
空宗有謂等者但所見有法即非真實乃至
菩提涅槃皆如夢幻言依計者依他徧計也
此依計皆虛妄虛妄之中說此二名者如空
華依他病眼而有亦如第二月依他捏目及

本月而有故名依他迷者情計謂爲實有即是徧計二義雖別所目之法不別此等諸法皆無所有方名圓成然此圓成但約依他徧計空理而說亦無其體故說三皆無性性宗即徧計等者徧計之法如繩上見蛇杌木上見鬼情中定有道理定無相有性無者如水中月如金中器相則似有體性全無也情無理有者爲約迷者見有蛇鬼之時情中都無繩杌故曰情無繩杌是實故云理有相無性有者如摩尼珠在黑色中雖全現黑相其性常明明性是有黑相是無五佛德中空宗云佛身者所謂無身故云雖也故金剛云如來所說身相即非身相乃至即是非相是名三十二相等五求不得者即中論觀如來品偈云非陰不離陰彼此不相在如來不有陰何處有如來釋曰由計我所爲如來計有五故即離彼此相在及有是爲五求若如來即五陰五陰既無常如來亦無常若五陰即如來如來既是常五陰亦應常也而今五陰既不常如來非無常何得相即邪故云非陰若

離五陰有如來以何相知又若如來離五陰如來即先有先有即爲常五陰離如來五陰即本無本無即爲斷既不斷不常故云不離陰若如來中有五陰如器中有物如來即大五陰即小若言五陰中有如來如狀上有人五陰即大如來即小必無此理故云彼此不相在又若相在亦皆有別異過若如來有五陰者如人有馬馬與人異如來與五陰不爾故云如來不有陰問此與離陰何異荅相離未必相有相有必知相離所以爲異也然五句中初即爲一後四皆異若總合之但是一異過耳故法品破我但云若我是五陰我即爲生滅若我異五陰則非五陰相今細推尋故有五求皆不可得既知不有當知不無謂佛有者常見爲惑謂佛無者邪見深厚非有非無真如來也故彼論偈云邪見深厚者則說無如來如來寂滅相分別有亦非如是性空中思惟亦不可然計有者過輕計無者過重故云邪見深厚得即虛妄者如金剛云凡所有相皆是虛妄若以色見聲求是人行邪

道無得乃真者般若心經說無蘊處界緣諦無智亦無得以無所得故乃至得阿耨菩提等離一切相名佛功德者金剛云若見諸相非相即見如來離一切相即名諸佛無有高下是名阿耨菩提如是等文諸部般若中百門論首末皆是今但略引常所聞者意在易曉以爲類例耳性宗有者諸佛皆具常樂我淨稱體之實德也此四廣如疏序中所釋身智等者謂十身十智十通及常光身光智光等一一無盡皆稱法界非如空宗有相即妄故云真實功德也性自本有者論云性上本有過河沙數無漏功德等不待機緣者揀權教應化佛也疏略辨下二例明所餘約前性相十對義目爲例說之且初破相中一者衆生性空何有五一之定二者教如筏喻應捨何有一三之乘意以非乘而爲了義三者一切境界唯是妄念念自本無何唯境界四者迷則妄想妄見變易悟妄皆空空則不變五者已如上說六生佛皆空故不增減七者亦如上說八者時無別體約法以明法既本無

時後何有九者與下性宗文同意異如云照體無本者空宗但無而已性宗云無本者自無本故但以無住爲本無住體上自有本智能知此爲能斷智之本體照體無自者空宗了一切法智當體無自故經云無智性宗以清淨心性爲自即性之照不可將照還能自照如眼不自見眼等斯乃體即自照故照不見有自體也亦同智都無所得非無智也且約以五蘊等法爲自都無此自名無自體十者有爲無爲俱空一異皆不可得故掌珍論云無爲無有實不起似空華後法性十義者不異前說但對法相及對破相意勢小異思之可知雖然得下二會通文中略會兩對餘三例之先會初對者謂空宗所言無性是諸法緣起之無性今明諸法皆本是真性緣起故推之無性便是真心本性故無性本性但是一也次會第二對者謂真智是始覺真知是本覺始本不異故智知一也雖餘諦性等者例餘三門乃至非性一性非乘一乘非心真心等也但約三諦中鏡影之喻即一切皆

通謂空宗中說影空爲真影相爲俗性宗但加於明爲第一義今會通者影即空空即明明中無物即爲真不妨現影即爲俗始末羅獨即三即一即一即三故皆無異雖然此下三會通前後此門者終教前者始教後者頓教（問頓教未釋何以先會答因會始終二教所詮歸一此一即是頓教所詮真性故來便會之令易也）但教有殊者佛化儀也謂對上根直顯寂知是真心性即爲頓教（如爲聰明孩子說鋼明是鏡也）對中下根且言修施戒斷惑業習定慧後始證悟真理（相宗）或云見煩惱本無即名真理（空宗也上二皆始教）待彼執情漸破空慧漸發方與破三顯一會權歸實開示如來知見性相見真菩提涅槃一切衆生本有常住佛性皆同常樂我淨（終教）如是說者統名漸教（如爲聞鈍孩子說云此且習學時事會解好惡待見此圓鋼中總無青黃長短雜色等物方見明鏡方斷癡執）故云始終漸頓之殊也法非深淺之異者即頓中所顯寂知是漸教終極所顯菩提涅槃菩提涅槃即是寂知無別新生果法故云非異或約頓開但悟至此便入圓教圓教是一道稱性之談非對機屈曲之說於中皆具頓漸等

義如海具百川之味如下所明雖四頓教文二一正立教不生即佛者謂心本是佛妄起故爲衆生一念妄心不生何爲不得即佛故達磨碑云心有也曠劫而滞凡夫心無也刹那而登正覺華嚴經云法性本空寂無取亦無見性空即是佛不可得思量雖不依地位下釋名先正釋後注引二經思益文顯易了楞伽經語略而未周謂彼第四先長行云大慧於第一義無次第相續說無所有妄想寂滅法後有偈云十地則爲初初則爲八地第九則爲七七亦復爲八第二爲第三第四爲第五第三爲第六無所有何次解曰有何次者頌上經文於第一義無次第相續等雖總不下二辦所詮唯辦等者但諸經中一向辦真性處即屬頓教雖一切所有唯是妄想著心欲緣而慮息心行處滅也故論云心生則種種法生心滅則種種法滅故又云一切諸法唯依妄念而有差別若離心念則無一切境界之相是故一切法從本已來離言說相離名字相離心緣相畢竟平等無有變異唯

是一心故名真如以一切言說假名無實但隨妄念不可得故疏一切法界唯是絕言者口欲談而辭喪言語道斷也拂名言之跡顯離言真如故論次前文即云言真如者亦無有相謂言說之極因言遣言此真如體無有可遣以一切法悉皆真故亦無可立以一切法皆同如故當知一切法不可說不可念故名真如故疏云皆是絕言也言一切法界者界即性義以一切法性皆離言故疏五法至都遣者即楞伽明五法謂名相妄想正智如如然五皆空寂何者為迷如以成名相妄想是生悟名相之本如妄便稱智則無名相妄想唯如如智矣智因如立智體亦空如假智明無所如矣故並空也況八識約事皆託緣生緣生性空亦何定體又因有我法說二無我我尚不可得無我寧存故中論云諸佛或說我或說於無我諸法實相中無我無非我故雙遣也訶教者謂以心傳心不立文字故勸離者乃有二義一令離教成上訶教之辭二令離法法雖無量不出色心離心心如離

色色如故今皆離則契心體離念矣疏相約境凡所有相皆是虛妄泯心約智了境相空假稱為智相既不有智豈有真心境兩亡即皆泯絕心無心相即是安心故說生心即妄不生即佛言生心者非但生於餘心縱生善提涅槃觀心見性亦曰生心並為妄想想念都寂方曰不生既一念不生則前後際斷照體獨立物我皆如斯乃寂照現前豈非真佛故華嚴經云一切法無生一切法無滅若能如是解諸佛常現前言如是解者如不生之解而無解相非空解於不生耳疏泯之跡絕方顯真性者然初云總不說法相標泯跡也唯辨真性標顯真也一切所有下皆釋泯跡也不生即佛釋成顯真也佛謂本覺故論云離念相者等虛空界即是如來平等法身依此法身說名本覺今此兩句者上句結泯跡下句結顯真謂諸心不生足跡斯絕絕跡之處本性了然方為真矣是知上來所泯意在所顯佛對一類離念機故頓詮言絕之理為頓教難曰云云若無此門逗機不足達磨宗旨

以心傳心不立文字亦順斯意雖云不立文字若不措一言以直說即心是佛心要何由可傳故寄無言之言直詮言絕之理也疏五圓教文二一正立教言一位即一切等者一切諸法一一稱性事事無礙故十信攝五位者因是即性之因故該於果果是即性之果故徹於因故華嚴梵行品云初發心時得阿耨菩提等五位是住行向地及等覺也成正覺即妙覺果位果位是總五位是別疏所說下二辨所詮略如釋序中性起為相相得性融之文中所說廣如普眼章法界觀門中說然五教中第三既會合性相對料簡便成六句謂一小乘唯相二頓教唯性三法相宗相多性少四終教相少性多五空宗中非相非性六圓教中全相全性疏已知下二配攝此經二初疏前徵起可知疏今顯下二正明相攝初門中判圓教全攝此經者如海含百川十德不言可知判此經分攝彼圓教者緣此經不明顯備說諸佛身相國土自在無礙塵沙大用及一切諸法法爾互相即互相入重重

融攝等義故不得全名圓教所言分者但約直顯一真法界之體及觀行門中一多無礙等義即同華嚴也第二門中判此經分攝初二教者以文中說斷我(淨業章也)除愛(彌勒章也)修二空觀(普眼章也)亦云諸法本如空華(文殊章也)又云亦攝漸修一切萃品(流通文也)故攝小乘及始教中相宗空宗之義然不委明有漏因果界地行相及識變爲境種現歧路本末又不同般若等一一徧破諸法備說十八空十一空等故云分也判彼二教不攝此者此經首末所說染淨等法修證行相皆約圓明覺心假設方便顯示修習始終無體但是覺明離說空義亦但是圓覺中離相義故非彼等所攝也第三門中判終頓二教互相攝者流通文中佛自判云是頓教大乘也如云知幻即離不作方便離幻即覺亦無漸次等文首末意多如此攝終教者五名中第五名如來藏自性差別又明顯息諸惑障勤修觀行階位勝劣皆全是起信等宗也第四分齊門文三初標舉言染法本末者然染淨法皆有本末今以

夲　十二

淨法是返本還源之意故唯約染法顯從本起末五重綸次之行相也將此五重爲秤斗度量諸經宗教分齊若不約所詮法之本末無以驗能詮教之淺深此乃能量却是所詮所量却是能詮也五重者如一樹木本末五重最初是根二是樹身三枝幹四華葉五果實說得果實如最淺教故展轉乃至辦得樹根如最深教也䟽論中下二正顯二初明能量之法一心者論云所言法者謂衆生心是心則攝一切世間出世間法依於此心顯示摩訶衍義䟽開二門者論云依一心法有二種門云何爲二一者心真如門二者心生滅門(謂一如來藏心含於二義一約體絕相義即真如門謂非染非淨非生非滅不動不轉平等一味性無差別衆生即涅槃不待滅也凡夫彌勒同一際也二隨緣起滅義即生滅門謂隨熏轉動成於染淨染淨雖成性恒不動正由不動能成染淨是故不動亦在動門耳)是二種門皆各總攝一切法(以真如門是染淨通相通相之外無別染淨故得總攝一切諸法生滅門者別顯染淨染淨之法無所不該故亦總攝一切諸法也)䟽一者心真等者論云心真如者即是一法界大總相法門體所謂心性不生不滅一切諸法唯依妄念而有差別若離心念則

無一切境界之相乃至唯是一心故名真如䟽二心生等者論云依如來藏故有生滅心所謂不生不滅與生滅和合非一非異名爲阿梨耶識䟽三依此識下第三重也由真如門但是一心不變之體非生起義故唯取梨耶識展轉開也言覺者於中有本覺始覺也論云所言覺義者謂心體離念離念相者等虛空界無所不徧法界一相即是如來平等法身依此法身說名本覺乃至依本覺故而有不覺依不覺故說有始覺䟽不覺者論云所言不覺義者謂不如實知真如法一故不覺心起而有其念念無自相不離本覺猶如迷人依方故迷若離於方則無有迷衆生亦爾依覺故迷若離覺性則無不覺䟽四依後義者由覺義是反本合體亦非起末今此但論染法故唯依後義也論云復次依不覺故生三種相與彼不覺相應不離云何爲三一者無明業相以依不覺故心動說名爲業(業有二義一動作義即此是也)覺則不動(反釋)動則有苦(二爲因義由此招苦故也)果不離因故二者能見相以依動故能

本二　十三

見依於一念之動轉成能見之相不動則無見反釋由動故能見也見猶取境三者境界相以依能見故境界妄現離見則無境界反釋疏五依下論云以有境界緣故後生六種相一者智相依於境界心起分別愛與不愛故於前所現相上不了自心所現故創起諸數分別染淨執有定性也二者相續相依於智故生其苦樂覺心起念相應不斷故謂依前分別愛境起樂受覺不受境起苦受覺數數起念相續現前此明自相續也三者執取相依於相續緣念境界住持苦樂上皆是前相續相也心起著故是此執取相也謂於前苦樂等境不了盡無深起取著故下文云印此相續識依諸凡夫取著轉深計我我所等也四者計名字相依於妄執分別假名言相故依前顛倒所執相上更立假名是分別故楞伽云相名常相隨而生諸妄想故云依於妄執等也上來起惑自下造業受報五者起業相依於名字尋名取著造種種業故謂執相計名依此起惑發動身口造一切業即苦因也六者業繫苦相以依業受報不自在故業因已成招果必然循環諸道生死長縛當知無明能生一切染法三細六麤總攝一切染法皆因根本無明不了真如而起以一切染法皆是不覺相故問染法多種差別不同如何根本唯一無明答染法雖多皆是無明之業氣悉是不覺之差別相故不異不覺也疏言諸下二明所量之教即正顯分齊也始從詮枝末之

敎展轉漸深乃至詮於根源之敎也詮法漸漸近本教則漸漸幽深故言分齊疏唯業報者六麤最後之二也人天之教但說造惡墮三塗修善生人道天道勸修持戒都不明起業之本故云齊此疏小乘唯後四麤者初二麤是法執小乘猶迷故唯齊此此敎猶未破之故所詮唯齊我執疏法相極於三細者此三是賴耶三分彼宗但以此識爲無始根本是一切法所依故所詮法唯齊於此所說無明但在六七識中都不明賴耶更有根本故不到前之三重若對樹木五重之喩此唯知華葉尚未識枝幹何況樹根問第二重是真如及梨耶識豈非彼教所說耶答彼真如一向凝然無知覺隨緣之義與賴耶全別彼賴耶又但是生滅遷變對此與如來藏和合具本覺之梨耶不同故唯齊此三細三細即此論生滅因緣中一向起染之識也疏終頓通詮本末下正明此經所詮分齊幽深終教法華涅槃之類頓敎華嚴勝鬘之類各數十部經所詮之義皆同於此但文有隱顯故標終

頓而攝此經疏即此下配屬經文言圓覺妙心者普賢章經云善男子種種幻化皆生如來圓覺妙心猶如空華從空而有幻華雖滅空性不壞衆生幻心還依幻滅諸幻盡滅覺心不動偈頌云無始幻無明皆從諸如來圓覺心建立既云衆生無明幻心皆從覺心生起即知正是論中最初之一心也疏經標圓覺爲宗本者正宗經文最初云無上法王有大陀羅尼門名爲圓覺疏說染淨等者次前文云流出一切清淨真如菩提涅槃及波羅蜜教授菩薩即淨法現起前云幻化無明從覺心生即染法現起現起之言雖通染淨若從別義配者染法云起淨法云現疏文殊章末即真如門者文云知是空華即無輪轉亦無身心受彼生死非作故無本性無故彼知覺者猶如虛空乃至虛空性故常不動故如來藏中無起滅故無知見故如法界性究竟圓滿徧十方故疏如來藏差別者流通文內經有五名第五名如來藏自性差別差別即生滅之義疏普眼一章即始本覺者文中分析身心根識塵境二空觀及法界觀成

便得無邊虛空覺所顯發等即始覺也後云修習此心得成就者於此無修亦無成就圓覺普照寂滅無二乃至諸佛世界空華生死涅槃如夢衆生本來成佛等即是本覺也疏微釋無明即是不覺者文云云何無明善男子一切衆生從無始來種種顛倒由如迷人四方易處妄認四大乃至此無明者非實有體如夢中人等若離身即無別夢身正同論云若離本覺即無別不覺疏淨業一章三細者此章說我人等相甚深微細如前教起因緣中辨前云菩提隱障是也故文中云動念息念皆歸迷悶何以故由有無始本起無明爲已主宰又云則知我相堅固執持潛伏藏識遊戲諸根曾不間斷潛藏識者正是三細三細是藏識三分故也遊戲諸根即屬六麤中後意識論云分別六塵故也疏二麤者然此一章中雖標列我等相意乃通破二執二障故文云厭流轉者道諦妄見涅槃滅諦由此不能入清淨覺無上菩提乃至動念凡夫息念二乘皆歸迷悶第一義愚又云本起無明等釋曰既證二乘之理亦是迷妄即知不唯我執及煩惱障又云障清淨覺尤顯是所知障障大菩提

文中別說四相了更有數番每說過患了皆結云是故不能入清淨覺間既是通破障執何得偏標我相荅漸教中爲初對凡夫外道偏說我執後待漸漸根熟復與單說法執令頓教中對上根凡夫根性雖利本來未聞無我之教由此便通破二執二障也就中耽著生死義邊我相煩惱過重故偏標名我成就種智義邊法執所知障重故偏結云由此不能入清淨覺等始終尋究義意昭然故知修多羅教誠宜意趣中求也疏彌勒章至四麤者文云一切衆生從無始際由有種種恩愛貪欲故有輪廻乃至由有諸欲助發愛性是故能令生死相續欲因愛生命因欲有衆生愛命還依欲本愛欲爲因愛命爲果通明執取相計名字相也前明根本無明二乘亦不辨了即知不障出世今此雖偏標恩愛貪欲然非唯潤業亦是發業之宿惑經文通含者意明上通詮二執之說也由於欲境起諸違順境背愛心而生憎嫉疏上執取等二麤之因也造種種業若取意配者上是執取相此是計名字相也造種種業第五起業相也是故復生地獄餓鬼第六業繫苦相次說修善生人天修捨捨即禪定便現有爲增上善果上二界皆例此

配故云即後四麤疏是知下三結成幽深言極盡五重者一一如注所配諸教分齊深淺歷然淺不至深深必該淺故具攝也然雖攝五而偏顯第二第三重也首末備明覺不覺義而皆拂迹謂覺於不覺歸心真如故正當終頓二教第五所被門者謂此經所詮境界既說如上未委何等根機而能信解修證法既幽深應非我分恐遲疑於此故辨此門文二初開章疏初謂下二正辨二一明料簡二一揀非器言樂著等者經云迷於一實隨名相名相執故我塵生令照我塵無自性廻向無住涅槃城且圓覺非相故不可思又非名故不可議是故著名相者不能入也故下文云何況能以有思惟心測度如來圓覺境界如取螢火燒須彌山終不能著疏以文爲解者清凉云乖實非器謂如言取義趣情至理法不入心故十地論云隨聲取義有五過失一不正信二退勇猛三誑他四謗佛五輕法疏滯行位者清涼云守權非器謂三乘共教諸菩薩等隨宗所修行布行位不信圓融具

德之法故出現品云設有菩薩無量億那由他劫行六波羅蜜不聞此經或時聞已不信不解不順不入不得名爲真實菩薩良以有作之修多劫終成敗壞無心體極一念便契佛家又云積行菩薩曝鰓鱗於龍門疏高推聖境者清涼云夫機差教别聖旨深玄且以淺爲深有符理之得以深爲淺有謗法之愆以遠爲近則有益於行人以近爲遠則疑法非我分諸佛設教貴在俯就物機後輩學人若欲高推聖境儻失大利豈不傷哉況饒生王宮貴極臣佐寧同撥亂之主備歷艱辛者哉初心契於覺海豈有邊涯猶微滴入於天池齊無終始故經云發心畢竟二不别如是二心先心難疏情尚下肇論不真空品中破三家異論於中破本無宗云本無者情尚於無多觸言以賓無故非有有即無非無無即無釋曰上皆是先叙所計也賓客也客皆向主今立本無之人言皆趣向於無爾雅云賓服也情中賓服於無也故說非有之義亦但云是無說非無之義亦云是無意云無亦無名非無故知觸言賓無也論次破云尋夫立文之本旨者直以非有非真有非無非真無耳何必非有無此有非無無彼無此直好無之談豈曰順通事實即物之情哉釋曰不言非有無却此有非無無却彼無也今此疏云空者尚輕於無輕過尚揀況於重乎良由此經宗於淨覺覺非空有故情尚空者非器上句云情尚者心之所尚下句云觸言者語之所尚心口背乖圓覺故云非器疏自恃天真等者天真是自然之義意云我自然是佛何用更求佛煩惱自然元無更何所斷即此經中任病也文云我等今者不斷生死不求涅槃涅槃生死無起滅念任彼一切隨諸法性欲求圓覺意云本無生死元是涅槃故一切任彼但逢飯即餐遇衣即著諸好惡事一切不知任運而行信緣而活睏來即卧興是即行東西南北要去即去彼圓覺性非任有故說名爲病釋曰佛破此念也謂設令善惡不拘但名無記之性七賢豈是大道四皓字爲聖人尚昧欲天爲冥覺體惣云行人至此溺水沉身冥自警懷勿蠢斯病故起信聞云上說法界一相佛體無二何故不唯念真如復假求學諸善之行荅曰譬如大摩尼寶體性明淨而有鑛穢之垢若人雖念寶性不以方便種種磨治終無得淨如是衆生真如之法體性空淨而有無量煩惱垢染若人雖念真如不以方便種種熏修亦無得淨今云天真者即真如也進習者即求學諸善行也彼意云性天然是真是佛何假更修故非器也輕涔輕他人進習厭者自厭倦進習也

圓覺經畧疏之鈔卷第七

圓覺經略疏之鈔卷第七

校勘記

一　底本，明永樂北藏本。

一　二四二頁上一二行第五字「斷」，徑作「所」。

一　二四二頁下一九行「二名」，徑作「一名」。

一　二四四頁中五行首字「三」，徑作「二」。

一　二四四頁中一五行夾註右首字「時」，徑作「明」。

一　二四六頁中二行「綸次」，徑作「輪次」；清作「論次」。

一　二四六頁中一三行夾註右「含於」，徑作「合於」。

一　二四七頁上一〇行夾註右第一〇字「深」，徑作「謂」。

一　二四九頁上一六行第六字「賓」，徑作「實」。

一　二四九頁中一五行夾註左「興是」，徑作「興來」；清作「興起」。

圓覺經畧疏之鈔卷第八之兩　本三

圭峯蘭若沙門宗密於大鈔畧出

疏固執先聞者且四弘誓云法門無邊誓願學者意恐得少為足欲令求法不懈善財徧謁是此意也況佛教權實多門若先聞權後聞實便執先權說不信後實說失大利也如人先擔麻後遇金藏力不能捴擔又惜前功不能棄却便不取金也是故經云所未聞法聞之不疑是為希有華嚴十地品說第三地菩薩行相云若聞一句未曾聞法聞之生大歡喜勝得轉輪聖王位若得一偈未曾聞法能淨菩薩行勝得帝釋梵王位住無量百千劫若有人言我有一句佛所說法能淨菩薩行汝今若能入大火坑受極大苦當以相與菩薩爾時作如是念我以一句佛所說法淨菩薩行故假使三千大千世界大火滿中尚欲從於梵天之上投身而下親自受取況小火坑而不能入然我今者為求佛法應受一切地獄況人中諸小苦惱菩薩如是發勤精進求於佛法如其所聞觀察修行此菩薩得聞法

已攝心安住於空閑處作是思惟如說修行乃得佛法非但口言而可清淨疏如上者揔結上五類人也疏反上下二明是器謂雖尋文而本性離觀相而常照心(反於著名相也)因該果海果徹因源(反於滯行位也)雖空不斷中道了然(反於情尚空也)頓悟漸修(反於經歷進習)求法不懈(反於集金)次第反前即是堪習此經器矣疏後普下二明普收二一通明皆益文顯疏謂宿下二益有淺深故清涼大師說五所為一正為二兼為三引為(說行布十地引權教中菩薩也)四權為(權示現為五百聲聞在座不見不聞彰小乘非器令發大心也)五遠為今此但有三種(闕引為權為於三如下配屬)謂悟入者正為也悟謂悟解入謂證入華嚴中即善財之類此經即觀行成就之人信解者同彼兼為也揀悟解也隨言而解隨解而信曰信解矣又信揀邪見解揀無明也熏成等者同彼遠為也此即新熏五性義中第五無性人也謂凡夫外道闡提悉有佛性今雖不信後必當入故出現品云如來智慧大藥王樹唯除二處不能為作生長利益所謂二乘墮無為坑及壞善根非器衆生溺大邪見貪愛之水然亦於

彼曾無厭捨今普收者即佛無厭捨之意也疏金剛喻者華嚴第五十二云佛子譬如丈夫食少金剛終竟不銷要穿其身出在於外何以故金剛不與肉身雜穢而同止故於如來所種少善根亦復如是要穿一切有為諸行煩惱身過到於無為究竟智處何以故此少善根不與有為諸行煩惱而共住故又云設有不生信樂亦種善根無空過者乃至究竟入於涅槃此明謗雖墮惡由聞歷耳終醒悟故又云如日亦與生盲作利益故第六能詮體性門疏能詮體者通明諸佛教法乃至此經以何為體而能詮得無量事理等義文四一中疏聲名句文者聲是教主言音名句文是聲上屈曲詮表然大小乘宗各有三說一唯以聲為體二唯名句文三通取四法今用通取也言音者謂佛唱辭評論語音(宮商等)語路(語所行處)語業(語用)語表(令他生解)是也名者次第行列也詮一切法自性(如云椀未詮金椀銀椀等別也)句者次第安布也詮法差別文者次第聯合也與名句為所依故疏體用假實相資者聲音是

體辭上名句文屈曲詮表是用又聲是色法中收是爲實法謂世俗言實也名句文是不相應行中收非色非心但約色心分位假立是爲假法由前第一家說云唯聲爲體其名句文但顯佛教作用非佛教體小乘中文離聲無別名等攝假從實故大乘中文第二家云聲是所依非正教體但展轉因故謂語起名名等方能顯義小乘中文也言展轉者如世上人父但生子子方生孫聲如父名如子所顯義如孫故偏取聲依爲教體此三離聲雖無別體而假實異亦不即聲今以體從用故取名等大乘中文也謂假雖依實而不即實即如是假名等能詮非實聲能詮也由上二義互有得失故今取第三通收之義故云相資相資者若無其體約何發用若無其用如何詮表是非得失若攝假從實但取聲者如人汎然發聲或吟或叫不吐辭句何所表顯說得何事若無聲者名等何依故云相資也疏十地經者經云如空中彩畫如空中風相彼論釋云風喻言音畫喻文字即名句文此中喻意不單取虛空以無畫處空不爲喻故不單取風畫以樹上風壁上畫不將喻故正取空中風畫也今引

用者兼顯實教中聲等無自性宗起下唯識歸性之義也疏通攝所詮者瑜伽云諸契經體略有二種一文二義文是所依義是能依如是二種總名一切所知境界疏若不詮義文非教者釋通攝所以且如經教中文字與人間書史文字都無差別若不以說義理勝妙憑何生起真正信解起行證果外教亦耳但雜亂寫出文字不排列安布連合詮顯事義道理亦何名典教如玉篇切韻之徒豈屬詩書禮樂故須通攝所詮也故華嚴云文隨於義義隨於文二中疏前二者前隨相門二種也一即聲名句文二即通攝所詮矣不離識者染淨萬法皆唯是識所變也故經教亦然此義前後頻有解釋疏本影異者有其四句一唯本無影謂即小乘教不知教法唯識現故二亦本亦影即大乘始教謂以佛自宣說若文若義皆是妙觀察智相應淨識之所顯現名本質教若聞者識上所變文義名影像教三唯影無本即大乘實教離衆生心佛果無別色聲功德唯有如如及如如智獨存但以大悲大智爲增上緣令彼所

化根熟衆生心中現佛色聲說法是故佛教但是衆生心中影像華嚴云諸佛無有法佛於何有說但隨其自心爲說如是法四非本非影即頓教也非唯心外無佛色聲衆生心中影像亦空以性本離故忘言絕慮即無教之教耳佛言我從得道來不說一字汝亦不聞三中疏歸性者前則攝所變之萬境歸於能變之八識今又攝所現之八識歸於能現之一心一心即是真性故云歸性故起信云是故一切法從本已來離言說相離心緣相乃至唯是一心故名真如展轉推尋經教真實之體極至於此禪門先祖有言心即是經者良由曉會此展轉之義今有後輩棄却經教不說但指於心云是經教實爲滯累禪宗矣四中疏無礙者謂於前三門本末無礙方是圓了識於教體說即前後法乃同時疏心境理事交徹相攝者正顯無礙之相也心者唯識門也境及事者隨相門也理者歸性門也交徹者謂正名句時必帶所詮之義正唯識時即能詮所詮故交徹無礙也疏以一心二門者釋交徹所以即論中所說依一心法有

真如生滅二門廣如前辨今以一心若無二門即失前心境理事（事及心境皆生滅門理則真如）二門若非一心即不交徹故由一心二門方得無礙

第七宗趣門文二初通注當部所崇者崇是崇重尊重好尚之義約典教法所言者

即云當部所崇所尚就人言之即云心之所尚就賓主談論時言之即云語之所尚如前好尚無者觸言而實無今判典教故云當部

疏趣者意趣趣向即心意所歸趣之處謂凡是一切每偏宗一事必有意之所趣故注云宗之所歸疏因緣爲宗者謂古来諸德皆判儒宗五常道宗自然釋宗因緣因緣有二一內二外外謂穀子水土人時而芽得生泥團輪繩陶師而器得成內謂十二因緣然外由內變本末相收爲一緣起故佛教從淺至深說一切法不出因緣二字然有四重一因緣故生死成壞涅槃云我觀諸行生滅無常云何知邪以因緣故二因緣故即空謂不自他共生等故無生也三因緣故即假如鏡像水月之流緣會不得不現四因緣故即中若言不從因緣即是定有定無斷常二過故中論云因緣所生法我說即是空亦爲是假名亦是中道義（四句如次配前四重）涅槃亦說聲聞等四品菩提皆由觀之而得故佛教之宗因緣收盡

注於中有下謂約佛滅度後賢聖弟子相承

傳習通大小乘宗途有五一隨相法執宗即小乘諸師依阿含等經所立以造諸部小乘等論二真空無相宗即龍樹提婆依般若等經所立以造中觀等論三唯識法相宗即無著天親依解深密等經所立以造唯識等論

四如来藏緣起宗即馬鳴堅慧依楞伽等經所立以造起信等論五圓融具德宗即華嚴經也天親菩薩造論立六相圓融義注今則法性者配屬此經也疏別明下二別二一總

二一達理成行言心境空寂者此有二意一約唯識釋境唯心變心外無境故空既不執境即心無攀緣故寂空是空無義寂者但是心識離喧動過患不是無也故唯識頌云此諸法勝義亦即是真如常如其性故即唯識實性今注中略而明之二約二性釋即今注也謂約徧計即心境俱空故如繩上之蛇杌木之鬼但倒情妄見故文云知是空華即無輪轉亦無身心受彼生死非作故無本性無故若約依他即心境俱寂舉體即是圓成如鏡中影不從外入不從內出見時不是新生

不見亦非滅去故云寂也故法華云諸法從本来常自寂滅相又云世間相常住此皆非空無之義也故經云一切空寂法是法寂不空注引當經可知疏覺性圓滿者正是圓成真實性也心境既皆空寂無喧變全體便是

圓成覺性故注云由空寂故疏凡聖等者如注引文文中說根識塵大世間諸法力無畏等出世諸法皆云清淨不動徧滿法界故云平等平等者良由覺性圓滿故云覺圓明故顯心清淨等又云覺性清淨圓無際故當知

六根徧滿法界等皆注所引中間之文故注云乃至此乃由心境空故寂寂故覺圓圓故平等也故以此爲宗疏令修行下明趣也謂修行人但悟心境空寂自然喪已忘情情忘即等佛心等佛爲真觀行所言喪已者文云

亦無身心受彼生死又云幻身滅故幻心亦滅
等言忘情者由悟空寂平等故也如注所引
八不之文八不者具云覺成就故當知菩薩
不與法縛不求法脫不厭生死不愛涅槃不
敬持戒不憎毀禁不重久習不輕初學何以
故一切覺故餘如注釋䟽又以下二依行證
果鈎鎖相躡謂以忘情等佛觀行速成爲宗
令感業銷滅等爲趣也應先問修觀行成意
何所趣答意令感業乃至安樂自在感業銷
滅者文云身心客塵從此永滅永絕輪迴者
知彼如空華即能免流轉等起大神用者初靜
一身至一世界覺亦如是等安樂者便能内
發寂滅輕安（禪定樂也）又云三事圓證故名究竟
涅槃（經說涅槃是安樂義）自在者永得超過礙無礙境
煩惱涅槃不相留礙上所引者皆是觀成功
用等文故指爲修觀行意之所趣也每云等
者引文不盡故等取已次之文若能備引即
檢經文䟽別者下二別由五雙之法各有相對
不同之義對前總意故標云別若據展轉鈎
鎖乃至起大神用但是竪窮一段始終之意

亦不異前也則是展前令法義廣䟽教義者
問若宗此經一部令他勞苦學之有何意趣
答本圖曉會經中所說覺心染淨迷悟本末
同異義理意旨不爲文字事業是其趣也論
中亦云畢竟不可說相而有言說者當知如
来善巧方便假以言說引導衆生其旨趣者
皆爲離念歸於真如䟽事理者捨前言教但
約所詮之義論之所詮復有事理也問修心
息妄不在事縁經中所說義理何必苦分張
門户說本說末云妄云真有悟有修五性四
位三觀諸輪四相四病等邪答雖約種種意
在顯理謂所說錯謬過患者意令知而離之
離過則合理中下根性猶難頓知頓離故本
末相對迷悟相翻遂成種種論其旨趣但爲
顯理也䟽境行者境即所觀真理對能觀之
智故云境也謂於前對中又捨事不論但論
觀理自有能對所觀也問真理一味無增無
減無益無損何必宗之答夫心無定相對境
隨縁若觀差別之境即成分別之心若觀一
味真理即成無分別智無分別智方名觀行

故今觀於理者意在觀行成就不在所觀之
理也䟽行寂者問勝天王般若云一行三昧
者遠離思量過覺觀境淨名云不觀是菩提
離諸縁故且生心動念即乖法體何必起行
况真理即是自心何乃將心更觀真理故此
合云宗觀行者意在絕觀何者且多生染習
觸境生心若不修觀行則情計紛然愛憎交
起如何遠離思量如何離諸縁等縱令強抑
妄心直得念想不起亦是增長無明豈得定
慧平等故須觀一切法如夢如幻本来空寂
方悟能觀亦空自然能所兩忘心境俱泯泯
然無寄行起解絕䟽寂用對者問既能觀亦
泯即一切皆絕利益有何勝矣豈不以虛設
功夫都無所獲邪答起大神用是勝益也問
何以都泯功能却得神用自在答如塵盡鏡
明鏡無心而無像不現離幻即覺覺無心而
無所不應理例昭然法爾如是䟽此五下相
由之意易如可詳而說之第八修證門文二
一正明本義四一躡前標後初二句躡前七
門七門皆論佛之言教教詮於義約教解義

但是聞慧之境設依義觀察思惟亦唯思慧之境皆未是忘緣寂照若上上根智即言忘言即相忘相此不復論今爲中下之流須開忘機寂志之方便發慧契證之玄門故自古西域東夏承上已来有斯宗也下二句標後言忘詮等者意如上釋詮量揀擇之謂也詮即能詮之教忘者即周易略例中将言顯象得象忘言以象顯意得意忘象如以筌蹄取魚兔等序中已釋復有其門者不必事須攀緣經論自有默傳心印之門也䟽故以下二正叙

修

證三一叙宗師以心傳心者是達磨大師之言也因可和尚諸問此法有何文字教典習學大師荅云我法以心傳心不立文字謂雖因師說而不以文句爲道須忘詮得意得意即是傳心歷代不絶者乃至今日也此上二句由且是以法標舉䟽自佛囑下從此始是正叙也付法藏經中說佛化緣将畢垂當滅度告大弟子摩訶迦葉汝今當知我於無量阿僧祇刧爲衆生故勤修苦行一心專求無上勝法如我昔願今已滿足今者将般涅槃以此深法用囑累汝汝當於後敬順我意廣宣流布無令斷絶迦葉白言善哉受教我當如是奉持正法使未来世等衆饒益惟願世尊不以爲慮是故如来滅度之後摩訶迦葉次宣正教結集法藏化諸衆生其所度脫永不退轉云云即迦葉當第一故云佛囑迦葉也然禪經序又云此是阿難曲承音詔遇非其人則幽關莫闢罕窺其庭若能得意忘言則逺中授與揔此則佛囑阿難又智論說阿泥樓豆語阿難言世尊付汝法汝今愁悶失所付事又佛般涅槃時迦葉不在亦合是阿難今此經及傳記述法眼相付皆以迦葉爲初祖者應是先受佛密付囑然往山中後佛臨涅槃再囑阿難令遇迦葉當佛法主及令阿難同結集法藏故或云迦葉或云阿難矣䟽展轉于今者從迦葉已下西域二十八祖此方七祖相承傳法不絶謂迦葉臨欲入雞足山以最勝法付囑阿難爲第二阿難臨滅付商那和修爲第三優波毱多第四度人無筭石室籌滿時號無相好佛自此已前所傳之法皆具禪法律三藏自此已後律教别行備分五部傳法之者唯傳禪門及經論乃至二十三代師子尊者提多迦第五彌遮迦第六多聞博達有大辯才佛陀難提第七伏陀蜜多第八德力甚深智慧廣大國王信邪躬持赤幡請論主論義士皆屈王自論亦屈遂啟邪心論脇尊者第九胎中六十年生即髮白厭世出家勤苦修道未曾以脇至席而臥普說法化生富那耶奢第十智慧深達多聞博達化度無量說諸法空馬鳴慢心皆伏香以難耶奢耶奢立二諦義鳴即歸投馬鳴菩薩第十一妙伎降諸伎人於樂音中演說諸法苦空無我暖出家時遇外國兵圍索九億金錢王以馬鳴與之方遥化度無量邊甘蔗論十七萬偈又造起信等論普皆開誘毗羅尊者十二造無我論一百偈此論至處無不摧魔龍樹菩薩第十三豪貴家生通四圍陀天地圖讖因與三友作妖術敗出家誦盡閻浮經論自謂爲一切智人大龍慈之接入海宮悟已還出化國王婆羅門外道無歎造論數十部入室閉戶經日弟子破戶看之已蟬蛻而去也迦那提婆第十四智摧異學博識辯才教名天下出左眾與神誓求言得人信受化邪見王及邪黨皆令出家以免斬頭之誓外道弟子由恨殺破其腹而終羅睺羅第十五僧伽難提第十六付法說至一樹下手攀樹枝而滅諸羅漢欲移屍不得以諸象力挽之不動遂就樹下焚之身盡樹更薪爇僧伽耶舍第十七鳩摩羅䭾第十八闍夜多第十九婆修盤陀第二十通達一切修多羅義分別宣說廣化衆生令疑此是天親亦敢爲定摩拏羅第二十一鶴勒那夜遮第二十二師子尊者第二十三遂化至罽賓國國王邪見壞寺殺僧尊者付法已告衆令散後王問空蘊斬頭無血香乳流出自此已後傳法者唯傳心地應緣恐王之難矣舍那婆斯多第二十四優波掘第二十五婆須蜜第二十六僧伽羅义第二十七菩提達磨第二十八也南天國王第三子少小出家依師下悟如來禪三乘三藏無不曉達然志於妙理真心

審救於南天大作佛事觀此土有大乘種又作是念東震旦國佛記後五百歲般若智燈運光於彼遂囑弟子不若蜜多羅往天竺傳法不絕自身遂來漢國也

達磨至

此方當第一

初至梁朝機緣未合過至魏朝遇慧可斷臂授法并一領袈裟以充印信定其宗旨語可曰漢地得入聖位者察金剛楞伽經應又曰我法至六代後命如懸絲大師門下又傍出道育及尼總持

慧可第二

博學經史高節至道鄴都化導三十年遭難非命年一百七

僧璨第三

付法了佯狂託疾隱於皖山齋塲樹下立而終焉

道信第四

長坐脇不著席執進不入傍出牛頭一宗乃至往山

弘忍第五

少小事師後居馮茂山廣開教法學徒千萬時號東山法門於中久在左右見解明利者即荊州神秀潞州法如襄州通資州智詵越州義方華州慧藏蘄州顯揚州覺嵩山老安等十人大師記云各堪為一方師復有嶺南盧行者年二十二來大師門下令為東舂米八箇月因呈偈了性遂付衣鉢令歸嶺南傳法自此便有南北二宗也

慧能第六

歸嶺南十七年後方始出家印宗法師請開禪法神龍元年勅諸不入

神會第七

頂異凡相骨氣殊眾聰辯鄭測先事北宗秀三年因秀奉勅追入遠往曹溪門下荅無住為本見即是性杖試諧鄰夜喚審問兩心既契師資道合復又北遊廣其聞見上鄴受戒景龍年中卻歸曹溪知其純熟遂密授語錄達磨懸記六代後命如懸絲遂不令法衣出山和尚行門增上苦行供養密添眾瓶研水濟眾負薪擔水神轉巨石然燈嚴光誦經神衛律窮五部禪感紫雲因洛陽詰北宗傳衣之由乃澍臺演兩宗真偽使有難起開法不得然繼大師滅後二十年中曹溪頓旨沉廢於荊吳嵩嶽漸門熾盛於秦洛普寂禪師謬稱七祖二京法主三帝門師朝臣歸崇勅使監衛雄雄若是雄敢當衛嶺南宗遠甘從毀承法信永服歎被讚謀傳受禪文兩遭磨換荷譯觀承

付囑證數因循直入東都面抗北祖龍鱗虎尾徇命亡軀俠客遷官三度奔死獨拆療懷百種鄭鞭遠密纏無之說驗於此矣因滌上祈瑞感炭上生芝草士庶戒觀遂命違立無退蛋心又因南陽荅王趙二公三車義名瀨開於名賢天寶四載兵部侍郎宋鼎請入東都然正道易申捋理難國於是曾溪了義大播於洛陽荷澤頓門流派於天下然北宗門下毒力達夫天寶十二載被諸聚眾勅黜弋陽又罄盛當郡至十三載恩命量移襄州至七月又移荊州開元寺皆北宗所致也然彼宗主必無此心蓋是門下凡愚競於彼我也至乾元元年四月後頻告門人令散問法再三深數無為一法五月十三日中夜示滅年七十有五二年遷浴於東京龍門置塔寶應二年勅於塔所置寶應寺大曆五年勅賜祖堂額號真宗般若傳法之堂七年勅賜塔額流般若大師之塔真元十二年勅皇太子集諸禪德楷定禪門宗旨遂立神會禪師為第七祖內神龍寺勅賜碑記現在又御製七祖讃文現行於世緣第七代世中興之主故具叙之

從第七代後不局一人法宗既立普令霑洽初且局者順世規矩世諦之法多止於七經教亦然如此方七代先亡或令持念一七二七乃至多七請僧之數亡人齋數每事皆七乃至祖有七佛國有七廟之類也儀式既成故各令流布蹤燈燈者維摩詰言我法名無盡燈譬如一燈然百千燈暝者皆明明終不盡且如第七祖門下傳法二十二人且叙一枝者磁州法觀寺智如和尚俗姓王磁州門下成都府聖壽寺

唯忠和尚俗姓張亦號南印聖壽門下遂州大雲寺道圓和尚俗姓程長慶二年成都道俗迎歸聖壽寺紹繼先師大昌法化如今現在當代法主兩川歸心蹤然所下二叙法要謂已列能傳之人今正叙所傳之法也文二初總標如文蹤無定下二別釋二初釋定慧一對然定慧正是所悟修之道頓漸是修之儀式所修之道有正有助定慧是正道餘萬行皆是助道助定慧故華嚴云譬如有力王率土咸戴仰定慧亦如是菩薩所依賴諸教非一悟修是解行頓漸通於悟修無定已下明互闕之失謂無定之慧慧是狂慧如風中燈如搖動水無慧之定定是愚定如悶絕無心如枯杌無識又偏修定增長無明偏修慧增長邪見故涅槃云聲聞定力多故不見佛性菩薩慧力多故見不了了此二雙運下等學之益亦如涅槃說也兩足尊者福智圓滿定是福體慧為智本故也止觀者天台有大止觀十卷小止觀二卷二卷者序云止乃伏結之初門觀是斷惑之正要止是長養心識之善

貫觀是照察神解之妙術止是禪定之勝因由止萬緣故心定觀是智慧之由藉由觀察諸法故慧力成就疏其頓下二釋餘兩對初一句標然悟與修皆通頓漸又悟有解悟證悟修有隨相離相謂初因解悟依悟修行行滿功圓即得證悟此爲真正若各隨根悟及諸師友方便施設先從無定跡有八對下當配之疏頓悟漸修爲解悟者初對也如慧日頓出霜露之感漸銷又如孩子初生六根四肢百節頓具喻性上恒沙功德也乳哺飲食養育漸漸成長出身入仕喻萬行資果報化圓滿也此悟在初故屬解悟悟後之修即具隨相離相理事雙修若未悟而修即著相故功行圓滿必有證悟即屬後對疏漸修頓悟下後三對證悟也初言漸修頓悟者此有二意一者即前悟解之漸修修極故證二則從初便漸修如諸聲聞等因四十年前漸修三乘教行故靈山會中聞法華經疑網頓斷心安如海授記成佛如人伐木千斧萬斧漸斫倒即一樹顛倒又如從邊遠之境入於京都數月步步漸行入大城門之日一時頓到故天台大師

數年修鍊百日加功用行忽然證得法華三昧旋陀羅尼門於一切法悉皆通達即其事也此宗漸教意見如此然多入二乘之境難得圓證故疏頓修漸悟者雖聞圓教信證圓法根性遲鈍不得頓悟雖不頓悟而樂欲情殷深崇頓理頓發大心頓絕諸緣頓伏煩惱由此加行漸漸得悟悟即是證不唯會解如人磨鏡一時徧磨一面終不從一分一寸致功然塵垢則漸漸而去漸淨明相則漸漸而顯漸照又如學射初把弓矢便註意在的斷發無上菩提心也不故作親疎遠近節級不先發十信次十住等也然不免經千百日射億萬箭方漸漸親近乃至百發百中疏漸修漸悟者謂信本性圓滿而猶計有業惑障覆故勤拂磨鏡塵漸悟心性如注所引喻也足履喻修行所鑒喻證悟也若對下頓斷煩惱斷絲之喻此如斬竹節節不同也疏並爲證悟者總結上三對也疏若頓悟頓修下三對悟修皆頓但以或互先後或同時故成解證之異初標頓悟頓修以斬染綟絲爲喻者斬如頓悟煩惱本無即名爲斷如一綟之絲不勝一劍

而頓斷故此是荷澤所舉之喻染如頓修頓稱性上恒沙功德念念無間而修如染一綟之絲千條萬條一時成色故清涼大師心要云心心作佛無一心而非佛心處處道成無一塵而非佛國又行願鈔云行即頓修位分因果皆是頓修之義疏謂先悟後修等者初對也如注所釋謂由頓了身心塵境皆空故不著諸相不證心性心性本不動故又由頓了恒沙功德皆備故念念與之相應名爲合道由悟於先故當解也疏先修後悟等者次對也謂由頓絕諸緣等云云如上所引故得心地豁開以根欲勝故不同前頓修漸悟也注以修如服藥者一服頓喫良藥也悟如病除者忽然得汗四肢百節一時輕凉也不取漸漸平復之意以悟在後故當於證然此證解亦無二相疏修悟一時通解證者後對也謂以無相爲修分明爲悟悟即慧也用也修即定也體也荷澤云即體而用自知等注中取意引心要也具云無心於忘照則萬累都捐任運以寂知則衆行爰起今但各取上句故一悟一修心要

又云一念不生前後際斷（即頓修也）照體獨立物我皆如（即頓悟也）荷澤云一切善惡都不思量言下自絕念想（修也）正無念想心已自知（悟也）疏即通解證者此有二意一者如上釋云證解亦無二相故二皆通謂即證即解即解即證二者或是證或是解謂頓了頓息即爲解悟頓盡頓覺即爲證悟如大夢覺覺名頓覺夢必頓盡故（如佛地論說下當具釋也）疏若本具下第八一對也結云通解證也亦含二意如次上說初義可知後義應釋約解釋者但取無漏本覺爲悟不加覺了之心但取性上功德爲行不待息心爲行注中欽字得字皆喻與之相應約證釋者即始覺合本之時無別始覺之異故華嚴宗說新成舊佛舊佛新成成時但是本本之真不見新新之相悟修皆爾故華嚴說成佛時必與一切衆生同體俱成又云成與不成無差別者正由不取新成之虛相也疏此圓下三會此經也文有標釋釋中但撿教起因緣門中及下銷文處取相應之義敘之今亦不能重述然此中言證但取觀行相應之時現量所見即名爲證不必聖果疏此等下三通妨難謂有難云前權實對辨已廣明頓漸等教何得今又重說故爲此通也疏苟得下四結勸修言皆成定慧者謂定慧有有作無作自性三種不同故頓與漸皆相當也故荷澤說三種三學有作三者約諸惡不作等（云云）無作三者妄心不起是戒無貪瞋惱嫉等也本無妄心是定（無思覺等）知心無念是慧（不落無記空也）自性三者謂空寂照（如次配之空是離四相絕百非之義故配戒也餘二可知）言妄想者無定之慧也言無記者無慧之定也此但是寘寘無所揀擇而爲無記不唯揀於善惡說無記也言審而修之者此門意在於行不圖知解而已故勸云修之不云學之此第八門多依清涼大師奉勅所製華嚴疏懸談十門中修證淺深門及諸宗禪門諸經禪要而敘之

圓覺經略疏之鈔卷第八

圓覺經略疏之鈔卷第八

校勘記

一　底本，明永樂北藏本。二五五頁上一一行至頁下末行原版缺，以清藏本補。

一　二五二頁上一九行「空以」，[徑]作夾註「空以無風」。

一　二五二頁中一七行末字「變」，[徑]作「現」。

一　二五四頁中一七行第六字「對」，[徑]作「觀」。

一　二五五頁中一七行夾註右「禪法」，[徑]作「禪教」。

一　二五五頁下四行夾註右第一一字「苦」，[徑]作「空」。

一　二五五頁下一一行夾註左「破其復」，[徑]作「破其腹」。

一　二五六頁上六行夾註左「峞山」，[徑]作「峞川」。

一　二五六頁上一一行夾註右「春米」，[清]作「舂米」。

一　二五六頁上一五行夾註左「却歸」，清作「即歸」。

一　二五六頁中一行夾註右「北祖」，徑作「北宗」。

一　二五六頁中五行夾註「弋陽」，清作「弋陽」。

一　二五六頁下一三行「愚定」，徑作「慧定」。

圓覺經略疏之鈔卷第九　奈四

圭峯蘭若沙門宗密於大鈔畧出

九通釋名題疏二初正釋經題二初總釋者以題目包含一部之文故云通也文三疏上五下一配屬法義言法義者凡欲解了經義先須明識法義依法解義義即分明以義照法法即顯著今時聽學之人但求文義不尋法體亦不原此義是何法上之義若禪學者但欲認取一法認得即休更不推序諸佛本來之說菩薩性相之殊故今具與配之故論中欲顯大乘深隱性相道理先開此二論云摩訶衍者總有二種一者法二者義法指一心義開三大正同此也論云所言法者謂衆生心此是如來藏心包即法圓覺在解之名然諸佛菩薩所說大乘一切差別義理皆約本心說之不曾有本心外別說一法故論云依於此心顯示摩訶衍義心即衆生心也聖大乘既依此心顯此義等即依於此心求之不應文字語言中求也今經題十一字中有兩重法義如究配之疏圓覺是法者正宗之初佛自標本唯立圓覺文云無上法王有大陀羅尼門名爲圓覺流出一切等中間處處牒前起後標結精

陳一一只言圓覺更不言大方廣也文云如來因地修圓覺者又云聞此圓覺云何修行又云種種幻化皆生如來圓覺妙心如此文例有三五十節疏云大方廣是義者是起信中體相用三大也如下所釋疏下六字下配能詮中法義也於六字中上五字緣是比對諸經數此經殊勝結爲題目故總屬能詮句攝屬於義用意言此圓覺一部經是修多羅藏中了義之經也經之一字正目此一部名句文字故配於法即教法也疏經有下二標廣存畧言五名者標廣也流通分中文云此經名大方廣圓覺亦名修多羅了義亦名秘密王三昧亦名如來決定境界亦名如來藏自性差別義如下釋疏首題唯二者存畧也宗本即圓覺是法體用即大方廣是義故云法義之宏宏者大也綱者網之所依尚書云若網在綱有條而不紊紊者亂也詮是修多羅即言也皆及功能是了義即象也了義之言揀勝餘經故是至明義鏡者可辨妍媸好惡喻此經能楷定邪正大小權實疏事周下雙結廣畧之意疏大等下三隨文解釋二一釋所詮五字三初三字二字對二一釋

三大二初總標謂大是圓覺體性方是圓覺德相廣是圓覺業用故言三大疏大者下二隨釋三一釋大字疏揀小之大者百法論題云大乘百法明門論彼疏釋云大以揀小爲義乘以運載得名故今云爾疏先於諸法者儒道二教所說人畜草木萬物以天地爲先天地又以混沌一氣最爲其先故立元始之號又老子云有物混成先天地生意云天地人畜萬物皆從混沌而有今正教所明則天地人畜是別業所感所感能感皆從自己妄識之所變起則以妄識爲先妄識由迷圓覺真心故有則以圓覺爲先故下經云種種幻化皆生圓覺妙心至於虛空亦從識變當知唯有圓覺是最先之義故云先於諸法也若約本末無礙真妄融通則無先無後今就迷真起妄依本起末之義故云先於諸法也是義勢之先後非時候之先後也由是最先故稱大也如人最長以生在先故稱爲大不約身量說大小也疏涅槃經云者引經證常義是大義也常者即豎窮初際也即彼經第三

名字功德品佛告迦葉是經名爲大般涅槃上語亦善云云乃至所言大者名之爲常如八大河悉歸大海云云今但取其大字約體不變故名爲常以性自有非造成故故生公疏云若尋其趣乃是我始會之非照今有照不在今即是莫先爲大既云大矣所以稱常疏橫者此約分量以說大也疏涅槃又云者即彼經第五如來性品云佛告迦葉所言大者其性廣博猶如虛空復是別義謂第二十三又云譬如虛空者喻真解脫真解脫者即是涅槃疏方者下二釋方字文顯疏廣者下三釋廣字言本有過塵沙等者即論云從本已來性自滿足一切功德所謂自體有大智慧光明義故云云乃至具有過恒沙等妄染之義對此義故心性無動則有過恒沙等諸淨功德相義示現一一翻對故染淨皆過恒沙釋曰今改云塵沙者一則避於國諱二則展數更多謂抹世界爲塵一塵爲一德用故云多也沙則恒河中所有沙數疏云潛興密應者以凡夫位中此妙用亦非斷無但凡夫日用而不知故云潛

罄故論云能生一切世間出世間善因果故不善爲真是所治故非其用也同若尒應離於真本以違真故不得離真以違真故非用也既亦生世善則凡非無也故華嚴說菩薩及一切衆生心中念念常有佛成正覺疏無有休息窮盡者通論用無窮盡不揀凡聖但取性上本有此德若就聖位如涅槃經說大般涅槃能建大義芥納須彌乃至結云善男子菩薩摩訶薩住大涅槃則能示現種種無量神通變化是故名曰大般涅槃問華嚴題亦云大方廣與此同異荅配屬三大則同釋義隨宗則異華嚴疏釋大云一切相用皆同真性而常徧故持則雙持性相具十玄門軌則一切諸法一一皆能生解故藏和尚於一塵中說百門義述成兩卷廣則能包能徧相即相入重重無盡一一對此同異可知疏圓覺者下二釋法體六初標定於中初一句正標次若不下爲顯指體則知向來只說圓覺廣大軌持等也疏圓者下二正釋具如前釋序中彌滿清淨等文也疏故論下三引證證覺照無諸分別之義疏釋曰下四顯位顯離念

之言不待聖位顯故知下五釋成如文疏下又下六證成其義不異序中所說然此圓覺於諸經中隨宗名別涅槃經但約凡夫身中本有此性悟之修之決定成佛故名佛性法華經約稱讚唯此一法運載衆生至於寶所餘乘不能餘法皆劣故名一乘妙法淨名但約住此性者神變難量非口可議非心可思故名不可思議解脫金剛但約此性顯發能破煩惱故名般若餘類可知皆圓覺門中差別之義良由未決定的顯無明本無衆生本佛故雖神用繁廣勝德無邊不得標題直名圓覺禪門離念無念亦是此中拂迹遣過之意然以心傳心密意指授非今簡牘所論且約形言對此辨矣疏或唯下二四字一字對二初總標法義言唯覺是法者且如世虛空亦能圓滿唯有覺體無與比故唯此是法故經中或但云覺滿十方界又云依幻說覺亦名爲幻若說有覺猶未離幻說無覺者亦復如是又云一切覺故又云皆是覺隨順又云非覺違拒諸能入者有諸能入非覺入故

又云證覺般涅槃又云是則名爲淨覺隨順又三觀皆云以淨覺心如是等文非一不定言圓唯覺一字不改故知是法況圓字是義下釋昭然疏意言下二舉法釋義初四字舉法餘皆釋義也文中作三重相對釋此四字

文三一闊隔對謂廣大者一與三對方圓者二與四對故云闊隔闊隔釋者爲取體用爲一對義理爲一對也理是揩定之宗源宜云方正義是說釋之所以宜云圓滿故便取爲對也疏亦可下二相次對謂東四字但爲體用一對也疏又上下三總別對言三字別者是體相用三大義也意明已下挾法義以彰總別意云覺是能具三大是所具三大備足是爲圓矣疏是則下三總歎而結可知疏後能下二釋能詮六字三一配屬云總指諸經

本四　六

看即三藏中一修多羅藏也意云此圓覺是修多羅藏中了義之經非於二藏中而歎也引文云眼目者釋成題中了義也眼目是開決顯照分明之義故疏修多下二正釋三初釋三字此義具在前第二藏攝門中解釋竟

要更重說即檢叙之疏了義下二釋二字二初直銷文決擇等者順釋非覆等者反釋謂決擇說故非覆相說若但說生滅因緣是覆真空實相但說無我是覆真我之相但說一切皆空即名至道是隱靈覺本智之相及性上恒沙德相故非決了又此故名了義也究竟說故非密意說佛說無我本意密顯真我說諸因緣生法密顯恒沙性德說一切皆空密顯真如本覺爲恐聞者生著且泯息其念故非究竟也顯了說故非含隱說佛所說權教一一皆含真實究竟之法但未顯言故云隱也今顯圓滿清淨覺性故云顯了也疏然諸下二釋行相二一徵起如文疏清涼下二正釋二一約師釋二一指教就理俱爲了義佛意及圓經皆稱理故俱了也順宗者在東宮時勅使蘇明俊至清凉山問和尚諸經了義和尚製述以牋引而答之約十餘紙今撮機要而引用矣疏本爲一事者則法華經意爲開示悟入故出現於世如懸談教起因緣中說疏今約下二對機

本四　七

開教有了不了於中二初標定謂淨名等四依中之一也餘三依者謂依義不依語依智不依識依法不依人疏不了下二判教二初約大小判疏大乘下二約權實判皆如懸談權實對辨中廣說正在西域兩種三時教中及性相十判中一極

看會三時歸之一也玄是法鏡是喻智是法海是喻群像萬流皆含法喻謂玄妙之理鎔融森羅萬象染淨事法而爲一味之法如以炎鑪鑄冶千萬金之器像而爲一味之金又總攝無量流類差別之智但是一實相智如攝百川萬流爲一大海餘皆可見疏又大實下二約教釋據所引經文中初佛且徵起後自牒釋牒釋中了不了相對明之有其四對然每對中不了行相多與大小乘法相宗中相應了義即與法性宗終教及頓教相應今且指出此經符合佛判了義之語證成題目兼對揀不了義教可審詳而說之第一對中言世俗者即小乘一藏唯說俗諦雖云四真諦望於真如還成世俗法相一宗經論亦多說世俗少說勝義即明是不了義也言說勝義者據唯識疏四重二諦總有八諦初一諦唯俗不真最後一諦唯真不俗所謂勝義勝義即是圓覺下文云圓覺流出一切清淨真如涅槃故所流出者亦是安立真如對此還成世俗第二對中說業煩惱者此等亦是相

教廣明相教中說真性處百分無一從多而說屬不了義云說煩惱業盡者亦與此經相應此經云永斷無明又云此無明者非實有體又云知是空華即無輪轉亦無身心受彼生死是煩惱業盡之義第三對中云說厭離等者正是二乘宗也法相宗中於斷章證真釋識成智亦是此源類也言生涅無二此經說涅槃及種種幻化皆生覺心即二法同源正是無二義也又云生死涅槃如夢及不厭生死不愛涅槃等皆同此矣第四對中言種種文句差別者即法相宗漏無漏爲無爲一切定別是也云甚深難見難覺者由差別即無差別故難見也此經云有思惟心測度圓覺如取螢火燒須彌山終不能着即是難見難覺之義故疏結判云皆圓覺相當也是佛自揀故不應疑疏經者下三釋經字言如上釋者藏攝中釋也疏問修下三通妨二一正通問意可知答云對總歎別者總者指一修多羅藏別即經經各殊今別歎此一部是修多羅藏中了義之經如歎勝人云是人中人或讚佛云天中天等也疏亦如下二舉例可知二別明翻譯中疏云覺救者此三藏以悲智爲名也覺謂覺悟救謂救迷又覺者覺法救者救世起信略敘偈稱佛云救世者謂覺悟真法救世群迷故名覺救疏北印度者天竺國有五印度四方及中此是北也印度罽賓皆未詳唐語白馬寺者後漢明帝時梵僧摩騰竺法蘭等將白馬馱經到洛都帝令造寺報白馬恩此則天下寺之祖禰也在舊洛城東去今洛城二十里餘亦曾到騰蘭白馬梵經初到元由廣如別卷疏一部者目錄云二十八紙或一卷或兩卷不載年月者目錄云此經近出不委何年且弘道爲懷務甄詐妄但真詮不謬豈假具知年月耶上皆本文評曰余謂但云不載年月即得何必如此數言故疏中云不載年月疏龍集者有釋云高宗大帝當其年飛龍以王天下此說恐謬曾見有處說長壽年是則天之代然今亦未委其指的也待更尋檢疏具如別錄者不知是何圖錄悉待尋勘有釋云證義大德是京兆皇甫氏范氏沙門後禮懷素又指度語筆授等何得半在此傳半在彼圖作可不知不得妄生異說堅志法師疏說譯主年月並與藏海疏同唯云天竺三藏羯濕彌羅爲異耳余又於豐德寺雜經中見一本圓覺經年多蟲食多已破爛經末後兩三紙纔可識辨後云貞觀二十年歲次丁未七月乙酉朔十五日己亥在潭州寶雲道場譯了翻語沙門羅睺曇捷執筆弟子姜通恪證義大德智聯法緣慧全寶證道義然未詳虛實或恐前已曾譯但緣不得奏聞故滯於南方不入北中藏內不然者即是詐謬也十別解文義中疏二一此下下科判二初總科一經然三分之義不異常談疏序中下二勝釋序分二初合明二序然諸經中多具二序謂證信序亦云通序諸經通故發起序亦云別序諸經各別故如淨名寶蓋法華毫光之類今此經文合而不分故云便是也謂佛入下顯具二序行相疏然證下二別明證信言阿難請問者智論第二云佛涅槃時於拘尸那竭國娑羅雙樹林中北首而臥一心欲入涅槃阿難親愛

未除未離欲故心沒憂海不能自出爾時長老阿泥樓豆語阿難言汝是守佛法藏人不應如凡人自沒憂海一切有爲法是無常相汝莫愁悶又佛首付汝法汝今愁悶失所付事故當問佛佛涅槃後我等依何修道以誰爲師惡口車匿云何共住一切經首當安何語如是種種未來之事應當問佛阿難聞是事已心悶少醒得念道力以是問佛佛告阿難取意攝略說之我滅度後汝等當依四念處住觀身不淨觀受是苦觀心無常觀法無我以戒爲師默擯惡性比丘結集經教最初皆云如是我聞一時佛在某國城山林與若干衆等故云佛令置之若要廣釋即撿大鈔疏亦爲斷疑下明佛置立此言之意也意有三焉一斷疑者謂結集時阿難升座欲宣法藏忽然相好如佛衆起三疑一疑佛重起說法二疑他方佛來三疑阿難轉身成佛纔唱如是我聞等言三疑頓斷既云從佛聞即自非佛明矣真諦三藏引律云附此通如是我聞也二息諍故智論云若不推從佛聞言自製作即諍論起故今廢我從聞聞從佛來故經

傳歷代妙軌不輟此局我聞三異邪故外道經初皆立阿憂爲吉此局如是顯然雖下二銷文謂前釋二序義通諸經令云銷文者唯釋當經三分之中今初序分文二初敘意分科言今隨文便等者據六成就合爲六段緣初四成就經文太少不成全句不可分爲四唱故均融廣畧總分爲三故云文便也云成就者以六緣不具教則不興必須具六方得教起故云成就二正釋經信聞時主中疏四一釋如是二一且兼下連下合釋二初直銷文謂標指此圓覺道理是我親從佛聞疏佛地下二引論釋義三初引論疏釋曰下二畧釋疏又集下三引集靈記結成然集法傳云阿難有三一阿難陀此云歡喜持聲聞藏二阿難跋陀此云喜賢持獨覺藏三阿難伽羅此云海持菩薩藏但是一人隨德名別疏離釋下二離釋本文初句牒科餘文二一約信順合釋二字引智論者彼論具云佛法大海信爲能入智爲能度如是者即是信也若人心中有信清淨是人能入佛法若無信是人不入佛法不信者言是事不如是是不信相故信者言是事如是是信相也疏故肇公者

此下肇公但用智論意非是別理是以疏言肇公云也疏信則所下後於肇上加云信爲入法之初慧智爲究竟之玄術信則所言之理順順則師資之道成由信故所說之法皆可順從由順故說聽二途師資建立者此亦後人傍智論肇公後加也言則雖多亦非異理疏又聖下二約法體離釋二字二一通約諸經釋二一自狹之寬三一但約理此一最局但約理釋唯取如故則劉虬注無量義經云爾疏又真下二兼理事若取敵對阿憂應如此釋今當廣之外道請阿之言無憂之言有萬法雖衆不出有無此則斷常之計今如即真空是即妙有既無俗外之真故空而非斷破常無真外之俗故有而非常破斷即對破邪宗以彰中道一代時教不出於斯故云如是言敵對阿憂者百論外道立阿憂爲吉智論說梵王昔有七十二字以訓於世教化衆生後時衆生轉薄梵王因竊吞噉在口兩角各有一字是其阿憂亦云阿嘔但梵語輕重耳疏又如下三通教義以義中又含於事理故

轉覺也理者道理非為真如故是通也即生公釋法華經云爾遠公亦云說理如理說事如事說因如因說果如果如法之言是當道理故曰如是良以乘法之言名為非故如法之言得稱為是此則能詮之教稱於理事也其

言雖多但當理言耳不異生公疏又有下二合於覺狹釋此約所詮理事無二疏若唯下二唯就當經釋謂不異是相似義故名如也方離過非下則反顯於是義故名是也此雖約當經然亦大同有無不二為如如非有無

為是矣於中言唯此因果者還源觀云非真流之行無以契真何有飾真之行不從真起故不異圓覺方是離過之因也果例此知應隨教門差別已顯如是不同如大鈔說二解我聞疏初句牒章餘文三一通大小乘法相

釋二一正釋二一釋我四一約假名直指謂淨土所說之經故結集兼於菩薩疏云何下二以妨難徵起意云一切佛教詮於無我阿難是入理聖人那同凡夫而言我聞疏我有下三總列邪正於中凡夫外道等如下所辨

三通大小賢聖四唯明菩薩又若約本而言阿難亦通法身我也亦如下說疏今是下四以正揀邪謂法雖無我隨世流布假說故無我法中有真我真我即法身（如涅槃經說）疏聞謂

下二釋聞然大小乘各有三說或云唯耳根聞或云唯耳識聞或云根識和合方有所聞廣如大鈔所說根識俱取是其正義故今云耳根發識也然具四緣八緣亦如大鈔廣釋疏雖因下二通妨謂有聞言既是耳聞何言我聞故為此通明我為總該眼耳等諸根故

即佛地論文非邪慢者智論云世間語言有三根本一邪二慢三名字凡夫具三見道學人具於後二聖人唯一謂隨世間但是名字故云非慢心也疏若無下二約空宗等釋等於三教謂始教頓教實教故云等也雖含三教無相宗義強故偏標也謂若但云我既無我聞亦無聞即空宗意若云能所雙寂無聞不聞無我不我離念而顯即頓教意其從緣空故文含兩勢一釋忘上二句無我所以二者違下不壞假名即不聞聞耳為實教意謂

事理無礙故聞與不聞無二義故故智論云非耳根能聞亦非耳識非意識是聞聲事從多因緣和合得聞不得言一法能聞聲何以故耳根無覺故不應聞聲識亦無色無對無處故亦不應聞聲聲無覺亦無根故不能知

聲釋曰此上皆明離此衆緣不能聞也下云爾時耳根不壞等和合能聞今明和合而聞即無聞皆實教意若劉公注法華云陰入非主為我聽受非情曰聞深照緣起悟解法空若斷人也顧命之所因然後傳而無執物

我同致釋曰此初亦始教意從深照緣起下即實教意然皆屬無相宗攝又言不聞聞者即涅槃第十九說也疏若約下三唯約實教釋亦含圓教中意言以我無我等者含兩經意一者淨名云於我無我而不二是無我義

二者涅槃云無我法中有真我是故敬禮無上尊正當今意則口順世間心造真境是自在我疏根境非一異者以根與境共為緣起因根說境因境說根互相融即故曰非異而相歷然故曰非一斯為妙耳何所不聞問阿

難是佛得道夜生年滿二十方始出家年至三十如来方命爲侍者自二十年前如来所說阿難不聞何以經初皆言我聞答報恩經說佛初命阿難爲侍者阿難請如来重說金華經又云阿難得深三昧自通涅槃經亦云阿難多聞士若在若不在自然能解了常與無常義法華亦云世尊甚希有令我念過去無量諸佛法如今日所聞若推本而言即阿難是大權菩薩何所不了如不思議境界經說况同文殊結集何滞迹而疑焉三辨一時疏初句牒章餘文二一随相釋三一正釋言師資合會者生公云機教一時謂上言如是言雖當理若不會時亦爲虚唱今明物機感聖聖能垂應凡聖道交不失良機故云一時肇公云即法王啓運嘉會之時者意亦可知謂開大運演說真乘即嘉善之會也疏說聽究竟者先應難云一會說有多多字句句字有多多刹那如何言一佛地論云此就刹那相續不斷說聽究竟總言一時此中不定約刹那亦不定約四時十二時亦不約成道已後

年數時節名爲一時但是聽者根熟感佛爲說說者慈悲應機爲演說聽事訖總言一時由能說者得陀羅尼說一字義一切皆了或能聽者得淨耳意聞一字義一切皆解或說者時少聽者時多或說者時多聽者時少故不定說一念多劫之時節也由於一會聽者之機有利有鈍如来神力或延短念爲長劫或促多劫爲短念亦不定故但約說聽究竟名爲一時更無異義（上所釋者多約佛地論也）疏時者下二出體時無定體約色心分位以明故云假也疏如涅槃者具云我於一時在迦尸國我於一時在恒河岸我於一時在尸首林等疏又諸下三通妨又字是連前釋一時義之文勢也諸方下正是通妨謂有難云何不別說四時六時十二時定是何時但云一邪故爲此釋言諸方者豎謂上下横謂四方言延促者人間五十年四天王一晝夜等言不定者有二意一即指上延促云不定也二謂四洲晝夜不同故云不定謂北州夜半南洲日午東洲日沒西洲日出等如来說經被於上界

諸方流通若說四時等即諸方不偏故不別說疏若約下二據實釋然此二法皆從緣無性但是一心故須融泯然心境通於偏計故須泯之理智唯悟悟即不壞能所故但融之融之即自他不異故云凡聖如也本即本覺始即始覺始覺合本無別始本之異名究竟覺故云會也佛說之時心心若此而機感相契亦然故云一也淨名楷顯亦作隨相就實二釋隨相大同於前就實釋云說聽雖別原其本性真體不殊一味如如故名爲一即就此一以辨其時故云一時此乃以說聽不二而爲一也四明說主疏初句牒章餘文三初正釋此文二初約涅槃經翻釋斷德者佛有三德法身斷德（由斷煩惱方顯出故）報身智德（轉識成智乃名正覺故）化身恩德（多劫化生利他行滿方能現化所化緣熟方感佛身故）言法報不分者諸處以遮那爲法身以舍那爲報身若華嚴宗祖相承古德翻譯即遮那舍那但梵音小異此翻爲光明徧照或爲廣大生息是理智不分之真身也此經是淨土說故化主是真身是以經云婆伽婆也疏故佛下二引佛地

經例證謂彼經亦淨土說故彼論所說化主
亦云次顯說佛異餘大師（異餘經所說佛）故說世尊
殊勝功德云薄伽梵釋曰婆伽婆但梵音之
小異具足六義已在序中釋了最清淨等四
句是真身殊勝功德盡虛空者橫也窮未來
者豎也疏若約諸下二會餘經二初標舉翻
譯釋中言心體離念等者通釋覺者之義此
是起信論文謂由心離念方能覺了性相覺
了性相之者是爲覺者凡夫雖有心體只緣
妄念不得名覺者故彼論又云一切衆生不
名爲覺以從無始已來念念相續未曾離念
故疏覺具三義下別釋覺者之義若以常途
所釋但云自覺揀異凡夫覺他異二乘覺滿
異菩薩更不委明行相今釋云自覺者覺知
自心本無生滅（早以異於二乘及權教菩薩）覺他者覺一
疏文
切法無不是如覺一切衆生皆同是佛覺滿
者覺自他無異理事無礙心境交徹一一徧
滿法界如下文云一切障礙即究竟覺等疏
若約下二廣顯行相二初約論顯即彼論第
一云謂具一切智（根本）一切種智（後得）離煩惱障

及所知障於一切法（真諦）一切種相（俗諦）能自開
覺亦能開覺一切有情如睡夢覺如蓮華開
故名爲佛釋曰十義者能斷二智所斷二障
所覺二諦所得二利結二覺相是爲十也配
文可知若各就當類說者謂以一切智斷煩
惱障證真諦名自覺如夢覺也以種智斷所
知障達俗諦能覺他如蓮華開也疏若依下
二約經顯十佛者離世間品列也成正覺佛
者果位妄盡智顯故願佛者願力周法界轉
法輪度衆生故業報佛者萬行功圓相好福
德具足故住持佛者自受用身安住自受用
土盡未來際而不失故涅槃佛者生死永寂
故法界佛者若心若境若性若相無非佛故
心佛者爲萬法雖衆不出一心唯心知覺故三
昧佛者離心境皆佛妄想取著即乖正覺唯
疏文
平等持心方相應故本性佛者將心息妄亦
乖本性性本自寂性本自知方名真佛故隨
樂佛者如理觀察隨心所見無非是佛故（初三
及十號於果位餘該凡聖於中八揀教心九揀虛妄六七俱攝也）疏若出下
三總出體若心若境若聖若凡攝歸圓覺故

總爲諸門佛義之體也經說處依真疏二說
下初句標章餘文二初通疑難二初總標宗
意以釋科文華嚴亦云普賢身相如虛空依
真而住非國土疏然諸下二引經論顯淨土
說經行相大疏於此先通疑難令但潛通伏
難而無難辭大疏難曰外道言教首建阿憂
孔老篇章不標處所佛經異此故必以序分
爲初章說處則山城有依明說人則主伴無
雜六種成就千代楷模邪正區分實由斯矣
今云入光明藏三昧正受現諸淨土與諸菩
薩同入等者但是真智所造之境非化身形
相之依既不言佛在何山城國邑則說經主
處文不顯彰幸爲釋通異無所惑荅曰夫三
身一體四土一性聖言三四者立教有權實
對機有隱顯（劣機隱淨說穢勝機隱穢說淨）若揀邪教定釋
宗則唯標變化身土（說大小乘法相大乘破相及顯性等經）若
除細惑彰妙境則直顯受用自他（圓覺密嚴之類十有
餘本）然此了教委窮識智之體備搜性相之源
深究無明之根圓彰無漏之界經宗既詮實
境教主須明真佛故受用身居受用土爲諸

大士說圓覺經餘文大同今判文二初具列十本淨土經以爲類例意恐愚者疑此經云此經既無人間說處經從何來憑何傳持故引同例通之謂若以不標人間之處便疑則此下所引之經總應疑也以皆無人間說處故同是淨土說故文二初且總列九經名題今隨所列便指其文深密解脫經序品第一(胡五卷)如是我聞一時婆伽婆住法界殿如來境界處衆寶赫炎一切莊嚴第一之處徧至無量諸世界處放大光明普照之處(即大光明藏也)又有重譯之本題云解深密經序品第一(亦五卷)如是我聞一時薄伽梵(此是同本重譯即知薄伽婆伽義無二也)住最勝光曜七寶莊嚴放大光明普照一切無邊世界無量方所妙飾間列周圓無際其量難測超過三界所行之處法集經(八卷)如是我聞一時婆伽婆在虛空界法界無差別住處(不二隨順)普皆嚴潔清淨無垢諸佛如來福智莊嚴(一切如來光嚴住持)如意所化超於三界有爲數行過一切譬喻不可思議乃至與菩薩摩訶薩衆皆悉清淨得無常三昧境界(與諸菩薩平等)

(法會)稱讚大乘功德經(一卷)如是我聞一時薄伽梵住法界藏諸佛所行大功德殿大乘密嚴經會品第一(三卷)如是我聞一時佛住出過欲色無色無想一切法自在無礙神足力通密嚴之國(神通大光明藏)非諸外道二乘行處與諸隣極修觀行者十億佛土微塵數菩薩摩訶薩俱皆超三界心識意境智意生身轉於所依成就如幻首楞嚴法雲三昧處(皆入三昧)乃至爾時如來應正等覺從證自智境現法樂住神通辯才現衆色像三昧而起出虹電光妙莊嚴殿與諸菩薩入於無垢月藏殿中升密嚴道場師子之座諸菩薩衆亦皆隨坐(云云即是於不二境現諸淨土)此密嚴中諸佛菩薩并餘國土來此會者皆如涅槃虛空及非擇滅(同住如來平等法會)乃至去來今佛一切悉等爲一切法身一切諸佛行皆平等(一切如來光嚴住持)神通之力無所罣礙慧體究竟無相法度無極遊于法界無有二行(不二隨順)諸菩薩等猶如塵數一切悉是一生補處各各在於異佛世界志願無極奉諸慧行各各入於無所破壞平等法界(平等法會)乃至

衆菩薩中無所動搖(皆入三昧)大毗盧遮那成佛神變加持經第一如是我聞一時薄伽梵住如來加持廣大金剛法界宮殿進力入印法門經卷第一如是我聞一時婆伽婆住如來住持境界之處去寂滅道場不遠普光法殿福德善根所成之處平等普徧無可嫌處(云云)金剛堅固所成之處不可壞地安固之處婆伽婆善清淨智慧得成究竟無二之行(不二隨順)得至諸法無相彼岸(云云一紙半)皆是智境方等王經虛空藏所問第一(十卷)如是我聞一時婆伽婆遊於如來行處乃至入無礙智行處二引佛地經顯淨土相(備引此一經者後有論釋之)彼經云如是我聞一時薄伽梵住最勝光曜七寶莊嚴放大光明普照一切無邊世界無量方所妙飾間列周圓無際渺然難測超過三界所行之處勝出世間善根所起最極自在淨識爲相如來所觀諸大菩薩衆所雲集大鈔中更列四本在淨土說經兼圓覺都十五本今但列十者取其大數又有經在淨居天說或在欲色二界中說故知說處各隨見聞不應

局執蹤彼論下二約佛地論徵釋正破疑情大蹤先標云然淨土說經(如上)所列儀式稍異(不標人間山城國邑等故廣歎佛法報總故)愛識淺者(只如取上釋云說主處者)(異非教者故不同外道經書不標處所等故前已標說也)或謗或疑(麁心者謗細意者疑)故佛地論中具有通釋但曉此論自反三隅(目十經文)故載其文(大疏次第錄此一段論文今疏取意略引)以遮(未有的旋謗者但處預過)愚(謗者)惑(疑者意云但進愚者惑者不進智者信者也)聖言定量不假錄辭(自有大菩薩論釋不假疏家自釋也)文二初且直明正義三初立宗因論中於此文前假爲問曰受用變化二佛土中今此淨土何土所攝說此經佛(說佛地經之佛)爲是何身(論次此自答有其三段一不正義二正義三如實和會今文但取後二也初不正義云)有義此土變化土攝說此經佛是變化身(恐外難云既爾何故經云住最勝處過三界之處是穢土如此耶爲遣此難故論次云)佛爲地前等令其欣樂修因故變化作淨土妙身神力加衆令覩得見(意云佛攝神力則皆不見)有義(此下正簡今疏也但文闕少故鈔備之可對顯辨之)此土受用土攝(他受用也即是報身)說此經佛是受用身(立義宗云說所因云)此淨土量無邊際故(如本經說也此正是今所引此文難破初義云)若變加衆令見應如餘經分明顯說(如法華三變淨土淨名足指按)

(地經文皆云佛神力等故云分明顯說)經不說故(經不云佛力云何言變化作)是受用身土(結成也此下假爲前難在今疏中也難云)疏若爾下二假爲前難(亦全論文緣在疏中故鈔不引意云地前乃至二乘凡夫悉不見淨土報身何得人間有此經本耶)疏論自下三釋成正義(初二句顯取意標引本文云傳法菩薩爲示現一切智者及所居處超過世界如是示現文有五句初句標結集人次句報佛也次句淨土次句起化身識土後句正結說法言示現者謂願示也合兩文隱故疏取意標引令五句成兩句又影會其論次此下更有文云)爲生廣大勝解有情(頌機衆生)及諸菩薩(漸機成熟者即三賢之末)勝歡喜故(稱機宜也)結集流布故受用身居受用土爲初地上菩薩說(此上皆疏中略論中具也)今傳法者結集流通(在疏中也此後二句文易故疏依本結集者是菩薩意義如前釋)疏又云下二會通權實(前宗雖正且義理未盡故此了之矣)論中先假設外難云若爾何故不但說彼所說法邪(何不且以化身標山城等處然後但執經內攝說真身淨土勝妙等法如無量壽觀經等邪下又及出不標說處之過云)若不說處及能說者(若不說有形相名字化身如釋迦在祇園等也)不知此法何處(在何處說)誰說(是何人說)一切生疑(由無主處闕六成就故也)故須具說(結也總窮盡遣理如會釋云)如實義者釋迦牟尼佛(不妨還是釋迦也已上歸果御已下疏中具有)說此經時地前大衆(云云乃暨)淨土爲真說法(故有覺標淨經者如等目菩薩所問三昧經云聞如)

(地一時世尊遊於摩竭境界法靜道場釋曰是不壞世界隨識所見故但云遊不云住也次云物始得佛光歸明釋宣真歸藏演如來慈觸三世界本無量嚴遍實之定佛時以此普智無極慮然正受其定恬怡怒無形像亦無中外能無見聞所居正受乃大顯蕩汪洋熱絕離通歎聞總世之過時此佛定無量無不仍徹律曰上皆隨所見淨土相也正同佛地論統地前見機地上見淨也此下疏大亦不全足但依次第錄論令相對連合疏文也)雖俱歡喜信受奉行(各信所見身土所聞之法)解有淺深所行各異(各隨所見所解而脩其行)而傳法者爲令衆生聞勝希願勤脩彼因當生淨土證佛功德故就勝者所見結集言婆伽梵住最勝等(出結集菩薩隱化身識土位號名相但彰真身淨土境界之意也餘諸經教例亦如然由隨機益故但各說本經意變隱真身淨土顯化身識土等也故前云對機有隱顯)大疏次此下印定論文所釋及轉問答妨難并總結等(初印論云)論釋分明不假別議驗前經等類例昭然然前所列之經(十經兼圓覺)皆詮殊勝之事境深細之理趣至於領受結集飛法不遺者(非)登地菩薩則不堪任故淨土宣揚唯大士親受展轉流布則羣類普霑(此下轉問答通妨難)問華嚴大經宗趣圓悰佛土是華藏世界佛身是毗盧遮那尚標纖境之中人天七處(初會摩竭國二及七八普光殿三忉利天四夜摩五兜率六他化九祇園無不離欲界故)佛地經等

何不然耶答大聖設教權實多門總一切經不出三意謂諸餘經等欲令隨識者趣入故唯舉化身穢土佛地經等欲令隨智者領受故偏舉真身淨土華嚴則識智融通淨穢交徹法界圓攝稱性而談(不逐機宜屈曲)故即釋迦全是毘盧不壞娑婆而見華藏是以標舉給孤(九會)摩竭(物會)同於濁世(四處在欲天皆是五濁境矣)閻浮(三處在天竺也)釋相則金地(經說摩竭云其地堅固金剛所成也)蓮臺(經云見佛坐蓮華藏師子之座十佛剎微數等薩圍遶一一塵中亦復如是也)塵一一普周法界(佛身一一肢節一一毛端佛土一一微塵皆徧法界)三類各有宗趣何執一而難乎(次下總結云)然佛化儀隱顯殊迹一身異應一音異聞故教海無邊權實叵測且天竺小乘宗人尚有總不信大乘經典況時澆(佛滅度後百年總多持律不如佛在六聚乳味不如佛在水味況今向二千年耶)處異(震旦國與天竺隔遠)詎免疑流今以聖言分明顯示庶祛其惑直入真乘上來總是通疑難竟疏文中下二正釋文二初開章(如疏所科)二正釋經智用中疏二一藏即下釋入於等文三一且釋藏法界藏者實性論(此下但無名者即缺)也佛性論勝鬘經皆有諸藏或四種或五種其文小異其義不殊今就五種言之一如來藏在纏含果法故二自性清淨藏在纏不染故三法身藏果位爲功德所依故四出世間上上藏出纏超過二乘菩薩故初二就凡位說次二就聖位說次五法界藏謂通因果外持一切染淨有爲故名法界內含一切恒沙性德故名爲藏此義寬通今此大光明藏既聖凡同體故當此也故華嚴經歎普賢等海會菩薩亦云入法界藏智無差別彼疏判之亦同此也至下如來藏章更當廣釋疏起信心真如者彼論難於一心說二門然心真如是總相門非別相門然亦該收別盡故論云心真如者即是一法界(即無二真心爲一法界此非算數之一謂如理虛融平等不二故稱爲一依生聖法故云法界此下經云不二隨順亦是一義)大總相法門體所謂心性不生不滅釋曰既是總相法門即塵沙無漏因果德用之本上引二論皆是出大光明藏之體疏諸佛衆生本源者後段經文即說疏法性土者即唯識說四土之一也餘三者謂自他受用及變化土次下淨土章當廣分別疏常寂光土者即天台約智論所說四土之一也餘者凡聖雜居土方便有餘土實報無障礙土也已如懸談第三門中廣釋要具說者即再檢之疏息諸下二釋入字疏然諸下三釋通光言常光者此復有二一如諸教說項佩圓光長一尋二即光明徧照法界疏放光者此即臺機有見不見對機而說有放不放如法華經從眉間白毫相中放光照東方萬八千世界靡不周徧然通與光數皆無量華嚴經不思議品云一切諸佛有無邊際無礙解脫示現無量大神通力又如來現相品云世尊知諸菩薩心之所念即於面門衆齒之間放佛剎微塵數光(列十名云)一一復有佛剎微(塵數)光明以爲眷屬如是等文徧於一部若取類收束通即或六(通大小乘)或十(唯華嚴一乘)光則身光智光疏唐梵下二釋定相此云正思等者海東元曉法師造論釋金剛三昧經初釋題目中云三昧此云正思謂在定時於所緣境審正思察故名正思如瑜伽言三摩地者謂於所緣審正觀察心一境性故問定應是靜靜住一境云何乃言審

正思察思察之用應是尋伺云何說定爲思察邪荅若守一境即爲定者惛沈住境應即是定若正思察名尋伺者邪慧推求應非尋伺當知思察有其二種若通邪正意言分別名思察者即是尋伺直是分別若唯審正明了緣境名正思察是名定用而非尋伺定通分別及無分別故以審正揀彼尋伺又住一境亦有二種若住一境惛迷暗昧不能審察即是惛沈若住一境不沈不浮審正思察是名爲定故以思察別彼惛沈是故當知不以住移揀別定散差別之相何以故捷疾之辯雖速移轉而有定故遲鈍之念雖久住境而是散故金剛三昧名爲正思察者無正不正亡思非思但爲別於分別邪念又不同於虛空無思所以强號爲正思耳三昧之名略釋如是經同體中疏二初二明下疏總釋言無漏無明等者無漏則一切稱性清淨也謂出世三乘因果等若人若法此屬聖也無明則一切顛倒染法謂三界六道惑業苦等此屬凡也論既云皆同真如性相即知凡聖同體

故引論釋也然迷悟染淨等法本末分析有同有異今即同也至下文中廣令遠離虛幻境界及滅影像堅持禁戒住定脩慧隨順覺心脩習三觀乃至三期道場禮懺等即約異也故論具云復次覺與不覺有二種相云何爲二一者同相二者異相同相者牒名也染淨二法同以真如爲性真如以此二法爲相譬如種種瓦器喻染淨法皆同微塵性相以塵爲性以器爲相如是無漏始本二覺無明本末二不覺也種種業幻此二皆有業用顯現而非實有故云幻此等合種種器也皆同真如性相以動真如門作此生滅門中染淨二法更無別體故云性也真如亦以此二法爲相淨相可知其淨相者下文云但以無明而熏習故即有染相是故脩多羅中依於此義說一切衆生本來常住入於涅槃依此同相門如上本末二不覺本來即真如故說一切衆生自性涅槃不更滅度故淨名經云一切衆生即涅槃相不復更滅菩提之法依此同相門如上始本二覺即真如故諸佛菩提非脩等也又前約不覺即如故衆生舊來入涅槃今約覺智即真故諸佛菩提無新料前也非可脩相望前涅槃非是了因所顯非可作相望前菩提非是生因所作畢竟無得此之二果性淨本有故云若衆生已入涅槃更無新滅者即已同諸佛何故不能現變化等色身故下釋云亦無色相可見法性自體本無色相可見如何使現色等邪又疑云若以法性非是色相可見法故不現色者諸佛何故現報化等種種色邪緣不

釋云而有見色相者唯是隨染業幻所作非是智色不空之性彼見諸佛種種色等者並是隨衆生染幻心中變異顯現有彼異相門非此同相門中本覺智內有此色等不空之性也又亦可本覺不空恒沙德中亦無此色故也問何以得知彼法體中無色相邪下荅云以智相無可見故以本覺智非是可見之法故也異相者牒名如種種瓦器各各不同合前也下云如是無漏無明總指隨染幻差別別明無漏法也性染幻差別故是無明法也以彼無明迷平等性是故其性自是差別故下文云但是無明自性差別故也諸無漏法順平等性直論其性則無差別但隨染法差別相故說無漏法有差別耳如下文中對業識等差別染法故說本覺恒沙性德又由對治彼染法差別故成始覺萬德差別也如是染淨皆是真如隨緣顯現似有而無體故通名幻也

圓覺經略疏之鈔卷第九

圓覺經略疏之鈔卷第九

校勘記

一 底本，明永樂北藏本。

一 二六一頁上四行第一六字「疏」，徑作「序」。

一 二六二頁中末行夾註左「性相十別中」，徑作「前性相別中」。

一 二六三頁中一一行首字「由」，徑作「白」。

一 二六五頁上一行第九字「爲」，徑作「唯」。

一 二六六頁下一行第一四字「偏」，清作「徧」。三行第一五字同。

一 二六六頁下六行第五、六字「始覺」，徑無。

一 二六七頁上一五行夾註右「早以」，徑作「是以」。

一 二六七頁中一八行夾註「初三」，徑、清作「初五」。

一 二六七頁下一三行「通異」，清作「通翼」。

一 二六九頁中四行夾註右「不見」，徑作「不是」。

一 二六九頁中一一行夾註右「二句」，徑作「一句」。

一 二六九頁中一七行下夾註右末字「闕」，徑作「問」。

一 二六九頁下一九行夾註左第二字「二」，清作「三」。次頁中五行第三字同。

一 二七〇頁上一五行上夾註「二千年」，徑作「同」。

一 二七一頁上二行「惛沈」，徑作「昏沉」。九行、十行同。

一 二七一頁上八行「惛迷」，徑作「昏迷」。

圓覺經畧疏之鈔卷第十　本五

圭峯蘭若沙門宗密　於大鈔畧出

疏華嚴亦云心佛等者此是夜摩偈讚品覺林菩薩所說之偈此但標下半也其上半云如心佛亦爾如佛衆生然便接此所引明具具真妄識分唯生識識唯識也此是晉譯之文若取唐譯即下半云應知佛與心體性皆無盡上半同也今略示之謂次前偈云心總相心也如工畫師總相喻也下別明染性云能盡諸世間五蘊悉從生無法而不造便次此偈彼疏釋云以心例佛也謂如世五蘊從心而造諸佛五蘊亦然如佛五蘊餘一切衆生亦然皆從心造然心是總相悟之名佛成淨緣起迷作衆生成染緣起緣起雖有染淨心體不殊佛果契心同真無盡妄法有極故不言之若依舊譯云心佛與衆生是三無差別此疏引晉譯經者要證佛與衆生皆同一心無別也此則三皆無盡無盡即是無別之相應云心佛與衆生體性皆無盡以妄體本真故亦無盡是以如來不斷性惡亦猶闡提不斷性善又上三各有二義總心二者一染二淨佛二義者

一應機隨染二平等違染衆生二者一隨流背佛二機熟感佛各以初義成順流無差各以後義爲反流無差則無差之言含盡無盡又三中二義各全體相收此三無差別成一緣起上約横論若約一人心即總相佛即本覺衆生即不覺不覺乃本覺隨緣而成此二爲生滅門二體性無盡即真如門隨緣不失自性故次後一偈云若人知心行普造諸世間是人則見佛了佛真實性謂妄取諸法則不知心行若知心行普造世間則無虛妄使了真實也故月上經云我亦當知十方佛皆共同體覺一法真如體性無有二無量衆生同實際二經別釋文二初明聖同中疏言本覺名如等者依藏和尚論疏約理智釋也若廣釋者復有五義一就理顯謂法性名如出障名來二唯就行瑜伽云言無虛妄故名如來涅槃第三十亦同此說即樹提長者父之知識讚佛云如來世尊於一切法知見無礙故名爲佛發言無二故名如來斷煩惱故名阿羅訶世淨所說終無有二三理智合說轉法輪論云第一義諦名如正覺名來正覺第一義諦故名如來此與成實大同彼論云乘如實道來成正覺以如實道亦通萬

行故言大同即非全同也四離相說般若云如來者無所從來亦無所去故名如來五融攝謂就一如無二如若理第一解若智當第二義若開若合合即第三義開即四義各說無不皆如故名爲如如外無法來亦即如如是來者是真如來二明凡同中疏本覺心地者本覺之心地也如疏序中科云覺之心體心之覺相覺相即本覺也心體即心地也心有生成住持之義故喻地也故禪宗云心地法門然地合法有三一無明住地二佛菩薩住地三平等心地心地是總餘二是染淨之別若會相歸性則三皆平等故前引華嚴云是三無差別疏妄不能染者即勝鬘經說自性清淨心不染而染染而不染等文也疏論云一切等者即前總釋中鈔已具引彼論中同相之文以釋此凡聖同義訖若不記得即再檢之疏凡不知同者即但住夢染之境云何住持光明藏中然聖智見他皆同此體故指此體是諸等也如夢者覺者在一堂中半睡半覺睡者夢在諸處覺者見在堂中不妨見堂亦是睡者之堂也法合可

知經稱體中疏二一凡聖下且銷文言凡聖身心者以第二段中與凡聖同體故此總收二類身心皆寂滅也以圓覺爲本際者流出真如菩提涅槃等故種種幻化皆從其中生故隨體圓滿者下云覺性徧滿圓無際故當知六根徧滿法界故慇云首楞數虛空之小圓覺應法性之寬比之常談海形牛跡疏西域語倒者鍾打飯喫酒飲經讀之類也皆先舉所依法體後始明義用故此先舉所隨順不二然後舉能順之心故譯經者先翻出梵語後迴文令順此方如云打鍾喫飯等故應云隨順不二也言不盡者下文頗有此例華嚴等經亦頗有之若總不迴文即一部經一一倒也下同此者皆倣此說疏生死涅槃等者準淨名經不二法門品皆約二法說不二也疏又依下二別釋義如文可知若更廣之謂於一切法體則有無不二於義則常無常不二於行則苦樂不二於教則世出世不二於諦則真俗不二於道則邪正不二於位則權實不二然大疏次此別釋平等云然凡聖平等復有多義謂衆生及佛悉皆平等且依佛說佛佛平等法身智身無增減故若依衆生生生平等煩惱業苦有支皆等若生佛相望者凡夫現在等佛過去進脩得果等佛現在成佛究竟等佛常住此約三世互望若約煩惱佛則本有今無衆生則本無今有菩提則衆生本有今無諸佛則本無今有約迷悟異則說今本涅槃之性非三世攝故知三世有法無有是處若以性淨而說則佛與衆生現今平等不妨迷悟之殊是故三乘亦有差別亦無差別衆生寂滅即是法身法身隨緣即是衆生故寂滅非無之衆生恒不異真而成立隨緣非有之法身恒不異事而顯現是故染淨三世一切諸法無不平等說稱性互收如是解者名爲善住平等心地經現土中疏三一佛無下釋文言淨土者離染皎潔曰淨凡聖可居曰土瓔珞經云土名賢聖所居之處故一切衆生一切賢聖各有自居果報之土若凡夫住五陰中爲正報土山林大地爲依報土初地聖人亦有二土一實智二變化餘文可知疏然土下二釋義大疏於此開爲四門一釋義相畧如今疏二三土等二出體性小乘入彼權教實心實教聯攝也三嚴之方便皆由佛應說之故菩薩行則唯淨淨有二世出世故出世復二謂二會普薩菩薩又二真極來極故四身土一異文二一體二實實中又二法身十種二亦隨身顯五重大疏有四紙大鈔八紙今且畧用初門若要備知須更聽大疏今文有二初列多種言不出其三者依三身故報有自他故爲四身四身還依四土言法性土者佛地論云唯以清淨法界而爲法身亦以法性而爲其土性雖一味隨身土相而分二別唯識亦云謂自性身依法性土雖此身土體無差別而屬佛身也法土也性相異故慈恩釋云法性屬佛爲法性身法性屬法爲法性土性隨相異故云爾也此公意云屬佛是相屬法是性清涼大師據實教宗釋云佛有覺義名爲佛土無覺義但約自性故名爲法亦如智論云在有情中名佛性在非情中名法性也言性相異者身土約相則有二別約所依性則無差別今以無差別之性隨差別之相故云性隨相異也前引佛地論正同此也論次云此佛身土俱非色攝雖不可說形量大小然隨事相其量無邊三身三土事既無邊相之與性豈有邊邪譬如虛空徧一切處既如虛空則徧且色非色處也亦同華嚴云普賢身相如虛空依真而住非國土

也疏二受用土者此受用身土復有二一自受用身還依自受用土成唯識云謂圓鏡智相應淨識由昔所脩自利無漏純淨佛土因緣成就從初成佛盡未來際相續變爲純淨佛土周圓無際衆寶莊嚴自受用身常依而住如淨土量身量亦爾諸根相好一一無邊無限善根所引生故功德智慧既非色法雖不可說形量大小而依所證及所依身亦可說言徧一切處他受用身亦依自土謂平等智大慈悲力由昔所脩利他無漏純淨佛土因緣成就隨住十地菩薩所宜十地經說十地各有分量大小廣如彼說初地唯見百葉華佛見百三千大千世界也變爲淨土或小或大或劣或勝前後改轉他受用身依之而住能依身量亦無定限若變化身依變化土謂成事智大慈悲力由昔所脩利他無漏淨穢佛土因緣成就以化土中有淨有穢非他受用土故言淨穢他受用法樂增故同自受用化土雖復說法神通增故立變化名此如佛地論廣說也隨未登地有情所宜化爲佛土或淨或穢或大或小前後改轉佛變化身依之而住能依身量亦無定限疏若開等者開三爲四義如上

疏大鈔梳唯二者又束四爲二也諸經論中皆有於兩種之二先攝上四爲淨穢者乃有多義一前三皆淨四中有淨有穢則三類半爲淨半類爲穢二前三爲淨以他受用分斷二障分證真如故得名淨變化土皆穢設有七珍穢衆生住故亦非淨土三後二皆穢仁王經云三賢十聖住果報唯佛一人居淨土而生公說有形皆穢無形爲淨則唯法性爲淨若爾自受用土豈稱穢邪此以寘同真性不可說其形量大小則同淨攝二攝前四爲性相者畧有二門一法性爲性餘三皆相二自受用土寘同真性亦可名性餘二唯相大疏次此云融而爲一有異餘宗者則淨穢性相二土三土四土無不融攝即華嚴等及此經意故云異餘宗也疏然此下三融上多種不一不異也因上開合無定故爲此融上引大疏云融而爲一即一也前列多種即異也今即不一不異然東安莊公本有三句無有質不成句清涼加此句以成二對謂淨穢域絕不可言一理唯一味不可言異寘同性空不可言有隨緣成立不可言無

然一爲遣異無爲遣有然其釋中一亦約理實則一義有其二種一約理一二約事一如自受用十方如來同有淨土不可言無而得稱一故疏形奪下然上畧舉四句一向遮過實則即異即同即有即無若互相形奪則一異兩亡有無雙寂若圓融無礙則即一即多即無即有有是無有無是有無多是即一之多一是即多之一有無即事理無礙一多兼事事無礙由此重重故大經華藏刹海一一塵中皆具法界疏前凡下三連合前後如文易解經同體法衆中初總標云菩薩者具云菩提薩埵此翻菩提云覺薩埵云有情此有三釋一約境釋即悲智所緣之境也謂脩智求菩提運悲化衆生也二約心釋言有了悟之覺者謂初心有頓悟地前有比觀登地有現觀雖云了悟之覺非依主釋以了悟即是覺故而言之者爲揀佛果故下云之情亦然餘緣慮者地前雖悟解而未證故登地出觀散心是情慮故八地已上三細未除習氣流注故三約能所釋然上約所求所化皆是所

對非已當體故云境今約自能所釋謂大菩提是所求自已心是能求䟽大法等者法華云必說大法又云演大法義下文云末世衆生将發大心求善知識等脩大行者二利行故證大道者真如覺性也若約位說者信即十信解即十住發即十廻向大願之心證即見道行即脩道趣即八地已上無功用自然流入薩婆若海經別列中䟽夫聖人無名爲物立稱者莊子云志人無已神人無功聖人無名今約利生無名而強立名耳多依行德者多是不唯之義謂亦有因姓如慈氏等亦有因所求神如世親等亦有因父母如聲聞中鶖子等然依行德立名者偏多矣問既依行德而諸菩薩行德皆俱何以成別故次云隨宜別標也機宜不同所表各異故云千差等也如觀其音聲皆得解脫名觀世音悲愍衆生名爲常慘手中雨華便名華手等又如經偈無厭大悲未曾捨即金剛愛菩薩見行小善便稱美即金剛善哉菩薩無住檀施等虛空即金剛寶菩薩之類是也此十二大士

是十萬中標領表十二段法如次各於一門而爲請問之主良以初心識昧未解請求故菩薩慈悲勝疑爲請（此明解而復問之意）䟽今各以所詮下顯別釋之義言穿鑿者孔安國注論語云孔子在陳思歸欲去故曰吾黨（鄉）之小子狂者進取於大道妄作穿鑿以成文章不知所以裁製我當歸以裁之耳䟽妙首等者然文殊師利梵語訛正云曼殊室利此云妙首等也準華嚴宗此菩薩表三法門謂一名妙首表能信之心故華嚴十信會中十菩薩皆同名首謂覺首等故文殊即妙首也觀察諸法三昧經云普首阿目佉經云濡首無量門微密經云敬首皆有首字者信是萬行萬德之頭首也二名妙吉祥者佛地經云一切世間親近供養咸稱讚故名妙吉祥真諦云以恒寂靜於怨親中平等利益不爲損惱名妙吉祥（上生經䟽引也）三聖觀說表能起行願之解次下即釋三名妙德表能證真理之大智諸經多云法王子者如王太子無等雙故今經文畧義廣但一處說文殊已含三義故故言表信

解智及證智等如三聖觀說文殊表能起行願之解故今云妙吉祥吉祥是即解之行三聖觀文次下即釋䟽文中說本起下會通此經表法之義也然首楞嚴經說文殊是過去龍種上尊王佛央掘經說是現在此方常喜世界觀喜藏摩尼寶積佛慈恩上生䟽引經云未來成佛名爲普現大經云常爲無量百千萬億那由他諸佛之母放鉢經云是釋迦師大經又云爾時一切處文殊而說偈言況能禮妙慈勸善財答光明於涅槃即無言於不二至德若此故云妙德廣釋如大䟽大鈔䟽是爲三聖者即清涼大師所製華嚴三聖圓融觀中先明二聖三對表法後融而不二便是遮那初三對表法者一普賢即所信如來藏（理趣般若云一切衆生皆如來藏普賢菩薩自體徧故初會即入如來藏身三昧故也）文殊即能信之心（佛名經說一切諸佛皆因文殊而發心故善財始見發大心故）二普賢表所起萬行（上下經文皆云普賢行故）文殊表能起之解（慈氏云汝先得見諸善知識聞菩薩行入解脫門皆文殊力也）三普賢表所證出纏法界（經云身相如虛空故善財入其身故善財見之即得智波羅密者依體起用故也）文殊表能證大智（本所事佛名不動智故常爲諸

（佛母故再見文殊一見普賢者顯其有智方證理故故古德名後文殊為智照無二相也）然此二聖各相融攝謂依體起行行能顯理故三普賢而是一體信若無解信是無明解若無信解是邪見信解真正方了本源成其極智極智返照不異初心故三文殊亦是一體又二聖亦互相融二而不二泯同果海即是毘盧遮那是為三聖故此二菩薩常為一對故前說究真妄以成正解當於文殊今此徵幻法而明正行當於普賢良由此經亦是稱性真身說圓滿覺性故人法儀式懸符華嚴疏慈是其姓者過去遇大慈如來願得此號由此得慈心三昧又由母懷時便有慈心故以慈為氏族疏過患未盡者明須說四相也義意未圓者明須說四病也收機未普者明須說道場加行也此十二中餘不釋者但尋前後經文疏鈔自見各以法門為名各各昭著經總歎者夫大士必崇德廣業虛心外身崇德故進齊佛果廣業故行彌法界虛心故智周萬行而不為外身故功流來際而非己今此但歎主伴入定同佛會之德者發揚正宗融攝一切為圓滿覺之由致也諸經歎德皆亦各隨所宜疏自他融攝者華嚴宗也若約諸教即如法華或領大衆或十或五乃至三二一或單己者為母等者具云智度菩薩母方便以為父善心誠實男慈悲心為女法喜以為妻等疏得住佛境者不同前之諸佛但云住持不云入定疏法性會者一一皆是法界緣起之衆也釋序分中疏文竟

圓覺經略疏之鈔卷第十

圓覺經略疏之鈔卷第十

校勘記

一　底本，明永樂北藏本。

一　二七三頁中四行第二字「三」，[徑]、[清]作「二」。

一　二七四頁下二行下夾註左首字「八」，[徑]、[清]作「入」。

一　二七五頁中一行首字「疏」，[徑]作「說」。

一　二七五頁中二行第七字「二」，[徑]作「正」。

一　二七六頁上九行第八字「志」，[徑]作「至」。

一　二七六頁下六行第三字「觀」，[清]作「歡」。

一　二七六頁下末行下夾註右首字「本」，[清]作「今」。

一　二七七頁上一〇行第一四字「是」，[徑]作「氏」。

一　二七七頁中一行第一二字「皆」，[徑]作「者」。

圓覺經畧疏之鈔卷第十一 本末

圭峯蘭若沙門宗密於大鈔畧出

第二正宗分疏二自下下總科東之爲二者頓悟漸修也夫欲運心修行先須信解真正以爲其本解若不正所修一切背邪縱使精勤徒爲勞苦權宗多云先且漸修功成後自頓悟若華嚴此經教相儀式先須頓同佛解方能修證故彼經十信位滿便成正覺然說三賢十聖歷位修行通妨云云故此文殊段中頓彰信解之境後普賢等十菩薩節級顯示總別觀行普賢最初問云聞此圓覺境界云何修行等疏初者下

二別釋經信解真正中疏四初釋科文方名真正信解者華嚴三聖觀云有信無解增長無明有解無信增長邪見信解圓通方爲行本真者揀妄則不同迷倒凡夫但將妄念修行正者揀邪則不同執見異宗及諸外道三聖觀又云信若不信法界信則是邪疏不認妄念者離愛鈍使不執異見者離見利使一切煩惱不出愛見故涅槃說愛見令人破戒如羅剎乞浮囊疏最初下如下銷文處廣釋疏然頓

下二釋義類然此經說因地其意甚深其文甚略若不會通諸教顯其義類以爲例證則管窺之者信解難生異於權漸之教故難信也令於文前懸爲開示根尋本末總有三重如疏所列初謂四大非我五蘊皆空空病亦空了然自覺聖凡相異異則不真生佛體同同豈增減依此悟解終始無殊然堪發心學菩薩行見聞影響何實何虛雖應形聲誰主誰宰不依此悟所作非真自謂修行元是結業疏若不下引二文證謂華嚴云不能了自心云何知正道彼由顛倒慧增長一切惡故須先了悟也又云設有菩薩無量百千億那由他劫具行六波羅蜜修習種種菩提分法若未聞此不思議大威德法門或時聞已不信不順不悟不入不得名爲真實菩薩若聞此法信解悟入當知此人生如來家具菩薩法離世間法深入如來境界疏次不發下第二重也既了圓覺則堪發大心爲萬行本故華嚴二千行法最初以菩提心爲所依普賢說二千行法第一句云以菩提心爲依恒不忘失故然有心體心相心德言心體者大悲大智大願三種心是大願是總悲智是別願者樂欲樂欲何事唯發心願樂通達諸法救度衆生故成悲智是故論云信成就發心者略說三種一者直心正念真如法故即是大智無所執著二者深心樂修一切諸善行故即是大願謂四弘等三者大悲心救護一切苦衆生故心相者所發之心要無分齊謂約悲願則盡度衆生盡修諸行約念真如則上無菩提可求下無衆生可度中無萬行可修故無分齊心德者若依上發心一念之德過於虛空故華嚴以一百大喻校量菩提心功德不及少分是以彌勒二百二十二喻廣顯功能懇勸善財再覩妙德此上二門正是本起因也至文當配疏故善財下兩句當第三重修菩薩行也然其文勢是證二三兩重別也謂既已發心應修諸行故善財所見諸善知識一一云我已先發阿耨菩提心而未知云何學菩薩行修菩薩道既云先已發菩提心而未知菩薩行等足明發心與修行別也菩薩行者廣有萬行六度十度等也統之三學十波羅蜜中施忍助戒進助定後四皆助慧也要唯定慧又略戒者戒是防非制業若但定慧等修何有內非外業故持犯之迹絕稱性

真修便是助道之行助定慧故車輪鳥翼互闕無能以是善薩所依賴故天台宗於止觀意在斯焉此第三門即普眼章已下皆是疏論中亦下引起信論證有三重之因也二覺者始覺本覺也論先總標示云所言覺義者謂心體離念等次下寄對反流生住異滅四位廣說始覺後約智相及不思議業相并四鏡喻廣說本覺其次後兼說根本不覺枝末不覺者翻妄顯真以成覺義故疏但云二覺疏三心者如上所引一者直心等疏五行者於六度中合定慧二度通爲止觀一門故但有五疏今本下三出其體謂了覺發心即是本起因地至文者銷經文疏文也然諸權教多只說六度等便爲其因少說初二故令時傳習人及學修道者全迷初二設知有發心爲先亦不先務叅問求了自心但謂言將凡心於法座下胡跪隨師口唱四弘願便是發菩提心不知欲發心人必須先頓悟自己心性了了分明的不錯認然始誓發心止息一切唯修本性唯欲度生方名發心故此經頓窮修斷本源徹

至初二名本起因也疏文中下四開章釋文二一開章二釋文經進問中疏次下者次從在大衆中已下直至而白佛言也疏皆諮等者通釋此一科已竟也文下又別有疏釋者別以表法之義重釋也疏一體三寶者謂性

卷六　四

本知覺爲佛性本寂滅爲法性上本有河沙功德妙用與性一一相應和合無異爲僧疏三身等者下三觀門後疏中具釋可撿而用之經問本起中疏三一諮求下且隨文銷釋云偏舉大悲者疏中已釋正是本意然更有一意謂增一阿含經說六種力謂小兒以啼爲力女人以瞋爲力沙門婆羅門以忍辱爲力國王以憍慠爲力阿羅漢以精進爲力諸佛以大悲爲力疏六波羅蜜等者上來但釋偏舉大悲之所以猶未釋何名大悲故此引經正釋言重擔者二障也此是毀責之辭謂有四義故如重擔一者如金剛難可斷故二者擔此難越生死海故三墜溺有情處四生故四墜墮有情沒三界故住法性者超生死涅槃等諸對待法於一切都無所住方住法

性正當此經中所說此二義皆明悲之大也疏第十號者謂一切佛皆有十號即是如來應供正徧等乃至佛世尊也疏大集經者取意略引今依本經具之經云爾時世尊觀四衆已告憍陳如比丘言一切大衆甚樂聞法

卷六　五

無量世界無量衆生悉爲法故來集於此咸皆欲知法行方便成大智慧遠離貪欲一切煩惱時憍陳如白佛言善哉世尊誠如聖教世尊四方世界無量菩薩悉持四弘所與欲來并欲啓受虛空目法行今正是時唯垂憐愍爲衆生故而宣說之世尊所言法行法行比丘云何名爲法行比丘惟願世尊分別演說佛言憍陳如至心諦聽當爲汝說若有比丘讀誦如來十二部經是名樂讀不名法行復有比丘讀誦如來十二部經樂爲四衆敷揚廣說是名樂說不名法行復有比丘讀誦如來十二部經能廣宣說思惟其義是名思惟不名法行復有比丘受持讀誦如來十二部經演說思惟觀察義理是名樂觀不名法行憍陳如若有比丘能觀身心心不貪著外

一切相謙虛下意不生憍慢不以愛水溉灌業田亦不於中植諸種子滅覺觀心境界都息永離煩惱其心寂靜如是比丘我則說之名爲法行如是比丘若願獲聲聞菩提緣覺菩提如來菩提即能得之憍陳如如工陶師埏埴調泥置之輪上隨意成器法行比丘亦復如是評曰彼經之意令修練身心即名法行揀於筌蹄及事相造作之行非頓指圓通覺性今所引者但用揀事之文不取所行之行疏然菩薩下二明請說之意文顯可解疏下文下三指佛荅處疏即前下結指前文前云至文當示即是此也經問離病中疏直心正念者三心菩提中即大智也此經宗於會相歸性迴顯真覺故偏舉大智爲本以攝大悲大願疏既爲所攝者爲攝彼也疏中聞者

本六　六

先曾發也彼者魔也疏不發一切心者潛引大品經也彼云不發一切心名真發心經遠被中疏金剛三昧者具云解脫菩薩白佛言尊者若佛滅後正法去世於末劫中五濁衆生多諸惡業輪迴三界無有出時願佛慈悲

爲後衆生宣說一味決定真實令彼衆生等同一味引此經者以證頓爲末世凡夫便說究竟深法不同漸教事須先小次權後方說實故諸宗多云凡夫不合便悟佛地之法良由執漸迷頓不知頓宗皆令凡夫便悟佛境故彼經前段又云可化衆生(頓機)皆說一味(本覺真性)海衆釋云說一味者令入一覺味故即是一乘欲明一切衆生本來一覺但由無明隨夢流轉皆從如來一味之說無不終歸一心之源疏忘心五欲等者先揀不求大乘之人不足論也故云置之言外疏縱有下於此類中尚須聞此法門信解隨順若不聞亦墮邪見(亦者以不求大乘之者本來皆是邪見發心求之雖於凡小即合免墮良由未聞此法未了自心故亦同不求大乘之者墮邪故云亦也)疏雖本下彰邪見行相故三聖觀云不信自心是如來藏非菩

本六　七

薩故即爲邪見也不必六師故華嚴說一切凡夫皆墮邪見經展虔誠中疏正語而禮非儀者明侍語已方禮也疏不唯拜手者孔安國注尚書云拜手謂首至手稽首謂首至地今明至地也疏禮煩即亂者禮記文也疏佛

雖下通妨難也難云心真不真佛自照知何必彰此三請之相故此通云爲後學之軌範也經讚許中疏久默斯要者語是法華而文同義異謂法華以四十年前未說爲久默此經既是淨土所說之經不必拘於一代化儀年月但以未說之時爲久不以要須經四十年也疏嘉會者平等法會也疏起予者予我也起謂發起此敘佛意云我意欲說假人請問發起汝今所請實是發起我教門也此又用論語中事彼中子夏問曰巧笑倩兮(笑貌)美目盼兮(動目之貌)素以爲絢兮(文美貌此上皆是毛詩文)何謂也(子夏不曉故問孔子)子曰繪事後素(鄭玄注云繪畫文也凡繪畫先布衆色然後以素分布其間以成其文喻女雖有倩盼美質亦須禮以成之)曰(子夏對也)禮後乎(孔安國注云孔子言繪事後素子夏聞而解之知以素喻禮故曰禮後乎)子曰起予者商也(子夏姓卜名商字子夏)始可與言詩已矣(包氏云予我也孔子言子夏能發明我意可與共言詩也)今以子夏喻文殊孔子喻世尊故云實謂起予經佇聽中疏願樂欲聞者金剛文也既虔心三請必是樂聞十地經說樂聞之喻如渴思冷水(求聞慧也聞即受持如水但飲不嚥)如饑思美食(求思慧也嚥所聞法助成)

智力如得食但資以資身力也如病思良藥求修慧也修慧去惑如藥去病如衆蜂依蜜求證智也即上聞思修三慧之果我等亦如是願聞甘露法法合能求一向是法其所求中猶通法喻以一甘露總合四喻甘露有四能故一除渴二除饑三愈病四安樂疏皆同此釋者意明下十一段更不重釋也經正說中疏二一四正下開章二正釋經示本體中疏四一佛也下釋初四字二一正釋疏然雖下二通妨云壓經者壓中經卷之喻也序中已釋寶藏者涅槃經如来藏經及諸經等皆說亦如序釋究受貧苦者大富長者之窮子也如法華經說疏當體下二釋陀羅尼四一直釋疏然總下二辨類出體謂揀去前二但指無字是此之體無字即無邊際故云大也釋經大字言多字者謂一切真言隨求大佛頂之類是祕密藏含無邊威德神用又諸修多羅能持無盡之義亦名總持一字者如唵字等即一字真言也哪啉是助聲故但是一字或如字母之類也疏故大下三引經證言攝諸善巧即總持義言無有少法所得皆歸於空即無字義疏若據下四引例釋成疏出入下三釋門字四

一正釋三一通相釋次文云者證出淨法即次後段經文也下說等者證出染法即普賢章云種種幻化皆生如来圓覺妙心偈云無始幻無明皆從諸如来圓覺心建立生及建立皆是出義疏又從下二約本末釋疏又迷下三約迷悟釋疏此中下二揀濫顯體謂揀門庭門戶之門顯是根本之門矣文二一直顯而揀疏故寶下二引證本門證有根本之門異門戶之門也連前次者前引寶積之文也連之應云此是諸菩薩等入陀羅尼門前文末也次令文初云由是門故出生廣大等云無門者揀也之門者顯也又云形相門者揀也所言門者下皆顯既言一切依於虛空豈非根本疏又荷下三引例令勸學禪之流欲見祖師心印但依上所釋而解了之即悟此兩句是總持之門若不爾者豈可知之一字卻是淺近門戶從此方入衆妙深奧堂室乎請修止觀者細而詳之疏皆說下四總結疏上但下四釋圓覺如文經彰德用中疏六一非別下釋流出清淨言諸門功德者雖染淨諸法皆從圓覺流

出然此云流出但說出諸淨法故云功德也故論云若心有動者論中次前文云以一切法本来唯心實無於念舉所迷理而有妄心不覺起念見諸境界故說無明依真起妄謂細麤染心本末不覺也將欲釋淨先舉其染對以顯之下諸句例然云何顯者下云心性不起即是大智慧光明義故既起念即是不覺無明故不起即是本覺智明若心起見則有不見之相妄見不周心性離見即是徧照法界義故真照圓明若心有動非真識知反之即顯真如無動無有自性明妄染無體反之即顯自性淨心非常非樂非我非淨明妄四倒反之即顯真如四德熱惱諸惑燒心是極熱惱故說真如是清凉也衰變妄染遷故反顯真如不衰變也則不自在業果繫縛故則顯真如自在上云清凉不變自在義故乃至具有過恒沙等妄染之義對此義故心性無動則有過恒沙等諸淨功德相義示現一一對翻故染淨皆過恒沙若心有起更見前法可念者則有所少妄心外念求之不足如是淨法無量功德即是一心更無所念是故滿足淨德性滿無假外求名爲法身如来之藏釋曰既心動則河沙妄染不動則恒沙功德又云如是功德即是一心故知非別有法流出於外疏有漏者諸論皆云煩惱現行令心

連注流散不絕名之爲漏如漏器漏含深可
厭惡損汙虧廣毀責過失立以漏名然有三
種謂欲漏欲界煩惱有漏上二界煩惱更無所緣故取本名也無明
漏不以餘法彰自行體名無明漏若法性宗則根本不覺及
三細六麤是有漏法不分三界之異及種現
之殊以迷則全染悟之全淨無體性故然經
云一切清淨者淨法之數過於恒沙今且略
舉真如等四例於餘也謂真如是總相根本
餘三是別於中菩提涅槃是果波羅蜜是因
攝於淨法無所遺也故唯舉此大蹤於此四
法別開章門每法皆四謂一釋名二出體三
種類四業用今略不開然亦含之但數或減
耳蹤圓覺下二釋真如三一釋名二一略釋
言圓覺等者即以經意直指言真謂等者復
以唯識文釋文在彼論第九卷中本頌云此

本六

十一

諸法勝義亦即是真如常如其性故即唯識
實性長行具釋今但略引長行七句初二句
揀有漏亦云徧計虛妄是有漏法故次二句揀有
爲亦曰依他變易生住異滅是有爲法故後三句釋彼
頌中第四句也言於一切位者有漏有爲四

相三世等也常如性不變也故者結也彼論
具云常如其性故曰真如今從簡略但有一故字耳蹤又
真下二細釋言僞是下且釋不真不如下云今皆
雖此等反之即是真如也鍮如等者鍮有其體不是虛妄
但以非金故名僞也影應質相不是詐僞緣
無實體故名妄也橫說各殊者謂色塵殊聲
香等色蘊殊受想等貪等殊信等地獄鬼畜
殊人天等娑婆殊於極樂等聲聞心境殊菩
薩心境等乃至如大般若八十餘科皆約同
時而異也豎云變易者如云鏡裏今年老如
去年等如九相觀云云夏異於春等得新忘舊
等因苦果樂等蹤今皆下無如上四過釋成
真如義也謂此實體者真實心體前約唯識但言謂此真實但是不虛妄之辭仍未出體今指此體真實故科云細釋也意云心體是有法定真實是宗法若但云真實即無前陳若云真如是有法爲前陳者即但是重言以真如亦但是不變不妄義與真實之言何殊又分此橫豎各有二義一一各別理無窮義無盡故云細也於未來等者今日虛空如昨日虛空也於
色中等者廚裏虛空如廳裏虛空也真實相
如非爲妄似者正結真如之名也謂如者異
相似義相同義意云此彼相如如者唯有此心

性也謂善人佛性的似惡人佛性如今佛性
的不殊無始來佛性乃至凡夫佛性的同二
乘佛性人天菩薩皆類此說唯此可得真實
相如分毫不殊故此真實得名爲如也此外
更無可相似相如法也設有人親兄弟相似

本六

十二

然子細論之還不得的似會有分毫之長短
大小殊也若不然者豈可自已妻子而錯認
乎乃至世間物色一一類之皆不免有微塵
分毫之輕重大小好惡終無有全似故知皆
是妄似妄如不得真如也古來相承解如字
但言是湛寂不動之義不曾指的釋名如字
是此國之字未審說文爾雅玉篇切韻之屬
何處訓如字爲湛寂不動等邪故知只緣靈
覺心性於凡中全如聖中於因中全如果中
橫豎皆然即是湛然不動之義非的訓也問
荷澤大師云諸人皆以兩物相似爲如我則
以無物相似爲如今以的似以釋真如豈不
建此說邪荅正與此同故上云此外更無相
似相如之法既云無物相似即知唯鬼獄等
佛性與人畜等佛性真實相如也大師揀諸

人云兩物相似曰如者亦同上說親兄弟相似者終不得分毫全似也智者細詳之上來釋名竟疏論云下二出體若約法數即是百法中六無爲今依起信以一心爲體此一段論懸談第四門已釋於中乃至已下略中間謂次文云一切諸法唯依妄念而有差別若離心念則無一切境界之相是故一切法從本已來離言說相離名字相離心緣相畢竟平等無有變異不可破壞疏云竟無變壞攝得此上三句也唯是一心故名真如疏又云下三辨業用然大疏此前復有辨種類一門文云或唯一今恐繁多文不益觀智故略之也然於諸類中今但是一心其餘種類但約別法說此一故若以法別便列多種真如者法有河沙之數真如亦應有河沙數邪何必更立七種十種故知諸餘法門皆以義別故隨義收束立多少名今真如義亦無二不應別說今言又云者亦是起信文文相次故不更標之然文相稍易今但總而釋曰依真如故發智斷惑證體起用若不依之則取我我所相無由修證故知

萬德萬行皆是真如用也疏此翻下三釋菩提三一釋名可見疏二三下二出體便當種類以覺智之義多種不同故知諸種類皆是體若剋實而言據此經及起信即始本不二究竟覺也如上釋名中即是其體今言二三等者二謂法相中多約根本後得空宗中多約二斷謂了煩惱所知二障本空即名二斷斷即菩提無別菩提故經云煩惱即菩提不變異故攝論二智二斷爲菩提體者雙取相宗空宗也智論云菩提菩提斷俱名爲菩提者合取上二宗也法性宗如理如量智疏三者約三乘人各有其智又起信本覺始覺及究竟覺疏四者涅槃經說下中上及上上四品智慧觀十二因緣如次得聲聞緣覺菩薩佛等菩提及大圓等四智菩提四智如淨土章中已釋疏及發心等者智度論第五十八云一發心菩提於無量死生中發阿耨多羅三藐三菩提心故名爲菩提因中說果二伏心菩提斷諸煩惱降伏其心行諸波羅蜜三明心菩提觀三世諸佛法本末總別相分別諸法實相

謂般若波羅蜜四出到菩提般若中得方便力故不著般若見一切十方佛得無生法忍出三界到薩婆若五無上菩提坐道場斷習氣得阿耨多羅三藐三菩提若準華嚴即具十種如第五十一及五十九卷中說恐繁不叙疏皆此攝者總結種類以爲體也疏因圓下三明業用言無邊者能斷二障證二空印聲機華嚴出現品說普偏諸心如塵中經卷人云菩提普印諸心行是故正覺名無童現萬像能現能生身土智影等該動寂通因果等疏此方下四釋涅槃四一釋名云寂滅者彼論云[illegible]秦言無爲亦名滅度無爲者取乎虛無寂寞妙絕於有爲滅度者言其大患永滅超渡四流斯蓋是鏡像之所歸絕稱謂之幽宅也今云寂滅者寂即唐三藏滅即羅什三藏故肇公云泥洹盡諦者豈直結盡而已則生死永寂滅故謂之盡矣法華金剛中皆云滅度生肇遠公皆正翻爲滅又四諦中目爲滅諦故今略取滅也疏多名者亦生遠等釋或云不生或云不作或不起或無相或不殘或寂靜疏總翻圓寂者唐三藏翻也在

義周圓故云總矣疏謂覺下釋上周圓之義
便當第二出體也謂剋實乃覺性即寂是體
總收即三德爲體三德爲圓覺性爲寂故云
圓寂三德者摩訶般若解脫法身謂即寂之
照爲般若即照之寂爲解脫寂照之體爲法
身此三不縱不橫不並不別如梵伊字爲大
涅槃廣如彼經說涅槃經也所以三者由翻三雜
染得名也翻煩惱爲般若煩惱即菩提故翻結業爲
解脫翻苦依身即是法身心離念本法身故故三雜
染即性淨三德但迷悟似異故說相翻若約
法相六無爲中真如即下性淨擇滅擇謂揀擇滅謂斷染謂無
漏智起斷諸障染乃顯真理名擇滅也即下方便淨也疏二三下三辨
種類二者性淨住本自故方便淨從方便修之所顯故三者
一自性涅槃通染淨也即上性淨二真涅槃即上方便淨也方便
修成證本性淨是爲真也三應涅槃證真已後隨機利物示現入滅即應此乃
證真應物皆是方便淨也四者一自性清淨真如自性也通一切凡聖
二有餘依即真如出煩惱障三無餘依即真如出生死苦上二通
三乘四無住處真如出所知障悲智輔翼不住生死涅槃故云無住處唯佛自
具之故唯識云一切有情皆有初一二乘無學容有前三唯佛世尊可言具四疏亦
皆此攝結也疏故彼下四明業用二初指涅

槃通明言故者證成前皆攝之言囑勢便明
用也巧令文勢血脉連故疏又華下二引華
嚴別辨疏令取意略引文有二用分二一顯
真涅槃實益之用其文具云佛子如來不爲
菩薩說諸如來究竟涅槃不爲說永滅爲二乘也亦不
爲彼示現其事迹盡雙林爲凡小此名揀永斷也何以故爲
欲令見一切如來常住其前令稱實見自受用身同法身常住其
前也於一念中見過去未來一切諸佛色身
圓滿皆如現在今見三際應用亦即是常故如現在評曰以見
常住涅槃故見如來常住圓滿此即是涅槃
之實用也疏但爲下二顯應涅槃權益之用
然華嚴說涅槃有十門上所引者即第二德
用圓備門令即第三出入常湛門具云佛子
諸佛如來爲令衆生生欣樂故出現於世欲
令衆生生戀慕故示現涅槃而實如來無有
出世亦無涅槃何以故如來常住清淨法界
隨衆生心示現涅槃釋曰明涅槃無爲無不
爲也無不爲故能建大事不礙出現顯迹爲
生息迹爲滅以無爲故體常湛然顯迹即有
餘息迹即無餘故餘無餘乃應物之假號豈

以見聞滯殊應之迹疏佛日下即義引彼第
四斷盈不遷門也彼經具云佛子譬如日出
普照世間於一切淨水器中影無不現普遍
衆處而無來往或一器破便不現影佛子於
汝意云何彼影不現爲日咎不荅言不也但
由器壞非日有咎佛子如來智日亦復如是
普現法界無前無後一切衆生淨心器中佛
無不現心器常淨常見佛身若心濁器破則
不得見釋曰像非我有自彼器之虧盈心非
我生豈普現之前後持戒器破定水何依菩
提器破智水寧止無戒定智何由是佛疏此
云下五釋波羅蜜疏但有通別釋名別釋名
中便含餘體用種類等三門也文二一通釋
名二一正釋其文易了疏然一下二通伏難
難云準了義大乘教據實理說衆生即寂滅
元是涅槃不復更滅今何得言離此到彼岸
不同小乘有欣厭之過邪故今會之約迷悟
故說到彼岸疏且約下二別釋名別有六度
五度十度八萬四千度此之多數不同皆爲
種類也餘體用即各隨文釋分四初六度二

一以慧爲未言六蔽六種者文皆在疏即是起信之文但取意略引耳具云於真如法中深解現前所也所修離相行也以知法性體無慳貪故解也隨順修行檀波羅蜜行也下五皆爾以知法性無染離五欲過故隨順修行尸波羅蜜以知法性無苦離瞋惱故隨順修行羼提波羅蜜以知法性無身心相離懈怠故隨順修行毗梨耶波羅蜜以知法性常定體無亂故隨順修行禪波羅蜜以知法性體明離無明故隨順修行般若波羅蜜然此六種疏但列名令一一釋謂輟己惠人名施防非止惡爲戒堪受諸法未能忘懷爲忍鍊心於法爲精精心務達爲進心慮寂靜爲禪推求揀擇爲慧餘體用二門者謂既言性無慳貪等爲施等即性爲體由順性故修六皆成到彼岸即順本六 七八性爲用疏菩提下二以慧爲初菩薩諸佛母者偏讚慧也淨名云智度菩薩母般若論等皆云佛母是覺初資糧者覺是菩提六度是菩提資糧般若爲初也此五者施等也之餘者十度中後四也方便願力智皆由智度等者由智慧故十皆波

羅蜜攝故彼論長行釋云何以故般若爲初以最勝故如諸身根中眼根最勝諸身分中頭爲最勝諸波羅蜜中般若波羅蜜爲最勝故亦復如是以般若波羅蜜最勝故爲初資糧云云又是諸波羅蜜三輪淨因體故不念自身不念受者不念施果皆由慧故乃至不與二乘共故於上更無所應知故此智到一切彼岸故云云其文甚廣不可具引含餘門者由慧成五即慧是用五皆助慧即慧是體疏起信下二五度但合定慧爲一止觀門餘如上辨可知疏唯識下三十度但於六後加四謂第七方便方法便宜八願希求樂欲九力不可屈伏十智如實決斷疏十障十如者如常所釋後亦有之此十波羅蜜通者以大菩提心而爲其體助治障助證如即爲其用別本六 十九者如法相宗釋各有體用文繁不叙疏若總下四八萬四千度迷爲八萬四千塵勞悟爲八萬四千波羅蜜矣相翻之義如上引起信釋流出一切清淨等中說體用者總以覺悟爲體各以能翻染法爲用疏義如下者普眼章中也疏顯上下六釋總顯業用言諸佛師

法者涅槃經云諸佛所師所謂法也以法常故諸佛亦常上來總釋圓覺所流四門淨法竟餘諸無漏等法皆例此知謂圓覺本無繫縛即名解脫本無三毒即三善根本無疑濁即淨信等乃至本無八萬塵勞即八萬波羅蜜也故下文云乃至八萬四千陀羅尼門一切清淨經悟則成佛中疏二一後明下顯意二正釋二一釋圓照淨覺三一牒其下約能所釋疏亦可下二直就法體釋言圓照清淨者圓照即清淨也不同上以圓照照於清淨故云非關能所疏此正下三引例釋相字初見文殊即福城東古佛塔廟在第六十一卷中後不見文殊即第七十九卷中經說善財依彌勒教求見文殊文殊遥伸右手過一百一十城摩善財頂示教利喜不見其身但聞法也古德判云智照無二相無能所之二也疏本覺下二釋斷障成道以此爲因者謂如是依圓照本淨了無明本空是爲成佛正因也必若心存妄念帶此妄念修行多劫虛事劬勞畢竟不成佛果如前所引積行菩薩經推妄宰中疏二一

第二下科分述意二依科隨釋經徵中疏二
一徵釋下釋文疏二謂下二顯意二初明其
過其八萬塵勞十二因緣至下當釋疏非想
等者佛名經說佛語舍利弗言汝師欝頭藍
弗得非想定八萬四千劫滿命終之後不免
還作飛狸之身（緣修此定時林間被鵽鳥喧噪近水被魚等聲亂心生瞋恚願入水飛空噉也定力既盡便受此報待檢經文委細示之）疏無爲坑中
者即華嚴出現品云如雪山頂有藥王樹名
無盡根（云云）若生根時令閻浮提一切樹根生（莖枝葉華果皆滋也）唯於二處不能爲作生長利益所
謂地獄深坑及水輪中然亦於彼初無厭捨
如來智慧大藥王樹亦復如是（云云）其根生時
令一切菩薩生不捨衆生大慈悲根（深心莖波羅蜜枝淨戒頭陀葉相好莊嚴華佛灌頂忍果）唯於二處不能爲作生
長利益所謂二乘墮於無爲廣大深坑及壞
善根非器衆生溺大邪見貪愛之水然亦於
彼曾無厭捨釋曰疏家用此無爲坑之文也
顯二乘雖諸漏已盡而未斷此根本無明疏
病行者即涅槃經疏今欲下二正顯意文易
可知經釋中疏二一二釋下釋義三一釋得

名二一釋本名此依法性宗釋也若法相宗
即云明是擇法（慧也）無彼明故名爲無明彼宗
以無明衆生爲無始根本故須修習得擇法
之慧方始爲明故指爲彼（明乃非已是於彼故却取衆生爲自已）
今云無他智明者他亦彼也然所對不同
由此宗必須先頓悟覺性爲本是即真我迷
此性故即曰無明悟此性故方名智明智明
是始始非於本故亦云他（前對衆生自已故以慧爲彼今對本覺自已故以始覺爲他故云所對不同）所言雖者兼通伏難應
云一切衆生皆有本覺本覺即明云何言無
明故此荅云無始覺照了也意云如鏡體雖
本明且塵埃染時名爲不明磨塵顯出方名
明鏡又禪家返照者即是以他始覺照我本
覺故云返也此義極顯智者詳之始本二覺
前後頻釋故此不解

圓覺經畧疏之鈔卷第十一

圓覺經略疏之鈔卷第十一

校勘記

一　底本，明永樂北藏本。
一　二七八頁中一九行夾註「妄失」，[徑]作「忘失」。
一　二七八頁下一七行末字「足」，[徑]作「是」。
一　二七八頁下末行夾註右第五字「戒」，[徑]作「此」。
一　二八〇頁中一二行第五字「比」，[徑]作「此」。
一　二八〇頁中一三行夾註右「大乘之者」，[徑]作「大乘之道」。
一　二八一頁上一行上夾註「但嚼」，[徑]作「咀嚼」。
一　二八一頁上一四行「祕蜜」，[徑]作「秘密」。
一　二八二頁中三行正文第八字「是」，[徑]作「足」。又夾註右「下云」，[徑]作「上云」。
一　二八二頁下一八行首字「建」，[徑]

作「違」。

一　二八三頁上一二行第二字「文」，經、清作「又」。

一　二八三頁下一五行第一四字「真」，經作「直」。

一　二八四頁中一三行第五字「令」，經、清作「今」。

一　二八四頁下一一行第一四字「是」，經作「見」。

一　二八四頁下一二行第四字「釋」，經作「種」。

一　二八六頁上六行夾註右「鵄鳥」，經作「鳴鳥」。

圓覺經畧疏之鈔卷第十二 本七

圭峯蘭若沙門宗密於大鈔畧出

疏論名下二釋別名如前喻塵埃之鏡名曰不明也不者是無覺即是明故云但文異耳疏亦名迷及顛倒者散在諸大乘經釋禪家即多云迷疏論云下二顯體相引論亦略故有等字等於下文也具云不如實知真如法一一真如即是自己真我也故不覺心起而有其念念無自相不離本覺猶如迷人依方故迷迷東為西若離於方則無有迷離真實之正東則無虛妄之邪西衆生亦爾依覺真東故迷迷之為西若離覺性則無不覺合喻可知疏妄認等者至文當釋五舉云迷自認他即迷真執妄自他者如前引論舉迷自者據迷方之喻已具認他之義謂迷東東即是真為西西即妄也此是執妄即是他也從此已下初講者不須用之上來但依本宗顯無明體相了若約大小乘法相宗說與此稍殊俱舍頌曰明所治無明明有實體謂此無明不了四諦明所對治故名無明與明相違方是無明非是離明之外皆是無明亦非明無之處名無明也如非親實等長行意云如諸怨敵名非親友非異親友外皆名非親友諦語名實謂虛妄之語名為非實非異於實語亦非實語無便名非實也等者等於非法非義云云云何知然說行緣故云云然無明體是不了知三寶四諦善惡業果即是了知所治別法法救師云此無明體是諸有情恃我類性唯識中說覆蔽真實迷於理事覆真實者意取第七識中恒行無明也彼論第七心所中云我癡者謂無明愚於我相迷無我理故名我癡迷理事者意取第六識中根本六煩惱中癡也彼文云云何為癡於諸理事迷闇為性彼疏釋云謂獨頭無明迷理相應等亦迷事也若取發業即行蘊中迷理起者有支本故故慈恩釋無明支云以行蘊中無明為體不取餘法又引諸論云正發業者唯是無明餘者是助故不取也此等出體比起信論未徹其源何者起信依無明為因方生阿賴耶識此等所說乃是六七心所彼說第入無覆第六七識方有無明況迷自認他之行相似有本空之根元既無的示之文豈盡無明體性闕迷自者彼云迷無我理及云迷於理事但是所迷之境不言自有法身真我迷之故妄執無我為邪慢之我賊即空者瑜伽第五十五明煩惱假實之中言五見是假無明為實故又五十六及緣起經皆廣問答揀諸餘法故名無明也疏其業下三明業用二一引二文言能生三細者懸談第四門及前後頻釋言由此等者至文當釋疏然一下二通一切言無不是此著此無明也疏文中下二釋文三一分科疏今初下二顯意按定其非者謂此但標衆生云皆顛倒未顯顛倒之相如泛指某甲云是罪人未出罪名所作何事故言按定其非三正釋經按定中疏除了圓覺下謂除上機遇圓頓教者漸機登地者方免此倒矣言餘悉該者凡夫外道可知二乘聖人有無我等四種倒也執權菩薩以染淨對為有以真性為空也悉不免也如華嚴說上德聲聞積行菩薩悉不能入入難凡夫有宿種者即入經釋相中疏二初二正下敘意言正釋其相者顛倒相也如述其甲云有如是過作如是事今則迷者云云在疏二正釋經法中疏二初認為下釋本文二一釋迷身疏此有下二釋迷心二初貼文釋二初釋文疏故唯下二引證佛頂經云者彼經說阿難先被佛推徵心性在內在外皆成過失最後乃云世尊今徵我心我能推求

者是爲心不咄哉阿難此非汝心此是前塵
分別相想惑汝真性乃至若分別心離塵無
體斯則前塵分別影事塵非常住若變滅時
此心則同龜毛兔角其誰修證無生法忍釋
曰既離塵無體即知是前塵分別影事也既
是前塵之影塵變滅時心即變滅滅時既無
心如龜毛等誰修法忍據此衆多過失是明
阿難所認未是真心矣故今引之以證妄認
緣慮心也疏二者下二迴文釋餘同前解者
如引佛頂唯識證分別心想空無之義皆同
用也疏前標下二釋前文二一約諸教我法
各有種種相轉者我謂主宰如國之主有自
在故及如宰輔能割斷故主是我體宰是我
用主是俱生無分別故宰是分別有割斷故
於中復有世間聖教二我世我謂有情者意
生乃至作受知見者聖教謂預流等法者軌
持亦有二法世間法者謂所執根身塵境定
性之法聖教法謂蘊處界緣諦乘等如是多
類不同故云各有種種相也轉者生起義並如
下二至觀初引唯識論具釋疏及凡夫下已如疏序之初

引涅槃經釋常樂我淨文中廣釋訖疏若翹
下二約本經文理甚顯然須是智眼開者方
見之昭然若眼盲者更釋亦無益矣疏一三
我執者迷身心也二四法執者迷有無也經
直喻中疏二一瞖眼下且顯喻相疏空華下
二以之合法二一通二一順合迷順喻文勢
故應云法身實無四大真心實無緣慮迷者
妄執疏若悟下二返合悟二一正返合返者
與喻文勢相翻故疏故首下二引經證開復
者返開閉自性也疏亦可下二別二一合身
心二一正合疏然月下二補闕疏又爲下二
合見相二一正合疏世親下二通妨難云魏
朝譯金剛經末偈云一切有爲法如星瞖燈
幻露泡夢電雲應作如是觀論標釋云星喻
見分瞖喻相分燈喻識體今以瞖喻見分豈
不違彼論文故此通云據釋處等也謂論牒
釋云如目有瞖則見毛輪等色觀有爲法亦
爾以顛倒見故大雲釋云此喻執若在意見
實我法此瞖配在第七識以恒得故評曰既
在第七即知是見分毛輪喻我法我法即第

七家相分是第八也毛輪即此空華故知取
所見之華也又義淨三藏頌此喻云但由瞖
眼力遂使見空華即知華喻相分瞖喻見分
經倒見中疏三一牒前下釋喻言非謂真實
之華者闍序謬釋謂有人釋云實華者謂樹
上之華此釋實可悲哉疏若具下二法合疏
此乃下三顯意經出過患疏既由此者此妄
執身心也塵劫等者此妄執所起之過患也
疏地獄鬼畜者三途也八苦人中也謂生老
病死愛別怨憎求不得及五盛陰五衰者欲
天也謂華萎汗出身光滅眷屬離及不樂本
座經標定中疏三一言無下正釋疏故論下
二引證既離本覺無自相即是空無也疏了
斯下三例釋餘義二一略顯大乘涅槃涅槃
經夜叉爲雪山童子所說之偈也疏是知下
二備顯諸乘涅槃謂逆順觀十二支滅處即
緣覺涅槃也故肇公云緣覺覺緣離以即真
聲聞涅槃是滅諦滅諦亦同十二支滅盡之
義故此科云諸乘經喻釋中疏二一前說下
正釋二一釋正喻疏意云下二釋轉喻疏故

首下二引證經斷疑中跡二一後斷下先敘疑跡無明下二正釋經經釋成因地中跡二一第三下敘意標文二正釋經依真中跡故金剛下引經證一切衆生本無所有亦是通妨難云既無輪轉之法又無受輪轉之人諸佛菩薩何故出世出世教化誰人爲誰說法故此引經通云化無所化曉公論釋云初句牒能化最後一句歎化大中間二句明正觀相無生於化者初修觀時破諸有相於幻化相滅其生心故不生無化者復遣於空於無化空亦不生心故如金剛四生九類皆令涅槃實無衆生得滅度者亦如淨名觀衆生如第六陰等爲一切衆生說如斯法名爲真實慈也經拂迹中跡拂有四重者一中經云彼者指前文也謂彼前段所知無輪轉之智亦如空無有四中既不言有無即無念矣跡羅什云者即什公所製悟玄序也首云夫嘉遁難可再逢云云乃至夫玄道不可以設功得聖智不不可以有心知真諦不可以存我會至功不可以營事爲唯忘功者可以道合虛懷者可以理通冥心者可以真一遣智者可以聖同雖云道合無心於合合者合爲雖云聖同不求於同同者同爲跡聚沙等者即法華經會權歸實明一切行無非佛道謂過去無數佛皆說一乘法云云更以異方便助顯第一義若有衆生類值諸過去佛若聞法布施或持戒忍辱精進禪智等如是諸人等皆已成佛道云皆已者引昔例也云云已成乃至若於曠野中積土成佛廟乃至童子戲聚沙爲佛塔云云或以指爪甲畫地作佛像云云或有人禮拜或復但合掌乃至舉一手或復小低頭云云乃至皆已成佛道云云乃至未來諸世尊其數無有量是諸如來等亦方便說法云云度脫諸衆生入佛無漏智云云乃至無數諸法門其實爲一乘釋曰詳之是三世佛雖種種說法皆爲一乘畢竟皆合成佛之意也經徵拂中跡二初身心下釋其徵跡次釋下二釋其釋二初標意跡一切下二釋文二初釋前二句明諸法以空義不生滅義釋上句以寂義無去來義釋下句隨其義類各相應故跡云相因諸相者謂前展轉拂迹能所之相也非謂青黃等色相跡非已等下引中論三時門中所釋也淨名梵行亦有斯文跡法句云者取意略引也具云諸法從本來無是亦無非是非性寂滅本來無所動一切諸衆生實無有生滅生滅即涅槃本來無所動一切諸法性從緣無起作起作性相如本來無所動一切諸文字無實無所依俱同一寂滅本來無所動此四偈中初及第四皆末云寂滅本來無所動今跡所引但除本來二字緣上句已云本來意蓋文字簡略也但用兩句之文攝取八偈之義此前更有四偈亦皆說諸法本來無所動故跡法華亦云者具云是故舍利弗我爲設方便說諸盡苦道示之以涅槃我雖說涅槃是亦非真滅諸法從本來常自寂滅相然上約不生滅不去來釋二句者亦同華嚴說大自在天王得知一切法不生不滅同此上句不來不去同此下句無功用同上非作故無等也解脫門同此淨覺隨順淨覺是解脫由隨順是門也跡上二下二釋後六句顯一心二一釋如來藏二一結前由前但隨經文注釋不用科段故此須對

後結示疏此下下二正釋六一出體初句總
指六句經也顯一心者六句皆如來藏心故
論指下約教而示一心顯真如生滅二門前
已具釋楞伽文顯圓覺者至本文釋佛性者
義亦甚彰此等皆約有情門中說也疏今此
本七　八
下二科經疏通云下三釋名三一總標疏一
隱下二別釋三初釋隱覆二一直釋疏故理
下二教證三一引理趣般若言理趣等者此
云普賢菩薩自體徧故謂華嚴說普賢是毗
盧遮那藏身藏身既徧一切衆生中而隱覆
不現故衆生即是如來藏也藏有如來故名
如來藏（有財釋也）非謂藏即如來如櫃中有金名
曰金櫃非櫃即金櫃乃是木如藏是衆生疏
勝鬘下二引勝鬘義全同上其文即殊此是
兩段文初云生死等者經文具云世尊生死
者依如來藏故說本際不可知世尊有如來
藏故說生死是名善說世尊生死者諸受根
沒次第諸受根起是名生死世尊生死者此
二法是如來藏世間言說故有死有生死者
諸根壞生者新諸根起非如來藏有生有死

如來藏離有為相常住不變是故名如來藏
是依是持（云云次文如下所引然此文中云生死是如來藏又云非如來藏有生死者作者以相違細詳之乃是相成意云以生滅是空無故是如來藏如來藏空無生死故云非也）疏如來法身下此却是向前之文讚
無作四聖諦之次也具云世尊非壞法故名
本七　九
為苦滅所言苦滅者名無始無作無起無盡
離盡常住自性清淨離一切煩惱藏世尊過
於恒沙不離不脫不異不思議佛法成就如
來法身世尊是如來法身不離煩惱藏名如
來藏又佛性論云一切衆生為如來藏能藏
如來不得顯現疏如來下三引如來藏此經
唯一卷佛成道十年時便說此是表詮真實
宗中之根本不同五時教中十年猶說小乘
有教十二年方說大乘空教文二一通顯言
一切衆生至如我無異者經初發起序云爾
時世尊於栴檀重閣正坐三昧而現神變（云云下取意引）
有無量蓮華未開華內皆有化佛升空
彌覆世界一一蓮華放光同時舒榮須臾萎
變華內化佛趺坐放光衆怪而疑佛言汝問
金剛慧菩薩問何故諸佛變現如是次正宗

初佛荅云如佛所化無數蓮華（云云如上也此下全引）
我以佛眼觀一切衆生貪欲恚癡諸煩惱中
有如來身如來身結加趺坐儼然不動善男
子一切衆生雖在諸趣煩惱身中有如來藏
常無染汙德相備足如我無異（今疏所引是在後文文又）
（刪略故此備之觀則見也）疏便以下二別顯實性論釋云
（佛性亦釋此經今參而用之）自此已下依無始世來煩惱
藏所纏說無始世來自性清淨心具足法身
以九種譬喻華蜂等諸喻明衆生身中無始
世界來有諸煩惱垢佛寶等諸喻明衆生身
中無始來具足自性無垢體又復略說此如
來藏修多羅中明衆生界從無始世界來客
塵煩惱染心從無始世界淨妙法身如來藏
不相捨離是故經言依自虛妄染心衆生染
依自性清淨心衆生淨云何自心染依自心
本七　十
染有九種喻謂萎華等（如疏所配）後生起云於真
如佛性客塵何等以為九種煩惱經中萎華
等九種喻皆喻煩惱而不別標名論欲各以
煩惱各合之故徵起也下列九名如次合上
九喻但一一對而詳之即見如第一貪使合

第一萎華餘八倣此佛性論以九煩惱一一合喻義則全同名則小異兩論皆不能一一別叙恐文繁難見今通二論取意詳之謂初三如次是三毒種子四是三毒現行上皆凡夫五無學所攝羅漢六見道所斷初地七修道所斷二至地滿八不淨地所攝就修道前七地九淨地所攝八九十地上所注配皆是能攝者不說已斷者次論中合佛身等九喻者一佛身喻法身體二寄喻說一味法三粳米喻說種種法上三通名真法界身四真金喻真如不變五寶藏喻法身佛性六內實喻報化身佛性七金像喻法身八輪王喻報身九鑄像喻化身今且配列義隨文釋論總標指云其佛身淳密乃至鑄像總喻三種體偈云法身初三及真如次一如來性後五實體總指也皆是性功德故佛性等三種真金一種寶藏等五種是能是法身真如如來性是所示前三就染位通相後五淨位通相中

卷七　十一

亂體不垢不淨然皆衆生具有下當委釋上來且配屬能藏所藏法喻大意了次下正釋其文經及論文皆廣合並撮略引用跡一萎華貪使佛身法身體者經云如天眼人觀未敷華內有佛身趺坐除華即現佛見衆生有如來藏爲說經法滅除煩

惱顯現佛性諸佛出世若不出世一切衆生如來藏常住不變但煩惱覆故佛爲說法釋曰上配萎華喻貪者論偈曰如華初榮初後萎時悴變也有愛愛初榮也有不愛不愛萎悴貪煩惱亦爾初樂如華榮也後不樂如華悴也文意甚顯佛性論云如蓮初開人甚愛樂後時萎悴人厭惡之貪使亦爾上配初三喻佛法界身者如次喻體相用三大也故論偈云法身有二種清淨真法界一也及依彼習氣以深淺義說二種也配在二三兩喻長行釋初一云一者寂靜法界身以無分別智境故如是諸佛法身唯自內身能證故言清淨具法界經云佛出不出此常住不變正當體大義也餘二在下跡二嚴蜂瞋使淳密說一味法者經云譬如淳密在巖樹中無數羣蜂圍遶守護時有一人巧智方便先除彼蜂乃取其密隨意食用惠及遠近如是善男子一切衆生有如來藏如彼淳密在於巖樹爲諸煩惱之所覆蔽亦如彼密羣蜂守護我以佛眼如實觀之以善方便隨宜說法滅除煩惱開佛知見普爲世間施作佛事蜂喻瞋者詳曰蜂護密故瞋螫一切人畜等也如諸衆生迷如來藏爲我護我故瞋矣即第七識

中恒行我癡是也論偈云瞋恚心起時生種種苦惱者如執我故起惑造業受六道生死苦惱然此偈前半云羣蜂爲成密瞋心螫諸華者譯人誤也以蜂齧華但爲成密豈是爲瞋瞋者但爲護密故螫人耳故佛性論云如蜂若爲他所觸故毒螫人不爲齧華如迷護我故瞋矣

卷七　十二

密喻說一味法者論前偈云及依彼彼法身即第一中身習氣以深一味也是種種也此門淺即後門義說長行云依真如法身有彼說法名爲習氣彼說法者復二一細一味二麁種種細者所謂諸菩薩摩訶薩演說甚深秘密法藏以依第一義諦說故此明真法界身本有常說獨性之佛廣如華嚴經說故以淳密喻之密唯淳甜一味無種種也種種是麁在後門配跡三糠糩癡使粳米說種種法者經云譬如粳米未離皮糩貧愚輕賤謂爲可棄除蕩既精常爲御用如是善男子我以佛眼觀諸衆生煩惱糠糩覆蔽如來無量知見故以方便如應說法令除煩惱淨一切智糠喻癡者偈云稻等內堅實外爲皮糠覆如是癡心纏不見內堅實此以糠糩不同華之榮萎可貪可厭癡於心境無變改之相非能障覆爾論前段總釋上三云世間貪等衆生身中所攝煩惱

能作不動地業行緣成就色無色界果報出世間智能斷名爲貪瞋癡使煩惱米喻說種種法者論次前云麁者所謂種種修多羅（列祇夜等此下類再詳略之）名字章句種種差別以依世諦說故故偈又云如炎毒一味微細法亦爾（却指前門）修多羅等說如種種異味（此以椒米可作種種緣數欲食無假諸味資助有主有熟物則香美停則臭惻或增病除病或盡身損身雖資益飯夫然遠飢遠飽非長久然實不同淳和補藥無先固濟形命延年等藥有一味種種味之言也然權機無別體性亦但是衆生心真如之用大故前偈說但是法身習氣深淺之說亦即華嚴衆生本來八相成道之意）疏四糞穢（增上貪等）真金（真如不變）者經云譬如真金墮不淨處（論云糞穢義亦同矣）隱沒不現經歷年載真金不壞而莫能知有天眼者語衆人言此不淨中有真金寶汝等出之隨意受用如是善男子不淨處者無量煩惱是真金寶者如來藏是有天眼者諸如來是故如來廣爲說法令諸衆生除滅煩惱悉成正覺論云糞穢喻增上貪等者論釋云又增上貪瞋癡衆生身中所攝煩惱能作福業非業行緣但能成就欲界果報唯有不淨觀智能斷名爲增上（對祥佛性論者上三種子今明麁顯現行發身口意造一切業故云增上亦同起信中取著轉深增長見衆等字不淨觀者不淨是所觀之身故如糞穢不言觀智是不淨與佛性論云淨衆金實爲糞所塗逆人心離欲人亦爾爲上心煩惱爲逆其意）故偈云猶如臭穢糞智觀貪亦爾起欲心諸相結使如穢糞真金喻真如者偈云以性不改變（即相上法身真說法之性本來常淨不變也）體本來清淨如真金不變故說真金喻長行云明彼真如如來藏之性乃至邪聚衆生身中自性清淨心無異無別光明照了以離客塵諸煩惱故後時說言如來法身如是以真金喻故經云如來以依自身根本清淨智故知諸衆生有（佛性中引地論云宅下寶亦云譬如彼地種種珍寶藏也）清淨身與如來無二無差別（故經偈云善逝眼如是也）疏五貧家（根本）（無明）寶藏（法身佛性）者經云譬如貧家有珍寶藏寶不能言我在於此既不自知又無語者不能開發此珍寶藏一切衆生亦復如是如來知見力無所畏大法寶藏在其身中不聞不知耽惑五欲輪轉生死受苦無量是故諸佛出興于世爲開身内如來法藏彼即信受淨一切智普爲衆生開如來藏無礙辯才爲大施主如是善男子我以佛眼觀諸衆生有如來藏故爲諸菩薩而說此法貧家喻根本無明者論釋云又阿羅漢身中所攝煩惱能作無漏諸業行緣能生無垢意生身果報（凡夫亦同但麁重所過此相不顯故就羅漢顯之云貧家者二乘之人但免麁重熱惱等而都未得諸佛菩薩無量福智功德寶藏如世人清貧無事爲窮不得名爲國王大臣長者然雖未得寶藏寶藏已有不離身中故云爾也然就體辨能藏寶藏者乃是地也故論上下之文但皆云地藏不云貧家然根本無明三細之惑無覆無記未有能所愛惡之相故如地也不同華蜂之類有愛憎等故以此喻配無住地無明矣）此下五喻喻法身佛性等者論於次同一科預釋以義勢聯綿故今留待第九喻都釋已具見經論之文說則易解故疏六菴羅（見藏）內實（二身佛性）者經云譬如菴羅果内實不毀壞種之於地成大樹王如是善男子我以佛眼觀諸衆生如來寶藏在無明殼猶如果種在於核內善男子彼如來藏清涼無熱大智慧聚妙寂常恒名爲如來應供覺善男子如來如是觀衆生已爲菩薩摩訶薩淨佛智故顯此義菴羅喻見惑者論云凡夫身中所攝煩惱初出世間法智能斷名爲見道所斷煩惱故偈云如子離皮稍次第生芽等見道斷煩惱次第生諸地（此喻意者見道）

華凡成聖聖智生成住持一切功德如菴羅花謝實生身莖枝葉華果故內實喻二身佛性者已如上說餘亦皆爾跡七弊物修感金像法身者經云譬如有人持真金像行詣他國經遊險路懼遭劫奪裹以弊物令無識者此人於道忽便命終於是金像棄捐曠野行人賤踏咸謂不淨得天眼者見弊物中有真金像即為出之一切禮敬如是善男子我見眾生種種煩惱長夜流轉生死無量如來妙藏在其身內儼然清淨如我無異是故佛為眾生說法斷除煩惱淨如來智轉復化導一切眾生弊物喻修惑者復云聖人身中所攝煩惱如出世間法修道智能斷故偈云以害身見等攝取妙聖道修道斷煩惱故說弊壞衣跡八貧女不淨地垢輪王報身者經云譬如女人貧賤醜陋眾人所惡而懷貴子當為聖王王四天下此人不知經歷時節常作下賤子想如是善男子如來觀察一切眾生輪轉生死受諸苦毒其身皆有如來寶藏如彼女人而不覺知是故如來普為說法言善男子莫自輕鄙汝等自身皆有佛性若勤精進滅

眾過惡則受菩薩及佛尊號化導濟度無量眾生貧女喻不淨地垢者論云從初地至七地所攝煩惱也八地已上住地中修道智能斷偈云七地中諸垢猶如胎所纏遠離胎藏智無分別淳熟跡九焦模淨地諸垢鑄像化身者經云譬如鑄師鑄真金像既鑄成已列置於地外現焦黑內像不變開模出像金色晃耀如是善男子如來觀察一切眾生佛藏在身眾相具足如是觀已廣為顯說彼諸眾生得息清涼以金剛慧搥破煩惱開淨佛身焦模喻淨地垢者復云八地已上菩薩身中所攝煩惱金剛三昧智能斷故偈云三地中諸垢如泥模所逕大智諸菩薩金剛定智斷此後五喻上來但以法合貧家等未合寶藏等今當合之論偈云佛性有二種一者如地藏即此第五喻也二者如樹果第六無始世界在前來自性清淨心修行無上道通明萬行本具即論中本覺內熏之義依二種佛性五六之所喻也得出三種身七八九之所喻依初譬喻故實識知有出法身萬德所依如實藏是衣食身名家產萬事之所依也依第二譬喻菴羅知有二佛身果生熟次第也如[illegible]觀真

本七　十六

佛法身淨猶如真金像第七喻出經法身也即五喻能成因性此[illegible]所成果相故如[illegible]已成之象也以性不改變攝功德實體[illegible]釋證大法王位如轉輪聖王第八喻報身也即六喻能成二身因性八[illegible]成報化身[illegible]依止鑄像體有化佛像現即第九法喻此長行云餘五喻示現生彼三佛法身

本七　十七

以依自體性如來之性諸眾生藏是故說一切眾生有如來藏以諸佛如來有三種身得名義故此五種喻能作三種佛法身因以是義故說如來性因此中明性義以為因義以是義故經中偈言無始世來性云云下各引此一段文以具性跡二含下二釋含攝二一體含用謂體性含於相用然此含者謂即體之用像於即用之體即用之體持於即體之用非如櫃等盛貯餘物此乃如金含器之喻謂純一之金含於萬器緣會即顯亦如華嚴金師子章中之意亦如明鏡含於萬像故唯識說大圓鏡智相應心品能現能生身土智影等跡又亦下二聖含凡此是佛性論如來藏品中文也具云所言藏者一切眾生悉在如來智內故名為藏以如如智稱如如境故一切眾生決定

無有出如如境者，普為如來之所攝持故名所藏眾生為如來藏復有一義（藏疏中成三義）謂因含果謂因地已攝果地一切功德故佛性論云藏者一切過恒沙數功德住如來應得性時攝之已盡故若至果時方言得性者此性便是無常何以故非所得故故知本有是故言常疏三出下三釋出生了達證入即能出生者諸教皆約登地證契法身方能修成種種報化功德妙用疏十地論者彼論釋地義云能生能持又釋十地會主金剛藏云藏即名堅其猶樹藏謂如樹心堅密能生長枝葉華實也地智亦爾能生無漏（云云）疏此三下三配屬於中云剋體者謂法身本無煩惱無能隱覆本具德用不待出生故云剋體（已上三段皆釋名竟）疏然約下四明行相二一總疏然真下二別三一真妄開合謂真與妄各有開合具（如）起信論疏疏初真下二唯性經論各有其二釋義亦在起信疏中疏後生下三唯相於中初開一為二次開二為四也無為在生滅門者準論生滅門中亦有真如猶如濕中不必

本七　大

波動波動中則必有濕故知不動亦在動中然無為法唯是無漏不善之法唯是有漏善及有為通漏無漏又無為不善一向相非善及有為互通是非疏此等下五明業用二一標疏初真下二釋二一不變疏後生下二隨緣二一別二一染緣起疏二能下二淨緣起疏由後下二總二一以論引經即阿毗達摩經也疏長行下二以經（勝鬘）釋經（阿毗達摩）云性者如來藏者具云所言性者如勝鬘經言世尊如來說如來藏者是法界出世間法身藏出世間上上藏自性清淨法身藏自性清淨如來藏故疏是依下彼論具引云世尊是故如來藏是依是持是建立世尊不離不離智不斷不脫不異無為不思議佛法世尊亦有斷脫異外離離智有為法亦依亦持亦建立依如來藏故疏諸道者生死六道也證涅槃者三乘道也各依疏中引經配也經文具云依如來藏故有生死依如來藏故證涅槃世尊若無如來藏者不得厭苦樂求涅槃不欲涅槃不願涅槃故此明何義明如來藏究竟如

本七　十九

來法身不差別真如體相畢竟空佛性體於一切時一切眾生身處中皆無餘盡應知此云何知依法相知是故經言善男子此法性法體性自性常住如來出世若不出自性清淨本來常住一切眾生有如來藏此明何義依法性依法體依法相應依法方便為如是為不如是不可思議一切處依法依法量依法信得心定彼不可分別為實為不實唯依如來信故偈言唯依如來信信於第一義如無眼目者不得見日輪疏既諸下六勸信六一明應信言先須信解者寶性論中問曰真如佛性如來藏義住無障礙究竟地菩薩第一聖人亦非境界以是一切智者境界故何故乃為愚癡顛倒凡夫人說答曰以是義故略說四偈云處處經中說內外一切空有為法如雲及如夢幻等此中何故說一切諸眾生皆有如來性而不說空寂（釋曰此上猶是假立助成問意也下方正答云）以有怯弱心輕慢諸眾生執著虛妄法謗真如佛性計身有我人為令如是等遠離五種過故說有佛性此四偈以十一偈略

釋（略引八偈）以衆生不聞不發菩提心或有怯弱
者欺自身諸過未發菩提心生起欺慢意見
發菩提心我勝彼菩薩如是憍慢人不起正
智心是虛妄分別不知如實法妄取衆生過
不知客染心實無彼諸過自性淨功德以取
虛妄過不知實功德是故不得生自他平等
慈聞彼真如性起大勇猛力及恭敬世尊智
慧及大悲生增長五法不退轉平等無一切
諸過唯有諸功德取一切衆生如我身無異
速疾得成就無上佛菩提疏離此者三聖觀
中說也疏故審下二證不信之損疏故勝下
三證信順之益此同淨名觀身實相觀佛亦
然也據此文意反明若於在纏疑惑則於出
纏諸佛法身功德亦疑惑也疏華嚴下四證
諸行之本然華嚴九會初會是總是本餘會
是別是末故此三昧是法根本以三昧體是
如來藏故彼經云爾時普賢菩薩摩訶薩於
如來前（常對佛故）坐蓮華藏師子之座（表所入定自性無染）
（含衆法故）承佛神力入于三昧（心境冥故）名一切諸佛
毗盧遮那如來藏身（光明偏照即能觀大智如來藏身即所觀深理）

（凡雖等有佛智方照又大智亦通本有本有
真實識知徧照法界義故顯於依正雖如來
藏無別自體故入此也復有釋言廣大生息
謂慈悲無從爲貴智慧無上爲大生相已盡
爲生息萬德含攝是謂藏身即出纏法身也
約本性者凡聖俱成藏攝包含體子建立趣
生爲貴本覺理量等佛名大新新起故名生
染淨不能動爲息在纏法身名藏此下明體
相用有其
六對也）
普入一切佛平等性（即是如來藏故入藏身即
是已入佛平等性也）疏然雖下五明難信之所以如聞
皇后懷帝王之胎即無所疑聞說貧醜女子
懷轉輪王之子（即前九喻中第八喻）則不肯信又如愚
癡狹稚見不對雜織色相之摩尼即信淨明
見現此等影像之時即不肯信疏願諸下六
正勸令信謂勸諸初心（上根人也若下根即勸從小入大如法華
窮子等喻待根熟方勸也）應捨難捨之妄心（雖捨者即五欲境此對凡
夫上根也若漸機即二乘涅槃爲難捨也）求見難見之妙理（自心中一
切功德妙義妙用等也故勝鬘云有二法難
可了知謂自性清淨心彼心爲煩惱所染釋
曰自心及煩惱爲
二也此二皆難矣）上來釋如來藏義已竟然
此經中標舉意者約藏自性離有爲相常住
不變以釋拂迹之由即二種行相中真如門
也言如來藏總標次二句空藏後三句不空
藏也此下隨難消釋疏釋上下二釋餘句二
一釋空藏釋上彼知覺者對上所知生死此

名能知之智能執者計有生死也能知者達
無生死也疏不可智知兼上無起滅等正同
華嚴偈云能見（此云無知見也及上云彼知覺者猶如虛空也）及所
見（此云無起滅故上云知是空華）見者（上云知虛空者）悉除遣（總結上文）
不壞於真法是名真見者（同下如法界性淨二句也）疏識
智俱如下情盡理現也俱如即無念無念自
體本來自知不同分別故云真實也識者白
淨真識非賴耶等光明者知體顯現離於癡
暗也照者即此知見無邊際無處所故徧也
從自體下皆是起信正文疏家歸上兩句釋
空義次便指不空之體生起下三句之義勢
故云爲下不空等也疏法界下二釋不空藏
佛性法性者彼論云在有情數中名爲佛性
在非情數中名爲法性佛性即如來藏故引
此證疏如云能造等者楞伽起信實性等說
如來藏義皆有此文大同小異疏二義者如
來藏法界性也別如疏釋也一體之同者經
云如來法界性也如即同義疏豈須等者滅
舊滅惑結拂所知生死空也添新生智結上
拂能知等也經標舉中疏三一然偈下翻梵

文疏或爲下二釋重頌意此通諸經今經雖無鈍根而流傳末世不妨有也意令總覽長行偈頌方解義理然後隨力而唯誦偈諷之文有記得長行之義疏增明前說者文相自顯若通論諸經更有六義無上成八復有四義十義皆如大疏所說疏然凡下三長偈相對經正陳中疏文叙意節經如文可解

圓覺經略疏之鈔卷第十二

圓覺經略疏之鈔卷第十二

校勘記

一　底本，明永樂北藏本。

一　二八八頁中九行第一二字「爲」，徑作「事」。

一　二八九頁上末行夾註右第三字「至」，清作「空」。又夾註右第五字「初」，徑作「幻」。

一　二八九頁中三行「眼肓」，徑作「眼盲」。

一　二九〇頁上一九行首字「不」，徑、清無。

一　二九〇頁下一九行第一五字「二」，清作「一」。

一　二九二頁上八行第九字「密」，徑作「蜜」。本頁中一二行第二字、第九字、一五行第一三字、本頁下四行第一四字下至次頁上八行夾註右行第一三字同。

一　二九二頁上一五行夾註右第一〇字「是」，徑作「示」。

一　二九三頁上三行夾註右字「列」，徑作「例」。

一　二九三頁中三行夾註「爲逆」，徑作「違逆」。

一　二九三頁中五行夾註右第二字「相」，徑作「指」。

一　二九四頁下一〇行夾註「各引」，徑作「畧引」。

一　二九五頁中三行第四字「通」，清作「進」。

一　二九六頁上末行夾註「偏照」，清作「徧照」。

一　二九六頁中四行夾註右第六字「理」，徑作「現」。

一　二九六頁中一四行夾註右「有二法」，清作「有一法」。

一　二九六頁下一八行末字「滅」，徑作「減」。

圓覺經略疏之鈔卷第十三　本八
圭峯蘭若沙門宗密於大鈔略出
大文第二令依解修證疏三一自下下標大
意創因者初聞前章頓指心地也法鏡照心
者法謂教法鏡即是喻如人有眼耳無由覩
自見之若以鏡照之即見衆生自性亦爾無
由自見因聞聖教依教反照方見矣故清涼
云以聖教爲明鏡照見自心以自心爲智燈
照經幽旨荷澤亦云爾障者正取業及煩惱
兼於報障（道場中禮懺等除報障故）根利鈍者即前所明
障之深淺也習氣者此論凡夫習氣不是斷
二障種現後所餘微細習氣也凡夫習氣者
如論中染淨相資熏習處說及唯識諸業二
取等習氣中說下文當釋依違者依教違教
也如華嚴問明品如貧數他寶等疏故須下
正明經意處處等言用法華文勢彼云衆生
處處著引之令得出疏然其下二釋科文三
一正釋疏前則下二總判疏故華下三引例
云亦唯此四者信解行證也信者初會六品
十一卷擧依正二果勸大衆信樂也解者二

修因契果生其智解謂第二會十信三會十
住四會十行五會十迴向六會十地七會等
妙二覺行者託前信解之法進修令成正行
也即第八會證者第九會初佛入師子頻申
三昧海會頓證法界善財徧親善友歷位漸
證也此乃文雖廣（八十卷）略（一卷）妙軌攸同綸緒
始終唯斯二與疏文中下三銷文二一開章
述意二牒釋經文經徵釋中疏二一令初下
會科段二正釋經進問中疏不離此者此普
賢行體也經就當根中云修大乘聞圓覺者
揀所爲機不修大乘者灼然非領受行門之
器設有修行大乘者若未聞圓覺亦非器也
如前引華嚴多劫修行六度非菩薩等故令
標擧具此二類之者疏達天真者前章說覺
性天然本淨生死等非作故無經幻幻問中
疏二一行也下總釋一科此問等者前云空
華即是虛幻又偈云衆幻滅無處故疏幻者
下二別釋幻義二一擧大意云難曉者此方
無故疏令依下二開數釋謂法性如巾真心
如師分別識如術法術法有種種差別幻師

是一分別識亦種種差別而真心唯一喻中
既但馬是無不妨有幻師作法法合中亦但
我法是無不妨真心爲識分別種種然迷執
實馬者是傍人非幻師自執法合中執我法
者是六七心所當起信中智相相續相非本
淨心及黎耶三細唯識之說賴耶無覆無記
若欲取真妄同一心無別外執者或如幻師
久習幻法幻法既熟等閑即作作法已成之
次忽然心狂迷惑自謂所幻之物爲真雖忽
心狂由幻法熟故在運持之而所幻之物未
滅（如狗吠井中影乃至投井而死）經斷滅問中疏二一此問
下正釋疏金剛下二引證經遮不修中疏不
觀力用者但念性淨也經請修中疏論云下
正是上不觀力用之意也論云如是衆生真
如之法體性空淨而有無量煩惱垢染若人
雖念真如乃至以垢無量徧一切法故修一
切善行以爲對治若人修行一切善法自然
歸順真如法故疏入風者利衰毀譽稱譏苦
樂窮子者如疏序捨父文中已釋電光者智
論說初心聞法乍解如闇夜電光乍見山川

人物項屬還開然亦因此已辨得前境思想之而行也(不記其文但取意引)別處亦說有電光定跡應添等者應云願爲末世一切衆生分別演說作何方便漸次修習意即顯矣等者或云開示分別(或云分別宣說皆得)經讚許中疏非受者影空無可受故非拒者對鏡之時影不在鏡外全體冥合故正受者是翻三昧之唐言經長行中疏三一正說下總分經文疏令初下二別釋科意故論云自性等者此是隨染本覺中文具云智淨相者謂依法力熏習如實修行滿足方便故破和合識相(由前方便能破和合識內生滅之相顯不生滅之性此根本無明盡故心無所合即顯法身本覺義也)滅相續心相顯現法身智淳淨故(即於此時能滅染心之中業相等相續之相不滅相續心體故令隨染本覺之心逆即還源成淳淨圓智成於應身始覺義也然此始覺無別始起即是本覺隨染作也令染緣既息始還同本故云淳淨)此義云何(問意云如上所說動彼靜心成於起滅今既盡於生滅應滅靜心)以一切心識之相皆是無明(意云業等染心名諸識相此等皆是不覺之相非約心體說轉難云既言識相皆是無明故說滅者皆應別有體性離於真如即真妄別體難也故下答云)無明之相不離覺性(如此諸識不覺之相不離隨染本覺之性)非可壞非不可壞(此無明之相與彼本覺之性非

一非異非異故非可壞非一故非不可壞若依非異非可壞義說無明即明故涅槃經云明與無明其性無二無二之性即是實性若說非一非不可壞義說無明有可滅故涅槃云因滅無明得菩提燈無明滅覺性不壞滅惑之義準此知之)如大海水因風波動水相風相不相捨離而水非動性若風止滅動相則滅濕性不壞如是衆生自性清淨心因無明風動心與無明俱無形相不相捨離而心非動性若無明滅相續則滅智性不壞故三隨文銷釋經標幻中疏二一有漏下銷經文蘊處界義至普眼章當釋等者等於三界九地十二因緣二十五有一切有漏法數引下偈者證成有漏也中實者中是最當中義藏和尚般若心經疏作所詮義釋心字意云般若之心是萬法之體故云心也亦作能詮教釋意云此半紙經是六百卷之中也今取前義實者堅實今言中實者其猶樹木其心當中最堅實故能生長枝葉華果如十地論釋神解者海東起信疏中釋也然汎論心者有其四種一華嚴鈔云梵語紇利陀耶謂肉團心即五藏中心藏也二緣慮名心謂八識俱能緣慮自分境故三質多謂集

起心即第八識集諸種子起現行故四楞伽經注翻乾栗馱此云堅實心堅實心者即此所辨今詳此三梵語紇利字質字乾栗字聲勢全別應是肉團集起堅實等義別也云陀多馱三字聲勢甚似應是五天梵語稱殊或前後譯人小有訛誤理應同是心字智者詳之勝鬘云自性清淨心不染而染染而不染亦此心也故此云不同緣慮集起之義(肉團麤淺不必揀之故疏不言)疏言皆下二廣釋義二一用當宗經論釋義三一正釋二一用論釋言心體爲因者論中本覺心即是此經圓覺妙心也論中不覺即此偈云無始幻無明也據論中說依本覺故而有不覺(文云依覺故迷若離覺性即無有迷以合依方故逆之喻即是此依圓覺妙心而有無始幻無明)依不覺故生三種相(即是此種種幻化也)今配云因緣者謂由無明風力動彼靜心至此最微名爲生相乃至轉現此三之體是本淨心親故云因(故經云法身流轉五道等)但由無明動之無明疎故云緣如水爲波水是波體但由風從外入而動之即是其緣若別約一義說者據三細六麤總是無明之相真

心畢竟清淨不增減不變異但是無明託之而現生滅染相即無明卻似因淨心卻似緣如諸業雖因煩惱而起約果報說卻以業爲因煩惱爲緣等亦如洪波徹天水性不動但是風託水而現動相動相是風相非水相矣

約此說者亦有其義但今據本末爲親疎故且依前義耳疏業識爲因等者根本無明與真心合名爲業識此識有動作及爲因之義故云業也此識對自所現境界便生智相相續等六麁也如夢心自現境界境界對心之

時便生執著謂爲真實執著者還是夢心然但因夢境對之方生執著故云緣也論中但云以有境界緣故復生六種相不言業識爲因者且約九相如次相生此中文少若具說之各有二因二因正是此所立兩重因緣緣亦通名因也疏故楞下二約經釋謂無明是能熏通上緣也如風是能吹真如是所熏熏故即變是上因也如水是所吹吹即動爲三細也經中舉麁顯細舉著顯微故且言現識然實具三細不思議熏者謂無明能熏真如不可熏處而熏故名不思

議熏又熏即不熏不熏之熏名不思議熏不思議變者謂真如心受無明熏不可變異而變異故云不思議變又變即不變不變之變名不思議變勝鬘說不染而染等即此熏變也難可了知即此不思議也不思議是難了之義取種種麈者是上境界爲緣即此現識所現種種境界還能熏動心海起諸事識之浪即六麁也及無始妄想熏是上業識之因即彼和合真妄心海之中妄念習氣無始巳來熏習不斷以未曾離念謂六麁三細皆展轉有相因之始唯此業識無始此麈及念熏動心海種種

識生以妄念及麈麁而且顯故所起分別事識行相麁顯然經中欲明現識依不思議熏故得生依不思議變故得住事識依境界故得生依心海故得住若論中則但辨生緣不論依住是故於細中唯說無明熏麁中唯說境界緣也然成唯識論且約法相權教說熏習義未盡其源故遮真如不變不熏下明染淨熏習中更當料揀今約楞伽勝鬘起信等法性實教故有不思議熏變等義方契斯經矣疏是知下二重顯幻義配前五法者覺心即中無明業

識即幻師術法種種境界是馬次云猶如空華是馬有即無分別事識如癡執實相上引諸教述染法生起行相以釋經文幻從覺生之義詑然此經但云從覺生不釋生起行相處卻是文殊章中云由此無明故輪轉生死且標根本至彌勒章中具說枝末云欲因愛生命因欲有乃至展轉起諸違順造種種業生地獄鬼畜人天上界增上善果等是也疏問既下三通妨結成此問從前心體爲因生三細等文而來難意云真心既生三細即應

是三細之根源便是無明之體何故前文殊章中云此無明者非實有體等荅文甚顯意云妄託真心而起之時但是妄起真元不起不起故豈是妄之根源故更以本月二月之喻通之理無不盡矣然云現且迷真者意云若就妄說則見妄之時更無別真說何爲源若就真說即元來無妄與誰爲源如夢蝴蝶之時但見蝶身無別莊周之身若就莊周說即元無蝶身與誰爲源故云現且迷真也意云迷真之時現且無真若見有真即不成迷

言且者且就迷情說也不言真無䟽故經說下正是結指經文以成真不生妄之義此義是佛法中妨難大節復禮法師有偈問天下學士亦是此義偈云真法性本淨妄念何由起意云本淨如空即妄根本何當起也從真有妄生此妄安可止若真能生妄即除真方得妄除真既不可除妄何可斷無初即無末有終應有始立此理者擬將難法相宗煩惱有終無始無始而有終正述法相宗所說長懷懵茲理結成疑念願爲開秘密析之出生死利涉大法師答云真法性本淨妄復何當起妄不從真生無妄何可止既許無初末寧容責終始無始亦無終誰當懵茲理胡不趣無生乃云析之出生死此答都不識問意復禮豈不知真性本無生滅邪意問緣生染法從何而起起既無始何有終懷暉禪師答云法性非垢淨真妄非如理但問妄之所生禪問如理去妄欲求真茲妄安可止無物本自無強無無不已無始見有終見終非無始此卻是助成難意不成答難諸法無自性無性無生死此亦全不識問目清涼大師答之方釋所問也答曰迷真妄念生悟真妄則止能迷非所迷安得全相似不一不異故如論中海水風波之喻由來未曾悟故說妄無始

知妄本自真方是恒常理分別心未亡何由出生死意以一念不生前後際斷不應以念而起於念念無窮也䟽然諸下二會通他宗經論之文六一總標大意萬法一心者意說法性宗染淨諸法唯真心現如起信等說三界唯識即性相二宗皆有此義性宗亦有妄識變境之義性無真妄之心相宗即唯妄識宗途者宗旨途轍也就佛則權實有異就人則情尚有異罕者希也隨學一宗則謂爲了更不知餘聞所未聞翻疑彼錯既聞所說違於已解則拒而不受理須會通備述諸宗義意令其圓悟若不爾者何能窮究旨歸䟽今約下二別明諸教愚法者不了法空也即是法執假說者謂不了唯識計有外境但云由心造別業故感得自身由心造共業故感外山河器界一切善惡悉由心成故云假說䟽異熟賴耶者第八識也此是諸識本故異熟是善惡業果從無始來至於等覺因位最寬故取之也賴耶是執藏義過患最重故亦取之並如下說䟽遮無境者正出彼一心義也謂若一分是境一分是心即不成一今以境

唯心變亦但是心故唯一也問雖皆是心心有八種及諸心所相分見分各各不同云何言一荅但心外更無別法即是一義如一株松雖根幹各別枝葉衆多但皆是松即名一株松也於中曲有三義一相見俱存此通八識及諸心所并所變相分難陀二分陳那三分護法四分皆同此也如大鈔說二攝相歸見但通王所謂所變相無別種生但是識生帶彼影起安慧一分義也如虛空中本無華種但眼翳時帶彼相起翳則不妨名有如心見分華則全無如相分也三攝所歸王但通八心王也以心所亦無自體但依心王所變故莊嚴論云無著菩薩造能取及所取能貪妄心所貪財色瞋等例知能信善心所信三寶進等例知此二唯心光上貪等信等是心所法唯是心王之光影但別心所貪光舉一例瞋癡慢疑不正見及隨煩惱及信光例餘十爲善十一二光無二法正結成無心所䟽理無二故者謂如來藏舉體隨緣成辦諸事而其自性本不生滅是故一心二門皆無障礙謂性淨隨染舉體成俗即生滅門染性常淨即真如門二門唯是一心故也良由心相雖似種種而相皆虛妄故但是心心方實故故唯一也如多

影是鏡相一明是鏡性多影皆虛故唯一明
也此後三門皆得真成一心之義疏泯絶染
淨者謂清淨本心元無染淨對妄相垢假說
名淨妄既本空淨亦相盡唯本覺心清淨顯
現爲破諸數假言一也故此文云種種生於
圓覺妙心楞伽亦云不壞相有八識無相亦
無相其文非一破諸數者通伏難也難意云
一是數法數是有爲今絶染淨離於名數何
復言一荅表非二三乃至百千之數故云一
也法句經云一亦不爲一爲欲破諸數疏總
該萬有即是一心者謂未知心絶諸相令悟
相盡爲心然見觸事皆心方了究竟心性如
華嚴說良由皆即真心故成三義一融事相
入義謂一切事法既全是真心而現故全心
之一事隨心徧一切中全心之一切隨心入
本八　十一
一事中隨心迴轉相入無礙二融事相即義
謂以一事即真心故心即一切時此一事隨
心亦一即一切一切即一亦然三重重無盡
義謂一切全是心故能含一切所含一切亦
唯心故復含一切無盡無盡也皆一一全具

真心隨心無礙故前即泯之相盡但是性之
一心今則一一諸相當體便是一心不須更
泯以本是心不應泯故故云即是不云攝歸
由此具前無礙三義也然此亦一心與上第
三四門異者三是攝事歸理會末同本四則
泯事泯末唯理唯本今全事即理即末全本
故云理事本末無別異也疏此上下三總結
諸教疏然皆下四釋執宗所以應先問云據
上所說唯頓教圓教是如實了義何得諸經
諸論復有如前異說故此釋云蓋以經隨機
說也隨機者如下逆順中約能詮文逆法從
一至四展轉等疏文鈔文之意可取意對此
說之問經文既是佛當時逐差別之機權說
者何故佛滅度後諸菩薩造論建立宗旨或
釋經文亦有差別故次云論逐經通謂非唯
佛在時有差別之機佛涅槃後乃至如今亦
如此故菩薩造論亦隨經宗旨通釋佛意造
宗論各符一類經各應一類機造釋論各釋
一經亦隨何經宗各隨順其旨且如天親菩
薩造小乘論即順阿含等染淨定別造攝論

等即相數確然注百論釋金剛明空蕩相造
佛性等論則說衆生是法身如來藏造華嚴
十地論則六相圓融故知各隨經宗何有執
定之滯人隨論執等者過歸後輩傳習之者
良由孤陋寡聞不能博學隨遇一教便謂圓
本八　十二
通聞說者違於己解即拒而不受却言差錯
故云因守淺權淺權者前前淺於後後也今
具料揀其在茲焉疏今本下五順逆會通二
一舉意疏初約下二正會三一逆詮順法逆
次者逆前五門次第也順法者順諸衆生迷
真起妄從本起末心數次第也如一樹木從
根有樹樹上生枝枝上生華葉從四頓教至一
聲聞教者緣第五是本末融通故且說前四也
一法界心者頓教也如來藏下實教也復由
下權教也執取下聲聞教也疏二約下二順
詮逆法順文者文是能詮教如前所列從末
至本逆法者法是衆生心法相生次第從本
起末文二一正顯言乃至者備如上說疏皆
由下二結意如文疏三能下三皆無障礙即
圓教者本末無礙亦如上說疏唯心下六都

結得失如人面向墻立即於百萬種差別物色都無所見臨鏡即物物無遺餘文可解經幻盡中疏三一對前釋義三一此下下指經雙標其染緣起如上諸門其淨緣者即頓教中泯絕染淨是其源也今云幻盡者正是泯絕染淨之義覺滿者有二意一者既諸法俱泯則唯一覺心等虛空界故名滿也二者此覺體中既無垢染即現一切淨妙諸法與此覺體非一非異融攝無礙如普眼章中六根徧滿等名滿也前是頓教中意此是圓教中意然一真覺心體非染淨迷則一切皆染悟則一切皆淨但淨順覺體故名覺滿染違於覺是理覆義不名覺滿迷起染義如前段說悟起淨義如正宗說三重因及所成果是也問然上三細六麤之染三因及果之淨有何所以如此展轉反覆生起生起行相如何荅如下所引論釋疏故論下二以論雙標謂染淨之法只由此四法反覆熏習故不斷也四法者論具云一者淨法名為真如二者一切染因名為無明三者妄心名為業識四者妄境界所謂六塵釋曰後三皆是染法由此染法自性差別依托因緣故具說三種其真如淨法對染辨成熏義然其體性竟未曾別故但明一種又染法違理差別性多淨法順真唯一味也言熏習者論次文云熏習義者如世間衣服實無於香若人以香而熏習故則有香氣疏論熏習各二種一習熏謂心體成染淨等二資熏謂現行心境及諸惑相資等此亦如是真如淨法實無於染但以無明而熏習故則有染相故經說如來藏為惡習所熏無明染法實無淨業但以真如而熏習故則有淨用此是生滅門中本覺真如故有熏義由本覺內熏不覺令成厭求故經云由有如來藏故能厭生死苦樂求涅槃前迷現染是故云相令此順真故云用良以一識含二義故更相熏徧疏染淨起不絕者由此染淨相資故得起不斷絕疏染法下三依論別釋二一染二一釋今文取意引之論具云云何熏習起染法不斷所謂以依真如法故有於無明舉能熏所熏之法體也亦可此中但舉能熏無明然必依真故約本舉以有無明染法因故即熏真如根本無明熏習義也以熏習故則有妄心依無明熏動真如有業識心也然妄心亦通事識今據其本故云業識以有妄心即熏習無明不了真如法故不覺念起現妄境界以此妄心還資熏無明增其不了令其轉成轉識及現識以有妄境界染法緣故即熏習妄心令其念著造種種業受於一切身心等苦以此境界還熏動心海起諸識浪緣念彼境即起事識也上六麤中初二名念中二名著後二名同此也謂依惑造業依業受報然妄境妄心無明等三種熏習之義後各有二種廣如論說疏故勝下二引證引於三經皆如文可見云畫師等者次云能畫諸世間五蘊悉從生無法而不造疏淨緣下二淨亦取意引論文具云云何熏習起淨法不斷所謂以有真如法故能熏習無明以熏習因緣力故則令妄心厭生死苦樂求涅槃以此妄心有厭求因緣故即熏習真如先明真如內熏無明令成淨業後即此淨用反熏真如增其勢力前即本熏後即新熏也自信已性即十信位中信也下三賢位中修知心妄動無前境界解也修遠離法依解成行謂尋伺等觀唯識無塵等行也以如實知無前境界故初地見道證唯識理異前比觀故云如實也下明十地修道位中廣修萬行以顯真如云種種方便起隨順行不取所取無相不念能念不生乃至久遠熏習力故三祇熏故無明則滅根本以無明滅故心無有起妄心盡也以無起故境界隨滅妄境滅也此上皆滅惑也即翻前三種染下明證理以因無明緣妄境界俱滅故心相染心皆盡名成緣云得涅槃此無滅故心體轉依名得涅槃成自然業起不思議之業用也故法華云佛種從緣起華嚴云若人欲了知三世一切佛應觀法界性一切唯心造唯心者唯

(清淨心也所以知者次云於心佛亦爾如佛眾生然心佛及眾生是三無差別)然眾生雖等有真如等皆熏習而有信無信不能等修方便入涅槃者以諸佛法有因有緣因緣具足乃得成辦眾生雖有正因熏習之力若不遇諸佛菩薩善知識等以之為緣能自斷煩惱入涅槃者則無是處若雖有外緣之力而內淨法未有熏習力者亦不能究竟厭生死苦樂求涅槃(謂無明厚重之流雖本覺內熏然未有力故雖遇善友外緣之力亦不能令其得道)若因緣具足者所謂自有重習之力又為諸佛菩薩等慈悲願護故(具因緣也)(下明熏益云)能起厭苦之心信有涅槃修習善根(自分也下明勝進云)以修善根成熟力故則值諸佛菩薩示(示義)教(教行)利喜(得義利具解行故成善也)乃能進趣向涅槃道然據法相宗所說真如一向凝然不變則無熏習之義故成唯識論云依何等義立熏習名能熏所熏各具四義令種生長故名熏習廣如大鈔引彼論說疏然淨下二攝成此門攝釋染淨成此幻盡覺滿也亦是釋成論中淨法不斷之義謂由迷倒妄深故有佛教依教悟修故得淨法對待從緣故無自性言俱融者迷真起妄悟真翻妄離自真性無別染淨故染與淨即體同真故云合法界性故論云無別始覺之異也起唯性起者即華嚴宗中性起門謂法界性法爾全體起為一切諸法也法相宗說真如一向凝然不變故無性起義此宗所說真性洞照靈明全體即用故法爾常為萬法法爾常自寂然是全萬法之寂然故不同虛空頑凝而已萬法是全寂然之萬法故不同徧計倒見定相之物擁隔質礙既世出世間一切諸法全是性起則性外更無別法故彼經說諸佛與眾生交徹淨土與穢土融通法法皆彼此該收塵塵悉包含世界相即相入無礙圓融具十玄門重重無盡良由全是性起也此但釋幻妄盡時覺性圓滿不斷不盡之理以荅普賢斷滅之問其正說悟修之相文在前後悟相在前文殊章修行始終方便行相在後普眼章分析四大觀察身心乃至垢盡明現及後諸章等疏文中下三依文銷釋二初分科言該釋者正喻幻盡覺滿兼該前種種幻化生於覺心故云該也二正釋經法合中科唯譚者但合後幻華雖滅空性不壞不合華從空有故云唯也以華從空有即是前幻生於覺心之文故不重合此是經家巧令文略(略者但以一喻該得前後)經兼攝中疏此意者作俱無之見也勢極三重者初一重拂對待後兩重拂有無則自然絕起念之門也但上智者從此便契覺心中下之流縱不契合亦但茫然不知終始惶悚失其所守(從茫然下皆是見非見俱非之義文是佛頂經也因佛推徵諸物大眾茫然云云此所引文是也)無跡可執故云極三重矣經令離幻中疏二一三令下會通前後二正釋經文經展轉離幻中疏離諸幻境者一切幻化之法若心若境盡名幻境(不唯外境)皆是所覺故故下重釋中初句但云離妄疏揀非幻心者經既云如幻者亦復遠離即明非幻之者不可離也故清涼云棄之而不離下經云幻滅滅故非幻不滅問既揀非幻之心未審何者是此所離之幻心此幻心與初句何別上釋初句云若心若境盡名幻境何故此復別舉幻心荅前說無始已來內外情塵皆是

幻化故下云身心幻垢此句即是幻智是能
離能修之心也故下重釋次句云離覺又上
云不妨以幻修幻疏三遣等者初句只能離
於幻妄次句但能離於幻智俱未離於能離
之離故此離之經云遠離爲幻者（爲離是也）非唯
幻妄幻智兩種是幻即此能離兩種幻者亦
是幻也故云亦復遠離故下重釋第三句云
遣離疏四遣等者前二句但遣所離第三句
方遣能離離能所俱泯終屬拂泯之科未得
存泯無跡故此都結表無遣離之迹以絕生
心動念（法界觀云不可亦不可此語亦不受迥絕無寄非解所到是爲行境以生心動念即乖法體失正念故）以遮無窮之失經云離遠離
幻者意云能離遠離之離亦是幻也疏亦可
下重釋四句此但是文簡義顯亦不異前但
緣前文要須委曲周細分析行相故文句似
本八　十八
涉重疊各隨當句雖皆可解若四句一時歷
觀即難見節級之殊故此復撮略（指之令總觀顯現矣）
疏皆言遠下通釋遠離也言止離等者約
止觀顯遠離之相引知幻即離者偏證觀
離也略而言之（又釋止觀行相）不繫之爲止（不將心繫滯之即休心息意也）不計之爲觀（不將心計度分別起見也）俱以
止觀離之則定慧平等經密顯真覺乃至偈
終疏皆易解故不假釋經廣明行相疏二一
自下下開章言通明觀行者大乘學人盡須
聞此觀行故云通明然得益則有深淺故修
證者唯指上根上根者但約能入之人非配
法門局定不同三乘之法於三根各被一也
謂但是一法巧被三根耳如法華第一周說
聞則普聞悟唯鶖子疏一開示等者若約大
疏又更以四分科之謂從徵釋用心兼此四
段總當其解雖有觀成斷愛修證之相但爲
成其圓解正同華嚴修因契果生解分也二
正釋經舉法請中疏二一標請下釋標請云
恒作是念等者謂普觀身心根境一一推窮
既見塵淨智圓即見衆生皆佛盡此一章總
本九　十九
名觀行成就菩薩發起意在茲焉故懿疏云
大士張教綺互相承若一人請周餘當杜述
顯此下下二釋別列此同法華等者以例釋
也謂華嚴中有一解脫門名開悟一切衆生
智彼疏亦指同法華今云開悟故亦指也諸
佛唯爲此一大事出世更不爲餘故開示悟
入四字之義具如大疏今此但略配屬嘉祥
疏意契初二句配攝以四句雖殊不出能化
所化故此二字便攝彼四後二句正配能所
全是彼之疏文謂大開之與曲示始悟之與
終入（此二句亦是被顯）意云但說有性名爲大開言
此是正因性此是緣因性此是了因性（善戒亦云菩薩有本性客性本性是法性自爾客性是六波羅蜜也）此是因性果性
凡性聖性此是體是用是理是行即名曲示
豁然明了名悟修行契證爲入若約法華論
釋即開者無上義謂除一切智（知也根本）智（見也後得）
更無餘事（無餘故云無上）即雙開菩提（知見相也）涅槃（知見性也）
衆生本有障翳不見佛爲開除即本智顯
現故示者同義（別示性成涅槃）三乘同法身故悟者
不知義（別示相成菩提）不知唯一事實今令知報身
菩提故入者令證不退轉地故即是因義大
鈔備依性相二宗廣釋要則撿之經返顯請
中疏如幻三昧者普眼恐末世衆生聞前知
幻即離等言迷悶不能悟入圓覺故請開悟
之方便迷則不悟悶則不入經結牒請中疏

修習方便者大品經修諸行門皆以無所得而爲方便華嚴十迴向品徧修一切時(施有六十淡文餘諸行一一皆各有衆多)一一以離相爲方便金剛經以無住爲方便禪門以無念爲方便此經以正念離幻爲方便(至文自釋)意皆不別經起行方便中蹤四一指前下釋離幻蹤正念下二釋正念蹤然正下三明上二互資蹤由此下四結戒方便經戒定中蹤二一奢摩下釋前四句止是定義者修時曰止成就曰定由止息諸緣故得心定標如來者修歸凡修定是佛定也一向絶緣者誓心如草繫戴珠梵網經菩薩心地法門品云若佛子持佛禁戒者作是願言寧以此身投熾然猛火大坑刀山終不毀犯三世諸佛經律與一切女人作不淨行復作是願寧以熱鐵羅網千重周匝纏身終不以破戒之身受信心檀越一切衣服復作是願寧以此口呑熱鐵丸及大流猛火經百千劫終不以破戒之口食信心檀越百味飲食復作是願寧以此身卧大猛火熱鐵地上終不以破戒之身受信心檀越百種林座

復作是願寧以此身受三百矛刺身經百千劫終不以破戒之身受信心檀越百味醫藥復作是願寧以此身投熱鐵鑊經百千劫終不以破戒之身受信心檀越千種房舍屋宅園林田地復作是願寧以鐵槌打碎此身從頭至足令如微塵終不以破戒之身受信心檀越恭敬禮拜復作是願寧以百千熱鐵刀矛挑其兩目終不以破戒之心視他好色復作是願寧以百千鐵錐劖刺耳根經一劫二劫終不以破戒之心聽好音聲復作是願寧以百千刃刀割去其鼻終不以破戒之心貪嗅諸香復作是願寧以百千刃刀割斷其舌終不以破戒之心食人百味淨食復作是願寧以利斧斬破其身終不以破戒之心貪著好觸復作是願願一切衆生悉得成佛而菩薩若不發是願者犯輕垢罪蹤根門者眼等六種善念惡念造罪修福出入之門根義如後文說誡約身口者然大乘須制意地何以但言身口答經上向云先依奢摩他行即是制意也又上云一向堅持皆是制意地義又

戒是防禁外非之義身口義相麁顯故且略言耳其實必三業清淨攝律儀等者然三聚戒具止作二持自他二利初一是止持後二是作持初二是自利後一是利他令意說律儀者堅持之言制止義勝又爲觀行之前導故爲止惡息緣之意義通餘二者次文安處徒衆是進業(攝善法也)攝徒(攝衆生也)之意也十無盡者菩薩十重也一乃至有命者不得故殺二乃至鬼神有主劫賊物一針一草不得故盜三一切女人乃至畜生諸天鬼神女及非道不得故淫四不妄語五不沽酒六不說在家出家菩薩罪過七不自讚毀他八不慳九不瞋十不謗三寶(又一一一有因緣法業四句制自及教人也)然此十戒亦兼攝善攝生一云是菩薩應起慈悲救護衆生等二應助一切人生福生樂等三應淨法與人等四常生正語等五應生一切衆生明達之慧等六常應教化是惡人輩等七應代一切受加毀辱等八見一切貧窮人來乞應隨所須一切給與等九應生一切衆生善根無諍之事等十見外道惡人一言謗

佛如三百矛刺心等(上十如次是前十戒中文皆云等者或等取文前或等取文後具如戒本)顯取要唯四重者殺盜淫妄也雖十戒皆是業道能障聖道此四偏增故出家戒偏制之也今欲修無漏觀智以戒定爲前導故疏重指出四戒然據小乘四中制三爲分限謂唯制殺人盜滿五錢妄言證聖今則全制也枝葉不生者聲聞戒中餘四篇六聚皆爲防護此四故深遠止之今但如上說一向絕心誓志的不擬犯此四者舉心運意所作所爲自然一切清淨故云爾也故佛頂經第六云(取意用之)佛告阿難汝常聞我毗柰耶中宣說修行三決定義所謂攝心爲戒因戒生定因定發慧(云云)若諸衆生其心不淫則不隨其生死相續汝修三昧本出塵勞淫心不除塵不可出縱有多智禪定現前如不斷淫必落魔道(疏墮神道鈔墮邪道)彼等諸魔(疏云鬼神鈔云羣邪)亦有徒衆各各自謂成無上道我滅度後末法之中多此魔民(疏云鬼神鈔云妖邪)熾盛世間廣行貪淫(疏云食肉)爲善知識令諸衆生落愛見坑失菩提路汝教世人修三摩地先斷淫心是名如

來第一(疏云第二鈔云第三妄云第四)決定清淨明誨若不斷淫修禪定者如蒸沙石欲成其飯經百千劫只名熱沙(疏云如自塞其耳高聲大叫求人不聞欲隱彌露鈔云如水灌漏卮大妄語云如刻人糞爲栴檀形欲求香氣無有是處)汝以淫身求佛妙果縱得妙悟皆是淫根根本成淫輪轉三塗必不能出(疏云相食未已云何是人得出三界)如來涅槃何路修證(疏云服其身分皆爲彼緣如食地中百穀足不離地)必使淫機身心俱斷斷性亦無於佛菩提斯可希冀(疏云身心二途不服不食佛說是人真解脫者)如我此說名爲佛說不如此說即波旬說釋曰四戒文相多同故例記之而已有不同處已側注訖疏同行同見者或同學同業或弟子徒屬故寶積下引例以顯處徒衆中互相迭共之行相也平等法者染淨諸法皆空故皆稱真性皆即真性故正同文殊章中本無生死覺智亦泯如法界性究竟圓滿徧十方也聞已應發等者同此章應當正念遠離等也依城邑等者不同二乘事須避境故文殊師利說三十二難中云作禪觀行不爲難對境不動是爲難具四部處正同此安處徒衆更互已下證疏中互相雕琢迭共商量等也解一

切法無有自性者正同下二空觀成身心空寂等也煩惱漸除是彼觀益彼觀益之文劣於此矣疏宴默下釋後一句三初消此句經文文易可知疏靜室下二對前句通難問答可見於中引淨名者即淨名訶舍利弗林間宴坐之文也云不必者意令心不起不必行住臥等聞思修者三慧備也論語云學而不思則罔(如有所慧無思慧也)思而不學則殆(如強自思惟推年不肯聽學)豈但申申夭夭者揀異孔子宴坐也論語云子之燕居申申如也夭夭如也(彼注云申申夭夭和舒之貌)今意云須分明觀照洞達理事豈同孔子但和悅舒暢而已既不同彼即須處衆徵論增智慧也疏此依下三指荅處戒定靜坐處衆是住持相也經觀慧中疏二一二觀下分科二隨釋經二空觀疏二一初二下標大意講時且分明顯生起鈎鎖次第之意令人會解然後消二障等文二障體義下八識章中當釋今且消疏云衆生曠劫漂沉者是煩惱障之過患此障涅槃或墮邪小者墮小乘不成種智是所知障之過患此障菩提故云不成

種智二執者我法也我謂主宰如國之主有自在故及如宰輔能割斷故主是我體宰是我用又主是俱生宰是分別所謂有情者意生者摩納縛迦者數取趣者命者生者士夫者作受知見者依蘊計此名為我執於中有即蘊（通論一切異生）離蘊（三宗外道）非即非離（小乘中犢子部）等別廣如大鈔法謂執持即諸凡夫外道小乘所執離心有定實法謂一切三世十方染淨心境一一皆是然云我法者有云人法慈恩云人不該餘趣故改云生法余謂濫於無情無情亦生故又濫於法法亦生故故今只言我法唯識鈔云我濫於法迷執者亦計諸法有我故今謂不然我是主宰有割斷義計法云我但計諸法各有自性豈計諸法皆能造業受報等邪故我法二相各殊不相濫也唯識演秘破云法亦有我我字寬通不應云我今謂不然我是主宰有宰割義其所計法我但是計有諸法勝性豈有能造業受報等邪不應言寬通大鈔中廣救慈恩所破人法卻反破彼生法又例破演秘亦有寬通之失兼

圓收我法人法生法隨言皆得各有其意然我字最親故今云我法要廣解者即檢大疏大鈔顯二空者情執為有智照為空空即彼無無別體也智緣空起為所遊門（言我空者但依識所變故實我不可得故即蘊離蘊非即非離實有我者皆非理故並如大疏大鈔一一備釋）顯二真如名二空理體雖是有相即是空非性是空說為二空從能顯說梵云瞬若多此云空性即是二空所顯實性空者從勝能說二空之性名二空性依士釋也言真如空未盡理故疏執亡下有二意一同諸宗歷諸位地因圓果滿十障已盡證十真如名聖性現前煩惱已盡習亦除時成等正覺梵釋龍神咸恭敬應用塵沙名為佛也二約此宗觀行成就煩同佛境執亡性現即二空觀成所顯真如應用下即法界觀成名之為佛疏文中下二開章釋二一開章言破執者我法也顯理者真如也能破能顯即二空智品然據破執顯真兩對能所合有四法緣能破能顯皆是其智故但三法若約迷悟一一對之應云昔是能執所執今是能破所破昔是能迷所迷

今是能顯所顯二隨釋經觀身中疏二一夫計下開其總別若約身為總下迴互為總別也謂以通伏難難曰夫言身者已具五蘊如何身外復說觀心故此通之此有兩對總別前對縱後對奪既互為總別皆有通理不應責也疏今初下二牒釋經文三一敘意身為諸愛根本者義在彌勒章深究輪迴之因令斷貪愛等處所釋淨名下引四處教文證身之過患矣淨名經方便品說（取意引明）維摩居士方便現身有疾故王臣長者居士婆羅門王子官屬無數千人皆往問疾其往者維摩詰因以身疾廣為說法諸仁者（此下正說無常苦空無我等四觀故疏引之）是身無常無力無堅速朽之法不可信也（此即第一無常觀）為苦為惱眾病所集諸仁者如此身明智者所不怙（第二苦觀）是身如聚沫不可撮摩如燄從渴愛生如幻從顛倒起如夢為虛妄見（第三空觀）次說身如四大無主（地）無我（火）無壽（風）無人（水）又云無知如草木瓦礫（上皆第四無我觀）乃至結云諸人者此可患厭當樂佛身（淨名文）涅槃文廣待檢敘之背恩者金光明

經云我從父來持此身臭穢膿流不可愛供給數具并衣食象馬車乘及珍財變壞之法體無常恒求難滿難保守雖常供養懷恣害終歸棄我不知恩智論云審諦觀此身必歸於死處雖御無返復背恩如小兒涅槃亦云猶外怨此成背恩之義不修身者不能觀身及觀色相於非身中而生身相貪著我身乃至而常是愆如所事火如所養蛇遇緣滅壞都不憶念往日供給衣食之恩疏文中下二分科三隨釋經尋伺觀中疏歌羅邏者此云薄酪謂初在胎時受父母精血七日已前如薄酪也疏菴提遮經言不自得者性空無所得也疏四我者且約四大云四我若據一地大骨之一分已應有三百六十箇我筋肉一一皆然正法念經說一一支節筋脈閒各各有風名字水火亦例知各各不相是若一一皆我我乃無量經如實觀中疏夜見一鬼等者可檢論文敘之又只緣等者意云即自己身本亦是他由執計為我故謂之有自既計為自即以餘身及餘諸法為他既計自他便成前文之

難矣經觀心中疏二一後觀下敘意狂性自歇等者如序中引二正釋經尋伺觀中云四緣者如前引菴提經也疏四大和合者前引實積經釋竟成於一色等者俱舍偈云最初羯剌藍即前歌羅邏也梵語前後異故此云薄酪亦云凝蘇言最初者謂七日滿次生頞部曇此云皰也從此生閉尸此云耎肉閉尸生健南此云堅肉次鉢羅奢佉此云肢節後髮毛爪等及色根形相漸次而轉增餘教云六七六情開即是此也疏六根為外者以四大是當體體質故云內根是竅穴門戶故云外以對當體四大質故若對六塵即六根為內六識為中閒今緣經云六根四大中外合成合成身也故為此釋金剛三昧經云令彼眾生皆離心我一切心我本來空寂令此說心為我義與彼同經法空中疏非色滅空者淨名文也然法空義是大乘初門有數宗義謂唯識所變故空情有理無故空於理無中析色以明空體色以明空空中無色故空因緣無性故空外道小乘所執非實故空儒道二教所計虛謬故空並如大鈔一一引據解釋經顯理疏二一大文下總

敘言非謂無雲下乃至見真理矣破謬解也有以我法二空便是真如無別真如之體故前引唯識疏已辨空及理不同謂梵云舜若此云空無空之空梵云舜若多此云空性即是空所顯性性即此宗覺性故次顯云對前妄盡故釋云真如等法界觀中此科甚要可明示之要意甚多謂不執我法一毫之相方堪修法界等云云又法相宗以此二空觀為宗極今乃以之為前方便即深淺可知也故前云權教之中無實果且法界觀尚無況有佛果邪經法界觀疏二一自下下科分二隨釋經標中疏我空法寂者依蘊即離所計之我一向是無但倒情橫計故直云空蘊界處及餘一切諸法雖無其執不壞其相故但云寂故法華云諸法從本來常自寂滅相寂滅相故一切融通根識塵大清淨徧滿矣經喻中疏三一謂摩下略標喻相摩尼此云如意得此珠者如意中所欲無不遂故青黃等者五方正色故經云隨方各現疏然此下二以之合法二一標疏言印下二釋二一釋印前二一直釋言五色喻五道者此有二釋一直依本配之黑喻地獄由黑業故青喻餓鬼鬼多面青故餓瘦帶青色故赤

喻畜生天台止觀云血塗之道故黃喻人道黃是中方之色（易云黃裳取其中也）人道不在天上之樂不在三塗之苦處其中故白是天道純善白業所感故二約正法念經於白色中開出白白以配六道彼經云心如畫師手出五彩黑青赤黃白及白白清涼大師如次配地獄鬼畜脩羅人天三塗同前餘黃配修羅修羅非天非人處中間故白配於人多善業故白白配天因果俱善故（華嚴三地中亦說）故華嚴下證於見色迷珠之喻但以經合之意即顯矣謂經初句中諸法合青黃凡夫見合愚人次兩句合但見全是青黃後句合則不見珠體疏若以下二配三性言前所顯者二空所顯真如也前幻者文云幻滅亦滅等前塵垢者文云垢盡明現又云當知身心皆為幻垢垢相永滅十方清淨身心等相者從我今此身四大和合已來盡二空觀矣疏言顯下二釋顯後於中初且結印前之意以起後圓淨之義勢次但無計下正明此門之義然此印前顯後一段之意結攝至此美而復妙文勢亦甚

易見可在意以前後經文乃至一切清淨徧滿等而發揚之疏然前下三揀二喻別相對說之亦甚易甚妙必須再三分明顯此深意此經宗要文相於是乎大彰經法中疏論云一切等者是本覺體相之文同顯覺性圓淨之義故以彼證此言不能染者以性淨故雖現染法染法所不能汙非直現染不能汙亦乃由現染故反顯本淨如鏡現穢物反顯鏡淨豈汙鏡也正同此疏云顯圓覺雖現非其定實故也智體不動者以本無染今無始淨是故本覺之智未曾移動又雖現染不被所染即不動之義具足無漏等者此本覺中恒沙性德無所少也又與衆生作内熏之因令起厭求等故經拂迹中科云拂迹入玄者為欲入生佛平等稱性圓淨究竟之法故宜拂前垢淨迷悟始終分限之迹也此一段疏文甚深甚妙甚顯甚易可發揚其美疏二一此上下釋文但一一以疏屬當經文文自顯矣然其迹下疏中各隨經文開而釋之今先總顯所拂之迹相躡起滅之相令昭然在懷

方始說釋即有味也謂本以衆生妄執幻化故說幻垢衆生依教離垢故復說名菩薩幻垢既如珠中之色當知本無故云垢盡所離之垢既無對離之智何立故云對除既無對治之智何有起智之人故云即無對垢者深淺之執本無何有說教之者故云即無說名者詳之見其意已即就經及疏依此意勢說之疏言對垢者者字貫於此也故疏皆云者疏然上下二配對言各三者人是三能法是三所言三對者一衆生是能執垢是所執二菩薩是能離垢是所離三佛是能說執離垢淨人法等名數皆是所說六隻單數可知並是經文非別建立

圓覺經略疏之鈔卷第十三

圓覺經略疏之鈔卷第十三

校勘記

一　底本，明永樂北藏本。

一　二九八頁中一九行「如巾」，經作「如中」。

一　二九八頁下一〇行第八字「在」，經作「任」。

一　二九九頁中一三行末字「也」，經作「地」。

一　三〇一頁上九行「析之」，經作「斷之」。本頁上一二行同。

一　三〇二頁上一二行第三字「爲」，經作「唯」。

一　三〇二頁中一一行「能詮文」，經作「能詮順文」。

一　三〇四頁上一行夾註右第一一字「於」，經作「如」。

一　三〇五頁上九行第一二字「拂」，經作「復」。

一　三〇五頁上一九行第一四字「偏」，經作「徧」。

一　三〇六頁下一八行「八見」，清作「入見」。

一　三〇七頁上四行第七字「今」，經作「本」。

一　三〇七頁中三行夾註右「大刈」，經、清作「大叫」。

一　三〇九頁中三行「菴提」，經作「菩提」。

一　三〇九頁中六行正文「閉户」，經作「閉尸」。

一　三一〇頁上五行「畫師」，經作「畫師」。

一　三一〇頁上一四行第四字「幼」，經、清作「幻」。

圓覺經畧疏之鈔卷第十四　本九

圭峯蘭若沙門宗密於大鈔畧出

經圓彰法界疏云第三下分科敘意然此迴異諸宗非二三八諦五法三性所能配屬然強以三諦配者一真是中道第一義諦未明理事空有者真俗二諦（境界難齊故云強也謂此一真融下三重法界歸於此一豈此一外更有三重三重尚不出一真豈況更有真俗二諦與此相對而說乎故云迴異異諸宗也問天台說一境三諦空假皆中豈異此邪答三諦融攝方成下三重中第二理事無礙觀也事事無礙重重無盡尚未顯著問此云未明理事豈摠攝邪答正由令為此一而未開顯故云爾）二舉經釋經一真中疏二一標告下釋初七句外見東西者摩公寶藏論云夫約天地為上下約日月為東西約身為彼此約心為是非今取意隨便用之謂若不約身以對日月日月何準彼舉四事故得相對今單取身對方以釋無我即無方故宜云爾疏然處下二釋後二句二一破空二初直斷可知問今現見虛空徧一切處如生滅變異又諸經亦說有虛空如何破之答唯識中說虛空畧有二種一依識變假施設有謂曾聞說虛空等名隨分別者有虛空相（聞佛菩薩說名隨分別心有虛空相以為緣力）數習力故心等生時似虛空現此所現相前後相似無有變易假說為常（所顯空相前後相似無有變易）（唯有一類豁虛之相故假說之為常及無為等如極微等定無本質唯心所變）二依法性假施設有謂空無我所顯真如有無俱非心言路絕與一切法非一非異等（此上摠顯法性之體）是法真理故名法性（上皆顯所依說）離諸障礙故名虛空（此顯能依也即此真如離諸障礙故名虛空）疏故首下二引證據文似但證無空若以義求亦證識現言發真者真發也謂真性開發正同此覺所顯發歸源者始覺合本覺也然佛有覺照二義上覺此照矣殞者滅也虛空既從心識分別熏習相現今破和合識相顯發真淨覺智故所變空相殞滅矣即起信中心滅種種法滅之義也問若一人還源十方空滅今何皆見空相邪答上豈不云自識變邪何不自覺分別之念却嫌空相在邪疏謂迷下二顯覺三一破計執之空故覺顯覺處見空者如人有摩尼寶珠置於琉璃幢上當其所坐之前焚香啓願珠出萬般珍寶稱於一堂保惜之甚自守護之忽然睡眠夢見珠及所現寶等并已堂屋庫藏及城郭一切空無所有夢中意云曾經失火焚燒千萬人家故四面瞻顧坦然露地無一礙物蕩蕩虛豁唯一段空（識現之空正同夢所現也）心生苦惱歎憶寶等及乎寤來此空都無但見幢上如意寶珠堂屋城郭千家萬家連簷接宇法合可知故有人云魚不見水人不見風迷不見性悟不見空顯謂下二句上句慧解脫下句心解脫故覺現心開非重言也問經說所泯之空無邊邪為說所顯之覺無邊邪故疏答翻覆俱無邊矣謂無邊之空既亡無邊之覺即顯疏首楞下二含依他相空故覺顯（上云滅影像故）其文即文殊奉佛勅判二十五賢聖各陳證入二十四人皆不圓通唯觀音從耳門中反聞於性而不循聲故得圓通其文稍繁今畧撮引云聞非自然生因聲有名字旋聞與聲脫能脫欲誰名一根既返源六根成解脫（一旋聞普脫此雖非所引要之生起文意）見聞如幻翳三界若空華聞復翳根除（云云次五句兼此一句即疏中是也次下云）摩登伽在夢誰

能留汝形（二了前超塵此下亦非所引本義以其大要例便書之）如世巧幻師幻作諸男女雖見諸根動要以一機抽息機歸寂然諸幻成無性六根亦如是元依一精明分成六和合一處成休復六用皆不成塵垢應念消成圓明淨妙（三比幻圓消此彼頓顯削通亦非所要）釋曰今疏所引六句正釋空消覺顯取前文聞非自然生等及後元依一精明分成六和合等文兼證破能變空相之識亦皆空也心境皆空方顯真實圓明覺性非空非有絕待中也緣經文繁廣義勢連環故但引中間意在牽連前後豈非穩便疏是知下三科體指覺便是結上絕待之文經三重法界疏云後三下釋科文言三重者即四法界中之三也初即理法界後即事事無礙法界二則名同其事法界即經中根識塵大世出世間一切法數乃至八萬四千是也經依此等說三重義理名三法界也（事如前陳有法三重如後說宗法謂眼根等是有法定皆清淨絕相是宗法等）疏全同華嚴等者題云修（止觀默習造諸）大方廣佛華嚴（所依經也）法界（經所詮法也是華嚴所說之法界也界非餘經所說之法界也）觀（泯情照彼法界也是華嚴法界）之觀非數門（恐等觀也）門（門即教也是所製述七八然已來文書名句文也故法華亦指數六其智慧門）有三重（如上列）京終南山釋杜順作（姓杜名法順是華嚴宗源之師即文殊化身也瑞德甚多具在傳記其所居處今見置華嚴寺寺有和尚塔廟）今此一段經意正令諸菩薩及末世眾生修習此觀故與彼同但文句之異耳今但取意撮畧而用不引本文疏令初下二牒經釋三初畧示觀門言真空者即靈妙心源但約不虛妄故言真非色相故言空上二等者謂此二中復各有四段文皆初三揀情後一顯解初會色歸空中揀情三者一揀斷空謂色不即是斷空舉體即是真空故（下句雖亦顯理而意皆在揀情他皆倣此）二揀實色謂青等非是真空之理無體莫不皆空故三揀影像謂空中必無色故會色必無體故（三中各有二句之文是大疏撮畧觀文令少而易見）後一顯解云凡是色法必不異真空以必無性故（謂一切法本無自性元是真空但以情執於實故前揀云即不即等今揀情既盡即非滅色雖色不即不離故色即空也）如色空既爾一切法皆然（根識塵大三世十方染淨諸法乃至八萬四千）次明空即色中揀情三者一揀斷空云斷空不即色真空即色故二揀實色云空理非青等非青等之真空必不異青等故（上二敵體翻前更無別義）三揀影像云空是所依不即色必作所依即色故此門文異於前前云空中必無色若敵對翻之應云色中必無空今不云爾者不應理故謂空中無色有理（真空絕相故水中現火相時水中必無故）有文（經云是故空中無色無受想行識無眼界等）色中無空文理俱絕（未曾見有此經文故真空體偏法界不應有一法中無真空故）故不翻前而乃約能依所依揀也謂真空隨緣現色時色依於空故空名所依所依非能依故不即色又非別有色自體來向空中而現但是真空全體而現故即色詳之可見故觀門云是所依故不即色是所依故即色因同而宗異此義實為玄也照之有味然此文亦兼反顯不應翻對云色中無空之意謂真空隨緣現色時全體不變故前云空中必無色以若有色即是此空變為色故豈若不變如水現火時水中必無火以現火時水全不變故必無火據此後意則雖文勢非翻對之例而亦當揀影像之義矣可去情思之後一顯解云空即是色以是法無我理非斷滅故（非斷滅者二意一以色非自體之色）

但是真空之色故不斷滅二以真空不守自性故雖不變故能即色云非斷滅也疏三空色無礙觀者謂色舉體全是盡色之空故無分毫是有也則色盡而空現三界十方更無一物蕩蕩無邊非心色境空舉體不異全盡空之色故則空即色而空不隱當知看色無不見空觀空莫非見色無障無礙為一味法也解終趣行者謂前二門各四前三揀情第四顯解即正解已成也若存此解無由成行行無念故故此不存解相意令入行矣四泯絕無寄觀者謂此所觀真空不可言即色不即色即空不即空一切法皆不可不可亦不可此語亦不受迴絕無寄非言所及非解所到是為行境何以故以生心動念即乖法體失正念故行起解絕者解若不絕長滯解了之心即行不起也是故行由解成行起解絕疏今經下二對釋經義皆言清淨下謂二空觀乃至垢盡明現摩尼清淨為遠方便拂迹文云垢盡對除即無對垢及說名者滅影文云證得諸幻滅影像故此等為近方便故同觀門解絕也虛空覺所顯發者行起也故云泯絕無寄故智論云

下此中意言人作聞空畏其斷滅故餘處說云清淨如大般若一切皆云清淨即難信解品云善現色清淨故般若波羅蜜多清淨般若波羅蜜多清淨故一切智智清淨若色清淨若般若波羅蜜多一切智智清淨無二無二分無別無斷故如是歷受想行識十二處十八界乃至無上正等菩提入十餘科世出世間一切諸法悉同此例也大品即直云空但段清淨云空其所歷諸法即無差別也空與清淨皆絕相義故此所科七段之經云空淨矣雙揀也揀非斷滅之空又非有為無漏差別淨相也若就心說等者謂若心顛倒妄想即七段所歷根識塵大一切諸法皆是定有有則不淨但心無妄計則此諸法皆無所有故清淨也故論云心生則種種法生心滅則種種法滅謂由我幻垢已盡能觀之智又亡既合覺心皆清淨矣故智度云菩薩於色等法中觀行斷故得如是清淨故名色清淨能破一切法中戲論等三正釋經根識中疏二一躡前下釋初句通明清淨因清淨因者揔屬七段七段清淨皆以覺圓明故疏比迷下二釋後文正顯清淨三一通釋清淨唯此清淨二字義通體別義通者心及下根識等法皆由覺圓明故得清淨也體別者唯此

云心清淨異餘根識等法根識等法以空無體性故名清淨如鏡中青黃等色若實有體即汙於鏡汙於鏡故此青黃等即名不淨之物今以青等但是影像都無分毫之體故一一清淨如前引智論及大般若大品等說今云心淨異於此者如鏡明體於中若有塵垢非唯塵垢不淨即此明鏡自體亦名不淨故疏云外迷覺心心中執法若無塵垢但是影像非唯影淨即此明鏡之體亦自得名清淨故疏云今見法性法即皆空等是知鏡淨是有體說此體清淨影是無體無體方名清淨豈不異乎七段等者例下也但例義通不例體別善自詳而說之疏然展下二說釋儀式謂且置展轉之勢先釋所歷之法是儀式也言今且下標其所釋七段之名數非謂唯此初章疏心者下三別釋此章此章謂根識矣謂以通名牒起經文含揔別故揔即本心別即賴耶文二一隨文釋根識三一含釋七八二識二一含第八以釋心字五一約染時出體言揔相者染淨和合故約帶染說即當第八約淨體說即上鏡明之喻

疏成唯下二就通相指名四種名者彼文具云然第八識雖諸有情皆悉成就而隨義別立種種名於有情有成就此名有不成就此名故也謂或名心由種種法熏習種子所積集故梵云質多此名心也攝論云由種種法積集種子等積集義是心能集生多種子故或能熏習於此識中既積集諸法故說此識名為心義心意識中之心也何以得知心是此識攝論等云心體第三離阿賴耶識不可得故對法第二亦有心義與此不同彼攝法異據一邊說也或名阿陀那梵語執唐言持種子及諸色根令不壞故此通凡聖攝論云為取所依唯在凡夫一染義說非通諸聖然此亦能持根依令但云根據勝說也或名所知依能與染淨所知諸法為依止故所知者即三性與彼為依名所知依即攝論第一所知依品是此所知阿賴耶之別名也故中邊云虛妄分別有於此二都無此中唯有空於彼亦有此是故三性法皆依此識有或名種子識能徧任持世出世間諸種子故即與諸法為種子義前第一名心是積集種子在其中義今此取能生諸法義故二差別攝論無此一名雜集瑜伽皆有此名此等諸名通一切位此通有漏無漏若凡若聖名一切位就三位中即是相續執持位也上所引釋已銷疏竟然彼論次云或名阿賴耶識攝藏一切雜染品法令不失故我見愛等執藏以為自內我故此名唯在異生有學非無學位不退菩薩有雜染法執藏義故義如次下說或

名異熟識能引生死善不善業異熟果故此意是顯引果義故有漏無記名為異熟與因異故從異熟因所生起故無漏是善非名異熟非與因異及異熟因生故此名唯在異生二乘有學無學諸菩薩位第十地已還問金剛心菩薩如何有此名答若已捨何不名佛非如來地猶有異熟是無記故純無漏善疏迷時下三釋轉名所以由執藏等者成唯識云初能變識大小乘教名阿賴耶此云藏也此識具有能藏所藏執藏義故攝論云謂與染法互為緣故為染末那所緣義故謂與雜染互為緣故有情執為自內我故能持染種名所藏此識是能藏是雜染法所熏所依處故染法名能藏此識為所藏攝論云為染第七等之所執藏以為內我名執藏識即此與雜染互為緣者解能所藏也諸有漏法皆名雜染法有情等者解執藏義唯煩惱障義非所知障義不爾無學應有此名此不別執為其我所及與他我名自內我此即正解阿頼耶義義雖具三正以執藏為名不爾二乘無學八地菩薩應有此名三闕即不得此名若爾七地已前二乘有學入無漏心我愛不執應捨此名如彼後文所辨此即顯示初能變識所有自相自體相也但言藏識即持業釋問言與雜染互為緣者說為能藏即是因義亦為所藏即是果義因果之外豈更別有自體相邪故答云攝持因果為自相故自相是攝因果是別攝持別相為自體故攝是包含義持是依持義問若爾自相應是攸有答不然謂若條然因果兩相合之為自相自相可成餘既離自相無別因果相因果相即自體之上別說故非假也問前說此識有三位何故於三能變中舉異熟於

此釋中反舉藏之名耶故次云疏今觀智下若據法相宗即大小二乘阿羅漢位方捨此名大乘八地是阿羅漢位小乘可知若約終教初發心住即捨若約圓宗本無此名但虛妄顛倒故令此頓宗不立地位但觀行成就即全同佛故但是覺智相應心品不云賴耶故云沒賴耶名也沒名者明非沒其體也唯識亦云然阿羅漢斷此識中煩惱麁重究竟盡故不復執藏阿賴耶識為自內我由斯永失阿賴耶名說之為捨非捨一切第八識體釋曰彼以煩惱究竟盡故故云永盡今但取觀成在觀不執故但云沒名不云永也疏心既下四結同佛位謂有漏名賴耶通名為心無漏名無垢識也故彼論次云或名無垢識最極清淨諸無漏法所依止故唯無漏依體性無垢故此名唯在如來地有菩薩二乘及異生位持有漏種可受熏習未得善淨第八識故如契經說如來無垢識是淨無漏界解脫一切障圓鏡智相應此即如來功德莊嚴經頌疏故此下五指下文證亦是通難難云無垢識是佛位如何同之故引證通云此頓宗中觀行

成就時全同佛也故下科云頓同佛境彼有六門成佛之義皆有教據至文當見又若約自性清淨名無垢者亦通凡聖故密嚴經云心有八識或復有九又下卷云如來清淨藏亦名無垢智常住無始終離四句言說又決定藏論九識品云第九阿摩羅識眞諦三藏釋云亦是此三藏譯也此有二種一者所緣即是眞如二者本覺即眞如智能緣即不空藏所緣即空藏二皆如來藏楞伽中眞識即無垢識如下引釋又古師亦立第九識慈恩破云非也兼會釋云然楞伽有九種識彼說眞如為第九名無垢識今更會之設是眞如亦不乖古師所立由眞如是生滅門中本覺又論以一心為眞如又云眞如自體有眞實識知義故餘如上別眞諦所釋正是眞如良由慈恩不了生滅門中眞如

本九　十一

故偏以一家之義而破叱疏下開下二含第七以釋見塵五一例指餘五疏謂由下二正辨若約唯識中說第七一向內緣則不執我所以彼說八識各別出體今據起信前七但第八差別功能如晉賢章入門唯心中王說故此經無正

第七但帶第八第六而說也起信說第六云分別六塵名為意識經約分離義故取見聞等名也今云我心計執者能執之體見一切色相者我所也連帶所執而論即見等是塵正出體也疏不單下三遮局不局之義甚顯尋經可知疏尋此下四以體釋名還是我執之心者含我我所別立名者見塵也據立名意即約我所疏又亦下五收別為揔如五蘊等者引例釋成蘊中之我通於假皆及凡夫所執也餘義至下更釋疏但牒下二正釋六根六皆名根下釋名六者眼耳等廣如大鈔引瑜伽釋皆名根者如疏文顯所依能發皆是根義前五下出體言從自種者眼從自眼種子生現行眼根乃至身從自身種子生現行身根他四大等者謂能造之四大地等所造之四塵色香味觸合此二種揔有八法為五根體言淨色者有對不可見也揀浮根四塵亦有論云眼如蒲桃朶耳如捲樺皮鼻如雙爪甲經云雙垂爪舌如偃月刀身如珠寶光佛頂經云身如腰鼓顙意如幽室云云未詳是否意根下後一也言由此者正釋根義準前楞伽起信等意

即於末那緣內義邊是第七識意即識故攀外境時名第六識意之識故疏下餘下三正釋六識初句標例餘文二一隨末二一揔對根境初云隨六等者是揔標六識隨根隨境而立名也以所依根及所緣境各有六別名種類異識隨彼異故非多少亦非定別又明此識既隨根境有六數定明得名時非唯據一即於根境二處得名大論亦說隨根名識隨境名識乃至名青等基釋云爾疏由具下二唯依於根應先問云既辨識得名實通根境何為諸論依根得名謂名眼識乃至意識故此荅云由具等也勝於境故偏從根稱言五義者論但列云五謂依發屬助如根而無解釋今據對法論釋之謂依於根根之所發屬於彼根助於彼根如於根故根字貫於五也對法第二卷說若了別色故名為識何故但名眼等識不名色等識邪以於眼等五種解釋非色等有此五種此中第一依根之識彼有二義且如眼識眼中之識故名眼識依眼處所識得有故此第七轉及由有眼識得有故此第三轉且如意識如何意

本九　十二

中隨七無色處所而意亦依彼同無色所依在無色所依中也八由有第七故得有意識非是境色得識住中不由有色識定生故且據庵相以盲冥者不能見故雖知有色識不必生第二根所發者彼云眼所發之識故名眼識由眼變異識必變異如迦末羅病損眼故所見青色皆以為黃非色壞時而識亦壞第七如何謂由有此第七識故第六相縛不得解脫即其事也復由七若無漏六必無漏故然七無漏時必由第六斷惑引起第三屬於根者彼云屬眼之識故名眼識由識種子隨逐於根而得生故此謂生依非染汙依及根本依引發依也由此故知七於六有勢力謂六種子隨七種子七種子生現行時六方得起與彼力故不爾必不生非色種子識種隨之此如何等問此色有時必識所變如有識時必根所生何得識種不隨色起荅色是外法根是內法根恒相續色即不然不可為例第四助於根者彼云助眼之識故名眼識由根合識有所領受令根損益非於境界故謂由根合識令

根有損益非由色合識令色有損益離識之色識雖無損益色有損益故如第六識俱無漏故第七損有漏成無漏故第五如於根者彼云如眼之識故名眼識眼識二法俱有情數非彼色法定是有情六七亦爾唯內攝故隨根五義從勝多說依根得名疏若依下二就本二一指論標舉六識依意而起即彼之識雖意不即是識然是意家所發之識故皆名意識疏故彼下二約七八釋六識雖帶七八而釋本意唯釋前六五意者論中標即云意牒釋即一一言識顯意與識非別體由此故異相宗有不覺義故者五意起之因也今取下牒釋之名一一注之謂不覺而起業識能見轉識能現現識能取境界智識起念相續相續識此五前三合八後二合六是六之體故故知此意離八及六無別體也體不孤生故即此相續識者此生起識麤細雖殊同是一識更無別體故即指於第五識也計我我所者非直心外計境為塵亦復於身計我於塵計所種種妄執者計我之相即蘊離蘊等也分別六塵者即此

一識以分別六塵故諸家名為六識也名為意識者結上所標也分離識者依於六根別取六塵故故經云一根既返源六根成解脫此文是判觀音菩薩反聞於性餘即皆通故得圓通如上所引聞復翳根除塵消覺圓淨云云如世巧幻師幻作諸男女雖見諸根動要以一機抽即論中一識應六根也息機歸寂然諸幻成無性六根亦如是元依一精明分成六和合一處成休復六用皆不成塵垢應念消成圓明淨妙據上等文皆是一體成多用故云分離識也分別事識者又能分別過現未來種種事相故經云識清淨故乃至身意亦復如是者經以聞塵耳根耳識各例於餘四以同上見塵眼根眼識清淨等故云亦是也若疏家即攢就上一處一時釋義故此云上皆釋竟疏然八下二通妨釋第七謂更委細重顯見聞等塵合當第七識之義也然前消文已畧含釋緣義意未盡故此委論令據前後具釋此義總有其五於中一門合外以出體已在前銷文中釋了今餘四者文四一合本以出體先舉疑而指體也義當

下出體以七下合本故瑜伽下引證由二必相應故舉八已自含七是以此中無別七也疏又七下二合末以出體三一正釋謂六是七之末故言必內依末那等者末那梵云訖利瑟吒耶末那此云染汙意謂與四惑俱名為染汙我癡我見我慢我愛恒審思量名之為意思慮第八度量為我法也八恒非審六審非恒前五俱非故唯第七佛世末那名假施設也疏故上下二出經意疏故論下三引例謂起信亦於說棃耶次便說意識無別第七矣論中說棃耶三細已便云以有境界緣故復生六種相一者智相依於境界心起分別愛與不愛等餘五云云分別愛不愛等非末那之行相又云以依心意意識轉故等相是六塵也如上所引五意楞伽者彼經略說有三種識謂真識約不與妄合如來藏心為真識也即自性清淨心現識第八也故彼經云如鏡現物現識亦復如是即三細中第三也舉麁顯細俱攝三分分別事識餘前七也據此亦無別第七之體上皆清涼所釋若藏和尚即云分別事識不牡體局第七清涼約別義含於七故故此二釋意亦不違故前云合轉相為見塵合六含七為見塵王緣義勢含隱之故不指的別配又彼經自釋云攀外境界名為事識不言起事識然後攀外即知事識不是末那前但約能攀能起義邊以釋見謂等塵同清涼也今但說所起事識非末那同藏和尚也

良由六七非即非離故前後說相望小差耳疏皆由下三摠結內外問圓覺楞伽及起信論何意皆不別出末那故疏荅云皆由第七等也此是藏和尚起信疏釋兩計外我所者起信云意識者標前六也即此相續識五末那中之第五也即者非別體也依諸凡夫取著轉深乃至隨事攀緣分別六塵名為意識即此一識約相續不斷但名為意約分別六塵即名意識也廣如前已引釋訖法相宗但云內緣者唯取合八一義然此亦不乖法相宗中以思量為第七行相也以合內合外皆亦是思量之義故由上等義不別說第七之體然後有二意故不說一者前既說棃耶即末那必執相應故不別說如前引瑜伽必二識相應又如前云由第六緣外時必內依第七為染汙根故又說六麁必內依七故二者以義不便故謂無明動真心成棃耶外境牽心起執染淨第七俱無此義故不別說疏若不下四顯經文勢謂成唯識但排頭各各分析八箇心識行相故別出第七今此經論等本不是欲解釋謂但欲顯觀行成時覺既圓明心即清淨塵轉相蹋顯心皆清淨之義故須連前帶後而

蹋起也經六塵中疏二一六皆下釋名於中初通名通名塵名境如疏可知又名六衰衰善法也及六無義無善義也此亦約凡夫說疏言色等下釋別名眼所取者應謂眼所取名色耳所取名聲乃至意所取名法也故名色等六塵也對根明境名色等故疏中但有一故字者意在略矣疏色有下二辨種類通則五根六塵摠名為色如百法論中所列別唯眼所取方是六塵之色塵也有見等者色之麁細又有其三一有見有對色即眼所見也二無見有對色五根四塵聲香味觸皆不可見然有對礙三無見無對色唯法處所攝色也此三色中唯眼所見最顯餘二麁細如次可知就此唯眼所取麁顯色中復有三種謂顯色青黃赤白光影明暗等形色方圓麁細高下正不正等表色等行住坐臥屈伸取捨等疏聲等者等於香味觸也可知者例眼所取色等也然聲復有因執受因賴耶執受內四大種所發之聲因不執受外大種即風鈴鐸等因俱執受不執受即內外兩具四大所發之聲即擊鼓吹具等可意情所樂欲不可意反上俱相違及二邪外道文言教正教成立教理引發聖言量見言見等非聖言量等

(又上)香有好惡平等俱生(沈等與質俱生)和合(衆成)變易等(熟了始香)味有苦醋甘辛鹹淡俱生(甘草等)和合(欽等食)變易(小淨果)可意不可意等觸有四大(依此)(有下冷等)冷煖澀滑及饑飽等疏唯意所取乃至法處所攝色者謂意知境皆名法處且如一百法中除十色八識餘八十二皆是法處今又除八十一唯取法處所攝色也餘之名體易見又非塵境之義故不取也此法處色中復有極略(總析衆色至極少處即為此體)(析至極微)極逈(離礙方立故即明暗光影)受所引(因數因師領受引發律儀非律儀等)徧計所起(三性)(意識能徧計度境從此生名彼所起)及定所生(色從彼起故)若出體六塵各自為體(色為色體故)如前釋六根之例(眼即)(是體等)此義易見故疏不言耳經四大中疏二初即於下出體不取等者謂不取發識故不名根但名內四大不取牽心故不名塵境但(本九)(大)名外四大故云直取四大體也疏實積下二釋相經說四大各二者取意撮略引用之本文具云大王(佛為淨飯王說之)地界有二種有內有外何者內地界謂身內有得(受也)有取(執也執受四大)(以為自體同安危故)堅者強者(強者意取得義地以堅得為性故)所謂

髮毛爪齒皮肉筋骨(云云)是等名為身內地界謂諸身外所有不得不取(不執受也)堅者是名身外地界(然三大文勢一一例此今但云堅者略也諸教皆云堅濕煖動是四大之相)言身外體等者具云風體風名速疾體速疾名此是外風界餘皆易見經世間法中疏三一六根下釋處生門義者生義即上句云是生識處門義者是心識起滅出入之門也疏一根下二釋界三一正釋界義各有分界等者眼根與識為界識與色為界等因義者識因六根而發因六境牽生根境又因識所變起也種族者如山中虎鹿諸獸種數各殊海中魚鼈之流族類各別此十八種法亦爾故云種族疏前為下二對說三科前為六二每一門中根塵相入也以迷界義故識與之混合不分故但成二矣二十唯識論(本九)(七)中亦云六二法也解者息業者悟解此法根塵各殊心法又別意識明了不與相入無我無主即不起業便得解脫治我執者五停心觀各治一病於中文云為著我衆生說界分別觀也但悟根塵識界分別各殊都無主

宰即無我可執矣五蘊者變礙為色領納為受取像為想遷流為行了別為識積聚為蘊義疏前說下三通伏難難云世間諸法合有三科何得此經唯別於二故為此通疏四洲下三釋諸有二初直釋四趣者三塗修羅餘者皆在彌勒章備釋此皆是有下釋有字義也疏然梵下二通難難云上列四禪已收無想天淨居天大梵天何得重列故疏牒起難辭云然梵王等也梵王有見者計劫初時都無衆生唯有我天後見欲界已下漸有衆生便計云是我能生於彼故有見也外道無想者六欲四禪皆有想心唯此無想故別列之第四禪中第四天分為二路一凡二聖聖則五淨居也多是阿那含人居亦有諸聖後言異餘天故者正是結成別舉之理經出世法中疏二一然如下隨文釋二一諸佛果法四一釋十力三一通釋可知然十力名諸經諸論名小不同次第亦異今若一一和會繁碎難知若要廣解即檢大鈔緣不和會不能全依一家恐所習異者見名次不同即成惑亂

故疏但直下出其行相更不標名再牒見其體相自然解名也今鈔者且依華嚴梵行品各爲出名令講者有所標指

本九　卄

圓覺經略疏之鈔卷第十四

音釋

殰為鬥切敗也　鼈邊入聲

圓覺經略疏之鈔卷第十四　校勘記

一　底本，明永樂北藏本。

一　三一二頁上一八行「如生滅」，徑作「無生滅」。

一　三一三頁上一三行「疏云後」，徑作「疏二一」。

一　三一三頁上一九行夾註「止觀」，徑作「此觀」。

一　三一三頁下一六行第八字「若」，徑作「名」。

一　三一四頁中三行夾註右「色清淨」，徑作「色淨」。

一　三一四頁中一七行末字「比」，徑作「此」。

一　三一五頁上四行夾註右「此名」，徑作「此及」。

一　三一五頁上一二行夾註左「三性」，徑作「二性」。又「此識有」，徑作「此識也」。

一　三一六頁上一五行夾註右「上別」，徑作「上引」。

一　三一六頁上末行夾註左「王說」，徑作「已說」。

一　三一六頁中一二行「皆是」，徑作「自是」。

一　三一六頁中一四行「身根他」，徑作「身根也」。

一　三一六頁下五行首字「以」，徑作「次」。

一　三一八頁上四行第三字「末」，徑作「未」。

一　三一八頁上七行夾註左第七字「世」，徑作「出」。

一　三一八頁上一八行夾註左第三字「含」，徑作「舍」。又第一二字「含」，徑作「合」。

一　三一八頁中五行夾註左第三字「者」，徑作「名」。

一　三一八頁中八行夾註左第五字「八」，徑作「入」。

一　三一八頁下一一行夾註右「聲香味觸」，徑作「色香味觸」。

一　三一八頁下一九行夾註右「擊鼓」，徑、清無。

一　三一九頁上四行「澀滑」，徑、清作「澀滑」。

一　三一九頁下四行第八字「別」，徑作「列」。

圓覺經畧疏之鈔卷第十五之一　本十

圭峯蘭若沙門 宗密　於大鈔畧出

疏一知下二別釋此處非處智處是建立義是依義然建立果（善惡報也）與果為依能起果法故云處也智度云（然此所釋依智度論不能一一標名）是處不是處知實知一力也釋曰處者因果相當知殺等墮地獄戒等生人天非處者反上謂殺等生天戒墮地獄等若如此者無有是處故言非也總知下論云此力是總餘九是別故一切諸法等者正是總攝義也諸法不出因緣果報故處非處成就正見破於倒見無不具也故論釋是處非處不必定言因果然亦不出因果故論云女身作輪王無是處二輪王出世無是處惡行生天無是處乃至佛有過失諸賢聖求外道為師諸賢聖自言是佛諸賢聖墮惡道皆無是處故知總論一切矣降伏下力之業用破非處也即無因惡因為非處知之故能破之知人等者論云既徧知已可度者度之不可者為作得度因緣知醫知病可治不可治

疏二知下即過現未來業報智論云佛知是衆生業煩惱因緣故縛（指此門）淨禪定三昧解脫因緣故解（指第三門）是一切衆生三世三種諸業諸煩惱輕重深淺麁細佛悉徧知故名是力（卻指此門）又云知衆生過去未來現在諸業知造諸業處知因緣知果報二力也據論所釋諸業與報相對有單有複論云業報智力者據論所說三性心中互受三性業報論云復次善心中受善不善無記業報不善心無記心亦如是（應云不善心中受善不善無記報無記心中受善不善無記報）及順現等者論云現報業因緣故受現報生報業因緣故受生報後報業因緣故受後報不淨業因緣故受苦惱報淨業因緣故受無惱報雜業因緣故受雜業報然報與時互有定不定受其文甚廣如大鈔具有引釋知所度下業用下皆例此可知至文更不指也問此與前力何別答前知所造此知能造又前是總相此是別相

疏三知下諸禪解脫三昧智也即前總中開此淨業（對第二所知且總名淨）論云禪名四禪佛知是禪佐助道法名相義分次第熏修有漏學無漏學淨垢三昧深淺分別等八解脫如禪中分別栢說禪攝一切色界定諸解脫攝一切禪定波羅蜜即是諸解脫禪定解脫三昧皆名為定定名為止不散亂也垢名愛見慢等諸煩惱淨名真禪定而離愛見慢等煩惱如真金分別名諸定中有一心行不一心行常行不常行難入易入難出易出別取相總取相轉治不轉治如淫欲中慈心瞋人不淨觀愚癡人思惟邊無邊掉戲心中用智慧分別諸法散心中欲攝一心若不爾者名不轉治及知等者生色界無色界果及出世三乘聖果（前知能修此知依所修悅神通）

疏四知下諸根勝劣智也謂信進念定慧此五通生出世間法故名根也由前修念處正勤神足等二位故不可拔故前三至此總得名根於此五中復各有上中下品佛用此智知是根今世但能得初果不能得餘但能得初禪乃至能得聲聞中第一辟支中第一或是具足六度能得阿耨菩提如是知已或為畧說或廣說或善軟語或苦切語各隨宜得度故云知信等也（云云大鈔廣引緣起具釋）

疏五知

下即種種解智解即欲也論云欲名信喜好樂佛知衆生二種欲作上下根因緣二種欲善惡種種別異謂好五欲知孫陀羅難陀等好名聞如提婆達多等好世間財利如須那剎多羅等好出家如耶舍等好頭陀如迦葉等好多聞知阿難等云云諸弟子如是佛弟子各各有所好凡夫人亦各各有所好或喜婬欲瞋恚令捨不淨增淨者既知好樂有染淨不同理宜令捨染增淨也前云根者知宿惑多少此知好樂不同又前唯信等入道利鈍之根此兼染淨之好疏六知下種種界智界即性也謂知諸衆生宿有一乘根性或三乘出世性或五乘世出世種性上皆智佛教成性也多貪多瞋多癡等分性乃至八萬四千上皆煩惱相續隨無明遇因緣成種種性論云性名積習問此與前欲樂何異答性則種子欲則現行從性生欲習欲成性問若習欲成性與前第四力知五根何異答性通善惡根唯信等入道之根也知即時等者論云知衆生如是性如是欲從是處來可度不可度必不必行何行生何處在何地云云

今世可度後世可度即時可度異時可度異時可度之人佛能度是人聲聞能度是人必可度一一云是人必不可度畧說可度一一云可度廣說讚歎折伏將迎棄捨細法麁法苦切輭語云云疏七知下一切至處道智也今言一切道者善惡不動等三行及無漏行也至處者五道是有漏行所至處涅槃是無漏行所至處故論云一切善道一切惡道一切聖道各各知諸道至處佛悉徧知名第七力疏八知下即彼第九宿命無礙智今宿住者過去本生

本十
四

本事住宿世故名為宿住經名宿命者謂宿一期住壽本生本事也論云宿命有三有通有明有力凡夫人但有通聲聞人亦通亦明佛亦通亦明亦力所以者何凡夫人得五通者但知宿命所經不知業因緣相續是故凡夫人但有通無明聲聞人知集諦故了了知業因緣相續生以是故聲聞人亦有通亦有明若佛弟子先凡夫人時得宿命智入見諦道中知集因緣第八無漏心得斷見故通變為明所以者何明名見根本若佛弟子先得聖道

後宿命智生亦知集因緣力故通變為明佛用是明知已身及衆生無量無邊世中宿命因緣所更種種悉徧知為力問此與前至處智何異答前知前際隨念趣因此知前際名姓苦樂等事疏九知下即彼經第八天眼無礙智佛眼淨過諸天眼見衆生死此生彼時端正醜陋若大若小若墮善道若墮惡道如是業因緣受報皆能正知故名此力依天眼發是故此智名天眼智十中獨此從所依得名餘皆從所知此智能知生死名生死智此約所知境也論云佛用天

本十
五

眼見衆生生死處凡夫人用是天眼極多見四天下聲聞人極多傍見小千世界上下亦徧見問曰大梵王亦能見千世界有何等異答大梵王自於千世界中立則徧見若在邊立則不見餘處聲聞人則不爾在所住處常見千世界辟支佛見百千世界諸佛見無量無邊諸世界凡夫人天眼智是通而非明亦如是但見所有事不能見隨業因緣受生如宿命中說復次聲聞人用所住三昧心中入餘三昧天眼則滅佛則不爾心雖入餘三昧

天眼不滅跡十知下永斷習氣智也佛以世
智知自知他漏盡解脫知自者論云諸漏盡
故無漏心及智慧解脫現在法中自識知我
已盡等知他者論云聲聞但知自盡漏諸佛
亦盡他人漏上来別釋竟跡然佛下三總相料揀
論云問曰佛有無量力何以故但說十力答
度人因緣故但說十力足辦其事謂以是處
不是處智力分別籌量眾生是可度是不可
度以業報智力分別籌量是人業障報障是
無障此下撮畧引之三知禪味著不味著四知根勝
劣五知所樂六知所趣七籌量解脫門八知
先所從来九知生處好醜十知漏盡涅槃佛
用十力度脫眾生審諦不錯皆得具足論又
云初力為總總攝九力為度眾生故於中分
別有九力云云大鈔一一列釋跡一正下二釋無所畏

本十　六

經云四無所畏者誠實論云一切智一切漏
盡能說障道及盡苦道若有人來如法問難
我無所畏初一是前九智力第二是漏盡智
力後二令他具足跡一正知下此第一正是
薩婆若此云一切種智即無上菩提二則涅槃四則利他三由

知一切法故名一切智佛心豈有他正覺覺
世間謂佛下論中先顯其相後方結云一無
畏等論初便云佛作誠言我是一切正智人
若有沙門婆羅門云云下當具引若論文則每
一無畏之初皆有此言講者便應一一懸引或任就跡總結處備之亦得
問佛何以一切人天之類不可壞得無
畏答誠實論云佛說二諦故不可壞凡夫無
智亦不與諍又佛不與世間諍世間謂有佛
亦說有世間謂無佛亦說無以其無諍故不
可壞又真實論故不可壞不但隨語皆自心
知故不可壞釋曰論指五義故言無畏五者
一不住真俗故若住著即可破二善巧隨機
應之言無違諍故不可壞三不與世諍等者
世間言有佛以即真之俗而應之世間謂無
佛以即俗之真而應之然離真之俗是妄心

本十　七

所執故推徵其理必虧於即真之俗故所說
不可破也四但據實理非勝負心只由心無
所得故發言不失五世人言論皆是強作道
理佛所說者如人見青黃說青黃見長短說
長短故定不謬如何可壞論結云故佛告比

丘汝等莫但信我語當自知見自身證行又
言汝求諸無諂曲者若我晨說夕得夕說晨
得跡二盡一切漏及習者論云佛作誠言一
切漏盡若有沙門等三說一切下文勢準上
誠實論云不善及有漏善障解脫故然障聖
道有其二種謂若執相不求真理則善與不
善俱障若於教理信解真正依解修行之人
則一切善法悉為助道惡不善法方為障道
若就小乘聖道即唯欲為障說欲障道方為
無畏四說出苦下論云誠我我所說聖道能
出世間隨是行能盡諸苦若有沙門云云佛作
誠言下四段皆云佛作誠言我是一切正智
人若有注釋此者皆依論文沙門出家人婆羅門在家有智人
若天地天空天若魔六欲若梵梵王及一切色界若復餘眾
除此所餘如實言若以現事若以因緣難是法不知與佛論何等法
有人言不說外道經書有言論須彌斤兩等有人言佛但涅槃一種道因緣是異法種種
因緣佛或不知此後說者多是小乘外道有此疑者乃至不見是微畏
相相名因緣我不見小小因緣如法能來破我者以不見故諸天外道有此疑者以
是故我得安隱得無所畏安住聖主處如牛
王在大眾中師子吼轉妙梵輪諸沙門婆羅

門若天若魔若梵若後餘衆實不能轉一無畏等備引一無畏以例三也故云我是一切智及是法不知餘三中此二句則別各如本文餘皆同矣說此下二句是䟽家撮畧大意而結也問何故說四無畏答有人言若一切衆生共知一切事尚難況佛一人而有一切智此疑初無畏也餘三例此各隨義說疑情欲斷此疑難故佛自說無畏問何名無畏答得無所疑無所忌難智慧不却不沒衣毛不竪在在法中如法即作是無畏相此四中初二顯自功德後二利益衆生又一三說智二四說斷又如初示藥草二示病滅三知禁忌四示應食問此是智何異十力答廣十力畧無畏說故又能有所作力無所疑難無畏自有智慧力無能破壞故無畏皆上句十力下句無畏故誠實論云或性怯弱雖知不善說等故說無畏詳有智是力能說是辯合之以為無畏也䟽智緣下三釋無礙智二一依智度論雖全依論而初二與華嚴及諸論名有先後論則先義後法華嚴則先法後義今引經列名依十地論及清涼䟽釋相論云義無礙智法無礙智辭無礙智樂說無礙智義無礙智者用

名字言語所說事各各諸法相所謂地堅相此中地堅相是義地名字是法以言品說地是辭於三種智中樂說自在是樂說於此四事中通達無滯是名無礙智濕相水熱相火動相風心相思五陰無常相五受陰無常苦空相一切法無我相以是等總相別相分別諸法亦如是是名義無礙智法無礙智者知是義名字堅相名為地如是等一切名字分別中無滯是名法無礙智所以者何離義名字不可得知名必由於義以是故次義有法問曰義之與名為合邪為離邪若合召火時應燒口若離說火時應得水答曰亦不合亦不離古人假為立名以名諸法後人因是名字識是事如是各各有名字是為法是名字及義云何令衆生得解當以言辭分別莊嚴能令人解通達無滯是名辭無礙智說有道理開演無盡亦於禪定中得自在無滯是名樂說無礙智釋曰論以義為體相以法為名字故先義後法今䟽意順諸論及華嚴經名是標舉義是顯示夫欲解義先須釋名名如

前陳義當後說故法先義後餘義則全依論䟽若約下二約華嚴經即第九地經其文有十種四無礙今畧用五側注者皆是釋義五中一者自相約總別以分法義經具云此菩薩以法無礙智知諸法自相色變礙為自相等義無礙智知諸法別相如色有十一種相等又一知下二同相約性相以分法義經云以法無礙智知諸法自性理同也同歸於性義無礙智知諸法生滅相事同也同生滅故此下不具引經文但直釋䟽中取意用者又一法下三行相經云法無礙智知現在差別以義無礙智知過去未來法差別約三世以明法義是則當世而知名法智即法無礙也逆見過未能知現在名比智比量智也即是義無礙也又一知一相下四無我慢相約真俗以分法義經云法無礙智知諸法一相不壞第一義諦無我故云一相言不壞者不壞無我故若言我知無我我證無我則壞無我以有能所故也義無礙智知蘊處界諦緣起善巧世諦見我故又知一乘下五一乘諸乘相約權實以分法義經云法無礙智知一乘平等性觀不異也唯此一事實故義無礙智知諸乘差別性就彼根性有三乘五乘故今且畧舉十相中

五一二三六七以為例也觀其文相皆法智知法
體義智知義用故與智論名次不同後二則
同者此四無礙雖皆智所緣境然初法義全
是所知之境境義增勝由境差別衆多故十
中皆別後辭無礙但是以言辭說前二說二
時樂說不滯無別義體以目何行相故經文
雖一一各列四智之別後二義相皆同故今
疏云辭則說於等也又亦辭則當法無礙樂
說乃當義無礙也法有名數不可改張宣名
數者則當辭句義義是義理義意由人巧說
無定名句故智慧善巧妙辯機變之徒好樂
說之隨意而無礙也智論問力無所畏無礙
皆智慧內有力外無所畏即具足何以復說
無礙答力無畏已分別有人雖無所畏在大
衆中說法而有可礙以是故說四無礙智得
是無礙智莊嚴四無所畏四無所畏莊嚴十
力疏力等下四釋不共法二一正釋言力等
者釋不共之義智論問曰是三十六法皆是
佛法何故獨以十八為不共答謂二乘分有
十力四無畏故如舍利弗演法無礙佛讚菩法性又那律天眼又佛說弟

子中能師子吼等三等應言一諸佛身無失二諸佛
口無失多劫戒定慧大悲成就故拔諸罪因緣及習故三諸佛念無
失四念處心長夜修故心無得失故今意在文略都以無失
結三業也四者佛於衆生無貴賤敬慢怨親
等異故常觀誰可度故觀彼本來清淨故五
者定名一心不亂亂心中不能得見實事如
水波蕩不得見面如風中燈不得好照佛心
如澄渟水如無風燈故無不定心問佛若常
定云何遊行說法答佛於諸法實相中定不
退失故欲界有定入定可說法故六者衆生
鈍根多覺苦受樂受於捨受中不覺不知而
有捨心是為愚使所使佛於不苦不樂受中
知生住滅時故念念心中麁細深淺無不悉
知知已而捨或捨衆入禪有人疑佛佛言我
種種因緣知而故捨七者從此已下至第十
二一一皆有無滅字今疏畧之最後都云無
滅者貫通前也初欲無滅者欲謂樂欲佛知
善法恩常欲集諸善法故修習心無厭足故
故涅槃云一切善法欲為其本論中又說老
比丘目暗自縫僧伽梨針袵脫語諸人言誰

欲福德為我袵針佛現其前我欲福德無厭
足人汝持針來比丘識是佛聲白佛言佛無
量功德海盡其邊底云何無厭足佛言無有
如我知恩分者我本以欲無厭故成佛是故
今猶不息八者如欲中說欲為初行增長名
進欲唯意業進通三業又欲如人渴得飲精
進如因緣方便求飲欲為內精進為外又佛
說法背痛小息令阿難說法至精進覺支佛
驚起坐三問阿難汝讚精進義耶阿難言讚
如是至三佛言善哉善哉善修精進乃至得
阿耨菩提何況餘道又佛種種度生遇諸惡
緣不生懈怠九者於三世諸佛一切智慧相
應故論問曰先說念無失今復說念無減與
此何別答失名錯誤減名不及故異於前十
者三世一切智慧力無畏無礙成就故慧無
減如酥油豐饒燈炷清淨光明亦盛佛亦如
是禪定如油念如燈炷故慧光無減又世世
聞法讀誦思惟問難故十一者無漏智慧相
應故有為解脫一切煩惱習盡故無為解脫
十二者於解脫中智慧無量無邊清淨故言

知見者論問曰但言知何復言見答言知言見事將堅固如世有知非見有見非知故具言即無疑譬如繩二合一則牢無減者此二字貫通上六如前已說論問曰佛一切法中無減何故但六事中無減答一切自利利他中四事能具足欲求一切善法之根本精進能行念能守護如守門人善者聽入惡者遮止慧照一切煩惱用是四法事得成辦是四法果報有二種一者解脫二者解脫知見解脫義如先說解脫知見者用是解脫知見知是二種解脫相有為無為解脫知諸解脫相所謂時解脫不時解脫慧解脫俱解脫壞解脫不壞解脫八解脫不可思議解脫無礙解脫等十三四五者應云十三佛身業隨智慧行十四佛口業十五佛意業亦如是論云佛一切身口意業先知後隨智慧行佛三業無不利益眾生故如經說諸佛乃至出入息利益眾生何況三業諸惡眾生聞佛出入息氣香皆得信心清淨愛樂於佛諸天聞香亦捨五欲修善故言隨智慧行二乘無此事如

本十　十三

憍梵波頭得羅漢自食吐而更食又如波頭摩波嘶吒跳上梁拜畢陵伽罵河神等皆身口不隨智慧問佛曾入外道眾中說法都無信受者又曾在眾中現背腹又曾現舌相馬陰藏相又罵諸弟子汝狂愚人汝死人食唾人又結戒不許比丘畜八種鉢唯聽畜瓦鉢鐵鉢而自用石鉢有時外道難問而不答又處處說有我又說無我說諸法有又說無如是等似身口不隨智慧行身口不離意業意業亦應爾答曰不然於是諸事皆先有智慧謂入外道以種後世大因緣故止外道謗言佛自高慢故現腹者薩遮尼揵自言無人敵得我難而不流汗者來至佛所佛質問之皆不能答流汗淹地佛告尼揵汝試觀我流汗不佛脫欝多羅是其身因是外道大得信向有人疑佛舌相故不得道故佛出舌覆面還入口中見者斷疑得道有人疑佛馬陰藏相不現佛化作馬示之言陰藏不現正如是也見者斷疑能集善根發菩提心如是等因緣故非戲論非無善義佛罵比丘者有人宜以

本十　十四

苦切語有宜軟語皆得道故如駛馬見鞭影即去鈍驢得痛手乃行亦如有瘡濡藥塗即差有破出惡肉塗惡藥乃愈又佛言狂愚人是軟語實語所以者何三毒發即是狂愚故問前說三業無失與此何異答前不說因緣今廣說因緣故謂由先以智慧起身口意故得成前三業無失（前果此因）又佛成就三種淨業三寂淨業三不護業有人疑佛何因緣成就如是故佛言我以智慧然後三業隨智慧故（此上猶撮畧引若要始終具見即覽大鈔）十六七八等者由此知三世故得三業隨智慧行（以此釋前段也）問過未無體現在不住云何能知三世答若無過未但有現在一念頃者佛亦不得成就無量功德又一心中亦不得有十力智等難曰若三世皆有者何等是無常等相無常名生滅敗壞故若三世皆有便墮常見何以故是法未來中定有轉來現在從現在轉入過去如人從一房入一房不名失人如是即無罪福無生死有無量過咎答三世各各有相非過未有現在相又若無過未亦無出家律儀亦無

本十　十五

無五逆諸罪無死入地獄未來無業故無報是為邪見又我不說過未知現在相我說過去雖滅可生憶想能生心心數法如昨日明日火今日可生憶想現在心雖無作住相續生故能知諸法疏問無下二通妨頂相等者等於足下柔輭如是甚多皆非智慧法不應在十八不共中又如佛身力如十萬白香象力及神通力等皆不說釋曰說智慧者攝性合體有理有義滅惑生辯泯情入證其自然果報法但可欣樂而已不知其知故不說也上從力等下指所用文言全依者謂不雜餘論於中用華嚴一科及或引餘數皆自有科段指之若不言者即皆智論非論次第備寫名曰全依於中或全寫三五行或一紙半紙餘多闕畧其文但取要者或但意用之義雖全是文或前却上來諸佛果法竟疏助謂下一三乘因法二一釋助道二一總釋疏三十下二別釋三一牒經列數可知疏然但下二類攝出體言各入者精進中四勤為四更添進根進力精進覺支正精進故為入也定中四神足及根力覺支正道各有一定為入慧中四念處此慧體辟此名念及根等各一慧為八言

念四者根等各一念也戒三者正業語命也信二者根力各一也輕安下各不言可知疏初四下三牒文別釋七一釋念處四念處者謂身受心法等四是念慧所觀之處亦名念住佛令明記此身等四有不淨等四之過念於此住名四念住又由此四得念慧住釋之文二一通大小乘言種子者有漏業因及父母精血住處者生藏下熟藏上自相者九孔常流自性者三十六物究竟者膖脹爛壞三受皆苦者為衆生不了此身不淨貪著生愛計之為樂觀其三苦謂苦受苦苦樂受壞苦捨受行苦心無常者謂受樂故須觀心念念生滅何暇受樂法無我者即五蘊皆不自在何有我乎治凡夫四倒者疏序已釋疏又觀下二唯大乘觀是諸法無行經文其義破相亦可詳解治小乘者亦如前說疏四正下二釋正勤四念處下明來意也精進下躡出體之勢便釋名也異外下釋正字雖是下釋四行相謂未生之惡誓令永不復生已生之惡皆不忍受斷滅除遣未生之善發起猛利希

願獲得已生之善不失不退數更修習成滿究竟疏四神下三釋神足初列別名次牒釋之樂欲者純生樂欲於不善因緣對治於善因緣功德出離皆正審思察住一境念由此多修習故觸一境性能害現行故名欲定無間者策勵以斷二惡修二善無休息故心謂等者由專心守護故得心一境性故名定也觀名慧者由先聞正法故於定時內自揀擇故名慧也以勤過下已識別名方明來意勤過者四勤也智火者念處也神即下釋總名譬如有足者能往還能得能證出世勝法名神以世間勝法喻出世勝法故名為神將彼到此故名足彼謂欲等此謂神通然神足自體即是等持欲等四法皆是助伴疏五根下四釋五根言五根者根所緣境即四聖諦信者忍可諦理而為上首能起餘四進者於前所信諦理策勤而行四勤念者明記諦理不忘四念定者於諦理繫緣一境四足慧者於諦理揀擇是非此五下釋根義由前下通難難云始入佛法即有信心云何至此方明信邪荅初雖有信未

有定慧不得名根故云由前三科此此五不可拔又進等前未成熟亦未名根故云前三至此等疏五力下五釋五力即前等者力有二義一不為他動即上句也二能伏於他即下句也障即是他內則損障外則伏魔梵等疏七覺下六釋覺支七者一念二擇法三精進四喜五輕安六定七捨文二一正釋疏文隨列便釋依雜集論五支釋之言所依支者餘六皆依明記之念而得起故自體支者擇法是覺義故出離者由勤無間得出離故利益者由心喜得身安樂故不染汙者皆離過義故次下四句如次釋輕安定捨麁重散亂貪憂皆是染汙義故麁重謂欲塵麁障轉依謂心在定則轉與神通等為所依故行捨者揀捨受也此行捨是善十一中之一矣疏雖一下二通妨謂此覺支成就在於見道見道迅速故刹那俱起恐疑云既一念起何得說七故此通云雖一刹等意云功能不同不可言一如七味香擣篩和合焚如麻子七香齊發所言功能不同者謂念除妄念擇法除不正知

餘如次除懈怠惛沈麁重散亂掉舉疏八正下七釋正道八正道者離於八邪開通涅槃故此在修道位文二一正釋此文疏中列而便釋言分別支者此能辨明除七是非取捨等也誨示者發語示教利喜故令他信者若語不契實或身無戒行不稱所說非法貪求經營活命豈可令他信受行用今由此三皆正故云是令他信支言見清淨者現量親證或比量親解非傳他語而為說也戒淨者上明解此明行也行解二法先須明信命者有漏之身理須資給但依教隨日乞食隨破乞帛等不為衣食故生心經營求得而守護繫於身心即名淨命清淨活命故具說淨命之相即次下依聖種等也聖種有四一常行乞食二著糞掃衣三石窟塚間樹下隨便而住四有病以腐爛藥而治之亦名四依依此修行得成聖道故復名聖種五邪者一為利養詐現異相奇特二為利養自說功德三占相吉凶四高聲現威令人畏敬五者稱說所得利養以動人心將此五種以求活命故名邪命又

有四邪一下口食合藥種樹二仰口食觀視星宿三方口食曲媚權豪四維口食呪術卜筭皆如大小乘諸律論備說問離身語二業無別正命如何建立三種答婆沙云瞋癡所起身業語業名邪業邪語貪心所起二業即名邪命疏淨煩惱者義同精進覺支中說正止舉相者一掉舉二惛沈故下句云不容沈掉若失正念即掉即沈沈掉是隨煩惱今正念能淨之最勝等者此勝功德等由心攀緣散動故障之不發今以正定止之故云能淨若能如上分別見也誨示思唯等等於余也即是道支之果疏上之下二總明次第有法喻對釋詳之可解婆沙智論皆有此文並以樹況道品故名道樹疏超越下二解餘文三身等者身謂法報化智謂大圓鏡等如文殊章說眼謂肉眼天眼慧眼法眼佛眼通謂如意天眼天耳他心宿住漏盡地謂十地度謂十度六度果向謂須陀洹等各四緣謂十二緣諦謂四諦處即十徧處定即八定九次第定等者等於餘所不說一切無漏功德疏塵勞有八萬

四千者釋所治也古來釋云衆生煩惱根本有十然一惑力復各有十即為百計應分為九品但上品重故開為三品中下輕故各為一品合為五百復於內外境起謂自五塵為內以他五塵為外一一各五百即為五千別迷四諦則成二萬并本一千則有二萬一千依三毒等分成八萬四千（更有二說不能繁叙）一一對翻下釋成所治謂本由迷真淨故成妄染今悟染本淨故無加減故清涼云遇三毒而三德圓入一塵而一心淨又有云六賊翻作六神通等餘如疏引起信論證疏問世下二總料揀三一問荅料揀二一問可知疏荅前下二荅二一結前標後疏謂若下二以義正釋五一法說疏如有下二喻明疏觀智下三法合疏故下下四指文疏秖緣下五以理結定文並可知疏然上下二明染淨相由二一指配科段疏五段下二正彰染淨由不覺者對上覺圓明故名賴耶者對上顯心清淨乃至處界諸有一一翻對本經言對治此等者正判此經稱性真實翻染行相疏然無下三通

伏難難云經中先說諸佛力無畏等後說道品因等文豈非倒故荅云若約人等也據法本末者據真實法理本來是佛（此是常住之果故名本也）（果也）然多劫迷之故成垢染須修習萬行翻於漏染（漸修故云末也因也）疏亦如下引證言根本等者論云若因滅（論以根本無明為因故生業相轉相境界相）則緣滅（緣則境界相與後六麤為生起之緣故彼疏云無明為因生三細境界為緣生六麤今言因滅則緣滅者彼疏釋云得對治無明滅時無明所起現識境界亦隨滅）因滅故不相應心（三細也細故無心心所相應麤顯之相）滅（親依無明因生故無明滅時亦隨滅）緣滅故相應心（六麤前四也其相麤顯是心心所相應也）滅（以四麤親依境界緣生故境界滅時亦隨滅也）今引此以證果先因後者以根本無明滅時佛果則顯今既先由無明滅方得境界等枝末不覺展轉而滅則果先因後對治展轉枝末是萬行因法故經自他正報云一切實相者既歷法已盡故但通相躡之義如疏釋思之可見疏二一然凡下正釋義疏此乃下一通妨難難意云修觀行者一身覺性淨故得十方衆生覺性淨者應可一人修道多人成佛故疏通云此乃一人悟性知一切衆生本性等經依

報中疏二一國土下別釋此文皆由自心者淨名云隨其心淨則佛土淨衆生劫燒等者法華經云衆生見劫盡大火所燒時（火災壞器時也）（事在賢劫中）我此土安隱天人常充滿螺髻等者淨名經中螺髻梵王云我見釋迦牟尼佛土清淨譬如自在天宮（隨天業識所見）舍利弗言（即鶖子）我見此土丘陵坑坎荊棘沙礫土石諸山穢惡充滿（隨人業識所見）於是佛以足指按地即時三千世界若干百千珍寶嚴飾譬如寶莊嚴土一切大衆歎未曾有而皆自見坐寶蓮華況乃下道理轉諦的也且如上說心隨染淨之緣尚能於染見淨況心冥真性染淨俱清淨耶身土依真者如前引華嚴云普賢身相如虛空依真而住非國土上來正釋此段經文訖疏然上下二總明相躡翻對未覺之時妄法生起次第釋成覺了還相躡為次第矣經空色同如中疏二一第二下敘科意此當泯絕等者即真空觀中有四句前七段即諸法即空淨不待除却諸法故當第三句空色無礙觀今空色俱如同於覺性稱性不動故當

第四泯絕無寄觀疏躡前下二正銷文二一釋前四句三一正釋於中有法說喻明疏故法下二引證並如文詳之疏然諸下三釋疑疑云諸法即事覺性即理今既二法平等便當理事無礙何得科判在真空觀中故此牒疑辭便釋云夫理事等也疏還如下二釋後諸句還如前七段等者釋結例之文也

圓覺經略疏之鈔卷第十五

圓覺經略疏之鈔卷第十五

校勘記

一　底本，明永樂北藏本。

一　三二一頁上三行「此處」，〔清〕作「是處」。

一　三二二頁中一八行第一三字「入」，〔經〕作「人」。

一　三二三頁上一六行「誠實論」，〔經〕作「成實論」。本頁中七行、本頁下五行、次頁上一四行同。

一　三二三頁下一五行中夾註左「因緣難」，〔經〕作「因緣等」。

一　三二四頁上二行夾註左「別各」，〔經〕作「別名」。

一　三二四頁中二行「言品」，〔經〕作「言語」。

一　三二四頁中八行「義名」，〔經〕作「名義」。本頁中九行同。

一　三二四頁中一〇行「名必由於義」，〔經〕作「義必由於名」。

一　三二五頁中三行夾註左「無得失故」，〔經〕作「無得失」。

一　三二六頁上三行「無疑」，〔經〕作「無礙」。

一　三二六頁中一五行第七字「是」，〔經〕作「示」。

一　三二七頁中一八行第八字「外」，〔經〕作「處」。

一　三二八頁中四行第一〇字「除」，〔經〕作「餘」。

一　三二九頁中一七行第一三字「一」，〔清〕作「二」。

圓覺經略疏之鈔卷第十六　於一

圭峯蘭若沙門宗密於大鈔畧出

經理事無礙觀疏二一擴法下略示觀門然觀門須親從口決聽受難可以文字釋之釋之即甚繁廣難爲節略故但與連續本文而已下亦準之一理偏事者觀文具釋云謂能偏之理性無分限所偏之事分位差別一一事中理皆全偏非是分偏何以故以彼真理不可分故是故一一纖塵皆攝無邊真理無不圓足二事偏理者謂(能偏之事是有分限所偏之理要無分限)此有分限之事於無分限之理全同非分同何以故以事無體還如理故是故一塵不壞而偏法界也如一塵既爾一切法亦然思之此全偏門超情難見非世喻能況(此下又以喻釋之)如全一大海在一波中而海非小如一小波帀於大海而波非大同時全偏於諸波而海非異俱時各帀於大海而波非一又大海全偏一波時不妨舉體全偏於諸波一波全帀大海時諸波亦各全帀互不相礙思之釋曰上以海喻理以波喻事顯其偏義如全一大海在一波中況無邊真理全在一塵中如一小波帀於大海況一微塵偏無邊真理其非小大明各不壞相又同時全偏諸波海非異者喻真理全偏諸法中而理非多俱時各帀於大海波非一者況事偏理而事非一故法喻相對道理極明況觀門中此後更有兩重問荅亦是躡此海喻而起可以文詳說不能引之或但用前喻足銷疏矣三依理成事者文云謂事無別體要因真理而得成立以諸緣起皆無自性故由無性理事方成故四事能顯理者謂由事攬理故則事虛而理實以事虛故全事中之理挺然露現五以理奪事者謂事既攬理成遂令事相皆盡唯一真理平等顯現以離真理外無片事可得故六事能隱理者謂真理隨緣成諸事法然此事法既違於理遂令事顯理不現也經云法身流轉五道名曰衆生故令衆生現時法身不現七真理即事者謂凡是真理必非事外以是法無我理故事必依理虛無體故是故此理舉體皆事方爲真理八事法即理者謂緣起事法必無自性無自性故舉體即真故說衆生即如不待滅也九真理非事者謂即事之理而非是事以真妄異故實非虛故所依非能依故十事法非理者謂全理之事事恒非理性相異故能依非所依故是故舉體全理而事相宛然此上十門同一緣起(前前必具後後後後亦具前前方成無礙義矣)(下亦觀文)約理望事有成(三依理成事門)有壞(五理奪事門)有即(七理即事門)有離(九理非事門)事望於理有隱(六事隱理門)有顯(四事顯理門)有一(八事即理門)有異(十事非理門)逆順自在無礙同時深思令觀明現疏令言下二配釋經義但約觀門義而詳之即見文二一配觀門疏言覺下二釋經義經周偏含容觀疏二一第三下略釋觀名準法界觀此亦有十門疏既不敘亦不能繁引但略釋觀門名其辨事法無礙重重如要廣文即檢大疏大鈔言舉一塵偏一切法中者釋周偏義含一切法在自塵中者釋含容義一塵既爾下例明諸法故云周偏等結指觀名然雖略釋理猶未明今更以喻顯譬如虛空有其二義一周偏義謂此虛空普偏一切色非色處故

二含容義謂十方法界情器等諸法不出塵空中故如空既有此二義塵等諸界亦然以諸事法皆同真性而容徧故釋其所以大下即明有云須彌元不有芥子本來空將空納不有何處不相容此釋乃都不曉此理須彌既不有芥子又空二事總無將何容納將空納空無此理也智者詳之疏舉所下二正釋經義二一釋法疏如一下二釋喻三一正釋喻相疏塵中下二配法釋義疏所以下三釋其所以問有何所以得令諸法如是融通無礙故疏荅云唯是真心等也然法相宗唯心之義但唯有爲生滅八識此宗究實唯是真如之心如起信備說此亦前後頻明就中普賢章約五教說唯心最廣今此意者諸事與真理既但是一真心源即此一心畢竟無生滅變異離一切相即名真理即此一心如明珠能現諸相即名爲事故論開一心二門真理周徧含容時事豈獨不徧不容耶疏皆如幻夢者猶如幻師能幻一物以爲種種幻種種物以爲一物等華嚴云或現須臾作百年等一切諸法業幻所作故一異無礙言如夢現者如夢中所見

廣大未移枕上歷時久遠未經斯須故論云處夢謂經年覺乃須臾頃故時雖無量攝在一刹那如影像者一切萬法略有二義一皆如明鏡含明了性一心所成故二分別所現如影像故由初義故爲能現由後義故爲所現故一切法互爲鏡像如鏡互照而不壞本相華嚴又云遠物近物雖皆影現影不隨物而有遠近疏與所依性非一異者如大疏第二第三門釋然亦是法性融通之義謂事與理若但非一便成理外之事即互相礙不可相徧相容若但非異便成唯理又無事法可說說何徧與不徧理唯一味亦無可徧可容今則理事融通故得具斯無礙今且約不異義言之其中帶含不一義謂不異理之一事具攝理性時令彼不異理之多事隨所依理皆於一中現此是與理不一之一也一若一中攝理不盡則真理有分限失若一中攝理盡多事不隨現則事在理外失今既一事之中全攝理多事豈不於中現故華嚴序云理隨事變一多緣起之無邊事得理融千差涉入而無礙故此吹

云故得徧多等也然準華嚴疏述事事融通所因具有十義一唯心所現故二法無定相故三緣起相由故四法性融通故五如幻夢故六如影像故七因無限故八佛證窮故九深定用故十神通解脫故十中隨舉一義即見諸法融通無礙十中前六通約性爲德相因法爾如是七約修因八約果德九十通於因果今用四門即第一第四及五六也經頻同佛境疏二一大文下科分二隨釋經法中疏總指圓彰等者經文從證得諸幻滅影像故已來終於無壞無雜皆覺成之相也疏三念境者諸大乘說佛於三種人邊心無有三一惡心以刀割佛左膊二敬心以香塗於右肩三無敬無惡不割不塗佛於割者不以爲恨塗者不以爲恩不塗不割者亦無分別今觀行成就之人只於觀行中時用心全同佛也佛說三境今說八境但文廣略無別義類若約能對之心行人即出觀時未除分別佛則究竟如然經云不與者不許可也故孔子數云吾不與也意是不許矣餘不求不厭等

皆可知疏舉八境下乃至引證皆釋成此科的是用一同佛之義意未說境恐見八境謂是通論故揀之也次所引文即其次兩唱經文便是經喻中疏無別分析者意明眼識但有自性分別無計度等分別雜集論云分別有三一自性分別二隨念分別三計度分別今八識中第八識及前五識皆爲現量現量所得自然於覺顯也即自性分別也任運自然分別不待起心籌量比度故如法華等者前二十五有文中巳說梵王計衆生爲子衆生計梵王爲父諸經論皆判爲邪見西域一切衆生從古來相傳有此妄計佛於法華經中乃自云譬如梵王是衆生父豈佛亦邪見邪但且隨俗易信易領之處而爲喻也今舉目矑爲能見之眼光非佛不解但隨俗可見之邊喻之令解問此經淨土所說何有凡俗荅經文每段皆云爲末世衆生豈只爲諸菩薩邪若只爲諸菩薩菩薩皆是極位豈不解此中諸法而要佛說邪故知但以被於羣情故說經也況下流通分中即八部等皆具經見境同

中疏二一近結下釋行成見境言尚見持毀者前但云不敬持戒不憎毀禁不言亦不分別是持是毀若見持毀等八境差別豈同佛見故先泯之云無修無成等也疏冥一如下二句是華嚴序文謂冥契本源而無能契於事於理無分別心亦非無記但不計有與不有空與不空故千萬紛動之法自然不動不動即無二相故云寂滅無二疏即於下二釋見境無差二一釋依報平等二釋前諸句二一正釋法喻華嚴十大數者彼經僧祇品說也言十者下應云一阿僧祇二無量乃至十不可說不可說等疏恐文繁故不列一二三等字疏亦如善財等者善財南遊歷諸善友總五十五人古德攝爲五相第一有四十一人寄位修行相初見文殊一人寄十信餘四十人如次寄三賢十地二見摩耶夫人等十一人會緣入實相三見彌勒攝德成因相四再見文殊智照無二相五見普賢顯因廣大相今則第二相也摩耶是佛母能生化身之佛表此等覺之位會前差別地位事相因緣入於一實同於妙覺諸佛

故名等覺等覺之智親生妙覺法報真佛故以佛母寄於此位也得願智幻等者經云摩耶告善財言我以成就菩薩大願願爲一切佛母故智權實二智也權智能起大願能成幻事實智即般若生佛真身幻幻有二義一願智體虛當相名幻二即智所作生佛等事皆是幻也解脫門是故常爲諸菩薩母託胎生時未名佛也如我淨飯王家右脇而生悉達太子現不思議神變乃至盡此世界海所有毗盧遮那如來皆入我身示現誕生見一切世界等者此位有十一善友今是最後德生童子有德童女得菩薩幻住解脫故見一切世界皆如幻住幻境自性即所入之實也不可思議上皆經文評曰既於此位中始終皆幻由觀諸法如幻故得入於一實等於諸佛名等覺位正與此一科經同今科此云同佛同即等也佛即覺也今經云諸佛世界如空華者幻與空華義無異也疏染汙衆生等者彼經云有世界海微塵數劫轉變差別所謂法如是故世界海無量成壞劫轉變世界海皆例有下染汙衆生住故成染汙法界品云大王未出時衆池皆枯涸等大福衆生住故成染淨人天福命多染少淨故先云染法界品又云大

王令出世便者自然生等信解菩薩住故成淨染地前未斷障故非然淨多染少故先云淨也等者等餘七句經有十句緣中用二謂衆生發菩提心住故世界純淨乃至十也三成壞相者然世界成住壞空皆二十增減住滿二十劫即到壞也劫欲壞時十九劫中壞有情類唯一劫中壞器世間壞有情者初阿鼻獄等次鬼畜四洲六欲皆怖火災不造欲界善惡等業皆習二禪死即上生更不生鬼獄人天等十九劫中有情已盡次壞器界初日光四倍熱次生三日乃至四五後七日並現火洞然起氣衝初禪亦上生去世界既空又經二十劫復又劫成初大風持界從二禪天雲布三千界雨如車軸風遏不流結冰作金輪次水輪先成梵王下界次漸成風鼓清水成須彌七金等山隨成有情住滓濁爲四洲乃至地獄鹹海外圍方名器界立二禪福盡下生閻浮初有身光及餐地餅林藤自然粳米後因漸惡光及地餅等滅即有日月及耕種等以漸惡故生三塗等怖罪修善生三洲六欲乃至梵世乃名成劫疏增減者人壽

上從八萬歲百年減一年乃至十歲又却壽增每生男女壽即倍父如是漸增還至八萬故名增減也續紛者撩亂之狀也疏問然下二通妨引證其兩重並如文可見疏明此下二釋後二句如文疏始知下二釋正報平等二一總銷經文疏然說下二別釋生佛三一叙意標門疏一者下二依門別釋二一略辨前五有部者薩婆多宗也經部即不爲此計唯悉達者餘諸有情皆無佛性終無成佛之分三無數等者此教意明從初發意六度修行三無數劫五位伏斷十地滿足四智圓明於色究竟天受佛智職名成正覺相盡性顯者謂此教說一切衆生本覺真心本來離念不如實知忽然念起生住異滅念無自相不離本覺內外熏力始斷滅相終至生相一念相應得見心性心即常住名成正覺華嚴說十信等者經文云若與如是觀行相應於諸法中不生二解一切佛法疾得現前初發心時即得阿耨多羅三藐三菩提知一切法即心自性成就慧身不由他悟故彼疏釋云佛智何深情迷謂遠情忘智現則一體非遥既言一切法即心自性今理現自心即心之性已備無邊之德矣覺心則理現理現則智圓若鏡淨明生非前非後非新非故不由他悟是自覺知一切法是覺他成就慧身爲覺滿見夫心性豈有自他寂而能知名爲正覺一念悟時名爲佛者謂無始迷倒妄認衆生一念悟時全體是佛如夢身相夢時非無悟即目身豈待長養故論云亦無始覺之異華嚴云若離妄想一切自然無礙等智即得現前如塵破經出又廣博嚴淨經云有三男子詣佛禮足作如是言世尊我等今於此法能信解不生疑惑第一男子白佛言若作是說我是如來此言便是正說所以者何我於此法不生疑惑第二男子云是世尊第三云佛其辭皆同爾時會中百千衆生心皆擾動不安本座皆作是念無有二佛並出世間今此男子何故發如是言阿難勝大衆意聞佛佛說偈印許偈云能知過去如亦知未來如見一切法如是故名如來不畏於生死正住生死中化度諸衆生是故

名世尊覺無明無知其性無所有已得於明
智是故名爲佛菩薩處胎經云或有衆生朝
發道心即得成佛諸大乘經其文非一達磨
禪宗即心即佛是斯意也疏六者下二具
釋第六二一正釋本來成佛者論云四相
俱時皆無自立本來平等同一覺故涅槃
論解微密義云身外有佛亦不密身內有
佛亦非密非有非無亦非密衆生是佛故
微密疏故華下二引證文有兩節可如理
詳之彼疏問云此中之成爲理爲事若是
事成云何皆同一性無性若是理成云何八
相疏自荅云此是華嚴大節若不對諸宗難
以取解今約五乘五教而辨然諸衆生若於
人天教中觀之具足人法二我若於小乘教
中觀之但是五蘊實法本來無我若大乘始
教法相宗即說唯識所現無相宗即說幻有
即空人法俱遣若大乘終教唯如來藏具恒
沙性德故衆生即在纏法身法身衆生義一
名異(循據理說)若大乘頓教則相本自盡性本自
現不可說言成佛不成佛等若依此宗(華嚴宗也)

舊來成竟亦涅槃竟非約同體此成即是彼
成難曰若爾何以現有衆生非即佛邪荅若
就衆生位看尚不見唯心即空安見圓教中
事如迷東謂西正執西故若諸情頓破則法
界圓現無不已成猶彼悟人西處全東也若
爾諸佛何以更化荅衆生不如是知所以須
化如是化者是究竟化如是化者無不化時
然上六門初門衆生無成佛義次門五分中
唯許一分半衆生定待三祇功滿成佛後四
門一切衆生皆許成佛於中三四妄盡覺顯
是爲成佛五頓悟無妄即名爲佛六本無迷
悟元來是佛又中間四門次次相望前延後
促又前二事成次二事同理成五唯理成六
皆無礙疏令經下三指經對示如文經稱實
同中疏二一躡前下釋前二句言能依之夢
者喻取相之心見生死涅槃可厭可求釋經
生涅如夢之言必有所依之人者喻圓覺妙
心也即此所稱之實平等不壞之性故科云
稱實同也神遊者漢武帝故事中說武帝欲
驗占夢者真虛乃召之假爲問曰朕夢見殿

上二瓦化爲一雙鴛鴦飛去是何祥也占者
對曰主宮中有暴死者語訖監司奏宮人相
殺帝驚異謂占者曰朕之戲言何以成驗對
曰夢是人之神遊陛下欲言即是夢也亦見
聞氣分者智論說有五夢一熱氣多二冷氣
多三風氣多四見聞多五天神與廣如彼說
今說第四耳謂晝未睡時見聞事境多種故
睡時雖六識昧略無所分辨而見聞氣分任
運所緣由帶睡故虛妄顛倒名爲夢也但了
夢體等者然餘喻皆帶自他唯夢喻剋體故
大瓔珞經說過去有佛欲說法時令大衆眠
夢中說法令增善根覺得道果亦表萬法皆
夢大夢之境必有大覺之明矣疏當知下二
釋後四科四段經文如疏所列經偈諷中疏
略於第一起行者釋長行四段偈頌唯三之
義也上來釋普眼章已竟經處所悟中疏一
切行位根本者萬行皆依信解真正故經云
如來圓覺已下皆所依也漸次方便者能依
也舉所依以貫能依揀無解之行顯是頓悟
中之漸修故普賢用心之門猶通萬行況圓

信頓解邪蹤後必躡前者大科云前前不敘後後後後必躡前前經難所疑中蹤躡前段者由前普眼章云衆生本成佛道約文敘起疑之所以疑有三句一謂先真後妄二謂說妄爲真三牒而縱之責無窮過三句並如注配蹤此上三難下釋成難意言成佛義等者天真成佛無所不成非除却妄染塵勞添益真淨功德不增不減故衆生本來成佛亦然故云等也故前云如來藏中無起滅故無知見故究竟圓滿徧十方故生否應齊者謂生與不生也蹤文務簡故只著一否字衆生及如来俱無生故皆應不生煩惱若云無中不妨生者皆應生也因違現事者因位凡夫之流現見貪瞋癡惑病盻然如何言無故云違也進退下二句顯剛藏所述疑情也進者凡同佛退者佛同凡皆有上失故不可也有斯云者正指問目然佛頂經富樓那亦有斯難彼云若此妙覺本妙覺明此云本成佛道與如来心不增不減無狀忽生山河大地諸有爲相此云復起無明如來今得妙空明覺此云一切如來山河大

地有爲習漏何當復生此云何時復生一切煩惱將彼對此盻然可解經結請中蹤二一據此下通釋前文諸典無文者但指古今所流傳當代之經論宗教衆皆傳習者悉無此文非謂都無佛頂經中亦有此問故如小提堰中水少礙礭停廢亦名無水非全無水故蹤序云了義匿於龍藏是以佛說權教云衆生無佛智慧亦據隱匿云無覆相者謂佛說法或隨自意或隨他意權實難測此義廣如懸談中辨蹤開密藏者涅槃說具縛凡夫能知如來祕密之藏蹤由此標目者指經題也只由決了此疑故名了義經矣蹤通論下二別解疑悔二一釋疑言疑者是根本也文二一敘四一通釋於諸下二勾出體相能障下二句辨業用能障信心者信清疑濁故障善品者一切福利功德善法品類猶如寶山人若無手即取實不得到即空迴信如有手疑如無手故不能取功德善法之寶是爲障也皆是唯識論文蹤別顯下二別釋天台依智論說矣五蓋者一貪欲二瞋恚三睡眠惛沈四掉舉惡作

五疑也疑自者我是凡夫根鈍障重如何入得聖道疑師者彼人三業四儀如是豈能利我或疑云雖悟解精通豈能盡心教我疑法者依此而修豈定得解脫一切苦惱邪蹤如有下三喻釋醫喻師藥喻法蹤今三下四會，此經云已起者現疑也已現於心識故未起者謂鈍根人乍聞但隨語領解信受不解生疑已後遇人難之或自思惟覺理似乖又不解通決便生疑心聖人預防此事種種屈曲預爲舉起可疑之處而通釋之金剛經節節斷疑乃至經終二十七段亦是此意故天親論云自此已下一切修多羅示現斷生疑心示現者顯示也偈云及斷種種疑亦防生成心令皆含者剛藏所問本爲衆生衆生聞說本來成佛之言利根便生此疑是已起也鈍根者當時但且領受是未起也他日思惟或可始疑或因人將此難之或未世等方始起疑故云皆含也蹤然斷下二斷知境從心起即悟非定有了萬法皆無所得即知唯有真如是諸法之性餘皆例知者若疑無因果令觀十二因緣若疑

自性無恒沙功德妙用令觀恒沙煩惱一一
空無自然翻染顯真皆成功德如論中說疏
悔是下二釋悔言不定法者六位心所中不
定有四謂悔眠尋伺也唯識云於善染等皆
不定故悔謂惡作惡所作業追悔爲性障止
爲業今據五蓋亦是定障而因掉後生悔掉
有三業謂身好遊走雜戲坐不斃安口好吟
詠無益戲論心情放縱攀緣世藝諸惡覺觀
然掉戲時未在緣中後欲入定時方始悔前
所作憂惱覆心故名爲蓋蓋者如作大重罪
常懷恩悔悔箭入心後墜惡道若人罪能悔
悔已莫復憂如是心安樂不應常念著反自
疑悔者有二意一者不知自身心本空元是
佛體心外求佛取相積功勤苦多時後悟佛
在自心悔前妄苦轉垂真理如志公云得理
反觀於行始知枉致功夫二者須悟心同佛
心是我真體四大緣慮皆同客塵遂委身棄
命不顧榮樂或捨名譽或捨資財及聲色等
心心趣佛念念還源如是多時但喜棄妄同
真不久具佛功用後忽被人依剛藏問目難
破或因自思惟覺此妨難通決不得却自疑
悔悔前枉捨却衆多榮利等事未必即成佛
道經讃許中疏如來之密藏者依士釋迦如
來是人密藏是法依人顯法故下荅者經云
生死涅槃同於起滅妙覺圓照離於華翳如
是顯示秘藏即開剛藏所問本求此荅三業
者動身發語之思及思當體也業具者身口
意也非色現色等皆如華嚴廣明也疏前頓
同等者準論中信根成就是初發心住初發心住即成
正覺故晉眼章末觀成同佛義當此矣信根
者信若決定即名爲根根有二義一持自體
二能生長經長行中疏二一第四下科分言
正說者若但看經文直是剛藏騰前章經文
而難如來通釋而已若始終詳究更有甚深
意趣謂從經初乃至晉眼章末以悟解力慧
已清淨未修習故心未清淨故剛藏知機爲
發此問佛責分別流轉之見及未斷輪迴之
過令覺未了章末又再勸云是故我說永斷
無始輪迴根本至彌勒問輪迴根本佛令斷
愛方是淨心之門戀淨心淨方成定慧之力
方得二皆解脫是故經文顯示修行之妙門
也反覆起疑本者然荅此問目可以神會難
以言宣故先反覆令離名言相離心緣相悟
其意深矣二正釋經總指輪迴中疏四蘊爲
世界者金剛經云如來說微塵非微塵是名微
塵如來說世界非世界是名世界無著判爲色及
衆生身摶取中觀破相應行住十八住中第十住也色
是色蘊及衆生身是四蘊經云微塵者析破
麤色至於極微故經云世界者以不念方便
破四蘊也析破麤色義法空章已釋彼經至
下又云所說三千世界則非世界等無著還
釋云此破名身世界世界者衆生世界故評日
然彼云世界一向約情今此經中云世界則
兼情與非情故上云總標情器謂有情世界
及器世界也器爲世界人盡不疑衆生爲世
界學寡者即疑故引無著論唯證情界問何
妨彼經云世界則唯約情如何定知此文兼
情故疏下句荅云若不約情何成輪迴況經
文明言念念相續種種取捨皆是輪迴未出
輪迴而辨圓覺彼圓覺性即同流轉譬如動

目等乃至法合末云何況生死垢心等豈可但名非情又且諸經論皆說有情世間器世間世間世界但名小異何信二種世間不信二種世界又世界亦名國土國以人爲本故人皆逃亡破散便云國破豈是山川土地崩陷名國破邪故知世界兼人矣況經昭然顯次六對中創變者一念業相轉成能見故變爲境界相也極證者地位滿足捨異熟識也問證極則出輪迴何以結云皆是輪迴答此六對法皆是所計之境約能計之心是輪迴故所計之境亦流轉今計度云世界最初從心變起直至成佛方得終盡即此計度是輪迴之見也權教學人計有染淨故云初變終證此宗不然本無世界可除亦無法界可證本亦非染今亦非淨故下經云本無菩提及與涅槃亦無成佛及不成佛無妄輪迴及非輪迴據此道理何有創變之始極證之終故實教宗中指權教云但有教文而無實果顯住劫等者成住壞空義如前釋現行等者就情說也現行者能計心境相應時也調伏者

卅二

大

息伏其心令不起念念不起時境不獨立故皆指也如無想定或無想天或四空定之類也然前六對初二對通於情器次三對唯約器此一對唯約情也顯惑業襲習等者此中有三重展轉以明流轉之相三重者即當惑業苦三道也謂惑是煩惱道即貪瞋癡等根隨煩惱業即業道謂善惡不動等報應即苦道謂三界所受身也此中猶約展轉枝末若就根本而論即由無明迷真執妄起惑造業輪迴受生此義廣如金剛鈔辨言襲習者襲謂承襲即相續義習謂熏習即習學義謂後念習前念相承襲續展轉無窮綸輪者皆約喻以明報應無盡義如車輪轉顯文或可但云淪輪亦得淪者沈沒義沒而復出無窮無盡故云淪輪若依此文即不取淪字也然襲習綸輪即成唯識中十二因緣前前爲因後後爲果之義於生老病死身後起無明故輪迴無有窮盡言無明無因老死無果者且約一周義說非不終而復始故唯識頌云由諸業習氣二取習氣俱前異熟既盡復生餘異

卅

丸

熟二取惑也餘可配知惑業皆是習氣故此總云襲習劫波者此云時分大劫小劫長時短時下至剎那皆名時分衆生從無始來經歷碎世界爲微塵數劫及河沙數之劫輪迴受苦相續無窮不可止遏惑業令休息滅絕生死令窮盡莫者無也不也顯我我所者我是有情我所是器界苦所依者是四大身餘文可解經法中顯夢見實物者假如有人在書窻下作夢還見即書窻下雖身處皆實然現見者元是夢也經喻中譬如動目等者喻文有四對也初喻中顯言由目數動水成波者如人動轉眼睛或手研捏眼角眼即所見或傾倒轉動或一物成二種種迴轉一切皆然今但云水者由水或時有不因目動自有別緣而動搖爲波則動目者疑其自爾不知因眼餘物不然故唯水喻次眼識鈍者釋定眼也意取鈍滯不能迅速趁及乃見火旋成於輪相故云定眼非謂凝然堅固永不移動方名爲定如有人取一杖杖火燒頭邊半寸已來炎赤便以手搓旋之即見赤輪之相杖

枝若長而稍曲輪相即轉轉覺大據其所見可若三尺二尺圓豈有半寸之火忽然寬展故知但是眼識鈍滯不迅速趁他火輪不及便似周圓皆是火也經但云眼者說時隨世泛言疏兼云識者釋義須剋取親能見者然水波火輪但是眼之動定喻於圓覺中見凡見聖但是流轉妄心岸移月運但是雲駃舟行亦同此也駃者奔流急走之相經結指前疑中疏未是荅難者有人造疏云從世界生滅至此是荅初難空華喻荅第二難金鑛喻荅第三難故此潛揀之不能形於名字矣次從然雖非正荅下亦是通難恐有難云前若未是荅難佛所說者其意在何故次通云已是標舉建立等經喻釋現起疑中疏二一二喻下科分二正釋經翳差華亡中疏喻釋佛者佛地論云如睡夢覺如蓮華開等十義序分鈔中已釋頭一空者華也一有者翳也法合云縱使心迷者如翳有也生死亦寂如空華也經法合中疏此疑過深者非但疑於法之文義兼墮謗佛之科云佛煩惱此過非輕

經金鑛喻中疏二一金在下釋喻文銷礦石等者應設關並云鑛中本無金銷鑛金即出礦中石無金銷鍊金應生此是例破他也又云鍊石金不出既由石裏無鍊鑛得真金即知鑛中有此是反例成已義也故知真金但因銷鑛而顯不因銷鑛而有

圓覺經略疏之鈔卷第十六

圓覺經略疏之鈔卷第十六

校勘記

一　底本，明永樂北藏本。

一　三三二頁上八行「一下二釋」，徑作「下一二釋」。

一　三三二頁中一六行夾註左「不之一也」，徑作「不一之一也」。

一　三三三頁上二行第四字「一」，徑作「佛」。

一　三三三頁下三行夾註左末字「故」，徑無。

一　三三五頁下一三行「大夢之境」，徑作「大夢之中」。

一　三三六頁上一行末字「叙」，徑作「假」。

一　三三六頁中末行「棹舉」，徑作「掉舉」。

一　三三六頁下九行首字「澥」，清作「解」。

一　三三七頁上末行第一六字「目」，徑作「自」。

一　三三九頁上七行第一六字「駃」，徑、清作「駛」。八行第六字同。

圓覺經略疏之鈔卷第十七 於二

圭峯蘭若沙門 宗密 於大鈔略出

疏法合下二釋法合二一正配合疏然此下二會通二喻二一且會通四一出二喻相疏意云下二釋二喻意疏若但下三明偏取之失疏道理下四結雙取所以疏是知下二正結揀文並可知經所造離念中疏先標覺心等者諸教每雙遮對待云非真非妄等句皆不顯言是何法非真妄等但有遮而無表故中下之人因此墮於斷滅之見今直顯言妙圓覺心無菩提等實可謂為之了義疏轉依者謂菩提涅槃是二轉依果還由轉生死得涅槃轉煩惱得菩提故此義至下地位中當更釋言體雖即真者問即圓覺體是涅槃用是菩提此真實體用即是圓覺何得言無故疏荅云體雖即真等也此體字都指菩提涅槃二法自體不說對用之體智者審之經能造帶情中疏二一二能下科分二隨釋經凡心真覺中疏小聖真智者生空智也生空即是我空人空小聖理者即生空真如謂於我人空處證真實滅諦之理不但空無而已故云真如經科無實體者謂此心本自空無名為無體非但對用論體而云無體經結問中疏二一乍看下揀濫疏問前下二通妨此一段疏文理顯妙不假釋之講者必須發揚疏旨經偈諷中疏互有互無者長行無依解起行而有結問不當理偈中無結問不當理而有依解起行經深究輪迴之因疏二一第三下明科意二釋經文經慶前中疏五眼者一肉眼謂肉團中有清淨色能見障內色二天眼於肉眼邊引淨天眼見障外色三慧眼以根本智照見真理四法眼以後得智說法度人五佛眼前四在佛皆名佛眼又見性圓極名為佛眼故古德云天眼通非礙肉眼礙非通法眼唯觀俗慧眼直緣空佛眼如千日照異體還同餘義在別卷疏妙信者準大品中意不信一切名妙信也妙信是能信之智常住是所信之法今經云於大涅槃生決定信故引妙信常住以證常住是大涅槃亦可此妙信之心但能常住不退不失即妄想滅盡二意皆通

疏不執月運等者雖舉其喻意在其法法者即一切世界始終生滅等也然會中人雖領悟佛說不妨還見世界生滅等相但了之從心所轉轉相即空不執認之為實故經云無復重隨非謂眼下都不見之經問斷輪迴中云欲遊寂滅等者不住涅槃故云遊也經問修悲智中疏法門無邊等者配四弘誓中之二也菩薩初發心時必具此四今依願修道豈得離之前問斷輪迴已當煩惱無邊誓願斷今問修菩提正是無上佛道誓願成欲成種智必廣學法門故於此問中便攝此願入塵度生其文自顯四弘備矣疏少湯添氷者湯如智慧氷如煩惱少智入塵化生不覺自成塵念如將少湯銷氷湯亦成凍余昔在京城擬入山時曾有偈云投湯銷池氷氷堅湯亦凝將氷投釜裏針芥自相應說此偈已入山于今矣愛見大悲者淨名云彼有疾菩薩應復作如是念我此病非真非有眾生病亦非真非有作此觀時於諸眾生若起愛見大悲即應捨離所以者何菩薩斷除客塵煩惱

而起大悲愛見悲者則於生死有疲厭心若能離此無有疲厭在在所生不爲愛見之所覆也乃至無方便慧縛有方便慧解經結益中疏心如淨明鏡者一切衆生自心本似淨明之鏡不似塵染之鏡但六祖能和尚慧首肅清能照耀之愚夫迷倒不能照之故六祖可傳心印非六祖心獨如淨鏡也若約緣起門中漸斷習氣隨俗說之方如拂拭塵盡心鏡方明然述此偈之由已在懸談第八修證階差門鈔中具述記疏即同法華者彼經云欲令衆生開佛知見天親論判云開者無上義即雙開菩提涅槃二無上也謂除一切智智更無餘事故云無上今經云無上知見正當此義故云即同經讚許中疏本清淨之輪迴等者若於塵染中而說輪迴及差別中而談種類即爲淺近蓋是常情之事今乃三章經文已顯無明非實有體本無身心生死根塵內外無不清淨圓覺普照寂滅無二乃至一切衆生本來成佛重重開顯理智昭然今乃於此清淨之中問答輪迴之法又於無二之中問答差別種類之數故爲深奥秘密微妙之義也經無生忍者疏釋可見然法既無生即無有滅故華嚴云不見有少法生滅何以故若無生則無滅故又云一切法無生一切法無滅若能如是解諸佛常現前故信力入印經中亦有無滅忍更有餘義具如大疏大鈔經長行中疏二一次下下科分言推本末令斷者本即貪愛末即五道也此答前第一問二明種性者新熏五性也存愛修習遇諸教門熏成差別種性說令知者意在莫隨多種須契自心但以菩提心爲本莫將愛爲本也此答前第二問二正釋經約貪欲標指中疏二一謂對下釋貪欲主一直指愛是輪迴本言所貪五欲者五欲即色聲香味觸也問欲應是心何言色等答瑜伽云欲有二種一煩惱欲二事欲事即五塵今謂心起合塵塵即名欲故下云由於欲境起諸違順又無常經云常求諸欲境等疏中雖舉所貪五欲意指能貪之愛是輪迴根本指能貪愛者愛細貪麤以貪顯愛疏首標下二引三經證成謂證貪愛是輪迴之本流愛者謂無始愛之習氣任運流注相續不斷爲種者如女人欲受胎時必藉男子之種胤納想者前是分別之愛此即俱生之愛俱生之愛方能助潤於業受生故也如俱舍說男胎於母如妻想而忌於父女胎於父如夫想而忌於母遇者遇也交遘是種子現行互相資熏和合之義吸引者因緣相牽如磁石吸針同業者宿所造之業成熟今爲若人若畜等也故云以是因緣有生死矣餘涅槃佛名文皆可見疏先令下三舉喻明其斷意意明貪愛既是輪迴之本欲免輪迴先斷貪愛如樹除根即枝條自然枯朽如有偈云伐樹不盡根數數更生樹斷愛不盡本數數復生苦即斯意也疏言種下二銷釋餘文二一雜釋二一正釋天屬之恩者父子之道天性也謂天生自然相屬親愛非由強結情愛也劉向云不緣生得天屬親背向仇讎結方寸餘文皆可知矣六親者父母男女夫婦然人間亦有六親不得任運相愛者今從多而說矣因敬者如敬佛法深

心之人見三寶和尚闍黎諸善知識本因為
法教重漸成深心情愛請益雖足亦不忍去
離餘文可解恩非愛等者此四句中一恩非
愛如人曾得他種種重恩前人但是機心結
託施恩本亦不因情愛此受恩人他日或失
權位或漸貧窮其施恩人又更窮乏之甚遠
来相投此人此人忽見心大生惱將何以報
何有愛邪故云恩非愛二愛非恩如多欲人
遇端正可意之女憐愛雖甚何有恩邪三亦
恩亦愛如得朋友情人重恩或得情深女人
重恩每相聚會難忍別離四非恩非愛即是
尋常外人乃至怨家也貪與愛四句者一貪
非愛如人貪忙不是愛忙又如買苦口治病
之藥秤兩不免貪多何曾愛之二愛非貪如
人愛看相殺相打何肯貪求之又如見他外
於二　六
人可意孩子或猫狗等亦何必貪求縱與之
即未必肯受三亦貪亦愛即名利財色之類
四非貪非愛即一切違情境及平平境䟽若
對下二料揀謂約治無始惡習揀所愛之境
有順道乖道也如聞善淨真法流注於心得
其滋潤愛之不已是順道也愛父母孝也伯叔長也
兄弟悌也亦然著愛名利女色等是乖道也
約妄揀心者據不違理但隨迷妄之情即起
心動念即是乖道至於厭生死愛涅槃亦尒
問瑜伽云菩薩厭患生死過聲聞百千倍如
何今云愛涅槃厭生死皆為過患答明言約
妄情誰論菩薩菩薩但是悲智心中所為一
切非此所揀䟽又唯下二次釋其中指所愛
境亦不出前然此中意有二別一前就句數
雜雜備而列之此就損益輕重倫次言之二
前或說愛之因由或說愛境違順或說愛心
迷悟今則直論愛之體事著善若惡言禽荒遊獵
等者尚書說太康失邦因由云外作禽荒等
內作色荒等渦亂此三重愛初一有苦報之
損後二有樂報之益益中善愛劣法愛勝又
於二　七
初二順有漏之損有漏施戒等三生忘後一順無漏之
益損中惡愛重善愛輕且據漸次誘引作如
是說若就前約妄揀心及下所引經文則三
皆是障若將此三對所引經文成一對損益
謂前三乖性之損後之法愛不存心稱性之
益經約受生中料約受生以結定者既世界
四生皆因淫欲方得受生即決定知愛是生
死之本以淫欲必是愛故也䟽三一卵等下
釋此四為受生緣受生差別者卵等四異故
云差別皆是衆生所託受生之處故思業為
因等者動身之思發語之思及思當體是行
業也此為衆生善惡親因託㲉等為緣故得
生也㲉等為緣故得生也㲉是卵㲉胎謂胎
藏濕生者不因父母但託濕氣而生如微細
蟲豸等涂者是化生化生無別所託但依涂
心及業受生也故俱舍頌云倒心趣欲境濕
化染香處䟽著以下二以四配六道鬼子者
是鬼子母兒謂母從子稱兒約母名諸家䟽
論皆如此標號余意謂不必如此重疊故但
言鬼子而已既有母子即是胎生也故有鬼
母白目連曰我晝夜各生五百子隨生自食
雖盡不飽地行羅剎者揀飛空羅剎即非胎
生三十二子者或云五百然三十二多定又
鹿母夫人生大肉顆棄於池中開成五百肉
卵各生一子亦近此類柰女者有說從枯老

柰樹中濕處而生或云菴羅女即是菴羅樹也或西國此一果二名或前後翻譯不同未詳本末若此方者有人云王梵志從王家庭前林檎樹中生未詳虛實劫初者成劫之初一增減劫中世界成已未有人物二禪天福盡者下生人間是化也畜具四者正法念經云化生金翅鳥能食四生龍如次濕胎卵生金翅鳥能食三生（濕胎卵）二生（胎卵）一生（唯卵）等龍謂劣生者即不能食勝生者據此即知金翅及龍皆具四生餘獸皆胎等者然諸餘水陸禽畜之類或亦更有具四生者亦應甚多未見佛說不能具悉以此且據常人所見極多者指配云皆胎皆卵故次云然著地飛空乃至不可具分品類問何以卵劣在初化勝居後答有二釋一約境具緣多者爲首謂卵必具四胎三濕二化不兼餘故居後二約心從本至末爲次謂無明是卵即本識三細中最初業相能所未分混沌如卵既是根本故首明之無明發業蘊在藏識爲胎愛水潤之方能受生爲濕化生即從無忽有爲化故此次

之跡皆因下三釋餘文結愛爲本謂初受胎時妬忌父母父母亦皆生愛方得受身即當識等支也如俱舍說亦依業染者佛地論但云業染即俱舍世間品意偈云倒心趣欲境濕化染香處六受欲等者忉利天但相交而已郁無遺洩夜摩相抱欲情即足兜率執手化樂戲笑他化相視而已故云輕重也最後淫字貫通於上謂交淫抱淫乃至視淫餘諸異類者大海四洲異生也淫欲之相各不同也心涤氣傳者如鵁以背傳鶴以枝傳乃至雞鶵之類受性累命等者釋經中因婬而正性命此中性字不是真靈之性意說人中性命也既性命由淫下正是結愛爲本便是釋經中當知下二句經欲助中顯愛種子者愛心對境數現行時必熏依種子亦可愛性者是愛之自體故佛說心境如黑白二牛非黑牛縛白牛亦非白牛繫黑牛乃是鞅具羈鞅縛二牛令捨離不得羈鞅如貪愛也經更依中顯欲謂貪淫者問前云欲是五塵此復云貪何也答欲者非定屬心非偏是境或是塵

欲或是貪欲或是淫欲或是善欲今經云欲因愛生通於貪淫二也評之可解經科起諸業報者業有二義一動作義即是行支二爲因義即是有支報是苦果是酬因義即生死二支也別釋中善惡不動三種業者即大經六地中罪等三行也彼經云凡夫執著常求有無不正思惟起於妄行謂罪行福行不動行釋曰罪福二行即此善惡二業不動名同謂由迷異熟因果違正信解起感三塗總報惡業及人天別報苦業皆名罪行由迷真實義故不知三界皆苦妄謂爲樂起欲界人天善業名福行四禪八定靜業名不動行經科惡業苦報者以三塗惡果是不可樂故名苦酬前惡業故名報此通依正二報下隨類別指經云境背等者如舉不及第選被駁放瞋恨侍郎況所求欲遂被人障隔破敗等如此等類人間約百千萬般不可具載既殺害過惱種種之相即怨怨相報無有斷期此皆從慎起惡業也亦可下從貪起於惡業也文易可知前則殺生兩舌惡口等三不善業偏增後

則淫盜綺語三不善業偏增妄語通二成七支業其貪瞋癡即能起也故都名十惡又過惱陵辱飲噉皆入輕收非十惡數若約犯十重戒即應加酤酒慳自讚入於貪中其瞋及說過謗佛入於瞋中癡通二毒故不別說又因貪瞋破戒皆名愛羅剎因癡破戒名見羅剎癡者別生異見言無罪等非如牛羊之類其所依罪相亦不離殺盜等故不別說又癡人亦有平平不能作善作惡同於無記故此不說不說無記之報但言善惡之報亦此意也細窮亦有其相隱劣故不說矣

叅　土

圓覺經略疏之鈔卷第十七

圓覺經略疏之鈔卷第十七

校勘記

一　底本，明永樂北藏本。

一　三四〇頁上一八行首字「帶」，清作「滯」。

一　三四二頁下八行「觭等爲緣故得生也」，徑無。

一　三四二頁下一〇行第二字「豕」，徑、清作「豸」。

一　三四三頁中七行「戲笑」，徑、清作「戱笑」。

一　三四三頁下一八行末字「慎」，徑作「瞋」。

圓覺經畧疏之鈔卷第十八　於三
圭峯蘭若沙門宗密　於大鈔畧出
疏故華嚴下證的有三惡報非唯地獄餓鬼也經
善業樂報中疏二知要下畧銷經文疏判云下二
別釋妨難二苦樂相違妨者夫未出三界無非
苦果況此具有八苦五衰所截殘害等而輒判為樂
其故何邪答此實是苦今且就前三惡道苦苦之報
而判為樂也故疏云據相言之八苦者謂生苦老苦
病苦死苦愛別離苦怨憎會苦求不得苦五盛陰
苦五衰者如經中說有諸天子將欲沒時五相先
現一衣垢染現二華鬘萎顇三兩腋汗流四
體便臭穢五不樂本座時彼天子寢臥林間
所有婇女與餘天子共為遊戲彼見此已生
大憂苦復受陵蔑悽慄之苦由有廣大福聚
成就及廣大五欲天子生時所餘薄福諸舊
天子見已惶怖受大憂苦此上所說通六欲
天其下二天又受所截破壞駈擯殘害之苦
由與修羅共戰諍時天與脩羅互相違拒即
執四兵仗謂金銀頗胝琉璃共相戰鬪爾時
諸天及與脩羅或斷肢節或破其身或復致
死若傷身斷節續還如故若斷其首即便殞
歿天與脩羅互有他勝然天多勝力勢強故
然其彼天若為他勝即退入自宮已諸同類
更不慰問有此因緣便懷憂感若天得勝便
入脩羅宮中為奪其女便起違諍若脩羅得
勝即入天宮為求四種蘇陀味故共相戰諍
復有強力天子纔一發憤諸劣天子便被驅
擯出其自宮是故諸天受三種苦謂死墮苦
陵蔑苦所截殘害驅擯苦疏若於下二通五
六有異謂脩羅於諸經論中或有別開為一
道即有六道或有便於天鬼畜中攝者即唯
五道也經科不動業報者四禪八定業成色
無色界等報因果俱有不動義故疏二一知
其下釋禪定禪定者總相言之即曰八定皆
同以善等持為自性故若就別言色界即曰
禪無色但曰定以具支不具支止觀均不均
有差別故又大小乘聖凡所修大同小異凡
夫即苟且欣上殊勝厭下苦等而修入二乘
為厭生死欣上上地斷下下地惑求出三界
修禪定也若諸菩薩但為隨順法性化生降
外道引小乘示現修習而入禪定（廣如別卷）故凡
夫修感報不越有頂二乘修此永出三界菩
薩示入神通自在廣為利益及其所修體相
名字欣趣證入即大同小異今經即唯是凡
夫所修也然大疏中於此具有釋名出體辨
相一一委明此疏既略之今亦但撮略大意
銷文而已疏四禪者梵音禪那此云靜慮謂
於一所緣繫念寂靜而審慮故四無色定有
靜無慮欲界等持有慮無靜唯色界四得受
斯名四但依次不別立稱若分別者一尋伺
二喜三樂四捨定者心一境性四無色界皆
唯定也言無色者超過遮害有色法故前三
從加行得名有頂昧劣當體受稱謂以六行
（猒下苦麤障　欣上淨妙離）伏下地惑展轉得上地定謂離
欲惡不善法有尋有伺離生喜樂住初禪滅
尋伺內淨一心定生喜樂住二禪離喜住捨
有念正知身受樂住三禪斷樂先除苦喜憂
滅不苦不樂捨念清淨住四禪四無色者超一
切色想（過眼識想）滅有對想（火四識和合想滅也）不念種種
想（不念意識和合想）入無邊虛空住無邊處

空處超空入無邊識處住心緣內識作無邊行相故以爲名超識入無所有處住內外皆無也何故須捨事念麁故心於所緣捨諸所有寂然而住也超此住非想無下七地明了之想非非想有昧劣想處此中不出三界者由緣無想境即是細想外道不了謂爲涅槃著知此患更求上進求上進時上無所緣竟無所得故滅而不轉則得滅受想定若未得此定厭想爲先後想不行則入無想疏上二下二釋受報經云便現等者正明受報也即前禪定所感色無色界之報也據色有無以得名界者分齊欲界雖亦有色約麁重立名揀於色界耳餘文詳之可知經總結中疏前指無明者即文殊章中以無明是生死根本此標貪愛者即此彌勒章以貪愛是輪迴本發潤者發業潤業也謂無明能發業愛取能潤業據諸教中多說無明發業愛取潤業之義此經亦具之故云備矣然十惡等者明斷不斷意一向須除者如普賢行願經中但懺惡業也但除病者十善八定雖不悔除能發此業之無明能潤此業之貪愛即須改悔行心用意不得依前經正勸中疏先斷此二者貪欲約對外塵愛渴約內心相續故云二也事起者造業事也心者發心也即無明貪愛次句可解自報以觀事等者以果驗因自然怖苦息惡欣樂興善故云可變變惡爲善舉事下以造業過患訶責欲造業之心如何隨逐無明用爲郎主承事貪愛以作魔王心即悟其下劣自墜自損故能反也

林三 四

經通妨中疏二一二通下敘難意疏菩薩下二釋經文云同事者同其所作之事而益物也則四攝法中之一餘三即布施愛語利行也衆生病則菩薩病者即彼經問疾品文殊問言居士是疾何所因起其生久如當云何滅維摩詰言從癡有愛則我病生以一切衆生病是故我病若一切衆生得不病者則我病滅所以者何菩薩爲衆生故入生死有生死則有病若衆生得離病者則菩薩無復病譬如長者唯有一子其子得病父母亦病若子病愈父母亦愈菩薩如是於諸衆生愛之若子衆生病則菩薩病衆生病愈菩薩亦愈又言是病何所因起菩薩病者以大悲起等經頌益中疏三一先能下正釋疏故首下二引證疏問從下三問荅通妨並如文詳之經明種性令知疏二一二明下總明大意由前說等者指前金剛藏章中文也前已釋云但住有爲即屬輪迴心也經初列輪迴之相云始終生滅有無起止往復取捨等雖有衆多不離動靜皆上字是動義下字是靜義約世

林三 五

間說動是欲界靜是上界若約佛法中說動是三界靜是二乘或動是菩薩靜是聲聞下經云動念息念皆歸迷悶若釋始終云證得菩提涅槃爲始斷盡煩惱爲終正是五性修斷行相故皆屬輪迴心矣又云以輪迴心生輪迴見入於如來大寂滅海終不能至是故我說一切菩薩及末世衆生先斷無始輪迴根本是故者由是用輪迴心之故也上下文連故知菩薩若未了圓覺雖欲除二障而修六度求無上道亦屬輪迴心也根本者愛也先令斷愛則異於五性用本貪欲思度佛境者非唯攀緣世間至於思佛亦輪迴心彼一章經旨趣皆爾若但取文用即思者文云用此思惟辨於佛境猶如空華復結空果度者文云以思惟心測度如來圓覺境界如取螢火燒須彌山終不能著皆輪迴者輪迴心也故彌勒問下意云佛比說諸大小乘只言起惑造

業是輪迴心令乃觀佛求證亦屬輪迴心行不知輪迴都有幾種而令麁細心智皆不得免由本貪等者義如下釋可引來成此一段意二別釋經文經標因依中跡厭惡樂善等者釋經由本貪欲發揮無明顯出五性差別不等之意也然五性學人皆發出離之心皆修定慧之行但緣不了本覺自見定是衆生遂欲斷障求真厭凡貪聖貪聖之念還是本貪所貪三乘既殊能貪隨教亦異故跡次云積習既深遂成別性復有三皆不定復有錯入邪塗由是激發無明遂成五性差別經言發揮者發揚分布令顯彰也御注孝經序云令存于跡用廣發揮是此意也然根本無明但迷真而已本無差別由貪欲不同故熏發之令成五別跡楞伽下引證經依二障現深

於三　六

淺者既由不了本覺則唯將一障為本故依伏斷現深淺也頓宗了衆生本有覺性則以覺性為本故論云依覺故而有不覺今五性學人既不了之故唯以二障為本也依伏斷者經中所云依二種障而現深淺是故或伏或斷或半或全深淺等差因成五種不約障體說深淺也跡若遇菩薩等者遇菩薩說大乘遇佛說最上一乘

人既轉勝法又轉深故障轉淺言相望者以遇二乘其障猶深遇菩薩漸淺以菩薩望佛遇菩薩猶名為深遇佛轉轉極淺餘前兩重文顯不釋可詳而說之經科所依二障者然此二障有體有義義同唯識煩惱所知謂事是煩惱煩惱即障又能續生死故理是所知所知非障是障障於所知理故體即起信根本無明及六染心染心各一分義六中各二義一不覺義二相生義令取相生也跡依起信釋者緣此經中立二障名與諸處稍別故標依論釋亦復不同廣

於三　七

有會通具如大跡大鈔今但銷釋本義而已跡根本無明者出理障體也不達下正明障義此中所障之法須識其體經中所言理障但是標名礙正知見正出體相此宗以知見為理故故經與論每拂病窮法皆歸覺心不以空寂虛無便為真極真知是流出涅槃如昨夢圓頓宗教顯體皆然故華嚴亦以真智為所迷法文云無一衆生而不具有如來智慧但以妄想執著而不證得智本有而未證即知不以斷證方為智也若離妄想一切智無師智不因學得自然智不因修得無礙智

[illegible]即得現前故知智慧知見是所障理根本無明以為能障然此無明即依真心而起親迷真心勝鬘經中名為無始住地無明故論中有根本枝末二種不覺此根本當體有不覺義復有能染義能生義九相六染及染中枝末不覺皆從此生故論五意後結云當知世間一切境界皆依衆生無明妄心而得住持故云不達等也然法界總具三諦真心即第一義諦性字即真諦相字即俗諦此三諦理既由根本無明不能了達故名障耳跡故彼論下引論釋也所引論文但取義勢相當之句不具引文若欲具者文云是心從本已來自性清淨而有無明為無明所染有其染心雖有染心而常恒不變是故此義唯佛能知所謂心性常無念故名為不變以不達一法界故心不相應忽然念起名為無明染心者有六種次下便列六名也言不達一法界者通論理事即具真俗等三諦法義也心不相應者未有能所王數之別此顯無明始起極甚微細夫心數之法麁者有能緣所緣

行相顯著故所緣境與能緣心相對相應今此雖一念動未有心境之別故云不相應也忽然者無所從來亦無所因由不覺起處故曰忽然佛頂云昔本無迷似有迷覺更無深法能與此爲本故云忽然跡六深心者出事障體也三細乃至續生死故是釋六深心當事障之意準論枝末不覺中復有九相謂三細六麁今云六深即是三細四麁約生起云相須具說九約伏斷云深唯取前七合爲六深深著淨心唯是此故具九相中三細四麁故論次下以依深心（一念動也此是初細）能見（二細）能現（三細）妄取境界（初麁）餘在論之前文六深者一執相應深（三四兩麁）二不斷相應深（第二麁）三分別智相應深（第一麁）四現色不相應深（三境界相）五能見心不相應深（二能見相）六根本業不相應深（第一業相）第三第四兩麁合爲第一深餘三細二麁從麁展轉向細逆次配五深（深即順次麁細即逆次也）深是障義約伏斷位以明之故從麁至細九相約從本至末約生起次第故從細至麁今由就六深次第故成逆也然深是惑障非業非報

故不配五六兩麁又六深心各取一分義謂六中各二義一不覺義二相生義今取相生也即此事障深汙淨心展轉相生乃至執取計名能起諸業皆是連續生死義故各餘一分（不覺義也）及根本無明皆前理障覆翳法界真心不覺妄心生起不達諸法性相是礙正知見義（若準依法相宗說則二障數同用別）跡故彼下引論釋也爲無明所深有其深心者論前文云依不覺故（無明）生三種相（六深中後三也前三即是四麁）故彼跡云無明爲因生三細境界爲緣生六麁深心義者明障之行相亦名障之業用彼論云礙但名異也彼云煩惱此云續生死義是一也煩惱體是貪瞋等能續生死正是此法故前云欲脫生死免諸輪迴先斷貪欲等言等者等於餘文論具云深心義者名煩惱礙能障真如根本智故（即寂之照如理智也故下說真如自體本有真實識知大智慧等即經中知字深心喧動違此寂靜故云障也）無明義者名爲智礙能障世間自然業智故（如量智也言自然者如月無心頓應千水）（即經中見字又知見俱通前是知見之性此是知見之相無明昏昏無所分別違此智用名爲智礙理難但云理障而實通於理事論局於事智礙理障皆從所障得名）問準

論配經障真如智全合取爲理障世間智全合取爲事障如何上配以此參差答上已明言此障有義有體體在此論須如上配義同唯識與此相違（此論藏跡亦云今此二障約本末相依門以明不約人法二執故與唯識義意稍殊）然通釋理事二障就障理智令不明顯俱名無明就障心行令不解脫俱名煩惱經以宗於理智故總取論中二障合爲理障（真如世間是理二智是正知見皆所障也無明及深中一分爲能障即前上對）唯取深中生起一分爲事障此但約過患以爲障義無所障法若欲立之即解脫是生死相續不解脫故（所障是解脫能障是煩惱即前下對）以解脫無體攝歸真理故含其義不立其名論則但約相違爲障故六深却障真如智無明却障世閒智因此涉於相反故論自徵云此義云何（數能所障不相應之意也）釋云以依深心能見能現妄取境界違平等性（深心展轉生起差別真如平等故相違也成前上句）以一切法常靜無有起故無明不覺妄與法違故不能得隨順世間種種智故（無明寂然世智種種故相違也成前下句）廣如彼說者具釋此義廣如彼論文跡文經徵中跡大同小異者法則四同（繁閒緣懸）

菩薩及不定性一異第五性者彼云無性此云外道性也又彼開二乘
各說今合而辨之又法同文異經科熏成五
性者此五性經中文意甚不易識但是傍說
有五類人於五性教或宿熏種子成熟或今
生稟教作如是發心如是見解意擬如是修
希望如是證即是如是類人非佛教示令如
是如是修證也佛示修證在末後文此簡略
之經必不於一科中更重說也大抵是說他
見解心意非佛自道令如此也但作此意詳
經即不迷謬不者甚難疏合辨二者二乘合
為一處說故據五性合有五段以二乘合為
一科故唯四也若直合二乘為一性却取次
前一唱經為無性五段經文還成五性者應
云一無性二二乘性三菩薩性四不定性五
外道性緣諸經諸論並以二乘為二性合外
道性同一無性故依諸文又無性非新熏之
義故不取也經二乘性中疏故云除事等者
事既是六染疏中雖云未除三細猶據根本
若就體而論二乘只斷得第一執相應染也
但約親能起業續分段生死義其五染不障

出離三界故聲聞未斷疏雖至長者下法華
中窮子之事序中已引經菩薩性中疏以辨
其相者欲說菩薩性人或過去宿習發現或
今聞教生解等所見之法義所創修習之心
意故約地前登地相以顯之也經中所言先
當者似令修證不似分別五性此則譯人訛
也應云唯先發願又應改悟為順義則明矣
則唯改兩字但借本文讀之勿治經卷中字
讀云唯先發願勤斷二障二障已伏即能順
入菩薩境界此中亦只先願斷障不先了心
故未免輪迴心矣既未覺了真性二障又已
伏之不行故心行自然潛同菩薩故云順入
經不定性中疏以已證知一切等者例如前
一身清淨多身清淨也經言逢善知識者三
乘之師因地法行標心創意根本心也文殊
章初三重因中前證衆生皆有圓覺義當第
一了達覺性此當第二發菩提心但以所好
不同遇教各別故疏云欣趣有異謂欣出離
趣解脫欣佛果趣行位等疏遇於勝教皆成
者自能聞信後遇圓宗故不揀大乘小乘之

根皆成佛果此釋頓也反明等者雖是圓信
若志趣狹劣不遇圓頓勝緣則熏其根性成
二乘等此明漸也由此義故名不定性云文
無者明經文闕略也故上標頓漸者意明此
一唱經合頓漸義若不爾者何以前標中則
云修習便有頓漸後至釋處而乃唯釋頓邪
智者詳耳經外道性中疏二一內心下銷此
文言亦例此知等者應云遇權教者未得頓
悟是則名為二乘等性彼師偏局非衆生咎
疏然餘下二會諸教經答修悲智疏二一二
答下躡前顯意二正釋經文經悲中疏如觀
音三十二類者法華普門品廣說觀音功德
已無盡意菩薩又問佛觀音云何遊此娑婆
云何為衆生說法方便之力其事云何佛言若
有國土衆生應以佛身得度者即現佛身而
為說法下支聲聞梵王帝釋自在天大自在天天大將軍毗沙門小王長者居士宰官婆羅門比丘比丘尼優婆塞優婆夷諸婦女童男童女天龍夜叉乾闥婆阿修羅迦樓羅緊那羅摩睺羅伽人非人執金剛神一一例初佛身之文是觀世音成
就如是功德以種種形遊諸國土度脫衆生
疏或為眷屬親友者順境也引之以入怨家

者逆境也怖之令入又華嚴經中說善財所遇善知識婆須蜜女及無厭足王即斯類也疏必發度生願者悲智願三是菩提心之體故最初發菩提心者必須具之如金剛最初便說四生九類皆令入涅槃憶昔願者昔發

心時與佛齊功云何今日心行如此試校量道理昔發心願是邪如今心行是邪自然覺悟令時却不如初發心時即驚怖慚愧自策自勵而求常住所爲所作不是隨情情者愛則度之憎則捨之故下我相中文云若復有人讚歎彼法即生歡喜便欲濟度若復誹謗所得者便生瞋恨令但依願力而行不隨念力而動矣經智中疏隨五性者亦是隨情之義謂宿世熏習何法而成其性今生便隨所熏法任運好樂今言不隨者習此宗人必先

已推察道理揀擇師友教理真正方發大心故云於大圓覺起淨上心故長時但稱本所發願力而行忽因見諸宗諸乘或人或教或技著宿習便欲改志就彼故云不隨五性五性是摠指之辭其實但不得隨二乘外道等二種性也如

悲中說者意義雖同行相稍殊前於怨親之境逢則普度此於苦樂之行遇則皆爲也疏理雖等者佛頂云理即頓悟乘悟併銷事非頓除因次第盡經云清淨法殿者殿是王者常所居處令借用之法王宮殿有二若受法

樂即涅槃宮殿若令他同已即慶慈悲宮殿障盡常在解脫故喻如殿也華嚴第一卷初亦以宮殿喻於涅槃涅槃即解脫也莊嚴者比來未證諸法諸法但空但假其圓覺超絕空假迥然獨立不名莊嚴令願滿全證一境三諦一心三觀觀諦無二故諸法一一融同圓覺圓覺具此無量無數一切諸法是莊嚴之義也疏疆域者如國界王都三京文物五陵煙月觸目皆是圓覺疆界境域然法殿嚴域亦可各通喻解脫圓覺二法但以解脫是

一向超絕之義非莊嚴之流類圓覺與諸法本末融攝離於諸法無別所在無可住處故與宮殿亦非流類以此經文各喻一法也經偈諷中疏示所斷長離等者長行中分根本枝末各别說之今此偈但云貪欲生死不一

一說欲助成因展轉更依起諸業報故故合而略疏勸令等者離合可知次後七句諷悲智於中初三句悲後四句智釋彌勒章竟

圓覺經略疏之鈔卷第十八

圓覺經略疏之鈔卷第十八

校勘記

一　底本，明永樂北藏本。

一　三四六頁中一一行「維摩詰」，徑、清作「維摩詰」。

一　三四八頁中末行夾註左第三字「局」，徑作「句」。

一　三四八頁下一行第一三字「障」，徑作「障障」。

一　三四九頁中末行首字「者」，徑作「等者」。

一　三四九頁下五行第四字「合」，徑作「含」。

一　三四九頁下一六行夾註右「下支聲聞」，清作「辟支聲聞」。

一　三五〇頁上一二行「所得者」，徑作「彼所得者」。

一　三五〇頁上一八行「或投著」，徑作「或投者」。

一　三五〇頁中末行「枝末」，徑、清作「枝末」。

圓覺經略疏之鈔卷第十九 於四

圭峯蘭若沙門宗密 於大鈔略出

經略分脩證之位疏三一此下下躡前顯後疏言略下二解科意三正開釋經慶前中疏未曾聞見者問說此經時在法華先爲後在後若先則是權教被法華破若後則法華已說此何未曾荅序及懸談已明言此是別教一乘非法華通教一乘之說不必相例此頓教不屬三時五時之數況淨土中說何定先後各隨勝劣之機見聞不同廣如前辨此對十萬大士特留末世頓教言未曾見者但以遇立相破相得聞者多此教難聞希聞故爲末世當機示現留此言迹耳經長行中疏二一正說下科分二隨釋經徵釋中疏然前輪迴等者問輪迴脩證倒正懸殊顛倒妄執任許空無順理脩行云何亦爾荅覺性不生不動不變何有初後倒正之殊即知對待得名二俱無性然倒似岸移隱於住相脩如現像不驕鏡明又岸雖似轉理實不移鏡像雖空理實現像像有假相轉相全無由是倒正懸殊空理有異以喻對法道理昭然智者審之令斯明現經喻中疏又如眼光等者前云眼光得無憎愛中已釋此義但約等者既無分別憎愛偏頗此多彼少之義故云平等不是有人心平智巧能均攤分布令不偏頗名平等也故云無能作者經功用中疏前三等者如信位覺業不起爲滅不覺惑爲未滅賢位覺異相不覺住相聖位覺住相不覺生相皆以覺爲滅不覺爲未也若約此經本文則信位勞慮滅淨解未滅賢位淨解滅見覺未滅聖位見覺相滅照寂不滅疏夢渡河者未撿圓明證悟等者八地即是故無相無功用也問後有三重細障未盡何得圓明荅此地是圓證之初自後稱性之智任運流轉細惑任運自盡都不更加功用故說圓明其實佛地方爲究竟圓明也此猶約行布門說若圓融門初住即是故志公云大道不由行得說行只爲凡愚地前之人及地地出觀散心者皆爲七愚故所斷之障名二十二愚得理反觀於行始知枉致工夫初即入地究竟即佛然亦不枉經功極中疏非謂起心等者問既云順如來寂滅豈不是別求邪荅自心寂滅即是如來寂滅非別求他釋迦彌陀心外無別如來故經證位階差疏二一二證下科分云證位階差者然脩證地位五教不同一小乘果別非此所明二大乘始教定有地位自爲三說一依唯識五位一資糧位從初發心乃至未起順決擇識爲趣正覺爲度有情脩習福智順解脫分二加行位爲入見道復脩煗依明得定發下尋伺創觀無所取法頂依明增定發上尋伺重觀無所取法忍依印順定發下如實智印無所取順無能取故世第一依無間定發上如實智印無二取伏除二取順決擇分三通達位亦名見道謂初入地無分別智實證真如四脩習位始從初地住心乃至金剛無間爲斷除障證二轉依從數脩習無分別智五究竟位金剛心後解脫道中初得二果利樂有情窮未來際二者攝論說有四地一勝解行地餘三即見脩無學三瑜伽等說有七地一種性二勝解行地前三淨勝意樂初地四行正行二至七地五決定八六決定行九七到究竟十地如來雖立爲地三終教假說位地亦有其三一仁王五忍謂伏忍信忍

順忍無生忍各上中下寂滅忍上下二瓔珞六種性
一習二性三道四聖皆云種性五等覺性六妙覺
性三天台六即謂理即及名字觀行相似分
真究竟等即四頓教無位之位即此經及起
信論翻妄四位言無位者論翻四位云而實無有始覺之異本來平等同
一覺故經即就實言無證得約妄說別也如下所明五圓教驗通
位地即華嚴經略有七位第二會說十信第
三會說十住四說十行五說十向六說十地
第七會初六品說等覺次三品說妙覺然後有差
別平等兩重因果上皆差別也後兩品說平等因果廣有五十二位謂
前五各十等妙各一諸教說十信等覺或開或合華嚴俱開故五十
二也然因該果海果徹因源行布圓融二無礙
故具釋此等諸位行相廣如大鈔所明二隨
釋經依位漸證䟦六一初中下列四位一信
位者然約圓頓之宗此位是萬行萬德根本
初心同佛方名信故不信自心是如來藏非
菩薩故發心畢竟二不別如是二心先心難
故故華嚴特開一會六品說之此經起信皆
開爲一位攝漸教中多不開者彼但信教便
名爲信未必悟解故如道上輕毛隨風不定

故十千劫備方入初發心住二賢位者合資
糧加行也就中取加行行相約觀智故三聖
位者親證真如故名聖也合見脩二道爲此
一位於中偏取見道行相以證真行相通十
地故四果位者唯妙覺也即究竟位䟦此四
下二配四相言遂次者一斷於滅相二斷異
相三斷住相四斷生相逆於生起之次故也
以生起即從細轉至麤除即從麤至細細難
斷故䟦然心下三舉意總釋良由無明熏真
如義如普賢章中故涅槃經云佛性隨流成
種種味等本論云自性清淨心因無明風動
等先際最微等者佛性論云一切有爲法約
前際與生相相應約後際與滅相相應約中
際與住異相相應初者謂由無明不覺心動
轉彼淨心名爲生相二者謂此無明與前生
相和合轉彼淨心能見能現分別相續行相
猶細法執堅住名爲住相三者謂此無明與
住相合轉彼淨心乃至此位行相稍麤執取
計名發動身口令其造業名爲異相四者謂
此無明與異相合轉彼淨心至此後際不了

業報廣對諸緣造集諸業滅前異心令墮諸
趣行相最麤極至於此周盡之終名爲滅相
是故三界四相唯一夢心皆因根本無明之
力䟦令因下四翻之以成四位謂本因不覺
之力起生相等種種夢念動其心源長眠三
界流轉六道故今因內外熏力益本智損倒
情乃至心源遂成四位階級非圓覺性有斯
行位之別䟦今以下五標示釋儀問若造論
䟦即釋論今造經䟦但釋經何以將論忝之
令難解邪答今意在解心破倒正等法爲解
不以解文爲解若不對論文却難徹見脩斷
心相今以論釋意在明顯云何却言難邪且
佛說經意趣難解當時機勝對面不妨有悟
入佛滅度後時移代變人機轉劣何由解了
故諸菩薩慈悲造論解釋指示或取諸經中
法義都作義門一時解釋名爲宗論或各就
一經一部隨文解釋名爲釋論準龍樹菩薩
摩訶衍論中說馬鳴菩薩約一百本了義大
乘經造此起信論即知此論通釋百本經中
義也此經亦是其數但彼論立名小殊若不

憑菩薩開示之文如何疑情決了故須以論
爲釋義之定量也前後有廣用諸論處其意
皆然又論但約覺染麁細經約悟淨勝劣今
用論者分齊一也又因互顯兩義俱通六正
釋經文經信位中疏二一初信下叙論二釋
文經標凡夫中疏此句我見者是第七識中
四惑文一數謂執我者是第七識此識中有
此四惑故又亦可將此四惑通配二句經文
謂妄想我即我癡我見及愛我者即我愛我
慢言下自有文者淨業菩薩章四相門中釋
也共執我過患又已在二空門中釋了經聞
法悟中疏即內熏者意云本覺內熏爲因前
遇善友聞熏爲緣由內外熏力心起厭求因
緣既備則心性朗然廣明熏習如論所說疏
寤時覺夢者此意雖易不照心者難見謂夢

於四　六

之有無反覆二說一約虛妄之相言之眠時
無夢以見是覺故前云夢不自知念心生滅覺時有夢方見一夜來正
空寂文二若約真實之性言之即眠時有夢
故作覺時無夢一所觀空故心境迷悟之見一一
對喻可知今云殘者如覺時夢境現也明者

知其是夢知其皆空也空不壞所觀之相故次
云即知勞慮等故禪家有日光隙塵之喻
經息妄中疏絕求作者不造諸業雖隨順法
性脩助道法而於心行無求無作故言絕也
經賢位中疏二一二賢下叙論覺於念異者
論具云如初發意菩薩等覺於念異念異者計我代
所貪瞋見愛等念無異相以捨麁分別等貪執著相故
皆違順境名相似覺循夢住故言念異者即上所說
迷前違順等法更起貪瞋人我愛見執相計
名發動身口等也前引論文依諸凡夫取著
轉深等念無異相者心念未除但覺此念無
異相也疏見前下二釋文見前等者謂淨解
之念亦是麁分別等如論中說能知名義亦
是無明厭苦欣樂是妄心也正當此位者即
此覺異念之覺是經中所住之見覺此覺非

於四　七

真故配爲論中相似覺疏結地前證覺者佛
頂經云之彼四善根中頂地之文亦是地前行相故取爲證如登高山
身入虛空下有微礙名爲頂地此亦如是諸
礙既盡如身處空見覺猶存如彼微礙彼說地前
頂位又唯識論加行偈云現前立少物謂是唯

識性以有所得故非實住唯識意亦同此經
聖位中疏二一三聖下叙論文云覺於等者
論具云如法身菩薩等九地皆同覺於念住四種相也
念無住相知法唯識不起麁執以離分別異前人執及著外境故今
約心但云分別麁念相故又異生相故云麁念名隨分覺細念既在
覺道未圓二釋文經悟前非中疏即論中覺於念
住者經下文云常覺不住良由覺住故不住
也經明證相疏二一二明下總叙義準大疏
有其二意一者果海離於說相以不可言障
而不證斷而證故故十地但說一分故下文
雖寄對強說而但言障礙即覺等無別顯相
二者因門可寄言說又有二門一證理法界
二證餘法界理中有五一能所歷然謂以無
分別智證無差別理心與境冥智與神會如
日合空雖不可分而日非空空非日光始教二
能所無二以即體之智還照心體舉理收智
照體即寂舉智收理寂而常照如一明珠珠
自有光還照珠矣終教三能所俱泯謂由智即
理故非智理即智故非理同時互即故互奪
也又直顯本覺心體非能所故故此文云常

覺不住不住即離能所失義顯四存泯無礙以前三門說有前後體無二故謂必因能證方悟心體本絕能所故喻先因斷頭方無能斷五舉一全收上列四門欲彰義具理既融攝開合寧殊次證餘法界者謂以無障礙智證無障礙境境智難思復有三義一開能所二合能所三攝開合三義具如大疏所辨今此經文當前證理疏言如日合空者喻顯相宗證道理智體殊即五門中當第一門也如珠自照者即況性宗證道理智不殊即後四門之意非如外智能證於如亦無智外如為智所證故疏次出所以云但是本覺顯現非能所故其無礙境智寄在後果位中說之二別解文經法中云常覺不住者念念知無所得故照與照者等疏四一能所下略釋可知疏故唯下二廣釋三一引偈疏智無下二以偈釋經取彼長行釋偈義意開而用之以釋經文今具引彼文照之自見疏意文云若時菩薩於所緣境無分別智都無所得不取種種戲論相故爾時乃名實住唯識真勝義性即

證真如智與真如平等平等俱離能取所取相故心能所取俱是分別有所得心戲論現故此但偏遮有漏然後得智亦有戲論之相今亦離彼相也顯彼文下三通妨難曰此偈是初地入心見道位中之偈今經此位者通於十地兼備賢位合為一位如何偏以此偈釋經故荅云彼文雖局見道等也前已頻言此經宗於觀智其每地之中種種行相此不備列法爾自具又地者喻智不喻位中別行故華嚴十地品正說地體有十二行經唯論證智餘之行相並名寄位說行不名為地故知地地皆證真如證相無別即明見道義通十地文局初地但所斷之障麁細不同所證真如隨地義別非證理時別有行相故諸經皆無加行及見道位者由每地皆有加行根本後得三種智也今世親菩薩通取十地證理行相以此地創證創斷義相顯著故故云證理之義十地無殊疏亦可下三揀前重釋疏此則下四結指本論文並可知經喻中疏自斷頭者此喻未證真時即無能證之義真若已證真外復無別能證之

智異於真也若斷障及遣前諸礙而說則應云若未斷礙即無能斷之義礙若已除復無能除之智若存能除之智即是有障礙而可除斷深乖性宗之見故云爾也經不住教疏二一二不下總敘意不住名真解者即無說無示無聞無得為真說聽也故王縉相公述法華天長小疏序云於文字不著乃能解黏反經故華嚴等者彼文具云為欲救護衆生轉更推求世出世間諸利益事而無疲厭故即成就無疲厭心成就無疲厭心已於一切經論心無怯弱無怯弱故即得成就一切經論智獲是智已善能籌量應作不應作於上中下一切衆生隨應隨力如是而行二別科釋經標喻釋中疏夫設言象等者即周易以忘筌蹄得魚兔以此忘言象而得意已如序中具釋雖云忘也必須假之故云設也然言是語言宣說此即可知象者何也象者象也似也謂取似象之法為象令見真理周易有大象小象以顯易道即其事也六龍象於陽德變化無方佛說圓極之理言之不及多以喻況皆此

類也若更深而論之則名言所顯之義亦皆
是象不論譬喻以理畢竟言不及故謂聞教
生解義相生時亦是變影起故無言象而倒
惑者出取捨之過也若衆生不遇善友不聞
聖教曠劫長守倒見終無自悟之期故經偈
云譬如闇中寶無燈不可見佛法無人說雖
慧不能了執言象而迷真者謂但守教不求
旨歸是執言也縱求義理但隨文生解便爲
真實不能以教而爲明鏡照見自心不能以
自心爲智燈照經幽旨是執象也故經說云
不了自心何知正道等文十地論云隨聲取
義有五過失如覽鏡時本面見面便執見者
爲實且不轉更成迷故云執言象而迷真也
標月之指等者標指志音標舉亦是指示之義
即標指天月之手指故云標月之指謂以手
指標舉指示月輪矣餘文可知證實忘標者
傍文照理勿照於文傍指看月勿看於指正
見舉指便勿看指不是且看後始棄之如正
聞法時正看經時便勿滯情於文字不是先
有後捨此意隱密講聽二十細意審之故佛

須云如人以指指月是人應當看月不應看
指若復看指非唯忘失月輪抑亦忘指經界
位中疏二一四果下叙論言滿足方便者是
方便道一念相應是無間道從最後一念相
應更不間隔便是佛果從覺心下乃至細念
故即解脫道也覺心初起心無初相者根本
無明依覺故迷動彼淨心令起微念今乃覺
知離覺無別不覺即動心本寂如迷東爲西
悟時即西是東更無西相故云無初相也前
三位中雖各有所覺以其動念未盡故但言
念無異相念無住相今此究竟位中動念都
盡唯一心在故直云心無初相上皆藏疏今
更評曰此有二意一者覺是能覺之智心初
起是所覺之業相覺此業相本空名無初相
也心字是本通於真妄即此心起便是業相
即此心本無初起之相便是心性二者兩句
都說始覺創滿之相初者始也此覺心證極
出夢初始起時元無初始之相以即同本覺
故如本心識從轉覺時似初起然更無別以心識新得即是昨日前日今日識故
遠離微細念者業識動念念中最細也即是

生相今由覺照永無故上云心無初相得見
心性者微細念相盡故真性顯現也前三位
中相未盡故不云見性心即常住者前三位
覺未至源猶有業識起滅不云常住今生相
夢盡無明風息心海浪歇湛然常住究竟覺
者前未至源夢念未盡求滅此動望到彼岸
今覺本不流轉亦非始靜常自一心平等平
等始不異本名究竟覺乃至四相俱時而有
皆無自立本來平等同一覺故二釋文經明
境中疏二一總標下通釋總標三一述大意
疏即論下二配論見性常住者是究竟義故
經及論皆云究意覺也疏又若下三銷經二
一直銷經文障礙即覺方究竟者即是論中
四相本來同一覺也又究竟覺經論文同然
此二句藥病俱亡謂無障可斷障即覺故無
真可證障體即覺無別真故無斷證智但是
覺故然無障可斷無是實無無真可證即不
是無故十對文雖皆無二義唯真妄俱真並
無真妄俱妄真妄是十對都名真謂得念成法等妄謂失念破法等俱真者
解脫涅槃等解脫涅槃等還是偏同得念成法等義無乖失破等義故云俱真不云俱妄

也疏障礙下二以總配別每對中上句者謂得念失念成法破法乃至一切煩惱其失念破法愚癡外道無明淫怒等類皆是染法是麁障也得念成法智慧菩提真如戒定等類皆是淨法若滯此相是細障也麁細雖殊屬於對待皆障礙也故前經云覺礙爲礙故以障礙之言總標十對中染淨之相即標下句者謂無非解脫皆名涅槃般若菩提梵行法性等也以得失成破等皆同一覺性之體故無非解脫等疏一識下二別釋十對其十對名並隨經所列一中云無念則得者論中之意離念即覺念即不覺覺即是智故云正念是智也念即不覺不覺即名失念矣故次引論成之二中緣會者唯說淨緣起也本覺內熏教法外熏或信解爲因發願爲緣等總爲緣會緣會故成就止觀乃至菩提涅槃緣離者或離師無教或心退或邪信異見忽起失於信解皆名緣離緣離故失定忘慧破前功行矣餘皆可見三中實積經但云無差不偏同一遂然據理而言必同歸佛性故無差矣四中

於四　十三

可知五中涅槃又云明與無明凡夫爲二智者了達其性無二無二之性即是實性又下引古德偈釋成經中無異境之義六中可知七中首楞亦云覺海性澄圓圓澄覺元妙（經中）（法性）元明照生所所立照性亡迷妄有虛空依空立世界想澄成國土知覺乃衆生（今經亦云衆生）（國土）釋曰衆生國土既本從覺海中起即知全同覺海覺海即法性也八中非唯天獄者天是天宮獄是地獄九中三乘性者此含定性不定性俱屬三乘三乘之言具四性也并無性爲五五性皆成佛也十中雖是別釋之數便是都結故無對待但云一切煩惱即解脫例同障礙即覺云佛頂等者（未檢）餘文易會詳而說之經明心中疏理量者如理智如量智也齊鑒者理見即空量見即假空假同時故云齊也無倒者有非定有空非斷無也如空者疏有二意一由分別下是所照相空二又能照下是能照慧空同淨名者引證也上來皆是等者滿足相應故稱法界成法界慧覺心初起故照諸相心無初相故如虛空經忘

於四　十四

心頌證疏三一二忘下對前釋意二一就機釋前由普示等者謂通論諸佛觀諸衆生（傍斷）發心趣向如來無上圓覺者從凡至聖任運有斯等級隨順行相遂與始終說之令知不是令他故作此解行若此後段即教示令如此安心用意不是傍說已歷之事故經云但諸等也意云但依此用心莫計前差等此意極要曉之可稍留心疏前是下二稱法釋隨相者約任運心行不妨階級離相者約故意加行心中必須忘相又空即假故隨也假即空故離也疏亦如下二引例指同此行位之初已具引說亦是成就教理始終圓滿離過之意此中意趣下正是指同三正釋經文經安心中疏四節者此是直下教示學人朝暮安心用心方便若欲消經經文自顯若欲更

於四　十五

廣顯方便意度勢乃無窮直在知真識妄善巧之人臨時對機種種顯示今不可預書得也二中勞形等者心本無念動念則乖將心止心止亦是妄以動念故如避影之人走急影亦急終不可免卻得不如處陰影滅亦如

揚聲訶叱谷中令勿作聲響訶聲唯類谷中轉鬧不如自默谷則寂然故論云亦不得隨心外念境界後以心除心三中云現量者無分別之照也迷者分別所照之念謂言別有故次後云如鏡照物謂明鏡自現諸像一一自照其所現者無別分量但是自現之量其所照者無別所照但是本明當現物時即名爲照鏡都不言我今照物若言我照便如鏡外有物令鏡比度知之便成比量自心如鏡心知是明諸妄想境如像了知如照一一對翫其意可知然云現量者現是現在約時不待他時現前約處不在別處量是決定之量如秤斗等佛頂云自心取自心非幻成幻法起信云是故三界虛僞唯心所作離心則無六塵境界此意云何以一切法皆從心起妄念而生一切分別即分別自心心不見心無相可得次云但不生情等者生情即乖於鏡便成比量也且心體下如鏡對物豈添照了之用然非不照心對鏡時不加覺知之智然非不知經頓入中跡亦同金剛者文云若復有人得聞是經不驚

不怖不畏當知是人甚爲希有世親菩薩釋曰驚者謂非處生懼將謂非處其心必驚如非道處行故怖者不能斷疑心故於非道處不能斷疑畏者一向怖故其心畢竟墮驚怖故必謂非處故畏心起已畢竟墮落無復脩行此意如人欲避惡害苦難行於道路欲往親厚知友快樂國土處所其路是正然中間忽見作似隔阻山險淵深不妨其中元來通徹其人忽然疑起乍驚更看之猶疑轉怖周迴觀聽未覺通處的謂已錯不達前程其心便畏一向憂苦不能前進因此却被諸惡賊害之難起反致身命不全今聞經者免同此類故皆云不也經驗果中跡曩者昔也若但就下即非慈公語也已是積習者據此三世推尋都無別頓悟種性皆因熏故金剛亦云者彼說佛滅後有人於此章句能生信心以此爲實當知是人不於一佛二佛三四五佛而種善根已於無量千萬佛所種諸善根經印成中跡一切種智者是佛果位之智同此安心皆此云不加了知不辨真實皆是不生二解之義同此種智但名言之異也經別明觀行

跡二一次四下解釋科段二一觀別不必修此者上上機也二祖三祖六祖之迹即當其人志公傅大士作歌偈等亦對此機故牛頭融大師有絕觀論跡其所下二障別非唯觀行門戶不同其障觀行之病亦有差別或三二一者但有三者已除我相但有二相者已除我人但有一者唯有壽命一相未覺次第的爾必不參差以此四相約智證深淺重重豎說不同金剛等說四無深淺也定不兼餘者有作病者必不肯止止者不作任者必不上不作滅者必不任等顚滯一中心無兩用故故此兩四下亦對前說別也然通別觀等者亦是通妨難之意恐有難云後二章說惑障不是觀行何乃四章同科都云別明觀行邪故跡通云由是障觀行之惑等跡文二下二開章釋文二一開章二釋文經正理中跡前說觀行者普眼章及彌勒斷愛文也請更挍撿者今被多人差別根性不但爲一類人矣故云四門隨方來者非止一路經稱性標本中跡證義如前者前雖四位優劣有殊皆

明證相非唯佛果方名證也直從信位皆是趣證行相但心機勝劣任運成差經隨機舉數中疏利鈍等者有人聰利煩惱貪瞋却厚有人根鈍貪等又薄交絡四句復有貪不瞋等四句對惛沈掉舉亦有句數然大抵利根及貪求者多掉舉鈍根及瞋癡者多惛沈爲有如是衆多根性故佛說教對之便成其數無量矣光瑶和尚云莫怪醫王多處方只爲病子無頭數引楞伽可見經正示觀門疏二一二正下標列泯相者經云身心客塵從此永滅等澄神者取靜澄念也觀者心冥所觀之境更不異緣起幻消塵者經文甚顯絕待靈心者非關真妄不對有空直照靈知而爲觀行文云不取幻化及諸靜相又云超過礙無礙境又云煩惱涅槃不相留礙皆絕待義也言無知覺明即靈心也疏然禪下二正示二一釋意二一正釋已具懸談者第八脩證階差門也此彼異者彼令總解諸家頓漸及諸經論所說禪宗義理此直令依此三門便證不必辨他諸餘宗教又前多說禪宗所顯

示真心法體此但說起行趣入之門疏展轉殊塗者有二意一佛教隨機故已殊塗二由教多門故習者展轉差錯皆以之教人人又殊塗如今此界數十家禪邪多正少根本從達磨宗出故智論云諸宗外道皆是古昔佛教之遺餘也邪正等者諸經論所說備有如是衆多今人間流行者或錯或是亦不是離諸教所說但名言不同難爲通會今且約諸教已自有差别若總攝之不離邪定正定正中復有三界内凡夫禪定復有出離趣入無漏之定故名聖也就出離中復有小乘大乘(外道凡夫小乘三類人同脩四禪八定但是用心不同大乘即兼有諸家不必唯八定也)就大乘中復有權教所說禪定有慧之定無慧之定就實教中復有理定事定頓脩之定共者四禪八定通於凡聖大小權實不共者用心門戶謂外道不共佛教等又實教悟理而脩不共二乘今此下正明不共權小也託法者揀空習行門圓者揀於權小二教頓者正揀四禪八定事理等者復揀頓中局理者漸中局事者故總結云俱無礙也疏與論下

二會論亦是引例證於約理及頌其真如三昧懸談十因緣中已引大同者彼依真如此令悟淨圓覺圓覺真如一也小異如文二釋文經標本中疏本即解者即前普眼已下四章經文之意膏即油之屬明是燈中火燄相續膏喻行明喻解也目喻解足喻行也眼目見道路夷險坑平通塞足則依之前進若跛而有目雖見難前盲而有足動落坑塹故須相資矣經起行中疏二一約其下釋前二句二一明脩意經云取靜者或云至靜極靜故下諸輪每指此觀皆云至靜道場加行中亦云先取至靜不起思念靜極便覺釋曰言至靜極靜皆是揀權小凡夫等行謂凡夫取靜但無心於萬物萬物未曾無故亦得神靜二乘了達我空生空故心不起亦得住靜權教大乘但悟心境皆空順此安心亦得住靜(此以無故靜無諸法也如但無波即名爲靜矣)此宗悟淨本覺真心不生於法方爲至靜(此以有故靜有真心故如見濕體此體不被見動之即此濕爲靜體)疏論云下二引論廣釋不依氣息者數息觀境形則骨鎖等色即青黃赤白見聞覺知即

識也通前是十徧處觀如智論說謂青黃赤白地水火風空識等十如作青觀時徧一切處盡是青色更無餘色黃等亦爾此是權漸之教所脩之行故脩真如三昧悉不依之今此經亦不依之也乃至者略中間其次文云

一切諸想隨念皆除亦遣除想以一切法本來無想念念不生念念不滅亦不得隨心外念境界後以心除心心若馳散即當攝來還住正念正念者當知唯心（云云在疏）等者又等後文後文次云念念不可得若從坐起去來進止有所施作於一切時常念方便隨順觀察久習淳熟其心得住以心住故漸漸猛利隨順得入真如三昧深伏煩惱信心增長速成不退唯除疑惑不信誹謗重罪業障我慢懈怠如是等人不能悟入疏由前下二釋後二句如文經功成中疏客非下二句釋客塵義客者非本性故本性是主妄念是客也塵者汙染自體如鏡中塵也經感應中云由寂靜故等者初句躡前功用餘正明感應於中先法後喻法中諸如來心者真淨心也亦即法身故論中說色性即智性智性即色性於中顯現者如疏所明如鏡中像者後喻也疏二一衆生下釋法疏如諸下二釋喻四一直釋可知疏故論下二引例論中有兩重問荅初因說菩薩位滿成佛自然有不思議業能現十方利益衆生遂有問曰虛空世界衆生心行一一無邊佛如何徧知荅曰一切境界本來一心離於想念以衆生妄見境界心有分齊佛離見相無所不徧心真實故即是自體顯照一切妄法有大智用無量方便隨諸衆生所應得解皆能開示種種法義是故得名一切種智因此又再問曰即是疏丈（上所引及疏中引皆撮略要文不備寫也）多不能見者次云一切衆生若見其身若現神變若聞其說無不得益云何世間多不能見荅文可解

圓覺經略疏之鈔卷第十九

圓覺經略疏之鈔卷第十九

校勘記

一　底本，明永樂北藏本。

一　三五二頁中九行八字「末」，清作「未」。

一　三五二頁下九行上夾註右第四字「一」，徑、清作「下」。又中夾註左「取法」，徑作「取相」。

一　三五二頁下一八行末夾註「八」，清作「八地」。

一　三五二頁下一九行上夾註「九」，清作「九地」。

一　三五四頁下九行第一二字「相」，徑作「明」。

一　三五五頁下三行第一六字「而」，徑作「若」。

一　三五九頁上一九行「經綸」，徑作「經論」。

一　三六〇頁上二行第九字「十」，徑作「十也」。

一　三六〇頁中一四行第五字「現」，徑作「覩」。

圓覺經略疏之鈔卷第二十　於五

圭峯蘭若沙門宗密於大鈔略出

疏經云下三會通兩文身心一者義如前科也皆據能現者遣疑情也緣海東曉法師釋彼論此科法合鏡喻之意云法身似質化身似影恐有曾見彼疏者疑云既云現於衆生心中即合是應化之身云何言法身及真心邪故此通云據能現之本等也疏此約下四別釋現義謂正當知佛心亦如此之時佛心是所知所知之境的從自淨心顯現如變影緣真如也即真如非影不妨變影緣如即知佛心亦爾經結名中疏翻云止者止於萬緣方得寂靜寂靜是顯相止是釋名於染等者雙成止義及寂靜義問既此三法皆名觀云何此門脩止荅前標意此宗必具理事定慧皆無障礙故觀觀皆止止於餘觀非論妄緣故下文云若他觀者名爲邪觀止止皆觀念念心心若一間斷即無明故故前云恒作是念然每觀爲門不同立意各別此約止門而脩止觀也由此義故於涅槃起信及天台等所說三門皆大同也如下三觀終處具說若準涅槃下引經釋也然彼經中此一段文義廣辯三相同此三觀具有標意別釋總釋至下具引以會此中三觀今且直配此觀一門然亦不具録其文但列名而已今爲具引對詳可解文云奢摩他者名爲能滅能滅一切煩惱結故（此前亦云身心客塵從此永滅）又奢摩他者名爲能調能調諸根惡不善故（此前云內發輕安輕安是善法攝故）又奢摩他者名曰寂靜能令三業成寂靜故（此文全同）又奢摩他者名爲遠離能令衆生離五欲故又奢摩他者名曰能清能清貪欲瞋恚愚癡三濁法故以是義故故名定相經起行中疏心性是識者是心識自性也非所依真性（真性依士釋此則持業釋）疏能幻之者如普賢章備釋法喻各有五門撿而示之依如幻始覺等者具如普眼章中二空觀也然彼與此有三意異彼明稱理圓觀以成圓頓悟解此明剋體進脩堅持不捨以彰觀行又彼是總相觀行普被諸根此是別相方便別對一類彼上根入此中根入疏隨機應化等者此約在觀行中習學化行釋也謂變起種種方便說法開示衆生或想種種現神通等攝化之方等或坐時習此方便或餘時正觀機說法皆是學習化行之義但以決定志願大悲之力念念如此即是脩習行化故經次云內發大悲輕安善觀心釋下約脩治心行釋也謂染淨皆空心變即有妄識既已變起塵境難可頓除故令以悟解方便變化引起一切情塵以爲所緣之境然後以種種對治幻智一一翻之即同淨名云八萬四千塵勞皆吾侍者降伏煩惱滅勇健無能勝如有經說火與薪戰薪多火盛今變起幻者意在翻破也故云變化不單云變單云變者一向是妄識所變今云化者表是幻智自在之力知是虛僞故名變化非障非蔽者且如慳蔽施惡蔽於戒瞋蔽於忍等六度既云六蔽八萬四千例之今觀之即淨故知非也且約翻爲六度者如法句經說又若對上二句（即起諸幻以除幻者）有四對別謂自行化行除障起行止持作持除徧計執翻染成淨一一配之可知經功成中疏根塵既銷

者躡上除幻之句亦可取前奢摩他之文彼身心客塵從此永滅故自他無二者正觀成就内發者心行自然如此也即情發於中而形於願矣同體大悲者由將幻智觀察自他自他皆同圓覺淨性自已既悟身心喜樂傷他未覺枉受苦惱故悲愍之如富貴勢要之人眼下見他貧苦傭作或爲奴僕若謂他實是下舍貧賤或是奴僕即心裏平平若聞道是三公貴族子孫家破貧苦或因餘事沒落爲奴即愴然哀傷便擬救援濟惠今菩薩了悟淨覺觀行又成觀諸衆生貧窮無福慧入生死險道又觀他皆同覺性迷故枉受輪轉是以内發大悲心也法喻對之可知䟽輕安者上釋大悲已含此意釋訖又於前觀門中釋體用訖今但略示此門行相也經結通中䟽從此觀門等者含二利行也謂明菩薩從此二利觀門方能對機起於二行或宴坐靜室或於餘威儀中剋志加行專注觀門令得觀行成就方堪於一切時中脩六度萬行也乃至佛果者略於中間謂成時當十住初心從此漸次增進念念不退自然歷於二住三住乃至十住十行十向十地等煩惱習盡行位圓滿即佛果也經科揀濫者恐聞能治所治皆是幻化謂言幻智亦同凡識故初二句揀之意云觀幻之智故名幻智智體非是幻故前云知幻即離又恐聞能觀非幻便計有能觀之相故後二句又揀此濫謂若能正觀幻時便了所觀無體可離即爲真理能觀無別能離即是本智則自然觀時便不同凡迷幻境若見所觀是幻是可離法我能觀智不同彼幻不得離之我能如此諸迷者不能若有如上等心則兼此智亦爲幻也以取能觀之相故經科總結者總結功成已來文也於中文有法喻法中但依上解了夢喻即永離幻相也經云是諸等者如是觀行功成拂迹遠離諸病便是菩薩究竟圓妙之行從今乃至佛果念念如此用心更無別意設使脩六度萬行三十七品一切助道之法乃至捨頭目等時一一只依上來用心即此差別諸行皆成菩薩妙行若失此意設能捨身亦不成無漏之因也（如有比丘自害佛種種訶責之例）䟽如種穀等者等一切麥豆之類覺心者了悟圓覺之心也即上所標悟淨圓覺以淨覺心等是謂以淨覺心等者種依土以生苗悟約幻而成智智則親從悟覺而起不從幻法苗亦親從種子而生不從水土餘意可見經結名中䟽亦名等者梵語雖異所目無殊餘義如文上來釋起幻觀竟經起行中䟽二一躡其下釋明所離經云以淨覺心不取幻化等者文有兩節初明所離於中初一句躡所依次不取下二句明所離配離前二觀可知後了知等二句釋離所以謂見身心即著我相著即起過故前靜之次又觀之今了是礙故皆不取䟽此下二釋明所用二一標指䟽即上下二正釋三一釋法二一釋正顯體二一釋所遮經云無知覺明者無知覺之明依士釋也無知覺是遮詮明是表詮遮非知覺情識表是靈明真性䟽所了身心者此觀所造異於前觀前觀以了知身心爲境故無知者異於心無覺者異於身故次云身觸心緣等然身觸者

含於鼻舌身等三根以皆與根合而了別故根則屬身故心緣者齊在眼耳意等三識以離中而了別故由此分別者總指諸識障正知見者即靈妙心體名正知見由前云理障礙正知見又云圓悟無上知見後云當求正知見人故此正標知見爲所障兼指其體是無知覺之明也又緣此云無知覺明恐疑真知亦是簾淺總須泯之故徧標矣若云無知便是真知亦無既云無覺覺應亦爾云何當部唯宗於覺講者至此必請明示學徒疏正顯下二釋所表四一直指正顯等者正是此觀所宗道理體故廣顯其相也其文雖易其法甚深但在說時分明顯示不可具以文字轉轉釋之可盡但隨文隱略指而已疏然此下二明無比二一就當體明無比上下可知於五　六傍者四方中者當處無在處者顯無中也夫言中者皆約當身正住處爲中以分東西上下今既不取身心之相故無中邊上下也疏欲言下二對諸法明無比不從緣起者彼法緣會即起緣離即滅靈心不然故不從也餘

皆易會其語但恐不見其法善思念之疏故諸下三辨說儀訶爲邪小者若一向但言空寂者以外道不識執實性實約小乘妄計三四皆實無爲清辯猶迷一向著於空義故故諸經論訶爲邪小也諸經皆說耽空滯寂是二乘行華嚴說二乘人墮無爲坑又有經云乍可墮有如須彌不可墮空如芥子瓔珞云樂行寂靜緣覺行聲公不真空論中破本無宗云本無者情尚於無多觸言而賓無故非有有即無非無無即無尋夫立文之旨尋經文本意也直以非有非真有非無非真無何必非有無此有非無無彼無此直好無之談豈曰順通事實即物之情哉於知見等者是以法華華嚴約即體之照用呼爲如來知見楞嚴經內名爲妙明本明圓明令此經文及諸論皆於五　七名爲覺或約體或從用各是一義安立名相不同於此言具遮表揀法彰名不名之名強安明字疏令此下四結示經意文顯可知疏諸礙下二釋離所依迴殊對待者即身心真妄因果染淨凡聖等如二乘人超三界便有

三界內外爲對菩薩超二乘便有大小爲對諸佛超菩薩便有因果爲對乃至有漏無漏有爲無爲悉皆如此今冥合靈心並不如是謂不劣於佛不勝於凡不出世間不屬三界云云衆多之例且如無漏聖人爲無礙有漏凡夫爲有礙今既永超礙無礙境豈同如上對待法邪經礙無礙境者疏中含三意釋礙無礙一超初取靜及次起幻兩門起幻緣境爲礙靜無所緣爲無礙故上文云不取幻化及諸靜相二超煩惱涅槃煩惱繫縛爲礙涅槃解脫爲無礙故下文云煩惱涅槃不相留礙三者身心塵域等總名爲礙若以心離之名爲無礙今皆不爾故皆離之故云超過也合起幻及煩惱爲一義合取靜及涅槃爲一義以爲一對即上句中涉字下句中同字是其意也合上句者謂起幻智除幻者又欲變諸幻開幻衆衆多心數一一作意運動勞擾心慮雖是觀智涉於煩惱同是擾亂之行故此意即以起幻爲煩惱之礙不別說貪瞋等煩惱也合下句者謂一向取靜同於二乘厭生死愛涅槃

耽空滯寂涅槃即是無礙之法今取靜行相屬於此科故云同也此意即以取靜爲涅槃之相不別說擇滅無爲灰身滅智等涅槃也故此一對異前各說以爲第三意也疏屬已者謂自已所有受用因緣資具乃至屋宅田地園林臺觀或爲王官所統郡邑皆名屬已受用之具此門觀行成就心合靈源之時此等宛然仍舊然都無取捨計度有無等分別之念疏共居國邑者瑜伽等論說此三千世界是衆生共業所感貴賤人畜種種有情同共依之而住名爲依報自身則各隨已業貴賤苦樂不同飛走類别名爲别業正報今意在凡常人易見故直云共居國邑謂或一閻浮提或瞿耶尼或一大唐或一土蕃等或京或狹或通或局同一水土所宜風俗所爲山川所出王法所化皆得名世界不必事須三千大千以脩觀行人心之境量不必徧於大千界故疏還有見聞者略舉二識以例餘識且舉心王以例心所此等情處皆不異尋常未脩觀時但必無心計度耳經塵域者比來情塵之疆域也疏靈照者心靈自體有大智慧光明徧照法界義故毗盧遮那是法界身此國翻云光明徧照餘不釋者皆可意求疏鍠字下二釋喻三一釋喻依言喻所依物也物非能喻法非所喻此二全殊故也但物上有義與法上義相似此二義方是能喻所喻也如將金剛喻般若者若取二法即無交涉謂金剛有形相般若無形相般若是決擇之慧金剛何能擇法般若萬德乃至恒沙妙用金剛悉無今取爲喻者但說堅利義金剛者萬物不能壞之堅也而能碎壞萬物利也行深般若波羅蜜者天魔外道煩惱無明一切障等不能動轉堅也能斷煩惱照五蘊空利也但取二法之上各有堅利之義即便成喻喻者曉喻以相似義曉喻令解令有欲徧看聖教或講義聽義叅學禪慧徵論道理者必須明解法喻比對之意故經云智者以譬喻得解不言愚者疏鍠字不定者推求訓釋此字非聲義故又不全非取意用之亦可通故但以義疑故三釋存焉金石等者等於銅鐵之屬或玉石中有清遠聲也聲相者聲之相貌清濁高低像似之謂也鍠鍠然者但想取擊鐘磬聲勢即可會也巴南風俗亦呼驢鳴爲鍠鍠之聲但彼重濁不同鐘磬清遠迴潤拙者譯經時天竺僧宣梵文解兩方語者翻出爲唐言書出名爲筆受以天竺語與此倒次須迴文又彼語朴次須潤文也今云拙者以聲是體鍠是相先合云聲也即大鍾者切韻中釋也亦與鏞同訓問若爾即鐄是物質何不云鐄中聲乃云器中鐄邪故次荅此意云是諸器等也謂諸器中有一金器（或銅鐵等）名之爲鐄擊此鐄時聲出于外文甚順故故云準此則順本文等也但筆受等者良以黄皇二音全同二字又皆從金鐄鍠二字又亦音同故易錯也笙簧者四（其狀如此）笙有十七管管管置一簧長短有異吹之乃中間扇動而有其聲聲若不品扇上有微錫如麩糠許大移之上下取其聲韻名曰調請（請字疑是濟字）管籥之屬者慈思唯識疏云以内有風起聲等故又老子道經云天地之間其猶槖籥乎虛而不屈動而愈出（河上公注云槖籥中空虛故能出聲氣無有屈竭時搖動益出王弼注云）

槖籥字中則無窮盡棄已任物物莫不理若槖籥有意於聲則不足以供吹者之求彼說一事今在取籥以是出聲物故槖是槖槖轄然之類非出聲物此筝管籥簫笛之類與經所喻之義相乖也云俱錯者以簧字爲鍠字以黄音爲横音疏後正下二正釋喻三雖異者鍠鐄簧也皆通者三物及身心皆不能拘於所出聲與當州又不離己中己又不能及之故法喻皆相當矣

圓覺經畧疏之鈔卷第二十

圓覺經略疏之鈔卷第二十

校勘記

一　底本，明永樂北藏本。

一　三六二頁下八行「幻觀」，徑作「幻覺」。

一　三六三頁上一二行「道理」，徑作「中道理」。

圓覺經略疏之鈔卷第二十一 於六

圭峯蘭若沙門宗密 於大鈔略出

疏惑云下三引他釋鈞者三十斤也鏞者大鐘也星樓者鄰星月之高樓寰區者寰宇區分之國邑都取聲聞四遠八方不必徧於寰宇自體者鏞也他者樓也未免懷疑者標釋唯言擊鏞至却牒反釋之處又加於管即知又疑鏞不是鍠故又雖之以管又縱不知譯經差互據現經文所釋亦虧謂經既云如器中鍠聲出於外此即器不是鍠是器中之鍠鍠不是聲是鍠能出聲豈不居然三重各別今釋云萬鈞之鏞此是器也便云聲振寰區豈不濫他鍠字欠一重邪不能決通等者又不的斷譯經訓釋參差又不的云鍠訓何物爲當是鏞爲當是管又不言俱是二物又不言俱是二物之聲爲當偏是鏞聲豈非婞音巷婜音阿邋略言之乎婞婜者莽鹵合其大意之謂也切韻釋云不決也既無決斷之文若有人據上來節自一一徵之何辭以對若遇講彼疏者慈心爲具分析然慈疏主稟性俊快亦薄有僧家辭理直筆科判經文實亦可賞至於經論深義殊不屆懷故所隨文銷釋處處脫略門門跳闕亦不尋究經文前之與後始終連帶之意就中釋此一科猶校分明開示餘更闕略但各三句兩句都遮而已余前後所引彼文但揀理纔通者即引之務在證同共爲理性宗之黨援兼不欲遺人之片善然未曾添得一義此意神理可知焉意亦同前者由前具指譯經錯誤自取意用之然後觀慈和尚此文却成相順也仍法合等者因疏中爲他配合法喻故得如此若據彼鈔釋及講傳者亦無此言疏如器下三釋合經功成中疏不取幻化等者幻化雖空不壞虛相但不取著本自無生起之自體故云即寂然但不作意執取亦不妨任運目覩歷然故但云寂不云滅靜者本不是相由心取之爲所緣境便有靜相當情但虛心忘照不取爲所緣此相即滅不同幻相任運歷然滅者但滅此所緣之相非有靜可滅靜是心息之義非所緣境故又但是下剋體釋之然真心之上有塵沙道理然皆是隨緣相用唯寂滅是剋體真實道理故云實理上說幻靜二法寂滅是遮詮中道今說一心寂滅是表詮中道謂此真心當體元來寂滅非約動轉無體名寂生已却無名滅故前云圓覺普照寂滅無二亦同楞伽一心也故云內發者結歸經意皆無心於彼彼自寂滅不同上故寂滅之故云內發內發之言功成自然之義經自他等者疏有兩重配自他一以餘人爲他以已之情識爲自二以情識爲他假藉外緣方起故覺悟爲自但是本覺發顯故唯獨自等者是法華文彼說意根清淨此說觀智成就亦分位相當疏但想所持者如夢中身心根識但是夢想所持都無自體連續法合可解疏中意在目覩易見之像故舉空雲之喻若論事理親切本末相當不及夢喻經結名中疏二一此云下釋此所結二一正翻釋靜慮者如前四禪中釋也非無記者意顯不是一向趣寂沈空無所鑒辨故非無記不同三性之中無記也定慧平等者大小乘經論皆說欲界慧多四空定多唯有四禪定慧平等禪必兼定定不兼禪

故定有八禪則唯四跡問即下二問荅會通直造心源者非定非慧也由雙非故相即也義甚明者不取幻靜是絕待超礙無礙是絕待煩惱涅槃不相留礙是絕待指脩行者直令如此用心也忘情者都不作意言定言慧即是雙非亦不言真假起止即是絕待約義結者是佛印此悟淨圓覺忘情之人云如是方名定慧平等故云禪那非此人自云我定慧等亦如金剛云即非三十二相是名三十二相非具足色身是名具足色身皆即非是心智契合是名即是義結也乍看似即非與是名相違之乃全相合此中（亦如）此也跡三觀下二總判三門二一配前經言標悟者若諸菩薩悟淨圓覺心也文殊中者彼說四大緣慮如空華二月無明如夢中人非實有體生死輪迴身心等相非作故無本性無故能知覺此者亦空華相乃至常不動故如來藏中無起滅知見故即知今還見有種種者但妄動念之過故脩靜觀止緣澄念今證彼也脩普賢等者彼說以幻脩幻幻盡覺滿衆生幻心

還依幻滅普眼前半分析四大根識塵境乃至幻身滅故幻心幻塵幻滅亦滅垢盡明現故脩幻觀以除幻者普眼後半等者彼說摩尼珠喻現色無色垢盡對除即無對垢及說名者滅影像故無方清淨無邊虛空覺所顯發身心根塵四大三界本淨不動乃至一切覺故本成佛故剛藏中種種差別皆不預圓覺乃至生死涅槃起滅覺照離於華翳皆明諸法斷滅靈覺迥超對待故當絕待靈心各依此配一一相當故知此行脩彼解也但以順悟漸脩故前通此別上根者直稱所悟故不分別中下力難赴心故佛各隨機便開成三也至下除我等四相及憎愛等方得入覺即脩前中彌勒斷輪迴根本也依師除病不作如是脩習等念方得從凡至聖一一隨順覺性也由離四病方得不起妄念不滅妄心不了妄境不辯真實等故知普覺中則是脩清淨慧中解矣跡然此下二會興說二一會涅槃三相言三相者彼經云（即彼第三十及三十一中文也）無十相故（色聲香味觸生住壞男女）名大涅槃若有比丘

數數脩習定慧捨相（此三相也）則斷十相定名三昧若取色相不能觀色常無常相是名三昧若能觀色常無常相是名慧相三昧慧等（爲駈）（進疾）觀一切法是名捨相（二乘定多菩薩慧多世尊等故明見佛性）（見佛性者名爲捨相）奢摩他者名爲能滅（云云如上所引）故名定相毗鉢舍那名爲正見（偏見次第見別相見）是名爲慧憂畢叉者名曰平等（不諍不觀不行）是名爲捨菩薩善知定時（生大憍慢非脩慧時）慧時（精勤未益故悔心非脩定時也）捨時（定慧不等不宜脩捨等則脩之）及知非時（各如上注）是名行菩提道大同者此初名止取靜澄神定相增勝（彼云但不取色相此云取靜爲行皆定境也又彼次後文云脩習定者能見五陰生滅之相此云由澄諸念覺識煩動）次了根塵起幻除幻慧相增勝後絕待雙融即全同彼云平等名捨相也（等即雙融捨即絕待）小異者彼則初定次慧後等此則三門皆含定慧然彼雖殊初定次慧亦從增勝說豈實教中有偏定偏慧邪跡與天下二會天台三觀此依瓔珞經所立文云從假入空名二諦觀從空出假名平等觀是二觀爲方便道因是二空觀得入中道第一義觀三觀現前即入初地天台撮略云一者從假

入空觀二者從空出假觀三中道正觀此三行相懸談已釋約心成行者緣前六章經文已備顯覺性推破妄執究諸法性相辯心境染淨乃至從凡入聖障治通塞斷惑深淺證智勝劣等訖此但一向令忘情絕慮泯相冥真所以不立所觀境也約義生解者彼但以止觀爲宗初勸欣求佛果厭離生死便讚止觀是出離門是入道門顯觀行相即是此三觀也惟尋諸法真妄性相以顯空假等義以開斷證門戶故須立所觀三諦境智相對義相方明經校量中跡五戒十戒者在家五戒一不得殺二不得盜三不邪淫四不妄語五不飲酒食肉八戒加不得香油塗身故往觀看上高廣大牀十戒沙彌戒加不得捉生金銀財物不得過中食也六通者如序分中說八解者八解脫也取文相對便宜故略一字謂一內有色觀外諸色不淨解脫二內無色觀外諸色不淨解脫三內無色觀外諸色以爲淨解脫身作證具足住四空無邊處解脫五識無邊處六無所有處七非想非非想處

解脫八淨解脫身作證具足住也十纏者俱舍云纏八無慚愧嫉慳并悔眠掉舉與惛沈或十加忿覆聞慧等者緣三界從凡入聖必須具之故此配也經間所備中跡爲後一人等者據下經文此等皆有謂初三輪則三人各一最後一輪即一一具三中間交絡者或前後文云先備中備後備等或同時經云齊備等亦有依次先備奢摩他中備三摩鉢提後備禪那即是也或超次先備奢摩他次備禪那等經長行中跡二一正說下科分二隨釋經標數中跡義同前段者三觀文初也欲分觀爲輪故却牒起也輪者二義一摧輾義二動轉義更有圓滿義無始終義等廣在大跡經觀網交羅跡二一二觀下分科敘古慈跡等者然此觀名亦未能顯發經意亦未能引人心入於觀行但緣文辭美暢多有愛者故存之矣今全用者依之管經兼能釋觀名以將配合經意二正釋經文經科澄渾者約喻說也謂水有塵泥須澄令清心有煩惱攀緣垢濁亦爾息用者非唯不緣諸境亦不起用觀察幻與不幻等也故慈跡云且水性清潤澱灌呈

功投于外塵汩骨音然將濁棄之則亡其所用留之則濟飲不堪在器安澄隨流分異去泥純水則永斷無明明相精純斯何不證跡法空座者經云諸法空爲座座是安居之處菩薩常居諸法空境入寂滅者無住究竟涅槃也據寂滅理合是中觀由此菩薩利根心靜功成於法空處便證中道不待空病亦空方至中道以此菩薩入空本無住空之病故據後文例斷煩惱入寂皆是絕待觀中行相故須作此釋也經庵丁悉刃觀云以佛力等者前開幻衆及內發大悲此以佛力即當大智變世界者如前變化諸幻也種種作用含於逆順自他之利備行等句則唯順行於陀羅尼下總明動而常寂寂念靜慧即定慧也經呈音出礙觀跡二一三呈下解科名取前鍠聲出外作此觀名謂音是鍠等之聲呈是遠聞礙是鍾體及樓出是不能拘局跡器質等者器是鍾等質是質礙融是通流扣是杵擊若據彼跡即云隨揵應響令云扣者意在順本喻意跡以諸下二釋經義無邊等者有二

意一此幻境是世俗人間古今差別利害之事及三世因緣染淨差別等事廣多無邊不可推窮今悉會盡營之無有了期受之無有足日故不如絕念滅迹一切都休二幻體是空都無邊底而可窮究故達者絕心不預名為滅也作用等者如前章起幻變化而開幻衆及此前科種種作用等今皆不取也不可得者是前空義無所觀者證絕觀義絕觀義者不取前靜境幻境也經交絡三觀疏五一後交下配結輪數疏然每下二顯示交絡兩段二二共合者如以靜觀為首即第一初靜後幻第二初靜後寂各兼其一三行次第者一初靜次幻後寂二初靜次寂後幻次兼餘二先一後齊者初靜後齊幻寂齊兼餘二先齊後一者一初齊靜幻後單寂二初齊靜寂後單幻今以靜觀為首既如此餘二為首一一例之疏今每下三用科儀式二一正明長科七者若據上所科判即合且每觀分為四段然後於一二四中每段復各分二今恐節級碎分展轉感於觀照之意故但長科七也一一須牒者緣

觀名各有四字若二觀為一輪即有八字三觀為一輪即有十二字二十一輪相計盧書二百餘字又文句重疊紛起難尋次緒故須略之後寂者經中一一云寂滅也疏寂與下二辯異寂是中道故影法師中論序云寂此諸邊名之為中故與靜異前威德章此觀已廣分析疏文中下四總別科分五隨文銷釋經初七輪一中疏二一一運下解科名脩定者即取至靜也緣對經云以靜慧心故直言定律宗以戒為船筏禪門以定為舟航矣言運舟者運通二意一自運故云出塵二運他即是兼濟若無二意何名為兼如船師渡人豈自住此岸邪若住者但名借船不名度人也細詳舟體正是靜觀餘文易見疏標靜下二節經義經二中疏二一一二湛下解科名湛海澄空者如海波浪不生湛然不動靜觀成也空無雲霧廓爾清虛海無邊涯連天一色空徹海底海含空相故云澄也脩寂觀也故云波瀾不動等大波曰瀾反生死流如波不起故水即清明如靜觀功成靈心寂照即是性也故云

顯性疏寂也下二節經義疏靜脩寂者如水因不動即清明清明即可澄空也餘文可了經三中疏二一一三首下解科名首羅者大自在天三目如涅槃經說以喻涅槃三德今三觀理亦昭然疏靜也下二節經義經四中疏二一一四三下解科名三點者亦是涅槃三德之喻慈意等者觀名齊脩經云先後故為彼出其意耳若約伊字三點∴如此經云不縱不橫今此三觀有先中後即是其縱且約大綱細詳不切若無損益不能改也疏靜下二節經義經五中疏二一一五品下解科名疏靜下二節經義經六中疏二一一六獨下解科名此一兼前品字皆全似也疏齊標下二節經義經七中疏二一一七果下解科名靜定之樹等者離念靜心為道之本如樹寂滅是極證之法故如果雖頓契證寂滅隨俗漸脩自利利他然亦不失寂念故如果落還依樹開華也此亦且取大意不得始終的切疏齊滅下二節經義經次七輪一中疏二一一今初下解科名武王等者尚書說武王以順天應人故軟

天下生靈塗炭不得已而伐紂既克遂歸馬於華山之陽放牛於桃林之野鑄干戈爲農器表示天下不復再用偃武脩文以理天下以養兆人故揄此先動用後息靜疏標幻下二節經義經二中疏二一二功下解科名功成者此門與前雖法體無別先動後靜之揄亦無別意盡此幻觀爲首已來揄皆同一類例亦是不得委細也疏幻下二節經義經三中疏二一三幻下解科名疏幻下二節經義經四中疏二一四神下解科名疏幻下二節經義經五中疏二一五龍下解科名龍樹者初在外道中善於幻術後入佛法乃至證於初也具彰諸論記傳疏幻下二節經義經六中疏二一六商下解科名商那者具如懸談鈔引付法藏經備說疏齊靜下二節經義經七中疏二一七大下解科名大通如來者法華經說此佛受諸梵天王及十六王子請即轉十二因緣法輪千萬恒河沙那由他衆生皆得解脫王子等出家諸根通利大衆請佛說法華經衆皆信解佛說是經於八千劫未曾休廢說此

於六 十一

經已即入靜室住於禪定八萬四千劫故云爾也疏齊寂下二節經義經後七輪一中

圓覺經畧疏之鈔卷第二十一

圓覺經略疏之鈔卷第二十一

校勘記

一　底本，明永樂北藏本。

一　三六六頁上七行第六字「處」，徑無。

一　三六六頁上一六行上夾注「音巷」，清作「音奄」。

一　三六八頁下首行第二字「投」，徑作「沒」。又第六字「汩」，清作「汨」。

一　三七〇頁上一三行第二字「也」，徑作「地」。

圓覺經略疏之鈔卷第二十二 於七

圭峯蘭若沙門宗密　於大鈔畧出

疏二一此初下解科名實明者實有光明數數舒光而却入海餘文自顯疏寂下二節經義經二中疏二一二虗下解科名疏寂下二節經義經三中疏二一三舜下解科名舜若空神者舜若此云空也以虗空皆有主空之神如華嚴說每因日光即略現於身即依空現有之義可詳同於疏疏寂下二節經義經四中疏二一四飲下解科名飲光者迦葉身光吞飲日月之光歸定住雞足山也疏寂下二節經義經五中疏二一五多下解科名多實塔者說處甚多疏寂下二節經義經六中疏二一六下下解科名法華菩薩六萬等者經說他方諸來菩薩八萬恒河沙數白佛願於佛滅後於此世界弘是經典佛止云不須汝等護持是經我娑婆界自有六萬恒河沙菩薩一一有六萬恒河沙眷屬於我滅後廣說此經說是語時三千世界地皆震裂此菩薩等於中同時涌出身皆金色先在此世界

於七　一

下虗空中住故喻先空後假餘文可見疏齊靜下二節經義經七中疏二一七帝下解科名疏齊幻下二節經義經圓修三觀疏二一後有下釋科名疏稱圓下二解經義經偈諷疏無能所修等者緣此偈與長行文異意同恐不解配合故此釋之長行云圓覺清淨本無修習及修習者即是無能所也三觀之初又云於諸修行實無有二悉不言禪定今偈中孤然云依禪定生即知心冥無修之理即是禪定此乃長行標文偈中顯意亦可長行舉法偈中釋義妙在此也疏加之繩索等者即淨名經中優波離與二比丘依法懺罪維摩詰訶云無重增此二比丘罪當直除滅勿擾其心所以者何彼罪性不在內不在外不在中間如佛所說心垢故衆生垢心淨故衆生淨心亦不在內不在外不在中間如其心然罪垢亦然諸法亦然不出於如等今云加繩索者即重增之意傷乎無瘡者即是前富樓那在一樹下為諸新學比丘說法維摩詰又訶云唯富樓那先當入定觀此人心然後

於七　二

說法無以穢食置於寶器當知是比丘心之所念無以琉璃同彼水精汝不能知衆生根源無得發起以小乘法彼自無瘡勿傷之也欲行大道莫示小徑乃至我觀小乘智慧微淺猶如盲人不能分別一切衆生根之利鈍等釋曰維摩意以為新學說小乘法是傷乎無瘡意顯以大乘法說今此疏意明圓頓悟解之人稱真覺性不假道場探結等若令探結即是傷乎無瘡耳經兩重除障疏二一次後下標意故同大科者大科云次四問答別明觀行今乃於中有二問答是除我離病以非觀行恐有不細詳者生疑故此云是觀行中障也約修證帶我不同全執我相者故障別門觀行如前通明觀行中亦有彌勒一章斷除貪愛貪愛是六道根本亦障通門觀故二釋文經除我入覺疏二一初中下揔明科意二別釋經文經慶前中疏如琉璃等者內外明淨透徹故瓶喻一念多芥子喻多劫萬行經正問中疏何法染汙者初悟同佛妄起還凡故志公偈云佛從魔境出煩惱中悟解菩提如淤泥中蓮

於七　三

華魔從佛境生悟解同佛遇違順境只於悟中還起妄念二頭不
相雜渾雜國王城喻覺經長行中䟦二一正說
下科分二随釋經過患本起中䟦兩論所說
者天親論云見五陰一一陰是我相見我命
斷滅復生六道爲人相見我身相續不斷爲
衆生相即感衆苦樂衆多變異也計我一報命根不斷而
住爲壽者相無著論云取自體相續爲我相
我所度爲衆生想餘二意同但無著云想天
親云相令叅而用之我全用無著壽全用天
親餘二展演其文令人易解肇注淨名云縱
任自由謂之我常存不變謂之壽貴於萬物
而始終不改謂之人衆生大同此皆情識所
計故云迷識境也經說者約證悟覺性而帶
能所從麁至細展轉遣之四相遣盡方始無
遣故云迷智境也䟦妄我本空等者淨名云
法無有我離我垢故法無有人前後際斷故
法無衆生離衆生垢故法無壽命離生死故
慇云心自取心自成心病演若愛影背本瞋
頭從此妄滋莫能蠲拂經過患滋多䟦二一
二明下科判二一摠科䟦令初下二別判二

随釋經展轉中䟦二一謂由下銷經可知䟦
然上下二配四諦云二乗者雖通大乗大乗
以爲虚妄本空之義但宗無生等也故般若
心經云無苦集滅道生滅者準天台教權實
通論摠有四重四諦實審一生滅逼迫名苦即有漏色心增
長名集即業煩惱寂靜爲滅謂即涅槃出離名道謂止觀等也二無生三無
量四無作如次是彼四教所詮法矣今此文
中約其過患故當生滅後三重四諦廣如大
䟦大鈔所明此但略引之意用前生滅以銷
䟦文不能繁叙初六句等者依數句次第配
經文相甚明各須一一配釋以示聽徒經直
釋中䟦最初根本者論中根本不覺也本源
者性淨真心也依本覺而有不覺等䟦由将
無始等者滕鬘說五住地也經轉釋中䟦二
一二轉下明科意䟦未曾下二釋經文二一
釋法經云身心無明者論云以依不覺故心
動動則有苦苦是生死之身果苦也不離因無明又都結
三細六麁云一切染法皆是不覺相故䟦由
愛下二釋喻三一随相說不斷如人萬萬資
財一一慳惜若遇喪命因緣情願摠棄以求

活命䟦又有下二稱性說親斷由前但云不
能自斷仍有可斷之我故云随相令明執時
尚不覺有所執之我是其過患憑何說斷縱
欲斷之亦是妄想想盡之時但是真我真我
無患憑何欲斷今但以覺無名斷故云親斷
也䟦如夢下三轉以喻釋夢喻二說終不肯
斷已上喻随相必須已下喻稱性覺来者覺
字去聲呼之經結成中䟦種子現行者義如
前說引實積者舉愛例憎墮惡趣者非唯不
成佛果仍更墮於惡趣此有二意一如第三
生之說二既是存愛迷心愛爲六道之本善
惡反覆苦樂循環盡於未来卒未脫免三塗
等苦如云恐不落惡趣亦由恐可無我之理
及愛爲苦本之義随順修之故必不落經別
釋四相䟦二一二別下叙意科分殊常者如
前說迷識境之四相也初果除者小乗見道
位證我空真如也羅漢未曉者此四相障於
圓覺羅漢若曉即應悟淨圓覺故天台說三
界之外有塵沙無明此執即是其數也合云
阿羅漢今文中且貪字數相對簡略而言矣

約事驗我者事即我所我所者我所有一切事境通於有情事皆可見可知我則不能反見故約事境反驗於我乃覺他皆非我便知我非他也二隨釋經約事驗我疏二一初謂下叙科意二正釋經徵起中疏覺有心者知一切事境非我也即此名我經喻釋中疏燕居者燕字（音寅）依論語中燕居之字經結指中疏覺體者空寂是體是涅槃知是用是覺即體之用涅槃即覺即用之體覺即涅槃既體用相即故非別有可證之體也即當前五門證道中第三能所俱泯矣即是我相者即妄見有涅槃所證所證者即我也我是自體義故且實證真體既是法身真我今謬證妄體即是無明妄我也類例甚明經悟我成人疏二一二悟下叙科意二正釋經麁相中疏者字正名人者諸家疏論每出人字之體或能證人或能執人乃至說人聽人者真者妄皆云者也如梵語佛陀此云覺者即指於人若言菩提此但言覺即指於法類例如此博學者自當知矣經細相中疏無非不盡者無有

過非而泯之不盡謂一切過非皆已盡也經了跡跡生疏二一三了下叙科意了跡跡生者既展轉相生跡跡不盡即是衆多生起不斷絕義亦是衆生義也緣次下疏文自釋云衆生者不定執一之謂也故此云又亦等也二正釋經徵起中疏展轉無窮皆成能所者問前人相中已云不取能所如何至此却云展轉皆成能所邪荅皆成能所者是此人所了之過非非此人認之為是前人相中覺我相是能所之過者但覺一重能所不知此智又復名能今此轉深故覺展轉無窮皆是能所豈不甚超於前故經云悟所不及（及即所故　成）科云了跡跡生釋云了此無定故離前非又云不定執一皆甚明矣經舉喻中疏於自於彼等者結成所釋經中標云非我非彼之句謂俱非此二也緣此中經文稍隱亦須在意分析經潛續如命疏二一四潛下叙科意二正釋經徵起中疏即心之照者心是自己本心前三門中由別有能證能悟能了等相故不言心今諸跡已盡故言心也如論中異相

住相之文但云覺於念異念無異相覺於念住念無住相至最初生相已盡細念亦無直言覺心初起心無初相意全同此此中甚妙宜細審之清淨者亦由離前證悟了等三相直是心自照故自覺者自心能覺非謂覺自然經云照今乃云覺者且順常塗疏論多云自覺覺他也疏證悟等者等於了字謂我相名證人相名悟衆生云了此中摠盡故徹真源更無別能證等也疏擬將此智者此照智也又業是業用一切作用之智名為業智但覺潛續之心同於幻化一念不生即是論中世間自然業智及不思議相等疏雖能除妄者前三也不自除者以此為是故成潛認而不斷絕如命根矣此一門除久修觀行用心細者方知雖此再三顯示亦無由了之經正釋中疏前三相者覺是心心所之摠名若別說三名即一證二悟三了若統言之即但云覺也疏心未忘故者正釋心照名塵垢之義即知若心忘此彼（彼三此照）即心照便是自然業智經喻返釋中疏我智俱盡者我等四相及

智慧俱盡也我智者是我及智非謂是我之智照體獨立者是生公語清涼大師心要亦云一念不生前後際斷照體獨立物我皆如將此四句對詳前文始終相當故略釆一句若據文字初後敵對即合云水凍成氷氷銷水在心迷成我我盡心存今緣心水二字皆是通名濕況照體獨立也問彼云照體是離念無相之妙慧經云心照是壽命相之細病如何用彼以當此邪答但動於濕即名波浪波浪盡而濕性元真但起於照即名壽者壽者盡而照體本妙起於照者見一切覺也况所引之文但證本末法喻非直以之釋經經中本無水濕之言亦無真心之語喻中但云氷湯法中但云一切覺氷湯必依水水之濕性必無變滅即知照覺必依真心心之照體亦無變滅經惣標中踈多劫六度者懸談具引可撿示之經展轉廣釋踈二一後展下惣別科分二隨釋經喻中踈知賊者涅槃云如人覺知是賊賊無能為藏識者含藏一切染淨種子即阿賴耶識也自體即如來藏如來藏

則唯含無量無邊恒河沙勝妙功德皆如前辯然此二名義別者權實之教不同故密嚴經云如來清淨藏世間阿賴耶如金與指環展轉無差別又說惡慧不能知藏即賴耶識貧窮等者法華云貧窮無福慧入生死險道今取意勢用之經妨道微中踈縱使認我者意云涅槃是萬行之真性即我體性亦是涅槃縱認我證亦何所乖亦何妨道經非脫釋中踈還是本愛者所愛之境即別五欲及涅槃能愛之心不異謂即昔時愛五欲之心如今復將愛涅槃故憎亦例知本習者無始劫來熏習成熟故踈愛是生死根者彌勒章已說苗者造業受報也經非脫微云法不解脫者由前微釋我不解脫云由謬證涅槃故故今又微云何知所證涅槃之法是謬是愛是生死根而云不解脫邪經驗我釋踈二一六讃下叙意謂實證者踈中順明也今則逆推以明非實謂既驗出瞋喜即知有我有我即知未證未證言證即知非實驗處在文二正釋經驗知中踈我執猶堅者唯識說此第八

識云執受根身為自內我微細不可知外執器界亦不可知潛藏者與雜染法互為能所藏也相續者標釋經中曾不斷也慧軍數舉者止觀為將助道萬行為兵即前曾聞普眼及三觀利根者已入鈍根者亦有聞思二慧被四相障之修慧未發故此段經上文云雖經多劫勤苦修道等魔衆頻摧者伏得麁淺惑止得諸惡業故有聞思之慧阿賴耶者此云執藏皆已如前本章中釋訖城者根身種子器界為境也即是相分主宰者我相也即是見分難攻者行相微細不可知故三乘聖者至無學位斷此識中煩惱麁重究竟盡時不復執藏賴耶為我方能永失阿賴耶名非捨識體如國強臣不賓皇化即呼為賊後天兵頻討多時方降皇帝許雪存其性命還委州郡之權即呼為卿為臣圓覺帝主亦復如是配合可知（此上皆是釋文中堅固執持潛伏藏識）末那常侍者亦可云內侍一向內緣恒執第八見分為我依彼生起常緣於彼故言常侍常具我癡愛見慢等四種功用故云防護防護我也牢

猻者滅盡定(有學位中亦得)及出世道(初果)雖暫伏滅而未永斷直至三乘無學果位方永斷滅故故成唯識說此滦汙意相應煩惱是俱生故非見所斷意識者第六也能執一切法能造三界業故云諜臣徧緣內外及三世三性五十一心所故云經營又徧五識之中五識率爾纔起此意即同緣故云傍監五將兼於自位故云六門賊主者六賊之主也我是主故由有六根門戶故能通而遊戲也(此釋遊戲諸根)偷号者即次前但言為法瞋彼度此不知此心元是我相即知被他偷於為法之号如貪号慈悲瞋号降魔謂貪愛娀耶統衆王(去聲)化貴賤道俗歸臻恭敬供養自謂為慈悲慜念衆生說法度脫不知都是貪愛潛流改變名号相貌或內心瞋彼因以凶惡之言種種訶叱或打棒或驅出自謂為法降魔懲惡勸善不知又是瞋恚嫉恨憎嫌等念潛改首換面也故志公云二頭不相辨混雜國王城如此種種變号故令我說法化主不覺是賊認為功能渾未解脫越於苦海而乃安然不驚不懼

仍以自縛欲解他縛故云惑我法王也侵疆者若論法身疆界徧法界盡十方乃至情界器界皆同真淨之境盡是無漏之界滦淨元無二體今但以迷色等六境為心外定有六塵即無明我主之界悟六塵等色即是空色不異空但自心變起盡是全空之色餘聲香等亦復如是便是色等三昧名六妙境即般若法身之界今我已悟此境屬我不覺妄起潛執為有潛生愛著還成塵界故云往往侵也由此觀之難明住之難定故云擾我觀境也觀即觀智(解也慧也)觀行(行也定也)境即不出六境及真如境隨所觀時即為其境外怯者以有悟心常欲覺察故妄念似劣不敢故意生情貪瞋造業專伺候觀照明顯如晝日時即潛伏故令推察身心道理者但見自己是悟解分明人不愛名利人為法為師人都無過失人故云晝伏及乎親對違順之境乖於情念極不稱意之時迷習覆蔽對面不覺之時惛黑如暗夜恣行計校種種生情或擬退屈或擬違背人法或擬別為調致或思量道理擬雪身歸過於前人種種生起不可覺非故云夜行而內挾者挾字之意如史記中說曹操未登九五時号曹公挾天子以令諸侯今借此一字為語勢無明等者謂六識之境如上或覺或妄或伏或行若藏識中三細及五未那俱生我相等種即與無始住地根本常不捨離縱使行人覺察觀照之時此亦潛續故云晝夜不斷此正釋經曾不間斷之句也故唯識云此識無始時來一類相續常無間斷是界趣生施設本故性堅執持令不失故乃至與內習氣外觸等法恒相隨轉然此中所用具足八識之義具如本章故此不釋經覆推疏二一一覆下叙意疏恐聞下二釋經故推徵云者然經文於毀者反明於說者順明若疏則皆反順具明若經文亦各反順具明者應云若知我空無毀我者有毀我者我未空故若知我空無我說法有我說法我未斷故餘文可解經決斷中疏各唯增益者水土資於甘草甘味增益資於黃蘖苦味增長故知由種不由水土以喻萬行資於我

相即是魔業資於覺智即是佛因故知由心
不由萬行此意極要可明示之經抑聖中疏
了義等者次自釋云心境本空等即釋題中
廣引經文配了義之句全同此意言心境空
者如心經云無色無受想行識無眼界乃至無
意識界或云能見及所見見者悉除遣或云
心滅則種種法滅等惑業者惑即煩惱謂貪
瞋癡等業即善惡不動等本淨者皆空之義
凡聖不異者凡夫彌勒皆同一如諸佛衆生
同一法界故不異也因果皆圓者因該果海
果徹因源故皆圓也就佛見之者上皆釋經
中如來解也且衆生迷倒下正顯行人以如
來解及所行處爲自修行之意種習者種子
習氣也根深者明此倒情種子眠伏藏識之
中雖復覺悟亦難了知故云深也縱解法門
現用隨念者明行與解違不稱所悟之處無
礙言教者雖說無作無受而且善惡因果不
忘或說無證無修不礙斷惑求證或說因該
果海不妨歷位而修或說佛不度生而又應
機說法如此之意徧諸大乘故言無礙也亦

只如然者將佛所證同自心量也不覺念者
如眼不自見指不自觸也不知寘通等者揀
於真證不同未證之心隨相信者未能稱實
信故大品云不信一切法是信般若等平等
之談者即前心境本空等意不能斷惑等者
由迷此平等之談便不伏進求今時參學之流
多迷此意如聞說衆生本來涅槃無漏智性
本自具足不得此意便云性本具足無可添
補煩惱本空無可除斷由作此見便信任身
心不覺施爲元是隨情逐念兼云稱性脫體
全真認妄爲真惑之甚矣此義廣如懸談初
教起因緣決擇悟理應修門中已具分析數
他寶者具云如貧數他寶自無半錢分於法
不修行多聞亦如是經騁已齊聖疏二一二
騁下顯科意抑高者謂言佛解處行處只似
伊心行境界故云就下騁已者馳騁自己謂
言已證菩提已得涅槃成佛已訖二正釋經
認聖智中疏理者涅槃也智者證也證理故
直云智身身者體也即智自體便名爲證如
諸識中自證分也根本戒者比丘四重尼有

八重大妄語者僧尼皆同謂自言我得過人
法乃至而言我知我見虛誑妄語除增上慢
此是彼之所除故云非此文意彼犯重此無
犯此累悟解彼無所累經驗凡情中疏或即
證悟者縱得他已無二隨喜他勝他善尚自
不定或是證悟之力或亦不關證悟如北鬱
丹越心行無我豈是證邪上界豈有現行嫉
妬等邪故知自驗心迹順於道行仍未的定
若驗心迹有嫉妬瞋恨等事即定知非道除
大菩薩逆行之迹然約心之本迹以對順道
乖道有四句一唯順菩薩隨喜他善及行施
等二唯乖凡愚嫉妬及行殺等三亦順亦乖
菩薩殺等心順迹乖凡愚施等心乖迹順四
不乖不順謂佛（淸淨無礙都無心故）及羅漢（闕大悲智故不順惑業苦盡故不乖也）若但約心順爲定不定四句者一
定順道二定乖道如前中初二句三乖順俱
定謂菩薩自知四乖順俱不定謂初心行施
等自不能辨及觀他施等亦然經結成障覺
云是故不能入淸淨覺者從前數節一一結
云不入覺者大而言之皆爲我愛斯爲根本

然若具明入覺須得其門華嚴玄義章十五門（亦藏和尚所述）第十明入道方便門有三一揀心二揀境三造修勝行別卷具引經趣果中疏唯宗名數者且據法相宗中人也以經云唯益多聞意順此故若破相宗中之人即唯宗道理雖亦不尚名數皆不務自照己心此類之人名為慧學非多聞之相故略不言之解義我見唯長者縱使實得廣解名數聞即皆知或善於立破破諸言論亦轉增我相欺慢餘人故有云經論衆生出世因解來翻更長貪瞋若約任運我慢貢高即破相法相兩宗人同若據分別心中定認凡夫未除我執者即偏是法相宗人（我見增長破相宗人無收意定斷以不立）法故問解法輕人許云我相增長其所執之見已定何言增長答亦有增義謂不習教人但任運執若聞解者言有言無或言同佛異佛皆不定信不信若習法相之人定不信凡夫無我故知執見轉堅故云增也不能了自心者次云云何知正道彼由顛倒慧增長一切惡一切惡者我見亦在其中既增惡由不了心

即正同增我由不求悟即知求悟是令了心故引為證又既由不了心成顛倒即知定須先了心也據此所證文義四句揔要緣前已頻引聞者必熟故標初後二句等取中間兩句也又智論者彼有三偈故此云等餘者令取意說謂有慧無聞如闇中有目亦不知實相（此知南宗禪學實了心者未達諸法性相又不學之）無聞無慧如人中牛灼然不知唯去二種方知實相即前悟淨圓覺以淨覺等也經科斷惑（且當下）成因（說佛下）者由前數段經文說修行中有多過患皆結云不入淨覺故此勸誡令離過用心方成正因也經順釋中疏根本等者百法標云根本唯識頌但云煩惱揔說六種頌曰煩惱謂貪瞋癡慢疑惡見長行釋云性是根本煩惱攝故得煩惱名謂貪等六事是隨煩惱之根本故今經云貪瞋愛慢者彼論愛非其數以無別性貪所攝故此唯三法是彼論也貪者於有有具染著為性能障無貪生苦為業謂由愛力取蘊生故瞋者於苦苦具憎恚為性能障無瞋不安惡行所依為業謂瞋必令身

心熱惱起諸惡業不善性故慢者恃己於他高舉為性能障不慢生苦為業謂若有慢於勝德法及有德者心不謙下由此生死輪轉無窮受諸苦故此慢差別有七九種廣如大疏疏小隨者隨煩惱二十中有三類初十小隨次二中隨後八大隨具如大疏八識章中釋也今諂曲等名小隨者各別起故名小但是貪等分位差別等流性故名隨諂者為罔冒他故矯設異儀險曲為性能障不諂教誨為業貪癡一分為體嫉者徇自名利不耐他榮妬忌為性能障不嫉憂感為業瞋一分為體然根本六中今闕癡疑及惡見者癡在偈故三番徵釋已決疑故偈云我身即是身見身見斷則餘見自除故（餘謂邊邪二取此等皆依身見起故）疏重舉等者意云謂上已明貪瞋愛慢今又重言恩愛故次釋云生死根等其斷惑行相具如大疏所明餘文可見經偈諷（中如次前便用）長行四門大科以科之經云悟刹者正顯刹無體約迷悟以分疆也前云分疆用此意矣如入唐下喻明故知下法合乃至釋法愛及我身

文皆顯著經依師離病蹟二一自下下明科
意二釋經文經長行中蹟二一正說下開章
叙意有少相濫者待至本文蹟自標指若便
懸說初學難領二別釋經文經令識中蹟三
一簡餘下釋標指最初因緣肴其次文云是
故於此勿生疲厭善財白言云何學善薩行
等乃至善哉汝已發阿耨善提心復能求善
薩行善男子若有衆生能發阿耨善提心者
是事爲難能發心已求菩薩行倍更爲難善
男子若欲成就一切智智應決定求真善知
識勿生疲懈見善知識勿生厭足所有教誨
皆應隨順於善知識善巧方便勿見過失亦同
此中意也蹟法句經者文具云尓時寳明菩薩白
佛言世尊云何是善知識佛言善知識者便
是蹟中所引直至住於實際皆真如不變義
於七
十八
也同此不住相從畢竟空中下即真如隨緣
意也同此現塵勞讃梵行華手經者彼云云
何名爲真善知識彼云若有具足四種法者
名善知識云何爲四一者善知教化之法二
者善知修道之人三善知教化之過四善知

修道之過是名四法也蹟離凡下二釋示相
經中有順行逆行蹟自指配經云不住者若
有少法當情皆名住相乃至菩提涅槃尚不
取著何况世間夢幻境界蹟不應住色等者
此畧用金剛經經次文云不應住聲香味觸
法生心應無所住而生其心得無住心即契
圓覺經云塵勞者塵是六塵勞謂勞倦由塵
成勞故名塵勞又滌心勤苦亦是塵勞即蹟
中指貪等爲塵勞之意也蹟梵行等者即淨
名居士現毗耶城俗姓雷氏於提婆城取妻
曰金姫男名善思女名月上示跡同凡化在
家衆故名梵行蹟同事攝者四攝之一也已
如彌勒章說心既相親者如法華中長者後
園種種方便慰喻窮子亦如杜順和尚初食
肉復食臭屍又如志公食魚鱠訖吐之水盆
於七
十九
魚皆跳踊示欲之過等者經云示有妻子常
修梵行現有眷屬常樂遠離乃至入諸婬舍
示欲之過入諸酒肆能立其志等亦同華嚴
者即善財所遇婆須蜜女示行貪行善財遇
已得善薩離欲際解脫門住第五無盡功德

藏迴向等無厭足住示行瞋行得如幻解脫
門勝熱婆羅門示行癡行得般若波羅蜜解
脫門也蹟說非梵行者令時此事甚衆宜審
詳之壞見等者忘却此論題目待撿之蹟結
成下三釋結益經正舉中蹟如雪山捨身者
即涅槃經第十一彼云我於過去身爲童子
於雪山修行求道時聞羅刹於大林中宣說
半偈我當請彼作如是言善哉聖者何處得
此半如意珠乃至爲我宣說四句云諸行無
常是生滅法生滅滅已寂滅爲樂我以身施
羅刹如故現帝釋形等香城敲骨者即大品
般若經彼云時法勇菩薩於尋香城宣說般
若波羅蜜多經有無量百千億人天大衆所
共圍繞尓時常啼菩薩求聞是經等云云儒典
尚令等者論語云事父能竭其力事君能致
其身憝蹟云然因法出塵法爲舟筏由師遇
法師是船師無師船且不行無船渡無憑託
船依師運敬法須以敬師故觀音慶已超聞
勸凡同仰是以全身報法賣髓酬恩割肉聞
經焚身謝德嗚呼来學盗法非師情希鳳鶴

之姿豈覺鏡臯之醜此乃將興益滅求悟翻
迷破法傷師報如形影經遮疑中䟽二一指
前下正釋在文易見但要善巧顯示學人䟽
然為下二別議師資然準此盡心事師實亦
難得如此弟子及如此求道之人復不易得
如此真正師友以當事之故中論偈云真法
所傳宗及說者真善知識聽者弟子及諸志求道人難得故通指
上三種也是故說生死非有邊以難得三種故生死非有邊畔盡時
無邊非無邊也非字通二處讀之謂所言難得非的定永不得得即生死必盡然非
長無邊際故云非無邊此偈因長行有問此生死法為
有邊際為無邊際故偈荅之云尓然此為徒
等言借論語文勢彼云如知為君之難為臣
不易故云尓勿因此誡者先勸弟子也世有
非法之人假為菩薩之行誑惑愚夫還說空
無相之言不拘齋戒以餘行為大乘以真修
為小教愚人不曉此意却敬彼人不知弟子
有擇師之分故令勸示且須聽受他說法自
覺心中的有覺悟仍須勘以聖教令與所禀
宗中相應經教相合佛言相契若與合者名
為正觀若不合者名為邪觀又須與師同處

曰又諮參徧問真俗知他心在佛道大悲利
生既識得此師心源即須忘情絕慮沒命歸
依縱見他接物化緣種種方便如前所說不
得生疑又此藥下勸師也佛語種種各有對
治如誡俗徒云剃頭著袈裟持戒及毀戒天
人常供養當令無所乏如是供養彼名為供
養我我即佛自稱也又云破戒惡行諸比丘猶勝精
進諸外道及乎誡僧又云破戒之人五千大
鬼常遮其前掃其脚迹破戒人不得於國王
地上行不得飲國王水又云寧以鐵槌碎身
如塵熱鐵纏身種種極苦不得破戒身口等
受信心檀越衣服飲食卧具種種物俗人合
服前藥僧即合服此藥不宜互錯必受其殃
令勸為師之人必須量心道力勿等閑認他
上人此藥本治弟子不為師主師主服之即
重增病苦以至於死方藥各有對治不得錯
服服之增病等者夫求方藥不離一藏經律
經律中言大底有二一說解則空而無過行
則逆順皆通二說解則因果歷然行則止惡
修善服此藥人若遇後教即云彼誡迷人初

心人小乘人我是悟人又學人無我人作此
意度則後藥無施也若遇前教又增惡習縱
任情意自陷陷他故言無藥可治也以縛等
者即淨名云若自有縛能解他縛無有是處
若自無縛能解他縛斯有是處又云自疾不
能救焉能救諸疾人斯之謂矣經外易中䟽
摶食等者譯者朴拙準經意的說財食也食
有四種此當段食食揔段別以段揀餘古譯
經論訛云摶食今此三藏承古訛音遂作摶
字又不分揔別謂摶即食仍略食字故云摶
財也經顯益中䟽憍慢若起等者夫人心若
愛敬於他所作皆是若輕慢於彼則見彼所
作皆非世俗傳云憎人嫌醜待人嫌乂又云
愛忘其惡等也又史書中有寵臣獻奇果於
君初功後過之義也然慢念惡念亦互通先
後或因起惡念即慢他或因慢他即惡念起
言惡念者非謂擬損害意中以他菩薩慈悲
利物之行呼為求名求利或疑中私染淨不
分等便為惡念也障覆自心者既疑他意唯
見他懇切勸人謂言他有所求進退皆疑言

教何入經分別四病令除疏二一二分下會通科意荅第二問者依何等法據此科云分別四病令除即當荅除去何病之問詳其義意乃是荅第二問此義如何疏次自釋云標以妙法等釋意甚明問若尒者何故文云應離四病荅疏自釋云此法離於四病方可依故疏中二故字皆是釋此段合當荅前汝何法問之所以也除病之問等者意明其荅除去何病之問下自有文彼一段文令悉親平等用心以去無始自他種子結云即除諸病若將荅所依法更不相當文亦不次又問曰若尒如何判決問荅相應之科段荅曰問雖次第列名佛荅亦通亦別此有深意可細詳之文似濫者以此段中分別四病令除似荅除去何病之問不似荅依何法之問故云濫也由此相濫故云含而科之二正釋經文經別釋行相疏二一二別下示文繩墨者契經有五義此當一也謂楷定正邪意言者意中言也時俗人語因責人非豈不亦云汝意曩道什麼語又云我意直道汝如是如是亦即意言分別二別釋經生心造作疏二一釋標名辨相二一辨相下正辨行相思惟揣度次入等者此諸行相是多種人心意不定主一人或如此或如彼不可一一著尒許多或守故但列之由是行多相反如宴坐施為止山遊世等須善自分析隨執其一者但說同一類行於一類中不妨亦有作兩般三般者如修造供養是一類或作僧俗講或經呪或宴坐止山及觀空有等於諸類中復有別類亦有一人總修者或有相違必不俱者如講者不妨持念及遊世界勤衣食等持念者不妨止山相違者止山遊世也勤衣食故飢寒也端坐施為也施為通修造供養講說等愛身厭身也疏此病下二明病起因起行起用者文云即起諸幻以除幻者又云變化世界種種作用又云照諸幻者便於是中起菩薩行又云復現智力種種變化度諸眾生又云復起菩薩清淨妙行度諸眾生又云復起作用變化境界失彼文意者迷彼皆以悟淨覺心於觀行中作如是等行今乃但見度生等言便務僧講俗講但聞起行之言便欲修造供養持經呪等但聞起作之言便欲種種施為遊世界等聞照幻之言便欲深山宴坐觀空有等聞除幻言便欲厭身故受飢寒等也但憑此行欲契圓覺故云成病疏指體下二釋指體結名積土聚沙者即法華方便品偈會權歸實萬善悉趣菩提之意也文云聲聞若菩薩聞我所說法乃至於一偈皆成佛無疑云云（皆取意引）若以小乘化我即墮慳貪此事為不可我本立誓願欲令一切眾如我等無異化無量眾生令入於佛道若於曠野中積土成佛廟乃至童子戲聚沙為佛塔如是諸人等皆已成佛道或有人禮拜或復但合掌乃至舉一手或復小低頭乃至供養像一稱南無佛皆已成佛道歎即菩提者是佛頂文具云狂性自歇歇即菩提勝淨明心不從人得其本末緣起前已引說經任意浮沈

圓覺經畧疏之鈔卷第二十二

圓覺經略疏之鈔卷第二十二

校勘記

一　底本，明永樂北藏本。

一　三七二頁上七行末字「相」，清作「想」。

一　三七三頁下六行第一〇字「旦」，徑、清作「且」。

一　三七四頁下一六行「帝主」，徑作「帝王」。

一　三七六頁中六行「不伏」，清作「不復」。

一　三七七頁上一七行第六字「若」，徑作「者」。

一　三七七頁中八行第八字「去」，徑作「具」。

一　三七七頁中一八行「染者」，清作「染著」。

一　三七八頁下一行第八字「住」，徑、清作「王」。

一　三七八頁下一五行「事父」，徑作「事父母」。

一　三七九頁上一八行第一四字「令」，徑、清作「合」。

一　三七九頁下六行「易中」，徑作「意中」。

一　三八〇頁上一行「令除」，徑作「合除」。

一　三八〇頁上一七行第一二字「文」，徑作「又」。

圓覺經畧疏之鈔卷第二十三 於八
圭峯蘭若沙門宗密於大鈔畧出
疏二一釋標名辨相二一意云下正辨行相
無起滅念者以不厭故無滅生死之念以不
欣故無起涅槃之念疏差別性者明非實性
熱濕等者舉喻以明類例也意如莊子逍遥
篇齊物篇等各隨他性各得其志何用跂張
傷他自然愛憎者憎愛俗者俗樂動者動樂
止者止齋與不齋乃至禪律講說一切如此
作亦得不作亦得等疏此病下二明病起因
言無修習等者次疏可引便云尒時便有二
十五輪三觀之初又云如城四門隨方來者
非止一路又云於諸修行實無有二失彼文
意者迷彼無修之言是乎以淨覺心之意意
令悟此天真本具無修之淨覺以對自已心
行不稱覺者對治令稱又常見覺體無妄而
妄故須無修而修妄既無妄而妄修亦即修
無修既迷此意乃自謂無妄何用更修不覺
無身心中現見身心無憎愛中現行憎愛但
自云我本不出覺城何用從門而入等故成

於八 一

此任病疏前則下二釋指體結名無記性者
不記別為善為惡也七賢者謂伯夷叔齊虞
仲夷逸朱張少連柳下惠也四皓者即終南
山四皓避秦歸漢綺理夏黄緣生周角經上
息妄情疏二一釋標名辨相二一生心下正
辨行相生心恐非者故不作種種行隨情慮
失者故不縱任自在波息水即清明塵盡鏡
即朗照未磨未澄照之何益今妄念既未止
息何用推察真性功用故云何須別照疏息
念等者相從念起息念故相不當情覺此無
諸起滅空靜之性故云得也非即覺性者一
則關於靈照二是色滅之空故疏此病下二
明病起因從前靜觀等者傚前辨其迷錯之
意即可知也經云彼圓覺性非止合者破也
疏覺本下二釋指體結名二一破其無觀謂
例其無止而止而不能無觀而觀於中初四
句以例立理夫無而見有有而見無皆是顛
倒今且念是無照是有今既迷背二理故揔
為乖失後四句正例破也破其偏治無而見
有不治有而見無有而見無是隱義也疏又

於八 二

真下二破其存止四句例破既起止皆違何
存止而去起次故言下結歸經文正拂存止
也若將對前意者拂偏止也所以者何以止
若即觀止即非止今既一向是止即知關觀
令拂一向之止故云非也後故前下引證不
應存止經滅除心境疏二一釋標名辨相二
一前但下正辨行相釋以身空者文具身心
根塵已頻標示故但舉一以例之疏身等者
亦等於煩惱身心根塵也疏此病下二明病
起因皆云寂滅等者此文甚多此寂觀中輪
輪如此看經即見不待引也迷彼成此者彼
是絶待靈心之觀此是滅病由迷彼意故成
此病又寂滅斷惑等言是靈心中之絶待故
經云無知覺明不依諸礙令但空諸法絶於
身心等相堅持空寂豈得意邪故下破云非
寂相故非寂者不言不寂但以關於照故若
見寂即照故非寂照即寂故非照非照非寂
寂照雙彰即契圓覺餘意亦同上三迷前之
意也疏夫覺下二釋指體結名言似者寂滅
之言斷煩惱之語全同前觀也理躡者如上

於八 三

說之經結明中疏二一將前下釋離病清淨二一直銷文疏然上下二通釋意二一揔標徵起疏一者下二別釋行相二一皆無觀慧然觀慧有二一稱體觀照起信中真如三昧及前三觀中悟淨圓覺以淨覺心是也今四病中全無此故二觀諸法空有等義今四中唯滅病云身心畢竟空無所有作看似法空義然亦非觀慧但是作此解數謂是達空以不言了知等故任病中云於生死涅槃無起滅念亦是說此人心無此意念不言達之舉要而言四病皆云作如是言正是起計之辭起計之心名為執見不名觀慧既一一是生心作意而為非病云何三觀何曾有作如是言之文諸經勸讚亦何曾有此文故知只由修時都無觀慧故皆成病如荷澤大師教人云妄起即覺妄滅覺滅豈不逈然異於四病邪疏二者下二偏行一行二一明局故皆非疏若能下二明通故皆是作種種行者初病中法也任運閑者二中也習起息滅者三四也常冥覺體者有稱體觀慧也不得取四者

一一遣作如是言之計也脒作等者通明離病也疏即上下二釋結定邪正三一正銷經懼落四中等者有人懼落初病不敢興起利益行懼落二病不敢泯絕無寄修無住法懼落三病不敢修無念宗懼落四病不敢觀空斷惑由此遲疑之故不敢決定發願剋志搘心修菩提道既無決志大願即一切不成斯為大大之病疏問為下二問荅通疑二一問詳之可解疏荅二下二荅若縱志別求者有人遇著良師審知有道如前所揀真正又離四病然或因接引乖蹤或因其中別有情恨之人不願同住或自然性不相入便不能師事修習方為縱志更有餘事故縱志別求如何別求如次所引文也疏故善下三引證釋意經辨事師之心疏二一三辨下辨科段但令親近等者下銷經文其閒意旨日以行因教教藉明師但逢離過明師必示出塵之行故不別明也疏如善下二正釋文三一釋揔示普賢西遊者即法華經說普賢菩薩在東方寶威德上王佛國遙聞此娑婆世界說法

華經與無量菩薩眾俱到娑婆世界亦是親近供養之意涅槃經說者以彼經迦葉菩薩云善知識是趣菩提者具足因緣是故名為半梵行者尒時佛告迦葉菩薩言我說名為全梵行者法句經者文云善知識者是汝父母養育汝等菩提身故善知識者是汝眼目示導汝等菩提路故（初六字後一字喻喻全用今略可但具讀之）脚是荷負汝等離生死梯凳扶持汝等至彼岸飲食能使汝等增長法身寶衣覆蓋汝等功德身橋梁運載汝等度有海財寶救攝汝等離貧苦日月照曜汝等離黑暗身命護惜汝等無有時鎧仗降伏諸魔得無畏組繩挽拔汝等離地獄妙藥療治汝等煩惱病利刀割斷汝等諸愛網時雨潤漬汝等菩提牙（下取意略引）明燈照破五蓋善友教示正道薪火成熟涅槃弓箭能射煩惱賊勇將能破生死軍如來破煩惱至涅槃（已上所引疏文略列十喻文精不次但簡而用恐人難記持但令取意說也疏從此復亦取意引用結一二文令具解之）善男子善知識者有如是無量功德是故我今教汝親近（此經但令親近供事不說防以故引彼經說親近所以以釋之）於是

實明菩薩與諸大衆聞佛說此妙法及善知識甚深法要舉聲號哭淚下如雨悲啼懊惱不能自裁自念我身從曠刧已來為善知識之所守護是故今日值於如來得聞深法如是遇者善知識力非我力能自念我等從本已來未曾報恩方便親近說是語已重復舉聲等疏夫善下二釋別顯相親近者親之與近有四句一親而不近同心意者各住一方二近而不親或工商同行或官司同仕互相憎嫉爭權爭利等三亦親亦近仁慈父母孝順男女恩愛夫婦道合師資無離別之緣等四不親不近即陌路人等疏百萬障者彼文云若諸菩薩於餘菩薩起一念瞋心者當知是菩薩百萬障門皆悉開故所謂不欲趣菩提障不欲化度衆生障乃至廣說也論語云

於八 六

者意屬事師求法者當須虛心求解降志依人而不能勠力自持容易同女子之志疏故勝鬘等者以菩薩化生審知物性柔弱者可以將護以陵之必退剛强者可以折伏縱之犯人文武之道也經云如虛空者虛空與法同喻甚多餘處多以喻法無生滅周徧含攝或喻佛無心等今但喻心無改易不喻無心謂常須恭敬供養承順顏色記受言教豈得無心乎疏薩埵者此云有情即衆生也疏結因下三釋結益經云方入圓覺者反明若不如是盡命事師即不得入圓覺也經所治中疏生心作意等者並是四病行相後云即除諸病者亦四病不一故云諸也經觀人中疏七品行慈者瑜伽論說習學慈心之者不可頓成須作方便漸引凡心令慈行成就方得怨親平等既慈能與樂與樂亦須平等言七品者上中下親三不怨不親下中上怨等也謂遇於上親令與上樂灼然稱可其心謂竭力供事父母甘脆或與妻子兄弟上妙之物其心皆能中親下親如次降殺所奉之物不怨

於 七

不親任運不能與物次中親與上樂雖校一等亦可就之即下親中樂非怨非親下樂得此心熟又令下親與上樂乃至下怨與下樂乃至下怨與下樂更二轉即不怨不親與上樂如次下怨中樂中怨上樂如此漸漸引至上怨與上樂即能為之便成怨親無二同佛慈也經科等心觀法者前標妙法結以正觀似荅所依之法其中又離四病此中標不解脫結以除病似荅除去何病其中又令觀法故不妨除病依法參而用之經發心深廣疏二一五顯下會科段荅第五者前四皆前後挾帶參而荅之令義勢相涉意思連續唯此一向荅發心也二正解文經摠標發心中云作如是言者言亦意也疏因地等者華嚴一部多明此相就中初發心功德品始末唯顯此發心行相一一校量功德略如文殊章初菩提心體相功德處引說若無心願者夫願是擔心剋志情中願樂的欲作如是如是之事情發於中而形於言衆見今時淺識之流但以言辭及紙上文字而發願都不反驗自意如何故言心願也策引者策勸引導天台令憶本初發心者是願力也行不成者夫願有主心行者是迹所作之行若無宗趣名為罕尓之心無記之性寧契菩提况無願力則心勇即進心倦即退何能始終不易剋獲勝

眾平經別明心相疏二一二別下釋科文同金剛者如次下所引若約天親所判是答云何住問令住四心也若約無著所判十八住中即當第一初發心住今此還當發心之文彌勒頌者本因無著菩薩入日光定上昇兜率請問彌勒菩薩金剛經義彌勒為說八十行頌以釋一卷經文無著傳於世親天親造長行三卷以釋此頌故疏引本頌半偈列四心矣後半云利益深心住此乘功德滿利益心是普度證果義深心是稱理無度無證無餘義住字正乖所開故前大科借用此意云顯發心深廣廣是普益深字又同四中一最大心者三界普度故二第一心者令得最上極果故三常心者眾生本寂常住不變無始終故四不顛倒心者無能度我相無所度衆生相故若有我人等相即非菩薩二正釋經廣大第一中疏四生者胎卵濕化也已如彌勒章釋九類者四上更加五也若有色五也若無色六也即是四空若有相七也除無想天及無所有處餘若無想入也時外論云說四空中有想是空識二處無想是無所有

處也若非有想非無想九也則有頂天疏無餘涅槃者非四涅槃中之第三彼同二乘故乃是無住大般涅槃也不餘二乘菩薩變易生死及諸細障故云無餘故法華云若得作佛時具三十二相爾時乃可謂永盡滅無餘涅槃者秦諱為滅度故次經云而滅度之若以新翻即云圓寂廣如前涅槃章說虛空衆生等者通顯發心行相故華嚴十種行願一一結云虛空界盡衆生界盡衆生業盡衆生煩惱盡我禮乃盡彼第一是禮佛行願也餘稱讚供養乃至第十迴向一一同此以虛空界乃至煩惱無有盡故我此禮敬無有窮盡念念相續無有間斷身語意業無有疲厭故此云虛空衆生無有邊際等衆生之言含於業煩惱也悲願亦復如然者正同彼云我此等也由發此願等者若以即時之心猶是宿習之性豈肯忘己濟他但心心策發以此願境而為觀智熏習日久自然成性乃至得證菩提無心而化其化大焉經常不顛倒中疏我入覺者必不別有覺為可入也如前四相章初所說亦如前湯銷氷喻我既如此衆

生亦然故天親論具云菩薩取一切衆生猶如我身自身滅度無異衆生滅度如是取衆生如我身常不捨離是名常心利益據此即知自他平等方是常心常心者無始已來本無我及衆生等相但是圓覺無增減無始終無生可度無眞可證本來如此方為常心經云除彼等者然自及他約虛妄之想者各具我人衆生壽者等四今就文勢語便且以我為能度以衆生配當所度不妨所度衆生亦自有我能度之我亦有衆生詳之可見矣疏故天親等者遠離是智依止已下是所離障於中依止是總餘則是別謂身見是我相即能度也衆生是他即所度也故結云等相無著云者已斷我見等是離我想故信解下是離衆生想總是彼經下指配彼此文同其不顛倒心彼經反明此經順顯詳文可知經偈諷中疏長行達已同凡者文云了知身心畢竟平等與諸衆生同體無異如是修行方入圓覺敬師如佛者前約達理此約起行又達已同凡愛其我慢仰師如佛增其恭敬敵體

相對以成至行若普觀衆生而恭敬及一切普化自他相對應有四句一約理觀他是佛約情觀巳是凡以成恭敬之行二約情計觀他是凡愚苦身約悟解知我同佛智可救以成大悲之行三俱約事相觀佛勝巳以增自利之行觀衆生劣我以增利他之行四俱約理性以成無我平等寃竟解行疏但諷能治者長行即先叙所治由有無始憎愛種子故未解脫也犯戒因者前彌勒章中叙惡業云境皆愛心而生憎嫉造種種業生鬼獄故四相文初亦從憎愛展轉乃至業流轉等不能繫引違戒德者戒是波羅提木叉此云別解脫故遺教經云戒是順解脫故能治敵體相反故成治義上来依師離病文竟

於　十

圓覺經畧疏之鈔卷第二十三

圓覺經略疏之鈔卷第二十三

校勘記

一　底本，明永樂北藏本。

一　三八二頁上一三行第一四字「二」，清作「一」。

一　三八三頁下一一行「照曜」，徑作「照耀」；清作「照曬」。

一　三八三頁下一八行夾註左「結一二文」，徑作「結勸之文」。

一　三八四頁下一四行「言哀」，徑作「言表」。

一　三八六頁上一〇行第二字「皆」，徑、清作「背」。

圓覺經畧䟽之鈔卷第二十四

圭峯蘭若沙門宗密於大鈔畧出

經道場加行䟽三一後一下釋料文得道之處名曰道場者此合理事事者如佛於摩竭提國界大樹之下坐禪而得菩提其樹亦號菩提樹理如淨名經說萬行皆是道場謂直心等又華嚴讃佛身恒徧坐一切道場言一切者謂智身徧坐法性道場法身非坐而坐道場色相報身安萬行道場化身安水月道場障重者釋加行也心浮者釋道場也䟽問此下二問荅料揀文相可知三開章釋經進問中䟽義如前釋者前問法菩薩名皆不再指令此指者意令再釋令再釋者正宗經終結歸宗本最須常要知故因此總敘一經血脉連帶故此菩薩名是經題故前釋者即序分中䟽云然此正宗中諸菩薩等與佛問荅本意欲顯圓覺但縁節節過患未盡義意未圓收機未普故表法菩薩未標圓覺之名今有三意得名圓覺一前雖病盡理圓仍恐下根難入此又曲開方便三期道場即上中下機普歸圓覺二由前節級行解已圓至此名爲證極證極之境更無别體唯是圓覺三最初標圓覺爲陀羅尼者從本起末今顯義已周還至圓覺者攝末歸本表此三意故圓覺菩薩當此門問經請後中䟽躡慶前者敘大智䟽舉所爲者敘大悲如世慈父得樂即思其子菩薩心行悲智常行經結前中䟽正法像法者年數前已敘之此二俱從佛滅後方說住世年載若佛在日即是法主更不在言之縁文中但言末法故以佛滅後當其正像失䟽永揀餘性者彼說五皆定性皆是本有本有二乘無種性者則永揀之唯收大乘性有故敘五位之初文云謂具大乘二性者略於五位漸次悟入一本性住種性謂無始來依附本識法爾所得無漏法因二習所成種性謂聞法界等流法已聞所成等熏習所成要具大乘此二種性方能漸次悟入唯識彼五性宗有本不具大乘性者故云要具慈恩釋云但言大乘者揀彼定性二乘及無種性即知餘二乘無性及不定中一半是不具者永無具義據此即如今學唯識論人五性之中必皆是具者應合有多分人枉功修學必無解行悟入之義故若此宗中盡合習之未曾熏習無種之者熏成種故來生乃至幾生再遇縁必發生故然合剋志道場且被已有種者故云具大乘性以未有宿種者終不肯入道場故䟽聞慧開者當三重因中第一重也䟽菩提心者第二重因義如文殊章初已釋經期限中䟽如法華中官事者文云譬如有人至親友家醉酒而卧是時親友官事當行以無價寶珠繫其衣裏與之而去等菩薩以度生爲公家之事以自利行爲私己之事如同國家賢良大臣以利濟蒼生爲公事以自己家産爲私事䟽王賊命者三種皆有難字謂王難賊難命難三者總名梵行難也水火等縁亦屬命也不同律中一一别開或國王不信佛教禁斷法縁或賊徒草擾難爲安住或種種障礙涉於愛性命之縁皆爲他事他者總自不由己之義也故知雖有此等礙縁尚須隨分思察若無此等便合加行全功

令有人都無此等障礙又無度生之緣尚未能思察況更道場加行邪仍安然不驚悠悠而過大奇大奇量尅三期無別義者有人宵臆說三期日數之義大是僻局必不得爾天台曾立志加功百日搭求證悟便得旋陀羅尼及乎習法華禮懺道場唯製三七般舟道場復製百日方等經中道場法式又云當以七日為期多則無妨少不可減諸教之中說道場之文甚多不可備引皆日數不同儀式亦異豈可一一別有義邪長期下根者障重難盡故中下如次可知反於此者長期上根謂能精進堪任勤苦多時不退故下期下根謂性懈怠不能久受艱勞易即能行難即便退間道日久即不肯修故佛俯就接引八十日亦許中期中根進怠處中量力而製也若約利鈍而配即兩勢俱通且就利根者謂聰利解怠者下期怠故不肯久利故障易盡利而精進者上期鈍而怠者下期義意例上可知其中期者一切皆取處中性也佛意多含且就大綱而製然衆生根性欲樂種種不同臨時

製宜不可判定但量自他之力或上中下跡事理稱可者有人但言心淨即得何必嚴淨外相道場心不攀緣即得何必局居一處猶如囚繫此乃但約道理而言不細察自心難淨易淨難安易安且染心生起必假染緣如何淨心成就不假淨緣邪問其中忽有上上利根一悟之後常與道俱易淨易安何妨他有此言邪荅若是上上利根人必悲智具足能護衆生心行方便勸製的不作此言作此言者終非此類問何妨他還遇上上根人作此言邪荅此則屬前通別觀行誰抑他入此道場邪然亦須安處徒衆安坐靜室若通若局終須令緣起心行與所悟理相應故云事理稱可謂內外俱淨身心總安矣經隨相用心中跡三一對當下釋想其勝緣當知唯心等者此兩句全是論文彼標云正念者當知唯心等正思正念義同故以彼釋此又唯心之義與此意同為佛滅後設像而觀即是帶境佛在世時根緣俱勝不假外境直觀心佛故言唯心言根緣勝者論云如來在世(時勝)衆生

利根(勝根)能說之人色心業勝(勝緣)圓音一演(緣顯)(勝相)異類等解(勝顯)(根相)跡不覩真儀等者且佛在日暫因昇忉利天為母摩耶三月說法優填王憶戀情切猶使刻旃檀木為世尊像禮拜供養況佛滅後不覩金容而不能施設形像而觀瞻邪豈道心不如丁蘭之孝心邪況假之引心入法乎引心者因見丹青形像便想得世尊化現生身之像眼目精靈身手動轉慈顏喜色言語靜默處大衆中巍巍堂堂猶如目前雖目觀丹青而心注佛相次因此相的知化現如鏡中像像者必依於淨明佛相者必依於寂照喻中既目覩影像心全見於淨明法中即目觀化相心全見於法報法報既爾我心亦然心同佛心融心為佛從此修於三觀是何魔等敢惑亂邪何空華之煩惱能障蔽於心邪故次云相即無相即見如來金剛結示其在茲矣亦可下重釋還同如來二句也前釋者以心注化現生身之相昭昭如在目前為同在世之日此則以在日一期之化為常住也今解者則直以世尊理智真

爭爲常住也故云亦可就中意在報身報身服耳等一一廓周法界有身可說不滅故可仰慕故經云懸諸幡華等者明助緣也本意敬佛設像因此莊嚴道場揩期日數也如方等者至下事懺中當略引說也疏去其下二釋禮懺儀式三釋經三七日去其久近等者此意如上三期之說疏次下下二釋稽首諸佛名字二懸敘三一備列八種禮佛法經者說禮佛方法也經既顯標禮佛禮佛即是所宗餘七皆是禮佛由緣謂供讚是禮佛流類懺勸喜是禮佛之意由欲懺等故禮敬以申懇志七是都迴禮等功德向於三處八申陳意所希望彼既顯以禮佛餘是方法今經次云稽首十方諸佛名字即正舉所宗懺者總舉所申禮敬之意理合具諸方法矣然此八種通說其益則俱能遠離垢障速證佛果若別說者供養除慳貪障感大財富讚佛除惡口障得無礙辯禮佛除我慢障得尊貴身懺悔除三四障得依正具足勸請除謗法障得多聞智慧隨喜除嫉妒障得大眷屬迴向除

狹劣障成廣大善發願除退屈障總持諸行初供養者尋常文云嚴持香華如法供養等然供養有三謂財法及觀行等具如大疏所明二讚佛者即尋常梵音文也是勝鬘夫人歎佛之文又上座別讚云佛眞法身猶若虛空等諸經讚辭甚多不可繁引三禮佛者則七佛十方佛三十五佛五十三佛賢劫千佛乃至佛名經隨意廣略一一有經讚其功能四五已下皆如尋常依時禮懺所唱亦或廣或略唯晨朝禮最備四懺悔者偈云十方無量佛所知無不盡等五勸請者凡小自度但懺而已菩薩愍衆故須勸請此有二種一請轉法輪偈云十方諸如來現身成道者我請轉法輪等二請佛住世偈云十方一切佛若欲捨壽命我今頭面禮勸請令久住等六隨喜者偈云所有布施福等隨所見他善事而生歡喜又隨順歡喜由昔不喜故今隨喜心而慶悅彼以除之也七迴向者偈云我所作福業一切皆和合等謂迴已修善向於三處謂眞淤菩提衆生所以要此三

者其必相資一即具三方成一故八發願者偈云願諸衆生等速發菩提心等謂策勵運意爲發希求樂欲爲願即四弘揩或五願也彌綸諸行直至菩提菩提心戒以之爲體然上八種生起有緒謂發心香華供養口讚身禮次洗滌法器欣求法雨攝他同已迴向三處願皆成佛然行願雖云十種但於勸請迴向中開爲別義也疏今略下二配指此經可知疏論中下三引文例證論即起信華嚴即普賢行願經引此二文例證皆亦有此八種之意也疏禮佛下二正釋三一略釋禮名可知疏準勸下二引文廣釋二一總釋七禮言勸那三藏者華嚴纂靈記云三藏是天竺人也既至此土華音又通講華嚴經道俗雲集講次忽有一人執笏形如大官云天帝令請和尚講華嚴經都講維那梵唄法事所須咸須備具講席衆僧皆悉同見言訖便隱三藏及都講維那當時奄然卒於法座優劣有七者然於中兼含是非非中有二即第一二也此一向劣仍是過患餘五則前前劣後後優

也我慢禮者身依次立心無恭敬高尊自得恥於下問如碓上下唱和禮者徒爾形儀心無淨想高聲喧雜辭句渾亂此二非儀也問既知非儀何必敘列同作觀門荅舉過以訶說非令止以就觀行也敬從心發等者情發於中而形於言讚詠之不足故懇到而禮拜之也運身禮拜運口稱名五輪者手足及頭著地者經中令一一發願云我今五輪於佛作禮為斷五道離五蓋令衆生常安住五通具足五眼願我右膝著地之時令諸衆生得正覺道（右是順義故成正覺）願我左膝著地之時令諸衆生於外道法不起邪見（左是違逆故表邪見）願我右手著地之時猶如世尊坐金剛座右手指地震動現瑞證大菩提願我左手著地之時於諸外道以四攝法而攝取之令入正道（左右表邪正如上）願我頭頂著地之時令諸衆生離憍慢心悉得成就無見頂相（皆後等淨願也）無相禮者自此已下皆述身口恭敬禮特作此觀智非謂身口都不禮敬但將無相等以當禮佛善須思之若以觀智便名禮佛不須身禮即第三

中亦應但以恭敬便為禮拜不合運於身口義例如此豈不誤焉問大乘宗於意地意起名犯即名破戒何妨例此心禮即成功德荅彼起意作念的擬運身口行殺盜等心念成就竟無悔意故令但的擬運身業禮口業讚等心志決定竟無猶豫縱未遂嚴淨道場作禮之間灼然已生功德若無意擬運身口元無功德如本無意擬殺等亦無罪也然觀智既成觀境常現行住坐卧禮不間斷但觀心不退自然流注如受惡律儀之人（者獵劫賊等業之類）殺等之心念念流注不必正殺正盜也深入等者能所俱寂也蕩蕩無礙是離能所合法性之相也起用禮者問能所皆如影像如何得禮敬義成荅謂先觀已身心是無明勢分從染緣起今以正智觀之無性即是一真法界然後觀此法界不守自性常能隨緣而起遂禮拜恭敬一心歸投托諸佛淨緣引起身心隨此淨緣而起名淨緣起如影從鏡現不妨運行歷位漸漸增進行位而行位皆然無有一法不依法界托緣而起故皆如影既身

心無性合於法界法界無所不徧故我身心隨所依法界亦無所不徧無所不禮也故云徧禮一切身內佛者如塵中大千經卷如弊布囊真金如焦模中佛像如器中之緹音等不緣他佛者不取相也若外有可覩邪人行徑若能反照解脫有期見佛可禮者雙遮外境佛及身內佛身內佛者同中論說如來在五陰中破云如來應小五陰應大故偈云此彼不相在亦邪見者中論宗正破二乘邪也亦可即金剛是人行邪道此雙遮內外佛故觀身下二句淨名經也名平等禮者結歸所標實相也文殊云者入佛境界經中文也問古德集此名無相禮何不於第四門引之荅古德揀取著事相通名無相無相之言通此四門或古人唯知有法相無相二宗不開此等權實今既開之則此偈當此門以無相正是所觀之理不得無所觀故等者餘九偈一一皆云敬禮無所觀也然上七種禮三通人天二乘及六度菩薩宗教中禮四即始教中空宗禮空是大乘初門故五即經教中從體

起用六即終教中顯實宗也不計空色直見本覺真性七即頓教禮也並如文思之疏然後下二別釋後四疏文約三觀三諦配釋義相可知疏今經下三結配此經顯具云下三釋求哀懺悔四一釋懺悔名此云悔過者此釋則翻懺為悔但是一義也別說者即懺悔兩字各是一義懺名陳露者義翻懺字如佛名經云懺是懺謝之名悔以悔責為義西塔律疏云興善伐惡為懺追變往愆為悔意亦大同餘如別卷疏其所下二明所懺障惑業報者惑即煩惱謂貪瞋癡等根隨煩惱業即善惡不動等報即果報謂苦果也三障者如佛名經說然其罪相雖復無量大而為論不出其三一者煩惱二者是業三者果報此三種法能障聖道及以人天勝妙好事是故經中目之為障所以諸佛菩薩教作懺悔此三滅者八萬塵勞皆悉清淨疏今欲下三明障起所由不覺者根本迷也故佛名經云獨頭無明為煩惱種今雖已覺倒習猶行亦長須悔根起貪瞋癡者然煩惱雖有其十猛利發

起是此三也故此三為業之因發身口意者能發是身業所發是身具所造是善惡不動業也受諸苦報者受有順現順生順後等三報也佛名經又云此三障者更相由藉由煩惱故以起惡業惡業因緣故得苦果此中有三重展轉以三障之名配屬文相可知更不繁敘疏懺有下四正明懺法二一總云責心者悔恨無始已來不早親近善友發菩提心而乃執認身心我相縱恣貪瞋嫉妬分別見慢造種種業如蠶作繭自纏自縛苦苦壞苦行苦無有出期三障俱懺者準佛名經先懺煩惱云是故今日先懺煩惱諸佛菩薩入理聖人種種訶責名此煩惱以為怨家何以故能斷衆生慧命根故亦名此煩惱以為怨賊能劫衆生諸善法故亦名此煩惱以為瀑河能漂衆生入生死海故亦名此煩惱以為羇鎖能繫衆生於生死獄故所以六道牽連四生不絕當知皆是煩惱過患次懺業障由業巧作六道令各不同懺有三種一伏二轉三滅也然小乘唯時定報不定者方除大乘則

一切皆滅也後懺報障佛名經云非空非海中非入山石閒無有地方所脫之不受報唯有懺悔力乃能得除滅等疏若就下二別善惡不動三種業中唯別懺惡業也善及不動但以迷心取相求有故成過患若離其病不除其法故此不懺若惡業背理招苦一向須斷故此懺令滅也遮罪者因佛遮制違制成罪性罪者法爾犯之有罪則十惡是也準小乘宗四重八重不通懺悔僧殘已下四篇方許餘如別卷作法者小乘懺要請大比丘為證對大僧具五法一袒右肩二右膝著地三合掌四說罪名種（罪名謂僧殘波逸提種是種類如於僧殘中自弄媟嫉等十三）五禮足若對小夏闕無禮足但行四法若僧殘罪須請二十清淨僧令六夜行摩那埵供給承事也七日滿僧為羯磨除罪還成令淨如本所受尼則集當衆四十清淨大德若輕罪則一日承事不必集也大乘亦有作法次下引方等經中是疏即須起行等者於作法懺中兼即起行也事如方等者明事懺也謂彼經令先嚴淨道場香泥塗地及室內

作圓壇彩畫懸五色幡燒海岸香然燈敷高座請二十四尊像多亦無妨設餚饍盡心力新淨衣服鞋履無新洗故出入著脫令無參雜七日長齋日三時洗浴初日供養僧起意多少別請一明了內外律者為師受二十四戒及陀羅尼對師說罪要月八日十五日當以七日為期此不可減若能更進隨意堪任十人已還不得出此俗人亦得須辦單縫三衣備佛法式旋繞一百二十帀却坐思惟等廣如經說佛名經者方等多明作法兼起行佛名多明起行少說作法又兼理也文云夫欲懺悔必須先敬三寶所以然者三寶即是眾生良友福田若能歸敬滅無量罪長無量福能令行者離生死苦得解脫樂先當興七種心以為方便一者慚愧二者恐怖三者厭離四者發菩提心五者怨親平等六者念佛報恩七者觀罪性空生如是七種心已緣想十方諸佛賢聖擎拳合掌披陳至到慚愧改革等理行如淨名下明理懺也即優波離為二犯律比丘懺悔維摩詰訶云無重增此二比丘罪當直除滅勿擾其心所以者何彼罪性不在內不在外不在中間如佛所說心垢故眾生垢心淨故眾生淨心亦不在內云云如其心然罪垢亦然諸法亦然不出於如如優波離以心相得解脫時寧有垢不我言不也維摩詰言一切眾生心相無垢亦復如是唯優波離妄想是垢無妄想是淨顛倒取我例如諸法皆妄見如夢如燄如水中月如鏡中像以妄想生其知此者是名奉律乃至時二比丘疑悔即除發阿耨菩提心餘如別卷具引釋也難曰觀罪性空罪即滅者觀福性空福亦應滅答曰不也以罪違性福順性故真性望罪是能治能治顯時所治之罪即滅望福是能生能生顯時所生之福無盡故金剛經云無住相布施福德如虛空等又普賢觀經及華嚴隨好品亦具二種懺觀經明晝夜精勤禮佛即是事懺觀心無心從顛倒起若欲懺悔者端坐念實相即是理懺隨好品中等眾生界善身語意業悔除諸障即是事懺觀諸業性非十方來止住於心從顛倒生無有住處等即是理懺事懺除末理懺除根又事懺除罪理懺除疑餘義具如大躡躡感應下三釋感應獲益或見等者所見無量或佛摩頂或種種華光說法等故言或也見者或於定中心忘身處之想而忽見之或於觀中見真性隨緣成如此相據義雖成一切不惟此相然且當正與此相相應或寐夢中見如是等總名遇善境也不作聖心者佛頂經中說諸勝相皆結云不作聖心等今用此語若天台等者即彼止觀第九門中明善根發相有其真偽偽者隨因所修數息等禪彼先說五停心觀發相後始明此真偽故所發之法身手紛動或重或輕或寒或熱或念散善或起惡覺乃至憂喜驚樂此名邪定若人念著多好失心或鬼神知之則加勢力令發諸定智辯神通感動世人謂得道果乃至命終墮鬼神道若因此行惡即墮地獄若能知之正心不著即當謝滅真者無有如上之法一一禪發即與信等相應與信進念定慧五根相應等者等餘四禪分明清淨內心悅樂智鑒分明身意柔軟微妙虛寂厭患世間唯欣出離

若見此善根發時應隨所宜或止或觀修令增長今經云遇善境界即信等相應經離相用心中

圓覺經畧疏之鈔卷第二十四

圓覺經略疏之鈔卷第二十四

校勘記

一　底本，明永樂北藏本。

一　三八七頁下五行第九字「合」，徑作「今」。

一　三八七頁下一八行第九字「愛」，徑作「憂」。

一　三八九頁下末行第二字「一」，清無。

一　三九〇頁下四行「緹音」，清作「鍉音」。

圓覺經畧疏之鈔卷第二十五 於十
圭峯蘭若沙門宗密 於大鈔略出
疏二一亦名下正釋可知疏然論下二會通
除惑等者惑業在心如塵泥在水令識除之
如水去泥滓攝動者謂雖除惑業不貯心中
掉舉浮散任運流動或種種思慮脩習何成
如四病云作如是言豈是貪嗔豈便結業又
前云虛妄浮心多諸巧見皆同此說故須攝
念澄心如水清而澄渟也空者由除惑業故
寂者由攝馳散故方能等者如水現像經標
與中疏毗泥經等者今取意撮略引之證二
戒不同非證道場之事彼經云聲聞乘人雖
淨持戒於菩薩乘不名淨戒菩薩乘人雖淨
持戒於聲聞人不名淨戒優波離聲聞人不
應乃至起於一念欲更受身則名淨戒於菩
薩乘最大破戒菩薩乘人於無量劫堪忍受
身不生猒患名清淨戒於聲聞乘最大破戒
又菩薩不盡護戒聲聞盡護菩薩持開通戒
聲聞持不開通戒更有要文別卷具引疏六
和者梵語僧伽正翻云衆義衆和合若但言

衆何異鄽肆多人聚集或軍營等事皆長同
一處互相侵謀爭名競利若雉云和合何方
二人同心或共謀惡或夫妻之類故須具云
衆和合也和合有六謂身口意戒見利身和
共住口和無諍意和無違戒和同修見和同
解利和同均經正陳中疏怖魔者初出家時
魔宮振動比丘是能怖魔是所怖非謂怕魔
謂令魔驚怖名怖魔如云驚軍動衆乃是軍
衆驚動也乞士者上從善知識乞法以鍊神
下從檀越乞衣食以資身淨戒者有表而受
無表而持緣具心真故名淨也有人加淨命
破惡以爲五義今以乞士是乞衣乞食正命
離邪如法而活即是淨命也淨戒不犯即破
惡也故不別列經云優婆塞夷者優婆此云
近事塞夷則是男及女聲四分律又云婆私
皆梵音小異耳經云修寂滅行者理實而言
既修三觀即有至靜起幻寂滅等三行今通
言寂滅者正是中道圓覺迥異二乘兼含攝
權教菩薩故疏八識等者本章已釋四智者
菩提章中已釋其銷經義意可見但遂難略

指羈五識取塵等者率爾眼識同時意識等
也疏小大安居等者料揀大小也八對皆上
小下大務其文略不能一一指之然所對小
乘之行皆約結大界内衆和合安居依法之
行其中或有難緣或別事故獨居者或二三
人居者此不對之以事希故非佛教本意故
是別行法故言所依者若據嚴淨道場亦是
所依緣經云以大圓覺爲我伽藍故取圓覺
也又道場日滿夏日未滿不妨東西故不取
道場又修觀之時忘於身及處所之相故也
大中示現安居及實相住持自稱名等皆是
經文示現者陳辭句及標心也其中小乘定
實事相對首如常可悉然心不起念念起皆
本不間斷覺無上菩提等設不安居道場觀
門本亦如此今取以爲安居相者有二意
一明言示現安居二因說安居便形對小乘
說故問大小二藍何寬何狹荅若以成相即
大寬小狹界内及圓覺故若以破相即小寬
大狹身出界及當處念起故經誡取中疏二
一總標下定所證境是加行中之說證也故

云總標等謂加行克脩三觀雖在後段說之
此是道場中修證儀式故總標舉誡修三觀
之人若證見境界非先所聞不得取着也疏
謂信下二正解釋然斯文甚要餘處所無至
於天台辨禪門修證最備亦無此誡若得此
意天台覺魔事一門及邪禪善根發相一段
都無所用若失此意則縱全用彼二處之文
亦說邪魔之相未盡矣別異境相有何窮盡
故唯除實相餘皆魔事故有證有得皆名邪
故願諸學者諦思念之元來不異者明證與
信始終不異也謂信若不信圓覺餘信皆邪
如三聖圓融觀說由此義故經云發心畢竟
二不別及初發心時即成阿耨菩提又云因
該果海古今傳云初發心時與佛齊功皆斯
意也若不解此義如何會如上等文文中易
見隨難釋耳經答加行中疏二一二答下科
分二隨釋經正觀中疏前威德段中圓說者
具二利也餘文詳之可見經觀成中疏二一
此有下釋標釋二一釋標文治諸覺觀者攏
五停心觀對治之中藥病如此不取餘四者

悟淨覺人全無愚癡亦不著我貪瞋麤重已
能覺之伏之故不作餘四觀唯忠覺微細非
所執法任運而起最難制止正障禪觀故此
先取數門以治之也入妙境者寂滅中道是
此觀中所觀境故然修下釋修息也修出入息
者非唯繫心不散抑亦易悟無常以喘息出入
是壽命生死之所依故又萬物皆因此息而
有今覺此氣息都無根源雖云氣海何有深
廣之實由此觀之易悟諸法空故今此標列
但依出入息道有六門方便修之此是內行
根源三乘要道故瑞應經說世尊初詣道樹
加趺坐草欲習佛法內思安那般那（梵語此云出息入息）
一數二隨乃至六淨萬行開發降魔成道
佛為物軌示迹若斯三乘正士豈不遵稟又
提婆菩薩破外道已亦勸修此門然此六中
準大疏釋各有二相一修二證數中修者調
和氣息不澁不滑安詳徐數從一至十想心
在數不令馳散證者覺心任運住於息緣即
捨數修隨（下皆說捨前修後之意）隨中修者隨息出入
想心緣息無分散意證者覺息長短徧身入

出心息任運相依緜緜若存恬然凝靜止中
修者不念前二凝寂其心證者覺身心泯然
不見內外觀中修者定中觀於微細出入息
想身心不實剎那不住定何所依證者覺出
入息徧諸毛孔心眼開明徹見三十六物得
四念處破四顛倒還中修者反觀觀心無所
從生何有觀境境智雙亡道源之要證者心
眼開發不加功力任運破析返本還源淨中
修者知五蘊空故不起妄想心本淨故證者
如是修時豁然開發三昧正受心無依倚或
證五方便或無漏慧發等或依次下明修之
儀式然天台總列十門今此略用兩門之意
謂一次第相生二隨便宜也言依次者即次
第修此六門如上引釋或隨便宜者謂於六
中調試其心各經數日即知便宜隨便而用
心若安隱必有所證證者謂種種禪定廣如
疏釋者大疏具用五門初二如上三對治四
旋轉五觀心一一列釋故云廣也疏由前下
二釋釋文二一正釋由前至心淨者釋經先
取數門一句躡前因息數而入心數或不由

息但入心數故了知心中等言故了知者總含而般之意但修成皆能知也問經云心中了知何得此云了知心中豈不倒邪荅二義皆具謂只是我自已心中了知非別有能知之慧又還只了知我心中生滅等念非了知心外實有定法故應如此釋之豈是倒邪麤細者約論中生住異滅開爲三細五麤除業果故以辨麤細如次下疏中自配麤者五麤細者三細又麤中之麤異滅二相細中之細唯是生相細中之麤住相中前二麤中之細住相中之後二妄念者總指也本中三細末者五麤又住等三相皆末生相爲本又生等四相皆末根本無明爲本分齊者生相及住相中前二在本識中餘皆在事識中又前麤細各有本末各有部分限齊故論云生滅相有二種一者麤與心相應故心所與心王相應或境與心相應二者細與心不相應故以無心王心所之相而可相應又麤中之麤凡夫境界麤中之細細中之麤菩薩境界細中之細是佛境界界即分齊之義也總該數量者總結上也謂四相猶如首領一

一相中各有衆多生滅等法展轉因依生起皆有綸緒不相雜亂乃至八萬四千不離四相故云頭緒數量也生中一者業相也滅中一者起業相也住四者轉相現相智相相續相異二者執取相計名字相皆如前文頗有引釋訖疏據論下二證同二一正指同三一敍義凡夫覺滅等者前淨慧章中已具辨訖疏故論下二引文言乃至者次云以無念等故而實無有始覺之異以四相俱時而有皆無自立本來平等同一覺故前文已引故此略之疏釋曰下三釋意正釋成論意與此同矣疏問文下二通妨難應具問云此觀文首便云先取數門都無無念之言何得云正當此門應具荅云人難解經良在於此且三觀體用法義分齊在威德菩薩所問章中至二十五輪再說者猶且明修三種時或單或複或具不具相兼定慧修之分齊謂至靜動用寂滅等各別令此門中直明趣入方便且令數門調心息於攀緣覺觀諸念自寂即入妙境但是修習彼之三觀元無兩種三觀故辨

音問云此諸方便有幾修習此段菩薩問云三種淨觀以何爲首皆舉前法以問修之儀式今云論中無念同此者此觀根本文云不取幻化及諸靜相等三種絕於對待之念結成寂滅之行至諸輪中一一皆云寂滅具如彼中已釋夫寂滅者生滅滅已方名寂滅故科云絕待靈心觀絕待者無念也靈心者一覺也以此云同何所疑邪今云寂觀但取文少非謂捨於前名故次云正當絕待意在此矣縱就數門而論亦本爲對思覺等念念已止息方見生住等念故前云由澄諸念覺識煩動夫有念者必不見無念之理前已頗有徵釋善思念之然疏中云文在前章者有二意一若約法義體用即唯前威德一章若兼諸輪一一標顯至靜寂滅等各有分齊即總指二章也今此但明已下皆已釋了疏初則下二釋結成相經功用中疏淨心是圓覺等者淨皆心本空寂爲靜故是體也心本能知爲照即當用也心通二言矣萬物皆然者若云不知萬物是何因緣偏知雨滴一色邪空

果如此但此經宗貴文句簡略故但舉兩滴
問從前既云衆生本具圓覺淨心如何不得
知一切耶故次荅云凡夫之類等總徧修中
疏三一如來下畧銷文二一約所感勝緣佛
出釋萬行已圓者說修行文云方便隨順其
數無量圓攝所歸當有三種據此即三觀便
攝萬行故就此觀成之人便是親見如來應
身也以見佛之益亦只是意在行圓故疏又
即下二約自心本覺佛出釋離念者靜觀成
離麤重攀緣之念幻觀成離沈空滯寂及執
著定相之念中觀成離對待分別之念唯除
本覺真佛更無餘念而可隱翳故云出現於
世疏然前下二廣釋義三一指經總標般涅槃
者般者入也涅槃者寂滅也翻文釋義已在本章疏實
義下二正釋義三一約實義言實義者成佛及
入涅槃各有實義成佛者大經云應知如來
成等正覺於一切義無所觀察又云辟如虛
空一切世界若成若壞常無增減諸佛菩提
亦復如是若成正覺不成正覺亦無增減涅
槃者大經又云欲知如來大涅槃者當須了

知根本自性如真如涅槃如來涅槃亦如是
實際法界虛空一一例真如說又云如來不爲菩薩說諸如
果究竟涅槃亦不爲彼示現其事何以故欲
令見一切如來常住其前於一念中見過去
未來一切諸佛色相圓滿皆如現在亦不起
二不二想釋真俗二諦皆以緣起之言標指
者爲揀權教中一向凝寂空無之真一向生
滅動作之俗謂此真是法性緣起之真此俗
是法性緣起之俗也言大經者華嚴也前後
皆然無有少許處空無佛者非唯諸法中下
至極微塵皆全有佛而十方虛空一一可容
一塵之處亦皆全有圓滿具足之身相也即
生即滅者楞伽云初生即有滅不爲愚者說
四相同時即是論文前已引釋常住世常涅
槃者此與前異前云念念是剎那生滅義但
以相續不斷故云常有佛成正覺涅槃今是
凝然常住水離生滅之相故全異也言住世
者此常住覺照不離生滅法中也常涅槃者
不同諸法滅也疏對機下二約對機戀慕故
等者文云辟如日出普照世間於一切淨水

器中影無不現普徧衆處而無來往或一器
破使不現影如前引釋疏對今下三結會此
經三觀成就離三種麤細之念故見佛現如
水離渾濁波騰等相故見日現疏然此下三
釋成圓意各有證相者並如經所明徧修方
契者及顯不徧修即不契證也故前云此三
皆是圓覺親近若得圓證即成圓覺如前文
者諸輪末文云若諸菩薩以圓覺慧圓合一
切於諸性相無離覺性名爲圓修三種自性
自性者稱體本來具也經隨便互修中疏文
有四句一藉假入空二藉空入假三藉空假
以成中四藉中以成空假此有二對其中義
意扶持相成直見心源者空觀前對云諸法
即性故空後對云無別所現故空既無別法
所現方知即性既云即性當知無別故扶成
也假觀前對云不壞相故假後對云但從性
現故假此亦相成可知經偈諷中二初諷道
場中初一偈期限次三句行相後二句誡邪
後諷加行中初一偈別修次二句徧修後五
句互修並如文可知第三流通分疏二一大

文下總明来意於中從謂正宗下至有此分
是躡前起後從都無人傳至不擁不塞是解科
名相文顯䟽文五下二科釋經文二科分此
章既無偈諷但長科五叚耳二隨釋經問能
詮中䟽事須持教者故律中世尊說過去六
代如来中有四佛結集經教故佛法久住於
世二佛不結集經教故佛法速滅貫穿者以
經教貫穿法義義則不遺已如懸談引佛地
論釋訖䟽先須識名者如論語云名不正則
言不順言不順則事不成事不成則禮樂不
興禮樂不興則刑罰不中䟽十法行者具如
大䟽道場禮懺門中法供養處釋今此䟽文
略義具謂寫是書寫施是轉施等也餘謂聽聞受持披讀諷誦思惟修習其說釋即是前云開示也此十法行皆流布之
相故結云如是分布等經標說護中䟽一說
即是多說者如說華嚴時具十種緣謂一依
時從無始際盡未来際念念常說無間斷故
二依處徧法界中所有世界彼無量世界一
一塵中皆有毗盧遮那說華嚴故三依主如
前十方一一世界一切諸佛皆同說故彼諸會
每說已皆結通十方一切世界故十方佛来
證皆云我等亦如是說餘七不能具述然雖
一一偏一切時一切處佛佛同說皆徧法界
為門不同亦無雜亂廣如別卷䟽諸佛護持
者只如諸部般若多是天帝守護法華是普
薩守護華嚴及此經是諸佛自護良由根本
法是佛師故䟽諸教煥然者諸教所說一切
染淨諸法皆是圓覺妙心之中派流生起故
達此法則諸法皆通若不了下即取意用大
經之文文云不能了自心云何知正道也故
云眼目者都結上義以歸經文經荅名字中
䟽非器不聞者非揀之不爾自是彼堅執不
悟不悟則但聞聲音語言不聞法也如日月不
隔於盲人雷霆不隔於聾者等䟽極證之處
者如懸談初泯絶果相成圓門中廣說此義
䟽隨緣起妄者既是在纏淨隱染顯故雖云妄也
空不空等亦如前說此但列之以釋經中差
別之言耳慈䟽總科五名云初圓照總持二
契經宗訣三三昧根本四寂滅真常佛常身寂滅也
所依境界五真妄含分䟽依此名而持者如云大
方廣便須心冥體性普觀德相善巧起用餘
例此知又華嚴祖師藏和尚所製受持大乘
經教儀式有五門每門五義在別卷中若以
義求等者觀彼處䟽文即明經標行中䟽前
云等者皆是難解謂既亦是衆生覺地何唯
佛境無明等法豈是佛境界今云下牒起難
辭也次下釋此意云雖說無明衆生等法一
一皆空空故徹其覺地不同法相宗教說為
定有有則與佛永殊故此名為顯如来境也
華嚴信位等者即第二會十信法門中問明
品說所信之境有十門甚深第一緣起甚深
問荅心性是一云何見有種種差別等乃至
第十佛境甚深問荅佛境界智佛境界知等
十義謂智是諸佛智用知即衆生心體故此
云智與知殊皆佛境界前已具釋既於信位
明之即知緣起十門之法本来甚深皆是佛
之境界況此經所說染淨之法皆依圓覺現
起豈非唯顯如来境界耶經依修中䟽十法
行者謂修行之言通於總別別者是十中修
習一行總者書寫讀誦等總是修行故此當

總也疏必至佛地者至所顯之處也經法中疏宗是頓者始終依圓覺故具漸門者二執二空五道五性四位三觀四相四病三期三七禮懺安居等也遲速皆益者謂已悟者文性離而持法未悟者無離文而持義是奉持之相也分上中下者上謂通明觀行中則別明三觀諸輪下則道場加行故云頓漸俱收經喻中疏漸教非頓者就彼宗中若云初心即是佛者以為驚異初十信人尚不得錯呼為十住況云佛耶諸皆類此故云乖也頓門必具漸者雖云輪迴等非作故無本性元無而乃說貪愛是輪迴根本備述過患勸令除斷雖云衆生本來成佛而乃廣說發心發願勤修觀行等故云必具大經亦云初發心時便成正覺然後具說十住十行次第修習乃至妙覺經荅功德疏二一四荅下科分敘意開經配福度人配智者疏各隨科便自釋訖然二中從又聞者下重釋兩段前福後智之義也後宿因中雙明福智者經自明言種諸福慧即智也二依科隨釋經顯勝中疏如金

剛者彼云若人滿三千大千世界七寶以用布施乃至若復有人於此經中受持乃至四句偈等為他人說其福勝彼然文例雖同偈劣又異彼須受持方勝此但聞名已勝又彼兼為人說方勝此自信已勝問約彼經初校量之文即如上所說然彼向後復以多恒河中沙以計三千世界滿爾許世界七寶布施尚不及持說又以河沙身命布施亦不如持說豈不超過此一世界七寶所校量耶荅彼經次第斷二十七疑故義理境界轉轉增勝上所引難之文是已斷至第七重受得報身有取之疑已悟報身無取故功德超過多界七寶及身命之施令此但校量聞名及一句義都未校量證悟深妙之境以深妙境無有世法可校量故故知所問全非類也盈剎者滿世界也為漏果之資者與有漏六道報應之果而作資緣致令三界生死不絕仍招第三生之重苦故云爾也戀本文云能招漏果之資文意不切謂世珍是能招漏果是所招句已圓矣今更云之實乃成資是所招義勢渾

倒今謂資是資緣資助資助貪愛施心招於漏果即知資是能招故改云能為漏果之資義意極相順也經度人校量疏二一二以下顯意二釋文經舉劣中疏積德者且如勸得一人斷酒肉或持五戒福德尚多況八戒十戒乃至出家受具足戒其功已難可說況一百箇恒河一一河中所有沙沙細如麪以一沙計一人令爾許人皆得阿羅漢此之功德唯佛能算誰測邊際故云可知可知至極之多非謂知其數量經顯勝中疏空體不空者靈鑒不昧此則以空如來藏為半偈二種皆具為全偈也或無常真常者悟一切法皆悉苦空無常為半偈於空無常處見常住真樂本覺法身方為全也故涅槃經羅剎說半偈云諸行無常是生滅法後更說云生滅滅已寂滅為樂方為全也又能觀身不淨等四念處為半法身常樂為全若約當經則幻身滅故幻心亦滅幻心滅故幻塵亦滅幻塵滅故幻滅亦滅總為半偈也幻滅滅故非幻不滅譬如磨鏡垢盡 明現為全偈也問若爾則

既云分別半偈同於小乘或同大乘權教如何功德如是難量答由先標圓覺爲宗已破無明爲夢中人於此性淨圓覺之中方說無常等法故先悟如來圓覺無垢然後說無始無明種種幻化皆生如來圓覺妙心顯性之妄例皆如此論中亦云依覺故迷故雖半偈已通超諸教之全由斯功德難可筭計經宿因逃驗中疏二一三以下顯意二釋文經順例中疏亦如金剛文勢者彼經云如來滅後後五百歲有持戒修福者於此章句能生信心以此爲實當知是人不於一佛二佛三四五佛而種善根反顯以無量千萬佛所種諸善根明明經答護持中疏故經說者淨名經也樂生死耽著當樂自恃殊盛常樂勝他是生死業也著諸見者是邪智也故引爲證瓔珞經云樂行勝負天魔行縱見是非外道行經天王衆中疏爲請主者如懸談初門引法華說經鬼王衆中疏一由旬者舊譯云四十里新譯云十六里疏自惟下大文第三慶讚迴向三一慶二一傷昔言迷者無明也心海者心

是法海是喻對下句中生死波生死是法波是喻謂風吹海而成波無明迷心而成生死故論云如大海水因風波動水相風相不相捨離而水非動性若風止滅動相則滅濕性不壞如是衆生自性清淨心因無明風動心與無明俱無形相不相捨離而心非動性若無明滅相續則滅智性不壞故若約楞伽經即以風喻境界文云藏識海常住境界風所動洪波鼓溟壑無有斷絕期論云無明約因也經云境界約緣也因緣具足故令淨心動成生死波浪也漂沈者人天爲漂三塗爲沈如人墮落漩渦水中一沒至底暫時漂至水面而出水不得又却沈下一一配合可知塵沙佛出者從無始來諸佛慈悲愍傷衆生迷倒墮落出現人間相計其數如抹世界爲塵之數亦如恒河中所有沙有如是等恒河一一恒河所有細沙之數恨我與佛無緣佛出此世界我生彼世界佛出諸世界我則生此世界或佛出時我在三塗或北洲等一切難處我暫得人身則佛及教法已滅設法未滅亦

不聞不信不能發心猶如盲龜值在海中求出不得海有浮木木中有孔可容龜身龜若得入其中漂至海岸即得出海然百千箇盲龜浮木無由相偶我如盲龜佛如浮木孔以不相遇于今凡夫法華涅槃皆有此喻所言佛出人中者病重之處則偏憂也六道之報多從觸浮人身造得發心修習三乘無漏之業亦在人身由人中分別強盛多思議故六天苦少八難緣隔堪受化者唯是人中疏何幸下二慶今若據所逢了教華嚴及諸圓頓顯性經論數部然今且正慶此經也千重疑者余先於大小乘法相教中發心習學數年無量疑情求決不得後遇南宗禪門真善知識於始終根本迷悟昇沈之道已絕其疑至於諸差別門心境本末修證行位無量義門及權實教猶未通決每因思惟觀照或因披尋諸經律論至相違之文屈曲之意迷疑之處知則結滯如水流之次風凍結氷則不能通流心情鬱快亦如此也自習此教一一泮釋如氷在日中亦如湯沃霜雪故云類氷消

也尋思等者反驗宿因若非累世遇諸善知識聞了義教熏習藏識豈得如今覩此妙典便能悟解邪豈一生二生三四五生聞信便能悟入如此性相無礙真妄融通凡聖交徹本末自在無雜無亂千門萬義一一成就無疑滯邪當知已於累世積集聞熏已於多生遇善知識方能通達如此甚深至教文乖意通等義門也實曾頻頻尋思此意或靜夜通宵或宴居終日或獨行盡於一程想像于懷感荷多生諸善知識開誘勸示而至於此又委細想得數生已前初遇善友之時必難信向種種堅執作種種非理之語騁能騁辯務在抵拒頼善友慈念覺悟恐涉毀教恐轉墜憤乃盡心竭力方便救濟如此數生方肯信受雖能信順又未悟解復煩善友種種方便辟喻教令通會又經數生如此然雖隨言即解過後依前因循而已仍未解生難遭之想念念求學常只是費善友心力長時勸策方能漸進又經數生空好習學言教道理不能對境檢心不能覺察妄想折伏情念每聞善友說

甚深意即歡喜聽受亦聞指者用心乖道處即不歡喜反疑善友或不憐念信任人言或有餘意如此種種障道門戶從初發心乃至今世委曲思惟想其流類種數千千萬萬事須一一蒙善友悲憐不捨百計千校漸漸誘引方得今生能超過尒許多障道關節數曾閑暇之時幽靜之處因反思多生之事涕流至項心咽至胃往往微聲啼泣恨不便見多生善知識一一記得懇到禮謝種種報效因此便念念發願願來生一一却得相逢兼得宿命智一一醒得一一竭盡身心供養報恩懇情如此不知所爲因略書示同流令知我前車已覆諸人後車當改轍耳疏上士下二讚哀末世者十二菩薩一一問中皆云願爲菩薩及末世衆生也始終者始謂文殊問本起因地終謂圓覺菩薩問三觀修證若對一類上根初一周說則淨慧章說凡聖因果之人隨順覺性之相便爲終也次第者謂於了教發心直趣大乘之人且合問最初依何法發心以何爲本因故文殊依此而問故佛爲

說圓覺淨心本有總持染淨諸法是一切法之源由無明故妄認此身心爲我故有輪轉又無明本無亦無違悟之者歸如來藏究竟圓滿次既悟此境法尒合知依悟處修行之理然淨覺本具無增無減無明本無無可除斷即不合修若不修行又常居幻化修不修義言反意合固宜了之故普賢依此而問佛說身心及修行智雖皆如幻不妨以幻智修幻身心身心盡時幻智亦滅覺性圓滿無生無滅次既悟此理法尒須知修之方便如何創意如何運心而得觀行成就故普眼承此而問佛說以正念離幻爲前方便止息諸緣奢摩他此云止堅持禁戒安處徒衆宴坐靜室恒常思惟一一推斥四大根識塵境於中我執法執皆無所有即達二空所顯真性又泯修悟之相影像亦滅覺心清淨一切皆然無自無他平等不動徧滿法界於諸二境無愛無憎乃至衆生本成佛道次聞此說已根稍劣者法尒合疑本來成佛道何得現與佛殊優劣天隔故金剛藏菩薩知機依此而問佛說良由

衆生輪迴之心而觀圓覺似有流轉其實覺元不動如舟行故見兩岸移其實岸本不移既通此疑方知由輪迴之心故見圓覺流轉法尒合斷此心次然此輪迴心及輪迴相任運流注盖不由已不知何法是輪迴根本得如此不斷不絶故彌勒依此而問佛説貪愛爲本故造業受報相續無窮設使依三乘教熏若不除根本無明終難入覺次即知斷除貪愛起增上心發清淨願住佛圓覺求善知識即不墮邪見則修真止妄理意周圓法尒要知依此而修既從初心至於佛果常依圓覺所作所爲常須相應隨順圓覺既無別異凡聖復有階差如何差別位地皆順無差之覺故淨慧依此而問佛説十信三賢十地佛果隨順覺性各有行相是則一期法義終始周圓但衆生根性種種不同或上中下或起動止息或宜任運而合道或宜拘繫專注而證理如一城四門隨方各入如何方便徧被諸機故威德菩薩依此而問佛説於諸修行實無有二隨順方便其數無量圓攝所歸循性差別當有三種謂奢摩他等也次既聞三觀是別對根宜趣入之門法爾要知爲一人總修三種或三人各修一般或二或三或單或複故辯音起問佛爲説二十五輪一切皆許次既知所修觀行門户法爾有人自覺依法修之心念不息觀行不成自疑覺性本淨此由迷倒故不相應今已頓悟又依趣入門户修之如何不能證入故淨業起問佛説由無始我人衆生壽命等執習氣相續故不入覺非覺違拒諸能入者次既知我相潛伏難辨難除須依善友積習妙門發心勤斷法爾要知何等人是真正善友堪可依止又法爾合有一類人以發心勤修勤斷故或便種種造作務圖早證或怕生心爲失一向任運或但止息妄念或欲滅除根境故普覺菩薩知之起問佛説依於明師除微細病之方法也次中根之類法門已周更有一類至下根人復有大志決欲求證之者須有事法拘制方能克志成功故圓覺菩薩依此意問佛説三期道場加功用行之法及於三觀或別修或徧修或更互試脩修之不得又教禮懺等也次正宗三類一切圓足法爾須知護持修習此言教之方法令此教流通不絶故賢善首起問佛荅經名及説經護經之佛校量持教功德乃至諸天神擁衛大衆奉行故云次第也諮詢者即佛讚文殊云乃能爲諸菩薩諮詢如來因地法行等也能仁者梵語釋迦此云能仁也應感者菩薩衆請問是能感佛是所感佛是能應諸菩薩是所應稱心源者圓覺妙心是諸法之源也心即是源名爲心源亦可心是能斷所斷染淨之心源即覺性真心此則是心之源名爲心源前持業釋後依主釋二意皆通此經從首至末所説一切種種差別法義一一依於圓覺淨心而辨故云稱也本末無遮者諸大乘或唯一向説空寂之理真如寂滅無修無證無能無所不可智知識識言語道斷心行處滅是唯説本而遮末也或一向説一切衆生無始已來皆依八識展轉熏習變起染淨一切諸法有情無情無明故起惑造業受報無窮若不遇佛定是

凡夫無由成等正覺若遇佛教發心生信修六度萬行或二乘行展轉趣入各依自乘經三生六十劫等或三祇劫方始成佛此唯說末而遮本也今經具足明了顯示本末無上法王有大圓覺又無明本無又知無者亦如空華如來藏中無起滅知見乃至妙圓覺心本無菩提及與涅槃亦無成佛及不成佛無妄輪迴及非輪迴如是類例不可具陳皆是本也又種種迷倒行相種種修行行相位地階級觀行差別道場法則如是類例亦難具引皆是末也所說末皆是即本之末未曾遮本說本皆是即末之本未曾遮末故云本末無遮無遮之言是金剛藏請云惟願不捨無遮大慈為諸菩薩開秘密藏如設大齋遠近僧尼來即供養更無遮障乃至行者童子貧病之人一切不障名無遮齋今經亦爾諸大菩薩地上地前乃至末世或初心門户或修之意旨深淺皆被如大海水不讓小流修羅蚊虻飲皆充滿故曰無遮也頓者是化儀之頓也謂若且說泯迹離相亦不名頓故法鼓

經云一切空經是有餘說說理未盡故又中論云空是大乘之初門故若且說事相行位亦非為頓未窮真源故今經本末俱說相即無礙故云頓演說也疏已採下三迴向羣詮者諸經律諸論疏諸雜要妙祕訣等也扣真寂者反自觀心照理依於悟處見處而述此疏此中有二意一以採羣詮故不同一類禪宗但約心述理不勘契聖教為定量二以扣寂故不同一類聽學文疏之人但慱附舊語抄集疏論改頭易尾便稱我製造章疏今乃以聖教為明鏡照見自心以自心為智燈照經幽旨故云採詮扣寂等也扣寂之言即子書云扣寂寞以求音也隨應聖旨者雖徧覽羣教而不盡用亦不揀自已熟處即用但以聖人說此經時意旨相應即用故云隨應聖旨也斯文者此經也迴功德向衆生者然所迴向處具有其三謂衆生菩提實際今以經意門門皆在末世衆生故順經標生也又修大乘人有大悲增者有大智增者餘以情性鈍弱多懸下流故迴功德向衆生同入光藏

光藏即實際也唯關菩提之言含在入字中能入是智故當菩提矣

圓覺經略疏之鈔卷第二十五

圓覺經略疏之鈔卷第二十五

校勘記

一　底本，明永樂北藏本。

一　三九四頁上一一行「毗泥經」，清作「毗尼經」。

一　三九四頁中二行末字「方」，徑作「殊」。

一　三九五頁中一八行第一一字「任」，徑作「在」。

一　三九五頁中末行第七字「聲」，徑作「散」。

一　三九六頁上一一行「本中」，徑作「本者」。

一　三九六頁下末行末字「定」，徑作「是」。

一　三九七頁上一行「兩滴」，徑作「雨滴」。

一　三九九頁中一三行第七字「令」，清作「今」。

一　四〇〇頁下四行「相偶」，徑作「相遇」。

一　四〇〇頁下一八行第一〇字「次」，徑作「吹」。

喻故正取空中風畫也今引用者兼顯實教中鑿等無自性生起下唯識歸性之義也疏通攝所詮者瑜伽云諸契經體略有二種一文二義文是所依義是能依如是二種揔名一切所知境界疏若不詮義文非教者釋通攝所以且如經教中文字與人間書史文字都無差別若不以說義理勝妙憑何生起真正信解起行證果外教亦耳但雜亂寫出文字不排列安布連合詮顯事義道理亦何名典教如玉篇切韻之徒豈屬詩書禮樂故須通攝所詮也故華嚴云文隨於義義隨於文二中疏前二者前隨相門二種也一即聲名句文二即通攝所詮矣不離識者染淨萬法皆唯是識所變也故經教亦然此義前後頻有解釋疏本影異者有其四句一唯本無影謂即小乘教不知教法唯識現故二亦本亦影即大乘始教謂以佛自宣說其文若義皆是妙觀察智相應淨識之所顯現名本質教若聞者識上所變文義名影像教三唯影無本即大乘實教離衆生心佛果無別色聲功德唯有如如及如如智獨存但以大悲大智爲增上緣令彼所化根熟衆生竟鈔四ム十六心中現佛色聲說法是故佛教但是衆生心中影像華嚴云諸佛無有法佛於何有說但隨其自心爲說如是法四非本非影即頓教也非唯心外無佛色聲衆生心中影像亦空以性本離故忘言絕慮即無教之教耳佛言我從得道來不說一字汝亦不聞三中疏歸性者前則攝所變之萬境歸於能變之八識今又攝所現之八識歸於能現之一心一心即是真性故云歸性

故起信云是故一切法從本已來離言說相離心緣相乃至唯是一心故名真如展轉推尋經教真實之體極至於此禪門先祖有言心即是經者良由曉會此展轉之義今有後輩棄却經教不說但指於心云是經教實爲帶累禪宗矣四中疏無礙者謂於前三門本末無礙方是圓了識於教體說即前後法乃同時疏心境理事交徹相攝者正顯無礙之相也心者唯識門也境及事者隨相門也理者歸性門也交徹者謂正名句時必帶所詮之義正唯識時即能詮所詮故交徹無礙也疏以一心二門者釋交徹所以即論中所說依一心法有真如生滅二門廣如前辨今以一心若無二門即失前心境理事事及心境皆生滅門理則真如二門若非一心即不交徹故由一心二門方得無礙第七宗趣門文二初通注當部所崇者崇是崇重尊重好尚之義約典教法所言者即云當部所崇所尚就人言之即云心之所尚就實主談論時言之即云語之所尚如前好尚無者觸言而實無今判典教故云當部疏趣者意趣趣向即心意所歸趣之處謂凡是一切每偏宗一事必有意之所趣故注云宗之所歸疏因緣爲宗者謂古來諸德皆判儒宗五常道宗自然釋宗因緣因緣有二一內二外外謂穀子水土人時而芽得生泥團輪繩陶師而器得成內謂十二因緣然外由內變本末相收爲一緣起故佛教從淺至深竟鈔四ム說一切法不出因緣二字十七然有四重一因緣故生死成壞涅槃云我觀諸行生滅無常云何知邪以因緣故二

因緣故即空謂不自他共生等故無生也三因緣故即假如鏡像水月之流緣會不得不現四因緣故即中若言不從因緣即是定有定無斷常二過故中論云因緣所生法我說即是空亦爲是假名亦是中道義四句如次配前四動涅槃亦說聲聞等四品菩提皆由觀之而得故佛教之宗因緣收盡注於中有下謂約佛滅度後賢聖弟子相承傳習通大小乘宗途有五一隨相法執宗即小乘諸師依阿含等經所立以造諸部小乘等論二真空無相宗即龍樹提婆依般若等經所立以造中觀等論三唯識法相宗即無著天親依解深密等經所立以造唯識等論四如來藏緣起宗即馬鳴堅慧依楞伽等經所立以造起信等論五圓融具德宗即華嚴經也天親菩薩造論立六相圓融義注今則法性者配屬此經也疏別明下二別二一揔二一達理成行言心境空寂者此有二意一約唯識釋境唯心變心外無境故空既不執境即心無攀緣故寂空是空無義寂者但是心識離喧動過患不是無也故唯識頌云此諸法勝義亦即是真如常如其性故即唯識實性今注中略而明之二約三性釋即今注也謂約徧計即心境俱空故如繩上之蛇杌木之鬼但倒情妄見故文云知是空華即無輪轉亦無身心受彼生死非作故無本性無故若約依他即心境俱寂舉體即是圓成如鏡中影不從外入不從內出見時不是新生不見亦非滅去故云寂也故法華云諸法從本來常自寂滅相又云世間相常住此皆非空無

之義也故經云一切空寂法是法寂不空注引宗經可知跡覺性圓滿者正是圓成真實性也心境既皆空寂無喧變全體便是圓成覺性故注云由空寂故跡凡聖等者如注引文文中說根識塵大世間諸法力無畏等出世諸法皆云清淨不動徧滿法界故云平等平等者十八良由覺性圓滿故云覺圓明故顯心清淨等又云覺性清淨圓無際故當知六根徧滿法界等皆注所引中間之文故注云乃至此乃由心境空故寂寂故覺圓圓故平等也故以此為宗跡令修行下明趣也謂修行人但悟心境空寂自然喪己忘情情忘即等佛心等佛為真觀行所言喪己者文云亦無身心受彼生死又云幻身滅故幻心亦滅等言忘情者由悟空寂平等故也如注所引八不之文八不者具云覺成就故當知菩薩不與法縛不求法脫不厭生死不愛涅槃不敬持戒不憎毀禁不重久習不輕初學何以故一切覺故餘如注釋跡又以下二依行證果鈎鎖相躡謂以忘情等佛觀行速成為宗令惑業銷滅等為趣也應先問修觀行成意何所趣答意令惑業乃至安樂自在惑業銷滅者文云身心客塵從此永滅永絕輪迴者知彼如空華即能免流轉等起大神用者初靜一身至一世界覺亦如是等安樂者便能內發寂滅輕安禪定樂也又云三事圓證故名究竟涅槃經說涅槃是安樂義自在者永得超過礙無礙境煩惱涅槃不相留礙上所引者皆是觀成功用等文故指為修觀行意之所趣也毋云等者引文不盡故等取已次之

文若能備引即檢經文跡別者下二別由五雙之法各有相對不同之義對前總意故標云別若據展轉鈎鎖乃至起大神用但是豎窮一段始終之意亦不異前也則是展前令法義廣跡敘義者問若宗此經一部令他學者學之有何意趣答本為曉會經中所說覺心深淨迷悟本末同異義理意言不為文字事業是其趣也論中亦云畢竟不可說相而有言說者當知如來善巧方便假以言說引導衆生其言趣者皆為離念歸於真如跡事理者揀前言教但約所詮之義論之所詮復有事理也問修心息妄不在事緣經中所說義理何必苦分張門戶說本說末云妄云真有悟有修五性四位三觀十九諸輪四相四病等邪答雖約種種意在顯理謂所說錯謬過患者意令知而離之離過則合理中下根性措難頓知頓離故本末相對迷悟相翻遂成種種論其旨趣但為顯理也跡境行者境即所觀真理對能觀之智故云境也謂於前對中又揀事不論但論觀理自有能對所觀也問真理一味無增無減無益無損何必宗之答夫心無定相對境隨緣若觀差別之境即成分別之心若觀一味真理即成無分別智無分別智方名觀行故今觀於理者意在觀行成就不在所觀之理也跡行寂者問勝天王般若云一行三昧者遠離思量過覺觀境淨名云不觀其菩提離諸緣故且生心動念即乖法體何必起行況真理即是自心何乃將心更觀真理故此答云宗觀行者意在絕觀何者且多生染習觸境生心

若不修觀行則情計紛然愛憎交起如何遠離思量如何離諸緣等縱令強抑妄心直得念想不起亦是增長無明豈得定慧平等故須觀一切法如夢如幻本來空寂方悟能觀亦空自然能所兩亡心境俱泯泯然無寄行起解絕跡寂用對者問既能觀亦泯即一切皆絕利益有何勝矣豈不以虛設功夫都無所獲耶答起大神用是勝益也問何以都泯功能却得神用自在答如塵盡鏡明鏡無心而無像不現離幻即覺覺無心而無所不應理例昭然法爾如是跡此五下相由之意易知可詳而說之第八修證門文二一正明本義四一躡前標後初二句躡前七門七門皆論佛之言教教詮於義約教解義但是聞慧之境設依義觀察思惟亦唯思慧之境皆未是忘緣寂照若上上根智即言忘言即相忘相此不復論今為中下之流須開忘機寂志之方便發慧契證之玄門故自古西域東夏承上已來有斯宗也下二句標後言忘詮等者意如上釋詮量揀擇之謂也詮二十即能詮之教忘者即周易略例中將言顯象得象忘言以象顯意得意忘象如以筌蹄取魚兔等序中已釋復有其門者不必事須攀緣經論自有默傳心印之門也跡故以下二正敘修證三一敘宗師以心傳心者是達磨大師之言也因可和尚諮問此法有何文字教典習學大師答云我法以心傳心不立文字謂雖因師說而不以文句為道須忘詮得意得意即是傳心歷代不絕者乃至今日也此上二句由且是以法標舉跡自佛囑下從

此始是正教也付法藏經中說佛化緣將畢垂當滅度告大弟子摩訶迦葉汝今當知我於無量阿僧祇劫為衆生故勤修苦行一心專求無上勝法如我昔願今已滿足今者將般涅槃以此深法用囑累汝汝當於後敬順我意廣宣流布無令斷絕迦葉白言善哉受教我當如是奉持正法使未來世等蒙饒益惟願世尊不以為慮是故如來滅度之後摩訶迦葉次宣正教結集法藏化諸衆生其所度脫永不退轉云云即迦葉當第一故云佛囑迦葉也然禪經序又云此是阿難曲承音詔遇非其人則幽關莫闢罕窺其庭若能得意忘言則途中授與據此則佛囑阿難又智論說阿泥樓豆語阿難言世尊首付汝法汝今愁悶失所付事又佛般涅槃時迦葉不在亦合是阿難今此經及傳記述法眼相付皆以迦葉為初祖者應是先受佛密付囑然往山中後佛臨涅槃亦囑阿難令遇迦葉當佛法主及令阿難同結集法藏故或云迦葉或云阿難矣疏展轉于今者從迦葉已下西域二十八祖此方七祖相承傳法不絕謂迦葉臨欲入雞足山以最勝法付囑阿難為第二阿難臨滅付商那和修為第三優波毱多第四度人無量石室籌滿將等無相好佛自此已前所傳之法皆具傳法律三藏自此已後律教別行猶分五部傳法之者唯傳禪門及經論乃至二十三代師子尊者提多迦第五彌遮迦第六多聞傳達有大辯才佛陀難提第七伏陀蜜多第八德力甚深智慧廣大國王信邪躬持赤幡請諸論主論義論主皆屈王自論亦屈遂改邪心脇尊者第九貽中六十年生即髮白厭出出家勤苦修道未曾以脇至席而卧善說法化生富那耶奢第十智慧深邃多聞博達化度無量說諸法空馬鳴慢心誓斷舌以難耶奢耶奢立二諦義鳴即歸投馬鳴菩薩第十一作妙伎樂降諸伎人於樂音中演說諸法苦空無我貴賤出家時遇外國兵圍索九億金錢王以馬鳴與之方退化度無量造甘蔗論十萬偈又造起信等論善能開誘毗羅尊者第十二造我論足一百偈此論至處無不摧靡龍樹菩薩第十三豪貴家生通四圍陀天地圖讖因與三右

作妖術敗出家誦盡閻浮經論自謂為一切智人大龍愍之接入海宮悟已還出化國王婆羅門外道無數造論數十部入室閉戶經日弟子破戶看之已蟬蛻而去也迦那提婆第十四智權異學博識辯才振名天下出左眼與神誓求發言得人信受化邪見王及邪黨皆令出家以免斬頭之誓外道弟子由恨後破具癡而終羅睺羅第十五僧伽難提第十六付法訖至一樹下手攀樹枝而滅諸羅漢欲移屍不得以諸象力挽之不動遂就樹下焚之身盡樹更茂欝僧伽耶舍第十七鳩摩羅馱第十八闍夜多第十九婆修盤陀第二十通達一切修多羅義分別宣說廣化衆生令疑此是天親未敢為定摩拏羅第二十一鶴勒那夜遮第二十二師子尊者第二十三遊化至罽賓國國王邪見壞寺殺僧尊者付法已告衆令散後王問空義斬頭無血香乳流出自此已後傳法者唯傳心地應緣認王之難矣舍那婆斯第二十四優波掘第二十五婆須蜜第二十六僧伽羅叉第二十七菩提達磨第二十八是南天國王第三子少小出家依師下悟如來禪三乘三藏無不曉達然志在妙理冥心虛寂於南天大作佛事觀此士有大乘種又作是念東震旦國佛記後五百歲般若智燈運光於彼遂囑弟子不若蜜多羅住天竺傳法不辭自身遂來漢國也達磨至此方當第一初至梁朝機緣未合過至魏朝遇慧可斷臂投法并一領袈裟以為印信定其宗旨語可曰漢地得入聖位者與金剛楞伽相應又曰我法至六代後命如縣絲大師門下又傍出道育及尼摠持慧可第二博學經史高節至道為鄴化導三十餘年遭難非命年一百七僧璨第三付法了佯狂託疾後於峴山齋場樹下立而終焉道信第四長坐脇不著席遊不入傍出牛頭一宗乃至住此弘忍第五少小事師後居為蘄山廣開教法李徒千萬時號東山法門於中又在左右見解明利者即荊州神秀潞州法如襄州通資州智詵越州義方華州慧藏蘄州顯揚州覺嵩山老安等十人大師記云各堪為一方師後有嶺南盧行者年二十二來大師門下令為求舂米八箇月因呈偈了性遂付衣鉢令歸嶺南傳法自此便有南北二宗也慧能第六歸嶺南十七年後方始出家印宗法師請開禪法神龍元年勅請不入神會第七頂異凡相骨氣殊衆聰辯難測先事北宗秀三年因秀奉勅追入遂往曹溪門下荅無住為本見即是性杖試諸難夜喚審問兩心既契師資道合後又北遊廣其聞見上都受戒景龍宮中却歸曹溪曹溪知其純熟遂密授語緣達磨懸記六

代後命如懸絲遂不令法衣出山和尚行門增上苦行供養密添衆瓶斫氷濟衆負薪擔水神轉巨石然燈殿光誦經神衛律窮五部禪感紫雲因洛陽詰北宗傳衣之由乃滑臺演兩宗真偽便有難起開法不得然能大師滅後二十年中曹溪頓旨沈廢於荊吳嵩嶽漸門盛於秦洛普寂禪師謀擯七祖二京法主三帝門師朝臣歸崇勅使監衛雄雄若是誰敢當衝嶺南宗途甘從毀滅法信衣服數被潛謀傳授碑文兩遭磨換補澤親承付囑詎敢因循直入東都面抗北祖龍麟虎尾殉命亡軀俠客縣官三度幾死商旅縗服百種艱難達磨懸絲之記驗於此矣因淮上祈瑞感陝上生芝草士庶咸覩遂命建立無退屈心又因南陽荅王趙二公三車義名漸聞於名賢天寶四載兵部侍郎宋鼎請入東都然正道易申謬理難固於是曹溪了義大播於洛陽荷澤頓門派流於天下然北宗門下勢力連天天寶十二載被譖聚衆勅黜弋陽又移武當郡至十三載恩命量移襄州至七月又移荊州開元寺皆北宗所致也然彼宗主必無此心蓋是門下凡愚競於彼我也至乾元元年四月後頻告門人令數問法再三深歎無為一法五月十三日中夜示滅年七十有五二年遷厝於東京龍門置塔寶應二年勅於塔所置寶應寺大曆五年勅賜祖堂額号真宗般若傳法之堂七年勅賜塔額号般若大師之塔貞元十二年勅皇太子集諸禪德楷定禪門宗旨遂立神會禪師為第七祖內神龍寺勅賜碑記現在又御製七祖讚文現行於世緣第七代是中興之主故具敘之從第七代後不局一人

法宗既立普令霑洽初且局者順世規矩世諦之法多止於七經教亦然如此方七代先亡或令持念一七二七乃至多七請僧之數亡人齋數每事皆七乃至祖有七佛國有七廟之類世儀式既成故各令流布疏燈燈者維摩詰言我法名無盡燈譬如一燈然百千燈瞑者皆明明終不盡且如第七祖門下傳法二十二人且敘一枝者磁州法觀寺智如和尚俗姓王磁州門下成都府聖壽寺唯忠和尚俗姓張亦号南印聖壽門下遂州大雲寺道圓和尚俗姓程長慶二年成都道俗迎歸聖壽寺紹繼先師大弘法化如今現在當代法主南川歸心疏然所下二敘法要謂已列能傳之人今

正敘所傳之法也文二初總標如文疏無定下二別釋二初釋定慧一對然定慧正是所悟修之道頓漸是修之儀式所修之道有正有助定慧是正道餘萬行皆是助道助定慧故華嚴云譬如有力王率土咸戴仰定慧亦如是菩薩所依賴諸教非一悟修是解行頓漸通於悟修無定已下明互闕之失謂無定之慧慧是狂慧如風中燈如採動水無慧之定定是愚定如悶絕無心如枯杌無識又偏修定增長無明偏修慧增長邪見故涅槃云聲聞定力多故不見佛性菩薩慧力多故見不了了此二雙運下等學之益亦如涅槃說也兩足尊者福智圓滿定是福體慧為智本故也止觀者天台有大止觀十卷小止觀一卷二卷者序云止乃伏結之初門觀是斷惑之正要止是長養心識之善資觀是照察神解之妙術止是禪定之勝因(由止万緣故心定也)觀是智慧之由藉(由觀察諸法故慧力成就)疏其頓下二釋餘兩對初一句標然悟與修皆通頓漸又悟有解悟證悟修有隨相離相謂初因解悟依悟修行行滿功圓即得證悟此為真正若各隨根悟及諸師友方便施設先後無定疏有八對下當配之疏頓悟漸修為解悟者初對也如日頓出霜露之惑漸銷又如孩子初生六根四肢百節頓具(喻性上恒沙功德也)乳哺飲食養育漸漸成長出身又仕(喻萬行資薰報化圓滿也)此悟在初故屬解悟悟後之修即具隨相離相理事雙修(若未悟而修即著相)故功行圓滿必有證悟即屬後對疏漸修頓悟下後三對證悟也初言漸修頓悟者此有二意一者

即前悟解之漸修修極故證二則從初便漸修如諸聲聞等因四十年前漸修三乘教行故靈山會中聞法華經疑網頓斷心安如海授記成佛如人伐木千斧万斧漸斫倒即一樹頓倒又如從邊遠之境入於京都數月步步漸行入大城門之日一時頓到故天台大師數年修鍊百日加功用行忽然證得法華三昧旋陀羅尼門於一切法悉皆通達即其事也北宗漸教意見如此然多入二乘之境得圓證故疏頓修漸悟者雖聞圓教信證圓法根性遲鈍不得頓悟雖不頓悟而樂欲情殷深崇頓理頓發大心頓絕諸緣頓伏煩惱由此加行漸漸得悟悟即是證不唯會解如人磨鏡一時偏磨一面終不從一分一寸致功然塵垢則漸漸而去(漸淨)明相則漸漸而顯(漸照)又如學射初把弓矢便註意在的(喻發無上菩提心也)不故作親踈遠近節級(不先發十信文十住等也)然不免經千百日射億萬箭方漸漸親近乃至百發百中疏漸修漸悟者謂信本性圓滿而猶計有業惑障覆故勤拂磨鏡塵漸悟心性如注所引喻也足履喻修行所鑒喻證悟也(若對下頓斷煩惱斷絲之喻此如斷竹節節不同也)疏並為證悟者總結上三對也疏若頓悟頓修下三對悟修皆頓但以或互先後或同時故成解證之異初標頓悟頓修以斬染絲為喻者斬如頓悟煩惱本無即名為斷如一綟之絲不勝一劒而頓斷故(此是荷澤所舉之喻)染如頓修頓稱性上恒沙功德念念無間而修如染一綟之絲千條萬條一時成色故清涼大師心要云心心作佛無一心而非佛心處處道

成無一塵而非佛國又行願疏云行即頓修位分因果皆是頓修之義疏謂先悟後修等者初對也如注所釋謂由頓了身心塵境皆空故不著諸相不證心性心性本不動故又由頓了恒沙功德皆備故念念與之相應名為合道由悟於先故當解也疏先修後悟等者次對也謂由頓絕諸緣等(云云如上所引)故得心地豁開以根欲勝故不同前頓修漸悟也注以修如服藥者一服頓瘥良藥也悟如病除者忽然得汗四肢百節一時輕涼也不取漸漸平復之意以悟在後故當於證然此證解亦無二相疏修悟一時通解證者後對也謂以無相為修分明為悟悟即慧也用也修即定也體也荷澤云即體而用自知等注中取意引心要也具云無心於忘照則萬累都捐任運以寂知則眾行爰起今但各取上句故一悟一修心要又云一念不生前後際斷(即頓修也)照體獨立物我皆如(即頓悟也)荷澤云一切善惡都不思量言下自絕念想(修也)正無念想心已自知(悟也)疏即通解證者此有二意一者如上釋云證解亦無二相故二皆通謂即證即解即解即證二者或是證或是解謂頓了頓息即為解悟頓盡頓覺即為證悟如大夢覺覺名頓覺夢必頓盡故(如佛地論說下當具釋也)疏若本具下第八一對也結云通解證也亦含二意如次上說初義可知後義應釋約解釋者但取無漏本覺為悟不加覺了之心但取性上功德為行不待息心為行注中欽字得字皆喻與之相應約證釋者即始覺合本之時無別始覺之異故華嚴宗說新

成舊佛舊佛新成成時但是本本之真不見新新之相悟修皆爾故華嚴說成佛時必與一切衆生同體俱成又云成與不成無差別者正由不取新成之虚相也疏此圓下三會此經也文有標釋釋中但檢教起因緣門中及下銷文勲取相應之義叙之今亦不能重述然此中言證但取觀行相應之時現量所見即名爲證不必聖果疏此等下三通妨難謂有難云前權實對辨已廣明頓漸等教何得今文重說故爲此通也疏苟得下四結勸修言皆成定慧者謂定慧有有作無作自性三種不同故頓與漸皆相當也故荷澤說三種三學有作三者約諸惡不作等云無作三者妄心不起是戒無貪瞋惱嫉等也本無妄心是定（無見覺等）知心無念是慧（不落無記空也）自性三者謂空寂照（如次配之空是離四相絶百非之義故配戒也餘二可知）言妄想者無定之慧也言無記者無慧之定也此但是冥冥無所揀擇而爲無記不唯揀於善惡說無記也言審而修之者此門意在於行不尚知解而已故勸云修之不云學之此第八門多依清涼大師奉勅所製華嚴疏懸談十門中修證淺深門及諸宗禪門諸經禪要而叙之

圓覺經略疏之鈔卷第四

也至文當配疏故善財下兩句當第三重修菩薩行也
然其文勢是證二三兩重別也謂既已發心應修諸行
故善財所見諸善知識一一云我已先發阿耨菩提心
而未知云何學菩薩行修菩薩道既云先已發菩提心
而未知菩薩行等是明發心與修行別也菩薩行者廣
有萬行（六度十度等也）統之三學（十波羅蜜中施忍助戒進助定後四皆助慧也）要唯
定慧（又略戒者戒是防非制業若但定慧等修何有內非外業故持護之遮絕稱性真修便是助道之行助定慧故）車輪鳥翼互闕無能以是菩薩所依賴故天台宗
於止觀意在斯焉此第三門即普眼章已下皆是疏論
中亦下引起信論證有三重之因也一覺者始覺本覺
也論先揔標示云所言覺義者謂心體離念等文下寄

對反流生住異滅四位廣說始覺後約習相及不思議
業相并四鏡喻廣說本覺其文後兼說根本不覺枝末
不覺者翻妄顯真以成覺義故疏但云二覺疏三心者
如上所引一者直心等疏五行者於六度中合定慧二
度通為止觀一門故但有五疏今本下三出其體謂了
覺發心即是本起因地至文者銷經文疏文也然諸權
教多只說六度等便為其因少說初二故今時傳習人
及學修道者全迷初二設知有發心為先亦不先務希
問求了自心但謂言將凡心於法座下胡跪隨師口唱
四弘願便是發菩提心不知欲發心人必須先頓悟自
己心性了了分明的不錯謬然始誓發心止息一切唯
修本性唯欲度生方名發心故此經頓窮修斷本源徹
至初二名本起因也疏文中下四開章釋文二開章
二釋文經進問中疏文下者文從在大衆中已下直至
而白佛言也疏皆諸等者通釋此一科已竟也文下又
別有疏釋者別以表法之義重釋也疏一體三寶者謂
性本知覺為佛性本寂滅為法性上本有河沙功德妙
用與性二一相應和合無異為僧疏三身等者下三觀
門後疏中具釋可撿而用之經問本起中疏三一諮求
下且隨文銷釋云偏舉大悲者疏中已釋正是本意然
更有一意謂增一阿含經說六種力謂小兒以啼為力
女人以瞋為力沙門婆羅門以忍辱為力國王以憍傲
為力阿羅漢以精進為力諸佛以大悲為力疏六波羅
蜜等者上來但釋偏舉大悲之所以猶未釋何名大悲

故此引經正釋言重擔者二障也此是毀責之辭謂有
四義故如重擔一者如金剛難可斷故二者擔此難越
生死海故三墜溺有情處四生故四墜溺有情沒三界
故住法性者超生死涅槃等諸對待法於一切都無所
住方住法性正當此經中所說此二義皆明悲之大也
疏第十號者謂一切佛皆有十號即是如來應供正徧
等乃至佛世尊也疏大集經者取意略引今依本經具
之經云爾時世尊觀四衆已告憍陳如比丘言一切大
衆甚樂聞法無量世界無量衆生悉為法故來集於此
咸皆欲知法行方便成大智慧遠離貪欲一切煩惱時
憍陳如白佛言善哉世尊誠如聖教世尊四方世界無
量菩薩悉持四弘所與欲來并欲啟受虛空目法行今
正是時唯垂憐愍為衆生故而宣說之世尊所言法行
法行比丘云何名為法行比丘唯願世尊分別演說佛
言憍陳如至心諦聽當為汝說若有比丘讀誦如來十
二部經是名樂讀不名法行復有比丘讀誦如來十二
部經樂為四衆敷揚廣說是名樂說不名法行復有比
丘讀誦如來十二部經能廣宣說思惟其義是名思惟
不名法行復有比丘受持讀誦如來十二部經演說思
惟觀察義理是名樂觀不名法行憍陳如若有比丘能
觀身心心不貪著外一切相謙虛下意不生憍慢不以
愛水溉灌業田亦不於中植諸種子滅覺觀心境界都
息永離煩惱其心寂靜如是比丘我則說之名為法行
如是比丘若願獲聲聞菩提緣覺菩提如來菩提即能

得之橋陳如如工陶師埏埴調泥置之輪工隨意成器法行比丘亦復如是評曰彼經之意令修練身心即名法行揀於笑讀及事相造作之行非頓指圓通覺性令所引者但用揀事之文不取所行之行疏然菩薩下二明請說之意文顯可解疏下文下三指佛答處疏即前下結指前文前云至文當示即是此也經問難病中疏直心正念者三心菩提中即大智也此經宗於會相歸性迴願具覺故偏舉大智為本以攝大悲大願疏既為所攝者為猶被也疏中問者先習發也彼者魔也疏不發一切心者潛引大品經也彼云不發一切心名真發心經遠被中疏金剛三昧者具云解脫菩薩白佛言尊者若佛滅後正法去世於末劫中五濁衆生多諸惡業輪迴三界無有出時願佛慈悲為後衆生宣說一味決定眞實令彼衆生等同一味引此經者以證頓為末世凡夫便說究竟深法不同漸教事須先小次權後方說實故諸宗多云凡夫不合便悟佛地之法良由執漸迷頓不知頓宗皆令凡夫便悟佛境故彼經前段又云可化衆生頓機皆說一味本覺真性海東釋云說一味者令入一覺味故即是一乘欲明一切衆生本來一覺但由無明隨夢流轉皆從如來一味之說無不終歸一心之源疏恣心五欲等者先揀不求大乘之人不足論也故云置之言外疏縱有下於此類中尚須聞此法門信解隨順若不聞亦墮邪見亦者以不求大乘之者本未皆是邪見發心求之雖於凡小即令覺悟由未聞此法未了自心故亦同不求大乘之者墮邪故云亦也疏雖本下彰邪見行相

故三聖觀云不信自心是如來藏非菩薩故即為邪見也不必六師故華嚴說一切凡夫皆墮邪見經展虔誠中疏正語而禮非儀者明待語已方禮也疏不唯拜手者孔安國注尚書云拜手謂首至手稽首謂首至地今明至地也疏禮煩即亂者禮記文也疏佛雖下通妨難也難云心眞不眞佛自照知何必彰此三請之相故此通云為後學之軌範也經讃許中疏久默斯要者語是法華而文同義異謂法華以四十年前未說為久默此經既是淨土所說之經不必拘於一代化儀年月但以未說之時為久不以要須經四十年也疏嘉會者平等法會也疏起予者予我也起謂發起此彼佛意云我意欲說假人請問發起汝今所請實是發起我教門也此又用論語中事彼中子夏問曰巧笑倩兮笑貌美目盼兮動目之貌素以為絢兮文美貌此上皆是毛詩文何謂也子夏不曉故問孔子子曰繪事後素鄭玄注云繪畫文也凡繪畫先布衆色然後以素分布其間以成其文喻美女雖有倩盼美質亦須禮以成之曰子夏對也禮後乎孔安國注云孔子言繪事後素子夏聞而解之知以素喻禮故曰禮後乎子曰起予者商也子夏姓卜名商字子夏始可與言詩已矣包氏云予我也孔子言子夏能發明我意可與共言詩也今以子夏喻文殊孔子喻世尊故云實謂起予經佇聽中疏願樂欲聞者金剛文也既虔心三請必是樂聞十地經說樂聞之喻如渴思冷水求聞慧也聞即受持如水但飲不醉如飢思美食求思慧也資所聞法助成智力如得食噉以資身力也如病思良藥求修慧也修去惑如藥去病如衆蜂依蜜求證智也即上聞思修三慧之果我等亦如是願聞甘露法法合能求一則見法其所求中會通法喻以一甘露總合四喻甘露有四能故一除渴二除飢三愈病四安樂疏皆同此

釋者意明下十一段更不重釋也經正說中疏二二四正下開章二正釋經示本體中疏四一佛也下釋初四字二一正釋疏然雖下二通妨云塵經者塵中經卷之喻也序中已釋寶藏者涅槃經如來藏經及諸經事皆說亦如序釋窮受貧苦者大富長者之窮子也如法華經說疏當體下二釋陀羅尼四一直釋疏然總下二辨類出體謂揀去前二但指無字是此之體無字即無邊際故云大也釋經大字言多字者謂一切真言隨求大佛頂之類是秘密藏含無邊威德神用又諸修多羅能持無盡之義亦名總持一字者如唵字等即一字真言也唧啉是助聲故但是一字或如字母之類也疏故大下三引經證言攝諸善巧即總持義言無有少法所得皆歸於空即無字義疏若據下四引例釋成疏出入下三釋門字四一正釋三一通相釋次文云者證出淨法即次後段經文也下說等者證出染法即普賢章云種種幻化皆生如來圓覺妙心偈云無始幻無明皆從諸如來圓覺心建立生及建立皆是出義疏又從下二約本末釋疏又迷下三約迷悟釋疏此中下二揀濫顯體謂揀門庭門戶之門顯是根本之門矣文二一直顯而揀疏故寶下二引證本門諸有根本之門異門戶之門也連前次者前引寶積之文也連之應云此是諸菩薩等入陀羅尼門前文末也次今文初云由是門故出生廣大等云無門者揀也之門者顯也又云形相門者揀也所言門者下皆顯既言一切依於虛空豈非根本疏又若下三引例

今勸學禪之流欲見祖師心印但依上所釋而解了之即悟此兩句是捴持之門若不爾者豈可知之一字却是淺近門戶從此方入衆妙深奧堂室乎請修止觀者細而詳之疏皆說下四揔結疏上但下四釋圓覺如文經彰德用中疏六一非別下釋流出清淨言諸門功德者雖深淨諸法皆從圓覺流出然此云流出但說出諸淨法故云功德也故論云若心有動者論中次前文云以一切法本來唯心實無於念舉所迷理而有妄心不覺起念見諸境界故說無明依真起妄謂細麤染心本末不覺也將欲釋淨先舉其染對以顯之下諸句例然云何顯者下云心性不起即是大智慧光明義故起故念即是不覺無明故不起即是本覺智明若心起見則有不見之相妄見不周心性離見即是徧照法界義故真照圓明若心有動非真識知妄心有動反之即斷真如無動無有自性明妄染無體反之即顯自性淨心非常非樂非我非淨明妄四倒反之即顯真如四德熱惱對焦燒心是極熱惱故說真如是清涼也衰變妄染遷故反顯真如不衰變也則不自在業果繫縛故反顯真如自在上六染不暇自在義故乃至具有過恒沙等妄染之義對此義故心性無動則有過恒沙等諸淨功德相義示現一一對翻故染障皆過恒沙若心有起更見前法可念者則有所少妄心外念求之不足如是淨法無量功德即是一心更無所念是故滿足淨德性滿無假外求名為法身如來之藏釋曰既心動則河沙妄染不動則恒沙功德又云如是功德即是一心故知非別有法流出於外跡有漏者諸論皆云煩惱現行令心連注流散不絕名之為漏如漏器漏含深可厭惡損汙處廣毀責過失立以漏名然有三種謂欲漏欲界煩惱有漏上二界煩惱及無明緣故取本名也無明漏不以餘法對自行體名無明漏若法性宗則根本不覺及三細六麤是有漏法不分三界之異及種現之殊以迷則全染悟之全淨無體性故然雖云一切淨者淨法之數過於恒沙今且略舉真如等四例於餘也謂真如是揔相根本餘三是別於中菩提涅槃是果波羅蜜是因攝於淨法無所遺也故唯舉此大疏於此四法別開章門每法皆四謂一釋名二出體三種類四業用今略不開然亦合之但數或減耳疏圓覺下二釋真如三一釋名二一略釋言圓覺等者即以經意直指一心真謂等者復以唯識文釋文在彼論第九卷中本頌云此諸法勝義亦即是真如常如其性故即唯識實性長行具釋今但略引長行七句初二句揀有漏亦云偏計虛妄是有漏法故次二句揀有為亦以依他變易生住異滅是有為法故後三句釋彼頌中第四句也言於一切位者有漏有為四相三世等也常如性不變也故者結也彼論具云常如其性故曰真如今從簡略但有一故字耳疏又具下一細釋言偽是下且釋不真不如下云今皆離此等反之即是真如也鍮如等者鍮有其體不是虛妄但以非金故名偽也影應質相不是詐偽緣無實體故名妄也橫說各殊者謂色塵珠聲香等色蘊殊受想等六貪等殊信等地獄鬼畜殊人天等娑婆殊於極樂等聲聞心境殊菩薩心境等乃至如大般若八十餘科皆約同時而異也豎云變易者如云鏡裏今年老如去年等如九相觀云云夏異於春等得漸忘舊等因苦果樂等殊今皆下無如上四過釋成真如義也謂此實體

者真實心體前約唯識但言謂此真實但是不虛妄之解仍未出體今指此體真實故科云細釋也竟云心體是有法定真實是宗法若但云真實即無前陳若云真如是有法為前陳者即但是重言以真如亦但是不變不妄義與真實之言何殊又分此橫豎各有二義一一各別遍無窮義無盡故云細也於未來等者今日虛空如昨日虛空也於色中等者廚裏虛空如廳裏虛空也真實相如非為妄似者正結真如之名也謂如者是相似義相同義意云此彼相如者唯有此心性也謂善人佛性的似惡人佛性如今佛性的不殊無始來佛性乃至凡夫佛性的同二乘佛性人天菩薩皆類此說唯此可得真實相如分毫不殊故此真實得名為如也此外更無可相似相如法也設有人親兄弟相似然子細論之還不得的似會有分毫之長短大小殊也若不然者豈可自己妻子而錯認乎乃至世間物色一一類之皆不免有微塵分毫之輕重大小好惡終無有全似故知皆是妄似妄如不得真如也古來相承解如字但言是湛寂不動之義不曾指的釋名如字是此國之字未審說文爾雅玉篇切韻之屬何處訓如字為湛寂不動等邪故知只緣靈覺心性於凡中全如聖中於因中全如果中橫豎皆然即是湛然不動之義非的訓也問荷澤大師云諸人皆以兩物相似為如我則以無物相似為如今以的似以釋真如豈不違此說邪荅正與此同故上云此外更無相似相如之法既云無物相似即知唯鬼獄等佛性與人畜等佛性真實相如也大師揀諸人云兩物相似曰如者亦同上說親兄弟相似者終不得分毫全似也智者細詳之上來釋名

竟疏論云下二出體若約法數即是百法中六無爲今依起信以一心爲體此一段論懸談第四門已釋於，乃至已下略中間謂次文云一切諸法唯依妄念而有差別若離心念則無一切境界之相是故一切法從本已來離言說相離名字相離心緣相畢竟平等無有變異不可破壞難云竟無變壞得此上二句也唯是一心故名眞如疏又云下三辨業用然大疏此前復有辨種類一門文云或唯一今恐繁多又不益觀智故略之也然於諸類中今但是一心其餘種類但約別法說此一故若以法別便列多種眞如者法有河沙之數眞如亦應有河沙數邪何必更立七種十種故知諸餘法門皆以義別故隨義收束立多少名今眞如義亦無二不應別說今言又云者亦是起信次文相次故不更標之然文相稍易今但捴而釋曰依眞如故發智斷惑證體起用若不依之則取我我所相無由修證故知萬德萬行皆是眞如用也疏此翻下三釋菩提三一釋名可見疏二三下二出體便當種類以覺智之義多種不同故知諸種類皆是體若起實而言據此經及起信即始本不二究竟覺也如上釋名中即是其體今言二三等者二謂法相中多約根本後得空宗中多約二斷謂了煩惱所知二障本空即名二斷斷即菩提無別菩提故經云煩惱即菩提不變異故攝論二智二斷爲菩提體者雙取相宗空宗也智論云菩提菩提斷俱名爲菩提者合取上二宗也法性宗如理如量智疏三者約三乘人各有其智又起信本覺

始覺及究竟覺疏四者涅槃經說下中上及上上四品智慧觀十二因緣如次得聲聞緣覺菩薩佛等菩提及大圓等四智菩提四智如淨土章中已釋疏及發心等者智度論第五十八云一發心菩提於無量生死中發阿耨多羅三藐三菩提心故名爲菩提因中說果二伏心菩提斷諸煩惱降伏其心行諸波羅蜜三明心菩提觀三世諸佛法本末捴別相分別諸法實相謂般若波羅蜜四出到菩提般若中得方便力故不著般若見一切十方佛得無生法忍出三界到薩婆若五無上菩提坐道場斷習氣得阿耨多羅三藐三菩提若準華嚴即具十種如第五十一及五十九卷中說恐繁不敘疏皆此攝者捴結種類以爲體也疏因圓下三明業用言無邊者能斷二障證二空印羣機華嚴出現品說普徧諸心如盡中經卷又云菩提普印諸心行是故正覺名無量現萬像能現能生身土智影等該動寂通因果等疏此方下四釋涅槃四一釋名云寂滅者彼論云涅槃論也肇公作秦言無爲亦名滅度無爲者取乎虛無寂寞妙絕於有爲滅度者言其大患永滅超度四流斯蓋是鏡像之所歸絕稱謂之幽宅也今云寂滅者寂即唐三藏滅即羅什三藏故肇公云泥洹盡諦者直結盡而已則生死永寂滅故謂之盡矣法華金剛中皆云滅度生肇遠公皆正翻爲滅又四諦中自爲滅諦故今略取滅也疏多名者亦生遠等釋或云不生或云不作或不起或無相或不殘或寂靜疏捴翻圓寂者唐三藏翻也在義周圓故云捴矣疏謂覺下釋上周圓之義便當第二出體也

謂剋實乃覺性即寂是體捴收即三德爲體三德爲圓覺性爲寂故云圓寂三德者摩訶般若解脫法身謂即寂之照爲般若即照之寂爲解脫寂照之體爲法身此三不縱不橫不並不別如梵伊字爲大涅槃廣如彼經說涅槃經也所以三者由翻三雜染得名也翻煩惱爲般若心體離念煩惱即菩提故翻結業爲解脫翻苦依身即是法身本法身故故三雜染即性淨三德但迷悟似異故說相翻若約法相六無爲中眞如即下性淨擇滅即下擇謂揀擇滅謂斷滅謂無漏智起斷諸障染所顯眞理名擇滅也即下方便淨也疏二三下三辨種類二者性淨性本淨故方便淨由方便修之所顯故三者一自性涅槃通染淨也即上性淨二眞涅槃即上方便淨也方便修成證本性淨是爲眞也三應涅槃證眞已後隨機利物示現入滅即應此乃番眞應物皆是方便淨也四者一自性清淨眞如自性也通一切凡聖二有餘依即眞如出煩惱障三無餘依即眞如出生死苦上二通三乘四無住處眞如出所知障悲智輔翼不住生死涅槃故云無住處唯佛自具之故唯識云一切有情皆有初一二乘無學容有前三唯佛世尊可言具四疏亦皆此攝結也疏故彼下四明業用二初指涅槃通明言故者證成前皆攝之言躡勢便明用也巧令文勢血脈連故疏又華下二引華嚴別辨疏今取意略引文有二用分二一順眞涅槃實益之用其文具云佛子如來不爲菩薩說諸如來究竟涅槃不爲說永滅爲二乘也亦不爲彼示現其事遠盡雙林究凡小此名永斷也何以故爲欲令見一切如來常住其前今稱實見自受用身同法身常住其前也於一念中見過去未來一切諸佛色身圓滿皆如現在今見三際應用亦即是常故如現在評曰以見常住涅槃故見如來常住圓滿此即是涅槃之實用也疏但爲下二顯應涅槃權益之用然

華嚴說涅槃有十門上所引者即第二德用圓備門今即第三出入常湛門具云佛子諸佛如來爲令衆生生欣樂故出現於世欲令衆生生戀慕故示現涅槃而實如來無有出世亦無涅槃何以故如來常住淸淨法界隨衆生心示現涅槃釋曰明涅槃無爲無不爲也無不爲故能建大事不礙出現顯迹爲生息迹爲滅以無爲故體常湛然顯迹即有餘息迹即無餘故餘無餘乃應物之假号豈以見聞滯殊應之迹跡佛日下即義引彼第四虧盈不遷門也彼經具云佛子譬如日出普照世間於一切淨水器中影無不現普徧衆處而無來往或一器破便不現影佛子於汝意云何彼影不現爲日咎不咎言不也但由器壞非日有咎佛子如來智日亦復如是普現法界無前無後一切衆生淨心器中佛無不現心器常淨常見佛身若心濁器破則不得見釋曰像非我有自彼器之虧盈心非我生豈普現之前後持戒器破定水何依菩提器破智水寧止無戒定智何由見佛跡此云下五釋波羅蜜跡但有通別釋名別釋名中便含餘體用種類等三門也文二一通釋名二正釋其文易了跡然一下二通伏難難云雖了義大乘教據實理說衆生即寂滅元是涅槃不復更滅今何得言離此到彼豈不同小乘有欣厭之過邪故今會之約迷悟故說到彼岸跡且約下二別釋名別有六度五度十度八萬四千度此之多數不同皆爲種類也餘體用即各隨文釋分四初六度二一以慧爲未言六蔽六種者文皆

在跡即是起信之文但取意略引耳具云於眞如法中深解現前(解也)所修離相(行也)以知法性體無慳貪故(解也)隨順修行檀波羅蜜(行也下五皆爾)以知法性無染離五欲過故隨順修行尸波羅蜜以知法性無苦離瞋惱故隨順修行羼提波羅蜜以知法性無身心相離懈怠故隨順修行毗梨耶波羅蜜以知法性常定體無亂故隨順修行禪波羅蜜以知法性體明離無明故隨順修行般若波羅蜜然此六種跡但列名今一一釋謂輟己惠人名施防非止惡爲戒堪受諸法未能忘懷爲忍鍊心於法爲精精心務達爲進心慮寂靜爲禪推求揀擇爲慧餘體用二門者謂既會性無慳貪等爲施等即性爲體由順性故修六皆成到彼岸即順性爲用跡菩提下二以慧爲初菩薩諸佛母者偏讚慧也(淨名云智度菩薩母般若論等皆云佛母)是覺初資糧者覺是菩提六度是菩提資糧般若爲初也此五者施等也之餘者十度中後四也方便願力智皆由智度等者由智慧故十皆波羅蜜攝故彼論長行釋云何以故般若爲初以最勝故如諸身根中眼根最勝諸身分中頭爲最勝諸波羅蜜中般若波羅蜜爲最勝故亦復如是以般若波羅蜜最勝故爲初資糧(云云)又是諸波羅蜜三輪淨因體故(不念自身不念受者不念施果皆由慧故)乃至不與二乘共故於上更無所應知故此智到一切彼岸故(云云)其文甚廣不可具引含餘門者由慧成五即慧是用五皆助慧即慧是體跡起信下二五度但合定慧爲一止觀門餘如上辨可知跡難識下三十度但於六後加四

謂第七方便(方法便宜)八願(希求樂欲)九力(不可屈伏)十智(如實決斷)跡十障十如者如常所釋後亦有之此十波羅蜜通者以大菩提心而爲其體助治障助證如即爲其用別者如法相宗釋各有體用文繁不敘跡若揔下四八萬四千度迷爲八萬四千塵勞悟爲八萬四千波羅蜜矣相翻之義如上引起信釋流出一切清淨等中說體用者揔以覺悟爲體各以能翻染法爲用跡義如下者普眼章中也跡顯上下六釋揔顯業用言諸佛師法者涅槃經云諸佛所師所謂法也以法常故諸佛亦常上來揔釋圓覺所流四門淨法竟餘諸無漏等法皆例此知謂圓覺本無繫縛即名解脫本無三毒即三善根本無疑惑即淨信等乃至、、本無八萬塵勞即八萬波羅蜜也故下文云乃至八萬四千陀羅尼門一切清淨經悟則成佛中跡二後明下顯意二正釋二一釋圓照淨覺三一牒其下約能所釋跡亦可下二直就法體釋言圓照清淨者圓照即清淨也不同上以圓照照於清淨故云非關能所跡此正下三引例釋相字初見文殊即福城東古佛塔廟在第六十一卷中後不見文殊即第七十九卷中經說善財依彌勒教求見文殊文殊遙伸右手過一百一十城摩善財頂示教利喜(不見其身但聞法也)古德判云智照無二相(無能所之二也)跡本覺下二釋斷障成道以此爲因者謂如是依圓照本淨了無明本空是爲成佛正因也必若心存妄念帶此妄念修行多劫虛事劬勞畢竟不成佛果如前所引積行菩薩經推妄窂中跡二一第二下科分述意二依科隨釋經徵中跡二一徵釋下釋文跡二謂下二顯意二初明其過其八萬塵勞十二因緣至下當釋跡非想等者佛名經說佛語舍利弗言洪師欝頭藍弗得非想定八萬四千劫滿命終之後不免還作飛狸之身緣修此定時林間樹鳥喧噪近水被魚等聲亂心生瞋恚願入水飛空噉之定力既盡便受此報待檢經文委細示之跡無爲坑中者即華嚴出現品云如雪山頂有藥王樹名無盡根云云若生根時令閻浮提一切樹根生莖枝葉華果皆爾也唯於二處不能爲作生長利益所謂地獄深坑及水輪中然亦於彼初無厭捨如來智慧大藥王樹亦復如是云云其根生時令一切菩薩生不捨衆生大慈悲根深心莖波羅蜜枝淨戒頭陀葉相好莊嚴華佛灌頂忍果唯於二處不能爲作生長利益所謂二乘墮於無爲廣大深坑及壞善根非器衆生溺大邪見貪愛之水然亦於彼曾無厭捨釋曰跡家用此無爲坑之文也顯二乘雖諸徧已盡而未斷此根本無明跡病行者即涅槃經跡今欲下二正顯意文易可知經釋中跡二二釋下釋義三一釋得名二一釋本名此依法性宗釋也若法相宗即云明是擇法慧也無彼明故名爲無明彼宗以無明衆生爲無始根本故須修習得擇法之慧方始爲明故指爲彼明乃非己是於彼故卻取衆生爲自己今云無他智明者他亦彼也然所對不同由此宗必須先頓悟覺性爲本是即眞我迷此性故即曰無明悟此性故方名智明智明是始始非於本故亦云他前對衆生自己故以覺爲彼今對本覺自己故以始覺爲他故云所對不同所言雖者兼通伏難應云一切衆生皆有本覺本覺即明

云何言無明故此荅云無始覺照了也意云如鏡體雖本明且塵埃深時名爲不明磨塵顯出方名明鏡又釋家返照者即是以他始覺照我本覺故云返也此義極顯智者詳之始本二覺前後頻釋故此不解跡論名下一釋別名如前智磨埃之鏡名曰不明也不者是無覺即是明故云但文異耳跡亦名迷及顛倒者散在諸大乘經釋禪家即多云迷跡論云下二顯體相引論亦略故有等字等於下文也具云不如實知眞如法一一眞如即是自己眞我也故不覺心起而有其念念無自相不離本覺猶如迷人依方故迷迷東爲西若離於方則無有迷離眞實之正東則無虛妄之邪西衆生亦爾依覺眞東故迷迷之爲西若離覺性則無不覺合喻可知跡妄認等者至文當釋互舉云迷自認他即迷眞執妄自他者如前引論舉迷自者據迷方之喻已具認他之義謂迷東東即是眞爲西西即妄也此是執妄即是他也從此已下初釋者不須用之上來但依本宗顯無明體相了若約大小乘法相宗說與此稍殊俱舍頌曰明所治無明明有實體謂此無明不了四諦明所對治故名無明與明相違方是無明非是明之外皆是無明亦非明無之處名無明也如非親實等長行意云如諸惡敵名非親友非異親友外皆名非親友諦語名實謂虛妄之語名爲非實非異於實語亦非實語無便名非實也等者等於非法非義云云云何知然說行緣故云云然無明體是不了知三寶四諦善惡業果即是了知所治別法法救師云此無明體是諸有情恃我類性唯識中說覆蔽眞實迷於理事覆眞實者意取第七識中恒行無明也彼論第七心所中云我癡者謂無明愚於我相迷無我

理故名我癡迷理事者意取第六識中根本六煩惱中癡也彼文云云何爲癡於諸理事迷闇爲性彼跡釋云謂獨頭無明迷理相應等亦迷事也若取發業即行蘊中迷理起者有文本故故慈恩釋無明支云以行蘊中無明爲體不取餘法又引諸論云正發業者唯是無明餘者是助故不取也此等出體比起信論未徹其源何者起信依無明爲因方生阿賴耶識此等所說乃是六七心所叙說第八無覆第六七識方有無明況迷自認他之行相似有本空之根元既無的示之文豈盡無明體性闕迷自者我云迷無我理及云迷於理事但是所迷之境不言自有法身眞我迷之故妄執無我爲邪慢之我闕即空著瑜伽第五十五明煩惱顯實之中言五見是假無明爲實故又五十六及緣起經皆廣問答揀諸餘法故名無明也跡其業下三明業用二一引二文言能生三細者懸談第四門及前後頻釋言由此等者至文當釋跡然一下二通一切言無不是此者此無明也跡文中下二釋文三一分科跡今初下二顯意按定其非者謂此但標衆生云皆顛倒未顯顛倒之相如經指某甲云是罪人未出罪名所作何事故言按定其非三正釋經按定中跡除了圓覺下謂除上機過圓頓教者斷機登地者方免此倒矣言餘悉該者凡夫外道可知二乘聖人有無我等四種倒也執權菩薩以染淨相爲有以眞性爲空也悉不免也如華嚴說上德聲聞積行菩薩悉不能入入難凡夫有宿種者即入經釋相中跡二初二正下敘意言正釋其相者顛倒相也如述某甲云有如是過作如是事今則迷自云云在跡二正釋經法中跡二初認爲下釋本文二一釋迷身跡此有下二釋

迷心二初貼文釋二初釋文疏故雅下二引證佛頂經云者彼經說阿難先被佛推徵心性在內在外皆成過失最後乃云世尊今徵我心我能推求者是爲心不出我阿難此非汝心此是前塵分別相想惑汝眞性乃至若分別心離塵無體斯則前塵分別影事塵非常住若變滅時此心則同龜毛兔角其誰修證無生法忍釋曰既離塵無體即知是前塵分別影事也既是前塵之影塵變滅時心即變滅時既無心如龜毛等誰修法忍據此衆多過失是明阿難所認未是眞心矣故今引之以證妄認緣慮心也疏二者下二迴文釋餘同前解者如引佛頂唯識證分別心想空無之義皆同用也疏前標下二釋前文二一約諸教我法各有種種相轉者我謂主宰如國之主有自在故及如宰輔能割斷故主是我體宰是我用主是俱生無分別故宰是分別有割斷故於中復有世間聖教二我世我謂有情者意生乃至作受知見者聖教謂預流等法者軌持亦有二法世間法者謂所執根身塵境定性之法聖教法謂蘊處界緣諦乘等如是多類不同故云各有種種相也轉者生起義並如下二空觀相引唯識論具釋疏及凡夫下巳如疏序之初引涅槃經釋常樂我淨文中廣釋訖疏若剋下二約本經文理甚顯然須是智眼開者方見之昭然若眼盲者更釋亦無益矣疏一三我執者迷身心也二四法執者迷有無也經直喻中疏二一翳眼下且顯喻相疏空華下二以之合法二二通二一順合迷順喻文勢故應云法身實

無四大眞心實無緣慮迷者妄執疏若悟下二返合悟二二正返合返者與喻文勢相翻故疏故首下一引經證聞復者返聞聞自性也疏亦可下二別二一合身心二一正合疏然月下二補闕疏又爲下二合見相二二正合疏世親下二通妨難云魏朝譯金剛經末偈云一切有爲法如星翳燈幻露泡夢電雲應作如是觀論標釋云星喻見分翳喻相分燈喻識體今以翳喻見分豈不違彼論文故此通云據釋處等也謂論牒釋云如目有翳則見毛輪等色觀有爲法亦爾以顛倒見故大雲釋云此喻執若在意見等我法此翳配在第七識以恒行故評曰既在第七即知是見分毛輪喻我法我執即緣七家相分是第八也毛輪即此空華故知取所見之華也又義淨三藏頌此喻云但由翳眼力遂使見空華即知華喻相分翳喻見分經倒見中疏三一牒前下釋喻言非謂具實之華者簡斥謬釋謂有人釋云實華者謂樹上之華此釋實可悲哉疏若具下二法合疏此乃下三顯意經出過中疏既由此者此妄執身心也塵劫等者此妄執所起之過患也疏地獄鬼畜者三途也八苦人中也謂生老病死愛別怨憎求不得及五盛陰五衰者欲天也謂華萎汗出身光滅眷屬離及不樂本座經標定中疏三一言無下正釋疏故論下二引證既離本覺無自相即是空無也疏了斯下三例釋餘義二一略顯大乘涅槃涅槃經夜叉爲雪山童子所說之偈也疏是知下二備顯諸乘涅槃謂逆順觀十二支滅處即緣覺

涅槃也故肇公云緣覺覺緣離以即眞聲聞涅槃是滅諦滅諦亦同十二支滅盡之義故此科云諸乘經喻釋中疏二一前說下正釋二一釋正喻疏意云下二釋轉喻疏故首下二引證經斷疑中疏二一後斷下先敘疑疏無明下二正釋經經釋成因地中疏二一第三下敘意標文二正釋經依眞中疏故金剛下引經證一切衆生本無所有亦是通妨難云既無輪轉之法又無受輪轉之人諸佛菩薩何故出世出世教化誰人爲誰說法故此引經通云化無所化睨公論釋云初句牒能化最後一句歎化大中間二句明正觀相無生於化者初修觀時破諸有相於幻化相滅其生心故不生無化者復遣於空於無化空亦不生心故如金剛四生九類皆令涅槃實無衆生得滅度者亦如淨名觀衆生如第六陰等爲一切衆生說如斯法名爲眞實慈也經拂迹中疏拂有四重者一中經云彼者指前文也謂彼前段所知無輪轉之智亦如空無有四中既不言有無即無念矣疏羅什下二肇叙什公所製悟玄序也首云夫嘉遁難可再遂云云乃至夫玄道不可以設功得聖智不可以有心知眞諦不可以存我會至功不可以營事爲唯忘功者可以道合虛懷者可以理通冥心者可以眞一遺智者可以聖同雖云道合無心於合合者合焉雖云聖同不求於同同者同焉疏聚沙等者即法華經會權歸實明一切行無非佛道謂過去無數佛皆說一乘法云云更以異方便助顯第一義若有衆生類值諸過去佛若聞法

布施或持戒忍辱精進禪智等如是諸人等皆已成佛道云皆已者引昔例也云云已成乃至若於曠野中積土成佛廟乃至童子戲聚沙爲佛塔云云或以指爪甲畫地作佛像云云或有人禮拜或復但合掌乃至舉一手或復小低頭云云乃至皆已成佛道云云乃至未來諸世尊其數無有量是諸如來等亦方便說法云云云云度脫諸衆生入佛無漏智云云乃至無數諸法門其實爲一乘釋曰詳之是三世佛雖種種說法皆爲一乘畢竟皆合成佛之意也經徹佛中疏二初身心下釋其微疏次釋下二釋其釋二初標意疏一切下二釋文二初釋前二句明諸法以空義不生滅義釋上句以寂義無去來義釋下句隨其義類各相應故疏云相因諸相者謂前展轉拂迹能所之相也非謂青黄等色相疏非已等下引中論三時門中所釋也淨名梵行亦有斯文疏法句云者取意略引也具云諸法從本來無是亦無非是非性寂滅本來無所動一切諸衆生實無有生滅生滅即涅槃本來無所動一切諸法性從緣無起作起作性相如本來無所動一切諸文字無實無所依俱同一寂滅本來無所動此四偈中初及第四皆末云寂滅本來無所動今疏所引但除本來二字緣上句已云本來意當文字簡略也但用兩句之文攝取八偈之義此前更有四偈亦皆說諸法本來無所動故疏法華亦云者具云是故舍利弗我爲設方便說諸盡苦道示之以涅槃我雖說涅槃是亦非眞滅諸法從本來常自寂滅相然上約不生滅不去來釋二句者亦同華嚴說

大自在天王得知一切法不生不滅同此上句不來不去同此下句無功用同上非作故無等也解脫門同此淨覺隨順淨覺是解脫隨順是門也疏上二下二釋後六句顯一心二一釋如來藏二結前由前但隨經文注釋不用科段故此須對後結示疏此下下二正釋六一出體初句揔指六句經也顯一心者六句皆如來藏心故論指下約教而示一心顯眞如生滅二門前已具釋楞伽文顯圓覺者至本文釋佛性者義亦甚彰此等皆約有情門中說也疏今此下二科經疏通云下三釋名三一揔標疏一隱下二別釋三初釋隱覆二一直釋疏故理下二教證三一引理趣般若言理趣等者次云普賢菩薩自體徧故謂華嚴說普賢是毗盧遮那藏身藏身既徧一切衆生中而隱覆不現故衆生即是如來藏也藏有如來故名如來藏有財釋也非謂藏即如來如櫃中有金名曰金櫃非櫃即金櫃乃是木如藏是衆生疏勝鬘下二引勝鬘義全同上其文即殊此是兩段文初云生死等者經文具云世尊生死者依如來藏故說本際不可知世尊有如來藏故說生死是名善說世尊生死者諸受根沒次第諸受根起是名生死出尊生死者此二法是如來藏世間言說故有死有生死者諸根壞生者新諸根起非如來藏有生有死如來藏離有爲相常住不變是故名如來藏是依是持云云次文如下所引然此文中云生死是如來藏又云非如來藏有生死者作兩似相違細詳之乃是相成意云以生死即空無故是如來藏如來藏空無生死故云非也疏如來法身下此却是向前之文讃無作四聖諦之大也具云世尊非壞法故名爲苦

滅所言苦滅者名無始無作無起無盡離盡常住自性清淨離一切煩惱藏世尊過於恒沙不離不脫不異不思議佛法成就如來法身世尊是如來法身不離煩惱藏名如來藏又佛性論云一切衆生爲如來藏能藏如來不得顯現疏如來下三引如來藏此經唯一卷佛成道十年時便說此是表詮眞實宗中之根本不同五時教中十年猶說小乘有教十二年方說大乘空教文二一通顯言一切衆生至如我無異者經初發起序云爾時世尊於栴檀重閣正坐三昧而現神變云云下取意引有無量蓮華未開華內皆有化佛外空彌覆世界一一蓮華放光同時舒榮須臾萎變華內化佛跌坐放光衆怪而疑佛言恣問金剛慧菩薩問何故諸佛變現如是大正宗初佛答云如佛所化無數蓮華云云如上也此下今引我以佛眼觀一切衆生貪欲恚癡諸煩惱中有如來身如來身結加趺坐儼然不動善男子一切衆生雖在諸趣煩惱身中有如來藏常無染汙德相備足如我無異今疏所引是在後文文又闕略故此備之論則見也疏便以下二別顯寶性論釋云佛性亦釋此經今叅而用之自此已下依無始世來煩惱藏所纏說無始世來自性清淨心具足法身以九種譬喻華蜂等諸喻明衆生身中無始世界來有諸煩惱垢佛蓮等諸喻明衆生身中無始來具足自性無垢體又復略說此如來藏脩多羅中明衆生界從無始世界來客塵煩惱染心從無始世界淨妙法身如來藏不相捨離是故經言依自虛妄染心衆生染依自性清淨心衆生淨云何自心染

依自心染有九種喻謂萎華等等如緣所配後生起云於眞如
佛性客塵何等以爲九種煩惱經中萎華等九種喻皆
喻煩惱而不別標名論欲各以煩惱各合之故徵起也
下列九名如次合上九喻但一一對而詳之即見如第
一貪使合第一萎華餘八倣此佛性論以九煩惱一一
合喻義則全同名則小異兩論皆不能一一別敘恐文
繁雜見今通二論取意詳之謂初三如次是三毒種子
四是三毒現行上皆凡夫五無學所攝羅漢六見道所斷初地七
修道所斷二至地滿八不淨地所攝純修道前七地九淨地所攝八九
十地上所住配皆是能攝者不識已斷者次論中合佛身等九喻者一佛身
喻法身體二蜜喻說一味法三粳米喻說種種法上三通名
眞法界身四眞金喻眞如不變五寶藏喻法身佛性六內實
喻報化身佛性七金像喻法身八輪王喻報身九鑄像
喻化身今且配列義隨文釋論揔標指云其佛身淳蜜
乃至鑄像揔喻三種體偈云法身初二及眞如次一如來性
後五寶體然指也皆是性功德故佛等三種眞金一種寶藏等五種是能示法身眞如如來性是所示前
三就染位通相後五淨位通相中一別體不論不淨然皆衆生具有下當廣釋上來且配屬能
藏所藏法喻大意了次下正釋其文經及論文皆廣今
並撮略引用疏一萎華貪使佛身法身體者經云如天眼人
觀未敷華內有佛身趺坐除華即現佛見衆生有如來
藏爲說經法滅除煩惱顯現佛性諸佛出世若不出世
一切衆生如來藏常住不變但煩惱覆故佛爲說法釋曰
上配萎華喻貪者論偈曰如華初榮初時悴後萎變也有愛愛初榮也有不愛不愛
萎悴貪煩惱亦爾初樂如華榮也後不樂如華悴也文意甚顯佛性論云如蓮初開

人甚愛樂後時萎悴人厭惡之貪使亦爾上配初三寶喻佛法界身者如次配體相用三大也故論偈曰法
身有二種清淨眞法界也一及依彼習氣以深淺義說二種
也配本二三內寶長行釋初一云一者寂靜法界身以無分別
智境故如是諸佛法身唯自內身能證故言清淨眞法
界經云佛出不出此常住不變正當體大義也餘二在
下疏二巖蜂瞋使淳蜜說一味法者經云譬如淳蜜在巖樹中
無數羣蜂圍遶守護時有一人巧智方便先除彼蜂乃
取其蜜隨意食用惠及遠近如是善男子一切衆生有
如來藏如彼淳蜜在於巖樹爲諸煩惱之所覆蔽亦如
彼蜜羣蜂守護我以佛眼如實觀之以善方便隨宜說
法滅除煩惱開佛知見普爲世間施作佛事蜂喻瞋者
詳曰蜂護蜜故瞋螫一切人畜等也如諸衆生迷如來
藏爲我護我故瞋矣即第七識中恒行我癡是也論偈
云瞋恚心起時生種種苦惱者如執我故起惑造業受
六道生死苦惱然此偈前半云羣蜂爲成蜜瞋心螫諸
華者譯人誤也以蜂螫華但爲成蜜豈是爲瞋瞋者但
爲護蜜故螫人耳故佛性論云如蜂若爲人所觸被螫人不爲螫華如迷護我
故瞋矣蜜喻說一味法者論前偈云又依彼彼法身即第一中身
習氣以深一味也是此門淺種種也即後門義說長行云依眞如法身
有彼說法名爲習氣彼說法者復二一細一味二麤種種
者所謂諸菩薩摩訶薩演說甚深秘密法藏以依第一
義諦說故此明眞法界身本有可說稱性之德廣如華嚴經說故以淳蜜喻之蜜唯淳甜一味無雜
種也種種是爲在後門配疏三糠糩癡使粳米說種種法者經云譬如粳米
未離皮糩貧愚輕賤謂爲可棄除蕩既精常爲御用

如是善男子我以佛眼觀諸衆生煩惱糠糩覆蔽如來
無量知見故以方便如應說法令除煩惱淨一切智糠
喻癡者偈云稻等內堅實外爲皮糠覆如是癡心纏不
見內堅實此以糠喻不同華之榮萎可食可厭癡於心境無變改之相唯能障覆爾論前段
揔釋上三云世間貪等衆生身中所攝煩惱能作不動
地業行緣成就色無色界果報出世間智能斷名爲貪
瞋癡使煩惱米喻說種種法者論次前云麤者所謂種
種修多羅列被衣等此下須再詳略之名字章句種種差別以依世
諦說故故偈又云如美蜜一味微細法亦爾却指前門修多
羅等說如種種異味此以粳米可作種種餚饌飲食美假諸味資助有生有熟初則香美
作則臭爛或增病除病或益身損身雖資益根大而速飢速飽非長久堅實不同淳蜜和補藥丸固駐形命延
年等故有一味種種味之言也然雜麤無別體性亦但是衆生心眞如之用大故前偈說但是法身習氣深淺
之說亦即華嚴衆生本來八相成道之意疏四糞穢增上貪等眞金眞如不變者經云
譬如眞金墮不淨處論云糞穢義亦同矣隱沒不現經歷年載眞
金不壞而莫能知有天眼者語衆人言此不淨中有眞
金寶汝等出之隨意受用如是善男子不淨處者無量
煩惱是眞金寶者如來藏是有天眼者諸如來是是故
如來廣爲說法令諸衆生除滅煩惱悉成正覺論云糞
穢喻增上貪等者論釋云又增上貪瞋癡衆生身中所
攝煩惱能作福業罪業行緣但能成就欲界果報唯有
不淨觀智能斷名爲增上對詳佛性論者上三種子令明麤顯現行發身口意造一
切業故云增上亦同起信中執著轉麤增長見愛等言不淨觀者不淨是所觀之身故如糞穢不言觀智是不
淨故佛性論云淨潔金寶爲糞所墮違逆人心貪欲人亦爾爲上心煩惱違逆其意故偈云猶如
臭穢糞智觀貪亦爾起欲心諸相結使如穢糞眞金喻

眞如者偈云以性不改變即前之法身及能依之性不染在淨常不變也體本
來清淨如眞金不變故說眞金喻長行云明鍛眞如如
來藏之性乃至邪聚衆生身中自性清淨心無異無別
光明照了以離客塵諸煩惱故後時說言如來法身如
是以眞金喻故經云如來以淤自身根本清淨智故知
諸衆生有煩惱性中亦如來故下寶藏不覺如彼貧無價珍寶藏也清淨身與如來
無二無差別故喻所出等逆明如是也疏五貧家根本無明寶藏法身佛性者
經云譬如貧家有珍寶藏寶不能言我在於此既不自
知又無語者不能開發此珍寶藏一切衆生亦復如是
如來知見力無所畏大法寶藏在其身中不聞不知耽
惑五欲輪轉生死受苦無量是故諸佛出興于世爲開
身內如來法藏彼即信受淨一切智普爲衆生開如來
藏無礙辯才爲大施主如是善男子我以佛眼觀諸衆
生有如來藏故爲諸菩薩而說此法貧家喻根本無明
者論釋云又阿羅漢身中所攝煩惱能作無漏諸業行
緣能生無垢意生身果報凡夫亦同但麁重所過此相不顯故就羅漢顯之云貧家
者二乘之人但免麁重煩惱等而都未得諸佛菩薩無
漏智功德寶藏如世人淸貧無事爲緣不得名爲富
乏大珍長者然猶未將寶藏寶藏已有不離身中故云
藏也然起體辨能藏寶藏者乃是地也故論上下之文
但言六地藏不云貧家然根本無明三細之惑微細無
記未有能所愛惡之相故如地也不同華蟒之類有愛
憎等故以此喻說
無性地無明矣此下五喻喻法身佛性等者論文矣
同一科預釋以義勢聯綿故今留待第九喻都釋已具
見經論之文說則易解故疏六菴羅見蔽內實一身佛性者經
云譬如菴羅果內實不毀壞種之於地成大樹王如是
善男子我以佛眼觀諸衆生如來寶藏在無明殼猶如

果種在於核內善男子彼如來藏清涼無熱大智慧聚
妙寂常恒名爲如來應供覺見善男子如來如是觀衆生
已爲菩薩摩訶薩淨佛智故顯此義菴羅喻見惑者論
云凡夫身中所攝煩惱初出世間法智能斷名爲見道
所斷煩惱故偈云如子離皮稽次第生芽等見道斷煩
惱次第生諸地此喻見者見道斷凡成聖智生成住地持地功德如菴羅皮中實生芽葉枝
葉華果故內實喻二身佛性者已如上說餘亦皆爾疏七弊
物修成金像法身者經云譬如有人持眞金像行詣他國經
遊險路懼遭劫奪裹以弊物令無識者此人於道忽便
命終於是金像棄捐曠野行人踐踏咸謂不淨得天眼
者見弊物中有眞金像即爲出之一切禮敬如是善男
子我見衆生種種煩惱長夜流轉生死無量如來妙藏
在其身內儼然清淨如我無異是故佛爲衆生說法斷
除煩惱淨如來智轉復化導一切衆生弊物喻修惑者
復云聖人身中所攝煩惱如出世間法修道智能斷故
故偈云以害身見等攝取妙聖道修道斷煩惱故說弊
壞衣疏八貧女不淨地垢輪王報身者經云譬如女人貧賤醜
陋衆人所惡而懷貴子當爲聖王王四天下此人不知
經歷時節常作下賤子想如是善男子如來觀察一切
衆生輪轉生死受諸苦毒其身皆有如來寶藏如彼女
人而不覺知是故如來普爲說法言善男子莫自輕鄙
汝等自身皆有佛性若勤精進滅衆過惡則受菩薩及
佛尊号化導濟度無量衆生貧女喻不淨地垢者論云
從初地至七地所攝煩惱也八地已上住地中修道智

能斷偈云七地中諸垢猶如胎所纏遠離胎藏智無分
別淳熟疏九焦模淨地諸垢鑄像化身者經云譬如鑄師鑄眞
金像既鑄成已列置于地外現焦黑內像不變開模出
像金色晃耀如是善男子如來觀察一切衆生佛藏在
身衆相具足如是觀已廣爲顯說彼諸衆生得息清涼
以金剛慧搥破煩惱開淨佛身焦模喻淨地垢者復云
八地已上菩薩身中所攝煩惱金剛三昧智能斷故偈
云三地中諸垢如泥模所纏大智諸菩薩金剛定智斷
此後五喻上來但以法合貧家等未合寶藏等今當合
之論偈云佛性有二種一者如地藏即此第五喻也二者如樹
果第六無始世界在前來自性清淨心修行無上道通明萬行本具
即前中本寶內藏之義依二種佛性五六之所喻也得出三種身七八九之所喻
依初譬喻故寶藏知有初法身萬德所依如寶藏是衣食身名家庭萬事之所依也
依第二譬喻菴羅知有二佛身果生熟次等也如下說眞佛法身淨
猶如眞金像第七喻出體法身也即五喻爲成因性此喻所成果相故如金已成之像也以
性不改變攝功德實體釋上證大法王位如轉輪聖王第八
喻報身也即六喻能成二身因性八九喻所成報化身相也依上鑄像體有化佛像
現即第九法喻也長行云餘五喻示現生彼三佛法身以依自
體性如來之性諸衆生藏是故說一切衆生有如來藏
以諸佛如來有三種身得名義故此五種喻能作三種
佛法身因以是義故說如來性因此中明性義以爲因
義以是義故經中偈言無始世來性云云下喻引此一段文以具釋疏
二含下二釋含攝二一體含用謂體性含於相用然此
含者謂即體之用依於即用之體即用之體持於即體

之用非如櫃等盛貯餘物此乃如金含器之喻謂純一之金含於萬器緣會即顯亦如華嚴金師子章中之意亦如明鏡含於萬像故唯識說大圓鏡智相應心品能現能生身土智影等跡又亦下二聖含凡此是佛性論如來藏品中文也具云所言藏者一切衆生悉在如來智內故名爲藏以如如智稱如如境故一切衆生決定無有出如如境者並爲如來之所攝持故名所藏衆生爲如來藏復有一義(兼攝中成三義)謂因含果謂因地已攝果地一切功德故佛性論云藏者一切過恒沙數功德住如來應得性時攝之已盡故若至果時方言得性者此性便是無常何以故非所得故故知本有是故言常跡三出下三釋出生了達證入即能出生者諸教皆約登地證契法身方能修成種種報化功德妙用跡十地論者彼論釋地義云能生能持又釋十地會主金剛藏云藏即名堅其猶樹藏謂如樹心堅密能生長枝葉華實也地智亦爾能生無漏(云云)跡此三下三配屬於中云剋體者謂法身本無煩惱無能隱覆本具德用不待出生故云剋體(已上三段皆釋名竟)跡然約下四明行相二一揔跡然眞下二別三一眞妄開合謂眞與妄各有開合具如起信論跡跡初眞下二唯性經論各有其二釋義亦在起信跡中跡後生下三唯相於中初開一爲二次開二爲四也無爲在生滅門者準論生滅門中亦有眞如猶如濕中不必波動波動中則必有濕故知不動亦在動中然無爲法唯是無漏不善之法唯是有漏善及有爲通

漏無漏又無爲不善一向相非善及有爲互通是非跡此等下五明業用二一標跡初眞下二釋二一不變跡後生下二隨緣二一別二一染緣起跡二能下二淨緣起跡由後下二揔二一以論引經即阿毗達摩經也跡長行下二以經(勝鬘)釋經(阿毗達摩)云性者如來藏者具云所言性者如勝鬘經言世尊如來說如來藏者是法界出世間法身藏出世間上上藏自性清淨法身藏自性清淨如來藏故跡是依下彼論具引云世尊是故如來藏是依是持是建立世尊不離不離智不斷不脫不異無爲不思議佛法世尊亦有斷脫異外離離智有爲法亦依亦持亦建立依如來藏故跡諸道者生死六道也證涅槃者三乘道也各依跡中引經配也經文具云依如來藏故有生死依如來藏故證涅槃世尊若無如來藏者不得厭苦樂求涅槃不欲涅槃不願涅槃故此明何義明如來藏究竟如來法身不差別眞如體相畢竟空佛性體於一切時一切衆生身處中皆無餘盡應知此云何知依法相知是故經言善男子此法性法體性自性常住如來出世若不出自性清淨本來常住一切衆生有如來藏此明何義依法性依法體依法相應依法方便爲如是爲不如是不可思議一切處依法依法量依法信得心定彼不可分別爲實爲不實唯依如來信故偈言唯依如來信信於第一義如無眼目者不得見日輪跡既諸下六勸信六一明應信言先須信解者寶性論中問曰眞如佛性如來藏義住無障礙究竟地菩薩第

一聖人亦非境界以是一切智者境界故何故乃爲愚癡顛倒凡夫人說答曰以是義故略說四偈云處處經中說內外一切空有爲法如雲及如夢幻等此中何故說一切諸衆生皆有如來性而不說空寂(釋曰此上舉是假方助成問意也下方正答云)以有怯弱心輕慢諸衆生執著虛妄法謗眞如佛性計身有我人爲令如是等遠離五種過故說有佛性此四偈以十一偈略釋(略引八偈)以衆生不聞不發菩提心或有怯弱者欺自身諸過未發菩提心生起欺慢意見發菩提心我勝彼菩薩如是憍慢人不起正智心是虛妄分別不知如實法妄取衆生過不知客染心實無彼諸過自性淨功德以取虛妄過不知實功德是故不得生自他平等慈闇彼眞如性起大勇猛力及恭敬世尊智慧及大悲生增長五法不退轉平等無一切諸過唯有諸功德取一切衆生如我身無異速疾得成就無上佛菩提跡離此者三聖觀中說也跡故密下二證不信之損跡故勝下三證信順之益此同淨名觀身實相觀佛亦然也據此文意反明若於在纏疑惑則於出纏諸佛法身功德亦疑惑也跡華嚴下四證諸行之本然華嚴九會初會是揔是本餘會是別是末故此三昧是法根本以三昧體是如來藏故彼經云爾時普賢菩薩摩訶薩於如來前(常對佛故)坐蓮華藏師子之座(表所入定自性無染含果法故)承佛神力入于三昧(心境冥故)名一切諸佛毗盧遮那如來藏身(光明徧照即能觀大智如來藏身即所觀深理凡聖等有佛智方照又大智亦通本有本有眞實識知偏顯法界義故顯於依正離如來藏無別自體故入此也復有釋言廣大生息謂慈悲無邊爲廣智慧)

經上爲大生相已盡爲生息萬像含攝是謂藏身即出纏法身也約本性者凡聖俱成藏識包含種子建立趣生爲廣本覺理量等佛名大新新起故名生染淨不能動爲息在纏法身名藏此下明體相用有其六對也普入一切佛平等性即是如來藏故入藏身即是已入佛平等性也疏然雖下五明難信之所以如聞皇后懷帝王之胎即無所疑聞說貧醜女子懷轉輪王之孕即前九喻中第八喻則不肯信又如愚癡孩稚見不對雜穢色相之摩尼即信淨明見現此等影像之時即不肯信疏願諸下六正勸令信謂勸諸初心上根入也若下根即勸從小入大如法華窮子等喻待根熟方勸也應捨難捨之妄心難捨者即五欲境此對凡夫上根也若漸機即二乘涅槃爲難捨也求見難見之妙理自心中一切功德妙義妙用等也故勝鬘云有二法難可了知謂自性清淨心彼心爲煩惱所染釋曰自心及煩惱爲二也此二皆難矣上來釋如來藏義已竟然此經中標舉意者約藏自性離有爲相常住不變以釋拂迹之由即二種行相中眞如門也言如來藏摠標次二句空藏後三句不空藏也此下隨難消釋疏釋上下二釋餘句二一釋空藏釋上彼知覺者對上所知生死此名能知之智能執者計有生死也能知者達無生死也疏不可智知兼上無起滅等正同華嚴偈云能見此云無知見也及上云彼知覺者偏知虛空也及所見此云無起滅故上云知是空華見者上云知虛空者悉除遣上文總該不壞於眞法是名眞見者同下如法界性等三句也疏識智俱如下情盡理現也俱如即無念無念自體本來自知不同分別故云眞實也識者白淨眞識非賴耶等光明者知體顯現離於癡暗也照者即此知見無邊際無處所故徧也從自體下皆是起信正文疏冢躡上兩句釋空義次便指不空之體生起下三句之義勢故云爲下不空等

也疏法界下二釋不空藏佛性法性者彼論云在有情數中名爲佛性在非情數中名爲法性佛性即如來藏故引此證疏如云能造等者楞伽起信寶性等說如來藏義皆有此文大同小異疏二義者如來藏法界性也別如疏釋也一體之同者經云如法界性也如即同義疏豈須等者滅舊惑結拂所知生死空也添新生智結上拂能知等也經標舉中疏三一然偈下翻梵文疏或爲下二釋重頌意此通諸經令經雖無鈍根而流傳末世不妨有也意令摠覽長行偈頌方解義理然後隨力而唯誦偈諷之文自記得長行之義疏增明前說者文相自顯若通論諸經更有六義兼上成八復有四義十義皆如大疏所說疏然凡下三長偈相對經王陳中疏文敘意節經如文可解

圓覺經略疏之鈔卷第六

圓覺經略疏之鈔卷第八

經圓彰法界疏二第三下分科敘意然此迴異諸宗非二三八諦五法三性所能配屬然強以三諦配者一直是中道第一義諦未明理事空有者真俗二諦境界難齊故云強也謂此一真融下三重法界歸於此一豈此一外更有三重三重尚不出一真豈況更有真俗二諦與此相對而說乎故云迴異諸宗也問天台說一境三諦空假皆中豈異此耶荅二諦融攝方成下三重中第二理事無礙觀也事事無礙重重無盡尚未顯著問此云未明理事豈揔攝耶荅正由合為此一而未開顯故云介二舉經釋經一真中疏二一標告下釋初七句外見東西者肇公寶藏論云夫約天地為上下約日月為東西約身為彼此約心為是非今取意隨便用之謂若不約身以對日月日月何準彼舉四事故得相對今單取身對方以釋無我即無方故宜云爾疏然虛下二釋後二句二一破空二初直斷可知問今現見虛空徧一切處如生滅變異又諸經亦說有虛空如何破之荅唯識中說虛空略有二種一依識變假施設有謂曾聞說虛空等名隨分別者有虛空相聞佛菩薩說名隨分別心有虛空相以為緣力數習力故心等生時似虛空現此所現相前後相似無有變易假說為常所顯空相前後相似無有變易非有一類豁虛之相故假說之為常及無為等如極微等定無本質唯心所變二依法性假施設有謂空無我所顯真如有無俱非心言路絕與一切法非一非異等此上揔顯法性之體是法真理故名法性上皆顯所依詮離諸障礙故名虛空此顯能依也即此真如離諸障礙故名虛空疏故首下二引證據文似但證無空若以義求亦證識現言發真者真發也謂真性開發正同此覺所顯發歸源者始覺合本覺也然佛有覺照二義上覺此照矣殞者滅也虛空既從心識分別熏習相現今破和合識相顯發真淨覺智故所變空相殞滅矣

即起信中心滅種種法滅之義也問若一人還源十方空滅今何皆見空相耶荅上豈不云自識變邪何不自覺分別之念却嫌空相在邪疏謂迷下二顯覺三一破計執之空故覺顯覺處見空者如人有摩尼寶珠置於琉璃幢上當其所坐之前焚香啓願珠出萬般珍寶徧於一堂保惜之甚自守護之忽然睡眠夢見珠及所現寶等并已堂屋庫藏及城郭一切空無所有夢中意云曾經失火焚燒千萬人家故四面瞻顧坦然露地無一礙物蕩蕩虛豁唯一段空識現之空正同夢所現也心生苦惱歎惜寶等及乎寤來此空都無但見幢上如意寶珠堂屋城郭千家萬家連簷接宇法合可知故有人云魚不見水人不見風迷不見性悟不見空顯謂下二句上句慧解脫下句心解脫故覺現心開非重言也問經說所泯之空無邊邪為說所顯之覺無邊邪故疏荅翻覆俱無邊矣謂無邊之空既亡無邊之覺即顯疏首標下二會依他相空故覺顯上云滅影像故其文即文殊奉佛勅判二十五賢聖各陳證入二十四人皆不圓通唯觀音從耳門中反聞於性而不循聲故得圓通其文稍繁今略撮引云聞非自然生因聲有名字旋聞與聲脫能脫欲誰名一根既返源六根成解脫一旋聞普脫此雖非所引要之生起文意見聞如幻翳三界若空華聞復翳根除云云次五句兼此一句即疏中是也次下云摩登伽在夢誰能留汝形二了翳超塵此下亦非所引本義以其文要因便書之如世巧幻師幻作諸男女雖見諸根動要以一機抽息機歸寂然諸幻成無性六根亦如是元依一精明分成六和合一處成休復六用皆不成塵垢應念消成圓明淨妙三此幻圓消此復頓顯圓通亦非所要釋曰今疏所引六句正釋空消

覺顯取前文聞非自然生等及後元依一精明分成六和合等文兼證破能變空相之識亦皆空也心境皆空方顯眞實圓明覺性非空非有絕待中也緣經文繁廣義勢連環故但引中間意在牽連前後豈非穩便疏是知下三剋體指覺便是結上絕待之文經三重法界疏二後三下釋科文言三重者即四法界中之三也初即理法界後即事事無礙法界二則名同其事法界即經中根識塵大世出世間一切法數乃至八萬四千是也經依此等說三重義理名三法界也事如前陳有法三重如後說宗法爾眼根等是有法定皆清淨絕相是宗法等疏全同華嚴等者題云脩止觀熏習遣詞大方廣佛華嚴所依經也法界經所詮法也是華嚴所說之法界非餘經所說之法界也觀泯情照攸法界也是華嚴法界之觀非數息等觀也門門即教也是所製述七八紙已來文書名句文也故法華亦指教云其智慧門有三重如上列京終南山釋杜順作姓杜名法順是華嚴宗源之師即文殊化身也瑞應甚多具在傳記其所居處今見置華嚴寺寺有和尚塔廟今此一段經意正令諸菩薩及末世衆生修習此觀故與彼同但文句之異耳今但取意撮略而用不引本文疏令初下二牒經釋三初略示觀門言眞空者即靈妙心源但約不虛妄故言眞非色相故言空上三等者謂此二中復各有四段文皆初三揀情後一顯解初會色歸空中揀情三者一揀斷空謂色不即是斷空舉體即是眞空故下句亦顯理而意皆在揀情他皆倣此二揀實色謂青等非是眞空之理無體莫不皆空故三揀影像謂空中必無色故會色必無體故三中各有二句之文是大疏撮略觀文今少而易見後一顯解云凡是色法必不異眞空以必無性故性謂一切法本無自性元是眞空但以情執於實故前揀云即不即等今揀情既盡即非滅色離色不即不離故色即空也如色空既爾

一切法皆然根識塵大三世十方染淨諸法乃至八萬四千次明空即色中揀情三者一揀斷空云斷空不即色眞空即色故二揀實色云空理非青等非青等之眞空必不異青等故上二敵體翻前更無別義三揀影像云空是所依不即色必作所依即色故此門文異於前前云空中必無色若敵對翻之應云色中必無空今不云爾者不應理故謂空中無色有理眞空絕相故水中現火相時水中必無故有文經云是故空中無色無受想行識無眼界等色中無空文理俱絕未曾見有此經文故眞空體徧法界不應有一法中無眞空故故不翻前而乃約能依所依揀也謂眞空隨緣現色時色依於空故空名所依所依非能依故不即色又非別有色自體來向空中而現但是眞空全體而現故即色詳之可見故觀門云是所依故不即色是所依故即色因同而宗異此義實為玄也照之有味然此文亦兼反顯不應翻對云色中無空之意謂眞空隨緣現色時全體不變故前云空中必無色以若有色即是此空變為色故豈名不變如水現火時水中必無火以現火時水全不變故必無火據此後意則雖文勢非翻對之例而亦當揀影像之義矣可去情思之後一顯解云空即是色以是法無我理非斷滅故非斷滅者二意一以色非自體之色但是眞空之色故不斷滅二以眞空不守自性故雖不變故能即色云非斷滅也疏三空色無礙觀者謂色舉體全是盡色之空故無分毫是有也則色盡而空現三界十方更無一物蕩蕩無邊非心色境空舉體不異全盡空之色故則空即色而空不隱當知看色無不見空觀空莫非見色無障無礙為一味法也解終趣行者謂前二門各四前三揀情第四顯解即正解已成也若存此解無由成行行無念故故此不存解相意令入行矣四泯絕無寄觀者謂此所觀

眞空不可言即色不即色即空不即空一切法皆不可不可亦不可此語亦不受迴絕無寄非言所及非解所到是為行境何以故以生心動念即乖法體失正念故行起解絕者解若不絕長滯解了之心即行不起也是故行由解成行起解絕疏令經下二對釋經義皆言清淨下謂二空觀乃至垢盡明現摩尼清淨為遠方便拂迹文云垢盡對除即無對垢及說名者滅影文云證得諸幻滅影像故此等為近方便故同觀門解絕也虛空覺所顯發者行起也故云泯絕無寄故智論云下此中意言人乍聞空畏其斷滅故餘處說云清淨如大般若一切皆云清淨即難信解品云善現色清淨故般若波羅蜜多清淨般若波羅蜜多清淨故一切智智清淨若色清淨若般若波羅蜜多若一切智智清淨無二無二分無別無斷故如是歷受想行識十二處十八界乃至一無上正等菩提八十餘科世出世間一切諸法悉同此例也大品即直云空但改清淨云空其所歷諸法即無差別也空與清淨皆絕相義故此所科七段之經云空淨矣變收也揀非斷滅之空又非有為無漏差別淨相也若就心說等者謂若心顛倒妄想即七段所歷根識塵大一切諸法皆是定有有則不淨但心無妄計則此諸法皆無所有故清淨也故論云心生則種種法生心滅則種種法滅謂由我幻垢已盡能觀之智又亡既合覺心皆清淨矣故智度云菩薩於色等法中觀行斷故得如是清淨故名色清淨能破一切法中戲論等三正釋經根識中疏二一躡前下釋初句通明清淨因清淨因者揔屬七段七段清淨皆以覺圓明故疏比迷下二釋後文正顯清淨三一通釋清淨唯此清淨二字義通體別義通者心及下根識等法皆由覺圓明故得清淨也體別者唯此云心清淨異餘根識等法根識等法以空無體性故名清淨

如鏡中青黃等色若實有體即汙於鏡汙於鏡故此青黃等即名不淨之物今以青等但是影像都無分毫之體故一一清淨如前引智論及大般若大品等說今云心淨異於此者如鏡明體於中若有塵垢非唯塵垢不淨即此明鏡自體亦名不淨故跡云比迷覺心心中執法若無塵垢但是影像非唯影淨即此明鏡之體亦自得名清淨故跡云今見法性法即皆空等是知鏡淨是有體說此體清淨影是無體無體方名清淨豈不異乎七段等者例下也但例義通不例體別善自詳而說之疏然展下二說釋儀式謂且置展轉之勢先釋所歷之法是儀式也言今且下標其所釋七段之名數非謂唯此初章跡心者下三別釋此章此章謂根識矣謂以通名牒起經文合揔別故揔即本心別即賴耶文二一隨文釋根識三一含釋七八二識二一含第八以釋心字五一約染時出體言揔相者染淨和合故約帶染說即當第八約淨體說即上鏡明之驗跡成唯下二就通相指名四種名者彼文具云然第八識雖諸有情皆悉成就而隨義別立種種名於有情有成就此名有不成就此名故也謂或名心由種種法熏習種子所積集故梵云質多此名心也攝論云由種種法積集種子等積集義是心能集生多種子故或能熏習於此識中既積集諸法故說此識名為心義心意識中之心也何以得知心是此識攝論等云心體第三離阿賴耶識不可得故對法第二亦有心義與此不同彼攝法異據一邊說也或名阿陀那梵語執持唐言種子及諸色根令不壞故此通凡聖攝論云為取所依唯在凡夫一染義說非通諸聖然或名所知依能與染淨所知諸法為此亦能持根依今但云根據勝說也依止故所知者即三性與彼為依名所知依即攝論第一所知依品是此所知阿賴耶之別名也故中邊云虛妄分別有於此二都無此中唯有空若彼亦有此是故三性法皆依此識有或名種子識能徧任持世出世間諸種子故即與諸法為種子義前第一名心是積集種子

在其中義今此取能生諸法義故二差別攝論無此一名雜集瑜伽皆有此名此等諸名通一切位此通有漏無漏若凡若聖名一切位就三位中即是相續執持位也上所引釋已銷跡竟然彼論次云或名阿賴耶識攝藏一切雜染品法令不失故我見愛等執藏以為自內我故此名唯在異生有學非無學位不退菩薩有雜染法執藏義故義如次下說或名異熟識能引生死善不善業異熟果故此意是顯引果義故有漏無記名為異熟與因異故從異熟因所生起故無漏是善非名異熟非與因異及異熟因生故此名唯在異生二乘有學無學諸菩薩位第十地已還問金剛心菩薩如何有此名答若已捨何不名佛非如來地猶有異熟是無記故純無漏善跡迷時下三釋轉名所以由執藏等者成唯識云初能變識大小乘教名阿賴耶此云藏也此識具有能藏所藏執藏義故攝論云謂與染法互為緣故為染末那所緣義故謂與雜染互為緣故有情執為自內我故能持染種名所藏此識是能藏是雜染法所熏所依處故染法名能藏此識為所藏攝論云為染第七等之所執藏以為內我名執藏識即此與雜染互為緣者解能所藏也諸有漏法皆名雜染法有情等者解執藏義唯煩惱障義非所知障義不尒無學應有此名此不別執為其我所及與他我名自內乘此即正解阿賴耶義義雖具三正以執藏為名不尒二乘無學八地菩薩應有此名三關即不得此名若尒七地已前二乘有學入無漏心我愛不執應捨此名如彼後文所辨此即顯示初能變識所有自相自體相也但言藏識即持業釋問言與雜染互為緣者說為能藏即是因義亦為所藏即是果義因果之外豈更別有自體相耶故答云攝持因果為自相故自相是揔因果是別攝持別相為自體故攝是包含義持是依持義問若尒自相應是假有答不然謂若條然因果兩相合之為自相自相可成假既離自相無別因果相因果相即自體之上別說故非假也問前說此識有三位何故於三能變中舉異熟於此釋中又舉藏之名耶故次云跡今觀智下若據法相宗即大小二乘阿羅漢位方捨此名大乘八地是阿羅漢位小乘可知若約終教初發心住即捨若約圓宗本無此名但虛妄顛倒故今此頓宗不立地位但觀行成就即全同佛故但是覺智相應心品不云賴耶故云沒賴耶名也沒名者明非

沒其體也唯識亦云然阿羅漢斷此識中煩惱麁重究竟盡故不復執藏阿賴耶識為自內我由斯永失阿賴耶名說之為捨非捨一切第八識體釋曰彼以煩惱究竟盡故故云永盡今但取觀成在觀不執故但云沒名不云永也疏心既下四結同佛位謂有漏名賴耶通名為心無漏名無垢識也故彼論次云或名無垢識最極清淨諸無漏法所依止故唯無漏依體性無垢故此名唯在如來地有菩薩二乘及異生位持有漏種可受熏習未得善淨第八識故如契經說如來無垢識是淨無漏界解脫一切障圓鏡智相應此即如來功德莊嚴經頌疏故此下五指下文證亦是通難難云無垢識是佛位如何同之故引證通云此頓宗中觀行成就時全同佛也故下科云頓同佛境彼有六門成佛之義皆有教據至文當見又若約自性清淨名無垢者亦通凡聖故密嚴經云心有八識或復有九又下卷云如來清淨藏亦名無垢智常住無始終離四句言說又決定藏論九識品云第九阿摩羅識真諦三藏釋云亦是此三藏譯也此有二種一者所緣即是真如二者本覺即真如智能緣即不空藏所緣即空藏二皆如來藏楞伽中真識即無垢識如下引釋又古師亦立第九識慈恩破云非也兼會釋云然楞伽有九種識彼說真如為第九名無垢識今更會之設是真如亦不乖古師所立由真如是生滅門中本覺又論以一心為真如又云真如自體有真實識知義故餘如上引真諦所釋正是真如良由慈恩不了生滅門中真如故偏以一家之義而破他疏下聞下二含第七以釋見塵五一例指餘五疏謂由下二正辨若約唯識中說第七一向內緣則不執我所以

彼說八識各別出體今據起信前七但第八差別功能（如普賢章八門唯心中已說）故此經無正第七但帶第八第六而說也起信說第六云分別六塵名爲意識經約分離義故取見聞等名也今云我心計執者（能執之體）見一切色相者我所也（遣帶所執而論）即見等是塵正出體也疏不單下三遮局不局之義甚顯尋經可知疏尋此下四以體釋名還是我執之心者含我我所別立名者見塵也據立名意即約我所疏又亦下五收別爲摠如五蘊等者引例釋成（蘊中之我通於假者及凡夫所執也）餘義至下更釋疏但牒下二正釋六根六皆名根下釋名六者眼耳等廣如大鈔引瑜伽釋皆名根者如疏文顯所依能發皆是根義前五下出體言從自種者眼從自眼種子生現行眼根乃至身從自身種子生現行身根也四大等者謂能造之四大（地等）所造之四塵（色香味觸）合此二種摠有八法爲五根體言淨色者有對不可見也揀浮根四塵亦有論云眼如蒲桃朶耳如捲樺皮鼻如雙爪甲（經云雙垂爪）舌如偃月刀身如珠寶光（佛頂經云身如腰鼓顙意如幽室見）未詳是否意根下後一也言由此者正釋根義準前楞伽起信等意即於末那緣內義邊是第七識（意即識故）攀外境時名第六識（意之識故）疏下餘下三正釋六識初句標例餘文二隨末二摠對根境初云隨六等者是摠標六識隨根隨境而立名也以所依根及所緣境各有六別名種類異識隨彼異故非多少亦非定別又明此識既隨根境有六數定明得名時非唯據一即於根境二處得名大論亦說隨根名識隨境名識乃至名青等（基釋云尒）疏由具下二唯依於根應先問云既辨識得名實通根境何爲諸論依根得名謂名

眼識乃至意識故此荅云由具等也勝於境故偏從根稱言五義者論但列云五謂依發屬助如根而無解釋今據對法論釋之謂依於根根之所發屬於彼根助於彼根如於根故（根字貫於五也）對法第二卷說若了別色故名爲識何故但名眼等識不名色等識邪以於眼等五種解釋非色等有此五種此中第一依根之識彼有二義且如眼識眼中之識故名眼識依眼處所識得有故（此第七轉）及由有眼識得有故（此第三轉）且如意識如何意中隨七無色處所而意亦依彼同無色所依在無色所依中也又由有第七故得有意識非是境色得識住中不由有色識定生故且據麁相以盲冥者不能見故雖知有色識不必生第二根所發者彼云眼所發之識故名眼識由眼變異識必變異如迦末羅病損眼故所見青色皆以爲黃非色壞時而識亦壞第七如何謂由有此第七識故第六相縛不得解脫即其事也復由七若無漏六必無漏故（然七無漏時必由第六斷惑引起）第三屬於根者彼云屬眼之識故名眼識由識種子隨逐於根而得生故此謂生依非染汙依及根本依引發依也由此故知七於六有勢力謂六種子隨七種子七種子生現行時六方得起與彼力故不爾必不生非色種子識種隨之此如何等問此色有時必識所變如有識時必根所生何得識種不隨色起荅色是外法根是內法根恒相續色即不然不可爲例第四助於根者彼云助眼之識故名眼識由根合識有所領受令根損益非於境界故謂由根合識令根有損益非由色合識令色有損益離識之色識雖無損益色有損益故如第六識俱無漏故第七損有漏

成無漏故第五如於根者彼云如眼之識故名眼識眼識二法俱有情數非彼色法定是有情六七亦爾唯內攝故隨根五義從勝多說依根得名疏若依下二就本二指論標舉六識依意而起即彼之識雖意不即是識然是意家所發之識故皆名意識疏故彼下二約七八釋六識雖帶七八而釋本意唯釋前六五意者論中標即云意牒釋即一一言識顯意與識非別體由此故異相宗有不覺義故者五意起之因也今取下牒釋之名二一注之謂不覺而起（業識）能見（轉識）能現（現識）能取境界（智識）起念相續（相續識）此五前三合八後二合六（是六之體故）故知此意離八及六無別體也（體不孤生故）即此相續識者此生起識麁細雖殊同是一識更無別體故即指於第五識也計我我所者非直心外計境爲塵亦復於身計我於塵計所種種妄執者計我之相即蘊離蘊等也分別六塵者即此一識以分別六塵故諸家名爲六識也名爲意識者結上所標也分離識者依於六根別別取六塵故故經云一根既返源六根成解脫（此文是判觀行菩薩反聞於性餘即皆通故得圓通如上所引）聞復翳根除塵消覺圓淨（云云）如世巧幻師幻作諸男女雖見諸根動要以一機抽（即論中一識應六根也）息機歸寂然諸幻成無性六根亦如是元依一精明分成六和合一處成休復六用皆不成塵垢應念消成圓明淨妙據上等文皆是一體成多用故云分離識也分別事識者又能分別過現未來種種事相故經云識清淨故乃至身意亦復如是者經以聞塵耳根耳識各例於餘四以同上見塵眼根眼識清淨等故云亦是也若疏家即攢就上一處一時釋義故此云上皆釋竟疏然八下二

通妨釋第七謂更委細重顯見聞等塵合當第七識之義也然前消文已略含釋緣義意未盡故此委論今據前後具釋此義揔有其五於中一門合外以出體已在前銷文中釋了今餘四者文四一合本以出體先舉疑而指體也義當下出體以七下合本故瑜伽下引證由二必相應故舉八已自含七是以此中無別七也疏又七下二合末以出體三二正釋謂六是七之末故言必內依末那等者末那梵云訖利瑟吒耶末那此云染汙意謂與四惑俱名為染汙我癡我見我慢我愛恒審思量名之為意思慮第八度量為我法也八恒非審六審非恒前五俱非故唯第七佛出末那名假施設也疏故上下二出經意疏故論下三引例謂起信亦於說棃耶次便說意識無別第七矣論中說棃耶三細已便云以有境界緣故復生六種相一者智相依於境界心起分別愛與不愛等餘五云云分別愛不愛等非末那之行相又云以依心意意識轉故等相是六塵也如上所引五意楞伽者彼經略說有三種識謂眞識約不與妄合如來藏心為眞識也即自性清淨心現識第八也故彼經云如鏡現物現識亦復如是即三細中第三也舉麤顯細俱攝三分分別事識餘前七也據此亦無別第七之體上皆清涼所釋若藏和尚即云分別事識不剋體局第七清涼約別義含於七故故此二釋意亦不違故前云合轉相為見塵合六含七為見塵正緣義勢含隱之故不指的別配又彼經自釋云攀外境界名為事識不言起事識然後攀外即知事識不是末那前但約能攀能起義邊以釋見聞等塵同清涼也今但說所起事識非末那同藏和尚也良由六七非即非離故前後說相望小差耳疏皆由下三揔結內外問圓覺楞伽及起信論何意皆不別出末那故疏荅云皆由第七等也此是藏和尚起信疏釋闕計外我所者起信云意識者標前六也即此相續識五末那中之第五也即者非別體也依諸凡夫取著轉深乃至隨事攀緣分別六塵名為意識即此一識約相續不斷但名為意約分別六塵即名意識也廣如

前已引釋訖法相宗但云內緣者唯取合八一義然此亦不乖法相宗中以思量為第七行相也以合內合外皆亦是思量之義故由上等義不別說第七之體然復有二意故不說一者前既說棃耶即末那必執相應故不別說如前引瑜伽必二識相應又如前云由第六緣外時必內依第七為染汙根故又說六麁必內依七故二者以義不便故謂無明動眞心成棃耶外境牽心起執染淨第七俱無此義故不別說疏若不下四顯經文勢謂成唯識但排頭各各分析八箇心識行相故別出第七今此經論等本不是欲解釋謂但欲顯觀行成時覺既圓明心即清淨展轉相躡顯心皆清淨之義故須連前帶後而躡起也經六塵中疏二一六皆下釋名於中初通名通名塵名境如疏可知又名六衰衰善法也及六無義無善義也此亦約凡夫說疏言色等下釋別名眼所取者應謂眼所取名色耳所取名聲乃至意所取名法也故名色等六塵也對根明境名色等故疏中但有一故字者意在略矣疏色有下二辨種類通則五根六塵揔名為色如百法論中所列別唯眼所取方是六塵之色塵也有見等者色之麁細又有其三一有見有對色即眼所見也二無見有對色五根四塵聲香味觸皆不可見然有對礙三無見無對色唯法處所攝色也此三色中唯眼所見最顯餘二麁細如次可知就此唯眼所取麁顯色中復有三種謂顯色青黃赤白光影明暗等形色方圓麁細高下正不正等表色等行住坐卧屈伸取捨等疏聲等者等於香味觸也可知者例眼所取色等也然聲復有因執受因賴耶執受內四大種所發之聲因不執受外大種即風鈴鐸等因俱執受不執受即內外兩具四大所發之聲即擊鼓吹貝等可意情所樂欲不可意反上俱相違

反一邪外道言教立正教成立教理引發聖言量見言見等非聖言量等反上香有好惡平等俱生沈等與質俱生和合衆成變易等熟了始香味有苦醋甘辛鹹淡俱生甘草和合飲食等變易瓜果等可意不可意等觸有四大依此有下冷等冷煖澁滑及飢飽等疏唯意所取乃至法處所攝色者謂意知境皆名法處且如一百法中除十色八識餘八十二皆是法處今又除八十一唯取法處所攝色也餘之名體易見又非塵境之義故不取也此法處色中復有極略揔析衆色至極少處即為此體極迥離身方立故即明暗光影析至極微受所引因教因師領受引發律儀非律儀等徧計所起三性意識能徧計度境從此生名彼所起及定所生色從彼起故若出體六塵各自為體色為色體故如前釋六根之例眼即是體等此義易見故疏不言耳經四大中疏二初即於下出體不取等者謂不取發識故不名根但名內四大不取牽心故不名塵境但名外四大故云直取四大體也疏實積下二釋相經說四大各二者取意撮略引用之本文具云大王佛為淨飯王說之地界有二種有內有外何者內地界謂身內有得受也有取執也執受四大以為自體同安危故堅者強者強者意取牢義地以堅牢為性故所謂髮毛爪齒皮肉筋骨云云是等名為身內地界謂諸身外所有不得不取不執受也堅者是名身外地界餘三大文勢一一例此今但云堅者略也諸教皆云堅濕煖動是四大之相言身外體等者具云風體風名速疾體速疾名此是外風界餘皆易見經世間法中疏三二六根下釋處生門義者生義即上句云是生識處門義者是心識起滅出入之門也疏一根下二釋界三一正釋界義各有分界等者眼根與識為界識與色為界等因義者識因六根而發因六境牽生根境又因識所變起也種族者如山中虎鹿諸獸種數各殊海

中魚鼈之流族類各別此十八種法亦尒故云種族疏前爲下二對說三科前爲六二每一門中根塵相入也以迷界義故識與之混合不分故但成二矣二十唯識論中亦云六二法也解者息業者悟解此法根塵各殊心法又別意識明了不與相入無我無主即不起業便得解脱治我執者五停心觀各治一病於中文云爲著我衆生說界分別觀也但悟根塵識界分別各殊都無主宰即無我可執矣五蘊者變礙爲色領納爲受取像爲想遷流爲行了別爲識積聚爲蘊義疏前說下三通伏難難云世間諸法合有三科何得此經唯列於二故爲此通疏四洲下三釋諸有二初直釋四趣者三塗脩羅餘者皆在彌勒章備釋此皆是有下釋有字義也疏然梵下二通難難云上列四禪已收無想天淨居天大梵天何得重列故疏牒起難辭云然梵王等也梵王有見者計劫初時都無衆生唯有我天後見欲界已下漸有衆生便計云是我能生於彼故有見也外道無想者六欲四禪皆有想心唯此無想故別列之第四禪中第四天分爲二路一凡二聖聖則五淨居也多是阿那含人居亦有諸聖後言異餘天故者正是結成別舉之理經出世法中疏二一然如下隨文釋二諸佛果法四一釋十力三一通釋可知然十力名諸經諸論名小不同次第亦異今若一一和會繁碎難知若要廣解即檢大鈔緣不和會不能全依一家恐所習異者見名次不同即成惑亂故疏但直下出其行相更不標名再牒見其體相自然解名也今鈔者且依華嚴梵行品各爲出名令講者有所標指疏一知下二別釋此處非處智處是

建立義是依義然建立果善惡報也與果爲依能起果法故云處也智度云然此所釋依智度論不能一一標名是處不是處如實知一力也釋曰處者因果相當如殺等墮地獄戒等生人天非處者反上謂殺等生天戒墮地獄等若如此者無有是處故言非也摠知下論云此力是摠餘九是別故一切諸法等者正是摠攝義也諸法不出因緣果報故處非處成就正見破於倒見無不具也故論釋是處非處不必定言因果然亦不出因果故論云女身作輪王無是處二輪王出世無是處惡行生天無是處乃至佛有過失諸賢聖求外道爲師諸賢聖自言是佛諸賢聖墮惡道皆無是處故知摠論一切矣降伏下力之業用破非處也即無因惡因爲非處知之故能破之知人等者論云既徧知巳可度者度之不可者爲作得度因緣如醫知病可治不可疏二知下即過現未來業報智論云佛知是衆生業煩惱因緣故縛指此門淨禪定三昧解脱因緣故解指第三門是一切衆生三世三種諸業諸煩惱輕重深淺麁細佛悉徧知故名是力却指此門又云知衆生過去未來現在諸業知造諸業處知因緣知果報二力也據論所釋諸業與報相對有單有複論云業報智力者據論所說三性心中互受三性業報論云復次善心中受善不善無記業報不善心無記心亦如是應云不善心中受善不善無記報無記心中受善不善無記報及順現等者論云現報業因緣故受現報生報業因緣故受生報後報業因緣故受後報不淨業因緣故受苦惱報淨業因緣故受無惱報雜業因緣故受雜業報然報與時互有定不定受其文甚廣如大鈔具有引釋知所度下業用下皆例此可知至

文更不指也問此與前力何別荅前知所造此知能造又前是摠相此是別相疏三知下諸禪解脱三昧智也即前摠中開此淨業對第二所知且摠名淨論云禪名四禪佛知是禪佐助道法名相義分次第熏修有漏學無漏學淨垢三昧深淺分別等入解脱如禪中分別相說禪攝一切色界定諸解脱攝一切禪定波羅蜜即是諸解脱禪定解脱三昧皆名爲定定名爲止不散亂也垢名愛見慢等諸煩惱淨名真禪定而離愛見慢等煩惱如真金分別名諸定中有一心行不一心行常行不常行難入易入難出易出別取相摠取相轉治不轉治如淫欲中慈心瞋人不淨觀愚癡人思惟邊無邊掉戲心中用智慧分別諸法散心中欲攝一心若不爾者名不轉治及知等者生色界無色界果及出世三乘聖果前知能修此知依所修現神通疏四知下諸根勝劣智也謂信進念定慧此五通生出世間法故名根也由前修念處正勤神足等三位故不可拔故前三至此摠得名根於此五中復各有上中下品佛用此智知是根今世但能得初果不能得餘但能得初禪乃至能得聲聞中第一辟支佛中第一或是具足六度能得阿耨菩提如是知已或爲略說或廣說或善輭語或苦切語各隨宜得度故云知信等也云云大鈔廣引緣起具釋疏五知下即種種解智解即欲也論云欲名信喜好樂佛知衆生二種欲作上下根因緣二種欲善惡種種別異謂好五欲如孫陀羅難陀等好名聞如提婆達多等好世間財利如須那刹多羅等好出家如耶舍等好頭陀如迦葉等好多聞如阿難等云云諸弟子如是佛弟子各各有所好凡夫人亦各各有所好或喜淫欲瞋恚令

捨不淨增淨者既知好樂有染淨不同理宜令捨染增淨也前云根者知宿惑多少此知好樂不同又前唯信等入道利鈍之根此兼染淨之好䟽六知下種種界智界即性也謂知諸衆生宿有一乘根性或三乘出世性或五乘出世種性上皆習佛教成性也多貪多瞋多癡等分性乃至八萬四千上皆煩惱相續無明遇因緣成種種性論云性名積習問此與前欲樂何異荅性則種子欲則現行從性生欲習欲成性問若習欲成性與前第四力知五根何異荅性通善惡根唯信等入道之根也知即時等者論云知衆生如是性如是欲從是處來可度不可度必不必行何行生何處在何地云云今世可度後世可度即時可度異時可度異時可度之人佛能度是人聲聞能度是人必可度是人一一云云必不可度略說可度一一云云可度廣說讚歎折伏將迎棄捨細法麁法苦切輭語云云䟽七知下一切至處道智也今言一切道者善惡不動等三行及無漏行也至處者五道是有漏行所至處涅槃是無漏行所至處故論云一切善道一切惡道一切聖道各各知諸道至處佛悉徧知名第七力䟽八知下即彼第九宿命無礙智令宿住者過去本生本事住宿世故名為宿住經名宿命者謂宿一期住壽本生本事也論云宿命有三有通有明有力凡夫人但有通聲聞人亦通亦明佛亦通亦明亦力所以者何凡夫人得五通者但知宿命所經不知業因緣相續是故凡夫人但有通無明聲聞人知集諦故了了知業因緣相續生以是故聲聞人亦有通亦有明若佛弟子先凡夫人時得宿命智入見諦道中知集因緣第八無漏心得斷見故通變為明所以者何明名

見根本若佛弟子先得聖道後宿命智生亦知集因緣力故通變為明佛用是明知已身及衆生無量無邊世中宿命因緣所更種種悉徧知為力問此與前至處智何異荅前知前際隨念趣因此知前際名姓苦樂等事䟽九知下即彼經第八天眼無礙智佛眼淨過諸天眼見衆生死此生彼時端正醜陋若大若小若墮善道若墮惡道如是業因緣受報皆能正知故名此力依天眼發是故此智名天眼智十中獨此從所依得名餘皆從所知此智能知生死名生死智此約所知境也論云佛用天眼見衆生生死處凡夫人用是天眼極多見四天下聲聞人極多傍見小千世界上下亦徧見問曰大梵王亦能見千世界有何等異荅大梵王自於千世界中立則徧見若在邊立則不見餘處聲聞人則不爾在所住處常見千世界辟支佛見百千世界諸佛見無量無邊諸世界凡夫人天眼智是通而非明亦如是但見所有事不能見隨業因緣受生如宿命中說復次聲聞人用所住三昧心中入餘三昧天眼則滅佛則不尒心雖入餘三昧天眼不滅䟽十知下永斷習氣智也佛以世智知自知他漏盡解脫知自者論云諸漏盡故無漏心及智慧解脫現在法中自識知我已盡等知他者論云聲聞但知自盡漏諸佛亦盡他人漏上來別釋竟䟽然佛下三揔相料揀論云問曰佛有無量力何以故但說十力荅度人因緣故但說十力足辨其事謂以是處不是處智力分別籌量衆生是可度是不可度以業報智力分別籌量是人業障報障是無障此下撮略引之三知禪味著不味著四知根勝劣五知所樂六知所趣七籌量解脫門八知先所從來九知生處

好醜十知漏盡涅槃佛用十力度脫衆生審諦不錯皆得具足論又云初力為揔揔攝九力為度衆生故於中分別有九力云云大鈔一一列釋䟽一正下二釋無所畏經云四無所畏者誠實論云一切智一切漏盡能說障道及盡苦道若有人來如法問難我無所畏初一是前九智力第二是漏盡智力後二令他具足䟽一正知下此第一正是薩婆若此云一切種智即無上菩提二則涅槃三四則利他由知一切法故名一切智佛心豈有他正覺覺世間謂佛下論中先顯其相後方結云一無畏等論初便云佛作誠言我是一切正智人若有沙門婆羅門云云下當具引若論文則每一無畏之初皆有此言講者便應一一懸引或任就䟽揔結處備之亦得問佛何以一切人天之類不可壞得無畏荅誠實論云佛說二諦故不可壞凡夫無智亦不與諍又佛不與世間諍世間謂有佛亦說有世間謂無佛亦說無以其無諍故不可壞又眞實論故不可壞不但隨語皆自心知故不可壞釋曰論指五義故言無畏五者一不住眞俗故若住著即可破二善巧隨機應之言無違諍故不可壞三不與世諍等者世間言有佛以即眞之俗而應之世間謂無佛以即俗之眞而應之然雖眞之俗是妄心所執故推徵其理必虧於即眞之俗故所說不可破也四但據實理非勝負心只由心無所得故發言不失五世人言論皆是強作道理佛所說者如人見青黃說青黃見長短說長短故定不謬如何可壞論結云故佛告比丘汝等莫但信我語當自知見自身證行又言汝求諸無諂曲者若我晨說夕得夕說晨得䟽二盡一切漏及習者論云佛作誠言一切漏盡若有沙門等三說

一切下文勢準上誠實論云不善及有漏善障解脱故然障聖道有其二種謂若執相不求眞理則善與不善俱障若於教理信解眞正依解修行之人則一切善法悉爲助道惡不善法方爲障道若就小乘聖道即唯欲爲障說欲障道方爲無畏四說出苦下論云誠哉我所說聖道能出世閒隨是行能盡諸苦若有沙門（云云）佛作誠言下四段皆云佛作誠言我是一切正智人若有（法等）（此者皆依論文）沙門（出家人）婆羅門（在家有智人）若天（地天空天）若魔（六欲）若梵（梵王及一切色界）若復餘衆（除此所餘）如實言（若以現事若以因緣難）是法不知（與佛論何等法有人言不說外道經書有言論須弥亣兩等有人言佛但涅槃一種道四緣生異法種種因緣佛或不知此後說者多是小乘外道有此疑者）乃至不見是微畏相（相名因緣）（我不見小小因緣如法能來破我者以不見故諸天外道有此疑者）以是故我得安隱得無所畏安住聖主處如牛王在大衆中師子吼轉妙梵輪諸沙門婆羅門若天若魔若梵若復餘衆實不能轉一無畏等（備引一無畏以例三也故云我是一切智及是法不知餘三中此二句則別各如本文餘皆同矣）說此下二句是疏家撮略大意而結也問何故說四無畏荅有人言若一切衆生共知一切事尚難況佛一人而有一切智（此疑初無畏也餘三例此各隨義說疑情）欲斷此疑難故佛自說無畏問何名無畏荅得無所疑無所忌難智慧不却不沒衣毛不竪在在法中如法即作是無畏相此四中初二顯自功德後二利益衆生又一三說智二四說斷又如初示藥草二示病滅三知禁忌四示應食問此是智何異十力荅廣（十力）略（無畏）說故又能有所作（力）無所疑難（無畏）自有智慧（力）無能破壞故（無畏）皆上句十力下句無畏故誠實論云或性怯弱難知不善說等故說無畏

（詳有智是力能說是辯合之以爲無畏也）疏智緣下三釋無礙智二一依智度論雖全依論而初二與華嚴及諸論名有先後論則先義後法華嚴則先法後義今引經列名依十地論及清涼疏釋相論云義無礙智法無礙智辭無礙智樂說無礙智義無礙智者用名字言語所說事各各諸法相所謂地堅相此中地堅相是義地名字是法以言語說地是辭於三種智中樂說自在是樂說於此四事中通達無滯是名無礙智濕相水熱相火動相風心相思五陰無常相五受陰無常苦空相一切法無我相以是等揔相別相分別諸法亦如是是名義無礙智法無礙智者知是義名字堅相名爲地如是等一切名字分別中無滯是名法無礙智所以者何離義名字不可得知名必由於義以是故次義有法問曰義之與名爲合邪爲離邪若合召火時應燒口若離說火時應得水荅曰亦不合亦不離古人假爲立名以名諸法後人因是名字識是事如是各各有名字是爲法是名字及義云何令衆生得解當以言辭分別莊嚴能令人解通達無滯是名辭無礙智說有道理開演無盡亦於禪定中得自在無滯是名樂說無礙智釋曰論以義爲體相以法爲名字故先義後法今疏意順諸論及華嚴經名是標舉義是顯示夫欲解義先須釋名名如前陳義當後說故法先義後餘義則全依論疏若約下二約華嚴經即第九地經其文有十種四無礙今略用五（例注者皆是釋）義五中一者自相約揔別以分法義經具云此菩薩以法無礙智知諸法自相（色變礙爲自相等）義無礙智知諸法別相（如色有十一種相等）又一知下二同相約性相以分法義經云以法無礙智知諸法自性（理同也同歸於性）義無礙智知諸法生滅相（事同也同生滅故此下不具引經文但直釋疏中取意用者）又一法下三行相經云法無礙智知現在差別以義無礙智知過去未來法差別約三世以明法義是則當世而知名法智即法無礙也逆見過未能知現在名比智（比量智也）即是義無礙也又一知一相下四無我慢相約眞俗以分法義經云法無礙智知諸法一相不壞（第一義諦無我故云一相不壞者不壞無我故若言我知無我我證無我則壞無我以有能所故也）義無礙智知蘊處界諦緣起善巧（世諦見我故）又知一乘下五一乘諸乘相約權實以分法義經云法無礙智知一乘平等性（觀不異也唯此一事實故）義無礙智知諸乘差別性（就彼根性有三乘五乘故）今且略舉十相中五（一二三六七）以爲例也觀其文相皆法智知法體義智知義用故與智論名次不同後二則同者此四無礙雖皆智所緣境然初法義全是所知之境境義增勝由境差別衆多故十中皆別後辭無礙但是以言辭說前二說二時樂說不滯無別義體以目何行相故經文雖一一各列四智之別後二義相皆同故今疏云辭則說於等也又亦辭則當法無礙樂說乃當義無礙也法有名數不可改張宣名數者則當辭句義義是義理義意由人巧說無定名句故智慧善巧妙辯機變之徒好樂說之隨意而無礙也智論問力無所畏無礙皆智慧內有力外無所畏即具足何以復說無礙荅力無畏已分別有人雖無所畏在大衆中說法而有可礙以是故說四無礙智得是無礙智莊嚴四無所畏四無所畏莊嚴十力疏力等下四釋不共法二一正釋言力等者釋不共之義智

論問曰是三十六法皆是佛法何故獨以十八爲不共荅謂二乘分有十力四無畏故(如舍利弗演法無礙佛讃善法性又那律天眼又佛說弟子中能解了明第一)一二三等應言一諸佛身無失二諸佛口無失(多劫戒定慧大悲成就故拔諸罪因緣及習故)三諸佛念無失(四念處心長夜將故心無得失故)今意在文略都以無失結三業也四者佛於衆生無貴賤敬慢怨親等異故常觀誰可度故觀彼本來清淨故五者定名一心不亂亂心中不能得見實事如水波蕩不得見面如風中燈不得好照佛心如澄渟水如無風燈故無不定心問佛若常定云何遊行說法荅佛於諸法實相中定不退失故欲界有定入定可說法故六者衆生鈍根多覺苦受樂受於捨受中不覺不知而有捨心是爲愚使所使佛於不苦不樂受中知生住滅時故念念心中麁細深淺無不悉知知已而捨或捨衆入禪有人疑佛佛言我種種因緣知而故捨七者從此已下至第十二一一皆有無減字今疏略之最後都云無減者貫通前也初欲無減者欲謂樂欲佛知善法恩常欲集諸善法故修習心無厭足故故涅槃云一切善法欲爲其本論中又說老比丘目暗自縫僧伽棃針袵脫語諸人言誰欲福德爲我袵針佛現其前我欲福德無厭足人汝持針來比丘識是佛聲白佛言佛無量功德海盡其邊底云何無厭足佛言無有如我知恩分者我本以欲無厭故成佛是故今猶不息八者如欲中說欲爲初行增長名進欲唯意業進通三業又欲如人渴得飲精進如因緣方便求飲欲爲內精進爲外又佛說法皆痛小息令阿難說法至精進覺支佛驚起坐三問阿難汝讃精進義耶阿難言讃如是至三佛言善哉

善哉善修精進乃至得阿耨菩提何況餘道又佛種種度生遇諸惡緣不生懈怠九者於三世諸佛一切智慧相應故論問曰先說念無失今復說念無減與此何別荅失名錯誤減名不及故異於前十者三世一切智慧力無畏無礙成就故慧無減如酥油豐饒燈炷清淨光明亦盛佛亦如是禪定如油念如燈炷故慧光無減又世世聞法讀誦思修問難故十一者無漏智慧相應故有爲解脫一切煩惱習盡故無爲解脫十二者於解脫中智慧無量無邊清淨故言知見者論問曰但言知何復言見荅言知言見事將堅固如世有知非見有見非知故具言即無疑譬如繩二合一則牢無減者此二字貫通上六如前已說論問曰佛一切法中無減何故但六事中無減荅一切自利利他中四事能具足欲求一切善法之根本精進能行念能守護如守門人善者聽入惡者遮止慧照一切煩惱用是四法事得成辦是四法果報有二種一者解脫二者解脫知見解脫義如先說解脫知見者用是解脫知見知是二種解脫相有爲無爲解脫知諸解脫相所謂時解脫不時解脫慧解脫俱解脫壞解脫不壞解脫八解脫不可思議解脫無礙解脫等十三四五者應云十三佛身業隨智慧行十四佛口業十五佛意業亦如是論云佛一切身口意業先知後隨智慧行佛三業無不利益衆生故如經說諸佛乃至出入息利益衆生何況三業諸怨惡衆生聞佛出入息氣香皆得信心清淨愛樂於佛諸天聞香亦捨五欲修善故言隨智慧行二乘無此事如憍梵波頭得羅漢白食吐而更食又如波頭摩波澌吒跳上梁枰畢陵

伽罵河神等皆身口不隨智慧問佛曾入外道衆中說法都無信受者又曾在衆中現背腹又曾現舌相馬陰藏相又罵諸弟子汝狂愚人汝死人食唾人又結戒不許比丘畜八種鉢唯聽畜瓦鉢鐵鉢而自用石鉢有時外道難問而不荅又處處說有我又說無我說諸法有又說無如是等似身口不隨智慧行身口不離意業意業亦應爾荅曰不然於是諸事皆先有智慧謂入外道以種後世大因緣故止外道謗言佛自高慢故現腹者薩遮尼揵自言無人敵得我難而不流汗者來至佛所佛質問之皆不能荅流汗淹地佛告尼揵汝試觀我流汗不佛脫欝多羅示其身因是外道大得信向有人疑佛舌相故不得道故佛出舌覆面還入口中見者斷疑得道有人疑佛馬陰藏相不現佛化作馬示之言陰藏不現正如是也見者斷疑能集善根發菩提心如是等因緣故非戲論非無善義佛罵比丘者有人宜以苦切語有宜輭語皆得道故如駛馬見鞭影即去鈍驢得痛手乃行亦如有瘡濡藥唾塗即差有破出惡肉塗惡藥乃愈又佛言狂愚人是輭語實語所以者何三毒發即是狂愚故問前說三業無失與此何異荅前不說因緣今廣說因緣故謂由先以智慧起身口意故得成前三業無失(前果由因)又佛成就三種淨業三寂靜業三不護業有人疑佛何因緣成就如是故佛言我以智慧然後三業隨智慧故(此上猪撮略引若要始終具見即覽大鈔)十六七八等者由此知三世故得三業隨智慧行(以此釋前段也)問過未無體現在不住云何能知三世荅若無過未但有現在一念頃者佛亦不得成就無量功德又一心中亦不得有十力智

等難曰若三世皆有者何等是無常等相無常名生滅敗壞故若三世皆有便墮常見何以故是法未來中定有轉來現在從現在轉入過去如人從一房入一房不名失人如是即無罪福無生死有無量過咎三世各各有相非過未有現在相又若無過未亦無出家律儀亦無五逆諸罪無死入地獄未來無業故無報是爲邪見又我不說過未如現在相我說過去雖滅可生憶想能生心心數法如昨日明日火今日可生憶想現在心雖無作住相續生故能知諸法疏問無下二通妨項相等者等於足下柔輭如是甚多皆非智慧法不應在十八不共中又如佛身力如十萬白香象力及神通力等皆不說釋曰說智慧者稱性合體有理有義感或生解泯淸入證其自然果報法但可欣樂而已不知其知故不說也上從力等下指所用文言全依者謂不雜餘論於中用華嚴一科及或引餘數皆自有科段指亡者不言者即皆智論非論次第備寫名曰全依於中或全寫三五行或一紙半紙餘多闕略其文但取要者或但意用之義雖全是文或前却上來諸佛果法竟疏助謂下二三乘因法二一釋助道二一總釋疏三十下二別釋三一牒經列數可知疏然但下二類揔出體言各八者精進中四勤爲四更添進根進力精進覺支正精進故爲八也定中四神足及根力覺支正道各有一定爲八慧中四念處此慧體此名念及根等各一慧爲八言念四者根等各一念也戒三者正業語命也信二者根力各一也輕安下各不言可知疏初四下三牒文別釋七一釋念處四念處者謂身受心法等四是念慧所觀之處亦名念住佛令明記此身等四有不淨等四之過念於此住名四念住又由此四得念慧住釋

之文二一通大小乘言種子者有漏業因及父母精血住處者生藏下熟藏上自相者九孔常流自性者三十六物究竟者膖脹爛壞三受皆苦者爲衆生不了此身不淨貪著生愛計之爲樂觀其三苦謂苦受苦苦樂受壞苦捨受行苦心無常者謂受樂故須觀心念念生滅何暇受樂法無我者即五蘊皆不自在何有我乎治凡夫四倒者疏序已釋疏又觀下二唯大乘觀是諸法無行經文其義破相亦可詳解治小乘者亦如前說疏四正下二釋正勤四念處下明來意也精進下躡出體之勢便釋名也異外下釋正字雖是下釋四行相謂未生之惡誓令永不復生已生之惡皆不忍受斷滅除遣未生之善發起猛利希願獲得已生之善不失不退數更修習成滿究竟疏四神下三釋神足初列別名文牒釋之樂欲者純生樂欲於不善因緣對治於善因緣功德出離皆正審思察住一境念由此多修習故觸一境性能害現行故名欲定無間者策勵以斷二惡修二善無休息故心謂等者由專心守護故得心一境性故名定也觀名慧者由先聞正法故於定時內自揀擇故名慧也以勤過下巳識別名方明來意勤過者四勤也智火者念處也神即下釋揔名譬如有足者能往還能得能證出世勝法名神以世間勝法踰出世勝法故名爲神將彼到此故名足彼謂欲等此謂神通然神足自體即是等持欲等四法皆是助伴疏五根下四釋五根言五根者根所緣境即四聖諦信者忍可諦理而爲上首能起餘四進者於前所信諦理策勤而行四勤念者明記諦理不忘四念定者於諦理繫緣一境四足慧者於諦理揀擇是非此五

下釋根義由前下通難難云始入佛法即有信心云何至此方明信邪荅初雖有信未有定慧不得名根故云由前三科此此五不可拔又進等前未成熟亦未名根故云前三至此等疏五力下五釋五力即前等者力有二義一不爲他動即上句也二能伏於他即下句也障即是他內則損障外則伏魔梵等疏七覺下六釋覺支七者一念二擇法三精進四喜五輕安六定七捨文二一正釋疏文隨列便釋依雜集論五支釋之言所依支者餘六皆依明記之念而得起故自體支者擇法是覺義故出離者由勤無間得出離故利益者由心喜得身安樂故不染汙者皆離過義故次下四句如次釋輕安定捨麁重散亂貪憂皆是染汙義故麁重謂欲塵麁障轉依謂心在定則轉與神通等爲所依故行捨者揀捨受也此行捨是善十一中之一矣疏雖一下二通妨謂此覺支成就在於見道見道迅速故剎那俱起恐疑云既一念起何得說七故此通云雖一剎等意云功能不同不可言一如七味香擣篩和合焚如麻子七香齊發所言功能不同者謂念除妄念擇法除不正知餘如次除懈怠惛沈麁重散亂掉舉疏八正下七釋正道八正道者離於八邪開通涅槃故此在修道位文二一正釋此文疏中列而便釋言分別支者此能辨明餘七是非取捨等也誨示者發語示教利喜故令他信者若語不契實或身無戒行不稱所說非法貪求經營活命豈可令他信受行用令由此三皆正故云是令他信支言見淸淨者現量親證或比量親解非傳他語而爲說也戒淨者上明解此明行也行解二法先須明信命者有漏之身理須資

給但依教隨日乞食隨破乞帛等不為衣食故生心經
營求得而守護繫於身心即名淨命清淨活命故具說
淨命之相即次下依聖種等也聖種有四一常行乞食
二著糞掃衣三石窟塚間樹下隨便而住四有病以腐
爛藥而治之亦名四依依此修行得成聖道故復名聖
種五邪者一為利養詐現異相奇特二為利養自說功
德三占相吉凶四高聲現威令人畏敬五者稱說所得
利養以動人心將此五種以求活命故名邪命又有四
邪一下口食合藥種樹二仰口食觀視星宿三方口食
曲媚權豪四維口食呪術卜筭皆如大小乘諸律論備
說問離身語二業無別正命如何建立三種荅婆沙云
瞋癡所起身業語業名邪業邪語貪心所起二業即名
邪命疏淨煩惱者義同精進覺支中說正止舉相者一
掉舉二惛沈故下句云不容沈掉若失正念即掉即沈
沈掉是隨煩惱今正念能淨之最勝等者此勝功德等
由心攀緣散動故障之不發今以正定止之故云能淨
若能如上分別(見也)誨示(思惟)等(等於餘也)即是道支之果疏上
之下二揔明次第有法喻對釋詳之可解婆沙智論皆
有此文並以樹況道品故名道樹疏超越下二解餘文
三身等者身謂法報化智謂大圓鏡等如文殊章說眼
謂肉眼天眼慧眼法眼佛眼通謂如意天眼天耳他心
宿住漏盡地謂十地度謂十度六度果向謂須陀洹等
各四緣謂十二緣諦謂四諦處即十徧處定即八定九
二六
次第定等者等於餘所不說一切無漏功德疏塵勞有
八萬四千者釋所治也古來釋云眾生煩惱根本有十
然一惑力復各有十即為百計應分為九品但上品重

故開為三品中下輕故各為一品合為五百復於內外
境起謂自五塵為內以他五塵為外二各五百即為
五千別迷四諦則成二萬并本一千則有二萬一千依
三毒等分成八萬四千(更有二說不能繁敘)二對翻下釋成所
治謂本由迷真淨故成妄染令悟染本淨故無加滅故
清涼云遇三毒而三德圓入一塵而一心淨又有云六
賊翻作六神通等餘如疏引起信論證疏問世下二揔
料揀三一問荅料揀二問可知疏荅前下二荅二一
結前標後疏謂若下二以義正釋五一法說疏如有下
二喻明疏觀智下三法合疏故下下四指文疏秖緣下
五以理結定文並可知疏然上下二明染淨相由二一
指配科段疏五段下二正彰染淨由不覺者對上覺圓
明故名賴耶者對上顯心清淨乃至處界諸有一一翻
對本經言對治此等者正判此經稱性真實斷染行相
疏然無下三通伏難難云經中先說諸佛力無畏等後
說道品因等文豈非倒故荅云若約人等也據法本末
者據真實法理本來是佛(此是常住之果故名本也果也)然多劫迷之
故成垢染須修習萬行斷於漏染(漸修故云末也因也)疏亦如下
引證言根本等者論云若因滅(論以根本無明為因故生業相轉相境界相)
則緣滅(緣則境界相與後六麁為生起之緣故彼疏云無明為因生三細境界為緣生六麁今言因滅)
(則緣滅者彼疏釋云得對治無明滅時無明所起現識境界亦隨滅)因滅故不相應心(三細)
(也細故無心心所相應麁顯之相)滅(親依無明因生故無明滅時亦隨滅)緣滅故相應心
(六麁前四也其相麁顯是心心所相應也)滅(以四麁親依境界緣生故境界滅時亦隨滅也)今引此
以證果先因後者以根本無明滅時佛果則顯今既先
由無明滅方得境界等枝末不覺展轉而滅則果先因
後對治展轉枝末是萬行因法故經自他正報云一切

實相者既歷法已盡故但通相躡之義如疏釋思之可
見疏二一然凡下正釋義疏此乃下二通妨難難意云
八
二七
若修觀行者一身覺性淨故得十方眾生覺性淨者應
可一人修道多人成佛故疏通云此乃一人悟性知一
切眾生本性等經依報中疏二一國土下別釋此文皆
由自心者淨名云隨其心淨則佛土淨眾生劫燒等者
法華經云眾生見劫盡大火所燒時(火災壞器時也事在賢劫章中)我
此土安隱天人常充滿螺髻等者淨名經中螺髻梵王
云我見釋迦牟尼佛土清淨譬如自在天宮(隨天業識所見)舍
利弗言(即鶖子)我見此土丘陵坑坎荊棘沙礫土石諸山
穢惡充滿(隨人業識所見)於是佛以足指按地即時三千世界
若干百千珍寶嚴飾譬如寶莊嚴土一切大眾歎未曾
有而皆自見坐寶蓮華況乃下道理轉諦的也且如上
說心隨染淨之緣尚能於染見淨況心冥真性染淨俱
清淨邪身土依真者如前引華嚴云普賢身相如虛空
依真而住非國土上來正釋此段經文訖疏然上下二
揔明相躡翻對未覺之時妄法生起次第釋成覺了還
相躡為次第矣經空色同如中疏二一第二下敘科意
此當泯絕等者即真空觀中有四句前七段即諸法即
空淨不待除却諸法故當第三句空色無礙觀今空色
俱如同於覺性稱性不動故當第四泯絕無寄觀疏躡
前下二正銷文二一釋前四句三一正釋於中有法說
喻明疏故法下二引證並如文詳之疏然諸下三釋疑
疑云諸法即事覺性即理今既二法平等便當理事無
礙何得科判在真空觀中故此牒疑辭便釋云夫理事
等也疏還如下二釋後諸句還如前七段等者釋結例

之文也

圓覺經略疏之鈔卷第八　　彥　江

見賢村王家門下史了仁奉為

經生父母自身康泰誠心施彫此卷

法彼自無瘡勿傷之也欲行大道莫示小徑乃至我觀
小乘智慧微淺猶如盲人不能分別一切衆生根之利
鈍等釋曰維摩意以爲新學說小乘法是傷乎無瘡意
顯以大乘法說今此疏意明圓頓悟解之人稱真覺性
不假道場探結等若今探結即是傷乎無瘡耳經兩重
除障疏二一夫後下標意故同大科者大科云大四開
答別明觀行今乃於中有二問答是除我離病似非觀
行恐有不細詳者生疑故此云是觀行中障也約修證
滯我不同全執我相者故障別門觀行如前通明觀行
中亦有弥勒一章斷除貪愛貪愛是六道根本亦障通
門觀故二釋文經除我入覺疏二一初中下摠明科意
二別釋經文經慶前中疏如琉璃等者内外明淨透徹
故瓶喻一念多芥子喻多劫萬行經正問中疏何法染
汙者初悟同佛妄起還凡故志公偈云佛從魔境出煩惱中悟解菩提如淤泥中蓮華魔從佛境生悟解同佛遇違順境只於悟中還起妄念二頭
不相辨渾雜國王城喻覺經長行中疏二一正說下科分
二隨釋經過患本起中疏兩論所說者天親論云見五
陰一一陰是我相見我命斷滅復生六道爲人相見我
身相續不斷爲衆生相即盛衰苦樂衆多變異也計我一報命根不
斷而住爲壽者相無著論云取自體相續爲我想我所
度爲衆生想餘二意同但無著云想天親云相今參而

用之我全用無著壽全用天親餘二展演其文令人易
解鑒注淨名云縱任自由謂之我常存不變謂之壽貫
於萬物而始終不改謂之人衆生大同此皆情識所計
故云迷識境也經說者約證悟覺性而帶能所從麁至
細展轉遣之四相遣盡方始無遺故云迷智境也疏妄
我本空等者淨名云法無有我離我垢故法無有人前
後際斷故法無衆生離衆生垢故法無壽命離生死故
慇云心自取心自成心病演若愛影背本瞋頭從此妄
滋莫能錫拂經過患滋多疏二一二明下科判二一摠科
疏今初下二別判二隨釋經展轉中疏二一謂由下銷經
可知疏然上下二配四諦云二乘者雖通大乘大乘以
爲虛妄本空之義但宗無生等也故般若心經云無苦
集滅道生滅者準天台教權實通論摠有四重四諦實審
一生滅逼迫名苦即有漏色心增長名集即業煩惱寂靜爲滅謂即涅槃出離名道謂止觀等也二
無生三無量四無作如文是彼四教所詮法矣今此文
中約其過患故當生滅後三重四諦廣如大疏大鈔所
明此但略引之意用前生滅以銷疏文不能繁敘初六
句等者依數句次第配經文相甚明各須一一配釋以
示聽徒經直釋中疏最初根本者論中根本不覺也本
源者性淨真心也依本覺而有不覺等疏由將無始等
者勝鬘說五住地也經轉釋中疏二一二轉下明科意
疏未曾下二釋經文二一釋法經云身心無明者論云
以依不覺故心動動則有苦苦是生死之身也果不離因無明又
都結三細六麁云一切染法皆是不覺相故疏由愛下
二釋喻三一隨相說不斷如人萬萬資財一一慳惜若

遇喪命因緣情願摠棄以求活命疏又有下二稱性說
親斷由前但云不能自斷仍有可斷之我故云隨相今
明執時尚不覺有所執之我是其過患憑何說斷縱欲
斷之亦是妄想滉盡之時洹是真我真我無患憑何欲
斷今但以覺無名斷故云親斷也疏如夢下三轉以喻
釋夢喻二說終不肯斷已上喻隨相必須已下喻稱性
覺來者覺字去聲呼之經結成中疏種子現行者義如
前說引寶積者舉愛例憎憎强趣皆非唯不成佛果乃
更墮於惡趣此有二意一如第三生之說二既是存愛
迷心愛爲六道之本善惡反覆苦樂循環盡於未來卒
未脫免三塗等苦如云忍不落惡趣亦由忍可無我之
理及愛爲苦本之義隨順修之故必不落經別釋四相
疏二一二別下敘意科分殊常者如前說迷識境之四
相也初果除者小乘見道位證我空真如也羅漢未曉
者此四相障於圓覺羅漢若曉即應悟淨圓覺故天台
說三界之外有塵沙無明此執即是其數也合云阿羅
漢今文中具含字數相對簡略而言矣約事驗我者事
即我所我所者我所有一切事境通於有情事皆可見
可知我則不能反見故約事境反驗於我乃覺他皆非
我便知我非他也二隨釋經約事驗我疏二一初謂下
敘科意二正釋經徵起中疏覺有心者知一切事境非
我也即此名我經喻釋中疏燕居者燕字音宴依論語中
燕居之字經結指中疏覺體者空寂是體是涅槃知是
用是覺即體之用涅槃即覺即用之體覺即涅槃既體
用相即故非別有可證之體也即當前五門證道中第

三能所俱泯矣即是我相者即妄見有涅槃所證所證者即我也我是自體義故且實證真體既是法身真我今謬證妄體即是無明妄我也類例甚明經悟我成人疏二一三悟下敘科意二正釋經䖏相中疏者字正名人者諸家疏論每出人字之體或能證人或能執人乃至說人聽人若真若妄皆云者也如梵語佛陀此云覺者即指於人若言菩提此但言覺即指於法類例如此博學者自當知矣經細相中疏無非不盡者無有過非而泯之不盡謂一切過非皆已盡也經了跡跡生疏二一三了下敘科意了跡生者既展轉相生跡跡不盡即是衆多生起不斷絕義亦是衆生義也緣次下疏文自釋云衆生者不定執一之謂也故此云又亦等也二正釋經徵起中疏展轉無窮皆成能所者問前人相中已云不取能所如何至此却云展轉皆成能所邪荅皆成能所者是此人所了之過非非此人認之為是前人相中覺我相是能所之過者但覺一重能所不知此智又復名能今此轉深故覺展轉無窮皆是能所豈不甚超於前故經云悟所不及及即成所故科云了跡跡生釋云了此無定故離前非又云不定執一皆甚明矣經舉喻中疏於自於彼等者結成所釋經中標云非我非彼之句謂俱非此二也緣此中經文稍隱亦須在意分析經潛續如命疏二一四潛下敘科意二正釋經徵起中疏即心之照者心是自己本心前三明中由別有能證能悟能了等相故不言心今諸跡已盡故言心也如論中異相住相之文但云覺於念異念無異相覺於念住念無住相至最初生相已盡細念亦無直言覺心初起心無初相意全同此此中甚妙宜細審之清淨者亦由離前證悟了等三相直是心自照故自覺者自心能覺非謂覺自然經云照今乃云覺者且順常塗疏論多云自覺覺他也疏證悟等者等於了字謂我相名證人相名悟衆生云了此中摠盡故徹真源更無別能證等也疏擬將此智者此照智也又業是業用一切作用之智名為業智但覺潛續之心同於幻化一念不生即是論中世間自然業智及不思議相等疏雖能除妄者前三也不自除者以此為是故成潛認而不斷絕如命根矣此一門除久修觀行用心細者方知雖此再三顯示亦無由了之經正釋中疏前三相者覺是心心所之摠名若別說三名即一證二悟三了若統言之即但云覺也疏心未忘故者正釋心照名塵垢之義即知若心忘此彼彼三此照即心照便是自然業智經喻返釋中疏我智俱盡者我等四相及智慧俱盡也我智者是我及智非謂是我之智照體獨立者是生公語清涼大師心要亦云一念不生前後際斷照體獨立物我皆如將此四句對詳前文始終相當故略取一句若據文字初後敵對即合云水凍成冰冰銷水在心迷成我我盡心存今緣心水二字皆是通名濕況照體獨立也問彼云照體是離念無相之妙慧經云心照是壽命相之細病如何用彼以當此邪荅但動於濕即名波浪波浪盡而濕性元真但起於照即名壽者壽者盡而照體本妙起於照者見一切覺也況所引之文但證本末法喻非直以之釋經經中本無冰濕之言亦無真心之語喻中但云冰湯法中但云照一切覺冰湯必依水水之濕性必無變滅即知照覺必依真心心之照體亦無變滅經摠標中疏多劫六度者懸談具引可檢示之經展轉廣釋疏二一後展下摠別科分二隨釋經喻中疏知賊者涅槃云如人覺知是賊賊無能為藏識者含藏一切染淨種子即阿賴耶識也自體即如來藏如來藏則唯含無量無邊恒河沙勝妙功德皆如前辨然此二名義別者權實之教不同故密嚴經云如來清淨藏世間阿賴耶如金與指環展轉無差別又說惡慧不能知藏即賴耶識貧窮等者法華云貧窮無福慧入生死險道今取意勢用之經妨道徵中疏縱使認我者意云涅槃是萬行之真性即我體性亦是涅槃縱認我證亦何所乖亦何妨道經非脫釋中疏還是本愛者所愛之境即別謂五欲及涅槃能愛之心不異謂即昔時愛五欲之心如今復將愛涅槃故憎亦例知本習者無始劫來熏習成熟故疏愛是生死根者弥勒章已說苗者造業受報也經非脫徵云法不解脫者由前徵釋我不解脫云由謬證涅槃故故今又徵云何知所證涅槃之法是謬是愛是生死根而云不解脫邪經驗我釋疏二一六讚下敘意謂實證者疏中順明也今則逆推以明非實謂既驗出瞋喜即知有我有我即知未證未證言證即知非實驗處在文二正釋經驗知中疏我執猶堅者唯識說此第八識云執受根身為自內我微細不可知外執器界亦不可知潛藏者與雜染法互為能所藏也相續者標釋經中曾不斷也慧軍數舉者正觀為將助道萬行為兵即前曾聞普

眼及三觀利根者已入鈍根者亦有聞思二慧被四相
障之修慧未發故此段經上文云雖經多劫勤苦修道
等魔衆頻摧者伏得麁淺惑止得諸惡業故有聞思之
慧阿賴耶者此云執藏皆已如前本章中釋說城者根
身種子器界爲境也即是相分主宰者我相也即是見
分難攻者行相微細不可知故三乘聖者至無學位斷
此識中煩惱麁重究竟盡時不復執藏賴耶爲我方能
永失阿賴耶名非捨識體如國強臣不賓皇化即呼爲
賊後天兵頻討多時方降皇帝許雪存其性命還委州
郡之權即呼爲卿爲臣圓覺帝主亦復如是配合可知
此上皆是釋文中堅固執持潛伏藏識 末那常侍者亦可云內侍一向內
緣恒執第八見分爲我依彼生起常緣於彼故言常侍
常具我癡愛見慢等四種功用故云防護防護我也牢
強者滅盡定有學位中亦得及出世道初果雖暫伏滅而未永斷
直至三乘無學果位方永斷滅故成唯識說此染汙
意相應煩惱是俱生故非見所斷意識者第六也能執
一切法能造三界業故云謀臣偏緣內外及三世三性
五十一心所故云經營又偏五識之中五識率爾纔起
此意即同緣故云傍監五將兼於自位故云六門賊主
者六賊之主也我是主故由有六根門戶故能通而遊
戲也此偷道戲諸根 偷号者即大前但言爲法瞋彼度此不知
此心元是我相即知被他偷於爲法之号如貪号慈悲
瞋号降魔謂貪愛城郭統衆王去聲化貴賤道俗歸臻恭
敬供養自謂爲慈悲愍念衆生說法度脫不知都是貪
愛潛流改變名号相貌或內心瞋彼以凶惡之言種
種訶叱或打棒或驅出自謂爲法降魔懲惡勸善不知

又是瞋恚嫉恨憎嫌等念潛改首換面也故志公云二
頭不相辨混雜國王城如此種種變号故今我說法化
主不覺是賊認爲功能渾未解脫越於苦海而乃安然
不驚不懼仍以自縛欲解他縛故云惑我法王也使疆
者若論法身彌界徧法界盡十方乃至情界器界皆同
十
眞淨之境盡是無漏之界染淨元無二體今但以迷色
等六境爲心外定有六塵即無明我主之界悟六塵等
色即是空色不異空但自心變起盡是全空之色餘聲
香等亦復如是便是色等三昧名六妙境即般若法身
之界今我已悟此境屬我不覺妄起潛執爲有潛生愛
著遂成塵界故云往往侵也由此觀之難明住之難定
故云擾我觀境也觀即觀智解也慧也觀行行也定也境即不出
六境及真如境隨所觀時即爲其境外怯者以有悟心
常欲覺察故妄念似劣不敢故意生情貪瞋造業專伺
候觀照明顯如晝日時即潛伏故令推察身心道理者
但見自己是悟解分明人不愛名利人爲法爲師人都
無過失人故云晝伏及乎覩對違順之境乖於情念極
不觧意之時迷習覆昏對面不見之時昏黑如暗夜恣
行計校種種生情或擬退屈或擬違背人法或擬別爲
調致或思量道理擬雪身歸過於前人種種生起不可
覺非故云夜行而內挾者挾字之意如史記中說曹操
未登九五時号曹公挾天子以令諸侯今借此一字爲
語勢無明等者謂六識之境如上或覺或妄或伏或行
者藏謂中三細及五末那俱生我相等種即與無始住
地根本常不捨離縱使行人覺察觀照之時此亦潛續

故云晝夜不斷此正釋經曾不間斷之句也故唯識云
此識無始時來一類相續常無間斷是界趣生施設本
故性堅執持令不失故乃至與內習氣外觸等法恒相
隨轉然此中所用具足八識之義具如本章故此不釋
經覆推疏二一覆下叙意疏恐聞下二釋經故推徵
云者然經文於毀者反明於說者順明若疏則皆反順
具明若經文亦各反順具明者應云若知我空無毀我
者有毀我者我未空故若知我空無我說法有我說法
我未斷故餘文可解經決斷中疏各唯增益者水土資
於甘草甘味增益資於黃蘗苦味增長故知由種不由
水土以喻萬行資於我相即是魔業資於覺智即是佛
十二
因故知由心不由萬行此意極要可明示之經抑聖中
疏了義等者次自釋云心境本空等即釋題中廣引經
文配了義之句全同此意言心境空者如心經云無色
無受想行識無眼界乃至無意識界或云能見及所見
見者悉除遣或云心滅則種種法滅等惑業者惑即煩
惱謂貪瞋癡等業即善惡不動等本淨者皆空之義
凡聖不異者凡夫彌勒皆同一如諸佛衆生同一法界故
不異也因果皆圓者因該果海果徹因源故皆圓也就
佛見之者上皆釋經中如來解也且衆生迷倒下正顯
行人以如來解及所行處爲自修行之意種習者種子
習氣也根深者明此倒情種子眠伏藏識之中雖復覺
悟亦難了知故云深也縱解法門現用隨念者明行與
解違不稱所悟之處無礙言教者雖說無作無受而且
善惡因果不忘或說無諂無修不礙斷惑求證或說因

該果海不妨歷位而修或說佛不度生而又應機說法如此之意徧諸大乘故言無礙也亦只如然者將佛所證同自心量也不覺念者如眼不自見指不自觸也不知其通等者揀於真證不同未證之心隨相信者未能稱實信故大品云不信一切法是信般若等平等之談者即前心境本空等意不能斷惑等者由迷此平等之談便不伏進求今時參學之流多迷此意如聞說衆生本來涅槃無漏智性本自具足不得此意便云性本具足無可添補煩惱本空無可除斷由作此見便信任身心不覺施為元是隨情逐念兼云稱性脫體全真認妄為真惑之甚矣此義廣如懸談初教起因緣決擇悟理應修門中已具分析數他寶者具云如貧數他寶自無半錢分於法不修行多聞亦如是經騁己齊聖跡二一二騁下顯科意抑高者謂言佛解與行與只似伊心行境界故云就下騁己者馳騁自己謂言已證菩提已得涅槃成佛已訖二王釋經認聖智中涅理者涅槃也智者證也證理故直云智身身者體也即智自體便名證如諸識中自證分也根本戒者比丘四重尼有八重大妄語者僧尼皆同謂自言我得過人法乃至而言我知我見虛誑妄語除增上慢此是彼之所除故云非此文意彼犯重此無犯此累悟解彼無所累經驗凡情中疏或即證悟者縱得他已無二隨喜他勝他善尚自不定或是證悟之力或亦不關證悟如比衢丹越心行無我豈是證邪上界豈有現行嫉妬等邪故知自驗心迹順於道行仍未的定若驗心迹有嫉妬瞋恨等事即定

知非道除大菩薩逆行之迹然約心之本迹以對順道乖道有四句一唯順菩薩隨喜他善及行施等二唯乖凡愚嫉妬及行殺等三亦順亦乖菩薩殺等心順迹乖凡愚施等心乖迹順四不乖不順謂佛染淨無礙都無心故及羅漢闕大悲智願故不順惑業皆盡故不乖也若但約心順為定不定四句者一定順道二定乖道如前中初二句三乖順俱定謂菩薩自知四乖順俱不定謂初心行施等自不能辨及觀他施等亦然經結成障覺云是故不能入清淨覺者從前數節一一結云不入覺者大而言之皆為我愛斯為根本然若具明入覺須得其門華嚴玄義章十五門亦藉和尚所述第十明入道方便門有三一揀心二揀境三造修勝行別卷具引經趣果中疏唯宗名數者且據法相宗中人也以經云唯益多聞慧順此故若不相宗中之人即唯宗道理雖亦不尚名數皆不務自照已心此類之人名為患學非多聞之相故略不言之解義我見唯長者縱使實得廣解名數聞即皆知或善於立破破諸言論亦轉增我相欺慢餘人故有云經論衆生出世因解來翻更長貪瞋若約任運我慢貢高即破相法相兩宗人同若據分別心中定認凡夫未除我執者即偏非法相宗人我見增長破相宗人無故意定斷以不立法故問解法輕人諍云我相增長其所執之見已定何言增長荅亦有增義謂不習教人但任運執若聞解者言有言無或言同佛異佛皆不定信不信若習法相之人定不信凡夫無我故知執見轉堅故云揣古也不能了自心者次云云何知正道彼由顛倒慧增長一切惡一切惡

者我見亦在其中既增惡由不了心即正同增我由不求悟即知求悟是令了心故引為證又既由不了心成顛倒即知定須先了心也據此所證文義四句揔要緣前已頻引聞者必熟故標初後二句等取中間兩句也又智論者彼有三偈故此云等餘者今取意說謂有慧無聞如闇中有目亦不知實相此如南宗禪學實了心者未達諸法性相又不學之無聞無慧如人中牛怡然不知唯具二種方知實相即前悟淨圓覺以淨覺等也經科斷惑但當下成因佛說下者由前數段經文說修行中有多過患皆結云不入淨覺故此勸誡令離過用心方成正因也經順釋中疏根本等者百法標云根本唯識頌但云煩惱揔說六種頌曰煩惱謂貪瞋癡慢疑惡見長行釋云性是根本煩惱攝故得煩惱名謂貪等六事是隨煩惱之根本故令經云貪瞋愛慢者彼論愛非其數以無別性貪所攝故此唯三法是彼論也貪者於有有具染著為性能障無貪生苦為業謂由愛力取蘊生故瞋者於苦苦具憎恚為性能障無瞋不安惡行所依為業謂瞋必令身心熱惱起諸惡業不善性故慢者恃己於他高舉為性能障不慢生苦為業謂若有慢於勝德法及有德者心不謙下由此生死輪轉無窮受諸苦故此慢差別有七九種廣如大疏疏小隨者隨煩惱二十中有三類初十小隨次二中隨後八大隨具如大疏八識章中釋也今諂曲等名小隨者各別起故名小但是貪等分位差別等流性故名隨諂者為罔冒他故矯設異儀險曲為性能障不諂教誨為業貪癡一分為體嫉者徇自名利不耐他榮妬忌為性能障不嫉憂慼為業瞋一分為體然根本六

中今闕癡疑及惡見者癡在偈故三番徵釋已決疑故偈云我身即是身見身見斷則餘見自除故（餘謂邊邪二取此等皆依身見起故）疏重舉等者意云謂上已明貪瞋愛慢今又重言恩愛故次釋云生死根等其斷惑行相具如大疏所明餘文可見經偈諷中如次諷前便用長行四門大科以科之經云悟剎者正顯剎無體約迷悟以分疆也前云分疆用此意矣如入唐下喻明故知下法合乃至釋法愛及我身文皆顯著經依師離病疏二一自下下明科意二釋經文經長行中疏二一正說下開章敘意有少相濫者待至本文疏自標指若便懸說初學難領二別釋經文經令識中疏三一簡餘下釋標指最初因緣者其次文云是故於七刃生疲厭善財白言云何學菩薩行等乃至善哉汝已發阿耨菩提心復能求菩薩行善男子若有衆生能發阿耨菩提心者是事為難能發心已求菩薩行倍更為難善男子若欲成就一切智智應決定求真善知識勿生疲懈見善知識勿生厭足所有教誨皆應隨順於善知識善巧方便勿見過失（亦同此中意也）疏法句經者文具云尒時寶明菩薩白佛言世尊云何是善知識佛言善知識者便是疏中所引直至住於實際皆真如不變義也同此不住相從畢竟空中下即真如隨緣意也同此現塵勞讚梵行華手經者彼云云何名為真善知識彼云若有具足四種法者名善知識云何為四一者善知教化之法二者善知修道之人三善知教化之過四善知修道之過是名四法也疏離凡下二釋示相經中有順行逆行疏自指配經云不住者若有少法當情皆名住相乃至菩提涅槃尚不取著何

況世間夢幻境界疏不應住色等者此密用金剛經經次文云不應住聲香味觸法生心應無所住而生其心得無住心即契圓覺經云塵勞者塵是六塵勞謂勞倦由塵成勞故名塵勞又染心勤苦亦是塵勞即疏中指貪等為塵勞之意也疏梵行等者即淨名居士現毗耶城俗姓雷氏於提婆城取妻曰金姬男名善思女名月上示跡同凡化在家衆故名梵行疏同事攝者四攝之一也已如彌勒章說心既相親者如法華中長者後閽種種方便慰喻窮子亦如杜順和尚初食肉復食臭屍又如志公食魚鱠訖吐之水盆魚皆跳躑示欲之過等者經云示有妻子常修梵行現有眷屬常樂遠離乃至入諸婬舍示欲之過入諸酒肆能立其志等亦同華嚴者即善財所遇婆須蜜女示行貪行善財遇已得菩薩離欲際解脫門住第五無盡功德藏迴向等無厭足住示行瞋行得如幻解脫門勝熱婆羅門示行癡行得般若波羅蜜解脫門也疏說非梵行者今時此事甚衆宜審詳之壞見等者忘却此論題目待檢之疏結成下三釋結益經正舉中疏如雪山捨身者即涅槃經第十一彼云我於過去身為童子於雪山修行求道時聞羅刹於大林中宣說半偈我當詣彼作如是言善哉聖者何處得此半如意珠乃至為我宣說四句云諸行無常是生滅法生滅滅已寂滅為樂我以身施羅剎如故現帝釋形等香城敲骨者即大品般若經彼云時法勇菩薩於尋香城宣說般若波羅蜜多經有無量百千億人天大衆所共圍繞尒時常啼菩薩求聞是經等（云云）儒典尚令等者論語云事父能竭其力事君能致其身懇疏云

然因法出塵法為舟筏由師遇法師是舩師無師舩且不行無舩渡無憑託舩依師運敬法須以敬師故觀音慶已超聞勸凡同仰是以全身報法賣髓酬恩割肉聞經梵身謝德嗚呼末學盜法非師情希鳳鶴之姿豈覺鏡梟之醜此乃將興益滅求悟翻迷破法傷師報如形影經遮疑中疏二一指前下正釋在文易見但要善巧顯示學人疏然為下二別議師資然準此盡心事師實亦難得如此弟子及如此求道之人復不易得如此真正師友以當事之故中論偈云真法（宗所傳）及說者（真善知識）聽者（弟子及諸志求道人）難得故（通指上二種也）是故說生死非有邊（以得三種故生死非有邊畔盡時）無邊（非無邊也非空通二種類之謂所言難得非的定永不得得即生死必盡然非長無邊際故云非無邊）此偈因長行有間此生死法為有邊緊為無邊際故偈荅之云尒然此為徒等言借論語文勢彼云如知為君之難為臣不易故云尒勿因此誡者先勸弟子也世有非法之人假為菩薩之行誑惑愚夫還說空無相之言不拘齋戒以麁行為大乘以真修為小教愚人不曉此意却敬彼人不知弟子有擇師之分故今勸示且須聽受他說法自覺心中的有覺悟仍須动以聖教令與所稟宗中相應經教相合佛言相契若與合者名為正觀若不合者名為邪觀又須與師同處日久諮參徧問真俗知他心在佛道大悲利生既識得此師心源即須忘情絕慮沒命歸依縱見他接物化緣種種方便如前所說不得生疑又此藥下勸師也佛語種種各有對治如誡俗徒云剃頭著袈裟持戒及毀戒天人常供養當令無所乏如是供養彼名為供養我（我即佛自稱也）又云破戒惡行諸比丘猶勝精進諸外道及乎誡

僧又云破戒之人五千大鬼常遮其前掃其脚迹破戒人不得於國王地上行不得飲國王水又云寧以鐵槌碎身如塵熱鐵纏身種種極苦不得破戒身口等受信心檀越衣服飲食卧具種種物俗人合服前藥僧即合服此藥不宜互錯必受其殃今勸為師之人必須量心道力勿等閑認他上人此藥本治弟子不為師主師主服之即重增病苦以至於死方藥各有對治不得錯服服之增病等者夫求方藥不離一藏經律經律中言大底有二一說解則空而無過行則逆順皆通二說解則因果歷然行則止惡修善服此藥人若遇後教即云彼誑迷人初心人小乘人我是悟人久學人無我人作此意度則後藥無施也若遇前教又增惡習縱任情意陷陷他故言無藥可治也以縛等者即淨名云若自有縛能解他縛無有是處若自無縛能解他縛斯有是處又云自疾不能救焉能救諸疾人斯之謂矣經外易中疏摶食等者譯者朴拙準經意的說財食也食有四種此當段食食揔段別以段揀餘古譯經論訛云摶食今此三藏承古訛音遂作摶字又不分揔別謂摶即食仍略食字故云摶財也經顯益中疏憍慢若起等者夫人心若愛敬於他所作皆是若輕慢於彼則見彼所作皆非世俗傳云憎人嫌醜待人嫌久又云愛忘其惡等也又史書中有寵臣獻奇果於君初功後過之義也然慢念惡念亦互通先後或因起惡念即慢他或因慢他即惡念起言惡念者非謂擬損害意中以他菩薩慈悲利物之行呼為求名求利或疑中私染淨不分等便為惡

念也障覆自心者既疑他意唯見他懇切勸人謂言他有所求進退皆疑言教何入經分別四病令除疏二一二分下會通科意答第二問者依何等法據此科云分別四病令除即當答除去何病之問詳其義意乃是答第二問此義如何疏次自釋云標以妙法等釋意甚明問若尒者何故文云應離四病答疏自釋云此法離於四病方可依故疏中二故字皆是釋此段合當答前依何法問之所以也除病之問等者意明其答除去何病之問下自有文彼一段文令怨親平等用心以去無始自他種子結云即除諸病若將答所依法更不相當文亦不次又問曰若尒如何判決問答相應之科段答曰問雖次第列名佛答亦通亦別此有深意可細詳之文似濫者以此段中分別四病令除似答除去何病之問不似答依何法之問故云濫也由此相濫故云合而科之二正釋經文經別釋行相疏二一二別下示文繩墨者契經有五義此當一也謂楷定正邪意言者意中言也時俗人語因責人非豈不亦云汝意裏道什麼語又云我意直道汝如是如是亦即意言分別二別釋經生心造作疏二一釋標名辨相二辨相下正辨行相思惟揣度(入聲)等者此諸行相是多種人心意不定或一人或如此或如彼不可一一著尒許多或字故但列之由是行多推反如宴坐施為止山遊世等須善自分析隨執其一者但說同一類行於一類中不妨亦有作兩般三般者如修造供養是一類或作僧俗講或經呪或宴坐止山及觀空有等於諸類中復有別類亦有一人揔修者或有相違必不俱者如講者不妨持念及遊世界

勸衣食等持念者不妨止山相違者止山遊世也勸衣食故飢寒也端坐施為也施為通修造供養講說等受身厭身也疏此病下二明病起因起行起用者文云即起諸幻以除幻者又云變化世界種種作用又云照諸幻者便於是中起菩薩行又云復現智力種種變化度諸衆生又云復起菩薩清淨妙行度諸衆生又云復起作用變化境界失彼文意者迷彼皆以悟淨覺心於觀行中作如是等行今乃但見度生等言便務僧講俗講但聞起行之言便欲修造供養持經呪等但聞起作之言便欲種種施為遊世界等聞照幻之言便欲深山宴坐觀空有等聞除幻言便欲厭身故受飢寒等也但憑此行欲契圓覺故云成病疏指體下二釋指體結名積土聚沙者即法華方便品偈會權歸實萬善悉趣菩提之意也文云聲聞若菩薩聞我所說法乃至於一偈皆成佛無疑(云云皆取意引)若以小乘化我即墮慳貪此事為不可我本立誓願欲令一切衆如我等無異化無量衆生令入於佛道若於曠野中積土成佛廟乃至童子戲聚沙為佛塔如是諸人等皆已成佛道或有人禮拜或復但合掌乃至舉一手或復小低頭乃至供養像一稱南無佛皆已成佛道歇即菩提者是佛頂文具云狂性自歇歇即菩提勝淨明心不從人得其本末緣起前已引說經任意浮沈疏二一釋標名辨相二一意云下正辨行相無起滅念者以不厭故無滅生死之念以不欣故無起涅槃之念疏差別性者明非實性熱濕等者舉喻以明類例也意如莊子逍遙篇齊物篇等各隨他性各得其志何用改張傷他自然愛僧者僧愛俗者俗樂動

者動樂止者止齋與不齋乃至禪律雜說一切如此作
亦得不作亦得等跡此病下二明病起因言無修習等
者大衆可引便云尒時便有二十五輪三觀之切又云如
城四門隨方來者非止一路又云於諸修行實無有二
失彼文意者迷彼無修之言是乎以淨覺心之意意令
悟此天真本具無修之淨覺以對自己心行不稱覺者
對治令稱又常見覺體無妄而妄故須無修而修妄既
無妄而妄修亦即修無修既迷此意乃自謂無妄何用
更修不覺無身心中現見身心無憎愛中現行憎愛但
自云我本不出覺城何用從門而入等故成此任病跡
前則下二釋指體結名無記性者不記別為善為惡也
七賢者謂伯夷叔齊虞仲夷逸朱張少連柳下惠也四
皓者即終南山四皓避秦歸漢綺理夏黃綠生周角經
止息妄情跡二一釋標名辨相二一生心下正辨行相
生心恐非者故不作種種行隨情慮失者故不縱任自
在波息水即清明塵盡鏡即朗照未磨未澄照之何益
今妄念既未止息何用推察真性功用故云何須別照
跡息念等者相從念起息念故相不當情覺此無諸起
滅空靜之性故云得也非即覺性者一則關於靈照二
是色滅之空故跡此病下二明病起因從前靜觀等者
做前辨其迷錯之意即可知也經云彼圓覺性非止合
者破也跡覺本下二釋指體結名二一破其無觀謂例
其無止而止而不能無觀而觀於中初四句以例立理
夫無而見有有而見無皆是顛倒今且念是無照是有
今既迷背二理故揔為乖失後四句正例破也破其偏
治無而見有不治有而見無有而見無是隱義也跡又

真下二破其存止四句例破既起止皆違何存止而去
起次故言下結歸經文正拂存止也若將對前意者拂
偏止也所以者何以止若即觀止即非止今既一向是
止即知闕觀今拂一向之止故云非也後故前下引證
不應存止經滅除心境跡二一釋標名辨相二一前但
下正辨行相釋以身空者文具身心根塵已頻標示故
但舉一以例之跡身等者亦等於煩惱身心根塵也跡
此病下二明病起因皆云寂滅等者此文甚多此寂觀
中輪輪如此看經即見不待引也迷彼成此者彼是絕
待靈心之觀此是滅病由迷彼意故成此病又寂滅斷
惑等言是靈心中之絕待故經云無知覺明不依諸礙
今但空諸法絕於身心等相堅持空寂豈得意邪故下
破云非寂相故非寂者不言不寂但以闕於照故若見
寂即照故非寂照即寂故非照非照非寂寂照雙彰即
契圓覺餘意亦同上三迷前之意也跡夫覺下二釋指
體結名言似者寂滅之言斷煩惱之語全同前觀也理
跡者如上說之經結明中跡二一將前下釋離病清淨
二一直銷文跡然上下二通釋意二一揔標徵起跡一
者下二別釋行相二一皆無觀慧然觀慧有二一辯體
觀照起信中真如三昧及前三觀中悟淨圓覺以淨
覺心是也今四病中全無此故二觀諸法空有等義今
四中唯滅病云身心畢竟空無所有乍看似法空義然
亦非觀慧但是作此解數謂是達空以不言了知等故
任病中云於生死涅槃無起滅念亦是說此人心無此
意念不言達之舉要而言四病皆云作如是言正是起
計之辭起計之心名為執見不名觀慧既一一是生[illegible]

作意而為非病云何三觀何曾有作如是言之文諸經
勸讚亦何曾有此文故知只由修時都無觀慧故皆成
病如荷澤大師教人云妄起即覺妄滅覺滅豈不迥然
異於四病邪跡二者下二偏行一行二一明局故皆非跡
若能下二明通故皆是作種種行者初病中法也任運
閑者二中也習起息滅者三四也常冥覺體者有稱體
觀慧也不得取四者一一遣作如是言之計也休作等
者通明離病也跡即上下二釋結定邪正三一正銷經
懼落四中等者有人懼落初病不敢興起利益行懼落
二病不敢泯絕無寄修無住法懼落三病不敢修無念
宗懼落四病不敢觀空斷惑由此遲疑之故不敢決定
發願剋志攝心修菩提道既無決志大願即一切不成
斯為大大之病跡問為下二問荅通疑二一問詳之可解
十一　二十二
跡荅二下二荅若縱志別求者有人遇著良師審知有
道如前所揀真正又離四病然或因接引乖踈或因其
中別有情恨之人不願同住或自然性不相入便不能
師事修習方為縱志更有餘事故縱志別求如何別求
如汝所引文也跡故菩下三引證釋意經辨事師之心
跡二一三辨下辨科段但令親近等者下銷經文其閒
意言以行因教藉明師但逢難遇明師必示出塵之
行故不別明也跡如善下二正釋文三一釋揔示普賢
西遊者即法華經說普賢菩薩在東方寶威德上王
佛國遥聞此娑婆世界說法華經與無量菩薩衆俱到
娑婆世界亦是親近供養之意涅槃經說者以彼經迦
葉菩薩云善知識是趣菩提者具足因緣是故名為半

梵行者尓時佛告迦葉菩薩言我説名為全梵行者法句經者文云善知識者是汝父母養育汝等菩提身故善知識者是汝眼目示導汝等菩提路故（初六字後一字喻前全用今略可但具讀之）脚足荷負汝等離生死梯凳扶持汝等至彼岸飲食能使汝等增長法身寶衣覆蓋汝等功德身橋梁運載汝等度有海財寶救攝汝等離貧昔日月照曜汝等離黒暗身命護惜汝等無有時鎧仗降伏諸魔得無畏絙繩挽拔汝等離地獄妙藥療治汝等煩惱病利刀割斷汝等諸愛網時雨潤漬汝等菩提牙（下取意略引）明燈照破五蓋善友教示正道薪火成熟涅槃食弓箭能射煩惱賊勇將能破生死軍如來破煩惱至涅槃（已上所引）（疏文略列十喻文稍不次但簡而用恐人難記持但令取意説也疏從此後亦取意引用結一二文今具録之）善男子善知識者有如是無量功德是故我今教汝親近（此經但令親近供事不敘所以故引彼經顯親近所以以釋之）於是寶明菩薩與諸大衆聞佛説此妙法及善知識其深法要擧聲號哭涙下如雨悲啼懊惱不能自裁自念我身從曠劫已來為善知識之所守護是故今日值於如來得聞深法如是遇者善知識力非我力能自念我等從本已來未曾報恩方便親近説是語已重復擧聲等疏夫善下二釋列顯相親近者親之與近有四句一親而不近同心意者各住一方二近而不親或工商同行或官司同仕互相憎嫉爭權爭利等三亦親亦近仁慈父母孝順男女恩愛夫婦道合師資無離别之縁等四不親不近即陌路人等疏百萬障者彼文云若諸菩薩於餘菩薩起一念瞋心者當知是菩薩百萬障門皆悉開故所謂不欲趣菩提障不欲化度衆生障乃至廣説也論語云者意

事師求法者當須虚心求解降志依人而不能勠力白持容易同女子之志疏故勝鬘等者以菩薩化生審知物性柔弱者可以將護以陵之必退剛強者可以折伏纖之犯人文武之道也經云如虚空者虚空與法同喻甚多餘處多以喻法無生滅周徧含攝或喻佛無心等今但喻心無改易不喻無心謂常須恭敬供養承順顔色記受言教豈得無心乎疏薩埵者此云有情即衆生也疏結因下三釋結益經云方入圓覺者反明若不如是盡命事師即不得入圓覺也經所治中疏生心作意等者並是四病行相後云即除諸病者亦四病不一故云諸也經觀人中疏七品行慈者瑜伽論説習學慈心之者不可頓成須作方便漸引凡心令慈行成就方得怨親平等既慈能與樂與樂亦須平等言七品者上中下親三不怨不親下中上怨等也謂遇於上親令與上樂灼然稱可其心謂竭力供事父母甘脆或與妻子兄弟上妙之物其心皆能中親下親如次降殺所奉之物不怨不親任運不能與物次中親與上樂雖校一等亦可就之即下親中樂非怨非親下樂得此心熟又令下親與上樂乃至下怨與下樂更一轉即不怨不親與上樂如次下怨中樂中怨上樂如此漸漸引至上怨與上樂即能為之便成怨親無二同佛慈也經科等心觀法者前標妙法結以正觀似荅所依之法其中又離四病此中標不解脱結以除病似荅除去何病其中又令觀法故不妨除病依法叅而用之經發心深廣疏二一五顯下會科段荅第五者前四皆前後挾帶叅而荅之今義勢相涉意思連續唯此一向荅發心也二正解文經

摠標發心中云作如是言者言亦意也疏因地等者華嚴一部多明此相就中初發心功德品始末唯顯此發心行相一一校量功德略如文殊章初菩提心體相功德處引説若無心願者夫願是措心剋志情中願樂的欲作如是如是之事情發於中而形於言衰見今時淺識之流但以言辭及紙上文字而發願都不反驗自意如何故言心願也策引者策勸引導天台令憶本初發心者是願力也行不成者夫願者主心行者是迹所作之行若無宗趣名為率尓之心無記之性寧契菩提況無願力則心勇即進心倦即退何能始終不易剋獲勝果乎經别明心相疏二一二别下釋科文同金剛者如次下所引若約天親所判是荅云何住問令住四心也若約無著所判十八住中即當第一初發心住今此還當發心之文弥勒頌者本因無著菩薩入日光定上昇兜率請問弥勒菩薩金剛經義弥勒為説八十行頌以釋一卷經文無著傳於天親天親造長行三卷以釋此頌故疏引本頌半偈列四心矣後半云利益深心住此乘功德滿利益心是普度證果義深心是稱理無度無證無始終義住字正荅所問故前大科潛用此意云顯發心深廣廣是普益深字又同四中一廣大心者三界普度故二第一心者令得最上極果故三常心者衆生本寂常住不變無始終故四不顛倒心者無能度我相無所度衆生相故若有我人等相即非菩薩二正釋經廣大第一中疏四生者胎卵濕化也巳如弥勒章釋九類者四上更加五也若有色（五也即是四禪）若無色（六也即是四空）若有想（七也除無想天及無所有處餘皆有想）若無想（八也功德施論云就四空中有想是空識）

二處無想是無所有處九若非有想非無想九也附有頂天跡無餘涅槃者
非四涅槃中之第三彼同二乘故乃是無住大般涅槃
也不餘二乘菩薩變易生死及諸細障故云無餘故法
華云若得作佛時具三十二相尓時乃可謂永盡滅無
餘涅槃者秦譯爲滅度故大經云而滅度之若以新翻
即云圓寂廣如前涅槃章說虛空衆生等者通願發心
行相故華嚴十種行願一一結云虛空界盡衆生界盡
衆生業盡衆生煩惱盡我禮乃盡然第一是禮佛行願也餘稱讚供養
乃至第十迴向一一同此以虛空界乃至煩惱無有盡故我此禮敬
無有窮盡念念相續無有間斷身語意業無有疲厭故
此云虛空衆生無有邊際等衆生之言含於業煩惱也
悲願亦復如然者正同彼云我此等也由發此願等者
若以即時之心猶是宿習之性豈肯忘已濟他但心心
策發以此願境而爲觀智熏習日久自然成性乃至得
證菩提無心而化其化大焉經常不顛倒中疏我入覺
者必不別有覺爲可入也如前四相章初所說亦如前
湯銷冰喻我既如此衆生亦然故天親論具云菩薩取
一切衆生猶如我身自身滅度無異衆生滅度如是取
衆生如我身常不捨離是名常心利益據此即知自他
平等方是常心常心者無始已來本無我及衆生等相
但是圓覺無增滅無始終無生可度無真可證本來如
此方爲常心經云除彼等者然自及他約虛妄之想者
各具我人衆生壽者等四今就文勢語便且以我爲能
度以衆生配當所度不妨所度衆生亦自有我能度之
我亦有衆生詳之可見矣疏故天親等者遠離是菩依

止已下是所離障於中依止是總餘則是別謂身見是
我相即能度也衆生是他即所度也故結云等相無著
云者已斷我見等是離我想故信解下是離衆生想總
是彼經下指配彼此文同其不顛倒心彼經反明此經
順顯詳文可知經偈諷中疏長行達已同凡者文云了
知身心畢竟平等與諸衆生同體無異如是修行方入
圓覺敬師如佛者前約達理此約起行又達已同凡喪
其我慢仰師如佛增其恭敬敵體相對以成至行若普
觀衆生而恭敬及一切普化自他相對應有四句一約
理觀他是佛約情觀已是凡以成恭敬之行二約情計
觀他是凡愚苦身約悟解知我同佛智可救以成大悲
之行三俱約事相觀佛勝己以增自利之行觀衆生劣
我以增利他之行四俱約理性以成無我平等究竟解
行跡但諷能治者長行即先敘所治由有無始憎愛種
子故未解脫也犯戒因者前弥勒章中敘惡業云境背
愛心而生憎嫉造種種業生鬼獄故四相文初亦從憎
愛展轉乃至業流轉等不能繫引遠戒德者戒是波
羅提木叉此云別解脫故遺教經云戒是順解脫故能
治敵體相反故成治義上來依師離病文竟

圓覺經略疏之鈔卷第十一

曲沃縣城内 張了淨一板 張門石善智二板 解門楊善行一板
南關張了然一板 王門周靈璘一板 張了正一板
東關張門靳善明一板 仇門張氏一板 西關 安靈妙一板

將佛戶
不自見指不自觸也不
未證之心隨相信者未能
如一切法是信般若等平等之談
等意不能斷惑等者由迷此平等之
今時參學之流多迷此意如聞說衆生
涅槃無漏智性本自具足不得此意便云性本具
無可添補煩惱本空無可除斷由作此見便信任身
心不覺施為元來隨情逐念兼云稱性脫體全真認妄
為真惑之甚矣此義廣如禪詮初教充因緣決擇悟理
門中已詳敘析破他宗者具云如我數他寶自無
半錢分於法不修不證亦如是擇聽已齊聖跡二
二釋下顯科意抑高者謂言佛解無行處只似伊心行
故云下者已者舉其自已謂言已證菩提已得
涅槃成佛已竟二正釋經認聖智中跡理者涅槃也智
者也證理故上云智身身者體也即智自體為名為
證如諸識中自證分也根本戒者比丘四重尼有八重
大妄語者但只得同謂自言我得道入法乃云云而言我
我見虛誑妄語除增上慢比是彼之所除故云非此
息彼犯重此無犯此累慎解彼無所畏凡情中
跡或即證悟者欲得他已無二隨喜他勝他善為自不
或是證悟之力或亦不關證悟如此雖丹越心行無
我當其人外士界邊有現行嫉妬等邪故知自驗心迹
順於道行仍未的定若驗心迹有嫉妬瞋恨等事即定

知非道除大菩薩諸行之迹然約心之本迹以對順道
乖道有四句一隨喜他善及行施等二唯乖
凡愚嫉妬及行殺等三亦順亦乖菩薩殺等心順迹乖
愚施等心乖迹順四不乖不順謂佛眾淨無穢故離
從大悲等故不乖不順不乖也若但約心順為定不定四句者
一定順道二定乖道如前中初二句三乖順俱定謂菩
薩自知四乖順俱不定謂初心行施等自不能辨故觀
等亦然然結成障覺云是故不能入介清淨覺者從
別眾知一一結云不入覺者大而言之皆為我愛斯為
根本然者具明入覺須得其門華嚴玄義章十五門
如前所迷第十明入道方便門有三一揀心二揀境三造修
勝行別卷具引經辨釋中迹唯宗名數者且據法相宗
中入道又經云唯益多聞增長我見此故若破相宗中之人
即唯宗漸到頭亦不尚名數皆不務自照已心比類之
人名為甚學非多聞之相故略不言之解義我見唯長
者於使實稱廣解名數聞即皆知或善於立破破諸言
論亦轉增我相憐憫餘人妄有云經論衆生由昔因解
來翻更長貪瞋並為任運我慢貢高即破於法相兩宗
人同若據分別心中定認凡夫未除我執若即偏是法
性宗人我見增長從相宗人無故意定斷以不立法故
閑解法輕人作云我相增長其所執之見已定何言增
長然亦有增長故謂不習教人但任運執若聞解者皆有
旨無或言同佛見佛皆不定信不信若言法相之人究
竟凡夫無我故知執見轉勝故云增也不能了自心
者大云云何知正道故由顛倒慧增長一切惡一切類

者皆見亦在其中既增惡由不了心即正同習我由不
求悟即知求悟是令了心故引為證又既由不了心成
顛倒即知定須先了心也據此所明文義四句總要錄
前二類引聞者必熟故標初後二句等取中間兩句也
又智論者彼有三偈故此云等餘者今取意說謂有慧
無聞如聞中有目亦不知實相七如南宗禪學實了心皆未達諸法性相不
學無聞無慧如人中牛物然不知性具二種方知實相
即前悟淨圓覺以淨覺等妄斷斷惑但當下成因下佛說
者由前數段經文說修行中有[illegible]云不入淨
覺故此勸誡令離過用心方成正因也經[illegible]
本等者百法論云根本唯識頌但云煩惱隨說六種頌
曰煩惱謂貪瞋癡慢疑惡見長行釋云性是根本煩惱
攝故得煩惱名謂貪等六亦是隨煩惱之根本故今經
云貪瞋愛慢者彼論愛非十數以無別性貪所攝故此
中三法是彼論也貪者於有有具染著為性能障無貪
生苦為業謂由愛力取蘊生故瞋者於苦苦具憎恚為
性能障無瞋不安惡行所依為業謂瞋必令身心熱惱
起諸惡業不善性故慢者恃己於他高舉為性能障不
慢生苦為業謂若有慢於勝德法及有德者心不謙下
由此生死輪轉無窮受諸苦故此慢差別有七九種廣
如大疏疏小隨者隨煩惱二十中有三類初十小隨次
二中隨後八大隨具如大疏八識章中釋也今諂曲等
名小隨者各別起故名小但是貪等分位差別等流性
故名隨諂者為罔冒他故矯設異儀險曲為性能障不
諂教誨為業貪癡一分為體嫉者徇自名利不耐他榮
妬忌為性能障不嫉憂感為業瞋一分為體然根本六

中分文殊見者癡在偈故三番徵釋已決疑故偈云我身即是身見身見斷則餘見自除故（餘謂邊邪二取此等）下有微身見起故疏重舉等者意云謂上已明貪瞋愛慢今又重言恩愛故次釋云生死根等其斷惑行相具如大疏所明餘文可見經偈證中如文證前便用長行四門大科以料之經云悟剎者正顯剎無體約迷悟以分云分疆用此意矣如入唐下喻明故知下法合乃至釋法愛及我身文皆顯著經依師離病疏二一自下下明料意二一釋經文經長行中疏二一正說下開章敘意有少相濫者行至本文指者便懸說初學難領二列釋經文經今當中疏二一簡餘下釋標指最初因緣者其次文云是故於此勿生疲厭善財白言云何學菩薩行等乃至善哉汝已發阿耨菩提心復能求菩薩行善男子若有眾生能發阿耨菩提心者是事為難能發世求菩薩行倍更為難善男子若欲成就一切智智決定求真善知識勿生疲懈見善知識勿生厭足所有教誨皆應隨順於善知識善巧方便勿見過失（亦同此中）疏法句經者文具云尔時寶明菩薩白佛言世尊云何是善知識佛言善知識者便是疏中所引直至住於實際皆真如不變義也同此不在相從畢竟空中下即真知隨緣意也同此現塵勞讚梵行華手經者彼云云名為真善知識彼云若有具足四種法者名善知識云何為四一者善知教化之法二者善知修道之人三善知教化之過四善知修道之過是名四法也疏離此下二釋示相經中有順行逆行疏自指配經云不住者若有少法當情皆名住相乃至菩提涅槃尚不取著何

又世間夢幻境界疏不應住色等者此寄用金剛經經文云不應住聲香味觸法生心應無所住而生其心（心）無住心即契圓覺經云塵勞者塵是六塵勞謂勞倦塵成勞故名塵勞又深心勤苦亦是塵勞即疏中指會菩等為塵勞之意也疏梵行等者即淨名居士現毗耶城俗姓雷氏於提婆城取妻曰金姬男名善思女名月示跡同凡化在家眾故名梵行亦同事攝者四攝之一也已如疏勸章說心既相親ナ 上 左 發因種種方便慰喻弟子亦如杜順和尚初食肉復食臭屍又如志公食魚鱠說吐之水盆魚皆跳躍示欲之過等者經云示有妻子常修梵行現有眷屬常樂遠離乃至諸凡舍示欲之過入諸酒肆能立其志等亦同華嚴善財所遇婆須蜜女示行貪行善財遇已得菩薩離欲際解脫門住第五無盡功德藏迴向等無厭足住示行瞋行得如幻解脫門勝熱婆羅門示行痴行得般若波羅蜜解脫門也疏說非梵行者會時此事甚罕宜審辭之壞見等者忘却此論題目待拂之疏此成下呈增益經正舉中疏如雪山捨身者即涅槃經第十一云我於過去身為童子於雪山修行求道時聞羅剎我大林中宣說半偈我當詣彼作如是言善哉聖者何處得此半如意珠乃至為我宣說四句云諸行無常是生滅法生滅滅已寂滅為樂我以身施羅剎如故現帝形等香城敲骨者即大品般若經彼云時法勇菩薩於香城宣說般若波羅蜜多經有無量百千億人天所共圍繞尔時常啼菩薩求聞是經等云儒典尚令竭者論語云事父能竭其力事君能致其身懸疏云

然因法出塵法為舟筏由師遇法師是船師舟師所且果行無船渡無憑託船依師運故云須以敬師故觀音菩薩已超聞勸凡同仰是以全身報法喜酬恩割肉聞偈身謝德嗚呼末學盜法非師情希鳳鶴之姿喜鳥之醜此乃將興益滅求悟翻迷破法傷師報如形疑經遮疑中疏二一指前下正釋並文易見但要善巧然為下二別識師資然此無盡心事師實得如此弟子及如此求道之人復不易得如此真善友以當事之故中論偈云具法（所傳）及說者（真善知識）弟子及諸志求道人難得故（通指上三種也）是故說生死非有邊難以三種故生死有邊非無邊（非無邊此非有邊二邊雙非永不得釋即生死）此偈因長行有問此生死為有邊故偈答之云尔然此為法者彼云如知為君之難為臣不易故云尔勿因此勸弟子也世有非法之人假為菩薩之行誑惑愚夫謬談空無相之言不拘齋戒以麁行為大乘以直修為小教愚人不曉此意却敬彼人不知弟子有擇師之分故今勸示且須聽受他說法自覺心中的有覺悟仍須勘以聖教今與所稟宗中相應經教相合佛言相契若不合者名為正觀若不合者名為邪觀又須與師同處日久諮參徧問真俗知他心在佛道大悲利生既識得此師心源即須忘情絕慮沒命歸依縱見他權巧化物種種方便如前所說不得生疑又此藥下勸師也佛讖種種各有對治如誡俗徒云剃頭著染衣持戒及毀戒天人常供養當令無所乏如是供養彼名為供養我（我即佛自）也又云破戒惡行諸比丘猶勝精進諸外道及予誡

疏又云破戒之人五千大鬼常遮其前掃其脚迹破戒之人不得於國王地上行不得飲國王水又云寧以鐵槌打碎身如塵熱鐵纏身種種[illegible]不得破戒身口等受信[illegible]越衣服飲食卧具種種物俗人合服前藥僧即合服此藥不宜互錯必受其殃令勸為師之人必須量心遵力勿等閑認他上人此藥本治弟子不為師主師主[illegible]之即重增病苦以至於死方藥各有對治不得錯服服之增病等者夫求方藥不離一藏經律經律中言大底有二說解則空而無過行則違順皆通二說解則因果歷然行則止惡修善服此藥人若遇後教即云從識迷人初心人小乘人我是悟人久學人無我人作此意度則後藥無益[illegible]遇前教又[illegible]任情陷[illegible]故言無藥可治也以縛等者即淨名云若自有縛能解他縛無有是處若自無縛能解他縛斯有是處又云自疾不能救焉能救諸疾人斯之謂矣經外易中疏搏食等者譯者朴拙準經意說非食也食有四種[illegible]當段食[illegible]總段別以段揀餘古譯經論亦云摶食今[illegible]翻為古亂音遂作摶字又不分[illegible]州語謂指抑食仍[illegible]心若愛敬於他所作皆是若輕慢於彼則見彼所作皆非世俗傳云憎人嫌醜待人嫌久又云愛忘其惡等也又史書中有寵臣獻音果於君初功後過之義也然慢念惡念亦互通先後或因起惡念即慢他或因[illegible]惡念起害惡念者非謂擬損害意中以他[illegible]動之行呼為求名求利或疑中私染淨不分等便為惡

[illegible]也障礙自心者既疑他意唯見他愆切勸人謂言他有所未進退皆疑言教何入經分別四病令除疏二一正分下會通科意苔第二問者使何等法據此科云分別四病令除即當苔除何病之問詳其義意方是苔第二問此義如何疏文自釋云標其法等[illegible]明[illegible]若爾者何故文云應離四病苔疏自釋云此法離於四病方可依故疏中二故字皆是釋此段合當苔前依[illegible]法問之所以也除病之問等者意明其苔除去何病之問下自有文彼一段文令怨親平等用心以去無始[illegible]也憧子結云即除諸病若將苔前依法便不相當文[illegible]不文問曰若爾如何判決問苔相應之科段苔曰問雖文第列名佛苔亦通亦別此有深意可細詳之文[illegible]濫者以此段中分別四病令除似苔除去何病之問不能知依何法之問故云濫也由此相濫故云合而科[illegible]二正釋經文經別釋行相疏二一二別[illegible]亦支繩墨[illegible]起經有五義此當一也謂楷定正邪意言者意中言一也[illegible]俗人語因責人非豈不亦云汝意裏道什麼語又[illegible]我意直道汝如是如是亦即意言分別二別釋經生心造作疏二一釋標名辨相二辨相下正辨行相思[illegible]度[illegible]等者此諸行相是多種人心意不定主一人或如此或如彼不可一一著爾許多或字故但列之由是行多相反如宴坐施為止山遊世等須善自分析隨執其一者但說同一類行於一類中不妨亦有作兩般[illegible]者如修造供養是一類或作僧俗講或經咒或宴坐止山及觀空有等於諸類中復有別類亦有一人拋修者或有相違必不俱者如講者不妨持念及遊世界

勤求衣食等持念者不妨止山相違者止山遊世也勤求衣食故飢寒也端坐施為也施為通修造供養講說等愛著厭身也疏此病下二明病起因起行起用者文云即起諸幻以除幻者又云變化世界種種作用又云照諸幻者便於是中起菩薩行又云復現智力種種變化度諸衆生又云復起菩薩清淨妙行度諸衆生又云復起作用變化境界失彼文意者迷彼皆以悟淨覺心於觀行中作如是等行令力但見度生等言便務僧講俗講但聞起行之言便欲修造供養持經咒等但聞起作之言便欲種種施為遊世界等聞照幻之言便欲深山宴坐觀空有等聞除幻言便欲厭身故受飢寒等也但憑[illegible]行欲契圓覺故云成病疏指體下二釋指體結名積[illegible]沙者即法華方便品偈會權[illegible]實萬善悉趣菩提[illegible]我所說法乃至於一偈皆成佛[illegible]若以小乘化我即墮慳貪此事為不[illegible]立指願各令一切衆男女我等無異化無量衆生皆入於佛道若於曠野中積土成佛廟乃至童子戲聚沙為佛塔[illegible]人等皆已成佛道或有人禮拜或復但合掌乃至舉一手或復小低頭以此供養像一稱南無佛皆已成佛道[illegible]菩提者是佛頂文具云狂性自歇歇即菩提勝淨明心不從人得其本末緣起前已引訖從任意浮沈疏二一釋標名辨相二辨相下正辨行相無起滅念者以不厭故無滅生死之念以不欣故無起涅槃之念疏差別性者明其差別性[illegible]等者舉喻以明類例也意如莊子逍遙篇齊物論等各隨他性各得其志何用改移任他自然[illegible]者[illegible]者任樂動

者動樂止者止嚮與不嚮乃至禪律講說一切如此作亦得不作亦得等疏此病下二明病起因言無修習等[illegible]疏可引便云不待便有二十五輪三觀之初又云如城四門隨方來者非止一路又云於諸修行實無有二失彼文意者迷彼無修之言是乎以淨覺心之意兼令悟此天真本具無修之淨覺以對自己心行不稱覺者對治令稱又常見覺體無妄而妄故須無修而修妄既無妄而妄修亦即修無修既迷此意乃自歸無妄何用更修不覺無身心中現見身心無憎愛中現行憎愛但自云我本不出覺城何用從門而入等故成此任病疏前則下二釋指體結名無記性者不記別為善為惡也七賢者謂伯夷叔齊及仲夷逸朱張少連柳下惠也四皓者即終南山四皓避秦歸漢綺理夏黃[illegible]生周[illegible]止息妄情疏二一釋標名辨相二一生心下正辨行相生心恐非者故不作種種行隨情[illegible]故云寂然[illegible]自在波息水即清明塵盡鏡即朗照未磨未澄照之何益[illegible]妄念等者相從念起息念故相不當情覺此無諸起念妄念頓未止息何用推察真性功用故云何須別照滅空靜之性故云得也非即覺性者一則關於靈照二是色滅之空故疏此病[illegible]因從前靜觀等者彼前辨其迷錯之意即可知也經云彼圓覺性非止合者破也疏覺本下二釋指體結名二一破其無觀謂例其無止而止而不能無觀而觀於中初四句以例立理夫無而見有有而見無皆是顛倒今且念是無照是有今既違背二理故揔為乖失後四句正例破也破其偏治無而見有不治有而見無有而見無是隱義也疏又

真下二破其存止四句例破既起止皆違何存止而云起求故言下結歸經文正拂存止也若將對前意若拂為上也所以者何以止若即觀止即非止今既一句是止即知闕觀今拂一向之止故云非也後故前下引證不應存止經滅除心境疏二一釋標名辨相二一前但下正辨行相釋以身空者文具身心根塵已斷標示故但舉一以例之疏身等者亦等於煩惱身心根塵也疏此病下二明病起因皆云寂滅等者此文甚多此寂滅小輪輪如此若約即是不[illegible]也迷彼成此[illegible]本寂心之觀此是滅病由迷彼意故成此病又寂滅斷滅等者是盡心中之絕行故經云無知覺明不依諸塵[illegible]空諸法絕於身心等相堅持空寂並得意邪故下破云非寂相故非非寂者不言不寂但以闕於照故若見寂即照故非寂照即寂故非照非照非寂寂照雙融為契圓覺餘意亦同上三迷前之意也疏夫覺下二釋指[illegible]名言以者寂滅之言斷煩惱之語全同前觀也理疏者如上說之經結明中疏二一將前下釋離病清淨二一直消文疏然上下二通釋意二一揔標徵起疏一者下二別釋行相二一皆無觀慧然觀慧有二一稱體[illegible]照起信中真如三昧及前三觀中悟淨圓覺以淨覺心是也今四病中全無此故二觀諸法空有等義今四中唯滅病云身心畢竟空無所有乍看似法空義然亦非觀慧但是作此解數謂是達空以不言了知等故[illegible]中云於生死涅槃無起滅念亦是說此人心無此等念來言達之難要言四病皆云作如是言[illegible]之辭起計之心名為執見不名觀慧既一一是生心

[illegible]動為非病[illegible]作三觀何曾有作如是言之文諸經[illegible]亦何曾有此文故知只由修時都無觀慧故皆成病如荷澤大師教人云妄起即覺妄滅覺滅豈不迴為異於四病邪疏二者下二偏行一行二一明局故皆非疏若作下二明通故皆是作種種行者初病中法也任運[illegible]者三中豈起息滅者三四也常冥覺體者有稱體觀慧也不得取四者一一遣作如是言之計也休作等者通明離病也疏即上下二釋結定邪正三一正銷經懼落四中等者有人懼落初病不敢與起利益行懼落二病不敢泯絕縱寄修無住法懼落三病不敢修無念宗懼落四病不敢觀空斷惑由此遲疑之故不敢決定發願剋志攝心修道既無決志大願即一切不成[illegible]大之病疏問為下二問答通疑二一問辭之可解[illegible]答二下二答若殺志別求者有人遇著良師審知有道如前所揀真正文辭四病然或因接引邪說或自中別行情生之人不願同住或自然性不相入住不能[illegible]事修習方為殺志更有餘事故殺志別求如何剋如次所引文也疏故善下三引證釋意經辨事師之心疏二一三辨下辨科段但令親近等者下銷經文甚顯[illegible]不及明也疏如善下二正釋文三一釋揔示習賢意言以行因故故能明師但逢離過明師必示出塵之西遊者即法華經說普賢菩薩在東方寶威德上佛國遥聞此娑婆世界說法華經與無量菩薩衆俱到[illegible]娑婆世界亦是親近供養之意但舉經說者以彼經迦[illegible]菩薩云善知識是趣菩提者具足因緣是故名為半

梵行者尒時佛告藥王菩薩言我說名為全梵行者法
華經者文云善知識者是汝父母養育汝等菩提身故
善知識者是汝眼目示導汝等菩提路故（初六字後一字喻實全用）
（略可但讀之）腳足荷負汝等離生死擲兕我持汝等至彼
岸飲食能使汝等增長法身寶衣覆蓋汝等功德身橋
梁運載汝等度有海財寶救攝汝等離貧苦日月照耀
汝等離黑暗身命護惜汝等無有時鎧仗降伏諸魔得
獄甚細繩挽拔汝等離地獄妙藥療治汝等煩惱病利
刀割斷汝等諸愛網時雨潤漬汝等菩提芽（下準見明略引）明
燈照破五蓋善友教示正道薪火成熟涅槃食弓箭能
射煩惱賊勇將能破生死軍如來破煩惱至涅槃（已上所引）
（疏文略列十喻文稍不次但簡而用恐人難見特但令意顯也疏從此後亦取意引用結二二文令具錄之）
善男子善知識者有如是無量功德是故我今教汝親
近（未經經文但令親近供事不說所以釋此疏引彼經說親近所以以釋之）於是寶明菩薩與諸
大衆聞佛說此妙法及善知識甚深法要舉聲號哭涙
下如雨悲啼懊惱不能自裁自念我身從曠劫已來為
善知識之所守護是故今日值於如來得聞深法如是
過者善知識力非我力能自念我等從本[illegible]曾奉
忍方便親近其語已重復舉聲號哭大善下二釋制
親者親近者親其身近有四句一親而不近同心意者
各住一方二近而不親或工商同行或官司同仕互相
憎嫉爭權爭利等三亦親亦近仁慈父母孝順男女恩
愛夫婦道合門戶屬等四不親不近即陌路
行人等云百萬劫者彼文云若諸菩薩於餘菩薩起一念
瞋心者得知是菩薩百萬障門皆悉開故所謂不欲惡
菩提、偈云度衆生障乃至廣說也論語云者意明

[illegible]依人而不能義方
不易同安等之疏故勝錄等者以菩薩化生喻知
物性柔弱者可以將護以防之必退剛強者可以折伏
故之犯人文武之道也經云如虛空者虛空與法同喻
甚多餘喻多以喻法無生滅周偏含攝或喻佛無心等
義但喻心無改易不喻無心謂常須恭敬供養承順願
色記受言教皆得無心平疏薩埵者此云有情即衆生
也疏結因下三釋結益經云方入圓覺者反明若不如
是盡命事師即不得入圓覺也經所治中疏生心作意
等者並是四病行相後云即除諸病者亦四病不一故
是諸也經入中疏七品行慈者瑜伽論說習學慈心
之者不可頓成須作方便漸引凡心令慈行成就方得
怨親平等既能與樂與樂亦須平等言七品者上中
下親三不怨不親下中上怨等也謂遇於上親令與上
樂灼然稱可其心謂竭力供事父母甘脆或與妻子兄
弟上妙之物其心皆能中親下親如次降殺所奉之物
不怨不親任運不能與物次中親與上樂雖校一等亦
可就之即下親中樂非怨非親下樂得此心熟文令下
親與上樂乃至下怨與下樂更一轉即不怨不親與上
樂如次下怨中樂中怨上樂（下）如此漸漸引至上怨與上
樂即能為之便成怨親無二同佛慈也經料等心觀法
者前揀妙法結以正觀似答所依之法其中又離四病
此中標不解脫結以除病似答除去何病其中又令觀
法故不[illegible]法答而用之經發心深廣疏二一五
號下會科段答第五者前四皆前後揀等條而答之令
義勢相涉[illegible]意連綿唯此一向答發心也二正釋文經

總標發心中云作如是言者言亦意也疏因地等者華
嚴一部多明此相就中初發心功德品始末唯顯此發
心行相二一標讚功德略如文殊章初菩提心體相功
德處引說若無心願者夫願是指心剋志情中願樂的
欲作如是如是之事情發於中而形於言表見令時淺
識之流但以言辭及紙上文字而發願都不反驗自意
如何故言心願也當來引者兼勸引導夫令懷本初發
心者是願力也行不成者夫願者主心行者是迹所作
之行若無宗趣名為率爾之心無記之性寧契菩提況
無願力則心勇即進心倦即退何能始終不易剋獲勝
果乎經別明心相疏二一二別下釋科文同金剛者如
彼下所引若為天親所判是答云何住問令住四心也
若約無著所判十八住中即當第一初發心住令此還
當發心之文弥勒頌曰本四為頌菩薩入日光定上昇
兜率請問弥勒菩薩金剛經義弥勒為說八十行頌以
釋一卷經文無著傳於天親天親造長行三卷以釋此
頌故疏引本頌半偈列四心矣後半云利益深心住此
乘功德滿可益心是普度證果義深心是稱理無度無
證無始終義謂字正答所問故前大科潛用此意云願
發心深廣廣是普益深字又同四中一廣大心者三界
普度故二第一心者令得最上極果故三常心者衆生
本寂常住不變無始終故四不顛倒心者無能度我相
無所度衆生相故若有我人等相即非菩薩二正釋經
廣大第一中疏四生者胎卵濕化也已如弥勒章釋九
類者四上更加五也若有色（五也即是四禪）若無色（六也即是四空）若
有想（七也除無想天及無所有處餘皆有想）若無想（八也功德施論云謂四空中有想是空識）

二處無想是無所有處也若非有想非無想九也則有頂天疏無餘涅槃者
非四涅槃中之第三彼同二乘故乃是無住大般涅槃
此云無餘二乘菩薩變易生死及諸細障故云無餘故法
華云若得作佛時具三十二相尒時乃可謂永盡滅槃
餘涅槃者秦譯為滅度故大經云而無滅度之者以新翻
即云圓寂廣如前涅槃章說虛空衆生等者通發心
行相故華嚴十種行願一一皆云虛空界盡衆生界盡
衆生業盡衆生煩惱盡我禮乃盡彼第一是禮佛行願也餘偈讚佛善
乃至第十迴向二同此以虛空界乃至煩惱無有盡故我此禮敬
無有窮盡念念相續無有間斷身語意業無有疲厭故
此云虛空衆生無有邊際等衆生之言含於業煩惱也
悲願亦復如是者正同彼云我此等也由發此願等者
若以即時念念猶是宿習之性豈肯忘己濟他但心心
策發以此願境而為觀智晝夜日久自然成性乃至得
證菩提無心而化其化大為經常不顛倒中疏我入覺
者必不別有覺為可入也如前四相章初所說亦如前
湯銷冰喻我既如此衆生亦然故天親論具云菩薩取
一切衆生猶如我身自身滅度無異衆生滅度如是取
衆生如我常不捨離是名常心利益攝此即知自他
平等方是常心常心者無始已來本無我及衆生等相
但是圓覺無增減無始終無生可度無真可證本來如
此方為常心經云除彼等者然自及他約虛妄之想者
各具我人衆生壽者等四今就文勢語便且以我為能
度以衆生當所度不妨所度衆生亦自有我能度之
我亦有衆生評之可見矣疏故天親等者遠離是智依

止已下是所離障於中依止是總餘則是別謂身見是
我相即能度也衆生是他即所度也故結云等相無著
云者已斷我見等是離我想故信解下是離衆生相想
是故經下指配彼此文同其不顛倒心彼經反明此經
順顯餘文可知經偈誦中疏長行達己同凡者文云了
知身心畢竟平等與諸衆生同體無異如是修行方文
圓覺敬師如佛者前約達彼此是約行又達己同凡與
其我慢仰師如佛增其恭敬敵體相對以成至行若普
觀衆生而恭敬及一切普化自他相對應有四句一約
理觀他是佛約情即是凡以成恭敬之行二約情計
觀他是凡悲苦身約悟解知我同佛智可救濟以成大悲
之行三俱約事相觀佛勝己以增自利之行觀衆生苦
我居增利他之行四俱約理性以成無我平等究竟解
行餘偈能治者長行即先敘所治由有無始愛憎種
子故未解脫也犯戒因者前彌勒章中敘愛[illegible]境皆
愛心而生憎嫉造種種業生鬼獄等四相文亦云愛憎
要[illegible]至業流轉等不能繫引違戒[illegible]
[illegible]本文此云別解脫故遺教經云戒是順解脫故能
治[illegible]相反故成治義上來依師離病文竟
圓覺經略疏鈔卷第十一　[illegible]

[illegible]僧尼等管板八片[illegible]
[illegible]州倉使李四官人倫倉副[illegible]二[illegible]
[illegible]僧尼廿　板一十片　[illegible]五戒楊[illegible]
張一翁廿
[illegible]并衆僧尼寸管板七片　[illegible]
館淘縣寶蓋寺并衆僧尼寸管板八片
[illegible]并衆僧尼寸管板一十五片
[illegible]縣為大師并衆僧尼寸管板五片　楊[illegible]
[illegible]市[illegible]三片　[illegible]
[illegible]州律師并僧尼管板一十片　[illegible]河[illegible]
四片[illegible]主管板二片　高[illegible]
管板廿片水寨[illegible]院主管板二片[illegible]河[illegible]

大方廣圓覺經疏序　威一

唐江西道觀察使洪州刺史兼御史大夫裴休述

夫血氣之屬必有知凡有知者必同體所謂眞淨明妙虛徹靈通卓然而獨存者也是衆生之本源故曰心地是諸佛之所得故曰菩提交徹融攝故曰法界寂靜常樂故曰涅槃不濁不漏故曰清淨不妄不變故曰眞如離過絶非故曰佛性護善遮惡故曰總持隱覆含攝故曰如來藏超越玄閟故曰密嚴國統衆德而大備爍羣昏而獨照故曰圓覺其實皆一心也背之則凡順之則聖迷之則生死始悟之則輪迴息親而求之則止觀定慧推而廣之則六度萬行引而爲智然後爲正智依而爲因然後爲正因其實皆一法也終日圓覺而未嘗圓覺者凡夫也欲證圓覺而未極圓覺者菩薩也具足圓覺而住持圓覺者如來也離圓覺無六道捨圓覺無三乘非圓覺無如來泯圓覺無眞法其實皆一道也三世諸佛之所證蓋證此也如來爲一大事出現蓋爲此也三藏十二部一切修多羅蓋詮此也然如來垂敎指法有顯密立義有廣略乘時有先後當機有深淺非上根圓智其孰能大通之故如來於光明藏與十二大士密說而顯演潛通而廣被以印定其法爲一切經之宗也圭峯禪師得法於荷澤嫡孫南印上足道圓和尚一日隨衆僧齋于州民任灌家居下位以次受經遇圓覺了義卷未終軸感悟流涕歸以所悟告其師師撫之曰汝當大弘圓頓之敎此經諸佛授汝耳禪師既佩南宗密印受圓覺懸記於是閱大藏經律通唯識起信等論然後頓轡於華嚴法界宴坐於圓覺妙場究一兩之所霑窮五敎之殊致乃爲之疏解凡大疏三卷大鈔十三卷畧疏兩卷小鈔六卷道場修證儀一十八卷並行於世其敘敎也圓其見法也徹其釋義也端如析薪其入觀也明若秉燭其辭也極於理而已不虛騁其文也扶於敎而已不苟飾不以其所長病人故無排斥之說不以其未至蓋人故無胸臆之論蕩蕩然實十二部經之眼目三十五祖之骨髓生靈之大本三世之達道後世雖有作者不能過矣其四依之一乎或淨土之親聞乎何盡其義味如此也或曰道無形視者莫能覩道無方行者莫能至況文字乎在性之而已豈區區數萬言而可詮之哉對曰噫是不足以語道也前不云乎統衆德而大備爍羣昏而獨照者圓覺也蓋圓覺能出一切法一切法未嘗離圓覺今夫經律論三藏之文傳于中國者五千餘卷其所詮者何也戒定慧而已修戒定慧而求者何也圓覺而已圓覺一法也張萬行而求之者何衆生之根器異也然則大藏皆圓覺之經此疏乃大藏之疏也羅五千軸之文而以數卷之疏通之豈不至簡哉何言其繁也及其斷言語之道息思想之心忘能所滅影像然後爲得也固不在詮表耳嗚呼生靈之所以往來者六道也鬼神沉幽愁之苦鳥獸懷獝狘之悲脩羅方瞋諸天正樂可以整心慮趣菩提唯人道爲能耳人而不爲吾末如之何也已矣休常遊禪師之閫域受禪師之顯

訣無以自効輙直讚其法而普告大衆耳其
他備乎本序云

大方廣圓覺經大疏本序

唐終南山草堂寺沙門宗密述

元亨利貞乾之德也始於一氣常樂我淨佛
之德也本乎一心專一氣而致柔修一心而
成道心也者冲虛妙粹炳煥靈明無去無來
冥通三際非中非外洞徹十方不滅不生豈
四山之可害離性離相奚五色之能盲處生
死流驪珠獨耀於滄海踞涅槃岸桂輪孤朗
於碧天大矣哉萬法資始也萬法虛僞緣會
而生生法本無一切唯識識如幻夢但是一
心心寂而知目之圓覺彌滿清淨中不容他
故德用無邊皆同一性性起爲相境智歷然
相得性融身心廓爾方之海印越彼太虛恢
恢焉晃晃焉逈出思議之表也我佛證此愍
物迷之再歎奇哉三思大事既全十力能摧
樹下魔軍爰起四心欲示宅中寶藏然迷頭
捨父悟有易難故僊苑覺場教興頓漸漸設
五時之異空有迭彰頓無二諦之殊幽靈絕
待令此經者頓之類歟故如來入寂光土凡
聖一源現受用身主伴同會曼殊大士創問
本起之因薄伽至尊首提究竟之果照斯真
體滅彼夢形知無我人誰受輪轉種種幻化
生於覺心幻盡覺圓心通法徧心本是佛由
念起而漂沉岸實不移因舟行而驚驟頓除
妄宰空不生華漸竭愛源金無重鑛理絕修
證智似階差覺前前非名後後位況妄忘起
滅德等圓明者焉然出廐良駒已搖鞭影蘊
塵大寶須設治方故三觀澄明真假俱入諸
輪綺互單複圓修四相潛神非覺遣拒四病
出體心華發明復令長中下期克念攝念而
加行別徧互習業障惑障而銷亡成就慧身
靜極覺徧百千世界佛境現前是以聞五種
名超剎寶施福說半偈義勝河沙小乘實由
無法不持無機不被者也噫巴歌和衆似量
騰於猿心雪曲應稀了義匿於龍藏宗密髫
專魯誥冠討竺墳俱溺筌罤唯味糟粕幸於
涪上鍼芥相投禪遇南宗教逢斯典一言之
下心地開通一軸之中義天朗耀頃以道非
常道諸行無常今知心是佛心定當作佛然
佛稱種智修假多聞故復行詣百城坐探羣

籍講雖濫泰學且師安叨沐猶吾之納謬當眞子之印再逢親友彌感佛恩乆慨孤貧將陳法施採集般若綸貫華嚴提挈毗尼發明唯識然醫方萬品宜選對治海寶千般先求如意觀夫文富義博誠讓雜華指體投機無偕圓覺故叅詳諸論反復百家以利其器方爲疏解冥心聖旨極思研精義備性相禪兼頓漸使游刃之士無假傍求反照之徒不看他面斯其志矣大者絕諸邊量方廣正而含容圓者德無不周覺者靈源不昧修多羅總指諸部了義者別歎斯文經者貫穿義華以之攝化羣品故云大方廣圓覺修多羅了義經也

大方廣圓覺經大疏目録

大方廣圓覺經大疏目録 終

大方廣圓覺經大疏上卷之一

終南山草堂寺沙門宗密述

歸命妙色身　無礙辯才智　所位清淨覺
所流修證門　妙德普賢尊　十二百千衆
我發深弘誓　莊嚴要畧經　願三寶慈哀
冥資方便慧　一切法門海　潛流入我心
心通義相生　風畫空中現　文文符聖意
句句合羣機　身心入覺城　同受無爲樂

將釋此經十門分別一敎起因緣二藏乘分攝三權實對辯四分齊幽深五所被機宜六能詮體性七宗趣通別八修證階差九叙昔翻傳十別解文義初中二一總二別總者酬因酬請顯理度生一代敎興皆由是矣若原佛本意則唯爲一大事因緣故出現於世欲令衆生開佛知見使得清淨等雖說三乘所證之法及調伏事是法皆爲一佛乘故別者有十所爲故說此經一顯示因行有本故謂文殊問本起因地佛說一切如來皆依圓照淨覺了無明空因此發清淨心方可修波羅蜜等二泯絕果相成圓故謂泯絕菩提涅槃二轉依故唯是清淨覺性方爲無始無終不增不減究竟之果故說涅槃昨夢佛國空華等三決擇悟理應修故謂普賢問意云覺性本圓一切如幻幻空無體誰曰修行如其不修何因證覺佛說因起幻智以除諸幻幻盡智泯覺心圓明然今唯說空幻者溺於無修修習之徒縛於有得良由悟修之意似反而符故最難明理須決擇四窮盡甚深疑念故謂菩薩難意云衆生本佛今既無明十方如來後應煩惱佛答意云卽此分別便是無明故見圓覺亦同流轉如雲駛月運等但一念不生則前後際斷如翳差華亡等衆生卽佛人罕能知知而寡信信而鮮解解亦難臻此境今經決了實謂窮源苟能精通羣疑自釋五斷除輪迴根本故謂發業成種無明爲根潤業受生貪愛爲本若不識其相賊卽能爲若不達其空永不可斷故答文殊彌勒究了盡其根源六搜索菩提隱障故謂我人衆生壽命等四相雖名同諸敎而行相深密從麤至細展轉難除其猶眼瞼非朗鏡而不照我亦如是非了敎而不明故淨業一章重重搜索七少文能攝多義故如論中說凡引論不出名題者皆起信也或有衆生廣聞而取解或少聞而多解或樂總持少文而攝多義能取解者此之三類初或文廣義略如大般若等或文義俱廣如華嚴等二文義俱略如般若心等三文略義廣卽彼論此經謂一軸之文二十八紙義具終敎頓敎此二正是所宗之旨空宗普眼文中修二空觀及顯塵識界一一清淨如大般若相宗五性差別修證地位亦該小乘分析四大界分別觀及不淨觀兼含圓別歷根識塵大三界二科一一云三等不動周徧法界無壞無雜如一室千燈等又三觀別修及依一法性顯戒定慧等通決悟修義意一一法門皆入了悟托法而修故觀門之首一一云悟淨圓覺以淨覺心方云修如是如是等具足頓漸禪門龍藏徧探無備於此八一法巧被三根故謂普眼觀門被上根也三觀諸輪被中根也三期道場被下根也二皆漸也言一法者一一文中無不標依圓覺結入圓覺九令修稱性深禪故然諸家禪定之門

不出色四空四唯起信直修眞如三昧此經便入圓覺觀門雖三根漸頓之殊所入無非圓覺十勸事離相明師故然諸隨相之教所說修行有軌可則有跡可依故末必長隨善友師傳此經說惑元無復云除斷說佛本是復曰勤修一切儀式類皆如此末世後學難可依從必須離相明師觸向曉喻故令親近盡命亡軀四儀之中無執其相勿恨彼去勿慢彼來如是承事歸依方能悟入圓覺是以善財童子初遇文殊既與開發覺心便敎親近善友亦由法界宗旨隱顯難明故以事師爲後之軌二藏乘分攝者三法卽爲三門初藏次乘後分藏謂三藏二藏通稱藏者以含攝故初三藏者一修多羅古譯爲契經契謂契理契機經謂貫穿攝化卽契理合機之經（依主）契經卽藏（持業）正翻爲線線能貫華經能持緯此方不貴線稱故存於經然天竺呼線席經井索聖敎皆曰修多羅故梁攝論譯爲聖敎古德見此儒墨皆稱爲經遂借彼

席經以目聖敎則雙含二義俱順兩方借義助名更加契字揀異席經甚爲允當然其義相卽佛地論有二一貫二攝故彼論云能貫能攝故名爲經以佛聖敎貫穿攝持所應說義所化生故雜心有五一涌泉（注而無竭）二出生（展轉滋多）三顯示（示理事等）四繩墨（楷定正邪）五結鬘（線能貫華結鬘故然西域四物雖殊義意相似故同一修多羅之目而聖敎多含自具其四將此五義對詳可見已下更說）二毘柰耶此云調伏調調練三業制伏過非調練通於止作制伏唯明止惡就所詮之行彰名調伏之藏亦名毘尼此翻云滅滅有三義一滅業非二滅煩惱三得滅果或名尸羅此云清涼離熱惱因得清涼果故亦名波羅提木叉此云別解脫三業七支各各防非故（就因）亦翻爲隨順解脫（據果）三阿毘達磨此云對法法有二種一勝義法謂卽涅槃是善是常故二法相法通四聖諦（相者性也狀也）對亦二義一者對向向前涅槃二者對觀觀前四諦其能對者皆無漏慧及相應心品言對法者法之對故故對法藏特明慧

論世親攝論說有四義謂對故數故伏故通故對義同前數者於一一法數數宣說訓釋言詞自共相等無量差別故伏者能勝伏他論故通者此能通釋契經義故亦名優波提舍比云論議亦名磨怛理迦此云本母（敎爲義本如母）然此三藏約其所詮畧有二門一則經詮三學律唯戒定二學論唯慧學二則三藏之中經正詮定毘尼詮戒論詮於慧兼各通三第二明二藏者一聲聞藏二菩薩藏卽由前三藏詮示聲聞理行果故名聲聞藏詮示菩薩理行果故名菩薩藏三乘唯二藏者由緣覺多不籍敎出無佛世故若出佛世攝屬聲聞理果同故若約敎行別者卽開三乘以爲三藏如普超大悲等經入大乘論說然此經三藏之中契經藏攝二藏之內菩薩藏收若此攝彼卽兼該三二二空觀前先令持戒三期修中說安居故剛藏菩薩徵難佛故深必該淺故（上來藏攝竟）次乘攝者畧有六重初謂一乘十方佛土中無二亦無三也次謂

二乘即前二藏所詮也三即三乘開加緣覺也四者四乘加最上乘亦名佛乘故梁攝論成立正法具有四乘四品觀緣起成四種菩提亦可配此梁朝光宅法師約法華經亦立四乘謂臨門三車即是權教三乘四衢等賜大白牛車即是實教大乘以臨門牛車亦同羊鹿俱不得故並無體故諸子皆索故經文不言求牛車入出門即得又不言索車唯是二乘但云三車俱索明知三乘皆是方便然約權實相對故為四乘權既無體即為一也謂約教則廢三立一約理則攝三顯一約行即攝三為一約果則會三歸一又廢立局教餘三通三華嚴教義分齊

亦料揀一乘大乘有十義別一權實別義在四乘中二教義別臨門三車但有其名以望一乘但是教故故經云以佛教門出三界苦亦不可云以佛教言但約二乘以經不揀故彼求牛車之人尋教至義亦同羊鹿俱不學故三所期別以白牛車非是宅內所許三車是故界外四衢道中授諸子時皆云非本所望亦不可云但約二乘經不揀故四德量別宅內但云牛車不言餘德而露地所授乃七寶大車寶網寶鈴等無量眾寶莊嚴此即體具過恒沙德也又彼但云牛不言餘相此云白牛肥壯多力其疾如風等用殊勝也又云多諸價從而侍衛等眷屬也又云我有如是七寶大車其數無量此顯一乘主伴具足教義無量也五寄位別本業仁王等經梁攝十地等論皆以初二三地寄在世間四至七地寄出世間八地已上寄出世出世間於出世間中四地五地寄聲聞法六地寄緣覺法七地寄菩薩法此如三乘八地已去寄一乘法六付囑別法華經云於未來世若有信如來智慧者當為演說此法華經令得佛慧故若有不信受者當於如來餘深法中示教利喜汝等若能如是則為已報諸佛之恩解云餘深法者即大乘也非一乘故云餘非小乘故云深也法華別意正在一乘故作此囑也七根緣別華嚴性起品云佛子菩薩摩訶薩無量億那由他劫行六波羅蜜修習道品善根若未聞此經或聞不信受隨順是等猶為假名菩薩不得名為真實菩薩釋曰此多劫修菩薩行又不聞不信此一乘經若非三乘權教菩薩是何人也當知正是法華經內餘深法中示教利喜者八信順別華嚴寶首品云一切世界羣生類鮮有欲求聲聞乘求緣覺者轉復少求大乘者甚希有求大乘者猶為易解此法甚為難釋曰此品正明信位及成佛等事既越三乘恐難信受故樂三乘對此決之九顯示別華嚴第九地偈云若眾生下劣示以聲聞道若復根少利為說辟支佛若有根明利有大慈悲心饒益諸眾生為說菩薩道若有無上心決定樂大事為示於佛眾說無盡佛法十本末別大乘同性經云所有聲聞法辟支佛法菩薩法諸佛法皆悉流入毘盧遮那一智藏大海此文約本末分異仍會末歸本明一乘三乘差別耳此上十證足為龜鏡而守株之者聞說驗神深可悲矣故經云所未聞經聞之不疑為希有也五謂五乘除一乘加人乘天乘也六謂無量乘華嚴經云或有國土說一乘或二或三或四五如是乃至無有量今此經文初及四中唯一乘攝二三五中唯大乘攝無量乘中有其二意若以隨機設教多門名無量則於無量乘中唯實教攝若以彼宗一切諸法一一皆能顯義益物一一無不該攝名為無量者則全能攝若約此經攝彼乘等則除無量乘中一一圓融之義及一乘中主伴無盡之義餘皆攝也流通文云亦攝漸修一切羣品譬如大海不讓小流等故上來乘攝竟後分攝者謂十二分教也舊云十二部經恐濫部袟改名分教十二中各有二相如注配一契經一總相涅槃云始從如是我聞終至歡喜奉行皆修多羅二別相雜集云謂長行綴緝略說所應說義又有異名謂法本直說聖教或但名經二應頌一與長行相應之頌由長行說未盡故二為後來應更頌故三授記一記弟子生死因果二記菩薩當成佛事四諷誦謂孤起偈一為易誦持故二為樂偈者故五因緣一因請方說為重法故二因事方說知本末故六自說一為令知而請法故二為令所化法怨重故念佛慈悲為不請友七本事一說佛往事二說弟子往事八本生說昔受身一說如來二說餘者九方廣一廣大利樂二廣陳正法十未曾有一德業緣異二法體希奇故十一譬喻一為深智說似令解集故二為淺識就彼取頓誘令信故十二論議一以理深故論二以義不了故論並循環研覈或佛自論或菩薩相論然此十二於大小乘

有說六通六局者因緣譬喻論議局小故涅槃云護大乘者受持
九部授記自說方廣局大法華云我
此九部法隨順衆生說餘六皆通也且約
一相此缺三者但約因緣中因事制戒譬喻中誘引論議中非了小乘三者但
約授記中記成佛自說中
不請友方廣中廣大利樂然實大小皆具
十二大三小三各取餘之一義深密中菩薩依十二分
教修奢摩他瑜伽云佛爲聲聞一一具演
十二分教然此經者十二分中唯二所攝
謂修多羅方廣若此攝彼卽攝九分實攝
之義通故正宗一一重頌故記安心人成
就佛智故因請方說故說佛因地法行故
六度非因涅槃非果故題云方廣故三十
七喻故普賢有徵剛藏有難故唯不攝伽
陀自說本生等三也藏乘分攝竟三權實對辯
者然西域此方古今諸德立宗判教離合
有殊或一味不分或開宗料揀今將略叙
且啓二門初則不分後明分教不分之意
其有五焉一理本一味殊途同歸故二一
音普應一雨普滋故三原佛本意爲一事
故四隨一一文衆解不同故五多種說法
成枝派故故不可分卽後魏流支姚秦羅

什立一音教是此意也其分教者有其八
意初五細前後三別說一理雖一味詮有淺深故二
約佛音雖一教隨機異故三本意未中隨
他意語故四言有通別就顯說故五由辯
權實不住枝流故六王之密語語同事別
故七不識佛意以深爲淺失於大利以淺
爲深虛其功故八諸佛菩薩亦自分故以
斯等意開則得多失少合則得少失多但
能虛已求宗分亦何爭大旨今明分教復
有四重從二至五第一立二種教自有兩家謂
西秦識三藏半字滿字卽前二藏唐初印法師
江南屈曲謂釋迦經逐機說故如涅槃等平道謂舍那經逐法性自在說
故卽華嚴經前且對小顯大後則約佛化儀但
滿及屈曲皆關分於權實餘亦有理第二
立三種教自有二門初叙此方後明西域
初謂南中諸師同立三教一頓教謂華嚴
經初成佛頓說故二漸教始自鹿苑終於
鶴林從小之大故齊隱士劉虬立二教全同上二三不定
教劉公無此謂別有一經雖非最初頓說而明
佛性常住圓頓之理勝鬘等也又亦有大先於

小之經央掘等也故云不定就漸教中約時開
合諸師不同初但分二先半後滿或分爲
三虎丘山岌法師一有相教十二年前二無相教齊至法華
三常住教最後涅槃此與唐三藏三教大同至叙西域中說或分
爲四宋朝岌法師卽於無相之後常住之前指
法華經爲同歸教或開爲五卽前劉公於有相
教之初取提胃經爲人天教上來諸師皆
於漸中約時開異若不加不定則招難尤
多以初有大故雖加不定猶有妨難以十
二年前亦說二空成實阿含智度有文十二年後方
制廣戒第三時同歸教中亦云世間相常
住常住教中亦有小乘見佛涅槃之相提
胃經中亦有三乘得道故知約時尅定則
有所爭揀去不定從多分說亦有理在叙此
方竟二西域者卽今性相二宗元出彼方故
云西域唐初中天竺日照三藏云近代天
竺那爛陀寺同時有二大德論師一曰戒
賢二曰智光並神解超倫聲高五印六師
稽顙異部歸誠大乘學人仰之如日月獨
步天竺各一人而已然所承宗異立教互

違謂戒賢則遠承彌勒無著近踵護法難陀依深密等經瑜伽等論立三種教以法相大乘爲了義即唐三藏所宗謂佛初於鹿苑轉四諦法輪說諸有爲法緣生（破外道自性因等）無我（翻外計我）然猶未說法無我理即阿含等是第二時中雖依徧計所執說諸法空（翻破小乘）然依他圓成猶未說有即諸部般若第三時中具說三性三無性等方盡大乘正理即解深密等（初有次空故非了義後說中道方爲了義）（此依深密經所判）二智光論師遠承文殊龍樹近稟青目清辯依般若等經中觀等論亦立三種教以無相大乘爲眞了義謂佛初鹿苑說小乘明心境俱有（破外同前）次說法相大乘境空心有（漸破小乘故由彼怖空且存假名接引）後爲上根說無相大乘心境俱空平等一味方爲了義（此三次第如般若燈論釋中引大乘妙智經說）問此二所說既各聖教互爲矛盾可和會不答有三義一約祖宗天親龍樹之流則不假和會得佛意故二約末學護法清辯之類則可和會立宗諍故三約此方轉承末計則須料

揀時澆處異執轉堅故初中既並聖言各有旨趣逐機利益隨病對治何須強會即智論四悉檀中各各爲人悉檀（一世界二爲人三對治四第一義）亦是攝論四意趣中衆生樂欲意趣（一平等二別時三別義四衆欲）於一法中或讚或毁是故二說不假和會二者見趣漸起一味漸分各立宗源黨已斥彼致令傳授之輩或廢或興修習之徒住空住相故令和會所冀如初於中二初會所立三時教二會所宗空有義初者然二三時所明了義不了義各有其意法相宗約攝生（寬狹言教）具缺明了不了法性宗約益物漸次顯理增微明了不了初中又二先約攝生寬狹者依深密經初時唯爲發趣聲聞乘者說二時唯爲發趣修大乘者說此二各唯攝一類機攝機狹故皆非了義第三時中普爲發趣一切乘者說普該三乘攝機周盡方爲了義二約言教具缺者初時唯說小乘二時唯說大乘互皆有缺教既不具各非了義第三時者通說三乘教既具足方爲了義

戒賢所立依此門判後法性者亦二初約益物漸次者謂初時所說唯令衆生得小乘益益未究竟故非了義第二時中雖益通大小然不能令趣寂二乘俱得大益是故此說亦非盡理第三時中普皆令得大乘之益縱入寂者亦令回向無上菩提（唯此一事實故）方爲了義二約顯理增微者初說緣生實有次說緣生假有後說緣生性空前二顯理未窮會緣未盡故非了義後一顯理至空會緣相盡方爲了義（初唯中小二乘次添大乘以成三乘後唯一乘）智光所立依此門判由有如此二種門故是以聖教各依一勢明了不了互不相違後會所宗空有義者於中又二先叙異說後會無違異說中二一有二空一者說此緣生決定不空以有因緣之所生故猶如幻事不可言無若言空者應非緣生如兎角等若爾則便斷滅因果破壞二諦以若無心心所法何斷何證何修何益故論云若一切空何有智者爲除幻敵求石女兒以爲軍旅如是設有處說緣生

空者應知此就徧計所執說緣生法無二我故客意言空非謂彼法舉體全無若此無者則是斷無惡取空見甚爲可畏經云寧起有見如須彌山不起空見如芥子許論云若復見於空諸佛所不化如是空見既是深過明知緣生決定不無瑜伽深密決定說有不可違故二者言此緣生法決定是空以從緣生必無自性故猶如幻事不可言有設有處說從緣生法體是有者應知但是隨俗假說非謂彼法體實不空以若有體則不從緣不從緣故則無見斷證修是壞二諦大品云若諸法不空則無道無果中論云若一切法不空則無三寶四諦成大邪見智論云觀一切法從因緣生從因緣生則無自性無自性故畢竟皆空又若言此幻事不空者今且問汝幻巾爲兎兎爲在巾內爲在巾外爲卽是巾爲離巾有爲有皮毛爲有骨肉既並絕無依何執有當知此兎不待滅而自亡本不生而虛現是故要由性空得存二諦又汝以

我宗爲空見者此過屬汝何者若汝立有則不藉緣不藉緣故則斷因果豈非空見橫執有法豈非有見有無二見雙負汝宗何不生畏我所說空離有無見汝自空見非關我宗又汝云何有智者爲除幻敵等者諸大乘經何處不說諸法如幻如化菩薩修幻智斷幻惑成幻行得幻果等於如是敎豈不違害何不生怖又汝宗主無著菩薩順中論內遵承龍樹稱阿闍梨既師其說釋彼餘論況汝後流而輒毀謗入楞伽中佛說龍樹住初歡喜地能破有無見往生安樂國既云破有無見何曾是空此既佛所讚歎餘生毀謗與佛違諍非釋種矣第二會無違者諸緣起法未嘗有體未嘗損壞無體無壞無二無礙爲緣起法是故龍樹等雖說盡有之空而不滅有有既不損則是不違有之空則離有離空之眞空也無著等雖說盡空之有而不損空空既不損卽是不違空之有是故亦離空離有之幻有也當知二說全體相與際限無遺雖各

述一義而舉體圓具故無違也如其不爾恐墮空無勵意立有不達此有是不異空之有是故不受彼空反失自有失自有者良由取有又若恐墮有所得故猛勵立空不達此空是不異有之空是故不受彼有反失自空失自空者良由取空是故舉體全空之有無著等說舉體全有之空龍樹等說非直二說互不相違亦乃二義相由全攝故無二也問若爾何故清辯護法後代論師互相破耶答此乃相成非是相破何者爲末代有情根器漸鈍聞說幻有謂爲定有故清辯等破有令盡至畢竟空方乃得彼緣起幻有若不至畢竟性空則不成彼緣起幻有是故爲成有故破於有也又彼聞說緣生性空者謂爲斷無故護法等破空存有幻有存故方乃得彼無性眞空若不全體至此幻有則不是彼眞性之空是故爲成空故破於空也若無如此後代論師以二理交徹全體相奪無由得徹緣起甚深是故相破反是相成由幻有眞

空有二義故一極相順謂冥合一相舉體
全攝二極相違謂各互相害全奪永盡若
不相奪永盡無以舉體全收故極違方極
順也龍樹無著等就極順門故不相破清
辯護法據極違門故須相破違順無礙方
咸一 二十二
是緣起是故前後皆不相違餘準上思之
諸法無不和會耳三約此土承襲者良以
去聖時遙源流益別況方域隅遠風俗攸
殊翻譯流通三難五失相承傳襲各黨其
宗然晉魏已來猶崇理觀譯經貴意傳教
宗心是以大德架肩高僧繼踵爰及貞觀
名相繁興展轉澆訛以權爲實致使真趣
屈於異端雖餘乳色渾無乳味法藥流布
惑病唯增既性教箴然故道流聞爾若不
料揀何指所歸然大乘教總有三宗謂法
相破相法性（如下宗趣中說）護法清辯各立互破
但是前二而傳襲者皆認法性之經成立
自宗之義今將法性對二宗料揀卽爲二
門一對法相二對破相初中二先辯異後
會通辯異者謂性相二宗有多差別今隨

類東略叙十條一一乘三乘別二一性五
性別三唯心真妄別四真如隨緣凝然別
五三性空有卽離別六生佛不增不減別
七二諦空有卽離別八四相一時前後別
九能所斷證卽離別十佛身有爲無爲別
咸一 二十三
初二相對釋後八相躡釋且初二義者由
性有五一不同故令乘有三一權實如法
相宗意以一乘爲權三乘爲實故深密三
時教中初皆不成次一向成是爲若過若
不及皆非了義第三時中有性者成無性
不成方爲了義故云普爲發趣一切乘者
又云一乘是密意說明知是權皆以性定
五故故楞伽中佛告大慧有五種種性一
聲聞乘性二辟支佛乘性三如來乘性四
不定乘性五者無性無性之人無種性故
雖復勤行精進終不能證無上菩提但以
人天善根而成熟之般若深密莊嚴瑜伽
亦如上說若法性宗意則以三乘是權一
乘爲實法華經云十方佛土中唯有一乘
法無二亦無三除佛方便說以性無二故

乘唯一故法華云知法常無性等涅槃云
佛性者名爲一乘師子吼者名決定說決
定宣說一切衆生皆有佛性凡是有心定
當作佛又法華第三說趣寂聲聞云我於
餘國唯以佛乘而得滅度智論亦同法華
論中亦云根未熟故菩薩與記作是言我
不輕汝汝等皆當作佛意欲方便令發心
也（彼以未字不順已宗判爲論錯）楞伽勝鬘密嚴皆說二
乘必無永滅明知趣寂決定回心涅槃第
九廣破闡提斷善不能發心當文卽云彼
一闡提雖有佛性而爲無量罪垢所纏卽
知無有無佛性人況前引楞伽五性自迷
其文且彼經釋第五性云大悲菩薩常不
入涅槃非焚燒善根者則明闡提後必入
矣是知前來所引經論皆是未說法華涅
咸一 二十四
槃之前就其長時權說定性無性矣妙智
經梁攝論成立正法中皆以一乘居三乘
後明知深密三時不能定斷一切聖教以
非後故（後勒破前）法華涅槃方能決了皆以一
乘一性破三五矣然破三顯一法華爲先

故最難信解佛現在世猶多怨嫉況滅度
後今果有保執三五不信一者經文驗矣
初二義竟餘八相躡釋者初法相宗說有八識
從業惑生一期報盡便歸壞滅以其識種
引起後識依生滅識種建立生死及涅槃
因故所立真如常恒不變不許隨緣依他
是有非卽真空經說空義但約所執一分
衆生定不成佛名生界不減真俗二諦迢
然不同謂遍計是俗此俗卽空依他是俗此俗不空圓成爲真一向不空空
有既異二諦體殊真俗四重皆不相雜也因滅非常果生非斷
同時四相滅表後無根本後得緣境斷惑
義說雙觀決定別照以有爲智證無爲理
義說不異而實非一既世出世智依生滅
識種故四智心品爲相所遷佛果報身有
爲無漏以生法必滅一向說故如是義類
疏一　二十五
廣有衆多具如瑜伽雜集等說法性宗者
所立八識通如來藏但是真如隨緣成立
故說真如具不變隨緣二義依他無性卽
是圓成一理齊平故說生界佛界不增不
滅第一義空該通真妄涅槃云唯一仁王云無二故雖

空不斷雖有不常四相同時體性卽滅故
滅與生而得同時淨名楞伽起信照惑無本卽是
智體照體無自卽是證如既世出世智依
如來藏始覺同本則有爲無爲非一非異
故佛化身卽常卽法不墮諸數況於報體
卽體之智非相所遷涅槃云若言如來同
有爲者死入地獄如是義類亦有衆多次
第對上如楞伽等經起信等論後會無違
者然二宗各執所據則互相乖反若得意
會釋亦不相違謂就機則三三章約法則一
一兩新熏則五本有無二若入理雙拂則三
一俱亡今約佛化儀判教故能三能一是
故競執是非達無違諍二對破相者亦二
初辯異者略有五別一無性本性別二真
智真知別三二諦三諦別四三性空有別
五佛德空有別謂無相宗說一切法皆無
自性卽是真如能了此者卽名真智未了無性
者無真智也所詮法義不出二諦有謂依計空
謂圓成雖說佛身五求不得得卽虛妄無
得乃真離一切相名佛功德若法性宗則

明自性清淨常住真心方是實理故論出
真如體云唯是一心一心真實本自能知
通於理智徹於染淨華嚴問明品說佛境智佛境知問答皆別
所詮法義具足三諦色等卽空爲真諦鏡影
卽空空卽色等爲俗諦空不壞影一真心性非空
非色能空能色爲第一義諦鏡中之明遍計情
疏一　二十六
有理無依他相有性無圓成情無理有相
無性有一切諸佛自體皆具常樂我淨十
身十智真實功德相好通光一一無盡性
自本有不待機緣略辯此五餘可例知後
會通者謂一切法既皆真心緣起會緣無
性還卽真心始不異本知外無智餘諦性
等例之可明但教有終始之殊法無淺深
之異此方西域立三教竟第三陳隋二代天台智者
禪師立四種教一三藏教下根之人始終隨教故明
因緣生滅四真諦理正教小乘傍化菩薩
二通教三乘同稟故明因緣卽空無生四
真諦理是大乘初門正爲菩薩傍通二乘
大品云欲得聲聞乘當學般若等三別教不共二乘人說
故此教正明因緣假名無量四真諦理的

化菩薩不涉二乘不名不共而云別者兼
欲揀非圓故以一因逈出一果不融歷別
而修故不得因果圓融四圓教正明不思
議因緣二諦中道事理具足不偏不別但
化最上利根之人故名爲圓(教理智斷行位因果等皆別皆圓)〔二七〕
然此四教由三觀起從假入空析體
異故有初二教從空入假從假入中有別
教起三觀一心中得有圓教起又此四教
不局定一部一部之中容有多故又更以
四種化儀收之謂頓漸(同前劉公)不定(互知)祕密
(互不知)初對外道戒定慧故立此三事迢然
不同故智論詺爲三藏成實亦然通教意
融三故別教依一法性而顯三故圓教三
一無障礙故此師立義理致圓備但辯華
嚴兼別法華唯圓有小失也第四華嚴宗
主賢首大師立五種教廣有別章大同天
台但加頓教其五者何一小乘教二大乘
始教三終教四頓教五圓教初卽天台藏
教以隨機故隨他語故說諸法數一向差
別以其揀邪正辯凡聖分析厭明因果然

其所說法數有七十五但說人空不明法
空(雖阿含云無是老死亦不明顯)唯依六識三毒建立染
淨根本未盡法源故多諍論(就佛意卽通就言教卽隱)
(故宗習之者隨言執理隨相執體造論弘傳相承不絕廣如宗趣所辯)二始
教者亦名分教以深密第二第三時教(有定)
(三隱一極)同許定性無性俱不成佛故今合之
總爲一教此既未盡大乘法理故立爲始
有不成佛故名爲分廣說法相削繁錄數
猶有一百少說法性所說法性卽法相數
決擇分明故少諍論三終教者亦名實教
定性二乘無性闡提悉當成佛方盡大乘
至極之說故立爲終以稱實理故名爲實
少說法相多說法性所說法相亦會歸性
故無諍論上二教並依地位漸次修成總
名爲漸四頓教者但一念不生卽名爲佛
不依地位漸次而說故立爲頓(思益云得諸法正性)
(者不從一地至於一地楞伽云初地卽爲八乃至無所有何次)總不說法
相唯辯眞性一切所有唯是妄想一切法
界唯是絕言五法三自性皆空八識二無
我都遣呵教勸離毀相泯心生心卽妄不

生卽佛亦無佛無不佛無生無不生如淨
名默住是其意也問此若是教更何是理
答頓詮此理故名頓教別爲一類離念機
故亦可對治滯相(空有)人故卽順禪宗五圓
教者明一位卽一切位一切位卽一位是
故十信滿心卽攝五位成正覺等主伴具
足故名圓教卽華嚴經也所說唯是無盡
法界性海圓融緣起無礙如帝網珠重重
無盡然此所判理盡義周故清涼大師用
爲準的今亦依之然更從支什一音至天
台四教如次配攝以顯周盡初總爲一謂
圓教攝於前四一一同圓(海中百川無非海也)唯是
如來一大善巧一音所演二者初一是半
後四皆滿前四屈曲後一平道三者初三
是漸(於中如次是智光三時前二是戒賢三時也)四是不定第
五爲頓(慈恩劉公皆判華嚴爲頓故)四者初是藏教二
中空是通教相及三四皆是別教第五名
圓已知五教貫於羣詮未審此經與彼何
攝今顯此義分作三門一彼全攝此此分
攝彼謂圓教也(諸佛依正二衆自在無礙塵沙大用及一切諸法法)

爾互相卽入重重融攝等義此經不說若但約直顯一眞法界之體及觀中一多無礙等義此經卽同二此分攝彼彼不攝此謂初二也文中斷我除愛修二空觀又云亦攝漸修一切羣品故能攝彼也然皆約圓明覺心假設方便修習始終無體一一但是覺明故非彼等所攝也三彼此尅體全相攝屬卽終頓也此經亦依如來藏故文云知幻卽離等及云名爲頓教大乘故權實對辯訖

大方廣圓覺經大疏上卷之一

章門有九一淨土章二眞如章三菩提章四涅槃章五波羅蜜章六無明章七如來藏章八五教唯心章九染淨熏習章除釋本經外旁通餘義三十有六三藏二藏諸乘十二分佛教一異唐竺立教會兩宗立三時教會空有佛教權實十別佛教遺顯五別天台四教康藏五教教義各本末五重根教相契教體四重經論五教性教五重宗趣歷代傳法師資七宗禪門頓漸悟修十二對諸經得名法義相對判了義不了義經結集因緣說經身土生佛平等八對性教三重因三業歸敬本起因地法行總持法義門義身心倒正四對并喻偈頌四義八義十義悟修大意幻喻法合心名義右附錄上

大方廣圓覺經大疏上卷之一

校勘記

一　底本，清藏本。

一　四五〇頁中二行首字「唐」，徑無。以下各卷同。

一　四五三頁上一九行第三字「井」，徑作「并」。

一　四五四頁上末行夾註左「已上寄世」，徑作「已上寄出」。

大方廣圓覺經大疏上卷之二　感二

唐終南山草堂寺沙門宗密述

第四分齊幽深者已知此經唯屬實教（如前就體）未知所詮義理分齊如何今約論明染淨諸法從本至末略有五重以顯諸宗分齊淺深初唯一心爲本源是心則攝世出世間法等即此圓覺妙心也經標圓覺爲宗本故又說染淨皆從覺心所現起故華嚴即一眞法界與一切諸法爲體性故（然華嚴雖有四種法界而彼疏云統唯一眞法界總該萬有即是一心體絕有無等論中欲究妄本故約凡標心此經意顯淨源故約佛標覺華嚴攝性不逐機宜對待故直顯一眞法界至於能起染淨一切諸法則三義皆同三法體一也）二依一心開二門一者心眞如門即是一法界大總相法門體所謂心性不生不滅一切諸法唯依妄念而有差別若離心念則無一切境界之相乃至唯是一心故名眞如（知是空華即無輪轉乃至如法界性等）二者心生滅門謂依如來藏故有生滅心所謂不生不滅與生滅和合非一非異名阿梨耶識（經五名中一名如來藏自性差別及云種種生於覺心等）三依後門明二義一者覺義謂心體離念離念相者等虛空界無所不徧法界一相即是如來平等法身依此法身說名本覺乃至始覺（覺圓明故顯心清淨乃至衆生本來成佛）二者不覺義謂不如實知眞如法一故不覺心起而有其念猶如迷人依方故迷（衆生顛倒如迷方易處等）念無自相不離本覺（此無明者非實有體等）自此之前正是此經宗旨始末所詮之義分齊四依後義生三細一者業相以依不覺故心動說名爲業覺則不動二者能見相以依動故能見不動則無見三者境界相以依能見故境界妄現離見則無境界（由有無始本起無明是故動念息念皆歸迷悶等）唯識宗教唯齊此門以爲諸法生起之本此三正是梨耶體故（初即自體分二即見分三即相分）故彼論引阿毘達磨經偈云無始時來界一切法等依由此有諸趣及涅槃證得以彼宗未顯此識與眞如同以一心爲源又不言依如來藏說爲此識故所詮分齊不到前之三重問彼說賴耶既不約如來藏則與此異何得云是彼分齊耶答由此論後段亦云以依阿梨耶識說有無明不覺而起能見能現則同彼故問此論前說依無明有阿賴耶後云依梨耶有無明豈不二文自相矛盾答有三釋一由此梨耶有二義故謂由依眞心有不覺動彼本覺心體起滅方名梨耶三相又即此梨耶還却與無明爲依故論云三相與不覺相應不離何者謂前義依迷（不覺起似梨耶）即不覺眞心成藏識後迷似爲實即依此識有無明二云梨耶有二義謂覺不覺前別就本說故云依覺有不覺今就都位論故云依梨耶有無明此即二義中不覺之義正在梨耶中故得說依也三云此中正意唯取眞心隨緣之義此隨緣義雖名目故或就未起說依眞如有無明或約成就起已說依梨耶有無明然此二名方盡其義是故文中前後綺互言耳唯識於三釋二義中各唯約後義以說無明今亦唯指後義爲彼分齊問中間一釋云梨耶是都位俱覺（不生滅）不覺（生滅）二義唯識中賴耶但是生滅豈同此耶答

約此所通不約彼執故五依最後生六麤（彌勒章初明輪迴本末）謂一者智相依於境界心起分別愛與不愛故（法執俱生）二者相續相依於智相故生其苦樂覺心起念相應不斷故（法執分別）三者執取相依於相續緣念境界住持苦樂心起著故（我見俱生）四者計名字相依於妄執分別假名言相故（我見分別上四皆惑五業六苦即三道矣）五者起業相依於名字尋名取著造種種業故六者業繫苦相以依業受報不自在故然小乘宗教所詮分齊唯後四麤人乘天乘唯齊五六諸教分齊深淺歷然淺不至深深必該淺是知圓覺極盡五重（然五重中曲論有十三法人乘天乘唯詮末二小乘有四唯識具九起信十三）標云幽深良在斯矣五所被機宜者此經所詮境界既說如上幽深未委何等根機而能信解修證然約即時悟入各隨宿種不同若就畢竟而論一切無非所被且約即時料揀者又二初揀信解之器後揀修證之器初謂樂著名相以文爲解者繫滯行位高推聖境者情尚於空觸言而賓無者

自恃天眞輕厭進習者固執先聞擔麻棄金者如上皆非其器反上即皆是器非器之中堅持不捨者障於信欲罷不能者障於解（又依名求利不淨心說亦障實解）如次反上即能信解名爲器也後揀修證者二初明非器即經中我人衆生壽命等四相（四體相微細故唯障證入不障信解也）文云一切衆生認四顚倒爲實我體由此不能入清淨覺動念息念皆歸迷悶乃至雖經多劫勤苦修道但名有爲終不能成一切聖果後明是器經云當求正知見人心遠二乘法離四病者應當供養不惜身命見其清淨乃至過患不起惡念即能究竟成就正覺（亦如善財童子樂親善友故得一生圓普賢行）也統而言之非其種者證小果入劫位亦不能入當其器者居凡劣處末世亦能入也（如華嚴說二乘六度不及八難）後明畢竟普收者一切衆生皆有佛性但得聞之無不獲益謂宿機深者悟入淺者信解都無宿種者亦皆熏成圓頓種性如華嚴經食金剛喻若約五性配者正被菩薩及不定性令修觀行

證入兼爲餘性作遠因緣故經文一一科段皆云爲諸菩薩及末世衆生等三聚中則爲正定令增妙行爲不定聚令修信心爲邪定聚作遠因緣故下文云能令未來末世衆生不墮邪見（新熏本有之義前已辯之）所被機竟六能詮體性者畧作四門一隨相門於中有五（五中前三通大小乘取捨不同各爲一說）一音聲爲體諸佛唱（唱號）詞（言詞）評（評量）論（論說）語音（宮商等）語路（語所行處）語業（語用）語表（令他生解）是謂佛教其名句文但顯佛教作用非佛教體離聲無別名等攝假從實故二名句文謂次第行列次第安布次第聯合能詮諸法自性差別二所依故聲是所依非正教體但展轉因故謂語起（名等名等）方能顯義此三離聲雖無別體而假實異亦不即聲今以體從用故取名等三雙取爲體由前二說皆有教理爲定量故俱舍云牟尼說法蘊數有八十千彼體語或名此色行蘊攝即雙存也故十地經有空中風畫之喻本論釋云風喻言音畫喻文字清涼云以余之意亦應雙取

若就前二有去取者寧依名等良以音聲正就佛說容爲教體流傳後代書之竹帛曾何有聲豈無教體書是色法亦與名等爲所依故色聲俱是色法皆實也 四徧於六塵一切所知境界總有生解之義悉爲教體如淨名光明塵勞楞伽動身直視等五通攝所詮體瑜伽云諸契經體畧有二種一文二義文是所依義是能依此明教義相成若不詮義文非教非二唯識門謂總收前五並不離心唯識等云一切所有唯識現故然通就諸教本影相對以成四句一唯本無影謂即小乘不知唯識故二亦本亦影即大乘始教謂佛自宣說若文若義皆是妙觀察智相應淨識之所顯現名本質教佛地云聞者善根本願增上緣力如來識上文義相生此文義相是佛利他善根所感二 六 起名爲佛說 若聞者識上所變文義名影像教佛地云如來慈悲本願增上緣力衆生識上文義相生此雖親依自善根而起而就強緣名爲佛說故一十唯識云展轉增上力二十識成決定 護法論師等皆立此義三唯影無本謂大乘實教離衆生心佛果無有色聲功德唯有如如及如

如智獨存大悲大智爲增上緣令彼所化根熟衆生心中現佛色聲說法是故聖教唯是衆生心中影像華嚴偈云諸佛無有法佛於何有說但隨其自心謂說如是法也 龍軍堅慧論師等並立此義四非本非影如頓教說非直心外無佛色聲衆生心內影像亦空性本離故止言絕慮即無教之教耳佛言我從得道來不說一字汝亦不聞 此前四說皆有其益自淺之深攝衆生故三歸性門文二一正攝歸性二說聽全收初謂此識無體唯是眞如故論云是故一切法從本已來離言說相離名字相離心緣相乃至唯是一心故名眞如即前之心境同入一實諸聖教從眞流故不異於眞故攝論中名爲眞如所流十二分教唯識釋勝流眞如云謂此眞如所流教法於餘教感二 七 法最爲勝故是知如來言說皆順於如金剛三昧云義語非文仁王說十二部皆如 二說聽全收者又有四句一佛眞心外無別衆生以衆生眞心即佛眞心故則唯說無聽故所說教唯佛所現二衆生心外更無別佛以佛眞心即

衆生眞心則唯聽無說故所說教即衆生自現三佛眞心現時不礙衆生眞心現故說聽雙存二教齊立四佛即衆生故非佛衆生即佛故非衆生互奪雙亡即說聽斯寂淨名云無說無聞 四無礙門謂前三門心境理事同一緣起混融無礙交徹相攝以爲教體以一心法有眞如生滅二門故二皆各攝一切法故教體竟 七宗趣通別者當部所崇曰宗宗之所歸曰趣通別即二初通者統論佛教因緣爲宗謂古來諸德皆判儒宗五常道宗自然釋宗因緣因緣有二一內二外外謂穀子水土人時而芽得生泥團輪繩陶師而器得成內謂十二因緣外由內變本末相收爲一緣起故佛教從淺至深說一切法不出因緣二字然有四重一因緣故生死成壞涅槃云我觀諸行生滅無常云何知耶以因緣故二因緣故即空謂不自他共生等故無生也三因緣故即假如鏡像水月之流緣會不得不現四因緣故即中若言不從因緣即是定有定

無斷常二過故中論云因緣所生法我說
即是空亦謂是假名亦是中道義（四句如次配前四重）涅槃亦說聲聞等四品菩提皆由觀之
而得故佛教之宗因緣收盡然約佛涅槃
後賢聖弟子相承傳習通大小乘宗途有
五一隨相法執宗即小乘諸師依阿含等
經所立以造諸論於中又三一我法俱有
宗（犢子部等）立五法藏謂三世無爲及我餘部
呼爲附佛法外道二無我因緣宗（除一及三所論諸部）
一切諸法不離色心生滅從緣本無有
我於中或立三世無爲或分五類或無過
未唯有現在或現在中在蘊爲實在處界
假或世俗是假出世爲實然皆離我及邪
因無因故異外道三因緣但名宗（一說部等）立
一切我法但有假名由從緣故無定實體
如鐵之剛遇火即鎔如水之柔遇寒即堅
明知從緣則無定性此乃出世亦假名耳
二眞空無相宗即龍樹提婆依般若等經
所立以造中觀等論三唯識法相宗即無
著天親依解深密等經所立以造唯識等

論四如來藏緣起宗即馬鳴堅慧依楞伽
等經所立以造起信等論於中復有二義
初衆生相盡唯是法身良以情識本空名
相已盡未嘗見一衆生流轉生死衆生寂
滅即法身故（淨名云一切衆生即寂滅相又云皆如也涅槃云十二因緣即是佛性論云離念相者即是平等法身等此與前宗異者云云可知）後法
身緣起全是衆生謂衆生及佛皆是生滅
有無善惡境界良以情識不破識所現佛
同衆生故（楞伽云如來藏是善不善因能徧興造一切趣生涅槃云佛性隨流成別味不增不減經云法身流轉五道名曰衆生）良由如來藏
是法身在纏之稱故約在纏及法身反覆
互奪曲成此二（雖有二義必互相知若[illegible]不知便同無相及法[illegible]止但由於中崇尚各異故說二矣）
此經宗於前門[illegible]（故得覺性本圓義如別宗說）兼之後義五圓融[illegible]
謂事事無礙主伴具足重重無盡即華嚴
經然此五宗對前五教互有寬狹謂一宗
容有多教一教容具多宗故又教約佛意
權實有殊宗就人心所尚差別故宗與教
其旨不同後別明此經者又有總別總以
心境空寂覺性圓滿凡聖平等爲宗令修

行者忘情等佛觀行[illegible]爲趣謂倒心妄
境如杌鬼繩蛇元自空無不待除滅（文云非作止任故無等）
依他水月鏡像全體即是圓成（不動故覺性不動等）
故凡聖靈覺眞心本來清淨圓滿（覺圓明故乃至根塵四大徧滿法界等）行者如斯了悟自然
喪已（知是空華即無輪轉等又幻身滅故幻心亦滅等）忘情（即紺脫等入不觀）
情忘即等佛心等佛爲眞觀行（即普眼觀成同佛）
亦可鉤鎖前文成三重宗趣謂如上爲宗
令修行者忘情等佛爲趣又忘情等佛爲
宗令觀行速成爲趣又前趣爲宗令惑業
消滅（身心客塵從此永滅等）永絕輪迴（知彼如空華即能免流轉等）
起大神用（初淨一身至一世界遍亦如是等）安樂（使能內發）
事（寂滅輕安等入圓證故名究竟涅槃也）自在（永得超過無礙境煩惱礙）
（相習留礙槃不）爲趣（成上所注引皆觀功用等文）別者有五對
一教義對教說爲宗義意爲趣二事理對
舉事爲宗顯理爲趣三境行對理境爲宗
觀行爲趣四行寂對觀行爲宗絕觀爲趣
五寂用對絕觀心寂爲宗起大神用爲趣
此五亦是從前起後漸漸相由矣入修證
階差者謂若但約教文唯生義解忘詮修

證復有其門故以心傳心歷代不絕自佛囑迦葉展轉於今燈燈相承明明無盡然初五師兼之三藏毱多之後律教别行罽賓已來唯傳心地黃梅門下南北又分雖繼之一人而屢有傍出致令一味隨計多宗今畧叙之（但叙隨機可用者不叙邪僻之流也）會通圓覺（由此經首末偏明修證故叙諸禪宗以會之）有拂塵看淨方便通經有三句用心謂戒定慧有教行不拘而滅識有觸類是道而任心有本無事而忘情有藉傳香而存佛有寂知指體無念爲宗偏離前非統收俱是象體上之諸宗不出定慧悟修頓漸無定無慧是狂是愚偏修一門無明邪見此二雙運成兩足尊故天台修行宗於止觀其頓漸悟修者頓悟漸修（日出霜消孩生孩長）爲解悟漸修頓悟（伐木入都）頓修漸悟（磨鏡學射）漸修漸悟（如登九層之臺足履漸高所鑒漸遠）並爲證悟若云頓悟頓修（漸染綟綟）則通三義謂先悟（廓然預了）後修（不著不證曠然合道）爲解悟先修（服藥）後悟（病除）爲證悟修（無心忘照）悟（任運寂知）一時即通解證若云本具一切佛德爲悟（如飲大海）一念萬行爲修（衍下川味）亦通解證若約楞伽地前（信住行向）四漸（菴羅熟陶器成大地生習藝就）聖位（初地入地）報身法身四頓（明鏡現物日月照色藏識知境佛光照曜）則修行爲漸證理名頓此圓覺經備前諸說謂文殊一章是頓解悟普眼觀成是頓證悟三觀本（威德章）末（辨音章）是漸證悟又普眼觀通於解證又三觀一一首標悟淨圓覺次明行相後顯成功初中爲對是頓悟漸修中後爲對是漸修頓悟（又普眼觀示漸修頓悟）三期道場是漸修漸悟普賢後段是頓悟頓修（又清淨慧章有忘心頓證）更有餘文不能繁述此等頓漸皆語用心不同前門但是判教苟得其意皆成定慧如其失旨不成妄想即墮無記冀諸學者審而修之九叙昔翻傳者開元釋教目錄云沙門佛陀多羅唐言覺救北印度罽賓人也於東都白馬寺譯不載年月續古今譯經圖記亦同此文北都藏海寺道詮法師疏又云羯濕彌羅三藏法師佛陀多羅長壽二年龍集癸巳持於梵本方至神都於白馬寺翻譯四月八日畢其度語筆受證義諸德具如别錄不知此說本約何文素承此人學廣道高不合孟浪或應國名無别但梵音之殊待更根尋續當記載然入藏諸經或失譯主或無年代者亦多古來諸德皆但以所詮義宗定其眞僞矣前後造疏解者京報國寺惟慤法師先天寺悟實禪師薦福寺堅志法師并北京詮法師總有其四皆曾備計各有其長慤師經文簡而可覽實述理性顯而有宗詮多專於他詞志可利於羣俗然圓頓經宗未見開析性相諸論迢然不關故今所爲俱不依也其所依者已伸於序末十隨文解釋於中二初解題目後釋本文題中文三一總辯名二配法義三具解釋初中三一叙立名二顯得名三明取捨初者

大方廣圓覺修多羅了義經

然諸經教或佛說時便自立名如法華金剛之類或佛滅後結集者立如阿彌陀入楞伽之類今此經目是佛自立五種名也流通分中文云此經名大方廣圓覺陀羅

尼亦名修多羅了義亦名祕密王三昧亦名如來決定境界亦名如來藏自性差别二者諸經得名有其多種或以人爲目或以法爲名人有請說等殊法有法喻等别或體或用或果或因或能詮所詮或眞妄境智乍單乍複其類不同今經五名已含多種大者是體方廣是用圓覺是果祕密王三昧是因又王是喻三昧是法修多羅了義是歎能詮餘皆所詮如來是能證人即當其智決定境界是境兼餘皆法如來藏是在纏之名即眞妄和合斯則人法總彰法喻皆舉具體具用有果有因詮旨雙題眞妄俱顯方諸經目莫備於斯了義之名昭然義現其每字别釋得名如下所辯三明取捨者文中雖五首題唯二良以宗本體用是法義之宏綱詮旨功能是言象之皎鏡事周理盡須建五名簡要標題且存兩號二配法義者凡欲解了義經論先須明識法義依法解義義即分明以義照法法即顯著故論中欲顯大乘深隱性相

道理先開此二論云摩訶衍者畧有二種一者法二者義法指一心義開三大正同此也心是如來藏心即圓覺在纏之名義謂體相用即如次是大方廣論文爲欲發起衆生大乘信根故就凡夫位中目此圓覺爲衆生心也今經題目十一字中圓覺兩字正是其法大方廣三字是圓覺體用之義經之一字正是能詮教法修多羅了義五字歎教法勝能之義故正宗之初佛自標本唯立圓覺中間處處牒前起後標結指陳一一只言圓覺不言大方廣也或唯覺之一字是法餘四皆義故文中或但云覺或淨覺大覺妙覺覺性覺心覺相等能詮法義配此可知是則上五字總屬所詮下六字總屬能詮矣三具解釋者於中分二初釋所詮後釋能詮且初所詮五字畧爲二釋一以三字對兩字二以四字對一字前對中三字者如次是圓覺體性德相業用（三大）然各二義大者當體得名常徧爲義當體者不同法相宗揀小之大大外

有小可揀猶是分限豈爲至大今以圓覺體無邊涯絕諸分量强名大也（慈云大者叙心要之絕量）常徧者常則竪通三世徧則横該十方竪者過去無始未來無終無有一法先之唯此先於諸法故名大也涅槃經云所言大者名之爲常横者十方窮之無有涯畔涅槃又云所言大者其性廣博猶如虛空方者就法得名（方是法也）軌持爲義軌生物解任持自性持自性者一切衆生皆有本覺雖流浪六道受種種身而此覺性不曾失滅生解者衆生悟入知見雖因善友開示然其智解從覺性生如水土之潤生穀等芽芽從種生不從水土故文云圓覺流出菩提涅槃及波羅蜜教授菩薩廣者從用得名廣多廣博爲義廣多者此圓覺性本有過塵沙之妙用潛興密應無有休息無有窮盡廣博者此無盡之用一一同於覺性無有邊際無有分限故文云覺性徧滿圓無際故當知六根徧滿法界如是乃至八萬四千陀羅尼門徧滿法界問華嚴經

題亦云大方廣與此同異答配屬三大則同釋義隨宗則異華嚴疏釋大云一切相用皆同眞性而常徧故持則雙持性相具十玄門軌則一切諸法一一皆能生解如觀一切見百門義等廣則能包能徧相即相入重重無盡一一對此同異可知圓覺者直指法體若不尅體標指則不知向來說何法大說何法廣圓者滿足周備此外更無一法覺者虛明靈照無諸分別念想故論云所言覺義者謂心體離念離念相者等虛空界等此是釋如來藏心生滅門中本覺之文故知此覺非離凡局聖非離境局心心境凡聖本空唯是靈覺故言圓也故下文說涅槃昨夢世界空華衆生本成佛道又云一切覺故又云幻滅覺圓滿然此圓覺於諸經中隨宗名別涅槃經但約凡夫身中本有此性悟之決定成佛故名佛性法華約稱讚唯此一法運載衆生至於寶所餘乘不能餘法皆劣故名一乘妙法淨名但約住此性者神變難量非口可議非心可思故名不可思議解脫金剛但約此性顯發能破煩惱故名般若餘類可知皆是圓覺門中差別之義良由未決定的顯無明本無衆生本佛故雖神用繁廣勝德無邊不得標題直名圓覺禪門離念無念亦是此中拂迹遮過之意然以心傳心密意指授非今簡牘所論且約形言對此辯矣後四字對一字釋者唯覺之一字指法餘四盡是釋義意言此覺有廣大義有方圓義以廣對大以方對圓謂體大而用廣理方而義圓方是正直不偏揀小不邪揀外圓是滿足無虧無缺揀諸菩薩亦可大方是體大方無闕廣圓是用懸云廣越塵沙圓無闕缺謂體大而方正不偏用廣而圓滿無缺故復以方連大以圓連廣又四字中上三字是別圓字是總意明此覺具足三大之德故名圓也是則總別之德具彰法義之門雙指故名大方廣圓覺後能銓六字者於中先配後釋配者修多羅三字總指諸經了義兩字歎此一卷此一卷是諸經決了之義也故下文云是十二部經清淨眼目經之一字正是此圓覺能詮之體後釋者修多羅之義已如前釋了義者決擇究竟顯了之說非覆相密意含隱之談然諸經中何者了義何者不了義清涼答順宗皇帝所問諸經了義云佛一代教若約本為一事則八萬度門莫非了義若圓器受法無法不圓得之由人亦皆了義此二不足揀別今約開方便門示眞實相則有了不了故淨名涅槃寶積等經皆云依了義經不依不了義經不了義經者謂小乘教了義經者謂大乘教大乘教復有了不了謂有大乘雖六度悲智兼修而定說三乘不一亦非了義若有會歸一極以立鑪陶於羣像智海總乎萬流無二無三無不成佛中道理觀不共二乘方為了義又大寶積經云舍利弗問佛何等經中名為了義何等經中名不了義佛告舍利弗若諸經中宣說世俗名不了義小乘一藏唯說俗諦雖云四眞諦望於眞如還成世俗法相一宗經論亦多說世俗少說勝義宣說勝義名為了義的指勝義方是在眞不俗即圓覺也下文

六開[illegible]一切淨自一如真知[illegible]出者亦是安立名如動此還成世俗若
諸經中宣說作業煩惱名不了義業煩惱等相教
廣明說真性處百分無一從多而說屬不了義宣說煩惱業盡名
爲了義下文云永斷無明又云此無明者非實有體又云知是空華即無輪
轉亦無身心受彼生死若諸經中宣說厭離生死趣
求涅槃名不了義宣說生死涅槃無二無
別名爲了義涅槃及種種幻化既出於覺心即二法同源正是無二也
又云生死涅槃夢及不厭愛等如
句差別名不了義法相宗漏無漏爲無爲一切定別若諸經中宣說種種文
甚深難見難覺差別即無差別名爲了義下云有思惟心
測度圓覺如取螢火燒須彌山終不能著釋曰據上說了義行
相皆與圓覺相當佛自料揀固應無惑雖
諸經中亦有了義之說然非句句始終故
各隨別義標題唯此圓覺首末顯了亘破
差別之相五性斷證總屬輪迴全成了義
宗旨故特標了義如法華一部獨受妙名
經者契經亦如上釋逐便從簡又畧契字
問修多羅與經但唐梵文異今雙置題目
豈非繁重答上則總指諸部此則唯目當
經對總歎別故非重也亦如大方等修多

羅王經豈不亦修多羅王四字是總指諸
部以歎其經耶又如法華歎云諸經之王
若存梵語兼稱歎之文標題目者應云妙
法蓮華諸修多羅王經即與此無異彼不
兼之此乃兼者各是譯人之意耳上來總
釋首題中二名竟餘祕密王等三號在流
通分中至文當解二釋本文者一卷總分
三分第一序分第二正宗分第三流通分
以三分之與彌天高判冥符西域今古同
遵所以三者夫聖人設教必有其漸將示
微言先叙由致故初有序分由致既彰當
根受法故次演正宗正宗既陳務於展轉
利濟非但益於當會復令末世流傳永曜
法燈明明無盡故結以流通今初序分中
諸經多有二序一證信序如是之法我從
佛聞標記說時說處分明大衆同聞非謬
以爲證據令物信受經無豐約非信不階
由是經初必須證信故智論云說時方人
令生信故二發起序發明生起正宗之法
如淨名寶蓋法華毫光之類然證信亦云

通序諸經皆同故亦云經後序佛說法時
未有故發起亦云別序諸經各別故亦云
經前序佛先自發起方說正宗故今此經
文即前序中便是發起謂佛入大光明藏
與一切佛同住衆生清淨覺地現諸淨土
菩薩主伴皆入三昧同一佛境以表因果
無異凡聖同源顯發此經旨趣如是故無
別發起序也將解證信總序三門一述建
立之由二明建立之意三則正釋經文初
者則佛臨滅度阿難請問四事佛一一答
我滅度後汝等當依四念處住一以戒爲
師二默擯惡性比丘三一切經初皆云如
是我聞一時佛在某處與某衆若干人等
四四念處者一觀身不淨有五一種子二住處三自體四
自相五究竟二觀受是苦受與苦各三一苦受苦苦二樂受壞苦三
捨受行苦三觀心無常四觀法無我餘三文易
故不牒釋二明建立之意者意有三焉一
斷疑故謂結集時阿難昇座欲宣法藏忽
然自身相好如佛衆起三疑一疑佛重起
說法二疑他方佛來三疑阿難轉身成佛

故說此如是我聞等言三疑頓斷既言我從佛聞即自非佛明矣(異論三藏但作八爾此通如是我聞)二息諍故智論云若不推從佛聞言自製作則諍論起今厥我從聞聞從佛來故經傳歷代妙軌不較(此句我聞)三異邪故外道經初皆立阿僁爲吉(此句如是)三釋文者然證信序具六成就謂信聞時主處衆六緣不具教則不興必須具六故云成就今隨文便均於廣畧總分三段一信聞時主二說處依眞三同體法衆今初

如是我聞一時婆伽婆

解曰此文已具四種成就餘二成就後二各一先且合釋如是我聞者指法之詞也如是之法我從佛聞佛地論云謂結集時諸菩薩衆咸共請言如汝所聞當如是說傳法菩薩便許可彼言如是當說如我所聞釋曰宣法藏者不云阿難乃言菩薩者以佛地經在淨土說故論釋結集者云是菩薩不指聲聞今圓覺經亦淨土說正同彼論矣華嚴疏引纂靈記云摩訶衍藏是

文殊師利與阿難海於鐵圍山間結集故與畢鉢羅窟不同集法傳云阿難有三一阿難此云歡喜持聲聞藏二阿難跋陀此云喜賢持獨覺藏三阿難伽羅此云喜海持菩薩藏但是一人隨德名別大法念經亦說三種但喜賢卻是其初第二復云喜持三則同也上合釋竟此下離釋如是者信成就也智論云佛法大海信爲能入智爲能度信者言是事如是不信者言是事不如是故肇公云信順之辭也信則所言之理順順則師資之道成又聖人說法但爲顯如唯如爲是故稱如是(劉虯釋也此唯約所詮理)又眞不違俗故名如俗順於眞爲是(眞諦三藏釋也約所詮理事)又如者當理之言(言理相順謂之如也)是者無非之稱(生公釋也此同遠公說事如事說理如理能詮之教稱於理事也)又有無不二爲如如非有無爲是(此約所詮理事無二)若惟就當經釋者凡聖因果不異圓覺名如唯此因果方離過非爲是(華嚴疏云無障無礙法界曰如唯此無非爲是應機教門深淺以顯如是不同)我聞者聞成就也我即文殊及阿難海五蘊假者

云何稱我我有四種一凡夫徧計二外道宗計三諸聖隨世假分賓主(大小乘法相)四法身眞我(法性)今是後二非邪慢心而有所說故無過也聞謂耳根發識大小乘宗各有三說或耳或識或俱俱者爲正然或具四緣八緣雖因耳處廢別從總故稱我聞若無相宗我既無我聞亦無聞從緣空故不壞假名即不聞聞耳若約法性此經旨趣傳法菩薩以我無我不二之眞我根境非一異之妙耳聞眞俗無礙之法門也然阿難所不聞之經有云如來重說有云得深三昧自通若推本而言即阿難是大權菩薩何所不了如不思議境界經說況同文殊結集何滯迹而疑焉一時者時成就也師資合會說聽究竟總言一時揀異餘時也謂如來說經時有無量不能別舉一言畧周故(但云一時)如涅槃云一時佛在恒河岸等又諸方時分延促不定故但言一時若約當宗即說聽之時心境泯理智融凡聖如本始會此諸二法皆一之時然一與時

皆無自體但隨世假立婆伽婆者主成就也涅槃云能破煩惱名婆伽婆三德之中即當斷德斷德即顯法身也此宗法報不分淨土說經非應化矣故佛地經云是薄伽梵（六義）最清淨覺極於法界盡虛空窮未來際彼論云次顯諸佛異餘大師（異說餘經之佛）故說世尊功德又爲其餘生淨信故況彌勒般若頌云應化非眞佛亦非說法者耶若約諸經多是佛字具云佛陀此云覺者謂覺了眞妄性相之者據大雲金剛疏引論中心體離念以釋佛字則知有念終不能覺故論又云一切衆生不名爲覺以從無始來念念相續未曾離念故又云若有衆生能觀無念者則爲向佛智故然覺有三義一自覺覺知自心本無生滅（若以常釋此唯揀凡令則從此便異於二乘及權教菩薩）二覺他覺一切法無不是如三覺滿二覺理圓稱之爲滿若約佛地論即具十義（智障諦覺喻各二）若依華嚴即說十佛（成正覺願業報住持涅槃法界心三昧本性隨樂）若出其體即圓覺也（四成就覺）二說處依眞者處成就也謂佛入法性源現無邊無礙剎土亦不定分自他受用故曰依眞亦如華嚴云普賢身相如虛空依眞而住非國土釋此一門疏文有二初通疑難後正釋文初中或問曰外道言教首建阿優孔者篇章不標處所佛經異此故必以序分爲初彰說處則山城有依明說人則主伴無雜六種成就千代楷模邪正區分實由斯矣今云入光明藏三昧正受現諸淨土與諸菩薩同入等者但是眞智所造之境非化身形相之依既不言佛在何山城國邑則說經主處文不顯彰幸爲釋通觀無所惑答曰夫三身一體四土一性聖言三四者立教有權實對機有隱顯（劣機隱淨現穢勝機隱穢現淨）若揀邪教定釋宗則唯標變化身土（說大小乘法相及大乘破相顯性等經）若除細惑彰妙境則直顯受用自他（圓覺密嚴之類十有餘本）然此了教委窮識智之體備搜性相之源深究無明之根圓彰無漏之界經宗既詮實境教主須明眞佛故受用身居受用土爲諸大士說圓覺經然諸大乘經同是淨土說者即深密解脫經（如是我聞一時婆伽婆住法界殿如來境界放大光明普照之處）法集經（婆伽婆在虛空法界無差別住處）稱讚大乘經（婆伽梵住法界藏）密嚴經（住出過三界密嚴之國）諸佛心印經（住如來境界衆寶道場）興顯經（在如來建立之土）大毘盧經（住如來加持廣大金剛法界宮）入印法門經（住如來住持境界）方等王虛空藏經（遊如來無礙智智行處）佛地經（住最勝光曜放大光明普照無邊世界周圓無際超過三界所行之處然如是我聞等言一一皆準深密讀之）畧擧十經是此類也然淨土說經儀式稍異學識淺者或謗或疑故佛地論中具有徵釋但解此論自反三隅（十經之意例此皆解）故載其文（次第錄此一段）以遮愚惑聖言定量不假餘詞論曰受用變化二佛土中今此佛土何土所攝說此經佛是爲何身（此下有四初謬次正三徵責四圓了初云）有義此土變化土攝說此經佛是變化身（外難云既爾何故經云住最勝超過三界所行處豈是穢土耶下答云）佛爲化地前等令其欣樂修因故暫化作淨土妙身神力加衆令暫得見（次云）有義此土受用土攝說此經佛是受用身此淨土量無邊際故（難初義云）若暫化作加衆令見應

如餘經分明顯說（法華三變淨土淨名足指按地經文皆云佛神力等）經不說故（佛地不然）是受用身土（結成）若爾此是地上菩薩所應見聞何故於此化佛土中結集流布（假設）傳法菩薩爲欲示現一切智者（法報佛身）及所居處（淨土）超過世間（化身穢土）如是示現（此下說現勝之意有四焉一云）藏二 三五 欲令所化生欣樂故（二云）爲令發願當生如是淨土見如是佛聞如是法修彼因故（三云）爲生廣大勝解有情及諸菩薩勝歡喜故結集流布（結上三也）（四云）又是勝法於此宜聞然處若非勝化身相麤不可宣說（下結）故受用身居受用土爲初地上諸菩薩說令傳法者結集流通（總結）（成正義次下又假設外難云）若爾何故不但說彼所說法耶（何不但以化身標住山城等處然後但就經內讚說眞身淨土勝妙等法）（如無量壽觀經等耶下又出不標說處之過云）若不說處及能說者（若不標有形相名字化身化土如釋迦在祇園等也）不知此法何處（在何處說）誰說（是何人說）一切生疑（由衆生處缺六成就故）故須具說（結也後窮盡道理和會釋云）如實義者釋迦牟尼說此經時（不妨還是釋迦世尊）地前大衆見佛化身居此穢土爲其說法地上大衆見受用身居佛淨土爲其說法（故亦有雙標淨穢者如等日土三昧經等）所聞雖同（同聞正宗法義）所見各別（有見在舍衞國摩竭耆闍祇園之類身長丈六三十二相八十種好有見在光明無邊清淨國土盧舍那身徧法界有八萬四千相好等有見毘盧遮那在華藏世界及無邊世界一一塵中身具不可說佛剎微塵數相好等）雖俱歡喜信受奉行（各信所見身土所聞之法）解有深淺所行各異（各隨所見所解而修其行）而傳法者爲令衆生聞勝希願勤修彼因當生淨土證佛功德故就勝者所見結集言婆伽婆住最勝等（出結集菩薩隱化身穢土位號名相但彰眞身淨土境界之意也諸餘經教例亦如然由隨機益故但各就本經意趣隱眞身淨土顯化身穢土等也故前云對機有隱顯也）釋曰論釋分明不假別議驗前經等類例昭然然前所列之經（十經兼圓覺）皆詮殊勝之事境深細之理趣至於領受結集概注不遺者非登地菩薩則不堪任故淨土宣揚唯大士親受 藏二 三六 展轉流布則羣類普霑問華嚴大經宗趣圓博佛土是華藏世界佛身毘盧遮那尚標藏境之中人天七處（初會摩竭提國二及七八普光明殿三忉利天四夜摩五兜率六他化九祇園並不離欲界故）佛地經等何不然耶答大聖設教權實多門總一切經不出三意謂諸餘經等欲令隨識者趣入故唯舉化身穢土佛地等經欲令隨智者領受故偏舉眞身淨土華嚴則識智融通淨穢交徹法界圓攝稱性而談（不逐機宜屈曲）故即釋迦全是毘盧不壞娑婆而見華藏是以標舉則給孤（九會摩竭初會同於濁世四處在欲天皆是五濁境）閻浮（三處在天竺）釋相則金地（經說摩竭云其地堅固金剛所成）蓮臺（經云見佛坐蓮華藏師子之座十佛剎微塵數菩薩圍繞一一塵中亦復如是）一一普周法界（佛身一一肢節一一毛端佛土一一微塵皆徧法界）三類各有宗趣何執一而難乎然佛化儀隱顯殊迹一身異應一音異聞故教海無邊權實叵測且天竺小乘宗人尚有總不信大乘經典況時澆（佛滅度百年趨多持律不如佛在六羣乳味不如佛在水味況今向二千年耶）處異（震旦與天竺隔遠）詎免疑流今以聖言分明顯示庶祛其惑直 藏二 三七 入眞乘然一部經入由證信故須通決勿猒文繁上來通釋疑難竟

大方廣圓覺經大疏上卷之二

大方廣圓覺經大疏上卷之二

校勘記

一　底本，清藏本。

一　四六八頁中七行「簡牘」，經作「簡順」。

一　四七一頁中五行「孔者」，經作「孔老」。

大方廣圓覺經大疏上卷之三　　威三

唐終南山草堂寺沙門宗密述

此下正釋本文文分兩段初攝相歸真後稱真現土初中三一標入智用之源二明與凡聖同體三總彰稱體圓徧今初

入於神通大光明藏三昧正受　威三　一

解曰藏即實性法界藏起信心真如是諸佛衆生之本源神(妙用難測)通(自在無壅)光明之性體塵沙德用並蘊其中百千通光皆從斯起故云藏也亦名法性土亦名常寂光土息諸分別智與理冥名爲入矣然諸佛有常光放光若約常光光即是藏謂心性本明迷之似暗妄想既盡顯煥無涯故論云心性不起即是大智慧光明徧照法界若約所放光及所起通即神通光明之藏(持業依主配之可知)然通與光數皆無量若取類說者通即或六或十光則身光智光三昧正受者唐梵雙彰安住藏中不受諸受名爲正受(又三昧此云正思謂在定時於所緣境審正思察故正揀尋伺思揀昏沉如曉公說)二明與凡聖同體者既入其源即同其體故論云無漏無明種種業幻皆同真如性相華嚴亦云如心佛亦爾如佛衆生然心佛及衆生是三無差別又月上經云我亦當知十方佛皆悉同體覺一法真如體性無有二無量衆生同實際文中二初明聖同

一切如來光嚴住持

解曰一切即十方三世故華嚴云十方諸如來同共一法身一心一智慧力無畏亦然本覺真理名如能證始覺之智名來始本不二名曰如來是則衆生有本無始是如不來光嚴者重重交光照曜炳著住謂安住永絕攀緣持謂任持不失不壞後明凡同

是諸衆生清淨覺地　威三　二

解曰迷真起妄妄見衆生妄體元空全是本覺心地(論云一切衆生本來常住入於涅槃)妄不能染故云清淨(勝鬘經云染而不染)然聖證此境直曰住持凡不知同但指覺地三總明稱體圓徧

身心寂滅平等本際圓滿十方不二隨順

解曰凡聖身心取相似異相皆虛妄當體寂滅寂滅故平等皆同一際即圓覺本際也既與覺體無異故隨體圓滿周徧法界愨云首楞歎虛空之小圓覺嗟法性之寬比之常談海形牛跡不二隨順者隨順不二也西國語倒譯者迴文不盡故也生死涅槃爲二凡夫順生死二乘趣涅槃今皆不住故云隨順又依報則淨穢不二正報則生佛不二就體則身心不二通該則自他不二與此相應是隨順矣然凡聖平等復有多義且依佛說佛佛平等法身智身無增減故若依衆生生生平等煩惱業苦有支皆等若生佛相望者凡夫現在等佛過去進修得果等佛現在成佛究竟等佛常住此約三世互望煩惱佛即本有今無衆生即本無今有　威三　三　菩提即衆生本有今無諸佛即本無今有約迷悟異則說今本涅槃之性非三世攝故知三世有法無有是處若以性淨而說則佛與衆生現今平等不妨迷悟之殊是故三乘亦有差別亦無

差别衆生寂滅即是法身法身隨緣即是衆生故寂滅非無之衆生恒不異眞而成立隨緣非有之法身恒不異事而顯現又如前引華嚴心佛衆生三無差别亦是平等是故染淨三世一切諸法無不平等況稱性互收如是解者名爲善住平等心地

二稱眞現土

於不二境現諸淨土

解曰先釋義後銷文初中淨土之義四門分别一釋其義相二出其體性三嚴之方便四身土一異初中然土雖多種不出其三一法性土二受用土三變化土若開受用有自有他則成四土統唯二種謂淨及穢或性及相融而爲一有異餘宗又一質不成淨穢虧盈異質不成一理齊平有質不成捜源則冥無質不成緣起萬形故形奪圓融無有障礙次出體者小乘八微權敎唯心實敎法性又四土各别出體分性相者爲權融攝者爲實三方便者若經本起皆如來神力故法性如是故衆生行業故此通淨穢然隨宜攝物佛應統之故皆稱佛土若就行致唯淨非穢然淨有二種一世間淨離欲穢故以六行爲方便上二界爲淨土二出世間淨此復二種一者出世所謂二乘以緣諦爲方便權教說之無别淨土約實言者出三界外别有淨土二乘所居智論有文二出世間上上淨此謂菩薩即以勝解萬行而爲方便以實報七珍無量莊嚴而爲其土此復有二一者眞極佛自受用相累兼忘而爲方便二者未極等覺已還故仁王云三賢十聖住果報唯佛一人居淨土未極之中復有二種一八地已上一向清淨以永絶色累照體獨立神無方所故其淨土色相難明二七地已還未出三界無漏觀智有間斷故非一向淨若依瑜伽入初地去方爲淨土三賢所居皆稱非淨此分受用變化别故然約圓敎十信菩薩即有淨土後身土一異者又二初且約權教略配後據實義廣釋初中謂自性身依法性土餘之三身皆依自土境智淨識由昔所修因緣成熟從初成佛盡未來際相續變爲純淨佛土周圓無際衆寶莊嚴自受用身常依而住平智熟力由昔所修隨十地菩薩變爲淨土小大劣勝前後改轉他受用身依之而住成智慈力由昔所修隨未登地有情所宜化爲佛土淨穢小大前後改轉佛變化身依之而住後廣釋者問法性身土爲别不别别則不名法性性無二故不别則無能依所依答經論異說統收法身略有十種土隨身顯乃有五重一依佛地論唯以清淨法界而爲法身亦以法性而爲其土性雖一味隨身土相而分二别智論云在有情數中名爲佛性在非情數中名爲法性假說能所而實無差唯識亦云雖此身土體無差别而屬佛法性相異故謂法性屬佛爲法性身法性屬法爲法性土性隨相異故云爾也又云此佛身土俱非色攝雖不可說形量大小然隨事相其量無邊譬如虛空徧一切處故華嚴云普賢依眞住等一

切如來皆同所證故上文云一切如來光嚴住持身心寂滅平等本際圓滿十方不二隨順二唯以大智而爲法身所證眞如爲法性土故無性攝論云無垢無罣礙智爲法身故三亦智亦如而爲法身梁攝論中及金光明皆云唯如如及如如智獨存名法身故此則身含如智土則唯如四境智雙泯而爲法身經云如來法身非心非境土亦隨爾依於此義諸契經中皆說如來身土無二五此上四句合爲一無礙法身隨說皆得土亦如之六此上總別五句相融形奪泯茲五說逈然無寄以爲法身土亦如也此上單就境智以辯七通攝五分及悲智願等所修恒沙功德無不皆是此法身收以修生功德必證理故融攝無礙即此所證眞如體大爲法性土依於此義身土逈異八通報化色相功德無不皆是此法身收故攝論中三十二相等皆法身攝然有三義一相即如故歸理法身二智所現故屬智法身三智相並是功德法

故名爲法身其所依土則通性相淨穢無礙我此土淨而汝不見衆生見燒淨土不毁色即是如相即非相身土事理交互依持通有四句謂色身法身各依色相土及法性土故單雙互望此上通諸大乘教九通攝三種世間皆爲一大法身如華嚴說具十佛故其三身等並是此中智正覺攝故土亦如之十上分權實唯以第九屬於圓教若據融攝總前九義爲一總句是謂如來無礙身土義隨隱顯不可壘安是故此經即於不二之境現諸淨土達者尋文無生局見上言土有五重者一唯法性屬前三身二者雙泯屬於第四三具性相五六七八之所依故四融三世間屬於第九五總前諸義即第十依釋義門竟次銷本文言於不二境者佛無現土之念如明鏡無心現諸淨土者無念而應緣如鏡無心而現像故肇公云淨土穢土蓋隨衆生之所宜淨者示之以寶玉穢者示之以瓦礫美惡自彼於我無定無定之土乃名淨土隨類

普應故云諸也前凡聖一體即從自受用入法性土也此應諸菩薩即從法性現他受用故次云與大菩薩乃至同住如來平等法會第三同體法衆文三一總標

與大菩薩摩訶薩十萬人俱

解曰先標類具云菩提薩埵摩訶薩埵此翻菩提云覺則所求佛果薩埵云有情則所化衆生此約境釋又此人有了悟之覺餘緣慮之情此約心釋又此是求菩提之有情此約能所釋摩訶大也信大法解大義發大心證大道行大行趣大果故故華嚴地前即云摩訶薩也然今列者但是地上後十萬人標數也二別列

其名曰文殊師利菩薩普賢菩薩普眼菩薩金剛藏菩薩彌勒菩薩清淨慧菩薩威德自在菩薩辯音菩薩淨諸業障菩薩普覺菩薩圓覺菩薩賢善首菩薩等而爲上首

解曰夫聖人無名爲物立稱多依行德隨宜別標標立千差皆有所表此等是十萬中標領表十二段法門如次各於一門而

爲請問之主良以初心識昧未解諮求故菩薩慈悲騰疑爲請今各以所詮法義對釋其名文理昭然非强穿鑿智者詳焉文殊師利者梵語訛也正云曼殊室利此云妙德即智德深妙謂道成先劫已稱龍種尊王現證菩提復曰摩尼寶積實爲三世佛母豈獨釋迦之師影響華嚴一切咸見是以禮妙慧而不忘散本勸善財而增長發心印無言於不二之門答光明於三點之會談般若玄致屢質本師說權實雙行頻驚小聖至德若此非妙云何普賢者略有三釋一約自體體性周徧曰普隨緣成德曰賢二約諸位曲濟無遺曰普隣極亞聖曰賢三約當位等覺德無不周曰普調柔善順曰賢準華嚴三聖圓融觀文殊表解普賢表行行解同體即是毗盧遮那是爲三聖故此菩薩常爲一對今第一究眞妄以成正解故當文殊第二徵幻法而明正行故當普賢良由此經是稱性眞身說圓滿覺性故人法儀式懸符華嚴三普眼者由此法門令觀身心無體根識塵境世及出世自身他身一切清淨徧滿法界一切衆生普同諸佛觀行成就頓見如此境界是眞普眼也此含悲智謂普見諸法清淨是大智普眼普見衆生成佛是大悲普眼四金剛藏者從喻爲名金剛堅而復利堅則無物可壞利則能壞一切此菩薩智亦爾煩惱不能侵外魔不能動堅也能破諸障斷人疑惑利也故起三重甚深之難以消末世之疑疑心既無即具無盡功德故復云藏五彌勒者此云慈氏慈是其姓過去遇大慈如來願得斯號由此得慈心三昧又由母懷時便有慈心故以慈爲氏族字阿逸多此云無勝勝德過人故今以姓而呼但云彌勒由此門深究愛根蕩除細惑所以五性修證皆屬輪回彌勒是等覺菩薩一生補處表除微細惑習即得正覺圓明也六清淨慧者表在此門修證地位因果相中而智慧不住不著虛心忘相不爲行位差別之相所染若慧不清淨即落地位滯因果乖覺性七威德自在者三觀成就功用猛利邪魔不能嬈妄惑不能侵故八辯音者佛以一音逗於萬類雖此門統明三觀而隨機單複不同故二十五輪各皆證入此菩薩善能辯別隨類圓音故當其問九淨諸業障者一切業障盡依四相而生此門問答除之諸業自然清淨十普覺者從前諸過已離四相又除然於用意行心仍餘作止任滅之病覺猶未普至此決擇四病覺性無瑕普覺諸病故當此矣若具指者普覺本末普覺麤細普覺深淺十一圓覺者然此正宗中諸菩薩等與佛問答發揚本意欲顯圓覺但緣節節過患未盡義意未圓收機未普故表法菩薩未標圓覺之名今有三意得名圓覺一前雖病盡理圓仍恐下根難入又此曲開方便三期道場即上中下機普歸圓覺二由前節級行解已圓至此名爲證極證極之境更無別體唯是圓覺三最初標指圓覺爲陀羅尼門者從本起末今顯義已周還至圓覺者攝末歸

本表此三意故當此門十二賢善首者調柔善順曰賢賢之與善義意無別賢謂亞聖善則順理首是頭首欲使萬善齊興俱順眞理成正因位亞次聖果者必藉經教經教流通是賢善之首故流通分中當此

菩薩三總歎

與諸眷屬皆入三昧同住如來平等法會

解曰然夫大士必崇德廣業虛心外身崇德故進齊佛果廣業故行彌法界虛心故智周萬物而不爲外身故功流來際而非已今此但歎主伴入定同佛會之德者發揚正宗融攝一切爲圓滿覺之由致也諸經歎德皆亦各隨所宜言與眷屬者稱性之衆必具主伴(如華嚴經)故此十萬各有眷屬(外徒衆內法行)由入定故[底三]同住佛境[十一](不同前之諸佛但云住持)(不云入定)當爾之時凡聖體同因果一相故云平等法性之會名法會也上來三段不同總明證信六成就竟然此序既含發起(義前)(如科)此經又越餘詮欲顯迥超應云六種殊勝謂所聞圓覺是性相源(如是)能聞結集是

文殊等(我聞)說經之主是佛法身(婆伽婆)說聽會時心境融合(一時)說經之處淨土眞源聽衆同體皆入三昧故也序分竟

自下大文第二正宗分中有十一菩薩相次請問法門節節佛答總十一段束之爲二初一問答令信解眞正成本起因後十問答令依解修行隨根證入此乃前頓信解後漸修證也亦可初一信次五解次四行後一證(至下更辨今且依前)夫欲運心修行先須信解眞正以爲其本本若不正所修一切皆邪縱使精勤徒爲勞苦權宗多云先且漸修功成後自頓悟若華嚴此經教相儀式皆先頓同佛解方能修證故彼經十信位滿便成正覺然說三賢十聖歷位修行(通妨云云)故此文殊段中頓彰信解之境後普賢等十菩薩節級顯示總別觀行(普賢最初問云)(聞此圓覺境界云何修行等)今初言信解眞正者華嚴三聖觀云有信無解增長無明有解無信增長邪見信解圓通方爲行本今則頓信本有圓覺本無無明頓出生死名爲眞正眞者揀妄則不同迷倒凡夫但將妄念修行正者揀邪則不同執見異宗及諸外道三聖觀又云信若不信法界信則是邪復云成本起因者最初發起之因也然此經說因意深文略若不會通諸教管窺者信解難生今[底三]於文前懸爲開示根尋本末總[十二]有三重初了圓覺性次發菩提心後修菩薩行了覺性者四大非我五蘊皆空空病亦空了然自覺聖凡相異異則不眞生佛體同同豈增減依此悟解終始無殊然堪發心學菩薩行見聞影響何實何虛雖應形聲誰主誰宰不依此悟所作非眞自謂修行元是結業故華嚴云不能了自心云何知正道彼由顚倒慧增長一切惡又云設有菩薩無量百千億那由他劫具行六波羅蜜修習種種菩提分法若未聞此不思議大威德法門或聞不信順悟入不得名爲眞實菩薩若聞此法信解悟入當知此人生如來家具菩薩法離世間法深入如來境界故論中亦先開示二覺次令發

三心後方修正行（如次配此三重縱就初門中引者初門之意最難信用故）顯著若是幸不踟躕二發菩提心者既悟圓覺則堪發大心爲萬行本故華嚴一千行法最初以菩提心爲所依然有心體心相心德言心體者大悲大智大願三種心是大願是總悲智是別願者樂欲樂欲何事唯發心願樂通達諸法救度衆生故成悲智是故論云信成就發心者略說三種一者直心正念眞如法故即是大智無所執著二者深心樂修一切諸善行故即是大願謂四弘等（對四諦故）三者大悲心救護一切苦衆生故心相者所發之心要無分齊謂約悲願則大悲盡度衆生大願盡修諸行約大智念眞如則上無菩提可求下無衆生可度中無萬行可修故淨名云當令此諸天子捨於分別菩提之見皆爲無分齊也心功德者若依上發心一念之德過於虛空諸佛同讃多劫不盡故善友翽禮童子羅漢推敬沙彌雖始終不殊而先心難矣是以彌勒二百二十二喻廣顯功能

（種子生佛法　良田長白法
大地持世間　淨水洗煩惱
大風吹無礙　盛火燒見薪
淨日照世間　盛月法圓滿
明燈放法光　淨目見安危
大道入智城　慈父訓菩薩
慈母生菩薩　導師知要道
帝王願自在　鉗拔身見刺
命持大悲身　甘露不死界
淨璃性明潔　鼓覺煩惱睡
無畏毘笈珊吒　無生念力
住水日精　璃寶宅迎王子）

懇勸善財再親妙德此上二門正是本起因也至文當配三修菩薩行者既已發心當修諸行故善財所見諸善知識一一云我已先發阿耨菩提心而未知云何學菩薩行修菩薩道然對上了悟即是依理而修對上發心即是以行酬願難思佛法即之於心非向外求非數他寶廣有萬行統之三學要唯定慧車輪鳥翼互闕無能以是菩薩所依賴故天台宗於止觀意在斯焉此第三門即普眼章已下皆是上三重因兼果成四故我清涼大師答順宗皇帝所問諸經了義綸貫始終亦如次全同此四謂一明識不思議境使信解居懷二眞正發菩提心令棲志高尚三巧安止觀萬行助修四迴向菩提因果圓滿今本起因即彼一二隨根修證即彼三四是知顯示從凡至聖始終炳著者莫尚斯焉若約從本起末攝末歸本論因果者復成四句一所從之本是因因（本起因也）二起末正是其因（六度萬行）三攝末正是其果果（菩提涅槃二轉依果）四所歸之本是果果（生佛同成正覺）然一與四但是覺性故華嚴所宗性因性果是以因該果海果徹因源初心即得菩提果後猶稱菩薩善財初後俱託文殊智身位地始終同會普光明殿皆斯義矣（彼疏云契文殊之妙智究是初心入普賢之玄門會無別體）然本起之義泛釋難明故此一章拔茅連茹實藉因果相照教理相符文雖稍繁爲後綱領傍論已竟次釋本文文中有四一伸請二讃許三佇聽四正說（下十初科皆同此四）初中三初進問威儀次正陳詞句後三展虔誠（後亦皆同）今初

於是文殊師利菩薩在大衆中即從座起頂禮佛足右繞三帀長跪叉手而白佛言

解曰文殊表法已具上文餘皆諮求法要恭敬之儀也在大衆中從座起者亦表與一切凡聖同住法性從法空之體起悲濟之用頂禮佛足者以已最尊之頂禮佛最卑之足敬之至矣敬是意業意業無狀但以身口表之下標歎大悲世尊在發問之首即口業矣由隨文便故科之在後然汎論三業歸敬者欲顯諸聖有天眼天耳他心故淨三業故成就三輪因故或在明而遠在闇而近在闇而復遠故身語意如次伸敬今文殊等但是請問之軌俱非上說右遶者隨順之義表順覺性三帀者顯佛一體三寶三身三德表自願滅三道等故諸有三數表義例知長跪者表安危不易叉手者表信解合體心境交叅理智冥符定慧無二次正陳詞句文三初問本起之心

大悲世尊願爲此會諸來法衆說於如來本起清淨因地法行

解曰即前第一重也詳佛答處文相皎然諮求法要本爲衆生故偏舉大悲之德又阿含經說六種力中如來唯以大悲爲力六波羅蜜經云云何大悲能除重檐示勝義故成就有情住法性故諸來法衆者從法性起皆稱法性之衆也說於者但是請說而非問也如來下正是所請請意云夫求果者必觀於因因若非真果還是妄如造真金佛像先須辦得真金成像之時體無增減故首楞嚴經云若以生滅心爲本修因欲求如來不生滅果無有是處又云汝觀因地心與果地覺爲同爲異同則剋證異則不成言如來本起者佛昔本因所起最初之心也如上廣釋清淨者圓照本體元無煩惱因地者因行所依之地法行者稱法性之行下文佛答圓照淨覺本無無明等爲因體也又大集經憍陳如問佛云何名爲法行法行比丘佛言若有比丘讀誦如來十二部經樂爲四衆敷揚廣說思惟其義是名樂讀乃至是名思惟不名法行若有比丘能觀身心心不貪著外一切相謙虛下意不生憍慢不以愛水溉灌業田亦不於中植諸種子滅覺觀心境界都息永離煩惱其心寂靜如是比丘我則說之名爲法行如是比丘若願獲聲聞菩提緣覺菩提如來菩提即能得之憍陳如如工陶師埏埴調泥置之輪上隨意成器法行比丘亦復如是下文佛答圓照淨覺本無無明等爲本起初因也占察經亦云善男子若有衆生欲向大乘者應當先知最初所行根本之業最初根本業者所謂依止一實境界以修信解因信解力增長故疾入菩薩種性（信成就入初住也）所言一實境界者謂衆生心體從本已來不生不滅自性清淨無障無礙平等普徧無所不至圓滿十方究竟一相以一切衆生心一切聲聞辟支佛心一切菩薩心一切諸佛心皆同不生不滅無染寂靜真如相故所以者何一切有心起分別者猶如幻化無有定實釋曰以信解一實爲最初業全同今經也配釋可知佛頂經亦然二問發心離病

及說菩薩於大乘中發清淨心遠離諸病

解曰即前第二發菩提心也故偈直云菩提心矣華嚴云忘失菩提心而修諸善根魔所攝持既爲魔攝即過患衆多故請說發心因緣令得永離且中間忘失善根猶被攝持況都未發心修行豈離魔業言及說者揀此非前大乘中者揀宗非小清淨心者菩提心中大智心也直心正念眞如故清淨矣離諸病者一發之後永無忘失無忘失故魔惑不嬈下佛答有無俱離覺照亦泯能所絕等此即不發一切心名眞發清淨心也若遠而論之至於輪廻根本四相四病亦答此意雖下文節節自有別問然此一段之問是諸問根本後爲欲備收中下之機故諸門展轉問答以盡此中之理亦如華嚴初會發四十問近則當會答盡遠則九會方終三遠被當來

能使未來末世衆生求大乘者不墮邪見

解曰末世者佛滅度後正法像法各一千年末法一萬年末法即爲末世去聖遙遠深可懸憂故顯孟中偏垂結指又初標此會後結當來影略而言現未俱孟金剛三昧經中解脫菩薩亦爲末劫中五濁衆生請宣一味決定眞實令等同解脫（曉公因此四句判教）求大乘者不墮邪見者謂末法中正解難得其有或縱心五欲或宗習異道或執滯二乘者置之言外縱有發意唯求大乘若不聞此法門亦墮邪見離本心外別有所求見妄見眞孟爲邪見不必六師（義如前說）故華嚴云一切衆生皆墮邪見後三展虔誠

作是語已五體投地如是三請終而復始

解曰五體者四肢及頭三請者若唯一二未展虔誠若過於三禮煩則亂故三周終始顯示眞心佛雖已知垂範應爾若約所表如三帀說二讚許

爾時世尊告文殊師利菩薩言善哉善哉善男子汝等乃能爲諸菩薩咨詢如來因地法行及爲末世一切衆生求大乘者得正住持不墮邪見汝今諦聽當爲汝說

解曰先讚後許善哉善哉者智論釋云再言之者善之至也大乘了義理合宣揚針芥未投久默斯要既當嘉會根熟咸臻將演妙門必資發問今之所請實謂起予利樂實多再三歎善善男子者順理剛斷乃能下牒所問詞正述善之所以得住持者安心覺海永絕攀緣任持萬行無漏無失汝今下許也誡令審諦勿雜餘緣無以生滅心行聽實相法智論偈云聽者端視如渴飲一心入於語義中踊躍聞法心悲喜如是之人可爲說三佇聽

時文殊師利菩薩奉教歡喜及諸大衆默然而聽

解曰歡喜者默聽也即是願樂欲聞十地經云如渴思冷水如饑思美食如病思良藥如衆蜂依蜜我等亦如是願聞甘露法四正說文二初長行後偈頌（下皆同此）初中四一標示眞宗二推窮妄宰三釋成因地四結牒問詞一中復二初明本有覺心後明悟則成佛初中又二一一示本體

善男子無上法王有大陀羅尼門名爲圓覺

解曰無上法王即是佛也於法自在更無有上然雖無一衆生而不具有圓覺且塵經未出寶藏猶埋既不自知宛受貧苦唯佛全得其用故但標大覺有之大陀羅尼者此云總持圓覺體中塵沙德用從本已來持之不失故（有以攝散釋總持義與此殊）然陀羅尼有三謂多字一字無字今即無字無字即無邊際故言大也故大寶積經陀羅尼品云如來之智攝諸善巧所有宣說無不清淨無有少法所得皆歸於空乃至此是諸菩薩等入陀羅尼門問文字既非眞實何用傳經答大品般若云總持非文字文字顯總持由般若大悲離言以言說若據智論即云陀隣尼梵音小異耳論自翻爲能持亦云能遮謂種種善法持令不失惡不善心遮令不生既言持善遮惡即是萬行之本故此標之矣門者是出入義出者一切染淨諸法皆從圓覺流出（出淨如次文出染如下文）入者若悟圓覺則百千萬法悉皆悟入故下文云圓覺明故顯心清淨乃至徧滿等是知欲了萬法須從圓覺中入又從本起末爲出攝末歸本爲入迷之則出悟之則入有出入義故名爲門此中門者是根本義不同世法門淺室深故寶積經連次前云由是門故出生廣大差別覺慧此則無門之門門清淨故形相門者則爲非門所言門者猶如虛空一切諸法依於虛空而有生滅又荷澤云知之一字衆妙之門皆說根本矣名爲圓覺者正指其所屬當本體也義具題中二彰德用

流出一切清淨眞如菩提涅槃及波羅蜜教授菩薩

解曰流出者非別有法從中流出於外但依覺性顯示諸門功德無有窮盡應用無有疲猒名爲流出故論云若心有動則有過恒沙等妄染之義對此義故心性無動則有過恒沙等諸淨功德相義示現言一切者總標清淨者揀諸有漏有漏之法皆眞理故性本無故眞如等者略舉其四以例百千將欲釋之二門分別初開章解義後依義釋經初中四法各爲四別一釋名二出體三辯種類四明業用初眞如中一釋名者眞謂眞實顯非虛妄如謂如常表無變易謂此眞實於一切位常如其性故又眞者體非僞妄如者性無改異僞是詐僞鍮如眞金妄是虛妄影如本質異就橫說多物同時而各殊改約竪論一體先後而變易今皆離此故曰眞如謂此實體於未來際常如過去（釋竪）於色中常如受中（釋橫）眞實相如非爲妄似二出體者若約法數即眞如無爲今依起信以一心爲體論云心眞如者即是一法界大總相法門體所謂心性不生不滅乃至竟無變壞唯是一心故名眞如等三辯種類者或唯一如體中說或二安立非安立故依言離言故或說有七顯於染淨中常如其性故或立十種對十重障辯其德故四明業用者論云眞如用者諸佛因地攝化衆生不取相者以如實知衆生及與已身眞如平等無別

異故以有如是大方便智除滅無明見本法身自然而有不思議業種種之用即與真如等徧一切處釋曰依真如故發智斷惑證體起用若不依之則取我我所相無由修證故知萬德萬行皆是真如用也菩提四者一中梵語菩提此翻云覺(若云佛陀即是覺者)義見題中二中約心數即別境中慧若取圓脩即攝論云二智二斷爲菩提體智論云菩提菩提斷俱名爲菩提依今經者即是始覺合本三中或說唯一理智合故即寂之照故或開爲二大品明有性淨善提修成菩提或分爲三約三乘故如十地論又起信本覺始覺究竟覺或開爲四涅槃經說四品智慧觀十二緣得聲聞緣覺菩薩佛等菩提又大圓等四智菩提或分爲五如大品智論說發心等(等於伏明出到無上)四中謂緣二諦斷二障證二空現萬象印群機該動寂通因果因圓果滿無不由之業用無邊不可具載涅槃者蓋衆聖歸宗冥會之所寂寥無爲而廣大悉備形名絕朕

識智難收今以無名之名亦爲四別一中涅槃正名寂滅取其義類乃有多名總以義翻稱爲圓寂以義充法界德備塵沙曰圓體窮眞性妙絕相累爲寂二中據六無爲即真如擇滅論其圓寂即摩訶般若解脫法身爲體所以三者翻三雜染故能證大智冥所證理相累永寂故然此三德不離一如如一明淨圓珠明即般若淨即解脫圓體法身故此三法不縱不橫不並不別如天之目如世之伊名秘密藏爲大涅槃三中或說唯一即大涅槃或二性淨方便淨或三謂自性眞應(又約三乘)或四一自性清淨(通凡)二有餘依三無餘依(通二乘)四無住處(唯佛)四中囊包終古導達群方靡不度生靡不成就故彼經云能建大義又華嚴云不爲菩薩示現涅槃欲令常見佛圓滿故但爲令衆生生欣樂戀慕故現出現沒佛日常現淨心器中心濁器破則不得見波羅蜜四者一中復二初通後別通者具云波羅蜜多波羅此云彼岸蜜多云到迴文

順此應云到彼岸也謂離生死此岸度煩惱中流到涅槃彼岸然一切衆生即寂滅相不復更滅但以迷倒妄見生死名爲此岸若悟生死本來空寂名到彼岸若就修習分位說者要七最勝之所攝授諸有所修名波羅蜜七謂安住(菩薩性)依止(菩提心)意樂(悲愍有情)事業(一切)巧便(無相智攝)迴向(無上菩提)清淨(不爲二障雜)若七隨缺非波羅蜜故諸度等各具四句(一施非度等)然五位通修佛方究竟別者又二初舉數謂對六蔽漸修佛法成熟有情故但說六止觀相由定慧相即故唯說五對治十障證十眞如故有其十若總翻諸染即有八萬四千(義如下釋)後正釋但釋十名已兼六矣謂轂已惠人名施防非止惡爲戒堪受諸法未能忘懷爲忍鍊心於法爲精精心務達爲進心慮寂靜爲禪推求揀擇爲慧方法便宜故名方便希求樂欲爲願不可屈伏名力如實決斷爲智二中亦有通別通則大菩提心而爲體性別者復有相性二宗相者施戒忍進如次以

無貪受學無瞋懃等各及所起三業爲體
禪則等持餘五擇法性者皆從眞如性功
德起三中通則如釋名中舉數別則有三
一者前六各三後四各二一施三者財法
無畏二律儀攝善饒益三耐怨害安受苦
諦察法四被甲攝善利樂五安住引發辦
事六生發俱空無分別慧七回向拔濟八
求菩提利樂他九思擇修習十受用法樂
成熟有情前前麁後後細易難修習故次第如此二者觀心
華嚴疏說三者空心金剛三昧經說四中相無相別二宗
相宗者謂六中前三增上生道感大財體
及眷屬故後三決定勝道能伏煩惱成熟
有情及佛法故其後四者助六令圓滿故
謂七助前三餘八九十次助後三如深密
說又由前前引發後後復由後後持淨前
前又此十中一一相攝互相順故若但說
六六攝後四若開爲十第六唯攝無分別
智後四皆是後得智攝無相宗者准菩提
資粮論以般若爲初餘五依次般若成五
五助般若論偈云既爲菩薩母亦爲諸佛
母般若波羅蜜是覺初資粮施戒忍進定
及此五之餘餘四皆由智度故波羅蜜所攝
上來解義竟從此依義釋文謂圓覺自性
本無僞妄變異即是眞如無法不知本無
煩惱無法不寂本無生死即是菩提涅槃
無慳貪毀禁嗔恚懈怠動亂愚癡即是六
波羅蜜餘諸無量無漏等法皆例此知問
云唯此菩提涅槃各唯一義如何上說無
邊德耶答全體即圓覺故別中皆具總故
揀之則幻化昨夢收之則一一圓通思之
中間云及者有其二義一揀前義顯因果
義別二合集義非但流出理果亦及因也
教授菩薩者顯上所流眞如等法之業用
也謂約其情執即似都無妄盡功圓元非
新得頓悟理者依之修行能生物解名爲
教授故論云順本性故修檀波羅蜜等涅
槃亦云諸佛師法後明悟則成佛
一切如來本起因地皆依圓照清淨覺相永
斷無明方成佛道
解曰上且標指宗源未曰酬其問目今顯
悟之成佛方名本起之因一切等者叙其
所問皆依者無佛不然圓照者顯能悟之
心圓通照了離於偏局清淨覺相者明所
悟也寂寥虛廓了無情塵此中相即是性
非爲相貌但以初悟之時見有所悟之覺
能所未忘故云相也此正同善財初遇文
殊表信智見其身相後遇文殊表證智不
見身相永斷等者本覺既顯無明本無畢
竟不生名爲永斷涅槃云云塵沙諸佛以此爲
因如是用心方成佛道况若心存妄念帶
此妄念修行多劫虛事劬勞畢竟不成佛
果如前所引積行菩薩

大方廣圓覺經大疏上卷之三

大方廣圓覺經大疏上卷之三

校勘記

一　底本，清藏本。

一　四八四頁上七行第四字「發」，經作「法」。

大方廣圓覺經大疏上卷之四　威四

唐終南山草堂寺沙門宗密述

大文第二推窮妄宰於中二先示其相後顯本空智論云佛有二種說法先分別諸法後說畢竟空正是此也初中三一謂徵釋結今初

云何無明

解曰徵此無明作何行相從何表顯知是無明然此徵釋無明者有其二意一由前云永斷無明恐謂定有可斷欲待斷盡方成佛道故今徵釋顯其本空二謂此無明是八萬塵勞之根十二因緣之首河沙煩惱由此而生塵劫輪迴以之不絕非想定後還作貍身無爲坑中猶名病行今欲明清淨覺性顯示圓頓妙門不先推破無明所作盡扶顛倒故決眞心本有便推妄性元無依此了悟分明始得名爲因地二釋者釋此無明五門分別一顯得名二釋體相三辯種類四明業用五正釋文初中明者擇法無彼明故名爲無明又雖有本覺之明而無始覺之照論名不覺不者是無覺者是明但文異耳亦名爲癡唯識百法迷諸經亦名爲顛倒此經二出體相者華嚴云於第一義諦不了名曰無明者此明迷自此經云認四大等者卽明認他理實而言但迷自必認他認他必迷自二文互舉也論云不覺者謂不如實知眞如法一故不覺心起而有其念念無自相不離本覺猶如迷人依方故迷衆生亦爾依覺故迷若離覺性則無不覺釋曰此雖出體便顯體空正當此經兩段文矣俱舍中說明所治者是無明體唯識中說覆蔽眞實迷於理事然有共不共若取發業卽行蘊中迷理起者此等出體比起信論未徹其源何者起信依無明爲因方生賴耶識此等所說乃是六七心所況迷自認他之行相似有本空之根源旣無的示之文豈盡無明體性三種類者謂根本枝末共與不共相應不相應迷理迷事獨頭行俱覆業發業種現宿惑四業用者準論所說能生三細依華嚴卽二種業一令衆生迷於所緣二與行作生起因今經云由此故有輪轉生死統而言之一切有漏之法無不皆是無明之所任持無有不是無明發起故論云當知世間一切境界皆依無明而得住持又下文云身心等相皆是無明餘如徵中五釋文者文分爲三一按定其非二正釋其相三出其過患今初

善男子一切衆生從無始來種種顛倒猶如迷人四方易處

解曰謂此但標衆生云皆顛倒未顯顛倒之相如泛指甲乙云是罪人未出罪名所作何事故言按定其非文中先法後喻法中一切衆生者除圓了覺性其餘悉該言種種顛倒者心識狂亂爲顛背覺合塵爲倒倒有所執顛但荒狂或顛者頂也倒者頂下足上也其相不一故云種種種種之相如下所明喻中如人乍至川原或入聚落忽然心惑以東爲西旣一方迷餘三俱轉故云易處此喻四倒及下四雙然正迷之時方亦不轉

忽然醒悟還是舊方反推此迷了無蹤跡
無本來處無今去處第二正釋其相文二
一法
妄認四大爲自身相六塵緣影爲自心相
解曰正釋顛倒之相也如迷某甲有如是
過作如是事今則迷自法身認他四大迷
自眞智認他緣念是其相也故肇公云法
身影於形骸之中眞智隱於緣慮之內正
當此段文中先明認身後明認心所言認
者執爲我也認身者然四大從緣假和合
有無我無主畢竟是空故淨名云是身如
影從業緣現是身不實四大爲家是身如
空離我我所又如下文皮肉筋骨皆歸於
地等然凡夫種種造業長劫輪迴只由迷
自法身執此四大爲我認心者略爲二釋
一者六塵是境識體是心心對根塵有緣
慮相慮相如影舉體全無自心靈明本非
緣慮今認緣慮謂是自心念念隨之飄沉
苦海如珠明徹本非青黃對青等時卽有
影像愚執其色謂是其珠如迷自心認緣

影也故唯識云諸心心所依他起故亦如
幻事非眞實有乃至亦是法執首楞嚴云
若分别心離塵無體斯則前塵分别影事
塵非常住若塵滅時此心卽同龜毛兎角
其誰修證無生法忍故知緣影決定是空
若清淨眞咸四心本無緣慮靈知不昧無住無四
依今認緣心誠爲妄矣二者此一句經譯
者迴文不盡應云緣六塵影六塵影是所
緣妄識是能緣六塵無實猶如影像從識
所變舉體卽空故此緣心亦無體也餘同
前解前標顛倒云種種者通論卽我法二
執於中各有種種相轉（下二空觀初當具叙破也）及凡
夫二乘同有三倒各有四倒（下四念處觀中當釋）若
尅就此文卽上迷身迷心總有四對顛倒
謂四大非我認爲我法身眞我而不認是
第一對四大如幻本無而見有法身眞實
本有而見無是第二對緣念生滅非心認
爲心眞心了然而不自認是第三對緣念
如珠中黑色全空而執有眞心如珠中明
相實有而見無是第四對一三我執二四

法執如斯等見不因師宗但是凡愚任運
如此既四對八隻不同故云種種二喻文
二初直喻前文
譬彼病目見空中華及第二月善男子空實
無華病者妄執
解曰瞖眼觀咸四空裏無華妄見華捏目望月五
輪月邊别見月空華幻月皆喻妄見衆生
一念迷心瞖自圓明覺性而於圓明體上
妄見生滅身心故云空實無華病者妄執
妄執之言正對前妄認之語若悟眞如無
相但是一心如空本無華天唯一月故首
楞云見聞如幻瞖三界若空華聞復瞖根
除塵銷覺圓淨又云汝身汝心外洎山河
虛空大地咸是眞精妙心中所現物亦可
别配二喻謂華喻認身月喻認心身則但
因心迷當體妄認如空華但因目瞖外無
别依心則內根外塵相依而起如幻月下
因捏目上因本月相依而生故配身心昭
然義現然月喻倒華亦應云月實無二捏
者妄執經文影略故不具之又爲一解瞖

捏皆喻見今空華二月皆喻相分眼喻智慧空及本月喻眞理世親般若論以瞖喻相分者據釋處之意取所見之華也後展轉倒見

由妄執故非唯惑此虛空自性亦復迷彼實華生處

解曰由妄執故牒前生起轉計所以非唯下帖義牒前成其轉倒惑空性者虛空自性清淨無物今執華生空處卽似空變成華妄見虛空無生而生無物成物是迷惑虛空之性也亦復迷彼等者既執華從空而生卽不知從瞖而起瞖則實是華之生處非謂眞實之華若具法合應云非唯惑此眞空自性亦復迷彼身心生處此乃但怪空裏有華不覺眼中有瞖外嫌身心苦惱不知內蓄迷情三出其過患 感四 六

由此妄有輪轉生死

解曰妄執身心若無過患任其固執不必化之既由此執塵數劫中輪迴不絕地獄鬼畜八苦五衰爲害之深故須開示由此者因前妄認身心相也生死不實故稱妄有三結

故名無明

第二顯本空文三初標定

善男子此無明者非實有體

解曰言無體等者但是假名內外求之了不可得推其本際元是妙明故論云念無自相不離本覺又云依覺故迷若離覺性則無不覺了斯無體諸行不生不生故無滅生滅滅已寂滅爲樂是知十一支法皆有所因惟此無明橫從空起今悟無明滅則行滅行滅則識滅乃至老死滅也次喻釋

如夢中人夢時非無及至於醒了無所得如衆空華滅於虛空不可說言有定滅處何以故無生處故 七

解曰前說種種過患皆歸無明今云無體道理難見言語路絕故約喻釋謂睡時夢物直見是有故前種種說其行相寤欲求之終不可得故此顯示云無體也問求不得者何處滅去故經答云如衆空華滅於空時不可說言有定滅處問若無滅處卽應還在以何義故言空無也經又答云無生處故見幻華時若實是有今不見時卽說滅處見時本無生處不見何尋滅處問前云實華生處此復何通答約前妄執之時而言有也悟了始知有時元無以法合之昭然可見故首楞云此迷無本性畢竟空昔本無迷似有迷覺覺迷迷滅覺不生迷此正是無生之理若決定忍可於心名無生忍華嚴云一切法無滅若能如是解諸佛常現前後斷疑

一切衆生於無生中妄見生滅是故說名輪轉生死

解曰恐有疑云前說生死輪迴只由無明妄執無明既若無體生死復何所依必若生死亦無云何前說生死故此釋云無明及與生死本末一切俱無但以衆生於此無中迷情橫見生死故云於無生中妄見生滅前就橫見故說有此就實論故說無

言是故等者指前文說處也大文第三釋成因地上來所說妄空眞有者有佛無佛性相本然今明依此通達心意冥符方成本起因地故此釋成正答所問文中三初依眞悟妄頓出生死

善男子如來因地修圓覺者知是空華卽無輪轉亦無身心受彼生死非作故無本性無故

解曰如來等者牒前所標卽依眞也知空華下正釋卽悟妄等也既知萬法如空華豈更見有輪轉還丹一粒點鐵成金眞理一言點凡成聖亦釋因不異果如斯因地方爲眞修上皆悟妄此下頓出生死也亦無等者非唯無輪轉之法亦無受輪轉之人我我所亡方成解脫卽是照見五蘊皆空度一切苦厄意令修道者外遺世界內脫身心不計身身同虛空不起心心同法界非作等者非我造作觀行故使身心空無本性空寂元來無故金剛三昧經云若化衆生不生於化不生無化其化大焉

次展轉拂迹釋成正因

彼知覺者猶如虛空知虛空者卽空華相亦不可說無知覺性有無俱遣是則名爲淨覺隨順

解曰於中初拂迹拂有四重一拂覺妄之智二又泯其拂心三遣其斷滅但不起心分別空有不是無心四總結離過是眞無念拂迹之由下自徵釋後成因是則等者有無既不當情斯卽心言路絕清淨覺體從此顯彰但不背之合塵卽名隨順亦非別有能順故羅什云無心於合合者合焉隨順淨覺故言淨覺隨順如是執盡病除然後興心運行則聚沙畫地合掌低頭皆成佛道如斯修習可謂正因後徵拂所由釋歸圓實

何以故虛空性故常不動故如來藏中無起滅故無知見故如法界性究竟圓滿徧十方故

解曰先徵意云身心幻妄許可全空知覺稱理因何又拂有無俱絕約何修行釋意云相因相待皆是從緣從緣之法豈實有體生心動念卽乖本性失正念故圓覺性體俱無如是等故於中曲分兩節初明諸法二句後顯一心六句虛空性者一切法空不生滅也謂如上相因諸相猶若虛空本自不生今無可滅非謂拂之方令空也故佛藏經云一切法空無毫末相等等取諸文非一常不動者一切法如淨名不來去也爲非已去非未來非現起故故法句云諸法從本來寂滅無所動法華亦云常自寂滅相又華嚴有大自在天王得知一切法不生不滅上句不來不去下句無功用非作故無等解脫門淨覺隨順次如來藏下顯一心也略啟二門初唯釋如來藏後總釋經意初中六門分別此是經題義含全部故備釋也一釋名二出體三種類四行相五業用六勸信今初由三義故得名爲藏一隱覆義二含攝義三出生義佛性論亦有三義一所攝藏二隱覆藏三能攝藏然局於此至文當示也隱覆者復有二義一者藏如來故名如來藏謂衆生心具諸佛德但以迷倒都不覺知故名藏也藏有如來有財釋也理趣般若云一切衆生皆如來

藏勝鬘云生死二法是如來藏如來法身不離煩惱藏名如來藏如來藏經云一切衆生貪恚癡諸煩惱中有如來身乃至常無染污德相備足如我無異便以九喩喩之一萎華（貪使）佛身（眞法界身）二嚴峰（嗔使）淳蜜（說一味法）三糠糩（癡使）粳米（說種種法）四糞穢（增上貪等）眞金（眞如不變）五貧家（根本無明）寶藏（法身佛性）六菴羅（見惑）內實（二身佛性）七弊衣（修惑）金像（法身）八貧女（不淨地垢）輪王（報身）九燋模（淨地諸垢）鑄像（化身）二者佛性論如來藏品云如來自隱不現故名爲藏（隱覆中文）舍攝者有其三一體含用謂如來法身含攝身相國土神通大用無量功德而爲彼等之所依止故名爲藏（金器）二聖含凡佛性論云一切衆生皆在如來智內故名如來藏（所攝中文上二皆持業釋）疏四三因含果謂因地已攝果地一切功德亦如佛性論說十一（能攝中文）出生者（論三義中無此）謂此法身既含衆德了達證入卽能出生故十地證眞能成佛果是以十地論釋地義云能生能持又釋金剛藏云藏卽名堅其猶樹藏謂如樹心堅密能生長

枝葉華實地智亦爾能生無漏因果亦能生成人天道行（此以理智合爲如來亦持業釋）此三義者初約迷時後約悟時中間尅體二出體者卽論中一心也論又依此顯二門故楞伽云寂滅者名爲一心一心者名爲來藏（十地經云云）勝鬘名爲自性清淨心此下經云如來圓覺妙心涅槃卽名佛性唯識但就染相名爲藏識故密嚴云佛說如來藏以爲阿賴耶等楞伽亦云如來藏藏識三種類者佛性論云如來藏有五種一如來藏（自性）二正法藏（因也如前出生義也）三法身藏（至德）四出世藏（眞實）五自性清淨藏（秘密）勝鬘經云如來藏者是法界藏（卽論中初二華嚴亦云入法界藏智無差別也）法身藏出世間上上藏自性清淨藏此之四名初總相次尅體三已證四約迷時客塵不染故次文云此自性清淨如來藏縱爲客塵煩惱所染猶是不思議如來境界（縱爲猶是四字此本缺也流志譯者具矣）四行相者然此如來藏心約眞妄和合總有二種行相謂此經下云如來藏自性差別論云眞如生滅然眞妄

各有二義眞謂不變隨緣妄謂體空成事眞中不變妄中體空卽眞如自性也（勝鬘云如來藏離有爲相常住不變）眞中隨緣妄中成事卽生滅差別也眞如性中復有二種勝鬘云有二種如來藏空智所謂空如來藏若脫若離一切煩惱藏疏四不空如來藏具過河沙不思十二議佛法論中亦云如實空如實不空義全同此後釋生滅亦有二相謂漏無漏無漏復二有爲無爲（無爲亦在生滅門者具如論疏辨也）有漏亦二謂善不善五業用者前二行相皆有業用之義初眞性者有其二業一能持自體河沙功德從本已來不失不壞二能禦客塵河沙煩惱無始時來不染不汚後生滅亦有二業一能起惑造業曠劫長受六趣生死故楞伽云如來藏者是善不善因能徧興造一切趣生乃至若生若滅二能知眞達妄發心修行證三乘果如前所引十地論等由後二業故寶性論引經偈云無始時來性作諸法依止依性有諸道及證涅槃果長行引勝鬘釋云性者如來藏（唯識）

釋云界以因義釋隨自宗故 依止者如來藏是依是持
是建立諸道者有如來藏故說生死是名
善說證涅槃者若無如來藏者不得厭苦
樂求涅槃六勸信者既諸佛因果終始依
之故入道行人先須信解 寶性云是一切智者境界何故
咸四
十三
乃爲愚倒凡夫說耶偈答以有怯弱心等云云 離此別信信則墮
邪故密嚴經呵爲惡慧必須了之方知正
道故勝鬘云若於無量煩惱所纏如來藏
不疑惑者於出纏無量煩惱藏法身亦無
疑惑華嚴初會普賢即入如來藏身三昧
意在此也然雖此心凡聖等有但果顯易
信因隱難明故淺識之流輕因重果願諸
道者深信自心應捨難捨之妄緣求見難
見之妙理妙理者即自心也故勝鬘經云
有二法難可了知謂自性清淨心 一也 彼心
爲煩惱所染 二也 若料揀信解之器者是非
各三非器三者一身見 執蘊爲我 二四倒 無常苦無我不淨 三失空 離空如來藏義修空者三類云云 具如寶性
論說是器三者一自成就甚深法智二成
就隨順法智三於諸深法不自了知仰推

世尊非我境界如勝鬘說又反三非三是
復成三是三非可以意得上來釋義竟釋
經意者今此文中約藏自性離有爲相常
住不變以釋上拂迹之由即二種行相中
真如門也言如來藏者總標次二句空藏
後三句不空藏無起滅者釋上所知生死
等無知見者釋上彼知覺等謂對生死起
者即云執情見生死滅者即云知覺今以
如來藏中既無可起可滅何有能執能知
又迷時生死非起淨心非滅故無迷也悟
時淨心非起生死非滅故無悟也無悟故
無知見矣此乃非唯不可識識抑亦不可
智知識智俱如方爲自體真實識知光明
徧照爲下三句不空藏矣如法界性者界
性與藏心體同義別別有其二一者在有
咸四
十四
情數中名如來藏在非情數中名法界性
如智論明佛性法性之異二者謂法界則
情器交徹心境不分如來藏則但語諸佛
衆生清淨本源心體如云能造善惡能起
厭求就法界言則無斯義據此則藏心尅

就根源界性混其本末混則普該之義易
信尅則徧周之理難明故指藏心如法界
性亦乃攝其二義之別歸於一體之同方
顯覺妄因依誠非究竟圓實究竟者竪窮
三際始終常然圓者體徧十方滿者衆德
具足良由如來藏性本自如斯豈須滅舊
添新滅惑生智是以三重泯絕冥合覺心
將此爲本修行始得正名因地第四結牒
問詞
是則名爲因地法行菩薩因此於大乘中發
清淨心末世衆生依此修行不墮邪見
解曰但結前文更無別義此下大文第二
偈頌文二一標舉
爾時世尊欲重宣此義而說偈言
解曰汎論偈頌總有四種一名阿耨窣覩
咸四
十五
婆頌此不問長行與偈但數字滿三十二
即爲一偈二名伽陀頌此云諷頌或名直
頌謂以偈說法非頌長行三名祇夜頌此
云應頌四名薀馱南頌此云集施頌謂以
少言攝集多義施他誦持故爲何意故經

多立頌略有八義一少字攝多義故二諸
讚歎者多以偈頌故三爲鈍根重說故四
爲後來之徒故五隨意樂故六易受持故
七增明前說故八長行未說故今此經十
一段偈於前四中皆是祇夜於後八中正
唯三七義兼一五六全非二四八又慈恩
說十謂利鈍前後曲直難易眞俗取捨標
釋智辯解持說行對會可知然長行偈頌
相望有五對之例謂有無廣略離合先後
隱顯今經問目皆長有偈無答皆長廣偈
略餘隨相當對文當指今此段中五偈重
諷長行更無別義故如次依前四段科之
但經文有少增減故科段名亦少殊二正
陳文四初一偈諷了悟本覺
文殊汝當知　一切諸如來　從於本因地
皆以智慧覺
二五句諷推破無明
了達於無明　知彼如空華　卽能免流轉
又如夢中人　醒時不可得
上二段皆長離偈合三七句諷拂迹成因

覺者如虛空　平等不動轉　覺徧十方界
卽得成佛道　衆幻滅無處　成道亦無得
本性圓滿故
幻滅無處及成佛道等言長先偈後四一
偈諷結牒問目
菩薩於此中　威四　能發菩提心　十六　末世諸衆生
修此免邪見
菩提心者長隱偈顯下諸偈頌例此唱經
自下大段第二令依解修行隨根證入謂
創因法鏡照心頓能信解至於長久修證
則節級不同艮以障有淺深根有利鈍習
氣厚薄心行依違故須處處隨根引令得
出然其修證階降雖殊必籍本因故云依
解前則信解此則行證故華嚴八十卷文
亦唯四字攝盡所謂信初會解其次六會行第八一會
證第九一會此乃文雖廣略妙軌攸同綸緒始
終唯斯二典文中二初徵釋用心後廣明
行相所以然者以悟修之理一異難明意
實相符言而似反故須徵釋令解用心然
後隨住隨緣廣爲明其行相初徵釋文中

大科四段不異初門伸請中三亦同前例
今初進問威儀
於是普賢菩薩在大衆中卽從座起頂禮佛
足右繞三帀長跪叉手而白佛言
解曰普賢是行中之體故標居首爲下所
威四
依總別觀門不離此故二聖表法已具前　十七
文次正陳中文四一就當根徵起
大悲世尊願爲此會諸菩薩衆及爲末世一
切衆生修大乘者聞此圓覺清淨境界云何
修行
解曰信解圓覺卽是當根雖達天眞未明
緣起下云曾不了知如幻境界大士悲愍接下垂方反
覆徵問用心解行如何契合二問解行相
違於中復二一幻幻何修問難以幻修幻也
世尊若彼衆生知如幻者身心亦幻云何以
幻還修於幻
解曰初二句解後二句行謂一切如幻正
解方成幻法非眞復何修習故解與行進
退相違徵釋用心實由斯矣此問從前知
是空華卽無輪轉等文而來意云身心旣

如幻能知亦是幻將幻還除幻幻幻何窮
盡幻者謂世有幻法依草木等幻作人畜
宛似往來動作之相須臾法謝還成草木
然諸經教幻喻偏多良以五天此術頗衆
見聞既審法理易明及傳此方翻成難曉
今依古師解華嚴如幻之文法喻各開五
法喻中五者如結一巾幻作一馬一所依
巾二幻師術法三所幻馬四馬有卽無五
癡執爲馬法中五者一眞性二心識三依
他起法四我法卽空五迷執我法下諸幻
喻皆倣此知二斷滅誰修問
若諸幻性一切盡滅則無有心誰爲修行云
何復說修行如幻
解曰此問亦從前拂迹中來謂若以幻故
一切皆空能所總無遺誰修習云何復說
修行如幻金剛三昧經亦云衆生之心性
本空寂空寂之心體無色相云何修習得
本空心三遮不修之失
若諸衆生本不修行於生死中常居幻化曾
不了知如幻境界令妄想心云何解脫
解曰意恐惑者又云一切如幻無不是覺
覺性無生本來清淨知之卽已何有修行
故此遮云本空本不修多生生死苦今空
今不修云何得脫苦不了如幻境界者未
達緣起事相也從來不達事妄想不解脫
今還不了知如何得解脫溺斯意者近代
尤多但恃眞如不觀力用四請修之方便
願爲末世一切衆生作何方便漸次修習令
諸衆生永離諸幻
解曰上遮不修之失已知決定應修故問
對治之門如何永離諸幻論云若人唯念
眞如不以方便種種熏修終無得淨首楞
云理則頓悟承悟併消事非頓除因次第
盡對於覽離故言永離謂初觀一體雖覺
全眞後遇八風紛然起妄行如窮子解似
電光何法修治永除病本然經云一切衆
生作何方便兩句之間文意斷絕譯之太
略應添分別演說等言意則連續達者詳
焉後亦頻爾正陳詞句竟後三展虔誠
作是語已五體投地如是三請終而復始
二讚許
爾時世尊告普賢菩薩言善哉善哉善男子
汝等乃能爲諸菩薩及末世衆生修習菩薩
如幻三昧方便漸次令諸衆生得離諸幻汝
今諦聽當爲汝說
解曰如幻三昧者由達身心如幻則寘本
覺眞如鏡受影非受非拒故名正受
三佇聽
時普賢菩薩奉教歡喜及諸大衆默然而聽
四正說二初長行四一標幻從覺生以爲
義本二明幻盡覺滿以釋前疑三令離幻
顯正示用心四辯幻覺不俱結酬其請今
初
善男子一切衆生種種幻化皆生如來圓覺
妙心
解曰云義本者以普賢但徵修幻不問幻
之所生佛說生於覺心未爲正答所問且
要標之爲本憑之顯幻盡覺圓故得修幻
義成幻盡元非斷滅故論云自性清淨心
因無明風動乃至無明滅智性不壞如風

止動滅壓性不壞等文中言種種幻化者有漏心心所法蘊處界等故偈云無始幻無明皆從諸如來圓覺心建立如來圓覺妙心者卽性淨眞心離相故圓非空故覺染而不染故妙中實名心（如勝鬘子）（二十）或名一心（藏四）（如華嚴起信也）汎言心者總有四種梵語各異翻譯亦殊一紇栗陀謂肉團心二緣慮名心謂八識俱能緣慮自分境故（或名爲意等無間故或名爲識能了別故）三質多謂集起心卽第八識集諸種子起現行故（故楞伽云藏識說名心也）四乾栗䭾謂堅實心堅實心者卽此所辯雖凡聖同依唯佛圓證故標如來皆生者謂本覺心體爲因根本不覺爲緣生三細業識爲因境界爲緣生六麤故楞伽云大慧不思議熏（無明）不思議變（眞如）是現識因取種種塵及無始妄想熏是分別事識因是知此無明等皆無自體無自體故必假所依依圓覺心而生起也如幻馬無體必依於巾巾喻眞心馬卽蘊界配前五法本末應知問眞能生妄眞是妄源何故前云無明無體答妄

託眞起說眞爲源現且迷眞眞本無妄如第一月託本月而起說本月爲起二之依本月實無二輪卽是二無其體故經說種種生於覺心不是心生種種然諸經論俱說萬法一心（藏四）三界唯識宗途有異學者罕知違於巳解則拒而不受（二十一）若無備述曷究指歸今約五教對彰權實皎然斯得第一愚法聲聞教假說一心謂實有外境但由心造諸業之所感招故曰唯心不卽是心此卽有宗依十二處教執心境俱有故唯識破云復有迷謬唯識理者或執外境如識非無第二大乘權教明異熟賴耶名爲一心（揀無外境故唯心心所別相見不同但皆是心卽名一義）於中曲分三門一相見俱存以說一心此通八識及諸心所并所變相分本影具足由有支等熏習力故變起三界依正等報如成唯識說二攝相歸見故說一心亦通王所（卽慧所立也）但所變相無別種生能見識生帶彼影起故二十唯識論云唯識無境界以無塵妄見如人目有翳見毛月等事（解深密經亦作

是說）三攝所歸王故說一心唯通八識以彼心所依王無體亦心變故大乘莊嚴論云能取及所取此二唯心光貪光及信光二光無二法第三大乘實教明如來藏藏識唯是一心（入楞伽文）（理無二體）於中二門一攝前七識歸於藏識故說一心謂七轉識皆是本識差別功能無有別體故楞伽云藏識海常住境界風所動種種諸識浪騰躍而轉生又云譬如巨海浪無有若干相諸識心如是異亦不可得（然此上二門既是經文及無著論雖義當護法所破豈遵枝末而背本耶故列爲其次轉深也）二總攝染淨歸如來藏故說一心謂如來藏舉體隨緣成辦諸事而其自性本不生滅是故一心二門皆無障礙故密嚴云佛說如來藏以爲阿賴耶此明性淨隨染舉體成俗卽生滅門染性常淨卽眞如門（藏四）二門唯一心也（二十二）第四大乘頓教泯絕染淨故說一心謂清淨本心元無染淨對妄想垢假說名淨妄既本空淨亦相盡唯本覺心清淨顯現爲破諸數假言一也故此文云種種生於圓覺妙

心楞伽亦云不壞相有八識無相亦無相
其文非一第五一乘圓教總該萬有卽是
一心謂未知心絶諸相令悟相盡唯心然
見徧事皆心方了究竟心性如華嚴說良
由皆卽眞心故成三義一融事相入義謂
一切事法既全是眞心而現故全心之一
事隨心徧一切中全心之一切隨心入一
事中隨心迴轉相入無礙二融事相卽義
謂以一事卽眞心故心卽一切時此一事
隨心亦一卽一切一切卽一亦然三重重
無盡義謂一切全是心故能含一切所含
一切亦唯心故復含一切無盡無盡也皆
由一一全具眞心隨心無礙故此上五教
總有八門後後轉深門門義別前不攝後
後必收前覽者細詳令分赦麥然皆說一
咸四　壬三
心有斯異者蓋以經隨機說論逐經通人
隨論執致令末代固守淺權令本末會通
令八門皆顯詮旨相對復爲三門初約所
詮逆次順法從七至一展轉起末謂本唯
非染非淨一法界心七也由不覺之名如來

藏六也與生滅合成阿黎耶識五也復由執此
爲我法故轉起餘七成八種識四也各由識
體起能見分三也由能見故似外境現二也執
取此境爲定實故造種種別業共業故內
感自身外感器界一切諸法一也二約能詮
順文逆法從一至七展轉窮本謂佛對下
劣根性未能頓達所起根本者且言從業
所感此則初聲聞教一也次爲機稍勝者說
能所感一切唯識二三四也展轉乃至五六唯一
眞心名頓教七也等備如上說皆由根有勝劣故
令說有淺深若執前前卽迷後後始終通
會方盡其源三能詮所詮逆順本末皆無
障礙由稱法性直談不逐機宜異說故八也
亦如上說唯心之義經論所宗迷之則徧向面
墻解之則萬法臨鏡況此標爲義本如何
不盡源流達者審之勿嫌繁廣此下第二
明幻盡覺滿以釋前疑前疑幻盡斷滅然上說幻
從覺生染緣起也此明幻盡覺滿淨緣起
也故論云有四種法一眞如二無明三妄心四妄境界也熏
習義故染法淨法起不斷絶云云染法者以

依眞如法故有於無明無明熏習眞如故
則有妄心妄心熏習無明不了眞如法故
不覺念起現妄境界妄境界染法緣故卽
熏習妄心令其念著造種種業能造有三謂身口意
所造亦三善惡不動受於一切身心等苦謂三途四洲六欲三
咸四　壬四
界也故勝鬘云不染而染法身不增不減經
云法身流轉五道名曰衆生華嚴云心如
工畫師等淨緣起者論云以有眞如法故
熏習無明則令妄心厭生死苦樂求涅槃
以厭求故卽熏習眞如自信巳性知心妄
動無前境界修遠離法種種方便起隨順
行順本性故修檀度等不取不念乃至乆遠熏習力
故無明卽滅無明滅故心無有起境界隨
滅心相皆盡名得涅槃成自然業衆生雖等有眞
如而未有熏習力者因緣缺故然淨緣起據諸教說有分
有圓分淨者謂二乘教於二執等各唯說
一權教大乘則竪論往昔横說餘凡及娑
婆等皆云非淨故名分也言圓淨者謂有
宿機聞佛圓教悟自身心本來常樂我淨
故不執有五蘊之我貪嗔漸息業報隨亡

稱性修行顯發性上過於河沙功德妙用盡未來際無有斷盡不同染法成佛則斷以眞如法常熏習故成唯識論能所熏中皆揀眞如者約一類教且說一分可思議義今此論者約楞伽等實教具不變隨緣二義如前所引不思議熏變等然淨緣起翻前染緣緣無自性染淨俱融合法界性起唯性起故無斷盡如華嚴說依此方名幻盡覺滿（悟修行相如普眼章）文中分二一舉喻該釋前文（該前義本）二法合唯談本義（答難釋疑即本義也）三兼拂同幻之覺今初

猶如空華從空而有幻華雖滅空性不壞

解曰前兩句喻前義本謂空中畢竟實無起滅但以眼瞖空裏見華既瞖時華依空現故言從空而有如圓覺妙性畢竟無生但以心迷性中現妄既迷時妄依覺現故言生於覺也後兩句正喻此段釋疑之文謂瞖差則見華滅於空中華雖滅而空常在然華生時不生滅時不滅有瞖有差見生見滅二法合唯談本義

衆生幻心還依幻滅諸幻盡滅覺心不動

解曰幻心因幻滅者謂此幻心由智了達方得除滅所了是幻能了亦幻則前疑云幻幻何修今答意云不妨以幻除幻前疑幻盡斷滅今答意云能所雙亡即契圓覺故云諸幻盡滅覺心不動其猶波因水起波滅水存幻從覺生幻滅覺滿三兼拂同幻之覺

依幻說覺亦名爲幻若說有覺猶未離幻說無覺者亦復如是是故幻滅名爲不動

解曰有三重拂一拂覺妄之覺對緣而起故亦是幻二恐云對妄之覺是幻不對妄者本有之覺卽應非幻若起此心起卽如幻三若云覺妄之覺本有之覺總無卽名爲眞者此意亦如幻也舉要而言起心動念云妄云眞無非幻也相躡起念勢極三重矣幻滅名不動者若依泯絶無寄分別不生圓覺眞心自然顯現元無幻化故言不動三令離幻顯覺正示用心卽正答前請問修習之意也前不疑合修不修但於修中疑用心違妨一向但請如何修行離幻兼已自遮不修之失故前段釋疑了此段正示用心後段卽會通方便漸次之語旣令離幻修行便已通得不修之失疑也故無別答之文文中三謂法喻合法中二

初展轉離幻

善男子一切菩薩及末世衆生應當遠離一切幻化虛妄境界猶堅執持遠離心故心如幻者亦復遠離遠離爲幻亦復遠離離遠離幻亦復遠離

解曰此之展轉有其四重一離諸幻境二離離幻之心言如幻者揀非幻心三遣離幻之離四遣離離之離亦可一離妄二離覺三遣離四遣遣皆言遠離者有二一止二觀止離者休心息意永不追攀如人遇怨不應共處觀離者虛妄之法體性皆空如夢枷鎖寤則已離故下文云知幻卽離又入佛境界經云諸法猶如幻如幻不可得離諸幻法故略而言之不繫之爲止不計之爲觀俱以止觀離之則定慧平等後

密顯眞覺（文無覺字）

得無所離卽除諸幻

解曰夢中見夢轉轉覺於前非直到寤時所見方實故云得無所離卽除諸幻無所離者有其二意一則寔於眞覺眞覺則不可離二則到眞覺之中自然無如上節節之幻可離故故荷澤云妄起卽覺妄滅覺滅覺妄俱滅卽是眞如二喻

譬如鑽火兩木相因火出木盡灰飛烟滅

解曰如有一段乾木以一木燧鑽之火出還將却燒二木木火旣盡烟自然滅旣成灰燼任運飛散不同二木形質爲礙如次四節以配於法木段喻所修幻妄木燧喻能修幻智烟喻離灰喻遣經文先云灰飛譯之倒也定合是烟先滅餘灰飛散喻中缺於顯覺蓋文略也前法後合悉皆具有若欲具之應以地喻圓覺由前木等本從地出燒滅總盡唯有地存如種種幻化生於圓覺妙心幻化數重遣盡圓覺元來不動三合

以幻修幻亦復如是諸幻雖盡不入斷滅

解曰上三句正合喻之現文下一句兼前密顯眞覺第四辯幻覺不俱結酬其請

善男子知幻卽離不作方便離幻卽覺亦無漸次一切菩薩及末世衆生依此修行如是乃能永離諸幻

解曰前云作何方便漸次修習令諸衆生永離諸幻故佛示用心竟結荅不作方便亦無漸次如是乃能永離諸幻會通問中之文也但能知之是幻已名爲離但得離幻卽元是覺更無階級漸變爲覺如人夢見身病問醫求藥寤來旣知是夢更欲作何方便若待方便修之漸離卽是實法何名幻化若執實有還是徧計何名修行故云爾也一切菩薩下結成眞離亦是通結前用心之文第二偈諷亦爲四段初五句諷幻從覺生

爾時世尊欲重宣此義而說偈言

普賢汝當知　一切諸衆生　無始幻無明
皆從諸如來　圓覺心建立

標指生無明之言長無偈有文七句諷幻盡覺滿

猶如虛空華　依空而有相　空花若復滅
虛空本不動　幻從諸覺生　幻滅覺圓滿
覺心不動故

展轉拂迹長有偈無次一偈半諷展轉離幻

若彼諸菩薩　及末世衆生　常應遠離幻
諸幻悉皆離　如木中生火　木盡火還滅

長離偈合又法及密顯眞覺長有偈無後半偈諷幻覺不俱

覺則無漸次　方便亦如是

其結酬之文長有偈無徵釋用心竟

大方廣圓覺經大疏上卷之四

大方廣圓覺經大疏上卷之四

校勘記

一　底本，清藏本。

一　四八七頁下一一行「一切法無滅」，[徑]作「一切法無生一切法無滅」。

一　四八九頁中五行「爲來藏」，[徑]作「如來藏」。

一　四九二頁中一九行「後三展」，[徑]無。

一　四九二頁下一行首字「二」，[徑]無。

一　四九二頁下八行首字「三」，[徑]無。

一　四九二頁下一二行首字「顯」，[徑]作「顯覺」。

大方廣圓覺經大疏中卷之一　威五

唐終南山草堂寺沙門宗密述

自下大文第二廣明行相有九問答類束
爲三初四問答通明觀行上根修證次四
問答別明觀行中根修證後一問答道場
加行下根修證然此三門前前不假後後
後後必躡前前初門者大乘學人盡須聞
此觀行故云通明然得益則有深淺故修
證者唯指上根上根者但約能入之人非
配法門局定如法華第一周聞則普聞悟
唯鶖子文中四一開示觀門同佛二徵釋
迷悟始終三深究輪迴之根四略分修證
之位若約四分科經則從徵釋用心兼此
四段總當其解雖有觀成愛斷修證之相
但爲成其圓解正同華嚴修因契果生解
分也然且依前初中開示身心無性二空
理顯根塵諸法普淨普徧見境用心頓同
諸佛故文四文三皆如前也今初之初
於是普眼菩薩在大衆中卽從座起頂禮佛
足右繞三帀長跪叉手而白佛言

解同前也次陳詞句中三一舉法請
大悲世尊願爲此會諸菩薩衆及爲末世一
切衆生演說菩薩修行漸次云何思惟云何
住持衆生未悟作何方便普令開悟
解曰標請修行漸次者由普賢所問幽深
如來稱理而答先欲消除心病然後萬行
俱修或有聞前說云知幻卽離不作方便
亦無漸次謂言知之卽已都不假修普眼
智輔如來悲接羣品欲使教法圓足請問
起行之門如來大悲示其普觀身心根境
一一推窮旣見塵淨智圓觸向恒作是念
習氣損之又損覺智百鍊百精若能如是
思修尅取因圓果滿菩薩發起意在玆焉
故慤云大士張教綺互相承若一人請周
餘當杜述云何下別列於中先智後悲大
乘之人必須具二無悲之智卽墮二乘初
中思惟者觀察眞妄卽思慧也住持者悟
得妙境安住其中持之不失卽修慧也下
佇聽佛說生聞慧也從凡入聖必假三慧
故普眼爲衆諮求衆生未悟下問悲也請

度生方便云普令開悟者卽同法華欲令
衆生開示悟入以開攝示以悟攝入（故次下反
顯云不能悟入）謂大開之與曲示始悟之與終入
彼論云開者無上義謂除一切智智更無
餘事卽雙開菩提涅槃謂知見之性爲涅
槃智見之相爲菩提衆生本有瞖障不見
佛爲開除卽本智顯現故示者同義三乘
同法身故悟者不知義不知唯一事實令
令知報身菩提故入者令證不退轉地故
卽是因義謂證初地已上爲菩提涅槃因
故此後佛答全用先所顯示如來淨圓覺
心爲本以觀人法二空及滅影像無邊虛
空覺所顯發覺圓明故顯心清淨乃至等
同諸佛卽普令開悟也二反顯請
世尊若彼衆生無正方便及正思惟聞佛如
來說此三昧心生迷悶卽於圓覺不能悟入
解曰言無方便思惟則迷悶者意是反明
得聞佛說方便思惟卽開悟也言聞此三
昧者是前離幻法門也故佛歎普賢汝能
爲諸衆生修習菩薩如幻三昧普眼恐末

世衆生聞前知幻卽離等言迷悶不能悟入圓覺故請開悟之方便也迷則不悟悶則不入三結牒請

願興慈悲爲我等輩及末世衆生假說方便

解曰假說方便者若以實理而言覺性本來圓滿幻妄本來空無但以不知則謂言定有知之卽離離幻卽覺實無所修然衆生煩惱習重難可頓除雖知本空未免繫縛是以普眼請佛於無修之中强說修習故云假也然大品經修諸行門皆以無所得而爲方便今卽以離幻爲方便後三展虔誠

作是語已五體投地如是三請終而復始

二讚許

爾時世尊告普眼菩薩言善哉善哉善男子汝等乃能爲諸菩薩及末世衆生問於如來修行漸次思惟住持乃至假說種種方便汝今諦聽當爲汝說

三佇聽

時普眼菩薩奉敎歡喜及諸大衆默然而聽

如前可知第四正說長行中四一起行方便二觀行成就三頓同佛境四結牒問詞今初

善男子彼新學菩薩及末世衆生欲求如來淨圓覺心應當正念遠離諸幻

解曰謂卽指前段中徵釋離幻用心以爲起行之本若執法定實則觀行不成故須躡前爲方便矣言正念者則無念也故智論云有念是魔業無念是法印論云離念相者等虛空界又云一切衆生不名爲覺以從本已來念念相續未曾離念故知無念是正念也然正念與離幻反覆相成由離幻故正念正念故離幻何以故外存有法則內起緣念內有緣念則外見有法心生法生等云云由此雙指在諸行初第二觀行成就文二初戒定

先依如來奢摩他行堅持禁戒安處徒衆宴坐靜室

解曰奢摩他此云止止是定義下文釋云至靜爲行定有深淺故標如來揀非麤淺邪小之定若亂心持戒不堪入此觀門故先定後戒亦可文雖先後修無先後堅持禁戒者一向絕緣的不擬犯名曰堅持防禁根門誡約身口故名禁戒戒品雖多統爲三聚一攝律儀二攝善法三攝衆生今意說律儀義通餘二律儀戒者謂十無盡取要而言卽唯四重此四清淨則一切枝葉不生佛頂云若不斷婬及與殺等出三界者無有是處安處徒衆者卽同行同見人也行業既同互相雕琢迭共商量爲長道緣故須安處故寶積經七十二云得人身者彼應依善知識聽三世佛平等法聞已應發勤精進依城邑聚落與大衆共居具四部處更互相與論量佛法學問難答三世佛法平等得現在前解一切法無有自性修此解故煩惱漸除宴坐靜室者宴默也安也坐爲攝身身住則心安心閑境寂欲住身心故須靜室靜室處衆豈不相違此有二釋一根性不同故或多昏沉藉衆策發或多掉舉宜自息緣非爲一人而

行二事二定慧等學故謂圓通觀行要止觀相資須依善友或同見同行終日議論法門無令用心差錯差之毫釐失之千里故淨名云不必是坐為宴坐也雖同衆住不妨在自房室初中後夜或除論法轉讀便須靜坐思惟聞思修慧圓明豈但申申夭夭故無違也此依定持戒處衆靜坐答住持問二觀慧文二初明二空觀始教後明法界觀圓教初者衆生曠劫漂沉或墮邪小不成種智者良由二障二障不斷由於二執欲除二執必假二空故於法界文前先作二空觀智金剛三昧亦爾執亡障盡即聖性現前應用塵沙名之為佛故成唯識叙造論意云為於我法二空有迷謬者生正解故生解為斷煩惱所知二重障故斷障為得菩提涅槃二勝果故文中二初破執後顯理執即我法理即真如能破能顯即二空智品初中我謂主宰如國之主有自在故及如輔宰能割斷故主是我體俱生宰是我用分別所謂有情者意生者摩納縛迦者養

育者數取趣者命者生者士夫者作受知見者依蘊計此名為我執於中三類一即蘊計我此見差別有二十句色是我我有色色屬我我在色中受等亦然六十五句以色為我餘四一一是我瓔珞僮僕窟宅受等亦然復有九種一通二的三生四不五色六無七想八無九非非皆分別起此依一切異生而論非依一人具有此計矣二離蘊計我謂西國外道計我體常而量周徧或雖常而量不定或體常細如極微三俱非即離謂小乘宗犢子部等五種藏中第五不可說藏也法謂軌持能生物解任持自性故謂凡夫及外道小乘皆執離心有定實法通明我法二皆空者但依識所變故變謂識體轉似二分相見俱依自證起故依斯二分施設我法彼二離此無所依故或復內識轉似外境我法分別熏習力故諸識生時變似我法諸有情類無始時來緣此執為實我實法如幻夢者幻夢力故心似種種外境相現緣此執為實有外境問云何應知實無外境唯有內識似外境生答實我實法不可

得故釋此二空即分兩段一我空二法空初我空者即蘊離蘊非即非離皆非理故即蘊我者我應如蘊非常一故又內諸色定非實我如外諸色有質礙故心心所法亦非實我不恒相續待衆緣故餘行餘色亦非實我如虛空等非覺性故離蘊我者應如虛空不隨身作受故應非常住如槖籥風有卷舒故應非常一如旋火輪有往來故俱非我者計依蘊立非即離蘊應如瓶等非實我故又所執我為有思慮為無思慮若有思慮應是無常非一切時有思慮故若無思慮應如虛空不能作受故所執我理俱不成即我空也今此文中破即蘊我一切異生多計此故文又分二一觀身無我二觀心無我夫計我者既皆因五蘊五蘊自相唯身與心今且大段開之然始別別分桄如此馳逐妄計何逃然約我為總則身心為別若約身為總則色心為別故說蘊者總有其三謂廣中略廣者八蘊謂色四地水火風心四受想行識中者五蘊略者

二蘊所謂色心故有經云如擎重擔三科開合如下所明今初觀身身爲諸愛根本了之虛妄則一切煩惱自除如其躭著則起無量過患故淨名因疾廣說無常無強力堅等速朽不可信苦謂苦惱病集等智者不怙咸五空如聚沫泡焰蕉幻夢影響雲電八無我無主我壽人如地火風水又空無知無作穢滿必滅病惱老逼如毒蛇等勸令患猒涅槃亦云寧九大地如葶藶子不能具說此身過患又云第三十二因說有智慧者重造輕受廣迷修集身戒心慧名爲有慧反此愚癡不修身者不能觀身及觀色相於非身中而生身相貪著我身不斷我見不能深觀是身無常無主危脆念念滅壞是魔境界不能觀身雖無過咎而常是怨如所事火如所養蛇遇緣滅壞都不憶念往日供給衣食之恩譬如杯鈸如牖未熟金光明亦云我從久遠持此身臭穢膿流不可愛供給敷具并衣食象馬車乘及珍財變壞之法體無常恒求難滿難保守雖常供養懷怨害終歸棄我不知恩智論亦云難御無反復背恩如小兒文中二初尋伺觀後如實觀先因尋求伺察方見如實之理故今初

恒作是念我今此身四大和合所謂髮毛爪齒皮肉筋骨髓腦垢色皆歸於地唾涕膿血津液涎沫痰淚精氣大小便利皆歸於水煖氣歸火動轉歸風四大各離今者妄身當在何處咸五九

解曰恒作是念者行住坐臥一切時中常如是觀也我今此身者執受旣堅故偏觀也四大和合者堅濕煖動假合爲身髮毛等者自外之內次第觀也精氣者氣卽是精故屬水大然氣是四大之本不唯是風故水火中亦云氣也動轉者淨名云是身無作風力所轉謂迷性起心心運風力轉餘三大而有動作作無自性故云無也煖氣可知如是歷觀每大之中又衆多假合卽知無我淨名云四大合故假名爲身四大無主身亦無我又此病起皆由著我旣知病本卽除我想及衆生想今此經文還分四大各歸來處四大皆言歸者此身本合四大成故故實積經云此身生時與其父母四大種性一類歌羅邏身若唯地大無水界者譬如有人握乾麨灰終不和合若唯水界無地界者譬如油水無有堅實卽便流散若唯地水無火界者譬如夏月陰處肉團無日光照則便爛壞若唯地水火無風界者則不增長四大各離者正觀之時各有所歸卽名爲離不說命終方名爲離故菴提遮女了義經說生死義云若能明知地水火風四緣畢竟不自得有所和合而能隨其所宜有所說者以爲生義若知地水火風畢竟不自得有所散而能隨其所宜有所說者是爲死義此意正明卽合而散卽散而合故合散之文皆云不自得妄身當在何處者且地有形礙而沉滯風無形礙而輕舉敵體相違水火亦互相凌奪咸五金光明經亦云地水二蛇性沉下風火二蛇性輕舉十故知四大相違各各差別未審我身屬於何大若總相屬卽是四我若總不屬卽應離四別有我身故云爾也後如實觀

卽知此身畢竟無體和合爲相實同幻化

解曰謂因前尋伺見如實之理定知四大非我但約和合假名爲身亦無實體智論十四問云若自身無我而計我者他身無我亦應執我答此俱有難若於他身計我復當難云何不於自身中生計復次亦有人於他物中計我如外道坐禪入地觀時見地卽是我水火風空亦如是復次有人遠行獨宿空舍夜見一鬼擎一死屍來復有一鬼來諍（云云卽假和合事也）又只緣計我而爲自身卽以餘身爲他故生難也後觀心無我夫心無自相託境方生境性本空由心故現根塵和合似有緣心內外推之何是其體長輪生死由不了心苟能了之圓覺自現故首楞云狂性自歇歇卽菩提勝淨明心不從人得文中二一尋伺觀（成五）（十一）

四緣假合妄有六根六根四大中外合成妄有緣氣於中積聚似有緣相假名爲心

解曰四緣等者謂四大和合成於一色（初七薄略）於此色上方有六根（六七六情開）離此色身根元無體各分四大色尚不存竅穴六根更何依附六根四大中外合成者四大名中六根爲外和合假成此身妄有緣氣等者由依四大六根和合成身卽有六塵妄現也由此內外根塵引起妄心緣慮不絕念念生滅刹那不停緣合卽有緣散卽無推其自體了不可得故曰假名爲心此虛妄心雖假緣生不離眞心氣分故曰緣氣言似有者明非實有緣相者緣慮之相肇公云如有魍魎似有思想鞠兮推兮亦無指掌後如實觀

善男子此虛妄心若無六塵則不能有四大分解無塵可得於中緣塵各歸散滅畢竟無有緣心可見

解曰心託六塵塵依四大四大無體六塵卽空故云緣塵各歸散滅緣卽四緣塵卽六塵緣塵既滅心體卽空故決判云畢竟無有言緣心者則前緣氣之心也問無塵可得下三句亦說法空何得一向判屬人空答此指緣塵各散正顯心空故結云無心可見身之與心總屬我執金剛三昧亦云令彼衆生皆離心我一切心我本來空寂問實我若無云何得有憶識誦習恩怨等事答諸有情等各有本識一類相續任持種子與一切法更互爲因熏習力故得有如是憶識等事問誰能造業誰受果耶答諸有情等心心所法因緣力故相續無斷造業受果於理無違問誰趣涅槃答修習無我因緣力故相續滅故名涅槃由此故知定無實我但有諸識無始時來前滅後生因果相續由妄熏習似我相現愚（成五）（十二）

夫於中妄執爲我第二法空者

善男子彼之衆生幻身滅故幻心亦滅幻心滅故幻塵亦滅幻塵滅故幻滅亦滅

解曰前於身心之中推求無我故名我空此則身心及境一一自空故名法空然身等本空非今始滅故經云色卽是空非色滅空但以迷時執有今執盡始無義言滅也幻滅亦滅者情計卽見幻生智觀卽見幻滅滅對於生智對於情對待之法皆屬緣生緣生卽空故皆滅也般若心經云無

眼界乃至無智亦無得楞伽云一切法如幻遠離於心識智不得有三重幻滅無幻滅亦滅而與大悲心然法空義是大乘初門欲使悟之事須委釋所言空者一切凡夫及諸宗計所執外法理非有故凡夫者四生六趣凡厥有情皆爲離心有定實法不由稟學未必師承無始俱生觸境皆執所執之法情有理無由是定知皆不可得情有者唯識云彼依識所變起信云唯依妄念心生滅法生滅二十唯識云唯識無境界以無塵妄見如人目有翳見毛月等事問若無外塵但妄見者應一切時處皆見有色或皆不見何故於有色時處眼卽見色餘無色時處則不見色又多人同處同時皆同有見不見彼論偈答處時等諸事無色等外法如夢及餓鬼依業虛妄見問翳見毛月夢見諸物皆悉無用淨眼寤時所見物等皆悉有用云何言如翳夢所見偈答如夢中無女動失身不淨問世夢寤已卽無今了色如夢未免見色云何如夢答若得出世對

治實智無有分別如實覺知一切世間色等外法皆是虛妄如是義者與夢不異由斯多義故云情有理無者有三一析色明空謂以假想慧析至極微則色等空又推極微有方分及無方分皆不可得則極微空如唯識論徵釋二體色明空謂緣生無性故謂自他共及無因皆無生理故中論云未曾有一法不從因緣生是故一切法無不是空者三空中必無色故謂虛空無有邊際無壞無雜則空中必無色若有色體空則壞雜以色必不能壞空雜空故色等皆空也兼上情有有四門空義也故諸凡夫所執實法情雖似有理究則無智者應當違情順理諸宗計者謂外道餘乘及儒敎道敎也外道小乘所執諸法異心心所非實有性是所取故如心心所能取彼覺亦不緣彼是能取故如緣此覺然西域小乘外道宗計甚多此方既無不煩敘破儒道二敎此國攸遵法執異途理宜詳斥雖二宗主設敎不同而皆以虛無自然爲三才萬物

之本老云有物混成先天地生又云道生一一生二二生三三生萬物又云人法地地法天天法道道法自然易云易有太極是生兩儀兩儀生四象四象生八卦八卦定吉凶吉凶生大業若以自然常徧之道爲因能生萬物此是邪因若法能生必非常故諸非常者必不徧故諸不徧者非眞實故本來既是無異一因由何能生別異多果若能生者應頓徧生若待時及緣方能生者則自違一因或時及緣亦應頓起因常有故若謂萬物自然而生卽是無因亦一切時處應常生故若謂一陰一陽之謂道變易能生萬物亦不出邪因無因皆同前破然但破謬執萬物生因不責勤行五常道德由上所計皆無理趣故自心外無法可得諸心心所依他起故亦如幻事非眞實有爲遣執心心所實有外境故說唯有識若執唯識眞實有者如執外境亦是法執故金剛三昧經云一切心相八識并心所本來本無種子本無本處空寂無生若心

無生即入空寂空寂心地（即次下所顯心眞如）即得
心空如上執情既盡心境皆空名法空也
（破二執竟）二大文第二顯理即二空所顯眞如理
也由前執盡故此理現如雲散月出塵盡
鏡明非謂無雲便名爲月但於無雲之處
而見月矣非謂無幻便是眞如但於無幻
之處見眞理矣文中二初法

幻滅滅故非幻不滅

解曰上句躡前下句正顯顯圓覺性本淨
圓明獨體全眞不因修得衆幻雖滅自性
常存不假緣生故云非幻金剛三昧亦云
若得空心心不幻化然對前妄盡釋云眞
如若以本宗但名圓覺後喻

譬如磨鏡垢盡明現

解曰雖云磨鏡却是磨塵所言修道只是
遣妄夫鏡性本明非從外得塵覆即隱磨
之則顯隱顯雖殊明性不異今謂人執法
執是垢尋伺如實是磨眞心本覺是明人
法二空是現（二空觀竟）自下大文第二明法界
觀也文三初印前顯後二拂迹入玄三圓
彰法界初中謂印前二空顯後圓通法界
文中又二初標

善男子當知身心皆爲幻垢垢相永滅十方
清淨

解曰上兩句印前下兩句顯後初言幻垢
者幻謂虛幻無有實體垢謂塵垢坌汙爲〔藏五〕〔十六〕
名由迷幻相執取繫著坌汙淨心故云幻
垢諸佛菩薩雖有身心由了如幻不取於
相無坌汙義故非垢由了幻空故非幻顯
後者根塵諸法十方法界普清淨也此由
身心垢瞖妄執自他故成局礙今既我空
法寂何所不通後釋文二初喻

善男子譬如清淨摩尼寶珠暎於五色隨方
各現諸愚癡者見彼摩尼實有五色

解曰由鏡珠二事所喻不同故復標告善
男子矣謂摩尼體性瑩淨絶瑕都無色相
由性淨故一切衆色對則現中青黃赤白
黑五色各各隨方而現然此一喻亦喻印
前亦喻顯後言印前者五色喻五道隨方
喻隨業愚人不了珠體但見全是青黃既
見青黃則不見珠體故華嚴云凡夫見諸
法但隨諸相轉不了法無性以是不見佛
若以三性配者摩尼喻圓成實性即前所
顯之理也現色喻依他起性即前幻也愚
人見定是青黃喻徧計所執性即前塵垢
也若遠取即前身心等相以此文印定前〔藏五〕〔十七〕
文之義故指前也言顯後者然此圓珠由
彼愚人執其定色所以破色因配三性以
印前文若無計執之人即此珠種種之色
一一清淨一一向體悉是圓珠妙用應現
無體可破以喻後文十方法界一切清淨
圓滿不動交參無礙故言顯後然前之鏡
喻但一面明又云因磨而現表二空之理
破執方顯對執得名今摩尼珠本淨本明
十方俱照故以顯後法界之宗也後法

善男子圓覺淨性現於身心隨類各應彼愚
癡者說淨圓覺實有如是身心自相亦復如
是

解曰愚癡說有實身心者是顯圓覺雖現
非其定實故論云一切染法所不能染智

體不動具足無漏熏衆生故餘義喻中已具對釋詳之可知故云亦復如是第二拂迹入玄

由此不能遠於幻化是故我說身心幻垢對離幻垢說名菩薩垢盡對除即無對垢及說名者

解曰於中曲有二節先說迹之所以後從垢盡對除下正拂其迹今聯綿釋之然其迹也相躡而起亦相躡而拂本以衆生妄執幻化故佛說云幻垢衆生依教離垢故復說名菩薩幻垢既如珠中之色當知本無故云垢盡所離之垢既無對離之智何立故云對除既無對離之智何有起智之人深淺之執本無何有說教之者故云即無對垢及說名者對垢者菩薩說名者佛對機之佛亦不可得方見法身法身說經義在斯矣然上人法各三三對六隻盡是所拂之迹也謂法有執垢離垢及與名數人有衆生菩薩及佛問曰人自有差法本無異何說三名答尅體雖無義說即有爲對人法各分能所故也第三圓彰法界文二初一眞法界後三重法界言一眞者未明理事不說有空直指本覺靈源也下對諸法圓泯圓收方說三重等別今初

善男子此菩薩及末世衆生證得諸幻滅影像故爾時便得無方清淨無邊虛空覺所顯發

解曰標告及指當根所證者爲欲進顯不思議境界境界殊前故却躡前功用明其得入所以發起後之文勢言證得者觀行成就滅影像者依他亦泯無方清淨者約身爲主外見東西肇公云云我相既無更何方所虛空覺顯者然虛空離識亦非實有若言有者爲一爲多若體是一徧一切處隨能合法體應成多一所合處餘不合故不爾諸法應互相徧若謂虛空不與法合應非容受又色等中有虛空不有應相雜無應不徧若體是多便有品類應如色等非徧容受故知虛空亦唯識現故首楞云若有一人發眞歸源十方虛空一時消殞謂迷情所覆覺處見空塵影既銷空元是覺魚人迷悟水風性空顯謂空銷覺現發謂妄盡心開翻覆觀之俱無邊際故首楞又云聞復翳根除塵銷覺圓淨淨極光通達寂照含虛空却來觀世間由如夢中事空生覺中云云是知空有雙絕但是覺心獨鑒明明靈知不昧後三重法界者一眞空絕相觀二理事無礙觀三周徧含容觀此中義意全同華嚴法界觀門三重行相故依彼科之仍每重先示觀門後釋經義今初第一眞空觀者觀門中有四句前二各四爲八兼後二爲十第一會色歸空觀復四一色不即是斷空擧體即是眞空故二青等非是眞空之理無體莫不皆空故三色不即空空中必無色故又即是空會色無體故上三句以法揀情四凡是色法必不異眞空以必無性故色空既爾一切皆然第二明空即色觀亦四一斷空不即色眞空即色故二空理非青等青等之眞空必不異青等故三空是所依不即色必依所依即色故上三句亦以法揀情四空即是色以是法無我

理非斷滅故（空色既爾一切皆然）第三空色無礙觀謂色舉體全是真空則色盡而空現空舉體不異色全是盡空之色而空不隱爲一味法第四泯絶無寄觀謂此所觀真空不可言卽色不卽色卽空不卽空一切法皆不可不可亦不可此語亦不受逈絶無寄非言所及非解所到是爲行境以生心動念卽乖法體失正念故（初二句入門揀情顯解第三句解終趣行第四句正成行體行由解成行起解絶也）示觀門竟後釋經義者文中二一色相空淨二空色同如一中又七一內身根識二外境六塵三內外四大四世間諸法五出世諸法六自他正報七一多依報然觀門云一切法亦然卽此七段是也應云根識卽空不卽空等七中初者

覺圓明故顯心清淨心清淨故見塵清淨見清淨故眼根清淨根清淨故眼識清淨識清淨故聞塵清淨聞清淨故耳根清淨根清淨故耳識清淨識清淨故覺塵清淨如是乃至鼻舌身意亦復如是

解曰此下皆云清淨者謂由前二空觀門揀情顯解次拂迹滅影同於行起解絶故皆清淨爲真空矣故智論云畢竟空卽是畢竟清淨以人畏空故言清淨意言人乍聞空畏其斷滅故餘處說云清淨如大般若一切皆云清淨大品卽直云空空與清淨皆絶相義若就心說卽如淨名經妄想是垢無妄想是淨無妄想卽是空義故此說空云清淨矣由前幻垢已盡能觀之智又亡旣合覺心故皆清淨故智論云菩薩於色等法中觀行斷故得如是清淨故名色清淨是淨能破一切法中戲論等覺圓明故者躡前顯清淨之因也由拂泯等故得圓明顯心清淨等者比迷覺心心中執法今見法性卽法皆空故云清淨如人不識珠體但執青黃若見摩尼卽色清淨七段之中文皆同此也然展轉躡前以顯清淨者義如後釋今且銷釋法數名體心者總相明其我心卽賴耶自體成唯識論說第八識種種別名於中有四種名通一切位心卽一也（餘二即可思見以此依據此識）迷時由執藏及能所藏故名賴耶今觀智成就覺性圓明故但云心沒賴耶名矣心旣清淨同無垢識故此下文頓同佛境見塵者由我心計執故見一切色相由執相故卽見聞等是塵不單說外色名塵亦不獨說根識名塵根塵識三自有文故尋此見塵之體還是我執之心但以就取色等生過之處而別立名又亦不離根境識三而別有體如五蘊之法與蘊中之我非別非同此亦如是若以意義配屬卽賴耶中轉相及第七識合爲此見等瑜伽論云賴耶識起必二識相應故又以六七合爲此見意識緣外境時必內依末那爲染污根方得生起故（梵云紇利瑟吒耶末那此云染污意與四惑俱名爲染污恒審思量名之爲意思量卽意持業釋也）故此所列心法無別末那起信亦於說梨耶次便說意識無別第七楞伽亦爾故彼經云畧說有三種識謂真識現識分別事識初卽自性清淨心次卽第八現相後卽前六故彼經自釋云攀外境界起

前事識即知事識不是末那然此彼經及起信論皆不別出末那體者據賢首說有二意故一如前說六八必俱二謂無明動眞心成阿賴耶外境牽心起執染淨第七俱無此義故不別說又說計我則合於轉相計我所合於事識此亦不垂思量行相若不連前帶後則顯示心數相躡生起義不便故眼等根者識所依故能發識故前五各從自種生自現行四大所造淨色爲體意根即第十識由此攀外起意識故眼等識者隨六根境種類異故由具五義隨根立名一依根之識非由境色識定生故如盲不見等二根所發識由根變異識必變異如眼根損見青爲黃非色壞時而識壞也三屬根之識由識種子隨逐於根而得生故非
咸五　二十二
色種子識種隨也四助根之識由根合識識所領受令根損益非境界也五如根之識根識二法俱有情數非彼色法定是無情根五義勝故說依根雖六識身皆依意轉然隨不共立意識名或名色識乃至法識隨境立名順識義故依末自在位說若依起信皆名意識此六皆依意所起故意之識故故論釋生滅因緣云所謂衆生依心意意識轉故心即梨耶自體意即五意以梨耶二義中有不覺義故不覺而起業識能見轉識能現現識能取境界智識起念相續相續識意識者即此相續識此生起識麁細雖殊同是一識更無別體故即指前第五識也依諸凡夫取著轉深計我我所非直心外計境爲塵亦復於身計我於塵計所種種妄執計我之相即蘊離蘊隨事攀緣分別六塵名爲意識亦名分離識依於六識別別取六塵故故經云分爲六和合又復說名分別事識又能分別去來現在種種事相釋曰此五前三合八後二合六由斯前釋體不孤生然八識義相復有多門今畧指十五一者通論八皆名心意識別則八心七意前六皆識二者隨相各以自名爲體三科則識蘊意處七心是體也就實統歸藏性三者五緣五塵現量是實六緣一切三量此假實七緣賴耶非量是假八緣根身種子器界現實四者皆具四三二分五者八遍非計七計非遍第六俱是前五俱非六者根本煩惱俱生四鈍二利分別具十第八全無第六皆具第七俱生四惑前五俱生三毒其所知障數同用別二障下自有文至彼當釋七業障者第七全無八有種子餘六現行八者報障則八唯總報前六別報九者心所恒依心起故與心相應故繫屬於心故心緣總相心所緣總別如畫師資作模填彩等故第八有五所
咸五
謂徧行觸作意受想思七有十八謂五徧四惑癡見愛慢八隨沉掉懈逸念亂不信不正知并慧第六皆具五有三十四謂徧別善全根本三惑中無慚無愧大隨同上十者八七無記六通三性十一者八皆實有就性皆假十二者眼耳身三二界不全二地地全鼻舌兩識一界一地六七八識通徧界地十三者皆通有漏無漏十四者依因緣增上五依五根及六七八六依七八七八互依及等無間十五者眼識九緣生空明根境作意根本染淨分別種子耳識唯從八除明鼻舌身三七除空後三六七八也五更除染淨分別三更除根境四更除根本却取根境二外境六塵

善男子根清淨故色塵清淨色清淨故聲塵清淨香味觸法亦復如是

解曰略啓三門初釋名義次辯體性後顯

種類初有通別通卽塵也復更有名所謂六衰及六無義皆約已位亦云六境此通已上別者眼等所取故名色等對根明境名色等故次出體者如前六根各自爲體從頭頌者色有通別通謂五根五塵及法處色俱名爲色此等皆有質礙義故今則別也謂唯眼所取名之爲色有見有對質礙之相最麤顯故法處之色無見無對餘四及根無見有對略有三種謂顯形表顯謂青黃等赤白光影明暗煙雲塵霧空形謂長短等方圓麤細高下正不正也表謂行坐等住卧屈伸取捨聲謂因執受等及邪正教并可意等香謂好約境約心惡准上平等非上二俱生沉等與質俱起和合衆成變易未熟不香味謂苦醋甘辛鹹淡及俱生等觸謂地水火風冷熱澁滑痛痒飢飽等法者一百數中唯除五塵已自標列餘皆是法也三內外四大

善男子六塵清淨故地大清淨地清淨故水大清淨火大風大亦復如是

解曰卽於根塵不取發識牽心之義直取四大之體也寶積經說四大各二謂內及外皆無所從來亦無所去也地界二者內謂自他身內所有堅者强者所謂髮毛爪齒等外謂身外所有堅者强者所謂土石草木等水界二者身內潤性淚汗等身外潤性雨露等火界二者身內熱體熱相能消飲食等身外熱體熱相能成熟等風界二者身內風風體風名速疾住四支等身外體等而此四大從本已來生時住時體性俱空體性自離滅性亦離釋曰彼云皆空此云清淨蓋一義耳然內外四大雖各有種外起現行必由內變四世間諸法

善男子四大清淨故十二處十八界二十五有清淨

解曰十二處者六根六塵是生識處處是生門義故亦名爲入意識常昏根塵相入故或唯六數相對說故十八界者一根門中根識塵三各有界分故眼與識爲界識與色爲界等故亦是因義種族義故前爲六二解者息於業因此是六三觀之治於我執兼之五蘊卽具三科大小乘宗無不約此以明諸義前說妄認四大身心及云中外合成等卽五蘊義故此略之然此三科非各別體開合說者有其三解一根有三品謂上中下或下中上二樂有三品略及中廣三迷有三類一迷心所不迷心色故說五蘊二迷色法不迷心心所法故說十二處三迷色心不迷心所說十八界然將此三科攝百法者蘊則色攝十一受想各一行七十三識有其八唯六無爲非蘊所攝處則五根五塵各一意當八識法八十二界者五根五塵六識各一意攝二識法八十二二十五有者四洲四趣四禪四空無想淨居梵王六欲爲二十五此皆是有各約實報非正智攝故然梵王在初禪無想淨居在第四禪四禪位中別擧此者梵王有見外道無想淨居唯聖異餘天故

大方廣圓覺經大疏中卷之一

章門二十有四我空章法空章法界章八識章色章三科章十力章四無畏章四辯章不共法章三十七品章成佛章四果章不生滅章緣生章業報章三途章人天章四禪八定章上二界章二障章地位章四相章證道章除釋本經外旁通餘義二十有四開示悟入義定慧等學四大成身覺二執過患識變義識

二義遣顯法喻摩尼五道佛三寶破空藏識夢義恩愛義染淨平等八萬四千義恒沙義三覺義五品修十善義不思議義四生義三報義五道實義智無所得義設象指月義右附録中

大方廣圓覺經大疏中卷之一

校勘記

一　底本，清藏本。

一　四九九頁上一一行「後三展」，經無。

一　四九九頁上一四行首字「二」，經無。

一　四九九頁上一九行首字「三」，經無。

一　五〇二頁上九行夾註左「和合」，經作「和和」。

一　五〇六頁上一七行「眼根」，經作「根根」。

一　五〇七頁上一〇行「第十」，經作「第七」。

大方廣圓覺經大疏中卷之二　威六

唐終南山草堂寺沙門宗密述

五出世諸法

彼清淨故十力四無所畏四無礙智佛十八不共法三十七助道品清淨如是乃至八萬四千陀羅尼門一切清淨

解曰問世間之法從妄情所變妄盡許萬法全空出世間法眞實如何亦言空耶答若凡聖對待卽勝劣全殊若稱法界而觀一種總是幻化皆從緣起無自體故如有一鏡現種種雜穢瓦礫復有一鏡現種種勝妙珍寶癡孩不了貴賤懸殊智者達之一無差異觀智圓明心識淨者亦復如是見世出世若聖若凡一切皆空全是覺體故下文云見佛世界如空華等秖緣稱理平等所以名曰聖人如其重聖輕凡欣眞厭妄縱令修習豈證眞源文中三節一諸佛果法二三乘因法三總結初十力者然如來唯一諸法實相智力此力有十種用故說爲十總名力者能摧怨敵故不可屈伏故一總知一切諸法因緣果報是處因果相當非處反上謂女輪王二王惡業樂報五蓋修七覺佛過聖斷結生云云則降伏無因惡因知人可度說法不可作緣二知過現未來過去業報在過現未單複云云現未亦爾善等三種業三性心中互受三性業報及順現等三報報與時互有定不定知所度有障無障前明所造業處業非處今約能造人受報唯明是處又前總此別也三知諸禪解脫三昧垢愛見慢等淨不雜愛等及知依此所得諸果前攝定散唯有漏此唯定無漏四知信等五根上中下今世但得初二三四果及禪定后至無上菩提爲畧廣出苦說等五知種種欲樂難陀五欲提婆名聞迦葉頭陀阿難多聞等凡聖名別云云令捨不淨增淨前知宿或名少此知現起好樂六知一三五乘貪瞋癡等種種性欲性卽種子欲卽現行從性生欲習欲成性性通善惡根唯信等知卽時異時誰可度不等必示畧廣讚所迎棄云云七知一切道善惡無漏等行至處五道涅槃八知宿住過去本生本事住宿世故凡但有通聲聞亦明佛卽兼力百千世劫悉遍知故前知前際名隨念趣因此知前際名性苦樂等九知死此生彼卽天眼智也獨此從所依得名通名力例上說十知自解脫無疑亦知衆生漏盡涅槃然佛力無量今約度人因緣故但說十足辯其事初知可度不可二知有障無障三知著味不著四知勝劣五知所樂六知所趣七知解脫門八知先所從來九知生處好醜十知得涅槃又初力總攝爲度生故於中分別九力四無畏者正一知一切法謂佛誠言我是一切正智人等誠實云說二諦故不與世諦故眞實論故皆心知故故不可壞二盡諸漏及習言我漏盡等三說一切障道法誠實云不善及漏善障解脫故四說出苦道聖道能出世間能盡諸苦佛作誠言說此四法決定無畏若有沙婆魔梵若復餘衆如實言不爾乃至不見是微畏相故我安隱得無所畏初二顯自功德後二利益衆生又一三說智二四說斷又初示藥法二示病滅三知禁忌四示應食也此望十力廣畧說故又能有所作無所疑難自有智慧無能壞者智慧猛利堪受問難等故皆上句十力下句無畏四無礙智者智緣四境無拘礙故一法卽眞之俗如說地水火風等是名字也二義眞諦之境如堅濕煖動等正顯地等三詞謂得彼方言以說地等四於三種智中樂說然華嚴九地初地分得此地任運經云乘覺捨離佛地究竟說有十種自相同相行相說相智相無我相乘相因相果相住持相皆前二境別一中法者知諸法自相謂色變礙等義者知諸法別相色十一等二中法知自性義知生滅三中行相現在差別過未差別四中教本解釋五現知不異比知如實六眞俗無我相七乘相一乘諸乘八因相智法

隨證分位差別九佛地相法身色身十住持相亦說智德所說聲教後二則同皆詞則說於法義樂說乃詞中別義如一中云詞無錯謬說無斷盡二中云詞安立一切法說隨安立不可壞等故佛十八不共法者力等二乘有分此無分故一二三身口多劫戒定妙慧大悲成就故拔諸罪根因緣及習故念四念處心長夜修故心無得失無失通上三業四無異想於眾生無貴賤敬慢怨親等異故常觀諍可度故觀彼本來清淨故入不二法不行諍法故也五無不定心如澄停水如無風燈問佛若常定云何游行說法答佛於諸法實相中定不退失故欲界有定入定可說故也六無不知已捨眾生鈍根多覺苦受樂受於捨受中不覺不知而有捨心是爲愚使所使佛於不苦不樂受中知生住滅時故念念心中麁細淺深無不悉知知已而捨忽捨眾入禪有人疑佛佛言我種種因緣知而故捨七欲佛知善法恩故常欲集諸法故修習心無猒足故也八精進如欲中說欲爲初行增長名進欲爲意業進通三業又佛小息令阿難說法至進覺支佛驚起三問讚善又種種度生過諸惡緣不生懈怠也九念於三世諸法一切智慧相應故失名錯誤滅名不及故異於前十慧三世一切智慧力無畏無礙成就故故禪油念炷故世世聞法讀誦思修問難十一解脫無漏智慧相應故有爲解脫一切煩惱習盡故無爲解脫十二解脫知見於解脫中智慧無量無邊清淨故言知見者譬如繩二合一則牢也無減貫通上六唯說六事無滅者二利中四事即足欲求進行念守慧照辨此四法有二果報謂解脫解脫知見也十三四五一切身口意業隨智慧

行無不利益眾生故異二乘故成譏三不護故入外道眾中說法都無信受者及現曾現陰等皆有因由故前三無失不說因緣今說隨智慧行故行不失故異前也十六七八以智慧知過未現在通達無礙由此故上三業隨智慧行問過未無體現在無住云何能知三世答若無過未佛豈成就十力等德問若三世皆有便墮常過即無罪福生死縛脫有無量咎答三世各各有相非過藏六未有現在相又若四無過未亦無出家律儀亦無五逆諸罪以是業等已過去故亦無死入地獄未來無業故無報是爲邪見又我不說過未如現在相我說過去雖滅可生憶想能生心心數法如昨日及明日與今日可生憶想過未亦爾現在心雖無住相續生故能知諸法也問無見頂相等亦無與共云何不說答此十八中但說智慧功德不說自然果報法力等四科全依智論三十七助道品者畧爲四門一釋名二辯類三出體性四明行相初助謂資助助正道故道即是因所謂止觀品即是類正因類故亦云菩提分分亦因義二辯類者有其總別總謂諸經論說大乘道品無量三十七者是其中別義通於大小若准智論但三十七無所不攝如四諦有無量相也別者總有七類謂四念處四正勤四神足五根五力七菩提分八正道分三出體性者但以十法爲體謂信

二進八念四戒三定慧各八輕安喜捨思惟各一四明行相者初中四念處者四謂身受心法念謂念慧四是念慧所安住處故亦名念住以慧守境由念得住故必要四者從麤至細對治凡夫四種倒故四即常樂我淨此即先重後輕爲次初藏六觀身不淨不淨有五五謂種子住處自相自性究竟等二觀受是苦謂此身既爾眾生貪者以其情塵生諸受故計之爲樂故觀其苦受謂苦樂捨等苦謂苦苦壞苦行苦此配三受三觀心無常謂誰受此樂故須觀心念念生滅四觀法無我即五蘊法皆不自在又如實觀察對治小乘四種倒故不淨等也無行經云觀身畢竟空觀受內外空觀心無所有觀法但有名然觀不淨等通大小乘智度瑜伽大集般若皆性相雙觀也觀其性空唯是菩薩又但觀法性即除八倒既除八倒即成八行涅槃雙樹四雙八隻四枯四榮正表於此謂法性之色實非是淨凡夫計淨是名顛倒實非不淨小計不淨亦名顛倒今觀色種即空空中無淨云何染著

則凡淨倒破枯念處成色種是假假智常淨云何滯空而取灰斷言色不淨是名二乘不淨倒破榮念處成觀色本際非空非假非淨不淨乃名中道佛表此理故於中間而般涅槃餘三類此是則法藥有四觀智為念諦理名處然華嚴經四皆有三一內(自己)二外(非情色)三內外(他有情又俱)謂觀內身循身觀勤勇念知除世間貪憂等然深觀念處即坐道場更不須餘機宜不同故說餘品四正勤者四念處似火若得勤風則無所不燒故次辨之精進為體故總名勤異外道勤故名為正雖是一勤隨意分四前二勤斷二惡是止惡行後二勤修二善是作善行二善二惡皆所緣境前中未生之惡遏令不生已生之惡斷令不續後二未生善令生已生令廣四神足者謂欲(猛利樂欲)勤(精進無間)心(專一境性)觀(由先聞教法內自揀擇上定此慧也)以勤過散亂智火微弱故須定制即所欲自在神即是神通足即是定由出世法最勝自在欲等四定能證此故名為神足亦名

如意足所欲如心故神足所緣即種種變事神足自體即三摩地欲勤心觀皆是助伴由欲增上力證心一境性名為欲定餘三亦然勤觀心性名為上定皆從加行受名此四加行即華嚴前正勤中云欲生勤精進發心正斷等以發心中持心能生止定持太舉故策心能生觀定策太沈故是以隨一念處有四正勤隨一正勤有四神足五根者信(信為上首能起餘四謂於諸寶深忍樂故)進(於前所信策勤而行即正勤也)念(念處也明記不忘也)定(繫緣一境即神足也)慧(揀擇是非)此五通生出世間法而為增上然始入佛法即有信心未有定慧不得名根今由前三科則信不可拔前三至此總得名根若依位者在於見道之前則以速發現觀而為其果五力者即前五根增長魔梵惑等不能屈伏故名為力又能損滅不信等障故復名為力智論云能破煩惱得無生忍故名為力七覺者覺謂覺了七謂念(所依支由繫念故令諸善法皆不忘失也)擇法(自體支覺自相故)精進(出離支由此勢力能到所到故)喜(利益支由心勇悅身調適故也)輕安(能除麤重

定(依此不染污故謂依止定得轉依故)捨(是不染污故謂行捨平等永除貪憂不染污位為自性故上三皆不染污支也)若依位說即現觀自性如實覺慧覺法自性然七皆自體而差別者覺為自體餘六皆覺支分總收七覺不出三品念通定慧次三是慧後三定攝雖是前三至此增故依位所明能斷見惑以為其果又雖一剎那七法俱起而隨行相各說功能念除忘念擇除不正知餘除懈怠昏沈麤重散亂掉舉上約通說大乘七覺不念諸法故決擇不可得故離進怠相故絕憂喜故除安心緣皆叵得故性定之中無定亂故亦不見於能所捨故八正道(離八邪開通涅槃)者謂正(通八)見(分別文依前所證真實揀擇故)思惟(誨示他支如其所證方便安立思惟名義發語言故)語(善於所證問答決擇令他信有見清淨故)業(身業進止正行具足令他信有戒清淨故)命(如法乞求依聖種性離五邪命令他信有命清淨故上三皆令他信支問離身語業無別正命如何建立三種答婆沙云瞋癡所起身業名邪業語業名邪語貪所起二業即名邪命邪活命故)精進(淨煩惱障支由此永斷一切結)念(淨隨煩惱支由不忘失正止舉相永不容受沈掉等)定(能淨最勝功德障支由此引發神遍等無量勝功德故也)若能如上分別誨示等即是道支

之果然其八中語業命三是戒蘊攝念定是定餘三是慧定慧大同諸品但增勝耳上之七類次第者謂聞法巳先當念持次即勤修勤故攝心調柔柔故信等成根根增爲力七覺分別八正正行總以俞顯法性如地念處如種子正勤爲種植神足如抽芽五根如生根五力如莖葉增長開七覺華結八正果如是乃至者超越多法謂三身四智五眼六通地度果向緣諦處定等八萬四千陁羅尼門者然法門廣說無量無邊今齊此結數者對治塵勞故然其所治即八萬四千煩惱古來釋云衆生煩惱根本有十然一惑力復各有十即爲百計應分爲九品但上品重故開爲三品中下輕故各爲一品合爲五百復於內外境起謂自五塵爲内他五塵爲外一一各五百即爲五千別遂四諦則成二萬并本一千則有二萬一千依三毒等分成八萬四千（更有二說不能繁敘）一一對翻即皆淨法數無增減故論云不覺念起見諸境界故說無明乃至具有過恒沙等妄染之義對此義故心性無動即有過恒沙等諸淨功德相義示現陁羅尼者得總持菩薩於一一法中持一切法故門者從一法中入一切法故然上從覺圓明故展轉躡前相由以總世出世間諸法清淨至此五段歷法備周餘六七兩段但是結通他身他界更無別義五段相由者謂心本清淨由不覺故名賴耶識相應於意復曰見塵起於現行有根識境中有能造故說四大由是具足處界諸有有漏之法對治此等有修有證復成無漏因行果德今既覺了圓明故心意識及所變等展轉清淨皮之不存毛無所附然無漏法若約人修證則先因後果今據法本末故先果後因亦如論中根本滅故麄染隨滅六自他正報

善男子一切實相性清淨故一身清淨一身清淨故多身清淨多身清淨故如是乃至十方衆生圓覺清淨

解曰一切實相者即無相也夫有相者皆歸無常緣生之法性本虛假言實相者即是非相是故如來說名實相無遷無變究竟常住無量義經云如是無相不相不相無相是名實相智論云照色等空即名實相性空實理離於顛倒非虛偽故於空見空亦名顛倒於空無著乃至實法又楞伽經云一切妄息是名如實如實即實相也性清淨者此實相從本巳來自性清淨一切妄法所不能染比迷似染今悟本淨名性清淨一身清淨者由前悟得根識塵大世出世間諸法皆歸實相清淨方始成就此人一身清淨故諸段清淨皆牒前文唯此獨指實相以爲淨之所以多身清淨者既於自身證實相理亦見一切衆生同一清淨實相以觀一切衆生不取於相同圓覺性故志公云以我身空諸法空千品萬類悉皆同又下文云圓覺普照寂滅無二始知衆生本來成佛十方衆生圓覺清淨者以般若正智徧觀衆生菩薩涅槃無漏智性本來具足也此乃一人悟性知一切

眾生本性清淨非謂一人修道多人成佛

七一多依報

善男子一世界清淨故多世界清淨多世界清淨故如是乃至盡於虛空圓裹三世一切平等清淨不動

解曰國土淨穢皆由自心眾生劫燒我土安隱螺髻鶖子二相不同按地寶嚴坐蓮無異況乃心真覺性識智無生身土依真染淨俱泯廓通法界清淨湛然圓謂圓徧虛空裹謂含裹三世三世者豎極虛空者橫周一切者橫豎總該平等者本末同味清淨者都結七段不動者寘於一如然上七段悟時既相躡清淨迷時亦相躡垢染應云覺不明故令心不淨心不淨故見塵不淨見塵不淨故眼根不淨乃至如是一多世界不淨文勢及義意對經可知第二空色同如

善男子虛空如是平等不動當知覺性平等不動四大不動故當知覺性平等不動如是乃至八萬四千陀羅尼門平等不動當知覺性平等不動

解曰前之七段即空色無礙此當泯絕無寄彼云動念即乖法體反顯法體本不動也標空爲首者躡前起後由前云盡於虛空平等清淨即知相盡同空空既本無生滅動搖當知諸法亦本不生亦不待滅一一當體如如不動覺性不動者然一切法唯依覺性生滅動轉諸法既盡同於虛空皆不動故則覺性不動也如波不起水則湛然不動理齊故言平等故法華云是法住法位世間相常住法句經云諸法從本來無是亦無非是非相寂滅本來無所動然諸法與覺性平等未名理事無礙法界者夫理事無礙要須多事全同一理而寂然一理全成多事而還變即動即靜即靜即動生滅廣狹一切皆爾翻覆無礙今但一向不動但是攝色等事同真空理故唯名真空觀也乃至八萬等者還如前七段歷諸法門經恐文繁畧標首末義兼中間故云乃至後段乃至之言亦例此知第二理事無礙法界

善男子覺性徧滿清淨不動圓無際故當知六根徧滿法界根徧滿故當知六塵徧滿法界塵徧滿故當知四大徧滿法界如是乃至陀羅尼門徧滿法界

解曰先示觀門者此有十門一理徧於事門謂能徧之理性無分限所徧之事分位差別一一事中理皆全徧非是分徧何以故彼真理不可分故是故一一纖塵皆攝無邊真理無不圓足二事徧於理門謂能徧之事是有分限所徧之理要無分限此有分限之事於無分限之理全同非分同何以故以事無體還如理故是故一塵不壞而徧法界也如一塵既爾一切法亦然思之此全徧門超情離見非世喻能況（此二門後有海波喻及兩重問答也）三依理成事四事能顯理五以理奪事六事能隱理七真理即事八事法即理九真理非事十事法非理（上十同一緣起約理望事有成壞即離約事望理有隱顯一異逆順自在無礙同時深思令觀明現）今經皆言徧滿法界者正是第二門行

相兼於餘門義理謂此卽理之諸法與理不異故一一自徧法界不同前門沒體攝歸理中故此名理事無礙也既徧法界卽知動靜無礙一一周徧言覺性圓無際故當知六根徧滿者由前門已顯六根等與覺性平等平等者卽無分毫之異也既與覺性不異覺性圓無際故六根亦圓無際故徧滿法界若不徧滿卽是有際有際卽與覺性成異異則乖於前門故躡前云圓無際故故首楞云性見覺明覺精明見清淨本然周徧法界六塵已下皆例前知第三周徧含容觀

善男子由彼妙覺性徧滿故根性塵性無壞無雜根塵無壞故如是乃至陀羅尼門無壞無雜如百千燈光照一室其光徧滿無壞無雜

解曰先示觀門者亦有十門一理如事門謂事法既虛相無不盡理性眞實無體不現此則事無別事卽全理爲事是故菩薩雖復看事卽是觀理然說此事爲不卽理二事如理門謂諸事法與理非異故事隨理而圓徧遂令一塵普徧法界法界全體徧諸法時此一微塵亦如理性全在一切法中如一微塵一切事法亦爾三事含理事門謂諸事法與理非一故存本一事而能廣容如一微塵其相不大而能容攝無邊法界由利等諸法既不離法界是故俱在一塵中現如一塵一切法亦爾此理事融通非一非異故總有四句一一中一二一切中一三一中一切四一切中一切各有所由思之四通局無礙（重釋第二第二但徧徧卽通也此兼不徧不徧局也）五廣狹無礙（重釋第三三但包含含卽廣也今有不壞不壞狹也）六徧容無礙（此正合前四五兼合二三）七攝入（翻對前門但前一望多故徧容此多望一故攝入也）八交涉無礙（兼前六七）九相在無礙（反對前門）十普容無礙（近收前二遠攝九門）今經雖畧義理全同謂根與塵皆是事法例前七段事事皆然故云乃至陀羅尼門無壞無雜當知種種事法一一交參周徧雖有性字此是各指根性塵性非謂泯根攝塵同於一性言無壞無雜者如一燈光已滿一室更有一燈光亦全滿百千燈光一一如是各不相壞亦不渾雜室中之空喻於法界燈之光相喻以根塵謂一燈光容多光相卽一光相徧多光中一一皆然重重無盡含容周徧斯之謂歟所以然者唯是眞心所現皆如幻夢影像故與所依性非一非異故故得徧多入一攝一容多等也大文第三頓同佛境於中三一用心同二見境同三稱實同初有法喻今初

善男子覺成就故當知菩薩不與法縛不求法脫不猒生死不愛涅槃不敬持戒不憎毀禁不重久習不輕初學何以故一切覺故

解曰覺成就故總指圓彰法界已下之文由斯故得同佛境界不與法縛等者於四對法無勝劣心如佛於三念之境故言同也同之所由經自徵釋云由一切覺故論云所言覺義者謂心體離念今則離前與求猒愛敬憎重輕等八念也舉八境者顯於心也（喻云光無憎愛後云修習此心）二喻

譬如眼光曉了前境其光圓滿得無憎愛何以故光體無二無憎愛故

解曰光即眼識現量所得故無憎愛首楞云其目周視但如鏡中無別分析(但有自性分別無計度等)汝識於中次第標指云其目者意取眼識云汝識者即是意識亦可但隨凡俗情見以目瞳爲光如法華云梵王是衆生父二見境同

善男子此菩薩及末世衆生修習此心得成就者於此無修亦無成就圓覺普照寂滅無二於中百千萬億阿僧祇不可說恒河沙諸佛世界猶如空華亂起亂滅不即不離無縛無脱始知衆生本來成佛生死涅槃猶如昨夢

解曰修習此心得成就者近結八境安心遠結觀行成就無修等者泯前心跡起後依正凡聖平等之文若不泯之則雖無憎敬等尚見持毀(餘三例之)故須泯之方同佛見自此已下正顯其同圓覺普照寂滅無二者由自心已空但是覺照寧有凡聖差别之二馬寘一如之無心即萬動之恒寂故普照是用寂滅是體佛心所極極於寂照故瓔珞經説等覺照寂妙覺寂照今云同佛是等覺義故云普照寂滅金光明經攝大乘論皆説佛果無别色聲功德唯如如及如如智獨存三種世間融無礙故世界即器世間衆生即有情世間成佛即智正覺世間云於中者即於寂照中也圓無際故百千萬億者此方下數阿僧祇者此云無數是華嚴十大數中之首經論多用故此舉之不可説者大數第九若從一十百千倍倍積之總有一百三十七重數法恒沙者從阿耨池東面流出初出象口周四十里金沙混流沙細如麵今有不可説阿僧祇之數河一一河中一沙爲一界以顯世界如是多矣然此中意者直指盡虚空遍法界所有世界不是算其數量爲欲引機造無邊境故假增積多數耳諸佛世界皆如空華者緣無自性全體即眞眞性奪之無餘(如前理奪事門)故得相皆虚幻亦如善財求法展轉至摩耶等處會緣入實得顯智幻解脱門見一切世界等皆如幻住云佛界者華嚴經説諸佛衆生一切世界有十種起具因緣故世界成就所謂如來神力法應如是衆生行業等亂起亂滅者有三意一者一切世界皆依妄念念既刹那不住世界亦起滅無停二者華嚴云染污衆生住故世界成染污大福衆生住故成染淨信解菩薩住故成淨染等三者成壞相也然成住壞空雖各二十增減而世界無量無數故總觀起滅續紛問然佛化土許可如斯自受用中如何起滅答若依實教所明無形爲淨土生公云佛有形累託土以居佛是常住法身何須國土故華嚴云依眞而住非國土此經云入於大光明藏餘義已如前辯問法華云我此土安隱天人常充滿復云何通答彼據理即事門此約理奪事門二皆無礙不即不離者明此世界不即圓覺亦不離圓覺如華與空如金與器由不離故覺性奪之成空華由不

即故世界不妨有起滅無縛無脫者文通
上下上即由世界無淨穢故下以衆生本
成佛故始知衆生本來成佛者始知即始
覺（觀行成就方能知故）本成即本覺（知與不知本是佛故）佛即
究竟覺（始之與本非二覺故）生死涅槃猶如夢者亦
無始覺之異四相本來同一覺故又寂滅
無二是自覺世界及衆生是覺他成佛二
字及生死涅槃如夢是覺滿成就是滿義
故動寂雙亡方圓滿故（上所釋文但明能知者成佛其所知
衆生如次方釋云）然說生本成佛唯是圓覺華嚴
餘成義含不的指注但以語驚凡聽理越
常情佛既罕言愚夫多謗若不具彰義類
豈曰莊嚴契經故總叙六門顯成佛延促
（菩薩處胎經云或有衆生從初發意經歷劫數不得成佛或有次第成或有超越者）
亦使下文徵釋顯此易明一者一生成佛
謂小乘有部唯悉達太子有大覺性於此
生中苦行修道菩提樹下三十四心斷結
五分法身初圓名爲成佛二者三祇成佛
謂始教說唯具大乘性者從初發意六度
修行三無數劫五位伏斷十地滿足四智

圓明於色究竟天受佛智職名成正覺三
相盡成佛謂終教說一切衆生本覺眞心
本來離念不如實知忽然念起生住異滅
念無自相不離本覺內外熏力始斷滅相
終斷生相一念相應得見心性心即常住
名成正覺（前約功圓相滿此約相盡體現又前定待長久劫數此則唯依
自心延促無定）四初住成佛爲華嚴說十信位滿
於諸法中不生二解一切佛法疾得現前
初發心時即得阿耨多羅三藐三菩提知
一切法即心自性成就慧身不由他悟故
彼疏釋云佛智何深情迷謂遠情忘智現
則一體非遙既言一切法即心自性今理
現自心即心之性已備無邊之德矣覺心
理現理現則智圓若鏡淨明生非前非後
非新非故不由他悟是自覺知一切法是
覺他成就慧身爲覺滿見夫心性豈有自
他寂而能知名爲正覺五一念成佛謂無
始迷倒妄認衆生（華嚴緣起一味章云若約衆生門中衆生及佛
皆是生滅善惡境界未嘗見有一佛清淨解脫者識倒見佛亦倒故）一念悟
時全體是佛（緣起章又云約佛門中佛及衆生皆本空寂情識已亡同

諸佛故未嘗見一衆生流轉者心淨一切皆淨故也）如夢身相夢時
非無寤即自身豈待長養故論云亦無始
覺之異華嚴云若離妄想一切自然無礙
等智即得現前如塵破經出廣博嚴淨經
云有三男子詣佛禮足作如是言世尊我
今於此法能信能解不生疑惑第一男子
白佛言若作是說我是如來此言便是正
說所以者何我於此法不生疑惑（第二男子云是
世尊第三男子云佛其詞皆同）爾時會中百千衆生心皆
擾動不樂本座皆作是念無有二佛並出
世間今此男子何故發如是言阿難騰大
衆意問佛佛說偈印許偈云能知過去如
亦知未來如見一切法如是故名如來不
畏於生死正住生死中化度諸衆生是故
名世尊覺無明無知其性無所有已得於
明智是故名爲佛菩薩處胎經云或有衆
生朝發道心即得成佛諸大乘經其文非
一達磨禪宗即心即佛是斯意也六本來
成佛論云四相俱時皆無自立本來平等
同一覺故涅槃論解微密義云身外有佛

亦非容身內有佛亦非容非有非無亦非容衆生是佛故微容華嚴云如來成正覺時於其身中（法界身也）普見一切衆生成正覺乃至普見一切衆生入涅槃皆同一性所謂無性又云菩薩摩訶薩應知自心念念常有佛成正覺何以故諸佛如來不離此心成正覺故如自心一切衆生心亦復如是悉有如來成正覺彼疏問云此中之成爲理爲事若是事成云何皆同一性若是理成云何八相疏自答云此是華嚴大節若不對諸宗難以取解今約五乘及五教而辨然諸衆生若於人天教中觀之則具足人法二我若於小乘教中觀之但是五蘊實法本來無我若大乘始教法相宗即說唯識所現無相宗即說幻有即空人法俱遣若大乘終教唯如來藏具恒沙性德故衆生即在纏法身衆生義一名異（猶據理說）若大乘頓教則相本自盡性本自現不可說言成佛不成佛等若依此宗（華嚴宗也）舊來成竟亦涅槃竟非約同體此成即是

彼成難若爾何以現有衆生非即佛耶答若就衆生位看尚不見唯心即空安見圓教中事如迷東謂西正執西故若諸情頓破則法界圓現無不已成猶彼悟人西處全東若爾諸佛何以更化答衆生不如是知所以須化如是化者是究竟化如是化者無不化時然上六門初門衆生無成佛義故次門五分中唯許一分半衆生定待三祇功滿成佛後四門一切衆生皆許成佛於中三四妄盡覺顯是爲成佛五頓悟無妄即名爲佛六本無迷悟元來是佛又中間四門次次相望前延後促又前二事成次二事同理成五唯理成六皆無礙今經文者若約觀成方能知之即當四五兩門若約所知衆生本來皆佛即唯第六三

稱實同

善男子如昨夢故當知生死及與涅槃無起無滅無來無去其所證者無得無失無取無捨其能證者無作無止無任無滅於此證中無能無所畢竟無證亦無證者一切法性平

等不壞

解曰稱法界眞實性故初句躡前由見生涅如夢即稱圓覺實性同佛境也此有二意一但有能依之夢必有所依之人夢是人之神遊亦見聞之氣分無別體故二但了夢體空無即證自身眞實迷自身者由執夢故然餘喻皆帶自他唯夢喻尅體故大瓔珞經說過去有佛欲說法時令大衆睡眠夢中說法令增善根覺得道果（涅槃羅刹云云迦葉延弟子云云）亦表萬法皆夢大夢之境必有大覺之明矣當知下有四節初總明稱實謂迷時生死無起涅槃無滅悟時非滅却生死發起涅槃稱體而觀都無起滅聖法非新來凡心非滅去又直言體無起滅來去不約聖凡其所證下別指能所所證之境非得眞失妄捨麤取妙能證之心都無分別離於四病（如病下文）於此下雙泯能所故故華嚴云若有見正覺解脫離諸漏不著一切世彼非證道眼一切法性下總結稱實故華嚴說衆生成佛次後亦云（同此四節）

如注配之（無相性無盡性無生性無滅性總明也）無我性無非我性無衆生性無非衆生性（無所證也）無菩提性（無能證也）無法界性無虛空性（雙泯能所）亦復無有成正覺性（總結）四結牒問詞

善男子彼諸菩薩如是修行如是漸次如是思惟如是住持如是方便如是開悟求如是法亦不迷悶

解之可知後偈諷文三（畧於起行方便故）初諷觀行成就文二初七句二空觀

爾時世尊欲重宣此義而說偈言

普眼汝當知　一切諸衆生　身心皆如幻

身相屬四大　心性歸六塵　四大體各離

誰爲和合者

後三句法界觀

如是漸修行　一切悉清淨　不動徧法界

長廣偈畧次一偈半頌頓同佛境 咸六 二十三

無作止任滅　亦無能證者　一切佛世界

猶如虛空華　三世悉平等　畢竟無來去

後一偈頌結牒問詞

初發心菩薩　及末世衆生　欲求入佛道

應如是修習

大方廣圓覺經大疏中卷之二

大方廣圓覺經大疏中卷之二

校勘記

一　底本，清藏本。

一　五一〇頁中一八行夾註右「通名」，徑作「通明」。

一　五一〇頁下三行「正一」，徑作「一正」。

一　五一二頁中一九行「擇法」下夾註右「目體」，徑作「自體」。

一　五一二頁下一三行正文第五字「見」下夾註右「分別文依」，徑作「分別支依」。

一　五一七頁上一八行「三祇」，徑作「王祇」。

大方廣圓覺經大疏中卷之三　威七

唐終南山草堂寺沙門宗密述

第二徵釋迷悟始終文四初三令初

於是金剛藏菩薩在大衆中即從座起頂禮佛足右遶三帀長跪叉手而白佛言

解之可知二正陳詞句中三一慶其所悟

大悲世尊善爲一切諸菩薩衆宣揚如來圓覺清淨大陀羅尼因地法行漸次方便與諸衆生開發蒙昧在會法衆承佛慈誨幻翳朗然慧目清淨

解曰兼指初段中因地法行者是一切行位根本故後必躡前故二難其所疑

世尊若諸衆生本來成佛何故復有一切無明若諸無明衆生本有何因緣故如來復說本來成佛十方異生本成佛道後起無明一切如來何時復生一切煩惱

解曰由前云衆生本成佛道故起此疑疑有三句一謂眞能生妄二謂說妄爲眞三牒而縱之責無窮過意云本來是佛煩惱何生若無生中妄生起者如來成佛同本無生無生之中還應妄起成佛義等生否應齊齊生則果佛何尊齊否則因違現事進退不可故有斯云亦如復禮法師云眞法性本淨妄法何由起如初句也妄法從眞生此妄安可止如第三句三結請通釋

唯願不捨無遮大慈爲諸菩薩開秘密藏及爲末世一切衆生得聞如是修多羅教了義法門永斷疑悔作是語已五體投地如是三請終而復始

解曰據此三難諸典無文唯佛了知登地方受今乃請宣成教普示末世凡夫故曰無遮大慈開秘密藏秘謂非器不傳密謂覆相而說或隨自意或隨他意權實難測秘藏如不開櫃密藏則一法含多今請不揀末世則開秘藏顯了而談則開密藏故涅槃云具縛凡夫能知如來秘密之藏了義法門者由此標目永斷疑悔者疑是根本通論疑者於諸諦理猶豫爲性能障信心善品爲業別顯則五蓋中疑有三一疑自謂已不能入理二疑師謂彼不能善教三疑法謂於所學爲令出離爲不出離又疑理事空有雙是雙非等如有病人疑自疑醫疑藥病終不愈今三疑中即疑法也此疑復有已起未起如天親判金剛經斷疑之意今皆含之剛藏爲他請問令永斷故然斷疑方便者若疑境界令悟唯心若疑法性令觀無得餘皆例知今此斷疑通二方便對文可解悔者通論是不定之法悔善則惡悔惡則善故今請永斷即屬悔惡也亦五蓋數但此不因掉也然入道人若未通決生佛同異則或用功多時反自疑悔後

三展虔誠也二讚許

爾時世尊告金剛藏菩薩言善哉善哉善男子汝等乃能爲諸菩薩及末世衆生問於如來甚深秘密究竟方便是諸菩薩最上教誨了義大乘能使十方修學菩薩及諸末世一切衆生得決定信永斷疑悔汝今諦聽當爲汝說

解曰言如來甚深秘密究竟方便者然況論如來秘密有其二意一如來之密藏謂一乘如來知見佛於漸教門中久默斯要

故如前釋也故云究竟方便下答覺照離華嚴等二如來即秘密由證密藏能所無二故三業具皆秘密也謂非色現色摩尼不能喻其多非量現量應持不能窮其頂不分而徧一多不足異其體全法爲身一毛不可窮其際此身密也非近非遠目連尋之無際身子對而不聞非自非他若天鼓之無從猶谷響之緣發無邊法海卷之在一言無內圓音展之該萬類此口密也無心成事等覺尚不能知意密也二義之中經顯所證矣言決定信者前頓同佛境義當信根成就初發心住今但通決疑難以成前義故也三佇聽

時金剛藏菩薩奉教歡喜及諸大衆默然而聽

第四正說長行四一反覈起疑之本二喻釋現起之疑三顯淺難造深四結問不當理初中又三一總指輪迴二眞隨妄轉三結指前疑今初

善男子一切世界始終生滅前後有無聚散起止念念相續循環往復種種取捨皆是輪迴

解曰於中初一句總標情器故云一切無著金剛論以四蘊爲世界若不約情何成輪迴又一切者總有十種如華嚴世界成就品說次六對辯其輪迴謂但住有爲即屬輪迴心也始終者若唯約染緣則創變爲始極證爲終或無始有終若染淨對說則證菩提爲始斷盡煩惱爲終若唯約淨緣有始無終（如上用心皆屬輪迴之見）唯心眞圓覺不住染淨方得無始無終新新而起曰生（表此先非有故）念念落謝曰滅（表此後是無故）過去名前未來名後現在住劫名有空劫名無成劫名聚壞劫名散現行爲起調伏爲止次二句正示輪迴之相念念相續者情界器界皆依妄念既所依不斷故能依亦然循環往復者器界空已復成情界滅已復生惑業襲習報應綸輪塵沙劫波莫之遏絶後二句結成輪迴取謂取著執我我所捨謂厭離厭苦所依又於根身則厭苦麤障爲捨忻淨妙離爲取於器界則厭此娑婆爲捨忻彼極樂爲取若取若捨種種不同皆是顚倒妄心變現輪迴之相故論云一切分別即分別自心心不見心無相可得首楞云自心取自心非幻成幻法二眞隨妄轉文三一法

未出輪迴而辯圓覺彼圓覺性即同流轉若免輪迴無有是處

解曰能觀是輪迴之心故所觀圓覺亦爾如夢見實物物亦是夢故清涼大師答復禮法師云由來未曾悟故說妄無始二喻

譬如動目能搖湛水又如定眼猶迴轉火雲駛月運舟行岸移亦復如是

解曰四對喻中初由目數動湛水如波搖次眼識遲鈍旋火成輪相餘二可見三合

善男子諸旋未息彼物先住尚不可得何況輪轉生死垢心曾未淸淨觀佛圓覺而不旋復

解曰諸旋者眼目雲舟喻生死垢心也彼物者水火月岸喻圓覺也何況下正合三

結指前疑

是故汝等便生三惑

解曰三惑者即前三種疑也據此結文的指即知定是先責起疑之本末是答難若是偏答三中之一難即不合總結三惑智者詳焉然雖非是正答已是標舉建立答義之意勢令息如上之念即前疑早合自亡況復空華金鑛分明曉喻二喻釋現起之疑文二初一空中華無起滅喻二金中鑛不重生喻初中三一喻釋二法合三結成今初

善男子譬如幻翳妄見空華幻翳若除不可說言此翳已滅何時更起一切諸翳何以故翳華二法非相待故亦如空華滅於空時不可說言虛空何時更起空華何以故空本無華非起滅故 疏七 六

解曰曲分爲二初翳差華亡喻謂不知華因翳有乃謂從空而生喻不知妄出迷情却執眞能生妄既得翳差即不見華聞說從翳而生又執何時更翳喻前觀成同佛普淨根塵因知妄染由迷又疑迷心却起問翳差之者或有他時更生不必的定永無如何以此爲喻答喻者但取當日一席之事不說終身但以愚人晨旦見華食時眼差見華亂生亂滅謂言翳亦速起速停是以經中遮云不可故諸論喻釋佛云如大夢覺豈可難云睡起夢覺何妨明夜更睡還夢若如是難豈解喻焉二法非相待者翳不與華期華不隨翳生但翳故妄見非華實生二法各不相知況復一空一有故云不相待也縱使心迷生死亦寂但緣迷故妄似生死衆生本自不生幻華畢竟不起莫將翳待莫以迷求剛藏問目正似此也後空不生華喻前已合釋文易可知然佛頂經亦有此法喻文廣義略闕於待翳之文二法合 疏七 七

生死涅槃同於起滅妙覺圓照離於華翳

解曰迷見生死似華起悟得涅槃似華滅言圓覺離華翳則雙拂生死無明虛空非蹔有無覺性何關迷悟衆生既如華起約誰更難無明無明生死既空何責本來成佛空華終不再起果位何得還迷由已計度不休見他覺性流轉若如是解頓遣三疑三疑鈎鏁連環不是三科別答下金鑛喻即唯答佛不再迷此疑過深故重喻也

三結成

善男子當知虛空非是蹔有亦非蹔無況復如來圓覺隨順而爲虛空平等本性

解曰虛空世法尚不同華起滅況如來隨順圓覺湛然眞常是虛空之體性耶覺爲空性者佛頂云空生大覺中又云寂照含虛空復言平等者然圓覺雖是虛空之性而實合不分周徧法界無分無限無別能依所依故云平等此意云空在覺中空尚常寂況覺爲空性豈增減耶喻猶不及故云況復後金鑛喻

善男子如銷金鑛金非銷有既已成金不重爲鑛經無窮時金性不壞不應說言本非成就如來圓覺亦復如是

解曰曲分爲二先喻此喻唯答佛不再迷

之難前就圓悟之理生佛俱是本眞以成普眼段中衆生本來成佛之義故舉空華元來不起非後始滅法合云生死涅槃同於起滅所以俱通三難今就不壞因果之相故說銷鑛出金華則始終本無鑛則因銷始盡意云圓頓之理雖齊迷悟不妨成異既有多生習障還須背習顯眞眞顯即究竟清淨若但用前喻即撥無迷悟因果之相便成邪見若但用此喻即成衆生覺性本來不淨失眞常理亦成邪見道理微妙一喻難齊故說兩事是知此喻唯答第三難也文中喻意如人鍊金須得其鑛若非金鑛鍊亦無金若因銷有者銷頑石等亦應得金雖假爐冶銷融金性要須本有所以經言金非銷故有故金剛三昧經合金錢喻云昔迷故非無今覺故非入既已成金等者正喻佛不再迷不應說言等者喻佛隱顯無異佛頂亦云昔本無迷似有迷覺覺迷迷滅覺不生迷後法合者金喻法身鍊出喻報身作環釧等百千萬種喻化身鑛中雖有金不銷金不出識中雖有佛不修佛何成三顯淺難造深文二初所造難念

善男子一切如來妙圓覺心本無菩提及與涅槃亦無成佛及不成佛無妄輪迴及非輪迴

解曰前通難了此別顯幽深難見言說不及下智難造以遮展轉無窮疑難先標覺心爲宗後方拂迹者明非斷滅但離所拂非無覺心拂有三節初拂轉依之名轉煩惱生死故曰菩提涅槃體雖即眞名因妄得後兩節皆雙拂對待圓覺性中都無此事若有少見則迷圓覺故華嚴云於法若有見此則未爲見若無有見者如是乃見佛二能造滯情文四一舉勝彰劣二舉喻顯情三誡息妄心四重彰妄義今初

善男子但諸聲聞所圓境界身心語言皆悉斷滅終不能至彼之親證所現涅槃何況能以有思惟心測度如來圓覺境界

解曰文中兩對初小聖理智對後何況下凡心眞覺對意云小聖眞智生空尚不能親到小聖之理生空眞如況凡心劣於前智眞覺又超理轉轉懸隔何能造耶如百寮尚畏宰相百姓豈親天子此正同金剛經四果之人尚無心言我證得四果豈如來有定法得阿耨菩提耶然四向四果斷證行相者謂斷三界見惑有十六心至第十五道類忍時名初果向至第十六心即入修道名須陀洹果以見惑頓斷不同修惑分三界別故欲界修惑分爲九品斷至五品是一來向斷六品盡得一來果以九品惑能潤七生爲上上品潤兩生次三品各潤一生次二品共潤一生後三品共潤一生六品惑盡已損六生故唯餘一度來生欲界斷惑七八品名第三果向九品全斷盡即得不還果次斷上二界修惑乃至有頂八品惑盡名阿羅漢向三界見修都盡得阿羅漢果成就我生已盡等四即是所圓境界矣言身心語言斷滅者沈空滯寂灰身滅智也彼之親證等者若未入滅即有餘

涅槃若身智滅已即無餘涅槃思惟心者種種計度意云無心近理尚不能造有心轉背豈能測度故法華說大地皆如舍利弗共度不能知新發意及不退等菩薩皆言不測二舉喻顯情

如取螢火燒須彌山終不能著以輪迴心生輪迴見入於如來大寂滅海終不能至

解曰於中初舉喻後顯情即知前舉勝此舉喻並是顯分別心不能證覺密識前三種翻覆疑難前云有思惟心即是此云以輪迴心前云圓覺境界即是此云大寂滅海三誡息妄心

是故我說一切菩薩及末世衆生先斷無始輪迴根本

解曰是故我說者即前未出輪迴而辨圓覺無有是處若遠指即答文殊問先斷無明或指餘經皆如是說四重彰妄義文二一無實體

善男子有作思惟從有心起皆是六塵妄想緣氣非實心體已如空華用此思惟辨於佛境猶如空華復結空果展轉妄想無有是處

解曰從有心起者舉能起之根識（有心者識也起者心所也）六塵緣氣者舉能牽之境已如前釋非實心體者實心無念故已如空華者縱實有思惟有思惟心尚不能證覺何況此心早已如於空華自無其體向上更欲求證何異空華結果故言展轉虛妄此中始末都無故云無體後段秖言浮巧不能成覺不直言無故云無用勿見經有用此思惟之文便謂已屬後段即此思惟之用全無其體即名無實體也細意詳之二無勝用

善男子虛妄浮心多諸巧見不能成就圓覺方便

解曰從第一叚疑之本兼此第三段大意總是責問者滯情分別過患所以其中此節最親因前三番之疑便都指是浮心巧見總不能證覺四結問不當理

如是分別非為正問

解曰乍看連次之經即似唯結巧見之文細詳其義乃都結第三一段問前讚善哉此責非正何也答前讚者美其起教此責者顯其實理此一段疑最障修證若不徵起末世長迷徵有斯益故前讚也剛藏所徵意在佛責故知責此之過始彰徵起有功乍看似前後乖違細詳乃始終符合可審翫味妙在斯焉偈頌四初七句頌反覈疑本

爾時世尊欲重宣此義而說偈言

金剛藏當知　如來寂滅性　未曾有終始
若以輪迴心　思惟即旋復　但至輪迴際
不能入佛海

長行先舉妄想偈文先標實理次六句頌喻釋現起之疑

譬如銷金鑛　金非銷故有　雖復本來金
終以銷成就　一成真金體　不復重為鑛

畧不頌空華影在後段故三五句頌淺難造深於中二初三句頌所造難念

生死與涅槃　凡夫及諸佛　同為空華相

良由長行華無起滅喻中結文與此段同

故此亦取空華之喻意該前後也後二句頌能造滯情

思惟猶幻化　何況詰虛妄

四二句依解起行

若能了此心　然後求圓覺

中文四初三今初長偈第四五有五無第三深究輪迴之根者謂窮其展轉根元推其差別種性故於

於是彌勒菩薩在大衆中即從座起頂禮佛足右繞三帀長跪叉手而白佛言

解如前矣次正陳詞句文二初慶前

大悲世尊廣爲菩薩開秘密藏令諸大衆深悟輪迴分別邪正能施末世一切衆生無畏道眼於大涅槃生決定信無復重隨輪轉境界起循環見

解曰深悟輪迴者因舟行岸移等喻悟得眞隨妄轉無畏者決定也道眼者五眼之中即慧眼法眼具眞俗故決定信者永不信餘首楞云妙信常住一切妄想滅盡無餘無復重隨等者不執月運岸移等二譬

後文二初舉法問二結益請初中二一問斷輪迴

世尊若諸菩薩及末世衆生欲遊如來大寂滅海云何當斷輪迴根本於諸輪迴有幾種性

解曰寂滅海者大涅槃也具足三德能建大義體深用廣故如海也次二句問目就下釋之二問修悲智

修佛菩提幾等差別迴入塵勞當設幾種教化方便度諸衆生

解曰初二句智法門無邊誓願學故後二句悲衆生無邊誓願度故此惑病既多方藥非一若無方便少湯添氷恐落愛見大悲故須問也二結益請

唯願不捨救世大悲令諸修行一切菩薩及末世衆生慧目肅清照曜心鏡圓悟如來無上知見作是語已五體投地如是三請終而復始

解曰慧目等者欲照心源必由淨慧慧目是能照心鏡是所照心淨如鏡故六祖偈云心如淨明鏡肅清者緣塵不雜無上知見者無能無所自在圓明故即同法華雙開菩提涅槃是無上義今即雙悟故同無上展虔同前讃許

爾時世尊告彌勒菩薩言善哉善哉善男子汝等乃能爲諸菩薩及末世衆生請問如來深奥秘密微妙之義令諸菩薩潔清慧目及令一切末世衆生永斷輪迴心悟實相具無生忍汝今諦聽當爲汝說時彌勒菩薩奉教歡喜及諸大衆默然而聽

解云深奥秘密微妙者本清淨之輪迴無差別之種類等故無生忍者眞性無生本來清淨衆生未悟妄心見生生即必滅故是輪迴今悟實相了心眞妄無生心既不生輪迴永絶如是忍可名無生忍法既無生即無有滅故華嚴云不見有少法生滅何以故若無生即無滅故又云一切法無生一切法無滅若能如是解諸佛常現前故信力入印經中亦有無滅忍然不生不滅佛法之體八不之初釋有多門略伸一

二初約境後約行境中略有五義一就徧
計由是妄執無法可生滅也又理無故不
生情有故不滅不滅即不生是一法矣二
就依他謂緣會生即無生緣離滅而不滅
又緣起無性故不生無性緣起故不滅中
論云以有空義故一切法得成是故不生
即不滅不滅即不生爲一物也三約圓成
性謂非是有爲故無彼生滅相也又非妄
心境故不生聖智所證故不滅不滅即不
生爲一物也四通論三性混融於一法上
唯就徧計一向生滅就圓成唯不生滅就
依他亦生滅亦不生滅就三無性故非生
滅非不生滅五然此四句合爲一聚圓融
無礙頓思可見後約行者謂妄念斯寂猶
若虛空何生何滅又雖起大用見心無生
用謝歸寂了心無滅又常稱眞理寂然居
境於此心中有何生滅佇聽同上次下正
說長行中二一答輪迴中二問二答悲智
中二問前中二一推本(貪愛)末(五道)令斷(答第一問)
二明種性令知(答第二問)一中又二一示所斷

二勸令斷初所斷中二門分別初總釋義
後別釋文初中示所斷輪迴本末者文云
從無始際愛爲根本欲因愛生命因欲有
(貪婬之欲)欲塵助故(五塵之欲)生死相續乃至起諸
違順造善惡等業受苦樂等報結云皆輪
迴故不成聖道(疏七)即十二緣生之義也(十六)緣生
義博略顯八門一總別名體二生起行相
三業用差別四能所引生五攝歸一心六
二世三世七因果離合八權實具彰初中
總名緣起亦名緣生無有主宰作者受者
從因而生託衆緣起本無而有有已散滅
能潤所潤墮相續法故名緣生唯依他性
蘊處界一分爲體(法相宗也)亦唯妄想(無相宗也)亦
唯眞心(法性宗也)十二別者一無明明者擇法
所無即明能無即癡也是行蘊中迷理起
者二行者造作即身語意起善惡等三識
者了別唯阿賴耶親因緣種四召體爲名
變礙爲色即是一切有漏五蘊五者六處
處是生長門義唯內六處六觸者觸謂第
八識相應全及六識中異熟觸七受者領

納體同於觸八愛者躭染即是當體九取
者追欲即是四取十有者有果謂行種果
種已潤十一生者蘊起即異熟五蘊十二
老者變異死者滅無亦是前蘊上所出體
皆法相宗若約實教依眞而起皆無別體
(一二八九通於種現後二唯現餘唯種子)(疏七)二生起行相者不了(十七)
第一義諦執著於我故不正思惟起於妄
行行熏於心是識與識(現行)共生(揀現行非種故名色)
(與識互依如水與塵)四取蘊(識蘊已屬所依識故)爲名色名色
增長爲六處(名色增成意處色增成餘五故開顯明盛也)根識既
顯則對境爲三和是觸觸必領受於受染
著是愛愛增即取取即起於業種也有業熟
即起漏蘊(生蘊熟也)則壞(老死也老非定有故附死立支也)
然惑苦中有開合問答至下當辨三業用
差別者此十二支各有二業且各一者一
令衆生迷於所緣二則能生未來果報識
令諸有相續名色互相助成六處各取自
境觸能觸對所緣受能領受愛增等事愛
能染著可愛之事取令諸惑相續有能令
於餘趣中生生者能起諸蘊老令根變死

壞諸蘊餘各一者無明與行作生起因如
次乃至生與老死作生起因死者不覺知
故相續不絕四能所引生者一能引支謂
無明行能引識等五果種故二所引支謂
識等五是前二支所引發故三能生支謂
愛取有近生當來生老死故四所生支謂
生老死是前三支近所生故五攝歸一心
者華嚴六地說也此復二門一推末歸本
門經云三界所有唯是一心諸論同引此
文證成唯識然隨宗解異總有八重前唯
心章已具列釋二本末依持門經云如來
於此分別演說十二有支皆依一心如是
而立一心頓具非佛不知故特言如來也何以故十二行列前後引生
何唯一心下釋意者非唯三世不離眞心令乃一念頓具十二彌顯前後不離一心
此中亦攝俱舍剎那十二也疏七隨事貪欲貪事非一隨舉一事一念即具十八
與心共生心是識本是眞心以與貪相應分別共事便名識也此
中十二或次第次者同一念故事是行貪事即意業之行也於行迷
惑是無明不知貪過能招於苦與無明緣也及心因也共
生相應四蘊是名名色名色增長譯經誤也應云開顯爲
六處六處三分合爲觸觸共生是受同時必領

納故受無厭足是愛沒體相合愛攝不捨是取可知
彼諸支和合是有愛取潤前六支有所起是生生
熟爲老老壞爲死有爲剎那生即異滅故故經云初生即有滅不
爲愚者說彼論總判上二門云餘處求解脫謂
觀凡夫愚癡顚倒當於阿賴耶此云藏識如前
說及阿陀那此云執持識中持種及色根故上二皆心之別名也
求解脫乃於餘處我我所中求解脫故經
明唯是一心論主意明心含染淨故雙舉二名釋一心義也則心
外無我法當於一心中求求義云何若有我執即一心成
賴耶若我執亡即捨此名唯阿陀那持無漏種此則妄心斯滅眞心顯也六二
世三世者約教不同故小乘生引俱開前
二過去中八現在後二未來唯識即合能
所引開能所生前十現在後二未來十因
二果定不同世中三前七或異或同前七
後二中三各定同世意以一重因果足顯疏七十九
輪迴故斥小乘兩重旋設華嚴即開能所
引合能所生亦明三世經云無明緣行者
是觀過去觀此二因能招現在識等識乃至受是觀現
在觀此識等由過去業得復能得來果愛取有是觀未來觀此
三因決得來果上明一往三世也以無明行爲過去者爲遮前七定同世故復示無

明遂本際故以愛取有爲未來者爲遮愛取但是潤故示因招果令獸因故以因屬
果故則能所引生及所發潤皆容互有故彼經前文說無明處亦有愛義說中際處
亦有無明今此不言生老死者但觀因以知果未有果爲所觀故或得對治即無果
故亦以諸宗共許爲果故畧不明經論具有明文若斯勿局二世有云譯經謬者務
在順其所宗也於是已後展轉相續此明流轉三世也不得對
治復有後世後後無窮七因果離合者此十二支且
約一往前前爲因後後爲果無明唯因老
死唯果餘望前後亦因亦果若顯循環老
死亦因無明亦果餘望前後亦因亦果又
無明愛取是本唯因生老死二是末唯果
餘通本末亦因亦果又惑因苦果業通因
果又惑業皆因唯苦爲果又前十皆因後
二爲果上皆法相又眞心不覺爲因行等十一
皆果楞伽起信皆以淨心爲因根本無明爲緣生業識等八權實具
彰者問四生六道性類雖殊十二有支等
無優劣如何上說或異或同答萬法皆空
無非眞性迷眞倒執有十二支支分雖齊
悟由根器根器既別設教寧同涅槃四類人皆觀十
二因緣而證深淺者由教機俱有深淺故欲使指南即唯佛性
涅槃文欲解緣相須窮聖言各執一宗俱成

不了了知權實杖則皆金然約自修深淺咸益准涅槃四類之意唯尊俱含義信解修習者即得二乘菩提依唯識者得菩薩菩提依華嚴者即得佛菩提也欲爲師匠必在圓通故淨名經云深入緣起六識八識淺緣起法性隨緣深緣起斷諸邪見上來七段義亦已周緣是諸宗恐疑取捨今但約一教自具淺深文是華嚴大經義是世親釋論貫前諸說仍加數門今但提綱任自參驗既同論主幸共遵行謂經說十重緣起已結云如是十種今却注列釋處經各於結文之下逆順所注者前七唯取順文觀諸緣起彼論門門作三觀觀之今且每門畧配其二也所謂有支相續故謂世間受生皆由著我等於第一義不了名無明等其義生起行相中畧說論判爲愚癡顛倒觀謂因緣無我而乃著我因緣從實諦起而乃迷諦故也一心所攝故文義俱如上說論判爲餘處求解脫自業差別故前業用門已說論判此下四門爲異道求解脫謂但一念不生方得解脫而乃別求故云異也此顯倒總有四因故以四門正義翻破之此門破實性謂無明等各二業生彼因緣等事斷前即後絶何關實性不相捨離故無明乃至生爲緣令行乃至老死不斷故此破自在天爲衆生因今以無明等爲行等因尚不從餘支豈從自在也三道不斷故無明受取不斷是煩惱道行有不斷是業道餘分不斷是苦道惑業苦三各分二者文会二意謂約三世二世初三世中煩惱二者

過去逮本際故現在牽生報果故業二者過去已定當何受名未來未有功能立稱苦二者現定當相受名未來未起從過患立次二世中煩惱二者發潤別故業二者未潤已潤殊故苦二者種現異故言不斷者苦復生惑故如輪轉此破苦行因謂惑業是苦因欲滅苦須斷惑業今別修苦行苦何絕焉觀三世故二世三世門中已說此破無因既初二果次五因次三是後二因何得計無也三苦聚集故前五行苦觸受苦苦餘是壞苦論判此下四門爲求異解脫謂緣性是一具心具於樂常淨我四德是眞解脫何得異求故四段經明其但有四妄而無四德此當有苦無樂謂行苦隨逐乃至無色彼計無色爲涅槃是以苦爲染也因緣生滅故無明爲緣能生諸行無無明諸行亦無餘亦如是此破計非想等爲涅槃因今觀之但是此滅非是常德生滅繫縛故無明緣行是生繫縛無明滅行滅是滅繫縛餘亦如是爲彼計非想天等爲解脫菩薩觀之是此繫縛不是淨德無所有盡故無明緣行者是無所有無明滅行滅者是盡滅餘亦如是此破計無所有處等爲涅槃以滅盡故無眞我德也此上十中初門觀我執緣相對前所注經文詳之即見餘九亦然次門前半觀第一義諦緣性也見緣性方脫緣縛故也餘半及後八門觀世諦緣相也觀之即眞故於中自有六觀謂上餘半染依止觀因緣有分爲染及染相依止一心故論云二諦差別以純眞不生單妄不成和合方有緣集故也三四兩門染因觀三他因四自因第五門攝過觀觀苦集故謂以三道攝十二支即顯窮支但攝苦因苦果過患六護過觀觀三世防續三過一多身

牽生二自業無受三失業漢者一潤未潤等故二非他身作故三勢力續故也七不猒猒觀苦苦壞苦凡夫不猒行苦二乘不猒菩薩皆猒八九十門深觀四句求諸皆無生無生而生破邪顯理深故也八因緣生無生故不自他生九仏順緣生無知者故不共生十緣生無性無性緣生故非無因也又初門述眞起妄前判示染淨相次門眞妄依持上餘半并此亦染淨依故次五妄法義門三四建立染法謂三因四緣五染過六力無力七慢非慢後三妄緣空幻八九窮之無始第十無而種種上十門經各有逆順即二十重論主各以三觀觀之總成六十重觀緣起也三觀者初相諦差別觀上判前無我二諦是也次大悲隨順觀即前隨經注之是也後一切相智觀上最後料簡眞妄中注配之是也若從染淨無礙交徹則涉入重重若依染淨逆順雙融則眞門寂寂法性緣起甚深甚深即此因緣名因佛性三觀即因因性因因性至果成菩提性因性至果成涅槃性因果無礙是緣起性緣起大義深廣若斯欲辨輪迴理須究了上來總釋義竟次別釋文文中四一指愛爲本二欲助成因三展轉更依四起諸業報此同唯識攝十二支但爲惑業苦也前三皆是惑道第四即是業苦然開之別配

文亦相應至文當指亦可初一答根本餘三答種性其五性文答菩提問下當廣辯

今且依前初中二初約貪欲以標指

善男子一切衆生從無始際由有種種恩愛貪欲故有輪廻

解曰愛是愛支云無始際當於宿惑含無明支或無明已在前章此唯說愛貪欲是愛增之相即當取支今約貪欲麤相標指能貪之愛是輪廻之本也首楞云流愛爲種納想爲胎交遘發生吸引同業以是因緣故有生死又涅槃云因愛生憂因憂生怖若離貪愛何憂何怖又佛名經云有愛則生愛盡即滅故知生死貪愛爲本先令斷者如樹除根等欲者五欲即色聲香味觸也由於五欲引起愛心能令衆生生死不絕問欲應是心何言色等答瑜伽云欲有二種一煩惱欲二事欲事即五塵今謂心起合塵塵即名欲故下云由於欲境起諸違順又無常經云常求諸欲境等言種種者或天屬之恩如父母等或感事之恩如得惠賚等或任運生愛即自身及名利色味六親等或因敬成愛因恩成愛或因愛結恩恩之與愛應成四句謂恩非愛等又所貪之境衆多故能貪之愛不一然貪與愛亦應四句謂貪非愛等若對治揀境則有順有乖若約妄揀心則皆爲過患又唯就愛復有其三一惡愛謂禽荒色荒及名利等二善愛謂貪求報行施戒等三法愛謂樂著名義及貪聖果而修行等故下云法愛不存心漸次可成就我身本不有憎愛何由生後約受生以結定

若諸世界一切種性卵生胎生濕生化生皆因婬欲而正性命當知輪廻愛爲根本

解曰卵等四生則受生差別故瑜伽釋衆生云思業爲因觸胎濕染爲緣五蘊初起爲生若以四生配六道者天及地獄化生鬼通胎化謂鬼子及地行羅刹是胎餘皆化生人畜各四人具四者毗舍佉母卵生三十二子胎即常人濕則捺女化則劫初畜具四者金翅及龍餘獸皆胎餘鳥皆卵然著地飛空若水若陸微細蠢動或卵胎或濕化不可具分品類問何以卵劣在初化勝居後答有二釋一約境具緣多者爲首謂卵必具四胎三濕二化不兼餘故居其後二約心從本起末爲次謂無明是卵即本識三細中最初業相能所未分混沌如卵既是根本故首明之無明發業蘊在藏識爲胎愛水潤之方能受生爲濕化生即從無而忽有爲化故此次之皆因婬欲正性命者初受胎時妬忌父母父母亦皆生愛方得受身即當識等支也如俱舍說文中婬爲躭染愛著但是情染總得名婬縱使化生亦依業染（地論但云業染即俱舍世間品意偈云倒心趣欲境濕化染香處也）若但約欲界輕重者俱舍云六受欲交抱執手笑視婬四洲之人同四王界餘諸異類卵濕胎形心染氣傳難具分析受性稟命莫不由之既性命由婬婬復由愛故云愛爲根本二欲助成因

由有諸欲助發愛性是故能令生死相續

解曰諸欲是境愛性是心即愛之種子由

是故下結輪迴由外塵欲牽起愛心亦由愛心貪著於欲貪欲故造業造業故受報由此生死不斷故肇論云衆生所以久流轉者皆由著欲故也若欲止於心則無復生死潛神玄默與虛空合其德是名涅槃

三展轉更依

(咸七 二十五)

欲因愛生命因欲有衆生愛命還依欲本愛欲爲因愛命爲果

解曰此當兩重三世門中後流轉三世也彼經云於是已後展轉相續今此文者欲謂貪婬命謂身命無愛欲則不生無欲身則不有當知欲因愛有身因欲生既有此身還生於愛由愛身故還爲欲因復感未來生死果報如是展轉相續無窮四起諸業報業有二義一動作義即是行支二爲因義即是有支報是苦果是酬因義即生老死二支然此業報釋教之宗擬之云無正名邪見(五見中一)不歸佛者皆由惑之内外殊途須知去取今尋本末總啟二門先以理教窮其根元後約本文釋其體相初中

二一辨非二顯是初者謂儒道二教(說方無內域宗教故不能之也)說人畜等類皆是虛無大道生成養育謂道法自然生於元氣元氣生天地天地生人畜萬物故愚智貴賤貧富苦樂皆稟於天由於時命及其死也却歸天地復其虛無今略敘(本末)非之外計曰夫道者虛無非有非物是故杳然冥然視聽不得老云有生於無莊云虛無無爲萬物之本文云實出於虛列云無形而有形生焉此等皆謂恢形詭狀異性殊方覆天載地行星翔鳥愚智窮通無非虛無之道也非之曰道既是生死之源賢愚之本吉凶之府禍亂之基夫源本基府既其是常則禍亂凶愚不可除也何用老莊之教耶又道育虎狼胎桀紂夭顏冉禍夷齊是長惡棄善之物何名尊乎外計天命者莊云天地萬物之父母合則成體散則成始又曰才之殊者受之於天列曰精神者所受於天骸骨者所稟於地語曰死生有命富貴在天等非之曰若爾則天之賦命奚爲貧多

(咸七 二十六)

富少賤多貴少(愚賢醜美禍福凶吉善惡一一劑之)苟多少之分在天天何不平乎夫無行貴守行賤有德貧無德富仁夭不仁壽義凶不義吉道喪不道興既由乎天天何興不道而喪道耶此乃顛倒冠履尊卑無序天之命也亦猶無恒之人易所不占何有福善益謙之賞禍淫害盈之罰焉況故生萬物以相殘害(爪牙喙噬之類)豈非無道之極乎易曰天地之大德曰生若生爲大德則死爲大賊今既不問賢愚罪孝皆賊之以死何用生之乎又既禍亂反逆皆由天命則聖人設教責人不責天罪物不罪命是不當也然則詩刺亂政書讚王道禮稱安上樂號移風豈是奉上天之意順造化之心乎外計自然曰道法自然謂烏玄鶴白松堅棘尖麟鳳本仁虎豹性害非爲之所能也非之曰若無因而自然生無緣而自然化則一切無因緣處則應生化謂石應生草草應生人人應生畜等又應生無前後起無早晚神仙不藉丹藥太平不藉賢良仁義不藉

(咸七 二十七)

教習老莊周孔何用立教爲軌則乎外計元氣者莊曰人之生氣之聚則爲生散則爲死又曰恍惚之間而有氣氣變而有生又曰萬物一也通天下一氣聖人故貴一又曰天氣爲魂地氣爲魄易曰精氣爲物遊魂爲變非之曰若云氣成人等則欻生之神未曾習慮豈得嬰孩便能愛惡憍恣焉若云欻有便能隨念者則一切所爲悉能隨念不待因緣學習而成也若云初稟氣生其性本靜由感物而易者且嬰兒一月驚畏相生一二三歲貪瞋嬌相如次而生此乃未有師習豈因感物而易乎又鷹犬性能搏噬因其性調之令其擊殺若先無性唯緣現習而能成者何不調鳩羊使搏噬乎又若稟氣而欻有死後氣散而欻無則誰爲鬼神而靈知不斷乎今有鑒達前生追憶往事則知生前相續非稟氣而欻有（鮑靜李家曇諦弘覺羊祜指環）又驗鬼神靈知不斷則知死後相續非氣散而欻無（蔣濟之子託母求官顆妾之父爲兒結草蘇韶卒後來與姪節問答孔子語子貢云死後將自知之亦晚）

故祭祀求禱人皆爲之況死而甦者說幽塗事（劉聰云云）或死後感動妻孥求索飲食或酬恩寃及邪病呪禁而愈等耶（答王云云）問若人死爲鬼則古來諸鬼塡塞巷路有其見者如何不爾答人死六道不必皆鬼鬼死復爲人等豈古來積鬼常存耶且天地之氣本無知也無知之氣在人身中安得欻起而有知乎若稟得無知之氣而能知者則草木等既同稟氣皆應知也由是而觀人畜萬物雖附氣而生（氣變爲陰陽陽爲風火陰爲水土四大合散以心爲主）蓋是無始心神世世傳習續而爲主也既生死成壞從心所傳則賢愚善惡資於熏習故仁暴由堯桀而不由天善惡在舜均而不在氣約此道理方有教遵修求之路損益禍福之端賞善罰惡之科避凶就吉之驗矣二顯是者然六道異生皆是如來藏心合於生滅名賴耶識能取境界相續起念計我我所名爲意識造種種別業共業乘業受生稟氣成質其造業者皆因無明所發其受生者皆因貪愛所潤故遠公報應論云夫因緣之所感變化之所生豈不由其道哉無明爲惑網之淵貪愛爲衆累之府二理俱生冥爲神用吉凶悔悋唯此之動無明掩其照故情想凝滯於外物貪愛流其性故四大結而成形形結則彼我有封情滯則善惡有主有封於彼我則私其身而身不忘有主於善惡則戀其生而生不絶文中二一別釋二總結初中三初惑業苦報

由於欲境起諸違順境背愛心而生憎嫉造種種業是故復生地獄餓鬼

解曰起諸違順者謂可意境不可意境境背等者由愛彼境境不順心便生熱惱憎嫉憎嫉故起瞋瞋故殺害逼惱打罵奪辱種種惡業從此便興亦可境稱愛心而生躭著婬盜飲噉侵奪綺妄種種惡業文無者畧也言種種者十不善等生鬼獄者三惡報也無畜生者取其文潤成句以二例知亦可翻譯傳寫脫漏義必合有故華嚴云十不善業道上者地獄因中者畜生因

下者餓鬼因然三惡道五門分別一釋名二出體三種類四身相五壽量初中地獄者梵云捺落迦此云苦器謂是盛貯受苦人之器今云地獄者地下有獄拘繫罪人受種種苦爲順此方刑獄之稱故譯云爾餓鬼者雜心云以從他求又常飢虛恐怯多畏故畜生者人之資具人所畜養之生故亦名傍生以傍行故然六趣衆生皆以第八異熟識而爲自體無覆無記性所攝故唯識云云三種類者地獄三類一根本二近邊三孤獨根本即是八熱八寒八熱處所縱廣皆十千由旬初從此下過三萬二千由旬有等活地獄多共聚集苦具殘害鬪絶躃地空中聲言可還等活欻然復起等活下四千有黑繩繩拼剷鑿等衆合多人聚集兩鐵羖馬象虎師子等頭山鬪逼之流血復令和合鐵槽壓鐵山墮亦爾號叫尋捨鐵室火起痛切號叫大號叫室宅如胎藏苦過前故大也燒燃鐵熬弗棒等燒炙也極燒燃三叉鐵弗下貫徹兩髆及頂又鏁裹蔓煎苦亦過前無間略說有六一四方火刺二鐵炭煎簸三鐵山四鐵釘苦五鐵丸六洋銅等七獄傍相當皆隔二千由旬八寒者亦廣十千不言上下初從此下阿鞞達池下過三萬二千由旬一皰獄與等活齊廣大寒觸身分瘡皰下二千由旬有皰裂如皰潰膿血流出也嚬哳怗三皆苦音青蓮華身分青淤皮膚破裂紅蓮華紅赤分裂大紅蓮華身分極大色亦如上近邊者八熱四門外各有四獄計一百二十八所也一塘煨煨齊膝也二屎糞糞屎爲泥求舍陷中三鋒刃有三一銛刃路二劍樹林三鐵刺林四烈河沸灰水滿求舍墮中孤獨者山間曠野樹下空中或一或多受罪之處處所雖小苦具具足復有十八地獄謂鑊湯等然上等獄獄卒無情但隨業自見其琰魔王令治罰者即是有情畜生亦三謂水陸空本居大海後流餘處或四謂無足二足四足多足更相殘害他所驅役鞭撻等苦餓鬼亦三正法念云此下過五百由旬有琰魔王國後流餘處一由外障礙飲食到水被障或變膿血二由內障礙飲食咽如針如炬或癭三飲食無障礙飲噉燒燃及糞穢或自內縱得飲食亦不能噉又九種鬼謂炬口針咽臭口針毛臭毛大癭得棄得失勢力身相者無間中衆生與獄等量餘皆不定壽量者四天王壽是等活一日夜彼獄壽五百歲次五如次以忉利等例之餘二則極燒燃半中劫無間一中劫八寒相望於此如次近半若近邊孤獨則皆不定畜極一中劫鬼壽五百歲以月爲日

大方廣圓覺經大疏中卷之三

大方廣圓覺經大疏中卷之三

校勘記

一 底本，清藏本。

一 五二〇頁下一一行「讚許」，㊂作「讚許中」。

一 五三一頁上末行夾註左「木晚」，㊂作「未晚」。

大方廣圓覺經大疏中卷之四　威八

唐終南山草堂寺沙門宗密述

二善業樂報

知欲可猒愛猒業道捨惡樂善復現天人

解曰知欲可猒者知愛欲心是惡道因於彼欲境深生猒離愛猒業道者怖彼惡道不造惡因於離惡法門（人天教也）深生愛樂捨惡樂善者比由愛欲故造惡今知欲可猒故捨十惡樂十善也現天人者華嚴云十善業道是人天受生因人天二道亦五門說初釋名中人者涅槃云以多思故雜心云意寂靜故天者地持云所受自然俱舍云光潔自在神用名天出體如上三種類者人有四洲（海中陸地）謂南閻浮提新云贍部俱舍云阿耨達池岸有樹名此因爲洲名提則此云洲也東弗婆提此云勝身身勝餘洲也西瞿耶尼此云牛貨以牛貨易故北欝單越此云勝生以定壽千年衣食自然故天謂六欲及上二界今此經文意唯六欲欲者希須之心與五塵合謂婬欲等

六受欲者地居相交空居四天則如次相抱執手笑視四身量者人則南洲四肘或三肘半餘東西北如次倍增面相相次如車形半月圓滿正方洲相亦爾天則四王半里餘五次增五壽量者北千西半東又減半此洲不定天者人間五十年下天一晝夜乘斯壽五百上五倍倍增積年爲日倍增亦爾判云樂報麁相言之若論人間八苦（生老病死愛怨求盛）天上五衰（華萎汗出光滅衆猒猒座）地居所截殘害驅擯豈能免苦若於天鬼畜中開出脩羅卽成六道三不動業報

又如諸愛可猒惡故棄愛樂捨還滋愛本便現有爲增上善果

解曰初畧消文後具釋義初云知愛等者知其愛惡愛善俱未免苦棄彼愛心樂修捨法卽四禪八定而不知樂捨之心還同彼愛故云還滋（滋潤）愛本增上善果者上二界殊勝依正二報後釋義者初釋禪定後釋受報初又四門一釋名二方便三出體四辨相初中梵音禪那此云靜慮謂於一

所緣繫念寂靜而審慮故四無色定有靜無慮欲界等持有慮無靜唯色界四得受斯名四但依次不別立稱若分別者卽一尋伺二喜三樂四捨定者心一境性四無色界皆唯定也言無色者超過違害有色法故前三從加行得名有頂昧劣當體受稱方便者謂以六行（猒下苦麁障欣上淨妙離）伏下地惑展轉得上地定出體者俱舍云是善性攝心一境性以善等持爲自性故（大乘云云）辯相者離欲惡不善法（皆離障支）有尋有伺（此二是修行對治支也）離生喜樂（修行利益支也慶離欲惡故生喜身心輕安故樂也）住初禪（於所緣審正觀察心一境性爲彼對治利益二支之所依止依止定方尋等轉故下倣此之也）滅尋伺（尋伺發三識亂二禪如淨水波）內淨（以捨念正知爲體）一心（釋於內義唯緣法塵）定生喜樂（慶喜）（觀心息故如鑑淨止水故身心適悅）住二禪離喜（分別想生如貧得寶還失苦若憂喜雙絕也）住捨（於已生喜不忍可故平等正直無動安住）有念（於喜不行中不忘失）正知（失念喜行卽分別正知而於能捨也）身受樂（正對二禪喜心淨動故設是心樂亦名身受初禪之樂如土石山頂有水二絕土山頂有池三如絕土山在大池內）住三禪斷樂（如重病觀音聲）先除苦（二禪除）喜（三禪除）憂滅（初禪也爲對前樂先言除苦也）不

苦不樂捨念清淨不同三禪捨念亦樂受俱住四禪四無色者超一切色想過眼識相滅有對想次四識和合相滅也不念種種想不念意識和合想然唯約想色而言入無邊虛空住無邊虛空處超空入無邊識處住心緣內識作無邊行相故以爲名也超識入無所有處住內外皆無也何故須超事念麁故心於所緣捨諸所有寂然而住也超此住非想無下七地明了之想非非想有昧劣想處此中不出三界者由緣無想境成是細想外道不了謂爲涅槃若知此患更求上進求上進時上無所緣境無所得故滅而不轉則得滅受想定若未得此定猒想爲先後想不行則入無想後受報者由於欲界修得此定各隨其地而生彼天此上諸天亦五門說初釋名中復有總別總云色無色者據色有無以得名界者分齊欲界雖亦有色約麤重立名以據於色界其別釋名卽當種類謂色界四禪總十七天初禪三天謂梵衆梵輔梵王具云梵摩此云清潔寂靜謂創離欲染得根本定故故佛地論云離欲宗寂靜二禪三天智論云通名光音彼天語時口出光故有云彼無尋伺亦無言語用光當語故三者謂少光無量光極淨光約光少多及勝如次立名三禪三天謂少淨無量淨遍淨通云淨者此天離喜身心皆淨別則類光而說四禪八天謂無雲上皆無雲初故得名福生見卽生福廣果異生福中無過此故無想外道亦居此天及五淨居無煩無熱善現善見色究竟天前三凡住後五聖住無色四天謂空處等雖義當最上然亦不離欲色也體性如前身相者梵衆長半瑜善那八里次三增半半次五增倍倍唯無雲減三百二十五繕那次七還倍倍上四既無色蘊卽無分量壽量者色界無晝夜壽劫等身量空處二萬劫餘三二二增上來業等無量無邊若令有體相者盡虛空界不能容受然報有遲疾總有其三謂順現順生順後順現報者善惡始於此身卽此身受生報者來生便受後報者或二生三生乃至無量生方受受報及時有定不定復有四句謂報定時不定等然上所說三千界內五趣三報定處定時者皆是權小教文隨宜約相若據實教大乘卽隨心見異如梵王身子一境四心等若就佛而言皆法界相本非淨穢等二總結

皆輪迴故不成聖道

解曰愛爲根本故皆輪迴不了自心故非聖道前指無明此標貪愛發潤備矣故瓔珞本業經云佛子無明者不了一切法迷法界而起三界業果迷法界中一切色欲心故色欲心所起報故分爲欲界果報迷法界中一切色心故色心所起報分爲色界果報迷法界中一切定心故定心所起報分爲無色界果報是故於法界中有三界報然十惡業一向須除十善八定則但除其病故華嚴二地經說五品心修十善道一有漏心修是人天乃至有頂因二以智慧修心狹劣故從他解故成聲聞乘三自悟因緣修大悲方便不具足故成獨覺乘四以大悲方便大願修成菩薩廣大行五悟一切種淸淨修一切佛法皆得成就也三地經說爲化衆生修禪定等第二勸斷文三初正勸

是故衆生欲脫生死免諸輪迴先斷貪欲及除愛渴

解曰既知生死皆由貪愛故欲脫生死先斷此二遠公報應論云夫事起必由其心報應必由於事是故自報以觀事而事可

變舉事以責其心而心可反渴者喻其至切二通妨

善男子菩薩變化示現世間非愛爲本但以慈悲令彼捨愛假諸貪欲而入生死

解曰因前令斷貪愛恐有難云若爾云何菩薩亦有貪愛亦有受生故此通云菩薩示現受生非愛爲本但以大悲益人爲利欲行教化須現受生示同凡夫同事利物故淨名云衆生病則菩薩病又云衆生病從攀緣起菩薩從大悲起示現等者悲深也非愛者智深也三顯益

若諸末世一切衆生能捨諸欲及除憎愛永斷輪迴勤求如來圓覺境界於清淨心便得開悟

解曰先能除捨方可勤求如出鑛金始堪爲器問從前但云貪愛何故此云及除憎愛答由愛身愛境境違於情或身被惱故生憎也是知憎亦由愛故雖兼憎意但說愛二明種性令知者亦可前五道業報已答輪迴種性令此五性差別是答修佛菩提文中說修證故前問幾等此答五種文相承故後文不言幾種非答此故有此三義應答菩提然更細詳復有五義宜却依前一者彌勒本疑修行者輪迴不疑五道謂由前說始終動靜乃至思度佛境皆是輪迴生死涅槃凡夫諸佛悉同起滅故問輪迴有幾種性比聞餘教秖言五道輪迴今何得三乘行人亦未能免故佛爲說由本貪欲發揮無明顯出五性故屬輪轉若以五道而答何關所疑二者非唯標以貪欲無明而乃釋以二乘外道不應是此答佛菩提三者結云是名衆生五性不言菩提五等四者彌勒四問中輪迴自有其二初問斷本後問種性佛說愛爲根本生起五道業報令猒五道斷其貪愛至此便答種性次答化生方便最後依覺乃至證覺是答修佛菩提是則經有四門問答一義問答相可文理亦彰若將五性答菩提問則令最後剩一段經答文已終彼何所被然答菩提處不言幾等者如答幾種方便之問亦云唯以大悲方便皆將一道攝於差別悲智例等此不應疑五者菩薩性及最後文修證雖同根本全別初由貪欲後依覺心若將俱答菩提二文何異經宗簡要豈合繁重然至聖微言實難究了或舍兩勢未敢指南今就理長且依前判問五性既屬輪迴可斷不可答可除其病（病謂依本貪等）不可斷法（法謂菩薩性中修證之行）故今科云明種性令知不言斷舉要言之此宗始自信心終於證極一一依淨圓覺性若更有一法別有自性可依彼圓覺性卽同流轉故下諸觀門一一首標悟淨圓覺以淨覺心方說修觀行等又前云如來寂滅性未曾有終始（權宗菩提有始煩惱有終）若以輪迴心（始終之身卽是）思惟則旋復等由此五性差別之心乃是輪迴差別種性故偈云不因差別性皆得成佛道次銷文者分二一總標因依

善男子一切衆生由本貪欲發揮無明顯出五性差別不等依二種障而現深淺

解曰由本貪欲等者然五性學人皆發出

離之心皆修戒定慧行但緣不了本覺自見定是衆生遂欲斷障求眞猒凡貪聖貪聖之念還是本貪所貪三乘既殊能貪隨教亦異（積習既深遂成別性故楞伽云隨說彼而成皆名教熏起）復有三皆不定復有錯入邪途由是激發無明遂成五性差別發揮者發揚分布令顯彰也然根本無明但迷眞而已本無差別由貪欲不同故熏發之令成五別既不了本覺則唯將二障爲本故依伏斷此二現深淺也若遇邪師教者則於我法轉增堅執故二障轉深若遇二乘則且除我執對前爲淺若遇菩薩及佛相望深淺可知二別釋差等文二一所依二障

云何二障一者理障礙正知見二者事障續諸生死

解曰二門分別初總釋二障後別釋理障初中此二障者有體有義義同唯識煩惱所知謂事是煩惱煩惱卽障又能續生死故理是所知所知非障是障障於所知理故體卽起信根本無明及六染心染心各一分義（六中各二義一不覺義二相生義今取相生也）卽此事障染汚淨心展轉相生乃至執取計名能起諸業皆是連續生死義故各餘一分（不覺義也）及根本無明皆此理障覆翳法界眞心不覺妄念生起不達諸法性相是礙正知見義（若唯依法相宗說則二障數同但是用別）故彼論云是心從本已來自性清淨（云云）以不達一法界故心不相應（未有能所王數之別）忽然念起（更無染法能爲此本故云忽然）名爲無明（云云）爲無明所染有其染心染心義者名煩惱礙能障眞如根本智故（卽寂之照如理智也故下說眞如自體本有眞實識知大智慧等卽經中知字染心喧動違此寂靜故云障也）無明義者名爲智礙能障世間自然業智故（如量智也言自然者如月無心頓應千水經中見字又知見俱通前是知見之性此是知見之相無明昏昧無所分別違此智用名爲智礙經雖但云理障而實通於理事論局於事智礙理障皆從所障得名也）問准論配經障眞如智全合取爲理障障世間智合爲事障如何上配與此參差答上已明言此障有體體在此論須如上配義同唯識與此似違（此論藏疏亦云今此二障約本末相依門以明不約人法二執故與唯識義意稍殊）然通釋理事二障就障理智令不明顯俱名無明就障心行令不解脫俱名煩惱經以宗於理智故總取論中二障合爲理障（眞如世間是理二智是正知見皆所障也無明及染中一分爲能障卽前上對）唯取染中生起一分爲事障此但約過患以爲障義無所障法若欲立之卽解脫是生死相續不解脫故（所障是解脫能障是煩惱卽前下對）以解脫無體攝歸眞理故含其義不立其名論則但約相違爲障故六染卻障眞如智無明卻障世間智由此涉於相反故論自徵云此義云何（徵能所障不相應之意也）釋云以依染心能見能現妄取境界違平等性（染心展轉生起差別眞如平等故相違也成前上句）以一切法常靜無有起相無明不覺妄與法違故不能得隨順世間種種智故（無明冥然世智種種故相違也成前下句）上來對會經論雖各從一勢理無違故所配釋體義誠非謬矣總釋二障竟次別釋理障者此中所障之法須識其體初云理障但是標名礙知見者正出體相此宗以知見爲理故故經與論每拂病窮法皆歸覺心不以空寂虛無便爲眞極（眞如是流出涅）

槃如昨夢圓頓宗教顯體皆然故華嚴亦以眞知爲所迷法文云無一衆生而不具有如來智慧但以妄想執著而不證得智本有而未證卽知不以斷證方爲智也若離妄想一切智無師智不因學得自然智不因修得無礙智徧聖徧凡卽得現前二

能依五性文三一徵

云何五性

解曰然此五性皆是新薰不同法相宗中本有之說此宗推其本有之性皆是圓覺故也性相兩宗五性之義巳如懸談中述今此又與彼所引楞伽等文大同小異如文詳之二釋中一總明未薰

善男子若此二障未得斷滅名未成佛

解曰然五性者本以發心修證約斷二障故成五種此都不斷故非五數亦未發心遇教故言未薰若據楞伽之文似當第五無性今不取者據涅槃說無性闡提斷大善根我不能救今此但未成佛必不大惡第五自有外道種性故此非數二薰成五性文中四二乘合爲一處說故一一二乘性

若諸衆生永捨貪欲先除事障未斷理障但能悟入聲聞緣覺未能顯住菩薩境界

解曰合辯聲聞緣覺二種性也先除等者知生死苦止息攀緣故云除事尅徹而言唯除初染餘但不加取著其實未能覺了故變易生死猶在意責不先悟理但先除事故有先除未斷之言然障有事有理執則有人有法煩惱則有現行習氣生死則有分段變易此四對中二乘唯斷於前未斷於後故云但能等雖至長者之家猶在門外止宿草庵未敢當堂故言未能顯住菩薩境界二菩薩性

善男子若諸末世一切衆生欲汎如來大圓覺海先當發願勤斷二障二障巳伏卽能悟入菩薩境界若事理障巳永斷滅卽入如來微妙圓覺滿足菩提及大涅槃

解曰先約地前以辯其相故言巳伏言先當者似令修證不似分別五性譯人訛也應云唯先發願又應改悟爲順後若事理障下約入地乃至果位以辯其相故言永斷及菩提等言卽入等者此中但除其病不除修證行故三不定性

善男子一切衆生皆證圓覺逢善知識依彼所作因地法行爾時修習便有頓漸若遇如來無上菩提正修行路根無大小皆成佛果

解曰言皆證圓覺者自悟本來圓覺證知一切皆然非諸衆生皆巳修證經文倒者譯人訛舛應云若善男子證諸衆生皆有圓覺卽顯然矣修習頓漸者證信雖圓忻趣有異遇教不同故有頓漸若遇等者自能圓信復遇圓宗故不揀大乘小乘之根皆成佛果反明雖是圓信若志趣狹劣不遇圓頓殊勝良緣則薰其根性成二乘等由此義故名不定性經文闕者或略或脫若不爾者何以標云修習便有頓漸而乃唯釋頓耶四外道性

若諸衆生雖求善友遇邪見者未得正悟是則名爲外道種性邪師過謬非衆生咎

解曰就中曲分爲二初正明邪種然內心雖勝宿遇邪宗旣薰其心積習成種故於

聖道難起信心後明師過意顯此性定是
新薰非自本有故云非衆生答前諸種性
亦例此知但文略也則知衆生本同覺性
但遇教成差便有大小有邪有正故知發
心之者切須善辯宗途然餘經論目第五
性云無性者但明本來不覺染心相續未
有邪正師教所薰無三乘種故聞亦不信
由此濫於本有今云外道性者決了新薰
之義彰矣三結
是名衆生五性差別
解曰若答菩提幾等之文應云是名菩提
五性等差別今云衆生五性即知義屬輪
迴二答修悲智既識輪迴之病用心免落
異宗則須依解修行速求證入然菩薩修
行不出悲智二行故須明之前問中先智
後悲今答則先悲後智意表即智之悲即
悲之智無先無後故互明之文中二初答
度衆生方便以成大悲
善男子菩薩唯以大悲方便入諸世間開發
未悟乃至示現種種形相逆順境界與其同

事化令成佛皆依無始清淨願力
解曰前問云當設幾種教化方便今答意
云但以大悲方便示現種種形相順逆隨
時無定種數言唯以者雖遇種種之機唯
用此二各隨其類而應化也但有大悲必
能普化但有方便必稱根宜無其過累開
發未悟者令知妄法本空眞法本淨示現
種種等者此下明四攝法也四攝者布施
愛語利行同事經文但有同事意該餘三
言種種形相者即如觀音隨三十二類而
應其身逆順境界者論云或爲眷屬親友
或爲怨家能令衆生增長善根若見若聞
得利益故又婆須蜜女無厭足王亦斯類
也令成佛者不取餘乘故法華云我本立
誓願欲令一切衆如我等無異皆依無始
清淨願力者菩薩因地之時必發度衆生
之願秉此願力所生之處更不退轉心若
疲倦即憶昔願力以自策勵常須怨親普
度勿隨憎愛之情故云皆依願力又非希
望報恩亦非愛見之悲故言清淨云無始

者同體大悲稱性大願性本具足非別新
得但由迷悟有發不發發即無始二答修
佛菩提以成大智
若諸末世一切衆生於大圓覺起增上心當
發菩薩清淨大願應作是言願我今者住佛
圓覺求善知識莫値外道及與二乘依願修
行漸斷諸障障盡願滿便登解脫清淨法殿
證大圓覺妙莊嚴域
解曰於大圓覺等者正明大智上求菩提
對前大悲下化衆生也決定趣向名爲增
上發大願者彌綸諸行速至佛果若無願
力則多退轉住佛等者決定不趣餘乘不
同前隨五性故言莫値等依願修行者依
願策勵如前悲中所説願是總相通悲通
智故二段中皆説願力具悲智願即菩提
心漸斷諸障者理雖頓悟其空事乃漸除
方盡障盡則行住坐卧一切時中觸向無
非解脫故以清淨法殿喻之願滿則觸目
對境一切諸法無非圓覺故以妙莊嚴域
喻之域謂疆域偈讃中二初諷斷輪迴於

中又二初五句示所斷

爾時世尊欲重宣此義而說偈言

彌勒汝當知　一切諸衆生　不得大解脫
皆由貪欲故　墮落於生死

解曰長離而廣此合而略後兩偈勸令斷
及明種性

若能斷憎愛　及與貪瞋癡　不因差別性
皆得成佛道　二障永銷滅　求師得正悟
隨順菩薩願　依止大涅槃

亦長離此合後七句諷修悲智

十方諸菩薩　皆以大悲願　示現入生死
現在修行者　及末世衆生　勤斷諸愛見
便歸大圓覺

上來深究輪迴因竟此下第四略分修證之位也既顯覺智之源復究輪迴之本已知圓覺染淨無殊但未辯隨順圓覺之心從凡至聖如何差別故次明之言略分者三賢統爲一位十地等覺合之一門修則修圓覺證則證圓覺圓覺無差約修證以明位地文四初三之初

於是清淨慧菩薩在大衆中卽從座起頂禮佛足右繞三帀長跪叉手而白佛言

解之如上次正陳詞句中文二初慶前

大悲世尊爲我等輩廣說如是不思議事本所不見本所不聞我等今者蒙佛善誘身心泰然得大饒益 十六 疏八

解曰不思議事者有三徵釋謂何名不思議心言罔及故何法不思議謂前輪迴根本種性差別卽經中事字何故不思議謂一味淨覺之中說差別雜染無乖違故謂若一向說淨一向說染則可思議今於淨中說染種種差殊染中之淨纖毫不雜故不思議故勝鬘說不染而染染而不染皆難可了知本不見聞者立相之教染淨迢然破相之宗染淨俱絕今顯出覺性染淨融通故此之前未曾聞見問答云云得大益者蕩除細惑二請後中文二一正問

願爲一切諸來法衆重宣法王圓滿覺性一切衆生及諸菩薩如來世尊所證所得云何差別

解曰於中前是舉所證覺性後一切下問能證位地覺心一味因果階差二義旣乖故須起問二結益

令末世衆生聞此聖教隨順開悟漸次能入

解之可知後三展虔誠 疏八 十七

作是語已五體投地如是三請終而復始

二讚許

爾時世尊告清淨慧菩薩言善哉善哉善男子汝等乃能爲諸菩薩及末世衆生請問如來漸次差別汝今諦聽當爲汝說

三佇聽

時清淨慧菩薩奉教歡喜及諸大衆默然而聽

如上正說中長行二一明圓覺無證二明對機說證初中二一法二喻法中二初正明無證後徵釋所以今初

善男子圓覺自性非性性有循諸性起無取無證於實相中實無菩薩及諸衆生

解曰非性者指圓覺自性非前五性及輪迴性性有者前差別性皆有圓覺循者隨

也圓覺不守自性隨緣成諸差別之性諸
性起時全覺性起故法身經云法身流轉
五道名曰衆生無取證者非當情之境無
菩薩衆生者卽下自徵釋所以云二徵釋
所以
何以故菩薩衆生皆是幻化幻化滅故無取
證者
解曰約有幻垢名曰衆生對離幻垢名爲
菩薩二俱假名了不可得然前輪迴及此
修證皆云無者其無不同前似繩蛇此如
鏡像二喻
譬如眼根不自見眼性自平等無平等者
解曰夫眼能見一切唯不能自見眼根又
如眼光照矚物時境則萬差見則是一故
云平等但約於境無分別等級之心說平
藏八 十八
等義亦無能作方便平等之者二對機說
證文二一總標大意二證位階差前中二
今初功用有殊
衆生迷倒未能除滅一切幻化於滅未滅妄
功用中便顯差別

解曰衆生若無迷惑顚倒則無差別之義
故先標迷約之以明證覺差別迷倒之體
卽根本無明及三細六麤論中亦約翻此
以顯始覺階位未能除滅幻化者執之爲
實於滅未滅者卽論四位中前三覺前不
覺後也妄功用者七地已還皆是夢中修
道故華嚴有夢渡大河之喻圓明證悟始
知煩惱本無則見能斷智慧功用亦是虛
妄如夢中以藥治病得差寤後則藥病俱
無故言妄功用也志公云大道不由行得等便顯差別
者正是總標位地二功極不異
若得如來寂滅隨順實無寂滅及寂滅者
解曰寂滅隨順者隨順寂滅也揀異灰滅
故言如來隨順者當體相應非謂將心順
他寂滅實無等者泯能所也一念不生前
藏八 十九
後際斷卽不見有寂滅之法亦無能寂滅
者滅之令寂二證位階差者然修證位地
五教不同一小乘果別非所明二大乘始
教定有位地自爲三說一依唯識五位一
資糧位從初發心乃至未起順決擇識爲

趣正覺爲度有情修習福智順解脫分二
加行位爲入見道復修煖依明德定發下尋伺創觀無所取法頂依明增定發上尋伺重觀無所取法也忍依印順定發下如實智印無所取順無能取故世第一依無間定發上如實智無二取伏除二
取順決擇分三通達位亦名見道謂入初
地無分別智實證眞如四修習位始從初
地住心乃至金剛無間爲斷餘障證二轉
依復數修習無分別智五究竟位金剛心
後解脫道中初得一果利樂有情窮未來
際二者攝論說有四地一勝解行地餘三
卽見修無學三瑜伽等說有七地一種性
二勝解行三賢三淨勝意樂初地四行正行二至七地五決定八六決定行九七到究竟十地如來雜立爲地三終教假說地位故仁王先觀一切空但法集故有因果方說位地故佛非數瓔珞云乃至三賢十地之名亦無名相但以應化故有十地之名亦有其三一仁王五忍謂伏忍信忍順
忍無生忍各上中下寂滅忍上下二瓔珞六種性
一習二性三道四聖皆云種性五等覺性六妙
覺性三天台六卽謂理卽及名字觀行相
似分眞究竟等卽四頓教無位之位卽此

經及起信論翻妄四位（言無位者論結四位云而實無有始覺之異本來平等同一覺故經即就實言無證得約妄說別也）如下所明五圓教融通位地即華嚴經畧有七位第二會說十信第三會說十住四說十行五說十向六說十地第七會初六品說等覺次三品說妙覺（然復有差別平等兩重因果上皆差別也後兩品說平等因果）廣有五十二位謂前五各十等妙各一（諸教說十信等覺或開或合華嚴俱開故五十二也）然因該果海果徹因源行布圓融二無礙故今釋本文文分爲二一明依位漸證（即上假說）二明忘心頓證（即上無位）初中四一信位二賢位三證位四果位此四即論中四位也論文逆次約息除生住異滅四相麤細寄顯返流四位亦明始覺分齊（約真心隨薰麤細非約刹那也）然心性離念本無生滅良由無明迷自真體鼓動起念能令心體生住異滅從細至麤微著不同先後際異先際最微名爲生相中間二三名住異相後際最麤名爲滅相初最微者謂由無明不覺心動轉彼淨心名爲生相二者謂此無明與前生相和合轉彼淨心能見能現分別相續行相猶細法執堅住名爲住相三者謂此無明與住相合轉彼淨心乃至此位行相稍麤執取計名發動身口令其造業名爲異相四者謂此無明與異相合轉彼淨心至此後際不了業報廣對諸緣造集諸業滅前異心令墮諸趣行相最麤極至於此周盡之終名爲滅相是故三界四相唯一夢心皆因根本無明之力然雖微著階差始終竟無前後總此四相以爲一念唯一心故然未窮源者隨行淺深覺有前後達心源者一心俱時而知謂既因不覺之力起生相等種種夢念今因本覺不思議薰力起猒求心又因真如所流聞薰教法薰於本覺益性解力損無明能漸向心源始自滅相終息生相朗然大悟覺了心源本無所動今無始靜平等平等無別始覺之異大意如此今以論文對經釋相昭然義現但論約覺染麤細經約悟淨勝劣今用論者分齊一也又因互顯兩義俱通初信位者論寄息於滅相論云如凡夫人（十信）覺知前念起惡（信位能知惡業定招苦報）故能止後念令其不起（止滅相也）雖復名覺（覺業故）即是不覺（不覺惑故謂不知滅相如夢也）經文分三一標具足凡夫

善男子一切衆生從無始來由妄想我及愛我者曾不自知念念生滅故起憎愛耽著五欲

解曰此初一段未入信位所以有此文者不約凡迷即無位地故先標此翻之彰信即論文翻顯四相成四位之謂也由妄想我者我體元無妄想謂有四生九類無不皆然及愛我者執爲我故便生愛著不知念念生滅者我相本無唯心故有心既念念無常我亦念念生滅故淨名云是身如電念念不住故論云一切衆生不名爲覺以從本來念念相續故說無始無明又上句我體即所執也下句我見即能執也我見是別境中慧故無著金剛論以爲法執亦可妄想我即我癡我見及愛我者即我愛我慢具明我義下自有文二明聞法覺

悟

若遇善友教令開悟淨圓覺性發明起滅卽知此生性自勞慮

解曰善友教者卽聞薰也淨圓覺性者卽內薰也因緣既備(因緣熏義論中廣明)心性朗然起滅妄念如覺夢時故云發明也昔與妄合故不自見今冥眞覺起滅皆知翻前曾不自知念念生滅故禪家說日光隙塵之喻此生性自勞慮者外無實境何憎愛也卽此生起念慮當體自爲勞役三明息妄隨眞

若復有人勞慮永斷得法界淨卽彼淨解爲自障礙故於圓覺而不自在此名凡夫隨順覺性

解曰勞慮(成八)永斷者絕求作心但不隨之非謂都盡若盡何異二乘得法界淨者(二十三)若理法界則法界體中絕諸勞慮塵境不生名之爲淨若事法界則分別念慮之心差別塵境之法當體不生名之爲淨何者法界淨穢皆由自心心穢則穢心淨則淨於淨起解名淨解繫心在淨故成障礙非外所擾故言自礙故於下結成信中證覺之相作意於覺故不自在此名下結成信位前卽知等卽論中覺知前念也勞慮永斷等卽能止後念等也卽彼淨解等卽是不覺也唯此信位經論稍殊論唯約位但云覺業經含頓悟故說覺惑二賢位

善男子一切菩薩見解爲礙雖斷解礙由住見覺覺礙爲礙而不自在此名菩薩未入地者隨順覺性

解曰論寄息於異相文云如初發意菩薩等覺於念異(異念者計我我所貪瞋見愛等)念無異相以捨麤分別(貪等)執著相故(著違順境)名相似覺(猶夢)(住相)今云見解爲礙者見前淨解是礙也卽是覺於念異雖者預顯劣後斷解礙者超前位也卽念無異相等猶住見覺者正當此位是相似覺覺礙下結成地前證覺之相劣於登地所覺是礙故能覺亦礙由存此跡還礙覺心故不自在佛頂經云如登高山身入虛空下有微礙名爲頂地此亦如是諸礙既盡如身處空見心猶存如彼微礙(彼說地前頂位)又唯識論加行偈云現前立少物謂是唯識性以有所得故非實住唯識意亦同此故論但云名相似覺此名下結成賢位慜云見眞凝寂能智方融拂解超凡(成八)仍拘見覺三聖位論寄息於住相文(二十四)云如法身菩薩等(九地皆同)覺於念住(四種相也)念無住相(知法唯識不起麤執)以離分別(異前人執及著外境故今)麤念相故(以異上相故云麤念)名隨分覺(細念)(約心但云分別既在覺道未圓)今文分三一悟前非二明證相三結成位今初

善男子有照有覺俱名障礙

解曰有照者信中淨解有覺者賢位中覺礙之覺也俱名障礙者正顯前非則論中覺於念住二明證相畧啓二門初總釋義後別解文初中復二一者果海離於說相以不可言障而不證斷而證故故十地經但說一分故下文雖寄對強說而但言障礙卽覺等無別顯相二者因門可寄言說又有二門一證理法界二證餘法界理中

有五一能所歷然謂以無分別智證無差別理心與境冥智與神會如日合空雖不可分而日非空空非日光（始教）二能所無二以即體之智還照心體舉理收智照體即寂舉智收理寂而常照如一明珠珠自有光還照珠矣（終教）咸八 三能所俱泯二十五謂由智即理故非智由理即智故非理同時互即故互奪也又直顯本覺心體非能所故故此文云常覺不住不住即離能所矣（頓教）四存泯無礙以前三門說有前後體無二故謂必因能證方悟心體本絕能所故喻先因斷頭方無能斷故肇云般若之與真諦言用即同而異言寂即異而同同故無心於彼此異故不失於照功等（融會權實也）五舉一全收上列四門欲彰義異理既融攝開合寧殊次證餘者謂以無障礙智證無障礙境境智難思復有三義一開能所謂智無礙故一智即一切智境無礙故一境即一切境境智皆有一多無礙相對論之義有四句一一智證一切境無法不通方成一智故二一切智證一境具無量義智方識一塵故（故一塵中具百門義）三一智證一境不壞相故（事法界也）四一切智證一切境重重無盡故二合能所謂一切境皆是自心曾無心外境能與心為緣故心中悟無盡之境境上了難思之心心境重重無礙無盡三攝開合謂舉一全收義准上說（上皆圓教）今此經文當前證理其無礙境智寄在後果位中說文中二一不住證二不住教前中三謂法喻合今初

是故菩薩常覺不住照與照者同時寂滅

解曰常覺不住者念念知無所得故照與下即能所契合故唯識見道偈云若時於所緣智都無所得爾時住唯識離二取相故智無所得即此常覺即是無分別智不住即不取種種戲論相故離二取相即此咸八 二十六 照與照者寂滅智與真如平等平等俱離能取所取相故此智見有相無說無所取不取相故雖有見分而無分別說非能取彼文雖局於見道而證理之義十地無殊又常覺是智不住是理（無住為本）常覺即不住此當能所無二門照等寂滅即俱泯門亦可不同凡夫故云常覺不同地前故云不住此則念無住相覺住相無故不住矣次喻

譬如有人自斷其首首已斷故無能斷者

解曰如把刀劒自斷其頭頭未落時即無能斷之義頭若已落復無能斷之人後合

則以礙心自滅諸礙礙已斷滅無滅礙者

解曰礙心者覺礙之覺諸礙者所覺之礙二不住教者謂地前未證真理難忘言教登地證理不住名言不住故名真解教故華嚴初地文云得經論智又天親論釋初地約教道證道以明行相文中二一標以喻釋

修多羅教咸八如標月指若復見月了知所標二十七畢竟非月

解曰夫設言像在於得意無言象而倒惑執言象而迷真故以標月之指喻於言教謂見月須藉指端悟心須假佛教因指見

月見月忘指因教詮心悟心忘教存指則
失於眞月執教則失於本心意令證實忘
標故云畢竟非月故佛頂云如人以指指
月是人應當看月不應看指若復看指非
唯忘失月輪抑亦忘指二具以法合
一切如來種種言說開示菩薩亦復如是
解曰此明諸佛同以言詮顯理故文殊般
若云總持無文字文字顯總持三結成位
此名菩薩已入地者隨順覺性
解曰論中結覺性隨順可知四果位論寄
息於生相文云如菩薩地盡無間位也滿足方
便一念相應覺心初起心無初相以遠離
微細念故亘云心無不同上云念無得見心性心卽常
住名究竟覺乃至以四相俱時而有皆無
自立本來平等同一覺故今文分三一明
境
善男子一切障礙卽究竟覺得念失念無非
解脫成法破法皆名涅槃智慧愚癡通爲般
若菩薩外道所成就法同是菩提無明眞如
無異境界諸戒定慧及婬怒癡俱是梵行衆

生國土同一法性地獄天宮皆爲淨土有性
無性齊成佛道一切煩惱畢竟解脫
解曰文有十對統而言之智冥圓覺無分
別心故十對法皆同眞實何者夫覺海元
眞萬法非有混融一相體用恒如但以迷
倒情深強生分別違其正理失本眞常今
既返本歸眞銷迷殄相對治斯遣垢淨雙
融剪拔生源成究竟覺故論云見性常住
等文中總標言障礙者標每對中上句對待
之法麁細皆礙究竟覺者卽標下句皆同一體故解脫等謂
若見有障礙可斷斷已名覺覺非究竟故
障礙卽覺方究竟矣卽是論中四相本來
同一覺也又究竟覺經論文同然此二句
藥病俱亡謂無障可斷障卽覺故無眞可
證障體卽覺無別眞故無斷證智但是覺
故然無障可斷無是實無無眞可證卽不
是無故十對文雖皆無二義唯眞妄俱眞
並無眞妄俱妄後十對別釋一識智對無
念卽得其正念是智也有念則爲失念是
識也論中說覺則離念念則不覺等今明

念本自空元是無念故皆解脫二成破對
衆緣相會曰成緣離曰破又進修曰成毀
謗爲破緣無自性成破一如故皆涅槃三
愚智對大寶積云癡從分別生分別亦非
有癡性與佛性平等無差別四邪正對思
益云住正道者不分別是邪是正五眞妄
對涅槃云無明本際性本解脫古德云迷
則眞如是妄想悟則妄想是眞如六染淨
對夫戒定慧翻於三毒三毒本空元是梵
行諸法無行經云貪欲卽是道恚癡亦復
然如是三事中有無量佛道七依正對涅
槃云我以佛眼徧觀三界有情無情一切
人法悉皆究竟究竟者卽法性也故首楞
嚴云覺海性澄圓乃至想澄成國土知覺
乃衆生既本從覺海中起卽知全同覺海
覺海卽性也八苦樂對極惡業成天宮卽
見地獄極善業熟地獄卽是天宮二業之
念由心地獄天宮豈定心則本空一切淸
淨故寶積經有地獄三昧天宮三昧然諸
法皆爾非唯天獄今且約敵體相違之法

以例餘者九有性無性對有性者二乘性也無性者闡提性也執定相者永不許闡提入道永不許定性二乘成佛今則非唯他日迴心現已齊成佛道十縛脫對佛頂云根塵同源縛脫無二識性虛妄猶如空華然煩惱依識識性既空煩惱何縛上之十對名相雖異其意不殊但緣佛證覺心心無取捨故得諸法普同圓妙故但引例而已不更別釋相即之由二明心

法界海慧照了諸相猶如虛空

解曰法界深廣故如海也慧即是用稱法界故無邊名法界慧照了諸相等者理量齊鑒無倒正知由分別心諸相差別令海慧離念故諸法如空又能照之慧離分別念猶如虛空即同淨名云其無礙慧無若干也如鏡照物鏡自無心上來皆是論中滿足方便一念相應覺心初起心無初相也三結位

此名如來隨順覺性

二忘心頓證由前普示教跡說有淺深今直指當根安心隨順前是隨相此當離相亦如華嚴先說差別位地因果後以平等因果融之即差別中之平等平等中之差別此中意趣正同彼也文三一忘心入覺二驗果知因三印成佛智初二一指示忘心

善男子但諸菩薩及末世眾生居一切時不起妄念於諸妄心亦不息滅住妄想境不加了知於無了知不辯真實

解曰除初標舉文有四節每節二句一妄念者攀緣取著外法也違於覺性故令不起二若求真棄妄猶避影逃形若滅妄存真似揚聲止響三境從心現元是自心若加了知即迷現量故經說非幻成幻論云心不見心但不生情自然如鏡照物且心體本自知覺何必更加了知知上起知名為加矣四能知既寂即真實知真實即知誰知真實如眼不自見眼等二依法頓入

彼諸眾生聞是法門信解受持不生驚畏是則名為隨順覺性

解曰彼當根眾聞此方便心無疑惑體達分明領受住持坦然合道亦同金剛經中不驚不怖不畏甚為希有等二驗果知因

善男子汝等當知如是眾生已曾供養百千萬億恒河沙諸佛及大菩薩植眾德本

解曰懃云驗今聞悟頓契佛心方達宿因曩承薰習若但就現世即是頓機若推其因已是積集金剛亦云不於一佛二佛等三印成佛智

佛說是人名為成就一切種智

解曰謂一切種智由此而得因果相攝決定無疑是以如來印言成就又此經宗分同華嚴因該果海果徹因源稱性互收無別先後彼云若諸菩薩能與如是觀行相應於諸法中不生二解即同此忘心之文即得阿耨菩提同此一切種智偈讚中三初一偈圓覺無證

爾時世尊欲重宣此義而說偈言

清淨慧當知　圓滿菩提性　無取亦無證
無菩薩眾生

次就機說證文二初二句總標大意
覺與未覺時　漸次有差別
後證位階差文二初六句漸證四位
衆生爲解礙　菩薩未離覺　入地永寂滅
不住一切相　大覺悉圓滿　名爲徧隨順
咸八　三十二
後六句頓悟圓滿
末世諸衆生　心不生虛妄　佛說如是人
現世卽菩薩　供養河沙佛　功德已圓滿
後二句總結
雖有多方便　皆名隨順智
總結頓漸故云多方便也此文長行無也
上來四段通明觀行竟
大方廣圓覺經大疏中卷之四

大方廣圓覺經大疏中卷之四

校勘記

一　底本，清藏本。
一　五三三頁中一二行第二字「如」，徑作「知」。
一　五三四頁上八行夾註右「成是」，徑作「即是」。
一　五三四頁下一二行夾註左「狹劣」，徑作「俠劣」。
一　五三七頁中一八行第四字「令」，徑作「今」。
一　五三八頁中一六行第四字「力」，徑作「方」。
一　五四一頁中一五行「自滅」，徑作「息滅」。

大方廣圓覺經大疏下卷之一　戚九

唐終南山草堂寺沙門宗密述

次四問答別明觀行中根修證言別明者有其二意一則由前一類人已依前門證入不必修此故此名別二則此門各各自別如三觀或則一人具三或二或一單複交絡成二十五種人各應一機故云別也其所離障亦各不同且如四相或一人具四或三二一其四病者人各有一定不兼餘以相違故此兩四皆是別相不同前無明及愛但是凡夫悉有故前通此別矣然通別觀行中皆與惑障同科段者由是障觀行之惑惑除則成觀行故若約四分科經即當第三明行謂從彌勒終於淨慧始終因果理智昭彰即之於心方成眞解華嚴中間六會修因契果五十二位總名爲解依此解力三觀修行故一一標云悟淨圓覺也除障成功正是行也文中二初二問答三觀修行後二問答兩重除障初中二初示三觀行相後明單複修習初中文四初三之初

於是威德自在菩薩在大衆中即從座起頂禮佛足右遶三帀長跪叉手而白佛言

解同上也次陳詞句二一慶前

大悲世尊廣爲我等分別如是隨順覺性令諸菩薩覺心光明承佛圓音不因修習而得善利

解曰分別隨順覺性者領前依位漸證不因修習等者領前忘心頓證亦可通述闕時已益不待修之方得善利非不擬修二請後文二一問所修二明所爲初中二一立理

世尊譬如大城外有四門隨方來者非止一路一切菩薩莊嚴佛國及成菩提非一方便

解曰謂前說修行觀行理趣分明今復諮詢恐涉非分故先立理請更投機於中前喻後法喻中大城喻圓覺四門喻行門如從東來不可西入法合可知二正請

唯願世尊廣爲我等宣說一切方便漸次幷修行人總有幾種

解曰言方便漸次者所修之行幷修等者能修之機二明所爲

令此會菩薩及末世衆生求大乘者速得開悟遊戲如來大寂滅海

後三展虔誠

作是語已五體投地如是三請終而復始

二讃許

爾時世尊告威德自在菩薩言善哉善哉善男子汝等乃能爲諸菩薩及末世衆生問於如來如是方便汝今諦聽當爲汝說

三佇聽

時威德自在菩薩奉教歡喜及諸大衆默然而聽

四正說長行中四一標本舉數二正示觀門三引例彰圓四校量顯勝初二一約稱性之行以標本

善男子無上妙覺徧諸十方出生如來與一切法同體平等於諸修行實無有二

解曰初明所稱之性言出生如來者十方諸佛同證同修證義如前此問修矣與一切法同體平等者色心不二凡聖無差皆

依覺性故云同體平等智論云此真如者在衆生數中名爲佛性在非衆生數中名爲法性後修行無二者能稱之行即如前二空觀門根塵普淨貪愛俱寂悲智雙行離相離性常無所得一切菩薩無不如斯隨事雖差此意無二故佛頂云十方薄伽梵一路涅槃門二約隨機之行以舉數方便隨順其數無量圓攝所歸循性差別當有三種

解曰初總顯多門佛頂又云歸源性無二方便有多門然衆生根性利鈍不同煩惱厚薄沉掉不等隨其根性設教多端不爾難爲趣入故楞伽云所說非所應於彼爲非說彼彼諸病人良醫爲處方如來爲衆生隨心應量說後圓攝下攝歸三種衆生根性雖有萬差而此三門一切收盡必須三者義如下釋循者隨也性謂根性二正示觀門文三一泯相身心客塵永滅澄神取靜澄念觀心冥所觀之境更不異緣二起幻銷塵觀經文甚顯三絕待靈心觀非關真妄不對有空寂照靈知而爲觀行文云不取幻化及諸靜相又云超過礙無礙境又煩惱涅槃不相留礙皆絕待義也言無知覺明即靈心也然禪觀綱領已具懸談修習菩提非此不證但以教隨機異展轉殊途邪正凡聖小大權實事理漸頓有共不共今此託法進修以成圓頓觀行即事理定慧俱無礙也與論中修習真如三昧體相大同小異小異者彼不開爲三也今初泯相文自有三一標本

善男子若諸菩薩悟淨圓覺

解曰謂發心修行欲趣佛果先須了悟身中淨圓覺性以爲行本本即解也即是通明觀行依解而修方爲妙行膏明相賴目足更資此金剛觀割煩惱障此牢強足越生死野下標本等皆同此矣若約能修方便准天台止觀總有十門具緣第一謂具五緣一持戒清淨是定因故二衣一如雪山大士隨得一衣蔽形二如迦葉糞掃三衣不畜餘長三多寒國土忍力未成亦許三衣外百一資身說淨知足食一上士絕世食果草等隨得資身二常行頭陀受乞食法能破下仰維方四邪三阿蘭若處檀越送食四僧中食及受請具足三閑居不作衆事靜處離憒鬧故一深山二離聚落三二里三遠白衣舍處清淨伽藍也四息諸緣務一生活二人事三工巧技術四學問讀誦也五近善知識一外護經營供給二同行互相勸發三教授禪定法門也訶欲第二欲謂色如熱金丸等又王入敵國婬房及截仙人手聲如毒塗鼓又仙人聞迦羅女歌失定香如弊龍氣遍池神瞋責也味如熱蜜塗刀沙彌酪蟲觸如臥師子騎頸獨角仙人失通爲欲所惱而猶求之得之轉劇如火得薪枯骨風炬夢得假借等棄蓋第三謂貪內發燒身得怖失惱亦如食吐瞋煞安隱無憂毒根滅善睡抱屍臥偈掉悔掉謂身口心二此由悔故成蓋悔謂因掉生悔或造罪怖悔也疑疑有種種未必障定障定者有三謂疑師疑自疑法棄之如脫債病差飢食等調和第四謂調食飽則氣急脉塞心悶飢則心懸意慮不固等睡長功心暗當悟無常調之令神清心明不抑不恣也身常須動止詳審出入有度坐不低昂寬急息恐有風喘氣息四相風散喘結氣勞息定息者出入綿綿若存若亡不澁不滑心亂心不起浮沉寬急須令得所然身息心三事雖有初後便不同而乃合用之則發戒定慧也方便第五謂行五法五法者欲欲離世倒欲得清淨智欲亦名志願樂等佛言一切善法欲爲其本也精進初中後夜專精不懈如鑽火未出等念念世可賤禪定可貴巧慧籌量世樂禪樂得失輕重一心依止念慧明見可惡可尊故當一心決修止觀心如金剛覺魔事第六謂煩惱陰死及鬼神魔鬼神魔三一精魅十二時獸依本時說其名訶責即滅二塠惕鬼如蟲緣人頭面等鬧以於爲戒誦戒等即去三魔羅多作違虎狼等也順父母男女佛像

（等）平平三種五塵境界相來破人善心行
者既覺即修止觀却之（上者恐知虛誑不怖不愛不捨不取亦不分別息心寂然觀者反觀能見之心誰愛怖等）智論云除諸法
實相餘皆魔事起信亦云現形恐怖（違情）現
男女（順情）等（平平）當念唯心境界即滅又云現
佛等像說施等法無相等理令知宿命他
心辯才無礙能令衆生貪著名利或數瞋
喜進怠無準疑慮故業定中得食顏色改
變等常應觀察不取不著則能遠離（若見善相以三法驗之一以定研磨二依本修治三智慧觀察如人欲知真金三法試之謂燒打磨）
治病第七然諸病者不過四大（腫瘦痰脹熱痛煩啞）五臟（心寒熱口燥肺支疼鼻塞肝憂愁脹暗脾身痒痛失味腎喉壅耳滿）
增損乖攝理故或業招鬼作令明治法不
過止觀止者安心病處或臍下足下或了
法空不取病相寂然止住故淨名云何爲
病本所謂攀緣云何斷攀緣謂心無所得
觀者心用六氣謂吹（去寒）呼（去熱）嘻（去風）呵（去煩下氣）
噓（去痰）呬（去勞治風）又十二息謂（一一云息）上（沉重）下（虛懸）
滿（枯瘦）燋（腫滿）長（羸損）壞（治增）煖（治冷）冷（治熱）衝（壅結）持（戰動）
和（通治四大）補（資益四大）善用則治衆患失所則更

增諸病又假想觀謂身中火能治冷等又
推身心病不可得衆病自除然上所說但
具十法無不有益謂信用勤（待汗爲度）住（不異緣也）
別病（如上）方便（吐納運想）久行（不計日月）取捨（益用損捨）將
護（犯觸）遮障（益不外說損不疑謗）或禁呪修善治鬼業
等正修第八即當釋經文也然且先敘彼
所修法修有二種一者坐修謂行掉臥沈
立又疲倦故坐爲勝初坐時亂心麤故應
當修止止有理事事謂繫心一處隨起即
制理謂體真知心本寂止若不除應當修
觀觀亦理事事謂對治助道（五停）理謂觀法
實相（正道）此有三觀如前已說又修止觀者
對治浮沈故隨自便宜故對破定見細心
故均齊定慧故二者歷緣對境修歷緣者
謂歷行住坐臥作語等六緣皆作是念我
今爲何而欲行等對境者即根塵六對謂
知色本空乾城水月愛猒不生是名修止
了無見相是名修觀聲等例之具如彼說
善根發第九證相第十皆如下說二正釋
三一起行

以淨覺心取靜爲行由澄諸念覺識煩動
解曰以淨覺心者約其所悟而起行也以
者用也凡夫用妄菩薩用覺迷悟異故愨
云標乎創智者即初悟也取靜爲行者雖
悟即動即靜爲欲對治動亂之習一向以
靜境安心漸漸修行方得成就愨云然覺
心初建力尚尫微理宜處靜安詳方能展
照問如何得心靜耶答既悟萬法唯識識
唯真心真心不生於法斯爲至靜安心住
此爲取不取於法名爲取靜論云若修止
者住於靜處端坐正意不依氣息（數息觀境）形（骨鎖等也）色（青黃赤白）虛空地水火風見聞知覺（識也）（通前是十遍處觀也）乃至當知唯心無外境界即復
此心亦無自相等澄念覺動者由前以靜
澄心諸念不起心合靜源體非分別故見
分別之識煩勞動擾若自是識則不能見
識如眼不自見今由念澄智顯故覺識也
二功成
靜慧發生身心客塵從此永滅便能內發寂
靜輕安

解曰靜慧發生者由前念澄覺識慧性開明因靜生慧故云靜慧比隱今顯故云發生身心等者由慧發生身心相盡塵妄不起名爲永滅客非本性塵污自體愨云慧光圓發根識俄消便能等者由離根境內心自開寂靜清虛輕安調暢喧塵永息麤重長祛輕安者遠離麤重調暢身心堪任爲性對治昏沈轉依爲業三感應

由寂靜故十方世界諸如來心於中顯現如鏡中像

解曰初句躡前功用餘正明感應先法後喻法中如來心者真淨心也亦即法身故論中說色性即智性智性即色性於中現者衆生圓明心性與佛無殊但以妄情凡聖似隔今身心相盡妄念不生圓覺妙心凡聖交徹理實而言我之身心亦遍現十方佛中今但約入觀者爲主故云諸佛於中顯現後喻如諸鏡入一鏡中諸鏡即成影像故諸佛心入行人觀心如影像也然塵鏡之性本明磨瑩即呈物像衆生自心亦爾心淨即現如來故論問云若諸佛有自然業能現一切處利益衆生者云何世間多不能見答曰諸佛如來法身平等遍一切處無有作意故說自然但依衆生心現衆生心者猶如於鏡鏡若有垢色像不現如是衆生心若有垢法身不現經云佛心論云法身身心一也皆據能現之本若就所現應云應化此乃鏡明則像像歷然智顯則心心交映此約心靜故則知佛心亦然故名爲現非謂佛心有所現也故淨名云如自觀身實相觀佛亦然三結名

此方便者名奢摩他

解曰此翻云止定之異名寂靜義也謂於染淨等境心不妄緣故若準涅槃經釋即名能滅（滅一切煩惱故）能調（調諸根惡不善故）寂靜（能令三業成寂靜故）遠離（能令衆生離五欲故）能清（清貪瞋癡三濁故）結云以是義故名爲定相二起幻消塵觀文三初標

善男子若諸菩薩悟淨圓覺

二正釋中五一起行

以淨覺心知覺心性及與根塵皆因幻化即起諸幻以除幻者變化諸幻而開幻衆

解曰於中初躡前成解心性是識識與根塵三和合有各無自性但是無明迷真而起故名幻化後即起下正明起行諸幻即幻智也幻者即根本無明是能幻之者除者依如幻始覺力分覺根本不覺始息滅相終息生相即是除幻具如普眼章中二空觀也然彼與此有三意異彼明稱理圓觀以成頓悟此明尅體進修堅持不捨又彼是總相觀行普被諸根此是別相方便別對一類彼上根入此中根入變化等者變起差別幻智遍觀自他八萬塵勞幻衆一一稱真清淨非障非蔽即爲開也又變起種種方便應機說法開示如幻衆生又對上二句有四對別謂自行化他除障起行止持作持除遍計執翻染成淨一一配之可知二功成

由起幻故便能內發大悲輕安

解曰根塵既銷自他無二故能內發同體

大悲（知貴種族眼方可愍傷也）又有數意故大悲發謂幻無怨親應等度故傷他執實（不知是幻）枉受苦故我幻身心何所惜故不怖幻生死故不貪幻佛果故輕安者由悲從定起非其愛見故輕安暢適三結通

一切菩薩從此起行漸次增進

解曰謂諸菩薩從此二利觀門方能對境對機起於二行乃至佛果四揀濫

彼觀幻者非同幻故非同幻觀皆是幻故

解曰初二句揀識殊智能所勝劣異故後二句亦拂幻智五總結

幻相永離是諸菩薩所圓妙行如土長苗

解曰初法結成非幻稱真之行後喻如種穀等依土長苗收子之時苗土俱棄種喻覺心土喻幻法苗喻幻智謂以淨覺心對諸幻法而起智從幻智而忘心入覺入覺則前二皆祛三結名

此方便者名三摩鉢提

解曰亦名三摩鉢底此云等至等持之中能至勝位故又等謂齊等離沉掉故至謂至到到勝定故故前文有如幻三昧涅槃云毗婆舍那名爲正見遍見次第見別相見即是觀也意亦同此三絕待靈心觀文三初標

善男子若諸菩薩悟淨圓覺

二正釋中三一起行

以淨覺心不取幻化及諸靜相了知身心皆爲罣礙無知覺明不依諸礙永得超過礙無礙境受用世界及與身心相在塵域如器中鍠聲出於外煩惱涅槃不相留礙

解曰於中三節初句所依次明所離不取幻化者離第二觀及靜相者離第一觀了知等者釋離所以謂見身心即著我相著我則起過故前靜之次又觀之令了是礙故皆不取又身心是妄無可了知了知是能身心是所託所起能故亦皆礙後明所用於中又三謂法喻合法中無知覺者異乎身心謂身觸爲覺心緣曰知由此分別障正知見正知見是無知覺明明字正顯靈妙之體然此靈心上而無頂下而無底傍無邊際中無在處既無當中何有東西上下欲言空寂不似太虛欲言相用不從緣起欲言知見異於分別欲言頑礙異於木石欲言其覺不同醒悟之初欲言其明不同日月之類故諸經教於寂靜空無訶爲邪小於知見明覺互泯互存各有深意今此欲入觀門恐知字引分別念故宜但云明也諸礙者身心能所不依者直造靈明永得者究竟之詞超過者迥殊對待礙者幻涉煩惱無礙者靜同涅槃（金剛三昧云不動不禪等）受用者屬已資緣世界者共居國邑身者宛然形質心者還有見聞相在者不異尋常塵域者不離舊處比由執認沒體同他今不生情豈拘靈照喻中鍠者分二先釋喻依後正釋喻喻依者鍠字不定恐譯人錯遂爲三釋一依鍠字（音橫）准切韻訓和訓樂不是器中之聲今率愚詳之取其聲勢不取訓字此應是金等器中聲相也今且現聞擊鐘磬之類其聲鍠鍠然即知鍠是此類聲之相狀譯人回潤稍拙應云如

金器聲鍠鍠出外二作鑛字音同即大鐘也是諸器中之一數故云如器中鑛准此即順本經文迴潤非失但筆授或寫録錯誤以鑛爲鍠耳三者作簧音黃即笙簧之類以有簧之器非一故不局云如笙中簧乃云器中簧也亦如管籥之屬皆能發聲出於外故准此則譯人不善此方聲韻文字故字與音俱錯耳後正釋喻者前三雖異合法皆通皆器喻世界身心聲喻靈明觀智謂聲從器出器不能拘故聲聞四遠器局本處以喻觀智約身心修得身心所不能拘觀智廓爾無邊身心不離舊處但約所喻相當何爭喻所依物懸云如萬鈞之鏞星樓受礙搖杵一擊聲振寰區自體兼他不能留礙豈以樓拘鐘相使響不通形礙管聲令音不透觀此文勢未免懷疑復不能決通娋要逸之而已意亦同前仍法合最具謂加樓喻世界餘准上知二功成便能內發寂滅輕安妙覺隨順寂滅境界自他身心所不能及衆生壽命皆爲浮想

解曰寂滅者謂不取幻化幻化即寂不取靜相靜相即滅亦可反此亦可俱通又但是真心實理非指靜幻故楞伽云寂滅者名爲一心此非息動之寂生已而滅故云內發也輕安同前靜與寂異者靜是二乘境亦是禪定寂滅是佛境亦是涅槃故前數云如來寂滅仁王此忍當其位滿妙覺等者在觀之時用心同佛故云隨順自他等者唯獨自明了餘人所不見故他不及自已心識之量亦不能造如螢燒須彌必須離情方契故自不及又依體起智爲自根塵發識名他不可識識智知故皆不及衆生等者壽命本無實體但爲浮想任持故華嚴云一切衆生但想所持其猶空雲是空之浮氣了虛空者即知浮雲畢竟非空衆生壽命是真之浮想了真寂者知衆生畢竟非真三結名

此方便者名爲禪那

解曰此云靜慮義如前釋即慮而靜故無散動即當定義即靜而慮故非無記即當慧義故四靜慮定慧平等問既是定慧平等云何科云絕待靈心答正由不滯此二直造心源故定慧等釋相文中絕待之義甚明固無疑矣故涅槃中名爲捨相然釋相中指修行者忘情用心故顯雙非絕待後但約義以結故取雙是齊融齊融絕待雙是雙非皆是中道故釋相與結名互顯三觀文初皆標悟者聞前經故謂初靜觀修文殊中解次幻觀修普賢章全普眼前半之解後寂觀修普眼後半剛藏全章之解對配前經昭然可見然此三觀與涅槃經三十三十一三相大同小異彼經云無十相故色聲香味觸生住壞男女名大涅槃若有比丘時時修集定慧捨相即三相也則斷十相定名三昧若不取色相不能觀色常無常相是名三昧若能觀色常無常相是名慧相三昧慧等駡駟淹疾觀一切法是名捨相二乘定多菩薩慧多世尊等故明見佛性見佛性者名爲捨相奢摩他者名爲能滅云云如上所引故名定相毗鉢舍那名爲正見編見次第也別相見是名爲慧憂畢叉者名曰平等不靜不觀

不行）是名爲捨若菩薩善知定時（生大憍慢非修慧時）
慧時（精懃未益故悔心非修定時也）捨時（定慧不等不宜修捨等則修之）
及知非時（各如上注）是名行菩提道言小異者
彼則初定次慧後等此則三門皆含定慧
言大同者此初名止取靜澄神定相增勝
（彼云但不取色相此云取靜爲行皆定境也又彼次後文云修集定者能見五陰生滅之相此云由澄諸念覺識煩動也）次了根塵起幻除幻慧
相增勝後絕待雙融即全同彼彼云平等
名捨相也（等即雙融捨即絕待）彼雖初定次慧亦是
從增勝說豈實敎中有偏定偏慧耶又此
三門與天台三觀（依瓔珞經）義理則同意趣則
異同者一泯相即空觀也二起幻即假觀
也三絕待即中觀也異者此明行人用心
方便彼則推窮諸法性相此多約心成行
故不立所觀之境彼多約義生解故對所
觀三諦（真俗及第一義本業經云無諦有諦中道第一義諦亦全同也）又
此不立三止者（體真止隨緣止息二邊分別止）一一門中
即含止觀故也（論亦先修止次修觀後雙修亦大同小異）然此
彼經及天台敎數皆三者（論及本業亦應同此標擧）由
法性之體本具三大（體用相也）迷起三道（惑業苦）

今依三大顯三佛性（了因緣因正因）修三止三觀
觀三諦淨三聚戒（攝律儀眾生善法）滅三道回向
三處（實際眾生菩提）成就三智（一切智道種智一切種智）具足
三德（斷恩智）得三菩提（實相方便實智）證三涅槃（性淨方便淨圓淨也）安住三種祕密藏故（般若解脫法身）問若
咸九　十六
爾即應一人具修三觀何故經文單復皆
許答約修習門隨宜漸入理實圓證方名
究竟故次文云此三法門等三引例顯圓
善男子此三法門皆是圓覺親近隨順十方
如來因此成佛十方菩薩種種方便一切同
異皆依如是三種事業若得圓證即成圓覺
解曰此三門皆依悟淨圓覺而起觀行觀
行亦皆趣入圓覺始終不離故云親近隨
順佛及菩薩同證同修隨機隨事行相各
異或多人同修一門（萬行中一）或一人具修多
行若三五若百千同之與異隨類難准然
必皆依此三種業三種業中或具依三或
一或二同時前後單複綺互具如二十五
輪所明此是修行人之事業矣證成覺者
趣入雖從一門功成則三皆圓證若偏修

一行但名親近若三事圓通名證圓覺四
校量顯勝
善男子假使有人修於聖道敎化成就百千
萬億阿羅漢辟支佛果不如有人聞此圓覺
無礙法門一刹那頃隨順修習
解曰初舉劣後不如下顯勝且如勸得一　十七
人二人持於五戒十戒據諸敎說福已甚
多況令爾許億人成就辟支羅漢具足六
通八解永超三界十纏而乃不如有人暫
習圓覺時中極促唯一刹那豈況長時圓
修妙觀慈云牛跡巨海何可校量聞此等
者聞慧隨順者思慧修習者修慧偈讚中
三初七句標舉
爾時世尊欲重宣此義而說偈言
威德汝當知　無上大覺心　本際無二相
隨順諸方便　其數即無量　如來總開示
便有三種類
次六句三觀
寂靜奢摩他　如鏡照諸像　如幻三摩提
如苗漸增長　禪那唯寂滅　如彼器中鍠

後七句引例

三種妙法門　皆是覺隨順　十方諸如來
及諸大菩薩　因此得成道　三事圓證故
名究竟涅槃

餘校量顯勝長有偈無上來三觀竟自下

第二明單複修習文四初三之初

於是辯音菩薩在大衆中即從座起頂禮佛足右繞三帀長跪叉手而白佛言

解之如上次陳詞句中二初慶前

大悲世尊如是法門甚爲希有

解之可知二請後有　二　問所修

世尊此諸方便一切菩薩於圓覺門有幾修習

解曰此諸方便者指前三觀圓覺門者指前所依行本有幾修習者前說三觀雖行相分明未審諸菩薩所修爲復一人具三爲三人各一爲前後爲同時爲依次爲超

次二明所爲

願爲大衆及末世衆生方便開示令悟實相

解之可見後三展虔誠

作是語已五體投地如是三請終而復始

二讚許

爾時世尊告辯音菩薩言善哉善哉善男子汝等乃能爲諸大衆及末世衆生問於如來如是修習汝今諦聽當爲汝說

三佇聽

時辯音菩薩奉教歡喜及諸大衆默然而聽

四正說長行中四一舉意標數二觀網交羅三結成正因四總示修習令初

善男子一切如來圓覺清淨本無修習及修習者一切菩薩及末世衆生依於未覺幻力修習爾時便有二十五種清淨定輪

解曰於中初舉意後標數初中又二先明所依之本後一切菩薩下正明諸輪大意無修之修義同前段後爾時下舉數輪者摧輾義能摧惑障令正智轉故名爲輪二觀網交羅於中三初有三輪單修三觀次有二十一輪交絡三觀後有一輪圓修三觀慇疏於此二十五觀約喻各立一名除初三輪餘並不釋今全用之兼解其意初中三輪者還是三觀亦不異前但爲分成二十五數故畧明之以顯單複之相言單修者皆標云唯結云單也意顯不兼餘二

三者初澄渾息用觀

若諸菩薩唯取極靜由靜力故永斷煩惱究竟成就不起於座便入涅槃此菩薩者名單修奢摩他

解曰此下二十五輪皆有標列結亦應一一標云悟淨圓覺以爲起行所依爲前有故經恐文繁故畧不載澄渾息用者澄渾濁令清息作用令靜唯取極靜者不兼餘觀次三句者由靜心之力覺身心相空瞥念尚無煩惱何據煩惱不起即是覺心故云究竟成就後兩句不起法空之座便入寂滅涅槃二庖丁恣刃觀

若諸菩薩唯觀如幻以佛力故變化世界種種作用備行菩薩清淨妙行於陀羅尼不失寂念及諸靜慧此菩薩者名單修三摩鉢提

解曰庖丁者是晉時屠子十九年以一刀解牛鋒刃不損喻菩薩利衆生修萬行應

緣入俗自智無傷前開幻衆及內發大悲此以佛力即當大智變化世界者如前變諸幻也種種作用含於逆順自他之行備行等句則唯順行於陀羅尼下總明動而常寂寂念靜慧即定慧也三呈音出礙觀

若諸菩薩唯滅諸幻不取作用獨斷煩惱煩惱斷盡便證實相此菩薩者名單修禪那

解曰取前鍠聲出外作此觀名彼自釋云然器質音融隨健應響形拘性寂妙用無方智德深妙證道遺骸性光圓照埃氛永寂唯滅等者幻境無邊難可窮究故須直滅滅者絶念作用施爲又妨禪寂故云不取入佛境界經云諸法猶如幻如幻不可得離諸幻法故敬禮無所觀獨斷煩惱者不假諸行獨者正是絶待中道之義斷盡便證者所斷既盡能斷即空便爲證矣然每說此觀行相皆云斷煩惱者寂滅涅槃相故生滅滅已名寂滅故照徹靈心窮惑源故次交絡三觀每以一觀爲頭兼於餘觀交絡成七三七故有二十一輪兼前三單及後一圓足二十五然每一觀爲頭七段之中皆有四節初兩段二二共合各兼其一次兩段三行次第餘次兼次有一段先一後齊齊兼餘二後有兩段先齊後一齊兼一今每觀爲首之中但長科七段又緣每輪辯其先後一一須牒觀名今恐文句太繁每觀但各舉一字號謂初云靜觀次云幻觀後云寂觀寂與靜殊前已具辯文三初七輪靜觀爲首兼於幻寂次七輪幻觀爲首兼於靜寂後七輪寂觀爲首兼於靜幻初中七觀一運舟兼濟觀

若諸菩薩先取至靜以靜慧心照諸幻者便於是中起菩薩行此菩薩者名先修奢摩他後修三摩鉢提

解曰菩薩修定以出塵即運舟發慧以化物即兼濟先取至靜者標首以者運也靜慧心者舟也照諸幻者下兼修幻觀照之欲化化即兼濟也若無靜慧則自居幻化何能照幻者而度脫之如舟自沉焉能救溺二湛海澄空觀

若諸菩薩以靜慧故證至靜性便斷煩惱永出生死此菩薩者名先修奢摩他後修禪那

解曰湛海即波瀾不動先靜觀以反流澄空則水性清明後寂觀以顯性以靜慧故者標首證至靜性者躡靜而兼修寂也性即是寂後兩句二觀功用斷煩惱是因亡出生死是果喪三首羅三目觀

若諸菩薩以寂靜慧復現幻力種種變化度諸衆生後斷煩惱而入寂滅此菩薩者名先修奢摩他中修三摩鉢提後修禪那

解曰三觀俱修如摩醯首羅面上三目以寂靜慧標靜也復現下次幻也後斷下寂也四三點齊修觀

若諸菩薩以至靜力斷煩惱已後起菩薩清淨妙行度諸衆生此菩薩者名先修奢摩他中修禪那後修三摩鉢提

解曰三點者梵之伊字𢘓云意者但一人具修三觀即名爲齊非謂同時以至靜力標也斷煩惱已寂也後起下幻也此含二利謂淨行度生煩惱既寂愛見已無故所

起行無不淨妙可度衆生五品字單雙觀

若諸菩薩以至靜力心斷煩惱復度衆生建立世界此菩薩者名先修奢摩他齊修三摩鉢提禪那

解曰上單靜觀如上一口後雙明寂幻如下兩口故云單雙以至靜力標也心斷下三句齊兼幻寂初句是寂後二句是幻內除煩惱外度衆生具悲智也故淨名云若自無縛能解他縛斯有是處六獨足雙頭觀

若諸菩薩以至靜力資發變化後斷煩惱此菩薩者名齊修奢摩他三摩鉢提後修禪那

解曰白澤圖中有山精頭如鼓有兩面前後俱見此喻靜幻雙照二利齊運如雙頭也單寂如獨足也此與前異前則上單下雙此則上雙下單初二句齊標靜幻以至靜力資助策發變化之力以度衆生也後句寂兼前二利備故入中道七果落華敷觀

若諸菩薩以至靜力用資寂滅後起作用變化境界此菩薩者名齊修奢摩他禪那後修三摩鉢提

解曰即以靜定之樹結寂滅中道之果後敷華者復以幻觀入有情界度諸衆生同令獲得涅槃之果初齊寂二句後兼幻二句次七輪幻觀爲首一一標幻爲初次兼餘二令初先武後文觀

若諸菩薩以變化力種種隨順而取至靜此菩薩者名先修三摩鉢提後修奢摩他

解曰武王伐紂後鑄戈戟爲農器喻此菩薩先變化種種已後入靜觀初幻二句後靜一句二功成退職觀

若諸菩薩以變化力種種境界而取寂滅此菩薩者名先修三摩鉢提後修禪那

解曰菩薩發慧利物即是功成習寂內修名爲職退初幻二句後寂一句三幻師解術觀

若諸菩薩以變化力而作佛事安住寂靜而斷煩惱此菩薩者名先修三摩鉢提中修奢摩他後修禪那

解曰先起變化術法後歸空體寂故云解術初幻二句次靜一句後寂一句四神龍隱海觀

若諸菩薩以變化力無礙作用斷煩惱故安住至靜此菩薩者名先修三摩鉢提中修禪那後修奢摩他

解曰起幻化生如神龍布雲雨歸體入靜如隱海也初幻二句次寂一句後靜一句五龍樹通眞觀

若諸菩薩以變化力方便作用至靜寂滅二俱隨順此菩薩者名先修三摩鉢提齊修奢摩他禪那

解曰先起假幻後歸空寂如龍樹初行幻術廣化邪途後習眞乘自階聖果初幻二後齊兼靜寂二六商那示相觀

若諸菩薩以變化力種種起用資於至靜後斷煩惱此菩薩者名齊修三摩鉢提奢摩他後修禪那

解曰商那和修即優波毱多之師也先以神力示相降伏毱多弟子慢心後乃入定歸寂初齊靜三後兼寂一雖化衆生不生於化即是資於至靜七大通宴默觀

若諸菩薩以變化力資於寂滅後住清淨無作靜慮此菩薩者名齊修三摩鉢提禪那後修奢摩他

解曰大通如來先化用利物後歸寂靜初齊寂二後兼靜二後七輪寂觀爲首一一標寂爲初次兼餘二此初寶明空海觀

若諸菩薩以寂滅力而起至靜住於清淨此菩薩者名先修禪那後修奢摩他

解曰佛頂文也寶明是慧空海是定經云同入如來寶明空海今靈心觀即本覺明如寶明也後靜觀如空海也初寂一次兼靜二二虛空妙用觀

若諸菩薩以寂滅力而起作用於一切境寂用隨順此菩薩者名先修禪那後修三摩鉢提

解曰靈心之體如虛空起化即妙用初寂一後兼幻三三舜若呈神觀

若諸菩薩以寂滅力種種自性安於靜慮而起變化此菩薩者名先修禪那中修奢摩他後修三摩鉢提

解曰舜若即虛空神遇日光暎之蹔現如此先寂次空後幻初寂次靜一後幻一四歛光歸定觀

若諸菩薩以寂滅力無作自性起於作用清淨境界歸於靜慮此菩薩者名先修禪那中修三摩鉢提後修奢摩他

解曰大迦葉也先證體次起神通後乃歸定初寂二次幻二後靜一五多寶呈通觀

若諸菩薩以寂滅力種種清淨而住靜慮起於變化此菩薩者名先修禪那齊修奢摩他三摩鉢提

解曰多寶佛先成道證如體後於塔中發起法華如靜幻無礙初寂二後齊兼靜幻二六下方騰化觀

若諸菩薩以寂滅力資於至靜而起變化此菩薩者名齊修禪那奢摩他後修三摩鉢提

解曰即法華菩薩六萬恒沙從下方現初齊靜二後兼幻一七帝青含變觀

若諸菩薩以寂滅力資於變化而起至靜清明境慧此菩薩者名齊修禪那三摩鉢提後修奢摩他

解曰帝青之寶含諸物像對則變應應心而還空如靈心觀成包含德用應緣起幻而復安靜初齊幻一後兼靜二後有一輪如意圓攝圓修三觀

若諸菩薩以圓覺慧圓合一切於諸性相無離覺性此菩薩者名爲圓修三種自性清淨隨順

解曰此名如意圓修觀謂如意寶珠四方俱照大智頓覺三觀齊修圓覺慧者稱圓覺而發慧故圓合一切者圓融和合一切事理性相真妄色空等類舉體相應是爲圓合謂由圓覺合理理即非理故全即事又由此覺合事事即非事故全即理餘性相等皆同此說中道義諦於是現焉非理非事雙遮顯中即理即事雙照顯中遮照同時是爲圓覺言於諸性相無離覺性者性即靜觀相即幻觀覺性即中道寂滅觀故云圓修三觀矣又以圓覺合一切是從體起用性相無異覺性是會用歸體體用

無礙寂照同時是爲圓滿無上妙覺三結
成正因
善男子是名菩薩二十五輪一切菩薩修行
如是
解之可見四總示修習
若諸菩薩及末世衆生依此輪者當持梵行
寂靜思惟求哀懺悔經三七日於二十五輪
各安標記至心求哀隨手結取依結開示便
知頓漸一念疑悔即不成就
解曰示修習者修此二十五輪之時於事中威儀法式及用心方便三業事理具足修習之意當持梵行者戒也寂靜者定也思
惟者慧也具戒定慧心在觀門如是修行
必定成佛懺悔三七日者多生業累恐障
淨心懺悔求哀發露先罪日數若少慮不
精誠三七日中已彰懇禱懺悔之義下道
場加行中當釋各安標記者書此二十五
輪名文字句安置道場之中禮念虔誠精
祈一行隨手結取者若自的樂一門隨便
即習若勝劣難分不能自決即憑聖力以
卜應修信手取之不宜揀擇依結等者依

所捻結開而視之頓漸自知無貪餘觀一
念等者心懷疑阻併失前功縱使再修稍
難成就據根驗理必在於玆無得等閑輕
於事相偈中亦四初一偈舉意
爾時世尊欲重宣此義而說偈言
辯音汝當知　一切諸菩薩　無礙清淨慧
皆依禪定生
其標數者長有此無言無礙慧依禪定生
者令修觀之人先以所依之體爲本而起
觀行長行云圓覺清淨無能所修心冥此
理即禪定義二一偈觀網
所謂奢摩他　三摩提禪那　三法頓漸修
有二十五種
長廣此畧三一偈半結因
十方諸如來　三世修行者　無不因此法
而得成菩提　唯除頓覺人　并法不隨順
解曰長畧此廣於中二初一偈正結所爲
後二句揀非所爲此文長無偈有今爲二
釋一者兩句皆作上根釋謂唯除上根圓
頓悟解之人并及於一切定相之法不隨

順者大品云不信一切法名信般若則不必具依二十五
輪及道場探結等不隨順法者不取相也
既不隨相即隨眞覺此乃頓入圓明稱目
合道不可加之繩索傷乎無瘡是前知幻
即離不作方便等類故除之矣二者下一
句作無信下根釋謂都不信者聞之不能
隨順依此即上智與下愚不移也前釋不
隨不隨倒法此釋不隨不隨正法四一偈
半總示
一切諸菩薩　及末世衆生　常當持此輪
隨順勤修習　依佛大悲力　不久證涅槃
可知

大方廣圓覺經大疏下卷之一

章門有四一修止觀章二四諦章三斷
惑章四禮懺等章除釋本經外傍通餘
義三十有三情無情平等隨根設教解
爲行本佛心現於觀心義見幻起悲五
意無知覺明說字三解喻依喻體三觀
義明三之所以凡不同佛辨法性覺性
別兩種四相根本無明生自喻判潛伏
藏識解抑聖同已驗妬辨妄明失釋根
本六煩惱十慢九慢成三義現過今他
淨不識師過四食事師之心金剛四心
大小乘三安居六妙門出世涅槃四對
兩種四句信必具解奉行二義右附錄
下

大方廣圓覺經大疏下卷之

校勘記

一　底本，清藏本。

一　五四七頁下四行「後三展」，徑作「後展」。

一　五五四頁上一一行「有二問」，徑作「有二一問」。

一　五五四頁上末行「後三展」，徑作「後展」。

一　五五八頁上一七行「名文字句」，徑作「名字文句」。

大方廣圓覺經大疏下卷之二　　威十

唐終南山草堂寺沙門宗密述

次後有二問答兩重除障初淨業章除我
入覺後普覺章依師離病此皆觀行中障
故同大科初中雖約計執淺深說有四相
差別然總之唯是我故經文除別列四名
之外節節但有我字若除此執便是圓覺
故云入覺文四初三之初
於是淨諸業障菩薩在大衆中即從座起頂
禮佛足右繞三帀長跪叉手而白佛言
解之同上次陳詞句中二一慶前
大悲世尊爲我等輩廣說如是不思議事一
切如來因地行相令諸大衆得未曾有覩見
調御歷恒沙劫勤苦境界一切功用猶如一
念我等菩薩深自慶慰
解曰不思議事者前總明觀行一向稱理
而修猶可領解今於一味之中廣張諸輪
屈曲差別差別不乖一味尤爲難見故云
不思議一切下遠承所答文殊之問覩見
下悟因行也夫果德稱眞約理可照因行
治染假解實難令一念備知炳然齊現如
瑠璃瓶盛多芥子故深慶矣二問後二一
正問
世尊若此覺心本性清淨因何染汚使諸衆
生迷悶不入
解曰此中問意不說本來起迷意明已知
覺性圓明諸法清淨何得凡心宛在不合
覺源所作所爲情猶憎愛自他全別難同
渾融此對果人天地之遠覺心本淨悟即
應同更有何法染汚令我用心異佛故云
因何迷悶不入二請後
唯願如來廣爲我等開悟法性
解曰法性者諸法之性若直談本體則名
覺性若推窮差別之法皆無自體同於一
性即名法性今推破四相豁融諸法令同
覺性故云開悟法性從前經文但云覺性
唯此段云法性意在此矣三結意
令此大衆及末世衆生作將來眼
可知後三展虔誠
作是語已五體投地如是三請終而復始
二讚許
爾時世尊告淨諸業障菩薩言善哉善哉善
男子汝等乃能爲諸大衆及末世衆生諮問
如來如是方便汝今諦聽當爲汝說
三佇聽
時淨諸業障菩薩奉教歡喜及諸大衆默然
而聽
四正說長行中四一總叙過由二別釋四
相三存我失道四斷惑成因初中總叙四
相爲過患之因由文二一明過患本起
善男子一切衆生從無始來妄想執有我人
衆生及與壽命認四顛倒爲實我體
解曰從無始來者未曾悟故故下有生盲
之喻妄想等者無中橫計我等四者統唯
我相資擇知上但由展轉約義故有四名四名
復有二相一迷識境二迷智境初者謂取
自體爲我計我展轉趣於餘趣爲人計我
盛衰苦樂種種變異相續爲衆生計我一
報命根不斷而住爲壽者如金剛兩論所
說迷智境者即此經說至文當知顛倒者

眞我本有迷之謂無妄我本空執之爲有四皆橫計故云認四顛倒故淨名云法無有我離我垢故法無有人前後際斷故法無衆生離衆生垢故法無壽命離生死故慤云心自取心自成心病演若愛影背本瞋頭從此妄滋莫能觸拂二明過患滋多文四一展轉生妄二違拒覺心三動息俱迷四結成障道今初

由此便生憎愛二境於虛妄體重執虛妄二妄相依生妄業道有妄業故妄見流轉猒流轉者妄見涅槃

解曰文有十句言展轉者初四句由迷起惑次二句由惑造業次二句由業招報後二句反於三道墮於二乘然此十句總當二乘宗中生滅四諦謂初六句集諦次二句苦諦次一句道諦後一句滅諦言生滅者准天台教權實通論總有四重四諦實審一生滅逼迫名苦即有漏色心增長名集即業煩惱寂靜爲滅謂即涅槃出離名道謂止觀等故二無生涅槃云解苦無苦名苦諦等故三無量涅槃云苦即無量相非謂二乘所知等又云所未說者如林樹葉故華嚴一剎已有四百億十千也四無作陰入皆如無苦可捨煩惱即菩提無集可斷生死即涅槃無滅可證邊邪皆中正無道可修理盡於斯方名聖諦矣如次是彼四教所詮法矣如懸談說然彼惟約四諦顯義分齊者具世出世因果故通權實故今此文中約其過患故當生滅初集諦中復有其二謂惑與業且初四句由迷起惑謂由執四相爲實我體所以於自生愛於他生憎順我者愛違我者憎如是愛憎皆由執我故曰由此然四大五蘊迷性妄生衆緣合成已是虛妄更於其上重執我人故云於虛妄等次二句由惑起業謂由前二妄故生起造作種種妄業業能引至苦樂之果故名爲道慤云然空華一揆美惡情分就妄之中又分諸異言二妄相依者則憎愛二境更相顯對生妄業道者舉心躭染可意業生不可相馳尤增恚恨次苦諦者謂由造業成就則受生死流轉生死流轉即是所至善惡之果慤云言妄業道者一念貪染地獄門開瞥起瞋心刀鋒聳立言妄見流轉者愛色臨終親睹猛火亡魂飛墜起伏乘煙業本自心心還自見後滅道二諦者慤云猒識流轉伏念澄神趣寂纏空化城非實二違拒覺心

由此不能入清淨覺非覺違拒諸能入者有諸能入非覺入故

解曰此文正是結答前問前問因何迷悶不入今答云由認四相展轉生過縱離六道復墮二乘是故不入次云非覺違拒等者由前問云因何使諸衆生不入故此答云非覺違拒使之不入但由認我故不入也如夢身未忘必不能合於本身非本身違拒有諸等者釋成非覺違拒意云入時若是覺入不入則是覺拒既入者自是能證之智覺體元無出入入與不入何責於覺又解見覺能入覺亦成非故知必在忘情無念方名眞入故慤云帶能非證示過彰非三動息俱迷文二一正明

是故動念及與息念皆歸迷悶

解曰動念即前苦集息念即前滅道二微釋二初微

何以故

解曰動念任許背覺息念即合契眞何故動息俱稱迷悶二釋分二一直釋

由有無始本起無明爲已主宰

解曰由將無始住地根本無明以爲我主故動是我動息是我息我相既在動息俱迷然本起無明者最初根本而起又從本源而起經云獨頭無明爲煩惱種亦同此矣不待因境名爲獨頭故前先標我體然後展轉生惑業苦等二轉釋

一切衆生生無慧目身心等性皆是無明譬如有人不自斷命

解曰前是對微之釋此又委細釋於前文本起之義於中二先法說意云衆生無始生來未曾開悟故云生無慧目如人若十歲二十方始眼盲則眼前雖不見青黃等色說之則能了知若胎中無目生來便盲則對色之時種種爲說終無所益則先須金鉀抉膜然後爲說是非故涅槃經說如生盲人不識乳色他人爲說展轉譬喻貝（幹常）米（恨樂）雪（冷淨）鶴（動我）竟不能得識其乳色故

云身心等性皆是無明若冥契覺心以覺爲本則一切皆覺故前根塵普淨段中最後結云一切覺故又前得本起因地既所修皆是佛因此用本起無明則一切皆是魔業前如金爲千器器器皆金此如土爲千器器器皆瓦後喻說本因愛故得身若斷身則違愛如人身縱單隨病苦亦自保命終不能斷斷餘或可自斷誠難認我亦爾斷一切煩惱惡業容有得者欲令斷我其可得乎何以故我終不能還斷我故又有我故必不覺我如眼不自見故必情忘想盡與覺一體覺是眞我則妄我本無方名爲斷如夢身縱令至劣至苦夢時終不肯斷必須覺來合於本身方嫌夢苦後無可斷又此喻亦可喻於後段愛我之言及養育無明之語前段後段血脉連環故此一喻通於前後四結成障道

是故當知有愛我者我與隨順非隨順者便生憎怨爲憎愛心養無明故相續求道皆不成就

解曰是故當知者指前意勢直從我體起憎愛已來乃至不斷命等此都結之以成障道所以次二句對順生愛以明我次二句對違起憎以明我次二句雙指上二唯滋無明故知迷心修道縱令勤苦種種行門但助無明何成佛果後二句正明障道言相續者本從無明而生憎愛憎愛還薰無明種子現行相續不斷將此求道畢竟不成寶積經云於身生寶愛不離於我人彼作是修行由斯墮惡趣二別釋四相然此我等行相殊常常者但約迷執初果已除此乃直就修證羅漢未曉文中即爲四段一約事驗我二悟我成人三了跡跡生四潛續如命初謂驗其任運分自他者是其我相文中二一標釋麤相二結指細相初中二一徵起標示

善男子云何我相謂諸衆生心所證者

解曰心謂第七識所證者即第八識見分一切衆生任運執爲內我故此相難可自見約事證知但驗自他各殊即證自中有

我設令修道捨妄證眞但覺有心總名我
相二約喻以釋
善男子譬如有人百骸調適忽忘我身四肢
弦緩攝養乖方微加針艾則知有我是故證
取方現我體
解曰弦緩者緊急緩慢也即肢體不調手
足失度之狀也餘皆可知以況道者燕居
靜室或隱深山心絕經營境無違順習閑
成性蹔得忘情不覺自他謂證無我若違
順所逼宛有心生心既未平方知我在故
下云若復有人歎謗其法即喜恨等懲云
調適即稱理虛凝忽忘則比融眞宰弦緩
況違眞負疾乖方明理性違常針艾乃觀
照除遣方現表能心卓爾二結指細相
善男子其心乃至證於如來畢竟了知清淨
涅槃皆是我相
解曰證於已上是能如來已下是所所中
又如來是能涅槃是所謂非但了知二乘
涅槃爲我相設使了知如來涅槃亦是我
相然涅槃但是覺體非別有可證今既證
得涅槃不忘能所即是我相二悟我成人
悟前非者是此相矣文二一麤相
善男子云何人相謂諸衆生心悟證者善男
子悟有我者不復認我所悟非我悟亦如是
悟已超過一切證者悉爲人相
解曰言心悟證是覺前非者字正明人相
不復認者不作證心悟亦如是同前非也
二細相
善男子其心乃至圓悟涅槃俱是我者心存
少悟備殫證理皆名人相
解曰不取能所故名圓悟無非不盡故曰
備殫此智不祛爲存悟矣非諸差別故
云少也亦如唯識加行偈云現前立少物
但彼空此智爲異耳三了跡跡生謂了前
二相俱是心跡總不執之故免我人然此
了心又亦是跡故云了跡跡生文三一徵
起標示
善男子云何衆生相謂諸衆生心自證悟所
不及者
解曰覺前能悟悟是所覺悟既成所與覺又
名能展轉無窮皆成能所能所及處皆是
相待了此無定故離前非計所不及謂免
諸過不覺此計又是衆生衆生者不定執
一之謂也二舉喻徵釋
善男子譬如有人作如是言我是衆生則知
彼人說衆生者非我非彼云何非我我是衆
生則非是我云何非彼我是衆生非彼我故
解曰借世人語詞以爲義勢顯衆生相言
非我者以自是衆生故非彼者以云我是
衆生不云彼是衆生故此顯於自於彼不
計我人故非彼我後云非彼我者非彼人
之我也三指前對辯
善男子但諸衆生了證了悟皆爲我人而我
人相所不及者存有所了名衆生相
解曰初指前二相後而我下對之以辯衆
生之相了證者空則我不及了悟者空則
人不及不執主宰故離我人心又不忘是
衆生相四潛續如命謂都無所執但擬修
行由不起心免前三過即此無執之業智
相續未忘非是故意生心故言潛續文二

一徵起標示
善男子云何壽命相謂諸衆生心照清淨覺所了者一切業智所不自見猶如命根
解曰即心之照故云清淨即自覺也覺前了跡故云所了即覺他也證悟等盡徹於眞源更無別能故直言心照擬將此智修習一切無漏之業故名一切業智又業是業用一切作用之智名爲業智但覺潛續之心故名不自不自同於幻化一念不生即是論中世間自然業智及不思議業相令以雖能除妄而不自除故名所不自見不自見故猶如命根如命根者兼取相續不斷之義二展轉細釋文三一以義正釋
善男子若心照見一切覺者皆爲塵垢覺所覺者不離塵故
解曰心照見是此門之相一切覺總指前三相由將此心見他諸覺故皆塵垢心未忘故故結云覺所覺者不離塵故二以喻返釋
如湯銷氷無別有氷知氷銷者
解曰湯銷氷盡同成一水更無能知盡者反明此業智既照前三相皆盡則是我病未盡如氷若言我盡即此言盡之氷便是不盡若本末配合則水喻眞心氷喻四相湯喻智慧煎水名湯悟心名智故謂水凍成氷還煎氷以銷之氷湯俱盡濕性獨存以喻眞心迷心成我還悟心以銷之我智俱盡照體獨立三以法正合
存我覺我亦復如是
解曰若依喻反合應云無別有我知我盡者今翻喻勢順前正釋故云正合三存我失道文二一總標失道
善男子末世衆生不了四相雖經多劫勤苦修道但名有爲終不能成一切聖果是故名爲正法末世
解曰但名有爲者由前四相皆有取證既將此心修行則行皆帶能所故不成聖正同華嚴多劫六度不名菩薩正法末世者正宗佛法之末世夫正法之時修則皆證末世之時人多取相今既取證之相則正法亦同末世若遇此教了達病源則雖末世還同正法後展轉廣釋文四一認我爲眞二說病爲法三將凡濫聖四趣果迷因初中二一徵釋其過二結成障覺初中六一乆修如何不證徵二認我取證非眞釋三取證云何妨道徵四愛寂憎喧非脫釋五云何定知非脫徵六讃喜謗瞋驗我釋今初
何以故
解曰劫數既多行又勤苦以何義故不證聖果二認我取證非眞釋二一法
認一切我爲涅槃故有證有悟名成就故
解曰良由認我以爲涅槃故雖多劫勤修終無所益如認夢身以爲自己勲爲家業種種疲勞終無一事益於資產二喻
譬如有人認賊爲子其家財寶終不成就
解曰賊若在外猶可隄防養之爲兒如何檢愼又知賊是賊無能爲養之爲兒寧無損敗以喻六根取境猶可制御藏識妄我難以辯明故如來藏中功德之寶念念

夭札由此貪窮難集福慧三取證云何妨道微
何以故
解曰前徵何以多劫不證釋云由認我取證故此又徵云縱使認我取證何以便妨於道四愛寂憎喧非脫釋
威十　十三
有愛我者亦愛涅槃伏我愛根爲涅槃相有憎我者亦憎生死不知愛者眞生死故別憎生死名不解脫
解曰夫生死輪迴本由憎愛欲求解脫須盡二源今愛涅槃還是本愛今憎生死亦是本憎棄苦欣樂雖殊憎愛元是本習帶之修道佛果豈成伏我愛根爲涅槃相者由伏之故不起不起之相似涅槃相以似爲眞故云爾也不知愛等者本愛涅槃擬除生死愛心既在即生死根愛根憎苗豈名解脫故曰不知愛等五云何定知非脫微
云何當知法不解脫
解曰法者涅槃由前釋云愛涅槃者名不解脫故此徵云若愛生死許是繫縛今悟涅槃是寂滅法以何相知還同本愛而不解脫六讚喜謗瞋驗我釋謂實證者必無我無我故即無瞋喜今爲法瞋喜即知證法非眞也我未盡故文中二一標我未盡
善男子彼末世衆生習菩提者以已微證爲自清淨猶未能盡我相根本
解曰微證者外知根塵假合內覺性體寂然猶未下正標未盡二以境驗知
若復有人讚歎彼法即生歡喜便欲濟度若復誹謗彼所得者便生瞋恨則知我相堅固執持潛伏藏識遊戲諸根曾不間斷
解曰讚毀等者然世境違順麤重易明唯就法門最難覺察但言爲法瞋彼度此不知此心元是我相則知下因對外境驗得
威十　十四
內心我執猶堅潛藏相續雖慧軍數舉（上云多劫勤修又聞前三觀也）魔衆頻摧（上云憎生死伏我愛及微證也）且阿賴耶城難攻主宰（偈云覺城義當翻此城也）末那常侍防護牢强意識謀臣經營內外傍監五識之將以鎮六賊之門由是賊主（我相）頻通遊戲時時偷號（貪號慈悲瞋號降魔）惑我法王（化主）徃徃侵疆（無漏慧也）擾我觀境（學人）雖外怯般若晝伏（觀照時也）夜行（妄起時也）而內挾無明晝夜不斷（種子）二結成障覺
善男子彼修道者不除我相是故不能入淸淨覺
可知二說病爲法文二一正釋其非二結成障覺初中二一覆推
善男子若知我空無毀我者有我說法我未斷故衆生壽命亦復如是
解曰覆推者躡前爲法瞋喜之次推窮以成說病爲法之過恐聞瞋喜是我便擬忍受不瞋用爲無我故推徵云若見彼是毀人我被彼毀而不瞋者此亦是我故云若知我空無毀我者既見有毀我者則未得
威十　十五
我空亦應云若知我空無我說法故次云有我說法我未斷故然毀者是彼說者是我經文於毀者言無返明過也於說法言有順明過也餘三相亦爾經畧人字爲成句故翻覆推過者下擬決斷爲病故二決

斷

善男子末世衆生説病爲法是故名爲可憐愍者雖懃精進增益諸病

解曰説病爲法者指前所推之過即是四相四相若存總名爲病衆生不了但謂爲法是故名爲可憐愍者增益諸病者帶病修行故增諸病反此而言則稱實修行唯益實德如藥草等種有甘苦水土所滋各唯增益苦喻我相爲本甘喻淨覺爲本水土則喻萬行二結成障覺

是故不能入清淨覺

可知三將凡濫聖文二一正明相濫二結成障覺初中二一抑聖同已

善男子末世衆生不了四相以如來解及所行處爲自修行終不成就

解曰佛説了義稱理法門皆言心境本空惑業本淨凡聖不異因果圓明就佛見之理實如此且衆生迷倒已久種習根深縱令信解法門現用元來隨念但以分別心識解他無礙言教謂言佛意亦秖如然心既是念故不覺念不知冥通證入異於信解之心認佛平等之談不能斷惑求證故經印言終不成就華嚴亦云如貧數他寶等二騁已齊聖前則抑高就下此乃騁下齊高文二一認其聖智

或有衆生未得謂得未證謂證

解曰得者是理乃至聖人所具功德證即是智則聖人冥證之智身今謂證者增上慢人若自知不證而言證者則根本戒中大妄語戒非此文意二驗出凡情

見勝進者心生嫉妬

解曰然諸聖人形類不定得與不得内證在心何以辯他未得未證故觀徵所見以驗眞虛夫聖人用心他已無二見他勝進或法教流行念念歡喜必能隨順自驗内心如此或即證悟不虛若自覺已衰他盛則嫉已盛他衰則喜縱令深解妙境但是心之所緣勿錯認之謂得謂證二結成障覺

由彼衆生未斷我愛是故不能入清淨覺

解曰未斷我愛者雙指前兩類之人前段解凡聖平等境界而未許以佛解同已乃云終不成就者以佛無我愛凡有我愛故後段見勝進嫉妬亦由我愛故畢竟不能入清淨覺四趣果迷因

善男子末世衆生希望成道無令求悟唯益多聞增長我見

解曰希望成道者趣果也次兩句迷因也故經説聲聞唯觀於果不觀於因如狗逐塊不逐於人夫欲修學先須悟心心既洞明然求廣解末世之人多迷此意唯宗名數不務了心心既不通解唯增我故云增長我見華嚴亦説不了自心增長諸惡又智論云多聞無智慧是不知實相譬如大暗中有燈而無目等四斷惑下但當佛說成因

下由前數段經文説修行中有多過患皆結云不入淨覺故此勸誡令離過用心方成正因文中二一順釋

但當精勤降伏煩惱起大勇猛未得令得未斷令斷貪瞋愛慢諂曲嫉妬對境不生彼我

恩愛一切寂滅佛說是人漸次成就求善知識不墮邪見

解曰先斷惑中言但當者正標勸誡之詞精勤及起大勇猛者通於修斷未得令得者真實境中一切功德妙用未斷令斷者顛倒境中一切障礙之法即貪等也然斷惑之文前後頻有今通收就此略啓三門一所斷惑障二斷之行相三斷之位次初所斷者有通有別通謂此經唯識起信各說二種五性文初已會釋訖別者有其本末本有二種一是論中根本不覺由此方成阿黎耶故即文殊章中無明是也二者彌勒章初廣明愛是輪迴根本各已釋訖(一是所知障本 二是煩惱障本)末者起信實性二論各說九種皆如前釋唯識本頌總說六種論第九約障十地後說十種十種已如前說(惑十)(十八)六種者頌曰煩惱謂貪瞋癡慢疑惡見長行釋云性是根本煩惱攝故得煩惱名(雖對隨惑 稱本望上 送真爲末)八識章已略辯今更具釋以銷經文文云貪瞋愛慢者彼論愛非其數以無別性貪所攝故此唯三法是彼論也貪者於有有具染著爲性能障無貪生苦爲業謂由愛力取蘊生故瞋者於苦苦具憎恚爲性能障無瞋不安惡行所依爲業謂瞋必令身心熱惱起諸惡業不善性故慢者恃己於他高舉爲性能障不慢生苦爲業謂若有慢於勝德法及有德者心不謙下由此生死輪轉無窮受諸苦故此慢差別有七九種謂依三品我德處生七謂慢(於劣計己勝 於等計己等)過慢(於等計勝 於勝計等)慢過慢(於勝計勝)我慢(自恃高舉)增上慢(得少謂多)卑慢(多勝計己少劣)邪慢(無得謂得)九者謂我勝(過)我等(慢)我劣(卑)有勝(卑)有等(慢)有劣(過)無勝(慢)無等(過)無劣(卑)然七寬九狹九唯七中三故(慢過慢卑慢各三爲九合如註配也)(惑十)諂曲嫉妬即小隨煩惱各別起故名小(十九)但是貪等分位差別等流性故名隨諂者爲罔冒他故矯設異儀險曲爲性能障不諂教誨爲業貪癡一分爲體嫉者徇自名利不耐他榮妬忌爲性能障不嫉憂慼爲業瞋一分爲體然根本六中今闕癡疑及惡見者癡在偈故三翻微釋已決疑故偈云我身即是身見身見斷則餘見自除故(餘謂邊邪二取此等皆依身見起故)又重言彼我愛者愛與我相長相應故(此章正爲除我)別明於己及他相憐愛故(故云恩愛)生死根本最難拔故念盡即自他寂故又諸經教煩惱名數增減取捨隨何意趣不可一準且依此開十數見修所斷三界總有一百二十八也二斷之行相者五教不同初小乘者剛藏章中已釋二始教者聖道斷惑不從三世但智起時即無其惑猶明與闇定不俱生如秤兩頭低昂時等故智與障理必不俱三終教者自有二義一約相翻二約相續相翻者意不異前但前義不盡謂無間道正斷惑時爲智先起惑後滅耶爲惑先滅智後起耶爲同時耶此中惑智若先後者各有兩失不成斷義謂若智先起智有自成無漏過不能滅惑過惑有自滅過不障聖道過若惑先滅亦有此四四名亦同但相望時義別總成八過也前說明闇乃是同時正當

中百二論燈不破闇之義謂明於闇到與不到俱不能破以此二相互相無故同時則相乖異時不相預故以法合之不成斷惑涅槃亦以此喻喻毗婆舍那不斷煩惱又秤衡是一低昂同時智惑不然豈離前過若此宗斷惑必須了惑非有非無性相無礙謂若定有則墮於常常不可斷若定無者復無可斷今以眞理隨緣故智即無起而起惑則無斷而斷隨緣自性故智起而無起惑斷而無斷言相續者不約惑智相對但就能斷之智自有三時三時有二一約初心究竟通分三時二約無間道中剎那三時今依十地經論並通此二論云此智盡漏爲初智斷爲中爲後荅云非初智斷亦非中後偈云（論指經偈）非初中後故若三時無斷云何斷耶論云如燈焰非唯初中後前中後取故此擧喻釋成（大品經亦云譬如燃燈非初焰燃炷亦不離初焰後焰亦爾而炷實燃也）謂實教斷惑必性相雙明經文正顯證智唯據甚深緣性不可說義論主兼明斷惑故性相雙辯非

初非中後辯因緣無性是斷之不斷前中後取即不壞緣相是不斷之斷謂若一念能斷何假三心既並取方成明知無性無性故無初中後方成後故初中後斷此則從緣故無性無性故從緣也四頓教者此有三門一唯斷本本斷則末除（本末如上）故上文云永斷無明又云先斷無始輪迴根本二悟其空方名爲斷如夢桎梏寤即解脫故文云此無明者非實有體乃至知是空華則無輪轉等論云覺於念異念無異相等三見其性非斷非不斷謂此惑性是眞覺故（論云依覺故迷若離覺性則無不覺等經云一切障礙即究竟覺又云一切覺故故文殊教衆生發我見心以我見即菩提故）不應斷覺故云非斷（文云知幻即離不作方便等又云於諸妄心亦不息滅淨名云不斷煩惱等故）是眞覺故不應認惑故非不斷（文云諸幻盡滅覺心不動又云幻滅滅故非幻不滅又云由澄諸念客塵永滅此意如寤時非除却夢中物故云非斷又非留此物故非不斷）非斷非不斷是眞斷惑五圓教者即華嚴宗一切煩惱不可說其體性以所障法必窮三際徹十方一即一切主伴無盡具四法界非唯眞如（皆如前釋）

故能障之惑一障一切障（故普賢行品起一念嗔具百萬障門也）能斷之智一斷一切斷（故隨好品阿鼻獄人頓證十地）證於法界一證一切證（已如前證位中說也）成就佛果一成一切成（出現品如來成正覺時普見一切衆生成正覺般涅槃也）三斷之次位者小乘如前次始教者二障各有分別俱生現行種子二分別種見道初斷彼二現行地前已伏煩惱俱生種者初地已去自在能斷留故不斷（對法論云菩薩十地唯修所知障對治道不修煩惱障對治道）以潤生攝化故不墮二乘故爲斷所知障故爲得大菩提故（故攝論云留惑待惑盡證佛一切智）謂以智御用不起過患而成勝行猶如禁蚍（如攝論說）直至金剛喻定現在前時一時頓斷其現行者地前漸伏初地已上頓伏八地已上不行所知俱生者種則地地漸斷金剛永盡現則地前乃至十地方永伏盡八地已上六識俱者不行第七俱者猶起前五雖未轉依無漏伏故障不現起終教者二障不分俱生分別但有正使及習氣謂地前伏現行初地斷使種地上除習氣佛地究竟淨然於三

賢中已不墮二乘地故於煩惱自在能斷爲除智障留故不斷眾攝論云十解已去得出世淨心又云得出世名聖人不墮二乘地仁王云地前得人空而不取證起信亦說少分見於法身能現八相等故以此菩薩唯怖智障故修唯識眞如等觀伏斷於彼初地已上斷此一分麤故於煩惱障不復更留故二障不分見修至初地時正使俱盡彌勒問經云菩薩見修道中一切煩惱能障利益衆生行故即見道中一切俱斷故其末那煩惱亦初地斷麤後除習氣攝論云轉染汙末那得平等性智初現觀時先已滅得修道位中轉伏清淨此明除習氣也正使先斷故但云轉淨不言斷也寶性論亦說地上依彼二種習氣障又始教中爲引二乘故以上就下說煩惱障同二乘教佛地方盡又以下同上許二乘全斷煩惱分斷所知今就終教實論愚法聲聞無廣大心尚不能究竟拔煩惱障但能折伏何況能斷彼所知障如彌勒問經釋論及楞伽說頓教者若約悟理合覺誓志背塵則不作漸次文云居一切時不起妄念又云心不生滅妄故信位便云勢處永斷得法界淨然惑雖虛妄橫執即生不能頓除任運漸盡如風頓止波浪漸停文云於賊未滅妄功用中便顯差別即當論中四重覺妄已如地位中引釋華嚴圓教者五十二位中位位圓斷故位位成佛具有其文略如前明廣如彼說斷惑義竟次釋餘文對境不生及一切寂滅者觀行成就煩惱已伏也然約此宗亦名爲斷初發心住同初地故佛說下四句佛印成因於中云漸次者由前說除我用心當時雖悟仍慮長時難離我習故佛誡云但得頓悟我空勤斷煩惱我見習氣漸盡無上佛果自然漸成求善知識等者商人入海須假導師學者修行必資善友二反釋

若於所求別生憎愛則不能入清淨覺海

解曰言別生憎愛不入覺者反明不生憎愛則入覺也故云反釋不生憎愛則是斷惑入覺即是成因故就此門曲分此段慇云嗟時行者畜病爲功枉敘虛勞必招沉墜明明佛誡諦審鑒心無使一代空行虛游義海偈讚中四如次頌前初中一偈總敘過由

爾時世尊欲重宣此義而說偈言

淨業汝當知　一切諸衆生　皆由執我愛
無始妄流轉

二中二句別釋四相

未除四種相　不得成菩提

三中一偈存我失道

愛憎生於心　諂曲存諸念　是故多迷悶
不能入覺城

解曰城喻覺者城有三義一防外敵二養人衆三開門引攝今以不入覺城故愛憎諸念侵逼若了心性空則衆惑不入見恒沙功德即萬行圓增道無不通則自他引攝便能契果絕百非以成解脫養衆德以全法身開般若而無不通矣上三段皆長廣偈略四中二偈半斷惑成因

若能歸悟剎　先去貪瞋癡　法愛不存心
漸次可成就　我身本不有　憎愛何由生
此人求善友　終不墮邪見　所求別生心
究竟非成就

解曰悟剎者剎是世界如入唐國率土屬唐蕃境亦爾故知若到悟境即法法屬悟

迷境亦然法愛者憎生死愛涅槃也我身本不有者我身即憎愛之本欲除憎愛莫執妄身所依既空能依何有又愛彼潤身憎彼違我我身不有憎愛無生悟剎我身皆長無偶有

大方廣圓覺經大疏下卷之二　二十五

大方廣圓覺經大疏下卷之二

校勘記

一　底本，清藏本。

一　五六〇頁中一九行「後三展」，徑作「後展」。

一　五六〇頁下一行首字「二」，徑無。

一　五六〇頁下五行首字「三」，徑無。

一　五六〇頁下八行首字「四」，徑無。

一　五六四頁下一一行「二認我取證非真釋」，徑作「釋中」。

大方廣圓覺經大疏下卷之三　沙一
唐終南山草堂寺沙門宗密述
自下依師離病者謂此廣勸依善知識除去四病及諸細惑問曰雖有五句義攝不出此二經文四
初三之初　沙一
於是普覺菩薩在大衆中即從座起頂禮佛足右繞三帀長跪叉手而白佛言
解之可知正陳中二一慶前
大悲世尊快說禪病令諸大衆得未曾有心意蕩然獲大安隱
解曰禪病者四相二請後
世尊末世衆生去佛漸遠賢聖隱伏邪法增熾使諸衆生求何等人依何等法行何等行除去何病云何發心令彼羣盲不墮邪見
解曰前皆有我相未可施功今既障除方堪修習修習用意復有是非故須依師免溺四病於中三節初明請問之意如人有子病者偏憂菩薩大悲先哀末世賢聖隱沒正法將沉欲益當來懇興此問次正請問求何等人者由前云求善知識不墮邪見故此請問何等之人是善知識答中具指餘之四問文顯可知後明所爲羣盲者無慧目也後展虔誠
作是語已五體投地如是三請終而復始
二讚許
爾時世尊告普覺菩薩言善哉善哉善男子汝等乃能諮問如來如是修行能施末世一切衆生無畏道眼令彼衆生得成聖道汝今諦聽當爲汝說
三佇聽
時普覺菩薩奉教歡喜及諸大衆默然而聽
四正說長行中五一指示明師令事二分別四病令除三辯事師之心四明除病之行五顯發心深廣亦當次答五問然復有少相濫至文當指故且直顯經意初中三一令識二令事三顯益令初　二
善男子末世衆生將發大心求善知識欲修行者當求一切正知見人心不住相不著聲聞緣覺境界雖現塵勞心恒清淨示有諸過讚歎梵行不令衆生入不律儀求如是人即得成就阿耨多羅三藐三菩提
解曰將將欲發大心揀餘乘也者正因針鋒善知識者正緣芥子因緣備具佛道方行如論中說善能知真識妄知病識藥名善知識初心便令求者文殊告善財云親近供養諸善知識是具一切智最初因緣故光讚亦云欲學六波羅蜜者當與真善知識相隨常當承事正知見人者標指也善達覺性不因修生決擇無疑名正知見法句經云善男子一切衆生欲得阿耨菩提者當親近善知識請問法要必聞如斯甚深要句又云善知識者善解深法空無相無作無生無滅了達諸法從本已來究竟平等無業無報無因無果性相如如住於實際於畢竟空中熾然建立是名善知識華手經云有四法者當知爲善知識謂善知教化修道各及過患次下釋釋有二節初明順行言心　三
不住相者離凡夫煩惱境界若有少法當情皆名住相乃至菩提涅槃尚不取著何況世間夢幻境界故不應住色聲香味觸

法生心應無所住而生其心得無住心即契圓覺不著等者離二乘境界稱讚大乘經云寧在地獄經百千劫終不發二乘之心亦可正知見者揀外道不住相揀凡夫不著等揀二乘後明逆行即淨名云行於非道通達佛道之意塵者六塵勞謂勞倦由塵　勞故名塵勞又染心勲苦亦是塵勞心清淨者現染之中心自淨也如淨名云示有女子常修梵行等華嚴云菩薩在家與妻子俱未曾捨離菩提之心次四句則現過之中令他淨也欲度有過衆生先以同事相攝心既相親方能受敎如淨名云入於婬舍示慾之過等亦同華嚴善財善友婆須愛水而不溺無厭恚火而不燒勝熱癡邪而不惑矣讚梵行等者縱使自身有病服食非儀或爲利益或有別緣蹔乖眞教只得貶已承非不得飾非說理以誤凡下此乃不同邪人自造諸過復說非梵行事爲其眞實令無量人墮大險趣但爲同事攝故雖現諸過常須讚歎眞實梵行故論云壞見之人雖不壞行不堪與衆生爲其道眼雖壞行而不破見者是則人天眞勝福田求如是人下結成大益二令事者文二一舉身命之難二例身外之易

初中二一正舉

末世衆生見如是人應當供養不惜身命

解曰謂捨泡幻之軀以貿金剛之質如將瓦器以換金瓶即雪山捨身香城敲骨之類儒典尚令竭力事父致身事君何況爲法故大乘四法經云諸苾芻盡壽乃至逢遇喪命因緣必定不得捨善知識二遮疑

彼善知識四威儀中常現清淨乃至示現種種過患心無憍慢

解曰於中先明疑境常現清淨指前順行示現等者指前逆行心無憍慢正明不疑法句經亦云若善知識諸有所作不應起於毛髮疑心所以者何若有疑心不得正受甚深法句夫菩薩化現權道難測但依法門莫疑其跡不以順行即効虔誠或覩逆行便生憍慢故智論云於諸師尊如世尊想若有能開釋深義解散疑結於我有益則盡心敬之不念餘惡如弊囊盛寶不得以囊惡故不取其實又如夜行險道弊人執炬不得以人惡故不取其照菩薩亦復如是於師得智慧光明不計其惡復次弟子應作是念師行般若波羅蜜無量方便力不知以何因緣故有此惡事如薩陀波崙聞空中十方佛教汝於法師莫念其短常生敬心然爲徒之難爲師不易勿因此誡誤敬麤人欲驗眞虛如前揀擇已諳其道如此遵承又此藥治徒師勿錯服服之增病無藥可治以縛解縛無有是處二例身外之易

況復摶財妻子眷屬

解曰摶謂摶食財謂錢帛詳經意勢是說財食食有四種此當段食食總段別以段揀餘古譯經論訛云摶食今此三藏承古訛音遂作摶字又不分總別謂摶即食仍略食字故云摶財也妻子者最親眷屬者僕從對前身命之難故云況復問淨名等

復云依法不依人如何和會答不依人者不劾其迹（迹者取捨對機逆順無準）不觀體性非不求師三驗益

若善男子於彼善友不起惡念即能究竟成就正覺心華發明照十方刹

解曰不起惡念者由前無慢故也憍慢若起惡念便生障覆自心法何得入即能下二句既無惡念之覆即得正覺成就心華下二句覺心既明即慧光開發觸向無染故曰心華稱體無邊照十方刹二分別四病令除者此當答第二依何等法之問標以妙法釋依圓覺是所依法從此法離於四病方可依故除病之問下自有答然文似濫故但含而科之直銷經也文三一總標徵起

善男子彼善知識所證妙法應離四病云何四病

解曰心病無邊要唯此四隨有其一即不堪為師二別釋行相然此四病文皆四節一標名二辯相三指體以破四結名皆名病者但緣不以教為繩墨不以師為指南但自舉心作如是意故經文皆云若復有人作如是言言是意言矣文四一生心造作

一者作病若復有人作如是言我於本心作種種行欲求圓覺彼圓覺性非作得故說名為病

解曰辯相中作如是言者思惟揣度計校籌量與心運為擬作行相造塔造寺供佛供僧持咒持經僧講俗講端然宴坐種種施為止息深山遊歷世界慰憂衣食謂是道緣故受饑寒將為功德觀空觀有愛身猒身於多行門隨執其一託此一行欲契覺心既是造作生情豈合無為寂照此病從前幻觀中來彼云一切菩薩從此起行至諸輪中皆云度生起行起用失彼文意成此作病破中云非作得故者圓覺性非造作造作如何契之若了覺性本圓不用興心求益不興心處即合覺心合覺心時自無諸妄無諸妄已則所作相應積土聚沙皆成佛道即於上來諸行遇緣力及便為隨病隨治不順妄念但得妄盡性自開明歇即菩提不從外得肇公云玄道在乎妙悟妙悟在乎即真二任意浮沉

二者任病若復有人作如是言我等今者不斷生死不求涅槃涅槃生死無起滅念任彼一切隨諸法性欲求圓覺彼圓覺性非任有故說名為病

解曰此作意云生死是空更何所斷涅槃本寂何假修求不猒不忻無起滅念任彼一切隨諸法性者火熱水濕之類各各差別之性今時現有一類人云妄從他妄真任他真各稱其心何必改作作亦任作好閑任閑逢餅即喫遇衣即著好事惡事一切不知任運而行信緣而活睡來即臥興來即行東西南北何定去住此病因前諸輪標云圓覺清淨本無修習依於未覺幻力修習失彼文意自謂已覺何必作幻故成任病破中前則驅馳覓佛此乃放縱身心設令善惡不拘即名無記之性七賢

是大道四皓寧爲聖人尚昧欲天焉冥覺體行人至此溺水沉舟宜自鑒懷勿露斯病故前文云若諸衆生本不修行於生死中常居幻化令妄想心云何解脫三止息妄情

三者止病若復有人作如是言我今自心永息諸念得一切性寂然平等欲求圓覺彼圓覺性非止合故説名爲病

解曰此者生心恐非隨情處失一向止息豈合任之但止妄即與何須別照得一切性者息念故離相離相故得性是諸法無性之性非即覺性寂然平等者由我心生妄相故招苦樂差殊今但止息妄心妄盡自然平等此從靜觀中來迷彼取靜爲行及證諸念之言因成此病破中覺本無念見念既無性本靈明迷照亦失念無而有既止息念令無照有而隱何不觀察令顯又眞本無念念既無與性本無止止亦違念故言非止合故故前云於諸妄心亦不息滅慾云心形起滅理況空華圓覺本如智冥眞寂縱依漸止功亦何亡但證心源不言淨用四滅除心境

四者滅病若復有人作如是言我今永斷一切煩惱身心畢竟空無所有何況根塵虛妄境界一切永寂欲求圓覺彼圓覺性非寂相故説名爲病

解曰與前異者前則但息心念令寂此則計於身心根塵本來空寂又前不妨見有根塵但不隨念愛染故云止息此即觀破至於空無故名除滅永斷煩惱等者煩惱之本即是身心若執身心煩惱何斷故標斷煩惱釋以身空何況等者既斷盡煩惱空即身心身心尚空根塵何有一切永寂者身等本空故名永寂諸相既泯寂相現前擬將此心求證圓覺此從寂觀中來彼諸輪中皆云寂滅及斷煩惱迷彼文意故成此病破中夫覺體靈明不唯寂滅今滅惑住寂豈得相應況圓覺者非動非靜雙融動靜恒沙妙用無礙難思住寂之心何能契合言即似近理即全疎與體相違故言爲病三結明眞僞

離四病者則知清淨作是觀者名爲正觀若他觀者名爲邪觀

解曰然上四種行門皆是諸經勸讚況前三觀具有斯文今以此爲病者有其二意一者四病文中皆無觀慧二者但以率心偏住一行不窮善友圓意不究佛教圓文纔悟一門之義便不能久事明師纔見一經妙文便不能廣窮聖意但貪單省執一爲圓是以經文總呵爲病若能四皆通達不滞一門即此四中並皆入道雖然作種種行元來任運清閑雖頓覺身心本空習起還須息滅又須常冥覺體不得取四爲心則自然休時非休作時非作故淨名云但除其病而不除法文中則知清淨者將前四行自驗其心隨落一門即知是病故言離者則知清淨作是觀者雖不取四病而慧解昭然不得懼落四中即便因循而已若他觀者復有閑斯四過離四又更生情便信肯據別爲見解又作是觀者離四

也他觀者取四也問爲說揀師之時求於離病之者爲說學人自離四病若說師病何以問中別標其目又結云作是觀者等若說學人病者云何標云彼善知識所證妙法應離四病答二皆不異旣開經識病須求離病之師旣事此師即修離病之行然別釋之中若師若徒病無別相雖含二意而無二途解釋結文之中即須料簡若結行人即依前釋若結揀師師無四病即須歸依若縱志別求名爲邪觀故菩薩戒云其法師者或小姓年少卑門貧窮而實有德是故不得觀法師種姓意云但觀病中離與不離莫觀種姓貴之與賤三辯事師之心

善男子末世衆生欲修行者應當盡命供養善友事善知識彼善知識欲來親近應斷憍慢若復遠離應斷瞋恨現逆順境猶如虛空了知身心畢竟平等與諸衆生同體無異如是修行方入圓覺

解曰此當答第三行何等行之問故標云欲修行者結云如是修行然且唯說事師更無別行故但辯此以當修行謂菩薩行門本無定跡隨當時事隨差別機但令善事明師明師必自臨事指示亦同善財於文殊處發菩提心已問菩薩行文殊亦不具說但令親近善友遂指德雲比丘展轉令往矣應當供事者涅槃經說是具足因緣故法句經以二十一喻喻善知識謂父母眼目脚足梯橙飲食寶衣橋梁財寶日月身命等後結云善知識者有如是無量功德是故敎汝親近大衆聞已擧聲號哭自念曠劫爲善知識守護今日值於如來乃至未曾報恩無心親近說是語已重復擧聲號泣等欲來親近者夫善友度人種種方便師徒心契法意方傳所以俯就物機相親相近愚者無識憍慢便生慢旣騰心即不入道故云應斷遠離者或欲除慢或遇異緣相去相離便生瞋恨云疎我親彼說愛說憎旣一念瞋百萬障起非論失道亦墮三途故此令斷論語云唯女子與小人爲難養也近之則不遜遠之則怨怨則此瞋恨也不遜則此憍慢也逆順者遠離名逆親近名順又違情曰逆隨情曰順故勝鬘云應攝受者而攝受之應折伏者而折伏之則佛法久住如虛空者心無改易了知等者結事同體悲智所以然者若不了善友及諸衆生與己同體者雖知菩提可進而不能屈節事師雖知薩埵可悲而不能忘軀引道故此示也如是下結因成果四明除病之行此答第四除去何病之問然前文是離病故亦不定局之文

二初明所治

善男子末世衆生不得成道由有無始自他憎愛一切種子故未解脫

解曰自他憎愛前已頻明今復說者是種子故是入道微細病故由此種子雖契圓明故隨所聞法門即生心作意捨此取彼憎妄愛眞能所難忘良由此矣故後能治云即除諸病現行麤而易覺種子細而難明故偏指也後明能治文二一等心觀人

若復有人觀彼怨家如已父母心無有二即除諸病

解曰七品行惑之中此當上惑同上觀也觀之既同應與上樂二等心觀法

於諸法中自他憎愛亦復如是

解曰前既云怨家父母無二例此觀法應云涅槃生死不殊不殊故則無自他憎愛故知諸病只由愛憎妄見自見他故不肯久事師宗但自生情起行今既斷斯種子即知諸病自除所以觀人中云即除諸病此云亦復如是又此文於諸法中明自他憎愛尤顯異於前段前段不言法故五願發心深廣正答第五云何發心之問文三一總標發心二別明心相三通結離邪今初

善男子末世衆生欲求圓覺應當發心作如是言

解曰諸佛因地皆發此心依此願修方成正覺若無心願策引所修行亦不成如車闕一輪鳥唯一翼二別明心相此同金剛經中具四心也四心者彼經彌勒頌云廣大一第一二常三其心不顛倒四令此文二初廣大第一

盡於虛空一切衆生我皆令入究竟圓覺

解曰即同彼經四生九類廣七我皆令入無餘涅槃也第一盡虛空者橫竪皆無分劑一切者不擇强憤怨親故云廣大皆令覺於本覺入於始本不二究竟圓覺故名第一然虛空衆生無有邊際菩薩悲願亦復如是然由發此願自熏成種得成菩提承此願力任運而化不要起心三世諸佛悉同於此若不爾者何異二乘二常不顛倒

於圓覺中無取覺者除彼我人一切諸相

解曰我入覺時我即圓覺衆生亦爾何有取者故天親云自身滅度無異衆生故名常心若見衆生因我入覺即非常也除彼等者除我人及所度衆生等相是不顛倒故天親云遠離依止身見衆生等相故無著亦云已斷我見得自行平等相故信解自他平等上來總是彼經實無衆生得滅度者常心若有我人等相即非菩薩不顛倒心三通結離邪

如是發心不墮邪見

偈中文五依次長行但文略耳一示明師令事五句

爾時世尊欲重宣此義而說偈言

普覺汝當知　末世諸衆生　欲求善知識
應當求正見　心遠二乘法

二分別四病令除二句

法中除四病　謂作止任滅

三辯事師之心五句

親近無憍慢　遠離無瞋恨　見種種境界
心當生希有　還如佛出世

還如佛出世者長行達已同凡此乃敬師如佛四明除病之行二句

不犯非律儀　戒根永清淨

但須能治也以所治憎愛是犯律因云未解脫亦違戒德故此云不犯及永淨也五顯發心深廣一偈半

度一切衆生　究竟入圓覺　無彼我人相

常依正智慧　便得起邪見　止覺般涅槃
初四句如次須四心第五須通結第六潛
具二經長無此有般涅槃之義留對下佛
出現文以釋後一問答道場加行下根修
證得道之處名曰道場謂於此處誓志尅
期加功用行以求證入故名加行下根修
證者謂雖信解前法而障重心浮須入道
場自爲制勒緣强境勝則功用有期問此
入道場但是修前三觀何得别爲大科答
觀行法門雖同修之方便有異隨機施設
故故此文先結前云若在伽藍安處徒衆
隨分思察如我已說結已然後說道場儀
式故知别是一段矣若約四分科經此當
其證修三觀中有證相故文四初三今初
於是圓覺菩薩在大衆中即從座起頂禮佛
足右遶三帀長跪叉手而白佛言
解曰菩薩名圓覺者可引前文再示正陳
中二一慶前
大悲世尊爲我等輩廣說淨覺種種方便令
末世衆生有大增益
解之可知二請後
世尊我等今者已得開悟若佛滅後末世衆
生未得悟者云何安居修此圓覺清淨境界
此圓覺中三種淨觀以何爲首唯願大悲爲
諸大衆及末世衆生施大饒益
沙一　十六
解曰此有四節初躡慶前二若佛下明所
爲三云何下正請於中二初問道場後此
圓覺下問加行四唯願下結請後展虔誠
作是語已五體投地如是三請終而復始
二讃許
爾時世尊告圓覺菩薩言善哉善哉善男子
汝等乃能問於如來如是方便以大饒益施
諸衆生汝今諦聽當爲汝說
三佇聽
時圓覺菩薩奉教歡喜及諸大衆默然而聽
四正說長行中二一答道場二答加行初
中二一結前
善男子一切衆生若佛住世若佛滅後若法
末時有諸衆生具大乘性信佛秘密大圓覺
心欲修行者若在伽藍安處徒衆有緣事故
隨分思察如我已說
解曰佛滅後者正法像法末時者即是
末法具大乘性者宿有聞熏之種不同唯
識永揀餘性信佛等者聞慧初開欲修行
者菩提心發若在等者指前普眼門及三
沙一　十七
觀諸輪所說隨分思察者謂圓機菩薩不
滯空閑種種運爲作諸利益廣度羣品備
學法門隨其閑暇分中則便思察三觀故
言隨分非謂見解未圓名爲隨分二正說
文三一道場期限二限内修行三誡取邪
證今初
若復無有他事因緣即建道場當立期限若
立長期百二十日中期百日下期八十日安
置淨居
解曰無他緣者菩薩逢益即爲遇緣且赴
如法華中官事當行之類若無勝利須建
道場尅志加功以期聖果即三期皆是自
利爲揀利他故名無他事亦可王賊命難
名爲他事定三期者過則情生疲猒少則
功行未圓故最尅三時亦無别義然約三

根配之有其二意一約障盡難易配長期下根中期中根下期上根二約精進懈怠配者即反於此根有利鈍期有遠近對病設藥斯之謂歟後安置淨居者欲使內外清淨身心潔白事理稱可

大方廣圓覺經大疏下卷之三

大方廣圓覺經大疏下卷之三

校勘記

一　底本，清藏本。

一　五七一頁下四行第二字「真」，徑作「其」。

一　五七二頁上七行第三字「勞」，徑作「成勞」。

大方廣圓覺經大疏下卷之四　沙二

唐終南山草堂寺沙門宗密述

二限內修行文二一明道場行相二明遇
夏安居初文二一明隨相用心
若佛現在當正思惟若佛滅後施設形像心
存目想生正憶念還同如來常住之日懸諸
幡華經三七日稽首十方諸佛名字求哀懺
悔遇善境界得心輕安
解曰於中三節初明佛在世行相正思惟
者當知唯心無外境界次若佛下明佛滅
後行相心存目想等者明設像之意謂大
師去世不覩眞儀設像諦觀引心入法相
即無相即見如來亦可想佛眞身常在不
滅懸幡華者嚴飾壇場經三七日者去其
久近無別所表稽首十方諸佛名字求哀
懺悔等者准諸經論開合不同或二善戒經唯
懺悔回向三智論云晝夜三時各行三事謂懺悔勸請隨喜功德無盡轉得近佛
五十住婆沙加禮拜回向即常所用最朝之大懺除發願發願是闍王說要起信
亦同文云應當勇猛精懃晝夜六時禮佛懺悔勸請隨喜回向常不休息其最
儀者即離垢慧菩薩所問禮佛法經總有

八種通說其益則俱能遠離垢障速證佛果若別說者各如注配也一供
養除慳貪障感大財富二讚佛除惡口障得無礙辯三禮佛除我
慢障得尊貴身四懺悔除三四障依正具足五勸請除謗法障多聞
智慧六隨喜除嫉妬障得大眷屬七回向除快劣障成廣大善八
發願除退屈障總持諸行供養者文云嚴持香華等
然有三種謂財法觀行財供復有內外事
皆可知其法供者即十法行謂於教法書
寫供養轉施聽聞披讀受持開示諷誦思
惟修習又新華嚴云諸供養中法供養最
七行所謂如說修行利益攝受衆生乃至不
離菩提心等然稱法施即法供養如善德
受教喜見燒身觀行供養者華嚴緣起平
等章云菩薩凡所施設乃至一香一華一
衣一蓋一供養具皆稱眞理等虛空界即
以全法之身遊諸佛刹稱眞之物供養於
佛等彼經又云我以普賢行願力故華香
音樂衣服等一一量如須彌諸香油燈燈
炷一一如須彌山燈油一一如大海水即
同願此香華雲遍滿十方界等讚佛者情
發於中而形於言言之不足故歌咏之諸

經讚詞甚多不可繁列禮佛者准魏朝勒
那三藏禮佛觀門優劣有七一我慢禮身
依次立心無恭敬高尊自得恥於下問如
碓上下二唱和禮徒肅形儀心無淨想高
聲喧雜詞句渾亂上二非儀三恭敬禮敬從心
發運於身口五輪著地斷道離蓋住通具眼右膝正覺左膝不邪右手動地左手攝外頂得頂相言發情懇闡唱佛名便
念佛身莊嚴晃曜心想成就云云此通人天二乘及六度菩薩宗教中禮也四無相禮發智清淨解佛境界
深入法性離能所相自淨身心蕩蕩無礙
始教空宗也空是大乘初門故五起用禮觀自身心及一
切佛不離法界如影在鏡諸行位地因緣
果報一一皆爾故普運身心遍禮一切終教
中從體起用也六內觀禮但禮身內法身眞佛不
緣他佛若外有可觀邪人行還若能返照
解脫有期終教中顯實宗也不計空色直見本覺眞性如論中心體離念等此意以背塵合覺爲歸依禮敬也七實相禮若內若外若
凡若佛同一實相見佛可禮亦是邪見觀
身實相觀佛亦然安心寂滅名平等禮故
文殊云不生不滅故敬禮無所觀等頓教禮也

即心見境界佛即境見唯心佛不取眞棄假混絕無寄但得如此於法自然常冥法界常禮諸佛亦可第四空觀禮眞諦佛五假觀禮俗諦佛六中觀禮第一義諦佛此門則三觀一心禮三諦一境佛廣如彼說清涼大師又加八大悲禮九總攝禮十帝網禮以圓十數順其宗矣行願經云一一佛所現不可說不可說佛刹微塵數身一一身遍禮不可說不可說佛刹微塵數佛盡虛空界無有窮盡念念相續三業無疲今經既是隨相門中且當第三第五禮也餘在下離相攝念中懺悔者具云懺摩此云悔過若別說者懺名陳露先罪悔名改往修來滅除三障四障成淨戒善三障者如佛名經說罪雖無量不出其三一煩惱斷慈慧命賊劫善法瀑河羂鎖二業巧作六道令各不同懺之有三一伏二轉三滅然小乘唯時定報不定者方除大乘一切皆滅又善心懺罪即上下品類敵對若智斷煩惱及防未起之罪則上敵下下敵上三果報時至非空非海山石方所脫之不受唯識乃滅此三能障聖道及以人天故名爲障此三滅者八萬塵勞皆悉清淨四障者華嚴隨好品中加一見障見及煩惱利鈍分異業報則因果分異故然欲懺者先知展轉起由由無始不覺起貪瞋癡煩惱也是業之因也發身口意能發是三業故唯識說皆悉爲體所發是造業具故覺行品闕之成六也造一切業

善惡不動是所造業體也受諸苦惱報障也受有順現生後故婆沙云三三合九種從三煩惱生然懺有二意若約責心四障俱懺若就所作唯懺惡業於中復有二種一若犯遮罪先當依教作法悔之二若犯性罪復須起行起行復二一事理二順逆初中事如方等嚴場香塗圓壇高座請二十四尊設鬘新衣或洗七齋三浴請一內外律者受二十四戒對師說罪要八日十五日當以七日爲期此不可滅也佛名經等歸三寶興七心一慚愧二恐怖三厭離四發菩提心五怨親平等六念佛報恩七觀罪性空通於萬行方等准事佛名理事理如淨名觀罪性空不在內外等難曰觀罪性空罪即滅者觀福性空福亦應滅答曰不也以罪違性福順性故眞性望罪是能治能治顯時所治之罪即滅望福是能生能生顯時所生之福無盡故金剛經云無住相布施福德如虛空等普賢觀經及華嚴隨好品具二種懺觀經明晝夜精懃禮佛即是事懺觀心無心從顚倒起若欲懺悔者端坐念實相即是理懺隨好品中等衆生界善身語意業悔除諸障即是事懺觀諸業性非十方來止住於心從顚倒

生無有住處等即是理懺事懺除末理懺拔根二順逆者唯天台止觀須達順逆十心謂先識十種順生死心以爲所治一妄計我人起於身見二內具煩惱外遇惡緣我心增盛三內外既具滅善心事不喜他善四縱恣三業無惡不爲五事雖不廣惡心遍布六惡心相續晝夜不斷七覆諱過失不欲人知八虜扈抵突不畏惡道九無慚無愧不懼凡聖十撥無因果作一闡提從無始來若自及他無不皆爾次起逆生死心從後翻破一明信因果二慚愧尅責屏罪慚天顯罪愧人三怖畏惡道翻抵突也四不覆瑕疵翻覆五斷相續心如再犯王法及吐已還食六發菩提心心等虛空翻前惡過七修功補過翻前縱惡八守護正法翻前滅善九念十方佛翻惡緣也十觀罪性空見無我也若具此者無罪不滅若不解者設入道場徒爲勞苦然上理事逆順若皆相應則一念懺悔功德與無始惑業齊等義如行願經婆沙論勸請者凡小自度但懺而已菩薩愍衆故須勸請勸請有二一請轉法輪偈云云謂知

聲如響了法實畢竟無生知佛法輪所出生處即常請常說未曾失時二請佛住世偈云云准行願經三乘賢聖諸善知識皆請住世然其義意乃有二請一隨相請可知二稱性請謂佛本常住衆生心垢業惡故不能見但依智離識常作佛觀心清智明即常見佛此義如下遍修三觀中釋故行願經云虛空界盡乃至我此勸請無有窮盡念念無間三業無猒請說請住皆爾隨喜者隨所見他善事而生歡喜又隨順歡喜也由昔不喜他善故今發隨喜心而慶悅彼以除之也准行願經於如來因果善根及六趣二乘一切菩薩所有功德悉皆隨喜佛爲最勝所以先明法華則唯隨喜如來權實功德回回轉向趣向者回已修善向於三處謂實際菩提衆生展局成廣如聲入角所以要此三者凡是菩薩必大悲下化大智上求而離衆生及菩提相又此三者其必相資一即具三方成其一發願者策勵運意爲發希求樂欲爲願即四弘誓或五願也彌綸諸行直

至菩提心成以之爲體然上八重生起有緒謂發心香華供養口讚身體次洗滌法器欣求法雨攝他同己回向三處願皆成佛然行願雖云十種但於勸請回向中開別義耳若不備斯理事何成禮懺觀門故爲辯明勿識其廣末後兩句道場獲益或見佛像或覩光明不作聖心即善境界身心調暢輕利安和神氣精明肢體柔潤論中說禮懺等五事已亦結云得免諸障善根增長天台止觀第九門中善根發相有其眞僞眞僞者隨因所修數息等禪發先說五停心觀發相後始明此眞僞故所發之法身手紛動或重或輕或寒或熱或念散善或起惡覺乃至憂喜驚樂此名邪定若人念著多好失心或鬼神知之則加勢力令發諸定智辯神通感動世人謂得道果乃至命終墮鬼神道若因此行惡即墮地獄若能知之正心不著即當謝滅眞者無有如上之法一一禪發即與信等相應分明清淨內心悅樂智鑒分明身意柔輭微妙虛寂猒患世

間唯忻出離若見此善根發時應隨所宜或止或觀修令增長今經云遇善境即信等相應次云攝念等及下修三觀即彼長養之意隨相竟　二明離相用心

過三七日一向攝念

解曰亦名會緣入實謂初以塵心麤重今託勝相爲緣相既皆虛誠宜入實攝念者論云若修止者住於靜處端坐正意乃至心若馳散即當攝來住於正念正念者當知唯心無外境界然論與經皆先以禮懺等除惑業之濁次以正念攝馳散之動空而又寂方能現佛境之像　二明遇夏安居文三一標異聲聞

若經夏首三月安居當爲清淨菩薩止住心離聲聞不假徒衆至安居日即於佛前作如是言

解曰然建道場或在伽藍或於餘處期限未滿夏首已臨入衆安居則乖誓約自終期限又犯毘尼道場中人由此疑惑如來遠念故爲辯明爲俗乖律即非因大廢小

無失故決定毘尼經說持聲聞戒是破菩薩戒持菩薩戒是破聲聞戒心離聲聞者大小不同次下即說不假徒衆者不必六和作如是言亦在下二正陳詞句

我比丘比丘尼優婆塞優婆夷某甲踞菩薩乘修寂滅行同入清淨實相住持以大圓覺爲我伽藍身心安居平等性智涅槃自性無繫屬故今我敬請不依聲聞當與十方如來及大菩薩三月安居爲修菩薩無上妙覺大因緣故不繫徒衆

解曰比丘梵語此含三義故存梵不譯一怖魔二乞士三淨戒尼者女也謂女比丘優婆塞夷者此言近事男女謂親近比丘比丘尼而承事故小乘局於二衆大乘道俗俱霑踞者居也菩薩乘者揀羊鹿車寂滅行者揀四諦行藏海疏云伽藍此云衆園園是衆居處故圓覺則萬德所依以八識海澄流注寂滅體遍法界故得名大於四智中則圓鏡也身心安居者身者五識身依五色根故心即第六意識以五識取塵意識分別熏動心海波浪從生故不名安今意無分別五不妄緣識浪永寂與體一如故名安也身安故即成所作智心安故妙觀察智平等性智者比以四惑相應妄計賴耶爲自內我於平等理中起不平等見今旣所緣性寂能緣七識自如如性皆同故平等矣涅槃自性無繫屬者爲揀二乘計著方處今順法性故無所屬大因緣故者不拘小節之意也然小大安居略有八異一所依異別界圓覺二假實異定實示現三住持異事相實相四結安異對手作法獨自稱名五成安異身不出界心不起念六失安異身出越界念起背本七還界異身不逾時及界念不間斷而覺八所祈異阿羅漢果無上菩提問大小二藍何寬何狹答若以成相則大寬小狹界內及圓覺故若以破相即小寬大狹身出界及當處念起故三結示休期

善男子此名菩薩示現安居過三期日隨往無礙

解曰道場三期已滿小乘夏限未終以本非小乘安居故不妨隨往無礙三誡取邪證

善男子若彼末世修行衆生求菩薩道入三期者非彼所聞一切境界終不可取

解曰此文是總標加行中所證之境誡其邪謬非彼所聞境界者夫信解行證雖階級不同而所信乃至所證之法始終不異謂解則解其所信修則修其所解證則證其所修今明證得境界若非本所信等法即不應取二答加行文三一別修三觀二遍修三觀三互修三觀初文二一別釋二總結初中三一靜觀二幻觀三寂觀初中又三一修觀成

善男子若諸衆生修奢摩他先取至靜不起思念靜極便覺如是初靜從於一身至一世界覺亦如是

解曰至靜等義具在前明覺亦如是者例於靜也應云如是初覺從於一身至一世界靜即是體是定覺即是慧是用初觀成

不見自身之相名一身靜以我身靜時當體是覺名一身覺世界亦然二起功用

善男子若覺遍滿一世界者一世界中有一衆生起一念者皆悉能知百千世界亦復如是

解曰知衆生念者世界既全成覺衆生全在覺中故所起念無不了達如影入鏡鏡照無遺百千世界類此可解說則以一例多覺發則同時已遍三誡邪證

非彼所聞一切境界終不可取

義同上也二幻觀文二一明正觀

善男子若諸衆生修三摩鉢提先當憶想十方如來十方世界一切菩薩依種種門漸次修行勤苦三昧廣發大願自薰成種

解曰憶想等者前至靜觀不假外緣今起幻門中須憑聖境前威德殴中圖說故約大悲化生令道場之内且自尅修故約大智求佛亦可諸佛菩薩必以大悲爲本但依佛菩薩種種之門自然具大悲也道場之内且學悲心限滿對緣即將化用漸次等者前至靜歸體功則頓現今隨差別之相故應漸次所以前有起於功用今即無文是斯意也又亦可以倒合有功用但是文略或傳譯脫漏願薰成種者但能發願願不虛行願廣心眞漸薰成種即前文云願我今者住佛圓覺莫值外道二乘是也

二誡邪證

非彼所聞一切境界終不可取

文義亦同三寂觀文三一修觀成

善男子若諸衆生修於禪那先取數門心中了知生住滅念分齊頭數如是周遍四威儀中分別念數無不了知

解曰先取數門者先用數息觀門治諸覺觀漸入妙境然修息者有六妙門謂一數二隨三止四觀五還六淨據天台說或依次第或隨便宜及對治旋轉觀心等次第者六各有二一修二證數中修者調和氣息不澁不滑安詳徐數從一至十想心在數不令馳散證者覺心任運任於息緣即捨數修隨（下皆說捨前修後之意也）隨中修者隨息出入想心緣息無分散意證者心既微細覺息長短遍身入出心息任運相依綿綿若存若亡恬然凝靜即捨隨修止止中修者不念前二凝寂其心證者覺身心泯然不見內外觀中修者定中觀於細微出入息想身心不實刹那不住定何所依證者覺出入息遍諸毛孔心眼開明徹見三十六物得四念處破四顚倒還中修者反觀觀心無所從生何有觀境境智雙亡道源之要證者心眼開發不加功力任運破析返本還源淨中修者知五蘊空故不起妄想心本淨故證者如是修時豁然開發三昧正受心無依倚無漏慧發隨便宜者謂於六中調試其心各經數日即知便宜隨便而用心若安隱必有所證證者謂種種禪定對治者攀緣諸境即數乍昏乍散即隨氣麤心動即止貪瞋障起即觀癡邪障起即還惡念惡境即淨然上三門有其通別謂凡夫（求樂）外道（有見）二乘（求涅槃也）菩薩通修數息道而宗趣不同故所證亦別今且唯明

菩薩者但爲求無師自然智如來知見愍念衆生故修息也如經中說阿那般那三世諸佛入道之初門故新發心菩薩欲求佛道應先調心數息知息幻化非生死涅槃以平等大慧無取捨心入於中道名見佛性得無生忍今經所明即是此意此後二門則一向别唯一乘故旋轉者如數息時先發願度生嚴土即當了所數之息即空空即息非眞非假非世出世如夢幻等無而分別息念亦爾不妨從一至十了了分明知此息相成就世出世間一切諸法一一通達說不可盡餘隨等五一一如是觀心者此爲上根不由次第懸照法源源者心也觀心無相即了萬法約心數法心即數門心數隨心即是隨門心寂即止覺心即觀心無能所即還惑不能染即淨直觀心性六門即具不由次第今此經者用心在此第五前云以淨覺心故此云心中了知故修在初門文云先取數門及漸進故或亦二三唯云先取數者舉一例於餘故成在第四乃至得知百千世界故或始終唯在第五心即數門不必息故心中了知下三句者由前心息相依息調心淨因息數而入心數或不由息但入心數故了知心中生住異滅麤細妄念本末分劑頭緒數量一一分明謂生滅各一住四異二經無異字者或略之且順三世或傳寫脫漏故論云得無念者則知心相生住異滅乃至同一覺故既云無念同於一覺正當此門絕待中觀問文無無念之言云何同此答三觀體用文在前章今此但明修之方便彼有絕對待之念又有寂滅之文由是科云靈心絕待絕待無念一覺靈心豈非同耶絕念之慧方能了知生住滅念故於此觀明之然論約究竟極證故說位滿方盡今據觀門慧發故許俱時了知周遍四威儀等者初則宴坐照見後則行住皆知知即無患譬如妖魅所欲著人若知其名自然消滅二起功用

漸次增進乃至得知百千世界一滴之雨猶如目覩所受用物

解曰淨心是圓覺體世界本在其中觀行成就全合靈源知雨渧固宜本分非論雨滴萬物皆然舉一例諸且標雨滴故前釋云旋轉諸法一一通達凡夫之類迷此靈心隨念所知故無其用三誡取邪證

非彼所聞一切境界終不可取

義准前也然此三觀雖各有證相理實圓修方證圓覺如前文說天台三止三觀證中(第十門也)亦云具修方爲究竟謂了知諸法因緣虛假從假入空次從空入假因此入中雙照二諦心心寂滅自然流入薩婆若海於一念中具一切佛法了了見性安住大乘行步平正其疾如風行如來行入室著衣坐牀六根清淨於一毛孔具含一切乃至八相成道即是初發心住菩薩如華嚴涅槃大品法華等說後心證果境界則不可知推教所明不離止觀之果如法華涅槃所說今經證相即初住也又彼說六妙門證相云證有二種一者解證無礙巧

慧不由心念自然圓識法界二者會證妙慧明然開發明照法界通達無礙此復二種一相似證如法華六根清淨二眞實證復有三等一初證即初發心住以正慧開如來藏顯眞法身亦名爲佛二中證中間諸位三後證得一念相應慧妙覺現前窮照法界功用普備今經證相即相似也彼知三千界內一切所有此知百千世界心念而滴故或即實證之初靜極覺遍故所知世界越三千故前云心現十方佛故下名如來出現世故圓頓教中因果交徹前後證相不局定故三總結

是名三觀初首方便

解曰前問云三種淨觀以何爲首故具答已結云是名等也即知前段三觀諸輪雖具釋相趣入方便是此所明二遍修三觀

若諸衆生遍修三種勤行精進即名如來出現于世

解曰如來本所示生只緣勸物修習今三觀既備則萬行已圓故就此人已名佛出又即此人本覺離念名爲佛出然前離四病云證覺般涅槃今修三觀名如來出世今以出世涅槃相對而釋有其二門一約實義二約對機實義有三一緣起即空之眞諦則非出非般故大經云如來不出世

鈔二 十六

亦無有涅槃二眞如緣起之俗諦則念念處處而出現念念處處而涅槃大經又云菩薩應知自心念念常有佛成正覺如自心一切衆生心亦復如是（即念念也）又云當知無有少許處空無佛身（即處處也）涅槃者即如上遍一切處出現之佛身既是緣起有爲之相念念即生即滅四相同時今以生生即滅爲念念處處而般涅槃三約第一義諦即常住世常涅槃謂寂而常照故爲住世照而常寂故爲涅槃對機者機緣感則菩提樹下而出現機緣盡則雙林樹間而涅槃故大經云佛子諸佛如來爲令衆生生欣樂故出現於世欲令衆生生戀慕故示現涅槃譬如日出普照世間淨水器中等對今經意配釋可知三互修三觀文三

一明修觀不成

若後末世鈍根衆生心欲求道不得成就

解曰下中之下力不遂心二令懺除惑業

由昔業障當勤懺悔常起希望先斷憎愛嫉妬諂曲求勝上心

鈔二 十七

解曰重發誓願決心欲證加功勵志懺業斷惑論中亦云若人修行信心以從先世罪業衆多障礙應當勇猛禮懺等三令隨便互修

三種淨觀隨學一事此觀不得復習彼觀心不放捨漸次求證

解曰有人色想所礙空靜之觀難成先觀色幻幻即全空靜觀方成復有執定實色礙於心識難觀假幻先知其體本無而不妨覩其假相方成幻觀復有修中難成絕待先知假全空而無假空全假而無空空假俱無絕於對待方見寂滅又有人直見心源方知諸法即性故空不壞相故假或但從性現故假無別所現故空先後綺互如諸輪說偈讚中二第一道場中三初一

偈期限

爾時世尊欲重宣此義而說偈言

圓覺汝當知　一切諸衆生　欲求無上道

先當結三期

次三句行相

懺悔無始業　經於三七日　然後正思惟

正思惟者攝念已後文也後二句誡邪

非彼所聞境　畢竟不可取

長行總別相計四段此則合爲一處第二

加行中三初一偈別修

奢摩他至靜　三摩正憶持　禪那明數門

是名三淨觀

次二句遍修

若能勤修習　是名佛出世

後五句互修

廿二

鈍根未成者　常當勤心懺　十八　無始一切罪

諸障若消滅　佛境便現前

結前及安居之法長有偈無佛境出現長

先偈後餘但文略大文第三流通分謂正

宗之分法義已周欲使廣益他方遠霑來

世流傳通泰展轉無窮故有此分都無人

傳是不流流則不住不滯傳之遇其障難

是不通通則不壅不塞文五一慶聞深法

請問流通二讚許佇聽交感流通三依問

宣說內護流通四稟命加衛外護流通五

時衆受持總結流通初文三段同上今初

於是賢善首菩薩在大衆中即從座起頂禮

佛足右繞三帀長跪叉手而白佛言

可知二正陳中二一慶聞所詮

大悲世尊廣爲我等及末世衆生開悟如是

不思議事

解曰近慶道場遠該一部二請問能詮

世尊此大乘教名字何等云何奉持衆生修

習得何功德云何使我護持經人流布此教

至於何地

廿三　十九

解曰然正宗分中但問所詮法義法義雖

已圓備凡心難可任持聞時領會分明過

後恐遂遺忘事須持教以教貫穿文既不

遺隨文解義依義起觀方成眞正修行故

此問經教也名字者解義先須識名迷名

於義不了奉持者前雖已說持法今問持

教功德者依理修行證聖已知功德無邊

受持名教恐無利益故問護持者如何擁

護持經之人流布等者總結十法行也謂

於此經供養寫施聽受讀誦說釋思修如

是分布流傳展轉終歸何地後三展虔誠

作是語已五體投地如是三請終而復始

二讚許

爾時世尊告賢善首菩薩言善哉善哉善男

子汝等乃能爲諸菩薩及末世衆生問於如

來如是經教功德名字汝今諦聽當爲汝說

三佇聽

時賢善首菩薩奉教歡喜及諸大衆默然而

聽

三依問宣說文二初且標能說能護之人

善男子是經百千萬億恒河沙諸佛所說三

世如來之所守護十方菩薩之所歸依十二

部經清淨眼目

解曰說此經佛既是眞身眞身無礙塵沙

同體故一說即是多說華嚴云十方諸如

來同共一法身一心一智慧力無畏亦然又不了義經則隨方有說不說了義之教無佛不該如華嚴云我不見有佛國土不說此經等守護亦如華嚴經云我等諸佛護持此法令未來世一切菩薩未曾聞者皆悉得聞歸依者因行之中無不從此成佛眼目者良以推窮迷本照徹覺源是以理貫羣經義無不盡於此若解則諸教煥然若不了之何知正道故云眼目二正答所說所護之法文五一答名字二答所至三答奉持四答功德五答護持令初

是經名大方廣圓覺陀羅尼亦名修多羅了義亦名秘密王三昧亦名如來決定境界亦名如來藏自性差別汝當奉持

解曰經有五名二名已釋秘密王三昧者非器不聞名秘隨器異聞名密三昧之名其義無量圓覺三昧是彼根源故稱王也如來決定境界者極證之處如來藏自性差別者如來藏即圓覺在纏之名妄不能變名為自性隨緣起妄名為差別又空如來藏不空如來藏即是差別汝當奉持者勅令依此名義而持然答奉持之問者若以文顯則不妨因說經名承其文勢便於此答若以義求則在後頓漸文中二答所至文二一標行所依

善男子是經唯顯如來境界唯佛如來能盡宣說

解曰前云是諸眾生清淨覺地又說無明貪愛四相四病今云唯顯如來境界者下句自釋唯佛能說故說無明等皆無所有正是佛境佛境若不顯現眾生豈得皆空生若不空豈徹覺地故華嚴信位即佛境甚深雖智與知殊皆佛境界是此意也二依修所至

若諸菩薩及末世眾生依此修行漸次增進至於佛地

解曰依此修行者含十法行由經唯顯佛境故修之必至佛地三答奉持文二一法

善男子是經名為頓教大乘頓機眾生從此開悟亦攝漸修一切羣品

解曰宗是頓教事具漸門既漸頓俱收則遲速皆益已悟者文字性離而持法未悟者無離文而持義是奉持之相也入與不入總可留心故正宗中分上中下二喻

譬如大海不讓小流乃至蚊虻及阿修羅飲其水者皆得充滿

解曰謂漸教則乖頓教頓門必具漸門蚊虻飲海喻二乘受持修羅所飲喻菩薩受持大海有無量之水飲之則量腹之少多圓覺有無邊法門受之則隨器漸頓四答功德文三一以施寶校量顯聞經勝意明其福以福校量二以度人校量顯說經勝意明其智非智不能度人故又聞者假令不解亦生其福說者必無不解故唯智也三以宿因反驗顯信經勝雙明福智初中二初舉劣

善男子假使有人純以七寶積滿三千大千世界以用布施

解曰積福可知二顯勝

不如有人聞此經名及一句義

解曰如金剛經校量文倒懸云且世珍寶

剎能爲漏果之資妙法一言必獲菩提之報二以度人校量者謂前以劣福顯勝福此以劣智顯勝智文二初舉劣

善男子假使有人教百恒河沙衆生得阿羅漢果

解曰積德可知二顯勝

不如有人宣說此經分別半偈

解曰凡全偈者所謂四句句有二種謂文句義句若約文句即兩句爲半偈若約義句則說一切法本來空寂是半偈也顯空體不空方爲全偈或無常真常爲半及全三以宿因顯信經勝雙明福智者經文自顯也文二一明聞信

善男子若復有人聞此經名信心不惑

可知二驗宿因文二一反顯

當知是人非於一佛二佛種諸福慧 沙三 二十三

可知二順明

如是乃至盡恒河沙一切佛所種諸善根聞此經教

解曰亦如金剛文勢然此宗信者必是即解之信信該果海不是小緣故驗宿因亦非聊示人耳五答護持

汝善男子當護末世是修行者無令惡魔及諸外道惱其身心令生退屈

解曰前問云何護持今答意云但莫令惡魔外道惱身心者即是護持然惱身心俱通魔外若以義配者外道以邪智惑人令疑是惱心也魔以神力令人種種不安乃至病等是惱身也故經說衆魔者樂生死外道者著諸見等等取瓔珞是非勝負二事皆令初心行人退屈實藉護持四稟命外護文三一力士衆

爾時會中有火首金剛摧碎金剛尼藍婆金剛等八萬金剛并其眷屬即從座起頂禮佛足右繞三帀而白佛言世尊若後末世一切衆生有能持此決定大乘我當守護如護眼目乃至道場所修行處我等金剛自領徒衆晨夕守護令不退轉其家乃至永無災障疫病銷滅財寶豐足常不乏少

解曰金剛者執此杵故若取名者梵語諾健陁神此云露肩露肩神也首頭也頭有火焰故摧碎者從用得名尼藍婆者未見翻譯此神等初發心時常願爲力士護修行人其家者在家衆也凡發大心皆有障難障難多種略舉災病故云乃至財寶足者備道資緣不必富奢方多豐足故次云 沙三 二十四 常不乏少不乏故即進趣妙門不退屈也

二天王衆

爾時大梵王二十八天王并須彌山王護國天王等即從座起頂禮佛足右繞三帀而白佛言世尊我亦守護是持經者常令安隱心不退轉

解曰大梵者別指初禪王娑婆世界主二十八天者總指三界須彌山王別明帝釋護國者別顯四王別標三類者以梵與釋諸佛轉法輪時皆爲請主護世持國使災害不生故於總列之外而更別明三鬼王衆

爾時有大力鬼王名吉槃茶與十萬鬼王即從座起頂禮佛足右繞三帀而白佛言世尊

我亦守護是持經人朝夕侍衛令不退屈其人所居一由旬内若有鬼神侵其境界我當使其碎如微塵

解曰吉槃荼者亦名鳩槃荼食人精血其疾如風變化稍多住於林野管諸鬼衆故號爲王來至道場而爲上首其數十萬一一若斯依附深山或居巖穴其形可畏通變極多不屬人天住居鬼趣一由旬者則四十里（或六十里）五時衆受持

佛說此經已一切菩薩天龍鬼神八部眷屬及諸天王梵王等一切大衆聞佛所說皆大歡喜信受奉行

解曰文殊所問經說有三種義歡喜奉行一說者清淨不爲取著名利所染故二所說清淨以如實知法體故三得果清淨即說益也

自惟無始迷心海　曠劫漂沉生死波
塵沙諸佛出人中　浮木盲龜難值遇
何幸此身逢了教　千重疑滯頓冰消
尋思累世積聞熏　慚愧多生善知識

上士慈悲哀末世　始終次第爲諮詢
能仁應感稱心源　本末無遮頓演說
已採羣詮扣眞寂　隨應聖旨解斯文
普迴功德向衆生　同入神通大光藏

大方廣圓覺經大疏下卷之四　終

大方廣圓覺經大疏下卷之四

校勘記

一　底本，清藏本。
一　五八一頁中一行第七字「成」，徑作「戒」。
一　五八六頁下六行「後三展」，徑作「展」。
一　五八六頁下八行首字「二」，徑無。
一　五八六頁下一二行首字「三」，徑無。
一　五八八頁中末行「梵語」，徑作「梵云」。

大佛頂首楞嚴經會解敘　　綿一

師子林沙門　惟則

首楞嚴經者諸佛之慧命衆生之達道教網之宏綱禪門之要關也世尊成道以来五時設化無非為一大事因緣求其總攝化機直指心體發宣真勝義性簡定真實圓通使人轉物同如来揮指超無學者無尚楞嚴矣釋其名則一切事究竟堅固即所謂徹法底源無動無壞而如来密因菩薩萬行靡不資始乎此而歸極乎此耳考其所詮則談圓理以明真性闡圓行以示真脩其性也體用雙彰其脩也果因一契原始要終了義之說也良由諸脩行人背真向妄不成無上菩提或愛念小乘得少為足或欲漏不除畜聞成過故阿難以多聞邪染為緣波發大教而世尊首告之曰一切衆生生死相續皆由不知常住真心性淨明體用諸妄想此想不真故有輪轉又曰有三摩提名大佛頂首楞嚴王具足萬行十方如来一門超出妙莊嚴路斯一經理行之大本也歟由是破七處攀緣別二種根本因見顯心因心顯見雖心見互顯而正顯在心如以盲人矚暗喻見非眼屈指飛光驗見不動即觀河之非變比垂手之無遺辨於八還擇於諸物非舒非縮無是無非使悟淨圓真心妄為色空及聞見耳既悟妄為尚疑混濫故又破自然因緣示見見之非見合別業同分指見妄之所生且以一人例多人以一國例諸國總顯器界根身同一妄耳自淺而深自狹而廣雖多方顯妄而所顯惟真故又舉陰入處界廣及七大融會入於如来藏性使悟物我同根是非一體妄無自性全體即真凡十界依正之相皆循業發現而已既悟即真尚迷循發故又荅山河大地之難深窮生起之由譬虛空不拒諸相發揮顯真妙覺明圓照法界一多互應小大相容即體即用非俗非真至于離即離非是即非即則藏心妙性不涉名言矣復引照鏡狂走喻妄無因結責多聞勸脩無漏通而言之皆圓理也理解雖圓非行莫證故又明二決定義初審因地發心伏斷無明為脩行之要次審煩惱根本意擇圓根為發行之由於是定六根優劣令一門深入擊鐘驗常綰巾示結陳二十五聖所證法門勅選耳根為初心方便而又教以攝心軌則安立道場遂開四重律儀頂光神咒通而言之皆圓行也乃至由三增進成就五十五位真菩提路雖談證位未盡行因下而戒業習於七趣情想防禪定於五陰魔邪無非行門之事必期於圓滿菩提歸無所得始得名為究竟堅固之證也然則依究竟堅固之理立究竟堅固之行脩究竟堅固之行證究竟堅固之理楞嚴教旨大抵如是是知教行理三悉號楞嚴了義之說莫此加矣科經者合理行為正宗離正宗為五分一見道二脩道三證果四結經五助道謂見道而後脩道脩道而後證果此常途之序固爾究論上根脩證如發明藏性之後謂不歷僧祇獲法身請入華屋之前謂疑惑銷除心悟實相之類又豈局於常哉大哉教乎夫欲發真歸元明心見性者於此宜盡心焉然是經無教不收無機不攝或言偏意圓或名同

體異昧劣之士有所不達弘經者思所以達之從而爲之解自唐而宋解者凡十餘家始余見長水璿師孤山圓師泐潭月師温陵環師之說又閱吳興岳師之集併得興福慤資中沇真際節檇李敏諸師之意無不大同惟所見或各從一長乃不能不小異遂使行者泣岐莫辨良遺則不達之患不在彼而在乎此矣今余會諸家要解以通大途異不公乎衆者節之異而互通者互存之互爲激揚者審其的據而取之間有隱略乖隔處則又附巳意目爲補註若合殊流同歸于海故爲之會解意道本無言非言不顯佛不得已而言矣言有不達道無以明則諸師之言亦不容其已也言既多而不同去道轉遠則會解者又豈容其自已哉解既會矣庶幾覽者因會解以知人之言因人言以知佛之言佛言知矣究竟堅固者得矣曰行曰理曰教曰禪曰達道曰慧命皆剩語矣況所謂解與會哉時至正二年壬午佛成道日廬陵沙門惟則述于姑蘇城中之師子林

昔天台智者大師聞西域有是經夙夜西望願見而未及見也唐武后長安末般剌密帝三藏始持梵本自南海至廣州會宰相房融知南銓在廣請就制止寺譯出而筆受之中宗神龍元年乙巳五月廿三日經成謄寫入奏適朝廷多故未遑頒行有神秀禪師入内道場見所奏本傳寫歸荆州度門寺時慧振法師訪度門而得之經始傳天寶十年西京興福寺惟慤法師復於故相房融家得其筆受之本始作疏解而廣傳之繼是則有長水孤山吳興諸公遞相發明而解益詳矣然學者或困於詳而莫能徧探今師子林天如禪師會解一出則不待徧探而衆美具在不勞辨覈而群疑自消誦習之便莫便於是矣愚與師遊從既久自其捜括諸家參酌去取凡三年而會解成皆愚所目擊蓋亦頗知其深有功於是經者也兹因募衆梓以流通乃復紀經來之歲月云臨川沙門克立題

會解所引教禪諸師名目

年代未詳姑據所聞而列

興福法師諱惟慤　資中法師諱弘沇
真際法師諱崇節　檇李法師諱洪敏
長水法師諱子璿　孤山法師諱智圓
吳興法師諱仁岳　泐潭禪師諱曉月
温陵禪師諱戒環

開經偈

無上甚深微妙法　百千萬劫難遭遇
我今見聞得受持　願解如來真實義

大佛頂如來密因脩證了義諸菩薩萬行首楞嚴經會解卷第一

天竺沙門般剌密帝譯
烏萇國沙門彌伽釋迦譯語
菩薩戒弟子前正議大夫同中書門下平章事房融筆受
師子林沙門　惟則　會解

温陵曰如來果體其體本然何假密因菩薩道用其用無作孰爲萬行無因無行無脩無證無了不了大小名相一切不立此

真首楞嚴究竟堅固者也特以衆生如來隱於藏心非密因不顯衆生菩薩淪於七趣非萬行不脩覺皇於是示之以大法使不迷於小道而默得乎無外之體喻之以佛頂使不滯於相見而妙極乎無上之致

指如來密因使明本妙心知三世諸佛皆依此爲初因明脩證了義使悟究竟法知一切聖人皆依此而證果乃至具足菩薩萬行一切事法無不究竟至於實相堅固不壞故名大佛頂如來密因脩證了義諸菩薩萬行首楞嚴經經即能詮之文而已詮猶筌也知經爲筌則從而釋之者皆筌也非魚也學者慎勿執筌爲魚然後首楞真經可得矣補註曰梵語首楞嚴乃大定之總名也此翻一切事究竟堅固古師云未脩此定一切事法宛尒差殊爲法所縛得此定時山河大地明暗色空一切事法當處寂滅即是常住心性故云究竟堅固如法華云是法住法位世間相常住韶國師云心外無法滿目青山亦此義也上畧

釋經題竟若其翻譯筆受等來歷及分門科判之類諸師既有明文茲不繁引

如是我聞一時佛在室羅筏城祇桓精舍與大比丘衆千二百五十人俱

溫陵曰如是之法我從佛聞此集者因佛立言證法有所授而已不必他說一時之語亦因佛立諸經通用故不定指也孤山曰室羅筏或云舍衛新翻豐德以國豐四德一貨財二欲境三多聞四解脫祇具云祇陀正云逝多此翻戰勝太子之名也生時父王與外國戰勝因立美號即須達爲之買園造立精舍以施佛者桓即林也比丘含三義乞士破惡怖魔也長水曰千二百五十人者初度陳如等五人次度三迦葉兄弟兼徒一千次度舍利弗目揵連各兼徒一百次度耶舍長者等五十人經舉大數故减五人此衆並先事外道勤苦累劫一無所證繞遇佛即得上果故感佛恩常隨佛化爲常隨衆也補註曰會解之例不以人品年代先後爲次第盖於諸家之解互有去取但以所取之解隨經文先後而揷入焉解之同者不重取貴在一路貫通如出一人之口而已

皆是無漏大阿羅漢佛子住持善超諸有能於國土成就威儀從佛轉輪妙堪遺囑嚴淨毗尼弘範三界應身無量度脫衆生拔濟未來越諸塵累

孤山曰無漏者内實中道不漏落二邊也準涅槃四依品十地菩薩名阿羅漢溫陵曰華嚴歎衆住一切菩薩智所住境讃持諸佛正法之輪所謂佛子住持也法華歎衆盡諸有結心得自在所謂善超諸有也能於國土成就威儀者隨刹現身正容悟物也從佛轉輪妙堪遺囑者道能助化德足利生也而又嚴毗尼而作範示應身而度生意非利彼一時直欲拔濟未來使皆超諸有塵累耳此阿難同列之德也凡經序衆皆隨緣起此經以阿難起教示墮淫室疑若未能住持佛法善超諸有虧威儀汙戒律不堪遺囑度生拔濟未來故因歎

同列之德以顯阿難示迹實無虧汙意在
拔濟也
其名曰大智舍利弗摩訶目犍連摩訶拘絺
羅富樓那彌多羅尼子須菩提優波尼沙陀
等而爲上首
長水曰舍利此云鶖也弗即子也其母名
舍利以其眼黑白分明轉動流利如之故
連母爲名目犍連姓也此云采菽氏名拘
律陀此云無節樹摩訶拘絺羅此云大膝
乃舍利弗之舅常論勝姊姊懷鶖子論即
不勝知懷智人寄辯母口遂往南天學十
八經無暇剪爪號長爪梵志學畢還家而
甥已爲佛弟子起大憍慢往佛所奪之佛
令立論義墮負媿得法眼淨成阿羅漢獲
四辯才富樓那父名此云滿彌多羅尼母
名此云慈令連父母名召云滿慈子須菩
提云空生生時庫藏皆空占者云既善且
吉故亦云善現善吉優波尼沙陀此云塵
性空孤山曰諸經列名不同尚年臘則先
陳如尚聲德則先鶖子今從尚德之例也

復有無量辟支無學并其初心同來佛所屬
諸比丘休夏自恣十方菩薩咨決心疑欽奉
慈顔將求密義即時如來敷坐宴安爲諸會
中宣示深奥法筵清衆得未曾有迦陵仙音
徧十方界恒沙菩薩來聚道場文殊師利而
爲上首
長水曰辟支具云辟支迦羅此云獨覺亦
云緣覺獨但自悟緣依教悟獨覺自分二
類其利根者曰麟喻麟之獨出無佛世
觀物變易自覺無生其鈍根者曰部行亦
出無佛世部黨而行師徒訓化也緣覺依
佛教觀十二緣作流轉還滅二種觀法者
也資中曰此是部行遇佛回向者呉興曰
并其初心正似師徒共集實部行也孤山
曰自恣律開三日七月十四十五十六也
溫陵曰自有愆失恣任僧舉曰自恣九旬
禁足莫由覲佛故於休夏咨決心疑自恣
決疑皆所以考九旬德業也欽奉如來而
稱慈嚴者慈以恩言嚴以威言宣示深奥
所以爲楞嚴發

起也迦陵頻伽仙禽也其音和雅佛音如
之文殊此云妙德表根本智楞嚴會上爲
擇法眼故居上首也
時波斯匿王爲其父王諱日營齋請佛宫掖
自迎如來廣設珍羞無上妙味兼復親延諸
大菩薩
孤山曰波斯匿此云勝軍溫陵曰匿王舍
衛國王也宫掖王之内庭也於内庭延佛
敬之至也
城中復有長者居士同時飯僧佇佛來應佛
勑文殊分領菩薩及阿羅漢應諸齋主惟有
阿難先受别請遠遊未還不遑僧次既無上
座及阿闍黎途中獨歸其日無供即時阿難
執持應器於所遊城次第循乞心中初求最
後檀越以爲齋主無問淨穢刹利尊姓及旃
陀羅方行等慈不擇微賤發意圓成一切衆
生無量功德
溫陵曰此叙其悞墮婬室之由也律制僧
遠出侶須三人一上座一軌範師所以嚴
行止防誤失也鉢曰應器最後檀越謂未

飯僧者平等之慈於已等心而化使彼等心而施於食等者於法亦等所以能成無量功德若摩登者即穢而微賤阿難既無揀擇所以誤墮也剎帝利王族旃陀羅云殺者即屠膾婬酒之家

阿難已知如來世尊訶須菩提及大迦葉為阿羅漢心不均平欽仰如來開闡無遮度諸疑謗經彼城隍徐步郭門嚴整威儀肅恭齋法

溫陵曰此叙平等行慈之意也須菩提捨貧從富大迦葉捨富從貧一謂富者易施一謂貧者植因如來訶之欲其心無遮限而息不均之疑謗故阿難欽仰以肅恭齋法齋法者齋整嚴重次第行乞之謂也或局維摩經謂非如來訶責安知如來不訶

綿一　十二

獨淨名訶找

爾時阿難因乞食次經歷婬室遭大幻術摩登伽女以娑毘迦羅先梵天咒攝入婬席婬躬撫摩將毀戒體

長水曰摩登伽義翻本性下經云性比丘尼是也溫陵曰摩登伽妓女也娑毘迦羅此云黃髮外道所傳幻咒名先梵天實妖術耳婬躬撫摩將毀戒體者以身逼近將毀淨戒之體也後云心清淨故尚未淪溺則將毀而已

如來知彼婬術所加齋畢旋歸王及大臣長者居士俱來隨佛願聞法要于時世尊頂放百寶無畏光明光中出生千葉寶蓮有佛化身結跏趺坐宣說神咒勅文殊師利將咒往護惡咒銷滅提獎阿難及摩登伽歸來佛所

資中曰如來常儀受請齋畢皆為說法今既速歸必有所為故王臣大衆隨而來也溫陵曰頂門為無上果光有百寶色謂之無畏者能攝魔外物無以勝也世尊不自說咒而於頂光化佛說者示此咒乃無為心佛無上心法也孤山曰登伽得益而經家不叙者下文顯故然約實行則機熟得道之時由阿難牽以欲鉤故使後入佛智也若是大權則同阿難發起斯教以益羣機耳補註曰一經大分準常為三一序分二正宗分三流通分序分齊此下文為正宗分蓋阿難返省前非啓請妙奢摩他等正是正宗之發端也環師於正宗一分又科為五初見道分始於此而止於第四卷中二脩道分始於第四卷中而止於第七卷三證果分始於第七卷末而止於第八卷中四結經分在證果分後五助道分始於第八卷中而止於第十卷末正宗文竟遂入流通而卷終焉

綿一　十三

阿難見佛頂禮悲泣恨無始來一向多聞未全道力殷勤啓請十方如來得成菩提妙奢摩他三摩禪那最初方便於時復有恒沙菩薩及諸十方大阿羅漢辟支佛等俱願樂聞退坐默然承受聖旨

補註曰奢摩他等三名乃楞嚴大定之名也昔孤山嘗用天台三止配之一曰體真止止於真諦二曰方便隨緣止止於俗諦三曰息二邊分別止止於中道第一義諦以止屬於定故也今復釋而明之奢摩他者寂靜之義也三摩者觀照之義也禪那

者寐照不二之義也義立三名體惟一法舉一具三言三即一三一互融故謂之妙如是妙脩方曰楞嚴大定此乃一經之要旨趣理之玄門阿難昧之是以遭難至是始以多聞小慧為恨而以楞嚴大定為請雖以大定為請然如来下文所示別無其方始則決擇真妄次則真妄和融乃至會通藏性深窮萬法直至第四卷中皆是發明究竟之圓理而已蓋此圓理乃大定之本也吳興曰最初方便者阿難所請有通有別通請奢摩他等是諸佛成道之法也別請最初方便即當機發行之由也應知下文從破心見以去酬其通請如佛告阿難有三摩提名大佛頂首楞嚴王具足萬行十方如来一門超出妙莊嚴路汝今諦聽等至辯諸聖圓通本根酬其別請如佛告大衆吾今問汝最初發心悟十八界誰為圓通從何方便入三摩地等舉要言之惟觀音所觀耳根圓通是此經最初方便舊有多說今無取焉

佛告阿難汝我同氣情均天倫當初發心於我法中見何勝相頓捨世間深重恩愛阿難白佛我見如来三十二相勝妙殊絕形體暎徹猶如瑠璃常自思惟此相非是欲愛所生何以故欲氣麤濁腥臊交遘膿血雜亂不能發生勝淨妙明紫金光聚是以渴仰從佛剃落

溫陵曰阿難此云慶喜斛飯王之子如来成道夜生淨飯既聞太子成道斛飯又奏宮中生男舉國欣慶因名慶喜是佛堂弟故云同氣同氣共本也天倫兄弟也吳興曰阿難既厭多聞而欣妙定如来欲談是義先詰妄緣故問發心見相之由為止散入寂之本迷解之要並在于茲孤山曰見相實有生滅宛然緣此發心安趣常果故下經云若於因地以生滅心為本脩因而求佛乘不生不滅無有是處補註曰阿難見相乃緣塵分別之見其所發心即妄想攀緣之心後文七徵八辯重重遂破者此也

佛言善哉阿難汝等當知一切衆生從無始来生死相續皆由不知常住真心性淨明體用諸妄想此想不真故有輪轉

孤山曰常住真心即下文如来藏心圓融三諦也用諸妄想謂九界衆生不達此三本惟一念於是六趣見其俗二乘見其真菩薩見其中皆由不了圓融妄生取著故致輪轉二種生死

汝今欲研無上菩提真發明性應當直心酬我所問十方如來同一道故出離生死皆以直心心言直故如是乃至終始地位中間永無諸委曲相阿難我今問汝當汝發心緣於如来三十二相將何所見誰為愛樂阿難白佛言世尊如是愛樂用我心目由目觀見如来勝相心生愛樂故我發心願捨生死

泐潭曰此正陳妄體也目即眼根心即意識根識虛妄猶如空花若執有體能見能樂豈惟迷於法空亦起我人見愛故後文云六為賊媒自劫家寶無始虛習住地無明皆由根識更非他物想相為塵識情為

始生死輪轉莫不由斯故下推徵令知虛
妄
佛告阿難如汝所說真所愛樂因于心目若不識知心目所在則不能得降伏塵勞譬如國王為賊所侵發兵討除是兵要當知賊所在使汝流轉心目為咎吾今問汝惟心與目今何所在
孤山曰王譬真心賊譬妄想真為妄轉如國被賊侵發兵討除喻脩大定汝合國王心目合賊

大佛頂如來密因脩證了義諸菩薩萬行首楞嚴經會解卷第一

大佛頂如來密因修證了義諸菩薩萬行首楞嚴經會解卷第一

校勘記

一　底本，明永樂北藏本。

一　五九一頁上三行「泐潭月師」，徑、清作「沕潭月師」。

一　五九一頁上一二行第三字「意」，清作「噫」。

一　五九三頁中三行「慈顔」，徑作「慈嚴」。

大佛頂如来密因脩證了義諸菩薩萬行首
楞嚴經會解卷第二　綿二

阿難白佛言世尊一切世間十種異生同將識心居在身內縱觀如來青蓮華眼亦在佛面我今觀此浮根四塵秖在我面如是識心實居身內

温陵曰謂心在內目在外自衆生至如来阿難皆然文互見也異生有十二類除土木空散非心眼倫也補註曰浮根四塵言眼也詳見第四卷中

佛告阿難汝今現坐如来講堂觀祇陀林今何所在世尊此大重閣清淨講堂在給孤園今祇陀林實在堂外阿難汝今堂中先何所見世尊我在堂中先見如来次觀大衆如是外望方矚林園阿難汝矚林園因何有見世尊此大講堂戶牖開豁故我在堂得遠瞻見

温陵曰定內外境欲明在內之心當次第見定先後見欲破在內之心不先見內汝矚等皆且引事辨定下乃牒破

爾時世尊在大衆中舒金色臂摩阿難頂告云阿難及諸大衆有三摩提名大佛頂首楞嚴王具足萬行十方如来一門超出妙莊嚴路汝今諦聽阿難頂禮伏受慈旨

温陵曰三摩提亦云三摩地亦云三昧此云正定首楞三昧千聖共由故曰一門妙莊嚴海由此而至故謂之路孤山曰阿難向以三名爲請今如来但舉三摩提者圓融三止舉一即三故下文奢摩他路其意亦爾

佛告阿難如汝所言身在講堂戶牖開豁遠矚林園亦有衆生在此堂中不見如来見堂外者阿難荅言世尊在堂不見如来能見林泉無有是處阿難汝亦如是汝之心靈一切明了若汝現前所明了心實在身內爾時先合了知內身頗有衆生先見身中後觀外物縱不能見心肝脾胃爪生髮長筋轉脉揺誠合明了如何不知必不內知云何知外是故應知汝言覺了能知之心住在身內無有是處

温陵曰心在身內合見身中頗猶可也引衆以問決不能也心胃內藏縱不能知爪脉外浮云何不曉既不內知果非在內矣補註曰前文雙呈心目所在今乃先破妄心雖曰破妄心而但言此心無有處所却不顯言此心是妄者要引阿難處處推呈令其情盡而理窮也由是直至七處徵心之後始告之曰此非汝心等然則七處逐破者且破妄心無所在也

阿難稽首而白佛言我聞如来如是法音悟知我心實居身外所以者何譬如燈光然於室中是燈必能先照室內從其室門後及庭際一切衆生不見身中獨見身外亦如燈光居在室外不能照室是義必明將無所惑同佛了義得無妄耶佛告阿難是諸比丘適来從我室羅筏城循乞摶食歸祇陀林我已宿齋汝觀比丘一人食時諸人飽不阿難荅言不也世尊何以故是諸比丘雖阿羅漢軀命不同云何一人能令衆飽

温陵曰因破非內復生妄計謂心在外彼食不能飽此則外心不能知身矣宿預也

食有四種摶即段也有形質可摶取揀非
思食識食等也孤山曰前云受請今言從
我乞食者提獎阿難在赴請日為彼演法
事應隅宵故指即日循乞為例我已宿齋
者即我一人已飽也

佛告阿難若汝覺了知見之心實在身外身
心相外自不相干則心所知身不能覺覺在
身際心不能知我今示汝兜羅綿手汝眼見
時心分別不阿難答言如是世尊佛告阿難
若相知者云何在外是故應知汝言覺了能
知之心住在身外無有是處

溫陵曰身心相外下辨非外也我今示汝
下驗非外也兜羅此云細香其綿色如霜
佛手柔軟如之

阿難白佛言世尊如佛所言不見內故不居
身內身心相知不相離故不在身外我今思
惟知在一處佛言處今何在阿難言此了知
心既不知內而能見外如我思忖潛伏根裏
猶如有人取瑠璃椀合其兩眼雖有物合而
不留礙彼根隨見隨即分別然我覺了能知
之心不見內者為在根故分明矚外無障礙
者潛根內故

長水曰瑠璃喻根眼喻於心眼根色淨不
礙於心同瑠璃椀不礙於眼隨照一境心
隨根知

佛告阿難如汝所言潛根內者猶如瑠璃彼
人當以瑠璃籠眼當見山河見瑠璃不如是
世尊是人當以瑠璃籠眼實見瑠璃佛告阿
難汝心若同瑠璃合者當見山河何不見眼
若見眼者眼即同境不得成隨若不能見云
何說言此了知心潛在根內如瑠璃合是故
應知汝言覺了能知之心潛伏根裏如瑠璃
合無有是處

真際曰此責阿難有法喻不齊之過喻見
瑠璃法不見根縱許見根根即是境若是
境者不得言隨以前文云彼根隨見隨即
分別故溫陵曰事理俱違非潛根矣

阿難白佛言世尊我今又作如是思惟是衆
生身腑藏在中竅穴居外有藏則暗有竅則
明今我對佛開眼見明名為見外閉眼見暗
名為見內是義云何

吳興曰初計心在身內佛以不見腑藏為
破次計在外復招身心相離之難又計潛
根且乖瑠璃籠眼之喻今立內外欲免前
三之過也何者良以有藏則暗故見暗時
即名為內何必須見內之物耶有竅則明
故見明時即名為外豈應更責外不相干
耶內外若成自顯此心不在一處亦異潛
根也然則雖云見外所執心體還成在內
以開眼見明不同燈在室外故泐潭曰白
虎通云五臟即肝心肺腎脾六腑者即五
臟之宮府也胃為脾之府膀胱為腎之府
三焦為命之府膽為肝之府大小腸為心
府肺府也溫陵曰復計心在內故以見暗
為見腑藏也下約三節破之

佛告阿難汝當閉眼見暗之時此暗境界為
與眼對為不對眼若與眼對暗在眼前云何
成內若成內者居暗室中無日月燈此室暗
中皆汝焦腑若不對者云何成見

溫陵曰汝當下問之若與下難之若不下

破也

若離外見內對所成合眼見暗名為身中開眼見明何不見面若不見面內對不成

溫陵曰眼前之境名外見身內之境名內對前以對眼為外不得成內今縱離外見而成內對即是眼能返觀且合能返觀身中則開應返觀已面若不爾者義不成矣

見面若成此了知心及與眼根乃在虛空何成在內若在虛空自非汝體即應如來今見汝面亦是汝身汝眼已知身合非覺必汝執言身眼兩覺應有二知即汝一身應成兩佛是故應知汝言見暗名見內者無有是處

溫陵曰展轉辨明無返觀理也汝眼已知身合非覺者既在虛空自非汝體也若執兩皆有知則成兩體矣吳興曰是故應知下不言見明為外者略也又見外為成見內今從正計結也

阿難言我嘗聞佛開示四衆由心生故種種法生由法生故種種心生我今思惟即思惟體實我心性隨所合處心則隨有亦非內外

中間三處

孤山曰心生法生境從心起也法生心生心逐境遷也溫陵曰以心法相生則隨境思惟即是心體心法合處即為心在

佛告阿難汝今說言由法生故種種心生隨所合處心隨有者是心無體則無所合若無有體而能合者則十九界因七塵合是義不然若有體者如汝以手自挃其體汝所知心為復內出為從外入若復內出還見身中若從外來先合見面

溫陵曰以即思惟體為心特浮想耳故難其體之有無也設若無體則空有其名云何隨合如十九界七塵特空名耳設若有體當何所在今挃身而驗明體實無在也挃猶觸也

阿難言見是其眼心知非眼為見非義佛言若眼能見汝在室中門能見不則諸已死尚有眼存應皆見物若見物者云何名死

溫陵曰阿難言下解上難也謂心但能知不可言見曾不悟能見在心徒眼不見也佛言下舉門喻能見在心舉死明徒眼不見

阿難又汝覺了能知之心若必有體為復一體為有多體今在汝身為復徧體為不徧體若一體者則汝以手挃一支時四支應覺若咸覺者挃應無在若挃有所則汝一體自不能成若多體者則成多人何體為汝若徧體者同前所挃若不徧者當汝觸頭亦觸其足頭有所覺足應無知今汝不然是故應知隨所合處心則隨有無有是處

溫陵曰當知真心非一非多非徧不徧四義既非則不可謂隨所合處心隨有也

阿難白佛言世尊我亦聞佛與文殊等諸法王子談實相時世尊亦言心不在內亦不在外如我思惟內無所見外不相知內無知故在內不成身心相知在外非義今相知故復內無見當在中間

溫陵曰以為在內則不見腑藏以為在外則身不相知二義不成當在根境之中長水曰外不相知合云外又相知恐字之誤

也

佛言汝言中間中必不迷非無所在今汝推中中何爲在爲復在處爲當在身若在身者在邊非中在中同内若在處者爲有所表爲無所表無表同無表則無定何以故如人以表表爲中時東看則西南觀成北表體既混心應雜亂

温陵曰此且各就根境辨定中位身即根處即境也若在身者下謂身有中邊二義在邊則不得爲中在中則同前在内應見内矣若在處者下亦辨中位無定也表者標物以表顯也混亂則無所取中矣

阿難言我所說中非此二種如世尊言眼色爲緣生於眼識眼有分別色塵無知識生其中則爲心在佛言汝心若在根塵之中此之心體爲復兼二爲不兼二若兼二者物體雜亂物非體知成敵兩立云何爲中兼二不成非知不知即無體性中何爲相是故應知當在中間無有是處

温陵曰若兼二者下破兼二不得爲中也物根塵也體心體也物非體知者物不同體之有知則根塵與心兩立無中位矣兼二不成下破不兼不得爲中也不兼根則非知不兼塵則非不知二義既非中云何定

補註曰環師解物非體知則曰根塵無知心體有知又解非知不知則又以根爲有知語似未順今應仍以知屬心體不知屬根塵盖謂若不兼二則非心又非根塵即無體性矣中何相狀物非體知古人有以體知爲根者非也盖佛明言此之心體故

阿難白佛言世尊我昔見佛與大目連須菩提富樓那舍利弗四大弟子共轉法輪常言覺知分別心性既不在内亦不在外不在中間俱無所在一切無著名之爲心則我無著名爲心不

沕潭曰既非内外中間即知心無所著而不知佛意破妄無體令識本真如云三際求心心不有心不有故妄元無妄心無處即菩提生死涅槃本平等不了此意謬引佛言妄立無著

佛告阿難汝言覺知分別心性俱無在者世間虛空水陸飛行諸所物象名爲一切汝不著者爲在爲無無則同於龜毛兔角云何不著有不著者不可名無

補註曰七徵之文皆且破其妄心無所依處阿難前云隨所合處心即隨有佛即難其心體是有是無是一是多是徧不徧雖似破其隨有之心然既令其挃身以驗則意在破其隨所合處也今指一切無著名之爲心佛乃難其世間虛空水陸飛行一切物象爲在爲無等者亦是就其所依之處破也温陵曰爲在爲無者問汝心不著而彼物象爲存在耶爲空無耶若彼空無則同龜毛云何可著而說不著若有不著者則爲有物故曰不可名無此皆牒難下乃結破

無相則無非無即相相有則在云何無著是故應知一切無著名覺知心無有是處

温陵曰物果無相則同龜毛物果非無即

自有相知相有則心有在云何得為無著也吳興曰表相不自有由心在故有心不自無由相盡故無是以有相而言無著者理不可也孤山曰總此七番似破四性在內潛根見內似自性在外似他性中間似

共性隨合無著似無因性故懸樹云諸法不自生亦不從他生不共不無因是故說無生是知如來七番逐破使介爾妄心無逃避處妄賊既除真王得顯無生之理於茲見矣利根上智已合潛悟但爲中下之

華更廣說耳補註云虛妄浮心緣塵而有本無實體亦無定所上文七番破其妄所意在顯真而阿難未悟故於下文重請開示世尊乃復放光現瑞示以二種根本次則舉拳驗見重詰其心引其[illegible]總能推然後咄而告之乃至今其微細揣摩[illegible]無體等始是破其妄心無實體也

爾時阿難在大衆中即從座起偏袒右肩右膝著地合掌恭敬而白佛言我是如來最小之弟蒙佛慈愛雖今出家猶恃憍憐所以多聞未得無漏不能折伏娑毗羅咒爲彼所轉溺於婬舍當由不知真際所詣惟願世尊大慈哀愍開示我等奢摩他路令諸闡提隳彌戾車作是語已五體投地及諸大衆傾渴翹佇欽聞示誨

溫陵曰[illegible]乃所以詣真際也長水曰闡提即撥無之人隳壞也彌戾車惡見也

爾時世尊從其面門放種種光其光晃耀如百千日普佛世界六種震動如是十方微塵國土一時開現佛之威神令諸世界合成一界其世界中所有一切諸大菩薩皆住本國合掌承聽

溫陵曰[illegible]種種光即以明目[illegible]也六[illegible]塵國土一時開現普[illegible]明洞照妄無不隱也十方世界合成一界者智境圓現情量不礙也菩薩皆住本國者心量本周[illegible]曰六種震動[illegible]不安曰動[illegible]曰[illegible]下動名爲動盡大千動名等爲動餘五列此

佛告阿難一切衆生從無始來種種顛倒業種自然如惡叉聚諸修行人不能得成無上菩提乃至別成聲聞緣覺及成外道諸天魔王及魔眷屬皆由不知二種根本錯亂修習猶如煮沙欲成嘉饌縱經塵劫終不能得云何二種阿難一者無始生死根本則汝今者與諸衆生用攀緣心為自性者二者無始菩提涅槃元清淨體則汝今者識精元明能生諸緣緣所遺者由諸衆生遺此本明雖終日行而不自覺枉入諸趣

溫陵曰衆生[illegible]種成聚行人不成正果皆

由不知二本錯亂脩習故須決擇也業種者顛倒妄惑也惡叉果一枝三子生必同科喻惑業苦三生必同聚也攀緣心即前七處妄認者清淨體即今正與決擇者不染煩惱名菩提不涉生死名涅槃不染不涉故號元清淨體識精陀那性識也元明本覺妙明也根身器界一切緣法依此而生而人者認緣失真故曰緣所遺者由遺此故無明不覺枉入諸趣言元體元明又言本明者自本而出曰元直指當體曰本

綿二　十三

阿難汝今欲知奢摩他路願出生死今復問汝即時如來舉金色臂屈五輪指語阿難言汝今見不阿難言見佛言汝何所見阿難言我見如來舉臂屈指爲光明拳耀我心目佛言汝將誰見阿難言我與大衆同將眼見佛告阿難汝今答我如來屈指爲光明拳耀汝心目汝目可見以何爲心當我拳耀阿難言如來現今徵心所在而我以心推窮尋逐即能推者我將爲心

溫陵曰金拳舉處直下要識本明塵相未除依舊認賊爲子

佛言咄阿難此非汝心阿難矍然避座合掌起立白佛此非我心當名何等

孤山曰佛言咄者嗟其迷重故叱以語之矍驚愕貌

佛告阿難此是前塵虛妄相想惑汝真性由汝無始至于今生認賊爲子失汝元常故受輪轉阿難白佛言世尊我佛寵弟心愛佛故令我出家我心何獨供養如來乃至徧歷恒沙國土承事諸佛及善知識發大勇猛行諸一切難行法事皆用此心縱令謗法永退善根亦因此心若此發明不是心者我乃無心同諸土木離此覺知更無所有云何如來說此非心我實驚怖兼此大衆無不疑惑惟垂大悲開示未悟

綿二　十四

吳興曰阿難以對境覺知異乎土木封爲我心此則正當人執之相忽聞訶斥故以無情爲難而不知真我無我靈知無知妙淨明心何所不在斯由大權起教豈慶喜之實然乎

爾時世尊開示阿難及諸大衆欲令心入無生法忍於師子座摩阿難頂而告之言如來常說諸法所生惟心所現一切因果世界微塵因心成體阿難若諸世界一切所有其中乃至草葉縷結詰其根元咸有體性縱令虛空亦有名貌何況清淨妙淨明心性一切心而自無體

溫陵曰因其怖謂無心故舉常所說引物以證示有真心使知所措也心入無生法忍者令悟實相不生滅心也三界惟心萬法惟識故曰諸法所生惟心所現一切因果指十界正報也世界微塵指十界依報也既無不因心成體安得謂之無心同土木哉以本自無染曰清淨染而不染曰妙淨孤山曰諸法所生惟心所現者因心本具隨緣能造故所造法全能造心依正既是一心一心實無能所譬如水具波性方能造波全所造波即能造水故觀所造惟見本具此則實相真心法爾具足諸法諸法法爾性本無生故雖本具有而不有共

綿二　十五

而不雜離亦不分雖一一徧亦無所在性
一切心者即常住真心能爲九界妄心之
本性也
若汝執恡分別覺觀所了知性必爲心者此
心即應離諸一切色香味觸諸塵事業別有
全性如汝今者承聽我法此則因聲而有分
別縱滅一切見聞覺知內守幽閑猶爲法塵
分別影事
溫陵曰此依六塵辨無自性也分別覺觀
即能推心也此心離塵無性不應執以爲
真覺知滅則意幽閑然彼幽閑者猶是法
塵影事亦無自性也真際曰諸塵事業即
色等六塵皆有牽心爲緣業用
我非勑汝執爲非心但汝於心微細揣摩若
離前塵有分別性即真汝心若分別性離塵
無體斯則前塵分別影事塵非常住若變滅
時此心則同龜毛兔角則汝法身同於斷滅
其誰脩證無生法忍
補註曰我非勑汝執爲非心等者暫縱之
辭也蓋上已破其執恡分別覺觀非真心

矣恐其固執而未悟乃復暫縱之曰我非
勑汝所執定非真心汝且試將此心微細
揣摩以自驗其真邪妄邪孤山曰但汝下
勸其揣摩分別之心爲當離塵有體爲復
離塵無體若此妄心離塵有體則容是真
絳一　十六
心既離塵無體非妄而何應知即真汝心
亦暫縱之語非顯真也蓋六塵如形分別
如影影由形有故無自體心因塵有豈有
體邪
即時阿難與諸大衆默然自失佛告阿難世
間一切諸脩學人現前雖成九次第定不得
漏盡成阿羅漢皆由執此生死妄想誤爲真
實是故汝今雖得多聞不成聖果
長水曰四禪四空及滅受想名爲九定從
一禪入一禪次第而脩然脩此定能成無
漏今言不得成阿羅漢者此明不得大乘
阿羅漢也滅受想亦云二乘滅盡定補註
曰上文破妄心此下破妄見以至會見歸
心漸顯真性也原夫妄心本無自性依真
發現全體即真所謂破無所破無明即明

真無別真一念即是如鏡現像全像是鏡
此乃今經之圓旨也世尊前云一切衆生
不知常住真心用諸妄想今云執此生死
妄想誤爲真實然則妄想果非真心邪當
知法無得失迷悟在人若根利惑薄者了
絳二　十七
達妄想之體直下便是真心是猶因像悟
鏡則無像而不是於鏡因鏡悟像則無鏡
而不具於像也今阿難示同於迷大似不
識鏡體却認去來之像而執以爲鏡不亦
誤哉故假重重破斥掃蕩執情使其是非
明白然後始可會妄全真也會通之文備
見於第二第三卷中
阿難聞已重復悲淚五體投地長跪合掌而
白佛言自我從佛發心出家恃佛威神常自
思惟無勞我脩將謂如來惠我三昧不知身
心本不相代失我本心雖身出家心不入道
譬如窮子捨父逃逝今日乃知雖有多聞若
不脩行與不聞等如人說食終不能飽世尊
我等今者二障所纒良由不知寂常心性惟
願如來哀愍窮露發妙明心開我道眼

資中曰煩惱所知名爲二障煩惱障謂根
本及隨也所知障亦云智障障一切種智
故具興曰前破妄心但離纔執故今請云
發妙明心也將破妄見欲顯真見故復請
云開我道眼也又則眼見必由識心故心
眼雙舉扣佛音教其旨甚微問何故先破
妄心後破妄見荅應有三義一者心爲迷
妄之元復是人執之本須先破之二者心
爲王數通乎三性故在前破見惟眼根但
屬無記故在後破三者所破妄心且離緣
塵分別想相而未能知心性常住今破妄
見則引盲人矚暗等以彰見性不滅乃至
舉手飛光皆顯性無搖動當知如來從纔
至細自淺而深開示阿難奢摩他路也
即時如來從胸卍字涌出寶光其光晃昱有
綿二　十八
百千色十方微塵普佛世界一時周徧徧灌
十方所有寶剎諸如來頂旋至阿難及諸大
衆
溫陵曰將明真見而從胸卍字放寶光者
表由實明妙心發正知見也佛胸有卍字

表吉祥萬德所集其光晃然明昱然盛有
百千色亦表妙心照用具足萬德也光徧
佛界者示清淨本然也徧灌佛頂者表極
果所同也旋及大衆者示群靈共有也此
即妙心道眼之真光在聖不增處凡不減
但隨量應現耳
告阿難言吾今爲汝建大法幢亦令十方一
切衆生獲妙微密性淨明心得清淨眼
溫陵曰幢表摧邪立正也下明妙心淨眼
使摧伏邪異得正知見是謂建大法幢邪
異既摧知見既正則妙心可獲淨眼可得
矣生佛等有而不可測知曰妙微密垢不
能染暗不能昏曰性淨明見離眚病廓然
照了曰清淨眼
阿難汝先荅我見光明拳此拳光明因何所
綿二　十九
有云何成拳汝將誰見阿難言由佛全體閻
浮檀金赩如寶山清淨所生故有光明我實
眼觀五輪指端屈握示人故有拳相佛告阿
難如來今日實言告汝諸有智者要以譬喻
而得開悟阿難譬如我拳若無我手不成我

拳若無汝眼不成汝見以汝眼根例我拳理
其義均不阿難言唯然世尊既無我眼不成
我見以我眼根例如來拳事義相類
溫陵曰閻浮檀樹果汁入水沙石成金赩
赤焰也眼根例拳事義不類而阿難示同
未悟故荅言類
佛告阿難汝言相類是義不然何以故如無
手人拳畢竟滅彼無眼者非見全無所以者
何汝試於途詢問盲人汝何所見彼諸盲人
必來荅汝我今眼前惟見黑暗更無他矚以
是義觀前塵自暗見何虧損
溫陵曰見暗即見矣是知盲非無見特無
眼耳
阿難言諸盲眼前惟覩黑暗云何成見佛告
阿難諸盲無眼惟觀黑暗與有眼人處於暗
室二黑有別爲無有別如是世尊此暗中人
與彼群盲二黑校量曾無有異阿難若無眼
人全見前黑忽得眼光還於前塵見種種色
名眼見者彼暗中人全見前黑忽獲燈光亦
於前塵見種種色應名燈見若燈見者燈能

有見自不名燈又則燈觀何關汝事是故當知燈能顯色如是見者是眼非燈眼能顯色如是見性是心非眼

溫陵曰若燈見者下牒上結明見不由眼也資中曰心爲其主餘是助緣既知見性屬心漸明真見矣

阿難雖復得聞是言與諸大衆口已默然心未開悟猶冀如來慈音宣示合掌清心佇佛悲誨

真際曰大衆默然佇誨良由真妄未明若認見境之心前來已奪若謂本真之見豈假根塵口既默然心希開悟

爾時世尊舒兜羅綿網相光手開五輪指誨勑阿難及諸大衆我初成道於鹿園中爲阿若多五比丘等及汝四衆言一切衆生不成菩提及阿羅漢皆由客塵煩惱所誤汝等當時因何開悟今成聖果

長水曰五比丘者初佛入山脩道王命父族三人一阿濕婆二跋提三摩訶男拘利母族二人一憍陳如二十力迦葉隨而衛之後各捨佛去在鹿苑脩異道佛得果已乃往爲三轉四諦法輪問言解不陳那先荅已解已知故佛命名阿若多者解也憍陳那姓也此云火器其先事火因以命族也資中曰客塵煩惱即見思二惑非無始無明也吳興曰此中所問且約昔時小乘所悟耳意令荅出客塵是動主空不動欲將動以譬妄不動喻真下文屈指飛光義亦如是或曰此教既經開顯故今問荅客塵二字即是根本無明者非也

時憍陳那起立白佛我今長老於大衆中獨得解名因悟客塵二字成果世尊譬如行客投寄旅亭或宿或食食宿事畢俶裝前途不遑安住若實主人自無攸往如是思惟不住名客住名主人以不住者名爲客義又如新霽清暘升天光入隙中發明空中諸有塵相塵質搖動虛空寂然如是思惟澄寂名空搖動名塵以搖動者名爲塵義佛言如是

吳興曰小乘客塵喻見思生滅主空喻真諦寂然真諦理一以喻從法則主之與空不可分二見思惑異則客之與塵應有二義何則客義麤故喻迷事之惑塵義細故喻迷理之惑

即時如來於大衆中屈五輪指屈已復開開已又屈謂阿難言汝今何見阿難言我見如來百寶輪掌衆中開合佛告阿難汝見我手衆中開合爲是我手有開有合爲復汝見有開有合阿難言世尊寶手衆中開合我見如來手自開合非我見性有開有合佛言誰動誰靜阿難言佛手不住而我見性尚無有靜誰爲無住佛言如是如來於是從輪掌中飛一寶光在阿難右即時阿難迴首右盻又放一光在阿難左阿難又則迴首左盻佛告阿難汝頭今日何因搖動阿難言我見如來出妙寶光來我左右故左右觀頭自搖動阿難汝盻佛光左右動頭爲汝頭動爲復見動世尊我頭自動而我見性尚無有止誰爲搖動佛言如是

長水曰前明手有開合見無動靜對外境以辨也次於內身自分動靜動中有不動

也

於是如來普告大衆若復衆生以搖動者名之爲塵以不住者名之爲客汝觀阿難頭自動搖見無所動又汝觀我手自開合見無舒卷云何汝今以動爲身以動爲境從始洎終

念念生滅遺失真性顛倒行事

補註曰只一身境所計不同凡夫則計其身境以爲實有是於無常而計常也二乘雖知身境無常而尚未悟其真常之理是於真常而計無常也故佛因普告大衆而總責之語意淺深隨機各解吳興曰此因阿難謂身境有動見性不動寄斥大衆迷真常而見無常也智論明無常有二種謂相續法壞及念念生滅今云從始洎終蓋言從生至死即相續法壞也既失真性惟造妄業故曰顛倒行事

性心失真認物爲已輪迴是中自取流轉

吳興曰前云顛倒行事但是爲物所轉正斥能迷之心今言認物爲已又斥認所迷之境爲我我所也如圓覺云妄認四大爲自身相六塵緣影爲自心相若如是則塵勞之境何由可出邪故曰輪迴是中自取流轉已上經文雖明見性不動然猶未論此見亦妄離見乃真資中曰此寄麤相略談真見分別顯了並在後文

大佛頂如来密因脩證了義諸菩薩萬行首楞嚴經會解卷第二

大佛頂如來密因修證了義諸菩薩萬行首楞嚴經會解卷第二

校勘記

一　底本，明永樂北藏本。

一　五九七頁中一行首字「云」，清作「示」。

一　五九七頁下一行末字「爪」，清作「爪」。

一　六〇一頁上末行第八字「令」，徑、清作「今」。

一　六〇二頁中一六行第一五字「封」，徑作「對」。

一　六〇六頁中四行第一一字「曰」，徑無。

大佛頂如来密因脩證了義諸菩薩萬行首楞嚴經會解卷第三　綿三

天竺沙門般剌密帝譯

烏萇國沙門彌伽釋迦譯語

菩薩戒弟子前正議大夫同中書門下平章事房融筆受

師子林沙門　惟則　會解

爾時阿難及諸大衆聞佛示誨身心泰然念無始来失却本心妄認緣塵分別影事今日開悟如失乳兒忽遇慈母合掌禮佛願聞如来顯出身心真妄虛實現前生滅與不生滅二發明性時波斯匿王起立白佛我昔未承諸佛誨勑見迦旃延毗羅胝子咸言此身死後斷滅名為涅槃我雖值佛今猶狐疑云何發揮證知此心不生滅地今此大衆諸有漏者咸皆願聞

溫陵曰前責以動為身以動為境則身心真妄未辨虛實又責念念生滅遺失真性則生滅者亦未能辨故願顯出二義而因匿王發起者明不生滅性在編皆具孤山曰外道有六師一富蘭那迦葉所說諸法皆不生不滅二末伽黎拘賒黎子說衆生雖有苦樂無有因緣自然而爾三删闍多毗羅胝子說於衆生任運時熟得道如纏丸所投極則停住又言八萬劫滿自然得道四阿耆多翅舍欽婆羅說於衆生當受苦報今以苦行拔髮熏鼻廢衣代之謂後受涅槃樂也五迦羅鳩陀迦旃延說於諸法亦有亦無六尼揵陀若提子所說皆由業定無可改無逃避處準今經所說則有三人皆執斷見故匿王引旃延毗羅而問後如来舉末伽而斥然則第一第四第六必執常見乎

佛告大王汝身現在今復問汝汝此肉身為同金剛常住不朽為復變壞世尊我今此身終從變滅佛言大王汝未曾滅云何知滅世尊我此無常變壞之身雖未曾滅我觀現前念念遷謝新新不住如火成灰漸漸銷殞殞亡不息決知此身當從滅盡

長水曰佛舉此問欲顯生滅中有不生滅如前頭自搖動見無所動具興曰前示阿難見無搖動後示匿王性無生滅一往似同義須甄别何則阿難以身境為動此相猶麁謂見性不動且據目前對揚而說今佛問匿王肉身變壞乃至荅云刹那刹那不得停住其相甚微泊談見性自童至耄不遷不變由是而知所破生滅則麁細有殊所顯見性則近遠成異聖人引物入如来藏其致漸深讀者詳此

佛言如是大王汝今生齡已從衰老顏貌何如童子之時世尊我昔孩孺膚腠潤澤年至長成血氣充滿而今頹齡迫於衰耄形色枯悴精神昏昧髮白面皺逮將不久如何見比充盛之時

孤山曰佛問兩時荅出三時謂孩孺長成衰耄也孩孺成骸也孺需人以養者皮表曰膚文理曰腠耄昏忘也然八十曰耄時匿王方六十二蓋通言昏忘耳

佛言大王汝之形容應不頓朽王言世尊變化密移我誠不覺寒暑遷流漸至於此何以

故我年二十雖號年少顏貌已老初十歲時三十之年又衰二十于今六十又過于二觀五十時宛然強壯世尊我見密移雖此殂落其間流易且限十年若復令我微細思惟其變寧惟一紀二紀實惟年變豈惟年變亦兼月化何直月化兼又日遷沉思諦觀剎那剎那念念之間不得停住故知我身終從變滅

孤山曰殂落猶遷謝也尚書以殂落為死非今經義溫陵曰且限十年以寬數粗觀也自促細觀實念念不停矣

佛告大王汝見變化遷改不停悟知汝滅亦於滅時汝知身中有不滅耶波斯匿王合掌白佛我實不知佛言我今示汝不生滅性大王汝年幾時見恒河水王言我生三歲慈母攜我謁耆婆天經過此流爾時即知是恒河水佛言大王如汝所說二十之時衰於十歲乃至六十日月歲時念念遷變則汝三歲見此河時至年十三其水云何王言如三歲時宛然無異乃至于今年六十二亦無有異佛言汝今自傷髮白面皺其面必定皺於童年則汝今時觀此恒河與昔童時觀河之見有童耄不王言不也世尊

溫陵曰耆婆此云長壽天神攜子謁之求長壽也孤山曰既知見境不易可喻真性無遷大聖動樹訓風舉扇類月故令先識見無童耄然後直示性無生滅也泐潭曰無異之語甚好思量一往麁浮再思有旨

佛言大王汝面雖皺而此見精性未曾皺皺者為變不皺非變變者受滅彼不變者元無生滅云何於中受汝生死而猶引彼末伽黎等都言此身死後全滅王聞是言信知身後捨生趣生與諸大眾踊躍歡喜得未曾有

溫陵曰末伽黎即迦旃毗羅之徒既無生死即汝真常不應惑彼斷滅異論也孤山曰見精即見性也皺者為變則顯生死無常不皺非變則顯涅槃常住生死涅槃分兩涉克論體性豈有二殊言偏意圓變即非變若然者豈但破匿王引外之見抑亦酬阿難二發之請也長水曰叙其淺悟但云捨生趣生詳彼深意必知滅元不滅隨宜領解未即顯言也

阿難即從座起禮佛合掌長跪白佛世尊若此見聞必不生滅云何世尊名我等輩遺失真性顛倒行事願興慈悲洗我塵垢

溫陵曰因王問答反動疑塵以謂性有生滅可說遺失既無生滅云何能遺

即時如來垂金色臂輪手下指示阿難言汝今見我母陀羅手為正為倒阿難言世間眾生以此為倒而我不知誰正誰倒

溫陵曰此明諸佛眾生同一體性固無遺失特依倒見言遺失也如臂順垂為正反以為倒逆豎為倒反以為正是失真也母陀羅云印手即三十二相之一

佛告阿難若世間人以此為倒即世間人將何為正阿難言如來豎臂兜羅綿手上指於空則名為正佛即豎臂告阿難言若此顛倒首尾相換諸世間人一倍瞻視則知汝身與諸如來清淨法身比類發明如來之身名正徧知汝等之身號性顛倒

補註曰首尾相換謂其錯認正倒如以首

為尾以尾為首諸世間人一皆如此倒見也倍與背同即倒義也瞻視即見也佛初以手問阿難正倒而阿難皆推世人之見以為之荅佛乃就阿難之意而告之曰諸世間人既皆倒見故以正為倒以倒為正矣今阿難之見豈同世間人我必能以正為正以倒為倒如此則當知汝身佛身比類發明如來之身名正徧知汝等之身號性顛倒矣長水曰正徧知者離倒名正窮盡法界名徧凡夫二乘無此名號者性顛倒故

隨汝諦觀汝身佛身稱顛倒者名字何處號為顛倒于時阿難與諸大衆瞪瞢瞻佛目睛不瞬不知身心顛倒所在

補註曰既知汝等之身號性顛倒且此顛倒名字何從而得邪意斥阿難認悟中迷即是顛倒所在時衆未達於是瞢然

佛興慈悲哀愍阿難及諸大衆發海潮音徧告同會諸善男子我常說言色心諸緣及心所使諸所緣法惟心所現汝身汝心皆是妙明真精妙心中所現物云何汝等遺失本妙圓妙明心寶明妙性認悟中迷

溫陵曰色總舉五根六塵也心總舉六識八識也諸緣即根識所緣諸法也心所使即善惡業行靜作思想諸所緣法廣舉山河大地明暗色空真妄性相邪正因果悉無自體惟心所現如鏡中像全體是鏡然則汝今幻妄身心皆是妙明心鏡所現全體是心直不即幻妄而悟妙體反乃遺本妙而執幻妄是認悟中之迷此即顛倒所在也妙心則一而稱謂多異者依法隨用之異也此明心所現物如鏡故稱妙明真精也又明迷本逐末故稱本妙明心所謂本妙者本來自妙不假脩為也心之與性乃體用互稱也心則從妙起明圓融照了如鏡之光故曰圓妙明心性則即明而妙凝然湛寂如鏡之體故曰寶明妙性

晦昧為空空晦暗中結暗為色色雜妄想想相為身聚緣內搖趣外奔逸昏擾擾相以為心性一迷為心決定惑為色身之內不知色身外洎山河虛空大地咸是妙明真心中物譬如澄清百千大海棄之惟認一浮漚體目為全潮窮盡瀛渤汝等即是迷中倍人如我垂手等無差別如來說為可憐愍者

孤山曰晦昧為空者迷性明故而成無明由此無明變成頑空即下經云迷妄有虛空也空晦暗中結暗為色者所變頑空與能變無明二法和合變起四大為山河依報外色即想澄成國土也以四大色雜妄想心變起衆生正報內色故曰色雜妄想想相為身想謂妄心相謂妄色色心和合五陰備矣即知覺乃衆生也溫陵曰正原迷倒之由也聚緣內搖等者妄有緣氣於中積聚內則隨想搖蕩外則逐境奔逸此特雜妄緣塵昏擾之相而人以為自心體性得非迷我既一迷此則決定以心為在幻質之內曾不知妙明真心範圍天地包含萬象乃認之於蕞爾身中何異棄彼無邊剎海認一浮漚以為全潮之體溟渤之量我補註曰全潮者徧海而涌也背真逐

妄如棄海認漚執妄爲真如認漚爲海既棄海認漚早是迷失復認漚爲海又一迷也是謂迷中倍人其迷如此則與以正爲倒以倒爲正者無以異也故引垂手之事結之

阿難承佛悲救深誨垂泣叉手而白佛言我雖承佛如是妙音悟妙明心元所圓滿常住心地而我悟佛現說法音現以緣心允所瞻仰徒獲此心未敢認爲本元心地願佛哀愍宣示圓音拔我疑根歸無上道

温陵曰因聞法音悟妙明心本來圓滿了無遺失故曰常住心地然情猶鹵莽見未精明尚以能聞緣心爲所悟本性此固常情疑混根於心而難拔者故願佛與拔之

吳興曰前破妄心已責因聲分別之性令阿難重以緣心爲問者欲顯真性無能所之相也既於緣心已離麤執是故但言未敢認爲本元心地豈同前云若此發明不是心者我乃無心同諸土木邪所以下文指月喻等略簡所緣之法能緣之心真體可見矣

佛告阿難汝等尚以緣心聽法此法亦緣非得法性如人以手指月示人彼人因指當應看月若復觀指以爲月體此人豈惟亡失月輪亦亡其指何以故以所標指爲明月故豈惟亡指亦復不識明之與暗何以故即以指體爲明月性明暗二性無所了故汝亦如是

真際曰以能緣心緣佛法音認爲自性非自性也以此法音但是所緣聲教故孤山曰人喻如來手指喻聲教月喻真理示人喻化衆生也教詮真理理是衆生之心聞教自合觀心離指方能識月

吳興曰此指月喻雖遣所標之指正簡能緣之心以阿難云現以緣心允所瞻仰故由是經文惟破分別之性良有以也

若以分別我說法音爲汝心者此心自應離分別音有分別性譬如有客寄宿旅亭暫止便去終不常住而掌亭人都無所去名爲亭主此亦如是若真汝心則無所去云何離聲無分別性斯則豈惟聲分別心分別我容離諸色相無分別性如是乃至分別都無非色非空拘舍離等昧爲冥諦

温陵曰斯則下顯阿難之意廣明也聲分別心指聲上緣心即悟佛法音者也分別我容謂色上緣心即允所瞻仰者也蓋言非但聲分別心離聲無性色分別心離色相外亦無其性如是乃至等即兼舉六塵緣影皆無自性也一切皆無故非色對緣妄有故非空既非色空冥然莫辨於是外道昧爲冥諦拘舍離即末伽黎異稱也

離諸法緣無分別性則汝心性各有所還云何爲主

温陵曰此結前起後也

阿難言若我心性各有所還則如來說妙明元心云何無還惟垂哀愍爲我宣說

吳興曰此問心性云何無還向下別指見精爲不還者蓋前文已說如是見性是心非眼故然其見精真妄猶雜所以廣約緣塵簡出真性披沙若盡金體自純

佛告阿難且汝見我見精明元此見雖非妙

精明心如第二月非是月影汝應諦聽今當示汝無所還地

孤山曰見精明元即同匿王觀河之見雖異緣塵而猶是妄妄依真起故曰明元此見雖非下簡妄異真也如第二月非是月影者真月喻妙精明心第二月喻見精明元水中影喻緣塵分別吳興曰阿難所問妙明元心云何無還而佛以見精爲荅者以真心無朕發悟良難故託見精方便開示此雖屬妄切近於真如第二月取譬非遠應知此見亦是前來緣塵之見但緣塵分別之性則破云有還緣塵能見之性則示云不還如下文云汝今徧觀此會衆聚其目周視但如鏡中無別分析此即見精也即第二月也即能見之性不還者也又云汝識於中次第標指此是文殊等此即聖緣分別者也補註曰第二月固非真月然因捏目而成其實一體非若水月之端有二相例見精明元雖非妙精明心而此見元自妙心而出故岳師所謂切近於真

取辟非遠者此也

阿難此大講堂洞開東方日輪升天則有明耀中夜黑月雲霧晦暝則復昏暗戶牖之隙則復見通牆宇之間則復觀壅分別之處則復見緣頑虛之中徧是空性鬱埻之象則紆昏塵澄霽斂氛又觀清淨

真際曰欲示無還之性先指可還之相此八但是舉要而已吳興曰此八緣中七緣皆就能映色根論之惟分別緣則於七境而起分別是故經文列在中間蓋通上下也補註曰岳師前云緣塵分別之性則破云有還者義見乎此

阿難汝咸看此諸變化相吾今各還本所因處云何本因阿難此諸變化明還日輪何以故無日不明明因屬日是故還日暗還黑月通還戶牖壅還牆宇緣還分別頑虛還空鬱埻還塵清明還霽則諸世間一切所有不出斯類汝見八種見精明性當欲誰還何以故若還於明則不明時無復見暗雖明暗等種種差別見無差別諸可還者自然非汝不汝還者非汝而誰則知汝心本妙明淨汝自迷悶喪本受輪於生死中常被漂溺是故如來名可憐愍

吳興曰見性不還猶喻二月此見屬妄將亦須還惟有真月所喻真性誠不還耳下文云但一月真中間自無是月非月又云見見之時見非是見豈非此見亦可還乎問此還何所荅還無明也由無明故而有能見無明若破此見即還起信論云若離業識則無見相厥旨顯然

阿難言我雖識此見性無還云何得知是我真性

吳興曰此問意者如云雖識二月何謂真月

佛告阿難吾今問汝今汝未得無漏清淨承佛神力見於初禪得無障礙而阿那律見閻浮提如觀掌中菴摩羅果諸菩薩等見百千界十方如來窮盡微塵清淨國土無所不矚衆生洞視不過分寸

孤山曰那律見三千大千世界如觀掌果

此云闇浮且從近示耳吳興曰菴摩羅云
難分別其果似桃非桃似柰非柰故溫陵
曰此泛叙見用而有五一聲聞二羅漢三
菩薩四如来五衆生意明四聖六凡見量
雖異見性不殊皆可即諸物象而決擇之
也長水曰不過分寸者隔紙膜不見外物
隔皮膚不見五臟也
阿難且吾與汝觀四天王所住宫殿中間徧
覽水陸空行雖有昏明種種形像無非前塵
分別留礙汝應於此分別自他今吾將汝擇
於見中誰是我體誰為物像阿難極汝見源
從日月宫是物非汝至七金山周徧諦觀雖
種種光亦物非汝漸漸更觀雲騰鳥飛風動
塵起樹木山川草芥人畜咸物非汝
溫陵曰極汝見源令窮力諦觀也上極日
月下極輪圍中極萬物令一一詳擇也
阿難是諸近遠諸有物性雖復差殊同汝見
精清淨所矚則諸物類自有差別見性無殊
此精妙明誠汝見性
吳興曰阿難所疑雖識見性而未知真性

如来所荅豈不顯真但由見性似在於內
真性必周於外佛欲示之故指一切物象
皆是見精所矚矚既斯徧性何攸局此寄
見性之偏以顯真性之徧也然則肉眼所
見物象森羅佛眼所觀真空冥寂猶恐阿
難認此見性既周外物仍謂外物同我能
見故下文破之
若見是物則汝亦可見吾之見若同見者名
為見吾吾不見時何不見吾不見之處
真際曰若汝認見為物吾見亦同是物汝
應可見溫陵曰同見者依物之迹也不見
者離物之體也若謂吾汝同見一物是見
吾之見特迹而已吾當離物不見之時其
體何在既無處可見定非是物矣
若見不見自然非彼不見之相
溫陵曰縱使妄意謂能見吾不見者終自
非是彼不見相補註曰彼不見之相本自
無相豈汝所能見哉
若不見吾不見之地自然非物云何非汝
長水曰此之文意展轉皆歸應有五重經

文存三而隱二意若具論者合云若不見
吾不見之地亦不見吾見處既不見吾見
處吾見自然非物吾見若非是物汝見亦
非是物汝見既非是物云何非汝真見
又則汝今見物之時汝既見物物亦見汝體
性紛雜則汝與我并諸世間不成安立
溫陵曰又約物我雜亂辨見非物也若身
是物則物應有見而有情無情體性錯亂
不可分辨故曰不成安立則見非是物又
可明也諸世間謂衆生及器通指有情無
情也
阿難若汝見時是汝非我見性周徧非汝而
誰云何自疑汝之真性性汝不真取我求實
真際曰見性雖同各自受用一室千燈光
豈有別而彼此自照各不相雜溫陵曰牒
上以顯真性也見性周徧即汝真性何疑
不真而求質於我耶此結荅云何得知是
我真性之問也孤山曰性汝不真等謂真
性在汝而自不能知其真翻取我言以求
其實迷之甚也責之深也

阿難白佛言世尊若此見性必我非餘我與如來觀四天王勝藏寶殿居日月宮此見周圓徧娑婆國退歸精舍秖見伽藍清心戶堂但瞻簷廡世尊此見如是其體本來周徧一界今在室中唯滿一室爲復此見縮大爲小爲當墻宇夾令斷絕我今不知斯義所在願垂弘慈爲我敷演

孤山曰既觀初天則惟見一四天下言娑婆者舉其通名耳非指大千也補註曰前文泛叙見用意顯真性本來周徧特聖凡見量之不齊耳今阿難以所視廣狹而疑見體舒縮故有斯問

佛告阿難一切世間大小內外諸所事業各屬前塵不應說言見有舒縮譬如方器中見方空吾復問汝此方器中所見方空爲復定方爲不定方若定方者別安圓器空應不圓若不定者在方器中應無方空汝言不知斯義所在義性如是云何爲在

温陵曰一切世間則根身器界之類大小內外則一界一室之類諸所事業則舒縮夾絕之類此總舉萬法皆屬前塵與吾靈覺自不相涉是故前塵大小見無舒縮譬如下器喻前塵空喻見體也孤山曰方圓因器不在虛空大小由塵何關見性是故責言云何爲在

阿難若復欲令入無方圓但除器方空體無方不應說言更除虛空方相所在

孤山曰空性無動寧有出入因器去留強云出入故云若復欲令入無方圓等空體無方喻見性無二也以虛空無方圓可除況見性無大小可還惟言方者義攝於圓佛語之略耳温陵曰離塵觀性自得本真不勞功用

若如汝問入室之時縮見令小仰觀日時汝豈挽見齊於日面若築墻宇能夾見斷穿爲小竇寧無續跡是義不然

温陵曰既非可挽定非可縮既非可續定非可斷義既不然無用情計

一切衆生從無始來迷己爲物失於本心爲物所轉故於是中觀大觀小若能轉物則同如來身心圓明不動道場於一毛端徧能含受十方國土

補註曰前云認物爲己今云迷己爲物前乃就妄擇真且言物與己異故斥自身皆謂之物今將以真融妄應知萬物皆己萬物皆己而迷以爲物故失本心爲物所轉而見內外之殊大小之異也吳興曰爲物所轉則物爲能轉心爲所轉以心逐境遷故若能下心爲能轉物爲所轉以境隨智亡故楞伽云未達境惟心起種種分別達境惟心已分別即不生上二句爲物所轉也下二句若能轉物也則同如來者肇師云會萬物以成己者其惟聖人乎毛含國土者此明無量爲一蓋攝事成理非從體起用也大品云一切法趣一法斯之謂也

若下文理事雙顯體用備陳方有一爲無量之言塵中轉法之義彼詳此略意不徒然近古諸師並作用解惟真際云既滅前塵形量不立一切即一性乃圓成斯亦節公之知言矣

阿難白佛言世尊若此見精必我妙性令此妙性現在我前見必我真我今身心復是何物而今身心分別有實彼見無別分辨我身若實我心令我今見見性實我而身非我何殊如來先所難言物能見我惟垂大慈開發未悟

孫山曰向云迷己為物失於本心故為物轉若能轉物則同如來是則所見山河皆我妙性故云今此妙性現在我前此領旨也見必我真下阿難尚存能所謂所見既是真性則我能見復是何物若謂身無見性而今分別非虛若言現前是見則彼之外物別無心智反辨我身若彼外物實是我心現今能見則成外物是我內身非我

溫陵曰物能見我謂見在物而不在身是物能見我矣

綿三 十八

佛告阿難今汝所言見在汝前是義非實若實汝前汝實見者則此見精既有方所非無指示且今與汝坐祇陀林徧觀林渠及與殿堂上至日月前對恒河汝今於我師子座前舉手指陳是種種相陰者是林明者是日礙者是壁通者是空如是乃至草樹纖毫大小雖殊但可有形無不指著若必其見現在汝前汝應以手確實指陳何者是見阿難當知若空是見既已成見何者是空若物是見既已是見何者為物汝可微細披剝萬象析出精明淨妙見元指陳示我同彼諸物分明無惑阿難言我今於此重閣講堂遠洎恒河上觀日月舉手所指縱目所觀指皆是物無是見者世尊如佛所說況我有漏初學聲聞乃至菩薩亦不能於萬物象前剖出精見離一切物別有自性佛言如是如是

溫陵曰物無是見故雖大聖不能即物剖辨意須離物矣長水曰如是如是者印其不能分出見性也

綿三 十九

佛復告阿難如汝所言無有精見離一切物別有自性則汝所指是物之中無是見者今復告汝汝與如來坐祇陀林更觀林苑乃至日月種種象殊必無見精受汝所指汝又發明此諸物中何者非見阿難言我實徧見此祇陀林不知是中何者非見何以故若樹非見云何見樹若樹即見復云何樹如是乃至若空非見云何見空若空即見復云何空我又思惟是萬象中微細發明無非見者佛言如是如是

溫陵曰若樹非見何能見樹若即是見樹當名見云何名樹然前斷為無是見者既不中理故復思惟無非見者二義無定佛皆許者以色空等象如虛空華本無所有不可定指也故下文云此諸物象與此見精元是菩提妙淨明體云何於中有是非是

於是大衆非無學者聞佛此言茫然不知是義終始一時惶悚失其所守如來知其魂慮變慴心生憐愍安慰阿難及諸大衆諸善男子無上法王是真實語如所如說不誑不妄非末伽黎四種不死矯亂論議汝諦思惟無忝哀慕

真際曰向執心境各別見相歷然今蒙一點推之是非不決心無所措於是茫然呉

興曰終始者終則見性非物始則見性是物又始則妙性現在我前終則究竟指歸何所溫陵曰蒐懸變懼即惶悚失守也真語等者謂上荅二義乃稱真之語非矯論也末伽外道四種矯亂見于第十卷忝辱也資中曰如來有五語真語實語如語不誑語不異語無偽曰真稱理曰實不變曰如心境相應曰不誑懸見未然曰不異補註曰如所如說者上如稱義下如即真如謂稱所證真如以說也

是時文殊師利法王子愍諸四衆在大衆中即從座起頂禮佛足合掌恭敬而白佛言世尊此諸大衆不悟如來發明二種精見色空是非是義世尊若此前緣色空等象若是見者應有所指若非見者應無所矚而今不知是義所歸故有驚怖非是疇昔善根輕尠惟願如來大慈發明此諸物象與此見精元是何物於其中間無是非是

溫陵曰佛意爲顯見與見緣如虛空華於中本無是非是義然此非有學小智所及故大衆茫然失守而必須文殊請明也二種者精明見元及前緣色空是非二義也

若此前緣下牒前問指之意請明也

佛告文殊及諸大衆十方如來及大菩薩於其自住三摩地中見與見緣幷所想相如虛空華本無所有此見及緣元是菩提妙淨明體云何於中有是非是

溫陵曰自住三摩地即自性首楞正定也聖人住是定中了見萬法惟一圓融清淨寶覺曾無非是此正荅所問也見根也見緣境也所想相識也根境識三攝盡萬法夫能了諸緣元一寶覺無是非是則從前真妄虛實倒心緣影疑異分別之情豁然而蕩矣

文殊吾今問汝如汝文殊更有文殊是文殊者爲無文殊

吳興曰問意有三如汝文殊一也更有文殊是文殊者二也爲無文殊三也

如是世尊我真文殊無是文殊何以故若有是者則二文殊然我今日非無文殊於中實無是非二相

吳興曰我真文殊荅第一義例立菩提妙淨明體也無是文殊荅第二義例破色空是見也何以故下釋成上義然我今日非無文殊荅第三義例破色空非見也於中實無是非二相總結破意夫真無是非是非由妄若謂色空是真見者斯乃從妄辨真對於無妄之真則成二義故曰若有是者則二文殊又若謂色空非真見者其如妄境全體是真故曰然我今日非無文殊實而言之真性本來無是非是

佛言此見妙明與諸空塵亦復如是本是妙明無上菩提淨圓真心妄爲色空及與聞見如第二月誰爲是月又誰非月文殊但一月真中間自無是月非月

吳興曰前第二月別喻見精明元今通喻色空及與聞見者由佛爲阿難已約諸法偏示真性故大衆惶悚正迷諸法是非是義故文殊對揚既無二相復舉月喻以遣妄情且第二月適言是月捏目所成故適

言非月影不離真故皆言誰者責問之辭

捏影若亡是非何在

是以汝今觀見與塵種種發明名爲妄想不能於中出是非是由是真精妙覺明性故能令汝出指非指

温陵曰見與塵指妄根妄境也觀見塵而發明終沉妄想不出是非由真精而發明可出是非得無分別出指非指言是非雙泯也吳興曰物爲所指見非可指真性俱離故云出指非指

大佛頂如來密因脩證了義諸菩薩萬行首楞嚴經會解卷第三

綿三　千

大佛頂如來密因修證了義諸菩薩萬行首楞嚴經會解卷第三

校勘記

一　底本，明永樂北藏本。

一　六〇七頁下四行「目前」，徑作「日前」。

一　六〇九頁中七行「惟心」，徑作「性心」。

一　六一一頁上一九行第一二字「精」，徑無。

一　六一一頁上末行「妙心」，徑作「妙精心」。

一　六一三頁上五行「室中」，徑作「堂中」。

一　六一四頁中一四行第一五字「印」，徑作「即」。

一　六一五頁下末行第一一字「捏」，清作「揑」。次頁上二行首字同。

大佛頂如來密因修證了義諸菩薩萬行首楞嚴經會解卷第四　綿四

阿難白佛言世尊誠如法王所說覺緣徧十方界湛然常住性非生滅與先梵志娑毗迦羅所談冥諦及投灰等諸外道種說有真我徧滿十方有何差別

吳興曰覺謂菩提緣即色空聞見等如前文云此見及緣元是菩提妙淨明體溫陵曰覺緣即覺性徧緣無乎不在者也然黃髮之流亦說真我徧界及所立冥諦謂真性冥冥體非生滅則與佛說何異蓋外道不見性真但依賴耶妄計混濫真說故此問難與佛甄別也外道通稱梵志投灰苦行外道也

世尊亦曾於楞伽山為大慧等敷演斯義彼外道等常說自然我說因緣非彼境界我今觀此覺性自然非生非滅遠離一切虛妄顛倒似非因緣與彼自然云何開示不入羣邪獲真實心妙覺明性

真際曰楞伽山名此云不可往惟得通者能到溫陵曰先引佛說起疑也楞伽會上為大慧菩薩說因緣義以破外道自然之執非彼境界者非同外道所見也楞伽雖說因緣破彼妄執今觀覺性有真自然體遠離倒妄則似非因緣矣吳興曰向云我今觀此覺性自然今云與彼自然云何開示蓋言今之自然似非昔之因緣則與外道自然云何分別邪

佛告阿難我今如是開示方便真實告汝汝猶未悟惑為自然阿難若必自然自須甄明有自然體汝且觀此妙明見中以何為自此見為復以明為自以暗為自以空為自以塞為自阿難若明為自應不見暗若復以空為自體者應不見塞如是乃至諸暗等相以為自者則於明時見性斷滅云何見明

溫陵曰釋非自然也自然謂自體本然也自體本然則不隨境變今皆隨變非自然矣

阿難言必此妙見性非自然我今發明是因緣生心猶未明咨詢如來是義云何合因緣性

孤山曰始疑妙性同外自然既聞遂破則謂如佛昔說正因緣義但未知妙性云何符合耳

佛言汝言因緣吾復問汝汝今因見見性現前此見為復因明有見因暗有見因空有見因塞有見阿難若因明有應不見暗如因暗有應不見明如是乃至因空因塞同於明暗復次阿難此見又復緣明有見緣暗有見緣空有見緣塞有見阿難若緣空有應不見塞若緣塞有應不見空如是乃至緣明緣暗同於空塞

溫陵曰釋非因緣也假物為因循物為緣既無定趣非因緣矣真際曰因親緣疎故分二門

當知如是精覺妙明非因非緣亦非自然非不自然無非不非無是非是離一切相即一切法

溫陵曰疊拂徧計真是精覺也因緣自然是非等相皆是妄情徧計分別精覺妙明本無是事故曰離一切相徧計既離則圓

成實體觸處現前故曰即一切法祖師所謂但離妄緣即如如佛又云是非已去了是非裏薦取此離一切相即一切法之意也吳興曰非因緣下不言非不因緣者以此中正破因緣故且置之無非不非無是非是者此顯覺性本無非與不非亦無是與非是上句謂因緣下句謂自然離則顯真非俗即乃觸境惟心亡然存然不可得而名焉

汝今云何於中措心以諸世間戲論名相而得分別如以手掌撮摩虛空秪益自勞虛空云何隨汝執捉

溫陵曰結上文而責滯情也精覺不可措心如虛空不可措手

阿難白佛言世尊必妙覺性非因非緣世尊云何常與比丘宣說見性具四種緣所謂因空因明因心因眼是義云何佛言阿難我說世間諸因緣相非第一義

溫陵曰緣生之法因空而有因明而顯因心而知因眼而見是乃世間名相於第一義皆為戲論

阿難吾復問汝諸世間人說我能見云何名見云何不見阿難言世人因於日月燈光見種種相名之為見若復無此三種光明則不能見阿難若無明時名不見者應不見暗若必見暗此但無明云何無見阿難若在暗時不見明故名為不見今在明時不見暗相還名不見如是二相俱名不見若復二相自相陵奪非汝見性於中暫無如是則知二俱名見云何不見

吳興曰若必見暗等與初卷盲人覩暗見性是同所破有異前顯見性是心且破眼根能見今顯見性非明廣破因緣能見破緣既廣顯性實深由是下文談見非見

是故阿難汝今當知見明之時見非是明見暗之時見非是暗見空之時見非是空見塞之時見非是塞

補註曰此明離緣之見即見精也向於八還文中且指見精為不還者今於下文則遣之矣

四義成就汝復應知見見之時見非是見見猶離見見不能及云何復說因緣自然及和合相汝等聲聞狹劣無識不能通達清淨實相吾今誨汝當善思惟無得疲怠妙菩提路

溫陵曰四義成就等結上起下也吳興曰準前文云見明之時見非是明等皆以能見見於所見能非是所也例今見見之時義亦如是即以前之能見復為今之所見蓋言真見見於見精之時真既無妄故曰見非是見也問見精屬妄何以真見復見於妄乎荅夫見精者映色之性也見雖屬妄其性元真當知見見之時無別所見只是見於見中之性耳然則若未見性性在見中同名見精若能見性性脫于見方名見見補註曰今圖簡便易曉且借見精作一眚字配成四句云見眚之時見非是眚見猶離眚眚不能及上二句與後經覺所覺眚覺非眚中同義下二句義連云何復說等文蓋謂真見尚離於見精故見精有所不能及何況因緣自然和合等說而能

及之哉汝等下責而勉之之辭也清淨實相即真見也又即前之精覺妙明也前舉精覺妙明既已盡拂因緣自然之計且以戲論分別如手摩空等語責之矣而阿難滯情未解再引世尊常說因緣以為問難由是重拂因緣發明真見乃復責而勉之可謂詳且明矣然阿難終於慧目未開覺心未淨故又起後章之問也

阿難白佛言世尊如佛世尊為我等輩宣說因緣及與自然諸和合相與不和合心猶未開而今更聞見見非見重增迷悶伏願弘慈施大慧目開示我等覺心明淨作是語已悲淚頂禮承受聖旨爾時世尊憐愍阿難及諸大衆將欲敷演大陀羅尼諸三摩提妙修行路告阿難言汝雖強記但益多聞於奢摩他

緜四　六

微密觀照心猶未了汝今諦聽吾當為汝分別開示亦令將來諸有漏者獲菩提果

孤山曰陀羅尼此云總持即慧性也三摩提此云正受即定性也定慧均平故云妙修行是趣果之要故喻以道路奢摩他三止也微密觀照三觀也經家所叙則先慧而後定如来所告則先定而後慧用顯圓融止觀體無二也吴興曰阿難所迷心境轉細如来所示觀照愈深故曰微密

阿難一切衆生輪迴世間由二顛倒分別見妄當處發生當業輪轉云何二見一者衆生別業妄見二者衆生同分妄見

溫陵曰二倒見妄即同別二見也由此見妄循造妄業故云當處發生隨業受報人天諸趣故云當業輪轉補註曰別業者一人妄見也同分者多人妄見也故後文先引別業且喻阿難一人眼根之妄次連同分廣喻十方衆生根身器界同一妄耳

云何名為別業妄見阿難如世間人目有赤眚夜間燈光別有圓影五色重疊

緜四　七

孤山曰目喻本具真智燈喻本具真理赤眚喻妄心圓影喻妄境境謂五陰故云五色重疊

於意云何此夜燈明所現圓光為是燈色為當見色阿難此若燈色則非眚人何不同見而此圓影惟眚之觀若是見色見已成色則彼眚人見圓影者名為何等

補註曰五色圓影既非燈色又非見色惟彼見者目眚所成喻五陰妄境皆是衆生妄心所成也惟眚之觀謂獨有眚者見之也名為何等謂若是見色見已成色則彼眚人見圓影者不得名為見矣色即影也

復次阿難若此圓影離燈別有則合傍觀屏帳几筵有圓影出離見別有應非眼矚云何眚人目見圓影

溫陵曰上即燈見既無實體此離燈見又無定處足知其妄矣

是故當知色實在燈見病為影影見俱眚見眚非病終不應言是燈是見於是中有非燈非見如第二月非體非影何以故第二之觀揑所成故諸有智者不應說言此揑根元是形非形離見非見此亦如是目眚所成今欲名誰是燈是見何況分別非燈非見

補註曰前分兩節難破圓影一即燈見二離燈見至此牒結以顯其妄也第二月等

又復以喻明喻重疊結顯使知妄本無體不應窮詰也孤山曰色實在燈理體本真也見病爲影妄心成境也影見俱眚心境皆妄也見眚非病謂有智眚人知因目眚終不執言圓影實有故雖有眚不爲見病也譬圓初心無明雖在而達無明本自不有則無妄境可得也吳興曰詳夫目眚見燈之喻諸師並用法相配之未必然也今一往且順圓師所解應知如來舉此推破性執者正欲引例阿難目觀山河等皆是妄見義在下文其昭昭矣是形非形離見非見上句雙是形與非形下句雙離見與非見文略而互顯也是燈是見謂圓影由燈見而有即因緣義也非燈非見謂圓影離燈見而有即自然義也前文已破此重責之故曰今欲名誰等

云何名爲同分妄見阿難此閻浮提除大海水中間平陸有三千洲正中大洲東西括量大國凡有二千三百其餘小洲在諸海中其間或有三兩百國或一或二至於三十四十五十阿難若復此中有一小洲只有兩國惟一國人同感惡緣則彼小洲當土衆生覩諸一切不祥境界或見二日或見兩月其中乃至暈適珮玦彗孛飛流負耳虹蜺種種惡相但此國見彼國衆生本所不見亦復不聞

溫陵曰不祥氣現惟災地見之乃同業妄感彼無災地不聞不見暈適珮玦日月之災象也彗孛飛流星辰之災象也負耳虹蜺陰陽之災象也惡氣環日曰暈日食曰適所謂適見于日月之災也珮玦謂妖氣近日如環珮之狀星芒偏指曰彗如彗帚也芒氣四出曰孛孛然也絕迹而去曰飛光迹相連曰流陰陽之氣或背日如負旁日如耳或明而爲虹暗而爲蜺

阿難吾今爲汝以此二事進退合明阿難如彼衆生別業妄見矚燈光中所現圓影雖現似境終彼見者目眚所成眚即見勞非色所造然見眚者終無見咎

溫陵曰圓影無實則似境而已乃見勞目眚所成非燈色所造也

例汝今日以目觀見山河國土及諸衆生皆是無始見病所成見與見緣似現前境元我覺明見所緣眚覺見即眚本覺明心覺緣非眚

吳興曰無始見病如目眚也以法言之則阿賴耶識能見相分以惑言之正屬無明補註曰以眼根及山河等境俱例圓影然則所指見病即無明也無明即覺明也上舉圓影無實乃目眚所成例今根境無實乃無始無明所成見與見緣下牒顯而詳釋也見即根見緣即境此根與境雖似現前實有而元非實有元我覺明見所緣眚之所成耳見所緣三字釋成覺明也此一見字即能見分謂此覺明能見其所緣者即眚也覺見即眚等謂有覺有見即爲眚病惟吾本覺明心能覺諸緣者非眚也蓋本覺如好眼覺明如眚病根境如燈影耳

覺所覺眚覺非眚中此實見見云何復名覺聞知見是故汝今見我及汝并諸世間十類衆生皆即見眚非見眚者彼見真精性非眚

者故不名見

補註曰覺所覺下牒上覺緣非青之意釋前見見非見之疑也所覺即覺明等也今吾覺其所覺是青而吾真覺非墮青中此實見見之時見非是見也真見如是云何

復以覺聞知見青中之事而名之哉是故下重明青事彼見下重結見非是見也吳興曰云何復名覺聞知見者顯其離妄亦責其未悟也然佛所說二種顛倒分別見妄者由前阿難云世尊為我宣說因緣及與自然心猶未開是故廣示別業同分所見之相皆是虛妄此即重破因緣自然二種之執也又阿難云而今更聞見見非見重增迷悶故今再示覺非青中此實見見也閱此文者當曉大途

阿難如彼衆生同分妄見例彼妄見別業一人一病目人同彼一國彼見圓影青妄所生此衆同分所見不祥同見業中瘴惡所起俱是無始見妄所生

溫陵曰引別業例同分引青妄例瘴惡以明妄業雖異妄本不殊故曰俱是無始見妄所生吳興曰上文云吾今為汝以此二事進退合明義見於此如彼衆生等進同例別也一病目人等退別例同也問何故作此例耶荅由別業中引目青為喩顯妄則易以因青見影人皆知虛故同分中引瘴惡為喩顯妄則難以因瘴覩相事皆如實故佛意欲彰同分之妄悉如別業之妄故有進退合明之說然目青瘴惡所喩之法要顯阿難一人及閻浮提乃至十方衆生妄見咸爾又同業中瘴惡之妄猶易可知諸有漏國及諸衆生虛妄病緣其實難信是故經文從狹至廣以易例難展轉相濟也如此

例閻浮提三千洲中兼四大海娑婆世界并洎十方諸有漏國及諸衆生同是覺明無漏妙心見聞覺知虛妄病緣和合妄生和合妄死

溫陵曰上以一人例一國此以一國例大千合顯器界根身無非見病和合妄起也覺明無漏妙心即依真起妄者吳興曰真妄和合故有生死偏言妄者真如在迷故

若能遠離諸和合緣及不和合則復滅除諸生死因圓滿菩提不生滅性清淨本心本覺常住

吳興曰不和合者有似自然下文所破其義碩異

阿難汝雖先悟本覺妙明性非因緣非自然性而猶未明如是覺元非和合生及不和合

補註曰阿難前云因緣自然諸和合相與不和合心猶未開如來乃就同別二見文中重破因緣自然二種之執意謂阿難之心必已悟矣但和合等義疑猶未明故此下因辨覺元而重與明之先悟者已悟也

阿難吾今復以前塵問汝汝今猶以一切世間妄想和合諸因緣性而自疑惑證菩提心和合起者則汝今者妙淨見精為與明和為與暗和為與通和為與塞和

吳興曰菩提心者覺性也上文云而猶未明如是覺元非和合生等古人以佛果菩

提解者謬矣溫陵曰則汝下意謂設有所和即涉妄塵而不名妙淨矣

若明和者且汝觀明當明現前何處雜見見相可辨雜何形像若非見者云何見明若即見者云何見見必見圓滿何處和明若明圓滿不合見和見必異明雜則失彼性明名字雜天明性和明非義彼暗與通及諸羣塞亦復如是

資中曰明屬前相見屬內心齊何處所而論其雜見之與相目擊可分明見相雜作何形像溫陵曰若非下謂明若非見不能見明此疑若相雜也明若即見誰爲能見又非雜矣此章皆明浮塵幻相一無實體不容窮詰必見下謂惟見與明體必圓滿不合相和蓋和則間雜不圓滿矣見必異明下牒上結成非和也孤山曰性謂見性見被明雜豈得名見明被見雜豈得名明和雜既失明性兩名則知謂見和明不成義理故云和明非義彼暗與通下知非與明和則餘皆非也

復次阿難又汝今者妙淨見精爲與明合爲與暗合爲與通合爲與塞合若明合者至於暗時明相已滅此見即不與諸暗合云何見暗若見暗時不與暗合與明合者應非見明既不見明云何明合了明非暗彼暗與通及諸羣塞亦復如是

資中曰上明和義如水和土今明合義如蓋合函溫陵曰和則雜而不辨合則附而不離合則不離故明相滅時見亦隨滅不復合暗若不合暗而能見暗則與明合時應非見明然既不見明云何言與明合云何了明非暗邪合義不成則菩提心非和合起矣

阿難白佛言世尊如我思惟此妙覺元與諸緣塵及心念慮非和合耶

真際曰若和合不成即非和合形對必然故也此計真妄二法了不相觸吳興曰中論破計不出四性謂自他共無因也初破自然即無因也次破因緣即自他共也如以明暗空塞推於因緣正約他性又阿難所執空明心眼四種因緣空明即他心眼即自又佛說同別二種見境見亦自也境亦他也既有自他必含共性但由共性難破是故更作和合而說然則非和合義亦從自他開出爲防末習委曲搜揚耳問此與前七處推心四性何別荅七處四性都未涉真但破第六識心分別較計今自然等皆依覺性破妄顯真微密觀照於茲見矣

佛言汝今又言覺非和合吾復問汝此妙見精非和合者爲非明和爲非暗和爲非通和爲非塞和若非明和則見與明必有邊畔汝且諦觀何處是明何處是見在見在明自何爲畔阿難若明際中必無見者則不相及自不知其明相所在畔云何成彼暗與通及諸羣塞亦復如是

溫陵曰若非下謂和則同而無畔非和則異故必有畔且求畔不得非非和矣阿難下謂相及乃有畔畔義不成非非和矣又妙見精非和合者爲非明合爲非暗合爲

非通合為非塞合若非明合則見與明性相
乖角如耳與明了不相觸見且不知明相所
在云何甄明合非合理彼暗與通及諸羣塞
亦復如是
吳興曰非和約體不相入故以際畔推之
非合約性自差別故以乖角破之溫陵曰
以為非合則根境乖背既不知明亦不顯
見二體既無從何甄別合與非合之理邪
資中曰自徵心辨見以來齊此廣破人執
此下陰入處界等文破法執也
阿難汝猶未明一切浮塵諸幻化相當處出
生隨處滅盡幻妄稱相其性真為妙覺明體
如是乃至五陰六入從十二處至十八界因
緣和合虛妄有生因緣別離虛妄名滅殊不
能知生滅去來本如來藏常住妙明不動周
圓妙真如性性真常中求於去來迷悟生死
了無所得
溫陵曰明暗通塞合非合理皆所謂浮塵
幻相和合妄起和合妄滅故當處出生隨
處滅盡本無有生亦無和合則幻妄稱相

而已幻無自性依真而立如華起空全體
即空如泡生水全體即水故曰其性真為
妙覺明體近取諸身遠取諸物莫不皆然
故曰如是乃至等也如來藏者當人法身
妙性也依果而稱曰如來含攝衆德曰藏
未嘗去來曰常住暗不能昏曰妙明不隨
生滅曰不動無不徧足曰周圓妙萬物而
至神性一切而不異曰妙真如性能見是
性則迷悟生死了不可得矣問真常之性
人人本具既無去來生死柰何今之實有
邪荅不真常則有真常則不有譬之空水
目病則華風擊則泡豈其真常哉若晴明
澄湛乃謂真常於明湛中靜求華泡夫何
所得能審乎此則不疑聖言惟務了幻妄
而復真常也孤山曰五陰等諸經皆列三
科謂陰處界以對愚根樂各有三故而今
有四更加六入只是破十二處中內六處
耳隨機增減何必定三此並色心開合之
殊廣上浮塵諸幻化相也
阿難云何五陰本如來藏妙真如性

長水曰梵語塞健陀此云蘊古翻為陰蘊
謂積聚陰謂蓋覆積聚有為蓋覆真性
阿難譬如有人以清淨目觀晴明空惟一晴
虛迥無所有其人無故不動目睛瞪以發勞
則於虛空別見狂華復有一切狂亂非相色
陰當知亦復如是
孤山曰淨目况本具真智晴空况本具真
理惟一晴虛即理智一如也迥無所有絕
九界妄色也其人喻衆生也背真合妄故
曰無故不動目睛妄心取着也瞪以發勞
妄惑潤業也於妙性中現九界色故曰於
空見狂華等溫陵曰狂華喻色陰狂相喻
色境皆妄惑也
阿難是諸狂華非從空來非從目出如是阿
難若空來者既從空來還從空入若有出入
即非虛空空若非空自不容其華相起滅如
阿難體不容阿難若目出者既從目出還從
目入即此華性從目出故當合有見若有見
者去既華空旋合見眼若無見者出既翳空
旋當翳眼又見華時目應無翳云何晴空號

清明眼
温陵曰若有出入則有實體故非虛空非
空則實故如阿難體更無所容此辨狂華
不因空生也若華從目出則得目之性故
應有見今旋時既不見眼又不翳眼非目
出矣又若華從目出則華在空時目應無
翳云何見華目尚有翳必見晴空無華方
號清明眼邪此辨狂華不因目出也
是故當知色陰虛妄本非因緣非自然性
温陵曰既了幻華無因當知色陰虛妄本
非因緣自然即如来藏妙真如性餘四例
此貧中曰若知華相即空則顯色陰本如
来藏
阿難譬如有人手足宴安百骸調適忽如忘
生性無違順其人無故以二手掌於空相摩
於二手中妄生澁滑冷熱諸相受陰當知亦
復如是
温陵曰觸情於境納境於心曰受宴安調
適性無違順喻藏性本無諸受也二手空
摩妄生澁滑喻妄觸引起諸受也忘生如

圓覺所謂忽忘我身言調適之至也
阿難是諸幻觸不從空来不從掌出如是阿
難若空来者既能觸掌何不觸身不應虛空
選擇来觸若從掌出應非待合又掌出故合
則掌知離則觸入臂腕骨髓應亦覺知入時
蹤跡必有覺心知出知入自有一物身中往
来何待合知要名爲觸是故當知受陰虛妄
本非因緣非自然性
温陵曰空體常徧不應有擇掌當自出不
應有待又若從掌出出必有入然合而出
時掌雖有知離而入時臂且不覺既無定
實全一虛妄耳
阿難譬如有人談說酢梅口中水出思蹋懸
崖足心酸澁想陰當知亦復如是
温陵曰想無實相由心成相說梅思崖無
實相也口水足酸由心成相也凡想如之
阿難如是酢說不從梅生非從口入如是阿
難若梅生者梅合自談何待人說若從口入
自合口聞何須待耳若獨耳聞此水何不耳
中而出想蹋懸崖與說相類是故當知想陰

虛妄本非因緣非自然性
温陵曰人談梅而口水梅不能談則計梅
出者妄也耳聞梅而心想口不能聞則計
口入者妄也耳聞梅而耳無水則計說計
聞皆妄也補註曰談梅口水者因聞他人
說梅而吾口水出思崖足酸者吾自思耳
真際曰與說相類者應云如是思蹋非懸
崖来非足心入若從崖来崖合自想何待
人思若從足入足合自思何待心想若獨
心思何故足心覺有酸澁
阿難譬如瀑流波浪相續前際後際不相踰
越行陰當知亦復如是
温陵曰妙湛妄動隨境轉從念念遷謝新
新不停故名行陰而譬瀑流也以念念生
滅後不至前故曰不相踰越
阿難如是流性不因空生不因水有亦非水
性非離空水如是阿難若因空生則諸十方
無盡虛空成無盡流世界自然俱受淪溺若
因水有則此瀑流性應非水有所有相今應
現在若即水性則澄清時應非水體若離空

水空非有外水外無流是故當知行陰虛妄
本非因緣非自然性
溫陵曰楪釋流性不因空水非即非離以明行陰無實體也有所有相謂流應離水別有體相也空非有外水流其間水外無流流終依水則非離空水矣資中曰若因水有下謂若因其水別有流性因果性別則瀑流性不應是水能有是水所有是流二相若殊俱應現在

阿難譬如有人取頻伽瓶塞其兩孔滿中擎空千里遠行用餉他國識陰當知亦復如是
檇李曰頻伽好聲鳥也瓶形象之孤山曰瓶喻妄業空喻妄識業牽識走如瓶擎空行捨身受身喻以遠行現陰如此國中陰生陰悉如他國

阿難如是虛空非彼方來非此方入如是阿難若彼方來則本瓶中既貯空去於本瓶地應少虛空若此方入開孔倒瓶應見空出是故當知識陰虛妄本非因緣非自然性
孤山曰虛空非從彼方來入此方若瓶盛空從彼入此何故彼方不見空少此方不見空出溫陵曰性空真覺周徧法界一體爲識故如瓶中之空耳內外一空喻性識一體塞其兩孔喻妄分同異也空無來往不可擎餉喻性無生滅亦無捨受今言擎餉者比迷性爲識妄隨流轉之狀也身心萬法即如來藏妙真如性道嫌揀擇理忘情謂凡有言說皆爲戲論擬心動念盡涉迷倒大覺將與覺之故此卷之初權且申正倒辨緣影揮見精示真量一就其迷倒情計爲之拂心眼之塵翳洗肺腸之垢濁使心境灑落真妄兩忘然後融會入如來藏遂知根塵處界法法無非妙真如性此第二及第三卷大旨也

大佛頂如來密因修證了義諸菩薩萬行首楞嚴經會解卷第四

大佛頂如來密因修證了義諸菩薩萬行首楞嚴經會解卷第四

校勘記

一　底本，明永樂北藏本。

一　六二〇頁中四行「慧字」，清作「彗字」。八行同。

一　六二二頁上七行第二字「天」，徑、清作「失」。

一　六二三頁下四行「目晴」，清作「目睛」。一〇行同。

大佛頂如来密因脩證了義諸菩薩萬行首
楞嚴經會解卷第五　綿五
天竺沙門般剌密帝譯
烏萇國沙門彌伽釋迦譯語
菩薩戒弟子前正議大夫同中書門下平
章事房融筆受
師子林沙門　惟則　會解
一
復次阿難云何六入本如来藏妙真如性
長水曰梵語鉢羅吠奢此云入亦云處境
入之處也亦是識生處故然根境二法俱
識生處今分六根別破故惟以根爲入也
阿難即彼目睛瞪發勞者兼目與勞同是菩
提瞪發勞相
吴興曰前色陰中辟如目睛瞪以發勞則
於虛空別見狂花等相盖以目喻真以勞
喻妄以華喻色今指前喻故云即彼目睛
等兼目與勞下斯取前文能喻之根便爲
此中所喻之法以彼勞目正是眼入虛妄
之相故當知眼入乃至意入皆如空華故
六入文并云同是菩提瞪發勞相問何不
直就根塵推破見性而須指前勞目之事
乎荅夫根塵偏迷悟必從要故指凡夫易
觧之妄事用開阿難未了之執情向下塞
耳聞聲畜鼻覺觸例亦如是
因于明暗二種妄塵發見居中吸此塵象名
爲見性此見離彼明暗二塵畢竟無體如是
阿難當知是見非明暗来非於根出不於空
生何以故若從明来暗即隨滅應非見暗若
從暗来明即隨滅應無見明若從根生必無
明暗如是見精本無自性若於空出前矚塵
象歸當見根又空自觀何關汝入是故當知
眼入虛妄本非因緣非自然性
温陵曰因塵發見因根吸塵故名眼入然
離塵無體足知虛妄乃至云非明暗来非
根出等既無所從則非因緣自然本如来
綿五　二
蔵妙真如性矣補註曰按環師科經此有
三科即彼目睛下依真起妄因于明暗下
辨妄無實是故當知下了妄即真盖謂妄
無自性全體即真也餘五例此
阿難譬如有人以兩手指急塞其耳耳根勞
故頭中作聲兼耳與勞同是菩提瞪發勞相
吴興曰譬如者此以假設其事曉訓令悟
故云譬如非取比况之義也下文亦尒
因于動靜二種妄塵發聞居中吸此塵象名
聽聞性此聞離彼動靜二塵畢竟無體如是
阿難當知是聞非動靜来非於根出不於空
生何以故若從靜来動即隨滅應非聞動若
從動来靜即隨滅應無覺靜若從根生必無
動靜如是聞體本無自性若於空出有聞成
性即非虛空又空自聞何關汝入是故當知
耳入虛妄本非因緣非自然性
孤山曰耳聞動靜猶目見明暗也諸經所
說對聲有聞緣明有見今文了義静亦名
聞暗亦名見鼻聞通塞意知生滅例亦如
是
綿五　二
阿難譬如有人急畜其鼻畜久成勞則於鼻
中聞有冷觸因觸分別通塞虛實如是乃至
諸香臭氣兼鼻與勞同是菩提瞪發勞相因
于通塞二種妄塵發聞居中吸此塵象名嗅
聞性此聞離彼通塞二塵畢竟無體當知是

聞非通塞來非於根出不於空生何以故若從通來塞則聞滅云何知塞如因塞有通則無聞云何發明香臭等觸若從根生必無通塞如是聞機本無自性若從空出是聞自當迴齅汝鼻空自有聞何關汝入是故當知鼻入虛妄本非因緣非自然性

溫陵曰畜縮氣也冷因畜有不畜本無鼻入之妄皆如是也吳興曰機者弩牙也根有發聞之義故取譬之

阿難譬如有人以舌舐吻熟舐令勞其人若病則有苦味無病之人微有甜觸由甜與苦顯此舌根不動之時淡性常在兼舌與勞同是菩提瞪發勞相因甜苦淡二種妄塵發知居中吸此塵象名知味性此知味性離彼甜苦及淡二塵畢竟無體如是阿難當知如是嘗苦淡知非甜苦來非因淡有又非根出不於空生何以故若甜苦來淡則知滅云何知淡若從淡出甜即知亡復云何知甜苦二相若從舌生必無甜淡及與苦塵斯知味根本無自性若於空出虛空自味非汝口知又空自知何關汝入是故當知舌入虛妄本非因緣非自然性

阿難譬如有人以一冷手觸於熱手若冷勢多熱者從冷若熱功勝冷者成熱如是以此合覺之觸顯於離知涉勢若成因于勞觸兼身與勞同是菩提瞪發勞相因于離合二種妄塵發覺居中吸此塵象名知覺性此知覺體離彼離合違順二塵畢竟無體如是阿難當知是覺非離合來非違順有不於根出又非空生何以故若合時來離當已滅云何覺離違順二相亦復如是若從根出必無離合違順四相則汝身知元無自性必於空出空自知覺何關汝入是故當知身入虛妄本非因緣非自然性

溫陵曰身入主觸然觸無自性猶如二手冷熱相涉兩無定勢足知其妄也手不自觸因合覺觸故曰合覺之觸合不自合因離知合故曰顯於離知涉勢若成等者謂以熱涉冷使冷成熱亦則勞觸而已

阿難譬如有人勞倦則眠睡熟便寤覽塵斯憶失憶為忘是其顛倒生住異滅吸習中歸不相踰越稱意知根兼意與勞同是菩提瞪發勞相

吳興曰寤則覽塵斯憶睡則失憶為忘又睡中有夢寤中有忘皆是覽塵失憶之相憶之則生忘之則滅故下文云因于生滅二種妄塵也以妄對真即是顛倒此二妄塵復為生住異滅四種細相吸習此相中歸意根四相刹那前後不離故曰不相踰越

因于生滅二種妄塵集知居中吸撮內塵見聞逆流流不及地名覺知性此覺知性離彼寤寐生滅二塵畢竟無體

孤山曰前舉四相此惟二者以生攝住以滅收異而且以憶者為生忘者為滅內塵法塵也見聞逆流者以憶故則能逆緣落謝五塵即覽塵斯憶也流不及地者以忘故則成緣於思不及處即失憶為忘也又解眼等五根但緣現境惟意知根能緣過去乃是流入五根不及之地雖通兩釋前義為正

如是阿難當知如是覺知之根非寤寐來非生滅有不於根出亦非空生何以故若從寤來寐即隨滅將何為寐必生時有滅即同無令誰受滅若從滅有生即滅無誰知生者若從根出寤寐二相隨身開合離斯二體此覺知者同於空華畢竟無性若從空生自是空知何關汝入是故當知意入虛妄本非因緣非自然性

資中曰列子云其寤也形開其寐也形交交即合也寤寐二相自是形之開合汝覺知性則無別體故云同於空華補註曰將何為寐令誰受滅為受二字當作知字寤寐當互破但文略耳

復次阿難云何十二處本如來藏妙真如性

孤山曰前六入破六根雖以塵對辨而正意在根今十二處雖根塵互破正破在塵後十八界雖根境識三相對推破而正意惟在六識也吳興曰初五陰中以喻比法用破執情次六入中指假設事顯其妄相今十二處乃至七大即於現前見聞之境及近所目擊者示其藏性是則經文從疎洎親去假就實善巧闡發之義了然可別矣

阿難汝且觀此祇陀樹林及諸泉池於意云何此等為是色生眼見眼生色相阿難若復眼根生色相者見空非色色性應銷銷則顯發一切都無色相既無誰明空質空亦如是若復色塵生眼見者觀空非色見即銷亡亡則都無誰明空色是故當知見與色空俱無處所即色與見二處虛妄本非因緣非自然性

溫陵曰眼能生色則眼為色性然見空之時既無色相則色性應銷眼中之色性既銷則顯發一切都無色相矣且色空二法對待而顯色相既無何以顯空故曰誰明空質然則計眼生色處者妄也空亦如是者因色例空亦無定處也若復色塵下謂色能生見則觀空之時見無所生故曰銷亡亡即無見誰明空色然則計色生眼處者妄也

阿難汝更聽此祇陀園中食辦擊鼓衆集撞鐘鐘鼓音聲前後相續於意云何此等為是聲來耳邊耳往聲處阿難若復此聲來於耳邊如我乞食室羅筏城在祇陀林則無有我此聲必來阿難耳處目連迦葉應不俱聞何況其中一千二百五十沙門一聞鐘聲同來食處若復汝耳往彼聲邊如我歸住祇陀林中在室羅城則無有我汝聞鼓聲其耳已往擊鼓之處鐘聲齊出應不俱聞何況其中象馬牛羊種種音響若無來往亦復無聞是故當知聽與音聲俱無處所即聽與聲二處虛妄本非因緣非自然性

溫陵曰如我入城祇林無我喻聲來耳邊則餘處無聲然千衆皆聞則聲處無實矣若復汝耳下謂如我歸林城中無我喻耳往聲處則餘處無耳然異音皆聞則耳處無實矣孤山曰若無來往下謂聲不來耳耳不往聲聞義不立

阿難汝又嗅此爐中栴檀此香若復然於一銖室羅筏城四十里內同時聞氣於意云何

此香為復生栴檀木生於汝鼻為生於空阿難若復此香生於汝鼻稱鼻所生當從鼻出鼻非栴檀云何鼻中有栴檀氣稱汝聞香當於鼻入鼻中出香說聞非義若生於空空性常恒香應常在何藉爐中爇此枯木若生於木則此香質因爇成煙若鼻得聞合蒙煙氣其煙騰空未及遥遠四十里內云何已聞是故當知香鼻與聞俱無處所即齅與香二處虛妄本非因緣非自然性

溫陵曰鼻非栴檀非鼻生也藉爇而有非空生也香質木也烟非木也離木離烟又遠四十里聞香豈木生哉既非鼻非空非木無實處矣檇李曰此中義理稍難成立且鼻舌身三者是合中知也設四十里內聞香亦是香有殊勝之力其氣遠騰彼合之處久久方聞而言不待鼻蒙烟氣等甚與教相及現量相違若約互用自在壞法相說又非此意今此釋者恐取聖人根力強利能速疾遠聞不取凡常鈍劣者說理實必須氣適於鼻方得成聞經中一往據麁顯邊似不到鼻故作斯破吳興曰敏師一往之說其實然也若爾但是香有殊勝之力不須更取聖人根力強利也如法華經云此香六銖價直娑婆世界不亦勝乎

阿難汝常二時衆中持鉢其間或遇酥酪醍醐名為上味於意云何此味為復生於空中生於舌中為生食中阿難若復此味生於汝舌在汝口中只有一舌其舌爾時已成酥味遇黑石蜜應不推移若不變移不名知味若變移者舌非多體云何多味一舌之知若生於食食非有識云何自知又食自知即同他食何預於汝名味之知若生於空汝噉虛空當作何味必其虛空若作鹹味既鹹汝舌亦鹹汝面則此界人同於海魚既常受鹹了不知淡若不識淡亦不覺鹹必無所知云何名味是故當知味舌與嘗俱無處所即嘗與味二俱虛妄本非因緣非自然性

溫陵曰生於汝舌下謂舌無定味又非多體則味不生於舌矣石蜜沙糖也堅如沙石若生於食下謂食不自知因舌知味縱食能知則知不在汝便同他食汝無所預何名知味理既不然則味不生於食矣若生於空下謂虛空無味則味不生於空矣

阿難汝常晨朝以手摩頭於意云何此摩所知誰為能觸能為在手為復在頭若在於手頭則無知云何成觸若在於頭手則無用云何名觸若各各有則汝阿難應有二身若頭與手一觸所生則手於頭當為一體若一體者觸則無成若二體者觸誰為在在能非所在所非能不應虛空與汝成觸是故當知覺觸與身俱無處所即身與觸二俱虛妄本非因緣非自然性

溫陵曰觸因根境能所相感而獨依根明者示萬法一體由妄分能所故有妄觸然在手在頭初無定處即身與觸處皆虛妄矣若各各有下二者合辯身觸二處皆無實矣觸則無成者謂觸須二物一則不成非所非能言皆無實處

阿難汝常意中所緣善惡無記三性生成法則此法為復即心所生為當離心別有方所

阿難若即心者法則非塵非心所緣云何成
處
溫陵曰善惡緣慮心也無記昏住心也意
緣不出此三而吸攝內塵成所緣法故曰
生成法則若即心者下謂法若即心則不
屬塵既非所緣何成法處
若離於心別有方所則法自性為知非知知
則名心異汝非塵同他心量即汝即心云何
汝心更二於汝若非知者此塵既非色聲香
味離合冷煖及虛空相當於何在今於色空
都無表示不應人間更有空外心非所緣處
從誰立是故當知法則與心俱無處所則意
與法二俱虛妄本非因緣非自然性
溫陵曰法塵非相因意知顯故問為知非
知知則屬心然體異於汝又且非塵故同
他心量設若非知然此法塵既非色等特
由知發今既非知處當何在既色空之內
無所表顯不應存於色空之外況空又非
有外也則心緣法處終無實矣孤山曰即
汝即心者防轉計也云何下難也汝心惟
一云何有二根塵俱知是二心也離合冷
煖者觸塵也
復次阿難云何十八界本如來藏妙真如性
溫陵曰根塵識三各六分內外中為界孤
山曰界者因也種族也
阿難如汝所明眼色為緣生於眼識此識為
復因眼所生以眼為界因色所生以色為界
吳興曰如汝所明者小乘所解因緣生法
皆是實有不了即空今據彼詰之用破其
執也他皆放此
阿難若因眼生既無色空無可分別縱有汝
識欲將何用汝見又非青黃赤白無所表示
從何立界若因色生空無色時汝識應滅云
何識知是虛空性若色變時汝亦識其色相
遷變汝識不遷界從何立從變則變界相自
無不變則恒既從色生應不識知虛空所在
若兼二種眼色共生合則中離離則兩合體
性雜亂云何成界是故當知眼色為緣生眼
識界三處都無則眼與色及色界三本非因
緣非自然性
溫陵曰若獨因眼不有色空則識無所緣
見無所表界無所立非因眼矣若因色生
當隨色滅色滅空現當不識知矣若亦識
知則是色相遷變汝識獨存獨則無鄰界
從何立非因色矣從變下牒難變則無體
故界相自無若不隨變則識性常一當一
於色應不識空理又不然非從色生矣若
眼色兼合共生識界當半有知半無知故
曰中離若中離者半合根半合境故曰兩
合二義推窮皆不成界既不因色亦不兼
二諸妄併除藏性自顯餘五例此孤山曰
體性雜亂謂根境兩屬乖種族也
阿難又汝所明耳聲為緣生於耳識此識為
復因耳所生以耳為界因聲所生以聲為界
阿難若因耳生動靜二相既不現前根不成
知必無所知知尚無成識何形貌若取耳聞
無動靜故聞無所成云何耳形雜色觸塵名
為識界則耳識界復從誰立
長水曰若因耳生等破勝義根也若無前
境根自無知若實無知更有何識若取耳

聞等破浮塵根也設取浮塵之耳容有聞者若無動靜亦不成聞云何將此可見浮塵雜色觸法為識界耶則耳下雙質二根也溫陵曰雜色觸塵謂耳形雜物色觸聲塵而已

若生於聲識因聲有則不關聞無聞則亡聲相所在識從聲生許聲因聞而有聲相聞應聞識不聞非界聞則同聲識已被聞誰知聞識若無知者終如草木不應聲聞雜成中界界無中位則內外相復從何成是故當知耳聲為緣生耳識界三處都無則耳與聲及聲界三本非因緣非自然性

長水曰聲能生識何假於聞若無於聞聲亦不有縱謂識從聲生又許因根有相則聞聲時即是聞識若不聞識則非界義若聞於識識則同聲既能了之識作所聞之境誰為能知知此聞識溫陵曰若無知者下謂能聞而無知則如草木矣亦不可也不應聲聞等謂依根依境單論既非不應二者合成識界而為中位中位既無邊際

何立

阿難又汝所明鼻香為緣生於鼻識此識為復因鼻所生以鼻為界因香所生以香為界阿難若因鼻生則汝心中以何為鼻為取肉形雙爪之相為取齅知動搖之性若取肉形肉質乃身身知即觸名身非鼻名觸即塵鼻尚無名云何立界

孤山曰若取肉形下破浮塵根也溫陵曰名身則非鼻名觸則屬身根所對之塵故曰鼻尚無名也

若取齅知又汝心中以何為知以肉為知則肉之知元觸非鼻以空為知空則自知肉應非覺如是則應虛空是汝汝身非知今日阿難應無所在以香為知知自屬香何預於汝若香臭氣必生汝鼻則彼香臭二種流氣不生伊蘭及栴檀木二物不來汝自嗅鼻為香為臭臭則非香香應非臭若香臭二俱能聞者則汝一人應有兩鼻對我問道有二阿難誰為汝體若鼻是一香臭無二臭既為香香復成臭二性不有界從誰立

孤山曰破勝義也溫陵曰肉質之知屬身故曰元觸非鼻虛空之質屬空故曰肉應非覺伊蘭臭樹也吳興曰從二物不來下以根從境破境既有二根應成兩先定之云為香為臭次責云臭則非香香應非臭意在俱聞墮兩鼻之失也若鼻是一復以境從根破根既惟一境云何二二性不立識界奚存已上皆破根生也問既云以香為知知自屬香豈非破境耶荅斯蓋對根而說正破勝義下文不對根辨方破境生也

若因香生識因香有如眼有見不能觀眼因香有故應不知香知即非生不知非識香非知有香界不成識不知香因界則非從香建立既無中間不成內外彼諸聞性畢竟虛妄是故當知鼻香為緣生鼻識界三處都無則鼻與香及香界三本非因緣非自然性

溫陵曰眼識因眼而有既不能見眼鼻識因香而有應不知香若曰能知即非香生若曰不知即不名識皆不可也香非知有下謂香不因根則不成香界識不知香則

不成識界孤山曰中間識也內外根境也
阿難又汝所明舌味為緣生於舌識此識為
復因舌所生以舌為界因味所生以味為界
阿難若因舌生則諸世間甘蔗烏梅黃連石
鹽細辛薑桂都無有味汝自嘗舌為甜為苦
若舌性苦誰來嘗舌舌不自嘗孰為知覺舌
性非苦味自不生云何立界
溫陵曰甘蔗等舉五味也味因舌嘗若舌
本苦則無能嘗者孰為識體若舌本淡既
不因境味無所生無味與對從何立界此
計識因舌生者妄也
若因味生識自為味同於舌根應不自嘗云
何識知是味非味又一切味非一物生味既
多生識應多體識體若一體必味生鹹淡甘
辛和合俱生諸變異相同為一味應無分別
分別既無則不名識云何復名舌味識界不
應虛空生汝心識
溫陵曰識自為味謂識即味也同於舌根
謂識不自嘗也又一切味下謂識因味生
則味多識亦應多識一味亦應一體必味
生者牒之識因味生也鹹淡甘辛同為一
味者結成識一味亦應一也異識既一異
味既同則無分別無別則非識非識則無
界此計識因味生者妄也異與同鹹淡甘
辛略舉四味詳則有六更加苦醋言和合
者衆味共成也俱生者本性不易也變異
者燒煮異本也
舌味和合即於是中元無自性云何界生是
故當知舌味為緣生舌識界三處都無則舌
與味及舌界三本非因緣非自然性
孤山曰初因舌是破自生二因味是破他
生三不應虛空是破無因生四舌味和合
是破共生前後諸文皆爾此中最顯
阿難又汝所明身觸為緣生於身識此識為
復因身所生以身為界因觸所生以觸為界
阿難若因身生必無合離二覺觀緣身何所
識若因觸生必無汝身誰有非身知合離者
溫陵曰覺觀即身識而以合離二境為緣
若無緣則無識是則因境非因身也若因
觸生下謂若無身則不知合離是亦因身
非因境也
阿難物不觸知身知有觸知身即觸知觸即
身即觸非身即身非觸身觸二相元無處所
合身即為身自體性離身即是虛空等相內
外不成中云何立中不復立內外性空即汝
識生從誰立界是故當知身觸為緣生身識
界三處都無則身與觸及身界三本非因緣
非自然性
溫陵曰物不觸知身知有觸者徒觸不能
生知因身然後知觸此明身識由根境合
顯也合則當知身即觸也觸即身也若身
即觸則身非身矣若觸即身則觸非觸矣
身觸互奪故無處所合身則無觸位故即
為身體離身則無觸用故即同虛空然則
內外中間之位皆不成立矣

大佛頂如來密因脩證了義諸菩薩萬行首
楞嚴經會解卷第五

大佛頂如來密因修證了義諸菩薩萬行首楞嚴經會解卷第五

校勘記

一　底本，明永樂北藏本。

一　六二七頁中四行第一五字「熱」，[徑]作「勢」。

一　六二八頁下一行「繫鼓」，[徑]、[清]作「擊鼓」。

一　六三一頁中一行「何立」，[徑]作「何位」。

大佛頂如來密因脩證了義諸菩薩萬行首楞嚴經會解卷第六　綿六

阿難又汝所明意法為緣生於意識此識為復因意所生以意為界因法所生以法為界阿難若因意生於汝意中必有所思發明汝意若無前法意無所生離緣無形識將何用

溫陵曰意識發於所思意根生於法塵二者皆屬前境離此則根無形識無用是必因境計根生者妄也

又汝識心與諸思量兼了別性為同為異同意即意云何所生異意不同應無所識若無所識云何意生若有所識云何識意惟同與異二性無成界云何立

溫陵曰又辨根識混濫不成因界也同則無復能所異則不能有識二既混濫已無自性則界無所立矣吳興曰俱舍論云集起名心籌量名意了別名識此文識心同彼第一即意根也思量兼了別性同彼第二第三即意根所生之識也彼第二亦云意者蓋識之異名耳故婆沙中明心意識三無有差別如火名焰亦名為熾亦名燒薪是知意識名同但約先後以分二義也同意下謂若識同意云何復有能生所生異意下謂若異意則應所生同於無情若無下謂又縱計云所生無識則與能生體性非類若有下謂又若救云所生有識此識既無前法可緣必須反識其意意若為境根義不成補註曰若有所識云何識意者若異意而又自有識則何名意識蓋識意語倒也

若因法生世間諸法不離五塵汝觀色法及諸聲法香法味法及與觸法相狀分明以對五根非意所攝汝識決定依於法生汝今諦觀法法何狀若離色空動靜通塞合離生滅越此諸相終無所得生則色空諸法等生滅則色空諸法等滅所因既無因生有識作何形相相狀不有界云何生

資中曰以五塵之法各配五根離五塵外意無別法長水曰法法者法塵之法也搆李曰色空動靜通塞即色聲香三塵也合離即味觸兩塵生滅即法塵然生滅但是五塵通相離五無體故云生則諸法生滅則諸法滅也補註曰所因者即法塵也所因之法自無實狀則因之生識復作何狀耶狀不有則界亦亡矣此闢根境合辯之科高麗幻師以所因既無等科為合辯然未有的據姑從闢之

是故當知意法為緣生意識界三處都無則意與法及意界三本非因緣非自然性

溫陵曰既非因緣自然是謂妙真如性也前近取諸身顯如來藏故依陰入處界四科以明雖悟一身未融萬法根境尚異身性未圓後復遠取諸物圓示藏性故依地水火風空見識七大以明使悟物我同根是非一體法法圓成塵塵周徧法界頌云若人欲識真空理身內真如還徧外情與無情共一體處處皆同真法界此七大之大旨也謂之大者以性圓周徧含裹十方為義所以有七者萬法生成不離四大而依空建立因見有覺因識有知故也前五

無情所具後二有情兼之今舉其七則萬法該矣然彼大性先非水火亦非空識全一如来藏體循業發現而已七大既爾萬法皆然凡我依正先非根身亦非器界皆即循業之相性真圓融初無生滅所以阿難蒙佛開示身心蕩然得無罣礙了知世間諸所有物皆即妙心含裹十方反觀幻身起滅無從獲本妙心常住不滅

阿難白佛言世尊如来常說和合因緣一切世間種種變化皆因四大和合發明云何如来因緣自然二俱排擯我今不知斯義所屬惟垂哀愍開示衆生中道了義無戲論法

溫陵曰此依權教問難由四大發起七大因緣自然之義也孤山曰阿難執昔所談世諦疑今所演第一義諦將恐衆生聞昔和合則滯於有聞今排擯則溺於空不達中道動成戲論故請開示

爾時世尊告阿難言汝先厭離聲聞緣覺諸小乘法發心勤求無上菩提故我今時為汝開示第一義諦如何復將世間戲論妄想因緣而自纒繞汝雖多聞如說藥人真藥現前不能分別如来說為真可憐愍汝今諦聽吾當為汝分別開示亦令當来脩大乘者通達實相阿難默然承佛聖旨阿難如汝所言四大和合發明世間種種變化阿難若彼大性體非和合則不能與諸大雜和猶如虛空不和諸色若和合者同於變化始終相成生滅相續生死死生生生死死如旋火輪未有休息

吳興曰若彼大性下破非和合之疑也以阿難既執和合疑非和合故今破之意云若謂四大之性不和四大之相斯則性居相外二不相雜故曰猶如虛空不和諸色此約真如隨緣不同頑空之性也若和合者下破和合也既破非和恐計於合故復破之此約真如不變不同變化等相也溫陵曰旋火之輪無有實體喻虛妄相成相續之相也

阿難如水成氷氷還成水

溫陵曰直示大性非和不和之理而起後文故復召告也夫水何和而成氷氷何和而成水七大之性不因和合循業發現如此而已

汝觀地性麤為大地細為微塵至鄰虛塵析彼極微色邊際相七分所成更析鄰虛即實空性

溫陵曰塵之細者曰微細之又細曰極微微之又微曰鄰虛極微之塵猶有微色故名色邊際相析極微為七分則微色殆虛故名鄰虛

阿難若此鄰虛析成虛空當知虛空出生色相汝今問言由和合故出生世間諸變化相汝且觀此一鄰虛塵用幾虛空和合而有不應鄰虛合成鄰虛又鄰虛塵析入空者用幾色相合成虛空若色合時合色非空若空合時合空非色色猶可析空云何合

孤山曰既能析色為空亦可合空成色貲中曰若空不可合色從何生故知此色本無自性

汝元不知如来藏中性色真空性空真色清

淨本然周徧法界隨衆生心應所知量循業
發現世間無知惑為因緣及自然性皆是識
心分別計度但有言說都無實義
温陵曰如來藏性萬法一如而循業似異
遂有七大之名特體用異稱耳真空者一
如之體也故七大皆言真空七大即循業
之用也故曰性空真色乃至性空真識體
用不二故相依互舉不離妙性故一一皆
言性也不垢不淨曰清淨非和不和曰本
然無乎不在曰周徧既非垢淨和合而能
成七大萬法者但隨心應量循業發現而
已孤山曰如來藏即心性中道也即俗而
真故曰性色真空即真而俗故曰性空真
色以真俗即中故並云性三諦圓融不一
不異非縱非横名如來藏俗則十界備矣
綿六　六
真則生佛寂然此言理具非關事造然理
必融事事豈殊理理事雙泯故曰清淨本
然心佛衆生三無差別彼彼互攝一一相
融故曰周徧法界隨衆生心下即如來藏
隨染淨緣順差別業變造十界依正之事

也世間通指九界因緣義含自他共三性
自然即無因性
阿難火性無我寄於諸緣汝觀城中未食之
家欲炊爨時手執陽燧日前求火阿難名和
合者如我與汝一千二百五十比丘今為一
衆衆雖為一結其根本各各有身皆有所生
氏族名字如舍利弗婆羅門種優樓頻螺迦
葉波種乃至阿難瞿曇種姓阿難若此火性
因和合有彼手執鏡於日求火此火為從鏡
中而出為從艾出為於日來阿難若日來者
自能燒汝手中之艾來處林木皆應受焚若
鏡中出自能於鏡出然于艾鏡何不鎔紆汝
手執尚無熱相云何鎔泮若生於艾何藉日
鏡光明相接然後火生汝又諦觀鏡因手執
日從天來艾本地生火從何方遊歷於此日
綿六　七
鏡相遠非和非合不應火光無從自有汝猶
不知如來藏中性火真空性空真火清淨本
然周徧法界隨衆生心應所知量阿難當知
世人一處執鏡一處火生徧法界執滿世間
起起徧世間寧有方所循業發現世間無知

惑為因緣及自然性皆是識心分別計度但
有言說都無實義
温陵曰火無自體寓物成形故曰無我衆
名和合詰之各有根本真和合也火名和
合詰之各無根本非和合矣優樓頻螺云
木瓜林迦葉波云龜氏瞿曇云地最勝亦
云日種孤山曰瞿曇星名從星立姓至于
後代改姓釋迦檇李曰陽燧者崔豹古今
註云以銅為之如鏡之狀照物則影倒向
日則火出淮南子云陽燧火方諸也論衡
曰於五月丙午日午時銷鍊五方石圓如
鏡中央窪紆者屈也
阿難水性不定流息無恒如室羅城迦毗羅
仙斫迦羅仙及鉢頭摩訶薩多等諸大幻師
求太陰精用和幻藥是諸師等於白月晝手
執方諸承月中水此水為復從珠中出空中
自有為從月來
温陵曰求則流否則息所謂流息無恒也
迦毗羅等四皆外道善幻術太陰精月中
之水也月望前曰白亭午曰晝方諸取水

之珠也即陰燧也孤山曰淮南子云方諸見月則津而為水高誘註曰方諸陰燧大蛤也熟拭令熱以向月則水生也許慎註曰方石也諸珠也譯人今取許註故文云從珠中出等也

阿難若從月來尚能遠方令珠出水所經林木皆應吐流流則何待方諸所出不流明水非從月降若從珠出則此珠中常應流水何待中宵承白月晝若從空生空性無邊水當無際從人洎天皆同滔溺云何復有水陸空行汝更諦觀月從天陟珠因手持承珠水盤本人敷設水從何方流注於此月珠相遠非和非合不應水精無從自有汝尚不知如來藏中性水真空性空真水清淨本然周徧法界隨衆生心應所知量一處執珠一處水出徧法界執滿法界生生滿世間寧有方所循業發現世間無知惑為因緣及自然性皆是識心分別計度但有言說都無實義

温陵曰謂林木既不吐流明知此水非從月降水非月來又非珠出不從空生則本然周徧非和合矣

阿難風性無體動靜不常汝常整衣入於大衆僧伽梨角動及傍人則有微風拂彼人面此風為復出袈裟角發於虛空生彼人面阿難此風若復出袈裟角汝乃披風其衣飛搖應離汝體我今說法會中垂衣汝看我衣風何所在不應衣中有藏風地若生虛空汝衣不動何因無拂空性常住風應常生若無風時虛空當滅滅風可見滅空何狀若有生滅不名虛空名為虛空云何風出若風自生被拂之面從彼面生當應拂汝自汝整衣云何倒拂汝審諦觀整衣在汝面屬彼人虛空寂然不參流動風自誰方鼓動來此風空性隔非和非合不應風性無從自有汝宛不知如來藏中性風真空性空真風清淨本然周徧法界隨衆生心應所知量阿難如汝一人微動服衣有微風出徧法界拂滿國土生周徧世間寧有方所循業發現世間無知惑為因緣及自然性皆是識心分別計度但有言說都無實義

温陵曰拂衣則動垂衣則靜所謂動靜不常也汝審下謂三性不參二性相隔求風所從杳莫可究既非衣出又非空生非生彼面了無所從非和合矣謂本然周徧循業發現得不信哉風性或作風心誤也真際曰僧伽梨大衣也袈裟從色得名三衣通稱

阿難空性無形因色顯發如室羅城去河遙處諸刹利種及婆羅門毗舍首陀兼頗羅墮栴陀羅等新立安居鑿井求水出土一尺於中則有一尺虛空如是乃至出土一丈中間還得一丈虛空虛空淺深隨出多少此空為當因土所出因鑿所有無因自生

温陵曰鑿土得空所謂因色顯發也西天貴賤族分四姓如此方四民刹帝利王族也婆羅門淨志也亦云淨行以守道居正潔白其操也毗舍商賈也首陀農夫也是謂四姓頗羅墮利根也栴陀羅魁膾也此又智愚之族也孤山曰頗羅墮此翻捷疾亦利根慈恩云婆羅門凡十八姓此居其

一也揥陀羅此云嚴幟惡業自嚴行持摽幟謂摇鈴持竹也

阿難若復此空無因自生未鑿土前何不無礙惟見大地迥無通達若因土出則土出時應見空入若土先出無空入者云何虛空因土而出若無出入則應空土元無異因無異則同則土出時空何不出若因鑿出則鑿出空應非出土不因鑿出鑿自出土云何見空汝更審諦諦審諦觀鑿從人手隨方運轉土因地移如是虛空因何所出鑿空虛實不相爲用非和非合不應虛空無從自出

補註曰若因土出下謂虛空若因土出則鑿土出井之時應見虛空出於土而入於井今既不然矣故又破云虛空若無出入則空於土二無有異而同體矣既同體則土出井時何不見空從井出邪温陵曰汝更下令詳察其非因緣自然也鑿空虛實謂鑿實空虛也上諸巧辨皆遣識心妄計而顯圓融真體也

若此虛空性圓周徧本不動摇當知現前地水火風均名五大性真圓融皆如來藏本無生滅

温陵曰會上義而通前文也由上所明非因緣和合則知空性圓徧非生滅法一大既爾餘大皆然故通言地水火風云現前者使觸事而明無他求也㚖興曰四大後所以兼空均名五大者蓋諸經常談惟四而已此既異彼故特言之下根識中其例亦爾通名大者且依事立智論云佛說四大無處不有故名爲大若言大性周徧必須指事即理攝末歸本不可名而名之是謂如來藏也或有直以藏性釋於大名者一何誤哉

阿難汝心昏迷不悟四大元如來藏當觀虛空爲出爲入爲非出入

温陵曰若悟虛空性圓周徧本無出入即悟四大性真圓融本無生滅也

汝全不知如來藏中性覺真空性空真覺清淨本然周徧法界隨衆生心應所知量阿難如一井空空生一井十方虛空亦復如是圓滿十方寧有方所循業發現世間無知惑爲因緣及自然性皆是識心分別計度但有言說都無實義

温陵曰空與覺亦體用異稱也體用不二故相依而舉

阿難見覺無知因色空有如汝今者在祇陀林朝明夕昏設居中宵白月則光黑月便暗則明暗等因見分析此見爲復與明暗相并太虛空爲同一體爲非一體或同非同或異非異

槜李曰此問四句一同二異三亦同亦異四非同非異但經文分兩同兩異各成一句

阿難此見若復與明與暗及與虛空元一體者則明與暗二體相亡暗時無明明時無暗若與暗一明則見亡必一於明暗時當滅滅則云何見明見暗若明暗殊見無生滅一云何成若此見精與暗與明非一體者汝離明暗及與虛空分析見元作何形相離明離暗及離虛空是見元同龜毛兎角明暗虛空三

事俱異從何立見明暗相背云何或同離三元無云何或異分空分見本無邊畔云何非同見暗見明性非遷改云何非異汝更細審微細審詳審諦審觀明從太陽暗隨黑月通屬虛空壅歸大地如是見精因何所出見覺空頑非和非合不應見精無從自出

綿六　十三

溫陵曰阿難下辨非一體也若此見精下辨非異體也明暗相背下辨非或同非同或異非異也汝更下令詳察其性真圓融不涉諸妄也

若見聞知性圓周徧本不動搖當知無邊不動虛空并其動搖地水火風均名六大性真圓融皆如來藏本無生滅阿難汝性沈淪不悟汝之見聞覺知本如來藏汝當觀此見聞覺知為生為滅為同為異為非生滅為非同異

孤山曰若見聞知者前於六根廣破眼見餘根並畧今類通顯示其性皆徧聞即耳根覺即鼻舌身根知即意根不言覺者畧也溫陵曰為生為滅等者生滅同異皆因妄塵非生非異不離妄計離此諸妄即如來藏也

汝曾不知如來藏中性見覺明覺精明見清淨本然周徧法界隨衆生心應所知量如一見根見周法界聽齅甞觸覺觸覺知妙德瑩然徧周法界圓滿十虛寧有方所循業發現世間無知惑為因緣及自然性皆是識心分別計度但有言說都無實義

溫陵曰性見等者亦體用相依而舉有見有覺雖覺明之咎而體實性見用實覺精也如一下例餘根也甞觸即舌根以味合方覺故亦名觸覺觸覺知身意根也

綿六　十四

阿難識性無源因于六種根塵妄出汝今徧觀此會聖衆用目循歷其目周視但如鏡中無別分析汝識於中次第標指此是文殊此富樓那此目犍連此須菩提此舍利弗此識了知為生於見為生於相為生虛空為無所因突然而出

真際曰根但照境故如鏡中識有了別故能標指溫陵曰見根也相境也

阿難若汝識性生於見中如無明暗及與色空四種必無元無汝見見性尚無從何發識若汝識性生於相中不從見生既不見明亦不見暗明暗不矚即無色空彼相尚無識從何發若生於空非相非見非見無辨自不能知明暗色空非相滅緣見聞覺知無處安立處此二非空則同無有非同物縱發汝識欲何分別若無所因突然而出何不日中別識明月

綿六　十五

溫陵曰阿難下明識性非生於見亦非生於相也若生下明非生於空也若生於空則非是相亦非是見非是見則無所辨非是相則無所緣若無所緣能緣何立又處此非相非見之間識體若空則同龜毛識體若有非同物相既自無體安能有用故曰欲何分別若無下明非無因也長水曰日中無月既無月見之識應知非是無因而有也

汝更細詳微細詳審見託汝睛相推前境可狀成有不相成無如是識緣因何所出識動

見澄非和非合聞聽覺知亦復如是不應識緣無從自出

溫陵曰見託根相託境有出可状無出非相識何所從出邪識有分別名動見無分別名澄識動見澄性相隔異見與識隔閡

知亦然皆非和合又非自然是則性真圓融不涉諸妄矣

若此識心本無所從當知了別見聞覺知圓滿湛然性非從所兼彼虛空地水火風均名七大性真圓融皆如來藏本無生滅阿難汝心麤浮不悟見聞發明了知本如來藏汝應觀此六處識心爲同爲異爲空爲有爲非同異爲非空有

溫陵曰若此識心總指識大了別見聞覺知別指六識也兼彼空等總會七大旁通萬法也既本無所從則湛然圓徧地等既爾世界衆生物物皆爾不惟地等名大草芥塵毛皆可名大性真圓融本無生滅矣前文詳辨意皆華此故自根境萬法總會旁通也阿難下謂識體深潛當微細況思不可麤浮觀得其真則悟其本如來藏矣

汝元不知如來藏中性識明知覺明真識妙覺湛然徧周法界含吐十虛寧有方所循業發現世間無知惑爲因緣及自然性皆是識心分別計度但有言說都無實義

溫陵曰識知皆出於性明故曰性識明知識雖覺明之咎其體實真故曰覺明真識體用不二真妄一如所以迭舉也

爾時阿難及諸大衆蒙佛如來微妙開示身心蕩然得無罣礙是諸大衆各各自知心徧十方見十方空如觀手中所持葉物一切世間諸所有物皆即菩提妙明元心心精徧圓含裹十方反觀父母所生之身猶彼十方虛空之中吹一微塵若存若亡如湛巨海流一浮漚起滅無從了然自知獲本妙心常住不滅禮佛合掌得未曾有於如來前說偈讚佛

溫陵曰自初決擇心見終至陰入七大多方發明使悟器界萬法當體全真本如來藏是謂微妙開示也既悟器界性真圓融故身心蕩然得無罣礙悟妙覺湛然周徧法界故各各自知心徧十方也孤山曰各各自知即能覺之智也心徧十方即所覺之理也常住真心徧融十界故曰十方天台智者釋法華經深達罪福相徧照於十方亦云十方即十界也見十方空謂十界循業發現之空也迷妄有空比真爲小故以掌葉爲喻一切世間等謂依空立世界也即十界循業發現依正之法耳皆即菩提等謂十方虛空十界依正一法叵得皆我真心含裹十方者即此真心具足十界而非斷滅觀此文者豈疑無情有性無情作佛之說耶反觀下阿難大衆自觀巳界正報之身也虛空巨海以況心精微塵浮漚以況巳質理即事故若塵存而漚起事即理故若塵亡而漚滅事理不二故曰無從獲本妙心等得分真智知本覺理得未曾有謂得圓頓之解也

妙湛總持不動尊首楞嚴王世希有

孤山曰妙湛讚真諦般若德也總持讚俗諦解脫德也不動讚中諦法身德也又即

三而一故曰妙湛即一而三故曰總持非三非一故曰不動尊者十號之一也由證此三號世中尊首楞嚴大定之總名此云事究竟也實三德之理故曰究竟別而往目即奢摩他等三馬阿難以別名而請令舉總名而歎以顯圓定三一無礙也出徧小上喻之以王是則行從理而得名教從行而立稱教行理三悉號楞嚴今正舉能詮以歎也如來在世所說經中最爲殊勝故曰世希有也

銷我億劫顛倒想不歷僧祇獲法身

孤山曰億劫顛倒想即無始無明也不歷僧祇者若婆沙論明三阿僧祇劫脩六度行百劫種相好因然後獲五分法身乃至如唯識云地前歷一僧祇初地至七地滿二僧祇八地至等覺是三僧祇然後獲究竟法身此皆方便之談時長行遠今云不歷即同法華八歲龍女南方作佛華嚴發心便成正覺胎經云凡夫賢聖人平等無高下唯在心垢滅取證如反掌資中曰由前廣破人法二執故此分見如來藏心也又解或是諸佛神力示現暫令得見如華嚴中金剛藏說十地境界恐有不信即入三昧以神通力攝諸大衆皆入身中菩薩既爾佛亦如是不爾何故阿難向後方得二果邪長水曰據此經文且叙解悟如云各各自知心徧十方知即解也叙雖論解不無證悟以隨人入位淺深不同故具興曰此文疑論久矣而多所未決今試以愚情辨之且經家叙云爾時阿難及諸大衆蒙佛開示身心蕩然等是則說偈領悟非述一人而釋者競以阿難一人爲妨者不亦局哉當知若約解證言之必屬於證以知爲解無的可憑如云正徧知者豈曰解乎須據偈中不歷僧祇獲法身義驗前知字實頓證之智也若釋銷我之言應有二義一者且指諸菩薩及利根二乘等人爲我阿難雖在衆中未同其證蓋從多分得證者稱之也二者設是阿難自稱爲我已同其證斯亦無妨下文所得二果不可以小乘實證爲比及乎喻以梯人請入華屋乃爲鈍根者發起行相耳大權引物唯變是宜或曰不然余不知其然也

願今得果成寶王還度如是恒沙衆將此深心奉塵剎是則名爲報佛恩伏請世尊爲證明五濁惡世誓先入如一衆生未成佛終不於此取泥洹

孤山曰前獲法身乃是初住分果今願成正覺極果也此即佛道誓成以攝法門誓學由學法門而得果故還度下即衆生誓度以攝煩惱誓斷由斷煩惱方度生故以此願心歸奉塵剎如來是報我佛微妙開示之恩也溫陵曰願得聖果智心也還度多衆悲心也智悲雙運廣大無盡即所謂深心也誓入五濁不取涅槃即深心之効也憑此報恩故請佛爲證也補註曰泥洹云滅度而有二義一聲聞泥洹滅見思煩惱度分斷生死證偏空之理理既偏矣空不能有故身土皆亡此方便之說也二諸佛泥洹滅無明煩惱度變易生死證中道

之理理疏中炁非空非有感化無窮此了
義之說也今云不取泥洹特不入涅槃耳
大雄大力大慈悲希更審除微細惑令我早
登無上覺於十方界坐道場舜若多性可銷
亡爍迦羅心無動轉
孤山曰請更開導除我細惑者以今始入
初住尚有微細無明故溫陵曰舜若多此
云空爍迦羅云堅固謂空性無體尚可銷
亡我心堅固終無動轉此依首楞定力結
前願心自誓究竟畢無退惰願心如此然
後聖果可期佛恩可報也

大佛頂如來密因脩證了義諸菩薩萬行首
楞嚴經會解卷第六

大佛頂如來密因修證了義諸菩薩萬行
首楞嚴經會解卷第六

校勘記

一　底本，明永樂北藏本。
一　六三四頁下一八行「含裹」，清作「含裹」。
一　六三四頁下末行第五字「因」，徑作「故」。
一　六三七頁上一〇行第五字「泊」，清作「洎」。
一　六三九頁中六行「徧周」，徑作「周徧」。
一　六四一頁上六行末字「徧」，清作「偏」。
一　六四一頁下一行第一一字「㭘」，清作「旅」。

大佛頂如来密因脩證了義諸菩薩萬行首
楞嚴經會解卷第七　綿七
天竺沙門般剌密帝譯
烏萇國沙門彌伽釋迦譯語
菩薩戒弟子前正議大夫同中書門下平
章事房融筆受
師子林沙門　惟則　會解

綿七 一

爾時富樓那彌多羅尼子在大衆中即從座起偏袒右肩右膝著地合掌恭敬而白佛言大威德世尊善為衆生敷演如来第一義諦世尊常推說法人中我為第一今聞如来微妙法音猶如聾人逾百步外聆於蚊蚋本所不見何况得聞佛雖宣明令我除惑今猶未詳斯義究竟無疑惑地世尊如阿難輩雖則開悟習漏未除我等會中登無漏者雖盡諸漏今聞如来所說法音尚紆疑悔

長水曰如来藏心不空不有即性即相名第一義是佛所證決定無妄審實名諦吳興曰聾人聆蚋等譬小乘根性遠第一義諦雖承如来微妙法音本不似見何况真聞孤山曰雖則開悟習漏未除者初果已破見惑思惑全在阿難向悟常心實登圓位欲汲引小機令歸大道故舉其初果以為請端也資中曰雖盡諸漏至尚紆疑悔者羅漢雖斷煩惱障而所知障在

世尊若復世間一切根塵陰處界等皆如来藏清淨本然云何忽生山河大地諸有為相次第遷流終而復始

溫陵曰清淨則宜無諸相本然則宜無遷流資中曰從初至第二卷破心見二執以顯人空從汝猶未明一切浮塵至第三卷破陰處界等以顯法空故知前破人法二執顯空如来藏今顯不空如来藏故富那有此問也

綿七 二

又如来說地水火風本性圓融周徧法界湛然常住世尊若地性徧云何容水水性周徧火則不生復云何明水火二性俱徧虛空不相陵滅世尊地性障礙空性虛通云何二俱周徧法界而我不知是義攸往惟願如来宣流大慈開我迷雲及諸大衆作是語已五體投地欽渴如来無上慈誨

溫陵曰二問皆躡前四科七大之文起疑也意以性相相違理事相礙實常情疑滯故致此問庶獲决通

爾時世尊告富樓那及諸會中漏盡無學諸阿羅漢如来今日普為此會宣勝義中真勝義性令汝會中定性聲聞及諸一切未得二空回向上乘阿羅漢等皆獲一乘寂滅場地真阿練若正脩行處汝今諦聽當為汝說富樓那等欽佛法音默然承聽

溫陵曰有世俗諦有勝義諦脫俗寘真超情離妄世間三有出世二乘以所知心不能測度是謂勝義諦中真勝義性即下文由覺明以辯真覺因了發以窮諸妄至於山河不復出水火不相陵身含十方毛現塵剎皆勝義諦中真勝義性也阿練若云無諠雜孤山曰未得二空者未得大乘人法二空亦未得大乘性相二空吳興曰滅場指得果之地練若指脩因之處因果所依皆是實相故曰寂曰真也

綿七 三

佛言富樓那如汝所言清淨本然云何忽生山河大地汝常不聞如來宣說性覺妙明本覺明妙富樓那言唯然世尊我常聞佛宣說斯義

孤山曰本亦性也變其文耳以本元自性既能所雙絕而寂照互融即寂而照曰妙明即照而寂曰明妙寂則三諦俱寂照則三諦俱照只是本性之覺妙明互融故作兩句說耳吳興曰性覺本覺中道之體也妙明明妙空假之用也體用不二空假相即如來藏性彷彿在茲又若複疎顯妙當如圓師云三諦俱寂三諦俱照亦應更云俱非寂俱非照蓋是文畧然此句義與前性色真空性空真色辭異意同上云忽生山河大地下云無同異中熾然成異即循業發現之謂也由當機未悟故滿慈發起如來重示又前文正明破妄顯真此下多說從真起妄故資中以空不空二藏收之頗得其旨補註曰性覺妙明本覺明妙二家之釋皆通此蓋佛意欲顯山河大地由妄覺生故且先標真覺體用互顯而初無能所者以立本也下文乃舉真妄二覺詰其所解方便勾引以顯妄覺耳

佛言汝稱覺明為復性明稱名為覺為覺不明稱為明覺

綿七　四

溫陵曰促舉前義問之定其解惑也夫汝所謂覺所謂明意作何解為復性本自明靈然不昧故稱之為覺邪為復性自不明用心覺之故稱之為明覺邪靈然不昧者真覺也用心覺之者妄覺也

富樓那言若此不明名為覺者則無所明

補註曰上文兼舉真妄二覺以詰富那性明者真覺也覺不明者妄覺也不明即是無明若謂覺了無明稱為明覺則有能覺與所明矣既有能所非妄而何而富那未解詰意乃以覺不明者為是故此荅云若此不明名為覺者則無所明意謂必有所明方名為覺殊不知纔有所明即墮明覺無窮妄業由是而生故下文云覺非所明因明立所所既妄立生汝妄能

佛言若無所明則無明覺有所非覺無所非明無明又非覺湛明性

補註曰若無所明則無明覺者如云若得果無所明則無明覺矣豈不韋哉蓋明覺之妄由所明起也孤山曰有所非覺者若有所明則非真覺以真覺之性離能所故無所非明者若無所明則無妄明以因妄明立能立所故非明之明指妄明也無明又非覺湛明性者無明即妄明也以無覺湛之真明故曰無明

綿七　五

性覺必明妄為明覺

吳興曰本性之覺必具湛明之性以不了故妄為能明之明所覺之覺

覺非所明因明立所所既妄立生汝妄能

吳興曰性覺之體本非所明但因妄明對能立所此即因惑立所見之相也所見之相既立能見之相即生能所同時前後異說耳

無同異中熾然成異異彼所異因異立同同異發明因此復立無同無異

吳興曰此明所立境界後文虛空爲同世界爲異者顯示其相也熾然成異等三義資中以起信論業轉現三細配之乃至長水等亦復承用泊乎孤山別以惑性具九界執執有執空及取中道三相釋之余研

此文竊所不肆若論三細應在因明立所所既安立生汝妄能此三句中已有三相明即業相能即轉相所即現相斯由不生不滅與生滅和合非一非異而分三相微而未著故曰三細今文既云熾然成異又云同異發明合是六麤境界耳況將三細配屬同異等其義甚迂不煩敘引又若以惑性所具亦應須在性覺必明及覺非所明二句中攝其猶木具火性未有燒相今熾然發明豈性具邪良由諸師見下文云如是擾亂相待生勞乃至引起塵勞煩惱等便謂此中未涉麤事抑爲細惑今謂不爾蓋此經所說迷真起妄多是先說無情世界次說有情因果如前文云晦昧爲空空晦暗中結暗爲色色雜妄想想相爲身聚緣內搖趣外奔逸等又下文明三種相續先世界次衆生後業果耳如是若將起信麤細次第對之則並成顛亂矣

如是擾亂相待生勞勞久發塵自相渾濁由是引起塵勞煩惱

吳興曰指前因明立所動雜真性故曰擾亂所既安立生汝妄能即相待生勞無同異中熾然成異等即勞久發塵自相渾濁也上言勞者且屬無明下云塵勞正謂見思煩惱

起爲世界靜成虛空虛空爲同世界爲異彼無同異真有爲法

吳興曰空界屬依有爲屬正界是器界色相差別故云起云異也空是頑空不動常一故云靜云同也彼指上之離真猶實也上云無同無異名濫於理今指其體實有爲耳何者衆生正報兼乎色心造作善惡靡不由此以有心性故非如世界之異以有色相故非如虛空之同相待立之故云無同異也然有爲之法實通依正既以世界爲異則知別就衆生得名如滿慈所問云何忽生山河大地諸有爲相豈獨問依而不問正故華嚴云何等名有爲法所謂三界衆生況下文云精研七趣皆是昏沉諸有爲相豈非顯以正報名有爲邪又如文殊云迷妄有虛空依空立世界想澄成國土知覺乃衆生此與今文三義符合但空界有先後之異耳適時之說理在不疑

補註曰此章問答良有以焉前佛舉地水火風空見識以該萬法則世界虛空衆生業果皆在其中矣惟其該七大之相則曰如來藏中循業發現該七大之性則曰周徧圓融本如來藏富那至是未達其循發徧融之義因此二疑而興二問初問清淨本然云何忽生山河大地諸有爲相等清淨本然即如來藏性也山河大地即世界及虛空也諸有爲相即衆生及業果也以其未達循發之義故曰云何忽生此四字爲要緊問也如來遂指性覺之中妄爲明覺者諭之而斷之曰因明立所此四字爲

要緊荅也蓋明即妄明妄明即無明也所即山河大地諸有爲相發現之由也要而言之因明立所者即是因無明而生起世界虚空衆生業果也然則循業發現之疑云何忽生之問一荅俱銷不勞餘說立所以後雖復隱顯發揚總别開示特不過鋪陳世界衆生業果之說以終其說耳今復逐節明之因明立所所既妄立生汝妄能此一節且指無明也無同異中熾然成異至因此復立無同無異此一節謂因上無明而成世界虚空及衆生也如是擾亂相待生勞勞久發塵自相渾濁者上二句重指因明立所等下二句重指熾然成異等塵即世界衆生由世界衆生而有業果故復云由是引起塵勞煩惱此一節躡括前義而且隱然示三種之情狀也起爲世界至真有爲法乃牒合上文異同等義而顯示三種之名相矣然此猶是總顯自覺明空昧以後始别開三節詳叙三種之相續詳叙既終復云如是三種顛倒相續皆是覺明明了知性因了發相從妄見生山河大地諸有爲相次第遷流因此虚妄終而復始者此又總結一章荅意以牒示之也

第二問荅後文别釋

覺明空昧相待成揺故有風輪執持世界因空生揺堅明立礙彼金寶者明覺立堅故有金輪保持國土堅覺寶成揺明風出風金相摩故有火光爲變化性寶明生潤火光上蒸故有水輪含十方界火騰水降交發立堅濕爲巨海乾爲洲潬以是義故彼大海中火光常起彼洲潬中江河常注水勢劣火結爲高山是故山石擊則成焰融則成水土勢劣水抽爲草木是故林藪遇燒成土因絞成水交妄發生遞相爲種以是因緣世界相續

温陵曰萬法自五行變起五行由妄覺發生故世界起始肇於覺明而依風金火水以生成萬物也真覺妙空本非明昧由妄爲明覺遂有昧空明昧相傾則不覺心動故曰覺明空昧相待成揺故有風輪世界最下依風輪住故曰執持世界因空生揺等者因空昧動念覺明堅執而立礙感金也大地最下依金輪起故曰保持國土土水生木木土生金金木生火火金生水水火生土世界初由覺明發識爲水空昧結色爲土相待成揺爲風爲木即土水生木也又因空昧之土生揺爲木而堅明立礙即木土生金也餘文甚明土由水火所生若子受父母氣分故海中火起潬中水注也五行以我尅爲妻夫劣然後陰陽和而生子故水劣火爲山土劣水爲木皴融明水火氣分燒絞明土水氣分也此世界相續之由也孤山曰四輪持世其實土輪金輪水輪風輪也此不言土者土與金同是堅性俱屬地大故此但言四大則已攝四輪矣然此四大風金則由妄心而起火水復由風金而起或曰愛心外感於水者則違經文迹相爲種者如覺明空昧相待成揺爲風輪種因揺立礙爲金輪種風金相摩爲火大種金火復爲水大種火水又爲海洲種水土復爲草木種應了此諸妄法

於一真性如空中華華處空處本無有異
故觀妄具惟見真具具無具相彼此誰名
世界相續既然下二相續其音亦爾吳興
曰俱舍論謂諸有情業增上力先於最下
依止虛空有風輪生風輪之上次有水輪
水輪之上方有金輪謂諸有情業增上力
起大雲雨澍風輪上滴如車軸積水成輪
復有別風搏擊此水上結成金此與彼異
者彼約安立世界自下升上以成其次此
約生起世界由內感外以成其次然大小
義別不須會通
復次富樓那明妄非他覺明為咎所妄既立
明理不踰以是因緣聽不出聲見不超色色
香味觸六妄成就由是分開見覺聞知同業
相纏合離成化
吳興曰明妄即妄明也非他者言此妄明
之體更非他法所成全是真覺起於妄明
而為過咎覺明為咎已是妄能故今但言
所妄既立即前文云因明立所由妄明之
性非局而局故曰明理不踰聽不出聲等

示不踰之相也下文云元依一精明分成
六和合溫陵曰真明妙理本無能所元一
圓融清淨寶覺由所妄既立遂成隔礙故
明理不踰以不踰故聽見六根於是妄局
色香六塵於是妄染覺知六識於是妄分
根塵識三為業性故發起妄業於是同業
相纏合離成化此六道四生之始也同業
即胎卵類因父母已三者業同故相纏著
而有生合離即濕化類不因父母但由已
業或合濕而成形即蠢蝡也或離異而託
化如天獄鬼等類也
見明色發明見想成異見成憎同想成愛流
愛為種納想為胎交遘發生吸引同業故有
因緣生羯羅藍遏蒱曇等胎卵濕化隨其所
應卵惟想生胎因情有濕以合感化以離應
情想合離更相變易所有受業逐其飛沉以
是因緣衆生相續
孤山曰妄心見妄境故云見明色發即於
中陰見其父母也明見想成者依妄境起
妄惑也異見謂父是所憎境同想謂母是
所愛境女子託胎反此流愛為種者注愛
於母識託其中故涅槃明十二因緣無明
有二一潤業無明謂過去煩惱也二潤生
無明即託胎時於父母起憎愛也納想為
胎者有福之人想其母胎如華林殿堂薄
福之者惟棘樹圊厠交遘發生謂男女會
合染心成就吸引同業謂吸引過去同業
而入胎也俱舍明胎中凡有五位一七名
羯剌藍此云凝滑二七名頞部曇此云皰
狀如瘡皰三七名閉尸此云輭肉四七名
健南此云堅肉五七名鉢羅奢佉此云形
位今畧舉前二等取餘三溫陵曰四生之
類卵應於想胎應於情濕應於合化應於
離故曰隨其所應也亂思曰想結愛曰情
氣附曰合合濕而生也形遁曰離離此生
彼也情想合離有生皆具此以多分言之
卵生居首者想念初動情愛後起又兼胎
濕化故也此文論想乃內分染想非外分
淨想論化乃轉蛻業化非意生妙化也情
想合離更相變易者或情變為想合變為

離無定業也卵易爲胎濕易爲化無定質也故所受業報或升或沉無定趣也此衆生相續之由也

富樓那想愛同結愛不能離則諸世間父母子孫相生不斷是等則以欲貪爲本貪愛同滋貪不能止則諸世間卵化濕胎隨力強弱遞相吞食是等則以殺貪爲本以人食羊羊死爲人人死爲羊如是乃至十生之類死死生生互来相噉惡業俱生窮未来際是等則以盗貪爲本

吴興曰欲貪通乎四生今正約胎生言之又胎生復通令多就人倫辨之以其易見故也以強殺弱因食成貪不滋口腹則屬瞋恚以人食羊下問此與殺貪何異荅殺貪未論酬償先債今約過去於身命財非理而取故互来相噉以責其盗也溫陵曰不與而取曰盗又陰取曰盗以人食羊不與取也羊死爲人互来相歐陰取也世間相歐皆盗貪也婬殺盗三爲業果根本

綿七　十三

汝負我命我還汝債以是因緣經百千劫常在生死汝愛我心我憐汝色以是因緣經百千劫常在纏縛惟殺盗婬三爲根本以是因緣業果相續

溫陵曰上明業果之本此明相續之由負債殺盗由也愛憐欲貪由也惟殺下結顯

補註曰命債二句文義互見如云汝負我命汝還我命我負汝債我還汝債愛憐二句亦應互見此即相續之由也

富樓那如是三種顛倒相續皆是覺明明了知性因了發相從妄見生山河大地諸有爲相次第遷流因此虚妄終而復始

溫陵曰總牒前文結荅世界衆生業果皆覺明爲咎也覺明明了知性即妄爲明覺者也了發相即因明立所者也妄見即生汝妄能者也此虚妄指覺明也前問云何忽生山河大地至終而復始此全牒其辭而指覺明以荅也

富樓那言若此妙覺本妙覺明與如来心不增不減無狀忽生山河大地諸有爲相如来今得妙空明覺山河大地有爲習漏何當復生

綿七　十四

溫陵曰衆生覺體與佛無别無端忽生諸有爲相則如来既證空覺何時復生諸有耶此固常情所惑故富樓那特反難也孤山曰無狀猶言無故也

佛告富樓那譬如迷人於一聚落惑南爲北此迷爲復因迷而有因悟所出富樓那言如是迷人亦不因迷又不因悟何以故迷本無根云何因迷悟非生迷云何因悟佛言彼之迷人正在迷時倏有悟人指示令悟富樓那於意云何此人縱迷於此聚落更生迷不不也世尊富樓那十方如来亦復如是此迷無本性畢竟空昔本無迷似有迷覺覺迷迷滅覺不生迷

補註曰昔本無迷似有迷覺謂本無有迷亦無有覺覺即悟也然今既因迷而得悟則似有覺迷之覺矣覺乃始覺也覺至始本不異惟一妙覺則不復生迷此顯既覺不迷也

綿七　十五

亦如翳人見空中華翳病若除華於空滅忽

有愚人於彼空華所滅空地待華更生汝觀是人爲愚爲慧富樓那言空元無華妄見生滅見華滅空已是顛倒勅令更出斯實狂癡云何更名如是狂人爲愚爲慧佛言如汝所解云何問言諸佛如來妙覺明空何當更出

山河大地

溫陵曰翳喻妄見華喻山河空華滅地喻妙空明覺佛言下謂既了所喻何復前疑

又如金鑛雜於精金其金一純更不成雜如木成灰不重爲木諸佛如來菩提涅槃亦復

如是

溫陵曰金喻菩提果覺無變灰喻涅槃果德無生果至無變無生則習漏不生可知矣前以聚落喻既覺不迷復以空華喻妙空無習然四喻之意前二明昔本無迷迷由妄起後金灰二喻明習漏妄緣證乃永斷若但舉前二恐謂妄不妨真惑能自滅成撥無執但舉後二恐謂覺本非淨性本有生成雜染見所以四喻兼舉使知迷悟雖妄而不廢脩證也補註曰此卷之初富那有二問一問清淨本然何生諸相二問四大各徧云何相容此下答第二問也

富樓那又汝問言地水火風本性圓融周徧法界疑水火性不相陵滅又徵虛空及諸大地俱徧法界不合相容富樓那譬如虛空體

非群相而不拒彼諸相發揮

吳興曰譬前如來藏性本非七大而不拒彼七大發生

所以者何富樓那彼太虛空日照則明雲屯則暗風搖則動霽澄則清氣凝則濁土積成霾水澄成映於意云何如是殊方諸有爲相爲因彼生爲復空有若彼所生富樓那且日照時既是日明十方世界同爲日色云何空中更見圓日若是空明空應自照云何中宵雲霧之時不生光耀當知是明非日非空不異空日

觀相元妄無可指陳猶邀空華結爲空果云何詰其相陵滅義觀性元真惟妙覺明妙覺明心先非水火云何復問不相容者

溫陵曰所以下示諸相於意下明相容也觀相元妄陵滅亦妄觀性一真無不容者隨處而發故曰殊方彼指日雲等也補註曰諸像之妄既無可指何況更詰相陵滅義是猶邀空華而結空果也

真妙覺明亦復如是汝以空明則有空現地水火風各各發明則各各現若俱發明則有

俱現

資中曰以真如不守自性隨緣所現有種種相溫陵曰此如虛空非相而不拒發揮也

云何俱現富樓那如一水中現於日影兩人同觀水中之日東西各行則各有日隨二人去一東一西先無準的不應難言此日是一云何各行各日既雙云何現一宛轉虛妄無可憑據

孤山曰日喻真性水喻妄心水中之日喻妄境兩人喻妄業各行則循業俱發隨去則妄境俱現同觀是一知二是虛各行既二驗一是妄故云宛轉虛妄

富樓那汝以色空相傾相奪於如來藏而如來藏隨爲色空周徧法界是故於中風動空

澄日明雲暗衆生迷悶背覺合塵故發塵勞
有世間相
吴興曰色攝四大對空成五前滿慈問地
水火風本性圓融疑水火性不相陵滅即
相傾也虚空大地不合相容即相奪也温
陵曰迷失真體分別緣影名背覺合塵了
相元妄觀性元真名滅塵合覺
我以妙明不滅不生合如来藏而如来藏惟
妙覺明圓照法界是故於中一爲無量無量
爲一小中現大大中現小不動道場徧十方
界身含十方無盡虚空於一毛端現寶王刹
坐微塵裏轉大法輪滅塵合覺故發真如妙
覺明性
吴興曰妙明謂寂照之智不滅不生謂智
體真常此皆能合如来藏即所合也而如
来藏牒所合之理惟妙覺明牒能合之智
圓照法界示鑑物之用以譬言之如来藏
如鏡之體妙覺明如鏡之光圓照法界如
鑑現像雖三而一雖一而三一爲無量等
皆顯此義也一爲無量無量爲一小中現
大大中現小者總列四義不動下别示其
相不動道場徧十方界者一爲無量也道
場指寂滅之地依此起應應徧十方亦如
華嚴中不動不離而升而遊身含十方無
盡虚空者無量爲一也身即法體故能含
受十方虚空虚空必攝世界則一切法趣
一也於一毛端現寶王刹坐微塵裏轉大
法輪者小中現大也毛端現刹即正中現
依塵裏轉輪即依中現正也大中現小易
明故畧之滅塵合覺等者總結前義也不
思議用非脩所成故曰發今不言用而云
性者並由理具方有事用
而如来藏本妙圓心非心非空非地非水非
風非火非眼非耳鼻舌身意非色非聲香味
觸法非眼識界如是乃至非意識界非明無
明明無明盡如是乃至非老非死非老死盡
非苦非集非滅非道非智非得非檀那非尸
羅非毗梨耶非羼提非禪那非般剌若非波
羅蜜多如是乃至非怛闥阿竭非阿羅訶三
耶三菩非大涅槃非常非樂非我非淨
温陵曰雖滅塵發真於一多小大能一切
如而本妙圓體初無變異故非心非空乃
至非世出世法也非心至非火謂非七大
五陰也心即識大而攝五陰也非眼非耳
至非意識界謂非十八界亦攝十二處此
上爲世間法也非明無明至非老死盡謂
非緣覺法也緣覺觀十二緣有生起相有
脩斷相此兼舉之自緣覺至涅槃皆爲出
世法也孫山曰非心至非意識界總非六
凡界也非明無明等非緣覺界也非苦非
集等非聲聞界也非智非得者非二乘理
智得即理也非檀那等非菩薩界先非能
趣行非波羅蜜多者總非所趣理也非怛
闥阿竭下非佛界先非能證人三號是也
次非所證法涅槃四德是也怛闥阿竭云
如来阿羅訶云應供三耶三菩云正徧知
即十號之三也涅槃是總四德是别
以是俱非世出世故
孫山曰世結六凡也出世結四聖也藏理
即空無有十界故並非之温陵曰結上起

下也

即如来藏元明心妙即心即空即地即水即風即火即眼即耳鼻舌身意即色即聲香味觸法即眼識界如是乃至即意識界即明無明明無明盡如是乃至即老即死即老死盡即苦即集即滅即道即智即得即檀那即尸羅即毗梨耶即羼提即禪那即般剌若即波羅密多如是乃至即怛闥阿竭即阿羅訶三耶三菩即大涅槃即常即樂即我即淨

溫陵曰體雖無變用乃如如故即心即法即法即心也孤山曰上文俱非約真諦示如来藏此文俱即約俗諦示如来藏以藏理即無而有十界宛然故也

以是俱即世出世故即如來藏妙明心元離即離非是即非即

溫陵曰此文似乎矯亂而各有所主初曰本妙圓心自體言也次曰元明心妙自用言也終曰妙明心元合體用言之也長水曰本妙圓心非心非空等約非相以明真諦也元明心妙即心即空等約即相以明俗諦也妙明心元離即離非是即非即者約遮照以明中道諦也此約二門不二惟是一心雙遮真俗故曰離即離非雙照真俗故曰是即非即三諦一體故皆云即如来藏且法界一如本無名相因迷有妄對妄說真真妄相形名言不息隨名執相顛倒何窮是故因言遣言以至無遣初且以非遣相次乃以即遣非終帶名言未極一真之旨離即非即無非不非言語道斷心行處滅方顯一真法界如來藏心故維摩經三十二菩薩說不二法門皆以言遣相文殊師利以言遣言維摩大士以無言遣言方爲究竟此之三義亦復如是補註曰是即非即者如云不離即不離非也

如何世間三有衆生及出世間聲聞緣覺以所知心測度如來無上菩提用世語言入佛知見

孤山曰所以但斥凡小而不言菩薩者正對滿慈是二乘故其實偏教菩薩亦不能測故法華云不退諸菩薩亦所不能知

譬如琴瑟箜篌琵琶雖有妙音若無妙指終不能發汝與衆生亦復如是寳覺真心各各圓滿如我按指海印發光汝暫舉心塵勞先起由不勤求無上覺道愛念小乘得少爲足

長水曰琴等喻衆生妙音喻藏性妙指喻實智發喻起用汝與衆生合前琴等寳覺真心合前妙音按指即智契於理發光即大用現前汝暫舉心等合前無妙指也資中曰海印者大集云閻浮所有色像大海皆有印文此喻如來法身性海普現一切世間之相也此文大意爲釋伏難難云若一切即真我等云何與如來不同妙用故今釋云汝雖具有寳覺真心未得妙用以塵勞妄念未清淨故孤山曰由不勤求下釋塵勞先起之由也雖别指小乘意該餘界故向云汝與衆生等

富樓那言我與如來寳覺圓明真妙淨心無二圓滿而我昔遭無始妄想久在輪迴今得聖乘猶未究竟世尊諸妄一切圓滅獨妙真常敢問如來一切衆生何因有妄自蔽妙明

愛此淪溺

溫陵曰驛上各各圓滿之言發問也既悟無二益顯妄淪而不知妄之所由故請窮其因補註云近則驛上遠則驛前蓋前文未達循業發現之義遂有云何忽生之問

如來乃以妄為明覺因明立所等荅之富那既知其妄但未知何因有妄故有此問也孤山曰猶未究竟此有二意若就外現則無學小聖無明全在故未究竟若就內秘則分真大士有上地惑故未究竟諸妄

圓滅即極果斷德偈妙真常即究竟智德

佛告富樓那汝雖除疑餘惑未盡吾以世間現前諸事今復問汝汝豈不聞室羅城中演若達多忽於晨朝以鏡照面愛鏡中頭眉目可見瞋責己頭不見面目以為魑魅無狀狂走於意云何此人何因無故狂走富樓那言是人心狂更無他故

緣七 十三

溫陵曰演若達多云祠授從神乞得故也孤山曰照鏡喻妄心推畫分別愛鏡中頭喻取著妄境妄事易著如眉目可見真理難知如瞋責己頭等背悟向迷如無狀狂走也四趣則背善向惡人天則背苦向樂二乘則背有向空菩薩則背邊向中悉名狂走心狂者喻九界取舍悉由妄心補註曰引達多照鏡為喻而言其無故狂走使

知狂走無故則知妄元無因矣

佛言妙覺明圓本圓明妙既稱為妄云何有因若有所因云何名妄自諸妄想展轉相因從迷積迷以歷塵劫雖佛發明猶不能返如是迷因因迷自有識迷無因妄無所依尚無有生欲何為滅得菩提者如寤時人說夢中事心縱精明欲何因緣取夢中物況復無因本無所有如彼城中演若達多豈有因緣自怖頭走忽然狂歇頭非外得縱未歇狂亦何遺失富樓那妄性如是因何為在

溫陵曰妙覺明圓指我與如來無二圓滿者本圓明妙言本無虧欠本無迷妄此人人本來面目也柰何以妄二之虧之遂分物我強起憎愛諸妄相因迷輪不返識迷下因富樓那自恨昔遭妄想而稱世尊諸妄圓滅似謂迷有所因妄有可滅故告以此如彼城中下牒喻重顯令了妄無因無可滅者資中曰自諸妄想展轉相因者如初一人忽然妄說遞遞相承乃至多人及推其本了無所實

緣七 十四

汝但不隨分別世間業果衆生三種相續三緣斷故三因不生則汝心中演若達多狂性自歇歇即菩提勝淨明心本周法界不從人得何藉劬勞肯綮修證

吳興曰三緣即業果中殺盜婬也三因即殺等三種貪也即指此因名為狂性也溫陵曰世間業果衆生皆妙心影明如鏡中頭分別則妄故不隨分別則狂性自歇也以世間業果衆生為三緣者妄心緣之而起也以殺盜婬為三因者妄心因之而有也所謂自諸妄想展轉相因故斷而不生則狂性自歇也歇即菩提等者所謂但離妄緣即如如佛骨閒肉曰肯筋肉結處曰綮莊子技經肯綮之未嘗今以肯綮譬微細惑結蓋劬勞脩證只為妄惑妄因既息

惑結自除故不勞肓槃脩證也補註曰汝但不隨分別世間業果衆生三種相續三緣斷故三因不生者三緣三因即指三種相續之因緣也相續因緣即無明能所等也故前文云以是因緣世界相續等是也無明能所即微細惑結也即肓槃之所論者也此之因緣既斷而不生則菩提心得矣蓋富那於前相續文中已聞妄爲明覺因明立所之說至此但問何因有妄是亦要緊一問窮到最深最微處矣如來欲示妄元無因自無藉口故引達多照鏡無因狂走以喻之引喻將終即復勸曰汝但不隨等如云汝但不隨妄見分別三種相續併其能所無明斷而不生則狂性自歇歇即菩提勝淨明心本周法界復何藉肓槃脩證哉上所謂忽然狂歇頭非外得者義顯于此環師乃指殺盜婬三業爲三因岳師又指三業爲緣三貪爲因二師之意皆爲下文阿難一語之所礙耳阿難云世尊現說殺盜婬業者此乃就三種相續中畧舉業果而世界衆生在其間矣是則舉一該三本非獨指殺盜婬也且殺等三貪尚屬麤浮之惑此惑纔斷而便謂不藉肓槃脩證可乎古人指歇即菩提爲頓教者盖以其頓斷細惑而不藉脩證也詳味佛語厥旨甚明

譬如有人於自衣中繫如意珠不自覺知窮露他方乞食馳走雖實貧窮珠不曾失忽有智者指示其珠所願從心致大饒富方悟神珠非從外得

吳興曰衣喻五陰珠喻藏性由無明故不覺之妙用故窮露佛界如本國九界如他方求人天樂取偏小益猶乞食馳走妄情暫失真性本圓猶雖貧珠在佛如智者教如示珠證理起用則致大饒富也溫陵曰得珠之喻亦喻妄息真現不勞脩證也

即時阿難在大衆中頂禮佛足起立白佛世尊現說殺盜婬業三緣斷故三因不生心中達多狂性自歇歇即菩提不從人得斯則因緣皎然明白云何如來頓棄因緣我從因緣心得開悟世尊此義何獨我等年少有學聲聞今此會中大目犍連及舍利弗須菩提等從老梵志聞佛因緣發心開悟得成無漏今說菩提不從因緣則王舍城拘舍梨等所說自然成第一義惟垂大悲開發迷悶

溫陵曰遞躡上文起難爲後學決疑也上稱緣斷而因不生斯正因緣之義何前言頓棄耶今棄因緣則外道自然之說爲當矣富那之後復以阿難問難者諸法既明則進脩無滯將示脩證之門故又以當機之人發起

佛告阿難即如城中演若達多狂性因緣若得滅除則不狂性自然而出因緣自然理窮於是

溫陵曰狂因既滅則自然性出不狂之前二皆本無由是觀之凡所謂因緣自然本皆不有悉因狂妄而立故曰理窮於是

大佛頂如來密因脩證了義諸菩薩萬行首楞嚴經會解卷第七

大佛頂如來密因修證了義諸菩薩萬行首楞嚴經會解卷第七

校勘記

一 底本，明永樂北藏本。

一 六四三頁上九行「徧袒」，清作「偏袒」。

一 六四五頁上三行第四字「起」，徑作「其」。

一 六四六頁上一〇行「上無」，徑作「無上」。

一 六五一頁上一六行第一四字「主」，清作「至」。

一 六五二頁下九行第六字「肓」，清作「肙」。下同。

一 六五三頁上五行「世界」，徑作「世間」。

大佛頂如來密因脩證了義諸菩薩萬行首楞嚴經會解卷第八　　綿八

阿難演若達多頭本自然本自其然無然非自何因緣故怖頭狂走

温陵曰此以因緣破自然也自然者本自天然不假因緣也若本自然則或狂不狂無所然而非自矣夫何又假照鏡因緣而後狂走此自然之計墮矣

若自然頭因緣故狂何不自然因緣故失本頭不失狂怖妄出曾無變易何藉因緣

温陵曰此以自然破因緣也若本自不狂假因緣故狂則本自不失盍假因緣故失頭既不失特由狂妄則因緣之計墮矣補註曰達多不見已頭將謂失其頭矣故狂走今頭本在初不曾因照鏡而失又況他人照鏡亦不曾狂然則汝自然狂非關因緣矣

本狂自然本有狂怖未狂之際狂何所潛不狂自然頭本無妄何為狂走

温陵曰若狂怖本於自然則是本有狂怖然既無所潛非本狂矣若狂怖不本於自然則頭本無妄何為狂走非本不狂矣非本狂非不本狂足知自然因緣之説皆妄立矣

若悟本頭識知狂走因緣自然俱為戲論是故我言三緣斷故即菩提心菩提心生生滅心滅此但生滅滅生俱盡無功用道若有自然如是則明自然心生生滅心滅此亦生滅無生滅者名為自然猶如世間諸相雜和成一體者名和合性非和合者稱本然性本然非然和合非合合然俱離離合俱非此句方名無戲論法

温陵曰菩提心中本無生滅亦無自然若謂菩提心生生滅心滅此但生滅非菩提也若謂滅生俱盡無功用道有自然者因是則明自然心生生滅心滅此亦生滅非菩提也而又反指無生滅者名為自然皆則戲論辟如因有雜和故説和合而又反指非和合者稱本然性皆是對待妄立戲論之法直使然與非然合與非合一切遠離亦無遠離之心乃真無功用道無戲論法也

菩提涅槃尚在遥遠非汝歷劫辛勤脩證雖復憶持十方如來十二部經清淨妙理如恒河沙只益戲論

補註曰此責阿難之妄計也前文佛説緣斷狂歇歇即菩提阿難遂疑菩提從因緣得若棄因緣即屬自然故佛重舉狂喻反覆破之而復結曰若悟本頭識知狂走因緣自然俱為戲論是故我言三緣斷故即菩提心如云戲論斷故即菩提心也菩提心生下復與詳示無戲論法至此乃責其妄計戲論戲論未斷即狂心未歇難契菩提故云菩提涅槃尚在遥遠苟非歷劫脩證雖持多經妙理只益戲論也

汝雖談説因緣自然決定明了人間稱汝多聞第一以此積劫多聞薰習不能免離摩登伽難何須待我佛頂神咒摩登伽心婬火頓歇得阿那含於我法中成精進林愛河乾枯令汝解脫

長水曰問阿難尚在初果登伽何以卻證第三答一約權實阿難示迹現多聞無功尚在初果登伽實人顯咒力功大速證第三二約根行阿難圓頓根發前經悟解或入信住登伽小機雖得第三望圓信住霄壤有異也孤山曰令汝解脫得離婬室也問此經惟圓登伽何證小果答以接引小乘故重施小而皆解圓今云那含即圓教相似位也登伽實行乃證那含阿難權人示居初果若以登伽惟作小釋者則使此經全同阿含縱異阿含豈殊方等

是故阿難汝雖歷劫憶持如來秘密妙嚴不如一日脩無漏業遠離世間憎愛二苦如摩登伽宿為婬女由神咒力銷其愛欲法中今名性比丘尼與羅睺母耶輸陀羅同悟宿因知歷世因貪愛為苦一念薰脩無漏善故或得出纏或蒙授記如何自欺尚留觀聽

孤山曰脩無漏業者圓脩止觀則不漏落二種生死亦無漏失三諦義理無漏既深憎愛非淺捨妄取真去事就理悉名憎愛

溫陵曰如摩登伽下明薰無漏業之速效也宿因即歷世貪愛苦因也出纏登伽也授記耶輸也如何下結責阿難令捨苦本脩無漏道無以貪愛存於心目也自初決擇真妄發明覺性乃至深窮萬法決通疑滯使其信解真正為因地心因心既真斯可圓成果地脩證故前經為見道分者止此下文別起為脩道分也蓋雖見性真非脩莫證故即前了義示脩行門吳興曰依諸師以解行分經前開解竟後示行也然則上根利器隨聞獲證楞嚴大體亦已備矣其有中下之器更俟談行思而脩之故假阿難等請入華屋於是廣示三摩提路

阿難及諸大眾聞佛示誨疑惑銷除心悟實相身意輕安得未曾有重復悲淚頂禮佛足長跪合掌而白佛言無上大悲清淨寶王善開我心能以如是種種因緣方便提獎引諸沉冥出於苦海

吳興曰疑惑銷除心悟實相者第三卷末說偈述益若作證悟此則增道也設作解悟今宜無證乎故知請行權為發起耳

世尊我今雖承如是法音知如來藏妙覺明心徧十方界含育如來十方國土清淨寶嚴妙覺王剎如來復責多聞無功不逮脩習我今猶如旅泊之人忽蒙天王賜與華屋雖獲大宅要因門入惟願如來不捨大悲示我在會諸蒙暗者捐捨小乘畢獲如來無餘涅槃本發心路令有學者從何攝伏疇昔攀緣得陀羅尼入佛知見作是語已五體投地在會一心佇佛慈旨

溫陵曰失性如旅泊見性如華屋見性不脩如獲屋不入故請如來本發心路為入佛知見也無餘涅槃圓果也本發心路圓因也既已見性又求入佛知見者見方開示脩乃悟入周稱天子曰天王簡諸王也

孤山曰法華明三陀羅尼即空假中三義也今請一心三觀攝伏妄想行門欲入初住三智一時開發故云入佛知見

爾時世尊哀愍會中緣覺聲聞於菩提心未自在者及為當來佛滅度後末法眾生發菩

提心開無上乘妙脩行路宣示阿難及諸大衆汝等決定發菩提心於佛如來妙三摩提不生疲倦應當先明發覺初心二決定義云何初心二義決定阿難第一義者汝等若欲捐捨聲聞脩菩薩乘入佛之見應當審觀因地發心與果地覺為同為異阿難若於因地以生滅心為本脩因而求佛乘不生不滅無有是處以是義故汝當照明諸器世間可作之法皆從變滅阿難汝觀世間可作之法誰為不壞然終不聞爛壞虛空何以故空非可作由是始終無壞滅故

吳興曰空假離中皆名生滅中即空假是謂佛乘法華明聲聞緣覺不退菩薩不測佛智良由於此法皆變滅喻妄體無常空無爛壞喻真性常住

則汝身中堅相為地潤濕為水煖觸為火動搖為風由此四纏分汝湛圓妙覺明心為視為聽為覺為察從始入終五疊渾濁云何為濁阿難譬如清水清潔本然即彼塵土灰沙之倫本質留礙二體法爾性不相循有世間人取彼土塵投於淨水土失留礙水亡清潔容貌汨然名之為濁汝濁五重亦復如是

孤山曰由此四纏至五疊渾濁者四大纏縛總成五陰也以四大成五根而心王居中能令眼視耳聽鼻舌身覺心意則察因隨色聲而有受想行識故成五陰色為始識為終五陰翳彼湛圓故有劫等五重渾濁也今文五濁永異餘經餘經所明者見以五利為體煩惱以五鈍為體利鈍共十使也衆生但擘見慢果報立此假名命以連持一期色心為體摧年促壽故曰命濁劫無別體但以四濁聚在其時故名劫濁今文不然蓋約五陰妄想為五濁也故下文色陰有堅固妄想受陰有虛明妄想等也補註曰諸師以三細六麤釋五濁莫若圓師釋作五陰妄想為易通且與辨魔中色陰盡則超劫濁等文辭義無礙也

阿難汝見虛空徧十方界空見不分有空無體有見無覺相織妄成是第一重名為劫濁

孤山曰此濁依於色陰夫四大五根五塵同名色陰今以眼根見空塵而說者以渾濁義顯故何故名劫濁邪以成住壞空四皆名劫故指見空名為劫濁有空無體者空無體質故有見無覺者以見空時無好醜違順可覺故相織妄成者以無體之空織無覺之見以無覺之見織無體之空乃妄見空而兩無其實此即土失留礙也渾濁真性過在茲乎此則如來方便巧示即指阿難目所對空成劫濁義

汝身現摶四大為體見聞覺知壅令留礙水火風土旋令覺知相織妄成是第二重名為見濁

孤山曰此濁依於受陰夫領納所緣名之為受而有六種謂六觸因緣生於六受但境有違順非違非順之別故六受亦各有苦受樂受不苦不樂受之異也相織妄成者六受為四大所壅故令留礙所以見不超色聞不出聲四大為六受所旋故令覺知也二法交織妄為受陰以其見境領納渾濁真性故名見濁

又汝心中憶識誦習性發知見容現六塵離塵無相離覺無性相織妄成是第三重名煩惱濁

長水曰憶過去境識現在塵誦習未来境界孤山曰此濁依於想陰能取所領之緣相名爲想而有六種謂取所領六塵之相爲六想也性發知見謂能取六想容現六塵謂所取六塵之相也以此相織妄成想陰既取著所領則擾亂甚前既渾真性故名煩惱濁

又汝朝夕生滅不停知見每欲留於世間業運每常遷於國土相織妄成是第四重名衆生濁

孤山曰此濁依於行陰造作之心能趣於果名爲行行有六種大品經中說爲六思思即是業謂於六想之後各起不善業善業無動業也知見即六思業運即隨善惡遷移國土亦世間也如私心雖戀鄉井以官事須往他郡例六道往還義亦如是相織妄成者知見欲留業運常去妄成行陰而去留假合渾濁真性名衆生濁

汝等見聞元無異性衆塵隔越無狀異生性中相知用中相背同異失準相織妄成是第五重名爲命濁

孤山曰此濁依於識陰了別所緣之境名爲識識有六種即是六識也元無異性者了別之心惟一故衆塵隔越者六塵不同故牽生六識故云無狀異生性中相知釋上元無異性也用中相背釋上無狀異生也眼不別聲耳不別色是相背也同異失準者適言其同則用相背適言其異則性相知故無定準以此交織妄成識陰識住命存識去命謝渾濁真性故名命濁

阿難汝今欲令見聞覺知遠契如来常樂我淨應當先擇死生根本依不生滅圓湛性成以湛旋其虛妄滅生伏還元覺得元明覺無生滅性爲因地心然後圓成果地脩證如澄濁水貯於靜器靜深不動沙土自沉清水現前名爲初伏客塵煩惱去泥純水名爲永斷根本無明明相精純一切變現不爲煩惱皆合涅槃清淨妙德

温陵曰見聞覺知六受用根也常樂我淨涅槃妙德也死生根本五濁業用也夫欲返妄契真先當擇去生死妄本依不生滅圓湛之性以成其功如澄濁水必於靜器也吳興曰以圓湛之性旋虛妄之心斯蓋脩三止觀照三諦境伏斷生滅證無生滅也伏還下因該十信然後下果通分滿靜器即止觀之心也信前猶淺入信漸深沙土自深麁垢先落也清水現前三諦似顯也檇李曰客塵煩惱諸經論皆說名煩惱障天台目爲界內見思等根本無明諸經論皆說爲所知障智障等天台目爲界外見思言永斷者且約從因至果通相而說理實妙覺方名永斷故曰明相精純孤山曰一切變現即隨機所感十界現形也俱是淨用故云不爲煩惱即用是體故云皆合涅槃

第二義者汝等必欲發菩提心於菩薩乘生大勇猛決定棄捐諸有爲相應當審詳煩惱

根本此無始来發業潤生誰作誰受阿難汝脩菩提若不審觀煩惱根本則不能知虛妄根塵何處顛倒處向不知云何降伏取如来位

吳興曰發業潤生者此指煩惱也誰作誰受者此推根本也意顯六根自作自受補註曰初義審因地發心故指五濁業用爲生死根本即虛妄滅生者也令其擇之旋之而依圓湛不生滅性以成其功也次義令審煩惱根本兼含選擇圓根之意故下即指六根媒賊劫家爲煩惱根本而繼以世界相涉之義備顯六根功德數量定其優劣次第發揚令知所擇耳既得無生滅性爲因地心又審煩惱根本知所降伏復擇圓根爲一門深入然則六根清淨乃至圓成果地脩證者無出二決定義也

阿難汝觀世間解結之人不見所結云何知解不聞虛空被汝隳裂何以故空無相形無結解故則汝現前眼耳鼻舌及與身心六爲賊媒自劫家寶由此無始衆生世界生纏縛故於器世間不能超越

溫陵曰汝觀下釋上須知其處也引空義者謂除無結則無解而執能無結哉則汝下示虛妄根塵顛倒也眼等六媒妄根也媒引六賊妄塵也自劫真性顛倒也吳興曰外之六塵内之六識皆由眼等引發和合故云六爲賊媒所起煩惱害如来藏故云自劫家寶由六根所起煩惱故發業潤生乃有無始衆生世界等孤山曰衆生世界是正報器世界是依報以由正報纏縛故於依報不能超越故下但約正報而明也

阿難云何名爲衆生世界世爲遷流界爲方位汝今當知東西南北東南西南東北西北上下爲界過去未来現在爲世方位有十流數有三一切衆生織妄相成身中貿遷世界相涉而此界性設雖十方定位可明世間只目東西南北上下無位中無定方四數必明與世相涉三四四三宛轉十二流變三疊一十百千總括始終六根之中各各功德有千二百

溫陵曰衆生世界亦具四方即左右前後是也世者三際迭遷界者各從定位界位有十世數有三一身所具理自互涉故曰身中貿遷世界相涉界方雖十常數惟四三四互涉故曰宛轉三世流變故有三疊自一疊十十疊百百疊千成千二百六根各具然此權依世論以顯妙用大畧耳若夫六解一亡互用圓照則何數量所及哉吳興曰此約十二遷流變易共成三重也一十百千者通舉增數之法耳謂增一爲十增十爲百等今且以方涉世明三疊者第一約四方各論三世共成十二也第二於東方三世變一爲十成三十南西北方亦復如是四方各三十成一百二十也第三於東方三十變十爲百成三百三方亦爾四方各三百成一千二百也以世涉方其例可解斯蓋如来只指凡夫六根根塵相織世界相涉從麁至細且至三疊以彰麁德大意令知現前見聞覺知刹那刹那

皆涉方世麤細之相也此據六根了別之性是同故云各各功德有千二百下對六塵了別之用有異所以功德全闕不等前文云性中相知用中相背不其然乎慈師約三世四方具有五根五塵成百二十一一根塵熏成十類衆生爲千二百況公非之節公是之而敏師又謂十二中一一皆具十善成百二十一一善中具十如是成千二百然佛旨難測人情異端苟無的據誰爲至當至於資中孤山長水但合數而巳皆疊疊不同余雖別解亦未敢配其法相來指無當惟善是從補註曰上下無位者指著上下皆是四方之上下也除此別無上下故曰無位中無定方者謂四隅之中也隅以兩方交接而得名既一隅而屬兩方故曰無定方也

阿難汝復於中克定優劣如眼觀見後暗前明前方全明後方全暗左右旁觀三分之二統論所作功德不全三分言功一分無德當知眼惟八百功德

溫陵曰先顯織妄欲明根結之始次辨優劣欲明耳根圓通使知所選也補註曰若以一方三百言之則前與左右合成九百義不通也當知四方各二百四隅各一百令眼所見前及左右三方巳成六百併前二隅二百共成八百惟後方二百及後二隅二百不見故云三分之二也

如耳周聽十方無遺動若邇遙靜無邊際當知耳根圓滿一千二百功德

溫陵曰能周聽故功全也動若等者隨彼之動則似有近遠在我之靜則周聽無邊

如鼻齅聞通出入息有出有入而闕中交驗於鼻根三分闕一當知鼻惟八百功德

溫陵曰出能取香入能聞香出入之中無能故闕中交長水曰出入中交共成三分一分四百闕於中交故惟八百

如舌宣揚盡諸世間出世間智言有方分理無窮盡當知舌根圓滿一千二百功德

溫陵曰世出世智所知之境惟舌詮顯其言雖局其理不窮孤山曰取能言說不論嘗味若取嘗味其功則劣以合中知故

如身覺觸識於違順合時能覺離中不知離一合雙驗於身根三分闕一當知身惟八百功德

溫陵曰離闕一分合全二分曰離一合雙

如意默容十方三世一切世間出世間法惟聖與凡無不包容盡其涯際當知意根圓滿一千二百功德

孤山曰離一合雙者離中不知是闕一分合時能覺有違有順故具二分

真際曰意識獨生徧緣諸法故云默容孤山曰此經明六根功德與法華不同今示發覺初心令知顛倒處所故辨六根優劣之用意在阿難擇於耳根以爲脩證之本彼明依經脩行巳發相似之解而六根清淨互用無方雖眼八百亦具餘五根功德乃至意根亦復如是即同今文一根既返元六根成解脫

阿難汝今欲逆生死欲流返窮流根至不生滅當驗此等六受用根誰合誰離誰深誰淺

誰爲圓通誰不圓滿若能於此悟圓通根逆彼無始織妄業流得循圓通與不圓根日劫相倍

溫陵曰流根即妙湛不動者也決之而出流逸奔境名生死流逆之而入反流全一名不生滅六受用根即上所明者循圓則合性而深不圓則離性而淺深淺相遼故遲速之功日劫相倍夫欲速返須擇圓根也

我今備顯六湛圓明本所功德數量如是隨汝詳擇其可入者吾當發明令汝增進十方如來於十八界一一修行皆得圓滿無上菩提於其中間亦無優劣但汝下劣未能於中圓自在慧故我宣揚令汝但於一門深入入一無妄彼六知根一時清淨

吳興曰六湛圓明等指六根妄明功德全是真明本性所具由真具故所以妄具溫陵曰得圓自在慧則十八界無非圓通然下劣初機未能圓得且自一門而入一根無妄則六皆清淨不惟悟十八界塵塵剎剎皆圓通矣

阿難白佛言世尊云何逆流深入一門能令六根一時清淨佛告阿難汝今已得須陀洹果已滅三界衆生世間見所斷惑然猶未知根中積生無始虛習彼習要因修所斷得何況此中生住異滅分劑頭數

綿八　十六

溫陵曰湛圓因惑而分一六因惑而生將告一六之義先與辨惑也孤山曰見諦所斷之惑即八十八使也修道所斷之惑即八十一思也生住異滅即同體無明也分劑頭數謂初住以上至于妙覺四十二品也虛習猶云妄惑也

今汝且觀現前六根爲一爲六阿難若言一者耳何不見目何不聞頭奚不履足奚無語若此六根決定成六如我今會與汝宣揚微妙法門汝之六根誰來領受阿難言我用耳聞佛言汝耳自聞何關身口口來問義身起欽承是故應知非一終六非六終一終不汝根元一元六阿難當知是根非一非六由無始來顛倒淪替故於圓湛一六義生汝須陀洹雖得六銷猶未亡一

孤山曰金剛般若云須陀洹名爲入流而無所入不入色聲香味觸法此即六銷也猶未亡一者執有涅槃也以小乘所證全是無明故資中曰不因六塵所造新業名得六銷尚迷六根而爲一體故未亡一吳興曰流師所解一體之義異乎涅槃但一義未明耳應知下文見精乃至知精元是一體

綿八　十七

如大虛空參合群器由器形異名之異空除器觀空說空爲一彼太虛空云何爲汝成同不同何況更名是一非一則汝了知六受用根亦復如是

溫陵曰虛空本非同異喻圓湛本非一六合器除器喻一六義生之由也知虛空之同異是非了無所立則一六併亡而圓湛不分矣一六既無而現有六根者由粘湛妄發耳故下原其妄發之源以示之補註曰前以阿難未明一入六淨之說故佛欲與明之始則辨惑謂其積生虛習等尚亦

脩斷宜其未知一入六淨之說也次則離以一六令知兩無定趣乃直示之曰當知是根非一非六由顛倒故一六義生也今文如太虛空下喻一六義生彼太虛空下喻本非一六例合後文由明暗等至見精映色結色成根等即一六義生也汝但不循下至隨拔一根五粘圓脫即本非一六也即正釋阿難一入六淨之疑也

由明暗等二種相形於妙圓中粘湛發見見精映色結色成根根元目爲清淨四大因名眼體如蒲萄朶浮根四塵流逸奔色

吴興曰粘湛發見者由明暗等塵染起淨性也他皆放此檇李曰見精映色下勝義根也雖用能造所造八法爲體是不可見有對色能照境發識乃聖人所知之境其義深遠非同塵境麁淺故名清淨此是染中說淨非無漏妙明之淨也因名眼體下浮塵根也亦名世俗根以麁淺易知故翻前立名亦用能所八法爲體今言四塵但舉所造也問浮塵但與勝義爲所依處不能照境發識何言流逸奔色答理實勝義然浮塵是所依處舉所依顯能依也又連上清淨四大爲言義亦無失能造者地水火風四大也所造者色香味觸四塵也餘五例此

由動靜等二種相擊於妙圓中粘湛發聽聽精映聲卷聲成根根元目爲清淨四大因名耳體如新卷葉浮根四塵流逸奔聲由通塞等二種相發於妙圓中粘湛發齅齅精映香納香成根根元目爲清淨四大因名鼻體如雙垂爪浮根四塵流逸奔香由恬變等二種相參於妙圓中粘湛發嘗嘗精映味絞味成根根元目爲清淨四大因名舌體如初偃月浮根四塵流逸奔味由離合等二種相摩於妙圓中粘湛發覺覺精映觸摶觸成根根元目爲清淨四大因名身體如腰鼓顙浮根四塵流逸奔觸由生滅等二種相續於妙圓中粘湛發知知精映法攬法成根根元目爲清淨四大因名意思如幽室見浮根四塵流逸奔法

孤山曰粘湛發知者妄慮知也根元下此取肉團心根爲慮知之所託也故勝義根還是清淨四大如幽室見即浮塵根爲意思託附如處幽室正法念經云如蓮華開合者是也

阿難如是六根由彼覺明有明明覺失彼精了粘妄發光是以汝今離暗離明無有見體離動離靜元無聽質無通無塞齅性不生非變非恬嘗無所出不離不合覺觸本無無滅無生了知安寄

孤山曰由彼覺明真明也有明明覺妄明也迷彼真明故云失彼精了成此妄明故云粘妄發光溫陵曰是以汝今下釋上因妄發故六皆虛妄若離六塵悉無自體

汝但不循動靜合離恬變通塞生滅明暗如是十二諸有爲相隨拔一根脫粘內伏伏歸元真發本明耀耀性發明諸餘五粘應拔圓脫不由前塵所起知見明不循根寄根明發由是六根互相爲用

溫陵曰粘妄則由塵而循根故成隔礙脫

粘則不由不循特寄根而已故能互用吳
興曰寄二種根覺明開發故十二百功德
根根互用也孤山曰用有真似似如法華
真如華嚴
阿難汝豈不知今此會中阿那律陀無目而
見跋難陀龍無耳而聽殑伽神女非鼻聞香
驕梵鉢提異舌知味舜若多神無身覺觸如
來光中映令暫現既為風質其體元無諸滅
盡定得寂聲聞如此會中摩訶迦葉久滅意
根圓明了知不因心念
溫陵曰那律尊者因精進失明而能見賢
喜龍王無耳而聽恒河之神無鼻聞香驕
梵受牛哨報故曰異舌舜若多神主空神
也其質如風而能覺觸脩滅盡定得空寂
者意根斯滅如大迦葉雖滅意根而能了
知孤山曰殑伽河名此云天堂來以其自
雪山頂無熱惱池流出故也那律等六人
或是凡夫業報或是小聖脩得斯皆妄力
尚不依根何況圓脫豈無互用
阿難今汝諸根若圓拔已內瑩發光如是浮
塵及器世間諸變化相如湯銷氷應念化成
無上知覺阿難如彼世人聚見於眼若令急
合暗相現前六根黯然頭足相類彼人以手
循體外繞彼雖不見頭足一辨知覺是同緣
見因明暗成無見不明自發則諸暗相永不
能昏根塵既銷云何覺明不成圓妙
吳興曰真智如湯妄境如氷了妄即真化
成知覺前明真覺不由於根故舉那律無
目能見等今示真覺不假於緣故指世人
暗中有辨也彼人即指合眼之人循體謂
繞他人之體知覺是同言暗中知覺與明
中所見不殊凡夫尚有不假明緣而能有
辨況聖人真覺何籍緣發乎緣見下指妄
不明下顯真畧示明暗諸緣例爾
阿難白佛言世尊如佛說言因地覺心欲求
常住要與果位名目相應世尊如果位中菩
提涅槃真如佛性菴摩羅識空如來藏大圓
鏡智是七種名稱謂雖別清淨圓滿體性堅
凝如金剛王常住不壞若此見聽離於明暗
動靜通塞畢竟無體猶如念心離於前塵本
無所有云何將此畢竟斷滅以為脩因欲獲
如來七常住果
溫陵曰離幻復真常住不壞名常住果而
見聽六用離塵無體是斷滅法依斷滅因
求常住果焉得相應邪此誤認緣塵迷失
常性也由失常性故難契常果實脩證大
患故須難明也諸佛所得曰菩提寂靜常
樂曰涅槃不妄不變曰真如離過絕非曰
佛性分別一切而無染著曰菴摩羅識一
法不立煩惱蕩盡曰空如來藏洞照萬法
而無分別曰大圓鏡智菴摩羅此云無垢
即第九白淨識也此已成智而名識者以
能分別故楞伽經曰分別是識無分別是
智有空如來藏有不空如來藏有空不空
如來藏寶積經曰空如來藏離不解脫一
切煩惱不空如來藏具河沙佛不思議法
空不空如來藏隨為色空普應一切後二
隨用得名獨空如來藏為真體故為果號
世尊若離明暗見畢竟空如無前塵念自性
滅進退循環微細推求本無我心及我心所

將誰立因求無上覺如來先說湛精圓常違越誠言終成戲論云何如來真實語者惟垂大慈開我蒙悋

溫陵曰復揣六用疑若斷滅反以佛說湛常為不誠而近乎戲論不得為真實語者

佛告阿難汝學多聞未盡諸漏心中徒知顛倒所因真倒現前實未能識恐汝誠心猶未信伏吾今試將塵俗諸事當除汝疑

溫陵曰倒因即疑妄分別也真倒即執常為斷也

即時如來勅羅睺羅擊鐘一聲問阿難言汝今聞不阿難大衆俱言我聞鐘歇無聲佛又問言汝今聞不阿難大衆俱言不聞時羅睺羅又擊一聲佛又問言汝今聞不阿難大衆又言俱聞佛問阿難汝云何聞云何不聞阿難大衆俱白佛言鐘聲若擊則我得聞擊久聲銷音響雙絕則名無聞

綿八　二十三

溫陵曰此但無聲非謂無聞必再擊疊問者欲令審辨而有悟也

如來又勅羅睺擊鐘問阿難言汝今聲不阿難大衆俱言有聲少選聲銷佛又問言爾今聲不阿難大衆答言無聲有頃羅睺更來撞鐘佛又問言爾今聲不阿難大衆俱言有聲佛問阿難汝云何聲云何無聲阿難大衆俱白佛言鐘聲若擊則名有聲擊久聲銷音響雙絕則名無聲

溫陵曰上荅為倒此荅為正盖聲有生滅聞性常在迷情不了以聞同聲是以常為斷也

佛語阿難及諸大衆汝今云何自語矯亂大衆阿難俱時問佛我今云何名為矯亂佛言我問汝聞汝則言聞又問汝聲汝則言聲惟聞與聲報荅無定如是云何不名矯亂阿難聲銷無響汝說無聞若實無聞聞性已滅同于枯木鐘聲更擊汝云何知知有知無自是聲塵或無或有豈彼聞性為汝有無聞實云無誰知無者是故阿難聲於聞中自有生滅非為汝聞聲生聲滅令汝聞性為有為無

溫陵曰聲塵或有或無聞性未嘗有無所謂聲無亦無滅聲有亦非生此即不生不滅真常性也夫知無者亦因聞根不可謂無聲則無聞也是故阿難下牒上顯常也

吳興曰前阿難通疑六根離塵無體云何將此斷滅為因欲獲常果如來所以別顯聞性為常者誠欲發耳根圓通之機也

綿八　二十四

汝尚顛倒惑聲為聞何恠昏迷以常為斷終不應言離諸動靜閉塞開通說聞無性如重睡人眠熟床枕其家有人於彼睡時擣練春米其人夢中聞春擣聲別作他物或為擊鼓或為撞鐘即於夢時自恠其鐘為木石響於時忽寤遄知杵音自告家人我正夢時惑此春音將為鼓響阿難是人夢中豈憶靜搖開閉通塞其形雖寐聞性不昬縱汝形銷命光遷謝此性云何為汝銷滅

吳興曰所舉寐事驗妄識至昬而真性不昧也復恐惑者謂寐雖不昬死豈不滅邪故重示云縱汝形銷等

以諸衆生從無始來循諸色聲逐念流轉曾不開悟性淨妙常不循所常逐諸生滅由是生生雜染流轉若棄生滅守於真常常光現

前根塵識心應時銷落想相爲塵識情爲垢二俱遠離則汝法眼應時清明云何不成無上知覺

温陵曰不悟性常故逐諸生滅能守常性常果可與矣前令審擇常性爲因地心而阿難牒難故此結告也吳興曰通別二惑俱名塵垢真似所證皆號法眼此眼具五方曰清明

緣八　三十五

大佛頂如來密因脩證了義諸菩薩萬行首楞嚴經會解卷第八

大佛頂如來密因脩證了義諸菩薩萬行首楞嚴經會解卷第八

校勘記

一　底本，明永樂北藏本。六六四頁上一一行至卷末因所見北藏本殘，今以清藏本補之。

一　六五五頁上四行第六字「佛」，徑、清作「怖」。

一　六五五頁下九行「破之」，徑作「凝之」。

一　六五七頁下一一行「第三」，清作「第二」。

一　六五八頁上七行「知見」，徑作「之見」。

一　六五九頁上三行「向不知」，徑、清作「尚不知」。

一　六六四頁中一八行第九字「令」，徑作「今」。

大佛頂如來密因脩證了義諸菩薩萬行首楞嚴經會解卷第九　綿九

天竺沙門般剌密帝譯

烏萇國沙門彌伽釋迦譯語

菩薩戒弟子前正議大夫同中書門下平章事房融筆受

師子林沙門　惟則　會解

阿難白佛言世尊如來雖說第二義門今觀世間解結之人若不知其所結之元我信是人終不能解世尊我及會中有學聲聞亦復如是從無始際與諸無明俱滅俱生雖得如是多聞善根名為出家猶隔日瘧惟願大慈哀愍淪溺今日身心云何是結從何名解亦令未來苦難衆生得免輪迴不落三有作是語已普及大衆五體投地雨淚翹誠佇佛如來無上開示

溫陵曰前第二義文云不見所結云何知解故此牒之而請也孤山曰同體無明品數甚多又迷境不一故曰諸生滅去來常在妄中故曰俱補註曰世之瘧病隔日而發為其病根未除故爾喻有學聲聞通惑雖破而別惑病根未除也

爾時世尊憐愍阿難及諸會中諸有學者亦為未來一切衆生為出世因作將來眼以閻浮檀紫金光手摩阿難頂即時十方普佛世界六種震動微塵如來住世界者各有寶光從其頂出其光同時於彼世界來祇陀林灌如來頂是諸大衆得未曾有於是阿難及諸大衆俱聞十方微塵如來異口同音告阿難言善哉阿難汝欲識知俱生無明使汝輪轉生死結根惟汝六根更無他物汝復欲知無上菩提令汝速證安樂解脫寂靜妙常亦汝六根更無他物

溫陵曰先摩其頂者表無上開示也六震者動起踊吼震擊表破六根妄結也諸佛頂光灌釋迦頂者示同發明無上頂法異口同告者示諸佛脫生死證菩提皆由斯六根也俱生即根本無明也生死妙常同因六根者知見立知故輪生死知見無見即證妙常如下兩明

阿難雖聞如是法音心猶未明稽首白佛云何令我生死輪迴安樂妙常同是六根更非他物佛告阿難根塵同源縛脫無二識性虛妄猶如空華

吳興曰根塵識三攝十八界本如來藏妙真如性故曰同源凡夫迷真故縛聖人悟真故脫迷悟雖殊始終理一故曰無二同源必無識性虛妄必具根塵文綺互也

阿難由塵發知因根有相相見無性同於交蘆

吳興曰塵相通詣六境知見略示二根根境對論攝十二處斯皆兩法相涉內無實性故喻若交蘆有以根境識三釋此喻者非也而不知經語巧妙從寬至狹上攝界義故三此攝處義故二下文又略其境單言其根故言知見立知等

是故汝今知見立知即無明本知見無見斯即涅槃無漏真淨云何是中更容他物

孤山曰上言立知而略見下言無見而略知經文互影也執知見實有名立知見此

即妄心是生死輪迴之本故云即無明本達知見無性名無知見此即真心安樂妙常故云斯即涅槃無漏真淨是則惟一真心更無別法故曰云何是中更容他物又解知見立知是迷真知見立緣塵等妄知見故即無明知見無見是達真知見無緣塵等妄知見故即涅槃故前文云入佛知見也佛知見外更無別法故不容他物前釋約常心即第一切皆泯後釋約常心即照有真知見故兹兩釋並符佛旨補註曰云何是中更容他物者由上諸佛告阿難言輪生死證妙常惟汝六根更非他物阿難於此有疑舉以問佛佛乃兼升根塵識三映帶辯釋而復結以知見立知等語知見二字通攝六根言為無明為涅槃無非六根而已豈更容他物哉此蓋釋阿難之疑而證諸佛之言也又阿難前云若不知其所結之元我信是人終不能解又云今日身心云何是結從何名解故如來荅以知見立知即是結也即是所結之元也知見無見即名解也

爾時世尊欲重宣此義而說偈言

真性有為空　緣生故如幻　無為無起滅
不實如空華

吳興曰真性即根塵之源也有為即縛脫之相也若真性在迷能生九界根塵之相名之為縛若真性出纏能起十界根塵之用號之為脫此縛與脫皆即真而俗故曰有為亦即俗而真故曰空也緣生故如幻釋成有空義也有為之法皆從緣生凡夫以感業為緣聖人以機感為緣二緣所生俱是假名故云如幻此頌根塵同緣縛脫無二也無為下頌識性虛妄猶如空華上言如幻助成空義耳今云空華正顯虛妄也且識性是有為起滅之法真性反此故曰無為無起滅既云虛妄即是不實故喻如空華舊以前二句破有為後二句破無為出掌珍論

言妄顯諸真　妄真同二妄　猶非真非真
云何見所見　中間無實性　是故若交蘆

吳興曰前長行但破於妄今復恐捨妄取真故重遣之孤山曰諸之也語助耳言根塵虛妄則顯涅槃真實對妄說真待對不絕真亦成妄故云二妄龍樹云若法為待成是法還成待猶非能遣也真非真所遣也非真即妄見即是根所見即境對妄說真猶皆遣蕩云何更有妄中根境乎中間謂根境二法體中無性此頌相見無性同於交蘆

結解同所因　聖凡無二路　汝觀交中性
空有二俱非　迷晦即無明　發明便解脫

吳興曰欲明解結先舉所因所因者六根也前諸佛同告云汝欲識知生死結根乃至速證安樂解脫惟汝六根更非他物正同此義孤山曰汝觀下重牒前喻今審觀也言空則蘆有外相言有則蘆中本空以喻根境妄執似有其體元空迷晦下頌知見立知及知見無見等

解結因次第　六解一亦亡　根選擇圓通
入流成正覺

温陵曰躡前結解之義起後圓通之文也
六解則根拔一亡刖湛圓選得圓根則入
聖流證聖果矣
陀那微細識　習氣成暴流　真非真恐迷
我常不開演
温陵曰陀那下頌根結初起之由也陀那
此翻執持執持種子發起現行即第八梨
耶含藏種子爲習氣積生識浪爲暴流湛
由是分結由是起也此識依真如合生滅
雜乎真妄之間故曰真非真也若以爲真
恐迷妄習而自誤以爲非真恐迷自性而
外求故權小教中皆不開演也深密經曰
阿陀那識甚微細一切種子成暴流我於
凡愚不開演恐彼分别執爲我外道所執
神我即此識也
自心取自心　非幻成幻法　不取無非幻
非幻尚不生　幻法云何立
温陵曰頌解結入圓之要也一切諸法惟
心所現而於中取著妄成根結是自心取
自心非幻成幻法也由妄取故有幻非幻

若不妄取非幻亦無非幻尚無幻法何有
幻法不立則根塵頓淨圓通現前矣
是名妙蓮華　金剛王寶覺　如幻三摩提
彈指超無學　此阿毗達磨　十方薄伽梵
一路涅槃門
温陵曰此結頌也此之法門於淨不著於
染不汙名妙蓮華根境結惑擬之則銷名
金剛王覺即爲無爲亡情絶解名如幻正
受依此脩進一彈指間可超無學而入圓
位也阿毗達磨云無比法十方如來逈出
生死速證寂常莫不由斯故曰十方薄伽
梵一路涅槃門薄伽梵號具六義謂自在
熾盛端嚴名稱吉祥尊貴孤山曰彈指超
無學顯三止之功也若入地住則超小乘
阿羅漢位縱入相似亦超無學以同除四
住此處爲齊若伏無明三藏則劣又縱在
觀行亦超無學如太子處胎貴壓群臣頻
伽在㲉聲逾衆鳥
於是阿難及諸大衆聞佛如來無上慈誨祇
夜伽陀雜糅精瑩妙理清徹心目開明歎未

曾有阿難合掌頂禮白佛我今聞佛無遮大
悲性淨妙常真實法句心猶未達六解一亡
舒結倫次惟垂大悲再愍斯會及與將來施
以法音洗滌沉垢
吴興曰祇夜云應頌又云重頌即頌上長
行也伽陀云諷頌亦畧云偈不因長行但
諷美而頌之二頌合明故云雜糅精瑩此
指能詮也妙理清徹此謂所詮也温陵曰
無遮大悲言其博濟也性淨妙常真實法
句則真妄兩忘稱性之談也沉垢微細結
惑也長水曰由前偈云解結因次第六解
一亦亡故此疑之
即時如來於師子座整涅槃僧歛僧伽梨攬
七寶几引手於几取劫波羅天所奉華巾於
大衆前綰成一結示阿難言此名何等阿難
大衆俱白佛言此名爲結於是如來綰疊華
巾又成一結重問阿難此名何等阿難大衆
又白佛言此亦名結如是倫次綰疊華巾總
成六結一一結成皆取手中所成之結持問
阿難此名何等阿難大衆亦復如是次第酬

佛此名爲結
溫陵曰涅槃僧裹衣也僧伽梨大衣也劫
波羅云時分即夜摩天也補註曰由阿難
未達六解一亡舒結倫次故如來示一巾
成六結令悟六解則一亡示綰結之有次
第令悟舒結之有倫次也
佛告阿難我初綰巾汝名爲結此疊華巾先
實一條第二第三云何汝曹復名爲結阿難
白佛言世尊此寶疊華緝績成巾雖本一體
如我思惟如來一綰得一結名若百綰成終
名百結何況此巾秖有六結終不至七亦不
停五云何如來只許初時第二第三不名爲
結佛告阿難此寶華巾汝知此巾元止一條
我六綰時名有六結汝審觀察巾體是同因
結有異於意云何初綰結成名爲第一如是
乃至第六結生吾今欲將第六結名成第一
不不也世尊六結若存斯第六名終非第一
縱我歷生盡其明辯如何令是六結亂名佛
言如是六結不同循顧本因一巾所造令其
雜亂終不得成則汝六根亦復如是畢竟同

中生畢境異
吳興曰同謂一真之性理本無差譬巾之
體也異謂六根之精事用有別如巾之結
也補註曰此謂六結若存則倫次不容雜
亂下言六結若解則一六俱亡
佛告阿難汝必嫌此六結不成願樂一成復
云何得阿難言此結若存是非鋒起於中自
生此結非彼彼結非此如來今日若總解除
結若不生則無彼此尚不名一六云何成佛
言六解一亡亦復如是
溫陵曰不成謂是非鋒起不成一體也願
樂一成莫非解除結惑不生則同異圓泯
故曰尚不名一六云何成吳興曰六根之
精元是一真之性以隨緣故在眼曰見精
在耳曰聽精等此皆如第二月揑所成故
若能隨根脫粘內伏六既融一一亦斯亡
如解結已巾亦無用
由汝無始心性狂亂知見妄發發妄不息勞
見發塵如勞目睛則有狂華於湛精明無因
亂起一切世間山河大地生死涅槃皆即狂

勞顛倒華相
吳興曰知見發妄此屬能見之相勞見發
塵即對所見之境惟妄與勞五住備矣如
勞目精下雙喻其義一切世間下示塵勞
之相
阿難言此勞同結云何解除如來以手將所
結巾偏掣其左問阿難言如是解不不也世
尊旋復以手偏牽右邊又問阿難如是解不
不也世尊佛告阿難吾今以手左右各牽竟
不能解汝設方便云何解成阿難白佛言世
尊當於結心解即分散佛告阿難如是如是
若欲除結當於結心
吳興曰左右牽掣俱不能解喻觀二邊皆
不能破根本無明凡夫外道以斷常爲二
邊二乘菩薩以空有爲二邊雖曰伏斷猶
存巾結若欲除結當於結心者知見立知
即名爲結觀知中道是謂結心結不離巾
解之則一知不異道亡之則中補註曰上
心性狂亂等示其根結之由展轉虛妄此
掣巾等示其解結之方也

阿難我說佛法從因緣生非取世間和合麁
相
吳興曰既令解結當於結心欲使選根而
修圓行故示佛法從因緣生反顯若無因
緣佛法無由而生也如前文云譬如琴瑟
雖有妙音若無妙指終不能發是則圓修
定慧是今因緣若三藏中事六度等皆是
世間和合麁相
如來發明世出世法知其本因隨所緣出如
是乃至恒沙界外一滴之雨亦知頭數現前
種種松直棘曲鵠白烏玄皆了元由是故阿
難隨汝心中選擇六根根結若除塵相自滅
諸妄銷亡不真何待
孤山曰世謂六凡出世謂四聖知此十界
皆因於心隨無明之染緣則出九界隨教
行之淨緣則出佛界故法華云佛種從緣
起涅槃云亦有因緣因滅無明則得熾然
三菩提燈吳興曰佛有權實二智實智冥
理權智鑑物發明世出世法乃至知其種
種元由者皆權智所鑑也既於情無情照

了不昧顯今所說解結之法及選根之義
悉是鑑物宜然固無差謬矣長水曰選擇
六根者前文云若能於此悟圓通根與不
圓根日劫相倍故令選擇
阿難吾今問汝此劫波羅巾六結現前同時
解縈得同除不不也世尊是結本以次第綰
生今日當須次第而解六結同體結不同時
則結解時云何同除
吳興曰綰巾成結雖有次第粘湛成根必
無倫緒故不可以喻而難於法也蓋言見
聞覺知六用差別如次第綰生也選擇六
根隨於一根發觀如次第而解也慈師云
意明六根不可齊觀但依一根入證自然
銷六斯會經意焉
佛言六根解除亦復如是此根初解先得人
空空性圓明成法解脫解脫法已俱空不生
是名菩薩從三摩地得無生忍
吳興曰小乘析觀乃是作意先破人執次
破法執然後會入空平等理大乘體觀人
法無殊空非前後今言此根初解先得人

空者亦猶前文如澄濁水沙土自沉盡任
運而然也沇師以天台別教釋之孤山斥
云其失非小應知人空是破五陰假名即
見惑也法空是破五陰實法即思惑也乃
至破涅槃淨法即無明也俱空不生即平
等空所空既盡能空亦滅如前火木然諸
薪已亦復自然如是三空皆以中道而爲
觀體苟非此者何異解巾左右牽掣乎
阿難及諸大衆蒙佛開示慧覺圓通得無疑
惑一時合掌頂禮雙足而白佛言我等今日
身心皎然快得無礙雖復悟知一六亡義然
猶未達圓通本根世尊我輩飄零積劫孤露
何心何慮預佛天倫如失乳兒忽遇慈母若
復因此際會道成所得密言還同本悟則與
未聞無有差別惟垂大悲惠我祕嚴成就如
來最後開示作是語已五體投地退藏密機
冀佛冥授
温陵曰慧覺圓通存乎一心已蒙開示故
身心皎然圓通本根冥乎萬法猶未通達
故冀佛冥授也密言即發明慧覺之言

秘嚴即圓通本根秘要也慧覺圓通我固有之故雖因寄言還同本悟若不開秘嚴則與未聞無異故別求開示也二十五聖於根塵七大各悟圓通是知本根寔乎萬法也佛不顯說而因衆數陳是謂冥授也

退藏密機即息慮凝心也

爾時世尊普告衆中諸大菩薩及諸無漏大阿羅漢汝等菩薩及阿羅漢生我法中得成無學吾今問汝最初發心悟十八界誰爲圓通從何方便入三摩地

孤山曰此下二十五聖觀十八界及以七大乃是開合之殊耳識大則合於六識根大則合於六根餘之五大則總收六境以六境之體不出地水火風及空故也但言十八則已攝七故前文云十方如來於十八界一一脩行皆得圓滿無上菩提又此十八只是六根以各開根境識三故是則言六其義亦周故前文云令汝生死輪轉安樂妙常同是六根更非他物

憍陳那五比丘即從座起頂禮佛足而白佛言我在鹿苑及於雞園觀見如來最初成道於佛音聲悟明四諦佛問比丘我初稱解如來印我名阿若多妙音密圓我於音聲得阿羅漢佛問圓通如我所證音聲爲上

孤山曰妙音密圓者密悟圓理也或曰涅槃說身因而背小聖淨名入不二則俱大士惟茲二十五聖大小相參而云方便多門歸元不二且陳那身子近悟偏空普賢彌勒久證圓理久近兩異偏圓二殊安得圓通其歸一揆對曰涅槃敘昔則小乘太分淨名方等則大隔小乘其談所證豈得相從至若今經二乘作佛與法華同塗闡提有性將涅槃共轍教已開顯偏即圓融故使鹿苑之所證同成一乘之頓理均乎普賢諒無懸德此約實行聲聞也若乃內秘大道外現小乘則鹿苑以來何嘗非大既經發迹一揆何疑此約權行聲聞也悟理既同誰拘遠近以此觀之則大小相參之說怡然理順遠近偏圓之惑涣然氷釋吳興曰夫開權顯實之說惟諸佛祕要之事非諸菩薩羅漢所能顯示其猶禮樂征伐自天子出非諸侯之事今佛所問最初發心悟十八界誰爲圓通者且欲諸聖各述本根權實之道耳在昔方便未會真實諸聲聞人言與菩薩同入法性孰不自謂悟入圓通如陳那等雖曰妙音密圓但是聞生滅四諦徼密圓悟未可混同如來藏理故中阿含云我至波羅柰擊妙甘露鼓又云如來說法初中後妙豈彼妙名便同法華之妙乎只如下文說緣覺聲聞云勝妙現圓及勝性現圓又說大梵善見身心妙圓及妙見圓澄豈此妙圓亦同圓覺妙明之性乎應知如來先令諸聖次第說竟後告文殊言此二十五無學諸大菩薩及阿羅漢各說最初成道方便皆言脩習真實圓通彼等脩行實無優劣前後差別斯則開權會實之正文也文殊偈云聖性無不通順逆皆方便蓋演如來之旨也主伴相濟離合其宜又若陳那等本大迹小鹿苑所證不亦小乎豈顯本後翻令漸初寄

悟圓理天台化儀四教龍樹二種法輪顯露祕密俱無此說吾宗義學請熟思之

優波尼沙陀即從座起頂禮佛足而白佛言我亦觀佛最初成道觀不淨相生大厭離悟諸色性以從不淨白骨微塵歸於虛空空色二無成無學道如来印我名尼沙陀塵色既盡妙色密圓我從色相得阿羅漢佛問圓通如我所證色因爲上

溫陵曰優波尼沙陀此翻近少亦云塵性謂微塵是色之少分也因塵悟解故得此名昔多貪欲佛令作不淨觀長水曰因觀色塵本如来藏故曰悟諸色性吳興曰不然既云觀佛最初成道正是小乘無漏行法言悟諸色性者斯乃聲聞悟性念處也南嶽師云觀五陰理性名性念處故雜心論偈云是身不淨相真實性常定諸受及心法亦復如是說以從不淨白骨微塵歸於虛空者由多貪欲脩對治法成就九想發真破惑即壞法羅漢也九想成時得慧解脫於諸色相發明無漏故云妙色密圓

香嚴童子即從座起頂禮佛足而白佛言我聞如来教我諦觀諸有爲相我時辭佛宴晦清齋見諸比丘燒沉水香香氣寂然来入鼻中我觀此氣非木非空非烟非火去無所著来無所從由是意銷發明無漏如来印我得

錦九 十六

香嚴號塵氣倏滅妙香密圓我從香嚴得阿羅漢佛問圓通如我所證香嚴爲上

攜李曰宴安息也晦冥寂也清靜之室謂之清齋資中曰非木等者觀性空也吳興曰凡言性空必推四性今當以木爲自烟爲他和合爲共空爲無因此似衍門觀幻有即空之相下諸聲聞亦多是小乘觀實有滅空之義小衍雖殊所證圓通同一真諦耳若諸菩薩所悟須約中道第一義諦言之應有歷別圓融之異經雖隱畧理合該通如淨名室內三十二大士說入不二之法門天台所解亦分圓別豈以不二混同諸入乎先云香嚴童子則從菩薩受稱復云得阿羅漢蓋叙昔日所證如下文月光童子初得小果後於佛所得童真名預菩薩會以彼驗此名實可知

藥王藥上二法王子并在會中五百梵天即從座起頂禮佛足而白佛言我無始劫爲世良醫口中嘗此娑婆世界草木金石名數凡有十萬八千如是悉知苦酢醎淡甘辛等味

錦九 十七

并諸和合俱生變異是冷是熱有毒無毒悉能徧知承事如来了知味性非空非有非即身心非離身心分別味因從是開悟蒙佛如来印我昆季藥王藥上二菩薩名今於會中爲法王子因味覺明位登菩薩佛問圓通如我所證味因爲上

孤山曰苦酢等六味也衆味共成名和合味直爾采用名俱生味脩鍊炮炙名變異味吳興曰由事佛故必聞正法即於味性了生無生空有謂味塵也身心謂舌識也以味從合中知故相對言之味非空故非離身心味非有故非即身心中道之性於是乎顯

跋陀婆羅并其同伴十六開士即從座起頂禮佛足而白佛言我等先於威音王佛聞法

出家於浴僧時隨例入室忽悟水因既不洗塵亦不洗體中間安然得無所有宿習無忘乃至今時從佛出家令得無學彼佛名我跋陀婆羅妙觸宣明成佛子住佛問圓通如我所證觸因爲上

孤山曰跋陀婆羅此云賢守亦云賢護自守護賢德亦守護衆生資中曰準法華經有二萬億威音王佛前後出世最初佛像法中此跋陀等爲增上慢輕常不輕故千劫墮阿鼻獄罪畢值後佛出家吴興曰水因謂所觸之因也塵體即能觸之緣也塵既無染體亦常淨能所如幻二邊俱空故中間覺觸之心安然契性矣溉潭曰觸具三和今翻爲三德祕藏故名妙觸宣明也

大佛頂如來密因脩證了義諸菩薩萬行首楞嚴經會解卷第九

大佛頂如來密因修證了義諸菩薩萬行首楞嚴經會解卷第九

校勘記

一　底本，明永樂北藏本。

一　六七〇頁中一五行末字「入」，徑、清作「人」。

一　六七〇頁下末行末字「言」，徑、清作「言也」。

大佛頂如來密因脩證了義諸菩薩萬行首楞嚴經卷第十　綿十

摩訶迦葉及紫金光比丘尼等即從座起頂禮佛足而白佛言我於往劫於此界中有佛出世名日月燈我得親近聞法脩學佛滅度後供養舍利然燈續明以紫光金塗佛形像自尒以來世世生生身常圓滿紫金光聚此紫金光比丘尼等即我眷屬同時發心我觀世間六塵變壞惟以空寂脩於滅盡身心乃能度百千劫猶如彈指我以空法成阿羅漢世尊說我頭陀為最妙法開明銷滅諸漏佛問圓通如我所證法因為上

温陵曰摩訶迦葉大飲光也其身金色光吞日月因觀塵變悟法空寂遂脩滅盡定以滅意根不緣法塵得無生滅故超百千劫如彈指頃于今于雞足山待彌勒乃入此定也頭陀新云杜多此翻抖擻以能抖擻法塵為號孤山曰脩於滅盡者即九次第定中第九滅受想定也長水曰紫金光尼在家時婦也補註曰紫金光既同時發心則非一世眷屬也

阿那律陀即從座起頂禮佛足而白佛言我初出家常樂睡眠如來訶我為畜生類我聞佛訶啼泣自責七日不眠失其雙目世尊示我樂見照明金剛三昧我不因眼觀見十方精真洞然如觀掌果如來印我成阿羅漢佛問圓通如我所證旋見循元斯為第一

長水曰那律即阿菟樓馱此云無貧亦云如意乃白飯王子也過去世以一食施辟支感九十一劫受如意樂孤山曰增一阿含云佛在給孤園為衆說法那律於中眼睡佛說偈訶曰咄咄何為睡螺螄蚌蛤類一睡一千年不聞佛名字那律於是達曉不眠眼根便失因是脩禪得四大淨色半頭而見觀三千界猶如掌果今云金剛三昧觀見十方精真洞然而與昔異者此經開顯故約內祕以談昔引物機乃約現小而說吳興曰阿含云脩禪蓋總畧而示今云金剛三昧則別顯其名非謂金剛惟喻大定如阿難入電光三昧斷最後思惑亦名金剛三昧此喻小乘無漏之智耳智論云那律天眼四大造色半頭清淨佛天眼四大造色徧頭清淨天台智者云三藏佛全頭天眼徹見無礙故知全半之名但約分滿相望不以大小為異也又若據阿含觀大千此經見十方謂有優劣固未可也彼經云那律天眼見十方域不亦同乎掌果之譬既齊精真之言何別下文明善現天尚云精真現前陶鑄無礙況今羅漢發真無漏豈不得云精真洞然邪旋見循元者旋大千之見循真空之言見盡無明圓通著矣

周利槃特迦即從座起頂禮佛足而白佛言我闕誦持無多聞性最初值佛聞法出家憶持如來一句伽陀於一百日得前遺後得後遺前佛愍我愚教我安居調出入息我時觀息微細窮盡生住異滅諸行剎那其心豁然得大無礙乃至漏盡成阿羅漢住佛座下印成無學佛問圓通如我所證反息循空斯為第一

溫陵曰槃特此云繼道即誦帚比丘也長水曰特迦亦云蛇奴於路所生過去為大法師祕吝佛法不肯教人後感愚鈍以宿善故遇佛出家五百比丘同教一偈經九十日不成佛令數息攝心因而了悟

憍梵鉢提即從座起頂禮佛足而白佛言我有口業於過去劫輕弄沙門世世生生有牛呞病如來示我一味清淨心地法門我得滅心入三摩地觀味之知非體非物應念得超世間諸漏內脫身心外遺世界遠離三有如鳥出籠離垢消塵法眼清淨成阿羅漢如來親印登無學道佛問圓通如我所證還味旋知斯為第一

溫陵曰憍梵鉢提此云牛呞牛凡不食亦事虛哨此人口如牛之哨乃輕弄報也佛為遮謗賜之數珠令常念佛是謂一味心地法門能滅心緣得入正受亦因教觀舌根嘗味入道不著塵味不隨妄知是謂還味旋知也孤山曰了味無味名為一味雖舉味塵蓋顯於舌故即云觀味之知能知乃舌耳非體舌也非物味也內脫身心即正報解脫外遺世界即依報解脫也

第十四

畢陵伽婆蹉即從座起頂禮佛足而白佛言我初發心從佛入道數聞如來說諸世間不可樂事乞食城中心思法門不覺路中毒刺傷足舉身疼痛我念有知知此深痛雖覺覺痛覺清淨心無痛痛覺我又思惟如是一身寧有雙覺攝念未久身心忽空三七日中諸漏虛盡成阿羅漢得親印記發明無學佛問圓通如我所證純覺遺身斯為第一

孤山曰畢陵伽婆蹉此云餘習昔為婆羅門故餘習多慢如罵河神為婢非彼實心蓋習氣也溫陵曰不可樂事一切苦事也思不可樂法而觸不可樂事兵興曰知即覺也刺傷足時雖有能覺之心覺於所覺之痛反觀覺心本自清淨無有能所所覺屬身識能覺屬意識由身識生已次起意識分別前法故曰雙覺即上文云我念有知知此深痛也覺清淨心即是純覺無痛痛覺故曰遺身補註曰無痛痛覺者即是無所覺復無能覺也

第十五

須菩提即從座起頂禮佛足而白佛言我曠劫來心得無礙自憶受生如恒河沙初在母胎即知空寂如是乃至十方成空亦令眾生證得空性蒙如來發性覺真空空性圓明得阿羅漢頓入如來寶明空海同佛知見印成無學解脫性空我為無上佛問圓通如我所證諸相入非非所非盡旋法歸無斯為第一

吳興曰諸聲聞中惟此空生并下身子滿慈三人所敘昔因則云我曠劫來心得無礙等洎談所證亦阿羅漢耳權實之道未易勦分嘗試訂之須明二義一者若據曠劫心得無礙則似此身以前曾獲無漏今生值佛蒙發性覺諒非小乘蓋由在昔方等般若之中彈訶淘汰之際顯開圓教密悟大猷既涉開權故彰實證是則羅漢之名即同法華真阿羅漢也二者若約內祕外現且作權教而解亦有理存焉以聲聞人所得宿命能知八萬劫事今遂談所見謂之無礙也雖云在胎知空乃至令他證

性猶未斷結使故蒙佛開發方成無學者
亦性覺真空乃至下文深達實相皆就小
宗分別無咎名同體異斯例甚多故洸師
亦以石室見佛法身釋蓋空義資中曰初
以單空空於諸相故云諸相入非次以重
空空其空相故云非所非盡

舍利弗即從座起頂禮佛足而白佛言我曠
劫來心見清淨如是受生如恒河沙世出世
間種種變化一見則通獲無障礙我於路中
逢迦葉波兄弟相逐宣說因緣悟心無際從
佛出家見覺明圓得大無畏成阿羅漢為佛
長子從佛口生從法化生佛問圓通如我所
證心見發光光極知見斯為第一

溫陵曰心見眼識也心見發光光極知見
者由心見發明而圓照萬法也身子智慧
第一聲德居長故稱長子吳興曰世出世
間四諦之境也種種變化生滅之相也由
眼識明利故云一見則通等此且約解言
之圓師謂餘經皆言身子路逢馬勝聞諸
法從因生而悟道今云逢迦葉波者彼對

小機止聞小法此對大機乃聞大道所聞
既異從人亦殊此恐不然觀身子在家屬
十二年前故不可以人而異於法也況今
文云聞說因緣義同馬勝緣生之語悟心
無際即初果見道故阿含明初聞馬勝說
法得須陀洹果後至佛所七日徧達佛法
又云經十五日得阿羅漢以是言之見覺
明圓亦從小說設作大解則前之悟心須
該四果後云羅漢方受真名補註曰餘經
說身子目連等從馬勝聞因緣義與今說
異者或可聞因緣義非止一人彼此互出

普賢菩薩即從座起頂禮佛足而白佛言我
已曾與恒沙如來為法王子十方如來教其
弟子菩薩根者脩普賢行從我立名世尊我
用心聞分別衆生所有知見若於他方恒沙
界外有一衆生心中發明普賢行者我於尔
時乘六牙象分身百千皆至其處縱彼障深
未得見我我與其人暗中摩頂擁護安慰令
其成就佛問圓通我說本因心聞發明分別
自在斯為第一

檇李曰行彌法界曰普位鄰極聖曰賢此
非地前之賢乃是金剛喻定居衆伏之頂
名之為賢溫陵曰凡具大根脩菩薩行皆
名普賢之行心聞耳識也分別衆生知見
者擇普賢行而成就之也孤山曰心聞發
明內證也分別自在外用也

孫陀羅難陀即從座起頂禮佛足而白佛言
我初出家從佛入道雖具戒律於三摩地心
常散動未獲無漏世尊教我及拘絺羅觀鼻
端白我初諦觀經三七日見鼻中氣出入如
烟身心內明圓洞世界徧成虛淨猶如琉璃
烟相漸銷鼻息成白心開漏盡諸出入息化
為光明照十方界得阿羅漢世尊記我當得
菩提佛問圓通我以銷息息久發明明圓滅
漏斯為第一

孤山曰孫陀羅云好愛妻名也難陀云歡
喜已號也慈恩兩名共嘲艷喜為簡放牛
難陀故標其妻乃如來親弟也溫陵曰前
數息依根所以攝心此觀白依識所以駐
心也息由風火而起鼓煩惱濁故其狀如

烟昧者不覺帷諦觀能見六交見火燒息
能為黑烟紫燄皆煩濁所發也淨觀發明
則煩濁漸消故內明外虛而烟銷成白及
乎漏盡無復煩惱內瑩發光故出入息化
為光明也吳興曰由觀鼻識似發十六特
八
勝禪也此禪始從知息出入乃至觀於棄
捨攝四念處能見三界九地所證境界故
云圓洞世界等又能於地地中以觀照了
破四顛倒發真無漏故云心開漏盡等亦
可是通明之相禪門備馬記即印成當猶
是也菩提云道如前文云得親印記發明
無學若作授記未來當得佛果菩提者即
二酥客記或醍醐顯記
富樓那彌多羅尼子即從座起頂禮佛足而
白佛言我曠劫來辯才無礙宣說苦空深達
實相如是乃至恒沙如來祕密法門我於眾
中微妙開示得無所畏世尊知我有大辯才
以音聲輪教我發揚我於佛前助佛轉輪因
師子吼成阿羅漢世尊印我說法無上佛問
圓通我以法音降伏魔冤銷滅諸漏斯為第
一
溫陵曰說法第一辯才無礙因以降魔滅
漏皆舌識力也佛以身口意三輪應物無
滯音聲即口輪也吳興曰宣說下指小乘
法如是下示大乘義始阿含終般若故云
九
乃至增一稱滿慈子說法眾為第一大品
中轉教諸菩薩摩訶般若即其相也追敘
得道若權若實如前辯之
優波離即從座起頂禮佛足而白佛言我親
隨佛逾城出家親觀如來六年勤苦親見如
來降伏諸魔制諸外道解脫世間貪欲諸漏
承佛教戒如是乃至三千威儀八萬微細性
業遮業悉皆清淨身心寂滅成阿羅漢我是
如來眾中綱紀親印我心持戒修身眾推無
上佛問圓通我以執身身得自在次第執心
心得通達然後身心一切通利斯為第一
孤山曰優波離此云上首以其持律為眾
綱紀故或翻近執以佛為太子時彼為親
近執事之臣故溫陵曰言親隨親觀乃至
承教皆明身識欽承也行住坐卧律儀各
二百五十對三聚成三千復以三千配身
口七支成二萬一千復配四分煩惱成八
萬四千性業即殺盜婬等根於性者遮業
即支末從失因過遮止者律中得度波離
第一僧中得度陳那最初故今堂置陳那
壇置波離各立本也吳興曰圓師謂次第
執心者由戒清淨故發定慧也此恐未然
按下文云先持聲聞四棄八棄執身不動
後行菩薩清淨律儀執心不起是則執心
非約定慧明矣然以身心配於大小此擬
麁細一往分之菩薩非不檢身聲聞亦防
意地如諸篇聚制遠方便豈非意地乎今
所欽者正言其小故執身及心從麁至細
以防身識之微也身識既滅真智現前斯
所謂戒淨有智慧便得第一道
十
大目犍連即從座起頂禮佛足而白佛言我
初於路乞食逢遇優樓頻螺伽耶那提三迦
葉波宣說如來因緣深義我頓發心得大通
達如來惠我袈裟著身鬚髮自落我遊十方
得無罣礙神通發明推為無上成阿羅漢寧

惟世尊十方如來歎我神力圓明清淨自在無畏佛問圓通我以旋湛心光發宣如澄濁流久成清瑩斯爲第一

孫山曰優樓頻螺此云木瓜癃胸前有癃如木瓜故伽耶山名即象頭山也亦云城城近此山故那提河名一兄二弟故身子云逢迦葉波兄弟即其人也溫陵曰因緣深義謂非世間和合麁相乃發明世出世法故因之發心得大通達神通如意也旋湛者旋意識而復妙湛故久成清瑩通力圓明清淨自在也吳興曰神名天心通名慧性而此心性即意識發明也大乘發如來藏小乘發根本禪六神通中惟漏盡通是其內證餘之五通皆屬外用

烏芻瑟摩於如來前合掌頂禮佛之雙足而白佛言我常先憶久遠劫前性多貪欲有佛出世名曰空王說多婬人成猛火聚教我徧觀百骸四支諸冷煖氣神光內凝化多婬心成智慧火從是諸佛皆呼名我名爲火頭我以火光三昧力故成阿羅漢心發大願諸佛成道我爲力士親伏魔寃佛問圓通我以諦觀身心煖觸無礙流通諸漏既銷生大寶燄登無上覺斯爲第一

溫陵曰烏芻瑟摩云火頭即火頭金剛也多婬之人本由煖觸迫發生爲欲火死爲業火業力增熾故成猛火聚也吳興曰徧觀四大皆是觸塵之境百骸四支地也諸冷煖氣即水火風也三昧既著故曰神光內凝以多欲人火大偏盛故變婬火而成智火成阿羅漢下謂成小果後發大願將非普現色身以執金剛神輔佛揚化者乎

持地菩薩即從座起頂禮佛足而白佛言我念往昔普光如來出現於世我爲比丘常於一切要路津口田地險隘有不如法妨損車馬我皆平填或作橋梁或負沙土如是勤苦經無量佛出現於世或有衆生於闤闠處要人擎物我先爲擎至其所詣放物即行不取其直毘舍浮佛現在世時世多飢荒我爲負人無問遠近惟取一錢或有車牛被於泥溺我有神力爲其推輪拔其苦惱時國大王延佛設齋我於爾時平地待佛毘舍如來摩頂謂我當平心地則世界地一切皆平我即心開見身微塵與造世界所有微塵等無差別微塵自性不相觸摩乃至刀兵亦無所觸我於法性悟無生忍成阿羅漢廻心今入菩薩位中聞諸如來宣妙蓮華佛知見地我先證明而爲上首佛問圓通我以諦觀身界二塵等無差別本如來藏虛妄發塵塵銷智圓成無上道斯爲第一

吳興曰身界微塵乃至刀兵者以此皆是地大所造之色即因緣所生法也微塵無差空也自性不觸中也三諦具足非如來藏乎悟無生等由分證法身而權取小果故以無生忍簡之初自度後化他是謂廻心也毘舍浮云徧一切自在

月光童子即從座起頂禮佛足而白佛言我憶往昔恒河沙劫有佛出世名爲水天教諸菩薩修習水觀入三摩地觀於身中水性無奪初從涕唾如是窮盡津液精血大小便利身中旋復水性一同見水身中與世界外浮

幢王刹諸香水海等無差別我於是時初成此觀但見其水未得無身當為比丘室中安禪我有弟子窺窻觀室惟見清水徧在室中了無所見童穉無知取一瓦礫投於水内激水作聲顧盼而去我出定後頓覺心痛如舍利弗遭違害鬼我自思惟今我已得阿羅漢道久離病緣云何今日忽生心痛將無退失爾時童子捷來我前說如上事我則告言汝更見水可即開門入此水中除去瓦礫童子奉教後入定時還復見水瓦礫宛然開門除去我後出定身質如初逢無量佛如是至於山海自在通王如來方得亡身與十方界諸香水海性合真空無二無別今於如來得童真名預菩薩會佛問圓通我以水性一味流通得無生忍圓滿菩提斯為第一

資中曰準華嚴經華藏海中有大蓮華其蓮華中有諸香水一一香水海為諸佛刹世界之種華藏世界在香水中故云浮幢王刹華藏二十重累高如幢最為高大故稱王今觀身水與彼海同故曰浮幢王刹諸香水海也初成此觀但見其水者此定果色隨心所變如十徧處入定則有出定則無不同業果色共業同感不造世業方得清淨十徧處者青黃赤白地水火風空識此十一切處皆有如作青想則一切處皆青也吳興曰得阿羅漢久離病緣等按智論明諸聖人皆有身苦如舍利弗風病畢陵伽眼痛等今言已得羅漢久離病緣實難銷會此蓋過去曾取小果既無見思惑業之事是離分段病苦之緣其時迴心却入三界本無實疾所以疑之然此菩薩所修三昧與前持地觀法大同但由無明尚在未得無功用道是故出定不知病緣有作析法拙度解之者誠不可也方得亡身等初證法身分亡變易之身身中水性與香水海性同合真如空藏之性溫陵曰月太陰水精也昔師水天脩習水觀水性圓明故歸月光水性無奪者內之精血外之刹海水相雖異而性不相奪我於是時至身質如初敘作觀之緣也舍利弗於恒河岸入定遭違害鬼所擊而出定頭痛亦未得無身故也漢州綿竹縣水觀和尚迹同月光佛陀本傳云師入火光定其室如焚亦此類也違害當作為害夜叉鬼王之名乃身子過去世之惡也

琉璃光法王子即從座起頂禮佛足而白佛言我憶往昔經恒沙劫有佛出世名無量聲開示菩薩本覺妙明觀此世界及眾生身皆是妄緣風力所轉我於爾時觀界安立觀世動時觀身動止觀心動念諸動無二等無差別我時覺了此羣動性來無所從去無所至十方微塵顛倒眾生同一虛妄如是乃至三千大千一世界內所有眾生如一器中貯百蚊蚋啾啾亂鳴於分寸中鼓發狂鬧逢佛未幾得無生忍爾時心開乃見東方不動佛國為法王子事十方佛身心發光洞徹無礙佛問圓通我以觀察風力無依悟菩提心入三摩地合十方佛傳一妙心斯為第一

吳興曰界為方位故安立世為遷流故動時時即過現未也孤山曰逢佛未幾者未

多也溫陵曰因風大圓悟身心發光洞徹無礙歸琉璃光無量聲佛亦依風大開示菩薩使知本覺無動而身界之動皆風力所轉琉璃光因是觀界觀世觀身觀心遷流運止悉惟風力故曰諸動無二由是覺了大千羣動皆即狂勞猶百蚊蚋鼓於方寸耳既了狂勞乃見不動佛也東為羣動之本而佛號不動乃即動而靜者也能即動而靜故身心無礙也傳一妙心者知風力無依萬動皆妄而獨證無動本覺也

虛空藏菩薩即從座起頂禮佛足而白佛言我與如來定光佛所得無邊身爾時手執四大寶珠照明十方微塵佛剎化成虛空又於自心現大圓鏡內放十種微妙寶光流灌十方盡虛空際諸幢王剎來入鏡內涉入我身身同虛空不相妨礙身能善入微塵國土廣行佛事得大隨順此大神力由我諦觀四大無依妄想生滅虛空無二佛國本同於同發明得無生忍佛問圓通我以觀察虛空無邊入三摩地妙力圓明斯為第一

吳興曰因觀四大色質既得無邊法身為顯此身徧融一切故執寶珠照十方等而表示之既以珠表色復以鏡表心色從心造全體是心故放寶光灌十方等華嚴云清淨妙法身湛然應一切身同虛空法也身入塵國應也說三乘法為佛事稱四悉機為隨順

彌勒菩薩即從座起頂禮佛足而白佛言我憶往昔經微塵劫有佛出世名日月燈明我從彼佛而得出家心重世名好遊族姓爾時世尊教我脩習惟心識定入三摩地歷劫以來以此三昧事恒沙佛求世名心歇滅無有至燃燈佛出現於世我乃得成無上妙圓識心三昧乃至盡空如來國土淨穢有無皆是我心變化所現世尊我了如是惟心識故識性流出無量如來今得授記次補佛處佛問圓通我以諦觀十方惟識識心圓明入圓成實遠離依他及徧計執得無生忍斯為第一

溫陵曰彌勒正云梅怛利曳那此翻慈氏為慈隆即世悲臻後劫愍物迷識故示迹發明也真際曰以不達徧計本空依他幻有故馳世名好遊族姓惟心識定者惟遮境有識簡心空惟有自心心外無法也吳興曰盡空者謂盡虛空界所有佛國等惟心所現也若以四土言之心即寂光變化即實報方便同居也淨穢但是三土之相互有起滅故云有無流出如來者從法身識性流出報應佛身也孤山曰求世名心歇滅無有者相似位也得成無上妙圓識心三昧者分真位也資中曰圓成實等者三性也一徧計所執性橫執衆生壽者我及我所乃至情非情異有實體性故周徧計度也二依他起性計有因緣世間和合建立名相執此假相定從種生雖無我執自然種性假色心等為種生五蘊等法也三圓成實性即無漏智體及真如法界也圓成如麻依他如繩徧計如蛇令入圓成即證真如理也

大勢至法王子與其同倫五十二菩薩即從座起頂禮佛足而白佛言我憶往昔恒河沙

刼有佛出世名無量光十二如來相繼一刼其最後佛名超日月光彼佛教我念佛三昧譬如有人一專為憶一人專忘如是二人若逢不逢或見非見二人相憶二憶念深如是乃至從生至生同於形影不相乖異十方如來憐念衆生如母憶子若子逃逝雖憶何為子若憶母如母憶時母子歷生不相違遠若衆生心憶佛念佛現前當來必定見佛去佛不遠不假方便自得心開如染香人身有香氣此則名曰香光莊嚴我本因地以念佛心入無生忍今於此界攝念佛人歸於淨土佛問圓通我無選擇都攝六根淨念相繼得三摩地斯為第一

温陵曰觀經云以智慧光普照一切令離三途得無上力名大勢至又云夫念佛者不得一彈指頃念世五欲是謂繫念譬如有人下示必須繫念然後相應不專念佛則雖逢不逢雖見不見染香則馥香念佛則見佛故以念佛如熏名香光莊嚴也吳興曰母憶子如人專憶子逃逝如人專忘

問前云逢不逢等此何但云雖憶何為荅縱得逢見不蒙法利與逃逝無異舍衛九億家不其然乎入無生忍者以證驗脩則念佛之心不可单約事相而解念存三觀佛具三身心破三惑無生忍位方可入焉資中引觀經是心是佛等釋之斯亦大要也淨土者別指極樂及寂光也都攝六根念為意根意根若淨諸根自攝故無選擇也

佛頂如來密因脩證了義諸菩薩萬行首
經會解卷第十

大佛頂如來密因修證了義諸菩薩萬行
首楞嚴經會解卷第十

校勘記

一　底本，明永樂北藏本。

一　六七四頁上一行至二行書名，徑、清作「大佛頂如來密因修證了義諸菩薩萬行首楞嚴經會解卷第十」。

一　六七六頁上末行「圓生」，徑、清作「緣生」。

一　六七八頁下四行「自性」，徑作「自相」。

一　六七九頁中一二行「但由」，徑作「但有」。

一　六八〇頁下一六行第九字「智」，徑作「之」。

一　六八一頁中七行「六根」，徑、清作「六根者」。

一　六八一頁中八行「意根若浮」，徑、清作「意根若淨」。

一　六八一頁中末二行卷末書名，徑、清作「大佛頂如來密因修證了義諸菩薩萬行首楞嚴經會解卷第十」。

大佛頂如來密因脩證了義諸菩薩萬行首楞嚴經會解卷第十一　遐一

天竺沙門般剌密帝譯

烏萇國沙門彌伽釋迦譯語

菩薩戒弟子前正議大夫同中書門下平章事房融筆受

師子林沙門　惟則　會解

爾時觀世音菩薩即從座起頂禮佛足而白佛言世尊憶念我昔無數恒河沙劫於時有佛出現於世名觀世音我於彼佛發菩提心彼佛教我從聞思修入三摩地

溫陵曰觀音者觀世言音圓悟圓應之號也於音言觀者以觀智照之不以耳識聞之也所師之佛亦名觀音者因果相符古今一道也達耳之謂聞著心之謂思治習之謂修三者圓明是名三慧孤山曰此與法華有殊彼云一心稱名菩薩即時觀其音聲皆得解脫則音在他機也此云由我觀聽十方圓明故觀音名徧十方界則音屬自行也應知因中自行果上化他二義必備兩經所說各舉一邊耳吳興曰準下文云由我不自觀音以觀觀者令彼十方苦惱衆生觀其音聲即得解脫此亦同於法華釋名之意也但彼爲流通本經故偏對他機令爲伸叙昔證故正約自行教即世音聞即耳根皆所觀之境也思脩皆能觀之觀也然則觀由境入境實偏通而特取音聞者乃逗機之要也

初於聞中入流亡所所入既寂動靜二相了然不生如是漸增聞所聞盡盡聞不住覺所覺空空覺極圓空所空滅生滅既滅寂滅現前

吳興曰舊約三慧次第銷之今則不爾節文爲四一亡前塵即初於聞中至了然不生也入流亡所者流謂法性所謂音塵入之與亡通乎觀行相似之位也所入法性體既常寂是則前塵本自不動今亦無靜故云二相了然不生也二盡內根即如是漸增聞所聞盡也前塵易亡內根難盡以由亡智有踈有親故云漸增也聞所聞盡謂能聞所聞之根亦復不生也此乃舉所顯能也下覺所覺空及空所空滅例亦如之三空觀智即盡聞不住覺所覺空也上句遣前盡相下句正空觀智覺謂覺照即智體也四滅諦理即空覺極圓空所空滅也上句顯重空之智下正滅重空之理問理本寂滅復何滅乎荅若謂寂滅此滅猶生但破其情非破其理如智論云不破聖人心中所得涅槃爲未得者執成戲論是故須破已上四節若約三慧言之從初入流義必具足不可亡所未有思脩苟執次第恐傷文理生滅等結前理智根塵生滅既滅即得初住分證寂滅現前

忽然超越世出世間十方圓明獲二殊勝一者上合十方諸佛本妙覺心與佛如來同一慈力二者下合十方一切六道衆生與諸衆生同一悲仰

吳興曰上云慈力者慈既與樂必能拔苦應以力字兼於悲義也下云悲仰者悲謂悲苦仰謂仰樂此非屬應蓋言其機也是

故厭患苦逼則以悲爲機欣慕樂果則以仰爲感菩薩所證圓通之理徧在衆生悲仰之中故曰與也同也當知衆生由悲故能感拔苦之力菩薩由慈故能應仰樂之機感應常實與拔常顯若曉斯旨則下文

三十二應乃至四不思議無忘其本乎

世尊由我供養觀音如來蒙彼如來授我如幻聞熏聞脩金剛三昧與佛如來同慈力故令我身成三十二應入諸國土

檇李曰幻喻三慧體不可得金剛喻摧堅之能也溫陵曰三十二應者現十法界身圓應羣機也開之有三十二合惟四聖六凡攝盡群類

世尊若諸菩薩入三摩地進脩無漏勝解現圓我現佛身而爲說法令其解脫

孤山曰菩薩別圓機也若入相似三摩地進脩中道無漏則分真勝解現圓乃至若進脩金剛無漏則究竟勝解現圓大士皆現佛身爲說頌法令得分真究竟解脫問菩薩何能現佛身邪荅心性理顯高下無殊如鏡已明形對像現臣家之鏡王苟臨之豈無王像王家之鏡臣苟對之豈無臣像當知人有高下鏡無貴賤然亦不妨明有優劣問等覺菩薩豈假初住現佛說法邪荅聞法得解何必求人復假勝身彌增內慧且天魔現爲佛像趣多尚乃致禮況初住菩薩妙理所現等覺雖尊孰敢不仰況觀音本是古佛豈不能爾補註曰觀音古佛且置勿論只據今經既謂超越世出世間又言上合諸佛同一慈力就超越合同四字求之其證非淺然則現佛說法理固宜然又豈容以初住分真爲局爲難哉

若諸有學寂靜妙明勝妙現圓我於彼前現獨覺身而爲說法令其解脫若諸有學斷十二緣緣斷勝性勝妙現圓我於彼前現緣覺身而爲說法令其解脫

溫陵曰獨覺者出無佛世觀物變易自覺無生故號獨覺樂獨善寂求自然慧故曰寂靜妙明緣覺者稟佛之教觀緣悟道也知迷勝性由十二緣於是斷之自無明滅至憂悲苦惱滅則緣斷而勝性現矣性因緣斷而現故曰緣斷勝性檇李曰勝妙現圓者各約自乘理智將欲現前得此名也

若諸有學得四諦空脩道入滅勝性現圓我於彼前現聲聞身而爲說法令其解脫

檇李曰三果已前賢位聖位俱屬有學見道一十六心斷四諦下惑證生空理故曰得四諦空初果後進斷三界八十一品俱生品品皆證一分擇滅無爲故云脩道入滅孤山曰二乘藏通機也雖有菩薩而藏同人天不斷惑故通同二乘所證齊故

若諸衆生欲心明悟不犯欲塵欲身清淨我於彼前現梵王身而爲說法令其解脫若諸衆生欲爲天主統領諸天我於彼前現帝釋身而爲說法令其成就若諸衆生欲身自在遊行十方我於彼前現自在天身而爲說法令其成就若諸衆生欲身自在飛行虛空我於彼前現大自在天身而爲說法令其成就

孤山曰梵王即色天主名爲尸棄此云頂髻瓔珞明四禪皆有王今言梵者應是初

釋之頂以有覺觀語言之法得爲千界之主說法者如金光明云大梵天王說出欲論解脫者令離欲塵也帝釋即欲界第二天主彼天橫有三十三天而帝釋統之說法謂十善也金光明云釋提桓因種種善論是也自在天是欲界頂天具云婆舍䟦提此云他化自在假他所作以成己樂即魔王也或云第六天上別有魔王居處亦自在天摩醯大自在即色頂摩醯首羅天大論云三目八臂騎白牛執白拂者是也溫陵曰初舉梵王後自欲天超至色頂意兼無色以明無剎不現也

若諸衆生愛統鬼神救護國土我於彼前現天大將軍身而爲說法令其成就若諸衆生愛統世界保護衆生我於彼前現四天王身而爲說法令其成就若諸衆生愛生天宮驅使鬼神我於彼前現四天王國太子身而爲說法令其成就

溫陵曰上舉正統此舉臣輔也天將軍爲帝釋上將統領鬼神四天王臣於帝釋統領世界四天太子即那吒之類能驅鬼神

若諸衆生樂爲人王我於彼前現人王身而爲說法令其成就若諸衆生愛主族姓世間推讓我於彼前現長者身而爲說法令其成就若諸衆生愛談名言清淨自居我於彼前現居士身而爲說法令其成就若諸衆生愛治國土剖斷邦邑我於彼前現宰官身而爲說法令其成就若諸衆生愛諸數術攝衛自居我於彼前現婆羅門身而爲說法令其成就

溫陵曰自金輪至粟散皆人王也粟散即邦國小王散於天下如粟之多長者具十德謂姓貴位高大富威猛智深年耆行淨禮備上歎下歸故爲族姓之主世間推讓也隱居求志行義達道名居士愛談名言即典雅之言也三台輔相州牧縣長悉號宰官婆羅門此云淨行四姓之一也愛諸數術即和合占相推步盈虛也

若有男子好學出家持諸戒律我於彼前現比丘身而爲說法令其成就若有女人好學出家持諸禁戒我於彼前現比丘尼身而爲說法令其成就若有男子樂持五戒我於彼前現優婆塞身而爲說法令其成就若有女子五戒自居我於彼前現優婆夷身而爲說法令其成就

孤山曰優婆塞云近事男優婆夷云近事女以五戒自守堪任近事出家二衆故

若有女人內政立身以脩家國我於彼前現女主身及國夫人命婦大家而爲說法令其成就若有衆生不壞男根我於彼前現童男身而爲說法令其成就若有處女愛樂處身不求侵暴我於彼前現童女身而爲說法令其成就

孤山曰女主即天子之后也周禮天子之后立六宮三夫人九嬪二十七世婦八十一御妻國夫人如論語邦君之妻曰君夫人命婦謂妻因夫榮者也大家如後漢扶風曹世叔妻者同郡班彪之女名昭字惠姬和帝數召入宮令皇后貴人師事焉號曰大家

若有諸天樂出天倫我現天身而爲說法令其成就若有諸龍樂出龍倫我現龍身而爲說法令其成就若有藥叉樂度本倫我於彼前現藥叉身而爲說法令其成就若乾闥婆樂脫其倫我於彼前現乾闥婆身而爲說法令其成就若阿脩羅樂脫其倫我於彼前現阿脩羅身而爲說法令其成就若緊那羅樂脫其倫我於彼前現緊那羅身而爲說法令其成就若摩呼羅伽樂脫其倫我於彼前現摩呼羅伽身而爲說法令其成就若諸衆生樂人脩人我現人身而爲說法令其成就若諸非人有形無形有想無想樂度其倫我於彼前皆現其身而爲說法令其成就

孤山曰藥叉此云輕捷乾闥婆此云香陰新翻尋香行帝釋樂神也阿脩羅云無端正以女美而男醜故從男彰名新翻非天以諂詐無天行故準普門品八部此闕迦樓羅即金翅鳥也緊那羅形似人而頭有角因呼爲疑神天帝絲竹樂神也小劣乾闥婆新云歌神摩呼羅伽什師云地龍蠎公云大蟒腹行也長水曰有形如休咎精明等無形如空散銷沉等有想如神鬼精靈等無想如精神化爲土木金石等皆非人也

是名妙淨三十二應入國土身皆以三昧聞熏聞脩無作妙力自在成就

溫陵曰迹示同類心絕愛見名妙淨依無作智起大神用名妙力無作無爲隨緣汎應名自在成就吳興曰三十二應比普門品雖互有出沒大體是同摠而言之無越十界於十界中兩經俱無菩薩并地獄身者或曰聖言之略耳或云觀音已是菩薩何須更現地獄苦重不可度也智者依正法華具現菩薩界身又準釋論菩薩亦化地獄故知十界不可闕焉

世尊我復以此聞熏聞脩金剛三昧無作妙力與諸十方三世六道一切衆生同悲仰故令諸衆生於我身心獲十四種無畏功德

溫陵曰由我不自觀音而彼獲脫苦由我知見旋復而彼能不燒故曰於我身心獲無畏德

一者由我不自觀音以觀觀者令彼十方苦惱衆生觀其音聲即得解脫

溫陵曰不自觀音者不隨聲塵所起知見也以觀觀者謂旋倒聞機反照自性也不起知見則無所妄反照自性則一切真寂無復苦惱可得此則真觀淨觀大智慧觀能破癡暗能伏災難故令苦衆生蒙我真觀即得解脫吳興曰聖人無已惟物是利故以觀音之智加彼觀聲之機於苦得脫不旋踵矣若夫止稱名號罔識聞熏善應未臻而責聖言之虛者是猶酒一杯之水救積薪之火火不熄則謂水不勝火惑亦甚哉補註曰環師之解觀聲在應岳師之解觀聲在機二說不可偏廢故互存之當知下文意不殊此

二者知見旋復令諸衆生設入大火火不能燒三者觀聽旋復令諸衆生大水所漂水不能溺

溫陵曰內外四大常相交感見覺屬火聞

聽屬水故見業交則見猛火聞業交則見波濤令知見旋復則無見業觀聽旋復則無聞業故水火不能燒溺也於聽言觀猶音言觀也大水所漂意兼風災耦李曰準天台釋火難有三種一果報火下從地獄上至初禪二惡業火通三界三煩惱火通三乘火難既爾他皆放此

四者斷滅妄想心無殺害令諸衆生入諸鬼國鬼不能害五者熏聞成聞六根銷復同於聲聽能令衆生臨當被害刀段段壞使其兵戈猶如割水亦如吹光性無搖動

孤山曰熏於妄聞成真聞性溫陵曰一根既圓則六根銷復同於聲聽無復形礙故如割水吹光也

六者聞熏精明明徧法界則諸幽暗性不能全能令衆生藥叉羅刹鳩槃茶鬼及毘舍遮富單那等雖近其傍目不能視七者音性圓銷觀聽返入離諸塵妄能令衆生禁繫枷鎖所不能著八者滅音圓聞徧生慈力能令衆生經過險路賊不能劫

孤山曰藥叉如前肇師云有三種一在地二在虛空三在天羅刹云可畏鳩槃茶厭魅鬼毘舍遮噉精氣鬼富單那熱病鬼溫陵曰聞熏精明燦彼幽暗故不能視也音性圓銷則內無所繫觀聽返入則外無所累故枷鎖自脫也音聞兩立則物我成敵令滅音圓聞則內外無待故能徧生慈力無復怨敵矣

九者熏聞離塵色所不劫能令一切多婬衆生遠離貪欲十者純音無塵根境圓融無對所對能令一切忿恨衆生離諸瞋恚十一者銷塵旋明法界身心猶如瑠璃朗徹無礙能令一切昏鈍性障諸阿顛迦永離癡暗

溫陵曰衆生以欲習合塵故爲色劫能以金剛三昧熏聞成性遂能離塵成性則欲愛乾枯離塵則根境不偶故雖有妖色不能劫動矣瞋由違情而起對境而生音性純淨無復妄塵故圓融無違無能所對無違無對則不瞋矣癡由妄塵所蔽無明所覆銷塵則無蔽旋明則無覆故外之法界內之身心變瑩朗徹離癡暗矣性障即癡也阿顛迦此云無善心內業有十而壞滅法身惟婬怒癡爲甚故舉三以兼餘具興曰準天台釋三毒通界內外內謂思惑外謂無明二乘以欣涅槃爲貪厭生死爲瞋迷中道即癡菩薩廣求佛法訶惡二乘未了佛性皆是三毒

十二者融形復聞不動道場涉入世間不壞世界能徧十方供養微塵諸佛如來各各佛邊爲法王子能令法界無子衆生欲求男者誕生福德智慧之男十三者六根圓通明照無二含十方界立大圓鏡空如來藏承順十方微塵如來祕密法門受領無失能令法界無子衆生欲求女者誕生端正福德柔順衆人愛敬有相之女

溫陵曰融形則礙滅復聞則性真故涉入世間而無動無壞能徧十方供微塵佛稟承其法各爲法子供佛足福稟法足慧而能紹繼法王有男子之道故能應其求也六根圓通下謂圓故無二通故含界明照

則大圓鏡智之質也含界則空如來藏之體也具此故能承順法門受領無失承順即坤儀柔德受領即閨門能事有女之道故能應其求也吳興曰智者引阿含明地獄已上乃至欲天皆有無子之苦令所求者悉能滿心是亦拔其苦也檇李曰涉入世間不壞世界即方便智方便屬權權能幹事故生於男也立大圓鏡空如來藏即屬實智實智詣理理能含育故生於女也如淨名云智度菩薩母方便以為父即其義焉

十四者此三千大千世界百億日月現住世間諸法王子有六十二億恒河沙數脩法垂範教化眾生隨順眾生方便智慧各各不同由我所得圓通本根發妙耳門然後身心微妙含容周徧法界能令眾生持我名號與彼共持六十二億恒河沙諸法王子二人福德正等無異世尊我一號名與彼眾多名號無異由我脩習得真圓通是名十四施無畏力福備眾生

孤山曰法華亦有此之較量及觀今經方曉彼意蓋此方眾生耳根利故受道者多所以觀音化勝餘根鈍故受道者少所以諸聖化劣是知行位雖齊對機有異總彼恒河沙數但敵觀音一人故使持名二福正等據此所說已自密簡耳根圓通為未曉者更俟文殊詳擇百億日月者百億剎土也是名下總結也

世尊我又獲是圓通脩證無上道故又能善獲四不思議無作妙德

溫陵曰現眾多容誦一一呪攝化眾生圓應所求理出於無為神應於不測名不思議無作妙德然前亦現形應求獨此名不思議者前則略顯此復深明如於一身現八萬首臂固莫得而思議也

一者由我初獲妙妙聞心心精遺聞見聞覺知不能分隔成一圓融清淨寶覺故我能現眾多妙容能說無邊祕密神呪其中或現一首三首五首七首九首十一首如是乃至一百八首千首萬首八萬四千爍迦羅首二臂四臂六臂八臂十臂十二臂十四十六十八二十至二十四如是乃至一百八臂千臂萬臂八萬四千母陀羅臂二目三目四目九目如是乃至一百八目千目萬目八萬四千清淨寶目或慈或威或定或慧救護眾生得大自在

溫陵曰言初獲者指本因也首為六用之揔臂表提接之悲目表照了之智各依本數充之以至八萬四千者表依根本六用根本智悲而汎應塵勞得大自在此十一地等覺妙行也華嚴十地已前猶依本智長養大悲至十一地長養功終純是大悲為法界體與智圓現故觀音手眼通身徧身而以大悲稱也一體之中塵勞萬法慈威定慧無所不備而繼二十四聖示現者明彼所現雖各一端圓而會之咸極于此使悟入者不止二十五門頓了八萬塵勞法界事理曾不離吾一圓融淨覺之體能同能異即一即多無邊剎海德用偏周十方身土境相相入邪正吉凶之術養生安

物之方法法圓通塵塵具足矣或曰八萬
四千特表法耳一身何所施乎是特以有
思惟心測度菩薩圓通境界也夫身含十
虛毛端現剎彼空與剎又不啻如首臂而
已彼八萬四千首臂猶人之八萬四千毛
孔耳未足異也聖人之言即事即理既曰
不思議德無以限意思之議之爍迦羅云
金剛堅固不壞也母陀羅云印各有妙印
也清淨寶目離塵合覺也慈以攝化威以
折伏定以徙湛慧以開覺通指衆多妙容
也
二者由我聞思脫出六塵如聲度垣不能為
礙故我妙能現一一形誦一一呪其形其呪
能以無畏施諸衆生是故十方微塵國土皆
名我為施無畏者三者由我脩習本妙圓通
清淨本根所遊世界皆令衆生捨身珍寶求
我哀愍
溫陵曰本根清淨則一切無著故能令衆
生捨諸慳著也求我哀愍者哀愍受之而
為施作佛事也

四者我得佛心證於究竟能以珍寶種種供
養十方如來傍及法界六道衆生求妻得妻
求子得子求三昧得三昧求長壽得長壽如
是乃至求大涅槃得大涅槃
溫陵曰得佛心證慧足也珍寶供養福足
也福慧兩足故傍及衆生使彼所求如願
也吳興曰此四不思議前二屬應後二對
機應中備顯形聲二益初文雖云說呪而
正示形益即應身功用也次文雖復現行
而正示聲益即名稱普聞也機中具明因
果二相先明脩因則六度之中略舉布施
俾求福故後明感果則世出世願靡不成
就令得樂故
佛問圓通我從耳門圓照三昧緣心自在因
入流相得三摩地成就菩提斯為第一世尊
彼佛如來歎我善得圓通法門於大會中授
記我為觀世音號由我觀聽十方圓明故觀
音名徧十方界
溫陵曰初於聞中入流亡所是從耳門得
圓照也由得圓照故隨緣應化得大自在

吳興曰按觀音三昧經及大悲經並云此
菩薩過去久已成佛號正法明又悲華經
說往昔寶藏如來授不瞬太子記名觀世
音然則悲華與今經皆覆本垂跡之名耳
今得圓通即太子後身也

大佛頂如來密因脩證了義諸菩薩萬行首
楞嚴經會解卷第十一

大佛頂如來密因修證了義諸菩薩萬行首楞嚴經會解卷第十一

校勘記

一　底本，明永樂北藏本。

一　六八二頁中七行「偏通」，清作「徧通」。

一　六八五頁下一五行「偏潑」，清作「徧潑」。

一　六八六頁上一七行第一五字「音」，經作「因」。

一　六八六頁下九行「能偏十方」，清作「能徧十方」。

一　六八七頁下一九行「偏周」，清作「徧周」。

大佛頂如來密因脩證了義諸菩薩萬行首
楞嚴經卷第十二　遐二

爾時世尊於師子座從其五體同放寶光遠灌十方微塵如來及法王子諸菩薩頂彼諸如來亦於五體同放寶光從微塵方來灌佛頂并灌會中諸大菩薩及阿羅漢林木池沼皆演法音交光相羅如寶絲網是諸大衆得未曾有一切普獲金剛三昧即時天雨百寶蓮華青黃赤白間錯紛糅十方虛空成七寶色此娑婆界大地山河俱時不現唯見十方微塵國土合成一界梵唄詠歌自然敷奏

孤山曰寶光交照表自他之理互融林木演音顯依正之性不二印前所證盡契佛心溫陵曰前說圓通之法此顯圓通之瑞而應之也諸佛五體同放寶光者表證性明極則寶覺圓融全體發現也互相灌頂者頂爲圓極之相表諸佛證性圓極若此會中菩薩羅漢即二十四聖之儔佛光亦灌其頂者印其脩證等無優劣也林木池沼皆演法音交光相羅者圓通既現前則一切聲是佛聲一切色是佛色無非悟入之處無非圓通之理也大衆普獲金剛三昧者因此皆能破惑障悟圓通也天雨寶華空現寶色地隱山河界含塵刹表證圓通性則無作妙行自然分披寶明空覺自然發現有爲習漏當不復生衆塵廓然無復隔越也梵唄詠歌自然敷奏者能使法界永離衆苦常得妙樂也聖人所演圓通法門與旨妙利詳悉若此故衆瑞詳而應之

於是如來告文殊師利法王子汝今觀此二十五無學諸大菩薩及阿羅漢各說最初成道方便皆言脩習真實圓通彼等脩行實無優劣前後差別

吳興曰夫如來藏性元無異乘以根有利鈍故教分大小約三諦言之則小教所詮者真也大教所詮者中也而此真中徧在一切俗諦之上即前所悟十八界及七大也當知三諦具足名如來藏俗諦不空真中俱空故二十五聖中凡聲聞所證或析俗見真或體俗見真皆分入空藏也菩薩所證或離俗顯中或即俗顯中皆全入空藏也今以藏性融會全分無差即同法華開方便門示真實相决了聲聞法是諸經之王

我今欲令阿難開悟二十五行誰當其根兼我滅後此界衆生入菩薩乘求無上道何方便門得易成就

吳興曰上從證性會同圓通今爲逗根令簡方便性如華屋根如入門若得其門方受其賜世人以解爲證請思最初入道方便與二十五聖孰爲其倫乎

文殊師利法王子奉佛慈旨即從座起頂禮佛足承佛威神說偈對佛

吳興曰此下欲簡圓通先明覺性次辨迷妄後示歸元於歸元中選耳根爲易文殊既與觀音同證故奉慈旨有自來矣

覺海性澄圓　圓澄覺元妙

溫陵曰此人人本來圓通者也吳興曰真覺之性譬如大海澄湛圓融皆蔽解而常

緣也後牒圓澄所緣之覺示其本來照而
常寂故曰元妙此類前文性覺妙明本覺
明妙但法喻相參耳

元明照生所　所立照性亡　迷妄有虛空
依空立世界　想澄成國土　知覺乃衆生

孤山曰元明照即上本明之性也真際曰
於彼元明性上妄生照用而形所相有相
當情無相即隱故照性亡吳興曰二說節
公爲長蓋照字義通真妄溫陵曰性真既
隱空覺遂分根器二界遂因迷頑妄想安
立故妄想凝結則成無情國土妄識知覺
則成有情衆生則彼澄妙者莫得而圓莫
得而通矣

空生大覺中　如海一漚發　有漏微塵國
皆依空所生　漚滅空本無　況復諸三有

溫陵曰牒上以明迷澄圓而成根器融根
器則歸澄圓也大覺海中本絕空有由迷
風飄鼓妄發空漚而諸有生焉迷風既息
則空漚亦滅所依諸有遂不可得而空覺
圓融復歸元妙矣諸三有指微塵國土中

三有也吳興曰有漏兼有情三有含情器
長水曰漚滅下如云一人發真歸元十方
虛空悉皆消殞等

歸元性無二　方便有多門　聖性無不通
順逆皆方便　初心入三昧　遲速不同倫

溫陵曰二十五聖同一圓通所謂無二所
謂多門在乎聖性逆順皆通不容料揀其
如初心遲速異宜故須選擇也孤山曰觀
音耳根則順餘聖諸根則逆蓋對此方之
機說也

色想結成塵　精了不能徹　如何不明徹
於是獲圓通　音聲雜語言　但伊名句味
一非含一切　云何獲圓通　香以合中知
離則元無有　不恒其所覺　云何獲圓通
味性非本然　要以味時有　其覺不恒一
云何獲圓通　觸以所觸明　無所不明觸
合離性非定　云何獲圓通　法稱爲內塵
憑塵必有所　能所非徧涉　云何獲圓通

溫陵曰憍陳那大迦葉等各因六塵悟圓
而此皆揀去者彼所謂聖性無不通此所

謂初心不同倫則凡所不取皆以不實初
心意取耳根獨宜也今揀六塵以色能起
想結塵使精性不徹聲唯局名句味不該
不徧味意味也伊猶惟也香味觸如文法
塵非相獨意能緣內潛意根故稱內塵孤
山曰問陳那悟聲塵與觀音耳根其義相
類何故文殊簡以爲非答聲是佛語根乃
自心認塵則著他語言觀根則了己心性
是以聞聲亦爲所簡

見性雖洞然　明前不明後　四維虧一半
云何獲圓通　鼻息出入通　現前無交氣
支離匪涉入　云何獲圓通　舌非入無端
因味生覺了　味亡了無有　云何獲圓通
身與所觸同　各非圓覺觀　涯量不冥會
云何獲圓通　知根雜亂思　湛了終無見
想念不可脫　云何獲圓通

溫陵曰鼻躡中交故云支離舌不因味而
能覺了乃爲無端吳興曰舌根爲識所依
亦名舌入今文語倒但是舌入非無端耳
內身外物能所相觸方有覺觀離中則無

故云各非等若謂合中有者其如物非體
知成敵兩立故云涯量等湛了終無見如
精了不能徹也以雜亂思於湛了性終無
能見
識見雜三和　詰本稱非相　自體先無定
云何獲圓通　心聞洞十方　生于大因力
初心不能入　云何獲圓通　鼻想本權機
只令攝心住　住成心所住　云何獲圓通
說法弄音文　開悟先成者　名句非無漏
云何獲圓通　持犯但束身　非身無所束
元非徧一切　云何獲圓通　神通本宿因
何關法分別　念緣非離物　云何獲圓通
檇李曰論云二和生識謂根境和合識生
其中今言三和者能所合說也溫陵曰三
者和合窮之本自無體故曰非相也普賢
用心聞故能知他方沙界外事此由脩法
界行大因所生非初心能入也孫陀散亂
佛欲攝住其心令觀鼻端此特權機而已
蓋真心無住有住則妄矣吳興曰古識開
悟乃是先曾成就音文之者如富樓那從

曠劫來辯才無礙佛教說法成阿羅漢豈
非開悟先成者邪然其所說名句之體且
非出世無漏之法斯亦一非含一切是故
簡之問波離執身次第執心俱得通利今
何但云束身而已答聲聞執心亦防六聚
七支之非況今言身識在其中矣目連神
通由宿習所得雖云旋湛心光發宣非關
於法分別而現又小乘神通皆是作意緣
物則有離物
若以地性觀　堅礙非通達　有爲非聖性
云何獲圓通　若以水性觀　想念非真實
如如非覺觀　云何獲圓通　若以火性觀
厭有非真離　非初心方便　云何獲圓通
若以風性觀　動寂非無對　對非無上覺
云何獲圓通　若以空性觀　昏鈍先非覺
無覺異菩提　云何獲圓通　若以識性觀
觀識非常住　存心乃虛妄　云何獲圓通
諸行是無常　念性元生滅　因果今殊感
云何獲圓通
溫陵曰持地平塡尚涉有爲非實聖性月

光水觀未離想念難契如如蓋如如之理
非覺觀之法故也烏芻瑟摩聞說欲火而
生厭離是厭有也琉璃光觀風性動則與
寂對有對非覺也晦昧爲空故云昏鈍徧
勒惟脩識觀而所觀之識念念生滅存心
觀之已妄况獲圓通邪吳興曰勢至念佛
都攝六根所念之境必通三身然其母子
相憶之喻多就應身而說是故指同無常
生滅豈以此因而感常住不生不滅之果
乎已上二十四聖皆由所得圓通本根非
此土當根乃爲所簡須知簡聖全是簡機
豈文殊之有慢心諸聖之有慚德古謂此
等龍門點額寧不長吁者鄙哉
我今白世尊　佛出娑婆界　此方真教體
清淨在音聞　欲取三摩提　實以聞中入
具興曰教體應具聲名句文今言音聞者
以聲是實法餘三是假攝假從實故但云
音音即所聞之境聞即能聞之根舉所顯
能而正示聞性故云欲取等溫陵曰聖人
設教隨方不同或有佛土以佛光明而作

佛事或有佛土以佛菩提樹而作佛事乃至或以園林臺觀或以虛空或以寂無說示如香積佛國無文字說但以衆香令諸天人得入律行而此方教體必籍音聞欲取正定必由聞入者各隨機緣故也蓋彼諸佛土無非利智故機緣默契出乎言象而堪忍衆生迷本循聲昏惑障重必籍聞熏聞脩以銷塵除障然後可入然以聞爲入者特得其門而已必期於遺聞反聞然後爲至也夫至於遺聞反聞則佛光明菩提樹乃至寂無說示處皆可入矣曹溪少室固以是爲佛事也

離苦得解脫　良哉觀世音　於恒沙劫中
入微塵佛國　得大自在力　無畏施衆生
妙音觀世音　梵音海潮音　救世悉安寧
出世獲常住

温陵曰初聯總歎觀世言音脫苦與樂也於沙劫入塵國歎三十二應也得自在施無畏歎四不思議十四無畏也妙音觀音歎隨德之名也梵音潮音歎隨名之實也以說法不滯爲妙音尋聲救苦爲觀音音性無著爲梵音應不失時爲潮音末聯總歎衆德能救世間苦能與出世樂也

我今啓如来　如觀音所說　譬如人靜居
十方俱擊鼓　十處一時聞　此則圓真實
目非觀障外　口鼻亦復然　身以合方知
心念紛無緒　隔垣聽音響　遐邇俱可聞
五根所不齊　是則通真實

孤山曰口鼻身俱合中知若將身以合方知句居口鼻上其義方順蓋語倒耳吳興曰此明圓通且寄耳用以顯聞性異於五根也用有時方遠近之量恐未達者謂之無常故有下文明常真實

音聲性動靜　聞中爲有無　無聲號無聞
非實聞無性　聲無既無滅　聲有亦非生
生滅二圓離　是則常真實　縱令在夢想
不爲不思無　覺觀出思惟　身心不能及

温陵曰動靜有無皆屬聲塵耳根圓離不隨生滅是則常住之真也無聲號無聞指阿難聞鍾事也縱令下讚顯常性也五根皆待意思有無不常惟耳在夢能聞杵音是不爲不思而無也其爲覺觀乃出乎思惟勝餘根矣

今此娑婆國　聲論得宣明　衆生迷本聞
循聲故流轉　阿難縱強記　不免落邪思
豈非隨所淪　旋流獲無妄

温陵曰聲論者依聲論明本聞自性以覺迷本循聲妄取淪替者如阿難者徒事強記誤落邪思豈非爲循聲之所流轉邪使能旋流返聞則無妄淪矣娑婆學者多徒事強記落邪淪妄不知返本故託阿難以警之補註曰佛命文殊於二十五行選簡當根使阿難開悟文殊說偈對佛至此簡根既畢下乃宣告阿難以及大衆發明旋倒聞機反聞自性之說是亦密奉如来開悟之慈旨也後至誠如佛世尊下復結歸對佛之辭以終偈焉

阿難汝諦聽　我承佛威力　宣說金剛王
如幻不思議　佛母真三昧　汝聞微塵佛
一切祕密門　欲漏不先除　畜聞成過誤

齎聞持佛佛　何不自聞聞
溫陵曰金剛如幻三昧即觀音如來所授
如幻聞熏聞脩金剛三昧也三世諸佛皆
從此出故名佛母孤山曰將聞等謂將汝
循聲之妄聞以持諸佛之言教何不反聞
自性以求解脫乎上聞能聞之智下聞所
觀之理
聞非自然生　因聲有名字　旋聞與聲脫
能脫欲誰名　一根既返源　六根成解脫
吳興曰上既警其自聞今乃畧示脩相先
指妄聞非無緣生生必藉因因即聲教當
以三慧旋此根境俱令脫粘所脫既銷則
能脫之慧復何名狀
見聞如幻翳　三界若空華　聞復翳根除
塵銷覺圓淨　淨極光通達　寂照含虛空
却來觀世間　猶如夢中事　摩登伽在夢
誰能留汝形
溫陵曰見聞幻翳通指妄根也三界空華
通指妄境也以皆妄故聞復則翳除塵銷
則覺淨所以一返源而六解脫也淨極光
通寂照含虛根解脫也却觀世間猶如夢
事境解脫也然則摩登正爲夢境了不可
得誰能留汝使不解脫哉
如世巧幻師　幻作諸男女　雖見諸根動
要以一機抽　息機歸寂然　諸幻成無性
吳興曰幻師譬真如幻作譬隨緣真妄和
合變成六根如諸男女一機即耳根也應
以旋聞聲脫爲抽
六根亦如是　元依一精明　分成六和合
一處成休復　六用皆不成　塵垢應念銷
成圓明淨妙　餘塵尚諸學　明極即如來
吳興曰一精明合前幻師妄爲能依真爲
所依分成等合文可見溫陵曰想塵識垢
應念消亡得妙圓通矣細惑未盡曰餘塵
分證未滿曰諸學惑盡明極即如來矣孤
山曰塵垢等二句登圓初住餘塵等二句
從分至極
大眾及阿難　旋汝倒聞機　反聞聞自性
性成無上道　圓通實如是　此是微塵佛
一路涅槃門　過去諸如來　斯門已成就
現在諸菩薩　今各入圓明　未來脩學人
當依如是法　我亦從中證　非惟觀世音
溫陵曰能旋倒妄反聞自性必資此性成
無上道此圓通法門實効也
誠如佛世尊　詢我諸方便　以救諸末刼
求出世間人　成就涅槃心　觀世音爲最
自餘諸方便　皆是佛威神　即事捨塵勞
非是長脩學　淺深同說法
溫陵曰成就不生不滅涅槃妙心惟耳根
爲最餘則佛之威神加被令即已事而捨
塵勞非始終長脩淺深同說之法也欲令
其長脩同說無如觀音法門矣如那律失
明而旋見畢陵觸刺而遺身烏芻厭欲而
登覺持地待佛而銷塵皆即已事而已吳
興曰謂此方所有於諸方便而得悟者由
佛之力也苟他土以餘根爲利耳根爲鈍
者反顯可知
頂禮如來藏　無漏不思議　願加被未來
於此門無惑　方便易成就　堪以教阿難
及末刼沉淪　但以此根脩　圓通超餘者

真實心如是
長水曰如來藏即一體三寶具足無漏性功德故真實心者文殊指已選圓通之心也溫陵曰真實心要如是而已
於是阿難及諸大衆身心了然得大開示觀佛菩提及大涅槃猶如有人因事遠遊未得歸還明了其家所歸道路
長水曰阿難等方悟圓通從耳根入猶未有證故云明了其家所歸道路具與曰不然且第三卷阿難偈云銷我億劫顛倒想不歷僧祇獲法身洎第四卷請入華屋前云聞佛示誨疑惑銷除心悟實相至第五卷如來偈後云心目開明歎未曾有及請圓通又云我等今日身心皎然快得無礙以前兼此凡經五番彰灼領悟何總排云未有證乎圓師判此為阿難增道理必然矣應知經家指妙覺菩提涅槃為家真修耳根圓通為路若不爾者覺湛之性幾乎椅昧也
會大衆天龍八部有學二乘及諸一切新發心菩薩其數凡有十恒河沙皆得本心遠塵離垢獲法眼淨性比丘尼聞說偈已成阿羅漢無量衆生皆發無等等阿耨多羅三藐三菩提心
貲中曰莊嚴論解法眼淨初地見道也若依圓教即十住初心也孤山曰阿羅漢其名雖小其證乃圓準涅槃四依品第四依人名阿羅漢具與曰第四卷指登伽方得三果約圓位收之即七信以前此中若用四依判位恐升之太高以第四依人住十地故祇應示作聲聞同除四住證阿羅漢如涅槃中聞常取果之比也按天台釋法華分別功德品發菩提心初入十信也故仁王般若云十善菩薩發大心長別三界苦輪海溫陵曰無等等者物無與等而能與物為等此得妙圓通上同下合之德也無量衆生皆發是心者因聞是道而希慕願樂也
阿難整衣服於大衆中合掌頂禮心迹圓明悲欣交集欲益未來諸衆生故稽首白佛大悲世尊我今已悟成佛法門是中修行得無疑惑常聞如來說如是言自未得度先度人者菩薩發心自覺已圓能覺他者如來應世我雖未度願度末劫一切衆生世尊此諸衆生去佛漸遠邪師說法如恒河沙欲攝其心入三摩地云何令其安立道場遠諸魔事於菩提心得無退屈
具與曰悲欣者悲昔不聞欣今得悟又念未來衆生未悟故悲觀現前大衆得益故欣也菩薩四誓以度人為先如來十號以應世為本當知五住究盡二死永亡方云得度今阿難雖深破無明而現居分段故曰未度溫陵曰阿難將以是法度人而恐末劫多難邪魔妄作易退覺心難入正定故請攝心遠魔安立道場清淨軌則也
爾時世尊於大衆中稱讚阿難善哉善哉如汝所問安立道場救護衆生末劫沉溺汝今諦聽當為汝說阿難大衆唯然奉教佛告阿難汝常聞我毘柰耶中宣說修行三決定義所謂攝心為戒因戒生定因定發慧是則名

爲三無漏學

温陵曰三藏之中毘柰耶律藏也此大小乘戒通稱也小乘稟法爲戒粗治其末大乘攝心爲戒細絕其本法戒則無犯而已心戒則無思犯也夫能攝心則定由是生慧由是發三者圓明則諸漏永盡故名三無漏學此下別示四重則十戒之初婬殺盜妄四波羅夷爲根本重罪所謂其心不婬其心不偷等者皆使無思犯也攝持軌則莫尚乎此

阿難云何攝心我名爲戒若諸世界六道衆生其心不婬則不隨其生死相續汝脩三昧本出塵勞婬心不除塵不可出縱有多智禪定現前如不斷婬必落魔道上品魔王中品魔民下品魔女彼等諸魔亦有徒衆各各自謂成無上道

温陵曰衆生皆因婬欲而正性命故經生死若欲愛乾枯則殘質不續矣魔亦多智脩禪爲不斷婬故不成聖道帶婬脩禪必落此類孤山曰犯四重禁罪在地獄今以脩禪之功且落魔鬼等道若約末來輪轉則應備歷三途

我滅度後末法之中多此魔民熾盛世間廣行貪婬爲善知識令諸衆生落愛見坑失菩提路汝教世人脩三摩地先斷心婬是名如來先佛世尊第一決定清淨明誨

温陵曰諸經戒殺居首爲設化以慈悲爲本此經婬戒居首爲其脩以離欲爲本蓋欲氣麤濁染汙妙明欲習狂迷易失正受續生死喪真常莫甚於此故須首戒而爲清淨第一明誨也觀阿難起教示遭邪染而厭初發心先厭欲濁至於三漸次中一一首懲然後身心妙圓獲大安隱十信初心由欲愛乾枯而慧性圓明遂階等妙諸世間人由心不流逸澄瑩生明漸乎六天是故真脩內攝必先離欲也

是故阿難若不斷婬脩禪定者如蒸沙石欲其成飯經百千劫只名熱沙何以故此非飯本沙石成故汝以婬身求佛妙果縱得妙悟皆是婬根根本成婬輪轉三途必不能出如來涅槃何路脩證必使婬機身心俱斷斷性亦無於佛菩提斯可希冀如我此說名爲佛說不如此說即波旬說

温陵曰機者婬心所自發斷性不無觸機則發矣波旬魔名

阿難又諸世界六道衆生其心不殺則不隨其生死相續汝脩三昧本出塵勞殺心不除塵不可出縱有多智禪定現前如不斷殺必落神道上品之人爲大力鬼中品則爲飛行夜叉諸鬼帥等下品當爲地行羅叉彼諸鬼神亦有徒衆各各自謂成無上道我滅度後末法之中多此鬼神熾盛世間自言食肉得菩提路阿難我令比丘食五淨肉此肉皆我神力化生本無命根汝婆羅門地多蒸濕加以沙石草菜不生我以大悲神力所加因大慈悲假名爲肉汝得其味柰何如來滅度之後食衆生肉名爲釋子

孤山曰問諸律並明魚肉爲時食惟楞伽涅槃及今經悉唱斷肉何邪答說法被機事有頓漸定慧既爾戒律亦然故梵網頓

制對別圓機又斷食肉但應死以来毘尼
漸制對藏通機故開三淨化道將終則收
漸歸頓於是三經俱唱斷肉楞伽且制藏
通菩薩此經則兼制三乘故下云清淨比
丘及諸菩薩不蹋生草等洎至涅槃更獨
制聲聞殷勤告示矣問梵網戒中菩薩元
制食肉何於楞伽方等始言此後菩薩不
得食肉耶荅藏通菩薩無別戒律同稟二
乘爲聚耳故於楞伽及以今經例皆唱斷
也五淨肉者律明三淨不見爲我殺不聞
爲我殺不疑爲我殺今言五者加自死鳥
殘二也涅槃九種淨肉即於三淨各開正
罪及前後方便也𢹂李曰淨肉又除人蛇
象馬驢狗獅子狐猪獮猴十種之外蓋此
十種縱不見不聞而殺亦不可食也溫陵
曰不見不聞等爲五神力所化本無命根
名淨此乃小乘權宜若真慈真脫皆在所
斷婆羅門淨行通稱也西方四姓以婆羅
門爲上故彼五天悉號婆羅門國僧亦號
爲婆羅門也

汝等當知是食肉人縱得心開似三摩地皆
大羅刹報終必沉生死苦海非佛弟子如是
之人相殺相吞相食未已云何是人得出三
界汝教世人脩三摩地次斷殺生是名如来
先佛世尊第二決定清淨明誨是故阿難若
不斷殺脩禪定者譬如有人自塞其耳高聲
大叫求人不聞此等名爲欲隱彌露清淨比
丘及諸菩薩於岐路行不蹋生草況以手拔
云何大悲取諸衆生血肉充食

溫陵曰脩禪避罪反乃行殺塞耳避人反
乃高聲是欲隱彌露也不故蹋不故拔仁
慈之至猶及草木況食衆生肉耶

若諸比丘不服東方絲綿絹帛及是此土靴
履裘毳乳酪醍醐如是比丘於世真脫酬還
宿債不遊三界何以故服其身分皆爲彼緣
如人食其地中百穀足不離地必使身心於
諸衆生若身身分身心二途不服不食我說
是人真解脫者如我此說名爲佛說不如此
說即波旬說

溫陵曰東方不無裘毳西土不無絲綿各
以多分言也酬還宿債不遊三界者上句
當在下譯人語倒也足不離地者劫初之
人體有飛光足若御雲由乎食地肥啗香
稻故其體堅重而足不離地也身血肉骨
髓也身分裘毳乳酪也身服食心貪求故
曰二途必須併斷也

阿難又復世界六道衆生其心不偷則不隨
其生死相續汝脩三昧本出塵勞偷心不除
塵不可出縱有多智禪定現前如不斷偷必
落邪道上品精靈中品妖魅下品邪人諸魅
所著彼等群邪亦有徒衆各各自謂成無上
道

溫陵曰不與而取皆爲偷盜分越所酬猶
徼其剩況乃盜取得無反徼此所以生死
相續也邪道奸欺故偷者必落其類

我滅度後末法之中多此妖邪熾盛世間潛
匿奸欺稱善知識各自謂已得上人法誑惑
無識恐令失心所過之處其家耗散我教比
丘循方乞食令其捨貪成菩提道諸比丘等
不自熟食寄於殘生旅泊三界示一往還去

已無返云何賊人假我衣服裨販如来造種
種業皆言佛法却非出家具戒比丘爲小乘
道由是疑誤無量衆生墮無間獄
溫陵曰方法也僧祇律云乞食謂之分衛
謂分施衆僧衛護道力肇法師云乞食略
有四意一爲福利衆生二爲折伏憍慢三
爲知身有苦四爲除去滯著今經令其捨
貪不自熟食即除去滯著也成菩提道即
衛護道力福利衆生也知身爲倘寄知世
爲旅泊無事畜藏無所顧戀皆所謂循方
也不能循方而貪饕造業是敗法毁則故
號賊人雖服佛之服而不淨活命是假我
衣服裨附佛法以貪販利養而已
若我滅後其有比丘發心決定脩三摩提能
於如来形像之前身然一燈燒一指節及於
身上爇一香炷我說是人無始宿債一時酬
畢長揖世間永脫諸漏雖未即明無上覺路
是人於法已決定心若不爲此捨身微因縱
成無爲必還生人酬其宿債如我馬麥正等
無異

孤山曰盜者取他依報資於已身今損正
報以供上聖故能翻破無始盜業溫陵曰
一切難捨無過已身難捨能捨則自餘貪
愛決能棄捨故曰是人於法已決定心苟
能捨身而心不決捨則徒增業苦無益於
道故下云必使身心二俱捐捨也佛爲宿
詬比丘可食馬麥故證果後於毘蘭邑食
之示宿債必酬也
汝教世人脩三摩地後斷偷盜是名如来先
佛世尊第三決定清淨明誨是故阿難若不
斷偷脩禪定者譬如有人水灌漏巵欲求其
滿縱經塵劫終無平復若諸比丘衣鉢之餘
分寸不畜乞食餘分施餓衆生於大集會合
掌禮衆有人捶詈同於稱讚必使身心二俱
捐捨身肉骨血與衆生共不將如来不了義
說迴爲已解以誤初學佛印是人得真三昧
如我所說名爲佛說不如此說即波旬說
溫陵曰衣鉢不畜視毁如讚此於利害二
途身心俱捨也身肉骨血與衆生共則不
私其身不顧其生又捨之至也行能至此

則其心不偷可知矣阿含稱所畜物可以
資身進道薩婆多論許百物各可畜一皆
不了義也
阿難如是世界六道衆生雖則身心無殺盜
婬三行已圓若大妄語即三摩地不得清淨
成愛見魔失如来種所謂未得謂得未證言
證或求世間尊勝第一謂前人言我今已得
須陀洹果斯陀含果阿羅漢道辟支佛乘十
地地前諸位菩薩求彼禮懺貪其供養是一
顛迦消滅佛種如人以刀斷多羅木佛記是
人永殞善根無復知見沉三苦海不成三昧
溫陵曰於四果十地未得謂得名大妄語
貪其供養求已尊勝名愛魔妄起邪見謂
已齊聖名見魔皆大妄也一顛迦即一闡
提貝多羅樹以刀斷則不復活喻大妄人
永絕善根三苦海者三途也
我滅度後勑諸菩薩及阿羅漢應身生彼末
法之中作種種形度諸輪轉或作沙門白衣
居士人王宰官童男童女如是乃至婬女寡
婦奸偷屠販與其同事稱讚佛乘令其身心

入三摩地終不自言我真菩薩真阿羅漢泄佛密因輕言未學惟除命終陰有遺付云何是人惑亂衆生成大妄語汝教世人脩三摩地後復斷除諸大妄語是名如來先佛世尊第四决定清淨明誨是故阿難若不斷其大妄語者如刻人糞爲栴檀形欲求香氣無有是處我教比丘直心道場於四威儀一切行中尚無虛假云何自稱得上人法譬如窮人妄號帝王自取誅滅況復法王如何妄竊因地不真果招迂曲求佛菩提如噬臍人欲誰成就

温陵曰我教比丘下牒未得謂得求已尊勝之事而深責也淨名曰直心爲道場無虛假故四儀行住坐卧也左傳噬臍謂終莫能及也今之自稱得上人法者多矣宜以經言爲誡

若諸比丘心如直絃一切真實入三摩地永無魔事我印是人成就菩薩無上知覺如我此說名爲佛說不如此說即波旬說

温陵曰向以迂曲故終莫成就此能絃直故印其成就也上明四重戒竟初標三學而終止四戒者定慧已備前文也

大佛頂如来密因脩證了義諸菩薩萬行首楞嚴經卷第十二

大佛頂如來密因修證了義諸菩薩萬行首楞嚴經會解卷第十二

校勘記

一　底本，明永樂北藏本。

一　六九〇頁上一行至二行書名，徑、清作「大佛頂如來密因修證了義諸菩薩萬行首楞嚴經會解卷第十二」，卷末書名同。

一　六九一頁中一二行第一一字「[illegible]」，[illegible]清作「恒」。

一　六九二頁中九行「離物」，清作「離物則無」。

一　六九二頁中一〇行第二字「以」，徑作「依」。

一　六九三頁下末行「不先除」，徑作「先不除」。

一　六九八頁上五行「衆僧」，徑作「衆生」。

一　六九八頁上六行「折伏憍慢」，清作「折伏憍慢」。

一　六九九頁中一行第二字「印」，清作「即」。

大佛頂如來密因脩證了義諸菩薩萬行首楞嚴經會解卷第十三　遐三
天竺沙門般剌密帝譯
烏萇國沙門彌伽釋迦譯語
菩薩戒弟子前正議大夫同中書門下平
章事房融筆受
師子林沙門　惟則　會解

阿難汝問攝心我今先說入三摩地脩學妙
門求菩薩道要先持此四種律儀皎如氷霜
自不能生一切枝葉心三口四生必無因阿
難如是四事若不失遺心尚不緣色香味觸
一切魔事云何發生
溫陵曰內攝爲要故先說妙門先持四律
四律爲本餘戒爲末故四律潔淨則枝葉
不生緣塵不偶魔事潛消正定可入矣心
三即意三備舉十重也真際曰口四即妄
言綺語等四也然則前妄語謂大此妄言
即小或舉總數耳
若有宿習不能滅除汝教是人一心誦我佛
頂光明摩訶薩怛多般怛囉無上神咒斯是

如來無見頂相無爲心佛從頂發輝坐寶蓮
華所說心咒
溫陵曰現業易制自行可違宿習難除必
假神力令夫行人好正而固邪欲潔而偏
染不敎而能不顧而爲隱然若有驅策而
不能自已者宿習之使也德隆而福鄙行
善而身凶多障多冤數病數惱綿然若有
機緘而不能自釋者宿習之名也茲非一
生一劫之緣乃無始來念念受熏者故非
神力莫能脫之摩訶薩怛多般怛囉此云
大白傘蓋即藏心也量廓沙界曰大體絕
妄染曰白用覆一切曰傘蓋神咒從此流
演故名心咒無見頂者華嚴九地知識自
說爲佛乳母初生親捧持諦觀不見頂示
頂法不可以見見也長水曰前說定慧破

煩惱障復明戒學但止罪業今說神咒能
破宿殃兼除報障三障苟亡不證何待
且汝宿世與摩登伽歷劫因緣恩愛習氣非
是一生及與一劫我一宣揚愛心永脫成阿
羅漢彼尚婬女無心脩行神力冥資速證無

學云何汝等在會聲聞求最上乘決定成佛
譬如以塵揚于順風有何艱險
溫陵曰登伽婬質猶能速證聲聞道器固
易冥資也云何合作何咒具興曰愛心永
脫指初聞咒得阿那含也成阿羅漢指前
文殊簡圓通後也若爾由聞法故方成無
學何謂神力冥資邪良以密承咒力顯籍
法音內資外薰乃能速證若但因咒而不
因法者何故前云性比丘尼聞說偈已成
阿羅漢塵劫宿習風如神咒順風揚塵散
之則易誦咒除習脫之匪難
若有末世欲坐道場先持比丘清淨禁戒要
當選擇戒清淨者第一沙門以爲其師若其
不遇真清淨僧汝戒律儀必不成就戒成已
後著新淨衣然香閑居誦此心佛所說神咒

一百八徧然後結界建立道場求於十方現
住國土無上如來放大悲光來灌其頂
吳興曰今此持戒應通大小若出家者除
戒體本淨當須懺淨如更稟菩薩律儀彌
益其善若在家者或受近事戒或但受菩

薩戒以下文有白衣故真際曰誦呪百八表滅百八煩惱也

阿難如是末世清淨比丘若比丘尼白衣檀越心滅貪婬持佛淨戒於道場中發菩薩願出入澡浴六時行道如是不寐經三七日我自現身至其人前摩頂安慰令其開悟

補註曰前云求佛灌頂令佛現身名為感應既得感應心必開悟若見餘境與本願相違而又無所開悟斯非真感應也孤山曰佛本是無心淨故有水清月現感應自然若見此相當觀空寂是佛顯然是魔則滅

阿難白佛言世尊我蒙如來無上悲誨心已開悟自知脩證無學道成末法脩行建立道場云何結界合佛世尊清淨軌則

溫陵曰請問結壇軌則之詳也言自知脩證等者知呪力冥資聖果可期也

佛告阿難若末世人願立道場先取雪山大力白牛食其山中肥膩香草此牛惟飲雪山清水其糞微細可取其糞和合栴檀以泥其地若非雪山其牛臭穢不堪塗地別於平原穿去地皮五尺已下取其黃土和上栴檀沉水蘇合薰陸鬱金白膠青木零陵甘松及雞舌香以此十種細羅為粉合土成泥以塗場地

溫陵曰法王法言即事即理法不孤起事不唐設如華嚴一字法門書海墨而不盡五位行相即世諦以彰明凡所設施必有取像則此壇場用度無非表法也山為高土雪山純淨上信也大力白牛純淨大根也香草清水妙善淨智也茹退充實遺餘也上栴檀為十香之首十度之總萬行之冠也原為平土中信也地皮末淨也五數之中黃色之中取中中淨信也十香十波羅密法香也細羅為粉推之以為微妙萬行也夫欲取如來寂滅場地必本於廣大信心而資乎淨智妙善以養成純一大根充實遺餘猶足以合法香冠十度故可以嚴成寂滅場地也上信大根有不可得則求其次焉故取中中信心雖未能冠乎十度萬行而能具之者亦可以嚴成長水曰雪山牛乳純是醍醐所有茹退最為香潔

方圓丈六為八角壇壇心置一金銀銅木所造蓮華華中安鉢鉢中先盛八月露水水中隨安所有華葉

長水曰壇者除地為之即今之墠也吳興曰不屬上言場地可如其墠今既名壇必須起土為之是則先除地為場後別取黃土和香為泥於其場上以泥塗起令成壇相也溫陵曰壇寂滅坦實之體也體具八正故為八角為攝八邪故方丈六壇心蓮華中道妙行也蓮之為物華實同體染淨同源表妙行大致也用金銀銅木所造者表妙行云為也金銀百煉愈精而不變銅剛而能同義之像也木能上草以覆其下仁之像也夫依體起行精而不變剛而能同或以義制或以仁覆無過不及凡皆會于中道乃所以為妙行也鉢為應器表隨量應物也露為陰澤以秋降八月秋之中也水中華葉即仁覆之行隨澤所施此又

隨量應物陰利潛化之表也

取八圓鏡各安其方圍繞華鉢鏡外建立十六蓮華十六香爐閒華鋪設莊嚴香爐純燒沉水無令見火

温陵曰圓鏡大圓鏡智也各安八方圍繞華鉢者智行相依隨方圓應也鏡外蓮華香爐各十六而閒設者華表妙行香表妙德鏡外即正智之外方便建立使邪正相攝德行相熏庶久而俱化兩忘邪正也純燒沉水無令見火者反德藏用滅伏覺觀然後能契寂滅場地也或曰表法且然李古德不解無傷臆說歟曰愚所宗者華嚴大論若熟覽彼知此非臆

取白牛乳置十六器乳爲煎餅并諸沙糖油餅乳糜蘇合蜜薑純酥純蜜於蓮華外各各十六圍繞華外以奉諸佛及大菩薩

温陵曰表以法喜禪悅獻二尊也權教開許乳酪實教遮禁而復取以享奉者意在融權實同邪正故八味亦各十六圍繞華外表融權攝邪之法喜隨行施設也

每以食時若在中夜取蜜半斤用酥三合壇前別安一小火爐以兜樓婆香煎取香水沐浴其炭然令猛熾投是酥蜜於炎爐內燒令煙盡享佛菩薩

温陵曰佛以日中受食故每以日中致享中夜例日中也蜜成於華表和融法行也酥成於乳表和融法味也半爲中數三爲成數小香爐方寸覺心也以香沐炭發覺之法也藥王然身先服兜樓婆香意取發燄故取沐炭然令猛熾投酥蜜於炎爐燒令煙盡者行法既成不可終滯當於覺心勇猛煆煉使習氣併鑠緣影俱亡豁然如所謂紅爐點雪者然後爲佛所享夫居寂滅場飧未禪悅者於此宜盡心焉

令其四外徧懸幡花於壇室中四壁敷設十方如來及諸菩薩所有形像應於當陽張盧舍那釋迦彌勒阿閦彌陀諸大變化觀音形像兼金剛藏安其左右帝釋梵王烏芻瑟摩并藍地迦諸軍荼利與毗俱胝四天王等頻那夜迦張於門側左右安置

温陵曰四外幡花外行嚴飾也當陽正位盧舍那等寂場真主也彌勒當來真主也阿閦居東彌陀居西智悲真主也諸大變化觀音形像上同下合真主也金剛藏當頌金剛護持呪人伏魔斷障真主也門側左右釋梵等衆有力外護也末法修行凡賴于此一有所闕必不成就烏芻大頭金剛藍地迦青面金剛軍荼利金剛異號也毗俱胝亦大神變等毗盧神變經稱左邊毗俱胝三目持鬘髻是也頻那夜迦即豬頭象鼻二使者

又取八鏡覆懸虛空與壇場中所安之鏡方面相對使其形影重重相涉

温陵曰壇中之鏡混物而有依行人之智也空中之鏡離物而無依諸佛之智也混物有依者方能照物未能照己必得乎離物無依住智交相爲用然後物我互照心境雙融諸佛衆生身土相入不勞動步不待擬心法法徧周事事無礙舉目千聖齊現觸處萬象昭然一花一香徧供塵剎一

行一相充擴無窮不假神通不涉情謂齋場法法本如是也密因脩證妙極於此

於初七中至誠頂禮十方如來諸大菩薩阿羅漢號恒於六時誦咒圍壇至心行道一時常行一百八徧第二七中一向專心發菩薩願心無間斷我毗柰耶先有願教第三七中於十二時一向持佛般怛囉咒至第七日十方如來一時出現鏡交光處承佛摩頂即於道場脩三摩地能令如是末世脩學身心明淨猶如琉璃

温陵曰凡所斷斷以皈依三寶為最初方便故初七日至誠頂禮如來菩薩羅漢名號所以假其不思議力發行助道也然非願力無以持之故第二七日依毗尼教專心發願也行願堅強則得大勇猛故第三七日時無間歇咒無徧限一向誦持遂能以精誠感格進力克功也鏡交光處則生佛智照感應道交也身心明淨謂宿緣障纖悉蕩盡此感應克功事也吳興曰先有願教者如梵網經十大願等是也

阿難若此比丘本受戒師及同會中十比丘等其中有一不清淨者如是道場多不成就從三七後端坐安居經一百日有利根者不起于座得須陀洹縱其身心聖果未成決定自知成佛不謬汝問道場建立如是

温陵曰得須陀洹者謂得入聖流非指小果也孤山曰陀洹按位即圓初信若依涅槃乃是初入別圓地住也苟不然者豈得自知成佛不謬耶吳興曰壇法行相此土末世行之惟艱然所誦咒下文亦許不入道場故使有緣隨器受益

阿難頂禮佛足而白佛言自我出家恃佛憍愛求多聞故未證無為遭彼梵天邪術所禁心雖明了力不自由賴遇文殊令我解脫雖蒙如來佛頂神咒冥獲其力尚未親聞惟願大慈重為宣說悲救此會諸脩行輩末及當來在輪迴者承佛密音身意解脫于時會中一切大眾普皆作禮佇聞如來祕密章句爾時世尊從肉髻中涌百寶光光中涌出千葉寶蓮有化如來坐寶華中頂放十道百寶光明一一光明皆徧示現十恒河沙金剛密跡擎山持杵徧虛空界大眾仰觀畏愛兼抱求佛哀祐一心聽佛無見頂相放光如來宣說神咒

補註曰昔阿難密承咒力得解婬難故曰冥獲而未聞今乃重請顯說意在悲救此會及當來也

南無薩怛他蘇伽多耶阿羅訶帝三藐三菩陀寫一 薩怛他佛陀俱知瑟尼釤二 南無薩婆勃陀勃地薩跢鞞弊三毗迦切 南無薩多南三藐三菩陀俱知南四 娑舍囉婆迦僧伽喃五 南無盧雞阿羅漢跢喃六 南無蘇盧多波那喃七 南無娑羯唎陀伽彌喃八 南無盧雞三藐伽跢喃九 三藐伽波囉底波多那喃十 南無提婆離瑟赧十一 南無悉陀耶毗地耶陀囉離瑟赧十二 舍波奴揭囉訶娑訶娑囉摩他喃十三 南無跋囉訶摩尼十四 南無因陀囉耶十五 南無婆伽婆帝十六 嚧陀囉耶十七 烏摩般帝十八 娑醯夜耶十九 南無婆伽婆帝二十 那囉野拏耶二十一 槃遮摩訶三慕陀囉二十二 南無悉羯唎多耶二十三 南

無婆伽婆帝二十四 摩訶迦羅耶二十五 地唎般剌那伽囉二十六 毘陀囉波拏迦囉耶二十七 阿地目帝二十八 尸摩舍那泥婆悉泥二十九 摩怛唎伽拏三十 南無悉羯唎多耶三十一 南無婆伽婆帝三十二 多他伽跢俱囉耶三十三 南無般頭摩俱囉耶三十四 南無跋闍囉俱囉耶三十五 南無摩尼俱囉耶三十六 南無伽闍俱囉耶三十七 南無婆伽婆帝三十八 帝唎荼輸囉西那三十九 波囉訶囉拏囉闍耶四十 跢他伽多耶四十一 南無婆伽婆帝四十二 南無阿彌多婆耶四十三 跢他伽多耶四十四 阿囉訶帝四十五 三藐三菩陀耶四十六 南無婆伽婆帝四十七 阿芻鞞耶四十八 跢他伽多耶四十九 阿囉訶帝五十 三藐三菩陀耶五十一 南無婆伽婆帝五十二 鞞沙闍耶俱嚧吠柱唎耶五十三 般囉婆囉闍耶五十四 跢他伽多耶五十五 南無婆伽婆帝五十六 三補師毖多五十七 薩憐捺囉剌闍耶五十八 跢他伽多耶五十九 阿囉訶帝六十 三藐三菩陀耶六十一 南無婆伽婆帝六十二 舍雞野母那曳六十三 跢他伽多耶六十四 阿囉訶帝六十五 三藐三菩陀耶六十六 南無婆伽婆帝六十七 剌怛那雞都囉闍耶六十八 跢他伽多耶六十九 阿囉訶帝七十 三藐三菩陀耶七十一 帝瓢南無薩羯唎多七十二 翳曇婆伽婆多七十三 薩怛他伽都瑟尼釤七十四 薩怛多般怛嚂七十五 南無阿婆囉視耽七十六 般囉帝揚岐囉七十七 薩囉婆部多揭囉訶七十八 尼羯囉訶揭迦囉訶尼七十九 跋囉毖地耶叱陀你八十 阿迦囉蜜唎柱八十一 般唎怛囉耶儜揭唎八十二 薩囉婆槃陀那目叉尼八十三 薩囉婆突瑟吒八十四 突悉乏般那你伐囉尼八十五 赭都囉失帝南八十六 羯囉訶娑訶薩囉若闍八十七 毘多崩娑那羯唎八十八 阿瑟吒冰舍帝南八十九 那叉剎怛囉若闍九十 波囉薩陀那羯唎九十一 阿瑟吒南九十二 摩訶羯囉訶若闍九十三 毘多崩薩那羯唎九十四 薩婆舍都嚧你婆囉若闍九十五 呼藍突悉乏難遮那舍尼九十六 毖沙舍悉怛囉九十七 阿吉尼烏陀迦囉若闍九十八 阿般囉視多具囉九十九 摩訶般囉戰持一百 摩訶疊多一百一 摩訶帝闍二 摩訶稅多闍婆囉三 摩訶跋囉槃陀囉婆悉你四 阿唎耶多囉五 毘唎俱知六 誓婆毘闍耶七 跋闍囉摩禮底八 毘舍嚧多九 勃騰罔迦十 跋闍囉制喝那阿遮十一 摩囉制婆般囉質多十二 跋闍囉擅持十三 毘舍囉遮十四 扇多舍鞞提婆補視多十五 蘇摩嚧波十六 摩訶稅多十七 阿唎耶多囉十八 摩訶婆囉阿般囉十九 跋闍囉商羯囉制婆二十 跋闍囉俱摩唎二十一 俱藍陀唎二十二 跋闍囉喝薩多遮二十三 毘地耶乾遮那摩唎迦二十四 啒蘇母婆羯囉跢那二十五 鞞嚧遮那俱唎耶二十六 夜囉菟瑟尼釤二十七 毘折藍婆摩尼遮二十八 跋闍囉迦那迦波囉婆二十九 嚧闍那跋闍囉頓稚遮三十 稅多遮迦摩囉三十一 剎奢尸波囉婆三十二 翳帝夷帝三十三 母陀羅羯拏三十四 沙鞞囉懺三十五 掘梵都三十六 印兔那麼麼寫三十七 誦者至此句稱弟子某受持 烏𤙖三十八 唎瑟揭拏三十九 般剌舍悉多四十 薩怛他伽都瑟尼釤四十一 虎𤙖四十二 都嚧雍四十三 瞻婆那四十四 虎𤙖四十五 都嚧雍四十六 悉耽婆那四十七 虎𤙖四十八 都嚧雍四十九 波羅瑟地耶三般叉拏羯囉五十 虎𤙖五十一 都嚧雍五十二 薩婆藥叉喝囉剎娑五十三 揭囉訶若闍五十四 毘騰崩薩那羯囉五十五 虎𤙖五十六 都嚧雍五十七 者都囉尸底南五十八 揭囉訶娑訶薩囉南五十九 毘騰崩薩那囉六十 虎𤙖六十一 都嚧雍六十二 囉叉六十三 婆伽梵六十四 薩怛他伽都瑟尼釤六十五 波囉點闍吉唎六十六 摩訶娑訶薩囉六十七 勃樹娑訶薩囉室唎沙六十八 俱知娑訶薩泥帝㘑六十九

阿弊提視婆喇多七十一吒吒甖迦一百七十二摩訶跛闍盧陀囉七十二帝喇菩婆那七十三畢茶囉七十四烏鉢莎悉帝薄婆都七十六麼麼印兔那麼麼寫七十八囉闍婆夜七十九主囉跛夜八十阿祇尼婆夜一百八十一烏陀迦婆夜八十二毘沙婆夜八十三舍薩多囉婆夜八十四婆囉斫羯囉婆夜八十五突瑟叉婆夜八十六阿舍你婆夜八十七阿迦囉密喇柱婆夜八十八陀囉尼部彌劍波伽波陀婆夜八十九烏囉迦婆多婆夜九十剌闍檀茶婆夜一百九十一那伽婆夜九十二毘條怛婆夜九十三蘇波囉拏婆夜九十四藥叉揭囉訶九十五囉叉私揭囉訶九十六畢喇多揭囉訶九十七毘舍遮揭囉訶九十八部多揭囉訶九十九鳩槃茶揭囉訶二百補丹那揭囉訶二百一迦吒補丹那揭囉訶二悉乾度揭囉訶三阿播悉摩囉揭囉訶四烏檀摩陀揭囉訶五車夜揭囉訶六醯喇婆帝揭囉訶七社多訶喇南八揭婆訶喇南九嚧地囉訶喇南十忙娑訶喇南二百十一謎陀訶喇南十二摩闍訶喇南十三闍多訶喇女十四視比多訶喇南十五毘多訶喇南十六婆多訶喇南十七阿輸遮訶喇女十八質多訶喇女十九帝釤薩鞞釤二十薩婆揭囉訶南二百二十一毘

陀耶闍瞋陀夜彌二十二雞囉夜彌二十三波喇跋囉者迦訖喇擔二十四毘陀夜闍瞋陀夜彌二十五雞囉夜彌二十六茶演尼訖喇擔二十七毘陀夜闍瞋陀夜彌二十八雞囉夜彌摩訶般輸般怛夜三十嚧陀囉訖喇擔二百三十一毘陀夜闍瞋陀夜彌三十二雞囉夜彌三十三那囉夜拏訖喇擔三十四毘陀夜闍瞋陀夜彌三十五雞囉夜彌三十六怛埵伽嚧茶西訖喇擔三十七毘陀夜闍瞋陀夜彌三十八雞囉夜彌三十九摩訶迦囉摩怛喇伽拏訖喇擔四十毘陀夜闍瞋陀夜彌二百四十一雞囉夜彌四十二迦波利迦訖喇擔四十三毘陀夜闍瞋陀夜彌四十四雞囉夜彌四十五闍耶羯囉摩度羯囉四十六薩婆囉他娑達那訖喇擔四十七毘陀夜闍瞋陀夜彌四十八雞囉夜彌四十九赭咄囉婆耆你訖喇擔五十毘陀夜闍瞋陀夜彌二百五十一雞囉夜彌五十二毘喇羊訖喇知五十三難陀雞沙囉伽拏般帝五十四索醯夜訖喇擔五十五毘陀夜闍瞋陀夜彌五十六雞囉夜彌五十七那揭那舍囉婆拏訖喇擔五十八毘陀夜闍瞋陀夜彌五十九雞囉夜彌六十阿羅漢訖喇擔毘陀夜闍瞋陀夜彌二百六十一雞囉夜彌六十二毘多囉伽訖喇擔六十三毘陀夜闍瞋陀夜彌六十四

雞囉夜彌跋闍囉波你六十五具醯夜具醯夜六十六迦地般帝訖擔喇六十七毘陀夜闍瞋陀夜彌六十八雞囉夜彌六十九囉叉罔七十婆伽梵二百七十一印兔那麼麼寫七十二至此依前稱弟子名婆伽梵七十三薩怛多般怛囉七十四南無粹都帝七十五阿悉多那囉剌迦七十六波囉婆悉普吒七十七毘迦薩怛多鉢帝喇七十八什佛囉什佛囉七十九陀囉陀囉八十頻陀囉頻陀囉瞋陀瞋陀二百八十一虎鉡八十二虎鉡八十三泮吒八十四泮吒泮吒泮吒泮吒八十五娑訶八十六醯醯泮八十七阿牟迦耶泮八十八阿波囉提訶多泮八十九波囉波囉陀泮九十阿素囉毘陀囉波迦泮二百九十一薩婆提鞞弊泮九十二薩婆那伽弊泮九十三薩婆藥叉弊泮九十四薩婆乾闥婆弊泮九十五薩婆補丹那弊泮九十六迦吒補丹那弊泮九十七薩婆突狼只帝弊泮九十八薩婆突澀比犂訖瑟帝弊泮九十九薩婆什婆犂弊泮三百薩婆阿播悉摩犂弊泮三百一薩婆舍囉婆拏弊泮二薩婆地帝雞弊泮三薩婆怛摩陀繼弊泮四薩婆毘陀耶囉誓遮喇弊泮五闍夜羯囉摩度羯囉六薩婆囉他娑陀雞弊泮七毘地夜遮喇弊泮八者都囉縛耆你弊泮九跋闍囉俱摩喇

十毘陀夜囉蔢洋三百十一摩訶波囉丁羊反耆唎弊洋十二跋闍囉商羯囉夜十三波囉丈耆羅闍耶洋十四摩訶迦囉夜十五摩訶末怛唎迦拏十六南無娑羯唎多夜洋十七毖瑟拏俾曳洋十八勃囉訶牟尼曳洋十九阿耆尼曳洋二十摩訶羯唎曳洋三百二十一羯囉檀持曳洋二十二蔑怛唎曳洋二十三勞怛唎曳洋二十四遮文茶曳洋二十五羯邏囉怛唎曳洋二十六迦般唎曳洋二十七阿地目質多迦尸摩舍那二十八婆私你曳洋二十九演吉質三十薩埵婆寫三百三十一摩麼印兎那麼麼寫三十二至此依前稱弟子名突瑟吒質多三百三十三阿末怛唎質多三十四烏闍訶羅三十五伽婆訶囉三十六盧地囉訶囉三十七婆娑訶囉三十八摩闍訶囉三十九闍多訶囉四十視毖多訶囉三百四十一跋畧夜訶囉四十二乾陀訶囉四十三布史波訶囉四十四頗囉訶囉四十五婆寫訶囉四十六般波質多四十七突瑟吒質多四十八勞陀囉質多四十九藥叉羯囉訶三百五十囉剎娑羯囉訶五十一閉隸多羯囉訶五十二毘舍遮羯囉訶五十三部多揭羅訶五十四鳩槃茶羯囉訶五十五悉乾陀羯囉訶五十六烏怛摩陀羯囉訶五十七車夜羯囉訶五十八阿播薩摩囉羯囉訶五十九宅袪革茶耆尼揭囉訶六十唎

佛帝揭囉訶三百六十一闍彌迦揭囉訶六十二舍俱尼揭囉訶六十三姥陀囉難地迦揭囉訶六十四阿藍婆揭囉訶六十五乾陀波尼揭囉訶六十六什伐囉堙迦醯迦六十七墜帝藥迦六十八怛隸帝藥迦六十九者突託迦七十昵提什伐囉毖釤摩什伐囉三百七十一薄底迦七十二鼻底迦七十三室隸瑟蜜迦七十四娑你般帝迦七十五薩婆什伐囉七十六室嚧吉帝七十七末陀鞞達嚧制劍七十八阿綺嚧鉗七十九目佉嚧鉗八十羯唎突嚧鉗三百八十一羯羅訶揭藍八十二羯拏輸藍八十三憚多輸藍八十四迄唎夜輸藍八十五末摩輸藍八十六跋唎室婆輸藍八十七毖栗瑟吒輸藍八十八烏陀囉輸藍八十九羯知輸藍九十跋悉帝輸藍三百九十一鄔嚧輸藍九十二常迦輸藍九十三喝悉多輸藍九十四跋陀輸藍九十五娑房盎伽般囉丈伽輸藍九十六部多毖路茶九十七茶耆你什婆囉九十八陀突嚧迦建咄嚧吉知婆路多毘九十九薩般嚧訶凌伽四百輸舍怛囉婆那羯囉四百一毘沙喻迦二阿耆尼烏陀迦三末囉鞞囉建路囉四阿迦囉蜜唎咄怛斂部迦五地栗剌吒六毖唎瑟質迦七薩婆那俱囉八肆引伽弊揭囉唎藥叉怛囉芻九末囉視吠帝釤十娑鞞釤悉怛

多鉢怛囉四百十一摩訶跋闍嚧瑟尼釤十二摩訶般賴丈耆藍十三夜波突陀舍喻闍那十四辮怛隸拏十五毘陀耶槃曇迦嚧彌十六帝殊槃曇迦嚧彌十七般囉毘陀槃曇迦嚧彌十八跢姪他十九唵二十阿那隸四百二十一毘舍提二十二鞞囉跋闍囉陀唎二十三槃陀槃陀你二十四跋舍囉謗尼泮二十五虎𤙖都嚧甕泮二十六娑婆訶二十七

具興曰呪謂呪詛亦曰呪願佛以此語詛願衆生生善滅惡革凡成聖若蜾蠃之呪螟蛉也亦是密詮首楞嚴義與前顯說力用無殊但被物之異耳有云顯說令解則生慧密說令誦則生福一往如之孤山曰諸經神呪例皆不翻自古人師多有異說天台會之不出四悉一云呪者鬼神王名稱其王名部落敬主不敢為非此世界義也二云呪者如軍中密號唱號相應無所訶問不相應者即執治之此為人義也三云呪者密默遮惡餘無識者如微賤人奔逃異國詐稱王子因以公主妻之多瞋難事有一明人從其國來主往訴之其人語

曰若當瞋時應說偈云無親往他國欺誑一切人爲食是常食何勞復作瞋說是偈時黙然瞋歇即對治義也四云呪者諸佛密語惟聖乃知如王索仙陀婆一名而具四實謂鹽水器馬也羣下莫曉惟智臣解之呪亦如是秖一法語徧有諸力病愈罪除生善合道即第一義也具此四義故存本音五不翻中即秘密故不翻於四例中即翻字不翻音補註曰孤山所引四悉者四悉檀也悉徧也檀施也佛以四法徧施衆生也初世界悉檀者隨方與說令生歡喜益也二爲人悉檀者生善益也三對治悉檀者破惡益也四第一義悉檀者入理益也

卌三　十八

大佛頂如來密因脩證了義諸菩薩萬行首楞嚴經會解第十三

大佛頂如來密因修證了義諸菩薩萬行首楞嚴經會解卷第十三

校勘記

一　底本，明永樂北藏本。

一　七〇二頁中九行末字「發」，徑作「法」。

一　七〇七頁上末行「第十三」，徑、清作「卷第十三」。

大佛頂如来密因脩證了義諸菩薩萬行首
楞嚴經會解卷第十四　　遐四
阿難是佛頂光聚悉怛多般怛囉祕密伽陀
微妙章句出生十方一切諸佛十方如来因
此呪心得成無上正徧知覺十方如来執此
遐四　一
呪心降伏諸魔制諸外道十方如来乘此呪
心坐寶蓮華應微塵國十方如来含此呪心
於微塵國轉大法輪十方如来持此呪心能
於十方摩頂授記自果未成亦於十方蒙佛
授記十方如来依此呪心能於十方拔濟群
苦所謂地獄餓鬼畜生盲聾瘖瘂寃憎會苦
愛別離苦求不得苦五陰熾盛大小諸横同
時解脫賊難兵難王難獄難風火水難饑渴
貧窮應念銷散十方如来隨此呪心能於十
方事善知識四威儀中供養如意恒沙如来
會中推為大法王子十方如来行此呪心能
於十方攝受親因令諸小乘聞祕密藏不生
驚怖十方如来誦此呪心成無上覺坐菩提
樹入大涅槃十方如来傳此呪心於滅度後
付佛法事究竟住持嚴淨戒律悉得清淨若

我說是佛頂光聚般怛囉呪從旦至暮音聲
相聯字句中間亦不重疊經恒沙劫終不能
盡
　吳興曰總言呪心者即前文云斯是如来
　無見頂相無為心佛所說心呪也亦是祕
　密藏中精要之法故曰呪心也温陵曰呪
　心者即大白傘盖廣大無染周覆法界如
　来藏心祕密法門也惟其廣大周覆為如
　来藏故持之因之即能出生諸佛成無上
　覺降魔應化拔濟群苦及餘功德經恒沙
　劫說不能盡也地獄餓鬼等略舉八難之
　四寃憎愛別等略舉八苦之四灌頂經大
　横有九小横無數攝受親因者攝諸有緣
　也
亦說此呪名如来頂汝等有學未盡輪廻發
遐四　二
心至誠取阿羅漢不持此呪而坐道場令其
身心遠諸魔事無有是處
　温陵曰上顯如来境界此明亦攝漸脩下
　顯持呪之益也
阿難若諸世界隨所國土所有衆生隨國所

生樺皮貝葉紙素白氎書寫此呪貯於香囊
是人心昏未能誦憶或帶身上或書宅中當
知是人盡其生年一切諸毒所不能害阿難
我今為汝更說此呪救護世間得大無畏成
就衆生出世間智若我滅後末世衆生有能
自誦若教他誦當知如是誦持衆生火不能
燒水不能溺大毒小毒所不能害如是乃至
龍天鬼神精祇魔魅所有惡呪皆不能著心
得正受一切呪詛厭蠱毒藥金毒銀毒草木
蟲蛇萬物毒氣入此人口成甘露味一切惡
星并諸鬼神磣心毒人於如是人不能起惡
頻那夜迦諸惡鬼王并其眷屬皆領深恩常
加守護
　温陵曰火不能燒等即所謂救護世間得
　大無畏也以誦呪利彼故諸惡鬼王皆領
　深恩金銀入藥或能發毒
遐四　三
阿難當知是呪常有八萬四千那由他恒河
沙俱胝金剛藏王菩薩種族一一皆有諸金
剛衆而為眷屬晝夜隨侍設有衆生於散亂
心非三摩地心憶口持是金剛王常隨從彼

諸善男子何況决定菩提心者此諸金剛菩薩藏王精心陰速發彼神識是人應時心能記憶八萬四千恒河沙劫周徧了知得無疑惑

温陵曰即所謂成就衆生出世間智也精心陰速者妙心陰潛速疾資發也

從第一劫乃至後身生生不生藥叉羅叉及富單那迦吒富單那鳩槃茶毗舍遮等并諸餓鬼有形無形有想無想如是惡處是善男子若讀若誦若書若寫若帶若藏諸色供養劫劫不生貧窮下賤不可樂處

長水曰第一劫者發心脩行之初時也洎至菩薩最後身時於其中間不落雜類或生人中亦非貧賤以持尊勝法故身尊勝也

此諸衆生縱其自身不作福業十方如來所有功德悉與此人由是得於恒河沙阿僧祇不可說不可說劫常與諸佛同生一處無量功德如惡叉聚同處熏脩永無分散是故能令破戒之人戒根清淨未得戒者令其得戒未精進者令得精進無智慧者令得智慧不清淨者速得清淨不持齋戒自成齋戒

温陵曰是故下以摩登得果推之不誣然持之須得其人故前言一不清淨多不成就後言如法持戒必得心通行人審之勿徒希覲也

還四

阿難是善男子持此呪時設犯禁戒於未受時持呪之後衆破戒罪無問輕重一時銷滅縱經飲酒食噉五辛種種不淨一切諸佛菩薩金剛天仙鬼神不將為過設著不淨破弊衣服一行一住悉同清淨縱不作壇不入道場亦不行道誦持此呪還同入壇行道功德無有異也若造五逆無間重罪及諸比丘比丘尼四棄八棄誦此呪已如是重業猶如猛風吹散沙聚悉皆滅除更無毫髮

四

温陵曰未受時者未持呪時也孤山曰比丘四棄即殺盜婬妄四根本重罪梵語波羅夷此云棄謂犯此者永棄佛法邊外猶如死屍大海不受也比丘尼復加四棄曰觸八覆隨即第五不得染心男身相觸第六不得染心男捉手捉衣入屏處屏處共立共語共行身相倚相期等八事第七不得覆他重罪第八不得隨舉大僧供給衣食即為僧所舉未與作共住法者不得隨彼也以上故名八棄僧所舉者即舉訐之義也

還四　五

阿難若有衆生從無量無數劫來所有一切輕重罪障從前世來未及懺悔若能讀誦書寫此呪身上帶持若安住處莊宅園館如是積業猶湯消雪不久皆得悟無生忍復次阿難若有女人未生男女欲求孕者若能至心憶念斯呪或能身上帶此悉怛多般怛囉者便生福德智慧男女求長命者即得長命欲求果報速圓滿者速得圓滿身命色力亦復如是命終之後隨願往生十方國土必定不生邊地下賤何況雜形阿難若諸國土州縣聚落饑荒疫癘或復刀兵賊難鬬諍兼餘一切厄難之地寫此神呪安城四門并諸支提或脫闍上令其國土所有衆生奉迎斯呪禮拜恭敬一心供養令其人民各各身佩或各

各安所居宅地一切灾厄悉皆消滅

温陵曰雜形謂鬼畜等類支提云可供養處即淨刹之通稱也脫闍云憧

阿難在在處處國土衆生隨有此呪天龍歡喜風雨順時五穀豐殷兆庶安樂亦復能鎮一切惡星隨方變恠灾障不起人無横夭杻械枷鎖不著其身晝夜安眠常無惡夢阿難是娑婆界有八萬四千灾變惡星二十八大惡星而為上首復有八大惡星以為其主作種種形出現世時能生衆生種種灾異有此呪地悉皆消滅十二由旬成結戒地諸惡灾祥永不能入

温陵曰天反時物逆理皆所以為灾而反之逆之職由乎人天與物應之而已所謂灾變惡星則應人之灾惡者也八萬四千應衆生煩惱業也二十八則四方之紀八則五行之經及羅計孛也順則福應逆則灾應所謂惠迪吉從逆凶也能生灾異者亦應其逆而已如慧孛飛流為應同分非星之為也今以呪力叶乎百順故惡變悉滅於天灾祥不入其境祥吉凶之先兆也

是故如來宣示此呪於未來世保護初學諸脩行者入三摩地身心泰然得大安隱更無一切諸魔鬼神及無始來冤横宿殃舊業陳債來相惱害汝及衆中諸有學人及未來世諸脩行者依我壇場如法持戒所受戒主逢清淨僧持此呪心不生疑悔是善男子於此父母所生之身不得心通十方如來便為妄語

吳興曰心通者據前所說不出三義一者證果即端坐百日有利根者不起于座得須陀洹也二者發解謂縱其身心聖果未成決定自知成佛不謬三者宿命謂是人應時心能記憶八萬四千恒河沙劫周徧了知得無疑惑

說是語已會中無量百千金剛一時佛前合掌頂禮而白佛言如佛所說我當誠心保護如是脩菩提者爾時梵王并天帝釋四大天王亦於佛前同時頂禮而白佛言審有如是脩學善人我當盡心至誠保護令其一生所作如願復有無量藥叉大將諸羅刹王富單那王鳩槃荼王毗舍遮王頻那夜迦諸大鬼王及諸鬼帥亦於佛前合掌頂禮我亦誓願護持是人令菩提心速得圓滿復有無量日月天子風師雨師雲師雷師并電伯等年歲巡官諸星眷屬亦於會中頂禮佛足而白佛言我亦保護是脩行人安立道場得無所畏復有無量山神海神一切土地水陸空行萬物精祇并風神王無色界天於如來前同時稽首而白佛言我亦保護是脩行人得成菩提永無魔事

温陵曰風師行風風王主風此與無色天繼地祇舉者前舉梵釋方及三天後舉地水未盡風火故終舉風神以該四大舉無色以該三界也

爾時八萬四千那由他恒河沙俱胝金剛藏王菩薩在大會中即從座起頂禮佛足而白佛言世尊如我等輩所脩功業久成菩提不取涅槃常隨此呪救護末世脩三摩地正脩行者世尊如是脩心求正定人若在道場及

餘經行乃至散心遊戲聚落我等徒衆常當隨從侍衛此人縱令魔王大自在天求其方便終不可得諸小鬼神去此善人十由旬外除彼發心樂脩禪者世尊如是惡魔若魔眷屬欲来侵擾是善人者我以寶杵殞碎其首猶如微塵恒令此人所作如願

孤山曰以上群靈皆獲本妙心住首楞嚴能建大義示現菩薩諸天鬼神等像護持行人耳而言以寶杵碎首者夫大聖之訓物也或用攝受或行折伏群邪之屏跡也或感其恩或畏其威惟此二途咸令得度今行折伏俾畏其威若涅槃殺一闡提法華破諸惱亂仙豫之誅淨行滿足之傒衆生皆由住無緣慈得一子地乃能如是耳

温陵曰從第四卷中請入華屋以来齊此通明脩道分下文別起名證果分阿難於證果分初獨問脩證地位世尊荅文首敘十二類生而後明五十七位者意使一切衆生依此法門從凡入聖重重研極至盡妙覺成無上道而後已

阿難即從座起頂禮佛足而白佛言我輩愚鈍好為多聞於諸漏心未求出離蒙佛慈誨得正熏脩身心快然獲大饒益世尊如是脩證佛三摩地未到涅槃云何名為乾慧之地四十四心至何漸次得脩行目詣何方所名入地中云何名為等覺菩薩作是語已五體投地大衆一心佇佛慈音瞪瞢瞻仰

孤山曰阿難所請斯有二意一者既受行門必有位次如得門入宅須知堂室淺深是故請之二者經初佛語阿難心言直故如是乃至終始地位中間永無諸委曲相前觧行圓融則心言直矣地位無曲未知其相因此請之言四十四心者謂十住十行十向四加行十地也而下佛荅之文有五十四心者於初住中横開十信合之秪是初住不同餘經似位十信則今乾慧已是合餘經十信立其揔名也長水曰信住行向及四加行名四十四心也吳興曰兩說璿師為正次云詣何方所名入地中方是十地耳所指初住横開十信是義不然

爾時世尊讃阿難言善哉善哉汝等乃能普為大衆及諸末世一切衆生脩三摩地求大乘者從於凡夫終大涅槃懸示無上正脩行路汝今諦聽當為汝說阿難大衆合掌刳心默然受教佛言阿難當知妙性圓明離諸名相本来無有世界衆生因妄有生因生有滅生滅名妄滅妄名真是稱如来無上菩提及大涅槃二轉依號

温陵曰生滅真妄菩提涅槃皆所謂諸名相也妙性之中本来圓離由迷妄相因故有脩有證於是轉不覺而依菩提轉生死而依涅槃名二轉依號

阿難汝今欲脩真三摩地直詣如来大涅槃者先當識此衆生世界二顛倒因顛倒不生斯則如来真三摩地

長水曰前明三種相續今明二種顛倒以衆生顛倒即攝業果故也吳興曰前世界相續惟在依報謂四大因起等今世界顛倒盖指正報即十二類生也所以然者由前荅富樓那問云何忽生山河大地故今

荅阿難脩三摩地所入地位故何則位由悟入悟必有迷迷之爲凡悟之爲聖皆正報之事非器界之相故異前說也

阿難云何名爲衆生顛倒阿難由性明心性明圓故因明發性性妄見生從畢竟無成究竟有此有所有非因所因住所住相了無根本本此無住建立世界及諸衆生

溫陵曰性明心指真如體也性明圓言不守自性也由其不守自性故因妄明而發妄性因妄性而生妄見於是從無相真成有相妄故曰從畢竟無成究竟有然此能有所有能住所住悉皆非因所因悉皆了無根本文互見也本此無住建立世界衆生則知二者無因無本全即倒妄而已吳興曰本此無住者住即依也推本至末了無所依也此文總示二倒向下別明方分兩相今單標雙結者以約衆生說世界故

迷本圓明是生虛妄妄性無體非有所依將欲復真欲真已非真真如性非真求復宛成非相非生非住非心非法展轉發生生力發明熏以成業同業相感因有感業相滅相生由是故有衆生顛倒

吳興曰將欲復真等此舉順修況顯逆修以明顛倒之相謂若圓觀真性欲求旋復斯則已非真真如性何者以除真如外凡有修入皆屬於權故圓覺云未出輪迴而辯圓覺彼圓覺性即同流轉順修尚爾況逆修乎故云非真求復等應知漸教三乘乃至外道等華悉是背性成迷皆名非真求復也總顯顛倒故云宛成非相次列四非然是別示其相耳有身故生有受故住心法可解生住心法於諸有中展轉發生斯則前文業果相續也生力至成業者生即是果力即是業熏即動業之感以貪欲爲本如現在生身由過去業力之所發明復由現在起惑熏成未來善惡之業也同業至相生者七趣衆生隨其妄惑各有同業相感因于殺盜婬三所感之業則有相生相滅之事長水曰婬欲故相生殺盜故相滅

阿難云何名爲世界顛倒是有所有分段妄生因此界立非因所因無住所住遷流不住因此世成三世四方和合相涉變化衆生成十二類

孤山曰從畢竟無成究竟有故有東西南北之分段指此分段名之爲界然其所有本無其因故云非因所因此惟妄住故云無住所住既非真性常住則有過現未來遷流不住三世成矣以世涉方以方涉世俱成十二所以衆生正報因果和合亦成十二也吳興曰第四卷方世相涉加流變三疊波對依報顯於正報六根功德各千二百也此中相涉以依從正明世界顛倒立十二類生也既前云功德此云顛倒古師用此釋前三疊者其可順乎

是故世界因動有聲因聲有色因色有香因香有觸因觸有味因味知法六亂妄想成業性故十二區分由此輪轉是故世間聲香味觸窮十二變爲一旋復

吳興曰此就聲塵當體爲因從因聲有色

至因味知法則展轉相因以顯六亂之相也最後知法者知即意根法即法塵以後例前則有聞聲見色等義況云六亂妄想是知見聞覺知皆歸妄想溫陵曰由此六境發起六情名六亂妄想正為感業之本故名業性十二類生因此輪轉也世間聲香味觸牒上六亂妄想之類也

乘此輪轉顛倒相故是有世界卵生胎生濕生化生有色無色有想無想若非有色若非無色若非有想若非無想

補註曰此總標也由十二區分窮變旋復故輪轉顛倒各具十二而變化衆生成十二類也

阿難由因世界虛妄輪迴動顛倒故和合氣成八萬四千飛沉亂想如是故有卵羯邏藍流轉國土魚鳥龜蛇其類充塞

溫陵曰卵惟想生虛妄即想也想體輕舉名動顛倒卵以氣交名和合氣成想多升沉名飛沉亂想故感魚鳥飛沉之類也十二類各八萬四千者各由八萬四千煩惱感變也羯邏藍云凝滑入胎初位胎卵未分之相也

由因世界雜染輪迴欲顛倒故和合滋成八萬四千橫豎亂想如是故有胎遏蒱曇流轉國土人畜龍仙其類充塞

溫陵曰胎因情有雜染即情也情生於愛名欲顛倒胎以精交名和合滋成情有偏正名橫豎亂想故感人畜橫豎之類遏蒱曇云皰即胎卵漸分之相也虛妄雜染執著留礙等有情皆具但隨偏重者感類耳吳興曰依殼而起曰卵生含藏而出曰胎生假潤而興曰濕生無而忽有曰化生如是四生由內心思業為因外殼胎藏濕潤為緣藉緣多少而成次第卵生具四所以先說胎生具三濕生具二化生惟一謂思業也此依瑜伽所解

由因世界執著輪迴趣顛倒故和合煖成八萬四千翻覆亂想如是故有濕相蔽尸流轉國土含蠢蠕動其類充塞

溫陵曰濕以合感執著即合也合由愛滯觸境趣附名趣顛倒濕以陽生名和合煖成所趣無定名翻覆亂想故感蠢蠕翻覆之類也蔽尸云軟肉濕生初相也既不入胎故無前二位矣十生皆本於婬欲起於情想以迷情愈妄故化理愈乖以至蕩為空散頑為木石妄末雖殊妄本一也

由因世界變易輪迴假顛倒故和合觸成八萬四千新故亂想如是故有化相羯南流轉國土轉蛻飛行其類充塞

溫陵曰化以離應變易即離也離此託彼名假顛倒觸類而變名和合觸成轉故趣新名新故亂想故感報亦尔蛻脫故趣新也如虫為蝶則轉行為飛如雀為蛤則蛻飛為潛凡以不同形而相禪皆轉蛻也羯南云硬肉蛻即成體無軟相也自下皆稱羯南者諸類通稱止此若第五鉢羅奢佉曰成形則各隨狀貌非通稱也孤山曰化相者非無而忽有之化如蠐螬虫脫換故皮欣取新質意欲飛騰故云轉蛻飛行也吳興曰轉蛻飛行未必惟舉蠐螬之類蓋

是化生取譬之象如列子云天地委蜕下
文純想則飛皆取譬也是則轉蜕譬故形
之易脫飛行喻新質之輕舉無而忽有理
合在玆補註曰環圓二師所解化生固合
經義若論天獄鬼等皆有化相則岳師無
而忽有之說亦有理焉宜備取之
由因世界留礙輪迴障顛倒故和合著成八
萬四千精耀亂想如是故有色相羯南流轉
國土休咎精明其類充塞
資中曰事日月水火和合光明堅執不捨
障隔不通名為留礙精明顯著因此受生
故名色相星辰日月吉者為休凶者為咎
至于爝火蚌珠皆是此類溫陵曰一切精
明神物皆精耀也其想已結成精耀故但
有色而已涅槃云八十神皆因留礙想元
成此精耀此雖至精至神亦未離乎彙彼
輪轉顛倒相也
由因世界銷散輪迴惑顛倒故和合暗成八
萬四千陰隱亂想如是故有無色羯南流輪
國土空散銷沉其類充塞

溫陵曰厭有著空滅身歸無名銷散輪迴
迷漏無聞名惑顛倒厭有歸無則依晦昧
空故和合暗成而名陰隱亂想即無色界
外道類也此有想無色而不成業體故亦
稱羯南又有惑業皆重形色銷磨體合空
昧識附陰隱亦空散銷沉類也
由因世界罔象輪迴影顛倒故和合憶成八
萬四千潛結亂想如是故有想相羯南流轉
國土神鬼精靈其類充塞
資中曰蹤跡附影之類皆從憶想所生論
因或如外道凡夫祠禱神明託附形像終
身奉事志慕靈通因果相酬故生其類溫
陵曰虛妄失真邪著影像無所託陰從憶
想生於罔象中潛結貌狀其神不明而幽
為鬼精不全而散為靈無有實色但有想
相
由因世界愚鈍輪迴癡顛倒故和合頑成八
萬四千枯槁亂想如是故有無想羯南流轉
國土精神化為土木金石其類充塞
資中曰外道計無情有命金石堅牢或習
定灰凝思專枯槁心隨境變遇物成形如
華表生精黃頭化石之類是也溫陵曰不
了諦理固守愚癡癡鈍之極則頑冥無知
而精神化為土木金石也
由因世界相待輪迴偽顛倒故和合染成八
萬四千因依亂想如是故有非有色相成色
羯南流轉國土諸水母等以鰕為目其類充
塞
資中曰和合巧偽改故作新或假託因依
遁為形勢資身養命業果相循不從自類
受身故名非有色相等有情身內八萬户
蟲并是此類溫陵曰水母之類以水沫為
體以鰕為目本非有色待物成色不能自
用待物有用迷失天真綿著浮偽彼此異
質染緣相合故曰因依
由因世界相引輪迴性顛倒故和合呪成八
萬四千呼召亂想由是故有非無色相無色
羯南流轉國土呪詛厭生其類充塞
資中曰有一類生因聲呼召引發性成如
蝦蟆等以聲附卵論因或是樂為淫聲習

以生著從自性類不假他成名非無色相藉聲誕質故云無色溫陵曰邪業相引使性情顛倒而乘咒託識不由生理妄隨呼召即世間邪術呪詛精魅厭物因而有生者也

由因世界合妄輪迴罔顛倒故和合異成八萬四千回互亂想如是故有非有想相成想羯南流轉國土彼蒲盧等異質相成其類充塞

資中曰誣罔取他納為已有名罔顛倒皆親向義寄死託孤忘本蒸嘗認彼宗嗣是其因也溫陵曰二妄相合性情罔昧異質相成生理回互如彼蒲盧本為桑蟲非有蜂想而成蜂想異興曰以異質故非有想相以相成故成想羯南

由因世界怨害輪迴殺顛倒故和合怪成八萬四千食父母想如是故有非無想相無想羯南流轉國土如土梟等附塊為兒及破鏡鳥以毒樹果抱為其子子成父母皆遭其食其類充塞

溫陵曰怨害相酬傷殺相反生理悖誕棄絕倫義故感土梟之類因土塊毒果成形非無為想而本無想也資中曰父母有愛名非無想相怨無有愛故云無想問既是怨對無感生緣何得用附而生怨中有愛荅如畜豬羊貪殺故養豈非怨中亦有愛乎狐山曰土梟破鏡者按史記孝武本紀云祠黃帝用一梟破鏡孟康曰梟鳥名也食母破鏡食父黃帝欲絕其類使百物祠皆用之破鏡如貙而虎眼今云鳥者恐譯人誤或鳥字合是獸字後人妄改耳

是名衆生十二種類

溫陵曰此皆不了妙覺明心迷陷情欲積妄發生妄隨輪轉非正脩行莫能免脫故下文示以除妄脩證之法焉

大佛頂如來密因脩證了義諸菩薩萬行首楞嚴經會解卷第十四

大佛頂如來密因修證了義諸菩薩萬行首楞嚴經會解卷第十四

校勘記

一　底本，明永樂北藏本。

一　七〇八頁中九行二字「藏」，徑無。

一　七〇九頁下五行「以上」，清作「通上」。

一　七〇九頁下一九行「斯吼」，徑、清作「斯呪」。

一　七一〇頁上一九行「慧字」，清作「彗字」。

一　七一一頁上九行「寶杆」，徑、清作「寶杵」。

一　七一一頁中七行第七字「佇」，徑作「住」。

一　七一三頁中一四行「卵生」，徑、清作「卵生」。

一　七一四頁上一九行「流輪」，徑、清作「流轉」。

一　七一五頁中一五行「除妄」，徑作「除示」。

大佛頂如来密因脩證了義諸菩薩萬行首
楞嚴經會解卷第十五　遐五

天竺沙門般剌密帝譯
烏萇國沙門彌伽釋迦譯語
菩薩戒弟子前正議大夫同中書門下平
章事房融筆受
師子林沙門　惟則　會解

阿難如是衆生一一類中亦各各具十二顛倒猶如揑目亂華發生顛倒妙圓真淨明心具足如斯虛妄亂想

温陵曰十二顛倒即動顛倒欲顛倒至殺顛倒也孤山曰各具即互具也以一一類心妄種皆具一則現起名事造餘則宜伏名理具以妄本無體元是真心是故妄具元是真具具無具相一切皆空如是了知始可議道

汝今脩證佛三摩地於是本因元所亂想立三漸次方得除滅如淨器中除去毒蜜以諸湯水并雜灰香洗滌其器後貯甘露云何名為三種漸次一者脩習除其助因二者真脩刳其正性三者增進違其現業

吳興曰除去毒蜜喻除其助因及刳其正性也湯水如正行灰香如助行甘露譬所證之理孤山曰言漸次者事漸理圓不同偏教之漸也問此三漸次於天台六即中屬何位耶答名字中脩能成觀行及發真似也長水曰前問至何漸次得修行目今此第二正名脩行故云真脩

云何助因阿難如是世界十二類生不能自全依四食住所謂段食觸食思食識食是故佛說一切衆生皆依食住阿難一切衆生食甘故生食毒故死是諸衆生求三摩地當斷世間五種辛菜是五種辛熟食發婬生啖增恚如是世界食辛之人縱能宣說十二部經十方天仙嫌其臭穢咸皆遠離諸餓鬼等因

彼食次舐其脣吻常與鬼住福德日消長無利益是食辛人修三摩地菩薩天仙十方善神不來守護大力魔王得其方便現作佛身來為說法非毀禁戒讚婬怒癡命終自為魔王眷屬受魔福盡墮無間獄阿難修菩提者永斷五辛是則名為第一增進脩行漸次

温陵曰四食者人間段食謂所飡必有分段鬼神觸食但歆觸而飽禪天思食食至或但思之而飽識天識食既無形色但以識想此直明衆生皆依食住而因食戒斷五辛不必他引也五辛内發婬恚外引邪魅故名助因也吳興曰食甘等舉段食之損益欲除五辛之助因也以五辛能發婬恚猶毒死之食焉孤山曰五辛者楞伽經云葱蒜韭薤與渠也應法師云興渠梵音訛也正云興宜慈愍三藏云根如蘿蔔出土辛臭慈愍冬至彼土不見其苗則此方無故不翻也

云何正性阿難如是衆生入三摩地要先嚴持清淨戒律永斷婬心不飡酒肉以火淨食無啖生氣阿難是修行人若不斷婬及與殺生出三界者無有是處當觀婬欲猶如毒蛇如見怨賊先持聲聞四棄八棄執身不動後行菩薩清淨律儀執心不起

温陵曰欲刳婬殺正性必持戒律不飲酒

防亂之至也不啾生防殺之至也律中五果皆須火淨示不啾生氣也婬如毒蛇怨賊者能害法身殺慧命故也執身使無犯也執心使無思犯也
禁戒成就則於世間永無相生相殺之業偷劫不行無相負累亦於世間不還宿債
吳興曰不婬故無相生乃至不妄故不還宿債以大妄語貪其供養故約位言之此應在外凡觀行之中
是清淨人修三摩地父母肉身不須天眼自然觀見十方世界覩佛聞法親奉聖旨得大神通遊十方界宿命清淨得無艱險是則名爲第二增進修行漸次
資中曰此如法華現身所得六根清淨即相似位也
云何現業阿難如是清淨持禁戒人心無貪婬於外六塵不多流逸
溫陵曰流逸奔塵起現前業由戒禁制得不流逸斯能違遠
因不流逸旋元自歸塵既不緣根無所偶返流全一六用不行
吳興曰因不流逸由斷客塵煩惱也旋元自歸漸入如來藏理也塵既不緣下此又進破根本無明也前屬似位但云不多流逸今取真證乃是根塵泯亡逆無明流純一真性微細生滅六用不行
十方國土皎然清淨譬如琉璃內懸明月身心快然妙圓平等獲大安隱一切如來密圓淨妙皆現其中
吳興曰先顯依報淨有法有喻次顯正報淨有自有他自則三德圓證他則諸佛同體補註曰密理也圓智也淨妙行也即法身等三德
是人即獲無生法忍從是漸修隨所發行安立聖位
溫陵曰華嚴十忍第三曰無生法忍謂不見有少法生不見有少法滅離諸情垢無作無願安住是道名之曰忍吳興曰此中別指初住以上名爲聖位若下文云以三增進故能成五十五位真菩提路則通取十信也
是則名爲第三增進修行漸次
吳興曰上三漸次且約麤細前後分別若圓修者豈不以違其現業爲創心發觀之本歟故第一漸次即云脩菩提者永斷五辛也當知菩提無漸次漸次取菩提譬如滄溟太霄詎有涯量由操舟舉翮之異而里數生焉此下乾慧地等即後二漸次之所階也孤山以瓔珞五十二位對今辨之有一合三開之相一合者合十信爲乾慧地也三開者開初住爲十信心開十向爲四加行開等覺出金剛乾慧也今詳此說惟四加行開相則顯餘不應然至下銷文當見其義
阿難是善男子欲愛乾枯根境不偶現前殘質不復續生
吳興曰是善男子指圓教外凡之人也不可躐上安立聖位而爲次第以漸次是通明脩行從微至著地位是別示凡聖自下昇高人未審之便將此地作無生法忍釋

之者誤矣欲愛乾枯者且從麁惑言之若通說者即圓修三觀頓伏五住乃觀行成相也根境不偶者此與上文塵既不緣等名義雖同麁細成異現前下謂由欲愛乾枯則於世間永無相生相殺之業故此身

若謝来報不生準天台以五濁輕重分同居淨穢今五濁既輕即當捨穢而趣淨矣

執心虛明純是智慧慧性明圓鎣十方界乾有其慧名乾慧地欲習初乾未與如来法流水接

吳興曰人法二執了無實性故曰執心虛明即惑成智體具寂照故曰鎣十方界大品十地初名乾慧天台於圓教十信前立五品位且曰義推如大品乾慧地也噫智者隋時此経未至而所立名位懸契佛心非聖人孰能是歟沇師亦謂此經乾慧是天台五品位但不合兼通六根清淨耳問既云未與如来法流水接豈非須指初住分真為法流邪荅信之與住俱預法流請以喻觀自明兩相故前文云如澄濁水貯於靜器靜深不動沙土自沉清水現前名為初伏客塵煩惱去泥純水名為永斷根本無明斯則顯以通別二惑為濁流真中二理為清水驗今乾慧未入信心

即以此心中中流入圓妙開敷從真妙圓重發真妙妙信常住一切妄想滅盡無餘中道純真名信心住

吳興曰以觀行心緣中道理相續無間流入初信圓師云此下十信雖與諸經名同而於名下皆結住名故知即是初住分開也況云中道純真豈是相似位邪此說不然夫如来設教被機不同此経以前權實未融地位多別如瓔珞所說先空次假後中之相也今既開權顯實豈以皆経而為較量乎所以原始要終莫不皆用中道妙觀觀常住妙理苟不如是將何以顯此経純圓邪但依一家六即之義銷諸圓妙之文無相濫矣言圓妙開敷者即見惑先落三諦似顯也從真妙圓等釋成上句謂從乾慧真妙圓心重發此位真妙信心心與理冥故曰妙信常住涅槃明須陀洹所斷見惑如四十里水其餘在者如一毛渧今約此義云一切妄想滅盡無餘也名信心住者信為能住理為所住如無著立一十八住判金剛般若始終地位亦何必初住方受住名

真信明了一切圓通陰處界三不能為礙如是乃至過去未来無數刼中捨身受身一切習氣皆現在前是善男子皆能憶念得無遺忘名念心住

吳興曰捨身受身即分段生死也一切習氣即思惑正使也故下文明五不還天所斷欲惑亦名習氣又應通指二死為捨身總名五住為習氣以上文云過去未来無數刼中故若爾則習氣之義不可取大論垢衣香器為喻

妙圓純真真精發化無始習氣通一精明惟以精明進趣真淨名精進心

吳興曰化變也變諸妄習純成真明言其精也惟以下示其進也

心精現前純以智慧名慧心住
溫陵曰妄習既盡故心精現前而進趣云為純智無習矣
執持智明周徧寂湛寂妙常凝名定心住
溫陵曰慧既純明須定以持之吳興曰周徧寂湛謂定之用寂妙常凝謂定之體
定光發明明性深入惟進無退名不退心
溫陵曰以定持慧至於寂湛故性光發明而深入於道
心進安然保持不失十方如來氣分交接名護法心
吳興曰按圓位至此斷三界思盡即六根清淨之正位也配瓔珞屬七住對大品當佛地約婆沙齊三十四心智者云三藏佛位望六根清淨位有齊有劣同除四住此處為齊若伏無明三藏即劣既是發真斷惑之大節故特示云十方如來氣分交接
覺明保持能以妙力迴佛慈光向佛安住猶如雙鏡光明相對其中妙影重重相入名迴向心
吳興曰覺明保持即護法心也上氣分交接則自他心佛相應相冥今迴佛慈光向于佛境則與智明相對相照故曰猶如雙鏡等又約十方如來對照亦然故曰其中妙影等
心光密迴獲佛常凝無上妙淨安住無為得無遺失名戒心住
吳興曰迴向既成同佛常寂常寂之體即是無上妙淨明心安住此心正防無明微細之患故得戒名
住戒自在能遊十方所去隨願名願心住
吳興曰準天台圓教未斷無明生同居者名為願生正符此文也又說十信出假利益衆生令遊十方亦合其義
阿難是善男子以真方便發此十心心精發揮十用涉入圓成一心名發心住
吳興曰瓔珞初住增修十心彼乃別教之相也智者以瓔珞十心對十乘觀法約圓初住具明十德章安云應是轉似為真一住具十也今云真方便者謂真家之方便又真即方便皆以中道心脩故十用涉入圓成一心豈非智者章安之意乎橫開之說固無此理
心中發明如淨琉璃內現精金以前妙心履以成地名治地住
吳興曰能證心如琉璃所顯理如精金履治也依前心地以觀治之
心地涉知俱得明了遊履十方得無留礙名脩行住
吳興曰上治地由境得名此修行從智受稱境發於智故云心地涉知等以智徧脩故云遊履十方等
行與佛同受佛氣分如中陰身自求父母陰信冥通入如來種名生貴住
溫陵曰妙行密契則妙理冥感將生佛家為法王子故名生貴中陰喻冥感之理也現陰已謝後陰未生之中名曰中陰孤山曰分真智與究竟智等名行與佛同分證理與究竟理等名受佛氣分如中陰下以喻顯之究竟權智如父實智如母任運相

合名自求父母容齊果德如陰信實通斯
即稟佛遺體初託聖胎也
既遊道胎親奉覺胤如胎已成人相不缺名
方便具足住
孤山曰此喻雖在真因而自行利他之相
同佛不缺也溫陵曰同妙行之氣分真妙
理之中陰是遊道胎奉覺胤也道胎既成
故妙相不缺而修行方便具矣
容貌如佛心相亦同名正心住
孤山曰容貌喻應用心相喻理智溫陵曰
容貌外同心相內異非正心也
身心合成日益增長名不退住
孤山曰色心互融不相妨礙故曰合成溫
陵曰同佛之德有進無退
十身靈相一時具足名童真住
經五　十一
溫陵曰具體而微故以童稱十身者菩提
身願身化身力身莊嚴身威勢身意生身
福身法身智身也資中曰十身靈相即盧
舍那也聲聞身緣覺身菩薩身如來身法
身智身國土身業報身衆生身虛空身此
十種身如隨色珠顯現自在菩薩雖未如
佛分得此相具興曰準華嚴八地方現十
身今八住具足者正顯今圓已齊彼別也
補註曰溫陵所解菩提身等即是資中所
解如來身中之所開出者也
形成出胎親為佛子名法王子住
孤山曰出胎者喻破第九住無明又從理
起用亦如出胎紹隆佛種故云親為佛子
溫陵曰自發心至生貴名入聖胎自方便
具足至童真名長養聖胎至此長養功終
故喻出胎王子
表以成人如國大王以諸國事分委太子彼
刹利王世子長成陳列灌頂名灌頂住
孤山曰表以成人堪行佛事也太子世子
異其文耳春秋曰會太子于首止禮云文
王世子皆天子之子也陳列灌頂者華嚴
云轉輪聖王所生太子母是正后身相具
足坐白象寶妙金之座張大網縵奏諸音
樂取四大海水置金瓶內王執此瓶灌太
子頂是時即名受王職位菩薩受職亦復
如是諸佛智水灌其頂故名為受大智職
菩薩彼第十法雲地名灌頂菩薩今此十
住亦分得也然圓教分真以來悉有應用
論其智力不無優劣故初住百佛世界現
十界像利祐衆生位位竪入倍倍增勝經
中所明各就一義若論一位具諸位功德
經五　十二
則十義俱徧十住既爾下去皆然
阿難是善男子成佛子已具足無量如來妙
德十方隨順名歡喜行善能利益一切衆生
名饒益行
溫陵曰具佛妙德故能十方隨順無適不
可自他利備機應俱喜故名歡喜善推妙
德益以利人故名饒益
自覺覺他得無違拒名無瞋恨行
溫陵曰瞋恨生於違拒長水曰自覺故無
明不能違智覺他故有情不能拒化二利
兼成故無瞋恨
種類出生窮未來際三世平等十方通達名
無盡行
孤山曰種類出生者化十界身化復作化

也窮未來際益物無盡竪徧三世横周十
方
一切合同種種法門得無差誤名離癡亂行
孤山曰妙智了達塵沙法門異名別說同
歸一理故離癡亂
則於同中顯現群異一一異相各各見同名
善現行
孤山曰同中現異達理即事故異相見同
達事即理故溫陵曰由無癡亂故能於種
種法門互現隨應圓融自在所謂善現也
如是乃至十方虛空滿足微塵一一塵中現
十方界現塵現界不相留礙名無著行
溫陵曰此由善現行充擴圓融也塵中現
刹名現界不壞塵相名現塵
種種現前咸是第一波羅密多名尊重行
溫陵曰種種所現皆是般若性德無作妙
力自在成就故名尊重金剛稱第一波羅
密即般若也吳興曰智慧輕薄般若尊重
故此名焉
如是圓融能成十方諸佛軌則名善法行一
一皆是清淨無漏一真無為性本然故名真
實行
吳興曰上善法行全性起修故成法則此
真實行全修是性故皆無為溫陵曰總括
前行無非真性本然妙用相雖萬殊體惟
一真故名真實如是十行乃至後位不離
前法而皆相躡別設者一使行人隨位增
進開擴性覺淨治惑障而成熟佛果也
阿難是善男子滿足神通成佛事已純潔精
真遠諸留患當度衆生滅除度相回無為心
向涅槃路名救護一切衆生離衆生相回向
溫陵曰前十住十行出俗心多大悲行劣
此須濟以悲願處俗利生回真向俗回智
向悲使真俗圓融悲智不二是名十回向
位名十願也滿足神通遠諸留患牒前
現塵現界不相留礙等事謂此行滿足當
衆回向行中回向之行悲願最深故職在
度生然見有可度即涉有為背涅槃路故
須滅除度相回無為心向涅槃路也
壞其可壞遠離諸離名不壞回向
吳興曰壞其可壞徒所壞境說遠離諸離
約能壞智論不見可壞之相是名不壞
本覺湛然覺齊佛覺名等一切佛回向精真
發明地如佛地名至一切處回向
吳興曰上覺言智此地言理皆因果體同
故云等也至也
世界如來互相涉入得無罣礙名無盡功德
藏回向
補註曰準吳興解則世界即理如來即智
也
於同佛地地中各各生清淨因依因發揮取
涅槃道名隨順平等善根回向
孤山曰於諸佛理地起為行真因依此真
因發越揮散周徧法界以取究竟涅槃之
道行從理起名隨順平等能生一切善
善根
真根既成十方衆生皆我本性性圓成就不
失衆生名隨順等觀一切衆生回向
溫陵曰平等善根性真圓融周徧法界故
十方衆生皆我本性我善既成亦能成就

一切衆生善根無有遺失無有高下故名
隨順等觀
即一切法離一切相惟即與離二無所著名
真如相回向
孤山曰即一切法假也離一切相空也二
無所著中也
真得所如十方無礙名無縛解脱回向性德
圓成法界量滅名法界無量回向
孤山曰三德妙性於此圓成不見十界高
下差别故云法界量滅温陵曰初證性德
以為齊佛以為如佛以為至一切處等皆
存量見則法界性未離有量及乎性德圓
成乃滅量見乃得無量此總治前位限量
情見此性圓成可入十地矣
阿難是善男子盡是清淨四十一心次成四
種妙圓加行
温陵曰四十一心者乾慧一信住行向各
十小乘通教皆有四加而非妙非圓故此
特標妙圓加行樵李曰攬瓔珞等經皆不
别列四加行位若惟識等論則以地前四

十心為外凡資糧位十回向後别明煖等
為内凡加行位吳興曰今四加行正如惟
識所説也而彼於地前分内外凡位者乃
别教一塗之義以登地是菩薩聖位聖位
難入故開此加行耳問今經圓教何用别
位乎荅借别名圓斯有其例如仁王云三
十六
賢十聖住果報是也敏師謂此經未必純
圓應無别義其失甚哉
即以佛覺用為已心若出未出猶如鑽火欲
然其木名為煖地
長水曰佛覺果智也補註曰前之佛覺雖
曰能齊未能正證今將趣聖果故即用佛
覺為已因心復加功行以求正證初入因
位未即得果故譬鑽火方得煖相
又以已心成佛所履若依非依如登高山身
入虚空下有微礙名為頂地
吳興曰依煖地心修佛果智智觀於心故
如足履地心相垂盡故若依非依高山喻
當位之心虚空喻所依之理無明未盡故
下有微礙

心佛二同善得中道如忍事人非懷非出名
為忍地
温陵曰已心佛覺融為一體曰二同因果
兩忘二邊不立曰中道而此中道將證未
證故如忍事人非懷非出吳興曰忍取信
順之義今心佛二同等即信順也如僧中
十七
辦事忍則默然既不懷疑亦不出説也
數量銷滅迷覺中道二無所目名世第一地
吳興曰若迷中道及覺中道皆是數量即
世間義也今既消滅二無所目當出世間
然猶未入初地故名世第一也温陵曰若
進十地極乎妙覺乃出世第一也
阿難是善男子於大菩提善得通達覺通如
來盡佛境界名歡喜地
孤山曰覺通如來智同佛智也盡佛境界
理齊佛理也三諦圓融名佛境界比前曰
盡其實未盡以初得法喜故名歡喜温陵
曰十地者藴積前法至於成實一切佛法
依此發生故謂之地也自十信已還位皆
躡迹相資直趣妙覺於中不無斷證是皆

不斷而斷不證而證也

異性入同同性亦滅名離垢地

真際曰由前於大菩提善得通達名異性入同同性亦滅者若見於同即爲垢矣華嚴云譬如真金置礬石中如法鍊已離一切垢

淨極明生名發光地

溫陵曰發光者情見之垢淨則妙覺之明生也

明極覺滿名燄慧地

溫陵曰燄慧者明極覺滿如大火聚一切緣影悉皆爍絕故也

一切同異所不能至名難勝地

吳興曰發地智名同地前智名異至猶及也溫陵曰由前燄慧爍絕故一切同異所不能至至尚不能孰能勝哉

無爲真如性淨明露名現前地

溫陵曰同異不至則真如淨性明露現前矣真如現前分證則局盡際乃遠

盡真如際名遠行地

吳興曰盡真如際者斯是無際之際理既無際行豈近乎

經五　十八

一真如心名不動地

溫陵曰既盡其際乃全得其體一真凝常故名不動

發真如用名善慧地

溫陵曰既得真體斯發真用凡所照應無所不真無所不如故名善慧資中曰華嚴名此菩薩具四無礙智作大法師演說無量阿僧祇句義無有窮盡故名發真如用

阿難是諸菩薩從此已往修習畢功功德圓滿亦目此地名修習位

溫陵曰此結前顯後也自初發信至于登地皆修習之事而此善慧已超八地無功用道智悲並圓則修習之功終畢於此故名修習以結十地之因次後乃十地之果無復修習矣華嚴十地以金剛藏表因解脫月表果亦以因地有修果地無修也問後位既無修習復有斷障之事何邪答此明智悲功終得十地果而已若論斷障則等覺之位猶是修習故至妙覺乃名無學補註曰此一節諸師有以連下法雲地說

經五　十九

今詳文義且順環解

慈陰妙雲覆涅槃海名法雲地

吳興曰以無緣慈普陰衆生本涅槃相如雲覆海溫陵曰慈陰妙雲十地果德也涅槃海妙覺果海也十地果滿智悲功圓無復自利純是利他故大慈之陰充徧法界無心無緣而應彼心緣施作利潤而本寂無作稱合如來大寂滅海故云覆也

如來逆流如是菩薩順行而至覺際入交名爲等覺

吳興曰理無逆順由權實智而得二名如來權智下隨機感故謂之逆菩薩實智上合覺心故謂之順瓔珞云等覺照寂妙覺寂照即其義焉至此位時當二智相交之際故名等覺溫陵曰十地菩薩混俗利生與如來同但所趣逆順與如來異蓋如來逆流出同萬物菩薩順流入趣妙覺已至覺際故名入交與佛無間故名等覺即解脫道前無間道也此雖齊等未極於妙蓋能順能入而已須於大寂滅海逆流而出

妙同萬物乃名妙覺也

阿難從乾慧心至等覺已是覺始獲金剛心中初乾慧地

溫陵曰此明等覺後心妙覺伏道妙覺之道無別行相但從初乾慧至等覺已復起金剛心從初重歷諸位破斷微細緣影最後無明使纖塵不立乃可入妙為其後從初位以始故名金剛心中初乾慧地識陰盡者能入菩薩金剛乾慧即此也前名乾慧以未與如來法流水接此名乾慧以未與如来妙莊嚴海接名雖乍同義乃迥異吳興曰興福於等覺後别目此地以為一位資中科此在妙覺中真際判屬前等覺位檇李亦然至于孤山復同興福惟長水所說節文有殊從阿難至金剛心中屬等覺位以初乾慧地連下如是重重等攝為妙覺位也意謂初乾慧地但是牒示前文耳諸說相戾人到于今莫知適從余嘗嚴之當取節敏二師所說為善如瓔珞云等覺性中有一人名金剛幢慧故知不可別開此地也言初乾慧者由此菩薩以大願力住壽百劫修千三昧今既始獲豈非初邪若疑乾慧之名但在信前不合通後只如伏忍之名亦在外凡何故仁王通金剛定應知彼之伏忍即今之乾慧以障妙覺無明初乾未與究竟如来法流水接故也補註曰金剛乾慧宜依岳師所取判屬等覺且詳味經文云至等覺已是覺始獲金剛心中初乾慧地既云是覺始獲則知金剛乾慧定屬等覺雖屬等覺亦乃入妙之方也如環師所謂至等覺已復起金剛心重歷諸位破斷緣影乃可入妙此亦可取然此但是等覺位中復起此心而已不可目為後心别開一位若據别開則下單複十二乃至五十五位真菩提路恐難配合

如是重重單複十二方盡妙覺成無上道

溫陵曰獨由信心以歷諸位曰單兼金剛心重歷諸位曰複十二者乾信住行向煖頂忍世地等金是也十二為因妙覺為果故單複十二方盡妙覺吳興曰單複十二謂單十複十有二也十信十住十行十地即單十十回向即複十以四加行只是十回向後心耳并前乾慧及等覺位故有二也補註曰環師既謂以金剛心重歷諸位然則金乃能歷位乃所歷而又列金於十二位中此其容有議也故知重歷之說理宜有焉但單複十二及下真菩提路則當以岳解為順

是種種地皆以金剛觀察如幻十種深喻奢摩他中用諸如来毗婆舍那清淨修證漸次深入

溫陵曰此教其用金剛心成就妙覺之方也種種地單複十二位也十喻者幻人陽燄水月空華谷響乾城夢影像化也了法如此則頓忘情解纖塵不立故曰清淨修證奢摩他毗婆舍那云止觀言如来者揀異小乘

大佛頂如来密因修證了義諸菩薩萬行首楞嚴經會解卷第十五

大佛頂如來密因修證了義諸菩薩萬行首楞嚴經會解卷第十五

校勘記

一　底本，明永樂北藏本。

一　七一八頁上八行「虛明」，徑作「虛名」。

一　七一八頁上一六行「流師」，徑作「沇師」。

一　七一八頁中一四行第一三字「皆」，徑、清作「昔」。

一　七一八頁中一八行第一〇字「敫」，徑、清作「敷」。又第一四字「惑」，清作「慈」。

一　七一九頁下八行「心地涉知」，徑作「心地涉之」。

一　七二〇頁中一八行「綱縵」，徑、清作「綱縵」。

大佛頂如來密因修證了義諸菩薩萬行首楞嚴經會解卷第十六　遐六

阿難如是皆以三增進故善能成就五十五位真菩提路

溫陵曰信住行向地為五十并金剛心四加等妙有五十七位獨指五十五為菩提路者等妙乃菩提之果由是路以趣證也

吳興曰三增進者即漸次也前三文下皆結示云是名增進修行漸次又云從是漸修隨所發行安立聖位或指金剛奢摩毗婆為三者非也五十五位者除前乾慧由信至等覺是也問何故除乾慧而又不取妙覺耶荅既言真菩提路則顯乾慧非真妙覺非路補註曰環師前解單復十二既云十二為因妙覺為果今解真菩提路乃兼等覺為果而又以金剛心路插於等妙之間故余所謂難配合者此也

作是觀者名為正觀若他觀者名為邪觀

吳興曰五十五位既由三增進故而得成就今簡邪正所以約觀言之須知圓教之外三乘所修皆屬邪觀孤山曰圓教地位以六即配之則十信為相似即初住以後為分真即妙覺為究竟即問六即之義云何荅請以鏡喻一理即如鋼性本明塵故不見悉人不了惟謂塵暗二名字即知塵非實有暗體本明三觀行即由知本明方事磨瑩也四相似即惟求明性而麤垢先落也五分真即者明性已現也六究竟即者明性雖現更假四十二番磨瑩然後本明之性乃得究竟顯也四十二番謂由分真初住進至妙覺共有四十二位蓋從初住至妙覺共破四十二品無明顯四十二分中道而真明之性得究竟顯也問今經開位既多則其所破無明為只四十二品為更多耶荅大分只四十二也如第十回向雖開四加亦只一品無明細開為五耳問既從初住進破無明以至妙覺則其間力用無優劣耶荅圓教分真始自初住終乎妙覺悉能現十界像教化衆生論其力用不無優劣故初住止能百佛世界分身散影作十界像利祐衆生由此倍倍轉深矣

爾時文殊師利法王子在大衆中即從座起頂禮佛足而白佛言當何名是經我及衆生云何奉持

孤山曰此經發起為救阿難是故先開圓解次顯圓行行成入位極乎妙覺垂範來世有始有終於是文殊請問經名及奉持法也溫陵曰上明證果竟自此以下名結經分正宗未終而遽結經者由初示密因次開修證而卒乎極果則經之正範畢矣結經後文尚屬正宗而名助道分者特助道而已故於後別列乃正助之辨也

佛告文殊師利是經名大佛頂悉怛多般怛羅無上寶印十方如來清淨海眼

溫陵曰大佛頂白傘蓋無上寶印者體極含裹超情離見即如來藏之心印也證佛心要必契於此十方如來清淨海眼者照窮刹海淨絕纖塵即爍迦羅之法眼也開佛知見必資於此實大事因緣非小智之

法故以文殊請問

亦名救護親因度脫阿難及此會中性比丘尼得菩提心入徧知海亦名如來密因修證了義

温陵曰阿難爲親摩登爲因舉斯二者明有緣皆度也無上正覺由此經得一切智海由此經入亦名如來下謂如來正果籍此爲因權乘修證皆不了義

亦名大方廣妙蓮華王十方佛母陀羅尼咒

吳興曰大方廣所說之法也大方是體廣是其用即空如來藏具不空之用也又常徧曰大軌持曰方包博曰廣如次配法身般若解脫亦如來藏之三德也温陵曰因果同彰染淨不滞於法自在名妙蓮華王出生十方一切諸佛總一切法持無量義名十方佛母陀羅尼咒

亦名灌頂章句諸菩薩萬行首楞嚴汝當奉持

吳興曰此經從天竺灌頂部中流出盖約密言名灌頂章句有誦持者則如來智水灌其心頂亦如刹利之受職也菩薩萬行以首楞嚴爲本又修此定者於一心中具足萬行故涅槃云首楞者一切事竟嚴者堅固一切畢竟而得堅固名首楞嚴温陵曰菩薩由此受佛職位故名灌頂章句也

結經分竟下爲助道分而有二科一曰別明諸趣戒備失錯始於下文而終于第九卷中二曰詳辨魔境深防邪誤始於第九卷中如來將罷法座處而終于第十卷末

說是語已即時阿難及諸大衆得蒙如來開示密印般怛羅義兼聞此經了義名目頓悟禪那修進聖位增上妙理心慮虛凝斷除三界修心六品微細煩惱

温陵曰此結叙時衆獲益下乃讚謝也開示密印至增上妙理通指前經奥義也修道所斷之惑小乘於三界分九地地各九品斷欲界前六品而證二果斷後三品而證三果斷上二界各九品而證無學今此增上頓斷故言三界六品

即從座起頂禮佛足合掌恭敬而白佛言大威德世尊慈音無遮善開衆生微細沉惑令我今日身心快然得大饒益世尊若此妙明真淨妙心本來徧圓如是乃至大地草木蠕動含靈本元真如即是如來成佛真體佛體真實云何復有地獄餓鬼畜生修羅人天等道世尊此道爲復本來自有爲是衆生妄習生起

温陵曰前說真淨妙心本來徧圓則法界一真萬動一體宜無諸趣之異其如方今現有乃常情所疑故或執諸趣而迷妙圓之體或執妙圓而撥諸趣之業以至失錯墮落故特請問冀行人詳明而知所戒備也吳興曰前阿難問位後佛言妙性圓明離諸名相本來無有世界衆生因妄有生因生有滅生滅名妄滅妄名真等於是先約因妄有生明二種顛倒後約滅妄名真明漸次諸位然於世界顛倒中所說十二類生一往且示欲界因果之相其實界趣說而未周今答位既終故躡前妙性之義領其庶彙皆是真如發起如來委談諸趣

以此觀之離是正宗之餘也懲節二師從文殊問名以來判入流通固未可也

世尊如寶蓮香比丘尼持菩薩戒私行婬欲妄言行婬非殺非偷無有業報發是語已先於女根生大猛火後於節節猛火燒然墮無間獄琉璃大王善星比丘琉璃爲誅瞿曇族姓善星妄說一切法空生身陷入阿鼻地獄此諸地獄爲有定處爲復自然彼彼發業各各私受惟垂大慈發開童蒙令諸一切持戒衆生聞決定義歡喜頂戴謹潔無犯

溫陵曰琉璃匿王太子廢父自立挾宿嫌誅釋種佛記其七日當入地獄王泛海以避水中自然燒滅善星比丘能說十二部經獲四禪果因狎邪友妄言無佛無法無有涅槃故生陷無間此皆謗執妙圓撥無業趣者吳興曰問意有二謂別業同報別業別報初問婬殺妄三即別業也爲有定處即同報也爲復自然下次問別業別報遞下答意皆是別業同報耳文云循造惡業雖則自招衆同分中兼有元地乃至云不斷三業各各有私因各各私衆私同分非無定處

佛告阿難快哉此問令諸衆生不入邪見汝今諦聽當爲汝說阿難一切衆生實本眞淨因彼妄見有妄習生因此分開內分外分阿難內分即是衆生分內因諸愛染發起妄情情積不休能生愛水是故衆生心憶珍羞口中水出心憶前人或憐或恨目中淚盈貪求財寶心發愛涎舉體光潤心著行婬男女二根自然流液阿難諸愛雖別流結是同潤濕不升自然從墜此名內分

吳興曰問憐由情愛生水可然恨由怨憎何以流淚答此中內分悉約情論以愛爲情且言少分如喜怒哀樂愛惡六者皆人之情也是故怨恨亦屬于情情重則悲悲乃成淚內分之義當文難曉須取下文外分顯之且外分云心持禁戒舉身輕清心欲生天夢想飛舉等應知從持戒善及修禪定有人天乘者即屬外分降斯已還皆屬內分問下文云情想均等生於人間若謂人乘即屬外分合是純想何得均情邪答只緣人間持戒相紛善惡猶雜故言均等至若情想多少並隨善惡升沉惟純想生天方越內分也況師以緣身起愛爲內彼彼勝事爲外何其近哉

阿難外分即是衆生分外因諸渴仰發明虛想想積不休能生勝氣是故衆生心持禁戒舉身輕清心持呪印顧盼雄毅心欲生天夢想飛舉心存佛國聖境冥現事善知識自輕身命阿難諸想雖別輕舉是同飛動不沉自然超越此名外分

溫陵曰想能生勝而卵以想生者由染淨異也吳興曰且指人天想心名爲外分非出世三乘之智也何者前文因阿難問於地獄乃至人天等道於是佛說妄習開爲二分次約二分以辨諸趣諸趣之後總結示云此等衆生不識本心受此輪迴等故知外分不出三界也文中雖云心存佛國聖境冥現斯蓋汎舉勝氣之相者約修論乃是十方同居事想耳

阿難一切世間生死相續生從順習死從變流臨命終時未捨煖觸一生善惡俱時頓現死逆生順二習相交

孤山曰生從順習死從變流者以一切衆生皆愛生而惡死也是故生則順其習死則逆其習故復云死逆生順二習相交此乃文辭互略耳只是生從存住故順習死從變流故逆習也未捨煖觸謂現陰之末中陰之初也溫陵曰逆順相交謂方死方生之間也一切善惡之業即於是時隨其情想輕重而感變焉

純想即飛必生天上若飛心中兼福兼慧及與淨願自然心開見十方佛一切淨土隨願往生

吳興曰必生天上者據下情少想多但在四天之下驗今純想所生應是忉利以上若單修善禪則惟生上界若兼諸福慧則隨往十方於飛心中旁論福慧故皆云兼

情少想多輕舉非遠即爲飛仙大力鬼王飛行夜叉地行羅刹遊於四天所去無礙其中若有善願善心護持我法或護禁戒隨持戒人或護神咒隨持咒者或護禪定保綏法忍是等親住如來座下

溫陵曰勝想不純少滯邪情故感此類其中下謂雖滯邪情而有善願斯感善緣即天龍八部類也真際曰情少想多此通舉也理宜等降四類分之一情九想即爲飛仙二情八想爲大力鬼王三情七想爲飛行夜叉四情六想爲地行羅刹

情想均等不飛不墜生於人間想明斯聰情幽斯鈍

孤山曰由昔情想感今聰鈍是知言均等者總報之業也言幽明者別報之業也由所習情想各在強弱致有聰鈍之異

情多想少流入橫生重爲毛群輕爲羽族七情三想沉下水輪生於火際受氣猛火身爲餓鬼常被焚燒水能害己無食無飲經百千劫九情一想下洞火輪身入風火二交過地輕生有間重生無間二種地獄

真際曰情多想少亦合分四六情四想流入橫生七情三想墜爲餓鬼八情二想生有間獄九情一想生無間獄溫陵曰橫生者情多故淪墜帶想故飛舉而業重不能但爲毛群耳俱舍說大地最下有金水風輪有八寒八熱地獄在三輪之上此文說沉下水火風輪又似地獄在三輪之下疑此所指非地下三輪乃地獄三輪也言水輪火際即寒獄第八也受氣猛火謂受火氣以爲身故常被火燒或得水飲亦化爲火故曰水能害己也下洞火輪即八熱獄也身入風火二交過地謂超寒獄入熱獄也熱獄第八名五無間有間即餘七也孤山曰只就七熱地獄自有輕重而此無間非五無間下文阿鼻方是第八熱獄名五無間也

純情即沉入阿鼻獄若沉心中有謗大乘毀佛禁戒誑妄說法虛貪信施濫膺恭敬五逆十重更生十方阿鼻地獄循造惡業雖則自招衆同分中兼有元地

溫陵曰阿鼻此云無間謂受罪苦具身量

劫數壽命五者皆無遮間名五無間此惟
情業最重者墜入至劫壞乃出若無謗大
乘等罪則此劫雖壞更入十方阿鼻無有
出期以謗法毀戒令無窮人墮邪見故前
問地獄爲有定處爲復自然故荅純情以
造雖則自招同業所感不無定處元地者
各隨元由
阿難此等皆是彼諸衆生自業所感造十習
因受六交報
溫陵曰前略明情想感變此詳明根境搆
造也十習本於十惑以習成惡業六交因
乎六根而交起惡報補註曰六交者如造
業因眼而餘五爲助至受報時亦徧及也
云何十因阿難一者婬習交接發於相磨研
磨不休如是故有大猛火光於中發動如人
以手自相摩觸煖相現前二習相然故有鐵
床銅柱諸事是故十方一切如來色目行婬
同名欲火菩薩見欲如避火坑
溫陵曰惡業起於情惑而婬爲情惑之最
故前後皆首明之十習之業皆先言所感

之境次言所報之事婬感火業由惑心熾
盛相摩而發也故所感之境見大猛火舒
王云婬習研磨不休自耗其精則火界熾
然於其生也尚有痟渴内熱等疾則其死
也見大猛火宜矣能所交熾名二習相然
故有鐵床銅柱之報乃應其習業也如來
爲導師故色目以警之菩薩爲行人故深
怖以避之色目猶品目也
二者貪習交計發於相吸吸攬不止如是故
有積寒堅冰於中凍冽如人以口吸縮風氣
有冷觸生二習相陵故有吒吒波波羅羅青
赤白蓮寒冰等事是故十方一切如來色目
多求同名貪水菩薩見貪如避瘴海
溫陵曰貪習感水由愛心計著吸取而發
也吸積風爲寒風結水爲冰故有積寒凍
冽之事吒吒等寒冰之報即寒冰獄也俱
舍云吒波羅等忍寒聲青赤白蓮寒冰色
也具與曰吒波羅三青赤白三更有疱裂
二相即八寒地獄
二者慢習交陵發於相恃馳流不息如是故

有騰逸奔波積波爲水如人口舌自相綿味
因而水發二習相鼓故有血河灰河熱沙毒
海融銅灌吞諸事是故十方一切如來色目
我慢名飲癡水菩薩見慢如避巨溺
溫陵曰慢習驕逸由輕陵恃己而發以驕
逸馳流故感騰逸奔波之境積致惡毒故
有血河灌吞之報孤山曰癡水者或云西
土有水飲之則癡如此方之貪泉也
四者瞋習交衝發於相忤忤結不息心熱發
火鑄氣爲金如是故有刀山鐵橛劍樹劍輪
斧鉞鎗鋸如人銜冤殺氣飛動二習相擊故
有宮割斬斫剉刺槌擊諸事是故十方一切
如來色目瞋恚名利刀劍菩薩見瞋如避誅
戮
溫陵曰心屬火氣屬金瞋者由心作氣而
反動其心加之銜擊抵忤則心火轉盛氣
金轉剛故曰心熱發火鑄氣爲金也斷刑
曰宮肉刑曰割
五者詐習交誘發於相調引起不住如是故
有繩木絞校如水浸田草木生長二習相延

故有杻械枷鎖鞭杖檛捧諸事是故十方一切如来色目奸偽同名讒賊菩薩見詐如畏豺狼

温陵曰詐習依奸智起惡而漸滋蔓故如水浸田草木生長由調引相延故感繩木延引之事讒賊奸詐敗正者也孤山曰校枷也易云屨校滅趾荷校滅耳

六者誑習交欺發於相罔誣罔不止飛心造奸如是故有塵土屎尿穢汙不淨如塵隨風各無所見二習相加故有沒溺騰擲飛墜漂淪諸事是故十方一切如来色目欺誑同名劫殺菩薩見誑如踐蛇虺

温陵曰誑者以狂言欺人其志誣罔其心飛揚如風鼓塵使人無見故感塵土穢惡之境沒溺騰墜之報

七者冤習交嫌發於銜恨如是故有飛石投礰匣貯車檻甕盛囊撲如陰毒人懷抱畜惡二習相吞故有投擲擒捉擊射拋撮諸事是故十方一切如来色目冤家名違害鬼菩薩見冤如飲鴆酒

温陵曰冤習銜恨陰隱爲傷故如陰毒畜惡而感飛石囊撲之境投擲拋撮之報飛石投擲車匣牢柵皆陰隱事也孤山曰囊撲者囊貯而撲殺之史記秦始皇囊撲兩弟

八者見習交明如薩迦耶見戒禁取邪悟諸業發於違拒出生相反如是故有王使主吏證執文籍如行路人来往相見二習相交故有勘問權詐考訊推鞫察訪披究照明善惡童子手執文簿辭辯諸事是故十方一切如来色目惡見同名見坑菩薩見諸虛妄徧執如臨毒壑

温陵曰見習有五一薩迦耶此云身見謂執身有我種種計著二邊見於一切法執斷執常三邪見邪悟錯解撥無因果四見取非果計果如以無想爲涅槃之類五戒禁取非因計因如持牛狗等戒爲生天因之類此五總名惡見順邪反正故云發於違拒出生相反由其違反故感王吏證執之境權詐鞫推之報路人相見一往一回喻所見違反也是五惡見能陷法身故名見坑能致業苦故名毒壑行人當疾滅之

九者枉習交加發於誣謗如是故有合山合石碾磑耕磨如讒賊人逼枉良善二習相排故有押捺搥按蹙漉衡度諸事是故十方一切如来色目怨謗同名讒虎菩薩見枉如遭霹靂

温陵曰於不宜曲而曲之曰枉枉非真情由誣謗發逼壓於人故感報如之排擠挫也押捺亦其義也漉瀝也衡横也謂迫蹙其體瀝漉其血又於迫隘苦具横衡而度所謂下透挂網倒懸其頭者皆衡度類也讒能傷人故名讒虎以可驚怖故名霹靂

十者訟習交諠發於藏覆如是故有鑑見照燭如於日中不能藏影二習相陳故有惡友業鏡火珠披露宿業對驗諸事是故十方一切如来色目覆藏同名陰賊菩薩觀覆如戴高山履於巨海

温陵曰訟非官訟公發其覆之謂也此正覆習也此覆彼訟曰交諠故感鑑見照燭

之境惡友對驗之報陰賊覆藏發則自害
覆罪適足以自壓自墜故如戴山履海也
十習發於十惑通根本而兼隨隨煩惱二
十初曰忿恨惱覆誑諂憍害今詐習即諂
也冤即恨也枉即害也訟即覆也略例而已

云何六報阿難一切衆生六識造業所招惡
報從六根出
吴興曰造業招報根識必俱今以識爲業
而報從根者蓋業並由心報多約色故也
所名六交報者璿師云因與果交今則不
爾但是果時六根與惡報相涉也

云何惡報從六根出一者見報招引惡果此
見業交則臨終時先見猛火滿十方界亡者
神識飛墜乘烟入無間獄發明二相一者明
見則能徧見種種惡物生無量畏二者暗見
寂然不見生無量恐如是見火燒聽能爲鑊
湯洋銅燒息能爲黑烟紫燄燒味能爲焦丸
鐵糜燒觸能爲熱灰爐炭燒心能生星火迸
灑煽鼓空界
温陵曰見覺屬火故感猛火畏見於境恐

熾於心六交皆直入無間者就重言耳成
論云極善極惡皆無中陰所以直入聞聽
屬水故燒聽能爲鑊湯洋銅鼻嗅主氣故
燒息能爲黑烟紫燄舌主味丸糜味類也
身主觸灰炭觸類也心正屬火燒之轉熾
故迸灑煽鼓吴興曰一者下標示臨終下
釋相先見猛火等即現報也亡者神識等
即生報也發明下就眼根明二相如是下
對諸根明交報他皆放此然一根惡報而
五根徧受者難可了知理而推之必由六
識造業之時性中相知用中相背從業受
報法爾如斯以相知故六報互通以相背
故諸相差別惟識發現信其不誣問下五
報中悉有當根受報之相今眼根見火後
便云燒聽者何耶荅以燒見易明故況下
黑烟紫燄星火迸灑等皆眼根所交之報
故不别云

二者聞報招引惡果此聞業交則臨終時先
見波濤沒溺天地亡者神識降注乘流入無
間獄發明二相一者開聽聽種種鬧精神愁
亂二者閉聽寂無所聞幽魄沉沒如是聞波
注聞則能爲責爲詰注見則能爲雷爲吼爲
惡毒氣注息則能爲雨爲霧灑諸毒蟲周滿
身體注味則能爲膿爲血種種雜穢注觸則
能爲畜爲鬼爲糞爲尿注意則能爲電爲雹
摧碎心魄
吴興曰上云見火此云聞波今以近義詳
之如易云離爲目爲火坎爲耳爲水將恐
見聞本乎水火之性故發燒注之相也又
其聞波所注諸根循業各變難盡銷會如
注見則能爲雷爲吼等似非眼根所入之
相乃至下文多此義例聖言叵測也温陵
曰聞聽屬水故觀聽旋復則水不能溺依
之造業則能感波濤注聞發聲故爲責爲
詰情之事注見能爲雷吼者聞波屬陰見
火爲陽陰陽相薄而成雷故也注息爲雨
霧水隨氣變也注味爲膿血水隨味變也
注觸爲畜鬼水隨形變也注意爲電雹意
出於心水火交感也一切物理莫不因五
行乘陰陽以變化故此隨根轉變之事皆

不出此

三者齅報招引惡果此齅業交則臨終時先見毒氣充塞遠近亡者神識從地涌出入無間獄發明二相一者通聞被諸惡氣熏極心擾二者塞聞氣掩不通悶絕於地如是齅氣衝息則能爲質爲履衝見則能爲火爲炬衝聽則能爲沒爲溺爲洋爲沸衝味則能爲餒爲爽衝觸則能爲綻爲爛爲大肉山有百千眼無量帀食衝思則能爲灰爲瘴爲飛沙礰擊碎身體

資中曰鼻根造業貪齅諸香故招毒氣以受其報孤山曰魚敗曰餒爽敗曰爽溫陵曰質礙也履通也齅業所依不離通塞故衝息能爲質履也衝見爲火炬衝聽爲沒溺洋沸則見覺屬火聞聽屬水明矣飢餒乖爽由味隨氣變也綻拆爛壞由體隨氣變也衝思爲灰沙依土感也

四者味報招引惡果此味業交則臨終時先見鐵網猛燄熾烈周覆世界亡者神識下透挂網倒懸其頭入無間獄發明二相一者吸氣結成寒氷凍裂身肉二者吐氣飛爲猛火焦爛骨髓如是嘗味歷嘗則能爲承爲忍歷見則能爲然金石歷聽則能爲利兵刃歷息則能爲大鐵籠彌覆國土歷觸則能爲弓爲箭爲弩爲射歷思則能爲飛熱鐵從空雨下

孤山曰準眼耳鼻云見聞齅此應云嘗報言味報者從所嘗爲名也貪味則網捕燒野以取禽獸故見鐵網猛燄之相爲承爲忍謂發言承須忍聲甘受也溫陵曰舌歠生命使彼承忍故歷嘗發苦使己承忍依見貪味故能爲然金石依聽發惡故能爲利兵刃依齅恣貪籠取群味故能爲大鐵籠觸味傷物故感弓箭以自傷緣味思物故感飛鐵以充味

五者觸報招引惡果此觸業交則臨終時先見大山四面來合無復出路亡者神識見大鐵城火蛇火狗虎狼師子牛頭獄卒馬頭羅刹手執鎗矟驅入城門向無間獄發明二相一者合觸合山逼體骨肉血潰二者離觸刀劍觸身心肝屠裂如是合觸歷觸則能爲道爲觀爲廳爲案歷見則能爲燒爲爇歷聽則能爲撞爲擊爲剚爲射歷息則能爲括爲袋爲考爲縛歷嘗則能爲耕爲鉗爲斬爲截歷思則能爲墜爲飛爲煎爲炙

孤山曰合山刀劍並由貪著男女身分而感也溫陵曰大山來合及鐵城火狗等皆忍觸離感也觸業所依不出離合屠裂即離相也道趣獄路也觀獄王門闕兩觀也廳案皆治罪之處皆身觸所依也括袋所以收氣也思業飄蕩故感飛墜之事剚插刃於肉也剚射考縛則相因旁舉也

六者思報招引惡果此思業交則臨終時先見惡風吹壞國土亡者神識被吹上空旋落乘風墮無間獄發明二相一者不覺迷極則荒奔走不息二者不迷覺知則苦無量煎燒痛深難忍如是邪思結思則能爲方爲所結見則能爲鑑爲證結聽則能爲大合石爲氷爲霜爲土爲霧結息則能爲大火車火船火檻結嘗則能爲大叫喚爲悔爲泣結觸則能爲大爲小爲一日中萬生萬死爲偃爲仰

温陵曰思屬土而飄蕩故先見惡風吹壞國土等事思業所依不出迷覺荒奔迷思也知苦覺思也思必有所故結思則爲受罪方所見能鑑證故結見則爲證罪人事結聽則能爲大合石等水土交感也車船檻乃息氣乘亂思所變也嘗即舌根聲所自發也大小巳下皆言其身乃觸業乘亂思所變也

阿難是名地獄十因六果皆是衆生迷妄所造若諸衆生惡業圓造入阿鼻獄受無量苦經無量刼

資中曰六根十因具足同造入阿鼻獄大無間也

六根所造及彼所作兼境兼根是人則入八無間獄

吳興曰此亦六根具造十因但前後異時故云各耳如一根對境必與意識同起是名各造若加二三等則名兼境兼根也八無間獄應同前獄既非經無量刼故知此罪次重於前後恐通來八獄以輕從重總云無間是則十因或不具者當墮前七也

身口意三作殺盜婬是人則入十八地獄

吳興曰十惡業中惟犯殺盜婬罪雖云口意蓋助成身業也十八泥犁經云火獄有八寒獄有十温陵曰大獄只有八寒八熱而有十八鬲子地獄及八萬四千眷屬等獄皆大獄所分者也

三業不兼中間或爲一殺一盜是人則入三十六地獄

温陵曰三業不兼謂具二闕一也吳興曰三十六獄并下一百八獄未詳名數

見見一根單犯一業是人則入一百八地獄

温陵曰上具二闕一此犯一闕二故又輕也吳興曰能見所見單境單根於殺盜婬單犯一業故罪從輕然經文甚略罪相多品如身業三罪各有根本方便不同豈可一例判入諸獄今應且約根本示之其諸方便若同此獄必有刼數長短差別

由是衆生別作別造於世界中入同分地妄想發生非本來有

吳興曰上文五節惡業不同即別作別造也所感獄報各從其類即入同分地也妄想發生等並酬阿難前所疑問

復次阿難是諸衆生非破律儀犯菩薩戒毁佛涅槃諸餘雜業歷刼燒然後還罪畢受諸鬼形

温陵曰非破律儀無正範也犯菩薩戒無正因也毁佛涅槃無正果也三者不正諸餘皆邪故墮獄罪畢即入鬼趣此類乃感習雜相所謂諸餘雜業不必局配十因文義不循

若於本因貪物爲罪是人罪畢遇物成形名爲恠鬼貪色爲罪是人罪畢遇風成形名爲魃鬼貪惑爲罪是人罪畢遇畜成形名爲魅鬼貪恨爲罪是人罪畢遇蟲成形名蠱毒鬼貪憶爲罪是人罪畢遇衰成形名爲癘鬼貪傲爲罪是人罪畢遇氣成形名爲餓鬼貪罔爲罪是人罪畢遇幽爲形名爲魘鬼貪明爲罪是人罪畢遇精爲形名魍魎鬼貪成爲罪是人罪畢遇明爲形名役使鬼貪黨爲罪是

人罪畢遇人爲形名傳送鬼
溫陵曰貪物則吝著不釋故附物爲怪貪色則惑於妖邪故墮妖魃貪惑爲魅貪恨爲毒固其理也魅精魅也憶者常懷奸雲故遇衰處爲癘雲鬼傲者虛驕恃氣故乘飢虛氣爲餓鬼貪罔者潛心陰昧遇幽爲魘鬼皆陰昧事也貪明者妄意高明故陰附精明爲魍魎鬼貪成者希意曲從故影附明靈爲役使鬼即依靈廟爲驅使者貪黨者阿附邪佞故遇人成形爲傳送即附巫祝而傳吉凶者也

阿難是人皆以純情墜落業火燒乾上出爲鬼此等皆是自妄想業之所招引若悟菩提則妙圓明本無所有復次阿難鬼業既盡則情與想二俱成空方於世間與元負人冤對相值身爲畜生酬其宿債

廿三

吳興曰情即地獄之純情想即鬼趣之妄想此想亦情非前文外分之想也

物怪之鬼物銷報盡生於世間多爲梟類風魃之鬼風銷報盡生於世間多爲咎徵一切異類畜魅之鬼畜死報盡生於世間多爲狐類蠱蠱之鬼蠱滅報盡生於世間多爲毒類衰癘之鬼衰窮報盡生於世間多爲蛔類受氣之鬼氣銷報盡生於世間多爲食類綿幽之鬼幽銷報盡生於世間多爲服類和精之鬼和銷報盡生於世間多爲應類明靈之鬼明滅報盡生於世間多爲休徵一切諸類依人之鬼人亡報盡生於世間多爲循類阿難是等皆以業火乾枯酬其宿債傍爲畜生此等亦皆自虛妄業之所招引若悟菩提則此妄緣本無所有如汝所言寶蓮香等及琉璃王善星比丘如是惡業本自發明非從天降亦非地出亦非人與自妄所招還自來受菩提心中皆爲浮虛妄想凝結

溫陵曰土梟附塊即邪著餘習也魃鬼昔爲妖孽故餘習復爲咎徵咎徵者凶事前驗如鼯鼠乎人商羊舞水類也爲魅憑畜故餘習爲狐蛇虺蝮蝎皆名毒類蛔者昔爲癘鬼襲人今爲蟯蛔附人昔於鬼中飢虛今爲充饋之畜曰食類也服者昔著幽魘人今亦綿著於人即蠶虫牛馬類也應者以合精餘習能應節序即社燕寒鴻蟋蟀類也明而不幽故爲休徵即嘉鳳祥麟類也昔依人故循服於人即猫犬雞豚類也凡諸異物性妙乎神靈邁於人者龜善考祥爲能知道乃至寒鴻蟋蟀之類不假曆數寅知節序皆餘習也各言多者約業習多分言之未必盡然也

廿四

復次阿難從是畜生酬償先債若彼酬者分越所酬此等衆生還復爲人反徵其剩如彼有力兼有福德則於人中不捨人身酬還彼力若無福者還爲畜生償彼餘直

溫陵曰爲畜正酬酬過其分則爲人反徵過分謂非理苦役食噉無度悉皆反徵然則凡所食取宜無過分也孤山曰如彼有力謂脩定學慧之力不捨人身則爲彼奴婢或遭其刼殺等

阿難當知若用錢物或役其力償足自停如於中間殺彼身命或食其肉如是乃至經微塵刼相食相誅猶如轉輪互爲高下無有休

息除奢摩他及佛出世不可停寢
溫陵曰償足自停則無交讐償足不停則
交讐不已自非正脩正力莫之遏絕異與
曰奢摩他及佛出世此約脩定破惑見佛
得道方免相害縱有宿業所作不亡至果
償之若幻化之非實也

汝今應知彼梟倫者酬足復形生人道中叅
合頑類彼咎徵者酬足復形生人道中叅合
異類彼狐倫者酬足復形生人道中叅於庸
類彼毒倫者酬足復形生人道中叅合狠類
彼蛔倫者酬足復形生人道中叅合微類彼
食倫者酬足復形生人道中叅合柔類彼服
倫者酬足復形生人道中叅合勞類彼應倫
者酬足復形生人道中叅於文類彼休徵者
酬足復形生人道中叅合明類彼諸循倫酬
足復形生人道中叅於達類阿難是等皆以
宿債畢酬復形人道皆無始來業計顛倒相
生相殺不遇如來不聞正法於塵勞中法爾
輪轉此輩名爲可憐愍者
補註曰梟以附塊相食故餘習頑嚚不義

咎徵本於妖孼故餘習復爲妖異狐以宿
因貪惑乃遇畜成魅魅盡爲狐故今爲人
則庸鄙無識毒倫爲狠亦其習之餘也蛔
以衰氣附物故衰微不啻食倫出於餓鬼
故柔怯不勇服倫出於綿著故勞役不息
應倫出於精明故文物不陋休徵出於靈
知故聰明不昏循倫宿涉世事故曉達不
昧是等皆非正報乃餘習所偶故云叅合
後三皆便巧雜伎世智辯聰者非賢達文
明之事也
阿難復有從人不依正覺脩三摩地別脩妄
念存想固形遊於山林人不及處有十種僊
溫陵曰僊遷也人之形神能遷而不死者
也故曰存想固形然終歸敗壞比天爲劣
比人爲優故別開也孤山曰抱朴子云求

仙者要當以忠孝和順仁信爲本若德不
脩而但務方術終不得長生也
阿難彼諸衆生堅固服餌而不休息食道圓
成名地行仙堅固草木而不休息藥道圓成
名飛行仙堅固金石而不休息化道圓成名

遊行仙堅固動止而不休息氣精圓成名空
行仙堅固津液而不休息潤德圓成名天行
仙堅固精色而不休息吸粹圓成名通行仙
堅固呪禁而不休息術法圓成名道行仙堅
固思念而不休息思憶圓成名照行仙堅固
交遘而不休息感應圓成名精行仙堅固變
化而不休息覺悟圓成名絕行仙
溫陵曰以藥餌駐一期之壽而不能輕舉
者地行仙也行去聲功行也飡黄精松栢
之類久而身輕者飛行仙也煉金石還丹
之類化骨易形撮土點石以遊戲人間者
遊行仙也乘陰陽運止以調氣固精遺形
涉空者空行仙也鼓天池嚥津液冰雪婥
約不交世欲與天無異者天行仙也吞吸
精色服虹飲霧粹氣潛通者通行仙也能

以術法述道自然者道行仙也澄凝精思
久能照應者照行仙也或存想頂門而出
神繫心臍輪而煉丹皆思憶圓成也內以
坎男離女匹配夫妻外即采陰助陽攝衛
精氣者精行仙也存想化理心隨邪悟能

大變化其行絕世者絕行仙也

阿難是等皆於人中煉心不脩正覺別得生理壽千萬歲休止深山或大海島絕於人境斯亦輪迴妄想流轉不脩三昧報盡還來散入諸趣

長水曰言人中者以仙趣無別總報即於人身總報之上加於前來十種脩煉轉成仙也吳興曰前文情少想多輕舉非遠即為飛仙蓋約命終隨業受生而說下文云精研七趣皆是昏沉諸有為相妄想受生妄想隨業而云仙趣無別總報者此義不然況復今云深山海島絕於人境豈非別乎應知人中煉心者非止服餌養生而已必兼戒善方曰煉心別得生理者正由人中之業別感仙趣之報也以其業種之性經生不失故曰生理縱於人間現得長生久視之理其數幾何若生仙趣則千萬歲信有之矣如山海經云崑崙之山廣都之埜軒轅之丘不死之國氣不寒暑人皆數千歲此亦衆私同分非無定處若但固形而不煉心便希千歲是猶見卵而求時夜不太早計乎

阿難諸世間人不求常住未能捨諸妻妾恩愛於邪婬中心不流逸澄瑩生明命終之後鄰於日月如是一類名四天王天

溫陵曰未能離欲且能窒欲使愛水不流則湛性澄瑩故能初天託生也六天由脩五戒十善而致今但約欲微增勝者愛欲為輪迴根本前明淪墜亦始於此此明超騰亦始於此意使初心未能成就禪定智慧且疾斷根本則輪迴可出也

於己妻房婬愛微薄於淨居時不得全味命終之後超日月明居人間頂如是一類名忉利天

孤山曰忉利此云三十三帝釋統焉溫陵曰此愛薄於前故報居其上後遞然也淨居謂清淨自居之時未全清淨之味為有微愛故也日月居須彌腰忉利居頂以澄瑩增明故能超之

逢欲暫交去無思憶於人間世動少靜多命終之後於虛空中朗然安住日月光明上照不及是諸人等自有光明如是一類名須燄摩天

溫陵曰欲心不作故動少靜多也六欲下二名地居天上四名空居天不須日月而常明以蓮華開合分晝夜故名時分

一切時靜有應觸來未能違戾命終之後上昇精微不接下界諸人天境乃至劫壞三災不及如是一類名兜率陀天

溫陵曰雖靜心愈多亦未免應觸此能少欲未能無心也兜率天有內院外院三災至三禪而此言不及者約內院言之精微不接皆內院之事也

我無欲心應汝行事於橫陳時味如嚼蠟命終之後生越化地如是一類名樂變化天

溫陵曰此無心而境自至曰橫陳嚼蠟言味甚薄也諸天皆有報境而此天樂自變化以受用越於下天故名越化

無世間心同世行事於行事交了然超越命終之後徧能出超化無化境如是一類名他

化自在天

溫陵曰了然超越言全無味也化即第五天無化即下天也諸欲樂境不勞自化皆由他化而自在受用名他化自在也吳興曰準天台說六欲天業皆以十善爲本若兼護法心是四天王業若兼慈化人是忉利天業若兼不惱衆生善巧純熟是燄摩天業若兼脩禪定麤住細住是兜率天業欲界定是變化天業未到定是他化天業今經止約欲事輕重而分六天者應有二義一是阿難發起之緣故二是欲界受生之本故

阿難如是六天形雖出動心迹尚交自此以遠名爲欲界

吳興曰形雖出動此對人仙二趣得出動之名心迹尚交謂欲心事迹猶有交合之相故俱舍頌曰六受欲交抱執手笑視婬此言地居兩天則形交燄摩則勾抱兜率則執手變化則對笑他化則相視須知彼文各據六天受欲而說今經只就人中辨欲事輕重用顯六天感報不同也

大佛頂如來密因脩證了義諸菩薩萬行首楞嚴經會解卷第十六

大佛頂如來密因修證了義諸菩薩萬行首楞嚴經會解卷第十六

校勘記

一　底本，明永樂北藏本。

一　七二六頁上一四行「單復」，徑、清作「單複」。

一　七二八頁上一行「猶是」，徑作「猶如」。

一　七二八頁上一九行「循遺」，徑作「修遺」。

一　七三一頁下一〇行「漉漉」，徑、清作「漉漉」。

一　七三三頁下五行「勇女」，徑、清作「男女」。

一　七三四頁上一行「温悽」，徑、清作「温陵」。

一　七三四頁上一四行第三字「所」，清作「各」。

一　七三五頁中一七行「商羊」，徑作「商羊」。

一　七三七頁中一七行第九字「未」，清作「東」。

一　七三八頁上一四行首字「遠」，徑、清作「還」。

大佛頂如來密因修證了義諸菩薩萬行首
楞嚴經會解卷第十七　　邇七
天竺沙門般剌密帝譯
烏萇國沙門彌伽釋迦譯語
菩薩戒弟子前正議大夫同中書門下平
章事房融筆受
師子林沙門　惟則　會解

阿難世間一切所修心人不假禪那無有智慧但能執身不行婬欲若行若坐想念俱無愛染不生無留欲界是人應念身爲梵侶如是一類名梵衆天

溫陵曰前明六天雖出塵擾而未能絕欲故通名欲界自此而下明十八天雖離欲染尚有色質故通名色界又通名梵世爲已離欲染也通號四禪爲已離散動也欲天但十善感生此天兼禪定感生然特有漏禪觀六事行耳六行者厭欲界是苦是麤是障欣色界是淨是妙是離此則凡夫伏惑超世間道也不假禪那等者言雖非正修眞三摩地然正知慧但修六行伏欲使愛染不生則不留欲界麤惑不染淨報現前故即生梵世初名梵衆則衆庶而已次名梵輔乃大梵宰輔而終於大梵其進有序

欲習既除離欲心現於諸律儀愛樂隨順是人應時能行梵德如是一類名梵輔天

溫陵曰初天但能執身伏欲此天又得定共戒以順律儀行梵德故超之也戒定相應名定共戒

身心妙圓威儀不缺淸淨禁戒加以明悟是人應時能統梵衆爲大梵王如是一類名大梵天

溫陵曰由前淨心具備戒行而更進於妙圓清淨又加以明悟超邁則統攝之至故爲梵王孤山曰上三天不顯言修禪惟言持戒者蓋此經扶律以勵末[illegible]曰大梵天劫末後去劫成先來外道不識故執爲常也

阿難此三勝流一切苦惱所不能逼雖非正修眞三摩地淸淨心中諸漏不動名爲初禪

溫陵曰已離欲界八苦故曰苦惱不逼已離散動欲心故曰諸漏不動俱舍云此名離生喜樂地謂離欲界雜惡生得輕安樂也孤山曰禪有四類一有漏禪即今四禪也二無漏禪謂九想八背等三亦有漏亦無漏禪謂六妙通明等四非有漏非無漏禪即今經首楞嚴王中道理定今云雖非正修眞三摩地此以第一簡非第四清淨心中正指初禪也

阿難其次梵天統攝梵人圓滿梵行澄心不動寂湛生光如是一類名少光天

溫陵曰此顯次天之行升進實中曰二禪已上無有語言但以定心發光光有勝劣分其高下

光光相然照耀無盡映十方界徧成琉璃如是一類名無量光天

溫陵曰定力轉明妙光迭發境隨光發徧成琉璃眞際曰映十方界者約其定光隨所受用東西等言之非徧十方世界也

吸持圓光成就教體發化清淨應用無盡如

是一類名光音天
温陵曰此天以圓光成音而發宣化法故
名光音
阿難此三勝流一切憂懸所不能逼雖非正
修真三摩地清淨心中麤漏已伏名爲二禪
温陵曰二禪離憂得極喜樂故云憂懸不
逼初禪方得漏心不動而未能伏此天已
伏麤漏則業漸劣行漸勝也俱舍云此名
定生喜樂地謂有定水潤業憂懸不逼也
吴興曰地持論目第二禪名喜俱禪此定
生時與喜俱發故今說云一切憂懸所不
能逼懸或作愁字之誤也
阿難如是天人圓光成音披音露妙發成精
行通寂滅樂如是一類名少淨天
温陵曰由上圓光教體披露妙理發成精
行離前喜動而生淨樂是樂非境乃出乎
淨性恬泊寂靜名寂滅樂而淨猶劣則能
通而已未能成也以猶劣故名少淨也
淨空現前引發無際身心輕安成寂滅樂如
是一類名無量淨天

温陵曰淨空者離諸喜動不緣物境之定
相也由是充擴使淨相無際協乎妙性故
身心輕安而性樂成矣以無際故名無量
淨也吴興曰望上未徧望下則多故名無
量
世界身心一切圓淨淨德成就勝託現前歸
寂滅樂如是一類名徧淨天
温陵曰淨空無際故世界身心一切圓淨
淨德成就則性樂歸託於是矣以一切圓
淨故名徧淨吴興曰上身心輕安且言其
內今世界等者總攝於外
阿難此三勝流具大隨順身心安隱得無量
樂雖非正得真三摩地安隱心中歡喜畢具
名爲三禪
温陵曰具精行性樂名大隨順故安隱無
量也歡喜畢具者此名離喜妙樂地謂心
雖離喜而喜樂自具也吴興曰地持論目
第三禪爲樂俱禪此定功德與徧身樂俱
發故前二禪雖有樂支爲喜支所障今滅
喜純樂故得其名而云歡喜畢具者名同

體異不以文害意
阿難復次天人不逼身心苦因已盡樂非常
住久必壞生苦樂二心俱時頓捨麤重相滅
淨福性生如是一類名福生天
吴興曰復次下結三禪之德樂非下顯三
禪之過苦樂下正示福生也三禪無下界
苦因雖名爲樂樂久必壞壞亦成苦今既
捨樂苦則不生地持名此爲捨俱禪其義
同矣温陵曰以捨苦樂名麤重相滅捨念
清淨故淨福性生也自此而下明四禪凡
有九天然四禪報境但有三天第四無想
乃第三廣果別開皆凡夫報境此四之上
有五不還天乃聖賢別修靜慮與凡夫不
同
捨心圓融勝解清淨福無遮中得妙隨順窮
未來際如是一類名福愛天
温陵曰苦樂二忘故捨心圓融心無所累
故勝解清淨由是福無遮礙而得妙隨順
吴興曰得妙隨順即隨順下文二岐路也
由此淨福體性無遮受樂修習勝妙之法

是則福資二路非止當天故云窮未來際

阿難從是天中有二岐路若於先心無量淨光福德圓明修證而住如是一類名廣果天

溫陵曰從福愛分二岐也一直往道趣廣果一迂僻道趣無想資中曰此廣果天以四無量心熏禪福德離下地深廣福所感名廣果天

若於先心雙厭苦樂精研捨心相續不斷圓窮捨道身心俱滅心慮灰凝經五百劫是人既以生滅為因不能發明不生滅性初半劫滅後半劫生如是一類名無想天

溫陵曰先心雖能伏惑修禪而涉妄帶異以有心為生滅以無想為涅槃於是雙厭苦樂專研捨心以趣無想由物洎身以至心想一切皆捨名圓窮捨道心慮灰凝即無想定也以是感報生無想天壽五百劫俱舍說初生此天未全無想經半劫始無及報將盡復經半劫有想然後報謝資中曰是人不了妄性體空乃執生滅以為勞累厭此生滅永不生滅非真不生也但見第六識不行如冰夾魚不知微細生滅妄謂涅槃

阿難此四勝流一切世間諸苦樂境所不能動雖非無為真不動地有所得心功用純熟名為四禪

溫陵曰四禪不為三災所動名不動地然彼器非真常情俱生滅雖非無為真境而有為功用至此已純熟矣

阿難此中復有五不還天於下界中九品習氣俱時滅盡苦樂雙忘下無卜居故於捨心眾同分中安立居處

溫陵曰第三果人斷欲界九品修惑盡即生此天不復欲界受生故曰不還亦名五淨居謂離欲淨身所居也習氣惑也與現行皆滅故曰俱盡此指欲界無續生業也苦樂雙忘兼指四禪已下無續業也故云下無卜居此五天自四禪別立通名捨念清淨地故曰捨心同分資中曰俱舍云雜修靜慮有五品不同故生五淨居雜修者以有漏無漏間雜而修也靜慮者定慧均等之謂也五品者下中上上勝上極也

阿難苦樂兩滅鬬心不交如是一類名無煩天機括獨行研交無地如是一類名無熱天

溫陵曰前於苦樂有捨有厭則心與境鬬不能無煩惟心境兩釋煩惱斯斷盛熱曰煩微煩曰熱上雖鬬心不交疑若猶有交地方滅麤相得無煩而已此復增勝心機無對研交無地能滅緣影故得無熱也

十方世界妙見圓澄更無塵象一切沉垢如是一類名善見天精見現前陶鑄無礙如是一類名善現天

資中曰塵象沉垢即定慧之障也定慧精明融鍊自在故云陶鑄無礙

究竟羣幾窮色性性入無邊際如是一類名色究竟天

吳興曰究竟研窮之義也幾者動之微也研窮多念至於一念故曰究竟羣幾以雜修五品初用多念無漏熏多念有漏乃至最後用一念無漏熏一念有漏名上極品故俱舍云成由一念雜是也窮色性性者

窮亦究竟變其文耳心既熏多至少色亦窮麤至微麤細不同故曰性性入無邊際即色界與無色界二邊之交際也俱舍云從此向上無復所居此處最高名色究竟

阿難此不還天彼諸四禪四位天王獨有欽聞不能知見如今世間曠野深山聖道場地皆阿羅漢所住持故世間麤人所不能見

溫陵曰下天修有漏凡定此天修無漏聖業麤細有異故不能見

阿難是十八天獨行無交未盡形累自此已還名爲色界

孤山曰獨行無交俱無情欲故未盡形累尚有色質故

復次阿難從是有頂色邊際中其間復有二種岐路若於捨心發明智慧慧光圓通便出塵界成阿羅漢入菩薩乘如是一類名爲回心大阿羅漢

溫陵曰色究竟天居有色頂與無色鄰名色邊際四禪皆依捨念修定此言捨心指有頂因心也吳興曰色究竟天第三果人根有利鈍故分二路其利根者發無漏智斷盡修惑即出三界其鈍根者復由定心欣上厭下生無色界應知慧光圓通且約盡無生智圓滿而言入菩薩乘正約出三界後勝進而說斯亦今經破定性之明文也名爲回心者圓師指同涅槃五人發心之義今謂不爾彼是界外發心即入初住此是界內迴心方成四果安得五人爲同年耶

若在捨心捨厭成就覺身爲礙銷礙入空如是一類名爲空處

溫陵曰自此而下明無色界四天也無色者無業果色有定果色依正皆然乃滅身歸無定性聲聞所居或捨厭天人雜處其類不一皆無色蘊也四天皆依偏空修進初厭色依空二厭空依識三色空識等都滅而依識性四依識性以滅窮研而不得真滅是皆有爲增上善果未出輪迴不成聖道者也今此初天厭已形礙墜修空觀滅身歸無即厭色依空者也名空處定故報生空處也長水曰捨心有二一者若於有頂用無漏道斷惑入空即樂定那含也二者若於廣果用有漏道伏惑入空即凡夫外道也

諸礙既銷無礙無滅其中惟留阿賴耶識全於末那半分微細如是一類名爲識處

溫陵曰諸礙既銷而無則不依於色無礙之無亦滅則不依於空惟留阿賴末那即厭空依識者也名識處定故報生識處賴耶第八識末那第七識也而末那所緣色空識三此位厭色空而依識則色空麤緣已無故惟全半分微細也

空色既亡識心都滅十方寂然迥無攸往如是一類名無所有處

溫陵曰前位雖亡空色而未滅識心此則都滅故十方寂然迥無攸往以寂無攸往故名無所有然此雖亡識心未亡識性今之行人見性不深多滯於此雖能洞了色空灰滅心慮逮無所有而終於識性幽幽綿綿不能自脫生死窟穴實存乎此

識性不動以滅窮研於無盡中發宣盡性如存不存若盡非盡如是一類名爲非想非非想處

溫陵曰識性者識心幽本也不動者寂無攸往也既能不動復研窮使滅然依識滅之竟非真滅是強於無盡中發宣盡性所以似存不存似盡不盡似存不存故非想也似盡不盡又非非想也此又幽幽綿綿至微之相也

此等窮空不盡空理從不還天聖道窮者如是一類名不廻心鈍阿羅漢若從無想諸外道天窮空不歸迷漏無聞便入輪轉

吳興曰此等窮空通指凡聖欣厭未盡故云不盡空理縱是聖人修八聖種觀亦有四陰細惑未亡以未得滅受想定故從不還天下明聖人有生此處者是鈍根那含耳言羅漢者約後爲名也若從無想下明外道有不生此處者謂窮空不歸也外道窮空凡有二種一窮至四禪以無想爲極二窮至無色以非想爲極今既入無想則

迷於有漏無聞四空故五百劫滿自當輪轉有解此文作外道從無想天來者非也請觀不歸二字歸猶來也豈非無想窮空不來乎高麗麻谷普幻師曰其那含天除其利根廻心羅漢其餘鈍根含寂定者修空增勝入四空處其凡夫禪次第修者咸四禪後次從廣果入四空處然則根本天中第三廣果能攝無想及五那含今云有頂色邊際者通指廣果聖凡雜地也補註曰觀長水前解捨心有二及吳興所解窮空不歸等與麻谷之說畧同今參而言之鈍根那含廣果凡夫皆能趣入四空而外道亦有入者惟除無想之外道耳

阿難是諸天上各各天人則是凡夫業果酬荅荅盡入輪彼之天王即是菩薩遊三摩地漸次增進回向聖倫所修行路

溫陵曰通指欲色無色天也其衆乃隨業感報未出輪廻其王乃隨行權應寄位升進華嚴謂初地菩薩多作閻浮提王二地輪王乃至六欲三梵天王是也此畧論已

終故通結指

阿難是四空天身心滅盡定性現前無業果色從此逮終名無色界此皆不了妙覺明心積妄發生妄有三界中間妄隨七趣沉溺補特伽羅各從其類

溫陵曰身心滅盡者無色蘊及麤識也孤山曰無業果色者顯有定果色也補特伽羅此云數取趣謂諸有情起惑造業隨諸趣受生也補註曰定果色者顯揚論名定自在所生色謂由勝定故於一切色皆得自在即以定變起五塵境也數取趣者能取當來諸趣即中有也涅槃云中有五陰非肉眼見天眼所見

復次阿難是三界中復有四種阿修羅類若於鬼道以護法力乘通入空此阿修羅從卵而生鬼趣所攝若於天中降德貶墜其所卜居鄰於日月此阿修羅從胎而出人趣所攝有修羅王執持世界力洞無畏能與梵王及天帝釋四天爭權此阿修羅因變化有天趣所攝阿難別有一分下劣修羅生大海心沉

水穴口旦遊[illegible]暮歸水宿此阿修羅因濕
氣有畜生趣攝
溫陵曰修羅此云非天福力等天而無天
行爲多瞋故也隨業輕重而有四生之異
水穴即尾閭也吳興曰俱舍四生須但云

楞七

鬼通胎化二今卵生修羅鬼趣所攝則世
親之言似未詳矣問法華所列四種修羅
與今四種爲同爲異荅資中云同今謂彼

十三

四只可攝在此四之中不可次第分爲其
類荊溪師云法華四種皆與帝釋闘戰一
往觀之但同今經第三類耳問此四修羅
既爲四趣所攝應無別報同分之處耶荅
雖屬四趣非無別報今云下居鄰於日月
等即同分之處也人長阿含云南洲有金
剛山中有修羅宮所治六千由旬欄楯行
樹等[illegible]一日[illegible]夜一時受苦苦具自来入
其[illegible]中是知此趣且取一分善報謂之人
天若論受苦實在人趣之下故正法念經
惟以鬼畜二種收之良由於此
阿難如是地獄餓鬼畜生人及神仙天洎修
羅精研七趣皆是昏沉諸有爲相妄想受生
妄想隨業於妙圓明無作本心皆如空華元
無所著但一虛妄更無根緒阿難此等衆生
不識本心受此輪迴經無量劫不得真淨皆
由隨順殺盜婬故反此三種又則出生無殺
盜婬有名鬼倫無名天趣有無相傾起輪迴
性若得妙發三摩提者則妙常寂有無二無
無二亦滅尚無不殺不偷不婬云何更隨殺
盜婬事
溫陵曰前問妙心徧圓何有獄鬼人天等
道故此結示由殺盜婬三爲根本有是業
則名鬼倫言必墜也無是業則名天趣言
必升也出生無殺盜婬即天趣也七趣舉

楞七

十四

二以善惡通攝也因有而墜因無而升故
曰有無相傾起輪迴性若得正定則妙性
常寂無復輪迴矣有無二無言相傾業斷
無二亦滅言分別情忘也業斷情忘則三
種妄本名迹雙泯矣故欲斷妄輪須修正
定也孤山曰有無二無無生死之俗也無
二亦滅滅涅槃之直也尚無於善況隨於
惡亦應云尚無無二云何隨二中道無著
其旨惟明補註曰有無相傾者鬼趣業盡
或修善而升天趣報衰或轉惡而墜此名
相傾起輪迴性也
阿難不斷三業各各有私因各各私衆私同
分非無定處自妄發生生妄無因無可尋究
溫陵曰前問地獄爲有定處爲復自然彼
彼發業各各私受故此牒荅三業即殺盜
婬也
汝勗修行欲得菩提要除三惑不盡三惑縱
得神通皆是世間有爲功用習氣不滅落於
魔道雖欲除妄倍加虛僞如來說爲可哀憐
者汝妄自造非菩提咎作是說者名爲正說
若他說者即魔王說
溫陵曰殺盜婬爲惑業之本故名三惑上

楞七

十五

明諸趣戒備失錯而終於勸斷三業勸除
三惑乃戒備真要也下文即助道分中第
二科名詳辨魔竟深防邪誤也魔即魔羅
此云殺者亦云奪者能殺慧命奪善法閣
之有五曰五陰魔煩惱魔死魔天魔鬼魔

合之惟陰魔天魔而已陰魔即生死煩惱依五陰而起者也天魔因修邪定好害正道者也未發心者常與隨順則無冦敵惟正修者違而不順偏致惱害故須辨識也

即時如來將罷法座於師子床攬七寶几迴紫金山再來凭倚普告大衆及阿難言汝等有學緣覺聲聞今日迴心趣大菩提無上妙覺吾今已說真修行法汝猶未識修奢摩他毗婆舍那微細魔事魔境現前汝不能識洗心非正落於邪見或汝陰魔或復天魔或著鬼神或遭魑魅心中不明認賊爲子又復於中得少爲足如第四禪無聞比丘妄言證聖天報已畢衰相現前謗阿羅漢身遭後有墮阿鼻獄汝應諦聽吾今爲汝子細分別阿難起立并其會中同有學者歡喜頂禮伏聽慈誨

温陵曰前法既終當機無問故將罷法座而又攬寶几回金容無問自說者真止觀中微細魔事非一切智莫能辨識能隳寶覺破法王家故須特告乃最後深慈也四禪無聞者比丘無多聞慧但勤小行得生四禪便謂已證阿羅漢及乎天報將畢見有生處遂謗佛妄說阿羅漢不受後有因此墜墮乃邪誤之咎也

佛告阿難及諸大衆汝等當知有漏世界十二類生本覺妙明覺圓心體與十方佛無二無別由汝妄想迷理爲咎癡愛發生生發徧迷故有空性化迷不息有世界生則此十方微塵國土非無漏者皆是迷頑妄想安立當知虛空生汝心內猶如片雲點太清裏況諸世界在虛空耶汝等一人發真歸元此十方空皆悉銷殞云何空中所有國土而不振裂

温陵曰覺圓心體所謂真元由迷理背真化迷立妄成有漏界爲魔所依化迷者隨迷轉變也空生大覺中如海一漚發又喻片雲以明世界虛幻微芒易以銷殞也惟真元之體本自廓然而虛空國土皆是迷頑妄想安立若汝等一人發真不迷則無安立者故自殞裂也此并下文皆叙魔所起蓋有漏空界爲魔所依今若殞裂則魔不安矣或曰有漏空界乃衆生同感云何一人而能銷殞刧古今發真者衆而空界依然安在其銷殞耶曰同業所感不離晦昧發真返明故可消殞然衆生不可盡世界不可盡故雖一人發真而衆復感結所以依然使同業之人同能發真則山河器界應念化成無上知覺而爲淨妙佛上矣補註曰迷則轉覺體爲虛空悟則全虛空是覺體故一人發真歸元則一人所見虛空悉皆消殞而爲覺體矣即所謂心精通脗當處湛然彼之未見消殞者是其未能發真歸元也吴興曰前微塵國土且約同居而說究論歸元振裂之義須通三土若發徧真歸小涅槃之元則同居振裂若發圓真歸大涅槃之元則方便實報振裂今已開小顯大則真元之理無非寂光但有相似分極之異耳

汝輩修禪飾三摩地十方菩薩及諸無漏大阿羅漢心精通脗當處湛然一切魔王及與鬼神諸凡夫天見其宮殿無故崩裂大地振

拆水陸飛騰無不驚慴凡夫昏暗不覺遷訛
彼等咸得五種神通惟除漏盡戀此塵勞如
何令汝摧裂其處是故神鬼及諸天魔魍魎
妖精於三昧時僉來惱汝
溫陵曰魔以晦昧為依今修禪飾定妙心
精明故能振裂魔界遂致惱害也凡夫天
魔王天也具興曰飾猶莊嚴也謂修禪定
功德莊嚴本有真三摩地以修飾故彼菩
薩羅漢所證心性通同脗合此動魔之由
由三摩地特出其境故魔等宮殿自然崩
裂斯亦歸元之前相也問大地無情水陸
異類何以同魔亦皆振慴荅三昧威神不
可思議如大樹緊那羅王絃歌一動聲震
大千須彌山王為之踊沒況菩薩首楞嚴
力豈以情無情異而為責耶凡夫昏暗不
覺遷訛者此釋伏疑也恐疑者曰魔及諸
天既見其相凡夫何事都不覺知故此釋
云
然彼諸魔雖有大怒彼塵勞內汝妙覺中如
風吹光如刀斷水了不相觸汝如沸湯彼如
堅氷煖氣漸鄰不日消殞徒恃神力但為其
客成就破亂由汝心中五陰主人主人若迷
客得其便當處禪那覺悟無惑則彼魔事無
柰汝何陰消入明則彼羣邪咸受幽氣明能
破暗近自消殞如何敢留擾亂禪定若不明
悟被陰所迷則汝阿難必為魔子成就魔人
如摩登伽殊為眇劣彼惟咒汝破佛律儀八
萬行中只毀一戒心清淨故尚未淪溺此乃
隳汝寶覺全身如宰臣家忽逢籍沒宛轉零
落無可哀救
溫陵曰五陰主人真心也陰消入明指發
真者登伽眇劣只毀戒體諸魔熾惡能隳
寶覺固宜深防也宰臣籍沒喻幾於覺位
而淪惡趣孤山曰以婬女比天魔人眇劣
也以一戒比全身事眇劣也舉劣況勝勗
彼深防初果道共戒力自然無犯故云心
清淨等籍沒漢書云除其屬籍是也
阿難當知汝坐道場銷落諸念其念若盡則
諸離念一切精明動靜不移憶忘如一當住
此處入三摩地如明目人處大幽暗精性妙
淨心未發光此則名為色陰區宇
補註曰離念精明心未發光等色陰未破
之相也孤山謂在名字位中則似抑之太
低溫陵謂得元明覺無生滅性則似升之
太高當依具興指屬觀行此蓋禪那得力
之處塵勞暫息之時也定力雖爾而色陰
未破故如明目處幽暗陰以覆蔽為義區
局性真故名區宇
若目明朗十方洞開無復幽黯名色陰盡是
人則能超越劫濁觀其所由堅固妄想以為
其本
溫陵曰五陰盡相非滅身歸無乃觀力洞
照不為迷礙而已故譬若目明朗十方洞
開也色陰始因父母已三妄倫交結故曰
堅固妄想為本五種妄本經末自釋補註
曰前解五濁云劫濁依於色陰故今色盡
則能超之餘四例此
阿難當在此中精研妙明四大不織少選之
閒身能出礙此名精明流溢前境斯但功用
暫得如是非為聖證不作聖心名善境界若

作聖解即受羣邪
溫陵曰此中者定中也妙體本融由妄質成礙故精窮妙明則四大不織而身能出礙也然此特定力所逼使精妙流溢暫而不常故非聖證孤山曰凡諸境見發雖是善相取著成邪任是惡相若不取著邪亦成正以境隨心轉故

大佛頂如來密因修證了義諸菩薩萬行首楞嚴經會解卷第十七

大佛頂如來密因修證了義諸菩薩萬行首楞嚴經會解卷第十七

校勘記

一　底本，明永樂北藏本。
一　七三九頁上末行「無正智慧」，徑作「無真智慧」。
一　七四三頁上五行第八字「復」，徑、清作「復」。
一　七四四頁上六行「卯生」，徑、清作「卵生」。
一　七四四頁上一四行「長阿舍」，徑、清作「長阿含」。
一　七四四頁中末行第八字「直」，徑、清作「真」。
一　七四四頁下三行第九字「表」，徑、清作「衰」。
一　七四五頁上五行第一六字「几」，徑作「凡」。
一　七四五頁上一三行第一四字「遺」，清作「道」。
一　七四五頁下七行「佛上」，徑、清作「佛土」。
一　七四六頁上一行首字「折」，徑作「坼」。

大佛頂如來密因脩證了義諸菩薩萬行首楞嚴經會解卷第十八　邈八

阿難復以此心精研妙明其身内徹是人忽然於其身内拾出蟯蛔身相宛然亦無傷毀此名精明流溢形體斯但精行暫得如是非為聖證不作聖心名善境界若作聖解即受羣邪

溫陵曰真精妙明流溢前境則外無所礙流溢形體則内無所障故能身内拾出蟯蛔此亦暫爾

又以此心内外精研其時魂魄意志精神除執受身餘皆涉入互為賓主忽於空中聞說法音或聞十方同敷密義此名精魂遞相離合成就善種暫得如是非為聖證不作聖心名善境界若作聖解即受羣邪

吳興曰除執受身餘皆涉入謂除其色身而内魂魄等六互相涉入也互為賓主者餘五入魂則魂為主五為賓乃至入神則神為主餘為賓也遞相離合即精離本位而合於魄或魄離本位而合於精等溫陵曰前之精研初能外虛次能内徹此復内外精研俱虛徹故其魂魄等皆失故常迭互相涉故夙昔聞熏自能發揮而忽有所聞也今夫刻意凝神討論之極則奇文駭藻未嘗經意者往往煥然得於夢寐則精研激發神者偶現類可知也

又以此心澄露皎徹内光發明十方徧作閻浮檀色一切種類化為如來于時忽見毗盧遮那踞天光臺千佛圍繞百億國土及與蓮華俱時出現此名心魂靈悟所染心光研明照諸世界暫得如是非為聖證不作聖心名善境界若作聖解即受羣邪

溫陵曰淨穢之境常隨心感故澄徹之極則心魂染於靈悟佛境現於心光資中曰若脩念佛三昧斯境現前與脩多羅合者名為正相若脩餘觀設見佛形亦不為正以心境不相應故況觀真如不取諸相而有所著者豈非魔邪

又以此心精研妙明觀察不停抑按降伏制止超越於時忽然十方虛空成七寶色或百寶色同時徧滿不相留礙青黃赤白各各純現此名抑按功力逾分暫得如是非為聖證不作聖心名善境界若作聖解即受羣邪

吳興曰抑按降伏制止超越應對四分煩惱或如下文排四大性此名等從略而結也溫陵曰精研妙明抑伏雜想制心勝託力用過越故妙明逼極煥散而現也

又以此心研究澄徹精光不亂忽於夜半在暗室内見種種物不殊白晝而暗室物亦不除滅此名心細密澄其見所視洞幽暫得如是非為聖證不作聖心名善境界若作聖解即受羣邪

溫陵曰人固有不明自發暗不能昏者惟微細定心澄使不亂而後能見暗物不除言皆實境不隨定變也

又以此心圓入虛融四肢忽然同於草木火燒刀斫曾無所覺又則火光不能燒爇縱割其肉猶如削木此名塵併排四大性一向入純暫得如是非為聖證不作聖心名善境界若作聖解即受羣邪

溫陵曰定力虛融則五塵併消四大排遣純覺遺身故無傷觸定力所持故火不燒也世之端居坐亡者尚能使形槁木心死灰況真定之力哉

又以此心成就清淨淨心功極忽見大地十方山河皆成佛國具足七寶光明徧滿又見恒沙諸佛如來徧滿空界樓殿華麗下見地獄上觀天宮得無障礙此名欣厭凝想日深想久化成非為聖證不作聖心名善境界若作聖解即受羣邪

溫陵曰厭穢濁之質凝欣妙淨之虛融名成就清淨凝想日深久而自化故能洞觀得無障礙也

又以此心研究深遠忽於中夜遙見遠方市井街巷親族眷屬或聞其語此名迫心逼極飛出故多隔見非為聖證不作聖心名善境界若作聖解即受羣邪

溫陵曰研心窮遠逼迫精神遺身而出冥有所至故能見聞遠方事也上皆未離色陰徒因定力而能出礙見聞遠及着色陰盡則一方洞開無復幽暗六通縱任無為山壁由之直度固無疑矣

又以此心研究精極見善知識形體變移少選無端種種遷改此名邪心含受魑魅或遭天魔入其心腹無端說法通達妙義非為聖證不作聖心魔事消歇若作聖解即受羣邪

資中曰此人曾有邪心種子合外魔境相因而來此則非善境界純是魔境不同前九皆稱善境起心作證方乃成魔者溫陵曰所見知識乃魔變現也前九但明定力獨此乃明魔事者定力未成不能動魔研究精極乃漸發魔事也故下文魔事愈甚

阿難如是十種禪那現境皆是色陰用心交互故現斯事衆生頑迷不自忖量逢此因緣迷不自識謂言登聖大妄語成墮無間獄汝等當依如來滅後於末法中宣示斯義無令天魔得其方便保持覆護成無上道

吳興曰用心交互者用禪那心與色陰堅固妄想交互故見斯事乃至識陰例此明之何則以五妄想各於本陰匿宇之中為禪所觀將破未破如燈欲滅其光復熾乃與定交戰其功故成之敗之則魔佛之所於是乎辨孤山曰大妄語成墮無間獄此約名字位中修禪定者及五品觀行位中不能安忍俱不達義以俱未得位不退故然五陰盡相不同在色陰未盡之中即名字位也色陰盡者猶居觀行受陰盡則在相似初二三信想陰盡則在三四兩信行陰盡則在五六兩信識陰盡則諸根互用此在相似七信已去正是發塊先落六根清淨位也而其五陰各為十魔種子所依其五十重皆在觀行初心所發故有退墮若入相似位義不成故佛次第細辨相狀令初心識其所發氣分所在色陰未破之中或現天魔此則想陰氣分之所發也問受陰盡時既入相似何故想等中復發十種魔境耶答古論陰破豈應致魔但文中說相似之前觀行心中所發耳令知所依故歷五陰分齊說之又只作相似位中發境亦應可耳何者魔尚能謗深位豈不能

惱相似淺位邪但相似位人獲之詎不將
為聖解又如阿羅漢人迴心入大按位雖
當相似進入即破無明故不為所動也若
名字觀行位人觀智強者則霁爾如空亦
不將為聖解觀力弱者則為所惑墮落魔
道更受輪迴若相似位或生法愛則名頂
墮菩薩
阿難彼善男子脩三摩提奢摩他中色陰盡
者見諸佛心如明鏡中顯現其像若有所得
而未能用猶如魘人手足宛然見聞不惑心
觸客邪而不能動此則名為受陰區宇
溫陵曰受以領納前境為義已破色陰內
外虛融故見諸佛心如鏡現像諸佛心即
我妙覺明心也如鏡現像謂清淨虛凝了
非形礙也雖具妙體而未能運用蓋為受
所覆故如魘寐人支體完具六根明了而
不能運動此受陰之相也
若魘咎歇其心離身反觀其面去住自由無
復留礙名受陰盡是人則能超越見濁觀其
所由虛明妄想以為其本
溫陵曰色陰盡者已離形礙然為受所魘
而未能用故受陰消歇即能離身反觀去
住無礙也因違順之幻境生損益之妄受
則受陰無體虛有所明故名虛明妄想
阿難彼善男子當在此中得大光耀其心發
明內抑過分忽於其處發無窮悲如是乃至
觀見蚊䖟猶如赤子心生憐愍不覺流淚此
名功用抑摧過越悟則無咎非為聖證覺了
不迷久自消歇若作聖解則有悲魔入其心
腑見人則悲啼泣無限失於正受當從淪墜
溫陵曰既破色陰無復幽黯故得大光耀
知受陰為咎故內自抑伏而破之抑伏太
過失於慈柔故多悲愍以致悲魔附焉吳
興曰其心發明即下文見色陰消受陰明
白也有以狂慧釋之者非
阿難又彼定中諸善男子見色陰消受陰明
白勝相現前感激過分忽於其中生無限勇
其心猛利志齊諸佛謂三僧祇一念能越此
名功用陵率過越悟則無咎非為聖證覺了
不迷久自消歇若作聖解則有狂魔入其心
腑見人則誇我慢無比其心乃至上不見佛
下不見人失於正受當從淪墜
溫陵曰色盡受現為定之勝相因喜成功
故感激勇動以為佛果可齊功行易致陵
率之過故狂魔附焉今夫以少為足驕狂
犯分自視無前者皆陵率之過也吳興曰
陵率謂勇心高率也
又彼定中諸善男子見色陰消受陰明白前
無新證歸失故居智力衰微入中隳地迥無
所見心中忽然生大枯渴於一切時沉憶不
散將此以為勤精進相此名脩心無慧自失
悟則無咎非為聖證若作聖解則有憶魔入
其心腑旦夕撮心懸在一處失於正受當從
淪墜
溫陵曰凡脩觀行須定慧等持乃能無失
今此定強智微而受陰未盡故進無新證
色陰已消故退失故居進退之間杳無所
依名中隳地以無依無見故枯渴沉憶而
憶魔附焉憶心妄系故如有撮懸也
又彼定中諸善男子見色陰消受陰明白慧

力過定失於猛利以諸勝性懷於心中自心已疑是盧舍那得少為足此名用心亡失恒審溺於知見悟則無咎非為聖證若作聖解則有下劣易知足魔入其心腑見人自言我得無上第一義諦失於正受當從淪墜

溫陵曰前以定強智微此又慧力過定皆互有所失故欲等持也長水曰定力微故亡失恒審慧力過故溺於知見

又彼定中諸善男子見色陰消受陰明白新證未獲故心已亡歷覽二際自生艱險於心忽然生無盡憂如坐鐵床如飲毒藥心不欲活常求於人令害其命早取解脫此名脩行失於方便悟則無咎非為聖證若作聖解則有一分常憂愁魔入其心腑手執刀劍自割其肉欣其捨壽或常憂愁走入山林不耐見人失於正受當從淪墜

溫陵曰進退失守故心生艱險以成邪憂自致患害也

又彼定中諸善男子見色陰消受陰明白處清淨中心安隱後忽然自有無限喜生心中歡悅不能自止此名輕安無慧自禁悟則無咎非為聖證若作聖解則有一分好喜樂魔入其心腑見人則笑於衢路傍自歌自舞自謂已得無礙解脫失於正受當從淪墜

吳興曰輕安七覺支中其體屬定定若兼慧正道可通今所發者既無慧自持則定翻成散魔得其便喜樂附焉

又彼定中諸善男子見色陰消受陰明白自謂已足忽有無端大我慢起如是乃至慢與過慢及慢過慢或增上慢或卑劣慢一時俱發心中尚輕十方如來何況下位聲聞緣覺此名見勝無慧自救悟則無咎非為聖證若作聖解則有一分大我慢魔入其心腑不禮塔廟摧毀經像謂檀越言此是金銅或是土木經是樹葉或是疊華肉身真常不自恭敬卻崇土木實為顛倒其深信者從其毀碎埋棄地中是誤眾生入無間獄失於正受當從淪墜

溫陵曰慢名有七恃己凌他名我慢同德相傲但名曰慢於同爭勝名過慢於勝爭勝名慢過慢未得謂得名增上慢以劣自矜名卑劣慢不禮塔廟等即邪慢也今之妄人不禮不誦皆慢魔也

又彼定中諸善男子見色陰消受陰明白於精明中圓悟精理得大隨順其心忽生無量輕安已言成聖得大自在此名因慧獲諸輕清悟則無咎非為聖證若作聖解則有一分好輕清魔入其心腑自謂滿足更不求進此等多作無聞比丘疑誤眾生墮阿鼻獄失於正受當從淪墜

溫陵曰以色消為精明以精明為圓悟遂以為得大隨順輕清自在皆得少為足無聞之儔也吳興曰輕安者名雖同前其義則異以云因慧獲諸輕清故此由受陰於諸塵境無重濁之感便言成聖得大自在也

又彼定中諸善男子見色陰消受陰明白於明悟中得虛明性其中忽然歸向永滅撥無因果一向入空空心現前乃至心生長斷滅解悟則無咎非為聖證若作聖解則有空魔

入其心腑乃謗持戒名爲小乘菩薩悟空有何持犯其人常於信心檀越飲酒噉肉廣行婬穢因魔力故攝其前人不生疑謗鬼心久入或食屎尿與酒肉等一種俱空破佛律儀誤入人罪失於正受當從淪墜

溫陵曰因得虛明誤執斷空成諸邪咎凡爲此者皆空魔也資中曰此從邪見種生引此空魔入其心腑大般若云魔能入一切衆生心令歸依魔黨如膠如漆斷手截辟不以爲難

又彼定中諸善男子見色陰消受陰明白味其虛明深入心骨其心忽有無限愛生愛極發狂便爲貪欲此名定境安順入心無慧自持誤入諸欲悟則無咎非爲聖證若作聖解則有欲魔入其心腑一向說欲爲菩提道化諸白衣平等行欲其行婬者名持法子神鬼力故於末世中攝其凡愚其數至百如是乃至一百二百或五六百多滿千萬魔心生厭離其身體威德既無陷於王難疑誤衆生入無間獄失於正受當從淪墜

溫陵曰愛心多因順起故定境順心即邪愛成咎具興曰此如天台止觀煩惱境欲發之相智者云生來欲色抑制可停今所發者其惑熾盛若見外境心狂眼暗如聽師子觸之哮吼若不識者則能牽入作大重罪今文既云魔入其心則是煩惱與魔二境俱發

阿難如是十種禪那現境皆是受陰用心交互故現斯事衆生頑迷不自忖量逢此因緣迷不自識謂言登聖大妄語成墮無間獄汝等亦當將如來語於我滅後傳示末法徧令衆生開悟斯義無令天魔得其方便保持覆護成無上道

溫陵曰諸陰結文皆云保持覆護等即深防邪誤助道之意也

阿難彼善男子脩三摩地受陰盡者雖未漏盡心離其形如鳥出籠已能成就從是凡身上歷菩薩六十聖位得意生身隨往無礙譬如有人熟寐寱言是人雖則無別所知其言已成音韻倫次令不寐者咸悟其語此則名爲想陰區宇

孤山曰始三漸次終乎妙覺其間有賢有聖皆是三世諸佛所歷之位故通稱聖位今受陰既破即入相似聖位故云得意生身也意生者喻如意去速疾無礙而有三種一入三昧樂意生身謂心寂不動即相似初信至七信入空位也二覺法自性意生身謂普入佛刹以法爲自性即相似八信出假位也三種類俱生無作意生身謂了佛所證法即九信十信脩中位也長水曰未破想陰故如熟寐寱言也有成聖位分故如音韻倫次也令不寐者咸悟其語如證聖人則知彼有聖位之分故般若云如來悉知悉見是人皆得成就阿耨菩提

若動念盡浮想消除於覺明心如去塵垢一倫生死首尾圓照名想陰盡是人則能超煩惱濁觀其所由融通妄想以爲其本

孤山曰覺明如鏡浮想如塵想盡心明猶居相似首尾猶始終也若悟真常無始終生死之異故云圓照溫陵曰想能融變使

心隨境使境隨心如想酥梅能通質礙故名融通妄想

阿難彼善男子受陰虛妙不遭邪慮圓定發明三摩地中心愛圓明銳其精思貪求善巧爾時天魔候得其便飛精附人口說經法其人不覺是其魔著自言謂得無上涅槃來彼求巧善男子處敷座說法其形斯須或作比丘令彼人見或為帝釋或為婦女或比丘尼或寢暗室身有光明是人愚迷惑為菩薩信其教化搖蕩其心破佛律儀潛行貪欲口中好言災祥變異或言如來某處出世或言劫火或說刀兵恐怖於人令其家資無故耗散此名怪鬼年老成魔惱亂是人厭足心生去彼人體弟子與師俱陷王難汝當先覺不入輪迴迷惑不知墮無間獄

溫陵曰得受陰盡曰虛妙已無受魔曰不遭圓定等者想陰定中也愛圓明求善巧者因其虛妙生愛思於圓明之體以發濡和之用也天魔變現教化者示濡和善巧也附人附他人也其人所附人也彼人是

人皆指脩定人也想陰十段皆初舉天魔次明鬼魔而舊科不分今按經分之前總叙云或汝陰魔或復天魔或著鬼神或遭魑魅後總結曰是十種魔或附人體或自現形魔師嬌婬相傳邪精魅其心腑如受陰中舉悲等十魔即陰魔也想陰初舉十類即天魔也文云潛行貪欲即魔師嬌婬相傳也次舉口中好言等即鬼神魑魅兼附之所謂邪精魅其心腑也怪鬼魃鬼皆前所舉者吳興曰飛精附人斯必附其可附之人亦脩定習慧者耳弟子與師即求巧之子說法之師下皆例此

阿難又善男子受陰虛妙不遭邪慮圓定發明三摩地中心愛遊蕩飛其精思貪求經歷爾時天魔候得其便飛精附人口說經法其人亦不覺知魔著亦言自得無上涅槃來彼求遊善男子處敷座說法自形無變其聽法者忽自見身坐寶蓮華全體化成紫金光聚一衆聽人各各如是得未曾有是人愚迷惑為菩薩婬逸其心破佛律儀潛行貪欲口中

好言諸佛應世某處某人當是某佛化身來此某人即是某菩薩等來化人間其人見故心生傾渴邪見密興種智消滅此名魃鬼年老成魔惱亂是人厭足心生去彼人體弟子與師俱陷王難汝當先覺不入輪迴迷惑不知墮無間獄

又善男子受陰虛妙不遭邪慮圓定發明三摩地中心愛綿䏬澄其精思貪求契合爾時天魔候得其便飛精附人口說經法其人實不覺知魔著亦言自得無上涅槃來彼求合善男子處敷座說法其形及彼聽法之人外無遷變令其聽者未聞法前心自開悟念念移易或得宿命或有他心或見地獄或知人間好惡諸事或口說偈或自誦經各各歡娛得未曾有是人愚迷惑為菩薩綿愛其心破佛律儀潛行貪欲口中好言佛有大小某佛先佛某佛後佛其中亦有真佛假佛男佛女佛菩薩亦然其人見故洗滌本心易入邪悟此名魅鬼年老成魔惱亂是人厭足心生去彼人體弟子與師俱陷王難汝當先覺不入

輪廻迷惑不知墮無間獄
温陵曰愛綿腤者欲密契妙理也希契合故魔與開悟自開悟下皆密契之事也資中曰夫亡機冥照理自玄會若希求契合擬心即差於是天魔得其便也

又善男子受陰虚妙不遭邪慮圓定發明三摩地中心愛根本窮覽物化性之終始精爽其心貪求辯析爾時天魔候得其便飛精附人口説經法其人先不覺知魔著亦言自得無上涅槃來彼求元善男子處敷座説法身有威神摧伏求者令其座下雖未聞法自然心伏是諸人等將佛涅槃菩提法身即是現前我肉身上父父子子遞代相生即是法身常住不絶都指現在即為佛國無别淨居及金色相其人信受亡失先心身命歸依得未曾有是等愚迷惑為菩薩推究其心破佛律儀潛行貪欲口中好言眼耳鼻舌皆為淨土男女二根即是菩提涅槃真處彼無知者信是穢言此名蠱毒魘勝惡鬼年老成魔惱亂是人厭足心生去彼人體弟子與師俱陷王難汝當先覺不入輪廻迷惑不知墮無間獄
温陵曰愛窮萬化之本故爽其心以辯析將佛涅槃等者以肉身為果德以幻生為常住而撥無淨土報體皆因其辯析化元而妄為混融之説也以穢染為真淨亦甚引媟欲也吴興曰夫性海圓澄森羅自現苟偏求俗理翻益漏心違本禪那邪鬼斯入

又善男子受陰虚妙不遭邪慮圓定發明三摩地中心愛懸應周流精研貪求冥感爾時天魔候得其便飛精附人口説經法其人元不知覺魔著亦言自得無上涅槃來彼求應善男子處敷座説法能令聽衆暫見其身如百千歳心生愛染不能捨離身為奴僕四事供養不覺疲勞各各令其座下人心知是先師本善知識别生法愛粘如膠漆得未曾有是人愚迷惑為菩薩親近其心破佛律儀潛行貪欲口中好言我於前世於某生中先度某人當時是我妻妾兄弟今來相度與汝相隨歸某世界供養某佛或言别有大光明天佛於中住一切如來所休居地彼無知者信是虚誑遺失本心此名癘鬼年老成魔惱亂是人厭足心生去彼人體弟子與師俱陷王難汝當先覺不入輪廻迷惑不知墮無間獄
吴興曰懸應在聖冥感在已於未證理前求其休驗也

又善男子受陰虚妙不遭邪慮圓定發明三摩地中心愛深入尅已辛勤樂處陰寂貪求靜謐爾時天魔候得其便飛精附人口説經法其人本不覺知魔著亦言自得無上涅槃來彼求陰善男子處敷座説法令其聽人各知本業或於其處語一人言汝今未死已作畜生勅使一人於後蹋尾頓令其人起不能得於是一衆傾心欽伏有人起心已知其肇佛律儀外重加精苦誹謗比丘罵詈徒衆訐露人事不避譏嫌口中好言未然禍福及至其時毫髮無失此大力鬼年老成魔惱亂是人厭足心生去彼人體弟子與師俱陷王難汝當先覺不入輪廻迷惑不知墮無間獄
温陵曰愛深入幽靜以澄養通力也邪定

能具五通本業宿業也畜生後報也此二宿命通也知肇他心通也訐露眼耳通也

發人私事曰訐露

又善男子受陰虛妙不遭邪慮圓定發明三摩地中心愛知見勤苦研尋貪求宿命爾時天魔候得其便飛精附人口說經法其人殊不覺知魔著亦言自得無上涅槃來彼求知善男子處敷座說法是人無端於說法處得大寶珠其魔或時化為畜生口銜其珠及雜珍寶簡策符牘諸奇異物先授彼人後著其體或誘聽人藏於地下有明月珠照耀其處是諸聽者得未曾有多食藥草不飡嘉饌或時日飡一麻一麥其形肥充魔力持故誹謗比丘罵詈徒衆不避譏嫌口中好言他方寶藏十方聖賢潛匿之處隨其後者往往見有奇異之人此名山林土地城隍川嶽鬼神年老成魔或有宣婬破佛戒律與承事者潛行五欲或有精進純食草木無定行事惱亂是人厭足心生去彼人體弟子與師俱陷王難汝當先覺不入輪迴迷惑不知墮無間獄

溫陵曰好知潛匿異事及宿命也珠寶簡策皆潛匿異事吳興曰宿命者六通之一也小乘脩成大乘發得今進不待發退不從脩作念求之故招魔事

又善男子受陰虛妙不遭邪慮圓定發明三摩地中心愛神通種種變化研究化元貪取神力爾時天魔候得其便飛精附人口說經法其人誠不覺知魔著亦言自得無上涅槃來彼求通善男子處敷座說法是人或復手執火光手撮其光分於所聽四衆頭上是諸聽人頂上火光皆長數尺亦無熱性曾不焚燒或水上行如履平地或於空中安坐不動或入瓶內或處囊中越牖透垣曾無障礙惟於刀兵不得自在自言是佛身著白衣受比丘禮誹謗禪律罵詈徒衆訐露人事不避譏嫌口中常說神通自在或復令人旁見佛土鬼力惑人非有真實讚歎行婬不毀麤行將諸猥媟以為傳法此名天地大力山精海精風精河精土精一切草木積劫精魅或復龍魅或壽終僊再活為魅或仙期終計年應死其形不化他怪所附年老成魔惱亂是人厭足心生去彼人體弟子與師多陷王難汝當先覺不入輪迴迷惑不知墮無間獄

溫陵曰化元萬化之本也欲秉之以發神變以愛神變故現撮火履水等事若真神變則不懼刀兵

又善男子受陰虛妙不遭邪慮圓定發明三摩地中心愛入滅研究化性貪求深空爾時天魔候得其便飛精附人口說經法其人終不覺知魔著亦言自得無上涅槃來彼求空善男子處敷座說法於大衆內其形忽空衆無所見還從虛空突然而出存沒自在或現其身洞如琉璃或垂手足作栴檀氣或大小便如厚石蜜誹毀戒律輕賤出家口中常說無因無果一死永滅無復後身及諸凡聖雖得空寂潛行貪欲受其欲者亦得空心撥無因果此名日月薄蝕精氣金玉芝草麟鳳龜鶴經千萬年不死為靈出生國土年老成魔惱亂是人厭足心生去彼人體弟子與師多陷王難汝當先覺不入輪迴迷惑不知墮無

間獄
溫陵曰欲入滅定以趣空寂也從空出沒等因其好空故依空誑惑口中常說下皆乘其空見而發也近世邪宗妄謂恭須實恭見須實見遂以因果後身天堂地獄非親見者一皆撥無故得其說者咸謂善惡渺茫浮生不再於是忘戒檢恣婬樂飲啖昏荒以自斷送僥倖顯處掊尅侵冒真謂無天堂地獄矣愚每痛之因箋釋及此感發奮筆冀悟魔說無自陷溺也日月薄蝕精氣流注能為金玉之類孤山曰薄蝕者經史皆作食韋昭云氣往迫之曰薄虧毀曰食

又善男子受陰虛妙不遭邪慮圓定發明三摩地中心愛長壽辛苦研幾貪求永歲棄分段生頓希變易細相常住爾時天魔候得其便飛精附人口說經法其人竟不覺知魔著亦言自得無上涅槃來彼求生善男子處敷座說法好言他方往還無滯或經萬里瞬息再來皆於彼方取得其物或於一處在一宅中數步之間令其從東詣至西壁是人急行累年不到因此心信疑佛現前口中常說十方衆生皆是吾子我生諸佛我出世界我是元佛出世自然不因修得此名住世自在天魔使其眷屬如遮文茶及四天王毗舍童子未發心者利其虛明食彼精氣或不因師其修行人親自觀見稱執金剛與汝長命現美女身盛行貪欲未逾年歲肝腦枯竭口兼獨言聽若妖魅前人未詳多陷王難未及遇刑先已乾死惱亂彼人以至殂殞汝當先覺不入輪迴迷惑不知墮無間獄

孤山曰變易者斷見思盡生法性土故受變易令頓欲變麤身為細質易短壽為長齡從此分段延入彼土也自在天即欲界第六天上別有魔王居處亦他化自在天

攝溫陵曰萬里瞬息乃得變易者之事也陀羅尼經有遮文茶天毗舍童子即毗舍遮鬼隸四天王已發心則護人未發心則害人以彼定力虛明為利故食其精氣或不因師者不因魔附之師而親見魔現也口兼獨言聞出異語也

阿難當知是十種魔於末世時在我法中出家修道或附人體或自現形皆言已成正徧知覺讚歎婬欲破佛律儀先惡魔師與魔弟子婬婬相傳如是邪精魅其心腑近則九生多逾百世令真修行總為魔眷命終之後必為魔民失正徧知墮無間獄

溫陵曰涅槃經云末世魔屬現比丘羅漢等像混壞正法非毀戒律其意同此也

汝今未須先取寂滅縱得無學留願入彼末法之中起大慈悲救度正心深信衆生令不著魔得正知見我今度汝已出生死汝遵佛語名報佛恩阿難如是十種禪那現境皆是想陰用心交互故現斯事衆生頑迷不自忖量逢此因緣迷不自識謂言登聖大妄語成墮無間獄汝等必須將如來語於我滅後傳示末法徧令衆生開悟斯義無令天魔得其方便保持覆護成無上道

溫陵曰始以阿難起教終復囑令弘宣足知大教源流浚發遐被無非阿難之力則

示遺魔事徵心辨見皆爲末法起大慈悲令不著魔得正知見也當知昔雖四派示滅今之法化常存與夫在處影響無非留顧之身也

大佛頂如來密因脩證了義諸菩薩萬行首楞嚴經會解卷第十八

大佛頂如來密因修證了義諸菩薩萬行首楞嚴經會解卷第十八

校勘記

一 底本，明永樂北藏本。

一 七四八頁下一七行「燒爇」，徑作「燒熱」。

一 七四九頁中八行「非善」，徑作「非聖」。

一 七五〇頁上一九行「起越」，徑作「超越」。

一 七五一頁中七行「喜樂」，徑作「是喜樂」。

一 七五一頁中一七行「是誤」，徑、清作「疑誤」。

一 七五三頁上一九行第一二字「示」，徑作「是」。

一 七五三頁中一六行第一六字「来」，徑作「求」。

一 七五四頁上五行「便也」，徑作「方便也」。

一 七五四頁中七行末字「斯」，徑無。

一 七五六頁中末行第二字「因」，徑作「應」。

大佛頂如來密因脩證了義諸菩薩萬行首楞嚴經會解卷第十九　邇九

天竺沙門般剌密帝譯

烏萇國沙門彌伽釋迦譯語

菩薩戒弟子前正議大夫同中書門下平章事房融筆受

師子林沙門　惟則　會解

邇九　一

阿難彼善男子脩三摩地想陰盡者是人平常夢想消滅寤寐恒一覺明虛靜猶如晴空無復麁重前塵影事觀諸世間大地山河如鏡鑑明來無所粘過無蹤跡虛受照應了罔陳習惟一精真生滅根元從此披露見諸十方十二衆生畢殫其類雖未通其各命由緒見同生基猶如野馬熠熠清擾為浮根塵究竟樞穴此則名為行陰區宇

溫陵曰通叙想滅行現也浮動妄習晝明則想夕瞢則夢汨亂性真莫得而一擾動覺明莫得而靜故想陰盡者夢想消滅寤寐恒一覺明虛靜猶如晴空也五陰前麁後細故想盡則無麁重影事雖觀萬象而無想念故如鏡鑑明無粘無迹虛受照應了無陳習惟一精真明極如此故幽隱行陰於是披露也行為萬化生滅根元故其相披露則十二類生之元無不殫見各命由緒識也同生基行也擾動幽隱故譬野馬乍生乍滅故曰熠熠無復麁影故曰清擾根塵運止皆本於此故曰究竟樞穴也

孤山曰雖未下謂雖未能別相見彼衆生脩因趣果因由端緒已能惣相見彼生類俱由行起名此行陰為同生基野馬陽餤浮埃也熠熠光耀閃爍之皃清擾即下文幽清擾動是也

若此清擾熠熠元性性入元澄一澄元習如波瀾滅化為澄水名行陰盡是人則能超衆生濁觀其所由幽隱妄想以為其本

邇九　二

溫陵曰行陰習擾成性故稱元性元習能滅擾習則歸元澄之本而遷流相盡矣故如波瀾滅化為澄水也生滅不停業運常遷名衆生濁故行陰盡則超之行陰密移曾無覺悟故曰幽隱妄想

阿難當知是得正知奢摩他中諸善男子凝明正心十類天魔不得其便方得精研窮生類本於本類中生元露者觀彼幽清圓擾動元於圓元中起計度者是人墜入二無因論

溫陵曰夢想消亡寤寐常一故稱正知奢摩他又稱凝明正心皆想盡之相也外魔皆因心召故想盡凝明則天魔不至從此惟是脩禪失趣狂解妄計是即陰魔也生類本即同生基也於本類中生元露者於同生基見已行元也幽清動元即行元也

一者是人見本無因何以故是人既得生機全破乘于眼根八百功德見八萬劫所有衆生業流灣環死此生彼只見衆生輪迴其處八萬劫外冥無所觀便作是解此等世間十方衆生八萬劫來無因自有由此計度亡正徧知墮落外道惑菩提性

邇九　三

吳興曰生機全破者機喻擾動即行陰也不為想陰所覆故云全破眼根八百功德既約三世四方論之今見本無因即乘過去功德下見末無因即乘未來功德斯由

定中發宿命通乃令眼根彰此力用業流
灣環行陰流轉也冥無所觀外道冥諦也
夫善惡業緣惟識變造是人八萬劫外尚
不見行何況於識故從此來起無因計
二者是人見末無因何以故是人於生既見
其根知人生人悟鳥生鳥烏從來黑鵠從來
白人天本竪畜生本橫白非洗成黑非染造
從八萬劫無復改移今盡此形亦復如是而
我本來不見菩提云何更有成菩提事當知
今日一切物象皆本無因
溫陵曰謬執生根不達化理以人竟為人
乃至黑竟為黑無復改移因而例我本不
見道末亦無成是末無因也結文本字合
是末字吳興曰無復改移者此見一分人
畜之類有經長時業果未轉故起斯計如
智論明舍利弗觀鴿子身前後皆八萬劫
不改其類今行陰中既見此相乃執一切
自然而然此即不知十二類生各命由緒
也今盡此形等明未來無因亦應見八萬
劫以外道通同聲聞故

由此計度亡正徧知墮落外道惑菩提性是
則名為第一外道立無因論
吳興曰肇師云外道末伽梨謂衆生苦樂
不因行得皆自然耳前經云末伽梨等都
言此身死後全滅今計無因雖不云死滅
遐九　四
必至劫滿亦同其倫當知諸見不出四句
謂斷常雙亦雙非也上二無因即斷見下
四徧常及一分無常一分常乃至死後俱
非即後三句餘之所計皆源流於此
阿難是三摩中諸善男子凝明正心魔不得
便窮生類本觀彼幽清常擾動元於圓常中
起計度者是人墜入四徧常論
長水曰行陰生滅相續不失故名常所計
四種徧一切法故名圓溫陵曰前言圓擾
動元此言常擾動元者以生滅之元皆圓
於此遂執為常而起徧常論徧即圓也故
此標名徧常後結名圓常
一者是人窮心境性二處無因脩習能知二
萬劫中十方衆生所有生滅咸皆循環不曾
散失計以為常

溫陵曰由妄計行陰為生滅圓元遂於心
境四大等皆計為常也真際曰心境二處
雖則無因二萬劫來相續不斷故計為常
二者是人窮四大元四性常住脩習能知四
萬劫中十方衆生所有生滅咸皆體恒不曾
遐九　五
散失計以為常
溫陵曰衆生依地水大風生滅而四性元
則常住則諸生滅法咸皆體常
三者是人窮盡六根末那執受心意識中本
元由處性常恒故脩習能知八萬劫中一切
衆生循環不失本來常住窮不失性計以為
常
溫陵曰六根及末那執受即八識也心意
識中本元即識性也謂其本性恒常衆生
依之循環而住不曾散失此認識神而妄
計也真際曰言六根者舉所依根顯能依
識也既云心意識中故知觀八識也吳興
曰按楞伽云阿梨耶識除佛及八地菩薩
諸餘二乘外道脩行者皆不能知由是觀
之今行陰未盡豈能於此計以為常應知

心意識者通舉八識也本元由處別指行
陰也良以首楞嚴定頓窮八識圓伏五住
而於想陰盡處不了行陰微細生滅妄認
為常非謂定中已見第八愍師云若了八
識何得異計斯語善為補註曰俱舍云集
起名心思量名意了別名識百法疏云八
識名心七識名意六識名識又婆沙云心
即意識如火名燄亦名為熾亦名燒薪只
是一心有三差別此中諸解當取岳師通
舉八識別指行陰之說為近理也
四者是人既盡想元生理更無流止運轉生
滅想心今已永滅理中自然成不生滅因心
所度計以為常
溫陵曰想元想陰也生理行陰也妄謂流
轉生滅皆屬想心今已永滅則不生滅理
自然屬行不知行陰即生滅元也長水曰
此於生滅計不生滅故執為常吳興曰前
指本元為常即於生滅計不生滅如見細
流謂之止水也今取理中為常乃於不生
滅計不生滅如見虛空謂之常住也斯亦
妄認行陰為理耳
由此計常亡正徧知墮落外道惑菩提性是
則名為第二外道立圓常論
吳興曰此四徧常所窮之境從廣至狹而
成次第初通五陰二局色陰三惟行陰四
但是行陰不生滅理若言第三計八識第
四復計行陰其義既失所次亦非
又三摩中諸善男子堅凝正心魔不得便窮
生類本觀彼幽清常擾動元於自他中起計
度者是人墜入四顛倒見一分無常一分常
論一者是人觀妙明心徧十方界湛然以為
究竟神我從是則計我徧十方凝明不動一
切衆生於我心中自生自死則我心性名之
為常彼生滅者真無常性
吳興曰觀妙下重舉觀行湛然下正明起
計亦由不了行陰生滅妄謂此處心性名之
然以為神我言神我者外道名主諦謂一
切法皆是我所悉以此神而為其主
二者是人不觀其心徧觀十方恒沙國土見
劫壞處名為究竟無常種性劫不壞處名究
竟常
吳興曰謂三禪以下終為三灾所壞名無
常種性四禪以上灾不能壞名究竟常
三者是人別觀我心精細微密猶如微塵流
轉十方性無移改能令此身即生即滅其不
壞性名我性常一切死生從我流出名無常
性
四者是人知想陰盡見行陰流行陰常流計
為常性色受想等今已滅盡名為無常由此
計度一分無常一分常故墮落外道惑菩提
性是則名為第三外道一分常論
吳興曰前觀我心雖流轉十方性無移改
不知我是行陰其體常流今雖見流仍未
見識陰之相故對色受想等為常無常也
此四顛倒初觀神我及一切衆生即正報
也次觀國土與劫即依報也此二對他明
常無常三觀我心及身四計陰等此二約
自色心明常無常亦從廣至狹也
又三摩中諸善男子堅凝正心魔不得便窮
生類本觀彼幽清常擾動元於分位中生計

度者是人墜入四有邊論

溫陵曰分位有四謂三際分位見聞分位彼我分位生滅分位

一者是人心計生元流用不息計過未者名為有邊計相續心名為無邊

溫陵曰生元流用行陰也因遷流計三際以過者已滅來者未見故名有邊現在相續故名無邊不知真際本非有邊非無邊也

二者是人觀八萬劫則見衆生八萬劫前寂無聞見無聞見處名為無邊有衆生處名為有邊

吳興曰後八萬劫亦合如前今恐存略溫陵曰前以不見為有邊此以無聞為無邊乃回互倒計也

三者是人計我徧知得無邊性彼一切人現我知中我曾不知彼之知性名彼不得無邊之心但有邊性

孤山曰我曾下謂但見彼人現我知中而不能知彼人性徧故計彼性以為有邊

四者是人窮行陰空以其所見心路籌度一切衆生一身之中計其咸皆半生半滅明其世界一切所有一半有邊一半無邊由此計度有邊無邊墮落外道惑菩提性是則名為第四外道立有邊論

溫陵曰因窮行空昔有今無遂以一陰為半生半滅而內根外器一切皆然以生為有邊滅為無邊吳興曰此四有邊初惟約自二單約他三具自他四重計他一切依正斯則前狹後廣以成其次

又三摩中諸善男子堅凝正心魔不得便窮生類本觀彼幽清常擾動元於知見中生計度者是人墜入四種顛倒不死矯亂徧計虛論

資中曰準婆沙論釋外道計天常住名為不死計不亂答得生彼天若實不知而輒答者恐成矯亂故有問時答言祕密言辭不應皆說或不定答佛法訶云此真矯亂故名不死矯亂虛論溫陵曰以邪倒故於知見中狂解不決遂矯亂其語也今之邪人妄謂得道而中無主正矯惑於人者多類此四

一者是人觀變化元見遷流處名之為變見相續處名之為恒見所見處名之為生不見見處名之為滅相續之因性不斷處名之為增正相續中中所離處名之為減各各生處名之為有互互亡處名之為無以理都觀用心別見有求法人來問其義答言我今亦生亦滅亦有亦無亦增亦減於一切時皆亂其語令彼前人遺失章句

長水曰於一生滅行陰分為八義別見謂變恒生滅增減有無也答中略舉六義以不能定其道理但兩榲而答故云亦生亦滅等

二者是人諦觀其心互互無處因無得證有人來問惟答一字但言其無除無之餘無所言說

溫陵曰互互無即念念滅相也得證者悟一切法皆無也

三者是人諦觀其心各各有處因有得證有

人来問惟荅一字但言其是除是之餘無所言說

溫陵曰各各有即念念生相也言無言是皆不明荅

四者是人有無俱見其境枝故其心亦亂有人来問荅言亦有即是亦無亦無之中不是亦有一切矯亂無容窮詰由此計度矯亂虛無墮落外道惑菩提性是則名為第五外道四顛倒性不死矯亂徧計虛論

吳興曰從二至四於前八中有無分出也

二三單計第四兩亦有即是無如氷是水也無不是有如水非氷也四句之中但涉三句未見雙非其計猶麁

又三摩中諸善男子堅凝正心魔不得便窮生類本觀彼幽清常擾動元於無盡流生計度者是人墜入死後有相發心顛倒或自固身云色是我或見我圓含徧國土云我有色或彼前緣隨我迴復云色屬我或復我依行中相續云我在色皆計度言死後有相如是循環有十六相

貲中曰無盡流即行陰也由見無盡故言死後有相溫陵曰或自下心顛倒故固執色身以色是我又謂我體圓徧則色為我有前緣即目前之色也行相續相亦色也於色作此四計於受想行亦然故成十六相皆計死後復有也雋李曰不言識陰者所計之我即識陰也吳興曰不尒外道六法我與識異今行陰未破識未當情故不言耳問前三陰既破何故與我復計四句邪荅但破其計不破其法色等生滅念念不停即無盡流也然此行陰與常塗所辨麁細不同如百論家以識陰為初想陰居次受陰第三三皆無記未能成業至於行陰方起煩惱造作諸業是則四陰之中行陰最麁此據平常未破時說也今觀行中已破受想須知行陰麁相亦盡惟細相在故通前三陰俱見遷流幽隱之元其實難曉

從此或計畢竟煩惱畢竟菩提兩性並驅各不相觸由此計度死後有故墮落外道惑菩提性是則名為第六外道立五陰中死後有相心顛倒論

吳興曰上四陰與我既死後有相或復妄計煩惱菩提理亦如是以煩惱由陰而生菩提由我而證言畢竟者即兩性不相陵滅入未来際此皆後有也言五陰者通結五陰正在前四又雖在前四義惟行陰耳

又三摩中諸善男子堅凝正心魔不得便窮生類本觀彼幽清常擾動元於先除滅色受想中生計度者是人墜入死後無相發心顛倒見其色滅形無所因觀其想滅心無所繫知其受滅無復連綴陰性消散縱有生理而無受想與草木同此質現前猶不可得死後云何更有諸相因之勘校死後相無如是循環有八無相

溫陵曰陰性消散謂色受想滅也生理即行也謂無受想則行亦滅也此約四陰現在因亡未来果滅因果合論故成八相

從此或計涅槃因果一切皆空徒有名字究竟斷滅由此計度死後無故墮落外道惑菩

提性是則名為第七外道立五陰中死後無
相心顛倒論
吳興曰涅槃因果依現陰而修後陰而證
陰既叵測修證何有邪
又三摩中諸善男子堅凝正心魔不得便窮
生類本觀彼幽清常擾動元於行存中兼受
想滅雙計有無自體相破是人墜入死後俱
非起顛倒論
溫陵曰行存則有相也受想滅則無相也
以前後相例則存者終無雖有非有滅者
曾有雖無不無四陰雙計故成八非吳興
曰雙計有無至死後俱非者此有二義一
亦有亦無二非有非無下文兆計雙亦次
計雙非
色受想中見有非有行遷流內觀無不無如
是循環窮盡陰界八俱非相隨得一緣皆言
死後有相無相
吳興曰此計雙亦也見有非有謂色受想
無也觀無不無謂行陰有也如是循環等
例立雙亦謂三陰無亦如行陰之有行陰

有亦如三陰之無四陰各二故名八俱非
相言俱非者對前偏計有無得名文意且
在雙計有無耳故揔結云有相無相溫陵
曰隨得一緣者於四陰隨舉皆生計執
又計諸行性遷訛故心發通悟有無俱非虛
實失措
吳興曰此計雙非也色受想等皆名諸行
悉有遷訛下文云甲長髮生氣消容皺及
念念不停即其相也於前四陰雙計有無
亦有八俱非義此見既細所以的就行陰
言之
由此計度死後俱非後際昏瞢無可道故墮
落外道惑菩提性是則名為第八外道立五
陰中死後俱非心顛倒論
溫陵曰昏瞢無可道者不能明知死後之
事也
又三摩中諸善男子堅凝正心魔不得便窮
生類本觀彼幽清常擾動元於後後無生計
度者是人墜入七斷滅論
溫陵曰見行陰念念滅處名後後無出是

妄計設生人天七處後皆斷滅
或計身滅或欲盡滅或苦盡滅或極樂滅或
極捨滅如是循環窮盡七際現前消滅滅已
無復由此計度死後斷滅墮落外道惑菩提
性是則名為第九外道立五陰中死後斷滅
心顛倒論
溫陵曰身滅即欲界人天二處也欲盡初
禪也苦盡二禪也極樂三禪極捨四禪及
無色也是名七際謂七際事相皆現前消
滅更無復生終歸斷滅也吳興曰此計應
從第七外道流出但前約橫論今約竪說
若攝橫歸竪則前無相屬今身滅
又三摩中諸善男子堅凝正心魔不得便窮
生類本觀彼幽清常擾動元於後後有生計
度者是人墜入五涅槃論或以欲界為正轉
依觀見圓明生愛慕故或以初禪性無憂故
或以二禪心無苦故或以三禪極悅隨故或
以四禪苦樂二亡不受輪迴生滅性故迷有
漏天作無為解五處安隱為勝淨依如是循
環五處究竟

溫陵曰見行滅復生名後後有妄於五處計涅槃果轉依者轉生死依涅槃也或於欲界悟圓明理遂以欲界即轉依處或以初禪離憂二禪離苦三禪極喜四禪極捨即轉依處是謂五涅槃也迷有等者不知此天皆屬有漏非無為果非究竟處也

由此計度五現涅槃墮落外道惑菩提性是則名為第十外道立五陰中五現涅槃心顛倒論

吳興曰前標後後今結五現者影互其文也此計應從第六外道流出横竪攝屬亦如七九之類

大佛頂如來密因脩證了義諸菩薩萬行首楞嚴經會解卷第十九

大佛頂如來密因修證了義諸菩薩萬行首楞嚴經會解卷第十九

校勘記

一　底本，明永樂北藏本。

一　七五九頁中七行「斷見」，徑作「見斷」。

一　七五九頁中一九行「所有生滅」，徑作「所生生滅」。

一　七五九頁下一三行「未那」，徑、清作「末那」。

一　七六〇頁中一六行「名之」，徑、清作「湛」。

一　七六一頁上一九行第八字「但」，徑作「仁」。

一　七六二頁上一五行第五字「彼」，徑、清作「彼」。

一　七六三頁上七行「有無」，徑作「無有」。

一　七六三頁中六行「失措」，徑作「失指」。

一　七六三頁中七行第四字「此」，徑作「雙」。

大佛頂如來密因修證了義諸菩薩萬行首
楞嚴經會解卷第二十

阿難如是十種禪那狂解皆是行陰用心交
互故現斯悟衆生頑迷不自忖量逢此現前
以迷為解自言登聖大妄語成墮無間獄汝
等必須將如來語於我滅後傳示末法徧令
衆生覺了斯義無令心魔自起深孽保持覆
護消息邪見教其身心開覺真義於無上道
不遭枝岐勿令心祈得少為足作大覺王清
淨標指

温陵曰前云禪那現境乃天魔候得其便
此云禪那狂解乃心魔自起深孽凡見道
不真多岐妄計皆即狂解是謂心魔最宜
深防也汝等下令弘宣人將如來語徧為
羣生保持覆護使魔不侵孽不作不墮邪
岐不取小證而直登覺位是謂作大覺王
標指也吳興曰此云心魔後識陰云見魔
心見不出見愛二惑即煩惱魔也

阿難彼善男子脩三魔地行陰盡者諸世間
性幽清擾動同分生機倏然隳裂沉細綱紐
補特伽羅酬業深脈感應懸絕於涅槃天將
大明悟如雞後鳴瞻顧東方已有精色六根
虛靜無復馳逸內外湛明入無所入深達十
方十二種類受命元由觀由執元諸類不召
於十方界已獲其同精色不沉發現幽祕此
則名為識陰區宇

温陵曰通叙行滅識現也行為世間遷流
之體性擾動生機之綱紐補特酬業之深
脈能隱晦性天馳逸六根汩擾內湛為浮
根塵究竟樞穴故行陰盡者生機綱紐倏
然隳裂補特深脈感應懸絕而性天將大
明悟六根無復馳逸以不馳逸故內外湛
明以無樞穴故入無所入反動而靜深之
又深故曰內外也涅槃性天為五陰所覆
昏如長夜前三陰盡如雞初鳴雖為曙兆
猶沉二陰精色未分此行陰盡如雞後鳴
惟餘一陰故將大明悟也受命元由識陰
也以行滅識現故深達無樞穴故可觀無
遷流故可執無生機故不召遂了十方依
正皆識所變故已獲其同性天精色雖未
明徹而幽祕之相已漸發現此識陰之相
也吳興曰受命元由者識息煖三和合成
命受生之際識陰為先也

若於羣召已獲同中消磨六門合開成就見
聞通鄰互用清淨十方世界及與身心如吠
琉璃內外明徹名識陰盡是人則能超越命
濁觀其所由罔象虛無顛倒妄想以為其本

温陵曰羣召同中即十二類之命元識陰
也若於此中以定慧力消磨六門使根合
而不分界開而不隔則見聞圓通六根互
用由是外之世界內之身心無復留礙此
識陰盡之相也性本一真由塵隔越性用
之間同異失準名為命濁故識盡則超之
識乃妄覺影明元無自體由顛倒起故名
罔象虛無顛倒妄想吳興曰六用不隔皆
悉通鄰即法華所明六根清淨也孤山曰
罔象亦倣象皆不實貌

阿難當知是善男子窮諸行空於識還元已
滅生滅而於寂滅精妙未圓能令已身根隔
合開亦與十方諸類通覺覺知通溜能入圓

元若於所歸立真常因生勝解者是人則墮因所因執娑毗迦羅所歸冥諦成其伴侶迷佛菩提亡失知見是名第一立所得心成所歸果違遠圓通背涅槃城生外道種

温陵曰識由行流故行空則還元既空行陰故已滅生滅尚依識元故寂滅未圓而能漸破識陰消磨六門故已六知根脗合無隔諸類覺性通融不二故能入圓元圓元即融根隔通諸類之識元也若以此為真所歸地而立為真因則墮因所因執蓋真因非所有所皆妄娑毗外道認阿賴耶識未形之前冥然初相為所歸真因正同此也以心有所得果有所歸即因即果皆墮所妄所以違圓通背涅槃也異與曰覺知通脗能入圓元者示觀中所發之相也

斯亦功用暫得如是不生勝解名善境界由起邪執故墮外道種類

阿難又善男子窮諸行空已滅生滅而於寂滅精妙未圓若於所歸覽為自體盡虛空界十二類內所有衆生皆我身中一類流出生勝解者是人則墮能非能執摩醯首羅現無邊身成其伴侶迷佛菩提亡失知見是名第二立能為心成能事果違遠圓通背涅槃城生大慢天我徧圓種

温陵曰執識元為自體而謂一切衆生自此流出遂執我能生彼而實不能故曰能非能執摩醯首羅即色頂魔王也妄計我能現起無邊衆生亦能非能類也能為心能事果者計我能為彼依能成彼事也大慢天即摩醯也不能謂能故名大慢也徧圓者計我體圓徧空界也

又善男子窮諸行空已滅生滅而於寂滅精妙未圓若於所歸有所歸依自疑身心從彼流出十方虛空咸其生起即於都起所宣流地作真常身無生滅解在生滅中早計常住既惑不生亦迷生滅安住沉迷生勝解者是人則墮常非常執計自在天成其伴侶迷佛菩提亡失知見是名第三立因依心成妄計果違遠圓通背涅槃城生倒圓種

温陵曰以識元為所歸依故疑彼能生我及一切法遂計生起流出之處為真常無生之體此則在生滅中妄計常住既惑真不生性又迷現生滅法以非常為常故名常非常執既計彼能生我即與計自在天能生一切者同矣由依識元妄計常住故曰立因依心成妄計果前計我圓生物此計彼圓生我故名倒圓異與曰從彼流出者此指所歸識陰為彼非指他人也

又善男子窮諸行空已滅生滅而於寂滅精妙未圓若於所知知徧圓故因知立解十方草木皆稱有情與人無異草木為人人死還成十方草樹無擇徧知生勝解者是人則墮知無知執婆吒霰尼執一切覺成其伴侶迷佛菩提亡失知見是名第四計圓知心成虛謬果違遠圓通背涅槃城生倒知種

温陵曰所知即所觀識陰也謂識有知而一切法由知變起因計知體圓徧諸法遂立異解謂無情徧皆有知無所簡擇故曰無擇徧知此以無知為知故名知無知執婆吒霰尼二外道也執一切覺謂執一切

有知也此謬計圓知以爲因心則果終虛謬矣以無知爲知是倒知也孤山曰問前說無情有性無情作佛何異此文邪執乎荅不然常住真心一體無二用諸妄想依正乃分是故衆生草樹悉如空華當知草樹山河皆是有情自心所變故說有情佛性時即草樹有性說有情成佛時即草樹成佛以心外無境故華外無空故波不離水故執情不了乃謂一一草木各各有知遂說木死爲人人死爲木未明一體謬計徧圓也

又善男子窮諸行空已滅生滅而於寂滅精妙未圓若於圓融根互用中已得隨順便於圓化一切發生求火光明樂水清淨愛風周流觀塵成就各各崇事以此羣塵發作本因立常住解是人則墮生無生執諸迦葉波并婆羅門勤心役身事火崇水求出生死成其伴侶迷佛菩提亡失知見是名第五計著崇事迷心從物立妄求因求妄冀果違遠圓通背涅槃城生顛化種（經十六）

溫陵曰識陰盡者消磨六門諸根互用今此未盡則纔得隨順而已因隨圓互於是計一切法皆能圓化發生勝果謂火能顯發光明乃至塵能成就器界遂則邪求邪觀而勤心崇事執爲能生勝果而實不能故名生無生執即三迦葉波諸外道之儔也既迷真心從物求冀則因果皆妄顛倒化理名顛化種吳興曰圓化者謂觀中所見圓融變化惟識之境也一切發生即四大之相也觀塵成就別名地大以此羣塵通指四大既見此等並由圓化乃計修因證果不出火之光明水之清淨等故曰發作本因立常住解迦葉波亦婆羅門別姓下所并者總攝其類

又善男子窮諸行空已滅生滅而於寂滅精妙未圓若於圓明計明中虛非滅群化以永滅依爲所歸依生勝解者是人則墮歸無歸執無想天中諸舜若多成其伴侶迷佛菩提亡失知見是名第六圓虛無心成空亡果違遠圓通背涅槃城生斷滅種（經十七）

溫陵曰觀理不諦誤墮虛無故於圓明性中計皆虛無於是絕滅群化歸於永滅而不知其非名歸無歸執舜若多云空言無想舜若即執斷空外道也以執斷空故圓虛無爲因心成空亡之斷果未滅依即外道之涅槃也吳興曰非滅群化非猶破也群化即四大等

又善男子窮諸行空已滅生滅而於寂滅精妙未圓若於圓常固身常住同於精圓長不傾逝生勝解者是人則墮貪非貪執諸阿斯陀求長命者成其伴侶迷佛菩提亡失知見是名第七執著命元立固妄因趣長勞果違遠圓通背涅槃城生妄延種

吳興曰識陰精明湛不摇處名之爲常今見其常乃執色身同此精圓也身本無常實不可貪以爲長久今堅貪著故云貪非貪執溫陵曰阿斯陀此云無比即長壽仙也彼雖延長終歸壞滅今此欲固妄身以求常住則空長勞耳妄延耳長永曰長勞果者勞應作牢聲之誤耳

又善男子窮諸行空已滅生滅而於寂滅精妙未圓觀命互通却留塵勞恐其銷盡便於此際生蓮華宮廣化七珍多增寶媛恣縱其心生勝解者是人則墮真無真執吒枳迦羅成其伴侶迷佛菩提亡失知見是名第八發邪思因立熾塵果違遠圓通背涅槃城生天魔種

溫陵曰以識陰爲命元互通三際識陰若盡我命亦盡誰證真常故便於定中化諸欲境以留塵勞不令銷盡也依此邪思欲證真常而不知其非名真無真執吒枳迦羅能化欲境自娛即欲頂自在天類也因其邪思感生天魔惟恣塵欲名熾塵果媛美女也

又善男子窮諸行空已滅生滅而於寂滅精妙未圓於命明中分別精麤疏決真僞因果相酬惟求感應背清淨道所謂見苦斷集證滅脩道居滅已休更不前進生勝解者是人則墮定性聲聞諸無聞僧增上慢者成其伴侶迷佛菩提亡失知見是名第九圓精應心成趣寂果違遠圓通背涅槃城生纏空種

溫陵曰命明者因窮識陰深明衆生受命元由也以生滅由識精麤由業故依四諦分別決擇以苦集爲麤僞以滅道爲精真於是專脩道因求感滅果以少爲足故居滅即休斯特定性聲聞上慢之儔也此則圓精應爲因心成趣寂之小果精應者即決擇麤業惟求精應證於偏真纏空趣寂而已孤山曰背清淨道者既發小解乃背圓融常樂我淨之道令於四德畧舉一耳

又善男子窮諸行空已滅生滅而於寂滅精妙未圓若於圓融清淨覺明發研深妙即立涅槃而不前進生勝解者是人則墮定性辟支諸緣獨倫不迴心者成其伴侶迷佛菩提亡失知見是名第十圓覺𣈆心成湛明果違遠圓通背涅槃城生覺圓明不化圓種

溫陵曰融淨覺明即識精也雖無惑習圓融清淨而未離於識故名覺明若以此爲深妙立爲果證則定性緣覺獨覺而已此則圓覺𣈆爲因心成湛明之滯果爾覺𣈆如心精通𣈆覺知通𣈆之溜謂僅與正覺通𣈆而不前進也湛明即圓融覺明也所覺止於圓明識精而定性不迴故名覺圓明不化圓種也

阿難如是十種禪那中途成狂因依迷惑於未足中生滿足證皆是識陰用心交互故生斯位衆生頑迷不自忖量逢此現前各以所愛先習迷心而自休息將爲畢竟所歸寧地自言滿足無上菩提大妄語成外道邪魔所感業終墮無間獄聲聞緣覺不成增進汝等存心秉如來道將此法門於我滅後傳示末世普令衆生覺了斯義無令見魔自作沈孽保綏哀救消息邪緣令其身心入佛知見從始成就不遭岐路

吴興曰大妄語者別指前八也前八通名外道邪魔亦可別指七是外道八是邪魔俱未斷惑故云墮獄二乘異此故云不進言見魔者見以違理爲名前八違真中二理起界內邪見後二違中道理起界外邪見以二乘智即無明故又前八中七純是

見八具見愛以留塵勞生勝解故溫陵曰

前防心魔此防見魔助道之要盡矣

如是法門先過去世恒沙劫中微塵如來乘此心開得無上道識陰若盡則汝現前諸根互用從互用中能入菩薩金剛乾慧圓明精心於中發化如淨瑠璃內含寶月如是乃超十信十住十行十回向四加行心菩薩所行金剛十地等覺圓明入於如來妙莊嚴海圓滿菩提歸無所得

吳興曰如是法門且指識陰禪那現相過去諸佛無不覺了入佛知見故曰乘此心開孤山曰諸根互用即圓教相似七信界內思惑已盡也能入金剛乾慧者從相似位超入等覺後心也天台明圓教利根一生有超登十地者與此符合圓明下至寶月示後心所證有法有喻有體有用金剛乾慧是妙覺無間道轉入解脫道即妙覺也故云入於如來等也妙莊嚴海是福究竟圓滿菩提是智究竟歸無所得是理究竟福即解脫智即般若理即法身不縱不橫三德祕藏於茲具顯遠討其因實由初心脩奢摩他三摩禪那三止之功也溫陵曰妙莊嚴海者統衆德合異流不嚴而嚴無證而證之果海也前稱首楞萬行驅妙莊嚴路則趣此而已

此是過去先佛世尊奢摩他中毗婆舍那覺明分析微細魔事魔境現前汝能諳識心垢洗除不落邪見陰魔銷滅天魔摧碎大力鬼神褫魄逃逝魑魅魍魎無復出生直至菩提無諸少乏下劣增進於大涅槃心不迷悶若諸末世愚鈍衆生未識禪那不知說法樂脩三昧汝恐同邪一心勸令持我佛頂陀羅尼咒若未能誦寫於禪堂或帶身上一切諸魔所不能動汝當恭欽十方如來究竟脩進最後垂範

溫陵曰總結五陰辨魔之意使知深防也奢摩他中毗婆舍那者即定之慧也覺明分析即分析覺明此西天文勢也褫猶奪也

阿難即從座起聞佛示誨頂禮欽奉憶持無失於大衆中重復白佛如佛所言五陰相中五種虛妄爲本想心我等平常未蒙如來微細開示又此五陰爲併銷除爲次第盡如是五重詣何爲界惟願如來發宣大慈爲此大衆清明心目以爲末世一切衆生作將來眼

佛告阿難精真妙明本覺圓淨非留死生及諸塵垢乃至虛空皆因妄想之所生起斯元本覺妙明精真妄以發生諸器世間如演若多迷頭認影

吳興曰精真中道也妙明寂照也寂故即假照故即空三諦融通元無塵垢總名本覺圓淨此單論真性也乃至下單論妄想生起諸法斯元下合明真妄發生世間所以爾者無前單論則不知離義無後合明則不知即義溫陵曰生死妄業塵垢妄緣真淨性中既無所留全因妄起猶如迷頭則五陰相中五妄爲本從可知也

妄元無因於妄想中立因緣性迷因緣者稱爲自然彼虛空性猶實幻生因緣自然皆是衆生妄心計度阿難知妄所起說妄因緣若

妄元無說妄因緣元無所有何況不知推自
然者是故如來與汝發明五陰本因同是妄
想
溫陵曰明妄無因不容計度也知妄所起
可說因緣不知所起因緣何有況推自然
得非妄計邪
汝體先因父母想生汝心非想則不能來想
中傳命如我先言心想酢味口中涎生心想
登高足心酸起懸崖不有酢物未來汝體必
非虛妄通倫口水如何因談酢出是故當知
汝現色身名為堅固第一妄想
溫陵曰想為虛妄影像欲愛深脉遺體自
想愛流出故曰體因父母想生陰心乘想
愛冥求故曰心於想中傳命酢梅等說以
驗體因妄結故與妄理相應若非妄倫則
妄不能感也體因想生心因想起命因想
傳諸想交固以成色陰故曰堅固妄想
即此所說臨高想心能令汝形真受酸澀由
因受生能動色體汝今現前順益違損二現
驅馳名為虛明第二妄想

吳興曰由因受生者因想故受生也能動
色體即形受酸澀也當知色受想三陰妄
想相由而起必不相離故前文云汝體先
因父母想生下文云種種取像心生形取
皆同懸崖酢物之想由是明之此三妄想
其體縱現非同行識幽微難見所以前三
陰中所發天魔其相亦麤後二陰中所發
心見二魔其相亦細汝今現前下正示受
相也順益即樂受違損即苦受合有非違
非順即不苦不樂受但是文略耳溫陵曰
臨高空想而酸澀真發違順皆妄而損益
現馳則受陰無體虛有所明故名虛明妄
想
由汝念慮使汝色身身非念倫汝身何因隨
念所使種種取像心生形取與念相應寤即
想心寐為諸夢則汝想念搖動妄情名為融
通第三妄想
溫陵曰念慮虛情也色身實質也虛實不
倫而能相使者由想融之也心生虛想形
取實物心形異用而能相應者由想通之

也至於寤寐搖變使心隨境使境隨心皆
融通妄想也
化理不住運運密移甲長髮生氣消容皺日
夜相代曾無覺悟阿難此若非汝云何體遷
如必是真汝何無覺則汝諸行念念不停名
為幽隱第四妄想
吳興曰此若非汝此指化理不住等也云
何體遷詰其甲長髮生等如必下若謂體
遷實是汝者何不覺此相代之相以不覺
故行陰生滅名為幽隱
又汝精明湛不搖處名恒常者於身不出見
聞覺知若實精真不容習妄何因汝等曾於
昔年覩一奇物經歷年歲憶忘俱無於後忽
然覆覩前異記憶宛然曾不遺失則此精了
湛不搖中念念受熏有何籌筭
真際曰此陰通收八識用動體常見聞精
明同一識陰吳興曰節公之意以見聞為
用則動精明為體則常而不知今文即以
見聞為精明動用為常體何則識無所存
徧在諸根根對境時雖涉於用用在無記

未起善惡指此無記名爲精明湛不搖處若約分齊明之五識五意識及第六心王皆是其處也佛恐衆生計此爲常故寄阿難先且定云名恒常者若實精真不容習妄此破其常也精謂精明真謂恒常何因下示妄習相念念受熏者以昔覩奇物納種在識若不受熏覆覩前異必無記憶之相既不忘失則知中間常爲無明念念熏習熏習即妄何精真之有乎

阿難當知此湛非真如急流水望如恬靜流急不見非是無流若非想元寧受妄習非汝六根互用合開此之妄想無時得滅故汝現在見聞覺知中串習幾則湛了內罔象虛無第五顛倒細微精想

溫陵曰湛非真湛特幽潛不覺耳故辟急流之水幽潛流注不可測知此真憶想之元容妄之體也直須消磨六門使妄習無寄然後可滅也串常習也幾微也似無曰罔似有曰象其體精微故名罔象虛無顛倒精想吳興曰六根互用等始破見思故妄想滅即麤垢先落也問上文受熏約無明說今妄想滅何止見思邪荅無明所熏亦見思種子故前指見物有憶有忘正是麤相今種現雖盡根本猶存非謂六根得真互用問此首楞嚴體無不圓宗無不極至於破陰力用何短乎荅非是力用不協體宗由辯魔中五十重境皆從分段五陰妄想中現今齊此論滅故且至六根互用若如前文反流全一六用不行即破根本無明有異此中顛倒妄想也

阿難是五受陰五妄想成汝今欲知因界淺深惟色與空是色邊際惟觸及離是受邊際惟記與忘是想邊際惟滅與生是行邊際湛入合湛歸識邊際

溫陵曰五受陰亦曰五取蘊由一念迷妄受此取此以自蔽蔽也言因界者本無有界由妄相因也故色不自色因空有色故成色邊際乃至滅不自滅因生有滅故成行邊際識稱湛了而湛不自湛因行不流遂性入元澄而合乎湛了成識邊際

此五陰元重疊生起生因識有滅從色除

孤山曰約生則由內造外從細至麤如著衣也故迷理有識乃至有色約滅則由外至內從麤至細如脫衣也故悟理色盡乃至識盡

理則頓悟乘悟併消事非頓除因次第盡

溫陵曰頓悟併消如知巾本無結亦不有也

我已示汝劫波巾結何所不明再此詢問

吳興曰所指前說亦有頓漸二義巾體是一以喻真性悟則成頓也巾結有異以喻妄想除則成漸也原夫天巾由次第而結亦次第而解所辟六根及以五陰生之與滅一往相類再研有殊何者以六根義橫五陰義竪故且如六根迷真起妄因妄成根必無先眼次耳等異至於返妄歸真亦無從麤至細之理豈非義橫邪前以解結次第爲喻者但取六根差別及選圓通謂之次第也今明五陰亦迷真起妄因妄成陰既云生因識有滅從色除豈非義竪邪

若以結歸明之則兩番次第究有倫緒當
知前文舉喻不可以喻難法此中引例不
可以根難俗過時之說須曉大綱
汝應將此妄想根元心得開通傳示將來末
法之中諸修行者令識虛妄深厭自生知有
涅槃不戀三界
温陵曰令以此義自覺覺他永斷妄元齊
歸正果也上明助道分竟正宗大分文終
于此下乃流通分也
阿難若復有人徧滿十方所有虛空盈滿七
寶持以奉上微塵諸佛承事供養心無虛度
於意云何是人以此施佛因緣得福多不阿
難荅言虛空無盡珎寶無邊昔有衆生施佛
七錢捨身猶獲轉輪王位況復現前虛空既
窮佛土充徧皆施珎寶窮劫思議尚不能及
是福云何更有邊際佛告阿難諸佛如來語
無虛妄若復有人身具四重十波羅夷瞬息
即經此方他方阿鼻地獄乃至窮盡十方無
間靡不經歷能以一念將此法門於末劫中
開示未學是人罪障應念消滅變其所受地

獄苦因成安樂國得福超越前之施人百倍
千倍千萬億倍如是乃至筭數譬喻所不能
及
長水曰此有多義故獲勝福一所弘之經
是佛極談教理行果皆不思議故二末世
多障能於此流通是經實希有故三施福
惟得生死之報但是自利弘經利他令至
無漏之果故由是一念超越前施温陵曰
以法示人能消劇報變苦為樂如此其勝
者使人因之明心見性脫粘復湛解六亡
一破陰褫魔不歷僧祇獲寶王果故也彼
既如是則此消劇報猶淺近言耳誠將與
彼同證也
阿難若有衆生能誦此經能持此咒如我廣
說窮劫不盡依我教言如教行道直成菩提
無復魔業
温陵曰上勸流通此勸誦持異與前同利
他得福此自利成道或以此義釋成上文
謂開示未學得福斯勝者良由衆生於教
誦持乃至成道所益大故

佛說此經已比丘比丘尼優婆塞優婆夷一
切世間天人阿脩羅及諸他方菩薩二乘聖
仙童子并諸發心大力鬼神皆大歡喜作禮
而去
温陵曰昔在會聽衆也聖仙童子即天仙
類也大力鬼神諸護法者隨所證量皆得
法喜也吳興曰初發心者圓教外凡或內
凡也皆大歡喜通該凡聖也
勸持敘
首楞嚴王具足萬行總持三昧熏脩奢摩他
路開示衆生妙在一門超出由慶喜恨多聞
而未全道力故迦文因妄見而直指人心七
處之徵覺鏡磨塵而本明自現八還之辯金
鎞刮膜而幻影隨消斥攀緣則心不是心示
真覺則見猶離見既顯真而破妄仍即妄以
該真[illegible]陰入處界而列為四科因緣自然二
俱非[illegible]會地水火風而通名七大真俗中道
三諦圓融本如來藏而含吐十虛隨衆生心

而發揮諸相乃至一多相即小大互容現寶刹於毛端轉法輪於塵裏得無罣礙者倒想銷於億劫不隨分别者狂心歇即菩提圓頓機已解密因中下器須陳妙行於是開遠客還家之路指天王賜屋之門詰諸聖之本因依證悟説最初方便順此方之教體選音聞爲第一圓通次爲攝心乃重施戒依先世尊舉揚清淨明誨現化身佛宣演祕密伽陀三學圓具而所證非偏諸妄銷亡而不真何待况復精研七趣隨業受生痛喻六交因習招報示五十重禪那之境深防愛見魔邪具八萬種解脱之機對治塵勞煩惱保持覆護囑勸弘宣在始在終無非脩證了義或破或立不離常住真心琴瑟箜篌既逢妙指林木池沼皆演法音令諸闡提隳彌戾車從三摩地得無生忍或自分真而安立聖位或從互用而超至後心坐大道場登無上覺一切事究竟堅固廣開菩薩多方便門十方界任運縱横同入如来妙莊嚴海其教至矣厥功懋哉愧余之謬而妄擬會通樂法之深而重加讃勸幸諸方之學者試一披而覽焉師子林惟則再拜述

大佛頂如来密因脩證了義諸菩薩萬行首楞嚴經會解卷第二十

大佛頂如來密因修證了義諸菩薩萬行首楞嚴經會解卷第二十

校勘記

一　底本，明永樂北藏本。

一　七六五頁下一七行第三字「亦」，[徑]作「一」。

一　七六六頁中二行「成其」，[徑]作「成作」。

一　七六七頁中一九行「空亡」，[徑]作「虛妄」。

一　七六八頁上三行第三字「生」，[徑]、[清]作「尘」。

一　七六九頁中八行「陰摩」，[清]作「陰魔」。

一　七七一頁上六行第一三字「靚」，[徑]作「覰」。

一　七七二頁上五行第一六字「知」，[清]作「如」。

一　七七二頁中一五行第一一字「教」，[徑]作「我」。

一　七七二頁下五行夾註左「天力」，[清]作「大方」。

一　七七三頁上一行「互容」，[徑]作「互用」。

一　七七三頁上一七行第二字「超」，[徑]作「起」。

起信論疏科文

長水沙門　子璿　錄

田一

起信論疏科文分二

初論疏題目二
二序釋本文二
初總敘宗旨三
二別釋章門二
初開章 解將
二隨釋二
初懸敘義門六
二隨文注解○
初總標 辨
二別列 依
初教起因緣二
二諸藏所攝 約 二
三教義分齊二
四教所被機三

初標疏題目
二述注人名
初序論大意四
二造論因由二
田一
初述顯 略但
二正明二
初敘撰述二
二興述造論三
初悲歎久法 有憂
二述造論意 被將
三正造諸論二
初總標別列三 顯
二隨列別釋二
初約教詮法通局顯分齊二
二約法生起本末顯分齊二
初總明所被 明四

初敘心法 夫真
二顯真說 生非
三明生滅門 以但
四二門不二二
初述理 便逃
二述教 以加
初總敘 大師
二別顯二
初廣論 造廣
二略論三
初總敘諸教五
二與論相攝二
初標料總示 約 二

初正明不二 雖復
二釋成無礙 使故
初法二
二喻 顯
三結 此是
初略能含廣 謂何
二巧備根緣 中下
初出所以 文既
二正造論 末悲
三彰功益二
初小乘
二始教
三終教
四頓教
五圓教

五能詮教體二
六所詮宗趣二
初標章釋名
二開章正辨二
初開章
二正辨二
初總辨諸宗三
二唯明此論二
初總 唯後
二別二
○二隨文注解二
初解名題三
二解文義三
初歸敬述意二
二正述論文○
三總結迴向○
初歸依三寶 二頌
二述造論意 二頌
初能歸五誠二

初重辨兼正二
二別指下文 自又
初約三乘辨一 然
二約五性辨 此準
初總標 數五
二別釋四
初列五宗 隨
二指此論 此今
三會五教 此然
初列釋 者別
二結示 三此
初論題目 二頌
二造論主 三頌
三譯論人 三頌
田一
初事相釋 顯
二觀行釋 歸又
初敘意 三歸
二釋文三 通為
初能所分齊 歸所

二隨文別辨二
初正明五
二別示 著
初隨相門四
二唯識門 唯二
三歸性門 歸三
四無礙門 無四
初總釋四字 大者
二別釋大乘 又大
三別釋大乘 又依
四別釋起信
初解四字四
二解論字 者論
初敘真諦 有總
二明喜學 子二
三示今解 解今
二
初釋文二
二出體二
初釋佛意業 …

初定分齊 對着
二明相攝 將若
初唯一心為本源 五重
二依一心開二門
三依後門明義
四依後義生三細
五依最後生六麤
初名句文 一殿
二唯音聲 唯或
三通四法 假或
四遍一切 又遍
初正門 起謂
二通妨 何故
初釋馬鳴 名馬
二釋菩薩 言菩
三釋造字 造者
初通約三業 然…
二結屬意業 今云
初所敬 世者

二所歸分齊二
三所歸三寶三
初佛二
二法二
三僧三
初總相標辨 僧寶
二正釋當句二
三兼取上文三
初顯意 述造
二釋文二
初總釋此偈二
二別解除疑 又解
○三正述論文二
初標益起說
二正陳所說二
初標列
二牒釋五

二三寶分齊 三然
初略配 佛寶
二別釋四
初出體 法寶
二釋文二
初依本論 證謂
二依實性 又依
初正釋 又解
二通妨 然普
三引例 亦如
初釋初句明所為機 初句
二釋中一句明所成益二
三釋後一句明成益意 後一
田一
初徵起
二列釋八
三總結
初標問舉數

二釋佛身業 色無
三釋佛口業三
四結德屬人 者者
初解標文二
二解釋文三
初正釋體相二
二卻收教行 此或
三重釋海喻 又海
初體大三
二相大 下句
初因緣總相
二釋義今解 二頌
三令入不退
四修習信心

二能救 大悲
三通妨 然萬
初單解 及生物句
二通釋此文二
初正釋文 此中
二通伏難二
初正通 以自
二轉釋 以被
初釋法性次二
二釋真如 言真
三釋海字 海者
初正解此句 次二
二通對下文 故解
初解前句明離過二
三
二解後句明成行二
初釋大乘 既於
二釋正信 知來
初釋如來根本二

初因緣分二　二立義分二　三解釋分。　四修行信心分。　五勸修利益分。　初結前生後　二正立義宗三　初標總開別　二寄門列名二疏　三依名辨相二　初釋法法者　二釋義三

二徵釋總顯三　初正釋二　二通難二　初難　二通二　初總問略標　二以義具釋二　初餘機不假此論　二當機須造此論　初機　二結　初勝機遇佛悟解　二自力聞經悟

五離障出邪二疏　六對治凡小　七勸生佛前　八示益勸修　初鄰科四段三　二別釋此文初今　初總判此自　二通難以前　三別判四判中　初說法差別顯圓義一音　二隨類言音顯圓義如二　初約教義顯　二結得名所以一以

二釋正解不謬釋具　初總配下文與立　二別釋今義二　初約教法釋以彼　二約證法釋二　初釋如來二　二結根本以今　初正釋又空　二反顯諸乘

初釋文義者義　二結意故是　三彰位宗佐　初法二　二義二　初釋意下起　二釋文二　初大二　二乘標果舉因　初標章標數　二徵起列釋三　初體大　二相大　三用大二疏　三解釋分二　初顯示正義三　二對治邪執　三分別發趣道相。

二示攝因果廣釋　初畧配三義　二別釋圓音三　初示意下起　二釋文二　初舉法總立三疏　二開門別立二　初責總立難　二開別釋成二疏　初總敘釋章開二　二別解論文二　初釋文隨謂　二通妨何故　初結前生後　二分門解釋二　初標謂　二釋二　初釋心真如二門

初釋義二　二顯相四　初舉法體三　二辨法功能二　三釋其法名釋其　四　初總敘意辨法　二別釋相二　初真如門總舉　二生滅門二　初釋前二句二　二釋後一句二　初標數微列　二牒名辨相三　初真如門二　二生滅門三　初正釋隨二

初正顯二　二反明著者　三結成今不　四指歎然是　初正釋出其　二反顯若在　三順結今就　初約生滅門是故　二約真如門若約　初別釋當文隨義　二通前料揀何故　初本文二　二妨難問真　初別解當文體謂　二通前料揀何故　初正釋一約　二引證衆生　初對前牒文上立

初總二　二別二　初示義分科釋上　二隨義釋文二　初別解二門顯動靜不二　二會相入實顯動靜不一義　初真如門二　二生滅門　初示義上釋　二釋文三　初舉數總標　二開章略辨　三依章廣釋二　初正顯如體三

初示義上標　二攝二門歸一心此然　二釋文二　初依法開門二疏　二門該攝二　初立二疏　二釋　初二門不義通局難二　二性相存泯不齊難二　初顯體離言絕觀智境二　二依言辨相明生信境二　初空三　二不空二　初正釋　二釋疑　初就實略標三

二結指是故　三引證量勝　初正釋二　二通難二　初問問二問前　二答答真答生　初略明　二廣釋二疏　三總結　初有無四句初約真　二一異四句前準　初牒章

五

二釋今文意三　初總標意一以　二別釋相二　三結歸一心此以　初約問答辨解二　二約門異攝解以次　初正釋以真　二結成通則　初正舉法體二　二問答斷疑二　初徑真絕修問　二舉真勸修答　初約當體釋即無

二會執釋名一
初釋三
二結
初正會謂執（明）
二結名釋疑（言）
三約相釋違（此真）
二生滅門二
初釋生滅心法二
二辨所示之義。
初染淨生滅一
二染淨相資。
初就體總標三（論）
二依義別解三
初正釋論意（此生）
二廣辨名相二

二會妄顯真二
三結真離妄三
初標舉能離（是故）
二正顯所離二
三結體立名（唯是）
初離妄相以顯真（明言）
二離異相以顯（畢竟）
初正釋體（標）
二揀濫（此顯）
初標體二（疏）
二辨相二（聚）
三立名二（疏）
四一
初對師以辨（義云）
二約義以釋義（所攝）

二示法二（疏）
三釋成
初釋上句二
二釋下句三
初會妄
二顯真
初正釋（心之）
二引證三
初略指（不生）
二廣釋二
三揀濫（此是）
初釋和合義三
二釋非異義三
六
初釋非異三
二釋非一四

二約對二釋（又釋）
初釋一字二
二釋法界（依生）
初釋大總相門二
二釋體字一（此）
三釋法門（執生）
初引文（故下）
二釋意（此中）
三法合（心亦）
初正釋合義（攝二）
二對前重辨（又前）
初以本從末釋（非異）
二攝末歸本釋二
三本末平等釋（三本）
初正釋一不

初約法略明（真如）
二按經出體（依疏）
三據義廣釋二
初正釋（又叙）
二引證三
三釋意（解云）
初釋上生滅心三
二釋上生滅因緣
三釋上生滅之相
初釋開數二
二釋辨德三
初開數辨德（疏二）
二寄開列名
三依名辨釋三
初覺義二
二不覺義
三雙辨同異

初雜釋二義二
二合釋二義二
三總結成（今）
初雙標二義（如疏）
二單釋歷泥（如法）
三總以法合（如是）
初約真妄開合以釋義七
二約諸識分齊以結成（又若）
三約問答通妨以辨異二
初標舉釋意（此叙）
二依義具釋三
初對前門以通各義（上二）
二簡前文以釋生義（又上）
田一
三躡下句以辨攝義（非直）
初正顯覺體
二會體立名
初顯本覺體三

初遮異（又若）
二顯和合三
初躡前正釋四
二反顯非異二
三聚體相攝二
四問答通妨二
初辨異二義（問此）
二辨異二真（問此）
初隨文別釋三
二問答遣妨（問若）

三引文（依是）
三釋意（解云）
四通妨（此約）
初標（此中）
二釋何以
初正辨（又此）
二釋疑（此中）
初第一重（問既）
二第二重（問執）
初開真妄成四義（何者）
七
二東四義成兩門（此真）
三開生滅成四義（此開）
四開四義成八義三
五東八義成四門（若約）
六東四門成二義（若本）
七會二義成一門（若綜）
初正示八義（無明）
二合對四覺（此上）
三結指廣略（此生）

初示義分釋（約中）
二依義釋文二
初略辨二覺二
二廣明二覺二
初始覺三
二本覺。
初總標因果二覺
二廣寄四相釋成二
二明始不異本二
初正寄四相顯其四位（三疏）
二引經釋成心源無念四
初引經證成
二重釋前文
三舉不覺之失
四顯覺者之得
初標立
二釋成（疏三）

二釋本覺名（三疏）
初本覺二
二始覺（三疏）
初總三
二別二
初標列（以今）
二釋文二
初滅相四（一遍為唱）
二異相四
三住相四

初別解文（明起）
二通辨竟（此文）
三總結示（是故）
初總敘起意三
二總配四相（今說）
三引論釋成（故佛）
初略配（別二）
二廣釋四
初示二覺（前三）
二總敘意七
三別釋文二（疏）
初示文（次正）
二正釋（論四）
初能觀人
二所觀相
三辨利益

初釋立名（責其）
二答初意（以對）
三答後意（以至）
初正敘（總者）
二引證（證云）
初生相（生相）
二住相（住相）
三異相（古異）
四滅相（古滅）
初略標大意（正一）
二料揀四相（然此）
三正釋本義二
四總結前說（是故）
五據理融攝（雖復）
六決通伏難（然未）
七結成始覺二
初順流釋所覺（四疏）
二反流釋能覺二

初正釋本文釋成
二問答通妨二
三總結大意此等
一本覺二
初明隨染本覺三
二明性淨本覺二
初總標二疏
二別釋四
初雙標空鏡二以空
二直釋鏡中四義一
初智其空鏡三
二因熏習鏡二
三法出離鏡二
四緣熏習鏡二
初標名顯體
二正釋其相二疏
初通釋上文即彼
二料揀前後二

四生知四餘三例然
初正問答問曰
二引文證二
初總標
二徵列
田一
三辨相二
初智淨相二
二不思議業相二
初略配一四
二料簡四中
初標名
二辨相
三結所以二疏
初標名出體一切
二別釋二因二
初標名出體三者

四結分齊
初引攝論故攝
二引楞伽三
初因
二果
八
初直明淨相二
二問答釋成二
初執真同妄問
二簡法異真答二
初依體總標
二約用別辨疏二
初通釋上文一橫
二問答釋妨二
初問問始
二答三
初正辨一切
二釋成以一
初現法因二
二熏習因二

初明覺起因緣令
二顯覺起功用以體
初正引楞伽
二解文解云
三重證又淨
初法三
二喻
三合
初釋正難
二釋轉難
三雙結成
初約佛釋以答
二等諸佛釋以一
三同衆生釋此本
初正釋二
二通妨此約
初約妄無真
二約真無妄覺以二

初辨異二義問前
二結同法
二不覺義三
初明根本不覺二
二明枝末不覺二疏
三結末歸本二
初正釋
二轉釋
初引緣料簡二
二正釋論文論二
初躡前總標以有
二立名別釋三
初徵
二釋六
三雙辨同異二

二正辨其相出煩
初依覺成迷三
二依迷顯覺以有
田一
初列明二
初約喻說意物者
二釋二
二就識釋文論二
初無明爲因生三細二
二境界爲緣生六麁二疏
初指配論文境二
二問答釋妨三
初起計
二生受
三取著
四立名
五造業

初法
二喻
三合
初業相三
二轉相
九
三現相
初總標
二別解二
初別解論文二
二通釋行相此難
初問問三
二答三
三證二
初引經楞伽

初顯體離染
二釋成因義
初標名
二所依
三正釋三
初徵
二釋三
初動作義動一
二爲因義爲二
初六八相從答二
二六義不便答二
三約計內外答
初無和合義故不說以二

初標列
二解釋二
初同三
二異二
三釋上生滅因緣二
初明生滅因緣義三
二重顯所依緣體二
初釋所依心二疏
二釋意轉三
三釋意識轉五
初約人辨麁
二出其惑體
三執所依緣
四製立其名
五識起所依
初牒上所說牒上

六受報
初喻相同
二合如是
三證二
初總標二疏
二總問
三別釋三
初釋文梨耶
二問答二
初略明
二廣辨二
田一
三結歸一心二
初正結歸一心二疏
二釋疑廣辨三
初凡小非分凡小

二釋義疑中
初正引是故
二釋疑二疏
初喻
二合
初解牒文牒文
二解標文諸識
初正答三
三結答此識
初問問上
二答二
初標徵
二列釋五
初問
二答二
三結二
初正結當知

二無緣外義故不說又此
初約能執從所執故不說答有
二約所依從能依故不說又由
初敘疑疑云
初正釋疑亦無
二隨釋二論
二釋轉難而有
初約迷真執似釋此際
二約總別義異釋二
三約未起已起釋
初業識
二轉識
三現識
四智識
五相續識為二通
十
初順結三界順一
二反結六塵反二
初答無塵以一
二顯唯心一切
初略標意反顯

二依位歎釋三
初標示歎甚深二 疏
二釋深所以三
初略明緣起甚深二
三廣顯緣起之相二
初顯前緣起體相三
二更重料揀三
初顯上不變之義
二顯無明緣起之相 疏
三顯上示起之相三
初標
二徵
三釋二 疏
初敘意 此然
二釋文 論六
初相應義二
二不相應義二

二菩薩分齊二
三唯佛究竟 相
初徵
二釋三
初正會 則是
二結揀 此約
初正釋今義 唯此
二引經證成 如鬘
三會彼同此二
初釋心不相應 此斷
二釋忽然念起三
初執取計名字相二
二相續相二
三智相二
田一
四境界相二
五能見相二
六業相二
初標 標下
二釋二 疏

二釋成二
初正釋 心唯
二轉釋二 疏
初解文三
二釋妨上 問
初即淨而染
二即染常淨
三結成難測
初障一 者
二治二 疏
初障
二治
初標 相言
二釋二

二別解文 此中
三總結釋 心既
初直明本相
二別顯功能二
初能起潤惑 住轉
二能起念處二 疏
初正釋此文 此顯
二通前重示二
初結屬此識 此上
二總通前五 為
初正顯行位 辯
二引論證成 證
初約三賢明行位
二對義以顯斷惑
初較劣以明麤惑
二超勝以除細執三

初辨上無明約治料揀 不了
二釋上相應不相應義二 通為 唱
三舉上染心及無明約境成二礙義二
初標立二
二重釋二
初釋煩惱礙
二釋智礙
初標法定名
二顯其礙義二 疏
〇三釋上生滅之相三
初標前標數
二徵列略顯
三廣釋其相一
初約人對顯
二辨相所依二
初顯辨生緣二
二遮論滅義二
〇二辨染淨相資 疏

初正釋前義 亦二
二猜隨違妨 此不
初惑障二
二智障二
初釋文 其顯
二通妨 此明
初略消其文 別帶
二引經廣釋三
三經論對辨 經中
初明通緣
二顯別因三 疏
初正辨
二釋疑二
初法

初約染辨異 心謂
二正顯相應 而如
初約數釋二
二約心境釋二
初標法定名
二顯其礙義二 疏
初釋文 其顯
二通妨 今此
初標稍闕 此具中
二正引經文 如被
三廣釋經義二
初細中一因三
二麤中二因二
初問
二答三
初總立喻本

初正明 今此
二引證 故此
三結意 今但
初表異凡小 此善
二揀定權實 此約
初顯無別異 約一
二正遣相應二
初正釋翻前義 既難
二重釋前即義二
初正釋 以此
二引證上文
三揀濫 非是
初正釋 解云
二引同 勝鬘
三結屬不相應
初正釋 承種
二結屬相應 以妄
初喻相應心滅

初敘章意 二辨
二正解釋 論曰
初舉數總標
二徵列別名
三廣釋染淨熏習義二
田一
四明染淨盡不盡義二
初染法違真無始有終
二淨法順理有始無終
初問
二答二
二廣二
初妄心熏習二
二真如熏習三
初標數
二徵列
三辨相二
初體相二
二用大二

二喻二
三合二
初合總喻
二合別喻
初總二
二別二
初染二
二淨二
初略二
初正明熏習
二辨其功能二
初標徵
二別釋二
初正釋 以諸
二通妨二
初正顯二
二釋疑二
初問

二別顯喻相二
初喻
二合二 疏
初問
二答二
初略二
二廣二
初示義 即明
二釋文三
初事識熏習
二五意熏習二 疏
初問 此問
二答二
初明熏習
二顯功能
初標所疑 答曰

二喻不相應滅
初染熏淨二 染
二淨熏染二 淨
十二
初無明熏真如
二妄心熏無明
三境界熏妄心
初總舉能所熏體
二別明熏習之義三
初境界熏妄心
二妄心熏無明
三無明熏真如
初因二
二果二
初地前行
二地上行
初正答 答前
二結答 此約
初滅惑翻染
二證理成德
初所依根本差別
二能依障差別二
三雙結難了 如是

初別釋二
二合明三
初標
二徵列
三釋二
初未相應
二已相應
初標如是
二徵云何
三釋二
初明能作緣者平等平等
二明對機顯平等所謂
二辨所示之義疏
初敘章意辨二
二解論文論二
初總明二
二別釋三

二答二
初約染我成緣明起有厚薄二
二約淨法輔緣成前後差異二
初指事總標
二約緣別顯二
四一
初明感用因差別
二正明用相二
初總二
二別二
初差別緣二
二平等緣二
初體
二相二
初總標二大名
二別釋三大義二
初體相二大二
二別解用大二
初舉本正行
二舉本大願

二釋所執三
初立理
二正釋二
十三
初正明差別二
二辨用之益以起
初開總成別或爲
二攝別成總乃至
初就親熟不熟開近遠二緣此由
二就前近遠各開爲二是近
初正顯性德二
二問答重辨二
初執體疑相難
二相不違體答三
初明雖差別而不二二
二明雖不二而差別二
初略
二廣二

初所知障恒過
二煩惱障我見
初因緣互闕之失二
二性用相應之得
初顯闕緣之失二
二明闕因不成
初喻說
二法合
初總
二別
三結
初明德相三
二顯立名
初正明
二徵釋
初問對淺表示之相
二舉彼深法二對顯三

初標
二徵
三釋二
初正顯用相二
二問答除疑二
初釋法身能現二
二釋所現之色
初總明不二
二別明相即二
初直顯其用二
二重牒分別二
初約識舉八二者
二所見報相三
三結果由因以釋名
初顯正報身有
二辨依報所住

三舉悲智大德
初對果舉因三
二牒因顯果疏三
初問
二答二
初標
二釋二
初色即心
二心即色
初應身二
二報身三
田一
初約識舉人
二釋見身所以三疏
初略消其文違不
二廣陳問違十四
三權實對辨上來

初舉所迷理
二別翻三
三結得名
初牒舉前因
初明自利果自二
二明利他果三
初明用甚深一
二顯用廣大顯二
三用而常寂二
初正顯體
二徵釋佛具

初別舉八重
二總舉諸法乃至
三別彰滿足心若
初無明智悲對
二局見普照對
三妄見真知對
四無性有體對
五顛倒真實對
六熱惱清涼對
七變易凝然對
八繫縛自在對
初佛身凡識不分難問
二源同派異迷悟答
三真起識現相違難問
四隨流返流相資答
古
五心佛外佛差別難問
六心體佛體無差答
七師資義一文異難問
八文異還同一義答

二通明無盡之相二
初橫顯無邊所以
二豎顯無盡其隨
初應身
二報身三通爲一唱
三會相入實顯動靜不二三
初標
二釋二
初觀色
二觀心二
初喻
二法
三結
二對治邪執二
初就本總標
二別名治障二
初對治離二
二究竟離二
初約法明治二
二會釋伏難三
初正會伏疑

初明住上分見劣四
二明厭上分見勝
三明究竟位無見二
初明無見
二釋所以
初約義通辨此五
二問答釋名此問
初標數
二徵列
田一
三辨相二
初人三
二法三
初標
二徵疏二
三釋二
初執緣
二執相
三對治
初於空迷執二
二於有倒習三
初妄執畢空以爲法體三
二妄執法體唯是空無二
初執性德同色心三
初執緣
初執緣

九心佛不起化用難問
十未起厭求乖異答
十一不能熏令發心難問
十二引前因緣互闕答
十三真佛何假修行難問
十四因果無性同源答上來
初能見淺深
二所見分齊
三釋無分別所以
四揀異地上
初牒難釋通
二結會重辨
十五
初舉起執緣
二正明執相
三辨對治相二

二辨定聖意
三返以釋成
初約法總顯
二舉廣類求
三分別發趣道相
初標意釋名
二開章釋相二
初標數
二徵列
三辨相三
初總標歎勝
二顯其勝相二
初通明發心體三
二明發心相
三明成滿德二
初總
二別
初總
二別
二執法性本有染三
三執染淨有始終三
初執緣
二執相
三對治二
初法體離始顯生死無初
二法體離終顯涅槃無盡
三對治二
初信成就發心三
二解行發心
三證發心三
初時勝
二行勝二
初標徵列釋
二問答除疑二
初問
二答二
初牒章以簡
二執相
三對治
初執緣
二執相
三對治二
初奪破
二縱破
初明信心成就之行二
二顯發心之相三
三顯發心利益四
初顯勝德
二明微過
三通權教
四歎實行
初正答所問二
二重顯方便三
初喻
二合三
二顯真
初正答
二執相
三對治
初虛空妄非真三
二法身真非妄
初立
二釋
三結
初問
二答二
初正答前問二
二舉劣顯勝二
初明劣相二
二結成退失
初內因力微
二外緣力劣
初答三問三
二結成位

初正顯勝德二
二問答除疑二
初除一切種智疑二
二除自然業用疑三
初問
二答三
初問二
二答三
初法
二喻
三合二
初約本論通能說
二引他論明不現三
三對辨兩文之前後
四修行信心分四
初舉數標意
二徵起列名
初明可退之人
二明防退之法二
初標數
二徵起
三別釋三
初標地體
二明行體
三明勝用四
初陳疑一
二疑難二
初引本文
二引釋文
三會文意
初結前生後
二就人標意
三約法廣辨二
四防退方便二
初通舉聖意
二別引經證
初施
二戒
三忍
初不住道
二自立行二
三利他行
初攝法上首德
二隨根延促德
三實行不殊德
四應機殊行德
初立正理
二舉非顯失
三舉是彰得二
初興二問
二還兩答二
初答信心三
二答修行三
初正顯
二別明除障方便二
初答能修人
二答所修行
三答行成堪證
初斷德
二智德
初總顯
二別結
初反前章得二
二約義結名
初標數
二徵起
三列釋
初正引彼文如喻
二會釋彼義
初釋義
二引證二

三依門牒釋五
四進二
五止觀二
初略明二
二廣說三
初止五
二觀。
三俱。
初修方便二
二顯勝能二
三辨魔事二
四簡真偽二
五示益勸二
初舉內外二定以別邪正二
二對理事二定以簡真偽二
初邪
二正
初真
二偽
初略二
二廣二
初魔事
二對治二
初魔事五
二對治
初總標
二別解三
初離外惡緣
初徵
二釋三
初障
二治
初明勝能入二
二顯障者不能
初託靜息心修止方便二
二止成得定除障不退
初治諸魔
二治諸鬼
三治精魅
初略明二
二指廣
初正釋諭言
二別出對治二
初離境
二除心二
初善友擁護
二四離障益二
初遣妄想
初正顯
初止
二觀三
三俱
三釋成
初能坐行三昧
二能生無量三昧
初約外緣
二約內心二
初約坐修止二
二約餘威儀修止
初正遣
二釋成
三重揀

二離止惑業
三五行心堅固益
在家二
二離相

四觀二
初法相觀四
初無常觀
初現形說法

初明修觀意
二大悲觀
二苦觀
二得通起辯

二辨觀行相四
三大願觀
三無我觀
三起惑造業

三結觀分齊
四精進觀
四不淨觀
四據定得禪

三俱三
初寄別總揀五對
初問如問
五食差顏變二疏

初總標
二約通料揀二
二答二
初標依古法且今

二別辨二
初約法明俱二
初歎難解此答
二引經為據如經

三總結
二對障明俱
二正揀辨四
三依法正揀今借

四勸修利益分三
初即止之觀
初正釋文旨此顯
四合顯經喻三

初結前生後
二即觀之止二疏
二通示用心說時
初喻如燒

二舉信謗損益二
初信受福勝二
初超三慧福舉其益
二合此中

三結勸修學
二謗毀罪重
二翻顯三慧益相三
三結以此

初聞時益
初時少德多

二思時益
二較量多相

三修時益三
三釋多所以

田一　大

能立法不成者如說聲常無質礙故諸無質
礙見彼是常猶如極微然彼極微所成立法
常性是有能成立法無質礙無以諸極微質
礙性故
所立法不成者謂說如覺然一切覺能成立

法無質礙有所成立法常住性無以一切覺
皆無常故
俱不成者復有二種有及非有若言如瓶有
俱不成若說如空對非有論無俱不成
無合者謂於是處無有配合但於瓶等雙現
能立所立二法如言於瓶見所作性及無常
性
倒合者謂應說言諸所作者皆是無常而倒
說言諸無常者皆是所作如是名似同法喻
品似異法中
所立不遣者且如有言諸無常者見彼質礙
譬如極微由於極微所成立法常性不遣彼
立極微是常性故能成立法無質礙無
能立不遣者謂說如業但遣所立不遣能立
彼說諸業無質礙故　田一
俱不遣者對彼有論說如虛空不遣常性無　九
質礙性以說虛空是常性故無質礙故
不離者謂說如瓶見無常性有質礙性
倒離者謂如說言諸質礙者皆是無常如是
等似宗因喻言非正能立

現量相違者如說聲非所聞
比量相違者如說瓶等是常
世間相違者如說懷兔非月有故又如說言
人頂骨淨衆生分故猶如螺貝
自教相違者如勝論師立聲為常
自語相違者如言我母是其石女
能別不極成者如佛弟子對數論師立聲滅
壞
所別不極成者如數論師對佛弟子說我是
思
俱不極成者如勝論師對佛弟子立我以為
和合因緣相符極成者如說聲是所聞
兩俱不成者如成立聲為無常等若言是眼
所見性故兩俱不成
隨一不成者所作性故對聲顯論隨一不成
猶豫不成者於霧等性起疑惑時為成大種
和合火有而有所說猶豫不成
所依不成者虛空實有德所依故對無空論
所依不成
共者如言聲常所量性故常無常品皆共此

因是故不定爲如瓶等所量性故聲是無常
爲如空等所量性故聲是其常
不共者如說聲常所聞性故常無常品皆離
此因常無常外餘非有故是猶豫因此所聞
性其猶何等
同品一分轉異品徧轉者如說聲非勤勇無
間所發無常性故此中非勤勇無間所發宗
以電空等爲其同品此無常性於電等有於
空等無非勤勇無間所發宗以瓶等爲異品
於彼徧有此因以電以瓶爲同法故亦是不
定爲如瓶等無常性故彼是勤勇無間所發
爲如電等無常性故彼非勤勇無間所發
異品一分轉同品徧轉者如立宗言聲是勤
勇無間所發無常性故勤勇無間所發宗以
瓶等爲同品其無常性於此徧有以電空等
爲異品於彼一分電等是有空等是無是故
如前亦爲不定
俱品一分轉者如說聲常無質礙故此中常
宗以虛空極微等爲同品無質礙性於虛空
等有於極微等無以瓶樂等爲異品於樂等
有於瓶等無是故此因以樂以空爲同法故
亦名不定
相違決定者如立宗言聲是無常所作性故
譬如瓶等有立聲常所聞性故譬如聲性此
二皆是猶豫因故俱名不定
法自相相違因者如說聲常所作性故或勤
勇無間所發性故此因惟於異品中有是故
相違
法差別相違因者如說眼等必爲他用積聚
性故如臥具等此因如能成立眼等必爲他
用如是亦能成立所立法差別相違積聚他
用諸臥具等爲積聚他所受用故
有法自相相違因者如說有性非實非德非
業有一實故有德業故如同異性此因如能
成遮實等如是亦能成遮有性俱決定故
有法差別相違因者如即此因即於前宗有
法差別作有緣性亦能成立與此相違作非
有緣性如遮實等俱決定故

起信論疏科文 終

起信論疏科文

校勘記

一　底本，清藏本。此本與明徑山藏本對校，所出校文過多，且疏科文係表格形式，甚難對校，爲便於閱讀，將徑山藏本作爲别本收録於後。

起信論疏科文分二

長水沙門子璿脩定

初論疏題目二　初標疏題目　二述注人名
二敘釋本文二　初總敘宗旨二　初敘論大意四　初敘一心法　二顯真如門　三明生滅門　四二門不二三　初法二　二喻　三結
初逐顯　初正明不二　二釋成無礙
二正明二
二造論因由二　初敘撰述述二　初總敘　二別顯二　初略能含廣　二巧備根緣
初述理　二述教
二別釋章門二　初開章　二隨釋二　初懸敘義門六　初教起因緣二
二興悲造論二　初悲歎人法　二述造論意　三正造諸論二　初出所以　二正造論　三彰功益二
二隨文注解
初總標一　初廣論　二略論三
二別列
二諸藏所攝二
三教義分齊二　初總標別列三　二隨列別釋二　初小乘一　二始教二　三終教三　四頓教四　五圓教五
四教所被機二　初總明所被　初總敘諸教五　二與論相攝二　初定分齊　二明相攝
二重辨兼正二　初約教詮法通局顯分齊二　二約法生起本末顯分齊二
二別指下文
五能詮教體二　初約三聚辨一　二約五性辨　初標科總示二　二隨文別辨二
初總標
二別釋四　初正明五　初唯一心爲本源　二依一心開二門　三依後門明二義　四依後義生三細　五依最後生六麤
二別示
初隨相門　二唯識門　三歸性門　四無礙門
六所詮宗趣二　初標章釋名　二開章正辨二　初開章　二正辨二　初名句文

初總辨諸宗三　初列五宗　二指此論　三會五教
二唯明此論　初總　二別二　初列釋　二結示
二唯音聲　三通四法　四徧一切
二隨文注解二　初解名題二　初論題目　初正明　二通妨
初解四字四　初總釋四字　二別釋大乘　三別釋大字　四別釋起信
二解論字
二造論主　三譯論人　初敘與諦　二明喜學　三示令解
初釋馬鳴　二釋菩薩　三釋造字
二解文義　初歸敬述意二　初歸依三寶二　初能歸至誠二　初釋文　初事相釋　二觀行釋
二出體　初通約三業　二結屬意業
二所歸分齊二　初處所分齊　二三寶分齊
三所歸三寶
二正述論文　三總結迴向
初敘意三　二釋文二　初佛二　初略配　二別釋四　初釋佛意業　二釋佛身業　三釋佛口業　四結德屬人
初所救　二能救　三通妨
二法二　初解標文　初單解及字
初出體　二釋文二　二解釋文三　二通釋此文
初正釋體相二　二卻收教行　三重釋海喻　初正釋文　二通伏難
三僧三　初總相揀辨　二正釋當句　初體大三　二相大　初正通　二轉釋
初釋法性　二釋真如　三釋海字
三兼取上文　初依本論　二依寶性
二述造論意二　初顯意　二釋文二　初正釋　二通妨　初正解此句　二通對下文
初總釋此偈

二別解除疑　三引例
二正述論文二　初標益起說　初釋初一句明所爲機　二釋中二句明所成益二　三釋後一句明成益意
初解前句明離過二　二解後句明成行二　初釋大乘　二釋正信
二正陳所說二　初標列　二牒釋五　初因緣分二　初正釋二　初牒問舉數　二徵釋總結三　初徵起　二列釋八　三總結
初釋如來根本二　二釋正解不謬　初總配下文　二別釋令義
初因緣總相　二釋義令解　三令入不退
初約教法釋　二約證法釋
二通難二　初難　二通二
四修習信心　五離障出邪　六對治凡小　七勸生佛前　八示益勸修
初釋如來二　二結根本　初正釋　二反顯
二立義分二　三解釋分　四修行信心分　五勸修利益分
初總問略標　二以義具釋二　初都科四段三　二別釋此文
初除機不假此論三　初總判　二通疑　三別判
二當機須造此論二　初機　二結
初結前生後　二正立義宗
初標總開別　初說法甚別顯圓教
二審問列名二　初勝機遇佛悟二　初略配三業　二別釋圓音
二隨類音得顯圓義二　初約教義正明二　二結得名所以
初釋法　二釋義三　初釋文　二結意　三彰位
初釋義二　二顯相　初正顯一　二反明　三結成　四指歎
二自力閱經悟　三劣機因尋廣論悟
三依名辨相二　初法二　初示意　二釋文　初舉法總立三　二開門別立
初出其法體二　初正釋　二反顯
二義二　初示意　初大　初貴總立難

二釋文二
二乘
初牒章標數
二徵起列釋三
初體大
二相大
三用大
初釋文
二通妨
三解釋分二
初結前生後
二分門解釋二
初顯示正義
二對治邪執〇
三分別發趣道相〇
初總二
初示義
二釋文
二別
初示義分科
二隨義釋文
初別辨二門顯動靜不一
二會相入實顯動靜不二
初真如門
二生滅門
初顯體離言以明觀智境
初正舉法體
初正顯如體
二會執釋名
初釋
二結

二開別釋成
初總敘釋意
二別解論文
初真如門
二生滅門
初釋前二句
初別釋當文
二通前料揀
二釋後一句
初標數徵列
二標名辨相
初依法開門
初釋一心具二門
二顯二門皆一心
二二門該攝
初立
二釋
初正釋
二通難
初二門示義通局難
二性相存泯不齊難
初問
二答
初就實略標
初牒章
二示法
三釋成
二會妄顯真
初會妄
二顯真
三結真離妄
初標舉能離

三順結
二辨法功能
三釋其法名
初總敘意
二別釋相
初約生滅門
二約真如門
初本文
二妨難
初別解當文
二通前料揀
初標
二釋
初正釋
二引證
初真如門
二生滅門
初正釋
二結指
三引證
初對前牒文
二釋今文意
初總標意
二別釋相
三結歸一心
初約二門各攝解
二約二門互攝解
初正釋
二結成
初釋上句
初釋一字
二釋法界

初正會頌執
二結名釋疑
三約相釋違
二問答斷疑
二依言辨德以明生信境
初示義
二釋文
初舉數總標
二開章略辨
三依章廣釋
二生滅門
初釋生滅心法
二辨所示之義〇
初就體總標
初標體
二辨相
初釋和合義
二釋非一異義
三立名
初正釋論意
二廣辨名相
初對二師以辨名
二約三藏以釋義
二依義別解
初釋上生滅心
二釋上生滅因緣〇
三釋上生滅之相〇
初開數辨德
二寄問列名
初釋開數

二正顯所離
三結體立名
初離妄相以顯真
二離異相以顯如
初疑真絶修問
二舉真勸修答
初略明
二廣釋
三總結
初空
初正釋
二不空
二釋疑
初染淨生滅
二染淨相資〇
初正釋
二據濫
初略指
二廣釋
三據濫
初約法略明
二按經出體
三據義廣釋
初離釋二義
二合釋二義
三總結成
初述一異
二顯和合
初正釋
二引證
三釋意
初雙標二喻

初約[illegible]
二約對二釋
二釋下句
初釋大綱相
二釋覺字
三釋法門
初有無四句
二一異四句
初引文
二釋意
三法合
初正釋
二引證
初正釋今義
二對前重辨
初以本從末釋
二攝末歸本釋
三本末平等釋
初釋非異
二釋非一
初隨前正釋
初正釋
二引文
三釋意
四通妨
二反顯非異
初標
二釋
初正辨
二釋疑
三舉體相攝
四問答通妨

初標舉釋意
二依義具釋
二釋[illegible]德
初對前門以會義
二問前文以釋生義
三躡下句以辨轉義
三依名辨釋
初覺義
二不覺義〇
三雙辨同異〇
初示義分科
二依義釋文
初略辨二覺
初本覺
二始覺
二廣明二覺
初始覺
二本覺
初總標因果二覺
二廣會四相釋成
初正辨四相顯其四位
初示二覺
二總敘意
三別釋文
二引[illegible]成心源無念
初引經證成
二重釋前文
三舉不覺之失
四顯覺者之得
三明始不異本

二單釋塵[illegible]
三總以法合
初約真妄開合以釋義
二約諸識分齊以結成
三約問答通妨以辨異
初正顯覺體
二會體立名
初顯本覺體
二釋本覺名
初隨文別釋
初貴立名
二各初意
三各後意
二問答遣妨
初別解文
二通辨意
三總結示
初正敘
二引證
初標列
初總
二釋文
二別
初略標大意
二料揀四相
三正釋本義
四總結前說
五據理融攝
六決通伏難
七結成始覺
初示文
二正釋

初第一重
二第二重
初辨異二義
二辨異二典
初開真妄成四義
二束四義爲門
三開生滅成四義
四開四義成八義
五束八義成四門
六束四門成二義
七合二義成一門
初正示八義
二合對四覺
三結指廣略
初總敘起妄
二總配四相
三引論釋成
初略配
二廣釋
初生相
二住相
三異相
四滅相
初順流釋所覺
二反流釋能覺
初明覺起因緣
二顯覺起功用

初標立
二釋成
初正釋本文
二問答通妨
三總結大意
初正問答
二引文證
二本覺
初明隨染本覺
初總標
二徵列
三辨相
二明性淨本覺
初總標
初雙標空鏡二喻
二別釋鏡中四義
二別釋
初如實空鏡
二因熏習鏡
初標名出體
二別釋二因
三法出離鏡
初標名出體
二正辨其相
四緣熏習鏡
初標名顯體
二正釋其相
二不覺義
初明根本不覺
初依覺成迷

初滅相
二異相
三住相
四生相
初引攝論
二引楞伽
初因
二果
初直明淨相
二問答釋成
初智淨相
二不思議業相
初依體總標
二約用別辨
初通釋上文
二問答釋妨
初問
二答
初標名
二辨相
三結所以
初正辨
二釋成
初現法因
二熏習因
初辨異二義
二結同一體
初通釋上文
二料揀前後
初法
二喻
三合
初業相
二轉相
三現相
初標名
二所依
三正釋

初能觀人
二所觀相
三辨利益
四結分齊
初正引
二解文
三重證
初執眞同妄問
二簡法異眞答
初法
初釋正難
二喻
二釋轉難
三合
三雙結成
初約一佛釋
二等諸佛釋
三同衆生釋
初略配
二料揀
初正釋
二通妨
初約妄無眞照
二約眞無妄覺
初顯體離染
二釋成因義
初動作義
二爲因義
初別解論文
二通釋行相

二依迷顯覺
二明枝末不覺
初列
二釋
初引經料揀
初指配論文
二問答釋妨
二正釋論文
三結末歸本
初正釋
二轉釋
三雙辨同異
初標列
二解釋
初喻
二合
二釋上生滅因緣
初明生滅因緣義
二重顯所依緣體
初總標
二總問
三別釋
初釋所依心
初釋文
初問
二答
二問答
二釋意轉
初略明
二廣辨
初標徵
二列釋

初總標
二別解
初約喻說意
二就識釋文
初約能執從所執故不說
二約所依從能依故不說
初問
二答
三證
初引經
二釋義
初牒前總標
二立名別釋
初徵
二釋
初同
二異
初喻
二合
三證
初正引
二釋疑
初解牒文
二解標文
初正答
二結答
初業識
二轉識
三現識
四智識
五相續識
初直明本相
二別顯功能

初徵
二釋
初無明爲因生三細
二境界爲緣生六麤
初六八相從答
二以義不便答
三約計內外答
初約集和合義故不說
二約緣外義故不說
初起計
二生受
三取著
四立名
五造業
六受報
初敘疑
二隨釋
初正釋疑
二釋轉難
初約迷眞執似釋
二約總別義異釋
三約未起已起釋
初結屬此識
二總通前五
初正釋此文
二通前重示
初能起潤惑
二能起念麤

三結歸一心
三釋意識轉
初約人辨麤
二出其麤體
三執所依緣
四製立其名
五識起所依
二重顯所依緣體
初略明緣起甚深
初標歎甚深
初牒上所說
二依位歎釋
二釋深所以
初徵
二釋
二廣顯緣起差別
初顯前緣起體相
初標
二徵
三釋
初敘意
二更重料揀
二釋文
初辨上無明約治料揀
二釋上相應不相應義
初相應義
二不相應義
初標
二釋
三舉上染心及無明約境成二礙義
初標立

初正結屬心
二釋疑廣辨
初問
二答
三結
初正結
二釋成
初正釋
二轉釋
初解文
二釋妨
初凡小非分
二菩薩分知
三唯佛究盡
初即淨而染
二即染而淨
三結成難測
初顯上不變之義
二顯上無明緣起之由
三顯上緣起之相
初執取計名字相
二相續相
三智相
四境界相
初障
二治
五能見相
六業相
二治
初約法辨異
二正顯相應
初顯無別異
二正遣相應
初約王數釋
二約心境釋
初正釋前義
二指陳違妨
初標法定名
初釋文

初順結三界
二反結六塵
初答無塵
二顯唯心
初略標意
二別解文
三總結釋
初正會
二結揀
初正釋今義
二引經證成
三會彼同此
初釋心不相應
二釋忽然念起
初正顯行位
二引論證成
初障
二治
初約三賢以明行位
二對二乘以顯斷惑
初敘劣以明麤惑
初表異凡小
二揀定權實
二超勝以除細執
初正明
二引證
三結意
初正釋翻前義
二重釋前即義
初正釋

初惑障 二智障 二重釋 初釋煩惱礙 二釋智礙 三釋上生滅之相 初牒前標數 二徵列略顯 三廣釋其相 初約人對顯

二顯其礙義 初標法定名 二顯其礙義 二通妨 初釋文 二通妨 初標指闕具 二正引經文 三廣釋經義 初略消其文 二引經廣釋 二經論對辨 初明通緣

二引證 三揀濫 初正釋 二引同 三結屬不相應 初細中二因 二麤中二因 初正釋 二結屬相應 初喻相應心滅

二辨相所依 初順辨生緣 二逆論滅義 初正辨因 二釋疑 初問 二答 二辨染淨相資 初敘章意 二正解釋 初舉數釋 二徵列別名

二顯別因 初法 二喻 三合 初染熏淨 二淨熏染 初喻 二合 初總 二別 初染 初問 二答 初略

二喻不相應滅 初總立喻本 二別顯喻相 初合總喻 二合別喻 初無明熏真如 二妄心熏無明 三境界熏妄心 初總舉能所熏體 二別明熏習之義

三廣釋染淨熏習義 四明染淨盡不盡義 初染法違真無始有終 二淨法順理有始無終 初問 二答 二廣 初略 初妄心熏習 二真如熏習 初標數 二徵列

二廣 初示義 二釋文 二淨 初正明熏習 二辨其功能 初標徵 二別釋 初事識熏習 二五意熏習

初境界熏妄心 二妄心熏無明 三無明熏真如 初因 二果 初地前行 二地上行 初滅惑斷染 二證理成德 初問 二答 初正答 二結答 初正釋 二通妨 初所知障

三辨相 初別釋 初體相 二用大 初指本總標 二約緣別顯 二合明 初標 二徵列 三釋

初正顯 二釋疑 初問 二答 初約染成緣明起有厚薄 二約淨法驗緣成前後差異 初標 二徵 三釋 初差別緣

初明熏習 二顯功能 初標所疑 二釋所執 初開總成別 二攝別成總 初前差別之用 二辨用之益 二煩惱障 初所依根本差別 二能依二障差別 三雙結難了 初立理 二正釋 初因緣互闕之失 二性用相應之得 初顯闕緣之失 二明闕因不成

初染相應 二已相應 一總 二別 二平等緣 初明能作緣者平等 二明對機顯平等 二辨所示之義 初敘章意 二解論文 初體相二大 二別解用大 初總明

初明感用因 二正明用相 初就根熟不熟開近遠二緣 二就前近遠各開為二 初體 二相 初總釋二大名 二別釋二大義 初明雖差別而不二 初正明 初略

初喻說 二法合 初明德相 二顯立名 初正顯性德 二問答重辨 初執體疑相難 二相不違體答 初總 二別

初對果舉因 初舉本正行 二舉本大願 三舉悲智大德 二牒因顯果 二別釋 初標 二徵 三釋 初正顯用相

二徵釋 二廣 二明雖不二而差別 初問對染表示之相 二舉彼染法一一對顯 初牒舉前因 二明自利果 三明利他果 初明用甚深 二顯用廣大 三用而常寂

三結 初舉所述理 二別翻配 三結得名 初別舉八重 二總舉諸法 三別彰滿足 初無明智慧對 二局見普照對 三妄見真知對

初直顯其用 初應身 二報身 二重牒分別 初應身 二報身 初明住上分見劣 初能見淺深 二所見分齊 三釋無分齊所以

初正顯 二徵釋 初約識舉人 二釋見應所以 初略消其文 二廣陳問答 三權實對辨 初約識舉人 二所見報相 三結果圓以譬

四無性有體對 五顛倒真實對 六熱惱清涼對 七變易凝然對 八繫縛自在對 初佛身凡識不分難 二源同派異迷悟答 三真起識現相違難 四隨流反流相資答 五心佛外佛差別難

四簡異地上 初牒難釋通 二結會通辨 二明地上分見勝 三明究竟位無見 二問答除疑 初問 二答 初標 二釋 初釋法身能現 二釋所現之色

初顯正報 二辨依報 三通明無盡 初橫顯無邊 二豎顯無盡 初明無見 二釋所以 初總明不二 二別明相即 初色即心 二心即色

六心佛體無答 七師資義一文異難 八文異意同一義答 九心佛不起化用難 十未起感求常用答 十一不能普答發心難 十二引前因緣互闕答 十三真佛何假修因難 十四因果無性同源答

二會相入實顯動靜不二 初標 二釋 三結 初喻 二法 初觀色 二觀心 二對治邪執 初就本總標 二別名治障 初對治離 初標數 二徵列

初標 二徵 三釋 初人 二法 初執緣 二執相 三對治

初約義通辨 二問答釋名 初舉起執緣 二正明執相 三辨對治相 初虛空妄非真 二法身真非妄 初妄執事空以為法體 初執緣 二執相 初立 二釋

三辨相 二
二究竟離 二
初約法明治 二
初約法總顯 修行次
二舉廣顯求 是故
二會釋伏難 三
○三分別發趣道相 二
初標意釋名 分別
二開章釋相 三
初標數 略說

初二治邪執 二
二明對治 三
初執性德同色心 三
二執法性本有染 三
三執染淨有始終 三
初牽破 云何
二縱破 如若
初執緣 五
二執相 以不
三對治 二
初法體離始顯生死無初 云何
二法體離終顯涅槃無盡 又如
二去執法體離是空無 三
三對治 云何
三結 所謂
初執緣 三者
二執相 以不
三對治 云何
初執緣 四者
二執相 以不
三對治 二

二徵列 云何
三辨相 三
初信成就發心 三
初明信心成就之行 二
初問 信成
二答 二
初正會伏疑 所有
二辨定聖意 其自
三返以釋成 以命
初正答前問 二
二舉劣顯勝 二
初答能修人 所謂
二答所修行 有與
三答行成堪發 一經
初答三問 三
二結成位 如是
初明劣相 二
二結成退失 如是
初內因力微 答有
二外緣力劣 或有
二顯發心之相 三
初牒章以問 復次
二標徵列釋 略說
三問答除疑 二
初問 何曰
二答 二
初正答所問 二
初喻 曰答
二合 三
二重顯方便 三
三顯發心利益 四
初標數 略說
初一不住道 一者
初正合 如是

初顯勝德 菩薩
二明微過 是然
三通權教 如修
四歎實行 又以
二解行發心 二
三證發心 三
二徵起 云何
三別釋 三
二一自利行 二
二三利他行 四以
初時勝 以其
二行勝 二
二一委釋 以坊
三順真 若人
初斷德 二者
二智德 三者
初總標歎勝 解行
二顯其勝相 二
初總 以於
二別 以知
初標地依 以藤
二明行體 以依
三明勝用 四
初攝法上首德 是
二隨根延促德 示
三實行不殊德 實
四應機殊行德 隨
初通明發心體 三
二明發心相 又是
三明成滿德 二
初正顯勝德 二
初反前彰得 二
二約義結名 自體
初總顯 偈
二別結 心真

二問答除疑 二
初總 又是
二別 以謂
初除一切種智疑 六
初問 二
初陳疑 一且
二答 二
二設難 二正
二除自然業用疑 二
初問 又問
二答 三
初立正理 答曰
二舉非顯失 以復
三舉是彰得 二
初法 答曰
二喻 衆生
三合 三
初約本論通能現 法身
二引他論明不現 三
三對辨兩文之旨 攝
初引本文 如經
二引釋文 釋曰
三會文意 此中
○四修行信心分 四
初結前生後 已說
二就人標意 中是
初答信心 三
初標數 略說
二徵起 云何
三列釋 一者
初施 云何
初正顯 云何
二別明除障方便 二
初障 復次
二治 是故
初止 所言
三觀 三

三約法廣辨 二
初與二問 何等
二遣兩答 二
二答修行 二
初舉數標意 修行
二徵起列名 云何
三依門牒釋 五
二戒 云何
三忍 云何
四進 二
五止觀 二
三俱 云何
初徵 云何
二釋 三
初略明 二
二廣說 二
初標義 依
二引證 二
三釋成 是義
四防退方便 二
初明可退之人 復次
二明防退之法 二
初遍舉聖意 當知
二別引經證 如經
初正引彼文 如經
二會釋彼義 如是知
初止 五
初修方便 二
初託靜息心修止方便 二
二止成得定除障不退 久習
初明勝人能入 二
二顯障者不能 唯除
初約外緣 若
二安內心 二
初約坐修止 二
二約餘威儀修止 若從

二顯勝能 二
初能生一行三昧 復次
二能生無量三昧 當知
三辨魔事 二
初略 二
二廣 二
初離境 不依
二除心 二
二住正念 二
初遣妄想 三
初正遣 一切
二釋成 以
三重棟 亦不
初正顯 心者
二離相 即復
初魔事 五
二對治 以是
初現形說法 或現
二得通起辯 令
三起惑造業 令
四據定得禪 令
五貪著顛變 二
初魔事 或有
二對治 三
初治諸魔 懸門
二治諸見 治諸
三治精魅 精
四簡真偽 二
初舉內外惑別邪正 二
初邪 心
二正 知真
初真 若諸
二偽 以修
初辨別總指 五
初正釋論旨 一切
二別出對治 二
初略明 三
二指廣 是
初問 如
二答 二
初歎難解 此答
二正棟辨 四

二觀 三
初明修觀意 復次
二辨觀行相 四
三結觀分齊 若修
初法相觀 四
二大悲觀 如是
三大願觀 作是
四精進觀 以是
初離外惡緣 三者
二離內惑業 者
初無常觀 沙
二苦觀 一切
三無我觀 應觀
四不淨觀 應觀
初即止之觀 所謂
二即觀之止 二
三俱 三
初總標 行者
五示益勸 二
初總標 復次
二別解 三
初一普攝諸益 云何
二四離障益 二
三五行成堅固益 六者
初二對釋二定明真偽 三
二約通料揀 二
初標依古法 今且如經
二引經為標 今併
三依法正棟
四合顯經喻 三
初喻 如
二合 此中
三結 以此

二別辨 二
三總結 以是
初約法明俱 二
二對障明俱 若修
初正釋文旨 此顯
二通示用心 說時
○五勸修利益分 三
初結前生後 已說
二舉信謗損益 二
三結勸修學 當知
初信受福勝 二
二謗毀罪重 其有
初約三慧總舉其益 若有
二別顯三慧益相 三
初聞時益 若人
二思時益 假使
三修時益 二
初時少德多 復次
二校量多相 假令
三釋多所以 何以

起信論疏科文 終

常州提學訓使[illegible]包肇芳施資刻此
大乘起信論疏科文一卷　恩江沙彌可度對
長洲縣徐普書　建陽縣鄒友刻
萬曆壬辰季夏五日識

大乘起信論疏卷第一 并序　田二

西太原寺沙門法藏述

草堂沙門宗密録之隨科注於論文之下

夫真心寥廓絶言象於筌罤沖漠希夷忘境智於能所非生非滅四相之所不遷無去無来三際莫之能易但以無住爲性隨派分歧逐迷悟而升沈任因緣而起滅雖復繁興鼓躍未始動於心源靜謐虚凝未嘗乖於業果故使不變性而緣起染淨恒殊不捨緣而即真凡聖致一其猶波無異溼之動故即水以辨於波水無異動之溼故即波以明於水是以動靜交徹真俗雙融生死涅槃夷齊同貫但以如來在世根熟易調一稟尊言無不懸契大師沒後異執紛綸或趣邪途或奔小徑遂使宅中寶藏匿濟乏於孤窮衣内明珠弗解貧於傭作加以大乘深旨沈貝葉而不尋羣有盲徒馳異路而莫反爰有大士厥號馬鳴慨此積網悼斯淪溺將欲啓深經之妙旨再曜昏衢斥邪見之顛眸令歸正趣使還源者可即反本非遥造廣論於當時遴益群品既文多義邃非淺識所闚悲末葉之迷倫又造斯論可謂義豐文約解行俱兼中下之流因茲悟入者矣　將解此論文分二章初懸叙義門六一辨教起因緣有十徵釋以顯十因一依何智謂依論主洞契心源之智隨機巧妙之辯二示何法謂一心二門三大四信五行等法三云何示謂以巧便開一味大乘作法義二種分一心法復作二門析一義理復爲三大由此善巧而得開示四以何顯謂妙音善字譬喻宗因能令義理明了顯現五依何本謂依佛聖言及正道理定量爲本六藉何力謂歸命三寶請加承力七爲何義謂助佛揚化摧邪顯正護持遺法令久住世報如來恩八以何緣謂令衆生離一切苦得究竟樂九由何起謂由菩薩大悲愍物迷謬十機何益謂令生信得聞思脩慧證入因滿二約諸藏所攝三藏之中對法藏攝二藏之中菩薩藏攝三顯教義分齊二一約教詮法通局顯分齊謂以義分教教類有五一小乘教但說我空縱少說法空亦不明顯但依六識三毒建立染淨根本未盡法源故多諍論二大乘始教亦名分教於中但說諸法皆空未盡大乘法理故名爲始但說一切法相有不成佛故名爲分三終教亦名實教說如來藏隨緣成阿賴耶識緣起無性一切皆如定性二乘無性闡提悉當成佛方盡大乘至極之說故名爲終以稱實理故名爲實四頓教總不說法相唯辯真性亦無八識差別之相訶教勸離毀相泯心但一念不生即名爲佛不依地位漸次故說爲頓五圓教所說唯是法界性海圓融緣起無礙相即相入帝網重重主伴無盡若於五中顯此論之分齊正唯終教亦兼於頓若将此論與五教互相攝者五唯後三攝此此唯攝五前四二約法生起本末顯分齊謂依此論所詮染法從本起末畧有五重以對諸宗顯其分齊五重者初唯一心爲本源即華嚴經一真法界然華嚴所宗雖四法界而彼疏云統唯一真法界謂寂寥虛曠沖深包博總該萬有即是一心（正當此門）體絶有無相非生滅莫窮其始寧見中邊（即下心真）

(如門)迷之則生死無窮解之則廓爾大悟(即下心生)(滅門)二依一心開二門一者心真如門即頓教分齊也始教中空義亦是密說此門二者心生滅門謂依如來藏有生滅心所謂不生不滅與生滅和合非一非異名爲阿棃耶識即終教分齊也以始教相宗不知佛說如來藏以爲阿賴耶故非彼分三依後門明二義一者覺義(前真如門但明心體不變此門覺義但顯染中淨相及反流還源並非起次未倫次)二者不覺義(前生滅門及此不覺即是生起次也)四依後義生三細一業相(賴耶自體分)二轉相。(見分)三現相(相分)即唯識宗齊此業相以爲諸法生起之本以彼宗未明此等與真如同以一心爲源故說真如無知無覺凝然不變不許隨緣但說八識生滅縱轉成四智亦唯是有爲不得即理故詮法分齊唯齊業識五依最後生六麁一智分別境界二生苦樂受三著苦樂四計名字五造業六受報二乘所明諸法唯齊第三人乘天乘唯齊第五若取血脉相承一向躡前起後以明生起畧有八重一以一心爲本二不覺一心成業相三能見相四境界相

五分別相續(法執)六取著計名(人執)七造業八受報四明教所被機一切衆生皆有佛性無非所被不同法相宗唯被菩薩性及不定性然一切衆生三聚統收此論正唯爲不定聚故下文云依未入正定聚衆生故說脩行信心兼爲邪定作遠因緣兼爲正定令增妙行準此義例則五性中正被菩薩性及不定性令脩信心兼爲餘性作遠因緣又因緣分中別明所被至文當辨五能詮教體畧作四門一隨相門於中或唯名句文謂能詮諸法自性差別二所依故或唯音聲離聲無別名等攝假從實故或假實雙取四俱爲體又徧於六塵一切所知境界總有生解之義悉爲教體二唯識門謂說者淨識所現文義爲增上緣令聞者識上文義相現故下文云若離自心念則無一切境界之相是故一切聲名句文皆是自心之所顯現三歸性門此識無體唯是真如故下文云是故一切法從本已來離言說相乃至唯是一心故名真如四無礙門謂於前三門心境理事同一緣起混融無礙

交徹相攝以爲教體以一心法有二門故二皆各攝一切法故六所詮宗趣當部所崇曰宗宗之所歸曰趣二初總辨諸宗一切經論通大小乘宗途有五一隨相法執宗即小乘諸師依阿含等經所立以造諸部小乘等論二真空無相宗即龍樹提婆依般若等經所立以造中觀等論三唯識法相宗即無著天親依解深密等經所立以造唯識等論四如來藏緣起宗即馬鳴堅慧依楞伽等經所立以造起信等論五圓融具德宗謂事事無礙主伴具足重重無盡即華嚴經今此論宗當其第四門也然此五宗對前五教互有寬陿教則一經容有多教宗則一宗容具多經隨何經中寄此宗故後唯明此論又有總別總以一心法義爲宗信行得果爲趣別者有五對一教義對教說爲宗義意爲趣如下文令捨言取意等二理事對舉事爲宗顯理爲趣如從生滅門入真如門等三境行對以真俗境爲宗止觀行爲趣四證信對以成信不退爲宗登地入證爲趣五因果對以因爲宗克

果爲趣此五是從前起後漸漸相由矣 二隨文注

解二初解名題

大乘起信論 大者當體爲目包含爲義乘者就喻爲稱運載爲功大乘即所信之境起信即能信之心心境合目也此即大乘之起信又亦起大乘之信又大者就義謂體相用乘者就人謂菩薩等又依雜集論由與七種大性相應故名大乘一境二行三智四精進五方便善巧六證得七業起謂發起以有本覺內熏爲因善友聞熏爲緣於此勝境發希有信能令心淨如水清珠何故但明信而不言餘行以是行本故論爲初攝故故下文云自信已性知心妄動修遠離法又華嚴云信爲道源功德母等論者建立決了可軌文言判說甚深法相道理依決判義名之爲論又論者集法讀論也謂假立賓主往復微析論量正理故名爲論

正 馬鳴菩薩造 名馬鳴者此菩薩初生之時感動諸馬悲鳴不已又善能撫琴以宣法音諸馬聞之咸悲悲鳴中印度月氏國王持欲試驗以行正法取馬七疋絕其水草已經六日至第七日宣告集衆王躬禮請升座說法令於衆中以草穀等飲其餓馬馬皆不食唯悲鳴垂淚諦聽法要於是遠近敬伏從化故名馬鳴言菩薩者具云菩提薩埵此云覺有情亦有三釋一約境所求所度二約心有覺悟之智餘情惑之識三約能所所求能求三皆如次配覺及有情造者製作佛滅度後六百

四二 六

年內所造也故摩訶摩耶經云如來滅後六百歲已諸外道等邪見競興毀滅佛法有一比丘名曰馬鳴善說法要降伏一切諸外道輩

真諦三藏譯 總有二譯一西印度優禪尼國沙門波羅末陀此云真諦梁元帝承聖三年於衡州建興寺譯成一卷二十四紙月氏國婆首那王子譯語沙門智愷筆授沙門惠顯惠旻曇振等并黃鉞大將軍太保蕭勃證義然此三藏梁陳二代勅譯經論總三十四部一百四十一卷其博解神異具如譯經記二于闐國沙門實叉難陀此云喜學大周則天時於東都佛授記寺譯成兩卷亦二十四紙沙門波崙玄軌筆授復禮綴文弘景法寶法藏等證義今解前譯二解文義三一歸敬述意二一歸依三寶歸三寶者畧有六意一酬恩德故二請加護故三令生信故四爲儀式故五表尊勝故六顯益物故

歸命 顯能歸至誠歸者是依投趣向義命者總御諸根一身之要人之所貴莫不爲先舉此無二之命以奉無上之尊又歸者是還源義衆生六根從一心起而背自源馳趣六塵今舉命根總攝六情還歸一心一心即一體三寶然能歸之體必具三業欲顯佛有天眼天耳他心故又圓滿三業善故成就三輪因故或見不聞處聞不見處不見不聞處則身語意如次歸依在見聞處則三業皆歸今云歸命是意意業最重矣

盡十方 所歸分齊也非直一方三寶每方非直一二等判中三寶顯三寶普徧故歸心廣大故捸異小乘故然三寶又有住持別相同體之殊爲福之田皆可寶重今所歸者意歸別相理該同體也

最勝業徧知色無礙自在救世大悲者 佛寶也過小曰勝超因曰最業者總舉三輪業用謂意徧知身無礙語能救世也徧知有二一真智徧知心真如門恒沙功德二俗智徧知心生滅門緣起差別理量齊等無倒徧智色無礙自在者如華嚴說乃有多種今畧舉四一大小無礙謂一一根皆徧法界而不壞諸根之性又不離諸根之相二互用無

四二 七

礙謂諸根相作三事理無礙謂現色炳然而不礙衆體性空四應機無礙謂圓現之身十方有感多機頓感身亦不念世者三世間中是衆生世間即所救也大悲者三緣之中是無緣悲即能救也無緣最勝故云大悲佛性論云悲者普拔不能真救大悲者能永救濟恒不捨離然萬德之中如來唯用大悲爲力故徧舉之者者結德屬人即徧知色無礙救世之者

及彼身體相法性真如海無量功德藏 法寶也然四種也教從理起行分果圓今取深圓唯歸理果故約彼佛身以明法寶是果法也顯身之體相是理法也初句標及者有二義一揀前義顯是二事二合集義非但歸佛亦及法也此中及言顯佛與法是非一義彼身體相顯佛與法是非異義體謂體大相謂相大以用大中辨佛報化二身是故體相二大自是法身屬法寶攝以彼用大依體相起會用歸體故云彼身體相次二句釋上句釋體大法性者明此真體皆徧之義非有與前佛寶爲體亦乃通與一切法爲性即顯真如徧於染淨通情非情深廣之義故智論云在衆生數中名爲佛性在非衆生數中名爲法性言真如者此明法性徧染淨時無變異義真者體非僞妄如者性無改異海者約喻釋疑疑云真既不變云何隨於染淨既隨染淨云何不變釋云如海因風起於波浪波雖起盡濕性無變無變之性不凝起浪浪雖萬動不礙一濕是故動靜無二法準思之下句釋相大謂此法身如來藏中含攝蘊積無邊恒沙性功德故或此句亦攝教行二法教含所詮之德行攝所成之功當知此中通四法寶俱有含藏之義又海之一字通喻體相永絕百非如海甚深包含萬物如海廣大無德不備如海珠寶無像不現如海現影也

如實脩行等 僧寶也僧通凡聖寶唯聖位也聖通大小菩薩爲勝是故此中唯歸地上大菩薩僧謂證理起行名如實脩行下文云依法力熏習是地前行如實脩行是地上行滿足方便是地滿位此中舉中等取後也又依寶性論就地上菩薩約正體後得說二脩行彼論云一如實脩行了如理一味二徧脩行備知一心有恒沙法界今此文中舉正體等取後得故云等也又解次上一句亦屬僧寶上句舉德取人謂地上菩薩隨脩一行萬行集成其一一一行皆等法界積功所得故云功德人能攝德故名爲藏下句即正歎行德也據後譯云無邊德藏僧勤求正覺者即符後解也然菩薩雖屬僧寶脩行所成之德則屬法寶由是前解攝屬法也亦如體

相是佛法身。而攝入法寶。故如此句。文通上下。二述造論意爲欲令衆生除疑捨邪執起大乘正信佛種不斷故。述造論意也。亦是歸敬意。初句舉所爲機。所爲機者。已如前說。次二句。明所成益。上句令離過。由疑故迷真。失於樂也。由執故起妄。種於苦也。十地論中。菩薩三種觀於衆生。起大慈悲。一遠離最上第一義樂。二具足諸苦。三於彼二顛倒。解云。真樂本有。失而不知。妄苦本空。得而不覺。故云顛倒。故令菩薩興悲造論。故解釋分中文有三段。一顯示正義。即除疑也。令悟真樂。二對治邪執。即捨邪執也。令離妄苦。三分別發趣道相。即此下句。起大乘正信也。意令成行。既於真不疑。於邪不執。未知於何起行。謂於大乘。以一心三義。是究竟根本法故。未知於大乘起何行。謂起正信。以信是衆行之本故。即翻疑云信。翻邪執云正。後一句明成益意。謂令衆生離過求行。使信成滿入住不退。堪求佛果。故云佛種不斷故。下云信成就發心者。畢竟不退。入如來種中。正因相應等。又解。除疑者。汎論疑惑。乃有多途。求大乘者。所疑有二。一者疑法。障於發心。二者疑門。障於脩行。今立一心法。以遣前疑。開二種門。以遣後疑。二正述論文二。初標益起說論曰。標異經德有法一心二門三大即所說法體能起摩訶衍信根。題目正依此立也摩訶衍此云大乘謂約心真如門。信理決定。約心生滅門。信業果不亡。約三大中。信三寶不壞。信根者。謂信滿入住成。根不退。根有二義。一能持義。自分不失。二生後義。勝進上求是故應說。論主思惟。見此勝益。是故要須說也。二正陳所說。二。初標判說有五分。云何爲五。一者因緣分。言不自起。繫必有由。名爲因緣。章別餘段。故係爲分二者立義分。由致既興。次宜略標綱要。以爲宗本三者解釋分。宗要既略。次宜廣釋。令其生解四者脩行信心分。次宜依解

起行。有解無行。如貧數他寶。是所不應五者勸脩利益分。雖示行儀。鈍根懈慢。次宜舉益勸脩也。然五中初一是序分。次三是正宗。後一是流通。二標釋五。一因緣分二。一正釋初說因緣分。標牒問曰。有何因緣而造此論。假問答曰。是因緣有八種。舉數云何爲八。徵起一者因緣總相。此門通與一部論爲發起之由。故云因緣總相。總通爲正。下七則別爲當機所謂爲令衆生離一切苦苦苦壞苦行苦分段變易二生死苦得究竟樂。無上菩提覺法樂無上涅槃寂靜樂非求世間名利恭敬故。非欲令其求於後世人天利樂等。亦可論主自云。我爲益生故造斯論。非爲名利等故。云總揀二者爲欲解釋如來根本之義與立義分及解釋分中。顯示正義。對治邪執。作發起因緣。以彼文中說依一心法有二種門。各攝一切法。即是如來所說法門之根本。又生滅門中本覺名如。始覺名來。始本不二。名曰如來。此即所證本覺真理名如。能證無分別智名來。諸衆生來有無分別智時。是如無來也。令以如來依此心成。故名此心爲如來根本之義令諸衆生正解具釋此義。令彼地前三賢諸菩薩等比觀相應。故云正解。即顯示正義也不謬故。比觀離倒。故云不謬。不謬即對治邪執也三者爲令善根成熟衆生於摩訶衍法堪任不退信故。即下分別發趣道相也。以彼文中令利根者發決定心。進趣大道。堪任住於不退位故。此當十信解心自分滿足故。云成熟。進入十住正定聚中。使前信心堪任不退四者爲令善根微少衆生脩習信心故。即下脩行信心分。初四種信心及四種脩行也。以彼文中令信未滿者脩行信心。使滿足故。此當十信住心以信位

未滿故云微少。令進向滿故云脩信心也五者爲示方便消惡業障善護其心遠離癡慢出邪網故。自此下四種機。當信位初心以前三根勝難退。不假多方便助成道力故。各一此中根劣易退。賴多方便故有四也。四中前三爲下中上三人。後一衆以勸脩。令初當下品也。即下脩行信心分中第四脩行末文是也。以彼文中令業重惑多者善根難發衆生。以禮懺等方便消惡業障。障輕故內離頑嚚癡慢。外出邪魔罥網六者爲示脩習止觀對治凡夫二乘心過故。當中品也。即下第五脩行止觀門。以彼文中雙明止觀。遮凡小二執。故云對治也七者爲示專念方便生於佛前必定不退信心故。當上品也。即下脩行信心分末。復次衆生初學是法。下勸生淨土門等。以彼文中樂脩方便。令彼觀解分得相應。衆生恐彼報還遇緣成退。故令往生。使不退也八者爲示利益勸脩行故。即下勸脩利益分也。以彼文中舉彼損益。勸物脩捨。即總舉成前諸行也有如是等因緣所以造論。總結。二通難。二。一難問曰。脩多羅中具有此法。何須重說。二通二一舉問畧標答曰。脩多羅中雖有此法。以衆生根行不等或利或鈍。樂廣樂略。厭經繁論之殊受解緣別。遇佛遇教之異也。二以義具釋。二。一明餘儀不假此論。三口一勝儀過佛悟的。無紙素之經。何況須論所謂如來在世時勝衆生利根根勝能說之人色心業勝緣勝圓音一演顯緣勝相異類等解顯根勝相則不須論。結成不假論也。色心圓音即三業矣。一音及圓音者有二。初如來一音說一切法無不顯了。故名圓音。華嚴云。如來

於一語言中演出無邊契經海二如來開一切音故云圓音畢羈云一切眾生語言法一言演說盡無餘以一切音音即一音故云一音即一切音故云圓音一一語音遍窮生界而其音韻恆不雜亂若音不遍則是音非圓若音等遍失其韻曲則是圓非音今不壞曲而等遍不動遍而差韻此是如來圓音非是心識思量境界耳○二自力聞經悟若如來滅後或有眾生能以自力廣聞而取解者自力聞廣經文得解佛意不須他論故云自力此具文持義持或有眾生亦以自力少聞而多解者亦以自力尋略經文而能深解佛意故亦不須他論此有義持無文持○三劣機因尋廣論悟或有眾生無自心力因於廣論而得解者但依經文不能解意因他廣論而得解了故云無自心力此有文持無義持△二明當機須造此論二○一機自有眾生復以廣論文多爲煩心樂總持少文而攝多義能取解者此人不要繁文唯依文約義豐之論深解佛經所詮之旨故云總持多義然不須廣者有二意一根利不假二心煩不耐○二結如是此論爲欲總攝如來廣大深法無邊義故應說此論此論文句雖少總攝一切大乘經論深旨深者如理智境廣者如量智境無邊 田二 十二 者深廣無際△二文義分二○一結前生後已說因緣分次說立義分△二正主義宗三○一標總開別摩訶衍者總說有二種○二寄門別名云何爲二一者法二者義法者出大乘法體謂自體故對智故顯義故即宗本法也大位在因通於染淨義者釋大乘名義何故此心是大乘耶謂此心具三大義故名爲大有二運轉故名爲乘是故先顯法體後釋義理

收義是也依深所顯蓋別義理次住在眾唯取於淨△三依名辨相二初法○起下釋中初釋法體之文文二○一舉法總立所言法者謂眾生心出其法體謂如來藏心具和合不和合二門以其任於眾生位故若在佛地則無和合義以始覺同本惟是真如即當所顯義也今就隨染眾生位中故得具二門也是心則攝一切世間出世間法辨法功能以其此心體相無礙染淨同依隨流反流唯轉此心是故若隨染成於不覺則攝世間法不變之本覺及反流之始覺則攝出世間法此猶的生滅門辨者約真如門者則鎔融含攝染淨不殊下文具顯依於此心顯示摩訶衍義釋其法名顯依此一心宗本法上顯示大乘三大之義故名此心以爲法也△二開門別立二一貴總立難何以故貴有二意一云心通染淨大乘唯淨如何此心能顯彼義二云心法是一大乘義廣如何一心能具示彼○二開別釋成釋初意云大乘雖淨相用必對染成今生滅門中既具含染淨故能顯也以廢染之時則無淨用故釋後意云心法雖一而有二門真如門中示大乘體生滅門中具示三大大乘之義真通是三故依一心得具示也是心真如總攝真如門起下文中即是一法界已下文相即是真如相起下復次真如者依言說分別已下文即示摩訶衍體故是心生滅隨熏覺動故總舉生滅門起下依如來藏故有生滅心已下文因緣生滅緣由故起下復次生滅因緣已下文相生滅之狀故起下復次生滅相者已下文能示摩訶衍何故真如門中云即示生滅門中云能示者以真如是不起門與依所顯詮旨不別故云即示以是不起故唯示體生滅是起動門染淨既異詮旨又分能所不同故不云即自體相用故體隨生滅門中本覺之義是生滅之自體生滅之因故在生滅門中亦辨體也翻染

此[illegible]隨染之業用並在此門中故具詮耳是以[illegible]文釋生滅門內具顯所示三大之義差在於此何故真如門中直云體生滅門中乃云自體等者以所示三大義還在能示生滅門中顯非別外故云自也問真如是不起門但示於體者生滅是起動門應唯示於相用[illegible]真如是不起門不起不必由起立由與有起故所以唯示體生滅是起動門起必賴不[illegible]起含不起故起中具示三大餘如下說△二義○起下復次真如自體相者已下 田二 十三 釋義[illegible]文二○[illegible]所言義者牒章則有三種標數云何爲三[illegible]一者體大真性深廣凡聖染淨皆以爲依故受大名謂一切法真如平等不增減故隨流加染而不增反流除染而不減又反流加淨不增隨流損淨不減良以染淨之所不斷始終之所不易故二者相大謂如來藏具足無量性功德故即二種如來藏中不空之義謂不異體之相故云性[illegible]如來[illegible]不異於水三者用大能生一切世間出世間善因果故謂隨染業行然此用大是報化二身麤細之用令諸眾生始成世善終成出世善也下文顯之何故唯言善不云不善者以不善法違真理故是所治故非其用也若爾體不善法應離於真釋云以迷真故不得離真以違真故非其際也○二乘一切諸佛本所乘故標果望因以解乘也一切菩薩皆乘此法到如來地故舉因望果以成運即始覺之智是能乘本覺之理爲所乘故隨攝論云乘大性故名爲大乘ム三解釋分二○一結前生後已說立義分次說解釋分△二分門解釋二一標數顯列解釋有三種云何爲三一者顯示正義正釋所立大乘法義二者對治邪執既明正理須遣異計三

者分別發趣道相趣正理之階降△二勝名辨相三一顯示正義二劬總釋上立義分中眾生心攝一切等也於中二○一依法開門顯示正義者牒章依一心法有二種門云何為二一者心真如門二者心生滅門謂一如來藏心含於二義一約體絶相義即真如門謂非染非淨非生非滅不動不轉平等一味性無差別眾生即涅槃不待滅也凡夫彌勒同一際也二隨緣起滅義即生滅門謂隨熏轉動成於染淨染淨雖成性恒不動正由不動能成染淨是故不動亦在動門是故下文識有二義中本覺是也上文生滅門中自體是也勝鬘云不染而染染而不染等楞伽云如來藏名阿賴耶識而與無明七識共俱如大海波常無斷絶等又云如來藏者為無始虛偽惡習所熏名為識藏又云如來藏者為善不善因受苦樂與因俱若生若滅猶如伎兒作諸伎樂等此等並約生滅門說也然此二門舉體通融際限不分體相莫二此無二處諸法中實不同虛空性自神解故云一心△二二門該攝二○一立是二種門皆各總攝一切法上立義分中直云攝令釋中云各攝者以一心含通別二門故今分釋通中別云又各攝故以真如門是染淨通相通相之外無別染淨故得總攝一切諸法生滅門者別顯染淨染淨之法無所不該故亦總攝一切諸法通別雖殊齊無所遺故云各攝又以此即是真如隨緣和合變作諸法諸法即無異體還攝真如門也以此二門齊攝不二故得說為一心也同二門既齊相攝者何故上文真如門中唯示大乘體不顯於相用生滅門中具顯三耶答真如是泯相顯實門不壞相而即泯故得攝於生滅以泯相而相不存故但示於體也生滅是攪理成事門不壞理而成事故得攝於真如以成事而理不失故具示三大問前既泯相相不存但示於體亦可攪理理不存應但示相用何故不齊耶答生滅起必賴

於真故攪理理不失真如未必藉生滅故泯相相不存相不存故唯示於體理不失故具示於三是故攝義是顯示義別也○二釋此義云何責云者二門各別不可相攝響本唯一心未家影攝下答云以是二門不相離故以體相不離故如金與莊嚴具者以金收具具無所遺以具攝金金無不盡良以二門一揆全體偏收此義亦然思之可見△二別○釋上立義分中何以故下二門別義於中二一別辨二門顯動靜不一二一真如門二一顯體離言以明觀智境○釋上立義分中真如義也於中二一正舉法體二一正顯如體三○一就實暴標心真如者牒章即是一法界即無二真心為一法界此非算數之一謂如理虛融平等不二故稱為一又對下依言有二義故令約體但云一也依生聖法故云法界中邊論云法界者聖法因義也故大總相法門體於三門之中但取總相不取別相然亦該門教別盡故云大也此一法界舉體全作生滅門舉體全作真如門為顯此義故云體也執生物解日法聖智通遊日門所謂心性不生不滅釋上法體謂隨妄不生約治不滅又循起不生隨染不滅故攝論云世間不破出世間不盡○二會妄顯真一切諸法唯依妄念而有差別妄執者云境見諸法差別遷流云何乃言性無生滅釋云差別相者是妄偏計妄情所作本來無實如依病取妄見空華若離心念則無一切境界之相疑者又云以何得知依妄念生釋云以諸聖人離妄念故既無此境即驗此境定從妄生又若此境非妄所作定實有者聖人不見應是迷倒凡夫既見應是覺悟如不見空華誰是病眼○三結真離妄是故一切法從本已來是所執本空故真心不動故由此一切諸法皆即真如也離言說相非如音聲之所說也離名字相

非如文句之所詮表此句言語路絶非聞慧境二離心緣相非意言分別故即心行處滅非思慧境上來離偽妄故名真自下離異相故名如又下三句展轉相釋離世間非情慧境唯正智與之相應畢竟平等離偏通染淨而性恒無二無有變異所以得無二者以在緣時始終不改變不可破壞所以在有為中得不變異者以不同有為可破壞故此則在染不破治道不壞唯是一心結歸法體故名真如依義立名△二會執釋名二一釋三○一正會謂執以一切言說假名無實明言教非實不可如言取也但隨妄念不可得故釋成無實所以恐諸凡愚聞上真如名則謂論立自語相違上文既云離名字相何故復立此真如名故今釋遣假名非實不相違也言真如者亦無有相良以名依相立但是偏計所緣故楞伽云相名常相隨而生諸妄想故名相雙遣○二結名釋疑謂言說之極主名分齊也疑云既絶名相但假立客名者何故不立餘名而唯云真如耶釋云真如者是言說之極謂此名之後更無有名則諸名之中最後邊際故攝論中十種名內真如是第十究竟名故云極也因言遣言立名之意也立此極名為遣於名如以聲止聲也者無此名無以遣名者存此名亦不成遣名○三約相釋遣此真如體無有可遣二釋一云外人見前文雙遣真如名相則謂真如本體亦是可遣之法則生斷見故此釋云但遣虛妄名相不遣真如實法以是妙智觀境故二云非以真體遣生滅法也何以不遣下云以一切法悉皆真故釋上不遣也以法悉真無法可遣又以生滅門染淨等法即無自性不異真如故不待遣亦無可立外人既聞真理不遣則謂有法可立當情執取故釋云亦無可立以離妄情故又生滅等法即真不待立也何

以不立下云以一切法皆同如故真故不可遣如故不可立又生滅等法本來同如故此真如未曾不顯更何所立也○二結當知一切法不可說不可念故名為真如結離言絕慮也△二問答斷疑二○一決真絕修問問曰若如是義者諸衆生等云何隨順問方便觀而能得入問正觀也○二衆真勤修答答曰若知一切法雖說無有能說可說雖念亦無能念可念是名隨順答方便觀也說念皆無能明者明念即無念非滅於念非滅念故故名離念離於斷見也即無念故皆無能所離於常見也於一念間離此二見無此二故故能稱順中道隨順法性又亦可離在於念等即觀此念等常無能所離未能離念而順於無念故名隨順也若離於念名為得入答正觀也如上文觀不已即能離於妄念契彼無念真理故名正觀云得入者觀智契入也十地論云智行處故又亦可正知無能所之念亦離方入真如△二依言辨德以明生信境○釋上立義中真如相也於中三○一舉數總標復次真如者依言說分別有二種義顯此二義者若離於言即唯一味今既依言故說有二即顯不可隨言執取也但為生物信解故說此文故十地論云何故不但說無言示現依言求解故○二開章畧辨云何為二徵起一者如實空此以如實之中空無妄染非謂如實自空此則如實之空也以能究竟顯實故以妄空故遠能顯示真理故云顯實二者如實不空有二義以有自體一異妄無體故具足無漏性功德故二異恒沙有流煩惱故故佛性論偈云由客塵空故與法界相離無上法不空與法界相隨△三依章廣釋二○一空

三○一畧明所言空者從本已來一切染法不相所取應故總舉能所分別皆不相應謂離一切法差別之相相也以無虛妄心念故能取見也又以妄境從妄念生故釋顯空無也良以倒心妄境情有理無真如之德理有情無故不相應也○二廣釋當知真如自性非有相明真離妄有也非無相惑者云既其非有即應是無故釋云非無也非有相非非無相藏者聞上非有非無則謂雙非是真如法釋云我非汝謂有說非有非謂法體是非有非汝謂無說非無非謂法體是非無故又非知雙非也非有無俱相或者云我上立有立無汝立雙非雙非若存即有無隨彼今雙非既非我有無還立釋云我非汝雙非故說非非非許雙是如何復執俱相非一相非異相非非一相非非異相非一異俱相準前四句可知然執取雖多總攝不過此一四句故廣百論云復次為顯世間所執諸法皆非真實及顯外道所執不同故偈曰有非有俱非一非一雙泯隨次而配屬智者達非真彼論次第廣破四宗外道今此約展轉計執不同彼論後成破外道說○三總結乃至總說依一切衆生以有妄心念念分別皆不相應故說為空妄計塵沙難可徧歷故令總攝辨不相應此順結也若離妄心實無可空故反結也以對染無說真為空非無如體以為空也亦可此文是釋疑疑者聞上真空則撥無真體及恒沙功德故為此釋是則聞空不異不空也△二不空二○一正釋所言不空者已顯法體空無妄故即是真心衆體常常德恒樂德不變我德也以離變易苦非業所繫自在故也淨法滿足淨德

則名不空結也○二釋疑亦無有相可取惑者聞淨法不空則謂同於情執之有故此釋也是則不空不異於空以離念境界唯證相應故釋無相所以也若妄念所緣是則有相既唯真智之境明知無妄執之相也△二生滅門二初釋生滅心法二一明染淨生滅二一就體總標三○一標體二心生滅者牒章依如來藏故有生滅心標體也謂不生滅心因無明風動作生滅故說生滅心依不生滅心然此二心竟無二體但約二義以說相依如不動之水為風所吹而作動水動靜雖殊而水體是一亦得說言依靜水故有其動水當知此中理趣亦爾宜可思之謂自性清淨心名如來藏因無明風動作生滅故云依如來藏有生滅心也楞伽勝鬘俱同此說此顯真心隨動故作生滅非謂擧所依取能依以此門中有二義故能示三大是故通攝所依亦入此門○二辨相所謂不生不滅與生滅和合不生不滅者是上如來藏自性清淨心動作生滅不相離故故云和合非謂別有生滅來與真如合謂生滅之心心之生滅無二相故心之不生滅因無明成生滅之心從本覺起而無二體不相捨離故下文云如大海水因風波動水相風相不相捨離乃至廣說此中水之動是風相動之濕是水相以水擧體動故水不離於風相無動而非濕故動不離於水相心亦如是不生滅心擧體動故心不離生滅之相生滅之相莫非神解故生滅不離於心相如是不離名為和合此是不生滅心與生滅合以是隨緣門故非是生滅與不生滅合以此非是句本真如門故非一非異真如全體動故心與生滅非異而恒不變真性故與生滅不一依楞伽經以七識染法為生滅以如來藏淨法為不生滅此二和合為阿黎耶識以和合故非一非異非異門者有三種一以本從來明不異經云如來藏是善不善因能徧興造一切趣生乃至下云若生

若滅等又經云佛性隨緣成別昧等二攝來
歸本明不異經云衆生即如也又經棃云十
二因緣即佛性故又十地論云三界唯一心
者第一義諦也又此論下文云四相本來平
等同一覺故又前即末之本本無別本故唯
有生滅更無別法可相異也後即本之末末
無別末故唯有不生滅亦無別法可相異也
三本末平等明不異經云甚深如來藏而與
七識俱又經云阿棃耶識名如來藏而與無
明七識共俱如大海波常不斷絕又論云唯
真不生單妄不滅真妄和合方有所爲此則
本末際限不分故云不異也不一義者即以
前攝末之本唯不生滅故與彼攝本之末唯
生滅法而不一也依是義故經云如來藏者
不在阿棃耶中是故七識有生有滅如來藏
者不生不滅解云此中唯生滅是七識唯不
生滅是如來藏二義既分遂使棃耶無別自
體故云不在中此約不一義說非謂不和合
何以故此中如來藏不生滅即七識生滅之
不生滅故與自生滅不一也七識生滅即如
來藏不生滅之生滅故與自不生滅亦不一
也此中非直不非不與以明不一亦乃由不
異故成於不一何以故若如來藏隨緣作生
滅時失自不生滅者則不得有生滅是故由
不生滅得有生滅是則不異故不一也又此
中真妄和合諸[illegible]緣起以四句辨之一以如
來藏唯不生滅如水濕性二七識唯生滅如
水波浪三棃耶識亦生滅亦不生滅如海含
動靜四無明倒執非生滅非不生滅如起浪
猛風非水非浪此四義中隨來一義即融攝
自體緣起義理無二相故此中且約濕性不
失義邊動靜不一故既水不在於浪中豈可
此浪離水之外別有體耶餘義準此思之間
既云動靜不一則應云如來藏不在七識中
何故乃云不在棃耶中答棃耶融動靜動靜
不二是棃耶今既動靜分棃耶無別體故云
不在中也問棃耶既通動靜不應唯在生滅
門答爲起靜以成動無別有動體是故靜性
隨於動亦在生滅中非直棃耶具動靜在此
生滅中亦乃如來藏唯不動亦在此門中何

以故以彼生滅無別體故應思準之又若一
者生滅識相滅盡之時真心應滅則墮斷過
若是異者依無明風熏動之時靜心之體應
不隨緣則墮常過離此二邊故非一異又若
一則無和合若異亦無和合非一非異故得
和合也如經云譬如泥團微塵非異非不異
金莊嚴具亦復如是若泥團微塵異者非彼
所成而實彼成是故非異若不異者泥團微
塵應無差別如是轉識藏識真相若異者藏
識非因若不異者轉識滅藏識亦應滅而自
真相實不滅是故非自真相滅但業相滅解
云此中真相是如來藏轉識是七識藏識是
棃耶今此論主總括彼楞伽上下文意
作此安立故云非一異也○三立名

名爲阿棃耶識

此生滅不生滅即之義不一辨之
心不與因此云義不二之心名阿
棃耶識或云阿賴耶者但梵音楚夏耳梁朝
真諦三藏就名翻爲無沒識今時奘法師就
義翻爲藏識藏是攝藏義無沒是不失義義
一名異也所攝名藏謂諸衆生取爲我故所
以然者良以真心不守自性隨薰和合似一
似常故諸愚者以似爲實執爲內我我見所
攝故名爲藏由是義故二種我見永不起位
失賴耶名也又能藏自體於諸法中又能藏
諸法於自體內論云能藏所藏我
愛執藏此之謂也此依義立名也

大乘起信論疏卷第一

大乘起信論疏卷第一

校勘記

一　底本，清藏本。

一　七九〇頁上一三行註釋右第八字「飲」，[徑]作「飤」。

一　七九〇頁上一六行註釋左第一一字「其」，[徑]作「興」。

一　七九〇頁下五行註釋左「非有」，[徑]作「非直」。

一　七九〇頁下一四行註釋右「大小」，[徑]作「凡小」。

一　七九一頁上一〇行註釋左第四字「求」，[徑]作「受」。

一　七九一頁上一五行註釋左第五字「三」，[徑]作「二」。

一　七九三頁中一四行註釋左「境見」，[徑]作「現見」。

一　七九四頁下四行註釋左末字「二」，[徑]無。

大乘起信論疏卷第二

西太原寺沙門法藏述

草堂沙門宗密録之注於論文之下

二依義別解三一釋上生滅心三一開數辨德此識有二種義此義
稍難今摠括上下文略叙其意餘可至文當知何者謂真如有二義一不變義二隨緣義
無明亦二義一無體即空義二有用成事義此真妄中各由初義故成上真如門也各由
後義故成此生滅門也此隨緣真如及成事無明亦各有二義一違自順他義二違他順
自義無明中初違自順他亦有二義一能反對詮示性功德二能知名義成淨用違他順
自亦有二義一覆真理二成妄心真如中違他順自亦有二義一翻對妄染顯自真德二
內熏無明令起淨用違自順他亦有二義一隱自真體義二顯現妄法義此上真妄各四
義中由無明中反對詮示義及真如中翻妄顯德義從此二義得有本覺又由無明中能
知名義及真如中內熏義從此二義得有始覺又由無明中覆真義及真如中隱體義從
此二義得有根本不覺又由無明中成妄義及真如中顯妄義從此二義得有枝末不覺
此生滅門中真妄略開四義廣即有八門若約兩兩相對和合成緣起分相有四門謂二
覺二不覺若本末不相離但唯有二門謂覺與不覺若鎔融摠攝唯有一門謂一心生滅
門也又若約諸識分相門本覺本不覺在本識中餘二在生起事識中若約本末不二門
並在一本識中故云此識有二義也問此中一識有二義與上一心有二門何別耶答上
一心中含於二義謂不守自性隨緣義及不變自性絕相義今此但就隨緣門中染淨理
事無二之相明此識也是則前一心義寬該收於二門此一識義狹尚在於一門問此中
本覺與上真如門何別答真如門約體絕相說本覺約性功德說謂大智慧光明義等名

本覺相本者是性義覺者是智慧義以此皆為翻妄染顯成在生滅門中攝以真如門中
無翻染等義故與此不同也是故體相二大但名本覺非在生滅門中故得具三大也
能攝一切法生一切法上二門中云皆各摠攝此中不云各者以
此二義隱於二門故但明一識由各二義故攝一切不言二義二攝一切又上文中但云
攝而不言生者以真如門無能生義故此識之中以不覺熏本覺故生諸染法流轉生死
以本覺熏不覺故生諸淨法反流出纏成於始覺依此二義徧生一切染淨法故云能生
也下四熏習中廣辨此也非直相熏能生諸法亦乃生諸法已不離此心為此心所攝故
云攝如上二門各攝處釋也二寄開對名云何為二一者覺義
二者不覺義二依名辨釋三一明覺約淨法明心生滅故文二一略辨
始本二覺二一本覺一一顯本覺體所言覺義者牒章謂心體
離念於妄念顯無不覺離念相者等虛空界非唯無不覺之
閒乃有大智慧光明義等故也虛空有二義以況於本覺無所不徧一周偏義
謂橫偏三際豎通凡聖故法界一相二無差別義謂在纏出障性恒無二故
即是如來平等法身欲明覺義出纏相顯故依此法身
說名本覺既是法身之覺理非新成故云本也無性攝論云無垢無罣礙智名
為法身金光明經名大圓鏡智為法身等皆此義也○二釋本覺名何以故責其
立名責有二意一云上開章中但云覺義何故今結乃名本覺二云此中既云本覺何故
上文但云覺耶本覺義者對始覺義說以對始故說之為本答初
意也又以本覺隨染生於始覺還待此始覺方名本覺以始覺者即同
本覺以至心源時始本無二相故是故上文但云其覺答後意也又此始覺是本所

成還歸心源融同一體方名始覺故問若始覺異本則不成始若始同本即無始覺之異
如何說言對始名本答今在生滅門中約隨染義宕去不覺說為始覺而實始覺至心源
時染緣既盡始本不殊平等絕言即真如門攝也故本覺之名在生滅門中非真如門也
二始覺始覺義者牒名依本覺故而有不覺明起始覺
之所由謂即此心體隨無明緣動作妄念依不覺故說有始覺本覺
內熏力故漸有微覺厭求乃至究竟還同本覺故下文云本覺隨染生智淨相者即此始
覺也此文意明本覺成不覺不覺成始此始覺同本覺以同本覺故則無不覺無不覺故
則無始覺無始覺故則無本覺無本覺故平等平等離言絕慮是故佛果圓融脩然無寄
尚無始本之殊況有三身之異但隨物心現故說報化之用下文顯之○二廣明二覺二
一始覺三○一摠標因果二覺又以覺心源故染心之源謂此淨云又覺
相之源謂生相也名究竟覺始覺道圓同於本覺故也此在佛地不覺
心源故非究竟覺不了其源始未同本故也此在金剛已還△二廣寄
四相釋成○前三相釋上不究竟覺後一相釋上究竟覺文二○一正寄四相顯其四位
此中文意將四相麤細寄顯反流四位以明始覺分齊然此四相約真心隨更麤細差別
守說為四非約一剎那心明四相也今以二門略辨一摠明二別說摠者原夫心性離念
無生無滅而有無明迷自心體違寂靜性鼓動起念有生滅四相是故由無明風力能令
心體生住異滅從細至麤經云佛性隨流成種種味等又經云即此法身為煩惱之所漂
動往來生死名為衆生此下文云自性清淨心因無明風動等今就此義以明四相既鼓
靜令動遂有微著不同先後際異就彼先際最微名為生相乃至後際最麤名為滅相故
佛性論云一切有為法約前際與生相相應約後際與滅相相應約中際與住異相相應

也二別明者對彼下文約位別分生相有一住相有四異相有二滅相還一生相一者名爲業相謂由無明不覺心動雖有起滅而相見未分以無明力故轉彼淨心至此最微名爲生相甚深微細唯佛能知下文云依無明所起識者乃至唯佛能知故即下文三細中初一及六染中後一五意中第一此等並同此生相攝住相四者一名轉相謂由無明力不覺前動相即無動故轉成能見二名現相謂由無明依前能見不了無相遂令境界妄現此二及初並在賴耶位中屬不相應心三名智相謂由無明迷前自心所現之境妄起分別染淨之相故云智也四名相續相謂由無明不了前所分別空無所有更復起念相續不斷此二並在分別事識細分之位屬相應心無明與前生相和合轉彼淨心乃至此位行相猶細法執堅住名爲住相下文三細中後二及六麤中初二并五意中後四亦六染中中四此等並同是此住相攝言異相二者一執取相二計名字相謂此無明迷前染淨違順之法更起貪瞋人我見愛執相計名取著轉深此在事識麤分之位無明與前住相和合轉彼靜心令至此位行相稍麤發動身口令其造業名爲異相下文六麤中中二及六染中初一并五意中後意識此等並同是此異相攝言滅相一者名起業相謂此無明不了善惡二業定招苦樂二報故廣對諸緣造集諸業依業受果滅前異心令墮諸趣以無明力轉彼淨心至此後際行相最麤極至於此周盡之終名爲滅相下文六麤中第五相是也以果報非可斷故不論第六相也是故三界四相唯一夢心皆因根本無明之力故經云無明住地其力最大此論下文當知無明能生一切染法此之謂也雖復從微至著辯四相階降然其始終竟無前後總此四相以爲一念謂麤細鎔融唯是一心故說俱時而有皆無自立也然未窮源者隨位淺深覺有前後達心源者一念四相俱時而知經云菩薩知終不知始唯佛如來始終俱知始者謂生相也終者謂餘相乃至滅相也既

因無明不覺之力起生相等種種夢念動其心源轉至滅相長眠此流轉六趣今因本覺不思議熏力起厭求心又同真如所流闇熏教法熏於本覺以體同用融領彼闇熏盖性解力損無明能漸向心源始息滅相終息生相朗然大悟覺了心源本無所動令無始靜平等平等無始覺之異如經所說夢渡大河猶等大意如此次正釋四相各爲四一能觀人二所觀相辨觀利益四結觀分齊對文詳之一滅**此義云何**且總相前微起麤**如凡夫人**一能觀人位在十信**覺知前念起惡**二所觀相謂未入十信已前廣造身口惡業而不覺知今入信已能知惡業定招苦報故言覺知此明覺於滅相義也**故能止後念令其不起**三辯觀利益令既覺故能不造惡止滅相也**雖復名覺即是不覺故**四結觀分齊能知滅相實是不善故不造惡名爲雖覺而猶未知滅相是夢故云不覺此但能止惡業故云雖覺未覺煩惱故云不覺二異**如二乘觀智初發意菩薩等**三賢菩薩也十解初心名發心住舉初等後以此菩薩雖留惑故不證人空然於人空實得自在故與二乘同一位論**覺於念異**如上所說二種異相分別內外計我我所貪瞋見愛等此二種人共了知故明本淨心爲無明所眠夢於異相起諸煩惱而今漸與智慧相應從異相夢而得微覺故云覺於念異也**念無異相**既能覺異相之夢彼所夢異相求無所有**以捨麤分別執著相故**釋上以成觀盡也起貪瞋等名麤分別著違順境名執著相以於異相夢覺故能捨之**名相似覺**而猶眠在住相夢中故云相似覺以此位中菩薩未至澄位二乘不了法空故云相似覺問覺異相等亦不覺故位所不亦亦不覺之名答據覺覺不覺後亦得名不覺故下文乃至十地皆名不覺若約覺業不覺惑正名爲不覺即此文

中以覺了念上散對故此地異也[illegible]滿乃至九地[illegible]**如法身菩薩等**初地證法身徧[illegible]**覺於念住念無住相**[illegible]**以離分別麤念相故**不起心念法上猶起所眠夢於夢而得覺[illegible]及著外境故分約心但云分別又異後退本無明生[illegible]細念故云麤念相也此內種住相中於[illegible]也上地入地九地各離一相也[illegible]文自當顯耳**名隨分覺**微於麤念住相而得覺[illegible]猶自眠於生州夢中覺道未圓故云道分[illegible]四生**如菩薩地盡**十地學窮故云盡此[illegible]撫與下一句別明**滿足方便**足方便道**一念相應**是無聞道**覺心初起心無初相**根本無明依覺故迷動彼靜心令起微念今乃覺知離本覺無不覺即動心本來寂猶如迷方謂東爲西悟時即西是東更無西相故云心無初相也前三位中雖各有所覺以其動念未盡故但言念無住相等今此究竟位中動念都盡唯一心在故云心無初相也**以遠離微細念故**業識動念念中最細名微細念謂生相也此相都盡永無所餘故言遠離**得見心性**遠離虛妄故真性即顯現故云見心性也前三位中相未盡故不云見性**心即常住**前三位中覺未至源猶夢生相動彼靜心業識起滅故不云常住今生相夢盡無明風止性海浪歇湛然常住也**名究竟覺**前未至心源夢念未盡求滅此動望到彼岸今即夢念都盡覺了心源本不源轉令無始靜常自一心平等平等始不異本名究竟覺[illegible]二引經釋成心源無念四[illegible]一引經澄成**是故脩多羅說若有衆生能觀無念者則爲向佛智故**在因地時

雖未離念能觀知此無念道理說此能覺爲
句佛智以是證知佛地無念七是來呈至果
濟也二中釋文
又心起者揀上覺心切結之言無有初相可
知日□豈侍知有□相此也而言知初相者即謂無念問說
無初相何故說言知初相故故爲□者也
覺迷方時□由即真□無爲相可□言知如
知者謂即□也覺心之時知初即念即本兩
來諦故云即無念也□三衆不覺之失
是

故一切衆生不名爲覺是前無念得名爲覺故即斷有念不得名
覺以從本來念念相續未曾離念顯不覺所以即金剛
巳還一切衆生未離無始無明之念
名覺然見衆數四中夢之覺以故說故不得
約無明眠之無異故說不覺故說無始無明結成不覺義也此顯無有
染法始於無明故云無始也又無引
依真同無始故也四斷覺者一之得
若得無

念者則知心相生住異滅若至心源得於無念則偏知一切衆
本一心動轉四相差別以無念等故釋成上義疑云佛得無念衆生有念
有無爲勝何能知也釋云衆生有念本來
念佛斷得彼無念無念與念本來平等故
以無念等故是故得知也又釋云以四相
中名即無念故云以無念等也是故得無
者偏知四相諸念也
三明始不異本
而實無有始覺之異也標

雖始得無念之覺然其所覺四相本來無起待何不覺而有始覺之異
以四相俱時而有皆無自立本來平等同一覺故釋成
上義也以彼四相一心所成鉤鎖連注無有
前後離淨心外無別自體無自體故本來平
等同一本覺然未至此位隨其智力前後而
覺未備法故不得一本今既四相俱時平等
覺知行無自體何一本覺是故則無始覺之
與問四相云何而得俱時既其俱時何故上

文覺有前後於上已說竟謂此一夢心四相
淺轉處夢之士謂爲前後各各隨其智力淺
深分分分覺然大覺之者知夢四相唯一淨
心無有習注可辨前後故云俱時無有自立
等也故攝論云處夢謂無年悟乃須臾頃故
時礙無彼攝在一剎那此中一剎那那者即謂
無心後伽云一切法不生我說剎那義初生
即有滅不為愚者說解云以剎那流轉必無
自性無自性故即是無生若非無生即不流
轉是故契無生者方見剎那也又淨名經中

不生不滅是無常義等楞伽又云七識不流
轉不受苦樂非涅槃因如來藏者受苦樂與
因俱若生若滅此等經意並明真心隨流動
作諸法諸法無別體性故惟是真心無有別
法是故四相即一真心不覺即同本覺故
一不覺二一明迫染本覺三○一總標
復
次本覺隨染分別生二種相此二既在隨染門中故云生也
與彼本覺不相捨離生已不離不動覺體故以二微列
云何

爲二一者智淨相明本覺隨染還淨之相二者不思議
業相明還淨本覺業用之相此之二相若離染緣則不得成故云隨染也○三辨相
二一智淨相二因也明淨相二一之
智淨相者謂依法力
熏習真如內熏之力及所流教法外緣熏力此在地前依此熏力修習資糧加行善
根如實修行登地已上行於真如滿足方便故十地行終也此

在金剛因位極也○二果
破和合識相由前方便能破和合識內生滅之相顯不生滅之性此根本無明盡故心無所合即顯法身本覺義也
滅相續心
相顯現法身智淳淨故即於此時能滅染心之中業相等相續之
相不滅相續心體故令隨染本覺之心逐即
還源成淳淨圓智成於應身始覺義也然此
始覺無別始起即是本覺隨染作也令染緣
既息始還同本故云淳淨淳淨智即智德餘

皆斷德也厶二問答釋成二○一執真同妄問
此義云何問意云如上所說動
彼淨心成於起滅今既盡於生滅應
滅淨心△二簡法異真答三○一法
以一切
心識之相皆是無明意云業等染心名諸識相此等皆是不覺之相
非約心體說轉難云既言識相皆是無明故
說滅者皆應別有體性離於真如即真妄別
體難也故下答云
無明之相不離覺性如此諸識不覺之相不離

隨染本覺之性
非可壞非不可壞此無明之相與無本覺之性非一非
異非異故非可壞非一故非不可壞若依非
異非可壞義說無明即明故涅槃經云明與
無明其性無二無二之性即是實性若說非
一非不可壞義說無明有可滅故涅槃云因
滅無明得菩提燈說無明滅覺性不
壞滅之義準此知之○二喻
如大海水
因風波動一真隨妄轉喻
水相風相不相捨離二真妄相

依喻
而水非動性三真體不變喻此顯非自性動但隨他動也
若風
止滅動相則滅濕性不壞故四息妄顯真喻此明若自性動
者動相滅時濕性隨滅而但隨他動故動相滅時濕性不壞○三合
如是衆生
自性清淨心因無明風動一合水隨風動以水不能自浪也
因風起波風不能自現動相要因水方現要
動相故風動即水動無別體也所況可知
心

與無明俱無形相不相捨離二合風水相依也以濕全動故
無於水相以動全濕故無於風相心法亦爾
真心隨熏全作識浪故無心相然彼識浪云
非是真故無無明相
而心非動性三合水性不動也此下第四合風息顯水
云
若無明滅根本無明滅合風滅
相續則滅業識滅合動相滅也
智性不壞故隨染本覺照察之性不滅是合濕性不壞厶二不思議業相二

○一依體捴標不思議業相者牒章以依智淨相能作一切勝妙境界謂與衆生作六根境界故寶性論云諸佛如來身如虛空無相爲諸勝智者作六根境界示現微妙色出于妙音聲令嗅佛戒香與佛妙法味使覺三昧觸令知深妙法故名妙境界○二約用別辨所謂無量功德之相一橫顯業德廣多無量常無斷絕二豎顯業根深窮來際隨衆生根自然相應三顯業勝能無功應機種種而現得利益故四顯業勝益利潤不盡如此則是報化二身真如大用無始無終相續不絕故問始得自利方起利他之業云何利他說無始耶○答以無明盡故始覺即本覺然彼本覺無始世來常起業用利益衆生是故始覺同彼亦無有始○以一切佛無差別故無新舊故皆無始覺之異故本覺平等無始無終故故能常化衆生是真如之用故云不思議業也此本覺用與衆生心本來無二但不覺隨流用即不現妄心厭求用則於彼心中稱根顯現而不作意我現差別故云隨根自然相應雖不作意現無不益○二明性淨本覺二○一捴標復次覺體相者再辨前本覺故標云復次標云者有四種大義與虛空等猶如淨鏡以空及鏡皆有四義故取之爲喻一空鏡謂離一切外物之體二不空鏡鏡體不無能現萬象三淨鏡謂磨治離垢四受用鏡置之高臺須者受用四中前二自性淨後二離垢淨又初二就因隱時說後二就果顯時說又前中約空不空爲二後中約體用爲二又初二體後二相故云覺體相也又初一及第三明有空義第二第四明有鏡義故舉二喻○二別釋四鏡各亦喻中本名分爲四喻云何爲四一者如實空鏡真如中妄法本無非先有後無遠離一切心境界相無法可現倒心妄境本不相應

非謂有而不現但以妄法理無故無可現如鏡非不能現但以兔角無故無可現也非覺照義故有二義一以妄念望於真智本無覺照之功以情執違理故如鏡非有外物以彼外物無照用義故即顯鏡中無外物體二以本覺望於妄念亦無覺照功能以妄本無故如淨眼望空華無照燭之功亦如鏡望兔角此約徧計說下約依他說故能現世間境界二者因熏習鏡有二因義初能作現法之因二作內熏之因亦可初是因義後是熏習義故云因熏習也謂如實不空此捴出因熏法體謂有自體及性功德故下別釋二因初因云一切世間境界悉於中現明一切法離此心外無別體性猶如鏡中能現影也不出明心待熏故變現諸法非不待熏而自出也不入離心無別能熏故不從外入不失雖復不從內出外入緣起之法顯現不無不壞諸法緣集起無所從不異真如故不可壞如鏡中影非乃能依以同鏡故常住一心會相同體以一切法即真實性故釋成同體所由以於心中顯現無出入等故即無體性無體性故本來平等不異真如故云常住一心乃至真實性故下釋後因云又一切染法所不能染以性淨故雖現染法非染所汙非直現染之時非染所染亦乃由現染故反顯本淨如鏡明淨能現穢物穢物現時反顯鏡淨豈此穢物能汙鏡耶若不現染則無以顯其不染是故現染釋成不染義智體不動以本無染今無始淨是故本覺之智未曾移動又雖現染不爲所染故云不動如鏡中像隨質轉變然其鏡體未曾移動也具足無漏熏衆生故此本覺中恆沙性德無所少也又與衆生作內熏之因令厭生死苦樂求涅槃故勝鬘經云由有如來藏能厭生死苦樂求涅槃也佛性論云自性清淨心名爲道諦三者法出離鏡謂真如之法出

於二障離於和合故云出離前在纏性淨不空如來藏令明不空出纏離垢法身如寶性論云有二淨一自性淨以同相故二離垢淨以勝相故謂不空法出法體也即前因熏之法出煩惱礙麤細染心智礙所依無明離和合相淨心出業識等障破和合淳離和合離相故淨無惑染故明故出無明故謂大智慧光明等四者緣熏習鏡謂依法出離故偏照衆生之心令脩善根隨念示現故即彼本覺出障之時隨照物機示現萬化與彼衆生作外緣熏力故云依法乃至示現故問前隨染中智淨與此法出離何別前業用與此緣熏何別答前約隨染故還淨說爲智即明依智用俱說始覺說此約自性故離障顯法體即明此法用俱就法體說是故前云智此云法前云業此云緣也然法智雖殊體無差別以始覺即本覺故但令就義關說故有境智不同也○二明不覺三一明根本不覺二一依覺成迷三○一法所言不覺義者牒章謂不如實知真如法一故不了如理一味故釋根本不覺義如迷正方也不覺心起而有其念業等相念即邪方也念無自相不離本覺邪無別體不離正方、二喻猶如迷人依方故迷若離於方則無有迷○三合衆生亦爾依覺故迷若離覺性則無不覺喻合可知○二依迷顯覺以有不覺妄想心故能知名義爲說真覺若離不覺之心則無真覺自相可說合○二初明妄有起淨之功後明真有待妄之義良以依真之妄方能顯真隨妄之真還待妄顯故也二明枝末不覺此一段文畧作二種釋一約喻說意二就識釋文○初者本覺真如其猶淨眼熱翳之氣如根本無明翳與眼合動彼淨眼業識亦爾由淨眼動故有病眼起能見相亦爾以有病眼向外觀故即見空華妄境界現境界相亦爾以有空華境故令其起心分別好華惡華等智相亦爾由此分別堅執不改相續相亦爾由執定故於違順境取捨追求執取相亦爾由取相故於其相上復立名字若彼相相未對之時但聞名即執計名字相亦爾既計名取相發動身口業此空華造善惡業起業相亦爾受苦樂報長眠生死而不能脫業繫苦相亦爾皆由根本無明力也ム二釋文二一無明爲因生三細二〇一ム總標復次依不覺故生三種相與彼不覺相應不離不相離體故未不離本故依無明起妄心依妄心起無明故ム二別解三〇一微云何爲三總微ム二釋三〇一業相一者無明業相標名以依不覺故釋標中無明即根本無明也心動說名爲業釋標中業也此中業有二義一動作是業義即此心動是也覺則不動反樂釋成既得始覺時即無動念是知令動只由不覺動則有苦二爲因是業義此既招若即爲因也如得寂靜無念之時即是涅槃妙樂故知令動則有生死苦患果不離因故不動既樂即知動必有苦動因苦果既無別時故云不離也此雖動念而極微細緣起一相能所不分即當縈耶自體分也如無相論云問此識何相何境界荅相及境界不可分別一體無異當知此約類耶業相義說也下二約本識見相二分爲二二轉相二者能見相標也即是轉相以依動故能見依前業識轉成能見不動則無見若依性淨門則無能見也反顯能見必依動義如是轉相雖有能緣以境界微細故猶未辨之如攝論云意識緣三世境及非三世境是即可知此識所緣境不可知故既云所緣不可知即約能緣以明本識轉相義也、三現相三

者境界相標也即是現相以依能見故境界妄現依前轉相能現境界離見則無境界反釋可知二境界爲緣生六麤即分別事識也如楞伽經云境界風所動種種諸識浪此之謂也問三細屬類耶六麤屬意識何故不說末耶識耶荅有二義意一前既說類耶末耶必執相麤故不說瑜伽論云類耶識起必二識相應故又由意識緣外境時必內依末耶爲染汙根方得生起是故既說六麤必內依末耶故亦不別說二以義不便故略不說之不便相者以無明住地動本靜心令起和合成染耶末耶既無此義故前三細中略不說又由外境牽起事識末耶無緣外境義故六麤中亦略不說亦可計內爲我麤前三細計外爲我所麤後六麤故略不論也楞伽經中亦同此說故彼經云大慧略說有三種識廣說有八種相何等爲三謂真識現識分別事識乃至廣說經中現識即是三細中現相也分別事識即是下六麤也所以知者彼經下釋分別事識中乃云攀緣外境界起前事識等故知事識非是末那此論下文並同此說宜可記之文二〇一躡前總標中以有境界緣故復生六種相ム二立名別釋二〇一微云何爲六ム二釋六〇一起計一者智相依於境界心起分別愛與不愛故於前現識所現相上不了自心所現故創起慧數分別染淨執有定性〇二生受二者相續相依於智故生其苦樂覺心起念相應不斷故謂依前分別愛境起樂受覺不愛境起苦受覺數數起念相續現前此明自相續也又能起惑潤業引持生死即令他相續也故下文云住持苦樂等〇三取著三者執取相依於相續緣念境界住持苦樂上皆是前相續相也心起著故是此執取相也謂於前苦樂等境不了虛無深起取

著故下文云即此相續識依諸凡夫取著轉深計我我所等也〇四立名四者計名字相依於妄執分別假名言相故依前顯倒所執相上更立假名是分別故楞伽云相名常相隨而生諸妄想故云依於妄執等也上來起惑自下造業受報五造業五者起業相依於名字尋名取著造種種業故謂執相計名依此麤惑發動身口造一切業即苦因也六受報六者業繫苦相以依業受報不自在故業因已成招果必然循環諸道生死長縛二三結末歸本二一正釋當知無明能生一切染法三細六麤總攝一切染法皆因根本無明不了真如而起二轉釋以一切染法皆是不覺相故問染法多種差別不同如何根本唯一無明荅染法雖多皆是無明之業氣悉是不覺之差別相故不異不覺也△三雙辨同異二一標列復次覺與不覺雙標有二種相標也云何爲二徵也一者同相二者異相列也△二解釋二一同三一喻同相者標名也染淨二法同以真如爲性真如以此二法爲相譬如種種瓦器喻染淨法皆同微塵性相器以塵爲性塵以器爲相二合如是無漏始本二覺無明本末二不覺也種種業幻此二皆有業用顯現而非實有故云幻此等合種種器也皆同真如性相以動真如門作此生滅門中染淨二法更無別體故云性也真如亦以此二法爲相淨相可知其染相者下文云但以無明而熏習故即有染相△三引證二一正引是故脩多羅中依於此義說一切眾生本來常住入於涅槃依此同相門如上本末二不覺本來即真如故說一切眾生自

性涅槃不更滅度故淨名經云一切衆生即涅槃相不復更滅**菩提之法**依此同相門如上始本二覺即真如故諸佛菩提非修等也又前約不覺即如故衆生舊來入涅槃今約覺智即真故諸佛菩提無新得也**非可修相**望前涅槃非是了因所顯**非可作相**望前菩提非是生因所作**畢竟無得**此之二果性淨本有疑云若衆生已入涅槃更無新滅業即已同諸佛何故不能現報化等色身故下釋云○二釋疑**亦無色相可見**法性自體本無色相可見如何使現色等耶又疑云若以法性非是色相可見法故不現色者諸佛何故現報化等種種色耶故下釋云**而有見色相者唯是隨染業幻所作非是智色不空之性**彼見諸佛種種色等者並是隨衆生染幻心中變異顯現屬後異相門非此同相門中本覺內有此色等不空之性也又亦可本覺不空恒沙德中亦無此色故也問何以得知彼法體中無色相耶下答云**以智相無可見故**以本覺智非是可見之法故也○二異**異相者**牒名**如種種瓦器各各不同**喻也下合云**如是無漏無明隨染幻差別**別明無漏法也**性染幻差別故**是無明法也以彼無明迷平等理是故其性自是差別故下文云如是無明自性差別故也諸無漏法順平等性真論其性則無差別但隨染法差別相故說無漏法有差別耳如下文中對業識等差別染法故說本覺恒沙性德又由對治彼染法差別故成始覺萬德差別也如是染淨皆是真如隨緣顯現似有而無體故通名幻也△二釋上生滅因緣二一明生滅因緣義三○一摠標**復次生滅因緣者所謂衆生依心意意識轉故**牒前以標也棃耶心體不守自性是生滅因根本無明熏動心體是生滅緣又

無明住地諸染根本是生滅因外妄境界動起識浪是生滅緣依是二義以顯因緣諸識生滅相集而生故名衆生而無別體唯依心體故言依心即是棃耶自相心也能依衆生是意意識依心體起故云轉轉者起也○二總問**此義云何**此心作衆生義云何二三別釋三○一釋所依心**以依阿黎耶識説有無明**棃耶者是上所說心即是生滅之因無明者於棃耶識二義中此是不覺義即生滅之緣欲明依此問釋意意識轉故故言以依等也上摠中略指其因故但言依心此別釋中且顯因緣故說依心又無明也問上說依覺有不覺由此不覺力故動彼心體令起滅本今方有棃耶業相等識何故此中說依棃耶有無明乎答此有二釋一由此棃耶有二種義故謂由無明動彼真心成此棃耶又即此棃耶還却與彼無明爲依以不相離故何者謂依迷起似故說是動真心成業識違似爲實故即是依棃耶而有無明也二云以棃耶具二義謂覺不覺前別就本說故云依覺有不覺今就都依論故云依棃耶有無明也此所二義中不覺之義正在棃耶中故說依也三云此中正意唯取真心隨緣之義此門緣義雖明日故或就未起識心真如有無明識約成就已起說依棃耶有無明然此二名方盡其義是故文中前後續立言耳此二釋意轉二○一略明略明五種識指**不覺而起**所依心體由無明熏舉體而動即是業識也前依棃耶有無明即依似起迷今熏淨心成棃耶即依迷起似此二義一時說有前後其**能見**即彼心體轉成能見是轉識也**能現**即彼心體復成能現即是現識**能取境界**能取現識所現境界是爲智識**起念相續**前所取境起諸麤念是相續識**故說爲意**依此五義次第轉成依止依止此義而生意識等故說爲意故攝論云意以能生依止爲義也△二廣辨二○一標數**此意復有五種名**標也**云何爲五**

徵也○二別釋依名五唱**一者名爲業識**立名也下四準此**謂無明力**根本無明○依緣也明心不自起起必依**不覺心動故**正明起相釋成業義起動是業義故**二者名爲轉識依於動心能見相故**依前業識之動轉成能見之相轉識有二云約無明所動轉成能見者亦本識中二云境界所動轉成能見者在事識中此中轉相約初義也**三者名爲現識所謂能現一切境界**依前轉識[illegible]能[illegible]之[illegible]故[illegible]現境界[illegible]無明合[illegible]以現於根塵[illegible]境界故**猶如明鏡現於色像**[illegible]**現識亦爾隨其五塵對至即現無有前後**[illegible]一切境界故[illegible]此論中[illegible]則此[illegible]根[illegible][illegible]事識義故[illegible]說也**以一切時任運而起常在前故**[illegible]六七識[illegible]識滅故[illegible]爲諸法本故以此識在諸法之先以是諸法所依故揀異末那識**四者名爲智識謂分別染淨法故**事則法執細分謂不了前心所現境故起染淨識細分別故云智識**五者名爲相續識**亦是事識中細分前六相中相續相也**以念相應不斷故**法執相應得長相續此約自體不斷釋相續義**住持過去無量世等善惡之業令不失故**以此識能起潤業煩惱能引持過去無明所發諸行善惡業種令成堪任來果之有若無感潤業種焦亡故也此則引生今熟**復能成熟現在未來苦樂等報無差違故**又後能起潤生煩惱能使已熟之業感報相應成熟無差如是三世因果流轉連持不絕功由意識以是

義故名相續識能令現在已經之事忽然而念未來
之事不覺妄慮顯此識用麤分別相不同智識微細分別故也此上所解
但屬此相續識約其功能釋相續義又爲一解從任持二總辨前五意功能紗性持業果
是前三細功能屬架耶後念已未之境是後二功能屬串識細分△三結歸一心二一
正結屬心曲分二既是故三界虛偽唯心所作一順結三界光
前一心隨無明動作五種識故故說三界唯心轉也此心隨熏現似有虛隱其虛體詐現
實狀曰偽空偽之狀雖有種種然窮其円緣唯心窮作也上地經中亦同此也離心
則無六塵境界二及結六塵離彼現識則無塵境及驗六塵唯是一心亾
二㨂於廣辨三一問此義云何現有璧境云何唯心二答以一
切法皆從心起以一切法中是此心隨熏所起更無異體故說唯心又起
云何以此心作諸妄念而生由妄念熏故生法耶故下釋云起諸法又亦可
疑云法云唯心我何不見而我所見而是興心釋云言興心於是汝妄念分別而作一
切分別即分別自心境唯識現無外實法是故分別但分別自心此
一句顯無塵唯識義爾心不見心既塵無相識不自緣是故無塵識不生也
無相可得能所俱救也攝論云無有少法能取少法○三結當知世
間一切境界皆依衆生無明妄心而得住持無明根本也妄心業識也以一切境界出此而成即現識等也若無明未盡已覺此識住
持境界不息此即結相屬心也
可得俯況也此境離心之外無體又即心故無體如像離鏡之外無形鏡內復無其
體又然云既其無體何以兒然顯現故下釋云唯心虛妄此並真心之上虛妄

顯現何處有體而可得耶問何以得知心上顯現下荅云以心生則種種
法生心滅則種種法滅故反驗唯心所現成妄也以心生法生
等故知也此中以無明力不覺心動乃至能現一切境等故言心生種種法生此則心隨
熏動故云生也若無明滅境界隨滅諸識分別計戲無餘故言心滅則種種法滅此則心
凉還淨故云滅也既心隨不覺妄現諸境即驗諸境唯心無體也明上說生滅結過屬無
四三
十六
明此文辨因緣云何結屬心耶答前以無明動彼靜心分其生滅故此生滅功在無明今
此因緣和合道理成靜諸法無性義顯不住義影故結和合屬於心也八三釋意識轉五
上一約人辨麤復次言意識者標前以標即此相續識此生
起識麤細雖殊同是一識更無別體故即指前第五識也但前執細分法執分別相惑依
上義門來說為意此中約其能起見愛麤惑相應從前起門說名為意識謂意之識故名
意識依諸凡夫簡非聖人意識也以前智識及相續識通在二乘及地前所起
故今約凡顯其麤也取著轉深以無對治故追著安境非直轉極麤現故云深也二
由其或體計我我所復於心外計境為塵亦計我之相也身計我於塵計所種種
妄執顯執離蘊三明或執即蘊或但緣於倒境執所依緣隨事攀緣分
別六塵故云隨事等四制立其名之了正理名為意
識此論就一意識義分出五識故說意識分別六塵亦名分離識依於
六根別別取六塵故又復說名分別事識又能分別去來內外種種
事相故五明識起所依此識依見愛煩惱增長義故見謂
見一處住地光道或受謂欲色有三愛即冬道或以比見終二或熏於本識今生此分
別事識故六增長上六麤中執取計名及起業相並相從入此意識中及後六染中執相

應染亦入此攝也二重顯所依緣體二一略明緣起甚深二一標歎甚深依無明
熏習所起識者顯上所說依根本無明起彼靜心成業等識也非凡
夫能知亦非二乘智慧所覺凡小非分也二乘但覺四住不
了無明故此無明所起之識非其境也下明菩薩分知云謂依菩薩從初
正信十信之初發心之時即觀本識自性緣起因果之體得成正信也發心
卅三
七
觀察三賢位中並言比觀故云觀察若證法身得少分知乃
至菩薩究竟地不能盡知地上證之未窮故以其但覺住相不
覺生相唯佛窮了四相俱了故得窮源二釋其深所以二一微何以
故緣起妙理胃通凡聖何故說見性在果人二釋三一即淨而染是心從本
已来自性清淨一緣起體即因也而有無明二發緣起之由
即緣也為無明所染有其染心三顯緣起之相即不染而染也
二即染常淨雖有染心而常恒不變釋緣起甚深義即染而不
染也三結成難測是故此義唯佛能知勝鬘經云自性清淨心難
可了知彼心為煩惱所染亦難可了知乃至結云唯佛能知棱伽經中亦同此說故彼經
云如來藏是清淨相客塵煩惱所染不淨乃至廣說下結云我今與汝及諸菩薩甚深智
若依了分別也二廣顯緣起差別二一顛前緣起體相三一顯上不變之義所謂
心性常無念故名為不變雖然體動而本來靜故云常無念顯
上緣起因體也二顯上無明緣起之由以不達一法界故心不
此顯根本無明最極微細未有能所相應忽然念起名為無明
王數差別即心之惑故云不相應非同心王心數相應唯此無明為染法之源最極微細

更無染法能爲此本故云忽然念起也如瓔珞本業經云四住地前始。無法起故名無始無明住地是則明其無明之前無別有法。爲始集之本故云無始即是此論忽然義也此約麤細相依之門說爲無前亦言忽然不約時節以說忽然也三顯上緣起之相謂有其染心之句也三一標染心者有六種二徵云何爲六六中各二初障後治三釋無此六染逆次配六麤中前四及後三細由此第一合彼麤中三四故但六也便借彼名以科此六一執取計名字相一者執相應染是六麤中第三第四相也亦是上意識見愛煩惱所增長義亦是上四相中麤分別執著相也但麤心外執與境相應汙其淨行故云染也依二乘解脫至無學位見修煩惱究竟離也及信相應地遠離故十解已去信根成就無有退失名信相應故地論云地前摠名信行地菩薩無著論中亦同此說也此菩薩得人空見修煩惱不得現行故云遠離非約隨眠以留惑故故攝論云若不斷上心則不異凡夫若不留惑種子則不異二乘又二意留惑爲自他也此約終教說若約始教初地已上方說留惑如餘論說今此菩薩非直斷四住人執亦分斷無明住地故此論下云不了一法界義者從信相應地觀察學斷故、今但爲顯人我麤執故不論彼也二相續相二者不斷相應染六麤中第一也從此至六又逆配前五意中此當第五但執法續生

田三

十八

生起不斷即是相續義也依信相應地修學方便漸漸能捨得淨心地究竟離故十解已去修唯識觀尋伺方便乃至初地證三無性徧滿真如法執分別不得現行○三智相三者分別智相應染六中第一五中第四以能分別世出世諦法染淨故云智也是法執修惑依具戒地漸離乃至無相方便地究竟離故七地已還

有出入觀異故於境界有微細分別然地地分除故云漸離八地已去無出觀緣境故於七地盡此惑也故云無相方便地究竟離也以二地三聚戒具故云具戒地以七地前無相觀有加行方便有功用故云無相方便地以八地已上無相無方便功用故○四境界相四者現色不相應染三細五意中皆當第三此即依根本無明動彼淨心令現境界也依色自在地能離故以八地中得三種世間自在色性隨心無有隔礙故云色自在地能離也以色不自在位現識不亡故此位中遣彼相也五能見相五者能見心不相應染三中五中皆當第一以根本無明動令能見上文云依於動心成能見故依心自在地能離故以九地中善知衆生心行十種稠林故云心自在此於他心得自在又以自得四十無礙智出華嚴經有礙能緣求不得起○六業相六者根本業不相應染三中五中皆當第一以無明力不覺心動故依菩薩盡地得入如來地能離故十地終心金剛喻定無垢地中微細習氣心念都盡故上文云得見心性心則常住故二更重料揀三一辨上無明約治料揀不了一法界義者標也從信相應地觀察學斷入淨心地隨分得離乃至如來地能究竟離故

田三

十九

初麤者至初地離後細者至佛地盡故也此即是上染心所依無明住地能染真如成染心故上文云被和合識者滅無明故滅相續心者斷染心故今無明與染心雜說有前後然治滅並一時也二釋上相應不相應義言相應義者六染中前三是相應此有二釋一約王數釋此三種皆是麤心故二約心境釋以此三種依境生故謂心念法異心謂心王念法謂心所王數不同故云異也迦旃延論中名爲心及心所

念法故又心念謂能緣心法謂所緣境異謂心境不同依染淨差別是時依分別境而知相緣相同故者心王知染心法亦同心王緣淨心法亦同知相即能知同緣相即所緣同又於染境作染解於淨境作淨解故云同也不相應義者六染中後三及無明皆名不相應心亦二釋一約王數謂即心不覺常無別異此顯根本無明動彼靜心之體即此動心是不覺相更無王數之別故云即心不覺常無別異此翻前心念法異也不同知相緣相故既無王數之別何有同知同緣翻前可見以此三種依不覺起不異不覺故云即也上文云依不覺故生三種相與被不覺不相捨離者是此即心之不覺故云不離非是相應而不離也下文亦云無明滅故不相應心滅二亦約心境釋中言即心不覺等者謂此無明即此染心而無別體不約與外境相應方爲此不覺但在本心之上故云即心等也不同知相等者揀前相應也此不相應心既是梨耶識於中不分王數義及不與外境相應義并有覺不覺義等並與諸論相違和會如別記中說三舉上染心又無明約境成二礙義二○一標立初惑障後智障又染心義者名爲煩惱礙六染心也能障真如根本智故顯其礙義謂照寂妙慧如理之智名根本智即上文智淨相也染心喧動違此寂靜故名染心爲煩惱礙以煩惱動故令此且依本末相依門以無明所起染心爲煩惱礙能起染心之無明名爲智礙不約人法二執以明二礙無明義者名爲智礙根本無明能障世間自然業智故顯其礙義謂後得如量智即上不思議業用以無明昧迷無所分別違此智用名爲智礙從所障得名此明聖智用如月頓應於水無心不同外道自然△二重釋二○一釋煩惱礙此義云何先問云既此無明動靜心體成於染心則

無明是細應障理智滦心具麤應障量智何以不染以依滦心能見能現獨納後三細前滦妄取境界通攝前三滦心以同依境起故違平等性故釋成礙義以此滦心能所差別○標不行能所中等所以障於理智所二釋智礙以一切法常靜無有起相無明法性所無明不覺妄與法違故正顯無明違前法性以不了知法寂靜妄有起滅與法乖違故也不能得隨順世間一切境界種種知故正障如量智義也三釋生滅之相三一牒前標數後次分別生滅相者牒前有二種標數、二徵列略顯二云何為二數也一者麤與心相應故六滦中前三滦是心相應其相麤顯經中說為相生滅二者細與心不相應故後三滦是心不相應以無心去麤顯之相其體微細經中說為流注生滅△三廣釋其相二○一約人對顯又麤中之麤前二滦心俱名為麤於中初執相應滦後更為麤凡夫境界三賢位名內凡能覺此滦故麤中之細又於二麤滦中後、謂不斷相應名又分別智相應滦是麤中稍細及細中之麤後三滦心俱名為細於中前二謂能見能現是也同是不相應故名為細形後根本業識故後云麤菩薩境界十地已還菩薩所知境也細中之細是佛境界根本業不相應滦能所未分行相極細故唯佛了之二辯相所依二○一順辨生緣初明通緣後二顯別因此二種生滅依於無明熏習而有通而言之麤細二識皆依無明住地而起以根本無明動起三細依此細轉起麤心故以無明通為其本所謂依因依緣依因者不覺義故依緣者妄作

境界義故若別而言之依無明因生三細不相應心依境界緣生六麤相應心故也此中文中者具說以各有二因如楞伽云大慧不思議熏不思識故異現識因取神種意又無始後想熏故如別常識因福云不思議熏者謂無則能熏真如不可熏義而能熏故名不思議熏又熏則不熏不熏之熏名不思議熏不思議變名謂真如心變無明責不可變異有之則故云不思議變大變即不變不變之夢乞了思議變勝變中不滦而滦而不滦雖可了知者謂此不思議也然此熏變甚微亦隱故所起現識行相微細於中亦有轉識業識興麤顯細故但名現識即出此不相應心也此釋轉塵者即是現識所現揮神境界還能動彼心海起諸事識之浪故也無始妄想熏若即後和合心海之中妄念習氣無始已來垂習不斷未曾離念故此塵及念熏動心海神神識生以妄念又熏麤而扎斷故所起分別事識行相麤顯成相麤心也細中欲明現識依不思議熏故得生依不思議變故得住事識依境界故得生依心海故件住今此論中但說生緣不論依住是故於細中唯說無明於麤中單舉境界緣也△二逆論滅義二一正辨若因滅則緣滅得對治無明滅時無明所起現識境界亦隨滅此通明滅也下別顯滅云因滅故不相應心滅以三細觀依無明因生故無明滅時亦隨滅也緣滅故相應心滅以三麤滦觀依境界緣生故境界滅時亦隨滅也此依始終起盡道理以明二種生滅之義非約剎那生滅義也△二釋疑二○一問問曰若心滅者云何相續若境界滅時心體亦滅者無明三細既其未盡心體巳亡更依何法而得相續此疑相應心也若相續者云何說究竟滅若言以心體不滅令無明相續者心體既其不滅無明則常相續云何治道得究竟滅此疑不相應心答中雙答此二也△二答三○一法答曰所言

滅者唯心相滅非心體滅境界滅時唯心麤相滅非心自體滅[illegible]明滅時唯心細相滅亦非心體[illegible]此中各一明下喻合則分說二所如風依水而有動相[illegible]明風依心體水故[illegible]動[illegible]不無明相故之諸[illegible]能[illegible]若水滅者則風相所絕無斷依止亦此若依水滅時心體亦滅者則無明風[illegible]所動以求中云細則應斷絕以水不滅風相相續以境界滅時心體不滅故無明三細則得長相續良以無明滅故境界滅非以境界滅故無明滅由是故境界滅時無明動心二細相續此答初問相應心滅義唯風滅故動相隨滅非是水滅以無明盡時業等動相亦隨之滅非靜心體而亦滅也此答後問不相應心滅義合中文第合前二種心云三合無明亦爾依心體而動若心體滅者則眾生斷絕無所依止以體不滅心得相續唯癡滅故心相隨滅非心智滅上文以對不覺故名為覺則一識有二義今以對癡故名為智則一心有體相不覺癡相轉滅成於始覺則本覺不滅其始覺還源無二無別也

大乘起信論疏卷第二

大乘起信論疏卷第二

校勘記

一 底本，清藏本。

一 七九七頁下八行註釋末二字「十地」，徑作「謂十地」。

一 七九八頁下二行註釋右及左「淨心」，徑作「靜心」。

一 七九八頁下一八行註釋右「非是」，徑作「卽是」。

一 八〇一頁上一〇行註釋右第一三字「覺」，徑作「覺智」。

一 八〇二頁上九行註釋左第一字「三」，徑作「分三」。

一 八〇二頁上一〇行註釋右「中是」，徑作「皆是」。

一 八〇二頁下八行註釋左「釋其」，徑作「釋甚」。

一 八〇三頁上五行註釋右第一六字「中」，徑無。

一 八〇三頁上六行註釋右「彼名」，徑作「此名」。

一 八〇三頁上一五行註釋左「此當」，徑作「此位」。

一 八〇三頁中一三行註釋右「心則常住故」，至此，徑卷第二終，卷第三始。

一 八〇四頁中一行註釋左第九字「六」，徑作「三」。

一 八〇四頁下四行「所絕無斷」，徑作「斷絕無所」。

一 八〇四頁下一三行註釋左末字「其」，徑作「與」。

一 八〇四頁下末行書名、卷次，徑無（未換卷）。

大乘起信論疏卷第三 田四

西太原寺沙門法藏述

草堂沙門宗密録之注於論文之下

二辯染淨相資亦云染淨互熏相生不斷即顯上總中能生一切法義也四〇一舉數總標

復次有四種法熏習義故染法淨法起不斷絕由此染淨相資故得起不斷絕也〇二徵列別名云何為四徵也

一者淨法名為真如此是生滅門中真如以三義故故云淨法一約體本來淨故二約體相以內熏故令反染成始淨故梁攝論云能成立者謂真如十種功德所成立者謂十種新生正行也三約用熏故應機成淨緣二者一切染因名為無明六染及九相皆因無明而有三者妄心名為業識妄心者通事識及業識今據其本故但言業識四者妄境界所謂六塵亦識所緣之境也此三皆是染法由此染法自性差別依託因緣故具說三種淨法對染雖成熏義然其體用竟未曾別故但明一種〇三廣釋染淨熏習之義二一總二〇一喻熏習義者如世間衣服實無於香若人以香而熏習故則有香氣喻也下合有二〇二合此亦如是真如淨法實無於染但以無明而熏習故則有染相一染熏淨也顯真無相隨熏現相又顯妄法無體故但云相又當相自無反流之用故云相不云用也此約隨流生滅門說此釋經中如來藏為惡習所熏等無明染法實無淨業但以真如而熏習故則有淨用二淨熏染也此是生滅門中本覺真如故有熏義真如門中則無此義由此本覺內熏不覺令成厭求反流順真故云用也此釋經中由有如來藏故能厭生死苦樂求涅槃也涅槃經云闡提之人未來佛性力故還生善根彼言佛性力者即此本覺內熏之力耳良以一識含此一義更互相熏偏生染淨故也此中佛者是覺性者是本故名佛性為本覺也〇二別二一染二〇一問云何熏習起染法不斷汎論熏習各二種一習熏謂熏心體成染淨等二資熏謂現行心境及諸惑相資等二一答二〇一舉所謂以依真如法故有於無明衆能熏所熏之法體也亦可此中但舉能熏無明然必依真如故約本舉也以有無明染法因故即熏習真如根本無明熏習義也以熏習故則有妄心依無明熏動真如有業識心也以有妄心即熏習無明不了真如法故不覺念起現妄境界以此妄心還資熏無明增其不了令其轉成轉識及現識以有妄境界染法緣故即熏習妄心令其念著造種種業受於一切身心等苦以此境界還熏動心海起諸識浪緣念彼境即起事識也上六麤中初二名念中二名境後二名同此也謂依惑造業依業受報二廣〇即明前三種從後向前次第說也文二〇一明境界熏妄心此妄境界熏習義則有二種云何為二一者增長念熏習由境界力增長事識中智相相續相法執分別念也二者增長取熏習增長事識中執取相計名字相謂人我見愛煩惱也〇二明妄心熏無明妄心熏習義有二種云何為二一者業識根本熏習能受阿羅漢辟支佛一切菩薩生滅苦故以此業識能資熏住地無明迷於無相能起轉相現相等相續令彼二乘人雖出三界離事識分段麤苦猶受黎耶變易行苦然此細苦無始來有但為揀細異麤故約已離麤苦時相顯廢說二者增長分別事識熏習能受凡夫業繫苦故以事識能資熏起時無明起見愛麤惑發動身口造種種業受凡夫分段苦故〇二明無明熏真如無明熏習義有二種云何為二一者根本熏習以能成就業識義故謂根本不覺熏動真如成業等諸識但今舉初故云業識二者所起見愛熏習以能成就分別事識義故謂枝末不覺熏習心體成分別事識上文云此識依見愛煩惱增長義故但末從本生故云同起也〇二淨二〇一問云何熏習起淨法不斷〇二答二一略〇一正明熏習二所謂以有真如法故能熏習無明以熏習因緣力故則令妄心厭生死苦樂求涅槃以此妄心有厭求因緣故即熏習真如先明真如內熏無明令成淨業後即此淨用反熏真如增其勢力前即本熏後即新熏也〇二辨其功能二〇一因自信已性十信位中信也下即三賢位中修知心妄動無前境界解也修遠離法依解成行謂尋伺等觀唯識無塵等行也以如實知無前境界故初地見道證唯識理異前比觀故云如實也下明十地修道位中廣修萬行以顯真如云種種方便起隨順行不取所取無相不念能念不生乃至久遠熏習力故三祇熏故二果無明則滅根本以無明滅故心無有起妄心盡也以無起

故境界隨滅（妄境滅也此上皆滅惑也即翻前三種染下明證理成德云）以因（無明）緣（妄境界）俱滅故心相（染心）皆盡名得涅槃（此並滅故心體轉依名得涅槃）成自然業（起不思議業用△二廣二○一明妄心熏習）妄心熏習義有二種云何爲二一者分別事識熏習（即上意識）依諸凡夫二乘人等厭生死苦隨力所能以漸趣向無上道故（以此識不知諸塵唯是識故執心外實有境界凡夫二乘雖有發心趣向解脫而猶計有生死可厭涅槃可欣不了唯心道理由此作意力故久後還得菩提）二者意熏習（若就本而言名爲業識通而論之即前五種意）謂諸菩薩發心勇猛速趣涅槃故（以諸菩薩知一切法唯是識量捨彼事識外計分別既了唯心趣理速疾異前漸悟故云乃至速趣涅槃也問此中妄心既並熏習真如起反流行意熏既屬梨耶如何能各自發心修行荅前凡夫二乘不覺梨耶但依分別事識資持力故而發心修行以不遠本故向大菩提踈而且遠故云漸也此菩薩既了梨耶本識即依此識資持力故方得發心修行以了本故向大菩提親而且近故云速也此約所依相資辯熏非各自發心等此如下文證發心中說也△二顯真如熏習三○一標數）真如熏習義有二種（二列徵）云何爲二一者自體相熏習（內熏）二者用熏習（外緣△三辯相二一別釋二一體相二一正顯）自體相熏習者從無始世來具無漏法備有不思議業（不空本覺名無漏法此法冥熏衆生非物能了故云不思議此中業者是冥熏作用）作境界之性（非直熏彼妄心令其厭求成能觀智亦乃與其觀智作所觀境界）

依此二義恒常熏習以有力故能令衆生厭生死苦樂求涅槃（顯熏功能謂此心境二法亦可此體相二法冥熏衆生有力故今起厭求等行）自信已身有真如法發心修行（依熏起修行相△二釋疑二一問）問曰若如是義者一切衆生悉有真如等皆熏習云何有信無信（初約現在信心有無）無量前後差別（後約未來信心前後內熏既齊何得如是）皆應一時自知有真如法勤修方便等入涅槃（結成難也此則執別疑通難△二荅二○一約染惑成緣明起有厚薄）荅曰真如本一（通體明內熏不無）而有無量無邊無明從本已來自性差別（根本無明住地本來自性差別隨人厚薄）厚（不信）薄（有信）不同故（前後亦爾非彼內熏使之然也）過恒河沙等上（枝末是根本上）煩惱依無明起差別（是從無明所起迷諸法門事中無知所知障中麤分攝）我見愛染煩惱（是無明所起四住煩惱煩惱障攝）依無明起差別如是一切煩惱依於無明所起前後無量差別唯如來能知故（雙結前二種煩惱皆依根本無明所起由是義故前後非一差別無量前後難知故唯佛了△二約淨法類緣成前後差異二○一立理）又諸佛法有因有緣因緣具足乃得成辦（若獨內因不假外緣可如所責然今外假用熏及內正因方得成辦故致前後不可一時故上闕二熏習不云一也△二正釋二一明因緣互闕之失二一顯闕緣之失二○一翻說）如木中火性是火正因若

無人知不假方便能自燒木無有是處（二法合）衆生（木也）亦爾雖有正因熏習之力（火性）若不遇諸佛菩薩善知識等（若無人知等）以之爲緣能自斷煩惱（能自燒木）入涅槃者則無是處（二明闕因不成）若雖有外緣之力而內淨法未有熏習力者亦不能究竟厭生死苦樂求涅槃（謂無明厚重之流雖本覺內熏然未有力故雖遇善友外緣之力亦不能令其得道○二明性用相應之得）若因緣具足者所謂自有熏習之力又爲諸佛菩薩等慈悲願護故（具因緣也下明熏益云）能起厭苦之心信有涅槃修習善根（自分也下明勝進云）以修善根成熟故則值諸佛菩薩示（示義）教（教行）利喜（既得義利具解行故成喜）乃能進趣向涅槃道（二用大二○一指事總標）用熏習者即是衆生外緣之力（○二約緣別顯三○一標）如是外緣有無量義略說二種（二列徵）云何爲二一者差別緣（爲於凡小事識熏習而作於緣謂覺形不同故云也亦可與差別機爲緣故也謂三賢已上乃至諸佛能作此緣應衆生也）二者平等緣（爲諸菩薩業識熏習而作於緣謂唯現佛身平等無二故云也亦可與平等心機爲緣故也謂初地已上乃至諸佛要依同體智力能作此緣△三釋二一差別緣二一總二一明感用因）差別緣者此人（機欲之人）依於諸佛菩薩等（出外緣體）從初發意始求道時（明能感緣機修行時）

乃至得佛於中若見若念（正明行者之心感用器也謂見其身形念其功德也△二正明用相二一正明差別之用一開總成別）或為眷屬父母諸親（一慈愛以攝生）或為給使（二居卑以利物）或為知友（三同類以勸發）或為冤家（四怖之以入道）或起四攝（五以四攝法攝之二攝別成總）乃至一切所作無量行緣（二辯用之益）以起大悲熏習之力能令眾生增長善根若見若聞得利益故（二別二一就根熟不熟開近遠二緣）此緣有二種云何為二一者近緣速得度故二者遠緣久遠得度故（二就前近遠各開為二）是近遠二緣分別復有二種云何為二一者增長行緣（謂方便行即自分也）二者受道緣（謂依前方便正觀相應即勝進也亦可初即四攝利他行後即三空自利行△二平等緣二一明能作緣者平等）平等緣者一切諸佛菩薩皆願度脫一切眾生（平等心也）自然熏習常恒不捨（常用應機）以同體智力故（釋成常用）隨應見聞而現作業（顯其用相二明對機顯平等）

田四

六

所謂眾生依於三昧乃得平等見諸佛故（謂十住已去依三昧力悉見諸佛身量平等無有彼此分齊之相二合明三一標）此體用熏習分別復有二種（二徵）云何為二（三釋依論二唱）一者未相應謂凡夫二乘。初發意菩薩等（約位舉人）以意意識熏習依信力故而能脩行（明其行劣凡小）

（意識熏菩薩五意熏並未契真如故下正明未相應云）未得無分別心與體相應故（無正體智故未與法身體相應）未得自在業脩行與用相應故（無證真後得智故未與應化身用相應也）二者已相應謂法身菩薩（顯位）得無分別心（如理智與體相應也）與諸佛智用相應（以有如量智故得然下約行勝翻前劣云）唯依法力（證真如而脩行非如前位但有信力）自然脩行（八地已去無功用行）熏習真如滅無明故（妄滅行成四明染淨盡不盡義二一明染法違真無始有終）復次染法從無始已來熏習不斷乃至得佛後則有斷（二明淨法順理有始無終）淨法熏習則無有斷盡於未來（一正顯）此義云何以真如法常熏習故妄心則滅法身顯現起用熏習故無有斷（二釋成也以真熏妄滅淨用無盡故二辯所示之義即明前法有顯義功能問何故真如門中不辯所示義生滅門中具辯所示三大義耶答以真如門中即示大乘體能所不分詮自不別故不別辯生滅門中染淨不一法義有殊故具說三上立義分中真如門內云即示生滅門中云能示釋義在此也文二厶一釋體相二大二○一）

田四

七

（總標二大名）復次真如自體（體大）相（相大）者（二別釋二大義一一體）一切凡夫聲聞緣覺菩薩諸佛無有增減（人雖就位以分優劣真體隨人未曾增減）非前際生（常也凡位為前）非後際滅（相也佛位為後）畢竟常恒（三句皆顯不增減所以厶二相二一正明性德二一明德相三○一總）從本巳來自性滿足一切功

德（○二別）所謂自體有大智慧光明義故（一本覺智明）徧照法界義故（二本覺顯照諸法）真實識知義故（三顯照之時無倒）自性清淨心義故（四性離惑染）常樂我淨義故（五性德圓備）清涼不變自在義故（六性德無遷○三結）具足如是過於恒沙不離（性德塵沙不離真體）不斷（無始相續）不異（與體同味）不思議（即不異而有恒河之義故）佛法（唯佛窮達故亦可是所覺法故）乃至滿足無有所少義故（若此真體無性德者如來證此不應具德既證性已萬德圓備即驗真如本具也○二顯立名）名為如來藏（隱時能出生如來）亦名如來法身（顯時萬德依止△二問答重辯二○一執體疑相難）問曰上說真如其體平等離一切相云何復說體有如是種種功德（△二相不違體答二○一明離差別而不二）答曰雖實有此諸功德義而無差別之相等同一味唯一真如（實德離多同一如味）此義云何（多德何以唯一下釋云）以無分別（非能分別）離分別相（非所分別）是故無二（無能所故△二明離不二而差別二○一畧）復以何義得說差別（既其不二何以說別）以依業識生滅相示（以依生滅識相恒沙染法反此表示真如淨德恒沙差別且舉染本故但云業識厶二廣二○一間對染表示之相）此云何示（○二舉彼染法一一對顯）以一切法本來唯心實無於念（舉所迷理）而有妄心不覺起念見諸境界故說無明（依真起妄）

謂細麤染心本末不覺也將欲釋淨先舉其染對以顯之下諸句例然云何顯耶答下云心性不起即是大智慧光明義故既起念即是不覺無明故不起即是本覺智明若心起見則有不見之相妄見不同心性離見即是徧照法界義故真照圓明若心有動非真識知反之即顯真如無動無有自性明妄染無體反之即顯自性淨心非常非樂非我非淨明妄四倒反之即顯真如四德熱惱諸惑燒心是極熱惱故說真如是清涼也衰變妄染遷改反顯真如不衰變也則不自在業果繫縛故則顯真如自在上云清涼不變自在義故乃至具有過恒沙等妄染之義對此義故心性無動則有過恒沙等諸淨功德相義示現一一翻對故染淨皆過恒沙若心有起更見前法可念者則有所少妄心外念求之不足如是淨法無量功德即是一心更無所念是故滿足淨德性滿無假外求名為法身如來之藏結名△二別解用大二一總明二一對果舉因三○一舉本正行復次真如用者所謂諸佛如來本在因地發大慈悲脩諸波羅蜜攝化衆生○二舉本大願立大誓願盡欲度脫等衆生界廣大心也亦不限劫數盡於未來長時心也○三舉悲智大方便以取一切衆生如己身故悲深而亦不取衆生相智深也舉上亦則不顛倒心亦可釋前長時所以此以何義舉悲智深所以也謂如實知

一切衆生及與己身真如平等無別異故依真如門答顯深也二牒因顯果以有如是大方便智一牒前因除滅無明見本法身二自利果三正顯用即利他果於中三自然而有不思議業種種之用一明業用甚深非待作意如攝論云如摩尼天鼓無思成自事等即與真如等徧一切處二顯用廣大稱理之用故又亦無有用相可得三用而常寂也於中此正顯也次徵云何以故佛具三身何以乃云無有用相謂諸佛如來唯是法身智相之身第一義諦無有世諦境界離於施作若約機感論如來唯是妙理本智更無應化世諦生滅等相但隨緣起用用則無用如波即水故用恒寂也深密經云吾今此身即是法身等梁攝論云唯如如及如如智獨存名為法身但隨衆生見聞得益故說為用雖真理妙智本來常湛而隨機感益用無邊即寂而常用△二別釋三○一標正此用有二種○二徵云何為二△二釋二○一正顯用相二○一直顯其用二○一應身一者依分別事識凡夫二乘心所見者凡夫二乘不知唯識計有外塵即是分別事識義今見佛身亦謂心外順彼事識分別計度故說依分別事識見也亦可此人雖覺六識不知彼七八識故但云依事識也名為應身依此麤識分別但見應化麤相不見報身細相○下釋見麤所以云以不知轉識現故見從外來迷於唯心取色分齊不能盡知故不違即色是心無有分齊問佛身何故唯衆生識耶答衆生真心與諸佛體平等無二○但衆生迷自真理起於妄念是時真如但現染相不顯其

用○以彼本覺內熏妄心故有厭求有欣求故其用即現○厭求劣故用相即麤厭求漸增用亦漸細如是漸漸乃至心源無明既盡厭求都息始覺同本漸還歸體平等平等無二無別未至心源已還用於識中隨根顯現故云識中現也問若據此義用從真起何故說言轉識現耶答轉識即是染耶中轉相依此轉相方起現識現諸境界此識即是真妄和合若隨流生死即妄有功能妄雖有功離真不立若反流出塵真有功能真雖有功離妄不顯故就緣起和合識中說其用耳問若據此義乃是衆生自心中真如之用云何說言佛報化耶答衆生真心即諸佛體用無差別故華嚴經云若人欲了知三世一切佛應觀法界性一切唯心造又不增不減經云法身即是衆生衆生即是法身法身與衆生義一而名異既從法身起報化用何得不是衆生真心耶問義若然者衆生心佛還自教化衆生何故說言佛悲願力答即此真心是佛悲顯謂無緣大悲及自體無障礙化用等即性起大用也問衆生既無不有心何不早起化用令滅無明答未有厭求故問既先有本覺何不早熏令起厭求答無明厚薄不同因緣互闕不等此如上說問若真心即是佛者何故下文云從諸波羅蜜等因生答此約本覺隨染義說然其始覺覺至心源平等一際有何差別上來約終教說者約始教說者即以諸佛悲智為增上緣衆生機感稱了為因緣故託佛本質上自心變影像故云在自識中現也餘如瑜伽唯識等論說也△二報身三○一約識舉人二者依於業識謂諸菩薩從初發意乃至菩薩究竟地心所見者名為報身解已去菩薩能解唯識無外諸塵順業識義以見佛身故○二明所見報相初正報後依報身有無量色身無分齊故色有無量相相有無量好依身有相相亦無邊依相有好好亦無盡然相以表德令人敬德以念佛好為嚴身

令人愛樂欲親近也所住依果亦有無量種種莊嚴能依無邊故所依土亦復無邊頗胝迦殊勝之宝常放光明無礙校飾故等隨所示現即無有邊不可窮盡離分齊相異前化身分齊之色由此菩薩知分齊即無分齊故一一色相皆徧法界互用無礙自在難思故也隨其所應常能住持不毀不失隨其業行所應感者即皆常住非三災等之所壞也○三結果由因以釋名如是功德皆因諸波羅蜜等無漏行熏及不思議熏之所成就具足無量樂相故說為報如是依正二報無障礙不思議事皆因十度深行之熏及本覺不思議熏二因所成樂相圓備故名報身△二重牒分別二○一應身又為凡夫所見者是其麤色隨於六道各見不同種種異類非受樂相故說為應簡凡異小如三惡道皆見佛如黑象脚等三尺之身又如提謂等以人天位見佛為樹神及天神身等準此即六道衆生並見佛不同也皆非出世相故非樂也如二乘人等見佛為出世是阿羅漢等聖人身○二報身復次初發意菩薩等所見者以深信真如法故少分而見十解菩薩等依比觀門見真如理是相似覺故云少分異前十信故復云深異後真證故但云信知彼色相莊嚴等事無來無去離於分齊以見真如異於凡小是故得知色相等事性無分別唯依心現不離真如釋無分別所以也攝論中地上見報身者彼據證之相應成就麤說今此地前菩薩少分見者以知色境界但是現識不離真如即無分齊故得少分見也既非全見故不相違但以異前凡小心外取境見

應化故故約唯心少分明見然此菩薩猶自分別以未入法身位故簡異地上若得淨心所見微妙其用轉勝乃至菩薩地盡見之究竟顯於地上所見用相過於地前故云轉勝漸漸微細至金剛後心業相都盡用即歸體故云見之究竟以窮其源故若離業識則無見相要依業識乃有轉相及現相故也以諸佛法身無有彼此色相迭相見故若離業識等無明即唯是真如故佛無有彼此分別之見△二問答除疑二○一問問曰若諸佛法身離於色相者云何能現色相△二荅二○一釋法身能現荅曰即此法身是色體故能現於色總也下別所謂從本已來色心不二謂彼所現報化之色不異法身真心如波與水本來無二以色性即智故色體無形說名智身明色即心顯前不二以色即心故遂令色相都盡故就其本但云智身智謂本覺心智也以智性即色故說名法身徧一切處明心即色顯前不二如水徧在波中○二釋所現之色所現之色無有分齊隨心能示十方世界無量菩薩無量報身無量莊嚴各各差別皆無分齊而不相妨此非心識分別能知以真如自在用義故以彼真心無緣周徧所現之色亦復圓融自在無礙故云所現之色乃至不相妨礙於中無量菩薩者亦是報身作用也亦可即是感報身大用之機緣皆能頓赴以一一根皆徧法界然互用不相妨此真如之用非妄識能知△二會相入實顯動靜不異三○一標復次顯示

從生滅門即入真如門所謂推求五陰色色陰之與心四陰△二釋二○一觀色六塵境界畢竟無念觀色法也境從心起畢竟無體離心之外無可念相以心無形相十方求之終不可得非在心外無別六塵說心內求色等形質亦不可得唯明所緣無相此明能緣無相△二觀心二○一喻如人迷故謂東為西方實不轉法二衆生亦爾無明迷故謂心為念心實不動推求動念已滅未生皆不可得中無可住無可住故則無有起故知心性實不動也○二結若能觀察知心無念即得隨順方便觀也入真如門故正觀也△二對治邪執二○一就本總標對治邪執者一切邪執皆依我見若離於我則無邪執△二別明治障二一九對治離三○一標數是我見有二種○二徵列云何為二一者人我見計有總相主宰此是佛法內初學大乘人迷教妄執非是外道等所起也二者法我見計一切法各有體性即二乘所起也△三辯相二一人三○一標人我見者依諸凡夫說有五種徵○二云何為五此五何別者初一約果餘四通因果餘如料文問此等既並於真如法上計云何說為人我執即荅此有二釋一云此是初學凡夫有人我者作此執故云人我執也二云由如來藏中有二義○一是本覺義即當是人於上妄計故云人執二是理實義當所觀之法今攝初義故說人執△三釋二一二於空諸執二一妄執事空以為法體三○一舉起執緣一者聞脩多羅說如來法身畢竟寂寞猶如虛空○二正明執相以不

知爲破著故即謂虛空是如來性（以衆生執佛色身之凝相故說法身如虛空遂說意故執同太虛ム二辯對治相二一虛空妄非真三○一立一立情有）云何對治明虛空相是其妄法體無不實（立理無○二釋）以對色故有是可見相令心生滅（一釋情有也徧計情中相待而有妄念所緣故非法身）以一切色法本來是心實無外色若無色者則無虛空之相（釋理無也本以待色爲空今既唯心無色何得更有於空○三結）所謂一切境界唯心妄起故有（一結情有也）若心離於妄動則一切境界滅唯一真心無所不徧（二結理無也辯法同喻以周徧如空故取虛空爲喻○二法身真非妄）此謂如來廣大性智究竟之義非如虛空相故（簡法異喻謂是如來本覺性智豈同太虛虛妄法也ム二妄執法體唯是空無三○一執緣）二者聞脩多羅說世間諸法畢竟體空乃至涅槃真如之法亦畢竟空本來自空離一切相（大品云乃至涅槃如幻如夢若當有法勝涅槃者我說亦復如幻如夢○二執相）以不知爲破著故即謂真如涅槃之性唯是其空（不知爲破情計有故即執性德是無○二對治）云何對治明真如法身自體不空具足無量性功德故（△二三於有倒智三○一執性德同色心二○一執緣）三者聞脩多羅說如來之藏無有增減體備一切功德之法（○二執相）以不解

故即謂如來之藏有色心法自相差別（三對治）云何對治以唯依真如義說故（二之不二也）因生滅染義示現說差別故（不二之二也如上文云以依業識生滅相示等△二執法性本有染三○一執緣）四者聞脩多羅說一切世間生死染法皆依如來藏而有一切諸法不離真如（○二執相）以不解故謂如來藏自體具有一切世間生死等法（以不解隨緣之義則謂自性有染△三對治二○一會破）云何對治以如來藏從本已來唯有過恒沙等諸淨功德不離不斷不異真如義故（明淨德妙有）以過恒沙等煩惱染法唯是妄有性自本無（明妄染理無）從無始世來未曾與如來藏相應故（明妄不入真也○二縱破）若如來藏體有妄法而使證會永息妄者無有是處（△三執染淨有始終二○一執緣）五者（數執治等各二法謂生死涅槃）聞脩多羅說依如來藏故有生死依如來藏故得涅槃（○二執相）以不解故謂衆生有始以見始故復謂如來所得涅槃有其終盡還作衆生（聞依真有妄便謂真先妄後故起有始見也如外道立從冥初生覺等既衆生有始依真故證得涅槃者還作衆生成有始之義也如外道立衆生終盡還歸於冥名爲涅槃從冥起覺更作衆生此亦如是△三對治二○一明法體離始則顯生死無初）云何對治以如來藏無前際故無明之相亦無有始若說三界外更有衆生始起者即是外道經說（如仁王經云我說一界外別有一衆生界者是外道大有經中說非七佛說也○二明法體離終則顯涅槃無盡）又如來藏無有後際諸佛所得涅槃與之相應則無後際故（△二法三○一執緣）法我見者依二乘鈍根故如來但爲說人無我（○二執相）以說不究竟見有五陰生滅之法怖畏生死妄取涅槃（○三對治）云何對治以五陰法自性不生則無有滅本來涅槃故（△二究竟離二一約法明治二○一約法總顯）復次究竟離妄執者當知染法淨法皆悉相待無有自相可說（中論云若法因待成是法還成待今即無因待亦無所成法等準釋可知相待無相待法體本爾非由悟後方使其然故下云○二舉廣類求）是故一切法從本已來非色非心非智非識（顯上非心也）非有非無（顯上非色也）畢竟不可說相（△二會釋伏疑三○一正會伏疑）而有言說者（縱云聖者了知諸法離性不可說相云何乃有種種言說故牒外難云有言說者下釋云）當知如來善巧方便假以言說引導衆生（正會伏疑也假言巧引意不在言○二辯定聖意）其旨趣者皆爲離念歸於真如（○三反以釋成）以念一切法令心生滅不入實智故（△三分別發趣道相二○一標意釋名）分別發趣道相者謂一切諸佛

所證之道擧所趣之覺道一切菩薩發心脩行趣向義故顯能趣之因行欲明菩薩發心趣向佛所證道種類不同故云分別發趣道相ㄙ二開章釋相○一標數略說發心有三種徵○二列云何爲三一者信成就發心十信行滿入十住位中初發心住也二者解行發心十行位中能解法空順行十度行成純熟發趣向心入十迴向位也三者證發心初地已上乃至十地也前二比相似發心後一是真實發心ㄙ三辯相三○一信成就發心三○一明信心成就之行二○一問信成就發心者依何等人一問能脩行人脩何等行二問所脩之行得信成就堪能發心三問行成堪發○二答前信滿故進後信未成故退二一正答前問二一答三問三○一答能脩行人所謂依不定聚衆生分別三聚乃有多門今此文中直明菩薩十住已上決定不退名正定聚未入十信不信因果名邪定聚此二中間十信位人欲求大果而心未決或進或退本業經中十信菩薩如空中毛名不定聚今依此人明其脩行也○二答所脩行有熏習善根力故信業果報能起十善謂有聞熏及本覺內熏之力并依前世諸善根力故能信業果報故捨惡從善脩福德分也厭生死苦欲求無上菩提成菩提分及解說分善也上皆辨行因得值諸佛親承供養脩行信心明脩行緣也謂約此因緣脩十種信心行○三答行成堪發經一萬劫信心成就故一明行成諸佛菩薩教令發心或以大悲故能自發心或因正法欲滅以護法因緣故能自發心二約勝緣正明發心謂發十住初心也勝緣雖多略擧三種於中初一他力後二自力亦可同下二心謂斷教故得真心○二顯法故得深心餘同此也○二結成位如是信心成就得發心者此下有二入正定聚畢竟不退一顯於下無失謂入十住初發心住位不階凡小之地名住如來種中正因相應二明於上有得也謂住習種性位行順內熏之力故云正因又此位已入定當得果故云止因以更不退失故二擧劣顯勝勝者如前進劣者如此退文二○一明劣相二○一內因力微若有衆生此下有二善根微少久遠已來煩惱深厚一感重也雖值於佛亦得供養二緣薄也於中三然起人天種子一倒求或起二乘種子二異求設有求大乘者根則不定若進若退二猶豫大乘○二外緣力劣或有供養諸佛此下有二未經一萬劫一行時未滿也於中遇緣亦有發心二遇緣不勝也於中有四所謂見佛色相而發其心一以色見佛或因供養衆僧二住相供僧或因二乘之人教令發心三隨劣教發心或學他發心四學他迹此等並非菩薩悲智之心故欲退失○二結成退失如是等發心悉皆不定遇惡因緣或便退失墮二乘地

大乘起信論疏卷第三

校勘記

一　底本，清藏本。

一　八〇六頁上一行至三行書名、卷次、作者，〔徑〕無(未換卷)。

一　八〇八頁上七行註釋左「近遠」，〔徑〕作「遠近」。

一　八〇八頁中一六行註釋左「一一」，〔徑〕作「二一」。

一　八〇八頁下六行註釋左「恒河」，〔徑〕作「恒沙」。

一　八〇九頁上一行註釋左第一五字「耶」，〔徑〕無。

一　八〇九頁上末行註釋右「擧悲」，〔徑〕作「徵悲」。

一　八〇九頁中一三行註釋右「二釋」，〔徑〕作「三釋」。

一　八〇九頁下一一行註釋左「先有」，〔徑〕作「元有」。

一　八一〇頁上二行註釋右第六字「土」，〔徑〕作「上」。

一八一〇頁上四行註釋左「互用」，〔徑〕作「互融」。

一八一〇頁上一二行註釋右第三字「皆」，〔徑〕作「習」。

一八一〇頁下一七行註釋左「當是」，〔徑〕作「是當」。

一八一一頁下一九行「不入實智故」，至此，〔徑〕卷第三終，卷第四始。

一八一二頁上一六行註釋右「解説」，〔徑〕作「解脱」。

一八一二頁中末行書名，〔徑〕無（未換卷）。

大乘起信論疏卷第四 田五

西太原寺沙門法藏述

草堂沙門宗密錄之注於論文之下

△二顯發心之相三○一牒章以問復次信成就發心者發何

等心○二標徵列釋畧說三種標云何爲三徵一者

田五 一

直心正念真如法故謂向理之心無別岐路故即二行之本二

者深心樂集一切諸善行故備具萬德歸向心源即自利行

本三者大悲心欲拔一切衆生苦故廣拔物苦令得

菩提即利他行本妙行雖廣三行統收故標云畧說三也以此即是三聚戒故三德三身

皆由此成故亦即是彼三迴向故謂初向實際次向菩提後向衆生皆應相配釋之△三

問答除疑二○一問問曰上說法界一相佛體無二何

故不唯念真如復假求學諸善之行△二答二一正

答所問二○一喻答曰譬如大摩尼寶體性明淨而

有鑛穢之垢若人雖念寶性不以方便種種

磨治終無得淨△二合三○一正合如是衆生真如之

法體性空淨而有無量煩惱垢染若人雖念

真如不以方便種種熏修亦無得淨○二委釋以

垢無量徧一切法故修一切善行以爲對治

釋須修衆行所以○三順真若人修行一切善法自然歸

順真如法故以諸善行外違妄染內順真如故△二重顯方便三○一標數

畧說方便有四種○二徵起云何爲四△三別釋四門各二一標名二釋相三明意

文三○初一不住道一者行根本方便謂

觀一切法自性無生離於妄見不住生死智也

觀一切法因緣和合業果不失起於大悲修

諸福德攝化衆生不住涅槃悲也以隨順法性

無住故次二自利行二○一斷德二者能止方便勸斷二惡止持

門也謂慚愧悔過能止一切惡法不令增長以

隨順法性離諸過故○二智德三者發起善根增

長方便勸修二善作持門也謂勸供養禮拜三寶讚歎

隨喜勸請諸佛約緣修行也下辨修利益云以愛敬三寶

淳厚心故愛敬四句一愛而非敬如母於子等二敬而非愛如僕於主等三亦敬亦愛如修行人於三寶等四非敬非愛如寃家等信得增長乃能志

求無上之道又因佛法僧力所護故能消業

障善根不退以隨順法性離癡障故○三一利他行

四者大願平等方便所謂發願盡於未來長時

田五 二

心也化度一切衆生使無有餘廣大心也皆令究竟

無餘涅槃第一心也以隨順法性無斷絕故一正顯順

性法性廣大徧一切衆生平等無二不念彼

此究竟寂滅故二明起大願意亦即常心也三顯發心利益四○一顯勝

德菩薩發是心故則得少分見於法身十解菩薩

依此觀門見故云少分亦可依入空見以見法身故隨其願力

能現八種利益衆生所謂從兜率天退入胎

住胎出胎出家成道轉法輪入於涅槃初發心住

中能作此事○二明微過然是菩薩未名法身異地上也以未證真

但依信力見於少分以其過去無量世來有漏之業未

能決斷隨其所生釋異所以與微苦相應亦非業

繫異凡夫也菩薩於報修短自在不由惑業以有大願自在力故

以留惑益生悲願之力故○三通權教如修多羅中或說有退

墮惡趣者一乘教也非其實退但爲初學菩薩未

入正位而懈怠者恐怖令彼勇猛故二釋通也文皆

可見如纓絡本業經中言七住已前名爲退分若不值善知識者若一劫乃至十劫退菩提心如淨目天子法才王子舍利弗等各入第六住其間值惡知識因緣故退入凡夫不善趣中乃至廣說今釋此意是權語非實退但恐怖彼初入入令不慢故也○四歎實行

又是菩薩一發心後遠離怯弱畢竟不畏墮

二乘地一於下不戀也若聞無量無邊阿僧祇劫勤

田五 三

苦難行乃得涅槃亦不怯弱二於上不怯也以信知

一切法從本已來自涅槃故釋不怯所以也此即顯彼經文

是權非實故△二解行發心二○一總標歎勝解行發心者當知轉

勝前位信滿入解今此行滿入向更深發心故也△二顯其勝相二○一時勝以

是菩薩從初正信已來於第一阿僧祇劫將

欲滿故鄰初地故ム二行勝二○一摠於真如法中深解現前解也所修離相行也下六度中皆明此二二別以知法性體無慳貪故顯上深解現前也隨順修行檀波羅蜜顯上所修離相也下五一一準此謂離三輪等相以十行已去菩薩得法空故能順法界修六度等行即發心所依之解行以垢障乘真故修離障之行以順如也以知法性無染離五欲過故隨順修行尸波羅蜜以知法性無苦離瞋惱故隨順修行羼提波羅蜜以知法性無身心相離懈怠故隨順修行毘棃耶波羅蜜以知法性常定體無亂故隨順修行禪波羅蜜以知法性體明離無明故隨順修行般若波羅蜜ム三證發心二一通明發心體三○一標地依證發心者從淨心地乃至菩薩究竟地證何境界所謂真如○二明行體根本以依轉識說為境界境界即是現識心依轉相起故而此證者無有境界然本智正證之時實無能所豈可得說以為境界今但約後得智中業識未盡故轉現猶存假就此識說正證中定有真如為所證境也以後得智反緣正證亦有現似境故說轉識現也唯真如智名為法身而實真證能所平等△三明勝用後得文中四○一攝法上首德是菩薩於一念頃能至十方無餘世界此下有二供養諸佛請轉法輪一正明請法唯為開導利益眾生不依文字二顯其請意○二隨根延促德

或示超地速成正覺以為怯弱眾生故一促也於中先舉用後顯意或說我於無量阿僧祇劫當成佛道以為懈慢眾生故二延也亦先舉用後顯意能示如是無數方便不可思議三結○三實行不殊德而實菩薩此下有四種性根等一因等發心則等二行等所證亦等三證等無有超過之法以一切菩薩皆經三阿僧祇劫故四時等○四應機殊行德但隨眾生世界不同所見所聞根欲性異故示所行亦有差別二明發心相又是菩薩發心相者有三種心微細之相云何為三一者真心無分別故根本無分別智二者方便心自然徧行利益眾生故後得智三者業識心微細起滅故二智所依阿棃耶識也理實亦有轉現但今畧舉根本細相此非發心之境但顯此菩薩二智起時有微細生滅之累不同佛地純淨之德是故合為發心相ム三明成滿德二一正顯勝德二○一摠又是菩薩有二功德成滿一因位窮也故地論云一者現報利益受佛位故於色究竟處示一切世間最高大身二果位彰也故地論云二者後報利益摩醯首羅智處生也何故他受用報身在此天者一義云以寄十王顯其十地然第十地菩薩寄當此天即於彼身示成菩提故在彼天餘義如別說○二別謂以一念相應慧謂一念始覺至心源時契於本覺無明頓盡名一切種智無明盡故顯照諸法亦可一念等皆無間道名一切種智是解

田五

四

脫道即顯上真心於此成也上皆自利行滿下利他德顯云自然而有不思議業能現十方利益眾生顯上方便心明不待功用也又亦可初智淨相後不思議業相皆是本覺隨染所成也ム二問答除疑二一除一切種智疑○一問問曰有二虛空無邊故世界無邊世界無邊故眾生無邊眾生無邊故心行差別亦復無邊如是境界不可分齊難知難解一凡陳疑謂有虛空處皆有世界有世界處皆有眾生有眾生處皆有心行如是境界分齊難知也若無明斷無有心想云何能了名一切種智二正設難難云非直外境無邊分齊難知亦復內盡心想云何得了也ム二答三○一立正理答曰意云只由內盡妄想心故能外廣知也一切境界本來一心離於想念境離無邊不出一心既證心源何不能了真心之境離於妄念故盡想念方始能知也○二舉非顯失以眾生妄見境界故心有分齊一妄見有限之境以妄起想念不稱法性故不能了二釋成不見所由即明為妄見故有所不見○三舉是彰得諸佛如來離於見相無所不徧無妄見故無所不見心真實故佛心離妄體一心源無始覺之異故即是諸法之性然此本覺在生滅門中為妄法之體故自體顯照一切妄法一切妄法並是本覺佛心之相相既現於自體之上以體照其相有何難了而不知也故云自體照等也故上文中辨佛報化之用則在於眾生心中今旌眾生妄法則在於佛心之上良以心源無二故得然也華嚴云如心佛亦爾如佛眾生然心佛及眾生是三無差別此之謂也

田五

五

有大智用無量方便隨諸衆生所應得解皆能開示種種法義是故得名一切種智(以同體智力起勝方便攝化有情二除自然業用疑一一問)又問曰(亦二)若諸佛有自然業能現一切處利益衆生者一切衆生若見其身若覩神變若聞其說無不得利(一且陳疑)云何世間多不能見(二正設難一答)答曰(有法喻合)諸佛如來法身平等徧一切處無有作意故說自然但依衆生心現(以法身普徧衆生心中但有厭求機感即麁細之用非由作用也文中已顯此義也)衆生心者猶如於鏡鏡若有垢色像不現如是衆生心若有垢(明無感佛之機非謂煩惱現行以器里等煩惱心中得見佛故)法身不現故(法身能現報化之用今據本而言故云法身不現也如攝論中十一甚深非是法身六德顯現其深彼中云由世尊不現如月於破器中釋曰諸佛於世間不顯現而世間諸佛身常住云何不現譬如破器中水不得住水不住故於彼破器實有月不得顯現如是諸衆生無奢摩他軟滑相續但有過失相續於彼實有諸佛亦不顯現水譬奢摩他軟滑性故此中依定得見佛者是過去修習念佛三昧乃於此世得見佛身非謂今世要依定心方能見佛以散心中亦見佛故彼攝論中約過去定習爲因非約現在此論中約根熟爲因非約無感有此左在四修行信心分四一結前生後)已說解釋分次說修行信心分(來意者以上來明其大乘今爲正明心信故有此分來也二就人標意)是中依未入正定聚衆生故說修行信心(不定聚人有二一者修信滿足爲說發趣道相令入正定是前勝人也二者修信未滿是前劣人即此文所爲以四信五行令其修行使信成滿信成滿已還依發趣入正定也三約法廣辯二一興二問)何等信心云何修行(二還兩答二一答信心三一標數)畧說信心有四種(即四不壞信也二徵起)云何爲四(三列釋)一者信根本(真如之法諸佛所師衆行之源故)所謂樂念真如法故(非直就起信心亦乃樂念觀察)二者信佛有無量功德常念親近供養恭敬發起善根願求一切智故三者信法有大利益常念修行諸波羅蜜故四者信僧能正修行自利利他常樂親近諸菩薩衆求學如實行故(三寶中各二一標所信之勝德二起勝因以願求二答修行三一舉數標意)修行有五門能成此信(有信無行則信不堅不堅之信遇緣便退故修五行以成四信之心令不退也二徵起列名)云何爲五一者施門二者戒門三者忍門四者進門五者止觀門(止觀合修定慧雙運二門不二故唯五也三依門牒釋五一施)云何修行施門(寄問以標)若見一切來求索者所有財物隨力施與以自捨慳貪令彼歡喜(資財施也)若見厄難恐怖危逼隨已堪任施與無畏(無畏施也)若有衆生來求法者隨已能解方便爲說不應貪求名利恭敬唯念自利利他迴向菩提故(法施也○二戒)云何修行戒門所謂不殺不盜不淫不兩舌不惡口不妄言不綺語遠離貪嫉欺詐諂曲瞋恚邪見(攝律儀戒)若出家者爲折伏煩惱故亦應遠離憒閙常處寂靜修習少欲知足頭陀等行乃至小罪心生怖畏慚愧改悔不得輕於如來所制禁戒(攝善法戒又從小罪下明護戒心)當護譏嫌不令衆生妄起過罪故(攝衆生戒○三忍)云何修行忍門所謂應忍他人之惱心不懷報(他不饒益忍過下明)(安受苦忍云)亦當忍於利(財榮潤已)衰(損耗佗之)毀(越過以毀)譽(越德而歎)稱(依實德讚)譏(依實過毀)苦(逼迫侵形)樂(心神適悅)等法故(△四進二○一正顯)云何修行進門所謂於諸善事心不懈退(一勤勇精進)立志堅強遠離怯弱(二難壞精進)當念過去久遠已來虛受一切身心大苦無有利益(三無足精進以念已長淪虛受大苦以自勤勵修善無厭)是故應勤修諸功德自利利他速離衆苦(總結勸修別明)(除障方便二○一障)復次(此下有二)若人雖修行信心以從先世來多有重罪惡業障故(一內有業障即因也)爲邪魔諸鬼之所惱亂或爲世間事務種種牽纏或爲病苦所惱有如是等衆多障礙(二外感報障即緣也○二治)是故應當(此下有二)勇猛精勤晝夜六時

禮拜諸佛。一總明除障方便如人負債依附於王則債主無如之何如是行人禮拜諸佛諸佛所護能脫諸障誠心二別除四障懺悔。一除惡業障勸請二除謗法障隨喜。三除嫉妬他勝障迴向菩提四除樂三有障常不休廢。總結能治得免諸障。總結所治善根增長故結益由此四障能令行人不發諸行不趣菩提故四行治盡善根長也又初一治業障以止持故後三長善根以作持故△五止觀二一略明二○一徵云何修行止觀門。寄問以標△二釋三○一止所言止者。謂止一切境界相。先由分別依諸外塵今以覺慧唯識道理破外塵相塵相既止無所分別故云止此是方便隨順奢摩他此云止也觀義故。但今就方便存此方語約止即存梵言也以雙現時方名止觀故今但言隨順○二觀所言觀者謂分別因緣生滅相。隨順毗鉢舍那此云觀觀義故。依生滅門觀察法相故言分別如瑜伽論菩薩地云此中菩薩即於諸法無所分別當知名止若於諸法勝義理趣及諸無量安立理趣世俗妙慧當知名觀是知依真如門止諸境相無所分別即成根本無分別智依生滅門分別諸相觀諸理趣即成後得智然此二門唯一心是故雙運方得名為正止觀也○三俱云何隨順此下有二以此二義漸漸修習不相捨離一顯能隨之方便雙現前故。二明所隨之止觀隨相而論止名定觀名慧就實而言定通止觀慧亦如是如梁攝論云十波羅蜜遍有二體一不散亂為體謂止定二不顛倒為體謂觀慧也二廣說三一止五一修方便二一明勝入能入二一託靜息心修止方便二一約外緣若修止者住於靜處。若具言之有五緣一閑居靜處謂住山林及諸閑靜等處若住聚落必有喧動二者持戒清淨謂離業障若不淨者必須懺悔三者衣食具足四者得善知識五者息諸緣務今略舉初故云靜處也

端坐調身也先安坐靜處每令安穩久久無妨次當正腳或全咖或半咖若全咖者先以左腳置右髀上牽來近身令腳指與髀齊次解緩衣著使周正不令坐時脫落次以左手置右手上壘手相對頓置腳上牽來近身當心而安次當正身先擬動其身并諸支節作七八反如自按摩法亦勿令手足差異正身端直令脊骨相當勿曲勿聳次正頭頸令鼻與臍相對不偏不邪不低不昂平面正住次以舌約上齶次閉眼不令全合廣如天台山顗禪師二卷止觀中說也今略總說故言端坐也正意調心也末世行人正願者少邪求者多許現寂靜誡儀苟求名利心既不正得定無由離此邪求故云正意意欲令其觀心與理相應自度度他至無上道名正意也二安內心二一約坐修止二一離境不依氣息數息觀境不依形骨璅等色青黃赤白四相不依於空不依地水火風。地等五相昔是事定所緣之境乃至不依見聞覺知是識一切處通前為十一切處亦可見聞等趣樂散心時所取六塵於此等諸塵推求了違知唯自心不後託緣故言不依二除心一切諸想隨念皆除除前諸境更有餘心皆亦遣也亦遣除想。所遣既無能遣不立泯然寂靜方名止也問何故能所心想並不存下答云以一切法本來無想欲顯於法性故所昔不存能念念不生念念不滅。轉釋成法性無想所以也良以想無自性窮之則空故無生滅自體可得此乃即生無生即滅無滅故也如陽炎水本自乾耳亦不得隨心外念境界。後以心除心若心外有實境心緣此境時抑令不緣不可得故後以心除心者今既心外無塵即所取

無相所取無相故能取自然不生何勞後心方更除耶心若馳散即當攝來住於正念初習多馳故攝令住正何者正念下云是正念者。當知唯心無外境界外境唯心是為正念即復此心亦無自相念念不可得。妄境既無唯心亦寂二約餘威儀修止若從坐起去來進止有所施作。於一切時常念方便隨順觀察非直坐時常修此止餘威儀中一切時處常思方便順於法性不動道理二止成得定除滯不退久習淳熟其心得住一止成以心住故。漸漸猛利隨順得入真如三昧。二明止力附心猛利得定深伏煩惱信心增長速成不退。三明伏或入位即信滿入住二顯障者不能唯除疑惑一於理猶豫不信二闡提誹謗三外道重罪業障四四重五逆我慢五恃我自高解怠。六不數放逸如是等人所不能入是六種障隨有一種卻不能入二顯勝能二一能生一行三昧復次依是三昧故則知法界一相一標立謂一切諸佛法身與眾生身平等無二。二釋相即名一行三昧三顯名二能生無量三昧當知真如是三昧根本文殊般若經云何名一行三昧佛言法界一相繫緣法界是名一行三昧入一行三昧者盡知恆沙諸佛法界無差別相乃至廣說以此真如三昧能生此等無量三昧故名三昧根本也上皆一行三昧下明無量三昧云若人修行漸漸能生無量三昧義如上所引文殊般若經中化說一二辦魔事一一卷二○一應事或有眾生無善

根力則為諸天魔也此魔云障礙外道鬼嬈惱鬼亂神精魅也之所惑亂。如是鬼神嬈亂佛法令入邪道故名外道如是三種能變作三種五塵壞人善心三種者下云若於坐中現形恐怖一示可畏之身怖之或現端正男女二現可愛之形惑之以生染等相三現非違非順平等五塵動亂人心○二對治當念唯心境界則滅終不為惱一切諸境皆唯自心何況坐中此等諸境是故觀察唯心魔境隨滅不能嬈亂。以此唯心率疑所知故此是通遣之法別門遣者治諸魔者當誦大乘般若及治魔咒默念誦之治諸鬼者堆惕鬼者或如蟲蝎緣人頭面鑽刺熠熠或復擊歷人兩腋下作抱持於人或言說音聲宜喧及作諸獸之形異相非一來惱行者則應閉目一心陰而罵之作如是言我今識汝汝是此閻浮提中食火嗅香偷臘吉支邪見喜破戒種我今持戒終不畏汝若出家人應誦戒律若在家者應誦菩薩戒本若誦三歸五戒等鬼便卻行匍匐而出也。精魅神者謂十二時獸能變作種種形色或作少男女相或作老宿之形及作可畏身相等非一衆多惱亂行者其欲惱人各當十二時中本時來也若其多於寅時來者必是虎兕等乃至若多於丑時來者必是牛類等行者恒用此時則知某獸精魅說其名字訶責即當謝滅此等皆如禪經中及顯禪師止觀中廣說△二廣二一魔事十事五對○一現形說法或現天像菩薩像亦作如來像相好具足若說陀羅尼若說布施持戒忍辱精進禪定智慧或說平等空無相無願無怨無親無因無果畢竟空寂是真涅槃○二得通起辯或令人知宿命過去之事亦知未來之事得他

心智辯才無礙○三起惑造業能令衆生貪著世間名利之事。又令使人數瞋數喜性無常準或多慈愛多睡多病其心懈怠或卒起精進後便休廢生於不信多疑多慮或捨本勝行更修雜業若著世事種種牽纏○四壞定得禪亦能使人得諸三昧少分相似皆是外道所得非真三昧或復令人若一日若二日若三日乃至七日住於定中得自然香美飲食身心適悅不飢不渴使人愛著○五食差顛變或令人食無分齊乍多乍少顏色變異○五對皆如文可見○問如現佛菩薩像說甚深法或是宿世善根所發云何揀別定其邪正答此事實難所以然者若是魔所作謂是善相而心取著則墮邪網若實是善根所發之境謂為魔事心疑捨離則退失善根終無進趣是故邪正實難取別今且依古德相傳略以三法驗之一以定研磨二依本修治三智慧觀察如經言欲知真金三法試之謂燒打磨行人亦爾難可別識若欲別之亦須三試一則當與共事共事不知當與久處久處不知智慧觀察○今借此意以驗邪正謂定中境相發時邪正難知者當深入定心於彼境中不取不捨但平等定住若是善根之所發者定力逾深善根彌發若是魔所為者不久自壞第二依本修治者且如本修不淨觀禪今則依本修不淨觀若如是修境界增明者則非偽也若以本修治斷斷滅者當知是邪也第三智慧觀察者觀所發相推驗根源不見生處深知空寂心不住著邪當自滅正當自現如燒真金益其光色若是偽金即自當焦壞此中真偽當知亦爾定譬於磨

本治猶打智慧觀察類之以燒以此三驗邪正可得知也○二對治以是義故行者常應智慧觀察依自隨分所有覺慧觀諸魔事察而治之勿令此心墮於邪網若不觀察則墮邪道三種驗中此當第三智慧觀察當勤正念不取不著邪不干正自然過撥若取著者則背正入邪若不取著則因邪顯正是故邪正在著不著也則能遠離是諸業障不取著故無障不礙如智度論云除諸法實相其餘一切皆是魔事偈云若分別境相即是魔羅網不動不分別是即為法印此之謂也從當動下總顯三中前之二法以此大乘止門唯修理定更無別趣故初定研磨并依本修治更無別法所以合說但依本止門故△四簡真偽二一擧內外二定以別邪正二○一邪應知外道所有三昧皆不離見愛我慢之心我見我愛我慢之使常相應也貪著世間名利恭敬故內著邪定外貪名利及但一切禪定不能識擯煩惱者皆不可據也○二正真如三昧者謂在定時而不味著不住見相以忘心故不住得相以忘境故乃至出定亦無懈慢出定亦無恃定之慢所有煩惱漸漸微薄貪瞋癡漸薄即正定之相也△二對理事二定以明真偽二○一真若諸凡夫不習此三昧法得入如來種性無有是處謂修大乘菩薩行者要依此真如三昧方入種性不退位中除此更無能入之路種性者約位在十住已去不退位中攝○二偽以修世間諸禪三昧謂四禪四空定等世間諸定及不淨安般等但取境相定皆名世間定也多起味著依於我見繫屬三界與外道共以味著定境故不離於我故云與外道共共者同得

此事定故。若離善知識所護則起外道見故。以其共故。若得善友護助之力得入佛法。若離善友則入邪道。△五示益勸二○一總標。復次精勤專心修學此三昧者。現世當得十種利益。後世利益無量無邊。現世利益畧陳十種。○二別解十中分三○一一善友攝護益。云何為十。一者。常為十方諸佛菩薩之所護念。以修此真如三昧故。諸佛菩薩法應護念。令得勇猛勝進不退也。△二四離障益二○一離外惡緣。二者。一離天魔現形。不為諸魔惡鬼所能恐怖。二離外道邪惑。三者。不為九十五種外道鬼神之所惑亂。○二離內惑業。四者。一除業也。遠離誹謗甚深之法。不起新業。重罪業障漸漸微薄。舊業輕也。五者。二滅惑也。滅一切疑。諸惡覺觀。○三五行成堅固益。六者。於理增信。於諸如來境界。信得增長。七者。處深不怯。遠離憂悔。於生死中。勇猛不怯。八者。不為緣壞。其心柔和。捨於憍慢。不為他人所惱。九者。無世滋味。雖未得定。於一切時一切境界處。則能減損煩惱。不樂世間。十者。得深禪定。若得三昧。不為外緣一切音聲之所驚動。△二觀三○一明修觀意。復次若人唯修於止。則心沈沒。或起懈怠。不樂眾善。失自利也。下初觀以治之。第四觀以成之。遠離大悲。失利他也。下第二觀以治之。第三觀以成之。是故修觀。△二辨觀行相四○一法相觀明四非常觀文四○一無常觀。修習觀者。當觀一切世間有為之法。總標四觀所觀也。無得久停。須臾變壞。○二苦觀。一切心行。念念生滅。以是故苦。○三無我觀。應觀過去所念諸法。恍忽如夢。無體難追。應觀現在所念諸法。猶如電光。剎那不住。應觀未來所念諸法。猶如於雲。欻爾而起。本無積聚。但緣集欻有。不從十方來。○四不淨觀。應觀世間一切有身。悉皆不淨。種種穢汙。無一可樂。上來四觀除於常等四倒。配釋可知。○二大悲觀。如是當念一切眾生。從無始時來。皆因無明所熏習故。令心生滅。已受一切身心大苦。現在即有無量逼迫。未來所苦亦無分齊。難捨難離。而不覺知。無心厭背。故使苦無限也。眾生如是。甚為可愍。深發悲心。○三大願觀。作是思惟。即應勇猛立大誓願。因悲立願。願令我心離分別故。願體。徧於十方修行一切諸善功德。盡其未來。長時心也。以無量方便。救拔一切苦惱眾生。廣大心也。令得涅槃第一義樂。第一心也。○四精進觀。以起如是願故。於一切時一切處所有眾善。隨已堪能。不捨修學。心無懈怠。唯除坐時專念於止。○三結觀分齊。若餘一切。悉當觀察。應作順理。不應作。違理。△三俱三○一總標。若行若住若臥若起。皆應止觀俱行。上來始習未淳。故動靜別修。今定慧終成。故能雙運。△二別辨二一約法明俱二○一即止之觀。所謂雖念諸法自性不生。約非有義以明止。而復即念因緣和合善惡之業苦樂等報。不失不壞。約非無義以明觀。此二不二。故云即也。此順不動真際而建立諸法。良以非有即是非無。故能不捨止而修觀也。○二即觀之止。雖念因緣善惡業報。而亦即念性不可得。此順不壞假名而說諸法實相。良以非無即是非有。故能不捨觀而修止。此說時有前後。然在行心鎔融不二。不二之性。即是實性。理味在此。宜可思之。○二對障明俱。若修止者。對治凡夫住著世間。能捨二乘怯弱之見。治於二過。謂正治凡夫。人法二執。貪樂世間。兼治二乘。執五陰法。見苦生怖。以止門無生除此等執。若修觀者。對治二乘不起大悲狹劣心過。遠離凡夫不修善根。亦治二過。謂正治二乘陿劣之心。今普觀眾生起於大悲。兼治凡夫。懈怠之心。今觀無常。策修善行。○三總結。以是義故。是止觀門共相助成。不相捨離。如凡夫人。非不樂世間。無以勸修善行。約二乘人。非不怖生死。無以起於大悲。是二行不相離也。若止觀不具。則無能入菩提之道。止觀相資。如鳥兩翼。車之二輪。二輪不具。則無運載之功。一翼若闕。則無淩虛之勢。△四防退方便二○一明可退之人。復次眾生初學是法。欲求正信。其心怯弱。先標行者。下最處釋成。以住於此娑婆世界。自畏不能常值諸佛。親承供養。懼謂信心。難可成就。意欲退者。以其內心既劣。

外間勝緣信行難成故欲退也乙二明防退之法二乙一通舉聖意當知如來有勝方便攝護信心。標聖善巧謂以專意念佛因緣隨願得生他方佛土。常見於佛。永離惡道。釋顯巧相二別引經證如修多羅說。若人專念西方極樂世界阿彌陀佛。所修善根迴向願求生彼世界即得往生。引經也下釋經文常見佛故。終無有退。若觀彼佛真如法身。常勤修習。畢竟得生住正定故。但往生之人。約有三位。一如蓮華未開時。信行未滿。未名不退。但以處無退緣。故稱不退。二信位滿足已去。華開見佛。入十住位。得少分見法身。住正定位也。三者三賢位滿。入初地已去。證徧滿法身。生無邊佛土。如佛記龍樹菩薩等。住初地生淨土等也。此中畢竟等是後二位。五勸修利益分三一結前生後已說修行信心分。結前大章次說勸修利益分。牒前大章如是摩訶衍諸佛祕藏我已摠說。二舉信謗損益二一信受福勝二一約三慧摠舉其益若有衆生。欲於如來甚深境界。得生正信。遠離誹謗。入大乘道。當持此論。聞慧思量思慧修習修慧究竟能至無上之道。二別顯三慧益相三一聞時益若人聞是法已。不生怯弱。當知此人定紹佛種。必為諸佛之所授記。二思時益假使有人能化三千大千世界滿中衆生。令行十善。不如有人。於一食頃正思此法。過前功德不可為喻。三修時益三一時少德多復次若人受持此論觀察修行若一日一夜。所有功德無量無邊。不可得說。二校量多相假令十方一切諸佛。各於無量無邊阿僧祇劫。歎其功德。亦不能盡。三釋多所以何以故。謂法性功德無有盡故。此人功德亦復如是無有邊際。二謗毀罪重其有衆生。於此論中毀謗不信。所獲罪報。經無量劫。受大苦惱。一誡謗成罪重是故衆生但應仰信。不應毀謗。二誡勸止謗以深自害。亦害他人。斷絕一切三寶之種。三釋罪重意以一切如來皆依此法得涅槃故。一切菩薩因之修行得入佛智故。四轉釋斷三寶之義於中三二句一約果人依之得涅槃二約因人依之得菩提菩提涅槃即是法寶佛僧可知也三結勸修學當知過去菩薩已依此法得成淨信。現在菩薩今依此法得成淨信。未來菩薩當依此法得成淨信。是故衆生應勤修學。三世菩薩同行此法更無異路故勸修學三摠結迴向諸佛甚深廣大義我今隨順摠持說。結上所說也於中上句結義下句結文迴此功德如法性普利一切衆生界。迴向利益也於中上句明德廣下句辨迴處。

田五 十六

大乘起信論疏卷第四

大乘起信論疏卷第四

校勘記

一　底本，清藏本。

一　八一四頁上一行至三行書名、卷次、作者，徑無（未換卷）。

一　八一四頁中一行註釋右上「二」，徑作「三」。次頁上一一行註釋右第五字同。

一　八一六頁上八行註釋右「普徧衆生」，徑作「普照徧衆」。

一　八一六頁上一九行註釋左「分來」，徑作「來分」。

一　八一八頁下末行「三界」，徑作「二界」。

一　八一九頁下一六行註釋右第四字「資」，徑作「須」。又左第六字「別」，徑作「則」。

起信論疏筆削記卷第一

[illegible]

長水沙門子璿錄

中印度境有嚩羅尾儞者此方翻爲馬鳴於佛滅後六百年内破邪見幢樹正法寶宗諸實教造玆一論名曰大乘起信說有五分大判爲三初因緣分即序分也明論發起由八因緣非同率爾無利益故後之一分勸修利益即流通也勸於論生信思惟修習得

[illegible]

大利樂流至後代益衆生故中間三分即是正宗謂立義一分略標綱要立一心法列二種門舉三大義因果俱運略爲下文而張本故解釋一分由前略標義理未暢是宜廣釋令義昭然以生解故信心一分說四種信五種修行令諸衆生信根成熟入不退故此上三分是前因緣所起是後一分所勸由是俱號正宗已知論文三分大節應知能解疏文若何以疏前有序爲序分開章已下爲正宗分後文既無批述迴向乃闕流通既而三分不具即分爲二△初論題題目二初標題目者以題是一部大綱不得不預[illegible]故須略解題中五字[illegible]解經題皆約五義今言大者體也乘者宗也起信用也論者教也一論所詮唯體宗用五字合故是即名也大謂體者此有總別總以一心爲體論之主質無出於斯謂信所緣故解所了故行所趣故證所入故因所感故果所顯故故論初標以爲法體文云摩訶衍者一法二義所言法者謂衆生心是心即攝一切世間出世間法依於此心顯示摩訶衍義等此是直目其法名之爲大謂竪窮横徧無礙圓融當體受名不關待小故涅槃云不因小空名爲大空涅槃亦爾不因小相名大涅槃別者約義所論即有三種謂體相用即開前一心以爲三義即大涅槃三德是也如下文云所言義者則有三種一者體大謂一切法真如平等不增減故二者相大謂如來藏具足無漏性功德故三者用大能生一切世間出世間善因果故故大之一字通於三也乘謂宗者即從因至果以取體故乘者就喻彰名運載爲義如世舟車可以運重致遠也即喻菩薩乘此大法越生死野度煩惱河到菩提鄉登涅槃岸故下文云一切諸佛本所乘故一切菩薩皆乘此法到如來地故此中能乘是始覺所乘是本覺能所冥符始本不二名究竟覺即是所至之處一相一味究竟平等更無三異於一體中義分能所摠亦名一乘亦名無上乘也起信謂用者以此論中能破疑執生正信故起即顯發信謂忍樂謂於前大乘一心三義境上顯發忍樂之心名爲起信故論云爲欲令衆生除疑捨邪執起大乘正信佛種不斷故此信起時必内由本覺爲因外由師教爲緣因緣和合内外相資故能顯發下論云因緣具足者所謂自信熏習之力又爲諸佛菩薩等慈悲願護故能起猒苦之心信有涅槃修習善根等然信之一法爲

[illegible]

衆善之源爲行之始解行修證皆悉由之證極之處名得涅槃苟非其信爲辦斯事故華嚴云信爲道源功德母長養一切諸善法斷除疑網出愛河開示涅槃無上道然此論中不唯起信亦兼解行謂五分論文二三是解四五是行既含多義普協輿情欲令自淺之深是故但標起信論謂教者即聖人被下之言教愚成智教凡爲聖故論者議論也謂假立賓主自問自答循環研覈究暢真宗商議論量如上法義教誡學徒也然論有宗釋之異此宗論也謂馬鳴大士綜括華嚴涅槃楞伽思益等百餘部實教大乘之所造故實謂義豐文約解決不收故下文云如是此論爲欲總攝如來廣大深法無邊義故應說此論又云如是摩訶衍諸佛秘藏我已總說又云諸佛甚深廣大義我今隨順總持說等然此論文是證眞大士後得智中宗經所造後人不思綆短却謂泉枯往往謗之言非圓實下文勸信非不殷勤開思修益備彰功利不信毀謗受苦彌劫豈不勉哉如上五字即法喻因果解行理智能化所化能詮所詮無不具足括盡一論以立此名也疏者疏也決也謂疏理法義旨趣決釋文言章句令[illegible]通暢也然上大等六字約六釋分

[illegible]

別總成五對一能乘所乘對謂人爲能乘大爲所乘所乘即大能乘之大大之乘故持業依士依主三釋兼通二能起所起對謂大乘爲能起信爲所起即大乘之起信依主釋三能信所信對謂信爲能信大乘爲所信所信即大乘大乘之能信持業依主二釋四所詮能詮對謂大乘起信爲所詮論爲能詮五能釋所釋對謂疏爲能釋上五爲所釋二皆依主并者兼其及也序者敘也謂敘述一論之大意故又訓緒也此文即製疏入作之端緒故

△二述注人名西太原寺者即長安崇福寺也以天下有五寺俱名太原爲揀餘四故言西也東即揚州南即荊南府西即長安北即太原[illegible]中即東都[illegible]俱稱太原者以則天生于太原此既皆彼捨宅所置爲敬生處故以爲名沙門者釋衆之通號此云勤息謂勤修戒定慧息滅惑業苦故受斯稱法藏者俗姓康氏華嚴第三祖勅謚賢首大師[illegible]隆廣如傳錄述者明非造作也如仲尼云述而不作信而好古明已勞謙故云述也草堂寺名在終南山宗密者姓何氏謚爲定慧禪師是乃學臨内外通暁古今[illegible]大業備所聞見[illegible]論疏二本別行[illegible]學者不

能周覺既成互闕功進難前今列疏文以就於論既論下有疏論上有科文義昭然章段備矣學者披繹得不荷其優賜乎

△序文二初總叙宗旨二初序論之大意文四段所以列此四者盖叙一論之意論之大意莫越於斯從始至末攝無不盡今初四句明一心法立義文云所言法者謂衆生心是心則攝一切世間出世間法依於此心顯示摩訶衍義解釋文云顯示正義者依一心法有二種門乃至二門不相捨離等今此叙之也言夫者發語之詞也如云夫孝德之本教之所由生又云夫易廣矣大矣或句中句下皆語詞也眞心二字正指法體眞謂眞實揀非偽妄心謂靈鑒要妙中實凡言於心然有其四一者梵語訖利馱耶此云肉團心則人之心藏也其色赤形如蓮華上有七葉色法所攝二者質多此云集起即第八阿賴耶識以能集諸種子起現行故三者緣慮心此通八識心王以各能緣慮自分境故四者乾栗馱此云堅實心謂如來藏自性清淨不生不滅心也今所明者正是此爾所言眞者揀餘心故若稱實言之但是一心貫於眞妄以論標立為大乘法體即總相心也於一心中方

[illegible]

開二門今雖云眞乃是以別顯總此心若在初門但名眞如若在後門但名本覺應知眞心是總眞如是別寂謂空寂廓謂曠大空即中無妄染寂乃其性湛然曠謂德用無邊大則體周法界故下文云從本已來一切染法不相應故此心之空義也又經云妙覺湛然周徧法界斯寂義也又經云覺性徧滿圓無際故當知六根徧滿法界乃至八萬四千陁羅尼門徧滿法界斯曠義也又下論云是一法界大總相法門體等則大義也既而清淨本然周徧法界湛然常住妙德無邊由是乃云眞心寥廓故華嚴疏云寂寥虛曠沖深包博總該萬有即是一心也問太虛空界亦空寂亦曠大與心何異答太虛則以無為體故云空一向凝然故云寂闕其德用曠義不成為心所包大義無準豈同眞心彌滿清淨中不容他德用無邊性起為相沖虛妙粹炳煥靈明越彼大虛方之海印也此上則顯心之德相也絕言下明心之離過絕謂斷絕於辭也言謂語言即聞慧境象謂似像屬於義也即思慧境故繫辭云聖人有以見天下之賾而擬諸形容象其物宜是故謂之象筌是捕魚之器罤即網兔之具此二即言象喻也今顯眞心不可思議言語

[illegible]

道斷心行處滅故云絕也謂心體離言非可以言語取心體離念不可以識情求口談詞丧心緣慮亡故下文云從本已來離言說相離心緣相又云非色非心非智非識非有非無畢竟不可說相等皆明心離過也筌罤喻言象者罤能網兔喻言能取象筌能捕魚喻象能取意今法喻雙舉者為成文故然筌罤之語是周易略例正文故彼文云言生於象故可尋言以觀象象生於意故可尋象以觀意意以象盡象以言著故得意忘象得象忘言猶罤者所以在兔得兔而忘罤筌者所以在魚得魚而忘筌然則言者象之罤也象者意之筌也存言者非得象存象者非得意象生於意而存象焉則所存者乃非其象也言生於象而存言焉則所存者乃非其言也然易中舉此明尋言得象尋象得意得意須忘象得象須忘言苟不能忘皆非得旨此乃約人以明勸人捨筌今文但約本性直就法體說離言象非約勸修雖借彼文不同彼意荷欲強說於字來由恐乖文旨沖漠下別約橫竪以顯心之德相沖謂深也此明心之體性竪窮三際而洞然無底故經云甚深法性諸佛行處又云幽邃深遠等漠謂[illegible]此顯心之德相橫徧十方而曠然無邊故經云覺徧十方界本性圓滿故此乃竪窮三際而三際不遷徧十方而十方無外又沖謂剛柔得所漠謂名目難及以此心性雖體離相而隨緣成事雖隨緣起而本性不變此隨緣不變之體不可以智知識識名言名目故云漠也經云不染而染難可了知染而不染難可了知希謂無聲夷謂無色老子云聽之不聞曰希視之不見曰夷此乃重顯深廣之相深故聽之不聞廣故視之不見謂此心體唯證相應非是見聞之所及故忘境等者此亦顯心離過忘謂於法不記斯亦絕無之義境謂所證之理智謂能證之心凡言境智能所者盖約反迷從悟對染說淨皆屬生滅今此顯示非染淨之一心絕迷悟之極致尚不可立眞妄之名豈存乎能所境智故楞伽云無有佛涅槃亦無涅槃佛遠離覺所覺又圓覺云覺所覺者不離塵故以一心之體絕凡聖亡因果離性離相不有不無焉可更言境智能所故云忘也楞嚴云性眞常中求於去來迷悟生死了無所得斯之謂歟

△非生滅下二顯眞如門前門但約絕待亡詮旨離性相故云寥廓沖漠等今門約對生滅顯不生滅待妄立眞故云眞如門即下立義文云是心眞如相即示

[illegible]

摩訶衍體故解釋文云心眞如者即一法界大總相法門體所謂心性不生不滅乃至云以離念境界唯證相應故今疏叙彼故云非生滅等非無也不也然生滅與不生滅須約三性分別且約三性自相說者謂徧計妄法一向生滅圓成實性一向不生滅依他假法相同徧計似生似滅性是圓成不生不滅若稱實言之則三性皆無生滅雖然曰無義不同何則謂徧計即無法可生無法可滅如繩上蛇依他乃即生無生即滅無滅如麻上繩圓成即中無前二生滅之法如麻上無繩無蛇唯識頌云初即相無性次無自

體性後由遠離前所執我法性圓成實性卽是眞如
故云非生滅也然此但明圓成實體不生不滅亦不
和會泯於生滅之法故圓覺云如來寂滅性未曾有
始終故下文云所謂心性不生不滅又云非前際生
非後際滅畢竟恒常等此卽顯眞心不變也四相等
者四相有三種一微細四相謂一刹那有九百生滅
但是有爲皆爲所遷卽生住異滅也二果報四相卽
生老病死涅槃經中名爲四山如彼經云有四大山
從四方來欲害人民當有何計而能免彼波斯匿言
唯有此來無逃避處唯當專念持戒布施佛讚善哉
我說四山卽是衆生生老病死常來切人等三一期
四相謂始從迷眞終至造業八相生滅通束爲四謂
生相有一住相有四異相有二滅相有一若反迷斷
時始從初信止滅相終至十地斷生相如下具明今
言不遷者卽微細四相兼於餘二以四相但遷有爲
之法心是無爲非所作性故不能遷文中略舉初後
以攝中間故云非生滅也無去來者謂此眞心不向
前際去不從後際來亦不現在住現在住者卽是諸
有爲法故成唯識云住表此法暫有用今不同彼故
云無也三際等者際時限也眞無也易謂變改三際
雖是能易之法但能遷變有爲令其改易心非有爲
故不能易淨名云但以文字數故說有三世非謂菩
提有去來今△但以下三敘生滅門卽下立義文云
是心生滅因緣相能示摩訶衍自體相用故解釋文
云心生滅者依如來藏有生滅心所謂不生不滅與
生滅和合乃至此非心識分別能知以眞如自在用
義故今敘之也文有四句於中上句標生滅所以餘
句釋生滅相初句言但者詞也以由也此性雖寂寥
虛曠冲深包博非生非滅不垢不淨然不住此一向
寂滅非染淨中而隨彼能熏成一切法隨染卽九相

生滅隨淨卽三乘聖道皆由眞如以無住爲其種性
亦由性是無住故能然也淨名云從無住本立一切
法楞嚴云本此無住以立世界及諸衆生非同他宗
明眞如體一向堅密猶如玉石不受熏習不能隨緣
但說賴耶爲染淨本受熏持種也隨派下喻明也水
分流謂之派路分徑謂之岐今取岐派共爲一喻謂
如一源之水隨何岐路分流成派眞心亦爾隨何因
緣作凡聖等如下卽明逐迷下正辨生滅之相逐隨
也任從也迷則背覺合塵悟則背塵合覺然其迷悟
各具因緣迷中以無明爲因境界爲緣悟中以本覺
內熏爲因師教外熏爲緣若隨從迷中因緣卽沈於
生死則一切有漏染法起一切無漏淨法滅（流轉還滅）若
隨從悟中因緣卽升於覺路則一切無漏淨法起一
切有漏染法滅（滅作以滅）如下文說無明爲因生三細境
界爲緣生六麤卽沈淪五道是爲逐迷也本覺內熏
爲因師教外熏爲緣發解起行卽超升佛果是爲從
悟也迷之與悟皆是性爲迷悟雖殊不思議一故經
云無始時來性一切法依止由此有諸趣及證涅槃
果華嚴經中性起法門卽斯義也又涅槃云佛性隨
流成衆味等楞嚴云譬如虛空體非羣相而不拒彼
諸相發揮日照則明雲屯則暗等皆顯眞如不住自
性隨緣成法也△雖復下四明二門不二也上說眞
如生滅其義迢然雖行相不同然理歸一揆二而不
二故有此門卽下解釋文云復次顯示從生滅門卽
入眞如門所謂推求五陰色之與心六塵境界畢竟
無念乃至若能觀察知心無念卽得隨順入眞如門
今此敘之也文二初法二初正明不二文中四句前
二句明生滅不礙眞如後二句明眞如不礙生滅既
互不相礙卽不二之義也今初雖復者詞含縱奪實
下二句繁多與起鼓動躍跳也繁則染淨多途興則

新新生起鼓則體非常住躍則相不久停以染淨因
緣繁多興起鼓動跳躍念念生滅未曾覺住雖不覺
住而其體不變不變之性卽是心源心源卽未曾有
動故下文云覺心初起心無初相圓覺云覺者如虛
空平等不動轉又下文云雖念因緣善惡果報而亦
卽念性不可得故云未始等靜謐下二句明眞如不
礙生滅謐亦靜也靜中之靜故名爲謐靜則相非生
滅謐則體絕有無虛乃無礙圓通凝則寂而常照又
無感之喧煩曰靜無業之遷流曰謐離色之質礙曰
虛非心之生滅曰凝雖眞體若是而用常隨緣隨緣
之用爲業爲果善惡樂苦形影不差故云未嘗乖等
嘗曾也乖違也業因果報皆通善惡漏與無漏卽不
動眞際而建立諸法故淨名云無我無造無受者所
作之業亦不忘下文云雖念諸法自性不生而復卽
念善惡苦樂等報不失不壞△故使下二釋成無礙
前二句釋眞如不礙生滅後二句釋生滅不礙眞如
言故使者卽因前起後之詞亦通下二句故者所以
義使令也由前眞如不礙生滅所以令其不變之眞
體任運隨緣起成染淨染淨二字無法不攝從來不
同非適今也故云恒殊然此染淨全性所起故下文
云譬如種種瓦器皆同微塵性相如是無漏無明皆
同眞如性相不捨下二句釋生滅不礙眞如由無礙
故所以令其不捨差別妄緣卽是一眞實性妄緣差
別凡聖收盡凡聖相異而體是一一體之內本無凡
聖故云致一致理也逐也故下文云一切凡夫聲聞
緣覺菩薩諸佛非前際生非後際滅畢竟常恒等故
圓覺云於實相中實無菩薩及諸衆生又云衆生國
土同一法性△其猶下二喻也此中四句前二句喻
眞如不礙生滅後二句喻生滅不礙眞如其者指法
之詞猶如也波動喻生滅染淨不同水濕喻眞如一

體無異波以動爲相不以濕爲性初句反顯以喻生
滅門中無有異真如之淥淨也故云波無等故即下
顯喻由不異故遂能即於一心而辨生滅故云即水
等即喻前文不變性而緣起淥淨恒殊也水無下二
句喻生滅不礙真如初句反顯以喻真如門中無有
異淥淨之一心也故云水無等次句順喻由不異故
遂能即彼生滅而顯真如故云即波等此喻前文不
捨緣而即真凡聖致一也△是以下結成不二也是
以二字結指之詞動靜等三對說有通別通則不出
真如生滅兩義謂動俗生死即生滅餘皆真如別則
動靜約喻真俗約諦生死涅槃約淥淨此諸二法本
不相是法相違然今以一性通之令動靜無別真俗
不殊淥淨同體一無所異良以性起爲相境智歷然
相得性融身心廓爾故下文云如大海水因風波動
風相水相不相捨離又經云二諦並非雙恒乖未嘗
各又大集云生死涅槃二界平等即是佛界此中文
徹雙融爽齊一貫等正顯二法不二之語徹通融和
奐平齊等貫通也對文可見然上四門旨趣微妙初
則標本以彰末使萬有星羅於義天後則攝末以歸
本俾群象咸同於性海乍舒乍卷或存或泯法乃同
[illegible]
時義無前後由是阿梨依正全是極聖之自心昧處
身土不逾下凡之一念圓貫之旨其在茲焉問初假
一心後辨二門不二亦即一心初後何別答初之一
心心當能起後之一心心當所歸雖前後體同且始
終義異但以本是一心離名絕相由其迷悟萬法齊
生生法本空一切唯識識如幻夢但是一心由是論
依法說疏約論明次第四門故無所越一論之旨其
在茲焉△但以下明造論因由二今初反顯者欲顯
菩薩造論先明不假論時如來在世即時根緣勝根
飄易調即根勝行勝謂牟尼釋尊成道已來未涅槃

時法化流行聖賢輔贊人根成熟性行調柔升一佛
所種諸善根於無量劫久植德本一聞下明根行勝
相不須再聞故言一承顯聖旨故云稟尊言者八音
四辯金口親宣聞而獲益速無生忍故云懸契又懸
者遠也不必親從金口但展轉傳聞如身子聞馬勝
因緣目揵連承舍利轉教此之根性尚不藉結集之
經豈假菩薩造論故下論云若如來在世眾生利根
能說之人色心業勝圓音一演異類等解則不須論
△大師下正明二初敘迷二初總敘也大師者
德業高勝可軌可範即十號中天人師一號也根緣
[illegible]
息化佛日韜光故云沒後即時緣俱劣也爾時則答
衛失照世皆闇冥正法陵遲故名爲劣異執下明根
行俱劣顛倒計著名爲異執亂於正理故曰紛綸紛
亂綸理也此有三類執計不同故名爲異一凡夫保
於鈍惑執五蘊色心計爲常樂我淨二外道依於分
別於五蘊上計其有我或即蘊離蘊著斷著常起六
十二見等三小乘雖破我執而起法見不知真常而
計無常等四隨自見解各立己宗分爲二十餘部互
相是非此即俱名異執或趣下明其劣相或者不定
之詞此等根性既劣或隨利鈍使成凡外感聞權淺
教爲小乘也凡夫外道非佛正法故名邪途宗習歸
向名之爲趣小機著己離我執不名爲邪未得法空
不名大道趣理偏僻厭心動勞切慕化城不求實所
唯會自利豈能運他既匪大途故云小徑△遂使下
別顯二初迷理遂使者躡前起後之詞由前根緣既
劣異執仍繁遂令迷本真心逐妄流轉功德法寶本
有而無用圓解神珠垢覆而不現孤窮生死之路備
實涅槃之門動經塵劫興念浪迹三德秘藏莫之能
入息此中二喻各出一經一貧家實藏喻即如來藏
體九喻中之第五也彼文云譬如貧家有珍寶藏寶

不能言我在此中貧不自知又無語者不能開發此
珍寶藏一切眾生亦復如是如來知見大法寶藏在
其身內不聞不知耽惑五欲輪轉生死受苦無量等
匿隱濟救之闕也少而無父曰孤無財之極曰窮合
法可知二衣內明珠喻即法華五百弟子受記之文
廣說如彼貧力曰傭給使曰作餘文可解△加以下
二迷教也言加以者以如來滅度之後雖不親承金
口然有結集教文可以尋言見義尋義得意眾生根
性雖劣多起異見不能開於大法自然改正今又否
能尋繹發蓋發宣圓理既而茂聞邪見於焉雜華聖
人既滅根行仍微聞揚之教抑又不行故云加以文
中四句前二句明大教被擁後二句明迷者難改教
非小道通至無上故曰大乘經論圓實揀異權淺故
名深旨貝葉者即多羅樹葉也彼此方竹帛簡牒之
類載能詮文可以披覽見所詮理如說而行反迷歸
悟今既擁不行故云沉也下二句明迷者難改舉有
者即前凡夫外道小乘類各眾多故云舉有無正法
聰不見佛性故曰盲從聽謂奔趣異路即邪途小徑
也既不能就之於有道正之以圓乘迷謬日深習以
成性服藥不瞑厥疾何瘳遂復無因故云莫反△
爰有下二興悲造論三今初悲歎人法也初二句能
歎爰曰也謂如來滅度已六百年人根雖劣正法尚
存聖人示生興我真教故云爰有大士謂馬鳴論主
本成正覺號大光明迹居八地爲法身菩薩發大心
信大法解大義修大行證大道趣大果非其小乘故
云大士也馬鳴者謂此菩薩生時及說法時感眾馬
悲鳴故受斯稱如下當釋慨此下二句所歎初句歎
教無聲之歎曰慨頹綱者喻也圓實之教尋繹既罕
沉擁不行如大綱既頹綱目何整人天魚鱉其勞無
歸彼岸何由得度故勝苦海難能出溺之未有

由斯也悼斯下傷迷悼傷淪沈溺沒也大士見此沈網覊而不舉迷徒溺長淪而不升歎之傷之寧不思救故經云我以佛眼觀見六道衆生貧窮無福慧入生死險道相續苦不斷乃至不求大勢佛及以斷苦法爲是衆生故而起大悲心等△將欲下二述造論意文有六句初二句明教顯理次二句破邪歸正後二句令獲頓益今初將者當也且也欲謂希願啓謂開發了義大乘名爲深經終實圓理故曰妙旨佛親說時利根者得入如人有目日光明照見種種色滅度之後昏鈍性障諸阿賴迦其猶昏衢之

是謂二障大士思欲發揮圓旨令彼迷者失明開佛昔曾破今更重明故云再顯次二句破邪歸正所謂指破心行理外稱名邪見非但不信因果而已此乃凡夫外道二乘俱名爲邪故迦葉言我等自此已前皆名邪見人也頗頃也以頭向下故名顛倒或顛者病也眸即目瞳此舉喻也如人眼之有病患見空華毛輪二月等又顛即心狂由心狂故目瞻邪物皆悉不正謂非親見親等彼邪見者亦復如是於性空處見生死涅槃於妙明中成分別見妄正邪者眞菩提路也往而卻還曰歸衆生迷見不依正路行五趣縱出三界亦落無爲坑中今欲令彼捨邪歸轍還向直道無諸委曲也後二句結成頓益初喻次法水初出可以濫觴曰源者即人也如人涯涸窮其水本名爲還源以喻行者反生死流歸於本際也得本際者名覺心源故下文云覺心源者名究竟覺若準他說三無數劫修習廣大行願方成正覺如挹流討源也今言可即非遠者謂只於生滅之處示彼因緣無性四相本自不生死即眞實如下論云四相本來平等唯一實故又云一切法悉皆眞故皆同如故圓覺云知幻即離不作方便離幻即覺亦無漸次又

所徵云道源不遠性海非遙肇公亦云道遠乎哉觸事而眞聖遠乎哉體之即神斯皆可即非遙之義也如示萬派之水即是本源之水無二別也如是則一念契眞即名爲佛豈待多劫而遠求耶頓益之義昭然可見△造廣下三正造諸論二初廣論謂甘蔗論釋中本楞伽經義味豐美故立斯稱又造一心稱論論融俗歸眞論眞如三昧論等一百餘部如來滅度方六百載人根稍利堪受廣說故云當時遐邇羣敬品類也即普該衆類遠及未來凡是當機皆得斯利故云遐益羣品△既文下二略論

既者已也即印前之詞文多謂甘蔗論六百卷或云一百卷此方無本難定是非遐遠也文句既多義又深遠後代雖有圓頓根性心力劣者於此文義廣博之論不能備覽非謂一向權小之機名爲淺識以此略論正爲大乘頓根令悟入故故下文云自有衆生復以廣論文多爲煩心樂總持少文而攝多義能取解者又云爲欲解釋如來根本之義令諸衆生正解不謬故爲今當根成熟衆生於摩訶衍法堪任不退信故等斯則正爲大乘信解位人而作因緣反知於其廣中但攝心方名爲淺識△悲末下二正造論悲

謂菩薩造論之心菩薩發心體有三種謂大悲大智大願悲則度生智則求證願則總攝今爲拔衆生苦與究竟樂而造斯論故須悲也下論云所謂爲令衆生離一切苦得究竟樂非求世間名利恭敬故末摽約時迷倫約類以佛滅後二千五百年去解脫智慧多聞禪定俱不牢固但隨迷見唯起諍論如斯類也誠堪愍之故造此論令其悟入葉世也倫類也△所謂下三彰功益二今初略能含廣可謂者印歎之詞論唯一軸二十四紙故云文約約略也所詮之法義備河沙故云

法藏故下文云諸佛甚深廣大義我今隨順總持說又云如是摩訶衍諸佛秘藏我已總說解行等者解即立義解釋二分所詮令生解故行即修行信心及勸修利益所詮令起行故又云於眞如法中深解現前所修離相又云知心妄動無前境界修遠離法等俱即是兼義意無別解行兩足故曰俱兼亦可俱則具於解行兼則解中有行行中有解目足更資方到清涼池爾△中下下二巧被根緣謂中根已下之類皆由此論開示而得悟入佛之知見若約位說悟當信解入當行證若依天台兼於開示總對圓教四十

位人即住行向地如次以配開示悟入也今以淺該淺故云悟入者矣辭也然此中下之言非謂對大指小名爲中下以大乘圓頓之根自有上中下別今是圓根之中下也如圓覺經三根之義正同於此今言中下悟入以讓上根廣論被故

起信論疏筆削記卷第一

起信論疏筆削記卷第一

校勘記

一　底本，明徑山藏本。

一　八二一頁上二八行第一二字「示」，清作「是」。

一　八二二頁下一三行末字「有」，清作「存」。

一　八二三頁中一九行第一一字「斯」，清作「所」。

一　八二三頁下一〇行第八字「凝」，清作「寂」。

一　八二四頁上一行第九字「水」，清作「有」。

一　八二四頁上一七行第六字「一」，清作「同」。

一　八二四頁上二七行第一九字「旨」，清作「皆」。

一　八二四頁中二〇行第二字「詞」，清作「訶」。

一　八二四頁下一〇行及二八行「尋繹」，清作「尋斅」。

一　八二五頁上一三行第二字「厈」，清作「庠」。

一　八二五頁上二三行「洴洄」，清作「泝洄」。

一　八二五頁中二三行第一九字「令」，清作「今」。

起信論疏筆削記卷第二

長水沙門子璿錄

△將解下別釋義門二初開章懸叙中六者益有緣緒何者夫聖人所作必不徒然茲論發興有何所以故受之以教起因緣也名教既興已知由漸釋氏之學三藏統收約法約人如何攝屬故受之以明藏所攝也論藏通乎大小菩薩有其權實不以義求罔知旨趣此論詮法分齊至何故受之以顯教義分齊也教所詮義以知至極未委何等機宜於此悟入故受之以教所被機也所詮所被既已昭然未審能詮以

[illegible]

何為體故受之以能詮教體也教體既明教下所詮宗於何事宗之畢竟趣向於何故受之以所詮宗趣也凡是教興悉須具此故今懸叙止斯六門謂論所因故論所攝故論所詮故論所被故論所依故論宗歸故然本疏開章具列十門前六同此但於此後更列四門謂釋論題目造論時代翻譯年月隨文解釋如次至十也今疏不依彼列者以是懸叙義門不欲雜於別解文義故將後四合在隨文注解之中由是懸叙但有六段△一辨教下二釋文二初總標也十徵釋者十段之中皆初一句是徵餘皆釋也△一依下別列十段今初依何智者起論之體莫先於智若智不能起論故佛法中智為根本也斯則六因之中智生因也以有智故有義有義故立言故此十中先責其智謂依下釋也然菩薩之智有權有實實智謂理虛通往來符會眞體名洞穿心源心源即無相眞理也契此理故名無分別心即根本智也權智幹事建立佛法成就眾生隨其根性授與法藥令得服行名隨機巧妙之辯謂順其根欲上中下品故曰隨機言無跡拙由成萬物而不遺故名之為巧巧無巧相不可以言議思慮故名為妙[illegible]

此辯有四有七四謂四無礙辯謂法義詞樂說也亦名四無礙智但在心在口用處不同故得智辯之名其體一也七辯者一捷辯卒答不思須即言故二無斷辯相續連環而無竭故三迅辯明於理事心無滯閡言音迅疾如懸河故四隨應辯應於時機無差異故五無疏謬辯所說契理無差失故六豐義味辯名數理事皆無量故七一切世間最上妙辯此辯有五德一甚深如雷二清徹遠聞三其聲哀雅如迦陵頻伽四能令眾生入心愛敬五若有聞者歡喜無厭具此五者名最上也此上四七名[illegible]後得故名後得智巧妙之相在次兩門[illegible]必須理事雙照隨闕一種則非圓智今論主迹居八地正證無生入眞如門即根本實智照生滅門隨彼事量一一觀察知機設化應根巧說即後得權智權實二智隨用雖殊然體無二依此一體圓智而建立論文故十地論稱歎說者有三辯才智謂眞實智體性智果智前二即根本後得後一即後得之用謂依體性起言巧說故言果也今此所明通前三智也示何法者已知論主所依非是下凡有偏之識但依二智無漏建立凡所有言盡合眞理契會時機必無過

[illegible]

矣如其所示是何法門令彼信解修斷入證耶故此徵之謂一心下釋也然大乘法體是眾生諸佛無二眞源不分染淨眞妄差別而能具攝一切諸法寂焉不動湛然無朕故名一心而此心體非眞非妄能眞能妄故開二門門者無壅虛通往來出入自在開闔無妨之謂也依心無相立眞如門依心具法立生滅門二門互通開闔自在俱以一心為源故云心眞如心生滅也三大者即二門下所示之義謂眞如門中示體大生滅門具示三大故下論云是心眞如相即示摩訶衍體故是心生滅因緣相能示摩訶衍自體相用故四信者謂信眞如及三寶也信心是一信有四故成四信故下論云一者信根本所謂樂念眞如法故乃至常念親近修習如實行故五行謂行布施持戒忍辱精進止觀之法成就前來四種信心令成根不退入正道故如下廣明所言等者法相至多今疏從一至五增數略列不及多云故言等也若具言之即二覺四位四相四鏡三細六麤等不能廣引然疏列雖少無法不該以生滅一門具明世出世間一切法故此等皆是所示之法雖通云示然示義有別謂於上諸法示令信解行斷證等配文可見由是

[illegible]

疏中通云示也云何示者上之所列但是所示之法未知作何方便而顯示之巧謂權巧便謂方便此屬論主能示之智一味大乘即一心眞理不分染淨因果凡聖空有等異故云一味揀對二乘故名大乘此之法體以智冥符離諸分別乃云一味若依言說示即開為二謂法義也故論云摩訶衍者總說有二種一者法二者義仍開法為二門演義為三大故論云依一心法有二種門一者心眞如門二者心生滅門又云所言義者則有三種等備如前引由此下結指善權謂論主以一實智證無分別一味眞理以方便力為眾生故善用巧便而開一味成多法門多無多相不違一味故名善巧開即演一為多示即顯令生解也以何顯者意責前之善巧乃是展彼義門令一成多令欲令此義理皎然可見由何方便而得顯明以由顯明也音即音聲字即文字聲無聲相字無字相故云妙善謂論主於權實無礙智上流演聲名句文是無漏善性所攝不同凡夫屬於無記故淨名云夫說法者無說無示斷則唯為開導利益眾生不依文字也華嚴十地品中說空中風畫等皆顯聲名句文非有非無也[illegible]此也

前以造事此類今於宗上辯了故無著云喻者見
邊義謂以所見邊與未所見邊和合正覺名之爲喻
師子覺云所見邊者謂已顯了分未所見邊者謂未
顯了分以顯了分顯未顯了分令義平等所有正說
名爲立喻然有二種一者同法二者異法同法者若
於是處顯因同品決定有性謂若所作見彼無常譬
如瓶等異法者若於是處說所立無因徧非有謂若
是常見非所作如虛空等然雖十過方爲正喻同喻
五過謂能立法不成所立法不成俱不成無合倒合
異喻五過謂所立法不遣能立法不遣俱不遣不離
倒離宗謂所成立法因即宗家因由所以與前譬喻
皆爲能立故因明論云由宗因喻多言開示諸有問
者未了義故然宗者有體有依有能別所別依止
之上共離九過方爲正宗謂現量相違比量相違世
間相違自教相違自語相違能別不極成所別不極
成俱不極成相符極成因有三相謂徧是宗法性同
品定有性異品徧無性然因有二種謂生因了因生
因如種生芽了因如燈照物然此二因各有三種生
因三者一言生因二智生因三義生因了因三者一
智了因二言了因三義了因廣如彼疏然此因支離
十四過方爲正因謂兩俱不成隨一不成所依不成
猶豫不成共不定不共不定同品一分轉異品徧轉
異品一分轉同品徧轉俱品一分轉決定相違法自
相相違法差別相違有法自相相違有法差別相違
然此三支共離三十三過幷諸闕減等今非正意不
能具陳然今論中雖說宗因譬喻不同因明三事合
集成於比量但今文中或單舉宗義或舉宗因或舉
宗喻或舉因喻如下論云一者法二者義此之法義
但是因明前陳後說有法及法如立量云一心是有
法定具二大故爲宗因云以有眞如生滅二相故此

但舉其宗因而不舉喻因云眞如是有法定不可立
不可遣故爲宗因云以一切法悉皆眞故同如故
此亦但舉宗因餘皆例知若以此論對五性宗體
立量云一眞如體是有法定能隨緣故爲宗因云是
有爲法平等所依故同喻如虛空能含下結指謂前
妙音等爲能顯法義理趣爲所顯由前巧便逐令義
理明顯可見也此上二段即前巧妙之相依何本者
此徵菩薩造論必有所憑若無依據便同虛誕佛聖
言即至教量正道理即比量定量即現量至教者謂
一切智人無所不鑒具足五語言必誠諦依此立論
決定可信無有虛妄故取爲本聖言之語通於三乘
餘人有所不知由是揀之故言佛也先標比量者以
論宗經故比量者謂藉衆相而觀於義衆相者謂因
三相由彼爲因於所比宗義有正智生了知有火或
無常等今言正道理者爲簡一切邪謬因故若因不
正宗義亦邪由是故言正道理也現量者謂無分別
若有正智於色等義離名種等所有分別現現別轉
故名現量此有四類一五識身二五俱意三諸自證
四一切定心此上四種皆現量也今言定量者以此
四義緣色等境是決定故亦可前正道理中具含二
量謂比度生解及自證知俱無謬妄咸正道理定量
一句總指三量俱是決定取此爲本可信從故藉何
力者此責論主依經造論上欲絜聖下欲利凡流至
後代破邪立正俾世世不絕燈燈無盡爲用自力爲
假他威耶歸三寶者謂三寶吉祥一切衆生最勝良
田有歸依者能辦大事生諸福智能離生死得涅槃
樂故佛滅度凡諸弟子所有著述皆歸三寶示學有
宗不自尊已離過失故今乞威加永力而作必至後
代人無不信然加有二種一顯加謂現身說法二冥
加但闇增智慧令通此二也能歸所歸如下廣釋應

何義者此責說假三寶威加造立茲論有何義意者
謂如此邪助揚化者助謂贊輔揚謂發揮化謂教導
是則贊輔如來發揮法門教導群品以十方諸佛逆
爲師資互相贊弼令法道流行衆生受化今論主示
居因位爲我牟尼宗經造論故云助化摧邪顯正者
謂如來在日邪見者佛自調伏佛滅度後若有斯類
人無制止今論主爲摧彼邪徒令邪教不興立我正
法令生正見故下論中顯示正義對治邪執是也護
持遺法者謂佛所說法門至滅度後總名遺法今造
論發揚令無墜地者名爲護持展轉弘傳燈燈不絕
以至來劫名久住世報如來恩者佛留教法意在傳
弘展轉度人令至大果若不傳演違佛本懷是謂孤
恩若能顯發妙門光昭大教勞生獲益不絕大猷斯
則願合佛心稚稱宗祖名爲報恩也故智論云假使
頂戴經塵劫身爲牀座徧三千若不傳法利衆生畢
竟無能報恩者若有傳持正法藏宣揚教理度衆生
修習一念契眞如此是眞報如來者然上五句說有
二意一則各自別說一句是一意謂助佛揚化故摧
邪故顯正故等二則躡迹通論從一至五展轉相由
謂助佛揚化者爲摧邪故摧邪爲顯正故乃至報如
來恩故以何緣者此責如上所爲本緣何事耶令衆
生者三聚五性一切衆生也離一切苦者離三苦八
苦分段變易二生死苦也得究竟樂者謂得無上菩
提覺法樂無上涅槃寂靜樂一得永得更無過者揀
異人天二乘故云究竟由何起者此責菩薩造論之
心因何而起大悲者即同體無緣揀非愛見故云大
也愍謂哀愍即能悲之心物謂衆生即所悲之境凡
天戀生死執常樂我淨故云迷二乘愛涅槃著無常
等四非其正趣認以爲正故名爲謬造論爲彼令反
迷爲悟捨偏入圓也機何益者既爲衆生造論其有

藏此化者得何利〔小字〕謂令下有四益信謂十信闇惑修慧即三賢證入即十地因滿即究竟位此則未信者令信未解者令解未行者令行未證者令證未涅槃者令得涅槃始從凡夫終至等覺受斯化者咸得利益本疏則云六益謂信及三慧證入因滿大同小異開合兩通然上十因意義相續若不料簡竿免混殽今近取譬令無所惑如構大厦先要有解〔小字〕智次列所造〔小字〕三明其相〔小字〕四能造器〔小字〕五有所為準〔小字〕六旁精勝功〔小字〕七上安所尊〔小字〕八

下應來機〔子孫男女合為衆生〕九念情深厚〔有恩有愛合大悲愍物〕十各得所安〔隨彼穩便合信解入證〕如上配合顯然不同由是十文無相濫矣又此十中有因有緣有通有別通則因緣不分謂此十段總是造論因由緣起故別則第九為因第八為緣前六則因緣所資七十則因緣之果又此十中不出悲智謂第一是智第九是悲二三四五六七是智之相八十二門是悲之相也然論文之中自有八種因緣與此有同有異同則疏論兩文不出悲智二種異則論中但直述自已所懷為法利物疏則具叙論主化智巧便妙權顯示承力護法上報下化問論中何故不具叙耶答疏叙他意故可具陳論主述已但明所為者同疏中便成自伐故不具叙△二諸藏所攝者三二不一故云諸皆能含攝故名藏謂明此論於三二中攝屬何藏三藏者經律論也此約所詮戒定慧學增勝而立謂詮定增勝名為經藏詮戒增勝名為律藏詮慧增勝名為論藏言增勝者以一一藏通餘二故第一經藏者梵云欲底修多羅或云修妬路素咀纜此云契經謂契當所詮法義契合所化機心經謂貫穿所說義理令不散失攝持所化物機使無顛墜故佛地論云貫穿攝持所應說義

及所被機故契經即藏持業釋也第二律藏者梵語毗奈耶或云毗尼或毗那耶義翻為律以明持犯法則軌度有如此方條法之制取此類也律法也古翻為調伏謂調練三業制伏過非謂鍊則通於止作制伏則唯明止惡或翻為滅謂身語意惡焚燒行人義同火然戒能止滅故或云清涼以能息惡炎熾相故此則俱就所詮之行彰名調伏之藏等依主釋也第三論藏者梵語阿毗達磨此云對法法則所對之境謂無為涅槃及四眞諦對即能對之心謂理量二智此二對彼妙蓋理源揀擇法相分明指掌如對目前名為對法即對法之藏依主釋也此論屬彼定非經律故云對法藏攝問瑜伽論說謂諸一切了義經與循環研覈摩呾哩迦攝此則對法藏攝亦是佛說此論既是佛滅度後菩薩所造何得亦入對法藏耶答佛所說法有其三種一佛自說二加他說三懸記說今則後說也故摩耶經云佛記馬鳴然正法炬滅邪見幢善說法要既蒙懸記即同佛言故得此攝問若言懸記故得入論藏者然佛滅後一切造論菩薩盡是懸記耶由斯難故今助一解以佛所說雖有論議雖屬經藏以十二部俱名經故菩薩造者但名為論

或宗彼經或隨解釋故此所攝亦不相違二藏者此則約人所立也謂於三藏之中詮示大乘理行果故名菩薩藏詮示小乘理行果故名聲聞藏故莊嚴論及攝大乘說由上下乘差別故有聲聞及菩薩藏然約人說人有三乘合分三藏以緣覺人多不藉教出無佛世或由佛世即攝聲聞以四法之中理果同故由是但立二種藏也若顯教行有別亦可開為三藏故普超三昧經及入大乘論說以餘別義開為三藏今依性教等論約益同無分為二藏開之與合隨一意耳然二藏之中各具三藏二藏之內各有三藏但約人約法分此二三廣如圓覺疏所辨菩薩藏攝者以是大乘非詮小故故此所攝△三教義分齊二初總標別列也教是能詮義即所詮以所詮義顯能詮教即知此教分齊所至也詮法通局者通則大乘終頓圓以被機廣故詮義深故局即小乘及大乘始教以詮法淺故被機狹故又深必該淺故云通淺不至深故云局又一經能含多教故云通一經唯詮一教故云局以義分教者由諸家多約時分教有所未允遂招諍論叙彼如別所明今以義分故無舛謬此則義為能分教為所分得知教之淺深者由所詮

義有近遠故△二隨列別釋二初總叙諸教五今初小乘者運小根至小果故如羊鹿車但能引輕不能致遠故名小也但說下釋相也即正辨所詮之理但偏獨也唯也我空者此教所明凡有所為皆因緣力中無主宰故為我空縱少說者阿含經云無是老死無誰老死既言無是老死即是法空之義雖有此說以百無一分故云少說但標而已更不解釋故不明顯以非教之正意故今望大乘分明顯了義邊故名為但如河少水亦名無水故但依下所依根本六識者即前六識彼教三宗所說有異謂經部無別心所

有部有別心所覺天所說唯一意識隨六根轉無別六與三毒建立者貪瞋癡使害物最深能損法身慧命故受毒稱若以此三為能熏現行色心為所熏生種受生輪轉三界此為染根本若以無貪等三為能熏現行色心為所熏增長無漏出三界此為淨根本染之與淨由三而起無別所依故云但也未盡下然不了不達如來藏心本具無漏功德故未盡本源之淨不了根本不覺是有漏因故未盡染法之源尚不說七八二識豈況無明法性耶故云未盡為淨諸者二十一部分宗各不相與如羣盲模象爲

然是非故云諍論句盡其源安見如此△大乘者運大根至大果故如牛車引重可以致遠故名大乘下四雖權實有異以通對小乘故總名大乘也始分二教者且標兩名此中二教各詮一義是謂空相非謂一教而有二名但說下明所詮理即諸部般若明心境染淨等竝空始自色心終乎種智無不如幻故云皆空般若云無色無受想行識乃至無智亦無得等又經云若有一法勝過涅槃我亦說爲如夢幻等未盡下判爲不了大乘法理不空不有而空而有但說空當知未盡故法鼓經云一切空經是有餘說中論云空是大乘初門故言始也又云以有空義故一切法得成但說下即分教也一切法相者明所詮法然一切不出五位一百法謂一者心法有八二者心所有法有五十一三者色法有十一四者不相應行法有二十四五者無爲法有六縱說真如無爲是諸法性亦墮法相之數故云但說有不成佛下判爲不了謂五性之中定性二乘無性闡提及不定性中三分之二必不成佛既不皆成即名爲分△終實二教者標名也此只一教以對前二故立二名非同於前二教異也說如來藏明緣起即生滅門故下論云

心生滅者依如來藏故有生滅心所謂不生不滅與生滅和合非一非異名阿棃耶識等即前云不變性而緣起緣起下逆明緣性即真如門故論云心真如者即是一法界大總相法門體所謂心性不生不滅乃至一切法不可說不可念故名真如即前云不捨緣而即真也斯則從本起末故云隨緣末即同本故云無性如範金爲器器即是金定性等者三聚五性一切衆生皆有如來藏心總皆成佛故涅槃經云凡有心者定當作佛圓覺云有性無性齊成佛道上皆明所詮之法方盡下判爲了義詮法窮原故云至極

也對前未盡終於始故名爲終教非同法相故云實理分教不了乃屬於權此中了義故云實教△頓教者標名也一直而談更無委曲不歷階漸唯指本源故稱爲頓總不下釋相也不說法相者謂徧計依他色心假實法相雖廣不出於斯此既不說故名爲總即揀分教但說法相唯辨真性者此揀始教但說諸法皆空令說不空妙有即圓成實性也此性圓滿成就凡聖因果平等所依只談此法故云唯辨此二句且略標揀也下即廣示亦無等者釋不說法相也八識是法相之源一切最勝以勝攝劣故皆舉此然識

如幻夢唯是一心故云亦無此中舉識以影所緣也訶教者斥其無實舉公云名無得物之功故圓覺云修多羅者如標月指若復見月了知所標畢竟非月下文亦云一切言說假名無實但隨妄念不可得故勸離者令不執教使其捨詮也故下文云從本已來離言說相離名字相淨名云乃至無有文字語言是真入不二法門又云至於智者不著文字文字性離即是解脫達磨云我法以心傳心不立文字等能詮教既亡所詮義亦遣故但訶教也毀相者凡所有相皆虛妄故此則亡所證境也泯心者心生則種種法生故此即亡能證智也經云幻塵滅故幻滅亦滅又云亦無能證者此乃妄識妄緣能詮所詮能證所證一切都泯故下文云一切法從本已來非色非心非智非識非有非無畢竟不可說相但一念等者念生既是凡夫相現性隱不生宜名爲佛性顯相亡是故剎那登妙覺等佛於一朝故觀師云一念不生前後際斷照體獨立物我皆如更不假餘方便故云但也此則釋前唯辨真性不依下結成頓義既一念成佛豈立位焉位既不存不亦頓乎故思益經云得諸法正性不從一地至於一地圓覺云知幻即離不作方

便離幻即覺亦無漸次△圓教者謂此教中該收前四圓滿具足性相俱融剎海塵毛交徧互入即華嚴宗也所說下一真法界也謂所說理事心境人法聖凡染淨等法以要言之未有一法離於法界故云所說唯是法界或可此句是總標下皆別列性海圓融者理法界謂理性深廣故如海也理體周徧無有一法而不融攝故云圓融緣起者事法界謂衆緣所造心境染淨情器因果大小一多各不同故無礙者理事無礙法界也謂緣起事法皆是理之所成緣起無性不礙於理理能隨緣不礙於事故得理事二無障礙相即相入下事事無礙法界也謂諸事法各全攝理即理之事互不相礙故得一一事法相即相入一即一切一切即一一入一切一切入一互爲主伴重重無盡如天網珠光影互入無礙無盡也然上五教所詮不出性相性相望料揀應成六句一唯相非性小乘教也但說法相不言性故二唯性非相即頓教也唯辨真性毀相泯心故三相多性少即分教多說法相少說性故四性多相少即終教多說法性少說法相縱說法相亦不離性故五非相非性即始教但說諸法皆空未顯真如性故六全相全性圓教也

謂說一真法界全體而起成染淨法即全相也染淨起時性體不隱全是真如即全性也又此五教與天台化法四教相望但開合有異而大況是同彼則開前合後此則開後合前四教者謂藏通別圓也且如此中初小乘教即彼藏教第二始教此有二類一始教但說諸法皆空即彼通教也二分教但說一切法相即別教也第三終教明如來藏隨緣成諸染淨緣起無性一切皆如即彼圓中雙照義也第四頓教唯辨真性即彼圓中雙遮義也第五圓教明性相俱融即彼圓中遮照同時義以此三教所詮唯是一心且

一切法卽彼圓教不思議中道也故此三教皆屬圓收此卽合彼通別爲一始教開彼圓教爲終頓圓三彼卽開此始教爲通別二合此終等爲一圓教雖開合有異而法無異也然彼更約化儀論四約時論五廣說如彼△若於下二與論相攝二初定分齊正唯終教者以有生滅門說如來藏隨緣作阿賴耶成諸染淨義故兼於頓者以有眞如門顯體離言依言辨德故然雖說兩門以眞如門中但略顯法體而已如其說迷悟辨聖凡論染則二礙三細五意六麤論淨則二身三大四信五行具辨染淨熏習廣明四位階[illegible]降說斷證明解行但是一切世出世法皆在生滅門中所明既而廣略不同故於二教以判兼正也△若將下二明相攝也五唯下以五教爲能攝此論爲所攝後三攝此者終頓圓也謂此論中說如來藏緣起是終教說眞如門是頓教又眞如門是理法界生滅門是事法界二門不二理事無礙法界一心是一眞法界此卽圓教故後三教攝得此論然頓教攝此亦且一往若以理推頓教義狹唯辨眞性如何攝此若言以有眞如義故得彼攝者此論亦有前二教義亦應前二攝得此論此唯下以此論爲能攝五教爲所攝也攝前四者此論備有前四義故不攝圓者以四法界中唯有三種而不明事事無礙以圓教宗於事事無礙義既不全故非攝彼然以義推亦合攝彼文四種統唯一眞法界今論一心之體正是一眞法界是彼圓教之宗耳又彼事事得無礙者皆由眞如隨緣故也故知眞如隨緣是彼事事無礙之由故得攝也若以前科望於此義前文合云正唯終教兼於頓圓也

起信論疏筆削記卷第二

起信論疏筆削記卷第二

校勘記

一　底本，明徑山藏本。

一　八二八頁中二六行首字「田」，清作「由」。

一　八二九頁上八行夾註「合一心」，清作「念一心」。

一　八二九頁中二二行「三藏」，清作「二藏」。

起信論疏筆削記卷第三

長水沙門子璿錄

△約法生起下二初標科總示依詮染者以淨法是攝末歸本義今明從本起末故唯取染略五重者廣即十四今於十四之中類束爲五故云略也對諸宗者即前五教也前以能詮爲門故云約教此以所詮爲門故云約法也△二隨文別釋二初正明五段五中二三以略分眞妄故云開云明後二唯約妄論具顯次第生起故言生也一心爲本源者爲是也謂此一心是一切染淨法之根本猶水源爲萬流之本

更無有法爲心之本故云唯一心本即源也經云諸法所生唯心所現一切因果世界微塵因心成體法喩雙顯故云本源華嚴下配教此是圓教之所宗故四法界者如前所列然四種皆稱法界而界義不同謂理法名界界是性義謂與一切染淨諸法爲體性故事法名界界是分義一一事法分限別故後二法界具性分義可知義雖有四而體是一故混四爲一一外無四故云統唯一眞也謂寂寥下總萬有以出體彼曰法界此曰一心謂此一心是法之性故曰法界隨義立名體元無異故以一心爲法界體初二句顯德相寂謂無塵寥謂無色虛則中無妄染曠謂覺徧十方冲即是深豎通三際包即容受一切無餘博則能入一切咸徧總該下明該收萬有者一切法也萬有不出一心是故一切全爲心性心性無外攝無不周也此但意在出體不在收於萬法恐存心外之見故云總該等也然諸教中皆說萬法一心而淺深有異今約五教略爲辨之一愚法聲聞教假說一心謂世出世間染淨等法皆由心造業之所感推徵則一心之義不成故云假說二大乘權教明異熟賴耶以爲一心三界萬法唯識變故三終教說如來藏以爲一心識境諸法皆如夢故四頓教泯絕染淨以說一心顯體離言絕諸相故爲破諸數假名一也五圓教總該萬有以爲一心事理本末無別異故如上所說前二教淺後三教深於三教中義有淺深體唯眞性今之所辨即第五也注正當此門者此論所詮理極於是故上指陳即華嚴經一眞法界但彼以性相俱融名爲法界此約克指法體故曰一心圓實之旨以此爲異也體絕有無者肇公云欲言其有無狀無名欲言其無聖以之靈故下文云非有非無等相非生滅者非不也相謂無相之相相即性也論云非前際生非後際滅般若亦云不生不滅莫窮其始者莫無窮鞠始初也既非生滅有爲之法則無能等鞠盡其初際然不唯無始抑亦無終此但影略故云無始此則雙釋前來相非生滅以非生故無始非滅故無終寧見中邊者邊謂二邊中即中道二邊既泯中道不存故云寧見寧何也此則雙釋前來體絕有無也有無即是二邊前則略舉但言有無今則具顯故云中邊注眞如門者彼疏所說即是此中眞如門義然但因以指配未是正開次下即明迷之下即序中逐迷悟而升沈之義解即初悟悟即證入也故經云無

始時來界一切法等依由此有諸趣及涅槃證得即斯義也注文可知△依心關門者以論云依一心法有二種門也眞如門者於中有離言依言依言之中復有空不空二具如下說頓教分者以此門中說心性不生不滅乃至離言絕慮等義故當此教密說者如心經云是諸法空相不生不滅不垢不淨不增不減等即是眞如之相雖明其相而不克顯眞如體性故云密說理實無異故今配之依如來藏下全引論文顯生滅相也終教者詮法窮極非同始教是行初門故名終教今起信論正明此義以始教下揀顯以始教中亦說賴耶而不說是藏性所成今說性成故非彼分故密嚴云佛說如來藏以爲阿賴耶惡慧不能知藏即賴耶識△後門謂生滅門也二義者論曰此識有二種義能攝一切法生一切法云何爲二一者覺義二者不覺義等故依此明也覺義者論云所言覺者謂心體離念離念相者等虛空界即是如來法身等於中有始覺本覺復有隨染性淨之異具如論說注前眞如等者通前後妨難或曰前眞如門及此覺義爲何不明開義生法唯於後門後義明生起耶故此釋之不變非隨緣淨相是本覺反流即

始覺也此上三義並不可說生起染法之理以義不順故唯此生滅及不覺義即可言其生染次也故前標云依染法從本起末而不言淨法從末向本由是前門前義不言生起也不覺義者論云所言不覺者謂不如實知眞如法一故不覺心起而有其念等於中有根本枝末之異枝末復有三細六麤如次所引注文可知△後義者即不覺也依此不覺起業等相此三屬本識位對後事識六麤名之爲細故論云復次依不覺故生三種相與彼不覺相應不離等業相者約動作爲因二義得名故論云一者無明業相以依不覺故心動說名爲業覺則不動動則有苦果不離因故轉相者前之業相轉至此位爲能見故故論云二者能見相以依動故能見不動則無見現相者以依能緣之心帶起所緣之境故論云三者境界相以依能見故境界妄現離見則無境界注自體等者以唯識說有漏識自體生時轉似二分似能緣相名爲見分似所緣相名爲相分雖文異而義同故今注配自體即自證分也即唯識下配教齊業相者彼說諸法生起但依賴耶以爲其本故名此識爲總報主一切種子根身器界皆此識變仍獨說此以爲所熏

熏成種已後起現行皆依此識故云生起本也以彼下出所以緣以彼宗未說一心是眞如生滅二門之源以留之於終敎說故若盡說已何分權實耶故說等者以不知眞如卽心故說無知無覺凝然不變者說此無知覺體堅如玉石不可受熏以不是可熏性故旣不受熏爲能隨緣由是但執眞如不變不許隨緣也但說等者旣不許眞如隨緣成諸染淨故說賴耶爲生滅本由是明法生起但齊業相也從轉等者以彼所說轉第八爲大圓鏡智第七爲平等性智第六爲妙觀察智前五爲成所作智根本旣唯生滅成智亦是有爲理是無爲不得相卽如鎔金範土各成其器豈得相卽耶故詮法下結成可知△最後者卽現相也六麤是事識位涉於外塵其相顯著總名爲麤故論云以有境界緣故復生六種相智分別境界者智相也以有外境牽起內心令其分別是好是惡等故論云一者智相依於境界心起分別愛與不愛故生苦樂者因前分別違起苦樂覺心故論云二者相續相依於智故生其苦樂覺心起念相應不斷故著苦樂者執前苦樂取之爲實故論云三者執取相依於相續緣念境界住持苦樂心起著故計名字者以執取實故聞名總相假生瞋喜等故論云四者計名字相依於妄執分別假名言相故造業者以貪瞋盛故發動身口造諸善惡不動等業故論云五者起業相依於名字尋名取著造種種業故受報者謂業繫旣成牽至苦果如繩所繫不自在故故論云六者業繫苦相以依業受果不自在故二乘下對敎淺深第三者是我執俱生二乘敎中說斷此者名爲我空說入天等者以彼敎中但明善惡業緣受報好醜故當造業而不知業從何生故詮法分齊不到第四△若取下二別示也並緣相承者但約遂本一心邊說

生起不斷絕義更不旁說眞如本覺故云一向等略八重者廣則十四故以眞如門及覺義非是生起倫次故生滅門不覺義全體是業相故智相相續皆法執故執取計名皆我執故由是相從略成八也△四中文三一總明所被一切下此約畢竟兼正合論故皆被也故涅槃經云凡是有心定當作佛圓覺云有性無性齊成佛道又云譬如大海不讓小流乃至蚊蝱及阿修羅飲其水者咸得充足金剛經說發菩提心人令度四生九類皆入無餘涅槃若其定有不成佛者何勞發此心耶以一切衆生皆本有佛性但得聞之無不獲益謂宿機淺者悟入淺者信解都無宿種者亦皆熏成圓頓種子如華嚴經食金剛喩不同下揀權教彼說定性二乘性定無改凡至無餘位中身智俱盡誰爲修行無性之人無其善種善種旣無憑何修進以此判之俱非所被然彼但約卽今長時而論故不統收亦是留在實教中說也△然一切下二約三聚辨然有三說如小乘卽以五無間業衆生爲邪定以學無學人爲正定以餘漏無漏人爲不定權教以無種性人爲邪以菩薩爲正以不定性人爲不定終教以一切異生爲邪三賢爲正十信爲不定今依後說此論下正爲可知兼爲邪定者但得見聞自然成種他時顯發必至解脫故法華繫珠涅槃毒鼓華嚴有八難頓超之說又云設有不生信樂亦成善根無空過者乃至究竟入於涅槃此明雖謗憎惡由聞歷耳終醒悟故下論云爲令衆生離一切苦得究竟樂皆此類也兼正定者論云爲欲解釋如來根本之義令諸衆生至解不謬故疏配三賢故當正定也△準此下據五性說然五性之說權實共出前教義中判爲未了者約彼定執三無二有故名爲權今說被教故須約性性雖說五俱爲所被非同權宗定

執有無也正被下可知兼餘性者二乘及無種性也以二乘人實無定性雖亾分段然有變易之身但得聞斯敎決定迴心涅槃說四果及緣覺極遲經八六四二萬十千劫如次迴心猶如醉人醒有遲速三昧酒醒亦復如是故楞伽云三昧酒所醉乃至劫不覺酒消然後覺得佛無上身無性之人但無善性若聞斯敎善種自成遇緣發起必當成佛楞伽經說二種闡提一大悲菩薩二斷善根者佛說二中永不入者唯大悲菩薩應知斷善根者聞經復悟後必得入涅槃經中具有此說今此論云謂示修習止觀對治凡夫二乘心過故其中義合定性無性故下文云對治二乘不起大悲狹劣心過遠離凡夫不修善根且不起大悲豈非定性耶不修善根豈非無性耶當知實敎雖說五性然非定五俱爲所被△又因下三別指下文別明所被者一論所被不出三根說有通別通則不分論文但上中下根依之總入別則立義解釋兩分被上根悟入修行信心分被中根勸修利益分被下根然上根不必闕中下之法下根必兼闕中上之法中根可知此說猶是別中之通若更細論兼約地位所配則立義分及解釋分中顯示正義對治邪執被三賢菩薩爲上根悟入分別發趣道相被十信滿心爲中根修行信心分已下論文被十信住心入心爲下根又就十信位中自有三根之異謂以十信滿心爲上根此則如上所配以十信住心爲中根此依第四分中四種信心及四種修行悟入以十信初心爲下根就此下根復有三種謂以四行之後止觀之前一段論文被下根悟入以止觀一門被中根以勸生淨土一門被上根其勸修利益一分總策前三因緣一分但明論起由致故於此分不別明被如下疏配△五中初總標能詮敎體者通明諸佛敎法乃

至此論以何爲體而能詮顯無量事理今且略以四門解釋△二別釋有四初隨相者謂約六塵境相以出體故名句文者卽聲上屈曲詮表是假非實屬不相應行所攝故論云一名二名多名是曰名身一句二句多句名曰句身一字二字多字名曰文身能詮諸法自性者名也名是能詮諸法自性是所詮如言色言心言水火等各各詮表法自性故差別者句也句是能詮諸法差別是所詮如言形色顯色異心境心等諸法燦然一一法中揀令別故二所依者文也二卽名句文卽是字以此通爲名句二法所依止故由是名則次第行列句則次第安布文則次第連合此等親能詮表義理由是取之以爲教體△或唯下二唯音聲以聲是教主言音謂佛唱詞評論語音語路語業語表故云音聲離聲下釋以名句文三雖親能詮表義理但是聲上屈曲之相從假建立無有自體聲是色法色法是實名等是不相應行非色非心但約色心分位假立由是實外無假所以攝假從實但取聲爲教體故云離聲無別名等婆沙論云佛教以語業爲體△假實下三通四法也如上兩說各有理教爲定量故不可偏取今悉收之以唯音聲則不能詮義唯名句文則別無自體四法皆取始成教體如水與動方能運舟於此二中不可趣一如人汎然發聲不吐詞句何所詮表若無聲者名等何依故今雙取也故俱舍云牟尼說法蘊數有八十千彼體語或名此色行蘊攝△又徧於下四徧一切也一切雖多不出六塵境界但能生於物解卽爲教體豈獨在於聲名句文故淨名云有以光明而作佛事有以菩提樹衣服臥具乃至八萬四千諸塵勞門衆生謂之疲勞諸佛卽以此法而作佛事楞伽云大慧非一切佛土言語說法有佛國土直視不瞬口

無言說乃至有佛國土動身名說法等且香積世界餐香飯而三昧顯極樂國土聽風柯而正念成綠竹可以傳心目擊以之存道既語默視瞬皆說則見聞覺知盡聽苟能得法契神何必要因言說如楞嚴經二十五聖於十八界七大性各從一門而得圓通此中六塵猶且約境餘者例知天台云手不執卷常是讀經口無言聲徧誦衆典佛不說法常聞梵音心不思惟徧照法界皆此義也△唯識門者約妄心以出體今先約本影相對於諸教總成四句一唯本無影卽小乘教以不知諸法唯識所現皆影像故二唯影無本卽終教也以佛果無別色聲功德唯有如如及如如智獨存但以大悲大智爲增上緣令彼根熟衆生心中現佛色聲說法是故佛教但是衆生心中影像故華嚴云諸佛無有法佛於何有說但隨其自心爲說如是法三亦本亦影卽大乘權教謂以佛自宣說若文若義皆是妙觀察智相應淨識之所顯現名本質教若聞者識上所變文義爲影像教諸佛衆生互爲增上緣方有所起教故唯識云展轉增上力二識成決定四非本非影卽頓教也非唯心外無佛色聲衆生心中影像亦空以性本離故相本絕故卽無教之教耳故淨名云其說法者無說無示其聽法者無聞無得今此所明卽第二句唯影非本也說者淨識等者此中語勢似於本影具足一句然意明唯影非本雖云淨識所現意顯大悲大智爲增上緣又此但言佛爲衆生增上緣而不言衆生爲佛增上緣者意在唯影也又佛淨識卽是衆生眞心佛現卽衆生現二俱影也引證文則明矣豈可見云淨識所現爲增上緣便作本影雙取同於權教須以意通不以文局學者思之故下文下具云一切諸法唯依妄念而有差別若離心念則無一切境界之相是故下結

意言自心者卽是妄識非謂眞心下文云三界虛僞唯心所作離心卽無六塵境界△歸性門者約眞心以出體也此識等者則前門中已收差別之境但唯能變識心今又攝前識心但是一心一心卽眞如性也名爲歸性故云此識無體也其猶人睡作夢見種種物物不離夢夢不離人卽展轉推尋教法眞實之體極至於此古人云心卽是經卽斯義也言一切者卽色心等法非今方爾故云從本已來超過離名字相離心緣相故云乃至然離言說則非前音聲離名字則非前名句文離心緣則非前唯識一心眞如則成此歸性門也亦同圓覺疏云生法本無一切唯識識如幻夢但是一心楞嚴云見與見緣似現前境元我覺明也△無礙門者約三門無礙以出體也謂於下正釋心卽唯識門境卽隨相門理卽歸性門事卽一二門以對理成句故重牒之同一緣起者上之三門同爲一大法界緣起謂境不自境由心故境心不自心由境故心未有依眞之妄不從眞生未有隨妄之眞不依妄顯如是則境是心境心是境心眞卽妄眞妄卽眞妄互相依倚互相資假隨有所闕則皆不成故云同一緣起也混融等者卽無障礙法界也謂若心若境若理若事一多卽入俱無礙故斯則動止縱橫無非教體也以一下出所以如上心境理事得無障礙者以一切法不離二門二門唯一心故以歸並卽當眞如門前二卽當生滅門二門不二卽是一心以此一心融之故得同一緣起無礙自在也△六中二初標章釋名前辨能詮文體此明所詮義趣義中可尊可重可崇尚者故名爲宗歸向往詣故名爲趣當部等者如法華宗一乘涅槃宗佛性華嚴宗法界維摩宗不思議解脫等然宗有多種若約立敎相對以明宗者卽語之所表曰宗此則但取一期所論

之義如言聲是有法定無常爲宗等若約修習行人
以明宗者卽心之所尚曰宗如各隨所習經律論等
今明一部所崇尚者爲尊爲主目之爲宗宗於此者
終歸何義謂令信解行此法故必至證入也故曰宗
之所歸△開章如文△正辨中今初隨相法執者標
名也宗於事法故云隨相計法定實語云法執小乘
諸師者宗主也根本卽上座大衆展轉分成二十部
阿含等者所依經也等於正法念佛本行等經以造
下所造論也卽婆沙俱舍等論下諸門中倒有此四
眞空無相者卽色卽空空病亦空故言眞空離一切
相故云無相般若等等於八部及諸空經中觀等等
於百論十二門論之類唯識法相者唯遮境有識揀
心無一切諸法唯識所變宗相法故名法相宗唯識
等等於對法百法之類如來藏緣起者卽如來藏心
隨染淨緣起成諸法也楞伽等等於勝鬘密嚴等經
起信等等於佛性寶性等論圓融具德者圓謂圓滿
性相周徧融謂融和理事無礙具德者重重無盡一
塵一毛無不稱性無不包徧如前圓教中明△今此
下二指此論也第四者卽如來藏緣起宗以論所詮
明如來藏不生不滅與生滅和合名阿黎耶等底辨
染淨諸法緣起故△然此下三會五教也然但佛說
成教人尚曰宗宗教不異由是本疏隨教而辨今則
以經料揀故有寬狹不同也一經容多教者如華嚴
中具說十惡十善卽人天教也說四諦十二因緣卽
小乘教具列地位卽分教三天偈云法性本空寂無
取亦無捨性空卽是佛不可得思量卽始教如心佛
亦爾如佛衆生然心佛及衆生是三無差別卽終教
初發心時便成正覺卽頓教一切無礙卽圓教也餘
經之中或五四三二多少不定宗具多經者如此一
論宗百餘本大乘經也隨何等者但是諸經了義皆

此所宗又如一切經中空義皆是三論所宗餘皆倣
此此上所明但約宗教俱寬義說若約狹義如前五
教各詮一義互不相通如一經只詮一義此名教狹
宗隨教說亦復如是此名宗狹也△二唯明此論二
初總一心法義者以此論中所詮義理雖則廣多然
所宗尚者皆爲顯示一心法三大義也故爲其宗宗
此法義者意在何也爲令生信正解不謬依解修行
行成入證證極得果歸此一心故名爲趣然若信一
味空理則欣欣都絕若信一向法相則聖凡懸隔斯
皆不能起行趣證今令信一心是凡聖之源但由迷
悟使之有異則必能起信修行果證矣△別者下二
別二初列釋教說等者以言詮義義顯言亡如乘筏
渡河至岸捨筏如下文普具云當知如來善巧方便
假以言說引導衆生其旨趣者皆爲離念歸於眞如
理事者先宗後趣合云事理下有倣此舉事等者廣
說生滅染淨者皆爲歸於眞如理故如從等者文云
復次顯示從生滅門卽入眞如門所謂推求五陰色
之與心六塵境界畢竟無念乃至若能觀察知心無
念卽得隨順入眞如門以眞俗等者眞理一味向卽
心絕俗境萬差觀則智起因此以成止觀二門故下
文云所言止者謂止一切境界相隨順奢摩他觀義
故所言觀者謂分別因緣生滅相隨順毗鉢舍那觀
義故成信卽十信位緣不退卽三賢已上地前比觀
未造眞如意在登地證聖性以因等者地上所行
十波羅蜜意在趣證佛果菩提△此五下二結示相
由者初由教故得義二由義中事故顯理三由事理
爲境故以成止觀行四由止觀故入證地位五由入
證故得果斯則展轉相因從淺至深傳論宗趣也懸
叙義門竟
△二隨文注解初論題中二初釋前四字四今初總

釋四字言當體者不同權教解大者揀小爲義大外
有小可揀豈成至大今以心性體無際畔絕諸分量
心行處滅言語道斷無以名之彊名爲大然大有二
義一是常義謂豎通三世無始無終無有一法先之
唯此先於諸法故名大也涅槃云所言大者名之爲
常二者徧義謂橫該十方十方窮之無有邊涯涅槃
又云所言大者其性廣博猶如虛空包含者以論云
是心則攝一切世間出世間法又經云心精徧圓含
裹十方等體若不徧寧曰包含若不包含豈名爲大
由是包含是大之義也運載等者然乘有五種謂人
天聲聞緣覺菩薩雖則皆有運載之功總名爲乘且
義有大小而載有近遠人乘者謂三歸五戒運載衆
生越於三塗生於人間其猶小船纔過谿澗天乘者
謂上品十善及四禪八定運載衆生越於四洲達於
上界如以次船渡小江河聲聞乘者謂四諦法門緣
覺乘者謂十二因緣法門皆能運載衆生越於三界
到有餘無餘涅槃成阿羅漢及辟支佛皆如大船越
大江河菩薩乘者謂悲智六度法門運載衆生總越
三界二乘之境到無上菩提大般涅槃之彼岸也如
乘大舶過於大海法華云若有衆生從佛世尊聞法
信受勤修精進求一切智佛智自然智無師智如來
知見力無所畏愍念安樂無量衆生利益天人度脫
一切是名大乘菩薩求此乘故名爲摩訶薩此乃由
能乘有利鈍故所乘有勝劣令所越有廣狹俾所至
有近遠今言乘者則第五菩薩乘也然上所說但約
常塗以六度萬行爲所乘體今此論中明所乘者直
約體相二大故下文云一切諸佛本所乘故一切菩
薩皆乘此法到如來地故等由是亦名佛乘一乘最
上乘今就通稱但言大也言雖不異其義不同由是
此文迥異常說常塗又說須待能所相契方得名乘

今論直目衆生心以爲大乘法豈得須具能所耶答涅槃云佛性者名爲一乘大乘下舉所信以明能信謂由有此一心三大爲勝境故緣此勝境而發忍樂之心名爲起信若不然者信何法是何信耶信爲何起耶是故心境合爲目也大乘之起信者謂由大乘爲所緣境故而發得能緣信心此則緣大乘以起淨心非起餘心也所緣勝而能緣劣大乘之起信依主得名此約境以顯心也又亦下對宗以別行謂信通大小理宜揀之今起大乘之信非起餘信即以別揀通亦依主釋○又大下二別釋大乘也就義等者論云所言義者則有三種云何爲三一者體大謂一切法眞如平等不增減故二者相大謂如來藏具足無量性功德故三者用大能生一切世間出世間善因果故就人等者論云一切諸佛本所乘故一切菩薩皆乘此法到如來地故準本疏說於三大之中體相是所乘用大爲能乘三大之中唯一心轉是故亦大亦乘持業釋也○又依下三別釋大字也七種相應者此皆約人而說境大性者以諸佛所說廣大教法爲所緣故行者自利利他二利行故智者我空法空二無分別智故精進者三祇修行無疲猒故方便者不住生死及涅槃故證得者佛地功德悉圓滿故業者應現十方化衆生故上六如初皆言大性然於七中前五是因後二是果果中之二前體後用體即智淨相用則不思議業相亦即四鏡之後二也莊嚴瑜伽顯揚等論竝同此說○起謂下四別釋起信二初正明以有本覺等者約因緣以明發起也夫有爲法起必因緣力因緣互關皆不成立今信所起須具因緣故論云自有熏習之力又爲佛菩薩等慈悲願護故能起猒苦之心乃能進趣向涅槃道勝境者如下所說信眞如及佛法僧以信眞如是萬法

本佛是報身等法是六度萬行僧是地上菩薩竝餘三寶四諦最爲勝故希有信者以所信之境勝故令能信之心則爲希有也若信釋迦彌勒是佛等則爲易有今信衆生心中眞如與凡聖通依迷之則六趣無窮悟之則三寶不斷此爲難有如信皇后王胎貧女聖孕難易可知此上五句解起字也就今下釋信字水清珠者清水珠也謂衆生心如水疑如濁信如珠珠投濁水水必澄徹信起疑心心必清淨故唯識云於實德能深忍樂欲心淨爲性如水清珠能清濁水金剛亦云信心清淨則生實相信即清淨心也○何故下二通妨問意云從因至果有無量行門何故此中獨明於信又信是最淺之法豈於解行證果未足爲奇如何題中唯明此耶行本者答前問也信之一法爲入道之弄引河沙善品因之而起苟無其信安能起行而至證果爲初機者答第二問初機即十信菩薩位居外凡未入劫數今論正被此輩故下文云是中依未入正定聚衆生故說修行信心然是初機之上根也根若稍下則先入小乘漸次之大自信已性等及華嚴文竝證行本之義此義前未說故故偏引證初機之義懸談已明故此不說餘文可見○論者下二釋論字然論有二類謂宗釋也釋論即隨解佛經猶如章疏即智度金剛法華論等皆此類也宗論即宗經建立如瑜伽唯識婆沙俱舍等建立下此約宗經解論字謂建立決定顯了可爲軌則文可言辭判斷宣說佛經之中深妙法義行相理趣也依決下結謂論者是決判義也又論下約立理解論字謂鳩集教法商議論量自問自答往復徵詰開析道理發揮眞趣令正理成立邪宗摧破也此上二解前釋後宗或可俱約宗論非釋論也然此五字之中有法有喻約理約行體用心境因果教義總爲題目也如前開題處說又此一論五分之文亦不出題中五字謂解釋分中顯示正義對治邪執是大分別發趣道相是乘修行信心分是起信初後二分義當於論立義分中即通大等四字

起信論疏筆削記卷第三

起信論疏筆削記卷第三

校勘記

一　底本，明徑山藏本。

一　八三二頁上二六行第三字「云」，清作「曰」。

一　八三三頁下一〇行第一六字「止」，清作「立」。

一　八三四頁下九行末字「名」，清作「文」。

一　八三五頁上二二行首字「成」，清作「戒」。

一　八三五頁中一一行第一五字「矣」，清作「也」。

一　八三六頁下末行書名，清無（未換卷）。

起信論疏筆削記卷第四

長水沙門子璿錄

△造論主䟽三初釋馬鳴初生等者一義又吾等者二義中印等者三義咸皆也躬身也餘並如文二二釋菩薩具云等者以此方時俗不貴𦨶音故存梵語猒繁好簡又削提埵二字由是但云菩薩亦者例前義也例前馬鳴之三義故所求是佛佛即是覺所度是生生即有情也此即全取所求所度之境以彰能求能度之人即有財釋覺悟智者即始覺之智情感識者即六染等識此亦全取所有覺智情識以立能有者名亦有財釋所求是佛智佛智即是覺能求是自身自身即有情此即求菩提之薩埵以勝顯劣依主釋也此三義中初唯約境次唯約心後雙約心境又初約悲智二約真妄三約人法由是約心境悲智真妄人法以明菩薩理無不盡也又智度論云菩提爲無上智慧亦名爲覺亦名爲道薩埵云衆生或云大心或云勇猛心小品云是爲覺一切法無障礙故名爲菩薩亦爲大衆作上首故名摩訶薩道行云是人於一切法悉了知故名菩薩天上天下最尊勝故名摩訶薩　三釋造字製作者褫非撰述也佛滅等者明造論時二五百初解脫者少故造此論以救入證也摩耶等者準摩訶衍論說有六馬鳴前後異出一者勝頂王經說佛成道十七日有一外道問難於佛名曰馬鳴二者摩尼清淨經說佛滅後一百年有一菩薩出世名曰馬鳴三者變化功德經說佛滅度後三百年有一菩薩出世名曰馬鳴四者如䟽所引五者常德三昧經說佛滅後八百年有一菩薩出世名曰馬鳴六者莊嚴三昧經說過去有一菩薩名曰馬鳴具說有六今當第四矣然準大論所說此菩薩道成先劫號大光明佛今乃助化示居八地又名盧伽毋名鞞耶又名功德日菩薩如別處明輩流類也

△眞諦等者亦名拘那羅陁此云親依梁元帝等者以此三藏是梁武帝太清二年戊辰歲見帝於寶雲殿帝勅譯經自太清二年迄元帝承聖三年歲次甲戌於正觀等寺譯金光明彌勒下生等經起信論等一十一部合二十卷此論乃是其年九月十日與京邑英賢惠顯智愷等於衡州建興寺譯幷翻論旨玄文二十卷屬侯景作亂遂欲汎舶西歸遇風飄還廣州刺史留住制止寺請譯經論自陳永定元年至太建元年己丑更譯佛阿毗曇論及俱舍論等總梁陳二代共譯經論三十四部一百四十一卷博解者纂𧂐廣部罔不措懷藝術異解偏素諳練神異者或𢿘座以憑河或當晷而無汗餘如䟽文○大周者以則天初載二年九月九日改國號爲大周改元爲天授元年故曰大周則天也　解前譯者以後譯之本是䟽主證義恐涉情黨故解他本

△歸依三寶者然諸論具闕不同有具歸者如智論等有唯歸佛者如地持論等有唯歸人者如十地論等有並不歸者如十二門論等此乃各隨作者之意今所歸者具也䟽文二初叙意荷恩者佛大慈悲故垂之以教教不自闡傳之以僧使我於苦不至於樂有得即知三寶於我大有恩德爲感荷故而歸命之加護者將欲造論摧邪顯正先歸三寶請以冥資助增智慧使其通曉故云加也恐其魔嬈有成難事假以威力防外緣障故云護也生信者論主示居因位種智未圓所述論文恐鮮有信承力而作必信無疑儀式者夫臣子之道欲有所作必先告於君父今遵法弟子將造論文必先歸命三寶爲後代儀式也尊勝者三寶尊重首出衆物爲世良田論初歸之表殊勝也益物者然佛法僧能益群品其利博哉凡[illegible][illegible]倒莫有知者故伸歸命以顯於物有大利益也○論歸命下二釋文三初能歸至試文二初釋文二今初事相釋依投等四字共成歸義謂歸依歸投歸趣歸向故御根下約能適持色心種子不斷功能名之爲命由命御之使根不壞即不相應行法所攝一身下命在身存命終身壞人之所重無以加焉舉此下約所歸以明能歸也命可重者由無二故佛可尊者由無上故今以可重之命歸於可尊之境是所宜也○䟽又歸下二觀行釋也衆生下且明迷源也雖言六根兼取六識俱從一心分派所起以本是純元之一心背之遂成六種根識識不自起由塵所發念念奔逸莫能自反即背覺合塵之義故佛頂經云元依一精明分成六和合今舉下正顯還源義總攝六情者情即根也以命能總御諸根故今舉總攝別但言歸命以命還於一心之時餘皆隨合故經云一根既返元六根成解脫又云一處成休復六用皆不成然上所說但派一爲多即是背義攝多爲一即是歸義實無能背所背能歸所歸也一心下謂有覺照爲佛可軌持爲法具萬德和合無違爲僧一心之上而辨三義故云一體○䟽然能下二通出體二一通約三業也能歸體即馬鳴身口意也業即三用欲顯下釋其三業所以䟽有三意一顯佛勝德二圓自善根三爲彼來果以身業歸顯有天眼見以口業歸顯有天耳聞以意業歸顯有他心知圓滿下昔以三業造皆不善謂殺等十支今既歸佛即三業皆善以身並口發心緣即殺盜婬等自然不生三輪因者三輪是果謂神通正教記心也因即三業善三輪之因依主釋以因中身業歸果獲神通輪謂如意天眼天耳通也此能引邪歸正故因中口業歸果獲正教輪謂宿命漏盡通也此能觀機說法令解脫故因中意業歸果獲

記心輪謂他心通也此令未信者信未修證者修證或與記莂等俱名輪者以能摧輾衆生惑障故或見下明歸之儀式此乃不論三業前後但隨見聞等處則用三業對而歸之此有四句如疏列配然上二句且約一期句數配屬則可若細推之就佛就機恐無此理如佛得自在豈有見而不聞等處耶若就機者如見佛身不聞說法豈只以身作禮而不意敬口讚耶如聞說法不見形相豈只口讚而不運意作禮耶又雖不見聞如專意念佛之人豈無身口耶況身口由心所使意業不行身口不動若如此所配且約一期○疏今云下二結屬意業以身口皆由意使故意爲根本餘二爲末況三界唯心萬法唯識誠爲可重故但意業○論盡十方者二所歸分齊也疏二今初明處所分齊非直者不但也謂不但於一方三寶而展歸命此解十方也每方下釋盡字然有兩意謂每方不但一刹兩刹每刹不唯一佛二佛顯三寶下釋所以也普徧者經云毗盧遮那徧一切處此法身徧也法身是理報身是智理智不二報身亦徧法報是體應身是用即體之用應身亦徧餘二例知此約所歸廣大者約能歸由所歸普徧故能歸廣大能所相稱如函與蓋也簡小者約教釋也亦是通約能所以小乘中不信有他方佛今言盡十方故揀異彼也○然三下二明三寶分齊也住持者雕鑄塑畫等像佛也經律論三藏教文法也比丘等五衆和合僧也依如是法而住持故別相者五教淺深不同佛即三身十身法即教理行果僧即三賢十聖八輩上人以五教不同三寶各異故同體者雖有本性觀行融通之異竝以覺照爲佛軌持爲法和合爲僧皆約一法體上說故爲福下通釋寶義益能生福利故喩之以田感可尊重故褒之以寶由是三皆可寶故云三寶從

數釋也然況論田有三種一敬田即三寶恭敬生福故二恩田即父母報恩生福故三悲田即貧病悲愍生福故此約一期別義而說然亦非可局定如三寶豈無恩耶智度論說令傳法修行報佛恩故疏中六意之初以荷恩德故又父母豈不敬耶如論語子游問孝子曰今之孝者是謂能養至於犬馬皆能有養不敬何以別乎貧病豈無恩耶佛因衆生方得成道故佛化身名爲恩德故華嚴云因於衆生而起大悲因於大悲生菩提心因菩提心成等正覺又云若無衆生一切菩薩終不能成無上正覺是故菩提由於衆生又此悲境豈得不敬乎故禮記曰毋不敬孝經云敬其父即子悅敬其君即臣悅敬一人而千萬人悅所敬者寡而悅者衆又佛法中一切恭敬又於父母豈無悲耶且悲能與樂孝經云養則致其樂又於三寶豈無與樂之義苟能供養即斯義矣故知三田各通二義今約別說故以三寶獨稱福田今所歸下結簡該同體者以今法寶中體相二大正是同體三寶故云該也別相是正同體是兼在文可見疏中不配住持者以住持佛法二俱色收全用此中體大爲性故下云謂一切法眞如平等不增減故又彼僧從不離五衆此亦體大所攝故下文云眞如自體相者一切凡夫聲聞緣覺菩薩諸佛無有增減等此中同體便攝住持故不言也○論最勝下所歸三寶文三初佛中疏二初略配過小有兩意一佛果[illegible]過於小乘之果故[illegible]二菩薩所歸之佛[illegible]過於小乘所歸之佛[illegible]超因亦二意一佛果[illegible]超於菩薩[illegible]因故[illegible]二眞應無礙[illegible]超於菩薩所見他受用身故然若據馬鳴所見合是他受用身今以意業歸之不取眼見眼見則隨其功力意歸則極至眞身故當自受用爾上各二義中前義爲正業者下標謂意下

釋也意明業之一字通身口意如疏所配然最勝之言亦通三業謂徧知是意業最勝等亦可救世利他餘當自利即自利利他悉圓滿也若配三德即如次爲智斷恩也○疏徧知下別釋中四初明佛意業眞智下亦名實智根本正體智等此智證理之時盡眞如際無不圓極故名徧知即如理智證眞義俗智下亦名權智後得等此智分別緣生染淨等法無不明了亦名徧知即如量智達俗義理量下雙結也謂此二智緣二境時不前不後亦不一時智體無二境亦無二智無二者其體不異其用有殊約知眞處名爲眞智約知俗處名爲俗智境無二者謂色即是空爲眞境空即是色爲俗境由是證眞時必達俗達俗時必證眞證眞達俗竟無前後況無心外之境何有境外之心心境渾融爲一法界强分能所故曰智境了無能所方曰無倒徧知無倒即正也如理如事故○疏色無下二明佛身業也華嚴等者即不思議品中一一根徧即大也不壞根性即小也性即體性不壞見聞之體故謂眼見耳聞對境不錯不襍等者正徧之時根相宛然各有區別不相渾襍所謂度量則不見邊涯覩對則未嘗移易是以極至梵天不見丈六之頂徧滿法界不起寂滅道場大小無礙爲若是也相作者謂一一根皆能見聞覺知非同凡夫眼唯見色等炳然者謂分明無亂之義斯即事也性空即理也謂所見之色全性而起色正起時即是性起也斯則事不礙理本疏復云妙理常湛而不礙業用廣大此句即理不礙事此乃性起爲相一多緣起而無邊相得性融千差涉入而無礙其猶鏡像水月思之可知華嚴云佛身無去亦無來所有國土皆明見又金剛云三十二相即是非相又下論云色性即智智性即色徧一切處等皆斯義也圓迴下然通兩意一約

一會之中各見佛面二約他處偏應同時十方下約
處顯偏無有一處而不有佛故多機下約機釋疑問
說十方齊現將謂分身赴感今云多機頓感應雖一
時而其佛身寂焉不動如一月影千萬人見各隨其
人東西而去影且不分佛亦如是故華嚴云佛身充
滿於法界普現一切衆生前隨緣赴感靡不周而常
處此菩提座　疏世者下三明佛口業中三今初所
救三世間者智正覺世間衆生世間器世間正覺爲
能化衆生爲所化器界爲化處以器界是無情正覺
是佛故唯衆生爲所救也　疏大悲下二能救也三

緣者謂四無量心皆具三緣一衆生緣緣於衆生如
父母眷屬等二法緣緣於衆生俱是衆法合成三無
緣不見衆生及與法相今雖言悲必具四心無緣下
釋大字於三緣中此最勝者謂與法性同體故名爲
大也佛性下引證覽救等者反顯也謂覽起緣心好
行小惠見貧苦者或施以金帛濟以衣食見危難者
或施以無畏致之安樂不忘我人衆生之見有厚薄
親疎之心此則必不長久不唯不久抑亦不普以見
衆生及以我相生疲勞故由是佛法訶爲愛見也永
救等者順明也謂見衆生本成佛道如我無異傷此
迷倒妄處輪迴若返其源定當作佛是故爲化一衆
生於微塵處經無量劫難行苦行於一既爾於多亦
然此乃不唯久永兼能普救方曰大悲故下文云所
謂發願盡於未來化度一切衆生使無有餘皆令究
竟無餘涅槃以隨順法性無斷絕故法性廣大偏一
切衆生平等無二不念彼此究竟寂滅故　疏然萬
下三通妨也或曰佛具無量功德何以唯舉大悲故
此通之萬德者謂三明八解五眼六通十力四無所
畏十八不共法等佛德無量今言萬者舉大數聞以
本性功德無量故果頭之德亦無量也大悲爲力等

者準阿含說凡力有其六種謂孩子以啼女人以瞋
國王以憍傲沙門以忍辱羅漢以精進佛以大慈悲
如佛坐登正覺魔兵大至佛入慈定魔即退敗況大
慈悲是佛心體故經云佛心者大慈悲是今請加護
理合稱之　疏者者下四結德屬人也疏牒論文故
重言者德即上說三業功德謂偏知者色無礙者救
世者者謂人也○論及彼下二法寶也疏二初出體
四種即教理行果教淺者能詮體顯是假名故理深
者所詮真實智所證故行分者因位功力未究竟故
果圓者智斷二德悉成就故今取下去取初二句標
故約下正配論文約佛明法即當果法顯身等者身
是用大依體相起由佛證得體相二大然後起用既
爲所證即當理法○疏標下二釋文二初解標文即
論之初句中二今初單解及字簡前者明法不是佛
如言彼子及父即知子父不同也合集者明佛法皆
歸如言請子及父即知非獨一人而已○疏此中下
通釋此文二初正釋文非一義者彼佛及法二不同
故非異義者此法雖佛非別有體即是彼身之體相
故當知佛法不即不離也以是一心義說佛法也○
以用下二通伏難初正通也難曰既云彼身物相合

配屬佛其義則順何以卻云法寶耶故此釋之以佛
有三身用大之中已攝報化即屬佛寶體相二大正
是法身配歸法寶於理甚宜○疏以彼下二轉釋或
曰此句既屬法寶何故復言彼身彼身豈非佛耶故
此釋之謂依體起用用不離體故今約用以標體相
會用歸體故云彼身非謂都屬佛寶○疏次二下解
釋文三初正釋體相二初體中三初釋法性上句釋
體大者即法性真如海一句釋上標中體之一字法
性下略標意謂顯真性平等頓周情與非情其一體
故染淨因果皆此性故云普偏非直下釋也若言

佛性即但局於果不通諸法若言法性則無所不該
不唯於佛也一切法則色心染淨等性謂真性即體
大也即顯下結也染謂世間法淨謂出世法情通凡
夫聖人非情通淨土穢土深則豎窮三際廣即橫該
十方故華嚴云法性偏在一切處一切衆生及國土
三世悉在無有餘亦無形相而可得智論下引證今
則一往隨名定義故有斯文若知三名一體情與非
情俱佛性也只是真如一法隨相異名既名隨相異
則法性語通佛性語局也以佛亦即是法以法未即
是佛由此佛性法性同而不同故金錍云然雖盈同

不無小異凡有性名者多在凡在理無性名者多通
凡聖等應知名雖有異其體元同故圓覺云與一切
法同體平等論下文云一者體大謂一切法真如平
等不增減故　言真下二釋真如此明下標意也以
無變異故名真如真者下釋義僞謂詐僞喻如真金
妄謂虛妄影如本質今明法性悉無此事故名爲真
無改異者過去如現在色中如受中染處如淨處等
故經云不生不滅不垢不淨不增不減無有變異故
名爲如又真者不可遣如者不可立故下文云無有
可遣以一切法悉皆真故亦無可立以一切法皆同
如故法性若此故曰真如○三釋海字疑意釋意如
疏可知法準思之者應云真如隨緣成於染淨染淨
雖成真如不變無變之性不礙染淨染淨萬差不礙
一性是故性相無二也由是海之一字以喻真如隨
緣不變　下句下二釋相大即無量功德藏一句釋
上標中相之一字法身者約果如來藏者據因以體
不二故雙舉也藏約含攝身名積聚所攝所積皆性
功德如下文云二者相大謂如來藏具足無量性功
德故所謂自體有大智慧光明義偏照法界義真實
識知義乃至云無有所少義故名爲如來藏亦名如

來法身○疏或此下二却收教行初兩句標即是前來所揀淺分者今約義却收表無所遺謂教及行俱有含攝悉名爲藏教含下釋也教爲藏者以能含藏所詮無量事理之勝德故此乃所詮名德能詮名藏德之藏也教義二法不相捨離故華嚴云文隨於義義隨於文是以能詮之教名爲藏者即德藏也行攝等者釋行名藏也以行能攝藏所成功故此則所成名功能成名藏功之藏也然功行二法亦不相離但修習名行成就曰功是以能成之行名爲藏者即功藏也下文云如來功德皆因諸波羅蜜等無漏行熏之所成就當如下結也然理中含藏唯是性德果中含藏兼修生德教含義德行攝功德由是四種皆名藏也雖通四法但教行是兼理果是正宜善分別○疏又海下三重釋海喻此有四義體相相半前二喻體後二喻相體則豎深而橫廣相則具德而現法亦可體相皆具四義以此二法不相離故只是一體而有二名也故皆具四百非者此於一異有無等四字上明之謂一非一亦一亦非一非非一爲一四句異等例此共成十六又過現未來各有十六成四十八又已起未起各四十八共成九十六并根本之四都成百非然過雖無量總而言之不出一異等四是故約此以明百非此等俱無仍非豎爾故名永絕故下文云當知眞如自性非一相非異相非非一相非非異相非一異俱相非有相非無相非非有相非非無相非有無俱相等若以此十句一一能生十使煩惱亦成百非也是則言語路絕心行處滅不可識識不可智知深中更深故云甚深故智論云智度大海唯佛窮底包含物者如下文云是心則攝一切世間出世間法諸法雖多不踰世與出世今皆攝盡此即大中又大故云廣大如楞嚴云外泊山河虛空大

地底是妙明眞心中物無德不備者如前所引相大中文結云乃至無有所少義故無不備者並言備也無像不現者隨染緣即現三細六麤等染像隨淨緣即顯十力四無畏等淨像故下文云謂如實不空一切世間境界悉於中現不出不入不失不壞等楞嚴云色心諸緣及心所使諸所緣法唯心所現汝身汝心皆是妙明眞精妙心中所現物華嚴云譬如深大海珍寶不可盡於中悉顯現衆生之形影甚深因緣海功德悉無盡清淨法身中無像而不現更有八奇特十勝相皆喻道性也　論如實下三僧寶也疏三初總相簡揀凡聖者凡謂內凡三賢外凡十信及未入位者但方袍圓頂亦名凡僧聖謂小乘四果大乘十地實唯聖位者以能發無漏智斷障染證眞理故菩薩爲勝者以行二利除二執斷二障證二空比對小聖此爲勝也是故下結揀大揀地前菩薩揀小若據馬鳴所歸合是九地已上今約地上同是如實行故所以歸之○疏謂證下二正釋當句二今初依本論證理起行者謂地上菩薩發無漏智證眞如理所起之行一一稱眞無不如實實即實相也行如於實名如實行下文即隨染本覺智淨相文彼文但云依法力熏習如實修行滿足方便今疏隨文配位故有是地前等言也地滿位者以地滿行絕故言位而不言行今舉如實以等地滿故云舉中等後○二又依下依實性也前約地位豎論故以地上等取地滿今約智行橫說故以正體等取後得了如理者此依眞如門修其止行亦是離相行亦即證眞義故名如實備知等者此約生滅門修其觀行亦是隨相行亦即達俗義故名徧修如下文云謂觀一切法自性無生離於妄見不住生死觀一切法因緣和合業果不失起於大悲修諸福德攝化衆生不住涅槃等此同淨

名經云能善分別諸法相於第一義而不動然此二說約位約智雖即有殊俱就地上而論故皆取之然據論主示迹因地合歸一切聖賢若以此而言等字通於下位即以聖等賢以大等小自然合前歸心廣大理該同體之言也○疏又解下三兼取上文三初正釋舉德取人者如名人爲三藏等隨修一行等者謂此菩薩修一行時具一切行以此一行如理起故理體具足無不攝故故云集成等法界者此之萬行既依理起故一一行皆稱於理理徧行徧故云等也是謂非眞流之行無以稱眞即斷義也積功所得者德者訓得也即地上菩薩所修等法界之行名之爲德由地前久積功力至於地上而獲得故此乃功力爲因是能得實行屬果是所得今因果合論故言功德人能攝德者功德多少屬於一人若無其人約何言德人有此德則人是功德之藏也正歎行德者是前積功所得之行即如實等法界行也據後下引證可知○疏然菩薩下二通妨或曰此句既屬於僧何以前文指云法寶故有此釋如前教理行果俱名爲法今此是行故屬法寶也○亦如下三引例此則前於佛中取體相後於僧中取功德共成法寶若使體相歸佛功德還僧則何有法寶而歸敬之通上下者在上爲法在下爲僧如前體相之文在上爲佛在下爲法故引爲例也

起信論疏筆削記卷第四

起信論疏筆削記卷第四

校勘記

一　底本，明徑山藏本。

一　八三八頁上一行至二行書名、卷次、録者，清無(未換卷)。

一　八三八頁中一二行第六字「措」，清作「錯」。

一　八三八頁中一六行「他本」，至此，清卷第三終，卷第四始。

一　八四〇頁上一行第一九字「下」，清作「亦」。

一　八四〇頁上三行第一九字「雖」，清作「唯」。

一　八四〇頁下八行第一二、一三字「隨相」，清作「相隨」。

一　八四〇頁下一四行第一四字「明」，清作「名」。

一　八四一頁上一九行第五字「此」，清作「比」。

一　八四一頁下五行第一一字「解」，清作「一一」。

一　八四一頁下末行書名、卷次，清無(未換卷)。

起信論疏筆削記卷第五

長水沙門子璿錄

△述意中二初顯意䟽出兩意上正下兼爾○䟽初句下二釋文中二初總釋此偈三初釋初句所爲機者唯衆生二字餘皆能爲屬菩薩也衆生通於三聚五性於中爲有兼正如懸談所辨故云如前○䟽次二下釋中二句也文二初釋上句明離過二初正解此句言離過者過即疑執也由疑下釋疑執之相迷眞者雖有如無謂之迷也故下文云所言不覺義者謂不如實知眞如法一故不覺心起而有其念等既[illegible]迷一眞即菩提涅槃二無上樂棄之如遺故云失樂起妄者妄即五蘊色心認虛爲實謂之執此則因迷起似執似爲實從微至著展轉發生故圓覺經云妄認四大爲自身相六塵緣影爲自心相等既起於妄則三苦八苦自此而生故云種苦故下文云動則有苦果不離因故十地論即天親所造解華嚴十地品也遠離等即前迷眞失樂義具足等即前起妄種苦義彼二即失眞樂具妄苦於此不知不覺故名顚倒失不知者如法華說窮子於已庫藏以爲他物雖付主執而無希取一餐之意斯則日用而不知也得不覺者亦如法華說火宅諸子戀著嬉戲了無出心亦復不知何者是火云何爲失但東西馳走視父而已然此三種不出於二以顚倒無體只就前二約不知覺便成顚倒合爲三也故今下結歸聖意以菩薩觀彼衆生有如是過是故造論○䟽故解下二通對下文一者正義既顯疑情自除眞常二樂因茲永悟二者邪執雖多治之則捨無涯妄苦由此永離三者諸佛菩薩所證道相分別令知使發心趣向即成信行也然此後段因配論文未是正釋○䟽既於下二解後句明成行二初釋大乘既於等三句躡前成問引

起論文謂於下一句正以論答以一下釋所以此中二句初句是出大乘體大乘之體只是一心爲萬法本德相具足應用無盡故論三義也次句正明於彼起行之由究竟者是決定無上義謂若說若解約行約證皆以此爲究竟決定之法根本者揀非枝末法也此是所說法門之根本故又一切染淨等法皆從生故故下文云一者信根本所謂樂念眞如法故等又云謂欲解釋如來根本之義令諸衆生正解不謬故此即皆以一心等爲根本也若於此起行方名正行○䟽未知下二釋正信也初亦躡前問起也以信下釋所以衆行雖多皆以信爲根本故十一善內五位之中皆信居首華嚴云功德母者即斯義也即翻下結配前句謂以正翻邪以信除疑是正敵對也○䟽後一下三釋後句也必使衆生離疑執之過求正信之行者意欲令其信滿入住趣證大果即是佛種不斷也信滿即十信位極也入住即三賢之初十住位也不退者通說則既入十住正定聚中信已成根根深難拔故云不退別則十住中第七名不退住也堪求佛果者信既不退決定成佛不同十信位中毛心未定故既入十住行願漸成功德增長唯進無退[illegible]堪能紹繼的趣菩提佛種豈斷耶引文可知○䟽又解下二別釋除疑也此是海東䟽義此義稍切故引用之多塗者謂疑佛疑法疑因疑果一多空有等疑有無量故曰多塗求大乘者是決定求趣大乘之人故無平爾之疑但有茲二疑法等者疑云大乘法體爲一爲多法體若一彼此無異我即是佛何用更求衆生本成何須復度悲智既息願約亦止發心三種由是不爲故云障於發心也法體若多彼此成異設自成道我自沈淪如何發心求彼佛道我既如此衆生皆然何須發心度令成佛又若多者如經所說十

方世界唯有一乘心佛衆生三無差別一心一智慧長亦然如何會通由此猶豫不能發心上求下化㕛門等者疑云進趣之門合有無量未知於此依何等門若使總依如何頓入若取一二何是何非由是遲迴不能修行立一心等者謂大乘之法唯是一心一心之外更無別法但由無明迷自心海起成六道波浪波浪雖起不出一心之海約相即不妨上求下化約性則不礙彼此體同大悲大智由此發起故無疑也開二門等者謂行雖無量不出二門依眞如門修於止行依生滅門起於觀行若止觀雙運萬行斯備入此二門諸門皆達由是解之疑心自息必修行也故圓覺云方便隨順其數無量圓攝所歸循性差別當有三種即是依此二門修止觀及俱行也論本爲此故立一心法開二種門矣

△標益起說䟽一心等者論中所說道理雖多正宗法義不過於此故立義分中特立此等以爲根本也論能起等者大乘法是能起信根是所起也大乘之體是一心等法若依此法而起信者名大乘信如前開題處說題目等者題云大乘起信此云起大乘信但左右之語無別異也信理決定者以眞如門中但唯頂理理體眞實故云決定決定即不生不滅非有非無畢竟平等無有變異不可破壞爲一切法平等之性不增不減故信業果者業果通於染淨若無明爲因生三細境界爲緣生六麤即是世間染因果不亡始覺反流翻九相成四位即是出世淨因果不亡隨流反流定有此事如影隨形必然之理故云不亡亡無也三寶等者以有體相二大故信法實不壞以有用大故信佛僧不壞不壞亦即決定不亡之義然䟽不說信一心者以二門三大即是心之行相但信於此即是信心故不言耳信滿入住者謂自外凡之內

凡既離毛道信則決定不失不壞故云成根不退能持等者謂能任持前之信力自分不退故譬植草木根成必活生後等者信既成就即能生長後位功德漸勝漸進行向地果故如草木成根漸生華果然大乘中信之爲要具有六喻一如手華嚴云如人有手入寶山中自在取寶有信亦爾入佛法中自在取於無漏法財二如師子筋絃其聲一發一切諸絃皆悉斷絕若人發一信心一切惑障悉皆消滅三如師子乳或以一滴投餘乳中悉成清水若人發一信心一切惡魔悉皆變成清淨法流四如世財能養色身慧

命信財能養法身慧命故七財之首名曰信財五如其根如前所辨六如力有力能伏剛硬强盛信力能摧惡不善法故五力之中有信力也今言根者即當第五須要說者謂聖人利見理宜說法若不說者違本誓願如何名爲大慈悲人求正覺者法門既塞苦趣道開茫茫衆生飄流何息△論標列疏有由等者表異常人多爭閑故由即因緣也分義皆同故下不釋綱要者綱上大繩曰綱能持一綱故云要也宗本者凡有所爲必須據本若其無本末從何生將欲廣陳故略標本宗要既略者欲張其本故復廣以成略

欲生其解故展略以爲廣謂於眞如門明離言依言空義不空義於生滅門說染說淨辨因辨果隨流反流是本是末令不迷眞妄正解無謬也依解起行者分別諸法令解不謬者所謂要起脩行故也由行成於前解由解導於所行令解不成乾慧令行不成邪倒解行相濟有所至焉故須行也如貧數寶者是華嚴經喻餘文云自無半錢分於法不修行多聞亦如是意云本所解者意在脩行既不脩行解將何用如人有目無足豈至前所行儀者四信五行等即脩行之儀軌也損益勸脩者佛所說經尚多激勸菩薩造

論得不然乎然五下合五爲三若據大疏有其三譯一約論主謂歸敬述意是行起所依爲序分中間五分是所起行法爲正宗後迴向一偈是所起大願爲流通此即約一論前後始終而對三分二約法說即不取前後二偈但約中間五分以判初是法起因緣爲序分中間三分是正顯所說爲正宗末分是歎法功能爲流通三約法所益機說初舉所爲機心爲序分中間三分正受解行爲正宗後之一分舉益勸脩爲流通後之二說但就中間五分約能被所被人法之異今疏所用是後二說也△假問者一自作問起

假爲他故二實非有疑假作疑故以自問自答意令法義明了顯現故如此問也○疏此門等者一部論文發起之意只爲衆生離苦得樂此即總相明因緣也又凡諸菩薩有所爲作皆爲衆生離苦得樂此則非但就此一論爲發起因由乃與一切論作發起因故云總相總通兼正者此即約所爲機說兼被正定邪定正被不定聚者今既合論故云通也別爲當機者一則向下七段爲機各別如七中第二第三爲正定餘爲不定聚者故云別爲二則但爲二聚之機不被邪定之者故云別爲不同此段總爲一切皆令離

苦得究竟樂也斯則約法即發起一切論文約機則利樂一切羣品由是故名因緣總相疏苦者上是總報苦身下是別別苦事受有漏身已名爲苦於上更加種種逼迫故名苦苦即生老等八是所加也壞即樂事已謝行即念念遷流故皆苦也準實性論觀三界爲三苦謂欲界苦苦色界壞苦無色行苦然於中欲界具三色界兼二無色唯行分段者謂三界四生身有形段命有分限時極必終也變易者謂二乘菩薩斷煩惱障者雖離分段麤苦猶有衆耶變易行苦以四相所遷轉變改易故名變易又因移果易故

名變易無上等者謂轉煩惱障生或得此菩提涅槃一得永得故論云究竟也無過者故疏云無上既其大悲永滅超度四流普慈並以濟然自得不亦樂乎然上令離苦是菩薩大悲此令得樂是菩薩大慈至覺之心於焉備矣論恭敬下疏約所化能化之兩說在文可見○論根本之義下疏文二初釋如來根本二令初總配下文與立義分者盡此一分論文皆爲所起然此分中若克的配文止可齊於三大之處從一切諸佛下明其乘義合是第三因緣所起疏不指者益略故爾顯示等者從此分初文云顯示正義實

依一心法有二種門去至若能觀察知心無念即得隨順入眞如門對治等者文云對治邪執者一切邪執皆依我見若離於我則無邪執乃至以念一切法令心生滅不入實智故此則第二因緣爲能發起如適所引三段論文爲所發起爲欲解釋如來根本之義令諸衆生正解不謬故有此文能所之說下皆例此○疏以彼下二別釋令義二初約教法釋如來根本以二門是諸法之根本又一心是二門之根本彼文之中正明此義佛說法門雖則無量若其根本無出於斯此乃馬鳴菩薩解釋化身釋迦如來所說法

門之中淺奧根本之義也○疏又生下二約證法釋如來根本二初釋如來二初正釋迷時背覺合塵是如去雖名爲去而體性不動故受如稱即本覺也悟時背塵合覺名如來以如體上有淨用起反染歸淨名之爲來即始覺義眞如體一來去隨緣故取本覺名如始覺名來始本不二者即究竟覺也究竟覺者即如與來合無始本異名曰如來如下文云若得無念者則知心相生住異滅乃至無有始覺之異以四相俱時而有皆無自立本來平等同一覺故此即下結判故轉法輪論云眞諦名如正覺名來正覺眞諦

名曰如來此即約自受用報身名如來非同前文約化身說此二解中前約教則如來之根本依主釋也以能說者勝故此約證即依士釋心爲根本能生如來故思之可解○疏諸衆生下二反顯以雖有本覺而無始覺故不得名如來斯則如義寬通來義局俠故淨名云一切衆生皆如也衆聖賢亦如也至於彌勒亦如也而不言來又地前雖有始覺以比觀脩行未造眞理未得智無分別不名如來地上雖有此智以障累未盡觀心有間始本二覺未得究竟冥合亦無斯稱以此推之唯妙覺一人餘皆不可然若約性德則無此揀故圓覺云衆生本來成佛又云一切障礙即究竟覺今約脩論故有此說○二結根本即指前之一心爲如來所證法之根本也良以如來依此一心而成就故是則信解行證皆依此心從微至著未嘗離此若離於心得成佛者無有是處故華嚴云若人欲了知三世一切佛應觀法界性一切唯心造故名等者然則如來即一心一心即根本三義一體方爲至說但以據法名心對末稱本約人所說即號如來究體則一列義成三非三而三不一而一三一一體乃會玄文○具釋下二釋正解不謬也具縛者謂於中明眞如生滅二門始本二覺本末二不覺二身三寶乃至二門不二等義此義盡是一心根本上之行相也三賢者謂隣眞故前異凡夫後異聖人資者善也頗也此三十人皆積善所成順於眞理故受斯稱比觀等者既未親證與如但能依教比擬觀察由是[illegible]不相違反故云相應即此比觀便名正解以地前發解行位故爲生正解故有顯示正義之文也離倒者以正解相應順眞如理無諸邪僻也以離倒故得名不倒不即對治邪執也[illegible]不退分別等者文云分別發趣道相者謂一切諸佛所證之道一切菩薩發心脩行趣向義故乃至心若有垢法身不現故此正指配也以彼下釋所以下皆例之彼文云如是信心成就得發心者入正定聚畢竟不退名住如來種中正因相應故終心者十信一位有三種心謂入住終入謂始離異生入初信位終謂信心成滿即第十信也住心即中間八信十信既滿餘住行向等例皆如此成熟約現在十信終心說不退望未來十住入心言今爲信成熟者稟於分別道相之文入不退故○四脩習信心四種信心者下文云略說信心有四種云何爲四一者信根本所謂樂念眞如法故二者信佛有無量功德常念親近供養恭敬發起善根願求一切智故三者信法有大利益常念脩行諸波羅蜜故四者信僧能正脩行自利利他常樂親近諸菩薩衆求學如實行故四脩行者下文共明五行謂布施持戒忍辱精進止觀故文云脩行有五門能成此信等以止觀一門別是第六因緣所發故言四種以彼下釋所以彼文云是中依未入正定聚衆生故說脩行信心等十信住心者雖有八種不同更不分析通爲住心也微少者即信心未熟也今稟此文習前信行進向滿故　五離障出邪

疏文兩段初都科四段文三今初總判也言四種者即指此下四段論文初心即入心也○疏以前下二通疑也或曰前之三根各攝論文一段何以信心初位獨用四文故此通之前位漸淺望於初位故名根勝信根欲成縱遇惡緣亦少退屈故云難退然亦未必一向不退故云難也如驚子入住猶自退轉說十信耶根劣者謂始自異生初登信位善根微薄不能輕毛遇善難進遇惡易退故假多方以助道力由是具四也○疏四中下三別判也只此一類劣機復有上中下異今以第五爲下根第六爲中根第七爲根第八總策勤也問揀前次第皆自勝之劣何以此後卻從劣向勝耶答勝根菩薩揀尊卑以列之退位有情念劣者而先救故爲此次由是前顯菩薩之智後彰菩薩之悲也○疏今初下別釋此文脩行末文者彼文云復次若人雖脩行信心以從先世來多有重罪惡業障故爲邪魔諸鬼之所惱亂或爲世間事務種種牽纏或爲病苦所惱有如是等衆多障礙是故應當勇猛精進晝夜六時禮拜諸佛誠心懺悔勸請隨喜迴向菩提常不休廢得免諸障善根增長故業重者文云重罪業障惑多者文云衆多障礙善根

難發即三障既重善不易生如鑽濕木豈即有火宜應曝以風日出以浸潤假以繩鑽引以斧丈則其火可庶幾矣故云禮懺等也內離等由禮懺故業輕業輕故內無惑惱內既離惑外魔自消外魔即報障也故知外有障惱皆由內有惑業今之行人作善多阻爲道不送蓋內心之所感也莫嫌影曲但責形凹如論脩治必能出離左傳云心不則德義之經爲頑口不談忠信之言爲嚚今但通取一向癡闇慧解不生爲頑嚚也○止觀者文云云可脩行止觀門所言止者謂止一切境界相隨順奢摩他觀義故所言觀者謂分別因緣生滅相隨順毗鉢舍那觀義故乃至若止觀不具則無能入菩提之道雙明等者彼文云若脩止者對治凡夫住著世間能捨二乘怯弱之見若脩觀者對治二乘不起大悲狹劣心過遠離凡夫不脩善等○勸生等者文云復次衆生初學是法欲求正信其心怯弱以住於此娑婆世界自畏不能常值諸佛親承供養懼謂信心難可成就意欲退者乃至常勤脩習畢竟得生住正定故勝方便者文云當知如來有勝方便攝護信心謂以專意念佛因緣隨願得生他方佛土常見諸佛永離惡道等[illegible]等者文

云若觀彼佛眞如法身卽當得生住正定故既觀法身卽是作眞如觀觀佛純熟分得相應也後報等者以衆生夙業無量今雖發心修行其力微劣難敵强惡恐此報盡仍逐故業隨生諸趣如人負債强者先牽此報命終未知所往或經多劫徧歷三塗縱得人身尤拘緣障或蠻貊受貧賤窮處身或諸病所纏六根不具或王事迫已塵勞狂躬或少小無知强壯兇勇方知樂善已是衰年雖悟非常難任進向況眞法罔値善友莫逢縱遇此緣根性多昧儻是上智易悟法門縱辯宣揚巧翻人意識然惡習任運緊與積善既微强惡難免脫然墮落又是輪迴如蟻循環何當斷絕菩薩觀此深動悲懷若非方便無能拯救故論云有勝方便攝護其心故云恐後報還遇緣成退也往生等者文云如修多羅說若人專念西方極樂世界阿彌陀佛所修善根迴向願生彼世界者卽得往生常見佛故終無有退等此意欲令衆生專意念佛欣求樂欲生彼國土凡所脩善盡將迴向乃至有人無惡不爲但能臨終至心十念乃至一念成就卽得往生生彼國已見佛聞法任運脩進直成菩提無諸惡緣令其退轉故云使不退也　勸修等者文云已

說修行信心分次說勸修利益分如是摩訶衍諸佛秘藏我已總說乃至云未來菩薩當依此法得成正信是故衆生應勸修學彼損益者文云若有衆生欲於如來甚深境界得生正信遠離誹謗入大乘道當持此論思惟修習畢竟能至無上之道乃至云此人功德無有邊際斯舉益也又云其有衆生於此論中毀謗不信所獲罪報經無量劫受大苦惱斯舉損也修則但應仰信如說而行捨則不應誹謗免招大苦總策等者據前疏所判卽但策信位初心三根之行若更以理許之無妨兼前三賢已下總而勸策則

於八因緣中第一第八皆總相第一總利樂品第八總策勸修中間六段各別所爲如前所釋○總結可知△初難論具有等者七段第二第三一心二門二諦義也　如勝鬘經云自性清淨心染而不染難可了知不染而染難可了知此豈不是一心二門之義乎況二門卽是眞俗二諦二諦何經不說豈假論主第二因緣而發起耶如圓覺經中說信等四位豈非分別道相之義乎況其從因至果入道行位諸經多說何須第三因緣所起如華嚴云菩薩發心求菩提非是無因無有緣於佛法僧生淨信以是而生廣大心此豈不是信三寶耶況復令信三寶何經不說又如華嚴具說十地菩薩行十波羅蜜行豈唯施等行耶況施戒等是經皆說豈用第四因緣發耶如是等經中具明道場禮懺等事及普賢行願中說十種行願此豈不是消障方便耶亦不須假第五因緣又如華嚴云譬如有力王率土咸戴仰定慧亦如是菩薩所依賴定慧卽是止觀又淨名經中說佛法身從止觀生何用第六發起緣耶如阿彌陀無量壽等經具說往生淨土之事況諸經中亦多引說亦不假其第七所起如勸讀脩進勉勵脩懂是經則說何假第八如是則佛經已具菩薩更明豈非繁重耶菩薩見其則行無益且止重說佛經有何義利爲若此耶△初略標疏或利或鈍者卽根不等根謂根機有利鈍故樂廣樂略卽行不等行謂意行所欲不同故假經卽利根尋經便解不待解釋故假論卽鈍根於經未曉須待論說故若異樂廣樂略之言通於經論有樂廣經而得解者有樂略經而得解者於論亦爾此乃於利鈍中各有所好不同然根不等則局於經論中各附一事故行不等則通於經論中各樂廣略故然此但約解佛意不解佛意以明利鈍不須更約文持義持細作利鈍解

釋智者應感受解緣別者受謂信領教法解謂開悟佛旨遇佛者謂與佛有緣則從佛受化生解與教有緣則遇教受化生解也此則但約於彼生解不生解說有緣無緣亦不約有見佛等細論如佛世諸羅漢等親從佛聞而證道果此是遇佛有緣者如天親等但遇其教而得開悟此則遇教有緣者故云緣別然若據論意但約於經於論明受解緣別不須更約遇佛等說以前論中所問佛經已說何須更論今文已是總答前問下方別釋也論意云經中雖已具說其如衆生根性利鈍不同意行好樂有異信受教法聞悟聖旨因緣別故若是根利又於佛語有因緣者則樂於經而便信受得悟聖旨不須更論若是鈍根又於經無緣但於菩薩語有緣者卽樂造論解釋方曉佛意故云別也根行緣三既而有異何妨經外別造論耶豈非此文已是總答訖△初遇佛悟無紙墨者佛在世時但說而已滅後結集方始有經當時尚不假經豈要造論論如來卽釋迦也亦兼餘佛時勝者時無定體但約佛在彼時故言時勝根勝者但取一類當在佛世隨順言教有所證解者不取遇佛不悟之徒然佛世時證悟者多今就此說故云勝也緣勝者勝餘二乘菩薩故然說根之悟解不取教起因緣故指佛爲勝緣也論異類者但三乘五乘根性不同故名異類或可通於餘趣然非正意論等解者等謂齊等彼諸異類齊生解故此則生解義等非謂所解是同然此根勝與前時勝相望料揀以成四句謂時勝根不勝如佛在世六羣等根勝時不勝如後五百歲持戒修福者俱勝如舍利弗等俱不勝卽佛滅後不生解者論不須論者據此兼不要經也然準論所問但責經中已說造論爲重殊不干於佛在之事今之答意欲顯佛滅度後根行不同於經於論取解各

異故今先明佛在世時根緣皆勝尚不假經何須造論以顯滅後根緣皆劣故須假經於經不了復須假論以勝顯劣也由是經論各被一根不同圓音普逗多類○此下疏文兩段初略配三業如文○一音下別釋圓音二初釋義又二初約教義正明二初約說法差別顯圓義如來等者謂佛音無別故云一音說法成異故云圓音引證可知○二約隨類言音顯圓義如來等者合云如來一音同一切音文無者略謂佛音是一故名一音同彼異語故名圓音引證可知然疏中前後兩段引證甚自分明今更引文以證後

[illegible]

義如普賢行願經云天龍夜叉鳩槃荼乃至人與非人等所有一切衆生語悉以諸音而說法疏中不引此文爲證者以此文中無一音之言故斯乃如來一音隨類同時差別非如前段說法差別○以一下二結得名所以以一切音即一音謂差別即無差別也一音即一切音謂無差別即差別也大意取無差即一差即爲圓差即無差無差即差二義同時竟無前後兩段之中俱有此義圓融無礙方是如來之口密也但以文不累書故成前後爾○一一下二顯圓音相四今初正顯偏窮生界是圓義恒不襍亂是音義又偏窮者六趣咸聞不襍者五音迥異又偏窮者三乘同聽不襍者領解各殊○若音下二反明不偏等者有不聞處何成圓義圓者徧也失曲等者無所詮表何成音義且如鐘鼓之響普徧遐邇絲竹之音唯聞咫尺斯則圓音互非之義也○今不下三結成不壞曲而等徧者即音以成圓不動徧而差韻者即圓以爲音也是乃正徧而差即差而徧由是無不聞聲無不正解○此是下四指歎非識等者佛無漏智所現圓音有漏凡夫焉能測度但可仰信不須推窮以非心識之境故非識境者不可以識識非心境者不

可以智知思之即識識之相也然華嚴中具有十喩以顯如來圓音之相不能繁引△二闡經悟疏自力者但取不假論疏解釋只於經文披而自解也廣經者有二意一則於大部經中或廣尋諸部見佛始終廣說義路方始解故斯則根行劣於少聞而多解者二則如疏具文義二持隨一一文皆能解故此乃根强勝下少聞也略經者此亦二意一則於略經文或一句一偈等便解如來甚深遠理不假多說此則根行俱勝二則無多心力不能廣覽但於少分而得解了如疏中無文持有義持者今斯論意廣略之中各取前說爲正以論略中言多解廣中不言多字是以樂廣者爲鈍樂略者爲利智者應思△三廣論悟因於廣論者此有二意一則於經不解於論方解仍須假於廣部或尋諸論方解佛意此即劣於後段少文而攝多義得解者此如疏釋二則隨彼一一解釋悉能了故此則根勝强於次文也○初機論心樂總持者亦二意一則聞少解多不假繁說故二則神根劣弱不能承受廣所說故具如疏文論文之意於廣略中亦各取前意爲正也斯則於經論得解中各有利鈍但因略說者爲利須廣說者爲鈍若以文義二持

[illegible]

四句說者別是一意也△二結疏文句雖少等者文雖一軸義備河沙所宗之經並是實教所詮之旨豈容麁淺以至諸論圓實關要義理不出斯焉故云總攝等如理智境即眞如門以離言說心緣等相故言深也如量智境即生滅門以染淨眞差多所該博故云廣也無際者謂理智境即冲深無際量智境即廣多無際也無際之相已見論文然此兩門攝盡一切經論之義但是說染說淨凡聖迷悟因果善惡一切名相差別等法即生滅門攝盡若說無染淨絕凡聖遣迷悟離性相等義即眞如門攝盡故海東疏云開

二門於一心總括摩羅百八之廣誥（[illegible]）示性淨於相染普綜踰闍十五之幽致（[illegible]）至如鵠林一味之宗（涅槃經）鷲山無二之趣（法華經）金鼓（金光明經）同性（大乘同性經）三身之極果華嚴瓔珞四階之深因大品大集曠蕩之至道日藏月藏祕密之玄門凡此等輩中衆典之肝心一以貫之者其唯此論乎旣而宗旨深奧義理無邊有智之流請習無怠

起信論疏筆削記卷第五

起信論疏筆削記卷第五

校勘記

一　底本，明徑山藏本。

一　八四三頁上一行至二行書名、卷次、錄者，清無（未換卷）。

一　八四三頁中二一行第五字「的」，清作「得」。

一　八四三頁下二行「會通」，清作「通會」。

一　八四三頁下一九行首字「開」，清作「經」。

一　八四三頁下二〇行「左右」，清作「諸佛」。

一　八四四頁上一四行「須要」，清作「要須」。

一　八四五頁上七行「又地」，清作「義也」。

一　八四五頁上二九行「執也」，至此，清卷第四終，卷第五始。

一　八四五頁中六行第一一字「住」，清作「位」。

一　八四五頁中二二行「以前」，清作「以此」。

一　八四五頁中二四行第一〇字「前」，清作「初」。

一　八四五頁下一九行第一一字「可」，清作「何」。

一　八四六頁中一三行第一三字「是」，清作「方」。

一　八四六頁中二〇行「勉勵」，清作「勗勵」。

一　八四六頁中二三行第一三字「純」，清作「純」。

一　八四七頁下末行書名、卷次，清無（未換卷）。

起信論疏筆削記卷第六
長水沙門子璿錄
△二立義分二一寄問中疏文二初釋顯大乘法體二
大乘之體即是於心名心爲法也此中且說法爲大
乘體次下一文方說心爲法體此乃展轉釋出其體
也今言出大乘法體者恐多濫字有智詳焉謂自下
以三義釋名法之由夫言法者有其二義一任持自
體義二軌生物解義今初一句即初義也謂本有自
體眞實不變非同依他從緣假立無有自性以從無
始來任持不失故故下論云如實不空以有自體具
足無量性功德故後二即軌生物解義又法者對智
得名以此一心是法界理能軌於智令成無漏無分
別也斯則以無相境相無緣智故云對智下論云唯
證相應故復能顯於三大之義未有一義不從法顯
故下文云依於此心顯示摩訶衍義義理既彰物則
生解故此二句皆後義也宗本法者謂一論所宗染
淨根本故或可宗即是本謂約義所依曰宗能立萬
法曰本故下疏云依宗所顯差別義理又淨名云依
無住本立一切法也又起論云爲欲解釋如來根本
之義即斯法也大位在因者謂此論中所明法體大
都所判屬於因位以文云所言法者謂衆生心既標
衆生之言故知大槩合當因位不同佛性圓覺究竟
覺不思議解脫等大位在果今約因中性德所標故
云衆生心也通染淨者若隨名取義則位在於因若
克論體性則通於因果因果即染淨也斯則心實通
於因果以帶衆生之言故判在因也然亦有在果名
心在因名覺之處如圓覺經云是諸衆生清淨覺地
又云一切如來妙圓覺心故云通染淨也所以下文
云是心則攝一切世間出世間法攝世間法是通染
攝出世間法是通淨也　疏義者下二釋義文三初

釋文也大乘名義者謂大乘是名名約義立故須辦
義未有無義而有名者何故等者雙徵名義謂約於
何義得名大乘未審大乘有於何義以雙徵故不言
何故名而言何故是是之一字雙含兩勢益文之巧
也謂此下釋三大可知二運者有兩意一則自運運
他二則已運當運今此論中正唯後意故下文云一
切諸佛本所乘故一切菩薩皆乘此法到如來地故
於此二中皆具自運運他也以約此義名爲大乘○
是故下二結意也如文云所言法者謂衆生心是先
顯法體次云所言義者則有三種等是後顯義理大
乘之中唯茲法義今既法義茲陳無所遺矣故云義
足○疏依宗下三彰位所依之法染淨雖通所顯之
義唯局於淨體相用三各不相是故名差別離障所
顯翻染得名故云唯淨故下相大文云心性無動則
有過河沙等諸淨功德相義示現用大云除滅無明
見本法身自然而有不思議業種種之用據此所說
正唯屬乘而言大位者以體大通染淨故今約多分
判在果也又體大雖通於染以彼之名亦從顯得若
在因時則無體大之名至相用顯時方對此二以彰
體名由是三義皆屬淨也　起下法體等者即起下
顯正義中總之一段文云顯示正義者依一心法有
二種門乃至以是二門不相離故論衆生心者衆生
即能依心即所依所依之體從能依以彰名前劣後
勝衆生之心依士釋也故下文云衆生依心意意識
轉故　疏三初正釋出法體者前出大乘體名之爲
法此出法體名之爲心從寬之狹此爲至也如來藏
心者謂在纏自性清淨心具足含攝如來功德名如
來藏如下自釋具和合下明心之行相也和合即生
滅門以彼隨緣成染淨故不和合即眞如門以約體
絕相顯不變故以其下釋所以此心具上二種義者

以在衆生位中辦故是故論云衆生心也○若在下
二反顯謂此心隨染之時則云與生滅和合今在佛
位純淨無垢唯不生滅故無和合義也以始下出所
以顯無生滅之相故云唯是眞如既無彼相但是一
眞約何說合故中論云一法云何合下文顯佛地云
破和合識相滅相續心相顯現法身智純淨故所顯
義者三大之義自此方彰生滅相無則唯局淨故無
和合○今就下順結却成前義衆生即染相以眞體
隨緣起爲衆生相不離體故名和合雖全體起相而
體未嘗改變故名不和合由是在纏具二門也　論
出世間法下疏文二初總叙意初一句標指餘皆正
叙體即眞如門相即生滅門二門相攝不相捨離故
云無礙染淨同依者二門之中各攝染淨眞如門是
染淨通相生滅門別顯染淨通別雖殊不出一心故
云同依隨流謂不覺迷眞乃至造業受報反流謂始
覺翻染暨乎菩提涅槃迷悟雖殊唯此心轉故經云
無始時來性一切法依止由此有諸趣及證涅槃果
是故萬法唯心心即是主故其迷悟皆心所爲○疏
是故下二別釋相二今初約生滅門釋不覺攝世間
法者以不覺是世間法根本一切染法皆此所成由
是所成之染皆不覺攝則三細六麤五意六染等是
所攝之法也故下文云當知無明能生一切染法以
一切染法皆是不覺相故攝出世法者以本始二覺
是出世法本一切淨法皆覺所成由是所成之淨皆
爲覺之所攝也本覺所攝即大智慧光明義徧照法
界義眞實識知義等始覺所攝即三明八解力無畏
等然此且就相用有異分其二殊若約體同所攝無
別此猶下結示可知　疏若約下二約眞如門釋也
鎔融含攝者謂消和包納令彼染淨差別之相無有
障礙也染淨不殊者出鎔融之相也謂以一眞如攝

融之使染即非染淨即非淨即染即淨渾為一味故云不殊故下文云一切諸法唯依妄念而有差別若離心念即無一切境界之相乃至唯是一心故名真如斯則生滅門中名為該攝真如門中名為融攝該攝則染淨俱存融攝則染淨俱泯俱泯故一味不分俱存故歷然差別是故二門雖皆言攝而攝義不同也下文顯者相次即辨」釋其法名者標指此文也法即是名今此文中」釋此心得名法之所以也謂依下於前三義中約第三顯義故名為法也其餘二義論各有文已如下引△責總立名二意中初意云心既通染不合偏得唯淨之義其猶樸鑛之金豈能鑄得純金之像二意云心既是一一則體狹大乘義多多故成廣豈能以狹而示於廣、開別中疏二初總叙釋意大乘雖淨者牒縱所問也相用下分別正答對染者謂相大則翻染成淨如云心性不動即有大智慧光明義等用大則隨緣而起如云隨諸衆生見聞得益故[illegible]用等此上二義皆對染成故下文云當知染法淨法皆悉相待也今生滅下正明能顯既有覺不覺二義故云具含染淨以有染故方能顯淨淨既不自淨待染以成淨何怪通染之心能顯唯淨之義耶此即結答也以燃下出對染所以或問曰何故須對於染方立淨耶故此釋也故下文云若離不覺之心則無真覺自相可說又真如門中無染亦不立淨又云若離業識則無見相以諸佛法身無有彼此色相遞相見故心法雖一者牒縱所問也而有下分別正答示大乘體者真如是泯相顯實門故以泯相而相不存故唯示體也具示三大者生滅是攬理成事門故以攬理而理不失故具三也大乘義下結成具示謂此三大義中具攝如來真應二身通河沙數德相妙用以要言之一切所有無漏功德盡

不出於三大之義三大之體唯此一心是故一心能顯多義也○總舉等者盡此一門之義也一法界等者具云心真如者即是一法界大總相法門體所謂心性不生不滅乃至若離於念名為得入共有一十三行論文是此所起也真如相者相即義相如下文云復次真如者依言說分別有二種義義即相也不同生滅可狀之相復次下乃至終於此門共有一十二行論文是此所起也據此所配若言真如門則通言心真如真如相別也　論是心下疏二初釋前二句二初別釋當文也既其變動者謂隨染淨因緣所熏令心變改動轉成生滅故總舉等者從下一門之義在此生滅二字之中故云總舉依如來藏等者具云心生滅者依如來藏故有生滅心所謂不生不滅與生滅和合乃至性染幻差別故都有七十五行論文是此所起也緣由者所以義起下等者具云復次生滅因緣者所謂衆生依心意意識轉故此義云何以依阿梨耶識說有無明乃至不能得隨順世間一切境界種種知故共有四十九行論文是此所起也狀謂形狀妄識所知境也揀異真如相是義相相即性也非識境界唯智所證故起下等者具云復次分別生滅相者有二種云何為二一者麤與心相應故二者細與心不相應故乃至唯癡滅故心相隨滅非心智滅共有一十四行是此起也然此立義分中所立義本即有八字謂真如相生滅因緣相下解釋分中共有一百六十三行逐段而釋如前所配從四熏習下即通明染淨生滅起之由致也若更東八字不出心之一字更展一百六十三行論文以成百餘部大乘經此顯論主證悟心中自在之用　何故下二通前料揀先牒外難何故兩門一能一即耶故牒云者以真下釋不起者以真如有二義一不變義二

隨緣義今此門中但約不變以顯其體不約隨緣故云不起所顯謂體大能顯即此門能顯為詮所顯為旨真如與體益是一義故云即也以是下因顯唯示體大也起動者即隨緣義以隨緣故成生滅門染淨即生滅相也即此染淨為能示之詮三大是所示之旨二義各別故云又分也能所下揀異前門也若論顯者一心如水真如如濕生滅如波是水濕相即示水體是水波相能示水之自體　相　用　故○疏體謂下二釋後一句文二初釋本文二初別解當文本覺者即是前之真如至此門中轉名本覺以對始故名本對不覺故名覺也即此本覺是生滅家之自體也此顯生滅別無其體全攬本覺為自體故生滅因者或問若此本覺是生滅體者本覺即是真如何故說為生滅自體耶故此釋之謂生滅之相起時實賴真如為因以真如不守自性為無明熏成諸染相雖成染相其體不變以不變故熏彼無明令厭生死樂求涅槃漸起始覺成其淨法也如是染淨皆由真如是故真如是生滅體故下文云依如來藏有生滅心又云所謂以有真如法故能熏習無明乃至名得涅槃成自然業亦辨體者謂前真如門當體是體此生滅門以真如為體若無真如之體生滅終不能成故此門中須辨體也翻染下明示相用也淨相即相大謂大智慧光明義等業用即用大謂報化二身等是以下指文結示也以生滅門中文科兩段初釋能示生滅心法即生滅因緣相等後辨所示三大之義即體相用等下文具顯　疏何故下二通前料揀牒外難可見以所下釋也前云能示顯詮旨不一今云自體顯詮旨不異此門雖即能所有殊非謂所詮在能詮外今顯非外故云自體等斯則生滅是真如家相真如是生滅家體體相雖異而不相離也其

猶波水雖異豈得水在波外耶故知其水是波之自體也○疏問眞下二釋妨難也問意以兩門敵對而難詳之可了答中眞如下二句牒門立理不必由起者眞如本自立不藉於生滅也自性本常豈因他有由無下正釋謂有起必有相用無起但唯存體故前門中但只言一也生滅下二句牒前立理起必賴不起者異於前門也若無不起之眞如何有起動之生滅如無其水豈有於波故須藉之起含不起下正釋眞如舉體成生滅故今生滅含於眞體也猶水起成波波含於水由是此門不唯示於相用亦示體也故

云具示／疏起下等者如論云復次眞如自體相者一切凡夫聲聞緣覺菩薩諸佛無有增減乃至眞如自在用義故即有六十四行論文正是此所起也體大疏言眞性者眞謂揀非偽妄獨顯圓成性謂自體常住不變不異即揀諸法空性也深謂竪窮三際無去無來廣謂横徧十方非中非外凡即六趣差別聖即三乘不同染即穢土極於三界淨即淨土盡於十方然凡聖染淨各通二報今約別論故凡聖屬正染淨對依也以諸法雖廣不出依正二報正中不出凡夫聖人依中不出淨土穢土故舉此四以攝一切無不盡也皆以爲依者上之四法竝用眞如之體爲所依故故華嚴云未曾有一法得離於法性下文云如是無漏無明種種業幻皆同眞如性相楞嚴云一切世界因果微塵因心成體既爲一切所依體大之名由此而立論眞如平等者謂眞性於一切法中爲平等體故如像中鏡非同諸法本空空故平等如鏡中像疏隨染等者約染淨二義顯不增減在文可見以性非染淨故染淨皆空故良以下結成上義染淨約法始終約時謂隨流爲始反流爲終下疏所説以果生爲前以佛爲後前後即始終也或即此段別約横

竪以顯平等之義染淨不虧者横説也以見在生佛位中無虧缺故始終不易者竪説也以過去未來無改易故前約多人同時説此約一人異時説雖一多同異横竪別論皆顯眞如平等之義○二種等者謂如實空如實不空之二也空謂不與妄染相應不空謂具性功德令如後義故下文云所言不空者以顯法體空無妄故即是眞心常恒不變淨法滿足則名不空不異等者謂一一德相即是體性故不異也非謂藏爲能具德爲所具故有性言故下文云具足如是過於河沙不離不斷不異不思議佛法不同生滅之相定差別故性相異故可知見故如水八德者即阿耨池水具八功德一甘二冷三輭四輕五清六不臭七飲不傷喉八不傷腹不異之義合法可知○三用大疏二初釋文隨染業行者謂隨彼染幻衆生起利他行即是如來不思議業故云業行若將隨染門中反染之業行爲此用大者恐非文意以彼但是能顯之淨法未可便將爲所顯故學者詳之報身即三賢已上之所見者化身即二乘十信已下之所見者麤即化身隨類各應各見不同非受樂相故細者報體平等佛身身有無量色色有無量相好所住依果亦復無量種種莊嚴具足樂相故世善者謂有漏熏習善根力故起十善等此但有漏不逾人天故名世也出世者令厭生死樂求涅槃此皆無漏超過三界故言出世也於中雖通三乘究竟唯以一乘而得滅度下文用大廣顯其相○疏何故下二通妨牒難可知以不下正釋若善因果內順眞如外治諸惡此法若起從因至果能感勝處故得名爲眞如淨用以從眞如內熏所起報化二用所發令茲用大宜發此法若不善因果內違眞理外被善治此法若起從因至果能感苦處何名淨用以從不覺所生塵勞發現

故故此文中不言不善也若爾下轉難可知釋云下重釋雖是惡法以是不覺迷眞所成所成之法不離眞體如水起波不離濕性故下文云以依眞如法故有於無明又云依覺故迷若離覺性則無不覺以違下結成前義可知然此用大正是果上二身如下具説今疏以善爲用者乃是旁義亦即以所生顯能生也然論不言滅惡者以善起必惡滅故／標果望因者諸佛即果本即是因以諸如來本所修行因地之時無別所乘之法唯以此心爲其所乘而至究竟○舉因望果在文可見此中如來幷前諸佛皆約自受

用報身所辨非謂應化知之以成運者運即是乘二義無別但文變耳或可二義不同謂乘以運載爲義今前段約佛本乘方有載義故疏云以解乘今文約從因至果運義始彰故論云到如來地疏云以成運也然佛是已乘菩薩是當乘今乘於中皆含自運運他之義即始下出能所乘體也始覺爲能乘者即前佛與菩薩也雖滿分不同俱屬始覺能乘智也本覺爲所乘者若約今文即前一心法爲所乘以對始故言本覺也若約三大言之則用大爲能乘體相二大爲所乘然用即始覺體相即本覺大即是乘持業釋也乘大性者但證本覺是乘之大性或雙證本始也由是前來標宗但言法義不別言乘今但次於三大言之亦不別舉題目解釋分中意亦如是／解釋分者前雖義宗略立理趣未詳若不解以廣文幽旨如何開釋此令生解已見前文故有此分、徵列中疏所立等者即前分中所立一心法二門三大之義彰顯開示令生正解由是正義解此即成正解也遣顯計者非正道理妄生計著爲患頗深固宜除滌趣正等者發心趣道行相差別升降不同今當分別令其脩證無惑混濫也斯乃正義顯示令解邪執對治令遣遣相分別令行又正義爲能治邪執爲所治正義爲所趣遣相爲能趣皆爲正義有後二文也〇釋上等者謂釋前分之中所言法者謂衆生心是心卽攝一切世間出世間法開門中論二門者謂一心上有其二義義具能通出入故目之爲門能通者謂眞如生滅互相通故又此二門通一心故通一心者正是此段以一一門[illegible]心故互相通者以眞如門有隨緣故通於生滅生滅門有體空故通至眞如也出入義者謂衆生迷惑義轉卽出眞如門入生滅門若覺悟脩證卽出生滅門入眞如門旣成道已卽却出眞如門入生滅門開悟衆生能事旣畢息化歸眞卽却出生滅門入眞如門安住祕藏也〇疏二初釋一心具二門又二初標也一如來藏者以二義不分故云一也若倒言之卽染淨凡聖空有理事等皆一也此之一義爲顯不二強名爲一非是數法故經云一亦不爲一爲離諸數故〇疏一約下二釋中二初眞如門又二今初正釋約體等標立也非染下釋上絕相以顯一體謂染淨生滅動轉等皆屬於相表此俱無故言非也平等下約體以結平等約豎結以無高下故如經云是法平等無有高下一味約喻結猶如大海同一鹹味性無差別約橫結淨名經云一切衆生皆如也一切法亦如也衆聖賢亦如也至於彌勒亦如也又平等一味絕相也性無差別約體也故云約體絕相義〇衆生下二引證此正引前段淨名經文彼文之後乃云諸佛知一切衆生畢竟寂滅卽涅槃相不復更滅等今疏取意故文少異下皆如此〇疏二隨下生滅門中三今初正解隨緣等標立也謂隨下釋謂以無明熏眞如起妄心妄境成一切染法眞如熏無明滅妄心妄境成諸淨法廣如下釋染淨雖殊下釋妨或曰旣隨熏動云何復說衆生如耶故此

釋之正於動時動處元來不動明非相不動故言性體非覺不動故言恒也或曰性旣不動如何能成染淨故云正由不動能成染淨斯則反成上義謂若性自動同生滅相卽當時滅不能自立尚不自立將何成於染淨實由不動故能成也〇是故不動下二結指謂以隨熏動時性未嘗變故得生滅門中有眞如也故云不動亦在動門若眞如門中則未必有生滅生滅門中則必有眞如以生滅藉眞如眞如不藉生滅故略如前釋廣在下文是故下指文本覺者卽生滅門初云此識有二種義能攝一切法生一切法云何爲二一者覺義二者不覺義等卽彼覺義便是生滅門中眞如名爲不動但以至此門中別約形待義邊易名爲覺上文等者卽立義分中云是心生滅因緣相能示摩訶衍自體相用故彼之自體亦卽生滅門中眞如也此上兩段正是動中有不動義〇勝鬘下三引證通證隨熏動轉動中有不動義不染而染卽眞如成生滅染而不染卽動中有不動如來藏卽眞如無明七識卽生滅阿棃耶識卽上二和合也謂眞如隨緣成棃耶識以成識故與無明共俱亦可如來藏卽是棃耶但以通相別相而異故云如來藏名阿棃耶識故經云佛說如來藏以爲阿賴耶惡慧不能知藏卽賴耶識亦云如金與指環展轉無差別大海如棃耶波如無明七識水卽如來藏以從無始時來眞妄和合未曾捨離故云常無斷絕如來藏者卽所熏之淨性虛僞惡習卽能熏之染幻識藏卽所成棃耶也爲善不善因者謂此性隨善緣起諸善法性卽爲善因隨不善緣起諸不善法性卽爲不善因隨善受樂性在其中隨惡受苦性亦在中故云與因俱若生等者循環諸趣生必無窮藏性於中隨而偏受而其體性未嘗去來故經云生滅去來本如來藏如

枝等者如人作戲變改服章體是一人初未曾易故彼文云心如工伎兒意如和伎者五識如音樂妄想觀伎衆如人弄師子人入師子活人出師子死淨因無明時當知亦如是圭山云樂人本是一形貌乍作官人乍作奴名目服章雖改異始終奴主了無殊此等下結指如上所引並說眞如隨緣作生滅動中有不動也〇疏然此下二攝二門歸一心也擧體等者謂眞如擧體成生滅生滅無性卽眞如是故生滅現時全眞體現眞如顯時全生滅顯擧一全收故云融通以融通故眞無異相妄無妄相眞妄相卽一體無異故云際限不分旣而不分際限皆亦存於體相故云莫二波水之喻可以比知無二處者卽此眞妄融通之處實性存焉此之實性爲諸法主卽是諸法中之實性也又表非二邊故名中離諸差別虛相故名實此上二句是約中實以解心也故經有中實理心之言不同下約虛鑒以解心謂虛空體亦無二邊亦非差別虛相然但昏鈍而無靈鑒今此實性自在靈通覺了不昧故云不同等故祖師云空寂體上自有本智能知知之一字衆妙之門大[illegible][illegible]於一切染淨融通法中有眞實之體了然鑒覺目之爲心斯則體相不二故云一中實神解故云心〇立中疏二初正釋二初對前牒文可見　二以一下釋今文意三初總標意含通別者釋前文意也前文以二門未啓但約一心通總包含而說故云攝不言各也今分下標今意謂今文中二門旣開每門之中皆各自攝一切法也若無標揀將謂二門共攝一切則有攝法不盡之過故言皆各也〇以眞下二別釋相二初約二門各攝解二初正釋通相者以眞如門不分染淨雖攝染淨皆同性故所言相者謂義相也以此門中顯示染淨融通之義故云通相以染淨等法入此門中

同爲一味眞如之理更無差別故云無別染淨等故得下結可知別顯等者隨流反流各不相是功德塵勞歷然有異衆生諸佛凡聖宛然淨土穢土優劣不等無所不該者謂一切雖多不出染淨既攝染淨是故論云攝一切也○通別下二結成謂通相別相二門雖殊所攝之法更無差異故云齊無所遺○又以下約二門互攝解前約二門各攝通別不同齊門而說攝義有異初門通相但明融攝融則染淨無別故名爲通後門別相乃是該攝該則染淨不同故名爲別今此文中不分通別只就一義左右說之便成二門各攝之義今文所說生滅攝一切時即是眞如攝一切也以生滅無體全即理故故云還攝等又眞如攝一切時即是生滅攝一切也以全事之理非別外故今此疏文猶闕後義應合更云眞如既是諸法眞性離眞性外無別諸法還攝生滅門也若有此文於義方足成互攝也斯則生滅門攝法時眞如門法亦在生滅中眞如門攝法時生滅門法亦在眞如中如是則眞如中所攝染淨即是生滅門所攝染淨無二無別舉一全收故云二門互攝故下結云齊攝不二也問疏主何故不說眞如攝生滅門耶答前文通相已含此意故不復言也○以此下結成一心良以二門相攝理齊鎔融不二以不二故得名一心斯則二門一心體無別異若約義別說則一心是總二門是別又於別中眞如約體生滅約相若克體圓融則性相無二即是一心今既二門互攝全體圓融唯是一心更無別法故今結成爲一心也　疏問二門下二通難二今初二門示義通局難初句指定前義何故下引文正難意云眞如既攝生滅門何不同彼示三大生滅既攝眞如門何不同彼示一大示義既差攝義寧別攝法既等示義應同如何攝法既同示義却別耶○答中初句標定其門不壞下正明行相謂染淨之相全攬理成理非可壞全理之相亦不可壞以不壞故攝生滅盡成今相攝義以泯下爲即理故令染淨相亾泯不存以不存故唯眞體在故成前文唯示體也生滅下標定其門不壞下明理在事中以全理而成事故事起而理不壞成今相攝義斯則事爲能攝理爲所攝以成下明事理俱存成前具示義成事故示相用二大體不失故示於體大○疏問前下二性相存泯不齊難問意可知但躡前門相不存義以難後門理不失也○答中前四句顯二門存泯之由各初一句所以後一句定義生滅等者事依理顯故理爲事本故如波必賴於水故下文云依如來藏有生滅心理不失者理若已失則無生滅也如水失則無波故論云若無空義者則無道無果未必等者眞理本有不假緣成如水不藉於波故眞如門中直云眞如者即是一法界大總相等不言依生滅有泯相相不存者不泯則已泯則不存入理自亾何存生滅如水澄靜豈存波在下文云以一切法皆同如故相不存下四句躡前正答相不存者相存則可示於三不存但合示於體理不失等者生滅相起四又不亾不具示三於理如何是故下結答雙示可知○疏不可相從者從順也事理別故其猶水火敵體相違豈能互攝未容等者若分二別可言影互相攝今唯一心影攝何法斯則二別亦無攝義一心亦無攝義也論不相離者意明不一不二不一故二門各存不二故唯是一心以是一心故不相離以不相離故能影攝即反前責意也疏以體下體即眞如相即生滅眞如隨緣成生滅生滅無體即眞如由是反覆言之故不相離也金具若金喻眞如具喻生滅相收之義在文可見良以下結喻例法良者實也以者由也實由金具二門未曾有異故云一揆揆謂端揆即齊等也由不異故舉金時徧收具盡具全體是金舉具時徧收金盡金全體是具此義下例法也此義者即此不相離義也舉眞如時徧收生滅盡生滅全體是眞如舉生滅時徧收眞如盡眞如全體是生滅法喻正等故云亦然然猶如是也

起信論疏筆削記卷第六

起信論疏筆削記卷第六

校勘記

一　底本，明徑山藏本。
一　八四九頁上一至二行書名、卷次、録者，清無（未换卷）。
一　八四九頁上一五行「顯示」，清作「顯是」。
一　八四九頁上二四行首字「云」，清作「明」。
一　八四九頁中一七行第四字「乘」，清作「果」。
一　八四九頁下一〇行「改變」，清作「改相」。
一　八四九頁下一八行「心心」，清作「心」。
一　八四九頁下一九行第六字「釋」，清作「是」。
一　八五〇頁上一九行第一一字「具」，清作「俱」。
一　八五一頁上四行「本常」，清作「本長」。
一　八五一頁上六行第一四字「前」，清作「門」。
一　八五一頁上二五行首字「由」，清作「曰」。
一　八五一頁上二五行「而立」，至此，清卷第五終，卷第六始。
一　八五一頁下二五行第一六字「微」，清作「徵」。
一　八五三頁下末行書名、卷次，清無（未换卷）。

起信論疏筆削記卷第七

長水沙門子璿錄

△疏釋上等者立義文云何以故是心眞如相卽示摩訶衍體等今此正釋也科動靜不一不異如次是前二門與不相離義頓說實難故成前後觀智境者以體非名相之法故言念之所不及言念尚所不及豈落見聞唯久脩觀智方得相應所以說者意令如此用心也故下文云離言說相離名字相離心緣相乃至若離於念名爲得入亦如楞伽云眞實離文字脩行示眞實次後科云生信境者以有空不空二種義相既容言說故得聞者生於信心所以說者亦意令生信也故下文云依言說分別有二種義等亦如楞伽云言說別施行分別應初業○疏釋上眞如義者彼云是心眞如相今且釋眞如兩字○論卽是下二示法也疏二初釋上句二初釋一字二初約當體釋無二眞心者豎窮橫徧爲一切法平等所依依正凡聖唯此爲體離實相外更無別法故云無二揀非僞妄靈鑒不昧故名眞心此非下揀濫夫言一者見數之首今非此等也謂如下明一之相謂眞如之理虛通圓融於一切法平等平等體非別異故云一也○又對下二對二釋斯但對下空不空二以稱一也下但約相令唯顯體亦非筭數○依生下二釋法界諸有聖法依此生故卽菩提涅槃十力四無所畏等是聖人所證所得之法故名聖法故圓覺云無上法王有大陁羅尼門名爲圓覺流出一切清淨眞如菩提涅槃及波羅蜜教授菩薩因義者法卽聖法界卽是因能生聖法故云法界問據前所說眞性是凡聖染淨通依何故此文獨言聖法因義答此中乃是以勝顯劣也非謂揀於凡法聖法尚依豈況凡邪此約終敎故作此釋若就圓教事理無礙相卽相入淨融合攝爲一眞法界也○疏二門之中下二釋下句三初釋大總相別相者生滅門總相者眞如門然亦下釋成大義謂別相之中所有染淨諸法此門收盡竟無所遺故稱大也故次文云一切法離言說相等斯則揀非別故言總收別盡故言大然論總相有於四種謂下中上上上下者謂一切有漏皆苦理通苦集名爲總相不通無漏乃爲下中者謂一切行無常理該三諦名爲總相雖通無漏不兼無爲故名爲中上者謂一切法無我理通四諦名爲總相猶是眞詮未盡實性但名爲上也上上者謂眞如是一切法之實性徧通凡聖情與非情無所不該故云上上論所明者當於第四超勝前三故云大總相也○此一下二釋體字全作生滅卽事法界全作眞如卽理法界既是一體所爲則令二無障礙卽是理事無礙法界也二皆言作者生滅卽隨緣變作眞如卽轉改其名曰作二義俱無能所義言作也　軌生下三釋法門軌謂軌則物謂衆生解卽智解謂諸衆生內有熏習之力於此法界體上生始覺智智起反照常依法界軌則而脩卽不空不有無我無人等是法界軌則始覺之智依而行之故下文云順本性故脩檀波羅蜜等圓覺亦云流出波羅蜜等教授菩薩然法更有任持之義今以順文唯取斯義聖智等者謂法體虛通以能容彼聖智出入故受門稱遊卽出入也謂入則自證出則利他佛及菩薩皆有二義然唯局登地已上乃至究竟不通凡位故云聖智以地前未發無漏未能親證故前科云觀智境也　論所謂下三釋成釋法體者論云心性卽體也反顯心相不妨生滅卽爲後門隨妄不生者隨無明九相之妄妄生而心性不生約治不滅者約始覺反流四位治染妄滅而心性不滅此約妄生妄滅顯心性不生滅也脩起不生者脩行顯起大智慧光明等及十力等功德生而心性不生處染不滅者處於生滅垢染十力等功德滅而心性不滅此約淨生淨滅顯心性不生滅也世間不破者明眞如流轉世間世間有破而眞如不破不破卽不變義故下疏云在染不破出世間不盡者謂脩行故眞如顯出世間世間盡而眞如不盡故下疏云治道不壞也　會妄顯眞者意令體妄卽是不須待滅也如經云色卽是空非色滅空論二初會妄疏妄執等者謂聞前段眞如是總相法門體卽眞如舉體作諸法若爾應知諸法生滅卽是眞如生滅何故乃言心性不生不滅釋意云諸法本無說何生滅如見空華本自無體說誰生滅○論若離下二顯眞疏疑者下徵其所以可知釋云下正顯文意又若下反以釋成皆可解誰是病眼者須知見空華者是病眼若眼明淨必不見華楞嚴云若無翳目而能見華云何睛空號淸明眼應知見諸法者是曰凡夫不見法者斯曰聖人聖人稱實既不見於諸法當知諸法凡夫妄見實無生滅也諸法既無生滅眞性何曾動搖是故前云不生滅也△論是故下三初標舉能離疏是所執下二句解是故二字是故者指前二段爲所以也所執空卽指前無一切境相眞心不動卽指前心性不生滅也由斯之故遂得一切諸法卽眞如也然此二句又迭互相成乃由所執本空所以眞心不動又由眞心不動故得所執本空其猶萬像本空明鏡不動由此下正結眞實由此二字指前所以一切下正顯眞如卽釋論中一切法下文也此中顯眞而舉一切法者以其性不離相故一切諸相性所成故人皆執相以迷性故令約相而顯性令知相卽無相唯一眞如觸境對緣任運合道動靜施作無非妙門然此論中從本之言與下畢竟之言相望

互成影說謂從本二字約望過去以顯眞義謂非是先來不離言等諸相而今方離以從本已來便自離相影取未來畢竟如是下畢竟二字約望未來以明如義謂非是只於今日平等不變不破以盡未來際畢竟平等不變不破亦影取過去從本以來便自如此又此二義各通下三句而轉又一切法言亦通下畢竟而轉思之可見○論離言下正顯所離二初離妄相以顯眞疏言語路絕者上句即音聲不及下句即名句文不及既聲名句文不及即當言語路絕也非聞慧境者聲名句文是所聞故意言分別者意言即是分別也以形口曰言在意曰分別今以所分別與所言同故云意言也夫人發言皆意中之事故詩序云情動於中而形於言也心行處滅者以相是心之行處行猶緣也既離於相心無所緣所緣既無能緣亦絕無相眞理何思慧之所及乎離僞等者僞則鍮似眞金妄謂影如本質凡是有名相法悉皆僞妄故金剛云凡所有相皆是虛妄又楞嚴云幻妄稱相以僞妄故則非是眞今既離於名相即非僞妄故名爲眞離異等者謂有差別有變異可破壞也今既皆離故名如也又若約的訓如者似也夫法異則不似不似即非如今既不異不異即相似似即如義也故圭山云謂此實體於未來常如過去於色中常如受中眞實相如非爲妄似展轉釋者爲何畢竟平等爲無有變異故因何無有變異爲不可破壞故又不可破壞者爲無有變異故無有變異者爲畢竟平等故離世間者世謂遷流間謂墮在其中以差別變異破壞是世間法今皆反此故云離也非脩慧境者脩即是定非定境也夫苦空無常不淨等皆是定所緣故正智相應者即如之智證即智之如除此之外莫能及緣故下文云以離念境界唯證相應故從上來下

乃是通斷前後二文仍辨下段之意以對非二離境也○論畢竟下二離與相以顯如疏雖徧等者在染時與在淨時同謂凡夫眞性的同諸佛眞性如淨室空與穢室空等此約同時橫說也在緣者謂在染淨緣中過去如現在現在如未來猶昨日空與今日空等染淨雖自改變眞如於此無遷異也又染緣即以生相爲始業繫苦相爲終淨緣即以覺滅相爲始覺生相爲終眞如於中竟無改變此約異時豎說不同有爲者是無作法故體若虛空欲何破壞在染不破等者隨流則妄染起而眞體無損反流則妄染壞而眞體如舊故圓覺疏云處生死流驪珠獨耀於滄海踞涅槃岸桂輪孤朗於碧天○論唯是下三結體立名法體者一心即是法體故前文云所言法者謂衆生心諸法既無故唯心在如萬像本空唯是一鏡圓覺云諸幻盡滅覺心不動依義立名者於一心上依離僞妄變易之義以立眞如之名　疏言教非實等者以權設故因緣有故意令假其有言以帮無言無言之理可以證悟有言之教不可取著取之即成認指亾月也十地論說隨聲取義有五過失一不正信退既逐聲不會深意二退勇猛由不正信則無勝解不能決定三誑他由不會故或以深爲淺以淺爲深四謗佛執權爲實或執事迷理便謂如來言成虛妄五輕法以謬解成性聞深不重釋無實所以者以一切境界皆從妄念所生念尚無體況所生法而是實耶故前文云一切境界唯依妄念而有差別若離心念則無一切境界之相由是一切言說皆是假名無有實體性不可得也疏恐諸下敘外疑可見故今下以釋論也若據疏意從一切言說下盡是釋前故名眞如四字也在文可見然此釋疑之文合在次前文下注釋方得文便學者應知不相違者假名與離名

雖言與而義同良以等者凡是有名皆依相立眞如無相所立即空以徧計所緣不入眞實故楞伽下引證名相俱徧計也相從想生名依相立不離相故故曰相隨緣此相名又生妄想即徧計心也然此段論以愚辞之從以一切下四句合是前科所離相中釋所以也疏文節釋科解俱不穩暢今於疏外略助一解或問曰何以眞如體上離前言說等相耶故論釋云以一切言說假名無實故也此之二句乃是釋前離言說名字二相所以也謂心性眞實不與虛妄相應言說名字但是虛妄假有無其實體不與眞合是故離也但隨下二句文通兩勢一則釋前離心緣相所以也以心緣之相但是隨彼妄念而生念無自性緣相何有故云但隨妄念不可得故故字通於前段以眞體無念念則違眞是故離也二則釋前假名無實所以此如疏解譯者務簡兩段一釋此文之巧略也從言眞如者下方是釋疑疑曰前云離言說等相以顯眞如無相今復結云故名眞如豈非言說等相耶故此牒而標云言眞如者亦無有相疑者復云既言眞如正是名相何謂無相故論釋云謂言說之極因言遣言也意云非謂立此眞如一名便滯於相以寄此假立之極名以遣於言相也有智至此希齊詳焉餘文如疏立名分齊下敘疑答釋文並可知諸名邊際者如極微是色邊際等今眞如是名之邊際故此名後更無名也十種名者一法名謂蘊處界三科二人名謂信等五十二位三教名謂脩多羅等十二分四義名謂蘊處界等所顯義理五性名謂無義文字無所詮表不生義解六略名謂衆生等七廣名謂衆生等各有差別義名八不淨名謂凡夫等九淨名謂生滅即眞十究竟名謂眞如也故偈云人法及敎義性略及廣名不淨淨究竟十名差別境遣於名

者遣於諸名也若不立此極名不能遣於諸名例如扣犍息喧若無此聲不能止於諸聲也若存等者若存眞如名亦同不遣名雖是極名體畢竟假存而不亾豈稱法體須知雖立眞如之名名即無名無名之名故曰假名即是離名也故淨名云文字性離即是解脫學者至此雖因名而生解必亾名而證耳疏一云下克就眞如自體釋可知妙智等者既無名相則非心識所緣但唯微妙眞智觀行所及謂徧計所緣是假假故可遣妙智所證是實實故不可遣圓覺云諸幻滅盡覺心不動前則能所皆妄此則能所皆眞也二云下會顯生滅無相釋意明非謂以眞如體遣生滅法也何以下徵起下文以法下釋有二意初約唯眞無法解即約眞如門釋但有眞如更無餘法性何可遣又以下二約有法無性解即約生滅門釋雖有染淨自性本空何用更遣前如鏡體無像後如影像即空也外人下約眞如門釋離妄情者名相俱絕情有理無若使可立焉能離妄故下文云以離念境界唯證相應故又生滅下約生滅門釋生滅無性無性故即眞眞本自立故云不待斯則眞如本立更不須待立生滅法以爲眞也其猶於波本自是水何須待立以爲水耶何以下躡前徵起下文眞故下約眞如門釋夫眞者非僞非妄如者不變不易今若可遣即成僞妄可立即成變改以先不立今方立故又生滅下約生滅門釋以眞如從本以來舉體成生滅生滅無性常即眞如如是性相曾不捨離以生滅顯得即如體顯也斯則本自顯然何須更立△離言者不可說故絕慮者不可念故以前文云離名字相離心緣相故此結也然一切衆生從無始來執相迷性不能即妄會眞雖終日行而不自覺故今示眞而約生滅也學大乘者須終日不食終夜不寐以思此事何

曾是無聖凡依正空色等時何處眞體不常顯現何有一法不是性爲何有一法體不空寂又空法何嘗得離眞性苟或不同此說則墮斷常無有是處是故論中每節顯眞皆言一切法也△論若如是義者指上不可說不可念之義論諸衆生等者既發言違理動念乖眞諸衆生等念念相續未曾離念欲得不乖如何隨順欲得契證如何造入△論可說者即所說也念亦如是疏念即無念等者謂知念諸法時本無能念所念非謂滅此令無以念體本絕即無念也故圓覺云於諸妄心亦不息滅非滅下雙釋即念無念以離二邊若滅念令絕即墮斷見若不知念即空即墮常見也今既不滅復知即無故免斯過此則即言於言非都不語即念無念非都不思故經云無離文字而說解脫文字性離即是解脫下文云衆生迷故謂心爲念心實不動若能觀察知心無念即得隨順入眞如門於二下結益只於一念無念已離二過二過既無乃順中道法性即不乖眞如也又亦等者前則直就法體說念即無念此即起念之時用觀觀察能念所念已起未起了不可得說亦如是故云等也雖未離念者如是觀時雖念不起細念猶存故云未離如但得火滅火杖猶存而順無念者常觀無能所故如是觀時即是順無念也如下文云若有衆生能觀無念者則爲向佛智故如上等者以前來所說但是入理之方便故前疏云答方便觀即能等者由前觀察純熟便能離此能所之念契於無念眞理以眞無能所念想今既離此則能契眞正觀者此觀正與眞如相當如匣與蓋也又正者聖也位當登地已去名爲入理聖人前之方便即當地前契入即證義也以離能所念故得證眞如名爲得入故唯識云若時於所緣智都無所得爾時住唯識離二取相故然上

所說且約一分得無漏正智名離念得入若約究竟離者唯妙覺一人而已智行處者眞如是正智所遊履處明非倒惑所行之處故華嚴云甚深眞法性妙智隨順入又亦等者前解約所觀念無今解約能觀亦無也觀念之心此心名爲知無能所之念苟存斯念然亦不入擬心即差故圓覺云離遠離幻亦復遠離得無所離即除諸幻荷澤云妄起即覺妄滅覺滅覺妄俱滅即是眞如然則如體離念動即乖眞苟能知念無念觀察不息如是隨順還有入期眞諸行人勤脩妙智然擬前之問答雙明說念後答正觀中不論於說者以細況麤故心念微細尚須遠離言語麤淺豈得存焉△釋眞如相者前云是心眞如相自此之前已釋眞如兩字從此向後方釋相之一字初總標論復次眞如者問此既說眞如之相何不牒云相耶答以從無相中辨相相即無相不異離言之法故又相即義也今於眞體之中開說二義故云有二種義義即相也一味者前云一心一法界故然且約理離諸相故強名爲一而此一相即不可得法句經云森羅及萬像一法之所印一亦不爲一爲欲破諸數淺智之所聞見一謂爲一幸諸淺智者愼而體之有二者既容言說分別故有一二之相也不可隨言者前雖顯體離言不可執爲無說以有二義故今雖分別二義不可取爲有相以相即無相不異離言故故不得隨言執取也但爲下必若無言憑何信解必若有二法體全乖證入絕分引文可知△二略辨疏無妄染者以如實體中本不與九相六染相應故名爲空不是眞體是空如實之空者如實具眞性空是無妄染如實之空依主釋如言瓶空蓋爲瓶中無物非謂瓶體是空涅槃經中具有此喻也論究竟者至極義意明立空之言至極只爲顯於眞實也遂能

等者以妄空為能顯眞實為所顯不同彼妄空等知
此眞實與妄無體者妄體眞有眞元自有故云異也
有流者有謂三有二十五有流即四流九流以彼諸
有煩惱能漂溺羣物故總名流即根隨等共有二十
六使此論即三細四麤如是煩惱多不可計故曰恒
沙若準此論所說即過河沙數理實無量等此河沙
若有定數恐非了義所言異者彼曰煩惱此名功德
彼染此淨彼空此有故相離者妄體本空無可相礙
故下文云一切煩惱染法皆是妄有性自本無未曾
與如來藏相應故無上法者即大智慧光明義等是
佛所證之法故云無上此皆即性之德德皆是性不
相捨離故曰相隨△初略明疏能所分別者即心境
也染法雖多統唯此攝故論云一切而疏云能所下
即心境別明所取相者即境界相於中有色香味觸
等不同故云差別能取見者即智相相續等於中分
見聞覺知不同總名能取即下分離識也此即約雙
遣心境釋又以下約唯遣境界釋前二句但說境無
此則出境無所以謂凡是境界皆從心念所生心念
既無境從何有故前文云一切境界唯依妄念而有
差別若離於念則無一切境界據此是本識中能見
相也以與智相生境取境功能別故良以下遮釋文
意情有理無者妄情中有眞理中無猶如空華翳病
故見理有已下反前可見故不相應者結前妄法理
中既無說何相應斯則却與情為相應以從妄念生
故離念則無一切法故△論當知下二四句初有無
四句疏離妄有者謂人執有故言非有若無所執約
何言非妄有之言攝一切相惑者下為不了非有之
言是遣情執之有却認法體是無今此釋云上但以
非非汝執有不道此法便是於無故云非無雙非是
眞去者將謂眞如是非有是非無故破云非非有相

非非無相此皆上非字是能治之藥下三字是所治
之病釋云下細詳可解此中前後四箇謂字前二箇
中上是計謂之謂下是言謂之謂後二例之還立等
者執第一第二句同時有無相並為眞如也非許雙
是等者我若單言非非則從汝雙執有相無相我以
兩非和非有相非無相一時非却何以述倒雙執有
無故今論云非有無俱相俱相者即有無同時也今
皆非却△論非一下二一異四句疏準前等者但前
約有無此約一異二執不同餘皆無別但如前疏配
釋可知然執下結總攝別謂衆生執取無量無邊根
[illegible]
本從此二四句起所以百非只約此說義見前文故
廣下引例皆非眞實者是妄計著不稱實理同此有
無　異二四句也所破不同者四人各執一句有即
有句是此初句所遣也非有即無句是此次句所遣
也但即亦有亦無句是此第四句所遣非即非有非
無句是此第三句所遣一等例此配之隨次配者如
上配為四句然但一向就彼所配非與此論相配皆
是妄執故云非眞四宗外道者一數論外道執有等
性與諸法一即當有句故彼破云此執非眞所以者
何若青等色與色性一應如色性其體皆同五樂等
聲與聲性一應如聲性其體皆同眼等諸根與根性
一應如根性其體皆同應一一根取一切境應一一
境對一切根又一切法與有性一應如有性其體皆
同二勝論外道說有等性與法非一當非有句此亦
非眞所以者何若青等色與色性異應如聲等非眼
所行聲等亦爾又一切法與有性者應如兎角其體
本無乃至廣破三無慚外道執有等性與彼諸法亦
一亦異當於亦有亦非有句此亦非眞所以者何若
有性等與色等一同數論過與色等異同勝論失一
異二種性相相違而言體同理不成立一應非一以

即異故如異異應非異以即一故如一乃至廣破四
邪命外道執有等性與彼諸法非一非異當非有非
非有句此亦非眞所以者何汝此所說非一非異若
為但是遮為偏有表若偏有表應不雙非若但是遮
應無所執有遮有表理互相違無遮無表言成戲論
乃至廣破如是世間起四種謗謂有非有雙許雙非
如次是增益損減相違戲論是故世間所執非實今
此下揀異此是一人展轉彼乃四宗各殊又此則為
顯眞如彼則一向治執故不同也後段等者今但取
皆非眞實已上文不取及顯外道已下也△二總結
疏妄計塵沙者顯妄執多也既從念生豈順無念眞
理故不相應然此文中但約心結而不約境者以一
切境界皆從心生但說無心則知無境故略不言以
對下謂如實之體約無妄故說名為空非謂眞體是
無名為空也亦可下通指此段總結之文皆是釋疑
恐聞前眞如自性非有相等便謂全無自體及功德
法成斷滅見故今釋之云乃至等聞空謂眞無妄相
不空謂自性功德清淨本然△初正釋疏牒前者牒
前體空無妄顯下不空之法舉體者體是所依下常
等諸義皆依此說故常者三際四相不能遷故樂者
[illegible]
三苦八苦不能害故疏以恒為樂者以無生老病死
故名恒此生老等正是苦法故今配此前約惑業故
配四相今約果報故配老死等我者是自在義為對
所繫不自在故以離業行繫縛故論云不變不變是
離行也行即是業既非業繫則得自在故云我也淨
者染而不染故然此注合在淨字之下以滿足之言
益是都結謂除此四德之外所有過河沙數功德悉
在其中故云滿足即如下所說大智慧光明徧照法
界等故本疏以淨法為淨德不該滿足之言然法一
字徧通上下又許常恒不變之文但成一義總此各

配自是一塗今助一辭則與疏與常恒不變者豎顯眞體三際無窮斯則釋前以有自體也淨法滿足者橫顯淨德十方無盡斯則顯前具足無漏等自體旣常不變復具無漏功德法體若然豈是空耶故號不空△二釋疑疏情執有者謂徧計所執色等諸法是妄情所有故是則等者眞實法體自性功德雖無欠少然無一相可得故不異空釋無相等者夫有相者是妄念所緣今既離以證智相應故知無相故唯識偈云若時於所緣智都無所得爾時住唯識離二取相故

起信論疏筆削記卷第七

起信論疏筆削記卷第七

校勘記

一　底本，明徑山藏本。

一　八五五頁上一至二行書名、卷次、録者，清無（未换卷）。

一　八五五頁上一五行首字「二」，清作「一」。

一　八五五頁下二三行第一〇字「迭」，清作「造」。

一　八五六頁中二八行「釋論」，清作「論釋」。

一　八五六頁下三行「離相」，清作「相離」。

一　八五六頁下二三行末二字「邊際」下，清有「等今真如是名之邊際」九字。

一　八五七頁上一七行第九字「爲」，清作「爲」。

一　八五七頁中一三行「念無」，清作「念非」。

一　八五七頁下一二行「存爲」，至此，清卷第六終；卷第七始。

一　八五八頁中二九行第一九字「矣」，清作「失」。

一　八五八頁下一〇行第一七字「二」，清作「三」。

一　八五九頁上六行末字「欠」，清作「次」。

一　八五九頁上末行書名、卷次，清無（未换卷）。

起信論疏筆削記卷第八

長水沙門子璿錄

△科釋生滅心法者以立義分中云是心生滅因緣相能示摩訶衍自體相用故今此一文正解生滅因緣相也染淨生滅者以染法淨法各有生滅染以順流爲生反流爲滅淨以反流爲生順流爲滅又染法生時是淨法滅時淨法生時是染法滅時又染法生是妄生滅是盡滅淨法生是顯生滅是隱滅雖通云生滅而義有此異也初標體論如來藏者具三種義謂隱覆含攝出生義隱覆之中復有二義一者藏如來故名如來藏卽煩惱爲能藏如來爲所藏藏於如來如來之藏依主釋也如櫃中有金名爲金櫃櫃不是金故理趣般若云一切衆生皆如來藏勝鬘及如來藏經具有此說二者如來自隱不現名如來藏法身無相不可以智知識識況眼見耶斯如來卽藏持業釋也如佛性論說含攝之中復有三義一體含用謂法身中有身土相用等二聖含凡謂一切衆生皆在如來智內亦如佛性論說三因含果謂因位已攝果位功德此則以因爲藏藏果佛故前二持業釋後一依主釋出生者謂十地證眞名藏能成佛果名如來亦持業釋今論於六義中除於四六餘者皆通○疏二今初正釋標體者說有通別別則唯取所依卽如來藏是體通則兼取能依卽如來藏與生滅心俱爲體以生滅法皆依此故今通兩說然此下顯生滅與不生滅義說能依所依實無二體也但有相依之義理而無相依之法體如不動下喻顯當知下法合並如文言思之者意令細合使法如喻皆無二體也楞伽下引證經云大慧如來藏者輪轉苦樂因也亂意慧愚癡凡夫所不能覺勝鬘云世尊依如來藏故有生滅依如來藏故證涅槃世尊若無如來藏者不能猒生死苦求涅槃樂○此顯下二揀濫如說依水有波意顯所依之水全起成能依之波不同依毋有子非全毋成子能所別故斯則舉一法以竪論非約兩法橫說以此下出所以以是所依之眞起成能依之妄故得有覺不覺二義以有二義故遂以不覺妄法顯示覺義之中三大也如水起成波已而動濕兩全以有動濕故遂能以動顯於濕也若言依毋有子毋不在子中以不在中故不能以子顯毋是故下結成上義所依卽如來藏△二辨相中疏二初釋和合義三今初略指非謂等者意云眞如家所起生滅還與生滅家眞如和合非謂別有一段生滅自外而來與眞如合生滅之心者謂全妄之眞也心之生滅者全眞之妄也此則本末更互相攝非謂結成六釋無二相者心卽是體生滅是相反覆皆一故無有二○心之下二備釋二初正釋心之不生滅卽眞如門生滅之心卽生滅門從本覺起者窮妄源也然是本覺起成生滅非謂別有生滅從覺而起如水起波斯義無別本覺卽如來藏也無無二體者前云無二相此云無二體意明只有一相一體以心是生滅體生滅是心相覺成不覺不覺與覺不相捨離○故下文下二引證三初引文卽隨染本覺中文○此中下二釋意可知○心亦下三法合神解者本覺不昧鑒照靈通也餘文可知○疏此是下揀濫不生滅與生滅合者謂眞隨妄轉流轉門也卽背覺合塵義非是等者謂息妄歸眞還滅門也卽滅塵合覺義然此二中隨合則體隱相現反合則相泯體彰故前門云一切法悉皆眞故皆同如故此反合也此門卽云依如來藏故有生滅心又云依覺故迷等此隨合也由是疏中前義卽生滅門後義卽眞如門○論非一異中三初約法略明疏眞如者卽前不生滅也非少分動故云全體既全體動成生滅法何異之有雖成生滅而性不變從本便爾非適今也故云而恒生滅是變與不變義別故云非一○楞伽下二按經出體七識是見聞覺知末耶餘文可知○非異門下三揀義廣釋三初離釋二初釋非異三然三段中皆以眞如爲本生滅爲末初則以不生滅望生滅說次則以生滅望不生滅說後卽兩門同時同處說其不異者義在能成卽唯同俱六字之中隨文詳會問論云非一非異疏合順論以明何故先釋非異後解非一耶答論順依眞起妄義便故先舉非一後言非異文云依如來藏有生滅心不生不滅與生滅合此非一義也然此生滅既依心體不相離性故後方可言非異也疏文約法廣釋令人生解要先知體無二由無二故方不成一此則順法備明令悟本無眞妄之異悟此法已任辨義異則不迷本也故下疏云此中非直不乖不異以明不一亦乃由不異故成於不一也今初以本從末釋經云卽楞伽經善不善因者殺等十惡爲不善不殺等十爲善一切趣生者六趣四生其中兼有善與不善生滅者捨陰取陰之義斯則如來藏是眞如善不善等爲生滅既言如來藏爲因能造卽不異也又經涅槃也文云譬如雪山有一味藥名曰樂味其味極甜在深叢下人無見者有人聞香知其地中當有是藥過去世有轉輪王於雪山中爲此藥故在在處處造作木筩以接是藥是藥熟時從地流出集木筩中其味正眞其王歿後是藥或醋或鹹甜苦辛酸六味成別如是一味隨其流處有種種味愈如佛性以煩惱故出種種味所謂六道等此則佛性是眞如六道爲生滅既言佛性隨成卽是無異之義○二攝末下二初正釋今義衆生卽如者淨名經也如疏所引然衆生是生滅如是眞如既言其卽當知不

云涅槃等者文云善男子我於諸經說若人見十二因緣者即是見法見法者即是見佛見佛者即是佛性何以故一切諸佛以此為性善男子觀十二因緣有四種之智得四種菩提乃至云以是義故十二因緣名為佛性斯則佛性是真如十二因緣為生滅既說十二因緣為佛性豈曰異乎十地等者此是華嚴經意彼經文云佛子菩薩復作是念三界所有唯是一心如來於此分別演說十二有支皆於一心如是而立今疏所引是彼論釋經也第一義諦者是論釋也心是中道實相故云第一義諦斷乃三界[illegible]一心是真如唯之一字顯不異也又此下即[illegible]文因相是生滅一覺即真如既云平等而同欲何為異然此非異之義淺而且隱離有信解故此廣引經論證之○又前下二對前重辨即重對前科以明非異也即末之本者重釋前科也此則以末收本無本而非末如以波攝水無水而非波更有何水與波爲異故云非異後即等者重辨此科攝末歸本義也此則以本收末無末而非本如以水攝波無波而非水更有何波與水爲異前則唯末後則唯本既無二相故云非異○三本末平等中經云即楞伽經文云大慧如來藏藏識本性清淨為客塵所染而為不淨我為勝鬘夫人及餘深妙淨智菩薩說如來藏名為藏識與七識俱起令諸聲聞見法無我我為勝鬘說佛境界非外道境界此言如來藏即是真如真如是本七識是生滅生滅是末既云其俱即平等義又經亦彼經也與前文小異而義大同詳之可會又論即十地論唯真不生者果佛無生故單妄不成者無所依故然唯真之法則容有單妄之法則全無今以相對且作斯說此則下都結下總結三門辯之○不一下釋非一文四今初總標四釋正釋標末之本即

生滅之真如標本之末即真如之生滅既一生滅一不生滅豈爲一義是則於心不異中明不一義○依喻下二引證可知○解云下三釋上引文意不在中者在架中可在也不同二人同在一室中即如兩木成林兩木既分乃得云二木不在林中○此約下四遮妨或問曰義既不一應不和合故此釋之謂於二義之中偏舉此義而說非謂壞彼和合以成不一即如正說此不一義時彼法元自和合何以故者徵意云何以不壞和合又能不一耶此中下釋也如來藏等者謂不生滅既是即生滅之不生滅當知此不生滅與自七識生滅未曾不和合於和合中而論不一也七識等者謂生滅既是即不生滅之生滅當知此生滅與自如來藏不生滅未曾不和合而於此中以論不一也所言自者顯非別外本不相離不相[illegible]和合也斯則[illegible]非異處說非一義[illegible]耶○此中下二反釋非異二初標可見○二釋何以故者徵意云不乖非異其義已明有何所以能成非一若如等者釋意云若如來藏[illegible]失自不生滅體即兼無生滅相以無所依故此[illegible]二法若異有如此失是則不成不異義也[illegible]既不成非此不一義亦不成以[illegible]故下明不異義今由不異故生滅起時不失不生滅由不失故生滅得存二義既存故得不一義成立豈非由不異故成得不一耶又亦由此非一義故得成彼非異義以真起妄故得說有妄不異真妄若不起說何不異前段所不言者以未說後義故○又此下三舉體相攝二初正辨真妄下各出其體如文可知此以無明爲非生滅者非無相之生滅故非不生滅者以有細相流注之生滅故例如非想非非想耳此四下正辨舉體相收且舉如來藏等[illegible]

以是在纏名故又舉梨耶由無明動真妄合故若舉七識亦由無明與藏俱在梨耶中故若舉無明無明無體依覺有故亦在梨耶故下文說依梨耶有無明又說無明滅時和合識破由是舉一即攝諸也緣起等者梨法和合方成一大緣起之相○此中下二釋疑或問曰若然者云何前引經言如來藏不在梨耶中故此釋通以義說如此非事異也餘義準此者令文舉喻且約濕性對浪而說以喻藏性唯不生滅對七識唯生滅一義以論即離對餘二義理亦準知故云[illegible]之故前文云[illegible]一義[illegible]也○[illegible]下四問答通妨有二問答初問中怪前所引緣起之相如來藏者不在阿梨耶中答意云真與妄合方曰梨耶其如梨耶都無自體且約義說則真妄二法悉在其中由是梨耶為總真妄為別只合言在總中不合言在別中今既分動靜則使梨耶總義不成故上言在故云不在梨耶中○後問意云今梨耶既通動靜應合亦在真如門何故獨在生滅門耶答中且說唯在生滅門意自然例知不在真如門也以梨耶是起靜以成動體不相離故靜隨動在此門中也非真等者意云謂不動尚在動門何況動靜兼者何以下徵釋可知應思準之者意令準知不在真如門也以梨耶雖有靜義然不在真如門者以此靜是隨動之靜非同真如門是不起之靜體雖同靜義且異梨耶既動靜相帶故不在真如門也以此門是唯靜故雖然不說此義乃云應思準之○又若下二合釋二義二初遮一異然則相無相宗學人有失意者於此二中各負一過離此等者故前云依如來藏有生滅心後云無明滅故實性不壞○又若下二顯和合三初正釋無和合等者例如中論偈云染法染者一一法云何合今[illegible]法云何合此則動靜一異義

成和合義也○如經下二引證三初雙標二喻即楞伽經也如文○二若泥下雙釋塵泥非彼所成者非彼微塵成泥團也應無差者塵未和水應名泥團既成泥團應曰微塵○如是下三總以法合藏識非因者非無也因眞相也既若成異則藏識不因眞相所成如前泥團不因微塵又如何云依如來藏有生滅心藏識亦應滅者以無和合義故故下云破和合識相令言滅者但無一分生滅是故非眞相滅者下文云妄心則滅法身顯現又云心相隨滅非心智滅等相滅者舉細攝麤也○解云下三釋其所引文易可知○今此下三總結成可知△立名中疏二初正釋論意此生等者再牒前文之義目此下合彼二義以結此名○或云下二廣辨名相二初對二師以辨名楚夏者謂如此方吳楚華夏言音訛轉西域五天亦爾故指彼同此又云阿棃耶阿賴耶等此但輕重有異也無沒者即正與梵文敵對藏識即取名下義翻藏是下會二名也由彼我見所攝藏故遂令無始相續不斷故云不失是以義上之名雖少不同名下之義故無異也如佛性爲覺爲知了了分明等○所攝下二約三藏以釋義於中有執藏所藏能藏之義即次辨釋謂諸下攝所以下釋似一者謂相[illegible]王數及與外境實非一而似一也似常者生滅微細似常而非常也楞嚴云又汝精明湛不摇處名恒常者於身不出見聞覺知若實精眞不容習妄故云似常諸愚者一切異生無二空智者以似爲實即法執智相執之確然不改即六七二識是能執心也內我即我執於自身內而生執故以執他身及諸法各有自性亦名爲我故此揀云自內也我見下結爲藏義也攝即執也既爲我見所執故名爲藏執即藏也由是下出所以二種我見即人法也永不起位即第八

地準唯識說此識有三位一我愛執藏位通一切異生二乘有學及七地已前菩薩皆起我執執第八見分爲我故第八識名阿賴耶此云執藏也二善惡業果位即通一切異生至十地滿心二乘無學等位由善惡因感無記果與異熟因名異熟識三相續執持位即通因果一切位以第八識執持諸法種子等令不散失故名阿陁那阿陁那義翻執持今云不起位者即第八地已上也以雖我見所緣不名賴耶故失斯名仍揀下位入觀之時有暫不起[illegible]二乘也然不以識體故言失名又能藏下所[illegible]根身種子器世間中以根身等是此識之相分故如珠在像中不同身在室中若見棃耶識只在色心中欲覓摩尼珠只在青黃內又能藏諸法下能藏義也謂根身等法皆藏在識體之中如像在珠內欲覓一切法總在棃耶中欲覓一切像總在摩尼內然但以前義互爲能所也論云下引唯識證成可知△科云釋上生滅心者以立義分中云是心生滅因緣相令則且釋心生滅也論二種義下疏二初釋開數二初標舉釋意稍難者以此一識二義之中含有多法外則包羅萬像內則能所俱成存之則生必無涯破之則涅槃有得若不分別何以了知行相幽隱故名爲難然其深智於此可了故復言稍稍少也括檢也謂總檢括論之前後以釋此意然亦但齊生滅一門○何者下二依義具釋中三初約眞妄開合以釋義文有七一開眞妄成四義然眞之與妄皆依一法界心所說蓋以此心本來有體有用即用之體則蕩然空寂即體之用則了然覺知以無始迷之故於空寂之處則確然根身塵境於覺知之處則紛然分別緣慮故肇公云法身隱於形穀之中眞智隱於緣慮之內然其形穀緣慮本來體空空寂覺知元來不變[illegible]

之眞本自隨緣體空之妄元來成事非因造作法爾如斯衆生身心見今若此即約此義以明染淨緣起之義也今不別標一心者合在眞字中以無二體故不變者未嘗不空寂未嘗不覺知故論云所謂心性不生不滅又云一切染法不相應故又云所言覺者心體離念等虛空界隨緣者隨染順流而成九相故文云依如來藏故有生滅心等隨淨反末而成四位故下文云覺知前念起惡能止後念令其不起等體空者徧計之法情有理無故故論云一切諸法唯依妄念而有差別等又依他之法相有性無故故論云是故一切法如鏡中像無體可得成事者成染事則三界依正成淨事則三乘因果如下所說九相二身是也此則隨緣如作夢成事如夢物體空如夢物元虛不變如內身宛爾○此眞下二束四義成二門初義即眞中不變妄中體空由此二義成眞如門此門攝妄則妄體空攝眞則眞不變染淨平等一相無相故有此門後義即眞中隨緣妄中成事由此二義成生滅門此門攝眞則眞隨緣攝妄則妄成事即成染淨諸法差別等相故有此門○此隨下三開生滅成四義此約生滅門中眞妄相對互論自他便成四義然眞中違他順自即是妄中違自順他眞中違自順他即是妄中違他順自但爲門不同而義一也違順行相即見下文○無明下四開四義成八義三初正示八義無明下且明妄中四義示性等者謂反流對染詮顯示現眞性功德如下云不覺念起見諸境界故說無明心性不起即是大智慧光明義乃至若心有動具有過恒沙等妄染之義心性不動則有過恒沙等諸佛功德相義示現又說性本無慳順修檀度等知名義等者謂分別妄心順生滅時屬於無明名爲染用若順眞如故名淨用故下文云以有不覺

妄想心故能知名義爲說眞覺若離不覺之心則無眞覺自相可說又云無明染法實無淨用但以眞如而熏習故則有淨用覆眞者眞理平等妄心差別差別之妄現時平等之眞卽隱故下云染心義者名煩惱礙能障眞如根本智故無明義者名爲智礙能障世間自然業智故成妄心者以無明熏習之所起故故論云以有無明染法因故則熏習眞如以熏習故則有妄心等又云無明熏習義有二種一者根本熏習以能成就業識義故二者所起見愛熏習以能成就分別事識義故眞如下明眞中四義顯隱者反流翻染形對妄法顯此眞德卽下隨染本覺中智淨相文云謂依法力熏習如實修行滿足方便故破和合識相滅相續心相顯現法身智淳淨故起淨用者無明是妄恒起染用以眞熏有力令彼反流順眞如性故名淨用下云自體相熏習者從無始世來具無漏法備有不思議業作境界之性依此二義恒常熏習能令衆生猒生死苦樂求涅槃又云以有眞如法故能熏習無明乃至得涅槃成自然業等隱眞者卽前說眞如隨緣成棃耶識既成識已隱在識中以其隱故名如來藏已見上文現妄者眞體既隱妄相卽

[illegible]

現謂境界相是也下云不了眞如法故不覺念起現妄境界○此上下二合對四覺然此覺與不覺但以眞妄相對爲門不同各有四義故開成八今於眞妄各分體用故兩兩相從但唯有四如疏四段前二段約淨分其體用初段合二順體成本覺次又由下合二順用成始覺後又由下二段約染分其體用初段合二順體成根本不覺次又由下合二順用成枝末不覺是以二二合論乃成染淨各分體用故合前八成四義也○此生下三結指廣略然八門之廣則已極四門之略則未極以次更有爲二爲一數言四義者卽上遠順等四非取今四覺爲四以此是結指上文也○若約下五束八義成四門言分相者謂分齊法相也以一切淨緣分齊法相屬於二覺一切染緣分齊法相屬二不覺又於中淨法之體屬於本覺淨法之用屬於始覺染法之體屬根本不覺染法之相屬枝末不覺故合前八以成四也　若本下六束四門成一義謂始覺是末不離本覺之本故下文云以始覺者卽同本覺又云而實無有始覺之異乃至平等同一覺故枝末不覺不離根本不覺故下文云當知無明能生一切染法以一切染法皆是不覺相故

[illegible]

然本始二覺但是體用之異本末二不覺但是麤細之異豈得離體有用離細有麤故唯二也　若鎔融下七合二義成一門以本從一生滅門展轉開成八門之義乃是據本以彰末今卻收束以成生滅門則是攝末以歸本也　又若下一約諸識分齊以結成諸識等者卽本事二識也然此二識分齊行相各不相是以本識是體事識屬用今以二本是體宜在體分以棃耶無始相續具覺不覺行相相順是故二本皆在其中故下文云以如來藏無前際故無明之相亦無有始餘二等者始覺悟時方有六麤託境而生行相麤浮宜在麤分是故此二在生起識中此則攝四覺歸二識也若約本下攝事識歸本識以體用不二如波與水是故四義俱不離本識也此卽同前一生滅門耳但前約門說今約識論也故云下結由是廣之成八攝之成二二義皆從一識中出故今論云此識有二義　問此下三約問答通妨以辨異二初辨異二義問意可知答中先分別正答初辨一心二義卽依一心法有二種門義隨緣卽生滅門不變卽眞如門今此下辨一識二義卽唯約生滅門不該眞如門此中理淨卽覺義染事卽不覺義卽前生滅不生滅和合之義廣如前釋無二相卽前和合非異義染淨等卽非一義是則下判成寬狹可知○問此下二辨異二眞問意云若言同者應合俱名眞如不然俱名本覺何以前後立名別耶若言異者約何論別答中約體絕相者如前云心眞如者卽是一法界大總相法門體乃至離言說名字心緣等相本覺等者是所示相大中文本者下釋所以謂本性功德卽是覺也今就略以立名謂之本覺約廣以顯相號性功德也以此下結揀所異謂本覺之名不於眞如門中說而於生滅門中說者以約對妄而立故是故下引所示之法證成前義○論生一切法中疏三今初對前門以通各義上二下牒外難以此下通釋俠義如前已見由舍下正明攝一切也一切雖多不出染淨今有覺義故攝淨有不覺義故攝染故云一切法不言下明不同二門也以染淨相兼方成一切今覺義攝淨不攝染不覺義攝染不攝淨斯則二義共攝一切則可各攝一切則不可若一心二門之中則每門已自攝染攝淨由是不同故不言各也　又上下二揀前文以釋生義先牒難以眞下通釋無能生義者文云所謂心性不生不滅等故以不覺下約順流生

[illegible]

諸染法卽三細六麤等以本覺下約反流生諸淨法卽四位二身等依此下通結下四下引說處問此門既有生義何不於二門之初便言耶答前文以生滅與眞如同處標示無便言之今此獨明故得言生也　非直下三躡下句以辨攝義其猶金能成像像不離金水能生波波不離水卽三藏之中能藏之義△約淨等者覺是淨法於中有始有本則隨流時體本覺隱用始覺廢爲滅反流時體顯用起爲生論所言下二初正顯覺體謂心下標也疏離於等者心體眞實本自靈鑒念想虛妄從來闇昧若心有念是謂闇昧名

爲不覺心既離念則無闇昧唯一靈知名之爲覺復言體離者當知本無以本無故名爲本覺論離念相下釋也相謂義相即下二義是也此之二義正是本覺相即相大也等謂齊等本覺之義與空齊等故也疏非唯等者即正釋相之一字即大智慧光明等義以一一義稱體而周不異不二皆等虛空故云與虛空等此文乃是海東疏義故今引用二義如下所配徧三際者若言徧則合云凡聖若言通則合云三際今所異者以三際凡聖互有相通舉三際時一一際中必具凡聖凡聖皆如故云橫徧三際與凡聖時

一一凡聖必具三際始終皆爾故云豎通凡聖若欲異於常說橫不該豎故有此言顯無不徧也在纏等者此雖約時豎說語似未盡然理亦該收謂在纏必具情器出障必收身土二俱無二也○論即是下二會體立名如來者是應身法身是真身如來之法身依士釋意明心體與法身無二故云即是又離真無應應即是真故云即是又如來法身竝同眞身但以約人標法故曰如來法身亦是即義上二皆持業釋由是即字通玆三用然初一是正餘二是兼也學者應知言平等者聖凡情器無二圓滿故疏欲明等者欲顯在纏之本覺遂舉出纏之法身此則約果以顯因也名雖因果有殊而眞實之體無二故論云即是也論依此等者依體立名也謂心體寂滅無有變改從本已來可軌則故名之爲法是體依聚故名之爲身今依此體而立覺名者以顯法身非是一向凝然寂滅無知無覺也又顯此覺非是有爲生滅之法故約法身以立是則一體之上寂故名法身照故名本覺所言依者但是依約之義不同草木依根有苗分能所也亦不同依如來藏有生滅心有眞妄也此乃一體眞實但約此體上靈照之義便名本覺也疏既是等者法身之理三乘教中同許不生不滅是本有之法既目此法爲覺是可爲本無性下引證本覺即法身義也以此宗中理智無別謂即理之智名爲本覺即智之理名爲法身如珠即明無二無別不同權宗爲無爲異

起信論疏筆削記卷第八

起信論疏筆削記卷第八

校勘記

一　底本，明徑山藏本。

一　八六〇頁上一至二行書名、卷次、録者，清無（未換卷）。

一　八六〇頁上一八行第一八字「位」，清作「地」。

一　八六〇頁中一行「求涅槃樂」，清作「樂求涅槃」。

一　八六〇頁中一一行「和合」，清作「合和」。

一　八六〇頁下九行「非異」，清作「非一」。又「非一」，清作「非異」。

一　八六〇頁下一三行末至一四行「不成」，清作「成不」。

一　八六〇頁下二〇行第一六字「能」，清作「爲」。

一　八六一頁上一八行第五字「未」，清作「來」。

一　八六一頁上一九行第一五字「唯」，清作「爲」。

一八六一頁中二三行第四字「故」，清作「不」。

一八六一頁下二八行第一八字「三」，清作「二」。

一八六二頁上二〇行第一二字「執」，清作「智」。

一八六二頁中六行末字「今」，清作「令」。

一八六二頁下七行第一七字「末」，清作「本」。

一八六二頁下二八行第五字「佛」，清作「淨」。

一八六三頁上一行第八字「義」，清作「意」。

一八六三頁上一六行第一三字「性」，清作「相」。

一八六三頁中二二行第一〇字「下」，清作「又」。

一八六三頁下八行「覺也」，至此，清卷第七終，卷第八始。

一八六四頁上一四行「卽是」，清作「如來」。

一八六四頁中末行書名，清無（末換卷）。

起信論疏筆削記卷第九
長水沙門子璿錄
△二釋本覺名疏二初隨文別釋責意云二者但反
覆成難而實無二故本疏云進退成難　以對等者
下云當知染法淨法皆悉相待今此且約對於新生
立爲本有以始覺從修新生本覺性自元有由是對
始以立於本又以下約別義釋前約對始名本今約
生始名本原其始覺是本所生內因熏習外假緣力
創然而有故名爲始生於始故名爲本也苟無所生
亦不名本如女生子方得母稱　以至下此辨但名
覺之所以以始本既合則無二相無二相故但是一
覺故下文云亦無始覺之異以四相本來平等同一
覺故又此下約別義釋前段是辨一覺所以此即辨
始覺所以意明此段論文是明始覺以依本起始始
還同本故名始覺以始得無念之覺名眞始覺也已
前雖亦名始覺以未離念猶名不覺或立相似隨分
等名至此念盡已覺初相故名始覺是知直待合同
本覺心源故名究竟覺智淨相等並同是始覺也○
問若下二問答違妨異不成始者以前文云是本所
既故極同本體方名始覺故同不成始覺以前云至
心源時始本無二平等一相無所待故既而同異二
俱不立如何說言對始立本耶此問因大前疏文中
來答意答曰不覺而今始覺若窮其體與本不殊就
生滅門相待義邊得名始本也形本不覺者形本覺
故立爲始形不覺故立爲覺也若至心源已屬眞如
門攝不同前難而實始覺等者無不覺之染緣可形
待故無覺名與本平等不殊故無始名但名眞如不
名始本覺也由是眞如門中但顯於體不顯相用△
二始覺疏明起等者正明始覺文雖在後轉推其源
元因本覺由迷本覺方有妄念妄念即不覺也則前

依如來藏有生滅心後依覺故迷等如依不睡人有
睡人也論依不覺有始覺者如依睡人方有覺人疏
三初別解文本覺等者下云以有眞如法故能熏習
無明以熏習故則令妄心厭生死苦樂求涅槃等究
竟同本者下云而實無有始覺之異本來平等同一
覺故下文引證者即隨染本覺中文斯則本覺離染
初淨便名始覺○此文下二通辨論意此如好人成
睡人睡人成覺人此顯展轉成立也始覺同本下明
展轉泯絕也如覺人同好人以同好人故即無睡人
無睡人故即無覺人無覺人故即無好人無好人故
平等平等亦不可言平等者無始本異故再言之者
有二意一則始覺與本覺平等始即本故本覺與不
覺平等不覺即本覺故二即始本不覺竟無差別本
自平等又差別平等亦復平等離言者欲言始覺體
同本故欲言本覺無所對故欲言不覺體即覺故言
之不及故云離言以離言故無相可得心行處滅故
云絕慮此即泯同眞如門也　是故下三總結示圓
融者圓攝染淨覺與不覺融歸一體清虛無累故曰
翛然迷覺中道一不住著故名無寄況有三身異者
以三身由始本所成始本既不安立豈有三身之殊
此揀權教定說三身差別於中分爲無爲別及三常
之異也但隨下釋疑也或曰下說不思議業相緣熏
習鏡報身應身又云無明盡有不思議業能現十方
利益衆生此豈非報化之用何言無三身耶故此釋
之但約機見有異名爲報化之身若約果海實無身
說下文即眞如用大文云諸佛如來唯是法身智相
之身第一義諦無有世諦可見之法但隨衆生見聞
得益故說爲用△科始覺者亦可前略明始覺體今
廣明始覺相後始不異本即結相同體初標因果疏
染心者即六染心性淨者即如來藏以汙淨成染故

說淨爲染源故下文云是心從本以來自性清淨而
有無明爲無明所染有其染心麤相者即轉現二相
并六麤等轉現亦是細中之麤並爲麤相生相即業
相妄中最細者以麤從細生故說細爲麤源故下文
云麤中之細細中之麤菩薩境界細中細是佛境界
然心源之言疏中兩解初解依士釋次解依士持業
二釋俱通或可淨心即源持業釋此解與疏初解俱
約所證之極建之次解約所斷之極斯則心源二字
通於眞妄覺之一字即是始覺始覺至於生相生相
足以斷除始覺至於性淨性淨足以冥合故下文云
覺心初起心無初相以遠離微細念
故得見心性心即常住名究竟覺
始覺道圓者道即因義至此位中因滿成果無始本
異名究竟覺即佛地也不了等者有生相等之所隔
故金剛等者金剛喻定無間已還乃至一切異生即
下文隨分相似及不覺等是也斯則究竟是果非究
竟是因也△疏前三者則滅異住覺此三相已還名
不究竟後一則生相此一相盡故名究竟此約反流
故生相居後若約順流則滅相爲後○科顯四位者
此同圓覺凡賢聖果之四或開爲五位即資糧加行
通達修習究竟也或合爲三謂信行淨心究竟也廣
即五十二位疏三初總叙意文七今初略標大意麤
則滅相細則生相中間相望互通麤細寄顯等者寄
託四種塵勞相上顯明始覺功力分齊是則約所覺
之麤細辨能覺之淺深也　然此下二料揀四相意
顯眞心隨無明熏從細至麤從惑至業寄此惑業之
上說爲四義乃是一期之四相也非約等者刹那之
中雖具四相非今所辨故乃揀之　今以下三正釋
本義二初標列如文　二釋文二初總三初總叙起
妄二初正叙原者鞠窮之義夫語辭也謂窮此四相

之由本因迷心所[illegible]也或二字俱是發語之端心性
下敘所迷心體卽眞如門如前文云所謂心性不生
不滅乃至離心緣相等而有下明迷成生滅卽生滅
門如前云依如來藏故有生滅心等〇經云下二引
證初則涅槃如前所引又經卽法身不增不減經彼
云卽此法身爲過於恒河沙無邊煩惱所纏從無始
世來隨順世間波浪漂流往來生死名爲衆生今疏
略引大槃此下下卽隨染本覺中文〇今就下二總
配四相如文〇佛性下三引論釋成彼論所說一一
育爲莫不皆爲四相所遷〇今論一期四相〇二
別下二初略配下文約位[illegible]者卽此覺四相位數
下六染文卽知此四別分各成多少不等如下文云
一者執相應染依二乘解脫及信相應地遠離卽是
此文如二乘觀智初發意菩薩等覺於念異念無異
相等下文具云二者不斷相應染依信相應地修學
方便漸漸能捨得淨心地究竟離故乃至五者能見
心不相應染依心自在地能離故此上四染卽是此
文云如法身菩薩覺於念住念無住相等又下文云
六者根本業不相應染依菩薩盡地得入如來地能
離故卽是此文如菩薩地盡滿足方便一念相應覺
心初起心無初相等也以此對彼足見四相別分之
義但以彼約淨智翻染一向就煩惱道說故不說於
滅相今文約覺起始終具論故總明四相也準海東
疏配生相有三三細也住相四卽七識四惑異相六
卽根本六煩惱滅相有七卽身三口四然彼所說法
體卽同但開合有異今疏卽就當論所辦以要順宗
故無以棄近而就遠也〇生相下二廣釋四今初業
相者標名謂由下釋相以無明下結成表此先無故
名生相甚深下別歎下文下引證卽生滅因緣中文
卽下文下類辯初一卽業相枝〇一卽根本業不相應

染第一卽業識此等下都結但以所說爲門不同而
法體是一故皆攝之爲門不同者九相是明不覺五
意六染是明生滅因緣但五意是生因緣六染是滅
因緣也由義異故名字不同及說處亦別以體同故
故通攝也下諸段標釋結攝例此　住相下二住相
竝在等者此是麤中之細屬於事識無明等者結成
此二等者已上三細是三不相應心屬於本識此二
也確然不改故名堅住後二卽轉相現相仍二卽智
相相續相後四卽轉識現識智識相續識中四卽能
見心不相應染所現色不相應染分別智相應染不
斷相應染〇言異下三異相此在等者此二是麤中
之麤屬於事識無明等者惑長麤顯能發身口貪瞋
等別故名異相下文下類攝中二者卽執取計名字
相初一者執相應染以合二相爲一染故意識卽意
之識〇言滅下四滅相滅前異心者謂惑至此終極
入於業道也如小乘滅相滅現在心令入過去以無
明等者從微至著起惑造業業因既成必招來果一
期事畢故名周盡以周盡故言滅相非謂從此不
起煩惱如人謀事緣備事遂名爲周盡以果下或問
曰生等四相於九相中已攝前八何故不攝業繫苦
相耶故此釋之意云因則未達者不違已達者轉滅
卽有可斷之義若至果報已當受處卽不可斷如已
至地獄必當須受也故佛令知苦斷集不令斷苦是
斯意也故今文中廢置不說言第六者卽六麤之最
後也　是故下四總結前說唯一夢心喻也如有一
人忽然睡著作夢見種種事起心分別
念念無間於其違順深生取著爲善爲惡是
親是疎於善於親則種種恩利於惡於疎則種種
陵損或有報恩受樂或遭報怨受苦[illegible]覺
來上事都遺當知此事唯一夢心皆因[illegible]

相之興皆依此力如依於地有諸麤事經云下引證
卽勝鬘經也彼云世尊如是無明住地力於有愛數
四住地無明住地其力最大大論云譬如大地有勝
力故持四重擔故名住地一大海二諸山三草木四
衆生無明亦爾於五住地中此最難除故知力大下
文則九相末都結之文〇雖復下五據理融攝先縱
牒前文謂細不是麤惑不是業法執非我執本識非
事識前位異後位故云階降然其下攝彼麤細差別
以爲一念所言一念有兩意一則但是一無明之念
二則十[illegible]之念且如一人[illegible]
如以爲張人王人定言於我[illegible]
分別是怨非親彼爲所見已爲能見心念起
動卽於一念之中八相具足然於二義中正唯前
義亦可一念者卽一心也故下文云一念相應卽無
念之一念也謂麤下出所以或問曰既有麤細前後
等差何得說爲一念故此釋也謂雖有麤細等差而
是一心而作豈有心在滅相而生相中無心若言無
者生何所依亦不可分此一心以應四相既心不可
分復無前後如何四相得有前後耶如人是一夢種
種事夢事雖多卽無前後故說下引證卽始覺未文
正云而實無有始覺之異以四相俱時而有皆無自
立本來平等同一覺故〇然未下六決通伏難或難
云既四相同時何故覺者有其前後故此釋之達心
源下以了四相同依心者方得俱時而知也如人夢
中說夢漸漸而知或至覺來方可併悟斯乃得失在
人不應疑法經云下引證始者下轉釋所引並可知
〇既因下七結成始覺二初順流釋所覺所覺卽不
覺也種種夢念卽煩惱障轉至滅相卽業障長眠下
卽報障既三障所覆殊不覺知無始至今未曾覺悟
數云長眠三界卽依報六趣謂正報於此六中數數

歸往故名為趣○今因下二約反流以明能覺能覺即始覺二初明起覺因緣本覺熏者內因熏也覺力冥熏微妙叵測名不思議本覺是體熏令猒求是用此即內因體用也又因下明外緣熏力眞如是體所流教法是用此即外緣體用也梁攝論說從清淨法界流出正體智正體智流出後得智後得智流出大悲心大悲心流出十二分教清淨法界即是眞如據本而言故云眞如所流教法聞熏者謂以聞慧熏得眞流之教反資覺性令彼有力是則本覺所流教法還即熏於本覺○以體下二顯覺起功用即指前內外熏力能起始覺也體同即外緣之體與內因體無二相故即眞如同本覺也用融即外緣教法與內猒求二相通和不相違拒也領彼聞熏者正顯同融之相若不同融即不領受以領彼故遂能資益內熏覺性起始覺之解解力既增無明力劣故得反流漸向心源也始息滅相下明其漸向之義從初信位止其造惡次了我空漸斷法執覺至本識窮了生相纖塵既盡覺體獨存故曰朗然大悟即無明夢盡成究竟覺也覺了等者心源常湛本自不動動相既無對誰云靜下云覺心初起心無初相故又云譬如有人迷東為西方實不轉等平等者心無二相故稱言之者平等之相亦復平等故或即本末平等能所平等自他平等以要言之諸相待法悉平等故如經下引證即華嚴經云譬如有人夢中見身墮在大河為欲渡故發大勇猛施大方便以大勇猛施方便故即便寤寤既寤已所作皆息菩薩亦爾見衆生身在四流中為救度故發大勇猛起大精進以勇猛精進故至不動地既至此已一切皆息二行相行悉不現前彼之意者說此菩薩從有相有功用入此地無相無功用得無生忍不見我及衆生菩提涅槃生死煩惱

故二行俱息以得法無分別故今此約究竟位始覺同本無相可覺平等平等位雖不同大意無異故云大意如此△六正下二別釋文二初示文可知二正釋論四今初疏總相徵者意問究竟與不究竟覺約人約法其義云何以釋總標之文而徵起故△十信即劫外凡夫夫言凡夫通至地前今此既能止惡則非迷倒之類未覺煩惱又非十住已上正在不定聚中故云十信△二所觀相疏未入下且明所覺滅相未入信位迷倒之時所行之行唯惡是從身有三種謂殺盜婬口有四惡謂妄言綺語惡口兩舌不了此業定招苦果以不知故[illegible]不斷因果知罪福之時也今入下明能覺功用信於善惡業緣必報好醜如聲響形影必無差忒故覺滅相者方知此相過患如是論文但言覺知起惡而無滅相之言故疏對之△三辨利益疏不造惡等者前念雖起但是惑門止後不生終非業道意地既止即身口不為也△四結觀疏能知等者但知善惡之業不亾不知無我無造由是雖覺即是不覺此約當位釋此但下約望後位釋後位已覺惑故此位但覺於業惑與覺義敵體相翻業與始覺猶非敵對故但名止也△論異相中初能觀疏十解即十住之異名彼名發心此名發意名義俱同等之一字意該九住及與行向故云後也留惑者伏而未斷故不證者意為利生故謂此菩薩悟眞本有達妄本空隨順眞如修唯識觀變伏二障不起現行但留種子若準法相宗說以止觀力微不斷隨眠也若依涅槃經地前菩薩依教起行不可思議惑障不起以悲願力助惑潤業受生死身六道教化正當此義若唯識說初地已上悲增菩薩方有留惑之義今此疏中於三賢位而論留惑者以此是法性宗實教菩薩[illegible]利物[illegible]心時便能[illegible]

覺本性達我法空[illegible]修行諸度[illegible]惑自在故於三賢便說留也得自在者能入此觀能伏此惑故用觀既齊故同一立問論文何故不直言二乘而言觀智者何謂耶答以二乘偏觀人空菩薩雙觀二空故分大小之別今但說用人空觀同處為言故得合論也此則但約觀智力用分同菩薩而非全同如惑直言二乘者恐成濫失此則不同而同言觀智△二所觀疏二種者執取計名字相分別等者於身內計我於外計所於中具含俱生分別故云見愛然於六根本中除我見是見惑餘皆是愛如[illegible]所論此二等者即二乘三賢同覺此相俱能了知[illegible]我執故明本下明所覺異相發起因緣謂未起智無明之念與異相和合起諸煩惱熾然不息昧不覺知也而今下明能覺功用謂於無明念中曉察人[illegible]愛見有無道理知此煩惱由無明生始了無念故[illegible]微覺是覺念中之異義△三利益疏既能等者於[illegible]明中如理覈察人我之體了無所得故云念無異[illegible]斯則我空義也△四結觀論以捨等者此文兩勢一則結觀二是釋前下二相例知疏以捨等者以覺我空故不起我執煩惱故云捨麤分別[illegible]未能覺法執故此乃通明二乘三賢俱名似覺[illegible]下釋所以也菩薩未證本分是似二乘雖在自乘名為入證以望大乘但得我空未證法空亦名未證故同似覺斯則望於初地證眞故此名似問中引前為難可知答中先縱若約下奪也謂依覺有不覺不覺是惑不覺與覺是正敵對轉依不覺之惑方始遣業業與覺義猶隔一重故非敵對以敵對故名為似覺非敵對故名為不覺其猶塵鏡在匣塵與鏡非正敵對塵與鏡是正敵對也此義亦然△三住相四初能觀疏初地等者謂十地菩薩皆證眞如依眞如法為自

體故名法身菩薩以十地滿心便成正覺故此位中但標前九△二所觀論覺念住者以此菩薩於無明念中次第覺於四種住相謂初地覺相續從二地至七地覺智相八地覺現相九地覺轉相此四俱名爲住故云覺於念住△三利益疏雖知等者意明此地相續雖亾二地至六地智相猶在在觀則無出觀還有雖不故意任運如斯以是俱生修道惑故今論無住相者但約在觀時及後位說故又亦可此文是約說地前行相意明在地前時信教修觀知一切法唯是識現不起麤念分別執著此即已離前異相麤分未親證法空至出觀後而於染淨法上尚起法執分別即相續相也若至初地親證唯心境界遠離二取分別隨眠覺相續相乃至覺相故云念無住相今論無住相者但通約後位而說也明彼下辨所覺住相生起因緣謂未覺之時無明之念與此住相和合轉執不住覺無所成也今與下明能覺功用謂於無明念中爽察法我及能所心境有無道理了不可得即轉分別之心成無分別智故云念無住相△四結觀疏異前等者懷異前後前云麤分別執著今但云分別故異前也後云[illegible]今云麤念故異後[illegible]

四下明前九地所覺四種住相多少不同如前所配此菩薩以於無明念中令隨其分以始覺力離此念中四種相也然則前不離後後兼離前今就別意各指一相也下文即生滅因緣六染義中廣釋如彼疏生相等者然今且約通意而指生相若別而言之[illegible]地尚餘智等四相二地至七地餘現等三相八地餘轉生二相九地餘一生相由是隨其智力覺彼多少不同故名隨分△生相[illegible]能觀疏學者者十地滿心[illegible]方便道[illegible]果之方便故[illegible]行[illegible]

故無間道內以此爲初故論云一念此則無念之念也亦即始覺合本之一念也此明智圓故對法論云究竟道者謂金剛喩定此有二種謂方便道攝無間道攝然準論文依常所配即此二句是標無間解脫也以無間道斷解脫道證故從覺心下至離微細念故是釋無間道得見心性下是釋解脫道尋文可解△二所觀論覺心初起者始覺覺彼心體初起之相即生相也起謂生也△三利益疏根本下明所覺生相所起因緣謂無始迷時根本無明轉靜令動最初微細名爲生相由與無明和合相續不滅[illegible]

起惑造業流轉無窮前位雖覺麤相至此位中微念方現也今乃下明能覺功能也謂於眞淨心中[illegible]能起有無道理於淨心中了無所得眞淨心體本自不動故云本來寂由是本寂故無初相也此則十[illegible]住心猶有微念及至滿心不見微念並獨如[illegible]可見前三下對前辨異然覺業之位不是可論[illegible]二位中由有二相未[illegible]第三位中有一相未[illegible]念中覺念未得言心但於無明念中無住相等[illegible]窮極洞徹心體眞淨獨存更無別法故特言心也△四結觀疏念中最細者故下文云無明[illegible]所起識者乃至菩薩究竟地不能盡知唯佛窮了生相者[illegible]屬四相也以在九爲業在四名生今約四位故指[illegible]入又以論中無生相之言故如前凡位亦無滅相之言疏亦配也此相等者前諸位中但言以捨以離等而無遠字今以業相最微更無微細爲此相本既[illegible]覺了更無遺餘方稱遠離也眞性現者以妄覆故[illegible]性不現以不現故不得見性今既離妄性即現前[illegible]現前故即得見性前三下對前辨異也下云一切[illegible]生不名爲覺以從本已來未曾離念故既有念[illegible]念所[illegible]得云見心性耶仁王云始從伏忍至[illegible]昧照第一義不名爲見所謂見者是薩婆若前三下叙前位也業識爲生滅本前既未離豈名常住今生下辨此位也前但夢中覺夢今此夢念都盡是謂大覺方名常住佛地論云如大夢覺即斯義也論究竟覺者此正結名也此有五義故稱究竟一斷究竟即前遠離微細念故二證究竟即見心常住也并前行滿智圓故成四矣四事既備即位究竟也即前云菩薩地盡也前未下叙前位既言望到則知未至今即下明此位可知以更無所進故名究竟也然此十地滿心與等妙二覺義說分三若約其體更無三異是故此文與後相望互出不定此中約斷四相只言菩薩地盡斷於生相便是究竟若下文中又云此無明所起識者乃至菩薩究竟地不能盡知唯佛窮了又云根本業染依菩薩盡地得入如來地能離又不了一法界義者從信相應地觀察學斷乃至如來地能究竟離應知第十地覺生相只一刹那覺生無生便是佛位義說前後也若準纓絡經說等覺照寂妙覺寂照今見性常住即是照寂名究竟覺即是寂照此即一位之中約寂照二義而分二覺無二體也△一引經證疏在因者以因中未能親觀無念眞理故但

能觀無念道理此約地前說耳然以無念是佛地故能觀此者是向佛地之智也亦可智字通於所觀是則向於佛智故後譯云能觀一切妄念無相則爲證得如來智慧以是下明引經意經中既言觀無念者是向佛智當知佛果決定無念也此是等者衆生是因佛即是果能觀無念即是望義望即向也△二重釋疏牒上等者恐聞前覺心初起之言將謂眞心實有所起之相今方覺此名覺初相今欲釋出故此牒之非謂等者以迷時謂有覺處元無唯是一心何有[illegible]所知之[illegible]方顯知無住[illegible]

既下躡前難起故爲下指論以答如覺下約喩釋意覺心下合顯論文並可知△三舉失疏是前下釋是故二字卽顯下解餘文金剛已還者無間道前諸位菩薩與諸異生故云一切未離等者以生相念盡始得名覺當知前之三位皆名不覺況異生耶然則下對前釋成也以前說隨分覺及相似覺者以約無明夢中四相差別各齊一相而論故有覺義由分淺深遂有隨分等別今約無明眠之不別俱名不覺夢雖有差眠豈有異無明卽生相也此顯等者顯無明卽爲諸法之始以是五住煩惱之端十二因緣之首故

故下云當知無明能生一切染法既爲能生則知無有先於此者斯則無始屬於他染無始之無明依士得名又無明下約當體釋無始也謂此無明無有初際以依眞故斯則無始卽無明持業得名故下文云以如來藏無前際故無明之相亦無有始△四顯得疏若至等者此顯始覺至心源見自無念亦知一切衆生皆悉轉彼靜心成四相差別也雖云知四相乃是知衆生同是一心本來成佛也如華嚴說如來藏正覺時普見一切衆生悉皆成佛釋云等者佛得無念知念本無衆生雖現妄念中佛知彼念亦卽無念也斯則佛無念與衆生有念義齊故云等也以念卽無念故得彼無念始知四相念也此卽生佛相望論等義又釋下約四相相望明等義意明四相皆是轉彼靜心所成所成四相既各無體豈不卽是一靜心耶靜心卽無念也既一一相皆卽無念是故平等以平等故得無念者而能知之如一珠中現四色像見珠體者悉能知之然前以有念卽無念爲等義此以四相各卽無念爲等義也此上前解是海東疏依大論釋義則約覺至心源以已得無念故則知一切衆生生住異滅也然據論文只有知心相之言且無衆生之語今直就論文更助一解謂得此無念之時已覺初相本無所起常自一心本來無念由是則知四相皆然卽是一心是心之相元未曾起非謂別有生住異滅從心而起也何以故以一一相皆同初相卽是無念故云以無念等故無念唯一故云等也故次文云四相俱時同一覺故一覺卽無念也故後譯云若妄念息卽知心相生住異滅皆悉無相也卽符此解有智請詳

起信論疏筆削記卷第九

起信論疏筆削記卷第九

校勘記

一　底本，明徑山藏本。

一　八六六頁上一至二行書名、卷次、録者，清無（未換卷）。

一　八六六頁上三行「二初隨文別釋」，清無。

一　八六六頁上一〇行「以至下」下，清有「二初隨文別釋者」七字。

一　八六六頁下二二行第七字「三」，清作「二」。

一　八六七頁上一三行第一六字「地」，清作「此」。

一　八六七頁下一五行第六字「謂」，清作「爲」。

一　八六八頁中二二行首字「名」，清作「云」。

一　八七〇頁中末行書名、卷次，清無（未換卷）。

起信論疏筆削記卷第十
長水沙門子璿錄

△論初標立疏雖得無念等者謂得覺無念之始覺也本無起者即四相本無念故待何等者以因不覺有始覺今不覺既無始覺亦絕也○二釋成論四相俱時有者以轉彼靜心一念所成一念本無念四相無自性故云皆無自立疏三初正釋也如依一水而有千波波無別體皆同一水然未下對前辨異初指皆今既下顯今竝可知　疏問下二問答通妨二初正問答問中兼難竝可詳悉辨竟者前正釋是也唯

[illegible]

一下重釋處夢士者即金剛已還及一切異生也大覺即佛位竝如前說文易可知○攝論下二引證二初引攝論前二句舉喩後二句法合以須臾間睡成多年夢如有說言一夢之間經歷三世受身生死此之謂也此中下指引文意意云經年夢事不出須臾無涯生死不出刹那彼論刹那即今之無念指彼同此也○楞伽下引楞伽三初正引可知○二解文意云刹那生即無生以無自性故若非下反明也謂若刹那不是無生即有自性也既有自性即不流轉今既流轉即知無有自性是故無生也是故下結也由是刹那即無生故所以契無生者即是見刹那也此即例前四相諸念即無念故是故得無念者方覺四相唯是一心○淨名下三重證不生等者意云無常之法必無自性以無性故即不生滅此與楞伽文異義同七識等者亦即流轉無性四相無念義故圓覺云知是空華即無流轉亦無身心受彼生死楞伽正文云五識身不流轉今云七識疏筆悞爾如來藏等者以有實體不可泯故故生滅處即如來藏楞嚴云生滅去來本如來藏妙眞如性　疏此下三總結大意文旨可知然前四位及引經下答後段正同[illegible]覺

依位漸證忘心頓證具明此者意令頓悟漸修自然成位其猶學射心唯在的箭有近遠楞嚴亦云理即頓悟乘悟併消事非頓除因次第盡由是若不說漸位則階降何知若不說頓門則終卒難入由是具說以備修行△隨染本覺者亦前略說是體文云心體離念故此段是相文云生二種相故後四鏡是體相雙辨文云覺體相故初總標疏此二下以是本覺不合言生今隨染緣還淨而顯故有生義斯則顯故名生非創然而生也故下文云顯現法身等生已不離者其實即是今猶義說也其猶明鏡在塵出塵其體不別△二徵列疏明本等者自隨流而還源自始染而清淨亦即自隱而顯也覺處不覺久被染塵却復本眞故云還淨明還等者皆以相隱而用廢今以相顯而用興其猶出塵之鏡形對而像生也此之下總明二相得稱隨染所以也然智淨相離自業識等染緣故不成以無能顯故故下云若離不覺之心則無眞覺自相可說等若不思[illegible]業相離彼眾[illegible]染緣故亦不成以無能感故故下云諸佛如來唯是法身智相之身第一義諦無有世諦境界離於施作但隨衆生見聞得益故說爲用由是此二俱名隨染○初

[illegible]

因疏眞如等者謂在內爲理法在外爲教法雖內外不同皆名爲法由是論中通言法也此在等者但由熏習力故緣教修行從初信位終至第十迴向也資糧者謂十信三賢具修福智爲成佛之資糧故亦名順解脫分善加行者即煖頂忍世第一四種加行此在三賢位後十地位前加功用行以求見道故亦名順決擇分善此四加行依四尋伺四如實觀觀名義名義自性名義差別假有實無如煖頂二位同修四尋伺觀忍世第一同修四如實觀煖位修明得定發下尋伺觀無所取頂位修明增定發上尋伺重觀無所取忍位修印順定印前順從發下如實智此有三品下品印無所取中品順無能取上品印無能取言如實智者如實徧知名等四法離識非有所取若無能取亦無也世第一位依無間定發上如實智雙印二空又離所取能除徧計離能取除依他起雙印二空得圓成實猶帶空相非眞唯識故彼頌云現前立少物謂是唯識性以有所得故非實住唯識也登地已上者初地見道二地已上即是修道以此二位證眞起行還契於眞也非同地前緣教而修故云如實以地前是教道此名證道故金剛等者於此定位二

[illegible]

種道中方便道也義見前文△後果疏由前等者即方便行爲能破生滅相爲所破又方便道爲能斷不生滅性爲所顯此根等者以未至此位之前根本無明與眞淨心常相和合成此識相今至此位無明既盡唯一心在照體獨立與誰爲合故中論云一法云何合即顯等者此中疏意明今論文隔句顯發謂破和合識內根本無明生滅之相即顯不生滅法身本覺滅染心之中業等相續等相成淳淨圓智報身始覺今此且明初段顯法身義法身即本覺隱顯得名今雙舉者要對後始覺故也即於等者以六染心皆依無明與眞和合而得相續今無明既盡和合不成染心依何而得相續故竝隨滅然諸染心皆相妄而體眞故相滅而體不滅故云不滅心體也故今等者比以無明和合染心相續故使本覺曠劫隨流今既無明破染心滅無所拘累故得此心却復元淨其猶窮子歸家摩尼出垢也成淳淨圓智者不襍故淳離染故淨無缺故圓滅識故智成應身始覺者應字平聲呼謂始覺智與本覺相應即報身也眞諦三藏亦呼報身爲應身然此始覺與前本覺皆是所成此應身與前法身皆是所成意謂識相破[illegible]即本

得本覺能成法身心相滅而智淨智即始覺始覺成報身此等義說能所成也然此段文是海東疏義主然而用之石壁失照作應化解決然不可以下不思議業相方是應化身故若如上解三身義足不顯文中便成欠剩剩一化身欠一報也有智詳然此下始本同也以始覺是本之用由有本故本覺用起以爲對治令染緣既息用還歸體故轉其名爲圓淨智也斷德者除淳淨智外餘文悉是斷德識與心相是所斷法法身是彼斷所顯故後之一相即是恩德即三德備矣若依此說前之應身正當報文理甚順△初問疏問意等者前云依如來藏故有生滅心仍說和合不相捨離今生滅既滅眞亦合滅如何却云滅相續心顯現法身智淳淨耶斯則約相即門以相難性也△初法中三初釋正難疏意云等者前說心成識者但是心相成識今言識滅者亦是心相滅斯則生之與滅皆約心相不約心體故得說言識相續心顯法身等此則約非一門性相不即而答也轉 等者意云既若起滅不干心體斯則眞妄迢然如仁前云轉彼靜心成起滅耶此約性相相離義爲轉難也○論無明下二釋轉難也疏如此等者意云

[illegible]

前難云相滅但是相融歸性義說爲滅以此識相不離覺性故是則眞妄元無別體而難云離眞有妄耶此乃約性相不離義以答也○論非可壞下三雙結成前二義也前句結後義相不離性成得轉彼靜心爲起滅等後句結前義心相□結明成得滅相續心現法身等疏非一異等者後譯本云相與本覺非一非異非是可壞非不可壞等生滅門初已曾廣釋今却以彼非一異義成此文中非壞不壞義此即約義總標也若依下引經別釋無明即明故不可壞壞則壞於明隨故涅槃經云明與無明凡夫見二智者

達其性無二攝二之性即是實性若實等者以識相即非心體故所以因滅無明得菩提也論明淨下結成可壞之義疏即正顯前文滅相續心顯法身也如正法念經說水乳一處鵝王飲之乳盡水在滅惑準知者世人皆謂斷盡惑結然後證眞殊不知惑體本眞全覺之不覺如迷東爲西誰之過耶而欲求滅西相然後見東處之甚矣△二喻疏眞隨妄轉者即下淨心因無明風動論水相風相不相捨離者濕是水相動是風相動處全濕濕處全動是不相捨離亦可水相者波動也風相者亦波動也以水之與風俱用

波爲相故云不相捨離以喻一切染法依眞而起由癡所發染法望眞是眞之相若望於癡是癡之相如下云以一切染法皆是不覺相故又云皆同眞如性相故此喻之疏眞妄相依者即下心與無明不相捨離眞體不變者即下心非動性以心性寂滅本非動作以不守自性隨他無明故成起滅如水濕性本不動搖由風故動也息妄顯眞者即下無明滅相續則滅智性不壞此明等者意明若眞自性是動法者識相滅時眞性應滅今既不滅應知非自性動也如彼水性若自性動波相滅時濕性應滅今既不滅應知非自性動也△三合疏水喻風動者[illegible]波動也以水下喻文可知所況者應云以心不能自生要因無明以成識等無明不能自現妄相要因心方現妄相故無明動相即心動相無別體也故前云染法望眞是眞之相若望無明是無明相也風水相依者即前水相風相不相捨離然於中俱無形相義喻中不言故今疏中約法顯喻以濕下喻明心法下法說並可見若據疏意即約全奪兩亡之義今於疏外別助一解言心與無明俱無形相者此約並妄各住自位時說也舉此義者要顯眞妄之相不相雜故

以眞本無形相約染心以說其相無明亦無形相顯指染心以爲其相斯則住自位時雖無形相而眞妄和合共現染相以此染法亦是眞如相亦是無明相故云不相捨離如父母共生一子此子亦是父之子亦是母之兒也問何故前喻中只言風相水相不相捨離而不云俱無形相耶答以前文中但喻不相捨離義不喻無形相義以水不起波時亦有相故風亦如是但取分喻故不言無形相也問喻中云風相水相法中云俱無形相法喻豈乖耶答喻中就所起其相說故皆云相法中就能起自相說故云俱無形

[illegible]起故云相法中約未起故云俱無又喻中約合法故云相法中約開說故云俱無也然今法喻正意只明無明之相與覺性不相捨離義不顯無形相義故前喻中不喻此也合中雖有無形相言正意亦要顯不相離有智請詳非爲僭越水性不動者即前水非動性風息顯水者即前云若風止滅動相則滅濕性不壞餘一一別配可知△初總標論依淨智等者是依眞起應如依鏡明現諸色像也謂前隨染本覺之心始得淳淨依此智力現應化身與彼衆生作利益故

故寶性論云何者成就自身利益謂得解脫遠離煩惱障智障得無障礙清淨法身故何者他身利益既得成就自身利益已無始世來自然依彼二種佛身示現世間自在力行是名成就他身利益他身即應身也故唯識云大圓鏡智能現能生身土智影等疏謂與等者一切雖多不出六境故標此也寶性下引論釋義虛空無相者即前所依之眞身唯是如如及如如智周徧一切無有差別故如虛空爲勝智者即能感應化之機深厭生死樂求涅槃故云勝智者此有二類一地上感勝應身二地前等感劣應身作六

報境如文具顯△二別辨疏二初通釋上文顯業德者如下云身有無量色色有無量相相有無量好所住依果亦有無量種種莊嚴等業根者如下云隨其所應常能住持不毀不失斯則橫竪皆依眞覺故得無邊無斷勝能者如法華云應以佛身得度者即現佛身而爲說法等有感斯應不用加功如百水不上升一月不下降慈善根力法爾如此故曰自然也疏四顯下勝益者或見形以發心或聞法以起行乃至知覺功不唐捐故云不虛此上二句猶是別指此文也如此下則通釋上義報化等者報即地上所見亦名勝應化即地前所見亦各分應此二種身皆淨智所顯眞如之用也無始等者即前常無斷絕也下文自顯○問始得下二問答釋妨二初問意云始得智淨相以自利方起不思議業以利他故上云以依智淨作勝境界若然者則利他有始何言無始耶○二答三初約一佛釋以無明下如文言本覺常起用者有其兩意一約內熏說即自體相熏習義故下云從無始來具無漏法備有不思議業作境界之性依此二義恒常熏習等二約應化說應化不起者但以妄染覆之非謂本覺無此應用亦非圍心抑令不起斷明遍在於妄何[illegible]如[illegible]何有[illegible]之害有光明之用如或義之以利磨之於塵則何患乎穢韻精明而不顯發耶○以一下二等諸佛釋通約十方三世諸佛皆以始覺同本故得應用無始終也○此本覺下三同衆生釋以衆生眞心與佛眞心不別故佛應用即是衆生應用用即體起故云無二若就佛說用即屬佛若就衆生說則屬衆生略同明月現在澄潭此所現月亦是月影亦是潭影下文廣釋△初總標疏以空下二初雙標空鏡二喩若據論意但明覺相有四種義以一一義皆徧法界遂舉二喩以

虛空喩周徧以淨鏡喩四種具明二喩者若單舉空喩則不顯四義若單舉鏡喩則不顯周徧遂舉二喩互相顯發也未必虛空亦有四義今隨鏡說故言皆有也○一空下二單釋鏡中四義文二初略配空者此就眞體本無妄染如文云以從本已來一切染法不相應故猶如於鏡唯有性明故云空也鏡中所現但是影像其相元無亦成空義不空等者雖無妄染然有自體及性功德若無其體將何現物餘二可見此四如次以配四義此中雙標而後單釋者以空隨鏡顯也但釋鏡義自挾虛空以一一義皆有周徧如虛空故是故單釋○四中下二料揀配有五對第一性淨離垢對二因隱果顯對三空有體用對四體相對五空鏡對一三有空義者然空語雖同而空義不同以第一就因無妄體爲空第三據果離妄相爲空二四有鏡義者義亦不同二以本末現物爲鏡四以隨時熒物爲鏡然則一三非無鏡義二四非無空義今但取增勝配之餘如本文△後別釋四初空鏡三初標名疏本無等者以從本已來不相應故非同隨相之說未斷則有斷已始無故名本無亦非推之使無故名本無　論遠離下二辨相初二句正顯空義無法下一句重辨所空疏文法喩對顯昭然可見○論非覺照下三結名疏二初正釋二初約妄無眞照之功先法說違理者理有覺照妄既違理即無覺照既無照用理中豈能容彼妄耶由是前文云遠離也如鏡下喩顯也如鏡本有照用外物違鏡則無照用既無照用鏡中豈能容彼物耶以照與無照非和合故亦猶仁人之家豈容不仁人共住以性相違故○後約眞無妄覺之用先法次喩並可知圓覺云無知覺明即斯義也然此二義之中雖約妄約眞皆就無能照義也問妄是無明容無能照此性明了數理湛然

何言無照答今言眞照者但無能齊之照不無性明之照如楞嚴云性覺必明妄爲明覺今此但無妄爲明覺之照也疏中約所顯能非謂但無所照義爾智者詳焉　此約下二通妨或問曰次云一切境界悉於中現云何此言無可現耶故此釋通徧計情有理無依他相有性無故知此言無可現者無妄體故下云現者有虛相故其次云常住一心等即明依他無體唯是圓成則三性之義備矣△論二鏡中二初標名出體疏現法因者以次云現境界故內熏因者其次云熏衆生故亦可下重辨斯則因義通而熏義局也以現法及熏習俱名因故現法非是熏習義故有自體者異妄無自體故及功德者異恒沙煩惱故妄則不唯無功德兼無自體眞則不唯有自體兼有功德如前文云以有自體具足無量性功德故○二別釋二因二初現法因二初正辨疏心外等者下論云三界虛僞唯心所現離心則無六塵境界明心等者待無明熏方變諸法若自出者無明斷後應出法無窮則修斷何益故知不待無明法則不出離心等者雖云待熏方出非謂別有法自外而入爲能熏耳以是即心不覺爲能熏故能熏既非心外斷見妄得離眞故非外入又此諸法全心而成非謂諸法從心內出而現於外也此即非如人從室內出名爲現也又非別有諸法自外而來入此心中而現其影此即非如形對於鏡而現其像也以心無內外故此二句揀濫後二句正顯如疏所明良以不失不壞常住一心故名爲現難復等者心境歷然染淨宛爾故諸法緣集下法喩可見斯則性起爲相故不失相同於性故不壞以常住一心者有二意一者以一切法常依一心而住故得不出不入不失不壞也二則諸法當體常住皆是一心一心之外無有一法可爲出入失

壞也故經云世間相常住此二義中前義爲正以下
有論自釋成故疏文可知　二釋成疏釋成同體等
者意云何以諸法常依一心而住耶故此釋云以法
即是眞實性故斯則以此二句轉釋前義也據疏指
配合如此釋今疏却叙前文釋成此段意謂前後互
釋皆得故此反明也　二熏習因二初顯體離染疏
以性下順釋文非直下別顯意先法次喻若不下反
以結成並可知　論以智下釋成因義疏以本下約
本淨今淨明不動又雖下約現染不染明不動亦先
法後喻並易解此本下釋論初句即下所說大智慧
光明義等後結云乃至無有所少義故又與下釋論
下句即自體相熏習義如前引勝鬘下引經論證可
知道諦即出世因因即熏習義△論三中二初標名
出體疏謂眞如下釋此當文前枉下料揀前後性淨
即初義不空即第二義如來藏者彼二枉纏故通名
如來藏但以空不空異耳今明不空等者與前不空
義同法身者與前如來藏義異體同彼隱此顯故前
云依法身說本覺後云名如來藏亦名如來法身然
法身但屬第三鏡其後一鏡即是報化身也實性下
引證同相者通凡聖故勝相者勝於因故然初淨即
前二義後淨即後二義出法體者即前爲二因之法
也故前云謂如實不空等今明離障故重指之○論
出煩下二正辨疏麤細染心者四麤三細如下文云
染心義者名煩惱礙所依無明者根本枝末是六染
所依法故如下文云無明義者名爲智礙淨心出障
者出前二礙礙即障也二障既出業識等亾心無所
合故云離也離和合等三段疏即翻前和合煩惱智
礙成此淳淨明等三字如疏可知然此三字淳字是
總淨明爲別謂淳淨故淳明故淳淨即滿淨義揀異
菩薩等是分淨故淳明即滿覺義揀異菩薩等是分

覺故斯則六染盡故謂之淳淨二覺圓故謂之淳明
也又此三字即圓三德謂如次是法身解脫般若備
此三點以成大般涅槃△四中二初標名顯體論緣
熏等者緣即外緣爲諸衆生而作發起善根之外緣
故熏習者熏謂資熏成習氣發善根故依法出離
者依於體相以起用也○二正釋其相論徧照等者
即明此法出離惑染遂成三輪不思議化也徧照即
意輪鑒機示現即身口設化以此爲緣熏習力故令
修善根也即彼下二初通釋上文與彼等者謂與二
乘十信作差別緣與三賢十地作平等緣如下用熏
習中說○問前下二料揀前後二初辨異二義問意
可知答中前約等者意明前之二相與此二鏡法體
無二爲門有殊謂前二相以智爲門故云俱就始覺
說後二鏡以理爲門故云俱就法體說又前約相說
故云生二種相此約性說故二種俱言法又前約對
染明淨相故云智淨等此約自性顯大義故云有四
種大義與虛空等也又前以顯爲門此以隱爲門所
以有斯二說者恐有人言斷時方淨隱時不淨故因
說二隱又重說二顯故有法出離緣熏習又先明二
顯者以取始覺之末文便故又亦即是始覺義故亦
即隱處難信且就顯處而開示故餘義易知○然法
下二結同一體此明爲門雖異其體是一故此結同
也但今下境即是法以是始覺所緣所證故言境也
又以對體故稱用對因故稱緣斯皆不出眞應之身
也△不覺者即棃耶識中第二義不無覺明也是則
無明之別號亦名之癡亦名爲迷無知等斯約染法
以明心生滅義然生是妄生滅是喪滅其中三段亦
名初體次相後即結相同體初法疏不了如理等者
如理平等本唯一相無不覺之異今既不如理知故
云不了不了即無明也由無明故妄生異相首楞嚴

云無同異中熾然成異也如迷正方者不了是正東
故業相等者以論云起念起即是動動即是業相也
經中亦名爲起故文云起爲世界靜成虛空虛空爲
同世界爲異邪方者前雖迷其正方且是不了是東
今於東處別作西解故云邪方前即迷眞此即起似
也以根本無明有迷眞執妄二義今論此段幷下三
細正是初義也下智相等即執妄義亦即楞嚴背覺
合塵義經云迷失本妙圓妙明心寶明妙性認悟中
迷等此皆具明二義也華嚴云於第一義不了名爲
無明此迷眞也圓覺云妄認四大緣慮爲身心等此
執妄也然迷眞必執妄執妄必迷眞故此二經各舉
一義也邪不離正者西處即東故不覺處即覺故△
二喻論依方迷者依東方故迷爲西方若離正東即
無邪西亦如依水起波若離於水則無有波△二顯
覺疏初義者即文云以有不覺乃至爲說眞覺後義
者即文云若離不覺等此即節釋論文也良以下正
辨其意依眞下顯初意如依金之器方能顯金反之
則不可也隨妄下顯後意如隨器之金還待器顯反
之亦不可也此乃前依覺故迷則爲妄之所損今依
迷顯覺則爲妄之所益也然論之大意明不覺與覺
皆是相待以顯生滅染淨無有自相皆不可得也此
中初言以有不覺妄想心者無明所起妄想分別由
此分別能知名義故有言說說於眞覺是明眞覺之
名待於妄立也若離不覺即無眞覺自相可說者是
反明眞覺必待不覺若不相待即無自相待他而有
豈成自相自相既無他亦不立是顯染淨無所得義
故後譯云然彼不覺自無實相不離本覺復待不覺
以說眞覺不覺既無眞覺亦遣如下文云當知一切
染法淨法皆悉相待無有自相可說故圓覺云依幻
說覺亦名爲幻智論亦云若世諦如毫釐許有實者

第一義諦亦應有實非之謂也

起信論疏筆削記卷第十

起信論疏筆削記卷第十

校勘記

一　底本，明徑山藏本。
一　八七一頁上一至二行書名、卷次、錄者，清無（未換卷）。
一　八七一頁中二八行及次行第一四字「暖」，清作「煗」。
一　八七二頁上九行第五字「法」，清作「故」。
一　八七二頁上二三行第一五字「懷」，清作「壞」。
一　八七二頁中七行第一三字「真」，清作「其」。
一　八七二頁下一二行第一九字「法」，清作「說」。
一　八七二頁下一八行「淨智」，清作「智淨」。
一　八七三頁上一行「二初通釋上文」，清無。
一　八七三頁上八行「顯下」下，清有「二初通釋上文」六字。
一　八七三頁中四行「二初」，清作「三初」。
一　八七三頁中二七行「不人」，清作「不仁」。
一　八七四頁上二七行「三段」，清作「二段」。
一　八七四頁中一一行「二料」，清作「二科」。
一　八七四頁中二五行首字「也」，至此，清卷第八終，卷第九始。
一　八七四頁中二七行「喪滅」，清作「妄滅」。
一　八七四頁下一六行「節釋」，清作「解釋」。
一　八七五頁上末行書名、卷次，清無（未換卷）。

起信論疏筆削記卷第十一

長水沙門子璿錄

△二枝末疏二初列○二釋釋中二初疏文十一重喩合義相昭然尋文易解然此醫喩亦未全似若以醫末比況最切者不過夢喩已見前文皆由無明力者如下文云當知無明能生一切染法○無明爲因等者楞伽云妄想爲因境界爲緣和合而生疏中用此以科論文經中妄想即無明也無明生三細者下文即展轉相生今但約根本而言故云無明爲因初總標疏相不離體者業等九相不離不覺體故以即體之相即相之體故不相離末不離本者三細六麤之枝末不離不覺無明之根本以即本之末即末之本故不相離依無明起妄心者即不覺生三相如下云以依無明有業耶依妄心起無明者以依阿黎耶識說有無明也其猶依水起波波相起已不離於水由斯義故名曰相應非約心王心數說相應義以此二種是不相應染故△別解中三各有標名所依正釋講者詳之初標名論無明業相者意表此二無有異體也所以知者前說業相盡處便見心性成究竟覺但以約義故說相依顯體無別故今覺來又摽本覺隨染業相故云無明業相顯覺不覺皆有業相而眞妄不同也△論以依下二所依疏根本無明者以是所依故當根本如夢依睡也○論心動下三正釋疏二初別解論文論二初動作義疏動作是業義者是無明之業用後之八相亦是動作亦是無明業用然約別義以立其名唯此最初起用之始故名爲業反舉等者如不睡則無夢始覺者即究竟時也○論動則下二爲因義疏爲因是業義者然九中前八皆得名因所以不言業者亦約別義故今此初相能爲苦本故名業也如得下反顯以靜是妙樂之因故反

知動念即是苦因也動因苦果等者以一念起動即具微細四相四相之苦果不離一念之動因據此位中即是梨耶行苦若準前明四相俱時而有故四相攝於九相分段麤苦亦在其中所以次第說者文不頓書故義有因依故若約時說則一念不覺無有前後故有說云一念不覺五蘊俱生即斯義也○此辯下二通明行相此乃九相之端細中之細未有轉現心境差別故云一相能所不分等即當等者自體即自證分也如無相下引證相即自體境界即所緣當知下會彼同此△二轉相疏依前等者轉猶起也是前業相起爲此見然餘相皆有起義不名轉者亦約別義故如依於夢而有夢心若依下若約果海性淨不動則無有彼此之見應知有見者但依動故如無於夢則無夢心如是下就此一相位中以明不說境界所以以微細故且說能見以爲轉相然此境界便是向下現相以論中分能見所見各爲一相今此見相由內所發非託境生故名爲轉依此轉相帶起所緣復立現相非謂於此能見之中又自別有微細境也學者應知攝論下引證意識即第六識智相是也三世境者諸有爲法非三世境者諸無爲法斯皆意識所緣之境可知者意識麤浮能所緣念可以現今分別取解也以有三世等境爲可知故此識等者即第八也以無可知境故既無境可知故唯就能緣見分以明此識也如說十二因緣始不可知此亦如是唯識亦云不可知執受處既云下結意△三現相疏依前等者如依夢心而有夢境反釋者應云聖人離見既無此境當知此境定從見生如無夢心則無夢境然上三相皆反以釋成者以此是八地已上所知境界非下凡所覺由是以聖人不見相等此決反驗令義明了可見可信也△疏即分別事識下二初標

經釋標二初引經偈說事即是境分別境事之識故名分別事識等者具云藏識海常住本識境界風所動現識種種諸識浪騰躍而轉生事識○問下二問答釋妨三初問也末耶者具云訖利瑟吒耶末那此云染汙意謂與四惑相應故云染汙恒審思量故云意即第七也問意可知○二答三初六八相從答二初約能執從所執故不說必執相應者謂第七種子在第八中第八見分爲第七所執故曰相應況二識相依互爲根耶論中引證可知○又由下二約所依從能依故不說內等等者以第八第七互依第六依於七八前五依六七八及同境依故有偈云五四六有二七八一俱依但說能依必知有所依故略不云○二以下二以義不便答二初無和合義故不說無明等者前說無明與眞和合成梨耶二相末耶但一向生滅無和合義若言和合自成梨耶若無和合識從何生義既不便求說不及○又由下二無緣外義故不說末耶無緣外者以前五唯緣外塵第八緣內根身種子及器世間第六通緣一切第七唯緣第八見分今六麤皆緣外境故不說也○亦可下三約計內外答此約我我所分亦屬六八故不言第七意云第七正是執我我所今分兩處無體可言○楞伽下三引證二初引經可知○經中下二釋義現識等者正配釋可知所以下辨事識義也既云攀緣外境非六而誰由是論依經說故不復論第七識也故知下結會彼此然上多義明此論中不說第七者要異曉公說下智相即第七故彼文云言智相者是第七識麤中之始始有慧數分別我塵故名智相夫人經說六識及心法智今之智相即心法智也若具而言之緣於本識計以爲我緣所現境計爲我所今就麤現說依境界心起分別又此境界不離現識猶如影像

不離鏡面此第七識直爾内向計我我所而不別計心外有塵故餘處說還緣彼識問云何得知第七末那非但緣識亦緣六塵答此有二釋一依比量二聖言量比量者量云意根是有法必與意識同境故是宗因云不共所依故同喻如眼等根異喻如次第滅意三支無過故知意根徧行六塵聖言量者一金鼓經云眼根受色耳分別聲乃至意根分別一切諸法大乘意根卽是末那故知徧緣一切也又對法論十種分別中言第一相分別者謂身所居處所受用義彼復如其次第如諸色根器世間色等境界爲相第二相顯分別者謂六識身及意如前所說所取相而顯現故此中五識唯現色等塵意識及意通現色根及器世界色等境界設使末那不緣色根器世界等卽能現分別唯應取六識而言及意故知通緣已上皆略彼疏今此疏意說無第七乃是影攝無違常式意不緣外故有多義也　一初總標論以有等者此之六相雖則展轉各有所依今亦但取根本而言故云依境也楞伽境界風所動種種諸識浪騰躍而轉生此之謂也△一中論依於境界者此但外由境緣牽起内根發生故云心起也疏於前等者不知内發謂是外來楞伽云外實無有色唯自心所現愚夫不覺知妄分別有爲不知外境界種種皆自心智者悉了知境界自心現創起等者隨其心王復起心數揀擇染淨決定如此故名智也體是別境心所中慧故云慧數△二中疏依前等者於順情可愛之境心與喜俱名樂受覺於違情不愛之境心與瞋俱名苦受覺不苦卽樂不樂卽苦違順之境既續苦樂之心豈斷略以辨麤故不論其捨而實有之但在苦樂之間耳自相續者當相不斷故又能等者以自相續故復能發起煩惱潤於已熟之業令受報未熟之業令熟

由是引導任持令其生死不斷不絕此則令他復四相續不斷也廣如下生滅因緣五意中釋△三中論住持等者謂於苦樂境上堅固停止無有變改執持不捨也疏上皆等者是執取相所依故具牒之是此下唯此一句是第三相以不知違順境如空華不了苦樂心如幻化的取爲實確然不改故云深取故下等者卽下因緣意識中文△四中疏依前下境本非善以順已之情便名爲善境亦非惡以違已之情便名爲惡且善惡相已自不實況其名字起自倒情寧非是假何以故他人於此或以善爲惡以惡爲善二不定故肇公云物無當名之實名無得物之功由此名故不待眼見違順之相但耳聞善惡之名便生喜怒是故目爲計名字也楞伽下引證義見前文上來下配二障自此已上直至根本無明盡名爲惑若準佛名經云獨頭無明爲煩惱種則別開無明以爲煩惱所依其實無明是癡乃根本六惑之數若也合論皆名煩惱開合雖異俱是惑門自下等卽業苦斯則三障卽三道也△五中疏執相等者謂於我執貪瞋愛見發動身口七支造善惡不動等無量差別之業於中雖有善及不動然俱有漏不出三界三界繫業猶如火宅故皆苦因也△六中疏招果必然等者必然是也斯有兩義一不得不受故二善不爲苦惡不爲樂故書曰天作孽猶可違自作孽不可逭涅槃經云非空非海中非入山石間無有地方所脫之不受報故云必然三界輪轉無有能期故曰循環然此生彼不能脫免故云長縛如蝗循環如蠶作繭終而復始不自在故正法念云如繩繫飛鳥雖遠攝卽還衆生業所牽當知亦如是苟非覺悟無有解期今約此言故云長縛△一正釋中疏三細等者染法雖多不出三種因果惑業今以三細六麤攝之罄無不盡如

是染法皆由根本無明迷眞所起故云當知等△二轉釋疏問意可知答文便是解論意也業氣卽差別相此相皆是不覺業用氣分然此不覺是九相之總名九相乃不覺之別號故圓覺云身心等相皆是無明卽斯義也△雙辨同異者向說覺與不覺染淨迢然又說依覺故迷不離本覺若言其異云何依覺故迷若言其同云何染淨不等又若定同定異皆無進修之門何也同則聖凡一等欣厭都絕異則染淨抗行迷悟永隔由昧二門不卽不離之旨故有斯惑然於相無相宗失意者各墮一邊故今辨釋用袪迷謬△一喻疏染淨等者染卽不覺三細六麤淨則覺義二相四鏡以者用也緣眞如是總相門故能通與二法爲性又眞如無相故以此二法爲相斯則二相同依一性一性同生二相由是同字性相俱用喻染淨者器有精麤故餘文可知△合中疏此二者卽上無漏無漏義如下說而非實有者從分別生故經云幻爰稱相然幻之一喻諸教多引以喩染淨其體不實良以五天此術頗衆見聞既審法理易明今依古德解釋此義法喻略開五種喻之五者如結一巾幻作一馬一所依巾二幻師術法三所幻馬四馬有卽空五癡執爲實法之五者一眞性二識心三依他起四我法卽空五迷執我法更無別體者經云其性眞爲妙覺明體淨相卽智淨不思議業及後二鏡已見前文下文卽熏習中文然則前三細六麤雖是染相以約不覺義說故不引用今別引下文者意證此染是眞如相故文云眞如之法實無有染但以無明而熏習故則有染相若前九相初標後結皆約不覺不言皆是眞如相故由是疏文引用雅當△正引中疏依此等者衆生卽不覺也不覺無體卽是眞如眞如之理卽涅槃性涅槃寂滅何待更滅滅度涅槃卽觀眞

方言也淨名下彌勒章文如前所引大品亦云斷一
切結入涅槃者是世俗法非第一義何以故空中無
有滅亦無所滅者諸法畢竟空即是涅槃故依此等
者菩提梵音秦言云覺即始本二覺二覺既是眞
如菩提豈從修得故大品云以何義故名菩提空義
故是菩提如義法性義實際義等是菩提也此上約
衆生明不覺即眞如故本來涅槃諸佛覺亦眞如故
菩提不可修作既言修作應知約果所得故疏云諸
佛也以本有故何須修作而後得耶故云非可等又
前下重以眞如二字釋此二段也舊入者故圓覺云

始知衆生本來成佛故云舊來又一切衆生即究竟
覺故云無新得也然舊來入與無新得義同文異但
以如爲涅槃眞爲菩提爲別也又時人多謂涅槃爲
相所累故說不覺即如本來涅槃計菩提修因所生
故說覺性即眞亦非新得由是相即無相故約不覺
說涅槃非是修生元自本有故約眞性說菩提望涅
槃等者涅槃合是修其智了所顯以不覺即如如即
涅槃豈待了因了之方顯斯則未嘗不顯何待更顯
故上文云舊來入涅槃望菩提等者菩提合是生因
所作以菩提是覺覺性即眞故不待作之始生斯則
未嘗不有更何作耶故上云菩提無新得然疏前疏
云諸佛菩提非修等即將此二句獨就菩提而論今
又分此修作以望兩處所說又似別是一解學者知
之此之下既是本有之法不合言得以體如實常不
變故不同妄法無實可得斯無得法元眞實故○疏
疑云下二初叙疑文顯易知然此段文若在科下注
之其文則便今太近上講者應悉△二隨釋論二初
正釋疑疏法性等者楞伽云眞實中無物云何起分
別又經云佛眞法身猶如虛空此皆約無色也又疑
下約歷難眞也○論而有下二釋轉難疏彼見下謂

佛果海但有大定智悲而無色相衆生見色相者以
彼業識所現屬於無明差別之相故下文云但隨衆
生見聞得益故說爲用也非此下約離相釋故下文
說諸佛如來唯是法身智相之身第一義諦無有世
諦可見既云法身智相第一義諦豈於此中而有色
等不空性耶又亦下約性德釋彼是眞善妙色即性
之相雖名爲色亦非可見之相故論云智色以本下
前云以離念境界唯證相應故後云諸佛法身無有
彼此色相迭相見故△論眞相下二初喻前同相斷
以生滅望眞如說以相望性明其同也今異相祇說

生滅一門染淨自相望以成異也○二合疏別明等
者以無漏淨法體是覺性覺性無差但隨無明故現
差別以彼下明無明本性自是差別若不差別則不
能迷乎等理也下文即眞如體相熏習中文諸無漏
法即通指本始二覺修性功德也直論性者剋就眞
體說也是前門中所示眞如體故但隨下約對染差
別說淨差別即後門中所示本覺相也比如一月影
現萬水月本無差隨水影別下文即相大文也又由
下約始覺義說由爲治慳貪等染法成布施等波羅
蜜無漏淨行及果上十力四無畏等萬德之義也前

則待差染以成差此則治差染以成差亦可前相後
用耳又以隨差別衆生以成差也前已問答故此略
之具此三義故云隨染差別也如是下釋染淨法皆
如幻義以對待之法本不立故如經云若有一法勝
過涅槃我亦說爲如夢幻等金剛亦云凡所有相皆
是虛妄然上所說同異之義即是眞如生滅二門不
相離義約生滅門即同而異約眞如門即異而同約
得一心二門之旨即無惑於此△總標論生滅因緣
者以立義分中云是心生滅因緣相於中心生滅已
如上釋今則釋因緣兩字然是生滅家之因緣故復

言生滅也○疏二初解標文標前以標者謂標前立
義分中之所宗標爲此下論文之所釋梨耶下一重
是能生三細之因緣心體者即眞如於中唯取隨緣
一義以不守自性故根本下以是親迷眞覺故不取
枝末又此唯當成事之義不取體空又無明下一重
能生六麤之因緣緣此兩重因緣正如楞伽所說不
思議熏變及取種種塵無始妄想熏等廣如下說又
此兩重但有三法謂眞如唯因境界局緣無明則望
眞爲緣望境爲因結文可知○諸識下二解標文然
此但唯約心故云諸識若云五陰和合中生斯則兼

於色心色而無下如波無別體唯依於水上文云依
如來藏故有生滅心等自相心者即前不守自性生
滅因也能依等者但以約法約人立名有異意與意
識即是衆生無別體也即前諸識生滅相集而生也
又衆生是總意等是別總別雖殊其體一也皆從心
起以心爲依然此中能所依起以心意意識相望分
別有通有局思之可見楞伽亦云藏識說名心八第思
量性名意六前能了諸境相是則名爲識△今此心是
如來藏意是五意識唯第六故不同敘△問中論此
心下既云衆生依於心體有於等起其相云何△論
以依下疏二初釋文是上等者以梨耶是總覺及無
明是總中別義今既說無明依梨耶有應知唯取覺
義爲所依也論文約總取別故云梨耶疏中釋出別
義故云是上所說心即不守自性眞如也餘文可知
欲明等者此但指前第一重之因緣也上總下或問
曰前云依心有意等轉故兼云無明者何謂也故今
釋之○問上說下二問答二初問舉前所說如云依
覺故迷又云依如來藏有生滅心等今此却云依梨
耶有豈同前說○二答中二初正答三初約迷眞執
假釋與無明爲依等者如風動水成波風還依此波

中故前云風相水相不相捨離又云依不覺生三種相與彼不覺相應不離故何者下重釋前義依迷者是依無明迷眞而有棃耶眞與妄俱似一似常故卽迷眞義也經云迷本圓明是生虛妄迷似等者依棃耶有無明迷似一爲實一迷似常爲實常經云所旣妄立生汝妄能卽執妄義也卽此二義一識所論前後互出故不相違○二云下二總別義異釋就本等者就眞體竪說也覺卽是本依本起末故今就下都位卽通約眞妄橫說也如風動水成波風水俱在波中也○三云下三約未起已起釋未起等者從本有棃耶時說成就等者已有棃耶處說○然此下二結答也意云若唯取初義則似眞前妄後之失亦有悟後再迷之過亦同數論冥初生覺若唯取後義則似諸法不由迷眞而成但從本識建立則有眞妄別體之失亦何異法相宗耶今以後義免前過以前義免後過故互言也以二義更互用之隱顯相成如綺之文故云綺互○一略明中疏依似起迷者卽依妄心起枝末無明依迷起似者卽依根本不覺起妄心也此言似者卽以創迷眞性成此妄心微細流注似其不動似無差別故云似一似常楞嚴呼爲妄覺影

明斯之謂也此二下義有前後時無前後如前三義答問秖就一識一時而說故不可作前後之異餘文可知依此等者謂依心起業識乃至依智識起相續生於意識斯則後依止前前能生後次第依止及與能生也於中能所依生前後相望有通有局如文可解攝論下引證可知△一中疏心不自起等者心非動性故性雖不動然隨緣故動以不守自性故卽四鏡中不出義也如水不自浪因風力也由此免於無窮之過正明起相者以覺則不動不動則無相不覺則動動則相起也起動是業者於二義中不舉爲因義者亦合在其中也以動卽有苦果故△二中疏依前下正釋此文可知轉識有二下對下辨異無明所動者此從內起位屬本識當於三細名爲轉識若其境界所動者此從外起位屬事識當於六麤名爲智識上如泉涌之波此如風擊之浪但以常徒所明轉識唯取前七今此所說在本識中恐有所濫故此揀之△三中疏能現功者卽前轉識能現相故就此功能便名現識以其下釋行相也故下文云以有妄心卽熏習無明不了眞如法故不覺念起現妄境界通現一切謂有漏無漏色心諸法非獨五塵也若依下

引論對辨五根卽眼等五色根及根依處種子卽善惡無記等三性種子器世間卽山河大地等斯皆第八相分然此相分皆爲第八執受執謂攝義持義受謂領以爲境令生覺受於中種子具三義一攝爲自體二持令不散三領以爲境根身具二闕攝爲自體故器界唯一但領以爲境故故唯識云不可知執受處亦可種子根身緣而執受器世間量但緣非執受故今此下或問若然者何故此中唯言現五塵耶故此釋也以對所牽事識故於一切中偏舉此五論云對至卽現意在此也非如下約相續不斷義以解常在前也如第六識在五無心位卽有斷滅故唯識云意識常現起除生無想天及無心二定睡眠與悶絕又第七入滅盡定時雖云淨分不斷且有盡七之言爲約染分亦成斷義又成唯識所熏四義中云若法始終一類相續能持習氣乃是所熏此揀前七轉識如風聲等旣言如風聲等斯則非是相續有間斷故又爲下約爲先義解常在前也意云前者先也以迷時先有爲諸法本更無有法先於此故末那無此義故揀之也此卽單揀第七也然前揀六七之文是海東意後之一義是今疏意故云又也若言初句惣揀次唯揀第六又爲下方揀第七者海東無後一意如何搏句以讀文耶學者應知△四中疏細分者法執俱生故迷唯心境見從外來起微細心分別染淨故云不了△五中論二一直明本相疏亦細分者此是法執分別麤於俱生故除微字但云細分此上二識皆云細者以是麤中之細故同是法執故○論住持下二別顯功能二一能起潤惑住持等者住謂留住持謂任持謂留住任持令業不失也疏以此等者謂過去無明所發業行種子未成熟者以有此識發愛取煩惱潤之使令成熟堪爲來世感果之有有卽業種變異也若無下如植種於土無水則焦結業待果無貪則敗經云愛水由潤業故又復等者謂潤已熟業令受果報善惡樂苦自然相應不相違反如印印物故曰無差又現在卽現報未來卽生後二報如是下通釋前段以結其名斯則潤過去未熟業令成現在已熟業潤現在已熟業令招未來果報如是循環無有斷絕由不斷絕故名相續然其潤業等卽是令他相續義也○論能令下二能起念慮已經者是過去下卽未來上當相相續卽現在也顯此下疏二初正釋此文以此識旣能起麤分別念慮三世與前智

相微細不同非法分別而誰○此上下二通前重示二初結屬此識文意可知○又爲下二總通前五三細功能者以第八識能集種子起現行故後二功能者於中但約分別不斷而分二異故攝論云意識緣三世境等卽斯義也△順結中疏是前等者此解是故二字故說等者三界不出五意五意唯依一心故云三界唯心作也以現識中具有根身種子器世間故故楞伽云從於無色界乃至地獄中普現爲衆生皆是唯心作現似曰虛者依他起法如麻上繩似有其相究體不實詐現曰僞者徧計所起如繩上蛇相

畢竟無分別妄現唯心作者如繩虵無體不離麻故十地經即華嚴十地品文云了知三界依心有十二因緣亦復然一切皆由心所作心若滅者生死盡△反結疏離彼等者謂心起成識依識有塵究其根本唯一心作故經云由心生故種種法生又圭山云生法本空一切唯識識如幻夢但是一心然此三界六塵皆攝色心等法是故順結反結皆歸一心△問中疏現有等者意云若是唯心則不合有境以心無相不可見故既有所見云何唯心△答中二一答無塵疏以一切下意云一切法從心起故所起無體即是

一心楞伽云心亦唯是心非心亦心起種種諸色相通達皆是心又疑下躡所答處以起此疑疑意云既是真淨一心因何起作諸法楞嚴滿慈圓覺剛藏皆同此意由妄等者其猶淨眼不合見華但以瞖覆便見華相妄念即根本無明也又亦下是前疑中之別意非續次所起文意可知但前約依他釋此約徧計也釋云下意云如見空華是汝眼病如楞伽云如愚不了繩妄取以為虵不了自心現妄分別外境○論一切下二顯唯心疏境唯等者如像唯鏡現故分別像者是分別鏡也楞嚴云自心取自心非幻成幻法無塵唯識者如唯識頌云唯識無境界以無塵妄見如人目有瞖見毛月等事論心不見心者意云心是一心不合自見當知有所見者皆是妄也故楞伽云如刀不自割如指不自觸而心不見心其事亦如是既塵等者意云塵境若存則可以心緣境塵既不有縱有心在亦不自緣也識不生者意云以有塵故牽彼識生既無塵境識不生也故經云由法生故種種心生今法既不生心亦不生也既無他可見亦不能自見所見無故能見不成也能所俱寂者心無心相是能緣寂境無境相即所緣寂楞伽云能見及所見一切不可得此中大意欲顯一心本無能所能所俱寂方是真心亦非泯之令寂本自寂也攝論下引證具云所說諸法唯識所現無有少法能取少法亦可論文從一切下展轉釋疑疑云是法既無云何分別釋云一切分別即分別自心又云若如是者即應見心故釋云心不見心反明分別悉皆是妄又疑云云何心不見心釋云無相可得斯則心無相故不可見心心外又無一法當知有所見者皆妄見也能所既寂唯一心在即法空門下所顯真性也故經云諸幻滅盡覺心不動

起信論疏筆削記卷第十一

起信論疏筆削記卷第十一

校勘記

一　底本，明徑山藏本。

一　八七六頁上一至二行書名、卷次、録者，清無(未換卷)。

一　八七六頁上二三行「下三」，清作「下二」。

一　八七七頁中二三行第五字「曰」，清作「云」。

一　八七八頁中一七行「比如」，清作「此如」。

一　八七八頁下六行「緣此」，清作「然此」。

一　八七八頁下一五行「體一」，清作「一體」。又第一八字「皆」，清作「指」。

一　八七九頁中一四行第六字「令」，清作「領」。

一　八八〇頁中末行書名、卷次，清無(未換卷)。

起信論疏筆削記卷第十二

長水沙門子璿錄

△論結文二初正結疏無明根本等者揀非枝末故以依無明力而任持託業識心而安住故下文云以有無明染法因故卽熏習眞如以熏習故則有妄心以有妄心卽熏習無明不了眞如法故不覺念起現妄境界等故云由此而成也現識等者等下六麤皆是所現色心境界也故一切境由此住持若無明等者以依無明故有妄心依妄心故現妄境界所以無明未盡心境不滅如風未息波浪不滅離心無體者皆從心起非外來故卽心無體者所起之法同能起故鏡喻兩意如法可知○論唯心下釋成二初正釋疏虛妄現者妄念熏眞起諸虛妄法故亦可此文是結前諸法無體所以也此中二意一唯心故二虛妄故如前鏡像一體同鏡故二體不實故由斯諸法無體可得也○論以心下二轉釋疏二初解文三初略標意反驗等者反釋上文心現之義法既隨心生滅當知法從心生生法皆妄也○此中下二別解文初明生義卽指前段論文也此則下顯意非謂心是能生法是所生以眞心隨熏全體成動而作諸法如金生器等故云生也若無明下顯滅義卽下文因滅故緣滅等也此則下明意也明此心體反本還源獨顯性淨故云心滅此但心中無其妄動寂故名滅也故疏云心源還淨故云滅也此約眞心顯生滅義若約妄心說者卽業轉二識名之爲心斯則妄心於眞心中若生若滅眞心不生滅也如前文云相續心滅智性不壞如波相滅濕性不壞如上約眞約妄雖皆有生滅之義究實而論皆妄有生滅眞無生滅也○既心下三總結釋上文無體義也以上云一切法如鏡中像無體可得故此結成○問上說下二釋妨問意云前明九相生滅後卽結云當知無明能生一切染法以一切染法皆是不覺相故今文復云唯心虛妄心生法生心滅法滅二文不相違何以頓爾不同耶答下意云前辨生滅單就不覺說故結過屬無明以功在不覺故今此下明今文意明此文具說眞如爲因無明爲緣由此因緣道理和合成就色心諸法旣屬因緣遂令諸法無性之義顯然可見眞如隨緣不住之理煥然明矣彰明也故結下既明和合本因眞如隨緣成和合義今結屬心正其宜也如水初動功在於風故前文中結屬無明動無別體則全屬於水故此文中結屬心也故不可言波無別體而唯屬於風法理亦然如喩可知△一辨麤疏此生下明此意之識是前第五相續識之所生故名生起識然無異體但約麤細而分二別故云同是一識若更細論亦卽是前智識也以同依境界之所起故今不指此而偏指相續者以是意識親所依故但前下對前辨異以相續識是法執分別望於我執見愛此名細惑又約能生依止義邊說之爲意此中下明今義謂依前細相之上生起此麤分別識此識與人我貪瞋見愛麤惡煩惱相應故下文云此識依見愛煩惱增長義故卽就所起義說故云從前起門卽是執取計名也以是分別之中麤分別故名爲意識意之識者依於五意所起之識故本疏云依意之識依主釋也簡非聖者卽二乘及地前菩薩也此二種人已能遠離意之識故故約凡夫以顯麤也又以五意亦名意識恐有所濫故此約人揀之其實五意名識是持業釋故不同此無對治等者謂無始聞熏慧也二乘三賢得人空觀既無取著當知凡夫取著深者益無觀慧也其猶重病既不與藥厥疾寧瘳△惑體論計我我所者正釋取著之相由計我及我所故名爲深疏心外計覺者此是法執屬前智相及相續相亦復等者正是此識屬於我執卽蘊謂凡夫所執我但通執自五蘊爲主宰故離蘊卽外道所執神我然有三宗一數論計我體常而量周徧猶如虛空二勝論計我體常而量不定隨身卷舒猶如牛皮三無慚計我體常猶如微塵應於根門如是衆多故云種種△依緣疏但緣倒境者如執苦爲樂不淨計淨無我計我無常計常等故云倒境不了正理謂不知無我等也故金剛云凡夫之人貪著其事△立名疏此論等者謂於一意之識中分出眼等五識兼本成六以對六塵然前相續智識亦緣六塵以彼不與愛見相應故屬前意也故前云六麤屬意識故依六根等者謂依內六根發於六識緣外六塵斯則聚緣內搖趣外奔逸既以一爲六卽分離義也如佛頂經云元依一精明分成六和合又能下以此意識徧緣一切通三量故假實俱緣如前云能令現在已經之事忽然而念未來之事不覺妄慮內外者內根外塵色心諸法亦卽計我我所也△所依疏此一處等五住地中之一數此是三界分別麤惑迷理起者同於見道處斷故名見道惑欲色有三愛卽三界俱生細惑迷事起者於修道位中所除斷故名修道惑以此等者謂以此見愛煩惱熏於第八令彼識中第六種子有增益生長故卽起現行也上六下類攝然執取計名正當此識起業一相是此所生總別報業是此識造今約所造從能造說亦是此識所攝故云相從入也六染之中合此二相以爲一染正當此識△標數二初牒上所辨疏牒上等者上云謂無明力不覺心動故謂心與無明和合起成業等三細也△論非凡下依位別歎三一凡小非分疏凡小非分等者凡夫尚不知意之識況此三細耶二乘者方覺事識中麤分尚不覺細分正

認三細以爲涅槃以是無明所起之識非其境界也於五住地中但覺前四是前見愛所增長識也若根本無明是第五住非彼所覺○論謂依下二菩薩分知疏十信等者謂此菩薩雖位在外凡而能信教了知本識因緣所生無有自性決定無體唯是真如方成正信故下說十信菩薩信真如及修真如三昧以成正信之行因果體者因即無明果即本識三相也體即真如也三賢等者異前位之信殊後位之證故言觀察此觀者既未親證但比度觀察即相似覺也論證法身即初地已去究竟即十地乃至之言攝於中八隨分覺故不能盡知然初地且約破法執故說爲少知若克就識論八地方覺此識現相也○論唯佛下三唯佛窮了疏四相俱一者以覺前者則不覺後覺後者必能覺前是故此中通言四相故前云若得無念者則知心相生住異滅△一微疏緣起妙理者真如爲因無明爲緣起成諸識斯則性起爲相是不思議微妙理趣故云妙理問意可知△即淨而染疏因即梨耶心體是其覺義即不思議變者緣者即根本無明是不覺義即不思議熏者論染心即業等諸識以於不可熏變處而熏變故不染而染者不染即前自性心體非是染法以不守自性故隨熏成染故下云真如之法實無於染但以無明而熏習故則有染相△常淨疏即染等者雖隨熏成染其體常淨如鏡現穢其體不動斯則正由不動而得隨緣正由隨緣顯得不動△結難利論唯佛知者欲言其淨則九相紛然欲言其染則一味無變若非佛智孰能知爲自性心難了者以能隨緣成染故所染難了者以即染而常淨故言甚深智者即八地已上以覺轉現少分而知然從初地亦得少知以證真故前云若證法身得少分知△顯不變論常無念者無念即覺

義既常是覺即無不覺無不覺故名爲不變疏雖舉等者如杌不作鬼繩不爲蛇東處無西等緣起因體即前自性淨心是此緣起體也故云心性△此顯下疏二初釋心不相應此明無明之體初起微細未分王數心境之相應故又此無明是全性之惑故加心字又亦可此惑是與真心不相應之法如前云從本以來不與妄染相應故今以不如實知故忽然而起說此以爲根本無明也○唯此下二釋忽然念起三初正釋今義是諸染法始起之本故約忽起以表其先也○如瓔下二引經證成四住前使者即無明使也無法起者意顯無明使外別無有法爲能起無明之本也○是則下三會彼同此二一正會如文○此約下二結揀意明無前之忽然非有始之忽然也言無前者以此無明最微細故更無有法前於此者前即始也由無始起之本故故說忽然故本疏云以起無初故肇公云如鏡忽塵如空忽雲即斯義也△標中論染心者以上云無明所染有其染心今釋此相有其六種差別不同也△然此下疏二初叙意逆次配者以前說隨流生起故從細至麤爲順次今明反流除斷故從麤至細爲逆次前取近理爲先今取易斷爲先也由此下配第一染以二乘三賢同斷此故便偕下將前科此免更會同誠爲省要二釋文論分六段今初二初障疏是六下據用科名合無此說今此重對者爲通前頻攝故此即九相中二相見愛等即五意中意之識麤分別即異相也但麤下釋此別名外執於境與境相應內起見愛計我我所故汙其下釋此通名淨行即真如根本智也此智有二一人空智二法空智此智不起者由染心有力爲能障故故名爲汙若漸修此觀觀成智起即翻染心故名爲治斯則敵體相違故成治義然此以對始覺名染

義也若據論意則約對本覺之淨以明其染故前文云是心自性清淨而有無明爲無明所染有其染心也問障染何別答體雖無別名義有殊障則對始覺立如下文云能障真如根本智故染則對本覺立如前引文是心自性清淨等○論依二乘下二治疏無學等者此是見等四住煩惱辟支羅漢悉能離故○疏十解下二初約三賢以明行位二初正顯行位據此則三賢菩薩同受此名以皆不退失故○故地下二引論證成無著論即金剛論彼論三地謂信行地淨心地究竟地○疏此菩薩下二對二乘以顯斷惑又二初麤劣以明麤惑二初表異凡小得人空者以此菩薩得此觀故能伏現行不同凡夫然於種子不盡除滅不同二乘言隨眠者種子異名謂隨逐有情眠伏藏識今此論中約現行說名爲遠離非約種子攝論下引證上心則現行也二意者留此惑種潤於故業受分段身修習種智斷所知障即自利也兼俯就羣品攝化利益即利他也若不留惑種即同二乘獨出三界二利俱失也故圓覺云菩薩示現世間非愛爲本但以慈悲令彼捨愛假諸貪欲而入生死問菩薩既留惑種後起現行受分段身與凡夫何異答前引圓覺足辨其異雖留惑種受分段身以有智故終不起過假此分段爲所依故廣修種智及行大悲終不令此起於新業如禁蛇法雖不令死亦不噬人故攝論云煩惱伏不起如毒呪所害留惑(煩惱)至惑盡(所知)證佛一切智○疏此約下二揀定權實初地下約頓悟說謂此菩薩在地前時以二空觀雙伏二障分別至見道位種現俱斷從此位去若智增者便伏煩惱現行至佛方斷若悲增者故意令生極至八地現行方伏留隨眠惑以助願力化利衆生今此論中約生起時一向豎說及至斷時從麤至細故在地前已

除我執俱生分別至登地時唯斷法執分別二地已去秖斷法執俱生更無煩惱不同彼教横說二障種子在第八中良以權實教異與此相望校一僧祇學者要知須明彼教然智解可以旁通起行須依了義眞諸學者審而詳之言如餘論者即瑜伽唯識等廣明○今此下二超勝以除細執三初正明以是實教菩薩從初正信便達眞如本有無明本空隨順無念於此地前能修法空眞如三昧自然令彼法執不生伏於無明與眞相應故云分斷但伏故名斷也○故此論下二引證不了一法界義即無明也下說發直

等三心修無住等四方便及施等六度皆是此也○今但下三結意以是約執取人非約人明執故不論也△二中一障疏但執下即是法執相續生起不斷故前云相續今云不斷其義一也○論依信下二治疏十解等者謂從三賢位中觀察尋伺分斷此染直到初地方能全離修唯識觀即資糧位中習行順解脫分尋伺方便即加行位中習行順決擇分初地即見道位無漏智火燒煩惱薪通達佛法名歡喜地三無性者謂徧計相無性依他無自然性圓成無前徧計我法之性故唯識云初即相無性次無自然性後由遠離前所執我法性徧滿眞如者即徧行眞如所言徧者唯識云謂此眞如二空所顯無有一法而不在故所言證者以無分別智契無著別理能所兩亾也故唯識頌云若時於所緣智都無所得爾時住唯識離二取相故法執等者由修習唯識觀故至此成就無漏智相分得現行由是此執分別永得除滅三中障疏以能下釋名可知法執修惑者所知障中俱生之分以修道所斷故名修惑○治中疏七地等者以此地已還法空觀有間斷有相有功用逐於染淨境緣未亡分別然從二地已來分分除斷故云漸

斷八地等釋得離此染所以若殘此染則不登七地豈況至八故至七地門中都盡此染也以二地下釋二地名謂攝律儀善法衆生三聚具足以遠離微細破戒垢故名離垢地華嚴說十地如次修十波羅蜜此即正當戒波羅蜜餘地非不持戒以約增勝說故以七下釋七地名斯則八地名無相七地名方便謂與無相地作方便故斯則無相之方便也以八地下轉釋可知△四中障疏根本下即無明動心成業轉現相現相即境界也此義前已頻說故疏但舉初後○治中疏以八地等者以色自心生故心能變色故由是能毛容剎海芥納須彌色心不相妨自他無分隔也本業經云所謂無相大慧方便大用無有色習無明亦盡百萬劫事無量佛土事以一念心一時行現如佛形現一切衆生形以一念心中一時行已無功用故三世間自在者謂此菩薩觀此三種麤細之色無不通達無分別智任運相續相用煩惱不能動故以色下舉下位以反釋意云七地已前現識不亾既色不自在今得自在者蓋現識亾也然於七地觀斷至八地盡前後皆然學者應知△五中治疏善知下於他心得自在十種稠林者華嚴云此菩薩

以如實智悉知衆生一心稠林二煩惱三業四根五解六性七樂願八隨眠九受生習氣相續十三聚差別一一皆云稠林者此等諸法稠密如林故以喻之淨名云善知衆生往來所趣及心所行此歎九地菩薩本業經云一切功德行皆成就心智已滅無明亦除也又以下明於自心得自在四十無礙智者準華嚴說有十種四無礙智四者一法二義三詞四樂說十者世親判爲十相一自相二同相三行相四說相五智相六無我相七業相八因相九果相十住持相一一具四故成四十廣如彼說有疑下結所離之染

也起即不自在故如前經中心智已滅也△六中治論菩薩盡地者即菩薩究竟地也如前云乃至菩薩究竟地有本多云地盡義亦有在不如地字在下義順以前後皆結云地故此即第十地如來即妙覺斯則從九地觀斷佛地方盡無垢地即如來地與十地終心竟無有異然本業經中自等覺爲無垢地此即別開今此所明等妙二覺合爲一位也△舜無明等者如上六染但是無明所起之法今已分配因果諸位明斷竟然上云不達一法界故名爲無明未知此使依何位人能遠離耶故今辨之疏麤者枝末無明

從初地漸離至七地方盡細者根本無明此即下上說自性清淨心爲無明所染有其染心當知無明是染心之所依染心是無明之所起也上云者即智淨相然此六染之中各有二分一分屬於無明一分屬於染心以皆有和合及相續義故但約與前和合迷執不改即是無明約展轉起後相續不斷即是染心由是地前便有斷無明義也今言初地方離者以約破法執位明斷義不乖諸說故標此位也今無明下明生起時義說前後以論因緣和合義故若除斷時則無前後以能依所依不相離故△釋相應等者以

上六染中有相應不相應言此義未顯今則顯之論二初標也疏皆麤心者以是前六緣總別相行相麤顯故依境下既依境生則與境爲相應也○論謂心下二初約法辨異疏心謂下約王數釋心王即前六識心王心所即徧行等六位心所然六識中心所多少不同今此論中總名念法亦可此文舉一蔽諸故言念法即別境之一也迦楠下引證即通指心所俱名心所念法然論王數相應總有五義一同所依根二同緣一境三同一行相謂同作靑等解四同一心事王所各一體故五同一時王所同一剎那故由是

故得相應又心下約心境釋可知所依等者識依此境所引生故又是彼識所分別故以有此染淨為所依故遂起心王心數令相應也以有此境為所分別故遂與能分別為相應也○論而知下二正顯相應若心王下約王數釋同義如師往資隨其事不異然雖云王數相應理須約境以辨能知同者此體有二以相應故名為同也所緣同者此唯一境以望王數故名同也斯則能所雖皆云同而同義有異也又於下約心境釋同義此即心隨於境名之為同同即相應也△論不相應下二初標也疏無明者以前云不達一法界故心不相應名為無明等故今指也○論即心下二釋疏二初約王數釋論二初顯無別異疏即此等者心是真心由動故成不覺不覺與覺一體無異故云即也尚無覺不覺異豈有王數耶○論不同下二正遣相應疏二初正釋翻前義既無等者知畢已一人與誰為同故揀相應義也△以此下重釋前即義三初正釋然前說不覺即動心今說染心即動相元即靜心也　非是下三揀濫此中言不相離不覺有斷異耳　上文下二引證既展轉相即動無者以染心即不覺故非謂有於王數相應而言不離

以相應不離二義別故下文引證是下生滅相中文此文雙證二義一證不相離義二證不是相應義在文可見○二亦下約心境釋二初正釋前義謂此無明等者意云染心即無明無明是不覺不覺依於覺覺即是本心都無外境相應故云即心不覺此言即心亦即本覺真心也亦可通於真妄二心如文易見揀相應者既無境為相對約何以明相應耶○此不相應下二指陳違妨以相宗說此第八識有徧行心所又與器界外境相應仍不說有覺義故和會如別說者舉檢其文未見所出今且略會二宗所說者如法相宗說第八識能緣三境以彼秖排現行成就依中橫說八識不明根本始起元由但言一切衆生法爾皆具八種識從自種生皆能緣應自分境界以同是識了別義故故能緣境又說此識從自種生雖從自種而假境為所緣緣故方得生起故須緣境雖能緣境微細難知不同前七麤我執法今此論中豎說諸識迷真所成從細至麤不說種生故第八識但有生境之功而無緣境之義以從無明內熏起外境界牽故令生起經說為流注生滅者是此內起由是故無緣境之義今若會彼同此論者彼宗說

此識緣境微細難知當知密同今論之意以從宗說從種生故同是識分不得不說緣境界也又若會此同彼說者此論所明前六緣境即是第八麤分現別由於境界牽彼本識起此分別斯則本識有緣境義以是麤故隔為事識不名第八又彼宗說第八心王有徧行五心所相應者由說此識能緣境界是故起王心所相應如正緣境時須有作意能警其心引心趣境以趣境故根境識三分別受異令心觸彼以觸境故四種和合領納違順以領納故於境取像施設種種名言之事以取像故遂令其心造作驅役此五皆由緣境故得是故第八有五相應今論既不說此緣境亦無心所與之相應故不同彼又彼宗中不說第八生起元由從真起妄但據現在成就位說故與覺義然亦說有無始本有法爾種子而不即是本覺真如以未了故且隱密說今論所明依如來藏有空滅心以迷覺故成於不覺雖成不覺覺性不變故有覺義以依實教顯了相說故不同彼若彼已說有覺義者如何彰此二教淺深學者應知△舉上染心等者舉上六染之心及無明對於所障之境束為二礙以一切障染不離二種所謂煩惱及以所知今此染心及以無明二障分別如何收攝故此明之標立論二初惑障二初標法定名疏六染心者各取於中一分相續義故以此一分喧擾動亂不寂靜故名為煩惱○論能障下二顯其礙義疏二初釋文照寂下釋所障智名復名真智證體智實智等以能證如實理故名如理智能生後得故名根本智上文下出所障智體也染心下釋成礙相並可知○今此下二通妨或問曰如諸處說依於二執起於二障與此何別又前秖將六麤前四以配二障何故此中六染俱名煩惱耶故此釋之彼依二執起二障者依五意上起所

知意之識上起煩惱今此則以染心所依無明為所知能依染心為煩惱故不同也應知若約二執說二障即局此依染心說二障即通有斯異也△無明下二智障二初標法定名也疏根本無明者若取諸識中之一分亦兼枝末以末從本故作此標　論能障下二顯其礙義疏二初釋文後得下釋所障智名復名徧智俗智權智等以根本智證真如後方得起故名後得智如其事量而知名如量智也即上下出所障智體以無明下釋其礙相從所障得名者智之礙故依主釋也不同煩惱即礙是持業釋○此明下二

通妨或問此言自然與外道自然何別故此釋之此以無心應物任運現化為自然不同外道無因果之自然斯則言同而義異也△煩惱中疏先問等者約麤細以成難也秖合細法障細法麤法障麤法方是其宜何故不爾前二染者以業相微細未分能所欲成礙義難見相違故今偏約轉現二相以酬前難然雖不言意亦合攝以依動心說能見故可以意知前三染即分別智已前三者皆是事識故依境起以此等者以理智無能所染心有能所敵體相違故成礙義△智礙疏所迷法性者此是即真之俗故常靜寂

起無起即眞故云法性故前文云一切法離言說相乃至無有變異不可破壞唯是一心等不了等者正釋違義法性寂靜而無明起動動靜相反故成違義正釋等者本疏云以內迷眞理識外見塵故於如量之境不能隨順種種知也如人動目天地傾搖故不能得如實知也然前則約麤細而難問今則約相違而通釋也故下文云無明頓盡名一切種智如下論釋

起信論疏筆削記卷第十二

起信論疏筆削記卷第十二

校勘記

一　底本，明徑山藏本。

一　八八一頁上一至二行書名、卷次、錄者，清無（未換卷）。

一　八八一頁下一九行第八字「迷」，清作「迹」。

一　八八一頁下二六行「二初」，清作「論三」。

一　八八一頁下二九行首字「一」，清無。

一　八八二頁上三行第一二字「論」，至此，清卷第九終，卷第十始。

一　八八二頁中一〇行第一三字「住」，清作「任」。

一　八八三頁下一一行「七地」，清作「十地」。

一　八八四頁上一四行第七字「尚」，清作「向」。

一　八八五頁上一行「文云」，清作「又云」。

一　八八五頁上末行書名、卷次，清無（未換卷）。

起信論疏筆削記卷第十三

長水沙門子璿錄

△論生滅相者以立義分中云是心生滅因緣相於中生滅與因緣已知上釋今則分別相之一字故言復次然是生滅家之相故兼言也△略顯疏相生滅者分別染淨念念三世人我見愛貪瞋熾然覺而可別故云相也無心法也法之一字通於數境謂心所使法心所緣法也如前可知流注生滅者似乎流之水望如恬靜故解深密經云阿陁那識甚微細一切種子如暴流攝心論云相似相續不知無常然此論中與心相應等言取義不便爲有與之一字盖翻譯之家不細磨琢也後譯秖言一者麤謂相應心二者細謂不相應心也斯言甚便△對顯疏俱名麤者分別智等皆因外境起故更麤者貪瞋見愛執我我所取著轉深故論凡夫境界者是彼內凡所覺所除之境界故其實亦是二乘境界今取文便略而不言十地等者於中初地至七地覺麤中之細八地九地覺細中之麤今就通意但言菩薩地△順辨生緣者此中雖有因義以望眞如亦是緣故從微至著顯於生起故云順辨通緣疏以根本等者前云由不覺故生三種相又云以有境界緣故復生六種相如是雖即次第而生然推其根無明爲本△別因疏三今初略消其文以各自推其親所因故故因生三細緣生六麤可知○此中下二引經廣釋三初標指關具○二正引經文云不思議熏變者然若一向可熏可變即同衣等是可思議即是凡夫所見若一向不可熏變即如玉石亦是可思議便同權教所說今以俱非此二故不思議○三廣釋經義二初細中二因三初解云下正釋言不可熏等者以自性清淨心從本已來不與妄染相應故又無明之法本性虛妄今以虛妄之法而能熏動性靜之體是不可熏處而熏也言熏則不熏者雖熏眞如而眞如性且不動又此無明體全是覺一相無異將何以爲能熏所熏雖無能所而現法宛然故云不熏之熏言不可變而變者夫眞如者是無變異義本不合變而受無明熏之成變動故變動相者即業相等是又變即不變者雖動成識相而性淨無改雖性無改而全體見動如水成波而濕性不變濕雖不變而全體動故云不變之變○勝鬘下二引經證同不染者即前不可熏及不可變異也而染者即前而能熏及而變異也○然此下三結屬不相應心也以能熏是無明之妄所熏是眞如之心心與無明俱無形相故微隱也以能起因緣微隱故令所起現識行相亦細故此三種俱名爲細也於中等者以舉細則未必有麤舉麤則必有其細也又此現識即棃耶之異名自含三相也○取種種塵下釋麤中二因二初正釋動彼心海者即棃耶心海也識浪即智相等故經云境界風所動種種識浪生故下論云以有妄境界染法緣故即熏習妄心令其念著等妄念習氣等者即枝末無明是迷似爲實之者此無明就宂初與眞和合則名根本就至成識之後依狂識中轉名枝末也故此名爲妄念習氣此塵等者內有無明外有境界因緣具足事識生焉○以妄下二結屬相應心也內熏是枝末不覺外熏是所現六塵以能起因緣麤顯故所起事識亦復明著○疏經中下三經論對辨得生等者若無無明爲熏習終不自生若無眞如爲所依終不自住斯則三細隨妄生已依眞而住事識等者若無外境界爲資熏終不自生若無棃耶爲所依終不自住斯則事識隨外境生已依本識而住其猶波浪無風終不自生無水終不自住是故依風而生依水而住也今此下正明論意生緣者以無明及境界是本事二識生起緣也謂事識生起以無明爲緣事識生起以境界爲緣秖說二種生緣不說二種生因故云不論依住依住即因也餘文可見△逆論滅義者夫斷除妄染理合從麤至細今反於此故云逆也盖直約道理不對人治故正辨疏得對治等者以無明爲因能生三細境界是三中之一復能爲緣而生六麤因既已滅緣依何立故隨滅也此依下揀濫恐有疑云此生滅是剎那念念之生滅故今揀之言始終者隨流以第六染爲始初染爲終反流以初染爲始第六染爲終起則六染紛然曠劫流浪盡則一念都絕究竟寂常又起盡即始終也非同剎那念念不住之生滅爾○問中疏若境界等者以上云依如來藏有生滅心今復云心滅心若滅者即藏性滅此則約通名以難別體是疑相應心體滅也若體滅者八地之中便合成佛以無心爲所依故三細則亾亾則無可斷也不成何待若言等者以依心體有於無明心體既常無明亦常故能依三細則不可滅此疑不相應心永不得滅○法中論心相滅等者此約體相以釋通疏麤相等者妄相差別故論麤細眞心無差故唯一體也△喻中論二初總立喻本疏喻無明等者兩疑心體若滅無明三相不得相續今舉風水相依之喻以顯心體不滅故得三相相續不斷如風依水而有波也此示下明無明依眞而現生滅故前文云心與無明俱無形相故○論若水下二別顯喻相二初喻相應心疏此示等者類於所疑亦是牒而縱之以境下正釋所疑以境滅時相應心相雖滅心體不滅以不滅故三細相續此如猛風滅故麤浪滅非水體滅也然克而論之唯有二相以境界即是現相今已滅故而言三細者盖通言也良以下出其所以以前云因滅故緣滅非謂緣

滅故因滅意云麤不該細細尚得存況心體不亾何
疑斷絶由是下結答所問斯則相應心相雖隨境滅
而細相不滅、論唯風下二喻不相應心疏非靜心
等者以水非動性故波滅而水不滅心非動性故染
滅而心不滅此如微風滅故細波滅亦非水滅〻論
無明亦爾下初合總喻○若心下合別喻一一以喻
對之可見斯則麤染滅時細染不滅故八地菩薩未
得成佛無明盡時細染方盡故得從此已上修證佛
果理極昭著論衆生者卽依業轉二相之衆生也斯
則八地已上皆依業轉得名衆生今心體既滅衆生
無依故斷絶也又業轉二相卽是衆生如前云衆生
依心意意識轉故疏今以下結成一心二門也以前
論生起須約生滅門中以辨今約滅惑終歸之處須
會入一心也若不然者便應生滅之義永不入於一
心故須配入也體卽智也相卽癡也不覺等者同前
究竟覺智淨相法出離鏡等義始本不二唯一心在
故經云生滅既滅寂滅現前則迷一心以成九相
今則滅九相以歸一心無不皆從法界流無不皆歸
此法界也　染淨相資取也卽藉賴之義謂染法
淨法自不能生以互相取假其勢力以爲藉賴之緣
方得生故又資者助益義謂互相資助令生染淨故
以前科但明染淨當位生滅之義而未廣明染法淨
法生起行相今卽說之意明染淨互相資假互相助
益生一切法如染助於淨淨假於染則淨法隨染生
諸染法淨助於染染假於淨則染法反添生諸淨法
本雖相違反成相順染法淨法遞互相假也疏文二
初叙章意互者更互熏謂擊發亦卽生義謂遞互相
生擊發令染淨不斷相資互熏名異義同爾相生者
卽互熏也不斷者且各就一期所論其實淨法卽不
斷染法卽有斷斷不斷義如下所辨能生等者卽生

滅門初云此識有二種義能攝一切法生一切法前
科已明攝義卽二覺之文是也今此正辨生義故說
相資問何以先明攝義後明生義耶答攝義是正是
故先說生義是彼攝義所因故居其後所以立義分
中唯言能攝不言能生或恐有疑從無而生生已方
攝今則意明阿賴耶識未始不生未始不攝攝之與
生竟無前後故或可攝義非局前文但齊此生滅一
門於中所有染淨以二覺之義攝之無不盡矣△微
列疏此是下或問曰前說眞如是泯相顯性門不分
染淨今文何故却說眞如爲淨法耶故此釋之以此
眞如是生滅門中隨緣之義有三義故說名爲淨非
約前門不變義說本淨等者性淨解脫此通凡聖未
曾染故始淨等者離障解脫此唯局聖斷染方淨故
此中雙言體相者以有相則必有體有體則未必有
相故又相淨則必兼體淨體淨則未必相淨故攝論
下引證具云一所成立境謂十波羅蜜是眞如十種
功德能成十波羅蜜釋曰十種功德卽十地所證十
眞如謂徧行等新生正行卽十地所起十波羅蜜行
由眞如中有此十種功德故能起十種正行而隨順
之如下文云以知法性體無慳貪順本性故行布施
波羅蜜此則不同相宗却以眞如功德爲所成立義
復證有能所熏義淨緣等者報應二身能與衆生爲
淨緣故今此三中卽智淨相後則不思議業相又
於四鏡中初是前二鏡次卽第三鏡後則第四鏡又
前二是自體相熏習後一是用熏習亦名內外因緣
熏也六染等者前云當知無明能生一切染法以一
切染法皆是不覺相故通事識者卽智相以貪熏枝
末無明令念相續起於我執造業受報故業識能資
熏根本無明令起轉現故今據下明舉細攝麤也但
舉業識之細自攝事識之麤事識所緣者以此六麤

能熏動心海起諸識浪增長念取生諸過故此三下
或問曰此四義中何故染具說三淨唯說一耶今此
釋之以染法本性自差別故仗因託緣方得生故須
說三義淨法一味雖分體用用還同體無別異故仗
託因緣者於此三中無明是因妄境是緣妄心是因
緣所起本識事識各有因緣如前廣辨體用無別者
但內熏爲體外熏爲用合體時非別外來融同一
味故衆生心內之佛還化自已衆生故說一種△喻
中論如世間等者若望法合則有二說一者以衣喻
一心香喻染淨以香有可意不可意故二者以衣本
無香而熏之有香通喻染淨熏習之義以淨本無染
熏之有染染本無淨熏之有淨但取大抵通意不必
分喻別配後意爲正△合中論二一染熏淨疏無相
等者此約眞釋相字相卽九相然前說九相是不覺
相者以約親生義說故今此說爲眞如相者就根本
說故是則纔彼無明不覺亦是眞如相如前云如是
無漏無明種種業幻皆同眞如性相也又顯下約妄
解相字以妄有差別可覺可別而無自體故亦自不
能反染歸淨用義亦無然非無染用今就反流名無
用也既無此用故但云相此約下顯意可知然此染
淨二法各不無相用且迷眞執妄起惑造業豈非染
用智淨相法出離鏡大智慧光明義等豈非淨相今
此文中意在影略故各舉一義疏文所釋且一往耳
惡習所熏等卽楞伽經如前略辨然準他宗於能所
熏中皆揀眞如以是堅密及不生滅今此實教約不
思議熏變故有斯義○論無明下淨熏染疏此是等
者以生滅是攬理成事門染淨相存故有熏習之義
若眞如是泯相顯性門則鎔融生滅爲一眞體無所
敵對故無熏義由此等者若順流違眞如時卽是染
用今以本覺熏習使反順眞乃名淨用其猶逆叛之

徒既已降伏乃奉赤心於主也昔則背之爲逆寇今
則順之爲忠臣此釋下即勝鬘經已如前引意云所
以能生厭求者蓋眞如之熏力也狂寇歸伏者乃明
主之化也涅槃下引證彼言下會彼同此良以下結
歸今意二義即覺不覺義即今眞如不覺即今無
明無明具含妄心妄境此中等者覺之與佛但唐梵
異音本對於末性對於相性相本末文異義同△別
中先明染熏者據理合然也以先成染法方反染成
淨未有先淨後成染法若先說淨後說染者便有妄
起無窮之過亦有悟後更迷之失故先說染也問中

疏各二者染淨皆有故習熏者自內順起後念續於
前念也心體者此通染淨染熏則熏眞心體淨熏則
熏無明體資熏者從外反擊前念引起後念也如次
文說無明熏眞如起於妄心即是習熏妄心却反熏
無明令增迷倒起轉現等即是資熏餘皆例此心即
業識境即現相諸惑即見愛等△略中論二一總舉
能所熏體者就此門中即無明是能熏眞如是所熏
若在後門即眞如爲能無明爲所亦可下別義以無
明本無自體單說不得凡欲舉之必須帶所依眞體
眞體即無明本起之處如欲說波必須兼水也離眞
雙舉意取無明或則意顯無明非實有體依他起故
本來即空或則意顯染淨互熏之所以也若本抗行
則不可熏故如相宗說無明眞如敵體有異是故眞
如堅如玉石不能受熏也△論以有無明下二別明
熏習之義三初無明熏眞如疏根本等者附眞之者
故非枝末本業經云迷第一義諦起者名生得惑即
此無明也熏習者合云習熏以對下資熏故若不爾
者何成解釋耶論以熏下是無明熏習之功眞如雖
是淨法被無明染法熏故而起妄心如楞伽云不思
議熏變是現識因等△論以有妄心下二妄心熏無

明不了下亦妄心熏習之功不了等即迷眞義不覺
等是起妄義以不了眞如無相而妄現其相如人好
眼爲熱氣所逼遂成翳眼以有翳所覆故依此翳眼
便見空華故云現妄境界疏以此下以是反擊故云
資熏也增不了者無明已是不了又爲妄心所助更
加不了如賊遇惡人益心轉甚遂成盜事△論以有
妄境下三境界熏妄心令其下是妄境熏習之功由
外境熏故令內心起念分別相續執著計名造善惡
等業受三界等報三界無安故名苦也如惡人爲賊
物等所牽引故恣行盜竊致令彰顯受於囹圄刑戮
之患疏後二同者以此望彼俱名業者依惑下釋上
名同之義上之三重鉤鎖相續謂無明熏眞如起妄
心妄心熏無明現境界境界熏妄心起念著造業受
報此則染緣事足九相之極故止於斯也△從後向
前者取其文勢相躡故逆次前三是乃自本之末以
略標從末向本以廣釋也境熏中論增長念熏者即
是由熏習故令念增長下皆例此疏智相者由外境
有違順等相熏故牽起內心愛惡等念名之智相以
境不斷故念亦不斷名相續相猶像有妍媸者蓋質
之好惡也響不斷絕者蓋聲之相續也法執分別者
非謂對俱生以言分別但通指智及相續俱名分別
以此二相分別染淨念念不斷故此是分別心非是
分別惑學者自知△妄心熏中論能受者合是能令
阿羅漢等受生死苦論文語倒阿羅漢此云無賊賊
即我執煩惱此惑無故辟支佛此云緣覺覺緣離而
即眞故疏迷於無相者以此業識反資無明增其不
了於無相理妄生有相遂成轉現兼彼能熏共成棃
耶離事識等者然有全分不同若地前菩薩及二乘
人但離事識中我執麤分初地方離細中一分二地
至七地則全離事識麤細二分若分段苦但約麤除

即得遠離以無麤念即不受生故羅漢等入菩薩
易行苦者三乘人念念遷流故△論云動則有苦
果不離因然此下出三乘人受變易所以然此棃耶
細苦九類同有今偏說三乘人偏受者以約離麤苦
故細苦方現處說是則一切凡夫二苦皆有三乘賢
聖有細無麤凡夫雖有細苦以彼麤苦所蓋都未覺
知由此不說聖人已離麤苦方乃覺知今就覺知義
邊故說三乘所有如人重病不知餘物所侵痛念之
時方覺微痛然迴心菩薩十信已來即受變易若直
往菩薩約終教說在地前時即受變易始教即初地
已去方受變易智增初地悲增八地悲智平等四五
六地若二乘未迴心者滅苦依後法爾便受變易身
也以事識等者前則業識熏根本住地無明令起轉
現共成棃耶使三乘聖人受變易細苦此則智識熏
枝末現行無明令起相續執取計名造業受報共成
事識使六道衆生受分段麤苦△無明熏中疏謂根
本等者即前依不覺生三種相也論不備舉故但標
一亦可無明熏眞但成業識業識熏無明方起轉現
故但標一也謂枝末等者然今事識親從境起境界
不亡者蓋緣枝末無明念念熏習眞如之力如何
智但是於境不了虛無定執有實名爲熏習以定執
故起後諸相也此則取迷前者爲能成能成即枝末
不覺後起者爲所成所成即六麤事識如前所說睡
夢之事心境已具於中取著不了是夢如能成之無
明分別前境如所成之事識然不了妄即是熏眞互
相成也引文可知但末下釋上所起之言謂根本無
明是能起故對上根本以彰枝末也△正明中論所
謂等者則眞如爲能熏無明爲所熏眞如當體眞實
無始本有不假他因故不同前無明所依也以熏習
下明眞熏之功無明雖是隨流染法被眞如淨法所

熏便能反顯眞如起彼欣厭知答曰所愛者是苦故厭之所苦者有樂故欣之如前惡人却被善者勉諭後行君子之行以此下則妄心爲能熏眞如爲所熏疏反熏者妄心本是隨流之法今却反有益眞之力也又是資熏反從外擊故增勢力者眞如本自有力能熏妄心起此厭求今復被此淨用資助更增其力成始覺智如惡人既反爲善故於善人每有諮詢或加之諫諍由是善者或因問而增解或因諍而除非淡練仁行愈修德業也本卽習熏新卽資熏〇科功能者由前內外熏力遂成信解行證以至極果也文二初地前行論信已性等者初一句知眞次二句達妄謂知眞本有達妄本空貴教行人初心合爾此則圓覺初草信解眞正也下一句卽依解修行也疏十信者入道初心先信根本非同權門但信三寶及戒故下文云一者信根本所謂樂念眞如法故以信是萬行初首故須言信又以眞如是萬行根本故信已性也三聖圓融觀云信若不信法界信卽是邪解者十解位卽十住也解業等故言知心妄動解現相故言無前境界但是解了未能斷除然何啻十住方有解位豈無此解耶疏文配信太近於前問信位菩薩如何得解業等相耶答以信已眞如寂然不動具有一相故知動心相境試爲妄也性本無故若不解此爲稱實教初心入耶論修遠離法者法謂法行以此法行能破心境故云遠離疏依解成行者卽十住位而進十行位也有解無行其解必孤故須依所解處而修行也尋伺等卽所行之行信解非淺其行亦深大中指行輒緣等小然此中意通明十向及四加行謂煖頂二位以四尋伺觀所取名等四法假有實無卽所取空非境也忍世第一以四如實智印所取空卽[illegible]離心也廣如前科今云等者

等如實觀也唯識等者了知諸法唯依妄念而有差別故行此行而隨順之故頌云唯識無境界以無塵妄見如人目有翳見毛月等事此卽資糧位中所修也〇論以如實下二地上行也疏見道等者卽通達位離不斷相應染證一分眞如名淨心地若準諸處說行布施波羅蜜斷異生性障及二種愚謂執著我法愚惡趣雜染愚證徧行眞如住歡喜地修道者卽二地至等覺以此位中如次行戒等波羅蜜行餘非不修但隨力隨分故云萬行廣如華嚴所說以此修行對治障染稱順本性令體顯現故云顯眞疏無能所相者正同唯識見道頌云若時於所緣智都無所得爾時住唯識離二取相故然此修道證眞起行一如初地俱無能所故言不取等三祇者通前三賢所論若但取二地已去則唯有二謂二地至八地爲一僧祇八地至佛果爲一僧祇然三祇延促之義廣如下釋然此段論舊文於疏外別配則以自信已性爲十信位知心妄動無前境界爲十住修遠離法爲十行以如實知下爲十向加行不取不念爲見道以乃至久遠熏習力故爲修道今復詳此信之一位對文太局今若對者但從初至修遠離法俱是信位以此位中非空有信亦能修行如十信名及下論說修五行等從以如實下至隨順行過對三賢於中前二句猶是賺前信位之解智者詳辨△二果論二初滅惑翻染疏妄心盡者卽業轉二識也以無無明爲能熏故妄境滅者以無妄心爲能熏故皆滅滅者通指翻明已下之文此上展轉滅惑翻染義如前逆論滅義之中廣辨三種染者卽後三種不相應染可知〇疏證理成德者卽下涅槃是斷果用是悲得之一字翻成證智是智德也斷智修行翻染成淨故論以因滅顯句但是解脫翻染之文顯此以明妙顯之德疏滅

心卽通六染以無明滅故業等三染心體境界滅故智等三染心盡一切心相不出六染故云皆盡故上云因滅故不相應心滅緣滅故相應心滅心體轉依等者以心體往纏依九相等名爲生死今九相既滅生死已盡心體空寂名爲涅槃義說其依實無能所又轉之一字義兼兩勢謂轉滅生死轉得涅槃又轉滅則無法可滅而似滅轉得則無法可得爲眞得轉依多義如別所明業用者依涅槃空寂之體隨機感現無不利益無心而應故論云自然業心言罔及故藏云不思議斯則翻前妄心妄境故得涅槃[illegible]翻前無明成自然業[illegible]然此因果兩科凡聖聖果四位具足此皆眞如內熏妄心外助令眞有力始從凡夫終至果位起茲淨業也△意識者意之識也論凡夫者卽十信已前不了唯識而修行者以此識下且明所依之識以此麤識本是境界爲緣之所起者不知諸法本依現識而生以不知故復執爲實凡夫下明能依之人且二乘不知七八二識及事識細分但修我空觀智凡夫悠悠修行不知唯識道理但依麤識起欣猒心而求佛果不能廻相由此與二乘同處而言由此下明得道分齊作意者作發趣佛道之意卽欣猒心也久後等者以趣心無暇漸能解了唯識道理如實修行還得成道以用心運會故不速疾乃云久後菩提卽無上道也〇論菩薩十信已上了唯識者疏二初正釋識量等者一切境界唯識所現所見境界一一如識故得識染卽境染識淨卽境淨等既知唯識所現終不定執實決定妄取著故云捨彼等了唯心者有智能了諸法無性心相亦空唯一眞如不生妄取念念與理相稱故得速疾趣於涅槃也〇問下二通妨初問也[illegible]意及意之識[illegible]有力遂[illegible]求涅槃

修反流行意熏等者五識前三屬黎耶識故斯則三乘之人俱有黎耶熏真之理何故菩薩發心勇猛速趣涅槃二乘凡夫不同此緩而疎遠耶熏既是同發心合等云何不爾○答下二答二初正答凡夫不覺者以不聞大乘教不遇真善友故於諸法不知黎耶所變又不知能變之識真妄和合無有自性故云不覺資持力者謂依意識分別心外見有生死涅槃從此起心猒生死苦樂求涅槃資熏真如真如任持能熏之力由是發心修行也不達本者以不能了自心則生二妄想道目前而遠覓佛在內而外求解既不正行亦迂會故向菩提不能速疾故云疎遠也了本者既知諸法唯心所現終不隨順妄識分別執心外法擬棄生死別求涅槃雖修諸行而無行可行雖度衆生而無生可度故經云了心及境界妄想即不生斯則了本識而修行也既而忘緣內照稱順本性速得合道故云親而且近如下順性修檀等前云自信已性知心妄動無前境界修遠離法等即斯行也問五意後二亦是事識菩薩既依此熏而起修行何得異前凡夫二乘答前則唯知事識不知本識不知本識故不了境從心起已知唯識故且近心自覺無境此修行故成疎遠此則二識皆知以知之故親心緣境違境唯心故於事識而不信用依此修行故親而且近○此約下二結答也所依即本事二識及真如也以三乘人等各依其識熏彼真如而起行故相資者本因真如熏妄心令起猒求然後妄心熏真如令修此行是則若依事識熏真如真如還資事識之行若依本識熏真如真如還資本識之行故相資也但緣識有內起外發之異故使行有內照外求不同遲速之因自茲而得證發心中者文云是菩薩發心相者有三種心微細之相云何爲三一者真心二者方便心三者業識心廣說如下△論體相合論者如珠與光不相離故下亦如是△正顯論二初明熏習疏不空者不空如來藏也以有自體本具河沙性德故冥謂闇也物即衆生其猶衣珠潛照而貧者莫知黃金纏弊行者罔測故非能了也冥熏作用揀異出纏應化之用論境界性者此是體熏以表體相無二故標中則先體後相釋中則先相後體如何熏習以能爲境界牽彼智生即是熏義非直下躡前也亦乃下正釋前則本覺熏令起智智即始覺也此乃對智成斯觀境亦本覺是則本覺相爲能熏之心體作所觀之境一體之上義分二別如前說法有對智說義等○論依此下顯功能疏心境者由心之所發由境之所牽雖分二法體唯本覺無二別也亦名體相有力者妄心劣故本覺勢强熏力猛盛也昝以隨流則妄有力而真劣今既反流則真熏功盛而妄心勢衰也論自信已身等者約人所說故言已身以已真如熏自妄心有勢力故遂能反照信已身中真如與佛無異但由妄惑所覆故不顯現今發直等三心修施等五行對治妄惑令體顯現

起信論疏筆削記卷第十三

校勘記

一　底本，明徑山藏本。

一　八八六頁上一至二行書名、卷次、錄者，清無（未換卷）。

一　八八六頁上九行「甚微」，清作「甚深」。

一　八八六頁下二〇行「一體也」，至此，清卷第十終，卷第十一始。

一　八八七頁上八行第六字「盡」，清作「滅」。

一　八八八頁下四行第一三字「偏」，清作「徧」。

一　八八八頁下二三行「後起」，清作「起後」。

一　八八九頁下一五行首字「識」，清作「諸」。

一　八九〇頁上二一行「修行」，清作「修心」。又「此則」，清作「此門」。

一　八九〇頁中末行書名、卷次，清無（未換卷）。

起信論疏筆削記卷第十四

長水沙門子璿錄

△問有三段一指前疑定論承有眞如等者凡是有
情皆具本覺無二圓滿以皆具故熏義今齊故云等
皆論云何下二述其所疑現在等者約橫說也現今
且見有信者寡無信者衆論無量等者合云前後無
量差別譯者廻文不盡也未來等者此約竪說約望
未來發起信心遲速不等故云前後更有厚薄進退
邪正等異故云無量差別此乃橫則有無差別竪則
前後差別前後之言亦通過去內熏等者熏既是齊
信亦合齊不合有於如是差別論皆應下三結成其
難一時者有二意一揀信之有無二揀起之前後自
知有眞如法是信解勤修方便是行等入涅槃是證
一時之言須通此三而轉執別等者謂執有信無信
前後等別便疑眞如亦有等類不同也△論答中二
初標所疑也本一者凡聖一體平等無二也淨名云
一切衆生皆如也衆聖賢亦如也至於彌勒亦如也
此一句標所疑之通下則釋所執之別○論而有下
二釋所執三初明所依根本差別也疏根本等者既
是生滅妄法法爾不得平等衆生具此各各不同不
同眞如一體平等故云厚薄前後亦無勝者厚者即過
信薄者則速信信之厚薄進退等例知非彼等者過
在無明有厚薄不是眞如成等差○論過河沙下二
約能依二障差別二先所知障等上者意明煩惱數
過河沙等上又約所障法門既多能障之惑遂成無
量故云河沙等上等者等微塵也詳之疏無知者迷
俗諦門中事法以不能正知不能盡知故麤分者以
所知中有二分故一迷理者爲細二迷事爲麤天台
號爲塵沙小乘名爲不染汙無知今是此分也○論
我見下二煩惱障也疏四住者即六麤之中二廸何
故不對五意以五意是所依衆生無知四住是彼所
有今取此二正障信心及諸觀智故偏舉也疏文亦
爾何故二障俱名煩惱以此二障體皆虛妄性喧煩
故非是寂靜通名煩惱○論如是下三雙結難了疏
皆依下若據生起即火第而生今此橫論故皆依無
明也非一謂二障互爲前後差別則等分偏增有殊
佛了等者降此已還各隨其分未能盡知唯佛窮證
故能知也故前疏云若至心源得於無念則徧知一
切衆生一心動轉四相差別△立理中疏若獨等者
反縱所難然今下順遏其義故致下結答故上下引
證並可見△論中論木喻衆生火性喻本覺人知喻
佛等方便即鑽燧之事喻悲願教法燒木即先有火
起火喻發心修行燒木喻斷煩惱此中若無及不能
之言正顯闕緣也△法中論爲緣者即慈悲願護說
法教導合正用鑽燧等入涅槃者合上火出木盡灰
飛煙滅也上喻中雖無顯文以燒木之言便合此義
闕因中論未有熏力者如濕木之遇緣鑽雖有火
性而鑽之不生障者亦爾雖有本覺聞法亦不悟解
不能究竟等者亦有聞法信受暫時發心然鮮克有
終不能久永如下所說或有見佛色相或供衆僧或
因二乘教學他發心悉不決定或退凡夫二乘之地
此如濕木鑽時還有熱氣然不能出火燒木如世間
法甚衆於中信解修行者實難其人良以內熏力微
惑障厚重以喻類法昭然可見△明得中論因緣具
者如乾木之遇緣鑽也諸佛等者此則揀異二乘等
以顯遇眞善知識也然此段文有二種加義初以慈
悲等是冥加由冥加故起信修善次從以修下是顯
加謂現身說法由顯加故進行證果於中修善成緣
一句躡前起後也然前喻文正喻初段冥加之意若
喻後段顯加之文應如加之以積薪鼓之以烈風則
令前木都盡也疏自分者創發其心始修善行此亦
賴前因緣之力故云自分也勝進者若推其本亦是
前來內外熏力今約末而論並前自分又校一重故
云勝進示義等者謂示義令解教行令行獲大法利
故生法喜斯則自分當信位勝進當解行向即十廻
向道即地上行涅槃即佛果也然善友與行人相値
誠難且如世間有欲發心者則不遇眞善知識有眞
善知識則不見發心之人感應道交實爲不易如涅
槃中針芥之喩并法華中龜木之喻此皆顯善友難
値今之行者儻偶斯緣聞法解悟豈不思夙植德本
而無欣慶乎而不求進乎豈不思後世爲先業所牽
得如今世遇勝友乎誠宜勉之△二徵列疏爲於下
約能應明差別凡小是機爲彼機故現形不同也謂
應以佛菩薩等身得度者即現其身等隨機萬變不
可一準以彼事識從境而起不了唯心隨其分別情
量所不同也此則差別在佛差別即緣也亦可下約
能感明差別三乘不同已是差別況復各有勝劣之
異宜樂之殊此則差別在機緣即屬佛差別之緣也
然由機之差別遂令應有差別非謂佛身有異相爾
如鏡光是一像異由形也謂三賢下出差別緣體下
說十住菩薩便能現八相化利衆生況其上位豈不
然乎爲諸下約能化顯平等菩薩則始從信位終至
十地業識者必兼現轉但現一味佛身更無三乘之
異故云唯現以此菩薩淺解境界唯心不外執定相
故現平等佛身與其爲緣此即平等在佛也故下文
云以同體智力故隨應見聞而現作業亦可下約所
化顯平等同發大心同信大法同解大義同修大行
同無退轉故皆平等此則平等在機也故文云依於
三昧乃得平等見諸佛身持業依士亦同前說謂初
地下出緣體謂登地已去菩薩以無分別智證十方

理知一切衆生皆如平等無異故現平等佛身應衆生也△一感用因疏機欲入者此人是樂欲修進之機即諸求三乘人也外緣體者即三賢已上菩薩及佛皆能作此緣故修行時者謂始起厭求修習善根時也於中有發意求三乘道果之異論乃至得佛者有二義一則於中有羅漢辟支故云乃至二者此中但說從始發心終至成佛中間所經劫數值遇外緣不能具敘時節故超越而言云乃至也器者喻也方圓大小各有分量三乘勝劣可以類之則受道之機器也△開總中論父母等者如釋迦之變羅睺父之力也又度諸母千姪等眷屬諸親力也又如淨德與淨藏淨眼共化妙莊嚴王亦眷屬之力也謂彼等宜以此類化度故佛為現父母等身餘意例同論給使者即供給走使涅槃經云榮豪自貴我於其人為作僕使知走給侍淨名云見須供侍者現為作僮僕既役可其意乃發以道心論知友者如聞朋友如鶖子之化目連以切磋琢磨其成其器論冤家者如未生冤王殺害父母令其獲得果證又如無猒足王以殺尊故令衆皆得解脫門論四攝者一布施令他附已二愛語為他說法熏成淨種三利行隨彼所行方便利之令善根成熟四同事遇惡同惡而斷彼惡遇善同善而進彼善以此四事隨機曲誘令入道然於五中唯第四是逆方便餘皆順也△二攝別中論無量行緣者若干種心皆須稱可隨時方便難以具陳不能言數故云無量如法華說觀音妙音現化等即斯事也△二辯用中論以起下是能熏衆生下是所熏增長善根是利益也善根謂信心展轉能生解行證等枝葉華果故言增長若見者或見其形或親神變如前現其差別形事令彼見者歡喜生善破惡入理乃至一二三四等故淨名云或有怖畏或歡喜

或生厭離或斷緣等者論云或聞佛說令入道證因聞彼所誦經教尋文生解成聞慧故或聞說已他功德而發善心△一就根開緣中論近遠二緣者由障有厚薄故遂令內熏有力無力由內熏故外值勝緣發起善根遂有勝劣由勝劣故令根有頓不頓以此遂成利根鈍根入道遲速也△二約開中論增長行緣者諸佛為緣令三乘行人各增自行故入正觀故疏方便行者即正觀之方便也見道已前所修諸行皆是入理之方便故論受道緣三乘行人入見道已去親證真如名為受道此亦諸佛為緣令彼入證也疏四攝者謂諸佛菩薩為緣增長彼行入行四攝法以利他也三空等者謂空無相無願解脫門亦是為彼作緣令其住於三解脫門以自利也非謂諸佛欲為緣先令緣先要內住三空之理斯二種緣皆依士釋然此二緣若攝論意理合偏通因果諸位如未入信前不信因果三寶真如名未受道佛菩薩等以之為緣令彼信受始為道器名受道緣既入信已所修十種信心之行亦假其緣令行增長名增長行緣如未入十解十地佛地等名未受道假其緣力而得受解入證涅槃等俱名受道若從解位已去修地前行見道已去修地上行佛等為緣令其增長名增長行如八地菩薩得無相無功用故擬入涅槃不進九地佛為此故現身七勸然後發行進入強林豈非增長行緣耶乃至坐成正覺亦假諸佛為緣也受道增長或先或後二俱通也問此是差別緣如前疏文只配凡夫二乘如何將此為三賢已上耶答若如疏配何故前論云從初發意始求道時乃至得佛於中若見若念耶應知此差別一緣通為凡夫二乘諸位菩薩也問平等一緣如疏唯配三賢已上前信位中得有此緣不答若據論意亦可通前以下文云

所謂衆生依於三昧乃得平等見諸佛故如十信位正修真如三昧於中見者豈非平等緣耶應知前差別緣不約定中所見但是隨類隨宜現十界身等故名差別若依三昧見平等佛身無分齊相者即平等緣疏中前文且約依識熏習以辨二緣亦一往爾學者知之△一能作平等疏平等心者凡類皆度不揀擇故論自然熏習者有二一以本悲願常熏本覺不曾捨離二現緣悲心常觀衆生攝取不捨不待作意故曰自然常用者謂所作妙用有感斯應也論同體智者謂此智與真如體同故又能知一切凡聖染淨同一真故此根本智也下云而現作業即後得智然釋成常用者亦是後得平等所以真如之性平等無斷無盡故能普度常不捨離此如下信成就發心大願平等方便中說論隨應見聞者隨彼善根位中所應見者各見佛身及與淨土可應聞者各聞說法示教利喜現作業者謂現大小化身土之業用也此則現身說法皆是起或化之用故疏云顯其用相也亦可文中皆願度脫其第一心也度脫即是令得滅度解脫也一切衆生廣大心常恒不捨是常心同體智是不顛倒心以有智故無人我相也已上皆顯平等緣體也後二句顯其用相△二對機中論三昧秦言正受不受諸受故即念佛三昧平等見佛即法身佛也以依三昧見佛色身即見法身以不取色分齊相故此即同真如三昧也疏無有彼此等釋前平等可知△一標中論此體用熏習下略不言相者與體無二故此以所起行望能熏體用以辨相應△三釋疏明行劣等者意識五意皆是妄心能所分別未稱平等真如但依信力修進而隨順之凡即未入信位菩薩即十信三賢已去此義正如上妄心熏真如處說今不得等者以未得無分別心故未與真如體

相應以地前菩薩未亾能所分別故即所起行未與能熏體合也疏正體智即是無分別心正能會理之智名正體智體即會合義正體即智持業得名若以正體爲眞如即依主釋法身體即眞如也但以約人所說故云法身化身等約法所說故云眞如體用等論未得自在業者以證眞之後所有起行盡是眞如妙用平等之行一一行皆從眞起皆稱如理是眞體之業用也故云自在業今此位中未得此行故不得與用相應此則所起行未與能熏用合也以能熏用從眞體起自在業亦從眞起二用若合同是一體名曰相應地前闕此故云未得若至地上即得相應後能與三賢等人作能熏緣也問若然者何以前說三賢起用與小乘等爲外緣耶答前所說者但是依於願力及三昧力能起差別緣實未能有自然業用爲平等緣爾疏證眞後得智者證眞之後所起之智故試可此智亦能證眞以能重慮緣眞作相見道故今王中論法身菩薩者初地已上乃至十地皆名法身以得平等智證眞如理以眞如法爲身故疏如理等者所起行與能熏體合也即上法身是其所合謂此菩薩以法爲身人法不異故然如理即前正體之異名能證眞如理之智依主釋論與諸佛等者既得無分別心與理冥會依眞起行徧修一切自利利他合佛智用二用一體名曰相應然此段論若望前文有所不齊以前文說未相應則正體後得各舉一能所今此段文於前舉能於後舉所文之巧略互現而已別無他意疏文順解便成義補其理昭然疏如量智者即上後得之異名如彼彼衆生器量如彼彼俗諦分量悉皆知故證眞等者係所證眞理爲軌則故所行之行皆契眞如故云法力但有信力者地前既未契眞但能信順緣眞修行故非法力地上名眞修

地前名緣修即斯義也八地已去者約無功用行以釋自然也諸說自發心修行已來至此地已經二無數劫自此之後任運相應如下水船不勞篙棹然猶更經一無數劫方至佛果今詳此段論意不須別配入地方說自然但是地上菩薩證眞起行皆依法力皆是自然未必須到八地學者知之論熏習眞如等者證眞起行還熏眞如何有無明而不除滅如日輪發照遐照日輪豈有昏闇在中而能違拒哉疏妄滅行成者謂九相既滅萬行成就萬行成故德備河沙九相滅故妙絕塵累問地上菩薩亦有智識等四意如何得說相應而與地前耶答相續識是法執分別初地已除故得無分別智與理相契智識雖在但是俱生不障見道又出觀即有入觀即無況從一地已去分除七地都盡二[illegible]之識既盡如平二智已成內證外現于何所礙雖殘三細之識以如智爲主不乖相應故論中但云得無分別心更不言三細之識由是不同地前事識現行而未相應也疏中不言文略故也△染淨盡不盡者上說染淨各有功能互相熏習成於世間出世間未知究竟何勝何劣何法有盡何法不盡若俱不盡則徒爲進修若復俱盡則成斷滅若言一盡盡於何法故此明也初文論復次染法至不斷者未入十信位前九相熾然六染相續惑業習槃報應輪綸塵沙劫波莫之遏絕故前云一切衆生不名爲覺以從本來念念相續未曾離念故說無始無明又下云以如來藏無前際故無明之相亦無有始然亦無有悟後更迷之人故經云從迷迷滅覺不生迷如木成灰不重爲木是知無有初起之際乃至得佛後則有斷者內外熏力發猒求心始入十信苟能止業猶自未能斷除惑染從三賢位方乃覺除直至佛地始得斷盡是知斷字貫通諸位諸位即分

斷漸斷佛位即普斷永斷今以略於下位故云乃至又云得佛後斷者以斷後始得佛故非謂得佛後方始斷論文語濫故下文云無明頓盡名一切種智又前云遠離微細念故得見心性又云破和合識滅相續心顯現法身等諸文非一此皆滅妄成佛之義是知虛妄之法不能究竟故云有終也△次文疏正顯者亦是標也此中通於因緣體用總名淨法論常熏習者即內因體相熏習也妄心滅者以眞熏有力滅無明能起行對治妄心則滅成淳淨圓智也法身顯現者以所熏妄心滅故能熏體相顯現即破和合識內生滅之相顯此不生滅體也即在纏如來藏至此顯處名爲法身即前究竟覺智淨相法出離鑛得涅槃等是也起用熏習者法身既現即能起自然業用應化衆生此則用熏習義便成差別平等二緣即前不思議業相緣熏習鏡成自然業等也故無斷者則三身並常也不斷即常義今茲實教但說二身相即無礙豈得不常然今科云有始者亦且一往約用熏義說若準體相熏習即無有始故文云以眞如法常熏習故又前云從無始來具無漏法備有不思議業作境界之性等又次云非前際生又下云以如來藏無前際故今且形對妄法權作此科不可定執同不了義疏文可知△辨所示義疏二初敍章意前法者即指前科生滅心法也既具明染淨法相生滅不同此生滅法遂有顯於三大功能故今指之也問下具如立義分中詮旨者詮謂能詮即顯示義說文云詮者具也謂具說事理故今此眞如一門門爲能詮體爲所詮既目門爲眞如眞如即所詮旨故門之與體無二無別也法義殊者即一心三大法義也此等皆如立義分中已說△初體中論一切者通凡及聖凡夫謂六凡界即一切異生聲聞下即四聖界此顯平

等眞如從凡至聖若大若小若因若果一體無異凡迷未曾減聖悟未曾增小大因果倒然又染起不增障盡不減又用隱不減德顯不增也然此體大徧通情器故經云一切因果世界微塵因心成體今且偏就有情而言也疏優勝也謂諸佛最勝凡夫最劣中間相望通於勝劣眞體等者謂性德正因其猶太虛雖茅室紺殿有殊其中虛空豈有別異故心經云是諸法空相不生不滅不垢不淨不增不減凡位等者明此法體非謂於前凡位中從無而有亦非於後佛位中從有而無也然至而論之其實凡位與眞如俱無前際非謂凡夫卽有前際眞性無前際佛位亦然故下文云以如來藏無前際故無明之相亦無有始又云以如來藏無後際故諸佛所證涅槃與之相應則無後際然今論意未必約位而言但云窮於過去非有前際而生起也鞠於未來亦非有後際而滅盡也際時也然觀論文大似不無前後際但是眞體不於前後際中生滅也逐令疏文有茲釋爾有智詳之可以意會論常恒者盖一義也疏中別配亦且一往皆顯等者亦可不增減非生滅皆是顯常恒所以又不生不滅方是不增減畢竟常恒若有生滅則有增

減非是常恒又此一句是顯不垢淨也謂在纏不垢出障不淨若不然者卽有變異豈曰常恒又如故無增減眞故不生滅後句總結也又此三義卽是前文畢竟平等無有變異不可破壞也如次對之△一總中論從本等者顯無有始故云從本已來揀非體外故云自性明無欠少故云滿足意在普該故云一切功能德業故云功德△二別論大智等者此有通別通則智卽是慧光卽是明又智慧卽是光明別則以義目之名智慧以相取之曰光明智卽是體慧卽是用光卽體之相也明卽用之相也如摩尼珠體有光明以自瑩曰光照物曰明徧通凡聖名大依法所顯曰義復言自體者顯是卽體之相無二別故疏本覺智明者但取通意爾論徧照等者卽始覺也法界有二謂理及事始覺照理卽如理智始覺照事卽如量智理量齊鑒故云徧也疏本覺者就體而言也卽彼本覺顯照義邊便名始覺始覺之體元是本覺故論眞實等者依根所發了境義邊名爲識知了如理事永離諸過故云眞實疏無倒者卽離四倒及餘執計也論自性等者非假他緣故云自性在纏不染故曰清淨諸法中實乃名爲心疏云離染但得一義論常

樂等者常謂窮三際而無改樂謂在衆苦而不干我謂處六道而莫拘淨謂歷九相而非染此自性涅槃之四德也疏圓備者諸德雖多不過此四以此四法收一切德故論清涼等者無惑之熱惱故曰清涼此顯般若也無報之生滅故云不變此法身也無業之繫縛故云自在此解脫也卽離三障成三德爾疏云無遷亦但三中之一此文仍與上句義理不別何謂淸卽淨義涼卽樂義不變卽常義自在卽我義今但離爲三四各說故成二段△三結論過河沙者上但略顯不能具載故不離者隨舉一德△全攝眞性及一切德疏文可解論不斷者無始無終疏云相續卽無終也論不異者上云不離恐謂如樹不離地手不離腕等故云不異不異者眞如卽德德卽眞如故疏云同味語猶疎略論不思議者卽一性而有多義卽多義而全一性不可以定量所得心行處滅言語道斷也疏舉一義影以顯之論佛法者佛卽是覺意明上之功德盡是本覺之法故金剛云一切法皆是佛法疏唯佛等者約始覺釋佛字謂佛是始覺之極法卽前諸功德顯此諸法非因位而究了故佛之法也所覺法者此約本覺釋佛字佛卽法也義如前釋論乃至者越彼河沙故云乃至滿足卽無所少意云乃至過河沙數義理悉皆滿足無所欠少也疏若此下以修顯性此反顯也既證下順釋如文如海有寶餘人不知涉海者既獲旁底豈不信乎△立名中論如來藏者具有三義一隱覆義二含攝義三出生義廣如前說隱時等者似當初後二義隱故名藏此則如來自隱不現也又因地能生果地功德故名藏也論如來法身者若以應身爲如來卽依土釋若以眞身爲如來卽持業釋然其身者亦具三義一者體義眞如自體任持不失故二者依義爲彼報應之所依故三者聚義一切功德之所集故故唯識云體依聚義總說名身顯時等者卽後義謂萬德名法依止名身然德有修性若約修說卽屬報應成依止義也若約性說卽聚集義也其體之一義當於前段體中故此不言也問法身既屬無爲且非積聚何言聚耶答功德既是無多之多何妨聚是無聚之聚斯皆義說圓迴無滯非實法聚有可揀也△一問中論上說眞如者謂前門中云從本已來離言說相離名字相離心緣相畢竟平等無有變異不可破壞唯是一心故名眞如云何下對前正難前說離相平等今說功德差

別前後矛盾其義安在△答中初正明論雖實下縱許今文差別相也而無下不違前門平等之義等同一味者等齊也卽指前差別之法同者諸法無性唯一眞如一味喻明如水之八德一味無差一眞如者法說疏亦法喻兼明也○二徵釋疏非能分別者無虛妄分別故非所分別者既無虛妄之心卽離所分別相故前文云心滅則種種法滅無能所者由前心境竝亡故得差別卽無差別同一眞如也△一略中疏既其等者既而能所俱亡遂令一體無二者如前差別之相依何建立以依等者前若是心生滅因緣

相能示摩訶衍自體相用故能顯既多所顯亦廣偏
喻河沙也且舉下釋舉本彰末可知△二對顯論三
初舉所迷理疏所迷理者即真如之理義具真如門
○論而有下二別翻配三初別舉八重初無明智慧
對論妄心者即前不如實知也不覺起念即前不覺
心動名爲業相見境界即前轉相現相此之三相即
是無明阿棃耶識又見字義寛亦通四麤故疏云細
麤也疏依真下即生滅之相義具前文將欲下釋意
淨因染得故須然也真如門無染可對故無示義此
生滅門染淨既分故須翻對以顯相大諸句例然者
[illegible]
隨文可見云何顯者牒難以起下文論心性不起者
不起念也疏既起下故前云一切衆生不名爲覺以
念念相續未曾離念故反顯無念即名覺智○論若
心起下二局見普照對疏妄見不周者如人見東不
見西近遠内外明闇等亦爾故經云衆生洞視不過
分寸以存能見心故於諸境有所不見也真照圓
明者以無見故無所不見故肇論云般若無知而無
所不知初地得名真見道者以不存能所見故○論
若心有下三妄見真知對非真識知者動則不如實
知故非真也疏反之等者以心無動故則所知真實
真實者離僞妄故從此已下至不自在一一文初應
合皆有若心有動之言仍於本句之末更云心性無
動等即隨句翻對論文存略但舉能對之妄也○論
無有自性四無性有體對疏妄染無體者依真妄動
何有自體淨心者心無動故離緣獨立獨立之體本
來無染斯則不逐緣生不因境起故云自性清淨心
也○論非常下五顛倒真實對疏四倒者即無常苦
無我不淨心動故起於有漏色心有漏色心實非常
等凡夫計爲常等故成四倒反之等者以不動故色
心不起以不起故唯真如性常住清淨自在安樂故

成四德○論無惱者六熱惱清涼對疏諸惑者由心
動故起於貪瞋等惑煩惱熾然故成熱惱故說等者
心不動故即是真如真如無惑則非熱惱既無熱惱
故曰清涼○論衰變者七變易凝然對疏妄染遷改
者以心動故起於九相九相生住異滅老病死等故
成衰變反顯等者心不動故即是真如真如之中本
無九相生滅遷改故云不變也○論則不自在者八
繫縛自在對疏業果等者由心動故起業受報臨五
趣中名爲繫縛真如自在者心不動故即是真如真
如之中無有業繫故云自在上云等者以此段中皆
舉能顯妄染以對顯前淨德論文略故不具列之故
今疏中略指後之三義也○論乃至下二總舉諸法
言乃至者既過河沙不可具述故云乃至對此義者
河沙染法心動故成心不動時諸淨功德亦過沙數
諸淨等者即真實識知已下諸義等疏一一等者以
心性動與無動反覆明諸染淨今要省文故以心動
在前無動居後所顯諸法攝在中間於中又闕淨德
之目若欲一一別對令人易解者應云若心有動非
真識知心性無動即是真實識知義故乃至若心有
動則不自在心性無動則得自在如前疏文逐段反
[illegible]
顯是也若更取類言之復應云若心有動則是繫縛
心性無動則名解脫他皆倣此不可具言然前八對
初之兩段各約別義言起念起見斯亦不出心動之
義若欲各舉別義者真實知識等亦有別義應云心
起分別非真識知心離分別即是真實識知義故乃
至心若起業則不自在心離業繫即得自在等當知
心動義通餘皆是別也○論若心下三別彰滿足疏
妄心等者若於心外見法而生追求終不能足却有
所少亦可若有一法在於心外是可念者則性中功
德有所欠少如人於他求物當知家間所無淨德等

者以心性無外故一切功德皆悉具足則可[illegible]
萃之不可起心而求之當知有所見者皆是虛妄以
從分別生故此意顯異權宗所說佛果無漏功德故
是修生今此論宗但即修顯本自有故金銀生像可
以驗之○論名爲下三結得名雙約因果如前所明
起信論疏筆削記卷第十四

起信論疏筆削記卷第十四

校勘記

一　底本，明徑山藏本。

一　八九一頁上一至二行書名、卷次、録者，清無(未换卷)。

一　八九一頁上六行第一六字「合」，清作「今」。

一　八九一頁上二二行「進退」，清作「退進」。

一　八九一頁中一〇行第一五字「結」，清作「給」。

一　八九一頁中二二行末字「間」，清作「閒」。

一　八九一頁下一二行「勉之」，至此，清卷第十一終，卷第十二始。

一　八九二頁中二一行「令其」，清作「令行」。

一　八九二頁中二四行「正覺」，清作「証覺」。

一　八九二頁下六行「九類」，清作「九願」。

一　八九三頁上二二行末字「合」，清作「含」。

一　八九三頁中一三行「一地」，清作「二地」。

一　八九三頁下八行末字「滅」，清作「減」。

一　八九五頁上一八行第二字「不」，清無。

一　八九五頁下末行書名、卷次，清無(未换卷)。

起信論疏筆削記卷第十五

長水沙門子璿錄

△一悲行中論佛本在因者爲菩薩時所行諸行以慈悲爲本無不先以利他爲首攝化衆生也諸波羅蜜下謂以諸度攝令附已化令從善也以布施攝貧窮持戒攝毀禁等此通二利故維摩經云資財無量攝諸貧民奉戒清淨攝諸毀禁以忍調行攝諸恚怒以大精進攝諸懈怠一心禪定攝諸亂意以決定慧攝諸無智、二大願疏廣大心者即四弘中衆生無邊誓願度亦同金剛中佛令發菩提心人普度四生

[illegible]

九類彌勒所釋亦云廣大心長時心者此同華嚴行願經說衆生界盡我行方盡以衆生界無有盡故我此行願亦無有盡上則約處橫說故云等衆生界此則約時竪論故云盡於未來△三方便疏悲深者直見衆生如父母等亦不如見同已身方爲至深智深者了唯心故知諸衆生本無性故元無念故舊來涅槃不待滅故小乘權教不能及此相者蓋緣智淺今實教菩薩反之故云深也兼上謂兼悲深不顛倒者衆生本與已同同皆無相故見異相即成顛倒今皆反此也長時所以者兼華廣大所以疏文闕略也若不能了同已身及其相者豈能如此普度永度耶故所以者意云以何義故得如已身而又不取衆生相耶依真如門等者以此門中顯一切法皆即真故皆同如故故得彼身我身平等無二豈不愍之而欲度耶又既同一眞皆悉無相誰爲能度誰爲所度故不取其衆生之相然此段文細尋其意但將以取一切下兩句隔就前段爲釋廣長所以從而亦不取下爲舉本大智下之徵釋但總不取相之所以詳之可見

二顯果三一牒舉前因論大方便智者說有通別通者方便即智復有二義一者謂隨順出離之智皆方便故此通會論無間已下不唯地前故十地位後名爲滿足方便圓覺亦云雖有多方便皆名隨順智二者此智是大悲之方便故若無智爲方便則非大悲墮愛見故故前說衆生而不取衆生之相疏中釋爲智深也然或有因智而起悲知物同已方欲度故或因悲而起智不知所以裁之學方便故其實兩說左右兼通別者證眞名智涉俗爲方便即根後之異名也則是斷根本無明見法身是智之功起不思議業化利益生是方便力也今之論意具此通別△二明自利果疏自利果者同智淨相也果位法身即是因中本覺舉因顯果故云見本法身前舉果顯因即云係法身說本覺與此互相顯也○三明利他果三初明用甚深疏業用即不思議業相微妙難解心言罔及不用先謀而後起化故曰甚深非作意等攝論等者具云若佛果是無分別智所顯離分別者諸佛何得依衆生作利益事如理不顯倒無功用作事故重說偈曰如摩尼天鼓無思成自事如此不分別種種佛事成此顯如來三業無功用作事俱不思議摩尼覺語此云離垢亦云增長舊云如意此喻如來身業二業者隨其所對現像不同即喻佛身業若隨人

[illegible]

所須出種種物即喻佛意業也天鼓則天帝所有修羅軍來其鼓音中自然出聲則言賊來去言賊去喻佛口業也此之二物雖有其用而無思慮故可喻佛自然之三業皆成自事者現像出聲各隨其用而辦事業亦可取珠鼓自事但喻身口皆無思慮同喻意業也○二顯用廣大疏稱理用者以即體之用體徧用徧俱無方所若不然者豈曰眞如用耶○三用而常寂二初正顯論又亦等者前無所化衆生相也雖能化應用相皆寂滅故云又亦用常寂者雖現種種身不動眞實雖說種種法常住無言理○二顯釋疏三身者今雖通舉意責化身化身是用相故論法身智相身合之爲眞身也理智無二故第一等者約二諦料揀也意明是無相故非世諦也是無爲故離施作也疏應機者不對衆生說也妙理即法身本智即智相身無應化等者凡是有相皆屬世諦以從機感緣所生故今既應機故云更無但隨等者有感斯應也既逐緣生緣無自性用則常寂故云無用此有二義得言無用一者屬因因即悲智然有親疎疎即是智親即是悲依智起悲故故論云從後得智流出大悲心若無其因化終不起如二乘無悲凡夫無

[illegible]

智何有化耶二者屬緣即根熟衆生若無其緣化亦不起以十方中有無佛世故斯則二義相須因緣具足乃得成辦既屬因緣何有化體而可得耶如波下喻故用下合寂即體也故杜順云用則波騰鼎沸全眞體以運行體則鏡靜川澄舉隨緣而會寂涅槃下引證此身者化身也等者彼文具云吾今此身即是常身法身金剛不壞之身以三身皆有常義故復言法身以揀濫也恐人不曉法身之相故乃舉喻猶若金剛不可壞也如如即法身智即報身獨存者法報合故重牒如如表無二故名法身者攝智歸如約本立稱然涅槃即攝用歸體攝論即直顯眞身雖言說不同而義意不異疏雖眞下經云佛眞法身猶若虛空應物現形如水中月寂而常用斯之謂也△一應身論二一約識舉人疏凡夫等者二乘迷於本識故凡夫即十信已還一切凡夫也信位雖信眞如已知唯識然其事識麤顯猛利任運分別心外法也今見等者境通深淨雖見是佛猶屬淨境亦謂心外亦可等者前以事識爲所依今以事識爲所覺言所覺者但能知有非謂覺斷然所依即是所覺覺無異故依世麤識等者其猶明鏡對質現像不同豈有質能兩

像美醜斷則妍媸在質而鏡無好惡應身之目由此而立○二釋見妄所以疏迷唯心者佛從心內現反見心外來不知唯識故云迷心論舉色下迷境也由迷唯識現故遂見心外實有境界不知即空故取分齊也不能盡知者不知色如其心無分齊故但見分齊故不盡也○疏不達下文三一略消其文不達者色自心生本無其體元是自心心無分齊故令色等亦無分齊今凡夫二乘不達此義見從外來故作分齊而取也○疏問佛身下二廣陳問答還有十四今初佛身凡聖不分離覺衆生識者以論云不知轉識現故意明佛身是轉識所現而凡小不知今問意云轉識有漏屬於衆生應身無漏自屬於佛何故淨身唯從染識豈非凡聖染淨不分耶○疏答衆生下二源同派異迷悟答衆生至無二者標本也衆生是妄以對於妄故言眞心諸佛是相以對於相故云其體平等者顯無增減無二者一體不分謂衆生眞心即是諸佛之體無有增減不分二別但衆生下釋未顯用也以無明有力遂令眞如體隱但現染法起於九相眞既無力故不能現應身淨用如水爲風所擊但起波而不能現像也以彼下出所以也內熏妄

心者如前文云以有眞如法故即熏習無明令其妄心厭生死苦樂求涅槃等今文通說故云熏妄心厭求劣者凡夫二乘雖有厭求而未能起勇猛精進唯心大行故所現用但是應身麤而且顯厭求增者三賢已上乃至十地所見報身漸漸微細以隨厭求增勝現故厭求息者無明盡故所證窮故始覺等者無妄可斷故始覺同本覺無生可度故化身歸法身平等者始本平等眞應平等故再言之無二無別亦復如是未至下結答既佛身麤細皆由欣厭勝劣此不亦唯識之義耶是故論云轉識現也○疏問若據下

三眞起識現相還難意云上說隨流迷眞故不起用反流悟理是故起用當知此用是從眞起何得論言轉識所現○疏答轉識下四隨流反流相資答依此等者論云以依能見故境界妄現此識等者轉識是眞心隨流所成性相不離故云和合和合即梨耶識也離眞不立者妄必依眞如波依水故論云一切心識之相皆是無明無明之相不離覺性又依覺故迷若離覺性則無不覺離妄不顯者以用不自起必假於緣此有二義一約自體說謂衆生本有眞如是用之體若無妄心爲所熏緣而此眞用莫之能起起之

何爲以有妄心爲所熏故即顯眞心有其功力令其厭求漸於自識而現用相也二約佛體說謂佛應化之用若非衆生爲緣亦無由起起亦無用彼此推之誠由妄也若離於妄實無用相故眞如門唯顯自體及至果海亦泯同一覺故下文云無有彼此色相迭相見也次前疏云用還歸體平等無二故就等者如淨眼人不見空華全失明者亦不見華患熱翳者乃見空華故華嚴云如翳眼所觀非內亦非外世間見諸佛應知亦如是○疏問若據下五心佛外佛差別難意云若如前說眞如之體假於妄緣而起用者斯則衆生自己眞心麤細之用何得說爲他佛報化身耶○疏答衆生下六心體佛體無差答佛體等者意云衆生眞心既即諸佛眞體當知衆生所起應化即是諸佛應化此即先指體同也華嚴下引證義一者體也眞如之體無差別故既從下結答用同據前答問合云何得不是衆生眞心之應化耶疏文但結法身法身即是衆生眞心故存略也○疏問義若下七師資義一文與難意云若言佛法身起用即衆生眞心之用者斯則自佛起用還自教化何故復言佛悲願力熏令起用耶○疏答即此下八文與還同一義

答意要佛之悲願即是衆生眞心之悲願無二無別若就佛說名佛悲願若就衆生說即是眞心之悲願也謂無下釋成謂眞心即是悲願性故性是佛體佛體所起之用宜名佛悲願也猶如一物本屬大家男女各用皆稱已有性起者性無彼此用何成二耶○疏問衆生下九心佛不起化用難以前云衆生眞心即同佛體諸佛應化即是衆生之用故意云衆生眞心無不皆有何故諸佛能起化用衆生不能起耶○疏答未有下十未起厭求非用答如前第二答中所說詳之○疏問既下十一不能熏令發心難如前所說衆生所以能起厭求皆由本覺內熏之力既皆元有本覺何不同他諸佛早熏起厭求耶○疏答無明下十二引前因緣互闕答廣如前自體相熏習中問答所辨○疏問若眞心下十三眞佛何假修因難意云若從行生則本未是佛何得前云衆生眞心同諸佛體而論應化之身乎○疏答此約下十四因果無性同源答意云所言從行生者但以本覺隨流成染始覺反流成淨故有行致之說如其剋就眞心則與佛體竟無有異此則因果迷悟悉無差別今疏一向約始覺同本覺顯無差別者以果例因也○疏上來

下三權實對辨實教如上所辨若權教所說衆生諸佛互爲增上緣故文於自識而現影像今此疏文且就衆生一邊而論故假佛悲智爲增上緣自識有見佛種子爲因緣託佛所現化身爲本質然於自識變起影像而見於佛唯此影像是自識現故云唯識若彼本質自攝歸佛識非屬衆生若如此說還是於自識外別自有佛本質何成一切唯心非同今文所說應化唯是自心所現縱說由佛悲願此亦自心悲願無二無別故今引彼對辨要知權實有異也餘如下指廣說處△一約識舉人論究竟地即第十地非謂

妙覺也順業識者謂業相展轉現識境界是則境從識生十住已去諸菩薩等淺達此理依此修行故見報身佛也初發意言即信成就發心也亦可初信已去名初發心此中但是依三昧心所見者即前平等緣也△依正二報者其實此中文有三段謂從初至無量好爲正報從所住至莊嚴爲依報從隨所下是通明二報顯無邊無盡之相也初又疏身無分齊者無量即無分齊故經云如來色無盡依身有相者色即是身依彼色身有大相也依相有好即依大相流出小相斯則身有異相相皆妙好也然相下釋現相

好意也楷公亦云表德名相愜情稱好若無功德則不敬重若不敬重則不憶念以念佛者利益淺故故現相也世人苟能易彼常情念世美色之心而念佛相者則其道可庶幾矣然吾未見好德如好色者也悲夫嚴身者嚴飾佛身令其妙好若不妙好則不愛樂若不愛樂則不親近不親近故則不聞法乃至解脫佛意在茲故示其好智度論云醜人說妙法聽者心不欣肇公云爲尊形者亦相好爾豈俗飾之在心乎○二依報疏能依等者依正相稱皆廣大故以無邊功德之身住無量莊嚴之土是所宜也莊嚴之相具在諸經不能備引頗胝迦者此云水玉或云水珠○三通明無盡二一橫顯無邊論隨所下此明正報即根根無邊依報即塵塵周徧無窮盡者以不可涯畔故疏由此下釋見無分齊所以以菩薩順唯識理了色唯心無有分齊由此解故所見之相稱彼觀心皆徧法界互融自在也地上已去親證此理故無所疑然於其中隨彼智力所見優劣淺深不同如下論云地前少分見若得淨心所見微妙乃至菩薩地盡見之究竟今就通說不分優劣下文自知○二竪顯無盡論隨其下若常有感佛之機佛則爲之常住苟

不見者非其器故功過在機不在於佛如月於器不顯現者由器破故如下即明非三災等水火風也如次能壞初二三禪且第四禪未出三界尚不能壞名不動也況佛之果報出超三界依眞而住而可壞耶故法華云常在靈鷲山及餘諸住處衆生見劫盡大火所燒時我此土安隱天人常充滿若準華嚴所說無有一法不是毗盧遮那佛身無有一塵不是華藏世界海今意同彼故依正皆言無量等也三結果由因等者意令衆生修樂因證樂果也此與前科相次正同華嚴四分之初二也準地持論十信種因十住已去解方便初地分得八地已上圓滿相續佛地究竟△論如是至成就結果由因也初一句結上依正二果皆因下有三因諸波羅蜜等是緣了二因總名資熏不思議熏是正因習熏也具足下釋名也以報是酬因爲義上之依正皆無量者爲酬因時無涯不思議所熏修故疏無障礙者謂依正不相妨大小互相入根根塵塵皆徧法界互現無盡此有六句謂依中現依依中現正等故云無礙不思議者橫無邊際竪無窮盡不壞諸相一一周徧殊勝清淨豈思議之所及乎十度謂施戒忍進定慧方便願力智淺行

者皆順性故如下所說於眞如法中深解現前所修離相等二因者生了也即緣了二因俱名生因正因即了因也但開合異爾樂相等者報既酬因必須相稱因修既妙得果寧麤故此樂相名爲報也△重牒分別者廣明前之二身隨見差別一應疏簡凡異小者此且說凡夫一類所見不論二乘斯則十信已前異生凡夫也黑象脚者觀佛三昧海經云觀佛相好者如人執鏡照自面像若生垢惡不善心者見佛純黑猶如炭人釋子衆中有五百人見佛色身猶如灰人比丘衆中有一千人見佛色身如赤土人優婆塞

衆中有十六人見佛色身如黑象脚優婆夷衆中有二十四人見佛色身猶如聚墨如彼經第三說五百釋子皆毗婆尸佛像法之中有長者子名日月德有五百子不信佛法同遇身病父即教令稱三寶名敬父教故三稱未畢而各命終以稱佛故生四天王天天上命盡以邪見因墮大地獄以苦所逼憶然之教乃稱佛名以念佛故從地獄出生貧賤家如是尸棄乃至迦葉佛出但聞佛名不見佛形以聞如是六佛名故生釋種中宿業因緣見佛灰色佛令稱七佛及彌勒名號并稱其父雨淚懺悔乃見如來金色相好

成阿羅漢又有一千比丘於然燈佛末法之中出家學道於和尚所生不淨心其師已是阿羅漢果後諸弟子隨壽修短將命終時無所依怙師令一心稱然燈佛乘茲善力得生天上天上壽盡以前虛食信施之業墮餓鬼中八萬四千歲後墮畜生畜生罪畢爲貧賤人復因前世出家力故稱南無佛以稱佛故八千世中常值佛世而眼不見乃至今日遇佛釋迦見如赤土正長五尺是時世尊即現胸上德字令比丘讀讀已懺悔見佛金色即爲授記次第作佛又優婆塞衆中有十六人皆曾於閻浮提皆作國王隨順惡友非法說法墮阿鼻獄由曾聞法今得遇佛而見世尊如黑象脚佛令懺悔並見金色成阿羅漢又寶蓋燈王佛像法中有一比丘入婬女舍持鉢乞食諸婬女等盛滿鉢飯而戲之言汝顏色可惡猶若聚墨身所著衣狀若乞人比丘聞已擲鉢空中現通而去諸女見已悔恨發願由以施食因緣二千劫中常不饑渴以惡口罵比丘及婬欲因緣故墮黑闇地獄由前發願力故今得遇佛而見佛身猶如聚墨佛令懺悔成阿羅漢如是四衆各各異見差別不同由自業故觀佛色身優劣如是三尺身者即瞿師羅長者所見

提謂等者佛於菩提樹下初成正覺提謂路過以根熟故佛力制之車馬不進渠謂山林神祇幻作如此遂尋見佛謂是樹神以偈歎問曰吝頻甚奇特猶若紫金山未審誰家子種族是何人未知何所證因何此處居不食來幾日未知何所須佛偈答云我是金輪王聖帝族中子厭俗如涕唾出家求菩提成道來七日無人施我食提謂即以麨蜜奉施聞法得果證須臆逗若準此說以提謂先未識佛疑是樹神非謂見樹神相智者詳之二乘等者其實聲聞即見佛爲老比丘相緣覺見佛爲辟支也然此亦未是出世相以非是樂相故△二報三一住上分見劣四一明能見淺淺論少分見者意明少分見報身之用由此菩薩以淺信力入眞如三昧能知法界一相所見報身知身無有去來分齊之相故後譯云初行菩薩見中品用疏見眞如理者由入似觀見眞理故遂見報相無有去來惟心影現不離眞如也○二明所見分齊論無來去者不同凡小見佛王宮生雙林滅有來去相疏性無分別者無去來相離分齊相知事即理不可分別如像即鏡無定量故然分別字合是分齊字下文云然此菩薩猶自分別後文準此△三釋無分[illegible]齊所以論唯依心現者了境唯識也不離眞如者知相即性也疏二初牒難釋通釋無下指論文攝論下正牒難或問曰準攝論說地上菩薩方見報身云何今文地前亦見耶故此牒之彼據下正釋通彼論約證相應說今論說此菩薩發直等三心修無住等四方便隨順眞如不執色相雖非親證故見而能信解淺達唯心故見樂相雖見樂相亦不同地上親見微妙是故前文但云知彼色相無來去等也○既非下二結會直釋若言全見即有相違既言分見足可通會如疏可見○論然此下四簡地上者以此菩薩即

達唯心猶未覺斷事識業識既在分別不亾不同地上得無分別證相應故○論若得下二地上分見勝淨心等者初地名也與證相應過於地前故云微妙從於二地至第十地漸漸又細故云轉勝地盡者第十地也然轉勝之言亦通能見之智以智用勝故所見勝也疏漸細者十重報相身土不同後後勝於前前故云漸細金剛後心即解脫道用歸體者約能見即始覺歸本覺約所見即報身歸法身他受用土歸法性土用既歸體則無所見故云究竟反此則未究竟窮源二字各通二義謂斷窮妄源之源即生相盡[illegible]也證窮眞如之源即法身現也然復詳此論中見究竟言意明第十地中所見報相最極微細此外更無殊勝之相故云究竟非謂相盡證窮名爲究竟若如疏釋未敢聞命以次文云若離業識則無見相此文方可作相盡證窮而解也智者請詳○論若離下三究竟位無見二初明無見也以佛位中更無報身可見之相以離微細念故惟一心在有何可見○論以諸下二釋所以法身無相彼此念絕一眞平等何相見之有迭遞也△一問論云何現色等者報應屬色法身既離於色云何能現報應之色如虛空無色終不能現色此可類之△論答下二初釋法身能現二初標也法身是色體者意明法身雖非是色而是報化之體故能現色即同虛空體非聚相而不拒彼諸相發揮疏言總者據文亦是標徵○論所謂下釋二初總明不二色心不二者性相同如體用一致也疏謂彼下法喻可知○論色性下二別明相即二初色即心以色性即智者報化之色對緣所成自無其性即以本覺法身智爲體性法身之體既無形相以用從體遂令報化亦無形相以無形故故名智身智身即法身也故金剛論曰法身爲智相身化身爲異相

身疏文可知○論智性下二心即色也即色者法身之智既爲色體報化之色現時即是全體起用即此報化徧一切時使是法身徧一切處也疏如水等者明體徧在用中有報化處即有法身故華嚴云法性徧在一切處一切衆生及國土三世悉在無有餘亦無形相而可得即順前段如波全即於水也疏不言者略也△二釋所現論隨心能現者有兩意一隨彼各各差別之心而現無量差別依正也二一切諸色皆隨眞如心性所現遂令依正皆無分齊以心無分齊故無量菩薩及報身者橫應則彼彼不同豎說則地地有異故皆無量莊嚴者通佛菩薩及與依報相好珍寶莊嚴之義廣如華嚴各各差別者依正不同身相有異故皆無分齊者正報則根根周圓依報則塵塵徧滿不相妨者顯前差別而無分齊也若有相妨即有分齊非成周徧又相妨故則壞諸根之相等今以不壞相而等徧故皆無分齊不動徧而各異故各各差別故云而不相妨此非下遮疑恐常情聞此分別欲知及不能知便生疑惑故此遮止如小乘尚不知菩薩境界豈況凡夫能測如來功德耶以眞如下出所以既是眞如之用安可以有漏心識能知此[illegible]顯不思議也疏以彼下可知於中下牒釋菩薩初約能化釋準華嚴說具有十身之異豈唯菩薩耶亦可下約所化釋然前正後兼也頓赴者既多機頓感佛亦頓赴是故報身亦無量也此即機應無礙以一一下釋前各各差別已下文以如次三句釋三句對文可見即大小無礙也餘文可知△會相入實者上來先說從眞如門起生滅門今則會彼生滅入於眞如前則從本起末此則攝末歸本無不皆從法界流無不還歸於法界即二門不二也亦同智論云若無空義者一切法不成又云先分別諸法後說畢竟空然

說之雖異法乃同雖文不頓書故成前後又若不分別焉知此是空故次明也一標論即入者非色滅空不捨緣故故淨名云明無明為二無明實性即是明於其中平等無二者是為入不二法門五陰者三科之初能攝有為一切法故陰謂陰覆能覆真理令不顯現亦名為蘊蘊積含藏有為法故能造所造二具八法皆色陰攝受想行識諸心心所名為四陰俱屬於心　初觀色疏先觀色等者五蘊之首最初現故故大般若亦復先明境從心起等者如前云一切諸法唯依妄念而有差別等又云以依能見故境界妄

現離見則無境界既離見無境復何可念此約所念說。非真等者恐謂心能生境境在心中心外既無心內應有故作此觀以袪彼惑前則等者以心是色之根本故約心而求色若依此文正是觀色未是觀心如因推我空徵求蘊法△一喻論方不轉者東方不曾變轉為西但迷人謂為西相圓覺云譬如迷人四方易處東喻真心西喻五陰等不轉喻無念也△二法疏已滅等者約過去未來現在三世推求動性無得如於東方推西相不得故前云覺心初起心無初相等△三結論知心無念者覺知真心本不動也疏方便者能所未亡故正觀者心境雙泯故問前標所觀通於心色云何雙結但約心耶答心細色麤本末殊等觀色空則未必得入觀心空則必能入也然此會相之文今復詳之但可從初至真如門為標從所謂下是釋結文如疏科就釋中分法喻合法中初至無念是正觀察推求即觀察也五陰等是所觀五陰者總舉初科色心下別指法體色通根境心通王數六塵別舉所緣畢竟無念者此即正觀中滅色心歸無念真如也念通能所今皆寂故名為無也非推之使無本自無故故言畢竟今言推求者以先未知使令知故斯則心之與色總而觀之也以心下釋所以何故色心境界皆無念耶以此同是真心現故真心離相故云無形以無相故求不可得能現之心尚所叵得所現蘊法豈可存乎如前論云心不見心無相可得是知無念之言早已色心俱盡非謂後文方始觀心今詳

起信論疏筆削記卷第十五

起信論疏筆削記卷第十五

校勘記

一　底本，明徑山藏本。

一　八九七頁上一至二行書名、卷次、錄者，清無（未換卷）。

一　八九七頁中九行「益生」，清作「衆生」。

一　八九七頁中一九行「離垢」，清作「垢離」。

一　八九七頁中二六行「二顯」，清作「二明」。

一　八九七頁下一五行「運行」，清作「建行」。

一　八九九頁上二九行第一二字「劣」，清作「少」。

一　八九九頁中四行第三字「也」，清作「地」。

一　九〇〇頁上五行「偈答云」，清作「荅偈云」。

一　九〇〇頁中一九行「迭遮也」，至此，清卷第十二終，卷第十三始。

一　九〇一頁上一二行第四字「直」，清作「真」。

一　九〇一頁中末行書名、卷次，清無（未換卷）。

起信論疏筆削記卷第十六
長水沙門子璿錄
△對治邪執者乖眞曰邪取著名執相形曰對攻擊
名治則前正義是能治今邪執是所治正義既顯邪
執自亾今則叙釋其相也論一切下正標若離下反
顯我是根本起復由之故云依我而有離我而無△
二徵列疏總相等者不能分別五蘊差別但總相執
取爲主宰也然其我相有於四種一衆生相是過去
衆緣和合之所生故二壽者相是現在一期住壽不
斷緣故三人相是未來數於餘趣而受生故四我相
是三世之總主故今云我爲總相主宰也此是下
揀濫此約學大乘初心凡夫聞大乘教不解佛旨隨
自妄心㪺裁聖典習以性成故作此見非是外道者
彼有三宗所計不同如前已說今非此類計一切等
者計色等法各自有實體性故攝論云若執法體是
有名法我執等以二乘人依二無我事識修行但了法
中無我不知法體全空如前云見從外來取色分齊
等於染淨境執有自性故名法執其猶翳目既存空
華豈滅△論云何下疏二初約義通辨此五何別者
牒外所問約果者於如來法身之上起於執故通因
果者皆依如來藏之所執故如來藏性通於因果又
於五中初二多是習頓教空教及南宗禪學失意者
所執次二多是習大乘法相及北宗禪學失意者所
執後一唯是外道邪見所執如科文者如下可見○
問此下二問答釋名問意云眞如是法於此生執合
是法執云何反名人我執耶此一向約所執以成難
一云下約能執者以通此則約有人我者作此執故
非約所執得名二云下約所執法以通本覺是人者
以所執法中有一分覺照義屬智故名爲人執此爲
我故名人我也理實者約寂體說即當所觀屬於法

也執事空爲法體者此即世間頑虛之空是識所變
由色所顯非是三乘所證理法故云事空執此事空
爲眞法體故△一執緣論法身如空者金鼓經云佛
眞法身猶若虛空華嚴云普賢身相如虛空淨名云
不著世間如蓮華常善入於空寂行達諸法相無罣
礙稽首如空無所依又經云虛空無中邊諸佛身亦
然不生不滅故敬禮無所觀此文至多不能具引△
二執相疏礙相等者謂衆生定執佛有三十二相等
色見有去來取色分齊質礙等相迷意等者佛意以
空有無相無礙之義喻同法身體不言虛空便是法
身斯迷喻爲法也法喻不分取爲濫近△一立論空
相者以虛豁無礙爲相也是妄法者妄識所變故是
色所對故生大覺中如一漚故一人發眞歸元十方
虛空悉皆消殞誠爲妄法疏情有者妄情見有理合
是妄論體無不實者有二意一明眞體之中無此不
實之妄空故二明空體自無本不實故疏云理無正
當初義兼於後義△二釋論對色故有者與色法相
對待故離色所顯故名爲空若無色顯空不得有可
見相者以是空一顯色故有色處則見無空無色處
則見有空有時無時亦爾令心生滅者有時則見有
心生見無心滅無時則見無心生見有心滅既能引
心生滅豈若法身若是法身不合令心生滅疏相待
者釋前對色故有也妄念緣者釋前是可見相非法
身者法身異此無有無處無有無時亦無一相可得
尚不可以智知豈容妄念所緣今既妄念所及故非
法身論若無色下正顯體無也以能顯之色尚不可
得所顯之空理應是虛楞嚴亦云空性無形因色顯
發又云色相既無誰明空質疏文可知△三結疏結
情有者亦是釋無色之所以即前依執相有現相義
然此且是正釋論一切境界者即色空俱攝也疏結

理無者亦是轉釋或名反釋即前心無起故境界隨
滅乃至得涅槃等是知虛空但是眞性之中一分妄
相故楞嚴云空生大覺中如海一漚發辨法同喻等
者即因便取喻非論正意若據論意但約爲遮情執
之有故以爲喻非謂表於眞如體徧故前云寂寞如
空次云廣大性智非如虛空等有智請詳△二眞非
妄疏豈同等者有兩義一究竟不究竟故二覺知不
覺知故圓覺疏云方之海印越彼太虛華嚴云解
如來身非如虛空無量功德妙法所圓滿故問上云
正義爲能治邪執爲所治前既已顯正義此文只應
但明邪執何故復有能治之文豈不重耶答前文正
義雖是能治以未能約執對顯今此文中逐段別舉
執相將前正義別別對破斯則由此邪執顯得前義
正眞亦由前義明得此執僞妄故須別舉治文也只
如此段對治之文即當前云一切諸法唯依妄念而
有差別又云非有相非無相又云依此法身說名本
覺又智淨相法出離鏡又以法身爲智身等並是此
能治之文也△一執緣論涅槃空者圓覺云生死涅
槃猶如昨夢眞如空者楞嚴云言妄顯諸眞妄眞同
二妄又云無爲無起滅不實如空華等疏大品等者
具云時五百天子默然念云何說涅槃等亦如夢
耶善現知諸天子作如是念而告之言若當有法過
涅槃者我亦說爲如幻如夢何以故從本已來本自
空故△二執相疏不知等者本爲破於有取之心故
說爲空空者意明離名離相之義不無圓成實體具
性功德不了佛意謂同徧計之法舉體全空斯則傷
之太甚△三治論自體不空者即前如實不空以有
自體義及前體大不增減等具功德者即前所示相
大大智慧光明義等是此對治文也△一執緣論體
相等者圓覺云無上法王有大陀羅尼門名爲圓覺

流出一切清淨真如菩提涅槃及波羅蜜等圓覺即如來藏之異名也更有諸經不能具引△二執相論不解者此是表詮令生信解不同前二遮詮遣執故言不解不言爲破著也下皆如此△三治論依真如義說者此約真性顯功德也真體本一義說有差既於一體之上說功德義即差別而無差別也疏二之不二者上論云雖實有此諸功德義而無差別之相等同一味唯一真如以無分別離分別相等論因生滅等者此對妄法顯功德也既對妄顯此亦差即無差也疏不二之二者如前文云若心起見則有不見之相心性離見即是徧照法界義等如上等者即能治之文△一執緣論諸法不離真如者圓覺云一切衆生種種幻化皆生如來圓覺妙心華嚴云三界所有唯是一心又云未曾有一法得離於法性△二執相疏隨緣等者此明真如隨無明緣成世間法以不敏故謂真體中本有此染△一奪疏淨德妙有者即不空如來藏也大抵同前第二中能治之文廣如相大中辨妄染理無者有二意一真理中無此妄染即空如來藏也二據妄自性道理亦無上文云以一切法皆從心起妄念而生又云一切法如鏡中像無體可得等妄不入真者即不相應也上文云從本已來一切染法不相應故以妄體本空將何入真與真相應△二縱破論無有是處者妄若實有證時不合除滅證者既能除滅當知妄本不有以真體證時畢竟不無故近有人聞性具義不能深究理趣便謂本性具有十界色心漏無漏法起用之時各於本法自體上起名全體之用宛如第八識中含種無異[illegible]德同色同又說真性除無明有差別義[illegible]往往形於簡牘疑誤後生反謗圓文却謂方便菩薩懸知今日壓此對治善哉大士悲救何甚儻無悛意確乎

迷情豈唯邪見之門不倫抑亦阿鼻之路尤近也悲夫廣有破斥已見別章△一執緣疏各二法者謂執緣執相對治之文皆雙顯生死涅槃二法拄文可見論有生死涅槃者此是勝鬘經文已如前引又經云無始時來性爲諸法依止由此有諸趣及證涅槃果△二執相論不解等者佛意言如來藏是迷悟所依之根本迷則生死悟則涅槃然則生死無初涅槃無盡不達此理遂成始終之見下文具顯亦同圓覺剛藏三問中第三問也文云若諸衆生本來成佛後起無明一切如來何時復生一切煩惱亦如楞嚴第四所明斯則生死涅槃悉有始終也疏外道等者謂數論師以淺依非想定發世俗通應於邪道知過去八萬劫事過此即不知以生死智通知未來八萬劫死此生彼之事後亦不知也彼之所計冥性是常從此生於世間諸法冥實難知故云冥性云何而生謂從冥初生覺從覺生我心從我心生五唯量謂色聲香味觸從五唯量生五大謂地水火風空從五大生十一根謂五知根眼耳鼻舌身五作業根手脚口大小便根及心平等根爾時名生死成執一神我爲受用主我思勝境冥性變生爲我受用我受用故爲境纏縛不得解脫我若不思冥性不變神我解脫名爲涅槃此有二十五諦冥性爲初能變起故△一生死無初論無明無始者即前依如來藏有生滅心等又云一切衆生不名爲覺以從本來未曾離念故說無始無明皆是能治之文疏仁王等者彼經第一云善男子一切衆生煩惱不出三界諸佛應化法身亦不出三界三界無衆生佛何所化是故我言三界外別有一衆生界者是外道大有經中說非七佛之所說也大有經者彼勝論師說有六句一實二德三業四大有五同異六和合此六句中彼有大性能有一切法

離一切法別有體故△二中論涅槃無後際者即前云所謂心性不生不滅又云非前際生非後際滅又云法身顯現起用無斷等皆是能治之文△一執緣論人無我者小乘藏中所說以根非利故但爲分別蘊中無人令證人空也△二執相論說不究竟者未說法空教名半字然有多義名不究竟一行但行自利未能利他二智但得生空智不得法空智三斷但斷煩惱不斷所知四證但證生空理不證法空理五得但得有餘無餘涅槃不得無住處涅槃見五陰者雖於蘊中不見人相而見蘊等是其實法既執陰法實有故見三界不安猶如火宅希求出離如救頭然望到寂滅安樂之處△三治論五陰自性不生等者即前真如門云一切法從本已來離言說名字心緣等相畢竟平等又云一切法即真實性等又同相文云一切衆生本來常住入於涅槃下文復云以信一切法從本已來自涅槃故會相入實文中皆是能治也△二究竟離者前且據其病狀隨病設藥故對空說有對有說空未能究竟今則具約真理一切皆遣言說道斷心行處滅平等一味方名究竟是則對治待於依言真如究竟待於離言真如也△一總顯論染淨無自相者所以得名染者以待淨立當知染相非自相也淨相亦爾餘本末有空生佛乃至世出世等倣此而知故淨名云若見垢實性即無淨相順於滅相是爲入不二法門疏因待者若染法因待淨成即淨法還爲染待如是展轉無窮過無因待等者若本無染爲因爲待則何有淨爲所成法相待無相待下或問曰此諸染淨應可在迷之時未得離於相待悟後方得相待即無相待耶故此釋云法體本爾非謂由悟始得如是以染淨法本離言說分別畢竟平等何須待悟方始無耶如下自釋△二類求疏顯上

非心者此顯非智等一句上則總標非色非心今此非智等重示非心義也顯上非色者如前可見亦可此句重釋前非色等義謂非色心智識等即以攝盡世出世間一切相待諸法皆無也今恐聞此無故便作無解墮於斷見今則釋成有無俱絕也又是釋前對治離中能治所治空有之法俱不立也前則以藥治病此則藥病俱遣究竟義於斯顯矣論畢竟不可說相者結也此有兩意一約時謂明色心等相非唯覺時不可說乃至未來畢竟亦不可說二約法非謂法體不可作色心等相說全一異凡聖因果生死涅槃一切相畢竟不可說故前眞如門云一切法從本已來離言說相離名字相等今則相盡歸如合於本體入眞如門也△一正會伏疑者和會佛意以釋疑難此疑不顯但有釋文伏而不現故云伏疑疏離性者本性無故本性既無何相之有如前所離之文故經云凡所有相皆是虛妄種種言說者即前顯示正義之文也假言等者如假筏渡河意不在筏以此土衆生皆以聞思修入三摩地故須以音聲爲佛事也故經云此方眞教體清淨在音聞欲取三摩提實以聞中入又經云總持無文字佛以文字說△二辨意論離念歸如等者意令離前邪執有無等念歸於眞如故智論云念想觀已除言語法皆滅如是等妙人則能見般若△三釋成論令心生滅者心通眞妄但依主持業之異詳之實智即本覺能入即始覺十地已還不得入者蓋緣有念也故前文云一切衆生不名爲覺以從本已來念念生滅未曾離念故△分別發趣道相者前雖正義已顯邪執又亾直論見解苟無偏僻然於發心趣求修證階降殊未詣悉若止而不進則前解何爲有解無行如風中燈照物不了亦如有目無足豈到前所苟或進之則知復何往故

此分別令知知已令進則免其叨濫上流及自輕退屈爾自此已下則釋立義分中所立乘義也一標意釋名者文中但有標章釋名而無標意之語恐章字誤爲意字智者詳之疏覺道者即所證菩提果也佛果圓通故名爲道論發心即發三種心修行即始從信位終至金剛已還所行二利諸波羅蜜一一皆能趣向上位故疏欲明等者通叙其意明即分別也種類不同者釋相之一字即發心與行各有不同故名相也如發心橫有眞（信成就發心等）僞（學他發心等也）豎有淺（信成就發心）深（證發心解行發心通於深淺）故行則可知△一標論發心三種者義有通別通則總名發趣故標云發心修行趣向義故別則前二是發起後一是開發又心爲所發人及菩提爲能發謂人能起發菩提能引發謂此人有內勳爲因緣善根爲增上緣菩提爲所緣境由此衆緣而發其心斯則以能望所名爲發心又隨位別有能所發趣之義至文當辨△二徵列疏十信等者斯則十信滿心人爲能發直等三心爲所發又十信滿心爲能趣十住位爲所趣二位出入心同時義如前說解法空者即下云以知法性無慳貪乃至無無明等知即解也順行十度者下說順性修行檀波羅蜜乃至般若波羅蜜等能所發趣例上可知初地等者此以二地乃至佛果辨能所發趣等義前二下料揀優劣相似者以有分別心故名相似覺眞實者以得無分別智故即隨分覺通約證理故云眞實然此三中初該信住次該行向後該地果此三種心從因至果一切行位靡不足矣△一問論依何等人者約何位人說發心義修何等行者由行何行而得發心據下答意即依十信位人修信進念等十種善行十千劫滿至第十信滿心則能發也△疏前信等者即明此答中前後兩科意也一能修人疏多門者謂小

乘及權實等具已見前文於此三中今取實教明三聚義如疏分別△二所修論信業果報者業通善惡果通樂苦果能酬因故名爲報此通而言也非約總別十善者即不殺等十非謂十種信心若信等十下文方配疏謂有下聞熏通師教內熏兼體相善根者若準過去還因熏力所成今望現在且名宿善就因所論故名爲根能信下即止滅相義也答雖有善以劉熏故善根微劣方成其種未能起信勤求諸行今以再習再熏及三事併力故能起也是則善根在昔爲所成在今爲能起正同法華繫珠解珠之譬也福德分分即因義此十善行始成世間有漏福終成出世無漏福故亦即福德中之一分也以福有無量故亦即福德之分齊也顯非智慧故論厭生死等者信解漸增故能知三界不安猶如火宅所以厭之知菩提佛果是極清涼所以求之疏菩提分等亦如前說此二分并上福德分至果成就如次爲智斷恩之三德也行因者欣厭之事情動於中因此起行故名行因問修十善因已是其行云何目爲行因耶答望後出世之行故以世善爲因斯則世間有漏行與出世無漏行爲因也問厭生死求菩提豈非出世行耶答雖有此心未有其事厭欲之言思之可見又此厭求但是事善未與理觀相應不名正行然據此文猶在信前未入十信且爲十信作方便也如世起厭求心欲行善者豈便是十信人耶故疏云上皆辨行因者是此義也次云修行信心方是正十信位論得值等者佛即據位合是應身於中隨機現化不定一種謂作父母眷屬等已如前說今但言佛者據本而言也亦可偏舉以佛形得度者說親近承事供給供養亦可親承者謂親得承受佛之教誨也既爲現身必聞法要即聞法生解修行信心疏行緣者即用熏習中

差別緣也謂約等者以前云因緣具足乃得成辦故
不可闕十信心者謂信進念定慧施戒護捨願也於
此位中具起四種信心行五種妙行修習眞如三昧
漸入漸深以至成熟堪入初住爾△三行成論一萬
劫者約根利鈍料揀有四句一利根不精進二利根
精進(此二劫數皆不可定)三鈍根精進極遲一萬劫四鈍不精
進此乃困而不學何足以議其劫數耶今此論中取
第三者故云一萬劫故本業經云是信相菩薩十千
劫行十戒法當出十信心入初住位又彼經云若一
劫二劫三劫修十善法亦退亦出若值善友能信佛
法若一劫二劫方入住位疏行成者本疏云時滿行
成時謂十千劫行謂十信心滿至出心也論諸佛菩
薩者即前所值佛菩薩等此中既教令發心猶在信
位所值之佛或化或報也疏約勝緣者即佛及菩薩
衆生苦正法滅皆是勝緣佛菩薩等既垂誨勖焉不
發心我等每遇微智片福之人有所勸喻尚自發心
況佛及菩薩親授教誨耶或觀一切衆生與巳無異
但以迷眞執妄枉受輪迴是故起大悲心咸欲濟度
自愧力小事與願違故且發心趣求佛果剋備神用
方堪拯濟故十地經云見諸衆生孤獨無侶生哀愍
心此如有人見民疲極賦重役繁正令不行囹知所
訴自惟無力如何治之因而進德修業求爲取仕務
去民瘼令上下無怨以致治也或見佛法將滅衆生
無依爲欲護持又寡道力故發心修行以希入證隨
其力用方能振舉然夫言法者具教理行果今之滅
者但於四中約教行滅理果不滅教滅者且佛垂教
意在弘通若沈廢不行即是滅義不必如始皇之燬
燼師子之焚燒正如序中沈貝葉之義也行滅者無
人修故故智論云法滅者謂修行滅今所護持亦唯
教行即書寫讀誦隨分解說獎勸後學使燈燈相續

明明無盡是護教也若剋巳修進勗勵有緣令佛種
不斷是護行也若復細詳理果二法亦有滅義然與
上教行相因而滅由無教故無行無行故無證無證
故無果也此四雖皆名滅而滅義不同謂教行唯斷
滅理法唯隱滅果約性相兼於二義故涅槃說有二
種因緣令正法久住一者內有持戒比丘二者外有
篤信檀越又說釋迦遺法最後滅時諸比丘等不是
闕乏供養令佛法滅却因四事豊足憍恣心生天魔
得便釋迦遺法從是永滅苟或發心趣求佛果豈唯
持戒故其佛法無以見滅今論中言或者即不定義
於前三中隨當一事即能發心也勝緣下然此菩薩
萬劫修行器用非淺因緣發趣豈唯此三故今略而
舉之以二利行中緣有無量不可具載故云略也於
中下配自他以由他所教出自巳心二不同故亦同
下配所發心直心者下云一者直心正念眞如法故
以蒙親教遂能發心正念眞如離於沈掉一切邪曲
名爲直也深心者爲欲護法故須創意備修萬行具
諸功德即成此心餘同即大悲心也如文可見△三
結成疏不墮凡小等者故十地論說令護二行謂護
煩惱行及二乘行若初心入聞責凡夫行却落二乘
行聞呵二乘行却入凡夫行不肯行於中道令得信
心成就故不墮爾習種性者本業經中從因至果攝
爲六種性謂十住習種性十行性種性十迴向道種
性十地聖種性等覺性妙覺性今即初也順內熏者
反與眞如體相相順此揀地上無分別心之相應也
以地上與理合故名爲相應今此地前但隨順故名
爲相應以未得無分別心故定當得果者由在佛果
之正因故謂此菩薩入正定聚與佛正因相應既順
其因決定得果故云入如來種中種即因也△一內
困論善根微少者根劣也以夙熏善種不能多故疏

感重者貪瞋熾然不能制故論值佛者此通滅後見
佛形像亦得供養故疏倒求者樂修五戒十善但希
人天果報人天不離生死合是所猒而反求之故云
倒也約果言因故論云種子與求者謂怖畏生死樂
觀諦緣求二乘果雖出三界未能究竟不與三世諸
佛同塗故云異也論進退等如下自辯然此段文從
初至供養合俱是德薄以善根等是德本故餘皆行
劣也詳之△二外緣論或有供養至墮二乘地盡是
辯求大乘者進退之相也疏時未滿者以約鈍根精
進者說故以色見佛者既以色見聲求是人行邪道
不能見如來故前云不知轉識現故見從外來取色
分齊或見如來塑畫形像等住相供養[illegible]不能達三
輪體空無住行施也隨劣教者此與前起二乘種子
別前則因劣此則緣劣也學他迹者但隨彼而行自
心闇而自退此等者結揀以悲智是菩提心體故夫
無決擇斅他外迹不自照心此則見他退而還退或
大乘行人最初發菩提心要先有智了眞性本有無
明本空求斷本空無明求證本有眞性次須具悲盡
於未來度衆生界然後以願要制不令覺捨無致疲
勞此三具故方是眞正大乘初行既不同彼故云非
也然此中發心之言且是信位初心始發求道之者
非同信滿發心入住則如今之行人始發大乘信心
之者此即猶在信位之初也△二結成論惡緣者五
欲及二乘退失者失所發心不入信位退凡夫地此
以五欲爲惡緣故墮二乘地者此以二乘爲惡緣故
故經云百千萬人發菩提心若一若二至於佛果餘
皆墮二乘也又經云菩薩發大心魚子菴樹華三事
因時多得果甚少然此前後勝劣相望各有七事且
劣之七事者一位次劣(十信初心)二內熏劣(無力)三善根劣
(劣如上)四時限劣(未經萬劫)五外緣劣(見色相)六起行劣(人天二乘)七

究竟劣勝之七事者一位次勝二內因勝三善根勝四時限勝五外緣勝六起行勝七究竟勝一牒章論發何等心者前之所說但是能發之因緣未知所發之心作何行相故此徵也二標徵疏向理等者眞如妙理體離無有一異凡聖染淨等一切邊邪之相若欲造詣必須正念正念即正慧正慧即是直心也斯則理無別故向心必直故占察經說眞如能成行人質直心故如䖝行性曲入筒則直三昧調心亦復如是此中正念即眞如三昧也二行本者此直心通與二行爲本也下之二心別爲行本所以此通與二行爲本者謂念眞如具無漏功德一切衆生同有此性皆當作佛以知具德故能起自利行以知性同故能起利他行又以念眞如非前際生非後際滅故能令二行究竟無有疲厭又知此性離言說分別畢竟平等故能令二行離相成無漏因故此一心通爲二本也論樂集等者樂謂希欲專注決定之謂也由是知之不如好之好之者不如樂之者也疏備具萬德者六度萬行一切皆修所修之行一一翻對染染以顯性上河沙功德如以智慧翻破無明顯於性上大智慧光明義等是知修行益爲顯德故約所成以解修行據此則不唯淺心亦得名廣大心以萬行齊修故皆徹心源故今論標之以竪故曰淺心釋之以橫故云一切意以二文相顯也故今疏文亦兼二義若有淺而不廣或復廣而不淺世善皆非大乘之行今此兼明以成菩薩之大行矣自利行本者淺心願樂故若不願樂安能行之是故爲本論欲拔等者欲謂希望與樂字義同可以互言疏廣拔物苦者廣大心也三界普度無愍親故令得菩提者第一心也迴出人天及二乘故若不爾者寧曰大悲然拔物苦正是大悲今得菩提是大慈也以菩提是樂果慈能與樂故今論但舉大悲拔苦必有大慈與樂故疏兼而釋之也若無此心焉能度脫故云行本妙行下顯略攝廣文雖三種義包一切理事兼行自他俱利攝無不盡也以此下正配諸行三聚戒者直心即攝律儀戒正念眞如離諸過故淺心即攝善法戒悲心即攝衆生戒三德者直心成斷德即法身淺心成智德即般若悲心成恩德即解脫三身即如次配法報化是彼者即指信成就發心之人迴自巳心趣向三處故名迴向實際者眞如即是眞實際故菩提者以一切善行皆以大智爲其首故衆生可知據此則三中初一爲離相行後二是隨相行離相是總隨相是別說雖前後行即同時以前一具後二故雖觀空而萬行迢然後二同前一故雖涉有而一眞寂爾苟或互闕即二乘斷空凡夫有漏初後相濟方爲大乘中道妙行也由是諸行雖多此三攝盡更有三法三寶三菩提三涅槃等一切三法類此配之故淨名說此以爲淨土之行故經云直心是菩薩淨土菩薩成佛時不諂衆生來生其國淺心是菩薩淨土菩薩成佛時具足功德衆生來生其國四無量心是菩薩淨土菩薩成佛時成就慈悲喜捨衆生來生其國等

起信論疏筆削記卷第十六

起信論疏筆削記卷第十六

校勘記

一　底本，明徑山藏本。

一　九〇二頁上一至二行書名、卷次、録者，清無（未换卷）。

一　九〇二頁上一三行「性成」，清作「成性」。

一　九〇二頁中二二行「豈若」，清作「豈是」。

一　九〇三頁上一六行「一奪」，清作「一奞」。

一　九〇三頁中二行第五字「庠」，清作「庰」。又第一四字「各」，清作「名」。

一　九〇三頁中二一行第七字「若」，清作「苦」。

一　九〇三頁中末行「有大」，清作「大有」。

一　九〇四頁上一六行第五字「所」，清作「是」。

一　九〇四頁上一九行第一六字「取」，清作「趣」。

一　九〇六頁中末行書名、卷次，清無（未换卷）。

起信論疏筆削記卷第十七
長水沙門子璿錄
一問論上說下引前所說以爲義宗卽前云所言
覺義者謂心體離念離念相者等虛空界無所不徧
法界一相等又眞如門及眞如體相中具說何故下
對以成難意云衆生眞如卽同佛體但念眞如便可
得道何用別更修諸行耶斯乃但可只用直心不合
更說後二 初喻論摩尼等者寶體雖淨而相不淨
故要治之 一正合論眞如等者約體雖本來空寂
約相則現有塵勞若不起行對治無以得同諸佛將
知佛與衆生但體同而相不同也衆生相則六染熾
然諸佛相則衆善普會皆壞之遠何可齒同故天台
圓教具明六卽卽故眞如平等六故行位元殊豈同
闇證但理而已故宜修進蠲去塵惑若其但念未免
沈空止觀相須方爲佛法目足之喻宜可思焉 二
委釋論以垢等者謂衆生從無始來背覺合塵於色
聲等一切法上起貪瞋等無量煩惱諸垢染法令旣
覺知過患宜起對治所治之垢旣多能治之善寧一
其猶病多藥非一種故修一切行也金剛亦云以無
我無人修一切善法則得阿耨菩提等 三順眞論
自然等者諸不善行旣違眞理一切善行誠宜順眞
疏外違等者如行布施外違慳貪內順無慳乃至般
若外違無明內順明體也重顯方便者以前答所問
云不以方便熏修終無得淨今此重明所修方便前
但發心未行其事今茲所說正是所行則前爲能起
之心此爲所起之行故前疏標皆言行本應知前文
但顯發心相此明修行相 一標數論言方便者汎
論有四種一進趣方便二權巧方便三修行方便四
集成方便此文正當一三兼於二四也 疏注文三
者如次是前三心所起之行前後相對如文可知初

科不住道者兩意一者不猶無也道卽因也無住之
因行故故本疏云無住行二者道卽眞如性此性本
無住故二意合論方同論旨蓋以性本無住故以無
住之行而隨順之論一者下標名行之方便卽根本
故以明此科與後二利行爲根本兩論謂觀下正示
下皆做此疏智者若見諸法有生滅卽成凡夫妄識
是住生死當知反此宜稱爲智亦卽依眞如不變義
修止行也論因緣等者若染因緣和合卽惡業苦果
不失若淨因緣和合卽善因樂果不失斯則染惡等
唯三塗淨善等通人天二乘及佛道也起大悲者旣
見因緣和合善惡果報故可翻迷成悟轉凡爲聖乃
起大悲成欲濟度修福等者具修施戒忍進禪定以
攝衆生謂布施攝貧窮持戒攝毀禁等以此五行是
福德門故斯則爲化衆生而修福德因利他而自利
也故淨名云衆生之類是菩薩淨土等不住下若住
涅槃則一向寂靜旣言化生修福當知不住亦是依
眞如隨緣義修觀行也以隨下明所以法性本來非
有故今不住生死本來非無故今不住涅槃又以性
不變故不住生死隨緣故不住涅槃乃至凡聖斷常
一異等諸二邊法不可盡言離此二邊方名隨性今
以卽悲之智爲自利行本以卽智之悲爲利他行本
又此一文卽以一心三觀義同謂觀法無生卽空觀
觀眞諦也觀因緣和合卽假觀觀俗諦也隨順法性
卽中觀觀第一義諦卽三而一卽一而三不縱橫竝
別諦觀皆然 斷德中疏勤斷二惡者已起之惡斷
令不續未起之惡斷令不起止持者以約惡法而論
故止名持作名爲犯論慚愧者卽善十一之二數慚
謂尊貴增上崇重賢善羞恥過罪息諸惡行愧謂呵
厭增上輕拒暴惡羞恥過罪息諸惡業悔過者梵語
懺摩此云悔過謂陳露先罪改往修來於中能止一

切惡法六字通已起未起餘皆局於已起也是惡皆
止故云一切此文已起之惡旣令不增未生之者自
然不起論以隨下明所以性本離過起過則違今旣
止之故當順理過盡性顯名爲法身法身卽是斷德
故今疏中以此名科 二智德疏勤修二善者已起
之善修令增長未起之善修令發生故今文云發起
增長是標二義也作持者謂約善法所論作故名持
止故名犯論供養者然有三種財法觀行禮拜者勤
摩三藏說有七種一我慢禮二唱和禮此二非儀三
恭敬禮敬從心發運於身口五輪著地四無相禮深
入法性離能所相五起用禮觀身與佛同一緣起如
幻如影普運身心徧禮一切六內觀禮但禮身內法
身眞佛不緣他佛七實相禮若內若外若凡若佛同
一實相見佛可禮亦是邪見觀身實相觀佛亦然名
平等禮敬故文殊偈云不生不滅故敬禮無所觀準
離垢慧所問禮佛法經總有八重一供養二讚歎三
禮佛四懺悔五勸請六隨喜七迴向八發願八中正
意禮佛餘七皆是禮佛緣由謂供讚是禮佛流類懺
勸隨喜是禮佛之意七是都迴禮等功德向於三處
八是叙陳意所希望然此八重各能除障供養除慳
貪障感大財富讚歎除惡口得無礙辯才禮佛除我
慢得尊貴身懺悔除三四障得依正具足勸請除謗
法得多聞智慧隨喜除嫉妒得大眷屬迴向除狹劣
成廣大善發願除退屈總持諸行今此文中具有五
法前文有懺悔後文有發願然闕迴向影在文中也
約緣修行者約三寶勝緣修入住正行愛敬四句可
知若準儒教說母唯愛君唯敬父兼愛敬故孝經云
資於事父以事母而愛同資於事父以事君而敬同
故母取其愛而君取其敬兼之者父也然此且約多
分而說今以事父之心奉於三寶故兼愛敬論淳厚

者鄭重之心而無襍亂　亦有四句一淳而不厚謂裝時誠懇二厚而不淳謂長久渾襍三俱謂汲齒無乖四不俱謂輙無虔想今取第三也論信增等者從十信位遷入正定也此則內因修行力又因下外緣如護力亦可前名生智益後名滅障益消業等者前禮讚等各能除障已如前配復能成善如下第四分中所說論以隨下明意性本離其癡障今以修智斷障豈非順性此行成就即顯報身報身即智德故爲此科　利他行中論發願者發謂策勵運意願謂希求樂欲然有四種要約其心故名誓願今此段文即四中之一也餘之三願已在前文謂能止方便及消障離癡即無邊煩惱誓願斷發起善根增長方便即無量法門誓願學行此二法皆爲菩提即佛道無上誓願成也疏長時心者度盡爲期不限劫數故盡來際廣大心者無有揀擇四生九類悉皆度故第一心者超過人天二乘之境令得無上寂滅樂故論以隨法性下次第釋前三心所以初二句釋長時心謂法性常住無始無終故今度生盡於未來無有疲厭而隨順也疏文可解論法性下三句釋廣大心謂性徧滿平等無二故今化度無有揀擇平等濟拔而隨順也不念下二句釋第一心謂性本無彼此分別常寂靜故故今化令咸至寂滅究竟涅槃是順性也然後之二段釋所以文但初標法性後結故字而不逐段一一標結隨順等言者譯人巧略也疏二明下指後二段文意可知亦常心者意明此文有究竟寂滅之言故名常也然與長時實有相濫智者詳焉　發心利益者由前發心行諸妙行故得入初住見於法身起用利益也一顯勝德疏依人空見者以於人空得自在故若約法空但相似見未是證故名爲少分若依人空此即已證但未得法空故名少分此約兼

明非今正意發心住中作此事者隨其悲願之力能作八相成道利樂衆生同今釋迦化儀也此如華嚴所說然此科中有自利利他之異詳之可見若前後相望說者由佛菩薩教故發直心行無住行由護法故發深心行自利行由大悲故發大悲心行利他行又由自利行故得見法身由利他行故能現八種等　二微過中疏未證等者但比觀相應未離分別故異所以者此明先世所造世間業因通於善惡斯往業不亾也論微苦者二意一者變易行苦二者隨業有分段苦以得自在不同凡夫故云微苦修短等者變易之身願智所資無定齊限能變麤身爲細質易短命爲長年故云自在留惑等者以有大願故留煩惱不斷潤生受報以有大智故能自在隨意長短不爲惑染非同凡夫爲煩惱所使不能斷也斯則未名法身故異地上以其下是所以非業繫故異凡夫以有下是所以既上異聖人下殊凡品故當賢位　三通權教疏纓絡下引所舉教七住前退者第七方名不退住故然彼經文但說淨目等各至第六住遇惡知識緣故退而不說彼所值因緣行相待檢續入今釋下明釋通意今詳論中未入正位者通其兩意一則未入初住二則未至七住正因不退之位故云正位前意爲正　四歎實行疏於下不戀者謂於二乘凡夫果報不生著故論若聞等者如法華云佛道長遠久受勤苦乃可得成疏於上不怯者於菩提涅槃有勤勇心修諸苦行不生畏故釋所以者亦釋不戀所以以知自性涅槃終非外得遲速由已何定劫時故雖聞是言而無怯懼斯則以於上不怯故於下不戀是故疏中但釋不怯所以也由此兩文之內皆有不怯之言此即下據此以屛彼此明其實非權說故△一總標論解行等者謂依住行位滿發深解行入

十向位非同前信故云轉勝　一時勝疏隣初地者從初住至初地爲一僧祇今十迴向與初地相近是隣眞故　一總疏解者解徹眞如故云深解分明顯了更無闇昧故云現前又超前故云深異後故云解也行者眞如無相順眞如故所行之行一一無相如金剛不住色布施不住聲香等布施諸行皆然故云離相　二別論無慳貪者慳謂吝惜已物輙不與人貪謂希欲他財以將入已知法性之中本無此事故疏云解也論檀波羅蜜者具云檀那此云布施波羅蜜此云到彼岸彼岸即是涅槃涅槃即是眞如之理今離相行施與理相應則是到彼岸義餘皆倣之然則輭已惠人名之爲施但順無慳以此亦順無貪之義何則已物尚與他人他物固應不取以深況淺也謂離下明所離相三輪即施者受者所施之物達此三相體不可得故名離也苟能離相則因成無漏果證菩提有運轉義故名爲輪復能摧輾一切惑障有摧輾義號爲輪也以十下釋離相之由得法空者但約深入此觀未是證得然此由是約教道說若其實說十信位中便能深入如下信心修眞如三昧豈非法空也發心所依者解即十住行即十行斯則十向爲能依住行爲所依又住行爲能發十向爲所發謂依此解行發迴向心故以垢下釋順眞之由謂慳等是障常乖背性性本無慳等常不與障合故行布施等行外違慳等障內順無慳等性也論五欲者色聲香味觸等五境此五能令衆生起欲心故故前云以有妄境界染法緣故則熏習妄心令其念著造種種業受於一切身心等苦又無常經云常求於欲境不行於善事於境生欲故名爲過過即是染知法性中本無此染也尸者具云尸羅此云戒戒謂防非止惡即離五欲過也論瞋惱者因他惱觸生瞋恚故亦可

因惱生瞋瞋故熱惱熱惱即苦知性本無此苦也羼
提此云忍辱忍彼辱境即離瞋惱論懈怠等者爲執
身心遂成懈怠今既性淨不見身心爲誰懈怠故云
離也毗離耶此云精進精謂精純一心無雜進謂進
趣勇猛不退即離懈怠論常定約顯體說無亂約離
過說禪者具云禪那此云靜慮即慧之定定即無亂
論離無明等者本覺明中本無不覺故般若此云智
慧智慧即是明明即離無明也即定之慧故此與第
五是自性定慧本是一法但約體用義分異爾然準
華嚴說十地菩薩如次行十波羅蜜行者以彼是證
真之後如實修行此中六度是隨順修行淺深有異
一標地依者以文云證何境界所謂真如此則真
如是十地所依境也然地者就喻彰名以喻真智能
生聖法今約真如是智所依故名地依論證發心等
者然此十地菩薩雖斷障有分數多少行有差别
淺深隨其位次一一皆證其所證者同一真如但有
滿分之殊而無差别之體故此通標真如爲所證境
界也華嚴十地品中亦同此說故彼出體偈云如來
大仙道微妙難可知非念離諸念求見不可得　疏
根本者即根本智證真諦理是真見道也論以依等
者或問曰真如離心緣相又若證者離於能所何以
言真如爲境界耶故此釋之疏必依轉識起者即此
轉識約現境處便名現識竟無别體但據次第義說
相依斯則依能見心有所見境故前論云以依能見
故境界妄現本智證者智與理冥心與神會一相一
味平等平等實無能所之異故頌云若時於所緣智
都無所得爾時住唯識離二取相故今但下對此重
解依轉識說爲境界之意此有二義一約菩薩未離
業識猶有見相入觀雖與無分别智相應不分能所
出觀則與此識相應約此識上說前證時以爲境界

二約後得智中相見道内重慮緣真變起影像彷正
證時說真爲境此但似境非謂實有然亦不離是轉
識現故疏雙標後得智中業識未盡也然至釋相但
約業識未盡義說故云轉現猶存等也以後得下出
第二義或問曰如上所說業識未盡是即聞命後得
智中如何分别故此釋之意明根本實證之時但是
一心真見道無分别能所之相若後得智中以能見
心反緣所證以有此能緣心故便有真如影像當情
爲所緣境界像雖不實還似真如秖據此義說後得
智中依於轉識名境界也如人飲水正飲之時不能
說其令暖飲水之後方得說之說時雖不得水體其
如所說之水還似所飲之水也而實等者真如是所
證智是能證能所無二方名法身以法身本具理智
理智本無二故斯則住唯識理離二取相也　三明
用疏後得者權智達俗出假化物一中論一念至無
餘世界者若準華嚴說初地菩薩能至百佛世界二
地千佛世界乃至十地不可說不可說阿僧祇世界
此蓋隨其分位勝劣不同今此文中意在通論十地
故以無餘之言而通貫之也疏請法者於彼彼世界
彼彼衆中最已率先爲衆導首請佛說法請意者新
譯論云唯爲衆生而作利益非求聽受美妙言辭夫
請說法誠在所顯修行義意令其衆會如聞攝取思
而行之兼冀展轉遐益衆生豈在徒聽言辭而已耶
則如圓覺十二菩薩各伸請問皆言願爲此會及爲
末世等　二中疏促等者謂有一類衆生根性怯弱
聞說佛道長遠久受勤苦乃可得成却生退屈不肯
修進是故菩薩爲此衆生示現超越位地不經劫數
證於佛果令彼思齊發心進趣如釋迦六年修行便
成正覺是茲例矣又如善財一生龍女一念等延等
者爲有一類衆生亦欲進趣將謂佛果容易而成懈

怠因循不能勤勇若復示其超果轉令懈慢終不成
就是故菩薩爲彼說言我於無量劫中修行方成佛
道以茲警策不令懈怠使其勤進故法華云智積菩
薩言我見釋迦如來於無量劫難行苦行積功累德
求菩提道未曾止息即其類也然促中云示延中但
云說者促在一生可令現見延歷多劫但說令知也
結者根器既多方便非一口不可說心不可測故云
無數等故法華云佛知衆生有種種欲深心所著隨
其本性以種種因緣譬喻言辭方便說法如此皆爲
得一佛乘一切種智故是諸衆生從佛聞法究竟皆
得一切種智　三中論種性根等者等謂齊同同是
一乘種性非三五等乘性故根謂信等五根有上中
下今同是上根非中下故此二約智所論故疏云因
等也疏行等者同發菩提心行二利行故若克就地
上則同得無分别智行如次同行十波羅蜜行然此
發心之言通於前位所說證等者同證二空理故若
克就地上則同證徧行真如乃至十地同證業自在
所依真如等論無有超過之法者此明菩薩因行證
等既同更無别有超越殊勝之法可爲行證也亦可
此是位等即三賢十聖皆須歷故無有超過以一切
下是時等論疏易解據此亦似通明上諸等之所以
詳之可見論大意云若一種是菩薩種性根器則發
心修行斷證位次始終劫數竟無差别也所言阿僧
祇者若準本業經初以忉利天衣仍用彼天時分三
年一拂盡四十里石爲小劫次以梵天衣拂盡八十
里石爲中劫後以淨居天衣拂盡八百里石爲大劫
稱阿含中與此有異又劫章頌云風災爲一數乃至
不可知此極長遠時名一僧祇劫謂以此風災爲數
數至不可數更若數時心則狂亂齊此數不得處名
一僧祇若以此等計三僧祇方成佛道則百千萬人

中無有一人發心修進縱有懼於三塗苦者但修人天戒善或有畏於三界生死亦但修二乘之行焉敢希冀佛果修菩薩行益爲作此長久而解有是大失今所會通則特異於彼何者且梵語劫波此云時分大劫小劫長時短時下至刹那皆名時分阿僧祇此云無數無數之言亦不定久近如人經年不相見便云無數時竟日不見亦云無數時修行時分意亦同此謂始從具足凡位發心修進法爾經無數時方得親證真如名爲見道是一無數時從見道巳去漸斷俱生二障法爾又經無數時方得不假功用自然相應至第八地是第二無數時從此任運進趣消遣餘累法爾又經無數時方得成佛是第三無數時斯則無數時是定有然延促不可定也若此所解方有修行之人況時無定體唯心所現故法華說日月燈明佛說法華經六十小劫時會聽者謂如食頃又論釋經劫數之言或云年歲或日月等又攝論云處夢謂經年覺乃須臾頃故時雖無量攝在一刹那△四中論衆生世界不同者或分情器或唯有情通茲二意以世界及衆生各有無量差別故所見等者爲彼彼衆生根機種性樂欲不同故示所行業用乃至現身說法各隨彼彼見聞差別也例如觀音妙音品說、發心相中疏二智所依等者此二種智本從彼識之所顯生故說爲依非謂現今能與二智爲體問二智是淨棃耶是染云何淨智依染識生耶答以有染心故翻此染心得成淨智若本無染淨亦不生故前云以有不覺妄想心故能知名義爲說真覺若離不覺之心則無真覺自相可說廣如隨染本覺二相中明也又棃耶是染淨和合淨智依生故無疑也又若隨相所明謂棃耶本有二智種子從無始來以本識爲依止處故云所依也理實等者既言棃耶合通三細

今但言業識者意在舉細攝麤舉本攝末也亦可現相八地盡轉相九地盡業相十地盡業相最通故標通者斯則於諸菩薩無所屈矣此非下或問二智是淨從來未得今始開發可名發心相生滅業識無始來有何故至此名發心相耶故此釋之意明此菩薩亦能證真亦能達俗亦有生滅以證真故揀異地前以有生滅不同佛位其猶鍊金兗色漸顯麤鑛巳落細鑛猶存欲顯此時應云幾分是金幾分是鑛斯則不同麤鑛亦異純金故且通說金巳顯發此亦如是△一總中疏現報等者卽以此身成正覺故卽自受用身功德圓滿也論色究竟處者色界之頂是色邊際故最高大身者色究竟天身量一萬六千由旬自在天王身量三萬二千踰善那十地菩薩示爲自在天王身量倍增故云最高大也色身之大莫過此天故疏後報等者依前報體方起此故卽他受用身功德亦圓滿也然其因窮果顯但義說二相時無前後現後二報亦復同時譬如夜盡卽曉豈分前後摩醯首羅此云大自在智處者一切智人所起智處故經中說摩醯首羅於一念中能知三千界中雨滴之數何故下牒難一義下釋通十王等者準仁王經說十信菩薩鐵輪王王一閻浮提十住菩薩銅輪王王二天下十行菩薩銀輪王王三天下十向菩薩金輪王王四天下初地菩薩閻浮王王百佛土二地菩薩忉利王王千佛土三地菩薩夜摩王王萬佛土四地菩薩兜率王王億佛土五地菩薩化樂王王百億佛土六地菩薩他化王王千億佛土七地菩薩初禪王王萬億佛土八地菩薩二禪王王百萬億佛土九地菩薩三禪王王百萬億阿僧祇佛土十地菩薩四禪王王不可說不可說佛土如來法界王王無量佛土說一切法門卽彼經除佛有十三法師兼信十四及

佛十五今疏不論地前及果位故但十王然第十下顯最後身菩薩示於彼天成佛之相卽轉第十地菩薩身以爲佛身若準真實成佛但當前云功德成滿卽無方所亦不可見今爲應於十地菩薩故示彼天說成正覺餘義如別說者以此菩薩示成佛時於第四禪色究竟頂自在天上有妙淨土出過三界十地菩薩當生其中菩薩坐於大寶蓮華其座縱廣百萬三千大千世界於蓮華外有十三千大千世界微塵數小蓮華座以爲眷屬各有菩薩而坐其上是大菩薩放十種光謂於足下出百萬阿僧祇光明照十方世界一切地獄乃至第十頂上放若干光明照十方世界所有諸佛光繞十帀住於空中成光明雲綱臺高廣嚴淨於光明中悉雨寶香寶珠纓絡諸莊嚴具供養諸佛光明入諸佛足下爾時諸佛一時同放白毫相光照大菩薩其光卽入大菩薩頂又放阿僧祇眷屬光照眷屬華座諸小菩薩其光各入諸菩薩頂巳應時得佛無量三昧應時得佛無量智慧卽得佛位墮在佛數復有五意故在彼天一以二乘人執化八相爲真佛不信別有聖人又不知卽心是佛又信彼第四禪中是聖人生處今且同與二乘在彼天處攝示令知八相非真故在此天二緣三災不及故常此天三緣欲界色質麤重是有無色界都無色行是無今此天中表離有無契於中道故在此天四爲摩醯首羅天王面有三目不縱不橫表證三德涅槃亦爾故在此天五爲下界慧多定少上界四空定多慧少此天定慧平等故在此天以禪者翻云靜慮靜揀於下慮揀於上偈云欲界及無色佛不於彼成色界中上天離欲中得道　科云別者前但直顯德滿位彰今則具明二智滿相及顯無明頓盡等卽是明前心相中二心圓滿一心滅除也疏始覺等者此始覺

慧與本覺心源[illegible]合之時名爲一念此約究竟
相應發始之一念不是覺時相應謂之一念又此一
念前則屬因此一念後則屬果其猶曙色在朝夕之
端矣無明等者無明未盡既有所不知無明若盡則
無所不照即大智慧光明徧照法界也一切諸法種
類若干無不知之故云一切種智故大般若云煩惱
不生名一切種智若具言之得三種智謂一切智道
種智一切種智準天台說因修一心三觀果得一心
三智謂修即空觀得一切智修即假觀得道種智修
即中觀得一切種智今此論中依真如門修奢摩他
即是空觀果得一切智依生滅門修毗鉢舍那即是
假觀果得道種智此二雙運爲禪那即是中觀果成
一切種智今論擧中所成以攝空假故但云一切種
智亦可等者謂此始覺慧至心源時約斷惑邊名無
間道約證理邊名解脫道即顯等者謂前發心三種
相中真心彼有業之所累猶爲菩薩至此業識永盡
無餘唯真獨存更無所累故名佛也上皆下同上二
報利益但前標此釋非別有說顯上方便者即前發
心相中後得智至此圓滿也問前後皆言自然則因
果何別耶答前是有心自然以帶業識故此是無心
自然唯真獨存故昭然可解又亦下類擧前文前約
法說此約人說理無別也皆是下釋類擧所以以前
文是本覺隨染之文今顯果位亦即本覺隨染二文
既同故應相擧其實亦同四鏡中之後二也雖約性
淨隨染爲門之異而法體無別

起信論疏筆削記卷第十七

筆刀

起信論疏筆削記卷第十七

校勘記

一　底本，明徑山藏本。

一　九〇七頁上一至二行書名、卷次、録者，清無（未換卷）。

一　九〇七頁上九行末字「寂」，清作「淨」。

一　九〇七頁下五行「二智」，清作「三智」。

一　九〇八頁中二一行「七住」，清作「一住」。

一　九〇八頁中二九行第一一字「庠」，清作「庠」。

一　九〇九頁上一一行「有異」，至此，清卷第十三終，卷第十四始。

一　九一〇頁中九行「純金」，清作「鈍金」。

一　九一一頁上末行書名、卷次，清無（未換卷）。

起信論疏筆削記卷第十八

長水沙門子璿錄

△問中二一陳疑可解○二設難疏非直等者意云
所知之境既甚多無量幾有心在早自難知豈況永
斷心想却能了別而名一切種智耶△立理疏意云
等者總叙答意即反於所問義在次下論一切下立
二正理一二元是眞心故論云一切境等也謂諸法唯
心無外境界今證心源是合了知誠無疑慮二本來
無念故論云離於想念也謂既本是心元來離念唯
是眞實今以離妄方了此更無疑故下論文但反此
二意爲失合此二意爲得也疏境雖下釋前意眞心
下釋後意並可知之然此論中且是立理未顯能了
能知疏中要意圓備故預結之云了知也若於此中
體知論旨下文逐段自然無惑仍更隨釋彌爲彰顯
△顯失論文此中有二反前正理故成不知之失一
迷本眞心故論云以衆生等也諸法本來唯心以衆
生迷本唯心妄見有境以妄見有限齊故遂令境有
分齊所以不能徧知也此即對前第一本來唯心以
顯其失疏見有限等者境即無限但能見之心有限
故論云心有分齊不言境有分齊二妄起想念故論
云以妄起等也謂一眞心本來無妄常住法性以衆
生妄起想念違於無妄不稱眞性所以不能徧知也
此即對前第二離於妄念以顯其失疏二釋成等者
據論二段總是對前釋成失義不唯此文許之可知
即明等者性本離念妄起想念即是乖眞以乖眞故
不能了知不了知言貫通前段義則顯矣△論諸佛
下至諸法之性者即雙反前非合初正理也文有二
段初反前彰得二初總顯也謂總反前非以彰其得
論諸佛至不徧者離見故反前妄起想念之失合初
離念之得離相故反前妄見境界之失合初一心之

得既合正理即能徧知故云無所不徧也疏無妄等
者釋前離見也離見即能離相故現一義也○論心
眞實下二別結初一句結離見也既離妄見即是一
心心即眞實也疏文可見論即是諸法性者結前離
相也既離妄相唯是於性性無不徧也既無二非之
失即成合理之得正理既合不了何待由是科云舉
是彰得也然此下釋法性義以本依如來藏有生滅
故生滅是法如來藏是性今從生滅門入眞如門故
離見相即顯法性性即本覺立義分中指爲自體也
○論自體顯照下二約義結名也疏一切下貼釋可
知故上等者引因以證果即用大中文前則因心現
衆法今則果心現因法因果雖殊心體是一故金錍
云阿鼻依正全處極聖之自心毗盧身土不逾下凡
之一念良以下釋所以生佛體同無二相故猶如父
子共有一鏡若照子時子在父鏡中亦在自鏡中若
照父時父在子鏡中亦在自鏡中鏡是一體攝屬二
人各成自鏡互照互現無別有體以喻眞心生佛各
具雖云各有而理不可分疏云無二是斯意也華嚴
下引證三無差別謂衆生心即佛心佛心即衆生心
又衆生是佛心中衆生佛是衆生心中佛以生佛相
同一心體無差別故以同體等者意云匪但心體照
法而已復能起大神用利樂衆生斯則依智淨相起
不思議業相依法出離鏡作緣熏習鏡義也△問中
論若諸下至生者是牒前文也一切下至得利是按
定也皆可解多不見者非全不見故云多也又聞說
者必見身見身者未必聞法今約局所標故但言不
見尚不得見何況得聞△答中三一法論諸佛下據
前所問即問報化今約法身體徧故報化是即體之
用亦徧一切據本而言但云法身也疏徧衆生心者
論云一切處故一切之言意說情器亦如華嚴云法

性徧在一切處說橫一切衆生及國土別顯情器三世悉在
無有餘說豎亦無形相而可得遮濫據此則不唯徧於衆
生心今疏且約所問之處故但言徧衆生心也但有
等者此則功過在機佛無私應故華嚴云菩薩清涼
月游於畢竟空衆生心不淨菩提影現中上文等者
即用大中七重問答廣明斯義○論衆生下二喻也
隱更合云諸佛之身猶如色像論舉一隅故不具說
○論如是下三合疏明無等者意云論言垢者但是
障見佛之垢即是無機善星下引例此人生於佛世
是佛弟子常見佛身然有煩惱現行以起惡故生墮
地獄如涅槃說 論法身不現下疏文三今初約本
論以通能現然據義合云報化不現而言法身不現
者以約本說故如言鏡不現者謂不現像也此同圓
覺云由寂靜故十方世界諸如來心於中顯現心即
法身皆是據本說也又應化亦名法身本業經云法
身二種一法性法身二應化法身謂第一諦法渌水
中從實性生智故實智爲法身法名曰自體集藏名
身一切衆生善根感此實智法身故能現應無量法
身所謂十種身等○疏如攝論下二引他論以明不
現三初引本文十二甚深者一受生甚深二安立數
三現等覺四離欲五滅蘊六成就七顯現八示現等覺
涅槃九住十自體十一斷煩惱十二不思議今言顯
現即第七也合移彼字安顯現字上文即順矣餘如
次釋○釋曰下二引釋文此亦論文今疏隨引便爲
解釋初標也而世間下徵譬如下釋先喻如是下法
合奢摩他此云止也轅滑者非麤惡過失故則戒如
器水如定戒能資定故以譬之過失者如前破器以
有破戒垢故定水不停佛月不現也華嚴經中亦同
此說○疏此中下三會文意初牒前文是過去下正
顯意以散下出所以如阿難唯好多聞何曾有定不

妨給侍如來後遣石室之呵亦緣無定不能斷結又諸菩薩例皆慧少定多得見佛者無限皆斯類也○彼攝下對辦二文之旨此論下明此論意竝可知此義亦於因緣分中已說△修行信心分者修謂學習行謂進趣所行五種如下自辦信心者起忍樂意境有四種亦如下辦來意等者此約論題所配若準立義分中所立即與分別發趣道相竝當乘義△標意疏勝人即前發直等三心行不住等四行入正定者劣人即前見佛色相或是二乘發人天等心却退失者以四信等者意不令信佛僧等色相起人天二乘等劣行還依等者信既成滿應如前文發直等三心修無住等四行入於十住乃至獲利更發解證等心也斯則前雖揀退今即教修也△標數中疏四不壞信者信彼四事皆不可壞不壞即常住也以所信之境不可壞故使能信之心亦不可壞能所相稱俱名不壞故經云妙信常住是也△列釋中疏諸佛所師者約人顯根本也謂佛因地本於真如起於信解又依真如軌則修行又乃證極真如方得成佛故華嚴云以諸如來尊重法故以如說行出生諸佛故約此義邊故云真如是佛師也故經云諸佛所師所謂法也以法常故諸佛亦常既是佛師故名根本衆行下約法顯根本謂一切行門皆從真起故圓覺云無上法王有大陁羅尼門名為圓覺乃至流出諸波羅蜜教授菩薩等所以前標直心為二利行本是知非真流之行無以契真何有契真之行不從真起此乃為信等諸行之根本也問何故不約僧顯根本耶答約佛顯時已攝僧故因地信解軌則修行即是僧寶今疏文雖有二義必兼三故約能生三寶名為根本也又是所信法中之根本故以終教所宗唯此真法萬緣所起起自真如會緣入實入於真如菩薩發心先

緣真如起信發解修行契證咸歸真如故於所信法中為根本也信若不信真如信則名邪故寶性論云不信真如有五種失謂自輕輕他執人執法起惡見是知反此則為五得由是發心先令信此非直等者不但起信亦乃樂觀樂觀即行也然此行是即信之行行所成信方為實信故問云何是信真如之相耶答不信一切法是信真如之相也以真如理中本無諸法若見諸法為有是信諸法不信真如今則不信諸法是信真如也亦可樂念觀察方名為信如世間人勸彼所作彼順所勸方名為信若不爾者焉為信耶故信則所言之理順叨師資之道成矣故以樂念釋成其信論信佛等者是信報身謂身語意業法門辦才色相具足依報莊嚴故云無量功德故前論云身有無量色色有無量相相有無量好所住依果亦有無量種種莊嚴常念等者以信佛有功德故願成此身具一切智以願求故而念恭敬供養起於善根修佛因也論信法等此是行法此法能除慳貪毀禁等障是大利益常念等者即施戒等六度以信有益故復勤而行之論信僧等者此是登地已上大菩薩僧故云正修如實等也常樂等者揀非二乘故云菩薩揀非地前故云如實修行然常途四信謂信三寶及戒此即人天乘中之信今之四信乃是終實教中不唯真如與戒不同亦乃三寶淺深有異問前說善根微少者亦遇佛見僧求法與此何別答前以未信真如故所見三寶皆不稱實由是遇緣却成退失今以先信真如故得所信三寶悉皆如實由是增進使信成滿也斯則信真如為佛本信佛為所成信法為所依信僧為所學又此四種即是教理行果前三如次是理果行信僧即教也僧能轉教就彼求學故疏各二等者詳論可知△舉數中疏有信等者信若

無行非實信也以信是順義順而行之乃為真信將知此行是成信之行信是即行之信此信則決定不退也如前所退者不能如此故△徵起中疏止觀等者以諸經論皆說六度此中唯五者以後二修時不得相離故初修為止觀修成為定慧但時異而體不異也問何故止觀合修耶答若不雙修皆成邪故涅槃經說定多慧少不見佛性慧多定少見性不了定慧等學明見佛性又諸處說不見佛性無明邪見自此而生故今合修免招二過下文自釋△施中論一切來求索者即受施人也不同善德局七種人故云一切則不擇冤親老幼病健高下貧窮遠近等所有下是所施物隨力之言似有兩意一隨貧富之力二隨捨施之力若隨其力必不強為免生惱也以自下即行施意自捨慳貪者隨性行檀是自利行令彼歡喜者濟物墾惠是利他行故知菩薩雖舉一行二利已兼此則以布施攝貧窮也疏資財施者資身之物故亦名外財身外物故亦名資生財資於生命故準正法念經說十二種垢施一於衆生不平等施二為男女欲因緣故施三有所怖畏施與王者而求救故四以嫉心施如外道嫉會等五不知業果但學他施六乞者苦求方與七知他有物施之令信後得侵損八施物竊之令破和合共為一友後與衆惱九與男女物令使成親或令男與女或即反之十賤買諸物於齋會日貴價賣之少分饒之十一為名稱故施十二妻子饑貧與物離此十二即名淨施除此復有十二種具足施不能繁述優婆塞戒經菩薩行施應離五法一施時不選有德無德二施時不說善惡三施時不擇種姓四施時不輕求者五施時不惡口復有三事施已不得勝妙果報一先多發心後則少與二選擇怯物持施與人三既行施已心生悔恨離茲三

享其果勝妙論厄難恐怖危逼者受施人也隨已堪任者所施力也盡力所及不惜不吝施與無畏者正行施也亦是行施意或縲紲之難或水火之災或狼虎之殃或冤家之怖如是一切衆生凡有所畏之事皆護令安樂得無所畏若有衆生來求法者即受施人三乘五乘或請或問皆名求法隨已下所施法不能不解者輙不與言力能解處即與說之方免誤人亦免尤難孔子曰知之爲知之不知爲不知是知也又云多聞闕疑慎言其餘則寡尤方便說者要以種種言辯巧便引勸使其信受不得直置令其誹謗故法華云有問難不瞋隨順爲解說不應下明行施意不貪名利等是反明其非故前論云所謂爲令衆生離一切苦得究竟樂非求世間名利恭敬故唯念下順明其是自既如此令他亦然準智論云佛說施中法施第一何以故財施有量法施無量財施欲界報法施出三界報財施不能斷漏法施清升彼岸財施但感人天法施通感三乘果財施愚智俱能法施智人方能財施唯能施者得福法施通益能所財施愚畜能受法施唯局聰人財施但益色身法施能和心神財施能增貪病法施能除三毒由是比校法施殊一願諸學者審而行之△戒中論所謂下如次是其十善則離身三口四意三之惡也不殺者普該蠢物不唯於人不盜者一針一艸不但五錢已上不婬者觸身即犯不論道與非道兩舌者鬬構兩頭惡口者無稽之語妄言者虛誑之語綺語者粉飾之談此等竝無故皆言不貪謂惡欲嫉謂妬忌欺謂陵犯詐謂虛僞諂謂罔冒曲謂違理其嫉欺恚是瞋之分諂曲是貪之分邪見者亦名惡見即身邊等五見也今言邪者五中之一此等竝無故云遠離然菩薩以慈悲愍物故殺戒爲先小乘以厭離生死故婬戒爲首旨趣有異故教儀不同若據十善本是人天因緣今菩薩所修趣果則異準華嚴經說有五等人皆修十善感果不同謂凡夫聲聞緣覺菩薩及佛淨名云持戒是菩薩淨土菩薩成佛時行十善道滿願衆生來生其國十善是菩薩淨土菩薩成佛時命不中夭大富梵行所言誠諦常以輭語眷屬不離善和諍訟言必饒益不嫉不恚正見衆生來生其國故知十善不異修心不同也然行十惡準俱舍說各招三種果一異熟二等流三增上異熟可知略辨餘二殺生中一等流果者壽命短促二增上果者光澤鮮少偸盜中一財物匱乏二多遭雷雹邪行中一妻不貞良二多諸塵埃妄語中一多遭誹謗二多諸臭穢兩舌中一親友乖穆二所居險曲惡口中一常聞惡聲二田多荊棘稼穡匪妄綺語中一言無威肅二時候變改貪中一令貪熾盛二令少果瞋中一令瞋熾盛二令果麤辣邪見中一令癡盛二令無果此皆初是等流二是增上也疏攝律儀者此殺等十是惡律儀止之不行即成善法攝取不捨即名爲戒論出家等者前律儀戒即通在家出家此善法戒則唯出家者爲折伏下處靜之意若處人寰難斷煩惱故須脫俗離塵燕居林薮故遺教經云於閑靜處思滅苦本念所受法勿令至失月藏經中廣有此說且釋迦如來捨王宮詣雪山因行六年果圓萬德坐斯軌者蓋爲此也少欲等者見得思義故云知足財無苟得故云少欲頭陁此云抖擻謂抖擻三界煩惱業報故然有十二種謂衣三食三六依處說處六者一住空閑處謂離衆閙居阿練若身遠離故心離欲蓋益諸善故二端坐不臥謂若行若立心動難攝然亦不久應受常坐若欲睡時脇不著席三樹下坐謂順佛法故如佛成道轉法輪入涅槃皆在樹下能治房舍貪易入道故四塚間坐謂塚間常有悲哭聲必厭狼藉無常不淨觀道易成五露地坐謂樹如半屋愛著猶生又雨濕鳥喧汚穢不淨若露地處光明徧照令心明利空觀易成六隨有艸坐謂隨心所得而坐其上離所愛著不惱他故食中三者一常乞食謂依法乞當制六根不著六塵亦不分別男女等相得與不得若好若惡不生憎愛若請食者或得不得貪恨易生若同僧食處分使人心則散亂不入道故二節量食謂念身中八萬戶蟲蟲得此食皆悉安隱我今以食攝此諸蟲後得道時以法攝彼又雖一食恣貪極噉腹脹氣塞妨廢行道隨所得食三分食二身則輕安名節量食三一坐食謂若重食者失半日功不爲養身斷數數食即四分律不作餘食法頭陁經中云中後不飲漿衣中三者一唯畜三衣謂白衣好畜種種衣外道苦行裸形而已今佛弟子應捨二邊但三衣也又離多求及守護故二糞掃衣謂拾糞掃物納作衣故以此覆寒障露離貪遠賊無奪命難故三毳衣謂或三衣或長衣一切皆用毛毳而作不畜餘衣故然此十二蓋是知足之行涅槃智論瑜伽俱明其義故知惡貪多欲出家者是所不宜應深誡之乃至等者以小況大意云小罪尚須生畏大過豈得安然超越之言故云乃至欲作即怖已作即畏畏墮苦故慚天愧人故云慚愧又慚謂崇重賢善愧謂輕拒暴惡改悔者改於往過別修善業悔前所作憶恨在心不得輕戒者如菩薩戒說於十重戒中犯微塵許罪便不得發菩提心失比丘位國王位乃至佛位仍二劫三劫墮三塗中不聞父母三寶名字何況具足犯十戒也故戒序云莫輕小罪以爲無殃水滴雖微漸盈大器剎那造罪殃墮無間故涅槃中有浮囊之譬故知佛所制戒豈得輕而犯之疏攝善法者依此戒約則一切善法自

然攝取護戒心者謂夕惕若厲造次弗離護之若珠識瓮無犯也攝衆生戒者此當涅槃所說息世譏嫌戒也謂行非律儀及受畜非法之物招人譏謗即生他罪他罪所生本由於已故須護之護之即不謗不謗罪自然發心發心即受化受化即成攝取義也△忍中疏他不饒益者亦名耐怨害忍謂被寃家惱害是他不饒益忍耐彼苦無懷報心然所不報有其二意一爲解寃結故如律中長生王偈云以怨報怨怨終不止唯有無怨怨自息耳智度論中亦同此說二爲證佛果故以有智慧知彼此境空無所有能忍是事彼旣有瞋現同伴侶與其諸和因之得證無上菩提此如瑜伽論說行人若遭他苦時應作三思五想以忍彼事三思者一責業牽殃思謂菩薩若遇他害應作是思此我先業應合他害今若不忍更增苦因便非愛已成自苦縛是故須忍二性皆行苦思又自他身性皆行苦彼無知故增害我身我旣有知寧增彼苦是故須忍三引劣況勝思二乘自利尚不苦他我旣利他應忍斯苦也五想者一親善想二唯法想三無常想四有苦想五攝受想廣如彼說又金剛忍辱仙人亦同此意論語中說以直報怨以德報怨今同以直報怨若準上怨與上樂即以德報怨仁與菩薩優劣可知安受苦忍者於違順境安然忍受不動念故財榮潤已者不論多少但取一切潤已之事盡名爲利損耗侵陵者此亦不論多少但取一切損已之事皆名爲衰越過毀者如有小過毀之言大越德歎者如有片善舉令其廣依實讚者如有一德亦言一德依實過論者如有一過亦言一過逼迫侵形者打擲寒熱饑渴蚊蚋等但是一切有不安者盡名爲苦心神適悅者清凉飽暖視聽香味等凡是一切暢適之事悉名爲樂有說得財名利失財名衰談惡爲毀談善爲譽對面談善爲稱對面談惡爲譏苦樂即二受也與此所說各是一意於利譽稱樂忍之不喜於衰毀譏苦忍之不瞋是故論中通言忍也然境界雖多總攝不過違順之二又於二中各有四義收盡二四合說以成八風謂之風者能擊衆生心海起貪瞋煩惱浪故今忍之則八風不能動也然於中違則易忍順則難忍不唯難忍抑亦難防如賊與子盜於家財防之難易可以比知故天台說爲強輭二賊不能安忍無生聖智何以現前且如令尹子文三仕三黜無喜無慍況行菩薩之行焉得於違順境而不忍乎更有諦察法忍但於忍境體法無生唯心所現三輪空寂唯一眞實即是此忍也△四進中論諸善事者前三後二一切善法心不懈退者身由於心故但言心懈謂懈怠不能策行退謂退墮中道而廢疏勤勇精進者勤恪勇猛也勤故不懈勇故不退斯則於有義事勇而進也如子路問孔子曰君子尚勇乎子曰義以爲尚君子有勇而無義爲亂小人有勇而無義爲盜又云見義不爲無勇也冀諸行者審而勇之勇之相者淨名云譬如勝怨乃可名勇難壞者志堅不怯決定取辨詩云我心匪石不可轉也我心匪席不可卷也所以然者以知生死定爲苦故以知佛果必爲樂故以知衆生與已無異足可度故由是千化不變其慮萬境順逼其道乃至喪身致命不捨菩提之心故寶藏論云決歸者不顧其疲決戰者不顧其死決學者不顧其身決道者不重其事此其難壞也無足者修諸善行意無厭足表異二乘得少爲足則欲而不貪也以念等下正釋論意可知此同唯識三鍊摩中第二鍊摩無性頌云汝已惡道經多劫無利勤苦尚能超少行苦行得菩提大利不應生退屈論是故等者從來爲不修身心常苦惱如今若不修依前是苦惱由是尅已造修於行無墮也則善人行善唯日不足故遺教經云汝等比丘若勤精進則事無難者是故汝等常勤精進譬如小水常流則能穿石若行者之心數數懈廢譬如鑽火未熱而息雖欲得火火難可得是故精進然此一文亦可初是正明從當念已下爲方便於中初反釋後順結許文可見△障中論若人者此十信初心之下品也疏業障者亦有煩惱障今但舉麤論邪魔等者邪謂外道魔謂天魔諸鬼謂堆惕等如下所說事務者世間一切公私之事其數衆多故曰種種疏外感報障者由內有業障故前說善根熏習便見佛身今明惡業因緣乃見魔鬼將知外境皆由內心如形端則影直源濁則流昏矣△治中疏總明除障者準華嚴經行願中亦是別除一障即我慢障也與今疏文各是一意如人下喻釋可知論誠心者以諸障起時心皆猛惡故今除遣必在虔誠故智論云身精進爲小心精進爲大外精進爲小內精進爲大猶如赫日可以消堅冰烈風可以摧巨木苟有至誠必能動天地感鬼神故使事不違願也懺悔者陳露先罪改往修來疏除惡業者三障四障也得依正具足故論勸請者於中有請轉法輪請佛住世之異今通而言之但云勸請疏除謗法障者得多聞智慧論隨喜者三乘四類所有片善皆隨順歡喜疏除嫉妬障者得廣大眷屬論向菩提者亦合迴向實際及與衆生意含此二疏除樂三有障者成廣大善也論常不休廢者念念相續無有間斷疏能治謂行此四行皆不廢故所治即上之四障皆脫免故論善根增長者謂信心漸進無有退故結益下可知初一者謂先由迷倒不知罪福妄行十惡今由懺悔畢故不造新故云止持勸請隨喜等是行善故應作而作故云作持廣說如行願經

起信論疏筆削記卷第十八

起信論疏筆削記卷第十八

校勘記

一 底本，明徑山藏本。

一 九一二頁上一至二行書名、卷次、錄者，清無(未換卷)。

一 九一二頁上六行「次下」，清作「下次」。

一 九一二頁上一三行第六字「意」，清作「義」。

一 九一三頁上二行「少定多得」，清作「多定少得」。

一 九一三頁上九行「或是」，清作「或退」。

一 九一四頁上二九行第一二字「云」，清作「言」。

一 九一四頁中一六行首字「辣」，清作「糲」。

一 九一四頁下七行首字「憎」，清作「增」。

一 九一四頁下一六行第八字「謂」，清作「請」。

一 九一五頁上二行「機嫌」，清作「譏嫌」。

一 九一五頁上八行第五字「冤」，清作「怨」。

一 九一六頁上一行書名、卷次，清無(未換卷)。

起信論疏筆削記卷第十九

長水沙門子璿錄

△五止觀者此該十信初心之中品也○止中疏先由等者此明未修行已前今以下正明修止謂以始覺覺知諸塵境界唯識所現無外境相塵境既寂分別不生心境俱止也即破塵相爲止境無分別爲止心心境兩亾寂常心現此同禪宗無念義謂一切善惡都莫思量言下自絕念想圓覺云應當正念遠離諸幻方便者修止之方便故先德云趣寂之前萬境俱泯從證之後一切皆知但今等者意在顯別故雙標唐梵正修名奢摩他前修方便名爲止也觀亦準此以雙下釋出別意既言隨順將知未是正止也以即觀之止方名正止即止之觀方名正觀今既一向止息但是止之方便未得名爲止行故云隨順奢摩他也問此行是止云何言觀答正修之時止觀雙運止若無觀不名眞止觀若無止不名眞觀是故正修止亦名觀故圓覺中名爲靜觀雖亦名觀今言止者以就泯相觀於眞如眞如無相向即心絕心絕則成止義亦是即空觀也△觀中論觀義故者此是即止之觀亦是即假觀也圓覺中名爲幻觀○疏三初釋義依生滅門者前依眞如門泯相絕心照而常寂故名爲止今約生滅門觀諸法相隨流反流染淨因果凡聖色心差別不同寂而常照故名爲觀此則能善分別諸法相前則於第一義而不動也○如瑜伽下二引證二初正引彼文菩薩地者彼論有十七地此是菩薩地中文無所分別即根本智因也世俗妙慧即後得智因也○是知下二會釋彼義可見○然二門下三釋成雙運所以謂依一心上開二種門係此二門修於止觀止觀雙運方得契心契心方名眞止觀也故天台云法性寂然名止寂而常照名觀此乃以修止觀契性止觀也雙修之旨豈徒然哉△三俱中論二義者即前止一切境界觀生滅因緣也不相捨離者然此止觀初首方便行人修時雖未雙現習此之際須相資而行不可孤運輒相捨離疏有二體者此一通與十度爲體其猶於水澄而復清方能鑒像以一門開於一心焉得不俱定慧耶上文具顯△外緣中疏閑居等者不作衆事名之爲閑無憒閙故名之爲靜意令心寂當須離喧若欲離喧宜去聚落居阿練若繁塵不對止則易成此有三處可修禪定一深山絕人處二須阿蘭若處離於聚落極近三里即放牧聲絕無諸憒閙三者遠白衣舍清淨伽藍之中皆名閑靜處故當第一戒淨者欲盛妙饌必資淨器戒若不淨定則不生若知先所曾破戒者當宜依法懺悔令戒如故以戒不淨者即有業障令修止不成便感邪魔病事等以爲侵撓也衣食等者一衣具足以根有三故上者如雪山大士隨得一衣蔽形而已中者如迦葉糞掃三衣不畜餘長下者如多寒國土及忍力未成之者許三衣之外百一資身二食具足者此有四類上者隨得充饑而已中者常行頭陀受乞食法下者阿蘭若處受檀越送食下下者僧常食及受請除此異求多積長貪妨道今須衣食者共闕一種心有所慮得定無由善知識者有三一者辦力資緣二者同行勸發三者教授法門如鼎三足闕一不可息諸緣務者有四一生活二人事三工巧伎術四學問讀誦隨有一事即有所妨令不得定止脚等者押一脚爲半加於中以右押左爲降魔坐以左押右爲吉祥坐若兩脚相押爲全加此坐能令儀相端好廣如智論說故偈云見畫加趺坐魔王尚驚怖何況入道人端身不傾動緩衣帶者恐坐久氣滿不安故不令脫落者儀相不妙或恐風寒故約上[illegible][illegible]禦風閉氣免神散心馳故然欲閉口先且吐胷中穢氣吐時開口放氣而出想身百脉不通處敎悉開通出氣令盡然始閉口鼻中內清氣然閉口時但得脣齒纔相柱耳眼不全合者全開則掉全合則昏故但令斷外光而已二卷止觀者即彼初學坐禪止觀本只一卷應開成二也彼有十門以修止觀第一具緣略如疏明第二呵欲謂色聲香等五欲所言呵者了知此五惱惑衆生因之受苦不得解脫深生厭離不復追攀乃名呵也第三棄蓋謂貪欲睡眠恚掉悔疑也所言棄者覺知此五蓋覆衆生心性不得解脫如日月爲煙雲等翳不得照明今皆遠離即名棄也第四調和者謂調飲食不饑不飽調睡眠不節不恣調身不寬不急調息不澀不滑調心不浮不沈令此五事和暢得所故也第五方便行者謂欲進念慧一心以能志樂修諸禪定出離世間晝夜精勤進諸善法念世無常可輕可賤禪定智慧可貴可重於漏無漏揀擇若樂虛實之相一心決定修行止觀以此名爲方便行也第六正修止觀於中有坐時修歷緣對境修並如彼文第七善根發即同下文現報十益等第八覺知魔事如下文說第九治病者先須知病所起起有四種一從四大起二從五藏起三鬼神所作四業因所感既知病已即以止觀治前二以呪力治第三修福懺悔治於第四第十證果即入住不退並如彼說略知大況若要備見可尋本文調心者心即是意調伏心意令趣向眞正故末世下出不正相然戒定慧學及諸禪行多有是患菩薩戒疏云佛法內人多約四位起行謂三學及禪行初約戒學者有二類一矯異者謂雖不破戒性非質直依邪思計現異威儀眩耀世間以求名利本無片心以求出離然普抑餘人無異威儀者悉爲無德此是沙門賊亦是威

儀賊也如迦葉寶積等經說二淺識者謂性非實智恃已戒行將為出離陵他乘急戒緩之衆謂諸法空便生恐怖此是佛法怨賊也出佛藏經二約定學亦二類一約貪狂者謂性樂名利久在山中心少澄靜現得定相眩耀世人招大名聞普抑餘人無此相者悉以為非此是阿蘭若賊也出華手經二約邪慢者謂性非多聞依山習定鬼神加力心定有見既不善覺知即恃此起慢當大名聞陵滅餘人悉以為非毀傷佛法此是魔黨大賊也出起信論及華手經三約慧學者亦有二類一約淺者謂性少聽誦學無次第為名利衒心急預講說已見聽斷非毀古今唯求利名元無出意恃自無行亦輕侮戒定此是賣佛法賊當招大苦出華嚴經魔業中二約深者謂性明辯雖於二乘三藏文義少通然猶未得佛意既當傳法唯讚名利以勸後學非毀古今顯自獨絕恃此為德起慢陵人但誦持法藥而不自滅病已負淺德況更法中起病甚不可救奇哉木中出火以何滅之此是害佛法之賊出佛藏十輪等經四約禪行者亦二類一約福行者謂性非質直苟為姦計共崇奇福眩耀世人招引重嚫意狂以少呼多用此活命既遂其所求即恃此起慢陵蔑餘人無利養者悉以為非利養既爾名聞亦然此是賣佛法賊出迦葉經二約餘行者謂性非慧悟隨學一法即便封著眩此所學以招名利撥餘修者皆非究竟此亦愚人竊害佛法賊也行人苟沾一患宜深戒之離此下明令意皆可解△離境中疏皆是事定者兼前數息等不唯此五十一切處即青等四空等五及識為十言一切處者觀一一法皆徧一切處故由此亦名十徧處觀亦可等者謂不依心斂亂時眼所見色乃至意所知法等六塵闇謂耳鼻覺謂舌身知即是意攝六略盡今舉能取所

也於此下釋意以推此等唯識所現無別有體既知心外無塵豈合將心外託若不然者豈名修止耶已上諸定所緣皆是權小教中之所施設暫令制心漸發無漏今此實教故竝不依即直賜寶乘不與羊鹿也△論一切下二初遣妄想中一正遣疏餘心皆遣者此有二義一除見聞覺知外更有心想遣何等念悉皆除遣二除前數息骨鎖十徧處境觀想之外更有九想八背等一切事定觀想悉皆不依以令心心向理故揀去事想故云皆除所遣等者依幻說覺亦名為幻若說有覺猶未離幻說無覺者亦復如是故亦須除是則幻心滅故幻滅亦滅也除文易解　論以一切下二釋成疏順法性者雖言一切法意在真性以一切法悉皆真故皆同如故廣如真如門說斯則離心緣相也轉釋等者科指此文良以下釋此文意前言法性本無想者實由想體自空本自不生今則無滅此蓋本空非推之使空也此乃下會釋文旨非謂待無念時方始不生不滅以念念生處即是無生念念滅所即是不滅如經云初生即有滅不為愚者說又經云當處出生隨處滅盡喻明可見　論亦不下三重揀疏若心等者先反縱意云外境若實有體抑心不緣終不可得以不可不緣之故後得以心除心此即縱其可除也然剩者之一字復許此文似剩不故者之三字但只可言抑令不緣可得後以心除心也義方彰顯請更詳之今既下正明既知無境心自不生豈得放心外緣後更除遣豈非自徒勞耶如人令子為非又復譴責斯何理耶○論心若下住正念二初正顯也疏初習等者此與前為異前則不放心外緣此乃任運馳散外境唯心等者本無境界妄起攀緣是名不正今則觀境無境知心無心唯一實相實相外更無別法當爾之時分別不生故名正

念○論即復下二離相疏唯心寂者此唯心之相亦不可得前則離能所分別唯一實相名為正念今則正念亦無自相以凡所有相皆虛妄故斯則亦不知知寂亦不自知知自性了然故不同於木石也△餘威儀中者即同天台歷緣對境修也謂歷行住坐臥作語等六緣對色聲香味觸法等六境且如欲行便自思惟我今何故行有利則行無利則不行然於行時了知行心及行中一切事皆不可得不可得故妄念自息名為修止即觀上不可得法一一空寂因緣故有名為修觀住等例此又於見色時修止觀者見一切色如鏡像水月悉不可得不生分別想念名為修止色等因緣故有畢竟空寂名為修觀聲等例此若止若觀俱順法性以法性常寂常照故然天台修止自分三止觀亦復然以約三諦三境修故也今此文中約真如生滅二門而修止觀皆順一心即是雙運雙運即是息二邊分別中道第一義諦止觀也餘文可知△止成中疏止成者止前方便成也未是即觀之止附心者以久習故隨心成止以隨心故即成三昧即真如三昧也真如三昧方是即觀之止為奢摩他梵語三昧此云正定故伏惑等者伏四住見修煩惱未能斷故故云伏惑然此亦有伏無明義論言深伏意含此也此當信位若更增進速入初住故云信滿入住入住即不退△顯障中疏於理猶豫者於上甚深義理是非不定故不能入如圓覺經修二十五輪云一念疑悔則不能入闡提者阿闡提此云無信此則一向以為不是故不同疑惑外道者為宗習邪法故誹謗正道此乃非唯不信更加此過故其前也五逆者弒父母阿羅漢破和合僧出佛身血四重者殺盜婬妄問前疏文云有業障者但令懺悔今何除之答此中所除約不懺者懺則能入不同小乘有

定業故涅槃經云未入我法業則決定若入我法則不決定恃我者此或恃我故不修或修之存我亦不能入故圓覺云彼修道者不除我相是故不能入清淨覺放逸者或貪放逸故不修或修之不勤亦不得入學如不及猶恐失之況此類乎是六下非謂具此六障方不得入但於六中或有一障便能障道不得三昧△顯勝中論諸佛法身與衆生身無二者有三意一意取衆生法身故二者法身流轉五道名曰衆生故三者衆生相空即法身故於此三中初後爲正故淨名云如自觀身實相觀佛亦然乎等即無二無二即一相也論一行三昧者即眞如三昧也謂住眞如境故名眞如三昧以眞如無異相故但行造此法故名一行三昧此乃由境一故使智行亦一也前則從境得名此則通於法行科云能生者其實即是義說能生也△二中疏法界一相者所緣之境繫緣法界者繫緣即能緣之心也停心諦理與境冥合故諸佛法界者諸佛如來所證法門河沙無量隔別不同然亦一一不異法性入此三昧者皆悉得知無有差別也以此眞如等者由眞如是一切法根本故修此三昧亦與一切三昧爲根本也論若人等者此三昧旣是根本若入此者則能生長一切三昧以末從本生故諸三昧自此成也△辨魔事者梵語魔羅此云殺者謂能奪行人功德之財殺智慧之命言事以如佛以功德智慧度衆生令入涅槃爲事魔不如是常以破壞衆生善根令流轉生死爲事以魔樂生死故三界羣品盡屬於魔令修行之人志欲出離三界又發弘誓廣度衆生魔懼減少眷屬故來撓之令其退墮行人要須辨識而降伏之然有四種之異一煩惱魔二蘊魔三死魔四鬼神魔前三在內以內修伏之鬼魔在外故今甄辨一中疏障礙者障人道人礙令

退故堆惕精魅並如下說三種者魔鬼神也一者違情五塵或大或小恐怖萬端故令失志二者順情五塵對男現女對女現男令其生染三者平等五塵揀去前二即是此境以魔鬼神之三種各能現違順平等之事也△對治疏二初正釋論旨一切等者如上所現但是境之一數故前云若離心念則無一切境界之相又云心生則種種法生心滅則種種法滅等以此下唯心之義方便教者尚不能知豈彼魔外能解此理大論云蠅能緣一切物唯不能緣熱鐵若緣熱鐵觸則成火魔能緣一切境界唯不能緣實相魔若緣實相魔亦成實相也通遣者凡所見聞但用此法而治如天甘露是病皆治故圓覺云除彼所聞一切境界皆不可取此皆通遣也○別門下二出對治二初略明三初治魔如諸藥艸各有功能般若者金剛摩訶之類呪者諸陁羅尼其數非一默念者恐彼聞之而解使呪等無力如授藥令服不可令知○堆惕鬼者禪病經云羅旬逾長者子初出家時迦葉佛所數數息觀靜處見一鬼面如琵琶四眼兩口舉面放光以手擊擬人兩腋下及餘身分口言堆惕堆惕如旋火輪似掣電光或滅或生或作鼠形或作馬聲或作鬼吟或復竊語種種惱亂令行人發狂佛言此鬼是拘那含牟尼佛時有一比丘坐向初果犯邪命故爲衆擯出瞋恚命終自誓爲鬼惱亂四衆堆惕者以口云也臘吉支者禪經云此起尸鬼也言偷者或是此鬼愛偷死屍故或是連下梵語且兩存之非謂因偷是臘也故經云諸臘吉支手捉鐵棒等戒律即聲聞戒諸部律文三歸五戒可知○少男女等者即順情境謂作父母兄弟諸佛形像等可畏身者或爲虎狼師子羅剎之形種種可畏之像來怖行人如昔禪師所見或無頭師見之曰善哉汝無頭痛之患

或無腹五藏等皆以言戲之又見年少女人師曰欲道身如枯木心若死灰無以革囊見試此鬼即時飛空而反仍有偈云大海可竭須彌可傾彼上人者秉志堅貞兕者有說似牛青色一角重千餘斤牙爪銛利能伏千虎乃至者若多於卯時來者必是兔麞鹿等辰時來即龍黿魚等巳時即虵蚖鱗等午時即馬驢駝等未時即羊鷹鷹等申時即猴玃猿等酉時即雞烏雉等戌時即狗狼豺等亥時即猪豨豕等子時即鼠燕蝠等丑時即牛鼈蠏等△現形中論先是現形如衚多令魔現佛形八部翊從不覺禮拜等若說下是說法陁羅尼云遮持謂持善遮惡故然有多字一字無字魔所說者應唯前二也以不知唯心故不能說無字平等至無願即三解脫門無怨下顯空義可知此魔但能說而不能證天台云魔能說別異空假中不能證也△得通中論先是得通魔得有漏五通故令行人亦得此通此中過去是宿命未來是天眼現在是他心前現形即神境唯不明天耳舍在其中也辯才無礙是起辯△起惑中初起惑以正定令人滅惑魔定令人起惑由行人善根微少故修三昧引此邪相也或捨已下是造業△據定中初據定得自然下是得禪自然飲食者禪悅食故或於禪中得人間上妙飲食△五中初是食差顏色已下是顏變○疏二初寄別總指○問如下二約通料揀二初問宿世等者如前所說三賢已上乃至於佛能與二乘凡夫作差別緣故令定中所現聞見旣同寧知邪正○答下二答二初歎難解墮邪網者以邪爲正故楞嚴云若作勝解即受羣邪退失善根者以正爲邪故由是取之捨之二俱有過是故難也如蹈火受焚見寶不取故二皆失失故無進趣之日也○今且下二正揀辨四初標依古法一者淺入禪定二者勿移舊

志三者察其本末○如經下二引經爲據三試等者若燒之益粹打之彌堅磨而不磷可謂眞矣其事者若蹔會聚當其與之從事從事則體其情性也情則易變性則不改故可知之如或未辨久則見之仁者則久而彌芳不仁者不可以久處約也而又未辨當用善巧觀察視其所以觀其所由察其所安自然可見其邪正矣○今僧此意下三依法正揀經中三喻以驗行人眞實虛僞故文云行人亦爾也故其事等三試之今文將以驗於定境不同經意故云僧此等但借其喻非取法也不淨觀者隨看當初所修何觀或數息或不淨等今於此禪發其境界卽却依本時修習卽驗邪正也○如燒下四合顯經喻二初喻也但舉一喻餘則例知故不言也○此中下二合定譬等者據義順合可知○以此下三結三驗等者旣以定石磨之行槌打之慧火燒之邪正鉛金足可彰矣○對治論以是義者指前五對疏依自等者隨巳所有慧力觀彼境界不妄領受當觀諸法實相無邪不破以知境界唯心心本自不生終不信任妄有取著墮於邪網若不等者以隨彼境界苟能取著其心則亂以心亂故失於正受正受者不受諸受也今旣受彼卽名爲失以失正故卽墮於邪無所疑矣邪不干正者以邪法虛妄正法眞實眞實若立虛妄自壞以修行者淺住眞如三昧故自然退也若取等者魔所現境意在令人取著念心纔起墮彼無疑若淺入唯心是邪則滅是正則存耳是故等者不著則迴邪作正著之則變正爲邪然天台治魔不離二種一止治謂凡見一切外境好惡等事悉知虛誑不受不怖亦不取捨亦不分別息心寂然彼自當滅二觀治謂若見如上所說種種魔境用止不去卽反觀能見之心不見處所彼何能惱如是觀時尋當謝滅若遲遲不去

但當正念勿生恐怖不惜身命正心不動知魔界如佛界如一如無二如魔界無所捨佛界無所取卽佛法自現魔境自滅今此論中前是觀治故云智慧觀察從當勤正念下是止治止觀二治皆不取也智度等者以生心取境境便成魔境惑其心卽爲魔事且如色等諸法取之則成塵賊不取則成妙境今觀一切唯是實相實相外更無諸法是故見有法者皆是於魔況於定中所見境界可不是魔耶偈云等者如經中說有一比丘魔欲惑之經七千歲竟不得便何以故以是比丘不起心故其猶密室風不能入風得入者由孔隙故魔得便者由起念故從當下示前論文以對三試之中以定研磨及依本修治之二也以此下釋所以或曰準論正念之言但當其定云何得有依本修治耶故此釋之故前云不依氣息形色地水火風等此則揀去餘事觀想也又云是正念者當知唯心無外境界卽復此心亦無自相可得又云久習淳熟其心得住以心住故漸漸猛利隨順得入眞如三昧等故知淺入此定卽是依本修治更無別法以爲本修也問據前所說但是魔境及至今文結其所離何故乃言離業障耶答此有二義一則行人內有業障故外感魔境若離業障則無魔事今就本言故云業障也二則若墮魔網則成業障以魔樂生死起愛見貪著世間名利恭敬由是造業故成業障今離魔事卽是離業障也△四邪中疏我見等者迷此三惑卽名爲癡卽我癡等是末那中俱生四惑以是俱生故云常相應皆是無明住地所攝故名爲使不滅煩惱等者修定本爲除斷煩惱旣不能斷何用定爲如服藥病增則知非藥安可更服據謂依仗憑託之義不可憑仗而行也△正中疏不味著者不同外道有見愛故此通指下二句忘心境者絕能所故是

不味著相也出定等者本不以憍慢故入定所以出定時亦得如此不同外道有我憍故貪瞋等者意本斷惑故得漸薄不同外道貪名利等如服藥病除是爲良藥旣知良藥不可不服也△眞中論若諸等者文意反明疏卽順釋要依等者以眞如是如來之性故修此三昧方是如來之種如人生於王家必繼王業此亦如是除此等者楞嚴云十方如來一門超出妙莊嚴路又云十方薄伽梵一路涅槃門也十住已去者謂六種種性之初卽習種性也不退位者不退有四一信二位三證四行今卽位也△僞中疏四禪卽色界亦靜亦慮故謂之禪四空卽無色界有靜無慮故唯云定不淨卽觀身五種謂種子住處自體自相究竟不淨廣如下說安般者梵語安那般那此云出息入息上二卽五停心觀之二也等者更等後二及四無量六妙門十六特勝通明禪等一切事定也取境相者以非理定但緣彼息等諸相不稱眞如不出三界故名世間定也然天台明諸禪定總爲三一世間禪二出世間禪三出世間上上禪世間復二種一世間味禪卽四禪四無量四空定也二世間淨禪卽六妙門十六特勝通明禪二出世間禪有四一觀禪謂九想八背捨八勝處十一切處二鍊禪謂九次第定三熏禪謂師子奮迅三昧四修禪卽超越三昧也三出世間上上禪有九謂自性禪一切禪難禪一切門禪善人禪一切行禪除惱禪此世他世禪淸淨淨禪行相廣如次第禪門略如法界次第學者要知應檢彼文論味著等者不同眞如三昧不住見相及得相故疏同得等者三乘人及凡夫外道皆修此定然凡夫多味著外道帶異計所修雖同修心有異故得果各別也若離等者故前說善知識緣中須教授善知識要知邪正以差之毫釐失之千里夫於善友

豈合華恩故法句經中重重顯讚然修行禪定不易其人欲具諳其門須徧覽諸敎唯天台三種止觀明諸禪修證行相廣在彼文今略依初學禪觀明邪正發相邪定發相者或身手紛動或時身重如物鎭壓或身輕欲飛或遂庵睡熱或煎寒壯熱見諸異境或其心闇蔽或起諸惡覺或念外散善或歡喜躁作或憂愁悲思或惡覺觸身身毛驚豎或時大樂惛醉如是種種邪法與禪俱發名爲邪僞此之邪定若人愛著卽與九十五種鬼神法相應多好失心顚狂或諸鬼神等知人念著其法卽加勢力令發諸深邪定智慧辯才神通感動世人見者謂得道果皆悉信服而內心顚倒專行鬼法是人命終若不値佛及善知識所護還墮鬼神道中若更生來多行惡法卽墮地獄行者修止觀時若證如是等禪有此諸邪僞相卽當却之若知虛誑不愛不著卽當謝滅若起念著卽墮羣邪正禪發相者若於坐中發諸禪時無有如上所說諸邪法等隨正禪發時卽覺與定相應空明清淨內心喜悅澹然快樂無有覆蓋善心開發信敬增長智鑒分明身心柔輭微妙虛寂厭患世間無爲無欲出入自在是爲正禪發相此二種相如人與惡人共事常相觸惱若與善人共事久久逾見其美斯亦如是行者宜深察之故須善友敎授△總標疏後世等者妄盡智除證眞起化德充法界應用無窮△攝護中疏以修等者略同金剛所說持經之者爲如來知見護念等如王世子修德進業堪紹國位特爲君之所寶也爲佛所念理合如此故云法應△惡緣中疏離天魔外道等者如上所治以知諸法實相故不爲恐惑九十五外道者如華嚴說有九十六謂六師各有十六種所學法一法自學餘之十五各敎十五弟子師徒合論故成此數今滅一如餘處說△惑業中論甚深者卽般若妙慧深達實相今旣入此深定故不誹謗也重罪薄者已達罪性福性非內外中間我心自空罪福無主三昧漸深其罪漸滅故云薄也疑者謂於理猶豫覺觀謂語之加行今達諸法唯心無外境界內離尋伺於理決定何所疑耶故皆滅之△行成中疏於理增信者信欲成根必務增長漸入不退故不怯者知法如幻故無所怯繩虵非毒杌鬼無心何所怯耶故下文云若修止者能捨二乘怯弱之見旣不怯弱則非同二乘不壞者了他如已故得柔和柔和故不憍慢不憍慢故人則不惱不惱故不壞不壞行也無世滋味者世人不學此法則愛見深固貪著世間今旣知三界虛僞誑人六根焉可貪而樂之不樂則離愛離愛卽滅煩惱也故下云若修止者對治凡夫住著世間得禪定者眞如三昧成也論外緣卽通舉六塵音聲卽別指耳所對也故楞嚴云純音無塵根境圓融無對所對又云不自觀音以觀觀者能令衆生觀其音聲卽得解脫斯則同諸法無行經入音聲慧法門何所動耶今於六塵中唯舉聲塵者阿含說此以爲禪刺也然上疏文俱於一二等下注者以此解釋便當科文令易解故非謂太近前也

起信論疏筆削記卷第十九

起信論疏筆削記卷第十九

校勘記

一　底本，明徑山藏本。

一　九一七頁上一至二行書名、卷次、錄者，清無（未換卷）。

一　九一七頁上一一行「前修」，清作「修前」。

一　九一七頁上二五行第一二字「地」，清作「也」。

一　九一九頁上二七行第一六字「撓」，清作「嬈」。

一　九一九頁下一五行「不能證也」，至此，清卷第十四終，卷第十五始。

一　九二〇頁上一行「三試」，清作「二試」。

一　九二〇頁中五行末字「且」，清作「具」。

一　九二〇頁中一六行首字「知」，清作「之」。

一　九二一頁中五行末字「之」，清作「也」。

一　九二一頁中末行書名、卷次，清無（未換卷）。

起信論疏筆削記卷第二十

長水沙門子璿錄

△觀中論心沈沒者以眞如無相向卽心絕分別不起故云沈沒此如二乘取空爲證也由沈寂故遂成二失如下列釋論或起下正顯失二疏初觀卽法相觀於中復有苦無常無我不淨之異以見不淨故不可愛苦故不可忍無我故不自在無常故不可保由是深厭世間而求出離樂修衆善以備將來夙與夜寐無敢怠惰第四卽精進觀勝心既發念念精勤敏則有功故能成辦第二卽大悲觀謂見諸衆生漂沈苦海無有福慧不知苦本躭樂生死不求出離故起大悲哀愍之意故法華云見六道衆生貧窮無福慧入生死險道相續苦不斷不求大勢佛及與斷苦法爲是衆生故而起大悲心第三卽大願觀悲心既發以願要期不擇怨親勝劣皆令脫苦速得涅槃衆生界盡我願方盡故能成矣疏四非常者謂非斥彼常情所執之四境故△無常中論一切有爲者除六無爲外餘之四位並是有爲無得久停者諸法既生生已卽滅如露如電不可久留故戒經云壯色不停猶如奔馬人命無常過於山水今日雖存明亦難保無常經云假使妙高山劫盡皆散壞大海深無底亦復有枯竭大地及日月時至皆歸盡未曾有一事不被無常吞△苦觀中論一切心行等如經中說一念有九十剎那一剎那中九百生滅既速生速滅誠爲苦也故前云動則有苦果不離因然苦者逼迫爲義五苦八苦種種不同略而論之不離三種謂苦壞苦行苦三苦之內行苦最通不唯五趣皆有抑亦三乘悉具今就通義故標一也△無我中論恍忽如夢者念過去法恍恍忽忽似有而無如存若亡徒有言說實不可得故云如夢何會過去現在亦然故淨名云

是身如夢虛妄見也疏難追者非謂有體而求之不易故曰難追以全體自空但有言說故云無體也論如電光者應念諸法前屬過去後屬未來於二中間無體可住終不可取故云如電故淨名云是身如電念念不住也疏剎那者時之邊際也不住者經云初生卽有滅不爲愚者說又經云剎那剎那念念之間不得停住論如雲等者雲起晴空何曾有本法生眞界寧見所從以生時無有來處故滅時亦無去處淨名云是身如雲須臾變滅也疏緣集等者兼能集之緣亦無來處並同於雲云然此段文正是空觀今科云無我者以要對破常等四倒故三世既空則無有法法尚不可得豈更存乎我耶故曰無我△四中論不淨等者淨名云是身不淨穢惡充滿然有五種一種子不淨父精母血之所成故二住處不淨生熟二藏中間住故三自體不淨三十六物共和合故三十六者外相三四醜謂髮毛爪齒睇淚涕唾垢汗便利身器二六成謂皮膚血肉筋脈骨髓肪膏腦膜中合十二穢謂脾腎心肺肝膽腸胃赤痰白痰生熟二藏四自相不淨九孔常流諸穢惡故五究竟不淨身壞命終不可堪故形骸若斯復何可樂疏除四倒者常樂我淨是凡夫所執四種顛倒故今以無常等四觀一一對治如以四藥治於四病△大悲中論如是等者以悟自身非常既爾當念衆生亦復如是無明迷故不自覺知故起大悲也三界九類故云一切從無始下窮其苦源蓋是無明所作故前文云以有無明染法因故則熏習眞如以熏習故則有妄心乃至造業受於一切身心等苦已受下明三世皆苦也難捨等者無明未盡已前不能免故故法華云一切衆生爲生老病死憂悲苦惱之所燒煑亦以五欲財利故受種種苦又以貪著追求故現受衆苦後受地獄餓鬼

畜生之苦若生天上及在人間貧窮困苦愛別離苦怨憎會苦如是等種種諸苦衆生沒在其中歡喜游戲不覺不知不驚不怖亦不生厭不求解脫疏無心厭背等者反知厭背苦則有邊故前文說染法得備後則有斷故十地經云有無數身已滅今滅如是生滅不能於身而生厭離轉更增長機關苦事隨生死流不能還反深發悲心者衆生與已性無二源眞樂本有而背之不求妄苦本空而愛之不捨迷頭認影枉此艱辛行者觀之必生悲濟△大願中疏因悲立願者思惟衆生三世之苦難捨難離故猛立希欲要結之心樂具德行濟度彼苦願體者若有分別則不能普度永度便成顛倒不稱法性以法性離分別故然此亦是不顛倒心也長時心者於中初之三句且是內修德本若自無德行焉以化人先利其器必善其事也故華嚴疏云川有珠而不枯山有玉而增潤內無德本外豈能談又淨名云若自有縛能解彼縛無有是處若自無縛必能解縛也後之一句正是長時廣大心者文云一切則九類四生無不攝盡故成廣大初句卽是能度方便若無方便則焉令發心故以漚和善巧令悉從化也第一心者高出人天二乘之境更無過此故稱第一也今詳文中具有四願謂離分別卽誓斷煩惱徧修諸行卽誓學法門盡未來等卽誓度衆生令得涅槃卽誓成佛道既令彼得功歸於已卽是自希證也△精進中論以起等者既發如是希欲之心應行是事而無怠惰斯則以思無益不如於學故一切善法勤而行之苟能無處不修無時不作勤勇匪懈心不厭捨則自然成就自利利他也△結觀中論若餘等者謂燕坐則唯專於止若從坐起餘諸威儀當應思察利害之事念欲去取也疏顧理者一切善法順眞如理前文云若人修行一切善

法自然歸順眞如法故以諸善行外違妄染内順眞
如故云順理卽作持門也違理者一切惡法諸不律
儀内與法性相違外能招報諸苦故不應作卽止持
門也△總標中論若行等者此約四儀六緣之中皆
須止觀雙修定慧俱運疏動靜別修者雖云別修應
須習其雙運以前文云雖先止後觀次第別辨然至
修時豈得相離以文不累書故成前後今此文中說
俱者亦是重辨前文恐人修時各自習故故勸皆應
止觀俱行也以因時俱行果方雙運如有足無目有
目無足皆不到清涼池獨輪之車豈免覆轍故經云
因地心與果地覺無二無別方曰始終不相離也△
卽止中論自性不生者故中論曰諸法不自生亦不
從他生不共不無因是故知無生今舉四中之一故
云自性此卽無我無造無受者也下卽善惡之業亦
不亾非有義者徧計全空故言非有依他不泯故不
言無若言無者則墮斷過以非同兎角畢竟無故論
卽念因緣等者故經云諸法因緣生諸法因緣滅又
云因緣和合虛妄有生等疏非無義者依他宛然故
言非無徧計全空故不言有若言有者卽墮常過以
非同妄情有所得故此二者性相有殊不二者體用
常俱此順等者有二義一順教卽此所引是佛聖言
二順理謂不動眞際是性不變建立諸法卽性隨緣
一法二義故云卽也故前疏云不變性而緣起染淨
常殊良以等者經云法身流轉五道名爲衆生中論
云以有空義故一切法得成也故能等者約境修心
以成觀行境旣卽亾而存心亦卽止成觀也然前段
卽眞如門後段卽生滅門二門不二但是一心故得
止觀雙運△卽觀中論雖念因緣等者卽前非無義
也而亦下卽前非有義也疏不分配者以前影後故
疏文二初正釋文旨故疏序云不捨緣而卽眞凡

聖致一此乃卽隨緣而不變故良以等者經云一切
衆生皆如也前文云以一切法卽眞實性故能下
亦同前文約境修心以成止行境旣卽存而亾心亦
卽觀成止也配歸二門反前可見○說時下二通示
用心說有前後等者文不累書豈言不頓發故觀之與
止前後而辨若在行人修心之際須止觀融鎔無前
無後謂卽止而修觀寂而常照也卽觀而修止照而
常寂也寂照之體卽是一心一心名爲實性故云法
性寂然名止寂而常照名觀此中不唯止觀不二抑
亦心境一如謂以無緣智緣無相境以無相境相無
緣智境智一如如水與水唯一實相更無別法方名
圓頓止觀眞如三昧△對障中疏治二過等者凡夫
不知諸法自性無生見有人法而起貪愛樂住世間
今修止道令知法本不然今則無滅自然見三界虛
妄如虛空華不樂住著也二乘得之見法無我於苦
不怖豈欲速取寂滅涅槃耶以止下釋所以可知正
治二乘者以二乘一向沈空以空爲怖懼生死但
求自利不起利他不成佛法今修觀道知一切法因
緣和合虛妄有生因緣別離虛妄名滅知病識藥卽
起諸幻以除幻者變化諸幻而開幻衆此則自然離
於陝劣之見而起大悲普能救濟也若凡夫得之則
能知無常苦空無我不淨而修諸善行以修觀門不
壞緣法能除此障△總結疏非不樂世間者意云不
樂世間方能修善斯則止成於觀非不怖等者意云
不怖生死方能起悲此乃觀成於止猶如合繩乍似
相違究竟相順也故雜阿含說佛在瞿師國阿難問
上座若比丘於空處樹下閑房思惟當以何法專精
修習上座云當以二法所謂止觀阿難曰多修習巳
當何所成上座曰修習於止終成於觀修習觀巳終
成於止止觀俱修得諸解脫阿難復問五百比丘亦

作是說阿難歡喜問佛佛渙印可止觀相須等者亦
如於繩合之方用故涅槃經說二乘菩薩修不均故
不見佛性無明邪見自此而生無上菩提由之難入
如能具足修習不相捨離則能疾到薩婆若海故涅
槃云定慧等學明見佛性法華亦云如其所得法定
慧力莊嚴以此度衆生自證無上道由是菩薩行門
雖多總攝不過定慧故華嚴云譬如有力王率土咸
戴仰定慧亦如是菩薩所依賴天台宗於止觀渙意
在此故彼云涅槃眞法入乃多塗論其急要不過止
觀止乃伏結之初門觀乃斷惑之正要止乃養心識
之善資觀則照神解之妙術等若人成就定慧二法
斯乃自利利人法無不備也今之學流焉可偏習如
天台說若行者如是修止觀時卽能了知一切諸法
皆由心生因緣虛假不實故空以知空故卽不得一
切諸法名字相貌爾時上不見佛果可求下不見衆
生可度是名從假入空觀亦名二諦觀亦名慧眼亦
名一切智若住此觀卽墮聲聞辟支佛地故法華中
諸聲聞等自歎言我等若聞淨佛國土教化衆生心
不喜樂所以者何一切諸法皆悉空寂無生無滅無
大無小無漏無爲如是思惟不生喜樂當知若見無
爲入正位者終不能發三菩提心此卽定力多故不
見佛性若菩薩爲度一切衆生成就一切佛法故不
應取著無爲爾時應修從空入假觀卽當諦觀心性
雖空對緣之時亦能出生一切諸法猶如幻化雖無
實體亦有見聞覺知等相差別不同行者如是觀時
雖知一切諸法畢竟空寂能於空中修種種行如空
中種樹亦能分別衆生諸根性欲性欲無量故則說
法無量若能成就無礙辯才卽能利益五道衆生是
名從空入假觀亦名平等觀亦名法眼亦名道種智
住此觀中智慧力多雖見佛性而不明了菩薩雖復

成就如此二觀猶是方便非是正觀故纓絡云前二
觀爲方便因二空觀得入中道第一義諦觀雙照二
諦心心寂滅自然流入薩婆若海菩薩欲於一念中
具足一切法者應修中道正觀若能諦觀心性非空
非假而不壞空假之法若能如是照了即於心性通
達中道圓照二諦若能於自心見中道二諦即見一
切諸法中道二諦亦不取中道二諦以決定性不可
得故是名中道正觀如中論云因緣所生法我說即
是空亦名爲假名亦是中道義此偈非唯是分別正
觀亦是兼明前二種方便觀門當知中道正觀即是
佛眼即是一切種智若住此觀即是定慧力等了了
見於佛性即是安住大乘行步平正其疾如風入薩
婆若海即行如來行入如來室著如來衣坐如來座
以如來莊嚴而自莊嚴獲得六根清淨入佛境界於
一切法無所染著即一切諸佛皆現在前成就念佛
三昧安住首楞嚴定普現色身能入十方佛土敎化
衆生嚴淨一切佛刹供養十方諸佛受持一切諸佛
法藏具足一切諸波羅蜜即入頓悟大菩薩位即與
普賢文殊共爲等侶即常住法性身中爲十方諸佛
稱歎授記能八相成道於十方國究竟一切佛事具
足眞應二身是名初發心住菩薩然上所說依經明
其三觀行相似成別異若在行人即須三智一心中
得不縱橫竝別方是圓修也天台空觀即此止門假
觀即觀門中觀即俱運也大約如此△防退中論衆
生者十信初心之上品也怯弱等者謂於生死中創
起覺悟惑業則無始積集善行則方將修學境强心
弱障重力微任於觀心寧無恐劣娑婆者此云堪忍
具足五濁實不可居故經云此濁惡世地獄餓鬼畜
生充滿多不善聚唯佛如來堪忍住故亦可修忍勝
餘方故不能常值等者以穢土之中雖有佛出然不
久住即入滅度動經多劫空過無佛行者或生佛前
或生佛後皆不得值以不值故不能供養親近承受
聖旨惟謂等者其猶孤子未及成人便失恃怙寧不
憂勞將無所損行人亦爾無佛爲勝緣內心又微弱
況茲穢境五濁混然期心上求實爲難進擬退聖道
一聖意中論勝方便者即念佛三昧十六觀門及佛
願力等隨願下如隨願往生經所說十方皆有淨土
若欲生者隨願往生二引經中論修多羅等者即阿
彌陀無量壽瑞相及觀經等如小彌陀經說從是西
方過十萬億佛土有世界名曰極樂樂事極故名爲
極樂有佛號阿彌陀阿彌陀者此云無量光明壽命
第子國土莊嚴悉無量故其國土莊嚴佛身功德微
妙殊絕難可思議廣在經文不能具述然凡往生者
都有九品因行有勝劣往生有升降華開有遲速成
道有前後上上品者發三種心謂志誠心深心迴向
心具足戒行讀誦大乘一日乃至七日即得往生佛
及菩薩親來迎接觀音菩薩執金剛臺等至行者前
其人乘此隨佛之後如彈指頃即生彼國生已見佛
聞法開悟經須臾頃徧至十方於諸佛前次第受記
還至本國得無量百千陀羅尼門乃至下下品者五
逆十惡具諸不善以惡業故合墮地獄經歷多劫臨
命終時遇善知識敎令稱佛名號於念念中除八十
億劫生死重罪具足十念乘華往生佛及菩薩共來
迎接生彼池中蓮華之內滿十二大劫蓮華乃開觀
音勢至而爲說法聞法歡喜滅罪除障發菩提心等
如要備見請覽彼經問準隨願往生經說十方皆有
淨土云何偏指西方答因易緣强勝餘方故因易者
十念爲因故緣强者彼佛願力故以彼佛因中有四
十八種廣大誓願於中云若有衆生欲生我國十念
成就不得生者不取正覺有茲所以故偏指也具如
瑞相經常見佛者約生彼說也若觀法身者約今修
因也疏三位者料揀往生之人正是說於已生彼者
若觀經中具明九品天台所判上三品人始從習種
終至解行菩薩中三品是十信已下以能持戒孝養
等而求生故下三品是今時悠悠凡夫以作衆惡重
罪臨命終時遇善友勸方願生故上上品見佛聞法
便證無生故是道種人上中品位當性種上下品位
當習種一得道有遲速二所乘有勝劣言道遲速者
上上品如前生已便證無生上中者生經七日得不
退轉經一小劫得無生忍上下者經三七日能游十
方過三小劫得百法明門住歡喜地乘勝劣者初金
剛臺次紫金臺後金蓮華今疏約三位者但就九品
中前六品說初位即彼中三品人也第二位即彼上
下品人第三位即彼上中上上品人也以是料揀不
退義故故此判也無退緣者以彼壽命長遠又無女
人無三塗無寒暑無饑渴無冤親無老病所欲隨心
常與聲聞大菩薩等而爲伴侶常見佛聞法水鳥樹
林皆演苦空無常無我念佛念法由是善業則自然
增長塵勞則任運消除直至菩提更無退轉故彌陀
經云若有人已發願今發願當發願欲生彌陀佛國
者皆得不退於阿耨多羅三藐三菩提與此穢土修
行齊壤有隔猶如二人共至前所一則徒步一則乘
載如是二人難易可見彼此二境修行等亦復如
是然今有人不審利害於兩土察因緣之勝劣說空
行有數寶受貧往往竊理以無西況空而謗敎信鄙
俚於後代非方便於先覺恃已爲是何是之有謂我
情忘何情之忘及乎諸苦謗嗔惑之臨矣殊不知存
我入覺覺思還焉而罔信安義爲息有脫境之地者
吾爲之傷之弗能已也佛記等者楞伽經說龍樹比
丘住初歡喜地能破有無見往生安樂國後二位者

即十信滿足及三賢位人以觀眞如法身勸修習故願生彼國即是九品中上三品人也反知初位信行未滿者即可對前常見於佛終無有退之文也然今論云若觀眞如法身畢竟得生斯則觀已方生住正定也故知不可作生後方觀而解有智請詳△勸修利益者即流通分也既陳去義廣示修行圓頓之根必依悟入今總舉前說勸令受持聞思修習得利益故文中具說三慧益相仍舉不信毀謗之過今但云勸修利益者何也謂舉深該淺故不言聞思因勸而修故自無疑謗由是但云勸修利益結前生後中論如是等者指前三分所詮法也謂一心二門二覺二不覺四位二相三細六麤五意六染二礙四熏習三大二身二見三心四方便六度三心相四信五行等竝已說了然此等諸法盡是大乘之中差別法義故云如是摩訶衍等諸佛祕藏者即大涅槃三德甚深是佛所證非因位能窮故名祕多所含容而無積聚故名藏此之祕藏具足三法謂摩訶般若解脫法身一一皆具常樂我淨故名爲德雖有三名而無三體如天面三目不縱橫竝別非一二三而一二三故名祕藏然上所說差別法義以此三法往收攝無不盡何謂也如上一心是總舉祕藏體具足三大義故二門不離眞俗二諦眞中泯相即空是般若顯實是法身生滅是俗諦正是解脫二覺中本覺是法身始覺是般若始本不二是解脫四位中隨一一位皆有能證智是般若所證理是法身離障處即解脫二相中智淨相是法身般若不思議業相是解脫四鏡中如實空鏡是法身因熏習鏡是般若後二鏡是解脫又初是法身二是般若解脫後二中二是般若法身四是解脫九相中前七屬煩惱是般若造業是解脫受報是法身五意六染二礙攝入九相可以意得四熏習中染熏方離無明妄心境界起成惑業流轉生死如九相所配淨熏中眞如是法身熏起始覺是般若離障處即解脫三大中體是法身相是般若用是解脫二身中眞身屬法身般若應身是解脫對治邪執能對是般若二見無處即解脫正理顯處即法身三心中直心即法身深心即般若大悲心即解脫六度中度度皆具三種如云以知是般若法性是法身本無慳貪是解脫三心相中眞心即般若法身方便及業識心即解脫四信中信眞如即法身信佛即般若信法與僧即解脫五行中前四即解脫止即法身觀即般若或一一行皆具三種以此三法統收一切靡不皆盡此三不離前之一心斯則十方三世一切佛法皆此論攝故名祕藏我已總說也△舉益論如來甚深境界者一心二門三大也一心則法甚深三大則義甚深二門則理事甚深皆是如來所證之境故正信者以此爲實不信諸法故既生正信故離誹謗離誹謗故入大乘道即因義能通佛果故持此論者教是大乘之門欲入大乘故須持教或讀或誦總名爲持視聽所知悉名聞慧疏思慧者思惟其義修慧者如說修行論究竟等者始因聞思終得佛果故又一得永得故云究竟佛果圓通名之爲道△聞益中論若人等者有二意一者但能如此不怯他時必得如來授記如寶藏佛說釋迦後時必得然燈如來授記二者景行若斯義合得記如圓覺經清淨慧章末云若人聞此法門不生驚畏是則名爲淨覺隨順汝等當知如是衆生已曾供養百千萬億恒河沙諸佛植衆德本佛說是人名爲成就一切種智義同此也又如法華說如來滅後若有人聞妙法華經乃至一句一偈一念隨喜者我亦與授阿耨多羅三藐三菩提記△思益中論假使者實無此人假設而立故三千大千世界者俱舍云四大洲日月蘇迷盧欲天梵世各一千名一小千界此小千千倍說名一中千此千倍大千皆同一成壞配亦可知十善者化人令行十善果招天上雖即數多不離三界不成無漏若思此法是佛之因究竟令得無上佛道時雖不多功不可喻豈將世善而可竝耶△德多中論受持者領受法義任持在心食頃之際散心思惟功不可喻況一日一夜定心觀察時長行勝所獲功德誠如此言不可思說也△校量中論假令等者此中校勝文雖不多義則甚廣以能歎之人是無上大覺具一切智有無礙辯凡所歎說無不究竟今則不獨一佛所歎仍舉十方一切諸佛是人勝而復多也又非於少時間仍各於無量無數劫中是稱歎時長也非謂多佛於長時中歎其功德令得邊際而又復言亦不能盡是知義豐文約之教比餘處校勝之文實爲盡矣△所以中論何以故者果人無量功數無邊於爾所時經爾所佛歎所不及有何所以耶謂法性下釋也謂性無邊故功德如性亦復無邊以修習斯論者即是深入法性之所獲故△謗毀中疏罪重者受持既若福多毀謗合招罪重準大般若經說謗法衆生入阿鼻地獄經無量劫遇此境壞則寄餘界地獄如是展轉徧歷十方還至本處罪由未盡△言無量大苦此此類也亦如法華經說謗經之人其人命終入阿鼻獄具足一劫劫盡更生如是展轉至無數劫從地獄出當墮畜生等止謗者亦是勸信從罪若是宜可止之故勝鬘說若自有智則自體會若不解處則仰推如來非我境界苟能如此則何患缺及於後世耶論以深下或問曰以何義故不信毀謗者獲罪如斯故此釋之亦如法華云斷佛種故受斯罪報以一下又釋曰但謗此論如何乃言斷三寶種成自他之害耶

故此釋之疏果人得涅槃等者此但約人互顯影略而言據理則一得俱得故非別證如般若心經說菩提薩埵依般若得涅槃三世諸佛依般若得菩提此亦如是法寶等者以論中如來是佛寶菩薩是僧寶若不信此法則無菩薩修行即僧寶斷絕若無修行則不證菩提涅槃是法寶斷絕若不證果即無如來是佛寶斷絕三寶斷絕皆由不信毀謗是故獲罪經無量劫受大苦也將知大罪莫大於謗法耳△結勸中論過去即釋迦之流現在即馬鳴之類未來即今之行者楞嚴文殊歎觀音圓通云過去諸如來斯門已成就現在諸菩薩今各入圓通未來修學人當依如是法我亦從中證非唯觀世音無異路者經云世是微塵佛一路涅槃門又云十方如來一門超出妙莊嚴路△總結中論諸佛等者諸佛謂能證能說之人甚深下即所證所說之法此中深廣等是總指三大深約豎論大約橫說二皆絕待故加甚廣之言謂深中之深非對淺之深故云甚深大中之大非對小之大故云廣大或可深廣大三字別對體相用之三義深是體大謂實相真法非因位能窮唯佛究盡故大論云智度大海唯佛窮底又法華云深固幽遠無人能到此則約過去無始未來無終不生不滅故云深也廣是用大謂過河沙之妙用潛興密應無有休息無有窮盡此無盡之用一一同於覺性無有邊涯無有分限故楞嚴云我以不生不滅合如來藏而如來藏本妙圓心周徧法界是故於中一爲無量無量爲一小中現大大中現小不動道場徧能合受十方國土坐微塵裏轉大法輪等故云廣也大是相大相謂義相即前所辨大智慧光明義徧照法界義等過於河沙無漏性德與真如體不離不斷不異不思議非深非廣能深能廣故受大名所言甚者通貫三字謂甚深甚廣甚大俱絕待故此之三法徧能含攝一切佛法亦攝一切衆生法合攝雖多俱不離一心二心者是諸佛所證之極致是諸佛所說之根本故前論云謂欲解釋如來根本之義令諸衆生正解不謬故今論主以少言句隨順此法略而說之言雖約略理無不備故云總持說也故前文云如是此論爲欲總攝如來廣大深法無邊義故應說此論論如法性者法性徧滿圓無際故造論功德如性廣大亦無有際法性甚深無窮盡故造論功德如性甚深亦無有盡法性無漏離諸染故造論功德如性無漏非垢非淨法性無爲離施作故造論功德如性無作非有爲相不可破壞盡於未來如是功德無量無盡無漏無爲欲何所利由是論云普利一切衆生界然利衆生不出二種一令離苦謂離分段變易二生死故二令得樂謂得菩提涅槃二無上樂以衆生有三乘五性四生九類差別不同故云一切令廻如性功德普霑利之令彼隨自根性成得其益終至究竟無上覺道耳

起信論疏筆削記卷第二十

南山高麗講起信玄叙　　平秦寺堂　師會　撰

夫文武微而仲尼憂楊墨化而孟軻懼豈曰愛惡特甚皂白太多蓋言善不可遺惡不可長也且如来示滅衆聖韜光六師馳騁於當時諸部分張於異路爰有大士號稱馬鳴獨步五天聲高千古轉愕則群邪碎易從容而異類歸誠扶頹除疑奮辯肆趾證徃向位入隔櫃門宗百洛义了義大乘立三十三甚深妙法將修行種因海爲能運以性德圓滿海爲旨歸囊括衆經造起信論不二大乘之根本統攝華嚴一心法界之義天全該性德鏡臨三大珠貫五重群賢資以通經諸祖得爲秤斗文唯二十八紙義該一大藏經等精耀之含容肖氣絲之舒攝噫真宗再闡佛日重輝其唯此論乎豈與夫釋十地之一品解六相之單門權實偏圓曾無眉目者同日而語哉有高弟弟子龍阿周那親授靈文深明意樂作華文十軸建大義千條舉論攝經而文有所歸摘經爲論而義意綸貫由是覺樹

芽於砂磧義華破蕚於春風人解衣珠室開祕寶雖以傳芳於彼土未能擅美於此邦有疏流通何啻千載至相上人首開寶冊得如意珠辭句淵玄解者希少於是康藏和尚清凉大師再吐新奇用廣古訓共申義海各讚靈葩爭為開世之英才競作當時之大手但論疏隻別浮沉有馬者耳故我圭峯尊者草堂丈人乃賢首之嫡孫清凉之長子馬鳴之苗裔五教之祖師患其在茲再此調治嘆曰此真秤斟也遂移疏注於論文判教宗經理盡斯矣今所講者實其注文擬唱格言久坐大衆氷鎔三藏微言囊括百億雅誥有馬鳴之論興馬設五重秤斟度衆典重輕則賢首之疏判矣論旨趣深疏文致遠長水之記又從而作之然記主楞嚴尊者示跡皇朝學無常師運無緣慈懸諸未悟裁石壁之煩長筆正義於玄綱撮綜陶甄集成斯記文唯六軸義貫五章使諸見聞意地開發義天煥明從聞思修殊功叵測而已是知記為入法之權輿疏乃玄解之妙術論為契證之崇基若謂語默視聽目擊道存塵塵具足物物全彰其跡記之作悉為騰語蓋以初學之士用此三法相因而入取次而忘其猶見月忘指濟河焚舟無離文字說解脫是也余故於是慨此板廢亡已久惜斯文壅過不通久蘊私衷轉將襯施鋟方牘而翼遠其傳俾當器而盡窮厥趣旹嘉定庚辰中元日真如賢首教院住持傳教

比丘　戒月　敬書

起信論疏筆削記卷第二十

校勘記

一　底本，明徑山藏本。

一　九二二頁上一至二行書名、卷次、録者，清無（未換卷）。

一　九二二頁上一〇行末字「沈」，清作「流」。

一　九二二頁上一六行第一八字「屏」，清作「屜」。

一　九二二頁中一六行第一二字「睇」，清作「肢」。

一　九二三頁上六行第九字「云」，清作「中」。

一　九二三頁中四行第一〇字「反」，清作「及」。

一　九二四頁中二六行第一六字「說」，清作「就」。

一　九二四頁下二三行「二境」，清作「三境」。

一　九二五頁下一四行第九字「令」，清作「今」。

一　九二六頁中末行卷末書名，清作「起信論疏筆削記卷第十五」。清於卷末書名後並有「南山高麗講起信玄敘」一文，茲附録於卷尾。

中華大藏經(漢文部分)

校勘凡例

一 《中華大藏經(漢文部分)》的底本以《趙城金藏》爲主；《趙城金藏》缺佚，則以《高麗藏》等作底本。凡卷所用底本的名稱及涉及底本的其他問題，均在校勘記的第一條中說明。

一 《中華大藏經(漢文部分)》選用的參校本共八種，即《房山雲居寺石經》(石)、宋《資福藏》(資)、宋磧砂藏》(磧)、元《普寧藏》(普)、明《永樂南藏》(南)、明《徑山藏》(徑)、《清藏》(清)、《高麗藏》(麗)。

一 校勘記中的「諸本」，若底本爲金藏，即包括石、資、磧、普、南、徑、清、麗全部八種校本；若底本爲麗藏，則包括石、資、磧、普、南、徑、清全部七種校本。其他情況若用「諸本」，校勘記中則另加說明。

一 校勘採用底本與校本逐字對校的辦法，只勘出經文中的異同及字句錯落，一般不加評注。參校本若有缺卷，或有殘缺、漫漶等字迹無可辨認者，則略去不校，校勘記亦不作記錄。

一 一經多卷，經名、譯者、品名出現同樣性質的問題，一般只在第一卷出校，並注明以下各卷同；分卷不同時，以底本爲主出校。

一 古今字、異體字、正俗字、通假字及同義字，一般不出校。如：

古今字：宍(肉)；猗(倚)；距(跛)；鉾(矛)；誼(義)等。

異體字：[illegible](粲)；剥(剝)；皃(貌)；悩(惱)；㝵(碍、礙、閡)等。

正俗字：怪(恠)；滴(渧)；體(躰)；刺(刾)；閉(閇)等。

通假字：惟(唯)；嫉(疾)；頻(嚬、顰)；端(摶)；尠(鮮)等。

同義字：言(曰)；如(若)；弗(不)等。